CB066222

Curso de
DIREITO PROCESSUAL CIVIL Volume Único

O GEN | Grupo Editorial Nacional – maior plataforma editorial brasileira no segmento científico, técnico e profissional – publica conteúdos nas áreas de concursos, ciências jurídicas, humanas, exatas, da saúde e sociais aplicadas, além de prover serviços direcionados à educação continuada.

As editoras que integram o GEN, das mais respeitadas no mercado editorial, construíram catálogos inigualáveis, com obras decisivas para a formação acadêmica e o aperfeiçoamento de várias gerações de profissionais e estudantes, tendo se tornado sinônimo de qualidade e seriedade.

A missão do GEN e dos núcleos de conteúdo que o compõem é prover a melhor informação científica e distribuí-la de maneira flexível e conveniente, a preços justos, gerando benefícios e servindo a autores, docentes, livreiros, funcionários, colaboradores e acionistas.

Nosso comportamento ético incondicional e nossa responsabilidade social e ambiental são reforçados pela natureza educacional de nossa atividade e dão sustentabilidade ao crescimento contínuo e à rentabilidade do grupo.

Elpídio **DONIZETTI**

Curso de
DIREITO
PROCESSUAL
CIVIL Volume Único

28ª edição revista, atualizada e ampliada

gen | atlas

- O autor deste livro e a editora empenharam seus melhores esforços para assegurar que as informações e os procedimentos apresentados no texto estejam em acordo com os padrões aceitos à época da publicação, e todos os dados foram atualizados pelo autor até a data de fechamento do livro. Entretanto, tendo em conta a evolução das ciências, as atualizações legislativas, as mudanças regulamentares governamentais e o constante fluxo de novas informações sobre os temas que constam do livro, recomendamos enfaticamente que os leitores consultem sempre outras fontes fidedignas, de modo a se certificarem de que as informações contidas no texto estão corretas e de que não houve alterações nas recomendações ou na legislação regulamentadora.

- Fechamento desta edição: 24.01.2025

- O Autor e a editora se empenharam para citar adequadamente e dar o devido crédito a todos os detentores de direitos autorais de qualquer material utilizado neste livro, dispondo-se a possíveis acertos posteriores caso, inadvertida e involuntariamente, a identificação de algum deles tenha sido omitida.

- Direitos exclusivos para a língua portuguesa
  Copyright © 2025 by **Editora Atlas Ltda.**
  Uma editora integrante do GEN | Grupo Editorial Nacional
  Travessa do Ouvidor, 11
  Rio de Janeiro – RJ – 20040-040
  www.grupogen.com.br

- **Atendimento ao cliente:** (11) 5080-0751 | faleconosco@grupogen.com.br

- Reservados todos os direitos. É proibida a duplicação ou reprodução deste volume, no todo ou em parte, em quaisquer formas ou por quaisquer meios (eletrônico, mecânico, gravação, fotocópia, distribuição pela Internet ou outros), sem permissão, por escrito, da Editora Atlas Ltda.

- Até a 22ª edição, esta obra era intitulada Curso didático de direito processual civil.

- Capa: Danilo Oliveira

- **CIP-BRASIL. CATALOGAÇÃO NA PUBLICAÇÃO**
  SINDICATO NACIONAL DOS EDITORES DE LIVROS, RJ

D737c
28. ed.

    Donizetti, Elpídio, 1956-
    Curso de direito processual civil : volume único / Elpídio Donizetti. - 28. ed., rev., atual. e ampl. - [2. Reimp.] - Barueri [SP] : Atlas, 2025.
    1.592 p. ; 24 cm.

    Inclui bibliografia e índice
    ISBN 978-65-5977-709-9

    1. Direito civil - Brasil. I. Título.

25-96288   CDU: 347(81)

Meri Gleice Rodrigues de Souza - Bibliotecária - CRB-7/6439

Respeite o direito autoral

Este espaço é destinado a dedicatória, que nada mais é do que o registro de um sentimento, seja de gratidão ou de amor. Vou utilizá-lo para registrar duas emoções que experimentei quando preparava esta edição, que marca o jubileu de prata do Curso de Processo Civil. Em 2020 e 2021, minha plataforma existencial foi marcada por chorosas partidas e também por emocionantes anúncios de chegada.

Não me *píntia*.

Há tempo perdi meus pais e deles sinto uma saudade danada. Nunca imaginei que despedir de um filho fosse tão dolorido. Senti uma dor lancinante. Gritei, esbravejei, coloquei Deus e o diabo num saco só. Dele me lembro no correr do dia e também nas noites insones. Já tentei sublimar, ressignificar, sei lá. Despedida, partida e passagem. Um engano só. Espiritualista cético, o engodo não cabe no meu coração. Fico com as tiradas, o sorriso no gramado, uma iluminada irreverência. Sublimar? Que seja.

Eu e Tati aguardávamos o momento oportuno para nos dirigirmos ao altar. O cerimonial recomendou que esperássemos um pouco. Um dos padrinhos estava terminando de se arrumar. No jardim, os convidados já faziam silêncio aguardando a entrada dos noivos. Diante de nós aparece o Tiago, resmungando por não conseguir colocar a gravata. Sabedor de que ele tinha dificuldades para lidar com essas coisas, disse-lhe: filho, você está dispensado desse adorno. Então ele respondeu: Eu faço parte do cenário!

Outra lembrança também me vem à mente. Ele tinha uns três anos. Era um almoço na casa da bisa. Fiquei incumbido de vesti-lo, enquanto a mãe arrumava a Flávia. O ato de vestir era um martírio. Se contorcia todo e ficava irriequieto, numa clara demonstração de que estava insatisfeito com aquela mexelança no seu corpo. Com muito custo vesti-lhe a calça 3/4, a camisa e calcei o sapato. Parti então para a reta final, o penteado do cabelo liso que lhe caía sobre a testa. Quando levei o pente, ele disse: "não me píntia".

Um anjo sussurrou no meu ouvido.

Às vezes tomo algumas rasteiras. Levanto, esbravejo, bato a poeira e vou embora. De acordo com o frio, Deus tem me oferecido o cobertor. Aqui estamos nós, em 2022. Tal como Samuel, ergo a minha pedra e digo: "até aqui me ajudou o Senhor". A Tati consulta sites e é fiel seguidoras de grávidas e mamães nas redes sociais. Quanto ao dia do nascimento, ela se vale da contagem aritmética, mas não abre mão dos recursos informáticos. A chegada está prevista para dia 19 de maio. Uma bela data para os dois aniversariantes. Mas o aplicativo, para se eximir de responsabilidade, ressalta que pode se adiantar ou atrasar. A você, Pedro, e também a sua linda mamãe, dedicarei corridas no gramado, brincadeiras na piscina e jogos no tapete da sala. Vocês constituem o bálsamo que apazigua o meu coração. Eu vos dou a minha paz, o meu carinho e um amor infinito.

A natureza tem a sua lógica, cujos desígnios nem sempre podem ser alcançados por aplicativos. O Pedro nasceu em 5 de maio de 2022. A genética, com as suas leis da hereditariedade, mostrou a sua força. É um bebê lindo.

E a viagem continua...

Mais uma edição. Além do Natal, o tempo do autor é fatiado pelas edições dos seus livros. A cada uma, a constatação de que o caminho vai ficando mais encurtado. Sem remorso nem pieguice. Aproximando dos setenta, não se pode dar ao luxo de perder tempo. Livros, cursos, escritório. Tudo misturado. O sono é pouco e já acho muito. Num tempo futuro e incerto chamado eternidade terei o descanso não querido. No caminho, abraços e beijos. Vivo um grande amor e seus frutos. Guiado por Deus, no lombo do Ventania, deixo a vida me abraçar. "O que passou, passou, não tem mais jeito". Nas noites indormidas, rezo o Pai Nosso, peço perdão às pessoas a quem magoei, ardentemente almejo a remissão dos pecados e, como advogado, insisto na prescrição da pena.

Montanhas, vales e planícies. O trem passa soberbo, soltando aquela fumaça esbranquiçada. Furtivamente vou ao passado. Visito a criancice dos meus filhos Flávia e Tiago. Eles tinham entre 9 e 10 anos. Eu era juiz numa pequena comarca de Minas. Completamente responsável, no final da manhã, levava-os para uma estrada deserta e lá a eles ensinava os primeiros passos na direção do meu Fusca.

No mais, vivo o presente e as paisagens que se avizinham.
Tati, eu, Pedro e duas cadelinhas, Nina e Laura.
De vez em quando uma espiada pela janela.
No auge do inverno receberei o segundo cobertor.
O João chegará em julho, para aquecer ainda mais os nossos dias.

Elpídio Donizetti

Advogado, jurista, professor e palestrante. Desembargador aposentado do TJMG. Membro da Comissão de Juristas do Senado Federal responsável pela elaboração do anteprojeto do Novo Código de Processo Civil. Mestre em Direito Processual Civil. Doutor em Ciências Jurídicas e Sociais. Pós-Doutorado em Direito. Fundador do Escritório Elpídio Donizetti Advogados (http://www.elpidiodonizetti.com/@elpidiodonizettiadvogados). É autor de obras jurídicas, dentre as quais cita-se o *Curso de Direito Civil* em coautoria com o prof. Felipe Quintella e a profa. Tatiane Donizetti.

Apresentação e agradecimentos

Acesse o QR Code e assista ao vídeo do autor sobre a obra.
> https://uqr.to/1z25v

Este *Curso* foi inicialmente concebido com base nas notas das aulas por mim ministradas em faculdades de Direito e em cursos preparatórios para concursos da área jurídica. A sua infância e adolescência foram regadas com a experiência haurida na magistratura, como juiz de direito e como desembargador do Tribunal de Justiça de Minas Gerais. O conteúdo das sentenças e dos votos por mim proferidos por anos enriqueceu o recheio deste livro. Posteriormente, a obra recebeu os influxos da Comissão de Juristas, nomeada pelo Senado Federal para a elaboração do anteprojeto do novo Código de Processo Civil, a qual tive a honra de integrar, bem como da prática como parecerista e advogado. Agradeço ao então presidente do Senado Federal José Sarney pela confiança em mim depositada. Nunca imaginei que a minha carreira de magistrado, jurista e professor seria coroada com a indicação para colaborar na redação do anteprojeto do novo Código de Processo Civil. Os intensos e enriquecedores debates travados no âmbito da Comissão, além de me proporcionarem momentos de grande aprendizado, renderam-me a lapidação das lições contidas neste livro.

A todos os integrantes da Comissão de Juristas do Senado Federal, motivada e coordenada pelo Ministro Luiz Fux, do Supremo Tribunal Federal, cujos nomes constam do ato de nomeação [a seguir], registro a minha profunda gratidão.

Aposentei-me no TJMG em 2013, quando então fundei o Escritório **Elpídio Donizetti Advogados**. Assim, às notas de aulas, às sentenças, aos votos proferidos no Tribunal de Justiça do Estado de Minas Gerais e à experiência haurida na Comissão de Juristas do Senado Federal pude agregar a prática advocatícia. O livro passou, então, por novas reformulações, com a finalidade especial de facilitar a prática da advocacia.

Para a 28ª edição, além da costumeira atualização legislativa que realizamos em todas as edições, trouxemos os julgados mais relevantes dos tribunais superiores, com as devidas explicações, afinal, não basta ao advogado conhecer a ementa; é preciso compreender as razões e fundamentos da decisão, inclusive para viabilizar eventual distinção (*distinguishing*). Apenas para **exemplificar**: precedente sobre o IRDR e a definição, pelo STJ, quanto à adoção da causa-piloto pelo CPC (REsp 2.023.892/AP); precedente do STF sobre a possibilidade de utilização na Ação Rescisória nos Juizados Especiais (RE 586.068/PR); atualização da jurisprudência do STJ sobre os honorários de sucumbência em cumprimento de sentença contra a Fazenda Pública (Tema 1190); precedentes repetitivos sobre a penhora de faturamento de empresas (Tema 769) e impenhorabilidade prevista no art. 833, X, do CPC (Tema 1235).

Os advogados que entram diariamente em contato conosco a respeito da obra e das questões que permeiam a prática jurídica são fundamentais para o aperfeiçoamento do conteúdo do livro. Todas as observações, críticas e sugestões apresentadas fazem com que este livro se torne um norte para o ofício que é advogar.

Por fim, agradeço à professora e advogada Ana Carolina Barbosa Pereira, nossa parceira em importantes demandas patrocinadas pelo EDSA, pela prestimosa colaboração na atualização desta edição.

O Autor

Sobre o autor

> "O correr da vida embrulha tudo.
> A vida é assim: esquenta e esfria,
> aperta e daí afrouxa, sossega e depois desinquieta.
> O que ela quer da gente é coragem."
>
> (Guimarães Rosa)

Este espaço é dedicado ao currículo do autor. Os currículos começam sempre pelo título acadêmico mais elevado, de um modo geral, o pós-doutorado, seguido pelo doutorado, e assim por diante. Não quebrarei a tradição. Também começarei pelo título mais importante, principalmente para um homem que se propõe a dizer do Direito, área do conhecimento humano, que trata das virtudes, das mazelas, das venturas e desventuras na caminhada pelas veredas da vida. Falar do Direito é falar de sexo, sangue, suor, risos e lágrimas. É falar da vida. "Viver é uma travessia perigosa... Porque o aprender a viver é que é o viver mesmo" (viva Guimarães Rosa). É preciso coragem para domar os demônios que temos dentro de nós.

Minhas primeiras palavras são sobre o demônio, a quem, em última análise, devo o meu casamento com o Direito. Até os doze anos morei na zona rural de Campina Verde, cidade do pontal do Triângulo Mineiro. Meu pai e meus irmãos mais velhos trabalhavam na lavoura. Minhas tarefas, além de frequentar as aulas na escola local, consistiam em levar comida para a roça, campinar o quintal e dar comida à bicharada. Éramos onze, tirante a primogênita, que fora atingida pela mortalidade infantil. A irmã mais velha cuidava dos mais novos. Em casa com a meninada, minha mãe operava o milagre da multiplicação dos pães, costurava, lavava e dava de comer a todos. Um domingo sim e três não, dava uns trocados para gastar na venda. Meus irmãos compravam doces e outras pequenas guloseimas. De minha parte, preferia aumentar o estoque de fósforos. Sempre tive uma grande propensão para o incêndio. Punha fogo em tudo que via pela frente. Meu pai já enfrentou grandes problemas por causa de incêndios em canaviais. Assim, o fósforo era um produto altamente proibido para mim. Conseguia estocá-lo porque detinha alguns segredinhos picantes do irmão mais velho e a irmã mais nova temia minhas ameaças. Sempre dormi pouco. Não mais que quatro horas por noite, de forma que sobrava muito tempo para as peraltices. Minha mãe, católica fervorosa, fazia questão de levar a meninada ao povoado para a missa de domingo. De joelhos, terço na mão, balbuciava todas as orações do repertório e entrava numa espécie de transe. Só despertava do torpor quando era avisada de que o garoto que vos escreve estava tocando o sino da capela, havia pegado o vinho na sacristia ou simplesmente se metera em uma confusão com outros meninos. A intensificação da reza não era suficiente para disfarçar o choro. Em casa, tomava uma surra, que logo era sublimada pelo vício do fogo. Ver o galinheiro arder em chamas e as galinhas voando me davam uma extraordinária sensação de prazer, suficiente para esquecer toda a bronca. Como o espaço é curto, vou abreviar a história. Os detalhes ficam para as palestras.

Certa noite ouvi minha mãe dizer ao meu pai que eu tinha o "coisa ruim no couro" e que o único jeito de me salvar seria entregando-me aos padres. Lúcifer, demônio ou capeta, entidades menores, mas muito poderosas, que todos, em graus variados, carregamos dentro de nós, eram palavras proibidas. A partir daí, ficaram alguns meses entabulando a minha ida para o seminário. Nem preciso dizer que de lá fui expulso. Nem os padres deram conta de mim, ou do demônio que acreditavam dominar minhas ações. Logo depois da minha expulsão, meus pais resolveram mudar para uma cidade grande. Fomos, então, para Ituiutaba, com aproximadamente trinta mil habitantes na época. Começamos a trabalhar cedo. Meu pai era pedreiro, alguns irmãos continuaram na lavoura e minhas irmãs trabalhavam de domésticas. Fui engraxate, ajudante de sapateiro, entregador de remédios e de tecidos. Aos treze anos já tinha carteira assinada como trocador de ônibus interestadual. Isso mesmo. (Curioso: na época criança não podia furtar nem ficar mendigando nos sinais; trabalhar era permitido.) O ônibus da Rápido Triângulo saía de Ituiutaba, passava pelo Canal de São Simão (GO), onde a tripulação (o motorista e eu) pernoitava, fazia uma parada para o almoço em Campina Verde (MG), uma pausa para o café em Iturama (MG) e rumava para Cardoso (SP), onde passávamos mais uma noite, e depois fazia o caminho inverso. Tinha que cuidar das malas, tirar passagens, voltar troco e, quando o ônibus quebrava, cada passageiro tomava o seu rumo, o motorista ia buscar apoio na cidade mais próxima e eu ficava tomando conta do veículo. Sozinho na escuridão. Lembrava-me das histórias de assombração contadas pelo meu avô. Às vezes dava medo, mas tinha que enfrentar a fera. Gostava mesmo era das paradas e, principalmente, das pensões onde jantávamos e dormíamos. Os motoristas – nem todos, é claro; há que se deixar uma válvula de escape para a defesa do amigo – em cada pensão, uma namorada. Aquilo é que era vida, pensava eu. A almejada liberdade. Foi nesse clima mágico para um recém-saído da zona rural que iniciei na vida sexual. À época não se falava em assédio nem em pedofilia. A garçonete pode até ter abusado do menino incendiário, mas que foi bom, foi.

Como o espaço é curto, vou correr com o filme. Um dia que tiver mais tempo darei mais detalhes dessa história.

Desde a expulsão do seminário, não havia pegado num livro. Apenas trabalhei e cometi muitas peraltices. Aos quinze anos, tive um clique. A inerente inquietude que tanto me aproximava do "coisa ruim" foi canalizada para os estudos, a leitura e as religiões. Li de tudo. Machado de Assis, Jorge Amado e Guimarães Rosa foram companheiros de solidão. Aos dezesseis, já dava aula particular para crianças e adultos em domicílio. Em pouco tempo, perpassei todas as religiões. Fui católico, espírita, evangélico e vendi incenso com os Hare Krishna. Aos dezoito, aprovado numa seleção de 400 candidatos por vaga, ingressei na Escola de Cadetes (EsPCEx), de onde, terminado o segundo grau, saí para estudar Engenharia Elétrica. Aos vinte e um me casei e, na sequência, fui pai de dois filhos. Logo depois, passei no concurso para o Banco do Brasil. O salário no Banco e a possibilidade de ascensão social mais imediata me fizeram deixar a engenharia, que exigia dedicação integral. Foi assim que entrei na faculdade de Direito (Universidade Federal de Uberlândia). Trabalhava no caixa do Banco do Brasil em Estrela do Sul, distante 110 km de Uberlândia. Saía do trabalho às 17h. Juntamente com outros colegas, rumava para a faculdade, onde chegava às 19h, de lá saindo às 22h30. Chegava em casa depois da meia-noite e, no dia seguinte, estava novamente no batente. No sétimo período do curso, consegui transferência no trabalho. Fui trabalhar no Centro de Processamento de Dados do Banco do Brasil, em Uberlândia, da meia-noite às seis da manhã. À noite, ia para a Faculdade. Estudava e exercia a monitoria de Direito Penal. Da aula ia direto para o trabalho. Dormia das sete às onze da manhã, levava minha filha para a escola e ia para a Promotoria, para um estágio das 13h às 17h. Na Promotoria, sob a batuta do Dr. Aldon Taglialegna, fiz até júri. Isso mesmo.

Um tríplice acordo (Juiz, Promotor e Advogado) me permitia falar no júri. Nunca arguiram nulidade e os processos não foram mais injustos por isso. Queria ser Promotor de Justiça. No final do nono período, por concurso interno, fui promovido no Banco e então tive que me mudar para Santa Luzia. Meu sonho da Promotoria foi adiado. Tive que cursar um ano e meio na PUC/MG para concluir o curso. Dois filhos. Tempo exíguo e o dinheiro curto. Trabalhava o dia inteiro no Banco e à tarde saía às pressas para o Coração Eucarístico (*campus* da PUC), onde, antes do início da aula, comia no bandejão. Terminado o curso, prestei o Exame de Ordem e, logo em seguida, o primeiro concurso para Promotor de Justiça (no Estado de Goiás). Bem, aqui termina o meu longo, sofrido e intenso pós-doutorado.

A expulsão do seminário canalizou a inquietude, despertando-me para os estudos. O demônio me salvou. Na verdade, era uma hiperatividade, com a qual aprendi a conviver. Nem cheguei a tomar Ritalina ou coisas do gênero. Fico acordado porque o sono nem sempre vem na hora de dormir e quando vem nem sempre posso obedecer à sua vontade. Como sou regido pela lua, um dia – isso é um desejo – quero dormir à tarde e trabalhar madrugada adentro. Sempre fiz da queda um passo de dança. Com fé em Deus, tive a consciência de que tinha dois pés para cruzar o monte – Morro da Mesa, onde nasci. Permaneço ligado umas vinte horas por dia. Irreverente, muitos ainda me consideram incendiário. Felizmente, não mais compro fósforos com o dinheiro que ganho. O vinho e a constante leitura da Bíblia têm me ajudado a domar o demônio. Com Samuel, posso repetir: "até aqui me ajudou o Senhor" (Samuel, 7.12).

Até agora, na primeira pessoa, contei um pouco da rica experiência do "Zetti" (é assim que me tratam na intimidade) com o demônio, que acabou rendendo o mais elevado título da minha existência, um pós-doc ainda inconcluso na travessia pela vida. Agora, em rápidas pinceladas, falarei da vivência acadêmica de Elpídio Donizetti, da sua trajetória de concurseiro e da experiência profissional haurida como promotor de justiça, magistrado e, desde a sua aposentadoria no TJMG, da sua bem-sucedida experiência como sócio fundador do Escritório Elpídio Donizetti Advogados. Quero que você, ao ler este renovado Curso, um dos mais vendidos manuais de processo civil, possa identificar as influências que motivaram o autor a escrevê-lo tal como foi escrito, direto, sem rodeios, em linguagem simples, sem utilização de estrangeirismos, assim como falam as pessoas normais.

Bem, o autor deste livro, além de tudo o que contou, antes de ingressar na carreira jurídica, foi cadete do Exército, professor de Matemática e de Física em colégios e cursos pré-vestibulares e funcionário do Banco do Brasil. Nada recebeu de mão beijada. Sabedor de que Deus ajuda quem cedo madruga, dormiu tarde, levantou cedo e fez o dever de casa.

Com a pretensão de incentivar os jovens, relato aqui parte dos concursos que prestei. Como tenho uma propensão a esquecer das desventuras, faço menção apenas aos uísques que bebi, ou melhor, aos concursos que venci. Os tombos fazem parte da caminhada, mas o bom mesmo é o sabor da vitória, principalmente quando precedida de uma exaustiva caminhada, por caminhos floridos ou pedregosos:

- 1º colocado no vestibular para o curso de Engenharia Elétrica (1978);
- 1º colocado no concurso para Agente Administrativo do INSS (1978);
- 8º colocado no concurso para funcionário do Banco do Brasil (1979);
- 1º colocado no concurso para monitoria de Direito Penal da Universidade Federal de Uberlândia (1981);
- 4º colocado no concurso para Promotor de Justiça em Goiás (1986);
- 1º colocado no concurso para Promotor de Justiça em Minas Gerais (1988);
- 1º colocado no concurso para Juiz de Direito em Minas Gerais (1988);

- 1º colocado no concurso para Professor da Universidade Federal de Uberlândia (1989);
- 8º colocado no concurso para Procurador da República (1989);
- 1º colocado no processo seletivo para o Mestrado da PUC-MG (2000).

No magistério, foi professor concursado na Faculdade de Direito da Universidade Federal de Uberlândia; coordenador e professor de Direito Processual Civil em cursos de pós-graduação ministrados pelas seguintes instituições: Universidade Católica de Brasília/ANAMAGES; Instituto Izabela Hendrix/ANAMAGES e Centro Universitário Newton Paiva/APROBATUM. Atualmente é professor titular de Direito processual civil no Instituto Elpídio Donizetti/FEAD, professor convidado de cursos de pós-graduação da UNOESC e da PUC/MG e professor convidado em universidades da Argentina, de Portugal e da Itália.

Atividades exercidas no Ministério Público e na Magistratura: Promotor de Justiça nos Estados de Goiás e Minas Gerais (1985 a 1988), Juiz de Direito (1988 a 2005), Juiz do TRE-MG (2001/2002), Juiz do Tribunal de Alçada (2004 a 2005) e Desembargador do Tribunal de Justiça de Minas Gerais (2005 a 2013). Foi Presidente da Associação dos Magistrados Mineiros – AMAGIS (1998 a 2001) e da Associação Nacional dos Magistrados Estaduais – ANAMAGES (2002 a 2011) e Diretor da Escola Nacional de Magistratura Estadual (2011 a 2014).

Elpídio Donizetti é jurista, professor e advogado. Membro da Comissão de Juristas do Senado Federal responsável pela elaboração do anteprojeto do novo Código de Processo Civil. Mestre em Direito Processual Civil pela PUC/MG. Doutor em Ciências Jurídicas e Sociais pela Universidad Del Museo Social Argentino (Argentina). Pós-Doutor em Direito pela Università degli Studi di Messina (Itália). Fundador do Instituto Elpídio Donizetti e do Escritório Elpídio Donizetti Advogados (<www.elpidiodonizetti.com>), com sede em Belo Horizonte e filial em Brasília, com atuação em diversas áreas do Direito, em todos os Tribunais, incluindo o STJ e o STF.

Entre outras, é autor das seguintes obras jurídicas: *A última onda reformadora do Código de Processo Civil* (Lumen Juris), *Ações constitucionais* (Atlas), *Processo de execução* (Atlas), *Redigindo a sentença cível* (Atlas), *Curso de processo coletivo*, em coautoria com Marcelo Malheiros, *Curso de direito civil*, em coautoria com o Prof. Felipe Quintella (Atlas), *Curso de direito processual civil* (Atlas), *O novo Código de Processo Civil comparado* (Atlas) e *O novo Código de Processo Civil comentado* (Atlas).

Depois de quase 25 anos na Magistratura do Estado de Minas Gerais, Elpídio Donizetti aposentou-se como desembargador do Tribunal de Justiça de Minas Gerais em abril de 2013. A aposentadoria, no entanto, apenas deu início a um novo caminho na sua carreira profissional. Atualmente, além de professor, palestrante e autor de diversas obras e artigos jurídicos, dedica-se especialmente à advocacia contenciosa, consultiva e à elaboração de pareceres jurídicos.

É com essa bagagem, acadêmica e profissional, que o advogado e jurista Elpídio Donizetti apresenta aos operadores jurídicos, professores e estudantes o *Curso de Direito Processual Civil*, totalmente reescrito, em consonância com o CPC/2015 e com a jurisprudência construída nesses anos de vigência desse Código, que ainda chamo de novo.

Elpídio Donizetti
elpidio@elpidiodonizetti.com/contato@elpidiodonizetti.com
Redes sociais: @elpidiodonizetti; @elpidiodonizettiadvogados
Belo Horizonte: (31) 3295-0515 e (31) 98239-6362
São Paulo: (11) 3254-7495 e (11) 94569-4769
Brasília: (61) 2193-1355 e (61) 99222-0656

Apresentação da obra

Este *Curso*, com base no Código de Processo Civil em vigor e obedecendo a sua sequência, introduz os operadores do direito, notadamente os advogados, no universo do Direito Processual Civil. Em algumas passagens, a fim de evidenciar as mudanças que ocorreram entre o Código atual e seu antecessor, procedeu-se ao confronto entre o CPC de 2015 e o de 1973. No mais, tudo é baseado no Código de Processo Civil de 2015.

A 28ª edição foi atualizada com o entendimento dos tribunais superiores e com as modificações legislativas que reformularam temas processuais, especialmente as Leis nº 14.976/2024, nº 14.939/2024, nº 14.937/2024, nº 14.879/2024 e nº 14.833/2024, e com a Resolução do Conselho Nacional de Justiça nº 571/2024.

Em um único volume, desenvolvemos todo o programa de Direito Processual Civil. Sem perder o foco e a profundidade dos conteúdos ministrados, utilizamos linguagem simples e descomplicada. A jurisprudência temática e as súmulas pertinentes apresentadas ao longo da obra indicam a orientação dos tribunais acerca de determinada questão controvertida. Os quadros esquemáticos constituem importante instrumento para a fixação dos conteúdos estudados. Nesta 28ª edição, o leitor ainda conta com diversos exemplos práticos sobre prazos processuais, além de tabelas comparativas ao longo do livro que facilitam a apreensão do conteúdo.

Para sintetizar a apresentação deste Curso, basta dizer que o autor tem alta qualificação como magistrado, professor e, agora, como advogado. Essa rica experiência faz com que Elpídio Donizetti seja um dos mais requisitados profissionais com atuação em Direito Processual Civil. Suas aulas e palestras são ouvidas e apreciadas por alunos e profissionais de todo o País. Sua obra é indispensável a todos que, de uma forma ou de outra, lidam com o Direito, especialmente advogados. Seu Escritório de Advocacia é dos mais prestigiados em Minas Gerais, São Paulo, Brasília – onde possui sedes – e no Brasil. Comprova essa qualificação e dedicação ao ofício de advogar o recente reconhecimento pela Procuradoria Constitucional do Conselho Federal da Ordem dos Advogados do Brasil a respeito do apoio e colaboração da obra e pareceres de Elpídio Donizetti na defesa da advocacia brasileira[1].

---

[1] Disponível em: https://www.oab.org.br/noticia/60607/pareceres-juridicos-defendem-os-honorarios-de-acordo-com-o-cpc.

Do autor para o leitor

Meu caro leitor, caso você se depare com alguma incorreção ou considere que determinado tema mereça ser tratado de forma diversa, por favor, entre em contato com o autor pelas redes sociais, via Facebook (@elpidiodonizetti), X (@profElpidio), Instagram (@elpidiodonizetti e @elpidiodonizettiadvogados) ou *e-mail* (elpidio@elpidiodonizetti.com). Estou, como sempre, disponível para ouvir críticas e sugestões que eventualmente ensejem a revisão desta obra.

Atos públicos relevantes

SENADO FEDERAL

PRESIDÊNCIA

Comissão de Juristas "Novo CPC"

Comissão de Juristas encarregada de elaborar Anteprojeto do Novo Código de Processo Civil, instituída pelo Ato nº 379, de 2009, do Presidente do Senado Federal, de 30 de setembro de 2009

Membros da Comissão

Luiz Fux (Presidente)
Teresa Arruda Alvim Wambier (Relatora)

Adroaldo Furtado Fabrício
Benedito Cerezzo Pereira Filho
Bruno Dantas
Elpídio Donizetti Nunes
Humberto Theodoro Júnior
Jansen Fialho de Almeida
José Miguel Garcia Medina
José Roberto dos Santos Bedaque
Marcus Vinicius Furtado Coelho
Paulo Cesar Pinheiro Carneiro

COMISSÃO DE JURISTAS
Instituída pelo Ato nº 379, de 2009,
do Presidente do Senado Federal

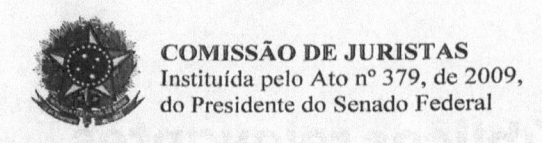

      Na qualidade de Presidente da Comissão de Juristas responsável pela elaboração de anteprojeto de Código de Processo Civil, instituída pelo Ato nº 379, de 2009, da presidência do Senado Federal, tenho a honra de informar que o Dr. ELPÍDIO DONIZETTI, é membro desta Comissão de Juristas, tendo sido nomeado por sua excelência o Presidente do Senado Federal, Senador José Sarney, por seu notável saber jurídico adquirido através dos inúmeros trabalhos que realizou na esfera jurídica, reputando evidente destaque nacional.

      Reitero, ainda, que o Dr. Elpídio Donizetti tem participado com competência e efetividade em todas as reuniões, sendo importante membro nesta missão de formulação de um novo Código de Processo Civil, que norteará o Direito Brasileiro.

Brasília, 5 de fevereiro de 2010.

Ministro LUIZ FUX
Presidente da Comissão

ATO DO PRESIDENTE Nº 379, de 2009

> Institui Comissão de Juristas responsável pela elaboração de anteprojeto de Código de Processo Civil.

O PRESIDENTE DO SENADO FEDERAL, no desempenho de suas atribuições, e

Considerando que o vigente Código de Processo Civil data de 17 de janeiro de 1973, e que desde então já foram editadas sessenta e quatro normas legais alterando-o de alguma forma;

Considerando que, à época da edição do Código de Processo Civil, em 1973, os instrumentos processuais de proteção dos direitos fundamentais não gozavam do mesmo desenvolvimento teórico que desfrutam modernamente, e que desde então se deu uma grande evolução na estrutura e no papel do Poder Judiciário;

Considerando que tanto o acesso à justiça quanto a razoável duração do processo adquiriram novo verniz ao serem alçados à condição de garantias fundamentais previstas constitucionalmente;

Considerando que a sistematicidade do Código de Processo Civil tem sofrido comprometimento, em razão das inúmeras modificações legislativas aprovadas nos trinta e cinco anos de sua vigência, e que a coerência interna e o caráter sistêmico são elementos fundamentais para irradiar segurança jurídica à sociedade brasileira;

Considerando a experiência bem-sucedida da Comissão de Juristas encarregada de elaborar anteprojeto de Código de Processo Penal:

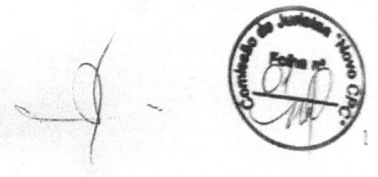

Parágrafo único. Desde logo, a Comissão elaborará minuta de regulamento para disciplinar os seus trabalhos, que será posteriormente submetida à apreciação da Mesa Diretora do Senado Federal.

Art. 4º A participação da referida Comissão de Juristas não será remunerada a nenhum título, constituindo serviço público relevante prestado ao Senado Federal.

Art. 5º As despesas logísticas necessárias ao funcionamento da Comissão serão custeadas pelo Senado Federal, incluindo transporte, hospedagem, organização de eventos, publicações e outras similares.

Parágrafo único. Serão reservados, na mesma rubrica orçamentária destinada às comissões temporárias especiais, os recursos necessários ao custeio das despesas de que trata o *caput* deste artigo.

Art. 6º Este Ato entra em vigor na data de sua publicação.

Senado Federal, 30 de setembro de 2009

Senador **JOSÉ SARNEY**
Presidente do Senado Federal

Considerando que as contribuições oriundas da Comissão de Juristas terão, indiscutivelmente, grande valor para os trabalhos legislativos do Senado Federal,

RESOLVE:

Art. 1º Instituir Comissão de Juristas com a finalidade de apresentar, no prazo de cento e oitenta dias, anteprojeto de Código de Processo Civil.

Art. 2º A Comissão de Juristas prevista no art. 1º será presidida pelo Ministro Luiz Fux, do Superior Tribunal de Justiça, e terá a seguinte composição:

I – Adroaldo Furtado Fabrício;

II – Bruno Dantas;

III – Elpídio Donizete Nunes;

IV – Humberto Theodoro Junior;

V – Jansen Fialho de Almeida;

VI – José Miguel Garcia Medina;

VII – José Roberto dos Santos Bedaque;

VIII – Marcus Vinicius Furtado Coelho;

IX – Paulo Cezar Pinheiro Carneiro;

X – Teresa Arruda Alvim Wambier, como relatora-geral dos trabalhos.

Art. 3º O prazo para conclusão dos trabalhos será contado a partir de 1º de novembro de 2009.

Sumário

Parte Geral
Parte I – Teoria Geral do Direito Processual Civil

1   O Direito Processual Civil: conceito e fontes. O Direito Processual Civil na perspectiva do Código de Processo Civil de 2015 3
     1.   O Direito Processual Civil 3
         1.1   Conceito e fontes 3
         1.2   O Direito Processual Civil na perspectiva do Código 7
             1.2.1   A estrutura do Código de Processo Civil de 2015 8
             1.2.2   Os diversos tons do Código atual 9
             1.2.3   O sistema de precedentes consolidado pelo CPC vigente 12

2   A principiologia do Código de Processo Civil: influências constitucionais e tentativa de efetivação dos direitos e garantias fundamentais 17
     1.   Influências do Direito Constitucional sobre o Direito Processual Civil: neoconstitucionalismo e neoprocessualismo 17
         1.1   Evolução (fases) do processualismo: sincretismo, autonomismo, instrumentalismo e neoprocessualismo 18
         1.2   O "modelo constitucional do processo" 19
     2.   Princípios processuais como direitos fundamentais 20
         2.1   Introdução: princípios, regras e valores 20
         2.2   Princípios constitucionais sobre o processo (direitos fundamentais processuais) 22
         2.3   Positivação infraconstitucional dos direitos fundamentais processuais .. 23
         2.4   Princípios fundamentais processuais como instrumentos de efetivação de direitos fundamentais substanciais 23
     3.   Os princípios e as garantias processuais 24
         3.1   Princípio do devido processo legal 25

3.2 Princípio da ação (da demanda ou da inércia) e princípio do impulso oficial – art. 2º 27
3.3 Princípio da inafastabilidade (ou da indeclinabilidade) – art. 3º 27
3.4 Princípio da duração razoável do processo e da primazia do julgamento do mérito – art. 4º 29
3.5 Princípio da boa-fé processual – art. 5º... 30
3.6 Princípio da cooperação – art. 6º 32
3.7 Princípio da igualdade (ou da isonomia) – art. 7º 34
3.8 Princípio do contraditório – arts. 7º, 9º e 10 35
3.9 Princípio da ampla defesa 37
3.10 Princípio da função social do processo – art. 8º 38
3.11 Princípio da dignidade da pessoa humana – art. 8º 39
3.12 Princípio da proporcionalidade – art. 8º... 40
3.13 Princípio da razoabilidade – art. 8º... 41
3.14 Princípio da legalidade – art. 8º... 41
3.15 Princípio da publicidade – art. 8º.. 42
3.16 Princípio da eficiência – art. 8º.. 43
3.17 Princípio da lealdade processual 43
3.18 Princípio da motivação – art. 11 44
3.19 Princípio da cronologia – art. 12... 45
3.20 Princípio da imparcialidade... 46
4. Princípios processuais consagrados pela doutrina e pela jurisprudência............ 46
4.1 Princípio do juízo natural 46
4.2 Princípio do duplo grau de jurisdição 47
4.3 Princípio da identidade física do juiz 48
4.4 Princípio da efetividade (da máxima coincidência possível) 49
4.5 Princípio da adequação (ou da adaptabilidade)...................................... 49
4.6 Princípio da improrrogabilidade (e irredutibilidade) da jurisdição......... 50
4.7 Princípios dispositivo e inquisitivo 50
4.8 Princípio da instrumentalidade das formas... 50
4.9 Princípio da economia processual 51
4.10 Princípio da persuasão racional do juiz (ou do livre convencimento motivado).. 52
4.11 Princípio da verdade real... 53
4.12 Princípio da oralidade 54
4.13 Princípio da liberdade das partes no processo 54
4.14 Princípio da congruência 54

3 Aplicação das normas processuais: a lei processual civil no espaço e no tempo (arts. 13 a 15).. 59
1. Introdução.. 59
   1.1 A lei processual civil no espaço 59

	1.2	A lei processual civil no tempo	60
		1.2.1 Direito intertemporal	63
2.		Normas processuais civis como fontes subsidiárias	67

4 Jurisdição, ação e processo: a trilogia estrutural do Direito Processual Civil ... 71

1. Jurisdição, ação e processo: a trilogia estrutural do Direito Processual 71
2. Jurisdição 72
    - 2.1 Conceito de jurisdição 72
    - 2.2 Características da jurisdição 72
        - 2.2.1 Unidade 72
        - 2.2.2 Secundariedade 75
        - 2.2.3 Substitutividade 77
        - 2.2.4 Imparcialidade 78
        - 2.2.5 Criatividade 79
        - 2.2.6 Inércia 80
        - 2.2.7 Definitividade 80
    - 2.3 Princípios da jurisdição 81
        - 2.3.1 Princípio do juízo natural 81
        - 2.3.2 Princípio da improrrogabilidade 83
        - 2.3.3 Princípio da indeclinabilidade (ou da inafastabilidade) 83
        - 2.3.4 Princípio da inevitabilidade 84
        - 2.3.5 Princípio da indelegabilidade 84
    - 2.4 Jurisdição contenciosa e jurisdição voluntária 84
3. Tutela Jurisdicional 88
    - 3.1 Principais espécies de tutelas jurisdicionais 89
    - 3.2 Sistematização das tutelas jurisdicionais 91
    - 3.3 Tutela jurisdicional sob a perspectiva do réu 94
    - 3.4 Órgãos jurisdicionais incumbidos da tutela jurisdicional no Brasil 95
4. Meios alternativos de pacificação social 98
    - 4.1 Autotutela 99
    - 4.2 Mediação e conciliação 99
    - 4.3 Julgamento por órgão administrativo 101
5. Arbitragem 102
6. Ação 110
    - 6.1 Conceito e evolução 110
    - 6.2 O CPC/2015 e as "condições da ação" 113
    - 6.3 Elementos da ação 114
    - 6.4 Classificação das ações 116
7. Processo 121
    - 7.1 Conceito 121
    - 7.2 As várias visões do processo 124

		7.2.1	Processo e procedimento	124

- 7.2.1 Processo e procedimento 124
- 7.2.2 Processo como contrato 125
- 7.2.3 Processo como quase contrato 126
- 7.2.4 Processo como relação jurídica 126
- 7.2.5 Processo como situação jurídica 126
- 7.2.6 Processo como instituição jurídica 127
- 7.2.7 Processo como procedimento em contraditório 127
- 7.2.8 Processo como entidade complexa 128
- 7.3 Sujeitos do processo 129
- 7.4 Espécies de processo 129
- 8. Pressupostos processuais 130
- 9. Pressupostos e requisitos processuais 131
- 10. Os diversos planos do mundo jurídico 131
  - 10.1 O plano da existência 132
  - 10.2 O plano de validade 132
  - 10.3 O plano de eficácia 132
- 11. Classificação dos pressupostos e dos requisitos processuais 133
  - 11.1 Pressupostos processuais subjetivos 133
  - 11.2 Pressuposto processual objetivo: a existência de uma demanda .. 137
  - 11.3 Requisitos processuais subjetivos de validade 137
  - 11.4 Requisitos processuais objetivos positivos (ou intrínsecos): respeito ao formalismo processual 143
  - 11.5 Requisitos processuais objetivos negativos (ou extrínsecos) 144
  - 11.6 Requisitos processuais necessários à admissibilidade do processo 146
  - 11.7 Distinção entre legitimidade para a causa, legitimidade para o processo e capacidade de ser parte 150
  - 11.8 Teorias da exposição e da asserção 151

5 A função jurisdicional: limites da jurisdição nacional e cooperação internacional (arts. 16 a 41) 155

1. Introdução 155
2. Limites da jurisdição nacional 156
   - 2.1 Competência concorrente 157
   - 2.2 Competência exclusiva 159
   - 2.3 Cláusula de eleição de foro 161
3. Cooperação internacional 162
   - 3.1 Introdução 162
   - 3.2 Autoridade central 163
   - 3.3 Reciprocidade 164
   - 3.4 Mecanismos de cooperação internacional 164
     - 3.4.1 Auxílio direto (ou assistência direta) 165

		3.4.2	Carta rogatória	166
		3.4.3	Homologação de sentença estrangeira	167

6 Competência interna e cooperação nacional (arts. 42 a 69) ... 171

1. Introdução ... 171
2. Princípios norteadores da competência jurisdicional ... 171
    - 2.1 Princípio do juízo natural ... 171
    - 2.2 Princípio da competência sobre a competência (*Kompetenz-Kompetenz*) ... 172
    - 2.3 Princípio da perpetuação da competência (*perpetuatio jurisdictionis*) ... 172
3. Critérios determinativos da competência ... 173
    - 3.1 Critério objetivo ... 173
        - 3.1.1 Competência em razão do valor da causa ... 173
        - 3.1.2 Competência em razão da matéria e em razão da pessoa ... 174
    - 3.2 Critério funcional ... 177
    - 3.3 Critério territorial ... 178
        - 3.3.1 Foro geral ... 178
        - 3.3.2 Foros especiais ... 180
4. Metodologia para determinação da competência ... 184
5. (In)competência absoluta e relativa ... 185
6. Modificação da competência ... 187
    - 6.1 Prorrogação ... 187
    - 6.2 Conexão e continência ... 187
    - 6.3 Eleição de foro (derrogação da competência) ... 190
7. Prevenção ... 191
8. Regra da acessoriedade ... 192
9. Conflito de competência ... 193
10. Cooperação nacional ... 194

7 Partes e procuradores (arts. 70 a 112) ... 201

1. Partes ... 201
    - 1.1 Conceito ... 201
    - 1.2 Capacidade de ser parte ... 202
    - 1.3 Capacidade processual, capacidade para estar em juízo, capacidade judiciária ou legitimação *ad processum*: diversos nomes para o mesmo conceito ... 204
        - 1.3.1 Capacidade processual dos cônjuges ... 205
        - 1.3.2 Capacidade processual dos entes referidos no art. 75 ... 207
    - 1.4 Incapacidade processual e irregularidade na representação ... 209
    - 1.5 Dos deveres das partes e de seus procuradores ... 210
        - 1.5.1 Da responsabilidade das partes por dano processual. As sanções processuais por litigância de má-fé ... 213
    - 1.6 Das despesas, dos honorários advocatícios e das multas: o regime financeiro do Código de Processo Civil ... 218

		1.6.1	O pagamento das despesas processuais	219

- 1.6.1 O pagamento das despesas processuais 219
  - 1.6.1.1 Do ônus de adiantar as despesas processuais 219
  - 1.6.1.2 Da obrigação final pelo custo do processo 221
  - 1.6.1.3 Da divisão dos ônus sucumbenciais: princípios da sucumbência e da causalidade 222
- 1.6.2 Os honorários advocatícios 224
  - 1.6.2.1 Honorários advocatícios nas ações em que for parte a Fazenda Pública: regras especiais 234
  - 1.6.2.2 Titularidade e cobrança dos honorários 236
- 1.7 Assistência judiciária: concessão dos benefícios, procedimento, impugnação e recursos 245
2. Procuradores 252
  - 2.1 A capacidade postulatória conferida aos advogados 252
  - 2.2 Requisitos da procuração 253
  - 2.3 Direitos dos advogados 258
3. Sucessão das partes e dos procuradores 260

8 Litisconsórcio (arts. 113 a 118) 263
1. Conceito 263
2. Classificação do litisconsórcio 263
3. Hipóteses legais de litisconsórcio 265
   - 3.1 Litisconsórcio facultativo, sucessivo, alternativo e eventual 265
4. Litisconsórcio unitário e necessário 266
5. Litisconsórcio necessário: ativo e passivo 267
6. Litisconsórcio multitudinário 269
7. Autonomia dos litisconsortes 270

9 Intervenção de terceiros (arts. 119 a 138) 275
1. Noções gerais 275
   - 1.1 Hipóteses de não cabimento das intervenções previstas no CPC/2015 ... 276
2. Assistência (arts. 119 a 124) 277
   - 2.1 Conceito 277
   - 2.2 Situação processual, poderes e ônus processuais do assistente 277
     - 2.2.1 Assistência simples 278
       - 2.2.1.1 Extensão da coisa julgada, efeitos da interposição de recursos na assistência simples e indiscutibilidade da justiça da decisão 278
     - 2.2.2 Assistência litisconsorcial 279
   - 2.3 Limite temporal para admissão do assistente e impugnação 280
3. Denunciação da lide (arts. 125 a 129) 281
   - 3.1 Conceito 281
   - 3.2 Hipóteses de admissibilidade 282
   - 3.3 (Não) obrigatoriedade da denunciação 285

	3.4	Procedimento	286
	3.5	Procedimentos que admitem a denunciação	286
	3.6	A possibilidade de condenação direta de seguradora	287
	3.7	Julgamento da denunciação da lide e verbas de sucumbência	289
4.	Chamamento ao processo (arts. 130 a 132)		290
	4.1	Conceito	290
	4.2	Hipóteses de admissibilidade	291
	4.3	Procedimento	292
	4.4	Chamamento ao processo nas ações de alimentos	293
	4.5	Chamamento ao processo no Código de Defesa do Consumidor	294
5.	Incidente de Desconsideração da Personalidade Jurídica (arts. 133 a 137)		296
	5.1	Noções gerais	296
	5.2	(Des)necessidade de ação autônoma	299
	5.3	Legitimidade para a instauração do incidente	299
	5.4	Desconsideração inversa da personalidade jurídica	300
	5.5	Hipóteses de cabimento	301
	5.6	Procedimento para a desconsideração da personalidade jurídica	302
	5.7	Efeitos da desconsideração	303
6.	*Amicus curiae* (art. 138)		306
	6.1	Introdução	306
	6.2	O *amicus curiae* como instrumento de legitimação dos precedentes judiciais	307
	6.3	Natureza jurídica	307
	6.4	Intervenção do *amicus curiae* nas ações de controle de constitucionalidade	308
	6.5	A intervenção do *amicus curiae* nos demais processos judiciais	309
		6.5.1 Requisitos para a intervenção do amicus curiae	310
		6.5.2 Procedimento para a intervenção	311
		6.5.3 Momento para a intervenção	311
		6.5.4 Interposição de recursos	312
		6.5.4.1 Recurso contra a decisão que (in)admite a intervenção	312
		6.5.4.2 Embargos declaratórios e incidente de resolução de demandas repetitivas	313
		6.5.5 Necessidade de advogado	314
7.	Oposição e nomeação à autoria: intervenções excluídas do CPC/2015?		315
8.	A intervenção anômala das pessoas de Direito público		316

10 O juiz e os auxiliares da justiça (arts. 139 a 175) — 319

1.	Poderes, deveres e responsabilidades do juiz	319
2.	O poder-dever de prestar a tutela jurisdicional	329
3.	Limites da decisão	330

4.	Princípio da identidade física do juiz	330
5.	Responsabilidades do juiz	331
6.	Impedimentos e suspeição	332
	6.1 Recusa dos impedidos ou suspeitos	335
7.	Auxiliares da justiça	337

11 As funções essenciais à justiça: o Ministério Público, a Advocacia Pública, a Defensoria Pública e a Advocacia Privada (arts. 176 a 187 do CPC e art. 133 da CF) 343

1.	Introdução	343
2.	As funções essenciais à justiça	344
	2.1 O Ministério Público	345
	2.1.1 Natureza da atuação	345
	2.1.2 Princípios institucionais	346
	2.1.3 Formas de atuação	347
	2.1.4 Consequências da ausência do Ministério Público no processo	349
	2.1.5 Prazos e responsabilidades	350
	2.1.6 Impedimento, suspeição e incompetência	351
	2.1.7 Legitimidade para recorrer	351
	2.1.8 Outras hipóteses de atuação do Ministério Público no Processo Civil	352
	2.2 A Advocacia Pública	356
	2.2.1 Funções	357
	2.2.2 Autonomia	357
	2.2.3 Formas de atuação	358
	2.2.4 Prazos e responsabilidades	359
	2.3 A Defensoria Pública	360
	2.3.1 A Defensoria Pública como cláusula pétrea	361
	2.3.2 Funções	361
	2.3.2.1 As funções da Defensoria Pública no CPC atual	363
	2.3.3 A Defensoria Pública e o controle de constitucionalidade	365
	2.3.4 Princípios institucionais	367
	2.3.5 Prazos e responsabilidades	368
	2.4 A Advocacia Privada	370

12 Atos processuais (arts. 188 a 293) 371

1.	Conceito	371
2.	Classificação dos atos processuais	372
	2.1 Atos das partes	372
	2.2 Pronunciamentos (ou atos) do juiz	373
	2.2.1 Sentença	373
	2.2.2 Acórdão	374
	2.2.3 Decisão monocrática de relator	374

		2.2.4	Decisão interlocutória	374
		2.2.5	Despachos	374
	2.3	Atos do escrivão		375
3.	Forma dos atos processuais			375
	3.1	Convenção acerca da prática dos atos processuais		377
4.	Atos processuais praticados por meio eletrônico			380
	4.1	Assinatura eletrônica		381
	4.2	Informática jurídica		383
5.	Linguagem utilizada nos atos processuais			386
6.	Publicidade dos atos processuais			386
7.	O tempo e o lugar dos atos processuais			387
8.	Férias e feriados forenses			389
	8.1	As férias e os prazos de natureza material		392
9.	Os prazos processuais			394
	9.1	Classificação dos prazos		396
	9.2	Principais prazos para a prática de atos processuais		399
	9.3	O curso dos prazos		401
	9.4	Contando os prazos		404
		9.4.1	Termo inicial dos prazos	405
			9.4.1.1 Forma de contagem dos prazos	409
		9.4.2	Algumas regras especiais sobre contagem de prazo	415
	9.5	Prazos na execução de título extrajudicial e no cumprimento de sentença		415
	9.6	Prazos para o Ministério Público, para a Fazenda Pública e para a Defensoria Pública		420
10.	Preclusão			420
11.	Descumprimento de prazos e penalidades			421
12.	Comunicação dos atos processuais			422
	12.1	Meios pelos quais se realizam as citações e as intimações		422
	12.2	Citação		425
		12.2.1	Citação por meio eletrônico: agora essa é a regra	426
		12.2.2	Citação pelo correio	428
		12.2.3	Citação por oficial de justiça	429
		12.2.4	Citação na Secretaria do juízo	430
		12.2.5	Citação por edital	430
		12.2.6	Citação nas ações de usucapião de bem imóvel	431
		12.2.7	Efeitos da citação	431
	12.3	A interrupção da prescrição e da decadência como efeitos do despacho que ordena a citação		433
	12.4	Declaração de ofício da prescrição e da decadência		434
	12.5	Intimação		436

13. Nulidades.. 437
    13.1   Os diversos planos dos fatos jurídicos: existência, validade e eficácia..... 438
    13.2   Nulidade absoluta e nulidade relativa... 438
    13.3   Sistema de nulidades no CPC.. 439
           13.3.1   Considerações gerais 439
           13.3.2   Momento de arguição da nulidade.. 440
           13.3.3   Decretação da nulidade e seus efeitos 440
           13.3.4   Nulidade na hipótese de não intervenção do Ministério Público... 441
Anexo – Tabela dos principais prazos no Código de Processo Civil 447

13 Tutela provisória (arts. 294 a 311)... 455
1. Noções gerais 455
2. A urgência e a evidência como fundamentos das tutelas provisórias 457
3. Disposições comuns a todas as espécies de tutelas provisórias........................... 459
    3.1   A tutela provisória requerida em caráter incidental independe do pagamento de custas (art. 295)... 459
    3.2   A tutela provisória conserva sua eficácia na pendência do processo, mas pode, a qualquer tempo, ser revogada ou modificada (art. 296, *caput*)... 459
    3.3   O juiz poderá determinar as medidas que considerar adequadas para efetivação da tutela provisória (art. 297). A efetivação da tutela provisória observará as normas referentes ao cumprimento provisório da sentença, no que couber (parágrafo único)... 462
    3.4   Na decisão que conceder, negar, modificar ou revogar a tutela provisória, o juiz justificará as razões de seu convencimento de modo claro e preciso (art. 298) 462
    3.5   A competência para apreciar a tutela provisória será do juízo da causa quando ela for requerida em caráter incidental; será do juízo competente para conhecer do pedido principal quando requerida em caráter antecedente (art. 299) 463
    3.6   Tutela provisória e contraditório – a regra é a concessão antes de ouvir o demandado 464
4. Tutela provisória e recurso 464
5. Tutela provisória contra a Fazenda Pública 466
6. Disposições gerais referentes às tutelas de urgência (cautelar e antecipada) 468
    6.1   Fungibilidade entre as tutelas de urgência (cautelar e antecipada).......... 468
    6.2   Requisitos para concessão das tutelas de urgência 469
    6.3   Prestação de caução real ou fidejussória como requisito para a concessão das tutelas de urgência... 470
    6.4   Momento para o deferimento das tutelas de urgência 471
    6.5   A reversibilidade dos efeitos da decisão como condicionante para deferimento da tutela de urgência de natureza antecipada................................ 471
    6.6   Indenização pelos prejuízos decorrentes da tutela de urgência 473
           6.6.1   Sentença desfavorável (art. 302, I) 475

	6.6.2	Obtenção da liminar da tutela em caráter antecedente e não fornecimento de meios necessários para a citação do requerido no prazo de 5 dias (art. 302, II)	476
	6.6.3	Cessação da eficácia em qualquer hipótese legal (art. 302, III) ..	476
	6.6.4	Acolhimento da alegação de decadência ou prescrição (art. 302, IV)...	477

7. Da tutela cautelar.. 477
    7.1 Das tutelas idôneas para asseguração do direito................................... 477
    7.2 A tutela cautelar requerida concomitantemente com o pedido principal ou incidentalmente ao processo 479
    7.3 A tutela cautelar requerida em caráter antecedente............................. 480
        7.3.1 Requisitos da petição inicial da tutela cautelar antecedente........ 480
        7.3.2 Cognição preliminar e apreciação do pedido de liminar 481
        7.3.3 As possíveis atitudes do réu em face da citação e o encaminhamento do processo 482
        7.3.4 Momento para formulação do pedido principal........................ 483
        7.3.5 E se o pedido principal não for apresentado no prazo de 30 dias da efetivação da tutela cautelar? 486
            7.3.5.1 Consequências do indeferimento ou da não efetivação da tutela cautelar... 486
        7.3.6 O pedido principal – procedimento 488
        7.3.7 Causas que fazem cessar a eficácia da tutela cautelar................. 489

8. Da tutela antecipada.. 491
    8.1 Linhas gerais sobre a tutela antecipada 491
    8.2 Momentos para requerimento e concessão da tutela antecipada............. 492
    8.3 Procedimento da tutela antecipada requerida em caráter antecedente 492
        8.3.1 Requisitos da petição inicial da tutela antecipada requerida em caráter antecedente 493
        8.3.2 Cognição preliminar e apreciação do pedido de tutela antecipada liminar 494
        8.3.3 O aditamento da petição inicial e a citação do réu 495
        8.3.4 A estabilização da tutela antecipada concedida em caráter antecedente.. 496
            8.3.4.1 Estabilização da tutela antecipada – um bicho de duas cabeças 498
        8.3.5 Ação revisional da tutela antecipada estabilizada........................ 498
        8.3.6 Questões suscitadas acerca da estabilização da tutela antecipada.. 500
        8.3.7 A estabilização da tutela antecipada se aplica às ações possessórias?... 502

9. Da tutela da evidência 505
    9.1 Noções gerais 505
    9.2 Situações jurídico-processuais que ensejam a concessão da tutela da evidência.. 507

14 Formação, suspensão e extinção do processo (arts. 312 a 317) 513
1. Visão geral do processo 513
2. Formação da relação processual 513
   2.1 Estabilização do processo 514
3. Suspensão do processo 514
   3.1 Suspensão do processo pela morte ou pela perda da capacidade processual (art. 313, I) 515
   3.2 Suspensão do processo por convenção das partes (art. 313, II) 516
   3.3 Suspensão do processo pela arguição de impedimento ou suspeição 516
   3.4 Suspensão pela admissão de incidente de resolução de demandas repetitivas 516
   3.5 Suspensão em razão da dependência do julgamento de outra causa, de declaração da existência ou inexistência de relação jurídica ou de produção de prova (art. 313, V, a e b) 517
   3.6 Suspensão por motivo de força maior (art. 313, VI) 518
   3.7 Quando se discutir em juízo questão decorrente de acidentes e fatos da navegação de competência do Tribunal Marítimo (art. 313, VII) 518
   3.8 Outros casos de suspensão regulados pelo Código (art. 313, VIII) 519
   3.9 Suspensão em razão de parto, adoção ou paternidade (art. 313, IX e X) .. 519
   3.10 Suspensão para verificação da existência de fato delituoso 521
4. Extinção do processo 521

Parte Especial

Parte II – Processo de Conhecimento, Cumprimento de Sentença e Procedimento nos Juizados Especiais

1 Procedimento comum (arts. 318 a 512) 525
1. Noções gerais 525
2. Determinação do procedimento 526
3. Visão geral do procedimento comum 526
4. Fase postulatória 527
   4.1 Petição inicial 528
      4.1.1 Requisitos da petição inicial 528
         4.1.1.1 Requisito especial do art. 330, § 2º 531
      4.1.2 O pedido e suas espécies 532
      4.1.3 Alteração do pedido 534
   4.2 Posturas do juiz em face do ajuizamento da ação 534
      4.2.1 Declaração de impedimento ou de suspeição 534
      4.2.2 Emenda da petição inicial 534
      4.2.3 Deferimento da petição inicial 536
      4.2.4 Indeferimento da petição inicial 536

			4.2.4.1	Recurso do indeferimento da inicial	538
		4.2.5	\multicolumn{2}{l}{Julgamento de improcedência do pedido em caráter liminar}	538
			4.2.5.1	Recurso contra a decisão de improcedência liminar	542
	4.3	\multicolumn{3}{l}{Audiência conciliatória}	543
	4.4	\multicolumn{3}{l}{Resposta do réu}	547
		4.4.1	\multicolumn{2}{l}{Exceção de impedimento ou suspeição}	548
		4.4.2	\multicolumn{2}{l}{Contestação}	553
			4.4.2.1	Convenção de arbitragem	556
			4.4.2.2	Alegação de ilegitimidade do réu	557
			4.4.2.3	A contestação na qual se argui incompetência pode ser protocolada no foro de domicílio do réu	559
			4.4.2.4	Contagem do prazo para a contestação	560
		4.4.3	\multicolumn{2}{l}{Reconvenção}	562
		4.4.4	\multicolumn{2}{l}{Sistema de preclusão das diversas modalidades de resposta}	564
	4.5	\multicolumn{3}{l}{Revelia}	565

5. Fase saneadora e julgamento conforme o estado do processo 568
   - 5.1 Extinção do processo 569
   - 5.2 Julgamento antecipado do mérito 570
   - 5.3 Julgamento antecipado parcial do mérito 570
6. Saneamento e organização do processo 571
7. Fase instrutória ou probatória 573
   - 7.1 Audiência de instrução e julgamento 575
   - 7.2 Provas 576
       - 7.2.1 Produção antecipada da prova 583
       - 7.2.2 Ata notarial 584
       - 7.2.3 Depoimento pessoal 586
       - 7.2.4 Confissão 587
       - 7.2.5 Exibição de documento ou coisa 589
       - 7.2.6 Prova documental 592
       - 7.2.7 Arguição de falsidade 595
       - 7.2.8 Documentos eletrônicos 596
       - 7.2.9 Prova testemunhal 598
       - 7.2.10 Prova pericial 601
           - 7.2.10.1 Indeferimento e dispensa da prova pericial 602
           - 7.2.10.2 Prova técnica simplificada 603
           - 7.2.10.3 Perícia consensual 603
           - 7.2.10.4 Procedimento 604
           - 7.2.10.5 Requisitos do laudo pericial 607
           - 7.2.10.6 Nova perícia 608
           - 7.2.10.7 Responsabilidade do perito 608
           - 7.2.10.8 Assistentes técnicos 608

		7.2.10.9	Escusa, impedimento e suspeição	609
		7.2.10.10	Substituição do perito	610
		7.2.10.11	O juiz e o laudo pericial	610
	7.2.11	Inspeção judicial		613
		7.2.11.1	Procedimento	614

8. Fase decisória 615
   8.1 Considerações gerais 615
   8.2 Conceito de sentença 616
   8.3 Sentença terminativa 616
      8.3.1 Hipóteses de extinção sem resolução do mérito 617
   8.4 Sentença definitiva 620
   8.5 Elementos essenciais da sentença 625
      8.5.1 Ausência de fundamentação 625
   8.6 Classificação e efeitos das sentenças definitivas 629
   8.7 Conformação da sentença ao pedido 631
   8.8 Sentenças *citra petita*, *ultra petita* e *extra petita* 631
   8.9 Sentença condicional 632
   8.10 Sentença e fato superveniente 633
   8.11 Modificação da sentença 634
   8.12 Efeitos da sentença 635
   8.13 Sentença que tenha por objeto obrigação de fazer, de não fazer e de entregar coisa 636
   8.14 Sentença que tenha por objeto a emissão de declaração de vontade 640
   8.15 Remessa necessária (art. 496) 640

9. Coisa julgada 644
   9.1 Introdução 644
   9.2 Conceito de coisa julgada 645
   9.3 Limites da coisa julgada 647
      9.3.1 Limites objetivos da coisa julgada 647
         9.3.1.1 Coisa julgada e questão prejudicial 649
      9.3.2 Limites subjetivos da coisa julgada 651
   9.4 Coisa julgada e relação jurídica continuativa 653
   9.5 Coisa julgada nas ações coletivas 654
      9.5.1 Coisa julgada nas ações coletivas envolvendo direitos difusos ... 656
      9.5.2 Coisa julgada e direitos coletivos *stricto sensu* 658
      9.5.3 Coisa julgada e direitos individuais homogêneos 658
      9.5.4 A limitação territorial da coisa julgada nas ações coletivas ... 658
   9.6 Relativização da coisa julgada 660
   9.7 Outros aspectos da coisa julgada 664

10. Liquidação de sentença (arts. 509 a 512) 666
    10.1 Noções gerais 666

		10.2	Determinação do valor da condenação por cálculo do credor	667
		10.3	Liquidação na pendência de recurso	668
		10.4	Procedimento	668
			10.4.1 Liquidação por arbitramento	669
			10.4.2 Liquidação pelo procedimento comum	670

2 Cumprimento de sentença (arts. 513 a 538) 673

1. Introdução 673
2. Títulos executivos judiciais 674
3. Disposições gerais relativas ao cumprimento da sentença 678
   - 3.1 Possibilidade de protesto da decisão judicial transitada em julgado e inclusão do nome do devedor em cadastro de inadimplentes 683
4. Cumprimento provisório de sentença que reconhece a exigibilidade de obrigação de pagar quantia certa 686
   - 4.1 Procedimento 688
5. Cumprimento definitivo 690
   - 5.1 Honorários advocatícios no cumprimento definitivo 697
   - 5.2 Moratória legal e cumprimento de sentença 697
   - 5.3 Impugnação (defesa do devedor) 698
     - 5.3.1 Legitimidade 700
     - 5.3.2 (Des)necessidade de prévia garantia do juízo 700
     - 5.3.3 Exceções (defesas) que podem ser arguidas na impugnação ... 701
     - 5.3.4 Rejeição liminar da impugnação e efeito suspensivo 708
     - 5.3.5 Alegação de fato superveniente 709
6. Cumprimento de sentença nas obrigações de prestar alimentos 712
   - 6.1 Introdução 712
   - 6.2 Cumprimento da sentença pelo meio coercitivo da prisão 717
   - 6.3 Cumprimento da sentença pela expropriação de bens 720
   - 6.4 Cumprimento da sentença mediante desconto em folha 721
   - 6.5 Cumprimento da decisão que fixa alimentos provisórios 722
   - 6.6 Cumprimento da sentença que fixa alimentos indenizatórios 722
   - 6.7 Abandono material 724
7. Cumprimento de obrigação de pagar quantia certa pela Fazenda Pública 725
   - 7.1 Introdução 725
   - 7.2 Pagamento das condenações contra a Fazenda Pública 726
     - 7.2.1 Pagamento por meio de precatório 726
     - 7.2.2 Pagamento por meio de RPV 728
     - 7.2.3 Regime de compensação obrigatória e a inconstitucionalidade dos §§ 9º e 10 do art. 100 da CF/1988 731
   - 7.3 Procedimento 732
     - 7.3.1 Impugnação e condenação em honorários 733
8. Cumprimento de sentença nas obrigações de fazer e de não fazer 734

	8.1 Cumprimento provisório da multa	736
9.	Cumprimento de sentença nas obrigações de entregar coisa	738
	9.1 Benfeitorias e direito de retenção e indenização	739

3 Procedimentos nos Juizados Especiais Cíveis – Leis nº 9.099/1995, 10.259/2001 e 12.153/2009 741

1.	O microssistema dos Juizados Especiais Cíveis	741
	1.1 Juizados Especiais Cíveis estaduais (Lei nº 9.099/1995)	742
	1.2 Juizados Especiais Cíveis federais (Lei nº 10.259/2001)	743
	1.3 Juizados Especiais Cíveis da Fazenda Pública dos Estados, do Distrito Federal, dos Territórios e dos Municípios (Lei nº 12.153/2009)	744
2.	Princípios orientadores do processo nos Juizados Especiais Cíveis	744
3.	Composição dos Juizados Especiais Cíveis	746
4.	Competência dos Juizados Especiais Cíveis	747
	4.1 Considerações gerais	747
	4.2 Competência dos Juizados Especiais estaduais (Lei nº 9.099/1995)	748
	4.3 Competência dos Juizados Especiais federais (Lei nº 10.259/2001)	752
	4.3.1 Competência absoluta dos Juizados Especiais Cíveis federais	755
	4.4 Competência dos Juizados Especiais da Fazenda Pública (Lei nº 12.153/2009)	756
5.	Capacidade de ser parte e capacidade processual	757
	5.1 Capacidade de ser parte nos Juizados Especiais estaduais (Lei nº 9.099/1995)	758
	5.2 Capacidade de ser parte nos Juizados Especiais federais (Lei nº 10.259/2001)	759
	5.3 Capacidade de ser parte nos Juizados Especiais da Fazenda Pública (Lei nº 12.153/2009)	760
6.	Capacidade postulatória	761
7.	Intervenção de terceiro e litisconsórcio	763
	7.1 Incidente de desconsideração da personalidade jurídica	763
	7.1.1 Procedimento	765
8.	Intervenção do Ministério Público	766
9.	Medidas de urgência	766
10.	Os atos processuais nos Juizados Especiais Cíveis	767
	10.1 Os atos processuais nos Juizados Especiais estaduais	768
	10.2 Os atos processuais nos Juizados Especiais federais	768
	10.3 Os atos processuais nos Juizados Especiais da Fazenda Pública	769
11.	Extinção do processo sem resolução do mérito	769
12.	Sequência dos atos do procedimento nos Juizados Especiais	770
	12.1 Sequência dos atos nos Juizados Especiais estaduais	770
	12.2 Sequência dos atos nos Juizados Especiais federais	772
	12.3 Sequência dos atos nos Juizados Especiais da Fazenda Pública	773

13.	Recursos cabíveis	773
	13.1 Considerações gerais	773
	13.2 Recurso inominado contra sentença (apelação)	776
	13.3 Embargos de declaração contra sentença ou acórdão	777
	13.4 Recurso de agravo contra medidas cautelares e de antecipação de tutela	779
	13.5 Recurso extraordinário	779
	13.6 Da reclamação e do pedido de uniformização de jurisprudência	780
14.	Outros meios de impugnação das decisões	785
15.	O não cabimento do reexame necessário nos Juizados Especiais federais e nos Juizados Especiais da Fazenda Pública	788
16.	Os prazos do CPC/2015 e as influências no procedimento sumaríssimo	789
17.	Cumprimento de sentença e execução de títulos extrajudiciais	791
	17.1 Juizados Especiais estaduais	791
	17.2 Juizados Especiais federais	793
	17.3 Juizados Especiais da Fazenda Pública	794

Parte Especial

Parte III – Procedimentos Especiais

1	**Procedimentos especiais (arts. 539 a 770)**	**803**
1.	Introdução	803
2.	Ação de consignação em pagamento (arts. 539 a 549)	804
	2.1 Noções gerais	804
	2.2 Hipóteses autorizadoras da consignação	807
	2.3 Objeto da consignação em pagamento	809
	2.4 Modalidades de consignação	809
	2.4.1 Consignação extrajudicial	809
	2.4.2 Consignação judicial	811
	2.5 Legitimidade para a ação de consignação	812
	2.5.1 Legitimidade ativa	812
	2.5.2 Legitimidade passiva	813
	2.6 Foro competente	813
	2.7 Procedimentos da consignação	814
	2.8 Procedimento da ação de consignação em pagamento	814
	2.8.1 Consignação de prestações sucessivas	816
	2.8.2 Valor da causa	817
	2.8.3 Citação	817
	2.8.4 Atitudes do réu	817
	2.8.5 Respostas do réu	818
	2.8.6 Complementação do depósito	819

2.9	Instrução		819
2.10	Sentença		819
2.11	Outros aspectos da consignação em pagamento		820
	2.11.1	Consignação principal e consignação incidente	820
	2.11.2	Consignação fundada na dúvida quanto à titularidade do crédito	820
	2.11.3	Resgate de aforamento	821

3. Ação de exigir contas (arts. 550 a 553) 825
   3.1 Noções gerais 825
   3.2 Prazo prescricional 826
   3.3 Legitimidade 827
   3.4 Competência 828
   3.5 Procedimento 828
       3.5.1 Primeira fase 830
             3.5.1.1 Respostas possíveis 830
             3.5.1.2 Natureza da decisão que julga a primeira fase da ação de exigir contas 832
       3.5.2 Segunda fase 833
       3.5.3 Sucumbência na ação de exigir contas 834

4. Ações possessórias (arts. 554 a 568) 836
   4.1 Noções gerais sobre a posse 836
   4.2 Natureza jurídica da posse 837
   4.3 Classificação da posse 838
   4.4 Proteção possessória 839
       4.4.1 Uma pitada de história 839
       4.4.2 O juízo possessório e o juízo petitório 840
       4.4.3 Ações possessórias típicas 842
       4.4.4 A perda da pretensão possessória e a caducidade do direito ao rito especial: prescrição e decadência 843
       4.4.5 Outros mecanismos para a tutela da posse 845
   4.5 Fungibilidade das possessórias 846
   4.6 Natureza dúplice das ações possessórias 846
   4.7 Procedimento das ações possessórias 847
       4.7.1 Legitimação e intervenção de terceiros 847
       4.7.2 Competência 848
       4.7.3 Petição inicial 850
       4.7.4 Tutela provisória de natureza antecipada: deferimento liminar, mediante justificação prévia ou em qualquer momento procedimental 852
             4.7.4.1 Justificação prévia 853
       4.7.5 Respostas do réu 854
             4.7.5.1 Reconvenção 856
             4.7.5.2 A exceção de domínio 857

	4.8	Entrega da prestação jurisdicional: sentença, cumprimento e recursos		858
	4.9	Ações possessórias em espécie e a (des)necessidade de caução		859
	4.10	Litígios coletivos pela posse de bem imóvel		860
5.	Ação de divisão e de demarcação de terras particulares (arts. 569 a 598)			865
	5.1	Aspectos comuns às ações de divisão e demarcação		865
	5.2	Procedimento da ação demarcatória		866
	5.3	Procedimento da ação divisória		868
	5.4	Demarcação e divisão por escritura pública		869
6.	Ação de dissolução parcial de sociedade (arts. 599 a 609)			870
	6.1	Introdução		870
	6.2	Objeto		870
	6.3	Legitimidade		871
	6.4	Competência		873
	6.5	Procedimento		873
		6.5.1	Especificidades quanto à exclusão de sócios minoritário e majoritário	874
7.	Inventário e partilha (arts. 610 a 673)			877
	7.1	Introdução		877
	7.2	Espécies de inventário		878
	7.3	Inventário negativo		879
	7.4	Inventário extrajudicial		879
	7.5	Aspectos procedimentais do inventário e da partilha na via judicial		883
		7.5.1	Legitimidade	883
		7.5.2	Competência	884
		7.5.3	Intervenção do Ministério Público	885
		7.5.4	Petição inicial	885
		7.5.5	Administração provisória e inventariança	886
		7.5.6	Primeiras declarações	888
		7.5.7	Citação	888
		7.5.8	Impugnação às primeiras declarações	889
		7.5.9	Avaliação dos bens e últimas declarações	889
		7.5.10	Pagamento das dívidas do autor da herança	890
		7.5.11	Colação e sonegação	891
	7.6	A partilha propriamente dita		893
		7.6.1	Sobrepartilha	894
		7.6.2	Invalidação da partilha	894
		7.6.3	Partilha e a sucessão do nascituro	895
	7.7	Procedimento do arrolamento sumário		896
	7.8	Procedimento do arrolamento comum		897
8.	Embargos de terceiro (arts. 674 a 681)			904

8.1		Noções gerais	904
8.2		Legitimidade para os embargos	905
	8.2.1	Legitimidade ativa	905
		8.2.1.1 Legitimidade ativa do promissário comprador	908
	8.2.2	Legitimidade passiva	909
8.3		Competência	909
8.4		Momento para a oposição dos embargos de terceiro	910
8.5		Procedimento	911
	8.5.1	Petição inicial	911
	8.5.2	Da liminar	912
	8.5.3	Citação	913
	8.5.4	Contestação	913
	8.5.5	Sentença	914
8.6		Outras questões processuais	915
	8.6.1	Desconsideração da personalidade jurídica	915
	8.6.2	Embargos de terceiro e fraudes	915
9. Oposição (arts. 682 a 686)			921
9.1		Introdução	921
9.2		Aspectos da oposição	921
9.3		Procedimento	921
10. Habilitação (arts. 687 a 692)			923
10.1		Considerações gerais	923
10.2		Aspectos do procedimento da habilitação	924
11. Ações de família (arts. 693 a 699)			925
11.1		Introdução	925
11.2		Separação judicial: a controvérsia gerada pela EC nº 66/2010, o atual posicionamento do Supremo Tribunal Federal e a possibilidade conferida pelo CNJ de formalização de separação de fato	925
11.3		Aspectos procedimentais	928
	11.3.1	Legitimidade e intervenção de terceiros	928
	11.3.2	Contestação	928
	11.3.3	Reconvenção	929
	11.3.4	Revelia	929
	11.3.5	Tutelas provisórias	930
	11.3.6	Sentença	933
11.4		Implicações da dissolução matrimonial	933
	11.4.1	O nome de casado	933
	11.4.2	Os alimentos	935
	11.4.3	Guarda dos filhos	936
11.5		Reconhecimento e extinção de união estável	937
	11.5.1	União estável como entidade familiar	937

		11.5.2	Caracterização e procedimento para o reconhecimento da união estável..	938
		11.5.3	Extinção da união estável...	940
	11.6	Guarda, visitação e filiação..		942
		11.6.1	A questão da guarda compartilhada..	942
		11.6.2	Investigação de paternidade	944
	11.7	Especificidades das ações de família..		947
		11.7.1	Foro competente..	947
		11.7.2	Incentivo à conciliação e mediação	949
		11.7.3	Citação...	950
		11.7.4	Intervenção do Ministério Público..	950
		11.7.5	Alienação parental	951
12.	Ação monitória (arts. 700 a 702)...			953
	12.1	Introdução..		953
	12.2	Natureza jurídica da ação monitória		955
	12.3	Legitimidade e interesse de agir		956
	12.4	Prova documental como pressuposto da tutela monitória		958
	12.5	Objeto da ação monitória...		962
	12.6	Competência...		962
	12.7	Procedimento...		963
		12.7.1	Petição inicial...	963
		12.7.2	Natureza jurídica do provimento inicial que defere a expedição do mandado monitório	964
		12.7.3	Citação...	964
		12.7.4	Respostas possíveis do devedor..	965
		12.7.5	Natureza jurídica dos embargos monitórios	966
		12.7.6	Processamento dos embargos...	967
	12.8	Sentença..		968
	12.9	Coisa julgada..		969
	12.10	Execução..		971
	12.11	Outras questões processuais		971
		12.11.1	Possibilidade de ajuizamento de ação monitória em face da Fazenda Pública...	971
		12.11.2	Ação monitória contra incapazes..	972
		12.11.3	Ação monitória contra massa falida e devedor insolvente	973
		12.11.4	Litigância de má-fé..	973
13.	Homologação do penhor legal (arts. 703 a 706)			976
	13.1	Introdução..		976
	13.2	Homologação judicial...		976
	13.3	Homologação extrajudicial		977
14.	Regulação de avaria grossa (arts. 707 a 711)			978

15.	Restauração de autos (arts. 712 a 718)	981
16.	Procedimentos especiais extintos com o CPC/2015	983

2   Procedimentos especiais de jurisdição voluntária (arts. 719 a 770) 985
  1. Disposições Gerais 985
      1.1   Da formação de coisa julgada nos procedimentos de jurisdição voluntária 986
      1.2   Procedimentos previstos no art. 725 989
  2. Notificação e interpelação (arts. 726 a 729) 992
  3. Alienações judiciais (art. 730) 994
  4. Divórcio consensuaL, extinção consensual de união estável, alteração do regime de bens do matrimônio (arts. 731 a 734) e separação de fato 995
      4.1   Noções gerais 995
      4.2   Divórcio judicial consensual 997
      4.3   Extinção consensual de união estável 997
      4.4   Alteração do regime de bens do matrimônio 998
      4.5   Aspectos procedimentais do divórcio consensual e da extinção consensual de união estável 1001
          4.5.1   Petição inicial 1001
          4.5.2   Tentativa preliminar de reconciliação 1002
          4.5.3   Sentença 1003
      4.6   Procedimentos de divórcio e extinção da união estável extrajudiciais 1004
          4.6.1   Generalidades 1004
          4.6.2   Via administrativa: faculdade ou imposição? 1005
          4.6.3   Condições para o acesso à via extrajudicial 1006
          4.6.4   As formalidades da escritura pública 1006
              4.6.4.1   Conteúdo da escritura pública 1007
              4.6.4.2   Efeitos da escritura 1008
          4.6.5   Presença do advogado 1009
          4.6.6   Atuação do Ministério Público 1009
          4.6.7   O papel do tabelião 1009
      4.7   Separação de fato extrajudicial 1011
  5. Testamentos e codicilos (arts. 735 a 737) 1016
  6. Herança jacente (arts. 738 a 743) 1018
  7. Dos bens dos ausentes (arts. 744 e 745) 1020
      7.1   Disposições suprimidas pelo CPC atual 1021
  8. Das coisas vagas (art. 746) 1022
  9. Da interdição (arts. 747 a 758) 1023
      9.1   Considerações gerais 1023
      9.2   Procedimento da interdição 1026
          9.2.1   Competência 1026
          9.2.2   Legitimidade 1027

	9.2.3	Competência	1028
	9.2.4	Petição inicial	1029
	9.2.5	Citação e demais atos do processo	1030
	9.2.6	Levantamento da curatela	1032
	9.2.7	Interdição parcial	1033
9.3		Disposições comuns à tutela e à curatela (arts. 759 a 763)	1034
10. Da organização e da fiscalização das fundações (arts. 764 e 765)			1038
10.1		Elaboração, aprovação e alteração do estatuto	1038
10.2		Extinção da fundação	1039
11. Da ratificação dos protestos marítimos e dos processos testemunháveis formados a bordo (arts. 766 a 770)			1040
11.1		Noções gerais	1040
11.2		Procedimento	1041

Parte Especial
Parte IV – Processo de Execução

1 Teoria geral da execução (arts. 771 a 796) 1045

1. Introdução 1045
2. Tutela executiva 1046
3. Competência para a execução 1050
   - 3.1 Modificação ou prorrogação da competência 1051
   - 3.2 Prevenção do juízo executivo 1051
   - 3.3 Declaração de incompetência na execução 1052
   - 3.4 Conflito de competência na execução 1052
4. A ação de execução 1053
   - 4.1 Requisitos processuais da ação executiva 1054
     - 4.1.1 Legitimidade para a execução 1054
     - 4.1.2 Interesse processual para a execução 1055
   - 4.2 Princípios da execução 1056
5. Requisitos ou pressupostos processuais da execução 1058
   - 5.1 Pressupostos do processo executivo comuns aos do processo de conhecimento 1059
   - 5.2 Pressupostos específicos do processo executivo 1059
6. Títulos executivos 1061
7. Cumulação de execuções 1070
8. Atos do processo executivo 1071
9. Partes na execução 1073
   - 9.1 Posição do cônjuge ou companheiro na execução 1075
   - 9.2 Sucessão processual na execução 1077
   - 9.3 Litisconsórcio na execução 1078

10.	Intervenção de terceiros no processo de execução		1079
11.	Responsabilidade patrimonial		1082
	11.1	Responsabilidade originária	1083
	11.2	Responsabilidade secundária	1083
	11.3	Responsabilidade envolvendo direito de superfície	1084
	11.4	Fraude à execução	1085
		11.4.1 Fraude à execução e bem não sujeito a registro	1087
		11.4.2 Efeitos da alienação	1087
		11.4.3 Fraude à execução e desconsideração da personalidade jurídica	1088
		11.4.4 Fraude à execução x fraude contra credores	1088
12.	Atos atentatórios à dignidade da justiça		1090

2 Execuções em espécie (arts. 797 a 913) 1097

1. Introdução 1097
2. Execução para entrega de coisa (arts. 806 a 813) 1100
   - 2.1 Execução para entrega de coisa certa 1100
   - 2.2 Execução para entrega de coisa incerta 1101
3. Execução das obrigações de fazer e de não fazer (arts. 814 a 823) 1102
   - 3.1 Considerações gerais 1102
   - 3.2 Execução das obrigações de fazer 1103
   - 3.3 Execução das obrigações de não fazer 1105
4. Execução por quantia certa (arts. 824 a 909) 1106
   - 4.1 Considerações gerais 1106
   - 4.2 Proposição da ação de execução 1106
     - 4.2.1 Averbação da execução nos registros públicos 1107
   - 4.3 Cognição preliminar, citação, pagamento, arresto e penhora 1108
     - 4.3.1 Impenhorabilidade 1113
     - 4.3.2 Aspectos importantes relativos ao bem de família 1124
     - 4.3.3 Indicação de bens à penhora 1131
     - 4.3.4 Penhora por termo nos autos 1135
     - 4.3.5 Arresto ou penhora on-line 1135
     - 4.3.6 Penhora sobre bem indivisível 1142
     - 4.3.7 Penhora de créditos 1143
       - 4.3.7.1 Penhora no rosto dos autos 1144
       - 4.3.7.2 Penhora de mão própria 1144
     - 4.3.8 Penhora das quotas ou ações de sociedades personificadas 1145
     - 4.3.9 Penhora de empresa, de outros estabelecimentos e de semoventes 1145
     - 4.3.10 Penhora de percentual de faturamento de empresa 1146
     - 4.3.11 Penhora de frutos e rendimentos de coisa móvel ou imóvel 1148
     - 4.3.12 Avaliação dos bens penhorados 1149

			4.3.13	Intimação da penhora	1151

- 4.3.13 Intimação da penhora 1151
- 4.3.14 Substituição da penhora 1154
- 4.3.15 Natureza e efeitos da penhora 1156
- 4.4 Expropriação 1157
  - 4.4.1 Adjudicação 1157
  - 4.4.2 Alienação (por iniciativa particular e por leilão judicial) 1161
    - 4.4.2.1 Atos preparatórios 1163
    - 4.4.2.2 Do leilão 1165
    - 4.4.2.3 Do auto de arrematação, da entrega dos bens e da expedição da carta de arrematação 1169
    - 4.4.2.4 Invalidação, ineficácia e resolução da arrematação ... 1170
    - 4.4.2.5 Desfazimento da arrematação 1172
    - 4.4.2.6 Desistência unilateral do arrematante 1173
  - 4.4.3 Apropriação de frutos e rendimentos 1173
- 4.5 Satisfação do crédito 1174
  - 4.5.1 Pagamento parcelado 1175
  - 4.5.2 Concurso de preferência 1176
  - 4.5.3 Pagamento pela adjudicação dos bens penhorados 1177
5. Execução contra a fazenda pública (art. 910) 1183
   5.1 Embargos à execução contra a Fazenda Pública 1184
6. Execução de alimentos (arts. 911 a 913) 1187
7. Execução fiscal (Lei nº 6.830/1980) 1190
8. Execução por quantia certa contra devedor insolvente (arts. 748 a 786-A do CPC/1973) 1206
   8.1 Noções gerais 1206
   8.2 Caracterização da insolvência 1207
   8.3 Legitimação para a insolvência 1208
   8.4 Competência para a insolvência 1209
   8.5 Procedimento da insolvência 1209
     - 8.5.1 Etapa de conhecimento 1209
     - 8.5.2 Etapa da administração 1210
     - 8.5.3 Etapa da liquidação 1212
   8.6 Outros aspectos do processo de insolvência 1213

3 Embargos do executado (arts. 914 a 920) 1215
1. Noções gerais, conceito e natureza jurídica 1215
2. Embargabilidade da execução 1216
3. Legitimidade e prazo para os embargos do executado 1217
4. Juízo competente 1219
5. Embargos à execução 1219
   5.1 Matérias arguíveis nos embargos à execução 1220
   5.2 Procedimento dos embargos 1223

		5.2.1	Postulação	1223
		5.2.2	Cognição preliminar	1225
		5.2.3	Recurso cabível contra a decisão que rejeita liminarmente os embargos	1227
		5.2.4	Atribuição de efeito suspensivo aos embargos	1228
		5.2.5	Impugnação aos embargos	1229
		5.2.6	Audiência e julgamento dos embargos	1231
	5.3	Parcelamento do objeto da execução		1231
6.	Exceção ou objeção de pré-executividade: meio de defesa independentemente da oposição de embargos			1232

4 Suspensão e extinção do processo de execução (arts. 921 a 925) 1239

1. Suspensão e extinção do processo de execução 1239
    1.1 Da suspensão do processo executivo 1239
    1.2 Da extinção da execução 1241
    1.3 Prescrição intercorrente 1242

Parte Especial

Parte V – Precedente Judicial, Processos nos Tribunais e Meios de Impugnação das Decisões Judiciais

1 Precedente judicial (arts. 926 e 927) 1249

1. Introdução 1249
2. Precedentes 1249
    2.1 Noções fundamentais 1249
        2.1.1 *Common law, civil law* e *stare decisis* 1249
        2.1.2 *Civil law* e a questão da segurança jurídica 1251
        2.1.3 A convivência com o *stare decisis* 1252
        2.1.4 Distinção: métodos e resultados da aplicação do *distinguishing* 1253
        2.1.5 Incorporação do *overruling* e modulação dos efeitos das decisões 1254
    2.2 A evolução dos precedentes judiciais no direito brasileiro 1257
    2.3 A força normativa dos precedentes no Código de Processo Civil de 2015 1258
        2.3.1 Fundamentação das decisões judiciais 1258
        2.3.2 Uniformização da jurisprudência 1260
        2.3.3 Precedentes obrigatórios 1262
        2.3.4 Precedentes e julgamento de improcedência liminar 1265
        2.3.5 Precedentes e reclamação constitucional 1266
    2.4 Regras gerais para a formação e modificação dos precedentes obrigatórios no CPC 1266

2 **Ordem dos processos nos tribunais e processos de competência originária dos tribunais (arts. 929 a 993)** 1271
   1. Introdução 1271
   2. Ordem dos processos nos tribunais 1271
      2.1 Do registro e da distribuição dos processos no âmbito dos tribunais 1271
      2.2 Das atribuições do relator 1273
      2.3 Da preparação e do julgamento 1277
   3. Processos de competência originária dos tribunais 1283
      3.1 Incidente de assunção de competência (art. 947) 1283
          3.1.1 Noções gerais 1283
          3.1.2 Requisitos 1284
          3.1.3 Procedimento 1285
      3.2 Incidente de arguição de inconstitucionalidade (arts. 948 a 950) 1286
          3.2.1 Noções gerais 1286
          3.2.2 Legitimidade e momento para arguição da inconstitucionalidade 1287
          3.2.3 Procedimento 1288
          3.2.4 Efeitos da declaração de inconstitucionalidade 1289
      3.3 Conflito de competência (arts. 951 a 959) 1290
      3.4 Homologação de decisão estrangeira e concessão do *exequatur* à carta rogatória (arts. 960 a 965) 1290
          3.4.1 Noções gerais 1290
          3.4.2 Execução de medidas de urgência 1292
          3.4.3 Requisitos e competência 1293
          3.4.4 Procedimentos 1293
          3.4.5 Natureza jurídica do processo de homologação de decisão estrangeira 1294
      3.5 Ação rescisória (arts. 966 a 975) 1297
          3.5.1 Considerações gerais 1297
          3.5.2 Decisão de mérito 1298
          3.5.3 Natureza jurídica da ação rescisória 1300
          3.5.4 Pressupostos da ação rescisória 1300
          3.5.5 Rescisão x anulação do julgado 1312
          3.5.6 Competência 1313
          3.5.7 Legitimidade ativa 1314
          3.5.8 Legitimidade passiva 1316
          3.5.9 Prazo 1317
          3.5.10 Procedimento da ação rescisória 1320
              3.5.10.1 Petição inicial (art. 968) 1320
              3.5.10.2 Depósito prévio 1322
              3.5.10.3 Valor da causa 1324

				3.5.10.4	Rescisão do julgado (iudicium rescindens) e rejulgamento da demanda (iudicium rescisorium)	1325
		3.5.11	Ação rescisória, tutela provisória e execução da sentença rescindenda			1326
		3.5.12	Defesa do réu			1327
		3.5.13	Instrução, julgamento e recursos na ação rescisória			1327
		3.5.14	*Querela nullitatis* e ação rescisória			1328
	3.6	Incidente de Resolução de Demandas Repetitivas (arts. 976 a 987)				1340
		3.6.1	Para uma melhor compreensão do instituto			1340
		3.6.2	Diferenças e semelhanças com outros institutos			1343
		3.6.3	Procedimento			1344
		3.6.4	Suspensão dos processos			1345
		3.6.5	Publicidade e manifestação de interessados			1346
		3.6.6	Fundamentos do acórdão e recurso			1347
		3.6.7	Tese paradigma e força normativa			1347
	3.7	Reclamação (arts. 988 a 993)				1350
		3.7.1	Noções gerais: origem, natureza jurídica e objeto			1350
		3.7.2	Procedimento da reclamação no CPC atual			1353
			3.7.2.1	Esgotamento de instâncias		1355
3	**Teoria geral dos recursos (arts. 994 a 1.008)**					**1359**
	1.	Teoria geral dos recursos				1359
		1.1	Conceito			1359
		1.2	Espécies e classificação dos recursos			1360
		1.3	Princípios fundamentais dos recursos			1361
			1.3.1	Duplo grau de jurisdição		1361
			1.3.2	Taxatividade		1362
			1.3.3	Singularidade		1362
			1.3.4	Fungibilidade		1363
			1.3.5	Proibição da *reformatio in pejus*		1366
			1.3.6	Voluntariedade		1367
			1.3.7	Dialeticidade		1367
			1.3.8	Preclusão consumativa e complementaridade		1369
		1.4	Pressupostos de admissibilidade dos recursos			1370
			1.4.1	Cabimento		1372
			1.4.2	Legitimidade		1373
			1.4.3	Interesse		1375
				1.4.3.1	Interesse recursal e cumulação de pedidos	1377
				1.4.3.2	Falta de interesse decorrente de renúncia ou desistência do recurso	1377
			1.4.4	Tempestividade		1380
			1.4.5	Preparo		1388

			1.4.6	Regularidade formal	1393

		1.4.7	Inexistência de fato extintivo ou impeditivo do direito de recorrer	1393
	1.5	Efeitos dos recursos		1394
		1.5.1	Efeito devolutivo	1394
		1.5.2	Efeito translativo	1395
		1.5.3	Efeito suspensivo	1396
		1.5.4	Efeito substitutivo, expansivo e ativo	1396
		1.5.5	Efeito regressivo	1397
	1.6	Alcance do recurso do litisconsorte		1397
	1.7	Recurso adesivo		1398

4 Recursos em espécie (arts. 1.009 a 1.044) 1405

1.	Apelação (arts. 1.009 a 1.014)			1405
	1.1	Conceito		1405
	1.2	Extinção do agravo retido e apelação no CPC vigente		1406
		1.2.1	O agravo retido no CPC/1973	1406
		1.2.2	A apelação como meio de impugnação das decisões interlocutórias	1407
	1.3	Efeitos da apelação		1408
		1.3.1	Efeito devolutivo e translativo	1409
		1.3.2	Aplicação da teoria da causa madura	1411
		1.3.3	Reconhecimento da prescrição ou decadência na apelação	1412
		1.3.4	Efeito suspensivo	1413
	1.4	Procedimento na apelação		1416
		1.4.1	Peculiaridades da apelação da sentença que indefere a petição inicial	1417
		1.4.2	Peculiaridades da apelação contra a sentença nas hipóteses do art. 332	1418
		1.4.3	Substitutivo dos embargos infringentes	1418
2.	Agravo de instrumento (arts. 1.015 a 1.020)			1424
	2.1	Noções gerais		1424
	2.2	Hipóteses de cabimento		1424
		2.2.1	Ampliação do rol do art. 1.015 pela via interpretativa	1431
	2.3	Procedimento		1432
		2.3.1	Prazo e formação do instrumento	1432
		2.3.2	Comunicação ao juízo de primeiro grau	1434
		2.3.3	Procedimento no tribunal	1435
		2.3.4	Julgamento do agravo de instrumento e possibilidade de retratação	1436
		2.3.5	Ampliação do órgão colegiado	1437
3.	Agravo interno (art. 1.021)			1442

4.	Embargos de declaração (arts. 1.022 a 1.026)..	1445
4.1	Conceito e cabimento	1445
4.2	Embargos com efeitos modificativos (infringentes)............................	1449
4.3	Embargos para efeito de prequestionamento	1450
4.4	Procedimento...	1452
4.4.1	Intempestividade por prematuridade...................................	1453
4.5	Efeitos..	1454
4.6	Embargos manifestamente protelatórios...	1456
5.	Recurso ordinário (art. 1.027)..	1459
5.1	Conceito e cabimento	1459
5.2	Procedimento...	1460
6.	Recurso extraordinário e recurso especial (arts. 1.029 a 1.035).........................	1462
6.1	Aspectos em comum...	1462
6.1.1	Peculiaridades sobre o prequestionamento	1465
6.1.2	Juízo de admissibilidade..	1466
6.1.3	Vício formal em RE e REsp...	1468
6.1.4	Recursos excepcionais e o incidente de resolução de demandas repetitivas..	1469
6.1.5	Efeito suspensivo do RE e do REsp.....................................	1470
6.1.6	Efeito devolutivo do RE e do REsp......................................	1471
6.1.7	Interposição simultânea de RE e REsp e a questão da fungibilidade...	1471
6.2	Hipóteses de cabimento do recurso extraordinário.........................	1473
6.3	Repercussão geral da questão constitucional no recurso extraordinário	1475
6.4	Hipóteses de cabimento do recurso especial	1477
6.4.1	Novo requisito de admissibilidade: a relevância da questão infraconstitucional..	1479
6.5	Procedimento dos recursos especial e extraordinário......................	1481
6.6	Recursos extraordinário e especial repetitivos (arts. 1.036 a 1.041).....	1483
6.6.1	Particularidades do sobrestamento......................................	1485
7.	Agravo em recurso especial e em recurso extraordinário (art. 1.042)	1487
8.	Embargos de divergência (arts. 1.043 e 1.044)	1491
8.1	Noções gerais	1491
8.2	Cabimento...	1492
8.3	Embargos de divergência no STJ e a interposição de recurso extraordinário..	1493

Parte Especial

Parte VI – Disposições Finais e Transitórias

Capítulo Único – Regras de transição e demais alterações (arts. 1.045 a 1.072)............		1497
1.	Introdução..	1497

2.	A *vacatio legis* do CPC	1497
3.	Aplicação do CPC atual aos processos em curso	1498
	3.1 Processos regulados pelo CPC/1939	1499
4.	Processos com tramitação prioritária (art. 1.048)	1501
5.	Cadastro para recebimento de citações e intimações (arts. 1.050 e 1.051)	1503
6.	Insolvência civil	1503
7.	Regras especiais de transição	1503
	7.1 As questões prejudiciais e a eficácia do art. 503, § 1º, do CPC atual	1503
	7.2 Prescrição intercorrente	1504
	7.3 Inexigibilidade de título executivo judicial fundado em lei declarada inconstitucional	1506
	7.4 Depósitos judiciais	1507
	7.5 Tutela provisória contra a Fazenda Pública	1507
8.	Usucapião administrativa ou extrajudicial	1507
	8.1 Competência	1508
	8.2 Requerimento da parte interessada	1508
	8.3 Procedimento	1510
	8.4 Não obrigatoriedade da via administrativa	1511
	8.5 Intervenção do Ministério Público	1511

Referências bibliográficas ... 1515

Índice dos quadros esquemáticos

Quadro esquemático 1 – O Direito Processual Civil.. 15
Quadro esquemático 2 – A principiologia do CPC/2015 56
Quadro esquemático 3 – A lei processual civil no tempo e no espaço 69
Quadro esquemático 4 – Jurisdição.. 87
Quadro esquemático 5 – Tutela jurisdicional.. 97
Quadro esquemático 6 – Ação... 120
Quadro esquemático 7 – Pressupostos processuais (*lato sensu*)............................. 133
Quadro esquemático 8 – Limites da jurisdição nacional.. 162
Quadro esquemático 9 – Cooperação internacional... 169
Quadro esquemático 10 – Competência.. 198
Quadro esquemático 11 – Partes... 217
Quadro esquemático 12 – O regime financeiro no CPC/2015 243
Quadro esquemático 13 – Litisconsórcio... 273
Quadro esquemático 14 – Intervenção de terceiros... 277
Quadro esquemático 15 – Assistência... 281
Quadro esquemático 16 – Denunciação da lide.. 290
Quadro esquemático 17 – Chamamento ao processo... 296
Quadro esquemático 18 – Incidente de desconsideração da personalidade jurídica ... 305
Quadro esquemático 19 – *Amicus curiae*.. 315
Quadro esquemático 20 – Intervenção anômala 317
Quadro esquemático 21 – Poderes, deveres e responsabilidades do juiz 336
Quadro esquemático 22 – Auxiliares do juízo 341
Quadro esquemático 23 – Ministério Público... 355
Quadro esquemático 24 – Advocacia Pública... 360
Quadro esquemático 25 – Defensoria Pública.. 370
Quadro esquemático 26 – Atos processuais 443
Quadro esquemático 27 – Tutelas provisórias... 457
Quadro esquemático 28 – Requisitos das tutelas provisórias.................................. 459
Quadro esquemático 29 – Regras gerais das tutelas provisórias............................. 466

Quadro esquemático 30 – Regras gerais das tutelas de urgência (antecipada e cautelar)	477
Quadro esquemático 31 – Tutela cautelar requerida em caráter antecedente	490
Quadro esquemático 32 – Tutela antecipada requerida em caráter antecedente	505
Quadro esquemático 33 – Estabilização da tutela antecipada	505
Quadro esquemático 34 – Tutela de evidência	512
Quadro esquemático 35 – Fases do procedimento ordinário	527
Quadro esquemático 36 – Fase postulatória ou petitória	567
Quadro esquemático 37 – Fase saneadora	573
Quadro esquemático 38 – Fase instrutória ou probatória	574
Quadro esquemático 39 – Depoimento pessoal	587
Quadro esquemático 40 – Confissão	589
Quadro esquemático 41 – Exibição de documento ou coisa	592
Quadro esquemático 42 – Prova documental	594
Quadro esquemático 43 – Arguição de falsidade	596
Quadro esquemático 44 – Documentos eletrônicos	597
Quadro esquemático 45 – Prova testemunhal	601
Quadro esquemático 46 – Prova pericial	612
Quadro esquemático 47 – Inspeção judicial	615
Quadro esquemático 48 – Fase decisória	643
Quadro esquemático 49 – Coisa julgada	653
Quadro esquemático 50 – Direitos difusos, coletivos e individuais homogêneos	660
Quadro esquemático 51 – Liquidação de sentença	671
Quadro esquemático 52 – Cumprimento de sentença	686
Quadro esquemático 53 – Cumprimento provisório	689
Quadro esquemático 54 – Cumprimento de sentença (obrigação de pagar quantia certa)	696
Quadro esquemático 55 – Impugnação ao cumprimento de sentença	712
Quadro esquemático 56 – Cumprimento de sentença de decisão que fixa alimentos	725
Quadro esquemático 57 – Cumprimento de sentença pela Fazenda Pública	734
Quadro esquemático 58 – Cumprimento de sentença nas obrigações de fazer e de não fazer	738
Quadro esquemático 59 – Cumprimento de sentença nas obrigações de entregar coisa	740
Quadro esquemático 60 – Juizados Especiais Cíveis	796
Quadro esquemático 61	824
Quadro esquemático 62	836
Quadro esquemático 63 – Ações possessórias	863
Quadro esquemático 64 – Ação de divisão e de demarcação de terras particulares	869
Quadro esquemático 65 – Ação de dissolução parcial de sociedade	876
Quadro esquemático 66 – Inventário e partilha	901

Quadro esquemático 67 – Embargos de terceiros	919
Quadro esquemático 68 – Oposição	923
Quadro esquemático 69 – Habilitação	925
Quadro esquemático 70 – Ações de família	953
Quadro esquemático 71 – Ação monitória	975
Quadro esquemático 72 – Homologação do penhor legal	978
Quadro esquemático 73 – Regulação de avaria grossa	980
Quadro esquemático 74 – Restauração de autos	983
Quadro esquemático 75 – Procedimentos especiais extintos com o CPC/2015	984
Quadro esquemático 76 – Procedimentos especiais de jurisdição voluntária	992
Quadro esquemático 77 – Notificação e interpelação	994
Quadro esquemático 78 – Alienações judiciais	995
Quadro esquemático 79 – Divórcio, extinção da união estável, alteração do regime de bens e separação de fato.	1013
Quadro esquemático 80 – Testamentos e codicilos	1018
Quadro esquemático 81 – Herança jacente	1020
Quadro esquemático 82 – Dos bens dos ausentes	1022
Quadro esquemático 83 – Das coisas vagas	1023
Quadro esquemático 84 – Da interdição	1037
Quadro esquemático 85 – Organização e fiscalização das fundações	1040
Quadro esquemático 86 – Ratificação dos protestos marítimos e dos processos testemunháveis formados a bordo	1041
Quadro esquemático 87 – Teoria geral da execução	1091
Quadro esquemático 88 – Execuções em espécie	1099
Quadro esquemático 89 – Execução para a entrega de coisa	1102
Quadro esquemático 90 – Execução das obrigações de fazer e de não fazer	1105
Quadro esquemático 91 – Execução por quantia certa	1179
Quadro esquemático 92 – Execução contra a Fazenda	1187
Quadro esquemático 93 – Execução de alimentos	1190
Quadro esquemático 94 – Execução fiscal	1206
Quadro esquemático 95 – Execução por quantia certa contra devedor insolvente	1214
Quadro esquemático 96 – Embargos do executado	1237
Quadro esquemático 97 – Suspensão e extinção do processo de execução	1245
Quadro esquemático 98 – Precedente judicial	1270
Quadro esquemático 99 – Ordem dos processos nos tribunais	1283
Quadro esquemático 100 – Incidente de assunção de competência	1286
Quadro esquemático 101 – Incidente de arguição de inconstitucionalidade	1290
Quadro esquemático 102 – Homologação da decisão estrangeira e concessão do *exequatur* à carta rogatória	1296
Quadro esquemático 103 – Ação rescisória	1337
Quadro esquemático 104 – Incidente de resolução de demandas repetitivas	1349

Quadro esquemático 105 – Reclamação 1357
Quadro esquemático 106 – Teoria Geral dos Recursos 1403
Quadro esquemático 107 – Apelação 1423
Quadro esquemático 108 – Agravo de instrumento.. 1441
Quadro esquemático 109 – Agravo interno.. 1445
Quadro esquemático 110 – Embargos de declaração.. 1458
Quadro esquemático 111 – Recurso ordinário 1461
Quadro esquemático 112 – Recurso extraordinário e recurso especial..................... 1473
Quadro esquemático 113 – Embargos de divergência... 1494

Parte Geral

Parte I
Teoria Geral do Direito Processual Civil

O Direito Processual Civil: conceito e fontes. O Direito Processual Civil na perspectiva do Código de Processo Civil de 2015

1. O DIREITO PROCESSUAL CIVIL[1]

1.1 Conceito e fontes

Se todos atentassem para a máxima segundo a qual "o meu direito termina onde começa o do outro", não haveria necessidade de processo. Esse idealismo, no entanto, esbarra em muitos aspectos que rondam a vida em sociedade e o regramento jurídico que visa controlar as relações de produção e, por conseguinte, todo o plexo de relações sociais. Em certos casos há lacunas legislativas; em outros, embora haja lei, esta não é suficientemente clara e em outros, não obstante a clareza da lei, esta afronta a Constituição Federal ou os princípios adotados pelo sistema jurídico. Mesmo diante de um sistema normativo eficiente sempre haverá aqueles que insistem em burlar a lei, descumprindo com os seus deveres.

Os conflitos de interesse são ínsitos a qualquer sociedade moderna. O trabalhador quer ganhar mais ao passo que o empregador quer pagar menos. O governo quer aumentar os impostos, o empresariado reclama. Até aí nenhum problema. O que não se pode permitir é a perpetuação e a intensificação dos conflitos, porque isso compromete as bases em que se estrutura a sociedade. É indispensável que o sistema de justiça – atualmente denominado *multiportas*, porque, além do aparato judiciário, o próprio sistema incentiva a conciliação, a mediação, a arbitragem e outros meios de solução de conflitos –, utilizando o aparato normativo, composto pelos precedentes judiciais, regras e princípios, seja capaz de sufocar o conflito. Isso mesmo. Conflitos, numa perspectiva social, não são resolvidos, apenas sufocados. Tal como um material combustível num ambiente aquecido, no máximo, pode-se controlar a possibilidade de incêndio. Quando surge um foco de incêndio o bombeiro vai lá e o apaga. Logo em seguida surge outro e novamente o extintor é usado. No que se refere aos conflitos, o Estado-juiz exerce

---

[1] Os artigos citados nesta obra, sem a indicação da lei ou Código, referem-se ao Código de Processo Civil de 2015 (Lei nº 13.105, de 16 de março de 2015).

esse papel de bombeiro. De regra, contra a vontade de um dos litigantes e, numa certa medida, até dos dois, compõe o litígio, encerrando aquela relação jurídica controvertida. Na utilização dos meios consensuais, a vontade das partes de buscarem uma solução, ainda que cada um a seu modo defenda uma dada situação jurídica, é expressa.

O que se constata aqui e acolá é que as deficiências do sistema legislativo, somadas à precariedade da máquina judiciária e potencializadas pela intolerância de muitos, têm dado azo a uma insatisfação coletiva que se distancia cada vez mais do encontro de solução pacífica das controvérsias, ideal visado no preâmbulo da nossa Constituição.[2]

Assim, como o homem não pode agir a qualquer custo para satisfazer suas vontades, nem mesmo para concretizar seus anseios de justiça, coube ao Estado o poder-dever de solucionar os conflitos que surgem em razão de interesses contrapropostos. **A composição de litígios só é possível porque ao Estado-juiz foi conferido o exercício da função jurisdicional**, a qual se manifesta de forma válida por meio do processo. É nessa acepção que se deve entender o processo – como o meio para o exercício legítimo do poder jurisdicional. Adianta-se que a par do processo jurisdicional, o próprio Código de Processo Civil contempla métodos consensuais de solução de litígios, como a conciliação, a mediação e a arbitragem. O processo jurisdicional, digamos assim, é a última *ratio* para evitar o esgarçamento social. Embora não constitua condição, o ideal é que o modelo jurisdicional de composição de litígios somente seja utilizado quando a lei não permitir outro método para solução da controvérsia, como, por exemplo, nas hipóteses de processo obrigatório, e naqueles em que, esgotadas as possibilidades, não se mostrou viável a adoção dos meios consensuais de solução de litígios.

É preciso lembrar que o exercício da jurisdição, que compete aos juízes em todo o território nacional, é vinculado, isto é, está jungido aos limites das normas que compõem o devido processo legal. Em outras palavras, o sistema normativo processual – composto, repita-se, por precedentes, regras e princípios –, a par de estabelecer os ônus e faculdades das partes, limita o exercício do poder jurisdicional pelo Estado, o qual somente pode ser exercido de forma válida por meio do processo e com a devida observância dos princípios e das regras que compõem o ordenamento jurídico.

Para o exercício da jurisdição civil, é necessário o estabelecimento de normas capazes de regular a solução dos conflitos de interesse. O conjunto composto por estas normas constitui o objeto de estudo deste ramo do direito denominado de Processo Civil.

O Direito Processual Civil pertence à categoria de direito público, assim como o Direito Constitucional, o Administrativo, o Penal e o Tributário. Em contraposição encontramos o Direito Civil e o Direito Comercial (ou Empresarial), que tradicionalmente pertencem ao direito privado. Cabe salientar que essa classificação – Direito Público e Direito Privado – não é absoluta. No Código de Processo Civil encontramos normas de direito privado, como, por exemplo, o acordo procedimental e, no Código Civil, pode-se encontrar normas de direito público (normas sobre o casamento, por exemplo).

Por outro lado, **essa diferenciação não impede que o Direito Processual Civil esteja relacionado com outros ramos do direito**. Como veremos, a principiologia originalmente estudada no Direito Constitucional encontra-se positivada no atual Código de Processo Civil

---

[2] Preâmbulo da Constituição de 1988: "Nós, representantes do povo brasileiro, reunidos em Assembleia Nacional Constituinte para instituir um Estado Democrático, destinado a assegurar o exercício dos direitos sociais e individuais, a liberdade, a segurança, o bem-estar, o desenvolvimento, a igualdade e a justiça como valores supremos de uma sociedade fraterna, pluralista e sem preconceitos, fundada na harmonia social e comprometida, na ordem interna e internacional, com a solução pacífica das controvérsias, promulgamos, sob a proteção de Deus, a seguinte CONSTITUIÇÃO DA REPÚBLICA FEDERATIVA DO BRASIL".

(Lei nº 13.105, de 16 de março de 2015), especialmente no capítulo que trata das normas fundamentais do processo civil (arts. 1º a 12). A título ilustrativo, pode-se imaginar o sistema jurídico como o conjunto formado pelos diversos ramos do direito (Civil, Processo Civil, Penal, Processo Penal, Administrativo, Tributário, Eleitoral etc.). Esse conjunto de disciplinas encontra-se debaixo de um grande guarda-chuva, que é o Direito Constitucional.

Como observa Aroldo Plínio,[3] costuma-se usar a expressão *direito processual civil* tanto para designar a ciência, como o seu objeto. Assim, deve-se entender o Direito Processual Civil (em maiúsculas) como a disciplina que estuda um complexo de normas que regula o exercício da jurisdição civil, complexo esse chamado de direito processual civil (em minúsculas). Exemplificativamente, incumbe ao direito processual civil disciplinar o poder e dever dos juízes, os ônus e faculdades das partes e seus respectivos procuradores, bem como o regramento dos atos processuais.

Definido que o direito processual civil é o conjunto de normas reguladoras da função jurisdicional, interessa investigar a forma como tais normas surgem e se exteriorizam no mundo jurídico. O exame dessa forma constitui o estudo das fontes do Direito.

As fontes são divididas em **materiais** e **formais**.

Fonte material relaciona-se com os fatores sociais, políticos, históricos, culturais e econômicos que influenciam na criação na norma jurídica. O extraordinário número de demandas que acorreram ao Judiciário, especialmente após a promulgação da Constituição Federal de 1988, é um dos fatores que influenciou a criação de um novo Código de Processo Civil, composto por regras de aprimoramento do sistema de resolução de demandas repetitivas. Esse contexto jurídico-social constitui fonte material do Código em vigor.

Fonte formal é, por outro lado, o meio pelo qual a norma se revela à sociedade. No sistema ítalo-germânico (ou romano-germânico), a fonte formal primária e imediata do direito é a lei. O art. 5º, II, da Constituição Federal, demonstra a existência de um sistema essencialmente legalista como base fundamental do Estado Democrático de Direito ao prever que "ninguém será obrigado a fazer ou deixar de fazer alguma coisa senão em virtude de lei".

Entretanto, a lei não é a fonte exclusiva do direito. Apesar das diversas leis existentes em nosso ordenamento jurídico – muitas delas obsoletas –, o legislador não é capaz (e certamente nunca será) de prever solução para todas as situações concretas e futuras. Além disso, as mudanças dos valores ético-sociais que decorrem da rápida evolução da sociedade impossibilitam que a atividade legislativa acompanhe todas as transformações do mundo moderno. Por essa razão, os princípios, a doutrina, os costumes e a jurisprudência também devem ser considerados como fontes do Direito, os quais servirão para auxiliar o julgador no preenchimento das omissões legislativas, já que não lhe é permitido se eximir de decidir sob a alegação de lacuna ou obscuridade do ordenamento.

Com o advento do Código de Processo Civil atual superada está a controvérsia sobre a admissão da jurisprudência como fonte do Direito. Em face da **obrigatoriedade das súmulas vinculantes e dos precedentes nos Tribunais Superiores,** é inegável que a jurisprudência consiste em verdadeira fonte produtora do Direito.

A propósito, Miguel Reale nos ensina que a palavra "jurisprudência" (*stricto sensu*) deve ser entendida como "a forma de revelação do direito que se processa através do exercício da jurisdição, em virtude de uma sucessão harmônica de decisões dos tribunais".[4]

A jurisprudência, além de constituir ferramenta apta a suprir as lacunas deixadas por eventual omissão legislativa, tem a função de **uniformizar a interpretação da legislação**

---

[3] PLÍNIO, Aroldo. *Técnica processual e teoria do processo.* Rio de Janeiro: Aide, 1992. p. 47.
[4] REALE, Miguel. *Lições preliminares de direito.* 27. ed. São Paulo: Saraiva, 2003.

constitucional e infraconstitucional, evitando que demandas envolvendo casos análogos sejam decididas de forma totalmente distintas, como se a legislação nacional e a própria Carta Magna estabelecessem regras diversas para cada Estado do país.

O reconhecimento da importância da jurisprudência no sistema jurídico pátrio é cada vez mais evidente. Ao longo de todo o Código destaca-se a proeminência dos precedentes como fonte formal do direito por excelência. O art. 927, por todos os dispositivos, resume o grau de obrigatoriedade dos precedentes, notadamente aqueles oriundos dos tribunais superiores. O novo sistema – um misto entre os sistemas romano-germânico e dos precedentes – tem por fim conferir mais celeridade, uniformidade, e confiabilidade às decisões emanadas pelo Poder Judiciário.

Pois bem. Especialmente após a Emenda Constitucional nº 45/2004, que promoveu uma grande reforma no Poder Judiciário e inseriu em nosso ordenamento as chamadas **Súmulas Vinculantes**, a formulação e a consolidação de entendimentos jurisprudenciais tornou-se uma necessidade nas Cortes Superiores, especialmente nas hipóteses em que os órgãos do Poder Público se omitem ou retardam a atividade legiferante e o cumprimento das obrigações a que estão sujeitos por expressa previsão constitucional.

As decisões do Supremo Tribunal Federal consolidadas nas citadas Súmulas Vinculantes, apesar de produzirem eficácia contra todos e efeito vinculante, relativamente aos demais órgãos do Poder Judiciário e à administração pública direta e indireta, nas esferas federal, estadual e municipal (art. 102, § 2º, da Constituição), não devem ser consideradas leis.

As Súmulas Vinculantes são editadas de forma diversa das leis e podem ser revistas ou canceladas pelo próprio Supremo ou mediante proposta dos legitimados elencados no art. 3º da Lei nº 11.417/2006. Além disso, não sofrem controle de constitucionalidade como as leis, consoante entendimento majoritário da doutrina. Mesmo assim, elas são consideradas importantes fontes do direito, das quais o julgador não pode se afastar.

Note-se, contudo, que **a jurisprudência não tem o condão de revogar a lei positivada**. A atividade do Poder Judiciário é interpretativa e não legislativa. Assim, por mais que haja omissão ou que a lei preexistente não atenda às peculiaridades do caso concreto, o Judiciário não poderá se substituir ao legislador. Poderá, no entanto, julgar o caso com base em princípios ou outras formas de suprimento, a fim de que nenhum prejuízo seja experimentado pela parte, que somente estará exercendo o seu direito de acesso à justiça. Também cabe ao Judiciário exercer o denominado controle de convencionalidade, que é a forma adequada para se aferir a compatibilidade entre a legislação doméstica e os tratados de direitos humanos. Nessa hipótese o Judiciário também não revoga a norma, mas apenas realiza uma construção interpretativa à luz dos padrões internacionais e sempre ancorada no princípio *pro persona* (ou *pro homine*), o qual indica que a melhor interpretação é aquela que confere máxima proteção ao ser humano.

Embora em tese a lei seja a fonte primeira de apreciação do direito, não se pode olvidar que, uma vez editada uma Súmula vinculante sobre um determinado tema ou proferido um julgamento i) em sede de controle concentrado de constitucionalidade, ii) pela sistemática dos recursos repetitivos, iii) em IRDR – incidente de resolução de demandas repetitivas ou iv) em IAC – incidente de assunção de competência, pouco importa o que diz a lei ou a interpretação que se pode extrair de determinado princípio. O juiz, primeiro, deve observar os precedentes. Só no caso de não haver precedente sobre o caso a ser julgado é que se recorrerá à lei, fazendo o devido joeiramento segundo a principiologia aplicável. Assim, embora o precedente, num primeiro momento, se estribe na lei, dela se desgarra, compelindo o julgador a aplicar o precedente, até que este seja superado, sem qualquer outra possibilidade de interpretação da questão jurídica. A não aplicação da lei enseja a interposição de recursos. A não aplicação do precedente, com o status já mencionado, devido ao seu grau de cogência, enseja reclamação.

Ao longo deste Curso ainda voltaremos a falar sobre a força dos precedentes no novo sistema processual brasileiro. Entretanto, como o tema (fontes do Direito) é comumente tratado no âmbito do Direito Civil, remetemos o(a) leitor(a) ao primeiro capítulo da primeira parte do livro *Curso de Direito Civil*, no qual serão analisadas com mais detalhes cada uma das fontes do Direito.

1.2 O Direito Processual Civil na perspectiva do Código

O direito processual civil – ou o objeto desse ramo do direito, como se queria – é formado por um conjunto de três espécies normativas: a lei, os precedentes constituídos pela jurisprudência dos tribunais e os princípios. Por lei entenda-se o corpo normativo editado pelo Congresso Nacional e eventualmente pelo presidente da República, a quem se confere poder legiferante por intermédio das medidas provisórias. Esse conjunto é composto pelo Código de Processo Civil e por leis especiais ou extravagantes, como a Lei de Alimentos (nº 5.478/1968), a Lei de Execução Fiscal (nº 6.830/1980), a Lei do Mandado de Segurança (nº 12.016/2009), a Lei dos Juizados Especiais (nº 9.099/1995) etc.

O objeto do nosso estudo é o **Código de Processo Civil de 2015**. Se você, meu/minha caro(a) estudante, professor(a) ou advogado(a), domina bem esse núcleo processual, não terá dificuldade para integrá-lo com o restante do ordenamento processual, presente em outras leis. Assim, vamos nos debruçar sobre o CPC/2015 e eventualmente, quando necessário, analisaremos ou apenas faremos menção a outras leis.

O Código de 1973 vigorou por mais de 40 anos. Apesar de seu apuro técnico e de ter sido considerado, no plano normativo, o que melhor se havia pensado para a época, as mudanças ocorridas na sociedade e a realidade que hoje nos deparamos exigiram uma reformulação da legislação processual civil com vistas a dar maior efetividade ao processo e aos próprios anseios de justiça. A advogada e professora Teresa Arruda Alvim Wambier, relatora da comissão encarregada da elaboração do anteprojeto do novo CPC, explica que o Código de 1973

> "[...] foi concebido em um momento histórico em que não havia muitas das realidades com que hoje temos de nos defrontar, como, por exemplo, as ações de massa. Por outro lado, a dispersão excessiva da jurisprudência também não era assunto que preocupava seriamente a comunidade".[5]

Além dos problemas apontados, o Código de 1973, em razão das diversas reformas pelas quais passou ao longo desses anos, foi perdendo a sua organicidade, a sua racionalidade e, consequentemente, o seu poder de efetividade na solução dos conflitos. As comissões responsáveis por dar "forma" ao novo Código preocuparam-se, então, em ordenar as disposições legais, sugerir formas para simplificar os procedimentos e concretizar os princípios expressa e implicitamente previstos no texto constitucional. Diferentemente do que aconteceu na transição entres os Códigos de 1939 e 1973, as mudanças geradas pela nova legislação não produzirão uma ruptura com a estrutura processual anterior; ao contrário, o que se pretende é uma evolução das ideias já consolidadas, com um maior afinamento com a Constituição Federal.

Todas as alterações propostas pela Lei nº 13.105/2015 serão amplamente abordadas ao longo deste Curso, que tem por objetivo precípuo apresentar uma interpretação dogmática do Código atual como um todo, de forma a permitir que o leitor tenha uma visão sistêmica

---

[5] WAMBIER, Teresa Arruda Alvim. *Críticas ao novo CPC são meras "frases de efeito"*. Conjur: Consultor Jurídico, São Paulo, em 13 dez. 2011. Disponível em: http://www.conjur.com.br/2011-dez-13/criticas-cpc-nao-podem-limitar-afirmacoes-bombasticas. Acesso em: 20 dez. 2014.

da disciplina. Igualmente, é com esse Código, dogmaticamente interpretado, que o advogado postulará em juízo, o magistrado exercerá a judicatura e o professor preparará as suas aulas.

Este curso é sobre o Código de Processo Civil em vigor. O que foi, já foi, e o que está para ser ainda será. O nosso tempo é o tempo presente, ou seja, o Código de 2015, com algumas alterações já realizadas em 2019, 2021, 2022, 2023 e 2024. Contudo, não se pode perder de vista que não se muda um sistema de uma hora para outra. Este Código se apoia sobre os "ombros" do Código de 1973 e lança a semente de um Direito Processual que vigerá no futuro da pós-modernidade. Nessa perspectiva, neste tópico, de forma genérica, apresentaremos a estrutura do Código de 2015 e as principais alterações por ele introduzidas. Tenha sempre em mente: o Código de 2015 é novo, não se trata de uma reforma ou remendo. Embora se tenha aproveitado parte do texto, a estrutura, a lógica e a racionalidade são completamente distintas das que inspiraram o Código revogado.

1.2.1 A estrutura do Código de Processo Civil de 2015

A primeira mudança que se observa é na disposição dos livros que compõem o CPC em vigor. O Código está dividido em **Parte Geral**, **Parte Especial** e **Livro Complementar** (disposições finais e transitórias).

A **Parte Geral** é composta por seis Livros.

O **Livro I**, que trata das normas processuais civis, é composto por um título único, que abarca todas as normas fundamentais do processo, notadamente os princípios aplicáveis ao direito processual civil. Por aqui já se nota uma guinada. O processo civil será ordenado, disciplinado e interpretado conforme os valores e as normas fundamentais estabelecidos na Constituição da República, observando-se as disposições deste Código. Essa disposição, constante no art. 1º, bem denota quais as espécies de normas estabelecem o modelo processual que passou a viger com a entrada em vigor da Lei nº 13.105/2015. O primeiro critério de apreciação do direito deve ser encontrado nos precedentes. Se houver precedente sobre a matéria posta em juízo, o julgador dele não pode se afastar, a menos que faça a devida distinção. Com relação à atividade postulatória, igualmente o advogado, num primeiro momento, deve buscar os fundamentos jurídicos para a postulação – na petição inicial, na resposta, na fase recursal ou nas manifestações das partes de um modo geral – nos precedentes. Da mesma forma, creio eu, deve o professor contemplar essa fonte normativa por excelência em suas lições. Em não havendo precedente, aí sim, os atores (do processo e da cátedra) estão autorizados a lançar mão da lei. Da interpretação da lei, joeirada ou confrontada pelos princípios, deve-se extrair a norma que vai valorar os fatos objetos da postulação. Com relação ao precedente, cabe mais uma advertência, além de tantas outras que farei ao longo deste Curso, às vezes de forma até repetitiva, com o intuito de reforçar a grande alteração operada pelo novo sistema processual. Em tese, o precedente é estabelecido com base na lei – se lei houver, é claro –, interpretada segundo a principiologia imperante. Entretanto, uma vez estabelecido o precedente, ele da lei se descola, passando a ser fonte normativa autônoma. De forma que é vedado ao julgador afastar o precedente sob o pretexto de que ele é contrário à legislação. Somente ao tribunal legitimado – de regra, tribunal superior, exceto nos casos de IRDR e IAC – se admite revogar o precedente, o que se denomina *overruling*, na teoria dos precedentes, desenvolvida no e para o sistema da *common law*.

O **Livro II** dispõe sobre a função jurisdicional. Nele estão inseridas as regras sobre a competência da jurisdição brasileira, bem como os atos de cooperação internacional e nacional – que constituem a principal inovação nesta parte do Código – bem como sobre a competência interna.

O **Livro III** contém sete títulos (Das partes e dos Procuradores; do Litisconsórcio; da Intervenção de Terceiros; Do juiz e dos auxiliares da justiça; Do Ministério Público; Da Advocacia Pública; e Da Defensoria Pública). É de se lembrar que a Advocacia Pública e a

Defensoria, esta que sequer era lembrada no Código revogado, saíram valorizadas no Código atual. Ressalte-se que a Defensoria, pela importância do trabalho social que desempenha, em status e prerrogativas, de certa forma foi equiparada ao Ministério Público.

No **Livro IV** encontram-se as regras sobre forma, tempo, lugar e comunicação dos atos processuais, além das disposições acerca das nulidades, da distribuição e registro dos processos e do valor da causa. O **Livro V** trata das tutelas provisórias. Como elas poderão se fundamentar na urgência ou na evidência, o CPC/2015 estabelece um título específico para cada uma, o que facilita a compreensão do operador. O processo eletrônico, um desconhecido para o Código revogado, ainda que de forma tímida, mereceu a atenção do legislador do Código de 2015.

O **Livro VI** dispõe sobre formação, suspensão e extinção do processo. Esse é o último livro antes da Parte Especial.

Na **segunda parte** do Código estão dispostas as regras relativas ao processo de conhecimento e ao cumprimento de sentença (**Livro I**). Numa tentativa de simplificação, optou-se pela instituição de um procedimento de conhecimento único, denominado procedimento comum, de regra desenvolvido em duas fases, sendo uma perante o conciliador ou mediador e outra perante o juiz. Exclui-se, portanto, o procedimento sumário. Após os dois primeiros títulos (do procedimento comum e do cumprimento de sentença), o Código trata dos procedimentos especiais e dos procedimentos de jurisdição voluntária (Título III).

O **Livro II**, por sua vez, trata do processo de execução. De todos, esse livro é o que experimentou menos alterações, tendo em vista que a Lei nº 11.382/2006 já havia operado grandes mudanças no processo executivo.

O **Livro III**, que encerra a parte especial, dispõe sobre os processos perante os tribunais e sobre os meios de impugnação das decisões judiciais. Vê-se que há um livro autônomo para os procedimentos recursais e outros meios de impugnação das decisões judiciais, o que se afigura mais lógico do que a inserção no livro do processo de conhecimento, como ocorre no Código revogado – o qual, para o leigo, passa a impressão de que somente as decisões proferidas no processo de conhecimento são impugnáveis.

E, finalmente, o **Livro Complementar** contém as disposições finais e transitórias, que, entre outros aspectos, regulam a transição do Código velho para o novo.

1.2.2 Os diversos tons do Código atual

A positivação na Parte Geral de princípios como o da igualdade, o da razoável duração do processo, o da publicidade, o do direito de participação das partes e o do dever de cooperação é reflexo da metodologia jurídica atual, que reconhece a força normativa dos princípios constitucionais e a necessidade de se enxergar o processo civil (e outros ramos do Direito) sob a ótica constitucional.

A interpretação das normas processuais atrelada à Constituição Federal é o principal fundamento do chamado **"neoprocessualismo"**, que será estudado no capítulo sobre a principiologia do Código de Processo Civil atual. Antecipadamente podemos considerá-lo como um sistema ou um modelo constitucional do processo, que elenca os direitos fundamentais como valores norteadores de todo o ordenamento jurídico. Diante deste cenário, não se pode mais levar em conta simplesmente o artigo de lei para conter e resolver os litígios levados ao conhecimento do Poder Judiciário.[6] É preciso que, à luz do inteiro ordenamento e de seus princípios fundamentais, seja proporcionado aos jurisdicionados o verdadeiro acesso à justiça. É de se

---

[6] PERLINGIERI, Pietro. *Perfis do direito civil*. Introdução ao direito civil constitucional. Trad. Maria Cristina de Cicco. 3. ed. Rio de Janeiro: Renovar, 2007.

lembrar que, havendo precedente firmado sobre determinada questão jurídica, não é dado ao julgador fazer utilizar de outra espécie normativa senão o precedente para valorar o fato jurídico.

Semelhante ao que dispõe o art. 5º da Lei de Introdução às Normas do Direito Brasileiro,[7] o CPC/2015 também consagra uma **cláusula geral**, na qual o juiz, ao aplicar a lei, terá que atender aos **fins sociais** e às **exigências do bem comum**, resguardando e promovendo a dignidade da pessoa humana e observando a proporcionalidade, a razoabilidade, a legalidade, a publicidade e a eficiência (art. 8º). A tutela jurisdicional deve, portanto, ser proporcionada por meio da observância dessa e de outras cláusulas gerais, que apesar de darem certa margem de interpretação ao julgador, possibilitam a adoção de medidas mais adequadas para cada caso concreto.

A nova legislação assegura, ainda, o **tratamento igualitário das partes** (art. 7º). Trata-se não somente de igualdade formal, a qual estabelece que todos são iguais perante a lei (art. 5º da CF/1988), mas de **igualdade material** "no tratamento em relação ao exercício de direitos e faculdades processuais, aos meios de defesa, ao ônus, aos deveres e à aplicação de sanções processuais".[8] Esse tratamento isonômico também se revela na adoção da regra da **distribuição dinâmica do ônus da prova** (art. 373, § 1º), bem como na ampliação e organização das normas relativas à **gratuidade da justiça** (arts. 98 a 102).

Também está formulada a regra segundo a qual o juiz, mesmo quando estiver diante de uma matéria de ordem pública, deve **oportunizar previamente o contraditório** (art. 10). Isso permite que a parte exerça plenamente o seu direito de defesa e evita que questões processuais sejam levadas até as instâncias superiores.

Além de normas de caráter principiológico, a parte geral traz regramento sobre as matérias atinentes à jurisdição. Dentre elas merece destaque as que se referem à cooperação internacional. As disposições constantes nos arts. 26 a 41 servirão para facilitar o auxílio mútuo entre os Estados para assegurar o efetivo exercício da Jurisdição. No âmbito interno, a **cooperação** também é tema abordado pelo CPC/2015.

No Livro III, ainda da parte geral, pode-se dizer que a grande inovação se refere à **fixação dos honorários sucumbenciais**. Em breves linhas, nas ações envolvendo a Fazenda Pública, os percentuais serão fixados com base no valor da causa – e não por apreciação equitativa do juiz – e serão reduzidos gradativamente, conforme o aumento do valor da condenação ou do proveito econômico obtido. Os **advogados públicos também receberão honorários nas causas em que a Fazenda Pública se consagrar vencedora**, previsão considerada constitucional pelo Supremo e que será detalhada em capítulo oportuno.

Sobre o tema intervenção de terceiros, temos regras especiais para a intervenção da figura do *amicus curiae*, que poderá se fazer presente em todos os graus de jurisdição e não somente nos tribunais superiores. A desconsideração da personalidade jurídica está expressamente prevista como mais uma modalidade de intervenção, a qual será cabível, incidentalmente, em todas as fases do processo de conhecimento, no cumprimento de sentença e na execução fundada em título executivo extrajudicial.

As disposições do Código atual também revelam uma valorização dos **mecanismos de autocomposição**. Além da previsão genérica segundo a qual "o Estado promoverá, sempre que possível, a solução consensual dos conflitos" (art. 3º, § 2º), a legislação processual civil traz diversos artigos que refletem a intenção de se priorizar a conciliação e a mediação, inclusive com a postergação da apresentação da contestação para um novo momento processual.

---

[7] Art. 5º da LINDB: "Na aplicação da lei, o juiz atenderá aos fins sociais a que ela se dirige e às exigências do bem comum".

[8] LOURENÇO, Haroldo. O neoprocessualismo, o formalismo-valorativo e suas influências no novo CPC. *Revista da EMERJ*, v. 14, n. 56, p. 74-107, out.-dez. 2011.

Sobre os prazos, a principal alteração é que eles são contados apenas em dias úteis. Além disso, os prazos processuais serão suspensos entre o período de 20 de dezembro e 20 de janeiro. Essa é mais uma conquista para a advocacia, notadamente para aqueles advogados que exercem a profissão de forma autônoma ou em pequena sociedade e que necessitam de um descanso como qualquer outro profissional. De toda forma, adiantamos que essa contagem não se aplica, por exemplo, aos procedimentos criminais e aos processos regidos exclusivamente pelo Estatuto da Criança e do Adolescente. Igualmente, não se aplica às ações em trâmite durante o processo eleitoral. Para o advogado que atua em diversos ramos do Direito, como é o meu caso, o descanso pretendido pelo legislador é praticamente impossível.

Quanto à forma dos atos processuais e à comunicação, a nova legislação **privilegia a utilização dos meios eletrônicos** de modo a aferir maior celeridade ao trâmite processual, o que também foi reforçado pela Lei nº 14.195/2021, que alterou substancialmente o art. 264 do CPC. Já a possibilidade de utilização de aplicativos de mensagens para a prática de atos processuais está prevista na Resolução nº 354/2020, do Conselho Nacional de Justiça. Trata-se de prática aceitável pela jurisprudência[9], desde que seja possível a ciência inequívoca acerca da providência judicial proposta. A prática dos atos processuais será detalhada em capítulo próprio.

Ainda no campo da celeridade, **o CPC/2015 aprimora o sistema de julgamento de demandas repetitivas**, que também foi estendido ao juízo de primeiro grau. Conforme se verá adiante, os processos que gravitam em torno da mesma questão de direito deverão ser decididos de forma conjunta, de modo a priorizar a razoável duração do processo, a segurança jurídica e a isonomia das partes perante o Direito. Desta forma será possível evitar contradições entre as decisões de tribunais, diversos ou não, sobre uma mesma questão jurídica.

Com a finalidade de simplificação, foram extintos diversos incidentes processuais e optou-se, como dito, pela instituição de um procedimento de conhecimento único, excluindo-se, portanto, o procedimento sumário.

Sobre os aspectos recursais, uniformizou-se o prazo para todos os recursos (15 dias), com exceção dos embargos de declaração (5 dias). Para os recursos interpostos com intuito meramente protelatório, o Código prevê o agravamento de ônus financeiro para coibir tais casos, privilegiando, assim, a boa-fé processual (art. 5º).

No campo dos recursos em espécie, **o agravo retido foi excluído do sistema**. Assim, quando não couber agravo de instrumento, as decisões anteriores à sentença poderão ser impugnadas na própria apelação. Explica-se, de antemão, que não há restrição ao exercício do direito de defesa, pois o que mudou foi apenas o momento da impugnação, já que a decisão da qual se recorria por meio do agravo retido só era alterada ou mantida quando do julgamento da apelação. Também foram extintos os embargos infringentes, o que já tinha sido proposto por Alfredo Buzaid,[10] transformando o que antes era recurso em técnica de julgamento.

Em síntese, o Código de Processo Civil em vigor preocupou-se em garantir essencialmente: 1) a **sintonia entre a legislação infraconstitucional e a Constituição Federal**; 2) a **simplificação dos procedimentos**; 3) a **organicidade do sistema**, de forma a facilitar a sua

---

9   STJ, REsp 2.045.633/RJ, Rel. Min. Nancy Andrighi, Terceira Turma, julgado em 08.08.2023, *DJe* de 14.08.2023.

10 "A existência de um voto vencido não basta por si só para justificar a criação de tal recurso; porque, por tal razão, se devia admitir um segundo recurso de embargos toda vez que houvesse mais de um voto vencido; desta forma poderia arrastar-se a verificação por largo tempo, vindo o ideal de justiça a ser sacrificado pelo desejo de aperfeiçoar a decisão" (BUZAID, Alfredo. Ensaio para uma revisão do sistema de recursos no Código de Processo Civil. *Estudos de direito*. São Paulo: Saraiva, 1972. p. 111).

compreensão; e 4) **a solução de conflitos com o menor número de processos possíveis**, sem que isso prejudique a efetividade na tutela jurisdicional.

1.2.3 O sistema de precedentes consolidado pelo CPC vigente

Procuraremos facilitar a compreensão das novas disposições legais, sem, no entanto, deixar de lado as ponderações sobre eventuais entendimentos em sentido contrário ao que positivou o legislador. O Código está em vigor há seis anos, embora alguns operadores do Direito ainda resistam à sua aplicação. É indispensável, pois, que nós, juristas, indiquemos o caminho interpretativo pelo qual se possa extrair o máximo de efetividade.[11] Em nada contribuirá a crítica pela crítica. A crítica construtiva que tem por objetivo a economia do bem. Isso é o que visamos alcançar com mais uma edição do *Curso de Direito Processual Civil*.

Apresentada esta visão panorâmica do Código de 2015, inclusive dos fatores históricos que nos conduziram até aqui, passaremos a estudar de forma pormenorizada e sistemática todos os institutos contemplados no Código de Processo Civil de 2015.

Antes, porém, vale adiantar uma palavra sobre os precedentes e, depois, sobre os princípios. Só assim você terá uma compreensão do sistema normativo processual brasileiro. Embora repetitivo – e propositadamente o seremos ao longo deste Curso –, não custa relembrar que o CPC/2015 contempla a lei – todos os seus dispositivos configuram regra, ainda que disponham sobre princípios ou precedente –, os precedentes (cuja observância hierarquizada encontra-se prevista no art. 927) e os princípios (dispostos principalmente nos arts. 1º a 12).

Em sentido amplo, "precedente é a decisão judicial tomada à luz de um caso concreto, cujo núcleo essencial pode servir como diretriz para o julgamento posterior de casos análogos".[12]

No sistema jurídico anglo-saxão, também chamado de *Common law*, os precedentes são adotados pelos juízes e tribunais que, com base no direito consuetudinário, julgam o caso concreto e passam a seguir a tese jurídica adotada no julgamento de casos futuros.

No sistema do *Civil Law*, apesar de haver preponderância das leis, também há espaço para os precedentes judiciais. A diferença é que no *Civil law*, de regra, o precedente tem a função de orientar a interpretação da lei, mas não obriga o julgador a adotar o mesmo fundamento da decisão anteriormente proferida e que tenha como pano de fundo situação jurídica semelhante. Contudo, cada vez mais, o sistema jurídico brasileiro assimila a **teoria do** *stare decisis* ou, em bom Português, o sistema da força obrigatória dos precedentes. À guisa de exemplo, citem-se as súmulas vinculantes, o julgamento em controle abstrato de constitucionalidade e o julgamento de recursos repetitivos e o IRDR. No Código de Processo Civil em vigor essa vinculação é ainda mais expressiva.

---

[11] Acerca da efetividade do processo, Barbosa Moreira explica que "querer que o processo seja efetivo é querer que desempenhe com eficiência o papel que lhe compete na economia do ordenamento jurídico. Visto que esse papel é instrumental em relação ao direito substantivo, também se costuma falar da instrumentalidade do processo. Uma noção conecta-se com a outra e por assim dizer a implica. Qualquer instrumento será bom na medida em que sirva de modo prestimoso à consecução dos fins da obra a que se ordena; em outras palavras, na medida em que seja efetivo. Vale dizer: será efetivo o processo que constitua instrumento eficiente de realização do direito material" (BARBOSA MOREIRA, José Carlos. Por um processo socialmente efetivo. *Revista de Processo*, São Paulo, v. 27, n. 105, jan.-mar. 2002, p. 181).

[12] DIDIER JR., Fredie; OLIVEIRA, Rafael; BRAGA, Paula. *Curso de direito processual civil*. Salvador: JusPodivm, 2013. p. 385.

Prova dessa realidade está no art. 927 da nova legislação. O referido dispositivo buscou adequar os entendimentos dos tribunais superiores em todos os níveis jurisdicionais, de modo a evitar a dispersão da jurisprudência e, consequentemente, a intranquilidade social e o descrédito nas decisões emanadas do Poder Judiciário. Veja:

Art. 927. Os juízes e os tribunais observarão:

I – as decisões do Supremo Tribunal Federal em controle concentrado de constitucionalidade;

II – os enunciados de súmula vinculante;

III – os acórdãos em incidente de assunção de competência ou de resolução de demandas repetitivas e em julgamento de recursos extraordinário e especial repetitivos;

IV – os enunciados das súmulas do Supremo Tribunal Federal em matéria constitucional e do Superior Tribunal de Justiça em matéria infraconstitucional;

V – a orientação do plenário ou do órgão especial aos quais estiverem vinculados.

A fim de que não paire dúvidas, é bom que se repita a expressão contida no *caput* do dispositivo: "os juízes e tribunais observarão". Não se trata de faculdade, e sim de **imperatividade**. De início, pode-se pensar que o CPC/2015 está afastando a independência dos juízes e o princípio da persuasão racional, que habilita o magistrado a valer-se do seu convencimento para julgar a causa. Entretanto, ontologicamente, não há diferença entre a aplicação da lei ou do precedente, a não ser pelo fato de que, de regra, este contém mais elementos de concretude do que aquela. Tal como no sistema positivado, também no *stare decisis* o livre convencimento do juiz incide sobre a definição da norma a ser aplicada – aqui por meio do confronto da *ratio decidendi* extraída do paradigma com os fundamentos do caso sob julgamento –, sobre a valoração das provas e finalmente sobre a valoração dos fatos pelo paradigma escolhido, levando-se em conta as circunstâncias peculiares da hipótese sobre julgamento.

Vale frisar que após a entrada em vigor do CPC/2015, o Conselho Nacional de Justiça criou diversos grupos de estudos para elaboração de propostas voltadas ao fortalecimento dos precedentes no sistema jurídico. Infelizmente, alguns integrantes do Poder Judiciário insistem em descumprir precedentes do STJ ou STF, por exemplo, assim como precedentes vinculantes expedidos por seus próprios Tribunais, criando uma verdadeira insegurança jurídica para nós, advogados, bem como para os jurisdicionados.

A par dessa celeuma, o CNJ editou a Recomendação nº 134/2022, que reforça a necessidade de fundamentação das decisões judiciais, especialmente daquelas que afastem, por alguma razão prática, a aplicação de determinado precedente. De acordo com a Recomendação, os **precedentes devem ser respeitados**, a fim de concretizar o princípio da isonomia e da segurança jurídica, bem como proporcionar a racionalização do exercício da magistratura (art. 8º). Por isso mesmo, caso o juiz identifique que existe distinção material relevante e discutível capaz de afastar a aplicação de um precedente de natureza obrigatória ou mesmo persuasiva, deve necessariamente realizar a distinção entre a tese e o caso concreto, explicitando de maneira clara e precisa a situação material relevante e diversa capaz de afastar a tese jurídica consolidada sobre o caso (art. 14).

Assim, havendo precedente sobre a questão posta em julgamento, ao juiz não se dá opção para escolher outro parâmetro de apreciação do Direito. Somente lhe será lícito recorrer à lei ou ao arcabouço principiológico para valorar os fatos na ausência de precedentes. Pode-se até utilizar de tais espécies normativas para construir a fundamentação do ato decisório, mas jamais se poderá renegar o precedente que contemple julgamento de caso idêntico ou similar. Essa força normativa cogencial encontra a sua racionalidade no fato de que cabe ao STJ interpretar a legislação infraconstitucional e ao STF dar a última palavra sobre as controvérsias constitucionais. Assim, por mais que o julgador tenha outra compreensão da matéria *sub judice*, a contrariedade só terá o condão de protelar o processo por meio de sucessivos recursos e, consequentemente, de adiar a resolução da controvérsia.

A vinculação, entretanto, se restringe à adoção da regra contida na *ratio decidendi* do precedente, ou seja, na razão de decidir do julgado. Em outras palavras, os fundamentos que sustentam os pilares de uma decisão é que podem ser invocados em julgamentos posteriores. As circunstâncias de fato que deram embasamento à controvérsia e que fazem parte do julgado não têm o condão de tornar obrigatória ou persuasiva a norma criada para o caso concreto.[13]

Todos os conceitos que circundam o tema – *ratio decidendi*, *obter dictum*, *stare decisis* – e outros que precisam ser analisados para a exata compreensão do sistema de precedente, serão tratados ao final desta obra. Por enquanto é importante que o leitor tenha em mente que o ordenamento jurídico brasileiro vem passando por uma redefinição dogmática na tentativa de efetivação dos princípios da segurança jurídica e da igualdade não somente perante a lei, mas, também, perante o Direito, em cuja estrutura estão inseridos os precedentes judiciais.

Países que adotam o sistema *common Law*, como a Inglaterra e os Estados Unidos da América, cada vez mais adotam a lei como critério de apreciação do Direito. O Brasil, na direção contrária, dá uma guinada no sentido da adoção dos precedentes. Há um desprestígio expresso e consentido do parlamento. Se estamos no caminho certo, o tempo dirá.

---

[13] TUCCI, José Rogério Cruz e. *Precedente judicial como fonte do direito*. São Paulo: RT, 2004. p. 14.

Quadro esquemático 1 – O Direito Processual Civil

O Direito Processual Civil
- Conceito: disciplina que estuda um complexo de normas que regula o exercício da jurisdição civil.
- Fontes
  - Materiais: fatores sociais, políticos, históricos, culturais e econômicos que influenciam na criação da norma jurídica.
  - Formais: meio pelo qual a norma se revela à sociedade. O CPC/2015 contempla três espécies normativas.
    - Precedentes;
    - Leis;
    - Princípios.
- A estrutura do Código de Processo Civil atual (Livros e títulos do CPC/2015)
  - Parte Geral
    - Livro 01: Das normas processuais civis (trata das normas processuais)
      - Das normas fundamentais e da aplicação das normas processuais.
    - Livro 02: Da função jurisdicional (dispõe sobre a função jurisdicional)
      - Da jurisdição e da ação;
      - Dos limites da jurisdição nacional e da cooperação internacional;
      - Da competência interna.
    - Livro 03: Dos sujeitos do processo (possui sete títulos)
      - Das partes e dos procuradores;
      - Do litisconsórcio;
      - Da intervenção de terceiros;
      - Do juiz e dos auxiliares da justiça;
      - Do Ministério Público;
      - Da Advocacia Pública;
      - Da Defensoria Pública.
    - Livro 04: Dos atos processuais
      - Da forma, do tempo e do lugar dos atos processuais;
      - Da comunicação dos atos processuais;
      - Das nulidades;
      - Da distribuição e do registro;
      - Do valor da causa.
    - Livro 05: Da tutela provisória
      - Disposições gerais;
      - Da tutela de urgência;
      - Da tutela da evidência.
    - Livro 06: Da formação, da suspensão e da extinção do processo

- O Direito Processual Civil
  - A estrutura do Código de Processo Civil atual (Livros e títulos do CPC/2015)
    - Parte Especial
      - Livro 01: Do processo de conhecimento e do cumprimento de sentença
        - Do procedimento comum;
        - Do cumprimento de sentença (execução de título judicial);
        - Dos procedimentos especiais.
      - Livro 02: Do processo de execução (execução de título extrajudicial)
        - Da execução em geral;
        - Das diversas espécies de execução;
        - Dos embargos à execução;
        - Da suspensão e da extinção do processo de execução.
      - Livro 03: Dos processos nos tribunais e dos meios de impugnação das decisões judiciais
        - Da ordem dos processos e dos processos de competência originária dos tribunais;
        - Dos recursos.
    - Livro Complementar: Disposições finais e transitórias
  - O Sistema de Precedentes Vinculantes
    - As decisões do STF em controle concentrado de constitucionalidade.
    - Os enunciados de súmula vinculante.
    - Os acórdãos em incidente de assunção de competência ou de resolução de demandas repetitivas e em julgamento de recurso extraordinário e especial repetitivos.
    - Os enunciados das súmulas do Supremo Tribunal Federal em matéria constitucional e do Superior Tribunal de Justiça em matéria infraconstitucional.
    - A orientação do plenário ou do órgão especial aos quais os juízes estiverem vinculados.
    * Art. 4º Recomendação CNJ 134/2022: "Recomenda-se aos magistrados que contribuam com o bom funcionamento do sistema de precedentes legalmente estabelecido, zelando pela uniformização das soluções dadas às questões controversas e observando e fazendo observar as teses fixadas pelos tribunais superiores e, na falta de precedentes e jurisprudência por parte destes, pelos respectivos tribunais regionais ou estaduais".

A principiologia do Código de Processo Civil: influências constitucionais e tentativa de efetivação dos direitos e garantias fundamentais

Feitos os comentários devidos e cabíveis nesta fase preliminar do nosso Curso sobre a lei e os precedentes, chegou a vez de discorrermos sobre os princípios. Sobre eles, pela importância e dificuldade de compreensão, dedicaremos este capítulo.

1. INFLUÊNCIAS DO DIREITO CONSTITUCIONAL SOBRE O DIREITO PROCESSUAL CIVIL: NEOCONSTITUCIONALISMO E NEOPROCESSUALISMO

Atualmente é crescente a ideia na doutrina e na jurisprudência no sentido de que as normas que regem o Direito Processual Civil devem consagrar a aplicação dos direitos e garantias fundamentais, bem como a força normativa da Constituição Federal. Se antes o entendimento tradicional era de que a Constituição dependeria sempre de uma lei ordinária para ser aplicada às relações privadas, hoje vale a premissa de que os princípios constitucionais são normas situadas no topo do ordenamento jurídico e, por essa razão, devem nortear a atuação do julgador mesmo quando não positivados no texto infraconstitucional.

A preocupação com a eficácia das normas constitucionais, sobretudo dos direitos e garantias fundamentais, acabou por atribuir denominação a uma fase no Direito Constitucional: o neoconstitucionalismo,[1] cujas características principais são as seguintes:

---

[1] Sobre o neoconstitucionalismo, Pedro Lenza pondera que nessa nova realidade busca-se "não mais apenas atrelar o constitucionalismo à ideia de limitação do poder político, mas, acima de tudo, buscar a eficácia da Constituição, deixando o texto de ter um caráter meramente retórico e passando a ser mais efetivo, especialmente diante da experiência de concretização dos direitos fundamentais" (LENZA, Pedro. *Direito constitucional esquematizado*. 16. ed. São Paulo: Saraiva, 2012. p. 62).

a) **normatividade da Constituição:** a força normativa da Constituição passou a ter aspecto de extrema relevância, isto é, as normas passaram a ser vistas como obrigações impostas ao Poder Público (caráter normativo), e não meros conselhos (caráter político). Isso trouxe uma maior efetividade dos direitos fundamentais, que deixaram de ser considerados como normas meramente programáticas;

b) **superioridade da Constituição:** a Constituição ganha superioridade material (a superioridade formal já decorre do fato de ser escrita e rígida);

c) **centralidade da Constituição:** a Constituição está no centro do ordenamento jurídico. Assim, todas as normas que compõem o ordenamento devem ser repensadas a partir do texto constitucional;

d) **ubiquidade da Constituição:** onipresença da Constituição em todos os ramos do Direito e conflitos minimamente relevantes, no lugar de espaços isentos (em branco) em favor da opção legislativa – "constitucionalização do Direito": consagração de normas de outros ramos do Direito na Constituição;

e) **ampliação da jurisdição constitucional:** o juiz deixa de ser a "boca da lei" e assume papel de intérprete do texto constitucional (ex.: controle de constitucionalidade exercido pelo Supremo Tribunal Federal);

f) **surgimento de uma ciência independente, com a finalidade de interpretar as normas constitucionais:** a hermenêutica constitucional leva em consideração a história, as ideologias, as realidades sociais, econômicas e políticas do Estado como forma de interpretar o texto constitucional e os valores consagrados na Constituição. Utiliza, ainda, técnicas de ponderação para valorar os princípios conforme o caso concreto.

Como se vê, essa nova realidade constitucional não se contenta em limitar o poder político do Estado, mas, acima de tudo, busca interpretar as normas jurídicas em consonância com os princípios constitucionais, de forma a dar maior eficácia à Constituição. Nesse sentido, o processo torna-se um importante mecanismo para garantir a efetivação do texto constitucional.

1.1 Evolução (fases) do processualismo: sincretismo, autonomismo, instrumentalismo e neoprocessualismo

O processo civil que conhecemos atualmente resulta de paciente evolução que se desenvolveu a partir de um demorado e estático período em que o sistema processual era visto como simples fração do direito privado, desprovido de qualquer autonomia. Mencionado período ficou conhecido como **sincretismo processual** ou **praxismo**.

Nessa fase não havia uma verdadeira ciência do processo civil, pois os conhecimentos eram puramente empíricos, sem qualquer consciência de princípios, conceitos próprios ou métodos. O processo era visto apenas em sua realidade física exterior e perceptível aos sentidos, chegando a ser confundido com o mero procedimento ao ser definido como "sucessão de atos" ou "modo de exercício de direitos". Não havia sequer percepção da relação jurídica existente entre os sujeitos (relação jurídica processual), nem sobre a necessidade de se permitir a participação dos litigantes (contraditório).

Posteriormente, o sistema processual passou por uma fase de formulação de conceitos e estruturas bem ordenadas, chegando ao ponto de se imaginar um fim em si mesmo.

Essa segunda fase, conhecida como **autonomismo processual**,[2] teve origem com Oskar Von Bülow (1868), que demonstrou a existência de uma relação jurídica especial entre os sujeitos

---

[2] Alguns doutrinadores designam essa etapa como "processualismo". Nesse sentido: DIDIER JR., Fredie. *Curso de direito processo civil*. 13. ed. Salvador: JusPodivm, 2011. v. 1, p. 31. Independentemente do

principais do processo (juiz, autor e réu), a qual não se confundia com a relação material litigiosa. A sistematização dessas ideias conduziu às primeiras colocações do direito processual como ciência, tendo em vista seus próprios métodos (distintos do direito privado) e objetos materiais (categorias jurídico-processuais: jurisdição, ação, defesa e processo). Alemães, austríacos e italianos construíram teorias ricas e variadas sobre o tema, lançando ideias fundamentais que geraram valiosas reflexões e obras científicas processuais. Durante esse período os processualistas perceberam que o processo não era um modo de exercício dos direitos, mas o caminho para se obter a tutela jurisdicional.

Compreendida a autonomia processual, os processualistas – ao mesmo tempo em que os constitucionalistas se movimentavam para buscar a eficácia da Constituição (neoconstitucionalismo) – conscientizaram-se da necessidade de direcionar o processo para resultados substancialmente justos, superando o exagerado tecnicismo reinante até então. Essa fase deu origem ao período **instrumental** ou **fase teleológica do processo**.

Depois de quase um século, os processualistas perceberam que o processo, embora autônomo, consiste em técnica de pacificação social, razão pela qual não se pode desvinculá-lo da ética nem de seus objetivos a serem cumpridos nos planos social, econômico e político (escopos metajurídicos). O direito processual, portanto, deve privilegiar a importância dos resultados da experiência dos jurisdicionados com o processo, valorizando a instrumentalidade deste.

A evolução desse entendimento, principalmente em face da atual e saudável constitucionalização dos ramos do direito, defende o estudo do direito processual a partir de uma nova premissa metodológica, qual seja a metodologia do **neoconstitucionalismo**. Embora seja apenas uma visão evoluída do período instrumentalista do processo, alguns processualistas acreditam tratar-se de uma nova fase processual, denominando-a **neoprocessualismo**. De acordo com o Min. Luiz Fux, o neoprocessualismo "vem atentando, de um lado, para a dimensão processual da tutela dos direitos fundamentais e, de outro, para um processo de constitucionalização das próprias garantias processuais, permitindo que sejam adotadas técnicas mais efetivas e adequadas, à luz da Constituição Federal".[3]

Esse fenômeno da constitucionalização dos direitos e garantias processuais, além de retirar do Código de Processo a centralidade do ordenamento processual (descodificação), ressalta o caráter publicístico do processo; isto é, **o processo distancia-se de uma conotação eminentemente privada, deixa de ser um mecanismo de exclusiva utilização individual para se tornar um meio à disposição do Estado para realizar justiça.**

Hoje, o processo tutela uma ordem superior de princípios e valores que estão acima dos interesses controvertidos das partes, voltados à realização do bem comum. **A preponderância do interesse público sobre os interesses privados conflitantes manifesta-se em diversos pontos da nova dogmática processual.** Como se verá adiante, o Código de Processo Civil atual positivou diversos princípios constitucionais, além de regras destinadas à maximização dos direitos e garantias fundamentais. O objetivo da nova legislação é harmonizar os procedimentos às normas elencadas no texto constitucional, incorporando os princípios e as regras constitucionais à codificação processual.

1.2 O "modelo constitucional do processo"

A doutrina atual costuma dizer que o processo civil "constitucionalizou-se", isto é, o processo deve ser examinado, estudado e compreendido à luz da Constituição.

---

nome que se dê a essa fase, deve-se levar em consideração que ela foi marcada pela autonomia da ação e dos demais institutos processuais.

[3] STF, HC 148408/DF, j. 31.10.2017.

De fato, tendo em vista que o neoconstitucionalismo fez que o Direito Constitucional se tornasse onipresente em todos os ramos do direito, tornaram-se comuns as expressões "direito processual constitucional" ou "direito constitucional processual".

Há, inclusive, quem diferencie as expressões: o direito processual constitucional teria como objeto o estudo da jurisdição constitucional (normas relativas ao controle de constitucionalidade de lei e atos normativos, e a tutela dos direitos fundamentais), enquanto o direito constitucional processual estudaria os princípios e regras contidos na Constituição que disciplinam o processo. No entanto, inexiste razão para essa dicotomia, uma vez que as matérias atribuídas a uma expressão estão geralmente inseridas na outra. Também não existe qualquer interesse prático em desmembrá-las. Aliás, essa dicotomia decorre de uma visão antiga, superada pelo neoconstitucionalismo, pois, como já foi dito, atualmente todo o ordenamento jurídico gravita em torno do texto constitucional.

O certo é que o direito processual constitucional (ou direito constitucional processual) consiste na ênfase ao estudo do processo a partir dos princípios, garantias e disposições de diversas naturezas que a Constituição projeta sobre ele, incluindo os remédios que compõem a "jurisdição constitucional das liberdades" (mandado de segurança, *habeas corpus*, ação popular, ação civil pública etc.). Assim, são recíprocas as influências que a Constituição e a ordem processual exercem uma sobre a outra.

O "modelo constitucional do processo" nada mais é, portanto, do que o resultado da interpretação das leis processuais a partir da necessidade de que o direito fundamental a um processo justo (tutela jurisdicional efetiva, célere e adequada) seja respeitado, consoante os princípios e garantias constitucionais processuais. Veja-se, nesse sentido, a lição de Luís Roberto Barroso:

> "O ponto de partida do intérprete há de ser sempre os princípios constitucionais, que são o conjunto de normas que espelham a ideologia da Constituição, seus postulados básicos e seus fins [...]. A atividade de interpretação da Constituição deve começar pela identificação do princípio maior que rege o tema a ser apreciado, descendo do mais genérico ao mais específico, até chegar à formulação da regra concreta que vai reger a espécie".[4]

No modelo constitucional do processo, o julgador tem o compromisso de interpretar as normas processuais sempre com os olhos na Constituição Federal. Isso não quer dizer que ao julgador é concedida ampla e ilimitada discricionariedade, pois as suas decisões são passíveis de controle, por meio da análise de sua necessária fundamentação e motivação.

Olhar para o processo a partir da Constituição pode indicar, por exemplo, a necessidade de instrumentalização das formas, de modo a permitir que um provimento jurisdicional seja priorizado em detrimento da extinção precoce da demanda, afinal, a tutela efetiva e satisfativa é uma das garantias do direito constitucional de ação. "O processo deixou de ser analisado como um fim em si mesmo, de modo que, deve-se sempre priorizar o direito material em detrimento do formalismo processual" (AREsp n. 1.842.717, Min. Laurita Vaz, *DJe* de 06.02.2023).

2. PRINCÍPIOS PROCESSUAIS COMO DIREITOS FUNDAMENTAIS

2.1 Introdução: princípios, regras e valores

A doutrina tradicional apontava diferenças entre normas e princípios, na medida em que aquelas constituíam preceitos a serem seguidos, enquanto estes eram considerados como

---

[4] BARROSO, Luís Roberto. *Temas de direito constitucional*. Rio de Janeiro: Renovar, 2003. p. 149.

meros conselhos ou "cânones de interpretação". O neoconstitucionalismo, ao conferir *status* de norma aos princípios, abandonou essa distinção tradicional, de modo que, atualmente, regras e princípios são, na verdade, espécies de normas. Nesse sentido, esclarece Humberto Ávila que "cada espécie normativa desempenha funções diferentes e complementares, não se podendo sequer conceber uma sem a outra, e a outra sem a uma".[5]

Os princípios, na lição doutrinária de Francisco Amaral,

"[...] são pensamentos diretores de uma regulamentação jurídica, critérios para a ação e para a constituição de normas e de institutos jurídicos [...]. Como diretrizes gerais e básicas, servem também para fundamentar e dar unidade a um sistema ou a uma instituição".[6]

Eles são, portanto, **diretrizes gerais do ordenamento jurídico**, que servem para fundamentar e interpretar as demais normas. Os princípios têm origem nos aspectos políticos, econômicos e sociais vivenciados na sociedade, assim como nas demais fontes do ordenamento.

Com a unificação do sistema jurídico em torno do texto constitucional, tornou-se mais evidente a utilização dos princípios como fundamentos das decisões emanadas pelo Poder Judiciário. Diferentemente no positivismo jurídico, que pregava a mera subsunção da situação fática à norma positivada, o neoconstitucionalismo e o neoprocessualismo são marcados pelo reconhecimento dos princípios como elementos norteadores da atividade jurisdicional no decorrer de todo o processo.

As **regras**, por outro lado, são prescrições específicas que disciplinam determinadas situações "no âmbito daquilo que é fática e juridicamente possível".[7] Embora as duas espécies normativas (princípios e regras) sejam cogentes, as regras esgotam em si mesmas, ao passo que descrevem o que se deve e o que não se deve; o que se pode e o que não se pode. Já os princípios são mandamentos de otimização que servem para ordenar o cumprimento de algo na maior medida possível, dentro das possibilidades jurídicas e fáticas de cada caso concreto.

Além dessas diferenças, temos que no conflito entre regras, a solução dar-se-á por meio da utilização dos critérios **cronológico**, **hierárquico** ou da **especialidade**, conforme teoria construída por Norberto Bobbio;[8] no conflito entre princípios, como um não pode ser excluído em detrimento de outro, a doutrina e a jurisprudência vêm utilizando a técnica de **ponderação dos bens jurídicos envolvidos**, aliada ao princípio da proporcionalidade.[9]

Os **valores**, por sua vez, surgem a partir de conceitos, elaborados pela própria sociedade, sobre o que é "bom" ou "mau", o que é "certo" ou "errado", o que é "moralmente aceito" e o que é "imoral" etc. Os valores refletem as características principais de uma sociedade e estão baseados no senso comum, ou seja, no que normalmente a sociedade considera como aceitável.

---

[5] ÁVILA, Humberto. *Teoria dos princípios*: da definição à aplicação dos princípios jurídicos. 12. ed. São Paulo: Malheiros, 2011. p. 121.
[6] AMARAL, Francisco. *Direito civil*. Introdução. 5. ed. Rio de Janeiro: Renovar, 2005. p. 445.
[7] ALEXY, Robert. *Teoría de los derechos fundamentales*. Trad. Ernesto Garzón Valdés. Madrid: Centro de Estudios Constitucionales, 1993.
[8] BOBBIO, Norberto. *Teoria do ordenamento jurídico*. Trad. Ari Marcelo Solon. São Paulo: Edipro, 2011.
[9] Não se admite conflito, mas colisão, entre os princípios estabelecidos no texto constitucional. Isso quer dizer que, se determinado princípio vier a colidir com outro, o órgão jurisdicional deverá ponderar qual deles irá prevalecer no caso concreto. Nesse caso, a atuação valorativa do julgador não importará em esvaziamento do conteúdo do princípio que não prevaleceu, como ocorre, por exemplo, quando da escolha de uma regra especial em detrimento de uma regra geral (critério da especialidade).

Humberto Ávila esclarece que

"os princípios não se identificam com valores, na medida em que eles não determinam o que deve ser, mas o que é melhor. Da mesma forma, no caso de uma colisão entre valores, a solução não determina o que é devido, apenas indica o que é melhor. Em vez do caráter deontológico dos princípios, os valores possuem tão só o axiológico".[10]

Demonstrada a diferença entre princípios, regras e valores, passemos a analisar em que consistem os "direitos fundamentais".

Sob o **ponto de vista formal**, direito fundamental é aquilo que o direito positivo assim qualifica, razão pela qual varia conforme a ideologia, a forma de Estado e de Governo, e os valores consagrados no texto constitucional de cada país. Revela seu papel tradicional ao garantir a liberdade individual contra o arbítrio estatal, de forma a limitar a atuação do poder público.

Já sob o **ponto de vista material**, os direitos fundamentais destinam-se a criar e manter pressupostos básicos da liberdade e da dignidade humana, de modo que seu conteúdo histórico e filosófico revela um traço universalizante, consubstanciado na expressão "direitos do homem", prerrogativas destinadas não a determinado grupo de pessoas, mas ao próprio gênero humano.

Além dessa dicotomia, podemos dividir direitos fundamentais (sob o aspecto formal ou material) em dois grupos distintos:

 a) **direitos substanciais (subjetivos):** atribuem posições jurídicas de vantagens aos seus titulares (liberdade, propriedade, saúde, entre outros);
 b) **direitos processuais (objetivos):** informam a interpretação e aplicação de todo o ordenamento jurídico (contraditório, publicidade, celeridade, entre outros).

Esse segundo grupo é que, por direcionar os novos rumos do processo civil, analisaremos a seguir.

2.2 Princípios constitucionais sobre o processo (direitos fundamentais processuais)

Como já afirmado, o "modelo constitucional do processo" traz como principal característica **o direito fundamental a uma tutela jurisdicional efetiva, célere e adequada**. Esse direito, garantido constitucionalmente pelo art. 5º, XXXV, atua sobre o legislador e sobre o magistrado.

Atua sobre o legislador ao obrigá-lo a instituir procedimentos e técnicas processuais que permitam a efetivação dos direitos materiais, que podem ser prejudicados pelo grande número de procedimentos ofertados pela estrutura jurisdicional (ex.: tutelas de urgência e evidência, restrição de determinadas provas, meios de proteção de direitos transindividuais etc.). O mesmo pode-se dizer da facilitação do acesso ao Poder Judiciário da população carente (ex.: assistência judiciária gratuita e dispensa de advogado nos juizados especiais).

Atua também sobre o juiz ao determinar a subordinação e a compreensão da lei à Constituição, para que o processo seja conduzido de modo a se obter uma tutela jurisdicional efetiva, impedindo que, no caso concreto, as normas processuais possam se afastar dos princípios e das garantias constitucionais fundamentais.

---

[10] ÁVILA, Humberto. A distinção entre princípios e regras e a redefinição do dever de proporcionalidade. *Revista Diálogo Jurídico*, Salvador, Centro de Atualização Jurídica – CAJ, v. I, n. 4, jul. 2001. Disponível em: http://www.direitopublico.com.br.

A interpretação do **princípio do acesso à justiça** (art. 5º, XXXV, da CF/1988) não pode se limitar, portanto, à mera possibilidade de ingresso em juízo; ao contrário, esse princípio deve ser interpretado compreendendo a noção ampla do acesso à ordem jurídica justa, para a qual converge todo o conjunto de princípios e garantias constitucionais fundamentais do processo. E, para que se obtenha essa "garantia-síntese", o constituinte positivou na lei maior uma série de princípios e garantias, impondo várias exigências ao sistema processual por meio de um conjunto de disposições que convergem para esse fim.

Assim, podemos verificar no texto constitucional princípios que expressamente devem prevalecer em processos de toda espécie (civil, penal ou trabalhista; jurisdicional ou não). Temos como exemplos o devido processo legal, a inafastabilidade do controle jurisdicional, a igualdade, a liberdade, o contraditório, a ampla defesa, o juiz natural, a publicidade e a motivação.

Em razão do neoconstitucionalismo, grande parte dos princípios processuais foram elevados à categoria de direitos fundamentais (a fim de se obter a mencionada "garantia-síntese") e, em consequência, positivados no texto constitucional, tornando-se "direitos fundamentais processuais".

2.3 Positivação infraconstitucional dos direitos fundamentais processuais

Tendo em vista a importância dos direitos fundamentais processuais para todo o sistema processual, o Código atual positivou, já nos seus primeiros dispositivos, as normas fundamentais do Processo Civil.

Pode-se pensar que a explicitação infraconstitucional dos direitos fundamentais processuais seja mera repetição inútil (tautologia). No entanto, essa reafirmação tem um importante significado ao disseminar para o ordenamento jurídico em geral o tratamento e a interpretação da legislação infraconstitucional como decorrência direta da Constituição. A positivação principiológica no CPC/2015 demonstra que todo e qualquer processo deve ser permeado pelos direitos fundamentais processuais previstos na Constituição, tornando-o um instrumento de participação democrática e promovendo decisões efetivamente justas.

Isso não quer dizer que o julgador pode aplicar, de forma indiscriminada e genérica, quaisquer dos princípios processuais sem fazer a devida correlação com o caso concreto. Os princípios que forem utilizados em toda e qualquer decisão judicial devem ser explicitados pelo julgador, não bastando, como veremos no tópico sobre a fundamentação das decisões judiciais – na terceira parte desta obra –, a referência principiológica sem a necessária densificação do princípio jurídico aplicável[11].

2.4 Princípios fundamentais processuais como instrumentos de efetivação de direitos fundamentais substanciais

A atual dogmática processual vive um período de adaptação das leis infraconstitucionais aos princípios elencados na Constituição Federal. A interpretação legislativa harmoniza-se

---

[11] A propósito: "Processual civil. Recurso especial. Concurso público. Polícia militar. Avaliação de estatura mínima. Afastamento do limite. Falta de razoabilidade e de proporcionalidade. Peculiaridades da população local. Caracterização. Negativa de prestação jurisdicional. 1. Incorre em negativa de prestação jurisdicional o Tribunal que prolata acórdão que, para resolver a controvérsia, apoia-se em princípios jurídicos sem proceder à necessária densificação, bem como emprega conceitos jurídicos indeterminados sem explicar o motivo concreto de sua incidência no caso. Inteligência dos arts. 489 e 1.022 do CPC/2015. 2. Recurso especial provido" (STJ, 2ª T., REsp 1.999.967/AP, j. 16.08.2022, *DJe* 31.08.2022).

com o Texto Maior, prestigiando os direitos fundamentais em detrimento da análise fria do texto normativo.

Pode-se, então, silogisticamente perceber que os direitos fundamentais processuais têm a função de efetivar os direitos fundamentais já consagrados no texto constitucional.

Nesse contexto, embora contemple direitos do jurisdicionado (cidadão enquanto sujeito processual), a nova sistemática principiológica do Código de Processo Civil deve ser vista como indispensável garantia de concretização dos direitos substanciais do indivíduo (cidadão enquanto parte da sociedade), de forma isolada (direitos individuais) ou coletiva (direitos transindividuais), sendo esse o único modo de se obter convivência social harmônica.

3. OS PRINCÍPIOS E AS GARANTIAS PROCESSUAIS

Antes de analisar pontualmente os princípios aplicáveis ao processo, cumpre destacar que inexistem grandes distinções entre o processo civil, o processo penal e o processo trabalhista. O processo é um só. As nuances que existem decorrem da natureza do direito material tutelado por cada "espécie" de processo. Você há de convir, meu caro leitor, que um processo que verse sobre o direito à liberdade (processo penal, por exemplo) exige um procedimento mais rígido do que o processo civil que tutela direitos eminentemente patrimoniais. Entretanto, na essência, tudo é processo.

No contexto do neoprocessualismo, o processo deve ser estudado sob uma ótica constitucionalista, devendo-se adequar à tutela efetiva dos direitos fundamentais e se estruturar conforme os mandamentos constitucionais.[12]

O Prof. José Herval Sampaio Júnior, em primoroso estudo, assevera que "essa irradiação necessária dos valores constitucionais por todos os ramos do Direito conduziu no aspecto jurídico a uma nova forma de se pensar a interpretação e aplicação de todas as normas e, por conseguinte, a uma visão processual mais consentânea com a realidade constitucional". Acresce-se, ainda, que "os direitos e garantias fundamentais são quem comandam todo esse processo de compreensão da Constituição como centro do ordenamento e de um processo que tenha como premissa a concretização desses direitos em cada caso concreto".[13]

Em razão desse fenômeno, vários princípios do processo estão consagrados no texto constitucional ou, então, decorrem da necessidade de se efetivar ou materializar determinada garantia constitucional.

Acrescente-se que há certos princípios que dizem respeito mais especificamente a outros institutos que não o processo (em uma acepção estrita) e, por isso, não são tratados por vários autores como princípios do processo. É o caso dos princípios relativos à jurisdição (juízo natural, improrrogabilidade, indeclinabilidade) e à ação. Entretanto, tendo em mente a já mencionada trilogia estrutural do processo, tais princípios podem seguramente ser enquadrados como princípios gerais do processo. Para melhor compreensão do tema, às vezes colocamos tudo (jurisdição, ação e processo) num saco só, apresentando o produto como se fosse um só ente: processo. É por essa razão que teceremos novos comentários sobre alguns preceitos já trabalhados nos capítulos destinados à trilogia estrutural do Direito Processual Civil. Mais uma vez, reafirma-se que, por questão didática, seremos repetitivos. Então não se aborreça se verificar que o livro trata de um mesmo tema mais de uma vez. Às vezes em determinado momento apresentamos um enfoque e em outro um enfoque mais abrangente. A repetição sistematizada é fundamental para a sua preparação.

---

[12] DIDIER JR., Fredie. *Curso de direito processual civil*. Salvador: JusPodivm, 2008. p. 27.
[13] SAMPAIO JÚNIOR, José Herval. *Processo constitucional*: nova concepção de jurisdição. São Paulo: Método, 2008. p. 40.

Dito isso, passemos a analisar de forma mais minudente as disposições principiológicas do CPC. Esclarecemos de antemão que alguns princípios, apesar de não estarem positivados, continuam a ser aplicados ao processo. Lembre-se que o intérprete não pode se furtar de interpretar as normas jurídicas de acordo com os princípios constitucionais. Por essa razão, mesmo quando não expressos na legislação infraconstitucional, os princípios devem nortear a atividade do julgador. A Comissão de Juristas se preocupou em albergar no Código os chamados princípios processuais transnacionais, ainda que não contemplados na Constituição Federal. Assim, a principiologia contemplada no Código é mais abrangente do que a da Constituição. A despeito disso há princípio que não se encontra positivado no Código, embora contemplado na Constituição e há também princípios que não se encontram positivados nem na Constituição nem no Código, mas que serão objeto de nossa análise.

3.1 Princípio do devido processo legal

Apesar de não estar expressamente previsto na legislação processual, o devido processo legal encontra fundamento no art. 5º, LIV, da Constituição Federal. Ele é considerado como o **postulado fundamental do processo**, preceito do qual se originam e para o qual, ao mesmo tempo, convergem todos os demais princípios e garantias fundamentais processuais, como a ampla defesa e o contraditório, que serão estudados neste capítulo. O devido processo legal é, ao mesmo tempo, preceito originário e norma de encerramento do processo, portador, inclusive, de garantias não previstas em texto legal, "mas igualmente associada à ideia democrática que deve prevalecer na ordem processual".[14]

Diz-se, nesse contexto, que o devido processo legal é cláusula geral, aberta, geradora de princípios vários e autônomos, incidentes sobre toda e qualquer atuação do Estado, e não exclusivamente sobre o processo jurisdicional.

O devido processo legal é o princípio que garante o processo regido por garantias mínimas de meios e de resultado, ou seja, com o emprego de técnicas adequadas e conducentes à tutela pretendida.

Aliás, o devido processo legal e todas as demais garantias fundamentais são aplicáveis até mesmo às relações entre particulares, independentemente de mediação ou determinação do legislador infraconstitucional. Trata-se da chamada eficácia horizontal, privada ou externa dos direitos fundamentais. Consagrando a tese da aplicabilidade dos direitos fundamentais às relações privadas, o STF já teve oportunidade de anular ato de Sociedade Civil de Direito Privado que excluiu sócio de seus quadros sem prévio contraditório e ampla defesa, preceitos decorrentes do devido processo legal. Confira o julgado:

> "Sociedade civil sem fins lucrativos. União brasileira de compositores. Exclusão de sócio sem garantia da ampla defesa e do contraditório. Eficácia dos direitos fundamentais nas relações privadas. Recurso desprovido.
>
> I. As violações a direitos fundamentais não ocorrem somente no âmbito das relações entre o cidadão e o Estado, mas igualmente nas relações travadas entre pessoas físicas e jurídicas de direito privado. Assim, os direitos fundamentais assegurados pela Constituição vinculam diretamente não apenas os poderes públicos, estando direcionados também à proteção dos particulares em face dos poderes privados.
>
> II. [...]. O espaço de autonomia privada garantido pela Constituição às associações não está imune à incidência dos princípios constitucionais que asseguram o respeito aos direitos fundamentais de seus associados.

---

[14] DINAMARCO, Cândido Rangel. *Instituições de direito processual civil*. São Paulo: Malheiros, 2004. p. 245.

III. [...]. A União Brasileira de Compositores – UBC, sociedade civil sem fins lucrativos, integra a estrutura do ECAD e, portanto, assume posição privilegiada para determinar a extensão do gozo e fruição dos direitos autorais de seus associados. A exclusão de sócio do quadro social da UBC, sem qualquer garantia de ampla defesa, do contraditório, ou do devido processo constitucional, onera consideravelmente o recorrido, o qual fica impossibilitado de perceber os direitos autorais relativos à execução de suas obras" (STF, RE 201.819/RJ, 2ª Turma, Rel. Min. Ellen Gracie, Rel. p/ acórdão Min. Gilmar Mendes, j. 11.10.2005).

O devido processo legal apresenta duas dimensões: **material (ou substantiva) e formal.**

Em uma **concepção formal**, o devido processo legal nada mais é do que o direito de processar e ser processado de acordo com as normas preestabelecidas para tanto, preceitos estes também criados de acordo com um devido processo previamente determinado (devido processo legislativo).

Porém, o art. 5º, LIV, da CF/1988, ao prever que "ninguém será privado da liberdade ou de seus bens sem o devido processo legal", não se limitou a consagrar a necessária observância às regras que regem o processo. A garantia constitucional vai além.

Em uma **perspectiva substancial** (*substantive due process of law*), o devido processo legal é a exigência e garantia de que as normas sejam razoáveis, adequadas, proporcionais e equilibradas. Corresponde, para muitos, ao princípio da proporcionalidade. O processo devido é aquele "regido por garantias mínimas de meios e de resultado, com emprego de instrumental técnico-processual adequado e conducente a uma tutela adequada e efetiva".[15]

O devido processo legal substancial constituiu verdadeira forma de se controlar o conteúdo das decisões judiciais (o justo no caso concreto) e das leis. Não basta, por exemplo, que a sentença seja formalmente regular, mas injusta, incorreta. Da mesma forma, violará a garantia ao devido processo legal substancial a lei formalmente válida, mas que suprima o direito fundamental ao contraditório. A respeito, confira o seguinte julgado, da lavra do Ministro Celso de Mello:

"Ação direta de inconstitucionalidade. Lei nº 8.713/93 (art. 8º, § 1º, e art. 9º). Atividade legislativa e observância do princípio do *substantive due process of Law*. Conhecimento parcial da ação. Medida liminar deferida em parte. Autonomia partidária.
[...]. A cláusula do devido processo legal – objeto de expressa proclamação pelo art. 5º, LIV, da Constituição – deve ser entendida, na abrangência de sua noção conceitual, não só sob o aspecto meramente formal, que impõe restrições de caráter ritual à atuação do Poder Público, mas, sobretudo, em sua dimensão material, que atua como decisivo obstáculo à edição de atos legislativos de conteúdo arbitrário. A essência do *substantive due process of law* reside na necessidade de proteger os direitos e as liberdades das pessoas contra qualquer modalidade de legislação que se revele opressiva ou destituída do necessário coeficiente de razoabilidade. Isso significa, dentro da perspectiva da extensão da teoria do desvio de poder ao plano das atividades legislativas do Estado, que este não dispõe da competência para legislar ilimitadamente, de forma imoderada e irresponsável, gerando, com o seu comportamento institucional, situações normativas de absoluta distorção e, até mesmo, de subversão dos fins que regem o desempenho da função estatal. Observância, pelas normas legais impugnadas, da cláusula constitucional do *substantive due process of law*" (STF, ADI-MC 1.063/DF, Tribunal Pleno, j. 18.05.1994, *DJ* 27.04.2001).

---

[15] DINAMARCO, Cândido Rangel. *Instituições de direito processual civil*. São Paulo: Malheiros, 2004. p. 247.

Exemplos práticos de aplicação do princípio do devido processo legal na jurisprudência		
Decisão-surpresa que reconhece, de ofício, a prescrição, viola o devido processo legal, o contraditório e a ampla defesa (TJ-SP, Apelação Cível 1016538-95.2017.8.26.0405, *DJe* 06.09.2019).	Sentença proferida sem a citação do curatelado é considerada nula por ofensa ao devido processo legal (TJ-MG, Apelação Cível 5003884-96.2021.8.13.0512, *DJe* 03.03.2023).	Bloqueio de bens do cônjuge do executado que não participou do negócio, nem integrou o processo de execução, deve ser invalidado por ofensa ao devido processo legal e ao contraditório. Como regra, trata-se de terceiro estranho ao processo (TJ-MG, Agravo de Instrumento 10000211950126001/MG, *DJe* 09.03.2022).

3.2 Princípio da ação (da demanda ou da inércia) e princípio do impulso oficial – art. 2º

O princípio da ação (ou da demanda) representa **a atribuição à parte da iniciativa de provocar o exercício da função jurisdicional**. Como já dissemos, a jurisdição é inerte, ou seja, só atua se provocada. E a ação é justamente o meio de se provocar e requerer a tutela jurisdicional, a ser prestada pelo Estado-juiz. É nesse sentido que a doutrina fala em princípio da ação.

Esse princípio, pacificamente reconhecido pela doutrina e pela jurisprudência, foi positivado no art. 2º, segundo o qual "o processo começa por iniciativa da parte e se desenvolve por impulso oficial, salvo as exceções previstas em lei". As ressalvas ao princípio da demanda estão, por exemplo, na execução trabalhista (art. 872 da CLT) e na decretação de falência de empresa sob regime de recuperação judicial (arts. 73 e 74 da Lei nº 11.101/2005). Em ambos os casos, tais medidas podem ser adotadas de ofício pelo magistrado.

No CPC/2015, podem ser citados os seguintes exemplos de atuação *ex officio* do juiz: arts. 536 e 538, que autorizam o juiz a dar início ao cumprimento de sentença nas obrigações de fazer, de não fazer e de entregar coisa; art. 953, I, que trata do conflito de competência e insere o juiz como legitimado para suscitar o conflito; art. 977, I, que admite a instauração do IRDR (Incidente de Resolução de Demandas Repetitivas) pelo próprio juiz ou relator. Vale destacar que o CPC/2015 não repete a redação do art. 989 do CPC/1973, de modo que não mais se admite a instauração de inventário *ex officio* caso os legitimados não o façam no prazo legal.

Uma vez instigada ou estimulada a jurisdição, o processo segue por impulso oficial, independentemente de qualquer vontade das partes, o que se justifica ante o caráter público da função jurisdicional. O juiz não deve indagar às partes o que fazer. Apresentada a petição inicial em juízo, cabe ao magistrado promover a continuidade dos atos procedimentais até a solução definitiva do litígio. Cabe, no entanto, ressalvar que o art. 10 do CPC/2015 trouxe novo regramento à apreciação das matérias de ordem pública, determinando que, mesmo nesses casos, deve o magistrado oportunizar o contraditório às partes. Assim, mesmo nas matérias que o juiz pode conhecer de ofício, a decisão estará condicionada à prévia intimação das partes. O juiz, de regra, não instaura processo de ofício (princípio da inércia), mas, em certos casos, como na apreciação de matérias de ordem pública, pode agir de ofício (princípio do impulso oficial), mas tem que ouvir as partes (contraditório). Vê-se que há uma certa imbricação entre tais princípios.

3.3 Princípio da inafastabilidade (ou da indeclinabilidade) – art. 3º

Tratada no capítulo anterior, a indeclinabilidade ou inafastabilidade é um princípio **inerente à jurisdição** e, além de ter previsão constitucional (art. 5º, XXXV), foi positivada na legislação infraconstitucional, mais precisamente no art. 3º, que assim dispõe: "não se excluirá da apreciação jurisdicional ameaça ou lesão a direito". Perceba que existe uma sutil diferença entre a redação do texto constitucional e a do CPC: neste, a ameaça precede a lesão. Por uma questão lógica, é necessário garantir primeiro que cesse a eventual ameaça; depois, que a lesão sofrida seja reparada. O Código foi mais técnico.

A indeclinabilidade ou inafastabilidade traduz a garantia de ingresso em juízo e consequente análise da pretensão formulada; isto é, o órgão jurisdicional constitucionalmente investido de jurisdição, uma vez provocado, não pode delegar ou recusar-se a exercer a função de dirimir os litígios. Mesmo quando não existir norma geral e abstrata sobre o direito material em discussão, o Estado-juízo não pode se furtar à prestação jurisdicional, podendo recorrer a outras fontes do direito que não a lei para solucionar o conflito.

A garantia de acesso ao Poder Judiciário também engloba a entrega da prestação jurisdicional adequada ao caso concreto. Isso quer dizer que não basta o simples acesso ao órgão jurisdicional; é preciso que às partes sejam conferidas todas as garantias inerentes ao processo, especialmente aquelas previstas na Constituição Federal, a fim de que a tutela jurisdicional seja satisfeita em toda a sua essência.

Importante salientar que o fato de a Constituição e o Código de Processo Civil em vigor reconhecerem a todas as pessoas o direito à obtenção de uma tutela jurisdicional adequada e efetiva, isso não impede que o juiz verifique a existência de requisitos processuais necessários à concessão da tutela pretendida. A legitimidade e o interesse, por exemplo, são requisitos que não limitam o acesso ao Judiciário, mas apenas regulamentam o ingresso das partes ao processo. Além disso, em razão do demandismo exacerbado, é recomendável maior rigor na aferição do interesse processual da parte, porquanto o Judiciário não pode levar às últimas consequências a inafastabilidade da jurisdição. Exemplo dessa cautela se denota no entendimento do STF quanto à necessidade de prévio exaurimento da via administrativa para os pedidos de concessão de benefício previdenciário:

> "Recurso extraordinário. Repercussão geral. Prévio requerimento administrativo e interesse em agir. 1. A instituição de condições para o regular exercício do direito de ação é compatível com o art. 5º, XXXV, da Constituição. Para se caracterizar a presença de interesse em agir, é preciso haver necessidade de ir a juízo. 2. A concessão de benefícios previdenciários depende de requerimento do interessado, não se caracterizando ameaça ou lesão a direito antes de sua apreciação e indeferimento pelo INSS, ou se excedido o prazo legal para sua análise. É bem de ver, no entanto, que a exigência de prévio requerimento não se confunde com o exaurimento das vias administrativas. 3. A exigência de prévio requerimento administrativo não deve prevalecer quando o entendimento da Administração for notória e reiteradamente contrário à postulação do segurado. 4. Na hipótese de pretensão de revisão, restabelecimento ou manutenção de benefício anteriormente concedido, considerando que o INSS tem o dever legal de conceder a prestação mais vantajosa possível, o pedido poderá ser formulado diretamente em juízo – salvo se depender da análise de matéria de fato ainda não levada ao conhecimento da Administração –, uma vez que, nesses casos, a conduta do INSS já configura o não acolhimento ao menos tácito da pretensão. [...]" (RE 631.240/MG, Rel. Min. Luís Roberto Barroso, j. 03.09.2014).

O STJ adaptou sua jurisprudência ao precedente do STF, passando a considerar que, se o feito em que se busca a concessão do benefício previdenciário não estiver acompanhado do requerimento administrativo, o processo deve ser extinto, sem resolução do mérito, por falta de interesse processual (Tema Repetitivo 660).

Dessa forma, em regra, não se materializa a resistência do INSS se o benefício previdenciário não tiver sido requerido previamente na via administrativa. O interesse processual e a utilidade do provimento jurisdicional materializam-se, nesse caso, com a recusa ao recebimento do requerimento administrativo ou com a negativa de concessão do benefício, seja pelo indeferimento do pedido ou pela resistência da autarquia à tese jurídica apresentada.

A inafastabilidade é excepcionada, ainda, por questões relacionadas à Justiça Desportiva. Nos termos do art. 217, § 1º, da CF/1988, "o Poder Judiciário só admitirá ações relativas à disciplina e às competições desportivas após esgotarem-se as instâncias da justiça desportiva". O acesso ao Poder Judiciário ocorrerá quando houver o trânsito em julgado da decisão administrativa, circunstância que, de acordo com o Supremo Tribunal Federal, mostra-se legítima e em consonância com o poder conferido ao constituinte originário:

> "No inciso XXXV do art. 5º, previu-se que 'a lei não excluirá da apreciação do Poder Judiciário lesão ou ameaça a direito'. (...) O próprio legislador constituinte de 1988 limitou a condição de ter-se o exaurimento da fase administrativa, para chegar-se à formalização de pleito no Judiciário. Fê-lo no tocante ao desporto, (...) no § 1º do art. 217 (...). Vale dizer que, sob o ângulo constitucional, o livre acesso ao Judiciário sofre uma mitigação e, aí, consubstanciando o preceito respectivo exceção, cabe tão só o empréstimo de interpretação estrita. Destarte, a necessidade de esgotamento da fase administrativa está jungida ao desporto e, mesmo assim, tratando-se de controvérsia a envolver disciplina e competições, sendo que a chamada Justiça desportiva há de atuar dentro do prazo máximo de sessenta dias, contados da formalização do processo, proferindo, então, decisão final – § 2º do art. 217 da CF" (ADI 2.139 MC e ADI 2.160 MC, voto do rel. p/ o ac. Min. Marco Aurélio, j. 13.05.2009, DJe 23.10.2009).

3.4 Princípio da duração razoável do processo e da primazia do julgamento do mérito – art. 4º

Nos termos do inciso LXXVIII, acrescentado ao art. 5º da Constituição Federal pela Emenda Constitucional nº 45/2004, "a todos, no âmbito judicial e administrativo, são assegurados a razoável duração do processo e os meios que garantam a celeridade de sua tramitação". O preceito consagra o que denominamos "princípio da duração razoável do processo". Processo devido é o **processo tempestivo**, capaz de oferecer, a tempo e modo, a **tutela jurisdicional adequada** ao caso concreto.

O CPC/2015 positivou a regra constitucional ao estabelecer, em seu art. 4º, que "as partes têm direito de obter em prazo razoável a solução integral do mérito, incluída a atividade satisfativa".

Ademais, nesse mesmo dispositivo, o legislador consagrou o chamado "princípio da primazia do julgamento do mérito", que pode ser sintetizado da seguinte forma: o julgador deve, sempre que possível, **priorizar o julgamento do mérito**, superando ou viabilizando a correção dos vícios processuais e, consequentemente, aproveitando todos os atos do processo. Outros dispositivos traduzem esse princípio: art. 6º; art. 139, IX; art. 282 e parágrafos; art. 317; art. 352; art. 488; art. 932, parágrafo único; art. 1.007, §§ 2º e 4º e art. 1.029, § 3º.

É importante observar que a almejada celeridade processual não pode ser levada a extremos. O processo, como já demonstramos, pressupõe uma série de atos e procedimentos (contraditório, ampla defesa, produção de provas, recursos), diligências que inevitavelmente impedem a rápida solução do litígio, mas que, mesmo assim, hão de ser observadas. A celeridade não tem valor absoluto e deve ser estudada e aplicada sempre em conjunto com os demais preceitos que regem o processo.

Exemplos práticos de aplicação do princípio da primazia do julgamento do mérito na jurisprudência		
"A sentença que extingue o processo por falta de pressuposto processual, sem que tenha sido analisado pedido formulado pela parte, deve ser cassada, tendo em vista os princípios da cooperação e da primazia do julgamento de mérito." (TJ-GO – AC: 52474171720218090130, 2ª Vara Cível de Porangatu).	"A extinção da demanda pela ausência de procuração atualizada configura excesso de rigorismo, que vai de encontro ao espírito do Código de Processo Civil, o qual se norteia pelos princípios da inafastabilidade da jurisdição, da efetividade, da celeridade e economia processual, da duração razoável do processo, da primazia do julgamento de mérito e da cooperação, sobretudo quando providenciada a juntada do instrumento procuratório, ensejando a anulação da sentença, a fim de que os autos retornem ao juízo de origem para regular prosseguimento" (TJ-GO, Apelação Cível 5389669-75.2021.8.09.0087, *DJe* 14.10.2022).	"O CPC/2015, inspirado no princípio da primazia do julgamento de mérito (art. 4º), voltado à superação de vícios processuais sanáveis, passou a admitir a regularização do preparo não só na hipótese de recolhimento a menor do respectivo valor, mas, também, nos casos de ausência de comprovação do recolhimento no ato da interposição do recurso. É o que dispõem os §§ 2º e 4º do art. 1.007. Dessa forma, caso o recorrente, no momento da interposição do recurso, não comprove o recolhimento do preparo ou efetue o pagamento de valor insuficiente, terá o direito de ser intimado, antes do reconhecimento da deserção (...). Essa iniciativa processual é indispensável para que se possa reconhecer a deserção" (STJ. 3ª Turma. REsp 1.818.661/PE, Rel. Min. Marco Aurélio Bellizze, j. 23.05.2023).

3.5 Princípio da boa-fé processual – art. 5º

Inicialmente cabe apontar as diferenças entre **boa-fé objetiva e boa-fé subjetiva**. A primeira constitui regra de conduta, relacionada aos padrões sociais ou legais de lisura e honestidade. A segunda expressa um estado psicológico do sujeito, que pode variar conforme a sua interpretação, percepção e conhecimento. Em termos simples, o exame da boa-fé objetiva é externo e tem por objeto a conduta das partes (contratantes, litigantes). O exame da boa-fé subjetiva, por outro lado, é internalizado, porque busca a intenção do sujeito.

A **boa-fé processual** está intimamente ligada à boa-fé objetiva, comumente tratada no Direito Civil como princípio norteador das relações contratuais, mas que no sistema processual orienta a conduta das pessoas que, de qualquer forma, participam do processo. Como exemplo cite-se a situação em que o juiz verifica a existência de propósito protelatório do réu e, consequentemente, aplica-lhe a pena por litigância de má-fé (arts. 80, VII, e 81 do CPC/2015).

A denominada nulidade de algibeira ou nulidade de bolso é um exemplo de atuação em desconformidade com a boa-fé processual. O advogado que, ao verificar uma nulidade logo no início do processo, espera para suscitá-la somente quando da prolação da sentença ou em momento que melhor lhe convém, viola o art. 5º do CPC.

A boa-fé processual também deve **orientar a atuação jurisdicional**, ou seja, tanto as partes, como o juiz, devem atuar conforme os princípios éticos, de forma a propiciar a rápida e efetiva solução da lide. Por esta razão é que o art. 5º enuncia que "aquele que de qualquer forma participa do processo deve comportar-se de acordo com a boa-fé". A partir dessa interpretação é que o Fórum Permanente de Processualistas Civis editou o Enunciado 376, estabelecendo que a vedação ao comportamento contraditório, decorrente da boa-fé processual, aplica-se ao juiz. Na prática, isso significa, por exemplo, que não pode o juiz rejeitar a produção probatória pretendida pela parte e, ao final, na sentença, julgar improcedente o pedido por ela formulado sob o argumento de que faltou a prova necessária ao seu convencimento. A propósito, o referido exemplo é considerado espécie de decisão nula, segundo entendimento do Superior Tribunal de Justiça:

> "Agravo interno no agravo em recurso especial. Processual civil. Ação de indenização. Dano moral. Pedido de produção de provas. Indeferimento. Julgamento antecipado da lide. Indeferimento do pedido. Comprovação. Ausência. Cerceamento de defesa. Configuração. 1. Recurso especial interposto contra acórdão publicado na vigência do Código de Processo Civil de 2015 (Enunciados Administrativos nºs 2 e 3/STJ). 2. O Superior Tribunal de Justiça consolidou o entendimento de que há cerceamento de defesa na hipótese em que o magistrado julga antecipadamente a lide, indeferindo a produção de provas previamente requerida pelas partes, e conclui pela improcedência da demanda com fundamento na falta de comprovação do direito alegado. 3. Agravo interno não provido" (AgInt no AREsp 1.478.713/SP, Rel. Min. Ricardo Villas Bôas Cueva, 3ª Turma, j. 09.03.2020, *DJe* 13.03.2020).

A boa-fé processual está intimamente ligada aos princípios da lealdade processual e da cooperação (art. 8º), que serão estudados adiante.

JURISPRUDÊNCIA TEMÁTICA

Princípio da boa-fé e vedação ao comportamento contraditório do julgador

"Processual Civil. Tempestividade da Apelação. Suspensão do processo. Homologação antes de ser publicada a decisão recorrida. Impossibilidade da prática de ato enquanto paralisada a marcha processual. Hipótese que não se confunde com a alegada modificação de prazo peremptório. Boa-fé do jurisdicionado. Segurança jurídica e devido processo legal. *Nemo potest venire contra factum proprium.*

1. O objeto do presente recurso é o juízo negativo de admissibilidade da Apelação proferido pelo Tribunal de Justiça, que admitiu o início da contagem de prazo recursal de decisão publicada enquanto o processo se encontra suspenso, por expressa homologação do juízo de 1º grau.

[...]

8. É imperiosa a proteção da boa-fé objetiva das partes da relação jurídico-processual, em atenção aos princípios da segurança jurídica, do devido processo legal e seus corolários – princípios da confiança e da não surpresa – valores muito caros ao nosso ordenamento jurídico.

9. Ao homologar a convenção pela suspensão do processo, o Poder Judiciário criou nos jurisdicionados a legítima expectativa de que o processo só voltaria a tramitar após o termo final do prazo convencionado. Por óbvio, não se pode admitir que, logo em seguida, seja praticado ato processual de ofício – publicação de decisão – e, ademais, considerá-lo como termo inicial do prazo recursal.

10. Está caracterizada a prática de atos contraditórios justamente pelo sujeito da relação processual responsável por conduzir o procedimento com vistas à concretização do princípio do devido processo legal. Assim agindo, o Poder Judiciário feriu a máxima *nemo potest venire contra factum proprium*, reconhecidamente aplicável no âmbito processual. Precedentes do STJ. Recurso Especial provido" (STJ, REsp 1.306.463, Rel. Min. Herman Benjamin, j. 04.09.2012).

Princípio da "vedação ao comportamento contraditório" é também aplicável aos serventuários da justiça

"A eventual nulidade declarada pelo juiz de ato processual praticado pelo serventuário não pode retroagir para prejudicar os atos praticados de boa-fé pelas partes. Dessa forma, no processo, exige-se dos magistrados e dos serventuários da Justiça conduta pautada por lealdade e boa-fé, sendo vedados os comportamentos contraditórios. Em outras palavras, aplica-se também o *venire contra factum proprium* para atos do juiz e dos serventuários da justiça". (STJ, 4ª Turma, AgRg no AREsp 91.311/DF, Rel. Min. Antonio Carlos Ferreira, j. 06.12.2012).

Validade das intimações e ausência de nulidade

"Processual civil. Recurso especial. Agravo de instrumento. Ação de rescisão de contrato cumulada com pedidos indenizatório e de reintegração de posse. Corréus: empresa, espólio e sócia/inventariante. Intimação do advogado do espólio. Ausência de nulidade. Erro material no substabelecimento. Prejuízo à defesa descaracterizado. Nulidade de algibeira.

1. Ação proposta contra uma empresa, o espólio de um dos sócios e a sócia remanescente, esta representante da pessoa jurídica (por ser sócia) e do espólio (por ser inventariante).

2. Elementos processuais que conduzem à existência de simples erro material em substabelecimento. Ao invés de constar o nome do espólio como outorgante dos poderes substabelecidos, foi inserido o nome da própria inventariante, como pessoa física, que nunca foi representada processualmente pelo advogado substabelecente.

3. Validade das intimações do espólio, realizadas em nome do advogado substabelecido, tendo em vista que o substabelecimento transferiu os poderes conferidos pelo mencionado espólio, não pela inventariante.

4. O forte liame entre todos os corréus, que converge na figura da sócia/inventariante, por si, descaracteriza a verossimilhança da alegação de ausência de efetiva ciência dos atos processuais praticados nos autos. Prejuízo à defesa não caracterizado, o que impede o acolhimento de eventual nulidade. Precedentes do STJ.

5. Vícios nas intimações alegados quase 10 (dez) anos depois do trânsito em julgado da sentença. Inadmissibilidade de nulidade de algibeira. Precedentes do STJ.

6. Incidência da vedação da Súmula n. 83 do STJ.

7. Recurso especial desprovido" (STJ, REsp 1.602.170/MT, Rel. Min. Antônio Carlos Ferreira, 5ª Turma, *DJe* 29.05.2018).

3.6 Princípio da cooperação – art. 6º

A doutrina brasileira importou do Direito europeu **o princípio da cooperação (ou da colaboração), segundo o qual o processo seria o produto da atividade cooperativa triangular (entre o juiz e as partes)**. A moderna concepção processual exige um juiz ativo no centro da controvérsia e a participação ativa das partes, por meio da efetivação do caráter isonômico entre os sujeitos do processo.

O dever de cooperação estaria voltado eminentemente para o magistrado, de modo a orientar sua atuação como agente colaborador do processo, inclusive como participante ativo do contraditório, não mais se limitando a mero fiscal de regras.

Entretanto, não somente o juiz deve colaborar para a tutela efetiva, célere e adequada. Todos aqueles de atuam no processo (juiz, partes, oficial de justiça, advogados, Ministério

Público etc.) têm o dever de colaborar para que a prestação jurisdicional seja concretizada da forma que prescreve a Carta de 1988. Nesse sentido, o art. 6º do CPC/2015 estabelece que **"todos os sujeitos do processo devem cooperar entre si para que se obtenha, em tempo razoável, decisão de mérito justa e efetiva"**.

Diante desta nova realidade, torna-se necessário renovar mentalidades com o intuito de afastar o individualismo do processo, de modo que o papel de cada um dos operadores do direito seja o de cooperar com boa-fé numa eficiente administração da justiça. **O processo deve, pois, ser um diálogo entre as partes e o juiz, e não necessariamente um combate ou um jogo de impulso egoístico.**

Por essa razão, quando se fala em princípio da colaboração, destaca-se a necessidade de responsabilização dos vários agentes do processo. Trata-se, na verdade, daqueles **"deveres anexos"**,[16] comuns a qualquer relação contratual (lealdade, boa-fé objetiva, informação), mas que são também aplicáveis ao processo. Além disso, qualquer posicionamento judicial no processo não pode ocorrer ao livre arbítrio do magistrado, motivo pelo qual sua atuação deve ser restrita.

O dever de cooperação, entretanto, encontra limites na natureza da atuação de cada uma das partes. O juiz atua com a marca da equidistância e da imparcialidade, a qual não pode ser comprometida por qualquer promiscuidade com as partes. Por outro lado, o dever do advogado é a defesa do seu constituinte. A rigor, não tem ele compromisso com a realização da justiça. Ele deverá empregar toda a técnica para que as postulações do seu cliente sejam aceitas pelo julgador. Essa é a baliza que deve conduzir o seu agir cooperativo. Em sendo assim, meu caro leitor, retire da cabeça aquela imagem – falsamente assimilada por alguns com o advento do CPC/2015 – de juiz, autor e réu andando de mãos dadas pelas ruas e o advogado solicitando orientação ao juiz para redigir as peças processuais. Não obstante a apregoada cooperação, no fundo, será cada um por si, o que não impede que a lealdade e a boa-fé imperem nas relações processuais.

À guisa de balizas para a atividade processual cooperativa, a doutrina estabeleceu alguns deveres, que são recíprocos, mas, até para que sirva de exemplo, devem ser efetivamente implementados pelo juiz na prática forense:

a) **dever de esclarecimento:** consiste na obrigação do juiz de esclarecer às partes eventuais dúvidas sobre as suas alegações, pedidos ou posições em juízo.[17] Exemplo prático está no art. 321 do CPC, que estabelece o dever de o juiz indicar, quando da determinação de emenda da petição inicial, qual vício deve ser sanado pela parte. O julgador que não faz esse esclarecimento viola o princípio da cooperação;[18]

---

[16] Na seara contratual, elencam-se alguns deveres anexos ou laterais de conduta, que sequer precisam estar previstos expressamente no instrumento firmado entre as partes: dever de respeito; dever de lealdade e probidade; dever de cooperação ou colaboração; dever de agir com honestidade; dever de informação etc. A responsabilização da parte que deixa de observar esses deveres está amparada pelo Enunciado nº 24 do CJF/STJ, segundo o qual "em virtude do princípio da boa-fé, positivado no art. 422 do novo Código Civil, a violação dos deveres anexos constitui espécie de inadimplemento, independentemente de culpa". Esses deveres podem ser aplicados ao processo, pois têm a função de verificar se as partes estão agindo de boa-fé, de forma a buscar a solução da lide da forma mais justa possível.

[17] GRASSI, Lúcio. Cognição processual civil: atividade dialética e cooperação intersubjetiva na busca da verdade real. *Revista Dialética de Direito Processual*. São Paulo: Dialética, n. 6, p. 50, 2003.

[18] "Constatada a deficiência postulatória, em homenagem ao Princípio da Cooperação, deve ser oportunizada a emenda da inicial, na forma do art. 321 do Código de Processo Civil, com a indicação

b) **dever de consulta:** representa a obrigação de o juiz ouvir previamente as partes sobre as questões de fato ou de direito que possam influenciar o julgamento da causa. Ele está, portanto, ligado ao princípio do contraditório, no qual se insere a possibilidade de as partes influenciarem no convencimento do magistrado;
c) **dever de prevenção:** cabe ao magistrado apontar as deficiências postulatórias das partes, para que possam ser supridas por meio, por exemplo, de emenda à petição inicial;
d) **dever de auxílio:** obrigação do juiz de auxiliar a parte a superar eventual dificuldade que lhe tolha o exercício de seus ônus ou deveres processuais; não cabe ao juiz, obviamente, suprir deficiência técnica da parte;
e) **dever de correção e urbanidade:** deve o magistrado adotar conduta adequada, ética e respeitosa em sua atividade judicante.

O dever de consulta recebeu disposição própria no CPC/2015, que estabelece a impossibilidade de o órgão jurisdicional, em qualquer grau de jurisdição, decidir com base em fundamento a respeito do qual não se tenha oportunizado a manifestação das partes, mesmo que a matéria possa ser reconhecida de ofício (art. 10).

De acordo com o Código, não pode o juiz conhecer e levar em consideração no julgamento da causa, circunstância sobre a qual as partes não puderam se manifestar, excetuando-se os casos de improcedência liminar (art. 332). Entretanto, como já dissemos, ao lado do princípio da cooperação e, consequentemente, do dever de consulta, há o interesse público na correta formação e desenvolvimento do processo. Recomenda-se, então, que tudo se resolva caso a caso, devendo-se fazer a ponderação na análise de cada hipótese trazida aos autos. Estando indiscutivelmente configurada a questão de ordem pública capaz de levar à extinção do processo, qual a necessidade de levá-la à discussão? O moderno processo civil não comporta a forma pela forma, ou seja, o respeito ao procedimento sem que exista qualquer finalidade.

Vale ressaltar que a exigência disposta no art. 10 do CPC não se aplica, segundo a jurisprudência[19], aos casos em que o julgador apenas modifica a tipificação jurídica da pretensão prevista no ordenamento, ainda que as partes não a tenham invocado. Por exemplo: Antônio invoca a lei "X" para satisfazer uma determinada obrigação em face do Estado de Minas Gerais. O réu, por sua vez, considera que a lei "Y" é aplicável ao caso. Ao decidir a causa, o juiz invoca a lei "Z" para resolver o conflito. Prevalece, nesse caso, a máxima segundo a qual a lei deve ser conhecida por todos. A nosso ver, dependendo da situação concreta, inclusive para evitar sucessivos recursos, é prudente a prévia consulta das partes a respeito do cabimento (ou não) da legislação invocada.

3.7 Princípio da igualdade (ou da isonomia) – art. 7º

Consagrado no *caput* do art. 5º da Constituição Federal, o princípio da igualdade (ou princípio da isonomia) relaciona-se à ideia de processo justo, no qual seja dispensado às partes e procuradores idêntico tratamento, para que tenham iguais oportunidades de fazer valer

---

precisa pelo Juízo do vício a ser sanado" (TJ-RS – AC: 70077312551/RS, Rel. André Luiz Planella Villarinho, j. 24.05.2018, 13ª Câmara Cível). No mesmo sentido: "Constatando o julgador alguma irregularidade na petição inicial é seu dever, e não mero ônus, dar à parte a oportunidade de emendá-la ou juntar o documento necessário, nos termos do art. 321, *caput* do Código de Processo Civil, devendo o mesmo tratamento ser conferido ao réu quanto ao cumprimento dos requisitos formais dos pedidos reconvencionais formulados." (TJ-MG – Apelação Cível 1.0000.22.069824-5/001, Rel. Des. Lílian Maciel, 20ª Câmara Cível, j. 10.08.2022, publicação da súmula em 11.08.2022).

19 STJ, AgInt no REsp 1.799.071/PR, Rel. Min. Moura Ribeiro, 3ª Turma, j. 15.08.2022.

suas alegações em juízo. Esse princípio foi positivado pela legislação infraconstitucional, que expressamente assegura às partes a **paridade de tratamento no curso do processo** (art. 7º).

É importante observar que a isonomia entre as partes significa "igualdade real", uma vez que os sujeitos processuais (em sua maioria) são diferentes, e devem ser respeitados em suas diferenças. Ora, em uma ação ordinária na qual se discute a existência de defeitos de fabricação no veículo, por exemplo, consumidor e fabricante estão em situação de igualdade?

A igualdade objeto de garantia constitucional, portanto, é a **igualdade substancial, material, e não a meramente formal**. Assegurar a igualdade, já dizia Aristóteles, é tratar igualmente os iguais e desigualmente os desiguais, na medida da desigualdade deles. Consoante Cândido Rangel Dinamarco:

> "Neutralizar desigualdades significa promover a igualdade substancial, que nem sempre coincide com uma formal igualdade de tratamento porque esta pode ser, quando ocorrente essas fraquezas, fonte de terríveis desigualdades. A tarefa de preservar a isonomia consiste, portanto, nesse tratamento formalmente desigual que substancialmente iguala".[20]

É essa lógica que fundamenta as várias prerrogativas conferidas pelo Código de Defesa do Consumidor aos consumidores, como a inversão do ônus da prova, e a prioridade na tramitação dos processos e procedimentos em que figure como parte ou interveniente pessoa com idade igual ou superior a 60 anos (art. 71 do Estatuto da Pessoa Idosa – Lei nº 10.741/2003; art. 1.048, I, CPC/2015).[21]

Outro exemplo prático de aplicação do princípio da igualdade (em sua perspectiva material) está consubstanciado nos arts. 180, 183 e 186 do CPC/2015, que concedem ao Ministério Público, à Fazenda Pública e à Defensoria Pública o chamado benefício de prazo. Segundo os defensores desse benefício, ele se justifica ante o inegável aparato burocrático que norteia a atuação de tais entidades e a natureza pública dos interesses que tutelam. Nessa perspectiva, para estabelecer a igualdade com as demais partes, bastaria reduzir a burocracia. Criar benefícios só contribui para a perpetuação da incompetência. Impende lembrar que o CPC de 1973 conferia à Fazenda Pública e ao Ministério Público o prazo em quádruplo para contestar e em dobro para recorrer (art. 188 do CPC/1973). A nova legislação, por outro lado, prevê que essas entidades, além da Defensoria Pública, gozarão de contagem em dobro para todas as suas manifestações processuais, exceto quando a própria lei estabelecer, de forma expressa, prazo diferenciado. Além dos mencionados dispositivos, o art. 72, II, constitui outro exemplo de efetivação do princípio da isonomia do processo civil, pois compele o juiz a nomear curador especial ao réu revel citado por edital ou hora certa.

Nesse contexto, a concretização do princípio da isonomia consiste em assegurar paridade de participação e oportunidades, levando em consideração as várias desigualdades existentes entre os litigantes.

3.8 Princípio do contraditório – arts. 7º, 9º e 10

Um dos mais importantes corolários do devido processo legal, o princípio do contraditório está consagrado no art. 5º, LV, da CF/1988, além de constar de forma expressa na parte final

---

[20] DINAMARCO, Cândido Rangel. *Instituições de direito processual civil*. São Paulo: Malheiros, 2008. p. 209.

[21] O CPC ainda acrescenta todas as pessoas que possuem doenças graves, crianças e adolescentes e vítimas de violência doméstica e familiar contra a mulher (art. 1.048), além dos processos que discutam normas gerais sobre licitações e contratos da Administração Pública.

do art. 7º, que dispõe ser incumbência do juiz "zelar pelo efetivo contraditório", bem como nos arts. 9º e 10 do Código de Processo Civil em vigor:

> **Art. 9º Não se proferirá decisão contra uma das partes sem que ela seja previamente ouvida.**
>
> Parágrafo único. O disposto no *caput* não se aplica:
>
> I – à tutela provisória de urgência;
>
> II – às hipóteses de tutela da evidência previstas no art. 311, incisos II e III;
>
> III – à decisão prevista no art. 701.
>
> **Art. 10. O juiz não pode decidir, em grau algum de jurisdição, com base em fundamento a respeito do qual não se tenha dado às partes oportunidade de se manifestar, ainda que se trate de matéria sobre a qual deva decidir de ofício.**

Em um primeiro momento, o contraditório era visto exclusivamente como abertura do processo para as partes, desconsiderando a participação ativa do juiz. Depois, se transformou em um direito das partes e uma série de deveres para o magistrado. Esses direitos e deveres se tornaram tão relevantes para o processo que deram origem a três outros princípios: o da isonomia, o da ampla defesa/amplitude do direito de ação e o da cooperação.

O princípio do contraditório, assim como o do devido processo legal, apresenta duas dimensões. Em um sentido formal, é o **direito de participar do processo**, de ser ouvido. Mas **essa participação há de ser efetiva, capaz de influenciar o convencimento do magistrado**. Não adianta simplesmente ouvir a parte. A manifestação há de ser capaz de influenciar na formação da decisão. A seu turno, o juiz tem o dever correspondente de levar a manifestação na decisão. Essa é a perspectiva substancial do contraditório.

O contraditório relaciona-se intimamente com o **princípio da congruência**, pelo qual se exige correlação entre a causa de pedir e o pedido exposto na inicial ou na reconvenção, com a motivação e o próprio dispositivo da sentença. Como as partes têm o direito de participar do processo, acompanhando a sua construção e tendo o juiz o dever de responder ao que fora formulado, **não poderá julgar ou decidir além, aquém ou fora do pedido**. Se o autor formula pedido de indenização por danos morais, o juiz não pode condenar o réu a pagar danos materiais, sob pena de violar o direito ao contraditório do requerido, que só terá se defendido do pedido de danos morais. Essa obrigação de decidir a lide nos limites em que proposta está expressa no art. 141.

Em razão da garantia fundamental ao contraditório, deve o magistrado possibilitar a prévia manifestação das partes sobre a questão a ser decidida, ainda que se trate daquelas que pode decidir de ofício, para só posteriormente proferir sua decisão. Essa, inclusive, é a orientação que prevaleceu quando da aprovação do Código atual. Conforme já explicitado, o art. 10 prevê que somente após oportunizar o contraditório o juiz poderá julgar a causa com base em circunstância fática não alegada, ainda que se trate de matéria apreciável de ofício.

Conforme visto anteriormente, o Superior Tribunal de Justiça considera que a regra do art. 10 somente pode ser afastada quando o julgador entender que o dispositivo legal invocado por uma das partes não é o que deve fundamentar a decisão. O "fundamento" indicado no dispositivo é, pois, relacionado à disposição legal e não à fundamentação jurídica da decisão. Nesse sentido: "O 'fundamento' ao qual se refere do art. 10 do CPC/2015 é o fundamento jurídico – circunstância de fato qualificada pelo direito, em que se baseia a pretensão ou a defesa, ou que possa ter influência no julgamento, mesmo que superveniente ao ajuizamento da ação – não se confundindo com o fundamento legal (dispositivo de lei referente da matéria). A aplicação do princípio da não surpresa não impõe, portanto, ao julgador que informe previamente às partes quais os dispositivos legais passíveis de aplicação para o exame da causa. O conhecimento geral da lei é presunção jure et de jure" (STJ, EDcl no REsp 1.280.825/RJ, 4ª Turma, *DJe* 01.08.2017).

Vale observar que em algumas situações o Código contempla uma mitigação do contraditório (art. 9º). As tutelas provisórias – com base na urgência e, em alguns casos, na evidência (arts. 300 e 311, respectivamente) –, por exemplo, poderão ser concedidas antes da manifestação do réu (*inaudita altera parte*). Neste caso, ponderando a urgência ou a evidência do direito da parte, o legislador achou por bem diferir o contraditório. Concedida a medida pleiteada, a citação ou intimação se impõe, possibilitando o amplo contraditório, inclusive com a interposição de recurso. Semelhante situação encontra-se prevista no art. 701, que contempla a possibilidade de, na ação monitória, expedir de plano mandado de pagamento ante a evidência do direito do autor.

Outro exemplo de mitigação do contraditório encontra-se no art. 332, que prevê as hipóteses em que o juiz julgará liminarmente improcedente o pedido formulado na petição inicial – quando o pedido contraria os precedentes indicados nos incisos do dispositivo ou tenha ocorrido a decadência ou prescrição. Neste caso, a evidência da improcedência da pretensão, bem como o fato de a decisão liminar não afetar a esfera jurídica do réu, justificam a decisão antes do estabelecimento do contraditório. Na verdade, a supressão do contraditório nesta fase afeta apenas o direito de ação do autor. Julgado liminarmente improcedente o pedido, o autor deve ser imediatamente intimado da sentença. Em havendo recurso, o réu deve ser citado. Caso não seja interposto o respectivo recurso, o réu será apenas intimado do trânsito em julgado.

3.9 Princípio da ampla defesa

A ampla defesa, também prevista no art. 5º, LV, da CF/1988, **corresponde à dimensão substancial do contraditório**. Representa, assim, o direito de participar efetivamente na formação do convencimento do julgador ou, em outras palavras, o acesso "aos meios e elementos totais de alegações e provas no tempo processual oportunizado na lei".[22] Essa garantia não é conferida apenas ao réu, mas também ao autor, daí se falar em amplitude do direito de ação. Cerceamento do direito de produzir provas pode cercear o direito à ampla defesa, se a prova foi requerida pelo réu para contrapor as afirmações do autor, ou à amplitude do direito de ação, se a diligência for indispensável para provar o fato constitutivo do direito afirmado na inicial.

O princípio da ampla defesa/amplitude do direito de ação nada mais é, portanto, do que o direito da parte de impugnar o que não lhe é afeito (alegações, documentos, fundamentações) e de reagir aos atos que lhe são desfavoráveis – reage-se à petição inicial, contestando; reage ao alegado na contestação, replicando; reage-se à sentença, recorrendo.

Para que essa faculdade possa ser exercida, faz-se necessário, contudo, que a parte seja informada de todos os atos processuais, praticados pela parte adversa e pelo juiz. Com a intimação surge a faculdade de contrapor, seja por meio de simples manifestação ou pela interposição de recurso, se cabível.

Mais uma vez invoca-se o exemplo da improcedência liminar do pedido (art. 332). A possibilidade de o juiz julgar liminarmente improcedente a demanda quando não houver necessidade de provas e houver precedente contrário à pretensão formulada (ou quando se verificar a prescrição ou decadência) relaciona-se mais de perto com o princípio da amplitude do direito de ação, irmã siamesa do princípio da ampla defesa, ambos filhos do contraditório.

Sempre que a transcrição do dispositivo legal puder contribuir para a compreensão do nosso leitor, assim vamos proceder. Aliás, como professor, tenho por hábito recomendar que o aluno leia a lei antes de consultar a doutrina. Quanto aos princípios, estamos a transcrevê-los e comentá-los neste capítulo. Os precedentes temáticos serão apresentados ao final do tópico ou do capítulo.

---

[22] LEAL, Rosemiro Pereira. *Teoria geral do processo*. 2. ed. Porto Alegre: Síntese, 1999. p. 89.

Assim, você terá contato com as três espécies normativas contempladas no CPC/2015. Vamos ao art. 332, que estabelece a possibilidade de julgamento de improcedência liminar do pedido.

Art. 332. Nas causas que dispensem a fase instrutória, o juiz, independentemente da citação do réu, julgará liminarmente improcedente o pedido que contrariar:

I – enunciado de súmula do Supremo Tribunal Federal ou do Superior Tribunal de Justiça;

II – acórdão proferido pelo Supremo Tribunal Federal ou pelo Superior Tribunal de Justiça em julgamento de recursos repetitivos;

III – entendimento firmado em incidente de resolução de demandas repetitivas ou de assunção de competência;

IV – enunciado de súmula de tribunal de justiça sobre direito local.

O § 1º do mesmo dispositivo estabelece, ainda, que o juiz poderá julgar improcedente o pedido se verificar, desde logo, a ocorrência de prescrição ou de decadência. Ressalte-se que o CPC/1973 (art. 285-A) condicionava essa decisão apenas à hipótese de existência, no juízo, de sentença de total improcedência proferida em casos idênticos. A sentença proferida no mesmo juízo, pode-se dizer, que servia de parâmetro para futuras decisões de improcedência liminar. Agora, para tanto, a sentença não tem mais valor. Quem tem status para firmar precedente são os tribunais superiores. Manda quem pode e obedece quem tem juízo.

Apesar de entendermos que algumas questões podem ser decididas sem a prévia intimação das partes, a exemplo das medidas de urgência, nos casos de julgamento liminar de improcedência, cremos que a resolução indiscriminada de mérito antes mesmo da citação do réu, embora confira celeridade processual, viola princípios basilares do processo, mormente o da amplitude do direito de ação.

Por julgar liminarmente improcedente o pedido formulado pelo autor, o procedimento retira do réu a faculdade de silenciar, o que, de regra, conduz à veracidade dos fatos articulados na inicial. Subtrai-lhe também a possibilidade de confessar os fatos, de reconhecer a procedência do pedido ou mesmo de abrir mão de invocar a existência de prescrição ou decadência do direito do autor ou de suscitar algum fator suspensivo ou impeditivo da ocorrência dos institutos. Se a causa versar sobre direito disponível, a norma viola o princípio da liberdade das partes, ou seja, em nome de uma celeridade a qualquer custo, o Estado-juiz se interpõe entre autor e réu, obstaculizando o exercício do direito daquele e as prerrogativas deste.

Ora, ao trancar liminarmente a ação, a norma subtrai do autor a possibilidade de influir, com a prática de atos posteriores à petição inicial (impugnação à contestação e memoriais, por exemplo), o convencimento do juiz.

Temos que ter em mente que a celeridade é sinônimo de efetividade. Mas a efetividade há que ser virtuosa, ou seja, a decisão deve ser rápida sem comprometer os postulados do processo. A pressa sem qualquer preocupação com os demais princípios que norteiam o princípio constitui uma efetividade malsã, contrária à tão propalada exigência de um processo justo. Em certos casos, matar uma ação no nascedouro, sob a pretensa materialização do princípio da celeridade, constitui a mais arrematada injustiça.

3.10 Princípio da função social do processo – art. 8º

Dificilmente uma contenda entre pessoas com interesses distintos é resolvida de forma pacífica, amigável, sem a necessidade de intervenção jurisdicional. Como já dito, nossa cultura é demandista. Cabe, então, ao Estado chamar para si a missão de **solucionar o conflito com justiça**, de modo a eliminar, ou pelo menos reduzir, as insatisfações sociais e, além disso, pelo escopo pedagógico do processo, evitar semelhantes demandas.

A solução dos conflitos pelo Estado deve-se dar necessariamente pelo processo, razão pela qual **a norma processual deve ser sempre interpretada e aplicada tendo em vista seu escopo fundamental: o bem comum (a pacificação social).**

Neste simples (mas vital) escopo consiste o princípio da função social do processo, positivado pelo CPC ao estabelecer que, **"ao aplicar o ordenamento jurídico, o juiz atenderá aos fins sociais e às exigências do bem comum"** (art. 8º, primeira parte).

Ressalte-se que dispositivo semelhante já havia sido contemplado pela Lei de Introdução às Normas do Direito Brasileiro (LINDB), segundo a qual, "na aplicação da lei, o juiz atenderá aos fins sociais a que ela se dirige e às exigências do bem comum" (art. 5º).

3.11 Princípio da dignidade da pessoa humana – art. 8º

A dignidade da pessoa humana está elencada no texto constitucional de 1988 como um dos fundamentos da República Federativa do Brasil, juntamente com a soberania, a cidadania, os valores sociais do trabalho e da livre-iniciativa e o pluralismo político (art. 1º). Entretanto, antes mesmo de o constituinte erigir a dignidade humana ao seu *status* atual, a Declaração Universal dos Direitos Humanos,[23] aprovada em 1948, já a consagrava como um direito inerente a todos os membros da família humana. Como se vê, essas previsões afastam a patrimonialização do direito, uma vez que colocam o ser humano no centro do ordenamento e o protegem em face do próprio Estado.

Em razão de sua crescente importância tanto no contexto jurídico nacional, quanto no internacional, a dignidade da pessoa humana passou a ser considerada como o fundamento para todos os demais princípios constitucionais. Nas palavras de Alexandre de Moraes, a dignidade da pessoa humana constitui "um mínimo invulnerável que todo estatuto jurídico deve assegurar".[24]

A dignidade humana é, pois, o valor supremo a ser buscado pelo ordenamento jurídico. É o princípio basilar a partir do qual decorrem todos os demais direitos fundamentais. Sendo assim, nada mais coerente que a nova codificação processual a positivasse em seu texto. Vejamos:

> Art. 8º Ao aplicar o ordenamento jurídico, o juiz atenderá aos fins sociais e às exigências do bem comum, resguardando e promovendo a dignidade da pessoa humana e observando a proporcionalidade, a razoabilidade, a legalidade, a publicidade e a eficiência.

Pode-se pensar não ser tarefa do legislador processual explicitar a existência do princípio da dignidade humana, por se tratar de direito próprio do plano material. No entanto, o processo é o instrumento encarregado de salvaguardar os interesses do cidadão, oferecendo-lhe condições para que, na medida em que for atingido em qualquer dos seus direitos, recorra ao Estado-juízo. Por essa razão, o processo deve ser estruturado, interpretado e aplicado de forma suficientemente capaz de garantir os direitos fundamentais decorrentes do princípio da dignidade humana.

Além disso, o indivíduo merece, em nome da dignidade da pessoa humana, não somente ter acesso à justiça, mas também ter direito de receber uma resposta efetiva, célere e adequada do Estado quando se sentir lesado em qualquer das suas prerrogativas.

---

[23] O texto completo da Declaração Universal dos Direitos Humanos encontra-se disponível no endereço eletrônico: www.brasil.gov.br/cidadania-e-justica/2009/11/declaracao-universal-dos-direitos--humanos-garante-igualdade-social. Acesso em: 20 jan. 2015.

[24] MORAES, Alexandre de. *Constituição do Brasil interpretada e legislação constitucional.* 9. ed. São Paulo: Atlas, 2013. p. 61.

Não há como dissociar, portanto, o princípio da dignidade humana dos demais direitos **fundamentais processuais**. Prova disso são os julgados proferidos pelos tribunais pátrios (em especial, pelo Supremo Tribunal Federal), que cada vez mais utilizam este princípio como vetor concretizador dos direitos fundamentais.

JURISPRUDÊNCIA TEMÁTICA

Aplicação do princípio da dignidade da pessoa humana no processo civil

"Direito processual civil. Ordem preferencial de penhora estabelecida pelo art. 655 do CPC. É lícito ao credor recusar a substituição de penhora incidente sobre bem imóvel por debêntures, ainda que emitidas por companhia de sólida posição no mercado mobiliário, desde que não exista circunstância excepcionalíssima cuja inobservância acarrete ofensa à dignidade da pessoa humana ou ao paradigma da boa-fé objetiva. De fato, o art. 655 do CPC utiliza a expressão 'preferencialmente' ao estabelecer o rol exemplificativo de bens sujeitos à penhora, o que denota não se tratar de um sistema legal de escolhas rígidas. Ocorre que a flexibilização da referida ordem preferencial de penhora de bens, destinada a acomodar a tutela do crédito com a menor onerosidade da execução para o devedor, deve manter as vistas voltadas para o interesse do credor, compatibilizando as regras dos arts. 612 e 620 do CPC. Dessa forma, ao deparar situações concretas nas quais seja possível a penhora de bens diversos, deve-se optar pelo bem de maior aptidão satisfativa, salvo concordância expressa do credor. Na hipótese em análise, deve-se constatar que, enquanto os bens imóveis estão inseridos no inciso IV do art. 655 do CPC, as debêntures, títulos de crédito que constituem valores mobiliários (art. 2º da Lei 6.385/1976) cuja comercialização é admitida em bolsa de valores, inserem-se no inciso X do art. 655 do CPC. Nessa conjuntura, poder-se-ia cogitar flexibilização da ordem preferencial de penhora de bens estabelecida pelo citado art. 655. Todavia, conquanto a comercialização em bolsa de valores garanta razoável liquidez econômica às debêntures, o valor financeiro que pode ser alcançado com a sua comercialização não é precisamente conhecido, ainda que tenham sido emitidas por companhia de sólida posição no mercado mobiliário, pois, assim como os demais títulos negociados em bolsa de valores, as debêntures são notavelmente voláteis, ou seja, seus valores estão sujeitos a amplas oscilações em curto espaço de tempo. Assim, é lícito ao credor recusar a substituição de penhora incidente sobre bem imóvel por debêntures. Por fim, deve-se ressaltar que a inversão da ordem preferencial de penhora somente poderá ser imposta ao credor em circunstância excepcionalíssima cuja inobservância acarrete ofensa à dignidade da pessoa humana ou ao paradigma da boa-fé objetiva" (STJ, REsp 1.186.327/SP, Rel. Min. Nancy Andrighi, j. 10.09.2013).[25]

3.12 Princípio da proporcionalidade – art. 8º

Apesar de muitas vezes serem tratados como sinônimos, o princípio da proporcionalidade não se confunde com o princípio da razoabilidade. Este é considerado como implícito na Constituição Federal por meio da garantia do devido processo legal (art. 5º, LIV), tendo como fundamento a sua acepção substantiva ou material (**devido processo legal substantivo**). Processo razoável é aquele que mostra **compatibilidade entre os meios e os fins**, bem como **legitimidade dos fins a que se quer alcançar**.

---

[25] Os artigos referidos no acórdão (arts. 612, 620 e 655) correspondem aos seguintes dispositivos no CPC atual: arts. 797, 805 e 835, respectivamente.

O princípio da proporcionalidade é, por outro lado, mais amplo que o da razoabilidade. Ele possui três sub-regras, quais sejam a adequação, a necessidade e a proporcionalidade em sentido estrito.

A **adequação** assemelha-se à razoabilidade, ao passo que possui relação de causa e efeito entre os objetivos e os meios utilizados para alcançá-lo. Será considerada adequada a medida processual que fomentar a realização do fim almejado, ou seja, que seja indispensável para o caso concreto.

A **necessidade** relaciona-se com o meio menos lesivo para se atingir o objetivo pretendido. Na análise acerca da necessidade de determinada medida processual, deve-se indagar sobre a existência de outra medida igualmente eficaz, mas com efeitos menos gravosos para as partes e para o processo.

A análise da terceira sub-regra – **proporcionalidade em sentido estrito** – consiste em uma ponderação entre os interesses envolvidos. Para que uma medida seja considerada proporcional (em sentido estrito), os motivos que a fundamentam devem superar a restrição imposta. Aqui se pode falar em "máxima efetividade e mínima restrição".[26]

O princípio da proporcionalidade está expressamente consagrado no art. 8º, assim como no art. 156, I, do Código de Processo Penal[27] e na Lei que regula o processo administrativo no âmbito da Administração Pública Federal.[28]

3.13 Princípio da razoabilidade – art. 8º

Embora tradicionalmente tratada pelo direito administrativo, notadamente em relação aos atos administrativos discricionários, a razoabilidade vem ganhando cada vez mais espaço no direito processual, uma vez que deve permear todo o processo, principalmente as decisões judiciais que permitem certo grau de discricionariedade do julgador.

Segundo o princípio da razoabilidade, todo provimento jurisdicional deve obedecer a critérios aceitáveis racionalmente, consoante o senso comum e respeitando as finalidades que justificam a concessão da liberalidade legalmente concedida. Trata-se de um princípio ligado à **prudência**, à **sensatez**, à **coerência**, que tem por escopo nortear o pronunciamento judicial a fim de que este acate as finalidades da lei que atribuiu ao magistrado determinada discricionariedade.

3.14 Princípio da legalidade – art. 8º

Mais estudado no âmbito do Direito Constitucional, Administrativo e Penal, o princípio da legalidade preceitua que **"ninguém será obrigado a fazer ou deixar de fazer alguma coisa senão em virtude de lei"** (art. 5º, II, da CF/1988). Tal princípio objetiva proteger o indivíduo

---

[26] LENZA, Pedro. *Direito constitucional esquematizado*. 16. ed. São Paulo: Saraiva, 2012. p. 159.
[27] Art. 156, I, do Código de Processo Penal: "A prova da alegação incumbirá a quem a fizer, sendo, porém facultado ao juiz de ofício: I – ordenar, mesmo antes de iniciada a ação penal, a produção antecipada de provas consideradas urgentes e relevantes, observando a necessidade, adequação e proporcionalidade da medida".
[28] Art. 2º, parágrafo único, VI, da Lei nº 9.784/1999: "A Administração Pública obedecerá, dentre outros, aos princípios da legalidade, finalidade, motivação, razoabilidade, proporcionalidade, moralidade, ampla defesa, contraditório, segurança jurídica, interesse público e eficiência. Parágrafo único. Nos processos administrativos serão observados, entre outros, os critérios de: [...] VI – adequação entre meios e fins, vedada a imposição de obrigações, restrições e sanções em medida superior àquelas estritamente necessárias ao atendimento do interesse público".

em face do Estado, já que somente estarão legitimadas as imposições estatais que respeitem as leis (em sentido amplo) previamente estabelecidas no ordenamento.

A legalidade é um princípio próprio do Estado de Direito, sendo justamente o que lhe caracteriza e lhe dá identidade própria. É a tradução jurídica do propósito político de submeter todos aqueles que exercem algum tipo de poder a normas que impeçam favoritismos, perseguições ou desmandos.[29]

O Código de Processo Civil, seguindo a ideia do "modelo constitucional do processo" positivou o princípio da legalidade no já citado art. 8º, o qual busca explicitar que o juiz, por atuar como agente do Estado, também está vinculado a todas as normas que o ordenamento jurídico contém, cabendo a ele decidir estritamente nos moldes legalmente definidos; ou seja, o juiz não pode agir contra a lei (*contra legem*) ou além da lei (*prater legem*), mas apenas segundo a lei (*secundum legem*). Em face da existência de três espécies adotadas pelo ordenamento jurídico brasileiro (lei, princípios e precedentes), deve-se pensar num bloco de juridicidade que não pode ser afrontado pelo juiz; aliás, se todos agissem de acordo com essa juridicidade haveria bem menos demandas.

Por oportuno, é importante distinguir o princípio da legalidade do **princípio da reserva legal**. Aquele tem natureza mais ampla e visa combater o poder arbitrário do Estado, de forma que somente a lei (em sentido amplo) pode criar obrigações para os cidadãos. Já o princípio da reserva legal incide tão somente nas matérias elencadas na Constituição Federal como passíveis de serem regulamentadas por determinada espécie normativa. Em síntese, a reserva legal não permite, por exemplo, que determinada matéria de natureza tributária seja disciplinada por lei ordinária ou medida provisória, pois a Constituição determina o seu regramento exclusivamente por lei complementar.

A reserva legal é, portanto, um princípio que deve ser visto pelo próprio legislador. Somente quando for editada uma espécie normativa contrária ao que a Constituição reservadamente estabeleceu para aquela matéria, caberá ao Judiciário intervir para eventual controle de constitucionalidade.

3.15 Princípio da publicidade – art. 8º

Os atos processuais, inclusive os de cunho decisório, hão de ser públicos, divulgados oficialmente. A garantia aplica-se aos processos judiciais e administrativos (art. 93, IX e X, da CF/1988) e visa "permitir o controle da opinião pública sobre os serviços da justiça, máxime sobre o poder de que foi investido o juiz".[30] A publicidade possibilita, ainda, a efetivação do contraditório e da ampla defesa, na medida em que as reações e condutas das partes são condicionadas à ciência dos atos que lhe dizem respeito.

O CPC consagra a publicidade em dois artigos: **o art. 8º determina que o juiz observe esse princípio ao aplicar a lei; o art. 11 exige que todos os julgamentos do Poder Judiciário sejam públicos, sob pena de nulidade.**

A própria Constituição, no entanto, admite que a lei venha a restringir a publicidade dos atos processuais com relação a terceiros estranhos ao processo, quando o exigirem a defesa da intimidade ou o interesse social (art. 5º, LX). Seguindo a orientação constitucional, o art. 189 do CPC/2015 prevê que correrão em segredo de justiça os processos i) em que exija o interesse público ou social; ii) que versarem sobre casamento, separação de corpos, divórcio,

---

[29] MELLO, Celso Antônio Bandeira de. *Curso de direito administrativo*. 15. ed. São Paulo: Malheiros, 2003. p. 91.

[30] DIDIER JR., Fredie. *Curso de direito processual civil*. Salvador: JusPodivm, 2008. p. 62.

separação, união estável, filiação, alimentos e guarda de crianças e adolescentes; iii) em que constem dados protegidos pelo direito constitucional à intimidade; iv) e os que versem sobre arbitragem, inclusive cumprimento de carta arbitral, desde que a confidencialidade estipulada na arbitragem seja comprovada perante o juízo.[31] Nesses casos, conforme previsão contida no art. 11, parágrafo único, será autorizada somente a presença das partes, dos advogados ou defensores públicos, ou ainda, se for o caso, do Ministério Público.

Ressalte-se que a nova legislação processual atualizou as necessidades de segredo de justiça, pois antes somente estavam previstas as hipóteses do inc. I e algumas das ações elencadas no inc. II.

Nos termos dos §§ 1º e 2º do art. 189, o direito de consultar os autos dos processos que tramitam em segrego de justiça e de pedir certidões de seus atos é restrito às partes e aos seus procuradores. O terceiro só poderá requerer certidão do dispositivo da sentença, bem como de inventário e partilha resultante de divórcio ou separação, se demonstrar interesse jurídico. Vale lembrar que essas restrições são aplicáveis apenas aos processos que correm em segredo de justiça. Nos demais casos, "a regra é a de que independentemente de despacho nesse sentido, o escrivão dará, a quem requerer, certidão de qualquer ato ou termo do processo".[32]

3.16 Princípio da eficiência – art. 8º

A eficiência é mais um princípio constitucionalmente previsto para a administração pública (art. 37, *caput*) e repetido no art. 8º. No âmbito do direito processual, consiste em **administrar todo o processo com excelência, de modo a conceber que a tutela efetiva, célere e adequada chegue com o menor tempo possível e com o mínimo de dispêndio ao jurisdicionado.**

Embora a eficiência seja um princípio chave para a obtenção da tutela efetiva, a atuação do julgador deve sempre respeitar o princípio da legalidade. É que a busca pela eficiência não pode justificar eventual desrespeito às normas processuais – aqui, os fins não justificam os meios –, sob pena de ofensa à segurança jurídica e ao próprio Estado de Direito.

3.17 Princípio da lealdade processual

O princípio da lealdade processual nada mais é do que um dos aspectos específicos dos princípios da cooperação. **Refere-se especificamente à honestidade que deve permear a conduta não só das partes, mas de todos os envolvidos no processo, o qual não pode ser utilizado para obtenção de resultados escusos.** É um dever generalizado zelar pela correta e justa composição do litígio, sendo lamentável que algum sujeito do processo falte com o dever da verdade, agindo de forma desleal e empregando artifícios fraudulentos. É nesse sentido que o art. 77 e seguintes elencam uma série de deveres a serem cumpridos pelas partes e todos que de qualquer forma participam do processo.

Ressalte-se que, pelas ideias já apontadas, os princípios da cooperação e da lealdade processual também estão intimamente ligados ao princípio da boa-fé processual.

---

[31] Recentemente o Conselho da Justiça Federal editou o enunciado 99 sobre o tema: "O art. 189, IV, do Código de Processo Civil é constitucional, devendo o juiz decretar segredo de justiça em processos judiciais que versem sobre arbitragem, desde que a confidencialidade estipulada na arbitragem seja comprovada perante o juízo".

[32] NERY JUNIOR, Nelson; NERY, Rosa Maria de Andrade. *Código de Processo Civil comentado e legislação extravagante*. São Paulo: RT, 2003.

3.18 Princípio da motivação – art. 11

Também relacionada à necessidade de controle político e social da função jurisdicional, **é exigência constitucional que a sentença e demais atos jurisdicionais sejam motivados, sob pena de nulidade (art. 93, IX)**. No mesmo sentido é o CPC, ao determinar que todas as decisões do Poder Judiciário sejam fundamentadas (art. 11, 2ª parte).

A motivação (ou fundamentação) é considerada a parte mais importante da decisão. Nela, o juiz subsumirá os fatos em apreço às normas, fixando as bases sobre as quais se assentará o julgamento. É um procedimento silogístico por excelência, no qual o magistrado deve traçar as premissas maior (a norma) e menor (caso concreto) a fim de se chegar à conclusão. Como ato típico da função jurisdicional, o prolator da decisão deve demonstrar lógica, bom senso e cultura jurídica, no intento de convencer as partes e a opinião pública acerca do acerto da decisão.

Essa obrigação de fundamentar todos os pronunciamentos judiciais assegura às partes que, pelo menos teoricamente, sua pretensão será devidamente apreciada, além de possibilitar a discordância em algumas situações, as quais eventualmente poderão se formalizar pela via recursal.

Segundo Herval Sampaio Júnior, essa garantia constitucional

"é uma das mais importantes hodiernamente se pensarmos na acepção material, pois, quando os juízes têm a obrigação de motivar fática e juridicamente as suas decisões, o cidadão fica assegurado de que, pelo menos teoricamente, o seu direito será apreciado com mais vagar e cuidado, sendo possível, inclusive, a discordância em algumas situações".[33]

A obrigatoriedade da motivação, portanto, preserva interesses públicos e particulares. De um lado, é essencial para que se possa aferir em concreto a imparcialidade do juiz e a justiça de suas decisões e, de outro, é essencial às partes, para que elas conheçam as razões da decisão.

Segundo o próprio Supremo,[34] a motivação qualifica-se como pressuposto constitucional de validade e eficácia das decisões emanadas do Poder Judiciário. A sua inobservância, que pode ser arguida em qualquer grau de jurisdição, traduz grave transgressão de natureza constitucional e afeta a legitimidade jurídica do ato decisório, gerando a nulidade da decisão.

Vale observar que a garantia constitucional não impõe aos magistrados o dever de redigir tratados ou monografias sobre a matéria discutida nos autos, mas, sim, expor, com clareza, os motivos que o levaram a decidir deste ou daquele modo. A concisão dos fundamentos e a objetividade da decisão, nesse contexto, não podem ser confundidas com ausência de motivação. A respeito:

"Constitucional. Eleitoral. Recurso extraordinário. Partido político.

[...]

II – A Constituição não exige que a decisão seja extensamente fundamentada. O que se exige é que o juiz ou o tribunal dê as razões de seu convencimento" (STF, AI-AgRg 162.089/DF, 2ª Turma, Rel. Min. Carlos Velloso, j. 12.12.1995).

O art. 489, § 1º, ao elencar os casos em que não se reputa fundamentada uma decisão judicial, *a contrario sensu*, acaba por explicitar o princípio da motivação.

---

[33] SAMPAIO JÚNIOR, José Herval. *Processo constitucional*: nova concepção de jurisdição. São Paulo: Método, 2008. p. 157.
[34] Nesse sentido: STF, HC 74.073/RJ.

Nesse ponto, vale destacar que, embora a jurisprudência já tenha admitido a chamada fundamentação *per relationem* (fundamentação referencial), que faz alusão a um ato jurisdicional anterior, o Superior Tribunal de Justiça, ao interpretar o art. 489, § 1º, IV, assim como o art. 1.021, § 3º[35], entendeu que ao relator é vedado limitar-se a reproduzir a decisão agravada para julgar improcedente o agravo interno[36]. Para exemplificar, imagine a seguinte situação: o juiz de primeira instância indefere pedido de tutela de urgência formulado pelo autor. O advogado apresenta agravo de instrumento (art. 1.015, I), mas o relator, monocraticamente, nega seguimento ao recurso, argumentando que o pedido contraria enunciado de súmula do STJ (art. 932, IV, "a"). Contra a decisão do relator, o advogado apresenta agravo interno, com o objetivo de ver a sua pretensão apreciada pelo órgão colegiado (art. 1.021). Nessa hipótese, o STJ considerou que, apesar de o julgador não estar obrigado a rebater, com minúcias, todos os argumentos deduzidos, o CPC em vigor, "exaltando os princípios da cooperação e do contraditório, impõe-lhe o devedor, dentre outros, de enfrentar todas as questões capazes de, por si sós e em tese, infirmar a sua conclusão sobre os pedidos formulados, sob pena de se reputar não fundamentada a decisão proferida". O relator do agravo interno não poderá, portanto, reproduzir a decisão agravada, sob pena de incorrer em verdadeira tautologia.

3.19 Princípio da cronologia – art. 12

A redação original do CPC/2015 (Lei nº 13.105/2015) dispunha que os juízes e os tribunais **deveriam obedecer** à ordem cronológica de conclusão para proferir sentença ou acórdão. Tratava-se, portanto, de comando imperativo, que autorizava a "quebra" da ordem cronológica apenas nas hipóteses excepcionadas pelo próprio Código.

A observância obrigatória da ordem cronológica gerou inúmeras discussões na doutrina, tão logo aprovada a redação da Lei nº 13.105/2015. O professor Fernando da Fonseca Gajardoni, por exemplo, chegou a defender a inconstitucionalidade do dispositivo, sob o argumento de que a regra violava o princípio da tripartição dos poderes (art. 2º da CF), já que representava indevida intervenção do legislativo na atividade judiciária e inviabilizava a autogestão da magistratura.[37]

Essa regra geral de gestão, criada pelo legislador, foi derrubada pela Lei 13.256/2016, que alterou a redação do art. 12 do Código, para estabelecer que a ordem cronológica de julgamentos deve ser seguida **apenas em caráter preferencial**. Nesse sentido, a nova redação do art. 12: "Os juízes e os tribunais atenderão, **preferencialmente**, à ordem cronológica de conclusão para proferir sentença ou acórdão".

Do mesmo modo, o art. 153, direcionado ao escrivão e ao chefe de secretaria, prescreve que esses auxiliares do juízo deverão publicar e cumprir os pronunciamentos judiciais preferencialmente na ordem em que forem recebidos em cartório.

Em suma, a regra que antes era cogente transmudou-se para uma mera norma programática, um ideal a ser perseguido. A regra anterior, em que pese ter sido uma louvável iniciativa na tentativa de evitar a preterição de processos, certamente acarretaria mais morosidade do que celeridade. Não há dúvida de que a escolha de qual processo terá prioridade não deve ficar ao

---

[35] Art. 489 (...) § 1º Não se considera fundamentada qualquer decisão judicial, seja ela interlocutória, sentença ou acórdão, que: (...) IV – não enfrentar todos os argumentos deduzidos no processo capazes de, em tese, infirmar a conclusão adotada pelo julgador.
Art. 1.021, § 3º É vedado ao relator limitar-se à reprodução dos fundamentos da decisão agravada para julgar improcedente o agravo interno.

[36] STJ, REsp 1.622.386/MT, Rel. Min. Nancy Andrighi, por unanimidade, j. 20.10.2016, *DJe* 25.10.2016.

[37] DUARTE, Zulmar; DELLORE, Luiz; GAJARDONI, Fernando; ROQUE, André Vasconcelos. Teoria Geral do Processo: comentários ao CPC de 2015 – Parte Geral. São Paulo: Forense, 2015. p. 75.

arbítrio do juiz, sendo saudável existirem parâmetros mínimos para que haja alguma lógica na devolução dos autos pelo gabinete para o cartório. No entanto, exigir que o magistrado julgasse os processos conclusos a ele exatamente na ordem em que chegassem era, sem dúvida alguma, despropositado e contraproducente.

Contudo, é importante ressaltar que o Código de 2015 continua inovador em relação ao seu antecessor, já que, apesar de a ordem cronológica não se tratar de norma imperativa, constitui uma realidade que deve ser observada sempre que viável, até porque **a lista de processos conclusos** deve ser elaborada e **divulgada pela Internet** e no próprio cartório – comando que persiste no § 1º do art. 12.

Ressalte-se que essa lista será confeccionada por cada órgão jurisdicional (vara, câmara, seção, tribunal, entre outros). A primeira lista de processos para julgamento em ordem cronológica observará a antiguidade da distribuição entre os já conclusos na data da entrada em vigor do Código (art. 1.046, § 5º).

3.20 Princípio da imparcialidade

Para ser legítimo o exercício da jurisdição, é imprescindível que os agentes que, em nome do Estado, exercem atividades inerentes à jurisdição (juiz, escrivão e oficial de justiça, por exemplo) atuem com imparcialidade. Não se pode conceber que o Estado chame para si o dever de solucionar os conflitos e o exerça por meio de agentes movidos por interesses próprios. A imparcialidade do juízo, além de característica da jurisdição, figura como pressuposto de validade da relação jurídico-processual, constituindo direito das partes e, ao mesmo tempo, dever do Estado.

A imparcialidade não se confunde com neutralidade ou passividade. O juiz, no processo contemporâneo, deve participar do processo de forma a zelar pela justa composição do litígio. Ao magistrado cabe esclarecer pontos obscuros, advertir as partes de suas condutas, determinar a realização de provas e diligências, interpretar as normas e as especificidades de cada caso concreto, tudo com o objetivo de prestar adequadamente a tutela jurisdicional.

Reitere-se que o dever de imparcialidade alcança o juiz, o escrivão, o perito, conciliadores e mediadores e o Ministério Público, sujeitando todos esses sujeitos processuais às mesmas regras de **suspeição e impedimento** que atingem os juízes (art. 148).

O tema será abordado ainda nessa parte, mas já adiantamos que os motivos que levam ao impedimento são de cunho objetivo, enquanto os que levam à suspeição têm natureza subjetiva. As hipóteses de impedimento taxativamente obstaculizam o exercício da jurisdição (art. 144) e atingem, inclusive, a coisa julgada, uma vez que a parte prejudicada poderá rescindir a decisão proferida por juiz impedido (art. 966, II). A inexistência de impedimento do juízo, por essa razão, constitui um dos requisitos de validade do processo, como veremos adiante.

Já a suspeição, se não arguida no momento oportuno, restará acobertada pela preclusão e, por isso, não pode ser considerada requisito de validade processual. Ressalte-se que ambas podem ser reconhecidas de ofício ou arguidas pelas partes no prazo de 15 (quinze) dias contados do conhecimento do fato que gerou o impedimento ou a suspeição (art. 146).

4. PRINCÍPIOS PROCESSUAIS CONSAGRADOS PELA DOUTRINA E PELA JURISPRUDÊNCIA

4.1 Princípio do juízo natural

Conforme vimos no tópico 2 desta parte, o princípio do juízo natural tem relação com um dos elementos estruturais do Direito Processual: a jurisdição. Além disso, está intimamente ligado à competência do órgão jurisdicional, uma vez que impede que qualquer sujeito escolha, a seu critério, o julgador que apreciará determinada pretensão. Embora o ordenamento jurídico positivo brasileiro não dedique palavras a esse princípio, tanto o texto constitucional como a legislação infraconstitucional contêm uma série de dispositivos que o asseguram implicitamente. Esse princípio pode ser visualizado sob dois enfoques: objetivo e subjetivo.

Em uma **perspectiva objetiva**, o princípio do juízo natural consagra duas garantias básicas: **proibição de juízo ou tribunal de exceção (art. 5º, XXXVII) e respeito absoluto às regras objetivas de determinação de competência (art. 5º, LIII).**

Observe-se que a existência de justiças especializadas não pode ser tratada como exceção a este princípio, pois estão devidamente constituídas e organizadas pela própria Constituição Federal e leis de organização judiciária. Assim, "a proibição de existência de tribunais de exceção não abrange a justiça especializada, que é atribuição da atividade jurisdicional do Estado entre vários órgãos do Poder Judiciário".[38]

Sob o **viés subjetivo**, o princípio do juízo natural **encerra a garantia da imparcialidade**, que tratamos no item anterior. O órgão jurisdicional é integrado por sujeitos parciais e imparciais. As partes e seus advogados são parciais por excelência. Já o juiz, o escrivão, o perito, o conciliador e mediador e o órgão do Ministério Público agem sob a marca da imparcialidade.

Canotilho[39] ainda anota que do conteúdo do princípio do juízo natural podem ser extraídos dois outros princípios, o da tipicidade e o da indisponibilidade da competência. De acordo com o princípio da tipicidade, as competências dos órgãos jurisdicionais devem, em regra, ser previamente estabelecidas em texto legal. Pelo princípio da indisponibilidade da competência, entende o mencionado autor que não seria possível cogitar da transferência de competência para órgão diferente daquele previsto legalmente, salvo no caso em que o próprio legislador fizesse essa alteração.

Evidencie-se que, não obstante tenha o STJ se manifestado no sentido de que os princípios da tipicidade e da indisponibilidade foram acolhidos pela Constituição (REsp 28.848/SP), o STF admite a existência de competências implícitas com base na teoria dos poderes implícitos (*inherent powers* ou *implied powers*), segundo a qual, uma vez atribuída determinada missão a certo órgão, implicitamente, lhe seriam atribuídos os poderes para fazer valer essa finalidade.[40]

Ressalte-se que o Supremo Tribunal Federal já decidiu que o julgamento realizado por juízes convocados para compor órgão colegiado não viola o princípio do juiz natural em sua acepção objetiva (HC 96.821/SP, j. 08.04.2010). Decidiu ainda que a especialização de vara para atribuição de competência em razão da natureza do feito não apresenta ofensa às regras objetivas de determinação de competência (HC 91.509/RN, j. 27.10.2009). Igualmente, não ofende o mencionado princípio a alteração de composição do órgão julgador (STJ, HC 331.881 j. 08.11.2016) e a designação de magistrados para atuar em mutirões (STJ, HC 449.361, j. 14.08.2018).

4.2 Princípio do duplo grau de jurisdição

O princípio do duplo grau de jurisdição consiste na **possibilidade assegurada às partes de submeterem matéria já apreciada e decidida pelo juízo originário a novo julgamento por órgão hierarquicamente superior.**

---

[38] MORAES, Alexandre de. *Constituição do Brasil interpretada e legislação constitucional*. 9. ed. São Paulo: Atlas, 2013. p. 246.

[39] CANOTILHO, José Joaquim Gomes. *Direito constitucional e teoria da constituição*. 6. ed. Lisboa: Almedina, 2002. p. 542-543.

[40] Ver, por exemplo, o RE 571.572-8/BA, em que a Min. Ellen Gracie reconhece a existência da competência implícita do STJ para exercer o papel de órgão uniformizador da jurisprudência dos juizados especiais cíveis estaduais.

A garantia ao duplo grau de jurisdição está implicitamente prevista na Constituição, seja como consectário do devido processo legal – o exercício do contraditório em face da decisão recorrida –, seja em decorrência da previsão constitucional de tribunais de superposição, aos quais foi conferida competência recursal (arts. 92 a 126 da CF/1988).

Várias razões fundamentam a necessidade de se preservar e garantir o duplo grau de jurisdição: a conveniência de se uniformizar a jurisprudência nacional, evitando decisões díspares sobre uma mesma matéria, o que seria praticamente impossível se cada juízo de primeiro grau decidisse em caráter de definitividade; a necessidade de se controlar as atividades dos juízes inferiores, legitimando a atuação do Judiciário; a conveniência psicológica de se assegurar ao perdedor mais uma chance de êxito.[41]

Em regra, o acesso aos órgãos recursais se dá por iniciativa da parte vencida, mediante a interposição de recurso. Destaque-se que para cada decisão há uma espécie de recurso prevista em lei (princípio da singularidade), que se sujeita a vários pressupostos de admissibilidade.

Excepcionalmente, no entanto, a lei, tendo em vista o interesse público, estabelece casos em que a jurisdição superior atua sem provocação da parte. Trata-se do reexame necessário (ou remessa necessária, prevista no art. 496 do CPC/2015), instituto que não se confunde com o recurso, seja por lhe faltar tipicidade, seja por não apresentar vários requisitos caracterizadores daquele, como a necessidade de fundamentação, tempestividade, preparo e interesse de recorrer. Trata-se de requisito de eficácia da sentença proferida contra a União, o Estado, o Distrito Federal e o Município e suas respectivas autarquias e fundações de direito público, bem como da decisão que julga procedentes, no todo ou em parte, os embargos opostos contra a Fazenda Pública em sede de execução fiscal.[42]

Vale observar que **não há disposição constitucional prevendo a intangibilidade da garantia ao duplo grau de jurisdição**. Aliás, a própria Constituição mitiga a incidência do preceito, ao prever demandas de competência originária do Supremo Tribunal Federal, nas quais não há margem a recurso para tribunal hierarquicamente superior, até porque o tribunal que julgou a causa encontra-se no topo da pirâmide judiciária.

Por outro lado, verifica-se que o legislador infraconstitucional restringe o cabimento dos recursos, como já ocorre na hipótese do § 6º do art. 1.007 do CPC, que prevê a irrecorribilidade da decisão que releva pena de deserção caso provado justo impedimento pelo recorrente.

4.3 Princípio da identidade física do juiz

O princípio da identidade física do juiz prevê que o magistrado que colheu a prova oral deve julgar o feito. O CPC de 1973, em seu art. 132, relativizava esse princípio ao prever que o juiz que concluísse a audiência seria o responsável por julgar a lide, salvo se estivesse convocado, licenciado, afastado por qualquer motivo, promovido ou aposentado. A expressão "afastado por qualquer motivo" englobava, inclusive, as férias do magistrado (STJ, REsp 995.316/PB, j. 16.11.2010; AgInt no AREsp 1.534.327/ES, j. 25.10.2021). Do mesmo modo, a remoção do juiz que presidiu a instrução, ainda que para outra vara da mesma comarca, não impossibilitava a prolação da sentença por seu substituto legal (REsp 685.768/CE, j. 07.05.2007, e REsp 998.116/PR, j. 24.11.2008).

Ressalte-se que o CPC/2015 sequer menciona a necessidade de ser proferida a sentença pelo juiz que colheu a prova. Isso porque, nos novos moldes do processo virtual, a colheita

---

[41] DINAMARCO, Cândido Rangel. *Instituições de direito processual civil*. São Paulo: Malheiros, 2008. p. 237-238.

[42] Importante frisar que há exceções à necessidade de remessa necessária, as quais serão estudadas no capítulo referente à sentença e à coisa julgada.

da prova oral pode ser feita por intermédio de videoconferência, sendo, portanto, incabível a estrita vinculação do juiz que acompanhou a instrução. É que se as provas permanecerão documentadas, já que audiência pode ser integralmente gravada em imagem e em áudio (art. 367, § 5º), o juiz que não as colheu pessoalmente poderá consultá-las e apreciá-las a qualquer tempo, de forma a resguardar o seu convencimento para a melhor solução da lide.

Diante desta nova realidade, cabe, no entanto, uma ponderação. Enquanto não se tiver estruturado um sistema para o fiel registro das provas coletadas em audiência, é preferível que o magistrado que esteve presente na instrução profira a sentença, ou, não sendo possível, que o juiz substituto mande repetir as provas já produzidas, tomando, por exemplo, o depoimento das partes de ofício, caso entenda necessário. De qualquer forma, cabe salientar que não mais há obrigatoriedade da observância da identidade física do juiz. Evidentemente que um juiz que colheu a prova tem condições de proferir a sentença em menor tempo. Contudo, regra não mais há e, portanto, não se pode falar em nulidade do processo.

4.4 Princípio da efetividade (da máxima coincidência possível)

Conquanto não previsto expressamente no texto constitucional tampouco no Código, o princípio da efetividade decorre do devido processo legal (cláusula geral) e **constitui um metadireito (direito sobre direito), que garante que todos os demais direitos se efetivem**. O processo efetivo, aliás, é um dos três pilares que sustentam a nova dimensão do processo justo: a tutela efetiva, célere e adequada.

De acordo com o princípio da efetividade, àquele que tem razão, o processo deve garantir e conferir, na medida do possível, justamente o bem da vida a que ele teria direito se não precisasse se valer do processo. Por essa razão, o princípio da efetividade é também denominado de princípio da máxima coincidência possível.

Assim como o princípio da celeridade, o processo efetivo não se limita ao provimento formal: a efetividade abrange também (e principalmente) os meios executivos capazes de concretizar o direito material (efetividade em sentido estrito). Vale destacar, no entanto, que **processo efetivo não é sinônimo de processo célere**. O processo efetivo perdurará pelo prazo compatível com a complexidade do direito discutido. Será célere sempre quanto possível. Há a efetividade virtuosa – que leva em conta todas as garantias inerentes ao processo – e a malsã, que prioriza tão somente a celeridade. À guisa de exemplo, cite-se o caso do processo que transcorreu com a máxima celeridade, outorgando a prestação jurisdicional sem sequer facultar ao réu a produção de provas. Pelo prisma da celeridade, o processo até pode ser efetivo. Todavia, com base em uma interpretação sistemática do ordenamento jurídico, não se reputa efetivo o processo, na medida em que cerceou garantias processuais do réu, o que pode inclusive ensejar a nulidade do processo.

4.5 Princípio da adequação (ou da adaptabilidade)

Também decorrente do devido processo legal, o princípio da adequação estabelece que **as normas devam ser adequadas ao caso concreto, sob a ótica de três prismas: objetivo, subjetivo e teleológico**.

O processo devido é aquele cujas normas sejam adequadas aos direitos que serão tutelados (adequabilidade objetiva), aos sujeitos que participam do processo (adequabilidade subjetiva) e aos fins para os quais foram criadas (adequabilidade teleológica). Os procedimentos especiais, como a ação monitória e a de consignação em pagamento, são exemplos da adequabilidade objetiva. O prazo diferenciado para o Ministério Público, a Fazenda Pública e a Defensoria Pública exemplifica a adequabilidade subjetiva, ao passo que a regra que limita as matérias arguíveis em sede de impugnação ao cumprimento de sentença corporifica a adequabilidade teleológica, porquanto não é compatível com o procedimento do cumprimento de sentença, que almeja a celeridade e efetividade processual, a rediscussão do direito acertado na sentença.

O princípio da adequabilidade dirige-se não apenas ao legislador, mas também ao juiz (adequação judicial ou princípio da adaptabilidade do processo). Cabe ao magistrado adequar as regras processuais às particularidades do caso concreto, a fim de melhor tutelar o direito material objeto de discussão. Exemplo do princípio da adaptabilidade é o art. 355, que admite o julgamento antecipado do mérito, quando não houver necessidade de produção de outras provas além das já constantes nos autos ou na hipótese de terem sido decretados os efeitos da revelia e o réu não tiver comparecido a tempo de requerer a produção de provas.

4.6 Princípio da improrrogabilidade (e irredutibilidade) da jurisdição

Improrrogabilidade é a impossibilidade de dilatar, alongar, prolongar. Nesse sentido, **o princípio da improrrogabilidade impede que os limites da jurisdição – traçados, em linhas gerais, na Constituição Federal – sejam ampliados pelo legislador ordinário. O mesmo princípio impede, também, a redução dessa limitação jurisdicional**. Delimita, em suma, a atuação dos órgãos jurisdicionais.

Todos os juízes (e aqui me refiro à pessoa do juiz e não ao órgão jurisdicional) são investidos de jurisdição. Entretanto, poderão (e deverão) atuar apenas naquele órgão competente para o qual foram designados, e somente nos processos distribuídos para aquele órgão. Não custa lembrar que, fora de sua função, o juiz é um cidadão como outro qualquer. Esse princípio já foi apresentado como princípio da jurisdição e, em razão do imbricamento dos institutos (jurisdição, ação e processo) é apresentado aqui como princípio processual.

4.7 Princípios dispositivo e inquisitivo

Consequência direta do princípio da ação ou da demanda, o princípio dispositivo prevê que, no processo, **a atuação do juiz depende da iniciativa das partes**, tanto quanto à produção das provas (estrutura interna do processo), como quanto à delimitação do objeto do processo e das alegações em que se fundamentará a decisão. No outro extremo, temos o princípio inquisitivo, que remete ao processo inquisitivo, no qual as funções de acusar, defender, recolher provas e julgar concentravam-se em um único órgão, qual seja, o juiz. A adoção de um ou outro princípio depende, como se vê, da análise dos poderes processuais do juiz.

Com a **publicização do direito processual**, o juiz deixou de ser um mero espectador inerte para se tornar sujeito ativo do processo, cabendo-lhe não só impulsionar o feito, como também colher provas, determinar diligências e conhecer de questões que até então só seriam possíveis se alegadas pelas partes. Apesar de ter adotado, em geral, o princípio dispositivo, o ordenamento jurídico brasileiro vem concedendo relevantes prerrogativas ao magistrado, tornando o processo uma espécie de sistema misto (dispositivo e inquisitivo).

A adoção do já estudado princípio da cooperação permite constatar que – ao lado da prerrogativa das partes de provocar a jurisdição, produzir as provas necessárias e limitar a atuação do Estado-juiz – o juiz detém o poder-dever de atuar diretamente no processo, na busca da correta composição do litígio. Essa liberdade de atuação se dá, em regra, no plano do direito processual, não lhe sendo lícito decidir sobre questão envolvendo direito substancial não deduzida pelas partes, sob pena de configurar julgamento *ultra ou extra petita*.

4.8 Princípio da instrumentalidade das formas

O devido processo legal pressupõe o respeito à sequência de atos previamente previstos. O processo é também um procedimento, realidade formal que consagra um conjunto de formas preestabelecidas.

Não se pode esquecer, contudo, que o processo não é um fim em si mesmo. Na concepção moderna, o processo não admite mais um fetichismo cego às fórmulas e ritos, devendo-se a fórmula se prestar à concessão de tutela prevista pelo do direito material e à efetivação da Justiça.

Dessa forma, os atos processuais não mais podem ser encarados apenas sob o prisma da regularidade formal. De acordo com o princípio da instrumentalidade, **o ato processual que alcançar a finalidade para o qual foi elaborado será válido, eficaz e efetivo, mesmo que praticado por forma diversa da estabelecida em lei, desde que não traga prejuízo substancial à parte adversa**. O que importa para o processo é que o ato atinja o escopo almejado, ainda que não tenha obedecido a todos os requisitos formais de validade (art. 277).

O princípio da instrumentalidade representa a ligação entre o direito processual e o direito material: as normas processuais têm de ser pensadas e aplicadas como técnica de efetivação do direito material. O processo serve ao direito material – porque o efetiva –, ao mesmo tempo em que é servido por ele. Trata-se da "Teoria Circular dos Planos Material e Processual" estudada por Francesco Carnelutti.

Vale observar que a adoção do princípio da instrumentalidade não implica o completo desprezo à formalidade processual. Como bem observa o Min. José Delgado,

> "é impossível a concepção do processo sem atos formais. A relevância formal do Direito Processual tem sua razão de existir no fato de que ela serve, pela segurança imprimida quando cumprida, para que o direito material alcance sua executoriedade".[43]

Embora não conste do capítulo principiológico do CPC/2015, o princípio da instrumentalidade das formas também foi observado pela nova legislação (art. 188), que manteve redação semelhante ao CPC de 1973 (art. 154): "Os atos e os termos processuais independem de forma determinada, salvo quando a lei expressamente a exigir, considerando-se válidos os que, realizados de ouro modo, lhe preencham a finalidade essencial". Temos como exemplo de aplicação desse princípio na jurisprudência a possibilidade de o Tribunal receber um pedido de reconsideração contra uma decisão monocrática como agravo interno (AgRg no RHC 134.272/SP, j. em 26.10.2021).

Em sendo assim, o que o princípio da instrumentalidade buscará evitar é "o abuso do formalismo",[44] o fetichismo das fórmulas em detrimento da essência e finalidade dos atos processuais; quer dizer, buscará a efetividade processual.

4.9 Princípio da economia processual

Aspecto específico da instrumentalidade das formas, o princípio da economia processual enuncia que **o processo civil deve propiciar às partes uma Justiça rápida e barata, de modo a obter o máximo de resultado com o mínimo emprego possível de atividades judiciais.**

Podemos citar como exemplos desse princípio: a reconvenção, o litisconsórcio, a rejeição de provas inúteis, a reunião de processos conexos, o julgamento antecipado do mérito e a improcedência liminar do pedido.

---

[43] DELGADO, José Augusto. Princípio da instrumentalidade, do contraditório, da ampla defesa e modernização do processo civil. *Revista Jurídica*, São Paulo, ano 49, n. 285, p. 31-60, jun. 2001.

[44] DELGADO, José Augusto. Princípio da instrumentalidade, do contraditório, da ampla defesa e modernização do processo civil. *Revista Jurídica*, São Paulo, ano 49, n. 285, p. 31-60, jun. 2001.

4.10 Princípio da persuasão racional do juiz (ou do livre convencimento motivado)

O juiz é livre na formação de seu convencimento, na apreciação das provas e argumentos apresentados pelas partes. Essa liberdade de convicção, no entanto, há de ser exercida de forma motivada (princípio da motivação ou da fundamentação), estando o juiz vinculado à prova e aos demais elementos existentes nos autos, bem como às regras legais porventura existentes e às máximas de experiência. Não se trata de uma liberdade absoluta, mas de uma "prerrogativa concedida ao juiz para que, com fulcro nos elementos relevantes constantes nos autos, possa firmar a convicção sobre a matéria debatida" (STJ, REsp 1.841.953/PR, j. 25.11.2021).

Tendo em vista essas limitações, o princípio da persuasão racional do juiz situa-se entre o sistema da prova legal, no qual há prévia valoração dos elementos probatórios, e o sistema do julgamento *secundum conscientiam*, no qual o juiz pode apreciar livremente as provas e decidir até contrariamente a elas.

O princípio da persuasão racional, também denominado livre convencimento motivado, embora não expressamente positivado no capítulo principiológico do CPC/2015, é o que vigora no nosso sistema (art. 371).[45] Isso porque, **apesar da supressão da palavra "livremente" – nesse ponto vale confrontar o art. 131 do CPC/1973**[46] **e o art. 371 do CPC/2015 –, o referido princípio não foi alterado. O juiz ainda tem liberdade (fundamentada, repita-se) para escolher entre este ou aquele fundamento, esta ou aquela prova.**

Dizem alguns que a supressão do termo "livremente" teve em mira o estabelecimento de balizas, a fim de evitar ou controlar o protagonismo judicial. Se esse foi o objetivo, a supressão constitui um tiro n'água. Num sistema em que as decisões dos tribunais são erigidas a verdadeiras regras dotadas de generalidade – principalmente quando proferidas em controle concentrado de constitucionalidade, em julgamento de recursos repetitivos, em incidente de assunção de competência e em incidente de resolução de demandas repetitivas –, o protagonismo é um *minus*. A simples supressão de uma palavrinha não tem o condão de mudar uma cultura, de, pontualmente, alterar um sistema criado pelo próprio legislador. No tribunal do júri, os juízes de fato (jurados) são absolutamente livres para julgar. Em se tratando de juiz de direito (togado), liberdade, a rigor, não há, porque a decisão obrigatoriamente deve estar calcada nas provas dos autos (art. 93, IX, da CF/1988). A liberdade se restringe à escolha – também fundamentada – desta ou daquela prova constante nos autos. A propósito, o art. 479 é um exemplo de que o sistema do livre convencimento fundamentado encontra-se vivo, inclusive no Código atual:

> Art. 479. O juiz apreciará a prova pericial de acordo com o disposto no art. 371, indicando na sentença os motivos que o levaram a considerar ou a deixar de considerar as conclusões do laudo, levando em conta o método utilizado pelo perito.

JURISPRUDÊNCIA TEMÁTICA

O princípio da persuasão racional na visão do Superior Tribunal de Justiça

"[...] Os princípios da livre admissibilidade da prova e da persuasão racional autorizam o julgador a determinar as provas que repute necessárias ao deslinde da controvérsia, e a indeferir

---

[45] Art. 371 do CPC/2015: "O juiz apreciará a prova constante dos autos, independentemente do sujeito que a tiver promovido, e indicará na decisão as razões da formação de seu convencimento".

[46] Art. 131 do CPC/1973: "O juiz apreciará livremente a prova, atendendo aos fatos e circunstâncias constantes dos autos, ainda que não alegados pelas partes; mas deverá indicar, na sentença, os motivos que lhe formaram o convencimento".

aquelas consideradas prescindíveis ou meramente protelatórias. Não configura cerceamento de defesa do julgamento da causa sem a produção da prova solicitada pela parte, quando devidamente demonstrada a instrução do feito e a presença de dados suficientes à formação do convencimento" (STJ, AgInt no AREsp 1.457.765/SP, Rel. Min. Marco Aurélio Bellizze, 3ª Turma, j. 19.08.2019).

"[...] O magistrado não está vinculado às conclusões do laudo pericial, podendo, em consonância com o princípio da livre persuasão racional, formar sua convicção a partir de outros elementos constantes nos autos, desde que motive adequadamente a sua decisão" (STJ, AgInt no AREsp 1.310.650/SP, Rel. Min. Marco Aurélio Bellizze, 3ª Turma, j. 22.06.2020).

"[...] O princípio da persuasão racional habilita o magistrado a valer-se do seu convencimento, à luz dos fatos, provas, jurisprudência, aspectos pertinentes ao tema e da legislação que entender aplicável ao caso concreto" (STJ, AgRg no AREsp 399.206/DF, Rel. Min. Sidnei Beneti, j. 19.11.2013).

"[...] A preferência do magistrado por esta ou por aquela prova está inserida no âmbito do seu livre convencimento motivado. Isso, porque vigora no direito processual pátrio o sistema de persuasão racional adotado no Código de Processo Civil, cabendo ao magistrado autorizar a produção desta ou daquela prova, se por outros meios não estiver convencido da verdade dos fatos, tendo em vista que é ao juiz que cabe a análise da conveniência e necessidade da sua produção" (STJ, AgRg no Ag 1.250.005/SP, Rel. Min. Raul Araújo, j. 03.09.2013).

"[...] Segundo o princípio da persuasão racional ou da livre convicção motivada do juiz, a teor do que dispõe o art. 131 do Código de Processo Civil,[47] cabe ao magistrado apreciar livremente a prova, atendendo aos fatos e circunstâncias constantes dos autos, competindo-lhe, pois, rejeitar diligências que delonguem desnecessariamente o julgamento, de forma a garantir a observância do princípio da celeridade processual" (STJ, AgRg no AREsp 223.956/RS, Rel. Min. Benedito Gonçalves, j. 11.04.2013).

"[...] Não há cerceamento de defesa quando o juiz admite a suficiência do quadro probatório, pois, em conformidade com o sistema da persuasão racional, compete ao julgador dirigir a instrução probatória e determinar a produção das provas necessárias à formação de seu convencimento" (STJ, AgRg no AREsp 254.753/RS, Rel. Min. Castro Meira, j. 05.03.2013).

"[...] O juiz não está vinculado ao laudo pericial, porque na aplicação da lei processual vigora o princípio da persuasão racional, por meio do qual o juiz aprecia livremente a prova, atendendo aos fatos e às circunstâncias constantes dos autos, indicando os motivos que lhe formaram o convencimento" (STJ, AgRg no Ag 1.313.964/SP, Rel. Min. Ricardo Villas Bôas, j. 23.10.2012).

4.11 Princípio da verdade real

Decorrente do princípio do dispositivo (no que tange à iniciativa da prova pela parte), do princípio inquisitivo (no que se refere à possibilidade de complementação da prova e, em certos casos, à produção de ofício) e da persuasão racional do juiz, o princípio da verdade real se fortaleceu com a publicização do processo civil. Hoje, não há dúvida de que o objetivo maior

---

[47] Corresponde ao art. 371 do CPC/2015.

da jurisdição é a pacificação social, que decorre do império da ordem pública, o qual, por sua vez, advém do processo justo e eficaz.

Tal princípio prescreve que **somente em casos excepcionais de direitos disponíveis o juiz pode se satisfazer com a verdade formal (aquilo que se mostra verdadeiro conforme as provas trazidas aos autos), limitando-se a apreciar o que as partes juntaram ao processo e/ou requereram, cabendo a ele sempre zelar pelo descobrimento da verdade real, ou seja, do que efetivamente ocorreu no caso concreto**. Essa atuação judicial, no entanto, está limitada, por óbvio, pelos princípios dispositivos da razoabilidade e da imparcialidade.

Embora citado com maior frequência no processo penal, no âmbito do processo civil, o STJ já considerou que se deve dar prevalência ao princípio da verdade real, por exemplo, nas ações de estado, como as de filiação, razão pela qual admite-se a relativização da coisa julgada quando, na demanda anterior, não foi possível a realização de exame de DNA (STJ, AgInt no REsp 1.414.222/SC, *DJe* 29.06.2018).

4.12 Princípio da oralidade

Existem três tipos de procedimento: oral, escrito e misto (escrito e oral). Atualmente, raros são os países em que se adota a forma oral pura, sendo mais comum utilizarem-se os procedimentos oral e escrito combinados: prevalece o escrito, mas a linguagem falada se mostra um relevante meio de expressão de questões relevantes para a formação do convencimento do magistrado, a exemplo dos debates e depoimentos ocorridos em audiência e das sustentações orais nas sessões de julgamento.

No Brasil, a forma oral de manifestação processual foi adotada com extrema mitigação, atenuando sobremaneira o princípio da oralidade. Um exemplo de oralidade encontra-se no rito adotado nos Juizados Especiais Cíveis, nos quais, por força do que estabelece a Lei nº 9.099/1995, a oralidade constitui um de seus princípios norteadores.

4.13 Princípio da liberdade das partes no processo

Decorrente da própria garantia geral de liberdade (art. 5º, *caput*, da CF/1988) e de várias outras garantais processuais constitucionais, **o princípio da liberdade das partes no processo consiste no conjunto de faculdades que as partes podem desfrutar no decorrer de todo o processo, atuando e se omitindo como e quando quiser**.

Esse princípio não é absoluto, podendo sofrer mitigações ditadas pelo interesse público, como ocorre nos casos de imposição de prazos, previsão de formas, determinação de locais e punições para os casos de litigância de má-fé. Essa relatividade é intrínseca ao conceito de liberdade, sendo natural, aliás, que todos os princípios se limitem entre si.

4.14 Princípio da congruência

Consequência do princípio do contraditório, o princípio da congruência traduz no dever de o magistrado decidir a lide nos limites em que foi proposta, vedando o provimento aquém (*citra petita*), além (*ultra petita*) ou estranho (*extra petita*) ao que foi pedido e sua respectiva causa de pedir remota (fatos jurígenos). Embora também não esteja expresso na parte principiológica do CPC/2015, este princípio foi observado por ele ao manter, no art. 141, a disposição do art. 128 do CPC de 1973: "O juiz decidirá o mérito nos limites propostos pelas partes, sendo-lhe vedado conhecer de questões não suscitadas a cujo respeito a lei exige iniciativa da parte".

Assim, se o autor formula pedido de indenização por danos morais, por exemplo, o juiz não pode condenar o réu a pagar danos materiais, sob pena de violação ao princípio da congruência e ao exercício do contraditório.

A publicização do processo, contudo, tem relativizado também esse princípio, haja vista as providências liminares que o juiz pode tomar, de ofício, a fim de evitar o perecimento do direito de uma parte causado pela outra (art. 536, por exemplo).

JURISPRUDÊNCIA TEMÁTICA

Princípio da congruência e qualificação jurídica dos fatos narrados na inicial

"Processual Civil. Causa de pedir. Conteúdo. Limites. Qualificação jurídica dos fatos narrados na petição inicial. Julgamento *extra petita*. Inexistência. 1. O processo civil brasileiro é regido pela teoria da substanciação, de modo que a causa de pedir constitui-se não pela relação jurídica afirmada pelo autor, mas pelo fato ou complexo de fatos que fundamentam a pretensão que se entende por resistida. A alteração desses fatos representa, portanto, mudança na própria ação proposta. 2. O juiz pode decidir a causa baseando-se em outro dispositivo legal que não o invocado pela parte, mas não lhe é dado escolher, dos fatos provados, qual deve ser o fundamento de sua decisão, se o fato eleito for diferente daquele alegado pela parte, como fundamento de sua pretensão. 3. Inexiste julgamento *extra petita* quando se empresta qualificação jurídica diversa aos fatos narrados pelo requerente. Precedentes. Recurso especial parcialmente conhecido e nessa parte desprovido" (STJ, REsp 1.043.163/SP, Rel. Min. Nancy Andrighi, j. 01.06.2010).

Quadro esquemático 2 – A principiologia do CPC/2015

A principiologia do CPC/2015
- Influência do Direito Constitucional sobre o Processo Civil
  - Neoconstitucionalismo
  - Neoprocessualismo
- Neoconstitucionalismo (características)
  - Normatividade da Constituição
  - Superioridade da Constituição
  - Centralidade da Constituição
  - Ubiquidade da Constituição
  - Ampliação da jurisdição constitucional
  - Surgimento da hermenêutica
- Fases do processualismo
  - Sincretismo
  - Autonomismo
  - Instrumentalismo
  - Neoprocessualismo
- Modelo constitucional do processo → as regras processuais devem ser interpretadas à luz da Constituição Federal
  - Resultado de interpretação das leis processuais → processo justo
- Princípios, regras e valores
  - Princípios: diretrizes gerais do ordenamento jurídico. O conflito entre princípios exige a ponderação entre os bens jurídicos envolvidos.
  - Regras: prescrições específicas que disciplinam determinadas situações. O conflito entre regras exige a aplicação dos critérios da especialidade, da hierarquia e da cronologia.
  - Valores: conceitos elaborados pela sociedade: certo x errado; bom x mau.

- Princípio do devido processo legal: processo regido por garantias mínimas de meio e de resultado.
- Princípio da ação (da demanda ou da inércia) e do impulso oficial: o processo começa por iniciativa da parte e se desenvolve por impulso oficial – art. 2º, CPC/2015.
- Princípio da inafastabilidade: quando provocado, o órgão jurisdicional não pode delegar ou recusar a função de dirimir os litígios – art. 3º, CPC/2015.
- Princípio da duração razoável do processo: solução integral do mérito em um prazo razoável – art. 4º, CPC/2015.
- Princípio da boa-fé processual: todos os sujeitos do processo devem atuar conforme os princípios éticos – art. 5º, CPC/2015.
- Princípio da cooperação: todos os sujeitos do processo devem cooperar entre si para a rápida solução do conflito – art. 6º, CPC/2015.
- Princípio da igualdade: paridade de tratamento às partes – art. 7º, CPC/2015.
- Princípio do contraditório: direito de participar do processo e de influenciar o convencimento do magistrado – arts. 7º, 9º e 10, CPC/2015.
- Princípio da ampla defesa: direito da parte de impugnar o que não lhe é afeito e de reagir aos atos que lhe são desfavoráveis através dos meios processuais disponíveis – art. 5º, LV, da CF/1988.
- Princípio da função social: o juiz atenderá aos fins sociais e às exigências do bem comum – art. 8º, CPC/2015.
- Princípio da dignidade da pessoa humana: garantia de proteção mínima que todo ordenamento deve assegurar – art. 8º, CPC/2015.

Parte I – Cap. 2 – A principiologia do Código de Processo Civil | **57**

A principiologia do CPC/2015
- Princípio da proporcionalidade – art. 8º, CPC/2015.
  - Adequação: será adequada a medida processual que fomentar a realização do fim almejado
  - Necessidade: relaciona-se com o meio menos lesivo para se atingir o objetivo pretendido.
  - Proporcionalidade em sentido estrito: os motivos que fundamentam a medida devem superar a restrição imposta.
- Princípio da razoabilidade: obediência aos critérios aceitáveis racionalmente – art. 8º, CPC/2015.
- Princípio da legalidade: somente estarão legitimadas as imposições estatais que respeitem as regras estabelecidas no ordenamento – art. 8º, CPC/2015.
- Princípio da publicidade: todos os atos do Poder Judiciário deverão ser públicos (exceção: os processos que tramitem sob segredo de justiça) – art. 8º, CPC/2015.
- Princípio da eficiência: administração do processo com excelência – art. 8º, CPC/2015.
- Princípio da lealdade: honestidade na conduta de todos os envolvidos no processo – art. 77, CPC/2015.
- Princípio da motivação: todos os atos jurisdicionais deverão ser fundamentados, sob pena de nulidade – art. 11, CPC/2015.
- Princípio da cronologia: obediência à ordem cronológica de conclusão, preferencialmente, para proferir sentença ou acórdão – art. 12, CPC/2015.
- Princípio da imparcialidade: os agentes que, em nome do Estado, exercem atividades inerentes à jurisdição devem ser imparciais.
- Princípio do juízo natural: respeito às regras de determinação de competência e proibição de juízo ou tribunal de exceção –art. 5º, LIII e XXXVII, CF/1988.
- Princípio do duplo grau de jurisdição: possibilidade de submeter matéria já apreciada a novo julgamento por órgão hierarquicamente superior.
- Princípio da identidade física do juiz: a sentença deverá ser proferida por magistrado que esteve presente na instrução.
- Princípio da efetividade: o processo deve garantir e conferir, àquele que tem razão, aquilo a que faria jus se não precisasse se valer do processo.
- Princípio da adequação: adequação das normas ao direito que será tutelado nos processos (adequabilidade objetiva), aos sujeitos que participarão do processo (adequabilidade subjetiva) e aos fins para os quais foram criados (adequabilidade teleológica).
- Princípio da improrrogabilidade: obediência aos limites traçados na Constituição.
- Princípios dispositivo e inquisitivo
  - A atuação do juiz depende da iniciativa das partes (dispositivo).
  - O juiz não atua como mero expectador. A iniciativa probatória é um exemplo do princípio inquisitivo (art. 370, CPC/2015).
- Princípio da instrumentalidade das formas: o processo será válido, eficaz e efetivo quando atingir sua finalidade, ainda que realizado de outro modo que aquele previsto em lei – art. 277, CPC/2015.
- Princípio da persuasão racional (ou do livre convencimento motivado): o juiz é livre na formação do seu convencimento, mas deve fundamentar todas as suas decisões.
- Princípio da verdade real: cabe ao juiz zelar pelo descobrimento da verdade real (o que efetivamente ocorreu no caso concreto).
- Princípio da oralidade: linguagem falada como relevante meio de expressão de questões importantes para o convencimento do magistrado.
- Princípio da liberdade das partes no processo: as partes podem atuar e se omitir quando e como quiserem no decorrer do processo. Não tem caráter absoluto.
- Princípio da congruência: decisão da lide nos limites em que foi proposta – art. 141, CPC/2015.

3

Aplicação das normas processuais: a lei processual civil no espaço e no tempo (arts. 13 a 15)

1. INTRODUÇÃO

Até aqui abordamos os precedentes e a principiologia do Código. Para completar a lição introdutória sobre as espécies normativas que regulam o direito processual civil (lei, precedente e princípios), a tudo que já foi dito cabe acrescentar uma palavra à aplicação da lei no espaço e no tempo.

Como já afirmado, a jurisdição civil brasileira, uma vez provocada pela ação, age por meio do complexo de atos que denominamos de *processo*. Trata-se da trilogia estrutural do processo, que veremos adiante de forma mais detida.

Para que o processo se desenvolva e atinja a sua finalidade precípua – solução da controvérsia mediante a concessão de uma tutela jurisdicional efetiva –, é necessário delimitar quais normas serão aplicáveis a cada caso concreto. Para tanto, é preciso saber se à demanda proposta é possível aplicar as normas processuais brasileiras e, além disso, se essas normas, mais especificamente a lei, estão vigentes no ordenamento jurídico.

Para os processos já em andamento, deve-se questionar se a lei processual civil tem aptidão imediata para produzir todos os seus efeitos jurídicos e se vale para todo e qualquer ato que ainda esteja pendente. É sobre esses pontos que trataremos a seguir, com o auxílio da Lei de Introdução às Normas do Direito Brasileiro (LINDB), norma de superdireito (ou sobredireito) aplicável a todos os ramos jurídicos.

1.1 A lei processual civil no espaço

Toda norma jurídica tem eficácia limitada no espaço e no tempo, isto é, aplica-se apenas dentro de determinado território e por certo período de tempo.

O Código de Processo Civil, em seu art. 16, estabelece a extensão territorial para aplicação das normas processuais: "A jurisdição civil é exercida pelos juízes e pelos tribunais em todo o território nacional, conforme as disposições deste Código". O art. 13, por sua vez, reforça que a jurisdição civil será regida pelas normas processuais brasileiras, ressalvada a possibilidade de aplicação das disposições específicas previstas em tratados ou acordos internacionais dos quais o Brasil seja parte.

Os dispositivos tratam da **dimensão territorial da norma processual**. Não há novidade, a não ser no fato de o Código ter positivado norma que está intimamente ligada ao Direito Internacional Privado. As disposições atendem a imperativo previsto na Constituição Federal, segundo o qual "os direitos e garantias expressos nesta Constituição não excluem outros decorrentes do regime e dos princípios por ela adotados, ou dos tratados internacionais em que a República Federativa do Brasil seja parte" (art. 5º, § 2º, da CF/1988).

O Código ressalva a aplicação das normas processuais contidas em tratados, convenções ou acordos internacionais de que o Brasil seja parte. Para que tais atos possam integrar o conjunto de normas que regulam o agir da função jurisdicional no Brasil é indispensável que tenham sido incorporados ao sistema normativo brasileiro. Em outras palavras, há que ter sido transformado em lei em sentido lato. Para tanto, não basta que o Brasil seja parte, isto é, que seja signatário. A incorporação ao ordenamento jurídico brasileiro pressupõe, além da assinatura do presidente da República (art. 84, VIII, da CF/1988), a aprovação pelo Congresso Nacional (art. 49, I, da CF/1988). Com essas providências, os tratados e convenções internacionais adquirem *status* de lei ordinária, sujeitando-se, inclusive ao controle de constitucionalidade. Apenas os tratados e convenções internacionais sobre direitos humanos, obedecidas as formalidades previstas no § 3º do art. 5º da CF/1988, têm *status* de emenda constitucional.

Em síntese, todos os processos que tramitam no território nacional devem observar as normas processuais civis estabelecidas pelo legislador pátrio (o CPC, especialmente), pois no nosso ordenamento tem vigência o princípio da territorialidade. Essa regra alcança todas as pessoas – nacionais ou estrangeiras – que participam de processo em curso na justiça brasileira. A jurisdição constitui uma das expressões da soberania nacional, daí por que, a sua atuação é regrada quase que exclusivamente pelo ordenamento jurídico pátrio. Deve-se ressalvar que, em havendo necessidade da colheita de provas na justiça estrangeira, sobre esse ato em particular, nada obsta que incida a lei do país ao qual se rogou a prática do ato.[1]

Vale lembrar que a territorialidade da lei processual civil prevalecerá ainda que haja norma estrangeira de direito material a ser aplicada ao caso concreto. O art. 10 da LINDB, por exemplo, permite a aplicação das regras do país estrangeiro na hipótese de sucessão por morte ou por ausência, desde que as regras do outro país sejam mais favoráveis ao cônjuge ou aos filhos brasileiros. Neste caso, aplicam-se as regras materiais do país do *de cujus*, mas o inventário tramitará em conformidade com a lei processual civil brasileira. O princípio da territorialidade, em certos casos, alcançará apenas as normas de regência do processo, não alcançando o direito material.

Para que os processos que tramitaram no exterior tenham validade no território nacional, a sentença proferida pelo órgão jurisdicional estrangeiro deve ser homologada perante o Superior Tribunal de Justiça, nos termos do art. 105, I, "i", da Constituição Federal. Da mesma forma, para que as determinações judiciais vindas do exterior sejam cumpridas no Brasil é necessária a intervenção do STJ, que concederá o *exequatur* às cartas rogatórias.

1.2 A lei processual civil no tempo

As normas processuais, assim como todas as normas jurídicas em geral, também estão **limitadas no tempo**. Isso quer dizer que, na hipótese de sucessão de leis processuais, deve-se recorrer ao direito intertemporal para estabelecer qual das leis – se a lei posterior ou se a lei anterior – irá regular a situação concreta.

---

[1] Sendo necessária a colheita de provas no exterior, por exemplo, o art. 13 da LINDB permite a utilização das leis processuais de outro país. Para tanto, é preciso que a prova a ser colhida seja admitida no direito brasileiro.

No processo civil o surgimento de lei nova não encontra problema em relação aos processos já encerrados, pois a regra é que a norma processual não retroage (art. 14). Também não se vislumbra qualquer complicação para os processos a serem iniciados, já que a norma processual civil terá aplicação imediata, respeitando-se, é claro, a sua *vacatio legis*.[2]

A questão coloca-se, então, no tocante aos processos ainda em trâmite, ou seja, naqueles não acobertados pela coisa julgada. O mesmo art. 14, após declarar a irretroatividade da lei processual, estabelece que ela será aplicável imediatamente aos processos em curso, "respeitados os atos processuais praticados e as situações jurídicas consolidadas sob a vigência da norma revogada". Aqui vigora o princípio do *tempus regit actum*, não tendo a lei nova aptidão para atingir os atos processuais já praticados.[3]

À modulação, no que tange à aplicação da lei, aplica-se a teoria do isolamento dos atos processuais. Praticado o ato segundo a lei vigente no momento da sua prática, sobre ele recai a garantia inerente ao ato jurídico perfeito, o qual, inclusive, implica direito processualmente adquirido. Exemplo, se apresentou contestação segundo a lei vigente hoje, não poderá amanhã, ao fundamento de mudança da lei, decretar a revelia do réu, ao argumento de que não observou a regra prescrita na lei nova.

No entanto, é preciso estabelecer a diferença entre um ato já praticado, que não pode ser atingido pela norma jurídica posterior, e um ato que ainda não foi praticado, mas que, por ocasião da entrada em vigor da lei nova, já estava em curso o prazo para a sua prática. A dificuldade na aplicação da lei nova ocorre nesses lapsos de transição entre uma e outra lei. Neste *Curso*, limitado por opção, não temos a pretensão de esgotar o tema. Apenas de dar uma noção ao nosso leitor de como se opera essa transição.

O processo, do ponto de vista extrínseco, é constituído por uma sequência de atos processuais. Ajuizada a ação, por meio do protocolo da petição inicial, todos os atos das partes pressupõem comunicação – citação ou intimação. O réu é citado para comparecer à audiência de conciliação ou mediação e, caso não haja acordo, poderá apresentar contestação. Da contestação o autor é intimado, para exercer a faculdade de formular a sua réplica, e assim por diante. A rigor, a lei que deveria reger o ato a ser praticado é a lei do momento da comunicação para a prática desse novo ato do processo. Esse é o sentido da expressão *tempus regit actum*. Exemplifica-se. As partes foram intimadas do julgamento da apelação no dia 15.03.2016, ainda, portanto, na vigência do Código de 1973. Como o acórdão reformou a sentença de mérito por maioria, de acordo com o art. 530 do CPC/1973 são cabíveis embargos infringentes. A intimação abre à parte a faculdade de praticar o ato subsequente, no caso a interposição de embargos infringentes, sob pena de operar o trânsito em julgado – este, no caso, o ônus da não interposição do recurso. Como a intimação ocorreu na vigência do Código de 1973, a faculdade é para se praticar o ato segundo a lei deste momento, ou seja, da intimação. A intimação, no caso, é o marco, o divisor de águas. Pouco importa que o prazo tenha transcorrido quase que integralmente na vigência da lei nova. Se a intimação se deu na vigência da lei velha será ela que vai regular integralmente a prática do novo ato do processo – o que inclui o cabimento, a forma e o modo de contagem do prazo.

Essa regra é válida quando se tratar de ato a ser praticado pela parte. Ou seja, o direito para aquele que pretende praticar o ato processual surge a partir da intimação, sendo este o marco

---

[2] Em regra, a própria legislação estabelece o prazo no qual entrará em vigor (que pode ser imediato ou não). Caso não o faça, será aplicável o art. 1º da LINDB, segundo o qual "Salvo disposição contrária, a lei começa a vigorar em todo o País 45 (quarenta e cinco) dias depois de oficialmente publicada".

[3] Fala-se também em sistema de isolamento dos atos processuais, pelo qual cada ato é considerado isoladamente, devendo a lei nova respeitar os atos processuais já realizados e consumados, atingindo apenas os atos posteriores.

temporal para aplicação das novas regras processuais. Em se tratando de ato a ser praticado, por exemplo, pelo julgador, um exemplo na jurisprudência do Superior Tribunal de Justiça ajuda a esclarecer a diferença: imagine que o juiz decreta a desconsideração da personalidade jurídica de uma empresa com o objetivo de atingir os bens dos seus respectivos sócios. O CPC em vigor admite a desconsideração desde que haja **prévio** contraditório, ou seja, o deferimento da medida – pleiteada na petição inicial ou em caráter incidental – está condicionado à prévia citação do sócio (arts. 134, § 2º, parte final, e 135). Contudo, como o Código anterior permitia que o contraditório fosse postergado, se a decisão que decretou a desconsideração tivesse sido publicada ainda na vigência do CPC/1973, o contraditório poderia ser diferido. De acordo com o STJ, à luz do princípio *tempus regit actum* e da Teoria do Isolamento dos Atos Processuais, os atos do processo devem observar a legislação vigente ao tempo de sua prática, sob pena de indevida retroação da lei nova para alcançar atos pretéritos. Nesse sentido, as normas processuais incidem imediatamente nos processos em curso, mas não alcançam atos processuais anteriores. Dessa forma, a aplicação do incidente de desconsideração da personalidade jurídica, nos moldes descritos no art. 133 do CPC/2015, não é exigível quando a decisão que procedeu à desconsideração tiver sido proferida ainda na vigência do CPC/1973 (REsp 1.954.015/PE, Rel. Min. Nancy Andrighi, 3ª Turma, j. 26.10.2021, *DJe* 03.11.2021).

Perceba que o que vale é a data em que o ato poderia ou deveria ser praticado. No caso da sentença, por exemplo, como é ela quem define as verbas de sucumbência, se sua prolação tiver ocorrido na vigência do Código anterior, os honorários observarão os parâmetros do art. 20 do CPC/1973. Caso contrário, se a sentença foi proferida a partir de 18.03.2016, os honorários submetem-se à incidência do art. 85 do CPC/2015 (EDcl na SEC 9.176/EX, Rel. Ministro Jorge Mussi, Corte Especial, j. 11.11.2021, *DJe* 17.11.2021). Confira outro exemplo, também em relação aos honorários:

> "Processual civil. Agravo interno nos embargos de declaração no recurso especial. Formação do agravo de instrumento. Cumprimento dos requisitos. Honorários advocatícios e direito à compensação (CPC/1973, art. 21). Recurso provido. 1. A jurisprudência do Superior Tribunal de Justiça consagra orientação de que a ausência de peça para a formação do agravo de instrumento pode ser relevada, se houver nos autos outro documento que possibilite a exata compreensão da controvérsia e o exame dos requisitos de admissibilidade do recurso. Tal ocorreu na hipótese, na qual o inteiro teor da decisão agravada acha-se transcrito na certidão de intimação das partes, devidamente juntada aos autos. 2. É a lei do tempo (*tempus regit actum*) que rege o rateio dos honorários advocatícios. A lei vigente quando os ônus sucumbenciais foram fixados era o Código de Processo Civil de 1973, sendo, assim, plenamente aplicável a compensação prevista no art. 21. 3. O direito à compensação de honorários advocatícios sucumbenciais, tal como previsto no CPC de 1973, não depende de menção expressa no título judicial, nem de permissão expressa do juiz. A ausência de expressa referência à compensação, na decisão judicial, não significa não possa ocorrer, nos termos peremptórios do art. 21. 4. Segundo a invocada regra processual, sendo cada litigante em parte vencedor e vencido, serão recíproca e proporcionalmente distribuídos e compensados entre eles os honorários e as despesas. Ao empregar o termo 'serão' e não a expressão 'poderão ser', a norma se faz impositiva, independente do que diga o título judicial sob execução. 5. Agravo interno a que se dá provimento" (AgInt nos EDcl no REsp 1.576.240/SP, Rel. Min. Marco Buzzi, Rel. p/ Acórdão Min. Raul Araújo, 4ª Turma, j. 15.06.2021, *DJe* 09.09.2021).

Veremos adiante que a possibilidade de compensação dos honorários foi abolida pelo CPC/2015 (art. 85, § 14). O *caput* do art. 21 do CPC/1973, em caso de sucumbência recíproca, admitia a compensação – forma de extinção da obrigação – entre as partes envolvidas, que eram consideradas como credores recíprocos. Atualmente a obrigação de satisfação dos honorários não pode ser objeto de compensação, de modo que, mesmo se autor e réu forem sucumbentes, os honorários decorrentes dessa sucumbência não podem ser compensados.

1.2.1 Direito intertemporal

Assim que o Código de 2015 entrou em vigor, os seus dispositivos foram imediatamente aplicados aos processos em curso, afastando-se a aplicação das normas do CPC/1973. Ordinariamente, o que ocorre é a revogação e, portanto, a cessação da eficácia das normas do Código velho. Contudo, a mudança de um sistema para outro não se dá de forma abrupta, pois não é desejável a quebra total de uma regra que até então vinha regulando determinadas situações. Em situações específicas, a eficácia das normas do CPC/1973 perdurará, criando-se um problema de compatibilidade das leis em um mesmo tempo. A título de exemplo, citem-se os processos que correm sob o **rito sumário. Esse rito não mais é contemplado no Código atual**, no entanto, o legislador achou por bem que os processos iniciados e não sentenciados até a entrada em vigor da Lei nº 13.105/2015 devem ser concluídos de acordo com o regramento constante no CPC/1973.

O Direito intertemporal cuida dessa transição, estabelecendo uma ponte entre o velho e o novo e evitando que o completo rompimento das regras – entrada em vigor de um Código e revogação do anterior – deixe determinadas situações no limbo.

O direito intertemporal – contemplado no Livro Complementar, que trata "Das Disposições Finais e Transitórias" – constitui essa ponte, na medida em que estabelece a regra a ser aplicada em situações nas quais possa surgir alguma dúvida acerca da necessidade de aplicação imediata (ou não) do CPC/2015.

O legislador estabeleceu um período de *vacatio legis*[4] de um ano (art. 1.045), durante o qual deverão ser aplicadas as disposições constantes na Lei nº 5.869/1973 (CPC/1973). Apenas depois de decorrido o referido período é que o CPC passou a ser aplicado a todos os processos pendentes (art. 1.046). Mesmo depois desse prazo, algumas normas do CPC/1973 continuam tendo a sua eficácia preservada.

Vejamos, então, quais as principais regras de direito intertemporal deverão ser observadas:

a) Processos em trâmite sob os procedimentos sumário e especial

Conforme visto no capítulo de introdução a este livro, o legislador processual, afora os procedimentos especiais, optou pela instituição de um procedimento de conhecimento único, excluindo o procedimento sumário que estava previsto nos arts. 275 a 281 do CPC de 1973.

No procedimento sumário, os requisitos pertinentes à petição inicial, à resposta do réu, às provas, ao julgamento e aos recursos eram complementados com as disposições relativas ao procedimento ordinário. Além disso, caso a parte assim desejasse, a demanda, ainda que enquadrada em uma das hipóteses do art. 275, I e II, do CPC de 1973, poderia ser proposta pelo rito mais genérico – no caso, o ordinário.

No CPC vigente, o procedimento ordinário e o procedimento sumário foram fundidos num só procedimento, denominado procedimento comum. Assim, todas as ações propostas a partir de 18.03.2016 – data da entrada em vigor do Código atual – passaram a tramitar de acordo com as regras desse procedimento, salvo os casos previstos em lei especial.

Quanto aos **processos pendentes**, ou seja, que ainda estavam em fase de tramitação até 18.03.2016, o art. 1.046, § 1º, solucionou a questão. As disposições do CPC/1973 relativas ao

---

[4] É o espaço de tempo entre a data da publicação da nova lei e a sua efetiva vigência.

procedimento sumário e aos procedimentos especiais que foram revogadas, continuaram a ser aplicadas às ações propostas e não sentenciadas até o início da vigência do Código atual.

Trata-se de uma hipótese de **ultratividade da lei processual civil revogada**. Por exemplo, se o autor propôs ação de ressarcimento por danos causados em acidente de veículo de via terrestre (art. 275, II, "d", do CPC/1973) antes da entrada em vigor do Código atual, a demanda tramitou pelo rito sumário. Caso já tivesse sido proferida sentença quando da entrada em vigor da nova legislação, o processo seguiria o rito único (procedimento comum).

A mesma regra foi aplicada aos procedimentos especiais previstos no CPC de 1973. Exemplo: proposta ação de anulação e substituição de títulos ao portador antes de 18.03.2016, o processo tramitou, até a sentença, em conformidade com as regras dispostas nos arts. 907 a 913 do CPC/1973. Se, no entanto, após 18.03.2016, pretendia o credor reivindicar determinado título, precisou propor ação sob o rito comum do CPC/2015, porquanto extinta essa modalidade de procedimento especial.

E as demandas submetidas ao rito dos juizados especiais, como ficaram?

No caso dos juizados especiais cíveis, que também são competentes para as ações cujo rito previsto é o sumário (art. 275, II, do CPC/1973), conforme o art. 3º, II, da Lei nº 9.099/1995, a competência prorrogou-se até a edição de lei específica. Logo, o art. 275, II, do CPC/1973, também no que se refere à competência dos juizados especiais, permanece eficaz após a entrada do CPC/2015. Essa é exatamente a regra disposta no art. 1.063: "até a edição de lei específica, os juizados cíveis previstos na Lei nº 9.099, de 26 de setembro de 1995, continuam competentes para o processamento e julgamento das causas previstas no art. 275, II, da Lei nº 5.869, de 11 de janeiro de 1973".

Parte da doutrina sempre considerou que a expressão "até a edição de lei específica", prevista no art. 1.063 do CPC, configurava alerta para a necessidade de uma nova legislação para os Juizados Especiais, capaz não apenas de confirmar se esses procedimentos – até então previstos no art. 275 do CPC/1973 – ainda se submeteriam ao rito dos juizados, mas também dispor sobre a possibilidade de aplicação, por exemplo, da técnica de precedentes judiciais e de negócios jurídicos processuais aos procedimentos da Lei nº 9.099/1995.

Não houve tantas mudanças na Lei nº 9.099/1995 após a edição do CPC/2015. Além da fixação da contagem em dias úteis (art. 12-A, Lei nº 9.099/1995), seguindo o art. 219 do CPC/2015, o legislador, no segundo semestre de 2024, editou a Lei nº 14.976/2024 para dar nova redação ao art. 1.063 do CPC/2015 e retirar a expressão "até edição de lei específica":

> "Art. 1.063. Os juizados especiais cíveis previstos na Lei nº 9.099, de 26 de setembro de 1995, continuam competentes para o processamento e o julgamento das causas previstas no inciso II do art. 275 da Lei nº 5.869, de 11 de janeiro de 1973".

Na prática, não houve alteração alguma na Lei nº 9.099/1995. Continuam sendo processáveis nos Juizados Especiais Cíveis, mesmo após a revogação do CPC/1973, e mesmo após a Lei nº 14.976/2024, as causas antes submetidas ao procedimento sumário, nos termos do art. 275, II, do CPC/1973: a) de arrendamento rural e de parceria agrícola; b) de cobrança ao condômino de quaisquer quantias devidas ao condomínio; c) de ressarcimento por danos em prédio urbano ou rústico; d) de ressarcimento por danos causados em acidente de veículo de via terrestre; e) de cobrança de seguro, relativamente aos danos causados em acidente de veículo, ressalvados os casos de processo de execução; f) de cobrança de honorários dos profissionais liberais, ressalvado o disposto em legislação especial; g) que versem sobre revogação de doação.

b) Regra probatória

Para as provas pendentes, ou seja, que ainda não tenham sido produzidas, as regras são aquelas dispostas na nova legislação. Aqui deve-se entender como pendentes as provas deferidas ou determinadas de ofício em processos em curso quando da entrada em vigor do Código atual, mas ainda não produzidas (art. 1.047).

Por exemplo: se houve requerimento de produção de prova testemunhal antes de 18.03.2016 (data da entrada em vigor do CPC/2015), mesmo que a audiência de instrução venha a ocorrer após 18.03.2016, as regras procedimentais para a colheita da referida prova serão aquelas do CPC anterior.

c) Processos de execução contra devedor insolvente

A execução contra devedor insolvente, ou seja, contra aquele cujas dívidas ultrapassam a importância de seus bens, tem rito específico no CPC/1973. Trata-se, na verdade, de um processo de liquidação do patrimônio do devedor civil (não empresário), para solução de suas obrigações, ao qual concorrem todos os seus credores.

As regras relativas à insolvência civil no CPC/2015 não estão mais dispostas em um título específico, o que não significa dizer que não mais existe essa modalidade de execução. É que o Código atual, ao tratar das diversas espécies de execução, apenas menciona a insolvência civil como uma condição do devedor para que possa ensejar o concurso universal de credores. Não há, no entanto, a definição de um procedimento próprio a ser seguido.

Por esta razão, até que entre em vigor lei específica, as execuções contra devedor insolvente, em curso ou que venham a ser propostas, permanecem reguladas pelo Livro II, Título IV, da Lei nº 5.869, de 11 de janeiro de 1973 (art. 1.052 do CPC/2015).

Essa modalidade de execução será tratada em capítulo próprio, mas, de antemão, adiantamos que o seu processamento é bastante peculiar, haja vista iniciar-se com uma sentença que decreta a situação de insolvência do devedor e findar-se com a liquidação das obrigações por meio da alienação dos bens do insolvente, caso existam.

Os demais dispositivos relativos ao Livro Complementar serão tratados pontualmente, ao final desta obra.

JURISPRUDÊNCIA TEMÁTICA

Impugnação ao cumprimento de sentença na vigência do CPC/2015 e a necessidade de nova intimação

"Recurso especial. Direito civil e processual civil. EN. 3/STJ. Cumprimento de sentença. Direito intertemporal. Prazo para pagamento voluntário transcorrido na vigência do CPC/1973. Impugnação ao cumprimento de sentença oferecida na vigência do CPC/2015. Controvérsia acerca da lei processual aplicável. Necessidade de intimação específica do executado para impugnação ao cumprimento de sentença. Compatibilização das regras do Código revogado com as do novo CPC. Enunciado nº 530/FPPC. 1. Controvérsia de direito intertemporal acerca da norma processual aplicável à impugnação ao cumprimento de sentença, na hipótese em que o prazo para pagamento voluntário se findou na vigência do CPC/1973. 2. Nos termos do art. 475-J do CPC/1973, o prazo para impugnação ao cumprimento de sentença somente era contado a partir da intimação do auto de penhora e avaliação. 3. Por sua vez, nos termos do art. 525 do CPC/2015: 'Transcorrido o prazo previsto no art. 523 sem o pagamento voluntário, inicia-se o prazo de 15 (quinze) dias para que o executado, independentemente de penhora ou nova intimação, apresente, nos próprios autos, sua impugnação'. 4. Descabimento da aplicação da norma do art. 525 do CPC/2015 ao caso dos autos, pois o novo marco temporal do prazo (fim do prazo para pagamento voluntário) ocorreu na vigência do CPC/1973, o que conduziria a uma indevida aplicação retroativa do CPC/2015. 5. Inviabilidade, por sua vez, de aplicação do CPC/1973 ao caso dos autos, pois a impugnação, sendo fato futuro, deveria ser regida pela lei nova ('tempus regit actum'). 6. Existência de conexidade entre os prazos para pagamento voluntário e para impugnação ao cumprimento de sentença, tanto na vigência do CPC/1973 quanto na vigência do CPC/2015, fato que impede a simples aplicação da técnica do isolamento dos atos processuais na espécie. Doutrina sobre o tema. 7. Necessidade de compatibilização das leis aplicáveis mediante a exigência de intimação específica para impugnação ao cumprimento de sentença em hipóteses como a dos autos. 8. Aplicação ao caso do Enunciado nº 525 do Fórum Permanente de Processualistas Civil, assim redigido: 'Após a entrada em vigor do CPC/2015, o juiz deve intimar o executado para apresentar impugnação ao cumprimento de sentença, em quinze dias, ainda que sem depósito, penhora ou caução, caso tenha transcorrido o prazo para cumprimento espontâneo da obrigação na vigência do CPC/1973 e não tenha àquele tempo garantido o juízo' (sem grifos no original). 9. Caso concreto em que não houve intimação específica para a impugnação ao cumprimento de sentença, tornando tempestiva, portanto, a impugnação apresentada antecipadamente (cf. art. 218, § 4º, do CPC/2015). 10. Necessidade de retorno dos autos ao Tribunal de origem para que prossiga a apreciação da impugnação. 11. Recurso especial provido" (STJ, REsp 1833935/RJ Min. Paulo de Tarso Sanseverino, 3ª Turma, j. 05.05.2020, Informativo 671).

A sentença como marco temporal para a fixação de honorários com base no CPC/2015

"Embargos de divergência em agravo em recurso especial. Processo civil. Honorários advocatícios de sucumbência. Direito intertemporal: art. 20 do CPC/1973 vs. Art. 85 do CPC/2015. Natureza jurídica híbrida, processual e material. Marco temporal para a incidência do CPC/2015. Prolação da sentença. Preservação do direito adquirido processual. 1. Em homenagem à natureza processual material e com o escopo de preservar os princípios do direito adquirido, da segurança jurídica e da não surpresa, as normas sobre honorários advocatícios de sucumbência não devem ser alcançadas pela lei processual nova. 2. A sentença (ou o ato jurisdicional equivalente, na competência originária dos tribunais), como ato processual que qualifica o nascedouro do direito à percepção dos honorários advocatícios, deve ser considerada o marco temporal para a aplicação das regras fixadas pelo CPC/2015. 3. Assim, se o capítulo acessório da sentença, referente aos honorários sucumbenciais, foi prolatado em consonância com o CPC/1973, serão aplicadas essas regras até o trânsito em julgado. Por outro lado, nos casos de sentença proferida a partir do dia 18.3.2016, as normas do novel diploma processual relativas a honorários sucumbenciais é que serão utilizadas. 4. No caso concreto, a sentença fixou os honorários em consonância com o CPC/1973. Dessa forma, não obstante o fato de o Tribunal de origem ter reformado a sentença já sob a égide do CPC/2015, incidem, quanto aos honorários, as regras do diploma processual anterior. 5. Embargos de divergência não providos" (STJ, EAREsp 1255986/PR, Rel. Min. Luis Felipe Salomão, Corte Especial, j. 20.03.2019, Informativo 648).

Aplicação do art. 528, § 7º, do CPC/2015 às execuções de alimentos iniciadas e processadas, em parte, na vigência do CPC/1973

"Civil. Processual civil. Recurso em *habeas corpus*. Prisão por dívida de alimentos. Quitação parcial do débito que não impede o decreto prisional. Reexame do binômio necessidade e possibilidade e involuntariedade do débito. Reexame de fatos e provas. Impossibilidade. Aplicação imediata do art. 528, § 7º, do CPC/2015, em execução iniciada no CPC/1973. Possibilidade. Preexistência da súmula 309/STJ. Perda do caráter urgente ou alimentar da dívida. Inocorrência. 1. O propósito recursal é definir se deve ser mantido o decreto prisional do devedor diante das alegações de que a pensão alimentícia estaria sendo regularmente quitada após decisão que reduziu o valor a ser pago, de que houve pagamento parcial da dívida, de que seria inadmissível a aplicação do CPC/2015 à execução iniciada na vigência do CPC/1973, de que o inadimplemento teria sido involuntário e escusável e de que a dívida teria perdido o seu caráter urgente e alimentar. 2. As alegações de ocorrência de desemprego ou de existência de outra família ou prole são insuficientes, por si só, para justificar o inadimplemento da obrigação alimentícia. Precedentes. 3. O pagamento parcial da dívida executada não impede a decretação da prisão civil. Precedentes. 4. A regra do art. 528, § 7º, do CPC/2015, apenas incorpora ao direito positivo o conteúdo da pré-existente Súmula 309/STJ, editada na vigência do CPC/1973, tratando-se, assim, de pseudonovidade normativa que não impede a aplicação imediata da nova legislação processual, como determinam os arts. 14 e 1.046 do CPC/2015. 5. É ônus do recorrente demonstrar cabalmente a perda do caráter urgente ou alimentar da prestação, devendo, na ausência de elementos concretos a esse respeito, submeter a sua irresignação ao juízo da execução de alimentos, a quem caberá examinar as alegações do alimentante, observado o contraditório. 6. Recurso em *habeas corpus* conhecido e desprovido" (STJ, RHC 92211/SP, Rel. Min. Nancy Andrighi, 3ª Turma, j. 27.02.2018)[5].

Competência para degravação de depoimento de testemunha ouvida por carta precatória

"Conflito negativo de competência. Processual civil. Direito intertemporal. Carta precatória. Inquirição de testemunha. Depoimento. Degravação. Art. 460 do CPC/2015. Competência do juízo deprecante. 1. Cinge-se a controvérsia a definir o juízo competente para a degravação de depoimento colhido nos autos de carta precatória por sistema audiovisual na vigência do Código de Processo Civil de 2015. 2. O cumprimento de carta precatória é composto por diversos atos, os quais possuem suficiente autonomia para não serem considerados um ato único, mas sim como vários procedimentos isolados, aos quais é possível a aplicação de norma processual superveniente. 3. Na vigência do Código de Processo Civil de 2015, a colheita de prova testemunhal por gravação passou a ser um método convencional, ficando a degravação prevista apenas para hipóteses excepcionais em que, em autos físicos, for interposto recurso, sendo impossível o envio da documentação eletrônica. 4. Em caso de precatória inquiritória, a gravação dos depoimentos colhidos em audiência pelo método audiovisual é suficiente para a devolução da carta adequadamente cumprida. 5. Na hipótese excepcional de se mostrar necessária a degravação, deverá ser realizada pelo juízo deprecante ou pela parte interessada. 6. Conflito de competência conhecido para declarar a competência do Juízo de Direito da 12a Vara Cível de São Paulo" (STJ, CC 150.252/SP, Rel. Min. Ricardo Villas Bôas Cueva, j. 10.06.2020).

2. NORMAS PROCESSUAIS CIVIS COMO FONTES SUBSIDIÁRIAS

Partindo-se da ideia de que nem todas as legislações conseguem tratar exaustivamente dos contornos processuais necessários à resolução dos litígios que compõem o seu âmbito de incidência, o art. 15 estabelece que "na ausência de normas que regulem processos eleitorais, trabalhistas ou administrativos, as disposições deste Código lhes serão aplicadas supletiva e subsidiariamente".

---

[5] O tema voltará a ser abordado no capítulo sobre a execução de alimentos. Por enquanto, anote que o teor do art. 528, § 7º, do CPC/2015 é mera repetição do enunciado da Súmula 309 do STJ, segundo o qual "o débito alimentar que autoriza a prisão civil do alimentante é o que compreende as três prestações anteriores à citação e as que se vencerem no curso do processo".

O microssistema eleitoral possui princípios e diretrizes próprios, ordenados para atender aos institutos, normas e procedimentos reguladores dos direitos políticos. Nesse microssistema estão dispostas todas as regras relativas ao exercício do sufrágio, às eleições, aos partidos políticos etc., que muitas vezes são complementadas pelas resoluções expedidas pelo Tribunal Superior Eleitoral.[6]

Entretanto, na esfera processual eleitoral, muitas vezes encontramos vácuos legislativos que precisam ser complementados por meio de outras leis que não as precipuamente destinadas a regular o processo eleitoral. Nesse sentido, pode-se aplicar subsidiariamente o CPC ao processo jurisdicional eleitoral quando inexistirem regras específicas para solucionar determinada questão e quando a legislação especial não vedar a aplicação supletiva.

No âmbito do Direito Processual do Trabalho, a possibilidade de aplicação subsidiária do CPC tem previsão expressa na Consolidação das Leis do Trabalho (Decreto-Lei nº 5.452, de 1º de maio de 1943):

> Art. 769. Nos casos omissos, o direito processual comum será fonte subsidiária do direito processual do trabalho, exceto naquilo em que for incompatível com as normas deste Título.

A aplicação subsidiária do CPC ao processo do trabalho exige, no entanto, não apenas omissão na CLT e nas legislações processuais trabalhistas extravagantes, mas também compatibilidade com os princípios que regem o processo do trabalho. Em síntese, "a norma do CPC, além de ser compatível com as regras que regem o Processo do Trabalho, deve ser compatível com os princípios que norteiam o Direito Processual do Trabalho, máxime o acesso do trabalhador à Justiça".[7] A título de exemplo, o prazo em dobro para litisconsortes com procuradores distintos não tem aplicação no processo do trabalho (OJ 310, SDI-I TST[8]). Por outro lado, por expressa previsão legislativa, o prazo deve ser contado apenas em dias úteis (art. 775, CLT).

Quanto ao processo administrativo, salvo quando houver disposição na legislação especial em sentido contrário, também inexiste óbice à aplicação subsidiária do CPC.

---

[6] Em virtude de seu caráter regulamentar, as Resoluções do TSE não podem restringir direitos, bem como estabelecer sanções diversas das previstas em lei. O art. 105 da Lei das Eleições (Lei nº 9.504/1997), com redação dada pela Lei nº 12.034/2009, fixa os limites dessa espécie normativa.

[7] SCHIAVI, Mauro. Os princípios do direito processual do trabalho e a possibilidade de aplicação subsidiária do CPC quando há regra expressa da CLT em sentido contrário. *Revista TST*, Brasília, v. 73, n. 1, jan.-mar. 2007.

[8] "Inaplicável ao processo do trabalho a norma contida no art. 229, caput, e §§ 1º e 2º, do CPC/2015 (art. 191 do CPC de 1973), em razão de incompatibilidade com a celeridade que lhe é inerente". No mesmo sentido: "AGRAVO DE INSTRUMENTO. AGRAVO DE PETIÇÃO. ART. 229, DO CPC. PROCESSO DO TRABALHO. INAPLICABILIDADE. INTEMPESTIVIDADE. DESTRANCAMENTO. IMPOSSIBILIDADE. Não se conhece de recurso interposto depois de ultrapassado o octídio legal da publicação da decisão impugnada, na medida em que a regra inscrita no art. 229, do CPC, que confere aos litisconsortes com procuradores diversos a contagem do prazo em dobro, não se compatibiliza com o processo do trabalho, tal qual jurisprudência sedimentada na Orientação Jurisprudencial nº 310 do TST" (TRT-1 – Agravo de Instrumento em Agravo de Petição: 0100319-35.2018.5.01.0246, Rel. Maria Helena Motta, j. 01.06.2021, Sexta Turma, Data de Publicação: DEJT 06.05.2021).

Quadro esquemático 3 – A lei processual civil no tempo e no espaço

A lei processual civil no tempo e no espaço

- **Dimensão territorial da lei processual civil**
  - A jurisdição civil será exercida pelos juízes em todo o território nacional, e regida pelas normas processuais brasileiras, ressalvada a possibilidade de aplicação das disposições específicas previstas em tratados ou acordos internacionais dos quais o Brasil seja parte.
  - Em certos casos (art. 10 da LINDB, p. ex.), a aplicação da lei estrangeira é permitida.

- **Dimensão temporal da lei processual civil**
  - Princípio da irretroatividade: a lei não alcança os processos já findos (respeito à coisa julgada e ao ato jurídico perfeito).
  - Teoria do isolamento dos atos processuais: praticado o ato segundo a lei vigente no momento da sua prática, sobre ele recai a garantia inerente ao ato jurídico perfeito.

- **Regras de direito intertemporal (CPC/1973 x CPC/2015)**
  - Processos em trâmite sob o procedimento sumário (extinto com o CPC/2015): nas ações propostas até o início da vigência do Código atual, deverão ser aplicadas as disposições do CPC/1973. No caso dos JECs (art. 3º, II, Lei nº 9.099/95), a competência para as causas enumeradas no art. 275, III, CPC/1973, permanece mesmo após a revogação do CPC anterior (Lei 14.976/2024).
  - Regra probatória: as disposições de direito probatório adotadas no CPC/2015 aplicam-se **apenas** às provas requeridas ou determinadas de ofício a partir da data de início de sua vigência (art. 1.047, CPC/2015).
  - Processo de execução contra devedor insolvente: até que entre em vigor a lei específica, as execuções contra devedor insolvente, em curso ou que venham a ser propostas, permanecerão reguladas pelo CPC/1973 (art. 1.052, CPC/2015).

4

Jurisdição, ação e processo: a trilogia estrutural do Direito Processual Civil

1. JURISDIÇÃO, AÇÃO E PROCESSO: A TRILOGIA ESTRUTURAL DO DIREITO PROCESSUAL

Definido o direito processual civil como o conjunto de normas – precedentes, lei e princípios – reguladoras da função jurisdicional do Estado, cabe agora debruçarmos sobre institutos que se interligam com a jurisdição para formar o que na doutrina se denomina "trilogia estrutural do processo", ou seja, jurisdição, ação e processo.

O Estado tem o poder-dever de dizer e realizar o direito, resolvendo os conflitos de interesses e preservando a paz social. A essa função dá-se o nome de jurisdição, que é única e exclusiva do Estado. Não se pode esquecer que a par da jurisdição, há os meios consensuais – ditos alternativos – de solução de conflitos, como a conciliação, a mediação e a arbitragem, entre outros. Embora o Código tenha por objetivo precípuo a regulação da função jurisdicional do Estado, nele se encontram disposições sobre essas outras modalidades. Adiante faremos mais referência aos métodos consensuais. A propósito, no sistema denominado *multiportas* visado pelo legislador, o ideal é que a jurisdição fosse alternativa, a última *ratio*, só buscada quando esgotados todos os meios consensuais para recompor o direito lesado. Ocorre que a nossa cultura prioriza o processo jurisdicional, no qual as partes são tratadas e se tratam como adversários, cabendo ao juiz dirigir o processo com firmeza e imparcialidade, a fim de que se alcance o acertamento e/ou a realização do direito lesado.

Pois bem, é sobre a jurisdição estatal civil, regulada de forma minudente pelo Código de Processo Civil, que estamos a discorrer. Ocorre que a jurisdição, de regra, só age se provocada. Como veremos, uma das características da jurisdição é a inércia, o que quer dizer que o juiz não pode sair por aí a procurar contendas a fim de resolvê-las. Não pode, por exemplo, passando pelo local de um acidente automobilístico, parar e se oferecer para dizer quem está com a razão e quem deve pagar pelos danos causados. O meio de se provocar a tutela jurisdicional é a ação, que consiste em um direito público subjetivo a um pronunciamento estatal que solucione o litígio.

O resultado da atividade jurisdicional é alcançado com a edição da norma reguladora do caso concreto, ou seja, com a sentença ou acórdão que, com características de imutabilidade, vai reger o conflito de interesses. Ocorre que o estabelecimento dessa "lei" de regência do caso concreto não se dá aleatoriamente, ao talante do juiz. A outorga da prestação jurisdicional, isto é, a resposta à provocação da parte cujo direito afirma ter sido ferido ou ameaçado, deve seguir um método previamente estabelecido, composto por regras e princípios frutos de um debate democrático. A esse meio, método ou sistema que deve ser observado para o exercício da jurisdição dá-se o nome de processo.

Em curtas palavras, pode-se afirmar que **a jurisdição é provocada mediante o direito de ação e será exercida por meio daquele complexo de atos que é o processo.**

Para exata compreensão do fenômeno processual, em um sentido lato, devemos estudar cada um dos institutos que o integram. Começaremos, então, pela jurisdição.

2. JURISDIÇÃO

2.1 Conceito de jurisdição

O Estado moderno, para melhor atingir seu objetivo, que é o bem comum, dividiu seu poder soberano em três: Poder Legislativo, Poder Executivo e Poder Judiciário. A cada Poder corresponde uma função estatal. Assim, ao Legislativo compete a estruturação da ordem jurídica; ao Executivo, a administração; e ao Judiciário, a composição dos litígios nos casos concretos.

À função de compor os litígios, de declarar e realizar o Direito, dá-se o nome de jurisdição (do latim *juris dictio*, que significa dizer o Direito). Partindo-se de uma visão clássica, a jurisdição pode ser visualizada sob três enfoques distintos: *como poder*, porquanto emana da soberania do Estado, que assumiu o monopólio de dirimir os conflitos; *como função*, porque constitui dever do Estado prestar a tutela jurisdicional quando chamado; finalmente, *como atividade*, uma vez que a jurisdição atua por meio de uma sequência de atos processuais.

Jurisdição, portanto, é o poder, a função e a atividade exercidos e desenvolvidos, respectivamente, por órgãos estatais previstos em lei, com a finalidade de tutelar direitos individuais ou coletivos. Uma vez provocada, atua no sentido de, em caráter definitivo, compor litígios ou simplesmente realizar direitos materiais previamente acertados, o que inclui a função de acautelar os direitos a serem definidos ou realizados, substituindo, para tanto, a vontade das pessoas ou entes envolvidos no conflito. Mesmo quando o Supremo Tribunal Federal exerce o controle concentrado de constitucionalidade por meio de procedimentos – ADI/ADC e ADPF – nos quais não há partes, num plano mediato se pode vislumbrar a tutela preventiva de direitos individuais, embora o objeto da tutela jurisdicional, num plano imediato, seja a própria lei.

2.2 Características da jurisdição

2.2.1 Unidade

A jurisdição, dizem os clássicos, **é função exclusiva do Poder Judiciário**, por intermédio de seus juízes, os quais decidem monocraticamente ou em órgãos colegiados, daí por que se diz que ela é una. A distribuição funcional da jurisdição em órgãos (Justiça Federal, Justiça do Trabalho, varas cíveis, varas criminais, entre outros) tem efeito meramente organizacional. A jurisdição, como ensina Lopes da Costa, será sempre o poder-dever de o Estado declarar e realizar o Direito. Nesse sentido, se diz que **a jurisdição é una**, ou seja, é função monopolizada dos juízes, os quais integram uma magistratura nacional, não obstante um segmento seja pago pela União (magistratura federal e trabalhista, por exemplo) e outro pelos Estados-membros (magistrados estaduais).

Algumas concepções clássicas, no entanto, precisam ser superadas.

Conquanto o art. 16 estabeleça que a jurisdição é exercida "pelos juízes e pelos tribunais", o termo correto é *juízo*, órgão composto, no mínimo, pelo juiz, escrivão e demais auxiliares da justiça (agentes permanentes). Embora não o integrem de forma permanente, a esse órgão, dependendo da natureza da demanda, acorrem o representante do Ministério Público, o Defensor Público, o perito, os advogados (agentes variáveis).

A referência à figura tão somente do juiz decorre até de uma tradição histórica. Nosso direito é romano, posteriormente com influência germânica. Na antiguidade, não se separava o Estado da Religião (Estado Teocrático). O exercício da jurisdição estatal nasceu, portanto, muito impregnado pela religiosidade. Daí advém esse personalismo: a figura do Deus acabou por recair sobre o juiz. Hoje, contudo, o parâmetro é o Estado Democrático de Direito. Não se concebe, nos dias atuais, a edição de uma lei ou sentença por ato de uma única pessoa. É claro que a sentença é prolatada pelo juiz em nome do Estado, mas esse provimento jurisdicional é fruto de um processo, concebido e gestado sob o crivo do contraditório (debate democrático).

A jurisdição, dessa forma, não é um ato solitário dos juízes. A jurisdição é prestada por um órgão que, do ponto de vista subjetivo, é composto por agentes públicos, que recebem vencimentos (juiz, escrivão, promotor público, defensor público e outros), e agentes privados, que recebem honorários (*v.g.*, advogado e perito). Todos esses agentes exercem *munus* público e estão sujeitos a impedimento e suspeição. A exceção fica por conta dos advogados, sujeitos parciais por excelência.

Observe que o juiz, o escrivão e o promotor de justiça, tal como o advogado, podem variar ao longo do processo. O que importa não é a pessoa, mas a autoridade. O juiz pode ser substituído (porque se aposentou ou foi promovido), a parte pode trocar de advogado a qualquer tempo. O que não se concebe é processo sem juiz, escrivão, promotor ou advogado.

Quanto ao advogado, pelo menos o do autor, deverá estar presente sempre (salvo em casos específicos, como nas ações propostas perante os Juizados Especiais Cíveis, até o limite de 20 salários mínimos). A exigência decorre do art. 133 da CF/1988, que estabelece ser o advogado "indispensável à administração da justiça". No processo civil, o advogado do réu não é figura obrigatória. Comparecendo sem advogado, o réu será reputado revel e o processo terá normal prosseguimento. Já no processo penal, é obrigatório que o réu esteja assistido por advogado. Em não havendo advogado constituído pelo réu, ser-lhe-á nomeado defensor. O tratamento diferenciado justifica-se ante a natureza do direito objeto de tutela na esfera penal (a liberdade, garantia fundamental do cidadão).

As afirmações de que a jurisdição é monopólio do Estado e que a função de dizer o Direito é única e exclusiva dos juízes – ilações que podem ser extraídas da literalidade do art. 16 – também estão ultrapassadas. O próprio Estado prevê e reconhece como legítimo o exercício de jurisdição por outros órgãos/agentes não integrantes do Poder Judiciário. Consoante Cassio Scarpinella Bueno:

> "[...], não há como perder de vista que, mesmo no Estado brasileiro, a atividade jurisdicional não é exclusiva do Estado-juiz. Também os Poderes Executivo e Legislativo desempenham atividades jurisdicionais em determinados casos, devidamente autorizados desde a Constituição Federal. É o que a doutrina costuma chamar de funções típicas e atípicas do Estado".[1]

Exemplo do que se está a dizer é o do **Senado Federal**, órgão que, presidido pelo Presidente do STF, será competente para julgar o presidente da República nos crimes de responsabilidade (art. 86 da CF/1988). Trata-se do processo de *impeachment*, no qual os senadores, em única e definitiva instância, absolverão ou condenarão o presidente da República. A sentença condenatória

---

[1] BUENO, Cassio Scarpinella. *Curso sistematizado de direito processual civil*: teoria geral do direito processual civil. 2. ed. São Paulo: Saraiva, 2008. v. 1, p. 246-247.

se materializará mediante resolução do Senado, a ser proferida pelo voto de 2/3 dos senadores, sendo vedado ao Judiciário alterar o julgamento realizado, sob pena de infringência ao princípio da separação dos poderes.[2] Trata-se, aqui, de exercício de jurisdição pelo Poder Legislativo.

Outro exemplo de exercício de jurisdição por não juízes[3] é a Arbitragem (Lei nº 9.307/1996), na qual um terceiro, escolhido pelos litigantes, decidirá o conflito de interesses, criando a norma individual que regulará o caso concreto.[4]

O Superior Tribunal de Justiça já chegou a considerar a arbitragem como um "equivalente jurisdicional". Entretanto, o STJ reconhece que a atividade desenvolvida no âmbito da **arbitragem** tem verdadeira **natureza jurisdicional**,[5] tanto que se admite a existência de conflito de competência entre juízo estatal e câmara arbitral.

Adverte-se que há posição doutrinária no sentido de que a arbitragem tem natureza meramente contratual. Luiz Guilherme Marinoni, por exemplo, entende que não há como equiparar a jurisdição com a atividade de árbitro e que aquela só pode ser exercida "por uma pessoa investida na autoridade de juiz, após concurso público de provas e títulos".[6]

É possível o controle judicial da sentença arbitral, mas apenas em relação aos requisitos de validade (arts. 32 e 33 da Lei nº 9.307/1996) e mesmo assim dentro do prazo de 90 dias após a notificação da respectiva sentença, parcial ou final, ou da decisão do pedido de esclarecimentos, findo o qual a decisão se tornará definitiva e, portanto, acobertada pela coisa julgada material. Dentre os requisitos de validade está, inclusive, a observância ao princípio da imparcialidade do árbitro (art. 21, § 2º, c/c o art. 32, VIII, da Lei nº 9.307/1996), o que reforça o caráter jurisdicional da arbitragem, porquanto também é uma das características inerentes à jurisdição. Vale destacar que, no âmbito trabalhista, a arbitragem é consagrada em nível constitucional (art. 114, § 1º, da CF/1988).

Como exemplo de órgão que também exerce a jurisdição, igualmente podemos citar a **Justiça Desportiva**, órgão administrativo com atribuições para julgar questões relacionadas à disciplina e competições desportivas (art. 217 da CF/1988). Nessas hipóteses, o acesso ao Judiciário só será possível após o exaurimento da via administrativa (art. 217, § 1º).

O **Tribunal de Contas**, órgão ligado ao Legislativo e com competência para o julgamento das contas dos administradores públicos também serve de exemplo de órgão que exerce função jurisdicional.

Embora o Senado Federal, o tribunal arbitral e o tribunal desportivo não sejam órgãos jurisdicionais no aspecto técnico do termo, porquanto as decisões emanadas desses órgãos sujeitam-se ao controle jurisdicional, não há como negar que a Justiça Desportiva e o Tribunal de Contas exercem função jurisdicional, na medida em que acertam qual o Direito aplicável àqueles conflitos que lhes competem decidir.

Como meios alternativos de pacificação social – que atuam ao lado da jurisdição na pacificação social – pode-se citar a autotutela (solução pela imposição da vontade de um dos

---

[2] LENZA, Pedro. *Direito constitucional esquematizado*. 12. ed. São Paulo: Saraiva, 2008. p. 420.

[3] Atribuindo caráter jurisdicional à arbitragem: BUENO, Cassio Scarpinella. *Curso sistematizado de direito processual civil*. São Paulo: Saraiva, 2007; DIDIER JR., Fredie. *Curso de direito processual civil*. 11. ed. Salvador: JusPodivm, 2009.

[4] Nos termos do art. 13 da Lei de Arbitragem, "pode ser árbitro qualquer pessoa capaz e que tenha confiança das partes". Não se exige, portanto, sequer vínculo com a Administração Pública.

[5] STJ, CC 111.230/DF, Rel. Min. Nancy Andrighi, j. 08.05.2013. *Informativo* nº 522. No mesmo sentido: 2ª Seção, CC 185.702/DF, Rel. Min. Marco Aurélio Bellizze, j. 22.06.2022, *DJe* 30.06.2022.

[6] MARINONI, Luiz Guilherme. *Teoria geral do processo* – curso de direito processual civil. 4. ed. São Paulo: RT, 2010. p. 154.

interessados), a autocomposição (que engloba a remissão, a submissão, a transação e a renúncia ao direito sobre o qual se funda a ação), a mediação e a conciliação.

Como se vê, embora falemos em unidade e monopólio da jurisdição, a função de aplicar o direito ao caso concreto, de solucionar os conflitos de interesse cada vez mais está sendo diluída, não mais constituindo atributo exclusivo do Poder Judiciário. Basta evidenciar que o próprio Código prestigia os denominados meios alternativos de solução de litígios e cada vez mais compete aos notários e registradores funções antes exclusivamente reservadas ao Judiciário, como, por exemplo, a separação judicial, o divórcio e a declaração da usucapião, procedimentos esses que, obedecidos certos requisitos, podem ser realizados em cartórios extrajudiciais. Assim, é com bastante ressalva que se deve afirmar ser a Jurisdição monopólio do Estado. Monopólio sempre foi visto como algo maléfico. Em se tratando do Judiciário, é concebido como retardador da prestação jurisdicional, daí o esforço na busca por outros meios igualmente seguros para prevenir e compor litígios.

2.2.2 Secundariedade

A jurisdição é o derradeiro recurso (*ultima ratio*), a última trincheira na busca da solução dos conflitos. O normal e esperado é que o Direito seja realizado independentemente da atuação da jurisdição, sobretudo em se tratando de direitos patrimoniais. Em geral, o patrão paga os salários sem que seja acionado para tanto; o locatário paga o aluguel sem que o locador tenha que recorrer à Justiça para fazer valer seu direito; o pai, uma vez separado de sua mulher, paga alimentos ao filho, independentemente de qualquer ação de alimentos. Prevalece, portanto, a observância ao dever decorrente da lei, o convencionado pelas partes, o ato jurídico perfeito. Quando se descumpre o dever jurídico oriundo de tais atos, o que se espera é que as partes envolvidas busquem os meios para solucionar o litígio de forma consensual. Nessa perspectiva, a secundariedade constitui o reverso da unidade. Segundo a característica da unidade, a jurisdição constitui um monopólio do Judiciário. Por outro lado, de acordo com a característica da secundariedade, a função jurisdicional é secundária no sentido de que só atuará em último caso, quando esgotadas todas as possibilidades de resolução do conflito instaurado.

Fato é que a jurisdição não é tão una, tão monopolizada pelo Judiciário quanto se prega na doutrina, uma vez que, a cada dia o legislador compete funções típicas do Judiciário a órgãos estranhos a esse poder e cria meios de solução de conflitos sem ter que recorrer ao Estado-juízo. Igualmente, a provocação da jurisdição não se dá de forma tão secundária e alternativa – como a última trincheira na defesa dos direitos subjetivos – como se almeja. O ideal é que se cumprisse a lei, que se respeitasse os limites dos direitos de cada um, bem os atos jurídicos em geral. Ideal ainda seria se, ante a ocorrência de conflitos, se buscasse os meios consensuais para a respectiva solução. Contudo, mercê da nossa cultura demandista, tal como ocorre nos Estados Unidos da América do Norte, o que se verifica no cotidiano forense é uma enxurrada cada vez maior de processos, sem que qualquer medida extrajudicial fosse adotada na tentativa de solucionar o impasse. Vai-se ao Judiciário, por exemplo, para obter extratos bancários sem que antes o pleito tenha sido submetido à instituição financeira.

Ora, a propositura de uma demanda almejando resultados que poderiam ser obtidos sem a intervenção judicial contraria o caráter secundário da jurisdição, revelando nítida falta de interesse de agir, a ensejar a extinção do processo sem resolução do mérito. Ocorre que os julgadores têm levado a inafastabilidade às últimas consequências, não se exigindo a mínima prova de que se buscou a solução para o impasse junto à pessoa ou órgão responsável pela satisfação do direito almejado.

De minha parte, quando no exercício da judicatura, não permitia esse abuso na utilização da via judiciária. Veja, a respeito, julgamento proferido em ação de exibição de documentos, de minha relatoria, na qual, além de não ter comprovado diligência prévia na tentativa de obter a documentação pretendida, o autor sequer indica qual a utilidade dos documentos:

"Ação de exibição de documentos – interesse de agir – inexistência – extinção do feito sem resolução do mérito. – O interesse de agir trata-se de condição da ação que pode ser compreendida sob dois enfoques: a necessidade/utilidade do provimento jurisdicional pleiteado e a adequação do procedimento escolhido para se atingir tal fim. – O Poder Judiciário não está a serviço de pretensões inúteis ou imotivadas, que não apresentariam ganho algum para a parte. Aceitar o ajuizamento de ações sem qualquer interesse jurídico específico é incentivar o demandismo desenfreado, abarrotando desnecessariamente as prateleiras do Judiciário, que já recebe a pecha de moroso e inoperante. Destarte, uma vez que o autor não indica qual seria o objetivo da pretensão formulada, é de se reconhecer a falta de interesse processual para o feito, o que acarreta a extinção do processo sem resolução do mérito (art. 267, VI, do CPC)" (TJMG, AC 1.0106.07.025729-5/001, 18ª Câmara Cível, Rel. Des. Elpídio Donizetti, j. 23.10.2007, data da publicação 12.11.2007).

Essa compreensão vem sendo adotada atualmente pelo STJ:

"Agravo interno no agravo em recurso especial. Processual civil. Ação de exibição de documentos. Interesse de agir. Recusa na via administrativa não comprovada. Ausência de resistência da parte requerida. Honorários advocatícios. Princípio da causalidade. Ônus da parte autora. Agravo interno desprovido. 1. Segundo o entendimento desta Corte, 'nas ações de exibição de documentos, a ausência de prévio requerimento administrativo denota a ausência de interesse de agir' (AgInt no AREsp 1.403.993/SP, Rel. Ministro Marco Buzzi, Quarta Turma, *DJe* de 29.3.2019). 2. No caso, o Tribunal de origem afirmou que não ficou demonstrada a recusa da parte ré ao fornecimento dos documentos pretendidos, ensejando o não conhecimento do pedido pela ausência de interesse processual. 3. A jurisprudência desta Corte Superior firmou-se no sentido de que, em conformidade com os princípios da sucumbência e da causalidade, são devidos honorários advocatícios em ações cautelares de exibição de documentos e produção antecipada de provas, desde que demonstrada a recusa administrativa e configurada a resistência à pretensão autoral, o que não ocorreu na hipótese. Precedentes. 4. Agravo interno a que se nega provimento" (STJ, AgInt no AREsp 1517671/SE, Rel. Min. Raul Araújo, j. 29.10.2019).

Essa litigiosidade desenfreada e incondicionada não pode continuar. Penso que deveríamos caminhar no sentido de maior condicionamento de acesso à tutela jurisdicional, colocando-a em seu devido lugar, como última e definitiva alternativa na solução dos litígios. Tal já ocorre com algumas demandas, como a ação de *Habeas Data,* para a qual se exige prévio esgotamento da via administrativa (art. 8º da Lei nº 9.507/1997), e as ações envolvendo direito desportivo, que devem ser analisadas primeiramente pela Justiça Desportiva, órgão administrativo.

Note-se que no âmbito do STF, pelo menos no que se refere à concessão de benefício previdenciário, a ideia de secundariedade da jurisdição vem sendo alargada, de modo a permitir o acionamento do Poder Judiciário somente depois de formalização de prévio requerimento administrativo à autarquia federal (INSS) (RE nº 631.240/MG, Rel. Min. Luís Roberto Barroso, j. 03.09.2014). Tal entendimento não tem aplicabilidade se, para a Administração, for notório e reiteradamente contrário à postulação do segurado.

Nem todas as relações jurídicas, contudo, comportam solução voluntária, isto é, sem a atuação jurisdicional. Tal ocorre "naquelas pretensões relativas a direitos e interesses regidos por normas de extrema indisponibilidade",[7] como no caso das normas penais (que versam sobre

---

[7] CINTRA, Antônio Carlos de Araújo; GRINOVER, Ada Pelegrini; DINAMARCO, Cândido Rangel. *Teoria geral do processo.* São Paulo: Malheiros, 2006. p. 38.

direito à liberdade), com exceção das hipóteses de transação penal prevista na Lei nº 9.099/1995 e de algumas normas civis, notadamente as de cunho não patrimonial. Não se admite, por exemplo, a destituição do poder familiar, a interdição ou a rescisão de sentença de mérito sem pronunciamento judicial nesse sentido. Fala-se, assim, em jurisdição obrigatória, necessária, primária ou indispensável. Nesses casos, a atuação do Estado não é secundária, mas condição indispensável à obtenção dos resultados desejados.

Fora das hipóteses de jurisdição necessária, apenas quando persistir a situação litigiosa é que o Estado deverá atuar, substituindo, com atividade sua, a vontade daqueles diretamente envolvidos no conflito. É assim que deve ser vista a secundariedade da função jurisdicional.

A propósito, pensando no fato de que a ausência de litigiosidade já é capaz de permitir a solução na via administrativa, em **2024**, o CNJ editou a Resolução nº 571/2024 para admitir a lavratura de divórcio consensual mesmo quando existente filho incapaz.

Mais adiante abordaremos o assunto de forma pormenorizada, mas desde já adiantamos que para a realização de divórcio em cartório, a legislação (CPC) exige, além do consenso, a inexistência de filhos menores ou incapazes. Ocorre que mesmo com essa previsão, diversos Estados brasileiros já admitiam a realização de divórcio extrajudicial com a presença de filhos menores ou incapazes. A exigência para tal procedimento é que as questões relativas à guarda, ao regime de visitas (convivência) e aos alimentos tenham sido resolvidas judicialmente e previamente, com o auxílio de advogado. Rio de Janeiro, Paraná, Santa Catarina, Mato Grosso, Goiás, Acre e Maranhão já adotavam esse modelo de desjudicialização. A título de exemplo, o Código de Normas do Foro Extrajudicial do TJ-PR, publicado em março de 2023, por meio do provimento CGJ 318/2023, autorizou os cartórios de notas a realizar divórcios, mesmo quando estão envolvidos filhos menores. Em Goiás, também há disposição semelhante no Código de Normas.

O CNJ, por meio da Resolução nº 571/2024, consolidou essa possibilidade. Como não há prejuízo para os filhos menores, pois as questões atinentes a alimentos, guarda e convivência já deverão estar decididas, não vislumbramos qualquer empecilho para a dissolução extrajudicial. A desburocratização se faz, dentre outras formas, com a desjudicialização. Além disso, considerando o princípio da intervenção mínima do Estado nas relações conjugais, nada mais coerente que a permanência ou não do vínculo seja amplamente facilitada. Vale registrar que existe um projeto de lei (PL 731/2021), tramitando da Câmara dos Deputados, a fim de permitir divórcio e dissolução de união estável extrajudicial nos casos em que o casal possua filhos incapazes. De toda sorte, os Estados estão aplicando em sua inteireza a nova Resolução do CNJ.

2.2.3 Substitutividade

De um modo geral, as relações jurídicas são formadas, geram seus efeitos e extinguem-se sem dar origem a litígios. Quando surge o litígio, as partes podem compô-lo de diversas formas, sem recorrer ou aguardar o pronunciamento do Estado-juízo. A transação (art. 840 do CC), a conciliação, a mediação e o juízo arbitral[8] são instrumentos extrajudiciais adequados para a composição dos litígios. Apenas quando frustradas as tentativas extrajudiciais de solução dos conflitos é que o Estado deveria ser chamado a atuar[9].

---

[8] O juízo arbitral pode ser instituído pela convenção de arbitragem (Lei nº 9.307/1996), ou na forma do art. 24 da Lei nº 9.099/1995.

[9] No âmbito do direito constitucional à saúde, a utilização da jurisdição como forma de resolução do conflito é recomendada apenas em último caso. Embora não se trate de uma etapa obrigatória, a utilização de meios extrajudiciais de solução de conflitos é constantemente fomentada pelo Poder Judiciário, a exemplo do Conselho Nacional de Justiça, que, por meio da Recomendação n. 100, de

Como o Estado é um terceiro estranho ao conflito, ao exercer a jurisdição, estará ele **substituindo**, com atividade sua, **a vontade daqueles diretamente envolvidos na relação de direito material**, os quais obrigatoriamente se sujeitarão ao que restar decidido pelo Estado--juízo. É nesse sentido que se fala em substitutividade da jurisdição. Em outras palavras, as partes poderiam, cada uma, cumprir o seu dever, evitando o conflito. Surgido o conflito, poderiam, per si, buscar uma forma de resolvê-lo. Em não agindo assim, a última possibilidade consiste em bater às portas do Judiciário em busca de uma tutela jurisdicional. Uma vez provocada a jurisdição, instaurado e desenvolvido o processo, o Estado-juiz editará a sentença, uma verdadeira lei regedora do caso concreto, a qual uma vez imutabilizada pela coisa julgada, substituirá completamente a vontade das partes. A solução dada, por exemplo, julgando improcedente o pedido formulado na petição inicial, nem de longe integrava a vontade do autor, mas ele terá que se submeter ao que fora decidido. Goste ou não as partes do que restou decidido, terão que obedecer ao comando da sentença. Esse é o sentido de substitutividade da jurisdição.

Em razão da substitutividade, **a jurisdição é espécie de heterocomposição dos conflitos**, gênero que se contrapõe à autocomposição (solução do litígio pelos próprios sujeitos da relação material, como se dá na conciliação e transação), que tem como pressuposto o respeito integral à autonomia da vontade.

Excepcionalmente, pelo menos do ponto de vista imediato e direto, não há substitutividade na execução indireta, realizada por meios de coerção que forçam o próprio devedor a cumprir a obrigação. É o caso da execução de pensão alimentícia com prisão civil (art. 19 da Lei nº 5.478/1968).

2.2.4 Imparcialidade

Para ser legítimo o exercício da jurisdição, é imprescindível que o Estado-juízo – ou melhor, aqueles agentes que, em decorrência da lei, integrarão o órgão jurisdicional (juiz, escrivão, oficial de justiça, contador) – atuem com imparcialidade. Do advogado, conquanto indispensável (art. 133 da CF/1988), não se exige imparcialidade, ao contrário dos demais agentes. No processo judicial, a postulação do advogado – categoria na qual se incluem os defensores públicos, tem por objetivo convencer o julgador no sentido de proferir decisão favorável ao seu constituinte (art. 2º, § 2º, da Lei nº 8.906/1994). Quanto ao representante do Ministério Público (promotor de justiça e procurador da república, entre outros), embora possa atuar como parte, sua liberdade de atuação não se assemelha à do advogado, isso porque não há interesse de constituinte a ser defendido, e sim a ordem jurídica, o regime democrático e os interesses sociais e individuais indisponíveis (art. 127 da CF).

No exercício da jurisdição deve predominar o **interesse geral de administração da justiça**, devendo os agentes estatais zelar para que as partes tenham igual tratamento e igual oportunidade de participar na formação do convencimento daquele que criará a norma que passará a reger o conflito de interesses. É nesse sentido que se diz que **a jurisdição é atividade imparcial do Estado**. Deve-se ressalvar que não se trata de característica exclusiva da função jurisdição. Também os integrantes de comissão processante, incumbida de apurar e julgar ou somente apurar faltas disciplinares no âmbito da Administração Pública devem se pautar segundo o princípio da imparcialidade. O mesmo princípio se aplica às comissões de licitação. Resumindo: a imparcialidade constitui característica de toda a atividade jurisdicional; mas há atividade típica da Administração para a qual também se exige o requisito da imparcialidade.

---

16 de junho de 2021, recomenda aos magistrados com atuação nas demandas envolvendo o direito à saúde que priorizem, sempre que possível, a solução consensual da controvérsia, por meio do uso da negociação, da conciliação ou da mediação.

2.2.5 Criatividade

Agindo em substituição à vontade dos conflitantes, o Estado, ao final do processo, **criará uma norma individual que passará a regular o caso concreto**, inovando a ordem jurídica. A essa norma dá-se o nome de sentença (quando a decisão é prolatada por juiz singular) ou acórdão (quando a decisão emana de órgão colegiado). Não é tecnicamente preciso, conquanto usual, afirmar que o juiz declara o Direito, que o juiz simplesmente subsome as normas aos fatos. **A tutela jurisdicional vai além, inovando o mundo jurídico**, criando e não apenas reconhecendo algo já existente. Nos dizeres de Mauro Cappelletti:

> "A resposta dada neste ensaio à indagação de se a tarefa do juiz é interpretar ou criar o direito, posiciona-se no sentido de que o juiz, inevitavelmente, reúne-se em si uma e outra função, mesmo no caso – que constitui, quando muito, regra não sem muitas exceções – em que seja obrigado a aplicar lei preexistente. Nem poderia ser de outro modo, pois a interpretação sempre implica um certo grau de discricionariedade e escolha e, portanto, de criatividade, um grau que é particularmente elevado em alguns domínios, como a justiça constitucional e a proteção judiciária de direitos sociais e interesses difusos".[10]

O processo de criação pelo Estado-juízo, portanto, não consiste pura e simplesmente na aplicação das leis (normas gerais e abstratas) ao caso concreto. Exige-se do magistrado postura mais ativa, cabendo-lhe apreender as especificidades de cada caso, a fim de encontrar a solução consentânea com os preceitos legais e constitucionais. É, portanto, dever do magistrado cotejar o texto da lei com a Constituição, valendo-se dos recursos de hermenêutica constitucional para extrair da legislação aplicável ao caso concreto o conceito de justiça mais adequado à tutela dos interesses postos em juízo.

A sentença ou acórdão, em regra, conterá três tópicos: relatório, fundamentação e dispositivo (art. 489, I, II e III).

Primeiramente, o juiz qualificará as partes e procederá ao resumo do pedido, da resposta do réu e das principais ocorrências havidas no andamento do processo (relatório). Em seguida, o juiz analisará as questões fáticas e interpretará e valorará o conjunto normativo aplicável ao caso narrado (o juiz julgará a própria lei). Dessa atividade, o juiz extrairá os fundamentos que justificarão sua decisão. Esses fundamentos constituem o que se denomina *ratio decidendi* e servirão de precedentes para julgamentos futuros, para edição de súmulas de tribunais e para o imediato julgamento de causas repetitivas.

Por fim, já na parte dispositiva da sentença ou acórdão, o juiz proferirá, com base na *ratio decidendi*, a norma individualizada do caso concreto, ou seja, a solução daquele conflito.

Houve um tempo em que não cabia à jurisdição estabelecer precedentes para casos futuros. As súmulas da jurisprudência serviam apenas de orientação para os julgadores do próprio tribunal e principalmente para os de órgãos de grau inferior àquele que fixou o precedente. Contudo, desde a edição da Emenda Constitucional nº 45/2004, o Supremo Tribunal Federal, por meios das súmulas vinculantes, vem criando normas abstratas sobre determinados assuntos. Também por meio do controle concentrado de constitucionalidade não se nega que o STF, à guisa de interpretação da Constituição Federal, pode vir a criar verdadeiras normas jurídicas.

É importante destacar, por fim, que nem sempre haverá substrato legal específico sobre determinada matéria deduzida em juízo, do qual possa o juiz retirar os fundamentos (*ratio*

---

[10] CAPPELLETTI, Mauro. *Juízes legisladores*, apud FERNANDES, Iara de Toledo. A *efetividade das normas constitucionais*. Disponível em: http://www.pge.sp.gov.br/centrodeestudos/bibliotecavirtual/Congresso/Tese1.doc. Acesso em: 18 set. 2014.

decidendi) da norma individualizada a ser criada. É o que ocorre, por exemplo, em questões envolvendo o direito de greve dos funcionários públicos.[11] Não obstante a lacuna legal, o Judiciário é obrigado a decidir tais conflitos, devendo extrair os respectivos fundamentos de outras fontes do direito (analogia, costume, princípios gerais – art. 4º da LINDB), o que evidencia o caráter criativo da Jurisdição. Quando assim age, por óbvio, se cria o Direito, e não simplesmente o declara.

Com o advento do CPC/2015 inegável é a função criadora ou constitutiva do Direito pelos tribunais, principalmente pelos tribunais superiores. Os julgamentos em sede de recursos repetitivos, IRDR (este julgado originariamente pelos tribunais de justiça e pelos tribunais regionais federais[12]) e do IAC constituem precedentes que devem ser obrigatoriamente aplicados.

Agora, à pergunta "juízes legisladores?", que dá título ao livro de Mauro Cappelletti, pode-se responder: sim, **ministros legisladores**.

2.2.6 Inércia

A jurisdição é atividade equidistante e desinteressada do conflito e, por isso, num primeiro momento, só age se provocada pelas partes, por intermédio de seus advogados (art. 2º). Evidentemente, uma vez provocada, age por impulso oficial, de ofício. Além da imparcialidade que se quer preservar, a característica, também erigida a princípio da jurisdição, tem por objetivo evitar a excessiva intromissão em assuntos que dizem respeito somente a pessoas. Já pensou se fosse dado ao juiz o poder de interferir na vida de um casal, desenvolvendo inclusive investigação sigilosa, para verificar se há alguma causa que possa justificar o divórcio? Possivelmente poucos estariam casados. Que Deus proteja nossa esfera íntima dos tentáculos desse leviatã.

A própria lei prevê exceções à regra da inércia da jurisdição. Mesmo sem provocação, pode o juiz decretar a falência de empresa sob regime de recuperação judicial (arts. 73, II, III e IV, da Lei nº 11.101/2005); a execução trabalhista inicia-se por ato do juiz (art. 878 da CLT), desde que as partes não estejam representadas por advogado, assim como a execução penal (art. 105 da Lei de Execução Penal); o *habeas corpus* também pode ser concedido de ofício na hipótese de coação ilegal (art. 654, § 2º, do CPP). Como se vê, a atuação é permitida em casos de interesse social ou em defesa de direitos indisponíveis. A regra é a inércia da jurisdição. O juiz só vai atuar se provocado, assim mesmo se essa provação vier na forma legal, isto é, em se instaurando o processo por meio de uma petição apta (art. 319) a provocar a função jurisdicional do Estado.

2.2.7 Definitividade

Traço marcante e distintivo da jurisdição em relação às demais funções estatais (administrativa e executiva) e meios de pacificação social é a aptidão para a definitividade, quer dizer, **a suscetibilidade para se tornar imutável**. A essa característica de definitividade da jurisdição dá-se o nome de coisa julgada, instituto que será estudado mais adiante.

Por ora, vale a menção de que a estabilidade que se confere ao provimento jurisdicional varia conforme sua natureza. As decisões de mérito (aquelas que julgam o cerne da pretensão

---

[11] Diante da ausência de lei regulamentadora do direito de greve dos servidores públicos, o STF vem determinando a aplicação, no que couber, da Lei nº 7.783/1989, que dispõe sobre o exercício do direito de greve da iniciativa privada (nesse sentido: Mandados de Injunção 670/ES, 708/DF e 712/PA).

[12] O IRDR tem cabimento também no STJ, nos casos de competência originária ou em sede de recurso ordinário, conforme jurisprudência da Corte (AgInt da Pet 11.838/MS, Corte Especial, por maioria, *DJe* 10.09.2019).

formulada, criando a norma individualizada do caso concreto) são as que gozam do mais elevado grau de estabilidade conferida pela ordem jurídica: a coisa julgada material, garantia fundamental do cidadão (art. 5º, XXXVI, da CF/1988). O próprio ordenamento jurídico, no entanto, prevê hipóteses de relativização da coisa julgada material. É o caso da Ação Rescisória, da *querela nullitatis* e da inexigibilidade da sentença, temas que também serão abordados neste livro.

Já com relação aos provimentos jurisdicionais que não decidem o mérito (sentenças terminativas), a proteção outorgada é menos intensa. Tais decisões não impedem a reproposição da demanda, podendo o juiz decidir contrariamente ao que decidido na primeira sentença. A hipótese, aqui, é de coisa julgada formal (e não material), que obsta a rediscussão do tema tão somente naquele processo em que proferida a decisão. Não se pode olvidar, contudo, que "por menor que seja o grau de imunidade concedido a um ato jurisdicional, somente o Poder Judiciário é que poderá neutralizá-lo ou desconstituí-lo",[13] daí se dizer ser a Jurisdição dotada de definitividade.

2.3 Princípios da jurisdição

Iremos tratar, agora, dos princípios inerentes à jurisdição. É importante que você tenha em mente que jurisdição, ação e processo são institutos imbricados com um mesmo fenômeno: o processo. Em razão, portanto, dessa trilogia estrutural, os princípios da jurisdição também figurarão como princípios do processo (estritamente considerado) e, alguns deles, como pressupostos de existência (órgão investido de jurisdição) e validade (competência e imparcialidade) do processo. Por outro lado, alguns desses princípios figuram também como características da jurisdição, como é o caso da imparcialidade e da inércia.

Feito esse esclarecimento, passemos à análise dos princípios da jurisdição.

2.3.1 *Princípio do juízo natural*[14]

O princípio do juízo natural deve ser compreendido sob dois enfoques: **objetivo e subjetivo**.

Objetivamente, o princípio do juízo natural desdobra-se em duas garantias básicas: **preexistência do órgão jurisdicional ao fato**, ou proibição de juízo ou tribunal de exceção (art. 5º, XXXVII); e o **respeito absoluto às regras objetivas de determinação de competência** (art. 5º, LIII).

A jurisdição só pode ser exercida por órgãos monocráticos ou colegiados previstos na Constituição da República. Proíbe-se a criação de juízos ou tribunais para julgamento de determinadas causas relacionadas a fatos já consumados (tribunais de exceção). Nem mesmo os tribunais podem subtrair do juízo natural as causas que originariamente lhe foram cometidas.

Outro aspecto objetivo é a competência. Consoante Leonardo Greco, "juiz natural é o juiz legalmente competente, aquele a quem a lei confere *in abstrato* o poder de julgar determinada causa, que deve ter sido definido previamente pelo legislador por circunstâncias aplicáveis a todos os casos da mesma espécie".[15] O exemplo clássico é o do Tribunal do Júri, órgão competente para julgamento dos crimes dolosos contra a vida.

---

[13] DINAMARCO, Cândido Rangel. *Instituições de direito processual civil*. São Paulo: Malheiros, 2004. p. 314-315.

[14] Em razão do personalismo da jurisdição, como já noticiamos, fala-se comumente em princípio do *juiz* natural. Mas, em razão do parâmetro que norteia o agir estatal (Estado Democrático de Direito), o mais correto é falar em juízo (órgão jurisdicional).

[15] GRECO, Leonardo. Garantias fundamentais do processo: o processo justo. *Revista Jurídica*, 305, mar. 2003.

Há, ainda, um **aspecto subjetivo** que também integra o princípio do juízo natural: a **imparcialidade**. Ressalte-se que a imparcialidade figura como uma das características da função jurisdicional, como princípio da jurisdição e como pressuposto processual. A atuação de um juiz impedido, por exemplo, invalida o processo, ensejando até a propositura de ação rescisória. O órgão, por si só, é abstrato. Ele, o órgão, é composto por agentes (permanentes e variáveis). Em um sentido lato, todos eles exercem *munus* público, inclusive os advogados. Os agentes públicos são remunerados por vencimento do próprio Estado; já os advogados recebem honorários.

Para que o juízo seja natural, além do aspecto objetivo, é indispensável que o juiz e seus auxiliares sejam imparciais, aí incluídos o escrivão, o perito, os conciliadores e mediadores.

Quanto aos advogados, públicos ou privados, bem como os defensores públicos, como defensores dos interesses das partes que representam, são parciais por excelência.

Os motivos que podem caracterizar a parcialidade do juiz ou de outros atores do processo são de duas ordens: os **impedimentos**, de cunho objetivo, peremptório, e a **suspeição**, de cunho subjetivo e cujo reconhecimento demanda prova. Conquanto os dispositivos que tratam do impedimento e da suspeição (arts. 144 e 145) refiram-se apenas ao juiz, as hipóteses ali previstas aplicam-se também aos membros do Ministério Público, aos auxiliares da justiça e aos demais sujeitos imparciais do processo (art. 148).

Especificamente no caso do Ministério Público, como já afirmado, a sua atuação como parte não lhe confere a mesma parcialidade do advogado. Em razão das funções institucionais que lhe são atribuídas pelo art. 127 da Constituição (defesa da ordem jurídica, do regime democrático e dos interesses sociais e individuais homogêneos), o membro do Ministério Público deve sempre agir com imparcialidade.

Viola o princípio do juízo natural, portanto, o promotor de justiça que deixar de pedir a absolvição de um réu que ele sabe, *a priori*, ser inocente, ou que atue fora de suas atribuições (promotor de exceção). Igualmente viola o referido princípio, o promotor de justiça que não obstante a prova colhida na fase do inquérito (policial ou civil público), por picardia, dela se afasta e temerariamente propõe ação penal ou ação civil pública. Tal como ocorre com o magistrado, o membro do Ministério Público que antes do ajuizamento da ação ou no curso do processo, atraído pelas luzes dos holofotes, concede entrevistas e emite opinião sobre o caso, deve ser reputado suspeito, o que enseja o afastamento do processo.

Conquanto vários doutrinadores, em especial os penalistas, falem em princípio do promotor natural, a expressão não tem muito sentido. O que importa não é a pessoa, mas o órgão, o qual é integrado também pelo representante do Ministério Público (Promotor de Justiça, Procurador da República ou Procurador do Trabalho). O mais preciso, portanto, é falar apenas em juízo natural, expressão que necessariamente abrangerá o membro do Ministério Público, juiz e demais agentes que desempenham *munus* público ao longo do processo. Para não induzir o nosso leitor a erro, é bom ressalvar que, apesar de considerarmos inadequada a expressão "promotor natural", o STF utiliza tal terminologia. Aliás, já tratou do tema no Informativo nº 511, ao considerar que este princípio representa "a impossibilidade de alguém ser processado senão pelo órgão de atuação do Ministério Público dotado de amplas garantias pessoais e institucionais, de absoluta independência e liberdade de convicção, com atribuições previamente fixadas e conhecidas" (HC nº 90.277/DF).[16]

---

[16] Mais recentemente, o STJ utilizou essa expressão, aduzindo que a atuação de grupos especializados do Ministério Público, a exemplo do GAECO (Grupo de Atuação Especial de Combate ao Crime Organizado), não ofende o princípio do promotor natural" (AgRg no AREsp 1608332/SP, j. 14.04.2020).

2.3.2 Princípio da improrrogabilidade[17]

Os limites da jurisdição, em linhas gerais, são traçados na Constituição, não podendo o legislador ordinário restringi-los nem os ampliar. A improrrogabilidade traçará, então, os **limites de atuação dos órgãos jurisdicionais**. Todos os juízes (e aqui me refiro à pessoa do juiz) são investidos de jurisdição, **mas só poderão atuar naquele órgão competente para o qual foram designados, e somente nos processos distribuídos para aquele órgão**. Fora de sua função, o juiz é um cidadão comum.

Situação diferente é a da maioria das outras profissões. Em regra, o médico, o dentista, o engenheiro, o administrador de empresas podem exercer a profissão em qualquer lugar do país. Já o juiz só poderá fazê-lo naquela vara ou comarca (onde só há uma vara) para a qual foi designado e no processo que lhe foi distribuído. Uma situação que vivenciei em minhas andanças por este país bem revela o que se está a dizer, ou melhor, o que não se está querendo dizer. Trata-se de verdadeira tentativa de prorrogabilidade da jurisdição.

No aeroporto de Manaus, uma senhora tentava embarcar para o exterior, acompanhada de um menor. O funcionário da companhia área afirmou que o embarque da criança só seria possível com a autorização do juiz e, aí, se iniciou a discussão na fila do *check-in*. Como sabemos, o juízo competente naquela situação – autorização de embarque de menor ao estrangeiro – seria o juízo da infância e juventude da comarca de Manaus. Não sei por que razão, no meio da confusão, como se grita perguntando se há um médico quando alguém tem um infarto, um daqueles envolvidos na tumultuada e interminável discussão deu o grito: tem algum juiz por aqui? E, ato contínuo, um cidadão se apresentou como tal, assinou de imediato a autorização e, com isso, a senhora e o garotinho puderam embarcar... Coisas do nosso país, que basta dar uma carteirada para furar a fila, destravar uma catraca ou mesmo autorizar o embarque de uma criança. Até hoje não sei se aquele cidadão de fato era juiz. Aliás, de fato e de direito; no caso concreto ele não era juiz e como tal não poderia ter atuado.

A situação caracteriza um antiexemplo do princípio da improrrogabilidade. A jurisdição só pode ser exercida nos estritos limites traçados em lei. Fora desses limites, o juiz, ao contrário do médico, é um cidadão como outro qualquer. Ele (o juiz) permanece no cargo, mas sem função jurisdicional.

Como sabemos, neste país, vale quase tudo, até juiz atuando fora da sua competência e promotor de justiça, sem qualquer vínculo com a vara da infância e juventude, querendo entrar no cinema de graça, a pretexto de verificar se ali havia algum menor em situação irregular. Aliás, algumas vezes já pude presenciar uma "otoridade" arrancar uma carteira colorida (há vermelhas, pretas e até lilases) e, em tom "austeroso", indagar ao aterrorizado interlocutor: sabe com quem está falando?

2.3.3 Princípio da indeclinabilidade (ou da inafastabilidade)

Se, por um lado, não se permite ao julgador atuar fora dos limites definidos pelas regras de competência e distribuição, por outro, também a ele não se permite escusar de julgar nos casos a que a tanto está compelido. **O órgão jurisdicional, uma vez provocado, não pode recusar-se, tampouco delegar a função de dirimir os litígios**, mesmo se houver lacunas na lei, caso em que poderá o juiz valer-se de outras fontes do direito, como a analogia, os costumes e os princípios gerais (art. 4º da LINDB).[18] A garantia encontra-se consubstanciada no art. 5º,

---

[17] Alguns doutrinadores usam como sinônimo deste princípio o da territorialidade (ou aderência ao território).

[18] BUENO, Cassio Scarpinella. *Curso sistematizado de direito processual civil*: procedimento comum: ordinário e sumário. São Paulo: Saraiva, 2007. v. 2, t. I, p. 252.

XXXV, da CF/1988, dispositivo que traduz não apenas a garantia de ingresso em juízo ou de julgamento das pretensões trazidas, "mas da própria tutela jurisdicional a quem tiver razão".[19]

Este princípio é tratado em diversos julgados, inclusive de tribunais superiores, como decorrente da vedação ao *non liquet*. Esta expressão traduz-se na proibição do magistrado de deixar de decidir as causas que as partes submetem à sua apreciação. A ideia também é extraída no art. 140 do CPC/2015, pelo qual "o juiz não se exime de decidir sob a alegação de lacuna ou obscuridade do ordenamento jurídico". No julgamento da lide caber-lhe-á aplicar as normas legais; não as havendo, recorrerá à analogia, aos costumes e aos princípios gerais de direito. Ressalte-se que o fato de o art. 140 não ter contemplado esses meios de integração, como dispunha o art. 126, parte final, do CPC/1973) é irrelevante, porquanto a mesma previsão já se encontra inserida no art. 4º da Lei de Introdução às Normas do Direito Brasileiro.[20]

Na Roma Antiga, era possível que os juízes pronunciassem o *non liquet*, ou seja, que deixassem de decidir uma determinada causa quando ela não estava clara ou quando não se tinha meios para julgá-la. Em nosso ordenamento, se estiver presente alguma lacuna, caberá ao magistrado utilizar as formas de integração da norma jurídica constantes no art. 140 do CPC/2015 e também no art. 4º da LINDB.

2.3.4 Princípio da inevitabilidade

Relaciona-se com a autoridade da decisão judicial, que, uma vez transitada em julgado, se impõe independentemente da vontade das partes. Provocada a jurisdição e não sendo requerida a desistência da ação ou implementada a causa de extinção sem julgamento do mérito, não será possível evitar que se profira sentença sobre a relação jurídica controvertida e que sobre essa sentença se recaiam os efeitos da coisa julgada. Assim, se não concordar com a decisão, deve-se recorrer; caso contrário, as partes a ela ficarão sujeitas em caráter inevitável.

2.3.5 Princípio da indelegabilidade

Relaciona-se com os princípios da improrrogabilidade e da indeclinabilidade. Tal como não se admite a prorrogação da atividade de um julgador fora dos limites traçados pelas regras de competência, salvo nos casos expressos em lei, e igualmente não se permite que o juiz se escuse de decidir uma causa que lhe foi distribuída, também não pode ele ou o tribunal delegar suas funções a outra pessoa ou órgão jurisdicional. Se a lei disciplina a competência jurisdicional, não há razões para afastá-la ou permitir que esta função seja exercida por outrem. Há, no entanto, algumas exceções. Os tribunais podem delegar a execução de suas decisões aos juízes de primeiro grau; os tribunais com mais de vinte e cinco membros podem criar órgão especial para exercer, por delegação, as funções do Plenário; a carta de ordem pode conter delegação da função probatória a outro juízo; o relator procede à admissibilidade do recurso por delegação do órgão colegiado.

2.4 Jurisdição contenciosa e jurisdição voluntária

O Código de 1973, em seu art. 1º, admitia expressamente duas espécies de jurisdição: contenciosa e voluntária.[21] Apesar de o art. 16 não repetir a redação do dispositivo anterior,

---

[19] DINAMARCO, Cândido Rangel. *Instituições de direito processual civil*. São Paulo: Malheiros, 2008. p. 199.

[20] Art. 4º da LINDB: "Quando a lei for omissa, o juiz decidirá o caso de acordo com a analogia, os costumes e os princípios gerais de direito".

[21] Art. 1º da Lei nº 5.869/1997 (CPC/1973): "A jurisdição civil, contenciosa e voluntária, é exercida pelos juízes em todo território nacional, conforme as disposições que este Código estabelece".

a jurisdição voluntária continua a ser tratada em capítulo específico (Capítulo XV, dentro do Título III, que dispõe sobre os Procedimentos Especiais).

Por jurisdição contenciosa entende-se **a função estatal exercida com o objetivo de compor litígios**. Por sua vez, a jurisdição voluntária cuida da **integração e fiscalização de negócios jurídicos particulares**. Particularmente no que tange à jurisdição voluntária, ainda reina acirrada controvérsia na doutrina a respeito da sua natureza jurídica.

A corrente dita clássica (ou administrativista) é capitaneada por Guido Zanobini e por Giuseppe Chiovenda. Para eles, a chamada jurisdição voluntária não constitui, na verdade, jurisdição, tratando-se de atividade eminentemente administrativa. No Brasil, o maior defensor dessa orientação foi Frederico Marques, para quem a jurisdição voluntária é materialmente administrativa e subjetivamente judiciária.[22]

Em síntese, para tal corrente, a jurisdição voluntária não é jurisdição porque, na medida em que o Estado-juízo se limita a integrar ou fiscalizar a manifestação de vontade dos particulares, age como administrador público de interesses privados. Não há composição de lide. E se não há lide, não há por que falar em jurisdição nem em partes, mas em interessados. Sustentam também que falta à jurisdição voluntária a característica da substitutividade, haja vista que o Poder Judiciário não substitui a vontade das partes, mas se junta aos interessados para integrar, dar eficácia a certo negócio jurídico. Por fim, concluem que, se não há lide, nem jurisdição, as decisões não formam coisa julgada. Para corroborar esse ponto de vista, invocam o art. 1.111 do CPC/1973, segundo o qual previa "a sentença poderá ser modificada, sem prejuízo dos efeitos já produzidos, se ocorrerem circunstâncias supervenientes".

Há, por outro lado, uma corrente que atribui à jurisdição voluntária a natureza de atividade jurisdicional. Essa orientação moderna conta com a adesão de Calmon de Passos, Ovídio Baptista e Leonardo Greco.

Segundo essa corrente – denominada jurisdicionalista –, não se afigura correta a afirmação de que não há lide na jurisdição voluntária. Com efeito, o fato de, em um primeiro momento, inexistir conflito de interesses não retira dos procedimentos de jurisdição voluntária a potencialidade de se criarem litígios no curso da demanda. Em outras palavras, a lide não é pressuposta, não vem narrada desde logo na inicial, mas nada impede que as partes se controvertam. Isso pode ocorrer no bojo de uma ação de alienação judicial de coisa comum, por exemplo, em que os interessados podem dissentir a respeito do preço da coisa ou do quinhão atribuído a cada um.

Os defensores da corrente jurisdicionalista também advertem, de forma absolutamente correta, que não se pode falar em inexistência de partes nos procedimentos de jurisdição voluntária. A bem da verdade, no sentido material do vocábulo, parte não há, porquanto não existe conflito de interesses, ao menos em um primeiro momento. Entretanto, considerando a acepção processual do termo, não há como negar a existência de sujeitos parciais na relação jurídico-processual.

Reforçando a tese de que a jurisdição voluntária tem natureza de função jurisdicional, Leonardo Greco esclarece que ela não se resume a solucionar litígios, mas também a tutelar interesses dos particulares, ainda que não haja litígio, desde que tal tarefa seja exercida por órgãos investidos das garantias necessárias para exercer referida tutela com impessoalidade e independência.[23] Nesse ponto, com razão o eminente jurista. É que a função jurisdicional é, por definição, a função de dizer o direito por terceiro imparcial, o que abrange a tutela de interesses particulares sem qualquer carga de litigiosidade. Com o fito de enfatizar as verdadeiras características da jurisdição, o mesmo jurista chega a afirmar que:

---

[22] GRECO, Leonardo. *Jurisdição voluntária moderna*. São Paulo: Dialética, 2003. p. 16.
[23] GRECO, Leonardo. *Jurisdição voluntária moderna*. São Paulo: Dialética, 2003. p. 18.

"se o Estado instituir um órgão de qualquer poder, cujos titulares, com absoluta independência em relação a qualquer outra autoridade e com absoluta impessoalidade, administrem interesses privados, então aí haverá jurisdição: tutela jurídica de interesses de particulares por órgão independente".[24]

Em suma, para a corrente jurisdicionalista, a jurisdição voluntária reveste-se de feição jurisdicional, pois: (a) a existência de lide não é fator determinante da sua natureza; (b) existem partes, no sentido processual do termo; (c) o Estado age como terceiro imparcial; (d) há coisa julgada.

Feita essa breve digressão acerca da controvérsia doutrinária sobre a natureza da jurisdição voluntária, cumpre frisar que a corrente clássica ainda encontra adeptos no Brasil atualmente, mas a doutrina majoritária adota o entendimento da corrente jurisdicionalista.

Mais adiante, no capítulo pertinente, os procedimentos de jurisdição voluntária serão explicados detalhadamente.

JURISPRUDÊNCIA TEMÁTICA

O princípio da inafastabilidade da jurisdição e a revisão judicial dos atos administrativos

"Agravo de instrumento. Concurso público. Exame psicotécnico. Exigência de rigor científico. Necessidade de um grau mínimo de objetividade. Direito do candidato de conhecer os critérios norteadores da elaboração e das conclusões resultantes dos testes psicológicos que lhe tenham sido desfavoráveis. Possibilidade de impugnação judicial de tais resultados. Princípio constitucional da inafastabilidade do controle jurisdicional dos atos da administração pública. Recurso improvido. – O exame psicotécnico, especialmente quando possuir natureza eliminatória, deve revestir-se de rigor científico, submetendo-se, em sua realização, à observância de critérios técnicos que propiciem base objetiva destinada a viabilizar o controle jurisdicional da legalidade, da correção e da razoabilidade dos parâmetros norteadores da formulação e das conclusões resultantes dos testes psicológicos, sob pena de frustrar-se, de modo ilegítimo, o exercício, pelo candidato, da garantia de acesso ao Poder Judiciário, na hipótese de lesão a direito. Precedentes" (STF, AI-AgR 539.408/DF, 2ª Turma, Rel. Min. Celso de Mello, j. 06.12.2005)[25].

A relativização do princípio da legalidade estrita no âmbito dos procedimentos de Jurisdição Voluntária

"Agravo interno. Recuso em mandado de segurança. Processo de interdição. Remarcação do interrogatório após a perícia. Autoriza o juízo, a teor do disposto no parágrafo único do art. 723 do Código de Processo Civil, a não observar critério de legalidade estrita, podendo

---

[24] GRECO, Leonardo. *Jurisdição voluntária moderna*. São Paulo: Dialética, 2003. p. 18.
[25] Necessário registrar que, no âmbito dos concursos públicos, o STF tem entendimento firmado sob a sistemática da repercussão geral no sentido de que "não compete ao Poder Judiciário, no controle de legalidade, substituir banca examinadora para avaliar respostas dadas pelos candidatos e notas a elas atribuídas. Excepcionalmente, é permitido ao Judiciário juízo de compatibilidade do conteúdo das questões do concurso com o previsto no edital do certame" (Tema 485). A inafastabilidade, nesse ponto, não é adotada, diferentemente do que ocorre na hipótese do julgado envolvendo exame psicotécnico, o qual exige previsão legal, objetividade dos critérios e possibilidade de revisão do resultado obtido pelo candidato. Se esses requisitos não estiverem presentes, admite-se a intervenção do Poder Judiciário no exercício do controle de legalidade.

adotar em cada caso a solução que reputar mais conveniente ou oportuna. 2. A postergação do interrogatório para após a perícia médica, bem como a negativa de designação de equipe multidisciplinar para a perícia, não caracteriza, por si só, ilegalidade que macule o procedimento e autorize a impetração de mandado de segurança, ainda mais quando os direitos do interditando estão preservados segundo o convencimento do Ministério Público e do juízo processante. 3. A revisão do convencimento das instâncias ordinárias acerca da suficiência da designação do perito médico psiquiatra e do momento mais apropriado para a entrevista com a interditanda dependeria de interpretação das provas e diligências já ocorridas nos autos, matéria de fato complexa, insusceptível de reexame na via do mandado de segurança. 4. Agravo interno a que se nega provimento" (STJ, AgInt no RMS 57544/DF, Rel. Min. Maria Isabel Gallotti, 4ª Turma, j. 19.11.2019).

Quadro esquemático 4 – Jurisdição

Jurisdição
- Conceito: poder-dever do Estado de declarar e realizar o direito.
- Características:
  - Unidade: a jurisdição não se subdivide. A distribuição funcional da jurisdição em órgãos (Justiça Federal, Justiça do Trabalho, varas cíveis, varas criminais, entre outros) tem efeito meramente organizacional.
  - Secundariedade: a jurisdição só atua quando esgotadas as demais possibilidades de resolução do conflito.
  - Imparcialidade: a jurisdição não tem interesse no desfecho da demanda.
  - Substitutividade: atua em substituição à vontade das partes.
  - Criatividade: exercendo a jurisdição, o Estado criará, ao final do processo, a norma individual que passará a regular o caso concreto.
  - Inércia: a jurisdição só age se provocada (exemplos de exceções: arts. 536 e 538, CPC/2015; IRDR; conflito de competência).
  - Definitividade: o provimento jurisdicional tem aptidão para a definitividade, quer dizer, suscetibilidade de se tornar imutável.
- Princípios:
  - Juízo natural: objetivamente, desdobra-se em duas garantias básicas: preexistência do órgão jurisdicional ao fato, ou proibição de juízo ou tribunal de exceção (art. 5º, XXXVII) e o respeito absoluto às regras objetivas de determinação de competência (art. 5º, LIII). Há, ainda, um aspecto subjetivo que está relacionado à imparcialidade do julgador.
  - Improrrogabilidade: os limites da jurisdição são os estabelecidos na Constituição.
  - Indeclinabilidade: o órgão jurisdicional não pode recusar nem delegar a função de dirimir os litígios.
  - Inevitabilidade: relaciona-se com a autoridade da decisão judicial, que, uma vez transitada em julgado, impõe-se independentemente da vontade das partes.
  - Indelegabilidade: o julgador não pode delegar suas funções a outra pessoa ou órgão jurisdicional.
- Jurisdição contenciosa: poder-dever atribuído aos juízes para que possam compor os conflitos.
- Jurisdição voluntária: participação da justiça em negócios privados, a fim de conferir-lhes validade (*v.g.*, nomeação de tutor, alienação judicial).

3. TUTELA JURISDICIONAL

O Estado, por meio do exercício da função legislativa, regula abstratamente algumas das relações desenvolvidas pelos membros da sociedade, estabelecendo juridicamente posições de vantagem e de desvantagem, isto é, direitos e obrigações. Essa tutela legal conferida pelo ordenamento jurídico aos indivíduos e à coletividade permite que o titular ou os titulares de um *direito subjetivo ou potestativo* invoquem, diante de uma situação concreta, a norma estabelecida a seu favor.

Pode ocorrer, porém, de a lei não ser suficiente para evitar os conflitos de interesses, que na conhecida concepção de Carnelutti são caracterizados pela resistência de uma parte à pretensão da outra. Surgido um conflito de interesses, a parte cujo direito é ameaçado ou violado deve buscar uma outra lei, uma lei específica para o caso concreto. Vale dizer, ante a insuficiência da lei abstrata, parte-se para uma lei específica, representada pela decisão judicial que resolve o conflito de interesses ou, simplesmente, soluciona a lide.

Para esse mister, o Estado põe à disposição dos jurisdicionados a via processual, "cuja finalidade é garantir que a norma substancial seja atuada, mesmo quando o destinatário não o faça espontaneamente".[26]

Independentemente de ser titular ou não do direito material invocado, o indivíduo ou a coletividade pode acionar o Judiciário para que a controvérsia ou o conflito de interesses seja dirimido. Dessa maneira, no sistema processual contemporâneo, considera-se o direito de ação ou de petição abstrato e autônomo, o que implica dizer, como já observado, que sua existência não está vinculada à do direito material que se busca proteger pela via do processo.

O direito de ação não provoca necessariamente um provimento positivo ou negativo acerca da situação jurídica material controvertida. Para que haja tal provimento, devem estar presentes determinadas condições, sem as quais a prestação jurisdicional não definirá situação jurídica material alguma, devendo o órgão julgador extinguir o processo sem resolução do mérito. Como se mostrará em linhas futuras, essas condições – antes denominadas de "condições da ação" – serão tratadas juntamente com os pressupostos e requisitos processuais, como requisitos à admissibilidade do processo.

Se presentes os requisitos necessários à admissibilidade do processo, o Estado-juíz terá o poder e a obrigação de prover a jurisdição, isto é, de resolver a lide, o conflito de interesses submetido à sua apreciação. A essa **prestação jurisdicional que ultrapassa a simples resposta ao direito de ação para definir ou satisfazer o direito material dá-se o nome de tutela jurisdicional**. Destarte, diferencia-se a prestação jurisdicional da tutela jurisdicional, haja vista que esta só **será concedida àquele (autor ou réu) que efetivamente seja titular do direito subjetivo**, ao passo que aquela é inexorável, desde que haja provocação do Estado para tal fim. Em outras palavras, todos têm direito à prestação jurisdicional, função do Estado (art. 5º, XXXV), mas não necessariamente terão direito à tutela jurisdicional, só concedida ao efetivo titular do direito material invocado.

A noção de tutela jurisdicional é bem resumida por José Roberto dos Santos Bedaque:

"Assim, tutela jurisdicional tem o significado de proteção de um direito ou de uma situação jurídica, pela via jurisdicional. Implica prestação jurisdicional em favor do titular de uma situação substancial amparada pela norma, caracterizando a atuação do Direito em casos concretos trazidos à apreciação do Poder Judiciário. É o estudo da técnica processual a partir do seu resultado e em função dele".[27]

---

[26] BEDAQUE, José Roberto dos Santos. *Direito e processo*: influência do direito material sobre o processo. 2. ed. São Paulo: Malheiros, 1997. p. 10-11.

[27] BEDAQUE, José Roberto dos Santos. *Direito e processo*: influência do direito material sobre o processo. 2. ed. São Paulo: Malheiros, 1997. p. 26.

Vale ressaltar que a tutela jurisdicional pode, em princípio, ser concedida a favor do autor ou do réu, desde que, obviamente, haja provocação do órgão jurisdicional para tanto e seja observado o devido processo legal. No processo de conhecimento, por exemplo, o provimento jurisdicional no sentido de julgar improcedente o pedido do autor importa em tutela favorável ao réu, tendo em vista que extirpa a possibilidade de rediscussão a respeito do direito material invocado pelo autor. Também no processo cautelar, conquanto não se vise realizar direito material, mas tão somente assegurar a eficácia de outro processo (cognitivo ou executivo), não há dúvida de que a sentença que afasta a pretensão do requerente reconhece, de outro lado, situação favorável ao requerido. Já a tutela executiva tem destinação unilateral, atuando apenas no sentido de satisfazer direito material previamente definido em título judicial ou extrajudicial.

3.1 Principais espécies de tutelas jurisdicionais

Definido o conceito de tutela jurisdicional, cumpre observar que seu conteúdo depende do direito que se busca proteger pela via processual. Isso nada mais significa que, de acordo com a *crise jurídica*[28] vivenciada no plano material, o provimento jurisdicional atuará de maneira diversa, com o objetivo de produzir resultados úteis às partes. **A cada direito violado ou ameaçado de lesão, portanto, deve corresponder "uma forma de tutela jurisdicional capaz de segurá-lo".**[29] A tutela jurisdicional só será prestada adequadamente quando apta a proteger o direito subjetivo lesado.

Entre as espécies de tutelas jurisdicionais, a classificação de maior abrangência é aquela que considera a pretensão submetida à apreciação do Judiciário, que pode ser de cunho cognitivo, executivo ou cautelar.

Na doutrina clássica, entende-se por **tutela cognitiva (ou de conhecimento) a que acerta o direito**, ou seja, que contém a afirmação acerca da existência ou não do direito postulado em juízo. Por sua vez, a **tutela executiva** é usualmente definida como a que engloba a **satisfação ou realização de um direito já acertado**.

Em razão das alterações trazidas pelo Código atual, não se pode mais utilizar a expressão "tutela cautelar" como uma espécie autônoma de tutela jurisdicional, isto é, prestada por meio de um processo autônomo especialmente instaurado para tal fim. É que, atualmente, a tutela cautelar se encontra prevista como subespécie da tutela de urgência, que por sua vez constitui uma espécie de tutela provisória. A tutela cautelar, cuja sede é a Parte Geral do Código, mais precisamente o Livro V, decorre do poder geral de cautela do juiz e pode ser concedida no bojo de qualquer um dos procedimentos inerentes ao processo de conhecimento ou de execução, sendo dispensável – a rigor, nem é possível – a instauração de processo autônomo para tanto. A tutela cautelar pode ser concedida em caráter antecedente ou incidental, bastando que estejam presentes os elementos que evidenciem a probabilidade do direito e o perigo na demora da prestação jurisdicional. O tema será tratado no capítulo sobre as tutelas provisórias. Por ora, ressaltamos que o CPC/2015 aboliu o livro sobre processo cautelar. A tutela, contudo, sem aquela infinidade de procedimentos – medidas típicas e atípicas – continua firme e forte. Fato

---

[28] Como lembra Cândido Rangel Dinamarco, "conquanto não seja ainda de emprego generalizado na doutrina dos processualistas, a locução *crise jurídica* é muito expressiva e representa a matéria--prima do labor dos operadores do processo. *Crise é dificuldade, é perigo, risco. Crises jurídicas* são momentos de perigo nas relações entre pessoas ou grupos, suscetíveis de serem normalizadas pela imposição do direito material" (*Instituições de direito processual civil*. 2. ed. São Paulo: Malheiros, 2002. v. I, p. 149).

[29] CÂMARA, Alexandre Freitas. *Lições de direito processual civil*. 16. ed. Rio de Janeiro: Lumen Juris, 2007. p. 88.

é que o direito violado pode ser acautelado antes ou durante o acertamento ou mesmo na fase do cumprimento da sentença. Isso é o que importa neste tempo de instrumentalidade.

Conforme o direito que se vise acertar em juízo, a tutela cognitiva pode ser meramente declaratória, constitutiva ou condenatória. A doutrina ainda acrescenta a essa subdivisão a tutela mandamental[30] e a tutela executiva *lato sensu*.

Pois bem. **A tutela meramente declaratória** corresponde àquela que **tem por objeto unicamente a declaração da existência ou inexistência de uma relação jurídica**. Diante de uma crise jurídica de certeza, a ordem processual assegura uma espécie de tutela com o objetivo de afirmar ou negar a existência de determinada relação jurídica e, por conseguinte, dos direitos e obrigações dela resultantes.

Conquanto a declaração a respeito do direito constitua o principal objeto da tutela cognitiva, pode ocorrer de a ela se acrescentar uma condenação ou a constituição/desconstituição de uma relação jurídica. Diz-se acrescentar porque tanto a tutela condenatória quanto a constitutiva trazem, em seu bojo, uma declaração acerca da existência ou não de determinada relação jurídica.[31]

A tutela constitutiva, afora a declaração do direito, tem por finalidade criar, modificar ou extinguir um estado ou relação jurídica (exemplo: ação de divórcio). Percebe-se, pois, que tal espécie de tutela de conhecimento tem lugar diante de uma crise de situação jurídica, em razão da qual a lei substancial confere ao autor o direito de alterar a situação preexistente.

Por fim, **a tutela condenatória, além da declaração de certeza do direito, objetiva a condenação do réu a prestar uma obrigação** (exemplo: ação de reparação de danos). Essa espécie de tutela, a toda evidência, busca solucionar uma crise jurídica de adimplemento; para tanto, porém, fica a depender do cumprimento espontâneo da obrigação pelo devedor ou da execução forçada, que se dá pela tutela executiva.

Em face da opção do legislador pelo processo sincrético, a tutela de cognição que reconheça uma obrigação (de fazer, não fazer, entregar coisa ou pagar quantia) não pode mais ser dissociada da tutela executiva. A cognição e o cumprimento da decisão judicial se dão numa mesma relação processual, não havendo, de regra, necessidade de instauração de uma nova relação processual, por meio de petição inicial, citação válida e todos os atos que permeiam a instauração de um processo. Isso porque "a efetivação forçada da sentença condenatória será feita como etapa final do processo de conhecimento, após um *tempus iudicati*, sem necessidade de um processo autônomo de execução (afastam-se princípios teóricos em homenagem à eficiência e brevidade)".[32] As exceções referem-se às execuções de sentença penal condenatória transitada em julgado, sentença arbitral, sentença estrangeira homologada pelo STJ e decisão interlocutória estrangeira, após concessão do *exequatur* à carta rogatória pelo STJ (incs. VI a IX do art. 515). Nesses casos, embora os títulos exequendos sejam reputados judiciais, a execução ou cumprimento se dá em relação processual instaurada com o objetivo da realização do direito acertado nos mencionados títulos.

---

[30] Refere-se ao provimento judicial que ordena que se cumpra alguma coisa (mandado de segurança que determina a reintegração de um funcionário).

[31] A rigor, todas as sentenças são, a um só tempo, condenatórias, declaratórias e constitutivas. Em toda sentença há, pelo menos, a condenação em custas e honorários; mesmo na ação condenatória, de reparação de danos, por exemplo, há a declaração relativa à violação do direito e a constituição de obrigação. Sob esse prisma, as sentenças – ou as tutelas concedidas – são predominantemente condenatórias, declaratórias ou constitutivas.

[32] Exposição de motivos do projeto que deu origem à Lei nº 11.232, de 22.12.2005.

Assim, embora o cumprimento das obrigações reconhecidas em títulos judiciais se dê por meio de atos executivos (penhora, avaliação, expropriação e pagamento do credor), tal como ocorre na execução de título extrajudicial, tais atos são praticados no bojo do processo de conhecimento. Nítida, pois, a reunião da tutela cognitiva com a executiva, tudo com o escopo de assegurar maior efetividade ao processo.

Anteriormente às alterações promovidas pela Lei nº 11.232/2005 ao Código de 1973, distinguia-se a tutela condenatória *stricto sensu*, que exigia ajuizamento de ação de execução para satisfazer o direito reconhecido na sentença, **da tutela executiva** *lato sensu*, **que se referia à tutela condenatória autoexecutiva**, cujo comando condenatório era passível de execução imediata, sem a necessidade de nova ação. Essa tutela executiva *lato sensu* era aplicável apenas às obrigações de fazer, não fazer e entregar coisa diversa de dinheiro, ao passo que a tutela condenatória *stricto sensu* tinha lugar com relação às obrigações de pagar quantia.

Com a consagração do processo sincrético, **não há mais sentido em se diferenciar ações executivas** *lato sensu* **de ações condenatórias** *stricto sensu*, pois tanto a liquidação quanto o cumprimento da sentença que reconhece obrigação de pagar quantia passaram a constituir mera fase do processo de conhecimento. Vale dizer, a carga de eficácia das tutelas jurisdicionais que reconheçam obrigação de fazer, não fazer, entregar coisa e pagar quantia agora é a mesma. Ressalte-se que o sincretismo não foi alterado pela sistemática do Código atual.

A par da tutela cognitiva – processo de conhecimento, contemplado no Livro I da Parte Especial –, **o Código prevê a Tutela executiva autônoma, sistematizada no Livro II da Parte Especial**. Por meio dessa tutela são realizados os direitos acertados em títulos executivos extrajudiciais, conforme previsão do art. 784. Nesse caso, o acertamento do direito se deu pela via extrajudicial. A crise do direito – surgida com o inadimplemento – é que motivou o exequente a buscar a tutela jurisdicional, com o exclusivo intuito de ver realizado o direito acertado e não cumprido pelo executado.

Finalmente, deve-se mencionar a tutela recursal. Essa tutela é prestada na mesma relação processual, seja no processo de conhecimento ou de execução, quando a(s) parte(s) não concorda(m) com a decisão judicial. A tutela recursal é prestada por meio dos recursos tipificados no art. 994, inserido no Livro III da Parte Especial, cada qual com os seus pressupostos de admissibilidade.

3.2 Sistematização das tutelas jurisdicionais

A par da classificação quanto à pretensão submetida à apreciação do Judiciário, as tutelas jurisdicionais podem se diferenciar por outras características, dando margem, por consequência, a outras formas de classificação.

A classificação das tutelas jurisdicionais adotada nesta obra não constitui um dogma a ser seguido, muito menos tem a pretensão de exaurir todas as formas de agrupamento das diversas espécies de tutelas em um gênero; sua única finalidade é a de organizar a exposição do tema e, via de consequência, facilitar a compreensão do leitor acerca da matéria examinada. Assim, vamos à análise das mais importantes classificações das tutelas jurisdicionais:

a) Classificação quanto à satisfatividade

Por meio desse critério de classificação, distinguem-se as tutelas satisfativas das não satisfativas.

Como o próprio nome diz, tutela satisfativa é aquela que realiza, satisfaz o direito material controvertido em juízo. As tutelas jurisdicionais de conhecimento declaratórias e constitutivas conduzem, em regra, à atuação prática do direito material e, assim, são consideradas satisfativas.

Também as tutelas cognitivas condenatórias, com a adoção do processo sincrético, viabilizam a satisfação do direito material no próprio processo de conhecimento, embora, nesse caso, a realização prática fique por conta, mais propriamente, da tutela executiva (fase de cumprimento da sentença). Por fim, as tutelas executivas indubitavelmente enquadram-se no conceito de tutelas satisfativas, haja vista que permitem, por atos de coerção e sub-rogação, a satisfação do direito daquele que bate às portas do Judiciário em face de lesão ou ameaça de lesão.

A tutela antecipatória, concedida com base na urgência ou na evidência, no curso do processo antecedente a este, também pode ter natureza satisfativa na hipótese de o direito concedido pelo juiz coincidir com o pleito principal, no todo ou em parte, embora reversível e provisório.

Por outro lado, a tutela provisória de natureza cautelar, dado seu caráter puramente instrumental, não tem o condão de realizar direito material algum. Visa, tão somente, assegurar a eficácia de outro processo, de forma a evitar uma prestação jurisdicional inócua, daí por que enquadrá-la como tutela não satisfativa.

b) Classificação quanto à forma de execução

Na concepção original do Código de Processo Civil de 1973, optou-se, por excesso de formalismo, pela previsão de duas ações distintas – ou mesmo três, quando necessária a liquidação da obrigação – para alcançar um único objetivo. Primeiro, devia-se ajuizar ação de conhecimento para acertar o direito para, após, propor nova ação, com vistas a satisfazer o direito.

Embora justificável para a cobrança de título extrajudicial, porquanto o direito nele representado não contou com a certificação do Judiciário, o formalismo representado pela instauração do processo executivo revelava-se exagerado quando a execução visava à satisfação de direito reconhecido em título judicial.

Por força das reformas implementadas no CPC/1973, essa desnecessária tricotomia (ação de conhecimento, liquidação, quando necessária, e execução) tornou-se excepcional. Agora, como regra, a tutela executiva constitui mera fase do processo de conhecimento, ou melhor, do processo sincrético (que alberga atos de cognição e de execução).

Ante essa nova sistemática, podem-se classificar as tutelas quanto à forma de execução, conforme se esteja diante de processo autônomo de execução ou mera fase do processo de conhecimento (processo sincrético).

A repetição contribui para a compreensão. A tutela executiva concedida por meio de processo autônomo somente ocorre nos casos de execução fundada em título extrajudicial (art. 784). Igualmente, quando o título judicial consistir em sentença penal condenatória transitada em julgado, sentença arbitral, sentença estrangeira homologada pelo Superior Tribunal de Justiça, decisão interlocutória estrangeira (art. 515, VI a IX), a tutela executiva será prestada por meio de processo autônomo, com a citação da parte contrária para o processamento, conforme o caso, da liquidação ou do cumprimento de sentença (art. 515, § 1º).

Ressalvadas tais hipóteses, promove-se a execução dos títulos judiciais por simples fase do procedimento cognitivo, denominada cumprimento ou execução de sentença.

c) Classificação quanto ao meio de prestação

As tutelas jurisdicionais podem ser prestadas por diversas maneiras. Quando para tal finalidade são utilizados meios tradicionais, diz-se que a tutela jurisdicional é *comum*. É o que ocorre, por exemplo, quando a tutela jurisdicional pode ser prestada por meio do procedimento comum.

Pode ocorrer, entretanto, de os meios tradicionais – ou comuns – postos à disposição do jurisdicionado não serem suficientes à adequada proteção do direito material; vale dizer, tais meios garantiriam o acesso ao Judiciário, mas não o acesso amplo à Justiça. Dessa maneira, quando o direito material reclamar "uma forma de prestação da tutela jurisdicional por métodos diversos dos tradicionais",[33] designa-se tal tutela por *diferenciada*. É o caso do procedimento monitório e do mandado de segurança, por exemplo.

A diferenciação da tutela jurisdicional pode considerar três aspectos, quais sejam, a urgência, a evidência e a inibição do ilícito.

Por tutela de urgência entende-se aquela que deve ser prestada com presteza, a fim de evitar dano irreparável ou de difícil reparação. Pode ser de caráter antecipatório ou meramente cautelar. A tutela de urgência é prestada por meio de cognição sumária dos elementos trazidos ao processo, contrapondo-se, desse modo, à tutela exauriente; vale dizer, a tutela de urgência, ao contrário da exauriente, não soluciona a lide de modo definitivo, tanto é que não poderá ser concedida quando houver perigo de irreversibilidade dos efeitos da decisão.

A seu turno, a tutela de evidência não está lastreada na urgência, mas na evidência das provas apresentadas desde logo pelo autor, assim como na hipótese de ficar caracterizado o abuso do direito de defesa ou o manifesto propósito protelatório da parte (art. 311). As condições para concessão da tutela de evidência também serão explanadas no capítulo que trata da tutela antecipada.

Por fim, a tutela inibitória consiste no provimento jurisdicional destinado a reconhecer e efetivar uma obrigação de fazer ou de não fazer com a finalidade de prevenir ato ilícito; diferencia-se, portanto, da tradicional tutela reparatória. À guisa de exemplificação, considera-se inibitória a tutela que proíbe o despejo de lixo tóxico no rio cujas águas passam ao redor da fábrica pertencente ao réu.

d) Classificação quanto ao direito protegido (tutela individual e coletiva)

Com a massificação da sociedade e da economia, a concepção tradicional dos direitos foi ampliada para albergar os chamados *direitos transindividuais* ou *de terceira geração*.

Em decorrência do surgimento dessa nova modalidade de direitos, fez-se necessária uma reanálise dos institutos processuais, com o escopo de adaptá-los ao direito material que buscam assegurar. Assim, além da noção de tutela individual conhecida amplamente pelos processualistas, ganhou força no século XX a ideia de tutela coletiva, hoje consagrada por diversos diplomas normativos (como, por exemplo, a Lei da Ação Civil Pública, o CDC e a Lei da Ação Popular).

Tutela coletiva pode ser entendida como a atividade jurisdicional de proteção de um direito transindividual (difuso ou coletivo) ou de um direito individual homogêneo. O art. 81 do CDC assim define tais direitos:

> Art. 81. [...]
>
> Parágrafo único. A defesa coletiva será exercida quando se tratar de:
>
> I – interesses ou direitos difusos, assim entendidos, para efeitos deste Código, os transindividuais, de natureza indivisível, de que sejam titulares pessoas indeterminadas e ligadas por circunstâncias de fato;
>
> II – interesses ou direitos coletivos, assim entendidos, para efeitos deste Código, os transindividuais de natureza indivisível de que seja titular grupo, categoria ou classe de pessoas ligadas entre si ou com a parte contrária por uma relação jurídica base;

---

[33] CÂMARA, Alexandre Freitas. *Lições de direito processual civil*. 16. ed. Rio de Janeiro: Lumen Juris, 2007. v. II, p. 90.

III – interesses ou direitos individuais homogêneos, assim entendidos os decorrentes de origem comum.

Importa destacar que os direitos individuais homogêneos, contrariamente ao que ocorre com os direitos difusos e coletivos em sentido estrito,

> "são em verdade direitos individuais, perfeitamente atribuíveis a sujeitos específicos. Mas, por se tratar de direitos individuais idênticos (de massa), admitem – e mesmo recomendam, para evitar decisões conflitantes, com otimização da prestação jurisdicional do Estado – proteção coletiva".[34]

3.3 Tutela jurisdicional sob a perspectiva do réu

Quando se fala em tutela jurisdicional, a primeira ideia que vem à mente é a da proteção de um direito do autor, pois, afinal de contas, é ele quem provoca a atividade jurisdicional, dando ensejo à formação da relação processual.

No entanto, como bem lembrado por José Roberto dos Santos Bedaque, "a tutela jurisdicional está reservada apenas para aqueles que efetivamente sejam amparados no plano do direito material",[35] pouco importando, portanto, se autor ou réu. Em outras palavras, o que importa, para fins de concessão da tutela jurisdicional, é a titularidade do direito material controvertido,[36] e não a posição ocupada pelo titular na relação processual.

Obviamente, os contornos da lide são delimitados, em regra, pela pretensão do autor. Tanto é assim que, pelo princípio da congruência, "o juiz decidirá o mérito nos limites propostos pelas partes, sendo-lhe vedado conhecer de questões não suscitadas a cujo respeito a lei exige iniciativa da parte" (art. 141).

Porém, mesmo quando a prestação jurisdicional ocorre com fundamento unicamente na pretensão deduzida pela parte autora na petição inicial, poderá haver tutela em favor do réu, haja vista que o provimento cognitivo no sentido de julgar improcedente aquela pretensão extirpa a possibilidade de rediscussão a respeito do direito material invocado pelo autor. Assim, deve-se considerar que o réu também tem "pretensões" no âmbito de suas defesas, cujo acolhimento consiste numa tutela declaratória de inexistência do direito alegado pela parte autora.

Contudo, não só no âmbito da defesa pode o réu obter uma tutela que lhe é favorável. Isso porque o ordenamento jurídico permite ao réu formular autênticas pretensões por meio de reconvenção, desde que haja conexão com a ação principal ou com o fundamento da defesa (art. 343). Nos Juizados Especiais é possível formular pedido contraposto (art. 17, parágrafo único, c/c o art. 31 da Lei nº 9.099/1995). A diferença entre reconvenção e pedido contraposto é apenas de extensão. A reconvenção tem amplitude maior, porquanto pode ter pedido idêntico ao formulado na inicial ou a mesma causa de pedir desta, bem como pode ter como causa um fundamento da defesa. Já o pedido contraposto deve estar sempre lastreado no mesmo fundamento fático da inicial. Principalmente porque no Código atual houve uma simplificação das formas, passando a reconvenção, tal como o pedido contraposto, a constituir tópico da contestação, não há mais diferença essencial entre esses dois institutos. Pode-se dizer que o pedido contraposto é uma reconvenção limitada.

---

[34] MARINONI, Luiz Guilherme; ARENHART, Sérgio Cruz. *Manual do processo de conhecimento*. 5. ed. São Paulo: RT, 2006. p. 725.

[35] BEDAQUE, José Roberto dos Santos. *Direito e processo*: influência do direito material sobre o processo. 2. ed. São Paulo: Malheiros, 1997. p. 24.

[36] LOPES, João Batista. *Curso de direito processual civil*: parte geral. São Paulo: Atlas, 2005. p. 25.

Já no âmbito da execução, as coisas ocorrem de modo diverso. O processo executivo, como ressaltado alhures, tem destinação unilateral, ou seja, visa tão somente a satisfação do direito material previamente definido em título judicial ou extrajudicial em benefício do credor (exequente). Inexiste, pois, atividade cognitiva ou de acertamento na execução, o que inviabiliza uma defesa do réu tendente a declarar a inexistência do direito material do exequente.[37] Igualmente, por se fundamentar a execução em título constituído em favor do credor-exequente, jamais poderá o devedor obter a satisfação de um direito pelo processo executivo.

De outro lado, como sabido, poderá o réu discutir o título exequendo e o direito material nele consubstanciado pela via da impugnação ou dos embargos à execução, conforme se trate de cumprimento de sentença ou de execução de título extrajudicial. As tutelas, contudo, não se confundem com a que é prestada na ação de execução propriamente dita; podem levar à extinção do processo executivo pela desconstituição do título, mas não importam em tutela executiva em favor do devedor ou em tutela cognitiva prestada no bojo da execução.

3.4 Órgãos jurisdicionais incumbidos da tutela jurisdicional no Brasil

Como se disse, a função de compor o litígio – ou seja, de prestar a tutela jurisdicional – é conferida, no Brasil, precipuamente ao Judiciário. Diz-se precipuamente porquanto a própria Constituição outorga a função de compor os litígios a órgãos não jurisdicionais, como o Senado Federal (art. 52), os Tribunais de Contas, a Justiça Desportiva e as Agências Reguladoras. A função pacificadora dos conflitos pode, inclusive, ser exercida por particulares, como ocorre na arbitragem, na mediação e na conciliação.

Não obstante, como regra geral, pode-se afirmar que ao Poder Judiciário incumbe o exercício da tutela jurisdicional no Brasil.

Nos termos do art. 92 da CF/1988, o Poder Judiciário é composto pelos seguintes órgãos jurisdicionais: "I) o Supremo Tribunal Federal; I-A) o Conselho Nacional de Justiça (incluído pela EC nº 45/2004); II) o Superior Tribunal de Justiça; II-A) o Tribunal Superior do Trabalho (incluído pela EC nº 92/2016); III) os Tribunais Regionais Federais e Juízes Federais; IV) Tribunais e Juízes do Trabalho; V) Tribunais e Juízes Eleitorais; VI) os Tribunais e Juízes Militares; VII) os Tribunais e Juízes dos Estados e do Distrito Federal e Territórios".

As justiças do Trabalho, Eleitoral e Militar integram o que se convencionou denominar de justiça especial ou especializada. São especiais porque lhes é cometido o julgamento de causas "cujo fundamento jurídico-substancial vem especialmente indicado na Constituição (e nos casos que ela permite, na lei ordinária)".[38] Assim, especificamente à Justiça do Trabalho compete julgar as demandas elencadas no art. 114 da CF/1988 (*v.g.*, ações oriundas da relação de trabalho e ações que envolvam exercício de direito de greve).

À Justiça Eleitoral cabe o julgamento de causas cíveis e criminais que envolvam matéria eleitoral, tais como ação de impugnação de registro de candidatura, ação de impugnação de mandato eletivo, ação penal por crime de calúnia com finalidade eleitoral (art. 324 do CE),

---

[37] Ressalve-se a admissão por parte da doutrina de, na exceção de pré-executividade, a par das matérias de ordem pública, serem deduzidas questões de ordem privada (o pagamento, por exemplo), desde que haja prova pré-constituída.

[38] CINTRA, Antônio Carlos de Araújo; GRINOVER, Ada Pelegrini; DINAMARCO, Cândido R. *Teoria geral do processo*. São Paulo: Malheiros, 1992. p. 192.

além de outras previstas em lei complementar (art. 121 da CF/1988)[39]; e à Justiça Militar, os crimes militares (arts. 124 e 125, § 4º, da CF/1988)[40].

As Justiças Federal e Estadual compõem a chamada justiça comum. Diz-se comum porque nada menciona a Constituição acerca do fundamento jurídico-substancial das causas que lhes competem, ou seja, a competência é residual (vala comum). Entretanto, também na justiça comum há relação de especialidade. À Justiça Federal caberá julgar as causas elencadas no art. 109 e à Justiça Estadual, as demais (competência residual).

No topo de cada justiça especializada encontra-se um tribunal superior (Tribunal Superior do Trabalho, o Tribunal Superior Eleitoral e o Superior Tribunal Militar), todos com sede no Distrito Federal e com competência em todo o território nacional para apreciar, em última instância, as questões infraconstitucionais relacionadas com as respectivas áreas de atuação. Da decisão de tais tribunais cabe recurso apenas ao STF, se estiver em discussão violação à Constituição.

A organização da justiça comum é diferente. Cada Estado da Federação, bem como o Distrito Federal, tem seu Tribunal de Justiça,[41] e, na justiça federal, há tantos tribunais regionais quantas forem as regiões em que dividido o país (atualmente, cinco). Sobre a justiça estadual e federal, paira o Superior Tribunal de Justiça, competindo-lhe o julgamento, em última instância, das matérias infraconstitucionais atinentes à justiça comum, com recurso apenas ao STF no caso de violação à Constituição.

O STF não integra qualquer segmento da Justiça. É, na verdade, órgão de convergência (a ele convergem as matérias constitucionais decididas por todos os tribunais) e de superposição (se sobrepõe aos demais órgãos jurisdicionais). O STF é o órgão de máxima hierarquia, a quem caberá dar a última palavra sobre os conflitos trazidos ao Judiciário.

É importante observar que apesar da repartição da função jurisdicional entre os vários órgãos do Poder Judiciário, a jurisdição não é federal, nem estadual, eleitoral, trabalhista ou militar. Como expressão do poder estatal – que é uno –, a jurisdição também é una, nacional, não comportando divisão. O que ocorre é apenas repartição da função jurisdicional, como forma de racionalizar o sistema frente à maciça demanda pela tutela jurisdicional.

A distribuição do exercício da jurisdição entre os vários órgãos que integram o Judiciário retrata o fenômeno da competência. Competência, portanto, é a "quantidade de jurisdição cujo exercício é atribuído a cada órgão ou grupo de órgãos".[42] O instituto será estudado detalhadamente mais adiante.

---

[39] Destaca-se que, para o Supremo Tribunal Federal, a competência criminal da Justiça Eleitoral se estende aos crimes comuns que apresentem conexão com os crimes eleitorais (Inq 4435, Rel. Min. Marco Aurélio, j. 14.03.2019).

[40] De acordo com a Lei 13.491/2017, que alterou o Código Penal Militar, considera-se crime militar não apenas os previstos nessa legislação, mas todos aqueles tipificados nas leis penais, desde que cometidos nas circunstâncias descritas no art. 9º do CPM. A Lei 13.491/2017 buscou elastecer o conceito de crime militar para todas as figuras delitivas previstas na legislação penal, independentemente de correspondente previsão na parte especial do CPM.

[41] A Constituição Federal de 1946, com o intuito de descentralizar a justiça, autorizou a criação, pelos Estados Membros, de "tribunais de alçada inferior à dos Tribunais de Justiça" (art. 124, II), o que foi implementado por vários Estados, como Minas Gerais, Rio de Janeiro, Rio Grande do Sul, São Paulo e Paraná. Em 2004, no entanto, a EC nº 45 à CF/1988, em seu art. 4º, determinou a extinção dos tribunais de alçada, passando os seus membros a integrar os Tribunais de Justiça do respectivo Estado.

[42] DINAMARCO, Cândido Rangel. *Instituições de direito processual civil*. São Paulo: Malheiros, 2004. p. 327.

Quadro esquemático 5 – Tutela jurisdicional

Tutela jurisdicional

- **Conceito:** é a proteção, pela via jurisdicional, de um direito ou situação jurídica. Não se confunde com prestação jurisdicional, que significa a inexorável atuação do Estado no sentido de responder ao direito de ação, independentemente ou não da existência do direito postulado.

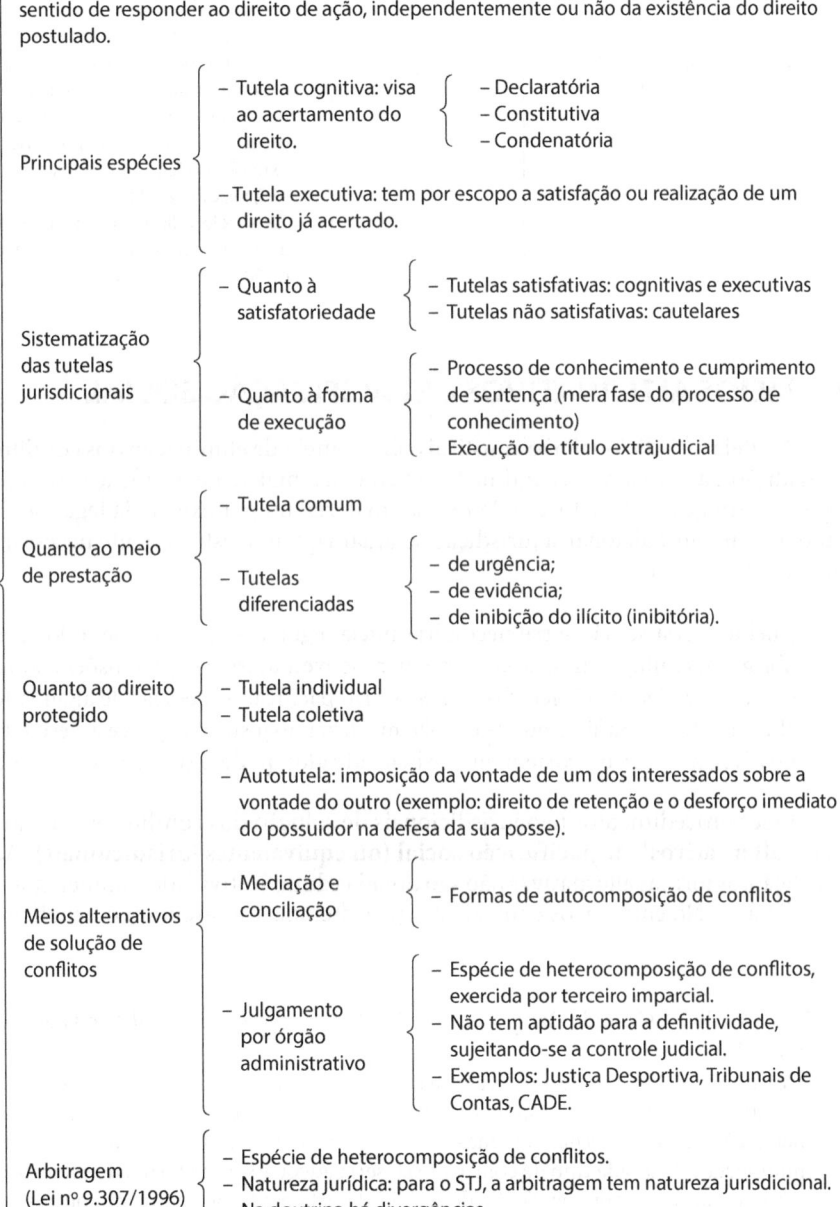

- **Principais espécies**
  - Tutela cognitiva: visa ao acertamento do direito.
    - Declaratória
    - Constitutiva
    - Condenatória
  - Tutela executiva: tem por escopo a satisfação ou realização de um direito já acertado.

- **Sistematização das tutelas jurisdicionais**
  - Quanto à satisfatoriedade
    - Tutelas satisfativas: cognitivas e executivas
    - Tutelas não satisfativas: cautelares
  - Quanto à forma de execução
    - Processo de conhecimento e cumprimento de sentença (mera fase do processo de conhecimento)
    - Execução de título extrajudicial

- **Quanto ao meio de prestação**
  - Tutela comum
  - Tutelas diferenciadas
    - de urgência;
    - de evidência;
    - de inibição do ilícito (inibitória).

- **Quanto ao direito protegido**
  - Tutela individual
  - Tutela coletiva

- **Meios alternativos de solução de conflitos**
  - Autotutela: imposição da vontade de um dos interessados sobre a vontade do outro (exemplo: direito de retenção e o desforço imediato do possuidor na defesa da sua posse).
  - Mediação e conciliação
    - Formas de autocomposição de conflitos
  - Julgamento por órgão administrativo
    - Espécie de heterocomposição de conflitos, exercida por terceiro imparcial.
    - Não tem aptidão para a definitividade, sujeitando-se a controle judicial.
    - Exemplos: Justiça Desportiva, Tribunais de Contas, CADE.

- **Arbitragem (Lei nº 9.307/1996)**
  - Espécie de heterocomposição de conflitos.
  - Natureza jurídica: para o STJ, a arbitragem tem natureza jurisdicional. Na doutrina há divergências.

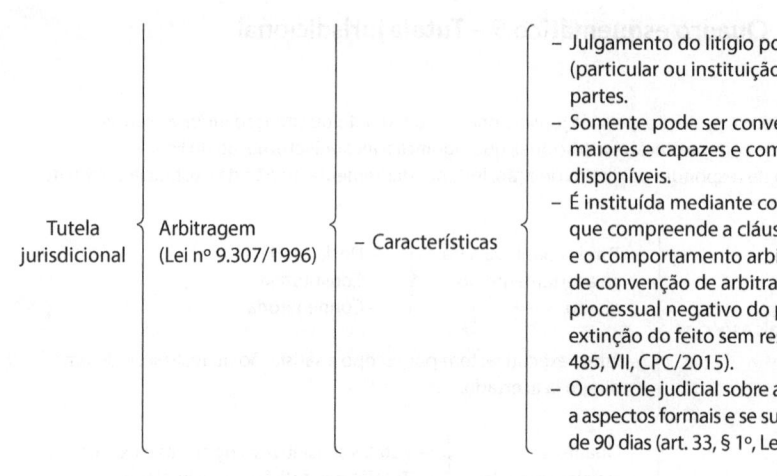

Tutela jurisdicional	Arbitragem (Lei nº 9.307/1996)	– Características	– Julgamento do litígio por terceiro imparcial (particular ou instituição privada), escolhido pelas partes. – Somente pode ser convencionada por pessoas maiores e capazes e com relação a direitos disponíveis. – É instituída mediante convenção de arbitragem, que compreende a cláusula compromissória e o comportamento arbitral. A existência de convenção de arbitragem é pressuposto processual negativo do processo, ensejando a extinção do feito sem resolução do mérito (art. 485, VII, CPC/2015). – O controle judicial sobre a sentença arbitral cinge-se a aspectos formais e se sujeita a prazo decadencial de 90 dias (art. 33, § 1º, Lei de Arbitragem).

4. MEIOS ALTERNATIVOS DE PACIFICAÇÃO SOCIAL

A tutela jurisdicional não constitui o único meio de eliminação dos conflitos. Na verdade, a jurisdição é a *ultima ratio*, a última trincheira na tentativa de pacificação social; fora daquelas hipóteses em que, pela natureza da relação material ou por exigência legal, se fizer necessário o provimento jurisdicional, a jurisdição só atuará quando estritamente necessário. Como bem observa Dinamarco:

"melhor seria se não fosse necessária tutela alguma às pessoas, se todos cumprissem suas obrigações e ninguém causasse danos nem se aventurasse em pretensões contrárias ao direito. Como esse ideal é utópico, faz-se necessário pacificar as pessoas de alguma forma eficiente, eliminando os conflitos que as envolvem e fazendo justiça. O processo estatal é um caminho possível, mas outros existem que, se bem ativados, podem ser de muita utilidade".[43]

Esses procedimentos não jurisdicionais de solução dos conflitos é que são denominados **meios alternativos**[44] **de pacificação social (ou equivalentes jurisdicionais)**. Ao contrário da jurisdição, as formas alternativas não são dotadas de definitividade, submetendo-se ao controle do Judiciário. No entanto, os equivalentes jurisdicionais apresentam o benefício da celeridade

---

[43] DINAMARCO, Cândido Rangel. *Instituições de direito processual civil*. São Paulo: Malheiros, 2004. p. 118-119.

[44] "Costumam-se chamar de 'meios alternativos de resolução de conflitos' a mediação, a conciliação e a arbitragem (*Alternative Dispute Resolution* – ADR). Estudos mais recentes demonstram que tais meios não seriam 'alternativos', mas sim integrados, formando um modelo de sistema de justiça multiportas. Para cada tipo de controvérsia, seria adequada uma forma de solução, de modo que há casos em que a melhor solução há de ser obtida pela mediação, enquanto outros, pela conciliação, outros, pela arbitragem e, finalmente, os que se resolveriam pela decisão do juiz estatal. Há casos, então, que o meio alternativo é que seria o da justiça estatal. A expressão multiportas decorre de uma metáfora: seria como se houvesse, no átrio do fórum, várias portas; a depender do problema apresentado, as partes seriam encaminhadas para a porta da mediação, ou da conciliação, ou da arbitragem, ou da própria justiça estatal" (Disponível em: http://www.leonardocarneirodacunha.com.br/opiniao/opiniao-26-notas-sobre-adrconfidencialidade-em-face-do-julgador-eprova-inadmissivel/. Acesso em: 10 jan. 2015).

– porquanto menos formalistas do que um processo comum – e do baixo custo financeiro, que é elevado nos processos jurisdicionais (taxas judiciárias, honorários advocatícios, custas de perícia...) e que muitas vezes sequer existem nos meios alternativos. Tais particularidades, aliadas à percepção de que o Estado, muitas vezes, falha em sua missão pacificadora, têm contribuído para uma valorização crescente dos meios não jurisdicionais de pacificação social.

É com bons olhos, aliás, que se vê a divulgação, valorização e incentivo à utilização dos meios alternativos de pacificação social. Ninguém melhor do que as próprias partes para, juntas ou com auxílio de terceira pessoa, encontrar a solução mais adequada, justa e eficaz ao conflito. Deve-se abandonar de uma vez por todas a crença de que apenas o juiz está apto a solucionar todo e qualquer impasse decorrente da vida cotidiana.

Os meios alternativos mais comuns e que serão abordados em seguida são: a **autotutela**, a **mediação**, a **conciliação** e o **julgamento por órgãos administrativos**. A **arbitragem** é aqui considerada verdadeira hipótese de jurisdição e será tratada em tópico específico.

4.1 Autotutela

Consiste a autotutela na solução do litígio pela imposição da vontade de um dos interessados sobre a vontade do outro. Trata-se de solução egoísta e parcial dos conflitos, vedada por nosso ordenamento, como regra geral. Se exercida por particular, a autotutela é tipificada como crime de exercício arbitrário das próprias razões (art. 345 do CP). Quando executada pelo Estado, configura abuso de poder. Em algumas situações excepcionais, a própria lei admite a autotutela. Tal ocorre por duas razões básicas: "a) a impossibilidade de estar o Estado-juízo presente sempre que um direito esteja sendo violado ou prestes a sê-lo; b) ausência de confiança de cada um no altruísmo alheio, inspirador de uma possível autocomposição".[45]

Entre as situações nas quais se admite a autotutela, podemos citar o direito de retenção (arts. 578, 644 e 1.433, II, do CC), o desforço imediato pelo possuidor na defesa de sua posse (art. 1.210, § 1º, do CC), a legítima defesa e a autoexecutoriedade dos atos administrativos.

JURISPRUDÊNCIA TEMÁTICA

"Para a pessoa perseguir licitamente a realização de seu direito com emprego de meios próprios, é necessário que a lei expressamente o permita. Não existindo permissão expressa do exercício da autotutela será ilícita a defesa do direito pelo titular, por meio de seus próprios recursos". (TJ-GO, APL: 01473284620168090195, Rel. José Carlos de Oliveira, j. 13.09.2019, 3ª Câmara Cível, *DJe* 13.09.2019).

4.2 Mediação e conciliação

A mediação é técnica de **estímulo à autocomposição**. Um terceiro (mediador), munido de técnicas adequadas, ouvirá as partes e oferecerá diferentes abordagens e enfoques para o problema, aproximando os litigantes e facilitando a composição do litígio. A decisão caberá às partes, jamais ao mediador. A mediação assemelha-se à **conciliação**, uma vez que ambas visam à autocomposição. Dela se distingue somente porque a conciliação busca sobretudo o acordo entre as partes, enquanto a mediação objetiva debater o conflito, surgindo o acordo como mera consequência. Trata-se mais de uma **diferença de método**, mas o resultado acaba sendo o mesmo.

---

[45] CINTRA, Antônio Carlos de Araújo; GRINOVER, Ada Pelegrini; DINAMARCO, Cândido Rangel. *Teoria geral do processo*. São Paulo: Malheiros, 2006. p. 35.

Para facilitar, a **Lei nº 13.140/2015** trouxe um conceito sobre mediação:

Art. 1º [...]
Parágrafo único. Considera-se mediação a atividade técnica exercida por terceiro imparcial sem poder decisório, que, escolhido ou aceito pelas partes, as auxilia e estimula a identificar ou desenvolver soluções consensuais para a controvérsia.

O mediador não deve propor solução para os litigantes, mas sim possibilitar, a partir do levantamento dos problemas envolvidos, que as próprias partes cheguem a um consenso. O conciliador, diferentemente, orienta e aponta soluções na tentativa de agilizar a prestação jurisdicional, mas sem adentrar nas questões intersubjetivas que desencadearam o conflito.

Podem ser **objeto da mediação** não apenas os conflitos que envolvam direitos disponíveis, mas, também, aqueles que versem sobre direitos indisponíveis que admitam transação (exemplos: questões envolvendo alimentos e guarda de filhos). Nestes casos, mesmo que a mediação seja realizada extrajudicialmente, exige-se a homologação em juízo, após oitiva do Ministério Público (art. 3º, § 2º, da Lei nº 13.140/2015).

Anote que não apenas os direitos patrimoniais privados admitem autocomposição por meio da mediação. A Lei da Mediação (Lei nº 13.140/2015) consolidou o moderno entendimento doutrinário no sentido de que a Administração Pública também pode resolver seus conflitos por meio da conciliação e da mediação (art. 32).

Extrajudicialmente a mediação também se mostra viável. De acordo com a Lei nº 13.140/2015, a **mediação extrajudicial** se dará mediante convite, por qualquer meio de comunicação. As partes também podem acordar previamente a **"cláusula de mediação"**, por meio da qual se comprometerão a tentar a mediação antes de buscarem o Poder Judiciário ou a arbitragem para decidirem o conflito.

Como forma de fortalecer a mediação extrajudicial e evitar que a tentativa prévia de autocomposição sirva apenas para prolongar a solução da controvérsia, os contratos poderão prever uma penalidade em caso de não comparecimento da parte convidada à primeira reunião. Inexistindo cláusula expressa, aplica-se o art. 22, § 2º, IV, segundo o qual "o não comparecimento da parte convidada à primeira reunião de mediação acarretará a assunção por parte desta de cinquenta por cento das custas e honorários sucumbenciais caso venha a ser vencedora em procedimento arbitral ou judicial posterior, que envolva o escopo da mediação para a qual foi convidada".

Novidade bastante relevante trazida pela Lei nº 13.140/2015 é a possibilidade de as partes, mediante cláusula contratual prévia, estabelecerem um **prazo para o início da ação judicial ou do procedimento arbitral**. Exemplo: cláusula contratual prevendo que se as partes pretenderem discutir o contrato em razão de eventual inadimplemento, a via judicial só poderá ser acionada se parte inadimplente não tiver solucionado o problema no prazo máximo de três meses depois de notificada pela parte contrária. Se houver uma previsão nesse sentido e uma das partes propuser ação judicial, o juiz deverá suspender o processo e aguardar o término do prazo estipulado. Eis o teor do dispositivo:

Art. 23. Se, em previsão contratual de cláusula de mediação, as partes se comprometerem a não iniciar procedimento arbitral ou processo judicial durante certo prazo ou até o implemento de determinada condição, o árbitro ou o juiz suspenderá o curso da arbitragem ou da ação pelo prazo previamente acordado ou até o implemento dessa condição.

Parágrafo único. O disposto no *caput* não se aplica às medidas de urgência em que o acesso ao Poder Judiciário seja necessário para evitar o perecimento de direito.

A conciliação é incentivada, inclusive, no âmbito do Supremo Tribunal Federal. No início de agosto de 2020, por meio da Resolução nº 697/2020, o STF criou o Centro de Mediação e

Conciliação (CMC), órgão que atuará não somente em demandas já submetidas à jurisdição da Corte, mas, também, na solução de conflitos pré-processuais, a exemplo de conflitos de competência originária do STF. Nesse caso, os interessados poderão obter a solução pacífica antes mesmo da judicialização.

De acordo com o art. 3º, parágrafo único, da Resolução nº 697/2020, a tentativa de conciliação poderá ocorrer em todas as hipóteses regimentais de competência da Presidência ou a critério do relator, em qualquer fase processual.

A Resolução nº 358 do Conselho Nacional de Justiça, também prestigiando os meios alternativos de resolução de conflitos, regulamentou a criação e a adoção ampla de soluções tecnológicas no âmbito do Poder Judiciário para a solução de demandas através da mediação e da conciliação. A normativa somente não tem aplicação obrigatória para o Tribunal Superior Eleitoral, Conselho Superior da Justiça do Trabalho e Superior Tribunal Militar, que poderão deliberar sobre a necessidade de implementação da Resolução.

O CPC também traz outras disposições sobre esses institutos. Confira, nesse sentido, o Capítulo X, parte I.

4.3 Julgamento por órgão administrativo

Como se disse, a função de julgar e decidir conflitos de interesses não é exclusiva do Judiciário. Igual competência é atribuída a vários órgãos administrativos, que julgarão litígios relativos a matérias previstas em lei ou na própria Constituição. Apesar de também constituir espécie de heterocomposição de conflitos exercida por terceiro imparcial, a decisão por órgão administrativo não possui aptidão para a definitividade, se sujeitando ao controle jurisdicional, daí ser considerada equivalente jurisdicional.

Um desses órgãos administrativos é o Tribunal de Contas, órgão auxiliar do Poder Legislativo, com competência para julgar as contas prestadas pelos administradores públicos (art. 71 da CF/1988). Há, no âmbito do Tribunal de Contas, verdadeiro processo, de natureza administrativa, mas que se sujeita aos princípios inerentes aos processos jurisdicionais, como o devido processo legal, a ampla defesa e o contraditório.

Outro órgão administrativo que exerce função jurisdicional – aqui entendida como a competência para decidir conflitos – é a Justiça Desportiva (art. 217 da CF/1988), que julgará litígios relacionados à disciplina e competições desportivas. O acesso ao Judiciário, nesta seara, só será possível após o esgotamento da via administrativa (§ 1º).

Também há solução heterônoma dos conflitos no âmbito das Agências Reguladoras, entidades autárquicas responsáveis pela regulação da atividade econômica. Tais agências detêm competência para dirimir os conflitos decorrentes da atividade econômica que regulam (função reguladora judicante).

Podemos citar, ainda, o Conselho Administrativo de Defesa Econômica – CADE, autarquia com função judicante para os conflitos envolvendo infração à ordem econômica (Lei nº 12.529, de 30 de novembro de 2011).[46]

---

[46] "Constituiu-se o Conselho Administrativo de Defesa Econômica (CADE) em autarquia fiscalizadora e judicante, com atribuição para decidir sobre a existência de infração à ordem econômica, aplicar as penalidades previstas na lei antitruste e ordenar providências que conduzam à cessação de infração à ordem econômica. As atividades desempenhadas pelo CADE devem observar as regras e princípios constitucionais, bem como as normas insertas na novel Lei nº 12.529/2011, e – neste aspecto (constitucionalidade e legalidade) – os atos do Conselho são passíveis de anulação pelo Poder Judiciário, que tem o escopo de assegurar a tutela dos direitos garantidos pelo ordenamento

5. ARBITRAGEM

A arbitragem consiste no julgamento do litígio por terceiro imparcial, escolhido pelas partes. É, tal qual a jurisdição, espécie de **heterocomposição de conflitos**, que se desenvolve mediante trâmites mais simplificados e menos formais do que o processo jurisdicional.

A arbitragem somente pode ser convencionada por pessoas maiores e capazes e com relação a **direitos disponíveis**. Não é compulsória, mas opção que poderá ou não ser utilizada pelas partes, a critério delas. No âmbito trabalhista, a arbitragem possui status constitucional (art. 114, § 2º, da CF/1988, com a redação dada pela EC nº 45/2004).[47] No âmbito da Administração Pública (direta e indireta) existe uma autorização genérica para a instituição da arbitragem, que pode vir a ser utilizada em todo conflito que envolva direitos patrimoniais disponíveis (art. 1º, § 1º, da Lei nº 9.307/1996, com redação dada pela Lei nº 13.129/2015). O Decreto nº 10.025, de 20 de setembro de 2019, trouxe regras específicas para a realização de arbitragem no âmbito da Administração Pública Federal, do setor portuário e de transportes rodoviário, ferroviário, aquaviário e aeroportuário. Em síntese, o decreto permite a submissão à arbitragem de controvérsias sobre direitos patrimoniais disponíveis que envolvam a União ou as entidades da administração pública federal e concessionários, subconcessionários, permissionários, arrendatários, autorizatários e operadores portuários. Questões relacionadas, por exemplo, ao cálculo de indenizações decorrentes de extinção de contratos de parceria, como também ao inadimplemento de obrigações contratuais e aplicação de multas poderão ser submetidas à jurisdição arbitral, vedando-se, contudo, a arbitragem por equidade, que será classificada adiante[48].

A arbitragem é regulada pela Lei nº 9.307/1996 e instituída mediante negócio jurídico denominado **"convenção de arbitragem"**, que compreende a **cláusula compromissória** e o **compromisso arbitral**. A convenção de arbitragem é pressuposto processual negativo do processo, ensejando a extinção do feito sem resolução do mérito (art. 485, VII) e, ao contrário dos demais pressupostos processuais, não pode ser conhecida de ofício pelo julgador (art. 337, § 5º).

Pela cláusula compromissória, convencionam as partes que as demandas decorrentes de determinado negócio jurídico serão resolvidas pelo juízo arbitral. Trata-se de deliberação prévia e abstrata, **anterior ao litígio**, que deve ser estipulada por escrito, podendo, segundo a doutrina[49], ser registrada sob qualquer forma. Por exemplo, é possível que seja inserida cláusula

---

jurídico (...)" (TRF-4 – AC: 50069089320114047100/RS 5006908-93.2011.4.04.7100, Rel. Fernando Quadros da Silva, j. 21.05.2014, 3ª Turma).

[47] A arbitragem é admita pela Constituição no caso de **dissídios coletivos** de trabalho. Não é válida, portanto, para os **dissídios individuais** conforme entendimento pacífico do TST. Nesse sentido: "Seja sob a ótica do art. 114, §§ 1º e 2º, da Constituição Federal, seja à luz do art. 1º da Lei nº 9.307/1996, o instituto da arbitragem não se aplica como forma de solução de conflitos individuais trabalhistas. Mesmo no tocante às prestações decorrentes do contrato de trabalho passíveis de transação ou renúncia, a manifestação de vontade do empregado, individualmente considerado, há que ser apreciada com naturais reservas, e deve necessariamente submeter-se ao crivo da Justiça do Trabalho ou à tutela sindical, mediante a celebração de válida negociação coletiva. Inteligência dos arts. 7º, XXVI, e 114, *caput*, I, da Constituição Federal" (E-ED-RR 25900-67.2008.5.03.0075, Subseção I Especializada em Dissídios Individuais, Rel. Min. João Oreste Dalazen, j. 16.04.2015).

[48] De acordo com o Enunciado 107 da II Jornada de Prevenção e Solução Extrajudicial de Litígios do CJF, "a definição de direito patrimonial disponível, consoante o art. 1º, § 1º, da Lei n. 9.307/1996, para fins de submissão de questões que envolvam a Administração Pública ao procedimento arbitral, deve observar o critério de negociabilidade da matéria objeto de discussão".

[49] Enunciado 111: "A cláusula compromissória deve ser estipulada por escrito, podendo ser registrada sob qualquer forma, como troca de e-mails ou outras formas, para aferir a vontade das partes" (II Jornada de Prevenção e Solução Extrajudicial de Litígios do CJF).

compromissória em pacto antenupcial ou em contrato de união estável, desde que relacionada a direitos patrimoniais disponíveis. Trata-se de entendimento doutrinário aprovado na II Jornada de Prevenção e Solução Extrajudicial de Litígios, promovida pelo Centro de Estudos Judiciários do Conselho da Justiça Federal (CJF)[50]. De toda forma, nada impede que se verifique neste exemplo se houve ou não imposição de vontade de um dos consortes ao outro e se há disparidade econômica entre eles capaz de macular a constituição da arbitragem.

Já o compromisso arbitral é o acordo de vontades **posterior ao litígio**, para submetê-lo ao juízo arbitral. O compromisso arbitral pode existir com ou sem a cláusula compromissória e pode ser celebrado antes ou mesmo no curso da demanda judicial.

Em se tratando de **contratos de consumo**, é nula de pleno direito cláusula contratual que preveja arbitragem compulsória (art. 51, VII, do CDC). Isso não quer dizer que não possa ser estabelecida a arbitragem nas relações de consumo, pois o que o CDC veda é a compulsoriedade. Assim, como já salientou o Min. Luis Felipe Salomão, "o CDC não é contrário à utilização da arbitragem nos conflitos de consumo, porém ressalva a forma de imposição da cláusula compromissória, que não poderá ocorrer de forma impositiva" (REsp 1.541.830). No mesmo sentido:

> "[...] **O art. 51, VII, do CDC se limita a vedar a adoção prévia e compulsória da arbitragem, no momento da celebração do contrato, mas não impede que, posteriormente, diante de eventual litígio, havendo consenso entre as partes (em especial a aquiescência do consumidor), seja instaurado o procedimento arbitral.** As regras dos arts. 51, VIII, do CDC e 34 da Lei nº 9.514/97 não são incompatíveis. Primeiro porque o art. 34 não se refere exclusivamente a financiamentos imobiliários sujeitos ao CDC e segundo porque, havendo relação de consumo, o dispositivo legal não fixa o momento em que deverá ser definida a efetiva utilização da arbitragem" (STJ, REsp 1.169.841/RJ, 3ª Turma, Rel. Min. Nancy Andrighi, DJe 14.11.2012).

Nos contratos de adesão, a convenção de arbitragem só terá validade se a iniciativa de instituí-la couber ao aderente ou se este concordar expressamente com a sua instituição, "desde que por escrito em documento anexo ou em negrito, com a assinatura ou vista especialmente para essa cláusula" (art. 4º, § 2º, da Lei nº 9.307/1996). Tal entendimento vale para os contratos de consumo, mas é importante ressaltar que somente terá eficácia a cláusula compromissória já prevista em contrato de adesão se o consumidor vier a tomar a iniciativa do procedimento arbitral, ou se vier a ratificar posteriormente a sua instituição, no momento em que instaurado concretamente o litígio.

A arbitragem poderá ser de **direito** ou de **equidade**, a critério das partes. A primeira é aquela em que os árbitros seguem as regras dispostas no ordenamento jurídico para solucionar o litígio. Na segunda, por outro lado, podem os árbitros se afastar das regras de direito para buscar a solução que considerar mais justa. Alexandre Freitas Câmara afirma que a segunda tem vantagens sobre a primeira, especialmente no que se refere à especialização do árbitro. O autor assim exemplifica:

> "[...] Basta pensar, por exemplo, numa arbitragem de equidade envolvendo conflito que diga respeito a uma questão de engenharia, ou química. A se levar tal lide ao Judiciário, o juiz fatalmente convocaria um perito no assunto para assessorá-lo, e dificilmente sua sentença teria orientação diversa, quanto aos fatos, daquela apontada pelo perito em seu laudo. Neste

---

[50] Enunciado 96: "É válida a inserção da cláusula compromissória em pacto antenupcial e em contrato de união estável" (II Jornada de Prevenção e Solução Extrajudicial de Litígios do CJF).

caso, com a arbitragem se poderá entregar a solução da controvérsia diretamente nas mãos do especialista, retirando-se da composição do conflito o juiz, que funcionaria aqui, em verdade, como um mero intermediário entre as pessoas e o *expert*".[51]

Nos conflitos envolvendo a Administração Pública a arbitragem será sempre de direito (art. 2º, § 3º, da Lei de Arbitragem), em respeito ao princípio da legalidade.

O juiz do processo arbitral é um particular ou uma instituição especializada. Nos termos do art. 13 da Lei de Arbitragem, qualquer pessoa física maior e capaz que não tenha interesse no litígio poderá exercer as funções de árbitro. Para que a imparcialidade do árbitro seja mantida, recomenda-se que as partes colaborem com o chamado "dever de revelação", que consiste no fornecimento de informações relevantes sobre fatos que possam comprometer a atuação desinteressada do árbitro (Enunciado 92, II Jornada e Prevenção e Solução Extrajudicial de Litígios). No desempenho de suas funções, os árbitros são equiparados a funcionários públicos para fins penais (art. 17) e as decisões por eles proferidas não se sujeitarão a recurso ou homologação pelo Poder Judiciário (art. 18).

A **sentença arbitral** produz entre as partes e seus sucessores os mesmos efeitos da sentença proferida pelos órgãos do Judiciário e, quando condenatória, constituirá título executivo judicial (art. 31).

É possível **controle judicial sobre a sentença arbitral** (arts. 32 e 33 da Lei de Arbitragem), no entanto, tal controle cinge-se a aspectos formais. Não se admite a revisão, pelo Judiciário, do mérito da decisão arbitral, apenas de matérias relativas à validade do procedimento. A demanda para a declaração de nulidade da sentença arbitral, **parcial**[52] **ou final**, seguirá as regras do **procedimento comum** e deverá ser proposta no prazo decadencial de até 90 (noventa) dias após o recebimento da notificação da respectiva sentença (art. 33, § 1º). Findo prazo, a sentença arbitral torna-se soberana e imutável. É em razão dessa aptidão para produção de coisa julgada material que se diz que a arbitragem é verdadeira espécie de jurisdição.[53] Esse prazo de 90 (noventa) dias aplica-se, inclusive, se o processo estiver na fase de cumprimento de sentença. Em suma, a **declaração de nulidade da sentença arbitral pode ser pleiteada judicialmente por duas vias:** (i) por ação declaratória, nos termos do art. 33, § 1º, Lei nº 9.307/1996); (ii) por impugnação ao cumprimento de sentença se houver execução judicial (art. 33, § 3º, Lei nº 9.307/1996). Assim, embora a nulidade possa ser suscitada em sede de impugnação ao cumprimento da sentença arbitral executada, se a execução for ajuizada após o decurso do prazo decadencial de 90 (noventa) dias, a defesa da parte executada, via impugnação, fica limitada às matérias processuais elencadas no art. 525, § 1º, CPC/2015, sendo vedada a invocação de nulidade fundada no art. 32 da Lei de Arbitragem.[54]

---

[51] CÂMARA, Alexandre Freitas. *Arbitragem* – Lei nº 9.307/96. Rio de Janeiro: Lumen Juris, 2007.

[52] A Lei nº 13.129/2015 trouxe essa alteração para a Lei de Arbitragem, permitindo a prolação de uma sentença arbitral parcial. Se o árbitro não decidir o restante da controvérsia em tempo razoável, a parte interessada poderá ingressar em juízo para requerer a prolação de sentença arbitral complementar (art. 33, § 4º). Nessa hipótese o Judiciário não irá complementar a decisão (substituir o árbitro), mas tão somente determinar que ele analise os demais pedidos que lhe foram submetidos. É mais uma forma de controle judicial dessa atividade.

[53] A tese não é pacífica na doutrina. Em sentido contrário, entendendo não ser a arbitragem espécie de jurisdição, conferir: MARINONI, Luiz Guilherme. *Teoria geral do processo*. São Paulo: RT, 2006. No âmbito do STJ, a arbitragem já foi reconhecida como espécie de jurisdição. Nesse sentido: "É possível a existência de conflito de competência entre juízo estatal e câmara arbitral. Isso porque a atividade desenvolvida no âmbito da arbitragem tem natureza jurisdicional" (CC 111.230/DF, Rel. Min. Nancy Andrighi, j. 08.05.2013. *Informativo* nº 522).

[54] STJ, REsp 1.900.136/SP, Rel. Min. Nancy Andrighi, 3ª Turma, j. 06.04.2021, *DJe* 15.04.2021.

A propósito, não é demais lembrar que o Superior Tribunal de Justiça, com fundamento no princípio *Kompetenz-Kompetenz*, que será adiante estudado, considera que o tribunal arbitral possui preferência lógico-temporal em relação ao Poder Judiciário para a interpretação dos limites e o alcance do compromisso arbitral[55]. Por isso é que se reserva ao Judiciário uma atuação subsidiária, quando as cláusulas arbitrais puderem gerar a própria nulidade do compromisso.[56]

Em termos práticos, temos que ter em mente a seguinte premissa: não cabe ao Judiciário adentrar no mérito da decisão arbitral, julgando os fundamentos utilizados na formação da convicção dos árbitros, mas, apenas, verificar se está devidamente observado o procedimento legal pertinente. É esse o entendimento jurisprudencial que vem prevalecendo. Por exemplo:

"AGRAVO DE INSTRUMENTO – AÇÃO DECLARATÓRIA DE NULIDADE DE SENTENÇA ARBITRAL – ALEGAÇÃO DE AUSÊNCIA DE FUNDAMENTAÇÃO E OMISSÃO NA DECISÃO ARBITRAL – VÍCIOS NÃO VERIFICADOS – PLEITO DE SUSPENSÃO DA EFICÁCIA EXECUTIVA AFASTADO – AUSÊNCIA DOS REQUISITOS AUTORIZADORES DA MEDIDA – RECURSO DESPROVIDO. O controle judicial sobre a validade das sentenças arbitrais está relacionado a aspectos estritamente formais, não sendo lícito ao magistrado togado examinar o mérito do que foi decidido pelo árbitro" (TJ-PR – ES: 00510894620208160000/PR 0051089-46.2020.8.16.0000 (Acórdão), Rel. Des. Regina Afonso Portes, j. 02.03.2021, 4ª Câmara Cível, *DJe* 05.03.2021).

"RECURSO ESPECIAL. PROCESSUAL CIVIL. AÇÃO DE IMPUGNAÇÃO DE SENTENÇA ARBITRAL. VÍCIOS FORMAIS. AUSÊNCIA. 1. Demanda na qual se questiona a validade de sentença arbitral por ofensa aos princípios da motivação e do contraditório, além de outros vícios formais. 2. Na ação de invalidação de sentença arbitral, o controle judicial, exercido somente após a sua prolação, está circunscrito a aspectos de ordem formal, a exemplo dos vícios previamente elencados pelo legislador (art. 32 da Lei nº 9.307/1996), em especial aqueles que dizem respeito às garantias constitucionais aplicáveis a todos os processos, que não podem ser afastados pela vontade das partes. 3. Hipótese em que a sentença arbitral não está fundada em meras suposições, mas, sobretudo, na ausência de cláusula penal para a hipótese de resolução antecipada do contrato e na vedação ao enriquecimento sem causa. 4. Aplica-se à arbitragem, à semelhança do processo judicial, a teoria da substanciação, segundo a qual apenas os fatos vinculam o julgador, que poderá atribuir-lhes a qualificação jurídica que entender adequada ao acolhimento ou à rejeição do pedido, não se podendo afirmar, no caso em exame, que a solução apresentada desbordou das postulações inicialmente propostas. 5. No procedimento arbitral, é plenamente admitida a prorrogação dos prazos legalmente previstos por livre disposição entre as partes e respectivos árbitros, sobretudo em virtude da maior flexibilidade desse meio alternativo de solução de conflitos, no qual deve prevalecer, em regra, a autonomia da vontade. 6. Se a anulação da sentença proferida fora do prazo está condicionada à prévia notificação do árbitro ou do presidente do tribunal arbitral, concedendo-lhe um prazo suplementar de dez dias (art. 32, VII, da Lei de Arbitragem), não há motivo razoável para não aplicar a mesma disciplina ao pedido de esclarecimentos, que, em última

---

[55] Exemplo doutrinário da aplicação desse princípio pode ser extraído do enunciado 104 da II Jornada de Prevenção e Solução Extrajudicial de Litígios do CJF: "As alegações de extensão subjetiva e objetiva da convenção de arbitragem deverão, nos termos do art. 8º, parágrafo único, da Lei de Arbitragem, ser apreciadas, no primeiro momento, pelo juízo arbitral, em atenção ao princípio da competência-competência".

[56] REsp 1.656.643/RJ, *DJe* 12.04.2019.

análise, visa tão somente aclarar eventuais dúvidas, omissões, obscuridades ou contradições, ou corrigir possíveis erros materiais. 7. Sentença arbitral pautada em princípios basilares do direito civil, não importando se houve ou não referência expressa aos dispositivos legais que lhes conferem sustentação, não havendo como afirmar que houve julgamento por equidade, em desrespeito às condições estabelecidas no compromisso arbitral. 8. O mero inconformismo quanto ao conteúdo meritório da sentença arbitral não pode ser apreciado pelo Poder Judiciário. Precedentes. 9. Recursos especiais não providos" (STJ – REsp: 1636102/SP 2016/0057629-7, Rel. Min. Ricardo Villas Bôas Cueva, j. 13.06.2017, 3ª turma, *DJe* 01.08.2017).

À arbitragem como via de composição de litígios deve ser dada prevalência, sempre que possível, à autonomia das partes. E, por óbvio, à autonomia do árbitro ou do tribunal arbitral para dirimir o litígio de acordo com o livre convencimento de cada julgador arbitral, respeitados os limites impostos pela lei. Por isso, mesmo a discussão sobre a validade da sentença arbitral é restrita às hipóteses legalmente previstas no art. 32 da Lei nº 9.307/1996.

Talvez a hipótese que suscite mais dúvidas seja aquela disposta no inciso VII do art. 32, que faz referência aos princípios. O § 2º do art. 21 da Lei de Arbitragem dispõe que serão sempre respeitados, no procedimento arbitral, os princípios do contraditório, da igualdade das partes, da imparcialidade do árbitro e de seu livre convencimento. Todos esses princípios decorrem do devido processo legal, cujas garantias não podem ser afastadas pela vontade das partes.

Em um caso concreto, por violação ao princípio da imparcialidade, o Tribunal de Justiça de Minas Gerais anulou uma sentença arbitral porque restou evidenciado que o árbitro condicionou sua própria remuneração ao êxito da demanda e ainda conduziu o processo sem observar o procedimento fixado na cláusula compromissória (Apelação Cível 10000190518035001, Rel. Marcos Lincoln, j. 26.05.2021, Câmaras Cíveis/11ª Câmara Cível, *DJe* 26.05.2021).

Em outro caso, o Tribunal de Justiça de Goiás verificou que uma das partes foi impedida de produzir e contrapor provas e de influenciar na formação da convicção do árbitro, pois deixou de ser intimada para um determinado ato do procedimento arbitral. O TJ-GO anulou a sentença arbitral por violação ao contraditório, esclarecendo, ainda, que esse princípio é fator de legitimação do processo, ao ponto de ser factível afirmar que não existe processo sem contraditório, ainda que no plano da jurisdição arbitral (Apelação Cível: 0255079-21.2018.8.09.0006, Rel. Des. Reinaldo Alves Ferreira, j. 28.01.2021, 1ª Câmara Cível, *DJe* 28.01.2021).

O problema reside na interpretação e no consequente alcance desses princípios. Como são cláusulas abertas, não é incomum que gerem conclusões distintas. Vamos ao exemplo: imagine que duas pessoas se submetem voluntariamente ao procedimento arbitral e uma delas postula pela realização de prova pericial. Podemos falar em nulidade da sentença arbitral na hipótese de o árbitro afastar a necessidade dessa prova? Em outras palavras, a parte supostamente prejudicada pode pedir a intervenção do Poder Judiciário alegando violação ao contraditório?

Uma coisa é o árbitro deixar de apresentar a devida fundamentação sobre a (des)necessidade da prova, seja pericial ou qualquer outra. Nesse caso, é claro que há motivo para nulidade. Do mesmo modo que na jurisdição estatal, os árbitros que atuam perante o tribunal arbitral têm a faculdade de decidir sobre a produção das provas necessárias ao deslinde da causa, conforme possibilitam os arts. 21, § 2º, e 22, *caput*, da Lei de Arbitragem:

> Art. 21. A arbitragem obedecerá ao procedimento estabelecido pelas partes na convenção de arbitragem, que poderá reportar-se às regras de um órgão arbitral institucional ou entidade especializada, facultando-se, ainda, às partes delegar ao próprio árbitro, ou ao tribunal arbitral, regular o procedimento.
>
> § 1º Não havendo estipulação acerca do procedimento, caberá ao árbitro ou ao tribunal arbitral disciplina-lo.

§ 2º Serão, sempre, respeitados no procedimento arbitral os princípios do contraditório, da igualdade das partes, da imparcialidade do árbitro e de seu livre convencimento.

Art. 22. Poderá o árbitro ou o tribunal arbitral tomar o depoimento das partes, ouvir testemunhas e determinar a realização de perícias ou outras provas que julgar necessárias, mediante requerimento das partes ou de ofício.

Como esse livre convencimento deve-se dar de modo motivado, se não houver qualquer fundamentação para o indeferimento da prova pretendida haverá possibilidade de anulação da sentença. Veja a ementa de um caso semelhante julgado pelo TJ-GO:

"(...) Evidenciado o cerceamento do direito de defesa em razão da ausência de análise do pedido de produção de provas, impõe-se a declaração de nulidade da sentença arbitral, já que a concordância quanto à data da prolação da sentença, não pode ser interpretada como desistência, mesmo que tácita, da produção de provas" (TJ-GO – AC: 50132685620208090051 Goiânia, Rel. Des. Itamar de Lima, 3ª Câmara Cível).

Outra coisa é o árbitro, de forma fundamentada, indeferir a produção de uma determinada prova. Como o próprio § 2º do art. 21 faz referência ao livre convencimento, não nos parece que exista a possibilidade de o Poder Judiciário se imiscuir na questão.

Com efeito, se os elementos probatórios constantes nos autos forem suficientes para o deslinde da causa, não há que se falar em cerceio da ampla defesa ou do contraditório. Se o juiz é o destinatário final da prova, ao árbitro deve ser aplicada a mesma lógica. Ambos estão adstritos ao sistema da livre persuasão racional, de modo que devem valorar a prova de acordo com o caso concreto, afastando a necessidade de dilações probatórias que não interessem ao litígio ou sejam protelatórias. O precedente a seguir é esclarecedor no ponto em que possibilita ao árbitro afastar a necessidade de produção de uma determinada prova sem que isso implique cerceamento do direito de defesa:

"(...) A livre apreciação da prova e o livre convencimento motivado do juiz são princípios basilares do sistema processual civil brasileiro, pelo que, em regra, não configura cerceamento de defesa o deslinde da causa sem a produção de prova pericial requerida pela parte quando o magistrado entender substancialmente instruído o feito, declarando a prescindibilidade de produção probatória, desde que motivadamente. 3. Inexiste vício de fundamentação quando o magistrado aborda a questão controvertida de maneira sucinta e objetiva, desde que devidamente identificados os dispositivos legais e motivos que o levaram a decidir. 4. Conforme jurisprudência dominante do Superior Tribunal de Justiça, o indeferimento de realização de prova pericial pelo juízo arbitral não configura ofensa ao princípio do contraditório, mas consagração do princípio do livre convencimento motivado, sendo incabível, portanto, a pretensão de ver declarada a nulidade da sentença arbitral com base em tal argumento, sob pena de configurar invasão do Judiciário no mérito da decisão arbitral. 5. No caso concreto, concordando expressamente as partes com a maneira como foi conduzida a instrução do procedimento arbitral, não há o que se falar em cerceamento de defesa e nulidade da sentença arbitral". (TJ-MG – AC: 50763235120208130024, Rel. Des. Fernando Caldeira Brant, j. 10.10.2023, 20ª Câmara Cível, *DJe* 19.10.2023).

Portanto, se o indeferimento de uma prova for devidamente fundamentado pelo árbitro, aquele que pretendeu a produção da deferida prova não poderá pleitear, na via jurisdicional, a nulidade da sentença caso ela lhe seja desfavorável.

Ocorre que alguns tribunais por vezes anulam decisões proferidas em procedimentos arbitrais sob o argumento de que a prova pretendida se mostrava imprescindível. A nosso ver, esse tipo de conduta termina por enfrentar o mérito da decisão do árbitro e não pode ser adotada de forma indiscriminada. Vamos ao exemplo: o Tribunal de Justiça do Estado de São Paulo anulou uma sentença arbitral que indeferiu a produção de prova pericial. No caso concreto, a árbitra que presidiu o procedimento rejeitou o pedido de realização de perícia com o argumento de que os fatos controvertidos já se encontravam devidamente esclarecidos pelas provas documental e testemunhal. Ocorre que o TJSP considerou que o procedimento arbitral no qual se pediu a anulação teve como causa de pedir a ineficácia de um produto, tema evidentemente técnico que não poderia ser suprido por depoimentos de testemunhas, ou documentos unilaterais (TJ-SP 10623143420158260100/SP 1062314-34.2015.8.26.0100, Rel. Francisco Loureiro, j. 07.03.2018, 1ª Câmara Reservada de Direito Empresarial, *DJe* 08.03.2018).

Embora não saibamos o teor dos documentos e o conteúdo da prova testemunhal no caso julgado pelo TJSP, o fato é que o Poder Judiciário enfrentou a necessidade da prova pericial. Ou seja, adentrou no mérito da decisão da árbitra que considerou suficientes os documentos apresentados no caso concreto – e que poderiam ter sido rebatidos pela parte adversa com outras testemunhas ou um laudo particular, por exemplo.

Sabemos que o art. 443, II, do CPC/2015, afasta a prova testemunhal quando o fato somente puder ser comprovado por exame pericial. A problemática reside em estabelecer quem irá decidir sobre a imprescindibilidade dessa prova: o árbitro, que tem melhores condições de avaliar o caso concreto, pois é quem participa de toda a instrução probatória e colhe os elementos essenciais ao julgamento da causa, ou o Poder Judiciário, que por uma limitação legal não pode enfrentar questões atinentes à justiça da decisão?

Outra forma de "intervenção" judicial na esfera arbitral ocorre quando há necessidade de concessão de **tutelas de urgência (cautelar ou antecipada)**. Imagine, por exemplo, que uma siderúrgica mantenha contrato com uma empresa atuante na construção civil para o fornecimento de aço. A siderúrgica não vem fornecendo o material e, apesar de existir no contrato cláusula que submete os eventuais litígios à arbitragem, não há qualquer outro detalhamento sobre o procedimento. Se houver demora na formalização do compromisso arbitral, tal situação pode acarretar graves prejuízos, razão pela qual a lei permite que antes de instituída a arbitragem, as partes recorram ao Poder Judiciário para a concessão de medida cautelar ou de urgência (art. 22-A).

Deferido o pedido pelo Judiciário, se a parte interessada não requerer a instituição da arbitragem no prazo de 30 (trinta) dias, contado da data de efetivação da respectiva decisão, a medida ficará sem efeito. Em suma, "a medida de urgência deferida pelo Poder Judiciário preserva seus efeitos até ulterior análise pelo Tribunal Arbitral, desde que instaurada a arbitragem no prazo previsto no parágrafo único do art. 22-A da Lei n. 9.307/1996" (Enunciado 113, II Jornada de Prevenção e Solução Extrajudicial de Litígios do CJF).

Ainda que a arbitragem seja instituída no prazo indicado, a lei permite que os árbitros modifiquem ou revoguem a medida (art. 22-B). Em outras palavras, os árbitros não ficam vinculados à decisão judicial.

> **Importante:**
>
> - **Existe prazo para a instauração da arbitragem? Há como se falar em prescrição da pretensão arbitral?** A Lei nº 13.129/2015 acrescentou à Lei de Arbitragem o seguinte dispositivo: "a instituição da arbitragem interrompe a prescrição, retroagindo à data do requerimento de sua instauração, ainda que extinta a arbitragem por ausência de jurisdição" (art. 19, § 2º). O que a lei deixou claro é que o fato de a demanda tramitar no juízo arbitral não permite que receba tratamento diferenciado em relação à prescrição para as demandas submetidas à jurisdição estatal.

JURISPRUDÊNCIA TEMÁTICA

Súmula nº 485 do STJ: "A Lei de Arbitragem aplica-se aos contratos que contenham cláusula arbitral, ainda que celebrados antes da sua edição"

Teses do STJ sobre a Lei de Arbitragem:[57]

– "A atividade desenvolvida no âmbito da arbitragem possui natureza jurisdicional, o que torna possível a existência de conflito de competência entre os juízos estatal e arbitral, cabendo ao Superior Tribunal de Justiça – STJ o seu julgamento".[58]

– "A convenção de arbitragem, tanto na modalidade de compromisso arbitral quanto na modalidade de cláusula compromissória, uma vez contratada pelas partes, goza de força vinculante e de caráter obrigatório, definindo ao juízo arbitral eleito a competência para dirimir os litígios relativos aos direitos patrimoniais disponíveis, derrogando-se a jurisdição estatal".

– "Uma vez expressada a vontade de estatuir, em contrato, cláusula compromissória ampla, a sua destituição deve vir através de igual declaração expressa das partes, não servindo, para tanto, mera alusão a atos ou a acordos que não tenham o condão de afastar a convenção das partes".

– "A previsão contratual de convenção de arbitragem enseja o reconhecimento da competência do Juízo arbitral para decidir com primazia sobre Poder Judiciário, de ofício ou por provocação das partes, as questões relativas à existência, à validade e à eficácia da convenção de arbitragem e do contrato que contenha a cláusula compromissória".

– "O Poder Judiciário pode, em situações excepcionais, declarar a nulidade de cláusula compromissória arbitral, independentemente do estado em que se encontre o procedimento arbitral, quando aposta em compromisso claramente ilegal".

– "O prévio ajuizamento de medida de urgência perante o Poder Judiciário não afasta a eficácia da cláusula compromissória arbitral".

– "O árbitro não possui poder coercitivo direto, sendo-lhe vedada a prática de atos executivos, cabendo ao Poder Judiciário a execução forçada do direito reconhecido na sentença arbitral".

– "No âmbito do cumprimento de sentença arbitral condenatória de prestação pecuniária, a multa de 10% (dez por cento) do art. 475-J do CPC [corresponde ao art. 523, § 1º, CPC] deverá incidir se o executado não proceder ao pagamento espontâneo no prazo de 15 (quinze) dias contados da juntada do mandado de citação devidamente cumprido aos autos (em caso de título executivo contendo quantia líquida) ou da intimação do devedor, na pessoa de seu advogado, mediante publicação na imprensa oficial (em havendo prévia liquidação da obrigação certificada pelo juízo arbitral)".

– "Não configura óbice à homologação de sentença estrangeira arbitral a citação por qualquer meio de comunicação cuja veracidade possa ser atestada, desde que haja prova inequívoca do recebimento da informação atinente à existência do processo arbitral".

– "A legislação consumerista impede a adoção prévia e compulsória da arbitragem no momento da celebração do contrato, mas não proíbe que, posteriormente, em face de eventual litígio, havendo consenso entre as partes, seja instaurado o procedimento arbitral".

---

[57] Extraídas da ferramenta "Jurisprudência em Teses" (edição 122).

[58] No mesmo sentido é o enunciado 100 da II Jornada de Jornada de Prevenção e Solução Extrajudicial de Litígios do CJF: "O Superior Tribunal de Justiça é o órgão jurisdicional competente para julgar o conflito de competência existente entre árbitro e juiz estatal".

– "Diante da força coercitiva de convenção condominial com cláusula arbitral, qualquer condômino que ingressar no agrupamento condominial está obrigado a obedecer às normas ali constantes, de modo que eventuais conflitos condominiais deverão ser resolvidos por meio de arbitragem, excluindo-se a participação do Poder Judiciário".

– "Não existe óbice legal na estipulação da arbitragem pelo poder público, notadamente pelas sociedades de economia mista, para a resolução de conflitos relacionados a direitos disponíveis"[59].

– "A legitimidade para a impetração de mandado de segurança objetivando assegurar o direito ao cumprimento de sentença arbitral relativa ao Fundo de Garantia por Tempo de Serviço – FGTS é somente do titular de cada conta vinculada, e não da Câmara Arbitral ou do próprio árbitro".

A existência de cláusula de arbitragem não pode impedir a execução de título extrajudicial perante a Justiça, justamente porque esta é a única competente para o exercício de medidas que visem à expropriação de bens do devedor. Desse modo, mostra-se correta a iniciativa de credora sub-rogada que ajuizou a execução do título perante o Poder Judiciário, pois outro modo não haveria de receber seu crédito na hipótese de renitência no cumprimento voluntário das obrigações contratuais (STJ. 3ª Turma. REsp 2.032.426/DF, Rel. Min. Moura Ribeiro, Rel. para acórdão Min. Ricardo Villas Bôas Cueva, j. 11.04.2023).

Com o ajuizamento, pelo consumidor, de ação perante o Poder Judiciário, presume-se a discordância dele em submeter-se ao juízo arbitral, sendo nula a cláusula de contrato de consumo que determina a utilização compulsória da arbitragem (STJ. 2ª Seção. EREsp 1.636.889/MG, Rel. Min. Nancy Andrighi, j. 09.08.2023).

São cabíveis honorários advocatícios pela rejeição da impugnação ao cumprimento de sentença arbitral, na hipótese em que se pleiteia anulação da sentença com fundamento nos arts. 26 e 32 da Lei nº 9.307/1996 (Lei de Arbitragem) (STJ. 4ª Turma. REsp 2.102.676/SP, Rel. Min. Antônio Carlos Ferreira, j. 21.11.2023).

6. AÇÃO

6.1 Conceito e evolução

Já vimos que o Estado tem o poder-dever de prestar a tutela jurisdicional, isto é, de dirimir os conflitos de interesses. A jurisdição, no entanto, só age se provocada. É necessário discorrer, assim, sobre o meio de se provocar a tutela jurisdicional: a ação.

A par desse poder-dever do Estado de prestar a tutela jurisdicional, surge para o indivíduo um direito público subjetivo de acionar a jurisdição (direito de ação). O direito de ação é público, porque se dirige contra o Estado-juiz. É subjetivo, porque o ordenamento jurídico faculta àquele lesado em seu direito pedir a manifestação do Estado (provocar a tutela jurisdicional) para solucionar o litígio, dizendo qual é o direito de cada uma das partes no caso concreto. Ação, portanto, numa concepção eclética,[60] é o direito a um pronunciamento estatal que solucione o litígio, fazendo desaparecer a incerteza ou a insegurança gerada pelo conflito de interesses, pouco importando qual seja a solução a ser dada pelo juiz.[61]

---

[59] Atualmente a possibilidade está expressamente prevista no art. 1º, § 1º, da Lei 9.307/1996: "A Administração Pública direta e indireta poderá utilizar-se da arbitragem para dirimir conflitos relativos a direitos patrimoniais disponíveis".
[60] A teoria eclética do direito de ação foi acolhida pelo CPC de 1973.
[61] THEODORO JÚNIOR, Humberto. *Curso de direito processual civil*. Rio de Janeiro: Forense. p. 51.

Destarte, **mediante o direito de ação, provoca-se a jurisdição estatal, a qual, por sua vez, será exercida por meio daquele complexo de atos que é o processo.**

O conceito de ação nem sempre foi o mesmo ao longo da história. Vejamos, pois, a sua evolução:

1. *Teoria Imanentista **ou** Civilista:* para os defensores dessa teoria, a ação é imanente (aderida) ao direito material controvertido, de forma que a jurisdição só pode ser acionada se houver o direito postulado. Em outras palavras, a ação seria o próprio direito material violado em estado de reação. Da adoção da teoria imanentista advêm três corolários: não há ação sem direito material; não há direito sem ação; a ação segue a natureza do direito material alegado. Nesse contexto, uma ação de cobrança, por exemplo, só poderia ser manejada se não pairasse dúvida sobre o crédito do autor. É a teoria defendida por *Savigny* e adotada pelo Código Civil de 1916, que dispunha, em seu art. 75, que "a todo direito corresponde uma ação, que o assegura".

Com o passar do tempo, essa teoria foi abandonada pela doutrina, que, de um modo geral, passou a considerar o direito de ação autônomo, distinto, portanto, do direito material. Seguindo essa linha de raciocínio, o disposto no art. 75 do Código Civil de 1916 não foi reproduzido no Código Civil de 2002, de modo a consagrar a desvinculação entre a ação e o direito material postulado.

2. *Polêmica Windscheid × Muther (a ação como direito autônomo):* foi o conhecido debate entre os juristas alemães *Windscheid* e *Muther*, no ano de 1856, que possibilitou a reelaboração do conceito de ação. A ação, antes concebida como o direito de exigir o que é devido (teoria imanentista), passou a ser vista como autônoma em relação ao direito material controvertido (o direito ao crédito, por exemplo). É que, no final da polêmica, ficou assentado que o direito disputado pelas partes e o direito de ação são realidades distintas, como bem explica Alexandre Freitas Câmara:

"[...] pense-se num direito material, como o direito de crédito, e compare-se tal direito com a ação. Enquanto no primeiro o sujeito passivo é o devedor, no segundo o sujeito passivo é o Estado (já que o direito de ação seria o direito à tutela jurisdicional). Ademais, no direito de crédito (que é o direito material de nosso exemplo), a prestação devida é uma obrigação de dar, fazer ou não fazer, enquanto no direito de ação o que se quer do Estado é a prestação da tutela jurisdicional".[62]

Assim, independentemente do direito que se diz lesado, da ação nascem dois direitos: (a) o direito do ofendido de pedir a tutela jurídica do Estado (direito público subjetivo); e (b) o direito do Estado (que detém o monopólio da justiça) de compor o litígio.

A partir do debate entre *Windscheid* e *Muther*, duas correntes principais se formaram para explicar a natureza autônoma da ação:

- *Teoria da ação como direito autônomo e concreto:* a ação é autônoma, mas só existe quando a sentença for favorável (ação consiste no direito à sentença favorável). Em outras palavras, o direito à ação só é possível quando existir o direito material. Principais defensores da teoria: *Wach, Bulow, Hellwig*. A partir dessa teoria, *Chiovenda* formulou a *teoria do direito potestativo*, segundo a qual a ação é autônoma e concreta, se dirigindo contra o adversário, sujeitando-o.

---

[62] CÂMARA, Alexandre Freitas. *Lições de direito processual civil.* 16. ed. Rio de Janeiro: Lumen Juris, 2007. v. I, p. 121.

Na atualidade, poucos defendem a teoria do direito concreto de ação. Mesmo assim, ainda é frequente a menção à "procedência da ação", o que, partindo-se da concepção autônoma e abstrata do direito de ação, evidencia erro de técnica. Afinal de contas, se o direito de ação não possui qualquer relação com o direito material objeto da lide, como julgá-la procedente ou improcedente? O mais correto, pois, é se falar em procedência ou não *do pedido* formulado na petição inicial.

- *Teoria da ação como direito autônomo e abstrato:* para essa teoria, a ação não tem qualquer relação de dependência com o direito material controvertido. Seu surgimento está atrelado a duas perguntas que não foram respondidas nem pela teoria imanentista nem pela teoria concreta, a saber: em que consiste a atividade jurisdicional prestada pelo Estado-juízo no caso de improcedência do pedido formulado na inicial de determinada demanda? Se o direito de ação só é possível quando existir o direito material, como explicar a sentença de procedência proferida em ação declaratória negativa, cujo objeto consiste justamente na declaração de inexistência de relação jurídica entre o autor e o réu?

Para responder a tais questões, formulou-se a concepção abstrata do direito de ação. Segundo essa concepção, além de autônomo, o direito de agir é independente do reconhecimento do direito material. Ação, então, passou a ser entendida como o direito público subjetivo a um pronunciamento judicial, seja favorável ou desfavorável. Basta que o autor invoque um hipotético direito que mereça proteção para que o Estado fique obrigado a pronunciar-se. Principais defensores: o alemão *Degenkolb* e o húngaro *Plósz*.

3. *Teoria Eclética:* esta é a teoria adotada pelo CPC de 1973. Segundo *Liebman*, precursor da teoria eclética, o direito de ação não está vinculado a uma sentença favorável (teoria concreta), mas também não é completamente independente do direito material (teoria abstrata). Há, de fato, uma abstração do direito de ação, no sentido de que a existência do processo não está condicionada à do direito material invocado; porém, sustenta-se pela teoria eclética que a ação é o direito a uma sentença de mérito, seja qual for o seu conteúdo, isto é, de procedência ou improcedência. Para surgir tal direito, deveriam estar presentes as chamadas *condições da ação*, que estão expressamente previstas no art. 267, VI, do Código de 1973. Em síntese, as condições da ação são requisitos formais de existência do direito de ação, as quais são analisadas a partir da relação de direito material discutida.

A teoria eclética, no entanto, sofreu algumas críticas, especialmente em razão da relação que estabelece entre direito de ação e o resultado final do processo. Nos dizeres de Rosemiro Leal, a corrente capitaneada por Liebman vinculou a ação "a uma pretensão de direito material, retornando ao imanentismo da corrente de Savigny, deixando mesmo de reconhecer no direito de ação qualquer implicação constitucional de direito incondicionado de movimentar a jurisdição".[63]

A concepção eclética original foi mitigada pela doutrina moderna, que não vislumbrava mais as condições da ação como requisitos à existência da ação, mas sim como requisitos ao legítimo exercício de tal direito ou, ainda, condições para o provimento final. "As condições da ação seriam, então, os requisitos do legítimo exercício da ação, e a 'carência da ação' deverá ser vista não mais como 'inexistência', mas como 'abuso' do direito de ação".[64] Os reflexos desse

---

[63] LEAL, Rosemiro Pereira. *Teoria geral do processo*. 2. ed. Porto Alegre: Síntese, 1999. p. 110.
[64] CÂMARA, Alexandre Freitas. *Lições de direito processual civil*. 16. ed. Rio de Janeiro: Lumen Juris, 2007. v. I, p. 124. No mesmo sentido, ver NOGUEIRA, Gustavo Santana. *Curso básico de processo civil*: teoria geral do processo. Rio de Janeiro: Lumen Juris, 2004. t. I, p. 51-52.

entendimento podem ser observados na sistemática do CPC em vigor. Isso porque o texto do art. 485, VI, do CPC/2015 não se vale mais da expressão *condições da ação*, mas apenas prescreve que o órgão jurisdicional não resolverá o mérito quando verificar a ausência de legitimidade ou interesse processual. Além disso, o art. 17 estabelece que "para postular em juízo é necessário ter interesse e legitimidade".

É certo que o exercício do direito de ação (ou seja, o direito de provocar a jurisdição) é incondicionado e autônomo, quer dizer, independe da existência do direito material que se alega possuir. A Constituição Federal, aliás, considera garantia fundamental o direito de ver apreciada em juízo a lesão ou ameaça de lesão (art. 5º, XXXV). Não há, portanto, nenhuma condição atrelada ao exercício do direito de ação. O que a legislação enumera são as condições para que se analise o mérito de determinada demanda. Por essa razão, entendemos que o termo *condições da ação* foi corretamente excluído pelo legislador infraconstitucional. Feito esse breve retrospecto histórico, e à guisa de conclusão, podemos afirmar que a ação é o meio de se provocar a tutela jurisdicional do Estado, que será exercido mediante o processo, independentemente da existência ou não do direito material invocado – o que só será resolvido ao final, com o julgamento de mérito.

6.2 O CPC/2015 e as "condições da ação"

Segundo a concepção eclética, conquanto abstrato o direito à ação, porque consiste no direito público subjetivo de invocar a tutela jurisdicional do Estado, sem qualquer preocupação quanto ao resultado, seu manejo ou nascimento pressupõe o preenchimento de certas condições, denominadas de "condições da ação", sem as quais o Estado se exime de prestar a tutela jurídica reclamada, isto é, extingue o processo sem resolução do mérito.

O CPC de 1973 consagrou expressamente essa categoria no art. 267, VI, o qual autoriza a extinção do processo, sem resolução do mérito, quando não concorre qualquer das seguintes condições da ação: **possibilidade jurídica do pedido, legitimidade das partes e interesse processual.**

No Código atual, entretanto, não há mais a referência à "possibilidade jurídica do pedido" como hipótese geradora da extinção do processo sem resolução do mérito, seja quando enquadrada como condição da ação ou como causa para o indeferimento da petição inicial. É que o CPC de 1973 também contemplava a possibilidade jurídica do pedido como uma das causas que geravam a inépcia da petição inicial e, consequentemente, o seu indeferimento (art. 295, parágrafo único, III, do CPC/1973). Essa causa de inépcia já era bastante discutida na doutrina, já que muitos estudiosos, inclusive Enrico Tullio Liebman,[65] entendiam-na como causa que, se inexistente, levava à improcedência da pretensão deduzida em juízo. De acordo com a nova redação, consagra-se o entendimento de que a possibilidade jurídica do pedido é causa para resolução do mérito da demanda e não simplesmente de sua inadmissibilidade.

Com relação às outras "condições", o texto do atual art. 17 estabelece que "para postular em juízo é necessário ter interesse e legitimidade". O art. 485, VI, por sua vez, prescreve que a ausência de qualquer dos dois requisitos, passíveis de serem conhecidos de ofício pelo

---

[65] Essa condição (possibilidade jurídica do pedido) "nunca foi acolhida na Itália, e seu criador, Enrico Tullio Liebman, veio posteriormente alterar seu pensamento e desconsiderar a possibilidade jurídica do pedido como condição autônoma. Não obstante, no Brasil, curiosamente, manteve-se o pensando original de Liebman e permaneceu a referência no CPC à possibilidade jurídica do pedido como uma das condições da ação" (ANDRADE, Érico. *O mandado de segurança*: a busca da verdadeira especialidade (proposta de releitura à luz da efetividade do processo). Rio de Janeiro: Lumen Juris, 2010. p. 487-489).

magistrado, permite a extinção do processo, sem resolução do mérito. Como se pode perceber, o Código não utiliza mais o termo "condições da ação".

A doutrina processual italiana já havia proposto o estudo em conjunto das condições da ação e dos pressupostos processuais, notadamente porque ambos deveriam ser considerados como requisitos necessários para validar a relação processual em seu todo e para se chegar a uma decisão de mérito.

Assim, acompanhando a doutrina italiana e os entendimentos da doutrina nacional moderna, passaremos a tratar a legitimidade *ad causam* e o interesse processual como requisitos processuais necessários à concretização da tutela de mérito, cujo estudo será feito no tópico relativo ao processo.

Na essência, entretanto, tudo continua como dantes no quartel de Abrantes. Apenas a possibilidade jurídica do pedido ganhou um *upgrade*. Deixou de ser uma mera condição da ação e passou a integrar o mérito. Ser ou não possível um direito, na perspectiva da pretensão formulada, é matéria que diz respeito ao mérito e como tal deve ser apreciada pelo juiz. Com referência ao interesse de agir e à legitimidade para a causa continuam firmes e fortes como questões que devem anteceder ao exame do mérito. Apenas perderam o cognome de "condições da ação". A ação constitui uma das facetas da garantia fundamental do acesso à justiça. É mais que direito, um verdadeiro poder de invocar a tutela jurisdicional do Estado. No modelo constitucional do processo, falar em condicionamento desse poder soa como blasfêmia, a qual deve ser abjurada pelo jurista.

6.3 Elementos da ação

As ações (ou causas) são identificadas pelos seus elementos subjetivos e objetivos. **Os elementos subjetivos são as partes; e os objetivos, o pedido e a causa de pedir**. A identificação da ação é tão importante que a lei expressamente a exige como pressuposto da petição inicial (art. 319). A falta de indicação de um dos elementos da ação poderá acarretar o indeferimento da inicial, por inépcia, com a consequente extinção do feito sem resolução do mérito.

Vejamos, separadamente, cada um dos elementos da ação:

Parte: é quem participa da relação jurídico processual, integrando o contraditório. Fala-se em partes principais, que são aquelas que formulam ou têm contra si pedido formulado (autor e réu nas ações de cognição, exequente e executado nas execuções; requerente e requerido nas ações cautelares), e partes auxiliares (coadjuvantes), como o assistente simples. Carnelutti distingue, ainda, parte complexa, formada por pluralidade organizada de indivíduos (incapaz e seu representante), e parte simples, que está sozinha em juízo.[66]

É possível que em determinada relação processual haja pluralidade de sujeitos em um dos polos, ativo ou passivo. São os casos de litisconsórcio, que podem se formar desde o início (litisconsórcio inicial), ou ao longo do processo (litisconsórcio ulterior). As hipóteses de litisconsórcio serão estudadas mais adiante, no capítulo destinado aos sujeitos do processo.

A qualidade de parte "implica sujeição à autoridade do juiz e titularidade de todas as situações jurídicas que caracterizam a relação jurídica processual".[67]

As partes da relação material, ou seja, do litígio, nem sempre serão as mesmas partes do processo. Em certas hipóteses, a lei admite que alguém defenda, em nome próprio, direito

---

[66] CARNELUTTI, Francesco. *Instituições do processo civil*, apud DIDIER JR., Fredie. *Curso de direito processual civil*. 9. ed. Salvador: JusPodivm, 2008. p. 170.

[67] CINTRA, Antônio Carlos de Araújo; GRINOVER, Ada Pelegrini; DINAMARCO, Cândido Rangel. *Teoria geral do processo*. São Paulo: Malheiros, 2006. p. 278.

alheio. São os casos de legitimação extraordinária (ou substituição processual), que serão tratados mais adiante.

É possível a substituição da titularidade do direito material controvertido, o que não descaracteriza a identidade de parte, uma vez que o sucessor passa a ocupar a mesma posição jurídica da parte sucedida.[68] É o caso da alienação do bem litigioso, seja por ato *inter vivos* ou *causa mortis*.

Causa de pedir: são os fatos e fundamentos jurídicos do pedido. O autor, na inicial, deverá indicar todo o quadro fático necessário à obtenção do efeito jurídico pretendido, bem como demonstrar de que maneira esses fatos autorizam a concessão desse efeito (teoria da substanciação).

Subdivide-se a causa de pedir em **causa remota**, que se relaciona com o **fato**, e **causa próxima**, que se relaciona com as **consequências jurídicas desse fato**, ou seja, a valoração do fato pela norma jurídica. O abalroamento culposo, numa ação de reparação de danos por acidente de veículos, constitui a causa remota; já as consequências jurídicas desse fato (obrigação de indenizar com base nos arts. 186, 187 e 927 do CC) caracterizam a causa próxima. Em uma ação de resolução de contrato, a avença e o inadimplemento constituem os fatos jurídicos, obviamente, porquanto aptos a gerar efeitos nessa esfera (causa de pedir remota). O direito à resolução, por sua vez, constitui a consequência jurídica dos fatos narrados, o fundamento jurídico do pedido (causa de pedir próxima).

O CPC dispensa que o autor indique a norma jurídica (o artigo de lei, o precedente ou o princípio) que supostamente atribui o efeito ao fato narrado (*iura novit curia*). Aliás, o erro na qualificação jurídica do fato não tem qualquer relevância no julgamento da lide. O que se exige do autor é a indicação do fato jurídico e as consequências jurídicas dele decorrentes, ou seja, fundamentação jurídica, e não fundamentação legal (princípio da subsunção). Na petição inicial, sob pena de indeferimento por inépcia, há que descrever o fato e indicar a sua valoração pela norma, porquanto é dessa atividade que exsurgirá o direito.[69] Aliás, todo e qualquer fenômeno jurídico deve ser analisado à luz desses três elementos: fato, valor e norma. Trata-se da teoria tridimensional do direito, criação de Miguel Reale.[70] No citado exemplo do abalroamento culposo, deve-se narrar o fato, dizer que o réu, na condução do veículo abalroador, agiu com imprudência, imperícia ou negligência; que esse agir culposo acarreta responsabilidade civil a quem praticou a conduta e que, por isso, deve este ser condenado a reparar os danos. Nesse sentido é que se deve compreender "o fato e os fundamentos jurídicos do pedido" na dicção do art. 319.

Pedido: é a conclusão da exposição dos fatos e fundamentos jurídicos constantes na petição inicial; é o resultado da valoração do fato pela norma jurídica –, a qual constitui a **pretensão material formulada ao Estado-juízo**. O pedido exerce importante função no processo. Além de ser elemento identificador da demanda e servir de parâmetro para a fixação do valor da causa (art. 291), limita a atuação do magistrado, que, por força do princípio da congruência ou adstrição (arts. 141 e 492), não poderá decidir aquém (*citra*), além (*ultra*) ou fora (*extra*) do pedido. Deve ressalvar que para os fins da congruência – além de outros – não se pode considerar somente o pedido. O pedido aparece sempre com a sua inseparável companheira, a causa de pedir. Assim, seja para fins de verificar os limites da atuação do juiz, bem como

---

[68] THEODORO JÚNIOR, Humberto. *Op. cit.*, p. 67.
[69] BUENO, Cassio Scarpinella. *Curso sistematizado de direito processual civil*: procedimento comum: ordinário e sumário. São Paulo: Saraiva, 2007. v. 2, t. I, p. 72-73.
[70] REALE, Miguel. *Teoria tridimensional do direito*. São Paulo: Saraiva, 2003.

os limites objetivos da coisa julgada, devemos levar em conta o casal – o pedido com a sua respectiva causa de pedir.

Como bem observa o professor José Marcos Rodrigues Vieira:

"mediante o pedido, a relação jurídica processual transporta ao exame do juiz a relação jurídica material e, assim, o juiz só se pronuncia sobre esta última, sob as condições e sob os limites do transporte feito".[71]

Desdobra-se o pedido em **imediato**, que é a providência ou o "tipo de tutela"[72] jurisdicional solicitada pelo autor, e pedido **mediato**, que constitui o bem jurídico pretendido. Numa ação de cobrança, a condenação constitui o pedido imediato (relaciona-se com o direito processual), ao passo que o recebimento do crédito constitui o pedido mediato (relaciona-se com o direito substancial).

O pedido deve ser certo (expresso, pelo menos no que respeita ao gênero do objeto pretendido) e determinado (individuado quanto ao gênero e quantidade).

Destaca-se que o art. 324, § 1º, admite pedido genérico, quer dizer, certo quanto à existência e gênero, mas ainda não individualizado no que respeita a quantidade, naquelas hipóteses elencadas nos respectivos incisos.

Por questão de economia processual, dois ou mais pedidos podem cumular-se no mesmo processo. Por outro lado, um pedido pode se embasar em mais de uma causa de pedir, ou seja, em mais de um fato e/ou fundamentos jurídicos. Aqui a poligamia é permitida.

Os elementos da ação (ou da causa) têm importância para determinar a existência de coisa julgada, litispendência, conexão e continência. Para que se caracterize a coisa julgada ou litispendência, por exemplo, diz-se que é necessário que coincidam todos os elementos da demanda: partes, pedido mediato e imediato e causa de pedir próxima e remota (art. 337, § 3º).

Em razão de um acidente automobilístico, o autor entra com duas ações contra um mesmo réu. Em uma ação, pede danos emergentes; em outra, lucros cessantes. As partes e as causas de pedir (a remota é caracterizada pelo acidente e a próxima, pelas consequências jurídicas do fato, isto é, obrigação de indenizar com base no art. 186 do CC) são idênticas. No que se refere aos pedidos, apenas os imediatos são coincidentes (o autor, nas duas demandas, pretende a condenação do réu); os pedidos mediatos são distintos (em uma ação, pedem-se danos emergentes; em outra, lucros cessantes). Nesse caso, há apenas conexão, e não litispendência.

Com relação à coisa julgada, no entanto, a definição legal não é a mais precisa. A coisa julgada material impede não apenas a reabertura daquela relação processual decidida por sentença, mas também qualquer discussão acerca do direito material objeto da decisão definitiva (isso no caso de coisa julgada material), mesmo que na nova demanda o pedido seja diferente. O que caracteriza a coisa julgada material, portanto, é a relação jurídico-material discutida. Trata-se da teoria da identidade da relação jurídica, que complementa a teoria das três identidades consagrada no art. 337, § 2º. O tema será estudado mais detalhadamente no capítulo destinado ao estudo da coisa julgada, para o qual remetemos o leitor.

6.4 Classificação das ações

Ação é um termo equívoco, que comporta diversas acepções. Ora se refere ao procedimento, ora ao direito material veiculado (ação de usucapião, ação monitória...). Para nós, o que

---

[71] VIEIRA, José Marcos Rodrigues. *Da ação cível*. Belo Horizonte: Del Rey, 2002. p. 68.
[72] BUENO, Cassio Scarpinella. *Curso sistematizado de direito processual civil*. São Paulo: Saraiva, 2008. p. 74.

importa é que a ação é o poder, o direito público subjetivo de acionar e pleitear o provimento jurisdicional.

Vamos, agora, classificar as ações de acordo com os critérios apontados pela doutrina majoritária.

a) Segundo a natureza do provimento jurisdicional pretendido

Este é o critério mais aceito pela doutrina para classificar as ações. Assim, temos:

- *Ação de cognição* (**ou de conhecimento**) – Visa ao acertamento do direito.
- *Ação de execução* – Busca a satisfação ou realização de um direito já acertado, por meio de um título extrajudicial ou judicial, podendo ocorrer, respectivamente, por processo autônomo ou mera fase do processo de conhecimento, caso em que se denomina cumprimento de sentença. Ressalve-se que, no caso dos títulos judiciais referidos nos incs. VI a IX do art. 515, instaura-se processo autônomo que segue as regras do cumprimento de sentença (art. 515, § 1º).

A ação de cognição, por sua vez, classifica-se em ação declaratória, condenatória e constitutiva.

A **ação declaratória** tem por objeto a simples declaração da existência ou inexistência de uma relação jurídica (art. 19, I). Pelo Código de 1973, ela poderia ser principal ou incidental. Na segunda hipótese, a ação é autônoma e tem por finalidade ampliar os efeitos da coisa julgada, de forma a alcançar também a questão prejudicial. Na sistemática do CPC/2015, a ação declaratória incidental deixou de existir. Assim, todas as questões prejudiciais, desde que observado o contraditório, se submeterão à coisa julgada (art. 503, §§ 1º e 2º).

A rigor, todas as ações têm conteúdo declaratório, uma vez que a condenação e a constituição de uma dada situação jurídica pressupõem a declaração do fato jurígeno que acarreta tal consequência.

Na ação meramente declaratória não se postula outra providência consequencial, mas apenas o reconhecimento de um fato já existente no mundo jurídico. Não se pretende dar, tirar, proibir, vedar, extinguir ou modificar coisa alguma. Em outras palavras, essa natureza de tutela jurisdicional, *de per si*, não impõe prestações e, por isso, não afeta a esfera jurídica de outra pessoa. Essa a razão por que não há prazo para o seu exercício, não se podendo falar em prescrição ou decadência.[73]

Vale registrar que somente a ação declaratória pura é considerada imprescritível, pois sua pretensão está voltada apenas à simples declaração da existência de uma relação jurídica de direito material. Contudo, se a pretensão é capaz de produzir alguma alteração do status jurídico do interessado, o pedido declaratório será considerado impróprio e, portanto, sujeito à prescrição. Vamos ao exemplo: herdeiro ajuíza ação declaratória objetivando apenas a nulidade do registro de doação realizado em vida pelo de cujus. Se o julgador declara a nulidade, a prática está promovendo o cancelamento do registro imobiliário ante a existência de algum vício no ato jurídico. Consequentemente, sendo procedente a declaração, o bem retornará para a esfera jurídica do então proprietário, o que na prática acarretará efeitos no próprio inventário e na partilha dos bens. Portanto, nesse exemplo há, sim, incidência de prazo prescricional. Para facilitar:

---

[73] Cf. AMORIM FILHO, Agnelo. Critério científico para distinguir a prescrição da decadência e para identificar as ações imprescritíveis. *Revista dos Tribunais*, n. 744, 1997.

Exemplos de pretensões declaratórias PURAS ou PRÓPRIAS	
Caso concreto: interessada ingressa com ação visando à declaração de que não é mais proprietária de veículo automotor, em razão de, anos depois da venda, ser notificada sobre dívida de IPVA em seu nome, por não ter havido o registro da transferência do bem junto ao Detran.	**Caso concreto:** reclamante deseja obter documento comprobatório de labor em ambiente insalubre, voltado à postulação, perante o órgão previdenciário, de contagem de tempo especial de serviço.
Conclusão: a ação não teve pretensão condenatória ou constitutiva, isto é, não houve extinção, constituição ou modificação da relação jurídica. Também não houve pedido de anulação de débito, compensação ou repetição do indébito. Houve pronunciamento meramente declaratório para afastar a dúvida no mundo dos fatos: se a recorrente ainda era ou não proprietária do bem. Trata-se, portanto, de ação imprescritível (STJ – REsp: 1361575/MG 2013/0002699-4, Rel. Min. Humberto Martins, j. 02.05.2013, 2ª Turma, *DJe* 16.05.2013).	**Conclusão:** sua natureza é estritamente declaratória, afastando a incidência da prescrição, mormente por encontrar-se inserida na regra contida no art. 11, § 1º, da CLT (TRT-1 – ROT: 01008363220215010053, Rel. Alexandre Teixeira de Freitas Bastos Cunha, j. 01.03.2023, 8ª Turma, *DJe* 14.03.2023).

A **ação constitutiva**, afora a declaração do fato ensejador da constituição/desconstituição, tem por finalidade criar, modificar ou extinguir um estado ou relação jurídica. De regra, opera em mão dupla, isto é, a um só tempo desconstitui uma situação jurídica e constitui outra. Exemplo: com a decretação do divórcio, as partes perdem a condição de casadas e o vínculo conjugal é extinto (a ação de divórcio, sob esse viés, seria desconstitutiva, ou constitutiva negativa). Por outro lado, os ex-cônjuges adquirirão *status* de divorciado, o que levaria à classificação da ação como constitutiva.

Relacionam-se as ações constitutivas aos chamados direitos potestativos, poder jurídico de impor a outrem alteração, criação ou extinção de situações jurídicas. O direito potestativo repercute na esfera jurídica da parte adversa sem que esta tenha algum dever a cumprir. Os efeitos dos direitos potestativos só se operam juridicamente. Como não se cogita em qualquer prestação devida pelo sujeito passivo, tais direitos não se sujeitam a prazo prescricional, mas apenas a prazo decadencial, e isso se houver previsão legal. Exemplo de direito potestativo é o direito do devedor de embargar a execução, o direito ao divórcio e à revisão de determinado contrato.

A **ação condenatória**, além da declaração do fato gerador da obrigação, ou seja, da certificação do direito, objetiva a condenação do réu a prestar uma obrigação de fazer, não fazer, entregar coisa ou pagar quantia. Trata-se do chamado direito de prestação, quer dizer, poder jurídico de exigir de outrem o cumprimento de uma prestação (conduta). A satisfação do direito de prestação depende de uma conduta material do sujeito passivo. Negando-se a praticar esta conduta, o devedor é considerado inadimplente (em mora), dando ensejo à propositura da demanda. Os direitos a uma prestação sujeitam-se a prazos prescricionais previstos na lei material.

Com a consagração do processo sincrético pela Lei nº 11.232/2005, que alterou o CPC/1973, não haveria mais sentido em se diferenciar ações condenatórias *stricto sensu* de ações executivas *lato sensu*, pois tanto a liquidação quanto o cumprimento da sentença que reconhece obrigação de pagar quantia passaram a constituir mera fase do processo de conhecimento, o que permanece no CPC atual. Vale dizer, a carga de eficácia das tutelas jurisdicionais que reconheçam obrigação de fazer, não fazer, entregar coisa e pagar quantia agora é a mesma.

A doutrina admite, ainda, a **ação mandamental**, na qual o provimento judicial ordena que se cumpra alguma coisa (mandado de segurança que determina a reintegração de um funcionário).

Com relação à (im)prescritibilidade e decadência, embora tratados comumente na seara do Direito Civil, pela relevância do assunto e imbricamento com as tutelas jurisdicionais, valho do artigo do Defensor Federal Lúcio Ferreira Guedes[74] para apresentar a vocês um breve resumo do tema:

- estão sujeitas à prescrição todas as ações condenatórias e somente elas (direitos subjetivos);
- estão sujeitas à decadência as ações constitutivas, nas quais o direito tem prazo de exercício fixado em lei (direitos potestativos);
- são perpétuas (imprescritíveis e não sujeitas à decadência) as ações declaratórias e as ações constitutivas que não têm prazo específico em lei.

JURISPRUDÊNCIA TEMÁTICA

"APELAÇÃO CÍVEL. AÇÃO DECLARATÓRIA DE NULIDADE C/C IMISSÃO E REINTEGRAÇÃO DE POSSE C/C DANO MORAL. DOAÇÃO DE TERRENO PARA EMPRESA PÚBLICA EXTINTA. NULIDADE. PRESCRIÇÃO. OCORRÊNCIA. PRAZO PREVISTO NO DECRETO Nº 20.910/1932. APLICABILIDADE. HONORÁRIOS RECURSAIS. 1. A ação declaratória, concebida em sua forma pura, não consubstancia meio de reclamar uma prestação ou de exercer quaisquer direitos, mas, sim, pretensão tipicamente preventiva, por ser anterior à lesão de um direito, ou meramente certificadora de uma situação jurídica. 2. Por essa razão, tem-se que as ações declaratórias puras ou próprias são imprescritíveis, pois sua pretensão está voltada apenas à simples declaração da existência de uma relação jurídica de direito material, sem qualquer conteúdo condenatório ou constitutivo. 3. Quando o objeto da demanda ultrapassar, todavia, o mero juízo de certeza sobre a relação jurídica, sobretudo nas hipóteses em que já tiver ocorrido a violação do direito, tem-se que a ação declaratória, tida por imprópria ou impura, será prescritível. 4. No caso vertente, um estudo analítico da petição inicial demonstra que a presente demanda cuida-se de uma ação declaratória impura ou imprópria, ou seja, sua pretensão não se limita a uma mera declaração da existência de uma relação jurídica, sem conteúdo condenatório ou constitutivo. Decorrência disso, é forçoso reconhecer que a pretensão do autor/apelante pode ser atingida pelo decurso do prazo prescricional. 5. Nos termos do Decreto nº 20.910, de 06 de janeiro de 1932, as dívidas passivas da União, dos Estados e dos Municípios, bem como todo e qualquer direito ou ação contra a Fazenda Pública, seja qual for a sua natureza, prescreve em 05 (cinco) anos, contados da data do ato ou fato danoso. 6. Mesmo se tratando de negócio jurídico nulo de pleno direito, não há como afastar a prescrição quinquenal de ação ajuizada em face do poder público, consoante entendimento assentado pela doutrina especializada e pela jurisprudência aplicável à matéria. 7. Evidenciada a sucumbência recursal, é imperiosa a majoração dos honorários advocatícios de sucumbência anteriormente fixados, consoante previsão do art. 85, § 11, do Código de Processo Civil. 8. APELAÇÃO CÍVEL CONHECIDA, MAS DESPROVIDA" (TJ-GO – Apelação 04524596220178090111, Rel. Des. Sebastião Luiz Fleury, j. 09.03.2020, Nazário – Vara das Fazendas Públicas, *DJe* 09.03.2020).

b) Segundo a natureza da relação jurídica discutida

Com base na relação jurídica material discutida, divide-se a ação em **real e pessoal**. Se a demanda funda-se em direito real (*v.g.*, propriedade e posse), a ação é real. Se se funda em direito pessoal, fala-se em ação pessoal. Como exemplo de ação pessoal, pode-se citar a ação de cobrança fundada em contrato de empréstimo bancário.

---

[74] GUEDES, Lucio Ferreira. Prescrição e decadência: distinção no Código Civil. *Revista Jus Navigandi*. Disponível em: http://jus.com.br/artigos/22693. Acesso em: 08 nov. 2018.

c) Segundo o objeto do pedido mediato (bem jurídico pretendido)

Distinguem-se, sob esse prisma, as ações imobiliárias (se o bem jurídico pretendido é um bem imóvel) das ações mobiliárias (se o objeto mediato for bem móvel).

É importante observar que nem toda ação imobiliária é real, tampouco a ação mobiliária será sempre pessoal. A ação de despejo, por exemplo, é pessoal (funda-se em contrato de locação) e imobiliária (o bem jurídico pretendido é um bem imóvel). Da mesma forma, a ação reivindicatória de automóvel é real (se baseia no direito de propriedade) e mobiliária (o veículo é um bem móvel).

A distinção entre ação pessoal e real, bem como entre ação imobiliária e mobiliária, ganha importância notadamente no estudo da competência e da capacidade processual das pessoas casadas.

A ação pessoal (mobiliária ou imobiliária) e a ação real fundada em bem móvel são propostas, em regra, no foro do domicílio do réu, ao passo que, nas ações reais imobiliárias, será competente o foro da situação da coisa (arts. 46 e 47, respectivamente).

Nos termos do art. 73, as pessoas casadas necessitarão do consentimento do outro cônjuge para propor ação que versa sobre direito real imobiliário, exceto se no casamento viger o regime da separação absoluta dos bens. Da mesma forma, marido e mulher deverão ser citados para a ação real imobiliária (litisconsórcio passivo necessário). Já para as ações pessoais e reais mobiliárias, não se cogita de autorização conjugal ou citação de ambos os cônjuges. Ressalte-se que tais regras poderão ser aplicadas à união estável devidamente comprovada nos autos, consoante disposição prevista no art. 73, § 3º. Trataremos do tema mais adiante.

Quadro esquemático 6 – Ação

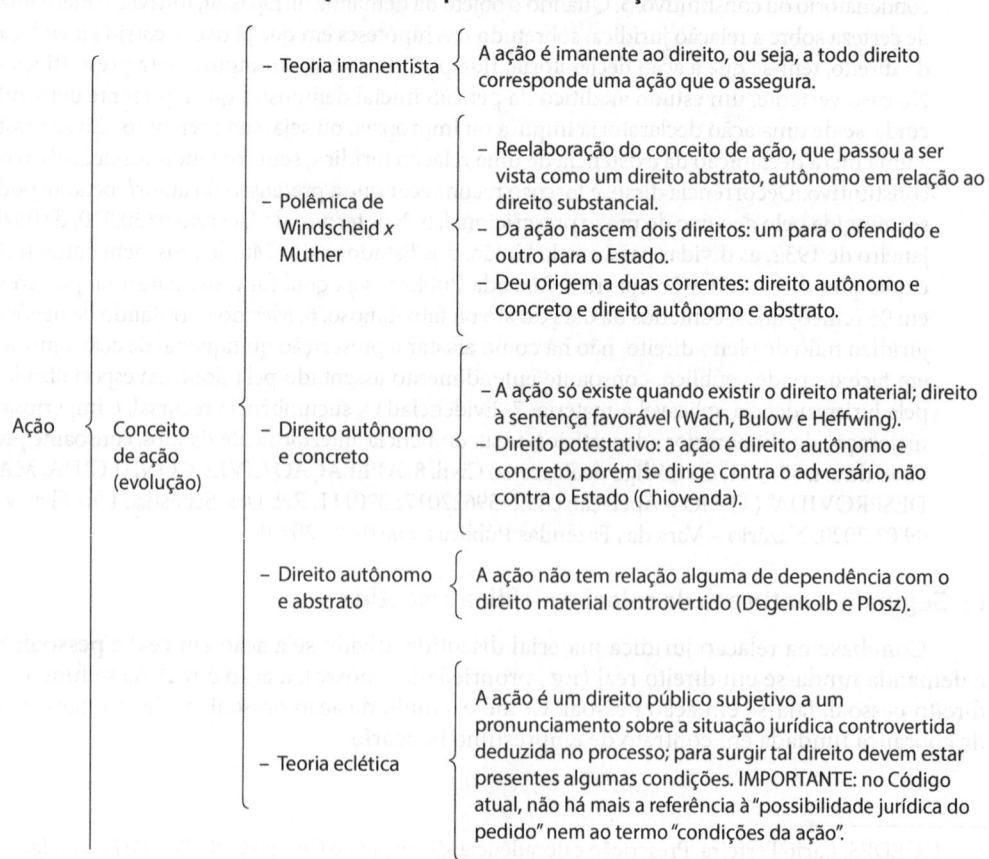

Ação	Conceito de ação (evolução)		
	– Teoria imanentista	A ação é imanente ao direito, ou seja, a todo direito corresponde uma ação que o assegura.	
	– Polêmica de Windscheid x Muther	– Reelaboração do conceito de ação, que passou a ser vista como um direito abstrato, autônomo em relação ao direito substancial. – Da ação nascem dois direitos: um para o ofendido e outro para o Estado. – Deu origem a duas correntes: direito autônomo e concreto e direito autônomo e abstrato.	
	– Direito autônomo e concreto	– A ação só existe quando existir o direito material; direito à sentença favorável (Wach, Bulow e Heffwing). – Direito potestativo: a ação é direito autônomo e concreto, porém se dirige contra o adversário, não contra o Estado (Chiovenda).	
	– Direito autônomo e abstrato	A ação não tem relação alguma de dependência com o direito material controvertido (Degenkolb e Plosz).	
	– Teoria eclética	A ação é um direito público subjetivo a um pronunciamento sobre a situação jurídica controvertida deduzida no processo; para surgir tal direito devem estar presentes algumas condições. IMPORTANTE: no Código atual, não há mais a referência à "possibilidade jurídica do pedido" nem ao termo "condições da ação".	

Ação

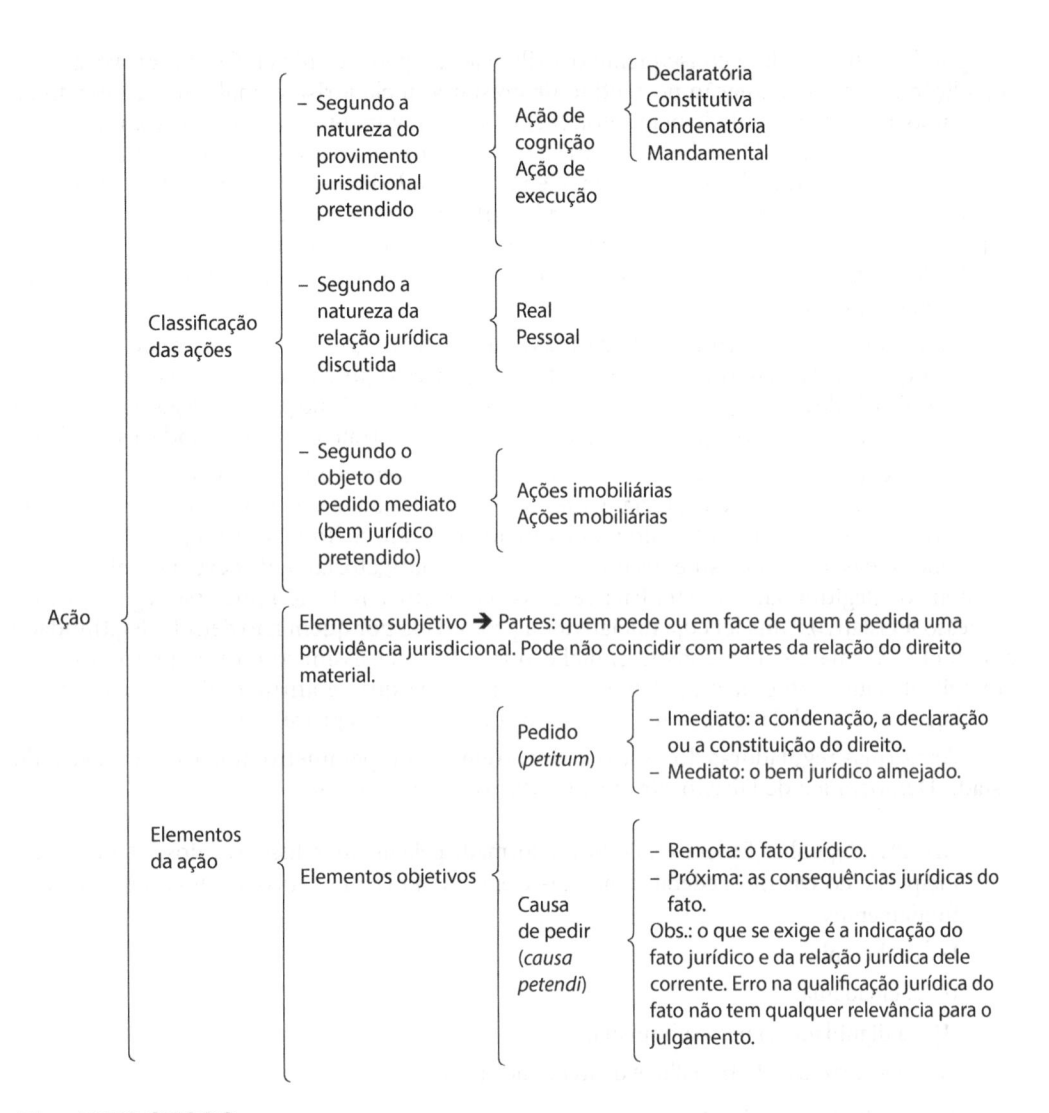

- **Classificação das ações**
  - Segundo a natureza do provimento jurisdicional pretendido
    - Ação de cognição
      - Declaratória
      - Constitutiva
      - Condenatória
      - Mandamental
    - Ação de execução
  - Segundo a natureza da relação jurídica discutida
    - Real
    - Pessoal
  - Segundo o objeto do pedido mediato (bem jurídico pretendido)
    - Ações imobiliárias
    - Ações mobiliárias

- **Elementos da ação**
  - Elemento subjetivo ➔ Partes: quem pede ou em face de quem é pedida uma providência jurisdicional. Pode não coincidir com partes da relação do direito material.
  - Elementos objetivos
    - Pedido (*petitum*)
      - Imediato: a condenação, a declaração ou a constituição do direito.
      - Mediato: o bem jurídico almejado.
    - Causa de pedir (*causa petendi*)
      - Remota: o fato jurídico.
      - Próxima: as consequências jurídicas do fato.
      - Obs.: o que se exige é a indicação do fato jurídico e da relação jurídica dele corrente. Erro na qualificação jurídica do fato não tem qualquer relevância para o julgamento.

7. PROCESSO

7.1 Conceito

Terceiro dos institutos fundamentais do Direito Processual, ou da chamada trilogia estrutural do processo (ao lado da Jurisdição e da Ação), o processo pode ser conceituado sob dois enfoques: **do ponto de vista intrínseco, é a relação jurídica que se estabelece entre autor, juízo e réu (afora eventuais terceiros, como o assistente e o denunciado à lide), com vistas ao acertamento, certificação, realização ou acautelamento do direito substancial subjacente; sob a perspectiva extrínseca, é o meio, o método ou o instrumento para definição, realização ou acautelamento de direitos materiais.**

A jurisdição exercida pelos juízes e tribunais[75] não age de ofício (lembre-se, a Jurisdição é inerte). Os órgãos jurisdicionais aguardam a provocação, feita por meio da ação, cujo ato

---

[75] Trata-se de sentido figurado, porquanto, conforme já afirmamos, a jurisdição não é ato exclusivo dos juízes, mas sim do órgão jurisdicional, o qual é integrado por agentes públicos e privados.

inaugural é o protocolo e consequente distribuição da petição inicial. Com a provocação, a jurisdição inicia a sua atuação no sentido de prestar a tutela jurisdicional, seja acolhendo ou rejeitando o pedido formulado pelo autor. Mas os seus movimentos não são livres; ao contrário, devem obedecer a método estabelecido em lei (o processo). O processo, no entanto, não é apenas um instrumento da jurisdição. É também elemento "validador e disciplinador da jurisdição",[76] na medida em que **a atuação estatal só será legítima se observar os preceitos processuais**. O processo serve, então, como um método inerente à atuação estatal que objetiva proteger o direito das partes envolvidas e garantir o cumprimento das regras e princípios estabelecidos no ordenamento pátrio.

O fenômeno é semelhante – guardada as grandes diferenças – ao que ocorre no Congresso Nacional quando da elaboração das leis. Aqui (no processo jurisdicional), a área de atuação é menor, a eficácia do ato limita-se, em regra, às partes processuais. Já no processo legislativo, o palco é mais amplo, porquanto o regramento definido é geral e abstrato e vinculará toda a sociedade.

O importante, no entanto, é que a escolha da lei de regência do caso concreto e das normas gerais e abstratas não se dá aleatoriamente, ao talante do juiz e do legislador. Pelo contrário, tanto no processo legislativo quanto no jurisdicional há um método, um conjunto de normas preestabelecidas (ou, simplesmente, um processo) que obrigatoriamente deverá ser observado, sob pena de ilegitimidade do ato. Fala-se, nesse contexto, em devido processo legal e devido processo legislativo. Uma lei cuja iniciativa foi promovida por quem não detinha legitimidade para tanto é formalmente inconstitucional e, portanto, nula, assim como a sentença proferida por juiz absolutamente incompetente. É sob tal prisma que se afirmou, linhas atrás, que a jurisdição só será válida se exercida de acordo com as normas processuais.

As normas reguladoras do processo decorrem de um parâmetro único: o parâmetro do Estado Democrático de Direito. Nos termos do art. 1º da CF/1988:

> Art. 1º A República Federativa do Brasil, formada pela união indissolúvel dos Estados e Municípios e do Distrito Federal, constitui-se em Estado Democrático de Direito e tem como fundamentos:
>
> I – a soberania;
>
> II – a cidadania;
>
> III – a dignidade da pessoa humana;
>
> IV – a valorização do trabalho e da livre iniciativa;
>
> V – o pluralismo político.

O dispositivo constitui uma abrangente síntese: indica o nome com que o país se apresenta perante a comunidade internacional (República Federativa do Brasil); a forma de Estado (Federação); a forma de governo (República) e o regime do Estado (Democrático).

Sem aprofundar em tema que não é o objeto direto de nosso trabalho, podemos afirmar, em apertada síntese, que o Estado Democrático de Direito é aquele que se submete ao império da Lei emanada do povo (titular do poder), garantindo e respeitando os direitos fundamentais.

Entre os direitos fundamentais consagrados na nossa Constituição, merece destaque a garantia ao devido processo legal (art. 5º, LIV), que, em uma perspectiva formal, constitui "o direito de processar e ser processado com base nas normas previamente estabelecidas para tanto, normas estas cujo processo de produção também deve respeitar um determinado processo".[77]

---

[76] LEAL, Rosemiro Pereira. *Teoria geral do processo*. 2. ed. Porto Alegre: Síntese, 1999. p. 77.

[77] DIDIER JR., Fredie. *Curso de direito processual civil*. Salvador: JusPodivm, 2008. p. 39.

A norma jurídica, preceito de observância obrigatória, é gênero do qual são espécies os princípios e as regras. Luiz Flávio Gomes, com base na teoria de Dworkin e Alexy, nos fornece didática distinção entre regras e princípios:

"O Direito se expressa por meio de normas. As normas se exprimem por meio de regras ou princípios. As *regras* disciplinam uma determinada situação; quando ocorre essa situação, a norma tem incidência; quando não ocorre, não tem incidência. Para as regras vale a lógica do tudo ou nada (Dworkin). Quando duas regras colidem, fala-se em 'conflito'; ao caso concreto uma só será aplicável (uma afasta a aplicação da outra). O conflito entre regras deve ser resolvido pelos meios clássicos de interpretação: a lei especial derroga a lei geral, a lei posterior afasta a anterior etc. *Princípios* são as diretrizes gerais de um ordenamento jurídico (ou de parte dele). Seu espectro de incidência é muito mais amplo que o das regras. Entre eles pode haver 'colisão', não conflito. Quando colidem, não se excluem. Como 'mandados de otimização' que são (Alexy), sempre podem ter incidência em casos concretos (às vezes, concomitantemente dois ou mais deles)".[78]

No Direito Processual Civil, que é o ramo que nos interessa, a regra básica é o CPC, consubstanciado na Lei nº 13.105/2015. Não obstante, há leis extravagantes que regulam procedimentos específicos com base em circunstâncias do direito material veiculado.[79] É o caso, por exemplo, da Lei do Mandado de Segurança (Lei nº 12.016/2009), da Lei da Ação Popular (Lei nº 4.717/1965), da Lei da Ação Civil Pública (Lei nº 7.347/1985), do Código de Defesa do Consumidor (Lei nº 8.078/1990) e da Lei de Locações (Lei nº 8.245/1991).

Os princípios processuais, por sua vez, decorrem da Constituição e de leis infraconstitucionais e às vezes nem positivados estão, mesmo assim têm incidência. O tema foi estudado no capítulo pertinente à principiologia adotada pelo CPC/2015.

O que deve ficar claro desde já é que todas essas normas que regem o processo são frutos de um debate democrático. O processo não é criado, imposto ou comandado pelo juiz. Os termos do processo estão predefinidos e vinculam todos os que nele atuarem (partes, advogados, juiz, promotores e defensores públicos, peritos e servidores). Tudo o que se define no processo, portanto, é democrático, porquanto esse é o parâmetro a ser observado na definição de qualquer direito, genérico (previsto nas leis) ou específico.

De acordo com as normas democráticas vigentes, o processo se desenvolve, sucintamente, nos seguintes termos: O interessado, sentindo-se lesado em seu direito, contratará um advogado (a menos que postule em causa própria), que redigirá a petição inicial, protocolizando-a no juízo ou tribunal competente para processar e julgar a causa (trata-se do exercício do direito de ação, que provocará a jurisdição).

Lembre-se de que, nos termos do art. 133 da CF/1988, "o advogado é indispensável à administração da justiça". No entanto, em algumas demandas, a jurisdição inicia-se de ofício, como a execução trabalhista (art. 878 da CLT), se a parte não possuir advogado, ou por provocação pessoal da parte interessada, sem a representação por advogado (art. 9º da Lei nº 9.099/1995).

Submetida a petição inicial – peça pela qual se veicula o direito de ação –, ao protocolo, ela é encaminhada a uma autoridade denominada distribuidor (em tempos de processo eletrônico, a distribuição é feita pelo computador), que a remeterá para uma das varas daquela comarca (a

---

[78] GOMES, Luiz Flávio. Normas, regras e princípios: conceitos e distinções. *Jus Navigandi,* Teresina, ano 9, n. 851, 1º nov. 2005. Disponível em: http://jus2.uol.com.br/doutrina/texto.asp?id=7527.

[79] Não se esqueça de que, conquanto autônomo, não há como dissociar por completo o direito de ação do direito material veiculado.

ação atinente a direito de família é distribuída para uma das varas de família, as ações penais, para uma das varas penais, e assim sucessivamente). Note que, mesmo nas comarcas em que haja apenas uma vara, há serviço de protocolo e distribuidor, que receberá e distribuirá o processo para aquele juízo (órgão jurisdicional, que pode ser vara, tribunal ou juizado).

No juízo, o processo é recebido pelo escrivão, a quem incumbe autuá-lo. Autuar um processo é receber a petição inicial e prepará-la para a tramitação interna. Assim, todos os documentos apresentados pelo autor serão inseridos em uma capa, que conterá o número do processo (autos), nome das partes e advogados e o juízo para o qual foi distribuído. Em seguida, procede-se à numeração sequencial das folhas. Autuado e registrado, o processo[80] é finalmente remetido (concluso ou fechado) ao juiz.[81] Mais uma vez deve-se ressaltar que tais tarefas são automatizadas no processo eletrônico. Como ainda, concomitantemente, convivemos com autos físicos e virtuais e como este manual se destina principalmente a aprendizes do Direito, julgamos oportuno descer a esse nível de detalhamento, por certo enfadonho a renomados advogados e juristas, que tem o péssimo vezo de achar que todos já nasceram sabendo.

O juiz, recebendo a petição inicial devidamente autuada e registrada, fará uma breve análise acerca da legitimidade e interesse, bem como dos demais pressupostos e requisitos processuais e, não sendo o caso de improcedência liminar do pedido (inviabilidade do invocado), designará audiência de conciliação ou mediação e mandará citar o réu, estabilizando assim a relação processual. O que se pretende é que as partes cheguem a um consenso na audiência de conciliação e mediação, pondo fim ao litígio. Em não havendo acordo, de regra o réu apresenta contestação e, após essa fase, as partes produzem as provas necessárias à demonstração do direito invocado e manifestam-se sobre o processo.

Superadas todas as fases processuais, o juiz prolata a sentença, criando a lei que passará a regular aquele caso concreto. As partes podem ou não concordar com esta decisão, sendo-lhes conferida a faculdade do recurso, meio de se impugnar a decisão judicial dentro da mesma relação processual. Afora outras definições que se dá, o recurso é o contraditório em face da decisão judicial, que pode ser exercido até um dado estágio (ou instância), do qual não se pode passar. A última instância, no direito brasileiro, é o Supremo Tribunal Federal – STF.

Em linhas gerais, esse é o caminho trilhado por quem pretende compor um litígio via Judiciário: é esse o meio, o método obrigatório para definição dos direitos materiais.

7.2 As várias visões do processo[82]

7.2.1 Processo e procedimento

Etimologicamente, processo significa "marcha avante", "caminhada" (do latim, *procedere* = seguir adiante). Por isso, em um primeiro momento, o processo foi confundido com a simples sucessão de atos processuais (procedimento). Não se trata, aqui, de verdadeira teoria sobre o processo, mas uma mera visão do fenômeno, concepção esta que predominou durante a fase imanentista do Direito Processual, na qual a ação era vista como o próprio direito material em estado de reação.

---

[80] Na verdade, os autos, que constituem a representação gráfica ou virtual (o registro) dos atos processuais, cujo conjunto forma o que denominamos processo (do ponto de vista extrínseco).

[81] Com o processo eletrônico, desaparecerão as figuras do distribuidor e do escrivão, porquanto não mais teremos autos físicos, mas apenas virtuais. Por enquanto, distribuidor e computador convivem de forma amistosa.

[82] Alguns doutrinadores tratam essas "visões do processo" como teorias para explicar a natureza jurídica do processo.

Nesse contexto, durante muito tempo, os estudiosos do processo se limitavam a estudar suas formas e atos. Como bem observa Freitas Câmara, "foi a época dos praxistas, juristas que em suas obras não tiveram grandes preocupações teóricas, tendo se dedicado ao estudo do que hoje denominaríamos prática forense".[83]

Os conceitos de processo e procedimento, no entanto, são distintos.

Processo é o método pelo qual se opera a jurisdição, com vistas à composição dos litígios. **É instrumento de realização da justiça; é relação jurídica, portanto, é abstrato e finalístico.**

Procedimento é o *modus faciendi*, o rito, o caminho trilhado pelos sujeitos do processo. Enquanto o processo constitui o instrumento para a realização da justiça, o procedimento constitui o instrumento do processo, a sua exteriorização.

Segundo Humberto Theodoro Júnior, "o processo, outrossim, não se submete à única forma. Exterioriza-se de várias maneiras diferentes, conforme as particularidades da pretensão do autor e da defesa do réu. Uma ação de cobrança não se desenvolve, obviamente, como uma possessória e muito menos como um inventário. O modo próprio de desenvolver-se o processo, conforme as exigências de cada caso, é exatamente o *procedimento* do feito, isto é, o seu *rito*".[84]

Processo também não se confunde com autos, uma vez que estes constituem a representação, o registro dos atos processuais – não necessariamente gráfico, em virtude do advento do processo eletrônico e, por conseguinte, dos autos virtuais, nos quais a representação, embora escrita, é arquivada num sistema binário.

Tal como a ação, o processo é autônomo. A sua instauração independe do direito material controvertido. Uma vez provocada, a jurisdição atua, pelo processo, para afirmar se ao autor deve ou não ser reconhecido o direito pleiteado.

Ao longo da história, diversas teorias procuraram explicar o processo, apontando os seus elementos e características essenciais. Nos tópicos seguintes, discorremos sobre as principais teorias do processo.

7.2.2 Processo como contrato

A teoria procedimentalista do processo foi superada com o surgimento da teoria contratualista (séculos XVII e XVIII), defendida, entre outros, por Pothier. Para os defensores desta corrente, **as partes se submeteriam voluntariamente ao processo e a seus resultados por meio de um verdadeiro negócio jurídico de direito privado**. As pessoas não seriam obrigadas a comparecer em juízo, mas, se o fizessem, comprometiam-se a cumprir a decisão prolatada pelo juiz. Haveria, então, um pacto, uma convenção para o processo (*litis contestatio*).

A teoria contratualista vale mais como registro histórico, porquanto não é capaz de explicar a moderna sistemática do processo substancial. Independentemente de sua vontade, proposta e admitida a petição inicial, o réu será obrigado a integrar a relação processual, o que se efetivará com a citação válida. Da mesma forma, querendo ou não, as partes se submeterão aos efeitos da decisão que vier a ser proferida ao final do processo. Não obstante, a teoria ainda serve de substrato para o processo arbitral, porquanto, neste, a submissão à sentença do árbitro decorre do negócio jurídico firmado pelos litigantes.

---

[83] CÂMARA, Alexandre Freitas. *Lições de direito processual civil*. 16. ed. Rio de Janeiro: Lumen Juris, 2008. v. 1, p. 139.

[84] THEODORO JÚNIOR, Humberto. *Curso de direito processual civil*. Rio de Janeiro: Forense, 1991. v. I, p. 42.

7.2.3 Processo como quase contrato

Criada pelo francês Arnault de Guényvau (século XIX), em evolução à teoria contratualista, tal corrente insistia em enquadrar o processo entre os institutos do direito privado. Afirmava-se que, se não é contrato, o processo "deveria ser um quase contrato, porque **a parte que ingressava em juízo já consentia que a decisão lhe fosse favorável ou desfavorável**, ocorrendo um nexo entre o autor e o juiz, ainda que o réu não aderisse espontaneamente ao debate da lide".[85]

Pelas mesmas críticas dirigidas à corrente contratualista, a teoria quase contratualista também já se encontra superada nos dias atuais.

7.2.4 Processo como relação jurídica

As teorias do processo como contrato ou quase contrato só vieram a ser abandonadas em meados do século XIX, notadamente com a obra de **Oskar Von Bülow**, a partir de **quando o processo adquiriu autonomia científica, se dissociando do direito privado.**

Em sua clássica obra, *Teoria das exceções processuais e dos pressupostos processuais*,[86] de 1868, o notável jurista alemão desenvolveu a tese, que já se acenava em algumas obras pretéritas, de que **o processo seria uma relação jurídica entre as partes e o juiz,**[87] **não se confundindo com a relação jurídica material discutida**. A relação processual tem seus próprios sujeitos (autor, réu e Estado-juiz), objeto (prestação jurisdicional) e requisitos (aos quais Bülow deu o nome de pressupostos processuais), que lhe dão autonomia.

Os defensores dessa teoria, no entanto, divergem quanto à representação gráfica da relação jurídica que seria o processo. Para alguns, a relação ostentaria forma triangular, quer dizer, o processo seria uma relação direta entre Estado e autor, Estado e réu e autor e réu. Para outros, haveria apenas duas relações jurídicas: autor/Estado e Estado/réu, inexistindo contato (ou atos processuais) direto entre as partes (relação jurídica angular). Falava-se, ainda, em relação linear, coincidente com a de direito material, ou seja, somente entre autor e réu, excluindo o Estado.

A concepção linear, ao certo, não merece acolhida, porquanto inconteste que também o Estado-juiz figura como partícipe da relação processual. Já a discussão entre a teoria angular e a triangular não guarda qualquer interesse prático ou teórico. Com efeito, o importante "é que a relação jurídica processual tem uma configuração tríplice (Estado, autor e réu)".[88]

A corrente que confere ao processo a natureza de relação jurídica é a teoria aceita pela grande maioria dos doutrinadores pátrios e que, com raríssimas exceções, deverá balizar as suas respostas nas provas da faculdade, no exame da ordem e nos diversos concursos jurídicos que vier a prestar.

7.2.5 Processo como situação jurídica

Para os defensores desta corrente, criada pelo alemão James Goldschimit, o processo seria não uma relação jurídica (consideração "estática" do Direito), mas várias situações jurídicas ativas (consideração "dinâmica" do Direito), criadoras de deveres, poderes, faculdades e ônus

---

[85] LEAL, Rosemiro Pereira. *Teoria geral do processo*. 2. ed. Porto Alegre: Síntese, 1999. p. 75-76.
[86] A obra de Von Bülow é considerada, à unanimidade, a primeira obra científica sobre o direito processual, a origem do processo e da ciência processual.
[87] Como já afirmado, não se admite o exercício da jurisdição personificado no juiz. Assim, a relação é com o Estado ou, numa visão reducionista, com o órgão jurisdicional (Estado-juízo).
[88] CINTRA, Antônio Carlos de Araújo; GRINOVER, Ada Pelegrini; DINAMARCO, Cândido Rangel. *Teoria geral do processo*. São Paulo: Malheiros, 2006. p. 305.

para os sujeitos que dele participam. O processo criaria, ainda, uma expectativa de prolação de provimento jurisdicional favorável. O que, antes, era um direito subjetivo, com o processo passa a constituir mera expectativa, possibilidade, a ser auferida quando do pronunciamento final (sentença), "que definiria simplesmente um duelo entre as partes, como se fosse um jogo das partes em busca de uma vitória espetacular".[89]

Ocorre que a constatação de que o processo é fonte de deveres, faculdades e ônus não é incompatível com a afirmação de que o processo é uma relação jurídica. Ademais, o processo é autônomo e existirá independentemente da constatação da existência ou não do direito material discutido. Como observa Rosemiro Pereira, "toda aquela situação de incerteza, expressa nos ônus, perspectivas, expectativas, possibilidades, refere-se à *res in judicium deducta*, não ao *judicium* em si mesmo: o que está posto em dúvida, e talvez exista ou não, é o direito subjetivo material, não o processo".[90]

Tais observações levaram à superação da teoria do processo como situação jurídica. Não obstante, a corrente foi extremamente relevante, porquanto introduziu no processo importantes conceitos, como o de ônus, de sujeição e de relação funcional do juiz com o processo.

7.2.6 Processo como instituição jurídica

Os defensores desta corrente entendiam que o processo compreenderia não apenas o resultado de uma combinação de atos tendentes a um fim, como também "um complexo de atividades relacionadas entre si pelo vínculo de uma ideia comum objetiva, ligadas às diversas vontades individuais dos sujeitos, dos quais procede a referida atividade".[91] O processo seria, então, **uma instituição jurídica, submetida ao regime da lei e que regula a condição dos sujeitos, coisas e atos, tendentes à obtenção dos fins da jurisdição.**

Essa teoria, que chegou a contar com a adesão de Eduardo Juan Couture, já está superada na doutrina.

7.2.7 Processo como procedimento em contraditório

Importante teoria que não pode deixar de ser mencionada é aquela criada por Elio Fazzalari, para quem **o processo seria um procedimento em contraditório.**

Procedimento, para Fazzalari, é uma série ou sequência de normas, atos e posições subjetivas que se conectam e inter-relacionam em um complexo normativo próprio, constituindo a fase preparatória e obrigatória de um provimento (ato final de caráter imperativo). Dessa forma, "não só o ato final, em sua existência, mas a própria validade desse ato, e consequentemente, sua eficácia, dependem do correto desenvolvimento do procedimento".[92]

O processo, por sua vez, seria **uma espécie do gênero procedimento**, qualificado justamente pelo contraditório, quer dizer, pela **abertura à participação das partes, em simétrica paridade, na formação do provimento final** (sentença ou acórdão).

Dessa forma, ao invés da relação jurídica processual, o que caracterizaria o processo, além do procedimento, é justamente a abertura à participação das partes, garantia constitucional.

---

[89] LEAL, Rosemiro Pereira. *Teoria geral do processo*. 2. ed. Porto Alegre: Síntese, 1999. p. 78.
[90] CINTRA, Antônio Carlos de Araújo; GRINOVER, Ada Pelegrini; DINAMARCO, Cândido Rangel. *Teoria geral do processo*. São Paulo: Malheiros, 2006. p. 300.
[91] CÂMARA, Alexandre Freitas. *Lições de direito processual civil*. Rio de Janeiro: Lumen Juris, 2007. p. 144.
[92] GONÇALVES, Aroldo Plínio. *Técnica processual e teoria do processo*. Rio de Janeiro: Aide, 1992. p. 109-110.

Nesse contexto, mesmo que o ato estatal se realize dentro de um modelo normativo, se não contiver o dado legal do contraditório em sua estrutura, não haverá processo.

No direito pátrio, um dos defensores dessa corrente é o ilustre jurista mineiro Aroldo Plínio, que afirma existir processo sempre que

> "houver procedimento realizando-se em contraditório entre os interessados, e a essência deste está na simétrica paridade de participação, nos atos que preparam o provimento, daqueles que nele são interessados porque sofrerão seus efeitos".[93]

7.2.8 Processo como entidade complexa

Corrente de grande relevância na doutrina nacional é a que vê o processo como entidade complexa e representa uma crítica a praticamente todas as correntes já analisadas.

Segundo Cândido Rangel Dinamarco, principal expoente desta corrente de pensamento, **o processo é integrado por dois elementos distintos** que, por si sós, não explicariam o processo: **o procedimento** (série de atos interligados e coordenados ao objetivo de produzir a tutela jurisdicional justa, a serem realizados no exercício dos poderes e faculdades ou em cumprimento a deveres e ônus) e **a relação jurídica processual** (conjunto de situações jurídicas ativas e passivas que autorizam ou exigem a realização dos atos).

O conceito de processo, portanto, "não se exaure no de procedimento, nem coincide com o de relação processual. **Processo é, ao mesmo tempo, uma relação entre atos e uma relação entre sujeitos**".[94]

Penso que a teoria de Dinamarco retrata com bastante fidelidade o fenômeno processual.

Já dissemos que o processo é o método pelo qual atua a jurisdição. A provocação da jurisdição é feita com a observância de certas formas, tanto que a petição inicial tem requisitos próprios, que não podem ser olvidados. Assim, ao protocolar a petição inicial (ação), o autor dá início ao processo, vinculando também o juiz para o qual a causa foi distribuída, que terá de despachar a inicial, seja para determinar sua emenda, para indeferi-la ou para determinar a citação do réu. Com a citação, a relação processual se completa e o réu também se vincula ao processo, sujeitando-se a ele. Autor e réu, quer queiram, quer não, se submeterão à decisão a ser proferida.

Dessa breve explanação, podemos extrair que o processo, subjetivamente, compreende uma relação jurídica entre autor, juízo e réu, estabelecida segundo as regras do Direito Processual – CPC e as demais espécies normativas – e com produção de efeitos jurídicos. A relação jurídica estabelecida por meio do processo é de direito público, porque serve à realização de uma função estatal e, além do autor e do réu, vincula também um sujeito de direito público (o órgão jurisdicional). Finalmente, o processo é autônomo, porquanto pode ser instaurado independentemente da existência do direito material; aliás, a finalidade do processo é acertar esse direito. Em síntese, o processo é autônomo e constitui uma relação jurídica de direito público, que vincula autor, réu e juiz.

Não se pode olvidar, contudo, que o processo, sob uma perspectiva objetiva, compreende também aquela sequência de atos procedimentais praticados pelas partes e pelo juiz, de forma conexa e sequenciada, sempre em observância às regras e princípios democraticamente

---

[93] GONÇALVES, Aroldo Plínio. *Técnica processual e teoria do processo*. Rio de Janeiro: Aide, 1992. p. 115.
[94] DINAMARCO, Cândido Rangel. *Instituições de direito processual civil*. São Paulo: Malheiros, 2004. p. 26.

estabelecidos, daí por que se pode afirmar que o processo é entidade complexa, relação jurídica autônoma que se desenvolve mediante a prática de atos processuais sequenciados (procedimento).

Não obstante, abstraindo-se da discussão de qual a natureza jurídica do processo, o que de fato importa para nós, caro estudante, é que o processo é um meio, um método, um instrumento, um sistema – ou coisa que o valha – para definição de direitos materiais, método este imposto de forma cogente pela lei – exceto quando houver acordo procedimental, nas hipóteses previstas no art. 190 – e que vincula, na composição do litígio, partes, juiz e demais participantes da relação processual.

Mediante o processo, o Estado prestará a tutela jurisdicional, quando para tanto for provocado em razão do exercício do direito de ação.

7.3 Sujeitos do processo

Já vimos que a relação processual tem configuração tríplice: Estado-juiz, autor e réu. Lembre-se que o juiz atua como mero agente do Estado, este sim detentor do poder e a quem compete o exercício da função jurisdicional.[95]

Na verdade, a configuração tríplice "representa somente um esquema mínimo e simplificado, que clama por esclarecimentos e complementações".[96]

Destarte, além das partes e do Estado-juiz, também são considerados sujeitos processuais os advogados, o Ministério Público, os auxiliares da justiça (*v.g.*, escrivão, oficial de justiça, perito, depositário, mediador e conciliador) e os terceiros que intervêm no processo após a sua instauração, como é o caso do *amicus curiae*. Em razão dessa configuração multipessoal do juízo (órgão jurisdicional), o mais correto é falar em Estado-juízo.

Em capítulos específicos estudaremos cada um desses sujeitos.

7.4 Espécies de processo

O processo, visto como instrumento para prestação da tutela jurisdicional, a rigor, não comporta divisão. Todavia, por questão didática, **costuma-se classificar os processos tendo em vista a atividade desenvolvida pelo juiz e a providência jurisdicional almejada**. O processo, de acordo com esse critério, tem a mesma natureza da ação que o instaurou, ou seja: de conhecimento ou de execução.

Antônio Bento emprestou a importância de R$ 1.000,00 a Manoel dos Anjos, que passou um recibo num papel de embrulho. Não tendo Manoel dos Anjos cumprido a avença, Antônio Bento propôs ação de cobrança. O juiz marcou audiência de conciliação e mandou citar o réu para integrar a relação processual e comparecer à audiência. Como não houve acordo, o réu apresentou contestação. Após a prática desse ato pelo réu, o juiz, examinou as provas, ouviu as testemunhas, enfim, conheceu do litígio e prolatou a sentença, julgando procedente o pedido do autor. A jurisdição, nesse caso, atuou pelo *processo de conhecimento* ou cognição, uma vez que o direito do autor, antes duvidoso, foi acertado.

Em outra situação, imaginemos que Antônio Bento, ao emprestar R$ 1.000,00 a Manoel dos Anjos, exigiu a emissão de nota promissória por parte do devedor. Recusando-se Manoel

---

[95] CÂMARA, Alexandre Freitas. *Lições de direito processual civil*. Rio de Janeiro: Lumen Juris, 2007. p. 152.
[96] CINTRA, Antônio Carlos de Araújo; GRINOVER, Ada Pelegrini; DINAMARCO, Cândido Rangel. *Teoria geral do processo*. São Paulo: Malheiros, 2006. p. 313.

a adimplir espontaneamente a obrigação, Antônio Bento propõe ação. O juiz manda citar o réu para, no prazo de três dias, efetuar o pagamento da dívida (art. 829, *caput*). O objeto da jurisdição, agora, não é mais o acertamento do direito, mas sim a satisfação do crédito consubstanciado na nota promissória. Quando o objetivo do autor é a satisfação do direito (acertado por título extrajudicial), o *processo é de execução*.

Como já salientado, o processo cautelar como relação processual autônoma não mais existe no sistema processual. Entretanto, as tutelas cautelares, com todas as medidas necessárias ao acautelamento do direito da parte, continuam firmes e fortes. Embora não se possa falar em processo cautelar, as medidas de arrestos, sequestro, busca e apreensão de outras medidas inominadas poderão ser deferidas pelo juiz.

8. PRESSUPOSTOS PROCESSUAIS

Atribui-se ao alemão Oskar Von Bülow a identificação dos pressupostos processuais como categoria especial do processo. Com efeito, o notável jurista alemão foi responsável pela identificação do processo como relação jurídica distinta e autônoma da relação de direito material que nele se discute.

A relação jurídica processual se estabelece por intermédio de atos processuais sequenciados (procedimento), principalmente pela petição apta e citação válida. Aliás, do ponto de vista estático, o processo nada mais é do que uma relação jurídica de direito processual; porém, sob um enfoque dinâmico, o processo é constituído por uma série de atos processuais, que constituem espécies dos atos jurídicos.

Ora, sendo o processo formado por uma série de atos jurídicos (atos processuais), nada mais evidente que sua instauração ou desenvolvimento válido seja condicionado a certos requisitos, que, *mutatis mutandis*, em última análise, são os mesmos requisitos de validade do ato jurídico, isto é, agente capaz, objeto lícito, possível, determinado ou determinável e forma prescrita ou não defesa em lei (art. 104 do CC).

No Direito Processual, a tais elementos dá-se o nome de *pressupostos processuais*. Tradicionalmente, portanto, **"os pressupostos processuais constituem aquelas exigências que possibilitam o surgimento de uma relação jurídica válida e seu desenvolvimento imune a vício que possa nulificá-la, no todo, ou em parte".**[97]

Para alguns, o primeiro dos pressupostos processuais a ser analisado é a competência do juízo, mas não é bem assim. O primeiro pressuposto que se deve perquirir é a imparcialidade. O juiz cuja parcialidade é suscitada (impedimento ou suspeição) (arts. 144 e 145), não pode sequer declarar a sua própria incompetência, tampouco decidir sobre o impedimento ou suspeição. A única coisa que poderá fazer é sustentar sua imparcialidade e remeter os autos ao tribunal para decidir a exceção ou, reconhecendo a parcialidade, remeter os autos ao seu substituto legal.

Depois de declarada a imparcialidade, se esta foi questionada, e o julgamento de eventual alegação de incompetência, é que o juiz examina os demais pressupostos processuais e os requisitos que legitimam o autor a manejar o direito de ação, ou seja, a legitimidade e o interesse.

Os pressupostos processuais, a legitimidade e o interesse são questões prévias e prejudiciais. Assim, antes de analisar o mérito, o juiz necessariamente deverá verificar se a relação processual instaurou-se e desenvolveu-se validamente e se foram preenchidos todos os requisitos necessários para o legítimo exercício do direito de ação.

---

[97] CARVALHO, José Orlando Rocha de. *Teoria dos pressupostos processuais e dos requisitos processuais*. Rio de Janeiro: Lumen Juris, 2005. p. 9.

9. PRESSUPOSTOS E REQUISITOS PROCESSUAIS

Antes de prosseguirmos no estudo dos pressupostos processuais, cumpre proceder a um acerto terminológico.

Tanto a lei como a doutrina e a jurisprudência pátrias utilizam-se indistintamente do termo *pressupostos processuais* para se referirem aos elementos condicionadores da existência e da validade do processo. Fala-se, assim, em pressupostos de existência e pressupostos de validade do processo. A terminologia, no entanto, não é a mais precisa. Para correta apreensão do que se pretende dizer, é preciso distinguir pressupostos de requisitos.

Como bem observa José Orlando Rocha de Carvalho, pressuposto é "aquilo que vem antes; é o antecedente de algo, aquilo que se supõe existir para dar existência a alguma coisa".[98] Requisito, por sua vez, é a condição que se deve satisfazer para alcançar certo fim; é tudo o que integra a estrutura de um ato; é a formalidade necessária.

Pressuposto, portanto, só diz respeito ao plano de existência jurídica, ao passo que "requisito" refere-se ao plano da validade do direito. Dessa forma, não é tecnicamente correto se referir a pressupostos processuais de validade, mas sim a requisitos de validade. Pressupostos processuais é terminologia que se restringe aos elementos de existência da relação processual. Mas você deve estar se questionando: se todos – legislador, doutrinador e julgador – utilizam a expressão "pressupostos processuais" como gênero que engloba também os requisitos de validade da relação processual, por que logo eu, um simples estudante, tenho que fazer essa distinção? Bem, falei para que você não seja surpreendido por algum examinador mais fanático. Mas, uma vez aprovado no exame, não se preocupe. É como exame de motorista. Depois que tira a carteira não mais precisa pôr o braço para fora para sinalizar que vai virar a direita. Enquanto você não for aprovado no exame ou concurso, vamos continuar com as distinções. O processo, como toda relação jurídica, pressupõe a coexistência de elementos subjetivos (sujeitos ou agentes) e objetivos (ato e objeto).

Os sujeitos principais da relação processual, em regra, são as partes (autor e réu) e o Estado-juízo. O objeto (prestação jurisdicional solicitada) e o fato jurídico (ato pelo qual se requer seja concedida a tutela jurisdicional) compõem o elemento objetivo do processo (a demanda).

A apresentação, por agente capaz (sujeito), de uma petição inicial (ato jurídico), na qual se formula um pedido (objeto) ao órgão investido de jurisdição (Estado-juiz), torna existente a relação processual.

Uma vez existente o processo, é possível perquirir a validade de todo o procedimento, ou seja, de cada um dos atos jurídicos praticados. O ato de apresentação da petição inicial há que seguir as formalidades legais, os sujeitos hão de ser capazes, os agentes que representarão o Estado hão de ser competentes e imparciais. Trata-se dos requisitos de validade processual. Vale observar "que somente comprometerão o procedimento, e por isso podem ser considerados requisitos processuais, os fatos que digam respeito à demanda originária: relacionados ao autor, ao juízo ou ao objeto litigioso". Dessa forma, nem todo ato processual defeituoso implicará inadmissibilidade do processo.

10. OS DIVERSOS PLANOS DO MUNDO JURÍDICO

Vimos que **os pressupostos processuais se referem ao plano de existência jurídica do processo, ao passo que os requisitos relacionam-se à validade dos atos processuais**. É

---

[98] CARVALHO, José Orlando Rocha de. *Teoria dos pressupostos processuais e dos requisitos processuais*. Rio de Janeiro: Lumen Juris, 2005. p. 67.

necessário, assim, ainda que em breves linhas, discorrer sobre os planos de existência e validade jurídica. Há, ainda, um terceiro plano fenomenológico, o da eficácia, que representa a idoneidade do fato para produzir os efeitos para os quais foi criado.[99]

10.1 O plano da existência

Os fatos do mundo, por regra, não interessam ao direito. Para que possa ingressar no mundo jurídico, o fato há que preencher todos os elementos necessários à incidência da norma jurídica, que o tornará um fato jurídico. Antes desta incidência, o fato é irrelevante, um nada jurídico.

O primeiro pressuposto de um fato jurídico é a sua existência real e efetiva. O plano da existência refere-se basicamente ao ser ou não ser: ou o fato é ou não é jurídico. Para elucidar o tema, vale citar a lição de Marcos Bernardes de Mello:

> "Ao sofrer a incidência de norma jurídica juridicizante, a parte relevante do suporte fático é transportada para o mundo jurídico, ingressando no plano da existência. Neste plano, que é o plano do ser, entram todos os fatos jurídicos, lícitos ou ilícitos. No plano da existência não se cogita de invalidade ou eficácia do fato jurídico, importa, apenas, a realidade da existência. Tudo, aqui, fica circunscrito a se saber se o suporte fático suficiente se compôs, dando ensejo à incidência. Naturalmente, se há falta, no suporte fático, de elemento nuclear, mesmo completante do núcleo, o fato não tem entrada no plano da existência, donde não haver fato jurídico".[100]

A existência do fato jurídico é condição imprescindível para que se possa perquirir sua validade e eficácia. O que é válido ou inválido, eficaz ou ineficaz, necessariamente tem que existir.

10.2 O plano de validade

A existência antecede a validade. Se o ato – aqui nos interessa o ato processual – existe, então podemos perquirir sobre a validade dele. Validade é a situação jurídica que resulta da conformidade do ato ou fato com os requisitos que o regulam. As considerações que se levam em conta no plano da validade "são relativas à ocorrência, ou não, de vícios ou deficiências invalidantes dos seus elementos nucleares, ou mesmo à falta de elementos complementares indispensáveis ao suporte fático".[101] O correto, portanto, é dizer requisitos de validade, e não pressuposto, porquanto o que é válido ou inválido necessariamente existe, logo, não mais necessita de qualquer pressuposto.

A demanda instaurada pelo ajuizamento da petição inicial é o pressuposto (fato jurídico) para a existência da demanda. Se essa petição inicial não preencher os requisitos dos arts. 319 e 320, o processo existirá, mas poderá vir a ser invalidado (plano de validade).

10.3 O plano de eficácia

Eficácia é a idoneidade do fato jurídico para produzir os efeitos para os quais foi criado. A eficácia pressupõe a existência, mas não necessariamente a validade. Em regra, o que existe e é válido também será eficaz. Mas é possível eficácia sem validade. A petição inicial inepta é

---

[99] O estudo dos planos de existência, validade e eficácia partem da teoria criada por Pontes de Miranda ("Escada Ponteana"), a qual foi utilizada para traçar os elementos estruturais do negócio jurídico.
[100] MELLO, Marcos Bernardes de. *Teoria do fato jurídico*. 8. ed. São Paulo: Saraiva, 1998. p. 80.
[101] CARVALHO, José Orlando Rocha de. *Teoria dos pressupostos processuais e dos requisitos processuais*. Rio de Janeiro: Lumen Juris, 2005. p. 71-72.

eficaz para instaurar a relação processual, que se desenvolverá até que se reconheça o defeito invalidante. Aliás, em processo, a rigor não se pode falar em nulidade de pleno direito; ele deve sempre ser declarada. Enquanto não declarada a nulidade o ato é válido e tem aptidão para gerar efeitos, portanto, tem eficácia. Pode ocorrer de a inépcia apenas ser reconhecida após a citação e oitiva do réu. Nesse caso, conquanto inválida, a petição inicial foi eficaz, na medida em que deu origem a uma relação processual.

Como os pressupostos e os requisitos processuais referem-se, respectivamente, aos planos de existência e validade do processo, o estudo do plano da eficácia nos é despiciendo neste momento.

11. CLASSIFICAÇÃO DOS PRESSUPOSTOS E DOS REQUISITOS PROCESSUAIS

Caracterizados os planos de existência e validade do mundo jurídico, cumpre proceder à identificação e classificação dos pressupostos e requisitos processuais. Várias são as classificações encontradas na doutrina. Em nossa obra, seguiremos a classificação proposta por José Orlando de Carvalho Filho, que pode ser esquematizada da seguinte forma:

Quadro esquemático 7 – Pressupostos processuais (*lato sensu*)

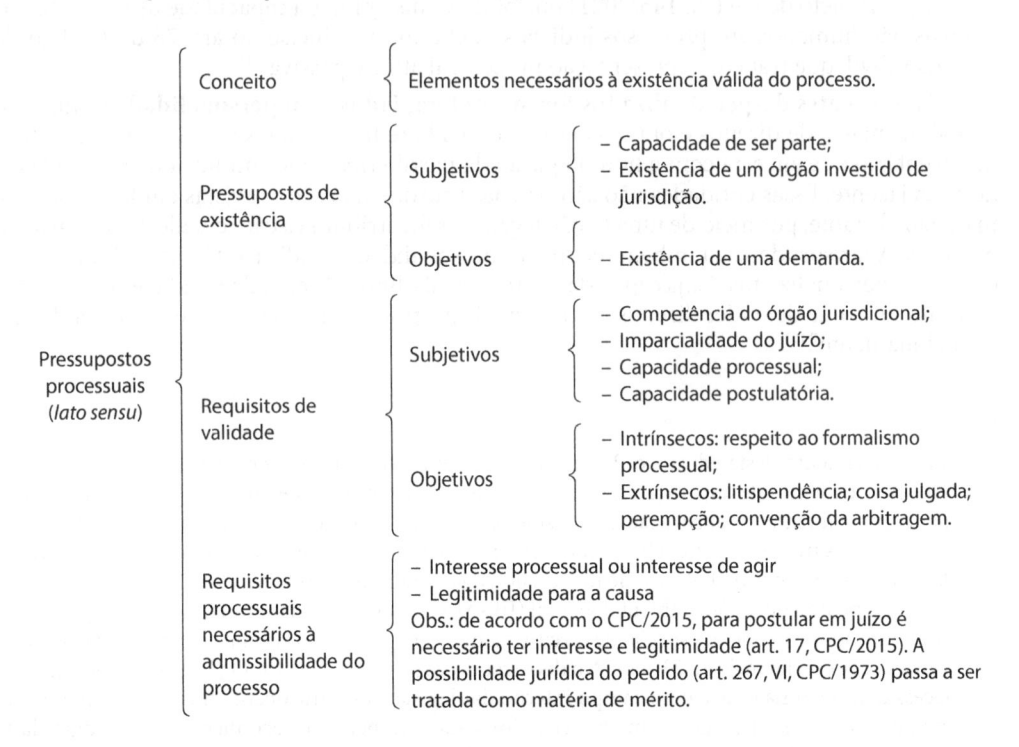

Pressupostos processuais (*lato sensu*):
- **Conceito**: Elementos necessários à existência válida do processo.
- **Pressupostos de existência**:
  - Subjetivos:
    - Capacidade de ser parte;
    - Existência de um órgão investido de jurisdição.
  - Objetivos:
    - Existência de uma demanda.
- **Requisitos de validade**:
  - Subjetivos:
    - Competência do órgão jurisdicional;
    - Imparcialidade do juízo;
    - Capacidade processual;
    - Capacidade postulatória.
  - Objetivos:
    - Intrínsecos: respeito ao formalismo processual;
    - Extrínsecos: litispendência; coisa julgada; perempção; convenção da arbitragem.
- **Requisitos processuais necessários à admissibilidade do processo**:
  - Interesse processual ou interesse de agir
  - Legitimidade para a causa
  - Obs.: de acordo com o CPC/2015, para postular em juízo é necessário ter interesse e legitimidade (art. 17, CPC/2015). A possibilidade jurídica do pedido (art. 267, VI, CPC/1973) passa a ser tratada como matéria de mérito.

11.1 Pressupostos processuais subjetivos

No plano subjetivo, há no processo quem pede e contra quem é pedida uma tutela jurisdicional, bem como um órgão ao qual é dirigida a pretensão (juízo). Os pressupostos processuais subjetivos, portanto, **dirão respeito às pessoas/agentes que deverão estar presentes para que exista processo**.

a) Capacidade de ser parte

Para que o processo exista, é necessária a **prévia existência de alguém capaz de pedir o provimento jurisdicional**, ou seja, alguém dotado de capacidade de ser parte.

A capacidade de ser parte **nada mais é do que a personalidade judiciária, ou seja, a aptidão conferida por lei para adquirir direitos e contrair obrigações**. A capacidade de ser parte é uma noção absoluta: ou se é ou não se é capaz. Não se cogita em incapacidade relativa de ser parte.

De um modo geral, naqueles direitos de primeira geração (de cunho eminentemente patrimonial) a capacidade de ser parte é conferida às pessoas (naturais e jurídicas), detentoras de personalidade jurídica. Não se concebe, ainda, pelo menos majoritariamente, processo movido por um animal, ou por um defunto (com o falecimento, o indivíduo perde a aptidão para ser titular de direitos e seus bens transmitem-se, de imediato, aos seus herdeiros). No entanto, há uma forte tendência da doutrina e da jurisprudência de conferir personalidade aos animais, o que já é uma realidade, por exemplo, na legislação portuguesa. No Brasil, o Tribunal de Justiça do Estado do Paraná decidiu, de forma unânime, que animais não humanos são sujeitos de direitos e, portanto, podem ser parte ativa de ações judiciais (7ª Câmara Cível, processo n. 00592204-56.2020.8.16.000). A decisão adotou como fundamento precedentes do STJ e STF, nos quais as Cortes consideraram que os animais possuem dignidade própria e, portanto, não podem ser considerados coisas (REsp 1.115.916 e ADI 4.983). A propósito, encontra-se em tramitação Projeto de Lei (PL 145/2021) que objetiva disciplinar a capacidade de ser parte dos animais não humanos em processos judiciais, incluindo um inciso ao art. 75 do Código de Processo Civil, que trata da representação processual ativa e passiva.[102]

Alguns entes despersonalizados foram contemplados com personalidade judiciária: o espólio (massa de direitos e obrigações do acervo hereditário, que se inicia com a abertura do inventário e se encerra com a homologação da partilha), o condomínio, a massa falida e a herança jacente. Essas entidades não são pessoas (porque não são previstas em lei como tal), mas, não obstante, por meio de uma ficção legal, lhes foi atribuída a capacidade de ser parte no processo. A jurisprudência também reconhece personalidade jurídica às Câmaras Municipais, órgãos despersonalizados, "cuja capacidade processual é limitada para demandar em juízo, com o intuito único de defender direitos institucionais próprios e vinculados à sua independência e funcionamento".[103]

---

[102] Até o fechamento desta edição, o PL se encontrava apenso a outras proposições semelhantes, mas também pendentes de aprovação. Em consulta realizada em maio de 2024, os projetos de lei permanecem pendentes de aprovação, tendo sido ofertado novo prazo para emendas. Apesar disso, são cada vez mais frequentes as decisões que reconhecem os animais como sujeitos especiais de direito. Por exemplo, o Superior Tribunal de Justiça, no julgamento no REsp 1.797.175 (j. 21.03.2019), desacolhendo pedido de órgão ambiental federal (IBAMA), reconheceu a dignidade de um papagaio e a sua condição como sujeito especial de direito, mantendo a guarda do animal em favor de pessoa que convivia com ele há mais de 23 anos. No decorrer do voto, o Min. Relator Og Fernandes ponderou a necessidade de uma reflexão no campo interno das legislações infraconstitucionais, na tentativa de apontar caminhos para que se amadureça a discussão a respeito do reconhecimento da dignidade dos animais não humanos, e, consequentemente, do reconhecimento dos direitos e da mudança da forma como as pessoas se relacionam entre si e com os demais seres vivos. O anteprojeto que pretende alterar o Código Civil enaltece os animais, afirmando que "são seres vivos sencientes e passíveis de proteção jurídica própria, em virtude da sua natureza especial". No entanto, o relatório aprovado pela Comissão que incluiu o art. 91-A ao Código Civil deixa a cargo da lei especial as disposições sobre o tratamento físico e ético aos animais.

[103] STJ, REsp 946.676/CE, 1ª Turma, Rel. Min. José Delgado, j. 23.10.2007, *DJ* 19.11.2007, p. 205.

Também ao nascituro se reconhece capacidade de ser parte, ou personalidade judiciária. Aliás, em novembro de 2008, foi publicada a Lei nº 11.804/2008, que conferiu aos nascituros direito ao que se denominou "alimentos gravídicos". A expressão compreende

> "os valores suficientes para cobrir as despesas adicionais do período de gravidez e que sejam dela decorrentes, da concepção ao parto, inclusive as referentes à alimentação especial, assistência médica e psicológica, exames complementares, internações, parto, medicamentos e demais prescrições preventivas e terapêuticas indispensáveis, a juízo do médico, além de outras que o juiz considere pertinentes" (art. 2º).

Após o nascimento com vida, os alimentos gravídicos serão convertidos em pensão alimentícia em favor do menor (art. 6º, parágrafo único). Como se vê, conquanto não seja pessoa, o nascituro é reconhecido como sujeito de direito, logo, agente capaz de ser parte. Aliás, antes mesmo do advento da Lei nº 11.804/2008, já se reconhecia ao nascituro capacidade de ser parte, em face do disposto no art. 2º do CC.

Destarte, **qualquer ente ao qual a lei reconheça o menor resquício de direito substancial terá capacidade de ser parte**. Do contrário, a prerrogativa seria esvaziada por completo. Imagine, por exemplo, se os Tribunais não pudessem agir em juízo para defesa da própria instituição (por exemplo, para exigir do Executivo o repasse dos duodécimos). A própria União ou o próprio Estado, detentores de personalidade jurídica, teriam que vir a juízo para pleitear, deles mesmos, o recebimento dos vencimentos dos servidores do Judiciário, o que é inconcebível. Por isso, também os Tribunais que integram o Judiciário são capazes de ser parte.[104]

Em regra, a personalidade judiciária há de ser perquirida tanto com relação ao autor como ao réu. Destaque-se que a simples propositura da demanda já dá azo à prática de vários atos processuais (recebimento da inicial, deferimento de medidas de urgência, citação, entre outros). O processo, portanto, existirá antes de o réu integrar a relação processual pela citação, mas não sem a presença (ou indicação) de uma pessoa ou ente despersonalizado detentor de personalidade judiciária contra a qual é formulado o pedido.

Em algumas hipóteses, no entanto, a só presença de um postulante (autor) diante de um órgão jurisdicional já configurará o elemento subjetivo do processo. Mesmo sem a indicação de um réu, portanto, é possível que exista processo. O exemplo é o processo objetivo de controle de constitucionalidade (ADI, ADC e ADPF), que, no âmbito federal, se desenvolverá entre um dos legitimados previstos no art. 103 da CF/1988 e no STF. Em tais ações, como se sabe, há autor (quem pede), mas não réu (contra quem se pede).

b) Existência de um órgão investido de jurisdição

A petição proposta por quem detém capacidade de ser parte é dirigida a um órgão, ao qual a Constituição ou a lei outorga o exercício da função jurisdicional. Petição inicial dirigida ao presidente da República, a um padre ou a um pai de santo, por exemplo, não tem o condão de instaurar processo, porquanto tais agentes não são investidos de jurisdição.

A existência de um órgão investido de jurisdição, previsto na Constituição ou na lei, é imprescindível para que exista o processo. **Processo instaurado perante um não juiz é um não processo e a decisão nele prolatada é uma não decisão.**

Lembre-se de que, embora o art. 16 fale que a jurisdição é exercida por juízes, o termo correto é *juízo*, órgão jurisdicional composto, no mínimo, pelo juiz, escrivão e demais auxiliares da justiça.

---

[104] A respeito: STF, RE MS 23.267, Tribunal Pleno, Rel. Min. Gilmar Mendes, j. 03.04.2003, *DJ* 16.05.2003.

Especificamente com relação à figura do juiz, são exemplos de não juízes o magistrado aposentado ou em indisponibilidade e aquele aprovado em concurso público para juiz, mas ainda não empossado. Para que o processo tenha existência, o que se exige é que o juiz esteja investido de jurisdição, pouco importando a competência do órgão. A competência constitui requisito de validade, e não pressuposto de existência. Os conceitos se relacionam, uma vez que um órgão só terá competência se for dotado de jurisdição. Mas há órgão jurisdicional ao qual não se reconhece competência para julgar determinada causa.

A decisão prolatada em um processo instaurado perante órgão não investido de jurisdição configura vício transrescisório, que pode ser desconstituído independentemente de ação rescisória, via impugnação ao cumprimento de sentença, embargos à execução ou a qualquer tempo em ação declaratória autônoma de nulidade absoluta (*querela nullitatis*).

Há quem considere não juiz também o magistrado que decide contrariamente às normas constitucionais de competência. É o que ocorreria se um Tribunal de Justiça julgasse recurso extraordinário, cuja competência é do STF (art. 102, III, da CF/1988), ou se um juiz de primeiro grau julgasse o mérito de um recurso de apelação, exorbitando de suas funções.[105] Tais decisões também seriam eivadas de vício transrescisório e poderiam ser desconstituídas a qualquer tempo.

Não comungamos desse entendimento.

Jurisdição não se confunde com competência. Todos os órgãos integrantes do Poder Judiciário (juízo de primeiro grau e Tribunais) gozam do poder de criar normas jurídicas concretas. São, portanto, investidos de jurisdição. Aliás, a jurisdição é una, sendo apenas dividida entre os vários órgãos jurisdicionais. Portanto, quando um órgão jurisdicional extrapola os limites do poder que lhe foi outorgado, o caso não é de ausência de jurisdição, mas de incompetência. Do contrário, teríamos que admitir a existência de cinco jurisdições: eleitoral, trabalhista, militar, federal e estadual. Ademais, "para todo órgão jurisdicional há uma competência mínima (podemos chamá-la de atômica): a competência para o controle da própria competência. Por mais incompetente que seja o órgão jurisdicional, ele sempre terá competência para decidir se é ou não competente".[106] Trata-se da regra da *Kompetenz-Kompetenz* (o juiz tem sempre competência para examinar e julgar a sua própria competência).

Por tais razões, **a decisão de um juiz constitucionalmente incompetente (decisão inválida) não pode ser equiparada à decisão de um não juiz (decisão inexistente)**.

Como veremos, a competência do juízo é requisito de validade do processo. O processo e a decisão existem, mas são inválidos porque contrários às normas distribuidoras de competência. A rigor, portanto, a decisão proferida por juiz incompetente deveria ser desconstituída via ação rescisória, a ser proposta no prazo decadencial de dois anos (art. 975). Escoado o prazo, ter-se-ia a coisa soberanamente julgada, a impedir qualquer nova discussão sobre o tema.

No entanto, não há dúvidas de que a incompetência por violação a norma constitucional merece tratamento diferenciado daquela incompetência por infringência à legislação ordinária. Pensamos, por isso, que à decisão proferida por juiz constitucionalmente incompetente deve-se dispensar o mesmo tratamento dado às decisões de não juízes. Não há como se sujeitar o reconhecimento de violação a normas constitucionais ao exíguo prazo de dois anos da ação

---

[105] Esta é a tese adotada, entre outros, por José Orlando Rocha de Carvalho (*Teoria dos pressupostos processuais e dos requisitos processuais*. Rio de Janeiro: Lumen Juris, 2005. p. 136), Calmon de Passos (*Comentários ao Código de Processo Civil*. 8. ed. Rio de Janeiro: Forense, 1998. v. 3) e Ada Pelegrini Grinover, Antônio Scarance Fernandes e Antonio Magalhães Gomes Filho (*As nulidades do processo penal*. 6. ed. São Paulo: RT, 1999).

[106] DIDIER JR., Fredie. *Curso de direito processual civil*. vol. 1. Salvador: JusPodivm, 2015. p. 200.

rescisória. Dessa forma, também a incompetência constitucional há de ser tratada como vício transrescisório, a autorizar a propositura de *querela nullitatis*, ação que pode ser manejada a qualquer tempo. Trata-se de ação declaratória cujo objeto é a declaração de inexistência da relação processual. Diferentemente da ação rescisória, que rescinde o que é inválido ou defeituoso, a *querela nullitatis* declara a inexistência do que nunca chegou a ser.

11.2 Pressuposto processual objetivo: a existência de uma demanda

O pressuposto objetivo de existência processual é a demanda, que se consubstancia na apresentação da petição inicial em juízo. Como vimos, a jurisdição só age se provocada. Nos termos do art. 2º do CPC/2015, "o processo começa por iniciativa da parte e se desenvolve por impulso oficial, salvo as exceções previstas em lei".

Não se questiona, nesta seara, a validade ou invalidade da petição inicial, se o ato preenche ou não os requisitos legais. **Para que o processo exista, basta que aquele capaz de ser parte apresente uma petição inicial a órgão investido de jurisdição.**

Já vimos, não obstante, que a própria lei prevê exceções ao princípio da demanda. Com efeito, a execução trabalhista (art. 878 da CLT) e a decretação de falência de empresa sob regime de recuperação judicial (arts. 73 e 74 da Lei nº 11.101/2005) são medidas que podem ser adotadas de ofício pelo magistrado. As exceções, no entanto, não desnaturam a regra, tampouco permitem afirmar que existência da demanda não constitui pressuposto processual. Como afirma Tesheiner, "nesses casos, a atividade exercida pelo juiz, pelo menos ao desencadear o processo, tem natureza administrativa, e não jurisdicional; autor não é quem pede, mas aquele que será beneficiado pela sentença proferida contra ou em face do réu".[107]

11.3 Requisitos processuais subjetivos de validade

a) Competência do órgão jurisdicional

A apresentação de uma petição inicial a órgão investido de jurisdição por agente capaz de ser parte dá existência ao processo. Existente o processo, cumpre discorrer acerca dos requisitos que lhe darão validade.

O primeiro deles é a competência do juízo, isto é, **a atribuição legal para julgar a causa.**

Por questão organizacional, o constituinte originário e o legislador ordinário optaram por distribuir a função jurisdicional (que, lembre-se, é una) entre vários órgãos, levando em conta diversos critérios (valor da causa, matéria e pessoas envolvidas no processo, critérios de funcionalidade e territorialidade). Assim é que a Constituição previu que ao STF caberá o julgamento da ADI em face de lei federal e o CPC prevê que, em regra, a ação que verse sobre direito pessoal deve ser proposta no domicílio do réu (art. 46) e a ação de direito real, sobre imóveis, no foro da situação da coisa (art. 47).

A essa limitação da atuação de cada órgão jurisdicional, foro, vara, tribunal, dá-se o nome de competência. **Competência é a demarcação dos limites em que cada juízo pode atuar; é a medida da jurisdição.**

Para que seja válido o processo, portanto, é necessário que o órgão jurisdicional que o presidirá e proferirá o julgamento seja competente para tanto. Aliás, o julgamento por órgão competente é direito fundamental do indivíduo e decorre da garantia ao juízo natural.

---

[107] TESHEINER, José Maria Rosa. *Pressupostos processuais e nulidade do processo civil*. São Paulo: Saraiva, 2000. p. 35-36.

Vale observar que apenas a competência absoluta (de regra fixada em razão da matéria, da pessoa e do critério funcional) é que constitui requisito processual de validade. Com efeito, a incompetência relativa não pode ser declarada de ofício pelo magistrado. Cabe, pois, ao réu, como preliminar da contestação (art. 64[108]), alegar a incompetência relativa do juízo. O Ministério Público também poderá, nas causas em que atuar, arguir a incompetência relativa (art. 65, parágrafo único). Caso não haja a suscitação por parte do réu ou do Ministério Público, a competência relativa será prorrogada (art. 65). Vale salientar que o regramento da incompetência absoluta é diferente, uma vez que pode ser declarada de ofício e não se prorroga, ou seja, não há possibilidade de um juízo absolutamente incompetente tornar-se competente ante a falta de alegação dessa incompetência.

Competência, dessa forma, não se confunde com investidura. Como vimos, petição inicial dirigida ao Presidente da República não dá azo a um processo jurisdicional, porquanto o agente não é investido de jurisdição. A falta de investidura, por constituir pressuposto processual, leva à inexistência do processo. Já a incompetência absoluta, requisito de validade, conduz ao deslocamento do processo ao órgão competente. Quanto à incompetência relativa, jamais constituirá causa de nulidade. Isso porque se a parte não arguir essa incompetência, o juiz tornar-se-á competente (prorrogação). Caso a incompetência relativa seja arguida, o juiz terá que sobre essa questão proferir decisão, em virtude da qual, em se reconhecendo a incompetência, os autos serão remetidos ao juízo competente.

b) Imparcialidade do juízo

A imparcialidade, a um só tempo, figura como uma das características da função jurisdicional e também como requisito de validade do processo. Além da competência para julgar a causa, é necessário que alguns agentes que integram o juízo (juiz, promotor, escrivão, perito...) sejam imparciais. A principal exceção refere-se aos advogados, parciais por excelência.

Tal qual a competência, a imparcialidade do juízo **deriva da garantia constitucional ao juízo natural**. A exigência de que o juízo seja imparcial visa assegurar não apenas a probidade da atividade jurisdicional, mas notadamente a segurança dos provimentos que resultarão do processo.

O juízo ao qual distribuída a causa deve oferecer às partes garantia de imparcialidade. Não basta que o juiz seja imparcial. É preciso que inexistam dúvidas sobre essa imparcialidade. Havendo motivos que levem a dúvidas, deve o magistrado abster-se de conhecer e julgar a causa. Observe que a parcialidade do juiz não acarretará a extinção do processo, mas a remessa dos autos ao substituto legal (art. 146, § 1º).

Os motivos que podem caracterizar a parcialidade do juízo são de duas ordens: os impedimentos (art. 144), de cunho objetivo, peremptório, e a suspeição (art. 145), de cunho subjetivo e cujo reconhecimento demanda prova, se não declarado de ofício pelo juiz.

Apenas a existência de impedimento é que constitui requisito processual de validade. Os impedimentos taxativamente obstaculizam o exercício da jurisdição contenciosa ou voluntária, podendo ser arguidos no processo a qualquer tempo (art. 485, IV e § 3º), com reflexos, inclusive, na coisa julgada, vez que, mesmo após o trânsito em julgado da sentença, pode a parte prejudicada rescindir a decisão (art. 966, II). O limite temporal para se arguir esse grave vício é o prazo da rescisória, ou seja, dois anos a contar do trânsito em julgado da decisão.

A suspeição, ao contrário, se não arguida no momento oportuno, restará acobertada pela preclusão e, por isso, não pode ser considerada requisito de validade processual.

---

[108] "Art. 64. A incompetência, absoluta ou relativa, será alegada como questão preliminar de contestação".

c) Capacidade processual (= *legitimatio ad processum* = capacidade para estar em juízo)

Como já vimos, a capacidade de ser parte constitui requisito de existência da relação processual. A capacidade processual, a seu turno, é requisito processual de validade que se relaciona com a capacidade de estar em juízo, quer dizer, com a aptidão para praticar atos processuais independentemente de assistência ou representação. **A capacidade processual pressupõe a capacidade de ser parte (personalidade judiciária), mas a recíproca não é verdadeira.** Nem todos aqueles que detêm personalidade judiciária gozarão de capacidade processual.

O exemplo clássico é o das pessoas absolutamente incapazes (art. 3º do CC),[109] detentoras de capacidade de ser parte, mas que, em juízo (e em todos os atos da vida civil), devem estar representadas por seus pais, tutores ou curadores (art. 71). O incapaz pode figurar como autor ou réu em uma demanda, mas se não tiver representante legal, ou se os interesses deste colidirem com os daquele, o juiz deverá nomear-lhe curador especial (art. 72, I).

Quanto aos representantes do menor, caso estejamos tratando dos pais, é válido lembrar que a representação não exige a presença concomitante de ambos. De acordo com o STJ, a representação processual do menor pode ser exercida em conjunto ou separadamente, por cada um dos genitores, ressalvadas as hipóteses de destituição do poder familiar, ausência ou de potencial conflito de interesses. Com efeito, se um menor sofre dano de natureza extrapatrimonial ou patrimonial e pretende ser indenizado, a representação poderá ser realizada, como regra, pelo pai ou pela mãe, não podendo o juiz, por exemplo, indeferir a petição inicial se ausente um dos genitores no polo ativo da ação (STJ, 4ª Turma, REsp 1.462.840/MG, Rel. Min. Maria Isabel Gallotti, j. 14.05.2024).

Há, ainda, incapacidade puramente para o processo. É o caso do réu preso, bem como do revel citado por edital ou com hora certa. Conquanto materialmente capazes, entendeu o legislador que, para o processo, a capacidade dessas pessoas necessita ser complementada, em razão da posição de fragilidade em que se encontram. Por isso, exige-se a nomeação de curador especial a elas, sob pena de nulidade do feito (art. 72, II).

As pessoas casadas têm capacidade de ser parte e, em regra, capacidade processual plena. No entanto, em algumas hipóteses, a lei mitiga esta capacidade processual. Assim é que, para ajuizar ações que versem sobre direitos reais imobiliários (ação reivindicatória, de usucapião, divisória, entre outras), o cônjuge necessita do consentimento do outro consorte (art. 73), exceto se casados sob o regime de separação absoluta de bens.

Importante não confundir legitimidade com legitimação. Esta é a capacidade especial para realizar ou sofrer os efeitos de determinado ato ou negócio, como a necessidade de outorga conjugal para a venda de bem imóvel, sob pena de anulação do contrato (arts. 1.647, I, e 1.649,

---

[109] Atente-se para a alteração no rol dos absoluta e relativamente incapazes conferida pela Lei nº 13.146/2015 (Estatuto da Pessoa com Deficiência). Com as mudanças implementadas pelo EPD, somente são absolutamente incapazes os menores de dezesseis anos. Aqueles que, por enfermidade ou deficiência mental, não têm o necessário discernimento para a prática dos atos da vida civil, considerados absolutamente incapazes anteriormente (art. 3º, inc. III, do CC/2002 – redação original), não estão mais listados entre os incapazes de fato, seja absoluta, seja relativamente. Os que, por causa permanente ou transitória, não podem exprimir sua vontade, deixaram de ser considerados absolutamente incapazes (art. 3º, inc. III, do CC/2002 – redação original) e passaram a ser considerados relativamente incapazes (art. 4º, inc. III, do CC/2002 – nova redação). Por fim, os que, em razão de deficiência mental têm o discernimento reduzido, bem como os excepcionais, sem o desenvolvimento mental completo, antes considerados relativamente incapazes (art. 4º, incs. II e III, do CC/2002 – redação original), não são mais considerados incapazes de fato.

CC), ou a concordância do cônjuge e dos demais herdeiros para a venda de bem por parte de ascendente a descendente (art. 496, CC).

Também para propor ação possessória imobiliária, nas quais haja situação de composse ou ato praticado por ambos os cônjuges, o marido ou a mulher dependem do consentimento do outro consorte (art. 73, § 2º).

Observe que se o cônjuge figurar no polo passivo da demanda real imobiliária (art. 73, § 1º, I e IV) ou possessória imobiliária, o caso será de litisconsórcio passivo necessário. A citação do cônjuge será obrigatória para a validade do processo (plano de validade). O requisito processual de validade, na hipótese de litisconsórcio passivo necessário, é objetivo (citação válida), e não subjetivo. A obrigatoriedade persiste independentemente do regime de bens adotado.[110]

Em ambas as hipóteses, o cônjuge preterido poderá ingressar no processo e pedir a anulação dos atos até então praticados. Se já houver trânsito em julgado da sentença de mérito, poderá ajuizar ação rescisória, fundada na violação manifesta à norma jurídica (art. 966, V). Se a hipótese era de litisconsórcio passivo necessário, a ausência de citação configura vício transrescisório, que pode ser declarado independentemente de ação rescisória, via impugnação ao cumprimento de sentença, embargos à execução, ou em ação autônoma (*querela nullitatis*).

Com relação à capacidade processual das pessoas jurídicas, estabelece o art. 75 que tais entes serão "representados" em juízo. O caso, no entanto, não é de representação, mas de "presentação". Com efeito, os atos dos órgãos e agentes da pessoa jurídica são atos da própria pessoa jurídica. Não há, como na representação, uma pessoa agindo em nome de outra. O órgão é a própria pessoa jurídica, instrumento que a faz presente. É incorreta, portanto, a afirmação de que as pessoas jurídicas são processualmente incapazes. A respeito, vale citar a lição de Pontes de Miranda:

"[...], na comparência da parte por um órgão, não se trata de representação, mas de presentação. O órgão presenta a pessoa jurídica: os atos processuais do órgão são atos dela, e não de representante. [...]. As pessoas jurídicas precisam de órgãos, tanto quanto as pessoas físicas precisam ter boca, ou, se não podem falar, mãos, ou outro órgão pelo qual exprimam o pensamento ou o sentimento. [...]. Os diretores das pessoas jurídicas que assinam a declaração unilateral de vontade, ou a declaração bilateral ou multilateral de vontade, não estão a praticar ato seu, pelo qual representem a pessoa jurídica. Estão a presentá-las, a fazê-las presentes".[111]

Não obstante a precisa lição ponteana, o mais comum é utilizarmos representação quando se trata de *presentação*. O gerente presenta a sociedade, mas, de regra, dizemos representa. Enfim, representação é uma palavra equívoca. Coisas da língua. Não vamos sofrer por isso.

Constatado defeito no que se refere à capacidade processual ou irregularidade de representação, o órgão jurisdicional deve suspender o processo, concedendo prazo razoável para que seja reparado o vício. Permanecendo o defeito, se a providência couber ao autor, o juiz decretará extinção do processo (art. 76, § 1º, I); se ao réu, reputá-lo-á revel (art. 76, § 1º, II); se

---

[110] "É necessária a citação dos cônjuges dos herdeiros, nas ações que versam sobre direito de herança, nos termos do art. 73, § 1º, I do CPC, haja vista sua natureza de direito real imobiliário, independentemente do regime de bens adotado pelo casal" (TJ-MG – AC: 00123203720178130685 Teixeiras, Rel. Des. Alice Birchal, j. 20.04.2023, Câmaras Especializadas Cíveis/4ª Câmara Cível Especializada, *DJe* 24.04.2023).

[111] PONTES DE MIRANDA, Francisco Cavalcanti. *Comentários ao Código de Processo Civil*. 5. ed. Rio de Janeiro: Forense, 1997. t. I, p. 219-220.

ao terceiro, será este excluído do processo ou considerado revel, dependendo do polo no qual se encontre (art. 76, § 1º, III).

Ressalte-se que o Código trouxe expressamente as consequências da ausência de regularização da incapacidade ou da representação na hipótese de o processo já estar na fase recursal. O Código de 1973, mais precisamente em seu art. 13, determinava que o juiz, ao verificar a incapacidade processual ou a irregularidade da representação das partes, suspendia o processo e designava prazo razoável para ser sanado o defeito. Como se pode perceber, não há autorização expressa para que a mesma providência fosse tomada pelo órgão dotado de competência recursal. Tal providência, em nível recursal, só era possível em razão do disposto no art. 515, § 4º, do Código de 1973, que possibilitava que o tribunal determinasse a correção, mediante prévia intimação das partes, de eventuais nulidades sanáveis.

De acordo com o CPC, caso o processo esteja em grau de recurso, permanecendo a incapacidade ou a irregularidade da representação, se a providência couber ao recorrente, o tribunal não conhecerá do apelo (art. 76, § 2º, I); se ao recorrido, determinará o desentranhamento das contrarrazões (art. 76, § 2º, II).

Todavia, se nem as partes nem o juiz se atentarem para o vício de incapacidade (lembre-se que a ausência de pressuposto ou requisito processual é cognoscível de ofício, nos termos do art. 485, § 3º), e a sentença transitar em julgado, admite-se a propositura de ação rescisória para desconstituição da decisão definitiva de mérito, por violação manifesta à norma jurídica (art. 966, V).

d) Capacidade postulatória

O último dos pressupostos processuais (*lato sensu*) referente às partes é a capacidade postulatória, ou seja, **a aptidão para intervir no processo, praticando atos postulatórios**, seja na condição de autor ou réu.

Como vimos, a capacidade processual permite que a parte figure sozinha em juízo, sem necessidade de assistência ou representação. No entanto, para a prática de alguns atos processuais (os postulatórios), a lei exige aptidão técnica especial do sujeito, sem a qual o ato é inválido. Essa aptidão técnica é a capacidade postulatória.

Deve-se frisar que apenas para a prática de atos postulatórios (de pedir ou responder) exige-se capacidade postulatória. Há, portanto, atos processuais que podem ser praticados pela própria parte, como o de indicar bens à penhora e testemunhar.

Os advogados regularmente inscritos na OAB (e aqui nos referimos aos advogados privados e aos vinculados a entidades públicas, como os integrantes da Advocacia-Geral da União, das Defensorias Públicas e das Procuradorias Estaduais e Municipais) **e os integrantes do Ministério Público são os que gozam de capacidade postulatória.**

Em alguns casos, no entanto, a lei confere capacidade postulatória a pessoas que não são advogadas e nem integram o Ministério Público. É o caso do art. 27 c/c o art. 19 da Lei nº 11.340/2006 (Lei Maria da Penha), que permite que a mulher vítima de violência doméstica formule diretamente medidas protetivas de urgência contra o ofensor, e do art. 9º da Lei nº 9.099/1995, que dispensa a representação por advogado nas causas de até 20 salários mínimos perante os Juizados Especiais.[112] A constitucionalidade deste último dispositivo, aliás, já foi reconhecida pelo STF quando do julgamento da ADI 1.539, proposta pelo Conselho Federal da OAB:

> "Ação direta de inconstitucionalidade. Acesso à justiça. Juizado especial. Presença do advogado. Imprescindibilidade relativa. Precedentes. Lei 9.099/95. Observância dos preceitos

---

[112] Na fase recursal, entretanto, a atuação do advogado é indispensável (art. 41, § 2º, da Lei nº 9.099/1995).

constitucionais. Razoabilidade da norma. Ausência de advogado. Faculdade da parte. Causa de pequeno valor. Dispensa do advogado. Possibilidade.

1. Juizado Especial. Lei 9.099/95, art. 9º. Faculdade conferida à parte para demandar ou defender-se pessoalmente em juízo, sem assistência de advogado. Ofensa à Constituição Federal. Inexistência. Não é absoluta a assistência do profissional da advocacia em juízo, podendo a lei prever situações em que é prescindível a indicação de advogado, dados os princípios da oralidade e da informalidade adotados pela norma para tornar mais célere e menos oneroso o acesso à justiça. Precedentes.

2. Lei 9.099/95. Fixação da competência dos juízos especiais civis tendo como parâmetro o valor dado à causa. Razoabilidade da lei, que possibilita o acesso do cidadão ao Judiciário de forma simples, rápida e efetiva, sem maiores despesas e entraves burocráticos. Ação julgada improcedente" (ADI 1.539, Rel. Min. Maurício Corrêa, *DJ* 05.12.2003, p. 17).

O Código de 1973 trazia outra exceção à necessidade da presença de advogado para se postular em juízo. O art. 36 do referido diploma permitia que a parte postulasse em causa própria no caso de falta de advogado no lugar ou recusa ou impedimento dos que houvesse. Não há dispositivo correspondente no CPC atual. A legislação que entrou em vigor em março de 2016 ressalta a necessidade de representação por meio de advogado (art. 103) e possibilita a postulação em causa própria apenas na hipótese de habilitação legal, ou seja, quando o advogado funcionar em causa própria.

A capacidade para postular em nome de outrem é comprovada pelo advogado mediante a apresentação de procuração, instrumento que comprova a existência de mandato, contrato pelo qual o agente capaz outorga ao advogado poderes para representá-lo em juízo, praticando os atos postulatórios. Sem instrumento de mandato (procuração), o advogado não será admitido em juízo, podendo apenas praticar, em nome da parte, atos urgentes, como a propositura de ação para evitar a consumação da prescrição ou decadência (art. 104). Nesses casos, o advogado estará obrigado a apresentar o instrumento de mandato no prazo de 15 dias, prorrogável por igual período mediante despacho do juiz (art. 104, § 1º).

O CPC de 1973 (art. 37, parágrafo único) falava em "inexistência" do ato não ratificado praticado por advogado sem procuração, mesma expressão adotada na Súmula nº 115 do STJ.[113] A hipótese, no entanto, não é de inexistência, tampouco de invalidade, mas de ineficácia do ato em relação ao supostamente representado. O ato foi praticado por quem detinha capacidade postulatória, logo existe e é válido. No entanto, só produzirá efeito se posteriormente ratificado pelo representado. A posterior ratificação, portanto, é condição de eficácia, e não pressuposto de existência do ato, até porque não há como se cogitar em ratificação de algo que sequer existe. O Código Civil corrigiu o equívoco terminológico ao estabelecer que os atos praticados por quem não tenha mandato, ou o tenha sem poderes suficientes, "são ineficazes em relação àquele em cujo nome foram praticados, salvo se este os ratificar" (art. 662). O CPC seguiu a mesma linha e **abandonou a ideia de "invalidade"** ao prever que "o ato não ratificado será considerado ineficaz relativamente àquele em cujo nome foi praticado, respondendo o advogado pelas despesas e por perdas e danos" (art. 104, § 2º).

Outra situação é o ato praticado por não advogado. Aqui, o caso é de invalidade do ato, por ausência de requisito de validade, o que, aliás, encontra expressa previsão legal (art. 4º do Estatuto da OAB).

---

[113] Súmula nº 115 do STJ: "Na instância especial é inexistente recurso interposto por advogado sem procuração nos autos". Ressalte-se que a súmula indicada (Súmula nº 115 do STJ) deve ser reinterpretada de acordo com o § 3º do art. 1.029 do CPC/2015: na instância especial só é inexistente o recurso interposto por advogado sem procuração nos autos quando este, intimado para sanar a irregularidade, não juntar o instrumento no prazo assinalado pelo tribunal.

A ausência de capacidade postulatória é passível de saneamento, no prazo a ser fixado pelo juiz (art. 76). Tal qual a incapacidade processual, se não sanado o vício relativo à incapacidade postulatória, o juiz declarará extinto o processo, se a providência couber ao autor; se ao réu, este será considerado revel; se ao terceiro, será este excluído do processo ou considerado revel.

11.4 Requisitos processuais objetivos positivos (ou intrínsecos): respeito ao formalismo processual

Embora os atos processuais não sejam solenes, a validade deles pressupõe observância de uma série de requisitos formais. **Esse conjunto de formas e ritos é que compõe o que se denomina de formalismo processual**, requisito objetivo intrínseco de validade do processo.

A demanda, pressuposto processual de existência do processo, se exterioriza via petição inicial. Para que o processo que passou a existir com a demanda seja válido, é mister preencha a petição inicial os requisitos previstos nos arts. 319 e 320. Diz-se apta a petição inicial regular, capaz de possibilitar o válido desenvolvimento do processo. Por outro lado, reputa-se inepta – ou seja, inapta para provocar a atividade jurisdicional – a petição inicial quando lhe faltar pedido ou causa de pedir; quando o pedido for indeterminado (ressalvadas as hipóteses em que a lei permite o pedido genérico); da narração dos fatos não decorrer logicamente a conclusão; contiver pedidos incompatíveis entre si (art. 330, § 1º). **A petição inepta impede o desenvolvimento válido e regular do processo**, ensejando a extinção do feito sem resolução do mérito.

Observe-se que a inépcia da inicial não é a única causa a ensejar seu indeferimento e a consequente extinção do processo. Nos termos do art. 330, a inicial também será indeferida no caso de ilegitimidade de parte ou falta de interesse processual, bem como quando não forem observadas as prescrições dos arts. 106 e 321 (indicação de endereço do advogado que postular em causa própria e ausência de emenda da petição inicial).

Importante fazer uma observação quanto à previsão de indeferimento da inicial no Código de 1973. O art. 295 daquele Código trazia como causa do indeferimento da petição inicial, além das hipóteses já mencionadas, a constatação da decadência ou da prescrição (inc. IV), bem como a inadequação ao tipo de procedimento escolhido pelo autor (inc. VI). Não há mais dicotomia entre procedimento ordinário e procedimento sumário. Por outro lado, se o procedimento escolhido não for o adequado – por exemplo, um procedimento especial em vez do procedimento comum –, a providência a ser adotada pelo juiz é a determinação para que o autor emende a inicial e não o indeferimento, de modo que se fez desnecessária a repetição do inc. VI do Código anterior.

Quanto à decadência e à prescrição, esclarece-se que a exclusão desses institutos como hipóteses de indeferimento da petição inicial demonstra coerência com relação aos motivos que levam à extinção do processo com resolução do mérito. Isso porque a decadência e a prescrição eram as únicas hipóteses de indeferimento previstas no CPC/1973 que levavam o juiz a proferir uma sentença com resolução do mérito. Como se sabe, a prescrição e a decadência podem ser reconhecidas mesmo depois de deferida a petição inicial e citado o réu. Assim, não se pode falar em indeferimento da petição inicial, mas sim em acolhimento da objeção prevista no art. 269, IV (art. 487, II, do CPC/2015). Em síntese, prescrição e decadência conduzem ao julgamento do mérito.

Outra causa de indeferimento da inicial encontra-se no § 2º do art. 330. Refere-se à obrigatoriedade, nas ações que tenham por objeto a revisão de obrigação decorrente de empréstimo, financiamento ou de alienação de bens, de se discriminar na petição inicial especificamente a obrigação que pretende seja revisada, além de indicar o valor incontroverso do débito. Não basta pleitear a revisão do contrato. É indispensável informar qual é a cláusula que pretende seja revisada e qual o valor entende devido. Por exemplo, se a financeira está cobrando uma taxa de juros que o autor reputa exorbitante, é importante dizer que pretende reduzir a taxa de juros para o patamar tal, o que reduzirá a parcela do financiamento para tanto.

Verificando o juiz que a petição inicial não preenche os requisitos legais, deverá facultar ao autor a possibilidade de emendá-la, no prazo de quinze dias (art. 321), nos casos em que possível for a emenda. Somente se não cumprida a diligência é que o magistrado poderá indeferir a exordial, extinguindo o feito (art. 321, parágrafo único).

O estudo da petição inicial será objeto de um capítulo específico destinado ao procedimento comum. Por ora, o que devemos ter em mente é que a petição inicial apta constitui uma das exigências formais para que o processo se instaure e se desenvolva validamente.

Estando em termos a petição inicial, o juiz a despachará, ordenando a citação do réu. **A citação é o meio pelo qual o réu é integrado ao processo e cientificado da demanda que contra si é movida. Com a citação válida a relação processual se completa, o que é essencial para o desenvolvimento válido e regular do processo.** Constitui, portanto, outra das exigências formais de validade. Destaque-se que o comparecimento espontâneo do réu supre a necessidade de citação, nos termos do § 1º do art. 239.

A ausência de citação ou a citação inválida é tratada como vício transrescisório, uma vez que, à falta de citação, o processo não existe em relação ao réu, o que pode ser reconhecido independentemente ou mesmo após o prazo da ação rescisória, via impugnação de sentença, embargos à execução, ou em ação declaratória autônoma de nulidade absoluta (*querela nullitatis*).

Além da citação válida e da petição apta, também constitui requisito de validade do processo a adequação do procedimento "o atendimento de exigências legalmente previstas, de forma genérica ou específica, para a validade do processo".[114] Entre essas exigências encontra-se **o recolhimento das despesas processuais (art. 82), a observância ao contraditório e à ampla defesa, a intimação das partes e a intervenção do Ministério Público quando a lei o exigir (art. 178)**. O desrespeito a tais exigências acarreta a invalidade de todo o feito.

Vale observar que **o formalismo processual de que ora se trata não pode ser levado a extremo**. Os atos processuais não podem ser encarados apenas sob o prisma da regularidade formal. O que realmente importa para o processo é que os atos atinjam o escopo almejado, pelo que a nulidade ou invalidade de um ato ou de todo o procedimento só deverá ser decretada quando for substancial o prejuízo para o direito das partes, em face de ter se realizado em descumprimento de forma essencial prevista em lei. Trata-se da adoção do princípio da instrumentalidade das formas. No caso do processo penal, em razão da qualificação do direito que se discute – direito fundamental à liberdade – esse formalismo é mais acentuado do que no processo civil, especialmente para se preservar o pleno exercício da ampla defesa e do contraditório. Não se pode deixar de reconhecer, como fez Jhering, que "a forma é a inimiga jurada do arbítrio e irmã gêmea da liberdade".[115] Se de um lado não se pode admitir o formalismo estéril, por outro não se pode deixar de reconhecer a sua importância como técnica garantidora do devido processo legal, com todos os seus consectários.

11.5 Requisitos processuais objetivos negativos (ou extrínsecos)

Os requisitos processuais negativos ou extrínsecos **referem-se a fatos ou situações que não podem ocorrer para que o processo se instaure validamente**. Apesar de serem

---

[114] CARVALHO, José Orlando Rocha de. *Teoria dos pressupostos processuais e dos requisitos processuais*. Rio de Janeiro: Lumen Juris, 2005. p. 150.

[115] *Geist des Römischen Rechts auf den verschiedenen stufen seiner entwicklung*. 5. ed. Leipzig, 1880. p. 471.

circunstâncias externas ou extrínsecas, têm a aptidão de tornar inválido processo que, em um primeiro momento, era válido e eficaz. Como já explanado, não se pode denominar tais requisitos de pressupostos. Primeiro, porque não se situa no plano da existência, e sim no plano da validade do processo. Segundo, porque seria contraditório denominar de pressuposto algo que não pode estar presente.

Em princípio, a presença de um desses fatos constitui vício insanável, que enseja a extinção do processo sem resolução do mérito. Tal circunstância justifica o tratamento especial dispensado aos requisitos processuais negativos, que são tratados em incisos específicos do art. 485 (incs. V e VII).

Os requisitos negativos **são a litispendência, a perempção, a coisa julgada e a convenção de arbitragem**.

A litispendência e coisa julgada ocorrem, em regra, quando se repete demanda idêntica à anteriormente proposta, isto é, ações com as mesmas partes, mesma causa de pedir e mesmo pedido. Diz-se em regra, porquanto, não obstante a disposição legal, pela teoria da unidade da relação jurídica deve-se reconhecer a ocorrência de coisa julgada quando coincidirem as partes e a causa de pedir. No caso da litispendência, há repetição de ação já em curso; na coisa julgada, repete-se demanda que já foi decidida por sentença transitada em julgado. Ambas as circunstâncias têm influência direta sobre a vida do processo instaurado, pondo fim a ele sem apreciação do mérito.

Ocorre a **perempção** quando o autor, por três vezes, dá causa à extinção do processo pelo fundamento previsto no inc. III do art. 485. Caracterizada, portanto, a inércia do autor, estará ele impossibilitado de intentar idêntica ação pela quarta vez. E se intentar, o processo será extinto sem julgamento do mérito. Sem embargo da previsão legal, creio que a proibição de ajuizar demanda afronta o princípio da ação, do acesso à Justiça e da inafastabilidade da jurisdição. De qualquer forma, fica ressalvada a possibilidade de a parte desidiosa alegar em defesa o seu direito (art. 486, § 3º).

A **convenção de arbitragem**, por sua vez, é justamente o negócio jurídico pelo qual se convenciona a adoção da arbitragem como forma de solução dos conflitos oriundos de uma determinada relação de direito material. Lembre-se que, ao contrário dos demais pressupostos processuais (*lato sensu*), a existência de convenção de arbitragem não poderá ser reconhecida de ofício pelo julgador, devendo ser alegada pela parte a quem aproveita, em preliminar da contestação (art. 337, X). Caso o juiz acolha a alegação de convenção de arbitragem, deverá extinguir o feito, sem resolução do mérito (art. 485, VII). A inexistência de alegação em momento oportuno e na forma prevista em lei implicará aceitação da jurisdição estatal e renúncia ao juízo arbitral (art. 337, § 6º).

Frise-se que o CPC/2015 também prevê como hipótese de extinção do processo sem resolução do mérito o reconhecimento, pelo juízo arbitral, de sua própria competência. Tal situação ocorre porque o árbitro tem competência para decidir sobre a sua competência, resolvendo as impugnações que eventualmente surjam acerca de sua capacidade para julgar, da extensão de seus poderes e da arbitrabilidade da controvérsia.[116] Se o árbitro decide que é competente e comunica tal fato ao Poder Judiciário, este não poderá resolver o mérito do litígio. Reforçando esse entendimento, configura o seguinte julgado:

"(...) O princípio *Kompetenz-Kompetenz*, positivado no art. 8º, § único, da Lei n. 9.307/96, determina que a controvérsia acerca da existência, validade e eficácia da cláusula compromissória deve ser resolvida, com primazia, pelo juízo arbitral, não sendo possível antecipar essa

---

[116] CARMONA, Carlos Alberto. *Arbitragem e processo* – um comentário à Lei 9.307/96. São Paulo: Malheiros, 1998. p. 120.

discussão perante a jurisdição estatal. 3. Incumbe, assim, ao juízo arbitral a decisão acerca de todas questões nascidas do contrato, inclusive a própria existência, validade e eficácia da cláusula compromissória" (REsp 1.598.220/RN, *DJe* 01.07.2019).

Os requisitos negativos de validade do processo aplicam-se indistintamente a todo e qualquer procedimento. O rol, no entanto, é meramente exemplificativo. O art. 557 do CPC/2015, por exemplo, estabelece como requisito para a ação petitória (aquela em que se busca o reconhecimento do domínio) a inexistência de demanda possessória, exceto quando a pretensão for deduzida em face de terceira pessoa.

Presentes, portanto, um dos requisitos negativos de validade, o processo não se instaurará validamente e deverá ser extinto sem resolução do mérito.

Concluindo o estudo dos requisitos processuais, cumpre reiterar que a inexistência de um desses elementos acarretará diferentes consequências para a demanda. Apenas para lembrar, a falta de legitimidade ou de interesse processual conduz à extinção do processo sem resolução do mérito (art. 485, VI). Diferentemente do CPC/1973, o atual CPC possibilita a alteração da petição inicial caso o réu, na contestação, alegue ser parte ilegítima ou alegue não ser o responsável pelo prejuízo invocado pelo autor. Nesse caso, se o autor concordar, ser-lhe-á facultada a alteração da petição inicial, no prazo de quinze dias, para substituição do réu (art. 338).[117]

A inexistência de requisito processual, a seu turno, às vezes apenas desloca o processo para outro juízo, como se dá no caso de incompetência; às vezes extingue o processo, como na hipótese de incapacidade processual do autor ou irregularidade de sua representação, não sanadas no prazo estabelecido (art. 76, § 1º, I); e às vezes conduz à extinção do processo sem resolução do mérito, como nas hipóteses de litispendência, perempção e coisa julgada (art. 485, V).

Lembre-se de que o reconhecimento de nulidades ou invalidades será norteado pelo princípio da instrumentalidade das formas, que permite se considere válido ato praticado de forma diversa da prescrita em lei, mas que tenha atingido seus objetivos sem causar prejuízo substancial à parte. A inobservância das prescrições relativas ao ato citatório acarreta a nulidade absoluta do feito, a partir da citação, inclusive. No entanto, se o réu comparece e contesta, não há por que se declarar a nulidade, porquanto o ato atingiu a finalidade. Em algumas hipóteses, o prejuízo é presumido, como se dá no caso de decisão proferida por juiz impedido ou absolutamente incompetente.

A nulidade só poderá ser decretada a requerimento da parte prejudicada e nunca por aquela que foi a sua causadora, nos termos do art. 276. É preceito básico não só do direito processual, mas de qualquer ramo do direito, que a ninguém é dado valer-se da própria torpeza.

Adiante, dedicamos um capítulo exclusivo ao estudo dos atos processuais e sistema de nulidades do CPC.

11.6 Requisitos processuais necessários à admissibilidade do processo

O tratamento prático dos pressupostos e requisitos processuais, da legitimidade *ad causam* e do interesse processual é bastante semelhante. Todas essas matérias são cognoscíveis de ofício enquanto não ocorrer o trânsito em julgado. A exceção fica por conta da convenção de arbitragem, pressuposto processual de validade que só pode ser reconhecido se alegado pela parte.

---

[117] Os arts. 338 e 339 trazem regras semelhantes à nomeação à autoria. O CPC/2015 não trata da nomeação como uma espécie de intervenção de terceiro, mas ainda possibilita que o réu indique o sujeito passivo da relação discutida em juízo, e que o autor, caso aceite a indicação, altere a petição inicial para substituir o réu ou incluir, como litisconsorte passivo, a pessoa indicada.

Tendo em vista a semelhança e o fato de o Código não mais adotar em nosso sistema processual a categoria denominada "condições da ação", trataremos da legitimidade *ad causam* e do interesse processual também como requisitos processuais. Vejamos cada um deles.

a) Interesse processual ou interesse de agir

Relaciona-se com a necessidade ou utilidade da providência jurisdicional solicitada e com a adequação do meio utilizado para obtenção da tutela. Em outras palavras, a prestação jurisdicional solicitada em cada caso concreto deverá ser necessária e adequada.

Como o processo não pode ser utilizado para mera consulta, a jurisdição só atua no sentido de um pronunciamento definitivo acerca da demanda se a sua omissão puder causar prejuízo ao autor – ou porque a parte contrária se nega a satisfazer o direito alegado, sendo vedado o uso da autotutela, ou porque a própria lei exige que determinados direitos só possam ser exercidos mediante prévia declaração judicial (por exemplo, ação de interdição e ação rescisória).[118] O interesse do autor pode limitar-se, ainda, à declaração da existência, inexistência ou modo de ser de uma relação jurídica, bem como da autenticidade ou falsidade de um documento (art. 19, I e II).

Nesse contexto, filho que pleiteia reconhecimento de paternidade contra quem já figura no assento de nascimento não tem interesse do provimento jurisdicional. Já o segurado tem interesse em ajuizar ação de cobrança em face da seguradora que se nega a pagar a cobertura pactuada.

Além do interesse-necessidade, é indispensável que a ação manejada pelo autor seja a adequada. Ainda que a parte tenha necessidade da intervenção do Judiciário para afastar uma lesão de direito, o mandado de segurança somente será admitido se o ato lesivo for de autoridade e houver prova pré-constituída. Inexistentes tais requisitos, a ação de mandado de segurança se mostra inadequada, pelo que o autor será julgado carecedor da ação proposta por falta de interesse de agir.

Destarte, entende-se que **terá interesse de agir quem demonstrar a necessidade da tutela jurisdicional formulada e a adequabilidade do procedimento instaurado para a obtenção do resultado pretendido**.

Não obstante a doutrina majoritária exigir a adequação como requisito caracterizador do interesse de agir, conhecida e pertinente é a crítica de Barbosa Moreira.[119] Segundo o renomado jurista carioca, "aberra o bom senso afirmar que uma pessoa não tem interesse em determinada providência só porque se utilize da via inadequada. Pode inclusive acontecer que a própria escolha da via inadequada seja uma consequência do interesse particularmente intenso; se alguém requer a execução sem título, não será possível enxergar-se aí uma tentativa, ilegítima embora, de satisfazer interesse tão premente, aos olhos do titular, que lhe pareça incompatível com os incômodos e delongas da prévia cognição? Seria antes o caso de falar em excesso do que em falta de interesse".[120]

De fato, não faz muito sentido afirmar que inexiste interesse de agir caso adotado procedimento inadequado. Aquele que pretende, em mandado de segurança, anular ato de autoridade pública que lhe é lesivo, mas não apresenta com a inicial provas pré-constituídas do direito alegado, não deixa de ter interesse na desconstituição do ato lesivo. Não obstante,

---

[118] CINTRA, Antônio Carlos de Araújo; GRINOVER, Ada Pelegrini; DINAMARCO, Cândido Rangel. *Teoria geral do processo*. São Paulo: Malheiros, 2006. p. 38.

[119] A conhecida crítica de Barbosa Moreira foi esposada por ocasião da defesa da tese de livre-docência de Cândido Dinamarco.

[120] DINAMARCO, Cândido Rangel. *Execução civil*. 7. ed. São Paulo: Malheiros, 2000. p. 405-406.

o entendimento dominante na doutrina e na jurisprudência, e que também deve ser seguido nos fóruns e nas provas objetivas de concurso, é o de que o interesse de agir engloba tanto a necessidade da tutela jurisdicional pleiteada quanto a adequabilidade do provimento instaurado para obtenção do resultado pretendido. Deve-se ressalvar uma exceção. É quando o credor com título executivo, em vez da execução específica, opta pela ação de conhecimento. Nesse caso não se reconhece ausência de interesse processual, na modalidade inadequação do procedimento ante a ausência de qualquer prejuízo ao réu, que continuará a dispor de meios necessários ao exercício do contraditório e da ampla defesa. Em síntese, aquele que possui um título executivo extrajudicial pode exercer o direito que dele resulta por meio de uma ação de execução, de uma ação monitória ou mesmo de uma ação de cobrança. É um dispêndio desnecessário de esforço permitir que alguém ajuíze uma ação de cognição quando se permitir instaurar de imediato um processo executivo. Mas é assim que encaminhou a jurisprudência.[121] É importante que os juízes sejam bastante rígidos na análise da presença do interesse de agir. Assistimos atualmente a uma litigiosidade sem fim. Pede-se exibição de documentos sem nunca os ter pedido diretamente ao réu. Cobra-se o seguro avençado sem nunca ter se dirigido à seguradora para tentar receber a quantia. Como nunca, as pessoas têm procurado abrigo debaixo da toga dos juízes sem ao menos se dar ao trabalho de pleitear a natural efetivação do direito.

Essa pretensa garantia de acesso amplo e irrestrito à jurisdição acirra os ânimos dos sujeitos e, ao invés de evitar os conflitos, os potencializa. Como consequência, temos um demandismo desenfreado, uma verdadeira corrida ao Judiciário, que abarrota as prateleiras principalmente dos juízos de primeira instância, tornando ainda mais morosa a prestação da tutela jurisdicional àquelas situações que realmente necessitam da intervenção do Estado-juiz.

Penso, por isso, que deveríamos caminhar no sentido de maior condicionamento para o acesso ao Judiciário, preservando o caráter secundário da jurisdição. Tal já ocorre no *Habeas data* e nos litígios envolvendo direito desportivo, bem como para o ingresso nas instâncias especial e extraordinária. É o que se propõe, *de lege ferenda*. Isso não significa, contudo, inviabilizar o acesso sem propósito, como muitas vezes ocorre quando o julgador exige, por exemplo, que a inicial venha necessariamente acompanhada de comprovante que indique a prévia tentativa de resolução administrativa/amigável da questão.[122]

b) Legitimidade para a causa (*legitimatio ad causam*)

Em princípio, decorre da **pertinência subjetiva com o direito material controvertido**. Serão partes legítimas, portanto, os titulares da relação jurídica deduzida (*res in iudicium deducta*). Diz-se "em princípio" porque o Código, em casos excepcionais, autoriza pessoa estranha à relação jurídica pleitear, em nome próprio, direito alheio. Trata-se da denominada legitimidade extraordinária (ou substituição processual).

Para se ter uma compreensão mais ampla acerca da legitimidade para a causa, faz-se imprescindível definir qual a teoria que se aplicará para o exame da presença ou não de tal condição, que pode ser tanto a teoria da exposição quanto a da asserção.

---

[121] Nesse sentido: STJ, REsp 981.440/SP, Rel. Min. Luis Felipe Salomão, j. 12.04.2012.

[122] Exemplificando: "O interesse de agir se consubstancia na verificação do binômio necessidade/adequação, de modo que o provimento jurisdicional deve se afigurar necessário à solução da crise de direito material submetida a juízo e o acesso às vias judiciais deve ser útil para a prestação jurisdicional que se pleiteia. 2. Não há de se falar em emenda da inicial para comprovar a prévia busca da solução administrativa, eis que o interesse de agir nas ações declaratórias de inexistência de débito está diretamente relacionado com a necessidade de intervenção do Judiciário para se reconhecer a inexigibilidade da dívida discutida" (TJ-MG – AC: 50024089320218130327, Rel. Des. Claret de Moraes, j. 16.08.2022, 10ª Câmara Cível, *DJe* 18.08.2022).

As referidas teorias serão mais bem analisadas no tópico seguinte. Porém, para manter a linearidade do texto, cumpre adiantar que, conforme a **teoria da exposição**, as partes serão legítimas **quando** *provarem* **sua pertinência subjetiva com o direito material controvertido**. O juízo acerca da presença de tal condição, como se vê, aproxima-se o máximo possível – para não se dizer que coincide – do juízo de mérito.

Já para a **teoria da asserção**, não se exige que a pertinência com o direito material seja real. **Basta a mera afirmação**. Assim, se José afirma que tem um crédito contra João, tem legitimidade para figurar no polo ativo da relação processual, ainda que posteriormente, na sentença, fique definido que o direito não o ampara. Ao contrário, se José, em nome próprio, ajuíza a ação, argumentando que o crédito pertence a Antônio, será considerado parte ilegítima.

A ilegitimidade pode ocorrer também com relação ao polo passivo. Manoel, em ação de reparação de danos, narra fatos envolvendo veículo de propriedade da SLU (autarquia municipal), mas nomeia, como réu, o Município de Belo Horizonte. O caso é de ilegitimidade passiva *ad causam*. Ao contrário, se os fatos narrados tiverem pertinência com o réu (no caso, a propriedade do veículo causador do dano), ainda que a sentença declare que o veículo causador do dano não era de propriedade da pessoa demandada, haverá legitimidade passiva; o pedido é que será julgado improcedente.

Em suma, pouco importa o direito controvertido real, existente, que possa ser reconhecido na sentença. O que interessa para verificação da legitimidade é o direito abstratamente invocado, a afirmação do autor, de tal forma que o juiz possa estabelecer um nexo entre a narrativa e a conclusão.

A regra geral, portanto, é que serão partes legítimas para a causa aqueles que afirmam ser titulares da relação jurídica deduzida na inicial (legitimação ordinária).

No entanto, em determinadas hipóteses, a lei autoriza que alguém pleiteie, em nome próprio, direito alheio. São os casos de **legitimação extraordinária ou substituição processual**.[123] Assim, o sindicato (substituto) pode atuar na defesa dos interesses dos seus associados (substituídos), nos termos do art. 8º, III, da CF/1988, e o Ministério Público está autorizado a defender em juízo direitos coletivos (art. 129, III, da CF/1988).

A legitimação extraordinária pode ser **subordinada ou autônoma**. Esta última ainda se subdivide em exclusiva e concorrente.

Será subordinada quando se fizer imprescindível a presença do legitimado ordinário para a regularidade da relação processual. O legitimado extraordinário assumirá "posições processuais acessórias", ou seja, participará do processo "como assistente do legitimado ordinário".[124]

A legitimação extraordinária será autônoma quando o legitimado extraordinário estiver autorizado a vir a juízo e conduzir o processo independentemente da participação do legitimado ordinário. Subdivide-se em legitimação exclusiva e concorrente.

Diz-se exclusiva quando apenas o legitimado extraordinário, e não o legitimado ordinário, puder vir a juízo. O exemplo dado é o da ação popular, na qual o cidadão age como substituto

---

[123] Alguns doutrinadores tratam a substituição processual como espécie de legitimação extraordinária. A substituição só ocorreria quando alguém estivesse em juízo em nome próprio, em lugar do legitimado ordinário. Dessa forma, se a demanda fosse proposta pelos legitimados extraordinário e ordinário, em litisconsórcio, não se teria substituição processual, mas apenas legitimação extraordinária. Nesse sentido, conferir: CÂMARA, Alexandre Freitas. *Lições de direito processual civil*. 16. ed. Rio de Janeiro: Lumen Juris, 2007. v. I, p. 131.

[124] DIDIER JR., Fredie. *Curso de direito processual civil*: teoria geral do processo e processo de conhecimento. 8. ed. Salvador: JusPodivm, 2008. p. 178.

processual da coletividade, no uso de uma prerrogativa que constitucionalmente lhe é reconhecida (art. 5º, LXXIII, da CF/1988).[125]

Nos casos de legitimação extraordinária autônoma concorrente, tanto o legitimado extraordinário quanto o ordinário podem ir a juízo, isoladamente ou em litisconsórcio facultativo. É o que ocorre na ação de investigação de paternidade com relação ao investigante (legitimado ordinário) e o MP (legitimado extraordinário).

É importante que fique claro que o substituto processual (legitimado extraordinário) age em nome próprio, na qualidade de parte processual. Distingue-se, pois, do representante, que age em nome do representado. É com relação, portanto, ao substituto que serão examinados os pressupostos processuais subjetivos (capacidade de ser parte e capacidade processual).

Observe que, com a coletivização dos direitos (direitos de terceira geração), ampliou-se sobremaneira o rol das entidades com legitimidade e capacidade para agir em juízo na tutela desses direitos. Assim é que se reconhece legitimidade para as causas envolvendo direitos difusos e coletivos *stricto sensu* também à Defensoria Pública, ao PROCON, às autarquias, às empresas públicas, às fundações, às sociedades de economia mista e a associações constituídas há pelo menos um ano e que incluam entre suas finalidades institucionais a proteção ao meio ambiente, ao consumidor, à ordem econômica, à livre concorrência ou ao patrimônio artístico.[126]

Salvo disposição legal em contrário (art. 103 do CDC; art. 274 do CC), os efeitos da coisa julgada emanada de processo conduzido pelo substituto se estenderão ao legitimado ordinário, sendo essa a principal utilidade da substituição processual.

11.7 Distinção entre legitimidade para a causa, legitimidade para o processo e capacidade de ser parte

A legitimidade para a causa (*legitimatio ad causam*) não se confunde com a legitimidade para o processo (*legitimatio ad processum* = capacidade processual = capacidade para estar em juízo), tampouco com a capacidade de ser parte.

Esses três conceitos (capacidade de ser parte, legitimidade processual e legitimidade para a causa) devem estar bem definidos, para evitar falsos juízos.

A capacidade de ser parte relaciona-se com a aptidão para figurar no processo e ser beneficiado ou ter que suportar os ônus decorrentes da decisão judicial (personalidade judiciária). Todas as pessoas naturais e jurídicas detêm capacidade de ser parte. Além dessas pessoas, reconhece-se a capacidade de ser parte a entes despersonalizados, como o espólio, a massa falida e a herança jacente.

A legitimidade *ad causam*, como vimos, é um dos requisitos para a concretização da tutela de mérito, ao passo que **a legitimidade *ad processum* é requisito (ou pressuposto) processual de validade que se relaciona com a capacidade para estar em juízo**, quer dizer, de praticar atos processuais independentemente de assistência ou representação.

Assim, o menor de 16 anos, por exemplo, goza de capacidade de ser parte e de legitimidade *ad causam* para propor ação de alimentos contra seu pai, mas não tem legitimidade *ad processum*, devendo ser representado (art. 71).

---

[125] MEIRELLES, Hely Lopes. *Estudos e pareceres de direito público.* São Paulo: RT, 1986. v. 9, p. 369.
[126] O "Movimento das Donas de Casa e Consumidores" constitui exemplo de associação legitimada para atuar em juízo na defesa do consumidor. A respeito: REsp 579.096/MG, *DJ* 21.02.2005, p. 173.

JURISPRUDÊNCIA TEMÁTICA

"RECURSO ORDINÁRIO. LEGITIMIDADE PASSIVA *AD CAUSAM*. 1. Legitimidade é a pertinência subjetiva da ação. A *legitimatio ad causam* não se confunde com a legitimação formal, também denominada de *legitimatio ad processum* ou, ainda, capacidade para estar em juízo, que é um pressuposto processual. Como requisito da ação, a legitimação é uma condição, para o pronunciamento sobre o mérito do pedido, indicando, pois, para cada processo, as justas partes, as partes legítimas, isto é, as pessoas que devem estar presentes, para que o juiz possa emitir julgamento, sobre determinado objeto. 2. Com efeito, para fins de preenchimento das condições da ação, revela-se como parte legítima, para compor determinado dissídio, aquela a quem, segundo narrativa da petição inicial, couber, eventualmente, suportar responsabilidade de qualquer nível, pelo cumprimento das obrigações postuladas em Juízo. A legitimidade *ad causam* das partes, portanto, decorre da titularidade dos interesses materiais em conflito, sendo facilmente constatada, *in casu*, mediante uma apreciação, prima facie e *in statu assertionis*, do teor da petição inicial. 3. Se os fatos narrados na inicial representam, ou não, a realidade, o Julgador só pode concluir após incursionar em fatos e provas do processo, não se prestando a arguição patronal, pois, a obter a extinção prematura do feito, com arrimo no art. 485, VI, do CPC/2015. Preliminar rejeitada e, no mérito, dado provimento parcial aos apelos patronal e obreiro" (TRT-6 – Recurso Ordinário Trabalhista: 0000571-44.2016.5.06.0122, Red. Maria Clara Saboya Albuquerque Bernardino, j. 09.10.2017, 3ª Turma).

11.8 Teorias da exposição e da asserção

Nem sempre é possível diferenciar com facilidade, num caso concreto, o que é mérito do que é mero requisito necessário à concretização da tutela de mérito, já que mesmo no caso de falta de legitimidade ou de interesse processual não se pode dizer que a coisa julgada é meramente formal. Isso porque o ajuizamento de nova demanda só será possível se houver "a devida correção da deficiência anteriormente verificada, o que conduz a que a segunda ação seja apenas semelhante à anterior, podendo estampar as mesmas partes, pedido *ou* causa de pedir. Não poderá, todavia, ser idêntica à anteriormente ajuizada, ou seja, com igualdade concomitante de partes, pedido e causa de pedir" (trecho do voto-vista proferido pelo ministro César Asfor no julgamento do REsp 103.584/SP).

A propósito, o saudoso professor José Joaquim Calmon de Passos já escrevia que as condições da ação – possibilidade jurídica do pedido, legitimidade e interesse de agir – estariam situadas "no campo do direito material e no mérito da causa, levando à improcedência, jamais à carência da ação, entendida esta como rejeição da demanda por falta de requisito que se situe fora, ou antes, do mérito".[127]

O fato, entretanto, é que, a despeito da proximidade dessas condições para o legítimo exercício do direito da ação com o mérito, o CPC/2015 estabelece que a extinção do processo é sem resolução do mérito na hipótese de ausência de interesse ou legitimidade. O Código de 1973 não disciplinava de maneira diversa essa matéria, exceto quanto à existência da "possibilidade jurídica do pedido", que, como dissemos, foi excluída do texto legal.

Cumpre, portanto, definir como verificar tais condições no caso concreto. Para tanto, formaram-se duas grandes teorias sobre o assunto, quais sejam, a teoria da exposição e a da asserção. Analisaremos as duas proposições com as devidas adaptações, a fim de adequá-las ao CPC/2015, que eliminou o conceito de "condição da ação".

---

[127] PASSOS, J. J. Calmon de. *A ação no direito processual civil brasileiro*. Salvador: Progresso, 1959.

Basicamente, a **teoria da exposição** – que prefiro designar por teoria da comprovação – admite que as condições da ação (agora tratadas como requisitos necessários à concretização da tutela de mérito) devam ser demonstradas pela parte, que pode, para tal desiderato, valer-se da produção de provas para formar o convencimento do juiz.

A seu turno, a **teoria da asserção** assenta-se no fundamento de que a legitimidade e o interesse processual são verificados apenas pelas afirmações ou assertivas deduzidas pelo autor na petição inicial (ou, no caso de reconvenção, pelo réu). Para tal mister, deve o juiz analisar preliminarmente a causa, admitindo as assertivas da parte autora como verdadeiras. Nada impede que, depois de reputados presentes esses requisitos, eventualmente, verifique-se que o direito alegado na inicial não existia, o que implicará a extinção do processo com resolução do mérito, mais precisamente com a improcedência do pedido do autor; não será, como se vê, hipótese de extinção sem resolução do mérito.

As teorias da exposição (ou comprovação) e da asserção dão margem a resultados antagônicos em um caso concreto. Suponha-se, a título de exemplo, que Paulo ajuíze ação de despejo asseverando ter celebrado contrato de locação verbal com Joaquim, o qual restou inadimplente quanto ao pagamento dos aluguéis. Para os adeptos da teoria da asserção, a simples afirmação de que houve celebração do contrato de locação é suficiente para preencher esses requisitos; a inexistência de prova acerca de tal contrato conduzirá, ao final, à improcedência do pedido de despejo. Já para os defensores da teoria da exposição, somente se provada a existência do contrato de locação verbal é que estarão presentes os requisitos necessários à concretização da tutela de mérito. A ausência de prova nesse sentido levará, portanto, à extinção do processo, sem resolução do mérito.

Conquanto forte corrente doutrinária, integrada por juristas como Ada Pelegrini Grinover, Liebman e Cândido Rangel Dinamarco, sustente a aplicabilidade da teoria da exposição, creio que a teoria da asserção adapta-se melhor à concepção abstrata do direito de ação, o que constitui fundamento suficiente para sua aplicação. Isso porque, o direito de demandar em juízo não está vinculado a qualquer prova, tanto que, mesmo que se considere ausente o interesse ou a legitimidade, terá havido processo e, consequentemente, exercício – ainda que ilegítimo – do direito de ação.

Deve-se acrescentar que, de acordo com o disposto no § 3º do art. 485, o juiz conhecerá de ofício, em qualquer tempo e grau de jurisdição, enquanto não ocorrer o trânsito em julgado, a ausência de legitimidade ou de interesse processual (inc. VI do art. 485). Não há, destarte, preclusão para o órgão judicial acerca do exame de tais requisitos, com a ressalva de que, se tal decisão tiver sido objeto de recurso, "não pode mais o juiz voltar atrás na sentença, pois estaria violando uma decisão proferida por um órgão hierarquicamente superior".[128]

A par de tais considerações, faz-se necessário sempre ter em mente que o processo, na concepção moderna, trata-se de mero instrumento para realização do direito material, pelo que não deve ser visto como um sistema rígido, composto por regras imaleáveis; o aplicador do direito deve ter, antes de tudo, bom senso.

Na prática forense, não é inusitado o vício de se postergar o exame desses requisitos para a fase decisória, quando o correto seria analisá-los logo no juízo de admissibilidade inicial da demanda. Sendo assim, é de se questionar se haveria sentido no reconhecimento da falta de determinado requisito processual depois de citado o réu, apresentada contestação e produzidas as provas desejadas pelas partes. Ora, a falta de interesse ou legitimidade deve ser reconhecida quando servir de atalho, para impedir que um provimento jurisdicional inútil seja prestado. Se, porém, percorreu-se o caminho mais longo, trazendo ao conhecimento do julgador todos os elementos

---

[128] NOGUEIRA, Gustavo Santana. *Curso básico de processo civil*: teoria geral do processo. Rio de Janeiro: Lumen Juris, 2004. p. 67.

aptos à apreciação do mérito, o mais correto é que o pedido fosse julgado improcedente, até mesmo porque, consoante já observado, esses requisitos são praticamente indissociáveis do mérito.

JURISPRUDÊNCIA TEMÁTICA

Súmula nº 365 do STF: "Pessoa jurídica não tem legitimidade para propor ação popular".

Súmula nº 630 do STF: "A entidade de classe tem legitimação para o mandado de segurança ainda quando a pretensão veiculada interesse apenas a uma parte da respectiva categoria".

Súmula nº 77 do STJ: "A Caixa Econômica Federal é parte ilegítima para figurar no polo passivo das ações relativas às contribuições para o fundo PIS/PASEP".

Súmula nº 181 do STJ: "É admissível ação declaratória, visando a obter certeza quanto à exata interpretação de cláusula contratual".

Súmula nº 249 do STJ: "A Caixa Econômica Federal tem legitimidade passiva para integrar processo em que se discute correção monetária do FGTS".

Súmula nº 327 do STJ: "Nas ações referentes ao Sistema Financeiro da Habitação, a Caixa Econômica Federal tem legitimidade como sucessora do Banco Nacional da Habitação".

Súmula nº 525 do STJ: "A Câmara de vereadores não possui personalidade jurídica, apenas personalidade judiciária, somente podendo demandar em juízo para defender os seus direitos institucionais".

A Teoria da Asserção foi adotada pelo ordenamento jurídico processual

"Recurso Especial. Processual Civil. Ação de nulidade de promessas de compra e venda e de permuta de imóvel. Violação do art. 535, II, do CPC. Omissão inexistente. Reforma do julgado. Impossibilidade. Interesse processual. Legitimidade ativa. Condições da ação. Aplicabilidade da teoria da asserção. Necessidade de dilação probatória. Possibilidade de julgamento antecipado da lide. Súmula nº 7 do STJ. Recurso especial não provido. 1. Não há violação ao art. 535, II, do CPC se foram analisadas as questões controvertidas objeto do recurso pelo Tribunal de origem, afigurando-se dispensável a manifestação expressa sobre todos os argumentos apresentados, especialmente no caso em que a análise aprofundada das condições da ação é obstada pela teoria da asserção. 2. As condições da ação, dentre elas o interesse processual e a legitimidade ativa, definem-se da narrativa formulada inicial, não da análise do mérito da demanda (teoria da asserção), razão pela qual não se recomenda ao julgador, na fase postulatória, se aprofundar no exame de tais preliminares. 3. A decisão das instâncias ordinárias sobre a necessidade de dilação probatória não pode ser revista em sede de recurso especial, sob pena de adentrar no conjunto fático-probatório dos autos (Súmula nº 7 do STJ). 4. Recurso especial não provido" (REsp 1.561.498/RJ, 3ª T. Rel. Min. Moura Ribeiro, j. 01.03.2016, *DJe* 07.03.2016).

5

A função jurisdicional: limites da jurisdição nacional e cooperação internacional (arts. 16 a 41)

1. INTRODUÇÃO

No Capítulo 3, ao tratarmos da trilogia estrutural do direito processual, consignou-se que a função jurisdicional se realiza por meio de um processo composto por regras predefinidas que vinculam o juiz, as partes, os procuradores, e todos aqueles que, de alguma forma, participam da relação jurídica processual. Para que essa função jurisdicional possa ser exercida em todo o território nacional (art. 16), faz-se necessária a provocação do órgão jurisdicional por meio de uma ação, a qual somente pode ser proposta por quem tenha interesse e legitimidade (art. 17).

Como vimos, o interesse de agir (ou interesse processual) é constituído pelo binômio "necessidade e adequação", devendo o autor demonstrar que o provimento jurisdicional lhe será útil e que a escolha do meio processual é a mais adequada para a obtenção da tutela pretendida. O interesse de agir não precisa, necessariamente, ter cunho condenatório, podendo o autor limitar-se a pleitear apenas a declaração da existência, da inexistência ou do modo de ser uma relação jurídica, bem como da autenticidade ou falsidade de documento (art. 19, I e II). Nesses casos, pode-se propor ação meramente declaratória, ainda que tenha ocorrido violação do direito (art. 20).

Oportuno lembrar que no CPC/1973 não constava a possibilidade de declaração acerca do "modo de ser de uma relação jurídica", mas a doutrina e o próprio STJ já tinham firmado entendimento no sentido de admiti-la.[1]

Quanto ao requisito da legitimidade, podemos dizer, em princípio, que ele está atrelado à titularidade do direito material controvertido, pois se refere à qualidade para litigar como demandante ou como demandando. Em outras palavras, para preencher o requisito da legitimidade basta a alegação da pertinência subjetiva entre a demanda e a qualidade para litigar a respeito dela, já que não se admite que alguém vá a juízo, na condição de parte, apenas para pleitear direito de outrem (art. 18). Entretanto, a lei, em casos excepcionais, autoriza a propositura

---

[1] É o que se vê na Súmula nº 181 do STJ: "É admissível ação declaratória, visando a obter certeza quanto à exata interpretação de cláusula contratual".

da ação por pessoa estranha à relação jurídica. Nesse caso, diz-se que ocorre a substituição processual, legitimação extraordinária ou anômala. Verifica-se na ocorrência desse fato que a parte material do negócio jurídico litigioso é pessoa distinta da parte processual. O ordenamento jurídico contempla a possibilidade de o adquirente do objeto litigioso (do direito de propriedade, por exemplo) substituir a parte que afirma ser titular desse direito (art. 109, § 1º). Caso a parte contrária não consentir com a sucessão processual, caberá ao alienante continuar no processo. Nesse caso, ele atuará como substituto processual, ou seja, postulará em nome próprio direito alheio (já alienado). O tema será abordado de forma aprofundada no capítulo relativo aos sujeitos do processo. A partir de agora trataremos dos limites da jurisdição brasileira e das regras referentes à cooperação internacional.

2. LIMITES DA JURISDIÇÃO NACIONAL

Todos os juízes, incluindo-se os órgãos colegiados, têm jurisdição, ou seja, têm o poder de dirimir conflitos, aplicando a lei aos casos concretos. O exercício desse poder está, no entanto, condicionado ao território nacional e às disposições constantes no ordenamento jurídico pátrio. Fora das hipóteses elencadas no CPC, a jurisdição nacional não poderá atuar, devendo respeitar a soberania dos outros países.

Cândido Rangel Dinamarco explica que a exclusão da jurisdição brasileira para processar e julgar determinadas ações possui três razões, quais sejam "a) a impossibilidade ou grande dificuldade para cumprir em território estrangeiro certas decisões dos juízes nacionais; b) a irrelevância de muitos conflitos em face dos interesses que ao Estado compete preservar, e c) a conveniência política de manter certos padrões de recíproco respeito em relação a outros Estados".[2]

Podemos dizer, ainda, que as limitações decorrem do princípio da efetividade, isto é, da necessidade de dar efetividade às decisões proferidas pelos tribunais brasileiros. Inócua seria, por exemplo, decisão proferida pela justiça brasileira acerca do domínio de imóvel situado em outro país, uma vez que, em razão dos limites da soberania nacional, não disporia a nossa Justiça de instrumentos para fazer cumprir a sentença.

Os limites da jurisdição nacional estão elencados nos arts. 21 a 25, que compõem o Capítulo I do Título II ("Dos limites da jurisdição brasileira e da cooperação internacional"). Nesses dispositivos o legislador elencou as circunstâncias que, presentes, justificam a atuação da autoridade judiciária brasileira, seja de forma concorrente (arts. 21 e 22) ou exclusiva (art. 23). Não se enquadrando a hipótese nesse rol deve o processo respectivo ser extinto sem resolução do mérito, já que não pode ser julgado pela justiça brasileira por ausência não de competência, mas da própria jurisdição.

É preciso que se tenha cuidado, no entanto, com o entendimento que vem sendo considerado pela doutrina e pela jurisprudência, no sentido de que o rol dos arts. 21 e 23 do CPC/2015 não é exaustivo, podendo existir processos que não se encontram na relação contida nessas normas, e que, não obstante, são passíveis de julgamento no Brasil. Nesse sentido, já decidiu o STJ que deve ser analisada a eventual existência de interesse da autoridade judiciária brasileira no julgamento da causa, a possibilidade de execução da respectiva sentença e a concordância, em algumas hipóteses, das partes envolvidas em submeter o litígio à jurisdição nacional.[3]

---

[2] DINAMARCO, Cândido Rangel. *Instituições de direito processual civil*. São Paulo: Malheiros, 2001. v. 1, p. 330.

[3] "[...] A competência (jurisdição) internacional da autoridade brasileira não se esgota pela mera análise dos arts. 88 e 89 do CPC, cujo rol não é exaustivo. Assim, pode haver processos que não se encontram

2.1 Competência concorrente

Nos casos dos arts. 21 e 22, a competência da justiça brasileira é considerada "concorrente" porque **não exclui a competência de outros países**, cabendo ao interessado optar por propor a ação no Brasil ou em país igualmente competente, ou mesmo em ambos os lugares ao mesmo tempo, uma vez que o ajuizamento de ação perante tribunal estrangeiro "não induz litispendência e não obsta a que a autoridade judiciária brasileira conheça da mesma causa e das que lhe são conexas, ressalvadas as disposições em contrário de tratados internacionais e acordos bilaterais em vigor no Brasil" (art. 24). Em outras palavras, nesses casos de competência concorrente, tanto o juízo brasileiro quanto o juízo estrangeiro têm competência para a causa. Caso opte por demandar em outro país, a sentença estrangeira só produzirá efeitos no Brasil quando homologada pelo Superior Tribunal de Justiça, nos termos do art. 105, I, "i", da Constituição Federal.

São três as hipóteses de competência da autoridade judiciária brasileira elencadas no art. 21, as quais também já estavam previstas no CPC/1973:

a) **Ações em que o réu, qualquer que seja sua nacionalidade, estiver domiciliado no Brasil (inc. I).** Essa disposição vale para o réu pessoa física ou jurídica, sendo que para este considera-se domicílio a agência, filial ou sucursal (art. 21, parágrafo único).

b) **Ações em que no Brasil tiver de ser cumprida a obrigação (inc. II).** Se o negócio jurídico celebrado entre as partes tiver o Brasil como local para cumprimento das obrigações pactuadas, ainda que as partes sejam estrangeiras, a ação pode ser proposta junto ao órgão jurisdicional brasileiro. Disposição semelhante está no art. 12 da LINDB.[4]

c) **As ações em que o fundamento seja fato ocorrido ou ato praticado no Brasil (inc. III).** Nessa hipótese se, por exemplo, um estrangeiro pratica ato ilícito contra pessoa dentro do território nacional, a ação de reparação de danos poderá ser proposta no Brasil, ainda que o ofensor não esteja aqui domiciliado.

O art. 22, por sua vez, traz novas hipóteses de competência concorrente da autoridade jurisdicional brasileira. Na verdade, algumas das regras contidas neste dispositivo são novidades apenas para o texto do Código de Processo Civil, porquanto já estavam dispostas em nosso ordenamento. Vejamos, então, cada uma delas.

a) A autoridade judiciária brasileira será competente para processar e julgar **as ações de alimentos quando o credor tiver seu domicílio ou residência no Brasil ou o réu**

---

na relação contida nessas normas, e que, não obstante, são passíveis de julgamento no Brasil. Deve-se analisar a existência de interesse da autoridade judiciária brasileira no julgamento da causa, na possibilidade de execução da respectiva sentença (princípio da efetividade) e na concordância, em algumas hipóteses, pelas partes envolvidas, em submeter o litígio à jurisdição nacional (princípio da submissão) [...]. A imunidade de jurisdição não representa uma regra que automaticamente deva ser aplicada aos processos judiciais movidos contra um Estado Estrangeiro. Trata-se de um direito que pode, ou não, ser exercido por esse Estado. Assim, não há motivos para que, de plano, seja extinta a presente ação. Justifica-se a citação do Estado Estrangeiro para que, querendo, alegue seu interesse de não se submeter à jurisdição brasileira, demonstrando se tratar, a hipótese, de prática de atos de império que autorizariam a invocação desse princípio. Recurso ordinário conhecido e provido" (STJ, RO 64/SP, Rel. Min. Nancy Andrighi, j. 13.05.2008).

4   Art. 12 da LINDB: "É competente a autoridade judiciária brasileira, quando for o réu domiciliado no Brasil ou aqui tiver de ser cumprida a obrigação".

mantiver vínculos no Brasil, tais como posse ou propriedade de bens, recebimento de renda ou obtenção de benefícios econômicos (inc. I, "a" e "b");

O dever de prestar alimentos pode ser considerado como uma obrigação jurídica extensiva às pessoas pertencentes ao mesmo grupo familiar, que possuem o dever de assistência. Esse dever tem como pressupostos a existência de vínculo de parentesco, casamento ou união estável (incluindo-se aqui a união homoafetiva), a necessidade de quem pede os alimentos e a possibilidade de quem os deve (art. 1.694, § 1º, do Código Civil).

Há, ainda, os alimentos indenizatórios, que são aqueles devidos em decorrência da prática de um ato ilícito, como, por exemplo, uma lesão corporal grave que acabe impossibilitando o ofendido de trabalhar e de prover o sustento das pessoas que dele dependem.

O fato é que, em ambos os casos, existe uma obrigação que deve ser cumprida pelo devedor dos alimentos, seja ele parente do alimentando (alimentos parentais) ou ofensor da vítima (alimentos indenizatórios). A ação, se tal obrigação tiver de ser cumprida no Brasil, será proposta perante a autoridade jurisdicional brasileira, sendo perfeitamente aplicável a regra do já mencionado art. 21, II.

O Brasil já havia ratificado a **Convenção Interamericana Sobre Obrigação Alimentar**,[5] a qual dispõe, em seu art. 8º, que a competência para conhecer das reclamações de alimentos pode ser, a critério do credor: a) do juiz ou autoridade do Estado de domicílio ou residência habitual do credor; b) do juiz ou autoridade do Estado de domicílio ou residência habitual do devedor; ou c) do juiz ou autoridade do Estado com o qual o devedor mantiver vínculos pessoais, tais como posse de bens, recebimento de renda ou obtenção de benefícios econômicos.

De qualquer modo, a positivação desta regra na lei processual civil demonstra a preocupação do legislador em tornar mais efetiva as disposições relativas ao tema, possibilitando ao alimentando escolher demandar em local que melhor atenda às suas necessidades.

Em termos práticos, podemos concluir que o fato de o devedor de alimentos não residir no país, não é causa suficiente para afastar a jurisdição nacional. Se o réu não tem domicílio ou residência no Brasil, a ação de alimentos será proposta no foro de domicílio do autor, ou seja, do credor dos alimentos, na forma do art. 46, § 2º, CPC.

b) A autoridade judiciária brasileira será competente para processar e julgar **as ações decorrentes de relações de consumo, quando o consumidor tiver residência no Brasil (inc. II)**;

Para facilitar a defesa dos direitos dos consumidores, o Código de Defesa do Consumidor contempla regra segundo a qual as ações de responsabilidade do fornecedor de produtos ou serviços pode ser proposta perante o domicílio do autor (art. 101, I), o que não afasta a possibilidade de o consumidor optar pelo foro de eleição contratual, se este lhe for mais benéfico.[6]

---

[5] Promulgada pelo Decreto nº 2.428/1997.
[6] Nesse sentido: "Conflito de competência. Contrato bancário. Financiamento com garantia de alienação fiduciária. Foro contratual. Ação proposta pelo consumidor. Renúncia ao foro do domicílio. Possibilidade. 1. Segundo entendimento desta Corte, nas ações propostas contra o consumidor, a competência pode ser declinada de ofício para o seu domicílio, em face do disposto no art. 101, inciso I, do CDC e no parágrafo único, do art. 112, do CPC. 2. Se a autoria do feito pertence ao consumidor, contudo, permite-se a escolha do foro de eleição contratual, considerando que a norma protetiva, erigida em seu benefício, não o obriga quando puder deduzir sem prejuízo a defesa dos seus interesses fora do seu domicílio. 3. Conflito conhecido para declarar competente o Juízo de Direito da 3ª Vara Cível de Porto Alegre – RS" (STJ, CC 107.441/SP (2009/0161233-0), Rel. Min. Maria Isabel Gallotti, j. 22.06.2011).

A regra estampada no CPC/2015 pode parecer uma repetição do que já se encontra positivado na norma consumerista, entretanto, preferimos crer que a nova legislação reforçou a ideia de que os consumidores residentes ou domiciliados no Brasil, mas que não estão no território nacional no momento da contratação do produto ou serviço, ainda assim podem demandar contra o fornecedor por meio de ação proposta perante a Justiça Brasileira. Do mesmo modo, as contratações realizadas por intermédio de *e-commerces* podem ser discutidas no Brasil, evitando que o consumidor residente e domiciliado no país venha a ser obrigado a se submeter a outro ordenamento jurídico que não lhe seja favorável.

c) A autoridade judiciária brasileira será competente para processar e julgar **as ações em que as partes, expressa ou tacitamente, se submeterem à jurisdição nacional (inc. III).**

O dispositivo permite a eleição da jurisdição brasileira em contratos internacionais. Trata-se de escolha da jurisdição por meio de estipulação entre as partes.

Em breve síntese, esse dispositivo faculta às partes a eleição de uma jurisdição nacional distinta da do local da contratação. Ao eleger a jurisdição brasileira, ainda que o contrato seja regido por legislação estrangeira, o procedimento judicial respectivo será regido pelas regras processuais estabelecidas na legislação nacional, conforme interpretação dos arts. 9º, 12 e 14 da LINDB e 22 do CPC. Nesse sentido é também a interpretação do STJ, que em caso concreto envolvendo execução de título extrajudicial, entendeu que se existir previsão contratual que faculte ao credor a escolha do foro de execução e este opte pela execução dos contratos de empréstimos celebrados no exterior perante a Justiça brasileira, deve haver submissão à forma processual típica de tal via processual, inclusive quanto ao conhecimento e julgamento dos respectivos embargos à execução (STJ, 4ª Turma. REsp 1.966.276/SP, Rel. Min. Raul Araújo, j. 09.04.2024).

2.2 Competência exclusiva

O art. 23 elenca as hipóteses em que a competência da Justiça brasileira é exclusiva. Nesses casos, **a sentença estrangeira não pode ser homologada, pelo que não produz efeito algum no Brasil.**[7] São hipóteses de competência da autoridade judiciária brasileira, **com exclusão de qualquer outra:**

a) Conhecer de ações relativas a imóveis situados no Brasil

Nesses casos, não há necessidade de que a ação tenha natureza real, ou seja, mesmo que se trate de direito pessoal sobre imóvel situado no Brasil, a ação deverá ser processada e julgada pela justiça brasileira. O art. 12, § 1º, da LINDB também prevê que somente "à autoridade judiciária brasileira compete conhecer das ações relativas a imóveis situados no Brasil". Essas regras se justificam porque a eventual deliberação de juiz estrangeiro acerca de bem imóvel situado no Brasil implicaria inegável ofensa à autoridade do Poder Judiciário Brasileiro, ferindo, assim, a soberania nacional.

Pode parecer óbvio, mas não custa ressaltar: a competência independe da nacionalidade do proprietário do bem.

---

[7] Nesse sentido: "[...] A exclusividade de jurisdição relativamente a imóveis situados no Brasil, prevista no art. 89, I, do CPC, afasta a homologação de sentença estrangeira na parte em que incluiu bem dessa natureza como ativo conjugal sujeito à partilha" (STJ, SEC 5.302/EX, Rel. Min. Nancy Andrighi, Corte Especial, j. 12.05.2011, *DJe* 07.06.2011).

b) Em matéria de sucessão hereditária, proceder a inventário de partilha de bens situados no Brasil, ainda que o autor da herança seja de nacionalidade estrangeira ou tenha domicílio fora do território nacional (inc. II)

Como o dispositivo não menciona quais os tipos de bens, entende-se que a regra vale para os bens móveis e imóveis integrantes do espólio. Neste caso, vale ressaltar que são irrelevantes a nacionalidade e o domicílio autor da herança. Ainda, que essa regra não se confunde com a possibilidade de aplicação do direito material estrangeiro quando em benefício de cônjuge ou de filhos brasileiros (art. 10, § 1º, da LINDB), pois, conforme afirmado anteriormente, nesses casos a autoridade brasileira poderá aplicar as normas de direito substancial estrangeiro, mas as normas processuais que irão nortear todo o trâmite processual serão somente aquelas estabelecidas pelo legislador brasileiro.

Essa hipótese também não impede que o STJ homologue eventual divórcio realizado no exterior. Somente a partilha será excluída, já que se houver bens do casal situados no Brasil, eventual deliberação do juízo estrangeiro não terá aplicabilidade no país, cabendo ao STJ homologar a decisão apenas parcialmente.

Há, no entanto, uma exceção que merece ser comentada. A jurisprudência do STJ, não obstante o disposto no art. 23, I e III, do CPC e no art. 12, § 1º, da LINDB, autoriza a homologação de sentença estrangeira que, decretando o divórcio, convalida acordo celebrado pelos ex-cônjuges quanto à partilha de bens imóveis situados no Brasil, desde que não viole as regras de direito interno brasileiro (STJ, HDE: 3243 EX 2019/0215670-7, Rel. Min. Raul Araújo, j. 11.11.2021, Corte Especial, *DJe* 17.11.2021).

c) Em divórcio, separação judicial ou dissolução de união estável, proceder à partilha de bens situados no Brasil, ainda que o titular seja de nacionalidade estrangeira ou tenha domicílio fora do território nacional

De acordo com o inciso III do art. 23, a partilha de bens situados no Brasil, também se decorrente de divórcio, separação judicial ou dissolução de união estável, será de competência exclusiva da jurisdição brasileira. A ação para pôr fim ao casamento ou à sociedade conjugal pode até ser julgada por órgão jurisdicional de outro país, mas a partilha dos bens competirá à jurisdição brasileira, ainda que o titular dos bens seja de nacionalidade estrangeira ou tenha domicílio fora do território nacional. A regra vem abarcar entendimento jurisprudencial já consolidado no Superior Tribunal de Justiça, segundo o qual não se admite a homologação de sentença estrangeira de divórcio quando este, além das disposições referentes ao casamento, contempla partilha de bens situados no Brasil (STJ, SEC 5822/EX, Rel. Min. Eliana Calmon, Corte Especial, j. 20.02.2013).[8]

---

[8] Lembre-se da exceção apresentada anteriormente. Confira outro precedente no mesmo sentido: "A regra segundo a qual é da jurisdição brasileira, com exclusividade, deliberar sobre a partilha de imóvel situado no Brasil é flexibilizada na hipótese em que a sentença estrangeira é meramente homologatória de acordo firmado entre as partes, que dispuseram livremente sobre o bem. Precedentes (...)" (STJ, AgInt na HDE: 6323 EX 2022/0017136-4, Rel. Min. Nancy Andrighi, j. 29.11.2023, Corte Especial, *DJe* 04.12.2023).

2.3 Cláusula de eleição de foro

Já vimos que a autoridade brasileira será competente para processar e julgar as ações em que as partes, expressa ou tacitamente, escolherem se submeter à jurisdição nacional (art. 22, III). Ou seja, a nossa legislação possibilita que as partes indiquem a jurisdição nacional, com exclusão do foro estrangeiro, mesmo quando nenhuma delas tenha domicílio ou outro vínculo no país. Para que esta regra tivesse efeito bilateral, fez-se necessária previsão no atual diploma processual que possibilitasse a exclusão da jurisdição brasileira no caso de eleição de foro estrangeiro. É o que se vê na redação do art. 25 do CPC/2015:

> Art. 25. Não compete à autoridade judiciária brasileira o processamento e o julgamento da ação quando houver cláusula de eleição de foro exclusivo estrangeiro em contrato internacional, arguida pelo réu na contestação.

No Brasil, embora já fosse permitida a escolha de foro nos contratos internos, ainda não havia previsão semelhante para os contratos internacionais. Agora, com a disposição contida no art. 25, concedeu-se caráter obrigatório à cláusula de eleição de foro estrangeiro.[9] Assim, **se houver no contrato internacional uma cláusula excluindo a jurisdição brasileira e elegendo o foro estrangeiro, a exclusão terá que ser respeitada pelo Poder Judiciário Brasileiro.**

A inclusão desta regra era necessária para que as partes pudessem ter certeza sobre o local do futuro litígio, já que, na maioria das vezes, autor e réu recorriam a jurisdições distintas para tentar solucionar uma mesma demanda. Prevalece, agora, a autonomia privada e a liberdade de escolha, o que certamente assegura às partes maior segurança nas contratações internacionais.

De toda forma, atente-se para o fato de que a escolha de foro exclusivo estrangeiro não é admitida nos casos de competência exclusiva (art. 25, § 1º). Ainda, mesmo que não se trate dessa modalidade de competência, a depender do caso concreto, pode a justiça brasileira declarar nulo o foro de eleição, caso verifique excessivo prejuízo ou dificuldade para o acionamento da autoridade judiciária estrangeira, notadamente em casos envolvendo relação de consumo:

> "Em contratos decorrentes de relação de consumo firmados fora do território nacional, a justiça brasileira pode declarar nulo o foro de eleição diante do prejuízo e da dificuldade de o consumidor acionar a autoridade judiciária estrangeira para fazer valer o seu direito" (STJ, 3ª Turma, REsp 1.797.109/SP, Rel. Min. Ricardo Villas Bôas Cueva, j. 21.03.2023).

---

[9] A Convenção de Haia sobre acordos de eleição de foro, realizada no ano 2005, já disciplinava essa matéria. O Brasil, no entanto, não chegou a aderir à Convenção, mas a redação do novo dispositivo do CPC demonstra que ela influenciou o legislador pátrio.

Quadro esquemático 8 – Limites da jurisdição nacional

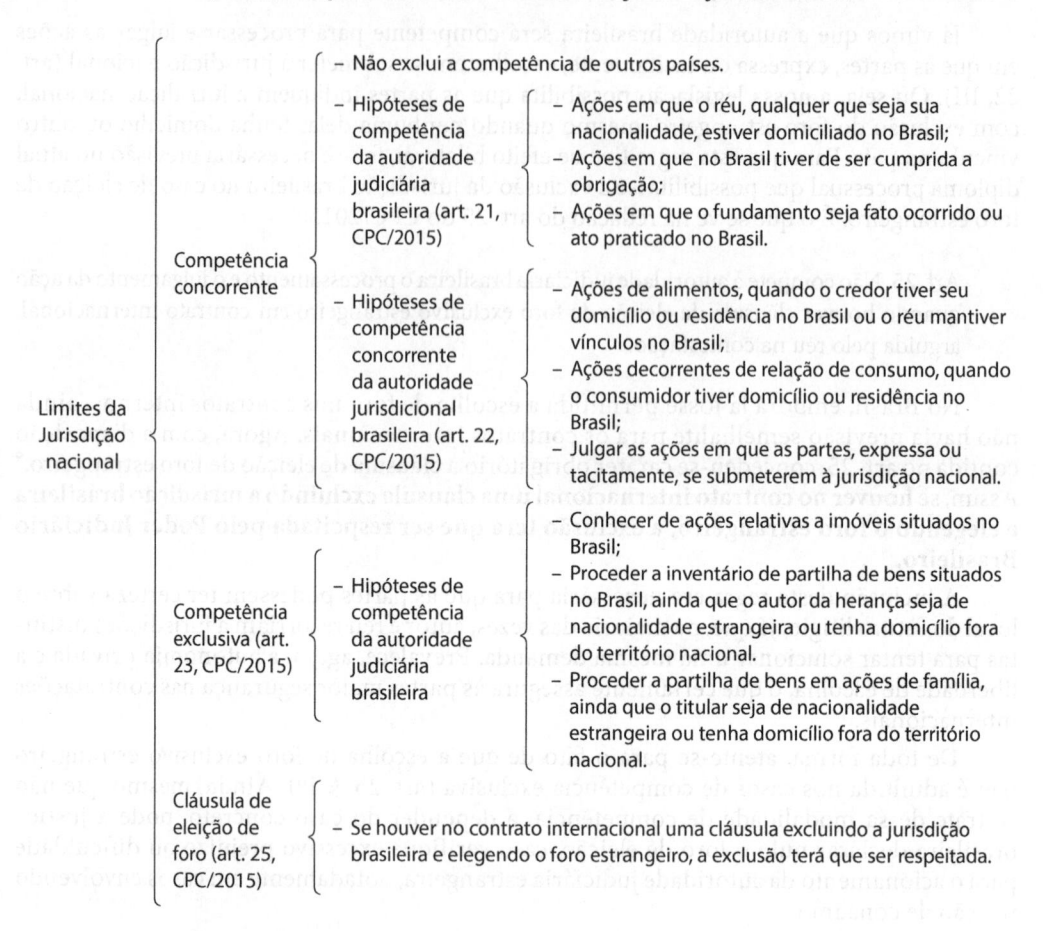

Limites da Jurisdição nacional

- **Competência concorrente**
  - Não exclui a competência de outros países.
  - **Hipóteses de competência da autoridade judiciária brasileira (art. 21, CPC/2015)**
    - Ações em que o réu, qualquer que seja sua nacionalidade, estiver domiciliado no Brasil;
    - Ações em que no Brasil tiver de ser cumprida a obrigação;
    - Ações em que o fundamento seja fato ocorrido ou ato praticado no Brasil.
  - **Hipóteses de competência concorrente da autoridade jurisdicional brasileira (art. 22, CPC/2015)**
    - Ações de alimentos, quando o credor tiver seu domicílio ou residência no Brasil ou o réu mantiver vínculos no Brasil;
    - Ações decorrentes de relação de consumo, quando o consumidor tiver domicílio ou residência no Brasil;
    - Julgar as ações em que as partes, expressa ou tacitamente, se submeterem à jurisdição nacional.

- **Competência exclusiva (art. 23, CPC/2015)**
  - **Hipóteses de competência da autoridade judiciária brasileira**
    - Conhecer de ações relativas a imóveis situados no Brasil;
    - Proceder a inventário de partilha de bens situados no Brasil, ainda que o autor da herança seja de nacionalidade estrangeira ou tenha domicílio fora do território nacional.
    - Proceder a partilha de bens em ações de família, ainda que o titular seja de nacionalidade estrangeira ou tenha domicílio fora do território nacional.

- **Cláusula de eleição de foro (art. 25, CPC/2015)**
  - Se houver no contrato internacional uma cláusula excluindo a jurisdição brasileira e elegendo o foro estrangeiro, a exclusão terá que ser respeitada.

3. COOPERAÇÃO INTERNACIONAL

3.1 Introdução

Em razão da globalização e consequente intensificação das relações internacionais, alguns países passaram a estabelecer normas de cooperação entre Estados soberanos, com o objetivo de ampliar e aperfeiçoar o diálogo político-jurídico entre as autoridades internacionais. No âmbito jurídico, essas normas visam conceder eficácia extraterritorial às medidas processuais provenientes de acordos ou tratados.

No Brasil, as regras a respeito da cooperação jurídica internacional estão dispostas, por exemplo, em acordos multilaterais e bilaterais de cooperação jurídica; em resolução do STJ e portarias do Ministério da Justiça; no regimento interno do STF; em algumas disposições da Lei de Introdução ao Direito Brasileiro (LINDB) e da Constituição Federal; e, atualmente, de forma mais aprofundada, no Código de Processo Civil.

O CPC atual inovou no tratamento dado à cooperação jurídica internacional no âmbito da processualística civil, dando relevo à preocupação do legislador em aprimorar os mecanismos de cooperação jurídica internacional em prol de uma tutela transnacional mais efetiva.

O art. 26, ao iniciar o tema, determina que **a cooperação internacional será regida pelos tratados internacionais dos quais o Brasil seja signatário ou, na falta destes, por meio da** reciprocidade manifestada pela via diplomática (art. 26, § 1º). Nesse ponto, lembramos que a competência para a celebração de tratados internacionais pertence à União, mas, depois de assinados, eles devem ser ratificados pelo Poder Executivo, com a aprovação do Poder Legislativo. A matéria disciplinada no tratado é que irá determinar o procedimento legislativo a ser adotado para a sua aprovação.[10]

Na operacionalização da cooperação internacional, exige-se que sejam observadas as garantias processuais adotadas no Brasil e no país estrangeiro. O texto do CPC atual (art. 26, I a II) confere relevância maior ao devido processo legal; ao tratamento isonômico de brasileiros e estrangeiros, residentes ou não no país, quanto ao acesso à justiça, à tramitação dos processos e à assistência judiciária para os necessitados; e à publicidade dos atos processuais, com exceção das situações em que legalmente deve-se observar o sigilo processual. Também se exige a observância dos atos processuais, no sentido de inadmitir aqueles que possam contrariar ou produzir efeitos incompatíveis com as normas fundamentais que regem o nosso ordenamento (art. 26, § 3º).

Quanto ao objeto da cooperação jurídica internacional, o art. 27 estabelece algumas das diligências processuais que podem ser objeto de cooperação jurídica internacional entre os estados estrangeiros e o Brasil. Cabe esclarecer que esse rol não é taxativo, sendo possível a utilização de medida judicial ou extrajudicial não proibida pela lei brasileira.

As demais disposições relativas à cooperação internacional serão estudadas a seguir, a partir dos conceitos inerentes à matéria. Entendemos que, desta forma, o tema será compreendido de forma satisfatória, especialmente por parte dos leitores com pouca ou nenhuma experiência na seara do Direito Internacional.

3.2 Autoridade central

É o **órgão interno responsável por conduzir a cooperação jurídica entre os Estados**. É a autoridade central que gerencia os pedidos de auxílio, transmitindo-os às autoridades estrangeiras após um prévio juízo de admissibilidade, que não importará em prévia análise do mérito. Cabe à autoridade central, por exemplo, "evitar falhas na comunicação internacional e o seguimento de pedidos em desacordo com os pressupostos processuais gerais e específicos aplicáveis ao caso, bem como não permitir que sejam adotados mecanismos de cooperação inadequados à situação específica".[11]

O **Ministério da Justiça** é, em regra, o órgão responsável por exercer o papel de autoridade central na cooperação jurídica internacional. Essa é, inclusive, a regra contida no CPC, segundo o qual "o Ministério da Justiça exercerá as funções de autoridade central na ausência de designação específica" (art. 26, § 4º). Em alguns casos, no entanto, há a designação de outros órgãos para execução das funções de autoridade central, como é o exemplo da Secretaria de

---

[10] Os tratados internacionais sobre direitos humanos podem ser aprovados com status de emenda constitucional, conforme possibilita o art. 5º, § 3º, da Constituição Federal. Atualmente, os documentos aprovados desta forma são a Convenção Internacional sobre os Direitos das Pessoas com Deficiência, promulgada pelo Decreto nº 6.949, de 25.08.2009, bem como o seu Protocolo Facultativo, o Tratado de Marraqueche, destinado a facilitar o acesso a obras publicadas às pessoas cegas, com deficiência visual ou com outras dificuldades, promulgado pelo Decreto nº 9.522, de 08.10.2018, e a Convenção Interamericana contra o Racismo, a Discriminação Racial e Formas Correlatas de Intolerância, promulgada pelo Decreto nº 10.932, de 10.01.2022.

[11] Os conceitos abordados neste capítulo podem ser encontrados no portal do Ministério da Justiça sobre Cooperação Internacional. Disponível em: http://portal.mj.gov.br/cooperacao/data/Pages/MJDFBD6D24PTBRNN.htm. Acesso em: 10 fev. 2015.

Direitos Humanos da Presidência da República, que atua nesta função para gerenciar os acordos internacionais relativos à criança e ao adolescente.

No CPC, o art. 26, IV, prevê a existência da autoridade central para a **recepção e transmissão dos pedidos de cooperação**. O art. 31, por sua vez, estabelece que a comunicação realizada pela autoridade central para o exercício de suas funções ocorrerá de forma direta para com as autoridades semelhantes e, se necessário, também será possível a comunicação com outros órgãos estrangeiros que estejam envolvidos com a tramitação e execução dos pedidos enviados e recebidos pelo Estado Brasileiro. Ressalte-se que antes de qualquer medida deverão ser observadas as eventuais disposições contidas em tratado firmado entre os Estados ou em acordo de reciprocidade.

Todos os pedidos de cooperação jurídica internacional devem, portanto, ser remetidos à autoridade central brasileira, que lhe dará o devido andamento (art. 37). Se, no entanto, o pedido for oriundo de autoridade estrangeira, poderá a autoridade central brasileira deixar de admiti-lo se nele contiver manifesta ofensa à ordem pública (art. 39). O termo ordem pública, conceito jurídico indeterminado, deve ser compreendido sob o paradigma dos valores políticos, econômicos, sociais e jurídicos vigentes à época do pedido.

3.3 Reciprocidade

Muitas vezes a prestação jurisdicional depende de uma constante **troca de informações entre órgãos de países distintos**. Essa troca se torna possível quando entre os países há uma espécie de auxílio recíproco para a execução dos atos processuais. As diversas operações deflagradas pela Polícia Federal – a Lava Jato, por exemplo – e seus desdobramentos no âmbito do processo mostra a importância da cooperação na apuração de fatos delituosos e na repatriação de quantias fruto da corrupção, depositadas no exterior. Reciprocidade é, nesse sentido, a medida de igualdade que tem a finalidade de atingir o equilíbrio entre as relações internacionais.

A reciprocidade revela-se sob dois aspectos: positivo e negativo. Positivamente ela é a medida por meio da qual se estimula a concessão de novas vantagens jurídicas. Sob o aspecto negativo, é considerada instrumento destinado a punir as violações do direito.

O CPC aborda o princípio da reciprocidade entre os Estados ao prever, em seu art. 26, § 1º, que, "na ausência de tratado, a cooperação jurídica internacional poderá realizar-se com base em reciprocidade, manifestada por via diplomática". Assim, caso não tenha sido celebrado tratado entre os Estados, a cooperação jurídica pode ocorrer se observado o princípio da reciprocidade.

Não se exige a reciprocidade, no entanto, para os casos de homologação de sentença estrangeira (art. 26, § 2º). Isso porque, ao requerer perante o STJ a homologação de decisão proferida por órgãos jurisdicionais estrangeiros, não é necessário demonstrar que a jurisdição do outro país também admite a homologação de sentenças brasileiras.

3.4 Mecanismos de cooperação internacional

Os principais instrumentos utilizados pelos Estados no tratamento de questões jurídico-políticas de cunho internacional são: os tratados internacionais, as cartas rogatórias, a homologação de sentença estrangeira, a extradição e o auxílio direto.

O CPC tratou do auxílio direto (arts. 28 a 34) e da carta rogatória (art. 36) em seções próprias do capítulo referente à cooperação internacional, sem deixar de se referir, contudo, às outras medidas internacionais. A homologação de sentença estrangeira e a concessão de *exequatur* à carta rogatória estão previstos em capítulo próprio (arts. 960 e seguintes). Quanto à extradição, o tema é objeto da Lei nº 13.445/2017 (Lei de Migração).

A partir de agora trataremos dos mecanismos dispostos da legislação processual civil (auxílio direto, carta rogatória e homologação de sentença estrangeira). Especialmente quanto à homologação de sentença estrangeira e a concessão de *exequatur* à carta rogatória, pedimos ao leitor a complementação do estudo com a leitura do capítulo relativo aos processos perante os tribunais.

3.4.1 Auxílio direto (ou assistência direta)

É o **instrumento de colaboração internacional**, por meio do qual se cumpre a solicitação de uma autoridade estrangeira. No auxílio direto o pedido é encaminhado pela autoridade central ao órgão que deverá realizar o ato processual solicitado, sem que para isso seja necessária a expedição de carta rogatória. Como se vê, o auxílio direto busca dar maior agilidade ao processo, mediante assistência mútua entre os Estados no exercício das suas respectivas funções jurisdicionais.

No auxílio direto não há o exercício do juízo de delibação[12] pelo Estado requerido, como ocorre no julgamento de ação de homologação de sentença estrangeira e na execução de carta rogatória. Um dos Estados, nesse caso, transfere às autoridades do outro a tarefa de dizer o direito sobre determinado objeto de cognição. Não há, por consequência, o exercício de jurisdição pelos dois Estados, mas apenas pelas autoridades do Estado requerido.[13] A propósito, esta é a regra prevista no art. 216-O, § 2º, do Regimento Interno do STJ, bem como no art. 28 do CPC/2015:

> Art. 216-O [...]
> Os pedidos de cooperação jurídica internacional que tiverem por objeto atos que não ensejem juízo delibatório pelo Superior Tribunal de Justiça, ainda que denominados de carta rogatória, serão encaminhados ou devolvidos ao Ministério da Justiça para as providências necessárias ao cumprimento por auxílio direto.
>
> Art. 28. Cabe auxílio direto quando a medida não decorrer diretamente de decisão de autoridade jurisdicional estrangeira a ser submetida a juízo de delibação no Brasil.

O pedido de auxílio direto é encaminhado à autoridade central do outro Estado, na forma estabelecida em tratado (art. 29), sendo cabível nas situações previstas nos tratados ou acordos internacionais, bem como nas hipóteses descritas no rol exemplificativo do art. 30 do CPC/2015, quais sejam: a) para a citação, intimação e notificação judicial e extrajudicial, quando não for possível ou recomendável a utilização do correio ou meio eletrônico; b) para a obtenção e prestação de informações sobre o ordenamento jurídico e sobre processos administrativos ou jurisdicionais findos ou em curso; c) para a colheita de provas, salvo se a medida for adotada em processo, em curso no estrangeiro, de competência exclusiva da autoridade judiciária brasileira; e d) para qualquer outra medida judicial ou extrajudicial que não esteja proibida pela lei brasileira. Dos procedimentos que servem a dar ciência dos atos processuais aos envolvidos (citação, intimação e as notificações), caberá o auxílio direto quando não for possível ou recomendado o uso de meios eletrônicos.

A autoridade central, isto é, o Ministério da Justiça (art. 26, § 4º), detém competência para receber a solicitação de auxílio direto do órgão estrangeiro, conforme regramento do próprio tratado de cooperação. Se o pedido de auxílio direto compreender apenas a prática de um ato que, segundo a lei brasileira, dispensa a prestação jurisdicional, a própria autoridade central

---

[12] No juízo de delibação não há análise de mérito, mas apenas da legalidade formal (extrínseca) do ato.
[13] Disponível em: http://portal.mj.gov.br/data/Pages/MJDFBD6D24PTBRNN.htm. Acesso em: 08 nov. 2018.

poderá adotar as providências que julgar necessárias para a prática desse ato (art. 32). Se, no entanto, o pedido de auxílio direto envolver cooperação judicial, a autoridade central brasileira fará o encaminhamento da documentação à Advocacia-Geral da União (art. 33), que formulará a pretensão e exercerá a representação judicial no caso, para buscar a obtenção da necessária decisão judicial. A medida de auxílio direto também poderá ser querida pelo Ministério Público,[14] quando este for a autoridade central no caso de cooperação internacional (art. 33, parágrafo único). Auxílio direto, tal qual a carta rogatória, configura pedido de cooperação jurídica internacional. Contudo, há diferença basilar entre ambas as modalidades de cooperação. Segundo entendimento do Supremo Tribunal Federal, "caberá auxílio direto quando 'a medida não decorrer diretamente de decisão de autoridade jurisdicional estrangeira'"[15]. O auxílio direto pode até demandar alguma providência jurisdicional, mas essa providência não pode decorrer de decisão de autoridade judicial estrangeira. O cumprimento de decisão estrangeira deve ser solicitado por meio de carta rogatória.

Caso o auxílio direto demande prestação jurisdicional, há que se cogitar da competência. Pois bem, nesse caso, a competência será do juízo federal do local em que deva ser cumprida a medida pleiteada (art. 109, I e X, da CF/1988). Exemplo: ação de busca e apreensão de criança ajuizada pelo genitor com fundamento na Convenção de Haia deve ser decidida pelo juízo federal do local em que ela se encontre.

Parte da doutrina sustenta a inconstitucionalidade do auxílio direto (ou das regras que o preveem). Segundo esse entendimento, o auxílio direto afronta o art. 105, I, "i", da CF, que prescreve competir ao STJ "processar e julgar, originariamente: (...) a homologação de sentenças estrangeiras e a concessão de *exequatur* às cartas rogatórias". Nessa linha, não poderia qualquer norma infraconstitucional, incluindo os tratados internacionais, dispensar a intervenção do STJ para cumprimento de atos originários de país estrangeiro.

De minha parte, não vislumbro qualquer inconstitucionalidade. A razão é simples. O fato de o mencionado dispositivo constitucional estabelecer a competência do STJ para a homologação de sentenças estrangeiras e a concessão de *exequatur* às cartas rogatórias não significa que outros órgãos do Judiciário brasileiro, mais especificamente o juízo federal, mediante provocação, não possam prestar auxílio direto. A atuação do STJ somente se mostra indispensável naqueles casos que ensejam juízo delibatório, conforme dispõe o § 2º do atual art. 216-O do seu Regimento Interno.

3.4.2 Carta rogatória

A carta rogatória é o instrumento por meio do qual **um juízo estrangeiro solicita a realização de alguma diligência processual em juízo não nacional**. Trata-se de um documento oficial que serve de veículo para um pedido de cooperação. Por meio da carta rogatória a autoridade judicial (e somente ela) solicita ao Estado requerido que execute ato jurisdicional já proferido, de modo que não cabe àquele outro Estado exercer qualquer cognição de mérito sobre a questão processual.

O art. 109, X, da Constituição determina que a competência para a execução de carta rogatória é de juiz federal, após a concessão de *exequatur* por parte do STJ (art. 105, I, "i", da

---

[14] Os pedidos de cooperação realizados com base nos seguintes tratados devem ser direcionados à Procuradoria-Geral da República, órgão superior do Ministério Público: i) Convenção sobre Prestação de Alimentos no Estrangeiro, de 1956 (Decreto nº 56.826, de 2 de setembro de 1965); ii) Tratado de Auxílio Mútuo em Matéria Penal entre o Governo da República Portuguesa e o Governo da República Federativa do Brasil, de 1991 (Decreto nº 1.320, de 30 de novembro de 1994).

[15] STF. Pet 5.946, 1ª Turma, Rel. Min. Marco Aurélio, Rel. p/ Acórdão: Min. Edson Fachin, j. 16.08.2016, Acórdão Eletrônico *DJe*-237 divulg 07.11.2016 public 08.11.2016.

CF/1988). *Exequatur* nada mais é do que uma autorização prévia concedida pelo STJ para que as diligências eventualmente requisitadas pela autoridade estrangeira possam ser executadas no Brasil.

O art. 36 do CPC/2015 descreve que o procedimento da carta rogatória perante o Superior Tribunal de Justiça é de jurisdição contenciosa, devendo ser assegurada às partes as garantias do devido processo legal. Como neste mecanismo de cooperação internacional é realizado apenas um juízo de delibação – juízo sumário e superficial, sem entrar no mérito da decisão ou despacho oriundo da justiça estrangeira –, a defesa é restrita à discussão acerca do cumprimento (ou não) dos requisitos exigidos para que a decisão estrangeira produza seus efeitos no Brasil (art. 36, § 1º). O órgão jurisdicional brasileiro não detém, portanto, competência para julgar ou modificar a decisão de mérito proferida pela autoridade estrangeira (art. 36, § 2º).

O entendimento do STJ, aliás, tem sido no sentido de que "para a homologação de sentença estrangeira proferida em processo judicial proposto contra pessoa domiciliada no Brasil, é imprescindível que tenha havido a sua regular citação por meio de carta rogatória ou se verifique legalmente a ocorrência de revelia".[16]

3.4.3 Homologação de sentença estrangeira

O art. 40 estabelece que a execução de sentença estrangeira dar-se-á por meio de carta rogatória ou de ação de homologação de sentença estrangeira, segundo o disposto no art. 960.

Resumidamente, é por meio deste mecanismo que se reconhecerá, em um determinado Estado, decisão judicial definitiva proferida por autoridade estrangeira. Qualquer provimento, inclusive não judicial, proveniente de uma autoridade estrangeira só terá eficácia no Brasil após sua homologação pelo Superior Tribunal de Justiça (art. 216-A do Regimento Interno do STJ).

Até 2004 esse processo era de competência do Supremo Tribunal Federal. Entretanto, após a Emenda Constitucional nº 45/2004, **o STJ passou a ter competência para processar e julgar os feitos relativos à homologação de sentença estrangeira e à concessão de** *exequatur* **às cartas rogatórias**. Tal competência é exercida pelo Presidente do STJ, mas, no caso de pedido de homologação de sentença estrangeira, se houver contestação, o processo será submetido a julgamento pela Corte Especial (arts. 216-O e 216-T do Regimento Interno do STJ).

Os **requisitos indispensáveis à homologação de uma sentença estrangeira**, segundo o art. 216-D do RISTJ são: a) ter a sentença sido proferida por autoridade competente; b) existir comprovação de terem sido as partes citadas ou haver-se legalmente verificado a revelia[17]; c) ter a decisão transitado em julgado; d) estar autenticada pelo cônsul brasileiro e acompanhada de tradução por tradutor oficial ou juramentado no Brasil. O art. 963 do CPC/2015 acrescenta, ainda, a necessidade de a sentença ser eficaz no país em que foi proferida (inc. III), não ofender a coisa julgada brasileira (inc. IV) e não houver sido proferida com manifesta ofensa à ordem pública (inc. VI). O STJ deverá, ainda, analisar se a decisão proferida no estrangeiro não contraria os princípios fundamentais de direito existentes no nosso ordenamento jurídico.

---

[16] STJ, SEC 15.686/EX, Corte Especial, Rel. Min. Herman Benjamin, j. 06.09.2017, *DJe* 31.10.2017.

[17] Nesse caso, o ato citatório praticado no exterior deve ser realizado de acordo com as leis do país onde ocorre a citação, sendo incabível a imposição da legislação brasileira (STJ, SEC 7.139/EX, Rel. Min. João Otávio de Noronha, *DJe* 10.10.2013). Em outras palavras, a validade da citação para responder ao processo judicial que tramitou em país estrangeiro deve ser verificada de acordo com as normas processuais daquele país e também de acordo com eventual contrato pactuado, não cabendo ao STJ, na via homologatória, discutir o tema (STJ, Corte Especial, AgInt nos EDcl na HDE 3.384/EX, Rel. Min. Ricardo Villas Bôas Cueva, j. 21.05.2024).

JURISPRUDÊNCIA TEMÁTICA

Interdição de bens e cooperação jurídica internacional

"Constitucional. Processual penal. *Habeas corpus*. Prática de atos constritivos oriundos de carta rogatória. Ausência de *exequatur*. Alegação de serem os atos decorrentes de mera cooperação jurídica internacional. Insubsistência. Necessidade de concessão de *exequatur* para a execução de qualquer ato decorrente de pedido estrangeiro. Precedentes. Ordem concedida. 1. A prática de atos constritivos decorrentes de pedidos de autoridades estrangeiras, ainda que enquadrados como cooperação jurídica internacional, dependem da prévia concessão de *exequatur* pela autoridade constitucionalmente competente. Precedentes do STF e do STJ. 2. Como deliberado pela egrégia Corte Especial desta Casa (AgRg na CR 2.484/RU), 'a execução de diligências solicitadas por autoridade estrangeira deve ocorrer via carta rogatória', não obstante a dispensa do *exequatur* pelo art. 7º, parágrafo único, da Resolução nº 09/2005 da Presidência deste Tribunal, 'a qual – à evidência – não pode prevalecer diante do texto constitucional'.3. Ordem concedida para anular os atos constritivos praticados contra os pacientes por ausência de *exequatur*" (STJ, HC 114.743/RJ, Rel. Min. Jane Silva (desembargadora convocada do TJMG), *DJe* 02.02.2009).

Auxílio direto

"Agravo regimental em face de decisão monocrática de relator no STF. Pedido de cooperação jurídica internacional. Auxílio direto. Pleito do Ministério Público português. Tratado de auxílio mútuo em matéria penal. Decreto 1.320/94. Oitiva de preso. Custódia para fins de extradição submetida ao STF. Competência. Carta rogatória e *exequatur* no STJ. Desnecessidade. Agravo provido. 1. O pedido de cooperação jurídica internacional, na modalidade de auxílio direto, possui natureza distinta da carta rogatória. Nos moldes do disposto nos arts. 28, 33, *caput*, e 40, todos do Código de Processo Civil, caberá auxílio direto quando 'a medida não decorrer diretamente de decisão de autoridade jurisdicional estrangeira', enquanto necessitará de carta rogatória quando for o caso de cumprir decisão jurisdicional estrangeira. 2. Formulado pedido de assistência direta pelo Ministério Público português ao *Parquet* brasileiro, com base em tratado internacional de mútua cooperação em matéria penal, firmado entre Brasil e Portugal – Decreto 1.320/1994 –, o cumprimento em território pátrio depende de mero juízo de delibação, sendo desnecessária a atuação homologatória em *exequatur* pelo Superior Tribunal de Justiça. 3. Encontrando-se o preso sob a custódia do Supremo Tribunal Federal, para fins de extradição, a esta Corte deve ser dirigida a comunicação de que o custodiado será ouvido em razão de pedido de cooperação formulado pela autoridade central portuguesa e encaminhado ao Ministério Público brasileiro. 4. Agravo regimental provido" (STF, Pet 5.946, 1ª Turma, Rel. Min. Marco Aurélio, Rel. p/ Acórdão: Min. Edson Fachin, j. 16.08.2016, Acórdão Eletrônico *DJe*-237 Divulg 07.11.2016 Public 08.11.2016).

Quadro esquemático 9 – Cooperação internacional

Cooperação internacional
- A cooperação internacional será regida pelos tratados internacionais dos quais o Brasil seja signatário ou, na falta destes, por meio da reciprocidade manifestada pela via diplomática.
- Autoridade Central (art. 26, § 4º, CPC/2015)
  - Ministério da Justiça;
  - Responsável pela recepção e transmissão dos pedidos de cooperação.
- Mecanismos de Cooperação Internacional
  - Auxílio direto (ou assistência direta) (arts. 28 a 34, CPC/2015)
    - Instrumento por meio do qual se cumpre a solicitação de uma autoridade estrangeira;
    - Busca dar maior agilidade ao processo, mediante assistência mútua entre os Estados no exercício das suas respectivas funções jurisdicionais.
  - Carta rogatória (art. 36, CPC/2015)
    - Instrumento através do qual um juízo estrangeiro solicita a realização de alguma diligência processual em juízo não nacional;
    - Competência: Juiz Federal, após a concessão do *exequatur* por parte do STJ.
  - Homologação de sentença estrangeira pelo STJ
    - Mecanismo que se reconhecerá, em um determinado Estado, decisão judicial definitiva proferida por autoridade estrangeira.

6

Competência interna e cooperação nacional (arts. 42 a 69)

1. INTRODUÇÃO

Por questões organizacionais relativas à divisão do trabalho, o legislador, levando em conta diversos critérios, distribuiu o exercício da função jurisdicional estatal entre vários órgãos. A essa limitação da atuação de cada órgão jurisdicional, foro, vara ou tribunal, dá-se o nome de competência. Competência é, então, a demarcação dos limites em que cada juízo pode atuar. Embora comumente se diga que competência é a medida da jurisdição, isto é, a jurisdição para o caso específico, deve-se frisar que a questão não é, exatamente, de quantidade, mas dos limites em que cada órgão pode exercer legitimamente a função jurisdicional. Trata-se de fixação de limites, não de mensuração de quantidade.

A competência é requisito processual de validade[1] (ou simplesmente pressuposto processual de validade subjetivo, como se refere grande parte da doutrina), uma vez que, sendo absolutamente incompetente o juízo, a relação processual restará viciada, sendo possível a rescisão da sentença proferida por juiz absolutamente incompetente, nos termos do art. 966, II.

A distribuição da competência é regida por normas, incluindo-se aí as regras e os princípios. Enquanto as regras se esgotam em si mesmas, descrevendo o que se deve e o que não se deve, o que se pode e o que não se pode, os princípios são mandamentos de otimização, normas que ordenam que algo seja cumprido na maior medida possível, dentro das possibilidades jurídicas e fáticas de cada caso concreto.

Não obstante grande parte da distribuição da competência encontrar-se regulamentada por meio de regras constantes da Constituição, do CPC e das Leis de Organização Judiciária, os princípios têm grande relevância na hora de definir qual é o juízo competente. Dessa maneira, afigura-se salutar analisarmos alguns desses princípios. É o que faremos a seguir.

2. PRINCÍPIOS NORTEADORES DA COMPETÊNCIA JURISDICIONAL

2.1 Princípio do juízo natural

Sobre esse princípio, conferir os itens 4.1, Capítulo 2, e 2.3.1, Capítulo 4.

---

[1] Atente-se para a distinção entre pressupostos processuais de existência e requisitos processuais de validade que fizemos no capítulo referente à trilogia estrutural do Direito Processual.

Ressalte-se que a eventual especialização de varas do Poder Judiciário não fere o princípio do juiz natural. Essa foi, inclusive, a posição sustentada pelo Supremo Tribunal Federal, no julgamento do HC nº 88.660/CE, que considerou inexistir ofensa à Constituição na hipótese de transferência de processo para vara especializada, em virtude do que dispõe o art. 96, I, "a", do Texto Maior:

Art. 96. Compete privativamente:

I – aos tribunais:

a) eleger seus órgãos diretivos e elaborar seus regimentos internos, com observância das normas de processo e das garantias processuais das partes, dispondo sobre a competência e o funcionamento dos respectivos órgãos jurisdicionais e administrativos;

2.2 Princípio da competência sobre a competência (*Kompetenz-Kompetenz*)

De origem alemã, é o princípio segundo o qual todo juiz tem competência para apreciar pelo menos a própria (in)competência do órgão jurisdicional o qual ele integra. Isto é, por mais incompetente que seja, terá competência para se dizer incompetente. É o que ocorre, por exemplo, quando uma ação é ajuizada perante a justiça estadual, mas quem teria competência para examinar a matéria seria a justiça do trabalho. Nessa hipótese, o juiz vinculado à justiça estadual (absolutamente incompetente), perante o qual foi ajuizada originalmente a demanda, terá competência ao menos para se dizer incompetente. Evidencie-se, contudo, que, em regra, essa decisão não tem caráter vinculativo, porquanto poderá ser revista pelo órgão julgador ao qual se remeterão os autos. A exceção fica por conta da justiça federal, porquanto, uma vez decidido sobre a existência de interesse jurídico a justificar a presença da União no processo, não haverá possibilidade de revisão.

2.3 Princípio da perpetuação da competência (*perpetuatio jurisdictionis*)

A competência é fixada no momento do registro ou da distribuição da petição inicial, sendo irrelevantes as modificações posteriores (art. 43). Por exemplo, se em razão do domicílio do devedor (art. 46) fixou-se como competente para julgar a ação de cobrança o foro da comarca de Belo Horizonte, pouco importa que ele venha, posteriormente, a mudar-se para outra cidade.

Ao fenômeno processual referente à fixação da competência, tendo em vista os elementos de fato e de direito existentes no momento da propositura da ação, dá-se o nome de *perpetuatio jurisdictionis* (perpetuação da jurisdição). Na verdade, o que ocorre é a perpetuação da competência, porquanto, uma vez distribuída a ação, a jurisdição necessariamente atuará por meio do órgão jurisdicional onde foi a ação proposta ou de outro.

O Código em vigor, no art. 43, 2ª parte, contempla duas exceções ao princípio da *perpetuatio jurisdictionis*: quando o órgão jurisdicional for suprimido ou for alterada a competência absoluta, ou seja, a competência em razão da matéria ou da hierarquia.[2] Assim, se for extinta uma comarca, a competência passará para o juízo da comarca que incorporou a circunscrição da comarca extinta. Se criada uma vara de família numa determinada comarca, todas as ações que versem sobre a matéria para ela se deslocam. Esta última hipótese ocorreu com os

---

[2] O CPC de 1973 trazia redação semelhante: "Art. 87. Determina-se a competência no momento em que a ação é proposta. São irrelevantes as modificações do estado de fato ou de direito ocorridas posteriormente, salvo quando suprimirem o órgão judiciário ou alterarem a competência em razão da matéria ou da hierarquia". O Código atual apenas esclareceu que as competências em razão da matéria e da hierarquia são, na verdade, hipóteses de competência absoluta.

processos que versavam sobre união estável, os quais antes tramitavam em varas cíveis, mas em decorrência de legislação superveniente que alterou a competência em razão da matéria, foram remetidos às varas de família.

No caso de desmembramento de comarcas, a redistribuição da causa somente ocorrerá se for alterada a competência absoluta. Leonardo Carneiro da Cunha exemplifica: no caso de ação civil pública, se o dano tiver ocorrido na área da nova comarca, deverá haver redistribuição da ação, por ser a competência, nas ações coletivas, de natureza absoluta, embora territorial.[3]

Não obstante o art. 43 mencionar apenas a supressão do órgão ou a alteração da competência absoluta, há outras exceções à regra da *perpetuatio jurisdicionis*. Exemplificativamente, nos processos que envolvam interesses de menor e desde que não se identifique infração à boa-fé processual, a alteração do domicílio do menor pode — no interesse do próprio menor — acarretar a alteração da competência[4].

3. CRITÉRIOS DETERMINATIVOS DA COMPETÊNCIA

Para determinação da competência interna – e só pode ser interna, porquanto o poder dos órgãos jurisdicionais brasileiros não vai além dos limites da soberania nacional –, o Código leva em conta os seguintes critérios: **objetivo** (em razão da pessoa, da matéria ou do valor da causa), **funcional e territorial**.

O critério é denominado objetivo quando toma por base as características da demanda para a fixação da competência, isto é, a distribuição da competência se dá com base nos elementos da ação (partes, pedido e causa de pedir). Será funcional quando o critério básico para determinação da competência relacionar-se com o conjunto de atribuições que as leis conferem aos diversos órgãos judiciários que vão atuar no processo. Diz-se territorial quando o critério levar em conta a divisão do poder jurisdicional em razão de foros ou circunscrições judiciárias em que está dividido o país.

O CPC de 2015, nos arts. 62 e 63, reforça a classificação segundo os critérios apontados, que a seguir serão examinados com mais detalhes. A classificação pode até ser vetusta – antiga em linguagem corrente –mas é a mais utilizada, inclusive pelo legislador. Aliás, a classificação que leva em conta a matéria, a pessoa e a função serve para definir a competência absoluta, que tem como característica: *i)* a possibilidade de ser conhecida e declarada de ofício pelo julgador a qualquer tempo e grau de jurisdição, *ii)* não ser suscetível de modificação por convenção das partes, tampouco de prorrogação pela não arguição da defesa. Por outro lado, os critérios referentes ao valor da causa e ao território, com as exceções previstas em lei, definem competência relativa, que pode ser modificada ou prorrogada pela vontade das partes (convenção ou falta de exceção de incompetência) ou pela conexão ou continência, e não é passível de pronúncia sem arguição do interessado, de modo geral o réu, em preliminar de contestação.

3.1 Critério objetivo

3.1.1 *Competência em razão do valor da causa*

Esse critério de fixação da competência não foi adotado pelo Código de 1973 nem pelo CPC de 2015. Entretanto, uma vez fixada a competência de foro, em razão do território, podem

---

[3] CUNHA, Leonardo Carneiro da. *Jurisdição e competência*. 2. ed. São Paulo: Revista dos Tribunais, 2013, p. 289.
[4] STJ, CC 114.782/RS, Rel. Min. Nancy Andrighi, j. 12.12.2012, *DJe* 19.12.2012.

as normas de organização judiciária utilizar-se do valor da causa ou de outro critério para criação de juízos privativos. Pode o legislador estadual, por exemplo, criar varas especializadas para julgamento de causas cujo valor não exceda a 20 salários mínimos, varas com competência para julgar causas com valor superior a 20 e inferior a 100 salários mínimos, e assim por diante. Essa possibilidade estava prevista expressamente no art. 91 do CPC de 1973.[5] Entende-se que a regra está disposta no art. 44 do CPC/2015, que possibilita a determinação da competência por meio das normas de organização judiciária e pelas constituições estaduais, respeitando-se, é claro, os limites traçados pela Constituição Federal.

Na comarca de Belo Horizonte, ou melhor, em Minas Gerais, a competência das diversas varas (dos juízos) não leva em conta o valor da causa, mas sim a matéria (varas de família, varas de sucessões e varas de falências e concordatas, *v.g.*), as pessoas (varas de Fazenda Pública) e a matéria residual (vara cível), mas não há óbice legal para que a divisão do trabalho seja estabelecida em função de tal critério.

O valor da causa, anteriormente utilizado como um dos critérios para se definir o tipo de procedimento, atualmente tem maior relevância nas causas afetas aos juizados especiais, já que o CPC/2015 não mais admite a divisão do procedimento comum em sumário e ordinário.

A Lei nº 9.099, de 26 de setembro de 1995, definiu, em seu art. 3º, I, que as causas de menor complexidade, cujo valor não exceda a 40 vezes o salário mínimo, podem ser propostas perante os juizados especiais cíveis, cuja criação foi avalizada pela própria Constituição (art. 98, I, da CF/1988).

Ressalta-se, todavia, que o jurisdicionado não está obrigado a propor a ação nos Juizados Especiais Estaduais quando o valor da causa for inferior a 40 salários mínimos, tratando-se, assim, de competência relativa. Ora, ainda que a Lei dos Juizados Especiais não faça como a revogada Lei dos Juizados de Pequenas Causas (Lei nº 7.244/1984), que deixava claro que caberia ao autor optar ou não pelo procedimento previsto nesta lei, não há dúvidas de que a Lei nº 9.099/1995 não alterou tal regime. Isso porque, em primeiro lugar, a previsão constitucional de um procedimento sumaríssimo nos juizados especiais tem como escopo facilitar o acesso ao Judiciário, constituindo mais uma via de alcançá-lo. Além disso, o art. 3º, § 3º, da Lei nº 9.099/1995 prevê que "a opção pelo procedimento" previsto nesse diploma implicará renúncia ao crédito excedente aos 40 salários mínimos, indicando que o autor poderá ou não ajuizar sua demanda perante os Juizados Especiais Estaduais. No mesmo sentido é o Enunciado nº 1 do Fonaje: "O exercício do direito de ação no Juizado Especial Cível é facultativo para o autor".

No âmbito dos Juizados Especiais Federais, por outro lado, a Lei nº 10.259, de 12.07.2001, em seu art. 3º, § 3º, determina que, no foro onde estiver instalada Vara do Juizado Especial, a sua competência será absoluta. Dessa maneira, diferentemente do que ocorre na esfera estadual, na federal, sempre que o valor da causa não ultrapassar o valor de 60 salários mínimos, a competência do Juizado Especial federal será absoluta, condicionada, logicamente, à existência desse órgão. Nas comarcas em que não houver Juizado Especial da Fazenda Pública ou juizados adjuntos instalados, as ações serão propostas perante as varas comuns que detêm competência para processar os feitos de interesse da Fazenda Pública ou perante aquelas designadas pelo Tribunal de Justiça, observando-se o procedimento previsto na Lei nº 12.153/2009 (Enunciado nº 9 da Fazenda Pública).

3.1.2 Competência em razão da matéria e em razão da pessoa

Tal como o valor da causa, também a matéria e a qualidade das pessoas envolvidas no litígio não são utilizadas pelo Código para definir a competência. Aliás, o Código sequer faz

---

[5] Art. 91 do CPC/1973: "Regem a competência em razão do valor e da matéria as normas de organização judiciária, ressalvados os casos expressos neste Código".

menção à qualidade das pessoas, mas a Constituição da República e as leis de organização judiciária utilizam-se de ambos os critérios para estabelecimento de competência.

Na **Justiça Estadual**, em regra, a natureza da relação jurídica material (a matéria) e a qualidade das pessoas (pessoas jurídicas de direito público, por exemplo) servem de critério para especialização. Em outras palavras, estabelecida qual a justiça competente (federal ou estadual) e em qual foro deva a ação ser proposta, é a matéria ou a qualidade das pessoas – nada impede que seja o valor da causa – que vai determinar qual a vara (o juízo) competente para julgar a demanda. Na comarca de Belo Horizonte, por exemplo, as ações sobre direito de família são distribuídas a uma das varas de família (competência *ratione materiae*); ações em que uma das partes é o Estado ou uma autarquia estadual são distribuídas a uma das varas da Fazenda Pública e autarquias (competência *ratione personae*).

Na **Justiça Federal**, a própria Constituição adota dois critérios para definir a sua competência: em razão da matéria (*ratione materiae*) e em razão da pessoa (*ratione personae*). As causas elencadas nos incs. III e XI do seu art. 109 são atribuídas à competência da Justiça Federal em razão da matéria discutida. Já as causas arroladas nos incs. I, II e VIII do mesmo dispositivo levam em conta as pessoas envolvidas no litígio. A norma de organização judiciária (a lei que organiza a Justiça Federal) pode especializar varas em razão da matéria ou do valor da causa, ou seja, estabelecer competência de juízo.

A hipótese mais comum de competência da Justiça Federal é aquela elencada no art. 109, I, da Constituição. A participação da União, entidade autárquica ou empresa pública federal, seja como autoras, rés, assistentes ou oponentes, faz surgir a competência para processamento e julgamento da Justiça Federal. Apesar de a Constituição não mencionar as fundações públicas, entende-se que estas são sujeitas à regra do inc. I. O mesmo não vale, no entanto, para as sociedades de economia mista[6] e para os mesmos entes em níveis estadual e municipal.

A própria Constituição excepciona a regra quando se trata de processo de falência, de causas relativas a acidente de trabalho e daquelas sujeitas à **Justiça do Trabalho** ou à **Justiça Eleitoral**. O juízo universal da falência atrai todas as ações que estejam relacionadas aos bens, interesses e negócios do falido, nos termos do art. 76 da Lei nº 11.101/2005. As causas referentes a benefícios previdenciários decorrentes de acidente de trabalho são de competência da Justiça Estadual, embora sejam propostas em face de uma autarquia federal, que é o Instituto Nacional do Seguro Social (INSS).[7]

Ressalte-se que o deslocamento da competência para a Justiça Federal pode ocorrer quando houver fundado interesse dos referidos entes em ingressar no feito, e não apenas quando eles figurarem na qualidade de autores ou réus. Nesses casos, a competência para decidir sobre a existência de interesse jurídico que justifique a presença da União, suas autarquias ou empresas públicas é da Justiça Federal (Súmula nº 150 do STJ), não podendo essa decisão ser reexaminada pela Justiça Estadual (Súmula nº 254 do STJ).

Sobre esse ponto vale uma observação: a legislação exige que haja interesse desses entes para que a competência seja atribuída – ou deslocada – para a Justiça Federal. Não basta, portanto, que particulares envolvidos em uma determinada demanda afirmem que há interesse, por exemplo, da União, e justamente por isso exijam o deslocamento da competência da Justiça Estadual para a Justiça Federal. Nesse exemplo é necessário que a própria União formule o pedido de intervenção, seja por provocação ou de forma voluntária.[8]

---

[6] Súmulas nº 508 e 517 do STF: "Compete à Justiça Estadual, em ambas as instâncias, processar e julgar as causas em que for parte o Banco do Brasil S.A"; "As sociedades de economia mista só têm foro na Justiça Federal quando a União intervém como assistente ou oponente".

[7] Nesse sentido: STF, Recursos Extraordinários (REs) 447.670, 204.204, 592.871 e 638.483.

[8] "A mera alegação por uma das partes da necessidade de intervenção da União, entidade autárquica ou empresa pública federal em uma demanda entre pessoas privadas em trâmite na Justiça Estadual

O CPC, demonstrando consonância com o texto Constitucional e com o entendimento do STJ, positivou regras relativas aos processos de competência da Justiça Federal. Vejamos:

> Art. 45. Tramitando o processo perante outro juízo, os autos serão remetidos ao juízo federal competente se nele intervier a União, suas empresas públicas, entidades autárquicas e fundações, ou conselho de fiscalização de atividade profissional, na qualidade de parte ou de terceiro interveniente, exceto as ações:
>
> I – de recuperação judicial, falência, insolvência civil e acidente de trabalho;
>
> II – sujeitas à justiça eleitoral e à justiça do trabalho.
>
> § 1º Os autos não serão remetidos se houver pedido cuja apreciação seja de competência do juízo perante qual foi proposta a ação.
>
> § 2º Na hipótese do § 1º, o juiz, ao não admitir a cumulação de pedidos em razão da incompetência para apreciar qualquer deles, não examinará o mérito daquele em que exista interesse da União, suas entidades autárquicas ou de suas empresas públicas.
>
> § 3º O juízo federal restituirá os autos ao juízo estadual sem suscitar conflito se o ente federal cuja presença ensejou a remessa for excluído do processo.

Conforme o *caput* do art. 45, se o processo inicialmente tramitar perante outro juízo e houver necessidade de intervenção dos entes ali mencionados, os autos deverão ser remetidos ao juízo federal competente, que ficará responsável pelo processamento e julgamento da demanda. Se, no entanto, o ente federal for posteriormente excluído do processo, os autos deverão ser restituídos ao juízo de origem (§ 3º).

A nova legislação processual acrescentou as "fundações" e os "conselhos de fiscalização de atividade profissional" como entes que, se presentes do processo, justificam o deslocamento da competência para a Justiça Federal. Nos casos das fundações, como já dissemos, apesar de a Constituição não as mencionar expressamente, a doutrina majoritária entende que elas são espécies de autarquias (autarquias fundacionais), criadas mediante a afetação de determinado patrimônio público a certa finalidade pública (ex.: Funasa, Funai).[9] Quanto aos conselhos de fiscalização de atividade profissional, considera-se que estes também são espécies de autarquias (autarquias corporativas ou profissionais), que possuem atuação de interesse público e estão encarregados de exercer o controle e a fiscalização de determinadas categorias de profissionais (ex.: Conselhos de Classe, como o CRM e o Crea).[10] Por tais razões, justifica-se a alteração legislativa para englobar expressamente tais entes.

Quanto às ações de "recuperação judicial" e "insolvência civil", que não estão expressamente previstas na Constituição, o CPC/2015 apenas positivou o entendimento no sentido de que, em ambos os casos, por se tratarem de ações coletivas universais, que buscam unir

---

é insuficiente para que haja o deslocamento de competência para a Justiça Federal" (STJ, 1ª Turma, EDcl no AgRg no Ag 1.275.461/SP, Rel. Min. Regina Helena Costa, j. 21.05.2024).

[9] O CPC/2015 não qualificou as fundações como de direito público (fundações públicas), em virtude de o STJ já ter equiparado uma determinada fundação privada a uma entidade autárquica federal, justiçando, assim, o deslocamento da competência para a Justiça Federal. Nesse sentido: "Compete à Justiça Federal processar e julgar ações de que participa a Fundação Habitacional do Exército, equiparada à entidade autárquica federal, supervisionada pelo Ministério do Exército" (Súmula nº 324 do STJ).

[10] Esclarece-se que, no caso da Ordem dos Advogados do Brasil, o Supremo Tribunal Federal (ADIn 3.026/2006) já decidiu que sua natureza não é de autarquia, mas de entidade *sui generis*, que não tem qualquer vinculação com a Administração Pública federal.

todos os credores do devedor para "acertamento" de seus créditos, deve ser considerado como competente o juízo universal e não a justiça federal. A propositura dessas ações em um único juízo justifica-se pela finalidade de eficiência do processo, pois seria inviável a propositura de vários pedidos de recuperação judicial ou de insolvência civil em face de um mesmo devedor, mas tramitando em juízos distintos.

Diante do exposto, se houver pedidos que envolvam as demandas estabelecidas nos incisos do art. 45, não será possível a remessa dos autos ao juízo federal. Do mesmo modo, havendo pedidos cumulados, se algum deles for da competência do juízo junto ao qual foi proposta a demanda (juízo da falência, por exemplo), não deverá ocorrer a remessa dos autos, cabendo ao juízo de origem julgar apenas aqueles pedidos que se incluem no âmbito de sua competência.

Ainda com relação aos critérios objetivos de fixação da competência, os **Juizados Especiais** levam em conta tanto a matéria, como o valor da causa, além de excluir de sua competência relações de direito material que têm em um dos polos determinadas pessoas (art. 8º da Lei nº 9.099/1995). Em razão do valor é a competência para julgamento das "causas cujo valor não exceda a quarenta vezes o salário mínimo" (art. 3º, I, da Lei nº 9.099/1995). Ocorre a competência em razão da matéria nas hipóteses dos incs. II, III e IV do mesmo artigo. Nos casos dos incs. II e III, todavia, deve-se mencionar que não se aplica o limite de 40 salários mínimos, sendo, portanto, possível que o Juizado Especial julgue, nessas hipóteses, demandas cujos valores ultrapassem tal quantia.

Lembramos que, apesar de o legislador processual ter optado por instituir um procedimento único para o processo de conhecimento, as causas que antes deveriam observar o procedimento sumário, mas que também poderiam se submeter ao rito da Lei nº 9.099/1995 (art. 275, II, "a" a "h", do CPC/1973[11]), ainda poderão ser propostas perante os juizados especiais (art. 1.063, CPC, com redação dada pela Lei nº 14.976/2024).

Dessa forma, deve-se considerar que as causas enumeradas no art. 275, II, do CPC/1973 tanto podem ser submetidas ao procedimento comum como ao rito dos juizados especiais, desde que, nesse caso, seja observada a alçada de 40 salários mínimos.

Por fim, ressaltamos que tanto a competência em razão da pessoa quanto a em razão da matéria são absolutas, não podendo, portanto, serem modificadas ou prorrogadas.

3.2 Critério funcional

O critério funcional para determinação da competência **leva em conta a função de cada órgão jurisdicional para praticar atos do processo ou o grau de jurisdição**. O primeiro caso, denominado competência funcional pelas fases do procedimento, é regulado pelo Código; o segundo, referente à competência funcional originária e recursal dos tribunais, é regido pelas normas das Constituições da República e dos Estados e pelas normas de organização judiciária.

Temos, por exemplo, casos de competência funcional por fases do procedimento, na execução em curso numa comarca e que incide sobre bens situados em outra. A competência para os atos da fase de penhora, avaliação e alienação será deslocada para o juízo da situação

---

[11] Art. 275 do CPC/1973: "Observar-se-á o procedimento sumário: [...] II – nas causas, qualquer que seja o valor: a) de arrendamento rural e de parceria agrícola; b) de cobrança ao condômino de quaisquer quantias devidas ao condomínio; c) de ressarcimento por danos em prédio urbano ou rústico; d) de ressarcimento por danos causados em acidente de veículo de via terrestre; e) de cobrança de seguro, relativamente aos danos causados em acidente de veículo, ressalvados os casos de processo de execução; f) de cobrança de honorários dos profissionais liberais, ressalvado o disposto em legislação especial; g) que versem sobre revogação de doação; h) nos demais casos previstos em lei".

dos bens (art. 845, § 2º). O mesmo ocorre quando as testemunhas ou o objeto a ser periciado se encontram fora da circunscrição territorial do juiz da causa. A competência funcional para a fase instrutória será igualmente deslocada. Também na ação rescisória, que é processo de competência originária dos tribunais superiores, sempre que houver prova a colher, a competência poderá ser delegada pelo relator ao órgão jurisdicional que proferiu a decisão rescindenda (art. 972).

A competência funcional dos tribunais, que também é denominada de competência hierárquica, relaciona-se com a atribuição dada aos tribunais para julgar originariamente certas demandas e julgar recursos. A competência originária e recursal dos tribunais superiores é estabelecida na CF/1988 (arts. 102 e seguintes).

Vale observar que **a competência funcional pode ser visualizada em duas perspectivas, quais sejam, horizontal e vertical.** No primeiro caso, o mesmo órgão jurisdicional, levando em conta suas divisões internas – normalmente estabelecidas por meio de regimento –, manifesta-se mais de uma vez no mesmo processo, como ocorre na declaração de inconstitucionalidade em tribunais, em que a câmara é competente para decidir o recurso, ao passo que o pleno ou órgão especial fica responsável por julgar o incidente de inconstitucionalidade. Do ponto de vista vertical, por outro lado, dois ou mais órgãos jurisdicionais se manifestam no mesmo processo (competência originária e recursal, por exemplo).

3.3 Critério territorial

A jurisdição, como uma parcela de nossa soberania, é exercida nos limites do território brasileiro. **A competência territorial ou de foro leva em conta a divisão do território nacional em circunscrições judiciárias.**

Na Justiça Estadual, as circunscrições, que correspondem a um ou mais municípios, denominam-se comarcas. Cada juiz tem competência para julgar as ações que, de acordo com o critério do Código, devam ser propostas no juízo da sua comarca. Na Justiça Federal comum, as circunscrições denominam-se seções judiciárias e correspondem, cada uma, ao território do respectivo Estado.

O Tribunal de Justiça de cada Estado tem jurisdição sobre o respectivo Estado. O STF e o STJ têm jurisdição sobre todo o território nacional.

O Código regula exaustivamente a competência territorial, estabelecendo um foro geral ou comum, fixado em razão do domicílio do réu, e diversos foros especiais, fixados em razão da situação da coisa demandada, da qualidade das pessoas envolvidas no litígio, entre outras circunstâncias.

3.3.1 Foro geral

A regra principal adotada pelo Código para distribuir a função jurisdicional entre os diversos órgãos jurisdicionais (foro da comarca de Belo Horizonte, de Uberlândia, por exemplo) é a do foro geral ou comum.

A ação fundada em direito pessoal e a ação fundada em direito real sobre bens móveis serão propostas, em regra, no foro do domicílio do réu (art. 46). Esse é o foro geral.

Quando o réu tiver mais de um domicílio (arts. 70 a 78 do CC), ou for esse incerto ou ignorado, prevê o Código foros subsidiários ou supletivos (art. 46, §§ 1º a 4º) para a propositura da ação.

Assim, versando a demanda sobre **direito pessoal** ou **direito real sobre bens móveis**:

- tendo mais de um domicílio, o réu será demandado no foro de qualquer deles, ou seja, o autor pode escolher o foro que lhe for mais conveniente (arts. 46, § 1º, do CPC, e 71 do Código Civil);

- sendo incerto ou desconhecido o domicílio do réu, ele poderá ser demandado onde for encontrado ou no foro de domicílio do autor (§ 2º);
- quando o réu não tiver domicílio nem residência no Brasil, a ação será proposta no foro do domicílio do autor; ou em qualquer foro se também o autor residir fora do Brasil (§ 3º);
- havendo dois ou mais réus com diferentes domicílios, serão demandados no foro de qualquer um deles, à escolha do autor (§ 4º);
- sendo a ação de execução fiscal, esta será proposta no foro de domicílio do réu, no de sua residência ou no lugar onde for encontrado (§ 5º).

Essas regras já estavam dispostas no CPC de 1973 (arts. 94, §§ 1º a 4º, e 578). No entanto, com relação às execuções fiscais, o CPC/1973 (art. 578, parágrafo único) ainda trazia a possibilidade de a ação ser proposta no foro do lugar onde se praticou o ato que deu origem à dívida de natureza fiscal (ou seja, no local do fato gerador da obrigação tributária). Para a hipótese de pluralidade de domicílios ou de devedores, passou a entender o STJ que o Fisco poderia ajuizar a ação no foro de qualquer um deles (REsp 1.112/197/SC).

Com a vigência do CPC de 2015, a competência para julgamento da execução fiscal foi parcialmente alterada, pois a lei processual reduziu as hipóteses de competência ao estabelecer que esse tipo de ação será proposta "no foro de domicílio do réu, no de sua residência ou no do lugar onde for encontrado" (art. 46, § 5º, do CPC/2015). Em suma, o CPC atual retirou a possibilidade de a execução fiscal ser ajuizada no foro do lugar em que praticado o ato ou do lugar em ocorreu o fato gerador.

Não obstante o Código estabelecer a aparente possibilidade de a Fazenda Pública escolher, entre as opções previstas no art. 46, § 5º, o foro onde proporá a demanda, o STJ passou a entender que o foro competente para o ajuizamento da execução fiscal era determinado em função do domicílio do réu. Assim, dever-se-ia entender que, quando se tratasse de execução fiscal, o domicílio (de modo geral coincidente com o foro da residência) do executado deve prevalecer, figurando a residência e o "lugar onde for encontrado" como foros subsidiários. Contudo, por se tratar de competência territorial, estabelecida a partir de critérios relacionados ao interesse privado dos litigantes, é relativa – insuscetível de reconhecimento de ofício pelo Juiz –, apenas por provocação do executado.[12]

Em suma: o § 5º do art. 46 do CPC/2015, de acordo com essa interpretação, exigia que um ente federativo propusesse sua execução fiscal somente no foro de domicílio ou de residência do réu, além de, alternativamente, no lugar onde fosse encontrado, ainda que isso significasse o ajuizamento da execução fiscal por ente federativo perante o Poder Judiciário de **outro ente subnacional**, nos casos em que o réu tivesse domicílio fora do Estado autor da execução fiscal.

Ocorre que o STF, no julgamento da ADI 5737 (j. 25.04.2023), entendeu que o art. 46, § 5º do CPC mereça uma interpretação conforme à Constituição, de modo a não permitir que um ente subnacional fosse obrigado a ajuizar suas execuções fiscais em foro de outro estado da federação. Os fundamentos adotados pela maioria dos ministros envolvem a existência de um desequilíbrio federativo e administrativo na hipótese legal, especialmente diante da impossibilidade de atuação das procuradorias de representação judicial por todo o país.

No julgamento da referida ADI, concluiu o STF que a regra de competência prevista no art. 46, § 5º, do CPC, combinada com o art. 52, *caput* e parágrafo único, do mesmo diploma legal, no ponto em que permite que estados e o Distrito Federal sejam demandados fora de

---

[12] STJ, CC 157.733, Rel. Min. Og Fernandes, p. 25.04.2018.

seus respectivos limites territoriais, desconsidera sua prerrogativa constitucional de auto-organização. Para a Corte, *"não se pode alijar o Poder Judiciário Estadual de atuar nas questões de direito afetas aos entes públicos subnacionais. Além disso, os tribunais também possuem funções administrativas – como aquelas ligadas ao pagamento de precatórios judiciais – que não podem, sem base constitucional expressa, ser exercidas por autoridades de outros entes".* Dessa forma, o entendimento atual, após o julgamento da ADI 5737, é no sentido de que **a execução fiscal será proposta no foro de domicílio do réu, no de sua residência ou no do lugar onde for encontrado desde que esse foro esteja inserido nos limites do território do estado exequente ou seja o local de ocorrência do fato gerador.** Em outras palavras, afasta-se a regra de competência jurisdicional prevista no art. 46, § 5º, do Código de Processo Civil, quando a sua incidência implicar o ajuizamento e o processamento da ação executiva em **outro estado da Federação** (ARE 1.327.576/RS, Rel. Min. Dias Toffoli, j. 07.08.2024. Repercussão Geral – Tema 1.204).

Frise-se, por fim, que em sede de execução fiscal, a competência é fixada pelo registro ou distribuição, sendo irrelevante a mudança posterior do domicílio do executado. Essa é a regra do já tratado art. 43 e da Súmula nº 58 do STJ: "Proposta a execução fiscal, a posterior mudança de domicílio do executado não desloca a competência já fixada".

Ainda falando de foros especiais, deve-se mencionar que o foro competente para as ações fundadas em relações de consumo é o do domicílio do consumidor (art. 101, I, do CDC). Assim, exemplificativamente, se a demanda for ajuizada pelo fabricante/vendedor, será proposta no domicílio do réu-consumidor, por força do art. 46 do CPC. Se o consumidor figura na posição de autor, a ação pode ser proposta no domicílio deste. A finalidade da norma é garantir maior amplitude de acesso à justiça ao consumidor. Por tratar-se de competência relativa, pode o consumidor propor a ação em outro foro, notadamente no foro onde a pessoa jurídica tem a sua sede, cabendo à ré arguir a incompetência – que dificilmente será acatada, uma vez que a opção pelo domicílio desta a favorece.

Atenção:
- Sobre a **execução fiscal**, as regras anteriormente mencionadas têm aplicação no âmbito da competência territorial. Não se pode confundir com a competência para o julgamento da matéria, que poderá ser tanto da Justiça Estadual quanto da Justiça Federal, a depender do ente que irá propor a ação. Se a demanda for proposta pela Fazenda Pública ESTADUAL OU MUNICIPAL, a competência será, em regra, da Justiça ESTADUAL. Se, no entanto, o Fisco estadual ou municipal estiver cobrando um débito da União, de suas autarquias, fundações ou empresas públicas, essa execução fiscal será julgada na Justiça Federal. Do mesmo modo, se a ação for proposta pela UNIÃO e suas respectivas AUTARQUIAS E FUNDAÇÕES, a execução fiscal será de competência da Justiça Federal, nos termos do art. 109, I, da CF/1988, sem possibilidade de delegação para a Justiça Estadual, diante da vedação imposta pela **Lei nº 13.043/2014.**

3.3.2 Foros especiais

Outra regra adotada pelo Código para distribuir a função jurisdicional no território brasileiro refere-se ao estabelecimento de foros especiais para o julgamento de certas demandas, foros esses que afastam as normas gerais previstas no art. 46 e seus parágrafos.

São os seguintes os foros especiais:

- **Foro da situação da coisa:** o art. 47 prevê que nas ações fundadas em direito real sobre imóveis é competente o foro da situação da coisa. Essa competência será absoluta para as ações que recaiam sobre direito de propriedade, vizinhança, servidão, divisão e demarcação de terras e nunciação de obra nova (art. 47, § 1º), bem como para aquelas que envolvam a posse de bens imóveis (art. 47, § 2º). Não versando sobre os direitos mencionados, pode o autor optar por propor a ação no foro de domicílio do réu no foro de eleição. Aqui, assim como no Estatuto da Pessoa Idosa (art. 80) e na Lei da Ação Civil Pública (art. 2º), vale a ressalva de que não se trata de competência funcional-territorial, mas de hipótese excepcional de competência territorial absoluta.[13]

- **Foro do domicílio do autor da herança:** o art. 48 prevê que o inventário, a partilha, a arrecadação, o cumprimento de disposições de última vontade, a impugnação ou anulação de partilha extrajudicial e todas as ações em que o espólio for réu devem ser propostas no foro de domicílio do autor da herança. Se o autor, no entanto, não possuir domicílio certo, será competente o foro da situação dos bens imóveis. Se os imóveis estiverem em foros distintos, a competência será de qualquer deles. Por fim, se não houver bens imóveis, a competência será do local de qualquer dos bens do espólio (art. 48, parágrafo único). Ressalte-se que o CPC/1973 dispunha de forma diversa, determinando a competência do foro do local do óbito quando o autor da herança não tinha domicílio e possuía bens em lugares diferentes (art. 96, parágrafo único, II, do CPC/1973).

- **Foro do último domicílio:** o art. 49 prevê que nas ações contra o ausente, bem como no inventário, partilha e arrecadação de seus bens e cumprimento de disposições testamentárias, será competente o foro do seu último domicílio.

- **Foro do domicílio do representante ou assistente:** a ação proposta contra o réu absolutamente incapaz deve tramitar no foro do domicílio de seu representante; a ação proposta contra réu relativamente incapaz tramitará no foro de domicílio de seu assistente (art. 50).

- **Foro de domicílio do réu:** quando a União, o Estado ou o Distrito Federal forem autores, será competente para processar e julgar a demanda o foro de domicílio do réu (art. 51, 1ª parte, c/c o art. 52, 1ª parte). Lembre-se que, no caso de execuções fiscais, ainda há possibilidade de escolha entre o local da residência e o lugar onde o réu for encontrado.

- **Regras específicas dos arts. 51 e 52:** se a União, o Estado ou o Distrito Federal forem réus, a ação poderá ser proposta: a) no foro de domicílio do autor; b) no de ocorrência do ato ou fato que originou a demanda; c) no da situação da coisa; ou d) no Distrito Federal, tratando-se da União, e na capital do respectivo ente federado, tratando-se do Estado ou do Distrito Federal (ex.: se o Estado de Minas Gerais for o demandado, a ação deverá ser proposta em Belo Horizonte). Vale destacar que a regra do parágrafo único do art. 52 relacionada ao foro de domicílio do autor deve ser aplicada desde que observados os limites territoriais do respectivo Estado ou do DF, não podendo, por exemplo, uma ação contra o Estado de Minas Gerais ser proposta em Fortaleza, mesmo que a capital cearense seja o domicílio do autor. Nesse sentido decidiu o STF ao julgar a ADI 5.492 e conferir interpretação conforme à Constituição ao dispositivo mencionado[14].

---

[13] Nesse sentido: BARBOSA MOREIRA, José Carlos. A expressão "competência funcional" no art. 2º da Lei de Ação Civil Pública. In: MILARÉ, Edis (coord.). *A ação pública após 20 anos*: efetividade e desafios. São Paulo: RT, 2005. p. 247-255.

[14] STF, ADI 5.737/DF, Rel. Min. Dias Toffoli, redator do acórdão Min. Roberto Barroso, Plenário, j. 25.04.2023.

- **Foro do domicílio de quem detiver a guarda de incapaz:** as ações de divórcio, separação, anulação de casamento, reconhecimento ou dissolução de união estável serão propostas no foro de domicílio do guardião do filho incapaz (art. 53). Se não existir filho incapaz, a competência será do foro do último domicílio do casal, mas se nenhuma das partes residir no antigo domicílio, será competente o foro de domicílio do réu (regra geral do art. 46). Com relação à separação e o divórcio extrajudiciais, não se aplica a regra do art. 53, I, afinal, os cartórios não têm competência, mas apenas atribuições, uma vez que não exercem função jurisdicional.[15] Nos casos do atual art. 53, o CPC/1973 (art. 100, I) determinava a competência como sendo do foro da residência da mulher, o que gerava algumas discussões judiciais, especialmente no campo constitucional, por suposta ofensa ao princípio da isonomia.[16] Importante destacar que em 30.10.2019 foi publicada a Lei nº 13.894, de 29.10.2019, que acrescentou a alínea "d" ao inciso I do art. 53 do CPC. De acordo com o novo dispositivo, para as ações de divórcio, separação, anulação de casamento, reconhecimento e dissolução de união estável, será competente o foro da residência da mulher vítima de violência doméstica. Pela localização topográfica, trata-se de foro secundário, de modo que se houver filho incapaz e o detentor da guarda for o companheiro, mesmo nos casos de violência doméstica, o foro competente será o do guardião. Essa, contudo, não nos parece a interpretação mais adequada, já que em muitos dos casos envolvendo a violência descrita na Lei nº 11.340/2006 – Lei Maria da Penha –, o companheiro (ou cônjuge) permanece com o filho incapaz para forçar uma reaproximação com a vítima. Certamente os Tribunais irão se debruçar sobre essa questão. De toda forma, tratando-se de competência territorial, portanto relativa, poderá ser arguida pela parte contrária. Por enquanto, colhe-se da doutrina o entendimento do Prof. Daniel Amorim Assumpção Neves, para quem também deve haver prevalência da alínea "d" sobre as demais, "porque a norma descreve hipótese fática que pode existir em qualquer uma das hipóteses anteriores, salvo se a vítima da violência abrir mão da proteção legal ao propor a demanda, quando a regra voltará a ser de competência sucessiva entre as três primeiras hipóteses do dispositivo".[17]

---

[15] De acordo com a Resolução do CNJ nº 35/2007, "Para a lavratura dos atos notariais relacionados a inventário, partilha, separação consensual, divórcio consensual e extinção consensual de união estável por via administrativa, é livre a escolha do tabelião de notas, não se aplicando as regras de competência do Código de Processo Civil" (art. 1º).

[16] Apesar das discussões, em diversas oportunidades o Supremo Tribunal Federal se manifestou no sentido de declarar constitucional o art. 100, I, da Constituição Federal, por inexistir ofensa ao princípio da isonomia entre homens e mulheres ou da igualdade entre os cônjuges (nesse sentido: RE 227.114/SP).

[17] NEVES, Daniel Amorim Assumpção. *Código de Processo Civil comentado*. 5. ed. Salvador: JusPodivm, 2020. p. 97. A jurisprudência ainda oscila em relação a esse novo dispositivo. No Tribunal de Justiça do Estado de São Paulo encontramos, por exemplo, exceções à aplicação da regra de domicílio da vítima de violência doméstica quando já efetuado o divórcio anteriormente, restando pendente questões envolvendo a prole e os bens: "(...). Art. 53, I, d, do CPC, que prevê a competência do juízo do foro do domicílio da vítima de violência doméstica e familiar para o processamento da ação de divórcio. Hipótese, contudo, em que já decretado o divórcio das partes, restando pendente a resolução da partilha de bens, regulamentação de guarda e visitas e fixação dos alimentos em favor da filha menor. Ação envolvendo interesse de menor, aplicável o art. 147 do ECA. Dispositivo legal que trata de regra de competência absoluta, estipulando a prevalência do juiz imediato, próximo do local onde se encontra a criança ou adolescente, em consonância com os princípios da proteção integral e dos superiores interesses do menor, que prevalece sobre a previsão do art. 53, I, d, do CPC, regra

- **Foro do domicílio ou da residência do alimentando:** para as ações em que se pedem alimentos, será competente o foro de domicílio ou residência do alimentando (art. 53, II), ainda que cumulada com investigação de paternidade (Súmula nº 1 do STJ).
- **Foro competente para as ações em face de pessoas jurídicas:** conforme art. 53, III, "a" e "b", a ação em que for ré pessoa jurídica será proposta onde se localizar a sua sede. Tratando de pessoa jurídica com atuação em diversos locais, a competência será no local da agência ou sucursal.
- **Foro competente para as ações em face de entes despersonalizados:** tratando-se de ação em que for ré sociedade ou associação sem personalidade jurídica, será competente o foro do lugar onde esses entes exercem suas atividades (art. 53, III, "c").
- **Foro competente para as demandas obrigacionais:** se a ação for proposta para exigir o cumprimento de determinada obrigação, a competência será do foro do local em que ela deveria ser satisfeita (art. 53, III, "d").
- **Foro competente para as demandas que versem sobre os direitos da pessoa idosa:** de acordo com o art. 53, III, "e", para as causas que versem sobre direitos previstos no Estatuto da Pessoa Idosa, será competente o foro da residência da pessoa idosa. O art. 80 do referido diploma prevê, por sua vez, que as ações para proteção dos interesses difusos, coletivos e individuais indisponíveis ou homogêneos relacionados às pessoas serão propostas no foro do domicílio da pessoa idosa, cujo juízo terá competência absoluta para processar a causa, ressalvadas as competências da Justiça Federal e a competência originária dos Tribunais Superiores. Dessa forma, tanto a residência como o domicílio podem ser tidos como foro competência, devendo-se observar o local que mais beneficie a pessoa idosa.
- **Foro da sede da serventia notarial ou registral:** nos termos do art. 53, III, "f", as ações de reparação de danos por atos praticados em razão do ofício deverão ser propostas no foro da sede da serventia e não no domicílio do autor da ação. Vale ressaltar que, como os cartórios não possuem personalidade jurídica, a responsabilidade civil decorrente da má prestação dos serviços cartoriais deve ser imputada ao oficial titular do cartório.[18]
- **Foro do lugar do ato ou fato:** nas ações de reparação de danos e naquelas em que o réu for administrador ou gestor de negócios alheios, a competência será do lugar do ato ou do fato (art. 53, IV, "a" e "b").
- **Foro do domicílio do autor ou do local do fato:** se a ação de reparação de danos estiver relacionada a delito (infração penal) ou a acidente de veículos (inclusive aeronaves[19]), a competência será do foro do domicílio do autor ou do local do fato (art. 53, V).

---

de competência territorial e relativa. Jurisprudência do STJ. Decisão mantida. Recurso parcialmente conhecido e, na parte conhecida, desprovido" (TJ-SP, AI 2105249-71.2021.8.26.0000, 10ª Câmara de Direito Privado, Rel. Min. J. B. Paula Lima, j. 24.07.2021, public. 24.07.2021).

[18] Nesse sentido: "(...) os serviços notariais e de registro não possuem personalidade jurídica, considerando-se legitimado para responder pelos danos causados por ato seu ou dos seus prepostos, o titular da serventia à época dos fatos" (REsp 1.340.805/PE, 3ª T., Rel. Min. Paulo de Tarso Sanseverino, j. 04.06.2019, DJe 10.06.2019). Igualmente: 1ª T., AgInt no AREsp 1.525.479/SP, Rel. Min. Manoel Erhardt (Desembargador Convocado do TRF5), j. 30.05.2022, DJe 01.06.2022.

[19] A inclusão das "aeronaves" já vinha sendo, há muito, solicitado pela doutrina, especialmente após os acidentes aéreos que ocorreram no Brasil nos anos de 2006 e 2007. Um projeto de lei do Senado Federal de 2007 (PLS nº 476/2007) já sugeria a alteração para definir como foro competente o domicílio do

4. METODOLOGIA PARA DETERMINAÇÃO DA COMPETÊNCIA

Uma atriz americana, atualmente residindo em Belo Horizonte, pretendendo se separar judicialmente de seu marido, procura o advogado em seu escritório, a fim de que ele proponha a ação competente. Informa-o de que o marido é italiano, diretor de cinema; casaram-se na Bélgica, quando ambos trabalhavam no filme "Nada ficou no lugar", sendo que há dois anos ele reside no Rio de Janeiro, onde permanecerá por muito tempo, em razão de ter firmado contrato com uma empresa brasileira de televisão. O casal tem um único filho, com idade de 12 anos, que está sob a guarda do pai.

Afora outros aspectos de direito, o advogado terá de explicar à cliente onde a ação será proposta: no Brasil, nos Estados Unidos, na Itália ou na Bélgica? Se no Brasil, em qual foro (comarca) e em qual juízo (vara)?

As indagações referem-se à competência. Para determiná-la, recomenda-se a seguinte metodologia, consistente em perguntas e respostas:

1. *Qual a justiça competente: nacional ou estrangeira?*

A despeito da nacionalidade dos cônjuges e de o casamento ter sido contraído no estrangeiro, a justiça brasileira é competente porque o réu está domiciliado no Brasil (art. 21, I). Note-se que a competência, no caso, é concorrente, ou seja, a jurisdição brasileira não exclui a de outro país. Se a ação for proposta na Bélgica e ocorrer a coisa julgada, a parte poderá pedir homologação do julgado para produzir efeito no território nacional.

2. *Definida a competência da justiça brasileira, resta saber: a ação deve ser proposta na justiça comum ou especializada?*

A resposta está na Constituição, uma vez que nela se encontra fixada a competência da justiça especializada. A competência da justiça comum é residual, assim, o que não for da competência da justiça especializada (justiça do trabalho, eleitoral e militar) será da justiça comum. Pois bem, não estando a ação de separação judicial elencada entre aquelas da competência da justiça especializada (arts. 114, 121, 124 e 125, § 1º, da CF/1988), conclui-se que a competência é da justiça comum.

3. *Definida a competência da justiça comum, cabe indagar: a demanda deve ser proposta na justiça comum federal ou na justiça comum estadual?*

Lembre-se de que a justiça federal pode ser especializada (justiça do trabalho, eleitoral e militar) ou comum. Como já concluímos que a competência é da justiça comum, vamos verificar se a causa se inclui entre aquelas da competência (fixada em razão da pessoa ou da matéria) dos juízes federais (art. 109 da CF/1988).

A competência da justiça comum estadual é residual, ou seja, não sendo a causa da competência da justiça especializada (federal ou estadual), nem da justiça federal comum, será da competência da justiça comum estadual. É o caso da ação de separação judicial.

4. *Cabe, ainda, verificar se o conhecimento da causa cabe a órgão superior ou inferior.*

A competência dos tribunais é denominada competência hierárquica, espécie do gênero competência funcional.

---

autor ou o do local do fato, e não apenas este, como argumentava a maioria das companhias aéreas. De fato, os nossos tribunais, como forma de facilitar a defesa dos interesses das vítimas, já entendiam que se tratava de uma relação de consumo e, portanto, poderia ser aplicado o art. 101, I, do CDC. A alteração no CPC afasta qualquer dúvida quanto ao foro competente e reforça a necessidade de se tutelar, de forma mais efetiva, os direitos das vítimas.

Os tribunais, em regra, têm competência originária e recursal. A competência do STF e do STJ, dentre outros, é definida na CF/1988 (arts. 102 e 105). Verificando a CF/1988 e a Constituição Estadual, chega-se à conclusão de que o conhecimento da referida ação cabe a órgão inferior.

5. *Definido que a ação pode ser proposta no Brasil, em órgão inferior da justiça comum estadual, é de se indagar: em qual comarca (foro) deve ser proposta?*

A competência, no caso, é territorial, portanto, regulada pelo CPC. Assim, deve-se verificar se para a ação a ser proposta o Código prevê ou não foro especial, não se esquecendo de que o foro geral (domicílio do réu) é residual, isto é, só é definido como competente quando não previsto foro especial.

Para a ação de separação judicial o CPC de 1973 previa como foro (especial) o da residência da mulher (art. 100, I). Se a regra ainda valesse, o foro competente seria o da comarca de Belo Horizonte. No entanto, o CPC/2015 dispõe que a competência será do foro do domicílio daquele que possui a guarda de filho incapaz (art. 53, I). Dessa forma, o foro competente é o da comarca do Rio de Janeiro.

6. *Se se tratasse de uma comarca pequena, com vara única, ou varas sem especialização, a dificuldade para definição da competência já estaria superada. A ação seria distribuída e pronto. Ocorre que no Rio de Janeiro e, de um modo geral, nas comarcas de maior porte, as varas são especializadas em razão da matéria, das pessoas ou do valor da causa. Em face disso, é de se indagar: qual o juízo competente?*

A competência de foro é regulada pelo CPC e a competência de juízo, pelas normas de organização judiciária. No caso específico, segundo a Lei de Organização Judiciária do Estado do Rio de Janeiro, a competência é de uma das varas de família.

Não se confunde juízo com juiz. Juízo é o órgão jurisdicional, relaciona-se com a vara; juiz é a pessoa ocupante do cargo respectivo.

5. (IN)COMPETÊNCIA ABSOLUTA E RELATIVA

Antes de tratarmos das regras acerca da modificação da competência (arts. 54 a 63), precisamos definir as espécies de (in)competência e as suas principais características. Nesse ponto, a fim de tornar compreensível o assunto, não seguiremos rigorosamente a sequência dos artigos do CPC.

Conforme mencionamos anteriormente, as regras de competência são reguladas por normas (regras e princípios). A depender da natureza da norma, classifica-se a competência em relativa ou absoluta. Se a norma que regula a distribuição de competência é cogente e de interesse exclusivamente público, no caso de infringência dessa norma, estaremos diante de uma situação de incompetência absoluta. Por outro lado, nas hipóteses em que a norma seja dispositiva e pensada de forma a atender prioritariamente o interesse privado, no caso de infringência ao critério determinativo de competência, teremos a incompetência relativa. Como se vê, o que é relativa ou absoluta, a rigor, não é a competência, mas sim a incompetência.

A diferença entre a incompetência relativa e absoluta está no regime jurídico próprio que cada uma apresenta.

A **incompetência absoluta** apresenta as seguintes características:

- pode ser alegada em qualquer tempo e grau de jurisdição e deve ser declarada de ofício pelo magistrado (art. 64, § 1º);
- pode ser objeto de ação rescisória (art. 966, II);

- não se altera pela vontade das partes (art. 62), tampouco por conexão ou continência;
- não se altera pela vontade das partes, nem se prorroga.

A **incompetência relativa**, por sua vez, apresenta características diferentes:

- diferentemente do que ocorre na incompetência absoluta, o juiz não pode conhecer de ofício a incompetência relativa (Súmula nº 33 do STJ e art. 337, § 5º, do CPC/2015). Há, no entanto, uma exceção prevista no próprio CPC: o art. 63, § 3º, que estabelece a possibilidade de eleição de foro, ou seja, de fixação de competência de caráter territorial. Esse dispositivo admite que, se essa cláusula de eleição de foro for considerada abusiva pelo juiz antes da citação, os autos poderão ser remetidos ao foro de domicílio do réu. Dessa forma, mesmo sem a provocação da parte contrária, se o juiz reconhecer a abusividade, reconhecerá a sua incompetência para o feito;
- as regras de incompetência relativa podem ser alteradas pelas partes (art. 63), bem como em razão da conexão/continência (art. 54);
- se ela não for alegada em tempo oportuno, o juízo relativamente incompetente passará a ser competente para processar e julgar o feito (art. 65). Nesse caso, ocorre o fenômeno da prorrogação da competência;
- pode ser alegada pelo Ministério Público nas causas em que atuar (art. 65, parágrafo único). O entendimento de acordo com CPC/1973 era no sentido de que o *Parquet*, atuando como *custos legis*, não poderia arguir a incompetência relativa, salvo se o fizesse em benefício de incapaz. O Código atual prevê, de forma genérica ("nas causas em que atuar"), a legitimidade do Ministério Público para alegar a incompetência relativa. Assim, tanto quando atuar como fiscal da lei ou como parte, será possível a alegação de incompetência relativa pelo membro da referida instituição.

Existem, no entanto, características comuns entre elas. Vejamos:

- **A incompetência absoluta e a relativa devem ser alegadas como questão preliminar na peça contestatória (art. 64).** Na sistemática do CPC de 1973, a incompetência relativa deveria ser arguida por meio de exceção instrumental – peça autônoma em relação à contestação –, a qual é apensada aos autos principais. A incompetência absoluta, por sua vez, poderia ser alegada independentemente de exceção. Com o CPC vigente, a regra muda: ambas devem ser alegadas antes de se discutir o mérito da causa (art. 337, II), independentemente de exceção, sendo desnecessária qualquer peça autônoma.
- **O órgão jurisdicional deve decidir imediatamente a alegação de incompetência, seja ela absoluta ou relativa.** Se reconhecidas, os autos serão remetidos ao juiz competente (art. 64, § 3º).
- **Os efeitos da decisão proferida por juiz absoluta ou relativamente incompetente serão conservados até que outra seja proferida** (art. 64, § 4º). A regra, no entanto, não é absoluta. O próprio CPC ressalva a possibilidade de ser proferida decisão judicial em sentido contrário, afastando os efeitos decorrentes das decisões proferidas pelo juiz incompetente.
- Ao alegar a incompetência absoluta ou relativa, deve o réu fundamentar e instruir a contestação com as provas disponíveis (se for o caso), podendo, inclusive, **protocolizar a sua defesa no foro do seu domicílio (art. 340)**. Nesse caso, deve o juiz que recebeu a contestação comunicar o fato ao juiz da causa, preferencialmente por meio eletrônico.

6. MODIFICAÇÃO DA COMPETÊNCIA

Dá-se o nome "modificação da competência" ao fenômeno processual que consiste em atribuir competência a um juízo que originariamente não a possuía.

A distribuição do serviço judiciário entre os diversos órgãos, ou seja, a fixação da competência, é feita tendo em vista o interesse público ou o privado. Quando a atribuição de competência é determinada pelo interesse privado, a competência será relativa e, de modo geral, pode ser modificada.

A competência será relativa, ou seja, passível de modificação, quando determinada em razão do território ou do valor da causa (art. 63). De regra, quando fixada em função desses critérios, trata-se de competência relativa, portanto modificável em razão de eleição de foro, pela não arguição de incompetência ou em decorrência da conexão ou continência. Contudo, nem toda competência assim fixada será relativa. Por exemplo, o critério utilizado para o estabelecimento de uma ação possessória de bem imóvel é territorial, ou seja, o foro da situação da coisa, mas é absoluta (art. 47, § 2º).

A competência será absoluta, imodificável, quando fixada em razão da matéria, da pessoa ou da função (art. 62), afora outras hipóteses previstas em lei (há, por exemplo, caso de competência fixada pelo critério territorial que é absoluta). Nesse caso não se cogita de possibilidade de modificação. A competência é inderrogável por convenção das partes, também não se firma pelo simples fato de o réu não ter arguido a incompetência na contestação. Vale lembrar que nem sempre a competência determinada pelo critério territorial ou do valor da causa é relativa. As ações que versem sobre direito de propriedade, vizinhança, servidão, divisão e demarcação de terras, nunciação de obra nova e posse imobiliária devem necessariamente ser ajuizadas no foro da situação da coisa. Aqui se trata de competência absoluta, não obstante definida pelo critério territorial (art. 47, §§ 1º e 2º).

O mesmo pode-se dizer dos chamados foros regionais ou distritais (existentes, por exemplo, na comarca de São Paulo), cuja competência às vezes é fixada pelo critério do valor da causa, mas que nem por isso é relativa.

Ocorre de a competência, embora definida pelo critério territorial ou pelo valor da causa, ser de índole funcional, fixada em norma de natureza cogente, atendendo principalmente o interesse da jurisdição, e não das partes. Pode-se afirmar que a incompetência relativa somente se verifica quando a competência for definida pelo critério territorial ou do valor da causa. A recíproca, entretanto, não é verdadeira, ou seja, o território e o valor da causa como critérios definidores da competência nem sempre implicam (in)competência relativa.

6.1 Prorrogação

A prorrogação é uma forma de modificação da competência que ocorre por disposição legal, somente na hipótese de competência relativa (art. 65). Como essa espécie não pode ser reconhecida de ofício pelo juiz, é preciso que seja expressamente arguida pelo réu; caso este não o faça, haverá a prorrogação e o foro que originalmente era incompetente tornar-se-á competente.

6.2 Conexão e continência

A competência relativa (determinada em razão do valor e do território, afora as exceções já mencionadas) poderá modificar-se pela conexão ou continência (art. 54).

Reputam-se **conexas** duas ou mais ações quando lhes for comum o **objeto ou a causa de pedir** (art. 55). Vários herdeiros, em ações distintas, pleiteiam a nulidade do testamento (objeto comum). Vários passageiros, em ações distintas, acionam a empresa de ônibus com fundamento no mesmo acidente (causa de pedir comum).

Dá-se a **continência entre duas ou mais ações sempre que há identidade quanto às partes e à causa de pedir, mas o pedido de uma, por ser mais amplo, abrange o das demais** (art. 56). A propõe contra B ação declaratória para reconhecimento de dívida. Em ação distinta, o autor da ação declaratória pleiteia a condenação de B no pagamento da mesma dívida (as partes e a causa de pedir são idênticas, mas o objeto da ação condenatória é mais amplo, abrangendo o da ação declaratória). Pode ser que ambos os pedidos refiram ao mesmo objeto imediato (declaração). Exemplificando, na primeira demanda pleiteia a nulidade de uma cláusula; na segunda, a anulação de todo o contrato. Às vezes alhos se confundem com bugalhos. Continência é uma coisa, e litispendência é outra. Os próprios significados das palavras demarcam as distinções. Na continência há continente, isto é, o pedido formulado em uma demanda contém o outro. O que contém é o continente. O que está contido é o conteúdo. Para estabelecer a continência, pode-se levar em conta o conjunto dos pedidos cumulados (dano moral e dano material, por exemplo) ou a amplitude de um só pedido. Vamos aos exemplos. Se em uma demanda a parte pleiteia a recomposição dos danos materiais e, em segunda demanda, entre as mesmas partes, fundada na mesma causa de pedir, o demandante, além do dano material, postula também a condenação em danos morais, estamos diante do fenômeno da continência, uma vez que a segunda demanda contém a primeira. Nesse caso específico de continência, também se dá o nome de litispendência parcial, uma vez que há pedidos integralmente coincidentes, e não somente mais amplos. Pouco importa o nome que se dê ao fenômeno, a consequência processual será a mesma: ou reunião dos processos ou extinção de um deles.

Na litispendência sem qualificativo (integral) todos os elementos (partes, pedido e causa de pedir) são coincidentes. Havendo conexão ou continência de uma demanda a ser ajuizada com uma anteriormente proposta, a distribuição será feita por dependência. As ações conexas ou continentes serão distribuídas por dependência ao juízo da causa anterior, ou seja, ao juízo prevento (art. 286, I), ocorrendo prévia prorrogação da competência.

Caso as ações conexas ou continentes já estejam em curso, e sendo relativa a competência, elas deverão ser reunidas para decisão conjunta, salvo se em um dos processos já houver sido proferida sentença (art. 55, § 1º).[20] A reunião, se for o caso, far-se-á no juízo prevento (art. 58). Exemplo: há conexão entre duas ações, sendo que para uma delas o juiz prevento é incompetente em razão do território. Nesse caso, o juiz, em vez de se declarar incompetente, deverá determinar a reunião das ações propostas separadamente e julgá-las, prorrogando-se a competência.

A reunião dos processos por conexão, segundo entendimento dominante no STJ (REsp nº 1.255.498/CE, j. 19.06.2012), constitui uma faculdade atribuída ao julgador, a quem cabe avaliar a intensidade da conexão e o grau de risco da ocorrência de decisões contraditórias para, se for o caso, determinar a reunião das ações. Em verdade, o que mais importa é a possibilidade de decisões conflitantes ou contraditórias. E é justamente por essa razão que o CPC/2015, alinhando-se a jurisprudência do STJ,[21] trouxe uma nova possibilidade de reunião de processos:

Art. 55. [...]

§ 3º Serão reunidos para julgamento conjunto os processos que possam gerar risco de prolação de decisões conflitantes ou contraditórias caso decididos separadamente, mesmo sem conexão entre eles.

---

[20] O CPC/2015 seguiu a jurisprudência do STJ (Súmula nº 235) ao estabelecer expressamente esta regra: "A conexão não determina a reunião dos processos, se um deles já foi julgado".

[21] Nesse sentido: "CC. Decisões conflitantes. Interpretação extensiva. Art. 115 do CPC. A Seção reafirmou o entendimento de que é suficiente para caracterizar o conflito de competência a mera possibilidade ou risco de que sejam proferidas decisões conflitantes por juízes distintos, consoante interpretação extensiva dada por esta Corte ao art. 115 do CPC [...]" (STJ, AgRg no CC 112.956/MS, Rel. Min. Nancy Andrighi, j. 25.04.2012).

De acordo com esse dispositivo, pouco importa a identidade entre os pedidos ou as causas de pedir. Se o juiz entender que pode ocorrer conflito lógico de decisões, a reunião dos processos é medida que se impõe.

A conexão sem a identidade de objeto ou de causa de pedir já era defendida pelos doutrinadores filiados à **teoria materialista da conexão**. Fredie Didier,[22] por exemplo, afirma que a conexão pode decorrer "do vínculo que se estabelece entre as relações jurídicas litigiosas". Assim, "haverá conexão se a mesma relação jurídica estiver sendo examinada em ambos os processos, ou se diversas relações jurídicas, mas entre elas houver um vínculo de prejudicialidade ou preliminaridade", não sendo relevante aferir a perfeita identidade entre objeto e causa de pedir.

Com relação à continência, cabe uma ressalva. Se a causa continente (mais ampla) tiver sido proposta antes da causa contida (mais restrita), esta deverá ser extinta sem resolução do mérito (art. 57). Se ocorrer o contrário, as ações serão necessariamente reunidas.

Lembrete:

- O único caso em que se cogita a modificação de competência absoluta por conexão encontra-se na Lei da Ação Civil Pública. De acordo com o parágrafo único do art. 2º da Lei nº 7.347/1985, a "propositura da ação prevenirá a jurisdição do juízo para todas as ações posteriormente intentadas que possuam a mesma causa de pedir ou o mesmo objeto". Dessa maneira, entende a doutrina que a conexão, no âmbito da ação civil pública, permite a modificação de competência absoluta. Ressalte-se que, apesar do disposto no art. 16 da Lei nº 7.347/1985, o STJ já decidiu de forma favorável à abrangência nacional (*erga omnes*) dos efeitos de decisão proferida na ação civil coletiva (REsp nº 1.348.425/DF, j. 05.03.2013), o que posteriormente foi ratificado no âmbito do STF, no julgamento do RE 1.101.937/SP (j. 08.04.2021), no qual foi declarada a inconstitucionalidade do art. 16, ou seja, da delimitação dos efeitos da sentença aos limites da competência territorial do órgão prolator.

JURISPRUDÊNCIA TEMÁTICA

Possibilidade de conexão entre processo de conhecimento e processo executivo

"Pode ser reconhecida a conexão e determinada a reunião para julgamento conjunto de um processo executivo com um processo de conhecimento no qual se pretenda a declaração da inexistência da relação jurídica que fundamenta a execução, desde que não implique modificação de competência absoluta. Uma causa, mercê de não poder ser idêntica à outra, pode guardar com esta um vínculo de identidade quanto a um de seus elementos caracterizadores. Esse vínculo entre as ações por força da identidade de um de seus elementos denomina-se, tecnicamente, de conexão, cujo efeito jurídico maior é a modificação de competência, com reunião das causas em um mesmo juízo. A modificação, no entanto, apenas não acontecerá nos casos de competência absoluta, quando se providenciará a suspensão do andamento processual de uma das ações, até que a conexa seja, enfim, resolvida. De mais a mais, a moderna teoria materialista da conexão ultrapassa os limites estreitos da teoria tradicional e procura caracterizar o fenômeno pela identificação de fatos comuns, causais ou finalísticos entre diferentes ações, superando a simples identidade parcial dos elementos constitutivos das ações. Nesse

---

[22] DIDIER JR., Fredie. *Curso de direito processual civil*. Salvador: JusPodivm, 2015. p. 233.

ponto, renomados estudiosos do tema concluíram pela insuficiência da teoria tradicional da conexão e do conceito apresentado pelo art. 103 do CPC. É a partir da constatação desta insuficiência do conceito legal que surge a inevitável identificação da conexão com o fenômeno da prejudicialidade, uma vez que o fundamento maior da conexão, assim como da prejudicialidade, é o fato de haver entre determinadas relações jurídicas uma força que as atrai, fazendo com que essas questões mereçam caminhar unidas. Assim, quando a demanda declaratória ajuizada tiver por objeto a declaração de inexistência de relação jurídica que fundamenta a execução, será necessária a reunião das ações por identificar-se uma conexão por prejudicialidade. Convém ressaltar que a ação declaratória negativa serve ao executado como defesa heterotópica e muito se assemelha aos embargos do devedor, que também possuem a mesma natureza declaratória. No atinente ao tema, já se manifestou o STJ no sentido da possibilidade da reunião de ações em fases processuais distintas (REsp 603.311-SE, Segunda Turma, *DJ* 15/8/2005; e REsp 557.080-DF, Primeira Turma, *DJ* 7/3/2005). A doutrina alerta, ainda, no que respeita às consequências de não serem reunidas essas ações para julgamento conjunto, que, tendo havido sentença já transitada em julgado, declarando a inexistência de relação jurídica entre as partes, eventual título executivo consubstanciado na dita relação inexistente poderá ensejar uma execução, mas que se apresentará *natimorta*, em face da ausência de condição da ação. Se prolatada sentença no curso da execução, assim como ocorre nos embargos, terá ela o condão de extinguir o feito executivo. Dessa forma, é possível determinar a reunião de processo de conhecimento e de execução para julgamento conjunto, quando ocorrer a relação de prejudicialidade entre eles, sendo inaplicável a Súmula 235 do STJ" (STJ, REsp 1.221.941/RJ, Rel. Min. Luis Felipe Salomão, j. 24.02.2015).

Conexão quando um dos processos já foi sentenciado

"Nos termos da iterativa jurisprudência desta Corte, consolidada ainda sob a égide do CPC/1973, a conexão não determina a reunião dos processos, se um deles já foi sentenciado (235/STJ). Com efeito, nos termos do disposto no art. 55, § 1º, do Código de Processo Civil "os processos de ações conexas serão reunidos para decisão conjunta, salvo se um deles já houver sido sentenciado". Sendo assim, se uma das ações já foi sentenciada, desaparece o risco da prolação de decisões divergentes, bem como o motivo para reunião dos processos, sendo que a eventual inconsistência ser solucionada pelos meios de impugnação ordinários" (STJ, CC 155.967, Rel. Min. Lázaro Guimarães (Desembargador Convocado do TRF 5ª Região), p. 06.02.2018).

6.3 Eleição de foro (derrogação da competência)

Conforme preceitua o art. 62 c/c o art. 63, a competência determinada em razão da matéria, da pessoa ou da função é inderrogável por convenção das partes, mas estas podem modificar a competência em razão do valor e do território, elegendo foro onde será proposta ação oriunda de direitos e obrigações.

De acordo com a redação original do CPC/2015, a eleição de foro dava-se por meio de cláusula constante de instrumento escrito celebrado entre as partes, aludindo expressamente a determinado negócio jurídico. Ou seja, as partes poderiam alterar a competência territorial, elegendo onde seria proposta a ação, desde que houvesse instrumento escrito e nele constasse expressamente a referência ao negócio jurídico a ser realizado. Caso o juiz reputasse a cláusula abusiva, poderia considerá-la ineficaz, hipótese em que os autos eram remetidos ao juízo do foro de domicílio do réu.

Atualmente, após as alterações promovidas pela Lei nº 14.879/2024, que entrou em vigor em 05.06.2024, além desses requisitos – constar de instrumento escrito e aludir expressamente a determinado negócio jurídico – **a cláusula de eleição de foro deverá guardar pertinência com o domicílio ou a residência de uma das partes ou com o local da obrigação**, ressalvada a pactuação consumerista, quando mais favorável ao consumidor (art. 63, § 1º). Se não houver essa pertinência, cabe ao juiz declinar da competência, remetendo os autos ao juízo de domicílio do réu.

Na prática, a nova legislação trouxe uma hipótese objetiva que acarreta a declaração de abusividade da cláusula de eleição de foro e permite ao juiz, excepcionalmente, **declinar a competência territorial de ofício:**

> Art. 63, § 5º O ajuizamento de ação em juízo aleatório, entendido como aquele sem vinculação com o domicílio ou a residência das partes ou com o negócio jurídico discutido na demanda, constitui prática abusiva que justifica a declinação de competência de ofício (Incluído pela Lei nº 14.879, de 4 de junho de 2024).

Essa declinação da competência poder ocorrer em dois momentos: **antes ou depois da citação**. Se o réu ainda não foi citado, o juiz, analisando o caso concreto e os documentos apresentados com a inicial, pode declarar a abusividade e determinar a remessa dos autos ao juízo de domicílio do réu. Se já tiver ocorrido a citação, incumbe ao réu alegar a abusividade na contestação, sob pena de preclusão.

Afora os casos de eleição de foro por meio de cláusula abusiva, ao juiz não é lícito declarar de ofício a incompetência relativa, prevalecendo, nesse caso, o disposto no art. 337, § 5º, e na Súmula nº 33 do STJ.

7. PREVENÇÃO

Prevenção **significa definição prévia de competência de determinado órgão jurisdicional (vara ou tribunal) em razão de circunstâncias relativas à demanda ou recurso anteriormente a ele distribuído.**

A prevenção tem duas consequências práticas: define o juízo para o qual serão distribuídas, por dependência, novas ações, unidas à demanda anteriormente ajuizada por um dos vínculos previstos no art. 286; determina o juízo que terá sua competência prorrogada em razão da conexão ou continência.

Segundo dispõe o art. 286, distribuem-se por dependência as causas de qualquer natureza:

I – quando se relacionarem, por conexão ou continência, com outra já ajuizada;

II – quando, tendo sido extinto o processo sem resolução de mérito, for reiterado o pedido, ainda que em litisconsórcio com outros autores ou que sejam parcialmente alterados os réus da demanda;

III – quando houver ajuizamento de ações nos termos do art. 55, § 3º, ao juízo prevento.

Nesses casos, a distribuição far-se-á ao juízo prevento, que será apurado conforme o registro ou a distribuição da petição inicial (art. 59).[23]

De regra, registro e distribuição ocorrem simultaneamente. Aliás, na praxe forense, utilizamos o termo "distribuição" como sinônimo de ajuizamento, de protocolo ou registro.

---

[23] A regra para determinação do juízo prevento no CPC/1973 levava em consideração: a) a data do despacho do juiz para os casos de mesma competência territorial; e b) a data da citação para os casos de competência territorial distinta.

Exemplo: "Distribuí uma ação de execução na comarca de Fortaleza". Ambos os atos se referem ao momento do ajuizamento (do protocolo). Nas comarcas que ainda não possuem sistema de protocolo e distribuição informatizados, procede-se à seguinte sequência de atos: distribuição, registro e autuação. No "sistema jurássico", tais atos, inclusive, eram praticados por ordem do juiz. Quando ingressei na magistratura, fui atuar numa comarca de vara única (Comarca de Perdizes-MG). Era clínico geral. O advogado levava a petição a mim e então eu despachava: "DRAC", que vem a significar: distribua, registre e autue-se. A distribuição, obviamente, era feita a mim mesmo, ou melhor, à vara da qual era o titular. Autuação significa "pôr capa", dar início ao caderno processual. O registro, por sua vez, era feito à mão, no livro da secretaria. O registro e a distribuição, onde há um sistema minimamente informatizado, ocorrem concomitantemente. O próprio sistema se incumbe de registrar e distribuir, ou seja, do protocolo (registro) já consta o órgão jurisdicional a quem o processo foi distribuído. No processo virtual, a parte procede ao ajuizamento, ao protocolo (que gera um registro no sistema) e, concomitantemente, à distribuição. O atual Código, ao contrário do CPC/1973 – que adotava o despacho inicial e a citação como marcos para a prevenção –, adota sistema único para determinar a prevenção, isto é, a definição do juízo para o qual serão distribuídos os feitos ligados ao anterior pelos vínculos da conexão ou continência. Em razão de tratar-se de atos de regra praticados concomitantemente, o melhor seria que o CPC/2015 tivesse consignado que o registro ou o protocolo torna prevento o juízo. Mas **o que importa para marcar a prorrogação da competência é a distribuição**, o apontamento do juízo que foi incumbido de processar e julgar o feito.

Ocorre que, em casos excepcionais, procede-se ao registro, mas a distribuição é postergada. Nesse caso, que sequer deveria ocorrer, tem-se uma hipótese de desmembramento dos dois atos, mas será a distribuição que tornará prevento o juiz. Até porque, antes disso, sequer se conhecerá o juízo. Exemplo prático: havia – creio que a irregular prática tenha sido abolida – certos tribunais que "represavam" os recursos. Era comum proceder ao protocolo (ao registro), mas a distribuição somente era feita meses ou anos depois desse registro. Em razão desses casos é que o atual Código previu o registro ou distribuição como ato da prorrogação de competência nos casos indicados em lei. Não se pode dizer que um determinado relator e uma determinada turma ou câmara sejam preventos sem que para eles tenha sido distribuído recurso protocolado (registrado).

A prevenção é utilizada também como critério de modificação da competência quando a ação versar sobre imóvel situado em mais de um Estado, comarca, seção ou subseção judiciária. Nessas hipóteses, a competência do juízo prevento se estenderá pela totalidade do imóvel (art. 60).

8. REGRA DA ACESSORIEDADE

Não obstante a autonomia da ação e do processo por ela instaurado, **às vezes verifica-se relação de dependência, de subordinação, enfim, de acessoriedade entre determinadas demandas**. É o que ocorre, por exemplo, com a denunciação da lide (art. 125), com o chamamento ao processo (art. 130) e com a reconvenção (art. 343).

Em tais casos, afora outros, far-se-á a distribuição pela regra da acessoriedade: a ação acessória será proposta no juízo competente para a ação principal (art. 61). Esclarece-se que quando a distribuição da "ação acessória" antecede à principal, o que se faz é um prognóstico. Determina-se a competência para o julgamento da futura ação principal, e, então, pela regra da acessoriedade, definida está a competência para a "ação acessória". É o que comumente se dá na definição da competência para conhecer do pedido de tutela de urgência antecipada, concedida em caráter antecedente (art. 299).

A competência fixada pela regra da acessoriedade é funcional, portanto, absoluta.

> **Lembrete:**
> - Inexiste conexão ou relação de acessoriedade entre o processo de natureza cível e o de natureza criminal (art. 935 do CC). Apesar disso, se a decisão de mérito depender da verificação da existência de fato delituoso, pode o juiz determinar a suspensão do feito até o pronunciamento da justiça criminal. Se a ação penal não for proposta dentro de três meses, contados da intimação do despacho que determinou a suspensão, o processo prosseguirá, cabendo ao juiz examinar incidentalmente a questão prévia. Caso a ação penal seja proposta no prazo indicado, o processo poderá ficar suspenso pelo prazo máximo de um ano, findo o qual prosseguirá (art. 315, §§ 1º e 2º).

9. CONFLITO DE COMPETÊNCIA

Segundo o disposto no art. 66, há conflito de competência quando:

I – 2 (dois) ou mais juízes se declaram competentes;

II – 2 (dois) ou mais juízes se consideram incompetentes, atribuindo um ao outro a competência;

III – entre 2 (dois) ou mais juízes surge controvérsia acerca da reunião ou separação de processos.

O conflito será positivo quando os juízes se declaram competentes; e negativo na hipótese contrária.

O conflito pode ser suscitado por qualquer das partes – exceto por aquela que, no processo, arguiu a incompetência relativa (art. 952) –, bem como pelo Ministério Público ou pelo juiz ao tribunal hierarquicamente superior aos juízes envolvidos na divergência (arts. 951 e 953). Nos conflitos que envolvam órgãos fracionários dos tribunais, desembargadores e juízes em exercício no tribunal, o conflito de competência será suscitado segundo as regras constantes do regimento interno no respectivo tribunal (art. 958).

Em regra, o conflito será distribuído, no Tribunal, a um relator, que poderá, de ofício ou a requerimento das partes, determinar, quando o conflito for positivo, seja sobrestado o processo, e nesse caso, bem como no de conflito negativo, designará um dos juízes para resolver, em caráter provisório, as medidas urgentes (art. 955).

O julgamento do conflito compete a uma turma ou câmara, conforme dispuser o regimento interno de cada tribunal. Pode, entretanto, o relator decidir de plano o conflito de competência, mediante decisão monocrática, quando esta se fundar em súmula do Supremo Tribunal Federal, do Superior Tribunal de Justiça ou do próprio tribunal ao qual o relator está vinculado, bem como quando tiver por base tese firmada em julgamento de casos repetitivos ou em incidente de assunção de competência (art. 955, parágrafo único, I e II). Da decisão do relator caberá agravo interno, no prazo de 15 dias (art. 1.021).[24]

Se não for o caso de julgar o conflito de competência na forma do parágrafo único do art. 955, o relator deverá determinar a oitiva dos juízes em conflito ou, se um deles for o suscitante,

---

[24] O CPC/1973 previa expressamente o cabimento de agravo interno em seu art. 120, parágrafo único. No capítulo referente à competência interna não há essa mesma previsão, sendo cabível, no entanto, o art. 1.021, segundo o qual "contra decisão proferida pelo relator caberá agravo interno para o respectivo órgão colegiado, observadas, quanto ao processamento, as regras do regimento interno do tribunal".

apenas do suscitado. Caberá ao juiz (ou juízes) prestar as informações solicitadas pelo relator, em prazo assinalado por este, findo o qual será ouvido o membro Ministério Público (arts. 954 e 956). Ressalte-se que a oitiva do Ministério Público deve ocorrer apenas nos casos em que a causa necessitar de sua intervenção como *custos legis*, ou seja, nas hipóteses do art. 178.

Após a oitiva do membro do Ministério Público, se for o caso, o relator apresentará o conflito em sessão de julgamento, cabendo ao tribunal: a) declarar qual o juiz competente para processar e julgar a ação; e b) pronunciar acerca da validade dos atos praticados pelo juiz incompetente (art. 957).

10. COOPERAÇÃO NACIONAL

Não há dúvida de que o CPC em vigor prestigia o princípio da cooperação, ao passo que, além de estabelecê-lo como norma a ser observada pelas partes, também o torna importante na atuação daqueles que compõem o órgão jurisdicional. Os atos que devem ser praticados ao longo do processo precisam ser viabilizados de forma a proporcionar uma tutela efetiva e adequada ao caso concreto. De nada adianta a legislação prever formas de se garantir eficiência nos atos processuais se os juízes, por exemplo, não cooperarem entre si para a rápida solução do litígio. Ressalte-se que rapidez, neste caso, não tem relação somente com o fator tempo, mas também com a eficácia dos resultados de cada ato praticado ao longo do processo.

A cooperação entre os órgãos do Poder Judiciário já era objeto de Recomendação do Conselho Nacional de Justiça (CNJ) antes mesmo da promulgação do atual diploma processual civil. A Recomendação nº 38, de 3 de novembro de 2011, elencou alguns mecanismos de cooperação judiciária com a finalidade de institucionalizar meios capazes de conceder maior fluidez e agilidade à comunicação entre os órgãos judiciários e outros operadores sujeitos do processo, para cumprimento de atos judiciais e também para harmonização e agilização de rotinas e procedimentos forenses.[25] A iniciativa do CNJ visa fomentar a ideia do "juiz de cooperação", que é aquele que atua como facilitador dos atos judiciais, inclusive daqueles praticados fora da sua competência territorial, material ou funcional. Embora revogada, a Resolução inaugurou o tema, atualmente positivado no CPC/2015, mais precisamente nos arts. 67 a 69.

Segundo o *caput* do dispositivo que inicia o tema na lei processual civil, "aos órgãos do Poder Judiciário, estadual ou federal, especializado ou comum, em todas as instâncias e graus de jurisdição, inclusive aos tribunais superiores, incumbe o dever de recíproca cooperação, por meio de seus magistrados e servidores". O pedido de cooperação feito por parte de servidor ou magistrado independe de forma específica, e pode ser realizado visando a prática de qualquer ato processual (art. 68).

Dentre os meios de cooperação jurisdicional estão: o auxílio direto; a reunião ou apensamento de processos; a prestação de informações e os atos concertados entre juízes cooperantes (art. 69, I a IV).

O **auxílio direto**, nomenclatura mais utilizada para tratar dos meios de cooperação jurídica internacional, também serve como ferramenta para viabilizar pedidos de cooperação jurisdicional nacional, ao passo que possibilita o intercâmbio direto entre magistrados ou servidores, sem interferência de qualquer outro órgão ou autoridade. Consiste em uma modalidade mais simplificada de cooperação, podendo ocorrer, por exemplo, para prática de ato que, inicialmente, seria possível mediante a expedição de carta precatória, mas, com o pedido

---

[25] O texto da Recomendação nº 38, do qual extraímos essa finalidade, pode ser encontrado na página virtual do Conselho Nacional de Justiça (CNJ): http://www.cnj.jus.br/atos-administrativos/atos-da--presidencia/322-recomendacoes-do-conselho/16817-recomendacao-n-38-de-novembro-de-2011.

de auxílio direto, torna-se desnecessária tal formalidade. Acreditamos que tudo dependerá do nível de "entrosamento" entre os magistrados e da necessidade de se conferir celeridade a determinados atos processuais.

A **reunião de processos** pode ocorrer nas hipóteses de conexão, conforme já tratamos no início deste capítulo, assim como quando existir risco de prolação de decisões conflitantes caso ações que tramitam separadamente não sejam decididas de forma conjunta (art. 55, § 3º). O **apensamento** também consiste na reunião de processos para tramitação em conjunto. Apensar é o ato de anexar um processo aos autos de outra ação que com ele tenha relação, sem que isso implique a alteração da numeração originária dos processos. Em ambos os casos (reunião ou apensamento), a medida deverá ser tomada por juízes de mesma competência material ou funcional, já que não é possível, por exemplo, o apensamento entre um processo que tramita na Justiça Comum Estadual e outro com tramitação na Justiça do Trabalho.

A **prestação de informações** é medida que deve ocorrer sem maiores formalidades, especialmente com a difusão acerca da utilização de meios eletrônicos para a prática dos atos processuais.

Atos concertados são aqueles definidos de comum acordo entre os juízes cooperantes, na tentativa de estabelecer procedimentos para: a) a prática de atos de citação, intimação ou notificação; b) a obtenção e apresentação de provas e a coleta de depoimentos; c) a efetivação de tutela antecipada; d) a efetivação de medidas e providências para recuperação e preservação de empresas; e) a facilitação da habilitação de créditos na falência e na recuperação judicial; f) a centralização de processos repetitivos; e g) a execução de decisão jurisdicional (art. 69, § 2º, I a VII). Como exemplo de ação concertada, podemos citar as estratégias de procedimento deliberadas consensualmente entre o juízo da falência e o trabalhista, para agilização da liquidação de créditos privilegiados e quirografários, ou mesmo para possibilitar a recuperação de empresas.[26]

Como se pode perceber, são simples os mecanismos para a gestão colaborativa dos processos judiciais. A intenção do legislador, consubstanciada no texto do CPC/2015, foi de imprimir maior celeridade e eficácia aos atos forenses, permitindo que o Judiciário se descole do modelo conflituoso, individualista e fragmentário, em benefício de uma atuação mais solidária, coletiva e harmônica.[27]

JURISPRUDÊNCIA TEMÁTICA

Súmula nº 1 do STJ: "O foro do domicílio ou da residência do alimentando é o competente para a ação de investigação de paternidade, quando cumulada com a de alimentos".

Súmula nº 3 do STJ: "Compete ao Tribunal Regional Federal dirimir conflito de competência verificado, na respectiva região, entre juiz federal e juiz estadual investido de jurisdição federal".

Súmula nº 33 do STJ: "A incompetência relativa não pode ser declarada de ofício".

Súmula nº 34 do STJ: "Compete à Justiça Estadual processar e julgar causa relativa à mensalidade escolar, cobrada por estabelecimento particular de ensino".

---

[26] CHAVES JÚNIOR, José Eduardo de Resende. O novo paradigma da cooperação judiciária. *Jus Navigandi*, Teresina, ano 17, n. 3.116, 12 jan. 2012. Disponível em: http://jus.com.br/artigos/20841. Acesso em: 09 nov. 2018.

[27] CHAVES JÚNIOR, José Eduardo de Resende. O novo paradigma da cooperação judiciária. *Jus Navigandi*, Teresina, ano 17, n. 3.116, 12 jan. 2012. Disponível em: http://jus.com.br/artigos/20841. Acesso em: 09 nov. 2018.

Súmula nº 42 do STJ: "Compete à justiça comum estadual processar e julgar as causas cíveis em que é parte sociedade de economia mista e os crimes praticados em seu detrimento".

Súmula nº 55 do STJ: "Tribunal Regional Federal não é competente para julgar recurso de decisão proferida por juiz estadual não investido de jurisdição federal".

Súmula nº 59 do STJ: "Não há conflito de competência se já existe sentença com trânsito em julgado, proferida por um dos juízos conflitantes".

Súmula nº 66 do STJ: "Compete à Justiça Federal processar e julgar execução fiscal promovida por conselho de fiscalização profissional".

Súmula nº 82 do STJ: "Compete à Justiça Federal, excluídas as reclamações trabalhistas, processar e julgar os feitos relativos à movimentação do FGTS".

Súmula nº 137 do STJ: "Compete à Justiça Comum Estadual processar e julgar ação de servidor público municipal, pleiteando direitos relativos ao vínculo estatutário".

Súmula nº 150 do STJ: "Compete à Justiça Federal decidir sobre a existência de interesse jurídico que justifique a presença, no processo, da União, suas autarquias ou empresas públicas".

Súmula nº 161 do STJ: "É da competência da Justiça Estadual autorizar o levantamento dos valores relativos ao PIS I PASEP e FGTS, em decorrência do falecimento do titular da conta".

Súmula nº 170 do STJ: "Compete ao juízo onde primeiro for intentada a ação envolvendo acumulação de pedidos, trabalhista e estatutário, decidi-la nos limites da sua jurisdição, sem prejuízo do ajuizamento de nova causa, com o pedido remanescente, no juízo próprio".

Súmula nº 173 do STJ: "Compete à Justiça Federal processar e julgar o pedido de reintegração em cargo público federal, ainda que o servidor tenha sido dispensado antes da instituição do regime jurídico único".

Súmula nº 206 do STJ: "A existência de vara privativa, instituída por lei estadual, não altera a competência territorial resultante das leis de processo".

Súmula nº 218 do STJ: "Compete à Justiça dos Estados processar e julgar ação de servidor estadual decorrente de direitos e vantagens estatutárias no exercício de cargo em comissão".

Súmula nº 224 do STJ: "Excluído do feito o ente federal, cuja presença levará o Juiz Estadual a declinar da competência, deve o Juiz Federal restituir os autos e não suscitar conflito".

Súmula nº 235 do STJ: "A conexão não determina a reunião dos processos, se um deles já foi julgado".

Súmula nº 236 do STJ: "Não compete ao Superior Tribunal de Justiça dirimir conflitos de competência entre juízes trabalhistas vinculados a Tribunais Regionais do Trabalho diversos".

Súmula nº 238 do STJ: "A avaliação da indenização devida ao proprietário do solo, em razão de alvará de pesquisa mineral, é processada no Juízo Estadual da situação do imóvel".

Súmula nº 254 do STJ: "A decisão do Juízo Federal que exclui da relação processual ente federal não pode ser re-examinada no Juízo Estadual".

Súmula nº 270 do STJ: "O protesto pela preferência de crédito, apresentado por ente federal em execução que tramita na Justiça Estadual, não desloca a competência para a Justiça Federal".

Súmula nº 363 do STJ: "Compete à Justiça estadual processar e julgar a ação de cobrança ajuizada por profissional liberal contra cliente".

Súmula nº 363 do STF: "A pessoa jurídica de direito privado pode ser demandada no domicílio da agência, ou estabelecimento, em que se praticou o ato".

Súmula nº 367 do STJ: "A competência estabelecida pela EC n. 45/2004 não alcança os processos já sentenciados".

Súmula nº 368 do STJ: "Compete à Justiça comum estadual processar e julgar os pedidos de retificação de dados cadastrais da Justiça Eleitoral".

Súmula nº 374 do STJ: "Compete à Justiça Eleitoral processar e julgar a ação para anular débito decorrente de multa eleitoral".

Súmula nº 376 do STJ: "Compete à turma recursal processar e julgar o mandado de segurança contra ato de juizado especial".

Súmula nº 383 do STJ: "A competência para processar e julgar as ações conexas de interesse de menor é, em princípio, do foro do domicílio do detentor de sua guarda".

Súmula nº 489 do STJ: "Reconhecida a continência, devem ser reunidas na Justiça Federal as ações civis públicas propostas nesta e na Justiça estadual".

Súmula nº 505 do STJ: "A competência para processar e julgar as demandas que têm por objeto obrigações decorrentes dos contratos de planos de previdência privada firmados com a Fundação Rede Ferroviária de Seguridade Social – REFER é da Justiça estadual".

Súmula nº 506 do STJ: "A Anatel não é parte legítima nas demandas entre a concessionária e o usuário de telefonia decorrentes de relação contratual".

Súmula nº 508 do STF: "Compete à justiça estadual, em ambas as instâncias, processar e julgar as causas em que for parte o Banco do Brasil S.A".

Súmula nº 517 do STF: "As sociedades de economia mista só têm foro na justiça federal, quando a união intervém como assistente ou opoente".

Súmula nº 540 do STJ: "Na ação de cobrança do seguro DPVAT, constitui faculdade do autor escolher entre os foros do seu domicílio, do local do acidente ou ainda do domicílio do réu".

Súmula nº 553 do STJ: "Nos casos de empréstimo compulsório sobre o consumo de energia elétrica, é competente a Justiça estadual para o julgamento de demanda proposta exclusivamente contra a Eletrobrás. Requerida a intervenção da União no feito após a prolação de sentença pelo juízo estadual, os autos devem ser remetidos ao Tribunal Regional Federal competente para o julgamento da apelação se deferida a intervenção".

Súmula nº 556 do STF: "É competente a Justiça comum para julgar as causas em que é parte sociedade de economia mista".

Súmula nº 570 do STJ: "Compete à Justiça Federal o processo e julgamento de demanda em que se discute a ausência de ou o obstáculo ao credenciamento de instituição particular de ensino superior no Ministério da Educação como condição de expedição de diploma de ensino a distância aos estudantes".

Quadro esquemático 10 – Competência

Competência

- Conceito: competência é a demarcação dos limites em que cada juiz pode atuar. É a medida da jurisdição.

- Princípios norteadores da competência jurisdicional
  - Princípio do juiz natural (ou da investidura);
  - Princípio da competência sobre a competência (*Kompetenz-Kompetenz*);
  - Princípio da Perpetuação da Jurisdição (*Perpetuatio Jurisdictionis*).

- Critérios determinativos da competência
  - Objetivo
    - Competência em razão do valor da causa;
    - Competência em razão da matéria;
    - Competência em razão da pessoa.
  - Funcional
  - Territorial
    - Foro geral (art. 46, CPC/2015): ação fundada em direito pessoal e ação fundada em direito real sobre bens móveis → Domicílio do réu.
    - Foros especiais: ações fundadas em direito real sobre imóveis → Foro da situação da coisa. Demais foros especiais: arts. 46 e seguintes.

- (In)competência
  - Relativa
    - Competência territorial → Exceções: art. 80 do Estatuto da Pessoa Idosa (Lei nº 10.741/2003) e art. 2º da Lei da Ação Civil Pública (Lei nº 7.347/85).
    - Competência em razão do valor da causa → Exceção: Juizados Especiais Federais (art. 3º, § 3º, Lei nº 10.259/2001).
  - Absoluta
    - Competência em razão da matéria;
    - Competência em razão da pessoa;
    - Competência funcional.

- Modificação da competência relativa
  - Prorrogação (art. 65). Exceção: art. 47, § 1º, CPC/2015;
  - Conexão e continência (arts. 54 a 56);
  - Eleição de foro (derrogação da competência): arts. 62 e 63. Hipótese excepcional de declinação, de ofício, de competência territorial, quando a cláusula for abusiva (art. 63, § 1º).
  - * A competência absoluta não se modifica (art. 62, CPC/2015).

- Conflito de competência (art. 66)
  - Quando dois ou mais juízes se declaram competentes;
  - Quando dois ou mais juízes se consideram incompetentes, atribuindo um ao outro a competência;
  - Quando entre dois ou mais juízes surge controvérsia acerca da reunião ou separação de processos.

- Instrumentos de cooperação Nacional (arts. 37 a 39)
  - Auxílio direto;
  - Reunião de processos;
  - Apensamento;
  - Prestação de informações;
  - Atos concertados.

Competência

Prevenção
Significa definição prévia de competência de determinado órgão jurisdicional (vara ou tribunal) em razão de circunstâncias relativas à demanda ou recurso anteriormente a ele distribuído. O juízo prevento será apurado conforme o registro ou a distribuição da petição inicial (art. 59, CPC/2015).

Cláusula de eleição de foro
Pode ser reputada ineficaz se houver abusividade ou, objetivamente, se a ação for ajuizada em foro aleatório, desvinculado do domicílio das partes ou do negócio jurídico realizado.

Arguição de incompetência
Tanto a incompetência absoluta quanto a incompetência relativa devem ser arguidas em preliminar da contestação (art. 337, II, CPC/2015), e a segunda não se sujeita à preclusão.

7

Partes e procuradores (arts. 70 a 112)

1. PARTES

1.1 Conceito

A relação jurídica processual, de acordo com a doutrina mais aceita, **é trilateral**. Na verdade, apesar do uso consagrado da expressão "trilateral", os sujeitos processuais não são apenas autor, juiz e réu. Os peritos, o escrivão, o Ministério Público e os terceiros intervenientes também se incluem nesse conceito, tendo em vista que integram a relação jurídica processual.

Os sujeitos processuais podem ser imparciais (peritos, escrivão, juiz e Ministério Público, quando atua como *custos legis*) ou parciais (autor, réu e terceiros intervenientes), porquanto interessados no desfecho da demanda. Neste capítulo, trataremos inicialmente dos sujeitos parciais do processo: as partes.

Em uma concepção tradicional, construída a partir das lições de Chiovenda, as partes podem ser conceituadas como **aqueles que pedem ou contra quem é pedida uma providência jurisdicional**. No procedimento comum, denominam-se **autor e réu**; no processo de execução, **exequente e executado**. Ocorre que, com a evolução do Direito Processual Civil, fez-se necessária a ampliação desse conceito. Isso porque essa definição tradicional de partes não contempla a ideia do contraditório, princípio que vigora em todos os processos, seja no âmbito judicial ou administrativo (art. 5º, LV, da CF/1988). Se o conflito de interesses foi deduzido em juízo, a pretensão resistida será solucionada por meio de um processo devido, o qual tem no contraditório a sua principal marca. Merece destaque, pois, o conceito de Liebman, segundo o qual as partes **são os sujeitos do contraditório instituído perante o juiz**.[1]

Na verdade, não apenas autor e réu participam do contraditório na relação processual, mas também os terceiros intervenientes, o *amicus curiae*[2] e o interveniente anômalo,[3] que exercem direitos e faculdades e se sujeitam a ônus e deveres. Portanto, o conceito de partes também

---

[1] LIEBMAN, Enrico Tullio. *Manual de direito processual civil*. Trad. Cândido Rangel Dinamarco. Rio de Janeiro: Forense, 1984. v. I, n. 41, p. 89.

[2] Art. 7º, § 2º, da Lei nº 9.868/1999 e art. 138 do CPC/2015.

[3] Art. 5º da Lei nº 9.469/1997.

deverá abrangê-los. Você, meu caro leitor, sobretudo você que está dando os primeiros passos nos estudos do Direito Processual Civil, não deverá, neste momento, se preocupar com os conceitos de terceiros intervenientes, *amicus curiae* e interveniente anômalo, que serão tratados ainda nesta obra. Por ora, concentre-se apenas nas figuras do autor e do réu, mas lembre-se que o que for dito sobre eles neste capítulo aplica-se também a todas as figuras já mencionadas.

Voltando ao conceito de partes, as concepções aqui abordadas, a bem da verdade, não se contradizem. Ao contrário, se complementam. Dessa maneira, entendemos que partes são os sujeitos parciais do processo, que pedem ou contra quem é pedida uma providência jurisdicional e, por essa razão, integram o contraditório e são atingidos pelos efeitos da coisa julgada.[4]

Em razão da completa autonomia da relação processual, **a parte material nem sempre se confunde com a parte do processo**. O mais corriqueiro é que aquele que afirma ser titular do direito material (autor) ajuíze a demanda em face daquele por ele apontado como quem deva suportar os efeitos de eventual decisão de mérito. Todavia, a parte material e a parte processual são figuras distintas: a primeira, também denominada sujeito da lide, refere-se àquele que afirma ser titular da relação jurídica material controvertida em juízo; já **a parte processual (sujeito do processo)**, por sua vez, **engloba aqueles que ocupam um dos polos na relação jurídica processual**. Em geral, reitere-se, a parte processual é também a parte do direito material controvertido, até porque ninguém pode pleitear em nome próprio direito alheio, salvo quando autorizado por lei. Na ação de investigação de paternidade, por exemplo, parte é o suposto filho, ainda que tenha apenas um dia de vida, hipótese em que será representado por sua mãe.

Entretanto, em casos excepcionais, a lei poderá autorizar que terceiros postulem, em nome próprio, direito alheio. É o que se denomina substituição processual ou legitimação extraordinária. Aqui, a parte material será distinta da parte processual. A ação de investigação de paternidade, por exemplo, nos termos do art. 2º, § 4º, da Lei nº 8.560/1992, pode ser ajuizada pelo Ministério Público. Nesse caso, o Ministério Público é parte processual, mas o direito discutido em juízo (declaração de paternidade) será atribuído ao investigante. Em mandado de segurança coletivo proposto pela OAB com o objetivo de garantir direito líquido e certo dos advogados, parte material são os associados da entidade e parte processual é a OAB.

Carnelutti distingue, ainda, parte complexa, formada por pluralidade organizada de indivíduos (incapaz e seu representante), e parte simples, que está sozinha em juízo.[5]

1.2 Capacidade de ser parte

Como adotamos a visão do processo como relação jurídica, aplicam-se a ele as disposições do Código Civil acerca da personalidade jurídica. **Tem capacidade de ser parte, em regra, quem é sujeito de direitos e obrigações na órbita civil**, ou seja, as pessoas naturais e jurídicas (CC, arts. 1º e 40).

Não esqueçamos, entretanto, que a lei, em sentido amplo, confere direitos ou prerrogativas a entes que não são pessoas físicas ou jurídicas. Nesse caso, deve-se oportunizar a ida desses entes a juízo para defender seus direitos.

---

[4] Com relação ao conceito de partes, duas ressalvas são importantes. A primeira delas é que o assistente simples, o amicus curiae e o interveniente anômalo, meros coadjuvantes do assistido, apesar de integrarem o contraditório, não são atingidos pela coisa julgada. Isso porque possuem eles apenas interesses indiretos na lide. A segunda ressalva é que esse conceito de partes deve ser analisado com enfoque nos processos individuais. Nos processos coletivos, os titulares do direito material controvertido que não integraram a relação jurídica processual poderão ser beneficiados pela coisa julgada.

[5] CARNELUTTI, Francesco. *Instituições do processo civil*, apud DIDIER JR., Fredie. *Curso de direito processual civil*. 9. ed. Salvador: JusPodivm, 2008. p. 170.

A capacidade de ser parte, a princípio, relaciona-se com a capacidade de gozo ou de direito, que começa com o nascimento com vida em se tratando de pessoas físicas (art. 2º do CC). Embora os conceitos do Código Civil não devam ser desprezados, fica a ressalva de que o processo, com o escopo de proporcionar o pleno acesso à justiça, é mais democrático e vai além, permitindo que aqueles entes aos quais a lei reconheça o mínimo resquício de direito substancial ingressem em juízo.

Como se vê, **a capacidade de ser parte não se restringe aos entes personalizados (pessoas físicas ou jurídicas).** A massa falida, o espólio, a herança vacante ou jacente (arts. 1.819 e 1.822 do CC e art. 75, V, do CPC/2015), a massa do insolvente (art. 75, IV), as sociedades sem personalidade jurídica (art. 75, VIII) e o condomínio, embora não tenham personalidade jurídica, têm capacidade de ser parte. Tais entes, segundo a doutrina e a jurisprudência,[6] são pessoas formais ou morais, dotadas de personalidade judiciária, ou seja, podem postular em juízo quando a lei lhes atribuir algum direito.

O nascituro (art. 2º do CC) também tem capacidade de ser parte, sendo representado em juízo por seus pais ou pelo curador (art. 1.779 do CC).

Com a coletivização dos direitos, ampliou-se sobremaneira o rol dos capazes de serem parte. Assim, também se reconhece a capacidade de ser parte e legitimidade *ad causam* do Ministério Público (autor por excelência das ações coletivas), da Defensoria Pública e do Procon, órgãos públicos despersonalizados, para atuarem em juízo na defesa do meio ambiente, do patrimônio artístico, estético, histórico, turístico e paisagístico, da ordem urbanística e econômica e economia popular, entre outros direitos difusos (direitos coletivos *lato sensu*).

Por fim, não se pode olvidar que os demais órgãos públicos, como a Câmara de Vereadores, a Mesa das Casas Legislativas, o Tribunal de Contas e os tribunais em geral, conquanto desprovidos de personalidade jurídica, também possuem personalidade judiciária e podem atuar em defesa de suas prerrogativas. Nesse sentido:

"A Seção, ao apreciar recurso representativo de controvérsia, reafirmou que as câmaras legislativas não detêm legitimidade para integrar o polo ativo de demanda em que se discute a exigibilidade de contribuições previdenciárias incidentes sobre a remuneração paga àqueles que exercem mandato eletivo municipal. Isso porque as câmaras de vereadores não possuem personalidade jurídica, mas apenas personalidade judiciária. Desse modo só podem demandar em juízo para defender seus direitos institucionais, ou seja, aqueles relacionados com seu funcionamento, autonomia e independência. Assim, para aferir a legitimação ativa dos órgãos legislativos, é necessário qualificar a pretensão em análise para concluir se essa pretensão está relacionada aos interesses e prerrogativas institucionais. No caso dos autos, a câmara de vereadores ajuizou ação ordinária inibitória com pedido de tutela antecipada contra a Fazenda Nacional e o INSS, com o objetivo de afastar a incidência da contribuição previdenciária

---

[6] Veja-se, nesse sentido, trecho de antigo acórdão do STJ, que já tratava do assunto: "[...] A ciência processual, em face dos fenômenos contemporâneos que a cercam, tem evoluído a fim de considerar como legitimados para estar em juízo, portanto, com capacidade de ser parte, entes sem personalidade jurídica, quer dizer, possuidores, apenas, de personalidade judiciária. No rol de tais entidades estão, além do condomínio de apartamentos, da massa falida, do espólio, da herança jacente ou vacante e das sociedades sem personalidade própria e legal, todos por disposição de lei, hão de ser incluídos a massa insolvente, o grupo, classe ou categoria de pessoas titulares de direitos coletivos, o PROCON ou órgão oficial do consumidor, o consórcio de automóveis, as Câmaras Municipais, as Assembleias Legislativas, a Câmara dos Deputados, o Poder Judiciário, quando defenderem, exclusivamente, os direitos relativos ao seu funcionamento e prerrogativas" (RMS 8.967/SP, Rel. Min. Humberto Gomes de Barros, j. 19.11.1998).

sobre os vencimentos pagos aos vereadores. Portanto, não se trata de defesa de prerrogativa institucional, mas de simples pretensão de cunho patrimonial" (STJ, REsp 1.164.017/PI, Rel. Min. Castro Meira, j. 24.03.2010).

Frise-se que tal entendimento foi consolidado na Súmula nº 525 do STJ: "Câmara de Vereadores não possui personalidade jurídica, apenas personalidade judiciária, somente podendo demandar em juízo para defender os seus direitos institucionais".

1.3 Capacidade processual, capacidade para estar em juízo, capacidade judiciária ou legitimação *ad processum*: diversos nomes para o mesmo conceito

Note-se que os processualistas têm o péssimo vezo de dar diversos nomes a um mesmo ser. Capacidade processual (= capacidade para estar em juízo = *legitimatio ad processum*), por exemplo, recebe três denominações distintas. Se podemos complicar, para que facilitar? Essa é uma das razões por que a maioria dos manuais são grossos e complicados.

A capacidade de ser parte não se confunde com a capacidade de estar em juízo. Esta se relaciona com a capacidade para exercer por si só os atos da vida civil (capacidade de fato ou de exercício). Nos termos do art. 70, terá capacidade processual (capacidade para estar em juízo) toda pessoa que se encontrar no exercício de seus direitos.

A capacidade processual é requisito processual de validade, que significa a aptidão para praticar atos processuais independentemente de assistência ou representação. A capacidade processual pressupõe a capacidade de ser parte (personalidade judiciária), mas a recíproca não é verdadeira. Nem todos aqueles que detêm personalidade judiciária gozarão de capacidade processual. Tal como ocorre no direito civil, essa capacidade processual será plena quando a pessoa for absolutamente capaz, vale dizer, maior de 18 anos e com o necessário discernimento para a prática dos atos da vida civil. Nos casos em que a parte material for relativa ou absolutamente incapaz (arts. 3º e 4º do CC) e em outras hipóteses enumeradas no CPC (art. 72), a capacidade judiciária precisa ser integrada pelos institutos da assistência, representação ou curadoria especial. É como se a capacidade processual estivesse incompleta. Para complementá-la e proporcionar o pleno acesso à justiça, a lei criou os institutos da representação, da assistência e da curadoria especial, permitindo, pois, que a parte material pleiteie seus direitos em juízo.

O exemplo clássico é o das pessoas absolutamente incapazes (art. 3º do CC), detentoras de capacidade de ser parte, mas que, em juízo (e em todos os atos da vida civil), devem estar representadas por seus pais, tutores ou curadores (art. 71). O incapaz pode figurar como autor ou réu em uma demanda, mas se não tiver representante legal, ou se os interesses deste colidirem com os daquele, o juiz deverá nomear-lhe curador especial (art. 72, I).

Já os maiores de 16 e menores de 18 anos, por exemplo, serão assistidos por seus pais, tutores ou curadores (art. 71). Nas ações judiciais, o menor deverá constituir procurador juntamente com seu assistente, que também deve assinar a procuração; se figurar como réu, deverá ser citado juntamente com o assistente.

Dúvida que pode surgir está na necessidade (ou não) de representação por ambos os genitores. Nem o CPC, nem o Código Civil, esclarecem se a representação judicial dos filhos deve ser realizada em conjunto ou se pode ser feita por apenas um dos pais.

É claro que se houver conflito de interesses ou um dos genitores estiver ausente ou tiver sido destituído do poder familiar, a representação isolada por um deles não gerará maiores discussões. No entanto, a dúvida indicada é para os casos em que ambos estão disponíveis para representar o menor. Entendemos que nessa hipótese o juiz não pode exigir que a representação seja conjunta, sob pena de inviabilizar a concretização de direitos fundamentais. Parte da doutrina acolhe esse entendimento[7] e, recentemente, o STJ se posicionou sobre o tema:

> "A representação processual de menor impúbere pode ser exercida em conjunto pelos genitores, ou então, separadamente, por cada um deles, ressalvadas as hipóteses de destituição do poder familiar, ausência ou de potencial conflito de interesses" (REsp n. 1.462.840/MG, Rel. Min. Maria Isabel Gallotti, 4ª Turma, j. 14.05.2024, *DJe* 21.05.2024).

Há, ainda, incapacidade puramente para o processo. É o caso do réu preso, bem como o revel citado por edital ou com hora certa. Conquanto materialmente capazes, entendeu o legislador que, para o processo, a capacidade dessas pessoas necessita ser complementada, em razão da posição de fragilidade em que se encontram. Por isso, exige-se a nomeação de curador especial a elas, sob pena de nulidade do feito (art. 72, II). Com relação ao réu preso, fica a ressalva de que, se este já tiver constituído procurador nos autos, por razões óbvias, dispensa-se a figura do curador especial, pois não haveria qualquer razão para se conferir ao preso a representação por dois procuradores distintos.

A curatela especial (art. 72, I e II) será, em regra, exercida pela Defensoria Pública (art. 72, parágrafo único). Entretanto, quando se tratar de ação proposta pelo Ministério Público na condição de substituto processual de incapaz (como na hipótese de ação de investigação de paternidade) será desnecessária nomeação de curador especial.

Importante lembrar que o exercício da curatela especial por parte da Defensoria Pública prescinde de remuneração, pois o defensor público, quando atua nesta condição, está exercendo as suas funções institucionais, para as quais já é remunerado nos termos dos arts. 135 e 39, § 4º, da Constituição Federal e art. 130 da Lei Complementar nº 80/1994. A ressalva se verifica na hipótese de fixação de honorários sucumbenciais. Nesse caso, prevalecia o entendimento segundo o qual a Defensoria Pública poderia receber os honorários, desde que não estivesse atuando em desfavor da pessoa jurídica de direito público à qual pertencesse.[8] Atualmente, pouco importa quem integra o polo passivo da demanda (entidade privada ou qualquer pessoa jurídica de direito público). Se a Defensoria Pública estiver atuando e a decisão for favorável ao assistido, com a fixação de verbas sucumbenciais em favor da entidade, será devido o pagamento de honorários.

1.3.1 Capacidade processual dos cônjuges

As pessoas casadas têm capacidade processual plena. Geralmente, independem de outorga do outro cônjuge para agirem judicialmente em defesa de seus direitos ou para se defenderem em juízo. Entretanto, o art. 73 elenca as seguintes exceções:

---

[7] "De acordo com a CF 226, § 5º, o poder familiar é exercido igualmente pelo pai e pela mãe. Estando no exercício do poder familiar, qualquer um dos dois, sozinho pode ser representante ou assistente do filho absoluta ou relativamente incapaz." (NERY JÚNIOR, Nelson; NERY, Rosa Maria Andrade. Código de Processo Civil Comentado. 16. ed. rev. e ampl. São Paulo: Revista dos Tribunais, 2016).

[8] Nesse sentido era o enunciado da Súmula nº 421 do STJ: "Os honorários advocatícios não são devidos à Defensoria Pública quando ela atua contra a pessoa jurídica de direito público à qual pertença". O enunciado foi cancelado pelo STJ em abril de 2024, após a fixação de tese em regime de repercussão geral pelo STF, quando do julgamento do Tema 1.002. Atualmente, vigora a tese segundo a qual "é devido o pagamento de honorários sucumbenciais à Defensoria Pública, quando representa parte vencedora em demanda ajuizada contra qualquer ente público, inclusive que integra".

a) *Capacidade processual ativa*: **para a propositura de ações que versem sobre direitos reais imobiliários** (reivindicatória, usucapião, divisória, adjudicação compulsória, desapropriação indireta, execução hipotecária, entre outras), o cônjuge (pouco importa seja o marido ou a mulher) necessita do consentimento do outro, exceto se casados sob o regime de separação absoluta de bens, nos termos do art. 73, *caput*, assim como do art. 1.647, *caput*, do CC.[9]

Não se trata de litisconsórcio ativo necessário, uma vez que repugna ao direito constranger alguém a demandar como autor, mas tão somente de consentimento, que pode ser suprido pelo juiz (art. 74) quando, sem justo motivo, um dos cônjuges negar a outorga, ou quando estiver impossibilitado de concedê-la. O pedido de suprimento do consentimento pode ser feito antes do ajuizamento da ação ou na própria petição inicial. Quando antecedente ao ajuizamento da ação, tramitará segundo as regras do procedimento de jurisdição voluntária, sendo encerrado por sentença.

O suprimento pode também ser pleiteado na própria petição inicial ou ser determinado pelo juiz de ofício, uma vez que se trata de pressuposto processual (matéria cognoscível de ofício), ou mediante provocação. Em ambas as hipóteses, o juiz determina a intimação pessoal do cônjuge preterido para se manifestar sobre a concessão da outorga, no prazo de 15 dias. Não havendo manifestação no prazo indicado, o silêncio do cônjuge importará consentimento tácito, não havendo necessidade de suprimento judicial.

A falta da autorização ou da outorga não suprida pelo juiz, quando necessária, invalida o processo (art. 74, parágrafo único).

b) *Capacidade processual passiva*: **ambos os cônjuges serão necessariamente citados para a ação (art. 73, § 1º):**

I – que verse sobre direito real imobiliário, salvo quando casados sob o regime de separação absoluta de bens;[10]

II – resultante de fato que diga respeito a ambos os cônjuges ou de ato praticado por eles [mau uso da propriedade comum e responsabilidade por ato do filho menor, por exemplo];

III – fundada em dívida contraída por um dos cônjuges a bem de família;

IV – que tenha por objeto o reconhecimento, a constituição ou a extinção de ônus sobre imóvel de um ou de ambos os cônjuges.

As hipóteses do art. 73, § 1º, **configuram litisconsórcio passivo necessário** e se aplicam, sob pena de nulidade do processo, aos regimes de comunhão parcial de bens, comunhão universal e de participação final de aquestos.

Nas ações possessórias, a participação do cônjuge do autor ou do réu somente é indispensável nos casos de composse ou de ato por ambos praticado (art. 73, § 2º). Em virtude de contrato ou de herança, marido e mulher tornaram-se possuidores do mesmo bem (composse).

---

[9] Art. 1.647 do Código Civil: "Ressalvado o disposto no art. 1.648, nenhum dos cônjuges pode, sem autorização do outro, exceto no regime da separação absoluta: I – alienar ou gravar de ônus real os bens imóveis; II – pleitear, como autor ou réu, acerca desses bens ou direitos; III – prestar fiança ou aval; IV – fazer doação, não sendo remuneratória, de bens comuns, ou dos que possam integrar futura meação".

[10] Apesar da existência de posicionamentos divergentes, a doutrina majoritária tem entendido que a outorga conjugal é dispensada apenas quando os cônjuges são casados sob o regime da separação convencional de bens, em razão do disposto na Súmula nº 377 do STF. Sobre o tema, ver nota inserida no capítulo 2, item 9.3, "c", desta obra.

Nesse caso, para um cônjuge propor ação possessória, necessita do consentimento do outro. Trata-se de mera anuência, não de litisconsórcio ativo necessário. Na hipótese de figurarem no polo passivo, o caso será de litisconsórcio passivo necessário.

Ressalte-se que as regras relativas à capacidade processual dos cônjuges, seja ela passiva ou ativa, se aplicam à união estável, por expressa disposição do art. 73, § 3º, do CPC/2015.

Parte significativa da doutrina já buscava aproximar os institutos da união estável e do casamento, de modo a conferir-lhes os mesmos efeitos. A partir da última versão do Código, o legislador entendeu que deveria haver extensão da outorga aos conviventes. Assim, se a união estável estiver devidamente comprovada e houver demonstração no sentido de que não foram adotadas as regras do regime da separação absoluta de bens, não será possível afastar o mecanismo de proteção patrimonial à referida entidade familiar.

Como não há na nova legislação qualquer referência ao modo de comprovação da união estável, esta poderá ser atestada por escritura pública, contrato particular ou por qualquer outro meio que demonstre a existência de convivência pública, contínua e duradoura, com o intuito de constituir família. Essa comprovação deve acompanhar a petição inicial (art. 73, *caput*) nos casos em que a propositura da demanda depender da autorização do(a) companheiro(a). Caso não a acompanhe, a parte contrária, se estiver ciente da existência de união estável, poderá, antes de discutir o mérito, alegar a ausência de autorização (art. 337, IX). Ressalte-se que essa conclusão não implica dizer que a parte contrária será prejudicada caso deixe de arguir a ausência de autorização. É que como a convivência entre companheiros não exige a mesma formalidade que se determina para o casamento, não é razoável se exigir conhecimento de todos (*erga omnes*) acerca dessa condição. O ônus de demonstrar a existência da união cabe, portanto, ao convivente.

Caso os conviventes necessitem figurar no polo passivo da demanda (art. 73, § 1º), a exigência de citação de ambos os companheiros só se aplica nas hipóteses nas quais a parte autora possa conhecer essa condição. Assim, se devidamente citado, o réu esconder a existência da união, não poderá se beneficiar futuramente com um eventual pedido de nulidade por ausência de citação de sua companheira. O que o CPC/2015 exige é a *comprovação* da união nos próprios autos. Caso isso não ocorra, o processo tramitará validamente, ainda que o convivente (seja na qualidade de autor ou de réu) se omita quanto à autorização de sua companheira.

Em síntese, em nome da segurança jurídica, e diante da informalidade inerente ao instituto da união estável, consolidou-se o entendimento no sentido de que "a invalidação de atos de alienação praticados por algum dos conviventes, sem autorização do outro, depende de constatar se existia: (a) publicidade conferida a união estável, mediante a averbação de contrato de convivência ou da decisão declaratória da existência união estável no Ofício do Registro de Imóveis em que cadastrados os bens comuns, à época em que firmado o ato de alienação, ou (b) demonstração de má-fé do adquirente" (STJ, AgInt no REsp n. 1.706.745/MG, Rel. Min. Luis Felipe Salomão, 4ª Turma, j. 24.11.2020, *DJe* 17.03.2021). O anteprojeto do novo Código Civil, caso aprovado, contará com um dispositivo que reforça esse entendimento.[11]

1.3.2 Capacidade processual dos entes referidos no art. 75

O art. 75 do CPC/2015 trata da representação necessária para que as entidades ali mencionadas possam estar em juízo tanto na qualidade de autoras como na qualidade de rés. Eis a redação:

---

[11] "A exigência da autorização do convivente para a venda de bens imóveis ou para a fiança só é necessária se a união estável estiver registrada" (art. 1.647, § 3º – redação do anteprojeto).

Art. 75. Serão representados em juízo, ativa e passivamente:

I – a União, pela Advocacia-Geral da União, diretamente ou mediante órgão vinculado;

II – o Estado e o Distrito Federal, por seus procuradores;

III – o Município, por seu prefeito, procurador ou Associação de Representação de Municípios, quando expressamente autorizada;

IV – a autarquia e fundação de direito público, por quem a lei do ente federado designar;

V – a massa falida, pelo administrador judicial;

VI – a herança jacente ou vacante, por seu curador;

VII – o espólio, pelo inventariante;

VIII – a pessoa jurídica, por quem os respectivos atos constitutivos designarem ou, não havendo essa designação, por seus diretores;

IX – a sociedade e a associação irregulares e outros entes organizados sem personalidade jurídica, pela pessoa a quem couber a administração de seus bens;

X – a pessoa jurídica estrangeira, pelo gerente, representante ou administrador de sua filial, agência ou sucursal aberta ou instalada no Brasil;

XI – o condomínio, pelo administrador ou síndico.

Na representação da União, dos Estados, dos Municípios e do Distrito Federal, descabe qualquer exigência de juntada aos autos de instrumento de procuração, por se presumir conhecido o mandato pelo título de nomeação de Advogado Geral da União, de Procurador do Estado, de Procurador Distrital ou de Procurador do Município. Também ao titular do cargo de procurador de autarquia não se exige a apresentação de instrumento de mandato para a representação em juízo (Súmula nº 644 do STF). Ressalte-se que quanto aos Municípios, estes ainda podem ser representados por seus respectivos prefeitos ou por Associação de Representação de Municípios, desde que, nesse caso, a demanda envolva questões de interesse comum de todos os Municípios associados e haja autorização expressa do chefe do Poder Executivo municipal.

Tratando-se da massa falida, vale a ressalva feita por Humberto Theodoro Júnior, para quem o administrador judicial substitui o devedor na administração dos bens arrecadados, mas não age como seu representante. Para ele, "com a perda da gestão e disponibilidade de bens sofrida pelo insolvente, compete ao administrador a representação ativa e passiva da massa", o que não quer dizer que o administrador desfrute de liberdade de deliberação, "pois seu cargo é exercido sob a direção e superintendência do juiz. Seus planos e decisões, por isso, devem ser submetidos à apreciação judicial, antes de postos em prática. A última palavra é do juiz".[12]

Na curadoria dos bens relativos à herança jacente, haverá necessidade de intervenção do Ministério Público, nos termos do art. 739, § 1º, I. Vale lembrar que a situação de jacência é temporária, já que, após o procedimento previsto no art. 1.820 do Código Civil, será declarada a vacância da herança.[13]

---

[12] THEODORO JÚNIOR, Humberto. *Curso de direito processual civil*. 32. ed. Rio de Janeiro: Forense, 2001. v. II, p. 294.

[13] Explica-se que se alguém falecer sem deixar testamento nem herdeiros conhecidos, os bens da herança serão arrecadados e ficarão sob guarda e administração de um curador. Trata-se, nesse caso, de herança jacente. Se, no entanto, não houver habilitação de nenhum herdeiro após a publicação de editais, haverá a perpetuação da herança jacente e a consequente declaração de sua vacância, passando o Estado a ter a propriedade resolúvel dos bens, que se tornará definitiva depois de cinco anos da data da abertura da sucessão (art. 1.822 do Código Civil).

Especialmente quanto à representação do espólio pelo inventariante, é preciso lembrar que este só deve figurar como parte (representante) nas ações cujo objeto versar sobre interesses patrimoniais. Assim, nas ações de natureza pessoal, como na investigação de paternidade, haverá necessidade da citação de todos os herdeiros do falecido, caso existam. Outra observação importante se refere ao inventariante dativo, ou seja, àquele terceiro nomeado pelo juiz apenas para administrar os bens do falecido, sem qualquer poder de representação. É que como o inventariante dativo não pode ser o meeiro ou o herdeiro do *de cujus*, nem qualquer pessoa com interesse econômico no inventário, em ação onde o espólio for réu, será necessária a citação de todos os sucessores do falecido (art. 75, § 1º).

Na representação das pessoas jurídicas, apesar de o Código se referir às pessoas designadas nos respectivos atos constitutivos ou, na falta destes, aos respectivos diretores, a citação delas não deve ocorrer, necessariamente, com observância ao que está previsto em seu estatuto ou contrato social. Nos termos da jurisprudência consolidada do STJ, reputa-se válida a citação da pessoa jurídica quando esta é recebida por quem se apresenta como seu representante legal (teoria da aparência), sem qualquer ressalva quanto à inexistência de poderes de representação em juízo.[14]

Conquanto as disposições dos arts. 12 do CPC/1973 e do CPC/2015 sejam semelhantes, a nova legislação trouxe regramento especial para a prática dos atos processuais por procuradores de estado e do Distrito Federal. Nos termos do art. 75, § 4º, os Estados e o Distrito Federal poderão ajustar compromisso recíproco para a prática de ato processual por seus procuradores em favor de outro ente federado, mediante convênio firmado pelas respectivas procuradorias. Ocorrendo tal hipótese, as procuradorias poderão se organizar de forma a melhorar o acompanhamento das diligências processuais, aprimorando as suas funções e contribuindo para o atendimento do disposto no inc. LXXVIII do art. 5º da Constituição da República, que prima pela celeridade na tramitação de processos judiciais e administrativos.

1.4 Incapacidade processual e irregularidade na representação

A prática de atos processuais, conforme já explanado, exige a capacidade processual, ou capacidade para estar em juízo. De um modo geral, aquele que tem capacidade de ser parte também goza de capacidade processual. Evidentemente, em algumas hipóteses, a capacidade de ser parte poderá existir, mas desprovida de capacidade processual. Nesses casos, a capacidade processual é integrada pelos institutos da representação, assistência e curadoria especial. Como se vê, os três institutos (representação, assistência e curadoria especial) encontram-se interligados, vez que visam regularizar a representação processual daquele que já possui capacidade de ser parte, mas é desprovido de capacidade processual.

A capacidade processual e a regularidade de representação das partes, por se tratar de pressupostos processuais, devem ser verificadas pelo juiz *ex officio*.

Constatando a incapacidade processual ou a irregularidade da representação das partes, o juiz suspenderá o processo e designará prazo razoável para que a situação seja regularizada (art. 76). Caso o processo esteja na instância ordinária, serão diferentes as consequências para a falta de regularização no prazo assinalado pelo juiz:

a) Se a providência cabia ao autor e este se omitiu, o processo será extinto, sem resolução do mérito;
b) Se a providência cabia ao réu, este será considerado revel;
c) Se a providência cabia ao terceiro, a consequência dependerá do polo em que ele se encontre: se no polo ativo, será excluído do processo; se no polo passivo, será considerado revel.

---

[14] STJ, AgRg nos EREsp 205.275/PR, Corte Especial, Rel. Min. Eliana Calmon, *DJ* 28.10.2002.

Sobre essas consequências o CPC/2015 não trouxe novidades. A inovação está nas disposições contidas no § 2º do mesmo dispositivo. Se o processo estiver em grau recursal, o descumprimento da determinação judicial por parte do recorrente acarretará o não conhecimento do recurso; se, no entanto, a providência cabia ao recorrido, o juiz determinará o desentranhamento das contrarrazões (art. 76, § 2º, I e II).

Vale registrar que, segundo a jurisprudência, a possibilidade de saneamento prevista no art. 76 "não cuida apenas da representação legal e da verificação da incapacidade processual, mas também da possibilidade de suprir omissões relativas à incapacidade postulatória" (STJ, REsp 102.423/MG). Dessa forma, eventual ausência de procuração do advogado nos autos do processo constitui vício sanável, devendo o magistrado conceder prazo razoável para que o defeito seja sanado. Nesse caso, a própria parte deve ser intimada pessoalmente para regularizar a representação, já que não se sabe se existe, de fato, representação pelo advogado ou advogada subscrevente da manifestação (STJ, REsp 1.119.836/PR).

1.5 Dos deveres das partes e de seus procuradores

Na relação jurídica processual, as partes têm faculdades, ônus e deveres. As faculdades processuais se traduzem em escolhas a serem feitas pelas partes durante a tramitação da demanda. Algumas faculdades, a princípio, não trazem qualquer consequência jurídica negativa para quem as exerce, como nos casos em que a parte revoga procuração anteriormente concedida e constitui novo procurador nos autos. Outras faculdades, se não exercidas pelas partes, podem acarretar prejuízos, principalmente no que tange ao resultado da demanda; nessas hipóteses, as faculdades são chamadas de ônus processuais e estão diretamente ligadas ao próprio interesse da parte, que arcará com as respectivas consequências processuais. Como exemplo, podemos citar o ônus do réu de contestar tempestivamente a demanda. Por fim, os deveres processuais são de natureza pública[15] e estão ligados aos interesses de todos os sujeitos processuais. O descumprimento de um dever poderá gerar graves sanções, inclusive de natureza penal.

Neste tópico, trataremos dos deveres processuais, que visam assegurar o respeito mútuo e a lealdade entre os sujeitos processuais, tal como ocorre com as relações jurídicas em geral. Para tanto, o art. 77 elencou os deveres a serem observados pelas partes e por todos aqueles que de qualquer forma participam do processo. São eles:

a) **expor os fatos em juízo conforme a verdade (inc. I):** não se admite a mentira deliberada e intencional, com o claro objetivo de tumultuar o processo e/ou prejudicar a parte contrária. Age, por exemplo, de má-fé aquele que nega ser sua uma assinatura aposta em um contrato, o que leva à realização de prova pericial, pela qual se constata a sua autenticidade;[16]

b) **deixar de formular pretensão ou de apresentar defesa quando cientes de que são destituídas de fundamento (inc. II):** aqui o que não se admite é que a parte formule pretensão claramente descabida[17], o que não se confunde, por exemplo, com o equívoco cometido na apresentação de fundamento defensivo;

---

[15] THEODORO JÚNIOR, Humberto. *Curso de direito processual civil.* 32. ed. Rio de Janeiro: Forense, 2001. v. II, p. 83.

[16] Exemplo citado por Marcus Vinicius Rios Gonçalves (GONÇALVES, Marcus Vinicius Rios. *Novo curso de direito processual civil.* 7. ed. São Paulo: Saraiva, 2010. v. 1, p. 116).

[17] A título de exemplo: "Agravante defende que o valor dos aluguéis deve ser proporcional a sua cota parte do imóvel e não deve ser pago integralmente como pretende o agravado, de modo que o montante correto corresponderia a R$ 300,00 (trezentos reais), e não R$ 600,00 (seiscentos reais).

c) **não produzir provas e não praticar atos inúteis ou desnecessários à declaração ou à defesa do direito (inc. III):** as provas a serem produzidas devem ter relação com o objeto do processo, ou seja, com o que se está discutindo. Caso o juiz perceba que as provas requeridas ou que as demais postulações são meramente protelatórias pelas partes, poderá indeferi-las (arts. 139, III, e 370, parágrafo único);

d) **cumprir com exatidão as decisões jurisdicionais, de natureza antecipada ou final, e não criar embaraços à sua efetivação (inc. IV):** essa disposição visa assegurar a efetividade do processo. Nesse caso, não haverá responsabilidade por dano processual (arts. 79 a 81), mas ato atentatório à dignidade da justiça (art. 77, § 1º), com a aplicação da multa prevista no § 2º do art. 77;

e) **declinar o endereço, residencial ou profissional, onde receberão intimações no primeiro momento que lhes couber fala nos autos, atualizando essa informação sempre que ocorrer qualquer modificação temporária ou definitiva (inc. V):** as partes e os advogados têm a obrigação de manter endereço atualizado no processo, para efeito de intimação dos atos processuais. A consequência para a ausência desta comunicação está prevista no art. 274, parágrafo único, do CPC/2015: "presumem-se válidas as intimações dirigidas ao endereço constante dos autos, ainda que não recebidas pessoalmente pelo interessado, se a modificação temporária ou definitiva não tiver sido devidamente comunicada ao juízo, fluindo os prazos a partir da juntada aos autos do comprovante de entrega da correspondência no primitivo endereço";

f) **não praticar inovação ilegal no estado de fato de bem ou direito litigioso (inc. VI):** caso o juiz reconheça a violação a este dispositivo, deverá determinar o reestabelecimento do estado anterior, podendo, ainda, proibir a parte de falar nos autos até a purgação do atentado (art. 77, § 7º). Além disso, assim como o inc. IV, caso o juiz constate o descumprimento desse dever, deverá advertir à parte, ao seu procurador ou a quem de qualquer forma estiver participando do processo, que a conduta poderá ser punida como ato atentatório à dignidade da justiça, com a consequente aplicação de multa de até vinte por cento do valor da causa, conforme a gravidade da conduta (art. 77, § 2º). Se o valor da causa for irrisório ou inestimável, a multa poderá ser fixada em até dez vezes o salário mínimo vigente (§ 5º). A multa por ato atentatório à dignidade da justiça pode ser aplicada independentemente das sanções previstas nos arts. 523, § 1º, e 536, § 1º, que tratam, respectivamente, da multa pelo não pagamento voluntário de obrigação de pagar quantia certa fixada em sentença, e daquela que pode ser aplicada pelo juiz para forçar o cumprimento de obrigação de fazer e de não fazer. Se a multa não for paga no prazo fixado pelo juiz e a decisão que a fixou transitar em julgado, o valor será inscrito como dívida ativa da União ou do Estado e a sua execução observará o mesmo procedimento das execuções fiscais. Os advogados públicos ou privados, bem como os membros da Defensoria Pública e do Ministério Público, não se submetem às disposições previstas nos §§ 2º a 5º do art. 77, que tratam da multa por ato atentatório à dignidade da justiça. Aos advogados privados valem as regras do Estatuto da Advocacia e da Ordem dos Advogados, que possuem comandos próprios para a punição em virtude do mau exercício da profissão. As responsabilidades dos demais entes (membros da Defensoria Pública e do

---

Descabimento. Questão relativa ao valor dos aluguéis transitou em julgado e encontra-se estabilizada pela coisa julgada. Aplicação do princípio da fidelidade ao título executivo. Ofensa ao dever de boa-fé, de expor os fatos conforme a verdade e de não formular pretensão ou de apresentar defesa quando cientes de que são destituídas de fundamento. Litigância de má-fé caracterizada (...)". (TJ--SP – AI: 22050407620228260000 SP 2205040-76.2022.8.26.0000, Rel. Clara Maria Araújo Xavier, j. 13.01.2023, 8ª Câmara de Direito Privado, *DJe* 13.01.2023).

Ministério Público) estão disciplinadas em suas respectivas leis orgânicas e serão apuradas pelo órgão competente (corregedoria), ao qual o juiz oficiará (art. 77, § 6º).[18]

g) **informar e manter atualizados seus dados cadastrais perante os órgãos do Poder Judiciário e, no caso do § 6º do art. 246 do CPC/2015, da Administração Tributária, para recebimento de citações e intimações:** a Lei 14.195, de 26 de agosto de 2021, acrescentou esse inciso (VII) ao art. 77. A primeira parte se assemelha ao dever previsto no inciso V, segundo o qual incumbe aos sujeitos do processo declinar o endereço residencial ou profissional, onde receberão intimações, no primeiro momento que lhes couber falar nos autos, atualizando essa informação sempre que ocorrer qualquer modificação temporária ou definitiva. A consequência para a ausência desta comunicação está prevista no art. 274, parágrafo único, do CPC/2015: "presumem-se válidas as intimações dirigidas ao endereço constante dos autos, ainda que não recebidas pessoalmente pelo interessado, se a modificação temporária ou definitiva não tiver sido devidamente comunicada ao juízo, fluindo os prazos a partir da juntada aos autos do comprovante de entrega da correspondência no primitivo endereço". Ocorre que a previsão do art. 77, VII, é mais ampla e ainda exige que a atualização cadastral, inclusive de dados eletrônicos, seja realizada perante a REDESIM (Rede Nacional para a Simplificação do Registro e da Legalização de Empresas e Negócios), com possível compartilhamento com órgãos do Poder Judiciário. Essa junção de informações permitirá, por exemplo, que os sistemas eletrônicos do Tribunal (PJE, p. ex.) busquem informações de outros cadastros ou daqueles já existentes na plataforma para realizar a citação de pessoas físicas e jurídicas. Vale ressaltar que o CNJ, ao disciplinar as regras do Domicílio Judicial Eletrônico (Res. 455/2022) também possibilitou que as **pessoas físicas** realizassem o cadastro nessa plataforma, com a finalidade de fazer consultas públicas, bem como para receber citações e intimações. Trata-se, contudo, de cadastro opcional.

Ressalte-se que apesar de não mais constar expressamente no capítulo referente aos deveres das partes e de seus procuradores a expressão "proceder com lealdade e boa-fé" (art. 14, II, do CPC/1973), tais deveres são inerentes a todos aqueles que influenciam na condução do processo: magistrados, membros do Ministério Público, partes, advogados, peritos, serventuários da justiça e testemunhas. Além disso, o dever genérico de comportamento conforme a boa-fé encontra amparo no atual art. 5º, no capítulo referente às normas fundamentais do processo civil.

Importa frisar, ainda, que os representantes judiciais das partes – incluindo-se aqueles que as representam em razão de incapacidade processual – não podem ser compelidos a cumprir decisão em substituição de seus representados (art. 77, § 8º). Por exemplo, descabe ao juiz determinar que o advogado do autor entregue o bem discriminado na sentença na hipótese de seu cliente descumprir determinação judicial no mesmo sentido.

Por fim, o art. 78 veda o emprego de expressões ofensivas nos escritos apresentados pelas partes, pelos procuradores, pelos membros do Ministério Público e da Defensoria Pública e, ainda, pelo próprio magistrado. Se as condutas ofensivas forem manifestadas oral ou presencialmente, o juiz deverá advertir o ofensor, sob pena de lhe ser cassada a palavra. Se, no entanto, as expressões estiverem escritas, o órgão jurisdicional, de ofício ou a requerimento do ofendido, determinará que elas sejam riscadas, sendo ainda cabível o requerimento do ofendido no sentido de que seja expedida certidão com o inteiro teor das expressões ofensivas utilizadas (§§ 1º e 2º).

---

[18] Antes do CPC/2015, a regra do art. 14, V, do CPC/1973 (e atual art. 77, IV), já abrangia os advogados do setor privado. Segundo o STF, por ocasião do julgamento da Ação Direta de Inconstitucionalidade 2.652-6/DF, a ressalva na parte inicial do parágrafo único do art. 14 do Código de Processo Civil alcança todos os advogados com esse título atuando em juízo, independentemente de estarem sujeitos também a outros regimes jurídicos.

Como se vê, os deveres estabelecidos no art. 77 do CPC/2015 visam assegurar, em atenção ao anseio público, além da lealdade e da probidade, a composição acertada e justa do litígio, conquanto contrária aos interesses particulares de uma das partes.

Ressalte-se que **os ônus, poderes, faculdades e deveres processuais poderão ser convencionados antes ou durante o processo**, consoante permissivo contido no art. 190. A disposição se aplica às causas que versem sobre direitos que admitam autocomposição, desde que as partes sejam plenamente capazes.

1.5.1 Da responsabilidade das partes por dano processual. As sanções processuais por litigância de má-fé

Durante a tramitação do processo, o juiz tem o poder-dever de velar pela solução do litígio de forma adequada, **reprimindo aqueles atos que se manifestem contrários ao desenvolvimento regular do feito e à dignidade da justiça**.

Assim, em se verificando que uma das partes está litigando de má-fé, o juiz tem o poder-dever de aplicar, de ofício e em qualquer grau de jurisdição, multa em valor superior a 1% (um por cento) e inferior a 10% (dez por cento) do valor corrigido da causa[19] (art. 81). Entretanto, se o valor da causa for irrisório ou inestimável, a multa poderá ser fixada em até 10 (dez) vezes o salário mínimo vigente (art. 81, § 2º). Além disso, o órgão jurisdicional condenará o litigante a indenizar a parte contrária pelos prejuízos que esta sofreu e a pagar os honorários advocatícios e todas as despesas que ela tenha efetuado.

As hipóteses de litigância de má-fé encontram-se configuradas no art. 80 do CPC/2015, o qual dispõe que:

Art. 80. Considera-se litigante de má-fé aquele que:

I – deduzir pretensão ou defesa contra texto expresso de lei ou fato incontroverso;

II – alterar a verdade dos fatos;

III – usar do processo para conseguir objetivo ilegal;

IV – opuser resistência injustificada ao andamento do processo;

V – proceder de modo temerário em qualquer incidente ou ato do processo;

VI – provocar incidente manifestamente infundado;

VII – interpuser recurso com intuito manifestamente protelatório.

Para facilitar a compreensão, trouxemos exemplos na doutrina e jurisprudência sobre cada hipótese prevista nos incisos do art. 80:

Dedução de pretensão ou defesa contra texto expresso de lei ou fato incontroverso	Autora que ajuíza ação com base em pedido formulado em ação anterior, já acobertada pela coisa julgada (TJ-MG – AC: 10024111505251001 Belo Horizonte, Rel. Marco Aurelio Ferenzini, j. 08.10.2020, Câmaras Cíveis/14ª Câmara Cível, *DJe* 08.10.2020).
Alteração da verdade dos fatos	"Quando a parte nega expressamente fato que sabe ter existido, afirma fato que sabe inexistente ou confere falsa versão para fatos verdadeiros, com o objetivo consciente de induzir juiz em erro e assim obter alguma vantagem no processo" (TJ-MG, AC: 10000211243464001/MG, Rel. Fausto Bawden de Castro Silva (JD Convocado), j. 31.08.2021, 9ª Câmara Cível, *DJe* 08.09.2021). Serve também como exemplo o que consta do Enuciado 161, da III Jornada de Direito Processual Civil do CJF: "Considera-se litigante de má-fé, nos termos do art. 80 do CPC, aquele que menciona em suas manifestações precedente inexistente".

---

[19] O CPC/1973 (art. 18) determinava que a multa não poderia exceder a 1% sobre o valor da causa.

Utilização do processo para conseguir objetivo ilegal	"O ajuizamento de ação declaratória de inexistência de débito, com vistas a alcançar a exclusão do nome do devedor dos registros de SPC, Serasa e CCF, além de danos morais, na hipótese em que é conhecedor da existência de relação jurídica, assim como seu inadimplemento, evidencia propósito ilegal e abusivo, devendo ser interpretado como litigância de má-fé" (TJ-MG – AC: 50226658320168130079, Rel. Des. Luiz Artur Hilário, j. 10.12.2019, 9ª Câmara Cível, *DJe* 12.12.2019).
Resistência injustificada ao andamento do processo	"Peticionar nos autos executórios com a pretensão de rediscutir matéria já analisada e definitivamente julgada configura indesejada resistência ao regular andamento do processo" (TJ-MG – AI: 10702100044065002 Uberlândia, Rel. Armando Freire, j. 27.09.2017, 1ª Câmara Cível, *DJe* 04.10.2017).
Adoção de condutas temerárias	"A propositura de ações referentes ao mesmo fato, em datas e comarcas diversas, todas por um único procurador constituído, configura conduta temerária, uma vez que evidente o propósito de levar a erro o Poder Judiciário, mediante a ocultação dessa informação ao juízo" (TJ-MT – AC: 10216528120228110041, Rel. Maria Aparecida Ferreira Fago, j. 25.04.2023, 2ª Câmara de Direito Público e Coletivo, *DJe* 29.04.2023).
Provocação de incidente manifestamente infundado	"Manifesta abusividade da impugnação ao cumprimento de sentença apresentado pelo Município/executado, que apenas repetiu as teses de defesa sustentadas na fase de conhecimento, ignorando a decisão já transitada em julgado que as enfrentou e rechaçou expressamente. 3. Litigância de má-fé caracterizada, pela provocação de incidente manifestamente infundado (art. 80, VI, do CPC/2015)" (TJ-MG – AC: 10245100093930002 Santa Luzia, Rel. Áurea Brasil, j. 09.03.2017, 5ª Câmara Cível, *DJe* 21.03.2017).
Interposição de recurso com intuito manifestamente protelatório	"Considera-se litigante de má-fé aquele que interpuser recurso com intuito manifestamente protelatório, o que ocorre quando o apelo visa à rediscussão de matéria transitada em julgado" (TRT-4 – AP: 01320009420075040029, Rel. Lucia Ehrenbrink, j. 30.03.2023, Seção Especializada em Execução).

Perceba que a maioria das hipóteses são genéricas e se confundem. De toda forma, o mais importante é ter em mente que a litigância de má-fé não se presume, sendo exigida uma conduta manifestamente desleal.

O rol do art. 80 é taxativo, *numerus clausus*, não comportando ampliação. A taxatividade, porém, refere-se apenas às hipóteses caracterizadoras da litigância de má-fé, e não à incidência do instituto, tendo em vista que o preceito do dispositivo em comento poderá ser aplicado aos processos regulados por legislações extravagantes, como a ação civil pública, a ação popular, entre outras.[20]

Merece destaque, ainda no campo da taxatividade, o fato de que as penalidades por litigância de má-fé referem-se a direito processual, sendo, portanto, matéria de competência legislativa da União. Isso quer dizer que somente uma lei federal poderá inserir novas condutas que justificam a referida penalidade (art. 22, I, da CF/1988). A propósito, recentemente o Supremo Tribunal Federal definiu ser inconstitucional norma estadual que institui sanções processuais diversas da legislação federal para litigantes que abusem do seu direito à prestação jurisdicional (STF, Plenário, ADI 7.063/RJ, Rel. Min. Edson Fachin, j. 03.06.2022).

Quando forem dois ou mais os litigantes de má-fé, o juiz condenará cada um na proporção do seu respectivo interesse na causa, ou solidariamente aqueles que se coligaram para lesar a parte contrária (art. 81, § 1º).

---

[20] NERY JUNIOR, Nelson; NERY, Rosa Maria de Andrade. *Código de Processo Civil e legislação processual civil extravagante em vigor*. 9. ed. São Paulo: RT, 2006. p. 184.

A responsabilidade pelas perdas e danos decorrente da litigância de má-fé alcança o autor, o réu e os terceiros intervenientes (art. 79, *caput*). Para que reste configurada, a jurisprudência exige que a conduta do agente seja dolosa. Assim, para caracterizar a litigância de má-fé, capaz de ensejar a aplicação de multa, é necessária a intenção dolosa do agente, apta a configurar uma conduta desleal (p. ex.: STJ, AgInt no AREsp 1.427.716[21]).

Antes de o juiz condenar a parte às sanções previstas no art. 81, deverá oportunizar prazo para defesa, nos termos dos arts. 9º e 10, sob pena de violação dos princípios do contraditório e da ampla defesa. Após essa manifestação, se o juiz entender ser aplicável a sanção, o valor da multa imposta reverterá em benefício da parte contrária (art. 96, primeira parte).

Por fim, importa registrar que a litigância de má-fé é tema recorrente nas decisões do Superior Tribunal de Justiça. A seguir trazemos alguns dos julgados mais importantes para provas de concursos e, em especial, para a prática forense:

(i) **A interposição de recurso cabível que reitera os argumentos já ventilados ao longo do processo configura protelação para fins de aplicação da pena por litigância de má-fé?** O STJ, reiteradamente, considera que a interposição de recursos cabíveis no processo, por si só, não implica litigância de má-fé, muito menos ato atentatório à dignidade da justiça. Por exemplo, no julgamento do REsp 1.333.425, a Min. Nancy Andrighi registrou que a interposição de recurso cabível, "ainda que com argumentos reiteradamente refutados pelo tribunal de origem ou sem a alegação de qualquer fundamento novo, apto a rebater a decisão recorrida, não traduz má-fé nem justifica a aplicação de multa".

(ii) **Para a aplicação da multa é necessária a ocorrência de dano processual?** Além de o CPC não fazer esta exigência, é pacífico na jurisprudência o entendimento segundo o qual a aplicação da penalidade por litigância de má-fé prescinde da comprovação de dano processual (p. ex.: STJ, REsp 1.628.065). A multa configura mera sanção processual e, em caso de dano, ainda será possível ao prejudicado pleitear a indenização cabível.

(iii) **Além da multa, é possível a aplicação de outras penalidades ao litigante de má-fé?** No julgamento do REsp 1.663.193, o STJ afastou essa possibilidade. No caso concreto, além da multa por litigância de má-fé, o juiz entendeu pela revogação do benefício da assistência judiciária gratuita. Para a relatora, Min. Nancy Andrighi, "apesar de reprovável, a conduta desleal de uma parte beneficiária da assistência judiciária gratuita não acarreta, por si só, a revogação do benefício, atraindo, tão somente, a incidência das penas expressamente previstas no texto legal". Esse entendimento foi novamente exposto no julgamento do REsp 1.989.076/MT. Isso não quer dizer que não seja possível cumular, por exemplo, a penalidade por ato atentatório e por litigância de má-fé, ou por oposição de embargos protelatórios e violação ao art. 80, VII.[22] O que a jurisprudência não admite é que o juiz crie outras penalidades para o litigante além daquelas já previstas.

---

[21] No mesmo sentido: "Para que a parte possa ser condenada por litigância de má-fé, e em consequência disso seja compelida no pagamento da sanção imposta pelo art. 81 do Código de Processo Civil de 2015, o dolo deve estar configurado, bem como comprovado o intuito da parte em ludibriar o Juízo – Deve ser confirmada a condenação por litigância de má-fé, quando constatada alteração da verdade dos fatos pela parte requerente" (TJ-MG – AC: 10000220949127001/MG, Rel. Luiz Carlos Gomes da Mata, j. 01.09.2022, 13ª Câmara Cível, *DJe* 05.09.2022).

[22] Nesse sentido: "Admissível a cumulação das sanções por litigância de má-fé e por embargos manifestamente protelatórios, visto que possuem natureza jurídica diversa" (TJ-SP – EMBDECCV: 10380121120208260602 Sorocaba, Rel. Rebello Pinho, j. 01.07.2023, 20ª Câmara de Direito Privado, *DJe* 01.07.2023).

(iv) **Aplicam-se as penalidades previstas no CPC ao processo penal?** Por não existir previsão legal, eventual conduta passível de enquadramento no art. 81 do CPC não pode ser punida com as penas ali previstas. Prevalece a impossibilidade de *analogia in malam partem*, ou seja, em prejuízo ao réu. Nesse sentido: "Esta Corte Superior firmou o entendimento de que não é cabível a imposição de multa por litigância de má-fé no âmbito do processo penal, porquanto sua aplicação constituiria indevida analogia *in malam partem*, haja vista ausência de previsão expressa no Código de Processo Penal" (STJ, HC 401.965/RJ). Vale registrar que o STF tem posicionamentos isolados admitindo a aplicação. Nesse sentido: "A utilização indevida das espécies recursais no processo penal desvirtua o postulado da ampla defesa e configura abuso do direito de recorrer, sendo permitido, em tais casos, a fixação de multa por litigância de má-fé" (2ª Turma, HC 192814 AgR/RJ, Rel. Min. Ricardo Lewandowski, j. 16.11.2020).

(v) **É possível que uma legislação estadual crie novas sanções decorrentes da litigância de má-fé?** A resposta é negativa. A instituição de sanções processuais para litigantes que abusem do seu direito à prestação jurisdicional invade a competência da União para legislar sobre direito processual (art. 22, I, da Constituição Federal). Por isso mesmo, em um determinado caso concreto, em que a legislação do Rio de Janeiro previu multa ao chamado "litigante contumaz", o STF declarou a inconstitucionalidade da norma estadual (ADI 7063/RJ, Rel. Min. Edson Fachin, j. 03.06.2022).

JURISPRUDÊNCIA TEMÁTICA

Interpretação restritiva das penalidades por litigância de má-fé

"[...] As sanções aplicáveis ao litigante de má-fé são aquelas taxativamente previstas pelo legislador, não comportando interpretação extensiva. Assim, apesar de reprovável, a conduta desleal, ímproba, de uma parte beneficiária da assistência judiciária gratuita não acarreta, por si só, a revogação do benefício, atraindo, tão somente, a incidência das penas expressamente cominadas no texto legal. 6. A revogação do benefício – importante instrumento de concretização do acesso à justiça – pressupõe prova da inexistência ou do desaparecimento da incapacidade econômica, não estando atrelada à eventual conduta ímproba da parte no processo" (3ª T., REsp 1.989.076/MT, Rel. Min. Nancy Andrighi, j. 17.05.2022, *DJe* 19.05.2022).

Interposição de diversos recursos por si só não autoriza a aplicação de multa por litigância de má-fé

"[...] A jurisprudência desta Corte firmou-se no sentido de que a mera interposição de recursos cabíveis, ainda que veiculando argumentos refutados pelo Tribunal de origem, não implica, de plano, a indevida litigância. Confira-se o seguinte precedente da Corte Especial nesse sentido: AgInt no Prc n. 4.797/DF, relator Ministro Humberto Martins, Corte Especial, julgado em 16.12.2020, *DJe* de 03.02.2021" (STJ, 2ª T., EDcl no AgInt no AREsp 1.712.124/SC 2020/0136610-6, j. 28.11.2022, *DJe* 01.12.2022).

STJ isenta advogados de pagamento solidário por litigância de má-fé

"[...] Em caso de litigância de má-fé (CPC, arts. 17 e 18), descabe a condenação solidária da parte faltosa e de seus procuradores. A conduta processual do patrono da parte é disciplinada pelos arts. 14 do CPC e 32 do Estatuto da Advocacia e da Ordem dos Advogados do Brasil – EAOAB (Lei 8.906/94), de maneira que os danos processuais porventura causados pelo advogado, por dolo ou culpa grave, deverão ser aferidos em ação própria [...]" (STJ, REsp 1.331.660, Rel. Min. Raul Araújo, j. 17.12.2013).

Quadro esquemático 11 – Partes

Partes

- Conceito: são os sujeitos parciais do processo, que pedem ou contra quem é pedida uma providência jurisdicional, e, por essa razão, integram o contraditório e são atingidos pelos efeitos da coisa julgada.
- Capacidade de ser parte: a capacidade de ser parte, a princípio, relaciona-se com a capacidade de gozo ou de direito, com a ressalva de que àqueles entes aos quais a lei reconheça o mínimo resquício de direito substancial é assegurado o direito de ingresso em juízo.
- Capacidade processual: possui capacidade processual quem pode litigar por si mesmo. Relaciona-se com a capacidade de fato ou de exercício.
- Legitimidade para a causa ≠ Legitimidade para o processo ≠ Capacidade de ser parte ≠ Capacidade postulatória.
- **Capacidade processual dos cônjuges**
  - Ativa: ações que versem sobre os direitos reais imobiliários (consentimento do cônjuge pode ser suprido pelo juiz – art. 74, CPC/2015).
  - Passiva: litisconsórcio necessário (art. 73, § 1º, CPC/2015): ambos os cônjuges serão necessariamente citados.
  - Ações possessórias (com posse ou ato por ambos praticado): necessidade de participação do cônjuge do autor ou do réu (art. 73, § 2º, CPC/2015).
- Substituição processual = Legitimação extraordinária = Legitimação anômala: ocorre quando a Lei autoriza propositura de ação em nome próprio para pleitear direito alheio.
- Sucessão das partes: pode ocorrer de forma facultativa, se a lei permitir (art. 108, CPC/2015), e na hipótese de morte de uma das partes (obrigatória). Outros casos de sucessão processual: ação civil pública e ação popular, quando a parte originária desiste da ação.
- **Incapacidade processual e irregularidade de representação**
  - O juiz, suspendendo o processo, marcará prazo razoável para que seja sanado o vício (art. 76, CPC/2015).
  - Não sendo cumprido o despacho dentro do prazo:
    - se a providência cabia ao autor, o juiz extinguirá o processo sem resolução do mérito;
    - se competia ao réu, este será reputado revel; e
    - se a determinação não for observada por terceiro, ele será considerado revel ou excluído do processo, dependendo do polo em que se encontre.
- **Deveres das partes e dos procuradores (art. 77, CPC/2015)**
  - Expor os fatos em juízo conforme a verdade;
  - Não formular pretensão ou apresentar defesa quando cientes de que são destituídas de fundamento;
  - Não produzir provas e não praticar atos inúteis ou desnecessários à declaração ou à defesa do direito;
  - Cumprir com exatidão as decisões jurisdicionais, de natureza provisória ou final, e não criar embaraços à sua efetivação;
  - Declinar, no primeiro momento que lhes couber falar nos autos, o endereço residencial ou profissional onde receberão intimações, atualizando essa informação sempre que ocorrer qualquer modificação temporária ou definitiva;
  - Não praticar inovação ilegal no estado de fato de bem ou direito litigioso;
  - Informar a manter atualizados os dados cadastrais perante os órgãos do Poder Judiciário.

| | | Considera-se litigante de má-fé aquele que:
– Deduzir pretensão ou defesa contra texto expresso de lei ou fato incontroverso;
– Alterar a verdade dos fatos;
– Usar do processo para conseguir objetivo ilegal;
– Opuser resistência injustificada ao andamento do processo;
– Proceder de modo temerário em qualquer incidente ou ato do processo;
– Provocar incidente manifestamente infundado;
– Interpuser recurso com intuito manifestamente protelatório.
Consequências:
– Praticadas quaisquer dessas condutas, o juiz condenará o litigante a indenizar a parte contrária pelos prejuízos que esta sofreu, mais os honorários advocatícios e todas as despesas que o prejudicado efetuou (art. 81). Também será aplicada multa superior a 1% e inferior a 10% sobre o valor corrigido da causa. |
|---|---|---|
| Partes | – Litigância de má-fé (art. 80, CPC/2015) | |

1.6 Das despesas, dos honorários advocatícios e das multas: o regime financeiro do Código de Processo Civil

O exercício da atividade jurisdicional, como toda e qualquer atividade do Estado, apresenta um custo. Os prédios, as instalações, os equipamentos, o material e os funcionários do Poder Judiciário, tudo demanda gasto financeiro.

Esses gastos são distribuídos entre o Estado e as partes. **O recolhimento das custas processuais constitui requisito processual objetivo de validade.**

Aliás, é prudente e recomendável que as partes sejam compelidas a contribuir com o custeio do processo, como forma de se evitar o demandismo em massa. Como observa Dinamarco, "prepondera universalmente a onerosidade do processo para as partes, porque a gratuidade generalizada seria incentivo à litigância irresponsável, a dano desse serviço público que é a jurisdição".[23]

Assim é que o art. 82 estabelece:

> Art. 82. Salvo as disposições concernentes à gratuidade da justiça, incumbe às partes prover as despesas dos atos que realizarem ou requererem no processo, antecipando-lhes o pagamento, desde o início até a sentença final ou, na execução, até a plena satisfação do direito conhecido no título.
>
> § 1º Incumbe ao autor adiantar as despesas relativas a ato cuja realização o juiz determinar de ofício ou a requerimento do Ministério Público, quando sua intervenção ocorrer como fiscal da ordem jurídica.
>
> § 2º A sentença condenará o vencido a pagar ao vencedor as despesas que antecipou.

A doutrina costuma identificar duas espécies de custas ou gastos processuais: as despesas processuais e os honorários advocatícios.

Pois bem. Nos termos do art. 84, "as despesas abrangem as custas dos atos do processo, a indenização de viagem, a remuneração do assistente técnico e a diária de testemunha". Como

---

[23] DINAMARCO, Cândido Rangel. *Instituições de direito processual civil*. 4. ed. São Paulo: Malheiros. v. 2, p. 633.

se vê, as despesas processuais englobam todos os gastos que serão devidos aos agentes estatais (Poder Judiciário e auxiliares da justiça). Assim, são despesas processuais a taxa judiciária (custas iniciais e preparo dos recursos), os emolumentos devidos a eventuais cartórios não oficializados, o custo de certos atos e diligências (como a citação e a intimação das partes e testemunhas) e a remuneração de auxiliares eventuais (peritos, avaliadores, depositários, entre outros).

Com relação especificamente às taxas judiciárias, estas, como o próprio nome indica, constituem espécie do gênero tributo. Com efeito, a Constituição autoriza aos entes da federação a instituição de taxas "pela utilização, efetiva ou potencial, de serviços públicos específicos e divisíveis, prestados ao contribuinte ou postos a sua disposição" (art. 145, II). As taxas judiciárias são previamente dimensionadas de modo que o recolhimento feito pelos litigantes seja capaz de cobrir parte significante dos gastos inerentes ao processo.

Já os honorários advocatícios constituem a remuneração devida aos profissionais da advocacia em razão da atuação no processo. A fixação da verba honorária seguirá as diretrizes dos §§ 2º e seguintes do art. 85, sobre os quais discorreremos mais adiante.

1.6.1 O pagamento das despesas processuais

O art. 82 prevê um sistema de pagamento das despesas processuais composto pelo ônus de adiantá-las em certos momentos do processo e da obrigação de pagá-las ao final.

Ônus e obrigação não se confundem. Ônus são imperativos do próprio interesse, cujo descumprimento leva a não obtenção de um resultado. O ônus não representa débito ou crédito, tão pouco é exigível pela outra parte. Constitui, na verdade, condição para obtenção de uma vantagem ou desvantagem. Já a obrigação "é uma situação jurídica do obrigado em face do credor, em relação a um bem da vida".[24]

O pagamento das despesas processuais também pode ser tratado como uma condição para a propositura de nova demanda na hipótese extinção do processo sem resolução do mérito em virtude, por exemplo, do abandono da causa por parte do autor (art. 485, III). É que nessa hipótese o juiz, a requerimento do réu, deixará de apreciar o pedido e julgará extinto o processo. O autor, neste caso, só poderá propor novamente a ação se pagar ou depositar em cartório as despesas a que foi condenado (art. 92).

1.6.1.1 Do ônus de adiantar as despesas processuais

Estabelece o art. 82 que **as partes têm o ônus de prover as despesas dos atos que realizam ou requerem, antecipando-lhes o pagamento**. Esse recolhimento prévio das despesas processuais constitui verdadeira condição de eficácia do ato realizado ou pressuposto para que se realize o ato pretendido. À parte interessada na prática do ato competirá promover o adiantamento das despesas.

O descumprimento do ônus de adiantar os gastos terá diversas consequências a depender do ato que se pratica ou que se pretende seja realizado.

O não recolhimento das custas iniciais, por exemplo, implicará cancelamento da distribuição. Em regra, a guia de recolhimento do preparo inicial é juntada à própria inicial. Em alguns casos, a petição será recebida mesmo sem a comprovação do preparo. No entanto, se a parte, intimada na pessoa de seu advogado, deixar de realizar o preparo no prazo de quinze dias, ter-se-á o cancelamento da distribuição (art. 290). Esse cancelamento, a propósito, independe da citação ou intimação da parte ré, bastando a constatação da ausência do recolhimento das

---

[24] DINAMARCO, Cândido Rangel. *Instituições de direito processual civil*. 4. ed. São Paulo: Malheiros. v. 2, p. 637.

custas iniciais e da inércia da parte autora, após intimada, em regularizar o pagamento das despesas processuais.[25]

O regramento previsto no art. 290 tem relação com a ausência total de recolhimento das custas processuais. Como vimos, se a parte autora, por meio de seu advogado, é intimada e deixa de recolher as custas, haverá o cancelamento da distribuição. Entretanto, havendo pagamento parcial das custas, ela deverá ser intimada pessoalmente (e não por intermédio do advogado constituído) para complementar o valor, no prazo de cinco dias, sob pena de extinção do processo, sem resolução do mérito, na forma do art. 485, III e § 1º, do CPC, que trata do abandono da causa. Veja a diferença:

O autor protocola a inicial sem o pagamento das custas processuais	O autor protocola a inicial e recolhe as custas iniciais de forma parcial
O autor será intimado na pessoa de seu advogado para, no prazo de 15 (quinze) dias, recolher as custas, sob pena de cancelamento da distribuição.	O autor será pessoalmente intimado para regularizar o pagamento complementar, no prazo de 05 (cinco) dias, sob pena de ser prolatada sentença de extinção do processo sem resolução do mérito.
Na jurisprudência: "A intimação pessoal do autor da ação é obrigatória para a complementação das custas iniciais, restringindo-se à aplicação do cancelamento de distribuição estabelecida no art. 290 do CPC às hipóteses em que não é feito recolhimento algum de custas processuais" (STJ, AREsp 2.020.222/RJ, Rel. Min. Francisco Falcão, 2ª Turma, j. 28.03.2023).	

Os recursos devem ser preparados previamente e o recolhimento das respectivas custas há de ser demonstrado no ato de interposição. A não comprovação do preparo acarreta a inadmissibilidade (ou deserção) do recurso (art. 1.007). A regra vale tanto para os recursos principais quanto para os adesivos. Atente, no entanto, que alguns recursos dispensam preparo, como os embargos declaratórios.

Com relação aos atos a serem realizados pelos auxiliares da justiça (oficial de justiça, perito, avaliador), **a parte interessada deve promover o recolhimento prévio das respectivas despesas na ocasião de cada um desses atos**, sob pena de não realização da diligência. Especialmente quanto à perícia, se esta for determinada de ofício pelo juiz ou requerida por ambas as partes, o valor a ser adiantado poderá ser rateado entre elas (art. 95).

Em ação que envolva autor, brasileiro ou estrangeiro, que resida fora do país ou que deixe de residir ao longo da tramitação do processo, o juiz deverá determinar que ele preste caução suficiente para o pagamento das custas e dos honorários, salvo se existirem bens imóveis de sua titularidade que possam assegurar o pagamento dessas despesas. Esta regra não se aplica quando se tratar de ação de execução fundada em título extrajudicial, no cumprimento de sentença, na reconvenção e, ainda, não houver dispensa prevista em acordo ou tratado internacional ratificado pelo Brasil (art. 83, § 1º, I a III).

Vale destacar que **a lei dispensa alguns sujeitos do ônus de adiantar as despesas processuais**. Os beneficiários da assistência judiciária estão isentos do pagamento das despesas processuais (art. 98, *caput* c/c a Lei nº 1.060/1950) e as despesas dos atos processuais praticados a requerimento da Fazenda Pública, do Ministério Público ou da Defensoria Pública só serão pagas ao final, pelo vencido (art. 91). Entretanto, tratando-se de perícia requerida por estes entes, os honorários periciais deverão ser adiantados,[26] salvo se não houver previsão orçamentária para tanto, hipótese em que eles serão pagos no exercício financeiro seguinte ou, ao final, pelo

---

[25] STJ, REsp 1.906.378/MG, 3ª Turma, Rel. Min. Nancy Andrighi, j. 11.05.2021 (*Informativo* 696).

[26] Nesse sentido já previa a Súmula nº 232 do STJ (de 01.12.1999): "A Fazenda Pública, quando parte no processo, fica sujeita à exigência do depósito prévio dos honorários do perito".

vencido, caso o processo se encerre antes do adiantamento a ser realizado pelo ente público (art. 91, §§ 1º e 2º).

Também há dispensa de adiantamento de despesas na Lei dos Juizados Especiais, para as despesas de primeira instância (art. 54 da Lei nº 9.099/1995), na Lei de Ação Popular (art. 10 da Lei nº 4.717/1965) e na Lei de Ação Civil Pública (art. 18 da Lei nº 7.347/1985).

1.6.1.2   Da obrigação final pelo custo do processo

Ao longo do processo, cada parte tem o ônus de adiantar as despesas dos atos que realiza ou pretende seja realizado. Julgado o pedido inicial, terá o vencido a obrigação de pagar ao vencedor as despesas que este antecipou (art. 82, § 2º).

A hipótese do § 2º é de obrigação, e não de ônus. O vencido estará obrigado a pagar os custos do processo, podendo a tanto ser compelido inclusive via procedimento executivo.

Assim, se o autor, desde o início, recolhe todas as despesas processuais (custas iniciais, honorários de perito, custas recursais, entre outros) e, ao final, sai vencedor, o réu terá a obrigação de restituí-lo integralmente. Por outro lado, se o autor litiga sob a assistência judiciária, a obrigação do réu sucumbente será de pagar ao Estado as despesas não recolhidas pelo autor.

O beneficiário da justiça gratuita, como já dissemos, está dispensado do adiantamento, mas poderá ser condenado ao final pelo custo do processo, incluindo os honorários advocatícios,[27] caso vencido na demanda (art. 98, § 2º). Neste caso haverá a condenação, mas a exigibilidade da obrigação ficará suspensa, sendo possível a sua execução somente se, nos cinco anos subsequentes ao trânsito em julgado da decisão que as certificou, o credor demonstrar que deixou de existir a situação de insuficiência de recursos financeiros que gerou a concessão da gratuidade; decorrido esse prazo, a obrigação será extinta (art. 98, § 3º).

Em alguns casos, nada há a se adiantar ou pagar com o julgamento da lide. É o que ocorre na Ação Civil Pública. Os legitimados estarão dispensados de adiantar custas, emolumentos, honorários periciais e quaisquer outras despesas. No caso de associação como autora (art. 5º, V, da Lei nº 7.347/1985), esta somente será condenada a arcar com os custos finais do processo se comprovada má-fé (art. 18 da Lei nº 7.347/1985). Nesse caso, associação autora e os diretores responsáveis pela propositura da ação serão solidariamente condenados em honorários advocatícios e ao décuplo das custas, sem prejuízo da responsabilidade por perdas e danos (art. 17 da Lei nº 7.347/1985).

Nos juizados especiais há isenção total (de adiantamento e de pagamento ao final) com relação aos custos em primeiro grau de jurisdição, salvo litigância de má-fé (arts. 54 e 55 da Lei nº 9.099/1995).

Também com relação à Fazenda Pública, há dispensa de recolhimento prévio das despesas processuais (art. 91), mas será possível a condenação, ao final, em honorários advocatícios (art. 85, § 3º). Não se cogita de condenação aos gastos do processo, porquanto a Fazenda Pública seria credora e devedora de si mesma, a não ser no que tange à importância gasta pela parte vencedora. Em outras palavras, a Fazenda Pública, se vencida, deverá restituir o vencedor das despesas que antecipou. Se não tiver havido antecipação de despesas, a Fazenda Pública será condenada apenas ao pagamento de honorários advocatícios.

Concorrendo vários autores ou vários réus (litisconsórcio ativo ou passivo), os vencidos respondem pelas despesas e honorários em proporção (art. 87). Essa responsabilidade deve

---

[27] No mesmo sentido, a Súmula nº 450 do STF: "São devidos honorários de advogado sempre que vencedor o beneficiário de justiça gratuita".

estar distribuída de forma expressa na sentença; se assim não estiver, os vencidos responderão solidariamente pelas despesas e honorários (art. 87, §§ 1º e 2º).

Em se tratando de jurisdição voluntária, ao requerente caberá o ônus de adiantar as despesas, mas o custo final será rateado entre os interessados (art. 88).

A condenação pelo custo do processo independe de pedido específico das partes. O recomendável é que o autor o formule na petição inicial e o réu, na contestação, mas mesmo sem qualquer manifestação direta, o juiz é obrigado, por força do disposto nos arts. 82, § 2º, e 85, a condenar uma das partes.

1.6.1.3 Da divisão dos ônus sucumbenciais: princípios da sucumbência e da causalidade

A atribuição da obrigação ao custo final do processo (despesas e honorários advocatícios) é balizada por dois princípios: o da sucumbência e o da causalidade.

De acordo com o princípio da sucumbência, **todos os gastos do processo devem ser atribuídos à parte vencida quanto à pretensão deduzida em juízo**, independentemente da sua culpa pela derrota. A justificativa para adoção do princípio da sucumbência é bem simples. O processo "deve propiciar a quem tem razão a mesma situação econômica que ele obteria se as obrigações alheias houvessem sido cumpridas voluntariamente ou se seus direitos houvessem sido respeitados sem a instauração de processo algum".[28]

Havendo sucumbência recíproca, as despesas e os honorários serão distribuídos recíproca e proporcionalmente entre as partes (art. 86). Se um litigante sucumbir de parte mínima do pedido, o outro responderá pela integralidade das despesas e honorários (parágrafo único do art. 86).

Ocorre que o princípio da sucumbência, por si só, não é suficiente para resolver com segurança todas as situações do cotidiano jurídico. Imagine o processo no qual o réu comparece apenas para reconhecer a procedência do pedido e pagar a quantia que lhe foi cobrada na inicial. Nessa hipótese, ao reconhecer o pedido, o réu deveria responder pelos gastos, porque seria o sucumbente (art. 90). Mas é de se indagar: é razoável tal imposição, se o réu não se opôs ao pedido inicial?

Por tais motivos, em alguns casos, há que se considerar também na distribuição dos custos processuais o princípio da causalidade, segundo o qual **"deve-se considerar que é responsável pelas despesas processuais aquele que tiver dado causa à instauração do processo"**.[29]

Assim, se o autor instaura processo sendo parte ilegítima para tanto, deve responder pelas custas e honorários, mesmo não havendo sucumbência propriamente dita, porquanto a ilegitimidade de parte leva à extinção do feito sem resolução do mérito.

Da mesma forma, o autor que promove ação de cobrança contra devedor que sempre se dispôs a pagar, vindo este a promover o pagamento logo após a citação, deve ser responsável pelos gastos do processo, assim como o autor de ação de exibição de documentos cuja apresentação nunca foi negada pelo réu e promovida tão logo citado para o feito.

A respeito da aplicação dos princípios da sucumbência e da causalidade confira o seguinte julgado:

---

[28] DINAMARCO, Cândido Rangel. *Instituições de direito processual civil*. 4. ed. São Paulo: Malheiros. v. 2, p. 648.

[29] CÂMARA, Alexandre Freitas. *Lições de direito processual civil*. 9. ed. Rio de Janeiro: Lumen Juris, 2003. v. I, p. 158.

"Processual civil. Tributário. Recurso especial. Embargos de terceiro. Penhora de bem imóvel. Anterior contrato de promessa de compra e venda não registrado. Honorários advocatícios. Princípios da sucumbência e da causalidade. Inaplicabilidade, *in casu*, do enunciado sumular nº 303/STJ. Resistência ao pedido de desfazimento da constrição. Responsabilidade do exequente pelos ônus sucumbenciais.1. Os embargos de terceiro não impõem ônus ao embargado que não deu causa à constrição imotivada porquanto ausente o registro da propriedade. 2. A *ratio essendi* da súmula nº 303/STJ conspira em prol da assertiva acima, *verbis*: 'Em embargos de terceiro, quem deu causa à constrição indevida deve arcar com os honorários advocatícios.' 3. É que a imposição dos ônus processuais, no Direito Brasileiro pauta-se pelo princípio da sucumbência, norteado pelo princípio da causalidade, segundo o qual aquele que deu causa à instauração do processo deve arcar com as despesas dele decorrentes. 4. Deveras, afasta-se a aplicação do enunciado sumular 303/STJ quando o embargado (exequente) opõe resistência às pretensões do terceiro embargante, desafiando o próprio mérito dos embargos, hipótese que reclama a aplicação do princípio da sucumbência para fins de imposição da condenação ao pagamento da verba honorária. 5. *In casu*, apesar de a embargante não ter providenciado o registro do contrato de promessa de compra e venda do imóvel objeto da posterior constrição, deve suportar o embargado o ônus pelo pagamento da verba honorária, vez que, ao opor resistência à pretensão meritória deduzida na inicial, atraiu a aplicação do princípio da sucumbência. Recurso especial provido" (STJ, REsp 805.415/RS, 1ª Turma, Rel. Min. Luiz Fux, j. 18.03.2008, *DJe* 12.05.2008).

O art. 90, ao estabelecer que se o processo terminar com sentença proferida "com fundamento em desistência, em renúncia ou em reconhecimento do pedido, as despesas e os honorários serão pagos pela parte que desistiu, renunciou ou reconheceu", deixa clara a possibilidade de aplicação do princípio da causalidade.[30] Do mesmo modo, a regra constante no art. 85, § 10 ("nos casos de perda do objeto, os honorários serão devidos por quem deu causa ao processo"), retira qualquer dúvida quanto à existência de causalidade na fixação das despesas processuais.

Destaca-se que, no âmbito da execução ou do cumprimento de sentença, a desistência da demanda por ausência de bens penhoráveis não se insere na disposição do art. 90 do CPC. Ou seja, se o exequente desistir da execução porque não foram encontrados bens para satisfazer o crédito executado, a sua condenação em honorários não se mostra viável. Nesse sentido:

"(...) 1. Em relação à desistência, que se opera no plano exclusivamente processual, podendo dar azo, inclusive, à reproposituara da execução, o novo CPC previu que 'o exequente tem o direito de desistir de toda ou de apenas alguma medida executiva' (art. 775). 2. A desistência da execução pelo credor motivada pela ausência de bens do devedor passíveis de penhora, em razão dos ditames da causalidade, não rende ensejo à condenação do exequente em honorários advocatícios. 3. Nesse caso, a desistência é motivada por causa superveniente que não pode ser imputada ao credor. Deveras, a pretensão executória acabou se tornando frustrada após a confirmação da inexistência de bens passíveis de penhora do devedor, deixando de haver interesse no prosseguimento da lide pela evidente inutilidade do processo" (STJ, REsp 1.675.741/PR, *DJe* 05.08.2019).

Cumpre mencionar que a vantagem trazida pela nova legislação para aquele que reconhece a procedência do pedido é a possibilidade de redução dos honorários advocatícios. Isso

---

[30] Se for caso de parcial desistência, renúncia ou reconhecimento, as despesas serão rateadas de forma proporcional (art. 90, § 1º). Nesse ponto, o CPC/2015 apenas repete a regra do CPC/1973.

porque, nos termos do art. 90, § 4º, se houver reconhecimento do pedido e, simultaneamente, a obrigação for cumprida em sua integralidade, o réu será condenado à metade dos honorários.

Também se observará o princípio da causalidade na disposição contida no art. 93 do CPC/2015 (art. 29 do CPC/1973), segundo o qual, quem houver dado causa ao adiamento de ato processual, sem justo motivo, deverá responder pelas despesas processuais necessárias à realização do ato adiado. O mesmo se aplica aos atos cuja repetição se faça necessária.

Lembre-se, por fim, de que, caso as partes transijam e não disponham acerca da responsabilidade pelas despesas processuais, estas serão divididas igualmente (art. 90, § 2º). Caso a transação ocorra antes da sentença, as partes serão dispensadas do pagamento das custas processuais remanescentes (art. 90, § 3º). O CPC/1973 limitava-se a prever que na hipótese de transação, nada tendo as partes disposto sobre as despesas, estas seriam divididas igualmente (art. 26, § 2º).

1.6.2 Os honorários advocatícios

Como vimos, as custas ou gastos processuais compreendem as despesas processuais e os honorários advocatícios sucumbenciais.

A verba honorária de sucumbência visa remunerar o advogado pelo trabalho realizado em juízo. **Não se confunde com os honorários contratuais**, que são aqueles convencionados entre a parte e o advogado contratado para representá-la no processo.

Antes da aprovação do CPC atual, já predominava na jurisprudência o entendimento no sentido de que a verba honorária de sucumbência, assim como os honorários contratuais, tinham **natureza alimentar**. Assim, quando a condenada fosse a Fazenda Pública, o pagamento de tal crédito ocorreria via precatório, observada ordem especial para os créditos de natureza alimentícia (art. 100 da CF/1988). Vejamos, nesse sentido, alguns trechos de acórdãos de 2008 e 2013, respectivamente:

"Processual civil. Embargos de divergência. Honorários advocatícios decorrentes de sucumbência. Natureza alimentar. Arts. 23 da Lei nº 8.906/94 e 100, *caput*, da CF/1988. Entendimento adotado pelo Supremo Tribunal Federal. Precedentes. [...]. O Supremo Tribunal Federal, em recente decisão, reconheceu a natureza alimentar dos honorários pertencentes ao profissional advogado, independentemente de serem originados em relação contratual ou em sucumbência judicial, nestes termos: 'Conforme o disposto nos arts. 22 e 23 da Lei nº 8.906/1994, os honorários advocatícios incluídos na condenação pertencem ao advogado, consubstanciando prestação alimentícia cuja satisfação pela Fazenda ocorre via precatório, observada ordem especial restrita aos créditos de natureza alimentícia, ficando afastado o parcelamento previsto no art. 78 do Ato das Disposições Constitucionais Transitórias, presente a Emenda Constitucional nº 30, de 2000. [...]' (RE nº 470.407/DF, *DJ* de 13.10.2006, Rel. Min. Marco Aurélio)" (STJ, EREsp 647.283/SP, Rel. Min. José Delgado, j. 14.05.2008).

"Direito Empresarial. Sujeição de crédito derivado de honorários advocatícios sucumbenciais à recuperação judicial. [...] Cabe registrar que possuem natureza alimentar os honorários advocatícios, tanto os contratualmente pactuados como os de sucumbência. Desse modo, tanto honorários advocatícios quanto créditos de origem trabalhista constituem verbas que ostentam natureza alimentar. Como consequência dessa afinidade ontológica, impõe-se dispensar-lhes, na espécie, tratamento isonômico, de modo que aqueles devem seguir – na ausência de disposição legal específica – os ditames aplicáveis às quantias devidas em virtude da relação de trabalho. Assim, em relação à ordem de classificação dos créditos em processos de execução concursal, os honorários advocatícios têm tratamento análogo àquele dispensado aos créditos trabalhistas. É necessário ressaltar que os créditos trabalhistas estão submetidos aos efeitos da recuperação judicial, ainda que reconhecidos em juízo posteriormente ao seu processamento. Dessa forma, a natureza comum de ambos os créditos – honorários advocatícios de sucumbência e verbas trabalhistas – autoriza que sejam regidos, para efeitos de sujeição à recuperação judicial, da mesma forma. [...]" (STJ, REsp 1.377.764/MS, Rel. Min. Nancy Andrighi, j. 20.08.2013).

O CPC atual, alinhando-se ao entendimento jurisprudencial, dispõe que **"os honorários constituem direito do advogado e têm natureza alimentar, com os mesmos privilégios dos créditos oriundos da legislação do trabalho, sendo vedada a compensação em caso de sucumbência parcial"** (art. 85, § 14).

Isso não quer dizer, contudo, que aos honorários advocatícios sejam aplicadas as mesmas disposições relacionadas, por exemplo, aos alimentos decorrentes de parentesco. Embora a jurisprudência já tenha admitido a penhora de verbas remuneratórias para o pagamento de honorários[31], prevalece atualmente que os honorários advocatícios, embora configurem verba de natureza alimentar, não se confundem com a prestação alimentícia. Por essa razão, **não há possibilidade de penhora do salário do devedor para o seu adimplemento**. Vamos entender essa diferença com um exemplo: imagine que Jonas ganhou uma ação contra Telmo, na qual este foi condenado ao pagamento de R$ 100.000,00 (cem mil reais) a título de danos morais. Além dessa verba, Telmo foi condenado a pagar R$ 10.000,00 (dez mil reais) a título de honorários de sucumbência em favor do advogado de Jonas. É possível que, nesse exemplo, o advogado de Jonas requeira a penhora da remuneração mensal de Telmo para pagamento dos honorários? Ou seja, é possível, assim como ocorre com a prestação alimentícia, afastar a impenhorabilidade prevista no art. 833, IV, do CPC[32] exclusivamente em razão da natureza da verba?

Em recente precedente coube ao STJ esclarecer que existe uma diferença entre verba de "natureza alimentar" e "prestação alimentícia" (Corte Especial. REsps 1.954.382/SP e 1.954.380/SP, Rel. Min. Ricardo Villas Bôas Cueva, j. 05.06.2024).[33]

Não há dúvidas de que os honorários advocatícios são equiparados a salário, pois asseguram o sustento de quem os recebe. Por essa razão, essas verbas merecem uma proteção legislativa maior quando comparadas com outros créditos que não possuem a mesma finalidade. Exemplificando:

---

[31] Nesse sentido: AgInt no REsp 1.407.062/MG, *DJe* 08.04.2019 e AgInt no REsp 1.732.927/DF, *DJe* 22.03.2019.

[32] Art. 833. São impenhoráveis: (...) IV – os vencimentos, os subsídios, os soldos, os salários, as remunerações, os proventos de aposentadoria, as pensões, os pecúlios e os montepios, bem como as quantias recebidas por liberalidade de terceiro e destinadas ao sustento do devedor e de sua família, os ganhos de trabalhador autônomo e os honorários de profissional liberal, ressalvado o § 2º.

[33] RECURSO ESPECIAL REPETITIVO. PROCESSUAL CIVIL. VERBAS REMUNERATÓRIAS. IMPENHORABILIDADE. ART. 833, IV, DO CPC/2015. HONORÁRIOS ADVOCATÍCIOS. EXECUÇÃO. VERBA DE NATUREZA ALIMENTAR E PRESTAÇÃO ALIMENTÍCIA. DISTINÇÃO. ART. 833, § 2º, DO CPC/2015. EXCEÇÃO NÃO CONFIGURADA. 1. Os autos buscam definir se os honorários advocatícios de sucumbência, em virtude da sua natureza alimentar, inserem-se ou não na exceção prevista no § 2º do art. 833 do Código de Processo Civil de 2015 – pagamento de prestação alimentícia. 2. Tese para os fins do art. 1.040 do CPC/2015: a verba honorária sucumbencial, a despeito da sua natureza alimentar, não se enquadra na exceção prevista no § 2º do art. 833 do CPC/2015 (penhora para pagamento de prestação alimentícia). 3. Recurso especial provido. (REsp n. 1.954.382/SP, Rel. Min. Ricardo Villas Bôas Cueva, Corte Especial, j. 05.06.2024, *DJe* 17.09.2024).

Honorários são considerados créditos de natureza alimentícia, para os fins de precatório	Honorários são considerados créditos de natureza alimentícia, para os fins de falência e de recuperação judicial
Súmula vinculante 47: "Os honorários advocatícios incluídos na condenação ou destacados do montante principal devido ao credor consubstanciam verba de natureza alimentar cuja satisfação ocorrerá com a expedição de precatório ou requisição de pequeno valor, observada ordem especial restrita aos créditos dessa natureza". A referida súmula deixa claro que tanto os honorários incluídos na condenação como os honorários destacados do montante principal constituem-se em verba de natureza alimentar. Se os honorários contratuais que foram destacados forem inferiores ao que a lei considera como pequeno valor (art. 100, § 3º, da CF/1988), o advogado irá recebê-los mediante RPV. Se forem superiores, o advogado irá recebê-los por meio de precatório. No entanto, se for receber por meio de precatório, o advogado terá direito de entrar na "fila preferencial" dos créditos de natureza alimentícia.	"Os créditos resultantes de honorários advocatícios (sucumbenciais ou contratuais) têm natureza alimentar e são equiparados aos créditos trabalhistas para efeito de habilitação em falência, estando, portanto, enquadrados no art. 83, I, da Lei nº 11.101/2005" (STJ, Corte Especial. Resp Repetitivo 1.152.218/RS, Rel. Min. Luis Felipe Salomão, j. 07.05.2014).

Ocorre que, diferentemente das verbas remuneratórias, os alimentos são devidos geralmente para a pessoa que não pode prover a sua própria subsistência. Nas exatas palavras da Min. Nancy Andrighi:

"Em face da nítida distinção entre os institutos, evidenciada pela análise histórica e pelo estudo do tratamento legislativo e jurisprudencial conferido ao tema, forçoso concluir que não se pode igualar verbas de natureza alimentar às prestações alimentícias, nem atribuir àquelas os mesmos benefícios conferidos pelo legislador a estas, sob pena de proteção deficitária ao direito à dignidade e à vida do credor de alimentos (familiares, indenizatórios ou voluntários), vez que este, por não poder prover o próprio sustento, é mais vulnerável do que o credor de débitos dotados apenas de natureza alimentar".

Não há, portanto, como equiparar integralmente os honorários à prestação de natureza alimentar prevista no Código Civil. Se isso fosse possível, os honorários médicos ou quaisquer outros destinados a profissionais liberais, teriam que ganhar a mesma proteção.

Partindo desse raciocínio, também não se mostra cabível a utilização do rito da prisão civil (art. 528) para a cobrança de honorários advocatícios, seja no cumprimento de sentença ou na execução de título extrajudicial. Embora o Código de Processo Civil não estabeleça a natureza da prestação ao permitir a prisão civil do devedor de alimentos, a maioria da doutrina e da jurisprudência considera que a única hipótese de prisão por dívida admitida no ordenamento brasileiro é aquela relacionada à pensão alimentícia com origem no direito de família[34].

Também não é possível a penhora de saldo do Fundo de Garantia por Tempo de Serviço (FGTS) para o pagamento de honorários de sucumbência. De acordo com o art. 7º, III, da Constituição Federal, o FGTS é um direito de natureza trabalhista e social que pode ser penhorado excepcionalmente, apenas nos casos de dívida alimentícia *stricto senso*, para atender

---

[34] Na jurisprudência: STJ, HC 708.634/RS, 3ª Turma, Rel. Min. Paulo de Tarso Sanseverino, j. 03.05.2022, *DJe* 09.05.2022.

necessidades imediatas da prole[35]. Ou seja, a natureza alimentar não confere aos honorários os mesmos benefícios decorrentes da execução de alimentícia com origem em vínculos familiares.

Caso o credor seja uma sociedade de advogados, a verba honorária não perderá sua natureza alimentar. Assim, se o advogado requerer, na forma do art. 85, § 15, do CPC, que o pagamento dos honorários que lhe caibam seja efetuado em favor da sociedade de advogados que integra na qualidade de sócio, a titularidade não terá o condão de modificar a natureza de verba alimentar. Essa conclusão pode ser extraída da combinação dos §§ 14 e 15 do art. 85, assim como da jurisprudência do STJ (2ª Turma, REsp 1.358.331/RS, Rel. Min. Mauro Campbell Marques, j. 19.02.2013).

Conforme já adiantado no quadro anterior, também em razão do caráter alimentar, os créditos resultantes de honorários advocatícios podem ser equiparados a créditos trabalhistas.[36] Dessa equiparação decorre a garantia de privilégios, por exemplo, no caso de concurso de credores. Nesse ponto é importante registrar que o concurso de credores será instaurado quando a constituição dos honorários sucumbenciais ocorrer antes do pedido de recuperação judicial. O crédito de honorários constituído após o pedido de recuperação não está submetido ao juízo recuperacional, ressalvado o controle dos atos expropriatórios pelo juízo universal.[37] Essa conclusão parte da ideia de que a sentença é o marco temporal que qualifica o nascedouro do direito à percepção dos honorários de sucumbência.

Os honorários advocatícios são devidos na ação principal, na reconvenção, no cumprimento de sentença, provisório ou definitivo, na execução (seja ela resistida ou não) e nos recursos (art. 85, § 1º), e, assim como as despesas processuais, a verba honorária de sucumbência é distribuída com base nos princípios da sucumbência e da causalidade.

Note que a redação do § 1º do art. 85 (CPC/2015) confere maior clareza ao tema se comparada à disposição simplória do CPC/1973 (art. 20, § 1º). Além disso, quanto aos honorários no cumprimento provisório de sentença, vale ressaltar que não havia previsão no CPC/1973 e que a jurisprudência do STJ inadmitia a sua fixação.[38] Resumidamente, os precedentes que

---

[35] A propósito, em 2020 o STJ estabeleceu que as verbas remuneratórias, ainda que sejam destinadas à subsistência do credor, não são equivalentes aos alimentos de que trata o CC/2002, isto é, àqueles oriundos de relações familiares ou de responsabilidade civil, fixados por sentença ou título executivo extrajudicial. Ou seja, há diferença entre prestação alimentícia e verba de natureza alimentar, de modo que "as exceções destinadas à execução de prestação alimentícia, como a penhora dos bens descritos no art. 833, IV e X, do CPC/2015, e do bem de família (art. 3º, III, da Lei nº 8.009/1990), assim como a prisão civil, não se estendem aos honorários advocatícios, como não se estendem às demais verbas apenas com natureza alimentar, sob pena de eventualmente termos que cogitar sua aplicação a todos os honorários devidos a quaisquer profissionais liberais, como médicos, engenheiros, farmacêuticos, e a tantas outras categorias" (Corte Especial, REsp 1.815.055/SP, Rel. Min. Nancy Andrighi, j. 03.08.2020, *DJe* 26.08.2020).

[36] Tema 637 dos Recursos Repetitivos: "1.1) Os créditos resultantes de honorários advocatícios têm natureza alimentar e equiparam-se aos trabalhistas para efeito de habilitação em falência, seja pela regência do Decreto-Lei n. 7.661/1945, seja pela forma prevista na Lei n. 11.101/2005, observado, neste último caso, o limite de valor previsto no art. 83, inciso I, do referido Diploma legal. 1.2) São créditos extraconcursais os honorários de advogado resultantes de trabalhos prestados à massa falida, depois do decreto de falência, nos termos dos arts. 84 e 149 da Lei n. 11.101/2005" (STJ, REsp 1.152.218, *DJe* 09.10.2014).

[37] STJ, 2ª Seção, REsp 1.841.960/SP, Rel. Min. Nancy Andrighi, Rel. Acd. Min. Luis Felipe Salomão, j. 12.02.2020.

[38] "Recurso especial representativo de controvérsia. Art. 543-C do CPC. Direito processual civil. Execução provisória. Honorários. 1. Para efeitos do art. 543-C do CPC, firmam-se as seguintes teses:

sustentam o entendimento da referida Corte se estribam no fato de que, embora se faculte ao credor manejar a execução provisória, enquanto não operar o trânsito em julgado da decisão, o devedor não está compelido a adimplir a obrigação, tanto que não se pode falar na imposição da multa prevista no art. 475-J do CPC/1973. Sendo assim, a causalidade do procedimento executivo deve ser atribuída exclusivamente ao exequente provisório, pelo que deve arcar com os ônus sucumbenciais. A fundamentação é irrefutável.

O CPC/2015, contudo, procedeu a uma completa alteração na lógica do sistema ao estabelecer expressamente no art. 85, § 1º, que também **são devidos honorários no cumprimento de sentença, provisório ou definitivo**.

O cumprimento provisório da sentença impugnada por recurso desprovido de efeito suspensivo será realizado da mesma forma que o cumprimento definitivo, inclusive no que respeita à imposição da multa. Para se ver livre da multa e dos honorários, intimado do requerimento do exequente, o executado tem o prazo de quinze dias para efetivar o depósito (art. 520, *caput* e §§ 2º e 3º, do CPC/2015). Aliás, nada obsta a que o próprio "devedor provisório", diante de uma condenação imposta em sentença impugnada por recurso não dotado de efeito suspensivo, se antecipe e tome a iniciativa de elaborar os cálculos e requerer o depósito da quantia a que foi condenado. Tal ato, por disposição expressa do CPC/2015, não será havido como incompatível com o recurso por ele interposto. Ressalve que no sistema do CPC/1973, à falta de semelhante disposição, o pagamento caracterizava preclusão lógica, inviabilizando ao executado o direito constitucional de recorrer.

Embora sujeita a condição resolutiva (provimento do recurso), a obrigação encontra-se constituída. Caso não proceda ao depósito sujeitará ao pagamento da multa de dez por cento e, também, de honorários de advogado de dez por cento (art. 523, *caput* e § 1º). O credor tem a faculdade de promover ou não o cumprimento provisório; nesse sentido, inicialmente é ele que movimenta a máquina judiciária. Entretanto, o prosseguimento da execução depende da postura do devedor. Se depositar o valor a que foi condenado, com os acessórios fixados na decisão exequenda, o procedimento será encerrado, paralisando as engrenagens do judiciário e por isso isento dos ônus sucumbenciais. Ao revés, se deixa de depositar, ensejando a realização de penhora – dando causa à continuidade do cumprimento –, arcará com os ônus da sua postura, a menos, evidentemente, que a obrigação seja desconstituída em decorrência do provimento do recurso interposto.

Como o pau que bate em Chico é o mesmo utilizado para punir o João, se em decorrência de impugnação oposta ao cumprimento provisório pelo devedor a quantia pleiteada for reduzida ou se o cumprimento for extinto, os honorários serão proporcionalmente distribuídos na forma do art. 86 do CPC/2015. Enfim, em se tratando de honorários em cumprimento provisório de sentença – *rectius*, decisão judicial –, paga o credor se indevidamente deu causa à movimentação da máquina judiciária (por exemplo, promove o cumprimento de sentença proferida em processo cujo réu não foi citado na fase de conhecimento e a ação correu-lhe à revelia); paga o devedor, se não obstaculiza o cumprimento da sentença, depositando a quantia devida. Pagam ambos os litigantes, proporcionalmente, no caso de a impugnação oposta pelo executado ser julgada parcialmente procedente.

1.1. Em execução provisória, descabe o arbitramento de honorários advocatícios em benefício do exequente. 1.2. Posteriormente, convertendo-se a execução provisória em definitiva, após franquear ao devedor, com precedência, a possibilidade de cumprir, voluntária e tempestivamente, a condenação imposta, deverá o magistrado proceder ao arbitramento dos honorários advocatícios. 2. Recurso especial provido" (STJ, REsp 1.291.736/PR, Rel. Min. Luis Felipe Salomão, j. 20.11.2013). Em síntese, o que não cabe é a fixação de honorários em favor do exequente. No entanto, é possível que haja arbitramento de honorários na execução provisória em favor do executado provisório, caso a execução provisória seja extinta ou o seu valor seja reduzido.

Nestes termos, com a entrada em vigor do CPC/2015, superados restaram os precedentes firmados pelo STJ a propósito dos honorários advocatícios em cumprimento provisório de sentença. Doce ou amarga, dependendo da perspectiva, mas é a lei.

Quanto à liquidação de sentença, embora o Código atual seja omisso, a jurisprudência[39] vem considerando possível a fixação de honorários, desde que essa fase procedimental ostente caráter litigioso. Esse cenário pode ocorrer, por exemplo, quando a liquidação for realizada pelo procedimento comum, dependendo, portanto, da comprovação de fato novo ocorrido após a sentença e que tenha relação direta com a determinação da obrigação nela constituída. Se nessa hipótese o devedor não concordar com o *quantum* apurado e houver a realização de perícia contábil, tal circunstância ensejará necessidade de se remunerar os advogados pelo trabalho elaborado, em face da supressão do caráter meramente procedimental da liquidação.

Continuando. **O § 2º e seguintes do art. 85 nos fornecem as balizas que nortearão a fixação da verba honorária decorrente da sucumbência.**

Como regra, a verba honorária será fixada entre o mínimo de dez por cento e o máximo de vinte por cento sobre o valor da condenação, do proveito econômico obtido ou, não sendo possível mensurá-lo, sobre o valor atualizado na causa (art. 85, § 2º). **Trata-se de regramento que, segundo entendimento consolidado no âmbito do STJ, tem aplicação apenas para as decisões proferidas após a entrada em vigor do CPC/2015.**[40]

Para tanto, serão atendidos o grau de zelo do profissional, o lugar de prestação do serviço, a natureza e importância da causa, o trabalho realizado pelo advogado e o tempo exigido para o seu serviço (incs. I a IV). A respeito desses critérios – que também já estavam previstos no CPC de 1973 –, assim se manifestam Nelson Nery Junior e Rosa Maria de Andrade Nery:

"São objetivos e devem ser sopesados pelo juiz na ocasião da fixação dos honorários. A dedicação do advogado, a competência com que concluiu os interesses de seu cliente, o fato de defender seu constituinte em comarca onde não resida, os níveis de honorários na comarca onde se processa a ação, a complexidade da causa, o tempo despendido pelo causídico desde o início até o término da ação são circunstâncias que devem ser levadas em consideração pelo juiz quando da fixação dos honorários de advogado".[41]

Somente de forma excepcional é admitida a fixação de honorários por equidade. De acordo com o § 8º do art. 85 do CPC, quando a verba se revela irrisória ou exorbitante, cabível o arbitramento mediante apreciação equitativa.

Os adjetivos "inestimável" e "irrisório" sempre foram objeto de divergência na doutrina e na jurisprudência. Por exemplo: se uma empresa propõe uma ação de cobrança cujo valor da causa corresponde a 2 milhões de reais e, antes mesmo da realização da audiência de conciliação, o juiz sentencia reconhecendo a improcedência liminar do pedido em razão da prescrição, é possível, com base nesse dispositivo, reduzir o valor dos honorários da parte contrária, que seria, nesse caso, de R$ 200 (10%) a R$ 400 mil reais (20%)? Em outras palavras, um valor considerado "muito elevado" permite a redução por apreciação equitativa?

---

[39] STJ, AgInt no AgInt no REsp 1.955.594/MG, Rel. Min. Paulo Sérgio Domingues, 1ª Turma, j. 29.05.2023.

[40] Não se aplica a regra do art. 85, § 2º, do CPC/2015, direcionada ao arbitramento dos honorários advocatícios sucumbenciais, na hipótese em que a sentença tiver sido proferida na vigência do antigo diploma processual civil (Edição 128 da "Jurisprudência em Teses").

[41] NERY JUNIOR, Nelson; NERY, Rosa Maria de Andrade. *Código de Processo Civil comentado*. 4. ed. São Paulo: RT, 1999. p. 435.

Alguns Tribunais entendiam que quando o proveito econômico da demanda era irrisório (muito pequeno) ou inestimável (muito grande), seria cabível a fixação dos honorários por apreciação equitativa. O mesmo ocorria quando o valor da causa era muito baixo ou muito alto. Exemplificando:

"O valor da causa deve refletir a realidade econômica do pedido; sendo ínfimo, quando não for mensurável o proveito econômico, cabe apreciação equitativa. Quanto for excessivo, sem referencial econômico, é abusivo" (TJDF 8ª, T. Cível, 07134700620198070007/DF 0713470-06.2019.8.07.0007, Rel. Diaulas Costa Ribeiro, j. 01.07.2020, DJe 14.07.2020).

"Havendo desistência da ação após o oferecimento de contestação, a parte desistente deve ser condenada ao pagamento das despesas processuais e honorários advocatícios em favor do patrono do *ex adverso*. Inteligência do art. 90 do CPC/2015. Verba devida, na espécie, em *quantum* fixado por apreciação equitativa (CPC, art. 85, § 8º), em atenção aos princípios da proporcionalidade e da razoabilidade e a fim de evitar o enriquecimento sem causa dos advogados, especialmente quando o valor da causa for muito elevado. Sentença reformada. Apelo provido parcialmente" (TJ-BA, 3ª Câm. Cível, APL 05308986220168050001, Rel. Telma Laura Silva Britto, public 12.02.2020).

"A denunciação da lide por força do art. 70, inciso III, do CPC/1973, atual art. 125, II, CPC/2015, não é obrigatória, cabendo ao denunciante o pagamento dos honorários de sucumbência ao patrono da denunciada, se restar prejudicada ou julgada improcedente a lide secundária. Deve-se interpretar de forma extensiva o parágrafo 8º do art. 85 do CPC, permitindo-se a fixação dos honorários advocatícios por apreciação equitativa, se o valor da causa é muito elevado e desproporcional à complexidade da demanda" (TJ-MG, 14ª Câm. Cível, AC 10000210742326001/MG, Rel. Evangelina Castilho Duarte, j. 05.08.2021, public 05.08.2021).

Ocorre que essa interpretação não se encontra presente em nenhuma das hipóteses autorizativas da aplicabilidade do art. 85, § 8º. Logo, nenhum juiz poderia, ainda que sob os argumentos da proporcionalidade e da razoabilidade, reduzir a aplicabilidade do dispositivo legal. Trata-se de escolha legislativa que não depende de complementação judicial. A propósito, o Enunciado nº 6 da I Jornada de Direito Processual Civil do CJF já estabelecia que a fixação dos honorários de sucumbência por apreciação equitativa só seria cabível nas hipóteses taxativamente previstas no § 8º do art. 85, ou seja, apenas quando inestimável ou irrisório o proveito econômico ou quando muito baixo o valor da causa.

Diante da divergência interpretativa, inclusive nas causas envolvendo a Fazenda Pública, cuja redação do CPC/2015 foi ainda mais clara ao determinar que a fixação dos honorários deve observar os critérios estabelecidos nos incisos I a IV do § 2º do art. 85, com os percentuais do § 3º, o STJ definiu, em sede de recurso especial repetitivo (Corte Especial, REsp 1.850.512/SP, Rel. Min. Og Fernandes, j. 16.03.2022, tema 1.076), que a fixação dos honorários por apreciação equitativa não é permitida quando os valores da condenação, da causa ou o proveito econômico da demanda forem elevados. E, nas causas envolvendo a Fazenda Pública, é obrigatória a observância dos percentuais previstos nos §§ 2º ou 3º do art. 85 do CPC – a depender da presença da Fazenda Pública na lide –, os quais serão subsequentemente calculados sobre o valor: a) da condenação; ou b) do proveito econômico obtido; ou c) do valor atualizado da causa.

Para a Corte, a previsão de proveito econômico "inestimável" é sinônimo apenas de um valor "irrisório", não de valor "elevado". Em suma, segundo o STJ, **apenas se admite arbitramento de honorários por equidade quando, havendo ou não condenação: a) o proveito econômico obtido pelo vencedor for inestimável ou irrisório; ou b) o valor da causa for muito baixo.** Portanto, o exemplo dado inicialmente não é hipótese que admite discricionariedade judicial.

Infelizmente, mesmo com a fixação de precedente de caráter vinculante, alguns tribunais continuaram a permitir a fixação de honorários, a critério do juiz, nas causas envolvendo alto valor. No julgamento da apelação 1.0000.22.035971-5/001, o Tribunal de Justiça de Minas Gerais afastou a aplicação do precedente argumentando que o tema não se encontrava suficientemente amadurecido:

> "(...) Depreende-se que o tema não se encontra satisfatoriamente amadurecido sequer no âmbito do Superior Tribunal, conclusão que se extrai da própria notícia que informa que a Corte Superior do STJ decidiu por 07 votos a 05, ou seja, por voto de apenas um ministro não houve empate na deliberação. Nesse cenário, afigura-nos temerário receber o referido *decisum* com credenciais de precedente obrigatório e vinculante, o que desvelaria verdadeira ofensa ao princípio da segurança jurídica, posto que não existe pacificação do entendimento jurisprudencial sobre a matéria" (Trecho do voto da Des. Relatora Lílian Maciel, *DJe* 05.05.2022).

Coube, então, ao Legislativo disciplinar expressamente a matéria. Em 2022, o Código de Processo Civil foi alterado pela Lei nº 14.365/2022 (*DOU* 03.06.2022), que acrescentou os §§ 6º-A e 8º-A ao art. 85, eliminando os debates sobre a incidência da equidade na fixação de honorários sucumbenciais em causas de alto valor:

> (...) § 6º-A. Quando o valor da condenação ou do proveito econômico obtido ou o valor atualizado da causa for líquido ou liquidável, para fins de fixação dos honorários advocatícios, nos termos dos §§ 2º e 3º, é proibida a apreciação equitativa, salvo nas hipóteses expressamente previstas no § 8º deste artigo.
>
> § 8º Nas causas em que for inestimável ou irrisório o proveito econômico ou, ainda, quando o valor da causa for muito baixo, o juiz fixará o valor dos honorários por apreciação equitativa, observando o disposto nos incisos do § 2º.
>
> § 8º-A. Na hipótese do § 8º deste artigo, para fins de fixação equitativa de honorários sucumbenciais, o juiz deverá observar os valores recomendados pelo Conselho Seccional da Ordem dos Advogados do Brasil a título de honorários advocatícios ou o limite mínimo de 10% (dez por cento) estabelecido no § 2º deste artigo, aplicando-se o que for maior.

Veja uma hipótese prática em que será possível a fixação de honorários por equidade: um terceiro apresenta exceção de pré-executividade, que é acolhida pelo juiz, levando à sua exclusão do polo passivo da execução. Nesse caso, os honorários advocatícios devem ser fixados por equidade, nos termos do art. 85, § 8º, do CPC/2015, uma vez que não se pode vincular a verba sucumbencial ao valor da causa dado na execução, sendo inestimável o proveito econômico por ela auferido[42].

O § 6º-A veda a apreciação equitativa também quando for possível liquidar o valor da condenação, do proveito econômico ou atualizado da causa. Ou seja, somente será permitida alguma discricionariedade quando se tratar de hipótese prevista expressamente no § 8º. Ainda nesses casos, deve o juiz seguir as recomendações do Conselho Seccional da Ordem dos Advogados do Brasil a título de honorários advocatícios ou o limite mínimo de 10%, aplicando-se o que for maior.

Tratando-se de ação de indenização por ato ilícito contra pessoa, o percentual dos honorários incidirá sobre a soma das prestações vencidas com mais doze prestações vincendas[43] (art. 85, § 9º).

---

[42] Nesse sentido: STJ, AgInt no REsp 1.739.095/PE, Rel. Min. Raul Araújo, 4ª Turma, j. 14.08.2023.

[43] Esse mesmo critério já era utilizado pelo STJ nas hipóteses de condenação da Fazenda Pública ao pagamento de verba decorrente de relação de trato sucessivo e por tempo indeterminado (nesse sentido:

Se o processo estiver em **grau de recurso**, o tribunal poderá majorar os honorários levando em consideração o trabalho adicional realizado na fase recursal,[44] observando os mesmos indicadores dos §§ 2º a 6º – ou seja, a majoração também vale para as ações envolvendo a Fazenda Pública. Trata-se de novidade "que tem dupla funcionalidade: atender à justa remuneração do patrono pelo trabalho adicional na fase recursal e inibir o exercício abusivo do direito de recorrer" (EDcl no REsp 1.714.952/SC, *DJe* 11.03.2019).

Perceba que o que poderá ocorrer é a majoração dos honorários, e não a fixação pelo Tribunal. Nos termos do entendimento do STJ, os honorários recursais não possuem autonomia, nem existência independente da sucumbência fixada na origem. Assim, por representarem apenas um acréscimo ao ônus estabelecido pela instância anterior, na hipótese de descabimento ou quando a fixação não for realizada pelo juízo de primeiro grau, não haverá falar em honorários (p. ex. AgInt no AREsp 1.341.886/SP, j. 27.05.2019). Situação diferente ocorre quando a verba honorária recursal, embora devida, foi omitida da decisão monocrática do relator. Nessa hipótese o órgão colegiado poderá arbitrá-la *ex officio*, por se tratar de matéria de ordem pública.

Esses honorários, quando fixados pelo tribunal, são também cumuláveis com multas e outras sanções processuais, inclusive aquelas decorrentes de ato atentatório à dignidade da justiça (art. 85, § 12). De todo modo, a majoração da verba honorária em sede recursal não pode ultrapassar os limites previstos em lei. Exemplo: fixação de 10% na sentença, 5% na apelação e 5% no recurso especial. Se for interposto e admitido recurso extraordinário, o STF não poderá mais elevar a verba, porquanto a fixação já atingiu o limite de 20%.[45]

A majoração da verba honorária no âmbito recursal exige, segundo o STJ, o preenchimento de alguns requisitos:[46]

1. Só poderá haver majoração se o recurso tiver sido interposto contra decisão publicada a partir de 18 de março de 2016, correspondente à data da entrada em vigor do CPC/2015.[47] Assim, ainda que a sentença tenha sido proferida na vigência do

---

STJ, EDcl no AgRg nos EDcl no REsp 1.365.870/RS, Rel. Min. Humberto Martins, j. 04.10.2013; STJ, REsp 445.471/SC, Rel. Min. Hamilton Carvalhido, j. 06.03.2003).

[44] Sobre o tema, conferir o Enunciado nº 16 da Enfam: "Não é possível majorar os honorários na hipótese de interposição de recurso no mesmo grau de jurisdição (art. 85, § 11, do CPC/2015)".

[45] Para a doutrina, no julgamento dos embargos de declaração não há a majoração de honorários na forma do § 11 do art. 85, pois esse dispositivo refere-se a tribunal, afastando a sucumbência recursal na primeira instância. "Assim, opostos embargos de declaração contra decisão interlocutória ou contra sentença, não há sucumbência recursal, não havendo, de igual modo e em virtude da simetria, sucumbência recursal em embargos de declaração opostos contra decisão isolada do relator ou contra acórdão" (DIDIER JR., Fredie; CUNHA, Leonardo Carneiro da. *Curso de direito processual civil*. Salvador: JusPodivm, 2016. v. 3, p. 54). Ocorre que o Supremo Tribunal Federal, em decisão com base no novo CPC, entendeu que a majoração também pode ocorrer quando se tratar do recurso de embargos de declaração (STF, 1ª Turma, RE 929.925 AgR-ED/RS, Rel. Min. Luiz Fux, j. 07.06.2016).

[46] Julgados extraídos da Edição nº 128 da *Jurisprudência em Teses*.

[47] No mesmo sentido, o STF: "Se tal crédito não era previsto no ordenamento jurídico nesse momento processual, não cabe sua estipulação com base em lei posterior, sob pena de ofensa ao princípio da irretroatividade da lei" (STF, 1ª Turma, ARE 1014675 AGR/MG, Rel. Min. Alexandre de Moraes, julgado em 23.03.2018, publicado em 12.04.2018). O tema já havia sido objeto de Enunciado Administrativo do STJ, quando da entrada em vigor do CPC: "Somente nos recursos interpostos contra decisão publicada a partir de 18 de março de 2016 será possível o arbitramento de honorários sucumbenciais recursais, na forma do art. 85, § 11, do NCPC" (Enunciado Adm. n. 7).

CPC/1973, se a publicação do pronunciamento ocorreu a partir de 18.03.2016, será possível a aplicação da nova regra do art. 85, § 11.[48]

2. Os honorários não devem incidir a cada recurso interposto no mesmo grau de jurisdição, sendo necessária a instauração de novo grau recursal[49].

3. A regra da majoração terá aplicabilidade tanto no caso de não conhecimento integral do apelo, quanto de não provimento do recurso.

4. Para a incidência do § 11, deve ter ocorrido fixação prévia de honorários, ou seja, devem ter sido fixados honorários advocatícios desde a origem no feito em que interposto o recurso. A exigência de condenação da origem também já foi abordada pelo STF[50], que entendeu pela impossibilidade de majoração de honorários recursais quando o processo originário não preveja a condenação, a exemplo do agravo de instrumento e do mandado de segurança. Em relação ao agravo interno, Daniel Amorim entende que "esse recurso, ainda que seja julgado no mesmo grau de jurisdição, não é julgado pelo mesmo órgão jurisdicional, não se podendo confundir o órgão singular formado pelo relator e o órgão colegiado formado para o julgamento do agravo interno". Dessa forma, para o autor, é cabível a majoração.[51]

Especialmente quanto aos embargos de declaração, há precedente no STF admitindo a majoração. Entretanto, a corrente doutrinária e jurisprudencial que vem prevalecendo é no sentido do descabimento, considerando que o § 11 do art. 85 do CPC traz a expressão "tribunal" e o julgamento dos embargos é realizado pelo próprio juízo prolator da decisão embargada.[52]

Não se mostra necessário que o advogado demonstre seu trabalho adicional para perceber a verba honorária majorada. Conforme pacificado no STJ, "para a majoração dos honorários advocatícios na instância recursal, não é exigível a comprovação de trabalho adicional do advogado, que será considerado apenas para a quantificação de tal verba" (p. ex.: AgInt no AREsp 1.430.718/MS, DJe 31.05.2019).

Na prática forense é muito comum, no entanto, a fixação dos honorários advocatícios com base apenas no valor da causa, o que, todavia, não encontra amparo legal. Com efeito, afora a definição de procedimento (comum ou dos Juizados especiais) e a cobrança de custas, o valor da causa não interfere em qualquer aspecto da demanda, sequer na fixação de honorários advocatícios. A exceção fica por conta do art. 85, § 4º, III, que possibilita a condenação com base no valor atualizado da causa nas ações em que a Fazenda Pública for parte e não houver condenação principal ou não for possível mensurar o proveito econômico obtido. Outra

---

[48] "É devido o pagamento de honorários advocatícios recursais quando o acórdão recorrido for publicado na vigência do CPC/2015, mesmo que a sentença tenha sido proferida sob a égide do CPC/1973" (STJ, EAREsp 1.402.331/PE, Rel. Min. Mauro Campbell Marques, 1ª Seção, por unanimidade, j. 09.09.2020, DJe 15.09.2020, Informativo 679).

[49] No mesmo sentido é o Enunciado 16 da Escola Nacional de Formação e Aperfeiçoamento de Magistrados: "Não é possível majorar os honorários na hipótese de interposição de recurso no mesmo grau de jurisdição (art. 85, § 11, do CPC/2015)".

[50] STF, 1ª Turma, ARE 948578 AgRg/RS, ARE 951589 AgRg/PR e ARE 952384 AgRg/MS, Rel. Min. Marco Aurélio, julgados em 21.06.2016.

[51] NEVES, Daniel Amorim Assumpção. *Manual de direito processual civil*. 10. ed. Salvador: JusPodivm, 2018. p. 285.

[52] Favorável à majoração no julgamento dos embargos: STF, AO 1779 AgRg-ED, 1ª Turma, Rel. Min. Marco Aurélio, Rel p/ Ac. Min. Luiz Fux, DJe 02.05.2017. Desfavorável: STJ, Edcl no AgInt nos EDcl no REsp 1.350.917/MS, DJe 19.12.2019.

exceção se verifica quando não houver condenação e também não for possível determinar o proveito econômico obtido pela parte vencedora (parte final do art. 85, § 2º, do CPC/2015). Assim, inexistindo condenação ou proveito econômico, os honorários advocatícios deverão ser calculados sobre o valor da causa.

1.6.2.1 Honorários advocatícios nas ações em que for parte a Fazenda Pública: regras especiais

No CPC/1973, vencida a Fazenda Pública, os honorários advocatícios eram fixados por apreciação equitativa do juiz.[53] Em síntese, cabia ao magistrado basear-se no caso concreto para recompensar o trabalho do advogado, sem onerar, de forma excessiva, a Fazenda Pública. Essa regra possibilitava, no entanto, a fixação de honorários em valor irrisório, inclusive em percentual inferior a 10% (dez por cento).

A legislação atual felizmente não seguiu a mesma sistemática. O ponto principal da alteração é o estabelecimento de um percentual mínimo de honorários em demandas envolvendo a Fazenda Pública (como autora ou como ré). Assim, independentemente do valor da condenação sofrida pela Fazenda ou pelo particular que tenha litigado com esta, os honorários advocatícios não poderão ser fixados em valor inferior ao mínimo estabelecido em lei. O grau de zelo do profissional, o lugar da prestação do serviço, a natureza e a importância da causa, bem como o trabalho realizado pelo advogado e o tempo para o seu serviço também devem ser atendidos quando da fixação dos honorários. No mais, as regras gerais sobre a fixação de honorários, desde que não colidam com as previsões específicas para a Fazenda Pública, também devem ser aplicadas a ela.

Os percentuais (mínimo e máximo) estão fixados nos incs. I a V do § 3º do art. 85, e devem ser aplicados independentemente do conteúdo da decisão (§ 6º).

Eis os percentuais:

I – mínimo de dez e máximo de vinte por cento sobre o valor da condenação ou do proveito econômico obtido até 200 (duzentos) salários mínimos;

II – mínimo de oito e máximo de dez por cento sobre o valor da condenação ou do proveito econômico obtido acima de 200 (duzentos) salários mínimos até 2.000 (dois mil) salários mínimos;

III – mínimo de cinco e máximo de oito por cento sobre o valor da condenação ou do proveito econômico obtido acima de 2.000 (dois mil) salários mínimos até 20.000 (vinte mil) salários mínimos;

IV – mínimo de três e máximo de cinco por cento sobre o valor da condenação ou do proveito econômico obtido acima de 20.000 (vinte mil) salários mínimos até 100.000 (cem mil) salários mínimos;

V – mínimo de um e máximo de três por cento sobre o valor da condenação ou do proveito econômico obtido acima de 100.000 (cem mil) salários mínimos.

Como se pode perceber, há no Código uma situação de escalonamento, de modo que, quanto mais alto for o valor da condenação, menor será o percentual a ser utilizado pelo juiz na fixação dos honorários.

---

[53] Art. 20, § 4º, do CPC/1973: "Nas causas de pequeno valor, nas de valor inestimável, naquelas em que não houver condenação ou for vencida a Fazenda Pública, e nas execuções, embargadas ou não, os honorários serão fixados consoante apreciação equitativa do juiz [...]".

Esses percentuais serão aplicados no momento da prolação da sentença e terão por base o salário mínimo vigente. No entanto, se a sentença for ilíquida, deve-se aguardar o procedimento de liquidação para posterior definição. Nesta hipótese, o valor-base será o salário mínimo vigente na data da decisão de liquidação (art. 85, § 4º, I, II e IV).

Em relação à fixação dos honorários a partir do salário mínimo, vale uma ressalva: o Superior Tribunal de Justiça, ao editar o Enunciado 201, vedou a fixação dessa verba em salários mínimos. A Súmula não foi cancelada, mas deve se.r lida com a ressalva expressa no Código atual, que admite a utilização do salário mínimo exclusivamente para os honorários em ações envolvendo a Fazenda Pública.

Outra regra que deve ser observada é aquela prevista no § 5º do art. 85, segundo o qual, quando o valor da condenação contra a Fazenda Pública, o valor da causa ou o benefício econômico obtido pelo vencedor forem superiores a 200 salários mínimos, o percentual de honorários será fixado levando-se em consideração a faixa inicial (10% a 20%) e, naquilo que exceder, a faixa subsequente, e assim sucessivamente. Vejamos um exemplo:

O Município de Belo Horizonte/MG foi condenado a pagar a quantia de R$ 250.000,00 (duzentos e cinquenta mil reais) a título de indenização. Esse valor supera o montante de 200 salários mínimos (art. 85, § 3º, I), mas não chega a superar o limite de 2.000 salários (art. 85, § 3º, II). O juiz deverá, então, fixar os honorários da seguinte forma: (i) de 10% a 20% sobre o valor de R$ 157.600,00 (cento e cinquenta e sete mil e seiscentos reais), que corresponde a 200 salários mínimos;[54] (ii) de 8% a 10% sobre o valor restante (R$ 92.400,00), observando-se, assim, a faixa subsequente à do art. 85, § 3º, I.

Registra-se que esses percentuais e escalonamento devem ser aplicados sempre que a Fazenda Pública estiver em juízo, seja como autora, seja como ré (STJ, REsp 1.769.017/RS, Rel. Min. Mauro Campbell Marques, 2ª Turma, j. 23.05.2023 (Info 11 – Edição Extraordinária).

A fixação dos honorários da forma proposta permite, enfim, o adequado reconhecimento ao trabalho exercido pelo advogado. Para o STJ, "o trabalho que justifica a percepção de honorários na forma do art. 85, § 3º, NCPC, é aquele que de alguma forma tenha sido determinante para o sucesso na demanda, de modo que, não havendo correlação entre a argumentação contida na petição de defesa e a sentença extintiva da execução fiscal, admite-se a fixação dos honorários por equidade, na forma do art. 85, § 8º, NCPC, sem que isso caracterize declaração de inconstitucionalidade ou negativa de vigência do art. 85, § 3º, NCPC" (REsp 1.795.760/SP, DJe 03.12.2019).

Quanto à definição aos honorários nas **execuções propostas contra a Fazenda Pública**, as regras serão as mesmas do art. 85, § 3º, mas com uma ressalva: nas ações não embargadas, submetidas ao regime dos precatórios, não serão devidos honorários advocatícios. No entanto, na hipótese de execução de pequeno valor (art. 100, § 3º, da CF/1988[55]), com pagamento por

---

[54] Aplicou-se neste exemplo o valor do salário mínimo vigente a partir de janeiro de 2015, ou seja, R$ 788,00 (setecentos e oitenta e oito reais). O valor deve ser atualizado conforme a data da publicação da sentença.

[55] Art. 100 da CF/1988: "Os pagamentos devidos pelas Fazendas Públicas Federal, Estaduais, Distrital e Municipais, em virtude de sentença judiciária, far-se-ão exclusivamente na ordem cronológica de apresentação dos precatórios e à conta dos créditos respectivos, proibida a designação de casos ou de pessoas nas dotações orçamentárias e nos créditos adicionais abertos para este fim. [...] § 3º O disposto no *caput* deste artigo relativamente à expedição de precatórios não se aplica aos pagamentos de obrigações definidas em leis como de pequeno valor que as Fazendas referidas devam fazer em virtude de sentença judicial transitada em julgado".

meio de RPV (Requisição de Pequeno Valor), os honorários serão devidos. Este já era, inclusive, o posicionamento anotado por nossos tribunais superiores, *in verbis*:

> "Processual Civil. Execução contra a Fazenda Pública não embargada. Pequeno valor. Dispensa de Precatório. Cabimento de honorários advocatícios. Interpretação conforme a Constituição do art. 1º-D da Lei 9.494/97. 1. Em se tratando de execução por quantia certa de título judicial contra a Fazenda Pública, a regra geral é a de que somente são devidos honorários advocatícios se houver embargos. É o que decorre do art. 1º-D da Lei 9.494/97, introduzido pela Medida Provisória 2.180-35, de 24 de agosto de 2001. 2. **A regra, todavia, é aplicável apenas às hipóteses em que a Fazenda Pública está submetida a regime de precatório, o que impede o cumprimento espontâneo da prestação devida por força da sentença. Excetuam-se da regra, portanto, as execuções de pequeno valor, de que trata o art. 100, § 3º, da Constituição, não sujeitas a precatório, em relação às quais a Fazenda fica sujeita a honorários nos termos do art. 20, § 4º do CPC.** Interpretação conforme à Constituição do art. 1º-D da Lei 9.494/97, conferida pelo STF (RE 420.816, relator para acórdão Min. Sepúlveda Pertence). 3. Consideram-se de pequeno valor, para esse efeito, as execuções de (a) até sessenta (60) salários mínimos, quando devedora for a União Federal (Lei 10.259/2001, art. 17 § 1º); (b) até quarenta (40) salários mínimos ou o estabelecido pela legislação local, quando devedor for Estado-membro ou o Distrito Federal (ADCT art. 87); e (c) até trinta (30) salários mínimos ou o estabelecido pela legislação local, quando devedor for Município (ADCT, art. 87). 4. Sendo a execução promovida em regime de litisconsórcio ativo facultativo, a aferição do valor, para os fins do art. 100, § 3º da Constituição, deve levar em conta o crédito individual de cada exequente (art. 4º da Resolução nº 373, de 25.05.2004, do Conselho da Justiça Federal). Precedente: REsp nº 728.163/RS, 1ª T., Rel. Min. Teori Albino Zavascki, DJ 21.11.2005. 5. Recurso especial a que se dá provimento" (STJ, Rel. Min. Teori Albino Zavascki, j. 08.05.2007).

Cabe ressaltar que com o julgamento do REsp Repetitivo 1.850.512/SP, mencionado anteriormente, a fixação dos honorários por apreciação equitativa não é permitida quando os valores da condenação, da causa ou o proveito econômico da demanda forem elevados, mesmo que se trate de causa envolvendo a Fazenda Pública.

1.6.2.2 Titularidade e cobrança dos honorários

Dispõe o art. 23 da Lei nº 8.906/1994 (Estatuto da OAB) que:

> Art. 23. Os honorários incluídos na condenação por arbitramento ou sucumbência, pertencem ao advogado, tendo este direito autônomo para executar a sentença nesta parte, podendo requerer que o precatório, quando necessário, seja expedido em seu favor.

O dispositivo não dá margem a dúvidas. **Pertencem ao advogado, e não à parte, os honorários advocatícios arbitrados em razão da sucumbência**. Do mesmo modo, o atual art. 85, § 14, expressamente estabelece que os honorários continuem direito do advogado, inclusive daquele que venha a atuar em causa própria (art. 85, § 17). Assim, os causídicos que atuaram em determinado feito terão legitimidade para, autonomamente, promover o cumprimento da sentença com relação à verba fixada em favor deles.

A jurisprudência ainda reconhece legitimidade da parte para promover a execução da sentença quanto aos honorários advocatícios. Em verdade, trata-se de hipótese de legitimidade concorrente, podendo a execução ser promovida tanto pelo advogado, quanto pela parte. Confira:

> "Processual civil e tributário. Honorários. Legitimidade concorrente da parte. Precedentes do STJ. 1. O Tribunal de origem entendeu que o art. 23 da Lei 8.906/1994 estabelece que os

honorários pertencem ao advogado, não à parte, razão pela qual faltaria a esta interesse em recorrer para elevá-lo, uma vez ser defeso postular em nome próprio direito alheio (art. 6º do CPC/1973). 2. A jurisprudência do STJ é tranquila no sentido de que, apesar de os honorários advocatícios constituírem direito autônomo do advogado, não se exclui da parte a legitimidade concorrente para discuti-los, ante a *ratio essendi* do art. 23 da Lei 8.906/1994 (REsp 828.300/SC, Rel. Ministro Luiz Fux, Primeira Turma, *DJe* de 24.4.2008). Precedentes: REsp 1.596.062/SP, Rel. Min. Diva Malerbi (Desembargadora Convocada TRF 3ª Região), Segunda Turma, *DJe* 14.6.2016; AgRg no REsp 1.378.162/SC, Rel. Min. Mauro Campbell Marques, Segunda Turma, *DJe* 10.2.2014; AgRg no REsp 1.538.765/SP, Rel. Min. Marco Buzzi, Quarta Turma, *DJe* 22.2.2017. 3. Recurso Especial provido" (STJ, REsp: 1831211/SP, Relator: Ministro Herman Benjamin, j. 01.10.2019, 2ª Turma, *DJe* 18.10.2019).

Quanto à possibilidade de **compensação**[56] desses honorários em razão de sucumbência parcial ou recíproca, já expressávamos entendimento no sentido de que o art. 23 do Estatuto da OAB havia revogado parcialmente a parte final do art. 21 do CPC/1973,[57] tornando impossível a compensação de tal crédito, já que a titularidade dessa verba foi expressamente conferida ao advogado. Reforçando esse entendimento, a parte final do § 14 do art. 85 veda a compensação de honorários em caso de sucumbência parcial. Desta forma, sempre que houver condenação em sucumbência recíproca ou parcial, deverá o magistrado fixar os honorários em favor do advogado, condenando as partes a efetuarem os respectivos pagamentos, sem qualquer possibilidade de compensação.[58]

Outra novidade trazida pelo CPC/2015 tem relação com o **pagamento dos honorários diretamente à sociedade de advogados.** É que o § 15 do art. 85 possibilita ao advogado requerer o pagamento da verba honorária em favor da sociedade na qual atua como sócio. O dispositivo não menciona a necessidade de indicação do nome da sociedade no instrumento de procuração, entretanto, por força do art. 105, § 3º, entendemos que se o advogado integrar sociedade de advogados, o nome desta e o respectivo endereço devem constar no instrumento de mandato. Para o STJ, essa é condição necessária ao levantamento das verbas honorárias por parte da pessoa jurídica (sociedade de advogados). Vejamos:

"Processual. Honorários Advocatícios. Sociedade de Advogados. Mandato outorgado ao advogado. Alvará de levantamento em nome da sociedade. Impossibilidade. Lei nº 8.906/1994,

---

[56] A compensação, instituto do direito civil, só será possível quando duas pessoas forem, ao mesmo tempo, credor e devedor uma da outra. Além disso, as obrigações devem ter por objeto coisas fungíveis – da mesma espécie e qualidade – e as dívidas devem ser vencidas, exigíveis e líquidas (arts. 368 a 380 do CC/2002). No caso de sucumbência recíproca, teríamos, com relação à verba honorária, duas obrigações distintas, com sujeitos distintos: o autor seria devedor do advogado do réu (primeira obrigação); e o réu seria devedor do advogado do autor (segunda obrigação). A compensação de obrigações ocorreria, nesse caso, com diferentes direitos passivos e ativos, o que é inadmissível. No entanto, vale ressaltar que a compensação continua a ser admitida quando, na época da fixação do ônus de sucumbência, ainda estava em vigor o Código de 1973 (AgInt dos EDcl no REsp 1.576.240/SP, *DJe* 09.09.2021), mesmo que a cobrança ocorra na vigência do CPC atual.

[57] Art. 21 do CPC/1973: "Se cada litigante for em parte vencedor e vencido, serão recíproca e proporcionalmente distribuídos e compensados entre eles os honorários e as despesas".

[58] Nesse sentido, já com base no CPC vigente: "Não é possível a compensação de honorários advocatícios quando a sua fixação ocorrer na vigência do CPC/2015" (Edição 129 da "Jurisprudência em Teses, do STJ). Mais recente: Sob a égide do CPC/2015, estabelecido o grau de sucumbência recíproca entre os litigantes, a parte autora deverá arcar com os honorários sucumbenciais do advogado do réu e este com os honorários sucumbenciais do advogado do autor (STJ, 3ª Turma. REsp 2.082.582/RJ, Rel. Min. Nancy Andrighi, j. 11.06.2024).

art. 15, § 3º. Novel entendimento firmado pela Corte Especial. 1. O art. 15, § 3º, da Lei nº 8.906/1994 (Estatuto da Advocacia), determina que, no caso de serviços advocatícios prestados por sociedade de advogados, as procurações devem ser outorgadas individualmente aos causídicos e indicar a sociedade de que façam parte. 2. Os serviços advocatícios prestados por sociedade de advogados pressupõem que, nas procurações outorgadas individualmente aos causídicos deve constar a pessoa jurídica integrada pelos referidos profissionais porquanto, assim não ocorrendo, torna-se impossível se aferir se os serviços foram prestados pela sociedade ou individualmente, pelo profissional que dela faça parte. 3. **O serviço não se considera prestado pela sociedade na hipótese em que a procuração não contém qualquer referência à mesma, impedindo, portanto, que o levantamento da verba honorária seja feito em nome da pessoa jurídica com seus efeitos tributários diversos daqueles que operam quando o quantum é percebido *uti singuli* pelo advogado [...]**" (Trecho do acórdão proferido no REsp 1.013.458/SC, de relatoria do então Min. do STJ, Luiz Fux).

Para o STJ, se a procuração não indicar a sociedade de advogados, pressupõe-se que os serviços foram realizados individualmente pelo causídico. Assim, caberá somente a este o recebimento das verbas de sucumbência, sobre as quais incidirá o Imposto de Renda Pessoa Física.

Ressalte-se que o pagamento da verba honorária à sociedade não deve ocorrer de forma automática, ou seja, mesmo que na procuração conste o nome e os dados do escritório de advocacia, caberá ao advogado decidir se receberá diretamente o pagamento dos honorários sucumbenciais ou os reverterá em favor da sociedade.

O CPC/2015 previu a percepção de honorários sucumbenciais pelos advogados públicos, condicionando-os à edição de lei (art. 85, § 19). Assim, o efetivo recebimento depende de lei a ser editada pelos entes federativos (União, Estados e Municípios).

Com referência aos advogados públicos da União, ou seja, os integrantes das carreiras de Advogado da União, Procuradores Federais, Procuradores da Fazenda Nacional e Procuradores do Banco Central, coube à Lei nº 13.327/2016 disciplinar a forma de repasse dos honorários advocatícios de sucumbência devidos à União, suas autarquias e fundações públicas aos integrantes das mencionadas carreiras.

Trata-se de repasse, uma vez que não se pode cogitar de titularidade imediata dos honorários pelo advogado público que atuou no processo, porquanto a lei prevê toda uma sistemática de distribuição de tais verbas sucumbenciais, sem levar em conta o fato de este ou aquele advogado ter atuado no feito. Assim, num primeiro momento, os honorários de sucumbência são devidos às pessoas jurídicas indicadas na lei; sendo elas a parte legítima para eventual cobrança. Nesse caso, em razão da titularidade do crédito, há que se admitir a compensação. Deve-se registrar – sem qualquer juízo de valor, ressalve-se –, que a lei foi bastante generosa com os advogados públicos da União, suas autarquias e fundações, dispondo que:

a) além dos honorários advocatícios de sucumbência recebidos a título de honorários advocatícios de sucumbência pelas pessoas jurídicas de direito público indicadas, os valores a serem repassados aos advogados públicos da União são acrescidos de 75% do produto do encargo legal acrescido aos débitos por elas inscritos na dívida ativa e pela taxa de 20% criada pelo § 1º do art. 37-A da Lei nº 10.522/2002;

b) o montante será recolhido a um fundo próprio, gerido pelo Conselho Curador dos Honorários Advocatícios (CCHA) e destinado aos Procuradores ativos e aposentados;

c) os valores repassados aos advogados públicos não integram o subsídio, não serão considerados para fins de adicional, gratificação ou qualquer vantagem pecuniária, não são considerados para fins do texto constitucional e também sobre eles não incide contribuição previdenciária.

Cabe destacar que a referida legislação foi questionada perante o Supremo Tribunal Federal, por meio da ADI 6.053, proposta pela Procuradora-Geral da República. Em síntese, a PGR alegava que o recebimento de honorários ofendia os princípios da impessoalidade, moralidade e supremacia do interesse público, bem como desrespeitava o regime de subsídios e o teto constitucional.

No julgamento da ADI 6.053, ocorrido em 22.06.2020, o STF, por maioria, declarou a constitucionalidade da percepção de honorários de sucumbência pelos advogados públicos, e julgou parcialmente procedente o pedido formulado para conferir interpretação conforme à Constituição em relação ao art. 23 do Estatuto da OAB, art. 85, § 19, do CPC, e aos arts. 27 e 29 a 36 da Lei 13.327/2016, estabelecendo que a somatória dos subsídios dos advogados públicos e dos honorários de sucumbência percebidos mensalmente não poderá exceder ao valor da remuneração dos Ministros do STF, nos termos do art. 37, XI, da CF/1988. Em suma, mesmo reconhecendo a compatibilidade entre a fixação dos honorários sucumbenciais em favor do advogado público e o seu regime de subsídios, a Corte entendeu pela necessidade de observância do teto constitucional.

Mais uma questão importante quanto aos honorários advocatícios diz respeito aos efeitos da omissão do órgão julgador em estabelecê-los. Isto é, se a sentença ou acórdão não fixar qualquer valor a título de honorários, haveria óbice em fixá-los posteriormente, por meio de ação autônoma? E mais: a não interposição de embargos de declaração tornaria preclusa a matéria?

No direito processual civil, entende-se que a omissão em relação a um pedido não torna imutável e indiscutível a questão por ele veiculada, porque, teoricamente, não existe amparo para se dizer indiscutível uma "não decisão". Se o pedido não foi examinado (inexistência de pronunciamento judicial), não há que se falar em preclusão e, por consequência, em coisa julgada. De outra forma, estar-se-ia autorizando um julgamento implícito denegatório do pedido não enfrentado, o que violaria, de pronto, o dever constitucional de motivação das decisões judiciais.

No entanto, em relação aos honorários, em 18.08.2010, o STJ fixou entendimento diverso, segundo o qual, em caso de omissão, devem ser opostos, necessariamente, embargos de declaração, sob pena de preclusão. Esse entendimento, a par da sua incorreção, restou consolidado na Súmula nº 453 ("os honorários sucumbenciais, quando omitidos em decisão transitada em julgado, não podem ser cobrados em execução ou em ação própria"[59]). Felizmente, o CPC corrigiu o equívoco e possibilitou, de forma expressa, a propositura de ação autônoma, independentemente da interposição de embargos de declaração:

> Art. 85. [...] § 18. Caso a decisão transitada em julgado seja omissa quanto ao direito aos honorários ou ao seu valor, é cabível ação autônoma para a sua definição e cobrança.

Em processo, não há decisão implícita, assim, razoável se me afigura não admitir a inclusão de verba honorária não contemplada na sentença na fase do respectivo cumprimento da decisão judicial. Entretanto, não permitir que se cobrem ditos honorários em ação própria violaria, no mínimo, o direito de ação e o princípio da vedação ao enriquecimento sem causa. São, portanto, essas garantias que o novo Código pretende preservar. Registra-se que, mesmo com a redação do CPC, o STJ precisou reforçar a possibilidade de cobrança autônoma em precedente recente: "A partir da vigência do CPC/2015, é cabível ação autônoma para cobrança e definição de honorários advocatícios quando a decisão transitada em julgado for omissa" (STJ. 3ª Turma. REsp 2.098.934/RO, Rel. Min. Nancy Andrighi, j. 05.03.2024).

Outras regras importantes:

---

[59] Com o advento do CPC/2015 esse enunciado perdeu seu fundamento de validade.

- **As verbas de sucumbência arbitradas em embargos à execução rejeitados ou julgados improcedentes e em fase de cumprimento de sentença serão acrescidas no valor do débito principal, para todos os efeitos legais (art. 85, § 13).** Ressalva-se, nessa hipótese, a fixação de astreintes, que não integram a verba honorária. Por exemplo, se fixada multa por dia de descumprimento no cumprimento de sentença de obrigação de fazer ou de não fazer, as astreintes não integrarão a base de cálculo dos honorários (STJ, 3ª Turma, REsp 1.367.212/RR, Rel. Min. Ricardo Villas Bôas Cueva, j. 20.06.2017).
- **Se os honorários forem fixados em quantia certa, os juros de mora incidirão a partir do trânsito em julgado (art. 85, § 16).** Nesse caso, a mora decorrerá do não cumprimento voluntário do pagamento da verba descrita na sentença.
- Proferida sentença com fundamento em desistência, renúncia ou reconhecimento do pedido, as despesas e os honorários serão pagas pela parte que desistiu, renunciou ou reconheceu (art. 90). Cuida-se de aplicação do princípio da causalidade. Destaca-se que a primeira parte do dispositivo trata da desistência da ação, e não do recurso. A eventual desistência de recurso não interfere na fixação dos honorários.

Por fim, destacam-se os seguintes entendimentos do Superior Tribunal de Justiça, firmados sob a sistemática dos recursos especiais repetitivos (REsp 1.656.322/SC, Informativo 659), relacionados aos honorários em favor do defensor dativo, que é o advogado nomeado pelo juiz quando o Estado não dispõe de serviço de assistência judiciária. A Ordem dos Advogados do Brasil, por suas seções estaduais ou subseções, promove a indicação de advogados para exercer esses encargos. Contudo, nos Municípios em que não existem subseções da OAB, o próprio juiz fará a nomeação:

- "As tabelas de honorários elaboradas unilateralmente pelos Conselhos Seccionais da OAB não vinculam o magistrado no momento de arbitrar o valor da remuneração a que faz jus o defensor dativo que atua no processo penal; servem como referência para o estabelecimento de valor que seja justo e que reflita o labor despendido pelo advogado".
- "Nas hipóteses em que o juiz da causa considerar desproporcional a quantia indicada na tabela da OAB em relação aos esforços despendidos pelo defensor dativo para os atos processuais praticados, poderá, motivadamente, arbitrar outro valor".
- "São vinculativas, quanto aos valores estabelecidos para os atos praticados por defensor dativo, as tabelas produzidas mediante acordo entre o Poder Público, a Defensoria Pública e a seccional da OAB".
- "Dado o disposto no art. 105, parágrafo único, II, da Constituição da República, possui caráter vinculante a Tabela de Honorários da Justiça Federal, assim como tabelas similares instituídas, eventualmente, pelos órgãos competentes das Justiças dos Estados e do Distrito Federal, na forma dos arts. 96, I, e 125, § 1º, parte final, da Constituição da República".

JURISPRUDÊNCIA TEMÁTICA

"Nas sentenças que reconheçam o direito à cobertura de tratamento médico e ao recebimento de indenização por danos morais, os honorários advocatícios sucumbenciais devem incidir sobre as duas condenações" (STJ, 4ª Turma. AgInt no AREsp 1.759.571/MS, Rel. Min. Antonio Carlos Ferreira, j. 20.05.2024).

"Nos casos em que a exceção de pré-executividade visar, tão somente, à exclusão do excipiente do polo passivo da execução fiscal, sem impugnar o crédito executado, os honorários advocatícios deverão ser fixados por apreciação equitativa, nos termos do art. 85, § 8º, do CPC/2015, por não ser possível se estimar o proveito econômico obtido com o provimento jurisdicional" (STJ, 1ª Seção. EREsp 1.880.560/RN, Rel. Min. Francisco Falcão, j. 24.04.2024).

"Na hipótese de exclusão de litisconsorte por ilegitimidade *ad causam*, em decisão interlocutória, é cabível a condenação da contraparte ao pagamento de honorários proporcionais, podendo ser fixados em *quantum* inferior ao percentual mínimo previsto pelo art. 85, § 2º, do CPC/2015" (STJ. 3ª Turma. REsp 2.098.934/RO, Rel. Min. Nancy Andrighi, j. 05.03.2024).

"Quando houver pluralidade de vencedores representados por escritórios de advocacia distintos, os honorários de sucumbência deverão ser partilhados entre eles, na proporção das respectivas pretensões" (STJ, 4ª Turma. AgInt no REsp 1.842.035/MT, Rel. Min. Raul Araújo, j. 20.02.2024).

"O marco temporal para a aplicação das normas do Código de Processo Civil de 2015, a respeito da fixação e da distribuição dos honorários de sucumbência, é a data da prolação de sentença/acórdão que as impõe" (STJ, AgInt no AREsp 1.402.297/SP, 3ª T., Rel. Min. Marco Aurélio Bellizze, j. 27.05.2019, *DJe* 31.05.2019).

"O art. 85, § 7º, do CPC/2015 não afasta a aplicação do entendimento consolidado na Súmula 345 do STJ, de modo que são devidos honorários advocatícios nos procedimentos individuais de cumprimento de sentença decorrente de ação coletiva, ainda que não impugnados e promovidos em litisconsórcio". (Tese julgada sob o rito do art. 1.039 do CPC/2015 – Tema 973) (STJ, AgInt no AREsp 1.251.443/SP, 2ª T., Rel. Min. Og Fernandes, j. 23.05.2019, *DJe* 29.05.2019).

"Quando devida a verba honorária recursal, mas, por omissão, o relator deixar de aplicá-la em decisão monocrática, poderá o colegiado arbitrá-la ex officio, por se tratar de matéria de ordem pública, que independe de provocação da parte." (STJ, AgInt no AREsp 976.183/MT, 4ª T., Rel. Min. Antonio Carlos Ferreira, j. 04.06.2019, *DJe* 10.06.2019).

"O recurso interposto pelo vencedor para ampliar a condenação – que não seja conhecido, rejeitado ou desprovido – não implica honorários de sucumbência recursal para a parte contrária" (STJ, AgInt no AREsp 1.244.491/SP, 1ª T., Rel. Min. Gurgel de Faria, j. 28.03.2019, *DJe* 09.04.2019).

"Por critério de simetria, não é cabível a condenação da parte vencida ao pagamento de honorários advocatícios em favor do Ministério Público nos autos de ação civil pública ou de ação coletiva, salvo comprovada má-fé". (STJ, REsp 1.796.436/RJ, 2ª T., Rel. Min. Herman Benjamin, j. 09.05.2019, *DJe* 18.06.2019).

"São devidos honorários advocatícios nas reclamações julgadas a partir da vigência do Código de Processo Civil de 2015, quando angularizada a relação processual". (STJ, EDcl na Rcl 35.958/CE, 2ª S., Rel. Min. Marco Aurélio Bellizze, j. 26.06.2019, *DJe* 01.07.2019).

"Não é possível a modificação do valor de verba honorária fixada em sentença transitada em julgado, sob pena de ofensa à coisa julgada". (REsp 1.804.030/MG, 2ª T., Rel. Min. Herman Benjamin, j. 06.06.2019, *DJe* 18.06.2019).

"Havendo convênio entre a Defensoria Pública e a OAB possibilitando a atuação dos causídicos quando não houver defensor público para a causa, os honorários advocatícios podem ser executados nos próprios autos, mesmo se o Estado não tiver participado da ação de conhecimento. Assim, o fato de o Estado não ter participado da lide na ação de conhecimento não impede que ele seja intimado a pagar os honorários, que são de sua responsabilidade em razão de convênio celebrado entre a Defensoria Pública e a Ordem dos Advogados do Brasil, em cumprimento de sentença" (STJ, EREsp 1.698.526-SP, Rel. Min. Benedito Gonçalves, Rel. Acd. Min. Maria Thereza de Assis Moura, Corte Especial, por maioria, julgado em 05.02.2020, *DJe* 22.05.2020).

Súmula Vinculante nº 5: "A falta de defesa técnica por advogado no processo administrativo disciplinar não ofende a Constituição".

Súmula nº 14 do STJ: "Arbitrados os honorários advocatícios em percentual sobre o valor da causa, a correção monetária incide a partir do respectivo ajuizamento".

Súmula nº 29 do STJ: "No pagamento em juízo para elidir a falência, são devidos correção monetária, juros e honorários de advogado".

Súmula nº 115 do STF: "Sobre os honorários do advogado contratado pelo inventariante, com a homologação do juiz, não incide o imposto de transmissão 'causa mortis'".

Súmula nº 257 do STF: "São cabíveis honorários de advogado na ação regressiva do segurador contra o causador do dano".

Súmula nº 378 do STF: "Na indenização por desapropriação incluem-se honorários do advogado do expropriado".

Súmula nº 389 do STF: "Salvo limite legal, a fixação de honorários de advogado, em complemento da condenação, depende das circunstâncias da causa, não dando lugar a recurso extraordinário".

Súmula nº 450 do STF: "São devidos honorários de advogado sempre que vencedor o beneficiário de justiça gratuita".

Súmula nº 512 do STF: "Não cabe condenação em honorários de advogado na ação de mandado de segurança".

Súmula nº 616 do STF: "É permitida a cumulação da multa contratual com os honorários de advogado, após o advento do Código de Processo Civil vigente".[60]

Súmula nº 617 do STF: "A base de cálculo dos honorários de advogado em desapropriação é a diferença entre a oferta e a indenização, corrigidas ambas monetariamente".

Súmula nº 105 do STJ: "Na ação de mandado de segurança não se admite condenação em honorários advocatícios".

Súmula nº 110 do STJ: "A isenção do pagamento de honorários advocatícios, nas ações acidentárias, é restrita ao segurado".

Súmula nº 187 do STJ: "É deserto o recurso interposto para o Superior Tribunal de Justiça, quando o recorrente não recolhe, na origem, a importância das despesas de remessa e retorno dos autos".[61]

Súmula nº 190 do STJ: "Na execução fiscal, processada perante a Justiça Estadual, cumpre à Fazenda Pública antecipar o numerário destinado ao custeio das despesas com o transporte dos oficiais de justiça".

Súmula nº 201 do STJ: "Os honorários advocatícios não podem ser fixados em salários mínimos".

Súmula nº 232 do STJ: "A Fazenda Pública, quando parte no processo, fica sujeita à exigência do depósito prévio dos honorários do perito".

Súmula nº 303 do STJ: "Em embargos de terceiro, quem deu causa à constrição indevida deve arcar com os honorários advocatícios".

---

[60] A súmula refere-se ao CPC/1973, mas continua valendo em razão da redação do art. 85, § 12, do novo Código.

[61] A súmula deve ser interpretada de acordo com o disposto no art. 1.007, §§ 2º e 4º. Só há deserção após a intimação para complementação do preparo (§ 2º) ou recolhimento em dobro (§ 4º).

Súmula nº 325 do STJ: "A remessa oficial devolve ao Tribunal o reexame de todas as parcelas da condenação suportadas pela Fazenda Pública, inclusive dos honorários de advogado".

Súmula nº 345 do STJ: "São devidos honorários advocatícios pela Fazenda Pública nas execuções individuais de sentença proferida em ações coletivas, ainda que não embargadas".[62]

Súmula nº 462 do STJ: "Nas ações em que representa o FGTS, a CEF, quando sucumbente, não está isenta de reembolsar as custas antecipadas pela parte vencedora".

Súmula nº 517 do STJ: "São devidos honorários advocatícios no cumprimento de sentença, haja ou não impugnação, depois de escoado o prazo para pagamento voluntário, que se inicia após a intimação do advogado da parte executada".

Súmula nº 519 do STJ: "Na hipótese de rejeição da impugnação ao cumprimento de sentença, não são cabíveis honorários advocatícios".[63]

Quadro esquemático 12 – O regime financeiro no CPC/2015

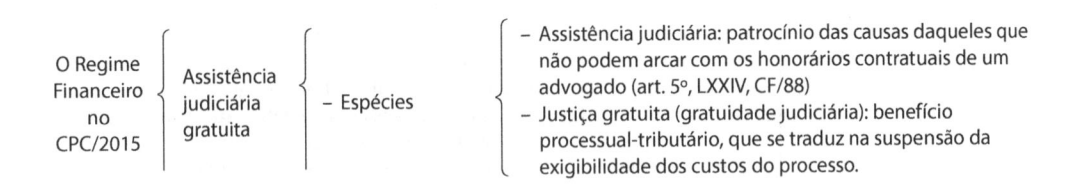

O Regime Financeiro no CPC/2015 → Assistência judiciária gratuita → Espécies:
- Assistência judiciária: patrocínio das causas daqueles que não podem arcar com os honorários contratuais de um advogado (art. 5º, LXXIV, CF/88)
- Justiça gratuita (gratuidade judiciária): benefício processual-tributário, que se traduz na suspensão da exigibilidade dos custos do processo.

---

[62] O art. 85, § 7º, do CPC/2015 não afasta a aplicação do entendimento consolidado na Súmula 345 do STJ, de modo que são devidos honorários advocatícios nos procedimentos individuais de cumprimento de sentença decorrente de ação coletiva, ainda que não impugnados e promovidos em litisconsórcio (Tese julgada sob o rito do art. 1.039 do CPC/2015 – Tema 973). Em outras palavras, o art. 85, § 7º, do CPC/2015 não se aplica para as execuções individuais, ainda que promovidas em litisconsórcio, em que se pede o cumprimento de julgado proferido em sede de ação coletiva *lato sensu*, ação civil pública ou ação de classe.

[63] Parcela da doutrina considera o enunciado superado, conforme observa Márcio André, idealizador do site Dizer o Direito: "Para a doutrina, a Súmula 519 do STJ encontra-se superada. Veja o que diz Daniel Assumpção Neves: "Sendo rejeitada a impugnação, os honorários advocatícios fixados em favor do advogado do exequente no valor de 10% sobre o valor da execução poderão ser majorados até 20% do valor exequendo, em aplicação analógica do art. 827, § 2º, do Novo CPC" (*Manual de direito processual civil*. Volume único. Salvador: JusPodivm, 2017. p. 1.374). No mesmo sentido: "É razoável admitir que o art. 827, § 2º, do CPC deve ser igualmente aplicado aos casos de rejeição da impugnação ao cumprimento de sentença, por força do disposto no art. 513, *caput*, segundo o qual as normas relativas ao processo de execução fundado em título extrajudicial aplicam-se, no que couber, ao cumprimento de sentença. Nesse sentido, o enunciado 450 do Fórum Permanente de Processualistas Civis: Aplica-se a regra do art. 827, § 2º, ao cumprimento de sentença. Não há razão para distinguir uma hipótese da outra. A finalidade da majoração dos honorários é remunerar o trabalho adicional do advogado do exequente, além de decorrer da causalidade, consistente na resistência infundada do executado. Não há razão para se aplicar a norma à rejeição dos embargos à execução, e não a aplicar à rejeição da impugnação ao cumprimento de sentença" (DIDIER Jr., Fredie; CUNHA, Leonardo Carneiro da; BRAGA, Paula Sarno; OLIVEIRA, Rafael Alexandria de. *Curso de direito processual civil. Execução*. 7. ed., Salvador: JusPodivm, 2017. p. 431). Apesar disso, há decisões do STJ, após o CPC/2015, que continuam aplicando o enunciado. A título de exemplo: AREsp 1514495, de Relatoria do Min. Raul Araújo, *DJe* 16.08.2019).

O Regime Financeiro no CPC/2015

Assistência judiciária gratuita

- Características da gratuidade judiciária
  - O benefício é individual: não se comunica ao litisconsorte nem aos sucessores do beneficiário (art. 99, § 5º, Lei nº 9.099/95);
  - Pessoas jurídicas também podem ser beneficiadas, desde que demonstrem a impossibilidade de arcar com os encargos processuais (art. 98, *caput*, CPC/2015; Súmula 481 do STJ);
  - A concessão do benefício pode estar restrita a determinado ato processual ou consistir na redução de percentual de despesa processual (art. 98, § 5º, CPC/2015);
  - A suspensão ao beneficiário que sucumbir perdura por cinco anos (art. 98, § 3º).

- Processamento
  - Requerimento: o pedido poderá ser formulado na petição inicial, na contestação, na petição para ingresso de terceiro ou no próprio recurso (art. 99, CPC/2015);
  - Impugnação: a parte contrária deverá fazê-la na contestação, na réplica, nas contrarrazões ou, nos casos de pedido superveniente ou formulado por terceiro, por meio de petição simples, a ser apresentada nos próprios autos do processo (art. 100, CPC/2015);
  - Recurso: contra a decisão de indeferimento do pedido ou de revogação do benefício caberá agravo de instrumento (art. 1.015, V, CPC/2015). Contudo, se a questão for resolvida na sentença, cabível será o recurso de apelação (arts. 101 e 1.009, CPC/2015).

Despesas Processuais
- As partes têm o ônus de prover as despesas dos atos que realizam ou requerem, antecipando-lhes o pagamento.
- A condenação pelo custo do processo independe de pedido específico das partes.
- Divisão dos ônus sucumbenciais
  - Princípio da sucumbência
  - Princípio da causalidade

Honorários advocatícios

- Regras Gerais
  - Os honorários advocatícios são devidos na ação principal, na reconvenção, no cumprimento de sentença, provisório ou definitivo, na execução e nos recursos (art. 85, § 1º, CPC/2015).

- Critérios de fixação
  - Regra: a verba honorária será fixada entre o mínimo de 10% e o máximo de 20% sobre o valor da condenação.
  - Exceção: admite-se apreciação equitativa quando o proveito econômico por inestimável ou irrisório ou o valor da causa for muito baixo.

O Regime Financeiro no CPC/2015 { Honorários advocatícios { – Critérios de fixação dos honorários advocatícios nas ações em que for vencida a Fazenda Pública {
- Mínimo de 10 e máximo de 20% sobre o valor da condenação ou do proveito econômico obtido até 200 salários mínimos;
- Mínimo de 8 e máximo de 10% sobre o valor da condenação ou do proveito econômico obtido acima de 200 até 2.000 salários mínimos;
- Mínimo de 5 e máximo de 8% sobre o valor da condenação ou do proveito econômico acima de 2.000 até 20.000 salários mínimos;
- Mínimo de 3 e máximo de 5% sobre o valor da condenação ou do proveito econômico obtido acima de 20.000 até 100.000 salários mínimos;
- Mínimo de 1 e máximo de 3% sobre o valor da condenação ou do proveito econômico obtido acima de 100.000 salários mínimos.
- Os honorários constituem direito do advogado, inclusive daquele que venha a atuar em causa própria (art. 85, §§ 14 e 17, CPC/2015). Ademais, possuem natureza alimentar;
- Não se admite compensação de honorários em caso de sucumbência parcial (art. 85, § 14, CPC/2015);
- O CPC permite que o pagamento dos honorários seja realizado diretamente à sociedade de advogados (art. 85, § 15, CPC/2015);
- Quando omitidos em decisão transitada em julgado, poderá o advogado cobrá-los em ação própria, independentemente da interposição de embargos declaratórios (art. 85, § 18, CPC/2015);
- Os advogados públicos têm direito aos honorários nas causas em que a Fazenda Pública se consagra vencedora (art. 85, § 19, CPC/2015), desde que observado o teto constitucional.

1.7 Assistência judiciária: concessão dos benefícios, procedimento, impugnação e recursos

No caso da atividade jurisdicional, em nome do acesso à Justiça, a lei instituiu benefícios aos que necessitam recorrer ao monopólio do Estado, mas não têm condições de arcar com os ônus que decorrem do processo. É o que impõe o art. 5º, LXXIV, da CF/1988: "o Estado prestará assistência judiciária integral e gratuita aos que comprovarem insuficiência de recursos".

Percebe-se que o dispositivo constitucional instituiu dois instrumentos de promoção do acesso à Justiça, que são comumente confundidos ou tomados como sinônimos: a assistência judiciária e a gratuidade judiciária, esta **também denominada justiça gratuita**.

Assistência judiciária – em sentido *lato* – é gênero, que compreende também a gratuidade judiciária. Direciona-se ao Estado, que deve, por meio das Defensorias Públicas ou de advogado especialmente nomeado para esse fim, patrocinar as causas daqueles que não podem arcar com os honorários contratuais de um advogado. Já a gratuidade judiciária é benefício que se traduz na suspensão da exigibilidade das custas, despesas processuais e honorários.

O CPC/2015 estabeleceu uma seção específica para tratar da gratuidade da justiça,[64] mas, em verdade, pouco se teve de inovação com relação ao que já estava previsto na Lei nº 1.060/1950. Vejamos, então, cada um dos dispositivos.

---

[64] A rigor, o título da seção é impróprio, pois não se trata de "gratuidade", mas apenas de dispensa do adiantamento das despesas. Isso porque, se vencido o beneficiário, as despesas e os honorários

O art. 98, ao dispor que "a pessoa natural ou jurídica, brasileira ou estrangeira, com insuficiência de recursos para pagar as custas, as despesas processuais e os honorários advocatícios tem direito à gratuidade da justiça, na forma da lei", reconhece que não somente a pessoa física, mas também a pessoa jurídica faz jus a esse benefício quando comprovada a insuficiência de recursos para prover as despesas do processo. O *caput* expressa justamente o entendimento previsto na Súmula nº 481 do STJ.[65]

Vale registrar, contudo, que há **uma exceção à aplicação da Súmula 481 do STJ** e, consequentemente, ao *caput* do art. 98 do CPC. Entidades beneficentes prestadoras de serviços às pessoas **idosas**, ainda que sejam pessoas jurídicas, têm direito ao benefício da assistência gratuita independentemente da comprovação de hipossuficiência econômica. A justificativa, segundo a jurisprudência, é que, além do caráter filantrópico, o art. 51 do Estatuto da Pessoa Idosa, que é **norma especial**, dispõe que as instituições sem fins lucrativos terão direito à assistência judiciária gratuita.[66] É importante esclarecer que para as demais entidades sem fins lucrativos prevalece a necessidade de comprovação. Em outras palavras, "para a concessão dos benefícios da justiça gratuita às pessoas jurídicas, mesmo com fins filantrópicos, cabe a elas comprovar, cabalmente, a sua hipossuficiência financeira".[67]

A jurisprudência vem considerando que também o microempreendedor individual e o empresário individual fazem jus ao benefício mesmo sem a prévia comprovação de hipossuficiência financeira.[68] Nesse caso, como não é possível distinguir a pessoa natural da empresa, inclusive quanto aos aspectos patrimoniais, para a concessão do benefício basta, em princípio, a mera afirmação de penúria financeira, ficando salvaguardada à parte contrária impugnar o deferimento da gratuidade.

O § 1º, por sua vez, estabelece **quais são as despesas abarcadas pela gratuidade**. São elas:

I – as taxas ou custas judiciais;

II – os selos postais;

III – as despesas com publicação na Imprensa Oficial, dispensando-se a publicação em outros meios;

---

decorrentes de sua sucumbência não estarão dispensados. O que ocorre, na verdade, é apenas suspensão da exigibilidade do crédito referente aos valores adiantados pela parte vencedora (arts. 98, §§ 2º e 3º). Além disso, a gratuidade não afasta a responsabilidade do beneficiário quanto ao pagamento das multas processuais que lhe sejam impostas, por exemplo, em virtude de ato atentatório à dignidade da justiça (art. 98, § 4º).

[65] "Faz jus ao benefício da justiça gratuita a pessoa jurídica com ou sem fins lucrativos que demonstrar sua impossibilidade de arcar com os encargos processuais". Em outras palavras, "é ônus da pessoa jurídica comprovar os requisitos para a obtenção do benefício da assistência judiciária gratuita" (STJ, 4ª T., AgInt no AREsp 1.924.988/SP, Rel. Min. Marco Buzzi, j. 13.12.2021).

[66] Nesse sentido: STJ, 1ª T., REsp 1.742.251/MG, Rel. Min. Sérgio Kukina, j. 23.08.2022.

[67] TJ-MG, AI: 08130736620238130000, Rel. Des. Pedro Bernardes de Oliveira, j. 26.07.2023, 9ª Câmara Cível, *DJe* 27.07.2023. No mesmo sentido: "Para o deferimento da gratuidade judiciária à pessoa jurídica, não basta a simples declaração de pobreza, sendo imprescindível a demonstração de sua insuficiência financeira, a juntada dos balanços, livros comerciais, documentos fiscais, declaração de rendas ou declaração de seu contador, comprovando que, efetivamente, não tem a empresa condições financeiras para arcar com as despesas processuais e honorários advocatícios, sem o comprometimento de suas atividades sociais". (TJ-MG – AI: 10000204828982001/MG, Rel. Alberto Henrique, j. 11.02.2021, Câmaras Cíveis/13ª Câmara Cível, *DJe* 11.02.2021).

[68] Nesse sentido: STJ, 4ª T., REsp 1.899.342/SP, Rel. Min. Marco Buzzi, j. 26.04.2022.

IV – a indenização devida à testemunha que, quando empregada, receberá do empregador salário integral, como se em serviço estivesse;

V – as despesas com a realização de exame de código genético – DNA e de outros exames considerados essenciais;

VI – os honorários do advogado e do perito, e a remuneração do intérprete ou do tradutor nomeado para apresentação de versão em português de documento redigido em língua estrangeira;

VII – o custo com a elaboração de memória de cálculo, quando exigida para instauração da execução;

VIII – os depósitos previstos em lei para interposição de recurso, propositura de ação e para a prática de outros atos processuais inerentes ao exercício da ampla defesa e do contraditório;

IX – os emolumentos devidos a notários ou registradores em decorrência da prática de registro, averbação ou qualquer outro ato notarial necessário à efetivação de decisão judicial ou à continuidade de processo judicial no qual o benefício tenha sido concedido.

Ressalte-se que o dispositivo reafirma o que já estava previsto no art. 3º da Lei nº 1.060/1950, que foi revogado pelo CPC/2015 (art. 1.072, III). **A novidade é que, além das hipóteses que já estavam previstas na legislação especial, o § 1º insere na proteção da gratuidade as despesas relativas à memória de cálculo quando esta for exigida para instauração de execução (VII), bem como as taxas relativas a registro e outros atos notariais necessários à efetivação da decisão (IX).** Tais inclusões aprimoram a assistência judiciária, incluindo atos que muitas vezes escapam aos olhos do processualista, mas que são essenciais para que a sentença gere seus efeitos materiais.

A concessão do benefício pode estar restrita a determinado ato processual ou consistir na redução de percentual de despesa processual (art. 98, § 5º). Trata-se de novidade que visa adequar o instituto às necessidades das partes, que podem muitas vezes não ter condições de arcar com um único ato processual (perícia, por exemplo), e não com todos os que se fizerem necessários. Outro dispositivo que nos transmite essa mesma ideia é o § 6º do art. 98, que permite ao juiz conceder o parcelamento das despesas processuais sempre que houver necessidade de adiantamento.

O deferimento da gratuidade está condicionado à afirmação, feita pelo próprio requerente, de que a sua situação econômica não lhe permite vir a Juízo sem prejuízo da sua manutenção ou de sua família.

O CPC/2015 seguiu a linha da jurisprudência, contudo, somente admite a presunção da veracidade da **alegação de insuficiência de recursos quando deduzida por pessoa natural (art. 99, § 3º).** Em síntese, tratando-se de pedido requerido por pessoa física, descabe a exigência de comprovação da situação de insuficiência de recursos, salvo quando o juiz evidenciar, por meio da análise dos autos, elementos que demonstrem a falta dos pressupostos legais para concessão da gratuidade.[69] Nessa hipótese, o juiz deverá oportunizar a manifestação da parte, a quem caberá comprovar a insuficiência (arts. 98 e 99 do CPC). Sobre o tema, há duas teses do STJ divulgada nas edições 148 a 150 da "Jurisprudência em Teses": "A afirmação de pobreza goza de presunção relativa de veracidade, podendo o magistrado, de ofício,

---

[69] "A declaração de pobreza firmada por pessoa física, desde que não desautorizada pelos demais dados constantes dos autos, conduz à presunção de não possuir ela condições de arcar com as despesas do processo sem prejuízo próprio e da família e leva à concessão dos benefícios da assistência judiciária por ela postulados" (TJ-MG – AI: 23795884320228130000, Rel. Des. Maurílio Gabriel, j. 02.03.2023, 15ª Câmara Cível, *DJe* 06.03.2023).

indeferir ou revogar o benefício da assistência judiciária gratuita, quando houver fundadas razões acerca da condição econômico-financeira da parte"; "A revogação do benefício de assistência judiciária gratuita deve estar fundamentada em fato novo que altere a condição de hipossuficiência da parte". Vê-se, então, que o juiz não pode indeferir o benefício, quando requerido por pessoa física, sem substrato fático que demonstre a possibilidade de o requerente arcar com as despesas do processo.

Mais recentemente, a jurisprudência do STJ[70] reafirmou o entendimento anterior, definindo não caber ao juiz, em decisão genérica, determinar a comprovação da hipossuficiência da parte que requereu a gratuidade. Portanto, é necessário que o juiz indique, a partir de elementos concretos, as razões pelas quais é possível afastar a presunção estabelecida pelo Código de Processo Civil.

A pessoa jurídica, por sua vez, embora faça jus ao benefício (Súmula 481, STJ; art. 98, CPC), tem o deferimento condicionado à demonstração acerca da impossibilidade de arcar com os encargos processuais. Esse entendimento se aplica inclusive nos casos em que a pessoa jurídica se encontra em regime de liquidação extrajudicial ou de falência.[71]

A forma de comprovação da hipossuficiência financeira é tema que suscita diversas controvérsias. Na prática, alguns magistrados exigem a declaração do imposto de renda do último exercício financeiro ou extratos de conta bancária. Para o STJ, a utilização de critérios exclusivamente objetivos, vinculados, por exemplo, ao valor da remuneração recebida pelo requerente, não serve para impedir a concessão do benefício da gratuidade. Para a Corte, deve ser efetuada avaliação concreta da possibilidade econômica de a parte postulante arcar com os ônus processuais. Assim, "a faixa de isenção do Imposto de Renda não pode ser tomada como único critério para a concessão ou denegação da justiça gratuita".[72]

Na hipótese de a declaração formulada pelo requerente não ser verdadeira, porque não expressa a realidade de sua condição econômica, não há falar em conduta criminosa. "A mera declaração do estado de pobreza para fins de obtenção dos benefícios da justiça gratuita não é considerada conduta típica, diante da presunção relativa de tal documento, que comporta prova em contrário".[73] Situação diversa ocorre quando o próprio advogado falsifica a assinatura de seu cliente no documento de declaração de pobreza. Nesse caso, acertadamente o STJ considera a conduta típica.[74]

O pedido de assistência gratuita pode ser formulado não somente na petição inicial, mas, também, na contestação, na petição para ingresso de terceiro ou no próprio recurso.

---

[70] STJ, REsp 2.055.899/MG, Rel. Min. Nancy Andrighi, 3ª Turma, j. 20.06.2023, DJe 27.06.2023.

[71] STJ, AgInt no AREsp 1.069.805/SP, Rel. Min. Napoleão Nunes Maia Filho, 1ª Turma, j. 05.03.2020, DJe 11.03.2020. Outras duas teses, veiculadas na Edição 148 da "Jurisprudência em Teses", estão relacionadas à necessidade de comprovação da hipossuficiência: "A concessão da gratuidade da justiça ao sindicato é possível, quando demonstrada a sua condição de hipossuficiência que o impossibilite de arcar com os encargos processuais"; "O espólio tem direito ao benefício da justiça gratuita desde que demonstrada a sua hipossuficiência".

[72] Os posicionamentos do STJ sobre o benefício da gratuidade judiciária estão nas Edições 148, 149 e 150 da "Jurisprudência em Teses". No mesmo sentido: "O enquadramento na faixa de isenção de imposto de renda não deve ser utilizado como critério para o deferimento do benefício da assistência judiciária gratuita" (STJ. 2ª Turma. AgInt no AREsp 2.441.809/RS, Rel. Min. Herman Benjamin, j. 08.04.2024).

[73] STJ, HC 261.074/MS, Rel. Min. Marilza Maynard (Desembargadora Convocada do TJ-SE), 6ª Turma, j. 05.08.2014. No mesmo sentido: AgRg no HC 404.232/RJ, Rel. Min. Joel Ilan Paciornik, 5ª turma, j. 15.05.2018). Há, ainda, tese divulgada na Edição 150 da "Jurisprudência em Teses".

[74] STJ, AgRg no HC 404.232/RJ, Rel. Min. Joel Ilan Paciornik, 5ª Turma, j. 15.05.2018.

Além disso, se for superveniente à primeira manifestação da parte na instância (originária ou recursal), o pedido poderá ser feito mediante petição simples, nos autos do próprio processo e sem que isso acarrete suspensão do feito. Vale lembrar que o benefício depende de requerimento, não podendo o juiz conceder a gratuidade de ofício.[75] Ademais, "o deferimento do pedido de gratuidade da justiça opera efeitos *ex nunc*, ou seja, não alcançam encargos pretéritos ao requerimento do benefício".[76] Nesse caso, se o benefício for requerido pelo autor apenas em réplica, a decisão de deferimento não retroagirá para alcançar despesas processuais anteriores.

Os benefícios da gratuidade judiciária são pessoais, não se comunicando ao litisconsorte e nem se transmitindo aos sucessores do beneficiário, salvo se houver requerimento e deferimento expressos (art. 99, § 6º). Assim, se houver, por exemplo, falecimento do beneficiário e consequente habilitação dos herdeiros, estes deverão formalizar novo requerimento. Da mesma forma, se em ação de alimentos ajuizada por menor houver dúvida sobre a hipossuficiência do representante, tal fato não poderá ser utilizado para indeferir o benefício. O argumento central para essa hipótese é justamente o fato de que o benefício é um direito individual, personalíssimo e intransmissível. Assim, concluiu o STJ que "nas ações ajuizadas por menor, em que pese a existência da figura do representante legal, o pedido de concessão da gratuidade da justiça deve ser examinado sob o prisma do menor, que é parte no processo".[77] Igualmente, "em ação judicial que versa sobre alimentos ajuizamento por menor, não é admissível que a concessão da gratuidade de justiça esteja condicionada à demonstração de insuficiência de recursos de seu representante legal".[78]

Deferido o pedido, a assistência judiciária gratuita prevalecerá em todas as instâncias e para todos os atos do processo, até que, se for o caso, seja revogada. De toda forma, é importante esclarecer que o benefício encontra limitação aos atos de um mesmo processo. Ou seja, não alcança ações próprias e autônomas porventura ajuizadas.[79]

Contra a decisão que deferir o benefício, caberá impugnação da parte contrária, que deverá fazê-la na contestação, na réplica, nas contrarrazões ou, nos casos de pedido superveniente ou formulado por terceiro, por meio de petição simples, a ser apresentada nos próprios autos do processo, sem que isso implique a suspensão deste. A impugnação no bojo da contestação, da réplica ou nas contrarrazões privilegia a instrumentalidade das formas e a celeridade processual.

Observe que o ônus de comprovar a possibilidade de o beneficiário arcar com as despesas processuais é do impugnante. Não basta, portanto, alegar que o autor, por exemplo, tem condições de arcar com as custas do processo. É necessário comprovar que ele dispõe de recursos para suportar as custas sem comprometer a sua manutenção e de sua família. Caso o benefício seja revogado ao longo da tramitação processual, a parte deverá pagar as despesas processuais que deixou de adiantar e, no caso de comprovada má-fé, também arcará com multa de até dez vezes o valor das despesas (art. 100, *caput* e parágrafo único).

Contra a decisão de indeferimento do pedido ou de revogação do benefício caberá agravo de instrumento (art. 1.015, V). Contudo, se a questão for resolvida na sentença, cabível será o recurso de apelação (art. 1.009), conforme previsto na parte final do art. 101 do CPC/2015. Nas duas hipóteses fica o recorrente dispensado do recolhimento de custas até a decisão do relator.

---

[75] STJ, AREsp 1.516.710/RJ, Rel. Min. Herman Benjamin, 2ª Turma, j. 10.09.2019. Tese também veiculada na edição 149 da "Jurisprudência em Teses" (STJ).
[76] Edição 149 da "Jurisprudência em Teses" (STJ).
[77] STJ, REsp 1.807.216/SP, Rel. Min. Nancy Andrighi, 3ª Turma, j. 04.02.2020, *DJe* 06.02.2020.
[78] STJ, REsp 1.807.216-SP, Rel. Min. Nancy Andrighi, Terceira Turma, por unanimidade, j. 04.02.2020, *DJe* 06.02.2020.
[79] STJ, AgInt nos EDcl no AREsp 1.554.379/SP, 4ª Turma, j. 11.02.2020, *DJe* 18.02.2020.

Sendo mantida a decisão de indeferimento ou revogação do benefício, o relator ou o órgão colegiado deverá determinar o recolhimento das custas processuais, no prazo de cinco dias, sob pena de não conhecimento do recurso interposto por aquele que pleiteou o benefício. No caso de revogação – em que caberá apelação – as demais despesas somente serão pagas com o trânsito em julgado da decisão, em prazo a ser assinalado pelo juiz (art. 102).

Importante:

- Se a **perícia** for requerida pelo beneficiário da gratuidade judiciária, **as despesas poderão ser pagas com recursos reservados ao orçamento do ente** público e realizada por servidor do Poder Judiciário ou por órgão público conveniado. Se realizada por particular, o valor também será custeado com recursos do poder público, excetuando-se aqueles destinados ao fundo de custeio da Defensoria Pública (art. 95, §§ 3º a 5º).

- Seguindo o entendimento jurisprudencial,[80] o CPC/2015 reconheceu que a mera assistência do beneficiário por advogado particular não obsta a concessão da gratuidade (art. 99, § 4º). Com efeito, a negação do auxílio só tem fundamento quando existirem *elementos de evidência*, e a existência de advogado particular não configura critério absoluto de possibilidade econômico-financeira.

JURISPRUDÊNCIA TEMÁTICA

Nas ações ajuizadas por menor, em que pese a existência da figura do representante legal no processo, o pedido de concessão de gratuidade da justiça deve ser examinado sob o prisma do menor, que é parte do processo

"A representação da criança ou adolescente por seus pais vincula-se à incapacidade civil e econômica do próprio menor, sobre o qual incide a regra do art. 99, § 3º, do CPC/2015, mas isso não implica automaticamente o exame do direito à gratuidade com base na situação financeira dos pais (STJ, REsp 2.055.363/MG, Rel. Min. Nancy Andrighi, 3ª Turma, j. 13.06.2023).

Impossibilidade de indeferimento em razão da simples condição de parte exequente

"(...) O propósito recursal consiste em dizer acerca da possibilidade de concessão, no processo de execução de título extrajudicial, do benefício da gratuidade de justiça em favor de um dos executados. 3. A gratuidade de justiça não é incompatível com a tutela jurisdicional executiva, voltada à expropriação de bens do devedor para a satisfação do crédito do exequente. 4. O benefício tem como principal escopo assegurar a plena fruição da garantia constitucional de acesso à Justiça, não comportando interpretação que impeça ou dificulte o exercício do direito de ação ou de defesa. 5. O direito à gratuidade de justiça está diretamente relacionado à situação

---

[80] "Nada impede a parte de obter os benefícios da assistência judiciária e ser representada por advogado particular que indique, hipótese em que, havendo celebração de contrato com previsão de pagamento de honorários *ad exito*, estes serão devidos, independentemente da sua situação econômica ser modificada pelo resultado final da ação, não se aplicando a isenção prevista no art. 3º, V, da Lei nº 1.060/50, presumindo-se que a esta renunciou" (STJ, REsp 1.153.163/RS, 3ª Turma, Rel. Min. Nancy Andrighi, j. 26.06.2012, *DJe* 02.08.2012).

financeira deficitária do litigante que não o permita arcar com as custas, as despesas processuais e os honorários advocatícios, o que não significa que peremptoriamente será descabido se o interessado for proprietário de algum bem. 6. Se não verificar a presença dos pressupostos legais, pode o julgador indeferir o pedido de gratuidade, após dispensar à parte oportunidade de apresentação de documentos comprobatórios (art. 99, § 2º, do CPC/2015). 7. Ainda, o CPC contém expresso mecanismo que permite ao juiz, de acordo com as circunstâncias concretas, conciliar o direito de acesso à Justiça e a responsabilidade pelo ônus financeiro do processo, qual seja: o deferimento parcial da gratuidade, apenas em relação a alguns dos atos processuais, ou mediante a redução percentual de despesas que o beneficiário tiver de adiantar no curso do procedimento (art. 98, § 5º, do CPC/2015). 8. Recurso especial conhecido e provido" (REsp 1.837.398/RS, 3ª Turma, Rel. Min. Nancy Andrighi, j. 25.05.2021, *DJe* 31.05.2021).

A ausência de indeferimento expresso implica deferimento tácito do benefício da gratuidade

"Ação ajuizada em 18.01.2012. Recurso especial atribuído ao gabinete em 26.08.2016. Julgamento: CPC/1973. 2. Ação de cobrança, por meio da qual se objetiva o pagamento de indenização securitária relativa ao seguro DPVAT. 3. O propósito recursal – a fim de que se possa concluir pela deserção ou não do recurso de apelação – é definir se houve a renúncia tácita ao pedido de concessão da assistência judiciária gratuita pelo fato de o recorrente ter procedido ao recolhimento das custas iniciais. 4. Presume-se o deferimento do pedido de assistência judiciária gratuita não expressamente indeferido por decisão fundamentada, inclusive na instância especial. Precedentes. 5. A ausência de indeferimento expresso e fundamentado acerca do pleito de concessão da benesse implica o reconhecimento de seu deferimento tácito, desde que, obviamente, a parte não tenha praticado qualquer ato incompatível com o seu pleito de concessão dos benefícios da justiça gratuita. 6. Na espécie, o recorrente, ao invés de juntar a documentação exigida pelo julgador, preferiu proceder ao recolhimento das custas iniciais, de forma que, em um primeiro momento, pensa-se na efetiva prática de ato incompatível com o pleito de deferimento dos benefícios da justiça gratuita. Ocorre que os atos que sucederam ao recolhimento das custas por parte do recorrente revelam inegável particularidade a ser considerada no presente processo. 7. É que a despeito da anterior prática de ato incompatível do recorrente com o seu pleito de concessão da gratuidade de justiça, houve posterior menção, por parte do julgador, de que o autor da ação estaria dos benefícios da justiça gratuita, de forma que o recorrente, ao interpor o seu recurso de apelação, agiu sob legítima expectativa de deferimento da benesse. 8. Agrega-se a isso o fato de que, em nenhum momento nos autos, houve o indeferimento expresso e fundamentado do pleito do recorrente, de forma que não há como se exigir do mesmo o recolhimento de preparo da apelação posteriormente interposta. A deserção de seu recurso deve ser, portanto, afastada. 9. Recurso especial conhecido e provido" (STJ, REsp 1.721.249/SC, *DJe* 15.03.2019).

Acesso à contadoria judicial

"O beneficiário da assistência judiciária gratuita tem direito à elaboração de cálculos pela Contadoria Judicial, independentemente de sua complexidade" (STJ, Recurso Especial Repetitivo n. 1.725.731/RS, *DJe* 07.11.2019).

Defensoria Pública e gratuidade judiciária

"A Defensoria Pública não detém a exclusividade da prestação de assistência jurídica gratuita na defesa daqueles que não têm meios financeiros para contratar advogado, assim como não existe direito subjetivo de o acusado de ser defendido pela Defensoria Pública" (AgRg no RHC 113707/BA, Rel. Ministro Nefi Cordeiro, 6ª Turma, j. 17.12.2019, *DJe* 04.02.2020).

"Não se presume a hipossuficiência econômica para concessão da gratuidade da justiça pelo simples fato de a parte ser representada pela Defensoria Pública, sendo necessário o preenchimento dos requisitos previstos em lei" (AgInt no AREsp 1517705/PE, Rel. Ministro Marco Buzzi, 4ª Turma, j. 17.12.2019, DJe 03.02.2020). No mesmo sentido: "O patrocínio da causa por Núcleo de Prática Jurídica não implica, automaticamente, a concessão dos benefícios da assistência judiciária gratuita, sendo indispensável o preenchimento dos requisitos previstos em lei" (STJ, AREsp 1664199/DF (decisão monocrática), Rel. Ministro Marco Buzzi, j. 27.04.2020, DJe 29.04.2020).

2. PROCURADORES

2.1 A capacidade postulatória conferida aos advogados

Nos termos do art. 133 da CF/1988, **o advogado é indispensável à administração da justiça**. Assim, para postular em juízo é imprescindível que a parte detenha a habilitação de advogado, ou seja, que ostente o título de bacharel em Direito e encontre-se inscrito na OAB. Nesse caso, em razão do *ius postulandi* que lhe é conferido, pode praticar, em causa própria, os atos processuais que lhe dizem respeito. Entretanto, faltando à parte a capacidade técnica-formal (inscrição na ordem), deverá ela ser representada em juízo por advogado legalmente habilitado (art. 103 do CPC/2015), sob pena de nulidade do processo (arts. 1º e 3º da Lei nº 8.906/1994). Na verdade, o ato praticado por advogado sem mandato nos autos é ineficaz, passível de ratificação; já o ato praticado por quem não tem habilitação de advogado reputa-se inexistente.

Não obstante a norma constitucional, há casos em que a legislação infraconstitucional, com o aval do STF, admite a postulação em juízo por pessoas que não detêm a habilitação de advogado. É o que se passa, com algumas limitações, nos Juizados Especiais e na Justiça do Trabalho. Mas a regra para a validade da relação processual é a representação por advogado. Se, no entanto, a própria parte detiver habilitação legal, poderá postular em causa própria (art. 103, parágrafo único).

Como se sabe, a representação pode decorrer da lei, como ocorre com a representação dos incapazes pelos pais, tutores e curadores, ou do contrato. O poder conferido ao advogado para praticar atos processuais em nome da parte, de regra, emana de mandato, que é o contrato pelo qual uma pessoa, denominada mandante, confere a outra, denominada mandatária, poderes para representá-la, no caso, perante a Justiça.

Quanto ao contrato de mandato em si, a lei (arts. 653 a 692 do CC) não prescreve qualquer requisito de forma, razão pela qual nada impede que seja verbal e até tácito. Entretanto, no que tange ao mandato judicial, embora também possa ser verbal no que concerne a obrigações acessórias do mandante e do mandatário, o objeto principal do mandato deve vir expresso em instrumento, isto é, em documento literal. Nos termos do art. 105, somente a procuração geral para o foro (cláusula *ad judicia*), conferida por instrumento público ou particular assinado pela parte, habilita o advogado a praticar todos os atos do processo. Entretanto, para a prática de alguns atos, além dos poderes gerais (implícitos na cláusula *ad judicia*), a lei exige poderes especiais. Entre os atos que demandam poderes especiais encontram-se o recebimento da citação, a confissão, o reconhecimento da procedência do pedido, a transação, a desistência – inclusive do recurso –, a renúncia ao direito sobre que se funda a ação, a outorga e recebimento de quitação, o compromisso e, como novidade trazida pelo CPC/2015, a assinatura de declaração de hipossuficiência econômica (art. 105, segunda parte).

Em algumas hipóteses a lei posterga a apresentação do instrumento do mandato (procuração) e, em outras, dispensa a celebração do respectivo contrato. O art. 104 faculta ao advogado a prática de atos urgentes em nome da parte sem a apresentação imediata da procuração. É o que se dá quando, em razão da iminência da ocorrência de prescrição ou decadência, o advogado não instrui a inicial da ação ajuizada com a procuração. Nesses casos, o instrumento deve ser exibido no prazo de quinze dias, prorrogáveis por igual período por despacho do juiz (art. 104, § 1º).

No caso de nomeação de defensor dativo pelo juiz, na ata de audiência, bem como nas representações *ex officio* (dos procuradores públicos, por exemplo), não há mandato consensual, porquanto decorre de ato judicial e da lei, respectivamente.

Salvo as exceções previstas em lei, sem instrumento de mandato, ou seja, sem instruir a peça referente ao ato processual que se pretende praticar (petição inicial, contestação, razões de recurso etc.) com a procuração assinada pela parte constituinte, o advogado não será admitido a atuar em juízo.

Ressalte-se que o CPC/1973 (art. 37, parágrafo único) falava em "inexistência" do ato não ratificado, quando praticado por advogado sem procuração. Era a mesma expressão adotada pelo STJ na Súmula nº 115.[81] A hipótese, no entanto, não era de inexistência, tampouco de invalidade, mas de ineficácia do ato em relação ao suposto representado. Como o ato foi praticado por quem detinha capacidade postulatória, ele existe e é válido. No entanto, só produzirá efeito se posteriormente ratificado pelo representado. A posterior ratificação, portanto, é condição de eficácia, e não pressuposto de existência do ato, até porque não há como se cogitar em ratificação de algo que sequer existe.

O Código Civil corrigiu o equívoco terminológico ao estabelecer que os atos praticados por quem não tenha mandato, ou o tenha sem poderes suficientes, "são ineficazes em relação àquele em cujo nome foram praticados, salvo se este os ratificar" (art. 662). O CPC/2015 seguiu a mesma linha e abandonou a ideia de "invalidade" (art. 104, § 2º).

Por fim, insta registrar que o Conselho Nacional de Justiça, em posição contrária à Ordem dos Advogados do Brasil, considerou desnecessária a presença de advogado ou defensor público nas audiências realizadas nos Centros Judiciários de Solução de Conflitos (Cejuscs). Para o Presidente do CNJ, Min. Dias Toffoli, *"não existe monopólio para mediação ou conciliação. A rigor, os Cejuscs, que todos nós defendemos, deveriam estar fora do Poder Judiciário. É a sociedade resolvendo seus conflitos e o Judiciário sendo apenas um instrumento de pacificação social daqueles conflitos que a própria sociedade, através da sua ciência e consciência, não conseguiu resolver com seus mediadores"*. A decisão foi tomada no pedido de providências n. 0004837-35.2017.2.00.0000.

2.2 Requisitos da procuração

Nos termos do art. 105 do Código de Processo Civil, somente a procuração geral para o foro (com a cláusula *ad judicia*), conferida por instrumento público ou particular assinado pela parte, habilita o advogado a praticar todos os atos do processo, salvo algumas exceções que dependem de cláusula especial. Por exemplo: para o recebimento de citação, não basta que o cliente outorgue procuração com a cláusula genérica para atuação em juízo; é necessário que no instrumento conste expressamente que o advogado está habilitado para, também, receber citação. São também considerados poderes especiais: confessar, reconhecer a procedência do pedido, transigir, desistir, renunciar o direito sobre o qual se funda a ação, dar e receber quitação, firmar compromisso e assinar declaração de hipossuficiência econômica.

Em termos simples, a procuração *ad judicia* que contém poderes especiais habilita o advogado a atuar de forma mais ampla no processo, exigindo, contudo, uma atenção ainda maior com a prática dos atos processuais. Vejamos outro exemplo prático: o art. 334, § 10, do

---

[81] Súmula nº 115 do STJ: "Na instância especial é inexistente recurso interposto por advogado sem procuração nos autos".

CPC prevê que a parte tem o direito de se fazer representar na audiência de conciliação por advogado com poderes para negociar e transigir. Se a procuração contém poder especial para "transigir", não caberá, por exemplo, a aplicação de multa pelo não comparecimento pessoal à audiência de conciliação (art. 3.374, § 8º) (STJ, 4ª Turma. RMS 56.422/MS, Rel. Min. Raul Araújo, j. 08.06.2021).

Agora vem a primeira dúvida: **se uma cláusula pode ampliar os poderes do advogado, é possível que o outorgante restrinja os poderes gerais por meio de cláusula especial?** Por exemplo: o cliente constitui advogado para atuar na fase de cumprimento de sentença. Porém, não deseja que esse advogado seja intimado dos atos de penhora. Em outras palavras, pretende o cliente outorgar uma procuração que restrinja ao advogado um poder que não é considerado especial. Essa providência não é admitida e o próprio STJ já decidiu sobre o assunto. Segundo a Ministra Nancy Andrighi, da 3ª Turma do STJ, "não é permitido ao outorgante da procuração restringir os poderes gerais para o foro por meio de cláusula especial" (REsp 1.904.872/PR, j. 21.09.2021). Isso porque, os atos para os quais são exigidos poderes específicos encontram-se expressamente previstos na parte final do art. 105 do CPC e entre eles não está inserido o de receber intimação da penhora, o qual está incluso, na verdade, nos poderes gerais para o foro. Além disso, no exemplo da penhora, o CPC já estabelece norma expressa na qual prevê que a intimação da penhora será feita na pessoa do advogado do devedor, reservando-se a intimação pessoal apenas para a hipótese de não haver procurador constituído nos autos (art. 841, §§ 1º e 2º).

Então, se o cliente não pode limitar os poderes gerais que já são conferidos pela lei, há alguma possibilidade de limitar temporalmente a atuação do advogado? A procuração outorga ao advogado poderes para atuar durante todo o processo. Portanto, não há necessidade de se juntar um novo instrumento de procuração a cada fase procedimental. Essa amplitude, contudo, pode ser excepcionada desde que conste expressa limitação temporal na procuração. Portanto, podemos concluir que a procuração ad judicia não perde a validade em razão do decurso do tempo; o instrumento outorgado na fase de conhecimento será eficaz para todas as fases do processo, salvo de houver disposição em sentido contrário na própria procuração. É o que também dispõe expressamente o CPC:

"Art. 105. § 4º Salvo disposição expressa em sentido contrário constante do próprio instrumento, a procuração outorgada na fase de conhecimento é eficaz para todas as fases do processo, inclusive para o cumprimento de sentença".

Além dos poderes e da qualificação do outorgante, a procuração deve conter o nome do advogado (outorgado ou mandatário), seu número de inscrição na Ordem dos Advogados do Brasil, seu endereço profissional completo e seu correio eletrônico (art. 105, § 2º, CPC).

O Código de Processo Civil também elenca como requisito da procuração a indicação do nome da sociedade de advogados da qual pertença o causídico. Nesse ponto também vale a regra do art. 15, § 3º, do Estatuto da OAB, segundo a qual as procurações deverão ser outorgadas individualmente aos advogados e indicarão a sociedade da qual façam parte.

A indicação de diversos advogados na procuração é tema que suscita várias dúvidas, especialmente em relação às intimações. Em regra, se dois ou mais advogados são constituídos pelo mesmo cliente, todos têm capacidade para atuar no processo. Assim, se apenas um deles for intimado para a prática de determinado ato processual, o outro não poderá arguir eventual nulidade pela ausência de sua intimação. A ressalva fica por conta da existência de pedido expresso nesse sentido, conforme possibilita o art. 272, § 5º, do CPC:

"Art. 272 (…) § 5º Constando dos autos pedido expresso para que as comunicações dos atos processuais sejam feitas em nome dos advogados indicados, o seu desatendimento implicará nulidade".

Assim, havendo pluralidade de advogados e não sendo formulado pedido expresso para que as publicações ocorram em nome de determinado advogado, não é necessário que da publicação conste o nome de todos os mandatários. Confira:

"(...) O STJ possui entendimento pacífico de que 'havendo vários advogados habilitados a receber intimações, é válida a publicação realizada na pessoa de apenas um deles. A nulidade das intimações só se verifica quando há requerimento prévio para que sejam feitas exclusivamente em nome de determinado patrono, o que não é o caso dos presentes autos" (AgRg no REsp 1.496.663/MS, Rel. Min. Mauro Campbell Marques, *DJe* 28/8/2015) (STJ, AgInt no REsp: 1911481/CE 2020/0335818-0, j. 24.05.2022, 2ª Turma, *DJe* 24.06.2022).

O entendimento anterior já foi aplicado, inclusive, na hipótese em que há substabelecimento com reserva de poderes juntado aos autos. Ou seja, mesmo quando o advogado transfere uma parte dos seus poderes a outro, mas mantém consigo a titularidade e a possibilidade de revogar a concessão a qualquer momento, a eventual publicação apenas em nome do substabelecente é válida, caso não haja pedido expresso na forma do art. 272, § 5º do CPC. Confira novamente a jurisprudência do STJ nesse sentido:

"(...) O fato de apenas o advogado substabelecente ter sido intimado, por duas vezes, para apresentar as alegações finais leva a crer que não foi solicitada a intimação em nome do substabelecido. Portanto, cuidando-se de substabelecimento com reserva de poderes, sem que se tenha requerido a intimação exclusiva no nome do substabelecido, fica responsável pelo cumprimento do ato o advogado intimado" (AgRg no RMS nº 46.690/PB, Rel. Min. Leopoldo de Arruda Raposo, Desembargador Convocado do TJ-PE, 5ª Turma, j. 19.05.2015, *DJe* 25.05.2015).

Em resumo: contando a parte intimada com mais de um advogado habilitado nos autos, é válida a publicação realizada em nome de qualquer um deles, exceto no caso de substabelecimento outorgado sem reserva de poderes ou com pedido expresso de publicação em nome de determinado patrono.

Essa conclusão, especialmente no que tange ao substabelecimento SEM reserva de poderes, decorre do fato de que quando um advogado transfere a responsabilidade pela causa a outro, sem qualquer ressalva – ou seja, substabelece para outro profissional sem reservas –, isso acarreta renúncia tácita ao mandato outorgado pelo mandante. "O substabelecimento, sem reserva de poderes, implica, nada menos, a destituição do advogado anterior, com a nomeação de novo procurador, o qual passará, doravante, a representar a parte, oferecendo a defesa técnica no processo judicial" (STJ, RMS 51.884/GO, Rel. Min. Marco Aurélio Bellizze, 3ª Turma, *DJe* 18.10.2018). Justamente por isso, nos termos do art. 26, § 1º, do Código de Ética e Disciplina da OAB, é indispensável a ciência prévia do cliente acerca do substabelecimento de mandato sem reserva de poderes. Se no caso concreto há substabelecimento sem reservas, a intimação da parte só se perfaz quando chamado o advogado substabelecido.

Há outras possibilidades de extinção do mandato previstas no art. 682 do Código Civil: pela revogação, renúncia, morte ou interdição de uma das partes, bem como pela mudança de estado que inabilite o mandante a conferir os poderes, ou o mandatário para exercê-los.

Caso o outorgante deseje revogar a procuração, poderá fazê-lo a qualquer momento, não havendo necessidade de se cumprir certo prazo ou validade. Nesse caso, a parte (cliente) deverá comunicar ao advogado e ao juízo, constituindo novo patrono nos autos. Não sendo constituído novo procurador nesse prazo, o órgão jurisdicional suspenderá o processo, seguindo as providências do art. 76 do CPC. Vale ressaltar que o art. 17 do Código de Ética e Disciplina da OAB (Res. CFOAB nº 02/2015) dispõe que "a revogação do mandato judicial por vontade do cliente não o desobriga do pagamento das verbas honorárias contratadas, bem como não retira o direito do advogado de receber o quanto lhe seja devido em eventual verba honorária de sucumbência".

Sobre a revogação, pode surgir a seguinte dúvida: **se o cliente não comunica ao advogado contratado que constituiu um novo patrono, mas junta aos autos nova procuração, o que acontece com os poderes do advogado anterior?** A jurisprudência também já respondeu essa questão:

> "(...) É tranquilo na jurisprudência desta Corte Superior o entendimento de que 'representa revogação tácita do mandato a constituição de novo procurador nos autos, sem ressalva da procuração anterior' (AgRg nos EREsp 222.215/PR, Rel. Min. Vicente Leal, Corte Especial, DJe 04.03.2002, p. 162). 2. Eventual disputa existente entre os causídicos (anteriores e atuais) e seus clientes constituintes deverá ser solucionada em via judicial autônoma, mas não no âmbito dos presentes autos. Precedentes: REsp 1.726.925/MA, Rel. Min. Herman Benjamin, 2ª Turma, DJe 15.02.2019; e AgRg no AREsp 757.537/RS, Rel. Min. Marco Aurélio Bellizze, 3ª Turma, DJe 16.11.2015. 3. Caso concreto em que a parte agravante não se encontra mais habilitada para atuar no presente feito, atraindo o obstáculo da Súmula 115/STJ. 4. Agravo interno não conhecido" (STJ – AgInt no REsp: 1644880/DF 2016/0330179-3, Rel. Min. Sérgio Kukina, j. 08.03.2021, T1 – 1ª turma, DJe 11.03.2021).

Com efeito, a juntada de nova procuração pela parte, sem a ratificação do mandato anterior, enseja a revogação tácita deste, impondo-se o cadastramento dos novos patronos nos autos do processo e o direcionamento das respectivas intimações.

Se o advogado pretender renunciar aos poderes conferidos por seu cliente, deverá continuar a representá-lo durante os 10 dias seguintes à notificação da renúncia, salvo se for substituído antes do término desse prazo.

Ressalte-se que o abandono da causa antes de decorrido o prazo indicado constitui infração disciplinar, punível com censura ou mesmo com suspensão do exercício profissional em caso de reiteração (art. 112 e § 1º do CPC/2015; arts. 34, XI, 36, I, e 37, II, do EOAB). A comunicação acerca da renúncia pode ser dispensada se a procuração houver sido outorgada a vários advogados e a parte continuar a ser representada por outro (art. 112, § 2º, CPC).

Ainda sobre a renúncia, é válido lembrar que a jurisprudência do STJ orienta-se no sentido de que a comunicação na forma do art. 112 do CPC dispensa a determinação judicial para intimação da parte objetivando a regularização da representação processual nos autos, sendo seu ônus a constituição de novo advogado (AgInt no AREsp 1935280/RJ, j. 09.05.2022, 4ª Turma, DJe 16.05.2022). Dessa forma, se há renúncia devidamente comunicada, dispensa-se despacho judicial que determine a intimação do ex-cliente para constituir novo advogado.

Outro ponto que merece destaque e que também já foi abordado na jurisprudência é a impossibilidade de se estabelecer multa em caso de revogação ou renúncia ao mandato judicial. É que como a resilição unilateral do contrato de mandato é faculdade atribuída pela lei tanto ao mandante como ao mandatário (art. 473, c/c o art. 682, I, Código Civil), não há como ser estipulado o pagamento de multa prevista em cláusula penal. Portanto, "não é possível a estipulação de multa no contrato de honorários para as hipóteses de renúncia ou revogação unilateral do mandato do advogado, independentemente de motivação, respeitado o direito de recebimento dos honorários proporcionais ao serviço prestado" (REsp 1.346.171/PR, Rel. Min. Luis Felipe Salomão, 4ª Turma, j. 11.10.2016, DJe 07.11.2016).

Em algumas hipóteses, a lei posterga a apresentação do instrumento de procuração, afastando o rigorismo formal e prestigiando a tutela de determinados interesses. O art. 104 do CPC faculta ao advogado a prática de atos urgentes em nome da parte sem a apresentação imediata da procuração. Assim, sempre que a elaboração, assinatura e juntada da procuração for incompatível com a urgência do ato a ser praticado, o advogado poderá apresentar o instrumento no prazo de 15 (quinze) dias, revogável por igual período por despacho do juiz (art. 104, § 1º). É o que se dá quando, em razão da iminência da ocorrência de prescrição ou decadência, o advogado não instrui a inicial da ação ajuizada com a procuração.

Ressalte-se que o CPC/1973 (art. 37, parágrafo único) falava em "inexistência" do ato não ratificado, quando praticado por advogado sem procuração. Era a mesma expressão adotada pelo STJ na Súmula nº 115.[82] A hipótese, no entanto, não era de inexistência, tampouco de invalidade, mas de ineficácia do ato em relação ao suposto representado. Como o ato foi praticado por quem detinha capacidade postulatória, ele existe e é válido. No entanto, só produzirá efeito se for posteriormente ratificado pelo representado. A posterior ratificação, portanto, é condição de eficácia, e não pressuposto de existência do ato. O Código Civil corrigiu o equívoco terminológico ao estabelecer que os atos praticados por quem não tenha mandato, ou o tenha sem poderes suficientes, "são ineficazes em relação àquele em cujo nome foram praticados, salvo se este os ratificar" (art. 662). O CPC/2015 seguiu a mesma linha e abandonou a ideia de "invalidade" (art. 104, § 2º):

> "Art. 104, § 2º O ato não ratificado será considerado ineficaz relativamente àquele em cujo nome foi praticado, respondendo o advogado pelas despesas e por perdas e danos".

Para finalizar esse tema tão importante para nós, advogados, vejamos uma situação bem peculiar de ato praticado por advogado sem procuração nos autos. O caso concreto, adaptado, foi o seguinte: um advogado assinou manualmente uma petição recursal. Era ele quem tinha procuração nos autos para atuar. Ocorre que o peticionamento eletrônico foi feito por outro advogado, que não tinha procuração. Por meio de decisão monocrática houve a inadmissibilidade do recurso, tendo o relator aplicado ao caso o precedente exposto na já mencionada Súmula 115 do STJ. Houve, então, interposição de agravo interno para a 4ª Turma do STJ, que considerou admissível o recurso.[83] A Turma considerou que o documento digitalizado se tratou da reprodução de documento físico assinado manualmente pelo causídico constituído nos autos, tendo sido apenas protocolado no sistema de peticionamento eletrônico por advogado sem procuração nos autos. Esse tipo de documento deve ser admitido porque, segundo o art. 425, I, do CPC, ele "faz a mesma prova que o original":

> "Art. 425. Fazem a mesma prova que os originais:
>
> (...)
>
> VI – as reproduções digitalizadas de qualquer documento público ou particular, quando juntadas aos autos pelos órgãos da justiça e seus auxiliares, pelo Ministério Público e seus auxiliares, pela Defensoria Pública e seus auxiliares, pelas procuradorias, pelas repartições públicas em geral e por advogados, ressalvada a alegação motivada e fundamentada de adulteração".

Portanto, concluiu a Corte: "(...) revela-se admissível o protocolo de petição em sistema de peticionamento de processo judicial eletrônico por advogado sem procuração nos autos, desde que se trate de documento: (i) nato-digital/digitalizado assinado eletronicamente com certificado digital emitido por Autoridade Certificadora credenciada, nos termos da

---

[82] Súmula nº 115 do STJ: "Na instância especial é inexistente recurso interposto por advogado sem procuração nos autos".

[83] "É admissível o recurso cuja petição é impressa, assinada manualmente por causídico constituído nos autos e digitalizada, e o respectivo peticionamento eletrônico é feito por outro advogado sem procuração" (STJ. 4ª Turma. AREsp 1.917.838/RJ, Rel. Min. Luis Felipe Salomão, j. 23.08.2022).

MP n. 2.200-2/2001, por patrono com procuração nos autos, desde que a plataforma de processo eletrônico judicial seja capaz de validar a assinatura digital do documento; ou (ii) digitalizado que reproduza petição impressa e assinada manualmente também por causídico devidamente constituído no feito" (AREsp 1.917.838/RJ, Rel. Min. Luis Felipe Salomão, j. 23.08.2022).

2.3 Direitos dos advogados

Os direitos dos advogados estão previstos na Lei nº 8.906/1994 (EOAB), mais precisamente em seus arts. 6º, 7º e 7º-A, este incluído pela Lei nº 13.363/2016, assim como no art. 107 do CPC/2015. Esse conjunto de disposições tem por fim garantir ao advogado o direito de exercer a defesa plena de seus clientes, com independência e sem qualquer subordinação ao magistrado, ao membro do Ministério Público ou a qualquer outra autoridade que possa intervir no processo.[84] A propósito, a violação de prerrogativas poderá sujeitar o violador (servidor, membro do Ministério Público, magistrado) às penas do art. 7º-B da Lei nº 8.906/1994, recentemente alterado pela Lei nº 14.365/2022. Antes da alteração, a pena prevista era de 3 (três) meses a 1 (um) ano de detenção, além de multa. Ou seja, tratava-se de crime de menor potencial ofensivo. Ocorre que a referida legislação alterou o *quantum* máximo para 4 (quatro) anos (e o mínimo para dois anos), afastando, portanto, a classificação como infração de menor potencial ofensivo (art. 61 da Lei nº 9.099/95).

A instauração da investigação criminal deve ser feita quando não observadas: (i) a inviolabilidade do local e instrumentos de trabalho relacionados ao exercício da advocacia; (ii) o direito à comunicabilidade entre advogado e cliente; (iii) o direito de o advogado preso em flagrante, por fato relacionado ao exercício da advocacia, ter a presença de representante da Ordem dos Advogados na lavratura do auto; (iv) o recolhimento de advogado preso preventivamente em sala de Estado Maior.[85]

Vejamos, então, os direitos dos advogados elencados pelo CPC.

De acordo com o art. 107, o advogado tem direito a:

- **Examinar, em cartório de fórum e secretaria de tribunal, mesmo sem procuração, autos de qualquer processo, independentemente da fase de tramitação, assegurados a obtenção de cópias e o registro de anotações, salvo na hipótese de segredo de justiça, nas quais apenas o advogado constituído terá acesso aos autos.** O acesso à informação para defesa de direito é garantia constitucional, ressalvando-se apenas aquelas informações cujo sigilo seja imprescindível à segurança da sociedade e do Estado (art. 5º, XXXIII, da CF/1988). Para esse fim não há distinção entre processo físico e virtual (art. 107, § 5º).[86]
- **Requerer, como procurador, vista dos autos de qualquer processo, pelo prazo de cinco dias.** O advogado pode requerer vista dos autos sem que tenha sido intimado para se manifestar sobre qualquer ato processual. Ou seja, o CPC não afasta o direito de acesso pelo advogado quando, por exemplo, o processo se encontra concluso. Essa

---

[84] Art. 6º do EOAB: "Não há hierarquia nem subordinação entre advogados, magistrados e membros do Ministério Público, devendo todos tratar-se com consideração e respeito recíprocos".

[85] Essa prerrogativa, de acordo com a redação expressa do inciso V, art. 7º, tem validade apenas nos casos de prisão anterior ao trânsito em julgado.

[86] A Lei 13.793/2019 introduziu o § 5º no art. 107 do CPC/2015, para deixar claro o óbvio: para fins de publicidade dos atos processuais e consequente direito dos advogados a peças e documentos constantes nos autos, não há distinção entre uma modalidade ou outra de processo.

ausência de restrição foi confirmada pela revogação da ressalva contida no Estatuto da OAB, que inadmitia o acesso quando existissem nos autos documentos originais de difícil restauração ou ocorresse circunstância relevante que justificasse a permanência dos autos no cartório, secretaria ou repartição (art. 7º, § 1º, 2, do EOAB – revogado pela Lei nº 14.365/2022). Com base no dispositivo revogado, o STJ já se manifestou favorável ao indeferimento da retirada dos autos pelo advogado quando o processo já estava em vias de conclusão (REsp 997.777/PB, j. 25.09.2012). Agora espera-se que decisões como essa não mais ocorram, ressalvadas as situações justificáveis e a eventual conduta protelatória do advogado.

- **Retirar os autos do cartório ou secretaria, pelo prazo legal, sempre que neles lhe couber falar por determinação do juiz, nos casos previstos em lei.** Ressalte-se que a carga dos autos realizada por estagiário, segundo entendimento do STJ, não representa, por si só, ciência inequívoca dos atos processuais pelo advogado, para fins de intimação e consequente contagem de prazo (REsp 1.296.317, j. 23.04.2013). Se o prazo determinado pelo juiz for comum às partes, os procuradores somente poderão retirar os autos em conjunto ou, individualmente, se houver prévio ajuste em petição constante dos autos. Somente não haverá necessidade de ajuste se o procurador desejar retirar os autos para cópia, desde que pelo prazo de duas a seis horas.

Ressalte-se que a tais prerrogativas somam-se aquelas elencadas nos 25 incisos constantes nos arts. 7º e 7º-A da Lei nº 8.906/1994 (Estatuto da Advocacia e a Ordem dos Advogados do Brasil). Destaque merecem os incisos do art. 7º-A, que instituíram os seguintes direitos à advogada gestante, lactante, adotante ou que der à luz:

Art. 7º-A. São direitos da advogada:

I – gestante:

a) entrada em tribunais sem ser submetida a detectores de metais e aparelhos de raios X;

b) reserva de vaga em garagens dos fóruns dos tribunais;

II – lactante, adotante ou que der à luz, acesso a creche, onde houver, ou a local adequado ao atendimento das necessidades do bebê;

III – gestante, lactante, adotante ou que der à luz, preferência na ordem das sustentações orais e das audiências a serem realizadas a cada dia, mediante comprovação de sua condição;

IV – adotante ou que der à luz, suspensão de prazos processuais quando for a única patrona da causa, desde que haja notificação por escrito ao cliente.

§ 1º Os direitos previstos à advogada gestante ou lactante aplicam-se enquanto perdurar, respectivamente, o estado gravídico ou o período de amamentação.

§ 2º Os direitos assegurados nos incisos II e III deste artigo à advogada adotante ou que der à luz serão concedidos pelo prazo previsto no art. 392 do Decreto-Lei nº 5.452, de 1º de maio de 1943 (Consolidação das Leis do Trabalho).

§ 3º O direito assegurado no inciso IV deste artigo à advogada adotante ou que der à luz será concedido pelo prazo previsto no § 6º do art. 313 da Lei nº 13.105, de 16 de março de 2015 (Código de Processo Civil).

Entretanto, apesar das garantias, ainda é comum nos depararmos com advogados enfrentando problemas para o simples acesso aos autos. Na maioria das vezes, a secretaria ou o próprio magistrado invoca o princípio da eficiência e da celeridade processual na tentativa de restringir vistas e retirada de autos em carga. Esse, no entanto, é fundamento inservível para restringir as prerrogativas dos advogados, conforme se vê no julgado a seguir:

"Processual Civil. Embargos de Declaração no Recurso Ordinário em Mandado de Segurança. Cabimento. Omissão. Obscuridade. Contradição. Não ocorrência dos aludidos defeitos. 1. O acórdão impugnado contém fundamentação suficiente para demonstrar que é obstado ao Poder Público impor restrições que violem prerrogativa da classe dos advogados, explicitada em texto legal. Assim, a causa foi apreciada de modo adequado, e o mero inconformismo com a conclusão do julgado não enseja a utilização da via de embargos de declaração, que é limitada às hipóteses elencadas no art. 535 do CPC. 2. Quanto à mencionada contrariedade ao princípio da eficiência, a orientação das Turmas que integram o Supremo Tribunal Federal firmou-se no sentido de que a alegação de ofensa ao art. 37, *caput*, da CF/1988, é meramente reflexa (ou indireta), quando condicionada à verificação da legislação infraconstitucional (RE 204.915/PI, 1ª Turma, Rel. Min. Moreira Alves, *DJ* de 16.6.2000; RE-AgR 455.283/PR, 2ª Turma, Rel. Min. Eros Grau, *DJ* de 5.5.2006). Ademais, o princípio em comento – que constitui 'dever constitucional da Administração' (CARVALHO FILHO, José dos Santos. 'Manual de Direito Administrativo', 12ª ed., Rio de Janeiro: Lumen Juris, 2005, p. 21) –não serve de fundamento para restringir prerrogativas legais dos administrados, que também emanam, ainda que de forma mediata, do Texto Constitucional. 3. Embargos de declaração rejeitados" (EDcl no RMS 21.524/SP, Rel. Min. Denise Arruda, j. 11.09.2007).

3. SUCESSÃO DAS PARTES E DOS PROCURADORES

Feita a citação, estabilizam-se os elementos da demanda (partes, pedido e causa de pedir). Após esse ato e até a fase de saneamento, o autor só pode modificar o pedido ou a causa de pedir com o consentimento do réu, mantendo-se as mesmas partes. A regra é, então, a seguinte: "no curso do processo, somente é lícita a sucessão voluntária das partes nos casos expressos em lei" (art. 108).

O Código, no entanto, contempla **duas hipóteses de sucessão processual**.

A **primeira** hipótese, facultativa, ocorre quando o bem litigioso é alienado a título particular, por ato entre vivos (por meio de contrato, por exemplo). Nesse caso, o adquirente pode suceder o alienante ou cedente (parte originária na demanda), desde que haja consentimento da outra parte (art. 109, § 1º). Independentemente do consentimento da outra parte, tem o adquirente direito de intervir no processo como assistente do alienante ou do cedente (§ 2º). De qualquer forma, havendo ou não sucessão processual, a sentença estende seus efeitos ao adquirente ou ao cessionário (§ 3º). O réu de ação reivindicatória aliena o bem litigioso; o adquirente, mesmo não ingressando na lide, fica sujeito a perder o bem, caso a ação seja julgada procedente.

A **segunda** hipótese é obrigatória. Ocorrendo a morte de qualquer das partes, dar-se-á a sucessão pelo seu espólio ou pelos seus sucessores, observada a suspensão do processo até a habilitação dos substitutos (arts. 110, 313 e 687 do CPC/2015).

Em algumas situações, o autor desconhece o evento morte ao ajuizar a petição inicial. Nesse caso, não haverá a sucessão prevista no art. 110 do CPC, pois o falecimento não ocorreu no curso do processo. Entretanto, para que a ação possa tramitar regularmente, deve o autor promover o aditamento da petição inicial, a fim de que seja corrigido o polo passivo da ação, aplicando-se ao caso a norma prevista no art. 329, I, do CPC.[87]

---

[87] Confira, nesse sentido, a jurisprudência do STJ: "O correto enquadramento jurídico da situação em que uma ação judicial é ajuizada em face de réu falecido previamente à propositura da demanda é a de ilegitimidade passiva do de cujus, devendo ser facultado ao autor, diante da ausência de ato citatório válido, emendar a petição inicial para regularizar o polo passivo, dirigindo a sua pretensão ao espólio" (STJ, REsp 1.559.791/PB, Rel. Min. Nancy Andrighi, 3ª Turma, j. 28.08.2018); "Se o

Também está prevista a sucessão pelo Ministério Público na ação popular (art. 9º da Lei nº 4.717/1965) e na ação civil pública (art. 5º, § 3º, da Lei nº 7.347/1985) quando a parte originária desiste da ação.

Vale ressaltar que a regra do art. 109 do CPC só tem aplicabilidade para a fase de conhecimento. Assim, eventual sucessão no cumprimento de sentença ou na execução de título extrajudicial deve observar o disposto no art. 778.[88]

---

réu falecer antes do ajuizamento da ação, não havendo citação válida, deve ser facultada ao autor a emenda à petição inicial, para incluir no polo passivo o espólio ou os herdeiros, nos termos do art. 329, I, do CPC/2015" (STJ, REsp 2.025.757/SE, Rel. Min. Antonio Carlos Ferreira, 4ª Turma, j. 02.05.2023).

[88] "AGRAVO DE INSTRUMENTO – EXECUÇÃO DE TÍTULO EXTRAJUDICIAL – SUCESSÃO PROCESSUAL – CESSÃO DE CRÉDITO – ART. 778, § 1º, III C/C ART. 778, § 2º CPC – DEFERIMENTO 1. O colendo Superior Tribunal de Justiça decidiu, mediante o julgamento do REsp 1.091.443/SP, que a regra mencionada no art. 109 do Código de Processo Civil só é aplicável durante a fase de conhecimento processual. Em fase de execução, prevalece a regra do art. 778, do mesmo diploma legal. 2. Conforme o art. 778, § 1º, III, c/c art. 778, § 2º, do Código de Processo Civil, pode ocorrer a sucessão processual em ação de execução, mediante a transferência do título executivo por ato entre vivos, independentemente da anuência do executado. 3. Tendo sido demonstrada a ocorrência da cessão de crédito por parte do outrora exequente, o provimento do recurso é medida que se impõe". (TJ-MG – AI: 26226314620228130000, Rel. Des. Marcelo de Oliveira Milagres, j. 04.04.2023, Câmaras Cíveis/18ª Câmara Cível, *DJe* 04.04.2023).

8

Litisconsórcio (arts. 113 a 118)

1. CONCEITO

Litisconsórcio, etimologicamente, **significa consórcio (pluralidade de partes) na instauração da lide; a mesma sorte na lide.**

Tecnicamente, dá-se o nome de litisconsórcio **quando duas ou mais pessoas litigam, no mesmo processo, em conjunto, ativa ou passivamente** (art. 113). É hipótese, portanto, de **cúmulo subjetivo (de partes) no processo.**[1]

Admite-se litisconsórcio em qualquer processo ou procedimento, inclusive nas causas da competência dos Juizados Especiais (art. 10 da Lei nº 9.099/1995).

Conquanto nem sempre seja obrigatória, a formação do litisconsórcio não fica ao alvedrio das partes. O litisconsórcio é disciplinado pela lei. Em alguns casos, em razão da relevância do direito controvertido, o legislador condicionou a validade do processo à integração de marido e mulher no polo passivo (art. 73, § 1º). Em outros, o litisconsórcio, embora facultativo, só pode ser formado se entre os litisconsortes houver comunhão de direitos ou obrigações, conexão ou afinidade (art. 113, I a III).

Litisconsórcio distingue-se de intervenção de terceiro. Os litisconsortes são partes originárias do processo, ainda que, em certas hipóteses, seus nomes não constem da petição inicial, por exemplo, quando o juiz determina a citação dos litisconsortes necessários (art. 115, parágrafo único). Terceiro quer dizer estranho à relação processual estabelecida entre autor e réu. O terceiro torna-se parte (ou coadjuvante da parte) em processo pendente.

2. CLASSIFICAÇÃO DO LITISCONSÓRCIO

O litisconsórcio pode ser classificado sob diversos aspectos.

Quanto à posição das partes, o litisconsórcio pode ser ativo, passivo ou misto. Ativo quando a pluralidade for de autores; passivo quando a pluralidade for de réus; e misto quando a pluralidade for de autores e réus.

---

[1] BUENO, Cassio Scarpinella. *Curso sistematizado de direito processual civil.* 2. ed. São Paulo: Saraiva, 2009. v. 2, t. I, p. 446.

Quanto ao momento de sua formação, o litisconsórcio pode ser inicial ou incidental (ulterior). Inicial quando sua formação é pleiteada na petição inicial. Várias pessoas envolvidas em acidente de veículos, em conjunto, ingressam com ação de reparação de danos contra o ofensor (litisconsórcio ativo inicial). O litisconsórcio incidental ou ulterior ocorre quando o litisconsorte não é indicado na petição inicial, e poderá se formar das seguintes maneiras:

a) em razão de uma intervenção de terceiro, como ocorre no chamamento ao processo e na denunciação da lide;

b) pela sucessão processual, quando os herdeiros ingressam no feito sucedendo a parte falecida;

c) pela conexão, se determinar a reunião das demandas para processamento conjunto;

d) por determinação do juiz, na denominada intervenção *iussu iudicis*, nas hipóteses de litisconsórcio passivo necessário não indicado na inicial. Dispõe o art. 115, parágrafo único, que "o juiz determinará ao autor que requeira a citação de todos que devam ser litisconsortes, no prazo que assinar, sob pena de extinção do processo".

Quanto à obrigatoriedade da formação, o litisconsórcio classifica-se em necessário (obrigatório) e facultativo.

O litisconsórcio necessário decorre de imposição legal ou da natureza da relação jurídica, hipóteses em que ao autor não resta alternativa senão a formação do litisconsórcio.

Ações que versem sobre direito real imobiliário devem ser propostas contra marido e mulher. Na ação de usucapião, a lei exige não só a citação daquele em nome de quem estiver registrado o imóvel usucapiendo, mas também a citação dos confinantes (art. 246, § 3º), exceto quando a demanda tiver por objeto unidade autônoma de prédio em condomínio, caso em que a citação será dispensada.

A formação do litisconsórcio facultativo fica, a princípio, a critério do autor, desde que preenchidos os requisitos legais, isto é, quando entre os litisconsortes (ativos ou passivos) houver comunhão de direitos ou de obrigações relativamente à lide; quando entre as causas houver conexão pelo objeto ou pela causa de pedir; ou quando ocorrer afinidade de questões por ponto comum de fato ou de direito.

O litisconsórcio facultativo, por sua vez, pode ser irrecusável ou recusável. Geralmente, preenchidos os requisitos legais, o juiz não pode recusar o litisconsórcio pretendido pelo autor. Por isso, dissemos que, a princípio, a formação depende da vontade do autor, sendo irrelevante a irresignação do réu ou do juiz. Entretanto, pode ocorrer de o número de autores ou de réus alcançar nível extremamente elevado (litisconsórcio multitudinário), comprometendo a rápida solução do litígio (efetividade), dificultando a defesa ou o cumprimento da sentença. O desmembramento do litisconsórcio ativo multitudinário poderá ser decretado de ofício pelo juiz ou a pedido da parte ré. Nesta última hipótese, o requerimento interromperá o prazo de resposta, que recomeçará a correr da intimação da decisão.

Quanto à uniformidade da decisão, podemos classificar o litisconsórcio em simples e unitário. Será simples o litisconsórcio quando a decisão, embora proferida no mesmo processo, puder ser diferente para cada um dos litisconsortes. A mera possibilidade de decisões diferentes já tornará simples o litisconsórcio, como nos casos em que vários correntistas de um banco ajuízam, em conjunto, ação de cobrança de expurgos inflacionários. Será unitário quando, ao contrário, a demanda tiver de ser decidida de forma idêntica para todos os que figuram no mesmo polo da relação processual. A caracterização do litisconsórcio unitário pressupõe a discussão de uma única relação jurídica indivisível,[2] por exemplo, quando dois condôminos atuam em juízo na defesa da coisa comum.

---

[2] DIDIER JR., Fredie. *Curso de direito processual civil*. Salvador: JusPodivm, 2008. v. 1, p. 308.

> **Lembrete:**
>
> - A obrigação solidária nem sempre implicará formação de litisconsórcio unitário. Exemplo: na solidariedade passiva, um dos devedores opõe uma exceção pessoal ao credor. Nesse caso, obviamente, a sentença será diferente em relação àquele que opôs a exceção pessoal e os demais codevedores.

3. HIPÓTESES LEGAIS DE LITISCONSÓRCIO

O art. 113 elenca as hipóteses de litisconsórcio facultativo, ao passo que o art. 114 especifica as condições em que o litisconsórcio é necessário.

Vejamos exemplos que ilustram as hipóteses do art. 113:

a) **Comunhão de direitos ou obrigações relativamente à lide:** cada condômino pode reivindicar todo o bem indiviso e não apenas a sua fração ideal (CC, art. 1.314, e *RT* 584/114). Todavia, em razão da comunhão de direitos, todos os condôminos ou alguns deles podem demandar o bem comum em litisconsórcio (litisconsórcio facultativo ativo). Havendo solidariedade passiva (comunhão de obrigações), o credor pode demandar um, alguns ou todos os devedores conjuntamente (litisconsórcio facultativo passivo).

b) **Conexão pelo objeto ou pela causa de pedir:** credor executa devedor principal e avalista, conjuntamente (o objeto mediato visado contra ambos é idêntico = crédito). Quanto à conexão pela causa de pedir, pode-se repetir o exemplo acima. Vários passageiros acionam a empresa de ônibus com base na mesma causa de pedir (o acidente = causa remota).

c) **Afinidade de questões por um ponto comum de fato ou de direito:** na hipótese, existe apenas afinidade, um liame, ao passo que na conexão, há identidade entre elementos da demanda (objeto ou causa de pedir). Rebanhos de bovinos, pertencentes a vários proprietários, sem ajuste entre eles, invadem uma fazenda. Não há conexão, nem direitos e obrigações derivam dos mesmos fundamentos de fato ou de direito, pois os fatos são diversos. No entanto, há uma afinidade de questão, pois um ponto de fato é comum: a invasão simultânea do gado.[3]

Ressalte-se que a nova redação suprimiu o inc. II do art. 46 do CPC de 1973, que tratava da hipótese de litisconsórcio quando os direitos e obrigações derivavam do mesmo fundamento de fato ou de direito. A alteração seguiu entendimento doutrinário que considerava tal previsão desnecessária, já que a identidade acerca dos fundamentos (de fato ou de direito) é capaz de gerar conexão pela causa de pedir, hipótese já contemplada no inc. III do art. 46 do CPC/1973 (e atual art. 113, II).

3.1 Litisconsórcio facultativo, sucessivo, alternativo e eventual

O sistema processual civil brasileiro permite a cumulação de pedidos sucessivos, alternativos e eventuais (ou subsidiários). No primeiro caso, o autor cumula pedidos sucessivamente, para que o segundo seja acolhido se o primeiro também for (exemplo: reconhecimento de

---

[3] SANTOS, Ernane Fidelis dos. *Manual de direito processual civil*: processo de conhecimento. 3. ed. São Paulo: Saraiva, 1994. v. 1, p. 67.

paternidade e alimentos). O pedido alternativo, por sua vez, ocorre quando, pela natureza da obrigação, o réu puder cumprir a prestação de mais de um modo (exemplo: quando em um contrato se estipula que o devedor deverá entregar uma casa ou o equivalente em dinheiro como cumprimento da obrigação). Por fim, na cumulação eventual de pedidos, o autor formula mais de um pedido, a fim de que o juiz conheça do posterior se não puder acolher o anterior, sendo este último o pedido principal (exemplo: pede-se a anulação do casamento, ou, se indeferido esse pedido, a separação do casal).

Da mesma forma, **admite-se o litisconsórcio sucessivo, o litisconsórcio alternativo e o litisconsórcio eventual. Essa divisão só se aplica ao litisconsórcio facultativo, nunca ao necessário**. Isso porque, se há obrigatoriedade do litígio em conjunto, não há que se falar em alternatividade, eventualidade ou sucessividade, que são formas de cumulação subjetiva.

O **litisconsórcio sucessivo** ocorre quando o autor cumula pedidos sucessivamente, para que o segundo seja acolhido se o primeiro também for, e esses pedidos são titularizados ou dirigidos a pessoas diversas. Exemplo: litisconsórcio entre mãe e filho, no qual se pleiteia, em face do pretenso genitor, o reconhecimento da filiação (direito do filho) e o ressarcimento das despesas do parto (direito da mãe). O segundo só será acolhido se julgado procedente o primeiro.[4]

Na petição inicial, pode o autor formular mais de um pedido, para que um ou outro seja acolhido, sem qualquer preferência entre ambos (cumulação alternativa de pedidos). Se esses pedidos se dirigirem a pessoas diversas, teremos, então, o **litisconsórcio alternativo**. Na ação de consignação em pagamento, quando há dúvida acerca da titularidade do crédito, o autor pode dirigir-se contra os dois supostos credores, ou seja, haveria, em tese, dois pedidos distintos contra dois réus (litisconsórcio alternativo). O juiz pode acolher um ou outro, jamais os dois pedidos.[5]

Por fim, o **litisconsórcio eventual** (subsidiário) caracteriza-se quando o autor formular mais de um pedido, a fim de que o juiz conheça do posterior se não puder acolher o anterior (pedido principal), e essa cumulação subsidiária se dirigir a pessoas diversas. Na denunciação da lide requerida pelo autor, há uma demanda relativa ao réu principal, e outra subsidiária, na qual se requer a condenação do denunciado caso a ação principal seja julgada procedente.[6]

4. LITISCONSÓRCIO UNITÁRIO E NECESSÁRIO

A disposição do art. 47 do CPC/1973[7] era confusa, porquanto misturava os conceitos de litisconsórcio necessário e litisconsórcio unitário, definindo o primeiro conforme as características do segundo. O CPC/2015, no entanto, esclareceu que o litisconsórcio será unitário quando, pela natureza da relação jurídica, o juiz tiver de decidir a lide de modo uniforme para todos os litisconsortes (art. 116); será necessário quando a sua formação for obrigatória (ou seja, não facultativa) ou quando, pela natureza da relação jurídica controvertida, a eficácia da sentença depender da citação de todos que devam ser litisconsortes (art. 114).

---

[4] Exemplo adaptado colhido da obra de ASSIS, Araken de. *Cumulação de ações*. 4. ed. São Paulo: RT, 2002. p. 169.
[5] Exemplo mencionado por DINAMARCO, Cândido Rangel. *Litisconsórcio*. São Paulo: Malheiros, 1998. p. 393.
[6] DINAMARCO, Cândido Rangel. *Litisconsórcio*. São Paulo: Malheiros, 1998. p. 392.
[7] Art. 47 do CPC/1973: "Há litisconsórcio necessário, quando, por disposição de lei ou pela natureza da relação jurídica, o juiz tiver de decidir a lide de modo uniforme para todas as partes; caso em que a eficácia da sentença dependerá da citação de todos os litisconsortes no processo".

Pode ocorrer de o litisconsórcio ser, simultaneamente, necessário e unitário; ou seja, tanto a sua formação será obrigatória, como a decisão terá que ser uniforme para todos os demandantes. Não há, no entanto, obrigatoriedade nesta relação. Nas ações de divisão e demarcação, assim como na ação de usucapião, por exemplo, o litisconsórcio é necessário (a lei exige a participação de todos os confrontantes), mas as pretensões de cada um dos demandantes podem ser decididas de forma diferente (litisconsórcio simples). Trata-se, portanto, de litisconsórcio necessário e simples.

Nos casos de litisconsórcio necessário, a eficácia da sentença dependerá da citação de todos os litisconsortes no processo. A consequência da ausência de citação vai variar conforme o tipo de litisconsórcio:

- **Tratando-se de litisconsórcio necessário e unitário**, a sentença será nula (art. 115, I). Nesse caso, ocorrerá nulidade total do processo, não produzindo a sentença qualquer efeito, quer para o litisconsorte que efetivamente integrou a relação jurídica, quer para aquele que dela não participou, mas deveria ter participado. É o que se passa na ação de anulação de assembleia de sociedade por quotas de responsabilidade limitada, na qual foram deliberadas matérias de alcance geral para os sócios, mas em que, a despeito disso, nem todos os sócios foram citados. A sentença é nula, uma vez que a validade ou invalidade da assembleia a todos alcança (nula para um, nula para todos).
- **Tratando-se de litisconsórcio necessário e simples**, a decisão será ineficaz apenas para aqueles que deveriam ter sido citados e não foram (art. 115, II). Nesse caso, a sentença dada sem que tenha sido integrado o litisconsórcio não precisará ser rescindida por ação rescisória, porquanto ela será absolutamente ineficaz, sendo desnecessária a sua retirada do mundo jurídico. É o caso da ausência de citação de um confinante na ação de usucapião. A sentença é válida, porém, ineficaz com relação ao litisconsorte não citado, o que significa que, em relação a este, o usucapiente não poderá invocar o que foi decidido com relação à usucapião.

Quanto à classificação do litisconsórcio unitário, além de necessário, ele poderá ser facultativo.

Como já dissemos neste tópico, o litisconsórcio será unitário necessário (ou necessário unitário) quando a sua formação se der de forma obrigatória e a decisão tiver que ser a mesma para todos os litisconsortes. Na ação de anulação de casamento proposta pelo Ministério Público (art. 1.549 do CC), marido e mulher devem ser citados (litisconsórcio necessário) e o casamento, caso o pedido seja julgado procedente, será nulo para ambos os cônjuges.

O litisconsórcio será unitário facultativo quando a sua formação não for obrigatória, mas a decisão tiver que ser uniforme para todos os integrantes. Na ação proposta por mais de um condômino para reivindicar o bem comum (litisconsórcio facultativo), a decisão terá que ser uniforme para todos os condôminos (litisconsórcio unitário). O mesmo ocorre em ação proposta por acionistas que visam anular a assembleia geral de uma sociedade anônima, cuja solução necessariamente terá que ser uniforme para as partes e nas ações coletivas propostas em litisconsórcio por mais de um legitimado.

5. LITISCONSÓRCIO NECESSÁRIO: ATIVO E PASSIVO

Conforme já ressaltado no item anterior, o litisconsórcio necessário decorre da imposição da lei, hipótese em que à parte não resta alternativa senão a formação do litisconsórcio.

O litisconsórcio necessário poderá se formar no polo passivo da relação processual, hipótese em que o autor deverá requerer a citação de todos aqueles que devam integrar a lide, sob pena de extinção do feito (art. 115, parágrafo único).

E no polo ativo? É possível que, em decorrência da lei ou da natureza da relação jurídica, o litisconsórcio deva obrigatoriamente se formar no polo ativo, caso em que um litisconsorte só poderia ajuizar a demanda se o outro concordasse em também figurar como autor? A resposta deve ser negativa, pois **não há hipótese de litisconsórcio ativo necessário**. Ainda que a lide tenha de ser solucionada de maneira uniforme para todos aqueles que deveriam figurar no polo ativo (litisconsórcio unitário), não se pode condicionar o direito de ação do autor à participação dos demais colegitimados como litisconsortes ativos. Ora, pelo princípio da ação, o ajuizamento da demanda constitui prerrogativa da parte, razão pela qual não se pode constranger alguém a litigar como autor.

Dessa forma, **quando houver vários legitimados autônomos e concorrentes, qualquer deles poderá, isoladamente, propor a demanda, mesmo contra a vontade dos demais litisconsortes necessários**. Do contrário, estar-se-ia privando o indivíduo do acesso ao Judiciário, garantia constitucional. Conclui-se, dessa maneira, que não se admite a figura do litisconsórcio necessário ativo, ainda que unitário. Assim, um dos litisconsortes necessários, sozinho, poderá propor a demanda a fim de discutir a relação jurídica indivisível.

Nesse contexto, merece destaque a Súmula nº 406 do TST, que assim dispõe:

> "Ação Rescisória. Litisconsórcio. Necessário no polo passivo e facultativo no ativo. Inexistente quanto aos substituídos pelo Sindicato (Conversão das Orientações Jurisprudenciais nºs 82 e 110 da SBDI-2) – Res. 137/2005, *DJ* 22, 23 e 24.08.2005 – O litisconsórcio, na ação rescisória, é necessário em relação ao polo passivo da demanda, porque supõe uma comunidade de direitos ou de obrigações que não admite solução díspar para os litisconsortes, em face da indivisibilidade do objeto. Já em relação ao polo ativo, o litisconsórcio é facultativo, uma vez que a aglutinação de autores se faz por conveniência e não pela necessidade decorrente da natureza do litígio, pois não se pode condicionar o exercício do direito individual de um dos litigantes no processo originário à anuência dos demais para retomar a lide" (ex-OJ 82 da SBDI-2. Inserida em 13.03.2002).

Conquanto possível a propositura da demanda por apenas um dos litisconsortes necessários, sendo única e indivisível a relação jurídica discutida, ou seja, no caso de litisconsórcio unitário, como ocorre na ação rescisória, a sentença a ser proferida acabará por repercutir na esfera jurídica daqueles legitimados que não vieram a juízo. Ou seja, um terceiro que não participou do processo sofreria as consequências da coisa julgada. É imprescindível, por isso, que o litisconsorte unitário que não ingressou em juízo juntamente com o autor seja integrado à lide. Essa é a maneira pela qual se viabiliza a propositura da ação sem a parte que será afetada pela coisa julgada figurar como litisconsórcio ativo.

Surge, então, a seguinte dúvida: como integrar à lide aquele que deveria figurar como litisconsorte ativo, mas não figurou? Nelson Nery afirma que o litisconsorte deverá ser incluído no polo passivo, como réu, para que, de maneira forçada, passe a integrar a relação processual. Uma vez citado, o litisconsorte faltante poderá continuar no polo passivo, resistindo à pretensão autoral, ou integrar o polo ativo em litisconsórcio com o autor.[8]

Entretanto, entendo mais razoável considerar que basta a cientificação da lide àquele que deveria figurar como litisconsorte ativo, mas não figurou, para que tome uma das seguintes posturas: ingresse na lide em litisconsórcio ativo com o autor; atue ao lado do réu,

---

[8] NERY JR., Nelson. *Código de Processo Civil comentado*. 8. ed. São Paulo: RT, 2007. p. 259.

ou permaneça inerte, hipótese em que o autor passará a atuar como substituto processual do litisconsórcio faltante.[9]

6. LITISCONSÓRCIO MULTITUDINÁRIO

O art. 113, § 1º, estabelece que: "o juiz poderá limitar o litisconsórcio facultativo quanto ao número de litigantes na fase de conhecimento, na liquidação de sentença ou na execução, quando este comprometer a rápida solução do litígio ou dificultar a defesa ou o cumprimento da sentença". Trata-se do que Cândido Rangel Dinamarco denomina litisconsórcio multitudinário.

Embora parte da doutrina entenda que em qualquer situação cabe ao juiz analisar a viabilidade do litisconsórcio multitudinário, e, se for o caso, determinar o desmembramento, é preciso fazer algumas ponderações.

Se o litisconsórcio puder comprometer a rápida solução do litígio, entendo que o desmembramento dependerá de requerimento do réu, já que os eventuais prejuízos em razão do número excessivo de autores serão suportados exclusivamente por ele. Na hipótese de o juiz acatar o pedido de limitação sob esse fundamento, o prazo para resposta será interrompido e recomeçará a correr da intimação da decisão (art. 113, § 2º).

Por outro lado, tratando-se de litisconsórcio que dificulte o cumprimento da sentença, a limitação deverá ser pleiteada por aquele que sair vitorioso no processo, ou seja, pela parte que quiser buscar a satisfação do conteúdo decisório.

Com relação à última hipótese, a providência poderá ser requerida pela parte interessada (certamente o autor) ou determinada de ofício pelo juiz. O problema é que, sendo o desmembramento de iniciativa do magistrado, este deverá oportunizar a manifestação das partes, conforme determina o art. 10 do CPC/2015. Nesse caso, dependendo do número de litigantes, a intimação das partes poderá ter efeito reverso, comprometendo a celeridade do processo. Deve-se, então, fazer um sopesamento entre o direito de ação conferido aos litigantes e o comprometimento da celeridade processual.

De toda forma, o que vem prevalecendo na jurisprudência é o entendimento no sentido de que, em qualquer caso, cabe ao juiz ponderar sobre a limitação. Ou seja, trata-se de medida discricionária. Nesse sentido:

> "A limitação do litisconsórcio facultativo multitudinário, ativo ou passivo, constitui faculdade conferida ao julgador, a quem cabe avaliar a conveniência da medida ante as particularidades do caso concreto" (TJ-MG – AI: 10251120021950002 Extrema, Rel. Élito Batista de Almeida, JD Convocado, j. 28.02.2023, 5ª Câmara Cível, *DJe* 01.03.2023).

Vale observar que não há regra apriorística a respeito do litisconsórcio ativo multitudinário. O número ideal e possível de litigantes deverá ser sempre determinado diante do caso concreto, tendo em vista que cada demanda encerra peculiaridades e características próprias que as distinguem das demais. O que se deve levar em conta para limitação do litisconsórcio é a eventualidade de se comprometer a celeridade, a efetividade ou a amplitude do direito de defesa.

O procedimento para a limitação do litisconsórcio multitudinário gera, no entanto, algumas discussões. Uma primeira corrente entende que o juiz, ao limitar o litisconsórcio, deve determinar o desmembramento dos processos em quantos forem necessários, pois assim não

---

[9] No mesmo sentido: DIDIER JR., Fredie. *Curso de direito processual civil*. Salvador: JusPodivm, 2008. v. 1, p. 323.

haverá prejuízo para nenhum dos litigantes. A outra, no entanto, considera que a providência a ser adotada pelo magistrado é a de excluir os litisconsortes excedentes, que podem, caso assim desejarem, ajuizar novas demandas individualmente.

Tendo em vista os princípios da economia processual e da celeridade, o mais razoável era que as petições e os documentos referentes aos demais litisconsortes (ativos ou passivos) sejam utilizados para, desde logo, formarem novos autos – com nova distribuição, se fosse o caso – e prosseguimento imediato de suas demandas em novos processos.[10]

O substitutivo da Câmara dos Deputados[11] consolidava a posição da primeira corrente, sendo que não houve aprovação do texto por parte do Senado Federal. De todo modo, o mais coerente é admitir o desmembramento, porquanto a exclusão de litisconsortes excedentes constitui afronta ao direito de ação e ao princípio da igualdade.

7. AUTONOMIA DOS LITISCONSORTES

"Os litisconsortes serão considerados, em suas relações com a parte adversa, como litigantes distintos, exceto no litisconsórcio unitário, caso em que os atos e as omissões de um não prejudicarão os outros, mas os poderão beneficiar" (art. 117). Cada litisconsorte pode, por exemplo, escolher seu advogado e apresentar sua defesa independentemente da defesa do outro. No que tange ao litisconsórcio unitário, somente os atos benefícios, ou seja, que não causem prejuízos aos interesses dos litisconsortes, podem ser aproveitados por todos.

No que respeita à autonomia dos litisconsortes, pode-se afirmar o seguinte:

- Quando os litisconsortes tiverem diferentes procuradores, de escritórios de advocacia distintos, ser-lhes-ão contados **em dobro os prazos** para todas as manifestações, independentemente de requerimento (art. 229). No entanto, **"não se conta em dobro o prazo para recorrer, quando só um dos litisconsortes haja sucumbido"** (Súmula nº 641 do STF). **Também não se aplica a contagem em dobro aos processos em autos eletrônicos** (art. 229, § 2º). Se o processo contar apenas com dois réus e somente um deles apresentar defesa, cessará a contagem em dobro (§ 1º).

- Cada litisconsorte tem o direito de promover o andamento do processo e todos devem ser intimados dos respectivos atos (art. 118).

- Qualquer que seja a modalidade do litisconsórcio (simples ou unitário), **os atos de um dos litisconsortes não prejudicam os demais** (ex.: nas ações que versam sobre bens imóveis, a confissão de um cônjuge não valerá sem a do outro, salvo se o regime de casamento for de separação absoluta de bens).

- No litisconsórcio unitário, **o ato prejudicial será ineficaz se não contar com a anuência do outro litisconsorte**. Já os atos benéficos praticados por um dos litisconsortes beneficiam a todos os demais. A relação jurídica é una e indivisível, o que justifica o tratamento igualitário.

---

[10] BUENO, Cassio Scarpinella. *Curso sistematizado de direito processual civil*. 2. ed. São Paulo: Saraiva, 2009. v. 2, t. I, p. 455.

[11] A proposta de redação era a seguinte: "[...] Na decisão que limitar o número de litigantes no litisconsórcio facultativo, o juiz estabelecerá quais deles permanecerão no processo e o número máximo de integrantes de cada grupo de litisconsortes, ordenando o desentranhamento e a entrega de todos os documentos exclusivamente relativos aos litigantes considerados excedentes".

- No **litisconsórcio simples**, a conduta benéfica de um dos litisconsortes, em regra, não aproveita aos demais. Aplica-se, à perfeição, o art. 117. Todavia, a regra comporta as seguintes exceções: **a) princípio da aquisição processual ou da comunhão da prova:** a prova, uma vez produzida, tem como destinatário o juiz e passa a pertencer ao processo, sendo irrelevante, portanto, perquirir sobre quem a produziu. Assim, a prova produzida por um litisconsorte simples pode ser aproveitada pelo outro; **b) art. 345, I:** a revelia não implica presunção de veracidade dos fatos afirmados pelo autor quando, "havendo pluralidade de réus, algum deles contestar a ação". No caso de litisconsórcio simples, o benefício alcançará o litisconsorte revel se houver fato comum a ambos os réus que tenha sido abordado na contestação apresentada. Se o fato foi contestado por um, e esse fato também diz respeito àquele que foi revel, não poderia o magistrado considerar o fato como existente para um, em razão da confissão ficta oriunda da revelia, e não existente para o outro, que apresentou defesa;[12] **c) art. 1.005, *caput* e parágrafo único:** o recurso interposto por um litisconsorte simples pode beneficiar o outro se a matéria discutida for comum a ambos. Em se tratando de recurso interposto pelo devedor solidário, sempre haverá extensão subjetiva dos efeitos quando as defesas opostas ao credor lhes forem comuns.

Lembrete:
- Havendo litisconsórcio entre Ministério Público, Fazenda Pública ou Defensoria Pública e particular, a todos aplica-se o prazo em dobro para qualquer manifestação dos autos. Arts. 180, 183 e 186 e 229.

JURISPRUDÊNCIA TEMÁTICA

"A jurisprudência desta Corte possui entendimento de que não há litisconsórcio necessário nos casos de responsabilidade solidária, sendo facultado ao credor optar pelo ajuizamento da ação contra um, alguns ou todos os responsáveis. Precedentes: AgRg no REsp 1.164.933/RJ, Rel. Min. Regina Helena Costa, Primeira Turma, *DJe* 09/12/2015; EDcl no AgRg no AREsp 604.505/RJ, Rel. Min. Luiz Felipe Salomão, Quarta Turma, *DJe* 27/05/2015; AgRg no AREsp 566.921/RS, Rel. Min. Humberto Martins, Segunda Turma, *DJe* 17/11/2014; REsp 1.119.969/RJ, Rel. Min. Luis Felipe Salomão, Quarta Turma, *DJe* 15/10/2013; REsp 1.358.112/SC, Rel. Min. Humberto Martins, Segunda Turma, *DJe* 28/06/2013. O fato da pretensão ser declaratória não afasta o entendimento supra, mormente no caso dos autos em que a ação visa declarar modificações contratuais já executadas, não se vislumbrando, portanto, prejuízo para as empresas que não integraram a lide" (REsp 1.625.833/PR, Rel. Min. Benedito Gonçalves, *DJe* 05.09.2019).

"Direito Processual Civil. Preservação de litisconsórcio passivo inicialmente estabelecido entre segurado e seguradora em ação decorrente de acidente de trânsito ajuizada contra ambos. **No caso de ação indenizatória decorrente de acidente de trânsito que tenha sido ajuizada tanto em desfavor do segurado apontado como causador do dano quanto em face da seguradora obrigada por contrato de seguro de responsabilidade civil facultativo, é possível a preservação do litisconsórcio passivo, inicialmente estabelecido**, na hipótese em que o réu segurado realmente fosse denunciar a lide à seguradora, desde que os réus não tragam aos autos fatos que demonstrem a inexistência ou invalidade do contrato de seguro.

---

[12] DIDIER JR., Fredie. *Curso de direito processual civil*. Salvador: JusPodivm, 2015. vol. I. p. 467.

A preservação do aludido litisconsórcio passivo é viável, na medida em que nenhum prejuízo haveria para a seguradora pelo fato de ter sido convocada a juízo a requerimento do terceiro autor da ação – tendo em vista o fato de que o réu segurado iria mesmo denunciar a lide à seguradora. Deve-se considerar que, tanto na hipótese de litisconsórcio formado pela indicação do terceiro prejudicado, quanto no caso de litisconsórcio formado pela denunciação da lide à seguradora pelo segurado, a seguradora haverá de se defender em litisconsórcio passivo com o réu, respondendo solidariamente com este pela reparação do dano decorrente do acidente até os limites dos valores segurados contratados, em consideração ao entendimento firmado no REsp 925.130-SP, julgado sob o rito do art. 543-C do CPC,[13] no sentido de que, 'Em ação de reparação de danos movida em face do segurado, a Seguradora denunciada pode ser condenada direta e solidariamente junto com este a pagar a indenização devida à vítima, nos limites contratados na apólice'" (STJ, REsp 710.463/RJ, Rel. Min. Raul Araújo, j. 09.04.2013).

"Direito Processual Civil. Recurso. Litisconsórcio. Efeito extensivo.
O recurso produz efeitos somente ao litisconsorte que recorre, ressalvadas as hipóteses de litisconsórcio unitário, em que se aplica a extensão prevista no art. 509 do CPC [art.1.005 do CPC/2015].[14] Precedentes: AgRg no REsp 770.326-BA, *DJe* 27/9/2010; REsp 827.935-DF, *DJe* 27/8/2008; REsp 209.336-SP, *DJ* 26/3/2007; REsp 411.563-PR, *DJ* 10/5/2004" (STJ, AgRg no REsp 908.763/TO, Rel. Min. Ricardo Villas Bôas Cueva, j. 18.10.2012).

"Processo Civil. Competência. Ação Ordinária ajuizada contra a União. Autores com domicílio em estados diferentes. Litisconsórcio ativo facultativo. Eleição dos autores. Entendimento do STF.
1. Em litisconsórcio ativo facultativo contra a União, é possível aos demandantes escolher o foro do domicílio de qualquer deles para se intentar ação.
2. Segundo entendimento do STF: **'Os litisconsortes, nas ações contra a União, podem optar pela propositura da ação no domicílio de qualquer deles.** Precedentes à luz da Constituição Federal de 1988' (RE 484.235, rel. Min. Ellen Gracie, julgado em 25/8/2009, *DJe* 18/9/2009). Agravo regimental improvido" (AgRg no REsp 591.074/SC, 2ª Turma, Rel. Min. Humberto Martins, j. 06.10.2009).

"Ação Civil Pública. Dano Ambiental. Litisconsórcio Facultativo.
A ação civil pública ou coletiva que objetiva a responsabilização por dano ambiental pode ser proposta contra o poluidor, pessoa física ou jurídica, de direito público ou privado, responsável direta ou indiretamente, por atividade causadora de degradação ambiental (art. 3º, IV, da Lei nº 6.898/1991), todos coobrigados solidariamente à indenização, mediante litisconsórcio facultativo. A sua ausência não acarreta a nulidade do processo. Precedentes citados: REsp 604.725-PR, *DJ* 22/8/2005, e REsp 21.376-SP, *DJ* 15/4/1996" (STJ, REsp 884.150/MT, Rel. Min. Luiz Fux, j. 19.06.2009).

Súmula nº 631 do STF: "Extingue-se o processo de mandado de segurança se o impetrante não promove, no prazo assinado, a citação do litisconsorte passivo necessário".

Súmula nº 641 do STF: "Não se conta em dobro o prazo para recorrer, quando só um dos litisconsortes haja sucumbido".

---

[13] O julgamento dos recursos extraordinário e especial repetitivos está previsto no atual art. 1.036.
[14] Corresponde ao atual art. 1.005.

Quadro esquemático 13 – Litisconsórcio

Litisconsórcio

- Conceito: duas ou mais pessoas litigando no mesmo processo, ativa ou passivamente.
- Litisconsórcio (partes originárias do processo) ≠ Intervenção de terceiros (estranho à relação processual originária).

Quanto à posição das partes
- Ativo: pluralidade de autores
- Passivo: pluralidade de réus
- Misto: pluralidade de autores e réus

Quanto ao momento da formação
- Inicial: a formação é pleiteada na inicial.
- Incidental (ulterior): dá-se após a propositura da ação (na decisão saneadora o juiz determina a citação de litisconsortes, por exemplo).

Quanto à obrigatoriedade da formação
- Necessário ou obrigatório: decorre da imposição legal ou da natureza da relação jurídica (art. 114, CPC/2015).
- Facultativo
  - Comunhão de direitos ou obrigações relativamente à lide;
  - Conexão pelo objeto ou pela causa de pedir;
  - Afinidade de questões por um ponto comum de fato ou de direito.

Quanto à uniformidade da decisão
- Simples: a decisão não tem de ser uniforme.
- Unitário: decisão uniforme para todos os litigantes.

Consequência da não citação dos litisconsortes necessários ➔ Extinção do processo (art. 115, p. único, CPC/2015) ou nulidade, se já proferida sentença.

Litisconsórcio ativo multitudinário: "o juiz poderá limitar o litisconsórcio facultativo quanto ao número de litigantes na fase de conhecimento, na liquidação de sentença ou na execução, quando este comprometer a rápida solução do litígio ou dificultar a defesa ou o cumprimento da sentença" (art. 113, § 1º, CPC/2015)

Autonomia dos Litisconsortes
- São considerados litigantes distintos.
- Cada litisconsorte tem o direito de promover o andamento do processo e todos devem ser intimados dos respectivos atos (art. 118).
- Qualquer que seja a modalidade do litisconsórcio (simples ou unitário), os atos de um dos litisconsortes não prejudicam os demais.
- No litisconsórcio unitário, o ato prejudicial será ineficaz se não contar com a anuência do outro litisconsorte. Já os atos benéficos praticados por um dos litisconsortes beneficiam a todos os demais.
- No litisconsórcio simples, a conduta benéfica de um dos litisconsortes, em regra, não aproveita aos demais (art. 117, CPC/2015). Exceções: princípio da comunhão da prova (art. 345, I, e art. 1.005).

Prazos
- Prazo simples: o mesmo procurador para todos os litisconsortes.
- Prazo em dobro para qualquer manifestação ➔ Diferentes procuradores e de escritórios de advocacia distintos (art. 229, CPC/2015). Aos processos em autos eletrônicos não se aplica o prazo em dobro (art. 229, § 2º), nem aos embargos à execução (art. 915, § 3º).

9

Intervenção de terceiros (arts. 119 a 138)

1. NOÇÕES GERAIS

No Capítulo 7, vimos que as partes são os sujeitos parciais do processo, ou seja, aqueles que pedem ou contra quem é pedida uma providência jurisdicional e, por essa razão, integram o contraditório e são atingidos pelos efeitos da coisa julgada.

Para que determinado ente/sujeito se torne parte em determinada relação jurídica processual, deverá propor a demanda, ou ser chamado a juízo para ver-se processar ou intervir em processo já existente.[1]

Dá-se a intervenção de terceiro, nas modalidades assistência, denunciação e chamamento, quando uma pessoa (física ou jurídica), ingressa como parte ou coadjuvante (assistente) da parte em processo pendente. Na intervenção relacionada ao incidente de desconsideração da personalidade jurídica, o terceiro será o sócio ou a pessoa jurídica, que integrará o polo passivo da lide. Já na intervenção do *amicus curiae*, a assistência que se dá à parte leva em consideração a sua integração ao núcleo da sociedade o qual o *amicus curiae* representa[2] (por exemplo: manifestação de associações civis em defesa dos direitos humanos na ADIn nº 3.510, que objetivava declarar a inconstitucionalidade do art. 5º da Lei nº 11.105/2005 – Lei de Biossegurança). Nesse tipo de intervenção o *amicus curiae* atua não como parte no processo, mas como interessado na causa.

Em síntese, **terceiro quer dizer estranho à relação processual inicialmente estabelecida entre autor e réu.** Essa característica distingue o instituto da intervenção de terceiro do litisconsórcio, uma vez que os litisconsortes são partes originárias do processo, ainda que, por equívoco, não sejam nomeados na petição inicial (litisconsórcio necessário).

O sentido de terceiro é alcançado tendo em vista a situação jurídica do ingressante na lide em relação às partes originárias. O terceiro, uma vez admitido na demanda alheia, passa a ocupar uma posição distinta da dos demais litigantes, exceto quando se tratar do incidente

---

[1] BARBOSA MOREIRA, José Carlos. *Direito processual civil*: ensaios e pareceres. Rio de Janeiro: Borsoi, 1975.

[2] TUPINAMBÁ, Carolina. Novas tendências de participação processual – o *amicus curiae* no anteprojeto do novo CPC. In: FUX, Luiz (coord.). *O novo processo civil brasileiro (direito em expectativa)*: reflexões acerca do Projeto do novo Código de Processo Civil. Rio de Janeiro: Forense, 2011. p. 129.

de desconsideração da personalidade jurídica, já que neste caso o terceiro atuará como réu na demanda. Assim, distingue-se também a intervenção de terceiro da sucessão processual, uma vez que a situação jurídica do sucessor é idêntica à do sucedido (cedente e cessionário, herdeiro e falecido).

Tal como ocorre com o litisconsórcio, a intervenção de terceiro em processo pendente só é admitida quando atendidos os requisitos legais, que serão analisados em cada hipótese.

No que tange à **natureza jurídica** da intervenção de terceiros, trata-se de **incidente processual**, visto que o terceiro realiza uma série de atos dentro de um processo em curso sem que para isso seja necessária a instauração de uma nova relação processual. Não se confunde, pois, com o processo incidente, em que há relação jurídica nova, relacionada a algum processo pendente.

1.1 Hipóteses de não cabimento das intervenções previstas no CPC/2015

Em princípio, as intervenções de terceiros são possíveis em qualquer procedimento. No entanto, a lei prevê hipóteses excepcionais de não cabimento da intervenção. Vejamo-las:

a) **Juizados Especiais**: apesar de o art. 10 da Lei nº 9.099/1995 estabelecer que "não se admitirá, no processo, qualquer forma de intervenção de terceiro nem de assistência", o incidente de desconsideração da personalidade jurídica é plenamente cabível, desde que haja necessidade de se chamar os sócios ou a pessoa jurídica para responder pela dívida discutida em juízo (art. 1.062 do CPC/2015).

b) **Ações de controle concentrado de constitucionalidade**: aqui se admite a intervenção apenas do *amicus curiae* (arts. 7º, *caput*, e 18 da Lei nº 9.868/1999). Essa vedação, que foi estabelecida pela Lei nº 9.868/1999, que regulamenta a ADI e a ADC, deverá ser aplicada à ADPF, que também possui natureza de processo objetivo de controle de constitucionalidade.[3] Apesar da literalidade do dispositivo legal, também se deve admitir a intervenção via assistência litisconsorcial dos demais colegitimados[4] para propositura das ações de controle abstrato de constitucionalidade. Ora, quem pode o mais – propor a ação – também deve poder o menos – ingressar na demanda proposta pelo outro colegitimado.[5] Na doutrina, é pacífica a admissão do litisconsórcio ativo inicial nos processos objetivos de constitucionalidade (ex.: ADI proposta pelo Presidente da República e pelo PGR). Não há razões, portanto, para não se admitir a formação do litisconsórcio ativo no curso do processo, o que se dá justamente por via da assistência litisconsorcial.

---

[3] CUNHA JÚNIOR, Dirley. A intervenção de terceiros no processo de controle abstrato de constitucionalidade – a intervenção do particular, do colegitimado e do *amicus curiae* na ADIN, ADC e ADPF. In: DIDIER JR., Fredie; WAMBIER, Teresa Arruda Alvim (coord.). *Aspectos polêmicos e atuais sobre os terceiros no processo civil e assuntos afins*. São Paulo: RT, 2004. p. 153.

[4] O que, aliás, estava previsto no projeto da Lei nº 9.868/1999, mas foi vetado pelo Presidente da República, por duas razões básicas: comprometimento da celeridade processual; possibilidade de ingresso do *amicus curiae*, que serviria para o ingresso do colegitimado.

[5] No mesmo sentido: NERY JR., Nelson. *Código de Processo Civil comentado*. 8. ed. São Paulo: RT, 2007. p. 1.599.

Quadro esquemático 14 – Intervenção de terceiros

Intervenção de terceiros
- Conceito: dá-se a intervenção de terceiros quando alguém ingressa como parte ou coadjuvante da parte (assistente) em processo pendente. Terceiro (que deve ser juridicamente interessado) significa estranho à relação processual estabelecida entre autor e réu.
- Não cabe: nos juizados especiais, com exceção do incidente de desconsideração da personalidade jurídica; nas ações de controle concentrado de constitucionalidade, com exceção do *amicus curiae*.
- Modalidades de intervenção de terceiros:
  - Assistência (simples ou litisconsorcial);
  - Denunciação da lide;
  - Chamamento ao processo;
  - Incidente de desconsideração da personalidade jurídica;
  - *Amicus Curiae*.

2. ASSISTÊNCIA (ARTS. 119 A 124)

2.1 Conceito

No CPC/1973, apesar de a assistência ter sido tratada no Capítulo referente ao litisconsórcio (Capítulo V, Título II), doutrina e jurisprudência já convergiam no sentido de considerá-la uma modalidade de intervenção de terceiro. Nas palavras de Pontes de Miranda, o que o legislador de 1973 levou em conta para tratar a assistência e o litisconsórcio em conjunto "foram os elementos provocativo e oponencial em lugar do elemento consorciante, ou simplesmente de ajuda e espectração de efeitos transdecisionais".[6] Hoje, diante da reestruturação no Código de Processo Civil, não há como negar que a assistência faz parte do gênero "intervenção de terceiros".

Nos termos do atual art. 119, **dá-se a assistência quando o terceiro, na pendência de uma causa entre outras pessoas, tendo interesse jurídico em que a sentença seja favorável a uma das partes, intervém no processo para lhe prestar colaboração.** Por exemplo: em uma ação de despejo movida contra o locatário, em razão do fato de a sentença poder influir na sublocação, pode o sublocatário ingressar como assistente do réu.

Do art. 119 extraem-se os **pressupostos de admissibilidade** da assistência: a) a existência de uma relação jurídica entre uma das partes do processo e o terceiro (assistente); b) a possibilidade de a sentença influir na relação jurídica.

2.2 Situação processual, poderes e ônus processuais do assistente

Para definir a situação processual, poderes e ônus do assistente, é preciso distinguir as duas modalidades de assistência previstas em nosso ordenamento: a **assistência simples** e a **assistência litisconsorcial**.

A diferença entre elas reside basicamente no interesse jurídico do assistente. Assim, quando o interesse do assistente for indireto, isto é, não vinculado diretamente ao litígio, diz-se que a assistência é simples ou adesiva. No exemplo da ação de despejo entre locador e locatário, a sublocação não figura como objeto da lide. A admissibilidade da assistência decorre de interesse indireto. Se a sentença for favorável ao locatário, indiretamente beneficiará o sublocador.

---

[6] PONTES DE MIRANDA, Francisco Cavalcanti. *Comentários ao Código de Processo Civil*. 3. ed. Rio de Janeiro: Forense, 1988. p. 81.

Entretanto, quando o interesse for direto, ou seja, o assistente defender direito próprio, a assistência é denominada litisconsorcial (art. 124). Na ação reivindicatória promovida por um dos condôminos, o outro poderá figurar na demanda. Será litisconsorte se figurar na petição inicial na qualidade de autor; será, entretanto, assistente litisconsorcial se a sua intervenção se der posteriormente ao ajuizamento da demanda. A intervenção dessa parte material no processo posteriormente ao ajuizamento da demanda denomina-se assistência litisconsorcial, uma vez que a sentença terá influência direta sobre o direito material do assistente (art. 1.314 do CC).

Com a finalidade de compreender melhor esse instituto, passemos a analisar separadamente cada uma das modalidades de assistência.

2.2.1 Assistência simples

Na assistência simples, o assistente atuará como legitimado extraordinário subordinado, ou seja, em nome próprio, auxiliará na defesa de direito alheio. A legitimação é subordinada, pois se faz imprescindível a presença do titular da relação jurídica controvertida (assistido). O assistente simples trata-se de mero coadjuvante do assistido; sua atuação é meramente complementar, não podendo ir de encontro à opção processual deste. Nos termos do art. 121, o assistente simples deve atuar como auxiliar da parte principal, exercendo os mesmos poderes e sujeitando-se aos mesmos ônus processuais que o assistido.

Assim, se o assistido requereu julgamento antecipado, não poderá o assistente requerer perícia, nem apresentar rol de testemunhas. Tampouco poderá evitar a desistência, a renúncia, a transação ou o reconhecimento da procedência do pedido (art. 122). Qualquer ato do assistente simples nesse sentido será considerado ineficaz.[7] Todavia, se revel ou omisso o assistido, o assistente simples será considerado seu substituto processual[8] (art. 121, parágrafo único). Nesse caso, o substituto processual figurará como sujeito da relação processual, da qual participará em nome próprio, e não em nome do substituído. Entretanto, não poderá transigir, renunciar e reconhecer juridicamente o pedido, pois o direito não lhe pertence (a substituição não transfere a titularidade do direito).

2.2.1.1 Extensão da coisa julgada, efeitos da interposição de recursos na assistência simples e indiscutibilidade da justiça da decisão

Segundo o STJ, o recurso interposto exclusivamente pelo assistente não deve ser conhecido, pois o direito em juízo pertence ao assistido e não ao interveniente (REsp nº 539.937/SP). No mesmo sentido:

"Agravo Regimental no Recurso Especial. Processual Civil. Administrativo. Licitação. Ação de cobrança. Estado do Paraná admitido como assistente simples. Recurso interposto apenas pelo assistente. Não cabimento. Recurso incapaz de infirmar os fundamentos da decisão agravada. Agravo desprovido.

---

[7] DINAMARCO, Cândido Rangel. *Instituições do processo civil*. São Paulo: Malheiros, 2002. v. II, p. 392.
[8] Vale lembrar que o CPC/1973 considerava o assistente, nesse caso, como gestor de negócios (arts. 861 a 875 do Código Civil de 2002). Essa mudança interfere diretamente na responsabilidade por danos decorrentes da atuação do assistente, uma vez que na substituição processual a responsabilidade depende da demonstração de dolo ou culpa e, na gestão de negócios, é suficiente a comprovação dos prejuízos decorrentes da atuação do gestor.

1. O Superior Tribunal de Justiça possui entendimento no sentido de que não se configura a legitimidade recursal do assistente simples para interpor recurso especial, quando a parte assistida desiste ou não interpõe o referido recurso. Isso, porque, nos termos dos arts. 50 e 53 do Código de Processo Civil[9], a assistência simples possui caráter de acessoriedade, de maneira que cessa a intervenção do assistente, caso o assistido não recorra ou desista do recurso interposto. 2. Agravo regimental desprovido" (STJ, AgRg no REsp 1.068.391/PR, Rel. Min. Denise Arruda, j. 05.11.2009).

Em que pese a importância dos precedentes, a orientação não pode prevalecer. Ora, se o papel do assistente simples é justamente auxiliar o assistido, não há razões para se vedar o recurso interposto exclusivamente pelo primeiro. Em verdade, apenas nos casos em que o assistido tiver manifestado a vontade de não recorrer, o recurso exclusivo do assistente simples não poderá ser conhecido, uma vez que a atuação deste é subordinada.

Tal entendimento foi acolhido pelo CPC/2015. O parágrafo único do art. 121 prevê que "sendo revel ou, de qualquer outro modo, omisso o assistido, o assistente será considerado seu substituto processual". Ou seja, se o assistido não praticar o ato e o assistente o fizer, o juiz não poderá desconsiderá-lo. Em suma: o assistente não pode contrariar a vontade do assistido (essa é a regra clássica). No entanto, se o assistido se omitir, não haverá contrariedade entre o seu silêncio e a conduta comissiva (ativa) do assistente.

Com relação à eficácia e extensão da coisa julgada, entende-se que o assistente não poderá discutir, em processo posterior, a justiça da decisão proferida na demanda em que interveio, salvo se provar que fora impedido de produzir provas capazes de influir na sentença ou que desconhecia a existência de alegações e provas de que o assistido, por dolo ou culpa, não se valeu (art. 123, I e II). Essas hipóteses configuram o que em doutrina se denomina exceção de má-gestão processual (*exceptio male gesti processus*).

Por justiça da decisão, deve-se entender os fundamentos fáticos e jurídicos nos quais se embasa o julgamento. A coisa julgada não alcança o assistente simples, porém, a efetiva intervenção tem consequência (é o que se denomina efeito da intervenção), qual seja, impede que aquele que atuou em um processo como assistente possa novamente controverter as mesmas questões.

Somente em duas hipóteses (incisos I e II do art. 123) se permite ao assistente rediscutir, em demanda posterior, os fundamentos da decisão.

A primeira hipótese ocorre quando o assistente, por intervir no processo após a fase instrutória, fica impedido de produzir provas ou quando, embora possível a produção de provas, estas, em razão de declarações e atos do assistido, não têm aptidão para influenciar na sentença. A segunda hipótese constitui o que se denomina exceção de processo malconduzido (*exceptio male gesti processus*); isto é, o assistido, por dolo ou culpa, deixou de se valer de alegações e de provas que poderiam influenciar no processo e, com tal conduta, causou prejuízos ao assistente.

2.2.2 Assistência litisconsorcial

Considera-se litisconsorte da parte principal (autor ou réu) o assistente sempre que a sentença influir na relação jurídica entre ele e o adversário do assistido (art. 124). Vê-se que o denominado assistente litisconsorcial, diferentemente do assistente simples, mantém relação jurídica direta com o adversário do assistido.

Então, afinal, trata-se de litisconsorte, cujo nome, de regra, figura na petição inicial, ou de assistente, que intervém no processo já em curso? Levando-se em conta a sua posição em relação ao direito material controvertido, é litisconsorte, ou seja, tem pertinência subjetiva direta com o objeto do processo. Levando-se em conta o momento da intervenção, é assistente.

---

[9] Correspondente aos arts. 119 e 122 do CPC atual.

Em síntese, nada mais é o assistente litisconsorcial do que aquele que passa a integrar a lide na qualidade de litisconsorte ulterior. Não interveio desde o início no processo por opção do autor, que por conveniência, achou por bem não o incluir como autor ou réu na petição inicial.

No caso de assistência litisconsorcial, o "terceiro" (que terceiro não é, a não ser pela colocação da disciplina no Código) também é titular do direito material discutido, no todo ou em parte, ou é um colegitimado. O assistente litisconsorcial, tal como o assistido, mantém relação jurídica com o adversário deste. Portanto, esse assistente poderia compor um litisconsórcio facultativo inicial. Não era obrigatória a sua inserção na petição inicial, tanto que o autor não o inseriu. A rigor, necessariamente não tinha que atuar no feito. Mas por opção própria (intervenção espontânea), para defender sua posição jurídica, resolveu intervir, formando assim, ulteriormente, o litisconsórcio.

Exemplos: condômino que entra no processo para ajudar o outro na defesa da coisa comum; Defensoria Pública que ingressa em Ação Civil Pública para atuar com o Ministério Público.

Na assistência litisconsorcial – também chamada de qualificada – por possuir interesse direto na demanda, o assistente é considerado litigante diverso do assistido (art. 117), pelo que não fica sujeito à atuação deste. O assistente litisconsorcial poderá, portanto, praticar atos processuais sem subordinar-se aos atos praticados pelo assistido. Gozará ele de poderes para, por exemplo, requerer o julgamento antecipado da lide, recorrer, impugnar ou executar a sentença, independentemente dos atos praticados pelo assistido, ainda que em sentido contrário.

2.3 Limite temporal para admissão do assistente e impugnação

A assistência tem lugar em qualquer dos tipos de procedimento e em todos os graus da jurisdição, mas o assistente recebe o processo no estado em que se encontra (art. 119, parágrafo único).

O dispositivo, apesar da amplitude de seus termos, deve assim ser interpretado:

- Admite-se a assistência após a citação do réu e até o trânsito em julgado da sentença. Estando o processo em segundo grau de jurisdição, a intervenção faz-se por meio de "recurso de terceiro prejudicado".
- A assistência não é admitida nos processos que tramitam perante os Juizados Especiais (art. 10 da Lei nº 9.099/1995).
- Há controvérsia na doutrina quanto ao cabimento da assistência na execução. Havendo, todavia, interesse *jurídico* que legitime a intervenção do assistente no processo de execução, o mais razoável é admiti-la.

Sendo formalizado o pedido de assistência (simples ou litisconsorcial), o juiz determinará a intimação das partes para manifestação. Se não houver impugnação no prazo de quinze dias[10] e não for o caso de rejeição liminar do pedido, o assistente será admitido no processo. Por outro lado, se qualquer parte alegar que falta interesse jurídico ao requerente, o juiz decidirá o incidente sem a suspensão do processo (art. 120). Contra essa decisão, seja ela favorável ao assistente ou não, caberá agravo de instrumento (art. 1.015, IX).

JURISPRUDÊNCIA TEMÁTICA

"Direito Processual Civil. Insuficiência do mero interesse econômico para ensejar a intervenção de assistente simples no processo.

---

[10] O prazo no CPC/1973 era de 5 dias (art. 51).

O acionista de uma sociedade empresária, a qual, por sua vez, tenha ações de outra sociedade, não pode ingressar em processo judicial na condição de assistente simples da última no caso em que o interesse em intervir no feito esteja limitado aos reflexos econômicos de eventual sucumbência da sociedade que se pretenda assistir. De acordo com o art. 50 do CPC, a modalidade espontânea de intervenção de terceiros denominada assistência pressupõe que o terceiro tenha interesse jurídico na demanda, não sendo suficiente, para ensejar a intervenção na condição de assistente, a existência de mero interesse econômico. Ademais, caso se admitisse a assistência em hipóteses como a discutida, todos os acionistas da sociedade prejudicada poderiam intervir no feito, causando real tumulto processual" (STJ, AgRg nos EREsp 1.262.401/BA, Rel. Min. Humberto Martins, j. 25.04.2013).

Quadro esquemático 15 – Assistência

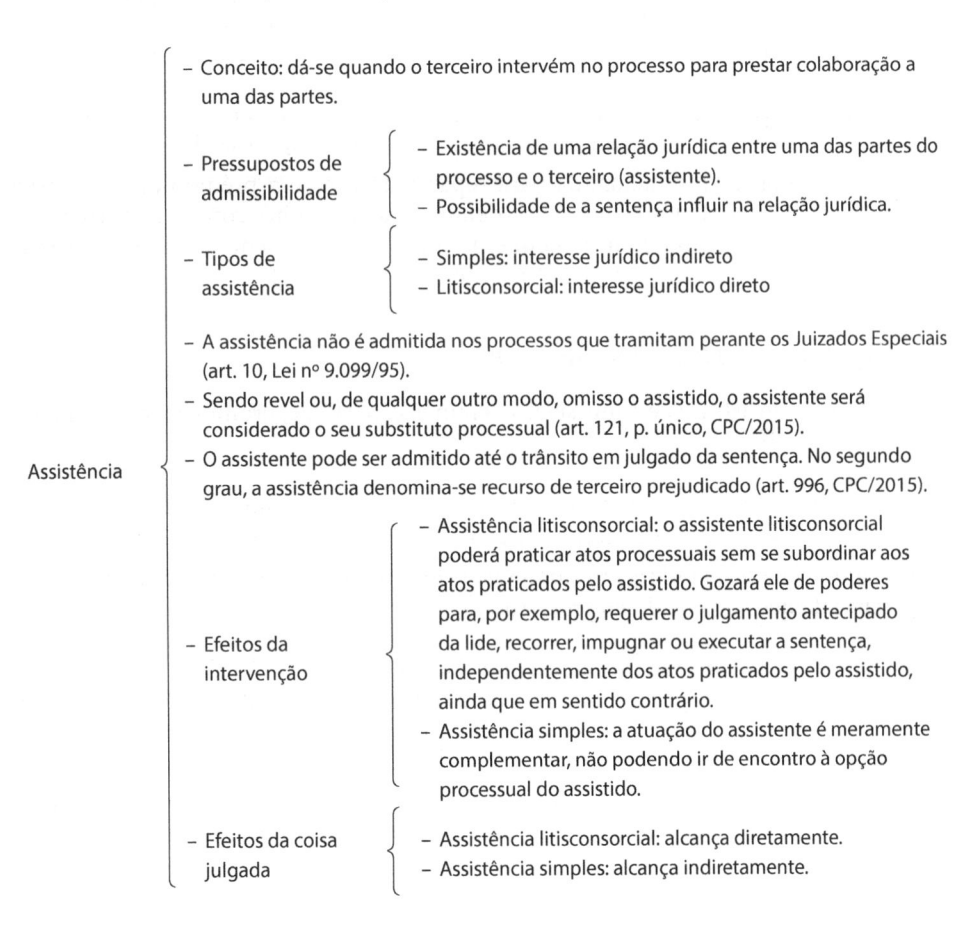

Assistência

- Conceito: dá-se quando o terceiro intervém no processo para prestar colaboração a uma das partes.
- Pressupostos de admissibilidade
  - Existência de uma relação jurídica entre uma das partes do processo e o terceiro (assistente).
  - Possibilidade de a sentença influir na relação jurídica.
- Tipos de assistência
  - Simples: interesse jurídico indireto
  - Litisconsorcial: interesse jurídico direto
- A assistência não é admitida nos processos que tramitam perante os Juizados Especiais (art. 10, Lei nº 9.099/95).
- Sendo revel ou, de qualquer outro modo, omisso o assistido, o assistente será considerado o seu substituto processual (art. 121, p. único, CPC/2015).
- O assistente pode ser admitido até o trânsito em julgado da sentença. No segundo grau, a assistência denomina-se recurso de terceiro prejudicado (art. 996, CPC/2015).
- Efeitos da intervenção
  - Assistência litisconsorcial: o assistente litisconsorcial poderá praticar atos processuais sem se subordinar aos atos praticados pelo assistido. Gozará ele de poderes para, por exemplo, requerer o julgamento antecipado da lide, recorrer, impugnar ou executar a sentença, independentemente dos atos praticados pelo assistido, ainda que em sentido contrário.
  - Assistência simples: a atuação do assistente é meramente complementar, não podendo ir de encontro à opção processual do assistido.
- Efeitos da coisa julgada
  - Assistência litisconsorcial: alcança diretamente.
  - Assistência simples: alcança indiretamente.

3. DENUNCIAÇÃO DA LIDE (ARTS. 125 A 129)

3.1 Conceito

Consiste a denunciação da lide em **"uma ação regressiva,** *in simultaneus processus,* **proponível tanto pelo autor como pelo réu, sendo citada como denunciada aquela pessoa contra** quem o denunciante terá uma pretensão indenizatória, pretensão de reembolso, caso ele, denunciante, vier a sucumbir na ação principal"[11].

A finalidade do instituto é a economia processual. A denunciação da lide constitui "verdadeira propositura de uma ação de regresso antecipada, para a eventualidade da sucumbência do denunciante"[12].

Visa à denunciação enxertar no processo uma nova lide, que vai envolver o denunciante e o denunciado em torno do direito de garantia ou de regresso que um pretende exercer contra o outro. **Trata-se de demanda incidente, em processo já em curso, que acarreta a ampliação subjetiva ulterior do processo.** Ou seja, proposta a denunciação, o processo passará a ter duas demandas: a principal, envolvendo autor e réu; e a incidental, envolvendo denunciante e denunciado. De tal sorte, se o denunciante for vencido na ação principal, o juiz passará ao julgamento da denunciação da lide; se vencedor, a ação de denunciação não terá o seu pedido examinado (art. 129). Assim sendo, podemos considerar que a denunciação guarda em si uma certa relação de prejudicialidade, já que o pleito do denunciante merecerá apreciação apenas na hipótese de a ação principal lograr apreciação meritória e de ser decidida de forma contrária aos interesses do denunciante[13]. Em síntese, se o denunciante, seja autor ou réu, sair vitorioso na demanda, a ação regressiva restará prejudicada. Sucumbindo o denunciante, a denunciação terá seu mérito apreciado, podendo ser julgada procedente ou improcedente.

Exemplos: construtora acionada para reparar defeitos em prédio por ela construído denuncia a lide ao engenheiro responsável (denunciação pelo réu); comprador promove ação reivindicatória contra o possuidor do bem e, ao mesmo tempo, denuncia a lide ao vendedor, para que este lhe responda pela evicção (denunciação pelo autor)[14].

3.2 Hipóteses de admissibilidade

Nos termos do art. 125, é admissível a denunciação da lide, promovida por qualquer das partes:

I – ao alienante imediato, no processo relativo à coisa cujo domínio foi transferido ao denunciante, a fim de que possa exercer os direitos que da evicção lhe resultam;

II – àquele que estiver obrigado, por lei ou pelo contrato, a indenizar, em ação regressiva, o prejuízo do que for vencido no processo.

O atual diploma processual excluiu a hipótese prevista no art. 70, II, do CPC de 1973, qual seja a denunciação "ao proprietário ou ao possuidor indireto quando, por força de obrigação ou direito, em casos como o do usufrutuário, do credor pignoratício, do locatário, o réu, citado em nome próprio, exerça a posse direta da coisa demandada".

A alteração, no entanto, não restringiu, no aspecto material, as hipóteses de denunciação. Isso porque o dispositivo excluído já podia ser enquadrado na hipótese do art. 70, III (art. 125,

---

[11] CARNEIRO, Athos Gusmão. *Intervenção de terceiros*. 4. ed. São Paulo: Saraiva, 1989. p. 67.
[12] BARBOSA MOREIRA, José Carlos. *Estudos sobre o novo Código de Processo Civil*. Rio de Janeiro: Líber Juris, 1974.
[13] MENEZES, Iure Pedroza. A denunciação da lide no novo CPC e seus reflexos no Código Civil: a extinção da obrigatoriedade no caso de evicção. In: DIDIER JR., Fredie; BASTOS, Antonio Adonias Aguiar (coord.). *O projeto do novo Código de Processo Civil*. Estudos em homenagem ao Professor José Joaquim Calmon de Passos. Salvador: JusPodivm, 2012. p. 353.
[14] Sobre evicção, conferir os arts. 447 e seguintes do CC.

II, do CPC/2015). O proprietário ou o possuidor indireto está obrigado a indenizar o possuidor direto seja por conta de disposição legal ou contratual, o que se amolda à hipótese geral no antigo art. 70, III.

Vejamos, então, cada uma das possibilidades de denunciação previstas nos incisos do art. 125:

Inciso I: garantir o direito à evicção

Trata-se de denunciação da lide ao alienante imediato, para garantir o adquirente dos riscos da evicção. Segundo Clóvis Beviláqua, **evicção "é a perda total ou parcial de uma coisa, em virtude de sentença, que a atribui a outrem, por direito anterior ao contrato, de onde nascera a pretensão do evicto".**[15]

O terceiro a que alude o dispositivo é quem não figurou no negócio de direito material, mas figura como parte na demanda. Apesar de a redação do inc. I do art. 125 dar a entender que a denunciação só competiria ao réu nas ações reivindicatórias, a intervenção pode ser promovida também pelo autor e será cabível, ainda, nas ações declaratórias ou constitutivas. Afinal, "terceiro" é quem não figurou no negócio jurídico alheio. Exemplos: comprador promove ação reivindicatória contra o possuidor do bem e ao mesmo tempo denuncia a lide ao vendedor, para que este lhe responda pela evicção (denunciação pelo adquirente na posição de autor); o adquirente é citado em ação de usucapião e, então, denuncia a lide ao alienante, para que responda pela evicção se vier a perder o domínio (denunciação promovida pelo adquirente na posição de réu).

A divergência com relação à denunciação *per saltum* restou superada com o advento do Código atual, que revogou o art. 456 do CC. É que o inciso I do art. 125 possibilita ao adquirente denunciar à lide aquele que lhe vendera, diretamente, o bem (alienante imediato). O § 2º do mesmo artigo, por sua vez, permite que o denunciado (alienante imediato) faça uma nova e única denunciação contra o seu antecessor imediato na cadeia dominial ou contra o responsável por indenizá-lo. Exemplo: "A" adquire um bem e, em razão deste, é demandado em ação reivindicatória proposta por "B". Na contestação, "A" denuncia à lide quem lhe vendeu o bem ("C"), porque é com ele que possui relação jurídica imediata. "C" (alienante imediato em relação a "A"), por sua vez, tem a possibilidade de denunciar o seu antecessor imediato ("D"), pois, na mesma lógica, é com ele que possui relação jurídica (negócio jurídico anterior).[16]

Quanto à denunciação feita pelo denunciado ao seu antecessor imediato, o CPC ressalva que essa intervenção só pode ocorrer uma única vez (art. 125, § 2º), não sendo admitidas diversas denunciações sucessivas. No exemplo anteriormente dado, "D" não poderá denunciar o seu antecessor imediato na cadeia dominial ("E", por exemplo). Tal regra visa dar celeridade ao procedimento, que não mais ficará a mercê de sucessivas denunciações.

Inciso II: garantia do direito de regresso

Interpretando restritivamente esse dispositivo, cuja redação é semelhante à do CPC/1973 (art. 70, III), Vicente Greco Filho[17] entende que o juiz só deverá deferir a denunciação da lide

---

[15] BEVILÁQUA, Clóvis. *Código Civil dos Estados Unidos do Brasil comentado*. Rio de Janeiro: Francisco Alves, 1951, p. 271.
[16] MENEZES, Iure Pedroza. A denunciação da lide no novo CPC e seus reflexos no Código Civil: a extinção da obrigatoriedade no caso de evicção. In: DIDIER JR., Fredie; BASTOS, Antonio Adonias Aguiar (coord.). *O projeto do novo Código de Processo Civil*. Estudos em homenagem ao Professor José Joaquim Calmon de Passos. Salvador: JusPodivm, 2012. p. 357.
[17] GRECO FILHO, Vicente. *Intervenção de terceiros*. 3. ed. São Paulo: Saraiva, 2003. p. 91.

quando o litisdenunciado estiver obrigado, pela lei ou pelo contrato, a indenizar, em ação regressiva, o prejuízo do que perder a demanda. O STJ manifesta-se no mesmo sentido:

"[...] Nos termos do art. 70, III, do CPC [art. 125, II do CPC/2015], para que se defira a denunciação da lide, é necessário que o litisdenunciado esteja obrigado, pela lei ou pelo contrato, a indenizar a parte autora, em ação regressiva, [...]" (STJ, AgRg no AREsp 403.143/PE, Rel. Min. Sidnei Beneti, j. 22.10.2013).

"[...] A denunciação da lide só deve ser admitida quando o denunciado está obrigado, pela lei ou contrato, a indenizar, em ação regressiva, o prejuízo do que perder a demanda. Precedentes citados: Ag 587.845/SP, *DJ* 06.12.2004; REsp 209.240/ES, *DJ* 24.11.2003, e REsp 302.397/RJ, *DJ* 03.09.2001" (STJ, REsp 740.574/SP, Rel. Min. Humberto Gomes de Barros, j. 14.12.2006).

Dessa forma, não havendo possibilidade de ação regressiva, a denunciação não deve ser admitida. Nesse mesmo sentido: "Não é cabível a denunciação da lide em demanda que busca a declaração de inexigibilidade de débito, pois não haverá uma condenação que justifique a introdução de uma nova lide dentro daquele processo principal" (STJ, REsp 1.763.709/RS, Rel. Min. Moura Ribeiro, 3ª Turma, j. 25.04.2023).

Na doutrina[18] há posição que amplia a interpretação desse dispositivo, no sentido de possibilitar a denunciação toda vez que houver possibilidade de ressarcimento, por ação regressiva, daquele que suportou os efeitos da decisão.

A interpretação mais ampla, a meu ver, atenta contra os princípios da efetividade e da celeridade processual. Não obstante a denunciação da lide vise a celeridade e efetividade da tutela jurisdicional, em certos casos o desdobramento da demanda conduz ao retardamento da decisão final. É o que ocorre com a denunciação da lide ao servidor público nas demandas que têm por causa de pedir a responsabilidade civil objetiva da Administração Pública. Nesse caso, a denunciação ao servidor implica a introdução de fundamento novo, qual seja, a culpa ou dolo do servidor, cuja perquirição retarda a resolução da lide. Uma demanda antes simples, porque fundada apenas na responsabilidade objetiva, com a denunciação torna-se complexa. Quem milita nos fóruns sabe que é mais rápido julgar dois processos simples do que dois de maior complexidade.

Corrobora nosso entendimento a doutrina de Maria Sylvia Zanella Di Pietro, que assinala os seguintes argumentos contra a denunciação da lide em face do servidor público: (a) são diversos os fundamentos da responsabilidade do Estado e do servidor; (b) essa diversidade de fundamentos retarda injustificadamente a solução do conflito, ao passo que introduz outra lide no bojo da discussão entre vítima e Estado; (c) o inc. III do art. 70 do CPC/1973 [correspondente ao inc. II do art. 125 do CPC/2015] refere-se ao garante, o que não inclui o servidor, no caso de ação regressiva prevista no dispositivo constitucional.[19]

No âmbito da jurisprudência, prevalece o entendimento segundo o qual não é possível a denunciação de servidor público em ação indenizatória promovida pelo Estado, tendo em vista a necessidade de se observar a dupla garantia: (i) do cidadão, de demandar em face do Estado, que responde objetivamente; (ii) do servidor, que só deve ser demandado em ação regressiva. Nesse sentido:

---

[18] Cite-se THEODORO JÚNIOR, Humberto. *Curso de direito processual civil*. 32. ed. Rio de Janeiro: Forense, 2001. v. II, p. 146.

[19] DI PIETRO, Maria Sylvia Zanella. *Direito administrativo*. 16. ed. São Paulo: Atlas, 2003. p. 536.

"O § 6º do art. 37 da Magna Carta autoriza a proposição de que somente as pessoas jurídicas de direito público, ou as pessoas jurídicas de direito privado que prestem serviços públicos, é que poderão responder, objetivamente, pela reparação de danos a terceiros. Isto por ato ou omissão dos respectivos agentes, agindo estes na qualidade de agentes públicos, e não como pessoas comuns. Esse mesmo dispositivo constitucional consagra, ainda, dupla garantia: uma, em favor do particular, possibilitando-lhe ação indenizatória contra a pessoa jurídica de direito público, ou de direito privado que preste serviço público, dado que bem maior, praticamente certa, a possibilidade de pagamento do dano objetivamente sofrido. Outra garantia, no entanto, em prol do servidor estatal, que somente responde administrativa e civilmente perante a pessoa jurídica a cujo quadro funcional se vincular. Recurso extraordinário a que se nega provimento" (STJ, RE 327.904, 1ª T., Rel. Min. Carlos Britto j. 15.08.2006).

"O Supremo Tribunal Federal, ao julgar o RE 327.904, sob a relatoria do Ministro Ayres Britto, assentou o entendimento no sentido de que somente as pessoas jurídicas de direito público, ou as pessoas jurídicas de direito privado que prestem serviços públicos, é que poderão responder, objetivamente, pela reparação de danos a terceiros. Isto por ato ou omissão dos respectivos agentes, agindo estes na qualidade de agentes públicos, e não como pessoas comuns. Precedentes. 2. Agravo regimental a que se nega provimento". (RE 593.525 1ª T., AgR-segundo, Rel. Min. Roberto Barroso, j. 09.08.2016).

3.3 (Não) obrigatoriedade da denunciação

O art. 70, *caput*, do CPC de 1973 previa a obrigatoriedade da denunciação para as hipóteses elencadas em seus incisos.

Contudo, durante muito tempo o entendimento que prevaleceu nas Cortes Superiores era o de que apenas na hipótese do inciso I a denunciação da lide era tida como providência obrigatória para que o denunciante pudesse exercer o direito que da evicção lhe resultasse. Com o tempo, o próprio STJ consolidou o entendimento no sentido de que o direito do evicto de recobrar o preço pela coisa perdida independeria de denunciação, podendo ser exercido em ação própria. Nesse sentido:

"O exercício do direito oriundo da evicção independe da denunciação da lide ao alienante do bem na ação em que terceiro reivindique a coisa.

O STJ entende que o direito do evicto de recobrar o preço que pagou pela coisa evicta independe, para ser exercitado, de ele ter denunciado a lide ao alienante na ação em que terceiro reivindique a coisa. A falta da denunciação da lide apenas acarretará para o réu a perda da pretensão regressiva, privando-o da imediata obtenção do título executivo contra o obrigado regressivamente. Restará ao evicto, ainda, o direito de ajuizar ação autônoma" (REsp 1.332.112/GO, Rel. Min. Luis Felipe Salomão, j. 21.03.2013).

Com CPC/2015, prevaleceu a tese que pugna pela faculdade da denunciação. Vejamos:

Art. 125. [...]

§ 1º O direito regressivo será exercido por ação autônoma quando a denunciação da lide for indeferida, deixar de ser promovida ou não for permitida.

Assim, tanto na hipótese de o adquirente deixar de fazer a denunciação ou de esta ser indeferida, será possível a propositura de uma nova demanda para promover a sua pretensão contra o alienante. Conclusão: além de modificar a sistemática do CPC/1973, o atual diploma processual revogou o art. 456 do CC no tocante à necessidade de denunciação para o exercício da pretensão relativa à evicção. A revogação, como dito, é expressa (art. 1.072, II, do CPC/2015).

3.4 Procedimento

A denunciação feita pelo autor será requerida na própria petição inicial (art. 126, 1ª parte). Nesse caso, cita-se primeiro o denunciado, a fim de que ele possa se defender quanto à ação regressiva e aditar a petição inicial, assumindo a posição de litisconsorte do denunciante, ou permanecer inerte, caso em que será reputado revel na demanda regressiva (art. 127). Somente após transcorrer o prazo para contestar a ação regressiva e aditar a inicial é que o réu será citado.

Quando o denunciante for o réu, a denunciação será requerida no prazo para contestar (art. 126). A citação do denunciado deve ser promovida no prazo de 30 (trinta) dias, sob pena de se tornar sem efeito a denunciação (art. 126, parte final, c/c o art. 131). Caso o denunciado resida em outra comarca, seção ou subseção judiciárias, ou, ainda, em lugar incerto, o prazo para a citação será de dois meses. Frise-se que a demora na citação por motivos inerentes ao mecanismo da Justiça não tem o condão de gerar qualquer prejuízo para o denunciante que providenciou a citação dentro do prazo.

O juiz pode indeferir o pedido se entender não ser caso de denunciação, decisão essa que enseja agravo de instrumento (art. 1.015, IX). Aceitando a denunciação, a lide principal e a secundária tramitarão de forma simultânea e serão decididas em uma única sentença.

Feita a citação do denunciado, este poderá adotar as seguintes posturas (art. 128): contestar o pedido do autor e atuar ao lado do denunciante, como litisconsorte (art. 128, I); permanecer inerte, hipótese em que o denunciante poderá deixar de prosseguir em sua defesa, restringindo a sua atuação à ação regressiva (art. 128, II); confessar os fatos alegados pelo autor, podendo o denunciante prosseguir em sua defesa ou aderir ao reconhecimento e requerer apenas a procedência da ação regressiva (art. 128, III).

Procedente o pedido da ação principal, pode o autor, se for o caso, requerer o cumprimento da sentença também contra o denunciado, nos limites da condenação deste na ação regressiva (art. 128, parágrafo único).

Com relação à hipótese do art. 128, II, diferentemente do que estava previsto no CPC/1973,[20] se o denunciado permanece inerte, não está o denunciante obrigado a prosseguir na defesa da ação principal. Poderá o denunciante, querendo, deixar de oferecer contestação ou usar de outros meios de defesa, na esperança de, ao final, ver julgada procedente a demanda incidental, em razão da revelia. Da mesma forma, mesmo se não revel o denunciado, o denunciante pode deixar de apresentar resposta à pretensão principal, arcando com as consequências de sua inércia.

3.5 Procedimentos que admitem a denunciação

A denunciação da lide, por constituir ação regressiva, **é instituto típico do processo de conhecimento**. Não é cabível, portanto, no processo de execução.

A denunciação também não é cabível nas demandas que envolvam relações de consumo. Trata-se de proibição positivada no art. 88 do CDC. Para o STJ, a denunciação em processos de consumo pode implicar maior dilação probatória, em prejuízo ao consumidor. No entanto, essa vedação, segundo a própria Corte Cidadã, foi inserida pelo legislador em prol do consumidor, devendo ser invocada por ele em seu próprio interesse. Assim, se é o consumidor quem promove a denunciação, não há como o fornecedor se valer da

---

[20] No CPC/1973, feita a denunciação pelo réu, se o denunciado fosse revel ou comparecesse apenas para negar a qualidade de denunciado, cumpriria ao denunciante prosseguir na defesa até o final do processo (art. 75, II).

regra exposta no art. 88 do CDC (p. ex.: REsp 913.687; AgInt no AREsp 208.228; AgRg no AREsp 659.600[21]).

3.6 A possibilidade de condenação direta de seguradora

Já vimos que a denunciação da lide é uma ação regressiva instaurada pelo denunciante nas hipóteses do art. 125. Teremos, então, duas lides (parte originária × denunciante e denunciante × denunciado), a serem decididas em uma única sentença. Lembre-se de que há uma relação de prejudicialidade entre a demanda da ação principal e a lide secundária, ou seja, o pedido formulado na denunciação da lide só será analisado no caso de sucumbência do denunciante na ação principal.

No entanto, em ações que versam sobre a responsabilidade civil da seguradora, por questões de celeridade e efetividade processuais, tem-se admitido, em detrimento da teoria processual que alicerça o instituto da denunciação da lide, a flexibilização do mencionado caráter de prejudicialidade. Isso porque, em se tratando de seguro de responsabilidade civil, a seguradora deve garantir o pagamento das despesas decorrentes dos danos cobertos, constantes da apólice securitária.

Assim, **reconhecida a obrigação da seguradora, nada obsta a que se proceda à condenação direta desta.** Diferente não é o entendimento do STJ:

"Direito Processual Civil. Preservação de litisconsórcio passivo inicialmente estabelecido entre segurado e seguradora em ação decorrente de acidente de trânsito ajuizada contra ambos.

No caso de ação indenizatória decorrente de acidente de trânsito que tenha sido ajuizada tanto em desfavor do segurado apontado como causador do dano quanto em face da seguradora obrigada por contrato de seguro de responsabilidade civil facultativo, é possível a preservação do litisconsórcio passivo, inicialmente estabelecido, na hipótese em que o réu segurado realmente fosse denunciar a lide à seguradora, desde que os réus não tragam aos autos fatos que demonstrem a inexistência ou invalidade do contrato de seguro. A preservação do aludido litisconsórcio passivo é viável, na medida em que nenhum prejuízo haveria para a seguradora pelo fato de ter sido convocada a juízo a requerimento do terceiro autor da ação – tendo em vista o fato de que o réu segurado iria mesmo denunciar a lide à seguradora. Deve-se considerar que, tanto na hipótese de litisconsórcio formado pela indicação do terceiro prejudicado, quanto no caso de litisconsórcio formado pela denunciação da lide à seguradora pelo segurado, a seguradora haverá de se defender em litisconsórcio passivo com o réu, respondendo solidariamente com este pela reparação do dano decorrente do acidente até os limites dos valores segurados contratados, em consideração ao entendimento firmado no REsp 925.130-SP, julgado sob o rito do art. 543-C do CPC, no sentido de que, 'Em ação de reparação de danos movida em face do segurado, a Seguradora denunciada pode ser condenada direta e solidariamente junto com este a pagar a indenização devida à vítima, nos limites contratados na apólice'" (REsp 710.463/RJ, Rel. Min. Raul Araújo, j. 09.04.2013).

A possibilidade de condenação direta da seguradora – entendimento que foi inclusive consolidado na recente Súmula nº 537 do STJ[22] – não deve ser confundida com a possibilidade

---

[21] Todos esses julgados traduzem a seguinte ideia: somente o consumidor autor da ação pode se opor à denunciação da lide oferecida pelo fornecedor réu, não se permitindo que o denunciado ou corréu fornecedor enfoque, em seu benefício, a vedação do art. 88 do CDC.

[22] "Em ação de reparação de danos, a seguradora denunciada, se aceitar a denunciação ou contestar o pedido do autor, pode ser condenada, direta e solidariamente junto com o segurado, ao pagamento da indenização devida à vítima, nos limites contratados na apólice".

de ajuizamento da demanda diretamente em face desta. Apesar de o STJ ter sustentado em alguns de seus julgados[23] a tese no sentido de admitir que seguradora pudesse ser demandada diretamente pela vítima, esse não foi o entendimento que prevaleceu.

Consoante Súmula nº 529 do STJ, aprovada em 13.05.2015, **"no seguro de responsabilidade civil facultativo, não cabe o ajuizamento de ação pelo terceiro prejudicado direta e exclusivamente em face da seguradora do apontado causador do dano"**. O fundamento dessa súmula leva em consideração a seguinte premissa: para que a seguradora possa ressarcir os prejuízos sofridos por terceiros, deve ser apurada, *a priori*, a responsabilidade civil do segurado. Assim, somente havendo culpa do segurado, reconhecida em processo judicial, será possível a condenação da seguradora. Em outras palavras, o ajuizamento direto e exclusivamente contra a seguradora fere os princípios do contraditório e da ampla defesa, porquanto a ré (seguradora) não terá como se defender dos fatos descritos na inicial, já que não participou do acidente. Além disso, se a seguradora pudesse ser demandada sem a presença do segurado, eventuais fatos extintivos da cobertura securitária (ex.: embriaguez) não poderiam ser arguidos, já que o segurado precisaria estar presente nessa discussão.

Ainda no contexto da jurisprudência, importa citar o enunciado 632 do STJ, segundo o qual, nos contratos de seguro regidos pelo Código Civil[24], a correção monetária incide sobre a indenização securitária a partir da contratação até o efetivo pagamento. Ou seja, o termo inicial da correção monetária será a data da contratação. A atualização persistirá até o dia em que a indenização for efetivamente paga, preservando-se, assim, o "poder de compra" do segurado. Nesse sentido: "A correção monetária incide desde a data da celebração do contrato até o dia do efetivo pagamento do seguro, pois a apólice deve refletir o valor contratado atualizado" (STJ, 3ª Turma. AgRg no REsp 1.328.730/SP, Rel. Min. Ricardo Villas Bôas Cueva, j. 21.06.2016). Quanto aos juros de mora, prevalece o entendimento no sentido de que eles serão contados a partir da data da citação da seguradora, visto se tratar de ilícito contratual (STJ, AgInt no AREsp 1.167.778/SP, 4ª T., Rel. Min. Luis Felipe Salomão, j. 07.12.2017).

JURISPRUDÊNCIA TEMÁTICA

Possibilidade de litisconsórcio passivo entre seguradora e segurado

"Direito processual civil. Preservação de litisconsórcio passivo inicialmente estabelecido entre segurado e seguradora em ação decorrente de acidente de trânsito ajuizada contra ambos. No

---

[23] Por exemplo: "[...] Sobre a legitimidade da seguradora para figurar no polo passivo em ação proposta por terceiro, a Turma concluiu que a jurisprudência das duas turmas da Segunda Seção deste Superior Tribunal firmou o entendimento de que é cabível a ação direta do terceiro contra a seguradora. Assim, não obstante o contrato de seguro tenha sido celebrado apenas entre o segurado e a seguradora, dele não fazendo parte o recorrido, ele contém uma estipulação em favor de terceiro. E é em favor desse terceiro que a importância segurada será paga. Daí a possibilidade de ele requerer diretamente da seguradora o referido pagamento. O fato de o segurado não integrar o polo passivo da ação não retira da seguradora a possibilidade de demonstrar a inexistência do dever de indenizar. A interpretação do contrato de seguro dentro de uma perspectiva social autoriza e recomenda que a indenização prevista para reparar os danos causados pelo segurado a terceiro seja por esse diretamente reclamada da seguradora. A Turma, com essas e outras considerações, negou provimento ao recurso" (STJ, REsp 1.245.618/RS, Rel. Min. Nancy Andrighi, j. 22.11.2011).

[24] Utiliza-se a expressão "contratos de seguro regidos pelo Código Civil", porque, por exemplo, no caso de seguro DPVAT há regramento próprio. Nos termos da Súmula 580 do STJ, "A correção monetária nas indenizações do seguro DPVAT por morte ou invalidez, prevista no § 7º do art. 5º da Lei nº 6.194/1974, redação dada pela Lei nº 11.482/2007, incide desde a data do evento danoso".

caso de ação indenizatória decorrente de acidente de trânsito que tenha sido ajuizada tanto em desfavor do segurado apontado como causador do dano quanto em face da seguradora obrigada por contrato de seguro de responsabilidade civil facultativo, é possível a preservação do litisconsórcio passivo, inicialmente estabelecido, na hipótese em que o réu segurado realmente fosse denunciar a lide à seguradora, desde que os réus não tragam aos autos fatos que demonstrem a inexistência ou invalidade do contrato de seguro. A preservação do aludido litisconsórcio passivo é viável, na medida em que nenhum prejuízo haveria para a seguradora pelo fato de ter sido convocada a juízo a requerimento do terceiro autor da ação – tendo em vista o fato de que o réu segurado iria mesmo denunciar a lide à seguradora. Deve-se considerar que, tanto na hipótese de litisconsórcio formado pela indicação do terceiro prejudicado, quanto no caso de litisconsórcio formado pela denunciação da lide à seguradora pelo segurado, a seguradora haverá de se defender em litisconsórcio passivo com o réu, respondendo solidariamente com este pela reparação do dano decorrente do acidente até os limites dos valores segurados contratados, em consideração ao entendimento firmado no REsp 925.130-SP, julgado sob o rito do art. 543-C do CPC,[25] no sentido de que, 'Em ação de reparação de danos movida em face do segurado, a Seguradora denunciada pode ser condenada direta e solidariamente junto com este a pagar a indenização devida à vítima, nos limites contratados na apólice'" (STJ, REsp 710.463/RJ, Rel. Min. Raul Araújo, j. 09.04.2013).

3.7 Julgamento da denunciação da lide e verbas de sucumbência

A denunciação dá ensejo a ônus sucumbenciais, inclusive honorários advocatícios, verbas essas que são distintas daquelas devidas por força da ação principal. Com relação à distribuição dos ônus sucumbenciais na denunciação da lide, temos as seguintes hipóteses:

a) **A lide principal e a secundária são julgadas procedentes:** o denunciante arcará com os ônus sucumbenciais da demanda principal e o denunciado arcará com os ônus da lide secundária. Entretanto, se não há resistência do denunciado, ou seja, se o denunciado concorda com a responsabilidade que lhe é imputada, se posicionando como litisconsorte do réu denunciante, o entendimento dominante na jurisprudência, notadamente no STJ, é no sentido de que descabe a condenação em honorários advocatícios em favor do denunciante (REsp 142.796/RS);

b) **A lide principal é julgada procedente e a lide secundária, improcedente:** será o denunciante quem responderá pelos ônus sucumbenciais referentes a ambas as demandas (principal e secundária);

c) **A denunciação da lide não é conhecida em razão do julgamento favorável ao denunciante na ação principal:** o denunciante arcará com os ônus sucumbenciais decorrentes da denunciação não conhecida, ou seja, deverá pagar as verbas de sucumbência em favor do denunciado (art. 129, parágrafo único, parte final).

JURISPRUDÊNCIA TEMÁTICA

"Não é extinta a denunciação da lide apresentada intempestivamente pelo réu nas hipóteses em que o denunciado contesta apenas a pretensão de mérito da demanda principal" (STJ, REsp 1.637.108-PR, 3ª T., Rel. Min. Nancy Andrighi, j. 06.06.2017, Info 606).

---

[25] O julgamento dos recursos extraordinário e especial repetitivos está previsto no atual art. 1.036.

"Não é cabível a denunciação da lide em demanda que busca a declaração de inexigibilidade de débito, pois não haverá uma condenação que justifique a introdução de uma nova lide dentro daquele processo principal" (STJ, 3ª Turma. REsp 1.763.709/RS, Rel. Min. Moura Ribeiro, j. 25.04.2023, Info 12 – Edição Extraordinária).

Quadro esquemático 16 – Denunciação da lide

Denunciação da lide:
- **Conceito**: ação regressiva, que pode ser proposta tanto pelo autor como pelo réu, com o objetivo de garantir a indenização do denunciante caso perca a demanda. Trata-se de instituto típico do processo de conhecimento, não sendo possível nos processos de execução e nas medidas que envolvam relações de consumo.
- **Hipóteses de admissibilidade (art. 125, CPC/2015)**:
  - Ao alienante imediato, no processo relativo à coisa cujo domínio foi transferido ao denunciante, a fim de que possa exercer os direitos que da evicção lhe resultam;
  - Àquele que estiver obrigado, por lei ou pelo contrato, a indenizar, em ação regressiva, o prejuízo de que foi vencido no processo.
- **Características**:
  - Deferida a denunciação, o juiz terá de julgar as duas demandas;
  - Há uma relação de prejudicialidade entre a demanda da ação principal e a lide secundária;
  - Contrato de seguro: reconhecida a obrigação da seguradora, nada obsta a que se proceda à condenação direta desta, desde que a ação tenha sido proposta contra ela e contra o segurado (Súmula 537, STJ).
- No CPC/2015, prevalece a tese de que a denunciação é facultativa.

4. CHAMAMENTO AO PROCESSO (ARTS. 130 A 132)

4.1 Conceito

De acordo com a doutrina, o chamamento ao processo difere da denunciação da lide. Enquanto esta visa ao direito de garantia ou de regresso, a ser composto numa nova relação processual, o chamamento ao processo **objetiva a inclusão do devedor principal ou dos coobrigados pela dívida para integrarem o polo passivo da relação já existente, a fim de que o juiz declare, na mesma sentença, a responsabilidade de cada um.**

O chamamento gera, pois, litisconsórcio ulterior, passivo e facultativo. Será unitário ou simples, a depender da indivisibilidade ou não da dívida solidária.

Segundo Athos Gusmão Carneiro,

"a sentença apresenta similitude com a proferida nos casos de denunciação da lide. Mas com uma diferença. Na denunciação, a sentença de procedência é título executivo, no que tange à ação regressiva, em favor do denunciante e contra o denunciado. No chamamento, nem sempre o título executivo será formado em favor do chamante e contra o chamado; poderá sê-lo em favor do chamado e contra o chamante, tudo dependendo de quem vier, ao final, a satisfazer a dívida".

Suponhamos três devedores solidários, B, C e D. Citado como réu apenas o devedor B, este chama ao processo os codevedores. No caso de os três resultarem condenados (talvez possa algum deles socorrer-se de defesa pessoal, que aos outros não assista), pode acontecer de a dívida ser paga não pelo chamante B, mas pelo chamado C; este disporá, então, pela sentença e com o comprovante de pagamento, de título executivo contra o chamante B, e também contra o outro chamado D".[26]

Vale observar que, de acordo com o CC/2002, o credor de dívida solidário poderá exigi-la, integralmente, de qualquer um dos devedores (art. 275). Apesar de parecer contraditório, o chamamento está em consonância com o regramento de direito material e tem a finalidade de abreviar o acertamento do direito de cada um dos coobrigados, evitando, assim, o ajuizamento de outras demandas.

Com o chamamento ao processo, todos aqueles que poderiam figurar como litisconsortes passivos, por iniciativa do autor, desde que chamados ao processo, passam a figurar como litisconsortes passivos, porém, por iniciativa de um dos réus. Se o credor propõe ação de conhecimento exclusivamente contra o devedor principal – nesse caso não se cogita de chamamento ao processo – e não consegue receber todo o crédito, cabe a ele propor outra ação contra o devedor solidário. Poderia o credor ter cobrado de todos num só processo, por meio do litisconsórcio. Como assim não procedeu, terá que ajuizar outro processo. Contudo, se a ação foi ajuizada contra um dos coobrigados, este poderá chamar os demais ao processo. Essa possibilidade prestigia o devedor solidário que paga a integralidade da dívida, evitando que ele tenha que ajuizar outra ação para receber o que pagou (ou o que pagou além da sua cota parte, quando se tratar de um devedor principal). Bem, qualquer que seja a hipótese, sem processo não há como exercer, forçadamente, o direito de crédito.

O regramento material (art. 275 do CC) garante o direito, mas o processo, a certificação, deve preceder a execução. A interpretação do texto do CPC/1973 (art. 80) – repetido pelo CPC/2015 no art. 132 – deve ser no sentido de que "a sentença de procedência valerá como título executivo em favor do réu que satisfizer a dívida, a fim de que possa exigi-la, por inteiro, do devedor principal, ou de cada um dos codevedores a sua quota, na proporção que lhes tocar", desde que tenham integrado a relação processual na qualidade de autores ou de chamados ao processo.

4.2 Hipóteses de admissibilidade

Art. 130. É admissível o chamamento ao processo, requerido pelo réu:

I – do afiançado, na ação em que o fiador for réu;

II – dos demais fiadores, na ação proposta contra um ou alguns deles;

III – dos demais devedores solidários, quando o credor exigir de um ou de alguns o pagamento da dívida comum.

Outra hipótese de chamamento ao processo está prevista no parágrafo único do art. 788 do CC,[27] vale dizer, quando o segurador for demandado diretamente pela vítima, deverá chamar ao processo o segurado, se quiser opor a exceção de contrato não cumprido.

O chamamento é uma forma de intervenção provocada, que fica a exclusivo critério do réu (aqui reside uma das diferenças entre esse instituto e a denunciação da lide, pois esta tanto pode ser requerida pelo réu, quanto pelo autor).

---

[26] CARNEIRO, Athos Gusmão. *Intervenção de terceiros*. 15. ed. São Paulo: Saraiva, 2003. p. 102-103.

[27] Art. 788 do Código Civil: "Nos seguros de responsabilidade legalmente obrigatórios, a indenização por sinistro será paga pelo segurador diretamente ao terceiro prejudicado. Parágrafo único. Demandado em ação direta pela vítima do dano, o segurador não poderá opor a exceção de contrato não cumprido pelo segurado, sem promover a citação deste para integrar o contraditório".

Nessa intervenção, **o réu chama ao processo os coobrigados em virtude de fiança ou de solidariedade, a fim de que eles respondam diretamente ao autor da ação**. Se, no entanto, o devedor ou fiador não promover o chamamento, ou, se o fizer, mas o chamado não se manifestar e for condenado a pagar a dívida em favor do autor, ficará sub-rogado nos direitos de credor, podendo exigir dos demais as respectivas quotas partes. Vejamos alguns exemplos:

- Na ação promovida pelo credor diretamente contra o fiador, este poderá exercitar o **benefício de ordem** previsto no art. 827 do CC[28] e chamar ao processo o devedor principal da obrigação (hipótese do inc. I do art. 130 do CPC/2015). Ressalte-se que o contrário não pode acontecer: se acionado o devedor principal da obrigação, este não poderá chamar o fiador para integrar a lide como litisconsorte; ou seja, o devedor não chama o fiador.

- Na ação promovida pelo credor para cobrança de débito afiançado de forma conjunta, sendo a demanda proposta apenas contra um dos fiadores, os demais (cofiadores solidários – art. 829 do CC) poderão ser chamados ao processo (hipótese do inc. II do art. 130 do CPC/2015).

- Na ação proposta pelo credor contra um dos devedores solidários (art. 275 do CC[29]), aquele que foi demandado individualmente poderá chamar os demais devedores (hipótese do inc. III do art. 130 do CPC/2015).

Em qualquer hipótese, aquele que satisfizer a dívida – caso a demanda seja procedente ao credor – poderá exigi-la por inteiro do devedor principal, ou de cada um dos codevedores a sua respectiva quota, na proporção que lhes tocar. Isso ocorre porque a sentença de procedência valerá como título executivo (art. 132), garantindo a quem pagou a dívida por inteiro o direito de ser ressarcido.

4.3 Procedimento

O réu deve requerer, no prazo para contestar, a citação do(s) chamado(s), que irão figurar como litisconsortes passivos na demanda (art. 131). Se o juiz deferir o pedido, a citação deve ser promovida no prazo de 30 (trinta) dias, sob pena de se tornar sem efeito o chamamento. Se o chamado residir em outra comarca, seção ou subseção judiciárias, ou em lugar incerto, o prazo será de dois meses (mesma regra aplicável à denunciação da lide).

Feita a citação do chamado, este poderá contestar o pedido contido na lide secundária, hipótese em que passará a ocupar o polo passivo da demanda (ampliação subjetiva da lide). Caso o chamado mantenha-se inerte, a demanda prosseguirá entre o autor e réu. Ressalte-se que, assim como nas demais modalidades de intervenção de terceiro, o recurso cabível contra o deferimento ou o indeferimento do pedido de chamamento é o agravo de instrumento (art. 1.015, IX).

Se a demanda for julgada procedente para o autor (credor), a sentença valerá como título executivo em favor do réu que satisfizer a dívida. A regra é a mesma que estava prevista no art. 80 do CPC/1973. Se, no entanto, a demanda for julgada improcedente, o autor ficará responsável

---

[28] Art. 827 do Código Civil: "O fiador demandado pelo pagamento da dívida tem direito a exigir, até a contestação da lide, que sejam primeiro executados os bens do devedor".

[29] Art. 275 do Código Civil: "O credor tem direito a exigir e receber de um ou de alguns dos devedores, parcial ou totalmente, a dívida comum; se o pagamento tiver sido parcial, todos os demais devedores continuam obrigados solidariamente pelo resto. Parágrafo único. Não importará renúncia da solidariedade a propositura de ação pelo credor contra um ou alguns dos devedores".

pelas verbas de sucumbência em favor do chamante (réu originário), que, por sua vez, arcará com a sucumbência em favor do chamado.

As grandes **novidades trazidas pelo CPC/2015** com relação ao chamamento ao processo foram:

- O CPC/2015 não prevê mais a suspensão do processo enquanto estiver pendente a citação do denunciado ou do chamado (art. 79 do CPC/1973).
- O CPC/2015 ampliou os prazos para se efetivar a citação: a regra geral passa a ser de 30 dias; quando o denunciado ou o chamado residir em outra comarca, seção ou subseção judiciárias, o prazo será ampliado para dois meses (art. 131, parágrafo único, do CPC/2015).

4.4 Chamamento ao processo nas ações de alimentos

Dispõe o art. 1.698 do CC que:

"Se o parente, que deve alimentos em primeiro lugar, não estiver em condições de suportar totalmente o encargo, serão chamados a concorrer os de grau imediato: sendo várias as pessoas obrigadas a prestar alimentos, todas devem concorrer na proporção dos respectivos recursos, e, intentada ação contra uma delas, poderão as demais ser chamadas a integrar a lide".

Discute-se na doutrina se a situação retratada no art. 1.698 constitui ou não hipótese de chamamento ao processo.

De acordo com a interpretação que se dá ao art. 130 do CPC/2015, o chamamento ao processo só é possível quando houver solidariedade entre chamante e chamado.

Ocorre que, como se sabe, inexiste solidariedade entre os coobrigados a prestar alimentos, na medida em que cada alimentante deverá concorrer na proporção dos respectivos recursos financeiros, não se podendo exigir, de apenas um, a integralidade dos alimentos necessários.

Nesse contexto, é de se entender que **o art. 1.698 do CC criou nova hipótese de chamamento ao processo**, a par daquelas já contempladas na lei processual e no art. 788 do CC.

Apesar de a obrigação alimentar não ter caráter de solidariedade, tanto o autor poderá requerer a intervenção, como o réu terá direito de chamar ao processo os corresponsáveis pela obrigação alimentar, caso não consiga suportar sozinho o encargo. Tudo isso para atender ao melhor interesse do alimentado. Essas foram as razões pelas quais a Jornada de Direito Civil editou o Enunciado 523, com o seguinte teor: "O chamamento dos codevedores para integrar a lide, na forma do art. 1.698 do Código Civil, pode ser requerido por qualquer das partes, bem como pelo Ministério Público, quando legitimado".

O chamamento deve ocorrer apenas quando frustrada a obrigação principal, de responsabilidade dos pais, ou quando a prestação se mostrar insuficiente ao caso concreto. Ou seja, há possibilidade de o genitor, demandado isoladamente, chamar o outro para integrar o polo passivo da ação de alimentos. Vejamos:

"Alimentos. Responsabilidade. Trata-se de REsp em que se discute a possibilidade de o recorrente (um dos genitores) demandado em ação de alimentos poder chamar o outro (no caso, a genitora) a integrar o polo passivo da referida ação. A Turma proveu o recurso ao entendimento de que a obrigação alimentar é de responsabilidade dos pais e, na hipótese de a genitora dos autores da ação de alimentos também exercer atividade remunerada, é juridicamente legítimo que seja chamada a compor o polo passivo do processo para ser avaliada a sua condição econômico-financeira para assumir, em conjunto com o genitor, a responsabilidade pela manutenção dos filhos maiores e capazes. Ressaltou-se que, além da transmissibilidade, reciprocidade, impenhorabilidade e imprescritibilidade, é também importante característica da obrigação alimentar a divisibilidade. Desse modo, os pais, salvo na hipótese de qualquer deles estar na condição de guardião de filhos menores, devem responder pelos alimentos, arcando cada qual com parcela compatível às próprias possibilidades. Dessarte, nada mais razoável, na espécie, que, somente a partir da integração dos pais no polo passivo da demanda, possa melhor ser aferida a capacidade de assunção do encargo alimentício em quotas proporcionais aos recursos financeiros de cada um. Assim, reconheceu-se a plausibilidade jurídica do pleito em questão, porquanto, embora se possa inferir do texto do art. 1.698 do CC/2002, norma de natureza especial, que o credor de alimentos detém a faculdade de ajuizar ação apenas contra um dos coobrigados, não há óbice legal a que o demandado exponha, de forma circunstanciada, a arguição de não ser o único devedor e, por conseguinte, adote a iniciativa de chamamento de outro potencial devedor para integrar a lide" (STJ, REsp 964.866/SP, Rel. Min. João Otávio de Noronha, j. 01.03.2011).

O chamamento ao processo em relação aos avós tem caráter excepcional, somente se justificando quando nenhum dos genitores tem condições de prover o sustento do(a) filho(a). Sobre o tema, o STJ editou a Súmula 596, segundo a qual "A obrigação alimentar dos avós tem natureza complementar e subsidiária, somente se configurando no caso de impossibilidade total ou parcial de seu cumprimento pelos pais" (Aprovada em 08.10.2017). Nesse caso, conforme entendimento mais recente do STJ,[30] não há litisconsórcio necessário entre os avós maternos e paternos:

"(...) 1. Inexiste litisconsórcio passivo necessário entre os avós maternos e paternos, pois a obrigação alimentar é divisível e não solidária. 2. Caso o parente obrigado prioritariamente a prestar alimentos não tenha condições de suportar sozinho o encargo, podem ser chamados a concorrer os de grau imediato e os demais obrigados. Inteligência do art. 1.698 do CC. 3. A obrigação de prover o sustento do filho gerado é, primordialmente, de ambos os genitores, isto é, do pai e da mãe, e do pai ou da mãe, devendo cada qual concorrer na medida da própria disponibilidade. 4. O chamamento dos avós é excepcional e somente se justifica quando nenhum dos genitores possui condições de atender o sustento da prole (...)" (STJ, REsp 1.736.596/RS 2018/0090826-0, Rel. Min. Marco Aurélio Bellizze, DJ 26.06.2018).

Importante:

- A Lei nº 10.741/2003[31] atribui **natureza solidária à obrigação de prestar alimentos quando os credores forem pessoas idosas.** Desta forma, a pessoa idosa pode escolher a pessoa da família que pretende pleitear os alimentos. Por força do critério da especialidade, as disposições constantes no Estatuto da Pessoa Idosa prevalecem sobre as regras previstas no Código Civil relativamente à obrigação alimentar.

4.5 Chamamento ao processo no Código de Defesa do Consumidor

O art. 101, II, do Código de Defesa do Consumidor disciplina outra forma de chamamento ao processo ao prever que:

---

[30] Nas edições anteriores desta obra, o entendimento era no sentido de que havia litisconsórcio necessário entre avós paternos e maternos na ação de alimentos complementares (REsp 958.513, p. ex.).

[31] Art. 12 do Estatuto da Pessoa Idosa: "A obrigação alimentar é solidária, podendo a pessoa idosa optar entre os prestadores".

"o réu que houver contratado seguro de responsabilidade poderá chamar ao processo o segurador, vedada a integração do contraditório pelo Instituto de Resseguros do Brasil. Nesta hipótese, a sentença que julgar procedente o pedido condenará o réu nos termos do art. 80 do Código de Processo Civil. Se o réu houver sido declarado falido, o síndico será intimado a informar a existência de seguro de responsabilidade, facultando-se, em caso afirmativo, o ajuizamento de ação de indenização diretamente contra o segurador, vedada a denunciação da lide ao Instituto de Resseguros do Brasil e dispensado o litisconsórcio obrigatório com este".

Note-se que a possibilidade acima transcrita, por meio da qual o fornecedor demandado poderá incluir no processo o seu segurador, encerra, não obstante a denominação "chamamento ao processo", típica hipótese de denunciação da lide. O fato é que o legislador pretendeu, ao utilizar o instituto do chamamento, ampliar a garantia do consumidor ao abranger a possibilidade de se incluir no polo passivo da demanda o segurador do fornecedor de produtos ou serviços, que responderá pela cobertura securitária independentemente de ação regressiva.

Contudo, também a denunciação da lide, por viabilizar a inclusão do demandado no polo passivo da relação processual, se presta a essa finalidade. De qualquer forma, o que realmente importa não é o *nomen iuris* do instituto, mas sim o reforço de garantia por ele conferido ao consumidor.

> **Lembretes:**
> - Como o chamamento ao processo tem por finalidade a condenação dos coobrigados, ele **será cabível apenas nos processos de conhecimento**.
> - O chamamento ao processo **não se aplica aos coobrigados cambiários**.

JURISPRUDÊNCIA TEMÁTICA

"Em ação ordinária na qual se objetiva a anulação de questão de prova e reclassificação de candidato, quando eventual inclusão deste implicar na necessária exclusão de terceiros, é necessário o chamamento dos demais candidatos afetados para integrarem a lide" (STJ, 2ª Turma. REsp 1.831.507/AL, Rel. Min. Mauro Campbell Marques, j. 06.08/2024 (Info 822)).

"Nas ações para fornecimento de medicamentos, apesar de a obrigação ser solidária entre Municípios, Estados e União, caso o autor tenha proposto a ação apenas contra o Estado-membro, não cabe o chamamento ao processo da União, medida que apenas iria protelar a solução da causa" (STJ, 1ª S., REsp 1.203.244-SC, Rel. Min. Herman Benjamin, j. 09.04.2014 (recurso repetitivo) (Info 539)).[32]

---

[32] Há dúvidas se o STJ manterá esse entendimento considerando o que decidiu o STF no RE 855.178 ED/SE: "Responsabilidade pelo fornecimento do medicamento ou pela realização do tratamento de saúde Os entes da Federação, em decorrência da competência comum, são solidariamente responsáveis nas demandas prestacionais na área da saúde e, diante dos critérios constitucionais de descentralização e hierarquização, compete à autoridade judicial direcionar o cumprimento conforme as regras de repartição de competências e determinar o ressarcimento a quem suportou o ônus financeiro" (STF, RE 855.178 ED/SE, Plenário, rel. orig. Min. Luiz Fux, red. p/ o ac. Min. Edson Fachin, j. 23.05.2019, Info 941).

Quadro esquemático 17 – Chamamento ao processo

Chamamento ao processo
- Conceito: objetiva a inclusão do devedor ou dos coobrigados pela dívida (chamados) para integrarem o polo passivo da relação processual já existente, a fim de que o juiz declare, na mesma sentença, a responsabilidade de cada um.
- Hipóteses de admissibilidade do chamamento ao processo:
  - do afiançado, na ação em que o fiador for réu;
  - dos demais fiadores, na ação proposta contra um ou alguns deles;
  - dos demais devedores solidários, quando o credor exigir de um ou de alguns o pagamento da dívida comum.
- O chamamento só é cabível no processo de conhecimento. Não é admitido no processo de execução.
- Não se aplica aos coobrigados cambiários.
- O CPC/2015 não mais prevê a suspensão do processo enquanto estiver pendente a citação do denunciado ou do chamado.
- Chamamento nas ações de alimentos (art. 1.698, CC/2002): se o parente, que deve alimentos em primeiro lugar, não estiver em condições de suportar totalmente o encargo, serão chamados a concorrer os de grau imediato; sendo várias as pessoas obrigadas a prestar alimentos, todos devem concorrer na proporção dos respectivos recursos, e, intentada ação contra uma delas, poderão os demais ser chamados a integrar a lide.
- Chamamento ao processo no Código de Defesa do Consumidor (art. 101, II, CDC): "o réu que houver contratado seguro de responsabilidade poderá chamar ao processo o segurador, vedada a integração do contraditório pelo Instituto de Resseguros do Brasil. Nessa hipótese, a sentença que julgar procedente o pedido condenará o réu nos termos do art. 80 do Código de Processo Civil [art. 132, CPC/2015]. [...]".

5. INCIDENTE DE DESCONSIDERAÇÃO DA PERSONALIDADE JURÍDICA (ARTS. 133 A 137)

5.1 Noções gerais

A teoria da desconsideração da personalidade jurídica "desenvolveu-se com o fim precípuo de prevenir o desvio de finalidade de um ente empresarial, seja através da fraude à lei, aos credores ou ao contrato social, isto é, visando, única e exclusivamente, responsabilizar a má-fé dos sócios administradores".[33] Nessa hipótese, o juiz, ignorando a existência da pessoa jurídica no caso concreto, **supera a autonomia da sociedade**, para alcançar o patrimônio dos sócios.

Em nome da realidade dos fatos e da natureza do instituto em comento, imperioso é retirar a máscara que recobre a denominação a ele dada. Não se trata de teoria, tampouco da desconsideração.

Quando se fala em teoria, o que vem à mente é um conjunto de conhecimentos especulativos, metódicos e organizados, de caráter hipotético. Nesse sentido, a teoria da relatividade, a teoria do caos e a teoria do nada. Embora a dita "desconsideração" esteja prevista num conjunto

---

[33] MARTINS, Gilberto Baptista. Os fundamentos da teoria da desconsideração da personalidade jurídica e o novo Código Civil. *Boletim Adcoas* 4/84.

de regras, nada justifica a denominação "teoria". Se admitirmos haver uma teoria (no sentido restrito) para a desconsideração, teoria haverá para todos os institutos jurídicos. Teoria da denunciação da lide, do litisconsórcio e assim por diante. Dito de outra forma, haverá a teoria do tudo e do nada. Melhor seria referir-se ao "conjunto de regras" que trata da "desconsideração da personalidade jurídica".

Com referência à expressão "desconsideração da personalidade jurídica", nada mais inapropriado. Poder-se-ia até denominá-lo "incidente de ampliação da responsabilidade civil", mas jamais "desconsideração", uma vez que, por meio da dita desconsideração, não se desconsidera, mas sim se amplia a responsabilidade que antes era exclusiva da pessoa jurídica e, em razão do agir com fraude ou má-fé, foi atribuída também à pessoa natural do sócio. Quando tratarmos dos efeitos da desconsideração, voltaremos ao tema.

Como se vê, tal teoria tem por objetivo "desvendar os sócios, através da pessoa jurídica, e considerá-los como dominantes da sociedade, uma entidade ostensiva por eles constituída".[34] Ressalte-se que a desconsideração não objetiva invalidar os atos constitutivos de uma sociedade, muito menos dissolvê-la. O que se pretende é tornar ineficazes os atos realizados pela sociedade (e imputáveis aos sócios), quando eles forem praticados em **descumprimento à função social da empresa**.

A desconsideração da personalidade jurídica constitui **instituto excepcional**, uma vez que o ordinário é a preservação da personalidade jurídica e da responsabilidade civil da sociedade que firmou o negócio jurídico. Por ser medida excepcional, a sua utilização depende do preenchimento de certos requisitos.

De acordo com o art. 50 do Código Civil,[35] para a desconsideração da personalidade jurídica são necessários: a) o **requisito objetivo**, que consiste na insuficiência patrimonial do devedor; e b) o **requisito subjetivo**, consistente no desvio de finalidade ou confusão patrimonial por meio da fraude ou do abuso de direito. Para a aplicação da teoria da desconsideração não basta estar presente apenas o primeiro requisito. Deve, pois, também estar demonstrada, no caso concreto, a existência de uma conduta culposa do sócio ou a sua intenção abusiva ou fraudulenta de utilizar os bens da sociedade para fins diversos daqueles permitidos em lei (requisito subjetivo).

Embora o assunto seja pertinente ao direito material, destaca-se que a MP 881/2019, posteriormente convertida na Lei nº 13.874/2019, trouxe as hipóteses nas quais restará verificada a confusão patrimonial (art. 50, § 2º, do CC/2002), acrescentando, ainda, que a mera existência de grupo econômico não gera a desconsideração se não estiverem presentes os demais pressupostos legais, bem como que a alteração da finalidade original ou a sua expansão não são aptas a configurar o desvio patrimonial. A temática é abordada em profundidade em nosso *Curso de Direito Civil*.

Ressalte-se que a lei material adotou o que chamamos de **"Teoria Maior da Desconsideração"**, vez que exige a configuração objetiva de tais requisitos para sua aplicação. Assim, não basta apenas a comprovação do estado de insolvência da pessoa jurídica para que os sócios e administradores sejam responsabilizados; é preciso que se comprove a ocorrência do desvio de finalidade ou de confusão patrimonial, caracterizada quando, por exemplo, houver cumprimento reiterado de obrigações do sócio pela sociedade (art. 50, § 2º, I, CC).

---

[34] RT 586/10.
[35] Art. 50 do Código Civil: "Em caso de abuso da personalidade jurídica, caracterizado pelo desvio de finalidade ou pela confusão patrimonial, pode o juiz, a requerimento da parte, ou do Ministério Público quando lhe couber intervir no processo, desconsiderá-la para que os efeitos de certas e determinadas relações de obrigações sejam estendidos aos bens particulares de administradores ou de sócios da pessoa jurídica beneficiados direta ou indiretamente pelo abuso".

Por outro lado, o Código de Defesa do Consumidor e a Lei nº 9.605/1988, que trata dos crimes ambientais, adotaram a **"Teoria Menor da Desconsideração"**, que se justifica pela simples comprovação do estado de insolvência. Nos temas referentes à Direito Ambiental e à Direito do Consumidor, os prejuízos eventualmente causados pela pessoa jurídica ao consumidor ou ao meio ambiente serão suportados pelos sócios, não se exigindo qualquer comprovação quanto à existência de dolo ou culpa. Veja que, aqui, a "teoria é menor". Ajudei?

Nas lides consumeristas, admite-se, portanto, a título de exceção, a utilização da "Teoria Menor da Desconsideração", que se contenta com o requisito objetivo (estado de insolvência) ou com o fato de a personalidade jurídica representar "de alguma forma, obstáculo ao ressarcimento de prejuízos causados aos consumidores" (art. 28, § 5º, do CDC). Também aos danos provocados ao meio ambiente admite-se a desconsideração sempre que a personalidade jurídica "for obstáculo ao ressarcimento de prejuízos causados à qualidade do meio ambiente" (art. 4º da Lei nº 9.605/1998). Lembre-se de que estas são exceções e que o ordenamento jurídico pátrio aplica, como regra, a "Teoria Maior da Consideração".[36]

Há doutrinadores afirmando que as alterações promovidas pela Lei nº 13.874/2019 irão impactar, também, a desconsideração aplicável às lides ambientais e consumeristas. Entendo, contudo, que por haver regramento específico nas leis especiais, as novas regras se restringem à desconsideração formulada com base nos requisitos do art. 50, somente. Provavelmente o impacto será maior no âmbito da Justiça do Trabalho, porquanto sempre prevaleceu na seara trabalhista a adoção de medidas inteiramente protetivas ao trabalhador. Registre-se, contudo, que recentemente o Tribunal Superior do Trabalho (TST) sinalizou mudança de entendimento, ao afastar decisão do Tribunal Regional do Trabalho da 2ª Região que admitiu a desconsideração simplesmente pelo fato de as empresas demandadas possuírem o mesmo endereço.[37] Para o TST, a mera existência de sócios em comum não caracteriza grupo econômico para fins de responsabilidade solidária em condenações trabalhistas, devendo o juiz fundamentar a sua decisão com base em provas que demonstrem a efetiva presença dos pressupostos legalmente estabelecidos para reconhecimento da desconsideração. Ademais, o ônus de provar a existência de grupo econômico, de acordo com o TST, é atribuído ao reclamante.

Pois bem. Além de observar as novas regras do art. 50 do Código Civil, quando for o caso de aplicação da Teoria Maior da Desconsideração, deve o julgador se atentar ao dever constitucional de fundamentação de suas decisões (art. 93, IX) e ao regramento infraconstitucional insculpido no atual Código de Processo Civil (art. 489, § 1º). Com efeito, se efetivamente houver comprovação de que o sócio de uma sociedade unipessoal está se valendo da garantia da autonomia patrimonial destinada aos bens da pessoa jurídica para deliberadamente prejudicar seus credores, será possível a instauração e o processamento do incidente de desconsideração da personalidade jurídica, observando-se o procedimento previsto nos arts. 133 e seguintes do Código de Processo Civil.

---

[36] STJ, REsp 970.365/SP: "A regra geral adotada no ordenamento jurídico brasileiro é aquela prevista no art. 50 do CC/02, que consagra a Teoria Maior da Desconsideração, tanto na sua vertente subjetiva quanto na objetiva. Salvo em situações excepcionais previstas em leis especiais, somente é possível a desconsideração da personalidade jurídica quando verificado o desvio de finalidade (Teoria Maior Subjetiva da Desconsideração), caracterizado pelo ato intencional dos sócios de fraudar terceiros com o uso abusivo da personalidade jurídica, ou quando evidenciada a confusão patrimonial (Teoria Maior Objetiva da Desconsideração), demonstrada pela inexistência, no campo dos fatos, de separação entre o patrimônio da pessoa jurídica e os de seus sócios".

[37] Disponível em: https://www.conjur.com.br/2019-jul-12/opiniao-decisao-reconhece-grupo-economico-exige-fundamentacao.

5.2 (Des)necessidade de ação autônoma

Antes do CPC atual, parte da doutrina considerava indispensável a propositura de ação própria para que as responsabilidades da pessoa jurídica fossem atribuídas aos sócios. Para Fábio Ulhôa Coelho, por exemplo, o juiz não poderia desconsiderar a separação entre a pessoa jurídica e seus integrantes senão por meio de ação judicial própria, de caráter cognitivo, movida pelo credor da sociedade contra os sócios ou seus controladores".[38]

Cristiano Chaves de Farias, no entanto, entendia ser possível, mesmo por meio de um incidente instaurado no processo de execução, a desconsideração da personalidade jurídica, de forma a permitir que a execução viesse a incidir sobre o patrimônio dos sócios.[39]

De minha parte, conforme consta na 18ª edição do *Curso de Direito Processual Civil*, também entendia que o patrimônio dos sócios, por obrigação contraída pela pessoa jurídica, não poderia ser atingido sem que antes fosse proferida sentença em ação própria, sob pena de ofensa à coisa julgada.

Entretanto, antes da publicação do atual diploma processual, a jurisprudência já admitia a desconsideração da personalidade jurídica sem a necessidade de ação autônoma. Para o STJ, por exemplo, o juiz pode determinar, de forma incidental, na execução singular ou coletiva, a desconsideração da personalidade jurídica de sociedade. De fato, segundo a jurisprudência do STJ, preenchidos os requisitos legais, não se exige, para a adoção da medida, a propositura de ação autônoma (REsp nº 1.326.201/RJ, Rel. Min. Nancy Andrighi, j. 07.05.2013, Informativo 524).

O CPC/2015, seguindo o entendimento jurisprudencial, criou um capítulo específico para tratar do "Incidente de Desconsideração da Personalidade Jurídica" (Título III, Capítulo IV), elencando-o como uma **nova modalidade de intervenção de terceiros** e pacificando a **desnecessidade da propositura de ação judicial própria** para a aplicação da teoria da desconsideração da personalidade jurídica.

Nada obsta a que se ajuíze ação autônoma visando apenas a declaração da responsabilidade do(s) sócio(s) – o art. 19, I reconhece interesse para tanto. Contudo, se à parte – autor ou mesmo réu, quando há pedido reconvencional – é lícito inserir no bojo da ação condenatória o pedido de desconsideração da personalidade da pessoa jurídica e consequente condenação dos sócios desta, ou mesmo pleitear a desconsideração como incidente no cumprimento da sentença, nada justifica o ajuizamento da declaratória.

Passemos, então, a analisar as disposições do Código atual.

5.3 Legitimidade para a instauração do incidente

Art. 133. O incidente de desconsideração da personalidade jurídica será instaurado a pedido da parte ou do Ministério Público, quando lhe couber intervir no processo.

Como se vê, não há possibilidade de atuação jurisdicional sem o requerimento da parte ou do Ministério Público; ou seja, é vedado ao juiz, de ofício, determinar a inclusão do sócio ou do administrador no polo passivo da demanda, para fins de desconsideração da personalidade jurídica. O art. 133 do CPC está em consonância com o art. 50 do CC, que também prevê o expresso requerimento do interessado ou do Ministério Público, não se podendo cogitar de atuação *ex officio*.

---

[38] COELHO, Fábio Ulhoa. *Curso de direito comercial*. 5. ed. São Paulo: Saraiva, 2002. v. II, p. 54.
[39] FARIAS, Cristiano Chaves de. *Direito civil*: teoria geral. 8. ed. Rio de Janeiro: Lumen Juris, 2005.

O Ministério Público só pode requerer a instauração do incidente nas causas em que atuar, seja como parte, ou como fiscal da lei (hipóteses do art. 178).

5.4 Desconsideração inversa da personalidade jurídica

A desconsideração inversa da personalidade jurídica consiste no **"afastamento da autonomia patrimonial da sociedade, para, contrariamente do que ocorre na desconsideração da personalidade propriamente dita, atingir o ente coletivo e seu patrimônio social, de modo a responsabilizar a pessoa jurídica por obrigações do sócio controlador"** (STJ, REsp 948.117/MS, Rel. Min. Nancy Andrighi). Assim, em vez de "levantar o véu" da personalidade jurídica para que eventual constrição de bens atinja o patrimônio dos sócios, a desconsideração inversa objetiva atingir os bens da própria sociedade em razão das obrigações contraídas pelo sócio, desde que, da mesma forma que a desconsideração tradicional, sejam preenchidos os requisitos legais.

A teoria da desconsideração inversa não contava com previsão legal, mas a doutrina e a jurisprudência, de forma majoritária, já admitiam sua aplicação tanto no âmbito do direito obrigacional, como no direito de família. É o que se vê nos trechos dos julgados a seguir:

"Direito Civil. Recurso Especial. Ação de dissolução de união estável. Desconsideração inversa da personalidade jurídica. Possibilidade. Reexame de fatos e provas. Inadmissibilidade. Legitimidade ativa. Companheiro lesado pela conduta do sócio. Artigo analisado: 50 do CC/02.

[...]

É possível a desconsideração inversa da personalidade jurídica sempre que o cônjuge ou companheiro empresário valer-se de pessoa jurídica por ele controlada, ou de interposta pessoa física, a fim de subtrair do outro cônjuge ou companheiro direitos oriundos da sociedade afetiva.

[...]

Se as instâncias ordinárias concluem pela existência de manobras arquitetadas para fraudar a partilha, a legitimidade para requerer a desconsideração só pode ser daquele que foi lesado por essas manobras, ou seja, do outro cônjuge ou companheiro, sendo irrelevante o fato deste ser sócio da empresa. Negado provimento ao Recurso Especial" (STJ, REsp 1.236.916/RS, Rel. Min. Nancy Andrighi, j. 22.10.2013).

"Desconsideração da Personalidade Jurídica Inversa.

[...] o citado dispositivo [art. 50/CC], sob a ótica de uma interpretação teleológica, legitima a inferência de ser possível a teoria da desconsideração da personalidade jurídica em sua modalidade inversa, que encontra justificativa nos princípios éticos e jurídicos intrínsecos à própria *disregard doctrine*,[40] que vedam o abuso de direito e a fraude contra credores. Dessa forma, a finalidade maior da *disregard doctrine* contida no preceito legal em comento é combater a utilização indevida do ente societário por seus sócios. Ressalta que, diante da desconsideração da personalidade jurídica inversa, com os efeitos sobre o patrimônio do ente societário, os sócios ou administradores possuem legitimidade para defesa de seus direitos mediante a interposição dos recursos tidos por cabíveis, sem ofensa ao contraditório, à ampla defesa e ao devido processo legal. No entanto, a Min. Relatora assinala que o juiz só poderá decidir por essa medida excepcional quando forem atendidos todos os pressupostos relacionados à

---

[40] A teoria da desconsideração da personalidade jurídica era conhecida pelos ingleses e norte-americanos como "Disregard Doctrine" ou "Disregard of Legal Entity".

fraude ou abuso de direito estabelecidos no art. 50 do CC/2002. No caso dos autos, tanto o juiz como o tribunal a quo entenderam haver confusão patrimonial e abuso de direito por parte do recorrente. Nesse contexto, a Turma negou provimento ao recurso. Precedentes citados: REsp 279.273/SP, *DJ* 29.03.2004; REsp 970.635/SP, *DJe* 1º.12.2009, e REsp 693.235/MT, *DJe* 30.11.2009" (STJ, REsp 948.117/MS, Rel. Min. Nancy Andrighi, j. 22.06.2010).

O § 2º do art. 133 do CPC/2015 consolida o entendimento jurisprudencial ao permitir que as disposições relativas ao incidente também sejam aplicadas à hipótese de desconsideração inversa da personalidade jurídica.

Desta forma, se o sócio esvazia seu patrimônio particular, transferindo seus bens e direitos para a pessoa jurídica sobre a qual detém controle, é admissível que o juiz, após instauração do incidente e comprovação do desvio de finalidade ou da confusão patrimonial, desconsidere a autonomia patrimonial da pessoa jurídica para responsabilizá-la pelas obrigações assumidas pelo seu sócio.

Atenção: há outras espécies de desconsideração nomeadas pela doutrina. (i) Desconsideração indireta: quando há uma sociedade controladora cometendo fraudes ou abusos por meio de uma sociedade controlada; (ii) Desconsideração expansiva: quando um "laranja" é utilizado para encobrir condutas irregulares.

5.5 Hipóteses de cabimento

A desconsideração da personalidade jurídica ocorria sempre de forma incidental dentro dos processos de execução de título extrajudicial e do cumprimento de sentença – salvo quando, em raras hipóteses, era medida pleiteada em ação autônoma.

Conforme dito, como a jurisprudência, de forma pacífica, admitia a adoção dessa medida sem que fosse necessária a propositura de ação judicial própria, se restasse evidenciada a utilização da pessoa jurídica para acobertar fraude ou abuso de direito, a desconsideração impunha-se independentemente do ajuizamento de nova demanda. Existiam vozes que a admitiam inclusive sem a prévia citação dos supostos responsáveis (sócios, empresas coligadas ou integrantes do mesmo grupo econômico). Em alguns de seus julgados o próprio STJ considerou que, nos casos de cumprimento de sentença, a mera intimação do sócio já era suficiente para configurar oportunizada a ampla defesa e o contraditório. Vejamos o trecho de um dos acórdãos:

"Desconsideração da Personalidade Jurídica. Intimação do Sócio.

[...]

No entendimento da douta maioria, é suficiente a intimação do sócio da empresa, ocasião em que será oportunizada a sua defesa, ainda mais quando o processo encontra-se na fase de cumprimento de sentença, onde o recorrente fará jus à ampla defesa e ao contraditório, pois, poderá impugnar o pedido ou oferecer exceção de pré-executividade" (STJ, REsp 1.096.604/DF, Rel. Min. Luiz Felipe Salomão, j. 02.08.2012).

Entretanto, reafirmando o caráter excepcional da medida e possibilitando o verdadeiro exercício do contraditório, o CPC/2015 positivou novas regras para a instauração do incidente de desconsideração da personalidade jurídica.

De acordo com a redação do art. 134, o incidente é cabível em todas as fases do processo de conhecimento, no cumprimento de sentença e na execução juntada em título extrajudicial. Logo, quem pretender a desconsideração não precisará aguardar a sentença ou acórdão para pleitear a medida. Prova disto é que o § 2º possibilita à parte requerer a desconsideração ainda na petição inicial, hipótese em que será desnecessária a instauração do incidente.

Ressalte-se, ainda, que a medida também é aplicável no âmbito dos processos que tramitam perante os Juizados Especiais Cíveis, nos termos do art. 1.062 do CPC.

Apesar da ampliação do instituto, o CPC/2015 condicionou o deferimento da medida – pleiteada na petição inicial ou em caráter incidental – à prévia citação do sócio ou da pessoa jurídica (arts. 134, § 2º, parte final, e 135).

O que a nova legislação pretende é evitar a constrição judicial dos bens do sócio (ou da pessoa jurídica, na hipótese de desconsideração inversa) sem qualquer possibilidade de defesa.

5.6 Procedimento para a desconsideração da personalidade jurídica

Para a desconsideração da personalidade jurídica é obrigatória a observância do incidente previsto no CPC.

O incidente deve ser requerido pela parte interessada ou pelo Ministério Público. Na petição, o requerente deverá demonstrar o preenchimento dos requisitos legais para a desconsideração da personalidade. O ônus da prova é, portanto, de quem alega.[41] Nesse sentido, a redação reforça a ideia de que a desconsideração da personalidade jurídica não pode ser determinada sem uma dilação probatória mínima.

Quando for evidenciada estrutura meramente formal entre as sociedades integrantes de um mesmo grupo econômico, também é possível que a parte ou o Ministério Público requeira a desconsideração para atingir o patrimônio destas sociedades e não apenas da pessoa jurídica ou do sócio que integra o processo.[42]

Embora se reconheça a necessidade de, em certos casos, desvendar as pessoas dos sócios ou de outras pessoas que devam ser responsabilizadas pelo negócio jurídico, não se pode reputar legítimo o ato judicial que, extrapolando os limites da coisa julgada, determine a penhora de bens de terceiros, porquanto a responsabilização de pessoa que não participou do negócio jurídico constitui exceção. Por esta razão é que o CPC determinou a citação prévia do sócio ou da pessoa jurídica após a instauração do incidente. Agora há regramento expresso para a manifestação e o requerimento de provas (art. 135), o que impossibilita a decretação da desconsideração sem observância ao contraditório.

Se o requerimento se der na petição inicial, o sócio ou a pessoa jurídica será citado para contestar o pedido principal e aquele referente à desconsideração. Nesse caso, dispensa-se a instauração do incidente. Por exemplo: "A" propõe demanda em face de "B Ltda." para cobrar determinada quantia. Na petição inicial, "A" requer, ainda, a desconsideração da pessoa jurídica "B Ltda.". Ao despachar a inicial, o juiz determina a citação de "B Ltda." para, se quiser, contestar o crédito, bem como a citação do sócio de "B Ltda." para se manifestar sobre o pedido de desconsideração. Como se trata de responsabilidades com fundamentos distintos, a pessoa jurídica e o sócio serão necessariamente citados.

Quando o requerimento se der de forma incidental, o sócio ou a pessoa jurídica (se for o caso de desconsideração inversa) também será citado para se manifestar sobre o pedido e requerer provas no prazo de 15 (quinze) dias (art. 135). A citação, de acordo com o CPC

---

[41] O CPC atual relativiza o ônus da prova ao adotar a teoria dinâmica de distribuição desse ônus. Nos termos do § 1º do art. 373, nos casos previstos em lei ou diante de peculiaridades da causa, relacionadas à impossibilidade ou à excessiva dificuldade de cumprir o encargo probatório ou à maior facilidade de obtenção da prova do fato contrário, poderá o juiz atribuir o ônus da prova de modo diverso, desde que o faça por decisão fundamentada.

[42] Nesse sentido: STJ, RMS 29.697/RS, Rel. Min. Raul Araújo, j. 23.04.2013.

atual, é condição para a instauração do incidente, ou seja, não há desconsideração sem prévio contraditório.[43]

Em ambos os casos, antes de se determinar a citação, a instauração do incidente deve ser comunicada ao distribuidor para as devidas anotações. Tal providência permitirá, se for o caso, a distribuição por prevenção de eventuais ações conexas movidas em desfavor do sócio ou administrador (ou da pessoa jurídica, se a desconsideração for inversa) a quem se imputou a responsabilidade.

Se o juiz considerar suficientes as provas trazidas aos autos, julgará o incidente por decisão interlocutória. Caso contrário, deverá aguardar a conclusão da instrução para decidir sobre a desconsideração. Vale lembrar que quando o pedido de desconsideração for pleiteado na petição inicial, o juiz poderá se manifestar tanto por meio de decisão interlocutória (concessão de medida liminar, por exemplo) quanto na sentença. Neste caso, se o pedido de desconsideração for apreciado somente no dispositivo da sentença, o recurso cabível será a apelação.

Vale salientar que, de acordo com o recente entendimento do STJ, a pessoa jurídica tem legitimidade para impugnar decisão interlocutória que desconsidera a sua personalidade para alcançar o patrimônio de seus sócios ou administradores, desde que o faça com o intuito de defender a sua regular administração e autonomia, isto é, a proteção da sua personalidade, sem se imiscuir indevidamente na esfera de direitos dos sócios ou administradores incluídos no polo passivo por força da desconsideração.[44] Do mesmo modo, *a contrario sensu*, no caso de desconsideração inversa pode o sócio ter interesse em impugnar a decisão que eventualmente atinja os bens da pessoa jurídica à qual pertença.

Contra a decisão que acolher (ou não) o pedido de desconsideração, caberá agravo de instrumento (art. 136, parte final; art. 1.015, IV). Se a decisão for proferida pelo relator, o recurso cabível será o agravo interno (art. 136, parágrafo único; art. 1.021). Da decisão do órgão colegiado, nos Tribunais de Justiça ou nos TRFs, caberá recurso especial.

Por fim, ainda quanto ao procedimento, registra-se o recente entendimento do STJ no sentido da impossibilidade de condenação em honorários no incidente de desconsideração da personalidade jurídica. Conforme asseverou a Corte, a decisão que resolve incidentes processuais tem natureza interlocutória (art. 136) e, assim como não possui natureza de sentença, nem se encontra no rol do art. 85, § 1º, não enseja a condenação em honorários advocatícios[45].

5.7 Efeitos da desconsideração

Nos termos do art. 137, se acolhido o pedido de desconsideração, a alienação ou oneração de bens, havida em fraude de execução, será ineficaz em relação ao requerente.

O processo executivo será abordado na parte IV, mas, antemão, esclarece-se que uma das hipóteses de fraude à execução ocorre quando o devedor, na pendência de demanda capaz de reduzi-lo à insolvência, aliena ou onera seus bens na tentativa de se desvencilhar de determinada obrigação (art. 792, IV).

---

[43] Como o Código anterior permitia que o contraditório fosse postergado, se a decisão que decretou a desconsideração tiver sido publicada ainda na vigência do CPC/1973, o contraditório pode ser diferido. Dessa forma, a aplicação do incidente de desconsideração da personalidade jurídica, nos moldes descritos no art. 133 do CPC/2015, não é exigível quando a decisão que procedeu à desconsideração tiver sido proferida ainda na vigência do CPC/1973 (REsp 1.954.015/PE, 3ª Turma, Rel. Min. Nancy Andrighi, j. 26.10.2021, *DJe* 03.11.2021).

[44] Nesse sentido: STJ, REsp 1.421.464/SP, Rel. Min. Nancy Andrighi, j. 24.04.2014.

[45] STJ, REsp 1.845.536/SC, Rel. Min. Nancy Andrighi, rel. p/ acórdão Min. Marco Aurélio Bellizze, 3ª Turma, j. 26.05.2020, *DJe* 09.06.2020.

Assim, por exemplo, se o credor propuser demanda para cobrar uma dívida e, ao mesmo tempo, requerer e for concedida a desconsideração da pessoa jurídica da qual o devedor é sócio, serão considerados ineficazes todos os atos realizados por este, na pendência do processo, que visem o desfazimento de seus bens.

A norma prevê efeito retroativo (ou *ex tunc*), impossibilitando que os direitos do requerente (credor) sejam atingidos pelos atos cometidos em fraude à execução. Quanto ao terceiro adquirente de boa-fé, nada impede que este pleiteie, em ação de regresso contra o sócio, o ressarcimento dos valores pagos para aquisição do bem. Nesse caso, o terceiro adquirente ainda poderá requerer a desconsideração inversa da personalidade jurídica, a fim de atingir o patrimônio da sociedade caso se torne insolvente o sócio fraudador.

Como já afirmado, embora o Código utilize a expressão "desconsideração da personalidade jurídica", o mais razoável é que não se desconsidere coisa alguma. Numa ação condenatória em face de uma sociedade, na qual pleiteia o autor a "desconsideração" da personalidade jurídica dessa sociedade, ao fundamento de que o sócio-gerente pautou a sua conduta em intenção abusiva ou fraudulenta de utilizar os bens da sociedade para fins diversos dos permitidos em lei, provados os requisitos para a condenação, bem como os exigidos para a "desconsideração", deve-se condenar solidariamente a sociedade e o sócio-gerente. Aquela porque contraiu a obrigação, este porque praticou ato ilícito. Se o patrimônio da sociedade é insuficiente para saldar a obrigação é questão que refoge ao conteúdo da sentença condenatória. A condenação solidária confere maior exequibilidade ao exequente. Pode ele cobrar da sociedade, do sócio ou de ambos ao mesmo tempo. Esse, sem dúvida, é o espírito da lei (*mens legis*).

JURISPRUDÊNCIA TEMÁTICA

"O trânsito em julgado da decisão que aprecia pedido de desconsideração da personalidade jurídica torna a questão preclusa para as partes da relação processual, inviabilizando a dedução de novo requerimento com base na mesma causa de pedir" (STJ, 3ª Turma. REsp 2.123.732/MT, Rel. Min. Nancy Andrighi, j. 19.03.2024 (Info 805)).

"É prescindível o incidente de desconsideração da personalidade jurídica para o redirecionamento da execução fiscal na sucessão de empresas com a configuração de grupo econômico de fato e em confusão patrimonial" (STJ, REsp 1.786.311-PR, 2ª T., Rel. Min. Francisco Falcão, j. 09.05.2019 (Info 648)).

"É necessária a instauração do incidente de desconsideração da personalidade da pessoa jurídica devedora para o redirecionamento de execução fiscal a pessoa jurídica que integra o mesmo grupo econômico, mas que não foi identificada no ato de lançamento (Certidão de Dívida Ativa) ou que não se enquadra nas hipóteses dos arts. 134 e 135 do CTN" (STJ, REsp 1.775.269-PR, 1ª T., Rel. Min. Gurgel de Faria, j. 21.02.2019 (Info 643)).

"Direito Civil. Desconsideração da Personalidade Jurídica de Sociedade Limitada.

Na hipótese em que tenha sido determinada a desconsideração da personalidade jurídica de sociedade limitada modesta na qual as únicas sócias sejam mãe e filha, cada uma com metade das quotas sociais, é possível responsabilizar pelas dívidas dessa sociedade a sócia que, de acordo com o contrato social, não exerça funções de gerência ou administração. É certo que, a despeito da inexistência de qualquer restrição no art. 50 do CC/2002, a aplicação da desconsideração da personalidade jurídica apenas deve incidir sobre os bens dos administradores ou sócios que efetivamente contribuíram para a prática do abuso ou fraude na utilização da pessoa jurídica. Todavia, no caso de sociedade limitada modesta na qual as únicas sócias sejam mãe e filha, cada uma com metade das quotas sociais, a titularidade de quotas e a administração da sociedade se confundem, situação em que as deliberações sociais, na maior parte das vezes, ocorrem no dia a dia, sob a forma de decisões gerenciais. Nesse contexto, torna-se difícil apurar a responsabilidade por eventuais atos abusivos ou fraudulentos. Em hipóteses como essa, a previsão no contrato social de que as atividades de administração serão realizadas apenas por um dos sócios não é suficiente para afastar a responsabilidade dos demais. Seria necessária, para tanto, a comprovação de que um dos sócios estivera completamente distanciado da administração da sociedade" (STJ, REsp 1.315.110/SE, Rel. Min. Nancy Andrighi, j. 28.05.2013).

"Direito Civil. Desconsideração da Personalidade Jurídica de Sociedade Limitada. Direito Empresarial e Processual Civil. Desconsideração da Personalidade Jurídica. Extensão, no âmbito de procedimento incidental, nos efeitos na falência à sociedade do mesmo grupo.

É possível, no âmbito de procedimento incidental, a extensão dos efeitos da falência às sociedades do mesmo grupo, sempre que houver evidências de utilização da personalidade jurídica da falida com abuso de direito, para fraudar a lei ou prejudicar terceiros, e desde que, demonstrada a existência de vínculo societário no âmbito do grupo econômico, seja oportunizado o contraditório à sociedade empresária a ser afetada. Nessa hipótese, a extensão dos efeitos da falência às sociedades integrantes do mesmo grupo da falida encontra respaldo na teoria da desconsideração da personalidade jurídica, sendo admitida pela jurisprudência firmada no STJ" (STJ, AgRg no REsp 1.229.579/MG, Rel. Min. Raul Araújo, j. 18.12.2012).

Quadro esquemático 18 – Incidente de desconsideração da personalidade jurídica

Incidente de Desconsideração da Personalidade Jurídica

- **Conceito**: constitui instituto excepcional, em que se pretende tornar ineficazes os atos realizados pela sociedade (e imputáveis aos sócios), quando eles forem praticados em descumprimento à função social da empresa.
- **Requisitos**:
  - Teoria maior da desconsideração: art. 50, CC/2002 – insuficiência patrimonial + desvio de finalidade ou confusão patrimonial por meio da fraude ou do abuso de direito;
  - Teoria menor da desconsideração: art. 4º, Lei nº 9.605/1998 e art. 28, § 5º, CDC – a personalidade jurídica deve representar obstáculo ao ressarcimento dos prejuízos causados.
- **(Des)necessidade de ação autônoma**: a jurisprudência já admitia a desconsideração da personalidade jurídica sem a necessidade de ação autônoma. O CPC/2015 consolida esse entendimento ao admitir a instauração de mero incidente (art. 133, CPC/2015).
- **Legitimidade para a instauração do incidente**: a pedido da parte ou do Ministério Público, quando lhe couber intervir no processo.
- **Desconsideração inversa da personalidade jurídica**: objetiva atingir os bens da própria sociedade em razão das obrigações contraídas pelo sócio, desde que, da mesma forma que a desconsideração tradicional, sejam preenchidos os requisitos legais (teoria menor ou maior da desconsideração).
- **Hipóteses de cabimento**:
  - Cabível em todas as fases do processo de conhecimento, no cumprimento de sentença e na execução juntada em título extrajudicial (art. 134, CPC/2015).
  - Também é aplicável no âmbito dos processos que tramitam perante os Juizados Especiais Cíveis por expressa previsão no art. 1.062, CPC/2015.

6. *AMICUS CURIAE* (ART. 138)

6.1 Introdução

No Brasil, as intervenções na qualidade de *amicus curiae* começaram a ser autorizadas por lei para certas entidades reguladoras e fiscalizadoras.

Essa figura surgiu originalmente com o advento da Lei nº 6.385/1976, que previu a intervenção da Comissão de Valores Mobiliários nos processos que discutiam matéria de sua competência.[46] Em seguida, foi publicada a Lei nº 8.884/1994, que possibilitou a intervenção do Conselho Administrativo de Defesa Econômica (CADE) nas ações relacionadas ao direito da concorrência.[47]

Também o Estatuto da OAB (Lei nº 8.906/1994) trouxe previsão possibilitando a intervenção da Ordem dos Advogados, por meio de seu Presidente, nos processos ou inquéritos em que fossem partes os advogados. A Lei nº 9.279/1996, que regula os direitos e as obrigações relativos à propriedade industrial, também previu a intervenção do Instituto Nacional de Propriedade Industrial (INPI) nas ações de nulidade de registro de patente (art. 57), de desenho industrial (art. 118) e de marca (art. 175).

Em síntese, todas as legislações anteriores visavam possibilitar a intervenção processual de órgãos ou entidades interessadas no desfecho da demanda.

Entretanto, somente com a edição da Lei nº 9.868/1999, que cuida da ação direta de inconstitucionalidade e da ação declaratória de constitucionalidade, é que a figura do *amicus curiae* ganhou relevância no direito brasileiro.

O § 2º do art. 7º preceitua que, considerando a relevância da matéria e a representatividade dos postulantes, o relator poderá, por despacho irrecorrível, admitir a manifestação de outros órgãos ou entidades. Assim, o *amicus curiae* passou a viabilizar a democratização do debate acerca da Constituição. Aliás, o próprio STF considera o *amicus curiae* como fator de legitimação das suas decisões, à medida que pluraliza o debate constitucional e fornece todos os elementos informativos necessários à resolução da controvérsia.[48] Apesar de a Lei nº 9.868/1999 só prever a participação do *amicus curiae* para a ADI, por analogia, também se admite intervenção do *amicus curiae* na ADC e na ADPF.[49]

Após a Lei nº 9.868/1999, surgiram outros diplomas possibilitando a manifestação de terceiros em processos judiciais. Um exemplo é a Lei nº 10.259/2001, que criou os Juizados Especiais Federais e, ao tratar do incidente de uniformização da interpretação de lei federal, possibilitou que eventuais interessados, ainda que não fossem partes no processo, se manifestassem sobre o pedido de uniformização (art. 14, § 7º).

---

[46] Art. 31 da Lei nº 6.385/1976: "Nos processos judiciários que tenham por objeto matéria incluída na competência da Comissão de Valores Mobiliários, será esta sempre intimada para, querendo, oferecer parecer ou prestar esclarecimentos, no prazo de quinze dias a contar da intimação".

[47] Art. 89 da Lei nº 8.884/1994: "Nos processos judiciais em que se discuta a aplicação desta lei, o CADE deverá ser intimado para, querendo, intervir no feito na qualidade de assistente". Essa legislação foi revogada pela Lei nº 12.529, de 30 de novembro de 2011. O dispositivo atual, correspondente à nova Lei do CADE, é o art. 118, que assim prevê: "Nos processos judiciais em que se discuta a aplicação desta Lei, o CADE deverá ser intimado para, querendo, intervir no feito na qualidade de assistente".

[48] STF, ADI 2.130.

[49] STF, ADPF 46.

Nesse contexto de valorização da participação do *amicus curiae* é que o Código de Processo Civil em vigor, acolhendo o clamor da doutrina, generalizou a atuação desse "terceiro enigmático"[50] em todos os processos judiciais.

6.2 O *amicus curiae* como instrumento de legitimação dos precedentes judiciais

O CPC/2015 revela a tendência, cada vez mais forte, de uniformização e estabilização da jurisprudência. Prova disso são os diversos dispositivos no Código atual que possibilitam a flexibilização de alguns procedimentos com base em súmulas ou jurisprudência consolidada, a fim de afastar posicionamentos diferentes e incompatíveis sobre uma mesma questão jurídica.

Conforme consta na exposição de motivos do anteprojeto do CPC/2015,[51] a função e a razão de ser dos tribunais é proferir decisões que se moldem ao ordenamento jurídico e que sirvam de norte para os demais órgãos integrantes do Poder Judiciário.

O desempenho dessa função paradigmática não é, no entanto, uma tarefa fácil. Muitas vezes a busca pela justa solução do litígio não está estampada na legislação, nem em livros de doutrina especializada. Além das provas e das alegações apresentadas pelas partes, tornou-se cada vez mais útil ao processo a manifestação de pessoas, órgãos ou entidades que, em virtude de seu conhecimento sobre a matéria posta em litígio, proporcionam ao juiz condições de proferir a decisão mais próxima às reais necessidades das partes.

Por tais razões é que a intervenção do *amicus curiae* se tornou uma forma de legitimação dos procedentes judiciais, pois viabiliza uma interpretação pluralista e democrática, permitindo que a decisão proferida em determinado caso concreto seja adotada como regra geral para casos idênticos.

Sobre esse ponto, vejamos trecho de decisão do STF que admitiu a intervenção do Banco Central do Brasil (Bacen) na Ação Direta de Inconstitucionalidade nº 5.022-MC/RO:

"A admissão de terceiro, na condição de *amicus curiae*, no processo objetivo de controle normativo abstrato, qualifica-se como fator de legitimação social das decisões da Suprema Corte, enquanto Tribunal Constitucional, pois viabiliza, em obséquio ao postulado democrático, a abertura do processo de fiscalização concentrada de constitucionalidade, em ordem a permitir que nele se realize, sempre sob uma perspectiva eminentemente pluralística, a possibilidade de participação formal de entidades e de instituições que efetivamente representem os interesses gerais da coletividade ou que expressem os valores essenciais e relevantes de grupos, classes ou estratos sociais" (Informativo 733 do STF. Decisão publicada no *DJe* de 23.10.2013. Rel. Min. Celso de Mello).

6.3 Natureza jurídica

Antes da inclusão da figura do *amicus curiae* como modalidade de intervenção de terceiro, a sua natureza jurídica era tema que suscitava bastante controvérsia, notadamente no âmbito do próprio STF. O Min. Maurício Correia, ao julgar a ADI nº 2.581-AgRg/SP, afirmou que o *amicus curiae* atuava como "colaborador informal da corte", razão por que descartou a hipótese

---

[50] O termo foi utilizado por Cassio Scarpinella Bueno na obra Amicus curiae *no processo civil brasileiro*: um terceiro enigmático. 2. ed. São Paulo: Saraiva, 2008.

[51] Disponível em: http://www.senado.gov.br/senado/novocpc/pdf/anteprojeto.pdf.

de intervenção *ad coadjuvandum*. Por outro lado, o Min. Celso de Mello deixou consignado, no julgamento da ADI nº 2.130, que se tratava de autêntica intervenção processual.

Com o CPC/2015, o *amicus curiae* ganhou regramento específico como uma **nova modalidade de intervenção de terceiros**, consolidando o entendimento do Min. Celso de Mello. A tradução literal da expressão latina *amicus curiae* pode até significar amigo da corte ou colaborador informal da corte. Aliás, na origem, era assim. Mas o verbo se fez carne, deixou o campo da amizade e passou a habitar o processo como terceiro interveniente. Essa figura pode até ser amiga, mas jamais da corte, e sim da causa que defende.

A qualidade de interveniente processual do *amicus curiae* é justificada em razão do alcance das decisões nos processos objetivos de controle de constitucionalidade. Ora, justamente porque essas decisões têm eficácia *erga omnes* e efeito vinculante, atingindo vários indivíduos dentro de uma mesma sociedade, deve-se possibilitar que o debate das decisões proferidas pelo Poder Judiciário seja pluralizado.

6.4 Intervenção do *amicus curiae* nas ações de controle de constitucionalidade

A intervenção do *amicus curiae* nas ações de controle de constitucionalidade possui claro objetivo de pluralizar e legitimar o debate constitucional. Por meio das informações fáticas e técnicas trazidas pelo *amicus curiae*, o Tribunal tem melhores condições de solucionar as controvérsias e de interpretar a Carta Constitucional da maneira que melhor atenda aos interesses da sociedade.

Nesses casos, a intervenção será provocada pelo relator, requerida por uma das "partes" ou pelo próprio interessado. Nos termos do § 2º do art. 7º da Lei nº 9.868/1999, a intervenção será admitida se for demonstrada a representatividade do postulante (**requisito subjetivo**) e a relevância da matéria (**requisito objetivo**). Este último requisito já está presente nos recursos cujas matérias foram reconhecidas como de repercussão geral e, em geral, nas ações diretas de inconstitucionalidade e nas declaratórias de constitucionalidade. Já a questão da representatividade, segundo o próprio STF, deve passar por um crivo mais apurado, evitando a proliferação de requerimentos de intervenção. A legitimação da ingerência do *amicus curiae* "deve apoiar-se em razões que tornem desejável e útil a sua atuação processual na causa, em ordem a proporcionar meios que viabilizem uma adequada resolução do litígio constitucional".[52]

Deferida a intervenção do *amicus curiae*, admite o STF que este apresente memoriais, preste as informações que lhe venham a ser solicitadas e realize sustentação oral.[53]

Entretanto, no âmbito do STJ, em questão de ordem levantada pelo Min. Teori Albino Zavascki no REsp nº 1.205.946/SP, decidiu a Corte Especial, em 17.08.2011, que o *amicus curiae* não teria direito à sustentação oral, ao argumento de que essa prerrogativa, pelo regramento do tribunal, somente é conferida à parte e seus assistentes. O CPC/2015, apesar de não disciplinar especificamente essa questão, incumbiu ao relator (ou ao juiz) definir os poderes do *amicus curiae* (art. 138, § 2º, do CPC). Assim, entendo que a possibilidade (ou não) de sustentação oral é tema a ser definido pelo relator, que deverá ponderar, diante do caso concreto, se há ou não necessidade da manifestação. Se a importância do bem jurídico ou a repercussão social

---

[52] Excerto da ementa da ADI 2.321 MC, de relatoria do Min. Celso de Mello, julgada em 25.10.2000. A ementa completa encontra-se disponível ao final do item, no tópico "jurisprudência temática".

[53] ADI 2.675/PE, Rel. Min. Carlos Veloso; ADI 2.777/SP, Rel. Min. Cezar Peluso. A tese que admite a sustentação oral do *amicus curiae* também está no art. 131, § 3º, c/c o art. 132, § 2º, do Regimento Interno do STF.

da decisão impuser uma participação mais efetiva, com intenso debate oral, não há razão para não se admitir a sustentação do órgão ou entidade que estiver atuando como *amicus curiae*.

No que se refere à interposição de recursos, o STF, na ADI (ED) nº 3.105, de relatoria do Min. Cezar Peluso, entendeu que o *amicus curiae* carece de legitimidade recursal, salvo com relação à decisão que não o admita como tal no processo.[54] O CPC/2015 aparentemente segue a posição do STF, ao passo que inadmite a interposição de recursos, com exceção daquele que servirá para impugnar a decisão de não admissibilidade de sua intervenção.[55] Essa é a interpretação do art. 138, na parte em que afirma ser irrecorrível a decisão que inadmite a intervenção do *amicus curiae*.

Contudo, esse posicionamento não foi acolhido pela jurisprudência. Contra a decisão que admite ou inadmite essa modalidade de intervenção de terceiros, não cabe qualquer espécie de recurso. É esse o atual entendimento do Supremo Tribunal Federal, proferido no julgamento de agravos regimentais interpostos no RE 602.584. Em síntese, o Plenário decidiu, por maioria de votos, que não cabe a interposição de agravo regimental para reverter decisão de relator que tenha inadmitido no processo o ingresso de determinada pessoa ou entidade na qualidade de *amicus curiae*.

O CPC também excepciona os embargos de declaração e o recurso em incidente de resolução de demandas repetitivas (art. 138, §§ 1º e 3º).

6.5 A intervenção do *amicus curiae* nos demais processos judiciais

O CPC prevê expressamente a possibilidade de participação do *amicus curiae* em qualquer processo judicial. Com efeito, o art. 138 dispõe que: "O juiz ou o relator, considerando a relevância da matéria, a especificidade do tema objeto da demanda ou a repercussão social da controvérsia, poderá, por decisão irrecorrível, de ofício ou a requerimento das partes ou de quem pretenda manifestar-se, solicitar ou admitir a manifestação de pessoa natural ou jurídica, órgão ou entidade especializada, com representatividade adequada, no prazo de quinze dias da sua intimação".

Como se vê, o Código atual estabelece alguns requisitos para a intervenção do *amicus curiae*. São eles:

- **Relevância da matéria, especificidade do tema ou repercussão social da controvérsia**: a matéria objeto da discussão pode ser relevante sob diversos aspectos, dentre os quais citamos os sociais, os políticos e os econômicos. Questões que possuem aptidão para gerar demandas repetitivas também podem conter esse requisito, afinal, a efetividade que se espera do processo não coaduna com a multiplicação de ações que envolvam uma mesma situação jurídica. Exemplo: no julgamento do REsp 1.929.926, o STJ admitiu que entidades representativas de condomínios e instituições financeiras se habilitassem para intervir, como *amicus curiae*, em recurso especial que discutia a possibilidade de penhora de imóvel com alienação fiduciária na execução de débitos condominiais. Segundo o relator, a intervenção se justificava porque o recurso discutia questão relevante de direito, com grande repercussão social, ainda que não fosse um julgamento sob o rito dos recursos repetitivos.
- **Representatividade adequada do postulante a *amicus curiae*:** assim como a relevância da matéria, a representatividade também consta do art. 7º, § 2º, da Lei nº 9.868/1999. Aqui deve se analisar a pertinência temática entre o objeto do processo e as finalidades institucionais da pessoa natural ou jurídica, órgão ou entidade especializada.

Vejamos, de forma pormenorizada, cada um dos requisitos trazidos pelo CPC.

---

[54] ADI 3.105 ED, Rel. Min. Cezar Peluso.
[55] Nesse sentido: ADI 3.615-ED e ADI 2.591-ED.

6.5.1 Requisitos para a intervenção do amicus curiae

a) Relevância da matéria

Esse requisito está presente nos recursos relativos a matérias com repercussão geral reconhecida e, em geral, nas ações declaratórias de constitucionalidade e nas ações diretas de inconstitucionalidade. Nesses casos, a relevância da matéria já existe em razão da necessidade de interposição do recurso ou do mero ajuizamento (critérios objetivos para aferição do requisito). Entretanto, nas outras demandas a relevância precisa ser analisada diante do caso concreto (critério subjetivo para aferição do requisito).

Esse requisito requer que a questão jurídica objeto da controvérsia extrapole os interesses subjetivos das partes. Ou seja, a matéria discutida em juízo deve extravasar o âmbito das relações firmadas entre os litigantes. Cassio Scarpinella Bueno considera, ainda, que o requisito da relevância deve ter relação com a necessidade de se trazer aos autos outros elementos que sirvam para a formação do convencimento do juiz.[56]

b) Especificidade do tema

Esse requisito tem relação com o conhecimento do *amicus curiae* acerca do tema objeto da demanda. Esse conhecimento, que pode ser técnico ou científico, deve ser útil ao processo e à formação da convicção do juiz ou do órgão julgador para o julgamento da matéria de direito.

Sendo assim, o *amicus curiae* só poderá ser admitido para efeito de manifestação quando os seus conhecimentos puderem auxiliar na resolução da controvérsia. Para tanto, o julgador deve verificar a necessidade (ou não) de se analisar o mérito não apenas por meio dos documentos trazidos pelas partes, mas, também, por meio de elementos fáticos que tenham relação com a demanda.

c) Repercussão social da controvérsia

"O *amicus curiae* é portador de interesses relevantes que residem fora do processo para dentro dele".[57] Assim, para possibilitar a intervenção do *amicus curiae*, o órgão julgador não deve observar apenas o aspecto jurídico da questão, mas, também, os reflexos ou a repercussão que a controvérsia pode gerar no âmbito da coletividade. Questões relevantes do ponto de vista econômico, social, político ou jurídico, que suplantem os interesses individuais das partes, merecem a intervenção de pessoas ou entidades representativas da sociedade civil.

d) Representatividade adequada

O *amicus curiae* não intervém no processo para defender seus próprios interesses. A participação formal de pessoa (física ou jurídica), órgão ou entidade, deve se fundamentar na necessidade de se defender os interesses gerais da coletividade ou aqueles que expressem valores essenciais de determinado grupo ou classe.

---

[56] BUENO, Cassio Scarpinella. Amicus curiae *no processo civil brasileiro*: um terceiro enigmático. 2. ed. São Paulo: Saraiva, 2008. p. 139-141.

[57] BUENO, Cassio Scarpinella. *Amicus curiae* no projeto de novo Código de Processo Civil. *Revista de Informação Legislativa*, Brasília, ano 48, n. 190, abr.-jun. 2011.

Cassio Scarpinella Bueno explica que

"ter representatividade adequada não significa que o *amicus curiae* precise levar ao processo a manifestação unânime daqueles que representa. A legitimação democrática que justifica a sua intervenção não é – e nem pode ser nas democracias representativas – sinônimo de unanimidade. O que se quer é debate sobre pontos de vista diversos, sobre valorações diversas em busca de consenso majoritário; não a unanimidade".[58]

O requisito da representatividade também está presente no controle concentrado de constitucionalidade (art. 7º, § 2º, da Lei nº 9.868/1999). Nesse ponto ele se assemelha ao requisito da "pertinência temática", utilizado para aferição da legitimidade ativa *ad causam* nas ações de controle concentrado.

A relação de congruência que deve existir entre as finalidades do terceiro interveniente e o conteúdo material da norma questionada em sede de controle concentrado também precisa ser observada nas demais ações que possibilitem a intervenção do *amicus curiae*. Se, portanto, o objeto do processo não tiver qualquer relação com os fins institucionais da pessoa (física ou jurídica), órgão ou entidade especializada, não haverá representatividade adequada a justificar a intervenção.

Embora o art. 138, *caput*, do CPC admita a participação de pessoa natural na qualidade de *amicus curiae*, firmou-se entendimento no âmbito do STF no sentido de que a pessoa física não tem representatividade adequada para intervir na qualidade de amigo da Corte em ação direta (ADI 3396, AgRg/DF, Rel. Min. Celso de Mello, j. 06.08.2020).

6.5.2 Procedimento para a intervenção

O modo de intervenção do *amicus curiae* pode ser **espontâneo** ou **provocado**. Isso porque o art. 138, *caput*, utiliza a expressão "de ofício ou a requerimento das partes", o que significa dizer que a intervenção poderá se dar mediante manifestação do próprio *amicus curiae* (espontânea) ou por meio de sua intimação para manifestação em juízo (provocada).

Tanto no caso de a intervenção ser requerida pelo terceiro ou determinada pelo juiz (ou relator), o *amicus curiae* terá o prazo de 15 (quinze) dias para se manifestar. Esse prazo só tem razão de ser nos casos de intervenção provocada e deve ser contado a partir da intimação da decisão que determinou a manifestação da pessoa, órgão ou entidade.

Após admissão do *amicus curiae*, caberá ao relator ou juiz definir os seus poderes (art. 138, § 2º). Em que pese a generalidade da redação, é preciso levar em consideração que a atuação do *amicus curiae* há de ser capaz de influenciar o julgamento da lide, aprimorando a decisão jurisdicional e, consequentemente, o precedente a ser firmado. Para tanto, pode o *amicus curiae* desempenhar todo e qualquer ato processual que seja correlato para se atingir essa finalidade, como, por exemplo, requerer a produção de provas e manifestar-se oralmente.

Frise-se que **a intervenção do** *amicus curiae* **não acarreta alteração da competência** (art. 138, § 1º, 1ª parte), ou seja, a regra é que esse interveniente, ao ser admitido nos autos, irá se submeter à competência já fixada para o processo.

6.5.3 Momento para a intervenção

O CPC não estabelece o momento para a intervenção do *amicus curiae*. Entretanto, em sede de controle de constitucionalidade, o STF entende que o seu ingresso somente é possível

---

[58] BUENO, Cassio Scarpinella. *Amicus curiae* no projeto de novo Código de Processo Civil. *Revista de Informação Legislativa*, Brasília, ano 48, n. 190, abr.-jun. 2011.

até a inclusão do processo na pauta de julgamento.[59] No mesmo sentido também já se manifestou o STJ:

> "Indeferimento. *Amicus Curiae*. Julgamento iniciado
>
> A Seção, em questão de ordem levantada pelo Min. Benedito Gonçalves, indeferiu o pedido de terceiro para ingressar no feito como *amicus curiae*, ou assistente, uma vez que já pautado e iniciado o julgamento, com dois votos já proferidos" (STJ, QO no REsp 1.003.955/RS, Rel. Min. Eliana Calmon, j. 12.11.2008, Informativo 376).

Diante desse entendimento e levando-se em consideração a importância da atuação do *amicus curiae* para a instrução processual, acredito que a sua intervenção deve ser **admitida a qualquer tempo, desde que antes de conclusos os autos para julgamento (nos processos de primeiro grau), ou até a data da remessa dos autos pelo Relator à mesa para julgamento (nos processos perante os tribunais)**.

A manifestação do *amicus curiae* é realizada por meio de petição simples. Quando a intervenção se der de forma espontânea, a petição deve conter as razões pelas quais a pessoa, o órgão ou a entidade pretende intervir no processo, bem como as suas considerações relativas ao mérito da causa. Frise-se que as informações apresentadas pelo interveniente não vinculam o juízo, razão pela qual a sua admissão não importa prejuízo para qualquer dos litigantes.

6.5.4 Interposição de recursos

6.5.4.1 Recurso contra a decisão que (in)admite a intervenção

Como visto, o CPC incluiu a intervenção do *amicus curiae* como uma das modalidades de intervenção de terceiros. Uma das implicações dessa topografia é que, em princípio, cabível seria o agravo de instrumento em face da decisão que admite ou inadmite a intervenção do *amicus curiae*, uma vez que, consoante previsão do art. 1.015, IX, da decisão interlocutória que versar sobre admissão ou inadmissão de intervenção de terceiro, cabível é o agravo de instrumento.

Contudo, o dispositivo deve ser lido conjuntamente com o art. 138, *caput*, segundo o qual

> "o juiz ou o relator, considerando a relevância da matéria, a especificidade do tema objeto da demanda ou a repercussão social da controvérsia, poderá, por **DECISÃO IRRECORRÍVEL**, de ofício ou a requerimento das partes ou de quem pretenda manifestar-se, **SOLICITAR ou ADMITIR** a participação de pessoa natural ou jurídica, órgão ou entidade especializada, com representatividade adequada, no prazo de 15 (quinze) dias de sua intimação" (destaques nosso).

Assim, levando-se em conta a especialidade do art. 138, pode-se concluir que **a irrecorribilidade recai tão somente sobre a decisão que solicita (o próprio juiz ou relator) ou admite (pedido formulado pelas partes ou pelo próprio** *amicus curiae*); quanto à decisão que indefere o pedido de intervenção, cabível é o agravo de instrumento.

A distinção, para efeitos recursais, entre decisão que admite e inadmite a intervenção encontra justificativa na finalidade da participação do *amicus curiae* em todas as causas em que se verifica a relevância da matéria e a repercussão social da controvérsia. Em razão da força

---

[59] Nesse sentido: ADI 4.071 AgRg/DF, Rel. Min. Menezes Direito, j. 22.04.2009; ADI 4.246, Rel. Min. Ayres Brito (decisão monocrática), j. 10.05.2011, entre outras.

vinculadora dos precedentes,⁶⁰ o que for decidido em uma demanda com citadas características poderá servir de norma ou no mínimo de orientação para outras decisões em idênticas controvérsias. Dessa forma, salutar é que se democratize o processo, permitindo a intervenção de pessoa, órgão ou entidade com adequada representatividade na qualidade de *amicus curiae*, a fim de se conferir legitimidade à norma (precedente) formada a partir da decisão judicial.

Essa não é, no entanto, a interpretação adotada pelo Supremo, para quem **não cabe interposição de recurso tanto contra a decisão que admite a figura do** *amicus curiae*, **quanto a decisão que inadmite a sua intervenção.** De acordo com o Min. Luiz Fux, ao tratar da irrecorribilidade da decisão, tanto a Lei nº 9.868/99 quanto o CPC/2015 entregam soberania à decisão do relator (STF, Plenário, RE 602.584 AgRg, j. 17.10.2018).

Oportuno destacar que a decisão anterior, proferida em 2018, refere-se a procedimento de natureza subjetiva, cuja decisão foi impugnada mediante recurso extraordinário. Em 06.08.2020, ao apreciar o tema em Ação Direta de Inconstitucionalidade (ADI 396 AgRg/DF), o STF considerou cabível a interposição de recurso contra decisão que indefere essa espécie intervenção. Diferentemente da decisão anterior, na ADI 396 o STF não analisou a (ir)recorribilidade à luz do art. 138 do CPC, mas a partir das disposições da Lei 9.868/99 (art. 7º, § 2º). Entretanto, não ficou claro se: (i) a decisão anterior permanece válida, pois o posicionamento atual tem aplicação apenas para intervenções em sede de controle abstrato; (ii) ou se houve mudança de entendimento, pouco importando a natureza do procedimento. De toda sorte, o STJ já se posicionou inadmitindo a possibilidade de recurso contra a decisão que não admite a sua intervenção.⁶¹

6.5.4.2 Embargos declaratórios e incidente de resolução de demandas repetitivas

O Código atual oferece ao *amicus curiae* a **possibilidade de oposição de embargos declaratórios** (art. 138, § 1º, parte final).⁶² E vai mais além. Nos termos do § 3º do art. 138, **o** *amicus curiae* **também pode recorrer da decisão que julgar o incidente de resolução de demandas repetitivas.**

Embargos de declaração é espécie de recurso que tem por finalidade esclarecer decisão obscura ou contraditória, ou, ainda, integrar julgado omisso. Como o *amicus curiae* intervém no processo para auxiliar o juízo, pluralizando o debate acerca da matéria objeto da controvérsia, nada mais correto que legitimá-lo a interpor essa espécie recursal contra eventual sentença ou acórdão omisso, obscuro ou contraditório.

Apesar da possibilidade expressa quanto à interposição dos embargos de declaração, o STF já afastou a regra do art. 138, § 1º, do CPC das ações de controle concentrando de constitucionalidade, argumentando, em síntese, que as entidades que participam do processo na condição de *amicus curiae* têm o papel de instruir os autos com informações relevantes e dados técnicos, não tendo, no entanto, legitimidade para a interposição de recursos.⁶³

---

60 Conferir o artigo "A força dos precedentes no novo CPC", disponível em: http://www.elpidiodonizetti. com/artigos/35.

61 Não é cabível agravo interno contra decisão que indefere o ingresso de terceiro na qualidade de amicus curiae em recurso especial representativo de controvérsia" (1ª Seção. AgInt na PET no REsp 1.908.497/RN, Rel. Min. Assusete Magalhães, j. 13.09.2023, Info 788).

62 Essa previsão segue o entendimento do STF, que já admitiu a interposição de embargos declaratórios visando a modulação dos efeitos de declaração de inconstitucionalidade (RE 500.171, Tribunal Pleno, Rel. Min. Ricardo Lewandowski, *DJe* 03.06.2011).

63 "(...) Ainda que a disciplina prevista no novo Código de Processo Civil a respeito do *amicus curiae* permita a oposição de embargos de declaração pelo interveniente (CPC/2015, art. 138, § 1º), a regra

Em 2024, o tema voltou ao STF, que confirmou a ilegitimidade recursal, até mesmo para os embargos de declaração. Ou seja, a literalidade do CPC não é observada na hipótese de procedimentos que busquem a formação de precedente vinculante, como é o caso do RE com repercussão geral conhecida:

> "O *amicus curiae* não tem legitimidade para opor embargos de declaração em recurso extraordinário com repercussão geral. Todavia, em sede de recurso extraordinário, o relator eventualmente pode ouvir os terceiros sobre a questão da repercussão geral e levar a matéria para esclarecimentos (art. 323, § 3º, RISTF)" (STF, Plenário. RE 955.227 ED e ED-segundos/BA. RE 949.297 ED a ED-quartos/CE. Rel. Min. Luís Roberto Barroso, j. 04.04.2024, Repercussão Geral – Tema 881).

O incidente de resolução de demandas repetitivas (ou IRDR), por sua vez, tem cabimento quando, estando presente o risco de ofensa à isonomia e à segurança jurídica, for constatada uma multiplicação de ações fundadas em uma mesma tese jurídica. Com o objetivo de evitar decisões conflitantes, o juiz ou relator, as partes, o Ministério Público ou a Defensoria Pública (art. 977, I a III) poderão requerer a instauração do incidente, que será dirigido ao presidente do tribunal onde a demanda estiver sendo processada.

O tribunal que processa o incidente tem o dever de velar pela uniformização e pela estabilização de sua jurisprudência. Para tanto, antes de decidir a questão, poderá ouvir as partes e os demais interessados, inclusive pessoas, órgãos e entidades com interesse na controvérsia (art. 983). Trata-se, portanto, de clara manifestação do *amicus curiae*, cuja finalidade é, sem dúvida, democratizar e enriquecer o debate.

6.5.5 Necessidade de advogado

Conforme tratado no Capítulo 7, a capacidade postulatória constitui pressuposto processual de validade e, em regra, é conferida aos advogados devidamente inscritos na OAB.

Para as hipóteses de intervenção de terceiros tratadas no CPC/1973, não existiam dúvidas quanto à necessidade de representação por advogado. O denunciado, o chamado, o oponente e o nomeado precisavam constituir advogado para intervir no feito, seja para postularem ou para se defenderem.

No CPC/2015, apesar de inexistir regra expressa sobre o assunto, entendo ser razoável exigir a representação por advogado em qualquer modalidade de intervenção, inclusive quando a ingerência nos autos se der pelo *amicus curiae*.

Sobre o tema, o STF, no julgamento da ADPF nº 180/SP, decidiu que o pedido de admissão do *amicus curiae* deve ser assinado por advogado constituído, sob pena de não ser conhecido. Entretanto, não há entendimento pacífico (seja na doutrina ou na jurisprudência). Carolina Tupinambá[64], por exemplo, defende que a obrigatoriedade da representação, seja na intervenção provocada ou na voluntária, pode constituir entrave à participação do *amicus curiae* no debate.

---

não é aplicável em sede de ações de controle concentrado de constitucionalidade. (...)" (STF, Plenário, ADI 4389 ED-AgR, Rel. Roberto Barroso, j. em 14.08.2019).

[64] TUPINAMBÁ, Carolina. Novas Tendências de participação processual – o *amicus curiae* no anteprojeto do novo CPC. In: FUX, Luiz (coord.). *O novo processo civil brasileiro* – direito em expectativa – reflexões acerca do projeto do novo Código de Processo Civil. Rio de Janeiro: Forense, 2011. p. 132.

JURISPRUDÊNCIA TEMÁTICA

"Processo objetivo de controle normativo abstrato. Possibilidade de intervenção do *amicus curiae*: um fator de pluralização e de legitimação do debate constitucional.

O ordenamento positivo brasileiro processualizou, na regra inscrita no art. 7º, § 2º, da Lei nº 9.868/99, a figura do *amicus curiae*, permitindo, em consequência, que terceiros, desde que investidos de representatividade adequada, sejam admitidos na relação processual, para efeito de manifestação sobre a questão de direito subjacente à própria controvérsia constitucional. A intervenção do *amicus curiae*, para legitimar-se, deve apoiar-se em razões que tornem desejável e útil a sua atuação processual na causa, em ordem a proporcionar meios que viabilizem uma adequada resolução do litígio constitucional. A ideia nuclear que anima os propósitos teleológicos que motivaram a formulação da norma legal em causa, viabilizadora da intervenção do *amicus curiae* no processo de fiscalização normativa abstrata, tem por objetivo essencial pluralizar o debate constitucional, permitindo, desse modo, que o Supremo Tribunal Federal venha a dispor de todos os elementos informativos possíveis e necessários à resolução da controvérsia, visando-se, ainda, com tal abertura procedimental, superar a grave questão pertinente à legitimidade democrática das decisões emanadas desta Suprema Corte, quando no desempenho de seu extraordinário poder de efetuar, em abstrato, o controle concentrado de constitucionalidade. [...]" (ADI 2.321 MC, Tribunal Pleno, Rel. Min. Celso de Mello, j. 25.10.2000).

Quadro esquemático 19 – *Amicus curiae*

Amicus Curiae
- Conceito: trata-se de interveniente processual que visa democratizar o debate acerca das decisões proferidas pelo Poder Judiciário.
- Requisitos para a intervenção:
  - Relevância da matéria;
  - Especificidade do tema ou repercussão social da controvérsia;
  - Representatividade adequada do postulante a *amicus curiae*.
- Procedimento para a intervenção:
  - Espontâneo;
  - Provocado.
- Natureza jurídica: modalidade de intervenção de terceiros.
- Necessidade de representação por advogado como qualquer modalidade de intervenção.
- Momento da intervenção: o CPC não estabelece. O STF entende que deve ocorrer até a inclusão do processo em pauta de julgamento.
- Interposição de recursos: o CPC/2015 admite que o *amicus curiae* interponha embargos de declaração (art. 138, § 1º, parte final) e recorra da decisão que julgar o IRDR (art. 138, § 3º, CPC/2015).

7. OPOSIÇÃO E NOMEAÇÃO À AUTORIA: INTERVENÇÕES EXCLUÍDAS DO CPC/2015?

A oposição e a nomeação à autoria eram espécies de intervenção de terceiros tratadas pelo CPC de 1973, respectivamente, nos arts. 56 a 61 e 62 a 69.

Dava-se o nome de oposição à intervenção de terceiro em demanda alheia com o objetivo de haver para si o bem jurídico disputado. A oposição se justificava em razão do princípio da economia processual. Em vez de iniciar novo processo, a lei facultava ao opoente ingressar na demanda alheia, pedindo o reconhecimento de seu direito, com exclusão dos demais litigantes. Exemplo: em ação reivindicatória entre A e B, C, considerando-se o verdadeiro titular do domínio, ingressa com oposição com vistas a fazer valer o seu direito de propriedade.

A nomeação à autoria, por sua vez, consistia em incidente pelo qual o mero detentor da coisa ou cumpridor de ordem, quando demandado, indicava o proprietário ou o possuidor da coisa demandada, ou o terceiro do qual cumpria ordens, como sujeito passivo da relação processual. Exemplo: o empregado rural era citado em ação possessória que visava à reintegração de posse em área da fazenda onde trabalhava. Como apenas detinha a coisa litigiosa (detenção não se confunde com posse – arts. 1.196 e 1.198 do CC), deveria indicar, como réu, o proprietário da fazenda.

Ambas (oposição e nomeação à autoria) não estão mais previstas no Código atual como espécies de intervenção de terceiros. A oposição passou a ser tratada no título referente aos Procedimentos Especiais (arts. 682 a 686); a nomeação à autoria deixou de ser uma espécie autônoma de intervenção para se tornar uma questão a ser suscitada em preliminar da contestação. Desta forma, entendo que não haverá qualquer prejuízo com a eliminação desses institutos como modalidades de intervenção de terceiros. Em ambas as situações, os interesses do opoente ou do nomeado continuam resguardados em nosso ordenamento.

A oposição será tratada no capítulo referente aos Procedimentos Especiais; a nomeação à autoria – agora sem esse *nomen iuris* – será tema do capítulo relativo ao Procedimento Comum. Assim, não há que se dizer adeus a tais institutos. Não mais figuram como modalidades de intervenção de terceiros. Elas apenas mudaram de lugar. Continuam aqui no Código, um pouco mais adiante, e em breve serão revisitadas.

8. A INTERVENÇÃO ANÔMALA DAS PESSOAS DE DIREITO PÚBLICO

Denomina-se anômala a intervenção promovida pelas pessoas jurídicas de direito público. A expressão "anômala" pode ser justificada em razão da desnecessidade de demonstração de interesse jurídico na intervenção, conforme o estabelecido pela Lei nº 9.469/1997, que, em seu art. 5º, assim dispõe:

> Art. 5º A União poderá intervir nas causas em que figurarem, como autoras ou rés, autarquias, fundações públicas, sociedades de economia mista e empresas públicas.
>
> Parágrafo único. As pessoas jurídicas de direito público poderão, nas causas cuja decisão possa ter reflexos, ainda que indiretos, de natureza econômica, intervir, independentemente da demonstração de interesse jurídico, para esclarecer questões de fato e de direito, podendo juntar documentos e memoriais reputados úteis ao exame da matéria e, se for o caso, recorrer, hipótese em que, para fins de deslocamento de competência, serão consideradas partes.

Como se vê, a Lei nº 9.469/1997 possibilitou que **a União e demais pessoas jurídicas de direito público intervenham de maneira ampla em qualquer processo alheio, desde que como parte figurem como autoras ou rés, autarquias, fundações públicas, sociedades de economia mista e empresas públicas.** Para tanto, basta a manifestação da vontade de intervir, não se exigindo a demonstração de interesse jurídico relevante. É o que se denomina intervenção anômala.

Não obstante a literalidade da lei, por força da Súmula nº 150 do STJ, o entendimento dominante é no sentido de que **a intervenção só será possível quando presente o interesse**

jurídico, competindo à Justiça Federal deferir ou não a intervenção. Assim, manifestando a União interesse em intervir na lide que se processa perante a justiça estadual, os autos deverão ser remetidos ao juízo federal, para que lá seja decidida a possibilidade de intervenção. Nesse caso, decidindo o juízo federal pela impossibilidade da intervenção, os autos retornarão ao juízo estadual, que não poderá reexaminar a decisão da justiça federal (Súmula nº 254 do STJ).

A intervenção anômala da União não tem o condão de deslocar automaticamente a competência para a Justiça Federal. Isso porque, segundo entendimento do STJ, o deslocamento somente deverá ocorrer caso seja demonstrado o legítimo interesse jurídico na demanda, nos termos dos arts. 119 e 124 do CPC/2015 (arts. 50 e 54 do CPC/1973).[65]

Quadro esquemático 20 – Intervenção anômala

Intervenção Anômala:
- Conceito: denomina-se anômala a intervenção promovida pelas pessoas jurídicas de direito público. É admissível em todas as ações de controle concentrado de constitucionalidade.
- Não obstante a literalidade da Lei nº 9.469/97, por força da Súmula 150 do STJ, o entendimento dominante é no sentido de que a intervenção só será possível quando presente o interesse jurídico, competindo à Justiça Federal deferir ou não a intervenção.
- Nas causas em trâmite na Justiça Estadual, decidindo o juiz federal pela impossibilidade da intervenção, os autos retornarão ao juízo estadual, que não poderá examinar a decisão da Justiça Federal (Súmula 254 do STJ).
- A intervenção anômala da União não tem o condão de deslocar automaticamente a competência para a Justiça Federal. Isso porque, segundo o entendimento do STJ, o deslocamento somente deverá ocorrer caso seja demonstrado o legítimo interesse jurídico na demanda, nos termos dos arts. 119 e 124, CPC/2015.

---

[65] Nesse sentido: REsp 1.118.367/SC, Rel. Min. Napoleão Nunes Maia Filho, j. 22.05.2013.

10

O juiz e os auxiliares da justiça (arts. 139 a 175)

1. PODERES, DEVERES E RESPONSABILIDADES DO JUIZ

A relação jurídica, de um modo geral, cria direitos e obrigações para as partes. Na relação jurídica oriunda do processo não é diferente. Os sujeitos da relação processual – autor, réu e juiz – se vinculam, tendo cada um deles seus direitos e obrigações estabelecidos na lei.

Ao provocar a jurisdição, deve o autor observar seus deveres (art. 77). Todavia, com essa provocação surge para ele, autor, o direito a um pronunciamento jurisdicional e, em contrapartida, uma obrigação ou dever do Estado-Juiz de se pronunciar sobre o caso concreto. O não cumprimento do dever ou o exercício irregular do poder por parte do juiz implica responsabilidades.

Para impor a ordem jurídica e, consequentemente, manter a paz social, o Estado assumiu o monopólio da justiça, manifestando uma faceta de seu poder, o poder jurisdicional. Por outro lado, não permitindo a justiça privada, assumiu o dever de prestar a tutela jurisdicional sempre que provocado para tanto. Aliás, o conceito de jurisdição engloba pelo menos dois aspectos: a jurisdição como manifestação do poder do Estado e como função ou encargo. Em razão disso, os poderes e deveres do juiz são indissociáveis.

A atuação do magistrado deve se pautar nas regras e nos princípios dispostos ao longo do Código, em especial nos comandos normativos elencados no art. 139.

Vejamos, a partir de agora, os dispositivos (incisos do art. 139) que devem nortear toda a atividade jurisdicional.

a) Igualdade de tratamento às partes (inc. I)

Como já visto, o art. 7º assegura regra segundo a qual se deve garantir às partes tratamento equilibrado e condições equivalentes de oportunidades ao longo do trâmite processual. Essa regra vai ao encontro da previsão contida no art. 139, I, que trata da incumbência do magistrado de assegurar às partes igualdade de tratamento.

Vale lembrar, no entanto, que a regra da isonomia ou do tratamento igualitário não deve ser garantida apenas em sua acepção formal. Isso porque, em algumas situações, não se poderá buscar a igualdade no plano puramente normativo.

A depender das necessidades e das condições de cada uma das partes, deverá o juiz zelar pela isonomia substancial, cuja premissa básica é tratar igualmente os iguais e desigualmente os desiguais, na medida de suas desigualdades.

O princípio da isonomia foi erigido pela CF/1988 (art. 5º) à condição de garantia e direito fundamental, de forma que nem o administrador, nem o legislador, e muito menos o juiz, podem tratar desigualmente as pessoas que figuram numa posição de igualdade no processo, assim como não podem deixar de tratar de forma diferenciada aqueles que, em razão de determinada condição, necessitem de tratamento diferenciado.

b) Duração razoável do processo (inc. II)

A celeridade da prestação jurisdicional é dever do juiz, e nem poderia ser diferente, uma vez que, tomando a parte a iniciativa de provocar a jurisdição, pela propositura da ação, o processo se desenvolve por impulso oficial (art. 2º). A própria Constituição da República assegura aos litigantes a razoável duração do processo e os meios que garantam a celeridade da sua tramitação (art. 5º, LXXVIII, da CF/1988).

Para possibilitar o cumprimento desse dever, tornando efetiva a prestação jurisdicional dentro de um prazo razoável, a lei arma o juiz de poderes processuais, dentre os quais podemos citar: ordenar ou indeferir provas e diligências (art. 139, III, 2ª parte), determinar a condução de testemunhas (art. 455, § 5º), julgar antecipadamente o mérito (art. 355) e determinar a reunião de processos que possam gerar decisões conflitantes (art. 55, § 1º).

c) Repressão a atos contrários à dignidade da justiça (inc. III, 1ª parte)

Tem o juiz o dever e o poder de reprimir atos que atentem contra a respeitabilidade e o prestígio de que deve gozar a Justiça. Deve, pois, punir o litigante que procede de má-fé (arts. 79 e 80), advertir a testemunha mentirosa (art. 458, parágrafo único), fazer retirar da audiência pessoas que adotarem comportamento não condizente com o recinto (art. 360, II), entre outras medidas.

Deve, ainda, o juiz obstar que as partes se utilizem do processo para praticar ato simulado (colusão) ou conseguir fim proibido por lei (art. 142). Por exemplo: marido e mulher submetem à homologação do juiz acordo de separação consensual com o exclusivo intuito de reduzir o imposto sobre os rendimentos do marido. É que, em decorrência da fixação de alimentos aos filhos e ao cônjuge virago, os descontos aumentam e, em consequência, a tributação diminui. Constatando a simulação, cabe ao juiz proferir decisão extinguindo o processo.

Nos casos em que o juiz verificar que houve ato simulado, poderá, de ofício, aplicar as penalidades da litigância de má-fé, estabelecidas no art. 81 do CPC/2015. Se o magistrado pode agir até de ofício, com muito mais razão deve aplicar a pena a requerimento da parte.

d) Indeferimento de postulações meramente protelatórias (inc. III, 2ª parte)

O nosso ordenamento jurídico garante o acesso ao Poder Judiciário e assegura aos litigantes a utilização de diversos meios que possibilitam o exercício de seus direitos. Dá-se ao réu a oportunidade de contestar, a fim de que ele exerça o contraditório; dá-se a oportunidade ao autor de requerer prova pericial, quando esta é necessária à solução da controvérsia; dá-se ao sucumbente a possibilidade de recorrer quando a sentença não lhe é favorável.

Os exemplos mencionados refletem a possibilidade das partes de utilizarem defesas, recursos e meios de prova com a finalidade de propiciar ao juiz o conhecimento pleno dos fatos, o que será imprescindível ao julgamento da lide.

No entanto, é comum nos deparamos com processos nos quais as partes (autor e réu) pleiteiam diligências inúteis, que não possuem qualquer pertinência com o deslinde da ação, mas que, justamente por serem impertinentes, servem apenas para procrastinar o feito.

Por esta razão, ao julgador é conferido poder discricionário para, fundamentadamente, indeferir diligências que considere infundadas ou protelatórias, levando-se em conta a imprescindibilidade de sua realização.

Especialmente quanto às provas, como em nosso sistema processual é o juiz o destinatário delas, é possível que este, nos termos do art. 370, parágrafo único, indefira as diligências inúteis ou meramente protelatórias, sem que isso implique, por si só, cerceamento de defesa.[1]

Assim, se por um lado é assegurado às partes o direito de produção das provas necessárias à resolução da questão posta em juízo, por outro lhes são exigidas as devidas justificativas acerca da imprescindibilidade da providência requerida.

Saliente-se que o juiz pode determinar a produção de provas de ofício (art. 370, *caput*) quando elas forem necessárias à instrução do processo. Vale observar que a atividade probatória do magistrado não pode chegar ao ponto de substituir as partes, de quebrar o princípio da isonomia. A produção de provas por iniciativa do juiz é possível em caráter complementar.

A jurisdição tem caráter substitutivo, só atuando depois de as partes esgotarem ou não vislumbrarem a possibilidade de autocomposição do litígio. Por isso, e também com o intuito de acelerar o fim do litígio, é dever do juiz, a qualquer tempo, tentar conciliar as partes, preferencialmente com o auxílio de conciliadores e mediadores judiciais (art. 139, V).

e) Medidas para assegurar a efetividade da tutela jurisdicional (inc. IV)

O inc. IV permite ao juiz determinar todas as medidas indutivas, coercitivas, mandamentais ou sub-rogatórias necessárias para assegurar o cumprimento de ordem judicial, inclusive em ações que tenham como objeto o cumprimento de prestação pecuniária. O dispositivo representa uma ampliação dos poderes do juiz para se permitir a concessão de medidas destinadas a assegurar a efetivação da tutela pretendida (preventiva ou repressiva), assim como das decisões judiciais.

O Código de Processo Civil de 1973 já autorizava o juiz, de ofício ou a requerimento, a determinar medidas necessárias para assegurar a efetivação da tutela específica pretendida nas ações que tinham por objeto o cumprimento de obrigações de fazer (ou não fazer) ou de entregar coisa, bem como para garantir a obtenção do resultado prático equivalente (arts. 461 e 461-A). O juiz podia, por exemplo, impor multa diária ao réu, determinar a busca e apreensão de coisa ou o desfazimento de obra.

Com a nova disposição, a regra se tornou mais abrangente, de modo que, atualmente, é permitido ao julgador, à vista das circunstâncias do caso concreto, buscar o modo mais adequado para se efetivar a tutela do direito ou a decisão proferida e efetivamente não cumprida.

> **Importante:**
> - **Medidas coercitivas:** são aquelas que objetivam forçar o cumprimento de uma ordem judicial. Aquele que sofre a medida deve raciocinar no sentido de compreender que é mais vantajoso cumprir e satisfazer a obrigação ou o dever imposto do que assumir a medida coercitiva. O exemplo clássico é a imposição de multa diária.

---

[1] Nesse sentido: STJ, AgRg no AREsp 288.758/SP, Rel. Min. Sidnei Beneti, j. 02.05.2013.

- **Medidas indutivas:** essa expressão figura – creio que pela primeira vez no ordenamento jurídico brasileiro – no projeto de lei da ação civil pública. A doutrina ainda não se ocupou do tema. Para mim, trata-se de uma subdivisão das medidas coercitivas. Os legisladores – os doutrinadores principalmente – têm um pendor especial para a criação de espécies desnecessárias. Exibem exóticos termos como a maior descoberta do século. Bem, creio que essa tal indução advém da prisão. Isso para os que sustentam que o cumprimento de decisão judicial pode ser exigido sob cominação de prisão, porquanto distinta da prisão por dívida. Por ora, espero que os leitores não se preocupem com a terminologia. O que se pode dizer é que se trata de mais uma medida para forçar o destinatário da ordem (do mandamento) a cumpri-la.

- **Medidas mandamentais:** são aquelas que podem produzir parte dos efeitos de uma decisão de cunho constitutivo, mas que não se confundem com a própria tutela pretendida. Trata-se de uma ordem que pode ser destinada às partes ou a um terceiro.

- **Medidas sub-rogatórias:** "São mecanismos de cumprimento da ordem judicial que dispensam a colaboração do ordenado, já que a prestação imposta pode ser atribuída a terceiro, de forma a realizar exatamente o resultado idêntico àquele que seria operado pelo sujeito passivo".[2]

Este inciso ficou conhecido no mundo jurídico e na mídia especialmente depois que alguns juízes passaram a utilizar a apreensão de passaporte e suspensão de carteira de habilitação como meio coercitivo para o pagamento de obrigações pecuniárias inadimplidas. Em alguns casos, as decisões consideraram a contumácia do devedor, conjugada com o princípio da proporcionalidade. Veja o exemplo:

"(...) Anote-se, aqui, que não se tratam de mecanismos destinados aos devedores que não têm mais condições para honrar qualquer compromisso financeiro ou os que passam por dificuldades financeiras momentâneas e podem atrasar alguns pagamentos, mas, sim, àqueles chamados 'devedores profissionais', que conseguem blindar seu patrimônio contra os credores com o objetivo de não serem obrigados a pagar os débitos (ALMEIDA, MARÍLIA. Justiça decide tomar de devedor passaporte, CNH e cartões. Seu dinheiro. *Revista Exame*. São Paulo: Editora Abril, 08.2016). Entendimento em sentido contrário, além de fazer tábula rasa da *intentio legis* do legislador expressa no art. 139, inc. IV, do Código de Processo Civil de 2015, manteria a situação do inadimplente voluntário de má-fé exatamente no seu *Status quo ante*, ou seja, como já comumente verificado sob a égide do Diploma anterior – fora do alcance do Estado. (...). Da análise detida dos autos, observa-se que a presente execução se arrasta há quatro anos sem que a exequente tenha logrado êxito em encontrar qualquer bem móvel ou imóvel suscetível à penhora. No entanto, em que pese a ausência de bens em nome do executado, os elementos indiciários constantes dos autos indicam que o padrão de vida e negócios realizados pelo devedor se contrapõem à uma possível situação de penúria financeira, já que: a uma, realiza operações comerciais com genética zebuína, objetivando o desenvolvimento do melhoramento genético pecuário (no caso, inclusive, a cobrança é decorrente de uma dessas operações); e a duas, o

---

[2] ARENHART, Sérgio Cruz. A intervenção judicial e o cumprimento da tutela específica. *Revista Jurídica*, Porto Alegre, v. 57, n. 385, p. 45-60, nov. 2009.

endereço indicado nos autos pelo devedor à época do primeiro acordo é de edifício de alto padrão na capital baiana (em consulta à rede mundial de computadores observa-se a venda de imóveis por cifras milionárias). É incontestável, ainda, a má-fé do devedor que, tendo realizado acordo de parcelamento da dívida homologado pelo Juízo de origem, solicitou o levantamento da restrição que recaía sobre as reses zebuínas para que, vendendo-as, pudesse realizar o pagamento do crédito exequendo; mas, após levantada a restrição, efetuou a sua venda e deixou de pagar os valores devidos à parte exequente, frustrando, novamente, o direito da credora, certamente com a evidente convicção de sua não responsabilização. Mais a mais, o executado sequer atende aos comandos judiciais, mantendo-se, certamente a seu ver, em uma redoma de impunidade, com o patrimônio blindado, longe do alcance do Poder Judiciário. (...) Anote-se, aqui, ainda, que as medidas coercitivas deferidas justificam-se na hipótese de que não havendo condições financeiras, não haverá sequer prejuízo ao executado, mormente considerando que se, de fato, não possui qualquer importância financeira – ainda que mínima – para solver a presente dívida, também não possuirá recursos para viagens internacionais ou manter um veículo (que, no caso, pelas consultas, tampouco possui" (TJ-PR, Agravo de Instrumento 1.616.016-8, 14ª Câmara Cível, Rel. Des. Themis de Almeida Furquim Cortes, j. 22.02.2017).

Sem deixar de considerar alguns excessos cometidos por magistrados(as) brasileiros(as), o fato é que o dispositivo pode ser bastante útil para forçar o devedor a cumprir determinada obrigação. Isso não quer dizer que a apreensão de passaporte e CNH sejam o único caminho. É possível, por exemplo, suspender, como medida coercitiva atípica, os créditos que uma empresa tem para receber de uma administradora do cartão de crédito. Veja: imagine que a Empresa XYZ Ltda. é sujeito passivo de uma execução. Neste procedimento, as tentativas de penhora de ativos financeiros, ações e veículos não lograram êxito. Surge a informação de que a empresa devedora, uma livraria on-line, continua a receber pagamentos de compras realizadas por consumidores por do cartão de crédito de bandeira Visa. É plenamente possível que se determine, como medida executiva atípica, a suspensão dos repasses pela Visa à empresa devedora, até o limite da obrigação executada. Trata-se de providência de caráter subsidiário.

A propósito da subsidiariedade das medidas atípicas, veja o enunciado 12 do Fórum Permanente de Processualistas Civis: "A aplicação das medidas atípicas sub-rogatórias e coercitivas é cabível em qualquer obrigação no cumprimento de sentença ou execução de título executivo extrajudicial. Essas medidas, contudo, serão aplicadas de forma subsidiária às medidas tipificadas, com observação do contraditório, ainda que diferido, e por meio de decisão à luz do art. 489, § 1º, I e II".

Notadamente quanto ao passaporte, a jurisprudência ainda não chegou a um consenso. A 4ª Turma do STJ considerou, por unanimidade, que a medida coercitiva de apreensão de passaporte é ilegal e arbitrária por restringir desproporcionalmente o direito de ir e vir, garantido constitucionalmente. A decisão foi proferida no RHC 97.876, julgado em junho de 2018. Em setembro de 2020, o tema voltou a ser tratado pela Corte, que admitiu a apreensão em caso no qual se comprovou a pretensão do executado de residir fora do país com o objetivo de blindar seu patrimônio e sem deixar bens suficientes no Brasil (HC 597.069/SC, 3ª Turma). O Supremo Tribunal Federal também já admitiu a medida em ação que buscava a reparação de dano ambiental (RHC 173.332).

Quanto à suspensão de CNH, o STJ já se manifestou favorável à medida, mas registrou que a deliberação é excepcional e exige a presença de sinais que comprovem a ocultação patrimonial (REsp 1.782.418/RJ e REsp 1.788.950/MT, julgados em maio de 2019).

Contra esse dispositivo foi proposta Ação Declaratória de Inconstitucionalidade (ADI 5.941 MC/DF) destinada, dentre outros pedidos, a "(...) declaração de nulidade, sem redução de texto, do inciso IV do art. 139 da Lei 13.105/2015, para declarar inconstitucionais, como possíveis medidas coercitivas, indutivas ou sub-rogatórias oriundas da aplicação daquele dispositivo, a apreensão de carteira nacional de habilitação e/ou suspensão do direito de dirigir, a apreensão de passaporte, a proibição de participação em concurso público e a proibição de participação em licitação pública". No início de 2019, a Procuradora-Geral da República encaminhou parecer favorável à procedência da ADI, argumentando que tais medidas representam restrição a liberdades individuais em razão de dívida civil e, por isso, violam a Constituição.

Ocorre que, no início de fevereiro de 2023, o Supremo Tribunal Federal julgou a referida ação para declarar a constitucionalidade dos dispositivos do Código de Processo Civil que permitem aos magistrados determinar medidas atípicas para o cumprimento de ordem judicial. Ou seja, apreensão de passaporte e suspensão de CNH, a *priori*, **não são inconstitucionais**. Contudo, conforme o entendimento da maioria dos Ministros – a votação se deu por 10 x 1 –, os juízes devem agir dentro da **razoabilidade** e da **proporcionalidade**, verificando se, de fato, a medida é adequada ao caso concreto.

Embora o Supremo não tenha analisado a adoção de medidas específicas pelos magistrados brasileiros – e nem poderia, pois o objeto da ADI é a lei em tese –, durante a votação um dos argumentos a favor da constitucionalidade dos meios coercitivos atípicos foi no sentido de que a suspensão de CNH é medida administrativa adotada pelo Código de Trânsito Brasileiro, e a proibição de participar de procedimentos licitatórios é uma das penalidades previstas na Lei de Improbidade Administrativa. Assim, conforme a maioria dos Ministros da Corte, a criatividade da autoridade judicial para fazer cumprir as prestações de natureza pecuniária, especialmente quanto prevista em outras legislações, não pode ser considerada inconstitucional.

A nós, advogados, cabe ponderar se as medidas executivas atípicas são indicadas para o caso concreto ou se apenas acarretarão constrangimentos ao devedor. Uma dívida decorrente de crédito rotativo permite, por exemplo, a apreensão do passaporte do devedor que está cursando mestrado no exterior? A nosso ver, essa medida é desproporcional, pois impede o exercício de um direito, que, embora não acabe com a liberdade de locomoção, traz uma limitação desproporcional. Se a medida pretendida não possui a eficácia de alcançar ou localizar bens pertencentes ao patrimônio do executado, mas apenas impõe restrições à vida civil daquele, não há como o magistrado determiná-las. Em hipóteses como essa é possível renovar eventuais diligências nos sistemas informatizados do Poder Judiciário, como BacenJud, InfoJud e RenaJud, que constituem ferramentas acessórias de auxílio à parte para localização de bens e satisfação da dívida.

Assim, mesmo após o julgamento do Supremo, entendemos que se mostra necessário observar, para aplicação do art. 139, IV, do CPC/2015:

– a existência de dívida fundada;
– a prévia adoção de medidas típicas para a satisfação do crédito exequendo;
– a existência de indícios de que o devedor possui patrimônio suficiente, mas se esquiva de pagar a dívida, frustrando, de forma proposital, o processo executivo;
– a observância da proporcionalidade e da razoabilidade a partir de elementos extraídos do caso concreto;
– o respeito ao contraditório.

JURISPRUDÊNCIA TEMÁTICA

Duração das medidas coercitivas atípicas

"As medidas coercitivas atípicas devem ser deferidas e mantidas enquanto conseguirem operar, sobre o devedor, restrições pessoais capazes de incomodar e suficientes para tirá-lo da zona de conforto, especialmente no que se refere aos seus deleites, aos seus banquetes, aos seus prazeres e aos seus luxos, todos bancados pelos credores. Não há uma fórmula mágica nem deve haver um tempo preestabelecido para a duração de uma medida coercitiva. Esta deve perdurar, portanto, pelo tempo suficiente para dobrar (fazer ceder) a renitência do devedor. O objetivo é convencer o executado de que é mais vantajoso adimplir a obrigação do que, por exemplo, não poder realizar viagens internacionais. O devedor argumenta que está em situação de miserabilidade, não sendo possível adimplir as suas dívidas. Ao mesmo tempo, ele pede a liberação do passaporte. Essas posturas são contraditórias. Isso porque ou bem o devedor realmente se encontra em situação de penúria financeira e não reúne condições de satisfazer a dívida (e, nessa hipótese, a suspensão do passaporte será duplamente inócua, como técnica coercitiva e porque o documento apenas ficará sob a posse do devedor no Brasil, diante da impossibilidade de custear viagens internacionais) ou o devedor está realmente ocultando patrimônio e terá revogada a suspensão tão logo quite as suas dívidas" (STJ, 3ª T., HC 711.194/SP, Rel. Min. Marco Aurélio Bellizze, Rel. Acd. Min. Nancy Andrighi, j. 21.06.2022).

Utilização do art. 139, IV, como fundamento para a condução coercitiva para a realização de exame de DNA

"O juiz deve adotar todas as medidas indutivas, mandamentais e coercitivas, como autoriza o art. 139, IV, do CPC, com vistas a refrear a renitência de quem deve fornecer o material para exame de DNA, especialmente quando a presunção contida na Súmula 301/STJ se revelar insuficiente para resolver a controvérsia. O propósito da presente reclamação é definir se a sentença que extinguiu o processo sem resolução de mérito, sob fundamento de que deveria ser respeitada a coisa julgada formada em anterior ação investigatória de paternidade, afrontou a autoridade de decisão proferida por esta Corte na ocasião do julgamento do REsp 1.632.750/SP. Na referida decisão, determinou-se a apuração de eventual fraude no exame de DNA realizado na primeira ação investigatória e a realização de novo exame para a apuração de eventual existência de vínculo biológico entre as partes. O acórdão desta Corte concluiu que o documento apresentado pela parte configurava prova indiciária da alegada fraude ocorrida em anterior exame de DNA e, em razão disso, determinou a reabertura da fase instrutória. Dessa forma, não pode a sentença, valendo-se apenas daquele documento, extrair conclusão diversa, no sentido de não ser ele suficiente para a comprovação da fraude, sob pena de afronta à autoridade da decisão proferida pelo Superior Tribunal de Justiça. Determinado pelo STJ que fosse realizado novo exame de DNA para apuração da existência de vínculo biológico entre as partes, não pode a sentença, somente com base na ausência das pessoas que deveriam fornecer o material biológico, concluir pelo restabelecimento da coisa julgada que se formou na primeira ação investigatória (e que foi afastada por esta Corte), tampouco concluir pela inaplicabilidade da presunção contida na Súmula 301/STJ, sem que sejam empreendidas todas as providências necessárias para a adequada e exauriente elucidação da matéria fática. A impossibilidade de condução do investigado 'debaixo de vara' para a coleta de material genético necessário ao exame de DNA não implica a impossibilidade de adoção das medidas indutivas, coercitivas e mandamentais autorizadas pelo art. 139, IV, do CPC/2015, com o propósito de dobrar a sua renitência, que deverão ser adotadas, sobretudo, nas hipóteses em que não se possa desde logo aplicar a presunção contida na Súmula 301/STJ, ou quando se observar postura anticooperativa de que resulte o non liquet instrutório em desfavor de quem adota postura cooperativa. Por fim, aplicam-se aos terceiros que possam fornecer material genético para a realização do novo exame de DNA as mesmas diretrizes anteriormente formuladas, pois, a despeito de não serem legitimados passivos para responder à ação investigatória (legitimação *ad processum*), são eles legitimados para a prática de determinados e específicos atos processuais (legitimação *ad actum*), observando-se, por analogia, o procedimento em contraditório delineado nos arts. 401 a 404, do CPC/2015, que, inclusive, preveem a possibilidade de adoção de medidas indutivas, coercitivas, sub-rogatórias ou mandamentais ao terceiro que se encontra na posse de documento ou coisa que deva ser exibida" (Rcl 37.521-SP, Rel. Min. Nancy Andrighi, Segunda Seção, por unanimidade, j. 13.05.2020, *DJe* 05.06.2020).

Necessidade de exaurimento dos meios coercitivos típicos

"Recurso especial. Execução de título extrajudicial. Cheques. Violação de dispositivo constitucional. Descabimento. Medidas executivas atípicas. Art. 139, IV, do CPC/2015. Cabimento. Delineamento de diretrizes a serem observadas para sua aplicação. 1. Ação distribuída em 01.04.2009. Recurso especial interposto em 21.09.2018. Autos conclusos à Relatora em 07.01.2019. 2. O propósito recursal é definir se a suspensão da carteira nacional de habilitação e a retenção do passaporte do devedor de obrigação de pagar quantia são medidas viáveis de serem adotadas pelo juiz condutor do processo executivo. 3. A interposição de recurso especial não é cabível com base em suposta violação de dispositivo constitucional ou de qualquer ato normativo que não se enquadre no conceito de lei federal, conforme disposto no art. 105, III, 'a' da CF/1988. 4. O Código de Processo Civil de 2015, a fim de garantir maior celeridade e efetividade ao processo, positivou regra segundo a qual incumbe ao juiz determinar todas as medidas indutivas, coercitivas, mandamentais ou sub-rogatórias necessárias para assegurar o cumprimento de ordem judicial, inclusive nas ações que tenham por objeto prestação pecuniária (art. 139, IV). 5. A interpretação sistemática do ordenamento jurídico revela, todavia, que tal previsão legal não autoriza a adoção indiscriminada de qualquer medida executiva, independentemente de balizas ou meios de controle efetivos. 6. De acordo com o entendimento do STJ, as modernas regras de processo, ainda respaldadas pela busca da efetividade jurisdicional, em nenhuma circunstância poderão se distanciar dos ditames constitucionais, apenas sendo possível a implementação de comandos não discricionários ou que restrinjam direitos individuais de forma razoável. Precedente específico. 7. A adoção de meios executivos atípicos é cabível desde que, verificando-se a existência de indícios de que o devedor possua patrimônio expropriável, tais medidas sejam adotadas de modo subsidiário, por meio de decisão que contenha fundamentação adequada às especificidades da hipótese concreta, com observância do contraditório substancial e do postulado da proporcionalidade. 8. Situação concreta em que o Tribunal a quo indeferiu o pedido do recorrente de adoção de medidas executivas atípicas sob o fundamento de que não há sinais de que o devedor esteja ocultando patrimônio, mas sim de que não possui, de fato, bens aptos a serem expropriados. 9. Como essa circunstância se coaduna com o entendimento propugnado neste julgamento, é de rigor – à vista da impossibilidade de esta Corte revolver o conteúdo fático-probatório dos autos – a manutenção do aresto combatido" (STJ, REsp 1788950/MT, Rel. Ministra Nancy Andrighi, 3ª Turma, j. 23.04.2019, *DJe* 26.04.2019).

Impossibilidade de aplicação da suspensão de CNH e apreensão de passaporte às Execuções Fiscais

"Processual civil. Recurso especial. Execução fiscal. Medidas coercitivas atípicas. Suspensão da CNH, apreensão do passaporte e cancelamento dos cartões de crédito. Fundamento constitucional e necessidade de reexame da prova. 1. A fundamentação de natureza constitucional do acórdão não pode ser deslindada nesta via e a pretensão que visa convencer de que as medidas constritivas requeridas serão úteis ao fim colimado na execução esbarra no óbice da necessidade de reexame do conjunto-probatório dos autos. 2. Não fosse o bastante, em se tratando especificamente de execução fiscal, esta Corte de Justiça já teve oportunidade se de posicionar no sentido de que 'as medidas atípicas aflitivas pessoais não se firmam placidamente no executivo fiscal. A aplicação delas, nesse contexto, resulta em excessos' (HC 453.870/PR, Rel. Min. Napoleão Nunes Maia Filho, Primeira Turma, *DJe* 15/8/2019). 3. Recurso Especial não conhecido" (STJ, REsp 1.802.611, 2ª Turma, Rel. Min. Og Fernandes, j. 08.10.2019; *DJe* 10.10.2019).

f) Autocomposição (inc. V)

O juiz deverá promover a autocomposição a qualquer tempo, preferencialmente com o auxílio de conciliadores e mediadores judiciais.

Sobre o tema, permito-me citar o jurista José Herval Sampaio Júnior, para quem a atividade consensual somente se viabiliza quando as partes abandonam a cultura da adversidade:

> "Infelizmente [...] a sentença não vem conseguindo atingir a almejada pacificação social, indispensável quando do surgimento de um conflito, daí por que se apresentam com esse desiderato alguns meios alternativos, que primam pelo aspecto da democracia participativa e ao mesmo tempo substancial, responsabilizando-se os próprios envolvidos pela solução, já que se estes a encontram, essa premissa, por si só, já se alinha com o escopo da satisfação social. Nesse contexto, interessa à ideia dessa nova concepção de jurisdição que alicerça o processo constitucional [...] a análise, mesmo que superficial, dos meios de solução de conflitos – ditos democráticos em razão das próprias partes em disputa resolverem as diferenças – o que se convencionou chamar de autocomposição e na qual se depreende que, dentre eles, a conciliação e a mediação têm oportuna possibilidade de direta aplicação na atividade dos juízes, desde que seja desconstruída a ideia de adversidade e seja em consequência a eficaz cooperação entre os interessados".[3]

g) Dilação dos prazos processuais e ordem de produção dos meios de prova (inc. VI)

Se ainda não estiver encerrado, poderá o juiz dilatar o prazo processual, caso esta providência se mostre adequada às necessidades do caso concreto. A regra se repete no art. 437, § 2º, o qual possibilita ao juiz, mediante requerimento da parte, dilatar o prazo para manifestação acerca da prova documental, levando-se em consideração a complexidade da causa e a quantidade de documentos apresentados pela parte contrária.

Note que o juiz só pode, unilateralmente, aumentar o prazo. As partes capazes, no entanto, por meio de acordo procedimental antes ou depois do processo (art. 191), poderão alterar qualquer regra do procedimento, ampliando ou reduzindo os prazos processuais.

Quanto às provas, cabem às partes indicar, na petição inicial (autor) e na contestação (réu), os meios de prova que pretendem utilizar para demonstrar suas alegações. Entretanto, no decorrer no trâmite processual, caso surja a necessidade de produção de outra prova, caberá ao juiz permitir-lhe a produção.

A ordem da produção das provas tem relevância quando se trata das provas orais, que serão produzidas segundo as disposições dos arts. 361 e 456 do CPC e devem seguir uma **ordem preferencial**, qual seja:

- 1º – O perito e os assistentes técnicos responderão aos quesitos de esclarecimentos requeridos pelas partes, caso não tenham sido respondidos por escrito;

---

[3] SAMPAIO JÚNIOR, José Herval. *Processo constitucional*: nova concepção de jurisdição. São Paulo: Método, 2008. p. 198.

- 2º – O autor prestará depoimento pessoal e, na sequência, se ouvirá o réu;
- 3º – Encerrados os depoimentos pessoais das partes, o juiz passará a inquirir as testemunhas: primeiro as arroladas pelo autor e depois as indicadas pelo réu.

A ordem estabelecida para a produção da prova não é absoluta, sendo possível sua inversão, desde que haja concordância das partes (art. 456, parágrafo único). Entendo, no entanto, que mesmo quando não houver concordância de uma das partes, mas a inversão ocorrer por motivo justificável e não acarretar nenhum prejuízo para qualquer dos litigantes, a prova colhida sem a observância da ordem do art. 361, pode, sim, ser considerada válida. Essa ideia se fundamenta no princípio da celeridade e do aproveitamento dos atos processuais. De todo modo, é preciso que o juiz avalie, com cautela, a situação concreta, bem como que fundamente a sua decisão.

Em breve síntese, a disposição contida no art. 139, VI, do CPC/2015 – que não possui correspondência no CPC/1973 – traduz a ideia de um processo mais flexível, norteado pelas peculiaridades do caso concreto, o que, em nenhuma hipótese, significará deixar de admitir, por exemplo, a reinquirição de uma testemunha quando comprovado o prejuízo em razão da inversão da ordem de produção probatória.

h) Poder de polícia (inc. VII)

O juiz, representante do Estado no exercício da jurisdição, deve dirigir o processo e zelar pela efetivação da tutela jurisdicional. Para tanto, o art. 139, VII, confere-lhe expressamente o poder de polícia, cujo exercício servirá para a manutenção da ordem durante todo o trâmite processual e da segurança interna dos fóruns e tribunais.

Na audiência, por exemplo, o juiz exerce o poder de polícia, competindo-lhe, dentre outras prerrogativas, manter a ordem e o decoro, ordenar a retirada de pessoas inconvenientes e requisitar força policial, quando necessário (art. 360).

Ressalte-se que esse poder não deve ser exercido somente na audiência, mas, sobretudo, no curso do procedimento, sempre que houver necessidade de se prevenir ou reprimir qualquer ato atentatório à dignidade da justiça.

i) Comparecimento pessoal das partes (inc. VIII)

O juiz pode determinar, a qualquer tempo, o comparecimento pessoal das partes, para inquiri-las sobre os fatos da causa (art. 139, VIII). Regra semelhante estava contemplada no art. 342 do CPC/1973, sendo que, no CPC/2015, há, ainda, a ressalva quanto à impossibilidade de se aplicar à parte, cujo comparecimento foi determinado pelo juiz, a pena de confissão.

A regra, no entanto, já tinha aplicação na sistemática anterior. Segundo jurisprudência e doutrina dominantes,[4] a obtenção da confissão estava restrita ao ato processual referente ao depoimento pessoal da parte adversa.

Essas disposições tratam do chamado "interrogatório livre", que possibilita ao magistrado perquirir sobre as circunstâncias fáticas da causa, a fim de subsidiar seu convencimento.

Aqui vale lembrar a regra que determina o tratamento isonômico às partes. Nesse sentido, sempre que possível, deverá o juiz avaliar a possibilidade de se realizar o interrogatório de todos os litigantes.

---

[4] Nesse sentido: "[...] a sanção da confissão – prevista no § 1º do art. 343 do CPC – dirige-se exclusivamente à disciplina do depoimento pessoal (tratado naquele artigo). Isso deflui da óbvia constatação de que a confissão é sanção, e, como toda sanção, deve sofrer interpretação restritiva [...]" (MARINONI, Luiz Guilherme; ARENHART, Sérgio Cruz. *Prova*. 2. ed. São Paulo: RT, 2011. p. 396).

j) Regularização do processo (inc. IX)

O magistrado deve determinar o suprimento dos pressupostos processuais e o saneamento de outros vícios processuais sempre que o defeito for passível de correção, evitando, assim, a invalidação do ato e permitindo o seu aproveitamento (art. 283, parágrafo único).

Ao discorrer sobre o tema, Bruno Garcia Redondo esclarece que o juiz deve, sempre que possível, superar o defeito processual. Como a resolução do mérito enseja a formação da coisa julgada material, tornando imutável e indiscutível a sentença – salvo pela via da ação rescisória em casos estabelecidos na lei – ela deve ser privilegiada em detrimento da mera invalidação do ato defeituoso.[5]

k) Demandas coletivas (inc. X)

Como derradeira incumbência prevista no rol do art. 139, tem-se aquela que determina ao juiz oficiar o Ministério Público e a Defensoria Pública (ou outros legitimados a que se referem a Lei de Ação Civil Pública e o Código de Defesa do Consumidor) sempre que se deparar com diversas demandas individuais sobre a mesma matéria.

A disposição tem o objetivo de conferir efetividade e agilidade à prestação jurisdicional, possibilitando a solução, em menos tempo, de controvérsias que alcançam considerável número de pessoas. Embora se tenha oposto veto à coletivização da ação no processo individual, nada obsta a que, em havendo repetição de demandas, o Ministério Público ou a Defensoria ajuíze ação coletiva, o que evitará ou, no mínimo, mitigará a propositura de ações individuais versando sobre idêntica controvérsia.

2. O PODER-DEVER DE PRESTAR A TUTELA JURISDICIONAL

Uma vez provocada, a atuação da jurisdição é inexorável. Pouco importa haja ou não lei, seja essa completa ou lacunosa, cumpre ao Estado desempenhar a função de compor o litígio, aplicando o direito ao caso concreto. Assim, segundo a regra constante no art. 140 do CPC, **o juiz não pode se eximir de decidir sob a alegação de lacuna ou obscuridade no ordenamento jurídico.**

O conflito é solucionado com a aplicação do direito. É de se evidenciar que o direito não se confunde com a lei, porquanto esta é apenas uma de suas fontes, um critério de apreciação do justo.

Havendo lei, o parâmetro de apreciação do direito, pelo menos num primeiro momento, será nela buscado. Não pode o juiz substituir o legislador na formulação da regra de direito aplicável. Todavia, não está o juiz, mesmo na jurisdição contenciosa, ocorrendo a hipótese do afastamento da lei, obrigado a observar o critério da legalidade estrita.

Na jurisdição voluntária, a possibilidade de dar ao caso a solução que reputar mais conveniente e oportuna é expressa no art. 723, parágrafo único.

Não havendo lei ou não constituindo ela critério razoável de apreciação do justo, cabe ao juiz buscar a integração do direito por meio de outras fontes (analogia, costumes e princípios gerais do direito), nos termos do art. 4º da Lei de Introdução às Normas do Direito Brasileiro (LINDB).

---

[5] REDONDO, Bruno Garcia. Deveres-poderes do juiz no projeto do novo Código de Processo Civil. In: DIDIER JR., Fredie; BASTOS, Antonio Adonias (coord.). *O projeto do novo Código de Processo Civil*. Estudos em homenagem ao Professor José Joaquim Calmon de Passos. Salvador: JusPodivm, 2012. p. 200.

A analogia consiste em aplicar a um caso não previsto pelo legislador a solução por ele apresentada para outro caso fundamentalmente semelhante àquele.[6]

À falta de lei e na impossibilidade da integração pela analogia, deve o juiz recorrer às normas consuetudinárias como critério de apreciação do direito.

Não sendo possível aquilatar o direito utilizando-se dos parâmetros anteriores, o juiz se valerá dos princípios gerais do direito, procurando, então, apanhar as correntes diretoras do pensamento jurídico e canalizá-lo para o caso concreto.[7]

Vale ressaltar que muitos doutrinadores entendem que a ordem prevista no art. 4º da LINDB não deve ser rigorosamente seguida pelo julgador. Isso porque os princípios, notadamente os de índole constitucional, são verdadeiros alicerces de nosso ordenamento e, por esta razão, não devem ser tratados como o último recurso de integração da norma jurídica.[8]

3. LIMITES DA DECISÃO

A sentença constitui uma resposta ao pedido formulado pelo autor e, eventualmente, pelo réu, acolhendo-o ou rejeitando-o, no todo ou em parte. Assim, constitui dever de o juiz decidir o mérito nos limites propostos pelas partes, sendo-lhe vedado conhecer de questões não suscitadas, a cujo respeito à lei exige a iniciativa da parte (art. 141).

O juiz não pode decidir aquém do pedido (sentença *citra petita*), nem além (sentença *ultra petita*), nem fora do que foi pedido (sentença *extra petita*).

A vedação do art. 141 não impede o juiz de apreciar livremente a prova, atendendo aos fatos e às circunstâncias constantes dos autos, ainda que não alegados pelas partes. A decadência e a prescrição, por exemplo, são questões que podem ser conhecidas de ofício.

Questão é o fundamento de fato ou de direito controvertido ou impugnado pela parte adversa, no qual o autor embasa seu pedido, ou a causa na qual o réu fundamenta sua defesa.[9] Na ação de despejo por falta de pagamento, o autor deve provar a locação e arguir o não pagamento (dois pontos que, uma vez impugnados, transformam-se em questões). O réu, por sua vez, pode arguir o pagamento ou a remissão (dois pontos ou razões, suscetíveis de se transformarem em questões).

O regramento contido no art. 141, juntamente com o do art. 492, constitui positivação de um princípio segundo o qual o juiz deve se ater aos limites da demanda traçados pelas partes, na petição inicial e na resposta, sem falar da manifestação de alguns intervenientes. Tal princípio recebe diversos nomes, mas a essência é a mesma: princípio da inércia, princípio da demanda, princípio da congruência e princípio da correlação ou da adstrição. São muitas palavras para designar a mesma coisa: o juiz, a não ser nos casos previstos em lei (como ocorre com as matérias de ordem pública), não pode fugir às questões (nem para ir além, nem para ficar aquém) deduzidas pelos litigantes, sob pena de viciar a sua decisão.

4. PRINCÍPIO DA IDENTIDADE FÍSICA DO JUIZ

O art. 132 do CPC/1973 contemplava o princípio da identidade física, segundo o qual o juiz titular ou substituto que concluísse a audiência deveria julgar a lide, salvo se estivesse

---

[6] NADER, Paulo. *Introdução ao estudo do direito*. 6. ed. Rio de Janeiro: Forense, 1991. p. 210.
[7] BEVILÁQUA, Clóvis. *Teoria geral do direito civil*. 3. ed. Ministério da Justiça e Negócios Interiores, 1966. p. 37.
[8] TARTUCE, Flávio. *Manual de direito civil*. 3. ed. São Paulo: Método, 2013. p. 12-14.
[9] CARNELUTTI, Francesco. *Instituições de processo civil*. Trad. Adrián Soreto de Witt Batista. Campinas: Servanda, 1999. v. 1, p. 86.

convocado, licenciado, afastado por qualquer motivo, promovido ou aposentado, casos em que os autos deveriam ser repassados ao seu sucessor.

O CPC/2015, no entanto, retirou da legislação processual esse princípio. É que com o processo virtual e a frequência cada vez maior de mutirões para acelerar o julgamento de determinados processos, o dispositivo constante no Código Buzaid já não tem mais condições de ser aplicado. Diversos tribunais já relativizavam esse princípio quando da interpretação do CPC/1973. A concessão de férias, promoção ou remoção de magistrado que havia instruído o feito são exemplos de hipóteses em que o princípio não pode ser invocado.

5. RESPONSABILIDADES DO JUIZ

A irregular atuação do juiz pode ensejar responsabilidade criminal, administrativa e civil.

O CPC (art. 143) elenca as seguintes hipóteses que podem dar ensejo à responsabilidade civil do juiz. São as mesmas da legislação de 1973:

I – no exercício de suas funções, proceder com dolo ou fraude;

II – recusar, omitir ou retardar, sem justo motivo, providência que deva ordenar de ofício, ou a requerimento da parte.

As hipóteses do inc. II só se reputarão verificadas depois que a parte, por intermédio do escrivão, requerer ao juiz que determine a providência e este não aprecie o requerimento dentro de dez dias (parágrafo único).

Vale ressaltar que é majoritário o entendimento segundo o qual **não há responsabilidade do magistrado (agente público) por atos jurisdicionais típicos**. Assim, se, por exemplo, o juiz de primeiro grau profere uma sentença contrária ao Direito, a parte prejudicada não pode se valer de ação contra o Estado para obter o ressarcimento pelos prejuízos que a decisão lhe causou, pois a lei já lhe confere o direito ao recurso, de modo a garantir a discussão da causa em outra esfera jurisdicional. Tal entendimento se fundamenta na garantia do princípio do livre convencimento motivado e da independência do juiz. Além disso, por se tratar de uma parcela da soberania do Estado, a função jurisdicional não se sujeita à responsabilização geral.

Tal regra deve ser relativizada na hipótese no art. 5º, LXXV, da CF/1988,[10] bem como nas descritas nos incisos do art. 143 do CPC. No caso da norma processual deve-se exigir a comprovação de dolo, fraude (inc. I) ou culpa (inc. II) por parte do magistrado.

A ação de responsabilidade, segundo entendimento do STF,[11] deve ser proposta pelo particular em face do Estado, que poderá se voltar contra o agente público, no caso, o juiz, em ação regressiva. Da leitura do art. 37, § 6º, da Constituição Federal, pode-se concluir que a responsabilização do ente público se configura objetiva, enquanto a de seus agentes depende da análise de dolo ou culpa. Assim, inobstante a responsabilidade seja atribuída ao Estado, o magistrado deve ressarcir os prejuízos causados se, comprovadamente, tiver atuado com dolo, fraude ou culpa no exercício de suas funções. A culpa, frise-se, não significa a mera interpretação

---

[10] O dispositivo prevê que "O Estado indenizará o condenado por erro judiciário, assim como o que ficar preso além do tempo fixado na sentença".

[11] Exemplo: RE 327.904/SP. Para o STF, no momento em que o texto constitucional estabeleceu a responsabilidade estatal (art. 37, § 6º), garantiu um direito ao particular lesado de ser indenizado pelos prejuízos que sofreu, mas também concedeu ao agente público a garantia de só ser cobrado pelo Estado. É o que se convencionou chamar de "Dupla Garantia".

equivocada da lei ou a prolação de decisão que não denote um eventual entendimento pacífico da doutrina ou da jurisprudência.

Sobre a propositura de ação direta contra o magistrado, Celso Antônio Bandeira de Mello[12] e o STJ[13] entendem pela possibilidade, isto é, admitem que o particular prejudicado ajuíze ação de responsabilidade contra a pessoa natural do agente público causador do dano. Esse não me parece ser o entendimento majoritário. Porém, particularmente, entendo que a parte pode optar em ajuizar a ação diretamente contra o juiz ou contra o Estado, sem lhe ser tolhida, ainda, a faculdade de propor a demanda em face de ambos, em se tratando de dolo ou fraude. Todavia, na hipótese em que a ação se fundar apenas na culpa do magistrado, a demanda somente poderá ser intentada contra o Estado, em decorrência da responsabilidade civil objetiva deste (art. 37, § 6º, da CF/1988). Afinal, cogitar que o juiz poderia ser condenado por atos culposos poderia colocar em risco a sua independência e imparcialidade.

Lembre-se, contudo, de que em caso de condenação do Estado, poderá este se voltar contra o magistrado que tenha agido com dolo ou culpa, conforme prevê o art. 37, § 6º, segunda parte, da CF/1988, e, atualmente, o *caput* do art. 143 do CPC/2015, segundo o qual, o juiz responderá, civil e repressivamente nas hipóteses descritas em seus incisos.

JURISPRUDÊNCIA TEMÁTICA

"(...) A demora na entrega da prestação jurisdicional, assim, caracteriza uma falha que pode gerar responsabilização do Estado, mas não diretamente do magistrado atuante na causa. 3. A administração pública está obrigada a garantir a tutela jurisdicional em tempo razoável, ainda quando a dilação se deva a carências estruturais do Poder Judiciário, pois não é possível restringir o alcance e o conteúdo deste direito, dado o lugar que a reta e eficaz prestação da tutela jurisdicional ocupa em uma sociedade democrática. A insuficiência dos meios disponíveis ou o imenso volume de trabalho que pesa sobre determinados órgãos judiciais isenta os juízes de responsabilização pessoal pelos atrasos, mas não priva os cidadãos de reagir diante de tal demora, nem permite considerá-la inexistente" (STJ, REsp 1383776/AM, j. 06.09.2018).[14]

6. IMPEDIMENTOS E SUSPEIÇÃO

O juiz tem o dever de oferecer garantia de imparcialidade aos litigantes. Não basta ao juiz ser imparcial, é preciso que as partes não tenham dúvida dessa imparcialidade.

A lei especifica os motivos que podem afastar o juiz da demanda, espontaneamente ou por ato das partes. São de duas ordens: os impedimentos (art. 144), de cunho objetivo, peremptório, e a suspeição (art. 145), cujo reconhecimento, se não declarado de ofício pelo juiz, demanda prova.

Os impedimentos taxativamente obstaculizam o exercício da jurisdição contenciosa ou voluntária, podendo ser arguidos no processo a qualquer tempo, com reflexos, inclusive, na coisa julgada, vez que, mesmo após o trânsito em julgado da sentença, pode a parte prejudicada rescindir a decisão (art. 966, II). Por ser o não impedimento requisito de validade subjetivo do processo em relação ao juiz, ele se consubstancia em autêntica questão de ordem

---

[12] BANDEIRA DE MELLO, Celso Antônio. *Curso de direito administrativo*. 26. ed. São Paulo: Malheiros, 2009.

[13] STJ, REsp 1.325.862/PR, Rel. Min. Luiz Felipe Salomão, j. 05.09.2013.

[14] Nesse caso concreto, foi proposta execução de alimentos em 02.11.2004, mas somente em 03.05.2007 foi proferido despacho de citação do devedor.

pública, cognoscível em qualquer tempo ou grau de jurisdição. A suspeição, embora constitua pressuposto processual de validade, se não arguida no momento oportuno, é envolvida pela coisa julgada.

Além disso, **no impedimento há presunção absoluta de parcialidade do magistrado, enquanto na suspeição a presunção é relativa, admitindo-se prova em sentido contrário.**

Segundo o art. 144, o juiz é impedido de atuar nos seguintes processos (de jurisdição contenciosa ou voluntária):

I – em que interveio como mandatário da parte, oficiou como perito, funcionou como membro do Ministério Público ou prestou depoimento como testemunha;

II – de que conheceu em outro grau de jurisdição, tendo proferido decisão;

III – quando nele estiver postulando, como defensor público, advogado ou membro do Ministério Público, seu cônjuge ou companheiro, ou qualquer parente, consanguíneo ou afim, em linha reta ou colateral, até o terceiro grau, inclusive;

IV – quando for parte no processo ele próprio, seu cônjuge ou companheiro, ou parente, consanguíneo ou afim, em linha reta ou colateral, até o terceiro grau, inclusive;

V – quando for sócio ou membro de direção ou de administração de pessoa jurídica parte no processo;

VI – quando for herdeiro presuntivo, donatário ou empregador de qualquer das partes;

VII – em que figure como parte instituição de ensino com a qual tenha relação de emprego ou decorrente de contrato de prestação de serviços[15];

VIII – em que figure como parte cliente do escritório de advocacia de seu cônjuge, companheiro ou parente, consanguíneo ou afim, em linha reta ou colateral, até o terceiro grau, inclusive, mesmo que patrocinado por advogado de outro escritório;

IX – quando promover ação contra a parte ou seu advogado.

Na hipótese do inc. III, o impedimento só se verifica quando as pessoas ali mencionadas (advogado, membro do Ministério Público ou da Defensoria) já integravam a causa quando o juiz tomou conhecimento do processo. A lei coíbe a mudança de advogado com o intuito de provocar o impedimento do juiz (art. 144, § 2º).

Uma das novidades trazidas pelo CPC/2015 é que a regra de impedimento relacionada ao inc. III, mais precisamente ao parentesco do juiz com o advogado da parte, **estende-se ao membro do escritório de advocacia que tenha em seus quadros parentes do juiz**, independentemente de estes não terem relação diretamente na causa. Exemplo: se a esposa do juiz é advogada do escritório ABC Advocacia, no qual o Dr. Fulano também atua, se a causa estiver sendo patrocinada por este, o juiz será considerado impedido.

A extensão deste impedimento também foi aplicada aos casos em que a parte não somente é assistida juridicamente pelo cônjuge, companheiro ou parente do juiz, mas também quando ela figurar como **cliente do escritório de advocacia** em que tais pessoas sejam integrantes (art. 144, VIII). Esse dispositivo (VIII), contudo, foi declarado inconstitucional pelo Supremo Tribunal Federal quando do julgamento da ADI 5.933/DF (Rel. Min. Edson Fachin, redator do acórdão Min. Gilmar Mendes, julgado em 22.08.2023), ajuizada pela Associação dos Magistrados Brasileiros (AMB).

---

[15] Comentaremos adiante a referida hipótese e sua declaração de inconstitucionalidade por meio da ADI 5.953/DF.

O autor da ADI argumentou que proibição legal seria irrazoável e desproporcional, porque o juiz precisaria exigir de seu cônjuge, companheiro ou parente consanguíneo ou afim, em linha reta ou colateral, até o 3º grau, que lhe encaminhasse, diariamente, a relação dos clientes, a fim de verificar no acervo de processos ou na distribuição de processos, a existência de clientes do advogado seu parente. A partir desses argumentos, o STF considerou que, além da falta de razoabilidade, a hipótese de impedimento prevista no art. 144, VIII, CPC, era excessivamente abrangente, inviabilizando a própria efetividade da jurisdição. Na prática, seria necessário verificar se toda e qualquer parte que já esteve, em algum outro momento, representada por patrono incluído na situação do inciso VIII do art. 144 do CPC/2015. Além disso, segundo o STF, a norma dava às partes a possibilidade de usar o impedimento como estratégia, definindo quem serão os julgadores da causa, circunstância que também violaria o princípio do juiz natural. Ademais, a finalidade pretendida com o inciso VIII já poderia ser alcançada com a previsão objetiva de impedimento prevista no art. 144, III e § 3º.

Outra novidade é o dispositivo que trata do impedimento quando a parte que figura no processo é **instituição de ensino** com a qual o juiz mantém relação de emprego ou vínculo decorrente de contrato de prestação de serviços. Como se sabe, o juiz pode acumular cargos públicos na hipótese do inc. XVI, "b", do art. 37 da Constituição Federal. Essa acumulação vale para instituições públicas de ensino, não existindo qualquer limitação de acumulação quanto à prestação de serviços em instituições privadas. Em todo o caso, sendo o juiz empregado ou prestador de serviços de instituição de ensino pública ou privada, as ações em que estas figurarem como partes terão que ser submetidas ao seu sucessor.

Por fim, importa lembrar, especialmente para as provas de concursos, que a hipótese do inc. VI (quando o juiz for herdeiro presuntivo, donatário ou empregador de qualquer das partes[16]) era tratada pelo CPC/1973 como causa de suspeição. A mudança tem fundamento, pois nessas hipóteses dificilmente a condição do magistrado não influencia a condução do processo.

Quanto à suspeição, ela será verificada quando o juiz:

I – for amigo íntimo ou inimigo de qualquer das partes ou de seus advogados;

II – receber presentes de pessoas que tiverem interesse na causa antes ou depois de iniciado o processo, aconselhar alguma das partes acerca do objeto da causa ou subministrar meios para atender às despesas do litígio;

III – quando qualquer das partes for sua credora ou devedora, de seu cônjuge ou companheiro ou de parentes destes, em linha reta até o terceiro grau, inclusive;

IV – interessado no julgamento de causa em favor de qualquer das partes.

Afora os motivos elencados no art. 145, pode o juiz declarar-se suspeito por questão de foro íntimo, não estando, nessa hipótese, obrigado a explicitar a causa da suspeição (art. 145, § 1º). À consideração, entre outras, de que há juiz que argui a própria suspeição – por motivo de foro íntimo – com o intuito de se livrar do processo, o CNJ editou a Resolução nº 82/2009, pela qual determinou que juízes justificassem seus motivos em ofício reservado à corregedoria local, enquanto desembargadores deveriam encaminhar documento semelhante diretamente à Corregedoria Nacional de Justiça. Associações de classe da Magistratura impetraram MS no STF, postulando a não incidência da norma administrativa. O Relator do MS (nº 34.316), Min. Teori Zavascki, suspendeu a validade da norma. Segundo ele, a regra do Conselho Nacional de

---

[16] Herdeiro presuntivo é aquele que presumivelmente herdará quer em razão de sucessão legítima, quer na sucessão testamentária. Donatário é aquele beneficiado por um ato de liberalidade, por uma doação de coisa ou de direito.

Justiça é incompatível com o art. 145, § 1º, do Código de Processo Civil em vigor, segundo o qual "poderá o juiz declarar-se suspeito por motivo de foro íntimo, sem necessidade de declarar suas razões". Após a suspensão da validade da norma, o CNJ revogou tal Resolução.

Os casos de impedimento ou suspeição aplicam-se a todos os magistrados (juízes, desembargadores, ministros).

O Código contempla uma hipótese especial de impedimento, que pode se dar tanto em primeiro como em segundo grau. Quando dois ou mais juízes forem parentes, consanguíneos ou afins, em linha reta ou colateral, até terceiro grau, o primeiro que conhecer da causa impede que o outro atue no processo, caso em que o segundo se escusará, remetendo o processo ao seu substituto legal (art. 147 do CPC/2015; art. 136 do CPC/1973).

Os motivos de impedimento e suspeição aplicam-se ao Ministério Público, aos auxiliares da justiça e aos demais sujeitos imparciais do processo (como o perito e o intérprete) (art. 148).

Quanto ao impedimento e suspeição do órgão do Ministério Público, o tema foi tratado em capítulo próprio. De toda forma, importa destacar que a jurisprudência vem estendendo a hipótese prevista no art. 144, IX, aos membros do Ministério Público que atuem no processo. É que, embora o Código de Processo Civil utilize as expressões "parte" e "advogado", para tratar da hipótese de impedimento para atuação do juiz que esteja em contenda judicial com aqueles que integrem qualquer dos polos da relação processual, o promotor ou promotora de justiça, ao subscrever, por exemplo, a petição inicial, afeta necessariamente a impessoalidade do magistrado. Exemplificando: imagine que o promotor de justiça Carlos promoveu uma demanda judicial contra o magistrado Leandro, atuante em uma vara de família, alegando ter sido vítima de injúria. Por óbvio essa demanda não será julgada por Leandro. Porém, se o promotor eventualmente subscrever uma ação de alimentos, que irá tramitar na vara de titularidade de Leandro, este poderá, segundo decidiu o STJ, alegar o impedimento previsto no art. 144, IX, do CPC.[17]

6.1 Recusa dos impedidos ou suspeitos

Não havendo declaração de impedimento ou suspeição por parte dos impedidos ou suspeitos (juiz, órgão do Ministério Público, escrivão, perito e qualquer outro agente cuja atuação deva ser imparcial), eles poderão ser recusados por qualquer das partes.

Essa recusa é manifestada das seguintes formas:

- **Se o impedimento ou suspeição for do magistrado:** a parte deverá alegar no prazo de 15 (quinze) dias a contar do conhecimento do fato, em petição fundamentada, que pode ser instruída de documentos e rol de testemunhas (art. 146, *caput*). Com relação ao impedimento, embora a norma "determine" que seja suscitado no prazo de quinze dias, não há preclusão, de forma que pode ser arguido em qualquer tempo, inclusive na fase recursal; passado o prazo para recurso, pode constituir causa para ajuizamento de ação rescisória.

- **Se o impedimento ou suspeição for dos demais agentes previstos no art. 148:** a parte deve se manifestar na primeira oportunidade que lhe couber falar nos autos.

Tratando-se de impedimento do juiz, se depois de recebida a petição este reconhecer o impedimento ou a suspeição, deverá remeter os autos imediatamente ao seu substituto legal (art. 146, § 1º). Caso contrário, determinará a autuação do incidente em apartado e, no prazo de quinze dias, dará as suas razões, acompanhadas ou não de documentos e rol de testemunhas. Posteriormente, remeterá o processo ao tribunal, ficando o relator incumbido de declarar os efeitos (suspensivo ou não) em que o incidente é recebido.

---

[17] STJ, REsp 1881175/MA, Rel. Min. Herman Benjamin, 2ª Turma, j. 14.03.2023.

Se o incidente for recebido com efeito suspensivo, o processo permanecerá suspenso até o seu julgamento, mas os pedidos de tutelas de urgência poderão ser requeridos ao substituto legal (art. 146, § 3º). Assim, se estiver presente uma situação de risco e a demora na prestação jurisdicional puder acarretar dano irreparável ou de difícil reparação, a parte pode pleitear a concessão da tutela de urgência ao juiz designado pela norma de organização judiciária para substituir o magistrado impedido ou suspeito.

Ressalte-se, no entanto, que os demais atos urgentes não podem ser realizados enquanto o processo estiver suspenso em razão da arguição de parcialidade, nos termos do art. 314.

Verificando que a alegação de impedimento ou de suspeição é improcedente, o tribunal rejeitá-la-á. Acolhida a alegação, tratando-se de impedimento ou de manifesta suspeição, condenará o juiz nas custas e remeterá os autos ao seu substituto legal. Neste caso, pode o juiz recorrer da decisão (art. 146, § 5º).

O procedimento adotado para demais casos de impedimento e de suspeição (art. 148) é um pouco diferente, porquanto não se suspende o processo e o incidente é julgado pelo juiz da causa ou pelo relator, caso o processo encontre-se no tribunal. Nesses casos – impedimento ou suspeição dos auxiliares ou membros do Ministério Público – ainda será possível a interposição de agravo de instrumento em face da decisão que julgar o incidente (art. 148, § 2º).

Por fim, esclarece-se que a arguição de impedimento ou de suspeição de testemunha não segue o procedimento visto. Nas hipóteses em que a parte quiser contraditar a testemunha, deverá fazê-lo antes do início do depoimento (art. 457, § 1º), e não em petição apartada.

Quadro esquemático 21 – Poderes, deveres e responsabilidades do juiz

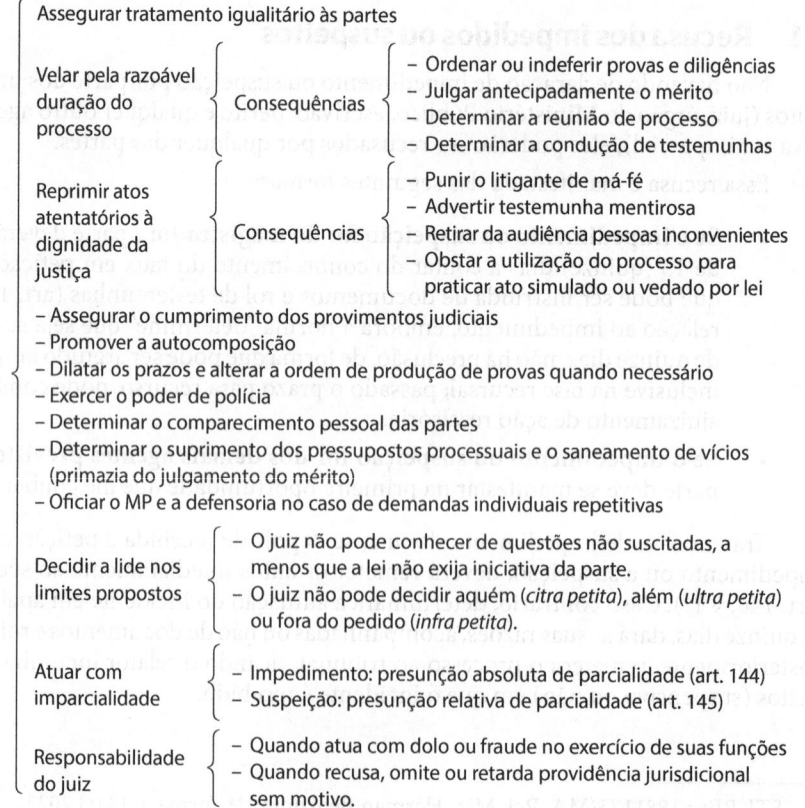

Poderes, Deveres e Responsabilidades do Juiz (arts. 139 a 143)

- Assegurar tratamento igualitário às partes
- Velar pela razoável duração do processo — **Consequências:**
  - Ordenar ou indeferir provas e diligências
  - Julgar antecipadamente o mérito
  - Determinar a reunião de processo
  - Determinar a condução de testemunhas
- Reprimir atos atentatórios à dignidade da justiça — **Consequências:**
  - Punir o litigante de má-fé
  - Advertir testemunha mentirosa
  - Retirar da audiência pessoas inconvenientes
  - Obstar a utilização do processo para praticar ato simulado ou vedado por lei
- Assegurar o cumprimento dos provimentos judiciais
- Promover a autocomposição
- Dilatar os prazos e alterar a ordem de produção de provas quando necessário
- Exercer o poder de polícia
- Determinar o comparecimento pessoal das partes
- Determinar o suprimento dos pressupostos processuais e o saneamento de vícios (primazia do julgamento do mérito)
- Oficiar o MP e a defensoria no caso de demandas individuais repetitivas
- Decidir a lide nos limites propostos:
  - O juiz não pode conhecer de questões não suscitadas, a menos que a lei não exija iniciativa da parte.
  - O juiz não pode decidir aquém (*citra petita*), além (*ultra petita*) ou fora do pedido (*infra petita*).
- Atuar com imparcialidade:
  - Impedimento: presunção absoluta de parcialidade (art. 144)
  - Suspeição: presunção relativa de parcialidade (art. 145)
- Responsabilidade do juiz:
  - Quando atua com dolo ou fraude no exercício de suas funções
  - Quando recusa, omite ou retarda providência jurisdicional sem motivo.

7. AUXILIARES DA JUSTIÇA

A Justiça não poderia funcionar se, ao lado do juiz, auxiliando-o, não houvesse grande número de serventuários, anotando, preparando, dando ciência às partes ou de qualquer modo ajudando à realização dos atos processuais.[18]

São auxiliares do juízo (art. 149), além de outros cujas atribuições são determinadas pelas normas de organização judiciária, o escrivão ou chefe de secretaria (arts. 152, 153 e 155); o oficial de justiça (arts. 154 e 155); o perito (arts. 156-158); o depositário e o administrador (arts. 159-161); o intérprete e o tradutor (arts. 162-164); os conciliadores e os mediadores judiciais (arts. 165-175). O Código também menciona como auxiliares do juízo o partidor (art. 651), o distribuidor (arts. 284-290), o contabilista (art. 524, § 2º, por exemplo) e o regulador de avarias (arts. 707-711).

Afora o juiz, **o escrivão ou o chefe de secretaria** são as autoridades mais importantes da vara. A celeridade e a eficácia da justiça dependem, em grande parte, da atuação desses serventuários. Suas atribuições vêm estabelecidas no Código (arts. 152 e 153) e nas leis de organização judiciária. Eles têm fé pública e são responsáveis civil e regressivamente pelos prejuízos que acarretarem às partes, na forma do art. 155, e, nos seus impedimentos, são substituídos segundo as normas de organização judiciária e do art. 152, § 2º. Todavia, na falta de substituto legal, o juiz nomeará pessoa idônea para dar andamento ao processo.

Aos **oficiais de justiça** incumbe a execução das ordens determinadas pelo juiz e a realização pessoal das citações, prisões, penhoras, buscas e apreensões, arrestos, avaliações e demais diligências próprias de seu ofício. Por exemplo, na execução ou cumprimento de sentença que estabeleça obrigação de pagar quantia, efetuada a penhora, o oficial de justiça avaliará os bens objetos da constrição, ressalvada a necessidade de conhecimentos especializados, caso em que o juiz nomeará perito para avaliar os bens (art. 870, parágrafo único).

O Código atual acrescentou às incumbências dos oficiais de justiça a certificação, no mandado, das propostas de conciliação apresentadas por qualquer das partes. Tal providência propõe dar maior celeridade à fase conciliatória, sem importar prejuízo ao trâmite processual (art. 154, parágrafo único).

Por outro lado, retirou-se o dispositivo que determinava a presença do oficial da justiça nas audiências com a finalidade de auxiliar o juiz na manutenção da ordem.[19] Na prática, tal providência dificilmente se faz necessária, pois o próprio juiz, caso necessário, pode requisitar força policial para manter a ordem na audiência. Ademais, o número de oficiais de justiça não permite abarcar também essa atribuição.

O oficial de justiça, assim como o escrivão ou o chefe de secretaria, responde pelos atos praticados que possam causar prejuízos às partes ou ao andamento processual. Nos termos do art. 155, o descumprimento dos prazos e das ordens judiciais sem justo motivo (atos omissivos), assim como a prática de atos nulos com dolo ou culpa (atos comissivos), podem acarretar responsabilidade desses auxiliares.

O **perito**, a seu turno, é um auxiliar de atuação eventual, que assiste o juiz quando a prova de fato depender de conhecimento técnico ou científico (art. 156). Para atuar como perito, os profissionais devem estar previamente inscritos em cadastro mantido pelo tribunal ao qual o juiz estiver vinculado (art. 156, § 2º).[20] Além disso, os peritos devem ser submetidos a avaliações periódicas, as quais subsidiarão a manutenção do cadastro.

---

[18] FADEL, Sergio Sahione. *Código de Processo Civil comentado*. 4. ed. Rio de Janeiro, 1981. v. 1, p. 278.

[19] Art. 143 do CPC/1973: "Incumbe ao oficial de justiça: [...] IV – estar presente às audiências e coadjuvar o juiz na manutenção da ordem".

[20] A criação de um cadastro, pelos tribunais, com profissionais habilitados e certificados para atuar em determinada área é a grande inovação no tema da prova pericial. Semelhante ao que existe com

Será ele civilmente responsável pelas informações inverídicas que por dolo ou culpa forem prestadas, sujeitando-se, também, à sanção penal pelo crime de falsa perícia (art. 342 do CP), além de ficar inabilitado a prestar outras perícias pelo prazo de dois anos a cinco anos.

O **depositário e o administrador** são aqueles auxiliares responsáveis pela guarda e conservação de bens penhorados, arrestados, sequestrados ou arrecadados. Assim como os demais auxiliares, o depositário e o administrador respondem pelos prejuízos que, por dolo ou culpa, causarem às partes (art. 161).

O depositário infiel, ou seja, aquele que deixou de proceder à guarda e à conservação dos bens depositados, deve responder pelos prejuízos causados, sem prejuízo de sua responsabilidade penal e por ato atentatório à dignidade da justiça (art. 161, parágrafo único). Nesse ponto é preciso lembrar que a Súmula Vinculante nº 25 considerou ilícita a prisão civil do depositário infiel, independentemente da modalidade de depósito. Isso não quer dizer, no entanto, que esse auxiliar não possa vir a ser preso em razão da condenação, por exemplo, por crime de peculato-desvio (art. 312, *caput*, do Código Penal), uma vez que, para efeitos penais, considera-se funcionário público quem, embora transitoriamente ou sem remuneração, exerça função pública (art. 327 do Código Penal). Nesse caso, sem adentrar nas especificações do tipo penal, deve estar comprovado que o depositário dolosamente desviou os bens confiados à sua guarda e conservação.

Intérprete e tradutor são aqueles auxiliares nomeados pelo juiz para traduzir para o vernáculo os documentos e atos originalmente expressados em língua estrangeira, bem como em linguagem dos surdos-mudos. A eles são aplicadas as escusas, os impedimentos e as responsabilidades relativas ao perito (art. 164).

Por fim, os **conciliadores e mediadores judiciais**, que não integravam o rol de auxiliares da justiça no CPC/1973, mas, na prática, já atuavam em diversos juízos, são aqueles auxiliares que ficam responsáveis pela realização das sessões de conciliação e de mediação, nas quais se buscará resolver o conflito de interesses pela autocomposição, isto é, sem a intervenção do juiz, a não ser para homologar o acordo celebrado. Como se viu no capítulo de apresentação do CPC/2015, a legislação trouxe algumas disposições que revelam a tentativa de se aperfeiçoar os mecanismos consensuais de solução de conflitos. Os conciliadores e os mediadores são peças fundamentais dessa nova disciplina, pois é por meio deles que o legislador buscou disseminar a cultura do diálogo e da pacificação social em detrimento da cultura da sentença.

Os arts. 165 a 175 do CPC/2015 disciplinam a criação, a organização e a composição de centros judiciários de solução de conflitos – o que já era objeto da Resolução nº 125 do CNJ, de 29 de novembro de 2010[21] –, bem como as funções dos conciliadores e mediadores judiciais, as suas formas de atuação e os seus impedimentos.

Em razão da semelhança dos objetivos, muitas vezes a conciliação e a mediação são tomadas como sinônimos; no entanto, são institutos distintos, que possuem métodos diferenciados de resolução de conflitos. Segundo o art. 165, § 2º, o conciliador deve atuar preferencialmente nos casos em que não houver vínculo anterior entre as partes, podendo sugerir soluções para o litígio, mas sem utilizar qualquer tipo de constrangimento ou intimidação para forçar o acordo entre as partes. Já o mediador atuará preferencialmente nos casos em que houver vínculo anterior entre as partes, auxiliando os interessados a compreender as questões

---

relação aos tradutores juramentados, haverá um "banco de dados" com as informações das pessoas aptas à realização de prova pericial, com a indicação da respectiva especialidade. A iniciativa objetiva qualificar melhor os peritos e garantir que a escolha recairá sobre o profissional mais especializado no assunto.

[21] Disponível em: http://www.cnj.jus.br/atos-normativos?documento=156.

e os interesses em conflito, de modo que eles possam, pelo restabelecimento da comunicação, identificar, por si próprios, soluções consensuais que sejam mutuamente benéficas (art. 165, § 3º).

Como se vê, o mediador atua como um facilitador do diálogo entre as partes, a fim de que elas mesmas possam encontrar a melhor solução para o problema. O conciliador, por outro lado, orienta e aponta soluções na tentativa de agilizar a prestação jurisdicional, mas sem adentrar nas questões intersubjetivas que desencadearam o conflito.

Os **princípios que norteiam esses institutos estão contemplados no art. 166**. São eles: **independência, imparcialidade, autonomia da vontade, confidencialidade, oralidade, informalidade e decisão informada.**

Os conciliadores e os mediadores devem **atuar com liberdade**, sem qualquer tipo de pressão. Assim, se não existirem condições para o bom desenvolvimento da sessão, esses auxiliares não estarão obrigados a fomentar a autocomposição mesmo contra a vontade das partes.

A **imparcialidade** é o "dever de agir com ausência de favoritismo, preferência ou preconceito, assegurando que valores e conceitos pessoais não interfiram no resultado do trabalho, compreendendo a realidade dos envolvidos no conflito e jamais aceitando qualquer espécie de favor ou presente" (art. 1º, IV, do Código de Ética de Conciliadores e Mediadores Judiciais, anexo à Resolução nº 125 do CNJ).

A imparcialidade no tocante ao mediador também está contemplada na **Lei nº 13.140/2015** (art. 2º, I).

O conciliador e o mediador também devem respeitar as convicções dos interessados (**autonomia da vontade**). Não há como impor qualquer medida coercitiva para supostamente viabilizar um acordo quando este não foi plenamente aceito por qualquer das partes. Como, no exercício da função, não há qualquer relação de subordinação entre o conciliador ou mediador e o juiz, os interessados estão livres para celebrarem os pactos que melhor lhes aprouver.

Na Lei nº 13.140/2015 (Lei da Mediação) há regramento expresso sobre a questão da autonomia. Nos termos do art. 2º, § 2º, "ninguém será obrigado a permanecer em procedimento de mediação". Para que o procedimento funcione, as partes devem querer se submeter à mediação. No entanto, **se o contrato firmado entre as partes contemplar a cláusula de mediação, as partes deverão comparecer pelo menos à primeira reunião** (art. 2º, § 1º).

A **confidencialidade** expressa o dever de sigilo quanto às informações obtidas durante a conciliação ou a mediação. As partes só se sentirão à vontade para debater o conflito se o que for dito não lhes trouxer nenhum tipo de prejuízo caso a demanda precise posteriormente ser submetida a julgamento. Por tal razão o § 1º do art. 166 determina que o teor das informações não pode ser utilizado para fim diverso daquele que tenha sido deliberado expressamente pelas partes. O mediador, por exemplo, deve "deixar claro que, caso a mediação não se concretize, nada do que foi conversado ou tratado durante o processo mediacional poderá fundamentar eventual futura decisão".[22]

Existem **exceções quanto à confidencialidade previstas na Lei nº 13.140/2015**. De acordo com o art. 30, "toda e qualquer informação relativa ao procedimento de mediação será confidencial em relação a terceiros, não podendo ser revelada sequer em processo arbitral ou judicial **salvo se as partes expressamente decidirem de forma diversa ou quando sua divulgação for exigida por lei ou necessária para cumprimento de acordo obtido pela mediação**". Também não está abrangida pela garantia de confidencialidade a informação relativa à ocorrência de crime de ação pública (art. 30, § 3º, da Lei nº 13.140/2015).

---

[22] BACELLAR, Roberto Portugal. *A mediação, o acesso à justiça e uma nova postura dos Juízes*. Disponível em: http://www.revistadoutrina.trf4.jus.br/index.htm?http://www.revistadoutrina.trf4.jus.br/artigos/edicao002/roberto_bacelar.htm. Acesso em: 08 nov. 2018.

Se eventualmente algum documento ou informação decorrente da mediação for apresentado em processo arbitral ou judicial fora dessas exceções, o juiz ou o árbitro não poderá admiti-lo (art. 30, § 2º).

A **oralidade e a informalidade** demonstram que um dos propósitos da conciliação e da mediação é flexibilizar os procedimentos, de modo a conferir maior rapidez à superação da controvérsia.

Para que o resultado da sessão seja satisfatório, as partes precisam ser informadas previamente sobre os seus direitos, bem como sobre procedimento ao qual estão sendo submetidas e as consequências advindas da solução escolhida para resolver o conflito (**princípio da decisão informada**).

A Resolução nº 125 do CNJ – que estabelece o Código de ética de conciliadores e mediadores judiciais – ainda acrescenta à atuação de conciliadores e mediadores judiciais os seguintes princípios: da **competência**, da **neutralidade**, do **respeito à ordem pública e às leis vigentes**, do **empoderamento e** da **validação**. O primeiro tem relação com a qualificação do mediador ou conciliador que o habilite à atuação judicial. A neutralidade, por sua vez, consiste no "dever de manter equidistância das partes, respeitando seus pontos de vista, com atribuição de igual valor a cada um deles" (art. 1º, § 4º). O respeito à ordem pública e às leis vigentes relaciona-se com a necessidade de observância do ordenamento para a formalização de acordo entre os envolvidos.

O empoderamento está intimamente ligado ao princípio da decisão informada e tem como papel educar as partes quanto ao desenvolvimento da autocomposição.

"[...] Empoderar uma parte é fazer com que ela adquira consciência das suas próprias capacidades e qualidades. Isso é útil em dois momentos do processo de mediação, dentro do próprio processo e ao seu final. No próprio processo como forma de tornar as partes cientes do seu poder de negociação e dos seus reais interesses com relação à disputa em questão. Ao final porque o empoderamento consiste em fazer com que a parte descubra, a partir das técnicas de mediação aplicadas no processo, que tem a capacidade ou poder de administrar seus próprios conflitos [...]".[23]

O princípio da validação visa estimular o altruísmo entre as partes. "Esse princípio preconiza a necessidade de reconhecimento mútuo de interesses e sentimentos visando a uma aproximação real das partes e uma consequente humanização do conflito decorrente da maior empatia e compreensão".[24]

Vale salientar que a Lei nº 13.140/2015 também inclui a **informalidade**, a **busca pelo consenso e** a **boa-fé** como princípios orientadores da mediação (art. 2º, IV, VI e VIII).

Por fim, cabe comentar que de acordo com o CPC/2015 **o conciliador e o mediador podem ser escolhidos pelas próprias partes** e, neste caso, o auxiliar prescindirá de registro junto ao cadastro de conciliadores do respectivo tribunal. Se as partes não consentirem, a distribuição será feita entre os que tiverem registro, observada a respectiva formação profissional (art. 168, §§ 1º e 2º).

O problema é que, quanto à escolha do mediador, a Lei nº 13.140/2015 prevê o seguinte: "Na mediação judicial, os mediadores **não estarão sujeitos à prévia aceitação das partes**,

---

[23] *Manual de Mediação Judicial do Conselho Nacional de Justiça*. Disponível em: http://www.cnj.jus.br/files/conteudo/destaques/arquivo/2015/06/c276d2f56a76b701ca94df1ae0693f5b.pdf. Acesso em: 08 nov. 2018.

[24] *Manual de Mediação Judicial do Conselho Nacional de Justiça*. Disponível em: http://www.cnj.jus.br/files/conteudo/destaques/arquivo/2015/06/c276d2f56a76b701ca94df1ae0693f5b.pdf. Acesso em: 08 nov. 2018.

observado o disposto no art. 5º desta Lei" (art. 25) Ou seja, pelo CPC/2015, as partes podem escolher livremente o mediador judicial, ainda que ele não esteja previamente cadastrado no Tribunal. A Lei da Mediação, ao contrário, permite a imposição de mediador às partes pelo Tribunal, independentemente de aceitação.

Considerando que a Lei de Mediação foi publicada em 27.06.2015, ou seja, após a data de publicação do CPC atual (17.03.2015), poder-se-ia pensar que o art. 25 da Lei nº 13.140/2015 revogou o § 1º do art. 168 da nova lei processual. O fato de o CPC/2015 ter entrado em vigor após a Lei da Mediação não impede essa conclusão, já que é possível admitir que uma lei revogue outra que ainda esteja em período de *vacatio legis*. Nesse sentido:

"[...] as leis, ainda que em período de *vacatio legis*, não se revelam imunes à possibilidade jurídica de sua revogação por diploma legislativo que, sendo editado posteriormente, apresente-se em relação de conflito antinômico com elas. Vale dizer, inexiste qualquer obstáculo de índole jurídico-constitucional que impeça a revogação de uma determinada lei por outra, ainda que a superveniência desta última tenha formalmente ocorrido durante o prazo de *vacatio legis*, tal como já ocorreu, em nosso sistema de direito positivo, com o CP de 1969 (DL 1.004/1969), expressamente revogado pela Lei 6.578/1978" (STF, HC 72.435, voto do Rel. Min. Celso de Mello, j. 12.09.1995).

Não se deve, contudo, adotar uma conclusão tão simplória.

Um dos princípios relacionados à mediação é o da autonomia da vontade das partes. É ele que garante que os envolvidos cheguem a uma decisão de forma voluntária (**não coercitiva**) e que estabelece que somente deve haver a mediação se as partes consentirem **espontaneamente** com esse procedimento.

Dessa forma, permitir que o mediador seja escolhido sem prévia aceitação das partes não significa dizer que ele será imposto contra a vontade delas. Se houver qualquer fato ou circunstância que possa suscitar a imparcialidade do mediador, as partes poderão recusá-lo.

A regra disposta no art. 25 da Lei nº 13.140/2015 precisa ser interpretada juntamente com o parágrafo único do art. 5º da mesma norma, bem como com os dispositivos da lei processual que dão regramento à matéria. Se houver consenso, o mediador será aquele indicado pelas partes; se não houver, o mediador será escolhido na forma do art. 168, § 2º, do CPC/2015: "haverá distribuição entre aqueles cadastrados no registro do tribunal, observada a respectiva formação". Após a distribuição, as partes poderão apresentar seus fundamentos para a eventual recusa do mediador (art. 148, II). Se, por outro lado, não houver consenso e também inexistir justificativa para o afastamento do profissional já designado, o procedimento terá seguimento, salvo se ambas as partes manifestarem, expressamente, desinteresse na composição consensual (art. 334, § 4º, I).

Quadro esquemático 22 – Auxiliares do juízo

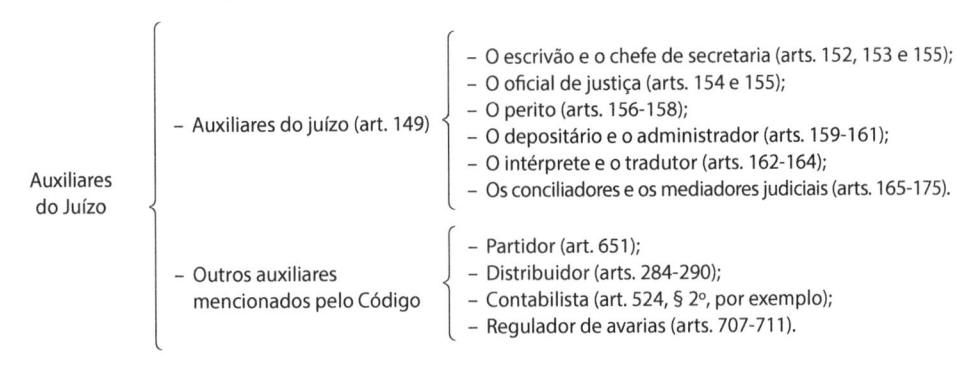

Auxiliares do Juízo
- **Auxiliares do juízo (art. 149)**
  - O escrivão e o chefe de secretaria (arts. 152, 153 e 155);
  - O oficial de justiça (arts. 154 e 155);
  - O perito (arts. 156-158);
  - O depositário e o administrador (arts. 159-161);
  - O intérprete e o tradutor (arts. 162-164);
  - Os conciliadores e os mediadores judiciais (arts. 165-175).
- **Outros auxiliares mencionados pelo Código**
  - Partidor (art. 651);
  - Distribuidor (arts. 284-290);
  - Contabilista (art. 524, § 2º, por exemplo);
  - Regulador de avarias (arts. 707-711).

11

As funções essenciais à justiça: o Ministério Público, a Advocacia Pública, a Defensoria Pública e a Advocacia Privada (arts. 176 a 187 do CPC e art. 133 da CF)

1. INTRODUÇÃO

O Código de Processo Civil insere o Ministério Público, a Advocacia Pública e a Defensoria Pública entre os sujeitos do processo. Com efeito, no processo, o Ministério Público atua como parte ou como fiscal da lei. Já a Defensoria Pública pode atuar como parte, representante de parte ou no exercício de curadoria. A Advocacia Pública, a seu turno, atuará sempre na representação de pessoas jurídicas de direito público, nos termos do art. 131 da CF/1988. Assim, num sentido lato, figuram todos esses órgãos como sujeitos processuais.

Tais órgãos, ao lado das partes e terceiros intervenientes, dos advogados privados (de regra denominados procuradores), do Juiz e seus auxiliares, compõem o elenco que vai atuar no processo com vistas à realização do direito material.

Não obstante a amplitude do termo, em razão dos limites deste manual, vamos nos referir a acesso à justiça como sendo o acesso ao Poder Judiciário. Nessa linha, empregaremos o termo *justiça* como sinônimo de função jurisdicional.

O art. 5º, XXXV, da Constituição Federal garante o acesso à justiça ao dispor que não se pode afastar do controle jurisdicional qualquer lesão ou ameaça a direito. Isso significa que todas as pessoas naturais ou jurídicas, brasileiras ou estrangeiras, domiciliadas ou apenas de passagem pelo território brasileiro, além de diversos órgãos despersonalizados, podem ingressar na justiça. Em outras palavras, podem "bater às portas" do Judiciário para postular uma tutela jurisdicional preventiva ou reparatória. As pretensões, que podem referir-se a direitos individuais ou coletivos, podem ser manejadas pelo e contra o particular, bem como pelo e contra o próprio Estado.

Por mais que costumeiramente se critique a morosidade do Judiciário, a tutela jurisdicional ainda constitui o mais pronto e eficaz instrumento de garantia do acesso à justiça. A faculdade de comparecer perante o Estado-juízo, exercendo o direito de ação ou de defesa, via processo jurisdicional, constitui a face mais visível da efetivação da ordem jurídica justa, que conduz à pacificação social, que é o objetivo final do acesso à justiça.

O sistema processual contempla o princípio da inércia, segundo o qual a jurisdição só age se provocada, na forma legal. Essa restrição tem por fim estabelecer o equilíbrio entre os poderes conferidos ao Judiciário e a esfera de atuação dos demais poderes, bem como a esfera privada das pessoas, que em regra deve ser preservada. Nem poderia ser diferente. Se o Judiciário pode declarar ilegítima a atuação do Executivo, interpretar as leis e a Constituição e até retirar do mundo jurídico atos normativos editados pelo Legislativo, o mais razoável é que não se permita uma atuação sem provocação, a qual, por si só, constitui uma espécie de controle. Por outro lado, a equidistância, inclusive no que respeita à impossibilidade de atuação de ofício, constitui um dos pressupostos da imparcialidade.

O fato é que, de acordo com a sistemática adotada no ordenamento jurídico, a Justiça só atua mediante provocação dos legitimados. O sistema processual estabelece uma complexa estrutura de legitimação, que leva em conta, sobretudo, a natureza dos direitos postulados (individuais, difusos, coletivos e individuais homogêneos).

Somente o legitimado pode postular em juízo. Além disso, é indispensável ter alguma pertinência com o direito material deduzido no processo (legitimação ordinária), ainda que essa pertinência seja cometida pela lei (legitimação extraordinária). Pedro pode ingressar em juízo para cobrar de Paulo a dívida referente à bicicleta que lhe vendeu; a Defensoria Pública e o Ministério Público, afora outras pessoas e órgãos, podem ajuizar ação civil pública para defesa de interesses coletivos *lato sensu*.

Uma coisa, entretanto, é a legitimação e outra é a capacidade postulatória. Pedro tem legitimação para cobrar a dívida de Paulo. Contudo, exceto em casos excepcionais, a menos que seja advogado, não poderá subscrever a petição inicial. Em outras palavras, a não ser que esteja litigando nos Juizados Especiais Cíveis ou na Justiça do Trabalho, Pedro deverá estar representado por um advogado.

A Defensoria Pública, por meio de seu corpo de defensores, entre as relevantes funções que lhe são cometidas, tem a atribuição de representar litigantes hipossuficientes. Além disso, atua como parte processual (legitimado extraordinário) em processos coletivos.

O Ministério Público ao contrário, não atua como representante de parte. Sua atuação no processo civil se dá como parte – legitimação, de regra, extraordinária, ou como *custos legis* (fiscal da lei).

Esse sistema de legitimação e de capacitação (refiro-me à necessidade de capacidade postulatória para postular em juízo) tem por fim, em última análise, a garantia do pleno acesso à justiça. Para que se garanta uma ordem jurídica justa, na qual se inclui a efetivação dos direitos coletivos *lato sensu*, é indispensável que haja órgãos com estofo técnico para representar as partes e, em certos casos, atuar em nome próprio. Isso ocorre porque a atuação da jurisdição está jungida ao devido processo legal, cujos aspectos formal e material exigem especialização técnica, sob pena de se comprometer a efetividade do processo.

Não foi por outra razão que a Constituição Federal dedicou um dos capítulos (IV) do Título IV, que trata da organização dos poderes, às denominadas funções essenciais à justiça. Como exercentes dessas funções a Constituição elencou o Ministério Público, a Advocacia Pública e a Defensoria Pública. A Advocacia Privada também se encontra contemplada no texto constitucional no art. 133, que assim prescreve: "o advogado é indispensável à administração da justiça, sendo inviolável por seus atos e manifestações no exercício da profissão, nos limites da lei".

2. AS FUNÇÕES ESSENCIAIS À JUSTIÇA

O processo jurisdicional, individual ou coletivo, salvo excepcionalíssimas exceções, é instaurado por intermédio do advogado, do defensor público ou do Ministério Público. Afora outras relevantes funções, à **Advocacia Privada** se comete a função de exercer a representação em juízo na generalidade dos casos; ao **Ministério Público** compete a defesa dos direitos individuais indisponíveis e dos interesses coletivos em juízo; à **Advocacia Pública** é reservada a representação em juízo do Poder Público; à **Defensoria Pública**, além de titularizar ações civis públicas, compete a defesa de necessitados (hipossuficientes) em juízo.

Não podemos pensar em acesso à justiça sem fazer referência a essas instituições. Os papéis desempenhados pela Advocacia (pública ou privada), pela Defensoria Pública e pelo Ministério Público são essenciais ao próprio Estado Democrático de Direito e, por tal razão, merecem um estudo mais aprofundado, que ora nos propomos a realizar.

2.1 O Ministério Público

O Ministério Público, órgão de origem francesa, surgiu com a instituição da Justiça Pública, que tem como um dos princípios basilares a imparcialidade da jurisdição. Sendo imparcial a função estatal de dirimir os conflitos, houve necessidade de se criar um órgão que velasse pela aplicação da lei, mormente no campo penal, onde o interesse público sobrepõe-se ao do particular.

De mero acusador criminal e defensor do Estado, evoluiu o Ministério Público para **"instituição permanente, essencial à função jurisdicional do Estado, incumbindo-lhe a defesa da ordem jurídica, do regime democrático e dos interesses sociais e individuais indisponíveis"** (art. 127 da CF/1988).

No processo civil, especificamente, **é o órgão incumbido de tutelar o interesse público, que compreende os interesses e direitos sociais e individuais indisponíveis, e a ordem jurídica, na relação processual e nos procedimentos de jurisdição voluntária.**

2.1.1 Natureza da atuação

Na Constituição de 1967, o Ministério Público figurava como órgão do Poder Executivo. Na atual ordem constitucional, em razão da autonomia e independência que lhe foram outorgadas, o legislador achou por bem desvincular o Ministério Público dos poderes do Estado, inserindo-o num capítulo à parte, denominado "Das Funções Essenciais à Justiça". Mesmo não figurando como órgão dos poderes da soberania nacional (Executivo, Legislativo e Judiciário), "pela natureza intrínseca de suas funções, indiscutivelmente o Ministério Público exerce atividade administrativa (promover a execução das leis não é atividade legislativa nem jurisdicional)".[1]

Não se pode deixar de mencionar, todavia, que a doutrina se divide com relação à **natureza jurídica do próprio órgão ministerial.**

Alfredo Valadão[2] afirma que o órgão ministerial não se enquadraria na clássica repartição dos poderes, configurando, assim, um quarto poder, ao lado do Executivo, do Judiciário e do Legislativo.

José Afonso da Silva,[3] por outro lado, entende que as atribuições do Ministério Público são ontologicamente de natureza executiva, sendo, pois, uma instituição vinculada ao Poder Executivo, não obstante figure como instituição autônoma e independente.

---

[1] MAZZILLI, Hugo Nigro. *O Ministério Público na Constituição de 1988*. São Paulo: Saraiva, 1989. p. 44.

[2] VALADÃO, Alfredo *apud* GARCIA, Emerson. *Ministério Público*: organização, atribuições e regime jurídico. Rio de Janeiro: Lumen Juris, 2005. p. 45.

[3] SILVA, José Afonso da. *Direito constitucional positivo*. São Paulo: Malheiros, 2007. p. 586.

Há, ainda, quem o considere como órgão do Estado Brasileiro, "dotado de especiais garantias, ao qual a Constituição Federal e as leis cometem algumas funções ativa ou interativas, em juízo ou fora dele, para a defesa de interesse da coletividade, principalmente os indisponíveis e os de larga abrangência social".[4]

Por fim, há quem entenda que se trata de uma instituição constitucional *sui generis*.[5]

Afora as diversas afirmações sobre a natureza jurídica do Ministério Público, observa-se que essa instituição tem o dever de defender o regime democrático, conforme está expresso no *caput* do art. 127 da CF/1988. Dessa forma, se a instituição ministerial é defensora do regime democrático, é correto dizer que o Ministério Público possui natureza de cláusula pétrea.

2.1.2 Princípios institucionais

São **princípios institucionais** do Ministério Público a **unidade**, a **indivisibilidade** e a **independência funcional** (art. 127, § 1º, da CF/1988).

Pelo princípio da unidade entende-se que **todos os seus membros fazem parte de um só órgão**, embora subdividido em Ministério Público Federal, do Trabalho, do Distrito Federal e dos Estados. A existência da subdivisão se justifica pela forma federativa adotada pelo Estado brasileiro e pela distribuição das atribuições em decorrência da matéria e da pessoa. Na verdade, no que se refere à atuação do Ministério Público no processo, a atribuição do órgão é definida pela competência do órgão jurisdicional. Se a causa se encontra na Justiça estadual, a atribuição é do Ministério Público do Estado; se, posteriormente, a competência se desloca para a Justiça Federal, a atribuição passa a ser do Ministério Público Federal; finalmente, deslocando-se a competência para a Justiça do Trabalho, a atribuição será do Ministério Público do Trabalho. O que importa é que, em se caracterizando as hipóteses legais de intervenção do Ministério Público, este funcionará no feito, por meio de seus agentes (promotor de justiça, procurador da República ou procurador do Trabalho).

Por princípio da indivisibilidade, que é um corolário da unidade, entende-se que **seus membros "podem ser indiferentemente substituídos por outro em suas funções, sem que com isso haja alguma alteração subjetiva nos processos em que oficiam (quem está na relação processual é o Ministério Público, não a pessoa física de um promotor)".**[6]

Evidencie-se que a substituição não pode ser feita arbitrariamente, mas segundo a forma estabelecida na lei, sob pena de infringência ao princípio do promotor natural, segundo o qual cada promotoria tem suas atribuições definidas em lei. Não pode o procurador-geral, por capricho, retirar do promotor de justiça atribuição que é própria da promotoria na qual é titular. Igualmente, não pode o chefe do Ministério Público, sem previsão legal, designar promotor de justiça para acusar determinada pessoa (acusador de exceção).

Autonomia funcional significa que, **no exercício de suas funções, o membro do Ministério Público tem plena liberdade, age de acordo com sua convicção jurídica**. A hierarquia existente no órgão é meramente administrativa e não funcional, pelo que não se pode impor determinado procedimento, mas apenas recomendá-lo, sem caráter normativo. Afinal, tais garantias têm por escopo viabilizar a atuação como garantidor da ordem jurídica e dos interesses coletivos, não objetivando a defesa do Estado e de seus governantes.

---

[4] MAZZILLI, Hugo Nigro. *Regime jurídico do Ministério Público*. São Paulo: Saraiva, 2001. p. 2.

[5] GARCIA, Emerson. *Ministério Público*: organização, atribuições e regime jurídico. Rio de Janeiro: Lumen Juris, 2005. p. 47.

[6] CINTRA, Antônio Carlos de Araújo; GRINOVER, Ada Pelegrini; DINAMARCO, Cândido Rangel. *Teoria geral do processo*. São Paulo: Malheiros, 1992. p. 209.

Se a autonomia funcional, por um lado, não permite violentar a consciência jurídica do membro do Ministério Público, por outro não lhe confere a última palavra quando se trata da defesa de determinados interesses sociais. Na ação civil pública, por exemplo, pode o Conselho Superior do Ministério Público, não concordando com o pedido de arquivamento de inquérito civil público, designar outro promotor de justiça para propor a ação (art. 9º, § 4º, da Lei nº 7.347/1985). Salienta-se, todavia, que o princípio do promotor natural, ao vedar a nomeação do promotor *ad hoc* e garantir que nas designações se observem critérios previamente fixados, impede a substituição arbitrária do promotor.

2.1.3 Formas de atuação

No processo civil, o Ministério Público atua como **parte** ou como **fiscal da lei** (*custos legis*). Sua atuação como parte se dá conforme as suas atribuições institucionais (art. 177). Como fiscal da lei atua nas hipóteses elencadas no art. 178.

O Ministério Público jamais atua como mandatário ou procurador da parte. Intervém no processo apenas na qualidade de parte ou de fiscal da lei. Mesmo nas hipóteses em que a lei prevê a defesa de terceiros (art. 748, I e II[7]), a atuação é no sentido de tutelar a ordem jurídica ou interesses sociais e individuais indisponíveis.

a) O Ministério Público como parte

Inicialmente há que distinguir parte material de parte processual. Geralmente, a parte processual é também a parte do direito material controvertido. Ocorre, todavia, de a lei, em casos extraordinários, autorizar certas pessoas e órgãos, inclusive o Ministério Público, a pleitear em nome próprio direito alheio (art. 18). Na primeira hipótese, temos a parte material, que também pode figurar como parte no processo; na segunda, temos a ideia de parte num sentido meramente processual.

Assim, quando o Ministério Público age na qualidade de Estado (como órgão estatal, compõe o próprio Estado), por exemplo, exercendo a titularidade da ação penal, ou, no processo civil, fazendo requerimento por meio de procedimento de jurisdição voluntária, sua atuação se dá como parte material. Quando pleiteia em nome próprio direito alheio, seja de pessoas ou da coletividade, como, por exemplo, na ação civil pública, na ação civil *ex delicto*, diz-se que é parte apenas no sentido processual (substituto processual). De qualquer forma, nas duas hipóteses sua atuação é como parte.

Geralmente, como parte, tem legitimidade apenas ativa. Ocorre-me apenas uma hipótese em que o Ministério Público figura como réu: na ação rescisória de sentença, em cujo processo atuou como autor. Exemplo: ação rescisória de sentença proferida em ação de inventário e partilha proposta pelo Ministério Público na hipótese de existir herdeiro incapaz (art. 616, VII).

São **casos mais comuns de atuação do Ministério Público como parte** (parte material ou substituto processual):

- ação rescisória de sentença fruto de colusão das partes para fraudar a lei (art. 967, III, *b*);
- ação de nulidade de casamento (art. 1.549 do CC);
- ação direta de inconstitucionalidade (art. 129, IV, da CF/1988);

---

[7] Art. 748 do CPC/2015: "O Ministério Público só promoverá interdição em caso de doença mental grave: I – se as pessoas designadas nos incisos I, II e III do art. 747 não existirem ou não promoverem a interdição; II – se, existindo, forem incapazes as pessoas mencionadas nos incisos I e II do art. 747".

- ação civil pública (art. 5º da Lei nº 7.347/1985);
- pedido de interdição em caso de doença mental grave, quando o cônjuge, companheiro, parente ou entidade na qual se encontrar o interditando não propuserem o pedido, bem como quanto os primeiros legitimados também forem incapazes (art. 748, I e II, do CPC);
- pedido de abertura de inventário e partilha na hipótese de herdeiro incapaz (art. 616, VII, do CPC);
- incidente de resolução de demandas repetitivas (art. 977, III, do CPC): aqui, se o Ministério Público não for o requerente, deve intervir obrigatoriamente no incidente;
- reclamação para preservar a competência de tribunal, garantir a autoridade de suas decisões ou a observância de súmula vinculante ou acórdão proferido no julgamento de demandas repetitivas (art. 991 do CPC).

b) O Ministério Público como *custos legis*

Art. 178. O Ministério Público será intimado para, no prazo de 30 (trinta) dias, intervir como fiscal da ordem jurídica nas hipóteses previstas em lei ou na Constituição Federal e nos processos que envolvam:

I – **interesse público ou social;**

II – **interesse de incapaz;**

III – **litígios coletivos pela posse de terra rural ou urbana.**

Qualquer que seja o interesse justificador da intervenção do Ministério Público, incumbe ao órgão, precipuamente, a defesa da ordem jurídica. Pouco importa figure num dos polos da relação processual um incapaz ou a Fazenda Pública. O primeiro aspecto a ser tutelado é a ordem jurídica, até porque, preservada esta, na demanda, preservado estará o regime democrático, os interesses sociais e individuais indisponíveis (art. 127 da CF/1988).

Afora a tutela da ordem jurídica, cada hipótese revela o interesse que deva ser tutelado pelo órgão ministerial.

Interesses sociais são aqueles que transcendem o âmbito individual para atingir o interesse da coletividade. Eles podem até mesmo ultrapassar os limites jurídico-axiológicos estabelecidos no art. 6º da Constituição Federal, trazendo para seu bojo outros valores além daqueles ali expressamente referidos (a educação, a saúde, a alimentação, o trabalho, a moradia, o lazer, a segurança, a previdência social, a proteção à maternidade e à infância e a assistência aos desamparados).

Nas causas que envolvam interesse público, este será evidenciado pela natureza da lide e, em regra, a necessidade de intervenção é ditada pela própria lei. Entretanto, quando não houver disposição que determine a manifestação do órgão do Ministério Público, deverá o juiz, verificando a existência de interesse público, provocar a intervenção do *Parquet*.

A Justiça Estadual comumente adotava praxe viciosa de intimar o Ministério Público para todas as causas em que num dos polos figurasse uma pessoa jurídica de direito público, ainda que o direito controvertido tivesse reflexo meramente econômico. Por tal razão é que o CPC/2015 precisou regulamentar a matéria, de modo a dispor, expressamente, que "a participação da Fazenda Pública não configura, por si só, hipótese de intervenção do Ministério Público" (art. 178, parágrafo único). Assim, não é a simples presença de entidade de direito público que justifica a intervenção, cabendo ao juiz, em cada caso, examinar a existência de interesse, levando-se em conta, além da qualidade da parte, a repercussão da demanda, determinando a intervenção do *Parquet* somente quando o interesse público estiver relacionado com o interesse geral, da coletividade, e não com o mero interesse patrimonial da Fazenda Pública.

Nas ações em que há interesses de incapazes (inc. II), a atuação justifica-se pela proteção que a lei outorga ao incapaz, seja a incapacidade absoluta ou relativa.

Na hipótese do inc. III (nas causas que envolvam "litígios coletivos pela posse de terra rural ou urbana"), a intervenção do Ministério Público objetiva garantir o direito social à moradia, expressamente incluído no rol do art. 6º da Constituição Federal pela Emenda Constitucional nº 26, de 14.02.2000. Segundo José Afonso da Silva,[8] o direito à moradia possui duas faces: uma negativa e outra positiva. A primeira significa que o cidadão não pode ser privado de sua moradia, nem impedido de conseguir uma. A segunda corresponde ao direito de obter uma moradia digna e adequada, que deve ser viabilizada pelo Estado (direito de caráter prestacional).

Vale lembrar que, de acordo com a redação do art. 82, III, do CPC/1973, a intervenção do Ministério Público estava restrita aos litígios coletivos pela posse de terra rural. Com a nova legislação, estendeu-se a atuação do órgão ministerial aos conflitos coletivos de posse das terras urbanas, sobretudo nos assentamentos informais de baixa renda que rotineiramente são objetos de demandas que envolvem o exercício do direito à moradia.

Nos litígios coletivos pela posse de imóvel, o Ministério Público é chamado para intervir e, inclusive, para acompanhar a audiência de mediação prevista no art. 565, § 2º.

Destaque-se que o CPC/2015 não repetiu a redação do art. 82, II, do CPC/1973, que previa a intervenção do Ministério Público "nas causas concernentes ao estado da pessoa, pátrio poder, tutela, curatela, interdição, casamento, declaração de ausência e disposições de última vontade". **Não há mais, portanto, necessidade de intervenção obrigatória do órgão ministerial em todas as ações de família.** Essa regra também está prevista no Código atual:

> Art. 698. Nas ações de família, o Ministério Público somente intervirá quando houver interesse de incapaz e deverá ser ouvido previamente à homologação de acordo.
>
> Parágrafo único. O Ministério Público intervirá, quando não for parte, nas ações de família em que figure como parte vítima de violência doméstica e familiar, nos termos da Lei nº 11.340, de 7 de agosto de 2006 (Lei Maria da Penha).

O parágrafo único do artigo *supra* foi inserido pela Lei nº 13.894/2019, que entrou em vigor em 30.10.2019. A ideia já poderia ser extraída do art. 25 da Lei nº 11.340/2006, que determina a intervenção do órgão ministerial, como fiscal do ordenamento, nas causas cíveis e criminais decorrentes da violência doméstica e familiar contra a mulher. Ocorre que, na prática, mesmo quando a mulher era vítima de violência doméstica e pretendia, por exemplo, propor divórcio litigioso, o órgão ministerial entendia desnecessária a intervenção, por se tratar de demanda de direito de família. A referência às "ações cíveis" no art. 25 tem relação, especialmente, com as medidas protetivas, que podem ser deferidas sem que haja necessidade de procedimento criminal.

Agora, se uma ação de família envolver em um dos polos da relação processual uma vítima de violência doméstica, mesmo se não houver interesse de menor envolvido, o Ministério Público intervirá como fiscal do ordenamento.

2.1.4 Consequências da ausência do Ministério Público no processo

Atuando como parte, não se pode falar em ausência do Ministério Público no processo. Já na qualidade de fiscal da ordem jurídica, caso o Ministério Público não seja intimado a intervir, poderá ser considerado nulo o processo (art. 279).

---

[8] SILVA, José Afonso da. *Curso de direito constitucional positivo*. 36. ed. São Paulo: Malheiros, 2013. p. 318.

Dizemos que "poderá" ser considerado nulo o processo porque, mesmo na hipótese de não ocorrer intimação do órgão do Ministério Público para intervir nas causas elencadas no art. 178, a nulidade só poderá ser decretada depois que o *Parquet* for efetivamente intimado e se manifestar sobre a existência ou inexistência de prejuízo (art. 279, § 2º). Este é, inclusive, o entendimento que se consolidou na jurisprudência, mesmo antes da publicação do CPC/2015. Vejamos:

"[...] a jurisprudência desta corte já assentou entendimento no sentido de que a ausência de intimação do Ministério Público, por si só, não enseja a decretação de nulidade do julgado, a não ser que se demonstre o efetivo prejuízo para as partes ou para a apuração da verdade substancial da controvérsia jurídica, à luz do princípio *pas de nullités sans grief*. Até mesmo nas hipóteses em que a intervenção do *Parquet* é obrigatória, como no presente caso em que envolve interesse de incapaz, seria necessária a demonstração de prejuízo deste para que se reconheça a nulidade processual" (Trecho de acórdão proferido no REsp 818.978/ES, de relatoria do Min. Mauro Campbell, j. 09.08.2011).

O que enseja a nulidade nas ações em que há obrigatoriedade de intervenção do Ministério Público é a falta de intimação do seu representante e não a ausência de manifestação. Em outras palavras, **o que não pode faltar é a concessão de oportunidade para se manifestar**. Havendo intimação, pouco importa a efetiva manifestação do Ministério Público, não há nulidade.

2.1.5 *Prazos e responsabilidades*

O Código de 1973 concedia à Fazenda Pública e ao Ministério Público[9] prazo em dobro para contestar e em quádruplo para recorrer (art. 188 do CPC/1973), sem especificar, no entanto, quais seriam os prazos para a manifestação relacionada a outros atos processuais.

Para sanar qualquer dúvida, o CPC/2015 disciplinou a matéria de forma distinta, possibilitando ao Ministério Público, à Fazenda Pública e à Defensoria Pública o **prazo em dobro para qualquer manifestação nos autos**, exceto nas hipóteses em que a lei estabelecer, de forma expressa, outro prazo próprio para esses entes. O prazo começa a correr a partir da citação, da intimação ou da notificação da instituição (art. 230), a qual será preferencialmente por meio eletrônico, conforme os arts. 246, § 1º, e 270, parágrafo único.[10]

O membro do Ministério Público não pode se recusar a intervir no processo, quando assim for ordenado pelo juiz. Se a determinação não tem amparo legal, poderá utilizar-se de correição parcial, a fim de restabelecer a ordem do processo.

Caso haja simples negativa de emissão de parecer, ao fundamento de inexistência de interesse público, pode o juiz, não acatando as razões da recusa, remeter os autos ao procurador-geral, na forma do art. 28 do CPP, por analogia. Entretanto, a melhor solução é dar normal prosseguimento ao feito, sem interveniência do Ministério Público, uma vez que nulidade não haverá, porquanto foi dada oportunidade de manifestação. Essa é, inclusive, a providência sugerida pela redação do atual art. 180, § 1º. Nada obsta, contudo, que se dê ciência à Corregedoria-Geral de Justiça, para apuração de eventual falta disciplinar.

O órgão do Ministério Público será civil e regressivamente responsável quando, no exercício de suas funções, proceder com dolo ou fraude (art. 181). O prejudicado por ato

---

[9] Doutrina e jurisprudência já estendiam o prazo à Defensoria Pública.

[10] Defensoria Pública, Ministério Público e Advocacia Pública devem se cadastrar obrigatoriamente no sistema mantido pelo CNJ (Domicílio Judicial Eletrônico) para o recebimento de citações e intimações (Res. 455/2022, art. 16, § 3º).

doloso ou fraudulento praticado por representante do Ministério Público terá o direito de ressarcir-se por meio de ação dirigida contra o Poder Público. Em tal hipótese, o membro do Ministério Público é responsável perante o Estado, devendo indenizá-lo em regresso. Nada obsta a que o prejudicado intente ação diretamente contra o membro do Ministério Público ou contra este e o Estado, conjuntamente (nesse sentido o REsp nº 1.325.862/PR já mencionado no item 5, Capítulo 9).

Já o comportamento culposo não é suficiente para caracterizar a responsabilidade pessoal do representante do Ministério Público, a teor do dispositivo legal citado, embora não exima a Fazenda Pública de responsabilidade (objetiva).

2.1.6 Impedimento, suspeição e incompetência

Ao órgão do Ministério Público (pessoa física do promotor de justiça, procurador de justiça, procurador do trabalho, procurador da República), **aplicam-se os motivos de impedimento e suspeição previstos nos arts. 144 e 145 (art. 148, I)**.

Na hipótese de suspeição prevista no art. 145, IV (interesse no julgamento de causa em favor de qualquer das partes), é preciso que reste demonstrado haver um interesse próprio do membro do Ministério Público, o que não se confunde com o interesse da instituição. A partir do momento em que o Ministério Público só se faz presente no processo em razão do exercício regular de suas funções, não há como desvincular o interesse institucional do interesse no julgamento da lide. Por exemplo, se o membro do *Parquet* atua na defesa dos interesses de incapaz, certamente se empenhará a que o julgamento lhe seja favorável.

Quanto à matéria de competência, não há como relacioná-la ao Ministério Público. A competência, do ponto de vista jurídico, é a limitação da jurisdição. Como o Ministério Público não tem jurisdição, mas sim atribuições, impróprio seria falar em incompetência.

O STJ vem firmando entendimento no sentido de que os Ministérios Públicos se vinculam às respectivas Justiças. Isto é, no âmbito da Justiça Federal, atuará o MPF (Ministério Público Federal), na Justiça Estadual, o MPE (Ministério Público Estadual), e na Justiça do Trabalho, o MPT (Ministério Público do Trabalho).[11]

2.1.7 Legitimidade para recorrer

O Ministério Público tem legitimidade para recorrer tanto quando atua como parte, como quando oficia como fiscal da lei. Além disso, até mesmo nas hipóteses em que a intervenção se dá como fiscal da ordem jurídica, pode o Ministério Público produzir provas e requerer medidas processuais pertinentes (art. 179, II).

Legitimidade não se confunde com interesse. O Ministério Público pode ter legitimidade, porque interveio no processo, mas não ter interesse para recorrer no caso concreto, em razão de o desfecho da demanda ter sido favorável ao interesse justificador de sua intervenção. Assim, se a sentença foi favorável ao incapaz, carece o Ministério Público de interesse para recorrer.

O Ministério Público, exercendo a função de fiscal da lei, não tem legitimidade para recorrer adesivamente. Isso porque a interposição de recurso adesivo pressupõe mútua sucumbência, o que não ocorre quando o Ministério Público atua como *custos legis*. E também porque, no caso, o Ministério Público não é parte e, nos termos do art. 997, § 1º, somente quem figura nessa qualidade pode recorrer adesivamente.

---

[11] Nesse sentido, ver STJ, AgRg no AgRg no CC 104.375/SP e CC 100.300/PI.

2.1.8 Outras hipóteses de atuação do Ministério Público no Processo Civil

A seguir, algumas hipóteses de atuação do Ministério Público:

- O Ministério Público tem legitimidade para arguir a incompetência relativa, nas causas em que atuar (art. 65, parágrafo único, do CPC).
- O Ministério Público é parte legítima para propor ação de investigação de paternidade (art. 2º, § 4º, da Lei nº 8.560/1992) e ação de alimentos (art. 201, III, do ECA), podendo cumular ambas as ações. Em tais hipóteses, ele é parte (substituto processual) e não mandatário.
- A intervenção do Ministério Público na insolvência civil se impõe em razão do que dispõe o art. 178, I, do CPC. Há interesse público nas execuções contra devedor insolvente, pois a finalidade dessa ação não é apenas evitar que o patrimônio dele seja dilapidado, mas também impedir prejuízos à ordem econômica geral (STJ, REsp nº 488.432/MG, j. 01.11.2012).
- Segundo disposto no art. 721, o Ministério Público deve ser intimado para se manifestar nos procedimentos de jurisdição voluntária, se presente alguma das hipóteses do art. 178.
- O órgão do Ministério Público promoverá a extinção da fundação quando ocorrer uma das hipóteses: tornar ilícito o seu objeto, for impossível a sua manutenção ou vencer o prazo de sua existência (art. 765 do CPC).
- É obrigatória a intervenção do Ministério Público em ação de nulidade de compra e venda que for objeto de registro imobiliário, uma vez que a anulação do negócio jurídico implicará a desconstituição do registro e, nesse caso, há interesse público evidenciado pela natureza da lide. Aliás, a atuação do Ministério Público é exigida em muitos procedimentos previstos na Lei de Registros Públicos (Lei nº 6.015/1973), sobretudo no que tange ao registro civil e registro imobiliário.
- O Ministério Público, órgão componente do Estado, em razão de sua incumbência de defender a ordem jurídica, é parte material em ação direta de inconstitucionalidade de leis ou atos normativos estaduais ou municipais, em face da Constituição Estadual (art. 125, § 2º, da CF/1988 e art. 29, I, da Lei nº 8.625/1993).
- O Ministério Público da União, representado pelo Procurador-Geral da República, pode propor ação de inconstitucionalidade de lei ou ato normativo federal ou estadual em face da Constituição da República (arts. 102, I, *a*, e 103, VI, todos da CF/1988).
- O Ministério Público deve ser ouvido no incidente de arguição de inconstitucionalidade, em controle difuso, de lei ou de ato normativo do poder público (art. 948). Igualmente, ainda que figure como suscitante, será ouvido como custos legis no incidente de resolução de demandas repetitivas – IRDR (art. 976).
- O Ministério Público tem legitimidade ativa para atuar na defesa de direitos difusos, coletivos e individuais homogêneos dos consumidores, ainda que decorrentes da prestação de serviços públicos (Súmula 601 do STJ).

JURISPRUDÊNCIA TEMÁTICA

"Recurso especial. Agravo de instrumento. Alimentos. Maioridade do alimentando. Ministério Público. Ilegitimidade para recorrer.

O Ministério Público não detém legitimidade para recorrer contra decisão em que se discute alimentos quando o alimentando houver alcançado a maioridade. Recurso Especial não conhecido" (STJ, REsp 712.175/DF, 4ª Turma, Rel. Min. César Asfor Rocha, j. 18.10.2005).

"Direito Processual Civil. Jurisdição Voluntária. Interesse do MP na interposição de recurso em ação de retificação de registro civil.

O Ministério Público tem interesse na interposição de recurso de apelação em face de sentença que, nos autos de ação de retificação de registro civil, julga procedente o pedido para determinar que seja acrescido ao final do nome do filho o sobrenome de seu genitor. Ainda que se trate de procedimento de jurisdição voluntária, os arts. 57 e 109 da Lei nº 6.015/1973, de forma expressa, dispõem sobre a necessidade de intervenção do MP nas ações que visem, respectivamente, à alteração do nome e à retificação do registro civil. A imposição legal referida, por sua vez, decorre do evidente interesse público envolvido, justificando a intervenção do MP no processo e o seu interesse recursal" (STJ, REsp 1.323.677/MA, Rel. Min. Nancy Andrighi, j. 05.02.2013).

"Direito Processual Civil. Competência para julgamento de Ação Civil Pública ajuizada pelo MPF.

Compete à Justiça Federal processar e julgar ação civil pública quando o Ministério Público Federal figurar como autor. A ação civil pública, como as demais, submete-se, quanto à competência, à regra estabelecida no art. 109, I, da CF/1988, segundo a qual cabe aos juízes federais processar e julgar 'as causas em que a União, entidade autárquica ou empresa pública federal forem interessadas na condição de autoras, rés, assistentes ou oponentes, exceto as de falência, as de acidente de trabalho e as sujeitas à Justiça Eleitoral e a Justiça do Trabalho'. Assim, figurando como autor da ação o Ministério Público Federal, que é órgão da União, a competência para apreciar a causa é da Justiça Federal". Precedentes citados: AgRg no CC 107.638-SP, Primeira Seção, *DJe* 20.04.2012; e REsp 440.002-SE, Primeira Turma, *DJ* 06.12.2004 (STJ, REsp 1.283.737/DF, Rel. Min. Luis Felipe Salomão, j. 22.10.2013).

"Processual Civil. Embargos de declaração. Desapropriação para fins de reforma agrária. Obrigatoriedade de intervenção do Ministério Público Federal. Manifestação posterior. Ausência de prejuízo às partes.

1. Havendo pronunciamento posterior do *parquet* e inexistindo prejuízo às partes, deve ser relevada a ausência de intervenção prévia no âmbito desta Corte, em processo no qual sequer se chegou a conhecer do mérito recursal.

2. Precedentes: REsp 1.324.693/MS, Segunda Turma, *DJe* de 19/9/2013; AgRg no REsp 1.174.225/SC, Segunda Turma, *DJe* de 14/6/2013.

3. Embargos de declaração acolhidos, apenas para suprir a omissão apontada, sem alteração do resultado do julgamento" (STJ, EDcl no AgRg no AREsp 136.873/BA, j. 05.11.2013).

"O Ministério Público Estadual tem legitimidade para atuar diretamente como parte em recurso submetido a julgamento perante o STJ.

O texto do § 1º do art. 47 da LC 75/1993 é expresso no sentido de que as funções do Ministério Público Federal perante os Tribunais Superiores da União somente podem ser exercidas por titular do cargo de Subprocurador-Geral da República. A par disso, deve-se perquirir quais as funções que um Subprocurador-Geral da República exerce perante o STJ. É evidente que o Ministério Público, tanto aquele organizado pela União quanto aquele estruturado pelos Estados, pode ser parte e *custos legis*, seja no âmbito cível ou criminal. Nesse passo, tendo a ação (cível ou penal) sido proposta pelo Ministério Público Estadual perante o primeiro grau de jurisdição, e tendo o processo sido alçado ao STJ por meio de recurso, é possível que esse se valha dos instrumentos recursais necessários na defesa de seus interesses constitucionais. Nessas circunstâncias, o Ministério Público Federal exerce apenas uma de suas funções, qual seja: a de *custos legis*. Isto é, sendo o recurso do Ministério Público Estadual, o Ministério Público Federal, à vista do ordenamento jurídico, pode opinar pelo provimento ou pelo desprovimento da irresignação. Assim, cindido em um processo o exercício das funções do Ministério Público (o Ministério Público Estadual sendo o autor da ação, e o Ministério Público Federal opinando acerca do recurso interposto nos respectivos autos), não há razão legal, nem qualquer outra ditada pelo interesse público, que autorize restringir a atuação do Ministério Público Estadual enquanto parte recursal, realizando sustentações orais, interpondo agravos regimentais contra decisões etc. Caso contrário, seria permitido a qualquer outro autor ter o referido direito e retirar-se-ia do Ministério Público Estadual, por exemplo, o direito de perseguir a procedência de ações penais e de ações de improbidade administrativa imprescindíveis à ordem social" (STJ, EREsp 1.327.573/RJ, Rel. originário e voto vencedor Min. Ari Pargendler, Rel. p/ acórdão Min. Nancy Andrighi, j. 17.12.2014, *DJe* 27.02.2015).

Súmula nº 643 do STF: "O Ministério Público tem legitimidade para promover ação civil pública cujo fundamento seja a ilegalidade de reajuste de mensalidades escolares".

Súmula nº 99 do STJ: "O Ministério Público tem legitimidade para recorrer no processo em que oficiou como fiscal da lei, ainda que não haja recurso da parte".

Súmula nº 116 do STJ: "A Fazenda Pública e o Ministério Público têm prazo em dobro para interpor agravo regimental no Superior Tribunal de Justiça".

Súmula nº 189 do STJ: "É desnecessária a intervenção do Ministério Público nas execuções fiscais".

Súmula nº 226 do STJ: "O Ministério Público tem legitimidade para recorrer na ação de acidente do trabalho, ainda que o segurado esteja assistido por advogado".

Súmula nº 329 do STJ: "O Ministério Público tem legitimidade para propor ação civil pública em defesa do patrimônio público".

Súmula nº 470 do STJ: "O Ministério Público não tem legitimidade para pleitear, em ação civil pública, a indenização decorrente do DPVAT em benefício do segurado".[12]

Súmula nº 594 do STJ: "O Ministério Público tem legitimidade ativa para ajuizar ação de alimentos em proveito de criança ou adolescente independentemente do exercício do poder familiar dos pais, ou do fato de o menor se encontrar nas situações de risco descritas no art. 98 do Estatuto da Criança e do Adolescente, ou de quaisquer outros questionamentos acerca da existência ou eficiência da Defensoria Pública na comarca".

Súmula nº 601 do STJ: "O Ministério Público tem legitimidade ativa para atuar na defesa de direitos difusos, coletivos e individuais homogêneos dos consumidores, ainda que decorrentes da prestação de serviço público".

---

[12] Essa súmula foi CANCELADA pelo STJ (REsp 858.056/GO, Rel. Min. Marco Buzzi, j. 27.05.2015) em razão de o Plenário do STF ter entendido que o Ministério Público tem legitimidade para defender contratantes do seguro obrigatório DPVAT (RE 631.111/GO, Rel. Min. Teori Zavascki, j. 06 e 07.08.2014. Repercussão Geral).

Quadro esquemático 23 – Ministério Público

Ministério Público

- Conceito: instituição permanente, essencial à função jurisdicional do Estado, incumbindo-lhe a defesa da ordem jurídica, do regime democrático e dos interesses sociais e individuais indisponíveis (art. 176, CPC/2015; art. 127, CF/88).

- Princípios institucionais
  - Unidade: Todos os membros fazem parte de um só órgão.
  - Indivisibilidade: Seus membros podem ser indiferentemente substituídos uns pelos outros.
  - Independência funcional:
    - O membro do MP tem plena liberdade de atuação.
    - Não há hierarquia funcional, mas tão somente administrativa.
    - O princípio do promotor natural veda a substituição arbitrária.

- Formas de atuação
  - Como parte:
    - Parte material: MP age na qualidade de Estado.
    - Parte processual: quando o MP pleiteia em nome próprio na defesa de direito alheio (substituição processual)
  - Fiscal da lei (*custos legis*) – art. 178, CPC/2015:
    - Causas em que há interesse de incapaz.
    - Causas em que há interesse público ou social.
    - Litígios coletivos pela posse de terra rural ou urbana.

- Consequências da não intervenção do MP:
  - Se não for intimado: nulidade do processo, a menos que a decisão tenha sido favorável ao interesse justificador da atuação.
  - Se houve intimação (oportunidade para manifestar): não há nulidade, ainda que não tenha havido manifestação.

- Prazo diferenciado e responsabilidade:
  - O MP tem prazo em dobro para qualquer manifestação nos autos, exceto nas hipóteses em que a lei estabelecer-lhe prazo próprio (art. 180, CPC/2015)
  - O órgão do MP será civil e regressivamente responsável quando, no exercício de suas funções, proceder com dolo ou fraude (art. 181, CPC/2015).

Impedimentos e suspeição: aplicam-se os motivos de impedimento e suspeição previstos nos arts. 144, 145 e 148, I.
Incompetência: não se aplica ao MP, uma vez que o órgão não tem jurisdição.

- Legitimidade para recorrer:
  - O MP, atuando como parte ou como fiscal da lei, tem legitimidade para recorrer.
  - Falta-lhe interesse quando a decisão for favorável ao interesse (do incapaz, por exemplo) que justificou a sua intervenção.
  - Não tem legitimidade para recorrer adesivamente quando atua como *custos legis*.

Ministério Público
- Outras hipóteses de atuação do MP no Processo Civil
  - O MP tem legitimidade para arguir a incompetência relativa, nas causas em que atuar (art. 65, parágrafo único, CPC/2015).
  - Ação de investigação de paternidade e alimentos (ECA, art. 201, III, e Lei nº 8.560/92, art. 2º, § 4º).
  - Jurisdição voluntária: o MP deve ser intimado para se manifestar nos procedimentos de jurisdição voluntária, se presente alguma das hipóteses do art. 178 (art. 721, CPC/2015).
  - Ação de nulidade de compra e venda que fora objeto de registro imobiliário (Lei nº 6.015/1973).
  - O MP é parte material em ação direta de inconstitucionalidade de leis ou atos normativos estaduais ou municipais, em face da Constituição Estadual (art. 125, § 2º, da CF/1988 e art. 29, I, da Lei nº 8.625/1993).

2.2 A Advocacia Pública

A Constituição Federal de 1988 trata da Advocacia Pública e explicita algumas regras para essa carreira no âmbito federal (art. 131), estadual e distrital (art. 132). Na esfera municipal, a matéria fica a cargo das constituições estaduais e das leis orgânicas municipais.

A Advocacia Pública é espécie do gênero advocacia, sendo que a suas funções institucionais estão relacionadas à defesa e à promoção dos interesses públicos da União, dos Estados, do Distrito Federal e dos Municípios. Lembre-se: o advogado público é, antes de tudo, advogado. O qualitativo "público" decorre apenas do fato de ter a incumbência de representar os referidos entes em juízo.

Os advogados públicos, além de se submeterem às leis orgânicas de suas respectivas carreiras (Advogado-Geral da União, Procurador da Fazenda Nacional, Procuradores Federais, Procuradores do Banco Central, Procuradores dos Estados, Procuradores dos Municípios etc.), também são regidos pelas disposições contidas no Estatuto da Ordem dos Advogados do Brasil (Lei nº 8.906, de 4 de julho de 1994). Este, inclusive, invoca a essencialidade da Advocacia Pública tal como fez a Constituição de 1988. Vejamos:

Art. 2º O advogado é indispensável à administração da justiça.

[...]

Art. 3º [...]

§ 1º Exercem atividade de advocacia, sujeitando-se ao regime desta lei, além do regime próprio a que se subordinem, os integrantes da Advocacia-Geral da União, da Procuradoria da Fazenda Nacional, da Defensoria Pública e das Procuradorias e Consultorias Jurídicas dos Estados, do Distrito Federal, dos Municípios e das respectivas entidades de administração indireta e fundacional.

O art. 6º desse mesmo diploma (EOAB) esclarece que não há qualquer relação de hierarquia ou de subordinação entre advogados (públicos ou privados e defensores públicos), magistrados e membros do Ministério Público. Assim, muito embora nem sempre haja equiparação entre essas carreiras – principalmente no que concerne aos vencimentos –, todos são igualmente indispensáveis à administração da justiça.

Vale ressaltar que apesar da atuação dos advogados públicos estar normalmente atrelada à representação judicial e extrajudicial dos entes da Federação, alguns Estados e Municípios permitem o exercício da advocacia na esfera privada, desde que fora do âmbito da Administração. No Estado de Minas Gerais, por exemplo, pode o Procurador de Estado atuar em defesa de interesses de particulares, desde que essa atuação não viole os interesses da pessoa de direito público ao qual pertence (Estado de Minas). Também os Procuradores do Município de Belo Horizonte podem exercer a advocacia privada, exceto contra os interesses do referido ente. Na esfera federal, no entanto, o exercício da advocacia pública fora das atribuições institucionais é expressamente vedado pela Lei Complementar nº 73/1993 (art. 28).

2.2.1 Funções

Art. 182. Incumbe à Advocacia Pública, na forma da lei, defender e promover os interesses públicos da União, dos Estados, do Distrito Federal e dos Municípios, por meio da representação judicial, em todos os âmbitos federativos, das pessoas jurídicas de direito público que integram a administração direta e indireta.

Além da atuação contenciosa, que contempla não só a representação judicial, mas também extrajudicial da União, dos Estados, do Distrito Federal e dos Municípios, os advogados públicos exercem atividades consultivas, de assessoramento e orientação aos dirigentes do Poder Executivo das respectivas unidades federadas (art. 131, parte final, da Constituição).

A representação judicial corresponde à legitimidade conferida ao advogado público para atuar como "Estado" tanto no polo ativo como no polo passivo das ações judiciais. A representação extrajudicial, por sua vez, é aquela que permite ao advogado defender os interesses públicos da Administração na via administrativa, perante órgãos e entidades públicas ou privadas.

Por fim, as funções de consultoria e de assessoramento estão relacionadas à verificação de adequação prévia dos atos que o Poder Executivo pretende praticar aos princípios e regras constantes em nosso ordenamento. O exercício dessas funções (consultoria e assessoramento) deve ter como objetivo dar segurança jurídica aos atos administrativos praticados, evitando o posterior questionamento acerca de sua eventual ilegalidade ou inconstitucionalidade.

2.2.2 Autonomia

Embora a Constituição de 1988 tenha incorporado o caráter autônomo do Ministério Público e da Defensoria Pública, ainda hoje há resistência à ideia de reconhecer essa mesma autonomia à Advocacia Pública.

Alguns doutrinadores entendem que essa diferenciação ocorre por conta da existência de relação direta entre a Advocacia Pública e o Poder Executivo,[13] o que não se estende às demais entidades que exercem outras funções também essenciais à justiça. Nessa linha de raciocínio, os termos do art. 131, § 1º, da Constituição, que confere ao Presidente da República o poder de nomear livremente o chefe da Advocacia-Geral da União, observadas as condições ali elencadas, estaria a denotar que a Advocacia Pública da União (num sentido lato) realmente integra o Poder Executivo.

Sem embargo de opiniões divergentes, não entendo razoável incluir a Advocacia-Geral da União (ou as Procuradorias de Estado, do Distrito Federal ou dos Municípios) como órgão do Poder Executivo. Isso porque, a promoção e a defesa dos interesses públicos das entidades federativas não se resumem ao Poder Executivo. A atuação contenciosa do Advogado-Geral da União, por exemplo, se dá por meio da representação judicial e extrajudicial dos três Poderes da

---

[13] Nesse sentido: MENDES, Gilmar Ferreira; COELHO, Inocêncio Mártires; BRANCO, Paulo Gustavo Gonet. *Curso de direito constitucional*. 2. ed. São Paulo: Saraiva, 2008. p. 998; MORAES, Alexandre de. *Constituição do Brasil interpretada e legislação constitucional*. 9. ed. São Paulo: Atlas, 2013. p. 1.674.

União (Executivo, Legislativo e Judiciário), sendo a atividade de assessoramento e consultoria a única que é restrita ao Executivo.

Assim, tendo capacidade para postular em juízo em nome da entidade pública, seja ela pertencente ao Executivo, ao Legislativo ou ao Judiciário, não se mostra viável sujeitar a Advocacia Pública a interferência ou subordinação a nenhum dos poderes. Sobre o tema, mostra-se esclarecedora a ponderação do advogado público Rommel Macedo, em artigo no qual defende a autonomia da Advocacia Pública:

> "A colocação de qualquer das funções essenciais à Justiça nas estruturas do Poder Executivo, isto é, como um órgão auxiliar de seu chefe, seja o presidente da República, seja o governador de Estado, seja o prefeito municipal, esvai completamente a noção constitucional de essencialidade. Afinal, o que é auxiliar, acessório, expletivo, superabundante não pode ser, logicamente, essencial".[14]

De qualquer forma, considero que os membros da Advocacia Pública, pelo menos no que diz respeito ao conteúdo de suas manifestações, não estão obrigados a atuar, seja no processo contencioso ou na emissão de pareceres, segundo a orientação do administrador. Este poderá acatar ou não o parecer.

Não se pode negar, no entanto, que à Advocacia Pública, diferentemente do que ocorre com a Defensoria Pública e com o Ministério Público, não se confere capacidade de ser parte. A Defensoria, no processo coletivo, atua em nome próprio. O Ministério Público, a seu turno, de regra, atua como parte ou como fiscal da lei, mas nunca como representante. A Advocacia Pública, ao revés, mesmo quando atua na Ação Civil Pública, age como representante do ente ou órgão público. Essa diferenciação, se de um lado não lhe retira a importância, deixa-a em posição de inferioridade na defesa dos interesses sociais mais sensíveis.

2.2.3 Formas de atuação

Dentre as formas de atuação dos advogados públicos podemos destacar as seguintes:

- Assessoramento e consultoria por meio de pareceres jurídicos;
- Exame prévio de legalidade de contratos, acordos e convênios firmados por autoridades públicas;
- Apuração de certeza de liquidez de créditos de natureza tributária (ou não), bem como a inscrição em dívida ativa para fins de cobrança judicial;
- Representação da entidade federativa nas ações de execução de dívida ativa de caráter tributário;
- Representação de entidade federativa nas ações individuais, nas ações civis públicas (Lei nº 7.347/1985), nas ações de improbidade administrativa (Lei nº 8.429/1992) e nas ações provenientes da Lei de Licitações e Contratos Administrativos (Lei nº 14.133/2021);
- Representação e manifestação nas ações de controle concentrado de constitucionalidade.

Essas funções são distribuídas de acordo com a legislação específica de cada carreira (Advogado-Geral da União, Procurador da Fazenda Nacional, Procuradores Federais, Procuradores

---

[14] MACEDO, Rommel. PEC propõe autonomia à Advocacia Pública e pode virar marco. *Consultor Jurídico*. Disponível em: http://www.conjur.com.br/2014-fev-09/propor-autonomia-advocacia--publica-pec-representa-marco-historico. Acesso em: 09 nov. 2018.

do Banco Central, Procuradores dos Estados, Procuradores do Distrito Federal e Procuradores dos Municípios), podendo ser exercidas por um ou mais órgãos, a depender da organização estrutural conferida pela lei.

Por exemplo, à Procuradoria da Fazenda Nacional compete representar a União nas execuções de dívida ativa de caráter tributário (art. 12, II, da Lei Complementar nº 73/1993), enquanto ao Advogado-Geral da União compete o assessoramento do Presidente da República em assuntos de natureza jurídica (art. 4º, VII, da Lei Complementar nº 73/1993).

Ressalte-se que todas as carreiras mencionadas integram a Advocacia Pública e, portanto, são também essenciais à manutenção da ordem jurídica justa.

2.2.4 Prazos e responsabilidades

Conforme tratamos no capítulo anterior, o CPC de 1973 concedia à Fazenda Pública a prerrogativa de prazo em dobro para contestar e em quádruplo para recorrer (art. 188 do CPC/1973). **O CPC/2015 fixa o prazo em dobro para todas as manifestações (art. 183).**

Atuando em defesa da União, do Estado, do Distrito Federal ou do Município, o advogado público terá, por conta desta representação, prazo em dobro para toda e qualquer manifestação processual. Somente na hipótese de lei especial disciplinar prazo próprio para o ente público é que essa regra será afastada. A prerrogativa de prazo em dobro, ressalte-se, é da Fazenda Pública e não do advogado que a representa.

Quanto às responsabilidades, assim como o membro do Ministério Público, o advogado público responderá civil e regressivamente quando agir com dolo ou fraude no exercício de suas funções (art. 184). Mais uma vez, afasta-se a responsabilização em razão de culpa, a qual pode ser imputada ao Estado, por força da responsabilidade objetiva estabelecida no texto constitucional (art. 37, § 6º). Ressalte-se, no entanto, que o Estado, após responder pelo eventual prejuízo, tem a faculdade de propor ação regressiva contra o advogado público, conforme permissivo constitucional contido no dispositivo já citado.

JURISPRUDÊNCIA TEMÁTICA

"Direito Processual Civil. Prazos processuais no caso de greve de advogados públicos. A greve de advogados públicos não constitui motivo de força maior a ensejar a suspensão ou devolução dos prazos processuais (art. 265, V, do CPC). Precedentes citados: AgRg no REsp 502.403-RS, Segunda Turma, DJe de 16/12/2008; AgRg no Ag 1.428.316-PI, Quarta Turma, DJe 23/4/2012; AgRg no Ag 1.253.872-DF, Quinta Turma, DJe 26/4/2010; e AgRg no REsp 373.323-DF, Sexta Turma, DJe de 4/8/2008" (STJ, REsp 1.280.063/RJ, Rel. Min. Eliana Calmon, j. 04.06.2013).

"A atividade de assessoramento jurídico do Poder Executivo dos Estados é de ser exercida por procuradores organizados em carreira, cujo ingresso depende de concurso público de provas e títulos, com a participação da OAB em todas as suas fases, nos termos do art. 132 da CF/1988. Preceito que se destina à configuração da necessária qualificação técnica e independência funcional desses especiais agentes públicos. É inconstitucional norma estadual que autoriza a ocupante de cargo em comissão o desempenho das atribuições de assessoramento jurídico, no âmbito do Poder Executivo. Precedentes" (ADI 4.261, Plenário, Rel. Min. Ayres Britto, j. 02.08.2010, DJe 20.08.2010).

"O cargo de Procurador-Geral do Estado é de livre nomeação e exoneração pelo Governador do Estado, que pode escolher o Procurador-Geral entre membros da carreira ou não. Precedentes" (ADI 291, Plenário, Rel. Min. Joaquim Barbosa, j. 07.04.2010, DJe 10.09.2010).

"A garantia da inamovibilidade é conferida pela CF/1988 apenas aos magistrados, aos membros do Ministério Público e aos membros da Defensoria Pública, não podendo ser estendida aos procuradores do Estado" (ADI 291, Plenário, Rel. Min. Joaquim Barbosa, j. 07.04.2010, DJe 10.09.2010).

Súmula nº 644 do STF: "Ao titular do cargo de procurador de autarquia não se exige a apresentação de instrumento de mandato para representá-la em juízo".

Quadro esquemático 24 – Advocacia Pública

Advocacia Pública
- **Conceito**: espécie do gênero advocacia, sendo que as suas funções institucionais estão relacionadas à defesa e promoção dos interesses públicos da União, dos Estados, do Distrito Federal, dos Municípios e das demais pessoas jurídicas de direito público que integram a administração direta e indireta.
- **Funções**:
  - Além da atuação contenciosa (art. 182, CPC/2015), os advogados públicos exercem atividades consultivas, de assessoramento e orientação dos dirigentes do Poder Executivo das respectivas unidades federadas (art. 131, parte final, CF/1988).
- **Prazo diferenciado e responsabilidade**:
  - A União, os Estados, o Distrito Federal, os Municípios e suas respectivas autarquias e fundações de direito público gozarão de prazo em dobro para todas as suas manifestações processuais, cuja contagem terá início a partir da intimação pessoal (art. 183, CPC/2015).
  - O advogado público responderá civil e regressivamente quando agir com dolo ou fraude no exercício de suas funções (art. 184, CPC/2015).
- **Honorários**: o advogado público tem direito autônomo à execução dos honorários advocatícios de sucumbência nas hipóteses em que a vencedora da demanda for a entidade que ele represente.

2.3 A Defensoria Pública

O texto promulgado pelo constituinte originário de 1988 conferiu ao Estado o dever de prestar assistência jurídica integral e gratuita a todas as pessoas que comprovem insuficiência de recursos, nos termos do art. 5º, LXXIV. Tal dever foi erigido a direito fundamental e sua efetividade somente foi possível após a criação das Defensorias Públicas, instituições incumbidas de orientar e defender, em todos os graus, os necessitados (art. 134).

O Congresso Nacional, após o início da vigência do atual texto constitucional, organizou a Defensoria Pública da União e do Distrito Federal e dos Territórios por meio da Lei Complementar nº 80/1994, que também estabeleceu normas gerais relacionadas à atuação da Defensoria Pública nos Estados, deixando a organização e a instituição do regime jurídico da carreira de Defensor Público Estadual a cargo das leis complementares estaduais.

A Emenda Constitucional nº 45/2004, por sua vez, fortaleceu as Defensorias Públicas Estaduais, assegurando-lhes autonomia funcional e administrativa, o que foi reforçado pela Lei Complementar nº 132/2009.[15] Em nível distrital, esse fortalecimento se deu com a promulgação

---

[15] A LC nº 132/2009 acrescentou o art. 97-A ao texto da LC nº 80/1994, disciplinando que: "À Defensoria Pública do Estado é assegurada autonomia funcional, administrativa e iniciativa para elaboração de sua proposta orçamentária, dentro dos limites estabelecidos na lei de diretrizes orçamentárias [...]".

da Emenda Constitucional nº 69/2012, que conferiu à Defensoria Pública do Distrito Federal[16] os mesmos princípios e regras que, nos termos da Constituição Federal, regem as Defensorias Públicas dos Estados.

Como se pode perceber, tanto em nível constitucional quanto infraconstitucional, a Defensoria Pública foi ganhando espaço e autonomia, o que fez que passasse a desfrutar do mesmo status das demais instituições essenciais à Justiça, notadamente o Ministério Público.

2.3.1 A Defensoria Pública como cláusula pétrea

O enquadramento da Defensoria Pública como garantia fundamental constitucional, incumbida, principalmente, da promoção do acesso à justiça – direito fundamental consubstanciado no art. 5º, XXXV, da Constituição de 1988 – faz que essa instituição seja considerada pela maioria da doutrina como **integrante do núcleo essencial de um Estado Democrático de Direito**.

Tal constatação se deve ao fato de que "o direito de acesso à Justiça faz parte do assim chamado mínimo existencial, núcleo essencial do princípio da dignidade humana, não podendo de forma alguma ser suprimido mediante reforma constitucional".[17]

Assim, em razão da importância de sua atuação para a garantia de direitos fundamentais, a Defensoria Pública não pode ser suprimida, nem ter suas atribuições reduzidas via emenda constitucional, "sob pena de indefensável retrocesso no cumprimento do objetivo fundamental de construção de uma sociedade livre, justa e solidária".[18]

2.3.2 Funções

A Constituição Federal de 1988, em sua redação original, conceituou a Defensoria Pública como a "instituição essencial à função jurisdicional do Estado, incumbindo-lhe a orientação jurídica e a defesa, em todos os graus, dos necessitados, na forma do art. 5º, LXXIV" (art. 134). A Lei Complementar nº 80/1994 (alterada pela Lei Complementar nº 132/2009), por sua vez, definiu-a em seu art. 1º como

> "[...] instituição permanente, essencial à função jurisdicional do Estado, incumbindo-lhe, como expressão e instrumento do regime democrático, fundamentalmente, a orientação jurídica, a promoção dos direitos humanos e a defesa, em todos os graus, judicial e extrajudicial, dos direitos individuais e coletivos, de forma integral e gratuita, aos necessitados, assim considerados na forma do inciso LXXIV do art. 5º da Constituição Federal".

---

[16] Antes da EC nº 69/2012, a Defensoria Pública do Distrito Federal era mantida pela União, e cabia a este ente a organização judiciária e administrativa dessa entidade. Atualmente, somente a organização judiciária e administrativa do Ministério Público do Distrito Federal e dos Territórios e da Defensoria Pública dos Territórios compete à União.

[17] GIUDICELLI, Gustavo Barbosa. *A Defensoria Pública enquanto garantia fundamental institucional*. Releitura do papel da Defensoria Pública no cenário jurídico brasileiro. Disponível em: http://www.anadep.org.br/wtksite/cms/conteudo/17278/A_Defensoria_P_blica_enquanto_direito_fundamental_institucional.pdf. Acesso em: 20 ago. 2015.

[18] GIUDICELLI, Gustavo Barbosa. *A Defensoria Pública enquanto garantia fundamental institucional*. Releitura do papel da Defensoria Pública no cenário jurídico brasileiro. p. 25. Disponível em: http://www.anadep.org.br/wtksite/cms/conteudo/17278/A_Defensoria_P_blica_enquanto_direito_fundamental_institucional.pdf. Acesso em: 20 ago. 2015.

A Constituição de 1988 não qualificou como permanente a Defensoria Pública porque, segundo os ensinamentos de Holden Macedo da Silva,[19] como um dos objetivos da República Federativa do Brasil é a erradicação da pobreza (art. 3º, III, da Constituição), não seria justificável tratar como permanente uma instituição criada para defender os interesses dos necessitados.

Ocorre que, além de utópica a ideia de erradicação da pobreza em nosso país, a exegese do texto constitucional, que adota um conceito jurídico indeterminado acerca da atuação da Defensoria Pública, "autoriza o entendimento de que o termo *necessitados* abrange não apenas os *economicamente necessitados*, mas também *os necessitados do ponto de vista organizacional*, ou seja, os socialmente vulneráveis".[20] O adjetivo *necessitados* deve nos remeter, então, "àquela pessoa que padece de algum tipo de vulnerabilidade (econômica, técnica, fática etc.), capaz de colocá-la em situação de desvantagem, seja na relação de direito material ou processual",[21] como, por exemplo, o consumidor, o idoso e a pessoa deficiente. No sistema de produção e consumo do regime capitalista sempre existirá necessitados e hipossuficientes.

Talvez por isso, em 2014, a redação do art. 134 da CF/1988 tenha sido alterada. De acordo com o texto trazido pela EC 80/2014, "a Defensoria Pública é instituição permanente, essencial à função jurisdicional do Estado, incumbindo-lhe, como expressão e instrumento do regime democrático, fundamentalmente, a orientação jurídica, a promoção dos direitos humanos e a defesa, em todos os graus, judicial e extrajudicial, dos direitos individuais e coletivos, de forma integral e gratuita, aos necessitados, na forma do inciso LXXIV do art. 5º desta Constituição Federal".

Mesmo que a função precípua da Defensoria Pública seja a defesa dos economicamente necessitados, nada impede que outras funções lhe sejam atribuídas por lei. Prova desse entendimento é a Lei nº 11.448/2007, que estendeu à Defensoria Pública a legitimação para a propositura de Ação Civil Pública (art. 5º, II, da Lei nº 7.347/1985).[22]

Vale lembrar, por fim, que ao contrário dos advogados públicos, **os membros na Defensoria Pública não podem exercer a advocacia fora de suas atribuições institucionais**, nos termos do art. 134, § 1º, parte final, da Constituição Federal. Nesse sentido, o defensor público

---

[19] SILVA, Holden Macedo da. *Princípios institucionais da Defensoria Pública*: breves comentários textuais ao regime constitucional da Defensoria Pública. Brasília: Fortium, 2007. p. 30.

[20] Comentário extraído do parecer da Professora Titular da Universidade de São Paulo, Ada Pelegrini Grinover, emitido por ocasião da arguição de inconstitucionalidade do inc. II do art. 5º da Lei da Ação Civil Pública (Lei nº 7.347/1985), com a redação dada pela Lei nº 11.488/2007, que conferiu à Defensoria Pública legitimidade ativa para propor as ações previstas na referida lei. A Ação Direta de Inconstitucionalidade 3.943 foi promovida pela Associação Nacional dos Membros do Ministério Público (CONAMP). Parecer disponível em: http://www.migalhas.com.br/arquivo_artigo/art20121108-07.pdf. Acesso em: 09 nov. 2018.

[21] VARGAS, Cirilo Augusto. *A Defensoria Pública e o problema da "pertinência temática"*. Disponível em: http://jus.com.br/artigos/10875/a-defensoria-publica-e-o-problema-da-pertinencia-tematica.

[22] Segundo entendimento do STF (Plenário, ADI 3.943/DF, Rel. Min. Cármen Lúcia, j. 06 e 07.05.2015), é constitucional a Lei nº 11.448/2007, que alterou a Lei nº 7.347/1985, prevendo a Defensoria Pública como um dos legitimados para propor ação civil pública. Vale ressaltar que a Defensoria Pública pode propor ação civil pública na defesa de direitos difusos, coletivos e individuais homogêneos, mas, quanto aos últimos, a jurisprudência entende que a legitimidade da Defensoria é mais restrita se comparada aos casos que envolvam direitos difusos. Assim, para que seja possível o ajuizamento de Ação Civil Pública envolvendo direitos coletivos e individuais homogêneos, é indispensável que, dentre os beneficiados com a decisão, também existam pessoas necessitadas economicamente (STJ, REsp 1.192.577/RS, 4ª Turma, Rel. Min. Luis Felipe Salomão, j. 15.05.2014).

só pode advogar para cumprir sua missão institucional, sendo-lhe vedado exercer a advocacia fora dos ditames constitucionais.

Pela missão que desempenha no Estado Democrático de Direito, nada justifica que ao Defensor Público-Geral da União não se tenha conferido legitimidade para ajuizar ação de controle concentrado de constitucionalidade (ADI/ADC/ADPF), aos moldes do que se passa com o Procurador-Geral da República. Como adiante se verá, no mínimo com relação a leis e atos normativos com reflexos sobre direitos dos hipossuficientes, dever-se-ia reconhecer essa legitimação.

2.3.2.1 As funções da Defensoria Pública no CPC atual

O Código atual destinou um **título exclusivo para tratar da Defensoria Pública**, assim como fez com o Ministério Público e a Advocacia Pública. Tal disposição serviu para dar organicidade ao sistema processual e, acima de tudo, para conferir a mesma importância a todas essas entidades que, juntamente com a Advocacia Privada, exercem funções essenciais à justiça.

Além das funções elencadas no art. 4º da Lei Complementar nº 80/1994, o art. 185 do CPC/2015 dispõe que **"a Defensoria Pública exercerá a orientação jurídica, a promoção dos direitos humanos e a defesa dos direitos individuais e coletivos dos necessitados, em todos os graus, de forma integral e gratuita"**.

Na ótica da norma processual vigente, o acesso à Justiça é encarado como requisito fundamental dos direitos humanos e se identifica com a própria garantia da prestação jurisdicional. Isso porque, ao tentar equalizar as oportunidades, ofertando aos mais necessitados o verdadeiro acesso à justiça, o defensor público atua de forma a resgatar a dignidade dessas pessoas, que normalmente não possuem qualquer conhecimento quanto aos seus direitos e garantias, tampouco quanto à forma de exercê-los.

As funções institucionais da Defensoria Pública, sejam aquelas inseridas de forma genérica no CPC/2015 ou de forma específica na LC nº 80/1994, são exercidas inclusive contra as pessoas jurídicas de direito público. Desta forma, nada impede que um Defensor Público do Estado de Minas Gerais, por exemplo, proponha ação em face do município de Belo Horizonte ou contra o próprio Estado, na qualidade de defensor de pessoa necessitada, bem como ação civil pública, em nome próprio, como legitimada extraordinária. Nesse último caso, a ressalva que precisa ser feita é com relação aos honorários sucumbenciais. Havia precedente que impedia o recebimento de honorários pelo Defensor Público quando este atuava em desfavor da pessoa jurídica da qual pertencia.[23] Entendia-se que, nesse caso, poderia haver confusão entre credor e devedor. No entanto, a Súmula 421 do STJ foi cancelada em abril de 2024. Isso porque, o STF, por ocasião do julgamento do RE 1.140.005/RJ, ao considerar a autonomia administrativa, funcional e financeira atribuída à Defensoria Pública, concluiu pela ausência de vínculo de subordinação da instituição ao Poder Executivo. Consequentemente, restou superado o argumento de confusão patrimonial e definida a tese que assegura o pagamento de honorários sucumbenciais à instituição, independentemente do ente público litigante, os quais devem ser destinados, exclusivamente, ao aparelhamento das Defensorias Públicas, sendo vedado o rateio dos valores entre os membros (Tema 1.002/STF). Diante do precedente vinculante, coube ao STJ cancelar o enunciado.

---

[23] Nesse sentido: Súmula nº 421 do STJ: "Os honorários advocatícios não são devidos à Defensoria Pública quando ela atua contra a pessoa jurídica de direito público à qual pertença". *A contrario sensu*, há que se reconhecer o direito ao recebimento desses honorários se a atuação dá-se diante de ente federativo diverso (STJ, REsp 1.108.013).

Além da assistência individual, é função precípua da Defensoria Pública a defesa dos interesses coletivos *lato sensu*. Aqui, a única condição que foi estabelecida pela LC nº 80/1994 para o exercício das ações capazes de propiciar a tutela dos interesses difusos, coletivos ou individuais homogêneos, está relacionada ao resultado da demanda, que necessariamente deve beneficiar um ou mais grupos de pessoas hipossuficientes (art. 4º, VII, parte final).

Na linha da jurisprudência, para que a Defensoria seja considerada como legitimada a conduzir o processo coletivo

"[...] é preciso que seja demonstrado o nexo entre a demanda coletiva e o interesse de uma coletividade composta por pessoas necessitadas, conforme locução tradicional. [...]. Não é necessário, porém, que a coletividade seja composta exclusivamente por pessoas necessitadas. Se fosse assim, praticamente estaria excluída a legitimação da Defensoria para a tutela de direitos difusos, que pertencem a uma coletividade de pessoas indeterminadas. Ainda neste sentido, não seria possível a promoção de ação coletiva pela Defensoria quando o interesse protegido fosse comum a todas as pessoas, carentes ou não".[24]

Em razão da abrangência da expressão direitos humanos, cuja defesa insere-se no rol de atribuições da Defensoria Pública, a limitação da sua atuação não encontra o menor respaldo jurídico.

Na esfera extrajudicial, a Defensoria Pública tem a função de atuar na solução dos litígios, visando à composição entre as pessoas em conflito. Uma das formas dessa atuação pode ser extraída do art. 784, IV, do CPC, que concede a eficácia de título executivo extrajudicial aos instrumentos de transação extrajudiciais referendados pela Defensoria Pública.

Sem esgotar o tema, vejamos as demais **hipóteses de atuação da Defensoria Pública no CPC/2015**:

- A Defensoria Pública deve ser oficiada pelo juiz quando este se deparar com diversas demandas individuais sobre a mesma questão de direito, a fim de que seja promovida a propositura da ação coletiva respectiva (art. 139, X).
- O defensor público pode representar ao juiz contra o serventuário que, de forma injustificada, exceder aos prazos previstos em lei (art. 233, § 2º).
- A Defensoria Pública pode representar ao corregedor do tribunal ou ao Conselho Nacional de Justiça (CNJ) contra juiz ou relator que injustificadamente exceda os prazos previstos em lei, regulamento ou regimento interno (art. 235).
- A distribuição dos processos pode ser fiscalizada pela Defensoria Pública (art. 289), mesmo quando o defensor não atuar como procurador de uma das partes.
- Nas ações possessórias em que figure no polo passivo grande número de litigantes em situação de hipossuficiência econômica, o juiz deverá determinar a intimação da Defensoria Pública para acompanhar o feito (art. 554, § 1º).
- A Defensoria Pública pode requerer a instauração do incidente de resolução de demandas repetitivas quando for verificada a possível multiplicação de ações fundadas na mesma tese jurídica (art. 977, III).

---

[24] DIDIER JR., Fredie; ZANETI JR., Hermes. *Legitimidade da Defensoria Pública para a propositura de ações coletivas*. Disponível em: http://www.frediedidier.com.br/editorial/editorial-35/. Acesso em: 06 nov. 2018.

2.3.3 A Defensoria Pública e o controle de constitucionalidade

O controle de constitucionalidade das leis e atos normativos no Brasil pode ser realizado sob duas formas: difusa ou concentrada.

Diz-se difusa a forma de controle de constitucionalidade exercida por todos os juízes, em caráter incidental, como *causa de pedir* de demanda previamente proposta. Nesse tipo de controle a declaração de inconstitucionalidade é decorrência lógica do pedido principal.

Por meio do controle concentrado, procura-se, por outro lado, obter a declaração de inconstitucionalidade de lei ou ato normativo federal ou estadual em tese ou a declaração de constitucionalidade de lei ou ato normativo federal. Esse controle independe da existência de um litígio e a declaração de inconstitucionalidade ou constitucionalidade é o pedido principal da ação direta.

O controle concentrado é de competência originária do Supremo Tribunal Federal, podendo ser provocado por um dos legitimados constantes no rol do art. 103 da Constituição Federal: Presidente da República; Mesa do Senado Federal; Mesa da Câmara dos Deputados; Mesa da Assembleia Legislativa ou da Câmara Legislativa do Distrito Federal; Governador de Estado ou do Distrito Federal; Procurador-Geral da República; Conselho Federal da Ordem dos Advogados do Brasil; partido político com representação no Congresso Nacional; e Confederação sindical ou entidade de classe de âmbito nacional.

Não obstante serem formalmente legitimados para proporem ação direta de inconstitucionalidade e ação declaratória de constitucionalidade, a Mesa da Assembleia Legislativa ou da Câmara Legislativa do Distrito Federal, o Governador de Estado ou do Distrito Federal, bem como a confederação sindical ou entidade de classe de âmbito nacional, têm atuação condicionada à demonstração da relação de pertinência entre o ato impugnado e a atividade por eles desempenhada.

A legitimidade para o controle concentrado não foi estendida ao Defensor Público-Geral da União, apesar de que, a nosso ver, seja perfeitamente possível que a Defensoria Pública da União leve ao Supremo as questões relativas aos interesses dos necessitados, mesmo na hipótese de inexistir prévio litígio. Tendo em vista o perfil de sua instituição, a extensão da legitimidade ao defensor público tenderia a reforçar, em nível constitucional, o debate de teses para que o Supremo pudesse chegar a uma decisão mais justa.

Um exemplo de atuação da Defensoria Pública da União pode ser verificado na hipótese a seguir:

> "Uma lei passa a impedir a pesca do caranguejo em rede miúda nas regiões de estuário de mangue, colaborando para o equilíbrio ecológico do meio ambiente. A comunidade ribeirinha prejudicada representa ao Procurador-Geral da República para o ajuizamento de ação direta inconstitucionalidade, tendo em vista a total supressão legal dos direitos à vida, à subsistência e ao trabalho. Atento às questões ambientais e aos interesses sociais da maioria da população beneficiária da medida, o Procurador-Geral arquiva o caso. Os prejudicados, assim, poderiam perfeitamente representar ao Defensor Público-Geral da União, que, atento aos interesses dos necessitados por missão institucional, poderia levar a questão ao Supremo Tribunal Federal e este, então, faria a necessária ponderação de interesses, decidindo a questão constitucional".[25]

---

[25] SILVA, Holden Macedo da. *Nova legitimação ativa para o controle concentrado de constitucionalidade: o Defensor Público-Geral da União.* Disponível em: http://www.dpu.gov.br/pdf/artigos/artigo_controle_concentrado_rolden.pdf. Acesso em: 06 nov. 2018.

A legitimação do Defensor Público-Geral da União, tal qual o Procurador-Geral da República, tende a buscar a isonomia entre as funções essenciais à justiça e a democratizar a legitimidade na jurisdição constitucional. Tal providência já é, a nível estadual, adotada por alguns Estados da Federação, a exemplo do Ceará e do Rio de Janeiro, cujas Constituições preveem a legitimação do chefe da Defensoria Pública estadual a participar do controle de constitucionalidade. Vejamos:

Constituição do Estado do Ceará

Art. 127. São partes legítimas para propor a ação direta de inconstitucionalidade de lei ou de ato normativo estadual, contestado em face desta Constituição, ou por omissão de medida necessária para tornar efetiva norma ou princípio desta Constituição:

[...]

IV – o Defensor-Geral da Defensoria Pública;

Constituição do Estado do Rio de Janeiro

Art. 162. A representação de inconstitucionalidade de leis ou de atos normativos estaduais ou municipais, em face desta Constituição, pode ser proposta pelo Governador do Estado, pela Mesa, por Comissão Permanente ou pelos membros da Assembleia Legislativa, pelo Procurador-Geral da Justiça, pelo Procurador-Geral do Estado, pelo Defensor Público Geral do Estado, por Prefeito Municipal, por Mesa de Câmara de Vereadores, pelo Conselho Seccional da Ordem dos Advogados do Brasil, por partido político com representação na Assembleia Legislativa ou em Câmara de Vereadores, e por federação sindical ou entidade de classe de âmbito estadual.

Como as partes legítimas para a propositura da ação de inconstitucionalidade de leis ou atos normativos estaduais ou municipais, contestados em face da Constituição Estadual, devem ser especificadas em cada Constituição Estadual (art. 125, § 2º, da CF/1988), esses Estados estenderam a legitimidade para agir ao membro da Defensoria Pública Estadual, atribuindo-lhe os mesmos *status* conferidos ao Procurador-Geral do Estado e ao Procurador-Geral de Justiça.

O que houve, creio, foi uma omissão do legislador constituinte no que concerne à legitimação da Defensoria Pública da União para manejar as ações relativas ao controle concentrado de constitucionalidade, tal qual como foi conferida ao Procurador-Geral da República. Para sanar esta omissão far-se-á necessário o acréscimo, via emenda constitucional, de mais um inciso ao art. 103 da Constituição Federal, possibilitando, assim, a todas as funções essenciais à Justiça, a efetiva participação na fiscalização abstrata da constitucionalidade das leis e atos normativos do Poder Público. A propósito, há proposta de emenda constitucional em tramitação que pretende incluir o Defensor Público Geral como legitimado para o controle de constitucionalidade. Por enquanto, vem prevalecendo a tese da ilegitimidade, a qual foi consolidada no STF: "**A Defensoria Pública, no entanto, nos termos do art. 103 da CF/1988, não tem legitimidade para instaurar processo de fiscalização normativa abstrata, ainda que sob o rótulo de ação cível originária**" (ACO 3.061 AgRg, Rel. Min. Roberto Barroso, j. 11.09.2018, 1ª T., *DJe* 10.12.2018).

Como forma de minimizar essa omissão, a jurisprudência vem caminhando no sentido de admitir a atuação da Defensoria Pública da União e das Defensorias Públicas estaduais como *amicus curiae* em processos de controle concentrado de constitucionalidade, bem como em recursos especiais repetitivos e recursos extraordinários submetidos à repercussão geral. A intervenção, no entanto, não é admitida em todo e qualquer caso. Há que se demonstrar legítimo interesse e representatividade adequada, ou seja, os mesmos requisitos para que qualquer pessoa (física ou jurídica) intervenha como amigo da corte.[26]

---

[26] Exemplos de julgados em que foi ADMITIDA a intervenção da Defensoria como *amicus curiae*: ADI 4.636; RE 580.963; ADPF 186; REsp 1.111.566; REsp 1.133.869 e REsp 1.339.313. Exemplos

Não nos parece suficiente admitir essa forma de intervenção especialmente quanto se tratar de direitos de pessoas vulneráveis. Muitos estudiosos das prerrogativas das defensorias públicas vislumbram a possibilidade de intervenção da instituição como *custos vulnerabilis*, inclusive nos processos de controle concentrado de constitucionalidade perante o STF. A atribuição/função *custos vulnerabilis*, que não se confunde com a figura do *amicus curiae*, cujos poderes são limitados, consiste em uma atuação ou intervenção autônoma e institucional, que tem como objetivo promover os direitos humanos de pessoas ou grupos em situação de vulnerabilidade, visando garantir sua participação e influência nas decisões político-sociais.

A jurisprudência vem evoluindo nesse sentido para dar voz à Defensoria Pública na qualidade de guardiã dos grupos vulneráveis. A título de exemplo, na ADPF 709, que trata da disputa de direitos dos povos indígenas, a Defensoria Pública da União foi admitida como *custos vulnerabilis*, passando a atuar no processo com prerrogativas semelhantes às das partes, ou seja, de uma forma muito mais ampla do que aquela destinada à figura do *amicus curiae*. A propósito, Edilson Santana, Bheron Rocha e Maurilio Casas[27], trazem importantes diferenças em relação aos dois institutos, dentre as quais citamos:

- a atuação como *amicus curiae* depende, nos termos do art. 138 do CPC, da relevância da matéria, da especificidade do tema objeto da demanda ou da repercussão social da controvérsia. Já para o ingresso da Defensoria como *custos vulnerabilis*, basta a demonstração, em tese, do interesse institucional na defesa das pessoas em situação de vulnerabilidade, que pode ou não ser econômica;
- eventual indeferimento do pedido de intervenção na qualidade de *amicus curiae* torna impossível a interposição de recurso, pois o próprio CPC estabelece que a decisão é irrecorrível. Por outro lado, a intervenção na qualidade de *custos vulnerabilis* permite, caso haja indeferimento do pedido, a inauguração de uma fase recursal. Na mesma linha, a limitação recursal imposta pelo CPC (art. 138, §§ 1º e 3º) não se aplica a atuação do defensor como guardião dos vulneráveis.

O tema vem sendo objeto de debates e há, inclusive, projeto de lei (PL nº 4.441/2020), que tem o escopo de disciplinar o procedimento da nova lei de Ação Civil Pública e estabelecer a possibilidade de atuação do defensor público quando a demanda coletiva envolver grupo de pessoas economicamente vulneráveis.

2.3.4 Princípios institucionais

São princípios institucionais da Defensoria Pública a unidade, a indivisibilidade e a independência funcional (art. 3º da LC nº 80/1994).

A **unidade** consiste em compreender a Defensoria Pública como um todo orgânico, embora haja a divisão em Defensoria Pública da União, dos Estados, e do Distrito Federal e Territórios.

Como vimos no capítulo referente ao Ministério Público, essa subdivisão se justifica pela forma federativa adotada pelo Estado brasileiro e pela distribuição das atribuições em decorrência da matéria e da pessoa. Assim, compete à Defensoria Pública da União atuar em processos judiciais perante as Justiças Federal, do Trabalho, Eleitoral, Militar, Tribunais

---

de julgados em que foi INADMITIDA a participação da Defensoria nessa mesma qualidade: REsp 1.371.128/RS e REsp 1.333.977/MT.

[27] *Custos vulnerabilis*: a Defensoria Pública e o equilíbrio nas relações político-jurídicas dos vulneráveis. Belo Horizonte: CEI, 2020. p. 92 e 93.

Superiores[28] e instâncias administrativas da União. As Defensorias Públicas Estaduais, por outro lado, têm competência para atuar em matérias de competência da Justiça Estadual, quando não há interesse da União.

Por princípio da **indivisibilidade**, que é um corolário da unidade, entende-se que seus membros podem substituir-se uns aos outros, pois quem está na relação processual é a própria Defensoria Pública e não a pessoa física do Defensor. Assim, para que não haja descontinuidade na execução de suas funções institucionais, em caso de férias, licença ou impedimento, nada impede a substituição de defensores públicos. Tais substituições, contudo, não se dão de forma aleatória e discricionária. Da mesma forma como ocorre nos casos de substituição de membros do Ministério Público, as substituições e o afastamento do Defensor Público de suas funções ordinárias necessita de regulamentação legal.

Autonomia funcional, por sua vez, significa que, no exercício de suas funções, o membro da Defensoria Pública tem plena liberdade para agir de acordo com suas convicções, inclusive em face da pessoa jurídica de direito público da qual faz parte. Tal princípio "elimina qualquer possibilidade de hierarquia diante dos demais agentes políticos do Estado, incluindo os magistrados, promotores de justiça, parlamentares, secretários de estado e delegados de polícia".[29]

2.3.5 Prazos e responsabilidades

Os arts. 44, I, 89, I, e 128, I, da LC nº 80/1994 fixam como prerrogativa dos membros da Defensoria Pública o recebimento de intimação pessoal em qualquer processo e grau de jurisdição ou instância administrativa, contando-se-lhes em dobro todos os prazos.

No processo civil a regra está estampada no art. 186, que confere à Defensoria Pública o prazo em dobro para todas as manifestações processuais e estabelece a sua contagem a partir da intimação pessoal (seja por carga, remessa ou meio eletrônico).

O CPC/2015 também traz prerrogativa para o assistido pela Defensoria Pública, ao passo que possibilita a sua intimação pessoal (via oficial de justiça) nos casos em que o ato processual dependa de providência ou informação que somente pelo assistido possa ser realizada ou prestada (art. 186, § 2º). A regra se justifica pela dificuldade que possui a Defensoria Pública em manter contato com os seus representados e, consequentemente, em dar andamento ao trâmite processual sem o efetivo auxílio da parte assistida.

Tratando-se de advogados dativos, STF e STJ já consolidaram entendimento no sentido de que estes não possuem as prerrogativas processuais de intimação pessoal e prazo em dobro conferidas aos defensores públicos em geral. A ressalva fica por conta da intimação pessoal em matéria penal, que foi estendida ao defensor dativo (STF, HC nº 110.656, Rel. Min. Ayres Britto, j. 13.03.2012).

Quanto às responsabilidades, o CPC prevê que o membro da Defensoria Pública será civil e regressivamente responsável quando proceder com dolo ou fraude no exercício das suas funções (art. 187). Desta forma, o prejudicado por ato doloso ou fraudulento praticado por representante da Defensoria Pública terá o direito de ressarcir-se por meio de ação dirigida

---

[28] Não há exclusividade na atuação da Defensoria Pública da União em Tribunais Superiores (HC 92.399, Rel. Min. Ayres Brito, j. 29.06.2010). Assim, caso a Defensoria Pública Estadual esteja prestando assistência jurídica em ação proposta na Justiça Comum Estadual, caber-lhe-á interpor os recursos aos Tribunais Superiores, quando cabíveis.

[29] GALLIEZ, Paulo Cesar Ribeiro. *Princípios institucionais da Defensoria Pública*. Rio de Janeiro: Lumen Juris, 2001. p. 27.

contra o Poder Público e, em tal hipótese, o membro da instituição será responsável regressivamente perante o Estado.

JURISPRUDÊNCIA TEMÁTICA

Possibilidade de aplicação do art. 186, § 2º, ao Defensor Dativo, quando houver requerimento

"(...) A interpretação literal das regras contidas do art. 186, *caput*, § 2º e § 3º, do CPC/2015, autorizaria a conclusão de apenas a prerrogativa de cômputo em dobro dos prazos prevista no *caput* seria extensível ao defensor dativo, mas não a prerrogativa de requerer a intimação pessoal da parte assistida quando o ato processual depender de providência ou informação que somente por ela possa ser realizada ou prestada. 3. Esse conjunto de regras, todavia, deve ser interpretado de modo sistemático e à luz de sua finalidade, a fim de se averiguar se há razão jurídica plausível para que se trate a Defensoria Pública e o defensor dativo de maneira anti-isonômica. 4. Dado que o defensor dativo atua em locais em que não há Defensoria Pública instalada, cumprindo o quase altruísta papel de garantir efetivo e amplo acesso à justiça aqueles mais necessitados, é correto afirmar que as mesmas dificuldades de comunicação e de obtenção de informações, dados e documentos, experimentadas pela Defensoria Pública e que justificaram a criação do art. 186, § 2º, do CPC/2015, são igualmente frequentes em relação ao defensor dativo. 5. É igualmente razoável concluir que a altíssima demanda recebida pela Defensoria Pública, que pressiona a instituição a tratar de muito mais causas do que efetivamente teria capacidade de receber, também se verifica quanto ao defensor dativo, especialmente porque se trata de profissional remunerado de maneira módica e que, em virtude disso, naturalmente precisa assumir uma quantidade significativa de causas para que obtenha uma remuneração digna e compatível. 6. A interpretação literal e restritiva da regra em exame, a fim de excluir do seu âmbito de incidência o defensor dativo, prejudicará justamente o assistido necessitado que a regra pretendeu tutelar, ceifando a possibilidade de, pessoalmente intimado, cumprir determinações e fornecer subsídios, em homenagem ao acesso à justiça, ao contraditório e à ampla defesa, razão pela qual deve ser admitida a extensão da prerrogativa conferida à Defensoria Pública no art. 186, § 2º, do CPC/2015, também ao defensor dativo nomeado em virtude de convênio celebrado entre a OAB e a Defensoria. 7. Segundo o art. 186, § 2º, do CPC/2015, a intimação pessoal da parte assistida pressupõe uma providência que apenas por ela possa ser realizada ou uma informação que somente por ela possa ser prestada, como, por exemplo, indicar as testemunhas a serem arroladas, exibir documento por força de ordem judicial, cumprir a sentença (art. 513, § 2º, II, do CPC/2015) e ser cientificado do requerimento, pelo exequente, de adjudicação do bem penhorado (art. 876, § 1º, II, do CPC/2015) (...)" (STJ, 3ª T., RMS 64.894/SP, Rel. Min. Nancy Andrighi, j. 03.08.2021, *DJe* 09.08.2021).

"Legitimidade. Defensoria Pública. Ação Coletiva.

A Turma, ao prosseguir o julgamento, entendeu que a Defensoria Pública tem legitimidade para ajuizar ação civil coletiva em benefício dos consumidores de energia elétrica, conforme dispõe o art. 5º, II, da Lei nº 7.347/1985, com redação dada pela Lei nº 11.448/2007". Precedente citado: REsp 555.111/RJ, *DJ* 18.12.2006 (STJ, REsp 912.849/RS, Rel. Min. José Delgado, j. 26.02.2008).

Quadro esquemático 25 – Defensoria Pública

Defensoria Pública		
	– Conceito	Instituição incumbida de exercer a orientação jurídica, a promoção dos direitos humanos e a defesa dos direitos individuais e coletivos dos necessitados, em todos os graus, de forma integral e gratuita (art. 185, CPC/2015).
	– Funções	Orientação jurídica e defesa dos necessitados (art. 134, CF/88; art. 1º, LC nº 80/94); propositura de ação civil pública (art. 5º, II, da Lei nº 7.347/1985); ajuizamento de ações em controle concentrado de constitucionalidade (legislação local e doutrina); intervenção como *amicus curiae* e também como *custos vulnerabilis*.
	– Princípios institucionais (art. 3º da LC nº 80/1994)	– Unidade: todos os membros fazem parte de um só órgão. – Indivisibilidade: seus membros podem ser indiferentemente substituídos uns pelos outros. – Autonomia funcional: no exercício de suas funções, o membro da Defensoria Pública tem plena liberdade para agir de acordo com suas convicções, inclusive em face da pessoa jurídica de direito público da qual faz parte.
	– Prazo diferenciado e responsabilidade	– Prazo em dobro para todas as manifestações processuais (art. 186, CPC/2015) – O membro da Defensoria Pública será civil e regressivamente responsável quando proceder com dolo ou fraude no exercício das suas funções (art. 187, CPC/2015).

2.4 A Advocacia Privada

Sobre a Advocacia Privada remetemos o leitor ao Capítulo 7 desta obra, onde tratamos das partes e dos procuradores e esclarecemos as principais regras relativas ao exercício da advocacia.

12

Atos processuais (arts. 188 a 293)

1. CONCEITO

Ato processual é espécie do gênero ato jurídico. O ato jurídico é a manifestação humana que tem por fim a geração de efeitos jurídicos, seja no plano do processo, seja no plano do direito material. Tais efeitos consistem na criação, resguardo, transferência, modificação ou extinção de direitos. Numa visão mais restrita, pode-se pensar que o ato processual tem repercussão apenas no plano do processo. Contudo, direito material (substancial) e o processo estão umbilicalmente ligados. Este existe em razão da crise de direito substancial; o processo só tem razão de ser para a definição ou acertamento do direito substancial. A sentença é ato processual, mas, uma vez operada a qualidade da coisa julgada, torna imutável e indiscutível a relação de direito material.

Sob outro enfoque, ato processual é modalidade de fato processual. Fato processual é todo acontecimento com influência sobre o processo. O ato processual também tem influência sobre o processo, com uma diferença: decorre da manifestação da pessoa humana. São exemplos de fatos processuais: a morte da parte, a perda da capacidade processual e o decurso do tempo, porquanto independem da vontade humana e têm influência sobre o processo. A petição inicial, a contestação, o interrogatório, a sentença e os acórdãos constituem exemplos de atos processuais.

O ato processual decorre da manifestação da vontade humana com a finalidade de produzir efeitos na relação processual, seja para a ela dar início (petição inicial), desenvolvê-la (despachos, exemplificativamente), modificá-la (com a exclusão de um litisconsorte) ou extingui-la (sentença/acórdão e consequente trânsito em julgado).

Os atos processuais, dependendo de sua natureza e finalidade, são praticados pelas partes (atos de postulação, dispositivos e instrutórios), pelo juiz (despachos e decisões, interlocutórias ou finais) e pelos auxiliares da justiça (citações, intimações, termos de juntada e de vista, laudo pericial etc.).

O processo, seja do ponto de vista intrínseco (a relação jurídico-processual em si) ou extrínseco (a cadeia de atos processuais que vão dar origem aos autos), constitui uma sequência ordenada de atos processuais. Cada um dos agentes do processo, por meio de atos processuais, atua a seu tempo e modo. O autor, por meio da petição inicial, ajuíza a ação; o juiz despacha; o escrivão procede à citação (com ou sem a intervenção do oficial de justiça); o réu contesta (e também pode reconvir ou adotar outras posturas) e assim o processo se desenvolve rumo ao acertamento definitivo da crise de direito material (o litígio ou conflito) que ensejou a instauração do processo.

2. CLASSIFICAÇÃO DOS ATOS PROCESSUAIS

Diversos critérios são adotados para classificar os atos processuais. O critério mais empregado, que era adotado pelo CPC/1973 e também o é pela nova legislação, leva em conta o sujeito que pratica o ato processual.

O nosso Código atual divide os atos processuais em:

a) atos da parte (arts. 200 a 202);

b) pronunciamentos ou atos do juiz (arts. 203 a 205);

c) atos do escrivão ou chefe de secretaria (arts. 206 a 211).

Embora não conste da classificação formulada no CPC, não se pode esquecer que também os auxiliares da justiça praticam atos processuais. O perito judicial, o contador e o oficial de justiça, além de outros, todos praticam atos que vão compor a teia do processo. Alguns desses atos aparecerão no momento adequado, como por exemplo, o ato de citação, que é levado a efeito pelo escrivão e, muitas vezes, com a indispensável atuação do oficial de justiça, e a prova pericial, feita e concluída com a apresentação do laudo do perito judicial.

2.1 Atos das partes

Atos das partes são os praticados pelo autor, pelo réu, pelos terceiros intervenientes e pelo Ministério Público. Como se vê, o termo "partes" é tomado em sentido processual, ou seja, é a pessoa ou ente que figura no processo defendendo alguma posição jurídica, ativa ou passiva, ainda que não ostente qualquer pertinência com o direito material deduzido no processo. Assim, basta que haja interesse de que a causa seja dirimida de uma ou de outra forma para que seja tida como parte, apta a praticar ato processual. Nesse sentido, inclusive o *amicus curiae* e o interveniente anômalo (intervenção da União, por exemplo, com base no art. 5º, Lei nº 9.469/97). A Fazenda Pública, quando intervém num processo, é tida como parte.

A doutrina classifica tais atos levando em conta o fim por eles almejado. Nessa linha, temos: i) atos postulatórios, porque, por meio deles, as partes fazem alguma postulação, isto é, formulam algum pedido ao juiz – isso num sentido estrito, porquanto praticamente em todas as manifestações dirigidas ao juiz a parte requer alguma coisa –, como é o caso da petição inicial, da contestação, da réplica e dos recursos; ii) atos probatórios, aqueles que se destinam à instrução do processo, à prova dos fatos constitutivos do direito sustentado pelo autor ou fato extintivo, modificativo ou impeditivo desse direito, como é o caso da especificação de provas, da juntada de documentos e do requerimento de prova pericial, entre outros – como se pode constatar, também aqui há requerimento, há pedido, mas, para efeito de classificação, o que se leva em conta é o fim último almejado no processo, ou seja, a produção de prova no processo; e iii) atos de disposição, que são aqueles por meio dos quais a parte dispõe de alguma posição ou situação jurídica; exemplificativamente: o autor pode renunciar ao direito sobre o qual se funda a ação, dispondo do direito ou poder de ostentar a condição de titular do direito substancial invocado; o réu pode reconhecer a procedência do pedido, abdicando da faculdade processual de apresentar defesa; as partes podem transacionar, abdicando, cada uma, da posição anteriormente ocupada no processo.

Os atos, que podem consistir em declarações unilaterais (praticamente todos os atos das partes enquadram-se nessa categoria) ou bilaterais (celebração de acordo, seja para suspender o processo ou para ultimar uma transação) da vontade produzem imediatamente a constituição, modificação ou extinção de direitos processuais. O que significa que, independentemente da vontade do juiz, produzem o efeito almejado. Determinados atos, entretanto, para produzir efeitos processuais, exigem homologação judicial. É o que ocorre com a desistência da ação (art. 200, parágrafo único), na celebração de acordo sobre o objeto do processo. Não obstante a exigência da intervenção do juiz em certos casos (para homologação), a regra é a imediatidade do efeito almejado. Por exemplo, desde a celebração do acordo (transação) sobre o direito substancial deduzido no processo, não mais se pode cogitar das posições jurídicas anteriormente sustentadas. A homologação do juiz é ato vinculado, ato que somente pode ser negado em casos excepcionalíssimos.

2.2 Pronunciamentos (ou atos) do juiz

Os pronunciamentos judiciais consistem em **sentenças, decisões interlocutórias e despachos** (art. 203). A relação é exemplificativa, pois contém apenas os atos, subscritos pelo juiz, que encerram conteúdo decisório ou ordinatório. Além de tais provimentos, o juiz pratica outros atos, que são registrados por termos, lavrados nos autos pelo escrivão, tais como: inquirição de testemunhas, interrogatório de partes e inspeção judicial.

Por juiz, deve-se entender "julgador", que pode ser monocrático (juiz de primeiro grau, relator do recurso ou da ação de competência originária de tribunal ou o órgão colegiado de tribunal). Sentença, num sentido estrito, constitui ato privativo de juiz de primeiro grau, que também profere decisões interlocutórias e despachos. No tribunal, o relator, monocraticamente, pode proferir decisões interlocutórias, decisões extintivas e despachos. O órgão colegiado (do tribunal) se manifesta por meio de acórdãos (no sentido de estarem os membros do colegiado, por unanimidade ou maioria, de acordo com relação a um dado provimento), de regra para o julgamento final de recursos ou de ações ou incidentes de competência originária.

Todos os pronunciamentos do juízo (juiz, tribunal, relator) são redigidos, datados e assinados (eletronicamente é o que comumente ocorre) pelos julgadores e publicados no *Diário de Justiça Eletrônico* (art. 205, §§ 2º e 3º).

Dito isso, passemos à análise de cada uma das modalidades dos pronunciamentos do julgador.

2.2.1 Sentença

A redação do § 1º do art. 203 define sentença como sendo **o pronunciamento por meio do qual o juiz, com fundamento nos arts. 485 e 487, põe fim à fase cognitiva do procedimento comum, bem como extingue a execução.**

Ao elaborar esse conceito, o legislador procurou corrigir o equívoco da conceituação trazida pelo CPC/1973, que tratava da sentença como sendo o ato do juiz que implicava extinção do processo com ou sem resolução do mérito.[1] É que como na primeira hipótese (ato que resolve o mérito) a sentença não coloca fim ao processo, mas apenas à fase de conhecimento, o processo prossegue normalmente com a fase de liquidação e de cumprimento da sentença, para somente então ser encerrado. Existem ainda outras hipóteses de atos que, embora resolvam o mérito (ainda que parcialmente), não põem fim ao processo (exemplos: decisão que rejeita um dos pedidos cumulados; decisão que homologa reconhecimento da procedência de um dos pedidos). Mesmo na hipótese de sentença terminativa (que não resolve o mérito), de regra o processo tem seguimento com a fase do cumprimento da sentença, com vistas à execução de verbas referentes aos ônus sucumbenciais (custas e honorários).

Por tais razões é que o legislador abandonou a definição de sentença que leva em consideração apenas o seu conteúdo, para elaborar um novo conceito que leva em conta o seu

---

[1] Art. 162, § 1º, do CPC/1973: "Sentença é o ato do juiz que implica alguma das situações previstas nos arts. 267 e 269 desta Lei".

aspecto finalístico, ou seja, pôr fim à fase cognitiva do procedimento (comum ou especial) ou à execução.

2.2.2 Acórdão

Recebe a denominação de acórdão o julgamento proferido pelos órgãos colegiados (turma, câmara, seção, órgão especial, plenário, entre outros previstos em regimento interno) dos tribunais (art. 204).

Acórdão, na verdade, constitui a conclusão dos votos proferidos no julgamento pelos juízes (juiz, desembargador ou ministro) integrantes do órgão do tribunal ao qual competir o julgamento do recurso ou da ação de competência originária (por exemplo, ação rescisória e mandado de segurança).

Pouco importa se julgou questão incidente (agravo) ou se pôs fim ao processo, com ou sem resolução de mérito, o ato denomina-se acórdão.

2.2.3 Decisão monocrática de relator

Nos julgamentos proferidos nos tribunais, o relator, além de despachos ordinatórios, profere decisões monocráticas, com potencialidade de pôr fim ao processo ou simplesmente decidir uma questão incidental. Aliás, por implícita delegação do órgão colegiado, pode o relator, atendidas as circunstâncias previstas na lei, praticar os mesmos atos de competência do colegiado (arts. 932 e 933).

2.2.4 Decisão interlocutória

Decisão interlocutória é todo o pronunciamento judicial que não se enquadra no conceito de sentença (art. 203, § 2º).

O conceito de decisão interlocutória é obtido por exclusão. Todo pronunciamento judicial, com conteúdo decisório, que não se enquadrar no conceito de sentença (nem de acórdão) e não puser fim ao processo, será reputado decisão interlocutória.

Na vigência do Código de 1973, o critério utilizado para saber se o ato se caracterizava como sentença ou decisão interlocutória era o recurso cabível. Sabe-se que da sentença cabia e cabe apelação e, das decisões interlocutórias, a exemplo daquela que indefere o pedido de tutela antecipatória, igualmente cabia agravo de instrumento. Ocorre que com a opção do legislador pelo processo sincrético, o enquadramento da natureza do ato pelo recurso cabível tornou-se impreciso. Basta lembrar que a decisão que julga a liquidação é agravável (art. 1.015, parágrafo único), embora implique resolução do mérito. A apelação, é fato, cabe somente em face de sentença, mas nem todo ato que se enquadra como sentença pode ser impugnado por meio de apelação. É preciso verificar as hipóteses previstas na lei e o recurso adequado para cada uma delas. O art. 1.015 traz o rol das hipóteses de cabimento do agravo de instrumento. Somente cabe agravo de instrumento de decisão interlocutória, mas nem todas as decisões interlocutórias são agraváveis.

Nos tribunais, também há prolação de decisões interlocutórias. O julgamento do agravo de instrumento, por exemplo, dá-se por meio de decisão (acórdão) interlocutória. O recurso, nesse caso, se cabível, será o Especial ou Extraordinário. O relator, seja no processamento de recurso ou de ação de competência originária, monocraticamente profere decisões interlocutórias. Tais decisões, quando impugnáveis, devem ser atacadas por agravo interno (art. 1.021), também denominado agravo regimental, porque replicado no regimento do tribunal.

2.2.5 Despachos

"São despachos todos os demais pronunciamentos do juiz praticados no processo, de ofício ou a requerimento da parte" (art. 203, § 3º). A rigor, é todo provimento, emitido pelo juiz, que **tem por fim dar andamento ao processo**; que não decide qualquer questão, seja de cunho processual ou material.

Os despachos, porque desprovidos de conteúdo decisório, de regra não têm aptidão para causar lesão às partes. Por isso, nos termos do art. 1.001, deles não cabe recurso algum. Se causarem gravame, podem ensejar correição parcial (recurso anômalo previsto nas leis de organização judiciária) ou mandado de segurança. Por exemplo, a designação de audiência para data distante, de forma a comprometer a garantia da duração razoável do processo (art. 5º, LXXVIII, da CF/1988), afronta direito líquido e certo dos litigantes, dando azo à impetração de mandado de segurança.

Tal como ocorre com as decisões interlocutórias, nos tribunais há prolação de despachos, de regra pelo relator, a quem incumbe dirigir e ordenar o processo (art. 932, I).

2.3 Atos do escrivão

Os atos do escrivão ou do chefe de secretaria estão elencados nos arts. 206 a 211, bem como nas leis de organização judiciária. Classificam-se em atos de documentação, como a lavratura de termos e de comunicação e consistem, basicamente, na autuação (colocação de capa para forma dos autos ou caderno processual), juntada de novos atos processuais, lavrando-se a respectiva certidão ou termo e numerando-se as folhas, lavratura de termo de vista e conclusão. Quando o processo eletrônico for efetiva e integralmente implantado, essas funções serão sensivelmente reduzidas. O próprio computador fará a juntada (aliás, arquivará na ordem sequenciada os atos processuais e respectivos documentos) e numerará a folha. Eventuais certidões também podem ser expedidas eletronicamente. É de se questionar, inclusive, essa divisão em varas, cada uma com pelo menos um juiz e um escrivão. Numa nova organização, para cada unidade de secretaria (vara, seção ou outro nome).

Como já dito, os atos serão sempre documentados, ou seja, registrados graficamente (escritos), para formação dos autos (art. 205, § 1º). Quando os atos forem proferidos oralmente (depoimentos, despachos e decisões proferidas em audiência, por exemplo), devem ser documentados em termos lavrados pelo escrivão ou escrevente e assinados por quem participou do ato (juiz, escrivão e, quando for o caso, o depoente, as partes).

A documentação será feita sempre por escrito. Admite-se, contudo, a utilização de áudio, vídeo, taquigrafia, estenotipia ou outro método idôneo, fazendo-se, em seguida, a respectiva degravação. Na redação final do documento, não se admitem nos atos e termos processuais espaços em branco, salvo os que forem inutilizados, assim como entrelinhas, emendas ou rasuras, exceto quando expressamente ressalvadas (arts. 210 e 211).

Outras pessoas, como oficiais de justiça, peritos, testemunhas, leiloeiros, arrematantes etc., também praticam atos no processo. Se os atos são praticados na própria secretaria, lavra-se termo; se praticados fora, lavra-se auto ou certidão.

Os atos ordinatórios, ou seja, atos desprovidos de qualquer conteúdo decisório e que tem por fim apenas dar andamento ao feito, constituem atribuição do escrivão e, dependendo das normas de organização judiciária, ao escrevente. É o que ocorre, por exemplo, com a juntada de documentos, com a certidão de transcurso de determinado prazo, com a vista sobre a contestação. Em tais hipóteses, não há possibilidade de o ato ser em outro sentido, senão naquele em que foi praticado, daí a designação "ordinatório". De tais atos não cabe recurso, nem mesmo correição parcial. O juiz pode corrigi-lo de ofício ou mediante manifestação de discordância da parte.

3. FORMA DOS ATOS PROCESSUAIS

Os atos jurídicos, quanto à forma, são classificados em atos solenes e não solenes. Solenes são aqueles para os quais a lei prevê uma forma como condição de validade; subordinam-se, geralmente, à forma escrita, a tempo e lugar previstos na lei. Não solenes são os atos que podem ser praticados de forma livre.

A regra é a forma livre dos atos jurídicos (art. 107 do CC). Excepcionalmente, a lei condiciona a validade do ato jurídico à forma, como ocorre com os atos que visem à constituição, à transferência, à modificação ou à renúncia de direitos reais sobre imóveis de valor superior a 30 vezes o maior salário mínimo vigente no País. Nesses casos, a escritura pública é essencial.

O ato processual, como espécie do ato jurídico, segue a mesma regra. Diz a doutrina que o ato processual não requer forma determinada, a não ser quando a lei expressamente o exigir (art. 188). Não é bem assim. Entre o gênero ato jurídico e a sua espécie "ato processual" há uma grande diferença.

Um ato jurídico, mais especificamente, um negócio jurídico – por exemplo, um contrato de locação –, pode ser celebrado verbalmente. Em tempos de embusteiros e mentirosos, pode até ocorrer que na hora de exigir o que se pactuou uma das partes se esquive com relação às obrigações contratadas. De qualquer forma, o negócio jurídico, celebrado por meio da expressão da palavra – expresso, portanto –, é absolutamente válido. A comprovação pode até acarretar dificuldade se o réu negar o fato constitutivo do direito do autor (a existência do contrato e as obrigações pactuadas). Mas a questão será de prova, não de validade da manifestação da vontade dos contratantes.

Essa liberdade de expressão ainda não alcançou o processo. O feixe das relações jurídicas é criado e desenvolvido entre as partes por meio de atos processuais, os quais sempre são praticados ou, quando nada, registrados por meio da palavra escrita. Não se admite um processo oral – embora muito se mencione o princípio da oralidade –, no qual o autor se dirige ao juiz e faz o seu pedido, com a respectiva fundamentação. O juiz, a seu turno, admite aquela petição e dá ordem ao escrivão para contatar o oficial de justiça e mandá-lo citar o réu; avisado oralmente da demanda. O réu, formalmente, mas sem qualquer escrito na mão, se dirige ao juiz e faz a sua defesa. Isso pode ter ocorrido nos primórdios do Império Romano. Hoje, não existe.

Os atos processuais que formam o processo são praticados por meio da escrita ou assim registrados, formando os autos. Todos os atos processuais, sem exceção, são escritos. Ainda que a colheita de prova testemunhal, por exemplo, possa ser feita por meio de gravação, no mínimo haverá uma ata escrita indicando o que ocorreu na audiência e as deliberações e requerimentos formulados.

De regra, a parte, por meio de seu advogado, leva o seu ato de postulação (num sentido amplo) já escrito, seja a petição inicial, a resposta, o pedido de provas, o recurso e assim por diante. Também o juiz, desde o início, se manifesta por meio da escrita, iniciando a sua participação no processo com o tradicional "Cite-se o réu". O oficial de justiça faz a citação, manifestando essa vontade estatal por meio da palavra, mas registra-o na respectiva certidão. Apresentada a resposta, vem a fase probatória. As partes prestam depoimento pessoal e as testemunhas são ouvidas. Resumindo: a manifestação da vontade dos agentes do processo – atos processuais praticados pelas partes, pelo juiz e auxiliares – pode-se dar por escrito ou oralmente; mas nessa última hipótese é reduzida a termo ou, pelo menos, como já afirmamos, é feito um registro formal do ato. Nem mesmo os procedimentos adotados nos juizados especiais escapam a essa formalidade mínima. A sentença, por exemplo, até pode ser fundamentada oralmente no procedimento da Lei nº 9.099/1995, mas o dispositivo deve necessariamente apresentar-se por escrito, a ata da audiência.[2]

Em alguns casos o CPC, além de se utilizar da escrita (imediata ou mediatamente), prescreve a forma como requisito de validade do ato processual. Isso ocorre, por exemplo, no caso

---

[2] Enunciado 46 do Fonaje: "A fundamentação da sentença ou do acórdão poderá ser feita oralmente, com gravação por qualquer meio, eletrônico ou digital, consignando-se apenas o dispositivo na ata".

das intimações que, se não realizadas por meio eletrônico, serão consideradas feitas somente quando publicadas no órgão oficial. Mesmo assim, pelo princípio da instrumentalidade das formas (art. 276), admite-se, atendidos certos requisitos, que o ato seja praticado de outra forma, desde que alcance a finalidade. É o caso, por exemplo, da utilização do aplicativo WhatsApp como ferramenta para a realização de intimação das partes que assim optarem. Mas não deixa de ter uma forma determinada e ser escrita, possibilitando a cópia e a colagem nos autos, providência que pode ser substituída pelo registro escrito (certidão) do escrivão.

Além da forma, o Código estabelece requisitos de validade para o ato processual. Exemplos: requisitos da petição inicial (art. 319), da sentença (art. 489) e das cartas (de ordem, precatória e rogatória). A forma é livre, mas nem tanto. Tais atos exigem requisitos; nesse sentido, são extremamente formais. Já dissemos que os atos são escritos ou registrados por essa forma. Quanto ao meio onde se registra os atos processuais, cujo conjunto vai formar os autos do processo, pode ser físico ou virtual (chamado eletrônico).

A evolução tecnológica levou o legislador processual à previsão da prática de atos processuais por meios eletrônicos. Com o advento da Lei nº 11.419/2006, que acrescentou o § 2º ao art. 154 do CPC de 1973, tornou possível a produção, a transmissão, o armazenamento e a assinatura de todos os atos processuais por meio eletrônico. Por ser cada vez mais evidente a necessidade de otimização dos atos processuais através de meios eletrônicos, o CPC/2015 trouxe regramento especial para tratar da matéria. O CNJ, por sua vez, também trata dos atos processuais eletrônicos na Resolução nº 185/2016 (art. 16), que inaugurou o Sistema Processo Judicial Eletrônico (PJE).

3.1 Convenção acerca da prática dos atos processuais

Por falar em processo eletrônico, abro um tópico para mencionar a convenção ou negócio jurídico processual, porque são temas que se imbricam. Quanto mais o processo pender para o privado (contratualismo) mais informal poderá ser, com a utilização de ferramentas virtuais que caracterizam essa tal pós-modernidade. O CPC/2015 prevê a possibilidade de alteração do procedimento para "ajustá-lo às especificidades da causa" (art. 190). O dispositivo é claramente inspirado nos movimentos do *contratualismo processual*, que permitem uma adequação do instrumento estatal de solução de litígios aos interesses das partes e ao direito material que os consubstanciam. Trata-se de uma baita novidade. No Estado liberal clássico, o processo já foi compreendido como "coisa das partes"; no Estado social, como "coisa do Estado", caracterizada pelo exagerado protagonismo judicial; agora, no limiar do Século XXI, cujo Estado, pelos mais entusiastas, recebe o qualificativo "democrático de direito", a vara curvou de uma extremidade à outra e está voltando a um ponto mediano. Dizem os mais otimistas que o processo estatal-privatístico mitigará o protagonismo judicial e injetará mais ânimo nas amorfas partes, tendendo a ser mais equalizado e cooperativo. Quem viver, verá.

A alteração procedimental só pode ser realizada quando a causa versar sobre direitos que admitam autocomposição e as partes forem plenamente capazes. A modificação deve ser realizada mediante consenso e pode incluir o ajuste quanto aos prazos processuais.

O art. 190 traz a possibilidade de realização de negócios jurídicos processuais atípicos, mas também há diversos dispositivos no CPC/2015 que expressam negócios processuais típicos, como é o caso do saneamento consensual (art. 357, § 2º), da escolha do perito pelas partes (art. 471) e do adiamento da audiência de instrução por acordo entre as partes (art. 362, I).

Nada impede que a flexibilização quanto ao procedimento seja ajustada na fase pré-processual, ou seja, antes mesmo da existência da demanda. Em todo caso – convenção firmada antes ou após o processo – ainda que a lei não exija a homologação do juiz, é possível que este controle a sua validade (art. 190, parágrafo único).

O professor e magistrado Fernando da Fonseca Gajardoni, enumera algumas situações que podem admitir a convenção sobre o procedimento. Dentre elas, citamos: (i) a ampliação e a redução dos prazos de resposta e de recursos; (ii) estabelecimento de novas formas de comunicação, inclusive por meio de aplicativos de mensagens; (iii) opção por memoriais escritos em vez de debate oral; (iv) comparecimento das testemunhas sem necessidade de expedição de carta precatória ou rogatória.[3]

O Fórum Permanente de Processualistas Civis, nos Enunciados 19 e 21, também trouxe alguns exemplos de negócios jurídicos processuais que poderão ser pactuados em conformidade com o art. 190:

- Pacto de impenhorabilidade, acordo de ampliação de prazos das partes de qualquer natureza, acordo de rateio de despesas processuais, dispensa consensual de assistente técnico, acordo para retirar o efeito suspensivo da apelação, acordo para não promover execução provisória (Enunciado 19);
- Acordo para realização de sustentação oral, acordo para ampliação do tempo de sustentação oral, julgamento antecipado da lide convencional, convenção sobre prova, redução de prazos processuais (Enunciado 21).

Não obstante a previsão legal que possibilita a ampla celebração de negócio jurídico processual, o Conselho Nacional de Justiça foi chamado a intervir num caso de utilização do aplicativo mais conhecido e utilizado pelo brasileiro (WhatsApp). Um juiz do Estado de Goiás, diante da inconteste credibilidade do meio (creio que muito superior à dos correios e dos sites juntos), resolveu utilizá-lo nas intimações do Juizado onde laborava. O Cartório enviava uma mensagem, via WhatsApp, para a parte. Se aparecesse o tique azul que confirma a leitura da mensagem, ela era considerada intimada. Aliás, além do tique, a parte intimada teria que responder à mensagem do Cartório. O Juiz teve muita cautela e ministrou muito caldo de galinha exatamente para não fazer mal a ninguém, principalmente aos mais envelhecidos pela burocracia processual. Mesmo assim, a Corregedoria de Justiça não gostou da novidade e mandou parar. Então, o CNJ ratificou a utilização da modernidade, por meio do PCA (procedimento de controle administrativo) nº 0003251-94.2016.2.00.0000. Atualmente, a possibilidade de utilização dessa ferramenta está disciplinada em alguns atos normativos de tribunais locais e também na Resolução nº 354/2020 do Conselho Nacional de Justiça.[4]

O que se exige para a convenção processual é que o processo verse sobre direitos que admitam autocomposição e as partes, plenamente capazes, manifestem a concordância com o meio utilizado. Ora, se preenchidos tais requisitos, é lícito às partes convencionar sobre os seus ônus, poderes, faculdades e deveres processuais, antes ou durante o processo (art. 190, *caput*), com muito mais razão pode estabelecer sobre a forma de intimação. O CNJ ratificou a utilização do referido aplicativo. Nem precisava, uma vez que o próprio Código, nas circunstâncias apontadas, autoriza as partes a convencionarem sobre seus ônus e faculdades no processo.

Vale lembrar que o negócio jurídico processual, por ser restrito aos ônus, poderes, faculdades e deveres processuais **das partes**, não pode abarcar uma obrigação do próprio magistrado.

---

[3] DUARTE, Zulmar; DELLORE, Luiz; GAJARDONI, Fernando; ROQUE, André Vasconcelos. *Teoria geral do processo*: comentários ao CPC de 2015 – Parte Geral. São Paulo: Forense, 2015. p. 625.

[4] "Art. 9º As partes e os terceiros interessados informarão, por ocasião da primeira intervenção nos autos, endereços eletrônicos para receber notificações e intimações, mantendo-os atualizados durante todo o processo.

Parágrafo único. Aquele que requerer a citação ou intimação deverá fornecer, além dos dados de qualificação, os dados necessários para comunicação eletrônica por aplicativos de mensagens, redes sociais e correspondência eletrônica (e-mail), salvo impossibilidade de fazê-lo".

Em outras palavras, as posições processuais do juiz não podem ser objeto de acordo exclusivo entre as partes. Vamos ao exemplo julgado pelo STJ: credor e devedor formalizam convenção processual estipulando que, no caso de pedido de tutela provisória de urgência de natureza cautelar, a concessão independerá de prévia manifestação judicial. Nesse caso a convenção não se admite porque a sua extensão atinge os poderes, deveres e atos do próprio juiz. Como é o julgador que verifica o preenchimento dos pressupostos para a concessão das tutelas provisórias, não se pode admitir, por exemplo, que um negócio processual estipule o bloqueio de ativos financeiros logo com o protocolo da inicial, sem a citação da parte adversa e manifestação judicial sobre os requisitos do art. 300 do CPC (REsp 1.810.444/SP, Rel. Min. Luis Felipe Salomão, Quarta Turma, j. 23.02.2021).

A inovação é bastante significativa e, se utilizada com cautela[5], pode trazer maior efetividade ao processo, inclusive em outras esferas, como no processo penal.[6] Para tanto, é imprescindível a cooperação entre os jurisdicionados e a fiscalização por parte do magistrado, que pode anular a convenção em caso de abuso, limitá-la conforme os padrões legais e contratuais previamente estabelecidos. A propósito, segundo o Superior Tribunal de Justiça, "dentre os poderes atribuídos ao juiz para o controle dos negócios jurídicos processuais celebrados entre as partes está o de limitar precisamente o seu objeto e abrangência, cabendo-lhe decotar, quando necessário, as questões que não foram expressamente pactuadas pelas partes e que, por isso mesmo, não podem ser subtraídas do exame do Poder Judiciário" (REsp 1.738.656/RJ, 3ª Turma, Rel. Min. Nancy Andrighi, j. 03.12.2019).

É possível, ainda, de acordo com o art. 191, que seja formalizado um **calendário**, com a anuência do juiz, para a prática dos atos processuais. Caso o juiz aceite a fixação de um calendário, os seus prazos, geralmente impróprios, passarão a ser próprios. Isso porque o CPC/2015 dispõe, expressamente, que o calendário **não somente vinculará as partes, mas também o juiz**. Sendo assim, é preciso que o juiz e as partes avaliem se há, ou não, estrutura material para a aplicação e efetivação da norma, especialmente porque, embora a norma trate do "juiz", o mais correto é estabelecer a vinculação ao "juízo". De todo modo, não há qualquer penalidade para o juiz – pelo menos expressamente. Podemos, no entanto, admitir a aplicabilidade do art. 235 do CPC, que admite a representação à Corregedoria local e ao CNJ na hipótese de o juiz exceder os prazos de forma injustificada e para além do que razoavelmente se espera da prestação jurisdicional. Para as partes o descumprimento do prazo acarreta preclusão (art. 223).

---

[5] Aqui vale o alerta da professora Teresa Arruda Alvim, para quem o art. 190 não permite a pactuação de negócio jurídico processual que tenha por objeto deveres processuais imperativos. As partes não poderiam, por exemplo, dispor em negócio jurídico processual que uma decisão poderá ser não fundamentada, ou que, em eventual demanda, as partes não estão obrigadas a cumprir as decisões judiciais (WAMBIER, Teresa Arruda Alvim; CONCEIÇÃO, Maria Lúcia Lins; RIBEIRO, Leonardo Ferres da Silva; MELLO, Rogério Licastro Torres de. *Primeiros comentários ao novo Código de Processo Civil*. Artigo por artigo. São Paulo: RT, 2015. p. 356-357). Outros limites foram estabelecidos nos Enunciados do Fórum Permanente de Processualistas Civis: "O negócio jurídico processual não pode afastar os deveres inerentes à boa-fé e à cooperação" (Enunciado nº 6); "Não são admissíveis os seguintes negócios bilaterais, dentre outros: acordo para modificação da competência absoluta, acordo para supressão da 1ª instância" (Enunciado nº 20).

[6] Embora não seja o foco dessa obra, é importante ressaltar que o STJ admitiu a aplicação do art. 190 do CPC ao processo penal, em uma situação envolvendo o procedimento do tribunal do júri. Segundo a Corte, embora não seja possível ao juiz estabelecer unilateralmente prazos diversos daqueles definidos pelo legislador, nada impede que as partes, no início da sessão de julgamento, por exemplo, formulem acordo de divisão de tempo que melhor se ajuste às peculiaridades do caso concreto. Na hipótese, a incidência do art. 190 é admitida por aplicação analógica, nos termos do art. 3º do CPP (HC 703.912/RS, 6ª Turma, Rel. Min. Rogério Schietti, j. 23.11.2021).

Faço aqui uma observação. Se o juiz admite calendarizar o processo, fixando o dia da entrega da prestação jurisdicional, caracterizada pelo ato decisório, por que não, de ofício, calendarizar para todos? Parece-me que o atendimento prioritário de uma parte, porque teve condições de contratar advogados mais experientes, a ponto de envolver o juízo numa calendarização do processo, que passa a ter prazo para começar e terminar, constituiria flagrante quebra da isonomia. Nada justifica que a pessoa humilde, desigual perante tudo e todos, não possa ter um prazo definido para conhecer os termos da resolução do litígio. Em situações de desequilíbrio, a meu ver, caberia ao juiz dar um empurrãozinho no prato da balança, a fim de restabelecer a isonomia, pelo menos no que respeita à mitigação da morosidade. Seja bem-vinda a calendarização. Para todos.

JURISPRUDÊNCIA TEMÁTICA

Negócio Jurídico Processual na visão do STJ

"A liberdade negocial deriva do princípio constitucional da liberdade individual e da livre iniciativa, fundamento da República, e, como toda garantia constitucional, estará sempre condicionada ao respeito à dignidade humana e sujeita às limitações impostas pelo Estado Democrático de Direito, estruturado para assegurar o exercício dos direitos sociais e individuais e a Justiça. O CPC/2015 formalizou a adoção da teoria dos negócios jurídicos processuais, conferindo flexibilização procedimental ao processo, com vistas à promoção efetiva do direito material discutido. Apesar de essencialmente constituído pelo autorregramento das vontades particulares, o negócio jurídico processual atua no exercício do múnus público da jurisdição. São requisitos do negócio jurídico processual: a) versar a causa sobre direitos que admitam autocomposição; b) serem partes plenamente capazes; c) limitar-se aos ônus, poderes, faculdades e deveres processuais das partes; d) tratar de situação jurídica individualizada e concreta. O negócio jurídico processual não se sujeita a um juízo de conveniência pelo juiz, que fará apenas a verificação de sua legalidade, pronunciando-se nos casos de nulidade ou de inserção abusiva em contrato de adesão ou ainda quando alguma parte se encontrar em manifesta situação de vulnerabilidade. A modificação do procedimento convencionada entre as partes por meio do negócio jurídico sujeita-se a limites, dentre os quais ressai o requisito negativo de não dispor sobre a situação jurídica do magistrado. As funções desempenhadas pelo juiz no processo são inerentes ao exercício da jurisdição e à garantia do devido processo legal, sendo vedado às partes sobre elas dispor" (REsp n. 1.810.444/SP, Rel. Min. Luis Felipe Salomão, 4ª Turma, j. 23.02.2021, *DJe* 28.04.2021).

4. ATOS PROCESSUAIS PRATICADOS POR MEIO ELETRÔNICO

Em busca de adequação entre a realidade atual e a ritualística processual civil, o CPC/2015 privilegiou a utilização dos meios eletrônicos para a prática dos atos processuais. Assim, ainda que os autos sejam apenas parcialmente virtuais, todos os atos processuais poderão ser produzidos, comunicados, armazenados e validados por meio eletrônico (art. 193).

Em alguns procedimentos, como os adotados nos juizados especiais, às vezes o registro dos atos processuais é dispensado ou contenta-se com o registro em fitas de áudio ou áudio e vídeo. Nesse caso, incumbe ao juiz, no ato decisório, fazer menção à ocorrência que julgar relevante para a decisão. De qualquer modo, por mínima que seja, a forma escrita não é de todo desprezada. O meio é virtual (dispensa o papel), mas a palavra está escrita com alfabeto romano.

Para que se confira autenticidade e validade aos registros realizados na forma eletrônica, é imprescindível a existência de uma assinatura eletrônica, que pode ser baseada em certificado digital emitido por Autoridade Certificadora credenciada, na forma da Medida Provisória nº 2.200-2/2001, ou mediante cadastro de usuário no Poder Judiciário, conforme disciplinado pelos tribunais (arts. 1º, § 2º, III, da Lei nº 11.419/2006). Ainda que detentor de certificado digital, nos termos da mencionada lei, obrigatório é o credenciamento prévio no Poder Judiciário (art. 2º).

Quem detiver certificado digital e encontrar-se cadastrado no órgão judiciário no qual pretende atuar (por exemplo, Poder Judiciário do Estado de Minas Gerais) poderá praticar atos processuais por meio eletrônico (art. 2º da Lei nº 11.419/2006).

4.1 Assinatura eletrônica

Para tratar desse tema, necessário se faz tecer alguns comentários sobre a assinatura manuscrita, para, a seguir, comparar essa forma de conferir autenticidade à manifestação da vontade com a assinatura digital, que tem idêntico objetivo.

O art. 219 do CC atribui autenticidade e força jurídica à manifestação escrita, devidamente assinada pelo signatário. Essa presunção legal decorre da existência de atributos que ligam a pessoa que assinou o documento aos traços que caracterizam a assinatura. Assim, se João lança sua marca pessoal (assinatura) abaixo de uma dada manifestação, a presunção é de que aquela manifestação, de fato, partiu de João, e não de José.

Como saber, entretanto, se quem se apresentou no momento da emissão da declaração trata-se de João? Dúvida não há de que se João apõe sua marca no documento, ele se obriga nos termos da manifestação. Mas se José, em negócio jurídico celebrado com Joaquim, fraudulentamente faz-se passar por João, inclusive utiliza a marca pessoal deste, a toda evidência, nesse caso, a manifestação não obriga João, tanto que, caso Joaquim exija o cumprimento da obrigação pactuada no documento, basta que João argua a falsidade da assinatura. E, em se tratando de documento particular, a simples arguição da falsidade da assinatura faz cessar a fé, ou seja, a força jurídica da manifestação da vontade (art. 428 do CPC), cabendo a Joaquim o ônus da prova da autenticidade (art. 429, I, do CPC).

A assinatura manuscrita, em razão dos traços pessoais que a compõem, permite identificar, com precisão, o punho do qual emanou. Por isso, tal como a impressão digital, diz-se que constitui uma verdadeira "marca" identificadora.

Tal característica dessa marca, entretanto, não impede que José se passe por João e pratique fraudes em negócios jurídicos. Não é por outra razão que nos tribunais ainda tramitam ações de reparação – sobretudo por danos morais – envolvendo fraudes dessa natureza.

O fato é que a utilização desta ou daquela marca pessoal – assinatura manuscrita, eletrônica ou digital, nem mesmo a impressão digital – não suprime o cometimento de fraude. Mesmo a assinatura manuscrita, o meio mais utilizado para conferir autenticidade a documentos, não tem evitado a proliferação de fraude nos negócios jurídicos, sobretudo no comércio.

Qualquer que seja a marca utilizada, a confiabilidade na autenticidade do documento aumenta na proporção em que se adotam medidas de segurança, de precaução, nos dois polos incumbidos da identificação das pessoas.

A assinatura digital, como instrumento de autenticação de documentos, guardadas as diferenças, segue o mesmo princípio da assinatura manuscrita. Há que se proceder à identificação da pessoa que vai se utilizar dessa modalidade de assinatura, a fim de que se estabeleça perfeita correspondência entre a pessoa física e a marca por ela utilizada. No momento da utilização da assinatura digital, indispensável é que o destinatário da manifestação da vontade consiga verificar que o emitente da declaração de fato se trata da pessoa que se apresenta.

A identificação dos usuários de assinatura digital é feita nos moldes do que ocorre nos Institutos de Identificação das Secretarias de Segurança Pública. A pessoa que pretende praticar atos jurídicos – num sentido lato, incluindo os atos processuais – por meio eletrônico, assinando digitalmente os respectivos documentos, deve se identificar perante uma Autoridade Certificadora ou Autoridade de Registro, credenciada na forma da MP nº 2.200-2/2001, a fim de que essa autoridade lhe expeça o certificado digital, em linguagem leiga, a carteira de identidade digital, para ser utilizada em transações por meio eletrônico.

Nos termos do art. 1º, § 2º, III, da Lei nº 11.419/2006, a assinatura digital pode ser baseada em certificado digital emitido por Autoridade Certificadora credenciada na forma do art. 6º da Medida Provisória nº 2.200-2/2001, ou mediante cadastro de usuário, conforme disciplinado pelo próprio Judiciário, que, nesse caso, para o fim específico a que se destina, expedirá certificado digital, de forma a possibilitar a verificação da autenticidade do documento.

Como salienta Fabiano Menke, em sua excelente dissertação de Mestrado *Assinatura Eletrônica no Direito Brasileiro*, "ao receber o seu certificado digital, o titular terá a possibilidade de concluir negócios jurídicos, via de regra, de valor ilimitado",[7] uma vez que o certificado digital, além de funcionar como carteira de identidade no meio virtual, presta-se também à atribuição de autoria a documentos eletrônicos, nos termos do § 1º do art. 10 da MP nº 2.200-2/2006 e, em se tratando especificamente de atos processuais, nos termos do art. 11 da Lei nº 11.419/2006.

O certificado digital consiste numa estrutura de dados sob a forma eletrônica que associa o nome e os atributos de uma pessoa a um par de chaves. Essa estrutura é montada com a utilização da criptografia assimétrica ou de chaves públicas.

A criptografia de chaves públicas consiste num método que utiliza duas chaves, constituídas por uma extensa combinação de letras e números (algoritmo), criadas por um programa de computador. A chave privada ou privativa é de domínio do titular do certificado digital, ao passo que a chave pública poderá ser amplamente divulgada.

Assinar digitalmente consiste em aplicar sobre a mensagem, constante de um meio virtual (texto escrito no computador, por exemplo), a chave privada (ou privativa), isto é, o código pessoal do usuário, detentor do certificado digital, o que pode ser feito com a inserção, num dispositivo adequado, do cartão magnético (tal como ocorre nos caixas eletrônicos).

Para verificar a autenticidade do documento, ou seja, para saber se o emitente é de fato a pessoa cujo nome consta do certificado digital, o receptor, ao receber a mensagem, aplicará a chave pública. Na prática, quando se recebe uma mensagem assinada digitalmente, ela geralmente vem acompanhada do certificado digital do remetente, onde consta, entre outros dados, a chave pública.

Um programa de computador do destinatário aplica então a chave pública do emissor da mensagem, confirmando ou não a autoria e a integridade do documento eletrônico. Confirmada a correspondência entre as chaves (pública e privada), tem-se a presunção da origem, ou seja, o documento proveio efetivamente da pessoa que o assinou digitalmente, bem como da integridade do conteúdo, isto é, de que não houve alteração no caminho percorrido.

O certificado digital, expedido por Autoridade Certificadora (AC), credenciada pelo ICP-Brasil, possibilita a universalização da assinatura digital. Tal como carteira de identidade, que a pessoa só precisa ter uma, também a assinatura digital poderá ser única. Com a mesma assinatura digital que o advogado subscreve a petição, com a mesma assinatura digital que o juiz firma a sentença, poderiam sacar dinheiro em banco, firmar contratos, enfim, praticar todos os atos da vida civil possíveis por meio da assinatura eletrônica. Para

---

[7] MENKE, Fabiano. *Assinatura eletrônica no direito brasileiro*. São Paulo: RT, 2005. p. 117. Saliente-se que muitos dos dados técnicos, concernentes à assinatura digital, feitas as devidas adaptações, tendo em vista o objetivo deste modesto trabalho, foram extraídos do livro *Assinatura Eletrônica no Direito Brasileiro*, de autoria de Fabiano Menke, cuja leitura recomendo a quem pretende conhecer essa nova técnica de determinação de autoria de documentos transmitidos via eletrônica.

tanto, tal como se procedeu com referência aos institutos de identificação das Secretarias de Segurança Pública, incumbidos da expedição de carteira de identidade, deve-se uniformizar a utilização da assinatura digital.

Não se exige uma carteira de identidade para sacar dinheiro no banco A, outra para efetuar saques no banco B e outra para assinar uma escritura de compra e venda. A assinatura autógrafa aposta na cédula de identidade permite ao portador praticar todos os atos da vida civil. Assim também poderá ocorrer com a assinatura digital, desde que se instituam padrões com especificações mínimas para o uso adequado e seguro de *hardwares* e *softwares*.

Entretanto, não obstante o ideal de padronização, o que se vê é uma verdadeira torre de Babel. Cada banco, cada operadora de cartão de crédito, para citar apenas os exemplos de maior utilização de assinatura eletrônica pelo cidadão comum, cria o seu próprio cadastro, atribuindo a cada um deles um número ou uma sequência alfanumérica, uma senha, com a qual o usuário do serviço vai realizar operações. A toda evidência, a senha (assinatura eletrônica) do banco A não é aceita no banco B, tampouco para assinar um contrato ou protocolar uma petição. Em razão disso, o vivente da Babel do nosso tempo é obrigado a guardar uma infinidade de números: do CPF, dos telefones, do CGC, do INSS, do cofre, do alarme, da carteira de identidade, da OAB, da Unimed, de todos os bancos nos quais opera e, agora, de todos os tribunais onde atua.

O legislador, já no CPC/1973 (parágrafo único do art. 154), pretendeu evitar o furdunço, tanto que previu a interoperabilidade, que pode vir a ser proporcionada pela utilização do certificado digital emitido pelo ICP-Brasil, como requisito para a implantação do processo eletrônico.

Não obstante, tudo que se refere à interoperabilidade, à padronização dos diversos sistemas, foi jogado por terra com a disposição constante do art. 1º, § 2º, III, "b", da Lei nº 11.419/2006, que, por ser posterior à Lei nº 11.280/2006, naturalmente a revoga. Tal dispositivo da Lei do Processo Eletrônico permite que cada tribunal crie seu próprio cadastro de usuário. Isso significa que o usuário do serviço judiciário – leia-se: o advogado – cadastrado no Tribunal de Justiça de Minas Gerais não poderá utilizar a mesma assinatura digital para a prática de atos no STF, por exemplo.

O CPC/2015 não modificou a regra constante na Lei nº 11.419/2006, já que continuou a conferir aos tribunais a função de regulamentar, mesmo que de maneira supletiva, a prática e a comunicação oficial dos atos processuais por meio eletrônico (art. 196).

4.2 Informática jurídica

Além da assinatura digital, outros conceitos relacionados à informática jurídica precisam ser compreendidos pelos operadores do direito a fim de que a automação processual não se torne um entrave ao acesso à justiça, mas, sim, uma forma mais célere de alcançá-la.

O CPC/2015, ao dispor sobre a prática eletrônica dos atos processuais, assim dispõe:

> Art. 194. Os sistemas de automação processual respeitarão a publicidade dos atos, o acesso e a participação das partes e de seus procuradores, inclusive nas audiências e sessões de julgamento, observadas as garantias da disponibilidade, independência da plataforma computacional, acessibilidade e interoperabilidade dos sistemas, serviços, dados e informações que o Poder Judiciário administre no exercício de suas funções.

> Art. 195. O registro de ato processual eletrônico deverá ser feito em padrões abertos, que atenderão aos requisitos de autenticidade, integridade, temporalidade, não repúdio, conservação e, nos casos que tramitem em segredo de justiça, confidencialidade, observada a infraestrutura de chaves públicas unificada nacionalmente, nos termos da lei.

A **publicidade** dos atos processuais deve observar as mesmas regras do art. 189. Não há qualquer diferença entre os autos virtuais e físicos com relação às questões que envolvam segredo de justiça. Nos casos em que houver necessidade de mitigação da publicidade, os processos virtuais tramitarão com a restrição de confidencialidade.[8]

Para que se cumpra o princípio da publicidade e se permita o acesso e participação das partes e procuradores no processo, deve estar garantida a **disponibilidade**, ou seja, a não interrupção do acesso. A estabilidade dos servidores (possantes computadores; para não se confundir com os agentes públicos) e sistemas dos tribunais, no entanto, é algo que ainda não inspira segurança. Prova disso é que o Código estabeleceu como justa causa para a não realização de ato processual dentro do prazo legal ou judicial, a ocorrência de problema técnico do sistema e de erro ou omissão do auxiliar da justiça responsável pelo registro dos andamentos (art. 197, parágrafo único).[9]

A **independência da plataforma computacional**

"[...] refere-se garantia de que os sistemas não devem ser projetados para funcionamento atrelado a determinado sistema operacional, *software*, estrutura de dados ou equipamento, e nem dependentes de tecnologias específicas, garantindo a inovação e o aprimoramento das

---

[8] A Lei nº 13.793/2019 introduziu o § 5º no art. 107 do CPC/2015, para deixar claro que o direito do advogado de "examinar, em cartório de fórum e secretaria de tribunal, mesmo sem procuração, autos de qualquer processo, independentemente da fase de tramitação, assegurados a obtenção de cópias e o registro de anotações, salvo na hipótese de segredo de justiça, nas quais apenas o advogado constituído terá acesso aos autos" aplica-se integralmente aos processos eletrônicos.

[9] A previsão segue o entendimento do STJ (proferido na sistemática do CPC/1973): "Processual civil. Andamento processual disponibilizado pela internet. Contagem de prazo. Boa-fé. Art. 183, §§ 1º e 2º, do CPC. Aplicação. [...] A divulgação do andamento processual pelos Tribunais por meio da internet passou a representar a principal fonte de informação dos advogados em relação aos trâmites do feito. A jurisprudência deve acompanhar a realidade em que se insere, sendo impensável punir a parte que confiou nos dados assim fornecidos pelo próprio Judiciário. 3. Ainda que não se afirme que o prazo correto é aquele erroneamente disponibilizado, desarrazoado frustrar a boa-fé que deve orientar a relação entre os litigantes e o Judiciário. Por essa razão o art. 183, §§ 1º e 2º, do CPC determina o afastamento do rigorismo na contagem dos prazos processuais quando o descumprimento decorrer de fato alheio à vontade da parte. 4. A Terceira Turma do STJ vem adotando essa orientação, com base não apenas no art. 183 do CPC, mas também na própria Lei do Processo Eletrônico (Lei nº 11.419/2006), por conta das 'Informações processuais veiculadas na página eletrônica dos tribunais que, após o advento da Lei nº 11.419/06, são consideradas oficiais' (trecho do voto condutor do Min. Paulo de Tarso Sanseverino, no REsp 960.280/RS, *DJe* 14.6.2011). 5. Não desconheço os precedentes em sentido contrário da Corte Especial que são adotados em julgados de outros colegiados do STJ, inclusive da Segunda Turma. 6. Ocorre que o julgado mais recente da Corte Especial é de 29.6.2007 (AgRg nos EREsp 514.412/DF, Rel. Min. Luiz Fux, *DJ* 20.8.2007), como consta do Comparativo de Jurisprudência do STJ. 7. Parece-me que a ampliação constante do uso da internet pelos operadores do Direito, especialmente em relação aos informativos de andamento processual colocados à disposição pelos Tribunais, sugere a revisão desse entendimento, em atenção à boa-fé objetiva que deve orientar a relação entre o Poder Público e os cidadãos, acolhida pela previsão do art. 183, §§ 1º e 2º, do CPC. 8. Ainda que os dados disponibilizados pela internet sejam 'meramente informativos' e não substituam a publicação oficial (fundamento dos precedentes em contrário), isso não impede que se reconheça ter havido justa causa no descumprimento do prazo recursal pelo litigante (art. 183, *caput*, do CPC), induzido por erro cometido pelo próprio Tribunal. 9. Recurso Especial provido" (STJ, REsp 1.324.432/SC, Rel. Min. Herman Benjamin, j. 17.12.2012).

ferramentas à medida que avancem as tecnologias disponíveis, e evitando a imposição de padrões, inclusive de mercado, que estagnem a automação".[10]

A **acessibilidade** tem relação com a garantia de utilização do sistema e se complementa com a norma prevista no art. 198, que determina que as unidades do Poder Judiciário mantenham gratuitamente, à disposição dos interessados, os equipamentos necessários à prática de atos processuais e à consulta e ao acesso ao sistema e aos documentos dele constantes. Vale ressaltar que caso não haja a disponibilização, estar-se-á afastando a garantia de acessibilidade. Em contrapartida, em tais casos, será admitida a prática de atos por meio não eletrônico.

Outra regra de acessibilidade está prevista no art. 199, que confere às pessoas com deficiência o acesso aos sítios do Poder Judiciário, ao meio eletrônico de prática de atos judiciais, à comunicação eletrônica dos atos processuais e à assinatura eletrônica.

Infelizmente, o processo judicial eletrônico não está completamente acessível às pessoas com deficiência, especialmente àqueles que possuem alguma falha ou insuficiência auditiva ou visual. De fato, os sistemas de automação processual foram implementados sem considerar as necessárias condições técnicas e os aspectos humanos de todos aqueles que, de alguma forma, precisariam ter acesso aos autos (partes, advogados, auxiliares, juízes etc.). É preciso que a garantia de ampla e irrestrita acessibilidade "saia do papel" e passe a ser observada por todos os tribunais do país.

A **interoperabilidade**, por sua vez, pode ser traduzida da seguinte forma: o sistema de um tribunal deve se comunicar com o de outro, de modo que o advogado não precise de uma senha para protocolar petição na Justiça Federal, outra na Justiça de São Paulo, outra para a Justiça de Minas Gerais, enfim, não precise guardar uma infinidade de códigos para atuar no Poder Judiciário.

O registro dos atos processuais deve, ainda, observar os seguintes requisitos: autenticidade, integridade, temporalidade, não repúdio, conservação e confidencialidade (esta somente para os casos que tramitem sob segredo de justiça).

A **autenticidade** visa garantir que a autoria do documento ou a prática do ato processual seja atribuída a quem realmente o tenha produzido ou realizado. Já a **integridade** visa garantir o conteúdo do documento, tal qual ele foi formulado antes da transmissão ao sistema.

A **temporalidade** é a garantia de que serão registrados "data e hora de determinado evento, de modo a permitir a constatação, em eventual necessidade de comparação, da ordem cronológica em que ocorreram".[11]

O **não repúdio**, por sua vez, trata do obstáculo imposto às partes, aos advogados, ao juiz, ao promotor e ao perito, entre outros sujeitos do processo, de negarem o conteúdo ou autoria do documento virtual. Quando se pratica um ato por meio eletrônico, quem o praticou não pode negar a autoria nem o conteúdo.

A **conservação** consiste na adoção de

"[...] um conjunto de medidas e estratégias de ordem administrativa, política e operacional para a preservação da integridade das informações disponíveis, inclusive com políticas claras

---

[10] Definição extraída do relatório parcial do Deputado Efraim Filho, na Comissão Especial destinada a proferir parecer ao projeto do novo CPC. Disponível em: http://www2.camara.leg.br/atividadelegislativa/comissoes/comissoestemporarias/especiais/54a-legislatura/8046-10-codigo-de-processo-civil/arquivos/parecer_deputado-efraim-filho. Acesso em: 08 nov. 2018.

[11] Definição extraída do relatório parcial do Deputado Efraim Filho, na Comissão Especial destinada a proferir parecer ao projeto do novo CPC. Disponível em: http://www2.camara.leg.br/atividadelegislativa/comissoes/comissoestemporarias/especiais/54a-legislatura/8046-10-codigo-de-processo-civil/arquivos/parecer_deputado-efraim-filho. Acesso em: 08 nov. 2018.

de cópias de segurança e recuperação em relação a incidentes de danos à estrutura de funcionamento dos sistemas ou às bases de dados, pelo tempo que esta preservação for necessária".[12]

Por fim, a **confidencialidade** é requisito que deve garantir que somente as partes envolvidas no processo, bem como os seus respectivos advogados, tenham acesso ao conteúdo dos documentos, despachos, sentença e todos os outros atos processuais. Ele está intimamente ligado aos processos que tramitam em segredo de justiça, nos termos do art. 195, parte final.

5. LINGUAGEM UTILIZADA NOS ATOS PROCESSUAIS

A exteriorização dos atos jurídicos se faz por intermédio da linguagem, que pode ser oral ou escrita. A oral, ainda que sinteticamente, é convertida para a linguagem escrita. É a forma de registrar os atos processuais. No futuro, pode ser que o processo eletrônico adote meios para adoção do processo exclusivamente falado, principalmente nos juizados especiais. O autor fará o seu requerimento, o réu a defesa e o juiz ditará a sentença. O ato escrito é aquele que vem redigido na forma escrita (a petição e a sentença, por exemplo). O ato oral deve ser reduzido a termo pelo escrivão para sua documentação nos autos (por exemplo, audiência de instrução e julgamento, depoimento de testemunha).

O art. 192 preceitua que em todos os atos e termos do processo é obrigatório o uso da língua portuguesa. Assim, os atos e termos processuais escritos em língua estrangeira são reputados nulos. Toleram-se, em razão do analfabetismo funcional que grassa em todos os segmentos sociais, os erros gramaticais, embora afrontosos à nossa língua, desde que não prejudiquem a correta compreensão. Os documentos que forem apresentados em outra língua deverão ser acompanhados de sua versão para a língua portuguesa, procedida por via diplomática ou pela autoridade central, ou firmada por tradutor (art. 192, parágrafo único).

Nos atos orais das partes e testemunhas que não souberem expressar-se na língua nacional há necessidade de intérprete para lhes dar expressão em português. O mesmo acontece para a tradução da linguagem mímica dos surdos-mudos.

6. PUBLICIDADE DOS ATOS PROCESSUAIS

Em geral são públicos os atos processuais (art. 189), assim, qualquer pessoa pode obter traslados e certidões a respeito dos atos e termos contidos no processo. Há, porém, casos em que, por interesse público ou social, bem como pelo respeito que merecem as questões de foro íntimo, o Código reduz a publicidade dos atos, verificando-se o procedimento chamado "segredo de justiça".

As exceções à publicidade dos atos processuais estão previstas nos incisos do art. 189:

I – em que o exija o interesse público ou social;

II – que versem sobre casamento, separação de corpos, divórcio, separação, união estável, filiação, alimentos e guarda de crianças e adolescentes;

III – em que constem dados protegidos pelo direito constitucional à intimidade;

---

[12] Definição extraída do relatório parcial do Deputado Efraim Filho, na Comissão Especial destinada a proferir parecer ao projeto do novo CPC. Disponível em: http://www2.camara.leg.br/atividadelegislativa/comissoes/comissoestemporarias/especiais/54a-legislatura/8046-10-codigo-de-processo-civil/arquivos/parecer_deputado-efraim-filho. Acesso em: 08 nov. 2018.

IV – que versem sobre arbitragem, inclusive sobre cumprimento de carta arbitral, desde que a confidencialidade estipulada na arbitragem seja comprovada perante o juízo.

O direito de consultar os autos de processo que tramite em segredo de justiça e de pedir certidões de seus atos é restrito às partes e aos seus procuradores. Contudo, o terceiro que demonstrar interesse jurídico (necessitar conhecer os termos do processo para o exercício de algum direito, por exemplo) pode requerer ao juiz certidão do dispositivo da sentença, bem como de inventário e de partilha resultantes de divórcio ou separação (§§ 1º e 2º do art. 189).

O rol do art. 189 tem natureza meramente exemplificativa. Prova disso é o inciso I, que trata genericamente do interesse público ou social, de modo que cabe ao juiz avaliar a restrição a partir do caso concreto, o que não ocorre nas situações descritas no inciso II, que impõe, necessariamente, o segredo de justiça para processos previamente determinados e que expõe a intimidade e a vida pessoal das partes.

JURISPRUDÊNCIA TEMÁTICA

"Sabe-se que, em regra, os atos processuais são públicos, consoante o disposto no art. 189, do CPC, podendo a norma ser excepcionada com o intuito de garantir a proteção do sigilo em situações excepcionais nas quais a intimidade, os dados e o resguardo de informações sejam necessários ao exercício profissional, que também constituem valores e garantias fundamentais na Constituição Federal. É sabido ainda que o sigilo afasta a regra da publicidade dos atos processuais e impede o acesso de terceiros às informações sensíveis existentes nos autos, mas não deve obstar o acesso da parte contrária ao conteúdo dos documentos sobre os quais recai o sigilo" (TJ-MG – AI: 26236395820228130000, Rel. Des. Marco Aurelio Ferenzini, j. 17.03.2023, Câmaras Cíveis/14ª Câmara Cível, *DJe* 17.03.2023).

7. O TEMPO E O LUGAR DOS ATOS PROCESSUAIS

Em regra, os atos processuais realizar-se-ão em dias úteis, das 6 às 20 horas (art. 212). Podem ser praticados na sede do juízo, externamente ou por meio eletrônico. As audiências, de regra, são realizadas no fórum, mas nada obsta que se realizem por videoconferência (art. 385, § 3º). Os protocolos das petições, até pouco tempo, eram feitos exclusivamente no fórum, agora, a regra, é que sejam feitos eletronicamente. Quanto aos atos externos, afora eventuais inspeções judiciais, de um modo geral, são praticados por oficiais de justiça e peritos.

Não se confunde horário para prática de ato processual com horário de expediente forense. O expediente pode encerrar-se às 17, 18 ou 19 horas. Nesse caso, se o ato tiver que ser praticado por meio de petição em papel, esta deverá ser apresentada no protocolo, no horário de expediente, nos termos da lei de organização judiciária local (art. 212, § 3º), ressalvada a prática eletrônica de atos processuais, que poderá ocorrer até a última hora do último dia do prazo (art. 213). Nos bancos, em razão dos caixas eletrônicos e da possibilidade de pagamento de contas pela internet, os horários de funcionamento das agências estão cada dia mais irrelevantes para o cidadão. O mesmo, gradativamente, vai ocorrendo para as partes e, principalmente, para os advogados. No processo eletrônico – em breve, os autos não mais constituirão aqueles calhamaços; a natureza agradece –, o protocolo pode ser feito a qualquer hora.

Vamos resumir. Para atos a serem praticados no fórum (tomada de depoimentos, por exemplo), deve-se observar o expediente forense. Para atos externos (citação e intimação, entre outros) deve obedecer ao horário das 6h às 20h, independentemente de o expediente começar antes e terminar depois desses horários. Que o oficial de justiça não apareça à casa do citando às 4 da madrugada. Podem ser concluídos depois das 20 horas os atos iniciados antes, quando o adiamento prejudicar a diligência ou causar grave dano (art. 212, § 1º).

Em casos excepcionais, as citações, as intimações e as penhoras poderão realizar-se no período de férias forenses, onde as houver, bem como nos feriados ou dias úteis fora do horário estabelecido no *caput* do art. 212. Diferentemente do que previa o CPC/1973, o Código atual não condiciona a realização desses atos à previa autorização judicial (art. 212, § 2º). Entretanto, se para realizar a citação, intimação ou penhora o oficial de justiça precisar do consentimento da parte para adentrar em seu domicílio e esta não consentir, o ato necessariamente dependerá de ordem judicial para ser realizado (art. 5º, XI, da CF/1988).

Nos Juizados Especiais, os atos processuais podem ser realizados em horário noturno, conforme dispuserem as normas de organização judiciária (art. 12 da Lei nº 9.099/1995).

No processo eletrônico, consideram-se realizados os atos processuais no dia e hora do seu envio ao sistema do Poder Judiciário. Assim, transmitida a petição eletrônica, o que será comprovado por meio de protocolo eletrônico (recibo expedido pelo sistema), interrompida estará a prescrição ou afastada a decadência ou preclusão, caso ainda não consumadas.

Como se verifica, a prática dos atos processuais por meio eletrônico não mais se sujeita ao horário do expediente forense, pelo que serão considerados tempestivas as petições transmitidas até as 24 horas do seu último dia (art. 213). Para tanto, deve ser considerado o horário do juízo perante o qual o ato deva ser praticado (art. 213, parágrafo único). Suponha-se que o prazo para interpor apelação encerre-se no dia 16 de abril. Se a petição tivesse de ser apresentada em papel, o prazo se esgotaria com o fechamento do expediente forense daquele dia. Todavia, em se tratando de ato praticado por meio eletrônico, o advogado poderá enviá-la ao sistema até às 24 horas do dia 16.

Na ocorrência de indisponibilidade do sistema por motivo técnico, o art. 10, § 2º, da Lei nº 11.419/2006 estabelece que o prazo fica automaticamente prorrogado para o primeiro dia útil seguinte à solução do problema. O CPC/2015, ao tratar do tema, não prevê apenas a hipótese de problemas técnicos. Nos termos do art. 223, § 1º, qualquer evento que impeça a realização do ato, desde que alheio à vontade da parte, poderá ser considerado justa causa. Nesse caso, caberá ao juiz assinalar novo prazo para a prática do ato (§ 2º).

Para que o advogado não tenha que enfrentar maiores dificuldades, entendo que o melhor seja providenciar o protocolo eletrônico tão logo o problema, técnico ou não, tenha desaparecido. Concomitantemente, o advogado deve peticionar ao juízo explicitando os motivos pelos quais a prática daquele ato deve ser considerada tempestiva. **Essa é a posição mais segura a se adotar**. De toda sorte, temos precedente do STJ que já admitiu a comprovação da indisponibilidade em momento posterior. Em suma, para a Corte tanto é possível comprovar a indisponibilidade no ato da interposição do recurso, por exemplo, ou após, por meio de documento oficial:

> "Admite-se a comprovação da instabilidade do sistema eletrônico, com a juntada de documento oficial, em momento posterior ao ato de interposição do recurso" (STJ, 2ª Seção. EAREsp 2.211.940/DF, Rel. Min. Nancy Andrighi, j. 12.06.2024).

Confira, ainda, a título de exemplo, duas hipóteses em que o STJ afastou a intempestividade para considerar a presença de justa causa:

- Falha induzida por informação equivocada prestada por sistema eletrônico de tribunal (Corte Especial, EAREsp 1.759.860/PI; 4ª T., AgInt no AREsp 2.103.981/MT, Rel. Min. João Otávio de Noronha, j. 14.11.2022, *DJe* 02.12.2022). Assim, por exemplo, erro na indicação do término do prazo recursal contido no sistema eletrônico mantido exclusivamente pelo Tribunal de origem configura justa causa para afastar a

intempestividade do recurso. Nesses casos, o STJ vem exigindo que seja apresentada certidão comprovando o equívoco, pois apenas o "print" do sistema não é servil à efetiva demonstração da justa causa (1ª T., AgInt no AREsp 1.640.644/MT, Rel. Min. Gurgel de Faria, j. 31.08.2020, *DJe* 08.09.2020).
- Doença que impossibilita de forma absoluta o exercício da profissão ou substabelecimento a outro advogado (4ª T., AgInt nos EDcl no AgInt no AREsp 2.025.162/MG, Rel. Min. Maria Isabel Gallotti, j. 14.11.2022, *DJe* 18.11.2022).

Os atos processuais realizam-se, de ordinário, na sede do juízo, podendo, no entanto, realizar-se em outro lugar, em razão de deferência, de interesse da justiça, da natureza do ato ou de obstáculo arguido pelo interessado e acolhido pelo juiz (art. 217). A audição do Presidente da República (art. 454, I) constitui exemplo de prática de ato fora da sede do juízo em razão de deferência. Já a inspeção judicial é realizada fora da sede do juízo, no interesse da Justiça (art. 481). A oitiva de testemunha por carta precatória é, por sua vez, medida que se realiza fora do juízo em razão de sua natureza. Por fim, a enfermidade da pessoa a ser ouvida constitui exemplo de obstáculo à prática do ato na sede do juízo.

Os atos processuais que hajam de realizar-se fora dos limites territoriais da comarca serão requisitados por carta, que pode ser precatória, de ordem ou rogatória. Na atual conjuntura, com a realidade inexorável do processo eletrônico, o local dos atos processuais tem pouca relevância. Isso porque, se a parte, o advogado e o juiz podem praticar atos de seus computadores pessoais, por meio da Internet, a depender da modalidade desse ato, nada impedirá que seja ele realizado até mesmo fora do país, haja vista que as informações a ele atinentes estarão disponíveis na rede mundial de computadores, a qual, em princípio, está acessível a todos em praticamente todos os rincões do planeta.

8. FÉRIAS E FERIADOS FORENSES

Os magistrados (juízes, desembargadores e ministros) têm direito a férias anuais por 60 dias. As férias podem ser individuais ou coletivas. As férias individuais, ao contrário das coletivas, não suspendem os prazos processuais. As férias dos magistrados de primeiro e segundo graus são gozadas individualmente, daí porque não tem aptidão para ensejar suspensão. Na ausência do juiz condutor do feito, o seu substituto pode praticar o ato processual. Nos tribunais superiores, porque as férias são coletivas, tudo (ou quase tudo) para, funcionando somente em regime de plantão. Nesses tribunais, há férias coletivas e elas suspendem os prazos ou obstaculizam o início da contagem deles.

Um pouco de história para a compreensão do tópico. Para racionalização dos serviços judiciários, exceto na Justiça do Trabalho, tais férias, de regra, eram gozadas coletivamente, nos períodos de 2 a 31 de janeiro e de 2 a 31 de julho (art. 66 da Lei Complementar nº 35/1979).

Entretanto, com o advento da Reforma do Judiciário (EC nº 45/2004), que, entre outras alterações na estrutura do Judiciário, incluiu o inc. XII no art. 93 da CF/1988, as férias coletivas foram vedadas nos juízos e tribunais de 2º grau. As férias coletivas, tradicionalmente adotadas, representavam o descanso de todos os operadores do direito. Entretanto, de uns tempos para cá, elas passaram a representar o bode mau cheiroso da morosidade. Na sua inapetência de adoção de medidas efetivas, o legislador trilhou o caminho costumeiro. Para passar a impressão de que algo estava sendo feito em prol da efetividade e celeridade, acabou com as férias coletivas. Um tiro no pé, principalmente nos órgãos colegiados. Em razão das férias individuais do relator, o processo não entra em pauta. O relator retorna ao trabalho, põe o processo em pauta, mas aí o primeiro vogal (revisor) sai de férias e, por isso, o processo é retirado de pauta.

Agora, de acordo com o texto do mencionado dispositivo constitucional, a regra é que a atividade jurisdicional seja ininterrupta, funcionando, nos dias em que não houver expediente forense normal, juízes em plantão permanente. A exceção ficou por conta dos tribunais superiores (STF, STJ, TST e TSE), onde ainda há férias coletivas. Ministros gozam de férias coletivas; desembargadores e juízes, não. Ora, se o STF e o STJ, precipuamente, exercem atividade jurisdicional, qual a razão do discrímen? Pode-se até explicar, mas jamais justificar. Por outro lado, há o recesso dos advogados, de 20 de dezembro a 20 de janeiro, e maior parte da atividade resta comprometida.

Na Justiça Federal comum, o recesso forense, instituído pela Lei nº 5.010/1966, dá-se no período compreendido entre os dias 20 de dezembro a 6 de janeiro, inclusive. Nas Justiças dos Estados, o recesso fica a cargo dos respectivos tribunais, que de uma forma geral têm seguido o mesmo critério da Justiça Federal, notadamente após a uniformização do tema pela Resolução nº 244, de 12 de setembro de 2016. Onde o recesso for adotado – creio que em todos os tribunais –, a suspensão dos prazos se impõe.

De acordo com o CPC atual, a regra geral é de que os atos processuais serão realizados apenas nos dias úteis (art. 212, *caput*, do CPC/2015; art. 172 do CPC/1973). Férias e feriados não são reputados dias úteis; logo, nessas épocas não se praticam atos processuais. Férias, contudo, somente nos tribunais superiores. Durante as férias individuais de juízes e desembargadores, pelo menos em tese, os atos são normalmente praticados. Não pelo titular, mas sim pelos substitutos. Entretanto, o que importa mesmo é que durante as férias coletivas nos tribunais superiores não se conta prazo. Não inicia; se iniciou, suspende; se vencer é prorrogado. Nos juízos de primeiro e segundo graus, os prazos fluem normalmente.

Constituem exceções à regra da prática de atos processuais somente em dias úteis:

- Independentemente de autorização judicial, **no período de férias forenses e nos feriados permite-se a realização de citações, intimações, penhoras e a apreciação de pedidos de tutelas de urgência (art. 214).** O dispositivo refere-se à prática do ato na sua materialidade. Nos órgãos do Judiciário onde há previsão de férias forenses (férias coletivas do Judiciário), praticado o ato, não se conta prazo. Igualmente, durante o período de férias dos advogados, embora se pratique ato, não se conta prazo para a prática do ato processual subsequente.

Os exemplos ajudam na compreensão. No STF ou no STJ, feita a citação para apresentação de resposta numa ação rescisória (por exemplo), a contagem do prazo para contestação não se inicia (suspende-se caso tenha iniciado e prorroga-se se terminado) durante as férias coletivas de 2 a 31 de janeiro e de 2 a 31 de julho. Isso por causa do justificável descanso dos ministros, que acaba por estender aos advogados. De 20 de dezembro a 20 de janeiro (note que há uma superposição de prazos), por causa das férias dos advogados, idêntico reflexo ocorre sobre os prazos (não inicia, suspende ou prorroga-se). Aliás, durante as férias dos advogados, o reflexo não é somente sobre os prazos, mas também sobre a atividade dos magistrados, uma vez que ato algum que dependa de advogado (audiências e sessões de julgamento, exemplificativamente), qualquer que seja o grau de jurisdição, pode ser realizado. Nos juízos de primeiro e segundo graus, durante as férias coletivas dos magistrados, pratica-se o ato e contam-se normalmente os prazos.

Processam-se durante as férias forenses, onde as houver, e não se suspendem pela superveniência delas (art. 215):

I – os procedimentos de jurisdição voluntária e os necessários à conservação de direitos, quando puderem ser prejudicados pelo adiamento;

II – a ação de alimentos e os processos de nomeação ou remoção de tutor e curador;

III – os processos que a lei determinar.

O dispositivo autoriza o curso normal dos processos elencados nos incs. I a III durante as férias forenses. O objeto da norma é a prática de ato e o curso de prazos de determinados feitos durante as férias forenses. Os atos são normalmente praticados e os prazos não se suspendem nos tribunais superiores, onde há previsão de férias forenses. Nos juízos de primeiro grau e nos tribunais de segundo grau, porque não há férias coletivas, não se cogita da exceção, ou seja, todos os processos correm normalmente. Vê-se que os destinatários da norma são os tribunais superiores, nos quais, como já enfatizado, há férias coletivas. De forma que os recursos referentes a tais demandas, a despeito da lei, não serão movimentados. Trata-se de um tiro n'água, tão ao gosto do legislador brasileiro, tirante a possibilidade de o presidente de um desses tribunais despachar eventual medida provisória durante as férias (liminar em cautelar e em mandado de segurança, entre outras).

Por atos de jurisdição voluntária (inc. I, 1ª parte) devem entender-se os procedimentos de jurisdição voluntária, bem como os atos de administração, conservação, praticados nos processos de jurisdição contenciosa, como, *v.g.*, a administração de bens apreendidos judicialmente.

Por atos necessários à conservação de direitos (inc. I, 2ª parte) entende-se o cumprimento de liminares deferidas em ações cautelares, mandado de segurança, ação popular, dentre outras.

A ação de alimentos corre durante as férias e não somente a concessão dos alimentos provisórios, como estava previsto na legislação anterior. A alteração teria o condão de preservar os interesses do alimentando e o caráter emergencial (pelo menos na maioria dos casos) da verba alimentar. Contudo, como essas demandas correm na justiça ordinária (primeiro e segundo graus), a regra praticamente perde o sentido, a menos que se trate de alguma medida judicial a cargo do STF ou do STJ.

Entre as causas que a lei determina que tenham o curso nas férias forenses (inc. III), podemos mencionar as ações de despejo, a consignação em pagamento de aluguel e acessórias da locação, as revisionais de aluguel e as renovatórias de locação, previstas na Lei de Locações (art. 58, I, da Lei nº 8.245/1991), de desapropriação (art. 39 do Dec.-lei nº 3.365/1941) e as de acidentes do trabalho (art. 129, II, da Lei nº 8.213/1991).

Suspende-se o curso do prazo processual nos dias compreendidos entre 20 de dezembro e 20 de janeiro, inclusive (art. 220).

Também contempla exceção à regra geral. **Trata o dispositivo das "férias dos advogados"**. No período de 20 de dezembro a 20 de janeiro todos os prazos processuais serão suspensos, inclusive os que estiverem em curso nos processos mencionados nos incs. I a III do art. 215. Nenhum prazo, pouco importa o juízo, terá seu curso iniciado. Ressalte-se que a tramitação de processos e o curso de prazos não é incompatível com férias de juízes. Porém, é absolutamente incompatível com férias de advogados. Nesse período (20 de dezembro a 20 de janeiro) só se pode praticar atos que independem dos advogados. Juízes podem prolatar sentenças, mas os prazos para interposição de recursos não serão contados. Escrivães podem até movimentar processos, mas a contagem de prazos não se iniciará. Contudo, não se realizarão audiências nem sessões de julgamento, porque indispensável a presença de advogados.

Conciliando os referidos dispositivos, pode-se concluir:

- **Os atos mencionados no art. 214 podem ser praticados em qualquer dia (férias ou feriados), em qualquer juízo ou tribunal.** O prazo só começará a correr no primeiro dia útil seguinte ao feriado, ao recesso ou às férias, onde houver.
- **Durante as férias forenses (janeiro e julho)** – a regra tem como destinatários os tribunais superiores –, **os processos elencados no art. 215 terão seu curso normal**. Contudo, no período de 20 de dezembro a 20 de janeiro, os prazos serão suspensos e em qualquer grau de jurisdição não se realizarão atos que dependam da presença de advogados, como, por exemplo, audiências e sessões de julgamentos, entre outros.

Ressalte-se que o CPC de 1973 excepcionava a regra quanto à prática em dias úteis nos casos de produção antecipada de provas, de citação para evitar o perecimento do direito, bem como nos casos de arresto, sequestro, penhora, arrecadação, busca e apreensão, depósito, prisão, separação de corpos, abertura de testamento, embargos de terceiro, nunciação de obra nova e outros atos análogos. A nova legislação, tendo em vista a extinção do procedimento cautelar autônomo, consolidou algumas das hipóteses previstas no CPC/1973 na tutela de urgência.

Em outras palavras, se para assegurar o direito houver necessidade de realização de determinado ato antes previsto como espécie de medida cautelar, a regra prevista no *caput* do art. 212 deverá ser excepcionada, podendo o ato ser realizado durante o feriado ou férias forenses.

Cumpridos os atos em sua materialidade específica e intimadas as partes, o processo continuará suspenso, se for período de férias. Por exemplo, feita a citação para evitar o perecimento do direito em férias ou em dia não útil, o prazo para a contestação somente começará a fluir no primeiro dia útil seguinte ao recesso, ao feriado ou às férias, estas onde houver férias coletivas.

Nas ações que não têm curso nas férias, não são nulos, e muito menos inexistentes, os atos processuais nelas praticados. O prazo, porém, somente começará a correr no dia seguinte ao primeiro dia útil, subentendendo-se que neste o ato foi praticado (VI ENTA, aprovada por unanimidade – *RTFR* 152/69; *RT* 545/108).

Por fim, cabe salientar que **o Código atual equiparou a feriado o sábado e os dias em que não há expediente forense (art. 216). Só se contam os dias úteis, isto é, de segunda a sexta-feira. Algum feriado no decorrer da semana, um dia em que, por qualquer razão, o fórum tenha sido fechado ou o expediente forense tenha se encerrado mais cedo, além dos dias que compreendem as férias dos advogados, nada disso é contado. Além de todos esses dias, nos tribunais superiores, há férias coletivas, também com influência sobre a contagem dos prazos em curso naqueles tribunais.**

8.1 As férias e os prazos de natureza material

A distinção entre prazos processuais e materiais ganhou força com o CPC atual, especialmente diante da previsão contida no art. 219, que estabelece a forma de contagem dos prazos processuais. Se o prazo tem natureza material, a contagem é contínua, ou seja, os dias não úteis são também contabilizados. Se o prazo tem natureza processual, apenas os dias úteis participam da contagem. Vale lembrar que feriados, sábados e domingos são considerados pelo CPC como dias não úteis (art. 216, CPC).

O questionamento sobre a natureza dos prazos – e, consequentemente, sobre a forma de contagem – já foi respondido algumas vezes pelo STJ. A título de exemplo, quando a Corte definiu que o prazo para pagamento voluntário do débito no cumprimento de sentença possui natureza processual, deixou claro que embora o pagamento seja um ato a ser praticado pela parte, a intimação para o cumprimento voluntário da sentença, nos termos do art. 523 do CPC, ocorre, como regra, na pessoa do advogado constituído nos autos (art. 513, § 2º, I, do CPC). Assim, considerando que a intimação para o cumprimento de sentença se dá na pessoa do advogado constituído, este deverá comunicar ao seu cliente não só o resultado desfavorável da demanda, como também as consequências jurídicas da ausência de cumprimento voluntário da sentença, tais como a imposição de multa e fixação de honorários advocatícios, além da possibilidade de penhora de bens e valores, início do prazo para impugnação ao cumprimento de sentença etc. Por essas razões, a natureza desse prazo é, no mínimo, híbrida, devendo a contagem observar o art. 219 do CPC.

Se os prazos processuais são aqueles que regulamentam aspectos instrumentais do processo e são praticados em razão dele, os prazos materiais são, por exclusão, aqueles que se relacionam a aspectos extraprocessuais. Ou seja, o prazo material diz respeito ao momento para a parte praticar determinado ato fora do processo.

"O ponto nodal da caracterização de um prazo como processual é, pois, além de sua referência à relação jurídica processual – autônoma em relação à de direito material – sua estreita ligação com a preclusão e, por sua vez, com o procedimento e o princípio do impulso processual (...). A natureza processual de um determinado prazo é determinada pela ocorrência de consequências endo-processuais do ato a ser praticado nos marcos temporais definidos, modificando a posição da parte na relação jurídica processual e impulsionando o procedimento à fase seguinte" (Trecho do voto da Min. Nancy Andrighi no julgamento do REsp 1.770.863/PR).

A partir desse entendimento, podemos concluir que o prazo para o ajuizamento de Ação Rescisória (2 anos do trânsito em julgado da última decisão proferida no processo) ou para a impetração de Mandado de Segurança (120 dias da ciência do ato impugnado), por exemplo, não possui natureza processual e, por isso mesmo, a sua contagem é contínua, em dias corridos.

Apesar dessa conclusão, o próprio STJ já teve a oportunidade de admitir a prorrogação desses prazos – Ação Rescisória e MS. No julgamento do Recurso Especial Repetitivo 1.112.864/MG, a Corte Especial estabeleceu que se o termo final do prazo para ajuizamento da Ação Rescisória recair em dia não útil, ele deverá ser prorrogado para o primeiro dia útil subsequente. Esse entendimento está expresso no art. 975, § 1º, do CPC: "Prorroga-se até o primeiro dia útil imediatamente subsequente o prazo a que se refere o *caput*, quando expirar durante férias forenses, recesso, feriados ou em dia em que não houver expediente forense".

Em outro caso, o Min. Sérgio Kukina (REsp 1.944.582/GO), a partir de um juízo de razoabilidade, efetividade e instrumentalidade, ponderou que se o prazo decadencial para impetração do Mandado de Segurança teve seu encerramento durante o recesso forense, é possível a sua prorrogação para o primeiro dia útil seguinte. Isso decorre da necessária interpretação sistemática de preceitos normativos que tratam da mesma matéria. Com efeito, mesmo que o prazo tenha natureza material, é necessário compatibilizar a sua contagem com outras normas previstas no ordenamento.

"Em se tratando de prazos, o intérprete, sempre que possível, deve orientar-se pela exegese mais liberal, atento às tendências do processo civil contemporâneo – calcado nos princípios da efetividade e da instrumentalidade – e à advertência da doutrina de que as sutilezas da lei nunca devem servir para impedir o exercício de um direito" (REsp 11.834/PB, 4ª Turma, j. 17.12.1991, *DJ* 30.03.1992).

A partir desses precedentes, problematizo o seguinte: se até mesmo um prazo decadencial pode ser prorrogado quando o seu termo final "cai" no curso de recesso forense ou de feriado, por qual motivo não estender essa conclusão para o "recesso do advogado"?

O art. 220 do CPC, que ficou conhecido como o dispositivo que estabelece as "férias do advogado", prevê a suspensão do curso do prazo processual nos dias compreendidos entre 20 de dezembro e 20 de janeiro. Nesse período, só se pode praticar atos que independem dos advogados. Juízes podem prolatar sentenças, mas os prazos para interposição de recursos não serão contados. Escrivães podem até movimentar processos, mas a contagem de prazos não se iniciará. Contudo, não se realizarão audiências nem sessões de julgamento, porque é indispensável a presença de advogados.

Como a impetração do MS e o ajuizamento de Ação Rescisória dependem necessariamente do trabalho do advogado, é razoável que o direito do cliente ainda possa ser exercido mesmo quando exaurido o prazo material no curso do período previsto no art. 220 do CPC. Vamos ao exemplo: um candidato aprovado em concurso público pretende impetrar MS em razão da sua não nomeação mesmo com o surgimento de vaga. O STJ considera que o termo inicial do prazo decadencial para a impetração do MS nessa hipótese é o término do prazo de validade do concurso (RMS 55.464/RJ, *DJe* 27.11.2017). Se o 120º dia contado a partir do término do prazo de validade do concurso cair no dia 15 de janeiro de 2025, ele deve ser prorrogado até o dia 21 de janeiro de 2025.

Infelizmente essa conclusão ainda não é acolhida pelo Judiciário. Em decisão monocrática, o Min. Marco Aurélio Bellizze (REsp n. 1.942.808, *DJe* 27.10.2021) considerou que o prazo do art. 220 do CPC que extrapole o período do recesso forense não acarreta o mesmo efeito prorrogador do *dies ad quem* admitidos pela jurisprudência do STJ, "posto que não há limitação alguma do acesso ao Poder Judiciário", especialmente nos casos de processo eletrônico, em que o acesso para distribuição da ação é franqueado 24 horas por dia, via internet.

Não considero razoável esse entendimento, notadamente porque, apesar de o acesso ao processo eletrônico poder ocorrer a todo momento, o que está em "jogo" é a norma processual que estabelece um "descanso" para os advogados, profissionais indispensáveis ao exercício do direito material.

Além disso, mesmo durante o recesso forense, é possível que o ato seja praticado por meio eletrônico. Nada impede que o advogado protocole uma Ação Rescisória no dia 25 de dezembro, às 23h. A falta (ou não) de acesso não é o que define a prorrogação, mas o respeito a um direito que foi consagrado ao advogado e noticiado, quando da publicação do CPC atual, como uma conquista da advocacia. "Os advogados poderão usufruir de um período de férias sem a preocupação de cumprir prazos" (trecho do parecer final do deputado Paulo Teixeira no projeto do novo CPC). Se o direito material do cliente depende necessariamente da atuação do profissional da advocacia, o prazo para seu exercício deveria se compatibilizar com a regra do art. 220 do CPC.

9. OS PRAZOS PROCESSUAIS

O processo, já dissemos, é formado (tecido) por um conjunto de atos processuais sequenciados. As partes – representadas por seus advogados – batem bola com o juiz. Imaginemos um jogo de três: autor-juiz-réu. O autor dá início à partida, endereçando (protocolando) a petição inicial ao juiz; o juiz manda citar o réu, este apresenta resposta e assim o processo (o jogo) prossegue até o final, com a sentença. Pode haver prorrogação, com a interposição de recurso. O que põe fim realmente ao processo é a coisa julgada. Mesmo assim, em casos restritíssimos, pode ser rescindida (desfeita) pela ação rescisória (art. 966 e seguintes).

Deixando o futebol de lado, cada agente do processo (autor, juiz, réu, terceiros intervenientes, perito, escrivão e demais auxiliares do juízo) tem o seu momento[13] determinado para a prática do ato processual. É de se lembrar que alguns prazos refogem ao âmbito do processo, mas com ele intimamente se relacionam.

É o caso do prazo para protocolar a petição inicial. Dizemos que o autor tem o direito (um verdadeiro poder) de invocar (provocar, chamar) o Estado-juízo para resolver uma crise de direito. Nem sempre há prazo para essa providência. O regramento do prazo para esse primeiro lance do jogo processual, de um modo geral, encontra-se no Código Civil, com o título prescrição e decadência (consulte o nosso – meu, do prof. Felipe Quintella e da prof. Tatiane Donizetti – *Curso de Direito Civil*). Há, contudo, prazos estabelecidos no próprio Código (prazo para ajuizar ação rescisória e embargos de terceiro, por exemplo).

O advogado, para não perder o prazo para dar início ao processo, verifica a natureza da tutela por ele pretendida. Se a tutela é declaratória, não há prazo. Podem passar dois, 10 ou 20 anos e ainda haverá tempo para instaurar o processo. Se a tutela é constitutiva (positiva ou negativa)

---

[13] Tecnicamente, deve-se mencionar prazo para a prática do ato processual, embora, de forma atécnica, às vezes se utilize tempo e momento para tanto. Prazo é uma fatia, um interregno do tempo. Momento é o instante.

sem prazo determinado na lei, também pode-se dar início ao processo a qualquer tempo. Agora, se a tutela é constitutiva ou desconstitutiva, com prazo fixado na lei, há que se observar o prazo, sob pena de decair do direito (dizemos, nesse caso, que o prazo é decadencial). Se tratar de tutela condenatória, dizemos que o prazo é prescricional, o qual também deve ser obedecido. Na hipótese de ter transcorrido o prazo decadencial ou prescricional, não há proibição de se ajuizar a demanda, mas o processo será extinto com a declaração de tais causas extintivas (com julgamento de mérito) e condenação do autor ao pagamento de custas e honorários advocatícios.

Superando, porque não é objeto deste Curso, a prescrição e a decadência, vamos supor que o processo já tenha se iniciado. Então, vamos tratar dos prazos processuais, ou seja, dos prazos que cada sujeito (autor, juiz e réu, além dos demais atores ou agentes do processo) dispõe para a prática do ato processual. O processo, repita-se, é uma sequência ordenada de atos. Praticado um ato por um dos sujeitos, o outro ou os outros são comunicados (citação ou intimação), para a prática do ato subsequente. Ajuizada a petição inicial, o juiz manda citar o réu, para que este, querendo, possa apresentar resposta (contestação ou reconvenção e, em certos casos, exceção de parcialidade). O juiz proferiu sentença e manda intimar as partes, para que estas possam interpor recurso, caso conveniente.

No processo, o juiz tem poderes e deveres. As partes (exceto em casos excepcionais, representadas por seus advogados) têm ônus, faculdades e deveres. Praticado um ato pelo juiz, as partes são intimadas. Abre-se para elas a faculdade de praticar o ato subsequente.

Vamos aos exemplos. O juiz despachou a inicial e mandou citar o réu. Este dispõe da faculdade (não dever ou obrigação) de contestar. Se não contestar, incidirá o ônus da revelia. O juiz proferiu a sentença e mandou intimar as partes. Podem estas apresentar recurso (uma faculdade). Não havendo recurso, ocorre o trânsito em julgado (ônus). Passado o prazo para a prática do ato processual, diz-se que ocorreu a preclusão. Intimado da sentença, não apresentou recurso. Perdeu o prazo, formou-se a coisa julgada (o que o juiz decidiu tornou-se imutável e indiscutível). É o ônus imposto ao litigante. Pode até haver choro, mas não vela.

Feita essa introdução, vai o conceito: prazo é o **lapso de tempo em que o ato processual pode ser validamente praticado**. É delimitado por dois termos: **termo inicial** (*dies a quo*) e **termo final** (*dies ad quem*). Passado o prazo, a regra é que não mais se pode praticar o ato processual. Ocorre o fenômeno denominado preclusão (temporal). Isso somente para as partes.

Dispõe o art. 226 que o juiz proferirá os despachos no prazo de cinco dias; as decisões interlocutórias no prazo de 10 dias e as sentenças no prazo de 30 dias. E se não praticar o ato, ocorre a preclusão? Não pode praticar mais? Pode sim. Ao juiz não é imposto ônus, mas apenas poderes e deveres. Ele tem o dever de praticar os atos a seu cargo (da sua competência) nos prazos fixados em lei, contudo, se não os praticar, pode até haver punição disciplinar (se agiu com dolo ou culpa), mas não preclusão. Em suma, pouco importa o prazo em que foram praticados. Os atos do juiz são sempre aproveitados, não há intempestividade. Praticado o ato, às vezes, não se pode o rever de ofício. Para o juiz não incide a preclusão temporal. Se a questão já foi julgada, a não ser em casos excepcionais, não se pode a rejulgar de ofício. Nesse caso, há preclusão consumativa para o juiz.

Quanto às partes, os prazos são peremptórios. De um modo geral, têm cinco ou 15 dias para a prática dos principais atos do processo. Não praticou, não se pratica mais, exceto se ocorrer devolução do prazo. Repita-se, quanto aos prazos processuais, somente os dias úteis são contados (art. 219). Com relação a prazos em meses e anos, não há que se falar em dias úteis. Deve-se observar o disposto no art. 132, § 3º, do Código Civil.[14]

---

[14] Art. 132, § 3º, do Código Civil: "Os prazos de meses e anos expiram no dia de igual número do de início, ou no imediato, se faltar exata correspondência".

9.1 Classificação dos prazos

Os prazos processuais podem ser classificados quanto **à origem, às consequências processuais** (possibilidade de descumprimento), à possibilidade de dilação (alterabilidade), à exclusividade e, por fim, **quanto à unidade de tempo em que são medidos.**

Quanto à origem, **os prazos podem ser legais, judiciais ou convencionais.** As expressões já dizem tudo.

Legais são os prazos que estão definidos em lei, não podendo, em princípio, as partes nem o juiz alterá-los. Pode-se até não cumprir os prazos fixados em lei, mas alterá-los não, salvo nas hipóteses previstas na própria lei. O prazo para proferir sentença é fixado em 30 dias pela lei. Pode o juiz até não o cumprir em razão do extraordinário volume de feitos nos órgãos judiciais, mas não pode, por exemplo, dilatá-lo para um ano. Pode-se descumprir ou extrapolar quando se trata do chamado prazo impróprio (para o juiz), mas não alterar. Para as partes, como veremos, os prazos são sempre próprios, de modo que ou são cumpridos ou perde-se o prazo. Nos termos do art. 218, a regra é o prazo fixado em lei. Isso não significa que as partes, configurada a hipótese dos arts. 190 e 191, não possam – em certos casos, com a interveniência do juiz – fixar outros prazos em convenção (negócio jurídico processual). Em havendo omissão da lei e das partes (ausência de calendarização), o juiz pode fixar (art. 218, § 1º).

Os §§ 2º e 3º do art. 218 estabelecem regras gerais de colmatação (preenchimento de lacuna) quando a lei e o juiz não fixam prazos específicos para: a) comparecimento perante o juízo em caso de intimação para tanto – somente obriga depois decorridas 48 horas; b) prática de ato processual a cargo da parte (cinco dias). As 48 horas para comparecimento perante o juiz e os cinco dias para a prática de ato processual são prazos genericamente legais, que só incidem quando a lei ou o juiz não fixarem outro prazo.

Judiciais, por outro lado, são aqueles fixados pelo próprio juiz nas hipóteses em que a lei for omissa. Na fixação do prazo judicial, deve-se levar em conta a complexidade do ato processual a ser realizado (art. 218, § 1º). Em não sendo o prazo estabelecido por preceito legal ou prazo pelo juiz (prazo judicial), o Código sana a omissão, estabelecendo o prazo genérico de cinco dias para a prática do ato processual (art. 218, § 3º). Prazo para designação de audiência de conciliação – a lei só estabelece que, entre a data da designação e a realização, deve haver um prazo de 30 dias (art. 334) – e prazo e audiência de instrução e julgamento (art. 357, V).

Convencionais são os prazos fixados em convenção. Grande novidade, hein? Sim, há novidades trazidas pelo CPC/2015. No CPC/1973, convencionais eram apenas os prazos estipulados pelas partes, nas raríssimas hipóteses em que as partes podiam fixá-los (por exemplo, prazo para suspensão do processo – arts. 265, II e § 3º e 792), vez que o processo era regido exclusivamente (ou quase) por normas cogentes. E os únicos prazos que podiam ser objeto de convenção eram os dilatórios. Os peremptórios, nem pensar. No CPC/2015, o processo deu uma grande guinada para o privatístico. Agora, em tese, qualquer prazo pode ser objeto de convenção. Em suma: os prazos legais e peremptórios (como o prazo para contestar e recorrer) podem ser objeto de convenção.

Com relação às consequências processuais (possibilidade de descumprimento), os prazos se subdividem em **próprios** e **impróprios**.

Próprios são os prazos destinados à prática dos atos processuais pelas partes. Esses, uma vez não observados, ensejam a perda da faculdade de praticar o ato, incidindo o ônus respectivo (preclusão temporal).

Impróprios, a seu turno, são os prazos atinentes aos atos praticados pelo juiz e auxiliares da justiça. Diferentemente dos prazos próprios, entende-se que os impróprios, uma vez desrespeitados, não geram qualquer consequência no processo, o que, do ponto vista da efetividade do processo, é lamentável. Afinal, se, como leciona Carlos Maximiliano,[15] deve-se, sempre que possível, atribuir algum efeito útil às palavras constantes da lei, os prazos nela previstos estão lá para serem observados. Acreditar que o juiz pode desrespeitar os prazos a ele destinados vai de encontro à garantia constitucional da duração razoável do processo (art. 5º, LXXVIII, da CF/1988). Podemos citar como exemplos de prazos impróprios os prazos para proferir despacho, decisões interlocutórias, sentenças e fazer conclusão (ato do escrivão). Tanto os prazos próprios quanto os impróprios podem transmudar para prazos convencionais. Contudo, ainda que fixados em convenção, os prazos para o juiz e os auxiliares do juízo continuam impróprios, isto é, eventual descumprimento não enseja preclusão; no máximo, pode dar ensejo a sanções disciplinares.

Quanto à possibilidade de dilação e redução (alterabilidade), os prazos podem ser **dilatórios/redutórios** ou **peremptórios**.

Dilatórios/redutórios são os prazos fixados em normas dispositivas, que podem ser ampliados ou reduzidos de acordo com a convenção das partes. Prazo de suspensão do processo por convenção das partes (art. 313, II) constitui exemplo clássico de prazo dilatório. Saliente-se que, com o advento do CPC/2015, em tese, todos os prazos podem ser alterados por convenção das partes, inclusive os prazos denominados peremptórios. Nesse sentido, todos os prazos tornaram dilatórios/redutórios. Entretanto, é preciso esclarecer que, uma vez fixado outro prazo – tenha ele sido dilatado ou reduzido –, há que ser cumprido pela parte, sob pena de preclusão.

No CPC/1973, mais precisamente no art. 182,[16] o legislador vedava a redução ou ampliação dos prazos peremptórios, mesmo se houvesse prévia concordância das partes. Assim, os prazos fixados pela lei de forma imperativa somente podiam ser alterados em hipóteses excepcionais, como no caso de calamidade pública (art. 182, parágrafo único, do CPC/1973).

O CPC/2015, no entanto, dispõe sobre o tema da seguinte forma:

Art. 222 [...]

§ 1º Ao juiz é vedado reduzir prazos peremptórios sem anuência das partes.

A contrario sensu, a nova legislação permite ao juiz reduzir os prazos peremptórios, desde que com prévia anuência das partes. Anuência das partes, num sentido lato, significa convenção ou acordo procedimental.

Qualquer que seja a natureza do prazo, pode o juiz prorrogá-lo por até dois meses nas comarcas, seção ou subseção judiciária onde for difícil o transporte (art. 222). Em caso de calamidade pública, a prorrogação não tem limite (art. 222, § 2º).

O art. 225 traz a possibilidade de renúncia expressa ao prazo estabelecido exclusivamente em favor de determinada parte. Se o prazo for comum, a renúncia só tem eficácia se ambas as partes abdicarem expressamente do prazo a que estão submetidas.

Mais uma vez, vale lembrar que, em se tratando de direitos que admitam autocomposição, os arts. 190 e 191 permitem **acordo procedimental** e **"calendarização"** dos atos processuais, o que significa que podem as partes alterar inclusive os prazos peremptórios. Podem, por exemplo, estabelecer que a apelação deverá ser interposta no prazo de vinte dias, e não de quinze, e que a sentença será prolatada cinco dias após a realização da audiência de instrução e julgamento. Nesse último caso, porque o prazo refere-se à prática de ato do juiz, o acordo (calendarização) deve contar com a participação deste.

---

[15] MAXIMILIANO, Carlos. *Hermenêutica e aplicação do direito*. 16. ed. Rio de Janeiro: Forense, 1997. p. 251.

[16] Art. 182 do CPC/1973: "É defeso às partes, ainda que todas estejam de acordo, reduzir ou prorrogar os prazos peremptórios [...]".

Quanto à exclusividade, os prazos podem ser particulares ou comuns. **Prazo particular** é aquele fixado para cada uma das partes, individualmente. Prazos para resposta do réu e para o autor se manifestar sobre a contestação são exemplos de prazos particulares, bem como o prazo recursal no caso de procedência integral da ação em favor de uma das partes. **Prazo comum**, por sua vez, é aquele fixado para ambas as partes, concomitantemente. É o caso do prazo para apresentação de memoriais e do prazo para interposição de recurso em caso de sucumbência recíproca.

Sendo o prazo comum às partes, os procuradores poderão retirar os autos somente em conjunto ou mediante prévio ajuste, por petição nos autos. Independentemente de ajuste, é lícito ao procurador retirar os autos para obtenção de cópias, pelo prazo de duas a seis horas (art. 107, §§ 2º e 3º).

Quanto à forma de contagem. O Código contempla a contagem de prazos em minutos, horas, dias, meses e anos. Exemplos: prazo para sustentação oral em sessão de julgamento perante os tribunais: 15 minutos (art. 937); prazo mínimo a ser fixado pelo juiz, determinando o comparecimento de testemunha (art. 218, § 2º): 48 horas (no CPC/2015, são raros os prazos em horas); prazo para contestar e recorrer: 15 dias úteis (a maior parte dos prazos é fixada em dias); prazo para o réu promover a citação do chamado ao processo, na hipótese de este residir em outra comarca, seção ou subseção judiciárias, ou lugar incerto (art. 131, parágrafo único): dois meses; prazo para a propositura da ação rescisória (art. 975): dois anos.

Para fixação:

Prazos legais, judiciais e convencionais	**Legais** são os prazos que estão definidos em lei, não podendo, em princípio, as partes nem o juiz alterá-los. **Judiciais,** por outro lado, são aqueles fixados pelo próprio juiz nas hipóteses em que a lei for omissa. Na fixação do prazo judicial, deve-se levar em conta a complexidade do ato processual a ser realizado (art. 218, § 1º). **Convencionais** são os prazos fixados em convenção. No CPC/1973, convencionais eram apenas os prazos estipulados pelas partes, nas raríssimas hipóteses em que as partes podiam fixá-los (por exemplo, prazo para suspensão do processo – arts. 265, II e § 3º e art. 792), uma vez que o processo era regido exclusivamente (ou quase) por normas cogentes. Agora, em tese, qualquer prazo pode ser objeto de convenção. Em suma: os prazos legais e peremptórios (como o prazo para contestar e recorrer) podem ser objeto de convenção.
Prazos próprios e impróprios	**Próprios** são os prazos destinados à prática dos atos processuais pelas partes. Esses, uma vez não observados, ensejam a perda da faculdade de praticar o ato, incidindo o ônus respectivo (preclusão temporal). **Impróprios,** a seu turno, são os prazos atinentes aos atos praticados pelo juiz e auxiliares da justiça. Diferentemente dos prazos próprios, entende-se que os impróprios, uma vez desrespeitados, não geram qualquer consequência no processo, o que, do ponto vista da efetividade do processo, é lamentável. Podemos citar como exemplos de prazos impróprios: os prazos para proferir despacho, decisões interlocutórias, sentenças e remeter os autos à conclusão (ato do escrivão).
Prazos dilatórios e peremptórios	**Dilatórios/redutórios** são os prazos fixados em normas dispositivas, que podem ser ampliados ou reduzidos de acordo com a convenção das partes. Prazo de suspensão do processo por convenção das partes (art. 313, II) constitui exemplo de prazo dilatório.
Obs. 1: Com o advento do CPC/2015, em tese, todos os prazos podem ser alterados por convenção das partes, inclusive os prazos denominados peremptórios (art. 190, CPC). Há, nesse sentido, o Enunciado 19 do FPPC.[17]	

---

[17] Enunciado 19 do Fórum Permanente de Processualistas Civis: "São admissíveis os seguintes negócios processuais, dentre outros: pacto de impenhorabilidade, **acordo de ampliação de prazos das partes de qualquer nature**za, acordo de rateio de despesas processuais, dispensa consensual de assistente

> **Obs. 2:** Qualquer que seja a natureza do prazo, pode o juiz prorrogá-lo por até dois meses nas comarcas, seção ou subseção judiciária em que for difícil o transporte (art. 222). Em caso de calamidade pública, a prorrogação não tem limite (art. 222, § 2º).

> **Obs. 3:** Os §§ 2º e 3º do art. 218 estabelecem regras gerais de colmatação (preenchimento de lacuna) quando a lei e o juiz não fixam prazos específicos para: a) comparecimento perante o juízo em caso de intimação para tanto – somente obriga depois de decorridas 48 horas; b) prática de ato processual a cargo da parte (cinco dias). As 48 horas para comparecimento perante o juiz e os cinco dias para a prática de ato processual são prazos genericamente legais, que só incidem quando a lei ou o juiz não fixarem outro prazo.

9.2 Principais prazos para a prática de atos processuais

Neste tópico, apresento uma série de prazos que o advogado e, é claro, também o estudante e o concurseiro não podem deixar de saber. Embora haja prazos fixados em minutos, horas, meses e anos, o mais comum é o prazo em dias. O advogado não pode ter dúvida sobre prazos. Assim que intimado, consulta a lei, a doutrina e a jurisprudência. O mesmo não ocorre com o estudante e com o concurseiro, de quem, muitas vezes, se exige que saibam alguns prazos de cor. De regra, são prazos mais comuns, fixados em dia. Para não errar tais prazos (ou aumentar a sua chance de acerto), tenha em mira que, de um modo geral – há exceções – o Código estabelece cinco, 10 ou 15 dias para a prática dos atos processuais. A maior parte dos prazos é fixada em 15 dias.

Adianto-lhe que, na contagem, deve-se excluir o dia do começo e incluir o dia do vencimento (art. 224). Veja, no art. 231, qual é o dia do começo e exclua-o. Tanto no começo quanto no do vencimento, considere apenas os dias úteis (sábados, domingos e feriados devem ser desprezados). Considere dias úteis se se tratar de prazos processuais em dia (parágrafo único do art. 219). Não se fala em minutos, horas, meses e anos úteis (tais prazos são contados na forma do Código Civil). Prazos processuais são os prazos para a prática de atos no processo em curso, embora com reflexo no processo. Prazo para a instauração do processo (decadencial ou prescricional) não constitui prazo processual, e sim material.

Os prazos devem ser contados em dobro quando uma das partes for a Fazenda Pública, o Ministério Público ou estiver representada pela Defensoria Pública ou entidades conveniadas, bem como quando se tratar de litisconsortes que tiverem diferentes procuradores, de escritórios de advocacia distintos – nesta última hipótese, somente se os autos forem físicos (arts. 180, 183, 186 e 229).

Prazo de 15 dias:

- Para o réu oferecer contestação (art. 335);
- Para o advogado apresentar a procuração nos casos em que é permitido postular sem ela (art. 104, § 1º);
- Para se impugnar o pedido de assistência do terceiro interessado (art. 120);

---

técnico, acordo para retirar o efeito suspensivo de recurso, acordo para não promover execução provisória; pacto de mediação ou conciliação extrajudicial prévia obrigatória, inclusive com a correlata previsão de exclusão da audiência de conciliação ou de mediação prevista no art. 334; pacto de exclusão contratual da audiência de conciliação ou de mediação prevista no art. 334; pacto de disponibilização prévia de documentação (pacto de *disclosure*), inclusive com estipulação de sanção negocial, sem prejuízo de medidas coercitivas, mandamentais, sub-rogatórias ou indutivas; previsão de meios alternativos de comunicação das partes entre si; acordo de produção antecipada de prova; a escolha consensual de depositário-administrador no caso do art. 866; convenção que permita a presença da parte contrária no decorrer da colheita de depoimento pessoal".

- Para que o sócio ou a pessoa jurídica manifeste-se e requeira provas no incidente de desconsideração da personalidade jurídica (art. 135);
- A contar do conhecimento do fato, para que as partes aleguem impedimento ou suspeição do juiz (art. 146);
- Para o autor aditar a petição inicial, nos pedidos de tutela antecipada em caráter antecedente (art. 303, § 1º, I);
- No caso de morte do procurador, para que a parte constitua novo mandatário (art. 313, § 3º);
- Para que o autor emende ou complete a petição inicial (art. 321);
- Para que o autor se manifeste acerca das alegações do réu (art. 350 e art. 351);
- Para que as partes apresentem o rol de testemunhas (art. 357, § 4º);
- Para se arguir a falsidade de documentos (art. 430);
- Para que uma das partes se manifeste sobre documento apresentado pela outra parte (art. 437, § 1º);
- Para a apresentação de quesitos (art. 465, § 1º, III);
- Para o executado pagar o débito no cumprimento de sentença definitivo de obrigação de pagar quantia certa (art. 523);
- Para apresentação de impugnação pelo executado no cumprimento de sentença definitivo de obrigação de pagar quantia certa (art. 525);
- Nas ações de exigir contas (art. 550, *caput*; art. 550, §§ 2º, 5º e 6º);
- Nas ações de manutenção e reintegração de posse (art. 564);
- Nas ações de demarcação de terras (art. 577 e art. 586);
- Nas ações de divisão de terras (art. 592 e art. 598 c/c 577);
- Nas ações de dissolução parcial de sociedade (art. 601);
- Para se contestar os embargos de terceiro (art. 679);
- Para se contestar a oposição (art. 683, parágrafo único);
- Nas ações monitórias (art. 701 e art. 702, § 5º, sob a forma de embargos);
- Para o interditando impugnar o pedido de interdição (art. 752);
- Nas execuções para a entrega de coisa certa (art. 806);
- Nas execuções para a entrega de coisa incerta (art. 812);
- Nas execuções das obrigações de fazer (art. 819 e art. 819, parágrafo único);
- Para o executado oferecer embargos à execução (art. 915 e art. 920, I);
- Na ação rescisória (art. 970).

No CPC/2015, todos os recursos têm prazo de 15 dias, tanto para interposição quanto para resposta (arts. 1.002 e 1.003, prazo em dobro para a Fazenda Pública, Ministério Público e Defensoria Pública – arts. 180, 183 e 186), com exceção dos Embargos de Declaração (art. 1.023), que têm cinco dias de prazo.

Prazo de 10 dias:

- Para o advogado continuar representando a parte, após a renúncia do mandato (art. 112, § 1º);
- Para o autor adotar as providências necessárias para viabilizar a citação do réu (art. 240, § 2º);

- Da audiência, para o réu apresentar seu desinteresse na autocomposição (art. 334, § 5º);
- Nas ações de consignação em pagamento (art. 539, § 1º e art. 545, *caput*);
- Para os condôminos apresentarem seus títulos, nas ações de divisão de terras (art. 591);
- Nas ações de dissolução parcial de sociedade (art. 600, IV);
- Para o devedor exercer sua opção de escolha, nas obrigações alternativas (art. 800);
- Nas obrigações de fazer (art. 818).

Prazo de cinco dias:

- Para o advogado requerer vista dos autos de qualquer processo (art. 107, II);
- Para a prática de ato processual a cargo da parte, quando não houver prazo específico (art. 218, § 3º);
- Para o autor emendar a petição inicial, nos casos em que o órgão jurisdicional entender que não há elementos para a concessão da tutela antecipada (art. 303, § 6º);
- Para o réu contestar o pedido de tutela cautelar antecedente (art. 306);
- Para o juiz retratar-se, após a interposição da apelação (art. 331 e art. 332, § 3º);
- Para as partes pedirem esclarecimentos ou solicitar ajustes após o saneamento do processo (art. 357, § 1º);
- Para o autor se manifestar acerca do depósito do valor incontroverso no cumprimento de sentença de obrigação de pagar quantia certa (art. 526, § 1º);
- Nas ações de consignação em pagamento (art. 541; art. 542, I e art. 543);
- Para o réu requerer caução, nas ações possessórias (art. 559);
- Para o inventariante prestar compromisso após a intimação da nomeação (art. 617, parágrafo único);
- Para a oposição de embargos de terceiro (art. 675);
- Para os requeridos manifestarem-se acerca da petição de habilitação (art. 690);
- Para o tutor ou curador prestar compromisso ou eximir-se do encargo (art. 759 e art. 760);
- Para o exequente exercer o direito de preferência na execução das obrigações de fazer (art. 820, parágrafo único);
- Para o recorrente sanar o vício ou completar a documentação do recurso (art. 932, parágrafo único);
- Para a oposição dos embargos de declaração (art. 1.023).

9.3 O curso dos prazos

Diferentemente do CPC/1973, que estabelecia a continuidade dos prazos processuais sem levar em consideração a sua interrupção em razão de feriados (art. 178 do CPC/1973), **a nova lei processual é expressa ao estabelecer que na contagem dos prazos legais ou judiciais computar-se-ão somente os dias úteis (art. 219).**

Já disse e relembro aqui. O disposto no art. 219 aplica-se somente à contagem de prazos processuais **em dias**. Prazos em hora contar-se-ão minuto a minuto, e prazos em **meses e anos** expiram no dia de igual número do de início, ou no imediato, se faltar exata correspondência (art. 132, §§ 3º e 4º do Código Civil).

Para correta contagem, importa saber se o prazo é processual ou material. O prazo material é contínuo, enquanto no prazo processual em dias, contam-se apenas os dias úteis. Sou de opinião que prazo processual é prazo para a prática de atos em processo em curso, pouco importa se o ato terá reflexo no direito material ou não. A norma (se de direito material ou processual) não tem relevância para a natureza do prazo. Há prazo processual inserido em norma tipicamente de direito material. Todos os atos processuais, de uma forma ou de outra, visam à composição da lide, isto é, ao acertamento ou certificação do direito material controvertido. Em outras palavras, os atos processuais, com algumas exceções, mediata ou imediatamente, têm reflexo sobre o direito material. Nada justifica a distinção feita pela doutrina. O prazo para contestar e o prazo para recorrer são indiscutivelmente processuais. Entretanto, se não se recorrer da sentença no prazo recursal, ocorre a preclusão, e a sentença transita em julgado, definindo em caráter imutável a relação jurídica de direito material. Nessa perspectiva, o prazo recursal tem forte influência sobre o direito material, mas nem por isso o prazo para recorrer é material. E os prazos para o pagamento do débito, seja fixado na sentença ou em título executivo judicial (arts. 523 e 829, respectivamente), são processuais ou materiais? Nem sempre a distinção é fácil. Mas como sou adepto da simplificação, tenho para mim que, se o pagamento é feito no processo, trata-se de ato processual e, portanto, o prazo deve ser contado em dias úteis. Registro que há respeitáveis opiniões em sentido contrário. De toda forma, o STJ já se manifestou pela aplicabilidade da contagem em dias úteis também para o cumprimento de sentença e execução, ainda que se refira ao período que o devedor disporá para adimplir a obrigação. Nesse sentido:

"Recurso especial. Cumprimento de sentença. Intimação do devedor para pagamento voluntário do débito. Art. 523, *caput*, do código de processo civil de 2015. Prazo de natureza processual. Contagem em dias úteis, na forma do art. 219 do CPC/2015. Reforma do acórdão recorrido. Recurso provido. 1. Cinge-se a controvérsia a definir se o prazo para o cumprimento voluntário da obrigação, previsto no art. 523, *caput*, do Código de Processo Civil de 2015, possui natureza processual ou material, a fim de estabelecer se a sua contagem se dará, respectivamente, em dias úteis ou corridos, a teor do que dispõe o art. 219, *caput* e parágrafo único, do CPC/2015. 2. O art. 523 do CPC/2015 estabelece que, 'no caso de condenação em quantia certa, ou já fixada em liquidação, e no caso de decisão sobre parcela incontroversa, o cumprimento definitivo da sentença far-se-á a requerimento do exequente, sendo o executado intimado para pagar o débito, no prazo de 15 (quinze) dias, acrescido de custas, se houver'. 3. Conquanto o pagamento seja ato a ser praticado pela parte, a intimação para o cumprimento voluntário da sentença ocorre, como regra, na pessoa do advogado constituído nos autos (CPC/2015, art. 513, § 2º, I), fato que, inevitavelmente, acarreta um ônus ao causídico, o qual deverá comunicar ao seu cliente não só o resultado desfavorável da demanda, como também as próprias consequências jurídicas da ausência de cumprimento da sentença no respectivo prazo legal. 3.1. Ademais, nos termos do art. 525 do CPC/2015, 'transcorrido o prazo previsto no art. 523 sem o pagamento voluntário, inicia-se o prazo de 15 (quinze) dias para que o executado, independentemente de penhora ou nova intimação, apresente, nos próprios autos, sua impugnação'. Assim, não seria razoável fazer a contagem dos primeiros 15 (quinze) dias para o pagamento voluntário do débito em dias corridos, se considerar o prazo de natureza material, e, após o transcurso desse prazo, contar os 15 (quinze) dias subsequentes, para a apresentação da impugnação, em dias úteis, por se tratar de prazo processual. 3.2. Não se pode ignorar, ainda, que a intimação para o cumprimento de sentença, independentemente de quem seja o destinatário, tem como finalidade a prática de um ato processual, pois, além de estar previsto na própria legislação processual (CPC), também traz consequências para o processo, caso não seja adimplido o débito no prazo legal, tais como a incidência de multa, fixação de honorários advocatícios, possibilidade de penhora de bens e valores, início do prazo para impugnação ao cumprimento de sentença, dentre outras. E, sendo um ato processual, o respectivo prazo, por decorrência lógica, terá a mesma natureza jurídica, o que faz incidir a norma do art. 219 do CPC/2015, que determina a contagem em dias úteis. 4. Em análise do tema, a I Jornada de Direito Processual Civil do Conselho da Justiça Federal – CJF aprovou o Enunciado n. 89, de seguinte teor: 'Conta-se em dias úteis o prazo do *caput* do art. 523 do CPC'. 5. Recurso especial provido". (STJ, REsp 1.708.348/RJ, *DJe* 01.08.2019).

Somente os prazos estabelecidos por lei ou pelo juiz são contados em dias úteis. Quanto aos prazos convencionais, cabe às partes fixar a forma de contagem, em dias úteis ou corridos. No silêncio da convenção, deve-se aplicar o art. 219, ou seja, o prazo será contado em dias úteis.

Para efeito processual, o art. 216 considera como feriado e, portanto, como dia não útil, o sábado, o domingo e os dias em que não há expediente forense, como, exemplificativamente, o dia de Natal e o recesso de 20 de dezembro a 6 de janeiro. Durante as férias dos advogados (20 de dezembro a 20 de janeiro) igualmente, não há contagem de prazo de natureza processual (art. 220).

Também nos juizados especiais a contagem dos prazos se faz somente em dias úteis. A Lei nº 13.278/2018, que acrescentou à Lei nº 9.099/1995 o art. 12-A[18], consagrou o entendimento – que já era adotado em algumas comarcas – de que na contagem de prazos em dias, estabelecido por lei ou pelo juiz, para a prática de qualquer ato processual, inclusive para a interposição de recursos, também serão computados somente os dias úteis, tal como já ocorria na justiça comum.

Somente o prazo para a prática de atos processuais é contado em dias úteis. **Para a leitura da intimação, conta-se em dias corridos.** Explico. O prazo para leitura da intimação, de 10 dias, diz respeito àquele período em que a intimação de determinada movimentação do processo precisa ser visualizada para que, de fato, a contagem do prazo processual se inicie. Por exemplo: publicada a sentença, ambas as partes terão 10 dias para "tomar ciência" da decisão e, somente após a leitura da intimação da publicação da sentença, o prazo para eventual recurso começará. A leitura da intimação pode ser feita por ato voluntário, ou seja, quando a parte efetivamente visualiza o teor da intimação, ou de modo presumido ou automático, nos casos em que nos 10 dias subsequentes à movimentação, a parte permanece inerte. Dessa maneira, por não se tratar de prazo processual, o prazo para leitura da intimação continuará sendo contado em dias corridos, conforme o art. 5º, § 3º, da Lei nº 11.419/06, que dispõe sobre a informatização do processo judicial[19], a qual, embora anterior à Lei nº 13.278/2018, até mesmo por se tratar de norma especial e não expressamente revogada, permanece em vigor.

A regra da contagem de prazos em dias úteis aplica-se também aos Juizados Especiais Federais (JEF – art. 1º da Lei nº 10.259/2001) **e aos Juizados Especiais da Fazenda Pública** (JEFP – art. 27 da Lei nº 12.153/2009). Ocorre que, não havendo norma especial a reger a contagem de prazos em tais Juizados, deve-se aplicar o que dispõe a Lei 9.099/95. Não se pode deixar de considerar que os juizados compõem um sistema. A regra estabelecida para um juizado aplica-se ao outro, a menos que haja regra específica para um determinado juizado.

Vê-se que o CPC/2015 elasteceu os prazos, possibilitando uma "folga" maior para a prática de determinados atos processuais. Não se pode deixar de reconhecer que a contagem dos prazos somente em dias úteis acarretará mais problemas do que benefícios. Na contagem de prazos

---

[18] "Art. 12-A. Na contagem de prazos em dias, estabelecido por lei ou pelo juiz, para a prática de qualquer ato processual, inclusive para a interposição de recursos, computar-se-ão somente os dias úteis."

[19] Art. 5º, § 3º, da Lei 11.419/06: "A consulta referida nos §§ 1º e 2º deste artigo deverá ser feita em até 10 (dez) dias corridos contados da data do envio da intimação, sob pena de considerar-se a intimação automaticamente realizada na data do término desse prazo."

contínuos, de antemão se sabe em que dia vence o prazo de quinze dias. Ao revés, na contagem em dias úteis, há que se verificar quais os dias são "inúteis" (sábados, domingos e feriados) e, a partir de então ir somando os dias úteis. Não é por outra razão que de regra os comerciantes não vendem para pagar em trinta, sessenta ou noventa dias úteis. Na prática comercial, pelo menos quando favoráveis ao vendedor ou ao prestador do serviço, os prazos são contínuos. É lamentável que o legislador, em vez de facilitar, tenha complicado. Quando dos trabalhos da Comissão de Juristas, tive a oportunidade de alertar para a complicação, mas a regra da contagem dos prazos somente em dias úteis acabou prevalecendo. Diziam os advogados da Comissão que a contagem em dias úteis permitia que os advogados pudessem descansar no final de semana. Ledo engano. Se o prazo vence na segunda-feira e o advogado não elaborou a peça processual na sexta, terá que trabalhar no domingo. Deus ajuda quem cedo madruga. Os que dormem e também os que deixam tudo para a última hora continuarão a trabalhar de madrugada. Quisesse ampliar os prazos não precisaria o legislador desse subterfúgio. Bastaria estabelecer, por exemplo, que o prazo para recorrer é de vinte dias. Caindo no feriado, prorroga-se para o dia útil imediato.

Se podemos complicar, para que facilitar? Resultado: com a entrada em vigor do CPC/2015, polêmica à parte quanto à natureza (material ou processual), na contagem dos **prazos em dias, computar-se-ão apenas os dias úteis.**

Vale ressaltar que a contagem em dias úteis não é dirigida apenas aos advogados, aparentemente os grandes beneficiários desta inovação. Juízes, membros do Ministério Público, da Defensoria Pública e da Advocacia Pública, peritos e todos aqueles que estejam condicionados ao cumprimento de prazos processuais (art. 219, parágrafo único) podem fazer o uso desse dispositivo.

Os prazos têm um termo inicial e um termo final. Termo, aqui, significa marco. Como temos uma certa birra das coisas simples, de um modo geral, recorremos ao latim para dizê-las de forma complicada. Referimo-nos ao marco inicial do prazo (o primeiro dia que é contado) como termo a quo (do qual se recorre) e termo final (o último dia para protocolar o ato processual) como termo ad quem (para o qual se recorre). A parte, obrigatoriamente, deve praticar o ato processual entre esses dois termos.

ATENÇÃO:

- A Lei 14.112, de 24 de dezembro de 2020, que entrou em vigor no final de janeiro de 2021, alterou substancialmente a Lei 11.101/2005, que regula a recuperação judicial, a extrajudicial e a falência do empresário e da sociedade empresária. Dentre as inúmeras alterações, o novo inc. I do § 1º do art. 189 prescreve que **todos os prazos previstos na referida legislação serão contados em dias corridos**. Ou seja, é possível concluir que o art. 219 do CPC/2015 não se aplica aos prazos previstos na lei que regula a falência e a recuperação judicial. Esse já era o entendimento prevalecente na jurisprudência, pelo menos quanto aos prazos de 180 dias de suspensão das ações executivas em face do devedor (art. 6º, § 4º), e de 60 dias para a apresentação do plano de recuperação judicial (art. 53, *caput*). Prazos para interposição de recursos, como apelação e agravo de instrumento, seguem a sistemática do CPC/2015, ou seja, com contagem apenas em dias úteis.

9.4 Contando os prazos

Não há dificuldade em contar o prazo em minutos, horas, meses e anos. Se você subiu à tribuna e iniciou a sustentação oral às 15h10, seus 15 minutos de fama, ou melhor, de prazo, irão terminar às 15h25. Ademais, o presidente do Órgão judicial (câmara, seção etc.) vai lhe avisar quando estiver no final. Não há risco de errar quanto ao termo inicial, porque ele lhe dará a palavra, e nem no termo final, porque, se insistir no falatório, ele lhe cassará a palavra. O prazo em horas também se conta de minuto em minuto. O prazo de uma hora, iniciado às 14 horas, encerra-se exatamente às 15 horas. Quanto ao prazo em meses e em anos, se iniciou no dia 15.4.2017, vai encerrar no mesmo dia do (s) ano(s) ou do(s) mês (es) subsequentes. Prazo de dois anos para a ação rescisória. O trânsito em julgado ocorreu no dia 8.8.2017. Conta-se o dia do trânsito em julgado (8/8), de forma que o último dia do prazo (de dois anos) será 8.8.2019 **(REsp 1112864/ MG), prorrogável para o dia útil imediatamente subsequente quando expirar em férias forenses, recesso, feriados ou em dia em que não houver expediente forense (art. 975, § 1º).**

Entretanto, geralmente, os prazos são em dias. E é aí que residem as dificuldades. Para início de conversa, em tais prazos, em regra, a contagem é feita excluindo-se o dia do começo e incluindo-se o dia do vencimento (art. 224). Não é à toa que eu disse "em regra". Há casos excepcionais em que o dia do início é contado, como é a hipótese do prazo para pagar o débito exequendo (art. 829), que se conta a partir do dia da citação, inclusive. De um modo geral, o Código não menciona o marco inicial, então, deve-se excluir o dia do início, como é o caso do prazo para cumprimento da sentença (art. 523).

Mas como se define o dia do começo do prazo? Lembre-se que, paradoxalmente, não se conta o dia do começo – então, não é começo! O termo inicial (termo a quo ou dies a quo) conta-se a partir do dia útil seguinte ao dia "do começo" do prazo. Dia do começo e termo inicial são expressões distintas. Aquele antecede a este. Entretanto, como já disse, excepcionalmente, eles podem coincidir (é o caso do prazo para pagamento do débito exequendo). Em se tratando de intimação pelo *Diário da Justiça* eletrônico, entra em cena outro complicador, uma vez que temos: data da disponibilização no sistema, data da publicação (que é o dia do começo) e termo a quo (data do início da efetiva contagem do prazo). Eu não falei que era complicado? Mas vou procurar simplificar.

9.4.1 Termo inicial dos prazos

Os incisos do art. 231 estabelecem os diversos marcos definidores do "dia do começo do prazo". Definido o dia do começo (que é excluído – art. 224), a partir do dia útil seguinte, começa a contagem do prazo em si.

a) **A data de juntada aos autos do aviso de recebimento (AR), quando a citação ou a intimação for pelo correio (inc. I).** A citação pelo correio é a regra, daí porque esse marco figura em primeiro lugar. Quanto à intimação, o mais comum é que seja feita à pessoa do advogado, pelo *Diário da Justiça* eletrônico. Conta-se o prazo do dia imediato ao da juntada, se o dia imediato for útil, caso contrário, prorroga-se para o dia útil imediato. O AR é juntado na sexta-feira, conta-se o prazo a partir da segunda-feira subsequente, a menos que seja feriado, férias ou recesso forense. O dia do começo (que é excluído para fins de contagem) é o dia da juntada aos autos, e não da inserção, pelo servidor, da referida informação na página eletrônica do processo.

Na prática, o advogado que é constituído para a defesa de um cliente deve acessar os autos eletrônicos e ficar atento à data da juntada.

b) **A data de juntada aos autos do mandado cumprido, quando a citação ou a intimação for por oficial de justiça (inc. II).** O oficial de justiça cita ou intima e devolve o mandado ao escrivão, que o junta aos autos (de regra, alguns dias após o cumprimento). Isso porque o termo inicial do prazo começa no dia seguinte ao da juntada aos autos do mandado de citação. Pouco importa se a citação é pessoal ou por hora certa, o marco é idêntico. Aplicam-se aqui as mesmas observações feitas acerca da citação pelo correio. Deve-se lembrar que, no procedimento comum, de um modo geral, a citação é para o réu integrar a relação processual; do próprio mandado de citação já consta a data da audiência de conciliação, à qual deve comparecer, correndo dali o prazo para resposta.

c) **A data de ocorrência da citação ou da intimação, quando ela se der por ato do escrivão ou do chefe de secretaria (inc. III).** Nesta hipótese, a citação ou intimação não é feita pelo correio nem por oficial de justiça, mas sim pelo escrivão (em certos segmentos do Judiciário, denominado chefe de secretaria), na própria secretaria. Não é comum, mas pode ocorrer. Mais comum do que essa hipótese é o advogado do demandado comparecer aos autos para juntada de procuração com poderes especiais para receber citação e peticionar para deferimento de vista dos autos. A mera juntada dessa procuração configura comparecimento espontâneo,[20] o que supre a falta de citação, fluindo a partir desta data (lembre-se de que o dia do começo não é contado) o prazo para apresentação de contestação ou de embargos à execução (art. 239, § 1º). O dispositivo fala em contestação, mas o prazo é para atos mais genéricos (resposta), uma vez que, em muitos casos, admite-se a reconvenção e, presentes as hipóteses de impedimento ou suspeição, admite-se a respectiva exceção de parcialidade (art. 14).

d) **O dia útil seguinte ao fim da dilação assinada pelo juiz, quando a citação ou a intimação for por edital (inc. IV).** Aqui, para a contagem do prazo, não se leva em conta a juntada do edital, e sim o aperfeiçoamento da citação por edital, que ocorre com o transcurso do prazo da dilação. O juiz fixa um prazo (entre 20 e 60 dias) a partir do qual inicia a contagem para a prática do ato processual. Exemplo: o edital de citação, com um prazo de dilação (de aperfeiçoamento) de 30 dias, foi publicado no dia 1º.11.2017 (se houve mais de uma, conta-se da primeira, conforme art. 257, III). Supondo que não haja feriados nesse mês, o prazo de dilação termina em 13.12.2017 (só contei os dias úteis). Pois bem, no dia 14.12.2017 começa a correr o prazo para a contestação. Nesse ponto, deve-se destacar que há divergência quanto à natureza do prazo fixado pelo juiz – se processual ou material. Há muita relevância na discussão, especialmente porque a contagem para apresentação da defesa ocorre com a somatória dos prazos. Após a dilação, inicia-se o prazo para a contestação, que tem natureza processual. A jurisprudência do STJ ainda não se manifestou sobre o tema, razão pela qual o mais adequado para os advogados é realizar a contagem do prazo de dilação (de 20 a 60) de forma contínua.

e) **O dia útil seguinte à consulta ao teor da citação ou da intimação ou ao término do prazo para que a consulta se dê, quando a citação ou a intimação for eletrônica (inc. V).** A intimação ou citação considera-se realizada no dia em que a parte

---

[20] Vale ressaltar: somente será considerado comparecimento espontâneo se a procuração tiver poderes especiais para receber citação. Nesse sentido: "Recurso ordinário em *habeas corpus*. Prisão civil. Pensão alimentícia. Ausência de citação do executado. Juntada de procuração nos autos. Comparecimento espontâneo. Não configuração. Ausência de poderes para receber citação no instrumento procuratório. Recurso provido. Ordem concedida. 1. A Corte Especial do Superior Tribunal de Justiça reafirmou o entendimento de que, 'em regra, o peticionamento nos autos por advogado destituído de poderes especiais para receber citação não configura comparecimento espontâneo apto a suprir tal necessidade' (Corte Especial, EREsp 1.709.915/CE, Rel. Min. Og Fernandes, j. 01.08.2018, *DJe* 09.08.2018). 2. Na espécie, a carga dos autos por advogado sem poderes específicos para receber citação não supre a ausência do ato, não podendo, portanto, ser considerado comparecimento espontâneo do executado, máxime para ensejar decreto de prisão civil. 3. Recurso ordinário a que se dá provimento. Ordem concedida" (STJ, 4ª T., RHC 168.440/MT, j. 16.08.2022, *DJe* 23.08.2022).

ou seu advogado efetivarem a consulta no portal. Se o dia da consulta não for útil, considera-se que foi feita no dia útil subsequente. Caso não tenha havido acesso ao portal, considera-se feita a intimação depois de transcorridos 10 dias da disponibilização (art. 5º e parágrafos da Lei nº 11.419/2006). Adiante abordaremos em tópico específico essa forma de contagem, visando facilitar o trabalho do advogado.

f) **A data de juntada do comunicado de que trata o art. 232 ou, não havendo esse, a data de juntada da carta aos autos de origem devidamente cumprida, quando a citação ou a intimação se realizar em cumprimento de carta (inc. VI).** Na hipótese, o termo inicial do prazo é o dia útil seguinte ao da juntada da informação expedida pelo juízo deprecado, por meio eletrônico, ao juízo deprecante. Não há necessidade de aguardar o retorno e juntada da carta precatória, basta a informação de que foi cumprida. Juntou em um dia, no outro, efetivamente, começa a correr o prazo.

g) **A data de publicação, quando a intimação se der pelo *Diário da Justiça* impresso ou eletrônico (inc. VII).** A tendência é o desaparecimento dos registros dos atos processuais em meio físico (papel). Os jornais, incluindo os diários da justiça impressos, estão com os dias contados. As intimações e citações serão feitas ou no portal ou no *Diário da Justiça* eletrônico. Se a comunicação for pelo portal (art. 5º e parágrafos da Lei nº 11.419/2006), o prazo conta-se do acesso (real ou presumido); se for pelo Diário Judiciário eletrônico, conta-se da data da publicação. Raciocinando sempre em termos de dias úteis: disponibilizou, no dia seguinte, considera-se publicado e, no dia seguinte, tem início o prazo efetivo (art. 224, §§ 2º e 3º). Assim, se feita numa sexta-feira, permitirá o início da contagem do prazo na segunda-feira, se for dia útil. A intimação feita no sábado (dia equivalente a feriado, nos termos do art. 216) considera-se feita na segunda-feira e a contagem do prazo terá início na terça-feira (primeiro dia útil seguinte ao da intimação). Quanto ao termo final, se este cair em dia não útil, considera-se prorrogado o prazo até o primeiro dia útil. Se o expediente forense for encerrado antes ou iniciado depois da hora normal ou se houver interrupção da comunicação eletrônica, os dias do começo (termo inicial) e do vencimento (termo final) também serão protraídos para o primeiro dia útil seguinte ao restabelecimento do serviço (art. 224, § 1º).

h) **O dia da carga, quando a intimação se der por meio da retirada dos autos, em carga, do cartório ou da secretaria (inc. VIII).** Dependendo da conveniência (tudo é uma questão de estratégia do advogado), às vezes, antes mesmo da intimação ou citação, o advogado comparece ao cartório (dependendo do segmento do Judiciário, é denominado secretaria) e retira os autos. A retirada dos autos – só se aplica para autos físicos – é feita mediante carga, ou seja, assinatura em livro próprio. Retirou hoje, o prazo começa a correr amanhã. Essa é a regra para intimação. Em se tratando de citação, de um modo geral, a carga dos autos não configura comparecimento espontâneo.

i) **O quinto dia útil seguinte à confirmação, na forma prevista na mensagem de citação, do recebimento da citação realizada por meio eletrônico (inc. IX).** Com o avanço da tecnologia e das formas de comunicação, inclusive com a possibilidade de realização de atos processuais através de aplicativos de mensagens, o legislador entendeu necessário estabelecer o termo inicial da contagem do prazo processual na hipótese de citação por meio eletrônico, que, a partir da Lei 14.195/2021, passou a ser modalidade de citação preferencial (art. 246, CPC/2015). Caso esse ato processual seja realizado por aplicativo de mensagens, o dia do começo será considerado como sendo o quinto dia útil seguinte à confirmação de recebimento da mensagem. Esse dispositivo certamente será regulamentado pelos Tribunais, especialmente no que tange a forma de confirmação da leitura. Como existem aplicativos que possuem confirmação de leitura e outros que permitem a sua alteração ou supressão pelo usuário, a regulamentação no âmbito do Conselho Nacional de Justiça e/ou dos Tribunais locais será imprescindível para conferir segurança ao procedimento. De toda forma, o art. 246, § 1º-A, traz uma novidade importante que busca otimizar o andamento processual quando não houver confirmação de leitura da mensagem encaminhada. Conforme esse dispositivo, a ausência de confirmação, em até três dias úteis contados do recebimento da citação eletrônica implicará a realização da citação pelas outras modalidades (correios, oficial de justiça etc.). Em outras palavras, não sendo possível a confirmação de leitura, a citação não se considera efetivada, sendo necessária a sua realização pelos outros meios disponíveis.

Na tentativa de conferir maior eficácia à citação por meio eletrônico, o legislador estabeleceu uma penalidade para o sujeito que, sem justa causa, não confirmar o recebimento da citação por meio eletrônico. Imagine, por exemplo, que o réu é citado por *e-mail* e, mesmo com o pedido de confirmação, deixa transcorrer o prazo de 03 (três) dias úteis (art. 246, § 1º-A) sem resposta. Nesse caso, a citação não será efetivada por meio eletrônico, devendo o requerido ser citado pelas formas "tradicionais", como por carta com aviso de recebimento. Ocorrendo a citação por correio, o réu deverá, na primeira oportunidade de falar nos autos, apresentar justa causa para a ausência de confirmação do recebimento da citação enviada eletronicamente (art. 246, § 1º-B). A ausência de justa causa acarretará multa por ato atentatório à dignidade da justiça de até 5% (cinco por cento) do valor da causa. Essa previsão gera um ônus para o réu, que poderá optar por não confirmar a citação, na tentativa, por exemplo, de protelar o conhecimento formal sobre o processo, mas ao mesmo tempo assumirá o risco de uma futura penalização.

Por fim, em relação à forma de contagem dos prazos a partir do art. 231 do CPC/2015, vale uma observação importante: como visto, em nossa opinião, o art. 224 do CPC, que exclui o dia do começo da contagem dos prazos processuais, deve ser lido conjuntamente com o art. 231, razão pela qual, no caso de citação por oficial de justiça, por exemplo, se a juntada do mandado ocorrer em uma quinta-feira útil, o primeiro dia do prazo será o dia útil seguinte (sexta-feira). Ocorre que alguns tribunais[21] entendem que o art. 231 inaugura regra autônoma, não sendo possível aplicar a regra geral do art. 224. Seguindo esse posicionamento, ainda minoritário, teríamos como primeiro dia do prazo a própria quinta-feira. Reiteramos, contudo, que esse não é o posicionamento mais adequado e o que vem sendo seguido pelo Superior Tribunal de Justiça é justamente a interpretação que prestigia a aplicação conjunta dos arts. 224 e 231 do CPC.[22]

Parece-nos que também não é a orientação do CNJ, que por meio da Recomendação 95/2021, insiste para que os tribunais brasileiros observem do disposto no § 1º do art. 224 do Código de Processo Civil, para que os dias do começo e do vencimento do prazo processual

---

[21] Por exemplo: "EMBARGOS À EXECUÇÃO – r. sentença de rejeição liminar – recurso da embargante – alegação de inocorrência de intempestividade – descabimento – juntada de mandado de citação em período de recesso forense – art. 220 do CPC – descabimento do art. 224 do CPC, pois que o próprio dispositivo legal prevê exceção à regra – inteligência do art. 231, II do CPC – intempestividade configurada – sem fixação de honorários recursais, pois não arbitrado em primeiro grau – sentença mantida – recurso não provido" (TJ-SP, AC 1000463-87.2019.8.26.0541, Rel. Achile Alesina, 14ª Câm. de Direito Privado, j. 16.05.2019, public. 16.05.2019).

[22] AgInt nos EDcl no REsp 1.885.071/MS, Rel. Ministro Francisco Falcão, 2ª Turma, j. 29.03.2021, *DJe* 06.04.2021. Recentemente (agosto/2024), em procedimento envolvendo direito real de habitação, o STJ voltou a tratar do tema (Fonte: https://www.stj.jus.br/sites/portalp/Paginas/Comunicacao/Noticias/2024/14082024-Direito-real-de-habitacao-nao-pode-ser-exercido-por-ex-conjuge-em-caso-de-divorcio.aspx).

sejam protraídos para o primeiro dia útil seguinte, se coincidirem com dia em que o expediente forense for encerrado antes ou iniciado depois da hora normal.

Partindo dessa premissa, e considerando o regramento especial previsto na Lei nº 11.419/2006, vale uma digressão com o objetivo de explicar aos advogados as diversas complexidades que podem surgir em relação ao termo inicial dos prazos em processos que tramitam em autos eletrônicos.

9.4.1.1 Forma de contagem dos prazos

A) Publicações em *Diário da Justiça Eletrônico*

As intimações referentes aos atos processuais ocorriam, em sua maioria, por publicação no *Diário da Justiça Eletrônico*. Entretanto, com o advento da Lei nº 11.419/2006 e a criação e desenvolvimento de portais eletrônicos, dispensou-se a publicação em órgão oficial (art. 5º). A partir de então, as intimações passaram a ocorrer, com maior frequência, através do acesso dos advogados a esses portais eletrônicos, que são capazes de certificar a data da consulta ao teor da manifestação objeto da intimação. Como vimos, se essa consulta não for realizada em dez dias corridos após a liberação do ato processual no portal, ocorrerá a intimação tácita do advogado (art. 5º, § 2º).

Ocorre que algumas vezes o ato processual é publicado tanto no *Diário da Justiça Eletrônico* quanto disponibilizado no portal. Nesse caso, qual será, então, o termo inicial do prazo? Em outras palavras, **em caso de duplicidade de intimações eletrônicas realizadas na forma da Lei nº 11.419/2006, sendo uma delas por meio do *Diário da Justiça Eletrônico* (art. 4º) e a outra pelo Portal Eletrônico (art. 5º), qual deve ser adotada pelo advogado?**

Até o início de 2021, o Superior Tribunal de Justiça divergia sobre a matéria. Existiam, no mínimo, três correntes: (i) a primeira, que admitia a prevalência da intimação realizada por *DJe*, com base no art. 4º, § 2º, da Lei nº 11.419/2006; (ii) a segunda, que enunciava a prevalência da intimação realizada pelo portal (art. 5º); (iii) a terceira, intermediária, que defendia a tese de que a primeira intimação validamente efetuada é que deveria ser considerada para a contagem do prazo processual.

Prevaleceu a segunda corrente,[23] fundada no art. 5º da Lei nº 11.419/2006, segundo o qual *as intimações serão feitas por meio eletrônico em portal próprio aos que se cadastrarem na forma do art. 2º desta Lei,* ***dispensando-se a publicação no órgão oficial, inclusive eletrônico***.

A dispensa da publicação expressamente indicada na legislação permite ao advogado confiar que a sua comunicação ocorrerá exclusivamente através do portal. Assim, seria um contrassenso admitir a prevalência da intimação por *DJe*, pois é evidente que o advogado cadastrado ficaria aguardando a comunicação específica pelo portal.

Vale lembrar que as publicações em *DJe* ainda estão sendo realizadas, especialmente em processos físicos. Em processos eletrônicos, como visto, prevalecem as comunicações pelo portal, ainda que ocorra, também, a publicação no Diário Eletrônico.

Pois bem. Se você, advogado, estiver diante de um processo físico e a intimação ocorrer por *Diário da Justiça Eletrônico*, a contagem do prazo processual deverá observar as já mencionadas regras dos §§ 2º e 3º do art. 224 do CPC. Vamos ao exemplo: a intimação de uma

---

[23] O termo inicial de contagem dos prazos processuais, em caso de duplicidade de intimações eletrônicas, dá-se com a realizada pelo portal eletrônico, que prevalece sobre a publicação no *Diário da Justiça (DJe)* (Corte Especial, EAREsp 1.663.952-RJ, Rel. Min. Raul Araújo, j. 19.05.2021, *Informativo* 697).

decisão interlocutória é disponibilizada em uma segunda-feira, dia útil. Nesse caso, considera-se como data da publicação o dia útil subsequente, ou seja, terça-feira, e o prazo terá início apenas na quarta-feira. Isso porque, considera-se como data da publicação o primeiro dia útil seguinte ao da disponibilização da informação no *Diário da Justiça Eletrônico*, iniciando-se os prazos processuais no primeiro dia útil que seguir ao considerado como data da publicação. Se a segunda-feira indicada em nosso exemplo correspondesse ao dia 22 de novembro de 2021, o prazo para interposição de agravo de instrumento, por exemplo, deveria ser contabilizado da seguinte forma:

- Dias 22 e 23 (segunda-feira e terça-feira) não entram na contagem;
- Dia 24, quarta-feira, corresponde ao 1º dia do prazo de 15 dias úteis.

Outro exemplo:

SEGUNDA	TERÇA	QUARTA	QUINTA	SEXTA	SÁBADO	DOMINGO
	Disponibilização em *DJe*	Data de publicação	1º dia do prazo	3º dia do prazo	Dia não útil	Dia não útil
4º dia do prazo	5º dia do prazo	6º dia do prazo	7º dia do prazo	8º dia do prazo	Dia não útil	Dia não útil
9º dia do prazo	10º dia do prazo	11º dia do prazo	12º dia do prazo	13º dia do prazo	Dia não útil	Dia não útil
14º dia do prazo	15º dia do prazo (termo final)					

Agora, vamos a outro exemplo considerando uma peculiaridade: a existência de indisponibilidade no sistema e a suspensão do prazo pelo Tribunal respectivo.

Um acórdão foi disponibilizado em 01.08.2019. A data da publicação corresponde ao dia 02.08.2019 (sexta-feira). Se a parte pretender interpor recurso especial contra a decisão, o primeiro dia do prazo corresponderá ao dia 05.08.2019 (segunda-feira) e o último ao dia 23.08.2019 (sexta-feira). Essa é a regra.

Agora imagine que, durante o curso dos 15 (quinze) dias úteis, o Tribunal prolator da decisão edita uma portaria na qual declara que houve indisponibilidade do sistema no dia 14.08.2019 (quarta-feira). No referido ato normativo, o TJ suspendeu o curso dos prazos em primeiro e segundo graus. Esse dia (14.08.2019) será excluído da contagem? A resposta é positiva e, nesse caso, o último dia do prazo que era uma sexta-feira (23.08.2019) passará a ser a segunda-feira seguinte (26.08.2019), pois a parte "ganhou" mais um dia útil com a suspensão dos prazos no dia 14.08.2019.

De acordo com o próprio STJ, na contagem realizada conforme o disposto no art. 219 do CPC/2015, não se deve computar o dia em que, por força de ato administrativo editado pela presidência do Tribunal local, os prazos processuais estavam suspensos (STJ, 4ª T., AgInt no AREsp 1.788.341/RJ, Rel. Min. Luis Felipe Salomão, Rel. Acd. Min. Antonio Carlos Ferreira, j. 03.05.2022).

Agora, tomando como base o mesmo exemplo, caso o Tribunal não tivesse editado a portaria suspendendo o prazo no dia 14.08.2019 (quarta-feira), ainda assim esse dia estaria excluído da contagem em razão da indisponibilidade do sistema? Para a resposta é preciso analisar o art. 224, § 1º, do CPC: *"Os dias do começo e do vencimento do prazo serão protraídos para o primeiro dia útil seguinte, se coincidirem com dia em que o expediente forense for encerrado antes ou iniciado depois da hora normal ou houver indisponibilidade da comunicação eletrônica".*

Esse dispositivo indica que apenas a indisponibilidade ocorrida **nos dias do começo e do vencimento** terão o condão de prorrogar o prazo para o dia útil seguinte. Dessa forma, se a indisponibilidade ocorrer durante o curso do prazo, ela não servirá para prorrogá-lo. É essa também a orientação do STJ:

> "A jurisprudência do Superior Tribunal de Justiça possui entendimento sedimentado no sentido de que, nos termos do art. 224, § 1º, do CPC/2015, não há falar em prorrogação do término do prazo recursal se ocorrer eventual indisponibilidade do sistema eletrônico no tribunal de origem no curso do período para interposição do recurso. 3. A prorrogação do prazo processual é admitida apenas nas hipóteses em que a indisponibilidade do sistema coincida com o primeiro ou o último dia do prazo recursal, caso em que o termo inicial ou final será protraído para o primeiro dia útil seguinte. 4. Embargos de declaração rejeitados" (STJ, 3ª T., EDcl no AgInt no AREsp 1.841.447/SP, Rel. Min. Ricardo Villas Bôas Cueva, j. 21.03.2022, *DJe* 30.03.2022).

B) Publicações em Portal Eletrônico

Vamos a mais um exemplo, agora considerando que o processo tramita em autos eletrônicos e que, como visto, deve sempre prevalecer a intimação realizada pelo portal.

A intimação para apresentação de contrarrazões (15 dias úteis) é disponibilizada em 03.09.2021. O término da consulta findará, portanto, no dia 12.09.2021(domingo). Dia 13.09.2021(segunda-feira) corresponde ao primeiro dia útil subsequente ao prazo de 10 (dez) dias para a consulta. Nesse caso, considera-se a parte intimada no dia 13.09.2021 (dia da efetiva intimação). O marco denominado "dia do começo do prazo" ocorre somente no dia 14.09.2021, conforme dispõe o art. 231, V, e, subsidiariamente, o art. 224, § 3º, ambos do CPC.

O dia 14.09.2021 (dia do começo do prazo) é excluído, por força do art. 224, *caput*. Assim, contando-se os dias úteis a partir de 15.09.2021 (quarta-feira), conclui-se que o último dia do prazo corresponde ao dia 05.10.2021.

O fato de a intimação ter sido levada a efeito pelo *DJe* (inciso VII) ou por meio eletrônico (inciso V) tem determinante consequência sobre a contagem do prazo. A distinção se dá na definição do dia do começo do prazo. Ao passo que, em se tratando de intimação pelo *DJe*, o dia do começo do prazo se dê na data da publicação, no caso de intimação eletrônica, o dia do começo do prazo corresponde ao "dia útil seguinte à consulta ao teor da citação ou da intimação ou ao término do prazo para que a consulta se dê, quando a citação ou a intimação for eletrônica".

É preciso estar atento a essa diferença. Como adverte Humberto Theodoro Jr.:

> "A inobservância dos prazos acarreta pesadas consequências para a parte que se manifesta sob a forma de perda de faculdades processuais, com reflexos, muitas vezes, até no plano do direito material.
>
> Nem sempre, porém, é fácil a determinação de ter sido, ou não, inobservado o prazo legal para a prática do ato. Às vezes os fatos são poucos elucidativos e outras vezes a própria norma não é suficientemente clara, gerando dúvidas e perplexidades tanto para as partes como para o juiz.
>
> Há, por isso, uma regra de hermenêutica a ser observada em tal situação: se a norma restringe direito, como é a dos prazos, e, se há dúvida, deve-se preferir a interpretação que assegure o exercício do direito e não a que o elimine. Toda norma restritiva é de ser aplicada estritamente, sem qualquer tipo de ampliação".[24]

---

[24] THEODORO JR., Humberto. *Curso de Direito Processual Civil*: teoria geral do direito processual, processo de conhecimento e procedimento comum. 57. ed. rev., atual e ampl. Rio de Janeiro: Forense, 2016. v. I.

Seguindo essa linha doutrinária, a Ministra Relatora Nancy Andrighi, no julgamento do REsp 1.663.172, publicado em 14.08.2017, ressaltou que, apesar de não haver regra específica sobre prorrogação nos casos de intimação tácita, a solução exige uma interpretação sistemática dos demais dispositivos da Lei nº 11.419/2006.

A intimação, de regra, é feita pela publicação, seja no jornal escrito, no *DJe* ou no portal eletrônico. A leitura efetiva ou presumida (passados dez dias do envio ou disponibilização da intimação no sistema) feita por intermédio do portal eletrônico, para fins de contagem de prazo, não se diferencia da publicação feita no jornal escrito ou no *DJe*, **exceto no que respeita à fixação do dia do começo do prazo.**

Quando se tratar de intimação levada a efeito pelo portal eletrônico, aplicam-se o art. 224, § 3º, o § 4º do art. 4º da Lei nº 11.419/2006 e, especificamente, o inciso V do art. 231 do CPC. Todos esses dispositivos confluem no sentido de que "os prazos processuais terão início no primeiro dia útil que seguir ao considerado como data da publicação".

Uma coisa é o dia da publicação/intimação, outra é o dia do começo do prazo e outra é o termo inicial do prazo.

Mas como se define o dia do começo do prazo? Lembre-se que, paradoxalmente, não se conta o dia do começo – então, não é começo! O termo inicial (termo *a quo* ou *dies a quo*) conta-se a partir do dia útil seguinte ao dia "do começo" do prazo. Dia do começo e termo inicial são expressões distintas. Aquele antecede a este.

O art. 5º da Lei nº 11.419/2006, que trata da intimação eletrônica por meio de portal próprio, restringe-se a dispor sobre o dia da publicação, nada mencionando sobre o dia do começo do prazo.

Em razão dessa lacuna, não é incomum o julgador lançar mão do disposto no § 4º do art. 4º – que dispõe sobre as intimações no *DJe* – sem atentar para o fato de que o início do prazo processual não se confunde com termo inicial do prazo. Na vigência do CPC/1973, a não compreensão do microssistema de comunicação dos atos processuais, formado pelo CPC e pelas normas da Lei nº 11.419/2006, conduzia ao equívoco de considerar o "primeiro dia útil que seguir ao considerado como data da publicação" (§ 4º do art. 4º da mencionada lei) como termo inicial, e não como dia do começo do prazo.

Exatamente por isso o CPC/2015, no art. 231, V, previu como dia do começo do prazo o dia útil "seguinte à consulta ao teor da citação ou da intimação ou ao término do prazo para que a consulta se dê, quando a citação ou a intimação for eletrônica".

Note que, no exemplo anteriormente fornecido, o dia do começo é o dia seguinte a 13.09.2021 (dia da efetiva intimação), conforme dispõe o art. 231, V, do CPC.

Diferentemente, dispôs o legislador, por exemplo, quando trata da citação ou intimação pelo correio ou oficial de justiça (incisos I e II). Em tais casos, o começo do prazo ocorre não no dia seguinte, mas, sim, no mesmo dia da juntada do AR ou do mandado. Nessa hipótese, o dia do começo do prazo (que igualmente deve ser excluído) é o dia da juntada de tais comprovantes da intimação ou citação.

Diferentemente também se dá com a intimação por meio do *DJe*, uma vez que o dia do começo do prazo corresponde à data da publicação (art. 231, VII, do CPC), conforme exemplificamos anteriormente.

Em todas as hipóteses mencionadas a vontade do legislador foi dirigida no sentido de se aplicar o disposto no art. 224, *caput*, excluindo o dia do começo seguinte ao da intimação, o qual foi designado como dia do começo do prazo.

A diferença é que, em se tratando de intimação por meio eletrônico, o dia do começo corresponde ao dia seguinte à consulta ou da efetiva intimação.

Ao revés, em se tratando de intimação por AR ou por oficial de justiça, exemplificativamente, o dia do começo corresponde ao próprio dia da juntada do documento comprobatório da intimação. Em se tratando de intimação pelo *DJe*, o dia do começo corresponde ao dia da publicação. O equívoco, por vezes cometido, consiste em tratar igualmente hipóteses que o legislador quis diferenciar.

Tomando como base o nosso exemplo, teremos o seguinte cenário:

- **Disponibilização da intimação pelo sistema:** 03.09.2021 (sexta-feira).
- **Começo do prazo de 10 dias corridos:** 06.09.2021 (segunda-feira). **ATENÇÃO**: de acordo com o art. 21, Resolução CNJ nº 185/2013, para efeito da contagem do prazo de 10 (dez) dias corridos no sistema *PJe*: I – o dia inicial da contagem é o dia seguinte ao da disponibilização do ato de comunicação no sistema, independentemente de esse dia ser, ou não, de expediente no órgão comunicante (**por isso, em nosso exemplo, o dia inicial é 06.09**).
- **Prazo final para realizar a consulta:** 15.09.2021 (**LEMBRE-SE:** se nos 10 dias corridos existir um feriado – como é o dia 07.09, não haverá nenhum efeito sobre a contagem. Isso porque a Resolução do CNJ anteriormente mencionada indica que *"A intercorrência de feriado, interrupção de expediente ou suspensão de prazo entre o dia inicial e o dia final do prazo para conclusão da comunicação não terá nenhum efeito sobre sua contagem"*.
- **Dia do começo do prazo, que é excluído (art. 224, CPC):** dia 16.09.2021 (quinta-feira).
- **Prazo fatal para apresentar contrarrazões:** 07.10.2021 (lembrando que só são contados os dias úteis).

Vamos a outro exemplo: prazo de 5 dias úteis para embargos. Intimação da sentença enviada pelo *PJe* em 10.05.2024. Imagine que o advogado esperou o término do prazo de 10 dias corridos para a consulta:

Maio 2024

Domingo	Segunda-Feira	Terça-Feira	Quarta-Feira	Quinta-Feira	Sexta-Feira	Sábado
28	29	30	1	2	3	4
5	6	7	8	9	10 Data do envio da intimação pelo PJE	11 (1)
12 (2)	13 (3)	14 (4)	15 (5)	16 (6)	17 (7)	18 (8)
19 (9)	20 (10)	21 Termo inicial (que deve ser excluído - art. 224, CPC)	22 (1)	23 (2)	24 (3)	25 Dia não útil
26 Dia não útil	27 (4)	28 (5) ÚLTIMO DIA DO PRAZO: 28.05	29	30	31	1

Fonte: https://icalendario.pt. Acesso em: 7 jan. 2025.

> **ATENÇÃO:**
> - Art. 21, Resolução CNJ nº 185/2013. Para efeito da contagem do prazo de 10 (dez) dias corridos no sistema *PJe*:
> - I – o dia inicial da contagem é o dia seguinte ao da disponibilização do ato de comunicação no sistema, independentemente de esse dia ser, ou não, de expediente no órgão comunicante (**por isso, em nosso exemplo, o dia inicial é 11 e não 10.05. Alertamos, contudo, que o mais seguro é adotar o exato dia do envio da publicação, seguindo a literalidade da Lei**).
> - II – o dia da consumação da intimação ou comunicação é o décimo dia a partir do dia inicial, caso seja de expediente judiciário, ou o primeiro dia útil seguinte, conforme previsto no art. 5º, § 2º, da Lei nº 11.419, de 19 de dezembro de 2006.
> - Parágrafo único. A intercorrência de feriado, interrupção de expediente ou suspensão de prazo entre o dia inicial e o dia final do prazo para conclusão da comunicação não terá nenhum efeito sobre sua contagem, excetuada a hipótese do inciso II.

C) Publicações no DJEN (*Diário de Justiça Eletrônico Nacional*)

O CNJ, buscado uniformizar as informações relacionadas aos atos judiciais dos órgãos do Poder Judiciário, criou o *Diário de Justiça Eletrônico Nacional (DJEN)*, atualmente disciplinado pela Resolução nº 455/2022. Em termos simples, o *DJEN* busca unificar a publicação dos atos processuais de todos os tribunais do país em uma única plataforma.

A utilização do *DJEN* é obrigatória para processos judiciais e facultativa para processos administrativos, como é o caso dos processos disciplinares. Além disso, é o meio de intimação dos advogados e/ou da sociedade de advogados.

O art. 11, § 2º, da Resolução nº CNJ 455/2022 estabelece que a publicação no *DJEN* substitui qualquer outro meio de publicação oficial para fins de intimação, com exceção das intimações que devem ser pessoais e serão realizadas por meio do Domicílio Judicial Eletrônico, também disciplinado na mesma resolução e, como já vimos, de cadastramento obrigatório para a União, para os Estados, para o Distrito Federal, para os Municípios, para as entidades da Administração indireta e para as empresas públicas e privadas, conforme prevê o art. 246, § 1º, do CPC.

No segundo semestre de 2024, por meio da Resolução nº 568/2024, o CNJ determinou que todos os Tribunais se adequassem às novas regras, estabelecendo, para tanto, um prazo de 90 (noventa) dias. Isso significa dizer que, depois que houver implementação em todos os órgãos do Poder Judiciário, as intimações feitas por meio de sistema processual (*PJe*, por exemplo) terão caráter meramente informativo. Deve prevalecer, portanto, a comunicação recebida pelo *DJEN*. Pelo menos é o que podemos extrair do § 3º do art. 11 da Res. nº 455/2022, com redação dada pela Resolução nº 569, de 13 de agosto de 2024:

> "Nos casos em que a lei não exigir vista ou intimação pessoal, os prazos processuais serão contados a partir da publicação no *DJEN*, na forma do art. 224, §§ 1º e 2º, do CPC, possuindo valor meramente informacional a eventual concomitância de intimação ou comunicação por outros meios".

As regras quanto à contagem do prazo permanecem as mesmas. Ou seja, o art. 224 do CPC/2015 não muda com a Resolução do CNJ. Dessa forma, considerar-se-á como data de publicação o primeiro dia útil seguinte ao da disponibilização da informação no *Diário da Justiça eletrônico* e a contagem do prazo terá início no primeiro dia útil que seguir ao da publicação (§§ 2º e 3º do art. 224).

O grande problema está na "folga" que o advogado possui para ler as intimações que são atualmente feitas pelo Portal Eletrônico (*PJe*). Já vimos que a Lei nº 11.419/2006 garante um prazo de 10 (dez) dias corridos, contados da data do envio da intimação, para a realização da consulta, sob pena de considerar-se a intimação automaticamente realizada na data do término desse prazo. Somente a partir do término desse prazo é que começa, de fato, o prazo processual destinado à prática do ato objeto da intimação. Essa "folga" será mantida? A Resolução do CNJ é capaz de revogar a Lei nº 11.419/2006? Essa dúvida foi encaminhada pelo Conselho Federal da OAB ao CNJ por meio de petição de aditamento ao Pedido de Providências (PP) 0005460-55.2024.2.00.0000[25]. Em suma, a entidade requereu a manutenção do período de dez dias corridos para a abertura de prazos, pelas partes e procuradores, em intimações eletrônicas que não exigem vistas ou intimação pessoal. Por enquanto, não há decisão sobre o assunto. Justamente pela incerteza, optamos por continuar a abordar o tema nesta obra, estabelecendo a forma de contagem também considerando a "folga" disciplinada na Lei nº 11.419/2006. Resta-nos acompanhar a implementação pelos Tribunais para termos certeza sobre as implicações dessa unificação, inclusive quanto à contagem dos prazos processuais.

9.4.2 Algumas regras especiais sobre contagem de prazo

O art. 229 e os parágrafos do art. 231 estabelecem regras especiais relativas à contagem dos prazos processuais. São elas:

a) **Litisconsortes com procuradores distintos e de escritórios de advocacia distintos:** o prazo será contado em dobro para todas as manifestações processuais. A regra, no entanto, não será aplicada quando se tratar de processos em autos eletrônicos (art. 229, § 2º), e cessará quando a demanda contar apenas com dois réus e somente um deles apresentar defesa (§ 1º). Vale lembrar novamente que a Súmula nº 641 do STF impede a contagem em dobro do prazo para recorrer quando somente um dos litisconsortes sucumbe. Não se aplica quando se tratar de processo eletrônico e, igualmente, de processo em curso nos Juizados Especiais.

b) **Processo com mais de um réu:** o dia do começo do prazo para contestar (15 dias) corresponde à última das datas a que se referem os incs. I a VII do art. 231, *caput*. Por exemplo: tratando-se de citação pelo correio (inc. I), somente quando o último aviso de recebimento for juntado aos autos é que o prazo começará para todos os réus. Se o ato se der por meio eletrônico, a defesa deve ser ofertada quando findar o prazo para a consulta ao sistema processual de todos os réus. Esta regra vale somente para os casos de citação. Se for caso de intimação, o prazo para o autor e/ou para o réu é contado individualmente (art. 231, § 2º).

c) **Ato que deva ser praticado pela própria parte:** se para a prática do ato não bastar a cientificação do advogado ou de outro representante judicial, o dia do começo do prazo corresponderá à data da efetiva comunicação feita às partes.

9.5 Prazos na execução de título extrajudicial e no cumprimento de sentença

O tormento de muitos advogados reside na forma de contagem de prazos em procedimentos específicos. No caso do cumprimento de sentença, como se dá o início da contagem para

---

[25] Disponível em: https://www.oab.org.br/noticia/62629/cfoab-solicita-ao-cnj-adequacao-de-prazo-no-djen-para-garantir-equilibrio-processual. Acesso em 26.11.2024. Vale registrar que a liminar pretendida pela OAB foi indeferida, o que, na prática, significa que alguns tribunais, a exemplo do Tribunal de Justiça de Minas Gerais (AVISO CONJUNTO Nº 138/PR/2025), estão adotando, sem restrições, a nova sistemática de publicação, afastando, portanto, a "folga" prevista na Lei do Processo Eletrônico.

a impugnação? Ele começa logo após o prazo para pagamento? Depende de nova intimação? Vamos trabalhar esse aspecto a partir de agora.

Se o credor de um título executivo (sentença) deseja promover a sua execução, deve pedir, nos mesmos autos, que o devedor seja intimado para o devido cumprimento.

Uma sentença de procedência do pedido do autor que condena determinada instituição bancária a pagar, por exemplo, a título de danos morais o equivalente a R$ 20.000,00 (vinte mil reais), pode ser executada em caráter definitivo após o trânsito em julgado. Não realizado o pagamento voluntário pelo devedor, inicia-se a fase de cumprimento, cabendo ao credor apresentar o demonstrativo atualizado do débito.

Nesse exemplo, o devedor será intimado para efetuar o pagamento do débito, acrescido de custas, se houver.

Transcorrido o prazo previsto no art. 523 – quinze dias da intimação – sem o pagamento, será expedido, desde logo, mandado de penhora e avaliação, seguindo-se os atos de expropriação (art. 523, § 3º). **O prazo para impugnação inicia-se após transcorrido o prazo de 15 (quinze) dias para pagamento.** Assim, temos 15 + 15 (15 dias para pagar, contados da intimação, e mais 15 dias para impugnar). Diferentemente do que ocorria na sistemática do CPC/1973, em que era preciso garantir o cumprimento da sentença, por meio de prévia penhora, para a apresentação de impugnação (defesa do executado), de acordo com a nova legislação processual, é desnecessária prévia penhora para a apresentação, nos próprios autos, de impugnação ao cumprimento da sentença.

> **Vamos ao exemplo prático:**
> - A Empresa Alfa foi condenada a pagar R$ 20.000,00 a João, a título de danos morais. João estava assistido por advogado no processo de conhecimento. Por isso, a intimação para pagar ocorrerá por intermédio do *DJe*, na pessoa do advogado constituído (art. 513, § 2º, I, CPC).
> - A disponibilização do provimento que determinou a intimação ocorreu em 02.08.2024 (sexta-feira). Dessa forma, considera-se como data da publicação o dia útil seguinte, ou seja, dia 05.08.2024 (segunda-feira) (art. 224, § 2º).
> - O primeiro dia do prazo para pagamento é o dia 06.08.2024 (terça-feira). O último dia – só contamos os dias úteis – é o dia 26.08.2024 (segunda-feira).
> - O primeiro dia do prazo para **impugnar** é o dia 27.08.2024 (terça-feira). O último dia para o executado apresentar impugnação é o dia 16.09.2024 *(lembrando-se de que o dia 07.09, embora feriado, é um sábado no calendário de 2024).*

E o que ocorre se o executado se manifestar nos autos antes da intimação para o início do cumprimento da decisão? Se o executado vier aos autos depositar o valor que entende devido e apresentar, concomitantemente, memória discriminada e atualizada do débito, será suspensa a aplicação da multa e dos honorários previstos no § 1º do art. 523 até que o exequente se manifeste sobre o valor depositado judicialmente. Nesse caso, o credor será intimado acerca do depósito efetuado e poderá impugná-lo no prazo de cinco dias (art. 526, § 1º). Resolvida a questão pelo juiz, se este julgar insuficiente a quantia depositada, sobre a diferença incidirá multa de 10%, bem como os honorários advocatícios no mesmo percentual (art. 526, § 2º); caso contrário, se o credor não questionar o valor no prazo indicado, o juiz declarará satisfeita a obrigação e extinguirá o processo (art. 526, § 3º). Dessa forma, se a outra parte não se opuser, o juiz deverá declarar satisfeita a obrigação e extinguir o processo em razão da preclusão.[26] Nada impede, porém, que o credor questione apenas parte do montante depositado e levante a quantia incontroversa, ou seja, aquela sobre a qual não há discussão entre as partes (art. 526, § 1º, parte final).

Caso o executado garanta o cumprimento de sentença, pagando o valor objeto do pedido no prazo para pagamento voluntário, ainda assim poderá impugnar a execução. **O prazo de 15 (quinze) dias, nesse caso, também corre após os 15 (quinze) dias para pagamento, independentemente de nova intimação.**

Quanto ao prazo para pagamento, importante repetir que pairava na doutrina divergência sobre a sua natureza: se material ou processual. Tal discussão tem enorme relevância, pois somente os prazos de natureza processual são contados em dias úteis (art. 219).

Por se tratar de pagamento, alguns doutrinadores entendiam que a natureza era material. Outros, em razão das consequências processuais do não pagamento – aplicação de multa, por exemplo – consideravam que o prazo para pagar tinha natureza processual. O conflito foi decidido pelo STJ, que acolheu a segunda corrente, fazendo que, na prática, tanto o prazo para pagar, quanto o prazo para impugnar, sejam contados em dias úteis. Facilita-se a vida do advogado e do juiz (REsp 1.808.348/RJ, j. 01.08.2019).

Assim, tanto o prazo para pagar, quanto o prazo para impugnar é de 15 (quinze) dias úteis cada, devendo a contagem deste ser feita logo após o decurso do primeiro, independentemente de nova intimação, conforme exemplo anterior.

Quanto à dobra do prazo para pagamento, a regra do art. 229 do CPC se aplica à fase de cumprimento de sentença. Isso quer dizer que, se o cumprimento tramitar em autos físicos e os executados tiverem procuradores distintos, de escritórios de advocacia também distintos, o prazo para pagamento será contado em dias úteis e em dobro.[27]

---

[26] STJ, 3ª Turma. REsp 2.077.205/GO, Rel. Min. Humberto Martins, j. 26.09.2023.

[27] "Recurso especial. Cumprimento de sentença. Prazo para pagamento voluntário. Cômputo em dobro em caso de litisconsortes com procuradores distintos. 1. O art. 229 do CPC de 2015, aprimorando a norma disposta no art. 191 do Código revogado, determina que, apenas nos processos físicos, os litisconsortes que tiverem diferentes procuradores, de escritórios de advocacia distintos, terão prazos contados em dobro para todas as suas manifestações, em qualquer juízo ou tribunal, independentemente de requerimento. 2. A impossibilidade de acesso simultâneo aos autos físicos constitui a *ratio essendi* do prazo diferenciado para litisconsortes com procuradores distintos, tratando-se de norma processual que consagra o direito fundamental do acesso à justiça. 3. Tal regra de cômputo em dobro deve incidir, inclusive, no prazo de quinze dias úteis para o cumprimento voluntário da sentença, previsto no art. 523 do CPC de 2015, cuja natureza é dúplice: cuida-se de ato a ser praticado pela própria parte, mas a fluência do lapso para pagamento inicia-se com a intimação do advogado pela imprensa oficial (inciso I do § 2º do art. 513 do atual *Codex*), o que impõe ônus ao patrono, qual seja o dever de comunicar o devedor do desfecho desfavorável da demanda, alertando-o das consequências jurídicas da ausência do cumprimento voluntário. 4. Assim, uma vez constatada a hipótese de incidência da norma disposta no art. 229 do Novo CPC (litisconsortes com procuradores diferentes), o prazo comum para pagamento espontâneo deverá ser computado em dobro, ou seja, trinta dias úteis. 5. No caso dos autos, o cumprimento de sentença tramita em autos físicos, revelando-se incontroverso que as sociedades empresárias executadas são representadas por patronos de escritórios de advocacia diversos, razão pela qual deveria ter sido computado em dobro o prazo para o cumprimento voluntário da obrigação pecuniária certificada na sentença transitada em julgado. 6. Ocorrido o pagamento tempestivo, porém parcial, da dívida executada, incide, à espécie, o § 2º do art. 523 do CPC de 2015, devendo incidir a multa de dez por cento e os honorários advocatícios (no mesmo percentual) tão somente sobre o valor remanescente a ser pago por qualquer dos litiscon-

Na vigência do CPC/1973, para os assistidos pela Defensoria Pública, o STJ também considerou a necessidade de contagem do prazo em dobro.[28] O posicionamento é criticável, porquanto a prerrogativa é deferida à instituição, e não ao assistido. Ademais, o CPC atual traz regra segundo a qual cabe ao Defensor Público, quando não puder praticar pessoalmente o ato, requerer a intimação pessoal do assistido (art. 186, § 2º). O pagamento de débito sujeito ao cumprimento de sentença não pode ser realizado pelo Defensor. Dessa forma, o assistido será intimado pessoalmente, não sendo razoável que disponha de prazo dobrado para cumprir a obrigação. De toda forma, o STJ ainda não se manifestou sobre o tema após a entrega em vigor do CPC/2015.

Na execução de título extrajudicial, como não existe processo de conhecimento anterior, geralmente o devedor é cientificado do processo por meio de oficial de justiça ou por Correio, já que o CPC atual admite essa modalidade de citação. O prazo para a defesa começa a correr, então, a partir dos termos indicados no art. 231 (art. 915). **Vejamos, no entanto, algumas particularidades:**

A) Parcelamento

Dispõe o *caput* do art. 916 que, no prazo para embargos, reconhecendo o crédito do exequente e comprovando o depósito de 30% do valor em execução, inclusive custas e honorários de advogado, poderá o executado requerer que seja admitido a pagar o restante em até seis parcelas mensais, acrescidas de correção monetária e juros de 1% ao mês.

O pedido de parcelamento é uma das formas de reação do executado. De acordo com o CPC/2015, sobre o requerimento do executado deverá se manifestar o exequente (art. 916, § 1º). O dispositivo também prevê que essa manifestação deve ter relação com o preenchimento (ou não) dos requisitos previstos no *caput*, quais sejam: a) depósito do percentual mínimo (30%); b) depósito das custas e dos honorários de advogado. Ou seja, preenchidos os requisitos, o exequente não poderia se opor ao deferimento do pedido de parcelamento.

Essa limitação da manifestação do exequente confere ao parcelamento um verdadeiro **direito potestativo** a favor do executado, destoando do entendimento jurisprudencial firmado na sistemática do CPC/1973, conforme se vê no trecho do seguinte julgado:

> "[...] o parcelamento da dívida, porém, não é direito potestativo do devedor, cabendo ao credor impugná-lo, desde que apresente motivo justo e de forma fundamentada" (STJ, REsp 1.264.272/RJ, Rel. Min. Luis Felipe Salomão, j. 15.05.2012).

O fato é que, pelo menos de acordo com o Código atual, se há na legislação a indicação da matéria a ser impugnada, pouco importa que o exequente apresente fundamento relevante para a não concessão do parcelamento. Preenchidos os requisitos, o deferimento do pedido se impõe. Tanto é assim que, enquanto o pedido de parcelamento não for apreciado, o executado terá que depositar as parcelas vincendas (art. 916, § 2º). Na prática, a depender da demora na

---

sortes. 7. Recurso especial provido para, considerando tempestivo o depósito judicial realizado a menor por um dos litisconsortes passivos, determinar que a multa de dez por cento e os honorários advocatícios incidam apenas sobre o valor remanescente a ser pago" (REsp 1.693.784/DF, 4ª T., Rel. Min. Luis Felipe Salomão, j. 28.11.2017, *DJe* 05.02.2018).

[28] "(...) Na hipótese de parte beneficiária da assistência judiciária integral e gratuita, a prerrogativa da contagem em dobro dos prazos, prevista no art. 5º, § 5º, da Lei nº 1.060/50, aplica-se também ao lapso temporal previsto no art. 475-J do CPC/1973, correspondente ao art. 523, *caput* e § 1º do CPC/2015, sendo, portanto, tempestivo o cumprimento de sentença, ainda que parcial, quando realizado em menos de 30 (trinta) dias" (REsp 1.261.856/DF, Rel. Min. Marco Buzzi, *DJe* 29.11.2016).

apreciação judicial, o crédito pode chegar a ser satisfeito de forma parcelada, sem qualquer provimento jurisdicional.

Apesar de aparentemente se tratar de regra mais benéfica ao executado, o Código prevê que **a opção pelo parcelamento importa renúncia ao direito de opor embargos** (art. 916, § 6º).

No texto proposto pela Câmara dos Deputados, se o pagamento parcelado fosse indeferido, garantia-se ao executado a posterior apresentação de embargos. Como a redação aprovada pelo Senado Federal e sancionada pela Presidente não repetiu a regra, se houver pedido do executado nesse sentido, juntamente com o depósito do percentual previsto no *caput* e das parcelas acessórias, já estará operada a renúncia ao direito de opor embargos, ainda que haja posterior indeferimento, por exemplo, em virtude da insuficiência quanto ao depósito. E isso ocorre pelo seguinte motivo: se há prazo para opor embargos (art. 915) e esse prazo é preclusivo, não há como ao executado, que em vez de apresentar defesa optou por parcelar a dívida, ser concedido novo prazo para se opor à execução se não há nenhuma previsão na lei. Parece absurdo, mas é a vontade do legislador. Obstacularizar a oposição de embargos pelo simples fato de ter o executado feito um requerimento – uma proposta – de parcelamento do débito parece que é ir longe demais nesse desiderato. Pode-se cogitar eventual ofensa ao direito de ação e ao acesso à justiça.

Enquanto a jurisprudência não se manifesta, o mais adequado – e essa dica vale para os advogados – é que sejam opostos os embargos com o pedido de parcelamento. Na petição, no entanto, deve-se fazer a ressalva no sentido de que, caso acatado o pedido de parcelamento, os embargos devem ser extintos.

B) Mais de um executado

O direito de embargar, como ocorre com o exercício do poder de ajuizar qualquer ação, é autônomo. Autônomo também é o prazo para embargar (15 dias), o qual se conta na forma do art. 231. Tratando-se de ação contra mais de um executado, a contagem ocorrerá individualmente, a partir da juntada do respectivo comprovante de citação, salvo tratando-se de cônjuges ou companheiros (art. 915, § 1º, parte final), quando o prazo para ambos só começa a correr a partir da juntada aos autos do último, ou quando a citação for realizada por carta (art. 915, § 2º, I e II). É importante lembrar que os embargos à execução serão autuados em apartado, evidenciando a própria autonomia do prazo para embargar.

Por se tratar de ação autônoma, aos embargos não se aplica o art. 229, que define prazo diferenciado para os litisconsortes com procuradores distintos e de escritórios de advocacia diversos (art. 915, § 3º) quando o processo tramitar em autos eletrônicos.

C) Execuções por carta

Nas execuções por carta (precatória, rogatória ou de ordem), a citação do executado será imediatamente comunicada pelo juiz deprecado ao juiz deprecante, inclusive por meios eletrônicos, contando-se o prazo para embargos a partir da juntada aos autos de origem de tal comunicação (art. 915, § 2º, II). Se os embargos versarem apenas sobre as incorreções na penhora, avaliação ou alienação de bens, o prazo será contado a partir da juntada da certificação da citação na própria carta (art. 915, § 2º, I).

Lembramos que esses prazos também devem observar a regra geral de exclusão do dia do começo (art. 224, CPC).[29]

---

[29] EMBARGOS À EXECUÇÃO – Tempestividade reconhecida – Termo inicial de fluência do prazo processual que se distingue de sua contagem – Cômputo do prazo para oposição de embargos computados excluindo-se o dia do começo e incluindo-se o dia do vencimento – Inteligência do art. 231, I

9.6 Prazos para o Ministério Público, para a Fazenda Pública e para a Defensoria Pública

Como já dito, os prazos para o Ministério Público, para a Fazenda Pública e para a Defensoria Pública são contados em dobro, qualquer que seja o teor da manifestação (arts. 180, 183 e 186). Entende-se por Fazenda Pública: a União, os Estados, o Distrito Federal, os Municípios e suas respectivas autarquias e fundações de direito público. As sociedades de economia mista e as empresas públicas não gozam desse privilégio, eis que seu regime jurídico é de direito privado. Não se acumulam os benefícios dos prazos em dobro; assim, havendo, por exemplo, litisconsórcio entre a Fazenda Pública e o Ministério Público numa ação de improbidade administrativa, o prazo continua em dobro e não em quádruplo.

10. PRECLUSÃO[30]

Quando se fala em preclusão, pensa-se logo em atos das partes. A preclusão é a perda, extinção ou consumação de uma faculdade processual. Já disse que à parte é atribuída a faculdade de praticar ou não um ato processual. Em contrapartida à faculdade, também é imposto ônus. Por exemplo, tem a parte faculdade de apelar da sentença. Se não interpuser, incide no ônus consistente no trânsito em julgado da decisão. O ônus decorre do fenômeno da perda da faculdade de praticar um ato processual ou renová-lo.

Do contexto do Código, extraem-se três modalidades de preclusão:

- **Preclusão temporal**: decorre da inércia da parte que deixa de praticar um ato no tempo devido.
- **Preclusão lógica**: decorre da incompatibilidade entre o ato praticado e outro, que se queria praticar também (art. 1.000, parágrafo único). Ao cumprir o julgado, perde a parte o interesse no recurso.
- **Preclusão consumativa**: origina-se do fato de ter praticado o ato, não importa se bem ou mal. Uma vez praticado, não será possível realizá-lo novamente.

A preclusão será afastada quando a parte provar que deixou de realizar o ato por justa causa. O equívoco nas informações processuais prestadas na página eletrônica dos tribunais constitui exemplo de justa causa que autoriza a prática posterior do ato sem prejuízo para a parte.[31]

No caso de haver algum problema técnico do sistema, ou até mesmo algum erro ou omissão do serventuário da justiça responsável pelo registro dos andamentos, também estará configurada a justa causa.

Preclusão em relação aos atos do juiz. Preclusão temporal, já disse, não há. Os prazos são impróprios, o que significa que o juiz, utilmente, pode praticá-los a qualquer tempo. O mesmo pode-se dizer dos atos dos auxiliares do juízo.

---

c/c art. 224 do Código de Processo Civil: – São tempestivos os embargos à execução opostos no prazo de quinze dias úteis contados a partir da juntada da carta de citação, excluindo-se o dia de início com inclusão da data final, conforme inteligência do art. 231, I c/c art. 224 do Código de Processo Civil: RECURSO NÃO PROVIDO. (TJ-SP – AI: 22695368520208260000/SP 2269536-85.2020.8.26.0000, Rel. Nelson Jorge Júnior, j. 19.03.2021, 13ª Câmara de Direito Privado, *DJe* 19.03.2021).

[30] Sobre a matéria, sugerimos a leitura do voto do então Ministro do STJ, Luiz Fux, no Recurso Especial 673.399/RS, j. 23.08.2005.

[31] Nesse sentido: REsp 1.324.432/SC, Rel. Min. Herman Benjamin, j. 17.12.2012.

Preclusão alguma ocorre com relação aos despachos, uma vez que não ferem direitos ou interesses das partes. Assim, podem ser praticados mesmo depois de esgotado o prazo para tanto e, uma vez praticados, nada impede que sejam revistos ou revogados pelo juiz.

Com relação aos demais atos do juiz (decisão interlocutória e sentença), a doutrina entende que, igualmente, não há preclusão temporal; podem ser praticados depois do esgotamento do prazo, que são impróprios por excelência, o que afasta a incidência da preclusão temporal. Contudo, submetem-se os atos decisórios à preclusão consumativa e lógica (o que se denomina de preclusão *pro iudicato*). Isso porque, uma vez publicada, não pode a decisão ser revista ou revogada, salvo na via recursal. Trata-se, pois, de hipótese típica de preclusão consumativa para o juiz. Proferida uma decisão judicial, não pode o juiz alterá-la de ofício, exceto para correção de erros materiais (art. 494). Fora disso, somente com a interposição de recurso. O princípio da inalterabilidade das decisões judiciais aplica-se igualmente à sentença e às decisões interlocutórias. Nem mesmo na tutela provisória tem o juiz margem para alterações de ofício (a modificação e revogação a que se refere o art. 296 depende de recurso das partes).

11. DESCUMPRIMENTO DE PRAZOS E PENALIDADES

Conforme o art. 35, III, da Lei Orgânica da Magistratura Nacional (Lei Complementar nº 35/1979), constitui dever do magistrado "determinar as providências necessárias para que os atos processuais se realizem nos prazos legais". Considerando esse dispositivo, o CPC/2015 traz como dever do magistrado a determinação de instauração de processo administrativo disciplinar contra serventuário que exceder os prazos legais sem motivo legítimo (art. 233, § 1º). Para tanto, pode o juiz ser provocado pelas partes, pelo Ministério Público ou pela Defensoria Pública (art. 233, § 2º).

O juiz também deve velar para que os autos sejam restituídos no prazo do ato a ser praticado. Assim, se o advogado de uma das partes retira os autos para carga e não os devolve mesmo sendo intimado para tanto, caberá ao juiz comunicar o fato à seção local da Ordem dos Advogados do Brasil para fins de instauração de procedimento disciplinar e imposição de multa (art. 234, § 3º). A prática de reter abusivamente os autos processuais constitui infração disciplinar, nos termos do art. 34, XXII, do Estatuto da Ordem dos Advogados do Brasil.

Além de comunicar o fato à OAB, o advogado poderá perder o direito à vista fora do cartório e arcar com multa correspondente à metade do salário mínimo (art. 234, § 2º).

Se a retenção dos autos estiver sendo praticada por membro do Ministério Público, da Defensoria Pública ou da Advocacia Pública, o juiz comunicará o fato ao órgão competente responsável pela instauração de procedimento disciplinar contra o membro que atuou no feito, devendo a multa ser aplicada ao próprio agente público que cometeu a falta (art. 234, § 4º).

Esse último dispositivo consagra a isonomia entre os integrantes da advocacia privada, os membros do Ministério Público e da Defensoria Pública, e os procuradores da Fazenda Pública, que ficam obrigados a observar a mesma disciplina no que respeita à devolução dos autos.

Apesar de a maioria da doutrina considerar que os prazos destinados ao juiz são impróprios, a Lei Orgânica da Magistratura Nacional estabelece, dentre os deveres dos magistrados, o de não exceder injustificadamente os prazos para sentenciar ou despachar (art. 35, II). Por essa razão, o Código possibilita às partes, ao Ministério Público e à Defensoria Pública, representarem ao corregedor do tribunal ou ao Conselho Nacional de Justiça contra o juiz ou o relator que injustificadamente exceder os prazos previstos em lei, regulamento ou regimento interno (art. 235). Ademais, a própria Constituição Federal prevê a possibilidade de não promoção na carreira do juiz que, injustificadamente, retiver autos em seu poder além do prazo legal (art. 93, II, "e", CF/1988).

O procedimento para apuração da responsabilidade deve seguir os parágrafos do art. 235, que estabelecem a necessidade de oitiva prévia do juiz e apresentação de justificativa para o atraso no cumprimento de seu dever institucional. Se a inércia do juiz ou relator foi mantida, os autos deverão ser remetidos ao substituto legal do juiz ou relator contra o qual foi ofertada a representação, a fim de que este possa praticar o ato em dez dias (art. 235, § 2º).

JURISPRUDÊNCIA TEMÁTICA

"É nula a modificação ou alternância do meio de intimação eletrônica (Portal ou Diário eletrônico) pelos Tribunais, durante a tramitação processual, sem aviso prévio, causando prejuízo às partes." (STJ, 4ª Turma, REsp 2.018.319/RJ, Rel. Min. João Otávio de Noronha, j. 20.02.2024 (Info 801)).

"O prazo de 30 dias para a formulação do pedido principal previsto no art. 308 do Código de Processo Civil possui natureza jurídica processual e, consequentemente, sua contagem deve ser realizada em dias úteis, nos termos do art. 219 do CPC" (STJ, Corte Especial, EREsp 2.066.868/SP, Rel. Min. Sebastião Reis Júnior, j. 03.04.2024 (Info 807)).

12. COMUNICAÇÃO DOS ATOS PROCESSUAIS

Os arts. 236 a 275 tratam da comunicação dos atos, que consistem em citação e intimação, pelas diversas modalidades previstas no Código. Em razão dos objetivos deste curso, abordaremos apenas os aspectos mais relevantes (maior relevância prática e incidência em concursos) sobre o tema, recomendando a leitura atenta dos dispositivos mencionados.

Como já dito, ao juiz se conferem poderes e deveres, com vistas a bem conduzir o processo e, ao final, entregar a tutela jurisdicional, que nada mais é do que o pronunciamento do Estado, com a coparticipação dos demais sujeitos do processo, acerca de determinada crise de direito. Ajuizada a petição inicial, o juiz tem o dever de analisá-la, determinando a emenda, a citação, o julgamento liminar ou o indeferimento.

Quanto às partes – incluídos os seus respectivos advogados –, a par de deveres, a lei lhes atribui faculdades e ônus, os quais decorrem da relação processual e só se estabelecem após a comunicação do ato (praticado pelo juiz, pela parte adversa, entre outros), a fim de que pratiquem o ato subsequente. O réu só se vincula ao processo, sujeitando-se aos efeitos da sentença, após a citação. O prazo para apresentar quesito só começa a fluir após a intimação do despacho que nomeou o perito. Daí a importância da comunicação dos atos processuais. É essa comunicação que forma o elo entre os diversos atos, tecendo assim a teia do processo, que nada mais é do que o conjunto das relações que se formam em decorrência de tais atos (perspectiva intrínseca) ou da sequência de registros gráficos – petições, despachos e decisões, entre outros (perspectiva extrínseca).

12.1 Meios pelos quais se realizam as citações e as intimações

As intimações são feitas prioritariamente pelo portal eletrônico ou *Diário da Justiça*. Nada obsta que sejam feitas pelo correio, por oficial de justiça, pelo escrivão ou chefe de secretaria ou por edital.

Qualquer que seja o ato processual, serão cumpridos ou comunicados por ordem judicial (art. 236), por um dos meios já indicados.

Se a comunicação deve ser feita fora dos limites territoriais do tribunal, da comarca, da seção ou da subseção judiciárias e, para tanto, necessita da intervenção de serventuário subordinado a outra autoridade judiciária, deve-se utilizar as cartas, que nada mais são do que ordens (carta de ordem e carta rogatória) ou pedidos (carta precatória e carta arbitral), dependendo da hierarquia, dentro da organização judiciária, de quem as expede (art. 236 e § 1º). Cabe salientar que, se para o cumprimento do ato, não se exigir a participação de servidor (de regra, oficial de justiça) subordinado a outra Administração judiciária (outro órgão judiciário) não há que se falar em ordem ou pedido. O juiz da comarca de Cravinhos (SP) pode ordenar que seja citado pelo correio o réu residente no território da comarca de Juazeiro (BA). Por muito mais razão, pode o juiz de uma comarca determinar que se intime, por meio eletrônico ou pelo correio, a parte de determinado processo, por intermédio de seu advogado. Contudo, se necessitar de oficial de justiça para a citação ou intimação, a expedição da carta precatória se impõe. O cumprimento de diligências mais simples pode ser efetivado valendo-se do dever de mútua cooperação (arts. 67 a 69), o que implica requisições ou pedidos por meios mais informais, notadamente, mensagens eletrônicas.

O Código e leis de organização judiciária contemplam hipóteses de dispensa de expedição de cartas, como por exemplo, para citação em comarcas contíguas, prática de atos processuais por meio de videoconferência ou outro recurso tecnológico de transmissão de sons e imagens em tempo real (é o caso de depoimento pessoal e audição de testemunha) e cumprimento de diligências.

O que justifica a expedição de carta é a obediência hierárquica entre o servidor e o seu chefe (o juiz). É um aspecto inerente à gestão administrativa do órgão. Já imaginou se todos os juízes do País pudessem dar ordens aos oficiais de justiça que laboram no fórum do DF? Seria o caos. Não do ponto de vista jurisdicional, mas sim do aspecto administrativo, que, sem dúvida, teria repercussão na atividade jurisdicional. Outro aspecto que pode justificar a expedição de carta é a economia (processual e de dinheiro). Não compromete a validade da designação de um médico de Brumadinho, pelo juiz dessa comarca, para examinar um paciente internado num hospital em Belo Horizonte. Contudo, se por uma razão ou outra, depender da intervenção (quiçá para requisitar força policial) do juiz de Belo Horizonte ou dos serventuários a ele vinculados, exige-se o pedido, feito por meio de carta.

Em suma, a atividade jurisdicional não foge à regra da vida. Às vezes se ordena, às vezes se roga. Dependendo da formalidade do ato, se faz por carta, que preferencialmente será expedida por meio eletrônico, assinada pelo juiz, é claro, com assinatura eletrônica (art. 263). Quando se tratar de ato mais informal, se faz por uma singela mensagem eletrônica, sem assinatura. A título de complementação do assunto versado, cabe registrar que o Conselho Nacional de Justiça – CNJ (órgão administrativo de cúpula do Judiciário, por meio da Resolução nº 100, regulamentou a comunicação oficial, por meio eletrônico, no âmbito do Judiciário. Como estamos na era da complexa pompa (basta ver os nomes dados às inúmeras operações), o sistema digital utilizado para essa comunicação interna recebe o nome de Hermes, em homenagem a uma antiga divindade da mitologia grega, um dos **deuses olímpicos**, cultuado como um deus da **fertilidade**, dos rebanhos, da **magia**, da **divinação**. Tirante o nome, (bastaria malote digital), trata-se de louvável iniciativa da Administração judiciária. Para finalizar, quero excomungar mais um mito. Expedição de carta ou de outra correspondência mais informal, visando o cumprimento de um ato judicial (de comunicação ou de realização), nada tem a ver com o tal princípio da territorialidade ou da aderência ao território, critério utilizado para distribuição do serviço judiciário no território nacional (competência em razão do lugar). É tempo de cessar essa divinação. As prateleiras, ou melhor, os computadores do Judiciário estão abarrotados, situação que está a exigir menos magia e mais racionalidade.

Nos termos do art. 237, as cartas podem ser de quatro espécies, tudo a depender de quem manda e de quem obedece.

a) **Carta de ordem:** é o meio pelo qual o tribunal ou um dos seus membros (de um modo geral, o relator de recurso, ação de competência originária ou incidente) dá ordem a um magistrado de grau inferior. Por mais que alguns neguem, a hierarquia está presente na Administração da Justiça e até na atividade judicante. Manda quem pode e obedece quem tem juízo. Os ministros do STF, no exercício da atividade jurisdicional, podem expedir carta de ordem a qualquer juiz (num sentido amplo) brasileiro, exceto a outros ministros do próprio STF. De um modo geral, as cartas de ordens oriundas do STF são expedidas a juízes federais; mas onde não houver vara da justiça federal, o destinatário da carta será o juiz de direito. Bem, será expedida carta para a prática de atos fora dos limites territoriais do tribunal, da comarca, da seção ou da subseção judiciárias, ressalvadas as hipóteses previstas em lei (art. 236, § 1º).

b) **Carta rogatória:** O adjetivo "rogatório" (do latim *rogatoriu*) significa rogo ou súplica. Na era da eletronização do processo romano, os adjetivos que qualificam as cartas soam exagerados. Poderiam denominar-se simplesmente "pedido de realização de diligências". A carta rogatória, porém, é dirigida **a autoridade judiciária estrangeira para fins de cooperação jurídica internacional.** Quanto ao objeto, guarda similitude com as **cartas de ordem e precatória**, mas se diferencia destas por ter caráter internacional. Entretanto, deve ser cumprida por órgão judiciário de outro país, em atenção ao princípio da reciprocidade. Expede-se carta rogatória para citação, audição de testemunha, entre outras diligências. Para que uma carta rogatória seja cumprida no Brasil, exige-se o *exequatur* (que significa "cumpra-se") do STJ. A execução da diligência compete **à Justiça Federal de primeiro grau** (art. 109, X, da CF).

c) **Carta precatória:** O nome vem do latim *precatorius*, que significa nada mais do que pedido. É o meio pelo qual um juiz solicita a outro, com o qual não mantém relação hierárquica (um juiz de direito a outro; um desembargador do TRT a um juiz federal e assim por diante), a realização de diligência que requer a intervenção do juízo de órgão jurisdicional de competência territorial diversa. A título de curiosidade, deve-se registrar que os TRFs, nos casos de delegação de competência, como previsto no art. 109, §§ 3º e 4º da CF, expedem carta de ordem aos juízes de direito.

d) **Carta arbitral:** O CPC/2015 traz a possibilidade de expedição de carta arbitral, que permite a interação entre juízes e árbitros, especialmente no que concerne à efetivação de tutelas antecipadas. Essa carta deve conter o pedido de cooperação para que o órgão jurisdicional pratique ou determine o cumprimento, na área de sua competência territorial, de ato solicitado pelo juízo arbitral. Assim, por exemplo, se uma testemunha não comparecer à audiência no juízo arbitral, o árbitro poderá solicitar, por carta arbitral, ao juízo competente, que determine a condução coercitiva da testemunha a ser ouvida (art. 22, § 2º, da Lei nº 9.307/1996).

Para que o juiz possa atender ao pedido contido na carta arbitral, deve-se demonstrar a legitimidade da solicitação, com a comprovação acerca da existência de convenção de arbitragem, da nomeação e da aceitação do árbitro (art. 260, § 3º).

As cartas têm caráter itinerante, ou seja, se forem remetidas a um determinado juízo, mas ficar demonstrado que deveriam ter sido remetidas a outro, o juízo originalmente deprecado não deve restituí-las ao juízo de origem. Deve, pois, o juízo deprecado encaminhá-la ao outro juízo onde a diligência tenha que ser cumprida, comunicando o fato ao órgão expedidor (art. 262, *caput* e parágrafo único).

As cartas podem conter pedidos ou ordem de comunicação de atos processuais ou realização de diligências no processo, que na essência também configuram atos processuais. Quanto à comunicação dos atos processuais, é feita por meio da citação ou intimação, que por sua vez, pode se dar por meio de cartas, conforme visto, por meio eletrônico, correio, oficial de justiça, entre outros. Passemos então, de forma abreviada, como recomendam as lições constantes neste curso, a discorrer sobre a citação (art. 238) e a intimação (art. 269), atos esses que serão cumpridos pelos meios adiante indicados.

12.2 Citação

Citação **é o ato pelo qual se convoca a juízo o réu, o executado ou o interessado, para integrar a relação processual** (art. 238). Réu aqui é a parte que deva suportar os efeitos da coisa julgada e não integrou a petição inicial como litisconsorte ativo ou passivo e não interveio espontaneamente no processo. Além do réu, são citados: todos os litisconsortes necessários (por exemplo, os confinantes na ação de usucapião), os denunciados pelo réu e os chamados, entre outros. Em se tratando de litisconsórcio necessário, principalmente se for unitário, todos que fazem parte da relação jurídica, no polo passivo ou ativo, devem integrar o processo; se não figurou na petição inicial deve ser citado.

Como se pode ver, não se trata mais do ato pelo qual se chama o réu a juízo para se defender, querendo, como se passava no CPC/1973. Em razão de o CPC/2015 instituir um sistema multiportas de solução de litígios, no qual se privilegia a autocomposição dos litígios, o réu é citado para comparecer à audiência de conciliação e mediação. Contudo, nem sempre haverá audiência de conciliação. Mesmo assim, há que se proceder à citação do réu, sob pena de o processo, em face dele, sequer existir. A citação é ato indispensável à validade do processo (art. 239), até porque, sem ela, não se completa a relação processual. Não havendo citação tampouco comparecimento espontâneo, de modo a suprir esse ato, o processo estará contaminado por vício insanável (*querela nullitatis*), que pode ser declarado em qualquer tempo, mesmo depois do prazo para a rescisória. Somente nas hipóteses de indeferimento da petição inicial, com ou sem resolução do mérito, é que a citação não influirá na validade do processo, uma vez que não houve definição quanto ao direito material.

A Lei nº 14.195/2021 acrescentou ao art. 238 um parágrafo único para estipular prazo para a efetivação da citação. De acordo com essa alteração, a citação será efetivada em até 45 (quarenta e cinco) dias a partir da propositura da ação. Ou seja, além da preferência em relação ao meio eletrônico – que abordaremos adiante –, a lei busca efetivar os princípios da celeridade e da duração razoável do processo. Apesar disso, por se tratar de prazo impróprio, é certo que justificativas como a quantidade de processos e reduzido número de servidores serão utilizadas para inviabilizar o cumprimento desse prazo.

O comparecimento espontâneo do réu ou do executado supre a falta de citação ou convalida a citação irregular (art. 239, § 1º). Se o réu ou o executado comparece e se defende, o processo prossegue normalmente, uma vez que o comparecimento (ainda que não haja defesa) pressupõe ausência de prejuízo. Se eles comparecem e arguem a nulidade da citação, sendo esta decretada, considerar-se-á feita a citação na data do comparecimento, fluindo, a partir daí, o prazo para a prática do ato processual subsequente, seja o comparecimento à audiência de conciliação ou mediação ou a apresentação da contestação ou dos embargos à execução.

Caso a nulidade não seja reconhecida, o réu será considerado revel e o executado terá que se contentar com o prosseguimento do feito (art. 239, § 2º).

A doutrina classifica a citação em pessoal e ficta.

A **citação pessoal** (real), de regra, é realizada na própria pessoa do réu, como é o caso da citação por correio, por oficial de justiça e por meio eletrônico, mas poderá ser feita na pessoa do representante legal ou do procurador do réu, do executado ou do interessado (art. 242).

Registre-se que há casos em que a carta citatória não é entregue diretamente ao réu ou a quem o "presente" (citação da pessoa jurídica, por exemplo) e, mesmo assim, reputa-se pessoal.

É o caso de citação pelo correio, feita a pessoa jurídica; será válida se a carta for entregue a pessoa com poderes de gerência geral ou de administração ou, ainda, a funcionário responsável pelo recebimento de correspondências. (art. 248, § 2º).

Citação ficta (presumida), por outro lado, é aquela que ocorre quando o citando não é encontrado pessoalmente, mas há autorização legislativa para que se possa presumir que ele tenha ou venha a tomar ciência do ato citatório. Os exemplos típicos de citação ficta são a "por hora certa" (arts. 252 a 254) e "por edital" (arts. 256 a 259).

O sistema processual prevê, atualmente, as seguintes **modalidades de citação (art. 246, § 1º-A)**: a) por meio eletrônico; b) por correio: c) por oficial de justiça; d) pelo escrivão ou chefe de secretaria quando o citando comparece em cartório; e) por edital.

12.2.1 Citação por meio eletrônico: agora essa é a regra

A Lei nº 14.195/2021 trouxe a citação por meio eletrônico como modalidade de citação preferencial (art. 246). Como visto anteriormente, somente quando não for possível a confirmação de leitura é que as demais formas de citação serão adotadas:

> Art. 246. A citação será feita preferencialmente por meio eletrônico, no prazo de até 2 (dois) dias úteis, contado da decisão que a determinar, por meio dos endereços eletrônicos indicados pelo citando no banco de dados do Poder Judiciário, conforme regulamento do Conselho Nacional de Justiça.
>
> (...)
>
> § 1º As empresas públicas e privadas são obrigadas a manter cadastro nos sistemas de processo em autos eletrônicos, para efeito de recebimento de citações e intimações, as quais serão efetuadas preferencialmente por esse meio.
>
> § 1º-A. A ausência de confirmação, em até 3 (três) dias úteis, contados do recebimento da citação eletrônica, implicará a realização da citação:
>
> I – pelo correio;
>
> II – por oficial de justiça;
>
> III – pelo escrivão ou chefe de secretaria, se o citando comparecer em cartório;
>
> IV – por edital.
>
> § 1º-B. Na primeira oportunidade de falar nos autos, o réu citado nas formas previstas nos incisos I, II, III e IV do § 1º-A deste artigo deverá apresentar justa causa para a ausência de confirmação do recebimento da citação enviada eletronicamente.
>
> § 1º-C. Considera-se ato atentatório à dignidade da justiça, passível de multa de até 5% (cinco por cento) do valor da causa, deixar de confirmar no prazo legal, sem justa causa, o recebimento da citação recebida por meio eletrônico.

A referida lei, entre outras providências, modificou substancialmente o art. 246 do CPC/2015, a fim de disciplinar a possibilidade de citação por meio eletrônico, isto é, pelo envio ao endereço eletrônico (e-mail) cadastrado pela parte. Até a última edição desta obra, admitíamos que esse novo regramento permitia, inclusive, a utilização por aplicativo de mensagens. Ocorre que o STJ, interpretando a novidade, entendeu que essa alteração não contempla a hipótese de citação por WhatsApp, por exemplo. De toda forma, nesse mesmo precedente, o STJ ponderou que se for assegurada a identidade do citando, será possível a utilização de aplicativo de mensagem (REsp 2.045.633/RJ, Rel. Min. Nancy Andrighi, 3ª Turma, *DJe* 14.08.2023).

Vale ressaltar que, embora não exista regulamentação por legislação federal, o Conselho Nacional de Justiça, por meio da Resolução nº 354/2020, estabeleceu que "nos casos em que cabível a citação e a intimação pelo correio, por oficial de justiça ou pelo escrivão ou chefe de secretaria, o ato poderá ser cumprido por meio eletrônico que assegure ter o destinatário do ato tomado conhecimento do seu conteúdo" (art. 8º). Desde então, os tribunais de justiça dos Estados passaram a editar atos normativos para regulamentar a prática, estabelecendo requisitos diversos para a validade do ato. A nosso ver, a utilização desse meio de comunicação, amplamente aceito no âmbito dos Juizados Especiais em homenagem ao princípio da informalidade, deve ser regulamentado no âmbito federal a fim de que sejam estabelecidos requisitos isonômicos e seguros para os jurisdicionados e advogados, contemplando, ainda, outros tipos de procedimento.

Não há dúvidas de que a instrumentalidade das formas, se bem aplicada, permite a utilização de aplicativos de mensagens como instrumento de comunicação processual. Se o ato processual que se pretende realizar alcança a sua finalidade – uma intimação ou citação, por exemplo –, a inobservância de forma, mesmo grave, pode ser relativizada. Para tanto, devem ser adotadas medidas suficientes para atestar a autenticidade do número telefônico, bem como a identidade do indivíduo destinatário do ato processual.[32] Algumas ressalvas devem ser estabelecidas, como nas demandas de família, em que a ciência inequívoca sobre um determinado ato processual é ainda mais relevante. Exemplificando:

"AGRAVO DE INSTRUMENTO – CUMPRIMENTO DE SENTENÇA – ALIMENTOS – RITO PRISÃO CIVIL – INTIMAÇÃO POR MEIO DO APLICATIVO DE WHATSAPP – IMPOSSIBILIDADE – DIREITO DE FAMÍLIA – CITAÇÃO E INTIMAÇÃO PESSOAL – NECESSIDADE. 1. Embora o art. 246 do CPC estabeleça que a citação/intimação seja preferencialmente realizada por meio eletrônico, não é possível a aplicação indiscriminada dessa regra por meios não convencionais nas ações de família, já que essas demandas reclamam o conhecimento efetivo do andamento processual pelos interessados. 2. **A citação ou intimação por meio de aplicativos como WhatsApp deve ser avaliada nas hipóteses em que imprescindível ao andamento ao feito, desde que resguardado o mínimo de autenticidade do destinatário sobre o número de telefone, confirmação escrita sobre o recebimento do mandado, foto individual e, especialmente, o prévio cadastro da parte a ser citada ou intimada no banco de dados do Poder Judiciário.** 3. A pendência de implementação da plataforma digital do Poder Judiciário de que trata a Resolução nº 455 de 27.04.2022, do CNJ, aliada ao rito procedimental da prisão civil escolhido pelo exequente para a execução dos alimentos impede a utilização do aplicativo WhatsApp, já que a intimação do executado para que proceda ao pagamento do débito deve ser pessoal, conforme disposto no *caput* do art. 528 do CPC". (TJ-MG – AI: 27465154920218130000, Rel. Des. Carlos Roberto de Faria, j. 30.03.2023, Câmaras Especializadas Cíveis/8ª Câmara Cível Especializada, *DJe* 03.04.2023).

Voltando para as alterações propostas pela Lei nº 14.195/2021, vamos a um exemplo que ilustra a novidade: a citação do réu para comparecer à audiência é encaminhada através de *e-mail* e a confirmação ocorre na data do encaminhamento da mensagem. Nesse caso, se o réu deixar de comparecer injustificadamente à audiência, além de multa por ato atentatório à dignidade da justiça (art. 334, § 8º), o seu prazo para contestar terá início da data da audiência (art. 335, I), independentemente de nova citação/intimação. Por outro lado, se não há confirmação de leitura, a citação desse réu deve ocorrer por correio. Nessa hipótese, tão logo houver possibilidade de manifestação nos autos, o réu deverá justificar as razões pelas quais não confirmou a leitura da mensagem, sob pena de multa (art. 246, § 1º-B). Na prática, o que a lei quis evitar foi

---

[32] No mesmo sentido: STJ, HC 641.877/DF, Rel. Min. Ribeiro Dantas, 5ª Turma, j. 09.03.2021.

o silêncio intencional do réu. Se ele não confirma a citação, deverá apresentar justa causa no primeiro momento que lhe couber falar nos autos (por exemplo, na contestação).

Para que não haja dúvida por parte do destinatário da mensagem, é necessário que a modalidade de citação por meio eletrônico venha acompanhada de orientações para a realização da identificação do processo e do órgão judicial citante. *Links*, *QR Code* ou mesmo sistema de identificação por *login* e senha ou código são formas de confirmar a autenticidade das informações.

A citação preferencial por meio eletrônico não será realizada nos mesmos casos em que a lei processual já vedava a citação por correio: i) nas ações de estado; ii) quando o citando for pessoa incapaz ou; iii) pessoa jurídica de direito público; iv) quando o citando residir em local não atendido pela entrega domiciliar de correspondência e quando o autor, justificadamente, a requerer de outra forma (art. 247).

Em relação à citação de pessoa jurídica de direito público é importante lembrar que a Lei nº 11.419/2006 (art. 5º) já a admitia a sua realização por meio eletrônico. Ou seja, todas as entidades da administração direta e indireta já eram obrigadas a manter cadastro nos sistemas de processo em autos eletrônicos, para efeito de recebimento de citações e intimações, as quais eram efetuadas preferencialmente por esse meio. Dessa forma, a exceção prevista no art. 247, III, CPC/2015, em relação ao meio eletrônico, representa um verdadeiro retrocesso e ainda colide com a norma expressa no art. 246, § 2º, do CPC, que trata da possibilidade de aplicação das citações por meio eletrônico à União, aos Estados, ao Distrito Federal, aos Municípios e às entidades da Administração indireta. De toda sorte, acreditamos que prevalece sempre a possibilidade de citação por meio eletrônico, especialmente diante da regulamentação, pelo CNJ, do Domicílio Judicial Eletrônico (Resolução nº 455/2022). O cadastro no Domicílio Judicial Eletrônico é obrigatório para a União, para os Estados, para o Distrito Federal, para os Municípios, para as entidades da Administração indireta e para as empresas públicas e privadas, para efeitos de recebimento de citações e intimações, conforme prevê o art. 246, § 1º, do CPC. De acordo com o art. 18 dessa Resolução, "o Domicílio Judicial Eletrônico será utilizado exclusivamente para citação por meio eletrônico e comunicações processuais que exijam vista, ciência ou intimação pessoal da parte ou de terceiros, com exceção da citação por edital, a ser realizada via *DJEN* (*Diário de Justiça Eletrônico Nacional*)".

As demais pessoas jurídicas, inclusive as microempresas e empresas de pequeno porte, sujeitam-se à citação por meio eletrônico. Em relação às últimas, o CPC apenas ressalva a hipótese de inexistência de endereço cadastrado no sistema integrado da Rede Nacional para a Simplificação do Registro e da Legalização de Empresas e Negócios. A REDESIM foi instituída pela Lei Federal nº 11.598/2007, que permite, através do portal "Empresa Fácil", o registro e legalização de empresas de forma simplificada, além da integração de dados entre diversos órgãos, como Juntas Comerciais e Receitas Federal e Estadual.

12.2.2 *Citação pelo correio*

Tal como a citação por meio eletrônico, a citação por correio somente não é admitida nas hipóteses do art. 247.

Nas ações de estado, ou seja, ações que versem sobre divórcio, separação, reconhecimento e extinção de união estável, filiação e interdição, entre outras, a citação deve ser feita por oficial de justiça. Deve-se salientar que o art. 247, I, que excepciona a citação pelo correio, faz referência ao § 3º do art. 695, que por sua vez, prescreve que a citação nas ações de família (que abrange as ações de estado) será feita na pessoa do réu. Bem, a citação pelo correio, excetuado os casos de pessoas jurídicas, também é pessoal. O carteiro deve entregar a carta citatória ao citando. Entretanto, conjugando-se o *caput* do art. 247 (mais especificamente a palavra "exceto") com o termo "pessoal" do art. § 3º do art. 695, chega-se à conclusão de que a citação deva ser por oficial de justiça. Em razão das emoções que envolvem ações dessa natureza, o legislador achou por bem delegar o ato citatório ao oficial de justiça, que tem fé pública e pode requerer ao juiz providências que convenham à solução da controvérsia.

A citação contra incapaz será feita por oficial de justiça, na pessoa do representante legal deste. Se o oficial de justiça verificar que o citando é mentalmente incapaz ou está impossibilitado de receber a citação, procederá na forma do art. 245.

Também se faz a citação por oficial de justiça quando o citando residir em local não atendido pela entrega domiciliar de correspondência e quando o autor, justificadamente, a requerer de outra forma. Trata a hipótese de impossibilidade de citação pelo correio (o carteiro não vai até o endereço) ou de conveniência de citação por oficial de justiça (em razão da natureza da atividade exercida pelo citando, há dificuldade de o carteiro entregar-lhe a carta de citação em mãos.

Ademais, será o oficial de justiça que fará a citação nas hipóteses em que se frustrar a citação pelo correio (art. 249). Há certo desrespeito com os carteiros. O oficial de justiça tem fé pública, pode certificar que entregou ou, em caso de ocultação, adotar as providências para citação por hora certa. Com relação aos carteiros, o citando diz que não está ou simplesmente se nega a assinar o recibo a que se refere o art. 248, § 1º. Ninguém gosta de ser réu. Por isso a citação pelo correio é mais eficaz quando se trata de pessoa jurídica. Se o citando morar em condomínios edilícios ou em loteamentos com controle de acesso, fica mais fácil a citação da pessoa física, uma vez que o carteiro pode entregar a carta citatória ao funcionário da portaria (art. 248, § 4º); mesmo assim, o réu contumaz pode orientar o funcionário a recusar o recebimento.

O processo de execução não mais constitui exceção. No CPC/1973, também constava como exceção à citação pelo correio o processo de execução, no qual a citação deveria ser realizada por oficial de justiça. **No CPC/2015, essa exceção desapareceu. Tanto no processo de conhecimento quanto no processo de execução, as regras são as mesmas. Em sendo possível, procede-se à citação por meio eletrônico.** Em sendo inviável a citação por meio eletrônico, passa-se à citação pelo correio e, finalmente, à citação pelo oficial de justiça.

Os requisitos para a citação pelo correio encontram-se no art. 248 e, com as devidas adaptações para cada modalidade de procedimento (na execução, por exemplo, não se fará menção à audiência de conciliação), no art. 250. Alguns dispositivos já foram comentados em outras passagens. Os demais são autoexplicativos. Não vou me alongar para não roubar espaço neste livro.

Deferida a citação pelo correio, o escrivão ou o chefe de secretaria remeterá ao citando cópias da petição inicial e do despacho do juiz e comunicará o prazo para resposta, o endereço do juízo e o respectivo cartório (art. 248). De um modo geral, o juiz, no despacho inicial, diz apenas "cite-se". Apenas as exceções são contempladas no despacho. No silêncio do ato judicial, salvo evidente hipótese de citação por outra forma, deve o escrivão providenciar a citação pelo correio.

12.2.3 Citação por oficial de justiça

A citação será feita por meio de oficial de justiça nas hipóteses previstas no Código ou em lei, ou quando frustrada a citação pelo correio (art. 249), como é o caso da citação dos incapazes e quando a citação pelo correio restar impossível ou frustrada. Nesse caso, o juiz determina a citação, o escrivão prepara o mandado com os requisitos do art. 250 e o oficial de justiça o cumpre. Cara a cara com o citando, o oficial de justiça lê o mandado, entrega a contrafé (cópia do mandado, instruído com cópia da petição inicial) e colhe o ciente ou exara certidão no sentido de que procedeu à citação (art. 251). Com a juntada do mandado aos autos (providência a cargo do escrivão), tem início a contagem do prazo (excluindo-se esse dia).

A citação por hora certa, embora ficta, é realizada por intermédio do oficial de justiça. Ocorre quando, por duas vezes, houver procurado o réu em seu domicílio ou residência, sem o encontrar, havendo suspeita de ocultação.

Caracteriza-se a ocultação quando, por duas vezes, o oficial de justiça houver procurado o citando em seu domicílio ou residência sem o encontrar, caso em que intimará qualquer pessoa da família ou, em sua falta, qualquer vizinho de que, no dia útil imediato, voltará a fim de efetuar a citação, na hora que designar (art. 252, *caput*).

No dia e hora informados à pessoa da família ou ao vizinho, o oficial de justiça voltará ao domicílio ou à residência do citando a fim de realizar a diligência e, se este não estiver presente, o oficial de justiça entregará a contrafé a uma das pessoas já indicadas e a citação será tida por feita. O aperfeiçoamento da citação com hora tem como requisito a remessa de carta, telegrama ou correspondência eletrônica, dando-lhe de tudo ciência (art. 254). É uma providência para que o demandado tome conhecimento da ação; mesmo assim, atento ao princípio da ampla defesa, o Código determina a nomeação de curador especial (para apresentar defesa naquela demanda), caso o réu citado por edital torne-se revel (art. 253).

12.2.4 Citação na Secretaria do juízo

Quando o citando comparece em cartório, é possível que o escrivão ou chefe de secretaria promova a sua citação. Imagine, por exemplo, que o citando toma conhecimento informal de uma ação de busca e apreensão promovida por uma instituição financeira contra si. Desejando conhecer o teor da petição inicial e providenciar imediatamente o adimplemento ou a sua defesa, poderá comparecer ao juízo antes de qualquer providência. Nesse caso, se a citação por outros meios não tiver sido efetuada, o escrivão ou chefe de secretaria certificará o comparecimento e integrará o réu ao processo mediante sua assinatura e ciência.

12.2.5 Citação por edital

A citação por edital, tal como a citação por hora certa (que é feita por oficial de justiça) constitui uma modalidade de citação ficta. Essa modalidade de citação somente é admitida quando desconhecido ou incerto o réu; quando ignorado, incerto ou inacessível o lugar em que se encontrar; e em outros casos expressos em lei (art. 256). Os requisitos do edital encontram-se no art. 257. A publicação do edital será feita na rede mundial de computadores, no sítio do respectivo tribunal e na plataforma de editais do Conselho Nacional de Justiça. Dependendo das peculiaridades do local ou região onde se situa o órgão jurisdicional, o juiz poderá determinar que a publicação do edital seja feita também em jornal local de ampla circulação ou por outros meios (por exemplo, pelo alto-falante da Igreja ou pelo rádio). Tudo será certificado nos autos. A partir da publicação única ou da primeira começará a fluir o prazo de dilação estabelecido pelo juiz e, a partir de então, o prazo para a defesa.

Observe que o § 3º do art. 256 do CPC prevê que o "o réu será considerado em local ignorado ou incerto se infrutíferas as tentativas de sua localização, inclusive mediante requisição pelo juízo de informações sobre seu endereço nos cadastros de órgãos públicos ou de concessionárias de serviços públicos".

Como a citação por edital é modalidade excepcional de comunicação processual, faz-se necessário que o juízo busque todos os meios possíveis para a localização do réu. O Sistema de Informações Eleitorais (Siel) da Justiça Eleitoral e o Sistema de Informações ao Judiciário (Infojud) da Receita Federal, por exemplo, são sistemas aos quais o magistrado tem acesso e que podem ser utilizados como ferramentas de localização. Ofícios às concessionárias de serviços públicos (água, luz, esgoto etc.) ou empresas de telefonia (Oi, Tim, Claro, Vivo etc.) também são medidas que objetivam permitir a citação pessoal.

Apesar da redação da parte final do § 3º do art. 256, a 3ª Turma do STJ, no julgamento do REsp 1.971.968/DF (Rel. Min. Marco Aurélio Bellizze, j. 20.06.2023), entendeu que a requisição de informações às concessionárias de serviços públicos consiste em uma alternativa dada ao Juízo, e não uma imposição legal, não se podendo olvidar que a análise, para verificar se houve ou não o esgotamento de todas as possibilidades de localização do réu, a fim de viabilizar a citação por edital, deve ser casuística, observando-se as particularidades do caso concreto. Esse entendimento também é compartilhado pela 4ª Turma do STJ, para quem "a norma processual não impõe a obrigatoriedade da expedição de ofícios a cadastros públicos e concessionárias de serviços públicos antes da citação por edital, mas apenas prevê essa possibilidade como uma ferramenta importante, a ser utilizada conforme o juízo de valor do magistrado" (REsp 2.152.938/DF, Rel. Min. Antônio Carlos Ferreira, j. 22.10.2024).

Por se tratar de citação ficta, tal como ocorre na hipótese de citação por hora certa, também na citação editalícia, em caso de revelia será nomeado curador especial. Essa advertência constitui requisito do edital.

Em algumas ações, porque eventualmente podem estar em jogo interesses de pessoas incertas ou desconhecidas, a publicação de editais se impõe; é o que se passa na ação de usucapião de imóvel; na ação de recuperação ou substituição de título ao portador e em qualquer ação em que seja necessária, por determinação legal, a provocação, para participação no processo, de interessados incertos ou desconhecidos (art. 259).

12.2.6 Citação nas ações de usucapião de bem imóvel

A ação de usucapião deve seguir o procedimento comum, eis que não consta mais no CPC/2015 como procedimento especial. A citação da parte contrária, como regra, deve ser realizada por meio eletrônico, considerando-se uma modalidade de citação pessoal. Os eventuais confinantes também devem ser pessoalmente citados (Súmula 391, STF), exceto quando o pedido de usucapião tiver por objeto unidade autônoma de prédio em condomínio (art. 246, § 3º). Nesse caso, a citação é dispensada, pois a delimitação dos imóveis já deve estar definida no registro imobiliário ou na convenção de condomínio, não havendo risco relevante de erro demarcatório.

12.2.7 Efeitos da citação

Além de completar, angularizando a relação processual estabelecida entre autor e juízo (por meio da petição inicial), a citação, ainda quando ordenada por juiz incompetente, tem os efeitos processuais e materiais indicados no art. 240, quais sejam: induz litispendência, torna litigiosa a coisa e constitui em mora o devedor.

Os efeitos processuais da citação são os seguintes:

a) Induz ou motiva a litispendência

Além da angularização da relação processual, a citação torna eficaz (induz) a litispendência para o réu, ou seja, para ele, aquela demanda para a qual foi citado passa a estar pendente, a existir. Se mesmo antes da citação houver o ajuizamento de outra ação idêntica (mesmas partes, mesmo pedido e mesma causa de pedir), uma "lide pendente" já existe em trâmite no Judiciário e não pode o juiz desperdiçar tempo determinando nova citação em uma mesma demanda, ainda que deduzida em duas petições. O simples fato de o autor protocolar uma petição inicial já caracteriza a litispendência, contudo, esse fenômeno processual tem por consequência apenas a prevenção do juízo e o seu dever de dar impulso ao processo.

Se mesmo antes da citação do réu na primeira demanda outra idêntica for ajuizada, a consequência será a reunião dos processos no juízo prevento (arts. 58 e 59), a realização de citação única e, em seguida, a extinção do último processo sem resolução do mérito. Nada obsta que a extinção desse último processo fique para a sentença final.

Se a segunda demanda for ajuizada depois da citação na primeira, nem há necessidade de citação com relação ao que foi deduzido na segunda ação. Afinal, a lide é a mesma e, a rigor, nem se poderia cogitar de outro processo. O caso comporta o indeferimento liminar da segunda inicial, seja por falta de interesse processual, seja pela presença de circunstância (litispendência) que impede o exame do mérito. Caso o autor não concorde, cabe a ele interpor a apelação a que se refere o art. 331.

b) Torna litigiosa a coisa

A litigiosidade da coisa constitui mais um efeito processual da citação, a par da angularização do processo (sem a citação, pelo menos para o réu, não há processo) e da litispendência. Alguns efeitos decorrem dessa litigiosidade da coisa (na verdade do direito).

Primeiro, em razão do litígio instaurado, em havendo alienação da coisa ou cessão do direito litigioso, a sucessão da parte (autor ou réu) pelo adquirente ou cessionário fica condicionada à aquiescência da parte contrária. Caso o réu não consinta com a sucessão do autor pela pessoa que dele adquiriu a coisa objeto do litígio, este (o adquirente) poderá intervir como assistente litisconsorcial (art. 109). O fato de a coisa tornar-se litigiosa tem efeito processual, o que, evidentemente, pode repercutir no processo. Como já dito, o processo só tem razão de ser em razão do conflito – de direito material, é claro; ninguém briga pelo processo em si. Ainda que o adquirente não tenha intervindo no processo, por força do próprio negócio jurídico, a sentença poderá estender seus efeitos ao adquirente. Autor cedeu o direito controvertido e o adquirente não interveio no processo – seja porque não se interessou ou porque o réu (já citado) não manifestou aquiescência com a sucessão. Vencendo o autor a demanda, a titularidade do direito controvertido será reconhecida ao adquirente.

A coisa ou direito cuja titularidade é discutida no processo, a partir da citação do réu, está vinculada ao resultado da demanda, pouco importa se alienada ou não. Nesse sentido, nem as partes nem o adquirente podem alterar o estado da coisa, sob pena de cometer atentado e incidir nas sanções previstas do art. 77, § 7º). Outro efeito processual da litigiosidade da coisa é que a alienação do objeto do litígio, em tese, pode caracterizar fraude à execução, o que redundará em ineficácia da alienação perante terceiros.

c) Constituição do devedor em mora

Eis um efeito tipicamente material, regulado pelo Código Civil, embora, genericamente, esteja previsto no CPC. Deve-se salientar que nem sempre a citação constituirá em mora o devedor, daí por que ressalvado o disposto nos arts. 397 e 398 do Código Civil. Em se tratando de mora *ex re*, o próprio dia interpela o homem (*dies interpelat pro homine*), isto é, o inadimplemento da obrigação, positiva e líquida, no seu termo, constitui de pleno direito em mora o devedor (art. 397 do CC). No caso de mora *ex persona*, ou há interpelação anterior ao ajuizamento da demanda, e o devedor estará constituído em mora desde então, ou não há interpelação, caso em que a citação terá o mesmo efeito da interpelação. Dispõe o parágrafo único do art. 397 que, não havendo termo (evento futuro e certo), a mora se constitui mediante interpelação judicial ou extrajudicial. No caso de obrigação proveniente de ato ilícito, o devedor incorrerá em mora desde a prática do ato (art. 398). Já no ilícito contratual, é a citação que constitui em mora o devedor (Súmula 54 do STJ). Vale resumir: o efeito da citação sobre a constituição em mora do devedor somente ocorre se este em mora não foi constituído por outro fato jurídico, como o termo inicial na obrigação positiva e líquida; a interpelação judicial ou extrajudicial e a própria prática do ato ilícito. Sobre o tema, recomendo a leitura do nosso – meu e do prof. Felipe Quintella – *Curso de Direito Civil*.

Embora fuja ao objeto deste livro, adianto que a mora, entre outros, tem efeito sobre a fluência dos juros moratórios.

12.3 A interrupção da prescrição e da decadência como efeitos do despacho que ordena a citação

Prescrição e decadência constituem prazos extintivos. Prescrição é a perda da pretensão à reparação de um direito violado, em razão da inércia do seu titular, durante o lapso temporal estipulado pela lei.[33] Já a decadência é a extinção do direito pela inércia de seu titular, quando sua eficácia foi, de origem, subordinada à condição de seu exercício dentro de um prazo prefixado, e este se esgotou sem que esse exercício se tivesse verificado.[34]

A prescrição aniquila somente a pretensão, não alcançando o direito constitucional de ação. Exemplificando, quando a prescrição atinge somente a pretensão executiva do cheque, nada obsta a que o titular do direito busque a satisfação de seu crédito por outras vias, como, por exemplo, por meio do procedimento monitório ou comum. Há de se ponderar que nem sempre a decadência alcança o direito substancial; por vezes, somente a via processual resta aniquilada. Passados 120 dias para impetração do mandado de segurança, nada obsta a que o direito seja discutido via ação de procedimento comum, vez que somente o direito ao MS foi alcançado pela decadência.

A interrupção da prescrição dá-se pelo despacho que ordena a citação, ainda que proferido por juízo incompetente, consoante disposto no art. 240, § 1º. Ressalte-se que no CPC/1973 a previsão era no sentido de que apenas a citação válida era capaz de interromper a prescrição. Ou seja, o mero despacho ordenatório da citação não tinha aptidão para interromper o prazo prescricional. Essa previsão conflitava com o art. 202, I, do Código Civil, que considera interrompida a prescrição por despacho do juiz que, mesmo incompetente, ordene a citação.

A partir da vigência do CPC/2015, valerá a regra segundo a qual o mero despacho proferido pelo juiz determinando a citação tem o condão de interromper a prescrição, cujos efeitos retroagirão à data da propositura da ação.

Para estabelecimento do marco da interrupção da prescrição, importa tão somente o protocolo da petição inicial (art. 312), desde que o autor promova a citação do réu nos 10 (dez) dias subsequentes ao despacho que a ordenar, não ficando prejudicado pela demora imputável exclusivamente ao serviço judiciário (art. 240, §§ 2º e 3º). Promover significa diligenciar, adiantar, requerer. No caso específico da citação, equivale a dizer que o autor forneceu o endereço do citando e efetuou o pagamento das despesas referentes à diligência. A lentidão da abarrotada máquina judiciária, a toda evidência, não prejudicará a parte.

Distribuída a petição inicial (com clareza suficiente para levar ao conhecimento do réu a pretensão do autor) e diligenciada a citação no prazo de 10 dias, o despacho citatório interromperá a prescrição, que só voltará a fluir da data do ato que a interrompeu ou do último ato do processo para a interromper (pode ser a sentença, a decisão monocrática ou o acórdão). Na execução e no cumprimento de sentença, o prazo prescricional recomeça a fluir do despacho que determina a suspensão do processo (art. 921, § 4º).

O efeito retroativo desse instituto se aplica à decadência (ou prazo de caducidade) e aos demais prazos extintivos previstos na lei (art. 240, § 4º). Assim, promovida a citação, considera-se

---

[33] FARIAS, Cristiano Chaves de. *Direito civil: teoria geral*. 3. ed. Rio de Janeiro: Lumen Juris, 2005.
[34] LEAL, Antônio Luiz da Câmara. *Da prescrição e da decadência*. Teoria Geral do Direito Civil. São Paulo: Saraiva: 1939. p. 123.

exercido o direito (potestativo) na data do ajuizamento e, portanto, obstada a decadência, caso ainda não operada.

Mais uma vez incursionando-me pelos caminhos do Direito Civil, de quem o Processo Civil é irmão siamês, vale lembrar que, além da citação, há outras causas interruptivas da prescrição. O despacho que ordena a citação somente tem aptidão para interromper a prescrição se não incidiu outra causa anterior, porquanto a prescrição só é interrompida uma vez. Caso antes do ajuizamento da ação tenha ocorrido outra causa interruptiva, o despacho ordenatório e a subsequente citação efeito algum terão sobre o curso da prescrição, que continuará a fluir a contar da anterior causa interruptiva, suspendendo-se, contudo, a contar do ajuizamento da ação e retomando o seu curso quando praticado o último ato do processo.

O art. 202 do CC relaciona as causas de interrupção da prescrição: a) por despacho do juiz, mesmo incompetente, que ordenar a citação, se o interessado a promover no prazo e na forma da lei processual; b) por protesto, nas condições do inciso antecedente; c) por protesto cambial; d) pela apresentação do título de crédito em juízo de inventário ou em concurso de credores; d) por qualquer ato judicial que constitua em mora o devedor; e) por qualquer ato inequívoco, ainda que extrajudicial, que importe reconhecimento do direito pelo devedor. A prescrição interrompida recomeça a correr da data do ato que a interrompeu, ou do último ato do processo para a interromper (parágrafo único do art. 202 do CC).

12.4 Declaração de ofício da prescrição e da decadência

Clássicas são as diferenças entre prescrição e decadência. Enquanto a prescrição atinge apenas a pretensão, decorrente da violação de direito subjetivo, a decadência alcança o direito potestativo, que pode se referir ao direito material ou a um dado procedimento (direito à via do mandado de segurança e ao rito especial das ações possessórias, por exemplo); a prescrição diz respeito a direitos patrimoniais, de regra disponíveis, ao passo que a decadência se refere a direitos não patrimoniais, cujo prazo para exercício é fixado em norma cogente.

Os direitos patrimoniais são disponíveis, exceto quando a titularidade deles couber a incapaz. A prescrição afeta direito patrimonial e, portanto, trata-se de exceção material (fato jurídico extintivo) disponível, podendo ser ou não arguida pelo réu.

De acordo com o Código Civil (arts. 205 a 211), a prescrição admite interrupção, suspensão e renúncia, ao passo que o prazo decadencial, uma vez iniciado pela possibilidade do exercício do direito potestativo, corre continuamente, não admitindo renúncia. A exceção à irrenunciabilidade ocorre na hipótese de decadência convencional.[35]

Apesar das diferenças, tanto a prescrição quanto a decadência legal podem ser arguidas em qualquer grau de jurisdição e reconhecidas de ofício pelo juiz. Este poderá, ainda, julgar liminarmente improcedente o pedido se verificar a existência de quaisquer desses institutos (art. 332, § 1º).

Sobre o julgamento liminar de improcedência é importante se fazer uma ponderação: o CPC/2015 estabelece que a prescrição e a decadência não serão reconhecidas sem que antes seja dada às partes oportunidade de manifestar-se (art. 487, parágrafo único). Ocorre que, na hipótese de improcedência liminar, o juiz, independentemente da citação do réu, poderá extinguir o processo caso verifique, desde logo, a ocorrência de decadência ou de prescrição. Ou seja, nesta hipótese não se observará o disposto no parágrafo único do art. 487.

---

[35] A decadência convencional é aquela estipulada de acordo com a vontade das partes. Por exemplo, a garantia de um produto ofertada pelo fornecedor ao consumidor.

A exceção à intimação para manifestação das partes suprime a possibilidade de o réu renunciar à prescrição (art. 191 do CC). Além disso, afasta a possibilidade de a parte discutir, ainda na fase de conhecimento, eventuais causas impeditivas, suspensivas e interruptivas da prescrição. Por tais razões, é importante que o magistrado, sempre que possível, interprete sistematicamente a norma processual e possibilite: i) ao réu, se manifestar sobre a renúncia à prescrição; ii) ao autor, arguir eventuais óbices à declaração da prescrição que não puderam ser identificados apenas com os elementos trazidos na petição inicial.[36]

JURISPRUDÊNCIA TEMÁTICA

Súmula nº 106 do STJ: "Proposta a ação no prazo fixado para o seu exercício, a demora na citação, por motivos inerentes ao mecanismo da Justiça, não justifica o acolhimento da arguição de prescrição ou decadência".

Súmula nº 429 do STJ: "A citação postal, quando autorizada por lei, exige o aviso de recebimento".

Réu residente em país estrangeiro pode ser citado por edital se o seu endereço for desconhecido

"RECURSO ESPECIAL. AÇÃO DECLARATÓRIA DE NULIDADE. *QUERELA NULLITATIS*. AUSENCIA DE CITAÇÃO. CARTA ROGATÓRIA. CITAÇÃO POR EDITAL. RÉU RESIDENTE NO EXTERIOR. ENDEREÇO INCERTO. VALOR DA CAUSA. VALOR DA AÇÃO ORIGINÁRIA. PROVEITO ECONÔMICO. RECURSO DESPROVIDO.

1. Ação de *querela nullitatis insanabilis* ajuizada em 17.03.2020, da qual foi extraído o presente recurso especial, interposto em 03.11.2023 e concluso ao gabinete em 19.05.2024.

2. O propósito recursal é decidir (a) se a informação de que o réu reside no exterior é motivo suficiente para promover citação por edital e (b) qual o parâmetro para se estabelecer o valor da causa em ação de *querela nullitatis*.

3. O simples fato de o réu residir no exterior não é suficiente para autorizar a citação por edital.

4. A negativa da carta rogatória não é pré-requisito para o deferimento de citação por edital quando o citando reside no exterior, pois a ocorrência de quaisquer das outras hipóteses elencadas no art. 256 do CPC já autoriza essa modalidade citatória.

5. Se for incerto o endereço do citando no país estrangeiro, a previsão do art. 256, II, do CPC admite a citação editalícia, sendo dispensada a carta rogatória.

6. Sendo o objetivo da *querela nullitatis* declarar a inexistência de sentença em razão da ausência de citação, essa decisão será desconsiderada por inteiro, motivo pelo qual o valor a ser atribuído à ação declaratória corresponderá ao do *decisum* que se pretende declarar inexistente.

7. O valor da causa deve equivaler, em princípio, ao conteúdo econômico a ser obtido na demanda, ainda que o provimento jurisdicional buscado tenha conteúdo meramente declaratório. Precedentes.

8. O valor da causa na *querela nullitatis* deve corresponder ao valor da ação originária ou do proveito econômico obtido, a depender do teor da decisão que se pretende declarar inexistente.

9. Recurso especial conhecido e, desprovido, com majoração de honorários" (STJ, REsp nº 2.145.294/SC, Rel. Min. Nancy Andrighi, 3ª Turma, j. 18.06.2024, *DJe* 21.06.2024).

---

[36] Nesse sentido: STJ, REsp 1.005.209/RJ, Rel. Min. Castro Meira, j. 08.04.2008.

Citação de pessoa física recebida por terceiros pode gerar a nulidade do ato

"RECURSO ESPECIAL. AÇÃO MONITÓRIA. REVELIA. CUMPRIMENTO DE SENTENÇA. EXCEÇÃO DE PRÉ-EXECUTIVIDADE. CITAÇÃO POSTAL. MANDADO CITATÓRIO RECEBIDO POR TERCEIRO. IMPOSSIBILIDADE. RÉU PESSOA FÍSICA. NECESSIDADE DE RECEBIMENTO E ASSINATURA PELO PRÓPRIO CITANDO, SOB PENA DE NULIDADE DO ATO, NOS TERMOS DO QUE DISPÕEM OS ARTS. 248, § 1º, E 280 DO CPC/2015. TEORIA DA APARÊNCIA QUE NÃO SE APLICA AO CASO. NULIDADE DA CITAÇÃO RECONHECIDA. RECURSO PROVIDO.

1. A citação de pessoa física pelo correio se dá com a entrega da carta citatória diretamente ao citando, cuja assinatura deverá constar no respectivo aviso de recebimento, sob pena de nulidade do ato, nos termos do que dispõem os arts. 248, § 1º, e 280 do CPC/2015.

2. Na hipótese, a carta citatória não foi entregue ao citando, ora recorrente, mas sim à pessoa estranha ao feito, em clara violação aos referidos dispositivos legais.

3. Vale ressaltar que o fato de a citação postal ter sido enviada ao estabelecimento comercial onde o recorrente exerce suas atividades como sócio administrador não é suficiente para afastar norma processual expressa, sobretudo porque não há como se ter certeza de que o réu tenha efetivamente tomado ciência da ação monitória contra si ajuizada, não se podendo olvidar que o feito correu à sua revelia.

4. A possibilidade de a carta de citação ser recebida por terceira pessoa somente ocorre quando o citando for pessoa jurídica, nos termos do disposto no § 2º do art. 248 do CPC/2015, ou nos casos em que, nos condomínios edilícios ou loteamentos com controle de acesso, a entrega do mandado for feita a funcionário da portaria responsável pelo recebimento da correspondência, conforme estabelece o § 4º do referido dispositivo legal, hipóteses, contudo, que não se subsumem ao presente caso.

5. Recurso especial provido" (STJ, REsp nº 1.840.466/SP, Rel. Min. Marco Aurélio Bellizze, 3ª Turma, j. 16.06.2020, *DJe* 22.06.2020).

12.5 Intimação

Intimação é o ato pelo qual se dá ciência a alguém dos atos e termos do processo (art. 269). Trata-se ato de comunicação que, tal como a citação, condiciona o andamento do processo. São intimações, além de outras funções, como determinar o comparecimento de testemunha às audiências, que estabelecem o elo entre um ato processual e outro. Constituem, por assim dizer, a liga que dá conexão aos diversos atos processo. A intimação, por si, é um ato que faz a interligação do ato antecedente com o subsequente.

A intimação será realizada preferencialmente por meio eletrônico, observada as prescrições da Lei nº 11.419/2006, mas, dependendo das circunstâncias, pode ser feita pelos mesmos meios adotados para a citação, ou seja, por oficial de justiça, por carta registrada, com AR, pelo escrivão ou chefe de secretaria. Podem também ser feitas pelo *Diário do Judiciário* impresso e até por edital. Quando o ato é praticado em audiência, nesta os advogados das partes, bem como o Ministério Público, são intimados da decisão ou despacho (art. 1.003, § 1º).

Afora os casos de intimação pessoal da parte (art. 485, § 1º, por exemplo), de testemunhas e peritos, entre outros, as intimações, de regra, são feitas aos advogados, os quais poderão requerer que, na intimação a eles dirigida, figure apenas o nome da sociedade a que pertençam (art. 272, § 1º).

A intimação, embora mais informal do que a citação, contém requisitos, conforme consta no art. 272. É indispensável que da publicação no diário eletrônico ou impresso constem os nomes das partes e de seus advogados, com o respectivo número de inscrição na Ordem dos Advogados do Brasil, ou, se assim requerido, da sociedade de advogados. A não observância de tais requisitos conduz à nulidade da intimação, com as consequências previstas nos §§ 8º e 9º do art. 272.

A retirada dos autos do cartório pelo advogado, por pessoa credenciada a pedido do advogado ou da sociedade de advogados, pela Advocacia Pública, pela Defensoria Pública ou pelo Ministério Público implicará intimação de qualquer decisão contida no processo retirado, ainda que pendente de publicação.

As intimações do Ministério Público e da Defensoria Pública serão realizadas também por meio eletrônico. Para tanto, essas entidades devem manter cadastro atualizado junto aos sistemas de processo em autos eletrônicos. A mesma regra se aplica às intimações da União, do Estado, do Distrito Federal, dos Municípios e de suas respectivas autarquias e fundações de direito público. Quanto a estes, tanto as intimações como as citações serão realizadas perante o órgão de Advocacia Pública responsável pela representação judicial.

Como o juiz é responsável por dirigir o processo, poderá determinar, de ofício, as intimações em processos pendentes, salvo disposição legal em sentido contrário (art. 271).

Consideram-se feitas as intimações pela publicação dos atos no órgão oficial (art. 272), mas onde não houver órgão (jornal) oficial ou conveniado, incumbidos de publicar os atos do Judiciário, as intimações serão feitas aos advogados das partes, pessoalmente (se domiciliados na sede do juízo) ou por carta registrada (se domiciliados fora do juízo).

Lembre-se de que caso as partes e o juiz tenham formalizado um calendário para a prática dos atos processuais (art. 191), as intimações serão dispensadas, eis que a convenção quanto aos prazos presume que todos estão previamente cientes das datas designadas no calendário.

JURISPRUDÊNCIA TEMÁTICA

Intimação pessoal da Fazenda Pública: ausência de violação ao art. 183 quando o ente público deixa de realizar o cadastramento no sistema de intimação eletrônica do STJ. Validade da intimação por publicação em *DJe*

"De acordo com a jurisprudência do STJ, não há ofensa à prerrogativa de intimação pessoal prevista no art. 183 do CPC, quando o ente público deixa de realizar o necessário cadastramento do Sistema de Intimação Eletrônica do Superior Tribunal de Justiça, nos termos do art. 1.050 do CPC, sendo válida a intimação por meio da publicação no *Diário de Justiça Eletrônico*. Nos autos da AR 6.502/CE, *DJe* 05.08.2020, a Ministra Assusete Magalhães consignou que: '(...) em se tratando de processo eletrônico, prevê o § 6º do art. 5º da Lei nº 11.419/2006 que as intimações feitas por meio eletrônico aos devida e previamente cadastrados, inclusive da Fazenda Pública, serão consideradas pessoais para todos os efeitos legais. Outrossim, observa-se que o Município deveria ter realizado o cadastro para recebimento de intimações por meio do Portal de Intimação Eletrônica do Superior Tribunal de Justiça, nos moldes do que consta no Edital de Convocação para Cadastramento de Órgãos Públicos publicado pela Presidência do Superior Tribunal de Justiça, em 04.08.2016, na Edição nº 2024 do *Diário da Justiça Eletrônico – DJe*.' Desse modo, considerando-se que o Município deixou de realizar o necessário cadastramento para recebimento das intimações eletrônicas por esta Corte Superior, não se verifica nulidade processual" (STJ, AR 6.503/CE, Rel. Min. Og Fernandes, 1ª Seção, j. 27.10.2021).

13. NULIDADES

Como todo ato jurídico, o ato processual tem como requisitos a capacidade do agente, a licitude do objeto e a forma prescrita ou não defesa em lei.

A capacidade do agente refere-se aos pressupostos subjetivos necessários à validade do ato processual e, consequentemente, à validade da relação processual. Para ser válido, mister que a parte tenha capacidade processual e esteja representada por advogado, se o ato foi por ela praticado; tratando-se de ato do juiz, indispensável é a competência.

Quanto à licitude do objeto visado pelo ato processual, o Código, nos arts. 139, III, e 142, sem se referir expressamente à nulidade, prevê medidas para reprimir os atos ilícitos da perspectiva processual, notadamente os atos atentatórios à dignidade da justiça. Deixamos, pois, de analisar a nulidade sob esse prisma.

A incidência de nulidade é mais presente quando se trata de defeito de forma, tanto que na sistematização do tema (arts. 276 a 283) visou, sobretudo, ao vício decorrente desse aspecto do ato. Forma aqui compreendida num sentido amplo, o que inclui os requisitos do ato processual. Como já dissemos, a forma é livre, havendo, contudo, exigência do preenchimento dos requisitos legais. É evidente que não se excluem os vícios decorrentes de outros motivos, por exemplo, a incapacidade processual ou a irregularidade da representação do autor (art. 76).

13.1 Os diversos planos dos fatos jurídicos: existência, validade e eficácia

O mundo jurídico é dividido, conforme doutrina de Marcos Bernardes de Mello,[37] em três planos: o plano da existência, o plano da validade e o da eficácia.

O plano da existência é onde inicia a caminhada do fato do mundo (da vida) para existir como fato jurídico. Para tanto, deve-se aferir a presença dos requisitos mínimos indispensáveis à incidência da norma jurídica. Aqui, não se fala em nulidade, haja vista que ela só está presente no plano da validade, o qual, por sua vez, pressupõe a existência do fato jurídico. Destarte, nesse plano, em caso de defeitos, o ato será inexistente, não nulo.

O plano da validade, a seu turno, apresenta-se como segunda etapa a ser percorrida pelos fatos da vida. Isto é, uma vez presentes os requisitos mínimos indispensáveis à incidência da norma jurídica, aquele fato da vida se transporta para o plano da existência, sendo denominado de fato jurídico. Depois desse momento inicial, verifica-se se o principal suporte fático do fato jurídico é a vontade humana (ato jurídico em sentido estrito e negócios jurídicos). Em caso afirmativo, o fato jurídico se transporta para o plano da validade. Nele, sim, se houver algum defeito, falaremos em nulidade.

Por fim, vê-se a travessia dos fatos jurídicos ao plano da eficácia. Nele só estarão aqueles fatos jurídicos que, além de válidos, produzem seus efeitos, isto é, que estejam aptos a criar situações jurídicas (criando ou extinguindo direitos e deveres, pretensões e obrigações, ações e exceções).

13.2 Nulidade absoluta e nulidade relativa

Difícil é estabelecer a distinção entre nulidade absoluta e nulidade relativa.

O que se percebe é que **a nulidade absoluta é estabelecida em razão do exclusivo interesse público**. A distribuição da competência em razão da matéria e das pessoas (competência absoluta), por exemplo, leva em conta apenas interesse da jurisdição e não eventual comodidade dos litigantes, como ocorre com a competência territorial. O mesmo ocorre com determinados princípios, como a imparcialidade do juiz (impedimento) e o contraditório, cuja infringência a lei não tolera. Usualmente, também se denomina esse tipo de nulidade de "insanável" ou

---

[37] MELLO, Marcos Bernardes de. *Teoria do fato jurídico (plano da existência)*. 8. ed. São Paulo: Saraiva, 1998, e *Teoria do fato jurídico (plano da validade)*. 2. ed. São Paulo: Saraiva, 1997.

"cominada", afirmando-se, como suas características principais, a possibilidade de ser decretada *ex officio* e a qualquer tempo. Destaca-se, todavia, a crítica feita por Aroldo Plínio Gonçalves à expressão "nulidade insanável". Segundo o autor, o que é insanável ou não é apenas o vício do ato, não a nulidade.[38]

Na nulidade relativa, além do interesse público, verifica-se que o objetivo maior do disciplinamento é tutelar interesse privado. A publicação dos atos processuais pela imprensa deve conter, dentre outros dados, o nome do advogado. A norma visa, sobretudo, assegurar o real conhecimento do ato pela parte ou seu advogado. Se a despeito de eventual vício o advogado toma conhecimento da intimação e pratica o ato que lhe competia, a nulidade fica sanada. A nulidade relativa pode também ser encontrada sob a alcunha de nulidade "não cominada" ou "sanável" e, diferentemente da absoluta, não pode ser decretada de ofício pelo juiz, exigindo sempre provocação da parte no momento adequado. Aqui, também se aplica a mesma crítica de Aroldo Plínio Gonçalves à nomenclatura "nulidade sanável"; o que é sanável é o vício, não a nulidade.

Conforme se vê, as distinções entre nulidade absoluta e relativa não se encontram nos efeitos que sua declaração produz, tampouco no grau ou da gravidade do vício. As principais diferenças, frisa-se, encontram-se na legitimação do sujeito processual que poderá argui-la, bem como no momento processual em que poderá ser feita essa alegação.[39] E, lembre-se, em qualquer hipótese, **a invalidação do ato sempre dependerá da decretação da nulidade por parte do juiz, não havendo que se falar, portanto, que os atos perdem sua validade de forma automática.**

13.3 Sistema de nulidades no CPC

13.3.1 *Considerações gerais*

O princípio prevalente no Direito Processual é o da **instrumentalidade das formas e dos atos processuais**. Todavia, tal princípio não é absoluto, uma vez que se subordina aos princípios da finalidade e da ausência de prejuízo. Isso porque, se o ato praticado de forma irregular não atingir o fim a que se destina ou causar prejuízo,[40] inócuo será o princípio da instrumentalidade das formas.

Esse princípio viabiliza a possibilidade de considerar válido ato praticado de forma diferente da prescrita em lei, desde que atinja ele seu objetivo (art. 276). Nem mesmo as nulidades absolutas escapam da aplicação desse princípio. A inobservância das prescrições legais à citação e à intimação dá causa à nulidade absoluta, insanável, portanto (art. 280). Todavia, se o réu comparece e contesta, não se declara a nulidade, porquanto o ato atingiu sua finalidade.

Não havendo prejuízo para a parte, não há nulidade (art. 282, § 1º).[41] Em certas hipóteses em que a lei prescreve nulidade absoluta para o ato defeituoso, mesmo não havendo alegação, o prejuízo é presumido, para a parte ou para a jurisdição. É o que ocorre com a decisão proferida por juiz impedido, que não se compatibiliza com o princípio da imparcialidade da jurisdição,

---

[38] GONÇALVES, Aroldo Plínio. *Nulidades no processo*. Rio de Janeiro: Aide, 1993. p. 89.

[39] GONÇALVES, Aroldo Plínio. *Nulidades no processo*. Rio de Janeiro: Aide, 1993. p. 51.

[40] Para Aroldo Plínio Gonçalves, "Finalidade e prejuízo são conceitos muito próximos, que se entrelaçam. A Finalidade do ato processual é de construir o procedimento válido para que se possa ser, validamente, emanado o provimento [...]. O prejuízo processual é o entrave que impossibilita a participação das partes na medida em que o modelo normativo do processo a permite (prejuízo como dano aos objetivos do contraditório)" (*Nulidades no processo*. Rio de Janeiro: Aide, 1993. p. 61-62).

[41] No sistema de nulidades vigora o princípio pas de nullité sans grief (não há nulidade sem prejuízo).

que pode ser arguida em qualquer tempo e grau de jurisdição e até em ação rescisória. É o que ocorre também com a sentença proferida por juiz absolutamente incompetente.

Também não se decreta a nulidade quando o juiz puder decidir o mérito a favor da parte a quem aproveita a decretação (art. 282, § 2º). Aplicam-se a essa hipótese as ressalvas acerca do juiz impedido e absolutamente incompetente.

A nulidade só pode ser decretada a requerimento da parte prejudicada e nunca por aquela que foi a sua causadora (art. 276). O autor que, numa ação sobre direito real imobiliário, não promoveu a citação da mulher do réu e perdeu a demanda, não pode invocar a nulidade.

13.3.2 Momento de arguição da nulidade

A **nulidade relativa** deve ser arguida na **primeira oportunidade em que a parte falar nos autos,** sob pena de preclusão, salvo se demonstrado justo impedimento (art. 278).

A **nulidade absoluta** pode ser arguida **em qualquer fase do processo, podendo também ser reconhecida de ofício pelo juiz** (art. 278, parágrafo único). Em alguns casos, em razão da falta de prejuízo ou porque a decisão de mérito pode ser favorável à parte interessada, não se decreta a nulidade, nem mesmo a absoluta. É o que ocorre, por exemplo, no caso em que o magistrado, mesmo podendo decretar *ex officio* o vício de citação, nada menciona em um primeiro momento e, posteriormente, o réu apresenta resposta. Nessa situação hipotética, haverá preclusão para o juiz e não será decretada a nulidade do ato citatório, tampouco do processo.

13.3.3 Decretação da nulidade e seus efeitos

Ao contrário do que ocorre no direito material, no processo não existe nulidade de pleno direito. **A nulidade deve ser sempre declarada**. Até então o ato gera seus efeitos normais. Se não declarada, a nulidade pode envolver-se na definitividade da coisa julgada, que sana todas as irregularidades, exceto as decorrentes do impedimento, da incompetência absoluta, da não intimação do Ministério Público e da citação irregular não suprida, dentre outras, que podem ser arguidas em embargos à execução, em impugnação ao cumprimento de sentença e em ação rescisória.

Diante de um vício no ato processual, o juiz deverá sempre verificar a viabilidade de retificação, tomando as medidas necessárias para tanto. Todavia, caso conclua pela impossibilidade de saneamento, a declaração da nulidade será inevitável.

Dessa maneira, **caso o magistrado conclua pela decretação da nulidade, deverá ele declarar os atos atingidos e ordenar as providências necessárias a fim de que sejam repetidos ou retificados** (art. 282). No caso de impedimento do juiz, todo o processo é contaminado com a presumível falta de imparcialidade. A nulidade é total.

Constitui sentença o ato que anula todo o processo e decisão interlocutória ou que se limita a invalidar determinado ato processual. Na primeira hipótese, o recurso cabível é a apelação e, na segunda, agravo de instrumento.

Em razão do encadeamento dos atos processuais, anulado um ato, reputam-se de nenhum efeito todos os subsequentes que dele dependam (art. 281). A consequência da nulidade está, então, no plano de eficácia. Ocorre, todavia, de os atos serem independentes, hipótese em que a nulidade de um não compromete o outro. Por exemplo, reconhecido o cerceamento de defesa em razão da negativa de se ouvir uma testemunha, a consequência será a nulidade do ato de recusa ou da sentença, se já tiver ocorrido o julgamento, não comprometendo o restante da audiência.

O erro de forma acarreta a anulação somente dos atos que não possam ser aproveitados (art. 283). Assim, desde que não haja prejuízo para a defesa de qualquer parte, a regra é aproveitar todos os atos processuais.

13.3.4 Nulidade na hipótese de não intervenção do Ministério Público

Conforme tratamos no Capítulo 11, o que enseja a nulidade nas ações em que há obrigatoriedade de intervenção do Ministério Público é a ausência de intimação do seu representante, e não a ausência de manifestação.

Mesmo quando o processo tenha tramitado sem conhecimento do membro do Ministério Público, antes de declarar a nulidade, deve o juiz intimar o órgão, que irá se manifestar sobre a existência ou não de prejuízo (art. 279, § 2º). Colhida a manifestação do Ministério Público, o juiz analisará a questão relativa à invalidação dos atos praticados a partir do momento em que ele deveria ter sido intimado (art. 279, § 1º).

JURISPRUDÊNCIA TEMÁTICA

Nulidade processual: caso em que a mera informação de digitalização foi utilizada para dar ciência sobre os demais atos do processo

"A comunicação dirigida às partes para informar que o processo foi digitalizado, transferindo-se do meio físico para o digital, não pode ser considerada, para fins do disposto no art. 278, do CPC, como a primeira oportunidade em que couber à parte falar nos autos, sob pena de preclusão" (STJ, 1ª Turma. REsp 2.001.562/SC, Rel. Min. Gurgel de Faria, j. 14.05.2024).

Nulidade por alternância do meio de intimação

"É nula a modificação ou alternância do meio de intimação eletrônica (Portal ou Diário eletrônico) pelos Tribunais, durante a tramitação processual, sem aviso prévio, causando prejuízo às partes" (STJ, 4ª Turma, REsp 2.018.319/RJ, Rel. Min. João Otávio de Noronha, j. 20.02.2024).

Nulidades: mitigação dos efeitos em razão da ausência de prejuízo

"Recurso especial. Ação rescisória. Violação. Lei federal. Princípio da justa indenização. Citação dos réus. Comparecimento espontâneo.

1. A hipótese de cabimento do recurso especial estabelecida na alínea 'a' do inciso III do art. 105 da Constituição Federal não permite o revolvimento de fatos e provas apresentados pela recorrente. Súmula nº 7/STJ.

2. O conhecimento do recurso especial fundado na alínea 'c' do permissivo constitucional pressupõe a coincidência das teses discutidas, porém, com resultados distintos.

3. O comparecimento espontâneo do réu, na forma do disposto no § 1º do art. 214 do Código de Processo Civil,[42] supre a falta de citação, ainda que o advogado que comparece e apresenta contestação tenha procuração com poderes apenas para o foro em geral, desde que de tal ato não resulte nenhum prejuízo à parte ré.

4. O sistema processual pátrio é informado pelo princípio da instrumentalidade das formas, que, no ramo do processo civil, tem expressão no art. 244 do CPC.[43] Assim, é manifesto que a decretação da nulidade do ato processual pressupõe o não atingimento de sua finalidade ou a existência de prejuízo manifesto à parte advindo de sua prática.

---

[42] Corresponde ao art. 239, § 1º, do CPC/2015.
[43] Corresponde ao art. 277 do CPC/2015.

5. Recursos especiais parcialmente conhecidos e, nessa parte, não providos" (STJ, REsp 772.648/PR, 2ª Turma, Rel. Min. João Otávio de Noronha, j. 06.12.2005).

"Direito Processual Civil. Assistência judiciária gratuita. Impugnação do benefício nos autos do processo principal. Ausência de nulidade. Não demonstração de prejuízo.

Não enseja nulidade o processamento da impugnação à concessão do benefício de assistência judiciária gratuita nos autos do processo principal, se não acarretar prejuízo à parte. A Lei nº 1.060/1950, ao regular as normas acerca da concessão da assistência judiciária gratuita, determina que a impugnação à concessão do benefício seja processada em autos apartados, de forma a evitar tumulto processual no feito principal e resguardar o amplo acesso ao Poder Judiciário, com o exercício da ampla defesa e produção probatória, conforme previsto nos arts. 4º, § 2º, e 6º e 7º, parágrafo único, do referido diploma legal. Entretanto, o processamento incorreto da impugnação nos mesmos autos do processo principal deve ser considerado mera irregularidade. Conforme o princípio da instrumentalidade das formas e dos atos processuais, consagrado no *caput* do art. 244 do CPC, quando a lei prescreve determinada forma sem cominação de nulidade, o juiz deve considerar válido o ato se, realizado de outro modo, alcançar sua finalidade. Assim, a parte interessada deveria arguir a nulidade e demonstrar a ocorrência concreta de prejuízo, por exemplo, eventual falta do exercício do contraditório e da ampla defesa. O erro formal no procedimento, se não causar prejuízo às partes, não justifica a anulação do ato impugnado, até mesmo em observância ao princípio da economia processual. Ademais, por ser relativa a presunção de pobreza a que se refere o art. 4º da Lei nº 1.060/1950, o próprio magistrado, ao se deparar com as provas dos autos, pode, de ofício, revogar o benefício". Precedente citado: REsp 494.867/AM, *DJ* 29.09.2003 (REsp 1.286.262/ES, Rel. Min. Paulo de Tarso Sanseverino, j. 18.12.2012).

Acolhimento de impugnação ao valor da causa em momento posterior ao julgamento do mérito não gera nulidade do processo

"A prolação da decisão de acolhimento da impugnação do valor da causa em momento posterior à decisão que julgara o mérito da causa principal constitui mera irregularidade, não gerando prejuízo suficiente para decretação da nulidade do processo. Considerando o princípio da instrumentalidade, o recolhimento posterior das custas atinge seu objetivo, sem que para tanto seja necessária a decretação da nulidade do ato. Não se vislumbra prejuízo suficiente para a parte atingida pela irregularidade, pois o recolhimento das custas pode se dar de forma posterior, tendo por norte o fato de que o princípio da instrumentalidade das formas anda sempre de mãos dadas com o princípio da primazia da resolução de mérito" (STJ, AgInt no REsp 1.667.308-SP, Rel. Min. Paulo de Tarso Sanseverino, Terceira Turma, por unanimidade, j. em 30.03.2020, *DJe* 01.04.2020).

Quadro esquemático 26 – Atos processuais

Atos Processuais

- **Conceito**: ato processual tem por fim instaurar, desenvolver, modificar ou extinguir a relação jurídico-processual. É espécie do gênero ato jurídico.

- **Classificação dos atos processuais**
  - Atos das partes: praticados por autor, réu, terceiros intervenientes e pelo Ministério Público.
  - Atos do juiz
    - Sentença
    - Decisões interlocutórias
    - Despachos
  - Atos do escrivão
    - Atos de documentação
    - Atuação de processos
  - Forma dos atos processuais
    - Solenes
    - Não solenes

- Os atos processuais podem ser produzidos, comunicados, armazenados e validados por meio eletrônico (art. 193, CPC/2015);
- Em geral, os atos são públicos. Exceção: processos que tramitem em segredo de justiça (art. 189, CPC/2015);
- As partes e o juiz podem, de comum acordo, fixar calendário para a prática dos atos processuais (art. 191, CPC/2015).
- Em todos os atos e termos do processo é obrigatório o uso da língua portuguesa.

- **Tempo e lugar dos atos processuais**
  - Em regra, os atos processuais realizar-se-ão em dias úteis, das 6h às 20h (art. 212, CPC/2015).
  - Horário para a prática de ato processual ≠ horário de expediente forense.
  - Os atos processuais realizam-se, de ordinário, na sede do juízo, podendo, no entanto, realizar-se em outro lugar, em razão de deferência, de interesse da justiça, da natureza do ato ou de obstáculo arguido pelo interessado e acolhido pelo juiz (art. 217, CPC/2015).
  - Os atos praticados no fórum devem respeitar o expediente forense. Os atos externos devem observar o horário das 6 às 20h.
  - Os atos do processo eletrônico podem ser praticados a qualquer horário.

- **Atos processuais que podem ser praticados nas férias e feriados (art. 214, CPC/2015)**
  - Realização de citações, intimações, penhoras e a apreciação de pedidos de tutelas de urgência.
  - Nas férias individuais de juízes e desembargadores, os atos serão praticados pelos substitutos.
  - Durante as férias coletivas dos tribunais superiores não se conta prazo.
  - Nos juízos de primeiro e segundo grau, fluem normalmente.

- **Atos que podem ser praticados e causas que correm durante as férias (art. 215, CPC/2015)**
  - Atos de jurisdição voluntária e atos necessários à conservação de direitos.
  - A ação de alimentos e os processos de nomeação ou remoção de tutor e curador.
  - Os processos que a lei determinar. Ex.: despejo, consignação em pagamento de aluguel e acessórios da locação, revisionais e aluguel e renovatórias de locação.

- No período de 20 de dezembro a 20 de janeiro, todos os prazos processuais serão suspensos, inclusive os que estiverem em curso nos processos mencionados nos incisos I a III do art. 215 (art. 220, CPC/2015).
- O CPC/2015 equipara aos feriados, para efeito forense, os sábados, os domingos e os dias em que não haja expediente forense (art. 216, CPC/2015).

Atos Processuais — Prazos

Conceito: lapso de tempo em que o ato processual pode ser validamente praticado.

Classificação
- Quanto à origem, os prazos podem ser legais ou judiciais.
- Com relação às consequências processuais, os prazos subdividem-se em próprios e impróprios.
- Quanto à possibilidade de dilação, os prazos podem ser dilatórios ou peremptórios.
- Quanto à exclusividade, podem ser particulares ou comuns.
- Quanto à forma de contagem, podem ser em minutos, horas, dias, meses e anos.

Contagem dos prazos: computam-se apenas os dias úteis (art. 219, CPC/2015)

Termo inicial dos prazos
- O termo inicial deve levar em consideração as regras dispostas nos incisos do art. 231, CPC/2015;
- Havendo mais de um intimado, o prazo para cada um é contado individualmente (art. 231, § 2º, CPC/2015);
- Salvo disposição em contrário, os prazos serão contados excluindo o dia do começo e incluindo o dia do vencimento (art. 224, CPC/2015);
- Ato que deva ser praticado pela própria parte: se para a prática do ato não bastar a cientificação do advogado ou de outro representante judicial, o dia do começo do prazo corresponderá à data da efetiva comunicação feita às partes.

Termo final dos prazos
- Se cair em dia não útil, considera-se prorrogado o prazo até o primeiro dia útil.
- Se o expediente forense for encerrado antes ou iniciado depois da hora normal ou se houver interrupção da comunicação eletrônica, os dias do começo e do vencimento também serão protraídos para o primeiro dia útil seguinte (art. 224, § 1º).

Regras especiais
- Litisconsortes com procuradores distintos e que não pertençam ao mesmo escritório de advocacia: prazo em dobro para todas as manifestações processuais. Exceção: processo em autos eletrônicos (art. 229, CPC/2015).
- Processo com mais de um réu: o dia do começo do prazo para contestar (15 dias) corresponde à última das datas a que se referem os incisos I a IV do art. 231.
- Ato que deva ser praticado pela própria parte: se para a prática não bastar a cientificação do advogado, o começo do prazo será da data da efetiva comunicação feita às partes.

Atos Processuais

- **Prazos**
  - **Prazos para o Ministério Público, Fazenda Pública e Defensoria Pública**: Contados em dobro, qualquer que seja o teor da manifestação (arts. 180, 183 e 186).
  - **Preclusão**:
    - Temporal: ocorre quando a parte deixa de praticar ato no tempo devido (art. 223, CPC/2015).
    - Lógica: decorre da incompatibilidade entre o ato praticado e outro que se queira praticar também (art. 1.000, CPC/2015).
    - Consumativa: origina-se do fato de ter praticado o ato, não importa se bem ou mal.
    - * Preclusão para os atos do juiz (*pro iudicato*): só existe em alguns casos quanto à preclusão consumativa e lógica.
    - * A preclusão será afastada quando a parte provar que deixou de realizar o ato por justa causa.
    - * A preclusão não ocorre com relação aos despachos.

- **Citação**
  - **Conceito**: ato pelo qual se convoca a juízo o réu, o executado ou o interessado, para integrar a relação jurídica processual (art. 238, CPC/2015).
  - **Modalidades**
    - Real:
      - por meio eletrônico;
      - pelo correio;
      - por oficial de justiça;
      - pela Secretaria do juízo.
    - Ficta:
      - por edital;
      - por hora certa.
  - **Efeitos**:
    - Induz litispendência;
    - Torna litigiosa a coisa;
    - Constitui em mora o devedor;
    - Interrompe a prescrição (nesse caso, não é propriamente a citação, mas o despacho que a determina).

Intimação: é o ato pelo qual se dá ciência a alguém dos atos e termos do processo (art. 269, CPC/2015). Será realizada preferencialmente por meio eletrônico, observadas as prescrições da Lei nº 11.419/2006.

- **Os diversos planos dos fatos jurídicos**
  - Plano da existência;
  - Plano da validade;
  - Plano da eficácia.

- **Nulidades**
  - **Espécies**
    - Absoluta: estabelecida em razão do exclusivo interesse público. Pode ser arguida em qualquer fase do processo e reconhecida de ofício pelo juiz (art. 278, parágrafo único).
    - Relativa: o objetivo maior do disciplinamento é tutelar interesse privado. Deve ser arguida na primeira oportunidade em que couber à parte falar nos autos, sob pena de preclusão (art. 278, CPC/2015).

- **Sistemas de nulidades no CPC**
  - Instrumentalidade das formas: considera-se válido ato praticado de forma diferente da prescrita em lei, desde que o sistema de nulidades atinja o objetivo. Esse princípio sujeita-se aos princípios da finalidade e da ausência de prejuízo.
  - Não havendo prejuízo, não se declara a nulidade.
  - Também não se decreta a nulidade quando o juiz puder decidir o mérito a favor da parte a quem aproveita a declaração.
  - A nulidade só pode ser decretada a requerimento da parte prejudicada e nunca por aquela que a causou.
  - No processo a nulidade deve ser sempre declarada.

Anexo

Tabela dos principais prazos no Código de Processo Civil

Lembrete: Somente os prazos processuais fixados em dias são contados na forma do art. 219 do CPC/2015, ou seja, levando-se em consideração apenas os dias úteis. Prazos fixados em meses e horas, ainda que processuais, não observam a regra do art. 219.

Os prazos indicados na tabela são especialmente destinados ao advogado e às partes.

ASSUNTO	PRAZO LEGAL	REFERÊNCIA LEGISLATIVA E OBSERVAÇÕES
Prazos em geral	48 horas	Prazo para comparecimento de atores do processo quando o juiz não fixa prazo específico (art. 218, § 2º).
Prazos em geral	5 dias	Prazo que a parte dispõe para a prática de ato processual quando não há fixação legal ou judicial (art. 218, § 3º). **Contagem em dias úteis.**
Deveres do advogado	10 dias	Período que o advogado precisa permanecer respondendo pela causa após eventual renúncia, se necessário, para evitar prejuízo ao ex-cliente (art. 112, § 1º, CPC e art. 5º § 3º, EOAB). Se houver substituição antes desse prazo ou se permanecer outro advogado atuando, não há necessidade de o advogado observar esse prazo.
Deveres do advogado	3 dias	Prazo que o advogado dispõe para devolver os autos após intimação judicial para tal providência (art. 234), sob pena de perder o direito de vista fora da Secretaria, além de multa e responsabilidade disciplinar.
Direitos do advogado	2 a 6 horas	Período que o advogado dispõe para retirada dos autos em Secretaria, para extração de cópia, caso o prazo seja comum às partes. Não depende de qualquer autorização ou prévio ajuste com outros advogados.
Direitos do advogado	5 dias	Período que o advogado dispõe, como procurador, para permanecer com vista dos autos de qualquer processo (art. 107, II).
Procuração	15 dias	Prazo que o advogado dispõe para exibir a procuração caso tenha postulado sem habilitação (art. 104). **Prazo contado em dias úteis e que pode ser prorrogado.**
Gratuidade	15 dias	Prazo para impugnar a gratuidade quando não for o caso de apresentar a manifestação na própria contestação, réplica ou contrarrazões. Ocorrerá nos casos de pedido superveniente ou formulado por terceiro. Nessa hipótese, atravessa-se petição simples em 15 dias a contar da intimação do deferimento do pedido de gratuidade (art. 100). **Contagem em dias úteis, por se tratar de prazo processual**.

ASSUNTO	PRAZO LEGAL	REFERÊNCIA LEGISLATIVA E OBSERVAÇÕES
Gratuidade	5 dias	Prazo para recolhimento das custas processuais após o recurso contra o indeferimento da gratuidade não ter sido provido (art. 101, § 2º). **Prazo contado em dias úteis.**
Manifestação sobre proposta de acordo	5 dias	Prazo disponível para manifestação sobre proposta de acordo ofertada pela parte contrária e certificada no mandado pelo oficial de justiça (art. 154, parágrafo único; art. 157, parágrafo único). Obs.: aqui não vale a regra "quem cala, consente", pois o silêncio importa recusa à proposta. **Prazo contado em dias úteis.**
Impedimento e suspeição	15 dias	Prazo para alegar o impedimento ou a suspeição. Consta-se da data do conhecimento do fato gerador da suposta causa de parcialidade (art. 146). **Contagem em dias úteis.**
Petição inicial	15 dias	Prazo para a emenda da petição inicial quando ela não preenche os requisitos legais (art. 321). Esse mesmo prazo é observado na emenda da petição inicial de execução (art. 801), aplicável também ao cumprimento de sentença. **Em todos os casos a contagem ocorre em dias úteis.**
Petição inicial	15 dias	Prazo para a manifestação do réu caso o autor, até antes do saneamento, promova o aditamento da inicial ou a alteração do pedido ou da causa de pedir (art. 329, II). **Contagem em dias úteis.**
Petição inicial	5 dias	Prazo que o advogado dispõe para emendar a petição caso não tenha indicado seu endereço e número de inscrição na OAB, sob pena de indeferimento (art. 108, § 1º). **Contagem em dias úteis.**
Petição inicial	15 dias	Prazo para o recolhimento das custas iniciais, sob pena de cancelamento da distribuição (art. 290). **Contagem em dias úteis.**
Tutela provisória	30 dias	Prazo para a formulação do pedido principal após a efetivação da tutela cautelar requerida em caráter antecedente (art. 308). **Contagem em dias úteis (STJ).**
Tutela provisória	5 dias	Prazo para a emenda da inicial caso tenha sido requerida tutela antecipada em caráter antecedente, mas esta não tenha sido deferida (art. 303, § 6º). **Contagem em dias úteis.**
Tutela provisória	5 dias	Prazo para o réu contestar pedido de tutela cautelar requerida em caráter antecedente (art. 306). **Contagem em dias úteis.**
Tutela provisória	15 dias	Prazo que o autor dispõe para aditar a petição inicial caso tenha requerido a tutela antecipada em caráter antecedente (art. 303, § 1º). **Contagem em dias úteis.**
Tutela provisória	5 dias	Prazo para que o beneficiário da tutela de urgência providencie meios para a citação da parte adversa, após o deferimento da medida em caráter liminar (art. 302, II, CPC). **Contagem em dias úteis.**
Contestação	15 dias	Prazo para a contestação (observar que o termo inicial pode ser diferenciado – art. 335). Lembre-se que a reconvenção deve ser proposta no mesmo prazo. **Contagem em dias úteis.**
Contestação	15 dias	Prazo para réplica à contestação (arts. 350 e 351). **Contagem em dias úteis.**
Reconvenção	15 dias	Prazo para resposta à reconvenção (art. 343, § 1º). **Contagem em dias úteis.**
Ilegitimidade	15 dias	Prazo que o autor dispõe para substituir o réu caso este alegue a sua ilegitimidade passiva (arts. 338 e 339). **Contagem em dias úteis.**
Intervenção de terceiros	15 dias	Prazo para impugnar eventual pedido de assistência (art. 120). **Contagem em dias úteis.**
Intervenção de terceiros	15 dias	Prazo para o sócio ou a pessoa jurídica contestar o incidente de desconsideração da personalidade jurídica (art. 135). **Contagem em dias úteis.**

Parte I – Cap. 12 – Anexo – Tabela dos principais prazos no Código de Processo Civil | **449**

ASSUNTO	PRAZO LEGAL	REFERÊNCIA LEGISLATIVA E OBSERVAÇÕES
Arguição de falsidade	15 dias	Prazo para arguir a falsidade documental, caso não tenha sido feita na contestação ou réplica (ou seja, se o documento for juntado após esses atos processuais, conta-se 15 dias a partir da juntada do documento aos autos) (art. 430). Esse também é o prazo que o juiz concederá para a oitiva da parte contrária antes de determinar a realização da perícia (art. 432). **Em todos os casos a contagem ocorre em dias úteis.**
Audiência de conciliação/mediação	20 dias	Antecedência mínima a ser observada para a citação do réu para a audiência do art. 334. Ou seja, entre a citação e a realização da audiência deve haver um intervalo mínimo de 20 dias. A doutrina entende que se a ré for a Fazenda Pública ou outro ente que goze de prazo diferenciado, o intervalo será duplicado (40 dias). Nesse sentido: André Roque, Zulmar Duarte e Gajardoni. **Atenção:** nas ações de família esse prazo regressivo é de 15 dias, conforme § 2º do art. 695.
Audiência de conciliação/mediação	30 dias	Antecedência mínima a ser observada para a designação de audiência de conciliação/mediação.
Saneamento	5 dias	Prazo para requerer esclarecimentos ou ajustes sobre a decisão de saneamento (art. 357, § 1º). **Contagem em dias úteis.**
Prova testemunhal	3 dias	Prazo que o advogado dispõe para juntar aos autos os avisos de recebimento relacionado às intimações das testemunhas por ele arroladas. Esse prazo antecede a audiência, ou seja, o A.R. deve ser juntado, no mínimo, 3 dias antes do ato (art. 455, § 1º).
Prova pericial	15 dias	Após a intimação sobre a nomeação de perito, a parte dispõe de 15 dias para arguir o impedimento ou a suspeição do profissional, bem como para indicar assistente técnico (se quiser) e apresentar quesitos (art. 465, § 1º). **Contagem em dias úteis.**
Prova pericial	15 dias	Sobre a perícia as partes dispõem do prazo de 15 dias para se manifestarem. Esse também é o prazo que o perito possui para prestar eventuais esclarecimentos solicitados pelo juiz ou pelas partes (art. 477, §§ 1º e 2º). **Contagem em dias úteis.** **Atenção:** se mesmo com os esclarecimentos por escrito ainda houver necessidade de o perito comparecer à audiência de instrução, o juiz deve intimá-lo com antecedência mínima de 10 dias da data do referido ato processual (art. 477, § 4º).
Exibição de documentos	5 dias ou 15 dias	O primeiro se refere ao prazo que o requerido possui para responder à ação/pedido de exibição de documentos (art. 398). Quando o documento estiver em poder de terceiro, este será citado e o prazo para responder será de 15 dias (art. 401). **Contagem apenas em dias úteis.** **Cuidado:** quando o terceiro se recusar a exibir o documento, o juiz ordenará o depósito em cartório, no prazo de 5 dias (art. 403).
Audiência de instrução	15 dias	Prazo máximo para apresentação do rol de testemunhas caso seja designada audiência de instrução (art. 357, § 4º). **Prazo contado em dias úteis.**
Audiência de instrução	20 min + 10 min ou 15 dias	Prazo para alegações finais. Em regra: orais, com 20 minutos para cada parte, prorrogável por mais 10. Caso haja complexidade, os memoriais orais serão substituídos por alegações escritas, que deverão ser apresentadas em 15 dias **(prazo sucessivo e com contagem em dias úteis).** **Atenção:** na ação rescisória o prazo é de 10 dias (art. 973, CPC). **Contagem apenas em dias úteis.**
Recursos	15 dias	Prazo para todos os recursos (e contrarrazões), com exceção dos embargos de declaração, que é de cinco dias (art. 1.003, § 5º; art. 1.023). **Contagem apenas em dias úteis.**

ASSUNTO	PRAZO LEGAL	REFERÊNCIA LEGISLATIVA E OBSERVAÇÕES
Recursos	5 dias	Se o pedido de gratuidade judiciária for formalizado apenas na fase recursal, o recorrente não precisa juntar, com as razões do recurso, as despesas com o preparo. Somente se o pedido for indeferido é que o relator exigirá o preparo, fixando prazo de cinco dias para o recolhimento, sob pena de deserção (art. 99, § 7º). Outra situação é a do art. 1.007 do CPC. O preparo é pressuposto processual extrínseco que deverá ser comprovado no momento da interposição do recurso (art. 1.007, caput, CPC/2015). Caso o valor do preparo seja insuficiente, o relator concederá ao recorrente a oportunidade para, no prazo de cinco dias, supri-lo, sob pena de deserção (art. 1.007, § 2º, CPC/2015). Para quem deixa de recolher, o CPC ainda permite que se faça o recolhimento posterior, mas em DOBRO. **Em todos os casos a contagem observará apenas os dias úteis.**
Recursos	3 dias	Prazo para o advogado juntar aos autos originais as peças do agravo de instrumento (art. 1.018, § 2º, CPC). **Contagem em dias úteis.** **Atenção:** para a 3ª Turma do STJ, quando houver tramitação eletrônica do feito em primeira e segunda instância, o agravante não terá de requerer a juntada da cópia da petição do agravo de instrumento, do comprovante de sua interposição e da relação dos documentos que o instruem, bastando comunicar o fato ao juiz da causa (REsp 1.708.609).
Processos nos Tribunais	15 minutos	Prazo para sustentação oral (art. 937). **Atenção:** trata-se de prazo improrrogável. No IRDR a sustentação deve ser feita em 30 minutos (art. 984).
Reclamação	15 dias	Prazo para o beneficiário da decisão impugnada apresentar contestação (art. 989). **Contagem em dias úteis.**
Extinção do processo	5 dias	Antes de extinguir o processo por abandono da causa pelo autor ou por negligência das partes, deve o juiz intimar o interessado para suprir a falta em 5 dias (art. 485, § 1º). **Contagem em dias úteis.**
Liquidação de sentença	15 dias	Prazo para contestar o pedido de liquidação de sentença (art. 511). **Contagem em dias úteis.**
Execução de obrigação de fazer	10 dias; 15 dias; 5 dias	Quando o objeto da execução for obrigação de fazer, o executado será citado para satisfazê-la no prazo que o juiz lhe designar (ou seja, o prazo é JUDICIAL). Realizada a prestação, o juiz ouvirá as partes no prazo de 10 (dez) dias e, não havendo impugnação, considerará satisfeita a obrigação. A obrigação pode ser realizada por terceiro (se houver viabilidade). Nesse caso, se o terceiro contratado não realizar a prestação no prazo ou se o fizer de modo incompleto ou defeituoso, poderá o exequente requerer ao juiz, no prazo de 15 (quinze) dias, que o autorize a concluí-la ou a repará-la à custa do contratante. No mesmo prazo o juiz ouvirá o contratante. Se o exequente quiser executar ou mandar executar, sob sua direção e vigilância, as obras e os trabalhos necessários à realização da prestação, terá preferência, em igualdade de condições de oferta, em relação ao terceiro. O direito de preferência deverá ser exercido no prazo de 5 (cinco) dias, após aprovada a proposta do terceiro (arts. 815 a 821). **Em todos os casos, inclusive no prazo fixado pelo juiz, a contagem ocorrerá em dias úteis.**

ASSUNTO	PRAZO LEGAL	REFERÊNCIA LEGISLATIVA E OBSERVAÇÕES
Execução para entrega de coisa certa/incerta	15 dias	Prazo para o devedor cumprir a obrigação de entregar coisa certa (art. 806). **Contagem em dias úteis.** Quando a execução recair sobre coisa determinada pelo gênero e pela quantidade, o executado será citado para entregá-la individualizada, se lhe couber a escolha. Se a escolha couber ao exequente, este deverá indicá-la na petição inicial (art. 811). Qualquer das partes poderá, no prazo de 15 (quinze) dias, impugnar a escolha feita pela outra, e o juiz decidirá de plano ou, se necessário, ouvindo perito de sua nomeação (art. 812).
Execução de título extrajudicial	10 dias	Prazo para o devedor, após citação, exercer a opção quando se tratar de obrigação alternativa (art. 800). **Contagem em dias úteis.**
Execução para pagamento de quantia certa	3 dias	Prazo para o devedor pagar a obrigação (art. 829, CPC). O termo inicial para a contagem do prazo para pagamento da dívida corresponde ao dia da efetiva realização da citação. **Contagem em dias úteis (embora o pagamento seja um ato de direito material, a jurisprudência considera que esse prazo tem natureza híbrida).**
Execução de título extrajudicial	15 dias	Prazo para apresentação de embargos (tem início na forma do art. 231). O prazo para responder aos embargos também é de 15 dias (art. 920, I), assim como o prazo para arguir penhora incorreta ou avaliação (neste caso, por simples petição, a contar da intimação do ato). **Em todos os casos a contagem ocorre em dias úteis.**
Cumprimento de sentença	15 dias	Prazo para impugnar o cumprimento de sentença. Conta-se após os 15 dias que a parte dispõe para realizar o pagamento (art. 525). **Tanto o prazo para impugnar quanto o prazo para pagar são contados em dias úteis, segundo a jurisprudência.**[44] **Atenção:** esse mesmo prazo deve ser observado quando houver necessidade de impugnar fatos supervenientes ao início do cumprimento de sentença (exemplo: penhora – art. 525, § 11).
Cumprimento de sentença (alimentos)	3 dias	Prazo para pagamento de obrigação alimentar fixada em sentença quando a parte opta pelo rito da prisão civil (art. 528). **Embora seja um prazo de natureza material, diante das consequências processuais a jurisprudência vem aplicando a contagem em dias úteis. A mesma ideia vale para a execução de título extrajudicial que fixa obrigação alimentar (art. 911).**

---

[44] "(...) O Superior Tribunal de Justiça, ao examinar a natureza do prazo fixado para o cumprimento das obrigações de pagar quantia certa, concluiu que 'a intimação para o cumprimento de sentença, independentemente de quem seja o destinatário, tem como finalidade a prática de um ato processual, pois, além de estar previsto na própria legislação processual (CPC), também traz consequências para o processo, caso não seja adimplido o débito no prazo legal, tais como a incidência de multa, fixação de honorários advocatícios, possibilidade de penhora de bens e valores, início do prazo para impugnação ao cumprimento de sentença, dentre outras. E, sendo um ato processual, o respectivo prazo, por decorrência lógica, terá a mesma natureza jurídica, o que faz incidir a norma do art. 219 do CPC/2015, que determina a contagem em dias úteis' (3ª T., REsp 1.708.348/RJ, Rel. Min. Marco Aurélio Bellizze, j. 25.06.2019, DJe 01.08.2019). 4. A mesma *ratio* contida no precedente indicado acima deve ser aplicada ao presente caso, que diz respeito ao momento a partir do qual se considera que houve o descumprimento das obrigações de fazer constantes do título judicial. Ainda que a prestação de fazer seja ato a ser praticado pela parte, não se pode desconsiderar a natureza processual do prazo judicial fixado para o cumprimento da sentença, o que atrai a incidência da regra contida no art. 219 do CPC (...)" (2ª T., REsp 1.778.885/DF, Rel. Min. Og Fernandes, j. 15.06.2021, DJe 21.06.2021).

ASSUNTO	PRAZO LEGAL	REFERÊNCIA LEGISLATIVA E OBSERVAÇÕES
Procedimentos especiais de jurisdição voluntária	15 dias	Prazo para manifestação das partes e do Ministério Público, quando a este couber intervir no feito (art. 721). Tratando-se de interdição, o prazo para o interditando impugnar o pedido também é de 15 dias (art. 752). **Prazos contados em dias úteis.**
Procedimentos especiais – ações possessórias	15 dias	Prazo para apresentar defesa contra o pedido possessório, tenha ou não sido concedida a liminar de reintegração/manutenção de posse (art. 564). **Contagem em dias úteis.** **Atenção:** de acordo com o art. 564, parágrafo único, "quando for ordenada a justificação prévia, o prazo para contestar será contado da intimação da decisão que deferir ou não a medida liminar".
Procedimentos especiais – ação de demarcação	15 dias	Prazo para apresentar defesa. Trata-se de prazo comum para todos os réus (arts. 577 e 592). **Contagem em dias úteis.**
Procedimentos especiais – embargos de terceiro	5 dias; 15 dias	Os embargos podem ser opostos a qualquer tempo no processo de conhecimento enquanto não transitada em julgado a sentença e, no cumprimento de sentença ou no processo de execução, até 5 (cinco) dias depois da adjudicação, da alienação por iniciativa particular ou da arrematação, mas sempre antes da assinatura da respectiva carta (art. 675). **Atenção:** a 3ª Turma do STJ considerou tempestiva a apresentação de embargos de terceiro após o prazo de cinco dias – previsto no art. 1.048 do CPC/1973 e mantido no art. 675 do CPC/2015 –, ao analisar caso em que o embargante não teve ciência anterior da penhora porque o processo tramita em segredo de Justiça (REsp 1.608.950). O prazo para embargos de terceiro no caso de fraude à execução é de 15 dias (art. 792, § 4º). **Em todos os casos a contagem ocorre em dias úteis.**
Procedimentos especiais – embargos de terceiro	15 dias	Prazo para contestar os embargos de terceiro (art. 679). **Contagem em dias úteis.**
Procedimentos especiais – oposição	15 dias	Prazo comum para contestar a oposição (art. 683, parágrafo único). **Contagem em dias úteis.**
Procedimentos especiais – habilitação	5 dias	Prazo para as partes interessadas se manifestarem sobre o pedido de habilitação (art. 690). **Contagem em dias úteis.**
Procedimentos especiais – ação monitória	15 dias	Expedido mandado monitório, é esse o prazo que o devedor dispõe para o cumprimento da obrigação, incluindo o pagamento de honorários de 20% sobre o valor da causa (art. 701). No mesmo prazo o réu poderá opor embargos monitórios (art. 702). A resposta do autor da ação monitória aos embargos também deverá ser feita em 15 dias (art. 702, § 5º). **Todos esses prazos são contados em dias úteis.**
Procedimentos especiais – consignação em pagamento	10 dias	Prazo que o credor dispõe para se manifestar sobre o depósito extrajudicial realizado pelo devedor em instituição financeira (art. 539). **Contagem em dias úteis.**
Procedimentos especiais – consignação em pagamento	1 mês	Prazo para o devedor propor ação de consignação judicial em caso de recusa no pagamento extrajudicial (art. 539, § 1º).
Procedimentos especiais – consignação em pagamento	5 dias	Na consignação judicial, deferido o pedido consignatório, deve o autor efetuar o pagamento em 5 dias (art. 542). Esse é o mesmo prazo que o devedor dispõe para consignar as parcelas em juízo, no caso de prestações sucessivas (Obs.: o prazo tem início a partir de cada vencimento – art. 514). **Se adotarmos o mesmo posicionamento do STJ a respeito do prazo para pagamento no cumprimento de sentença, esse também deverá ser considerado como prazo processual (ou híbrido), sendo contado em dias úteis.**

ASSUNTO	PRAZO LEGAL	REFERÊNCIA LEGISLATIVA E OBSERVAÇÕES
Procedimentos especiais – consignação em pagamento	5 dias	Prazo que o credor possui para escolher a coisa a ser consignada, se a lei ou o contrato disser que a ele cabe a escolha. Obs.: se existir prazo legal ou contratual diverso, é este que prevalecerá (art. 543, CPC). **Contagem em dias úteis.**
Procedimentos especiais – consignação em pagamento	10 dias	Prazo para complementação do depósito em caso de insuficiência (art. 545). **Contagem em dias úteis.**
Procedimentos especiais – ação de exigir contas	15 dias	Prazo para o réu prestar contas ou contestar a ação. Se prestadas, o autor disporá do mesmo prazo para se manifestar (art. 550, *caput* e § 1º). **Contagem em dias úteis.**
Procedimentos especiais – ações possessórias	5 dias	Se o réu provar, em qualquer tempo, que o autor provisoriamente mantido ou reintegrado na posse carece de idoneidade financeira para, no caso de sucumbência, responder por perdas e danos, o juiz designar-lhe-á o prazo de 5 (cinco) dias para requerer caução, real ou fidejussória, sob pena de ser depositada a coisa litigiosa, ressalvada a impossibilidade da parte economicamente hipossuficiente (art. 559). **Contagem em dias úteis.**
Procedimentos especiais – dissolução de sociedade	15 dias	Prazo para manifestação dos sócios (se concordam com o pedido ou apresentam contestação – art. 601). **Contagem em dias úteis.**
Procedimentos especiais – inventário	20 dias; 15 dias	Prazo para o inventariante prestar as primeiras declarações. Conta-se da data em que prestou compromisso (art. 620). Depois de concluídas as citações, é deferido às partes 15 dias para manifestação sobre as primeiras declarações prestadas pelo inventariante (art. 627, CPC). Depois da manifestação das partes e decisão judicial sobre eventuais preterições é que a Fazenda Pública terá vista dos autos, também por 15 dias (art. 629). Em seguida, apresentado o laudo de avaliação dos bens objeto do inventário, as partes se manifestarão também em 15 dias (art. 635). O cálculo do tributo somente é feito após a fase das últimas declarações (art. 637). 15 dias também é o prazo relacionado à colação (art. 641, CPC) e partilha de bens (art. 647 e 652, CPC). **Todos esses prazos são contados em dias úteis.**

13

Tutela provisória (arts. 294 a 311)

1. NOÇÕES GERAIS

O legislador apanhou a tutela antecipada (satisfativa), prevista no art. 273 do CPC/1973, e a tutela cautelar prevista dos arts. 796 e seguintes do Código revogado, bateu tudo no liquidificador e o resultado foi a tutela provisória contemplada nos arts. 294 a 311 do CPC/2015.

Ademais, o CPC de 2015 eliminou o processo cautelar autônomo, incluindo o rol das cautelares típicas. Contudo, a tutela cautelar continua firme e forte. O que acabou – e já vai tarde – é a necessidade de ajuizar uma ação cautelar, com petição inicial, com o "nome da ação", citação etc. e, depois, um processo principal. Agora tudo é feito numa só relação processual. Pouco importa que o pedido de tutela antecipada ou cautelar tenha sido formulado antes (antecedente), conjuntamente (concomitantemente com a petição que veicula o pedido principal), ou depois de protocolada a petição inicial (incidente). A relação processual será uma só. Pagamento único de custas, uma só citação, uma só sentença. Não se pode negar uma louvável simbiose, sistematização e simplificação dos institutos das tutelas cautelar e antecipada.

Dá-se o nome de **tutela provisória** ao **provimento jurisdicional que visa adiantar os efeitos da decisão final no processo ou assegurar o seu resultado prático**. A tutela provisória (cautelar ou antecipada) exige dois requisitos: a probabilidade do direito substancial (o chamado *fumus boni iuris*) e o perigo de dano ou o risco ao resultado útil do processo (*periculum in mora*). A soma desses dois requisitos deve ser igual a 100%, de forma que um compensa o outro. Se a urgência é muito acentuada (perigo de dano ao direito substancial ou risco de resultado útil do processo), a exigência quanto à probabilidade diminui. Ao revés, se a probabilidade do direito substancial é proeminente, diminui-se o grau da urgência.

A tutela provisória pode ser concedida com base na urgência, somada à probabilidade do direito substancial, ou somente com base na evidência. Na tutela denominada da evidência (as hipóteses estão contempladas no art. 311), a probabilidade do direito é de tal ordem que dispensa o perigo de dano ou o risco ao resultado útil do processo – dispensa a urgência. Entendeu o legislador que diante de um caso concreto que se enquadre nas hipóteses mencionadas no art. 311, deve-se dispensar a urgência. A probabilidade do direito material é de 100% – embora continue apenas provável até que sobre ele recaia uma declaração definitiva – que ao requerente da tutela provisória (de regra, o autor) deve-se conceder a fruição do direito, sendo que a parte adversa é que deve suportar os efeitos da demora do processo.

O provimento de caráter provisório será apreciado e, se for o caso, deferido pelo juiz mediante requerimento da parte, sendo vedada a concessão *ex officio*. Por parte entende-se quem deduz pretensão em juízo, ou seja, quem pleiteia o reconhecimento de algum direito material. De regra, é o autor quem pleiteia a tutela provisória, mas também o réu na reconvenção ou nas ações dúplices. De um modo geral, a postulação do réu se restringe ao reconhecimento de determinada defesa, mas nada obsta a que, nos casos mencionados, ele formule pretensão de direito substancial. Exemplo: numa ação reivindicatória, pode o réu pleitear a declaração de usucapião.

A tutela provisória pode ser concedida a qualquer tempo, enquanto for útil, inclusive em grau recursal, e em qualquer procedimento, ou seja, no procedimento comum, nos procedimentos especiais, no processo de execução e nos procedimentos afetados aos Juizados Especiais. Evidentemente, quanto aos procedimentos para os quais a lei já prevê alguma modalidade de tutela provisória, as regras do CPC somente serão aplicadas subsidiariamente, como é o caso, por exemplo, das ações possessórias,[1] do mandado de segurança e da ação civil pública. Mas também nesses casos (da legislação especial) a tutela recebe a denominação de provisória, podendo ser satisfativa (antecipada) ou cautelar.

O limite têmporo-processual é a coisa julgada. Em ação que visa à rescisão da coisa julgada (ação rescisória) é possível a obtenção de tutela provisória, mas nesse caso já estamos cogitando de outra relação processual. Nos processos de competência originária (a ação rescisória é um deles), cabe ao relator apreciar o pedido de tutela provisória (antecipada ou cautelar), decisão da qual cabe agravo interno (arts. 932, II e 1.021). Nos recursos, a tutela provisória subdivide em tutela antecipatória recursal (adiantamento do mérito recursal, que pode versar sobre direito substancial ou processual) e efeito suspensivo (tutela cautelar). Nesses casos, de regra, a competência para apreciar o pedido é do relator do recurso ou da ação de competência originária. Na ação rescisória, por exemplo, há previsão de concessão de tutela antecipada. Nos recursos, a tutela provisória recebe o nome de tutela antecipatória recursal. Mudam-se os nomes, as denominações, mas não a essência.

Conforme dissemos – a repetição é proposital, integra a didática deste curso, que não se destina aos ditos "cientistas do direito", mas sim a estudantes, concurseiros e operadores jurídicos –, o Código em vigor não mais prevê um processo cautelar autônomo, o que não quer dizer que as medidas antes dispostas nos arts. 796 e seguintes do CPC de 1973 não possam mais ser pleiteadas e concedidas. Como o Código atual reconhece a tutela cautelar como uma forma de tutela provisória, as medidas acautelatórias, típicas ou atípicas, podem ser requeridas e concedidas a qualquer tempo, inclusive antes da instauração do processo principal. O que não mais se admite é, portanto, a utilização da expressão "tutela cautelar" para se referir a uma espécie autônoma de processo e, consequentemente, de tutela jurisdicional. Contudo, com base no poder geral de cautela, mediante requerimento da parte, pode o juiz deferir o arresto, o sequestro, a busca e apreensão ou qualquer outra medida cautelar que possa ser útil ao resultado do processo.

Resumindo o que estabelece o Código: tutela provisória é gênero do qual são espécies: (i) a tutela de urgência e (ii) a tutela de evidência. A primeira pode ser de duas naturezas: (a) cautelar ou (b) antecipada. A tutela de urgência, em qualquer de suas naturezas (cautelar ou antecipada), poderá ser pleiteada: (a) em caráter antecedente ou (b) em caráter incidental.

O CPC/2015 traz algumas alterações de nomenclatura, mas, na essência, a natureza das medidas provisórias permanece. A tutela antecipada, por exemplo, continua a ser promovida

---

[1] Nas ações possessórias, se o esbulho datar de mais de ano e dia, o processo será submetido ao rito comum, sendo possível a concessão da tutela antecipada (AgRg no REsp 1.139.629/RJ, j. 17.09.2012).

com a finalidade de antecipar os efeitos de uma futura decisão de mérito. Continua, portanto, a ter natureza satisfativa. A tutela cautelar tem por fim evitar danos, de regra presente nas tutelas ressarcitórias, ou assegurar a utilidade do processo, o que pode consistir, inclusive, na ausência de dano, visando tão somente a remoção do ilícito nas tutelas inibitórias. Fato é que a tutela provisória consiste em eficaz instrumento para garantir a efetividade da tutela jurisdicional.

Quadro esquemático 27 – Tutelas provisórias

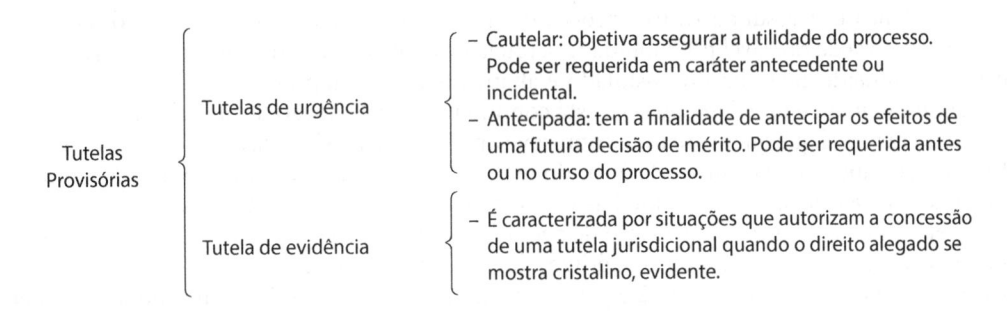

Tutelas Provisórias:
- **Tutelas de urgência**
  - Cautelar: objetiva assegurar a utilidade do processo. Pode ser requerida em caráter antecedente ou incidental.
  - Antecipada: tem a finalidade de antecipar os efeitos de uma futura decisão de mérito. Pode ser requerida antes ou no curso do processo.
- **Tutela de evidência**
  - É caracterizada por situações que autorizam a concessão de uma tutela jurisdicional quando o direito alegado se mostra cristalino, evidente.

2. A URGÊNCIA E A EVIDÊNCIA COMO FUNDAMENTOS DAS TUTELAS PROVISÓRIAS

Art. 294. A tutela provisória pode fundamentar-se em urgência ou evidência.

Parágrafo único. A tutela provisória de urgência, cautelar ou antecipada, pode ser concedida em caráter antecedente ou incidental.

Tendo em vista os fundamentos mencionados no art. 294, denominamos "tutela de urgência" e "tutela da evidência". Ambas as modalidades constituem espécie do gênero tutelas provisórias. Tanto a tutela com base na urgência quanto a que se baseia na evidência podem ser satisfativas (antecipadas) ou cautelares. Embora sempre que cogitamos da tutela da evidência venha à mente a tutela satisfativa, de cunho antecipatório, nada impede que se acautele um direito ou uma situação jurídica com base na evidência. Ora, se a evidência é bastante até para antecipar os efeitos de uma decisão de mérito, o que dirá para acautelar uma situação que, de futuro, vai garantir o exercício do direito certificado na decisão final.

Com relação à **tutela de urgência**, cabe uma crítica à terminologia utilizada pelo legislador. Embora se exija a urgência, a probabilidade tem papel bem mais destacado na análise dos requisitos para a concessão dessa modalidade de tutela. Caso a probabilidade atinja um determinado grau, de tal forma que permita ao juiz formar a convicção, ainda que perfunctória, de que o direito da parte vai a final ser-lhe outorgado, deve-se deferir o pedido sem maiores perquirições acerca do *periculum in mora*. Basta uma boa dose de probabilidade para inverter o ônus da demora. A rigor, deveria o legislador ter destacado o requisito da probabilidade, dando o título de "tutela do provável". De qualquer forma, temos a **tutela do provável**, na qual se exige uma dose, ainda que mínima, de perigo, e a **tutela da evidência**, na qual esse perigo é dispensado – ou melhor, está inserido na própria evidência; afinal, se o direito da parte goza dessa evidência, perigoso e afrontoso à sua posição subjetiva é retirar dele a possibilidade de usufruir desse direito.

Seguindo a terminologia do Código, voltemos à tutela da urgência. Aquela tutela provisória que tem a probabilidade como porta-bandeira e o perigo como mestre-sala. O mestre-sala pode até ser importante, mas sem a porta-bandeira não há desfile, ou melhor, tutela. Haverá **urgência** quando existirem elementos nos autos que evidenciem a **probabilidade do direito** e o **perigo na demora na prestação jurisdicional** (art. 300). Em outras palavras, se por meio de cognição sumária o juiz verificar que pode ser o autor o titular do direito material invocado e que há fundado receio de que esse direito possa experimentar dano ou que o resultado útil do processo possa ser comprometido, a tutela provisória será concedida sob o fundamento da *urgência*.

Como se vê, somente a urgência não é suficiente para a concessão da tutela provisória. Aliás, embora o Código estabeleça que o fundamento é a urgência, esta é menos relevante do que a probabilidade. Pode ser que uma parte demonstre extrema urgência no que se refere a possível dano ou ao resultado útil do processo, entretanto, se não demonstrar que o direito afirmado não goza de razoável probabilidade, a tutela provisória não será deferida. Mais relevante é a probabilidade. Se o direito postulado é altamente provável, pode-se até considerar que o *periculum in mora* é *in re ipsa*, ou seja, está contido na própria noção de probabilidade. Afinal, não seria razoável que quem afirme e comprove um direito com elevada carga de probabilidade tivesse que suportar os efeitos deletérios do tempo. É o que ocorre, por exemplo, com a tutela possessória. Demonstrada o quanto baste a existência da posse, o direito é concedido ao autor independentemente de demonstração de *periculum in mora*. Fato é que, na tutela com base na urgência (é assim a classificação do Código) deve o juiz utilizar a fórmula $P1 + P2 = 100$, onde P1 representa a probabilidade e P2 o *periculum in mora*. É de se lembrar que 100% de P2 não é suficiente para o deferimento da tutela. Na composição dos dois requisitos, exige-se, se não integralmente, pelo menos uma certa dose de probabilidade.

Com base nessa fórmula, o legislador também previu o deferimento da **tutela da evidência**. Nesse caso, a dosagem de probabilidade (P1) é de tal ordem que **dispensa o componente P2** (*periculum in mora*). Para caracterizar a situação de evidência do direito há que se verificar uma das situações contempladas no art. 311. Nesse caso, a concessão da tutela independerá da demonstração do perigo da demora na prestação jurisdicional, contentando-se com a situação de evidência.

A tutela provisória de urgência pode ser cautelar ou antecipada. Será cautelar quando buscar preservar os efeitos úteis de uma tutela futura, de natureza satisfativa (acautela-se aquilo que um dia poderá ser satisfeito, realizado). Será antecipada quando conferir eficácia imediata a uma decisão futura, por meio da antecipação dos efeitos, total ou parcialmente. Ambas, no entanto, podem ser identificadas por terem uma mesma finalidade, que é minimizar os efeitos do tempo e garantir a própria efetividade do processo.

Nada obsta que também com base nesse exclusivo requisito (da evidência) se possa acautelar o direito material deduzido em juízo. Embora o requisito da urgência seja indispensável para a tutela cautelar (art. 305), estando presente a evidência, a urgência (o perigo) é *in re ipsa*, ou seja, está contemplado na própria noção de titularidade do direito evidente). Ora, se a evidência dispensa o *periculum in mora* até para a antecipação dos efeitos de uma decisão de mérito (satisfativa), o que dirá do simples acautelamento do direito postulado. Conforme já afirmamos, para a concessão da tutela provisória (cautelar ou antecipada) com base na urgência deve o juiz nortear a sua decisão com base no resultado do somatório da probabilidade (P1) e do *periculum in mora* (P2), sendo que o requisito da probabilidade, por si só, pode alcançar os 100%, ou seja, a "mistura" adequada para concessão da medida postulada. Repita-se: somente a urgência não é suficiente para a concessão de qualquer medida. Ao revés, a probabilidade – que pode alcançar o grau de evidência, um ponto abaixo da certeza que decorre da cognição exauriente – pode sustentar tanto uma tutela de natureza satisfativa quanto cautelar.

Quadro esquemático 28 – Requisitos das tutelas provisórias

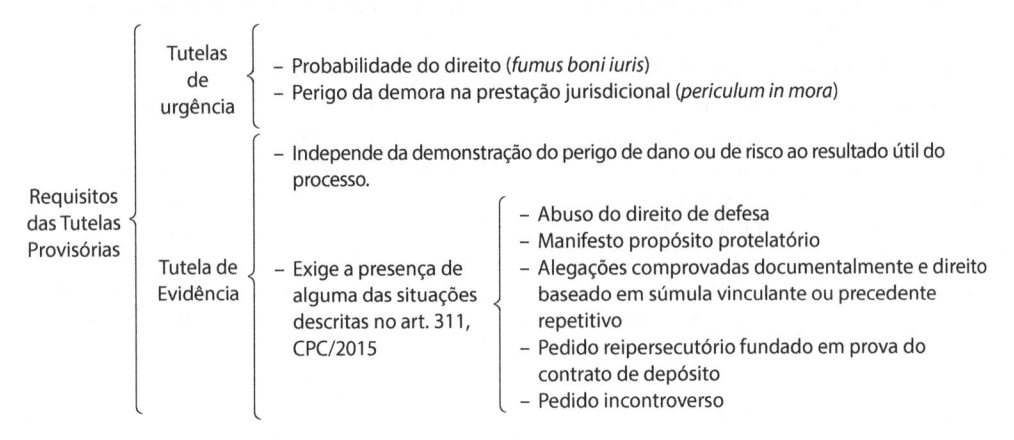

Requisitos das Tutelas Provisórias:

- **Tutelas de urgência**:
  - Probabilidade do direito (*fumus boni iuris*)
  - Perigo da demora na prestação jurisdicional (*periculum in mora*)

- **Tutela de Evidência**:
  - Independe da demonstração do perigo de dano ou de risco ao resultado útil do processo.
  - Exige a presença de alguma das situações descritas no art. 311, CPC/2015:
    - Abuso do direito de defesa
    - Manifesto propósito protelatório
    - Alegações comprovadas documentalmente e direito baseado em súmula vinculante ou precedente repetitivo
    - Pedido reipersecutório fundado em prova do contrato de depósito
    - Pedido incontroverso

3. DISPOSIÇÕES COMUNS A TODAS AS ESPÉCIES DE TUTELAS PROVISÓRIAS

3.1 A tutela provisória requerida em caráter incidental independe do pagamento de custas (art. 295)

A tutela provisória requerida em caráter incidental, ou seja, após o protocolo da petição inicial, independe do pagamento de custas, visto que será processada nos mesmos autos do pedido principal. Há apenas um processo e, em decorrência disso, há o pagamento de custas apenas em relação ao primeiro pedido (o principal). Quando a tutela provisória é requerida em caráter antecedente ou concomitante, igualmente, não se paga custas duas vezes. Pagou quando do protocolo da petição inicial, não se cobra na interposição do requerimento de tutela incidental; pagou quando do requerimento da tutela provisória (antecipada ou cautelar) em caráter antecedente, não se cobra quando do protocolo do pedido final ou principal (arts. 303 e 308).

No caso da tutela de evidência, que a lei limita ao caráter incidental, não há falar em pagamento de custas. Para as demais tutelas provisórias – cautelar e antecipada –, as custas incidirão no momento da formulação do pedido antecedente, caso tenha o autor optado por não formular o pedido em caráter incidental.

Tal regra se destina principalmente ao autor. Contudo, pode se aplicar ao réu, quando cabível o pedido de tutela provisória a favor deste, como ocorre na hipótese de reconvenção. Ainda que se cobrem custas sobre a reconvenção, não poderá haver incidência em decorrência do pedido de tutela provisória, pouco importa o momento em que esta se dê.

3.2 A tutela provisória conserva sua eficácia na pendência do processo, mas pode, a qualquer tempo, ser revogada ou modificada (art. 296, *caput*)

A tutela provisória se trata de provimento emergencial de segurança, concedido com base em cognição sumária, sendo, desse modo, revogável. A provisoriedade das tutelas decorre do fato de que a tutela conservará sua eficácia até que haja a revogação, levada a efeito antes ou na própria sentença, bem como a substituição por decisão tomada em sede de cognição exauriente. A revogação decorre de novos elementos que indiquem o desaparecimento da situação de perigo ou da probabilidade do direito sustentado. Já a substituição, por tutela com total ou parcial coincidência, opera-se na sentença ou no julgamento do recurso, no qual foi deferida. Sob qualquer ângulo, provisória ou temporária, é a tutela que tem duração limitada no tempo; é a tutela que será revogada ou substituída por outra. Na hipótese de estabilização não se pode cogitar de substituição, uma vez que à tutela provisória (instável) agrega-se tão somente a qualidade estabilizante.

Basta para a revogação da medida que se verifique a não existência (ou a perda do requisito "probabilidade") do direito substancial afirmado pelo requerente ou o desaparecimento da situação de perigo acautelada. A modificação ocorrerá, por exemplo, quando, também mediante requerimento da parte interessada, entender o juiz que uma medida menos drástica é suficiente para acautelar o direito postulado. Pode-se substituir o arresto pela caução ou protesto contra alienação de bens. A revogação dependerá de prévio requerimento da parte contrária, não podendo, portanto, ser concedida de ofício. Não obstante respeitáveis opiniões em sentido diverso,[2] entendo que não há a menor justificativa para a revogação ou modificação de ofício. Primeiro porque não há autorização legal. Segundo porque se trata de matéria que se encontra no âmbito da disposição da parte. Se no início da demanda, por exemplo, o juiz concede a tutela de urgência, determinando a entrega da coisa disputada ao autor, cabe ao réu, e a mais ninguém, diante do novo contexto fático-jurídico, requerer a revogação da tutela antecipada concedida. A justiça tem excesso de demanda. Se atender aos pedidos, já estará fazendo muito. Em tempos de volta ao privatismo (o processo, em certa medida, passa a ser "coisa das partes"), qualquer tutela de ofício soa como algo *démodé*.

A tutela provisória de urgência de natureza antecipada, apesar de ter seu conteúdo, total ou parcialmente, coincidente com o pleito principal, tem tratamento idêntico ao dispensado à tutela provisória cautelar. Pode o juiz, então, mediante requerimento, justificando as razões de seu convencimento, modificar ou revogar a medida concedida, desfazendo a situação jurídica pretendida como solução definitiva da controvérsia.

Em síntese, a tutela provisória de urgência (satisfativa ou cautelar) tem duração limitada no tempo, produzindo efeitos até que desapareça a situação de perigo ou de probabilidade, ou até a superveniência do provimento final.

Seja antecedente ou incidental, a tutela provisória deve ser confirmada ou rejeitada na sentença. Se, por exemplo, o juiz concede tutela provisória antecipada para excluir o nome do autor dos cadastros de inadimplentes, a partir da análise sumária sobre a (in)existência de dívida cobrada pelo réu, vindo, posteriormente, após a instrução, concluir pela legalidade da cobrança, o pleito autoral será julgado improcedente. Consequentemente, a tutela provisória deferida incidentalmente deverá ser revogada. Nessa hipótese, embora seja aconselhável a revogação expressa, prevalece no âmbito da jurisprudência que a sentença de improcedência dos pedidos da ação revoga tacitamente a tutela provisória. Nesse caso, a sentença desfavorável ao autor – e favorável ao réu – constitui, como efeito secundário, título de certeza da obrigação de o autor indenizar o réu pelos danos eventualmente experimentados, cujo valor será apurado em liquidação. Nesse sentido o REsp 1.767.956/RJ, de relatoria do Min. Moura Ribeiro, *DJe* 26.10.2018.

---

[2] SILVA, Ovídio A. Baptista da. *Curso de processo civil*. 5. ed. São Paulo: RT, p. 317. Vale ressaltar que há entendimento do STJ que permite a revogação ex officio. Nesse sentido: "Segundo a doutrina jusprocessual mais autorizada, as decisões liminares possuem eficácia de caráter provisório, por serem proferidas em juízo prelibatório, no qual não há discussão sobre o mérito da lide, o que significa que podem ser revogadas ou modificadas a qualquer tempo, inclusive de ofício, bem como não fazem coisa julgada material: têm, portanto, finalidade apenas acautelatória e são ditadas pelo senso de precaução prudencial do Magistrado" (AgRg no AREsp 98.370/RO). Também no AgRg no AREsp 365.260/PI o STJ entendeu que não há preclusão para o julgador, sendo possível a modificação ou revogação a qualquer tempo.

Naturalmente, caso haja revogação na sentença – expressa ou tacitamente – a parte prejudicada poderá reformular o pedido ao Tribunal, em recurso de apelação. Ou seja, além de interpor recurso, a parte poderá pleitear o respectivo restabelecimento na instância superior.[3]

A tutela da evidência também é revogável e modificável. Embora o direito antecipado mediante essa tutela seja qualificado de "evidente", pode essa qualificação ceder quando submetida ao contraditório. Exemplificativamente, pode o réu, na fase da instrução, apresentar prova capaz de gerar a dúvida a que se refere o inc. IV do art. 311, pelo que deve o juiz revogar a tutela inicialmente concedida.

Pouco importa se satisfativa ou cautelar; se concedida com base na urgência ou na evidência, trata-se de tutela provisória, porque será substituída por uma tutela exauriente definitiva, seja de procedência ou improcedência do pedido principal. Igualmente, trata-se de provimento temporário, uma vez que seus efeitos são limitados no tempo.

Em qualquer hipótese, a concessão da tutela provisória terá conservada a sua eficácia durante o período de suspensão do processo (hipóteses do art. 313), salvo decisão judicial em sentido contrário (art. 296, parágrafo único).

Destaca-se que, se a revogação ou mesmo a alteração da tutela provisória concedida for questionada em sede de agravo de instrumento (art. 1.015, I), a superveniência da sentença acarretará prejuízo ao julgamento do recurso, caso ele ainda não tenha sido apreciado pelo Tribunal. Em outras palavras, a sentença de procedência ou improcedência tem relevância na análise quanto à prejudicialmente do agravo, pois o que prevalece, segundo o STJ, é o grau de cognição realizado, e não o grau hierárquico.[4] Dessa forma, a cognição exauriente realizada

---

[3] De acordo com o Enunciado 39 da I Jornada de Direito Processual Civil do CJF, "cassada ou modificada a tutela de urgência na sentença, a parte poderá, além de interpor recurso, pleitear o respectivo restabelecimento na instância superior, na petição de recurso ou em via autônoma".

[4] "Processual civil. Embargos de divergência. Agravo de instrumento interposto contra decisão proferida em antecipação de tutela incidental. Superveniente prolação de sentença de mérito. Perda de objeto. 1. Há dois critérios para solucionar o impasse relativo à ocorrência de esvaziamento do conteúdo do recurso de agravo de instrumento, em virtude da superveniência da sentença de mérito, quais sejam: a) o da cognição, segundo o qual o conhecimento exauriente da sentença absorve a cognição sumária da interlocutória, havendo perda de objeto do agravo; e b) o da hierarquia, que pressupõe a prevalência da decisão de segundo grau sobre a singular, quando então o julgamento do agravo se impõe. 2. Contudo, o juízo acerca do destino conferido ao agravo após a prolatação da sentença não pode ser engendrado a partir da escolha isolada e simplista de um dos referidos critérios, fazendo-se mister o cotejo com a situação fática e processual dos autos, haja vista que a pluralidade de conteúdos que pode assumir a decisão impugnada, além de ensejar consequências processuais e materiais diversas, pode apresentar prejudicialidade em relação ao exame do mérito. 3. A pedra angular que põe termo à questão é a averiguação da realidade fática e o momento processual em que se encontra o feito, de modo a sempre perquirir acerca de eventual e remanescente interesse e utilidade no julgamento do recurso. 4. Ademais, na específica hipótese de deferimento ou indeferimento da antecipação de tutela, a prolatação de sentença meritória implica a perda de objeto do agravo de instrumento por ausência superveniente de interesse recursal, uma vez que: a) a sentença de procedência do pedido – que substitui a decisão deferitória da tutela de urgência – torna-se plenamente eficaz ante o recebimento da apelação tão somente no efeito devolutivo, permitindo desde logo a execução provisória do julgado (art. 520, VII, do Código de Processo Civil); b) a sentença de improcedência do pedido tem o condão de revogar a decisão concessiva da antecipação, ante a existência de evidente antinomia entre elas. 5. Embargos de divergência não providos (EAREsp 488.188/SP, Rel. Ministro Luis Felipe Salomão, Corte Especial, j. 07.10.2015, *DJe* 19.11.2015)".

em primeiro grau se sobrepõe ao que eventualmente for decido pelo Tribunal no julgamento do agravo, caso não tenha sido reconhecida a prejudicialidade do julgamento.

3.3 O juiz poderá determinar as medidas que considerar adequadas para efetivação da tutela provisória (art. 297). A efetivação da tutela provisória observará as normas referentes ao cumprimento provisório da sentença, no que couber (parágrafo único)

Esse dispositivo consagra o poder geral de cautela – agora ampliado para o gênero das tutelas provisórias –, o qual decorre da evidente impossibilidade de abstrata previsão da totalidade das situações de risco para o processo.

Por meio dessa técnica poderá o juiz determinar as medidas que considerar adequadas, tanto de natureza cautelar quanto de natureza antecipada, para efetivação da tutela provisória. Embora não mais haja previsão de ações cautelares típicas, como arresto, sequestro e busca e apreensão, nada obsta que, de acordo com as peculiaridades do caso concreto se determine uma ou outra medida.

A redação do parágrafo único faz referência à "efetivação da tutela provisória", mandando aplicar, no que couber, as normas referentes ao cumprimento provisório da sentença. Isso quer dizer que a tutela provisória, quando não for impugnada ou quando a impugnação se der mediante recurso ao qual não se tenha atribuído efeito suspensivo, poderá ser executada independentemente do trânsito em julgado da decisão que a concedeu ou mesmo da análise do mérito da questão principal. No entanto, a execução provisória, porque sujeita a revogação ou modificação a qualquer tempo (art. 296), sempre se dará por conta e risco do exequente, que ficará obrigado a responder pelos prejuízos eventualmente causados pela medida caso ela venha a ficar sem efeito. Embora se mande observar as normas referentes ao cumprimento provisório da sentença, de regra, a tutela provisória é concedida via decisão interlocutória. Pode até ser concedida na sentença, e esse ato decisório, no todo ou somente no tópico referente à tutela provisória, enseja cumprimento provisório.

3.4 Na decisão que conceder, negar, modificar ou revogar a tutela provisória, o juiz justificará as razões de seu convencimento de modo claro e preciso (art. 298)

Trata-se de decisão interlocutória, logo, há que ser fundamentada. O dispositivo reforça o que genericamente encontra-se previsto no art. 93, IX, da CF/1988, bem como no art. 11 do CPC/2015. À semelhança do que ocorre com a necessidade de se observar o contraditório antes de proferir a decisão, acredita o legislador que a advertência levará o juiz a abster-se de proferir decisões sem fundamentos. Aplica-se aqui o disposto no art. 489, § 1º.

Essa regra tem aplicação também nos casos em que a tutela concedida no bojo do processo é mantida na sentença de mérito. Nesse caso, a própria sentença deve trazer todos os elementos necessários para justificar a procedência ou improcedência da demanda. Consequentemente, se o juiz julga procedente o pedido autoral, apresentando as razões fáticas e jurídicas para essa conclusão, haverá, como consequência, a manutenção da tutela concedida, que passa a ser definitiva, até que eventual recurso modifique a decisão *a quo*.

Aplica-se a regra do art. 298 também para as hipóteses em que o juiz posterga a análise do pedido de tutela provisória. Qual advogado nunca se deparou com a fórmula "deixo para apreciar o pedido de tutela provisória após instauração do contraditório"? Embora o art. 298 não contenha nenhuma novidade em relação ao seu antecessor (art. 273, § 1º, CPC/1973), o dever de fundamentação foi reforçado no Código atual.

A propósito, o Enunciado nº 29 do Fórum Permanente de Processualistas Civis considera viável a interposição de recurso de agravo de instrumento na hipótese em que o juiz condiciona o deferimento do pedido a providência não prevista em lei: "É agravável o pronunciamento judicial que postergar a análise do pedido de tutela provisória ou condicionar sua apreciação ao pagamento de custas ou a qualquer outra exigência". Igualmente, o Enunciado nº 30 exige que o juiz justifique a postergação da análise liminar da tutela provisória sempre que estabelecer a necessidade de contraditório prévio. No Tribunal de Justiça do Rio de Janeiro, por exemplo,[5] há diversos precedentes que seguem esse Enunciado, considerando que a postergação da análise para a pós manifestação do agravado equivale, na prática, ao indeferimento da tutela pretendida. Esse posicionamento, no entanto, conta com divergências fundadas, especialmente em alguns precedentes das cortes superiores que admitem o chamado "despacho de reserva" (STJ, AgRg no AG 725.466/DF), através do qual o juiz reserva um determinado momento para apreciar a tutela provisória. Consideramos que esse não é o melhor entendimento, pois o pronunciamento judicial, quando postergado, é capaz, por si só, de gerar prejuízos ao postulante da medida. Em precedente antigo, mas perfeitamente aplicável ao caso, a Primeira Turma do STJ (REsp 814.100/MA) considerou que quando o juiz de primeiro grau deixa de apreciar o pedido de tutela provisória, optando por manifestar-se, por exemplo, após a contestação, está, em última análise, considerando ausente o pressuposto específico do risco de dano (*periculum in mora*). Não se trata, portanto, de um mero despacho, mas de uma decisão interlocutória passível de recurso de agravo de instrumento, vez que o autor permanece com o interesse em afastar a ocorrência de dano irreparável ou de difícil reparação. A Segunda Turma tem julgados mais recentes no mesmo sentido, a exemplo do REsp 1.767.313/MG, julgado em 14.05.2019.

3.5 A competência para apreciar a tutela provisória será do juízo da causa quando ela for requerida em caráter incidental; será do juízo competente para conhecer do pedido principal quando requerida em caráter antecedente (art. 299)

Quando se tratar de medida (cautelar ou antecipada) incidental, o juiz competente é o juiz da causa em tramitação. Quando antecedente, faz-se um prognóstico, ou seja, seguindo-se as regras de competência, define-se o órgão competente e, então, indica-o na petição inicial.

Em se tratando de ação de competência originária de tribunal – por exemplo, ação rescisória –, segue-se a mesma lógica. A competência será do tribunal. Igualmente se passa com a tutela provisória recursal, que pode consistir em tutela antecipatória recursal ou concessão de efeito suspensivo a recurso (tutela cautelar). A competência para a concessão de tutela provisória em recursos ou em causas de competência originária, em regra, será do relator (art. 299, parágrafo único; art. 932, II).

Quando se tratar de recurso ordinário, recurso extraordinário e recurso especial, para definição da competência para concessão de efeito suspensivo (tutela cautelar) deve-se verificar a fase em que se encontra o recurso. O requerimento será dirigido: a) ao tribunal superior respectivo, no período compreendido entre a publicação da decisão de admissão do recurso e sua distribuição, ficando o relator designado para seu exame prevento para julgá-lo; b) ao relator, se já distribuído o recurso; c) ao presidente ou ao vice-presidente do tribunal recorrido, no período compreendido entre a interposição do recurso e a publicação da decisão de admissão do recurso (art. 1.029, § 5º).

---

[5] Por exemplo: Agravo de Instrumento n. 0034647-21.2020.8.19.0000, 7ª Câmara Cível.

3.6 Tutela provisória e contraditório – a regra é a concessão antes de ouvir o demandado

De acordo com o disposto no art. 9º, o qual, juntamente com o art. 10, consubstanciam o princípio do contraditório, não se proferirá decisão contra uma das partes sem que ela seja previamente ouvida. Ao mesmo tempo, o parágrafo único do art. 9º excepciona a regra do contraditório para as tutelas provisórias fundadas na urgência e na evidência. Assim, quanto às tutelas provisórias, em qualquer uma de suas modalidades, **a regra é que pode ser concedida antes mesmo de ouvir o demandado**. Como vimos anteriormente, a eventual postergação da análise acerca dos requisitos da tutela provisória sujeita-se a agravo de instrumento (art. 1.015, I, CPC).

Nada em direito é absoluto. Não é à toa que o Código abraça a técnica da ponderação, estruturada por Robert Alexy. O contraditório, ínsito ao devido processo legal, no caso específico, cede espaço para o princípio do acesso à justiça, que pressupõe a possibilidade de concessão de tutelas adequadas, isto é, que sejam úteis, capazes de evitar danos além do já suportado pelo fato de o demandado não ter realizado o direito substancial independentemente da intervenção judicial. Não me impressiona o argumento, brandido pelos neoprocessualistas, no sentido de que o contraditório é uma exigência do Estado Democrático de Direito, embora nada tenha a opor à afirmação. A minha vivência de fórum, contudo, levou-me à certeza de que, em certos casos de urgência urgentíssima do direito da parte, deve-se conceder a tutela de plano, deixando o contraditório para o momento posterior. Primeiro salvamos o cavalo, depois cuidamos dos carrapatos.

No que respeita à tutela da evidência, fundada nos incisos I (abuso do direito de defesa ou protelação) e IV (prova documental suficiente, juntada com a inicial, à qual o réu não opõe prova capaz de gerar dúvida) do art. 311, a manifestação do demandado na primeira hipótese (inciso I) e ausência ou deficiência probatória na hipótese do inciso IV a prévia apresentação da defesa constitui requisito indispensável à caracterização das hipóteses, razão pela qual não se cogita da concessão antes de estabelecido o contraditório (inc. II, parágrafo único, art. 9º). A rigor, em hipótese alguma se veda a concessão da tutela provisória antes da manifestação da parte contrária. O que ocorre é que as hipóteses previstas nos incisos I e IV do art. 311 só se caracterizam com a manifestação do réu.

4. TUTELA PROVISÓRIA E RECURSO

Das decisões (interlocutórias) que concedem tutela provisória (cautelar ou satisfativa, antecipada ou da evidência) cabe **agravo de instrumento**. As hipóteses de cabimento de agravo de instrumento encontram-se previstas, em *numerus clausus*, no art. 1.015. No inc. I figura a decisão interlocutória que versa sobre tutela provisória. O agravo de instrumento não tem efeito suspensivo automático, mas o relator pode concedê-lo (art. 1.019, I). Na sessão de julgamento, cabe sustentação oral no agravo de instrumento que versa sobre tutela provisória (art. 937, inc. VIII).

Caso a tutela requerida provisoriamente seja apreciada apenas na sentença, o recurso cabível contra o indeferimento ou deferimento da medida será o de apelação, não sendo necessária a interposição, também, de agravo de instrumento (art. 1.013, § 5º). Assim, concedida a tutela apenas na sentença, a parte prejudicada deve interpor apelação tanto para debater a sentença, como para discutir a possibilidade de concessão da tutela provisória.

No fundo, no sistema brasileiro, paradoxalmente, uma decisão proferida com base em juízo de delibação (sumário) pesa mais do que uma sentença proferida após cognição exauriente, uma vez que a apelação contra essa interposta, na generalidade dos casos, é dotada de efeito suspensivo *opes legis* (automático, por força da lei). Ao contrário de muitos juristas, não tenho o hábito – aliás, tenho birra – de pôr entre parênteses o significado em inglês ou em outra língua estrangeira de expressões utilizadas no Direito. Tomo a liberdade de citar expressões em latim em razão da tradição do nosso direito e da nossa cultura. De uma forma ou de outra, somos todos filhos de Júlio César. Porque o livro se destina a estudantes – principalmente aqueles que trabalham durante o dia e tomam café amargo para não dormirem nos bancos da faculdade, na medida do necessário, apresento o significado da expressão.

Voltando à apelação, de regra, ela tem efeito suspensivo, o que inviabiliza que o comando sentencial seja executado de plano. Como forma de contornar o paradoxo (o que decidido em cognição exauriente não tem força imediata, apenas o que for fruto de juízo de delibação), recomenda-se que os juízes, quando a situação fático-jurídica permitir, concedam ou confirmem a tutela provisória anteriormente concedida na sentença. Ou seja, tanto quando a tutela provisória é confirmada na sentença, como quando é concedida apenas nesse momento processual, eventual recurso de apelação interposto contra o provimento jurisdicional não terá duplo efeito (art. 1.012, § 1º, V), o que significa que poderá ser executada de imediato.

Quando menciono juízes, por óbvio, estou me referindo aos advogados, porque são os primeiros juízes da causa. Antes de o juiz decidir, o advogado há de requerer. Ainda quando caiba ao juiz decidir de ofício, cabe ao advogado lembrá-lo.

De toda forma, prevalece na jurisprudência o entendimento segundo o qual o recurso de apelação terá efeito meramente devolutivo mesmo na hipótese de não ser expressamente confirmada a tutela provisória na sentença. Imagine que, em sede de cognição sumária, logo após o recebimento da petição inicial, o juiz defira o pedido do autor, consistente na exclusão de seu nome dos cadastros de proteção ao crédito. Na sentença, o juiz julga procedente o pedido do autor para declarar a inexistência da dívida objeto da restrição. Nesse caso, ainda que o julgador não torne expressa a manutenção da tutela provisória concedida incidentalmente, haverá, implicitamente, e como decorrência lógica da procedência do pedido, a incidência da regra do art. 1.012, § 1º, V.[6]

---

[6] A título de exemplo: "Processo civil. Agravo regimental. Apelação cível. Recebimento efeito meramente devolutivo. Confirmação implícita da tutela de urgência concedida. Ausência de ratificação textual na sentença. Desnecessidade. Honorários de sucumbência. Impossibilidade. Multa do art. 1.021, § 4º do CPC. Não cabimento. Recurso conhecido e não provido. Decisão mantida. A sentença que julga procedente o pedido formulado na inicial equivale a ratificação de tutela antecipada de urgência anteriormente concedida, na forma do art. 304, § 3º, do CPC. Via de regra, embora o recurso de apelação deva ser recebido no duplo efeito, na forma do art. 1.012, V, do CPC, se interposto contra sentença que ratifica a tutela anteriormente concedida, o mesmo deve ser recebido no efeito meramente devolutivo (...)" (TJ-AM, AGR: 0006975-26.2018.8.04.0000, Rel. Joana dos Santos Meirelles, j. 10.12.2018, Primeira Câmara Cível, *DJe* 11.12.2018).

Quadro esquemático 29 – Regras gerais das tutelas provisórias

Regras gerais das tutelas provisórias:

- **Custas processuais**
  - Tutela requerida em caráter antecedente: custas pagas no ato do requerimento.
  - Tutela requerida no curso do processo (incidental): independe do pagamento de custas (art. 295, CPC/2015).

- **Eficácia**
  - Conservam a eficácia no curso do processo (art. 296, 1ª parte, CPC/2015).

- **Provisoriedade**
  - Podem ser modificadas ou revogadas a qualquer tempo (art. 296, parte final, CPC/2015).

- **Poder geral de cautela**
  - O juiz pode determinar as medidas que considerar adequadas para a efetivação da tutela (art. 297, CPC/2015).

- **Fundamentação**
  - Na decisão que concede, nega, modifica ou revoga a tutela provisória, o juiz deve justificar as razões de seu convencimento (art. 298, CPC/2015).
  - Trata-se de decisão interlocutória, logo há que ser fundamentada.

- **Competência**
  - Requerimento em caráter antecedente: juízo ou tribunal competente para julgar a causa principal.
  - Requerimento incidental: juízo ou tribunal da causa em tramitação.

- **Contraditório**
  - A regra é a concessão da tutela provisória antes de ouvir a parte contrária.
  - Exceções:
    - Art. 311, I (abuso do direito de defesa ou manifesto propósito protelatório).
    - Art. 311, IV (pedido incontroverso).

- **Recursos**
  - Agravo de instrumento (art. 1.015, I, CPC/2015): se a decisão concessiva da tutela for interlocutória.
  - Apelação (art. 1.009, CPC/2015): se a tutela for concedida na sentença.
  - Sessão de julgamento: cabe sustentação oral no agravo de instrumento (art. 937, VIII)

5. TUTELA PROVISÓRIA CONTRA A FAZENDA PÚBLICA

Essa espécie de provimento é extremamente comum em demandas envolvendo entes públicos. Basta imaginar uma ação em que se busca o fornecimento de um tratamento de saúde ou medicamento. Em casos assim, não há como aguardar todo o trâmite processual para permitir a satisfação do direito pleiteado pela parte autora. Com efeito, presentes os pressupostos processuais, não há razões para vedação ao deferimento de tutela provisória contra o Poder Público, sendo admitida, inclusive, a aplicação de multa cominatória para a hipótese de descumprimento[7].

Entretanto, de acordo com as Leis nº 9.494/1997 e nº 8.437/1992, há expressa vedação à concessão de tutelas provisórias nas hipóteses que importem em: (a) reclassificação ou equiparação

---

[7] "(...) O Superior Tribunal de Justiça tem decidido, reiteradamente, que é lícito ao magistrado fixar multa contra a Fazenda Pública com o objetivo de assegurar o adimplemento de obrigação de fazer (...)" (AgInt no REsp 1.972.822/MG, 2ª Turma, j. 16.05.2022, *DJe* 24.06.2022).

de servidores públicos; (b) concessão de aumento ou extensão de vantagens pecuniárias; (c) outorga ou acréscimo de vencimentos; (d) pagamento de vencimentos e vantagens pecuniárias a servidor público (art. 1º, Lei nº 9.494/1997[8]); ou (e) esgotamento, total ou parcial, do objeto da ação, desde que tal ação diga respeito, exclusivamente, a qualquer das matérias acima referidas (art. 1º, § 3º, Lei nº 8.437/1992; STF, Rcl 5476 AgR, Relator j. 20.10.2015).

Nos casos de irreversibilidade do provimento, a jurisprudência vem admitindo a concessão quando os bens jurídicos a serem tutelados com o deferimento da medida forem mais valiosos que a proteção ao erário. Confira:

> "Não obstante as disposições do art. 1º, § 3º, da Lei nº 8.437/1992, que veda a concessão de liminar de caráter satisfativo contra a Fazenda Pública, a questão deve ser flexibilizada em razão da relevância da matéria versada, a tutela de urgência para a determinação ao município recorrido de realização de reforma no prédio Casa da Mãe Social – Unidades I e II, que há muito se encontra em situação precária, e abriga crianças e adolescentes em situação de abandono" (TJ-GO, AI: 06737389420198090000, Rel. Des(a). Carlos Hipolito Escher, 4ª Câmara Cível, j. 28.04.2020, *DJ* 28.04.2020).

Em suma, em regra, nas hipóteses não alcançadas pelas vedações legais, é plenamente possível a concessão de tutela de urgência contra a Fazenda Pública. A título de exemplo, o STF entende que pode ser concedida tutela provisória em ações previdenciárias (Súmula 729). O STF também já admitiu a concessão de tutela provisória de natureza antecipada em pedido sobre férias de servidores públicos, considerando que ele não envolvia a reclassificação ou equiparação de servidores públicos nem a concessão de aumento ou extensão de vantagens (Rcl 4311/DF, j. 06.11.2014).

Ainda que essas vedações tenham sido consideradas constitucionais, vale ressaltar que elas estão limitadas à fase inicial do procedimento. Isso porque, o STF admite que o juiz conceda a tutela antecipada tratando sobre os assuntos do art. 1º da Lei nº 9.494/1997 na própria sentença de mérito (STF, Rcl 8902 AgR, Rel. Min. Rosa Weber, 1ª Turma, j. 05.08.2014).

Destaca-se, ainda, que o STF decidiu que é inconstitucional a regra do art. 7º, § 2º, da Lei nº 12.016/2009, que impossibilitava a concessão de medida liminar em mandado de segurança que tivesse por objeto a compensação de créditos tributários, a entrega de mercadorias e bens provenientes do exterior, a reclassificação ou equiparação de servidores públicos e a concessão de aumento ou a extensão de vantagens ou pagamento de qualquer natureza. De acordo com o Supremo, impedir ou condicionar a concessão de medida liminar nessas hipóteses caracteriza verdadeiro obstáculo à efetiva prestação jurisdicional e à defesa do direito líquido e certo do impetrante (ADI 4296/DF, Rel. Min. Marco Aurélio, redator do acórdão Min. Alexandre de Moraes, j. 09.06.2021).

Por fim, de acordo com a doutrina majoritária, as vedações à concessão de tutela provisória contra o Poder Público não se aplicam à tutela de evidência. Nesse sentido é o Enunciado 35 do FPPC: "as vedações à concessão de tutela provisória contra a Fazenda Pública limitam-se às tutelas de urgência". Dessa forma, admite-se a concessão de tutela de evidência em face da Fazenda Pública nas hipóteses de abuso de direito ou existência de provas documentais e tese firmada em julgamento de casos repetitivos ou súmula vinculante, ou, ainda, no caso de ação de depósito proposta em face do Poder Público (incisos I a III do art. 311).

Quanto ao inciso IV, a aplicabilidade à Fazenda Pública depende de interpretação à luz das disposições constitucionais. De acordo com este inciso, a tutela de evidência poderá ser

---

[8] Em precedente antigo do STF, essa previsão foi considerada constitucional (ADC 4, j. 01.10.2008).

concedida quando "a petição inicial for instruída com prova documental suficiente dos fatos constitutivos do direito do autor, a que o réu não oponha prova capaz de gerar dúvida razoável". Caso a eventual concessão do pedido implique pagamento, afasta-se a sua aplicabilidade à Fazenda Pública, pois para a expedição de precatório ou requisição de pequeno valor exige-se o trânsito em julgado.

JURISPRUDÊNCIA TEMÁTICA

"O art. 1º da Lei nº 9.494/97 determina, entre outras vedações, que não será cabível tutela antecipada contra o Poder Público visando obter a reclassificação ou equiparação de servidores públicos ou a concessão de aumento ou extensão de vantagens pecuniárias. O STF declarou que esse dispositivo é constitucional (ADC 4). Vale ressaltar, no entanto, que a decisão proferida na referida ADC 4 não impede toda e qualquer antecipação de tutela contra a Fazenda Pública. Somente está proibida a concessão de tutela antecipada nas hipóteses listadas no art. 1º da Lei nº 9.494/97, que deve ser interpretado restritivamente. No presente julgado, o STF afirmou que seria possível a concessão de tutela antecipada tratando sobre férias de servidores públicos, considerando que isso não envolve a reclassificação ou equiparação de servidores públicos nem a concessão de aumento ou extensão de vantagens" (STF, Plenário, Rcl 4.311/DF, red. p/ o acórdão Min. Dias Toffoli, julgado em 06.11.2014 (Info 766)).

6. DISPOSIÇÕES GERAIS REFERENTES ÀS TUTELAS DE URGÊNCIA (CAUTELAR E ANTECIPADA)

6.1 Fungibilidade entre as tutelas de urgência (cautelar e antecipada)

Nenhum jurisdicionado deixará de receber a tutela jurisdicional porque disse galho em vez de árvore. O Estado é laico, a aplicação do direito é atividade da razão e os juízes não incorporam qualquer divindade na hora de decidir, por isso a posição da vela na cabeça do santo não mais tem influência sobre dizer o direito. Estamos na era do instrumentalismo, da preocupação com a essência. Processo e ritual de macumba são atividades que não se confundem; ambas legítimas e respeitáveis, ressalte-se. Embora distintas na essência, não se pode olvidar que tanto a tutela antecipada quanto a tutela cautelar derivam do mesmo gênero, qual seja, tutela jurisdicional de urgência (com base no direito provável ou evidente) e, em última análise, visam o mesmo objetivo: evitar que os efeitos do tempo possam causar dano ao direito da parte, seja porque ela não pode usufruir desse direito num tempo útil, seja porque o direito, pela demora na prestação jurisdicional, venha a perecer. Os pontos de tangenciamento entre os dois institutos não raro conduzem os operadores do direito a equívoco, levando-os a requerer uma medida pela outra.

O equívoco em si não acarretaria postergação da tutela pleiteada, não fosse o formalismo que ainda impera na condução dos processos, desconhecendo às vezes o julgador que lhe cabe dar a adequada qualificação jurídica aos fatos narrados pelas partes.

Pois bem. Para evitar tais inconvenientes, que redundam em graves prejuízos para a almejada efetividade do processo, o parágrafo único do art. 305 dispõe que se o pedido de tutela cautelar possuir natureza antecipatória, o juiz observará o disposto no art. 303, ou seja, adotará a técnica que poderá conduzir à estabilização da tutela.

Pela dicção do dispositivo, desnecessária é o aditamento do pedido para análise e eventual deferimento de providência de natureza antecipada, quando formulado pedido a título de tutela cautelar. A alteração procedimental deve, portanto, ser imediata e de ofício.

Embora não prevista expressamente no texto do parágrafo único do art. 305, **a fungibilidade é de mão dupla**, pelo que deverá o juiz, presentes os respectivos pressupostos, aplicar o procedimento da tutela cautelar requerida equivocadamente como tutela antecipada.[9] Em nome da efetividade que tal alteração incute no processo de conhecimento, é de bom alvitre desprezar diferenças terminológicas. Se o caso é de tutela cautelar, embora se tenha pleiteado tutela antecipada, presentes os requisitos, que se defira a medida cautelar.

Nada obsta que a fungibilidade se estenda também à tutela da evidência. Requerida a tutela de urgência, pode-se deferir a tutela da evidência, desde que demonstrados os requisitos do art. 311, dispensando-se a prova da urgência. Ao revés, requerida a tutela da evidência, pode-se deferir a tutela da urgência, desde que demonstrados a probabilidade e o *periculum in mora*. É isso aí. Não importa o rótulo do perfume, e sim a fragrância.

6.2 Requisitos para concessão das tutelas de urgência

Como já afirmado, a tutela dita de urgência pode ter natureza cautelar ou antecipada (satisfativa). O principal requisito para concessão dessa modalidade de tutela é a probabilidade do direito invocado, não obstante ela receber a denominação de "tutela de urgência". Para a devida compreensão, não custa repetir. Melhor seria se o legislador tivesse escolhido a expressão "tutela do provável" para denominar essa espécie de tutela, contrapondo à "tutela da evidência", figurando o provável como um *minus* em relação à evidência. Aliás, na tutela da evidência, o direito afirmado pela parte é de tal ordem provável que o legislador se contenta com a evidência do direito substancial, dispensando-se a urgência. Na tutela do provável, exatamente porque a probabilidade não alcança o grau da evidência, exige-se uma certa dose de urgência externa, ou seja, urgência que não esteja contida na própria noção do direito afirmado (*in re ipsa*). Como não estamos preocupados com rótulos, e sim com a essência, vamos utilizar a linguagem da lei, isto é, tutela de urgência.

Para a concessão da tutela de urgência exige-se a presença de dois requisitos: a) probabilidade do direito invocado mais o perigo de dano ou b) a probabilidade do direito invocado mais o risco ao resultado útil do processo (art. 300, *caput*).

A **probabilidade do direito** deve estar evidenciada por prova suficiente, de forma que possa levar o juiz a acreditar que a parte é titular do direito material disputado. Trata-se de um **juízo provisório**. Basta que, no momento da análise do pedido, todos os elementos convirjam no sentido de aparentar a probabilidade das alegações. Essa análise pode ser feita liminarmente (antes da citação) ou em qualquer outro momento do processo. Pode ser que no limiar da ação os elementos constantes dos autos ainda não permitam formar um juízo de probabilidade suficiente para o deferimento da tutela provisória. Contudo, depois da instrução, a probabilidade pode restar evidenciada, ensejando a concessão da tutela requerida.

Pouco importa se, posteriormente, no julgamento final, após o contraditório, a convicção do magistrado seja diferente daquela que se embasou para conceder a tutela. Para a concessão da tutela de urgência não se exige que da prova surja a certeza das alegações, contentando-se a lei com demonstração de ser provável a existência do direito alegado pela parte que pleiteou a medida.

Quanto ao **perigo na demora da prestação jurisdicional** (*periculum in mora*), ou seja, o perigo de dano ou o risco de que a não concessão da medida acarretará à utilidade do processo, trata-se de requisito que pode ser definido como o fundado receio de que o direito afirmado

---

[9] A jurisprudência já reconheceu a fungibilidade nos dois sentidos, conforme se verifica no julgamento, pelo Superior Tribunal de Justiça, do AgRg do REsp 1.103.299/BA, de relatoria do Min. Mauro Campbell Marques, 2ª Turma, j. 01.10.2009, *DJe* 15.10.2009.

pela parte, cuja existência é apenas provável, sofra dano irreparável ou de difícil reparação. Esse dano pode se referir ao objeto das ações ressarcitórias ou inibitórias. O dano ao direito substancial em si ou ao resultado útil do processo acaba por ter como referibilidade o direito material, uma vez que o processo tem como escopo principal a certificação e/ou a realização desse direito. Saliente-se que não basta a mera alegação, sendo indispensável que o autor aponte fato concreto e objetivo que leve o juiz a concluir pelo perigo de lesão. O fato de um devedor estar dilapidando seu patrimônio pode caracterizar esse requisito e ensejar a concessão de uma tutela de urgência que será efetivada mediante o arresto de bens. Por outro lado, a iminência de vir a público uma publicidade enganosa, com alta potencialidade de dano ao consumidor, pode caracterizar o requisito exigido para o deferimento da tutela provisória de urgência.

6.3 Prestação de caução real ou fidejussória como requisito para a concessão das tutelas de urgência

Para a concessão da tutela de urgência pode o juiz determinar que o requerente preste **caução real ou fidejussória** (art. 300, § 1º). A primeira é aquela prestada sob a forma de garantia real (art. 1.419 do CC), como o penhor e a hipoteca. Nessa modalidade de garantia, um bem é destinado a assegurar o ressarcimento de eventual prejuízo, para, se for o caso, garantir o pagamento das perdas e danos decorrentes da execução da medida. Já a caução fidejussória é uma espécie de garantia pessoal, no caso prestada por um terceiro, que se torna responsável pelo ressarcimento de eventuais prejuízos.

Há quem afirme que a exigência de caução é ato discricionário do juiz. Não comungo dessa opinião. No processo, a regra é a vinculação dos atos decisórios. A exigência ou dispensa de caução não foge à regra. Embora a parte final do § 1º registre que "o juiz pode", trata-se de decisão interlocutória e, portanto, deve ser motivada. A motivação deve levar em conta o caso concreto e em face dele, "deve" ou "não pode". Se presentes os requisitos (probabilidade e perigo) para o deferimento da tutela provisória, esta deve ser deferida. Quanto à caução, em se reconhecendo – também motivadamente – a hipossuficiência econômica, a dispensa se impõe (deve dispensar). É claro que, sem os requisitos para o deferimento, notadamente a probabilidade do direito, não há pobreza que sustente a tutela provisória. Não confunda o Judiciário com instituição filantrópica. Isso aqui, nem de longe, se assemelha à "casa da sopa".

Nos demais casos (de suficiência econômica do requerente), a baliza do juiz será a probabilidade do direito da parte requerente da tutela provisória e a possibilidade de causação de danos à parte contrária. A probabilidade fala mais alto. Se houver ponderável probabilidade, não há que se falar em caução. Nesse caso, a parte contra quem foi requerida a tutela de segurança deve suportar os efeitos do tempo.

A caução não constitui remédio para a falta ou insuficiência de provas que, liminarmente, se houver pedido do requerente nesse sentido, devem ser aferidas. Se não houver prova que permita aquilatar o mínimo de probabilidade, a tutela provisória deve ser indeferida. Em lugar algum do Código se permite inferir que a contracautela substitui o ônus de provar o quanto basta – nós juristas gostamos de exibir um "latinório", então falamos *quantum satis* – a probabilidade do direito e o perigo de lesão. A caução, dependendo do grau de probabilidade, no máximo pode potencializar a concessão da liminar. Fora disso, meu caro leitor, o requerente vai ter de aguardar a instrução do processo.

A jurisprudência do Superior Tribunal de Justiça, para caso específico relacionado à inscrição do nome do devedor em cadastros de inadimplentes, fixou entendimento em sede de recurso especial repetitivo, no qual exigiu, além dos requisitos previstos no art. 300, o depósito da parcela incontroversa ou a prestação de caução. A tese firmada foi a seguinte (temas 31 a 34, REsp Repetitivo 1.061.530/RS): "A abstenção da inscrição/manutenção em cadastros de inadimplentes, requerida em antecipação de tutela e/ou medida cautelar, somente será deferida se, cumulativamente: a) a ação for fundada em questionamento integral ou parcial do débito; b) houver demonstração de que a cobrança indevida se funda na aparência do bom direito e em jurisprudência consolidada do STF ou STJ; c) houver depósito da parcela incontroversa ou for prestada a caução conforme prudente arbítrio do juiz". Assim, não se mostra suficiente para obstar a manutenção ou a inscrição em SPC e SERASA, por exemplo, o ajuizamento de ação revisional destinada a discutir o valor da dívida.

6.4 Momento para o deferimento das tutelas de urgência

Quanto ao momento para deferimento da tutela, pode ser liminarmente, na hipótese de o requerente, juntamente com o pedido inicial (principal ou de tutela antecedente) já apresentar os elementos para aferir a probabilidade e a situação de urgência (art. 300, § 2º). Exemplo: no processo executivo (ou na fase de cumprimento de sentença), antes mesmo da citação do executado, o juiz defere a medida liminar de arresto, uma vez que, além da probabilidade do direito certificado no título executivo, há receio de que a parte contrária, tomando conhecimento do processo, possa desaparecer com os bens, tornando ineficaz a medida. Quando o pedido inicial não vier instruído com os elementos necessários à aferição dos requisitos necessários à concessão da medida, pode-se designar audiência de justificação ou mesmo aguardar a contestação do réu ou mesmo a audiência de instrução e julgamento. É de se lembrar que a tutela de urgência pode ser deferida até na sentença (isso no processo de conhecimento) ou mesmo em grau recursal. Sempre será tempo, enquanto útil for, de se antecipar os efeitos da decisão de mérito ou de acautelar o direito material postulado.

A previsão de realização de justificação prévia se restringe às tutelas de urgência. Na tutela da evidência, essa circunstância (a evidência do direito substancial afirmado) decorre de situações pré-constituídas (incs. II, III e IV do art. 311) ou que aflorarão a partir da contestação do réu (inc. I), daí por que não se cogita de justificação prévia. Nessa modalidade de tutela provisória, a medida será concedida sempre liminarmente ou após a apresentação da defesa. Contudo, nada obsta que a situação de evidência possa surgir após a instrução da causa, por exemplo, ensejando o deferimento da tutela da evidência.

6.5 A reversibilidade dos efeitos da decisão como condicionante para deferimento da tutela de urgência de natureza antecipada

O § 3º do art. 300 veda a concessão da **tutela de urgência de natureza antecipada** quando houver **perigo de irreversibilidade dos efeitos da decisão**. Trata-se de uma irreversibilidade fática, e não jurídica, pois sempre será possível a reversão mediante a interposição de recurso ou alteração da decisão que concedeu a medida.

Embora a urgência sirva para qualificar essa modalidade de tutela, o legislador supervaloriza a probabilidade. Porque na tutela de urgência, a probabilidade é menos acentuada – vez que os requisitos referentes ao *fumus boni iuris* e ao *periculum in mora* se somam – do que na tutela da evidência, exige-se que os efeitos sejam reversíveis. Não deixa de ser estranho o fato de a probabilidade, somada à urgência não serem suficientes para inverter o ônus da demora da prestação jurisdicional, mas assim é a lei. Na ponderação, o provável e urgente vale menos que o irreversível. Essa exigência é justificada pela nossa cultura jurídica, que ao longo do tempo sedimentou-se no sentido de pressupor que a realização de um direito exige tutela definitiva. Exemplo: o autor, em juízo de delibação (provisório), demonstra que o réu é culpado pelo acidente automobilístico que deixou aquele tetraplégico e que tem extrema urgência de tratamento de saúde e alimentos. Mesmo assim, seguindo a literalidade da lei, não poderia o réu ser compelido a prestar alimentos, já que, em razão da situação de carência do autor, uma vez consumidos os alimentos, este não teria condições de restituí-los.

O contrassenso fez com que doutrina e jurisprudência mitigassem o requisito da reversibilidade. Há situações em que, não obstante a irreversibilidade do provimento a ser concedido, a urgência é tão premente que a espera pela cognição exauriente é capaz de inviabilizar a própria utilidade da medida. É um caso de potencial irreversibilidade para ambas as partes, diante da qual se permite ao julgador proceder a um juízo de ponderação e assim propender à proteção daquele que, não possuindo o bem da vida naquele momento, sofrerá maior impacto. Exemplo: consumidor que precisa fazer uma cirurgia de emergência, mas o fornecedor (plano de saúde) alega não haver previsão de cobertura. Nesses casos, a jurisprudência entende plausível a mitigação desse requisito negativo, sob a égide do princípio da proporcionalidade.[10]

Dentre os diversos enunciados editados pela Escola Nacional de Formação e Aperfeiçoamento de Magistrados (ENFAM), merece relevância o de nº 25, que admite o afastamento da irreversibilidade com base no caso concreto e em prol da garantia de acesso à justiça.[11]

Nos tribunais estaduais também vem prevalecendo a mitigação. Veja alguns exemplos:

"(...) O risco de irreversibilidade da medida não pode significar obstáculo intransponível à concessão da medida antecipatória, quando em confronto com o direito essencial de subsistência da parte" (TJ-GO, AI n. 030362324.2019.8.09.0000, Rel. Fábio Cristóvão de Campos Faria, j. 31.07.2019).

"(...) O perigo de irreversibilidade da medida, em ações em que se busca o pagamento de alimentos deve ser mitigado, de modo a prevalecer o direito alimentar" (TJ-AM, AI n. 400202656.2016.8.04.0000, Rel. Maria das Graças Pessoas Figueiredo, j. 10.12.2018).

"(...) A reversibilidade do provimento é um pressuposto da tutela de urgência satisfativa, porém, deve ser lida com temperamento, quando se trata de proteção a direitos fundamentais" (TJ-ES, AI n. 001160310.2015.8.08.0014, Rel. Manoel Alves Rabelo, j. 30.05.2016).

Espera-se que a jurisprudência, com o reforço da doutrina, cada vez mais mitigue o requisito da reversibilidade, uma vez que a interpretação literal do citado dispositivo impede que crises do direito material, eivadas de extrema urgência, sejam de pronto estancadas com a concessão da tutela adequada, violando o próprio fim a que o instituto se destina.

Na tutela da evidência, em razão da situação (de evidência) do direito em que se sustenta, não se exige o tal requisito da irreversibilidade.

---

[10] "É possível a antecipação da tutela, ainda que haja perigo de irreversibilidade do provimento, quando o mal irreversível for maior, como ocorre no caso de não pagamento de pensão mensal destinada a custear tratamento médico da vítima de infecção hospitalar, visto que a falta de imediato atendimento médico causar-lhe-ia danos irreparáveis de maior monta do que o patrimonial" (STJ, REsp 600/CE, 3ª Turma, Rel. Min. Sidnei Beneti, j. 15.12.2009, *DJe* 18.12.2009). Nesse mesmo sentido: REsp 408.828/MT, 4ª Turma, Rel. Min. Barros Monteiro, j. 01.03.2005; REsp 242.816/PR, 3ª Turma, Rel. Min. Eduardo Ribeiro, j. 04.05.2000; REsp 144.656/ES, 2ª Turma, Rel. Min. Adhemar Maciel, j. 06.10.1997.

[11] "A vedação da concessão de tutela de urgência cujos efeitos possam ser irreversíveis (art. 300, § 3º, CPC/2015) pode ser afastada no caso concreto com base na garantia do acesso à Justiça (art. 5º, XXXV, da CRFB)". No mesmo sentido o Enunciado 40 da I Jornada de Direito Processual Civil do CJF: "A irreversibilidade dos efeitos da tutela de urgência não impede sua concessão em se tratando de direito provável, cuja lesão seja irreversível".

6.6 Indenização pelos prejuízos decorrentes da tutela de urgência

O art. 302 do Código contempla danos de duas naturezas: dano processual e danos decorrentes da efetivação da tutela de urgência. Por dano processual deve-se entender o prejuízo causado a outra parte por aquele que litiga de má-fé, seja na condição de autor, réu ou interveniente. O art. 81 deixa claro que o litigante de má-fé deverá indenizar a parte contrária pelos prejuízos por ela experimentados, inclusive com honorários advocatícios e demais despesas. Já o prejuízo decorrente da efetivação da tutela de urgência guarda relação apenas com os danos relativos à efetivação da medida pleiteada, seja com base na urgência ou na evidência, seja antecipada ou cautelar. Nessa hipótese, a parte só será responsável pelos danos suportados pela parte contrária quando houver prejuízo diretamente ligado à efetivação da tutela de urgência.

A decisão concessiva da tutela provisória, como o próprio termo está a indicar, **é provisória e temporária**. Esse atributo, previsto no art. 296, até pela dicção do dispositivo, alcança todas as modalidades de tutela provisória. Exatamente porque provisória, a efetivação do provimento deve ser feita de forma a possibilitar o retorno ao estado anterior, seja por meio da restituição específica do bem objeto da efetivação ou da composição de perdas e danos.

Embora o dispositivo específico que trata do ressarcimento por eventuais prejuízos causados pela efetivação da tutela provisória (art. 302) esteja inserido no Título II, que trata da tutela de urgência, esse regramento se estende também à tutela provisória concedida com base na evidência. Isso porque também a tutela da evidência contém o atributo da provisoriedade e por ser passível de modificação está sujeita a causar danos à parte adversa. É certo que a situação de evidência do direito mitiga em muito a possibilidade de reversão dos efeitos da tutela antecipadamente concedida, mas não se pode afastar a possibilidade de prejuízos e, portanto, de ressarcimento, mormente em razão de conduta dolosa ou culposa da parte requerente. De qualquer forma, seguindo a linha do Código, vamos tratar da responsabilidade pelo dano oriundo da tutela de urgência.

A fim de garantir a restituição das partes ao estado anterior, o beneficiário da tutela de urgência se obriga a indenizar a parte adversa pelos danos experimentados nas seguintes hipóteses, previstas nos incisos do art. 302:

> Art. 302. Independentemente da reparação por dano processual, a parte responde pelo prejuízo que a efetivação da tutela de urgência causar à parte adversa, se:
>
> I – a sentença lhe for desfavorável;
>
> II – obtida liminarmente a tutela em caráter antecedente, não fornecer os meios necessários para a citação do requerido no prazo de cinco dias;
>
> III – ocorrer a cessação da eficácia da medida em qualquer hipótese legal;
>
> IV – o juiz acolher a alegação de decadência ou prescrição da pretensão do autor.

O patrimônio do beneficiário da medida responde pelos prejuízos que a efetivação da tutela acarretar, sendo estes liquidados nos mesmos autos e executados de acordo com as normas estabelecidas para as execuções por quantia certa.

Conforme entendimento do Superior Tribunal de Justiça, a responsabilização decorrente dos danos causados pela concessão da tutela provisória posteriormente revogada tem natureza objetiva e independe de pronunciamento judicial e pedido específico da parte interessada (STJ, 4ª Turma, REsp 1.191.262-DF, Rel. Min. Luis Felipe Salomão, j. 25.09.2012). Ou seja, para a reparação dos danos materiais ou morais causados à parte contrária, não é necessária discussão sobre a culpa ou mesmo se a parte beneficiária da medida agiu de má-fé. Basta, tão somente, a existência do dano. Caso fique comprovado que o beneficiário da tutela também agiu de forma maliciosa, poderá haver a sua responsabilização pelas sanções processuais previstas no art. 81

do CPC. A indenização, por sua vez, é consequência natural da revogação e improcedência do pedido, tratando-se de efeito secundário e automático da sentença, produzido por força do art. 302 do CPC. No mesmo sentido:

"O ressarcimento dos prejuízos advindos com o deferimento da tutela provisória posteriormente revogada por sentença que extingue o processo sem resolução de mérito, sempre que possível, deverá ser liquidado nos próprios autos. No que concerne à tutela de urgência (cautelar ou antecipada), o art. 302 do Código de Processo Civil de 2015, seguindo a mesma linha do CPC/1973, adotou a teoria do risco-proveito, ao estabelecer que o beneficiado com a tutela provisória deverá arcar com os prejuízos causados à parte adversa, sempre que, dentre outras hipóteses, ocorrer a cessação da eficácia da medida em qualquer hipótese legal. Esse dispositivo deve ser analisado juntamente com o art. 309 do mesmo diploma processual, que traz as hipóteses legais de cessação da eficácia da tutela provisória, dentre elas, a extinção do processo sem resolução de mérito. Vale destacar que essa responsabilidade prevista no art. 302 do CPC/2015 é objetiva, bastando que o prejudicado comprove o nexo de causalidade entre o fato e o prejuízo ocorrido. Quanto à forma de se buscar o ressarcimento dos prejuízos advindos com o deferimento da tutela provisória, o parágrafo único do art. 302 do CPC/2015 é claro ao estabelecer que 'a indenização será liquidada nos autos em que a medida tiver sido concedida, sempre que possível', dispensando-se, assim, o ajuizamento de ação autônoma para esse fim. Com efeito, a **obrigação de indenizar a parte adversa dos prejuízos advindos com o deferimento da tutela provisória posteriormente revogada é decorrência *ex lege* da sentença de improcedência ou de extinção do feito sem resolução de mérito sendo dispensável, portanto, pronunciamento judicial a esse respeito, devendo o respectivo valor ser liquidado nos próprios autos em que a medida tiver sido concedida**. Dessa forma, não há que se falar em ausência de título executivo judicial apto a permitir o cumprimento de sentença, pois o comando a ser executado é a própria decisão que antecipou a tutela, juntamente com a sentença de extinção do feito sem resolução de mérito que a revogou, sendo, portanto, perfeitamente possível extrair não só a obrigação de indenizar o dano causado à parte ré (*an debeatur*), nos termos dos dispositivos legais analisados (CPC/2015, arts. 302 e 309), como também os próprios valores despendidos com o cumprimento da tutela provisória deferida (*quantum debeatur*). Entendimento diverso não seria compatível com os princípios da economia e celeridade processual, que é justamente o objetivo da norma ao determinar que a indenização deverá ser liquidada nos próprios autos que a tutela provisória tiver sido concedida" (STJ, REsp 1.770.124-SP, 3ª T., Rel. Min. Marco Aurélio Bellizze, por unanimidade, j. 21.05.2019, *DJe* 24.05.2019, Informativo 649).

A meu ver, em decorrência dos atributos do direito fundamental de ação não se pode cogitar de responsabilidade objetiva pelo simples fato de ter movimentado a máquina judiciária com vistas à certificação, com consequente antecipação ou acautelamento, de direito controvertido. O julgamento de uma pretensão (procedente ou improcedente), principalmente nesses tempos de jurisprudência Band News ("em vinte segundos tudo pode mudar"), é algo que foge totalmente ao controle do autor (requerente da tutela de urgência). Da mesma forma, às vezes a decadência e prescrição envolvem aspectos de alta indagação, nem sempre pacificados na jurisprudência. O que se pretende dizer é que, de forma objetiva, compelir esse requerente a indenizar a parte adversa por todo e qualquer dano decorrente da efetivação da tutela de urgência, soa como uma punição por ter batido às portas da justiça, ter obtido (em face da probabilidade e do perigo) uma tutela de segurança, mas no final o órgão jurisdicional disse que o direito não o ampara. Ora, o processo não deixa de ter um viés de batalha (de guerra mesmo). E veja que o art. 302 sequer menciona a expressão "responsabilidade objetiva". Se o autor (exemplificativamente) está sofrendo os efeitos do tempo (que causa danos) e, então, em razão de ter logrado êxito na tutela de urgência (porque provou a probabilidade e a urgência), nem sempre pode responder objetivamente.

Concordo que a responsabilidade possa ser objetiva (independentemente da prova da culpa) nas hipóteses dos incisos II e III. Aliás, em tais casos, a culpa já está inserida na descrição normativa. Exemplo: se "A" disputa com "B" a propriedade de um veículo e, em sede de tutela antecipada, consegue ordem para que o bem não seja utilizado por "B". Caso "B" comprove ter sofrido prejuízos porque utilizava o veículo para o trabalho, "A" poderá vir a ser responsabilizado. "A" responderá objetivamente, por exemplo, se deferida a medida cautelar em caráter antecedente, não deduziu o pedido principal no prazo de trinta dias (arts. 308, *caput*, e 309, I) e por isso o processo foi extinto sem julgamento do mérito. "B" terá que provar o dolo ou culpa de "A" (por exemplo, que este obteve a tutela provisória com base em falsa prova) se o pedido principal foi julgado improcedente. Fora disso, a responsabilização objetiva representa punição ao requerente. Se agir com culpa, a responsabilização me parece adequada.

Contudo, deve-se ressalvar que, além do STJ, alguns doutrinadores admitem a responsabilidade objetiva em qualquer hipótese. A meu ver, essa interpretação vai além da lei. E mais: a responsabilização objetiva em qualquer hipótese fere o princípio do acesso à justiça.

Passemos então à análise de cada um dos incisos do art. 302.

6.6.1 *Sentença desfavorável (art. 302, I)*

O Código não fala se a responsabilidade é objetiva. O ordinário é que a responsabilidade seja subjetiva. Quando for objetiva, o legislador deveria registrar que, "independentemente de culpa...". Mas vá lá.

Pouco importa a natureza da responsabilidade, a sentença há que ter transitado em julgado para ensejar a liquidação dos danos. Os danos devem ser provados. Aliás, devem-se provar os danos e o nexo de causalidade com a efetivação da tutela provisória.

Obviamente, se a tutela foi deferida e efetivada – se não foi efetivada, de dano não se pode cogitar –, com ocorrência de dano ao requerido, mas o pedido inicial foi julgado procedente, não há que se falar em responsabilização. O que importa para a incidência do inciso I é o resultado expresso na sentença, que encerra o módulo de conhecimento e põe fim à execução.

De toda forma, caso lhe seja questionado em provas de concursos, a jurisprudência[12] e a doutrina[13] adotam a teoria da responsabilidade objetiva na hipótese.

Na cautelar, requerida em caráter antecedente, a responsabilização pelos danos vai depender da sentença proferida acerca do pedido principal. Se julgado procedente, pouco importa o desfecho da tutela antecedente. Suponha-se que a tutela cautelar tenha sido deferida liminarmente e, uma vez efetivada, causado danos ao requerido. Estabelecido o contraditório, o

---

[12] REsp 1191262/DF, Rel. Min. Luis Felipe Salomão, 4ª Turma, j. 25.09.2012, *DJe* 16.10.2012.

[13] "(...) O requerente da tutela provisória assume o risco de ressarcir, ao adversário, todos os prejuízos produzidos pela concessão e a execução da providência urgente, quando essa vier a ser extinta por um ato ou omissão imputável ao autor da medida ou por se constatar que ele não tem o direito antes reputado plausível. E, para tanto, é irrelevante que o requerente da medida tenha agido de boa ou má-fé, com ou sem dolo ou culpa. Aliás, se tiver havido litigância de má-fé responderá também, cumulativamente, pelas penalidades imputáveis a tal conduta (conforme explicita a parte inicial do art. 302 do CPC/2015)" (WAMBIER, Luis Rodrigues; TALAMINI, Eduardo. *Curso avançado de processo civil*: cognição jurisdicional (processo comum de conhecimento e tutela provisória). 16. ed. v. 2. São Paulo: RT, 2016. p. 880).

pedido cautelar foi julgado improcedente (decisão interlocutória), mas na sentença o pedido principal foi julgado procedente. Não há responsabilização.

O ressarcimento desses prejuízos independe de procedimento próprio, admitindo-se a liquidação, sempre que possível, nos próprios autos. Logo, não se faz necessário o ajuizamento de ação autônoma (art. 302, parágrafo único, e REsp 1.770.124/SP, Rel. Min. Marco Aurélio Bellizze, j. 21.05.2019).

6.6.2 Obtenção da liminar da tutela em caráter antecedente e não fornecimento de meios necessários para a citação do requerido no prazo de 5 dias (art. 302, II)

O estabelecimento de prazo para o fornecimento de meios (endereço, recolhimento de diligências de oficial de justiça, entre outras) tem dupla finalidade: evitar que o autor assente sobre a liminar e postergue o desfecho da demanda e abreviar a tomada de providências por parte do réu. Já que a medida foi concedida em caráter extraordinário – porque ordinariamente a concessão de tutelas judiciais pressupõe a audição da parte contrária –, nada mais razoável que o réu seja imediatamente citado, para integrar a relação processual, e intimado da concessão da medida, a fim de que possa tomar todas as providências que julgar cabíveis, inclusive interpor agravo de instrumento, com pedido de efeito suspensivo. O fato de não constituir causa para cessação dos efeitos da tutela (art. 309) em nada interfere na responsabilidade do autor pelos danos que seu atraso acarretar. Nessa hipótese, em caso de vitória do autor, há que se perquirir sobre a causa do dano. O autor somente responderá se os danos tiverem relação de causalidade com a desídia no fornecimento dos meios para a citação. Em outras palavras, no caso de vitória do autor, a responsabilidade será subjetiva e limitada aos danos decorrentes do atraso no fornecimento de meios para citação. Caso o pedido inicial seja julgado improcedente, haverá atração da norma do inciso I.

6.6.3 Cessação da eficácia em qualquer hipótese legal (art. 302, III)

Na linha do que já se afirmou, em qualquer hipótese de cessação da eficácia da medida concedida em caráter provisório, pode-se cogitar do ressarcimento do dano que eventualmente esta possa ter causado. Contudo, não obstante a jurisprudência majoritária, a responsabilidade nem sempre será objetiva.

Embora o art. 309 mencione tão somente a tutela concedida em caráter antecedente, qualquer que seja a modalidade de tutela provisória, cessada a eficácia, a parte beneficiada será responsabilizada pelos danos causados à parte contrária. As hipóteses não se restringem ao art. 309. Por exemplo, se o autor não realiza o aditamento do pedido de tutela antecipada feita em caráter antecedente (art. 303, § 2º), extingue-se o processo sem julgamento do mérito, o que leva à cessação da eficácia da decisão que deferiu a antecipação e, por conseguinte, cabível é a recomposição de eventual prejuízo experimentado pela parte demandada.

Exemplo de aplicação desse dispositivo está no julgamento do Tema 692 dos Recursos Repetitivos. De acordo com a 1ª Seção do STJ (Pet 12.482/DF, j. 11.05.2022), a reforma da decisão que antecipa os efeitos da tutela final obriga o autor da ação a devolver os valores dos benefícios previdenciários ou assistenciais recebidos, conforme possibilita o art. 302, III, do CPC. Isso quer dizer que se Antônio receber do INSS o valor de R$ 20 mil, por força de decisão interlocutória (tutela provisória de natureza antecipada) posteriormente modificada quando da prolação da sentença, esse valor deverá ser devolvido aos cofres públicos. Essa devolução, no entanto, não ocorrerá de uma única vez. Nos termos do art. 115, II, da Lei nº 8.213/1991, alterada em 2019, a reforma da decisão que antecipa os efeitos da tutela final obriga o autor da ação a devolver os valores dos benefícios previdenciários ou assistenciais recebidos, o que pode ser feito por meio de desconto em valor que não exceda 30% (trinta por cento) da importância de eventual benefício que ainda lhe estiver sendo pago.

6.6.4 Acolhimento da alegação de decadência ou prescrição (art. 302, IV)

Não há razão para a distinção, uma vez que esta hipótese (inciso IV) já está contida na do inciso I, ou seja, a sentença que declara a prescrição ou decadência é desfavorável ao autor, razão pela qual, caso tenha havido deferimento e efetivação da tutela por este requerida, deve ele responder pelo dano causado ao demandado. Pouco importa o fundamento da sentença. Se o provimento for desfavorável ao autor, pode haver ensejo ao pedido de indenização. Sentença desfavorável é sentença de improcedência (art. 487, I e II) ou de extinção sem julgamento do mérito (art. 485).

**Quadro esquemático 30 –
Regras gerais das tutelas de urgência (antecipada e cautelar)**

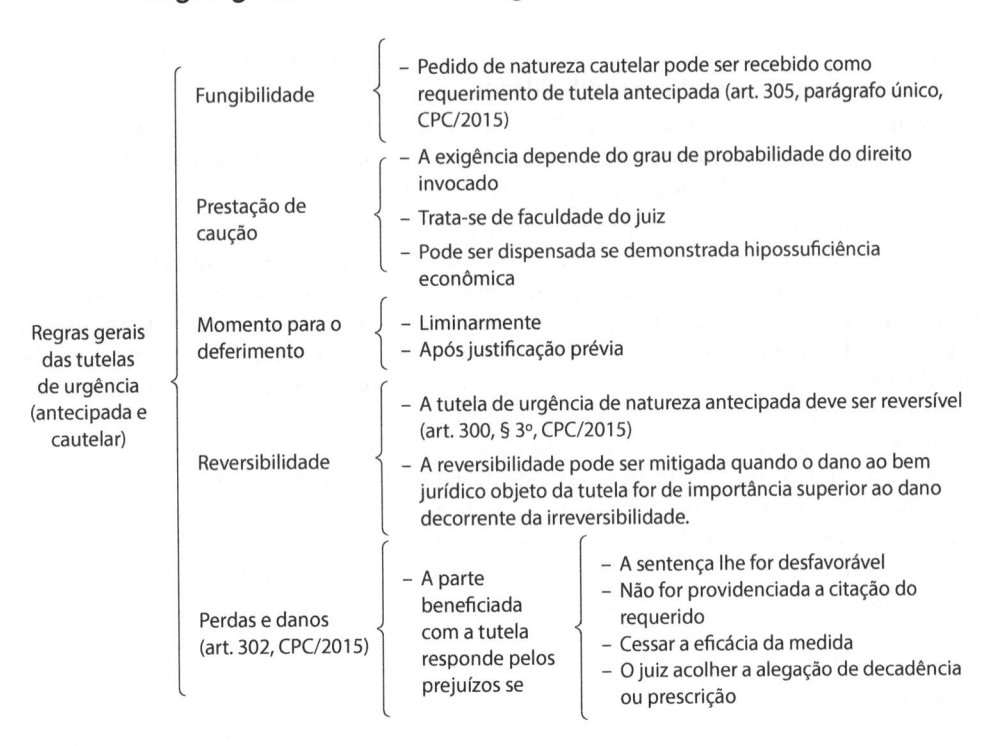

Regras gerais das tutelas de urgência (antecipada e cautelar)
- **Fungibilidade**
  - Pedido de natureza cautelar pode ser recebido como requerimento de tutela antecipada (art. 305, parágrafo único, CPC/2015)
- **Prestação de caução**
  - A exigência depende do grau de probabilidade do direito invocado
  - Trata-se de faculdade do juiz
  - Pode ser dispensada se demonstrada hipossuficiência econômica
- **Momento para o deferimento**
  - Liminarmente
  - Após justificação prévia
- **Reversibilidade**
  - A tutela de urgência de natureza antecipada deve ser reversível (art. 300, § 3º, CPC/2015)
  - A reversibilidade pode ser mitigada quando o dano ao bem jurídico objeto da tutela for de importância superior ao dano decorrente da irreversibilidade.
- **Perdas e danos (art. 302, CPC/2015)**
  - A parte beneficiada com a tutela responde pelos prejuízos se:
    - A sentença lhe for desfavorável
    - Não for providenciada a citação do requerido
    - Cessar a eficácia da medida
    - O juiz acolher a alegação de decadência ou prescrição

7. DA TUTELA CAUTELAR

7.1 Das tutelas idôneas para asseguração do direito

Como já afirmado, o processo cautelar, como instituto autônomo, não consta do CPC atual, assim como a tipificação das medidas cautelares. O fato de ter suprimido a autonomia do processo cautelar e não mais ter repetido as hipóteses de cabimento em nada interfere na tutela cautelar. Todas as tutelas antes tipificadas (nominadas) no CPC/1973 podem ser concedidas com base no poder geral de cautela.

A existência da tutela de urgência de natureza cautelar se justifica pela natural demora na atuação e satisfação do direito por meio do processo de conhecimento, seguido do cumprimento da sentença, ou por meio do processo de execução. Essa demora, natural porque a atuação da jurisdição se embasa em análises definitivas, pode conduzir à ineficácia da prestação jurisdicional. Surgem então as medidas cautelares como forma de garantir a efetividade da tutela pleiteada, mediante averiguação superficial e provisória da probabilidade do direito do requerente e da possibilidade de ocorrência de dano de difícil reparação ou ocorrência de risco ao resultado útil do processo.

Se no curso do processo de conhecimento, no qual se discute a propriedade de um automóvel, ou mesmo antes da instauração do processo, houver fundado receio de que o réu venha a danificá-lo, pode o autor pleitear o sequestro do bem. A medida que decreta a apreensão do bem litigioso, por si só, não vai garantir o direito do autor, mas apenas a efetividade do processo se ele sair vencedor, o que em última análise significa proteção ou acautelamento do direito substancial. Embora um dos requisitos da tutela cautelar se refira ao perigo ao resultado útil do processo, a referibilidade sempre será o direito material afirmado pela parte requerente.

Com o mesmo objetivo, pode o credor de um título executivo requerer, antes ou no curso do processo de execução, o arresto de bens suficientes para garantir o seu crédito, caso tome conhecimento de que o devedor está dilapidando todo o patrimônio.

Como se vê, a tutela cautelar concedida em caráter incidental ou antecedente tem caráter instrumental, porquanto objetiva assegurar a utilidade do processo em qualquer de suas fases, afastando, assim, o risco de inocuidade da prestação jurisdicional.

As medidas provisórias de urgência de natureza cautelar eram efetivadas mediante qualquer uma das medidas nominadas nos arts. 812 e seguintes do CPC/1973. Os nomes desapareceram do CPC/2015, uma vez que não há requisito específico para esta ou aquela medida – todas serão concedidas com base no poder geral de cautela –, mas, na essência, a tutela permanece. As medidas cautelares típicas (nominadas) não mais se encontram regulamentadas no atual CPC. Contudo, permite-se que o juiz, com base no poder geral de cautela, defira a tutela adequada para acautelar o direito a ser certificado no processo de conhecimento ou realizado por meio do processo de execução ou na fase do cumprimento da sentença. Em caráter exemplificativo, o art. 301 do Código em vigor elenca o arresto, o sequestro, o arrolamento de bens, o registro de protesto contra alienação para assegurar o direito afirmado no processo, mas qualquer outra medida útil a tal finalidade pode ser concedida. A necessidade de acautelamento do direito posto em juízo determinará a natureza da tutela a ser deferida. Em outras palavras, o fim (acautelar o direito discutido em juízo) determinará os meios (se tratar de disputa pela propriedade de uma coisa, o sequestro se afigura a medida adequada; se tratar de execução por quantia, o arresto é cabível, e assim por diante).

Arresto é a medida de apreensão de bens que tem por fim garantir futura execução por quantia certa. Ele incide sobre bens indeterminados e seu efeito principal é a afetação do bem apreendido enquanto a decisão não for modificada ou revogada. Se, por exemplo, um determinado credor perceber que seu devedor está ocultando ou dilapidando o patrimônio para fraudar eventual execução, pode pleitear a tutela de urgência por meio do arresto de tantos bens quanto bastem para garantir a futura execução por quantia certa. Vale lembrar que a medida também pode ser pleiteada no bojo da execução.

Por outro lado, o **sequestro** é medida que visa garantir execução para a entrega de coisa, ou seja, sua incidência é sobre bens determinados. Exemplo: autor e réu disputam a propriedade de um automóvel em ação reivindicatória. Qualquer uma das partes pode requerer o sequestro desse bem, a fim de garantir a completa realização do direito. Evidentemente que a parte que tem a posse do bem não vai se interessar por requerer o sequestro.

Para o deferimento da medida, que pode ser antecedente ou incidental, é necessário que o juiz se convença de que, sobre o bem objeto da ação (futura ou em trâmite) tenha-se estabelecido, direta ou indiretamente, uma relação de disputa entre as partes da demanda.

O **arrolamento de bens**, por sua vez, tem a finalidade de conservar bens sobre os quais incide o interesse do requerente da medida, como, por exemplo, do cônjuge para resguardar sua meação na partilha; do herdeiro em relação aos bens da herança; do sócio em relação aos bens sociais etc. Tal conservação se faz com o arrolamento, ou seja, com a "listagem" dos bens e seu depósito, que pode recair sobre a pessoa do possuidor.

Distingue-se o arrolamento das medidas de arresto e sequestro. No arresto, faz-se a constrição de bens indeterminados, bastantes para garantir futura execução por quantia certa. No sequestro, a constrição recai sobre bem determinado que esteja sendo objeto de disputa ou que venha a ser disputado. Já no arrolamento, a constrição incide sobre bens indeterminados, não litigiosos, com o exclusivo intuito de conservá-los, até a resolução de demanda que com eles se relaciona.

As três primeiras medidas (arresto, sequestro e arrolamento) encontravam-se previstas no CPC/1973 como espécies de medida cautelar. Com relação ao **registro de protesto contra alienação**, apesar de não haver dispositivo correspondente na legislação de 1973, já estava abarcado pelo poder geral de cautela do juiz previsto no art. 798 do CPC/1973. A medida consiste na averbação, pelo oficial do registro de imóveis, na matrícula do imóvel, do protesto contra a alienação de bens, com a finalidade de tornar pública a discordância do credor quanto à alienação de bem do devedor.

O registro de protesto contra a alienação não impede o exercício do direito de dispor, que é inerente à condição de proprietário, mas permite que terceiros tomem ciência da pretensão do requerente. A publicidade dessa medida servirá para evitar futura alegação de boa-fé por parte do adquirente do imóvel objeto do protesto.

Para melhor compreensão acerca dessa medida que, ressalte-se, não é nova em nosso ordenamento, vejamos trecho do posicionamento do Superior Tribunal de Justiça no julgamento do REsp nº 1.229.449/MG, de relatoria da Min. Nancy Andrighi:

> "Processual Civil. Protesto contra alienação de bens. Limites. Requisitos. Legítimo interesse. Não nocividade.
>
> 1. O protesto contra alienação de bens não tem o condão de obstar o respectivo negócio tampouco de anulá-lo; apenas tornará inequívocas as ressalvas do protestante em relação ao negócio, bem como a alegação desse – simplesmente alegação – em ter direitos sobre o bem e/ou motivos para anular a alienação [...]".

O protesto contra alienação de bens é medida tipicamente cautelar. Como já dito, a exclusão do processo cautelar autônomo do nosso ordenamento jurídico não impede que providências cautelares sejam adotadas pelo juiz. A essência das medidas cautelares permanece presente em nosso ordenamento, não mais como medidas cautelares típicas ou nominadas, mas com base no poder geral de cautela, que permite ao magistrado conceder as medidas exemplificativamente citadas, bem como "qualquer outra medida idônea para asseguração do direito" (art. 301, parte final).

7.2 A tutela cautelar requerida concomitantemente com o pedido principal ou incidentalmente ao processo

Como já afirmamos, as tutelas de urgência (cautelar e antecipada) podem ser requeridas antes do pedido principal (arts. 294, parágrafo único, e 305), conjuntamente com este (art. 308, § 1º) ou incidentalmente ao processo (art. 294, parágrafo único). De regra, o pedido é formulado pelo autor, mas também o réu pode ter interesse nessa modalidade de tutela, desde que, além do direito fundamental à defesa, faça postulação de direito de natureza substancial. Quando se menciona pedido principal quer se referir ao objeto do processo, ao bem da vida, que, no caso sob análise, é deduzido na petição de aditamento, ou na reconvenção. Nos juizados especiais não se admite reconvenção, mas sim o pedido contraposto, em razão do qual, conjunta ou incidentalmente, pode-se formular pedido de tutela cautelar.

Requerida conjuntamente com o pedido principal, constará de capítulo próprio da petição inicial da ação ou da reconvenção, na qual se deve demonstrar os requisitos para a concessão da medida, isto é, a probabilidade do direito material e o perigo de dano ou o risco do resultado útil do processo. A competência foi determinada pelo advogado do autor ou do réu, que, na petição inicial da ação ou da reconvenção, já indicou o requisito do art. 319, I, isto é, o "o juízo a que é dirigida". No capítulo dos requerimentos, figurará o pedido de medida cautelar que se reputa necessária para asseguração do direito substancial postulado. Pode ser arresto, sequestro, busca e apreensão ou qualquer outra medida. As custas iniciais serão calculadas levando-se em conta apenas o pedido principal.

Quanto à cautelar incidental, independe de maiores formalidades. A parte pleiteará a medida em petição simples, a qual será dirigida ao juízo competente para processo já em tramitação. Não haverá pagamento de custas, porque, se devidas, foram pagas quando da distribuição da ação.

7.3 A tutela cautelar requerida em caráter antecedente

A medida cautelar requerida em caráter antecedente assemelha-se com a cautelar preparatória do CPC/1973, distinguindo-se principalmente pela redução de atos processuais. Diferentemente do que ocorria no Código revogado, não há duplicidade de pagamento de custas, de distribuição, de autuação, de citação e outros atos processuais. Diz-se que o processo cautelar perdeu a autonomia. Não se vislumbra essa anunciada dependência. Continuam autônomos e interdependentes, como se verá adiante. Com relação ao pedido principal, a autonomia é quase absoluta, somente sofrendo influência do que se decidir no pedido cautelar se houver declaração de prescrição ou decadência. O que houve foi economia de papel (em breve, os autos serão todos eletrônicos e nem essa economia será notada) e de atos processuais. Como se trata de um só processo, formado em um único caderno processual (autos), há uma só citação; os atos de comunicação posteriores se fazem por intimação, em regra, na pessoa do advogado.

Esse procedimento deverá ser utilizado naquelas hipóteses em que a urgência não permite que a petição inicial seja completa, isto é, que contemple os pedidos principal e cautelar, com os respectivos fundamentos e provas. A urgência, por ser contemporânea à propositura da ação – embora possa ter surgido anteriormente –, enseja o desmembramento do pedido: primeiro se formula o pedido de tutela cautelar e, depois, em aditamento, o pedido principal. Há dois pedidos – um de natureza acautelatória e outro subsequente, de direito substancial –, mas um só processo (que pode ser de conhecimento ou de execução).

7.3.1 Requisitos da petição inicial da tutela cautelar antecedente

Permite-se que a petição que veicula o pedido de tutela cautelar em caráter antecedente seja mais simplificada. Embora não conste do art. 305, a petição inicial deve conter os requisitos do art. 319, uma vez que será essa petição que instaurará a relação processual. Quando da formulação do pedido principal – no aditamento ou complementação – há que se complementar os requisitos faltantes, conforme art. 308, § 2º.

Juízo competente. O autor deve indicar o juízo (a autoridade judiciária) ao qual é dirigida. Deve-se lembrar que o pedido de tutela cautelar pode ser formulado perante juízo monocrático de primeiro grau ou em tribunal, nos casos de competência originária, como, por exemplo, ação rescisória. A competência será definida levando-se em conta o pedido principal. Atento ao disposto nas disposições sobre competência, faz-se um prognóstico. Os arts. 46 e seguintes servirão de norte para a determinação da competência. Nas ações fundadas em direito real sobre imóveis, por exemplo, competente é o foro de situação da coisa (art. 47).

Identificação das partes. Deve-se constar da petição inaugural – é essa petição veiculadora do pedido de tutela cautelar antecedente que vai inaugurar ou instaurar a jurisdição – o nome e qualificação das partes, isto é, o nome de quem pede e contra quem é pedida a tutela cautelar e, de futuro, também a tutela principal. Os legitimados (requerente, requerido e eventualmente um terceiro interveniente) serão aqueles que têm pertinência subjetiva com o direito substancial objeto da asseguração e que será acertado ou realizado. Consoante disposto no art. 319, II, a petição inicial indicará: "os nomes, os prenomes, o estado civil, a existência de união estável, a profissão, o número de inscrição no Cadastro de Pessoas Físicas ou no Cadastro Nacional da Pessoa Jurídica, o endereço eletrônico, o domicílio e a residência do autor e do réu".

A lide e seu fundamento. Para possibilitar a aferição da probabilidade do direito substancial (*fumus boni iuris*), além de outros requisitos que autorizam a apreciação do mérito (legitimidade e interesse, por exemplo), exige-se a indicação da lide principal (pretensão resistida), bem como os fundamentos do pedido, a exposição sumária do direito (substancial) que se objetiva garantir, além da demonstração do perigo de dano ou do risco ao resultado útil do processo (art. 305).

A exposição sumária do direito ameaçado e o perigo de dano ou de risco ao resultado útil do processo. Correspondem ao *fumus boni iuris* e ao *periculum in mora*. O primeiro relaciona-se com a probabilidade da existência do direito afirmado pelo requerente da medida. O segundo tem relação com o perigo de dano ao direito (objeto do pedido principal) caso a prestação jurisdicional venha a ser concedida apenas ao final da demanda. O *caput* do art. 305, com pequena alteração redacional, reproduziu os incs. III e IV do art. 801 do CPC/1973. Trata-se dos elementos que devem ser comprovados para a obtenção da tutela provisória de natureza cautelar.

O pedido de tutela cautelar. O pedido, formulado nessa fase, deve decorrer logicamente do direito ameaçado e do perigo da demora na prestação jurisdicional. A providência deve ser adequada para acautelar o direito substancial que será postulado no pedido principal.

Valor da causa. As custas serão pagas quando do ajuizamento da ação, isto é, do protocolo da petição contendo o pedido de cautelar antecedente, assim, indispensável é o valor da causa, que servirá de base de cálculo para o pagamento do tribuno (taxa judiciária e outras despesas iniciais).

Provas. Havendo provas do *fumus boni iuris* e do *periculum in mora*, deve o autor com elas instruir a petição inicial. Tais elementos são relevantes para se aquilatar, de plano, os requisitos para deferimento liminar da tutela cautelar. A inexistência de provas documentais não inviabiliza o pedido de tutela cautelar antecedente, mas pode ensejar a necessidade de justificação prévia. Por ocasião do aditamento o autor poderá o juntar outros documentos pertinentes ao pedido principal.

7.3.2 *Cognição preliminar e apreciação do pedido de liminar*

Recebida a petição, o juiz – no tribunal, será o relator – exercerá a cognição preliminar, que consiste em verificar se a petição inicial preenche os requisitos legais (presença dos requisitos do art. 319), se estão presentes os pressupostos legais, por exemplo, referentes à imparcialidade, à competência, à legitimidade, ao interesse e à capacidade postulatória, entre outros. Se estiver em termos (de acordo com as exigências legais), examinará o pedido de liminar, caso contrário, determinará que o autor (ou requerente) a emende no prazo de quinze dias (art. 321). Não cumprida a diligência, o juiz indeferirá a petição inicial.

A tutela cautelar pode ser concedida liminarmente, ou seja, antes da citação do réu, dependendo das provas que instruíram a petição inicial, bem como do perigo de que o réu, uma vez citado, pode comprometer a eficácia da providência acautelatória. Não sendo suficientes as provas para aferição dos requisitos da tutela cautelar, procede-se à justificação prévia, na qual é facultado ao autor arrolar testemunhas. Essa justificação, dependendo do risco de ineficácia da providência, pode ser feita antes ou depois da citação do réu. Dependendo do grau da probabilidade do direito afirmado, pode o juiz determinar a prestação de caução.

7.3.3 As possíveis atitudes do réu em face da citação e o encaminhamento do processo

Embora o pedido cautelar antecedente e o pedido principal (de direito substancial) sejam formulados no mesmo processo, como já afirmei, há certa autonomia procedimental entre eles. Tais procedimentos seguem paralelamente pelo menos até certo ponto. A instrução, contudo, quando possível, é feita conjuntamente, com a prolação, ao final, de uma só sentença. Por outro lado, há uma certa interdependência entre ambos. Por exemplo, se o autor, uma vez efetivada a tutela cautelar, com ela se contenta e não formula o pedido principal no prazo de trinta dias, deve-se extinguir o processo (o qual ainda só contempla o pedido de cautelar) sem julgamento do mérito, por aplicação extensiva do art. 303, § 2º, e, *mutatis mutandis*, da Súmula nº 482 do Superior Tribunal de Justiça, segundo a qual "a falta de ajuizamento da ação principal no prazo do art. 806 do CPC (refere-se ao CPC/1973) acarreta a perda da eficácia da liminar deferida e a extinção do processo cautelar". Por outro lado, se na cognição preliminar ou em outro momento processual, o juiz reconhecer a decadência ou a prescrição, inviabilizada está a apresentação do pedido principal ou, se já apresentado, a apreciação dos fatos e fundamentos jurídicos nele contidos. Finalmente, pode-se cogitar, inclusive, da possibilidade do julgamento liminar de improcedência do pedido principal ou, quando nada, do pedido cautelar, com base no art. 332.

Bem, não sendo o caso de indeferimento da petição inicial, o juiz passará à apreciação do pedido de liminar. Concedida ou não a liminar, o réu é citado para, no prazo de cinco dias[14] (art. 306), contestar o pedido e indicar as provas que pretende produzir. Essa citação para contestar refere-se somente ao pedido de tutela cautelar. Posteriormente, haverá a formulação do pedido principal e, em se tratando de processo de conhecimento, designação de audiência de conciliação, a partir da qual fluirá o prazo para contestar. Como já houve citação para contestar o pedido cautelar, não haverá outra citação. Dos demais atos do processo, as partes serão intimadas, inclusive da designação da audiência de conciliação.

Conforme prescreve o art. 307, em não havendo contestação, incidem os efeitos materiais da revelia, ou seja, os fatos alegados pelo autor presumir-se-ão aceitos pelo réu como ocorridos, o que ensejará o julgamento antecipado do pedido cautelar dentro de cinco dias – prazo impróprio, o que significa que, se descumprido, não haverá imposição de qualquer ônus ou penalidade ao juiz. É importante atentar que, nesse ponto, ainda não há pedido principal, mas tão somente o pedido cautelar. Assim, a revelia a que se refere o art. 307 guarda relação com os requisitos da cautelar, ou seja, com a situação cautelanda, consistente na probabilidade do direito e o perigo de dano ou o risco ao resultado útil do processo. A pretensão de direito material será deduzida no pedido principal, de regra, após a análise do pedido cautelar. Ressalte-se que nem sempre os efeitos da revelia são automáticos, como nas hipóteses mencionadas no art.

---

[14] O prazo para a contestação do réu permanece o mesmo daquele relativo ao processo cautelar autônomo do CPC/1973 (art. 802, *caput*).

345, caso em que haverá necessidade de se facultar ao requerente a oportunidade de produzir prova das suas alegações.

Se houver contestação ou, não havendo, inocorrer o efeito da revelia, deve-se observar o procedimento comum (art. 307, parágrafo único), o que significa passar às providências preliminares, como a determinação para a especificação de provas, se for o caso, e ao julgamento conforme o estado do processo, tudo referente à pretensão cautelar. Não sendo o caso de extinção ou de julgamento antecipado, passa-se à fase do saneamento e organização do processo e, se for o caso, à produção de prova, para, a seguir, proferir a decisão acerca do pedido cautelar. É bom insistir. Tudo que estou a dizer refere-se ao pedido cautelar. A liminar do pedido de cautelar antecedente é decidida por meio de decisão interlocutória, a qual pode ser impugnada por agravo de instrumento (art. 1.015, I). Quanto à tutela cautelar final, pode ser decidida em outra decisão interlocutória, também agravável – à qual podemos denominar sentença parcial – ou juntamente com o pedido principal, na sentença final (esta, apelável). Se a tutela cautelar foi concedida anteriormente à sentença final, deve nesta ser confirmada, modificada ou revogada.

Em se tratando de pedido cautelar formulado em caráter antecedente em processo de conhecimento, os princípios da eficiência e da economia processual recomendam que a instrução seja feita conjuntamente com a instrução do pedido principal, formulado no aditamento. Afinal, pelo princípio da apropriação da prova, não se distingue entre prova apresentada pelo autor, pelo réu ou determinada de ofício pelo juiz. Igualmente, não se distingue entre provas requeridas na petição da cautelar antecedente ou no pedido principal. Neste particular, direito substancial e a situação cautelanda (*fumus boni iuris* + *periculum in mora*) de tal forma se imbricam que recomendável é a instrução conjunta. Contudo, nem sempre essa simbiose é possível. Não é incomum haver necessidade de cindir a prova, provando-se primeiro os requisitos da cautelar e, após o protocolo do pedido principal, abrir-se a oportunidade da prova referente ao direito substancial. Evidente que a prova produzida na fase de instrução do pedido cautelar é apropriada pelo processo e, portanto, aproveita-se para a análise do pedido principal.

No caso de cautelar em caráter antecedente formulada em processo de execução, de regra não há provas a produzir quanto à realização do direito – a menos que se interponha embargos à execução –, que já se encontra devidamente acertado no título exequendo, caso em que não há que se falar em instrução conjunta. A prova, se necessária, restringir-se-á à comprovação dos requisitos da medida cautelar requerida.

7.3.4 Momento para formulação do pedido principal

Até agora cogitamos das atitudes que o réu poderá adotar em razão da citação para contestar o pedido cautelar e indicar as provas que pretende produzir (art. 307), tudo, por enquanto, com relação à cautelar. Agora é hora de dar continuidade ao desdobramento do direito de ação do autor, requerente da tutela cautelar antecedente. Quem requer uma tutela cautelar é porque, pelo menos no plano hipotético, é titular de um direito substancial, ainda que se refira este à mera desconstituição da coisa julgada (ação rescisória). Assim, se a tutela cautelar é postulada em caráter antecedente, espera-se que o requerente desta, independentemente de ter ou não sido concedida (em caráter liminar ou no final do procedimento traçado para o pedido cautelar) complemente ou adite a inicial, para formular o pedido principal, que se refere ao bem da vida propriamente direito.

Não há interesse somente na tutela cautelar, tanto que o processo será extinto caso não formulado o pedido principal. Em contrapartida, o indeferimento do pedido cautelar não tem reflexo automático sobre a pretensão de direito substancial. O indeferimento da tutela cautelar significa que o requerente não conseguiu demonstrar a situação cautelanda, ou seja, o *fumus iuris* e o *periculum in mora*. Essa circunstância não tem o condão de fechar o caminho da tutela do direito substancial. Pode ocorrer de o autor, na fase procedimental referente à definição da tutela cautelar, não lograr êxito nessa pretensão. Entretanto, tal fato não constitui obstáculo a que persiga os caminhos para a demonstração do direito substancial.

Há quem afirme que, no caso de a pretensão de tutela de urgência ser denegada, o processo se extingue, sem chegar ao estágio de formulação do pedido principal. Em verdade, as coisas não se passam bem assim. Vedar a formulação do pedido principal pelo simples fato de o autor não ter obtido a tutela cautelar constituiria a mais arrematada afronta ao acesso à justiça e ao direito de ação, numa verdadeira negativa de jurisdição, e aí por diante. Exigir que o autor ajuíze outra ação (processo novo) para obter aquilo que ele poderia obter com o processo já instaurado constituiria afronta ao princípio da economia – de atos processuais e de dinheiro, porquanto novas custas teriam que ser pagas, novo caderno processual (ou arquivo eletrônico aberto) formado e nova citação realizada.

A tutela cautelar pode ser pleiteada conjuntamente com o pedido principal. Nesse caso, não se questiona que o indeferimento da cautelar não inviabiliza o exame do outro pedido, de direito substancial. Assim também se passa com o pedido formulado antecipadamente – *mutatis mutandis* – equivalente à cautelar preparatória; não há como romper de vez com o passado. O fato de a inicial ter sido fatiada (em pedido cautelar e pedido principal) não altera a substância da formulação. A tutela cautelar foi pedida antes, porque a demora do processo podia comprometer o resultado útil do processo, daí a urgência para assegurar o direito substancial. Não foi possível acautelar o direito substancial, mas isso não significa que, no exame do pedido principal, o autor não logre êxito. Aí sim, poderá não só acautelar, mas até usufruir desse direito. As diversas consequências referentes à tutela cautelar sobre o pedido principal serão analisadas em tópicos a seguir.

Volto ao procedimento do pedido de tutela cautelar. **Efetivada a tutela cautelar, o pedido principal terá que ser formulado pelo autor no prazo de 30 dias** (art. 308, 1ª parte), a contar da efetivação da medida cautelar – e não do deferimento ou ciência desta. Diferentemente do processo cautelar completamente autônomo (cautelar preparatória) com o qual estávamos acostumados, o pedido principal deverá ser feito nos mesmos autos e independerá do adiantamento de novas custas processuais (art. 308, 2ª parte). O CPC permite, ainda, que a causa de pedir seja aditada no momento da formulação do pedido principal (art. 308, § 2º).

É de se lembrar que o pedido principal pode ser formulado conjuntamente com o pedido de "tutela cautelar" – hipótese em que não será antecedente, e sim concomitante. Nesse caso, o procedimento é simplificado, ou seja, cita-se o réu para integrar a relação processual e comparecer à audiência de conciliação ou mediação.

Quando do requerimento da tutela cautelar, apenas a lide e seu fundamento foram indicados, bem como a exposição sumária do direito que pretendia assegurar. Ao apresentar o pedido principal, faculta-se o reforço da causa de pedir e a apresentação de provas.

O prazo de trinta dias é para evitar que o autor, depois de obter a tutela cautelar, com ela se satisfaça e se acomode, atitude que, embora possa lhe ser cômoda, pode causar prejuízos ao réu. Assim, se a tutela foi concedida liminarmente ou no final do procedimento cautelar não importa. O processo é uno, mas os procedimentos cautelar e principal podem ter caminhos independentes, paralelos, não obstante na mesma relação processual. **O que importa para a ocorrência da preclusão é a efetivação da tutela cautelar, que marca o início do prazo para formulação do pedido principal**. Se efetivou a medida cautelar, de regra, há que se formular o pedido principal, sob pena de cessação desta e extinção da relação processual instaurada com o pedido de cautelar antecedente. Nem se fala em extinção sem julgamento do mérito do pedido principal, porque ele ainda não foi formulado. Não formulou e não mais pode ser formulado naquele processo. Quando formulou o pedido de tutela cautelar antecedente, o autor indicou a lide e seu fundamento relativos à tutela do direito substancial, surgindo daí o interesse-necessidade de compor esse conflito de direito. Não apresentado o pedido principal no prazo de 30 dias, a presunção é de que o autor tenha perdido aquele interesse inicial. Como o Estado não fica a procurar lides, o processo (no seu todo) é extinto sem julgamento do mérito – do procedimento cautelar, porque a tutela cautelar somente sobrevive se definido o direito material; e do arremedo de procedimento para definição do direito material, porque o respectivo pedido, na sua inteireza, nem sequer foi formulado.

A efetivação é, portanto, o marco inicial do prazo previsto no art. 308 do CPC. Se a tutela de urgência, embora deferida, for apenas parcialmente efetivada, não haverá deflagração do prazo. Em outras palavras, o cumprimento apenas **parcial** da tutela de urgência não tem o condão de fazer com que o prazo de 30 (trinta) dias para a formulação do pedido principal comece a fluir a partir daquele momento.[15]

Outro ponto de relevo se refere à natureza do prazo previsto no art. 308. Sempre entendemos que a apresentação do pedido principal deveria ser formulada em 30 (trinta) dias úteis. Não há razões para afastar a natureza processual desse prazo e, consequentemente, a aplicação do art. 219 do CPC/2015, especialmente porque, diferentemente do processo cautelar do CPC/1973, não há no CPC/2015 a exigência de uma ação autônoma a ensejar a aplicação do instituto da decadência. De toda forma, em razão da divergência em alguns Tribunais, a Corte Especial do STJ definiu que, como o prazo do art. 308 está relacionado diretamente à prática de um ato processual de peticionamento e efetivação de uma prestação jurisdicional, a contagem deve observar apenas os dias úteis.[16]

A literalidade do *caput* do art. 308 pode conduzir à equivocada interpretação de que somente no caso de ser *efetivada* a tutela cautelar o pedido principal poderá ser apresentado nos mesmos autos. Assim, indeferida a tutela cautelar, persistindo o interesse na resolução do conflito de direito material, caberia à parte ajuizar outro processo, com o pagamento de novas custas processuais. Nessa linha de raciocínio, indeferida a medida cautelar, toda a máquina da justiça teria que começar do zero, isto é: o advogado prepararia outra inicial, o juiz a despacharia, formaria outro caderno processual (autos), nova citação e assim por diante. Em tempos de crise e economia (principalmente no processo), não faz o menor sentido esse "começar de novo". A principiologia do Código atual e as razões que justificaram a sua edição estão a recomendar o máximo aproveitamento dos atos processuais (princípios da eficiência e da economia processual).

É certo que o procedimento para o processamento da cautelar antecedente e do subsequente pedido principal foi precariamente traçado no Código. Quisemos inovar, como se o passado fosse uma roupa que não nos servisse mais. Mas a história é indissociável da nossa cultura. O procedimento previsto para a cautelar antecedente não pode ser mais burocrático do que o da falecida cautelar preparatória. Temos que praticar a economia do bem. O novo não pode ser pior do que o antigo. E precisamos todos rejuvenescer. É a velha roupa colorida. Viva o Belchior!

A constatação da precariedade não nos autoriza a agir em descompasso com a principiologia e com a própria vontade do legislador. Quem desde o início participou da formulação das regras do CPC/2015 sabe que essa sequer era a vontade da Comissão de Juristas. Cabe a nós,

---

[15] Nesse sentido: REsp 1.954.457/GO, Rel. Min. Moura Ribeiro, 3ª Turma, j. 09.11.2021, *DJe* 11.11.2021. No mesmo sentido: "O prazo para a propositura da ação principal é contado do efetivo cumprimento da cautelar preparatória. Efetivamente, não é do primeiro ato de execução da liminar que começa a correr o prazo, e sim da sua completa efetivação" (STJ, AgInt no AREsp 1702728/PE, Rel. Min. Napoleão Nunes Maia Filho, 1ª Turma, j. 23.11.2020).

[16] "O prazo de 30 dias para a formulação do pedido principal previsto no art. 308 do Código de Processo Civil possui natureza jurídica processual e, consequentemente, sua contagem deve ser realizada em dias úteis, nos termos do art. 219 do CPC" (EREsp 2.066.868/SP, Rel. Min. Sebastião Reis Júnior, j. 03.04.2024).

doutrinadores, indicar o procedimento que mais se compatibilize com os objetivos visados pelo legislador. É o que estou procurando fazer neste tópico sobre a tutela cautelar antecedente. A lógica indica que, mesmo no caso de indeferimento da tutela cautelar requerida em caráter antecedente, bem como naquele em que a tutela cautelar é deferida, mas não efetivada, deve-se facultar ao autor a formulação do pedido de principal nos próprios autos. Essa interpretação teleológica está em consonância com os objetivos da Reforma Processual, a qual tem como um dos objetivos permitir a solução de conflitos com o menor número de processos possíveis, sem que isso prejudique a efetividade da tutela jurisdicional.

Fato é que a redação do art. 308, embora não constitua novidade – porque é praticamente idêntica à do art. 806 do CPC/1973 – tem causado perplexidade e má compreensão, com evidente prejuízo para a economia processual. Esqueceram alguns de que o novo é o velho rejuvenescido. A jurisprudência do CPC/2015, por certo, estabelecerá balizas consentâneas com o estágio do processo brasileiro. Dou aqui o meu empurrãozinho.

7.3.5 E se o pedido principal não for apresentado no prazo de 30 dias da efetivação da tutela cautelar?

Com relação à consequência dessa inércia, não há dúvidas. Efetivada a medida cautelar e não deduzido o pedido principal pelo autor, a tutela cautelar terá seus efeitos cessados (art. 309, I) e o processo será extinto sem resolução do mérito na sua integralidade. A cessação dos efeitos é automática, decorrência natural da sentença extintiva (art. 309, III). A hipótese é de falta de interesse processual à tutela cautelar final, bem como ao julgamento do mérito, esse referente ao pedido principal, cujos contornos foram delineados na petição inicial, a qual seria complementada (aditamento) após a efetivação da medida, e não foi. Nesse caso, nada impede que, em outro processo, se formule o pedido principal, pagando-se novas custas. Contudo, a tutela cautelar – antecedente ou incidental – somente poderá ser novamente pleiteada com base em outro fundamento.

Uma observação. Norma do art. 309, I não configura punição ao autor por ter movimentado a máquina judiciária e não ter efetivado a medida que a seu favor foi deferida. Não. A extinção, em verdade, constitui proteção a interesse do réu. Evita que o autor "assente sobre a medida", usufrua de um direito ou de uma posição jurídica em detrimento da situação do réu. Tanto é assim que a extinção do processo e consequente cessação da eficácia só ocorre naqueles casos em que a perpetuação da tutela cautelar efetivada pode causar restrição de direito à outra parte – sequestro de bens, por exemplo. Exemplificativamente, não se aplica a exigência da propositura da ação principal no prazo de trinta dias: (i) na produção antecipada de provas; (ii) na separação de corpos; (iii) no arresto cuja dívida se torne exigível somente após o vencimento do prazo de trinta dias. Nesse último caso, a contagem do prazo deverá iniciar com o vencimento da dívida, momento a partir do qual surge o interesse para a propositura da ação de cobrança.

7.3.5.1 Consequências do indeferimento ou da não efetivação da tutela cautelar

Aqui, a hipótese é diferente da apresentada no item anterior (art. 309, I), segundo a qual, não obstante executada a medida cautelar restritiva de direito do réu, o autor não deduziu o pedido principal. Aqui a medida cautelar foi deferida, mas não cumprida ou efetivada, de forma que não se configura qualquer abuso de direito por parte do autor em detrimento a direito a direito do réu. Ainda que a medida deferida seja daquelas que possa causar restrição à outra parte, de restrição não se pode cogitar, uma vez que não houve cumprimento da medida.

Pode ser que o autor tenha perdido a necessidade (interesse processual) na efetivação da medida. Suponhamos que na disputa pela propriedade do automóvel tenha pleiteado e obtido medida cautelar antecedente. Entretanto, depois do deferimento da medida, constatou que o réu, ao tomar conhecimento da demanda, por vontade própria, depositou o carro em estabelecimento idôneo. A consequência é a cessação da **eficácia** da tutela cautelar (art. 309, II), ou seja, não mais poderá ser executada e esta não poderá ser renovada, a não ser com base em outro fundamento (art. 309, parágrafo único). Nesse caso, mais do que a simples cessação da eficácia, haverá a extinção do pedido cautelar, sem julgamento do mérito cautelar (situação cautelanda), por falta de interesse processual. Se a parte não promove a efetivação de medida cautelar deferida, é porque dela não necessita. Nesse caso, por meio de decisão interlocutória, o procedimento cautelar será extinto, correndo daí o prazo para apresentação do pedido principal. Logicamente que a penalização do requerente da medida deve decorrer da inércia deste. Se a não efetivação decorre do natural emperramento da máquina judiciária ou de comportamentos da parte contrária, não há que se falar em cessação dos efeitos da cautelar.

Como já afirmado, a fixação do prazo de 30 dias para apresentação do pedido principal, a contar da efetivação da tutela cautelar, tem a finalidade de evitar que o acautelamento se perpetue sem que o requerente proponha a discussão (no processo de conhecimento) ou a realização (na execução) do direito substancial, reconhecido como provável no momento da concessão da medida acautelatória. No caso, como não há efetivação da tutela cautelar, não se cogita de extinção do processo sem resolução do mérito substancial pela inércia, mas apenas de extinção do pedido cautelar; a extinção não obsta que o autor formule outro pedido, logicamente por outro fundamento – caso contrário, não seria outro, mas sim o mesmo ou igual pedido. A decisão que declara a cessação da eficácia do pedido cautelar é interlocutória, agravável, portanto (art. 1.015, I).

Não se pode falar em julgamento sem resolução do mérito propriamente dito, até porque o pedido principal sequer foi formulado; não se extingue aquilo que sequer foi proposto. Traçando um paralelo com a situação em que o pedido de tutela cautelar é formulado conjuntamente (cumulação) com o pedido principal, o indeferimento (liminarmente ou na sentença final) não interfere no processo e julgamento da pretensão de direito substancial. Nem o indeferimento nem a cessação da tutela cautelar interfere no direito (verdadeiro poder) de ver dirimido o conflito de direito substancial. O indeferimento ou a não efetivação não obsta a que o autor formule o pedido principal (art. 310), a menos que a prescrição ou a decadência tenham servido de supedâneos para o indeferimento. Em tais hipóteses, o pedido principal deve ser formulado no prazo de 30 dias, a contar do indeferimento ou da declaração de cessação da eficácia da tutela cautelar requerida em caráter antecedente.

O processo (como um todo) será extinto sem resolução do mérito caso o pedido principal não seja deduzido nesse prazo. Embora não conste na literalidade da lei, o prazo e o estabelecimento desse termo a quo para formulação do pedido principal constituem uma forma para se conciliar o direito de ação do autor, e a não eternização dos processos judiciais – atenta contra a eficiência e a celeridade ficar aguardando pela vontade do autor. A extinção será com base no art. 485, III – extinção do processo sem julgamento do mérito por abandono da causa, isto é, em razão da não apresentação do pedido principal. No caso, caracterizada estará a falta de interesse processual superveniente. Antes, porém, deverá o juiz mandar intimar a parte pessoalmente para dar andamento ao processo, isto é, apresentar o pedido principal, sob pena de extinção (art. 485, § 1º). Nesse caso, se o réu contestou o pedido cautelar, fará jus a honorários, que serão suportados pelo autor, haja vista o princípio da causalidade.

Por outro lado, há fungibilidade entre tutela cautelar e tutela antecipada (satisfativa). Se o juiz entender que o pedido de tutela cautelar requerida em caráter antecedente tem natureza antecipada, deverá observar o procedimento específico para o requerimento de tutela antecipada em caráter antecedente (art. 305, parágrafo único), ou seja, o procedimento previsto no art. 303, com a possibilidade de estabilização prevista no art. 304. Não obstante o parágrafo único do art. 305 mencione tão somente uma via (da tutela cautelar para a antecipada), a fungibilidade opera em mão dupla, ou seja, se o autor requereu tutela antecipada em caráter antecedente, mas percebendo o juiz que a postulação se refere a pedido de asseguração, deve-se processar o pedido como de tutela cautelar. Em sendo necessário, deve-se conceder prazo para a emenda do pedido. No CPC vigente, a ordem é o máximo aproveitamento dos atos processuais.

7.3.6 O pedido principal - procedimento

Já dissemos que o requerimento de cautelar em caráter antecedente e o pedido principal (de direito substancial) desencadeiam procedimentos distintos, os quais podem se enlaçar. A concessão ou o indeferimento do pedido de tutela cautelar antecedente, exceto se houver a declaração da prescrição e da decadência, não tem reflexo sobre o pedido de tutela do direito substancial, formulado no pedido principal. O direito à resolução do conflito é autônomo em relação ao direito ao acautelamento. Só pode acautelar o direito substancial se este for plausível ou evidente. Mas pode-se compor o conflito sem que o direito substancial seja assegurado.

O pedido principal, no qual se admite inclusive o aditamento da causa de pedir apresentada quando da formulação do pedido de tutela cautelar antecedente, será formulado nos próprios autos, sem que para tanto tenha que pagar novas custas. O pedido do bem da vida (substancial) e o pedido para asseguração desse bem (formulado em caráter antecedente) tramitarão simultaneamente.

Recebido o pedido principal, o juiz exerce uma cognição preliminar, agora mais simplificada, porque, quando da análise do pedido de cautelar, já se procedeu ao exame prévio dos aspectos processuais, incluindo os pressupostos processuais, interesse e legitimidade.

De qualquer forma, verificado que o pedido principal encontra-se em termos, o juiz designará audiência de conciliação/mediação, determinando, em seguida, a intimação das partes, por meio de seus advogados. Lembre-se de que a citação é uma e já ocorreu quando do processamento do pedido de tutela cautelar antecedente (art. 308, § 3º). Não havendo autocomposição, o prazo para o réu contestar o pedido principal será contado na forma do art. 334. Note-se que essa contestação é apenas em relação ao pedido principal. A contestação do pedido cautelar possivelmente já terá ocorrido.

Embora o § 3º do art. 308 mencione intimação para a audiência de conciliação ou de mediação, pode ser que o pedido de cautelar antecedente não tenha sido formulado em processo de conhecimento, e sim no processo de execução. Admite-se essa modalidade de requerimento de tutela cautelar também no processo de execução, e, nesse caso, o executado será intimado (porque o réu já foi citado para contestar o pedido cautelar formulado em caráter antecedente) para, por exemplo, pagar o débito no prazo de três dias (art. 829) ou entregar a coisa no prazo de 15 dias (art. 806). Uma das diretrizes que norteou a Comissão de Juristas na elaboração do anteprojeto do novo CPC foi a simplificação dos processos, daí a mencionada simbiose entre os procedimentos, o sincretismo, com a extinção dos procedimentos cautelares autônomos.

Raciocinando com o processo de conhecimento, não havendo acordo na audiência de conciliação ou mediação, abre-se o prazo para contestação. Se houver acordo, o processo será extinto com resolução do mérito, podendo, dependendo do que dispuser o acordo, cessar ou não os efeitos de eventual medida cautelar concedida. Não havendo acordo e apresentada a contestação, passa-se à fase das providências preliminares (arts. 347 a 353), do julgamento conforme o estado do processo (arts. 354 a 356), que pode, dependendo do caso concreto, desembocar na extinção do processo, no julgamento antecipado do mérito, no julgamento antecipado parcial do mérito ou no saneamento e na organização do processo, preparando-o para a fase instrutória (coleta de provas) e, finalmente, a prolação da sentença (arts. 485 a 508), que comporá o conflito, julgando total ou parcialmente procedente o pedido formulado no pedido principal ou improcedente. Quanto ao pedido de tutela cautelar formulado em caráter antecedente, dependerá do que restar decidido acerca do direito material. Julgando-se procedente o pedido principal, de regra, a liminar é confirmada ou, se não houve deferimento de tutela cautelar liminarmente, esta é concedida na sentença. Quando o juiz julgar improcedente o pedido principal formulado pelo autor ou extinguir o processo sem resolução do mérito, igual sorte terá a tutela cautelar, que será indeferida ou revogada.

7.3.7 Causas que fazem cessar a eficácia da tutela cautelar

Em geral, a tutela antecipada de natureza cautelar requerida em caráter antecedente conserva sua eficácia enquanto for útil, ou seja, até a completa realização do direito. As formas de cessação da eficácia das medidas cautelares estão dispostas nos incisos do art. 309. Sobre elas já discorremos no tópico anterior. De qualquer forma, para manter a sequência da exposição (adotamos a sequência do Código, com pequenas variantes, quando necessárias à melhor compreensão da matéria), passamos a complementar o que já fora dito. São as seguintes as causas de cessação da eficácia da tutela cautelar concedida em caráter antecedente:

I – Quando o autor não deduz o pedido principal no prazo legal (trinta dias);

II – Quando a tutela cautelar não for efetivada em trinta dias;

III – Quando o juiz julgar improcedente o pedido principal formulado pelo autor ou extinguir o processo sem resolução do mérito.

Na primeira hipótese, o Código visa evitar a perpetuidade da restrição. Na segunda, objetiva conferir efeito à renúncia tácita da parte autora à tutela cautelar.

No caso de improcedência do pedido principal, evidentemente a constrição não tem mais razão de existir, porquanto o pleito que a fundamentou não mereceu a tutela jurisdicional. Tratando-se de extinção sem resolução do mérito, a tutela cessa em razão da impossibilidade de se solucionar o conflito naquele feito.

Independentemente do motivo que levou à cessação dos efeitos da tutela cautelar antecedente, a parte que a pleiteou não pode renovar o pedido, salvo sob novo fundamento (art. 309, parágrafo único).

Em razão da autonomia do pedido principal em relação ao pedido de tutela cautelar, em princípio, o indeferimento desta não obsta a que a parte formule o pedido principal, nem influi no julgamento desse (art. 310). Apenas numa hipótese o motivo do indeferimento vai deixar reflexos sobre o pedido principal: quando o juiz acolher a alegação de decadência ou de prescrição. Nessa circunstância, a decisão que apreciar a tutela cautelar antecedente vai compor definitivamente a demanda, impedindo, por força da coisa julgada, a formulação do pedido principal acerca do direito atingido pela decadência ou cuja pretensão foi declarada prescrita.

Na hipótese de indeferimento da tutela cautelar, qual será o prazo para a formulação do pedido principal? Não há prazo. Deve-se apenas observar, como anotado nos comentários ao art. 308, que, ultrapassado o prazo decadencial ou prescricional, o pedido principal será julgado improcedente.

Quadro esquemático 31 – Tutela cautelar requerida em caráter antecedente

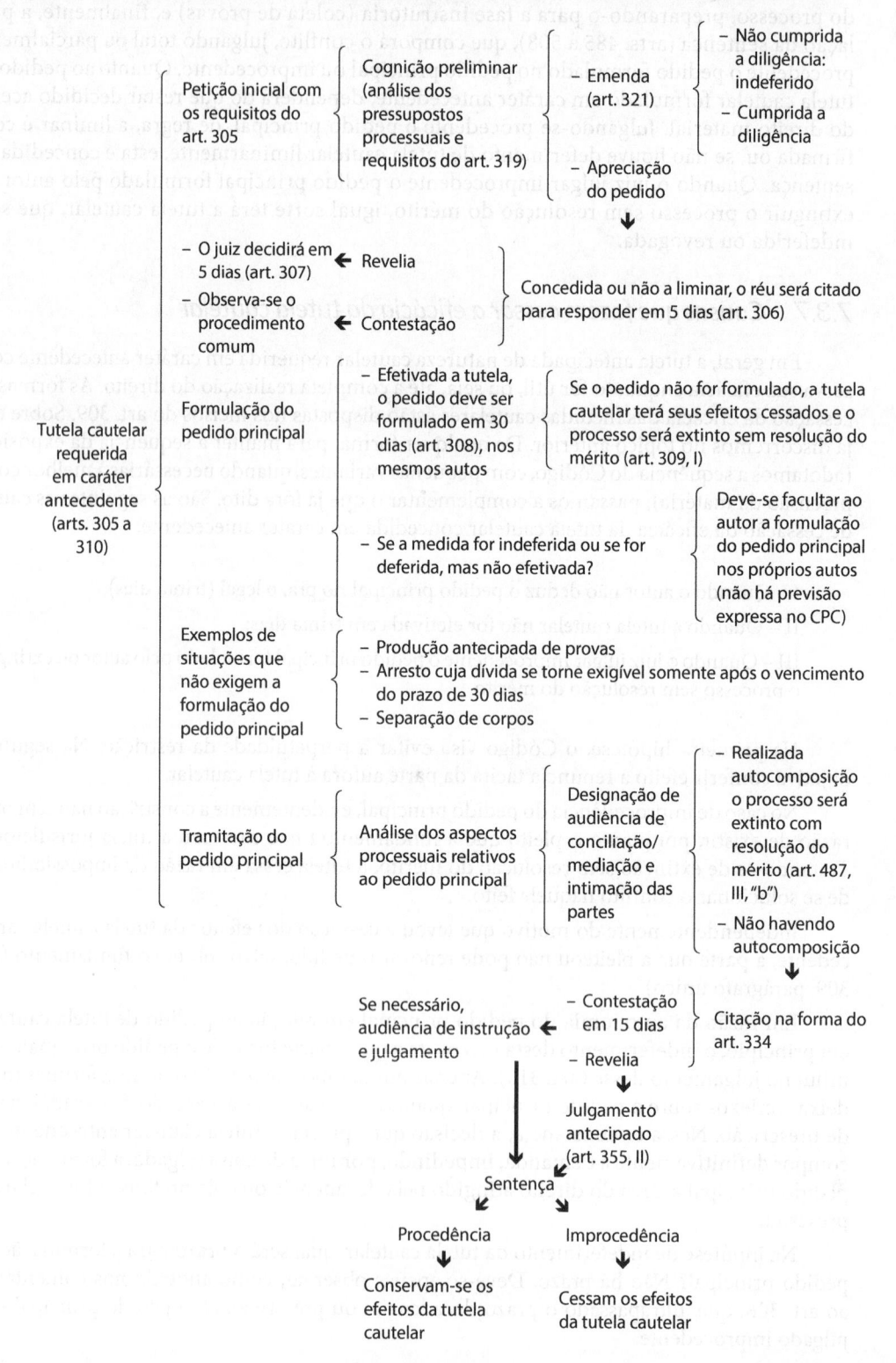

Tutela cautelar requerida em caráter antecedente (arts. 305 a 310)

- **Petição inicial com os requisitos do art. 305**
  - **Cognição preliminar** (análise dos pressupostos processuais e requisitos do art. 319)
    - Emenda (art. 321)
      - Não cumprida a diligência: indeferido
      - Cumprida a diligência
    - Apreciação do pedido
      - O juiz decidirá em 5 dias (art. 307) ← Revelia
      - Observa-se o procedimento comum ← Contestação
      - Concedida ou não a liminar, o réu será citado para responder em 5 dias (art. 306)

- **Formulação do pedido principal**
  - Efetivada a tutela, o pedido deve ser formulado em 30 dias (art. 308), nos mesmos autos
    - Se o pedido não for formulado, a tutela cautelar terá seus efeitos cessados e o processo será extinto sem resolução do mérito (art. 309, I)
  - Se a medida for indeferida ou se for deferida, mas não efetivada?
    - Deve-se facultar ao autor a formulação do pedido principal nos próprios autos (não há previsão expressa no CPC)

- **Exemplos de situações que não exigem a formulação do pedido principal**
  - Produção antecipada de provas
  - Arresto cuja dívida se torne exigível somente após o vencimento do prazo de 30 dias
  - Separação de corpos

- **Tramitação do pedido principal**
  - Análise dos aspectos processuais relativos ao pedido principal
    - Designação de audiência de conciliação/mediação e intimação das partes
      - Realizada autocomposição o processo será extinto com resolução do mérito (art. 487, III, "b")
      - Não havendo autocomposição ↓
    - Citação na forma do art. 334
      - Contestação em 15 dias
      - Revelia
  - Se necessário, audiência de instrução e julgamento ←
    ↓
    Julgamento antecipado (art. 355, II)
    ↓
    Sentença
    - Procedência ↓ Conservam-se os efeitos da tutela cautelar
    - Improcedência ↓ Cessam os efeitos da tutela cautelar

8. DA TUTELA ANTECIPADA

8.1 Linhas gerais sobre a tutela antecipada

A tutela cautelar se qualifica pelo fato de ser útil à proteção do processo e, por conseguinte, ao direito material a ser certificado ou realizado. Embora útil ao fim visado no processo, não há coincidência entre a tutela cautelar deferida e o direito substancial pretendido, o que há é referibilidade ao conteúdo do direito substancial pretendido. O arresto e o protesto contra alienação de bens, por exemplo, distinguem-se da quantia que se pretende receber por meio do processo cujo resultado útil pretende-se acautelar. Mas o arresto tem por fim assegurar o recebimento do crédito.

Na tutela antecipada, a situação é diferente. Nessa modalidade de tutela provisória o direito material está intimamente ligado com a medida jurisdicional concedida. Em outras palavras, o que se pede e o que se concede ao requerente da tutela antecipada coincide, no todo ou em parte, com o que está sendo postulado como tutela final. Na lição do jurista José Herval Sampaio Júnior,

> "[...] a antecipação dos efeitos práticos ou externos da tutela jurisdicional tem por escopo concretizar, desde logo, os resultados perseguidos no processo, garantindo a satisfação do direito da parte mesmo antes do momento que seria próprio, a prolação da sentença definitiva, tudo como forma de homenagear os postulados da celeridade e da efetividade do direito via processo".[17]

É importante **não confundir satisfatividade com definitividade**. A tutela antecipada é concedida com base num juízo provisório, formado a partir de fatos muitas vezes unilateralmente narrados. Pode ser que na decisão final, em razão do contraditório e das provas apresentadas pela parte adversa, o juiz mude seu convencimento e decida contrariamente aos interesses daquele que foi beneficiado com a antecipação. Nas palavras de Luiz Guilherme Marinoni:

> "[...] a tutela somente é definitiva, dispensando a 'ação principal', quando a cognição é exauriente. A tutela satisfativa, quando de cognição sumária, exige o prosseguimento do contraditório, não só porque não pode haver coisa julgada material sem cognição exauriente (carga declaratória suficiente) como, também, porque o réu somente pode sofrer um prejuízo definitivo (que não mais pode ser questionado) em razão de uma sentença fundada em coisa julgada material".[18]

A diferença fundamental entre a tutela antecipada e a tutela cautelar é que naquela o juiz vai satisfazer no todo ou em parte o direito do postulante, de forma a permitir-lhe que desse direito usufrua, recaindo o ônus da demora sobre a parte adversa. Na tutela cautelar, ao contrário, não há satisfatividade do direito substancial postulado; a tutela se restringe ao acautelamento desse direito ou enquanto for útil à realização dele. Não se olvida que, em certos casos, a linha entre a satisfação e o acautelamento é tênue, razão por que se admite a fungibilidade, em mão dupla, entre tutela cautelar e tutela satisfativa. O que importa é o pedido e o fundamento. Joaquim pediu em sede de tutela cautelar antecedente que o juiz determine a retirada do seu

---

[17] SAMPAIO JÚNIOR, José Herval. *Processo constitucional:* nova concepção de jurisdição. São Paulo: Método, 2008. p. 56.

[18] MARINONI, Luiz Guilherme. *Da tutela cautelar à tutela antecipada.* Disponível em: http://marinoni.adv.br/artigos.php#. Acesso em: 20 ago. 2015.

nome do SPC. O juiz entendeu que não se tratava de tutela de natureza cautelar, e sim antecipada. Em razão disso, determinou a intimação do autor para emendar a inicial, adequando-a aos termos dos arts. 303 e 304. No caso, a emenda é necessária em face de requisitos especiais que devem constar na petição que requer tutela antecipada em caráter antecedente (o do art. 303, § 5º). Na maior parte dos casos, nem há necessidade de aditamento ou emenda. Estamos na fase do instrumentalismo.

8.2 Momentos para requerimento e concessão da tutela antecipada

Tal como se passa com a tutela cautelar, a tutela provisória de urgência de natureza antecipada pode ser requerida antes do ajuizamento da petição inicial, no bojo da petição inicial ou no curso do processo (arts. 294, parágrafo único, e 303).

De regra, o pedido de tutela antecipada é formulado pelo autor, mas também o réu pode requerer, desde que a contestação não se limite à formulação de defesas. Assim, tendo o réu formulado pretensão a seu favor (em reconvenção no procedimento comum ou em pedido contraposto nos procedimentos que o admitem, inclusive nos juizados especiais), em tese, é possível o pedido no sentido de que o juiz antecipe os efeitos da tutela final.

Requerida conjuntamente com o pedido de tutela final, os fatos e fundamentos jurídicos que autorizam a concessão da tutela antecipada constarão de tópico próprio da petição inicial da ação ou da reconvenção, na qual deve demonstrar os requisitos para a concessão da medida, isto é, a probabilidade de o requerente sair-se vencedor na demanda e o perigo de dano decorrente da natural demora do processo. No capítulo dos requerimentos, figurará o pedido referente à tutela antecipada, que pode referir a tutela de qualquer natureza, inclusive a declaratória. Por exemplo, pode o juiz determinar a sustação de um protesto, fundado na probabilidade da inexistência da dívida.

Admite-se também o pedido de tutela antecipada em caráter incidental. Pode ser que no momento do ajuizamento da ação a parte não disponha de elementos necessários à concessão da tutela, mas depois da contestação, exemplificativamente, esses elementos afloraram. A tutela antecipada pode ser pedida em qualquer fase, inclusive em sede recursal. Estando o processo no primeiro grau de jurisdição, o pedido será formulado em simples petição, dirigida ao juiz do feito, que conterá as alegações e a indicação das provas referentes aos requisitos da tutela antecipada. Não haverá pagamento de custas, porque, se devidas, foram pagas quando da distribuição da ação. O juiz analisará o pedido e, conforme o grau de probabilidade, exigirá ou não caução para a concessão da tutela pretendida. Pode ocorrer de não ser o caso de se deferir liminarmente a tutela assim requerida, então deve-se proceder à audição do réu.

8.3 Procedimento da tutela antecipada requerida em caráter antecedente

Os arts. 303 e 304 regulam a concessão da tutela antecipada em caráter antecedente. Essa possibilidade não era prevista no CPC/1973. Ou se requeria na petição inicial, juntamente com o pedido principal, ou incidentalmente. No Código em vigor, dependendo do grau de urgência, se permite que a tutela antecipada seja formulada em petição inicial incompleta (que será complementada *a posteriori*).

Segundo a dicção do art. 303, **quando a urgência for contemporânea à propositura da ação**, o requerente poderá, na petição inicial, **limitar-se a requerer o pleito antecipatório e a indicar o pedido correspondente à tutela final**, com a exposição da lide, do direito que se busca realizar e do perigo de dano ou do risco ao resultado útil do processo. *Mutatis mutandis*, são os mesmos requisitos exigidos para a tutela cautelar requerida em caráter antecedente. Em razão da fungibilidade ou conversibilidade entre tais tutelas, o legislador não viu razão para se distinguir os procedimentos, ou melhor, de não viabilizar a concessão da tutela antecipada antes mesmo da apresentação da petição inicial na sua completude. De acordo com a técnica adotada, a completude dos fatos e fundamentos jurídicos do pedido e respectivas provas ou indicação delas são feitas depois da análise do pedido de tutela antecipada.

Essa possibilidade ocorre naqueles casos em que a urgência é de tal ordem que não é possível, sem extraordinário sacrifício do direito afirmado, aguardar o ajuntamento das provas e a elaboração, na sua completude, da petição inicial. Nessa hipótese de urgência – contemporânea à propositura da ação, embora possa ter surgido antes – a lei faculta ao autor que apresente apenas o pedido de tutela antecipada, com possibilidade de aditamento da petição inicial e a apresentação de novos documentos. Essa grande novidade trazida pelo Código privilegia a proteção ao direito ameaçado e afasta, ao menos momentaneamente, o formalismo exigido para a propositura da ação; mais do que isso, essa modalidade de tutela antecipada, dependendo da postura do demandado, viabiliza a estabilização da tutela concedida, podendo tornar definitivo aquilo que foi concedido sob a marca da provisoriedade.

De acordo com a literalidade do Código, apenas a tutela antecipada requerida com fundamento na urgência admite esse procedimento – requerimento em petição incompleta, com possibilidade de estabilização. *A contrario sensu* do disposto no parágrafo único do art. 294, a tutela provisória da evidência somente pode ser requerida juntamente com o pedido de tutela final. Salvo a hipótese de vício, que enseja a emenda, ou outras hipóteses legais, não se faculta o aditamento posterior, tampouco a estabilização da tutela da evidência. E assim o é porque, em razão mesmo da evidência do direito postulado pelo autor, a concessão da tutela da evidência pode ser deferida de plano, independentemente de prova do perigo. Nada obsta, contudo, que diante das peculiaridades do caso concreto, à evidência se some a urgência no que se refere ao exercício do direito afirmado, não sendo possível, de antemão, ao autor ajuntar todas as provas necessárias à concessão da "tutela antecipada da evidência". Ora, se o requisito da urgência, somado à probabilidade, autoriza a antecipação dos efeitos da decisão de mérito antes mesmo de se completar a petição inicial, o que dizer quando a probabilidade do direito é de tal ordem que dispensa a urgência? Não há dúvida de que, num juízo de ponderação, a probabilidade pesa mais do que o perigo de dano. Por outro lado, na tutela da evidência, o perigo da demora é ínsito à própria evidência. A evidência está presente em tal grau que o simples fato de o autor não usufruir desde já do direito afirmado já lhe causa dano. A urgência é *in re ipsa*. Já dissemos que o processo não se assemelha a ritual cabalístico. Deve-se reafirmar que não cabe ao aplicador do Direito ficar espiolhando cabelo em bola de bilhar. A distinção entre tutela de urgência e tutela da evidência constitui um excelente tema para ser debatido na academia, quiçá em tese de doutorado. Exigir que o juiz fique com balancinha em punho para medir o grau de probabilidade – principalmente para aferir se pode antecipar os efeitos da tutela em petição incompleta, se pode estabilizar os efeitos que foram antecipados – é a mais absoluta perda de tempo. E é o que o juiz do século XXI não tem.

8.3.1 Requisitos da petição inicial da tutela antecipada requerida em caráter antecedente

Autoriza o Código em vigor que a tutela antecipada, com base na urgência, portanto, seja veiculada antecipadamente em petição simplificada, que será complementada (ou aditada) depois da análise da tutela de urgência. A tutela da evidência, num sentido genérico, também é antecipada, mas recebeu um nome próprio – "da evidência" –, o qual, a par da sua pomposidade, indica que o juiz deve se contentar com a alta probabilidade do direito afirmado para antecipar os efeitos da decisão de mérito ao requerente.

Embora simplificada, a petição que veicula o pedido de tutela antecipada em caráter antecedente deve conter os requisitos do art. 319, uma vez que será essa petição que instaurará a relação processual. O aditamento se restringirá à complementação da argumentação, à juntada de novos documentos e à confirmação do pedido de tutela final (art. 303, § 1º, I). Assim, embora de antemão se preveja o aditamento, a petição deve ser a mais completa possível, com indicação dos requisitos do art. 319. Para que ocorra esse aditamento, a jurisprudência entende que há necessidade de intimação específica, aplicando-se, por analogia, o art. 321 do CPC (STJ, REsp nº 1.938.645/CE, Rel. Min. Maria Isabel Gallotti, 4ª Turma, j. 04.06.2024, *DJe* 06.09.2024).

O valor da causa deve levar em consideração o pedido de tutela final (art. 303, § 4º) e o pagamento das custas, na sua integralidade, deve ser efetivado no ato da distribuição (art. 303, § 3º, *a contrario sensu*). Além dos requisitos genéricos do art. 319, deve a petição conter os seguintes requisitos específicos:

a) **Exposição da lide.** Deve-se compreender esse requisito como os fatos e fundamentos jurídicos do pedido, a pretensão do autor e a resistência do réu;

b) **Probabilidade do direito afirmado e o perigo de dano ou do risco ao resultado útil do processo.** Esses requisitos serão aferidos a partir dos fatos e fundamentos jurídicos, somados aos elementos que denotam a urgência na obtenção da tutela antecipada (*periculum in mora*). Em se tratando de tutela da evidência, o perigo é *in re ipsa*;

c) **Indicação de que pretende se valer do benefício previsto no *caput* do art. 303,** que consiste na faculdade de apresentar uma petição incompleta, passível de aditamento após a análise do pedido de tutela antecipada e, o que é mais relevante, a estabilização da tutela eventualmente concedida. Pode ser que o demandante tenha interesse em obter uma tutela exauriente; exemplificativamente, não quer somente a retirada do seu nome do serviço de proteção ao crédito, pretende a declaração de que nada deve. Agora, se o demandante, atento ao disposto no § 5º do mencionado dispositivo, afirma na inicial que pretende se vale do benefício previsto no *caput*, com possibilidade de estabilização, em última análise, está concordando com a extinção do processo, caso não proceda à emenda da inicial no prazo assinado de 15 dias;

d) **Requerimento da tutela antecipada, com a indicação da tutela final.** Refere-se ao pedido mediato, ou seja, o bem da vida; por exemplo, a autorização antecipada para que o autor possa submeter-se a uma cirurgia de urgência; nesse caso, como tutela final, deve-se indicar a condenação do plano de saúde a custear a dita cirurgia.

8.3.2 Cognição preliminar e apreciação do pedido de tutela antecipada liminar

O procedimento, em muitos aspectos, não se distingue daquele que é adotado para o requerimento de tutela cautelar requerida em caráter antecedente, sobre o qual discorremos no tópico anterior. Recebida a petição, o juiz – no tribunal, será o relator – exercerá a **cognição preliminar**, que consiste em verificar se a petição inicial preenche os requisitos legais (presença dos requisitos do art. 319), se estão presentes os pressupostos legais, por exemplo, referentes à imparcialidade, à competência, à legitimidade, ao interesse e à capacidade postulatória, entre outros. Se estiver em termos (de acordo com as exigências legais), examinará o pedido de liminar, caso contrário, determinará que o autor (ou requerente) a emende no prazo de quinze dias (art. 321). Não cumprida a diligência, o juiz indeferirá a petição inicial.

De regra, a tutela antecipada requerida em caráter antecedente, pela própria natureza, contempla pedido de liminar. Este será analisado de plano pelo juiz e a tutela será deferida se as provas da probabilidade do direito afirmado e do perigo da demora instruírem a petição inicial. Contudo, nada obsta que essa somente seja concedida em momento posterior, inclusive após a contestação, o que inviabilizará a estabilização que será tratada adiante.

Não sendo suficientes as provas para aferição dos requisitos da tutela cautelar, procede-se à justificação prévia, na qual é facultado ao autor arrolar testemunhas. Essa justificação, dependendo do risco de ineficácia da providência, pode ser feita antes ou depois da citação do réu. Dependendo do grau da probabilidade do direito afirmado, pode o juiz determinar a prestação de caução.

8.3.3 O aditamento da petição inicial e a citação do réu

Concedida ou não a liminar, deverá o autor aditar a petição inicial com a complementação da argumentação apresentada quando do requerimento da tutela antecipada, a juntada de novos documentos e a confirmação do pedido de tutela final. Não obstante as restrições constantes no art. 303, § 1º, I, como o demandado ainda não foi citado, nada obsta a que se complemente também a causa de pedir e dê novos contornos ao pedido de tutela final. Não se admite que altere a causa de pedir ou o pedido, mesmo antes da citação do demandado, sob pena de revogação da tutela antecipada, uma vez que se alteraria a base fático-jurídica sobre a qual se embasou o deferimento da tutela antecipada.

O aditamento a que se refere o *caput* do art. 303 figura como faculdade do autor, e não ônus. Ele pode ou não aditar, dependendo da completude da inicial. Não é por outra razão que o citado dispositivo estabelece que "a petição inicial *pode* limitar-se [...]". Portanto, o fato de a petição inicial não necessitar de aditamento não constitui obstáculo à estabilização. No prazo de 15 dias, a contar da intimação da concessão da tutela antecipada, ou em outro prazo maior que o juiz vier a fixar, pode autor completar a argumentação, juntar novos documentos e confirmar o pedido de tutela final. Pode praticar um, alguns ou nenhum de tais atos. Contudo, ainda que não vá fazer qualquer aditamento, na linha do princípio da cooperação, a fim de evitar o indeferimento da inicial (§ 2º do art. 303), deve o autor informar tal fato ao juiz, confirmando o pedido de tutela final.

Concedida a antecipação da tutela, aditando o autor a inicial ou apenas ratificando o pedido de tutela final, desde que da decisão concessiva não interponha o réu agravo de instrumento da decisão, ocorre o efeito da estabilização, com a extinção do processo (art. 304, § 1º).

O prazo para aditamento vai depender se a tutela antecipada foi ou não concedida. Se concedida, liminarmente ou após justificação, o prazo para aditamento será de 15 (quinze) dias ou em outro prazo maior que o juiz vier a fixar (art. 303, § 1º), tendo em vista a complexidade da causa. Caso entenda o juiz que não há elementos para a concessão e indefira o pedido de tutela antecipada, o prazo para aditamento será de 5 (cinco) dias (art. 303, § 6º). Não há razoabilidade para a distinção do prazo tendo em vista a concessão ou não da tutela antecipada. Pode ser que a tutela não foi concedida exatamente porque os elementos à disposição do autor são parcos, hipótese que demandará mais prazo para coligir todos os elementos. Tudo indica que a diferenciação soa como uma espécie de punição pelo fato de ter pleiteado e não obtido uma determinada tutela. Se assim for, o critério soa desarrazoado. Bem, a lei é dura, principalmente porque foge à racionalidade, mas é lei. **Para aditamento da inicial: prazo de 15 dias ou mais para quem obteve a tutela antecipada; de 5 dias para quem não obteve.**

Não realizado o aditamento, o processo será extinto sem resolução do mérito (art. 303, § 2º), cessando-se *ipso iure* a eficácia da tutela antecipada concedida. O caso é de falta de interesse superveniente tácito. Quem não adita a petição inicial, inclusive reiterando o pedido da tutela final, é porque dela se desinteressou.

Feito o aditamento, o direito de ação do autor foi exercido na sua completude, então é hora de envolver o réu ou demandado na relação processual, por meio da citação. Daqui para frente, no que respeita ao pedido de tutela final (resultado do pedido de tutela antecipada em caráter antecedente + o aditamento) os atos processuais seguem o procedimento comum. O réu é convocado, por meio da citação, para integrar a relação processual e intimado para comparecer à audiência de conciliação ou de mediação (arts. 238 e 303, § 1º, II).

Havendo autocomposição, o acordo é homologado e o processo extinto com resolução do mérito, substituindo o que foi acordado no conteúdo da tutela antecipatória eventualmente concedida. Não havendo autocomposição, inicia-se o prazo para contestação, seguindo-se o procedimento nos seus ulteriores termos, até a sentença final.

8.3.4 A estabilização da tutela antecipada concedida em caráter antecedente

Como já afirmado, uma das diretrizes da reforma teve em mira a resolução da lide com menos processo. O objetivo visado com a instituição do procedimento da tutela antecipada em caráter antecedente foi a estabilização dos seus efeitos, que tem como consequência imediata a extinção do processo. Essa a razão por que se "autonomizou" o procedimento, aos moldes do que ocorre com a tutela cautelar requerida em caráter antecedente, mas com consequências imediatas sobre o direito substancial afirmado pelo demandante, que dele, uma vez estabilizada a tutela, poderá usufruir, sem experimentar os ônus do desenvolvimento do processo até a ocorrência da coisa julgada.

Pois bem. Concedida a tutela antecipada assim requerida – em caráter antecedente, por meio de petição incompleta –, a **tutela pode tornar-se estável, dependendo da postura adotada pelo demandado, litisconsorte ou terceiro com legitimidade para impugnar a decisão**.

Segundo disposto no art. 304, *caput*, a tutela torna-se estável se não interposto o respectivo recurso. Respectivo significa competente, devido, cabível. **Qual o recurso respectivo?** Em se tratando de decisão em tutela antecipada, gênero de tutela provisória, o recurso cabível é o **agravo de instrumento**, nos termos do art. 1.015, I. Assim, **caso o réu não interponha agravo de instrumento, a tutela antecipada, concedida em caráter antecedente, torna-se estável**. A *mens legislatoris* é no sentido de exigir o recurso como forma de evitar a estabilização. Trata-se de um ônus imposto ao demandado. Não basta contestar. É certo que na contestação o réu adquire a prerrogativa de ver a demanda decidida levando-se em conta também as suas alegações. Ocorre que na ponderação dos princípios da amplitude do direito de ação e da defesa, bem como do princípio da celeridade, o legislador optou por este, de sorte que, não obstante a apresentação de contestação, o processo será extinto (art. 304, § 1º).

Não obstante a extraordinária amplitude do direito de ação em mão dupla – exercido pelo autor com o ajuizamento da inicial e pelo réu ao contestar –, o legislador, sopesando outros princípios constitucionais, mormente o da celeridade, houve por bem impor um ônus ao autor, para que a sua demanda tivesse prosseguimento no caso de antecipação dos efeitos da tutela: a) o aditamento da petição inicial, desde que o pedido de tutela passível de estabilização tenha sido formulado em petição incompleta, presentes os demais requisitos; b) a interposição pelo réu do respectivo recurso (qual seja o agravo de instrumento). De qualquer forma, ainda que aditada a petição inicial, o prosseguimento do procedimento, rumo à cognição exauriente, depende da interposição do recurso.

Por mais que não se queira, a lei é aquilo que os tribunais (principalmente o STJ, quando se trata de legislação infraconstitucional) dizem que o é. No que se refere à estabilização, não obstante a clareza da lei ("não interposto o 'respectivo' recurso" a tutela tornar-se-á estável), em 04.12.2018, a 3ª Turma do Superior Tribunal de Justiça interpretou de forma ampla o art. 304 do Código de Processo Civil de 2015 e entendeu que outras formas de impugnação, como a contestação, servem para impedir a estabilização da tutela antecipada (REsp 1.760.966/SP, Informativo 639). Assim, na linha do citado julgado, que não é vinculante, "caso a parte não interponha o recurso de agravo de instrumento contra a decisão que defere a tutela antecipada requerida em caráter antecedente, mas, por exemplo, se antecipa e apresenta contestação refutando os argumentos trazidos na inicial e pleiteando a improcedência do pedido, não ocorrerá a estabilização da tutela".

Os fundamentos constantes no voto do relator, ministro Marco Aurélio Bellizze (estímulo à interposição de agravos de instrumento e de ajuizamento de ação revisional) poderiam até servir de justificativas para um projeto de lei, mas jamais para ler branco onde preto é. Ao seguir a toada ditada pelo Judiciário, seria de se editar uma lei, com artigo único, dispondo que, no Brasil, adota-se integralmente o sistema da *Common Law*. Em país que adota o sistema legislado, concorde ou não com a lei, há que obedecê-la. Os precedentes deveriam consistir na interpretação e aplicação da lei sobre determinadas hipóteses. Mas o que vivenciamos é um afastamento do sistema legislado. Como se não bastasse, ainda contamos com uma grave insegurança jurídica, que se reflete no tema em comento. Mais recentemente, o mesmo STJ, agora através de sua 1ª Turma, entendeu que "a apresentação de contestação não tem o condão de afastar a preclusão decorrente da não utilização do instrumento processual adequado – o agravo de instrumento" (REsp 1.797.365/RS, Rel. Min. Sérgio Kukina, Rel. p/ acórdão Min. Regina Helena Costa, j. 03.10.2019, *DJe* 22.10.2019). Para o Relator, há que se diferenciar a contestação do recurso para fins de aplicação da regra da estabilização. A contestação demonstra a resistência do réu em relação à tutela exauriente, enquanto o recurso de agravo de instrumento possibilita a revisão da decisão proferida em cognição sumária. São, pois, institutos inconfundíveis, de modo que a primeira não se mostra suficiente para obstaculizar a estabilização.

Infelizmente, a divergência no âmbito da Corte Cidadã só aumenta. Em 2024, foi a vez da 4ª Turma definir que a ausência de recurso contra a decisão concessiva da tutela antecipada não acarreta sua estabilização se a parte se opôs a ela mediante contestação (REsp 1.938.645/CE, Rel. Min. Maria Isabel Galloti, j. 04.06.2024). Parece-nos que é esse o entendimento que vem prevalecendo, ou seja, para a maioria, a estabilização somente ocorrerá se não houver qualquer tipo de impugnação pela parte contrária.

No caso específico, o não exercício da faculdade de recorrer (ou de contestar, se seguirmos a linha da jurisprudência já citada[19]) implica um ônus, qual seja, o obstáculo ao "direito" de ver a demanda dirimida, levando-se em conta a postulação formulada na contestação. Estabilizada a demanda, no mesmo processo, as portas da justiça se fecharam tanto para o autor quanto para o réu. Perderão eles, em decorrência do encerramento da relação processual, com julgamento da "situação estabilizanda", o direito de prosseguir no procedimento rumo à cognição exauriente. Não esqueçamos de que a estabilização se dá nos exatos limites do que foi antecipado. Segundo a exposição de motivos do CPC/2015, "Não tendo havido resistência à liminar concedida, o juiz, depois da efetivação da medida, extinguirá o processo, conservando-se a eficácia da medida concedida, sem que a situação fique protegida pela coisa julgada". O prazo para "rever, reformar ou invalidar a tutela antecipada estabilizada" (a eficácia da medida concedida) é de dois anos. Não ajuizada essa revisional, a "situação estabilizanda" (probabilidade mais perigo ou a evidência) resta estabilizada. Contudo, essa estabilização não significa que tanto o autor quanto o réu não possam discutir o direito de fundo.

A extinção se dá com julgamento da situação estabilizanda, isto é, com o pronunciamento judicial sobre a probabilidade do direito e o perigo de dano ou o risco ao resultado útil do processo. Em se tratando de tutela da evidência, a declaração se limitará à "evidência" do direito – que é mais do que probabilidade e menos do que certeza. Trata-se de um terceiro gênero de extinção, a par das duas hipóteses já conhecidas (com e sem julgamento do mérito). Há algum conteúdo declaratório, para além dos requisitos inerentes ao processo, porém, não sobre a crise

---

[19] Neste espaço, sempre utilizaremos o termo adotado pelo Código, qual seja "recurso". De toda sorte, vale o alerta para os precedentes que admitem qualquer espécie de impugnação, a exemplo da contestação.

de direito substancial em si, mas apenas sobre a probabilidade e a situação de perigo ou risco ou evidência do direito.

Não se trata de extinção sem resolução do mérito, uma vez que não se encontra presente qualquer hipótese que autorize essa modalidade de extinção (art. 485). Por outro lado, também não se pode falar em extinção com resolução do mérito, porquanto não houve cognição exauriente, tampouco declaração de prescrição ou decadência, e assim a decisão não tem aptidão para formar coisa julgada material. Trata-se de um *tertium genus* de extinção. **Extinção com estabilização**. Para que o processo alcance esse status (extinção com estabilização da decisão), deve haver manifestação expressa do demandante no requerimento da tutela antecipada em caráter antecedente, no sentido de que pretende se valer do benefício da estabilização, bem como a inércia do demandado, no que se refere à (não) interposição do recurso cabível (agravo de instrumento) contra a decisão concessiva da tutela antecipada. Sem a manifestação do demandante, o procedimento prossegue rumo à sentença com base em cognição exauriente, com aptidão para formação de coisa julgada. O mesmo se dá se o demandado interpuser recurso contra a decisão concessiva da tutela antecipada. A apresentação da contestação pelo demandado é irrelevante para a estabilização. A ele foi imposto o ônus de recorrer ou então de ajuizar ação autônoma de revisão, reforma ou invalidação da decisão cujos efeitos foram estabilizados (art. 304, § 2º). Se não recorreu, a decisão será estabilizada. O legislador, em razão do não exercício de uma faculdade-ônus imposta ao réu (recorrer da decisão concessiva da tutela antecipada), obstou a possibilidade de a tutela jurisdicional ser prestada em mão dupla, isto é, ao autor (que manifestou o direito de ação na inicial) e ao réu, que apresentou contestação, com ou sem pedido reconvencional.

8.3.4.1 Estabilização da tutela antecipada – um bicho de duas cabeças

Para a comunidade jurídica, acostumada com a preclusão e com a coisa julgada, a estabilização ainda é um bicho de duas cabeças. Concedida a tutela antecipada de urgência, requerida em caráter antecedente, aditando o autor a inicial e não interpondo o réu o recurso respectivo (leia-se: agravo de instrumento), opera-se a extinção do processo com estabilização da tutela concedida (art. 304, § 1º). Não se trata de extinção com resolução de mérito, pois não há qualquer pronunciamento sobre o mérito da causa, muito menos declaração sobre a causa de pedir (fatos e a respectiva valoração deles), essa sim com aptidão para gerar coisa julgada material. Também não se trata de extinção sem resolução do mérito, uma vez que o processo ultrapassou a fronteira da análise dos requisitos do processo. Os requisitos para o exame do mérito foram apreciados antes da análise do pedido de tutela antecipada e encontravam-se presentes, caso contrário, não se chegaria ao deferimento do pedido de antecipação de tutela.

A estabilização recai sobre a "situação estabilizanda". Quanto à crise do direito em si, de forma exauriente, nada foi dito. Com a estabilização dos efeitos da tutela espera-se que as partes se sintam desmotivadas a ajuizar uma demanda. O que não poderão, ultrapassados os dois anos, é discutir os efeitos da "situação estabilizanda". Nada obsta, entretanto, que discutam a lide na sua globalidade.

A declaração sobre a situação estabilizanda não chega a constituir autoridade que torna imutável e indiscutível a decisão de mérito (art. 502), até porque não houve declaração sobre a causa de pedir, mas tão somente sobre a probabilidade dos fatos e da respectiva valoração. Não havendo certeza decorrente da cognição exauriente, a estabilização se restringe aos efeitos do que se antecipou.

8.3.5 Ação revisional da tutela antecipada estabilizada

A tutela antecipada estabilizada conservará seus efeitos enquanto não revista, reformada ou invalidada por decisão de mérito proferida em ação própria (art. 304, § 3º). **Mas o que**

conservará os seus efeitos ou restará estabilizado? Apenas os efeitos da tutela concedida. Se a decisão foi para retirar o nome dos cadastros de proteção ao crédito, é esse efeito – que é um *minus* em relação à tutela declaratória de inexistência da dívida – que se torna estável se não interposta a ação no prazo de dois anos. Propositalmente, estou sendo repetitivo. Nessa ação revisional ou invalidatória, cujo prazo decadencial é de dois anos, deverá o réu se restringir a atacar os efeitos da tutela antecipatória concedida, por exemplo, contrapondo ao juízo de delibação levado a efeito pelo juiz, pelo qual chegou à conclusão de que o débito já havia sido pago. O objeto é a tutela antecipada concedida, no exemplo dado, é o retorno do nome do autor ao cadastro restritivo de crédito, para tanto pode e deve se avançar sobre o objeto da cognição sumária – no exemplo, a existência ou não da dívida. Se não ajuizada a ação revisional ou invalidatória, o que resta estabilizada e, portanto, indiscutível, é a retirada do nome do autor dos cadastros de proteção ao crédito em razão dos fundamentos adotados na decisão concessiva da tutela antecipada. O fundamento adotado na decisão concessiva da tutela antecipada no exemplo dado foi a inexistência da dívida, que foi tida como paga, mas sobre esse fundamento não houve declaração, apenas cognição sumária. Sem declaração não há coisa julgada, uma vez que esta recai primordialmente sobre o objeto da declaração, abrangendo, via de consequência, os efeitos dela. Aliás, o próprio Código, no art. 304, § 6º, deixa claro que coisa julgada não há. Assim, mesmo depois de ultrapassado o prazo decadencial da mencionada ação, não se pode falar em coisa julgada. **Há estabilização irreversível dos efeitos da tutela**. O nome do autor, em razão do fundamento adotado pelo juiz, não mais poderá ser inserido nos cadastros restritivos de crédito. Nada obsta, entretanto, que o réu, depois dos dois anos, observado o prazo prescricional, ajuíze ação de cobrança contra o requerente da tutela que foi estabilizada, invocando como fundamento a existência de crédito a seu favor. O fundamento, porque não foi alcançado pelos limites objetivos da estabilização, pode ser atacado para demonstrar a existência da dívida, jamais para promover a reinscrição do nome do requerente da tutela estabilizada nos cadastros restritivos de crédito. Uma vez condenado e transitada em julgado a decisão condenatória, poderá o nome do requerente da tutela estabilizada ser reinscrito no referido serviço de proteção ao crédito. A reinscrição não era possível tendo por fundamento a mera existência da dívida, com base em título extrajudicial, porquanto esta, com base em cognição sumária, foi reputada inexistente. Agora, pode-se proceder à inscrição originária, com base em outro fundamento, ou seja, a coisa julgada emergente da decisão condenatória.

Ressalte-se que sobre essa novidade há severas críticas na doutrina e, como vimos, a jurisprudência ainda oscila quanto à forma de impedir a estabilização. Para uns, ao possibilitar a estabilização da tutela antecipada na hipótese de o réu não interpor recurso contra o seu deferimento, o CPC/2015 estaria a incentivar a interposição de agravo de instrumento. Assim, para os defensores da corrente mais abrangente, ao invés de dispor, por exemplo, que a tutela antecipada, concedida nos termos do art. 303, "torna-se estável **se da decisão que a conceder não for interposto o respectivo recurso**", o CPC/2015 poderia ter inserido disposição mais genérica, de modo a permitir a estabilização da medida apenas na hipótese de o réu não se insurgir contra a decisão, seja por meio de petição simples ou por meio da contestação. Ocorre que essa não foi a vontade do legislador. Ao exigir a interposição do agravo de instrumento como forma de evitar a estabilização, quis o legislador desincentivar a irresignação injustificada. Embora não previsto no Código, é de admitir que a conduta do réu ao não recorrer implicará contrapartida a seu favor. Razoável interpretação sistemática levada a efeito por Fredie Didier indica no sentido de que, em não havendo impugnação, os honorários advocatícios serão limitados a cinco por cento e haverá isenção das custas processuais (art. 701, *caput* e § 1º, aplicáveis por analogia).[20]

---

[20] DIDIER JR., Fredie. *Curso de direito processual civil*. Salvador: JusPodivm, 2015. v. 2, p. 612-613.

O prazo decadencial para rever, reformar ou invalidar a tutela antecipada é de dois anos, contados da ciência da decisão que extinguiu o processo. Concedida a tutela antecipada, o réu é intimado da decisão, iniciando o prazo de 15 dias – salvo a possibilidade de contagem em dobro – para a interposição do agravo de instrumento. Ultrapassado o prazo sem a efetiva interposição do recurso, o processo é extinto (art. 304, § 1º). É a contar da ciência dessa sentença extintiva que se conta o prazo decadencial. O dispositivo não menciona a natureza da extinção, mas tal fato não tem o condão de transmudar a substância das coisas. Não há cognição exauriente ou qualquer circunstância que autorize a concluir que houve análise do mérito (art. 487), pelo contrário.

A ação de revisão ou invalidação da tutela antecipada estabilizada será instruída com os autos da ação onde foi deferida essa tutela. Para verificar a viabilidade da ação, qualquer das partes poderá requerer o desarquivamento dos autos em que foi concedida a medida (art. 304, § 4º). Se não houver necessidade de análise dos elementos constantes nos autos onde requerida a tutela antecipada, bastará que o autor, na inicial, requeira o apensamento.

A legitimidade para a propositura da ação é do autor ou do réu, devendo perquirir sobre o interesse do autor no caso de se ter concedido exatamente o que foi pedido no requerimento da tutela antecipada. Competente para essa ação de revisão/invalidação é o juízo no qual foi concedida a tutela antecipada. Mais técnico, em vez de prevenção, como consigna o § 4º do art. 304, seria distribuição por dependência. No rigor doutrinário, prevenção não é critério de determinação, mas sim de modificação de competência.

8.3.6 Questões suscitadas acerca da estabilização da tutela antecipada

Desde o início da tramitação do anteprojeto no Senado Federal, no ano de 2009, tenho participado de discussões acerca dos institutos introduzidos pela novel legislação processual. No período da *vacatio legis* os debates intensificaram-se. Já ouvi de tudo. Há aqueles que levam o garantismo processual às últimas consequências e complicam de tal forma a aplicação desses novos institutos, que acabam tornando o processo extremamente moroso, com grave comprometimento dos fins visados pela reforma. Destaco aqui algumas opiniões sobre a estabilização da tutela antecipada, instituto que, a par de potencializar a celeridade, retira do demandante parte do poder de ação e do demandado parte da amplitude do direito de defesa. Contudo, essa restrição decorre de manifestação expressa ou tácita das partes, razão pela qual não se vislumbra afronta à garantia constitucional do acesso à justiça. Quanto ao autor, ele próprio adere à nova técnica de resolução de demandas pela estabilização da tutela antecipada concedida (art. 303, § 5º). No que tange ao réu, não desincumbindo ele do ônus-faculdade da interposição do recurso ou outro meio de impugnação, na visão da 3ª e 4ª Turmas do STJ (art. 304, *caput*; REsp 1.760.966/SP e REsp 1.938.645), o processo será extinto com a estabilização da tutela concedida na forma do art. 303. Não é possível garantir todos os valores/princípios a um só tempo. Dúvida não há de que o legislador, sem aniquilar os direitos de ação e defesa, buscou a celeridade, assim, cabe à doutrina viabilizar a concretização do objetivo visado. Em tempos de extrema morosidade, ditada pelo elevado número de processos, não se pode deixar de dar boas-vindas ao procedimento, que a rigor não aniquila o direito de ação do autor nem do réu e terá a grande virtude de acelerar (pelo encurtamento) principalmente os denominados processos de massa. O autor quis o encurtamento do procedimento, abriu mão da imutabilidade emergente da coisa julgada e se contentou com a estabilização. A despeito disso, havendo interesse processual, pode propor a ação com vistas à revisão, reforma ou invalidação da tutela estabilizada (art. 304, § 5º). Ao réu, a seu turno, não obstante ter deixado de exercer a faculdade-ônus que lhe foi imposta (interposição do agravo de instrumento ou impugnação por outro meio, a exemplo da contestação), o legislador franqueou-lhe passagem pela mesma porta aberta ao autor (da revisão, reforma ou invalidação). Queremos mais do que ação, garantias e promessas. Queremos resultados.

Dito isso, passo a enfocar a visão que considero mais construtiva sobre as diversas questões suscitadas acerca da estabilização da tutela antecipada.

A extinção prevista no art. 303, § 2º, é distinta da prevista no art. 304, § 1º. A primeira figura como ônus imposto ao autor pelo não aditamento do requerimento de tutela antecipada e tem como consequência a extinção do processo sem resolução do mérito e, por conseguinte, a imediata cessação dos efeitos da tutela antecipada concedida. A segunda figura como ônus imposto ao réu pelo fato de não ter interposto agravo de instrumento em face da decisão concessiva da tutela antecipada (se pretender a revisão, reforma ou invalidação, terá que ajuizar ação própria). A extinção, nesse caso, tem como consequência a estabilização da tutela concedida, além da preclusão endoprocessual. Como já dito, não se trata de extinção sem ou com resolução do mérito; trata-se de extinção com estabilização.

A estabilização depende de três requisitos: i) concessão da tutela antecipada em caráter antecedente; ii) aditamento da inicial; iii) não interposição de agravo de instrumento ou de outro meio de impugnação, segundo entendimento anteriormente citado.

Uma vez concedida a tutela antecipada requerida em caráter antecedente, a estabilização depende da postura do autor e do réu. Se o autor não aditar a inicial, o processo será extinto sem resolução do mérito, o que implicará revogação da tutela antecipada concedida, inviabilizando a estabilização. O não aditamento significa que o autor, embora tenha aderido à autonomização do procedimento da tutela antecipada, perdeu o interesse processual no desfecho do processo. O reconhecimento da ausência (ou da perda) desse requisito para prosseguimento do processo não fica ao alvedrio do autor. Ele foi intimado para aditar, não aditou, o caso é de extinção. Não cabe ao juiz, numa desmedida cooperação, indagar ao autor se ele pretende uma cognição exauriente. Se não emendou, pouco importa se o réu recorreu ou não. Irrelevante também é saber qual prazo escoou primeiro, se o prazo para o aditamento ou para interposição do agravo. A declaração de estabilização deve aguardar o escoamento do prazo para o aditamento a ser feito pelo autor, que tem início a contar da intimação para proceder ao aditamento, bem como do prazo para interposição de impugnação pelo réu, que terá início a partir da intimação da decisão concessiva da tutela antecipada.

A citação e intimação para a audiência de conciliação ou mediação somente ocorrerá após o aditamento.

Se o autor aditar a inicial e o réu não agravar, a tutela será estabilizada. Para entender, não há necessidade de desenhar. Basta repetir. Essa era a vontade do autor, que aderiu ao procedimento, para o qual era prevista essa consequência processual. Não cabe ao juiz intimar qualquer das partes para verificar se pretendem o prosseguimento do feito, rumo à cognição exauriente. Essa manifestação já houve quando o autor escolheu o procedimento. A tutela será estabilizada e o processo será extinto. A instituição do procedimento teve em mira a redução e a simplificação de procedimentos. O alcance desse objetivo é de interesse público, não podendo ficar ao talante das partes. Assim, não pretendendo o réu a estabilização, cabe a ele interpor o respectivo recurso ou mesmo apresentar contestação, na qual deverá necessariamente impugnar a tutela concedida.

O não aditamento da inicial incompleta equivale à hipótese da não emenda da petição inicial defeituosa (art. 321). No último caso, uma vez intimado, se o autor não emenda a inicial, o processo será extinto sem julgamento do mérito. Idêntica situação se passa quando o demandante adere ao benefício previsto no § 5º do art. 303 e não adita a petição inicial. Repita-se: **sem o aditamento, o processo torna-se inviável, o que acarreta a extinção sem resolução do mérito e, consequentemente, a revogação da tutela antecipada eventualmente concedida, pouco importando se o demandado agravou ou não.**

8.3.7 A estabilização da tutela antecipada se aplica às ações possessórias?

A tutela antecipada foi de tal forma valorizada no CPC/2015 que em muitos aspectos suplantou uma de suas matrizes – a tutela possessória liminar. Diferentemente da tutela possessória, não se estabelece o marco temporal de ano e dia para o manejo da ação, desde que, evidentemente, seja respeitado o prazo prescricional ou decadencial. Por outro lado, a tutela antecipada requerida em caráter antecedente, desde que preenchidos os requisitos dos arts. 303 e 304 do CPC/2015, estabiliza-se. A estabilização figura como a grande aposta do legislador no sentido da celeridade. E não há razão para deixar a antecipação da tutela possessória fora da estabilização. Ao contrário, pela natureza e relevância que o ordenamento jurídico confere a essa modalidade de direito, tudo leva a crer que tanto a *mens legislatoris* quanto a *mens legis* são no sentido de que a estabilização se aplica à liminar de manutenção e reintegração, bem assim ao mandado proibitório – provimentos cujo conteúdo é de antecipação dos efeitos da decisão de mérito.

Um dado histórico contribui para essa conclusão. Na Comissão do anteprojeto do CPC/2015, cogitou-se da abolição do rito das ações possessórias. O argumento era de que, com o advento da tutela antecipatória – com base na urgência ou na evidência –, o procedimento especial de força nova, destinado à defesa da posse ameaçada ou ofendida há menos de ano e dia, passou a ser totalmente desnecessário. Contudo, por simples razão de tradição do nosso sistema, umbilicalmente ligado às tradições românicas, as possessórias ficaram.

O fato de haver um procedimento especial, com previsão de antecipação dos efeitos da decisão de mérito – com ou sem justificação prévia –, não arreda a aplicação subsidiária das normas da tutela antecipada. O simples fato de o instituto da tutela antecipada estar situado na parte geral do Código já indica essa aplicação, a menos que seja incompatível com o procedimento especial previsto para acertamento do direito substancial.

Segundo a doutrina do diálogo das fontes, de Erick Jayme, a aplicação do direito nesse tempo de "pós-modernidade" está a exigir a superação da noção de conflito entre leis, noção essa que deve ser substituída pela coordenação. No caso em comento, sequer se trata de outra lei. Aqui estou a tratar de dispositivos do CPC/2015, sendo que a proposta é que seja a lacuna de um procedimento especial preenchida por dispositivos da parte especial.

Para ser mais direto, a tutela possessória liminar, concedida com base em prova pré-constituída ou após justificação prévia, estabiliza-se.

Ressalta-se que para parte da doutrina essa hipótese de concessão de liminar em ações possessórias mais se assemelha à tutela da evidência. Igualmente, no caso de concessão de mandado monitório, o que se tem é uma espécie de tutela da evidência não contemplada no art. 311 do CPC. Para essa corrente, não há falar em estabilização em ambos os casos.[21]

JURISPRUDÊNCIA TEMÁTICA

Estabilização da Tutela Antecedente (cabimento e descabimento de contestação)

"(...) 2. O Código de Processo Civil de 2015 inovou na ordem jurídica ao trazer, além das hipóteses até então previstas no CPC/1973, a possibilidade de concessão de tutela antecipada requerida em caráter antecedente, a teor do que dispõe o seu art. 303, o qual estabelece que, nos casos em que a urgência for contemporânea à propositura da ação, a petição inicial poderá

---

[21] NEVES, Daniel Amorim Assumpção. *Código de Processo Civil comentado*. 5. ed. Salvador: JusPodivm, 2020. p. 555.

se limitar ao requerimento da tutela antecipada e à indicação do pedido de tutela final, com a exposição da lide, do direito que se busca realizar e do perigo de dano ou do risco ao resultado útil do processo. 2.1. Por essa nova sistemática, entendendo o juiz que não estão presentes os requisitos para a concessão da tutela antecipada, o autor será intimado para aditar a inicial, no prazo de até 5 (cinco) dias, sob pena de ser extinto o processo sem resolução de mérito. Caso concedida a tutela, o autor será intimado para aditar a petição inicial, a fim de complementar sua argumentação, juntar novos documentos e confirmar o pedido de tutela final. O réu, por sua vez, será citado e intimado para a audiência de conciliação ou mediação, na forma prevista no art. 334 do CPC/2015. E, não havendo autocomposição, o prazo para contestação será contado na forma do art. 335 do referido diploma processual. 3. Uma das grandes novidades trazidas pelo novo Código de Processo Civil é a possibilidade de estabilização da tutela antecipada requerida em caráter antecedente, instituto inspirado no *référé* do Direito francês, que serve para abarcar aquelas situações em que ambas as partes se contentam com a simples tutela antecipada, não havendo necessidade, portanto, de se prosseguir com o processo até uma decisão final (sentença), nos termos do que estabelece o art. 304, §§ 1º a 6º, do CPC/2015. 3.1. Segundo os dispositivos legais correspondentes, não havendo recurso do deferimento da tutela antecipada requerida em caráter antecedente, a referida decisão será estabilizada e o processo será extinto, sem resolução de mérito. No prazo de 2 (dois) anos, porém, contado da ciência da decisão que extinguiu o processo, as partes poderão pleitear, perante o mesmo Juízo que proferiu a decisão, a revisão, reforma ou invalidação da tutela antecipada estabilizada, devendo se valer de ação autônoma para esse fim. 3.2. É de se observar, porém, que, embora o *caput* do art. 304 do CPC/2015 determine que 'a tutela antecipada, concedida nos termos do art. 303, torna-se estável se da decisão que a conceder não for interposto o respectivo recurso', a leitura que deve ser feita do dispositivo legal, tomando como base uma interpretação sistemática e teleológica do instituto, é que a estabilização somente ocorrerá se não houver qualquer tipo de impugnação pela parte contrária, sob pena de se estimular a interposição de agravos de instrumento, sobrecarregando desnecessariamente os Tribunais, além do ajuizamento da ação autônoma, prevista no art. 304, § 2º, do CPC/2015, a fim de rever, reformar ou invalidar a tutela antecipada estabilizada. 4. Na hipótese dos autos, conquanto não tenha havido a interposição de agravo de instrumento contra a decisão que deferiu o pedido de antecipação dos efeitos da tutela requerida em caráter antecedente, na forma do art. 303 do CPC/2015, a ré se antecipou e apresentou contestação, na qual pleiteou, inclusive, a revogação da tutela provisória concedida, sob o argumento de ser impossível o seu cumprimento, razão pela qual não há que se falar em estabilização da tutela antecipada, devendo, por isso, o feito prosseguir normalmente até a prolação da sentença" (STJ, REsp 1.760.966/SP, Rel. Min. Marco Aurélio Bellizze, j. 04.12.2018 (Informativo 639)).

"(...) II – Os meios de defesa possuem finalidades específicas: a contestação demonstra resistência em relação à tutela exauriente, enquanto o agravo de instrumento possibilita a revisão da decisão proferida em cognição sumária. Institutos inconfundíveis. III – A ausência de impugnação da decisão mediante a qual deferida a antecipação da tutela em caráter antecedente, tornará, indubitavelmente, preclusa a possibilidade de sua revisão. IV – A apresentação de contestação não tem o condão de afastar a preclusão decorrente da não utilização do instrumento processual adequado – o agravo de instrumento" (STJ, REsp nº 1.797.365/RS, *DJe* 22.10.2019).

"A ausência de recurso contra a decisão concessiva da tutela antecipada não acarreta sua estabilização se a parte se opôs a ela mediante apresentação de contestação. Precedente. 2. A passagem do "procedimento provisório da tutela antecedente" – cujo rumo pode eventualmente levar à extinção do processo, a depender da atitude do réu de opor-se, ou não, à antecipação da tutela satisfativa – para a fase da tutela definitiva exige intimação específica para o autor a propósito da necessidade de aditar a inicial. Aplicação analógica do art. 321, *caput*, do CPC/2015. Precedente da 3º Turma no REsp. 1.766.376/TO, Rel. Min. Nancy Andrighi. 3. Recurso especial a que se dá parcial provimento" (STJ, REsp n. 1.938.645/CE, Rel. Min. Maria Isabel Gallotti, 4ª Turma, j. 04.06.2024, *DJe* 06.09.2024).

Restituição de valor recebidos em decisão provisória. "É devida a restituição de parcelas incorporadas aos proventos de complementação de aposentadoria por força de antecipação de tutela posteriormente revogada, a fim de evitar o enriquecimento sem causa do beneficiário de decisão judicial de natureza precária. 2. A obrigação da devolução dessas parcelas independe do ajuizamento de ação própria e deve ser satisfeita mediante o desconto em folha de pagamento efetivado pela entidade fechada, observado o limite de 10% da renda mensal do benefício de complementação suplementar, até a satisfação integral do crédito. Precedentes. 3. A restituição dos valores recebidos independe de comprovação de boa ou má-fé do beneficiário e da natureza alimentar da verba (REsp 1.548.749/RS, Segunda Seção, *DJ* 6.6.2016) 4. Agravo interno a que se nega provimento" (STJ, AgInt nos EDcl no REsp 1.557.342/RS, *DJe* 22.03.2019).

Fungibilidade entre as medidas cautelares. "A jurisprudência do Superior Tribunal de Justiça, com fundamento no poder geral de cautela e no princípio da fungibilidade entre as medidas cautelares e as antecipatórias dos efeitos da tutela, aliados à aparência do bom direito e à prestação de contracautela, admite a utilização da medida cautelar para a suspensão dos efeitos do protesto quando já efetivado" (STJ, AgRg no AREsp 680.220, Rel. Min. Marco Buzzi, p. 10.11.2017).

Poder geral de cautela. "Aliás o poder geral de cautela previsto no art. 106 do CPC autoriza as medidas de arresto, sequestro, arrolamento de bens, registro de protesto contra alienação de bens e outra medida idônea para asseguração do direito. De outra banda ao magistrado cabe a condução do processo atento a duração razoável do processo bem como determinar o uso do poder para lançar medidas necessárias no caso do processo executivo, que no caso é a satisfação do crédito exequendo" (STJ, AREsp 1143723/PR, Rel. Min. Assusete Magalhães, p. 20.09.2017).

Estabilização apenas às tutelas antecipadas antecedentes. "Nesses termos, tem-se que o art. 304 do CPC/2015 prevê a estabilização da tutela provisória, mas apenas aquela de natureza antecipada e requerida em caráter antecedente, tal qual ilustrada no art. 303. (...) Ou seja, não apenas não se trata de tutela antecipada, como não há a observância do quanto delineado pelo art. 303: petição limitada ao requerimento da tutela antecipada e à indicação do pedido de tutela final. Assim, descabida a advertência quanto à eventual estabilização da tutela concedida, vez que, dada a sua provisoriedade, pode ser revista a qualquer tempo e necessita de confirmação ou revogação quando da sentença final de mérito" (TJ-SP 2203270-58.2016.8.26.0000, 14ª Câmara de Direito Público, Rel. Mônica Serrano, j. 10.08.2017, p. 21.08.2017).

Honorários e estabilização. "O art. 304, *caput*, do CPC/2015 trata de tutela de natureza monitória em sentido amplo, visto que permite a concessão da medida pleiteada em juízo de cognição sumária, tornando-se desnecessária a instauração do procedimento ordinário, desde que o demandado não interponha o recurso cabível. Os honorários advocatícios são arbitrados em 5% (cinco por cento) sobre o valor dado à causa no caso de estabilização de tutela antecedente, por força da aplicação do art. 701, *caput*, do CPC/2015" (STJ, REsp 1.895.663/PR, Rel. Min. Ricardo Villas Bôas Cueva, 3ª Turma, j. 14.12.2021, *DJe* 16.12.2021).

Quadro esquemático 32 –
Tutela antecipada requerida em caráter antecedente

Tutela antecipada requerida em caráter antecedente (art. 303)

- Petição inicial com os requisitos do art. 303
  - Emenda (art. 321)
    - Indeferimento da petição e extinção do processo
    - Deferimento da petição
  - Apreciação do pedido
    - Tutela concedida
      ↓
      - Aditamento da petição em 15 dias ou mais (art. 303, § 1º, I)
        ↓
        - Designação de audiência de mediação/conciliação com as intimações das partes
    - Tutela não concedida
      ↓
      - Emenda da petição inicial em 5 dias (art. 303, § 6º)
- Não realizado o aditamento
  ↓
  - Extinção do processo sem resolução do mérito (art. 303, § 2º)
- Realizada autocomposição, o processo será extinto com resolução do mérito (art. 487, II, "b")
- Contestação (15 dias) → Se necessário, audiência de instrução e, em seguida, prolação da sentença

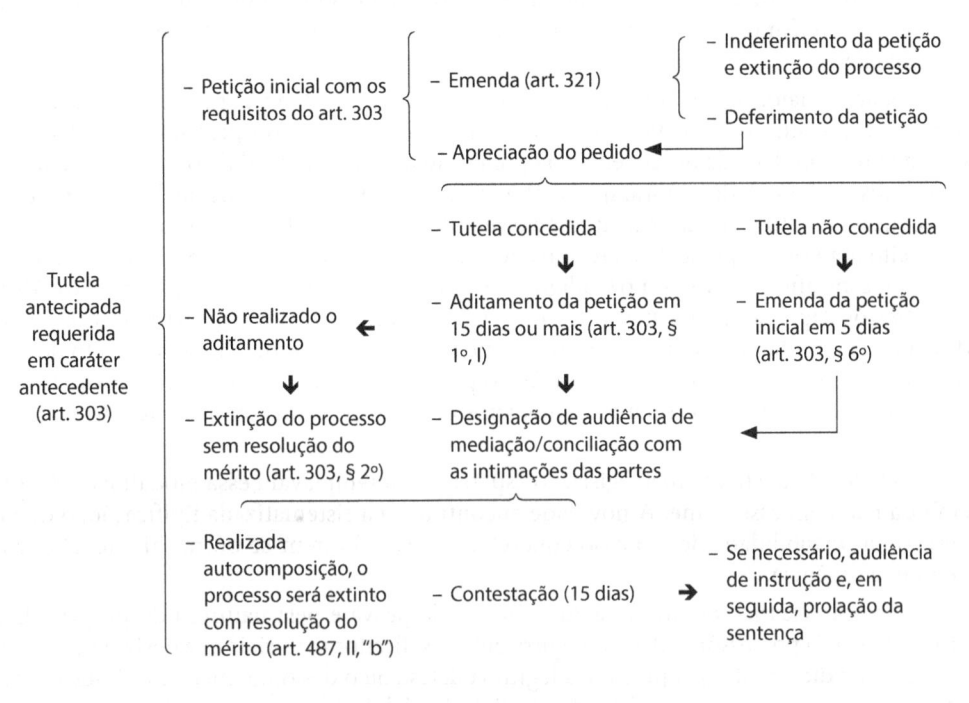

Quadro esquemático 33 –
Estabilização da tutela antecipada

Estabilização da tutela antecipada (art. 304)

- Deferimento da tutela na forma do art. 303
  - Interposição de recurso: a tutela NÃO se estabiliza se for interposto agravo de instrumento (art. 1.015, I)
  - Não interposto recurso: a tutela se estabiliza e o processo é extinto
    - Estabilização REVERSÍVEL
      ↓
      Pleiteada a reforma da decisão no prazo de 2 anos contados da ciência da decisão que extinguiu o processo
    - Estabilização IRREVERSÍVEL
      ↓
      Se ultrapassado o prazo de 2 anos (decadencial) não houver pedido de revisão, reforma ou invalidação

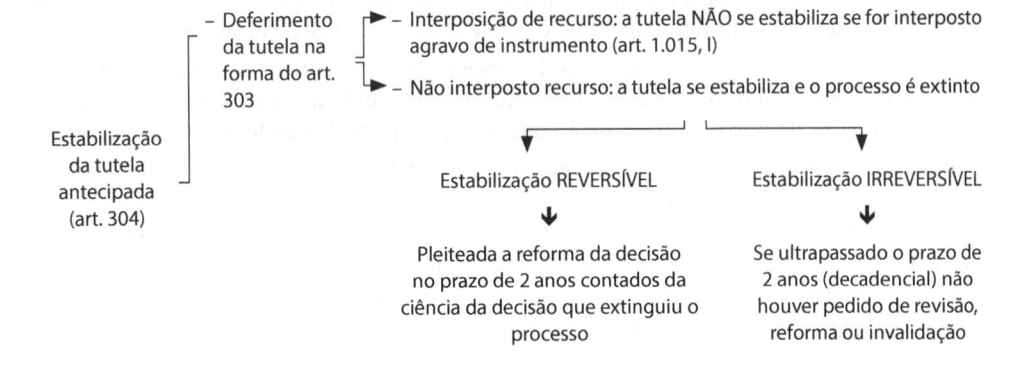

9. DA TUTELA DA EVIDÊNCIA

9.1 Noções gerais

Já dissemos e voltamos a dizer. Tutela da evidência é uma espécie do gênero tutela provisória. Obviamente, não se tutela a evidência, mas sim o direito evidente, isto é, aquela situação jurídica que permite inferir um alto grau de probabilidade do direito substancial afirmado. Reafirmamos também que a concessão de qualquer tutela provisória leva em conta o binômio **"probabilidade"** e **"perigo de dano"** ao direito substancial. O risco ao resultado útil do processo, em última análise, constitui risco de dano ao direito substancial. Ninguém em sã consciência se preocupa com o processo em si. Não usufruirmos do processo, não comemos e não nos movemos com o processo. O objetivo a alcançar é a fruição de direitos substanciais. Nem mesmo os processualistas da nossa geração andam sonhando com processo. O tempo é de neoconcretismo. Nosso delírio é a experiência com coisas reais, ou melhor, com direitos substanciais.

Quanto maior a probabilidade, menor a exigência de dano para a concessão da tutela provisória. As situações jurídico-processuais tipificadas no art. 311 pressupõem um altíssimo grau de probabilidade de procedência da pretensão do requerente, daí por que **o *periculum in mora* é dispensado**. É de lembrar que qualquer que seja a modalidade de tutela provisória, pode ser requerida tanto pelo autor quanto pelo réu. Pelo réu, quando este postular o acertamento de direito material, o que se dá na reconvenção ou no pedido contraposto (juizados especiais e em casos específicos previstos no Código, por exemplo, na ação possessória – art. 556). Mesmo nas situações tipificadas nos incs. I e IV do art. 311 o réu é parte legítima para postular a tutela da evidência. Basta imaginar a situação em que o autor-reconvindo abusa do direito de defesa ou adota conduta protelatória com relação ao processo (inc. I) ou não oponha prova capaz de gerar dúvida razoável com referência aos fatos constitutivos afirmados na reconvenção pelo réu-reconvinte (inc. IV).

O CPC/1973 e também a legislação esparsa já contemplavam essa modalidade de tutela, embora não com esse nome. A novidade encontra-se na sistematizada tipificação, o que não descarta a possibilidade de, no caso concreto, se vislumbrarem-se outras hipóteses que dispensem a urgência.

Exemplo clássico de direito evidenciado pela prova e pela natureza do próprio direito discutido é o da possessória. A posse figura entre os direitos materiais que desfrutam de maior proteção jurídica, tanto que permite a legítima defesa ou o desforço imediato. Desde os romanos a proteção era distinguida. Estando a petição inicial devidamente instruída com provas que evidencie a posse, a turbação ou o esbulho, a data desses atos, além da continuação da posse ou a perda dela, dependendo do caso, o autor será manutenido ou reintegrado na posse, sem qualquer questionamento quanto à urgência para usufruir da coisa turbada ou esbulhada (art. 562). Se a "evidência" não se encontrar documentada, deve-se proceder à justificação prévia.

Outro exemplo encontra-se na ação de despejo com fundamento nos fatos tipificados no § 1º do art. 59 da Lei nº 8.245/1991. Também nesse exemplo a tutela da evidência tem por objetivo a proteção da posse, que em razão das situações previstas na lei tornou-se precária.

No CPC/1973, já havia previsão de concessão de tutela provisória com base na evidência. A ação monitória, procedimento especial previsto no art. 700 do CPC/2015 e também no Código revogado, constitui um exemplo. Esse procedimento viabiliza ao autor obter um mandado de pagamento, de entrega de coisa ou de obrigação de fazer ou não fazer, desde que apresente prova escrita da qual decorra o direito de exigir uma obrigação em face do réu.

O CPC/2015 alargou o âmbito da aplicação da tutela da evidência. O que antes era previsto apenas para alguns procedimentos especiais passa a ser admitido em qualquer procedimento (comum ou especial) do processo de conhecimento. Basta que o caso concreto se enquadre numa das hipóteses contempladas nos quatro incisos do art. 311 para que, **sem qualquer demonstração de urgência**, inverta-se o ônus do tempo no processo, que passará a ser suportado pela parte contra quem se deferiu a tutela da evidência. Deve-se reiterar que as hipóteses tipificadas no referido dispositivo são apenas exemplificativas. Na possessória, por disposição expressa do art. 562, a evidência do direito afirmado pode aflorar na justificação prévia, na qual, de regra, procede-se à documentação da prova oral. Nada obsta que em direitos de outra natureza também se defira a tutela antecipada ou cautelar – olha a fungibilidade aí – quando na justificação prévia ou no decorrer da instrução reste comprovada a alta probabilidade do direito pretendido (evidência). Embora vinculado à lei, o juiz – o advogado em primeiro lugar – deve enxergar além da mera literalidade. No mínimo, a concessão da tutela da evidência antes da sentença, desde que confirmada nesta, terá o condão de retirar o efeito suspensivo automático de eventual apelação, o que por si só já justificaria a providência (art. 1.012, § 1º, V). Não basta que o juiz lance miradas sobre o horizonte, indispensável também é que o advogado retire o cisco do olho. Para a concessão da tutela provisória, em qualquer momento processual, o requerimento é indispensável.

Vale repetir. **Para a concessão da tutela provisória fundamentada na evidência não é necessário demonstrar a existência de qualquer perigo ou risco para o processo ou para o direito invocado pela parte** (art. 311). Isso ocorre porque o perigo (ou risco de perigo) está inserido na própria noção de evidência. O direito da parte é tão cristalino que a demora na sua execução, por mera e inócua atenção aos atos procedimentais do método, já se torna indevida. A tutela de urgência fundamentada na evidência será concedida, como o próprio nome diz, quando o juiz evidenciar o direito alegado. E o direito resta evidenciado quando presente uma das situações exemplificativamente descritas no art. 311, as quais passamos a examinar.

9.2 Situações jurídico-processuais que ensejam a concessão da tutela da evidência

Nos termos do art. 311, a tutela será concedida quando:

I – ficar caracterizado o abuso do direito de defesa ou o manifesto propósito protelatório da parte;

II – as alegações de fato puderem ser comprovadas apenas documentalmente e houver tese firmada em julgamento de casos repetitivos ou em súmula vinculante;

III – se tratar de pedido reipersecutório fundado em prova documental adequada do contrato de depósito, caso em que será decretada a ordem de entrega do objeto custodiado, sob cominação de multa;

IV – a petição inicial for instruída com prova documental suficiente dos fatos constitutivos do direito do autor, a que o réu não oponha prova capaz de gerar dúvida razoável.

Abuso do direito de defesa ou manifesto propósito protelatório. A hipótese já figurava no CPC/1973 como ensejadora da tutela da evidência. Bastava i) a "prova inequívoca" suficiente para levar o juiz a se convencer da verossimilhança e ii) a caracterização do abuso de direito de defesa ou manifesto propósito protelatório do réu para dar ensejo à tutela antecipada sem o requisito do fundado receio de dano irreparável ou de difícil reparação (art. 273, *caput* e II, do CPC/1973). Porque o ordenamento jurídico de então não se valia da pomposa expressão "tutela da evidência", os dois requisitos constituíam a situação fático-jurídica capaz de ensejar a antecipação da tutela, independentemente de se aferir a possibilidade de dano (hoje denominada tutela da evidência). Mudou o rótulo, mas não o conteúdo, embora não se possa desconsiderar a sistematização.

Bem. Segundo disposto no inc. I do art. 311, a caracterização do abuso do direito de defesa ou o manifesto propósito protelatório da parte seria suficiente para a concessão da tutela da evidência. Não é bem assim. Na verdade, a verossimilhança continua firme, tal como erigida no antigo Código. **É indispensável que as alegações sejam verossímeis, de tal sorte que o juiz possa inferir a probabilidade do direito do requerente**[22]. Ninguém adquire direito com

---

[22] Nesse sentido: "A concessão de tutela de evidência fundada no art. 311, I, do Código de Processo Civil exige não somente que esteja configurado abuso do direito de defesa ou manifesto propósito

a mera conduta desleal do réu. Ou o autor tem ou não tem direito. Para a concessão da tutela da evidência é preciso que esse direito seja ao menos provável. Pois é. A probabilidade (decorrente da verossimilhança das alegações do requerente, que pode ser o autor ou o réu), somada à conduta desleal da parte adversa autorizam a concessão da tutela da evidência.[23]

Parte da doutrina afirma que se trata de "tutela de evidência punitiva". Tenho como inadequada a classificação. Conduta desleal (abuso ou protelação) se pune com aplicação de multa, não com a concessão de tutela provisória. Por exemplo, para tais condutas, há previsão de multa nos arts. 77, § 2º, e 774, parágrafo único. Não se pune uma parte concedendo vantagens à outra. O que ocorre é que a verossimilhança das alegações permite concluir que o direito da parte requerente da tutela provisória é provável. A deslealdade da parte adversa (abuso ou protelação) permite elevar o grau da probabilidade ao nível da evidência, daí a antecipação dos efeitos da tutela independentemente de qualquer perigo de dano (= tutela da evidência).

Mas o que vem a ser abuso do direito de defesa e manifesto propósito protelatório? Ninguém sabe. Nem os doutrinadores. É aquilo que, exatamente pelo desconhecimento *a priori*, é chamado de conceito jurídico indeterminado (ou cláusula aberta). A situação concreta vai determinar se a parte passiva (réu ou reconvindo) está a abusar do direito de defesa ou a manifestar o propósito protelatório. É de se adiantar que o mero propósito não é suficiente para reforçar a probabilidade do direito do requerente. É preciso a protelação. Vamos relembrar as aulas de Direito Penal. O mero propósito (intenção) não é punível, indispensável é a conduta (no caso a efetiva protelação), ainda que não se chegue ao resultado almejado. No crime formal – ameaça, por exemplo –, a conduta é suficiente para a consumação. Para caracterizar a evidência, a conduta protelatória é indispensável, pouco importa o resultado que venha a ter sobre o processo. Aqui não se perquire sobre punição, mas a comparação ajuda a compreender o conceito.

Haverá abuso do direito de defesa, ou intuito protelatório, quando, por exemplo, o réu argui defesa contra a evidência dos fatos e de sua conclusão ou requer provas ou diligências reveladas como absurdas pelas circunstâncias do processo.[24] O autor instrui a inicial com documento comprobatório da propriedade do veículo e o réu pretende infirmá-lo com prova testemunhal. No mesmo caso, o réu requer expedição de cartas rogatórias para diversos países, ficando evidenciado que só pretendia procrastinar o andamento do feito.

O professor Daniel Amorim Assumpção Neves propõe diferenciação entre as hipóteses do inciso I, definindo que o abuso do direito de defesa "representa atos protelatórios praticados no processo", enquanto o manifesto propósito protelatório do réu se verifica "em determinado comportamento – atos ou omissões – fora do processo, com ele relacionados". Não há, no entanto, consenso na doutrina quanto à definição e diferença entre os institutos.[25]

A situação descrita na hipótese do inciso I somente pode ocorrer depois de esgotado o prazo de defesa concedido ao demandado. Antes disso não se pode cogitar de abuso do direito

---

protelatório da parte contrária, mas também a existência cumulativa de verossimilhança do direito alegado, requisito não observado na hipótese" (STJ, AgInt na TutPrv no AREsp n. 2.034.826/MT, Rel. Min. Maria Isabel Gallotti, 4ª Turma, j. 17.10.2022, *DJe* 20.10.2022).

[23] Nesse sentido também o Enunciado 47 da I Jornada de Direito Processual Civil do CJF: "A probabilidade do direito constitui requisito para concessão da tutela de evidência fundada em abuso do direito de defesa ou em manifesto propósito protelatório da parte contrária".

[24] SANTOS, Ernane Fidelis dos. *Novos perfis do processo civil brasileiro*. Belo Horizonte: Del Rey, 1996. p. 33.

[25] NEVES, Daniel Amorim Assumpção. *Código de Processo Civil comentado*. 5. ed. Salvador: JusPodivm, 2020. p. 556.

de defesa ou conduta protelatória. Dessa forma, a tutela da evidência, com base nesse inciso, não pode ser concedida liminarmente (parágrafo único do art. 311, *a contrario sensu*).

Fato comprovado por prova documental e valorado por precedente como hipótese para concessão da tutela da evidência. O inc. II do art. 311 permite a concessão da tutela da evidência quando não houver necessidade de prova além da documental já constituída e a pretensão se fundar em precedentes.

De acordo com a dicção do dispositivo, enseja a concessão da tutela da evidência quando "as alegações de fato puderem ser comprovadas apenas documentalmente". Na literalidade da lei, apenas naqueles casos em que a prova documental é exigida – por exemplo, a retomada do imóvel locado no final do prazo, independentemente de notificação (art. 46 da Lei nº 8.245/1991), isto é, que o fato (no exemplo, o contrato de locação) só puder ser provado por meio de documento é que ensejaria a tutela da evidência. A hipótese, contudo, deve ser ampliada para alcançar todos os casos de prova pré-constituída (inclusive emprestada) ou que venha a ser constituída ao longo da instrução. Nesse sentido, também a prova oral, desde que colhida (e, obviamente, documentada na instrução probatória ou em justificação prévia). Assim, desde que o fato esteja comprovado por prova documental ou documentada suficiente para conduzir à verossimilhança das alegações (a probabilidade do direito afirmado) e houver tese firmada em julgamento de casos repetitivos ou em súmula vinculante, no sentido do direito que se pretende reconhecer, possível será a concessão da tutela da evidência.

Essa prova documental pode consistir, por exemplo, num contrato bancário, juntado com a inicial, cujas cláusulas pretende o demandante que sejam declaradas abusivas. Sobre a cláusula abusiva deve haver julgamento firmado em casos repetitivos – por exemplo, recurso extraordinário ou recurso especial repetitivos ou ainda incidente de resolução de demandas repetitivas, bem como em súmula vinculante. Porque igualmente é dotada de força vinculante, também as teses firmadas em incidentes de assunção de competência devem servir de supedâneo para a concessão da tutela da evidência.

Em síntese, para concessão da tutela da evidência com base no inc. II, devem estar presentes os seguintes requisitos: a) prova documental pré-constituída (instruindo a inicial ou o pedido de tutela da evidência) ou que venha a ser documentada no decorrer de justificação prévia ou instrução probatória (por exemplo, coleta de prova oral, pericial ou inspeção judicial), de forma a possibilitar ao juiz inferir a verossimilhança no que respeita à existência do suporte fático no qual se embasa o pedido; b) existência de precedente judicial com força vinculante valorando fato do qual se pode extrair a mesma consequência jurídica, no sentido do pedido formulado pelo demandante.

Ora, se um fato já foi valorado por um dos tribunais competentes para editar precedentes com força vinculante, nada mais razoável que o fato que embasa o pedido do demandante – com as mesmas características daquele no qual se embasou o precedente – possa conduzir às mesmas consequências, isto é, ao julgamento de procedência. Afinal, o que é o direito senão "um elemento de fato, ordenado valorativamente em um processo normativo" (Miguel Reale).

Desta forma, se o processo envolver questão cujo entendimento foi consolidado em julgamento de casos repetitivos (RE ou REsp repetitivos, IRDR ou IAC) ou em súmula vinculante, poderá o juiz, até mesmo liminarmente – depois da contestação e com muito mais razão depois da instrução probatória –, conceder a tutela sob o fundamento de estar evidenciado o direito do autor ou do réu. Nesse ponto, vale ressaltar que o Enunciado 48 da I Jornada de Direito Processual Civil do CJF, estendeu a tutela da evidência para outros precedentes, e não apenas os que estão expressamente indicados na legislação. De acordo com a tese, "é admissível a tutela provisória da evidência, prevista no art. 311, II, do CPC, também em casos de tese firmada em repercussão geral ou em súmulas dos tribunais superiores". No mesmo sentido, o Enunciado 30 da Escola Nacional de Formação e Aperfeiçoamento de Magistrados: "é possível a concessão da tutela de evidência prevista no art. 311, II, do CPC/2015, quando a pretensão autoral estiver de acordo com orientação firmada pelo Supremo Tribunal Federal em sede de controle abstrato de constitucionalidade ou com tese prevista em súmula dos tribunais, independentemente de caráter vinculante".

Da mesma forma, o Tribunal de Justiça do Estado de São Paulo, por exemplo, concedeu tutela provisória de evidência argumentando que o pedido do autor estava em conformidade com precedentes da Corte Especial STJ e do próprio Tribunal Estadual, ampliando o rol do art. 311, II, do CPC (TJ-SP, Agravo de Instrumento 2236595-24.2016.8.26.0000, 8ª Câmara de Direito Público, Rel. Des. Antonio Celso Faria, j. 20.03.2017). Em outras palavras, a prática forense vem nos demonstrando que os Tribunais estão concedendo a tutela da evidência não com base apenas em julgamentos repetitivos e súmulas vinculantes, mas, também, com fundamento no art. 927 do CPC, preservando a eficácia persuasiva dos entendimentos firmados pelas Cortes Superiores.

Registre-se que a vinculação ao precedente para a incidência do inciso II independe do trânsito em julgado da decisão que fixou a tese vinculante. De acordo com o Enunciado 31 da ENFAM, "A concessão de tutela de evidência prevista no art. 311, II, do CPC/2015, independente do trânsito em julgado da decisão paradigma".

Pedido reipersecutório fundado em prova documental adequada do contrato de depósito. Por pedido reipersecutório deve-se entender a pretensão de tutela que tem por objetivo reaver (perseguir) a coisa. "*Rei*" (do latim *res*), na acepção empregada, significa coisa. "*Persecutoriu*" indica que acompanha, que segue, persegue com vistas a reaver, a buscar e apreender.

O interesse em reaver a coisa depositada surge do inadimplemento da obrigação de restituir a coisa com os seus acessórios, assim que o depositante a exigir (art. 629 do CC). A obrigação deve ser demonstrada por meio de prova documental. Por prova documental adequada deve-se entender: a prova necessária à comprovação da avença. Por exemplo, em se tratando de contrato voluntário, prova-se por escrito (art. 647 do CC) – o *ticket* do estacionamento, por exemplo. Quando se admitir outra modalidade de prova – como no caso de depósito miserável –, a "prova adequada" pode ser aquela colhida em audiência ou documentada por outros meios (ata notarial, por exemplo).

Vale a pena ver de novo. O dever principal do depositário é a custódia e guarda da coisa. A ele cabe dispensar ao bem depositado o cuidado e diligência que costuma ter com o que é seu. Tal obrigação é intrínseca a todo e qualquer contrato de depósito, quer tenha se pactuado ou não remuneração ao depositário.

Pelo contrato de depósito, recebe o depositário um objeto móvel, para guardar, até que o depositante o reclame (art. 627 do CC). O contrato de depósito é:

a) *real*: somente se perfaz com a efetiva entrega (*traditio*) da coisa;

b) *unilateral*: em regra, o contrato de depósito gera obrigações apenas ao depositário. Por convenção das partes ou circunstâncias fáticas outras, pode também o depositante assumir obrigações;

c) *gratuito*: por natureza, o contrato de depósito é gratuito, mas podem as partes estipular o contrário. A gratuidade, contudo, deixa de existir se o depósito resultar de atividade negocial ou se o depositário o praticar por profissão (art. 628 do CC), e também nos casos de depósito necessário (art. 651 do CC);

d) *temporário*: o depositário obrigatoriamente tem de devolver a coisa quando requisitado. Se o contrato perde esta característica, inexiste depósito.[26]

---

[26] PEREIRA, Caio Mário da Silva. *Instituições de direito civil*. 20. ed. Rio de Janeiro: Forense, 2004. v. III, p. 359.

Sobre o contrato de depósito, recomendo a leitura do nosso (escrito por mim e pelo professor Felipe Quintella) *Curso de Direito Civil*, já atualizado pelo CPC/2015.

Se o depositário não devolver a coisa quando acionado para tanto, poderá o depositante propor ação em face daquele, pleiteando a concessão da tutela provisória fundamentada na evidência do direito previsto no contrato.

Note-se que o CPC/2015, por não especificar o tipo de depósito, alberga as modalidades de depósito convencional e legal. O primeiro, também chamado de voluntário, é aquele que decorre de um acordo de vontades. O segundo, também chamado de necessário, ocorre quando o depósito é imposto por lei, seja em razão da natureza do contrato ou de circunstâncias imprevistas e imperiosas, como incêndio, calamidade, inundação, naufrágio ou saque (art. 647 do CC).

Saliente-se que apenas tutela da evidência fundamentada nos incs. II e III do art. 311 podem ser concedidas liminarmente (art. 311, parágrafo único). O que não significa que também não possam ser concedidas em outro momento processual, inclusive na própria sentença e na fase recursal.

Petição inicial instruída com prova documental suficiente dos fatos constitutivos do direito do autor e o réu não oponha prova capaz de gerar dúvida razoável. O inc. IV trata, por fim, de outra situação na qual se opera a probabilidade de certeza do direito alegado. Não há necessidade de se aguardar a finalização do processo para a satisfação do interesse do demandante quando a prova documental for suficientemente idônea e o demandado não trouxer aos autos qualquer elemento capaz de rebatê-la. Trata-se de uma espécie de prova documental pré-constituída, cuja relevância é capaz de atingir o convencimento do julgador sem que haja necessidade de prévia instrução.

Tal como ocorre na hipótese do inc. I, aqui também a concessão da tutela evidência fica na dependência de um comportamento do réu. No inc. I depende de uma conduta comissiva, de um agir, de forma que caracterize abuso do direito de defesa ou protelação. Aqui, a conduta pode ser omissiva ou comissiva. Omissiva, quando não apresenta qualquer prova no sentido de infirmar as alegações do demandante. Comissiva, quando apresenta prova frágil, incapaz de gerar pelo menos dúvida quanto à cognição levada a efeito pelo juiz.

O demandante apresenta provas de fatos que, se comprovados, conduziriam à conclusão de que ele tem razão, ou seja, dos fatos pode-se extrair a consequência jurídica almejada. Quanto à consequência jurídica do fato, não há dúvida. Cabe ao juiz perquirir sobre a demonstração desse fato, para aferir a evidência do direito. O autor apresentou provas com a inicial. Como já afirmamos, nada obsta que a prova seja feita em outro momento processual, por exemplo, na fase instrutória. A essa conduta positiva do autor/demandante deve-se somar a conduta "negativa" do réu/demandado. A tutela, com base no inc. IV somente pode ser concedida depois da manifestação (ou ausência dela) do demandado acerca da situação de evidência invocada pelo demandante.

Hipóteses passíveis de liminar. Nas hipóteses dos incs. II e III, o juiz poderá decidir liminarmente. Isso porque a inferência do grau de probabilidade – que chega ao nível da evidência – independe da conduta do réu. Nas hipóteses dos incs. I e IV, a caracterização da evidência depende de eventual abuso do direito de defesa ou de manifesto propósito protelatório, ou da não apresentação de prova capaz de gerar dúvida razoável na formação da convicção do juiz. Aqui (nos incisos II e III) trata-se de pedido fundado em fato comprovado documentalmente e já valorado em julgamento de recurso repetitivo ou em súmula vinculante ou de prova documental adequada do contrato de depósito.

Há quem sustente a irracionalidade e inconstitucionalidade do parágrafo único, ao fundamento de que não se pode aferir evidência do direito antes da citação e defesa do réu. Não vislumbro qualquer vício no dispositivo. A prova documental a que se refere o dispositivo, principalmente quando o fato a que se refere foi valorado em julgamento proferido sob a técnica do recurso repetitivo, é mais do que suficiente para, desde o limiar do processo, se inverter o ônus do tempo processual. Em outras palavras, a tutela antecipada liminar é adequada ao estado do processo, pelo que está em absoluta consonância com o princípio do acesso à justiça.

JURISPRUDÊNCIA TEMÁTICA

"Não é possível que o magistrado, ao conceder tutela antecipada no âmbito de processo cível cujo objeto não consista em obrigação de natureza alimentícia, efetue ameaça de decretação de prisão para o caso de eventual descumprimento dessa ordem judicial, sob a justificativa de que, nesse caso, configurar-se-ia crime de desobediência (art. 330 do CP). Isso porque não se admite a decretação ou a ameaça de decretação de prisão nos autos de processo civil como forma de coagir a parte ao cumprimento de obrigação, ressalvada a obrigação de natureza alimentícia". Precedentes citados: HC 125.042/RS, Quarta Turma, *DJe* 23.03.2009; RHC 16.279/GO, Primeira Turma, *DJ* 30.09.2004; e HC 18.610/RJ, Quinta Turma, *DJ* 04.11.2002 (STJ, RHC 35.253/RJ, Rel. Min. Paulo de Tarso Sanseverino, j. 05.03.2013).

"Conforme o enunciado 30 da ENFAM (Escola Nacional de Formação e Aperfeiçoamento de Magistrados), que trata especificamente sobre a tutela de evidência, é possível a concessão da tutela de evidência prevista no art. 311, II, do CPC/2015 quando a pretensão autoral estiver de acordo com orientação firmada pelo Supremo Tribunal Federal em sede de controle abstrato de constitucionalidade ou com tese prevista em súmula dos tribunais, independentemente de caráter vinculante. 7. Contudo, a tutela de evidência não se confunde com o julgamento antecipado do mérito, porque decorre de atividade de cognição sumária do Juiz (...)" (STJ, TutPrv nos EREsp 1.402.203/CS, Rel. Min. Napoleão Nunes Maia, p. 29.11.2017).

"Esta Corte Superior possui entendimento no sentido de que a decretação de indisponibilidade de bens em ação civil pública por ato de improbidade constitui tutela de evidência, dispensando a comprovação de *periculum in mora*. É suficiente para o cabimento da medida, portanto, a demonstração, numa cognição sumária, de que o ato de improbidade causou lesão ao patrimônio público ou ensejou enriquecimento ilícito, o que ocorreu na espécie" (STJ. AgInt no REsp 1.631.700/RN, 2ª T., Rel Min. Og Fernandes, j. 06.02.2018, *DJe* 16.02.2018).

"A tutela da evidência será concedida, independentemente da demonstração de perigo de dano ou de risco ao resultado útil do processo quando a petição foi instruída com prova documental suficiente dos fatos constitutivos do direito do autor, a que o réu não oponha prova capaz de gerar dúvida razoável, o que não é a hipótese dos autos" (AgInt na AR 5.905/PR, 2ª S., Rel. Min. Nancy Andrighi, j. 22.02.2017, *DJe* 15.03.2017).

Quadro esquemático 34 – Tutela de evidência

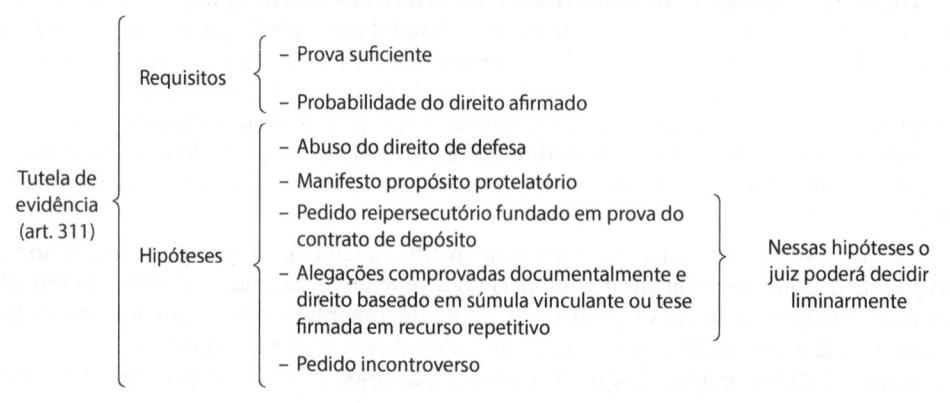

Tutela de evidência (art. 311)
- Requisitos
  - Prova suficiente
  - Probabilidade do direito afirmado
- Hipóteses
  - Abuso do direito de defesa
  - Manifesto propósito protelatório
  - Pedido reipersecutório fundado em prova do contrato de depósito
  - Alegações comprovadas documentalmente e direito baseado em súmula vinculante ou tese firmada em recurso repetitivo
  - Pedido incontroverso

Nessas hipóteses o juiz poderá decidir liminarmente

14

Formação, suspensão e extinção do processo (arts. 312 a 317)

1. VISÃO GERAL DO PROCESSO

Geralmente, o processo ou a relação processual dele decorrente forma-se, desenvolve-se e extingue-se com o alcance do seu objetivo: a composição do litígio, preferencialmente por meio da conciliação ou mediação ou, em não sendo possível a autocomposição, via sentença judicial. Por meio da petição inicial, o autor provoca a jurisdição. Essa, por sua vez, verificando ser idôneo o meio utilizado para provocá-la e presentes certos requisitos, determina a citação do réu. O réu, a seu turno, apresenta defesa. Ultrapassada essa fase de apresentação dos fatos pelas partes, passa-se à coleta de provas e, em seguida, o juiz, conhecendo os dois aspectos do litígio (do autor e do réu), profere a decisão.

Nem sempre, entretanto, a relação processual se desenvolve assim, naturalmente. Ocorre de o meio utilizado pela parte não ser apto ou mesmo de faltarem certos requisitos indispensáveis à atuação da jurisdição, hipótese em que a petição inicial é indeferida. Ocorre ainda de a relação processual, a despeito de instaurada validamente, sofrer certos incidentes de percurso, o que obriga a suspender sua marcha, como, por exemplo, a morte ou perda da capacidade processual da parte. Finalmente, mesmo após a fase probatória, ocorre de o processo ser extinto sem resolução do mérito, frustrando, assim, seu objetivo.

Neste capítulo, fechando a Parte Geral do Código de Processo Civil em vigor, estudaremos a formação, a suspensão e a extinção do processo.

2. FORMAÇÃO DA RELAÇÃO PROCESSUAL

Como **a jurisdição não age de ofício** (art. 2º), é necessário que o autor a provoque, o que é feito por meio da petição inicial, instrumento adequado à propositura da ação. Pois bem, protocolada a petição inicial, a ação considera-se proposta (art. 312) e, a partir de então, forma-se uma relação linear entre autor e juiz. Com a simples propositura da ação, o autor se vincula à relação jurídica processual, tanto que se sujeita aos efeitos de eventual sentença que prematuramente venha a extinguir o processo. O juiz, por sua vez, também se vincula, visto que fica obrigado a emitir pronunciamento jurisdicional, seja para indeferir a inicial, para determinar a emenda ou a citação do réu.

Feita a citação do réu, a relação processual, que antes era linear (entre autor e juiz), passa a ser angular, porquanto estabelece vínculos jurídicos entre autor e juiz, juiz e réu, bem como entre o juiz e demais sujeitos do processo, incluindo os terceiros intervenientes, se houver. Os direitos, as obrigações e as situações jurídicas derivados do processo não afetam as partes diretamente, mas sempre por intermédio do Estado-juízo. Essa teoria, de Hellwig, é a mais aceita pelos modernos processualistas. Embora a doutrina mencione juiz, em verdade a relação é estabelecida com o estado-juízo. Porque adepto da simplificação, utilizo juiz para significar o órgão jurisdicional estatal.

Para alguns, a relação processual é triangular, abrangendo vínculos entre autor e juiz, juiz e réu e autor e réu. Há também a teoria de Köhler, totalmente superada, segundo a qual a relação processual coincide com a de direito material, ou seja, é estabelecida entre autor e réu.

Em síntese, a formação da relação processual, ou seja, o nascimento do processo, tem início com a propositura da ação e completa-se, estabiliza-se, com a citação do réu.

2.1 Estabilização do processo

"A citação válida, ainda quando ordenada por juízo incompetente, induz litispendência, torna litigiosa a coisa e constitui em mora o devedor, ressalvado o disposto nos arts. 397 e 398 da Lei nº 10.406, de 10 de janeiro de 2002 (Código Civil)" (art. 240, *caput*).

A **litispendência** individualiza a demanda posta em juízo, ou seja, o litígio a ser composto pelo processo passa a ser aquele deduzido entre as partes nomeadas na petição inicial, que também indica o pedido e a causa de pedir (*actum trium personarum*).

Em razão da litispendência formada com a citação válida, ocorre o que se denomina **estabilização do processo**, ou, mais precisamente, dos elementos da causa, isto é, partes, pedido e causa de pedir. A estabilização aqui é do processo; e nada tem a ver com a estabilização da tutela antecipada concedida em caráter antecedente.

Feita a citação, ou estabilizada a relação processual, não se pode aditar ou alterar o pedido e a causa de pedir sem o consentimento do réu (art. 329, II).

Pelo que se extrai do art. 329, a estabilização não é absoluta, porquanto, até a citação, pode o autor aditar ou alterar o pedido ou a causa de pedir, independentemente do consentimento do réu. Feita a citação, a modificação só é possível com a aquiescência do réu. Após a fase do saneamento do processo, a alteração do pedido ou da causa de pedir em nenhuma hipótese será permitida.

Da mesma forma, como o autor não pode, a partir da citação, modificar unilateralmente o pedido ou a causa de pedir, o réu, apresentada a contestação, já não poderá alterá-la ou aditá-la, ainda que no prazo.

A proibição de alteração do pedido e da causa de pedir não exclui a alegação de uma **causa superveniente**. O mesmo vale para o réu, que pode, após a contestação, deduzir novas alegações relativas a direito ou a fato superveniente (art. 342, I).

Quanto às partes (elementos subjetivos da causa), de acordo com o Código, a sucessão só é admitida nos casos expressos em lei, quais sejam: ocorrendo a morte de qualquer das partes (art. 110) ou a alienação da coisa litigiosa, sendo que, nesta última hipótese, há necessidade da concordância da parte contrária (art. 109, § 1º).

Também é possível a alteração da parte na hipótese de ilegitimidade, caso o réu indique o sujeito passivo da relação discutida em juízo, o autor aceite essa indicação e promova o aditamento da petição inicial (art. 338).

3. SUSPENSÃO DO PROCESSO

Proposta a ação, o normal é o desenvolvimento da relação processual, culminando com a composição definitiva do litígio. Ocorre, entretanto, de o processo sofrer interrupções, seja por vontade das partes ou em decorrência de disposição legal, sem afetar o vínculo estabelecido entre as partes e o juiz. Nesse caso, a relação processual entra em crise, fica paralisada, ocorrendo o que se denomina suspensão do processo.

Distingue-se suspensão de extinção. Na suspensão, verifica-se apenas a paralisação temporária da marcha processual, mas a relação jurídica processual continua a gerar seus efeitos. Na extinção, seja com ou sem resolução do mérito, a relação processual desaparece, extinguindo-se também os direitos e as obrigações dela decorrentes. Aqui uma ressalvada que deve ser feita: tratando-se de extinção do processo com resolução do mérito, se a parte vencida na demanda não cumprir voluntariamente a obrigação fixada na sentença, será possível a execução do julgado, hipótese em que só estará extinta a obrigação com o seu efetivo cumprimento.

Segundo o art. 313, suspende-se o processo:

I – pela morte ou pela perda da capacidade processual de qualquer das partes, de seu representante legal ou de seu procurador;

II – pela convenção das partes;

III – pela arguição de impedimento ou de suspeição;

IV – pela admissão de incidente de resolução de demandas repetitivas;

V – quando a sentença de mérito:

a) depender do julgamento de outra causa ou da declaração de existência ou de inexistência de relação jurídica que constitua o objeto principal de outro processo pendente;

b) tiver de ser proferida somente após a verificação de determinado fato ou a produção de certa prova, requisitada a outro juízo;

VI – por motivo de força maior;

VII – quando se discutir em juízo questão decorrente de acidentes e fatos da navegação de competência do Tribunal Marítimo;

VIII – nos demais casos que este Código regula.

IX – pelo parto ou pela concessão de adoção, quando a advogada responsável pelo processo constituir a única patrona da causa;

X – quando o advogado responsável pelo processo constituir o único patrono da causa e tornar-se pai.

A suspensão é **convencional** na hipótese do inc. II e **legal** ou **necessária** nas demais.

Durante a suspensão, é defeso praticar qualquer ato processual, salvo atos urgentes, a fim de evitar dano irreparável (art. 314), como a audição de testemunha enferma e a realização de perícia. Tratando de arguição de impedimento ou suspeição, as tutelas de urgência poderão ser requeridas ao juiz que substituiu magistrado impedido ou suspeito (art. 146, § 3º).

A suspensão do processo, mesmo a decorrente de convenção das partes, é automática e inicia-se no momento em que se dá a ocorrência do fato, tendo a decisão que a declara efeito *ex tunc*.

Quanto ao término da suspensão, é automático nos casos em que a lei, o juiz ou as partes fixam o limite da suspensão (incs. I, II, V e VII) e dependente de intimação judicial quando o termo for indefinido (incs. III, IV, VI).

3.1 Suspensão do processo pela morte ou pela perda da capacidade processual (art. 313, I)

A morte e a perda da capacidade das pessoas indicadas no inc. I são acontecimentos que têm influência na relação processual, provocando a extinção ou a suspensão do processo, daí por que são denominados **fatos processuais**.

A morte da parte provoca a extinção do processo se a ação versar sobre direito intransmissível (art. 485, IX). É o que ocorre, por exemplo, nas ações de alimentos. Versando a demanda sobre direito transmissível, se não for ajuizada a habilitação (arts. 687 e ss.), o juiz deve determinar a suspensão do processo e a intimação do espólio ou dos herdeiros para que promovam a habilitação. Caso não o façam no prazo designado, o juiz poderá extinguir o feito sem resolução do mérito.

No caso de falecimento do réu, o juiz intimará o autor para que este proceda à citação do espólio ou dos herdeiros. O CPC permite que o juiz conceda ao autor um prazo que pode variar de dois a seis meses para a adoção desta providência (art. 313, § 2º, I).

Na hipótese de morte do representante legal da parte, duas situações podem ocorrer: tendo a parte outro representante (pai ou mãe), dá-se a mera substituição; se a parte não tiver outro representante legal, o juiz deve nomear curador especial (art. 72, I). Em ambas as hipóteses, a suspensão do processo é momentânea, apenas até a substituição do representante legal ou nomeação do curador.

No caso de morte do procurador de qualquer das partes, o processo é imediatamente suspenso, ainda que iniciada a audiência de instrução e julgamento, marcando o juiz o prazo de 15 dias para constituição de outro advogado. Se o autor não nomear novo mandatário no prazo assinado, extingue-se o processo. Se a inércia for do réu, o processo prossegue à sua revelia (art. 313, § 3º).

A perda da capacidade processual tem como consequência a suspensão do processo até a habilitação do curador, se houver; ou até a nomeação de curador especial, caso não haja curador investido na representação do interdito.

No CPC/2015 – e também no CPC/1973 –, não há previsão para a hipótese de perda da capacidade do procurador da parte. É evidente que também o advogado não está imune à interdição ou à perda da capacidade postulatória. Nesses casos, aplica-se, por analogia, o disposto no art. 313, § 3º, isto é, ocorre a suspensão imediata do processo e a intimação da parte para constituir novo advogado.

3.2 Suspensão do processo por convenção das partes (art. 313, II)

As partes podem convencionar a suspensão do processo pelo prazo máximo de seis meses, retomando **automaticamente** seu curso tão logo vença o prazo convencionado. A suspensão, nessa hipótese, não fica condicionada à aquiescência do juiz, conquanto dependa de despacho. O despacho determinando a suspensão é **ato vinculado**.

3.3 Suspensão do processo pela arguição de impedimento ou suspeição

Os motivos que determinam o impedimento e a suspeição são os elencados nos arts. 144 e 145.

A suspensão do processo somente ocorre nos casos de arguição de suspeição ou impedimento do juiz. Tratando-se de incidente relativo à suposta parcialidade do membro do Ministério Público ou dos auxiliares da justiça, o processo não se suspenderá (art. 148, § 2º).

3.4 Suspensão pela admissão de incidente de resolução de demandas repetitivas

Proposto o incidente de resolução de demandas repetitivas (art. 976), as ações individuais sobre o mesmo tema (questão de direito) serão suspensas na primeira instância até que o órgão colegiado competente no tribunal de justiça ou no tribunal regional federal decida a tese jurídica que ensejou a instauração do incidente. A decisão, por sua vez, vinculará a decisão dos juízes de primeiro grau.

Na prática, se um juiz de Goiânia verificar que determinado assunto tem o potencial de se multiplicar, poderá suscitar a instauração do incidente perante o Tribunal de Justiça do Estado de Goiás. Se o relator admitir o incidente, o presidente do tribunal determinará a suspensão de todos os processos que estiverem tramitando no âmbito do Estado. Com a decisão do Tribunal de Justiça, a tese subordina os juízes daquele estado, mas caberá Recurso Extraordinário ou Especial, conforme se tratar de questão constitucional ou infraconstitucional.

3.5 Suspensão em razão da dependência do julgamento de outra causa, de declaração da existência ou inexistência de relação jurídica ou de produção de prova (art. 313, V, *a* e *b*)

O art. 313, V, *a*, estabelece a suspensão do processo em razão de questão prejudicial que deva ser decidida em outro processo.

Prejudiciais são questões de mérito que condicionam ou influem no julgamento de outra demanda. Assim, a usucapião é questão prejudicial em relação ao pedido reivindicatório formulado em relação ao mesmo imóvel.

A **prejudicial interna**, evidentemente, não provoca suspensão do processo, uma vez que a sentença, nesse caso, apreciará conjuntamente a prejudicial e o litígio em si. A paternidade é prejudicial em relação ao pedido de alimentos, todavia, ainda que o juiz tenha de se pronunciar sobre essa questão na ação de alimentos, não há suspensão do processo.

Entretanto, sendo a questão prejudicial objeto de outra causa, temos de fazer a distinção.

Havendo apensamento dos processos – é o que normalmente ocorre em razão da conexão –, não há suspensão, porquanto a sentença, também nesse caso, julgará simultaneamente ambos os processos.

A despeito da prejudicialidade, ensejadora de decisões conflitantes, pode não ser possível a reunião dos processos, seja porque o juízo não é competente para ambos os feitos, seja porque se encontram eles em graus de jurisdição distintos. É nessa hipótese que se impõe a suspensão.

O processo também deve ser suspenso quando a decisão não puder ser proferida senão depois de verificado determinado fato, ou de produzida certa prova, requisitada a outro juízo (art. 313, V, *b*). É o que ocorre, por exemplo, quando, na ação de anulação de casamento com base no art. 1.521, VI, do CC/2002, o juiz, por meio de carta precatória, determina a verificação do estado civil de um dos cônjuges por ocasião do casamento.

De acordo com o art. 377, *caput*, a expedição de carta precatória ou rogatória suspenderá o curso do processo, no caso previsto na alínea *b* do inc. V do art. 313, quando, tendo sido requerida antes da decisão de saneamento, a prova nelas solicitada apresentar-se imprescindível.

Mesmo requerida na fase mencionada, a rigor não se pode falar em suspensão do processo. Isso porque, expedida a carta, o processo desenvolve-se normalmente, paralisando apenas no momento de encerrar a fase instrutória, pelo prazo de um ano (art. 313, § 4º).

Embora a redação do art. 377, *caput*, indique a suspensão do feito, há entendimento no STJ segundo o qual a prova testemunhal por carta precatória ou rogatória requerida nos moldes desse dispositivo não impede o juiz de julgar a ação, nem o obriga a suspender o processo, "devendo fazê-lo apenas quando considerar essa prova imprescindível, assim entendida aquela sem a qual seria inviável o julgamento do mérito. A prova meramente útil, esclarecedora ou complementar, não deve obstar o curso regular do processo" (REsp 1.132.818/SP, j. 03.05.2012).

De qualquer forma, a carta requerida depois da decisão de saneamento, expedida sem previsão de efeito suspensivo ou devolvida depois de um ano, poderá ser juntada aos autos até o julgamento final (art. 377, parágrafo único).

3.6 Suspensão por motivo de força maior (art. 313, VI)

Força maior, no sentido empregado pelo Código, abrange também o caso fortuito. É o fato humano (força maior) ou o acontecimento natural, imprevisível e inevitável (caso fortuito) capaz de comprometer a marcha regular do processo. A guerra e o atentado terrorista podem constituir causa de suspensão. Igualmente, o raio que cai no fórum e queima os processos, a enchente que inunda a cidade, apaga a luz e provoca a falta dos serviços de internet, o terremoto, a doença que impossibilita totalmente o advogado de exercer as suas atividades. A alegação deve ser analisada à luz do caso concreto. O que importa é que o fato ou acontecimento impeça a prática do ato processual. Quando se trata de ato do juiz, porque os prazos são impróprios, a força maior é praticamente irrelevante para o processo. O mesmo não se pode dizer com relação aos atos das partes, sujeitos à preclusão.

3.7 Quando se discutir em juízo questão decorrente de acidentes e fatos da navegação de competência do Tribunal Marítimo (art. 313, VII)

Outra hipótese de suspensão introduzida no CPC/2015 é a que trata de discussão decorrente de acidente ou fato de navegação cujo tribunal competente, no plano administrativo, é o marítimo. As instâncias administrativa (no caso o Tribunal Marítimo[1]) e judicial não se confundem. Assim, em tese, o julgamento envolvendo acidentes e fatos da navegação pode se dar tanto em uma como em outra instância, prevalecendo, por óbvio, a decisão judicial[2]. De regra, o Tribunal Marítimo, estribado em inquérito administrativo instaurado pela Capitania dos Portos, decide sobre a existência do fato ou acidente de navegação e algumas de suas consequências jurídicas. Esgotada a instância administrativa, os interessados podem, via ação própria, buscar a tutela jurisdicional.

A tecnicidade do julgamento proferido pelo Tribunal Marítimo levou o legislador a alçá-lo à condição de prejudicial externa, que acarreta a suspensão do processo judicial, a fim de que o órgão jurisdicional possa se valer dos elementos probatórios e das conclusões contidas no julgamento administrativo, embora a eles não esteja jungido.

A lei não exclui – nem poderia excluir – da apreciação do Poder Judiciário lesão ou ameaça a direito inerentes à questão decorrente de acidentes e fatos da navegação (CF, art. 5º, inciso XXXV), apenas expressamente o submete a julgamento pelo Tribunal Marítimo. A submissão do fato a esse tribunal administrativo não gera litispendência, tampouco conexão capaz de ensejar reunião dos processos administrativo e judicial. Mas, uma vez instaurado o processo administrativo, o julgamento do processo judicial fica sobrestado até a conclusão daquele.

Em face da cogência do inciso VII do art. 313, o Judiciário fica compelido a aguardar a decisão do Tribunal Marítimo. Pode o órgão judicial até instruir a causa, mas julgá-la, não.

---

[1] O Tribunal Marítimo é órgão vinculado ao Ministério da Infraestrutura, e tem por atribuição atos registrários envolvendo a propriedade naval e o **julgamento administrativo dos acidentes e fatos da navegação marítima**. Não é adequado qualificá-lo como órgão auxiliar do Judiciário. O **regramento** encontra-se na Lei nº 2.180/54.

[2] "As conclusões estabelecidas pelo Tribunal Marítimo são suscetíveis de reexame pelo Poder Judiciário, ainda que a decisão proferida pelo órgão administrativo, no que se refere à matéria técnica referente aos acidentes e fatos da navegação, tenha valor probatório" (STJ, REsp 811.769/RJ, 4ª Turma, Rel. Min. Luis Felipe Salomão, j. 09.02.2010, *DJe* 12.03.2010).

Deve-se ponderar que diante dos elementos probatórios qualificados produzidos no inquérito e no próprio processo administrativo, a mera instrução do processo judicial constitui ato que atenta contra os princípios da eficiência e da efetividade. A demora na conclusão do processo administrativo pode até dar ensejo a impetração de mandado de segurança, mas não ao julgamento prévio pelo órgão judiciário.

O STF foi além do Código, elevando o julgamento pelo Tribunal Marítimo à categoria de condição da ação (RE 7.446-BA). Falta interesse processual – desnecessidade da atuação judicial – àquele que sequer bateu às portas do órgão administrativo na tentativa de fazer prevalecer a sua pretensão.

3.8 Outros casos de suspensão regulados pelo Código (art. 313, VIII)

A incapacidade processual ou irregularidade da representação (art. 76), a instauração de incidente de desconsideração da personalidade jurídica (art. 134, § 3º); a oposição proposta antes do início da audiência de instrução (art. 685, parágrafo único); o pedido de habilitação (art. 689); a existência de mediação extrajudicial ou de atendimento multidisciplinar nas ações de família (art. 694, parágrafo único); a oposição de embargos monitórios (art. 702, § 4º); o reconhecimento de repercussão geral no recurso extraordinário (art. 1.035, § 5º) e o julgamento dos recursos extraordinários e especiais repetitivos (art. 1.036, § 1º) são algumas das hipóteses de suspensão que estão dispostas ao longo do Código.

3.9 Suspensão em razão de parto, adoção ou paternidade (art. 313, IX e X)

Os incisos IX e X foram inseridos no Código pela Lei nº 13.363/2016. Essa lei, que alterou o Estatuto da Advocacia (Lei nº 8.906/1994) e o CPC/2015, estipulou direitos e garantias à advogada gestante, lactante, adotante ou que der à luz e ao advogado que se tornar pai.

Desnecessário é dizer que o parto ou mesmo a adoção, dependendo das circunstâncias do caso concreto – impedimento absoluto da realização do ato processual, por si ou por meio de procurador substabelecido – poderia perfeitamente caracterizar a força maior a que se refere o inciso VI. Gravidez, parto e adoção nem de longe se assemelham a doença. Isso é o óbvio. Entretanto, a *ratio decidendi* do precedente firmado para o caso de doença, poderia ser aplicado à gravidez, de modo a proteger a parturiente ou pai do recém-nascido que patrocinam causas judiciais. Ao que consta, a insensibilidade manifestada em determinados julgamentos, exceção entre os magistrados brasileiros, levou à edição da lei.

Raros são os casos de paternidade que impede a prática de ato processual, principalmente depois que os prazos passaram a ser contados somente em dias úteis. Que me perdoem os advogados que são pais – eu me perdoo. Para quem conhece o ritmo imprimido aos processos, paralisar um prazo processual porque o advogado tornou-se pai – a não ser em hipótese excepcionalíssima enquadrável no inciso VI –, constitui o mais arrematado descaso com a marcha processual, com o direito das partes, com a efetividade do processo. As causas de suspensão do processo não podem ser confundidas com benefícios previdenciários ou direitos trabalhistas. Processo, a um só tempo, é coisa do Estado e coisa das partes, e não somente dos advogados. Não é por outra razão que se deve notificar o cliente (a suspensão pode-lhe ser prejudicial) e requerer o deferimento ao juízo, que, no caso, poderá declarar a suspensão ou negar tal prerrogativa. O nascimento de filho ou a adoção constitui a causa da suspensão, mas esta não é automática. A declaração da ocorrência do fato gerador deve ser declarada pelo juiz, com o consequente deferimento. Falar em suspensão retroativa não é tecnicamente correto. Pode haver devolução de prazo, com eventual anulação de atos subsequentes.

Os direitos que a lei visa proteger são legítimos; contudo, a lei, tal como editada, tem a marca da irracionalidade. Não há dúvida de que os advogados e principalmente as advogadas que se tornam mãe merecem toda a proteção do Estado-legislador e juízo. A lei, como está posta, no mínimo compromete o direito das partes e de seus advogados a uma duração razoável do processo. Cabe a nós juristas sugerirmos os pingos que os julgadores devem colocar nos "is"; o tempero que deve ser ministrado à literalidade da lei.

Somente pode-se cogitar de suspensão quando a parturiente, o novel pai, ou os adotantes constituírem os únicos patronos da causa. A suspensão será de trinta dias na hipótese de parto ou quando a advogada for adotante. Se a causa da suspensão for a paternidade ou a adoção por patrono do sexo masculino, a suspensão será apenas de oito dias. Contam-se somente os dias úteis, uma vez que se trata de prazo processual. A suspensão conta-se do parto ou da concessão da adoção, não sendo necessária comunicação imediata ao juízo, conforme se extrai do entendimento a seguir colacionado:

"Recurso especial. Ação de reintegração de posse. Sentença. Nascimento do filho do único patrono da causa. Suspensão do prazo recursal. Momento da comprovação do fato gerador. Recurso de apelação tempestivo. Julgamento: CPC/2015. 1. Ação de reintegração de posse ajuizada em 02.10.2013, da qual foi extraído o presente recurso especial, interposto em 27.03.2018 e atribuído ao gabinete em 06.11.2018. 2. O propósito recursal é dizer sobre a tempestividade da apelação, considerando o nascimento do filho do único patrono da causa no curso do prazo recursal. 3. A disposição legal do art. 313, X e § 7º, do CPC/2015, ao lado do previsto no inciso IX do mesmo artigo, visa dar concretude aos princípios constitucionais da proteção especial à família e da prioridade absoluta assegurada à criança, na medida em que permite aos genitores prestar toda a assistência necessária – material e imaterial – ao seu filho recém-nascido ou adotado, além de possibilitar o apoio recíproco em prol do estabelecimento da nova rotina familiar que se inaugura com a chegada do descendente. 4. A suspensão do processo em razão da paternidade se opera tão logo ocorre o fato gerador (nascimento ou adoção), não se podendo exigir do causídico, para tanto, que realize a comunicação imediata ao Juízo, porque isso seria esvaziar o alcance do benefício legal. 5. Se a lei concede ao pai a faculdade de se afastar do trabalho para acompanhar o filho nos seus primeiros dias de vida ou de convívio familiar, não é razoável lhe impor o ônus de atuar no processo, durante o gozo desse nobre benefício, apenas para comunicar e justificar aquele afastamento. 6. **Por força da lei, a suspensão do processo pela paternidade tem início imediatamente à data do nascimento ou adoção, ainda que outra seja a data da comprovação nos autos, desde que esta se dê antes de operada a preclusão, já considerado no cômputo do respectivo prazo o período suspenso de 8 (oito) dias. 7. No que tange ao momento da comprovação, não há vedação legal, tampouco se vislumbra qualquer prejuízo, para que seja ela feita no momento da interposição do recurso ou da prática do primeiro ato processual do advogado. 8. Recurso especial conhecido e provido**" (REsp 1.799.166/GO, 3ª T., Rel. Min. Nancy Andrighi, j. 02.04.2019, DJe 04.04.2019).

Em suma, não se mostra necessário que o pai (ou mãe) apresente, imediatamente, o requerimento de suspensão com a prova do fato, já que a lei lhe assegura o afastamento.

Onde a lei não distingue, às vezes cabe à doutrina e à jurisprudência distinguir. A suspensão tem por fim proteger direitos da parturiente, do pai e do recém-nascido, tanto que o prazo da suspensão se conta do nascimento. A suspensão só se justifica se houver ato a ser praticado pelo advogado a quem interessa a prerrogativa da suspensão pelos prazos mencionados nos §§ 6º e 7º do art. 313, nada que não pudesse ser resolvido com a devolução de prazo (art. 223). Paralisar o processo na fase da realização da perícia, mormente quando não se demanda a participação do patrono a quem interessaria a suspensão não faz o menor sentido. Igualmente não faz sentido paralisar o processo se o ato a ser praticado no interregno mencionado na lei é da competência do juiz ou do escrivão.

Não se deve suspender o processo quando o adotado não se tratar de criança. Em se exigindo cuidados especiais ou extraordinários do(a) advogado(a) adotante pode caracterizar força maior e então o juiz deve aplicar o inciso VI.

Passado o prazo a que se referem os incisos IX e X (trinta dias no caso de a advogada se tratar de parturiente ou de adotante, e oito dias quando o advogado for o pai, biológico ou por adoção), não mais se pode falar em suspensão do processo, o que não impede a parte interessada na prática do ato cuja preclusão operou, provada a justa causa, de requerer a devolução do prazo com base no art. 223.

Os incisos em comento preveem direito disponível. Pode não interessar à advogada (o) destinatária (o) do direito ou à parte a suspensão do processo. O requerimento deve ser instruído com a notificação da parte, a fim de comprovar que esta está de acordo com a suspensão. No caso de discordância, cabe à advogada (o) substabelecer os poderes do mandato ou, em último caso, cabe à parte constituir outro advogado.

3.10 Suspensão para verificação da existência de fato delituoso

Inexiste conexão ou relação de acessoriedade entre o processo de natureza cível e o de natureza criminal (art. 935 do CC). Apesar disso, se a decisão de mérito depender da verificação da existência de fato delituoso, pode o juiz determinar a suspensão do feito até o pronunciamento da justiça criminal (art. 315). Se a ação penal não for proposta dentro de três meses – prazo maior que o CPC/1973 – contados da intimação do despacho que determinou a suspensão, o processo prosseguirá, cabendo ao juiz da causa (cível) examinar incidentalmente a questão. Caso a ação penal seja proposta no prazo indicado, o processo poderá ficar suspenso pelo prazo máximo de um ano, findo o qual prosseguirá (art. 313, V, "a", e § 4º).

O prazo de suspensão é de, no máximo, um ano. Entretanto, se a ação penal não for instaurada dentro de três meses, contados da intimação do despacho de sobrestamento, o processo retomará seu curso normal, devendo o juiz cível examinar incidentalmente a questão prévia (art. 315, § 1º).

4. EXTINÇÃO DO PROCESSO

Vamos repetir: a ação provoca a jurisdição, que atua por meio do processo, com vistas à composição definitiva do litígio. Essa definitividade ocorre com a decisão de mérito, mais precisamente com o efeito que torna imutável a sentença, fenômeno denominado coisa julgada.

O fim último visado pelo processo é a composição definitiva da lide. Todavia, como já dissemos, nem sempre a relação processual atinge seu objetivo. Afora os incidentes que podem provocar a interrupção temporária da marcha processual (suspensão do processo), outros fatos extraordinários podem frustrar a finalidade do processo, provocando a extinção sem resolução do mérito.

Quando a relação processual se exaure com a composição do litígio, diz-se que o processo foi extinto com resolução de mérito (art. 487). Ocorrendo o exaurimento da relação processual, em decorrência das hipóteses descritas no art. 485, diz-se que o processo foi extinto sem resolução do mérito.

Em ambos os casos, o ato que põe fim ao processo denomina-se sentença, sendo que o recurso cabível é a apelação (art. 1.009). O ato processual que põe fim ao processo com apreciação do mérito é denominado **sentença de mérito ou definitiva**. Se a extinção for sem apreciação do mérito, o ato é denominado **sentença terminativa**.

Quanto à coisa julgada, também hão de se estabelecer distinções. A sentença de mérito ou definitiva, com o esgotamento dos prazos de recursos, conduz à formação da coisa julgada material, isto é, à eficácia que torna imutável a sentença (art. 502). Já a sentença que põe fim ao processo – a rigor, mesmo na hipótese de "extinção", pode haver prosseguimento do feito para cobrança das despesas processuais fixadas na sentença – sem resolução de mérito leva à formação da coisa julgada formal, cujos efeitos são semelhantes ao da preclusão, ou seja, impede a discussão das questões já decididas naquele processo, não tendo qualquer reflexo fora da relação processual extinta.

Diferentemente do Código de 1973, que tratava das hipóteses de extinção do processo com ou sem resolução do mérito já na parte denominada geral (do art. 1º ao 269), o CPC/2015 disciplina a matéria na parte especial, no título relativo ao procedimento comum. A fim de seguir a sistemática organizacional da nova legislação, trataremos do tema no capítulo referente à sentença e à coisa julgada, para o qual remetemos o leitor.

JURISPRUDÊNCIA TEMÁTICA

Súmula nº 240 do STJ: "A extinção do processo, por abandono da causa pelo autor, depende de requerimento do réu".

Súmula nº 452 do STJ: "A extinção das ações de pequeno valor é faculdade da Administração Federal, vedada a atuação judicial de ofício".

Parte Especial

Parte II
Processo de Conhecimento, Cumprimento de Sentença e Procedimento nos Juizados Especiais

Procedimento comum
(arts. 318 a 512)

1. NOÇÕES GERAIS

O **processo**, a rigor, não comporta divisão. É o método pelo qual atua a jurisdição. Dependendo, entretanto, da tutela jurisdicional postulada pela parte, estabelece o Código particularidades procedimentais que caracterizam o processo.

Se o objetivo da parte é o do acertamento do direito, deve o juiz, antes de proferir a sentença de mérito, conhecer as questões de fato e de direito deduzidas em juízo, bem como as provas respectivas. Daí por que o método aplicável, nesse caso, denomina-se **processo de conhecimento ou de cognição**.

Estando o direito já definido em título executivo (judicial ou extrajudicial), desnecessária é a atividade de conhecimento da jurisdição. Nessa hipótese, a atuação estatal é no sentido da realização do direito da parte, o que é feito por meio do **processo de execução**, em se tratando de título extrajudicial, ou feito pela fase denominada **cumprimento da sentença**, em se tratando de título judicial.

Tendo em vista a extinção do processo cautelar autônomo e o fato de o cumprimento de sentença se tratar de mera fase do processo de conhecimento, temos, atualmente, apenas duas espécies de processo previstas na legislação processual codificada: o processo de conhecimento, regulado pelo Livro I, e o processo de execução, regulado pelo Livro II.

O **procedimento**, por sua vez, é a maneira pela qual o processo se desenvolve, se exterioriza. Dessa forma, a cada espécie de processo corresponde um ou mais procedimentos.

Ao processo de conhecimento corresponde o procedimento comum, aplicável a todas as causas reguladas pelo Código, exceto àquelas em que há previsão expressa em sentido contrário. **O CPC/1973 subdividia o processo de conhecimento em ordinário e sumário, o que não mais se vê no Código atual**. Hoje temos um procedimento único para as ações de conhecimento, além dos procedimentos especiais que foram significativamente reduzidos.

Os procedimentos especiais, assim como previa o CPC de 1973, se subdividem em procedimentos especiais de jurisdição contenciosa e procedimentos especiais de jurisdição voluntária. Nos procedimentos especiais de jurisdição contenciosa, a atividade do juiz é predominantemente de conhecimento; já nos procedimentos especiais de jurisdição voluntária, a atividade é tipicamente administrativa.

O rito ou procedimento denominado de "sumaríssimo" (adotado nos Juizados Especiais) continua em vigor, de modo que as ações que estavam submetidas ao procedimento sumário, mas que também podiam tramitar sob aquele rito (art. 3º, II, da Lei nº 9.099/1995 c/c art. 275, II, do CPC/1973), continuam a ser de competência dos juizados especiais, conforme dispõe o art. 1.063 do CPC/2015. O tema será aprofundado no capítulo relativo aos Juizados Especiais.

2. DETERMINAÇÃO DO PROCEDIMENTO

A determinação do procedimento, ou seja, do rito, do caminho a ser trilhado pelos litigantes e pelo juiz, no desenrolar da relação processual, é feita por exclusão.

Apresentados os fatos, deve-se verificar de qual tipo de providência jurisdicional necessita o cliente. Pode ser que tenha um crédito insatisfeito e, então, deve ser proposta uma ação executiva, para cujo processo a lei prevê procedimento próprio.

Tratando-se de direito contestado, controvertido, a tutela necessária é de conhecimento. Nesse caso, deve-se verificar se o Código ou as leis esparsas preveem algum tipo de procedimento especial. O mandado de segurança e a ação de desapropriação, por exemplo, seguem ritos próprios, aliás, "procedimentos especiais de jurisdição contenciosa", previstos na Lei nº 12.016/2009 e no Decreto-lei nº 3.365/1941. As ações possessórias, o inventário e a monitória, dentre outras providências, também seguem ritos especiais estabelecidos no Código.

Tratando-se de direito controvertido, mas não prevendo a lei rito especial, a conclusão a que se chega é que o procedimento adequado para a resolução do litígio é o comum, cujas regras são aplicáveis a todas as demandas que devam ser dirimidas a partir da atividade cognitiva do juiz (art. 318).[1]

3. VISÃO GERAL DO PROCEDIMENTO COMUM

Para efeito didático, divide-se o procedimento comum em cinco fases: *postulatória, saneadora, probatória ou instrutória, decisória e recursal*. A rigor, as fases não são estanques, mas há interpenetração de uma fase em outra. Mormente no que tange às fases probatória e saneadora, não há um momento determinador rígido. Permite-se a produção de prova desde a propositura da ação até a fase recursal. Com relação ao saneamento, a atividade do juiz é permanente. De qualquer forma, para efeitos didáticos, vamos esquematizar o procedimento comum.

A **fase postulatória** inicia-se com o ajuizamento da ação, o que se dá pela petição inicial, que é a forma legal de provocar a jurisdição (art. 319). Estando a petição inicial devidamente instruída e não sendo o caso de improcedência liminar do pedido, abre-se espaço para a audiência de conciliação, a qual se dará antes mesmo da apresentação de defesa pelo réu.

A **fase saneadora** corresponde à fase posterior à postulação das partes. Inclui as providências preliminares aludidas nos arts. 347 a 353 e o saneamento propriamente dito. Caracteriza-se

---

[1] "Vale o alerta de que as regras do procedimento comum são inaplicáveis aos procedimentos de rito especial quando houver disposição específica. Exemplificando: "Havendo procedimento especial, esse se sobrepõe ao procedimento comum, conforme dispõe o art. 318, do Código de Processo Civil. A designação de audiência de conciliação com a possibilidade de produção de prova testemunhal é obrigatória, conforme dispõe o art. 5º c/c art. 6º e art. 8º da Lei nº 5.478/1968. A observância do rito especial permite a produção de provas, o que concretiza o direito constitucional à ampla defesa (art. 5º, LV, da CR/1988), não podendo ser dispensada a aplicação da Lei de Alimentos e utilizado o rito comum". (TJ-MG, Apelação Cível: 50020922320218130443 1.0000.22.039652-7/002, Rel. Des. Delvan Barcelos Júnior, j. 27.06.2024, 8ª Câmara Cível Especializada, *DJe* 28.06.2024).

pela preparação do processo para a instrução e julgamento. Nessa fase, deve o juiz verificar todas as nulidades que tenham escapado de sua permanente fiscalização e cuidar para que o contraditório seja exercido em sua plenitude, a fim de que não se perca tempo instruindo processo que não poderá receber julgamento válido. Evidente que, em certas hipóteses, o processo nem passa pela fase instrutória, uma vez que certos acontecimentos podem levar à sua extinção prematura.

A **fase probatória ou instrutória** vem logo após o saneamento do processo. Nessa fase, faculta-se às partes provar suas alegações por um dos meios de prova admitidos ou por aqueles moralmente legítimos, ainda que não previstos na lei processual, a exemplo da prova emprestada (art. 372).

A **fase decisória** segue à de instrução do feito, caracterizando-se pela prolação da sentença, que pode ser em audiência (art. 366). Quando a prova não exigir a realização de audiência, como a perícia e a inspeção judicial, por exemplo, a sentença é proferida após a manifestação das partes sobre a prova colhida, independentemente de audiência.

Apreendida a visão geral do procedimento comum, vamos, nos itens seguintes, desdobrar cada uma das fases, detalhando os atos processuais que as caracterizam.

Quadro esquemático 35 – Fases do procedimento ordinário

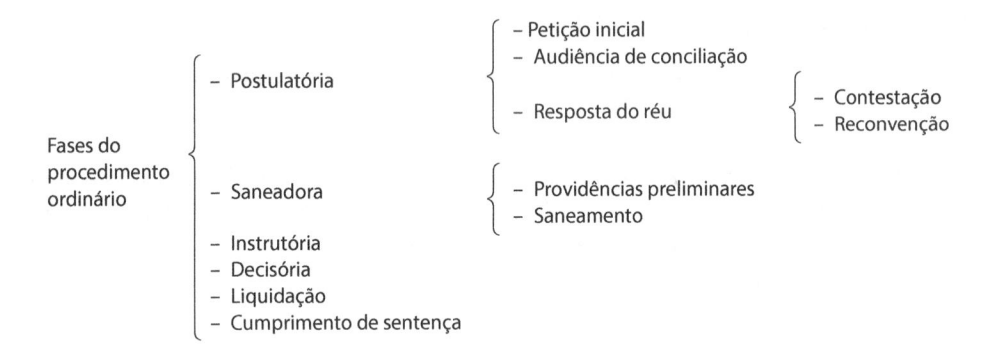

Fases do procedimento ordinário:
- Postulatória
  - Petição inicial
  - Audiência de conciliação
  - Resposta do réu
    - Contestação
    - Reconvenção
- Saneadora
  - Providências preliminares
  - Saneamento
- Instrutória
- Decisória
- Liquidação
- Cumprimento de sentença

4. FASE POSTULATÓRIA

Denomina-se fase postulatória **o espaço procedimental compreendido entre o ajuizamento da ação e a apresentação da resposta pelo réu**. Nessa fase, os atos processuais das partes caracterizam-se pelo conteúdo postulatório. Tanto na petição inicial quanto nos atos que integram a resposta há formulação de pedidos, ainda que somente de natureza meramente processual (como ocorre, por exemplo, quando se pleiteia a extinção do processo sem resolução do mérito, na contestação).

Nessa fase, o autor, no exercício do direito de ação (art. 5º, XXXV, da CF), manifesta sua pretensão perante o Judiciário, consistente num pedido de tutela de direito material. Proposta a ação, o juiz desenvolve cognição acerca dos institutos fundamentais que integram o processo (jurisdição, ação e o processo propriamente dito), bem como no que tange a algumas circunstâncias do direito material postulado.

Comumente defere-se a petição inicial, dando ensejo à apresentação de resposta pelo réu, que engloba todas as suas manifestações em atendimento ao chamado da citação. Assim, também configuram respostas a denunciação da lide, o chamamento ao processo e o reconhecimento da procedência do pedido.

Se, no entanto, o juiz entender que a demanda tem alcance coletivo, antes de determinar a citação do réu deverá ordenar a conversão da ação individual em coletiva, hipótese em que serão observadas as regras do processo coletivo.

Feito esse introito, passa-se a analisar os requisitos da petição inicial e a seguir as posturas que o juiz pode adotar em face desse ato processual.

4.1 Petição inicial

A petição inicial é a forma legal a que alude o art. 2º de **provocar a jurisdição**, de fazer o pedido da providência jurisdicional desejada pelo autor. Com o protocolo da petição, inicia-se a fase postulatória.

Quando se fala em petição inicial refere-se ao ato processual com os requisitos do art. 319 e seguintes. É certo que em alguns procedimentos a petição inicial tem requisitos específicos, entretanto, em todos eles aplicam-se as normas do procedimento comum, ainda que subsidiariamente. No procedimento adotado nos Juizados Especiais (art. 14 da LJE), à semelhança do que ocorre no processo trabalhista, o direito de ação pode ser exercido sem a observância rigorosa de tais requisitos, uma vez que o pedido pode ser formulado oralmente com posterior atermação, que consiste na redução a termo da manifestação ao autor e registro no respectivo sistema (PJE, por exemplo).

4.1.1 Requisitos da petição inicial

A teor do art. 319, a petição inicial deve conter os seguintes **requisitos**:

I – o juízo a que é dirigida;

II – os nomes, os prenomes, o estado civil, a existência de união estável, a profissão, o número de inscrição no Cadastro de Pessoas Físicas ou no Cadastro Nacional da Pessoa Jurídica, o endereço eletrônico, o domicílio e a residência do autor e do réu;

III – o fato e os fundamentos jurídicos do pedido;

IV – o pedido com as suas especificações;

V – o valor da causa;

VI – as provas com que o autor pretende demonstrar a verdade dos fatos alegados;

VII – a opção do autor pela realização ou não de audiência de conciliação ou de mediação.

Nem sempre o autor disporá de todas as informações previstas no inciso II para propor a ação. Na ação de usucapião, por exemplo, é perfeitamente possível a realização de citação de pessoas incertas ou desconhecidas, as quais se submeterão à sentença da mesma forma que as partes previamente identificadas.

A ausência de uma ou de algumas das informações descritas nesse dispositivo não deve acarretar o indeferimento da petição inicial se o réu puder ser identificado, por exemplo, por suas características físicas, apelidos ou quaisquer outras informações que não aquelas transcritas no inciso II.

No entanto, sendo insuficientes as informações destinadas à citação da parte contrária, poderá o autor requerer ao órgão jurisdicional a realização de diligências para a obtenção das informações necessárias (art. 319, §§ 1º e 2º). Somente se as diligências pleiteadas pelo autor forem excessivamente onerosas ou restarem infrutíferas é que a petição inicial poderá ser indeferida.

Como exemplo, especialmente para aqueles que atuam na advocacia, pode ser requerida a expedição de ofícios à concessionária de serviços públicos; consulta ao Bacenjud – que não serve apenas para encontrar ativos financeiros –, Sistema de Informações da Justiça Eleitoral (SIEL) e Infojud, este vinculado à Receita Federal. Em todos os casos é possível deliberação judicial no sentido de tentar localizar o endereço da parte contrária.

O **fato e os fundamentos jurídicos do pedido** (inciso III), isto é, a *causa petendi*, são o nexo que existe entre ela e o efeito jurídico afirmado (o pedido), ou, em outras palavras, a razão por que ao fato narrado se deve atribuir esse efeito. Não é indispensável a especificação da norma jurídica (o artigo de lei) que supostamente atribui o efeito ao fato (*iura novit curia*), aliás, o erro na qualificação jurídica do fato não tem qualquer relevância para o deslinde da lide.[2]

A **causa de pedir** (ou *causa petendi*) subdivide-se em **causa remota**, que se relaciona aos fatos e fundamentos jurídicos, e **causa próxima**, relacionada com as consequências jurídicas desse fato. A propriedade do bem, numa ação reivindicatória, constitui a causa remota; já as consequências jurídicas da propriedade, ou seja, o direito de reaver o bem do poder de quem quer que injustamente o possua, caracterizam a causa próxima.

O **pedido** (inciso IV) é a conclusão da exposição dos fatos e dos fundamentos jurídicos; esses são premissas do silogismo, que tem no pedido a sua conclusão lógica. O objeto do pedido desdobra-se em objeto imediato, que é a providência jurisdicional solicitada, e objeto mediato, que constitui o bem jurídico pretendido. Numa ação de cobrança, a condenação constitui o pedido imediato (relaciona-se com o direito processual), ao passo que o recebimento do crédito constitui o pedido mediato (relaciona-se com o direito substancial).

O pedido deve ser **certo** (art. 322), pelo menos no que respeita ao gênero do objeto pretendido. Compreendem-se no pedido principal os juros legais, a correção monetária e as verbas de sucumbência, ainda que não tenham sido expressamente requeridos pela parte (pedidos implícitos). Do mesmo modo, se a ação tiver por objeto o cumprimento de prestações sucessivas, estas serão incluídas no pedido independentemente de requerimento do autor (art. 323). É o que ocorre, por exemplo, nas ações de alimentos, cujas prestações podem se vencer no decorrer da ação e, nessa hipótese, não precisarão ser pleiteadas pelo autor para que sejam incluídas em eventual condenação. Em outras palavras, enquanto durar a obrigação elas estarão incluídas na sentença condenatória.

O pedido também deve ser **determinado**, mas o art. 324, § 1º, permite a formulação de **pedido genérico**, isto é, pedido certo quanto à existência, quanto ao gênero, mas ainda não individuado no que respeita à quantidade, nas seguintes hipóteses:

a) **Nas ações universais, se não puder o autor individuar os bens demandados.** Refere-se à universalidade de fato ou de direito. O rebanho e a biblioteca são universalidades de fato. A herança é uma universalidade de direito.

b) **Quando não for possível determinar, desde logo, as consequências do ato ou do fato.** É o que ocorre quando se formula pedido de perdas e danos sem determinar o valor do pedido. Sabe-se o *an debeatur* (o que é devido), mas não o *quantum debeatur* (o quanto é devido). Nesses casos, o autor pleiteia a reparação, mas a extensão dos danos somente se verifica no decorrer da instrução processual ou na fase de liquidação de sentença.

c) **Quando a determinação do valor da condenação depender de ato que deva ser praticado pelo réu.** É o que ocorre nas obrigações de fazer, quando o autor opta pela indenização em razão do descumprimento da avença. Esclarece-se que, nesse

---

[2] BARBOSA MOREIRA, José Carlos. *Novo processo civil brasileiro*. 21. ed. Rio de Janeiro: Forense, 2000. p. 20.

caso, a obrigação se converte em perdas e danos por ter natureza infungível e não ser possível o seu cumprimento de outro modo.

O **valor da causa** (inciso V) deve ser atribuído ainda que a demanda não tenha conteúdo patrimonial (art. 291). Esse requisito pode interferir na fixação da competência (lembre-se que o valor da causa nos juizados especiais estaduais pode chegar a 40 salários mínimos); no recolhimento das custas processuais; na fixação de honorários; na determinação da possibilidade de o inventário ser substituído pelo arrolamento de bens (art. 664); e, tratando-se de execução fiscal, nas espécies recursais cabíveis (art. 34 da Lei nº 6.830/1980).

A designação do valor da causa deve observar as regras constantes no art. 292. Se, no entanto, o juiz verificar que o valor atribuído pelo autor não corresponde ao conteúdo patrimonial em discussão ou ao proveito econômico perseguido, poderá, de ofício e por arbitramento, corrigir o valor da causa e determinar o recolhimento das custas complementares (art. 292, § 3º). Quando se tratar de prestações vencidas e vincendas, considerar-se-á o valor de umas e outras, de modo que o valor das prestações vincendas será igual a uma prestação anual, se a obrigação for por tempo indeterminado ou por tempo superior a 01 (um) ano, e, se por tempo inferior, será igual à soma das prestações (art. 292, §§ 1º e 2º).

O réu pode **impugnar o valor da causa** atribuído pelo autor na própria contestação – em preliminar –, e não mais por meio de petição avulsa, como ocorria na sistemática do CPC/1973. Não apresentada a impugnação no bojo da contestação, opera-se a preclusão.

Podemos afirmar que é ônus do impugnante apresentar os elementos que, de forma inequívoca, demonstrem que o valor atribuído à demanda não corresponde ao conteúdo econômico perseguido na ação. Portanto, não basta ao impugnante alegar que o valor atribuído à causa pelo autor está incorreto. Nos termos do entendimento consolidado na jurisprudência, é dever da parte que impugna o valor da causa "comprovar a exatidão do *quantum* que entende devido" (STJ, AgRg no AgRg no REsp 1.319.642/RJ, Rel. Min Arnaldo Esteves Lima, j. 20.11.2012), sob pena de improcedência da impugnação.

Importante salientar que não há mais previsão de abertura de prazo para o autor manifestar-se acerca da impugnação, afinal, espera-se que na própria inicial tenha-se esgotado a demonstração do valor atribuído à causa. Evitam-se, assim, delongas sobre a questão e o atraso no trâmite do processo.

Tanto a decisão do juiz que determina a complementação das custas, como aquela que acolhe a impugnação do réu quanto do valor da causa, não são recorríveis. É que o art. 1.015 do CPC/2015 não insere essa hipótese no rol de matérias passíveis de interposição de agravo de instrumento e, mesmo se considerarmos o posicionamento do STJ sobre a taxatividade mitigada, não se vislumbra a urgência nessas hipóteses. Somente se o juiz se manifestar sobre a impugnação na própria sentença é que a espécie recursal cabível contra o acolhimento será a apelação. Em sendo assim, deve-se concluir que a questão referente à impugnação ao valor da causa é daquelas que, embora resolvidas na fase de conhecimento, não são cobertas pela preclusão, podendo ser suscitadas em preliminar de apelação, eventualmente interpostas contra a decisão final, ou nas contrarrazões (art. 1.009, § 1º).

Frise-se que no julgamento da impugnação o juiz deverá avaliar somente se há correspondência entre o valor atribuído pelo autor e o conteúdo econômico do pedido, sem realizar qualquer juízo de valor acerca da pretensão autoral.

Além dos requisitos mencionados, à petição inicial devem ser juntados os **documentos necessários à propositura da ação**, incluindo-se a procuração com a indicação dos endereços (eletrônico e não eletrônico) do advogado e as provas com que o autor pretende demonstrar as suas alegações. Por fim, deve o autor indicar se tem interesse na realização ou não de audiência de conciliação ou mediação. Caso haja desinteresse do autor e também do réu, o ato não se realizará.

Nesse ponto, cumpre registrar o que infelizmente vem ocorrendo na prática forense: há juízes que, ao receberem a petição inicial sem a indicação do autor sobre o (des)interesse na audiência de conciliação ou mediação (art. 334), determinam a intimação para emenda e, caso ela não seja realizada, promovem julgamento do processo sem resolução do mérito (art. 321, parágrafo único). Tal conduta afronta a sistemática processual em vigor, além de ir de encontro ao princípio da primazia do julgamento do mérito. Nessa hipótese, o mais correto é designar a audiência, valendo-se da máxima "quem cala, consente". Veja, a propósito, dois precedentes de tribunais de justiça estaduais:

"Apelação cível. Ação de cobrança. Determinação de emenda à inicial com opção pela realização ou não da audiência de conciliação ou mediação. Ausência de manifestação. Indeferimento da petição inicial. Impossibilidade. 1. A manifestação do autor quanto à realização da audiência de conciliação ou de mediação deve ser feita na petição inicial (art. 319, VII, do CPC/2015). Se o autor não observar esse requisito, a petição não deve ser indeferida por isso, porquanto a ausência de manifestação acerca de sua realização deve ser interpretada como anuência do autor à realização do ato. 2. Apelação Cível conhecida e provida para desconstituir a sentença, determinando o retorno dos autos à origem para regular prosseguimento do feito" (TJ-TO, Apelação Cível 0018669-16.2019.8.27.0000, Rel. Maysa Vendramini Rosal, j. 26.08.2019).

"Apelação. Negócios jurídicos bancários. Ação revisional. Indeferimento da inicial. Reforma da decisão. 1. A ausência de indicação, na petição inicial, acerca do interesse na realização de audiência de conciliação não enseja intimação para sua emenda, fazendo-se necessária interpretação logico-sistemática do ordenamento processual. Art. 334, § 4º, do CPC que prevê que o referido ato não se realizará apenas se ambas as partes manifestarem, expressamente, desinteresse na composição consensual, ou se o feito não admitir autocomposição. 2. Considerando-se que a lei não deve ser interpretada de forma a concebê-la como dotada de palavras inúteis, a conclusão lógica que decorre da ausência de manifestação da parte autora no sentido de que não tem interesse na realização da audiência é justamente o seu oposto, ou seja, a revelação do intento na prática do ato. Doutrina. Reforma da decisão que se impõe. Apelo da parte autora provido" (TJ-RS, Apelação Cível 70078369261, Rel. Ana Paula Dalbosco, j. 30.10.2018).

"Apelação cível. Direito privado não especificado. Inépcia da inicial afastada. Audiência de conciliação ou de mediação. Sentença desconstituída. 1. Hipótese que, nos termos do art. 334, §§ 4º e 5º, do CPC, a ausência de manifestação da parte quanto ao interesse na realização da audiência de conciliação ou de mediação não se constitui em requisito essencial da petição inicial e nem enseja necessidade de sua emenda, interpretando-se o silêncio como aquiescência com sua produção. 2. Inépcia da petição inicial não configurada. Sentença que extinguiu o feito desconstituída. Apelação provida" (TJ-RS, Apelação Cível 70083613315, Rel. Cláudia Maria Hardt, 12ª Câmara Cível, j. 18.06.2020).

4.1.1.1 Requisito especial do art. 330, § 2º

O art. 330, § 2º, com redação semelhante à do art. 285-B do Código de 1973, dispõe que, nas demandas que tenham por objeto a revisão de obrigação decorrente de empréstimo, financiamento ou alienação de bens, o autor deverá discriminar na petição inicial, dentre as obrigações contratuais, aquelas que pretende controverter, além de quantificar o valor incontroverso do débito.

O dispositivo não exige o depósito do valor incontroverso, ou seja, daquele montante da obrigação sobre o qual as partes (credor e devedor) não apresentam discordância. A exigência se faz quanto à discriminação de seu valor na petição inicial.

O Código vigente, com pequenas alterações, repete a redação do § 1º do art. 285-B do CPC de 1973.[3] Como não há previsão para que o valor das obrigações incontroversas seja depositado judicialmente, o que o autor entende devido deve continuar a ser pago ao credor, no tempo e modo contratados. Caso a demanda seja julgada procedente, o autor já terá liquidado suas obrigações perante o credor. Por outro lado, se o pedido for improcedente, o vencido pagará apenas o montante controvertido, ou seja, o que deixou de ser pago voluntariamente ao credor, devidamente acrescido dos encargos contratuais,[4] salvo no caso de dispensa pelo juiz.

Na hipótese de o autor não quantificar o valor incontroverso, entendemos que o juiz deverá lhe conceder a possibilidade de emendar a petição inicial, aplicando-se analogicamente o art. 321. Caso a determinação judicial não seja cumprida, caberá ao magistrado indeferir a petição inicial por inépcia e extinguir o feito sem resolução do mérito (art. 485, I). Nesse sentido:

"Ao propor Ação Revisional decorrente de empréstimo de financiamento ou de alienação de bens, o Autor deve, sob pena de inépcia, discriminar na petição inicial, dentre as obrigações contratuais, aquelas que pretende controverter, além de quantificar o valor incontroverso do débito, conforme dispõe o § 2º, do art. 330 do CPC/2015 – Restando demonstrado nos autos que a Apelante não cumpriu a determinação judicial de emenda da inicial, correta a sentença que indeferiu a inicial" (TJ-MG – AC: 10000222258220001/MG, Rel. Habib Felippe Jabour, j. 18.10.2022, 18ª Câmara Cível, *DJe* 18.10.2022).

4.1.2 O pedido e suas espécies

Além do pedido genérico e dos pedidos implícitos, tratados no tópico anterior, o CPC dispõe sobre outras espécies de pedido, que serão estudadas a seguir.

a) Pedido alternativo: o Código permite a formulação de pedido alternativo, quando, pela natureza da obrigação, o devedor puder cumprir a prestação de mais de um modo (art. 325).

Formular pedido alternativo é pedir que o réu seja condenado em qualquer dos possíveis modos de cumprimento de determinada obrigação assegurada em lei ou em contrato. Nas obrigações alternativas, normalmente a escolha da prestação cabe ao devedor (art. 252 do CC). Nesse caso, formulado o pedido alternativamente, a condenação deverá ser também alternativa e a especialização da prestação será feita no processo executório (art. 800 do CPC).[5]

b) Pedido em ordem subsidiária: é uma modalidade de pedido alternativo, com uma diferença: enquanto o pedido alternativo refere-se ao objeto mediato, que pode ser escolhido

---

[3] CPC/1973, "Art. 285-B. Nos litígios que tenham por objeto obrigações decorrentes de empréstimo, financiamento ou arrendamento mercantil, o autor deverá discriminar na petição inicial, dentre as obrigações contratuais, aquelas que pretende controverter, quantificando o valor incontroverso. § 1º. O valor incontroverso deverá continuar sendo pago no tempo e modo contratados".

[4] Lembre-se de que o ajuizamento da ação revisional não impede a caracterização da mora. Nesse sentido: "A simples propositura da ação de revisão de contrato não inibe a caracterização da mora do autor" (Súmula nº 380 do STJ).

[5] SANTOS, Ernane Fidelis. *Manual de direito processual civil*: processo de conhecimento. 3. ed. São Paulo: Saraiva, 1994. v. 1, p. 313.

inclusive na fase de execução, o pedido subsidiário refere-se ao objeto imediato, à tutela jurisdicional, na qual a prestação já fica definida.

Nessa hipótese, o autor formula mais de um pedido, a fim de que o juiz conheça do posterior, se não puder acolher o anterior (art. 326). O autor pede a entrega do apartamento ou a devolução das prestações pagas. O juiz, não acolhendo um pedido, pode acolher o outro.

Como lembra Humberto Theodoro Júnior, nessa situação a cumulação de pedidos é apenas eventual. Há, na verdade, um pedido principal e um ou vários subsidiários, que só serão examinados na eventualidade de rejeição do primeiro.[6] Nesse caso, subsistirá interesse recursal ao autor caso lhe seja concedido o pedido subsidiário, de modo que poderá pleitear, perante o tribunal, a procedência do pedido principal.

c) Pedidos cumulados: além da cumulação eventual, quando o acolhimento de um pedido implica rejeição do outro, permite o art. 327 a formulação de vários pedidos contra um mesmo réu, ainda que entre eles não haja conexão.

A cumulação pode ser simples, quando os pedidos são absolutamente independentes (exemplo: cobrança simultânea de duas dívidas oriundas de fatos diversos); sucessiva, quando há uma relação de dependência entre os pedidos, de forma que o acolhimento de um pressupõe o do pedido anterior (exemplo: investigação de paternidade cumulada com petição de herança); e eventual, quando a cumulação é de pedidos subsidiários.

Apesar de não haver necessidade de conexão entre os pedidos, eles devem ser compatíveis entre si; caso contrário, deve o juiz intimar o autor para emendar a petição inicial para que seja feita a opção por um deles.

Há necessidade, ainda, de o juiz ser competente para apreciar todos os pedidos. Sendo absolutamente incompetente para algum deles, o juiz deve julgar apenas aqueles para os quais detenha competência, sendo facultado ao autor pleitear os demais perante o juízo competente. Essa é a regra que se extrai da Súmula nº 170 do STJ:

> "Compete ao juízo onde primeiro for intentada a ação envolvendo acumulação de pedidos, trabalhista e estatutário, decidi-la nos limites da sua jurisdição, sem prejuízo do ajuizamento de nova causa, com pedido remanescente, no juízo próprio".

Se o juiz não for competente para nenhum dos pedidos, deverá remeter os autos ao órgão jurisdicional competente.

O último requisito para a cumulação de pedidos tem relação com o tipo de procedimento. Se para cada pedido for adequado um determinado procedimento, o autor, desde logo, deve optar pelo procedimento comum para todos eles, sem prejuízo à adoção das regras especiais a que se sujeitarem um ou mais pedidos cumulados (art. 327, § 2º).

Ressalte-se que o requisito compatibilidade não se aplica à cumulação eventual ou em ordem subsidiária, ou seja, aquela prevista no art. 326.

d) Pedido de prestação indivisível: regula o art. 328 o recebimento de prestação indivisível em obrigação com pluralidade de credores.

Obrigação indivisível é aquela cuja prestação não comporta divisão, seja por sua natureza, por motivo de ordem econômica ou em razão do próprio negócio (art. 258 do CC). Nesse caso, havendo pluralidade de credores, qualquer um deles, individualmente, tem legitimidade

---

[6] THEODORO JÚNIOR, Humberto. *Curso de direito processual civil*. 48. ed. Rio de Janeiro: Forense, 2008, p. 391.

e interesse para exigir o cumprimento da obrigação por inteiro, já que, repita-se, ela não é suscetível de divisão.

Como a decisão precisa ser uniforme para todos os credores, mesmo aquele que não participou do processo será atingido pelos efeitos da sentença, podendo levantar a sua parte, deduzidas as despesas na proporção de seu crédito.

Vale lembrar que não há necessidade de formação de litisconsórcio, mas, se formado, ele será facultativo e unitário.

4.1.3 Alteração do pedido

Completada a relação processual com a citação do réu, estabilizam-se os elementos da causa (partes, pedido e causa de pedir), operando-se a litispendência, a individualização da demanda, pelo que nenhuma alteração poderá ser levada a efeito sem o consentimento do réu. Assim, até a citação, pode o autor alterar ou aditar o pedido ou a causa de pedir sem o consentimento do réu. Se, no entanto, o ato citatório tiver sido realizado, o aditamento ou a alteração do pedido e da causa de pedir dependerão do consentimento da parte contrária. Nesta última situação a manifestação do autor deve se dar até o saneamento do processo.

As regras quanto à modificação do pedido e da causa de pedir também valem para a reconvenção, instrumento por meio do qual pode se valer o réu para formular pedidos contra o autor em seu favor. Trataremos da reconvenção mais adiante.

4.2 Posturas do juiz em face do ajuizamento da ação

Proposta a ação, cabe ao juiz exercer a cognição preliminar acerca dos pressupostos e dos requisitos processuais, bem como da existência de eventuais circunstâncias que possibilitem a resolução liminar do mérito. Nessa etapa procedimental, que medeia a postulação do autor e eventual resposta (postulação) do réu, o juiz, em geral, emite provimento positivo, determinando a citação. Pode, entretanto, emitir provimento negativo do direito de ação ou mesmo do direito material veiculado na ação.

Enfim, no cumprimento dessa função, pode o juiz adotar uma das posturas a seguir.

4.2.1 Declaração de impedimento ou de suspeição

O juiz deve declarar seu próprio impedimento ou suspeição no caso de ocorrência de alguma das situações previstas nos arts. 144 e 145. Se declarar ou mesmo reconhecer de circunstância alegada pela parte, o juiz declinará da jurisdição para aquele caso concreto, remetendo os autos ao seu substituto legal.

4.2.2 Emenda da petição inicial

Verificando o juiz que a petição inicial não preenche os requisitos exigidos nos arts. 319 e 320, ou que apresenta defeitos e irregularidades capazes de dificultar a resolução de mérito, determinará que o autor a emende, ou a complete, **no prazo de quinze dias** (art. 321, *caput*).

O CPC/2015 exige expressamente do juiz a indicação do que precisa ser corrigido ou complementado (art. 321, *caput*). Trata-se de mais uma expressão do princípio da cooperação (art. 6º) e do dever de esclarecimento destinado ao julgador.

A jurisprudência considera que esse prazo para a emenda da petição inicial tem natureza dilatória, e não peremptória. Isso quer dizer que pode ser reduzido ou ampliado por convenção das partes ou deliberação judicial (REsp Repetitivo 1.133.689/PE, Rel. Min. Massami Uyeda, j.

28.03.2012, *DJe* 18.05.2012). Também com base nesse argumento – natureza dilatória do prazo – já se admitiu a realização de emenda a destempo, desde que antes da decisão terminativa[7].

Tratando-se de petição defeituosa, o indeferimento só será possível depois de decorrido o prazo para emenda, sem que o autor tenha adotado a providência determinada pelo juiz (art. 321, parágrafo único). Em caso de inércia ou se a providência adotada não for suficiente, o juiz proferirá sentença de extinção do processo, sem resolução do mérito (art. 485, I).

Em suma, não poderá o juiz indeferir liminarmente a petição inicial sem que seja oportunizado ao autor prazo para emendá-la. Esse já era o entendimento prevalente antes mesmo da entrada em vigor do CPC/2015[8].

A natureza do provimento jurisdicional que determina a emenda da petição inicial é tema controvertido. Há decisões do Superior Tribunal de Justiça considerando tratar-se de mero despacho, portanto, irrecorrível[9]. No mesmo sentido, vem prevalecendo a jurisprudência dos tribunais locais, com a ressalva de que, havendo teratologia, a via mandamental poderá ser utilizada[10] ou mesmo a correição parcial.

---

[7] "Apelação cível. Cumprimento de sentença. Emenda à petição inicial realizada a destempo. Prazo dilatório. Princípio da instrumentalidade. Sentença de indeferimento da inicial. Cassada. Recurso conhecido e provido. 1. A petição inicial foi adequadamente emendada, embora não tenha sido respeitado o prazo concedido. 2. Há recurso de efeito repetitivo julgado pelo STJ (REsp 1133689/PE), ainda sob a égide do CPC de 1973, que preconiza que o prazo para emenda à petição inicial é dilatório. 3. Visando o aproveitamento dos atos processuais (princípio da instrumentalidade das formas), há que ser afastada a preclusão para que seja admitida a emenda à inicial, ainda que a destempo" (TJ-MS, Apelação 0825881-40.2017.8.12.0001, Rel. Des. Sideni Soncini Pimentel, j. 05.06.2019, *DJe* 07.06.2019).

[8] Por exemplo: "Agravo interno no agravo em recurso especial. Ação cautelar de arresto. Indeferimento da petição inicial por suposta ausência dos pressupostos do art. 813 do CPC. Necessidade de prévia oportunidade de emenda à inicial. Art. 284 CPC/1973. Atual art. 321 CPC/2015. 1. No presente caso, a Corte de origem, entendendo ausentes os requisitos dos arts. 813 e 814 do CPC de 1973, indeferiu de plano a petição inicial da cautelar de arresto. 2. Como pretendeu, de logo, indeferir a inicial, reconhecendo a aplicabilidade do art. 283 do CPC/1973 somente em grau de apelação, caberia ao Tribunal devolver os autos à instância de início para oportunizar à parte sanar o vício. Ao não fazê-lo, violou o revogado art. 284 do CPC/1973, atual art. 321 do CPC/2015. 3. Segundo a jurisprudência consolidada desta Corte Superior, o indeferimento da petição inicial, quer por força do não preenchimento dos requisitos exigidos nos arts. 282 e 283 do CPC, quer pela verificação de defeitos e irregularidades capazes de dificultar o julgamento de mérito, reclama a concessão de prévia oportunidade de emenda pelo autor (art. 284, CPC). Precedentes. 4. Agravo interno provido para dar provimento ao recurso especial" (STJ – AgInt nos EDcl no AREsp 1186170/RS, Rel. Min. Luis Felipe Salomão, j. 22.03.2018, *DJe* 02.04.2018).

[9] STJ, 2ª Turma, AgRg no Ag 795.153/MG, Rel. Min. Herman Benjamin, j. 22.05.2007, *DJe* 23.10.2008.

[10] "Processual civil. Agravo interno em mandado de segurança. Determinação de emenda à inicial para que o defensor público subscritor da petição inicial da ação conhecimento apresente sua inscrição na Ordem dos Advogados do Brasil. Ausência de recurso específico. Ato judicial. Capacidade postulatória decorrente da Lei Complementar n. 80/94. Teratologia. Cabimento do *mandamus*. Recurso conhecido e provido. 1. Em regra, a determinação de emenda à petição inicial possui natureza jurídica de despacho de mero expediente, não comportando qualquer espécie de recurso, consoante disposição do art. 1.001 do CPC e, diante da ausência de carga decisória, também não deve ser atacada por mandado de segurança. Todavia, na hipótese de teratologia, de modo excepcional, o ato judicial pode ser impugnado pela via mandamental. 2. O despacho que ensejou a impetração do *mandamus* determinou que o Defensor Público, subscritor da petição inicial da ação de conhecimento, apresentasse sua inscrição na Ordem dos Advogados do Brasil.

Por outro lado, há doutrina considerando possível o reconhecimento do caráter decisório, a fim de permitir, ainda que no momento da apelação, futura manifestação de inconformismo sobre o provimento adotado.[11] Esse entendimento nos parece mais razoável, especialmente porque, se considerarmos o provimento como mero despacho, ele não será recorrível nem por agravo de instrumento, nem por apelação. Em precedente de 2018 o STJ acolheu, em parte, esse entendimento, considerando recorrível a decisão que determina a emenda da inicial **quando houver potencial prejuízo para a parte autora**, como nos casos em que o juízo remete a parte para o rito processual menos célere.[12]

4.2.3 Deferimento da petição inicial

Estando em termos a petição inicial, de início ou após a emenda, e não sendo o caso de improcedência liminar do pedido – hipótese que será estudada adiante –, o juiz designará audiência de conciliação, quando possível, ou, desde logo, ordenará a citação do réu para responder (art. 335).

A citação é o ato que completará a relação processual, produzindo os efeitos do art. 240. Do mandado de citação constará que, não sendo contestada a ação, presumir-se-ão aceitos pelo réu, como verdadeiros, os fatos articulados pelo autor.

4.2.4 Indeferimento da petição inicial

Os arts. 321, parágrafo único, e 330 contemplam as hipóteses em que a petição inicial pode ser indeferida. São as seguintes:

Sucede que o art. 4º, § 6º, da Lei Complementar n. 80/1994 preconiza que a capacidade postulatória do Defensor Público decorre exclusivamente de sua nomeação e posse no cargo público, sendo a inscrição na OAB apenas pressuposto para ingresso no cargo. Nessa medida, a exigência externada pelo eminente magistrado indica teratologia, mostrando-se, pois, cabível a processamento do mandado de segurança contra aquele ato judicial. 3. Recurso conhecido e provido para determinar o regular processamento e julgamento do mandado de segurança" (TJ-DF, Processo n. 07150809820178070000, Rel. Carlos Rodrigues, j. 19.02.2018).

[11] Nesse sentido, o Prof. Daniel Amorim Assumpção Neves (*Código de Processo Civil comentado*. 5. ed. Salvador: JusPodivm, 2020. p. 592).

[12] Civil. Processual civil. Ação declaratória de morte presumida. Determinação judicial de emenda à inicial para adequação ao rito da ação declaratória de ausência. Natureza do pronunciamento. Decisão interlocutória. Recorribilidade por agravo de instrumento. Negativa de seguimento. Impossibilidade. Potencial prejuízo à parte decorrente da adoção de rito especial menos célere. Exame dos requisitos para a declaração de morte presumida. Impossibilidade. Ausência de prequestionamento e necessidade de reexame de fatos e provas. 1 – Ação distribuída em 13/05/2015. Recurso especial interposto em 03/03/2016 e atribuídos à Relatora em 03/03/2017. 2 – O propósito recursal consiste em definir se o pronunciamento jurisdicional que determina a emenda da petição inicial tem natureza de despacho ou de decisão interlocutória e, ainda, se estão presentes, na hipótese, os requisitos da ação declaratória de morte presumida. 3 – O pronunciamento jurisdicional que determina a emenda à inicial, ainda que rotulado como despacho, tem natureza de decisão interlocutória nas hipóteses em que houver potencial prejuízo, como naquelas em que se remete a parte para rito processual menos célere. 4 – Não tendo sido examinada a questão relacionada ao preenchimento dos requisitos ensejadores da declaração de morte presumida, é inviável o conhecimento do recurso especial nesse aspecto, pela ausência de prequestionamento e pela necessidade de reexame de fatos e provas. Incidência das Súmulas 211 e 7/STJ. 5 – Recurso especial conhecido em parte e, nessa extensão, provido" (STJ, REsp 1.656.771/GO, Rel. Min. Nancy Andrighi, 3ª Turma, j. 15.05.2018).

a) Não preenchimento dos requisitos dos arts. 106, 319 e 320

A petição inicial poderá ser indeferida se não estiverem preenchidos os requisitos dos arts. 319 e 320. O mesmo ocorrerá quando o advogado que postular em causa própria não indicar na petição inicial o endereço, eletrônico ou não, no qual receberá as intimações, bem como o seu número de inscrição na Ordem dos Advogados do Brasil (art. 106).

Em ambos os casos e, ainda, quando constatadas outras omissões, defeitos e irregularidades sanáveis na petição, o juiz deve assinar o prazo de quinze dias para a emenda. Esgotado o prazo e não suprida a omissão, a petição será indeferida e o processo extinto sem resolução do mérito.

b) Inépcia da inicial (art. 330, I)

Considera-se inepta ou não apta para provocar a jurisdição quando a petição inicial não contiver o pedido ou a causa de pedir; o pedido ou a causa de pedir for obscuro; o pedido for indeterminado (salvo quando a lei permite que se formule pedido genérico); quando da narração dos fatos não decorrer logicamente a conclusão; quando contiver pedidos incompatíveis entre si (art. 330, § 1º, IV); ou quando o autor não discriminar as obrigações contratuais que pretende controverter (art. 330, § 2º).

A causa de pedir e o pedido formam um silogismo. Os fundamentos jurídicos do pedido (causa próxima) constituem a premissa maior; os fatos (causa remota), a premissa menor, e o pedido, a conclusão. Para que a petição seja apta, é necessário que o pedido seja decorrência lógica dos fatos narrados. O autor narra que o réu, agindo com culpa, causou danos em seu veículo. Dessa narrativa, em face do disposto no art. 186 do CC, o lógico é que o autor requeira a condenação do réu em perdas e danos. Se, por exemplo, pedir rescisão de um contrato de compra e venda firmado com o réu, a petição será inepta.

A obscuridade do pedido ou da causa de pedir não tem relação com o fato de eventualmente a redação da petição inicial não adotar a forma e os termos mais claros, já que o juiz, na tentativa de otimizar o processo e conferir-lhe celeridade, pode proceder à interpretação lógico-sistemática da petição para extrair de seu conjunto o alcance e o sentido da demanda. Em outras palavras, a obscuridade do pedido ou da causa de pedir apta a ensejar o indeferimento da petição inicial deve impossibilitar, ou pelo menos dificultar, a análise ampla e detida da relação jurídica em exame.

Entendemos que, no caso de obscuridade, deve o magistrado solicitar esclarecimentos ao autor antes de indeferir a petição inicial.

A cumulação de pedidos ou de ações pressupõe, entre outros requisitos, a compatibilidade. Se os pedidos formulados forem incompatíveis, a petição será inepta. Compatibilidade haverá se um pedido não for contrário ou antagônico ao outro, de forma que o atendimento de um implique necessariamente a negativa do outro. Exemplo: quem pede a entrega da coisa comprada não pode pleitear, concomitantemente, a restituição do preço, porque tais pedidos são incompatíveis.[13] Não impede, entretanto, que os pedidos, nesse caso, sejam formulados em caráter subsidiário. Nessa hipótese, o indeferimento da inicial pode atingir somente o pedido incompatível.

Sobre a última hipótese de inépcia (art. 330, § 2º), consulte o item 4.1.1.1 deste capítulo, no qual tratamos do requisito especial das petições iniciais nas demandas que tenham por objeto revisão de obrigação contratual decorrente de empréstimo, financiamento ou alienação de bens. Entendemos que nessa hipótese também deve o juiz oportunizar a emenda da petição inicial antes de indeferi-la.

---

[13] FADEL, Sergio Sahione. *Código de Processo Civil comentado*. 4. ed. Rio de Janeiro, 1981. v. 1, p. 495.

c) Legitimidade da parte e falta de interesse processual (art. 330, II e III)

Além de possibilitar o indeferimento de plano da petição inicial, a falta de legitimidade ou de interesse processual permite a extinção do processo sem resolução do mérito em qualquer fase processual. Sobre o tema, consulte Título 4, item 6.2, Parte I.

Lembre-se de que nas hipóteses de decadência e prescrição, o CPC/1973 determina o indeferimento da petição inicial, inclusive *ex officio*. Na nova sistemática, a prescrição e a decadência não estão mais no rol das causas que geram o indeferimento, mas continuam a ser tratadas como hipóteses de extinção do processo com resolução do mérito (art. 269, IV, do CPC/1973; art. 487, II, do CPC atual), sendo possível, inclusive, a sua apreciação em caráter liminar, sem a necessidade de prévia citação do réu (art. 332, § 1º).

4.2.4.1 Recurso do indeferimento da inicial

O indeferimento da inicial pode ser parcial ou total. Ocorre indeferimento parcial quando, por exemplo, o juiz indefere um pedido incompatível com os demais. Será total quando houver extinção do processo.

Do ato que indefere parcialmente a inicial, o recurso cabível é o agravo (art. 1.015, II), porquanto não põe fim ao processo. Do ato que indefere totalmente a inicial, porque constitui sentença, o recurso cabível é a apelação (art. 1.009).

A apelação interposta contra sentença que indefere a inicial tem uma peculiaridade: permite ao juiz exercer o juízo de retratação no prazo de cinco dias (art. 331).[14] Caso o juiz mantenha a decisão, deverá determinar a citação do réu para responder ao recurso, antes de encaminhá-lo ao Tribunal. Se este, por sua vez, reformar a sentença, o prazo para contestar começará a correr da intimação do retorno dos autos. Neste ponto vale lembrar que o CPC/1973 possibilitava a "subida" dos autos sem a citação do réu para apresentar as contrarrazões (art. 296, parágrafo único, do CPC/1973).

Uma dúvida poderá surgir em relação ao exercício do juízo de retratação: se a apelação for intempestiva, o juiz poderá se retratar?

Já adiantamos que no recurso de apelação não há mais duplo juízo de admissibilidade. Assim, requisitos como a tempestividade, o preparo e o interesse recursal devem ser analisados exclusivamente pelo órgão *ad quem* (art. 1.010, § 3º).

Apesar da regra, para que o juízo de origem possa exercer o juízo de retração nos casos em que a lei admite, é necessário que ele verifique se o recurso é tempestivo. Essa análise passa pela admissibilidade, mas isso não significa usurpação da competência do tribunal, até mesmo porque, reconhecendo que a apelação não foi apresentada no prazo legal, o juízo *a quo* remeterá os autos ao juízo *ad quem*, que poderá entender de modo diverso e receber o recurso, reconhecendo a existência de tempestividade. Nesse sentido é o Enunciado 68 da I Jornada de Direito Processual Civil do CJF: "A intempestividade da apelação desautoriza o órgão a quo a proferir juízo positivo de retratação".

4.2.5 Julgamento de improcedência do pedido em caráter liminar

Com o advento da Lei nº 11.277/2006, que acrescentou o art. 285-A ao CPC de 1973, o sistema processual permitiu que as matérias de direito, repetitivas em determinados juízos ou tribunais, fossem julgadas improcedentes sem a prévia citação do réu. O comando era o seguinte:

---

[14] No CPC/1973 esse prazo era de 48 horas (art. 296, *caput*). Trata-se do chamado efeito regressivo do recurso de apelação, aplicável às hipóteses de sentença terminativa, ou seja, que não aprecia o mérito.

Art. 285-A. Quando a matéria controvertida for unicamente de direito e no juízo já houver sido proferida sentença de total improcedência em outros casos idênticos, poderá ser dispensada a citação e proferida sentença, reproduzindo-se o teor da anteriormente prolatada.

O dispositivo visou dar efetividade à garantia fundamental à "razoável duração do processo e os meios que garantam a celeridade de sua tramitação" (CR, art. 5º, LXXVIII). No entanto, em que pese a importância de seu objetivo, o art. 285-A do CPC de 1973 era demasiadamente amplo, porquanto não possuía limitação de matéria nem condicionava a decisão ao entendimento predominante nos tribunais superiores (STJ e STF). Como visto, era possível o julgamento de improcedência se apenas no juízo no qual tramitava a ação já existisse sentença de improcedência em casos idênticos.

No CPC/2015 verifica-se a ampliação das possibilidades de improcedência liminar, e, ao que nos parece, um direcionamento da posição dos julgadores aos entendimentos consolidados nos tribunais superiores. Contudo, não há mais possibilidade de improcedência liminar quando a tese ventilada estiver consolidada exclusivamente no âmbito do tribunal local, tal como previsto no art. 285-A do CPC anterior. Assim, diferentemente do tratamento conferido pelo CPC/1973, não mais se admite, no Código atual, o julgamento de improcedência liminar do pedido com base no entendimento firmado pelo juízo em que tramita o processo sobre a questão repetitiva, exigindo-se, para aplicação do art. 332, que tenha havido prévia pacificação do tema no âmbito dos tribunais superiores, materializada em súmulas ou teses em recursos repetitivos, ou em julgamento proferido por tribunais em sede de Incidente de Resolução de Demandas Repetitivas ou de Assunção de Competência (IRDR ou IAC)[15].

---

[15] O STJ abordou o tema recentemente, em decisão veiculada no Informativo 673, de 2020: "Na hipótese, a sentença e o acórdão recorrido concluíram ser possível o julgamento de improcedência liminar do pedido sob fundamento de que existiam causas repetitivas naquele mesmo juízo sobre a matéria, o que autorizaria a extinção prematura do processo com resolução de mérito. Todavia, diferentemente do tratamento dado à matéria no revogado CPC/1973, não mais se admite, no novo CPC, o julgamento de improcedência liminar do pedido com base no entendimento firmado pelo juízo em que tramita o processo sobre a questão repetitiva, exigindo-se, diferentemente, que tenha havido a prévia pacificação da questão jurídica controvertida no âmbito dos Tribunais, materializada em determinadas espécies de precedentes vinculantes, a saber: súmula do STF ou do STJ; súmula do TJ sobre direito local; tese firmada em recursos repetitivos, em incidente de resolução de demandas repetitivas ou em incidente de assunção de competência. Por limitar o pleno exercício de direitos fundamentais de índole processual, em especial o do contraditório e o da ampla defesa, é certo que a referida regra deve ser interpretada de modo restritivo, não se podendo dar a ela amplitude maior do que aquela textualmente indicada pelo legislador, razão pela qual se conclui que o acórdão recorrido violou o art. 332, III, do novo CPC, sobretudo porque é fato incontroverso que, no que tange ao tema, não há súmula ou tese firmadas em nenhuma das modalidades de precedentes anteriormente mencionadas. De igual modo, para que possa o juiz resolver o mérito liminarmente e em favor do réu, ou até mesmo para que haja o julgamento antecipado do mérito imediatamente após a citação do réu, é indispensável que a causa não demande ampla dilação probatória, o que não se coaduna com a ação civil pública em que se pretende discutir a ilegalidade de acolhimento institucional de menores por período acima do máximo legal e os eventuais danos morais que do acolhimento por longo período possam decorrer, pois são questões litigiosas de natureza estrutural. Os litígios de natureza estrutural, de que é exemplo a ação civil pública que versa sobre acolhimento institucional de menor por período acima do teto previsto em lei, ordinariamente revelam conflitos de natureza complexa, plurifatorial e policêntrica, insuscetíveis de solução adequada pelo processo civil clássico e tradicional, de índole essencialmente adversarial e individual. Conclui-se que também sob esse enfoque houve violação ao art. 332, *caput* e III, do novo CPC, na medida em que o julgamento de improcedência liminar do pedido (ou de julgamento antecipado do mérito) é, em regra, incompatível

Vejamos cada uma das hipóteses apresentadas pelo art. 332.

a) Pedido contrário à súmula do Supremo Tribunal Federal ou do Superior Tribunal de Justiça ou a acórdão proferido por estes tribunais em julgamento de recursos repetitivos (art. 332, I e II)

Sem dúvida alguma, um dos grandes objetivos do CPC/2015 é **alinhar a jurisprudência nacional e garantir tratamento isonômico para situações jurídicas idênticas**. A função jurisdicional não pode ser equiparada a um jogo de loteria, ao ponto de condicionar o sucesso (ou insucesso) de uma demanda à distribuição do processo para este ou aquele órgão julgador. Isso não quer dizer que as interpretações não possam ser revistas ou alteradas. O que não se concebe é um Poder Judiciário que não garanta a mínima previsibilidade e estabilidade das decisões e das relações sociais.

Partindo dessa premissa, os incisos I e II do art. 332 possibilitam que o magistrado, nas causas que dispensem a fase instrutória, julgue liminarmente improcedente pedido do autor que contrarie súmula ou acórdão proferido pelo Supremo Tribunal Federal ou pelo Superior Tribunal de Justiça. Nesse último caso, o acórdão deve ter sido proferido na forma dos arts. 1.036 a 1.041 do CPC/2015, ou seja, o recurso deve ter sido realizado segundo a técnica dos recursos repetitivos.

O julgamento liminar de improcedência fundamentado nesses dispositivos objetiva reduzir o percentual de recursos especiais e extraordinários para discussão de questões já pacificadas, que poderiam ter sido definitivamente decididas em instâncias ordinárias. Assim,

> "[...] ainda que 'julgue' o juiz ser a orientação do tribunal injusta, ou que seja a lei injusta, não deve ele proferir uma decisão que sabe ou deva saber que será reformada em grau de recurso [...]. Embora muitas vezes o ato de julgar contra a lei ou contra a orientação do STF possa materializar um verdadeiro sentimento de boas intenções por parte do juiz prolator da decisão, é certo que os danos causados por milhares de sentenças ou acórdãos em desconformidade com a orientação jurisprudencial das cortes supremas são gigantescos, pois essas sentenças e acórdãos abarrotam o STF e os tribunais superiores, tornando a Justiça mais lenta e reduzindo drasticamente a qualidade da prestação jurisdicional".[16]

Vale ressaltar que a orientação consolidada do STF ou do STJ deve ser aplicada com cautela, somente quando não houver nenhuma prova a ser produzida além daquela já constante dos autos. Também nos casos em que houver divergência entre a jurisprudência do STJ e do STF – o que não é incomum acontecer –, deve o magistrado dar prosseguimento ao feito até que se uniformizem os entendimentos, sem prejuízo do julgamento do pedido conforme o seu livre convencimento caso o conflito não seja solucionado a tempo.

Importa lembrar que o juiz não está autorizado a julgar liminarmente procedente o pedido, mesmo que este esteja de acordo com a jurisprudência dos tribunais superiores. É que os incisos do art. 332 abarcam apenas hipóteses de julgamento liminar de improcedência, não

---

com os processos estruturais, ressalvada a possibilidade de já ter havido a prévia formação de precedente qualificado sobre o tema que inviabilize nova discussão da questão controvertida no âmbito do Poder Judiciário" (REsp 1.854.882/CE, Rel. Min. Nancy Andrighi, 3ª Turma, j. 02.06.2020, DJe 04.06.2020).

[16] DELGADO, José Augusto. *A imprevisibilidade das decisões judiciárias e seus reflexos na segurança jurídica*. Disponível em: www.stj.jus.br/internet_docs/ministros/Discursos/0001105/A IMPREVISIBILIDADE DAS DECISÕES JUDICIÁRIAS E SEUS REFLEXOS NA SEGURANÇA JURÍDICA.doc.

sendo permitida a sua aplicação para julgamento em sentido contrário. De toda sorte, além da existência de entendimentos perante os tribunais sobre o tema, é imprescindível a dispensa da fase instrutória para que seja viabilizada a decisão de improcedência.[17]

b) Pedido contrário a entendimento firmado em incidente de resolução de demandas repetitivas ou de assunção de competência (art. 332, III)

O incidente de resolução de demandas repetitivas está previsto nos arts. 976 a 987. Em breve síntese, ele é um instrumento que tem por finalidade criar uma **decisão paradigma**, cuja tese jurídica deverá ser aplicada em todos os processos que contenham controvérsia sobre a mesma questão unicamente de direito.

O tema será tratado no Capítulo relativo aos processos perante os tribunais. Por enquanto, é necessário saber que esse incidente vinculará todos os processos que versem sobre idêntica questão de direito e que tramitem na área de jurisdição do tribunal para o qual ele foi suscitado. Por esta razão, os pedidos que contrariarem a tese jurídica adotada poderão ser julgados liminarmente improcedentes.

Também será possível aplicar este inciso quando o pedido contrariar decisão proferida em incidente de assunção de competência, sendo que nesta hipótese não haverá necessidade de repetição de diversos processos para se criar uma decisão paradigma. A assunção de competência (art. 947), antes prevista no art. 555, § 1º, do CPC de 1973,[18] permite que o relator submeta o julgamento de determinada causa ao órgão colegiado de maior abrangência dentro do tribunal, conforme dispuser o regimento interno. A causa deve envolver relevante questão de direito, com grande repercussão social, de forma a justificar a apreciação pela câmara ou turma do tribunal que estiver julgando a causa originariamente, em sede recursal ou em virtude de remessa necessária.

c) Pedido contrário a enunciado de súmula de tribunal de justiça sobre direito local (art. 332, IV)

Quando o pedido se fundar em normas presentes na legislação local, o magistrado poderá analisá-lo de acordo com o entendimento do tribunal ao qual se encontra vinculado.

Assim, se o pedido contrariar entendimento sumulado do respectivo tribunal, o juiz poderá extinguir o feito, com resolução do mérito, com fundamento da improcedência liminar do pedido.

Lembre-se que o entendimento deve estar relacionado à interpretação de direito local. Assim, um precedente isolado do tribunal local sobre lei federal não permitirá a incidência deste inciso, já que cabe ao STJ interpretar a legislação federal.

---

[17] "Para que seja possível a aplicação da técnica da improcedência liminar do pedido, mostra-se necessária a dispensa da fase instrutória e, ainda, a violação expressa a entendimentos repetitivos e sumulados pelos Tribunais Superiores, nos termos do art. 332 do CPC" (TJ-MG – AC: 10000210569992001/MG, Rel. Jaqueline Calábria Albuquerque, j. 27.04.2021, Câmaras Cíveis, 10ª Câmara Cível, *DJe* 05.05.2021).

[18] "Art. 555. No julgamento de apelação ou de agravo, a decisão será tomada, na câmara ou turma, pelo voto de 3 (três) juízes. § 1º Ocorrendo relevante questão de direito, que faça conveniente prevenir ou compor divergência entre câmaras ou turmas do tribunal, poderá o relator propor seja o recurso julgado pelo órgão colegiado que o regimento indicar; reconhecendo o interesse público na assunção de competência, esse órgão colegiado julgará o recurso".

d) Decadência e prescrição (art. 332, § 1º)

Prescrição é a perda da pretensão à reparação de um direito violado, em razão da inércia do seu titular, durante o lapso temporal estipulado pela lei. A prescrição aniquila somente a pretensão, não alcançando o direito constitucional de ação. Passados seis meses a contar da data da apresentação, o cheque perde sua força executiva (art. 59 da Lei nº 7.357/1985). Em outras palavras, a pretensão executiva do beneficiário foi atingida pela prescrição. Nada obsta a que o titular do direito busque a satisfação de seu crédito por outras vias, como, por exemplo, por meio do procedimento monitório ou comum (arts. 61 e 62 da mesma lei).

Decadência é a perda do próprio direito pelo não exercício no prazo estabelecido pela lei. A decadência alcança o direito potestativo, que pode se referir ao direito material ou a um dado procedimento (direito à via do mandado de segurança, por exemplo).

O Código de 1973 disciplinava os institutos da decadência e da prescrição como hipóteses de indeferimento da petição inicial e consequente extinção do processo com resolução do mérito (art. 295, IV, c/c art. 269, IV, do CPC/1973). Eram os únicos motivos de indeferimento que levavam o juiz a proferir sentença que apreciasse o mérito da causa, já que as demais hipóteses do art. 295 permitiam apenas a extinção do processo sem resolução do mérito.

Esclarece-se que, como a prescrição e a decadência são matérias de ordem pública, podem ser reconhecidas mesmo depois de deferida a petição inicial e de ter sido citado o réu. Assim, não é coerente se falar em indeferimento, mas em acolhimento da objeção prevista no art. 269, IV (atual art. 487, II). No CPC/2015, a decadência e a prescrição são fatores que levam à improcedência liminar do pedido, ou seja, não se trata mais de indeferimento, mas de resolução liminar.

Há doutrinadores que sustentam a necessidade de se oportunizar a manifestação do réu para, somente empós, o juiz declarar o decurso do prazo prescricional. Isso se deve ao fato de que o réu pode renunciar a prescrição e, assim, permitir que a demanda prossiga mesmo quando extinto o prazo para o exercício da pretensão em juízo. Além disso, em razão da possibilidade de existirem causas interruptivas e suspensivas do prazo prescricional, é prudente que o magistrado somente extinga o feito quando não houver óbices à arguição da prescrição. Nesse sentido: STJ, REsp 1.005.209/RJ, Rel. Min. Castro Meira, julgado em 08.04.2008.

O art. 487, parágrafo único, do CPC/2015 prevê que a prescrição e a decadência não serão reconhecidas sem que antes seja dada às partes a oportunidade de se manifestar. Apesar disso, o dispositivo excepciona a regra ao permitir o julgamento liminar de improcedência diante da ocorrência de prescrição, o que contraria o entendimento doutrinário anteriormente exposto.

Apesar disso, entendemos que sempre que possível deve o juiz oportunizar a manifestação das partes, exceto quando a existência da decadência ou a prescrição forem manifestas. Isso porque, segundo art. 10 do próprio Código, "o juiz não pode decidir, em grau algum de jurisdição, com base em fundamento a respeito do qual não se tenha dado às partes oportunidade de se manifestar, ainda que se trate de matéria sobre a qual deva decidir de ofício".

4.2.5.1 Recurso contra a decisão de improcedência liminar

Assim como no caso de indeferimento da inicial (art. 331), o recurso contra a decisão de improcedência liminar propicia o exercício do juízo de retratação (art. 332, § 3º), porquanto ainda não tendo havido estabilização da demanda, o que se dá com a citação do réu, não incide o princípio da inalterabilidade das decisões judiciais (art. 494).

Em razão disso, interposta apelação, é facultado ao juiz reformar sua própria decisão, no prazo de cinco dias. Se houver retratação, o juiz deve determinar o prosseguimento do processo, com a citação do réu para apresentar resposta. Se não for o caso de reforma, réu será citado para apresentar contrarrazões, no prazo de quinze dias (art. 332, § 4º).

Na apelação prevista tanto no art. 331 (indeferimento da petição inicial) quanto no art. 332, §§ 2º a 4º (julgamento de improcedência liminar) há necessidade de citação do réu para apresentar contrarrazões. Há, contudo, uma diferença. Na apelação prevista no art. 331, caso não seja reformada a decisão em juízo de retratação, o tribunal não poderá julgar o mérito da ação. Assim, eventual provimento da apelação será tão somente para **cassar a sentença de indeferimento**. Nesse caso, o prazo para o réu responder à ação (contestar ou reconvir, por exemplo) correrá a partir da intimação do retorno dos autos (§ 2º).

Na apelação prevista no art. 332, §§ 2º a 4º, caso não haja retratação (ou seja, caso a sentença de improcedência liminar seja mantida), **o tribunal poderá rejulgar o mérito da ação**, uma vez que não há necessidade de outras provas além das que acompanharam a petição inicial e já houve formação do contraditório com a intimação do réu para contra-arrazoar.

Em síntese, na apelação interposta contra sentença que indefere a inicial, a rigor, pela dicção da última parte do § 2º do art. 331, o tribunal não poderá julgar a causa, uma vez que sequer houve audiência de conciliação/mediação, tampouco contestação; ao revés, na apelação interposta em face da sentença que julga liminarmente improcedente o pedido, o § 4º do art. 332 não menciona o retorno dos autos para que o réu formule a sua contestação, o que pressupõe que esta deve ser apresentada juntamente com as contrarrazões.

Contudo, mesmo no caso de indeferimento da petição inicial, desde que o réu apresente a contestação juntamente com as contrarrazões e não havendo necessidade de provas (causa madura), pode o tribunal julgar desde logo a demanda. O princípio do duplo grau de jurisdição, como ocorre em outras hipóteses, cede espaço para a celeridade, justificando, inclusive, que se salte a fase da conciliação.

Não havendo interposição de recurso da sentença de improcedência liminar, não se condena em honorários, porquanto não houve intervenção do réu no processo. O mesmo se dá se, embora o autor tenha interposto recurso, o réu, citado, não apresentou contrarrazões. Se houve contrarrazões, aplica-se o princípio da sucumbência.

4.3 Audiência conciliatória

Conciliação e mediação são técnicas que visam à autocomposição. A conciliação busca principalmente o acordo entre as partes, com a potencialização de um conciliador, que apresenta as possíveis soluções (propostas) com vistas a pôr fim à demanda judicial. Na mediação, em vez de propor soluções, o mediador proporciona o debate do conflito, para que as partes, compreendendo suas razões e consequências, possam chegar a um acordo. Para efeitos didáticos, dei o título de audiência conciliatória a essa fase do procedimento comum. A diferença entre uma e outra técnica foi apresentada na Parte Geral, quando abordei o tema "Meios alternativos de pacificação social", bem como no tópico "O juiz e os auxiliares da justiça – conciliadores e mediadores judiciais".

Preenchidos os requisitos essenciais da petição inicial, não sendo o caso de improcedência liminar e o caso admitir a autocomposição, será designada audiência conciliatória, a qual será realizada ainda na fase postulatória e antes da apresentação da contestação (art. 334).

A audiência deverá ser designada com antecedência mínima de 30 dias, devendo o réu ser citado pelo menos 20 dias antes da data marcada para a realização do ato. No ato citatório, o réu já fica ciente da data da audiência; a intimação do autor será feita na pessoa de seu advogado, de regra, pela publicação no *Diário do Judiciário*.

A audiência de conciliação ou de mediação, de regra, é obrigatória. Dependendo da natureza do direito discutido, será uma ou outra. Direitos patrimoniais, de um modo geral, ensejam a realização de sessão de conciliação, ao passo que litígios envolvendo direito de família dão azo à mediação. No procedimento comum, a audiência conciliatória somente não será realizada se: a) ambas as partes manifestarem, expressamente, desinteresse na composição consensual; b) quando o direito, pela natureza ou pela titularidade, não admitir transação (por exemplo, ação envolvendo direito tributário, quando não prevista em lei a possibilidade de o ente público firmar acordo). Caso não haja interesse na conciliação, o réu deverá peticionar ao juízo com antecedência mínima de 10 dias, contados da data da audiência. No que concerne ao autor, o desinteresse, se for o caso, deve ser manifestado na petição inicial. Na hipótese de litisconsórcio, todos os litisconsortes deverão manifestar o desinteresse na conciliação. Enfim, para que a audiência conciliatória não seja realizada, é indispensável que todos se manifestem. Se por exemplo, o autor manifesta a disposição de conciliar (art. 319, VII), o réu será obrigado a comparecer à audiência. É esse o regramento expresso no CPC/2015, embora, na prática, a ausência de designação desta audiência venha sendo considerada hipótese de nulidade relativa. Cite-se, por exemplo, o posicionamento do Tribunal de Justiça do Distrito Federal:

"Cobrança. Duplicata. Nulidade. Audiência de conciliação. Revelia. I – A ausência de designação da audiência prévia de conciliação não gera, por si só, nulidade processual, especialmente quando os autos não denotam possibilidade de composição, além do que as partes podem transigir a qualquer tempo. II – Diante da revelia, presume-se verdadeira a alegação da autora de inadimplemento da ré quanto ao valor relativo à duplicata, a qual foi protestada por indicação. III – Apelação desprovida" (TJ-DF, 0701321-24.2018.8.07.0003, 6ª T. Cível, Rel. Vera Andrighi, j. 22.08.2018).

Por outro lado, há precedentes mais favoráveis ao incentivo à autocomposição, afirmando que a dispensa da audiência é causa de nulidade, porque se não há manifestação das partes no sentido de afastar o ato, o seu cancelamento é medida que ofende o devido processo legal:

"A ausência de designação de audiência de conciliação, prevista na norma do art. 334 do CPC, sem que as partes tenham se manifestado expressamente pelo desinteresse na composição, conforme inciso I, do § 4º, acarreta nulidade do feito por violação aos princípios do devido processo legal e da ampla defesa" (TJ-MG – AC: 50766284020178130024, Rel. Des. Antônio Bispo, j. 28.04.2023, 15ª Câmara Cível, DJe 03.05.2023).

O não comparecimento injustificado do autor ou do réu à audiência de conciliação é considerado ato atentatório à dignidade da justiça e será sancionado com multa de até dois por cento da vantagem econômica pretendida ou do valor da causa, revertida em favor da União ou do Estado; a parte poderá constituir representante, por meio de procuração específica, com poderes para negociar e transigir (art. 334, §§ 8º e 10). Uma primeira interpretação poderia admitir a aplicação de multa sempre que houvesse ausência de uma das partes. Contudo, como há a possibilidade de constituir representante com poderes para transigir, inclusive advogado, o Superior tribunal de Justiça entende que, nessa hipótese, a multa não será aplicável.[19]

---

[19] "Constitucional e processual civil. Mandado de segurança. Agravo interno no recurso ordinário em mandado de segurança. Ato judicial ilegal. Decisão interlocutória de aplicação da multa prevista no art. 334, § 8º, do CPC/2015, por inexistente ato atentatório à dignidade da justiça. Decisão irrecorrível. Parte devidamente representada na audiência de conciliação por advogado com poderes para transigir. Violação de direito líquido e certo (CPC, art. 334, § 10). Ordem concedida. Recurso provido. 1. A impetração de mandado de segurança contra ato judicial, a teor da doutrina e da jurisprudência, reveste-se de índole excepcional, admitindo-se apenas em hipóteses determinadas, a saber: a) decisão judicial manifestamente ilegal ou teratológica; b) decisão judicial contra a qual não

Cabe registrar que a multa também não se aplica se a ausência for à audiência de instrução. Neste caso, considera-se que o faltante não pretende produzir provas, não sendo o caso de sancionamento por analogia. O que pode ocorrer é a aplicação da pena de confissão, se o réu ou autor, intimados pessoalmente, não comparecem ao ato. Já a multa do § 8º do art. 334 se restringe à audiência de conciliação ou mediação.

Contra a decisão que aplica multa em razão da ausência injustificada à audiência de conciliação ou de mediação, não cabe, segundo o STJ, agravo de instrumento. Para a Corte, essa decisão não se enquadra no inciso II do art. 1.015 do CPC.[20] Eventual insurgência deverá ser apresentada com o recurso de apelação.

A audiência de conciliação no início do procedimento comum é uma das grandes inovações do Código. O seu efeito prático reside na possibilidade de composição entre as partes sem a necessidade de prévia apresentação de resposta pelo réu, o que, sem dúvida, incentiva o diálogo e aumenta as chances de solução amigável, porquanto na maioria das vezes a peça de defesa apenas acirra os ânimos e instiga o prolongamento do litígio. Tamanha foi a expectativa que a audiência conciliatória pudesse reduzir o volume de processos nas prateleiras, que o legislador previu a possibilidade de se realizar mais de uma sessão em cada processo, inclusive por meio eletrônico (art. 334, § 2º e § 7º).

A tentativa conciliatória não será realizada pelo magistrado, mas por conciliador ou mediador. Nas palavras de Cappelletti, essa providência "evita que se obtenha a aquiescência das partes apenas porque elas [as partes] acreditam que o resultado será o mesmo depois do julgamento, ou ainda porque elas temem incorrer no ressentimento do juiz".[21] Na prática, infelizmente, especialmente nas Comarcas do interior, é o juiz quem realiza este ato processual, circunstância que contraria a orientação do CNJ (Res. 125/2010).

Na Comissão de Juristas, estávamos convencidos da importância do conciliador ou mediador para que a audiência conciliatória pudesse ter êxito e "matar" logo na origem a

---

caiba recurso; c) para imprimir efeito suspensivo a recurso desprovido de tal atributo; e d) quando impetrado por terceiro prejudicado por decisão judicial. 2. Na hipótese, é cabível o mandado de segurança e nítida a violação de direito líquido e certo do impetrante, pois tem-se ato judicial manifestamente ilegal e irrecorrível, consistente em decisão interlocutória que impôs à parte ré multa pelo não comparecimento pessoal à audiência de conciliação, com base no § 8º do art. 334 do CPC, por suposto ato atentatório à dignidade da Justiça, embora estivesse representada naquela audiência por advogado com poderes específicos para transigir, conforme expressamente autoriza o § 10 do mesmo art. 334. 3. Agravo interno provido para dar provimento ao recurso ordinário em mandado de segurança, concedendo-se a segurança" (AgInt no RMS 56.422/MS, Rel. Min. Raul Araújo, 4ª Turma, j. 08.06.2021, DJe 16.06.2021).

[20] "Recurso especial. Processual civil. Agravo de instrumento. Hipóteses de cabimento do recurso (art. 1.015, inciso II, do CPC). Ausência injustificada a audiência de conciliação. Multa por ato atentatório à dignidade da justiça. 1. Controvérsia em torno da recorribilidade, mediante agravo de instrumento, contra a decisão cominatória de multa à parte pela ausência injustificada à audiência de conciliação. 2. O legislador de 2015, ao reformar o regime processual e recursal, notadamente do agravo de instrumento, pretendeu incrementar a celeridade do processo, que, na vigência do CPC de 1973, era constantemente obstaculizado pela interposição de um número infindável de agravos de instrumento, dilargando o tempo de andamento dos processos e sobrecarregando os Tribunais, Federais e Estaduais. 3. A decisão cominatória da multa do art. 334, § 8º, do CPC, à parte que deixa de comparecer à audiência de conciliação, sem apresentar justificativa adequada, não é agravável, não se inserindo na hipótese prevista no art. 1.015, inciso II, do CPC, podendo ser, no futuro, objeto de recurso de apelação, na forma do art. 1.009, § 1º, do CPC. 4. Recurso especial desprovido" (STJ, REsp 1.762.957/MG, Rel. Min. Paulo de Tarso Sanseverino, Terceira Turma, j. 10.03.2020, DJe 18.03.2020).

[21] CAPPELLETTI, Mauro. Acesso à justiça. Porto Alegre: Fabris, 1988. p. 86.

maior parte dos processos. Contudo, diante da obrigação imposta aos tribunais pelo art. 165, de criar centros judiciários de solução consensual de conflitos, responsáveis pela realização de sessões e audiências de conciliação e mediação, a grita por parte dos dirigentes de tais órgãos judiciários foi geral. Em detrimento do desejo de uma justiça pacificadora e autocompositiva, acabou prevalecendo – e não poderia ser diferente – a realidade financeira dos tribunais. Atento à realidade da máquina judiciária, o legislador tirou com a mão esquerda o que havia concedido com a direita: o conciliador ou mediador, onde houver, atuará necessariamente na audiência de conciliação ou mediação (art. 334, § 1º).

Como a imposição transmudou-se numa faculdade, o conciliador ou mediador é um ser escasso nos fóruns, que se valem de oficiais de justiça, porteiros e até de estagiários para cumprir a fase conciliatória. Bem, fato é que a audiência conciliatória transformou-se apenas num ritual de passagem para que tenha início o prazo para contestar. Sem qualquer efetividade – quase sempre –, a dita audiência funciona hoje como um retardador do processo. Na vigência do CPC/1973, o prazo para contestar iniciava-se a partir da citação. Com o Código em vigor, esse prazo, salvo nas hipóteses previstas nos incisos II e III do art. 335, inicia-se da audiência de conciliação ou mediação. Como as audiências têm sido marcadas para até um ano a contar do primeiro despacho do juiz, o que se vê é o atraso da marcha processual. A menina dos olhos do Código atual significou um tiro nas pernas da celeridade.

Com a constatação de que a audiência conciliatória, que a tanto não se presta, mas constitui um fator de morosidade, há juízes que, invocando o princípio da eficiência e da celeridade processual, têm justificado a não realização da audiência e determinado a citação do réu para apresentar defesa, postura essa que tem encontrado respaldo dos tribunais: "[...] Inexiste ilegalidade no ato do juiz singular, que deixa de designar audiência de conciliação, apresentado fundamentos sólidos para tanto [...]". (AI 1.0000.16.05304-2/001, Relator Des. Márcio Idalmo, j. 18.10.2016). É isso aí. Quando a lei ignora a realidade, a realidade se vinga e ignora a lei.

Ainda que ferida de morte, há que se voltar ao regramento da audiência conciliatória. Na audiência as partes devem estar acompanhadas por seus advogados, e poderão se fazer representar por mandatário com poderes para transigir. A previsão quanto à essencialidade da presença do advogado certamente valoriza a classe, mas, como ensina Dinamarco[22] ao tratar da audiência preliminar prevista no CPC/1973, "negociar acordo não constitui ato de postulação" e, sendo assim, a presença de advogado é dispensável. Apesar disso, recente posicionamento do Conselho Nacional de Justiça considerou não ser obrigatória a presença de advogados e defensores públicos em mediações e conciliações conduzidas nos Centros Judiciários de Solução de Conflitos e Cidadania (Cejuscs). A posição foi adotada por maioria no julgamento do Recurso Administrativo no Pedido de Providência 0004837-35.2017.2.00.0000. A pauta das audiências de conciliação ou de mediação será organizada de modo a respeitar o intervalo mínimo de 20 minutos entre o início de uma e o início da seguinte. Quando e se obtida, a autocomposição será reduzida a termo e homologada por sentença (art. 334, §§ 11 e 12).

Por fim, importante registrar que o CPC expressamente permitiu a realização desta audiência por sistema de videoconferência (art. 334, § 7º), mas sem regulamentar a matéria, que geralmente fica a cargo dos Tribunais, com as orientações do Conselho Nacional de Justiça. Durante a pandemia ocasionada pela Covid-19, diversos Tribunais adotaram o sistema de videoconferência para audiências cíveis e criminais. A situação emergencial exigiu dos advogados a adaptação aos meios tecnológicos, cuja utilização foi, ao longo da pandemia,

---

[22] DINAMARCO, Cândido Rangel. *A reforma do Código de Processo Civil*. 3. ed. São Paulo: Malheiros, 1996. p. 128.

consideravelmente ampliada. Tanto é que, no final de setembro de 2020, o Conselho Nacional de Justiça editou a Resolução nº 337, de 29.09.2020, estabelecendo que cada tribunal deverá adotar, no prazo de 90 dias, a contar do dia 30.09.2020 – data da publicação da Resolução –, um sistema de videoconferência para suas audiências e atos oficiais, com exceção do Supremo Tribunal Federal (art. 4º). O Conselho estabeleceu apenas os parâmetros mínimos que deverão ser observados quando da adoção de sistema próprio ou de solução tecnológica já disponível no mercado, como, por exemplo, o controle de acesso dos participantes, a possibilidade de compartilhamento de arquivos e envio de mensagens de textos e o controle de ativação das funções de áudio e vídeo dos participantes.

Com a Resolução nº 345/2020, alterada em 2021, possibilitou-se a utilização, pelos tribunais, do denominado "Juízo 100% Digital", através do qual todos os atos processuais são exclusivamente praticados por meio eletrônico e remoto, inclusive todas as audiências do processo. Trata-se de uma possibilidade e não de uma obrigação, já que poderá haver recusa expressa. Os sistemas de videoconferência possibilitaram, ainda, a criação do "Balcão Virtual", destinado aos atendimentos pelas secretarias de cada unidade judiciária (Resolução nº 372/2021). Tais provimentos facilitam o trabalho do advogado que precisa atuar em estados diferentes da federação, além de pôr em prática a norma prevista no art. 196 do CPC.

4.4 Resposta do réu

Resposta é termo genérico que significa qualquer manifestação do réu em atendimento à citação. Compreendia, no Código revogado (art. 297), a contestação, exceção e reconvenção.

O CPC/2015, em vigor, não mais menciona a resposta para indicar uma fase do procedimento comum. Preferiu o legislador citar especificamente as duas modalidades de respostas previstas expressamente no texto referente a esse procedimento, qual seja: a contestação e a reconvenção. Ocorre que o CPC/2015 concentrou a defesa na contestação, o que faz parecer que a exceção desapareceu. Desaparecida a exceção – o que não é verdade; ela está apenas escondida na Parte Geral do Código –, suprimiu-se a espécie "exceção" e o gênero "resposta". Em termos topológicos, andou bem o legislador. No CPC/1973, a exceção de impedimento ou de suspeição figurava no processo de conhecimento, mais especificamente no procedimento ordinário. Essa colocação passava aos iniciantes no Direito que a exceção era cabível somente nesse procedimento, o que não corresponde à realidade. Qualquer que seja a modalidade do processo (de conhecimento ou de execução), qualquer das partes tem direito a um juiz imparcial.

Exceção tem o sentido genérico de defesa. Nesse sentido, fala-se em exceção processual e exceção material; diz-se, por exemplo, exceção de pré-executividade. Há, contudo, um sentido restrito, significando incidente processual, ou seja, questão suscitada em peça autônoma e autuada em apartado. Na linha da simplificação adotada pelo CPC/2015, quase todos os incidentes desapareceram. Basta dizer que a exceção de incompetência relativa, a impugnação ao valor da causa e a impugnação à concessão da gratuidade judiciária não mais existem como incidentes processuais. Todas essas questões (além de outras) constam como preliminares, ou seja, questões que devem ser alegadas em capítulo próprio da peça contestatória, antes das questões de mérito, conforme prescreve o art. 337.

No Código em vigor, todas as defesas, sejam processuais ou de mérito (as exceções), são arguidas na contestação, motivo pelo qual, na fase subsequente à fase conciliatória e, às vezes, subsequente à citação – porque nem sempre há fase conciliatória –, não se menciona a exceção como modalidade de resposta do réu. O legislador não deixa de ter razão, uma vez que as antigas exceções foram reduzidas a uma – a exceção de impedimento ou suspeição –, que pode ser oposta tanto pelo autor como pelo réu e em qualquer fase do procedimento.

4.4.1 Exceção de impedimento ou suspeição

Primeiramente, justifico a colocação do tema entre as modalidades de resposta do réu. Embora trate o impedimento ou a suspeição do juiz de defesa processual que pode ser deduzida por qualquer das partes, creio que fica bem encaixá-la aqui. É mais didático do que seguir a ordem do Código, encartando o tema na Parte Geral. E assim procedo porque, **se a suspeição se basear em causa antecedente à citação, cabe ao réu argui-la no prazo de 15 dias a contar da citação. Nesse sentido, a exceção, tal como ocorria no CPC/1973, não deixa de ser uma resposta do réu à citação**, consistindo numa defesa processual. Antes mesmo de arguir qualquer outra questão processual ou material, o réu se insurge contra o condutor do processo. Não aceita o juiz para o qual o processo foi distribuído.

Nada disso mudou em relação ao CPC revogado. As coisas se passam como se passavam no CPC/1973. O procedimento da exceção de parcialidade mudou de lugar (agora, encontra-se na Parte Geral), mas tudo continua como antes. Não vejo razão, pois, para deixar de tratar da exceção de impedimento ou de suspeição neste tópico, como uma das modalidades de resposta do réu, sem olvidar que essa defesa (contra o juiz parcial) possa ser formulada por qualquer das partes e em qualquer momento processual, dependendo de quando o fato foi revelado às partes.

Essa "defesa" (exceção) pode ser arguida tanto pelo autor quanto pelo réu e, de um modo geral, pelos terceiros intervenientes. Afinal, todos os sujeitos parciais do processo têm o direito, a prerrogativa, um verdadeiro poder de se defender do juiz parcial. O primeiro pressuposto de validade do processo é a imparcialidade. Trata-se de garantia caracterizadora de qualquer Estado que se denomina Democrático de Direito; integra os princípios – e, por que não, garantias? – do juízo natural e da isonomia. Nem é preciso dizer que tais garantias são ínsitas a processos de qualquer natureza – administrativos ou jurisdicionais, de jurisdição contenciosa ou voluntária.

Não obstante a literalidade do *caput* do art. 146, o impedimento pode ser arguido em qualquer fase processual, inclusive depois do trânsito em julgado do processo, via ação rescisória (art. 966, II).

Em se tratando de suspeição, o prazo é de 15 dias a contar do conhecimento do fato. Se o fato antecede à citação – por exemplo, antes de tomar conhecimento da demanda, o réu já possuía pleno conhecimento da amizade íntima entre o autor e o juiz –, o prazo para arguir a suspeição será contado a partir da citação. Assim, nesse caso, a exceção de parcialidade realmente figura como uma das respostas do réu. O prazo para contestar e reconvir somente terá início a partir da audiência conciliatória, salvo as hipóteses de não realização desta. Não configurando a hipótese de realização da audiência de conciliação ou mediação, os prazos para as diversas modalidades de resposta (exceção, contestação e reconvenção) coincidirão, ou seja, todos serão contados a partir da citação ou, mais precisamente, na forma do art. 231.

Bem, a exceção de impedimento ou suspeição pode ser arguida como defesa do autor, defesa do réu ou defesa de qualquer um dos sujeitos parciais do processo, por exemplo, o denunciado e o chamado. Para efeito de colocação do tema, situei-o como uma das modalidades de resposta do réu.

A maior mácula que contamina o chamado processo justo é a parcialidade e, entre as causas desse vício, as que se relacionam com o impedimento. Não basta ao juiz ser honesto, conceito no qual se inclui a imparcialidade. Tal como a mulher de Caesar, é indispensável que ele não deixe dúvidas sobre a honestidade. Qualquer que seja o grau do julgador, mancha indelevelmente sua reputação e da justiça funcionar em processo no qual o apadrinhado de casamento é parte ou em processo patrocinado por escritório de advocacia no qual figura como sócio ou associado o cônjuge do juiz, por exemplo. Felizmente, é raro o julgador que padece do mal de ter vergonha de ser honesto; apenas um ou outro órgão jurisdicional não veda o acesso do juiz parcial ao processo, preferindo se expor aos olhos da população desesperançada.

Voltemos à técnica processual. As exceções de impedimento e de suspeição são as únicas defesas que devem ser feitas fora das peças que compõem o caderno processual – elas fogem da ordinariedade, do que comumente ocorre. Sem decidir a imparcialidade, o feito não anda, salvo para concessão de medidas urgentes; tudo é paralisado. Além desse fato impeditivo da regular marcha processual, há que se considerar que não é o próprio julgador que decide sobre a alegada parcialidade. Ainda bem. Se um juiz de primeiro grau é acusado (realmente, uma verdadeira acusação) de parcialidade, quem julgará se ele de fato é impedido ou suspeito será o tribunal ao qual pertence, com possibilidade de recurso para a instância superior. Se a pecha da parcialidade recai sobre um ministro do STF, por exemplo, quem julgará se ele é ou não parcial será o próprio tribunal, na forma do regimento interno. Ao ministro, será dado o direito de defesa. Tudo nos autos, evidentemente. A título de exemplo, registre-se que o art. 279 do Regimento Interno do STF estabelece o prazo de cinco dias a contar da distribuição do recurso ou causa originária, para arguição de suspeição contra o relator, por fato preconhecido. Quanto ao impedimento, já disse: não há preclusão.

As causas de impedimento e de suspeição encontram-se nos arts. 144 e 145. Relembro-as aqui para começar nossa conversa sobre a exceção em si (o procedimento do incidente).

Art. 144. Há impedimento do juiz, sendo-lhe vedado exercer suas funções no processo:

I – em que interveio como mandatário da parte, oficiou como perito, funcionou como membro do Ministério Público ou prestou depoimento como testemunha;

II – de que conheceu em outro grau de jurisdição, tendo proferido decisão;

III – quando nele estiver postulando, como defensor público, advogado ou membro do Ministério Público, seu cônjuge ou companheiro, ou qualquer parente, consanguíneo ou afim, em linha reta ou colateral, até o terceiro grau, inclusive;

IV – quando for parte no processo ele próprio, seu cônjuge ou companheiro, ou parente, consanguíneo ou afim, em linha reta ou colateral, até o terceiro grau, inclusive;

V – quando for sócio ou membro de direção ou de administração de pessoa jurídica parte no processo;

VI – quando for herdeiro presuntivo, donatário ou empregador de qualquer das partes;

VII – em que figure como parte instituição de ensino com a qual tenha relação de emprego ou decorrente de contrato de prestação de serviços;

VIII – em que figure como parte cliente do escritório de advocacia de seu cônjuge, companheiro ou parente, consanguíneo ou afim, em linha reta ou colateral, até o terceiro grau, inclusive, mesmo que patrocinado por advogado de outro escritório[23];

IX – quando promover ação contra a parte ou seu advogado[24].

Art. 145. Há suspeição do juiz:

I – amigo íntimo ou inimigo de qualquer das partes ou de seus advogados;

II – que receber presentes de pessoas que tiverem interesse na causa antes ou depois de iniciado o processo, que aconselhar alguma das partes acerca do objeto da causa ou que subministrar meios para atender às despesas do litígio;

---

[23] Conforme apresentado na parte anterior, esse dispositivo foi declarado inconstitucional pelo Supremo Tribunal Federal quando do julgamento da ADI 5953.

[24] Situação que se estende ao Promotor de Justiça que subscreve a inicial ou atua oficiando no processo (STJ, REsp 1881175/MA, Rel. Min. Herman Benjamin, 2ª Turma, j. 14.03.2023).

III – quando qualquer das partes for sua credora ou devedora, de seu cônjuge ou companheiro ou de parentes destes, em linha reta até o terceiro grau, inclusive;

IV – interessado no julgamento do processo em favor de qualquer das partes.

1º Poderá o juiz declarar-se suspeito por motivo de foro íntimo, sem necessidade de declarar suas razões.

2º Será ilegítima a alegação de suspeição quando:

I – houver sido provocada por quem a alega;

II – a parte que a alega houver praticado ato que signifique manifesta aceitação do arguido.

Exceção de impedimento ou de suspeição é o incidente pelo qual as partes arguem a parcialidade do juiz, com vistas a afastar o julgador do processo (juiz, desembargador ou ministro). O procedimento encontra-se minutamente regulado nos arts. 146 e 147.

Também os membros do Ministério Público – leia-se: Promotores de Justiça e Procuradores de Justiça e da República –, o escrivão, o perito e o intérprete, enfim, qualquer sujeito imparcial do processo pode ser afastado em razão de impedimento ou suspeição. O procedimento adotado para tais casos é um pouco diferente, porquanto não se suspende o processo, e o incidente é julgado pelo juiz da causa ou pelo relator, caso o processo encontre-se no tribunal (art. 148).

As causas de impedimento são objetivas e estão previstas em lista exaustiva no art. 144. Por exemplo, não deixa margem a qualquer subjetividade o fato de uma das partes do processo ser cliente de escritório de advocacia do qual faça parte a esposa do julgador, ainda que a causa seja patrocinada por advogado de outro escritório (art. 144, VIII). Impedimento gera presunção absoluta de parcialidade, não é por outra razão que nulifica qualquer decisão proferida pelo magistrado impedido.

Vale ressaltar que por se tratar de uma regra que afasta o princípio do juízo natural – se verificado o impedimento, o juiz para o qual foi distribuído o processo não poderá atuar – o próprio Código alerta que **não será admitida a criação de fato superveniente a fim de caracterizar impedimento do juiz** (art. 144, § 2º). Por exemplo: o art. 144, III, elenca como uma das hipóteses de impedimento o parentesco do advogado com o tio do julgador (parentesco até o terceiro grau). Imagine que para criar uma situação de impedimento o advogado parente somente se habilita na fase de saneamento. Até então não havia nenhuma situação que sustentasse uma eventual imparcialidade do julgador. Nesse exemplo, mesmo sendo uma situação objetiva e que caracterizaria, em tese, uma nulidade absoluta, como o impedimento ocorreu por um fato superveniente criado pelo próprio advogado, não há razões para anular o processo.[25]

Suspeição, por outro lado, **envolve uma carga subjetiva**. Ser amigo íntimo ou inimigo de qualquer das partes ou de seus advogados (art. 145, I) depende da perspectiva. Posso enxergar uma íntima amizade entre você e o juiz da comarca, mas este pode achar que tem condições de julgar uma demanda que o envolva com isenção e serenidade. Aqui, a relação é apenas exemplificativa, cabe ao julgador verificar se, no caso concreto, terá condições de manter a imparcialidade. Se entender que não pode, inclusive por motivo de foro íntimo, isto é, sem

---

[25] Em caso semelhante: "É vedada a habilitação posterior de advogado apto a ensejar a configuração da hipótese de impedimento do juiz prevista no art. 144, III, do CPC, sendo justificável o afastamento do procurador e não o do magistrado condutor do feito, haja vista que é medida condizente com a preservação do princípio do juiz natural e voltada à desestimular a criação de causa superveniente de impedimento do magistrado para a satisfação de eventuais interesses da parte na condução do proceso" (TJ-MG, AI: 55419726720208130000, Rel. Des. Rui de Almeida Magalhães, j. 22.03.2023, 11ª Câmara Cível, *DJe* 23.03.2023).

qualquer declinação das razões, deve declarar-se suspeito. É claro que o juiz pode entender que não é suspeito e a parte que não. Nesse caso, haverá a interposição do incidente de suspeição. A última palavra será do tribunal, diante das circunstâncias. Mais uma vez, o apadrinhamento de casamento. Se o julgador foi padrinho de casamento da parte, no processo não poderá atuar. Em caso tal, tribunal algum do mundo admitirá a imparcialidade do julgador.

Nos casos do art. 145, mesmo sendo reconhecida e declarada a suspeição, os atos já praticados pelo julgador suspeito não serão anulados se a suspeição se der por motivo superveniente. Nesse caso, prevalece na jurisprudência de que a declaração de suspeição não tem efeitos retroativos, não importando em nulidade dos atos processuais praticados em momento anterior ao fato ensejador da suspeição.[26]

Presentes as hipóteses de impedimento ou suspeição, a qualquer momento, tem o julgador o dever de se declarar impedido ou suspeito. Entretanto, se o juiz não se declarar parcial, cabe à parte interpor a respectiva exceção. Para tanto, a parte (autor, réu, denunciado, chamado, assistente litisconsorcial, o sócio sobre o qual se pretende recaia a responsabilidade no caso de desconsideração da personalidade jurídica), **no prazo de 15 dias**, a contar do conhecimento do fato, alegará o impedimento ou a suspeição, em petição específica dirigida ao juiz do processo, na qual indicará o fundamento da recusa, podendo instruí-la com documentos em que se fundar a alegação e com rol de testemunhas (art. 146).

Conquanto a exceção seja dirigida contra o juiz, a petição, fundamentada e instruída com documento e rol de testemunhas, a ele próprio é endereçada. O juiz, então, **pode adotar uma das seguintes atitudes:**

a) reconhece o impedimento ou a suspeição e então ordena a remessa dos autos ao seu substituto legal; nem haverá autuação da petição, que será juntada aos próprios autos, seguida do despacho do juiz, aceitando a alegação de parcialidade;

b) não reconhece como justificadores de seu afastamento do processo os fatos alegados pelo excipiente (a parte que argui a exceção é chamada de excipiente; o juiz contra o qual se argui a parcialidade é o excepto) e então manda registrar e autuar (isso quando o processo não for eletrônico) a petição em apartado (formação do caderno processual do incidente) e, no prazo de 15 dias, dará as suas razões, instruindo-as com documentos e rol de testemunhas, se houver, ordenando a remessa dos autos (do incidente) ao tribunal (art. 146, § 1º).

As consequências da suspeição e do impedimento são distintas. As causas de suspeição têm conotação subjetiva e geram presunção relativa de parcialidade do juiz. Caso não sejam arguidas pelas partes, dentro de 15 dias do conhecimento do fato, não poderão mais o ser, operando-se a preclusão e convalidando-se a atuação do juiz, cujas decisões de mérito não serão passíveis de ação rescisória, ao menos não sob o fundamento da imparcialidade.

Em se tratando de impedimento, a rigor, a parte pode arguir a qualquer tempo – inclusive constitui causa de rescindibilidade –, não obstante o Código estabelecer o prazo de 15 dias a contar do conhecimento do fato. Trata-se de matéria de ordem pública, não sujeita a preclusão.

Se qualquer das partes se insurge contra a suposta parcialidade do juiz, este nada mais poderá julgar, muito menos o incidente. Haverá suspensão do processo. Apenas não há óbice à realização da audiência conciliatória, uma vez que esta não é conduzida pelo juiz, mas sim pelo conciliador ou mediador.

---

[26] Nesse sentido: STJ, 1ª Seção, PET no REsp 1339313/RJ, Rel. Min. Sérgio Kukina, Rel. para acórdão Min. Assusete Magalhães, j. 13.04.2016.

Importante salientar que, assim que a parte opõe a exceção, o processo é suspenso. Essa suspensão pode perdurar durante o trâmite do incidente ou não, dependendo dos efeitos em que este é recebido pelo relator (no tribunal). Se foi recebido no efeito suspensivo, o processo evidentemente fica suspenso até a definição da alegada parcialidade, voltando a correr sob a direção do juiz originário, se improcedente a exceção, ou de seu substituto legal, no caso de procedência.

Arguida a exceção, **os prazos ficam suspensos**, até a decisão do efeito em que o incidente é recebido ou até a resolução da questão relativa à (im)parcialidade. Em razão disso, se a exceção é arguida pelo réu, em razão de fato preexistente à citação, o prazo para a defesa (incluindo apresentação de embargos no processo executivo) fica suspenso. Assim, se o prazo para contestar é de 15 dias a contar da citação (suponhamos que não haverá realização de audiência conciliatória ou se trata de outro procedimento onde esta não é prevista) e, no décimo quarto dia, o réu opõe exceção de impedimento ou suspeição, quando for intimado da decisão que não concedeu efeito suspensivo ao incidente ou o resolveu, o réu ainda terá um dia para apresentar o restante da resposta, isto é, a contestação e eventual reconvenção.

Reconhecido o impedimento ou a suspeição, o Tribunal fixará o momento a partir do qual o juiz não poderia ter atuado, decretando a nulidade dos atos processuais praticados quando já presente o impedimento ou a suspeição.

Parte na exceção é quem a argui (excipiente) e o juiz excepto. Somente essas. Não há intervenção da parte adversa ao excipiente. Tratando-se de manifesto impedimento ou suspeição, como é o caso do apadrinhamento, ao julgar o incidente, o tribunal condenará o juiz excepto nas custas do processo e determinará a remessa dos autos ao seu substituto legal.

Tanto o juiz excepto quanto a parte que arguiu o impedimento ou suspeição têm legitimidade para recorrer. O recurso será o agravo interno de eventual decisão monocrática do relator; recurso especial, se a decisão foi do tribunal de segundo grau.

JURISPRUDÊNCIA TEMÁTICA

A falha procedimental consistente na publicação de resultado de julgamento que havia sido adiado não gera suspeição do relator

"Cinge-se a controvérsia a definir se a publicação antecipada de resultado do julgamento que havia sido adiado enseja a suspeição do órgão julgador. Com efeito, a exceção de suspeição somente é admitida nas hipóteses taxativamente previstas, conforme estabelecido no art. 145 do CPC/2015. No caso, a excipiente não indicou nenhuma situação fática que, ao menos, se aproximasse das hipóteses legais de suspeição. Suas alegações demonstram tão somente a ocorrência de falha procedimental, que, acaso confirmada, renderia ensejo à cassação do acórdão proferido de forma viciada. Contudo, esse fim não pode ser alcançado por meio deste incidente processual. Em verdade, pretende a excipiente utilizar-se da via da exceção de suspeição como sucedâneo recursal, o que é manifestamente inviável ante a total ausência de respaldo legal. Por fim, é relevante ressaltar que as hipóteses taxativas de cabimento da exceção devem ser interpretadas de forma restritiva, sob pena de comprometer a independência funcional assegurada ao magistrado no desempenho de suas funções" (STJ, AgInt na ExSus 198-PE, Rel. Min Marco Aurélio Bellizze, 2ª Seção, j. 17.03.2020, DJe 20.03.2020, *Informativo 668*).

Preexistência de ação penal envolvendo o julgador gera impedimento, ainda que ele não seja tecnicamente o autor da ação, por se tratar de demanda de natureza pública incondicionada

"A preexistência de ações penais envolvendo, de um lado, o juiz, e de outro lado, a parte ou o seu advogado, é causa típica de impedimento (art. 144, IX, do CPC/2015) que obsta a eventual decretação de prisão civil por dívida de alimentos, ainda que presentes os requisitos para adoção da medida coativa extrema" (STJ, 3ª Turma. HC 762.105/SP, Rel. Min. Nancy Andrighi, j. 25.10.2022).

4.4.2 Contestação

Contestação é outra modalidade de resposta do réu; é a principal resposta, porquanto, por meio dela, este sujeito passivo (e também o denunciado e o chamado ao processo) tenta se desvencilhar do processo ou da relação jurídica de direito material deduzida para embasar o pedido.

Na exceção de impedimento ou suspeição suscitada pelo réu, este apenas se defende, visando a exclusão da direção do processo, do juiz parcial. Esse incidente provoca apenas a dilação do processo, em nada interferindo na resolução da lide em si.

Na reconvenção, uma verdadeira ação, aproveitando a relação processual já instaurada, o réu se transmuda em autor e exerce pretensão de direito material que se relaciona com a pretensão ou com a própria defesa. Sobre a exceção, já discorri no tópico anterior. Sobre a reconvenção, falarei no tópico seguinte. Volto, pois, à contestação.

Contestação é a modalidade de resposta por meio da qual o réu impugna o pedido do autor ou apenas tenta desvincular-se do processo instaurado por ele (art. 335).

Com vistas a obter uma declaração de improcedência do pedido formulado na inicial, o réu impugna os fatos e fundamentos jurídicos que lastreiam a pretensão do autor. Contudo, a par da relação jurídica de direito material que deu azo à instauração do processo, com a citação, surge outra relação jurídica a vincular autor, juiz e réu: a relação processual. É desta relação processual que, em certos casos, pretende o réu se desvincular por meio de defesa processual exercida na contestação.

Apresentados os conceitos e as distinções entre as diversas modalidades de resposta, volto ao procedimento. Se houver audiência conciliatória, o réu já estará previamente citado (art. 334) para responder, sendo, portanto, desnecessário novo ato processual para chamá-lo ao processo. Não sendo o caso de realização de audiência conciliatória e não tendo sido a petição inicial indeferida (art. 331) ou o pedido julgado liminarmente improcedente (art. 332), o juiz deverá determinar a citação do réu para responder às alegações do autor. Citado, o réu poderá permanecer silente ou contestar a ação.

Se não apresentar defesa, o réu sofrerá os efeitos da revelia, ou seja, os fatos alegados pelo autor serão reputados verdadeiros e o processo será julgado antecipadamente (art. 355, II). Evidencie-se que a lei não compele o réu a defender-se, mas apenas estabelece consequências para a sua inércia. De todo modo, mesmo sem responder à ação, o réu revel poderá intervir posteriormente no processo, sendo que o receberá no estado em que este se encontrar (art. 346, parágrafo único).

Havendo opção do réu pela resposta-contestação, deverá essa ser apresentada, em petição escrita, no prazo de 15 dias, contado na forma do art. 335, I a III, ou seja, da audiência conciliatória, do protocolo do pedido de cancelamento desta audiência, da data da juntada aos autos do aviso de recebimento e em outros momentos previstos nos incisos do art. 231. À petição na qual o réu apresenta resposta às alegações apresentadas pelo autor, dá-se o nome de contestação, cujas especificidades falarei a seguir.

Na contestação, o réu pode apenas defender-se da relação que o vincula ao processo, ou da pretensão do autor. Em outras palavras, a defesa pode ser **processual** ou de **mérito**. Evidentemente, se a defesa de mérito for acolhida, acarretará também a extinção do processo.

Quando o réu pretende apenas livrar-se do jugo da relação processual estabelecida no processo em curso ou adiar o desfecho da demanda, apresenta defesa processual, que é sempre indireta, porquanto não ataca o mérito, e pode ser dilatória ou peremptória.

Entende-se por **defesa dilatória** a que não atinge a relação processual, mas apenas prorroga o seu término. A inexistência ou nulidade de citação, a incompetência absoluta e relativa, a incorreção do valor da causa, a conexão, a falta de caução ou de outra prestação que a lei exigir como preliminar e a indevida concessão do benefício da gratuidade judiciária (art. 337, I, II, III, VIII, XI e XII) são matérias que, quando alegadas pelo réu, apenas paralisam temporariamente o desfecho do processo.

Com relação à incompetência relativa, é preciso lembrar que sua alegação era realizada por meio de exceção na sistemática processual de 1973. Com o CPC atual, tanto a incompetência absoluta quanto a relativa devem ser alegadas pelo réu como questão preliminar da contestação (art. 64).

No que toca às preliminares de contestação, o réu deve alegar, antes de discutir o mérito, quaisquer das matérias previstas nos incisos do art. 337 (incompetência relativa e absoluta, inépcia da inicial, perempção etc.).

Quando tais preliminares versarem matérias de ordem pública, como, por exemplo, pressupostos processuais, podem ser conhecidas pelo juiz de ofício, na fase de cognição preliminar ou em qualquer outra fase do processo. Ora, se o juiz pode delas conhecer de ofício, com muito mais razão o fará quando o réu as alegar.

Peremptória é a defesa que, se acolhida, extingue imediatamente a relação processual. É o que ocorre quando se reconhece a perempção, a litispendência, a coisa julgada e a ausência de legitimidade ou de interesse processual (art. 337, V, VI, VII).

Com relação à inépcia (art. 337, IV) entendemos que, ainda que o juiz não tenha percebido qualquer irregularidade na petição inicial, mas o réu tenha alegado a presença de um dos motivos previstos nos incisos do art. 330, § 1º, será possível a correção por meio de aditamento. Para tanto, deve o juiz aplicar a regra do art. 329, II.

Se não for possível suprir as irregularidades, o reconhecimento da inépcia da petição inicial, quando alegada pelo réu em sua contestação, terá natureza peremptória, dando ensejo à extinção da relação processual.

No que concerne à incapacidade da parte, defeito de representação ou falta de autorização (art. 337, IX), se não for possível o saneamento do vício, conforme possibilita o art. 76, a relação processual também restará prejudicada.

Todas as matérias elencadas no art. 337 podem ser conhecidas de ofício pelo juiz, excetuando-se a incompetência relativa e a existência de convenção de arbitragem, que necessariamente devem ser alegadas pela parte (art. 337, § 5º), sob pena de preclusão.

A **defesa de mérito** dirige-se contra a pretensão do autor. Destina-se a obter sentença que componha a lide, porém julgando improcedente o pedido formulado na inicial. Também a defesa de mérito pode ser direta ou indireta. Será direta quando o réu negar o fato constitutivo do direito do autor, ou reconhecer o fato, mas negar as consequências a ele atribuídas. Exemplo: o autor pede a rescisão do contrato e perdas e danos, ao fundamento de que o réu está inadimplente; o réu, por sua vez, nega a existência do contrato, ou a reconhece, mas contesta o inadimplemento. Será indireta quando o réu, sem negar o fato constitutivo do direito do autor, invocar outro, impeditivo (incapacidade do contratante, *v.g.*), modificativo (novação e caso fortuito, *v.g.*) ou extintivo (prescrição, pagamento ou remissão, *v.g.*).

A contestação se subordina ao chamado **princípio da eventualidade ou da concentração**, segundo o qual toda a matéria defensiva deve ser exposta no momento oportuno (art. 336), ainda que haja contradição entre uma e outra defesa. Vejamos um exemplo de defesa: não devo porque não há contrato; se há contrato, é nulo; se há contrato e não estiver nulo, já paguei a dívida; se a dívida não está paga, ocorreu a prescrição; se não ocorreu a prescrição, fui perdoado.[27]

Dado o princípio da ampla defesa, a doutrina admite a defesa de teses contraditórias. Ou seja, não obstante a contradição entre as teses, faculta-se ao réu a apresentação de todas elas, em nome da ampla defesa e valendo-se do princípio da eventualidade. No entanto, creio que tais princípios não autorizam o réu a dizer "qualquer coisa", obrigando o juiz a responder cada uma das suas teses. Deve haver um mínimo de verossimilhança no que diz. A amplitude de defesa não se compraz com alegações temerárias, que devem ser limitadas pelo princípio da boa-fé e, por que não, da cooperação (com uma atividade jurisdicional célere e responsável)? A prática consistente em apresentação de defesas contraditórias e absurdas, sem qualquer respaldo no conteúdo probatório dos autos, deve ser sancionada com a pena de litigância de má-fé, ou seja, multa de até 20% sobre o valor da causa (art. 77, § 2º).

Para evitar os efeitos da revelia, não basta defender-se, é indispensável que impugne o réu todos os fatos narrados na petição inicial, sob pena de presumir verdadeiro o fato não impugnado. É o ônus da defesa especificada, inserto no art. 341, que apenas não se aplica ao advogado dativo e ao curador especial.

Em determinadas hipóteses, a falta de impugnação dos fatos não produz os efeitos da revelia. São as elencadas nos incisos I a III do art. 341:

- **se não for admissível a confissão dos fatos**: é o que ocorre com os direitos indisponíveis, como o estado e a capacidade da pessoa. Exemplo: no pedido de interdição, é irrelevante o silêncio ou a confissão do interditando; a incapacidade deve ser demonstrada por perícia;
- **se a petição inicial não estiver acompanhada do instrumento público que a lei considerar da substância do ato**: é o caso da escritura pública para provar domínio de bem imóvel (cf. arts. 406 do CPC, 215 do CC e 172 da Lei de Registros Públicos). Exemplo: na ação reivindicatória de bem imóvel, se o autor não juntar o título aquisitivo da propriedade, matriculado no registro imobiliário, a ausência de contestação do réu acerca do suposto domínio não faz presumir verdadeiro esse fato;
- **se os fatos alegados na inicial estiverem em contradição com a defesa, considerada em seu conjunto**. Exemplo: na ação de reparação de danos, se o réu afirma que não praticou o fato causador do dano, todos os demais fatos estão implicitamente impugnados.

Na contestação, repito, deve ser alegada toda a matéria de defesa: em primeiro lugar a matéria processual listada no art. 337, as chamadas "preliminares" (porque antecede a defesa de mérito) e depois a defesa de mérito.

Em face da preclusão, da mesma forma como o autor não pode, a partir da citação, modificar o pedido ou a causa de pedir (art. 329, I), o réu, apresentada a contestação, não mais poderá alterá-la ou aditá-la, ainda que no prazo.

Apenas em casos excepcionais é permitido aduzir novas alegações após a contestação. A rigor, superadas as fases processuais adequadas (petição inicial e contestação), o réu só poderá

---

[27] SANTOS, Ernane Fidelis dos. *Novos perfis do processo civil brasileiro*. Belo Horizonte: Del Rey, 1996. p. 336. Na jurisprudência: "Em observância ao princípio da eventualidade ou da concentração, cabe ao réu alegar em sua contestação toda a matéria de defesa de que dispõe, sob pena de ocorrer preclusão do direito de invocá-las em fases posteriores do processo, salvo as matérias de ordem pública ou, ainda, aquelas previstas no art. 303 do Código de Processo Civil" (TJ-MG – AC: 10024133467670001/MG, Rel. Evandro Lopes da Costa Teixeira, j. 08.09.2016, 17ª Câmara Cível, *DJe* 20.09.2016).

deduzir novas alegações quando relativas a direito ou a fato superveniente; quando competir ao juiz conhecer das alegações de ofício; ou quando, por expressa autorização legal, as alegações puderem ser formuladas em qualquer tempo e grau de jurisdição.

O direito superveniente pode ser objetivo ou subjetivo, ou seja, tanto pode ter relação com uma norma surgida posteriormente quanto com um fato ocorrido após a apresentação da contestação. Em ambos os casos, o juiz deverá permitir as novas alegações, desde que não haja alteração na causa de pedir.

O disposto no inciso I do art. 342 é complementado pelo art. 493, que prevê a necessidade de o juiz tomar em consideração para o julgamento do mérito os fatos constitutivos, modificativos ou extintivos do direito do autor e do réu que tenham sido apresentados ao longo do trâmite processual.

Quanto às matérias que devem ser conhecidas de ofício, podemos citar as preliminares dispostas no art. 337, ressalvando, é claro, a incompetência relativa e a convenção de arbitragem. Também podem ser reconhecidas pelo juiz sem a necessidade de alegação por qualquer das partes a decadência e a prescrição.

Por fim, quanto ao inciso III do art. 341, esclarecemos existirem matérias que, apesar de ao juiz não ser possível conhecer de ofício, podem ser alegadas pela parte a qualquer tempo. É o que ocorre com a decadência convencional (art. 211 do CC).

4.4.2.1 Convenção de arbitragem

Entre outras, a convenção de arbitragem configura uma defesa (peremptória para o processo jurisdicional, mas dilatória para o conflito de interesses). Visa o réu, com essa arguição, subtrair a demanda da apreciação do Judiciário, em razão de cláusula arbitral ou compromissória ou compromisso arbitral. Trata-se de defesa a ser arguida como preliminar da contestação, o que significa que, antes de discutir o mérito propriamente dito, se for o caso, deve o réu invocar a convenção de arbitragem. Segundo a dicção do art. 337, incumbe ao réu, antes de discutir o mérito, alegar: i) inexistência ou nulidade da citação; ii) incompetência absoluta e relativa; iii) incorreção do valor da causa; iv) inépcia da petição inicial; v) perempção; vi) litispendência; vii) coisa julgada; viii) conexão; ix) incapacidade da parte, defeito de representação ou falta de autorização; x) convenção de arbitragem; xi) ausência de legitimidade ou de interesse processual; xii) falta de caução ou de outra prestação que a lei exige como preliminar; xiii) indevida concessão do benefício de gratuidade de justiça. Ao longo deste curso tratamos e trataremos das outras possíveis alegações. Neste tópico, julgo oportuno discorrer sobre a convenção de arbitragem.

A jurisdição tem caráter substitutivo, porquanto podem as partes se valer de métodos extrajudiciais para a composição de seus litígios. Os métodos extrajudiciais podem ser autocompositivos ou heterocompositivos. Como exemplos de meios de autocomposição dos conflitos, podemos citar a transação e a conciliação, que podem ser obtidas com ou sem auxílio de mediador.

O processo jurisdicional e a arbitragem figuram como meios de heterocomposição, pois as partes se submetem a uma decisão imposta por terceiro. No processo jurisdicional, o juiz é um agente público; já na arbitragem, o juiz é um particular ou uma instituição especializada (Câmara de Arbitragem, por exemplo), de confiança dos contendores.

Com a arbitragem ou instituição do juízo arbitral, as partes se recusam a submeter o litígio, para acertamento do direito controvertido, ao Poder Judiciário, utilizando-se da jurisdição estatal apenas para a execução do julgado, afora as hipóteses de resistência à instituição da arbitragem e nulidade da sentença arbitral, quando então a atuação do poder jurisdicional do Estado se faz indispensável.

No regime da Lei nº 9.307, de 23.09.1996, a decisão das partes de buscar a solução do litígio pelo juízo arbitral ocorre por meio da convenção de arbitragem, que compreende a "cláusula arbitral ou compromissória" e o "compromisso arbitral".

A cláusula arbitral ou compromissória é "a convenção através da qual as partes em um contrato comprometem-se a submeter à arbitragem os litígios que possam vir a surgir, relativamente a tal contrato" (art. 4º).[28] Tal cláusula deve ser estipulada por escrito, no corpo do próprio contrato principal ou fora dele, sendo que nos contratos de adesão a cláusula só terá validade se a iniciativa de instituir a arbitragem couber ao aderente ou se este concordar expressamente com a sua instituição, "desde que por escrito em documento anexo ou em negrito, com a assinatura ou visto especialmente para essa cláusula" (art. 4º, § 2º).

O compromisso arbitral está definido no art. 9º como a convenção por meio da qual as partes submetem um litígio à arbitragem de uma ou mais pessoas.

Vê-se que a cláusula arbitral ou compromissória antecede a demanda, ou seja, refere-se a um possível litígio futuro na execução de um contrato, ao passo que o compromisso arbitral é posterior ao surgimento do conflito, ainda que celebrado antes de a demanda ser submetida ao Judiciário. Se o contrato se exaurir sem o surgimento de litígio, a cláusula arbitral não terá incidência; havendo conflito, será este submetido ao órgão arbitral (pessoa física ou instituição de arbitragem), na forma estabelecida na referida cláusula ou no compromisso que vier a ser firmado, e não ao Judiciário. Se houver resistência quanto à instituição da arbitragem ou mesmo quanto à assinatura do compromisso, será o Judiciário chamado a intervir, não para compor o litígio originário, mas, sim, o relativo à instauração da arbitragem (art. 7º).

De acordo com a legislação vigente, a exigência ou não de compromisso para a instauração do juízo arbitral vai depender da forma como foi redigida a cláusula compromissória. Se esta dispôs, antecipadamente, sobre todos os aspectos do juízo arbitral, como, por exemplo, o objeto da demanda e a nomeação dos árbitros, o compromisso é dispensável.[29] Caso contrário, de duas uma: ou as partes celebram o compromisso, no qual disporão sobre o desenvolvimento do juízo arbitral, ou submetem a questão (relativa à instituição da arbitragem) ao órgão jurisdicional, e este, então, proferirá sentença que, se procedente, valerá como compromisso arbitral (art. 7º, § 7º).

A cláusula compromissória será sempre extrajudicial, porquanto celebrada anteriormente ao surgimento do litígio. A sua inserção como acessório do contrato principal por si só afastará eventual demanda da apreciação do Judiciário.

Quanto ao compromisso, pode ser celebrado antes ou no curso da demanda. Celebrado antes da demanda, à evidência, será extrajudicial e, tal como a cláusula compromissória, afastará o Judiciário do litígio.

4.4.2.2 Alegação de ilegitimidade do réu

Os arts. 338 e 339 trazem hipóteses de defesas peremptórias quanto à relação processual previamente estabelecida pelo autor. Isso porque, conforme veremos a seguir, apesar de as matérias constantes em ambos os dispositivos não levarem, ao menos inicialmente, à extinção do processo, elas têm o condão de alterar um dos polos da relação processual. Vejamos:

---

[28] Os artigos citados neste item, sem indicação da lei ou do Código, referem-se à Lei de Arbitragem (Lei nº 9.307/1996).

[29] Cabe evidenciar que dificilmente será possível prever o objeto, a extensão e outros aspectos de litígio ainda não deflagrados.

Art. 338. Alegando o réu, na contestação, ser parte ilegítima ou não ser o responsável pelo prejuízo invocado, o juiz facultará ao autor, em 15 (quinze) dias, a alteração da petição inicial para substituição do réu.

Parágrafo único. Realizada a substituição, o autor reembolsará as despesas e pagará os honorários ao procurador do réu excluído, que serão fixados entre três e cinco por cento do valor da causa ou, sendo este irrisório, nos termos do art. 85, § 8º.

Art. 339. Quando alegar sua ilegitimidade, incumbe ao réu indicar o sujeito passivo da relação jurídica discutida sempre que tiver conhecimento, sob pena de arcar com as despesas processuais e de indenizar o autor pelos prejuízos decorrentes da falta de indicação.

§ 1º O autor, ao aceitar a indicação, procederá, no prazo de 15 (quinze) dias, à alteração da petição inicial para a substituição do réu, observando-se, ainda, o parágrafo único do art. 338.

§ 2º No prazo de 15 (quinze) dias, o autor pode optar por alterar a petição inicial para incluir, como litisconsorte passivo, o sujeito indicado pelo réu.

Os arts. 338 e 339 trazem regras semelhantes à antiga intervenção de terceiro, denominada de **nomeação à autoria**.[30] Por meio dela o mero detentor da coisa e o cumpridor de ordens, quando demandados, indicam o real proprietário ou o possuidor da coisa demandada, ou o terceiro cumpridor das ordens, como sujeito passivo da relação processual. Esse procedimento evita que a parte demandada erroneamente sofra os efeitos de uma demanda com a qual não tem qualquer relação.

O CPC/2015 não trata da nomeação como uma espécie de intervenção de terceiro, mas ainda possibilita que o réu indique o sujeito passivo da relação discutida em juízo, e que o autor, caso aceite a indicação, altere a petição inicial para substituir o réu ou incluir, como litisconsorte passivo, a pessoa indicada.

Diferentemente do que estava previsto no CPC/1973, a nova legislação também possibilita ao autor, após tomar conhecimento das alegações formalizadas na contestação, alterar a petição inicial para substituir o réu. Em todo caso (art. 338 ou 339), por aplicação do **princípio da causalidade**, caberá ao autor reembolsar as despesas e pagar os honorários ao procurador do réu excluído.

A grande novidade promovida pelo CPC/2015 se refere à **desnecessidade de aceitação por parte do nomeado**. É que, de acordo com o texto de 1973, somente se houvesse aceitação do nomeado o processo poderia prosseguir em seu desfavor. Na prática, o instituto tinha pouca utilidade, afinal, era difícil imaginar que alguém tivesse vontade de ser réu. O CPC/2015 corrige esse deslize e possibilita a alteração do polo passivo mediante aceitação por parte do autor.

Nas hipóteses de alteração da legitimidade por aplicação desses dispositivos é importante anotar que os honorários não serão fixados na forma geral prevista no § 2º do art. 85 do CPC/2015. Assim, havendo exclusão de litisconsorte e, consequentemente, decisão parcial de mérito, o magistrado não está obrigado a fixar honorários sucumbenciais mínimos de 10% do valor da causa. Isso porque, conforme entendimento do STJ, o art. 85, § 2º, do CPC, ao fixar honorários advocatícios mínimos de 10% sobre o valor da causa, tem em vista as decisões judiciais que apreciam a causa por completo. Assim, nas hipóteses de julgamento parcial,

---

[30] CPC/1973, "Art. 62. Aquele que detiver a coisa em nome alheio, sendo-lhe demandada em nome próprio, deverá nomear à autoria o proprietário ou o possuidor. Art. 63. Aplica-se também o disposto no artigo antecedente à ação de indenização, intentada pelo proprietário ou pelo titular de um direito sobre a coisa, toda vez que o responsável pelos prejuízos alegar que praticou o ato por ordem, ou em cumprimento de instruções de terceiro".

como ocorre na decisão que exclui um dos litisconsortes passivos sem por fim à demanda, os honorários devem observar proporcionalmente a matéria efetivamente apreciada (STJ, REsp 1760538/RS, Rel. Min. Moura Ribeiro, 3ª Turma, j. 24.05.2022).

4.4.2.3 A contestação na qual se argui incompetência pode ser protocolada no foro de domicílio do réu

A sede adequada para alegar a incompetência relativa ou absoluta é a contestação. Não se alegando a incompetência relativa, a competência do juízo a quem foi distribuído o processo resta prorrogada, isto é, aquele juízo que não tinha competência passa a tê-la – fenômeno que se denomina prorrogação ou modificação da competência.

O juiz não pode conhecer de ofício a incompetência relativa (Súmula nº 33 do STJ e art. 337, § 5º). Com relação à incompetência absoluta, deve ser declarada até de ofício pelo juiz (art. 64, § 1º), o que não retira da parte a possibilidade de apontar o vício por meio de petição, sem qualquer rigorismo de forma, em qualquer tempo e grau de jurisdição.

Ao alegar a incompetência absoluta ou relativa, deve o réu fundamentar e instruir a contestação com as provas disponíveis (se for o caso).

Conforme disposto no art. 334, versando a causa sobre direitos que admitam autocomposição e não havendo manifestação prévia de desinteresse na autocomposição do litígio, o réu é citado para integrar a relação processual (art. 238) e praticar o primeiro ato do processo, que se refere à participação na audiência de conciliação ou mediação. Nesse caso, o prazo para contestar somente tem início a partir da última sessão de conciliação ou mediação (art. 335, I), e a apresentação da peça contestatória se dá no juízo onde tramita o feito.

Para facilitar a defesa do réu, evitando que ele e seu advogado tenham que se deslocar para foro a fim de participar da audiência de conciliação e mediação, e também para evitar a realização da referida audiência por juízo incompetente, o art. 340 prevê a faculdade de se protocolar a contestação no foro de domicílio do réu, antes dessa audiência, quando a defesa apresentar alegação de incompetência.

Protocolada a contestação no foro do domicílio do réu, esta será distribuída livremente ou ao juízo competente para o cumprimento da carta precatória, se o réu foi citado por esse meio (art. 340, § 1º)

Distribuída a contestação, esta será remetida ao juiz da causa, que é o competente para julgar essa questão incidental. Antes, porém, o juiz do domicílio do réu, a quem foi distribuída a contestação, comunicará o fato ao juiz da causa, comunicação essa que deve ocorrer preferencialmente por meio eletrônico (cooperação jurisdicional).

Recebida a comunicação, o juiz do feito suspenderá a realização da audiência de conciliação ou mediação, caso esta tenha sido designada (art. 340, § 3º).

Suspensa a realização da audiência, o juiz do feito vai decidir a questão incidental referente à incompetência. Se entender por sua competência (juiz originário do feito), dará seguimento ao processo, designando novamente a audiência de conciliação ou mediação (art. 340, § 4º). Em se julgando incompetente, remete os autos ao juízo a quem foi inicialmente distribuída a contestação (art. 340, § 2º), que igualmente dará seguimento ao feito, com a designação de audiência de conciliação ou mediação.

O dispositivo suscita uma série de questionamentos, abordados a seguir.

Nos processos eletrônicos ou virtuais, a regra em comento não tem aplicabilidade. A defesa, contenha ou não arguição de incompetência, será anexada aos respectivos autos (virtuais), onde quer que o réu esteja. Como o processo físico ou impresso está com os dias contados, a regra terá eficácia transitória.

Na dicção do *caput* do art. 340, tanto a incompetência relativa quanto a absoluta autorizam a apresentação da contestação ao juízo do domicílio do réu. A incompetência, em razão do fim visado pela norma, somente tem relevância se implicar deslocamento do processo para outra circunscrição territorial.

Ainda levando em conta a finalidade da norma (facilitar a defesa do réu), deve-se ponderar que somente no caso de o réu apontar como foro competente o do seu domicílio é que é possível a apresentação da contestação nesse foro.

No foro do domicílio do réu, a distribuição da contestação deve levar em conta a competência de juízo estabelecida na respectiva lei de organização judiciária, sob pena de infringência a critérios absolutos de competência. Exemplifico. Em algumas comarcas há varas com competência exclusiva para cumprimento de carta precatória. Nesse caso, embora o réu tenha sido citado por esse meio, não poderá o juízo da vara de precatórias ser reputado prevento para processar e julgar uma ação de cobrança. A contestação ou o processo na sua inteireza, se o juiz originário do feito declinar da competência, deverá ser levado à distribuição.

Somente a excessiva proteção do réu, no sentido de evitar que ele tenha de se deslocar para outra comarca, seção ou subseção judiciária, pode justificar a suspensão da audiência no caso de arguição de incompetência em contestação apresentada no foro de domicílio daquele. A regra é de eficiência duvidosa, ou melhor, de certeira ineficiência. O que se pode ganhar na eventualidade de se reconhecer a incompetência perde-se (e muito mais) em celeridade, uma vez que suspender uma audiência de conciliação/mediação para aguardar o desfecho da arguição de incompetência não tem a menor razoabilidade. A distância entre o foro onde foi proposta a ação (local onde o autor almejava participar da já referida audiência) e o foro onde apresentada a contestação (local onde o réu pretende participar da tal audiência) é idêntica à distância em sentido inverso. Ora, se assim é, do ponto de vista da economicidade, o tempo e o dinheiro do autor têm o mesmo valor do tempo e do dinheiro do réu. Deve-se ressaltar que eventual declaração de incompetência não terá o menor reflexo sobre a mencionada audiência (art. 64, § 4º). Aliás, em se realizando o acordo, a questão referente à incompetência, como todas as demais, restará prejudicada.

4.4.2.4 Contagem do prazo para a contestação

O termo *a quo* para apresentação da contestação pelo réu dependerá de alguns fatores, conforme veremos adiante.

Se for designada audiência de conciliação, o prazo para o réu se defender, caso não haja composição amigável ou qualquer das partes não compareça ao ato, começará a contar da data da realização da única ou da última sessão (art. 335, I). Aqui a dúvida que pode surgir é a seguinte: se a ausência de conciliação ocorrer em uma sexta-feira, o primeiro dia do prazo para contestar será a própria sexta-feira ou o próximo dia útil subsequente? Nos parece necessário excluir o termo inicial, por força do art. 224 do CPC. Nesse sentido é o Enunciado 122 da II Jornada de Direito Civil do CJF: "O prazo de contestação é contato a partir do primeiro dia útil seguinte à realização da audiência de conciliação ou mediação, ou da última sessão de conciliação ou mediação, na hipótese de incidência do art. 335, I, do CPC". Esse entendimento doutrinário vem sendo aplicado pela jurisprudência.[31]

---

[31] "Agravo de instrumento – Ação de reconhecimento e dissolução de união estável – Contestação – Art. 335, I e art. 224, *caput*, ambos do CPC – Enunciado nº 122 da II Jornada de Direito Processual Civil (CJF) – Tempestividade verificada – Recurso provido. Para fins de verificar o início da contagem do prazo processual para apresentação de contestação, na hipótese de realização de audiência de conciliação, deve-se proceder à leitura conjunta dos arts. 335, I e 224, *caput*, ambos do CPC. O

> **Exemplificando:**
> - Audiência de conciliação realizada em 06.03.2023 (segunda-feira). O prazo para contestar, de 15 dias úteis, terá início na terça-feira, dia 07.03.2023, findando em 27.03.2023 (segunda-feira). No caso desse inciso I é preciso lembrar que a ausência da parte ou de seu advogado à audiência não impede que eles saiam intimados quanto ao início do prazo de resposta. O CPC é claro: comparecendo ou não ao ato, o termo inicial será a data da própria audiência ou da última sessão. Alguns advogados, por cautela, começam a contar o prazo da própria audiência, embora o Enunciado 122 do CJF, anteriormente mencionado, indique ser o caso de considerar o dia útil subsequente. Em nosso exemplo, se a contagem ocorrer a partir da própria audiência, o prazo fatal será o dia 24.03.2023 (sexta-feira).

Por outro lado, se ambas as partes manifestarem desinteresse na composição consensual, o prazo de quinze dias começará a correr da data do protocolo do pedido de cancelamento da audiência feito pelo réu (art. 335, II). Nesse caso, o termo inicial independerá de qualquer intimação específica e, havendo litisconsórcio passivo, o prazo de cada um será autônomo, contado a partir do protocolo do respectivo pedido.[32] Vejamos:

Audiência de conciliação designada para o dia 06.03.2023 (segunda-feira). A parte autora manifestou desinteresse na autocomposição logo na petição inicial. O réu "A", por sua vez, protocolou a manifestação contrária à realização do ato no dia 02.02.2023 (quinta-feira). O réu "B" fez o mesmo em manifestação protocolizada em 08.02.2023 (quarta-feira). Para o réu "A", o prazo de 15 dias úteis começará em 03.02.2023 (sexta-feira), findando em 28.02.2022 (terça-feira). Para o corréu "B", o primeiro dos 15 dias úteis será o dia 09.02.2023 (quinta-feira) e o último o dia 06.03.2023. Nesses dois casos estamos considerando apenas os dias úteis (dias 20, 21 e 22 são considerados dias não úteis em virtude do Carnaval) e o fato de que o processo tramita em autos eletrônicos. Não sendo eletrônicos os autos, o prazo para contestar seria contado em dobro, desde que os litisconsortes tivessem diferentes procuradores, de distintos escritórios de advocacia (art. 229).

Se o direito deduzido na inicial não admitir autocomposição, o prazo será contado a partir da citação, ou melhor, a partir de um dos marcos estabelecidos no art. 231. O que comumente ocorre é de o réu ser citado pelo correio ou por oficial de justiça. Nesses casos, o prazo para contestação terá início a contar da juntada aos autos do aviso de recebimento ou do mandado de citação. Se houver litisconsórcio passivo e o autor desistir da ação em relação a um dos réus ainda não citado, o prazo para a resposta só começará a correr da data em que os demais forem intimados da decisão que homologar a desistência (art. 335, § 2º).

Enunciado 122 da II Jornada de Direito Processual Civil (CJF) prevê que 'O prazo de contestação é contado a partir do primeiro dia útil seguinte à realização da audiência de conciliação ou mediação, ou da última sessão de conciliação ou mediação, na hipótese de incidência do art. 335, inc. I, do CPC'. Uma vez que o réu, ora agravante, apresentou a sua contestação no último dia do prazo, deve ser reconhecida a tempestividade da referida manifestação – Recurso provido" (TJ-MG, 8ª Cam. Cível Especializada, AI 10000220435648001/MG, Rel. Carlos Roberto de Faria, j. 09.06.2022, public. 28.06.2022).

32 Vale ressaltar: se o desinteresse for manifestado individualmente por cada litisconsorte, o prazo para contestar terá a contagem separadamente (cada litisconsorte com no seu prazo), a contar da data da apresentação do pedido de cancelamento de cada um dos litisconsortes (art. 335, § 1º).

4.4.3 Reconvenção

No CPC/1973, a reconvenção devia ser apresentada em peça autônoma. O CPC/2015 constitui um tópico da contestação. O que importa é a essência.[33] Mesmo antes da vigência do Código atual, a jurisprudência permitia que o réu reconviesse ao autor na própria peça defensiva. Embora apresentadas na mesma peça processual (o mesmo papel ou arquivo eletrônico), contestação e reconvenção são institutos completamente distintos. O próprio legislador de 2015 trata-as assim, tanto que reservou um capítulo para cada uma dessas peças. Quando, no art. 343, diz que "na contestação, é lícito ao réu propor reconvenção [...]" quer dizer na mesma peça processual. Nada impede, obviamente, que se faça em duas folhas distintas. A forma é irrelevante. É preciso atentar para a preclusão. Se contestar, não poderá reconvir em momento posterior. E, se reconvir, não poderá contestar depois de apresentada a reconvenção. A fase é da resposta, que engloba a contestação, a reconvenção e, se o motivo da suspeição for preexistente, a exceção. Embora o CPC/2015 não tenha feito menção à palavra "resposta" no art. 335 – que corresponde, com alterações ao art. 297 do CPC/1973 –, continua sendo o termo adequado para se referir às principais manifestações do réu em atendimento à citação. Citação é o ato pelo qual o réu é convocado para integrar a relação processual. Essa integração, contudo, tem uma finalidade precípua: oportunizar a defesa e, no procedimento comum, o exercício de pretensão; podendo excepcionalmente postular o afastamento do juiz tachado de parcial.

Citado, o réu, afora a contestação, pode formular pretensão contra o autor, desde que haja conexão com a ação principal ou com o fundamento da defesa (art. 343). A chamada "reconvenção" é a ação proposta pelo réu contra o autor no mesmo processo. Trata-se de uma faculdade. Se não for proposta a reconvenção, nenhum prejuízo acarretará para o réu, uma vez que este pode propor ação autônoma, a qual, em face da conexão, será julgada simultaneamente com a ação principal, tal como o pedido de reconvenção.

Como ensina Humberto Theodoro,

> "da reconvenção resulta um cúmulo de lides, representado pelo acréscimo do pedido do réu ao que inicialmente havia sido formulado pelo autor. Ambas as partes, em consequência, passam a atuar reciprocamente como autores e réus. O fundamento do instituto está no princípio de economia processual, com que se procura evitar a inútil abertura de múltiplos processos entre as mesmas partes, versando sobre questões conexas, que muito bem podem ser apreciadas e decididas a um só tempo".[34]

---

[33] Até mesmo a utilização de nomenclatura equivocada (como "pedido contraproposto", destinado, como veremos, ao procedimento dos Juizados Especiais) não inviabiliza a análise da reconvenção: "Recurso especial. Processual civil. Pedido reconvencional. Requisitos. Atendimento. *Nomem iuris*. Irrelevância. 1. Recurso especial interposto contra acórdão publicado na vigência do Código de Processo Civil de 2015 (Enunciados Administrativos nºs 2 e 3/STJ). 2. A partir das inovações trazidas pelo Código de Processo Civil de 2015, o oferecimento de reconvenção passou a ser feito na própria contestação, sem maiores formalidades, visando garantir a razoável duração do processo e a máxima economia processual. 3. A equivocada denominação do pedido reconvencional como pedido contraposto não impede o regular processamento da pretensão formulada pelo réu contra o autor, desde que ela esteja bem delimitada na contestação e que ao autor seja assegurado o pleno exercício do contraditório e da ampla defesa. 4. A existência de manifestação inequívoca do réu qualitativa ou quantitativamente maior que a simples improcedência da demanda principal é o quanto basta para se considerar proposta a reconvenção, independentemente do nomen iuris que se atribua à pretensão, nos termos do Enunciado nº 45 do Fórum Permanente dos Processualistas Civis. 5. Recurso especial provido" (REsp 1.940.016/PR, Rel. Min. Ricardo Villas Bôas Cueva, 3ª Turma, j. 22.06.2021, *DJe* 30.06.2021).

[34] THEODORO JÚNIOR, Humberto. *Curso de direito processual civil*. 48. ed. Rio de Janeiro: Forense, 2008. p. 417.

No CPC/1973 não se podia formar litisconsórcio ativo com terceiro para demandar ao autor na reconvenção. Do mesmo modo, não era possível que o réu demandasse pretensão em face do autor e de terceiro, formando uma espécie de litisconsórcio passivo na demanda reconvencional.

De acordo com o CPC/2015, o réu é legitimado a reconvir contra o autor e contra terceiro, como também pode atuar em litisconsórcio com pessoa juridicamente interessada na demanda. Na primeira hipótese, o réu, dotado de pretensão em face do autor e de terceiro, pode se valer da reconvenção, no mesmo processo, para contra-atacar o autor e o terceiro. Na segunda hipótese, o réu pode buscar um terceiro para se unir contra o autor. Ambas "cultivam a economia dos juízos, evitando a pluralidade de processos, de instruções, atos processuais em geral, procedimentos recursais, barateando a tutela jurisdicional".[35]

É preciso ressaltar que, como a reconvenção é autônoma e independente, a ampliação subjetiva do processo promovida pela reconvenção não modifica os polos da ação principal. Assim, eventuais questões debatidas na ação principal continuam restritas às partes que já integravam os polos ativo e passivo da demanda, de modo que "a reconvenção promovida em litisconsórcio com terceiro não acarreta a inclusão deste no polo passivo da ação principal" (STJ, REsp 2.046.666/SP, Rel. Min. Nancy Andrighi, 3ª Turma, j. 16.05.2023).

No sistema processual anterior, o réu também não podia, em seu próprio nome, reconvir ao autor quando este estivesse demandando em nome de outrem. Em outras palavras, estando no polo ativo um substituto processual, não podia o réu reconvir, invocando direito que teria contra o substituto, porquanto as partes, na reconvenção, tinham de figurar na mesma qualidade jurídica em que figuravam na ação originária. Diante da regra do § 5º do art. 343, estando o autor na qualidade de substituto processual, o réu (reconvinte) afirmará a existência de seu direito em face do substituído, mas proporá o pedido em face do autor, também na qualidade de substituto processual.

Não tem o réu interesse processual para reconvir quando a matéria puder ser alegada em contestação. Exemplo: o autor pede determinada prestação com base num contrato. Se o propósito do réu é apenas opor-se a essa pretensão do autor, a contestação basta. Todavia, se pretende exigir outra prestação com base no mesmo contrato, a reconvenção é indispensável.

A reconvenção deve ser conexa com o pedido ou causa de pedir da ação principal ou com o fundamento da defesa. Exemplos: o autor pede o cumprimento de determinada prestação com base num contrato, e o réu, em reconvenção, exige outra prestação com fundamento na mesma avença (conexão pela causa de pedir); o autor exige o cumprimento de uma obrigação contratual, e o réu, na contestação, alega nulidade do contrato e reconvém, pedindo perdas e danos decorrentes da nulidade (conexão com o fundamento da defesa).

O réu pode propor a reconvenção independentemente do oferecimento de contestação (art. 343, § 6º). Nesse caso, a reconvenção deverá preencher os mesmos requisitos da petição inicial, inclusive o valor da causa. No entanto, se a contestação também for oferecida, o pedido reconvencional passará a ocupar um capítulo dessa defesa, por meio do qual o réu demonstrará claramente a vontade de demandar contra o autor. De toda sorte, mesmo que proposta junto com a contestação, a reconvenção dependerá do pagamento das custas processuais, como se fosse uma petição inicial. Ausente o recolhimento das custas iniciais decorrentes da propositura da reconvenção, mesmo após a intimação da parte para fazê-lo, a consequência é sua extinção, sem resolução de mérito, com fundamento no art. 485, I.[36]

---

[35] DINAMARCO, Cândido Rangel. *Litisconsórcio*. 6. ed. São Paulo: Malheiros. p. 384.

[36] "Inadmissível o recolhimento extemporâneo das custas da reconvenção, uma vez que prazo para pagamento possui natureza peremptória. Precedentes do STJ" (TJ-MG – AC: 50064802420208130145, Rel. Des. Leonardo de Faria Beraldo, j. 13.12.2022, 9ª Câmara Cível, *DJe* 14.12.2022).

O reconvindo (autor) será intimado, na pessoa do advogado, para responder à reconvenção no prazo de quinze dias. Não se fala em citação, porquanto o autor já tem advogado nos autos.

Apresentada resposta, a reconvenção acompanhará os trâmites da ação principal, mas a eventual desistência desta ou a ocorrência de causa extintiva que impeça o exame de seu mérito não obsta ao prosseguimento do processo quanto à reconvenção (art. 343, § 2º).

Pode haver reconvenção da reconvenção? Por inexistir vedação legal, é possível que o autor, no prazo de resposta à reconvenção apresentada pelo réu, apresente também a sua reconvenção. A reconvenção à reconvenção só não é admitida na ação monitória, conforme vedação expressa do art. 702, § 6º, do CPC/2015.

A reconvenção é cabível no processo de conhecimento (procedimento comum), desde que satisfeitos os pressupostos de admissibilidade. Já nas ações em trâmite perante os Juizados Especiais Cíveis não há possibilidade de reconvenção, porquanto a lei prevê o pedido contraposto (art. 17, parágrafo único, c/c art. 31 da Lei nº 9.099/1995).

4.4.4 Sistema de preclusão das diversas modalidades de resposta

Ao conjunto dos principais atos processuais que o réu pode praticar, em atenção ao chamado para integrar a relação processual, dá-se o nome de resposta. Falamos em fase da resposta do réu para caracterizar o momento processual no qual ele pode praticar um dos atos previstos nos arts. 146 e nos arts. 335 a 342. Como já dito, o Código somente faz menção à contestação e, como um capítulo desta, à reconvenção. Contudo, quando se trata de fato caracterizador de suspeição ou impedimento preexistente à citação, a exceção respectiva, tal como as demais modalidades de resposta, deve ser oposta no prazo de 15 dias, contados na forma do art. 335, II e III. Observe-se que, se a causa de parcialidade ocorre antes da citação, não poderá o réu aguardar a audiência conciliatória para iniciar a contagem do prazo.

Quanto ao autor, em razão de fato preexistente ao ajuizamento da demanda, a suspeição deve ser arguida nos 15 dias seguintes à distribuição do feito. A não arguição significa que aceitou o juiz, não obstante sobre ele pesasse um fato caracterizador de parcialidade. Em outras palavras, a não arguição no prazo assinado torna preclusa a faculdade de recusa do juiz. Com relação ao impedimento, a despeito do prazo estabelecido no art. 146 e da faculdade para buscar o afastamento do juiz nesse prazo, pode o vício ser alegado a qualquer tempo, não havendo que se falar em preclusão.

O réu, por sua vez, com base em fato ocorrido antes da citação, igualmente dispõe do prazo de 15 dias para exercer a faculdade de afastar o julgador. Não arguido nesse prazo, ocorre a preclusão. Contudo, a preclusão pode ocorrer antes dos 15 dias, dependendo da conduta do réu.

Por exemplo, nos casos em que não há previsão de audiência conciliatória, se o réu apresenta a contestação antes no décimo dia, não poderá depois, nos cinco dias restantes, opor a exceção de suspeição. Pode, entretanto, o réu optar por apresentar a resposta concomitantemente, sendo a exceção em uma peça e a contestação, que pode englobar a reconvenção, em outra. Recebida a resposta, somente a exceção é processada. Com relação à contestação, o processo fica provisoriamente paralisado, e somente retoma o seu curso: a) perante o mesmo juiz, a1) se o tribunal receber o incidente sem efeito suspensivo, a2) se depois de processada, a exceção for julgada improcedente; b) perante outro juiz, b1) se o excepto reconhecer de plano a suspeição ou impedimento, b2) quando o tribunal julgar procedente a exceção.

O mais recomendável é a apresentação da contestação juntamente com a exceção. De qualquer forma, apresentada a exceção, os prazos para os atos processuais subsequentes ficam suspensos. O marco para a retomada da contagem dos prazos é a intimação: a) da remessa dos autos ao substituto legal; b) do recebimento do incidente sem efeito suspensivo; c) do julgamento da exceção, se esta foi recebida com efeito suspensivo. Se a exceção foi apresentada no décimo segundo dia, quando retomada a contagem do prazo, ainda restarão três dias para apresentação da contestação. A exceção pode ser apresentada antes da contestação. Entretanto, por fato que induza parcialidade, ocorrido antes da citação, a contestação não pode ser apresentada antes da exceção, sob pena de preclusão.

4.5 Revelia

Aos sujeitos da relação processual o CPC estabelece poderes, deveres, ônus e faculdades.

Ônus são incumbências impostas às partes e cujo descumprimento lhes resulta prejuízo processual. Nesse sentido, diz-se que o réu tem o ônus, entre outros, de apresentar resposta, de contestar, de alegar na contestação toda a matéria de defesa (art. 336) e de impugnar especificadamente os fatos narrados na petição inicial (art. 341). O descumprimento de cada um desses ônus implica distintas consequências processuais.

Revelia decorre da ausência de resposta. Diz-se revel o réu que não atendeu ao chamado constante da citação. O réu que não compareceu a juízo para fazer contestar, alegar a convenção de arbitragem ou apresentar, pelo menos, a reconvenção, é revel.

Parte da doutrina utiliza o termo **contumácia** para designar a inércia do **autor** que deixou de desincumbir-se do ônus da prática de um ato processual, como, por exemplo, de se manifestar sobre a alegação de pagamento suscitada na contestação. Para alguns doutrinadores, contumácia é termo genérico, que designa tanto a ausência de resposta do réu quanto a inércia do autor.

A revelia, ou seja, o não comparecimento do réu ao processo, para praticar uma das modalidades de resposta, de regra, acarreta duas consequências processuais: gera a presunção de veracidade dos fatos afirmados pelo autor (efeito material da revelia) e possibilita a divulgação dos atos decisórios apenas por meio do órgão oficial (art. 346). Tais efeitos também podem atingir a Administração Pública, sempre que estiver em litígio uma obrigação de direito privado. Em outras palavras, não se tratando de contrato genuinamente administrativo (regido pelo direito público), se a Administração Pública não contestar a ação, reputar-se-ão verdadeiros os fatos afirmados pelo autor. Nesse sentido: STJ, REsp 1.084.745/MG, Rel. Min. Luis Felipe Salomão, julgado em 06.11.2012. No mesmo sentido:

> "Direito civil, administrativo e processual civil. Recurso especial. Ação de cobrança ajuizada em face de município. Contrato de direito privado (locação de equipamentos com opção de compra). Ausência de contestação. Efeitos materiais da revelia. Possibilidade. Direitos indisponíveis. Inexistência. Prova da existência da obrigação. Documentação exibida pelo autor. Prova do pagamento. Não ocorrência. Ônus que cabia ao réu. Procedência do pedido. Conclusão a que se chega independentemente da revelia. 1. Os efeitos materiais da revelia não são afastados quando, regularmente citado, deixa o Município de contestar o pedido do autor, sempre que não estiver em litígio contrato genuinamente administrativo, mas sim uma obrigação de direito privado firmada pela Administração Pública. 2. Não fosse por isso, muito embora tanto a sentença quanto o acórdão tenham feito alusão à regra da revelia para a solução do litígio, o fato é que nem seria necessário o apelo ao art. 319 do Código de Processo Civil [atual art. 344 do CPC/2015]. No caso, o magistrado sentenciante entendeu que, mediante a documentação apresentada pelo autor, a relação contratual e os valores estavam provados e que, pela ausência de contestação, a inadimplência do réu também. 3. A contestação é ônus processual cujo descumprimento acarreta diversas consequências, das quais a revelia é apenas uma delas. Na verdade, a ausência de contestação, para além de desencadear os efeitos materiais da revelia, interdita a possibilidade de o réu manifestar-se sobre o que a ele cabia ordinariamente, como a prova dos fatos impeditivos, modificativos ou extintivos do direito do autor, salvo aqueles relativos a direito superveniente, ou a respeito dos quais possa o juiz conhecer de ofício, ou,

ainda, aqueles que, por expressa autorização legal, possam ser apresentados em qualquer tempo e Juízo. 4. Nessa linha de raciocínio, há nítida diferença entre os efeitos materiais da revelia – que incidem sobre fatos alegados pelo autor, cuja prova a ele mesmo competia – e a não alegação de fato cuja prova competia ao réu. Isso por uma razão singela: os efeitos materiais da revelia dispensam o autor da prova que lhe incumbia relativamente aos fatos constitutivos de seu direito, não dizendo respeito aos fatos modificativos, extintivos ou impeditivos do direito alegado, cujo ônus da prova pesa sobre o réu. Assim, no que concerne aos fatos cuja alegação era incumbência do réu, a ausência de contestação não conduz exatamente à revelia, mas à preclusão quanto à produção da prova que lhe competia relativamente a esses fatos. 5. A prova do pagamento é ônus do devedor, seja porque consubstancia fato extintivo do direito do autor, seja em razão de comezinha regra de direito das obrigações, segundo a qual cabe ao devedor provar o pagamento, podendo até mesmo haver recusa ao adimplemento da obrigação à falta de quitação oferecida pelo credor (arts. 319 e 320 do Código Civil de 2002). Doutrina. 6. Recurso especial não provido" (REsp 1.084.745/MG, 4ª T., Rel. Min. Luis Felipe Salomão, j. 06.11.2012, DJe 30.11.2012).

Nem sempre a revelia induz presunção de veracidade dos fatos afirmados na inicial. Dependendo do comportamento de um dos réus, da natureza do direito discutido ou da atitude do autor, embora haja revelia, esta não induz seu efeito material.

O art. 345 prevê as hipóteses nas quais, não obstante a revelia, não ocorre presunção de veracidade:

a) **se, havendo pluralidade de réus, algum deles contestar a ação;**
b) **se o litígio versar sobre direitos indisponíveis** (direito não patrimonial, ou patrimonial com titularidade atribuída a incapaz, por exemplo);
c) se a petição inicial **não estiver acompanhada do instrumento público que a lei considere indispensável à prova do ato** (quando o documento público for da substância do ato);
d) se as **alegações** de fato formuladas pelo autor forem **inverossímeis ou estiverem em contradição com a prova constante dos autos**. "A revelia, que decorre do não oferecimento de contestação, enseja presunção relativa de veracidade dos fatos narrados na petição inicial, podendo ser infirmada pelos demais elementos dos autos, motivo pelo qual não acarreta a procedência automática dos pedidos iniciais". (REsp 1.335.994/SP, j. 12.08.2014). Igualmente, não incide a presunção de veracidade quando, embora revel o réu, o assistente simples dele, atuando como substituto processual, contestar no prazo legal (art. 121, parágrafo único).

Ainda que ocorra revelia, o autor não poderá alterar o pedido ou a causa de pedir, salvo promovendo nova citação do réu. Esse entendimento, apesar de não estar expresso no Código atual, decorre na interpretação no art. 329, II, que permite ao autor aditar ou alterar a causa de pedir ou o pedido mediante consentimento do réu, desde que até o saneamento do processo. Assim, mesmo que tenham sido decretados os efeitos da revelia, se o autor pretender alterar a petição inicial, é prudente que o magistrado conceda ao réu um novo prazo para se manifestar.

Até agora mencionamos tão somente o **efeito material da revelia**. A ausência de resposta, entretanto, faz incidir outro efeito: **o processual**. Contra o revel que não tenha patrono nos autos, os prazos fluirão da data da publicação do ato decisório no órgão oficial (art. 346). Ou seja, mesmo se o réu for revel, continua sendo obrigatória a publicação dos atos decisórios na imprensa oficial. Porém, sendo o processo eletrônico, a publicação no diário pode ser dispensada, ou seja, a ciência do revel pode ocorrer por meio de publicação apenas no sistema eletrônico?

Como o efeito processual da revelia decorre da ausência de constituição de advogado – profissional responsável pelo acesso ao sistema na hipótese de processo eletrônico –, se a parte não está representada por quem deve estar cadastrado no portal eletrônico, jamais haverá a possibilidade de consulta, o que impossibilita a efetiva intimação do ato decisório. Em suma, "ainda que se trate de processo eletrônico, a publicação da decisão no órgão oficial somente será dispensada quando a parte estiver representada por advogado cadastrado no sistema do Poder Judiciário, ocasião em que a intimação se dará de forma eletrônica" (STJ, REsp 1.951.656/RS, Rel. Min. Marco Aurélio Bellizze, 3ª Turma, j. 07.02.2023).

O revel poderá intervir no processo em qualquer fase, recebendo-o no estado em que se encontrar (art. 346, parágrafo único). Pode, por exemplo, produzir provas sobre matéria não alcançada pela presunção de veracidade. Aliás, nos termos da Súmula nº 231 do STF, "o revel, em processo cível, pode produzir provas desde que compareça em tempo oportuno". O art. 349 reforça esse entendimento ao prever que "ao revel será lícita a produção de provas, contrapostas às alegações do autor, desde que se faça representar nos autos a tempo de praticar os atos processuais indispensáveis a essa produção".

Quadro esquemático 36 – Fase postulatória ou petitória

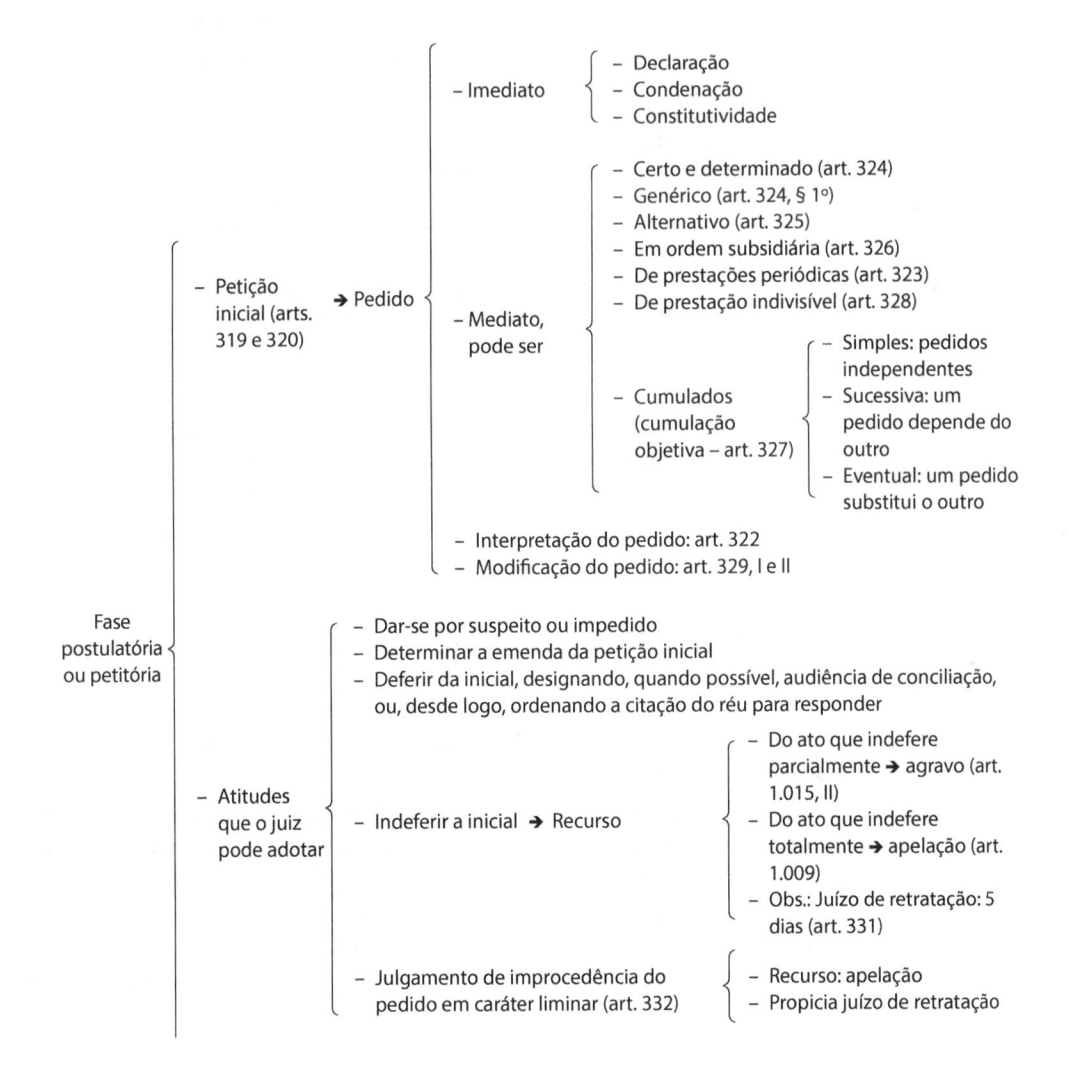

Fase postulatória ou petitória

- **Petição inicial (arts. 319 e 320)** → **Pedido**
  - Imediato
    - Declaração
    - Condenação
    - Constitutividade
  - Mediato, pode ser
    - Certo e determinado (art. 324)
    - Genérico (art. 324, § 1º)
    - Alternativo (art. 325)
    - Em ordem subsidiária (art. 326)
    - De prestações periódicas (art. 323)
    - De prestação indivisível (art. 328)
  - Cumulados (cumulação objetiva – art. 327)
    - Simples: pedidos independentes
    - Sucessiva: um pedido depende do outro
    - Eventual: um pedido substitui o outro
  - Interpretação do pedido: art. 322
  - Modificação do pedido: art. 329, I e II

- **Atitudes que o juiz pode adotar**
  - Dar-se por suspeito ou impedido
  - Determinar a emenda da petição inicial
  - Deferir da inicial, designando, quando possível, audiência de conciliação, ou, desde logo, ordenando a citação do réu para responder
  - Indeferir a inicial → Recurso
    - Do ato que indefere parcialmente → agravo (art. 1.015, II)
    - Do ato que indefere totalmente → apelação (art. 1.009)
    - Obs.: Juízo de retratação: 5 dias (art. 331)
  - Julgamento de improcedência do pedido em caráter liminar (art. 332)
    - Recurso: apelação
    - Propicia juízo de retratação

Fase postulatória ou petitória
- **Audiência conciliatória**
  - Não sendo o caso de improcedência liminar e o processo admitir autocomposição → audiência de conciliação na fase postulatória e antes da apresentação da contestação (art. 334).
  - Citação do réu com pelo menos 20 dias antes da data designada (art. 334, parte final).
  - A audiência só deixa de se realizar se ambas as partes (autor e réu) consentirem.
  - Sanção por falta injustificada: art. 334, § 8º.
- **Atitudes que o réu pode adotar**
  - Inércia → revelia → julgamento antecipado do mérito (art. 355, II)
  - Resposta
  - Reconhecimento da procedência do pedido (art. 487, III, "a")
- **Respostas do réu → 15 dias**
  - **Contestação**
    - Defesa indireta (art. 337)
      - Dilatória
      - Peremptória
    - Defesa de mérito
      - Direta
      - Indireta
  - **Exceção → impedimento e suspeição (art. 146, §§ 4º e 5º)**
    - Pode ser arguida por
      - Autor
      - Pode ser arguida por
      - Réu
      - Terceiros intervenientes
    - Prazos
      - Impedimento: qualquer fase processual
      - Suspeição: 15 dias do conhecimento do fato
    - As causas de impedimento são objetivas, já as de suspeição envolvem uma carga subjetiva.
    - Arguida a exceção → prazos são suspensos até que se decida
    - Reconhecida a exceção → nulidade dos atos praticados a partir da data do impedimento ou suspeição.
  - **Reconvenção (art. 343) → Pressupostos**
    - Legitimidade das partes (art. 343, § 5º)
    - Conexão com a ação principal com o fundamento da defesa (art. 343)
    - Competência
    - Rito idêntico

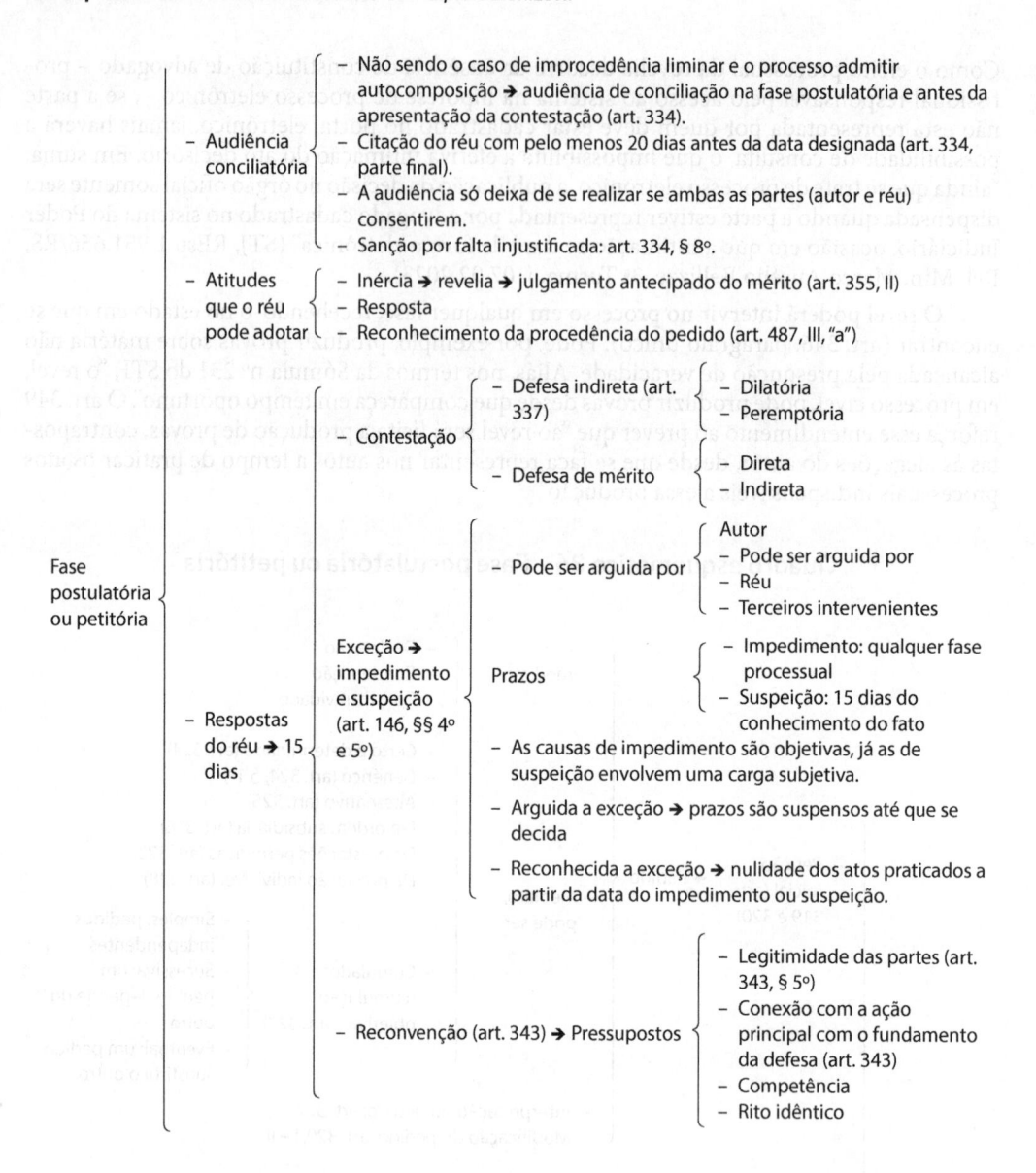

5. FASE SANEADORA E JULGAMENTO CONFORME O ESTADO DO PROCESSO

Com o encerramento da fase petitória ou postulatória, muitos aspectos da relação processual encontram-se definitivamente delineados.

Atingindo a relação processual esse estágio, o juiz tem de tomar providências no sentido de regularizar o procedimento, completando o contraditório e mandando sanar eventuais irregularidades. Tais providências constituem a primeira etapa da fase de saneamento.

A propósito, cabe salientar que a atividade saneadora do juiz é permanente e tem por objetivo ordenar o processo para um julgamento válido, quando possível, seja com ou sem realização de audiência de instrução, ou extingui-lo quando verificar que não reúne os requisitos necessários para a composição definitiva da lide.

As providências preliminares estão elencadas nos arts. 347 a 353 e consistem no seguinte: determinação às partes para especificação das provas, abertura de oportunidade ao autor para replicar sobre fato impeditivo, modificativo ou extintivo (art. 350) ou sobre preliminares arguidas pelo réu (art. 351).

O saneamento, feito pelo despacho saneador, que na verdade não é despacho, mas sim decisão interlocutória, consiste num juízo positivo de admissibilidade relativamente à ação e a um juízo positivo no que tange à validade do processo.[37]

O que ocorre na fase denominada *saneadora* é o julgamento conforme o estado do processo (art. 354), que pode consistir na extinção do processo, com ou sem resolução do mérito; no julgamento antecipado do mérito; no julgamento antecipado parcial do mérito; ou no saneamento.

Em razão do entrelaçamento entre as providências preliminares e a fase saneadora propriamente dita, vamos enfocá-las conjuntamente, analisando cada um dos desfechos possíveis para o processo, os quais dependem da atitude assumida pelo réu nos quinze dias que teve para se defender. Afinal, mais importante que definir fases – que, em razão da interpenetração, sequer é possível –, é verificar o que pode ocorrer com a relação processual.

Vejamos a seguir cada uma das modalidades de julgamento conforme o estado do processo.

5.1 Extinção do processo

Ocorrendo as hipóteses dos arts. 485 e 487, II e III, o juiz julgará extinto o processo, com ou sem resolução do mérito, dependendo do caso. Trata-se de uma modalidade de julgamento conforme o estado do processo. A extinção do processo, na maioria desses casos, será possível depois das providências preliminares, ou seja, depois de se implementar o contraditório. Entretanto, se o réu reconheceu a procedência do pedido, se houve transação, ou se o autor renunciou ao direito sobre o qual se funda a ação (art. 487, III), não há necessidade da oitiva da parte contrária (no caso, do autor), podendo o processo ser extinto independentemente das providências preliminares.

A extinção pode dizer respeito a apenas parcela do processo. Isso pode ocorrer quando houver cumulação de pedidos ou quando o pedido for, por sua natureza, passível de decomposição. Exemplo: se em ação de divórcio o casal concorda com a extinção do vínculo, mas pretende discutir sobre a fixação de alimentos ou guarda dos filhos menores, nada impede que o juiz profira decisão que diga respeito a apenas parcela do processo. Nesse caso, a decisão, apesar de ter característica de sentença, será impugnável por agravo de instrumento (art. 354, parágrafo único).

A extinção parcial do mérito não está expressamente prevista no Código de 1973. Entretanto, a exemplo de Cândido Rangel Dinamarco, muitos doutrinadores já defendiam a possibilidade de cisão de uma decisão sempre que fosse possível analisar um ou alguns dos pedidos antes do desfecho final do processo. No livro "Capítulos da Sentença", Dinamarco defende a possibilidade de cisão da sentença por meio do isolamento de seus capítulos. O CPC, no entanto, não trata a decisão de extinção parcial como sentença, mas como decisão interlocutória, tanto é que possibilita a sua impugnação por meio de agravo de instrumento.

De todo modo, se a decisão que extinguir parcialmente o mérito transitar em julgado, será possível a propositura de ação rescisória relativamente ao capítulo no qual se julgou apenas um ou uns dos pedidos, ainda que o processo não tenha sido concluído (art. 966, § 3º).

---

[37] BARBOSA MOREIRA, José Carlos. *Novo processo civil brasileiro*. 21. ed. Rio de Janeiro: Forense, 2000. p. 61.

5.2 Julgamento antecipado do mérito

O julgamento antecipado da lide, outra modalidade de julgamento conforme o estado do processo, sucede em duas hipóteses: quando não houver necessidade de produção de outras provas, ou quando ocorrer o efeito material da revelia e o réu não tiver comparecido em tempo oportuno para produção de provas (art. 355, I e II).

Na primeira hipótese (art. 355, I), pode ser que antes da prolação da sentença haja necessidade das providências preliminares, dependendo do que foi alegado pelo réu (por exemplo, se o réu arguiu fato impeditivo, modificativo ou extintivo ou as matérias elencadas no art. 337, as providências preliminares são indispensáveis). O que caracteriza a sentença que põe fim ao processo com base no art. 355, I, é o fato a prestação jurisdicional ser entregue sem a realização da fase instrutória.

Ressalte-se que a verificação acerca da necessidade de produção ou não de outras provas recai exclusivamente sobre o juiz, que tem poder instrutório para determinar a realização de provas mesmo quando não requerida pelas partes. É claro que esse poder deve ser utilizado com cautela, somente nas hipóteses em que as provas constantes dos autos não forem suficientes ao convencimento do julgador. De toda forma, cabe ao juiz, antes de promover o julgamento antecipado, indagar sobre a necessidade ou não de dilação probatória. Em suma, o contraditório prévio ao julgamento antecipado é medida impositiva.[38]

Na segunda hipótese (art. 355, II), o que determina o julgamento antecipado é a ocorrência do efeito material da revelia. Em geral, deixando de contestar a ação, incide o réu nos efeitos da revelia, ou seja, os fatos alegados pelo autor são reputados verdadeiros, circunstância que autoriza o julgamento antecipado. É preciso, no entanto, se fazer uma ressalva: se mesmo revel o réu comparecer ao processo a tempo de requerer a produção de provas, contrapostas às alegações do autor, o juiz não julgará antecipadamente o mérito. Isso ocorre porque as partes têm assegurada a garantia constitucional à produção probatória (art. 5º, LVI, da CF).

A sentença proferida no julgamento antecipado da lide põe fim ao processo, acolhendo ou rejeitando, no todo ou em parte, o pedido formulado pelo autor. Trata-se, portanto, de sentença de mérito ou definitiva, contra a qual caberá recurso de apelação.

5.3 Julgamento antecipado parcial do mérito

Assim como pode ocorrer a extinção parcial do processo, poderá o juiz julgar antecipadamente o mérito de forma não integral. Isso pode ocorrer em duas hipóteses: quando houver vários pedidos cumulados e um ou parte deles se mostrar incontroverso; ou quando o(s) pedido(s) estiver(em) maduro(s) o suficiente para apreciação judicial (art. 356, I e II).

A **incontrovérsia** consiste na ausência do confronto de afirmações em torno de um fato alegado pelo autor, seja porque o réu não se desincumbiu do ônus da defesa especificada, seja pelo fato de ter reconhecido a procedência do pedido com a sua respectiva fundamentação, ou mesmo em decorrência de eventual transação acerca de determinado pedido, ainda que anteriormente tenha sido impugnado pelo réu.

Quando a demanda contiver **pedidos cumulados**[39] e um ou parte deles se mostrar incontroverso, pode o juiz decidir parcela da lide, prosseguindo o processo quanto ao remanescente.

---

[38] "Demonstrada, nos autos, a relevância da prova pretendida pelo requerido e, não tendo o MM. Juiz procedido à intimação das partes para a especificação e justificação das provas pretendidas, tem-se configurado o cerceamento de defesa a ensejar a nulidade da sentença" (TJ-MG, Apelação Cível 1.0024.11.261927-5/001, Rel. Des. José Arthur Filho, 9ª Câmara Cível, j. 11.08.2015).

[39] Dá-se a cumulação quando o objeto do processo é composto, isto é, formado por mais de uma pretensão.

Nesse caso, a decisão tem feição de sentença, porém, como não põe fim ao processo ou a alguma de suas fases, será impugnável por agravo de instrumento (art. 356, § 5º).

Em outras palavras, é como se no processo existissem duas "sentenças",[40] sendo a primeira referente à parte incontroversa, impugnável por agravo de instrumento, e a segunda referente ao mérito como um todo, que seguirá a regra da impugnação por meio de apelação. Vale ressaltar que mesmo existindo duas (ou até mais) "sentenças", a decisão que julga antecipada e parcialmente o mérito não dependerá de ulterior confirmação: ela já é definitiva e pode resultar em coisa julgada material antes mesmo de o processo ser extinto.

Na segunda hipótese (art. 356, II), se os pedidos estiverem em condições de julgamento, ou seja, se não houver necessidade de produção de provas ou se o réu deixar de contestar algum dos pedidos e incorrer na revelia quanto a um deles, também será possível o julgamento antecipado parcial do mérito. Nesse caso, a decisão não pode concluir pela improcedência de um dos pedidos por suposta ausência de provas, já que o fundamento para a decisão parcial é justamente a desnecessidade de instrução para determinados pedidos. Nesse sentido: STJ, AgRg no AREsp 47.339, Rel. Min. Napoleão Nunes Maia Filho, julgado em 16.04.2013.

A decisão que julgar parcialmente o mérito pode reconhecer a existência de obrigação líquida ou ilíquida (art. 356, § 1º). Se houver liquidez, a decisão poderá ser, desde logo, executada, ainda que esteja pendente de recurso. O cumprimento definitivo depende, por óbvio, do trânsito em julgado da decisão proferida nos termos do dispositivo em comento. O cumprimento provisório, por outro lado, poderá ser realizado independentemente do trânsito em julgado.

6. SANEAMENTO E ORGANIZAÇÃO DO PROCESSO

Na fase do saneamento propriamente dita, se houve necessidade de providências preliminares, já foram elas adotadas. Assim, se o réu alegou fato impeditivo, modificativo, extintivo ou preliminares, sobre eles foi ouvido o autor. Igualmente, já houve determinação para sanar eventual irregularidade, como a incapacidade das partes e o defeito de representação. Lembre-se que, como a audiência de conciliação atualmente ocorre antes da apresentação da defesa pelo réu, a fase saneadora somente ocorrerá se não for obtida composição ou se a audiência não se realizar.

Continuando. Tomadas as providências preliminares, se for o caso, e não ocorrendo extinção ou julgamento antecipado do mérito,[41] o juiz vai sanear o feito, ou seja, expungi-lo de alguma circunstância que inviabilize o processo, a fim de não se perder tempo com a produção de provas em um feito que, desde logo, pode ser anulado ou extinto sem resolução do mérito.

O saneamento e a organização do processo tomaram rumos distintos no Código de 2015. Anteriormente falava-se em audiência preliminar, na qual o juiz poderia sanear o processo após esgotar o juiz os meios suasórios para conciliar as partes. Como a audiência com vistas

---

[40] Na sistemática do CPC/1973, inadmitia-se a prolação de sentenças parciais de mérito. Nesse sentido: "Mesmo após as alterações promovidas pela Lei 11.232/2005 no conceito de sentença (arts. 162, § 1º, 269 e 463 do CPC), não se admite a resolução definitiva fracionada da causa mediante prolação de sentenças parciais de mérito [...] Ademais, apesar de o novo CPC (Lei 13.105/2015), que entrará em vigor no dia 18 de março de 2016, ter disciplinado o tema com maior amplitude no art. 356, este diploma não pode incidir antes da referida data nem de forma retroativa, haja vista os princípios do devido processo legal, da legalidade e do *tempus regit actum*" (STJ, REsp 1.281.978/RS, Rel. Min. Ricardo Villas Bôas Cueva, j. 05.05.2015, DJe 20.05.2015).

[41] Se houver apenas o julgamento parcial do mérito ou a extinção parcial do processo, este deve prosseguir quanto aos pedidos ainda não apreciados, ou seja, nessas duas hipóteses o juiz deve sanear e organizar o processo.

à conciliação não ocorre mais nesta fase, o juiz deverá, conforme o caso, adotar as seguintes providências (art. 357):

I – resolver as questões processuais pendentes, se houver;

II – delimitar as questões de fato sobre as quais recairá a atividade probatória, especificando os meios de prova admitidos;

III – definir a distribuição do ônus da prova, observado o art. 373;

IV – delimitar as questões de direito relevantes para a decisão do mérito;

V – designar, se necessário, audiência de instrução e julgamento.

O inciso I determina que caberá ao juiz delimitar as questões processuais pendentes. Evidentemente, não se submeterá à preclusão a decisão saneadora que não tratar de vício processual insanável, de ordem pública.[42] No entanto, deve-se entender que a decisão saneadora (denominada, atecnicamente, de "despacho saneador" no CPC/1973), ao determinar o prosseguimento da demanda, implica juízo positivo de admissibilidade da ação, bem como de regularidade da relação processual.[43] Com efeito, verificado determinado vício que impeça o alcance de uma sentença de mérito, caberá ao juiz determinar a sua regularização na decisão saneadora, sob pena de extinção do processo.

Superado o juízo de regularidade processual, caberá ao julgador delimitar quais questões serão objeto de produção probatória (inciso II), bem como os meios de prova cabíveis. Além disso, identificará as questões de direito relevantes para o julgamento do mérito. Tais providências são essenciais ao saneamento, uma vez que concretiza o exercício do contraditório por toda a fase instrutória, garantindo previsibilidade às partes sobre o que devem debater, visto que o conteúdo da discussão fundamentará a futura sentença.

Intimadas as partes do despacho saneador, têm elas o direito de pedir esclarecimentos ou solicitar ajustes, no prazo comum de cinco dias. Esse pedido não deve ser confundido com a interposição de embargos de declaração. A hipótese aqui aventada é mais ampla que a aludida modalidade recursal. Deve ser entendida, portanto, como simples petição que garante o amplo debate sobre a questão saneadora, evitando incongruências que possam, futuramente, impedir o efetivo exercício do contraditório.

No mesmo prazo do pedido de esclarecimentos ou até antes do saneamento, as partes também podem apresentar ao juiz, para homologação, as questões de fato e de direito a que se referem os incisos II e IV (art. 357, § 2º). Ou seja, autor e réu podem definir quais provas serão produzidas e como o ônus será distribuído. Trata-se de inovação que integra a relação consensual entre as partes e o juiz, diminuindo o protagonismo deste último e, sobretudo, permitindo a participação das partes na condução do processo.

Ao que tudo indica, o art. 357, § 2º, do CPC/2015 adota uma visão moderna que prima pela integração consensual. Abre-se a possibilidade de transportar, para o Brasil, avanços da legislação processual de outros países, como no caso da França, onde a ideia da *contratualização do processo* permite a celebração de ajustes entre as partes e o juiz, a respeito da forma de

---

[42] "O enunciado nº 424 da Súmula STF não se aplica aos requisitos de admissibilidade da tutela jurisdicional" (STJ, REsp 8.668/PR, 4ª Turma, Rel. Min. Sálvio de Figueiredo Teixeira, j. 09.03.1993, *DJ* 29.03.1993). Cf. Súmula nº 424 do STF: "Transita em julgado o despacho saneador de que não houve recurso, excluídas as questões deixadas, explícita ou implicitamente, para a sentença".

[43] BARBOSA MOREIRA, José Carlos. *O novo processo civil brasileiro*. 26. ed. Rio de Janeiro: Forense, 2008. p. 52.

condução do processo e do momento para a prática de determinados atos processuais. Com isso, fica abandonado um esquema vertical e impositivo do relacionamento entre partes e juiz, em prol de uma postura horizontal e consensual entre os sujeitos processuais.[44]

Se a causa for complexa, o juiz poderá designar audiência para que o saneamento seja feito em cooperação com as partes. Nesse caso, se o processo demandar dilação probatória, as partes que ainda não indicaram as testemunhas deverão fazê-la nesta audiência. Por outro lado, se desnecessária a realização desta audiência, as partes indicarão suas testemunhas em prazo comum não superior a quinze dias, contado da intimação do despacho saneador.

O encerramento da fase saneadora pode significar duas coisas: ou os pedidos estão prontos para serem julgados ou eles ainda precisam ser submetidos à instrução probatória. Explico. Se a matéria a ser julgada for unicamente de direito ou, sendo de direito e de fato, este já se encontrar comprovado por documento, não haverá necessidade de se produzir qualquer outra prova. Se, no entanto, houver necessidade de prova oral, perícia ou inspeção judicial, o juiz somente julgará os pedidos quando essas provas forem realizadas.

Quadro esquemático 37 – Fase saneadora

Fase Saneadora

- **Providências preliminares (arts. 347 a 353) — Findo o prazo para resposta do réu, o juiz**
  - Verificando os efeitos da revelia → Profere julgamento antecipado (art. 355, II)
  - Se não ocorrerem os efeitos da revelia → Manda o autor especificar provas (art. 348)
  - Réu alega fato impeditivo, modificativo, extintivo ou preliminares → Ouve-se o autor em quinze dias (arts. 350 e 351) → Manda sanar irregularidades (art. 352)

- **Saneamento**
  - A atividade saneadora é permanente. Consiste em preparar o processo para um julgamento válido, quando possível, ou extingui-lo quando o juiz verificar que não reúne os requisitos necessários para o julgamento da lide.
  - Somente ocorrerá se não for obtida composição ou se a audiência não se realizar.
  - Ocorrendo as hipóteses dos arts. 485 e 487, II e III, o juiz julgará extinto o processo, com ou sem resolução do mérito, dependendo do caso.
  - Havendo o reconhecimento da procedência do pedido, transação ou renúncia ao direito sobre o qual se funda a ação → não há necessidade de oitiva da parte contrária, podendo ser extinto o processo.
  - Quando não houver necessidade de produção de outras provas, ou quando ocorrer o efeito material da revelia e o réu não tiver comparecido em tempo oportuno para a produção de provas (art. 355, I e II) → Julgamento antecipado do mérito.
  - Possibilidade de julgamento antecipado parcial do mérito: art. 356.
  - Providências a serem tomadas pelo juiz: art. 357.

- **Encerramento da fase saneadora**
  - Pedidos prontos para serem julgados
  - Pedidos ainda precisam ser submetidos à instrução probatória.

7. FASE INSTRUTÓRIA OU PROBATÓRIA

Se o processo chegou a essa fase é porque os elementos de prova, sobretudo documentos, apresentados na fase postulatória não foram suficientes para formar a convicção do juiz, a fim de que pudesse ele compor o litígio, com o acolhimento ou rejeição do pedido do autor.

---

[44] JAYME, F. G.; FRANCO, M. V. O princípio do contraditório no projeto de novo Código de Processo Civil. *Revista de Processo*, São Paulo, n. 227, p. 356, jan. 2014.

Sendo assim, urge conceder às partes oportunidade de provarem alegações, ou seja, o fato constitutivo do direito do autor, ou eventual fato impeditivo, modificativo ou extintivo, arguido pelo réu.

"Toda prova há de ter um objeto, uma finalidade, um destinatário, e deverá ser obtida mediante meios e métodos determinados. A prova judiciária tem como objeto os fatos deduzidos pelas partes em juízo. Sua finalidade é a formação da convicção em torno dos mesmos fatos. O destinatário é o juiz, pois é ele que deverá se convencer da verdade dos fatos para dar solução jurídica ao litígio".

Cabe às partes indicar, na petição inicial e na contestação, os meios de prova de que se quer utilizar para demonstrar suas alegações (arts. 319, VI, e 336). A rigor, na petição inicial, o autor apenas manifesta a intenção de produzir provas, sem indicação precisa dos meios. Faz-se um pedido, um protesto genérico. Ocorre que, ao propor a ação, o autor não sabe de quais provas vai necessitar para demonstrar a verdade dos fatos por ele alegados; aliás, pode ser que sequer vá necessitar de provas, como, por exemplo, na hipótese de ocorrência de revelia ou de reconhecimento da procedência do pedido.

Os meios probatórios somente são individualizados no saneamento (art. 357, II), após o juiz delimitar as questões de fato sobre as quais recairá a atividade probatória.

Pode ainda o juiz determinar as provas necessárias ao julgamento do mérito (art. 370), sem, no entanto, quebrar o princípio da isonomia. Nesse caso, seu poder de determinar a produção de provas de ofício restringe-se à complementação de provas produzidas pelas partes, como, por exemplo, a audição de testemunha referida e o esclarecimento sobre determinados aspectos da perícia.

Saliente-se que a prova tem por objetivo formar a convicção do juiz. E para tanto, em princípio, serve a perícia, o documento ou o testemunho. Não estabelece o Código qualquer critério valorativo da prova. O nosso sistema é o do **livre convencimento fundamentado** ou da **persuasão racional** (art. 371), de forma que o depoimento de uma testemunha pode infirmar um documento ou uma perícia.

Feitas essas considerações, analisaremos os aspectos relevantes da audiência de instrução e julgamento, bem como dos meios de prova mais comuns, lembrando que, afora os meios elencados no Código, admite-se a demonstração do fato por qualquer meio de prova moralmente legítimo (art. 369).

Quadro esquemático 38 – Fase instrutória ou probatória

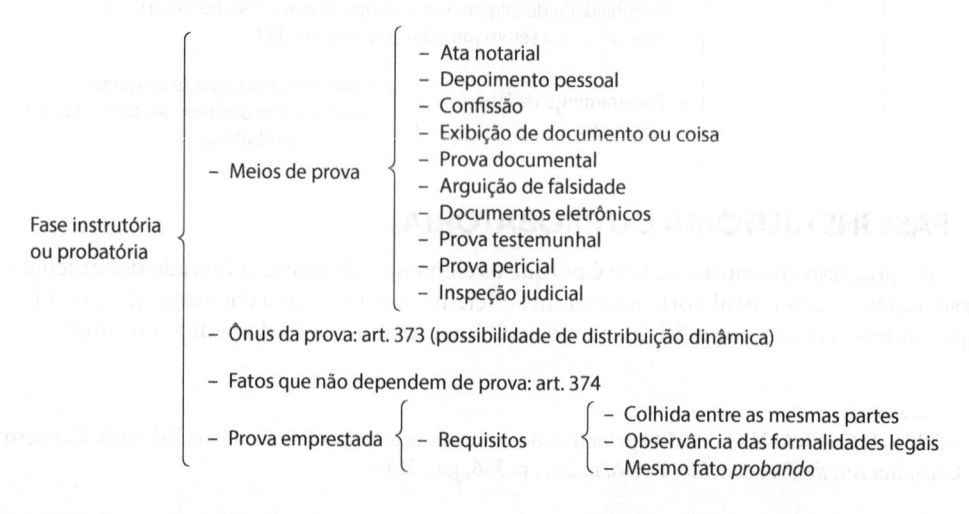

Fase instrutória ou probatória
- **Meios de prova**
  - Ata notarial
  - Depoimento pessoal
  - Confissão
  - Exibição de documento ou coisa
  - Prova documental
  - Arguição de falsidade
  - Documentos eletrônicos
  - Prova testemunhal
  - Prova pericial
  - Inspeção judicial
- Ônus da prova: art. 373 (possibilidade de distribuição dinâmica)
- Fatos que não dependem de prova: art. 374
- **Prova emprestada** – Requisitos:
  - Colhida entre as mesmas partes
  - Observância das formalidades legais
  - Mesmo fato *probando*

7.1 Audiência de instrução e julgamento

Pela sistemática do Código, a audiência só será indispensável quando houver necessidade de prova oral ou esclarecimentos de perito e assistentes técnicos. Mesmo assim, na última hipótese dispensa-se a realização de audiência, uma vez que os esclarecimentos podem ser prestados por escrito.

Quando se fizer necessária a audiência de instrução e julgamento, o momento adequado à sua designação pelo juiz é o despacho saneador (art. 357, V).

Em regra, a audiência será pública (art. 368 do CPC e art. 93, IX, da CF), o que significa que qualquer um do povo poderá assisti-la. Será realizada a portas fechadas quando a defesa da intimidade ou o interesse social o exigirem (art. 5º, LX, da CF), como, por exemplo, as causas que dizem respeito a casamento, separação de corpos, divórcio, separação, união estável, filiação, alimentos e guarda de crianças e adolescentes (art. 189, II).

Como ato processual que é, a audiência realiza-se em dias úteis, das seis às vinte horas, podendo prosseguir além do horário limite quando iniciada antes (art. 212 e § 1º). Realiza-se, de ordinário, na sede do juízo, mais precisamente na sala de audiências, no salão do júri ou em outro local do fórum destinado a tal fim.

Pode ocorrer que parte da audiência, em razão de deferência, de interesse da justiça ou de obstáculo arguido pelo interessado e acolhido pelo juiz, seja realizada fora da sede do juízo (art. 217). De qualquer forma, ainda que certas pessoas sejam ouvidas em outro local, não significa que a audiência, em razão de ser "una e contínua" (art. 365), tenha-se realizado fora da sede do juízo.

A audiência poderá ser adiada por convenção das partes ou em razão do não comparecimento justificado das pessoas que dela deveriam necessariamente participar (art. 362, I e II). A justificativa deve ocorrer, conforme art. 362, § 1º, até a data da abertura da audiência. Há, ainda, possibilidade de adiamento quando houver atraso injustificado para o início do ato em tempo superior a trinta minutos do horário designado (inc. III).

A falta de justificativa da ausência das partes, dos advogados e das testemunhas acarreta consequências diversas.

Ausente a parte que deveria prestar depoimento pessoal, desde que pessoalmente intimada em razão de requerimento da parte contrária, o juiz lhe aplicará a pena de confissão (art. 385, § 1º). A mesma regra vale para a parte que comparecer ao ato, mas se recusar a depor. Como já registrado, não há possibilidade de aplicação, por analogia, da multa prevista no art. 334, § 8º, CPC.

Ausente o advogado ou defensor público, sem justificativa, a audiência será realizada normalmente, podendo o juiz dispensar a prova requerida pela parte cujo advogado não compareceu. A regra também se aplica ao membro do Ministério Público (art. 362, § 2º).

A ausência injustificada de testemunha geralmente não acarreta o adiamento da audiência, mas esta pode ser cindida (art. 365, parágrafo único). A audiência, aliás, o depoimento da testemunha faltosa só será adiado se ela estiver impossibilitada de comparecer e não for possível designar dia, hora e lugar diversos para sua oitiva (art. 449, parágrafo único).

Pode ainda **a audiência ser antecipada**, por conveniência do serviço judiciário ou a requerimento das partes. Nessa hipótese, o juiz deverá determinar nova intimação dos advogados ou da sociedade de advogados, dando-lhes ciência da nova designação (art. 363).

Na audiência, o juiz exerce o poder de polícia, competindo-lhe manter a ordem e o decoro, ordenar a retirada de pessoas inconvenientes, requisitar força policial quando necessário, tratar com urbanidade as pessoas que participem do processo e registrar na ata de audiência todos os requerimentos apresentados pelas partes (art. 360). Também compete ao juiz, logo depois de instalada a audiência, tentar conciliar as partes, ainda que o processo já tenha passado pela fase conciliatória. Para tanto, o juiz poderá determinar que sejam empregados outros meios de solução de conflitos, como a mediação e até a arbitragem (art. 359).

A colheita das provas em audiência seguirá, preferencialmente, a seguinte ordem (art. 361): esclarecimentos do perito e dos assistentes técnicos; depoimentos das partes, primeiro do autor e depois do réu; depoimento das testemunhas arroladas pelo autor e pelo réu. O termo "preferencialmente" não é em vão e quer dizer que, se houver a inversão da ordem na produção da prova, somente haverá nulidade se for comprovado o prejuízo para alguma das partes.

Finda a instrução, passa-se aos debates orais. O juiz dará a palavra ao advogado do autor e ao do réu, bem como ao órgão do Ministério Público, sucessivamente, pelo prazo de vinte minutos para cada um, prorrogável por dez, a critério do juiz (art. 364).

Havendo litisconsorte ou terceiro, o prazo será de trinta minutos para cada grupo e dividido entre os integrantes do grupo, a menos que hajam convencionado de modo diverso (art. 364, § 1º).

Quando a causa apresentar questões complexas de fato ou de direito, o debate oral pode ser substituído por razões finais escritas, na forma do art. 364, § 2º, que deverão ser apresentadas no prazo de quinze dias.

Encerrado o debate ou oferecidas as razões finais, o juiz proferirá a sentença na própria audiência ou no prazo de trinta dias.

Todos os atos da audiência são documentados pelo escrivão, por meio da lavratura de termo ditado pelo juiz. A audiência pode, ainda, ser integralmente gravada em imagem e áudio por meio de solicitação do juiz ou pelas próprias partes, sem a necessidade de prévia autorização judicial.

> **ATENÇÃO:**
> - No final de 2022 foi sancionada a Lei nº 14.508, que alterou o art. 6º do EOAB para estabelecer que, nas audiências de instrução e julgamento realizadas no Poder Judiciário ou nos procedimentos de jurisdição contenciosa ou voluntária, os advogados do autor e do requerido devem permanecer no mesmo plano topográfico e em posição equidistante em relação ao magistrado que as presidir. Embora a legislação seja dotada de certo simbolismo, é importante para reforçar a ideia de paridade e de ausência de hierarquia, em especial, entre advogados e juízes.

7.2 Provas

Antes da análise das provas em espécie, urge evidenciar alguns aspectos comuns a todas elas. Vejamos a transcrição dos seguintes dispositivos:

> **Art. 369.** As partes têm o direito de empregar todos os meios legais, bem como os moralmente legítimos, ainda que não especificados neste Código, para provar a verdade dos fatos em que se funda o pedido ou a defesa e influir eficazmente na convicção do juiz.

As partes têm o direito de demonstrar a veracidade dos fatos alegados, bem como o direito de ver analisadas, pelo magistrado, as provas produzidas no processo. Assim, não basta prever a possibilidade de produção probatória; é necessário também garantir que essa demonstração dos fatos seja motivadamente considerada pelo juiz.

> **Art. 370.** Caberá ao juiz, de ofício ou a requerimento da parte, determinar as provas necessárias ao julgamento do mérito.

Parágrafo único. O juiz indeferirá, em decisão fundamentada, as diligências inúteis ou meramente protelatórias.

Sendo o juiz o destinatário da prova, cabe-lhe também exigir determinadas dilações probatórias que possam ser de interesse para o julgamento do mérito.[45] Nesse caso, a despesa para a realização da prova deverá ser rateada antecipadamente entre as partes, conforme disposição expressa do art. 95.[46]

Também poderá o juiz indeferir pedido de provas que entenda meramente protelatórias, desde que por decisão fundamentada. Nesse sentido: STJ, REsp 1.352.497/DF, 2ª T., rel. Min. Og Fernandes, j. 04.02.2014 (Info 535).

Este dever de fundamentação, ainda que já presente na ordem constitucional (art. 93, IX), consiste em conveniente inclusão, uma vez que a prática quase sempre nos mostra decisões de indeferimento sem motivação, que dificultam a sua revisão.[47] Isso quando não vemos decisões de indeferimento seguidas de sentenças de improcedência fundadas na falta de provas.[48] Em suma, para que o juiz indefira determinada prova, deverá: (i) intimar previamente as partes sobre a necessidade (ou não) de dilação probatória; (ii) fundamentar adequadamente a sua decisão caso entenda por indeferir uma prova pretendida e justificada pela parte.[49]

Art. 371. O juiz apreciará a prova constante dos autos, independentemente do sujeito que a tiver promovido, e indicará na decisão as razões da formação de seu convencimento.

O CPC/1973 adotava a regra do livre convencimento motivado ao dispor que "o juiz apreciará *livremente* a prova, atendendo aos fatos e circunstâncias constantes dos autos, ainda que não alegados pelas partes" (art. 131). O dispositivo justificava-se pela necessidade de

---

[45] Nesta hipótese, entende o STJ que a dilação probatória é medida impositiva ao magistrado, em razão das circunstâncias do caso (ação investigatória de paternidade, por exemplo). Cf. REsp 85.883/SP, 3ª T., Rel. Min. Eduardo Ribeiro, j. 16.04.1998, *DJU* 03.08.1998).

[46] Nesse sentido o REsp 1.680.167/SP, de relatoria do Min. Ricardo Villas Bôas Cueva, *DJe* 12.02.2019.

[47] "O indeferimento de realização de provas, possibilidade oferecida pelo art. 130 CPC, não está ao livre-arbítrio do juiz, devendo ocorrer apenas, e de forma motivada, quando forem dispensáveis e de caráter meramente protelatório" (STJ, REsp 637.547/RJ, 1ª T., Rel. Min. José Delgado, j. 10.08.2004, *DJ* 13.09.2004).

[48] "Esta Corte possui jurisprudência firme no sentido de que o julgador não pode indeferir a prova requerida pela parte para, em seguida, julgar improcedente o pedido por falta de provas" (STJ, AgRg no REsp 842.754, Rel. Min. Sidnei Beneti, j. 03.12.2009).

[49] O julgado a seguir é esclarecedor e reforça a necessidade de prévio contraditório: "Pelos influxos do princípio do devido processo legal do qual é corolário o princípio da ampla defesa, garante-se aos litigantes o direito de produção de provas que demonstrem a existência ou inexistência do direito material perseguido na ação e o seu deferimento é medida de rigor sempre que se possibilitar, na maior medida, a aproximação da verdade real. É sabido que há cerceamento de defesa quando observada diminuição ou supressão do direito da parte, tirando-lhe ou dificultando-lhe a prova dos fatos acarretando a nulidade do processo. Cabe ao juiz a direção do processo, devendo determinar a realização de atos que possam dar sequência regular ao feito, acolhendo pedidos de produção de prova a seu critério e determinando, até mesmo de ofício, outras que entender necessárias. Nesse sentido, é o teor do art. 370 do NCPC. Tendo sido proferida sentença, sem que fosse aberta vista aos embargantes para impugnação à contestação ou mesmo facultado às partes as provas que pretendiam produzir, mostra-se impertinente o julgamento da lide, caracterizando-se, em tal hipótese, o cerceamento de defesa" (TJ-MG – AC: 50061942220208130056, Rel. Des. Mariangela Meyer, j. 31.01.2023, Câmaras Cíveis 10ª Câmara Cível, *DJe* 07.02.2023).

superação da prova tarifada, haja vista inexistir qualquer espécie de hierarquia entre as várias espécies de prova.

De acordo com a redação do CPC atual, deve-se compreender que a exclusão desse princípio não quer dizer que o juiz tenha que, a partir da vigência da nova legislação, valorar a prova de maneira hierarquizada. A mudança tem o sentido de limite, de controle da atuação jurisdicional. O principal objetivo é afastar as convicções pessoais do juiz e a sua atuação como protagonista do processo.

Art. 372. O juiz poderá admitir a utilização de prova produzida em outro processo, atribuindo-lhe o valor que considerar adequado, observado o contraditório.

O CPC/2015 passa a adotar, de modo expresso, a possibilidade do uso da **prova emprestada**, isto é, da prova produzida em outro processo e que também afeta a causa em questão.

Apesar de a legislação não tratar do tema, a jurisprudência entende que o empréstimo da prova pode ocorrer ainda que esta não tenha sido colhida entre as mesmas partes.[50] Em outras palavras, é desnecessária a identidade de partes para que a prova colhida no processo "x" seja transladada para o processo "y". Exige-se, por óbvio, que no processo "y" seja possibilitado o pleno exercício do contraditório.

Art. 373. O ônus da prova incumbe:

I – ao autor, quanto ao fato constitutivo de seu direito;

II – ao réu, quanto à existência de fato impeditivo, modificativo ou extintivo do direito do autor.

§ 1º Nos casos previstos em lei ou diante de peculiaridades da causa relacionadas à impossibilidade ou à excessiva dificuldade de cumprir o encargo nos termos do *caput* ou à maior facilidade de obtenção da prova do fato contrário, poderá o juiz atribuir o ônus da prova de modo diverso, desde que o faça por decisão fundamentada, caso em que deverá dar à parte a oportunidade de se desincumbir do ônus que lhe foi atribuído.

---

[50] O Superior Tribunal de Justiça já admitiu a utilização de prova produzida em outro processo. Veja: "É admissível, assegurado o contraditório, prova emprestada de processo do qual não participaram as partes do processo para o qual a prova será trasladada. A grande valia da prova emprestada reside na economia processual que proporciona, tendo em vista que se evita a repetição desnecessária da produção de prova de idêntico conteúdo. Igualmente, a economia processual decorrente da utilização da prova emprestada importa o incremento de eficiência, na medida em que garante a obtenção do mesmo resultado útil, em menor período de tempo, em consonância com a garantia constitucional da duração razoável do processo, inserida na CF pela EC 45/2004. Assim, é recomendável que a prova emprestada seja utilizada sempre que possível, desde que se mantenha hígida a garantia do contraditório. Porém, a prova emprestada não pode se restringir a processos em que figurem partes idênticas, sob pena de se reduzir excessivamente sua aplicabilidade sem justificativa razoável para isso. Assegurado às partes o contraditório sobre a prova, isto é, o direito de se insurgir contra a prova e de refutá-la adequadamente, o empréstimo será válido" (STJ, EREsp 617.428/SP, Rel. Min. Nancy Andrighi, j. 04.06.2014). No mesmo sentido: 3ª T., AgInt no AREsp 2.000.280/DF, Rel. Min. Moura Ribeiro, j. 17.10.2022, *DJe* 19.10.2022. Em sentido contrário, exigindo, pelo menos, a identidade de uma das partes: "A jurisprudência desta Corte [adota] o entendimento de que a utilização de prova emprestada não está condicionada à prévia anuência e à concordância das partes, sendo aceita quando verificada a identidade de pelo menos uma das partes e dos fatos discutidos, sendo assegurado o contraditório e ampla defesa sobre a prova emprestada como ocorre no caso dos autos" (TJ-MG – Agravo de Instrumento: 1278441-54.2023.8.13.0000, Rel. Des. Maria Luiza Santana Assunção, j. 24.11.2023, 13ª Câmara Cível, *DJe* 28.11.2023).

§ 2º A decisão prevista no § 1º deste artigo não pode gerar situação em que a desincumbência do encargo pela parte seja impossível ou excessivamente difícil.

§ 3º A distribuição diversa do ônus da prova também pode ocorrer por convenção das partes, salvo quando:

I – recair sobre direito indisponível da parte;

II – tornar excessivamente difícil a uma parte o exercício do direito.

§ 4º A convenção de que trata o § 3º pode ser celebrada antes ou durante o processo.

Da leitura do art. 373, pode-se visualizar que o Código estabelece, aprioristicamente, a quem compete a produção de determinada prova. Regra geral, ao autor cabe provar os fatos constitutivos de seu direito e ao réu incumbe provar os fatos impeditivos, modificativos e extintivos do direito do autor.

Esse regramento, no entanto, é relativizado pelo § 1º, o qual possibilita a distribuição diversa do ônus da prova conforme as peculiaridades do caso concreto, atribuindo à parte que tenha melhores condições de suportá-lo. Trata-se da **distribuição dinâmica do ônus da prova**, que se contrapõe à concepção estática prevista na legislação anterior (art. 333 do CPC/1973).

De acordo com o CPC/2015, o encargo probatório deve ser atribuído casuisticamente, de modo dinâmico, concedendo-se ao juiz, como gestor das provas, poderes para avaliar qual das partes terá maiores facilidades na sua produção. Evidentemente, a decisão deverá ser fundamentada, justificando as razões que convenceram o juiz da impossibilidade de produção da prova por uma das partes. Ademais, essencial ater-se ao dever do juiz de permitir que a parte possa se desincumbir do ônus probatório, conforme disposto na parte final do § 1º. Com efeito, a inversão do ônus da prova não pode violar o contraditório, impedindo que a parte sucumba em momento sentencial por não ter cumprido ônus que não lhe era devido anteriormente.[51] Situação como essa configuraria decisão surpresa, violando o art. 10 do CPC/2015.

A distribuição dinâmica do ônus da prova decorre dos princípios da igualdade, da lealdade, da boa-fé e do princípio da cooperação entre os sujeitos do processo e também com o órgão jurisdicional. De todo modo, deve o juiz aplicar esta nova regra com cautela, de forma a afastar injustiças, mas sem prejudicar demasiadamente a produção probatória para uma das partes.

O Código também possibilita que as partes convencionem de maneira diversa a distribuição do ônus probatório, só não podendo fazê-lo quando se tratar de direito indisponível ou quando tal convenção tornar essa prova excessivamente difícil. Isso significa que o magistrado, em uma dessas duas hipóteses e à luz do caso concreto, pode afastar a convenção anteriormente pactuada entre as partes.

A regra do § 4º permite que o acordo que distribui o ônus da prova seja formalizado antes ou no curso do processo. O juiz deve velar para que esse acordo não seja formalizado com o objetivo de prejudicar uma das partes. Cabe-lhe, pois, indeferir a convenção quando presentes as situações descritas no § 3º.

Contra a decisão interlocutória que indefere ou defere a distribuição do ônus da prova, qualquer seja a espécie, caberá agravo de instrumento (art. 1.015, XI).[52] Não sendo interposto

---

[51] Há jurisprudência no STJ que confirma a possibilidade de inversão do ônus da prova *ope legis* em relações de consumo, sem que se configure violação ao contraditório (cf. REsp 1.125.621/MG, 3ª Turma, Rel. Min. Nancy Andrighi, j. 19.08.2010).

[52] Embora o inciso XI do art. 1.015 do CPC seja bastante claro, a 3ª Turma do STJ decidiu sobre o tema, admitindo a espécie recursal em qualquer hipótese, no julgamento do REsp 1.729.110/CE e do REsp 1.802.025/RJ, ambos publicados em 2019.

o recurso cabível, não poderá a parte prejudicada discutir a eventual inversão somente na sentença, eis que preclusa a matéria.[53]

> **Importante:**
> - Qual o momento para a inversão do ônus da prova? Segundo o STJ, a inversão do ônus da prova é regra de instrução (ou de procedimento), devendo a decisão judicial que determiná-la ser proferida preferencialmente na fase de saneamento do processo. Caso a decisão sobre a inversão seja posterior, deve-se assegurar à parte a quem não incumbia inicialmente o encargo a reabertura de oportunidade para manifestar-se nos autos (EREsp 422.778/SP, Rel. originário Min. João Otávio de Noronha, Rel. para o acórdão Min. Maria Isabel Gallotti, julgado em 29.02.2012. Informativo 492). O CPC/2015 adotou esse posicionamento, conforme consta na parte final do § 1º do art. 373.

Art. 374. Não dependem de prova os fatos:

I – notórios;

II – afirmados por uma parte e confessados pela parte contrária;

III – admitidos no processo como incontroversos;

IV – em cujo favor milita presunção legal de existência ou de veracidade.

Existem fatos que não dependem de prova, porquanto sobre eles não paira qualquer controvérsia. Essa é a regra que abrange todos os incisos do art. 374 (art. 334 do CPC/1973). Em outras palavras, só haverá necessidade de prova em relação aos fatos controvertidos. Veja o que dispõe o art. 374:

Fatos notórios são os acontecimentos de conhecimento geral, como, por exemplo, as datas históricas, daí a desnecessidade de comprovação.

Igualmente dispensados de demonstração são os fatos já **confessados ou simplesmente admitidos como verdadeiros pela parte contrária**. Como na primeira hipótese já existe a prova (confissão), o que se dispensa é uma nova demonstração da mesma realidade.

A presunção legal pode ser absoluta (*juris et de jure*) **ou relativa** (*juris tantum*). No primeiro caso, o fato é considerado verdadeiro pelo próprio sistema jurídico, sendo irrelevante qualquer comprovação em sentido contrário. Exemplo: o art. 844 estabelece que, realizada a averbação da penhora no registro imobiliário, haverá presunção absoluta de conhecimento por terceiros. Por outro lado, quando a presunção é relativa, incumbe à parte prejudicada (e não à lei) comprovar a inocorrência do fato. É o que ocorre com o documento público, cujo conteúdo declarado goza da presunção relativa de veracidade (art. 405).

Art. 375. O juiz aplicará as regras de experiência comum subministradas pela observação do que ordinariamente acontece e, ainda, as regras de experiência técnica, ressalvado, quanto a estas, o exame pericial.

---

[53] Dessa forma: "A regra da preclusão temporal atua no sentido de cessação da possibilidade de discussão de determinada decisão. Se o pedido de inversão do ônus da prova foi objeto de decisão interlocutória, incabível sua apreciação em sede de apelação, em razão da preclusão (TJ-MG – AC: 10000220416689001/MG, Rel. Fabiano Rubinger de Queiroz, j. 24.08.2022, 11ª Câmara Cível, *DJe* 24.08.2022).

A redação é semelhante à do art. 335 do CPC/1973,[54] mas com uma diferença: o CPC/1973 mencionava que as regras de experiência só deveriam ser aplicadas *na falta de normas jurídicas particulares*. Ou seja, o juiz deveria verificar se existia uma norma jurídica sobre a prova produzida. Se houvesse, seria ela aplicada. Na sua falta, o juízo julgaria segundo o livre convencimento, mas com observância das suas regras de experiência. O CPC atual excluiu a parte inicial do art. 335 (CPC/1973), provocando um verdadeiro retrocesso na legislação, porquanto abriu espaço para o julgador proferir suas decisões utilizando-se das regras de experiência em caráter não subsidiário. Em outras palavras, de acordo com a redação do Código em vigor, o julgamento pode não advir da lei se as regras de experiência – noções que a sociedade em geral detenha a respeito de assuntos corriqueiros e recorrentes – forem mais convincentes do que o texto legal.

Acreditamos, no entanto, que como o legislador pretendeu reformular o princípio do livre convencimento, no sentido de afastar os julgados repletos de subjetividade, a interpretação meramente gramatical do dispositivo em comento deve ser afastada. Assim, na falta de normas jurídicas particulares, poderá o juiz utilizar-se *subsidiariamente* de todo o seu arcabouço teórico e prático acumulado ao longo de sua experiência social e profissional, como forma de não somente valorar a prova existente, mas também dela extrair presunções que irão formar o seu convencimento sobre determinados fatos.[55]

Ressalte-se que, embora possa vir a deter conhecimentos técnicos (de engenharia, por exemplo), o magistrado jamais poderá substituir o perito na produção de determinada prova. Exemplo dessa conclusão pode ser extraído de precedente do STJ no qual a Corte reformou a decisão de indeferimento de prova pericial consistente na avaliação de imóvel urbano, por considerar que o magistrado não pode supri-la, ainda que alegue conhecimento a respeito do mercado imobiliário.[56]

Art. 376. A parte que alegar direito municipal, estadual, estrangeiro ou consuetudinário provar-lhe-á o teor e a vigência, se assim o juiz determinar.

Cabe ao juiz conhecer a legislação federal. Vige, nesse caso, o princípio *jura novit curia* (o juiz conhece a lei). Todavia, tratando-se de direito municipal, estadual, estrangeiro ou consuetudinário, compete à parte provar-lhe a vigência, se assim determinar o juiz.[57]

Art. 377. A carta precatória, a carta rogatória e o auxílio direto suspenderão o julgamento da causa no caso previsto no art. 313, inciso V, alínea "b", quando, tendo sido requeridos antes da decisão de saneamento, a prova neles solicitada for imprescindível.

Parágrafo único. A carta precatória e a carta rogatória não devolvidas no prazo ou concedidas sem efeito suspensivo poderão ser juntadas aos autos a qualquer momento.

---

[54] CPC/1973, "Art. 335. Em falta de normas jurídicas particulares, o juiz aplicará as regras de experiência comum subministradas pela observação do que ordinariamente acontece e ainda as regras da experiência técnica, ressalvado, quanto a esta, o exame pericial".

[55] WAMBIER, Luiz Rodrigues. *Curso avançado de processo civil*. Coord. Luiz Rodrigues Wambier, Flávio Renato Correia de Almeida e Eduardo Talamini. 8. ed. São Paulo: RT, 2006. v. 2.

[56] "O conhecimento técnico ou científico de juiz sobre determinado mercado imobiliário não pode ser equiparado às regras de experiência comum previstas no art. 375 do Código de Processo Civil, sendo indispensável a realização de perícia para avaliar bem imóvel objeto de penhora" (STJ, REsp 1.786.046/RJ, Rel. Min. Moura Ribeiro, 3ª Turma, j. 09.05.2023).

[57] "[...] 2. 'O princípio *jura novit curia* aplica-se inclusive às normas do direito estadual e municipal. A parte não está obrigada a provar o conteúdo ou a vigência de tal legislação salvo quando o juiz o determinar'" (STJ, AgRg no REsp 1.174.310/DF, Rel. Min. Hamilton Carvalhido, j. 11.05.2010).

As cartas precatória e rogatória só suspendem o processo quando requeridas antes da decisão de saneamento e desde que a prova se mostre imprescindível.

O *caput* do art. 377 inclui o pedido de auxílio direto como motivo para suspensão do processo. O auxílio direto pode compreender a cooperação jurisdicional do art. 69, I, ou a cooperação jurídica internacional do art. 28, ambos do CPC/2015.

Diferentemente do CPC/1973, que permitia a juntada da carta precatória aos autos até o *julgamento final* (art. 338, parágrafo único),[58] a nova legislação (art. 377, parágrafo único) estabelece que as cartas podem ser juntadas a qualquer momento, desde que seja aberta vista dos autos às partes, em homenagem ao contraditório.

Art. 378. Ninguém se exime do dever de colaborar com o Poder Judiciário para o descobrimento da verdade.

O referido dispositivo – cuja redação é idêntica à do art. 339 do CPC/1973 – prevê o dever de todos em colaborar com o Poder Judiciário para a apuração da verdade. Tal dever é exigido não apenas das partes, mas de todos, inclusive terceiros, cujo conhecimento seja relevante para a solução da lide (art. 380 do CPC/2015). Esse artigo é reflexo da regra geral inserida no art. 6º, segundo o qual "todos os sujeitos do processo devem cooperar entre si para que se obtenha, em tempo razoável, decisão de mérito justa e efetiva".

Art. 379. Preservado o direito de não produzir prova contra si própria, incumbe à parte:

I – comparecer em juízo, respondendo ao que lhe for interrogado;

II – colaborar com o juízo na realização de inspeção judicial que for considerada necessária;

III – praticar o ato que lhe for determinado.

O direito de não produzir provas contra si mesmo tem respaldo na Convenção Americana de Direitos Humanos de 1969, também conhecida como Pacto de San José da Costa Rica, que foi ratificado pelo Brasil em 1992.

Ainda que assegurado em tratado ratificado pelo Estado brasileiro, afigura-se relevante a sua inserção no CPC/2015 não só em razão do *status* legal que adquire, como também para trazer a aplicação dessa garantia ao processo civil.

Art. 380. Incumbe ao terceiro, em relação a qualquer causa:

I – informar ao juiz os fatos e as circunstâncias de que tenha conhecimento;

II – exibir coisa ou documento que esteja em seu poder.

Parágrafo único. Poderá o juiz, em caso de descumprimento, determinar, além da imposição de multa, outras medidas indutivas, coercitivas, mandamentais ou sub-rogatórias.

O dispositivo reitera o dever de colaboração contido no art. 378. A regra, no entanto, dirige-se àqueles que não têm ligação direta com a causa, mas que, apesar disso, podem possuir algum registro de dados ou fatos que interessem ao processo.

---

[58] CPC/1973, "Art. 338 [...]. Parágrafo único. A carta precatória e a carta rogatória, não devolvidas dentro do prazo ou concedidas sem efeito suspensivo, poderão ser juntas aos autos até o julgamento final". Esse julgamento é aquele de primeiro grau ou é possível a juntada, por exemplo, de carta precatória antes do julgamento de eventual apelação pelo Tribunal? Essa dúvida que se instaurou com a redação do CPC/1973, ao que nos parece, está sanada pelo novo Código.

7.2.1 Produção antecipada da prova

A medida cautelar típica de produção antecipada de provas – prevista no art. 846 do CPC/1973 – passa a integrar o processo de conhecimento. No entanto, a sentença produzida neste procedimento permanece com a mesma natureza assecuratória, uma vez que não há julgamento de mérito (art. 382, § 2º).

O CPC/2015 não traz, de forma expressa, os procedimentos probatórios que podem ser antecipados, como fazia o art. 846 do CPC/1973. O novo procedimento tem maior amplitude, permitindo a sua adequação à crise de direito material a ser apresentada, bem como às provas que deverão ser produzidas.

A produção antecipada de provas é cabível antes da propositura da ação principal, quando, em razão da natural demora em se chegar à fase probatória, houver fundado receio de que venha a tornar-se impossível ou muito difícil a verificação de determinados fatos no curso da ação (art. 381, I). O deferimento da produção antecipada se subordina, nesse caso, à comprovação do perigo de impossibilidade de produzir a prova no momento oportuno. O exemplo a seguir facilita a compreensão:

> "(...) Destina-se a produção antecipada de prova a assegurar a verificação de fatos que podem ser alterados na pendência de ação judicial futura, não tendo a medida qualquer intuito de antecipar o julgamento da pretensão de direito substancial. (...) Demonstrado que a prova pericial se mostra essencial para assegurar eventual direito dos autores e que a situação do bem poderá se modificar com o decurso do tempo, colocando em risco até mesmo a integridade dos autores, deve ser deferido o pedido de produção antecipada da prova pericial, a título de tutela de urgência" (TJ-MG – AI: 02664543820238130000, Rel. Des. João Cancio, j. 02.05.2023, 18ª Câmara Cível, *DJe* 03.05.2023).

Há ainda outras duas possibilidades de produção antecipada de provas previstas no CPC. Uma delas tem relação com a possibilidade de solução consensual do conflito (art. 381, II) e a outra com a possibilidade de se evitar o litígio caso determinada prova seja antecipadamente produzida (art. 381, III).

No primeiro caso aquele que requerer a produção antecipada da prova deve demonstrar que essa providência tornará viável a conciliação ou outro meio adequado a solucionar o conflito. Exemplo: "A" causa danos ao veículo de "B" e se dispõe a ressarci-lo. "A" e "B" não sabem, no entanto, se os danos decorreram exclusivamente da batida ou se esta apenas agravou um problema decorrente da fabricação do veículo. "A", então, requer a produção antecipada de prova pericial com a finalidade de verificar o montante do prejuízo que deverá arcar, considerando a influência (ou não) de eventual defeito de fábrica.

Na segunda hipótese, a produção antecipada da prova tende a prevenir o litígio, evitando a propositura da ação principal. Essa regra tem como objetivo prevenir que demandas sem fundamento sejam desnecessariamente ajuizadas.

A produção antecipada também tem lugar quando o requerente pretender justificar a existência de um fato ou de uma relação jurídica, para simples documento e sem caráter contencioso (art. 381, § 5º). É o que a doutrina chama de ação declaratória autônoma ou principal. Nesse caso, por não haver litigiosidade, dispensa-se a citação de qualquer outro interessado para acompanhar a produção da prova (art. 389).

A competência para a produção antecipada da prova é do juízo do foro onde ela deva ser produzida ou do domicílio do réu. Essa competência, no entanto, não gera prevenção, devendo a ação principal ser proposta segundo as regras de competência estabelecidas nos arts. 42 e seguintes do CPC.

Vale ressaltar que mesmo nos casos em que há eleição de foro – imagine uma demanda envolvendo direito contratual entre duas empresas – o STJ possui entendimento no sentido de que quando a ação de produção antecipada de prova envolver exame pericial, ela deve ser processada no local do objeto a ser periciado, justamente porque isso facilita a realização da perícia. Com efeito, em casos como esse, o juízo do local da perícia prevalece sobre o foro de eleição e até mesmo sobre a regra geral de ajuizamento no foro de domicílio do réu. De toda sorte, esse foro não tem qualquer influência no foro competente para a ação principal.[59]

O Código ainda possibilita a delegação de competência de ação originalmente da Justiça Federal para produção probatória em juízo de competência estadual (art. 381, § 4º), desde que inexistente vara federal no local de produção da prova, ou no domicílio do réu. Permitir que este procedimento se instaure diretamente no juízo estadual não ofende regras de competência absoluta, vez que o mérito será julgado em juízo de competência federal. Além disso, a regra facilita a produção probatória, tornando desnecessários eventuais atos de comunicação entre os juízes.

No procedimento para produção antecipada da prova serão observadas as seguintes regras:

- ao deferir a produção, o juiz determinará a citação dos interessados para acompanhar o procedimento, salvo na hipótese de o pedido ser de cunho apenas declaratório (art. 382, § 1º);
- poderão ser produzidas quaisquer provas no mesmo procedimento, desde que todas estejam relacionadas ao mesmo fato (art. 382, § 3º);
- não se admitirá defesa neste procedimento. É cabível recurso apenas contra a decisão que indeferir totalmente a produção da prova pleiteada pelo requerente originário. O recurso, nesse caso, é a apelação (art. 382, § 4º);
- após a conclusão do procedimento, os autos permanecerão em cartório pelo prazo de um mês, findo o qual serão entregues a quem promoveu a medida (art. 383 e parágrafo único).

Em relação ao § 4º do art. 382, apesar de a redação literal impossibilitar o manejo de instrumento de defesa pela parte contrária (ou seja, aquela contra a qual se está produzindo a prova), a jurisprudência[60] vem interpretando esse dispositivo no sentido de vedar que a parte alegue matérias impertinentes. Logo, questões inerentes ao objeto específico da ação ou relacionadas ao procedimento estabelecido em lei poderão ser aventadas pela parte, devendo-se permitir a sua manifestação antes da prolação da correspondente decisão. Esse posicionamento preserva não apenas o direito à prova, mas também ao contraditório. A título de exemplo, poderá haver discussão sobre matérias como a legitimidade e a competência. No mesmo sentido é o Enunciado 32 do CJF: "A vedação à apresentação de defesa prevista no art. 382, § 4º, do CPC, não impede a alegação pelo réu de matérias defensivas conhecíveis de ofício".

7.2.2 Ata notarial

Ata notarial é o instrumento **formalizado por tabelião para constatar a realidade de um fato que ele presenciou ou do qual tomou conhecimento, sem qualquer emissão de opinião pessoal**. A competência para lavrar atas notariais é exclusiva dos tabeliães, nos termos do art. 7º, III, da Lei nº 8.935/1994.

---

[59] Exemplificando: "A produção antecipada de prova pericial pode ser processada no foro onde situado o objeto a ser periciado ao invés do foro de sede da empresa ré, que coincide com o foro eleito em contrato" (STJ, 3ª Turma. REsp 2.136.190/RS, Rel. Min. Nancy Andrighi, j. 04.06.2024).

[60] STJ, REsp 2.037.088/SP, Rel. Min. Marco Aurélio Bellizze, 3ª Turma, j. 07.03.2023.

Esse documento, que é dotado de fé pública, pode servir de prova em processo judicial, porquanto materializa fatos com o objetivo de resguardar direitos, impedindo, por exemplo, que alguma informação deixe de ser documentada caso uma determinada página da internet seja retirada do ar ou caso alguma informação seja excluída de uma rede social.

Conquanto a ata notarial não seja uma inovação no ordenamento, sua previsão no CPC/2015 como meio típico de prova (art. 384) deve ampliar sua utilidade. Além disso, como o parágrafo único do art. 384 prevê a possibilidade de se fazer constar em ata notarial informações representadas por imagens ou sons gravados em arquivos eletrônicos, permite-se que inúmeros outros fatos possam ser provados por meio da ata notarial, como, por exemplo, o barulho feito por animais de propriedade de um vizinho.

Atualmente, a ata notarial é documento bastante utilizado para atestar informações contidas em redes sociais. Também o é para certificar a existência e teor de conversas em aplicativos de mensagens. A propósito, o Tribunal de Justiça de Minas Gerais[61] por vezes já admitiu como prova escrita apta a fundamentar a ação monitória a ata notarial com transcrição de conversas pelo aplicativo de mensagens WhatsApp. No lugar de utilizar apenas o "print" das mensagens, o mais adequado é que o advogado oriente o cliente a formalizar uma ata notarial sobre as conversas e/ou imagens, conferindo maior veracidade ao documento.

JURISPRUDÊNCIA TEMÁTICA

"**Agravo de instrumento. Ata notarial. Prova testemunhal. Substituição.** Embora inexista vedação para que a ata notarial seja utilizada como meio de prova documentada, não há dúvida que, por não ter contado com a participação da parte contrária, a sua valoração como meio probatório não deve ser irrestrita, de maneira que ao julgador caberá lançar mão da persuasão racional em relação à aludida prova ao proferir a sua decisão, à luz dos demais elementos probatórios contidos no feito, conforme preconiza o art. 371 do CPC. Tratando-se de prova documental, constituída por ata notarial, e não versando sobre fatos novos, caberia à parte tê-la apresentado no momento inicial, nos termos dos arts. 434 e 435, do CPC, estando preclusa a juntada posterior. A ata notarial não deve ser substituto ao depoimento de testemunha em audiência, porque a ata deve versar sobre fatos presenciados pelo tabelião; bem como porque esse deve ocorrer sob o crivo do contraditório e condução do magistrado" (TJ-MG, AI 10338110111683001/MG, Rel. Cláudia Maia, j. 28.05.2020, publicação 28.05.2020).

"**Agravo de instrumento. Ação de execução. Dissolução de união estável. Imóveis. Transferência. Vida conjugal mantida. Prova. Ata notarial. Fraude à execução. Caracterização.** A ata notarial é um instrumento elaborado por tabelião, com o intuito de documentar fatos jurídicos, pelo que se presumem verdadeiros o atestado na ata notarial. Como o valor da ata notarial está relacionado à fé pública do tabelião, é necessário que o fato descrito tenha sido presenciado pelo tabelião, para que se dê algum valor à declaração contida no documento. Elaborada de forma regular, a ata notarial tem o mesmo valor de qualquer outro documento público. Certificado que os fatos documentados na ata notarial em nenhum momento foram derruídos, ainda que no plano imaginário da mera suposição, e prevalente a prova de que a união estável ensaiada dissolvida no plano jurídico formal se mantém hígida no plano jurídico dos fatos, a venda de imóveis descortinada com o fim de prejudicar credor exequente, porquanto capaz de reduzir o devedor à insolvência, deve ser decretada ineficaz,

---

[61] Exemplificando: TJ-MG – AC: 10000221750847001/MG, Rel. Marcelo Pereira da Silva, j. 01.02.2023, 11ª Câmara Cível, *DJe* 03.02.2023.

porquanto elemento técnico de fraude à execução que desafia contenção jurídica" (TJ-MG, AI 10702150645134004/MG, Rel. Saldanha da Fonseca, j. 29.06.2020, publicação 19.02.2018).

7.2.3 Depoimento pessoal

Depoimento pessoal é o meio de prova pelo qual o juiz **interroga a parte**, com vistas ao esclarecimento de certos pontos controvertidos da demanda, ou mesmo para obter a confissão.

O depoimento pessoal **pode ser requerido pelas partes ou determinado de ofício pelo juiz** (art. 385). Evidente que não cabe à parte requerer o próprio depoimento pessoal, visto que o que tinha a dizer deveria ter sido dito na inicial ou na contestação.

Quando o depoimento pessoal é determinado de ofício pelo juiz – nesse caso, a doutrina costuma utilizar o termo "interrogatório" –, a ausência da parte que deveria depor não acarreta consequência alguma. Ou seja, durante o interrogatório, pode sobrevir a confissão da parte, mas esta não é da essência do interrogatório. Entretanto, se a determinação para prestar depoimento decorre de requerimento da parte adversa, sendo a parte intimada pessoalmente, constando do mandado que se presumirão confessados os fatos contra ela alegados, caso, injustificadamente, não compareça ou, comparecendo, se recuse a depor, o juiz lhe aplicará a pena de confissão (art. 385, § 1º). Não pode ser imposta a pena de confesso se não constou do mandado que se presumirão confessados os fatos alegados contra o depoente.[62]

O depoimento pessoal, do autor ou do réu, será requerido pela parte adversa na petição inicial, na contestação, ou logo após o despacho saneador, semelhante ao que ocorre na indicação das testemunhas.

Requerido o depoimento, procede-se à intimação da parte, com a advertência constante do art. 385, § 1º, para comparecer à audiência, na qual prestará o depoimento pessoal. Se, no entanto, o depoente residir em comarca, seção ou subseção judiciária diversa daquela onde tramita o processo, o seu depoimento poderá ser colhido por meio de videoconferência, em tempo real, inclusive durante a realização da audiência de instrução (art. 385, § 3º).

Não sendo o caso de depoimento por videoconferência ou outro recurso tecnológico de transmissão de sons e imagens, a inquirição será feita na audiência. O juiz tomará primeiro o depoimento pessoal do autor e depois o do réu (art. 361, II), de forma que quem ainda não depôs não assista ao interrogatório da outra parte (art. 385, § 2º). Se a parte, sem motivo justificável, não comparecer, aplica-se a ela a pena de confissão. Idêntica consequência acarretará se comparecer e se recusar a depor ou se responder com evasivas (art. 386).

O depoimento pessoal é ato personalíssimo. A parte responderá pessoalmente sobre os fatos articulados, não podendo servir-se de escritos previamente preparados; o juiz lhe permitirá, todavia, a consulta a notas breves, desde que objetivem completar esclarecimentos (art. 387).

O advogado da parte que está sendo interrogada não pode fazer perguntas. É que tudo que o autor tinha a dizer já foi dito na inicial; da mesma forma, o que o réu tinha a dizer foi dito na sua resposta.

Com relação às **pessoas que não estão obrigadas a depor**, o Código atual amplia as hipóteses de exclusão. Veja:

> Art. 388. A parte não é obrigada a depor de fatos:
> I – criminosos ou torpes, que lhe forem imputados;

---

[62] "[...] É pressuposto para a aplicação da pena de confesso, prevista no § 2º do art. 343, do CPC, que a parte seja previamente intimada para prestar depoimento pessoal e advertida do risco de aplicação da pena" (STJ, REsp 702.739/PB, 3ª Turma, Rel. Min. Nancy Andrighi, Rel. p/ acórdão Min. Ari Pargendler, j. 19.09.2006).

II – a cujo respeito, por estado ou profissão, deva guardar sigilo;

III – acerca dos quais não possa responder sem desonra própria, de seu cônjuge, de seu companheiro ou de parente em grau sucessível;

IV – que coloquem em perigo a vida do depoente ou das pessoas referidas no inciso III.

Parágrafo único. Esta disposição não se aplica às ações de estado e de família.

Cabe registrar que o art. 229 do Código Civil dispunha sobre essa matéria. Contudo, o legislador houve por bem revogar esse dispositivo (art. 1.072, II) concentrando as normas processuais sobre a desnecessidade de depor no CPC atual, no intuito de concentrar as normas processuais sobre a desobrigação de depor apenas na lei processual.

Quadro esquemático 39 – Depoimento pessoal

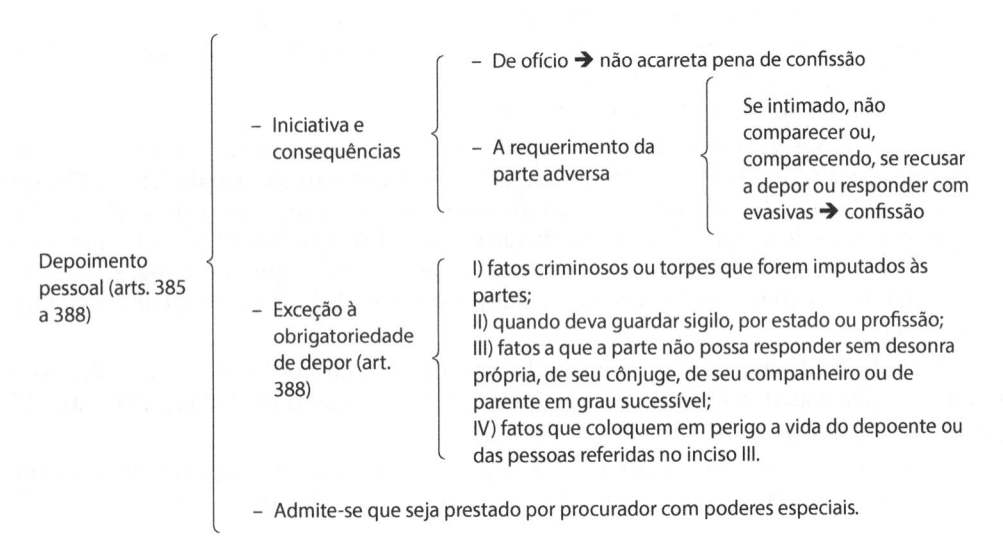

Depoimento pessoal (arts. 385 a 388)
- Iniciativa e consequências
  - De ofício → não acarreta pena de confissão
  - A requerimento da parte adversa: Se intimado, não comparecer ou, comparecendo, se recusar a depor ou responder com evasivas → confissão
- Exceção à obrigatoriedade de depor (art. 388)
  - I) fatos criminosos ou torpes que forem imputados às partes;
  - II) quando deva guardar sigilo, por estado ou profissão;
  - III) fatos a que a parte não possa responder sem desonra própria, de seu cônjuge, de seu companheiro ou de parente em grau sucessível;
  - IV) fatos que coloquem em perigo a vida do depoente ou das pessoas referidas no inciso III.
- Admite-se que seja prestado por procurador com poderes especiais.

7.2.4 Confissão

Há confissão quando a parte admite a verdade de um fato, contrário ao seu interesse e favorável ao adversário (art. 389).

Não se confunde confissão com reconhecimento da procedência do pedido. Na confissão há mero reconhecimento de fatos contrários ao interesse do confitente; não há declaração de vontade. Em outras palavras, enquanto a confissão se refere aos fatos, o reconhecimento volta-se para o próprio direito discutido em juízo. Levando-se em conta essa prova – a confissão –, o juiz, após a análise do conjunto probatório, no qual se inclui a confissão, profere sentença com base no art. 487, I. Quando o réu reconhece a procedência do pedido, há antecipação da solução do litígio, uma vez que dispensa a prova de qualquer fato em discussão. Nessa hipótese, dá-se o julgamento conforme o estado do processo (art. 354 c/c o art. 487, III, "a").

A confissão pode ser judicial ou extrajudicial. **Judicial** é a confissão feita nos autos, que pode ser espontânea ou provocada. Diz-se espontânea quando, por iniciativa própria, a parte comparece em juízo e confessa, hipótese em que se lavrará o respectivo termo nos autos. É provocada quando requerida pela parte adversa, caso em que a confissão consta do termo do depoimento prestado pelo confitente (art. 390, § 2º). **Extrajudicial** é a confissão feita fora do processo, de forma escrita ou oral, perante a parte contrária ou terceiros.

Consoante dicção do § 1º do art. 390, somente a confissão espontânea pode ser feita por representante com poderes especiais. Nesse caso, ela somente será eficaz nos limites em que o representante pode vincular o representado (art. 392, § 2º).

A confissão exige os seguintes requisitos:

a) capacidade do confitente (art. 392, § 1º);
b) inexigibilidade da forma para o ato confessado. De nada adianta confessar que alienou um imóvel, visto que é da substância do ato o instrumento público referido no Registro Imobiliário;
c) disponibilidade do direito com o qual o fato confessado se relaciona (art. 392 do CPC). Na anulação de casamento, por exemplo, é irrelevante confessar o fato sobre que se funda o pedido de anulação (art. 1.548 do CC).

A confissão judicial, provocada ou espontânea, faz prova plena contra o confitente, não prejudicando os litisconsortes (arts. 391). Essa regra vem apenas confirmar o disposto no art. 117, segundo o qual os atos e omissões de um litisconsorte não prejudicarão os outros. Assim, a confissão só fará prova contra o próprio confitente.

A confissão é **irrevogável**. Pode, entretanto, ser anulada quando emanar de erro de fato ou de coação (art. 393). O *caput* do art. 393 corrigiu o erro técnico do CPC/1973, que previa possibilidade de "revogação" da confissão, sendo que a hipótese é de anulação. Isso porque se trata de desconstituição de ato eivado de vício do consentimento.[63] A terminologia já havia sido corrigida, inclusive, pelo Código de Civil de 2002, que preceitua, em seu art. 214, o seguinte: "A confissão é irrevogável, mas pode ser anulada se decorreu de erro de fato ou de coação".

A **anulação da confissão** somente pode ser proposta pelo confitente. Mas, se depois de iniciada a ação, o autor vier a falecer, a legitimidade será transferida aos herdeiros (art. 393, parágrafo único).

A confissão é, em regra, **indivisível**, não podendo a parte, que a quiser invocar como prova, aceitá-la no tópico que a beneficiar e rejeitá-la no que lhe for desfavorável (art. 395, 1ª parte).

A confissão pode ser cindida quando o confitente, além de confessar fatos alegados pelo autor, aduz fatos novos, suscetíveis de constituir fundamento de defesa de direito, ou seja, fatos que podem servir de base a pedido reconvencional e fato impeditivo, modificativo ou extintivo (art. 395, parte final). A rigor, não se trata de cisão da confissão, porquanto esta só pode referir-se a fato contrário ao interesse do confitente.

---

[63] THEODORO JÚNIOR, Humberto. *Código de Processo Civil anotado*. 16. ed. Rio de Janeiro: Forense, 2012. p. 422.

Quadro esquemático 40 – Confissão

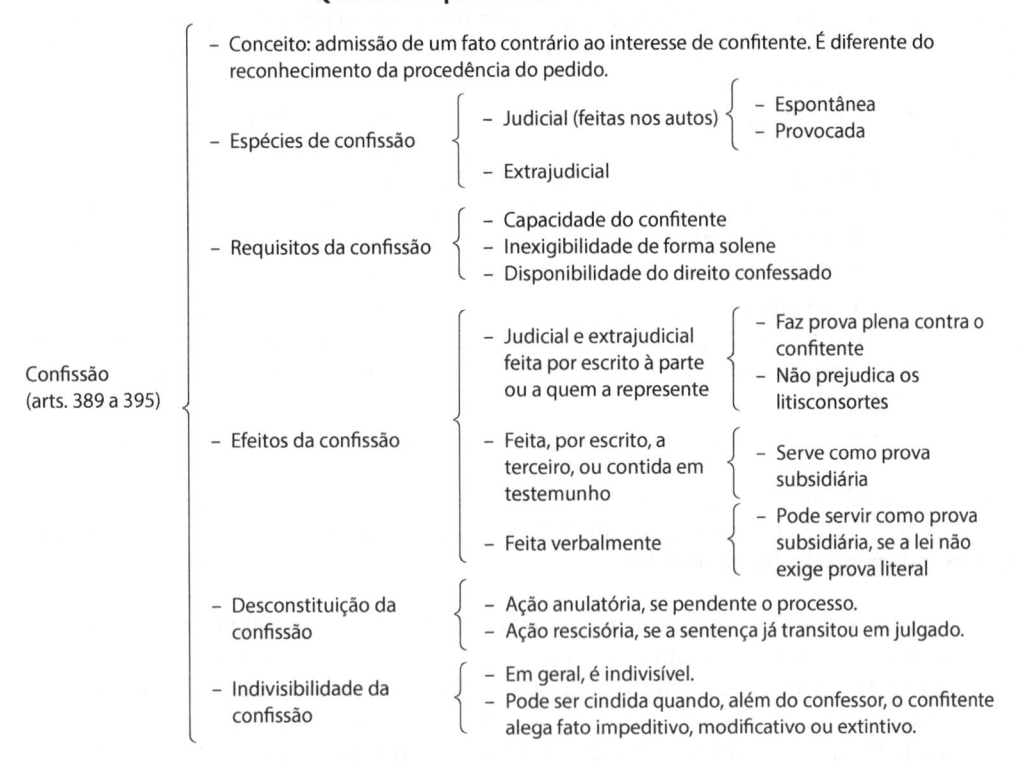

Confissão (arts. 389 a 395)

- Conceito: admissão de um fato contrário ao interesse de confitente. É diferente do reconhecimento da procedência do pedido.
- Espécies de confissão
  - Judicial (feitas nos autos)
    - Espontânea
    - Provocada
  - Extrajudicial
- Requisitos da confissão
  - Capacidade do confitente
  - Inexigibilidade de forma solene
  - Disponibilidade do direito confessado
- Efeitos da confissão
  - Judicial e extrajudicial feita por escrito à parte ou a quem a represente
    - Faz prova plena contra o confitente
    - Não prejudica os litisconsortes
  - Feita, por escrito, a terceiro, ou contida em testemunho
    - Serve como prova subsidiária
  - Feita verbalmente
    - Pode servir como prova subsidiária, se a lei não exige prova literal
- Desconstituição da confissão
  - Ação anulatória, se pendente o processo.
  - Ação rescisória, se a sentença já transitou em julgado.
- Indivisibilidade da confissão
  - Em geral, é indivisível.
  - Pode ser cindida quando, além do confessor, o confitente alega fato impeditivo, modificativo ou extintivo.

7.2.5 Exibição de documento ou coisa

Pode o juiz ordenar que a parte, ou mesmo o terceiro, exiba documento ou coisa que se ache em seu poder (art. 396). Tal poder decorre do dispositivo segundo o qual "ninguém se exime do dever de colaborar com o Poder Judiciário para o descobrimento da verdade" (art. 378).

A exibição de documento ou coisa pode ser formulada por uma das partes contra a outra, bem como determinada de ofício pelo juiz, caso este entenda necessário.

Qualquer que seja a forma, a finalidade da exibição é constituir prova a favor de uma das partes. Pode ser prova direta, quando se trata, por exemplo, da exibição de um contrato; ou prova indireta, quando, por exemplo, se requer a exibição de um veículo acidentado para submetê-lo à perícia.

Tratando-se de pedido de exibição formulado por uma das partes, este é feito por petição (pode ser na inicial, na contestação ou mesmo em caráter incidental na fase probatória), com os requisitos do art. 397. Deferida a exibição, procede-se à intimação da parte contrária, que pode adotar três atitudes distintas: fazer a exibição, permanecer inerte ou responder negando a existência do documento ou da coisa ou o dever de fazer a exibição. Feita a exibição, o procedimento encerra-se. Permanecendo inerte ou negando a existência do documento ou da coisa ou negando o dever de apresentá-lo, o juiz decidirá o pedido, depois de permitir ao requerente provar que as alegações do requerido não correspondem à verdade (art. 398).

Julgando procedente o pedido de exibição, o juiz admitirá como verdadeiros os fatos que, por meio do documento ou da coisa, a parte pretendia provar (art. 400). Trata-se de decisão interlocutória, que desafia **agravo de instrumento** (art. 1.015, VI).

Vale ressaltar que a conclusão pela veracidade dos fatos que a parte adversa pretendia comprovar com a juntada de documentos tem natureza relativa. Ou seja, não se trata de presunção absoluta, sendo certo que, no julgamento da lide, as consequências dessa veracidade deverão ser analisadas em conjunto com as demais provas produzidas no processo. Em outras palavras, a presunção de veracidade, caso não ocorra a exibição incidental, não garante a automática procedência da demanda[64].

Também é possível que a ação de exibição seja proposta de forma autônoma, com base nos arts. 381 e 396 e seguintes do CPC, ou até mesmo pelo procedimento comum, previsto nos arts. 318 e seguintes do CPC. Trata-se de entendimento apoiado nos enunciados n°s 119 e 129 da II Jornada de Direito Processual Civil e na jurisprudência atual do STJ (REsp 1.774.987/SP, 4ª T., Rel. Min. Maria Isabel Gallotti, *DJe* 13.11.2018). Nessa hipótese, deverá o juiz proferir uma sentença meramente declaratória, sem qualquer análise sobre o mérito da possível controvérsia.

A novidade trazida pelo CPC/2015 fica por conta das medidas que podem ser adotadas pelo juiz para "forçar" a exibição. Nos termos do art. 400, parágrafo único, "sendo necessário, **o juiz pode adotar medidas indutivas, coercitivas, mandamentais ou sub-rogatórias para que o documento seja exibido**".

O parágrafo único do art. 400 supera, pelo menos expressamente, o entendimento constante na Súmula nº 372 do STJ, segundo o qual, "na ação de exibição de documentos, não cabe aplicação de multa cominatória". Em verdade, essa súmula já vinha sendo relativizada pelo próprio STJ que, na vigência do CPC/1973, admitiu a fixação de *astreintes* na hipótese de direitos indisponíveis. Nesse sentido:

> "[...] Tratando-se de pedido deduzido contra a parte adversa – não contra terceiro –, descabe multa cominatória na exibição, incidental ou autônoma, de documento relativo a direito disponível. No curso de uma ação que tenha objeto próprio, distinto da exibição de documentos, a consequência da recusa em exibi-los é a presunção de veracidade, por disposição expressa do art. 359 do CPC. Sendo assim, a orientação da jurisprudência do STJ é no sentido do descabimento de *astreintes* na exibição incidental de documentos. No entanto, a presunção é relativa, podendo o juiz decidir de forma diversa da pretendida pelo interessado na exibição com base em outros elementos de prova constantes dos autos. Nesse caso, no exercício dos seus poderes instrutórios, pode o juiz até mesmo determinar a busca e apreensão do documento, se entender necessário para a formação do seu convencimento. **Já na hipótese de direitos indisponíveis, a presunção de veracidade é incabível, conforme os arts. 319 e 320 do CPC, restando ao juiz somente a busca e apreensão. Cumpre ressalvar que, nos casos que envolvem direitos indisponíveis, por revelar-se, na prática, ser a busca e apreensão uma medida de diminuta eficácia, tem-se admitido a cominação de *astreintes* para evitar o sacrifício do direito da parte interessada.** [...]" (STJ, REsp 1.333.988-SP, Rel. Min. Paulo de Tarso Sanseverino, j. 09.04.2014).

> "Recurso especial. Civil e processual civil. Ação de exibição. Informações eletrônicas. Mensagens agressivas enviadas através do serviço de SMS (short message service) para o telefone celular da autora. Cominação de multa diária. Inaplicabilidade da súmula 372/STJ. Técnica das distinções (distinguishing). 1 – Ação de exibição de documentos movida por usuária de telefone celular para obtenção de informações acerca do endereço de IP (Internet Protocol) que lhe enviou diversas mensagens anônimas agressivas, através do serviço de SMS disponibilizado no sítio eletrônico da empresa de telefonia requerida para o seu celular, com a identificação do nome cadastrado. 2 – Inaplicabilidade do enunciado da Súmula 372/STJ, em face da ineficácia no

---

[64] Nesse sentido: STJ, AgInt no AREsp 2.102.423/PR, Rel. Min. Marco Buzzi, 4ª Turma, j. 21.08.2023 (Info 785).

caso concreto das sanções processuais previstas para a exibição tradicional de documentos. 3 – Correta a distinção feita pelo acórdão recorrido, com a fixação de astreintes, em montante razoável para compelir ao cumprimento da ordem judicial de fornecimento de informações (art. 461 do CPC). 4 – Recurso especial desprovido" (REsp 1.359.976/PB, 3ª T., Rel. Min. Paulo de Tarso Sanseverino, j. 25.11.2014, *DJe* 02.12.2014).

A Súmula 372 não foi formalmente cancelada pelo STJ. No entanto, a 2ª Seção, no REsp 1.763.462 (tema repetitivo n. 1.000, j. 26.05.2021), decidiu que, na vigência do CPC/2015, desde que prováveis a existência de relação jurídica entre as partes e de documento ou coisa que se pretende seja exigido, apurada em contraditório prévio, poderá o juiz, após tentativa de busca e apreensão ou outra medida coercitiva, determinar a sua exibição, sob pena de multa.

No que diz respeito ao pedido de exibição, a primeira providência é de natureza pura e simplesmente mandamental, consistente na determinação do juiz para que a parte exiba o documento ou coisa. Descumprido o mandamento (ordem), podem-se reputar verdadeiros os fatos que, por meio do documento ou da coisa, a parte pretendia provar. Como nem sempre a aplicação da presunção de veracidade dos fatos é viável, o CPC/2015 confere ao juiz poder para agregar um *plus* à tutela mandamental. Aí é que entram as medidas a que se refere o parágrafo único, sendo a multa uma medida de caráter subsidiário, conforme entendimento fixado pelo STJ.

Se a exibição é requerida contra quem não é parte no processo, o procedimento e as consequências são totalmente distintas. Nesse caso, deferida a exibição, o terceiro é citado para responder no prazo de quinze dias (art. 401).

Com a citação, a par da relação processual entre autor e réu, estabelece-se "uma relação processual paralela, com partes diferentes, tendo também por objeto uma lide diferente, girando em torno da existência do documento ou coisa procurada e do dever de exibir"[65].

Se o terceiro faz a exibição, encerra-se o procedimento. Se o terceiro silencia, o juiz profere sentença, na qual, se julgar procedente o pedido, ordena o depósito do documento ou coisa em cinco dias (art. 403). Se o terceiro contesta, negando a obrigação de exibir ou a posse do documento ou da coisa, procede-se à instrução do incidente (art. 402) e, em seguida, profere-se a decisão.

Se o terceiro descumpre a ordem para depositar, o juiz determina a busca e apreensão, requisitando, se necessário, força policial, sem prejuízo da remessa de peças dos autos ao Ministério Público, para promover ação penal por crime de desobediência (art. 330 do CP), se for o caso (art. 403, parágrafo único). Frise-se que o CPC/2015 ainda permite que contra o terceiro sejam fixadas multa ou outras medidas indutivas, coercitivas, mandamentais ou sub-rogatórias necessárias para assegurar a efetivação da decisão.

O art. 404 elenca, de forma exemplificativa, as hipóteses em que o terceiro pode se escusar de exibir o documento ou a coisa. Será legítima a recusa ou a defesa fundada na alegação de que o documento ou coisa são concernentes a negócios da própria vida da família; se a sua apresentação ou publicidade puder violar dever de honra ou desonra à parte ou ao terceiro, bem como a seus parentes consanguíneos ou afins até o terceiro grau, ou lhes representar perigo de ação penal; se a exibição acarretar a divulgação de fatos, a cujo respeito, por estado ou profissão, devam guardar segredo; se subsistirem outros motivos graves que, segundo o prudente arbítrio do juiz, justifiquem a recusa da exibição; ou, por fim, se houver disposição legal que justifique

---

[65] THEODORO JÚNIOR, Humberto. *Código de Processo Civil anotado*. 16. ed. Rio de Janeiro: Forense, 2012. p. 474.

a recusa da exibição (exemplo: art. 206 da Lei nº 9.279/1996[66]). Ressalve-se que as escusas não são absolutas. Assim, deve o juiz levar em conta

"os motivos apresentados pelo requerido em confronto com a importância da prova no contexto do litígio e com a própria natureza e objeto da discussão travada nesse processo; em alguns casos, assim, ainda se reconhecida a relevância da justificativa, poderá ser o alcance da escusa relativizado".[67]

Quadro esquemático 41 – Exibição de documento ou coisa

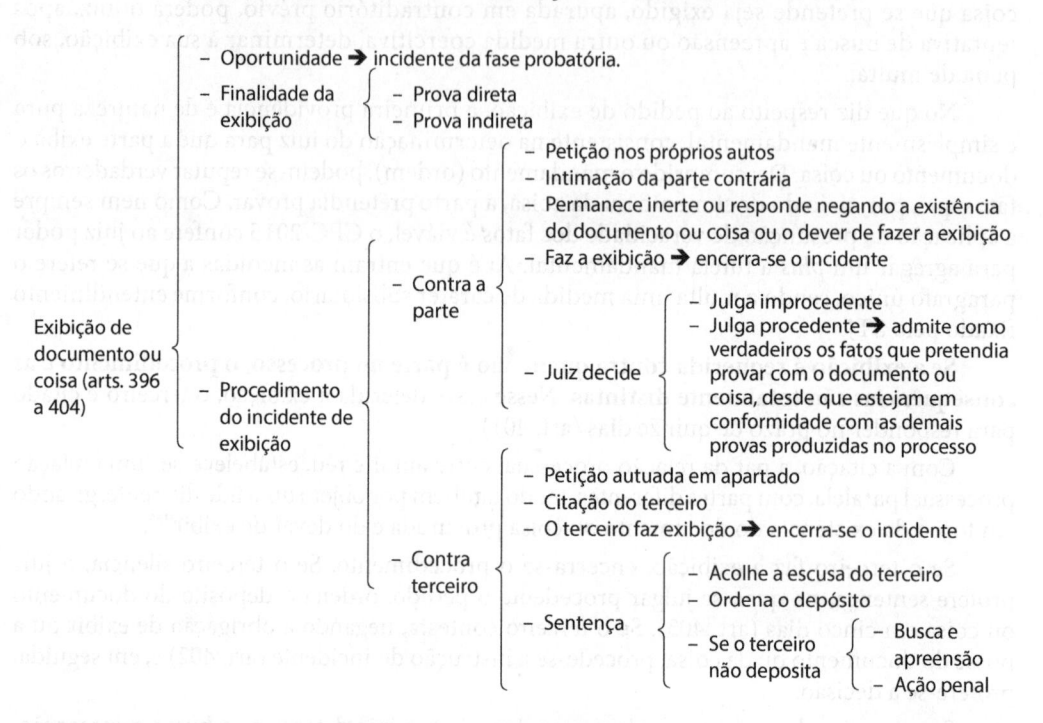

Exibição de documento ou coisa (arts. 396 a 404)
- Oportunidade ➔ incidente da fase probatória.
- Finalidade da exibição
  - Prova direta
  - Prova indireta
- Procedimento do incidente de exibição
  - Contra a parte
    - Petição nos próprios autos
    - Intimação da parte contrária
    - Permanece inerte ou responde negando a existência do documento ou coisa ou o dever de fazer a exibição
    - Faz a exibição ➔ encerra-se o incidente
    - Juiz decide
      - Julga improcedente
      - Julga procedente ➔ admite como verdadeiros os fatos que pretendia provar com o documento ou coisa, desde que estejam em conformidade com as demais provas produzidas no processo
  - Contra terceiro
    - Petição autuada em apartado
    - Citação do terceiro
    - O terceiro faz exibição ➔ encerra-se o incidente
    - Sentença
      - Acolhe a escusa do terceiro
      - Ordena o depósito
      - Se o terceiro não deposita
        - Busca e apreensão
        - Ação penal

7.2.6 Prova documental

Documento é a prova histórica real, consistente na **representação física de um fato**. Em sentido lato, documento compreende não apenas os escritos, mas também desenhos, pinturas, mapas, fotografias, gravações sonoras, filmes, por exemplo.

O **documento público**, ou seja, aquele formado e lavrado por escrivão, chefe de secretaria, tabelião ou servidor público, faz prova não só da sua formação, mas também dos fatos que tais pessoas declararem ocorridos em sua presença (art. 405). A presunção de veracidade do documento público se restringe à parte extrínseca do documento, isto é, à formação e à autoria das declarações. Por exemplo, a escritura pública faz certo, até prova em contrário, que a parte

---

[66] Lei nº 9.279/1996, "Art. 206. Na hipótese de serem reveladas, em juízo, para a defesa dos interesses de qualquer das partes, informações que se caracterizem como confidenciais, sejam segredo de indústria ou de comércio, deverá o juiz determinar que o processo prossiga em segredo de justiça, vedado o uso de tais informações também à outra parte para outras finalidades".

[67] TABOSA, Fábio. *Código de Processo Civil interpretado.* Coord. Antônio Carlos Marcato. 2. ed. São Paulo: Atlas, 2005. p. 1.152.

prestou as declarações registradas pelo tabelião. Não implica, porém, a veracidade obrigatória dos fatos que a parte declarou.

O ordenamento jurídico processual admite uma infinidade de provas, porém, naquelas em que a lei exigir, como da substância do ato, o instrumento público, nenhuma outra prova, por mais especial que seja, pode suprir-lhe a falta (art. 406). Em outras palavras, exigindo a lei documento público para a prova do ato, é impossível suprir a falta com outra espécie de prova, ao contrário do que ocorre quando o ato puder ser provado por documento particular, porquanto pode ser complementado com prova testemunhal (art. 444).

O documento, feito por oficial público incompetente, ou sem a observância das formalidades legais, sendo subscrito pelas partes, tem a mesma eficácia probatória do documento particular (art. 407).

Tratando-se de documento particular, a declaração presume-se verdadeira em relação ao signatário e não perante terceiros (art. 408). Contestada a assinatura do documento particular, cessa-lhe a fé, independentemente da arguição de falsidade, cabendo o ônus da prova, nesse caso, à parte que produziu o documento (art. 429, II).

A prova documental pode ser produzida em qualquer fase processual, inclusive em grau de recurso, "desde que ouvida a parte contrária e inexistentes o espírito de ocultação premeditada e de surpresa de juízo" (REsp 795.862). Apenas os documentos que constituem pressuposto da causa devem acompanhar a inicial. O disposto no art. 434, segundo o qual "incumbe à parte instruir a petição inicial ou a contestação com os documentos destinados a provar suas alegações", constitui mero anseio do legislador. Prova disso é que a lei permite a juntada posterior de documentos quando impossível a sua apresentação na petição inicial ou na contestação (art. 435, parágrafo único).[68]

Apresentada a prova documental (na petição, na contestação ou mesmo na fase recursal), a parte contrária poderá adotar quaisquer das providências do art. 436, quais sejam: (i) impugnar a admissibilidade da prova documental, isto é, negar-lhe o valor de prova por violar o art. 369; (ii) impugnar a autenticidade, ou seja, contestar a autoria do documento; (iii) manifestar-se sobre o documento sem, necessariamente, impugná-lo; ou (iv) suscitar a falsidade do documento, cabendo-lhe decidir se utilizará ou não o incidente processual de arguição. Com efeito, pode a parte impugnar documento que seja evidentemente falso, sem que haja necessidade do incidente processual, que tornaria mais longo o processo. Ainda assim, não será admitida alegação de falsidade genérica, pois ao impugnante incumbe apontar especificamente a irregularidade.

JURISPRUDÊNCIA TEMÁTICA

Relativização do momento para apresentação da prova documental

"A determinação do juiz para que se desentranhe prova documental dos autos em razão de sua juntada intempestiva, por si só, não inviabiliza o conhecimento da referida prova pelo Tribunal, desde que seja observado o princípio do contraditório. O art. 397 do CPC prevê as exceções à regra de que a prova documental deve acompanhar a petição inicial e a contestação, dispondo que 'é lícito às partes, em qualquer tempo, juntar aos autos documentos

---

[68] Posição que se alinha ao entendimento jurisprudencial. Nesse sentido: "[...] A juntada de documentos, em fase de apelação, que não se enquadram naqueles indispensáveis à propositura da ação e apresentam cunho exclusivamente probatório, com o nítido caráter de esclarecer os eventos narrados, é admitida, desde que garantido o contraditório e ausente qualquer indício de má-fé, sob pena de se sacrificar a apuração dos fatos sem uma razão ponderável [...]" (STJ, REsp 1.176.440/RO, Rel. Min. Napoleão Nunes Maia Filho, j. 17.09.2013).

novos, quando destinados a fazer prova de fatos ocorridos depois dos articulados, ou para contrapô-los aos que foram produzidos nos autos'. A interpretação do referido dispositivo tem sido feita de forma ampliativa, de modo a admitir que a juntada de documentos novos ocorra em situações não formalmente previstas, relativizando a questão sobre a extemporaneidade da apresentação de prova documental, desde que não se trate de documento indispensável à propositura da ação e não haja má-fé na ocultação do documento, razão pela qual se impõe a oitiva da parte contrária (art. 398 do CPC). Dessa forma, a mera declaração do juiz de que a prova documental é intempestiva e, por isso, deve ser desentranhada dos autos não é capaz de, por si só, impedir o conhecimento da referida prova pelo Tribunal, tendo em vista a maior amplitude, no processo civil moderno, dos poderes instrutórios do juiz, ao qual cabe determinar, até mesmo de ofício, a produção de provas necessárias à instrução do processo (art. 130 do CPC)"[69] (STJ, REsp 1.072.276/RN, Rel. Min. Luis Felipe Salomão, j. 21.02.2013).

Não se admite nova prova sobre fato antigo apresentada em momento processual inoportuno

"(...) É admissível a juntada de documentos novos, inclusive na fase recursal, desde que não se trate de documento indispensável à propositura da ação, inexista má-fé na sua ocultação e seja observado o princípio do contraditório (art. 435 do CPC/2015). 2. O conteúdo da alegada prova nova, tardiamente comunicada ao Poder Judiciário, foi objeto de ampla discussão, qual seja, a condição de bem de família de imóvel penhorado e, por isso, não corresponde a um fato superveniente sobre o qual esteja pendente apreciação judicial. 3. A utilização de prova surpresa é vedada no sistema pátrio (arts. 10 e 933 do Código de Processo Civil de 2015) por permitir burla ou incentivar a fraude processual. 4. Há preclusão consumativa quando à parte é conferida oportunidade para instruir o feito com provas indispensáveis acerca de fatos já conhecidos do autor e ocorridos anteriormente à propositura da ação e esta se queda silente. 5. A penhorabilidade do bem litigioso foi aferida com base no conjunto fático-probatório dos autos, que é insindicável ante o óbice da Súmula nº 7/STJ. 6. Recurso especial não provido" (REsp 1.721.700/SC, 3ª T., Rel. Min. Ricardo Villas Bôas Cueva, *DJe* 11.05.2018).

Quadro esquemático 42 – Prova documental

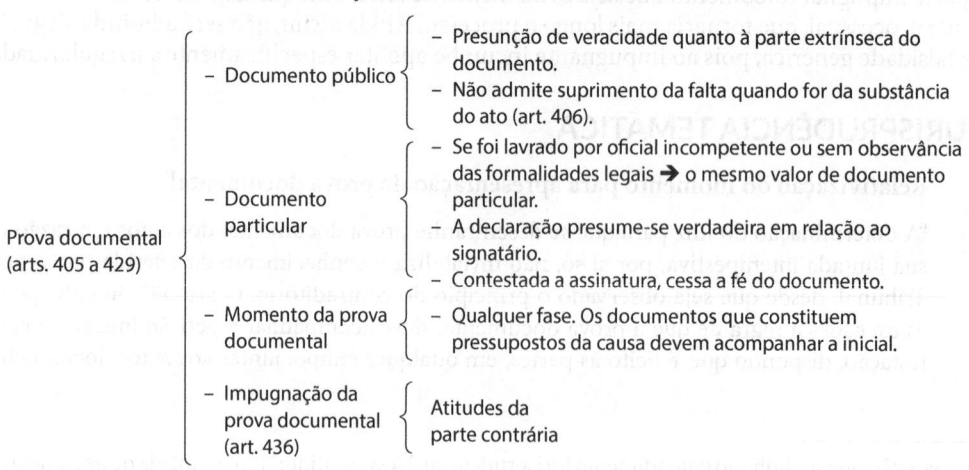

Prova documental (arts. 405 a 429)		
	– Documento público	– Presunção de veracidade quanto à parte extrínseca do documento. – Não admite suprimento da falta quando for da substância do ato (art. 406).
	– Documento particular	– Se foi lavrado por oficial incompetente ou sem observância das formalidades legais ➔ o mesmo valor de documento particular. – A declaração presume-se verdadeira em relação ao signatário. – Contestada a assinatura, cessa a fé do documento.
	– Momento da prova documental	– Qualquer fase. Os documentos que constituem pressupostos da causa devem acompanhar a inicial.
	– Impugnação da prova documental (art. 436)	Atitudes da parte contrária

---

[69] O acórdão refere-se aos artigos do CPC de 1973, que correspondem, respectivamente, aos arts. 435, 437, § 1º, e 370 do CPC/2015.

7.2.7 Arguição de falsidade

Existem duas espécies de falsidade: a ideológica e a material. Ocorre **falsidade ideológica** quando a declaração contida no documento revela fato inverídico, conquanto autêntica a assinatura do declarante. Já a **falsidade material** ocorre quando: forma-se documento não verdadeiro (ex.: utilização de papel assinado em branco); altera-se documento verdadeiro (ex.: insere novidade no documento); a autoria do documento não é verdadeira (assinatura falsa).

De acordo com a opinião da doutrina, apenas a falsidade material pode ser objeto da arguição de falsidade. Aliás, para obter a declaração da falsidade material, pode a parte se valer da ação declaratória autônoma (art. 19, II) ou do procedimento previsto nos arts. 430 a 433. Se a parte pretender apenas a declaração da autenticidade ou da falsidade de documento, o pedido será julgado como questão principal, e não como questão incidental.

Ressalte-se, no entanto, que o STJ vem admitindo a arguição de falsidade também para impugnar o conteúdo do documento. Para tanto, a falsidade deve ter relação com as declarações de ciência contidas no documento e não com as declarações de vontade nele constantes. Em outras palavras, quando não importar em desconstituição de situação jurídica (por vício da vontade), será possível discutir a falsidade ideológica.[70]

Nos termos do art. 430, a falsidade deve ser arguida na primeira oportunidade em que a parte deva se manifestar. Será na contestação, se o documento constar da inicial; será na réplica do autor, se constar na contestação.

O prazo para arguição da falsidade tem caráter preclusivo, ou seja, se a parte não o observar, não poderá mais discutir a veracidade do documento por meio do incidente. Isso não quer dizer que não seja mais possível, em ação autônoma, provar a falsidade material ou ideológica desse documento.

Logo que arguida a falsidade, o juiz intimará a parte contrária, que terá o prazo de quinze dias para se manifestar (art. 432).[71] Esgotado o prazo para resposta, o juiz determinará a realização de exame pericial, salvo se a parte que produziu o documento concordar em retirá-lo (art. 432, parágrafo único).

A arguição é decidida, em regra, como questão incidental ao processo. Não atinge, portanto, o mérito,[72] tratando-se apenas de inserção do documento no acervo probatório com a finalidade de julgar a crise de direito material.[73] O seu objeto não é abarcado pelos limites objetivos da coisa julgada, vez que não é esse o fim para qual o processo se instaurou. Se, no entanto, a parte demandar a declaração da falsidade ou autenticidade do documento como questão principal no processo (art. 19, II), a declaração irá se inserir nos limites objetivos da coisa julgada (art. 433). Nesse sentido, um documento considerado falso como questão principal em um processo não poderá ser considerado em outro, ainda que se trate de outro fato, outra questão jurídica, outra lide.

---

[70] Nesse sentido: STJ, AgRg no REsp 1.024.640/DF, Rel. Min. Massami Uyeda, *DJe* 10.02.2009.
[71] No CPC/1973 esse prazo era de 10 dias (art. 392).
[72] "[...] O entendimento que prestigia o cabimento do agravo quando a decisão se limita a julgar o incidente de falsidade processado nos autos principais sem adentrar no mérito da causa" (STJ, REsp 10.318/PR, 4ª Turma, Rel. Min. Sálvio de Figueiredo Teixeira, j. 07.04.1992).
[73] "Há de limitar-se a seu objeto, ou seja, a falsidade ou autenticidade do documento. As repercussões do decidido serão examinadas no processo em que suscitado o incidente" (STJ, REsp 44.509/AO, 3ª Turma, Rel. Min. Eduardo Ribeiro, j. 30.05.1994).

Quadro esquemático 43 – Arguição de falsidade

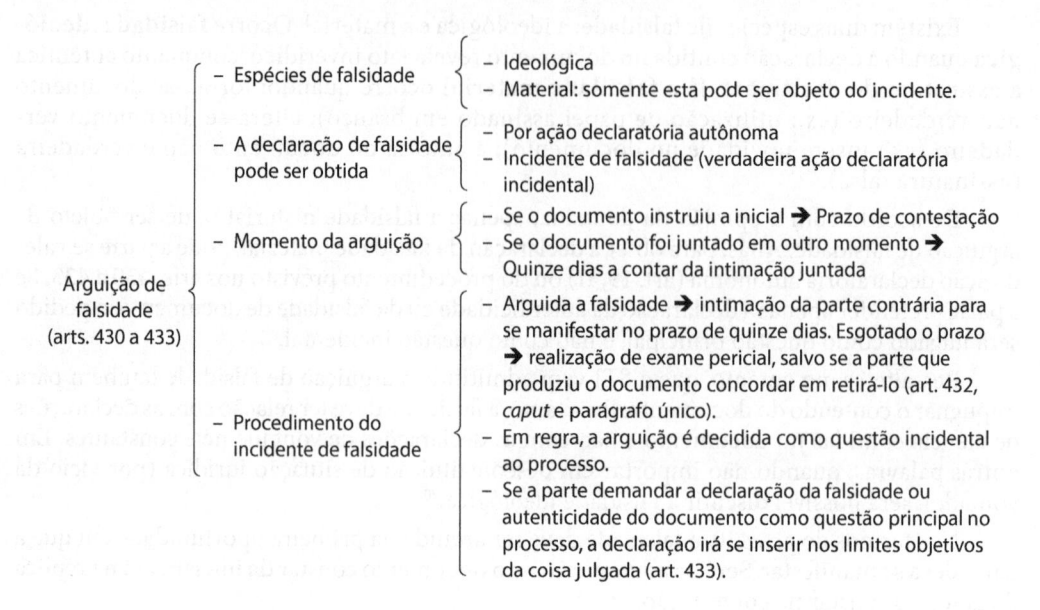

Arguição de falsidade (arts. 430 a 433)
- **Espécies de falsidade**
  - Ideológica
  - Material: somente esta pode ser objeto do incidente.
- **A declaração de falsidade pode ser obtida**
  - Por ação declaratória autônoma
  - Incidente de falsidade (verdadeira ação declaratória incidental)
- **Momento da arguição**
  - Se o documento instruiu a inicial → Prazo de contestação
  - Se o documento foi juntado em outro momento → Quinze dias a contar da intimação juntada
- **Procedimento do incidente de falsidade**
  - Arguida a falsidade → intimação da parte contrária para se manifestar no prazo de quinze dias. Esgotado o prazo → realização de exame pericial, salvo se a parte que produziu o documento concordar em retirá-lo (art. 432, *caput* e parágrafo único).
  - Em regra, a arguição é decidida como questão incidental ao processo.
  - Se a parte demandar a declaração da falsidade ou autenticidade do documento como questão principal no processo, a declaração irá se inserir nos limites objetivos da coisa julgada (art. 433).

7.2.8 Documentos eletrônicos

O CPC/2015 dedica uma seção específica para tratar dos documentos eletrônicos. A disciplina contida nos arts. 439 a 441 é posterior à que foi dada à prova documental. Logo, aqueles não devem ser entendidos como espécie de prova documental.

Vicente Greco Filho define documento como todo objeto do qual se extraem fatos em virtude da existência de símbolos ou sinais gráficos, mecânicos, eletromagnéticos etc.[74] Por conseguinte, documento eletrônico compreende o registro de fatos que tem como meio físico um suporte eletrônico ou digital, quais sejam, os dispositivos que armazenam informações: CDs, DVDs, Blu-Ray Disc, HDs, *pen-drives*, *e-mail* etc.

Desse entendimento, inferem-se duas possibilidades: o uso do documento eletrônico no processo eletrônico, procedimento regulado pela Lei nº 11.419/2006, e o uso do documento eletrônico no processo convencional, isto é, em autos físicos. O art. 439 do CPC/2015[75] trata da segunda hipótese. Nesse sentido, o uso do documento eletrônico no processo convencional deve observar duas condições: a conversão à forma impressa, isto é, a reprodução dos dados e fatos constantes do documento eletrônico em meio físico impresso, uma vez que deverá ser anexado nos autos físicos, e a verificação de sua autenticidade na forma da lei.

A matéria referente à verificação da autenticidade do documento eletrônico não está inserida no CPC/2015. Não há uma lei específica, mas dispositivos esparsos que, se lidos em conjunto, permitem interpretar os dispositivos processuais. A MP nº 2.200-2/2001 institui o ICP-Brasil, órgão responsável pelo reconhecimento e garantia da integridade de documentos eletrônicos, que faz a emissão de certificação digital com base no uso de chaves públicas. Essa Medida Provisória ainda permite que sejam utilizados outros meios de comprovação da autoria

---

[74] GRECO FILHO, Vicente. *Direito processual civil brasileiro*. 14. ed. São Paulo: Saraiva, 2000. p. 208.
[75] "A utilização de documentos eletrônicos no processo convencional dependerá de sua conversão à forma impressa e da verificação de sua autenticidade, na forma da lei".

e veracidade do documento eletrônico, mesmo que não se utilize de certificação digital emitida pelo ICP-Brasil, contanto que a mesma seja aceita pelas partes.

A verificação da autenticidade de um documento eletrônico comporta dois momentos distintos. Inicialmente, verifica-se a autenticidade na origem do documento, isto é, a autoria do documento. O segundo momento corresponde à verificação da integridade do documento.

A autoria do documento e sua integridade podem ser verificadas por meio de uma assinatura eletrônica, isto é, um meio eletrônico, empregado na origem do documento, que identifique seu autor. Uma das formas de obter-se a assinatura eletrônica no documento se dá pela utilização da assinatura digital, a qual utiliza criptografia de dados com um sistema de chaves assimétricas. O autor utiliza uma chave privada que irá gerar códigos com base nos dados da origem do documento. Esses códigos serão comparados com a chave pública dos dados constantes do documento quando ele for utilizado, permitindo que se verifique se foram adulterados ou não. Quando essa verificação for feita por autoridades certificadoras credenciadas, será emitido um certificado digital, que goza de presunção de veracidade quanto aos dados constantes do documento eletrônico.

Além disso, pelo art. 1º, § 2º, III, "b", da Lei nº 11.419/2006, é possível ainda a emissão de assinatura eletrônica quando o usuário estiver cadastrado no Poder Judiciário, de acordo com a disciplina do respectivo órgão do cadastro. Essa disposição acaba abrindo mão para que cada Tribunal, por exemplo, defina suas próprias regras para o cadastro do usuário e o uso de sua assinatura eletrônica, impedindo que ocorra a interoperabilidade dos sistemas e a utilização de um padrão único dentro do Poder Judiciário.

Quando não for possível o procedimento de conversão do documento eletrônico para a forma impressa, conforme determina o art. 439, o documento eletrônico não será desperdiçado do processo, mas terá seu conteúdo fático analisado pelo magistrado, que fará juízo de valor sobre sua qualidade como prova (art. 440).

A Lei nº 11.419/2006, que regula a informatização do processo, traz algumas disposições sobre a produção e conservação dos documentos eletrônicos. Nesse sentido, os documentos que forem produzidos eletronicamente e depois juntados aos processos eletrônicos, tendo sua origem verificada por meio de certificação digital ou assinatura eletrônica, serão considerados originais para todos os efeitos legais. Os documentos originais, isto é, aqueles que foram produzidos primeiro, quando convertidos para a forma eletrônica, devem ser conservados até o trânsito em julgado da sentença ou até o término do prazo para interposição da ação rescisória (art. 11, § 3º).

Quadro esquemático 44 – Documentos eletrônicos

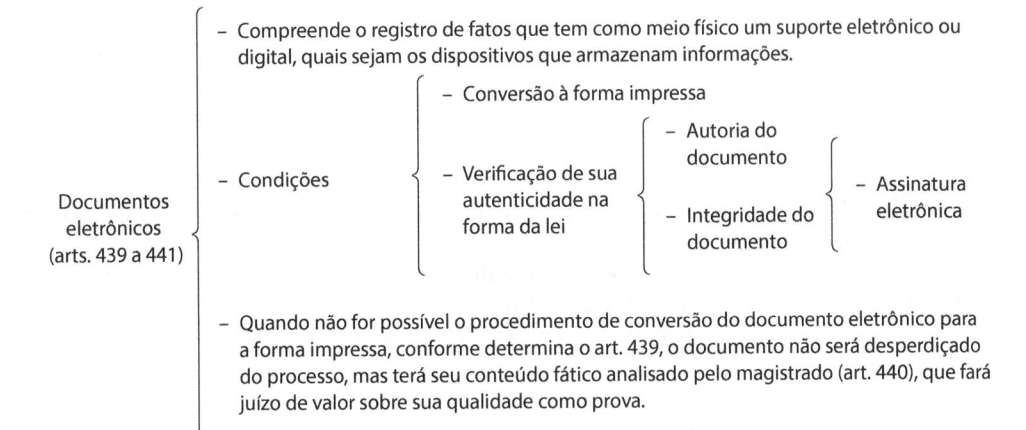

Documentos eletrônicos (arts. 439 a 441)

- Compreende o registro de fatos que tem como meio físico um suporte eletrônico ou digital, quais sejam os dispositivos que armazenam informações.

- Condições
  - Conversão à forma impressa
  - Verificação de sua autenticidade na forma da lei
    - Autoria do documento
    - Integridade do documento
    - Assinatura eletrônica

- Quando não for possível o procedimento de conversão do documento eletrônico para a forma impressa, conforme determina o art. 439, o documento não será desperdiçado do processo, mas terá seu conteúdo fático analisado pelo magistrado (art. 440), que fará juízo de valor sobre sua qualidade como prova.

7.2.9 Prova testemunhal

"A prova testemunhal é sempre admissível, não dispondo a lei de modo diverso" (art. 442). Entretanto, não se admite a prova testemunhal quando se referir a fatos já provados por documento ou confissão da parte; ou que só por documento ou por exame pericial puderem ser provados (art. 443, I e II).

A prova testemunhal, exclusivamente, também não é admitida quando a lei exigir prova escrita da obrigação. Entretanto, se houver começo de prova por escrito, emanado da parte contra a qual se pretende produzir a prova, as testemunhas serão admitidas. Nesse caso, a prova testemunhal terá caráter subsidiário (art. 444).

Não são todas as pessoas que podem testemunhar. **A lei impede o testemunho dos incapazes, impedidos e suspeitos** (art. 447, *caput*). Sobre os incapazes, é imprescindível fazer uma comparação entre o disposto no Código Civil (com as modificações conferidas pelo **Estatuto da Pessoa com Deficiência – Lei nº 13.146/2015**) e a lei processual.

De acordo com o CPC, são incapazes, para fins de depoimento como testemunha (art. 447, § 1º): I – o interdito por enfermidade ou deficiência mental; II – o que, acometido por enfermidade ou retardamento mental, ao tempo em que ocorreram os fatos, não podia discerni-los, ou, ao tempo em que deve depor, não está habilitado a transmitir as percepções; III – o que tiver menos de 16 (dezesseis) anos; IV – o cego e o surdo, quando a ciência do fato depender dos sentidos que lhes faltam.

O art. 228 do Código Civil, cuja redação foi modificada pela Lei nº 13.146/2015 (Estatuto da Pessoa com Deficiência), traz a seguinte disposição:

> Art. 228. Não podem ser admitidos como testemunhas:
>
> I – os menores de dezesseis anos;
>
> II – (Revogado);
>
> III – (Revogado);
>
> IV – o interessado no litígio, o amigo íntimo ou o inimigo capital das partes;
>
> V – os cônjuges, os ascendentes, os descendentes e os colaterais, até o terceiro grau de alguma das partes, por consanguinidade, ou afinidade.
>
> § 1º Para a prova de fatos que só elas conheçam, pode o juiz admitir o depoimento das pessoas a que se refere este artigo.
>
> § 2º A pessoa com deficiência poderá testemunhar em igualdade de condições com as demais pessoas, sendo-lhe assegurados todos os recursos de tecnologia assistiva.

Vê-se que o Estatuto da Pessoa com Deficiência exclui das pessoas impedidas de depor: (i) aqueles que, por enfermidade ou retardamento mental, não tiverem discernimento para a prática dos atos da vida civil; e (ii) os cegos e surdos, quando a ciência do fato que se quer provar dependa dos sentidos que lhes faltam.

Diante da antinomia de normas e tendo ambas a mesma especialidade, o conflito deve ser resolvido pelo critério cronológico (princípio da temporalidade). O Estatuto da Pessoa com Deficiência entrou em vigor em janeiro de 2016. Já o Código de Processo Civil atual, em 18 de março desse mesmo ano. Assim, embora não tenha o Estatuto revogado expressamente o art. 228 do Código Civil, no que respeita às testemunhas impedidas de depor, devem prevalecer as disposições do CPC/2015, exatamente por serem posteriores às do Estatuto da Pessoa com Deficiência.

Não obstante a prevalência do CPC/2015 no ponto em comento, há que se interpretar a lei processual em conformidade com as garantias conferidas pelo Estatuto, que claramente se propõe a dignificar a pessoa com deficiência e a promover, em condições de igualdade, o exercício de todos os direitos que são conferidos às pessoas que não possuem essa condição. Afinal, a dignidade da pessoa humana está muito acima da letra fria da lei. Aqui há que se fazer a ponderação dos valores em conflito.

Dessa forma, se a lei processual proíbe de depor "o interdito por enfermidade ou deficiência mental", mas o Estatuto não traz essa limitação, o ideal é que o juiz se coloque diante da seguinte premissa: **se a deficiência física ou mental não comprometer o ato processual, a pessoa, ainda que tenha sofrido processo de interdição, terá condições de servir como testemunha**. Para tanto, devem ser oferecidos todos os recursos de tecnologia assistiva disponíveis para que ela tenha garantido o acesso à justiça (art. 80 do Estatuto).

Já em relação a "o cego e o surdo, quando a ciência do fato depender dos sentidos que lhes faltam", apesar de o Estatuto ter revogado dispositivo que trazia redação semelhante no Código Civil (art. 123 da Lei nº 13.146/2015), não é possível afastar essa regra quando, por exemplo, a situação concreta demonstrar que a pessoa com deficiência visual não tinha como ter contato com o fato relatado, justamente por este depender de um sentido que lhe falta. A análise quanto à incapacidade para depor vai depender sempre do cotejo entre a situação concreta apresentada nos autos e a limitação apresentada pela pessoa que a parte ou o próprio juiz pretenda ouvir como testemunha.

A lei processual acrescenta ao rol de impedidos de depor, ainda, (i) o que acometido por enfermidade ou retardamento mental, ao tempo em que ocorreram os fatos, não podia discerni-los, ou, ao tempo em que deve depor, não está habilitado a transmitir as percepções; e (ii) o que tiver menos de 16 (dezesseis) anos.

A primeira hipótese leva em consideração a condição da pessoa, que se mostra incompatível com o depoimento em juízo na qualidade de testemunha. Se, por exemplo, o processo envolve acidente de trânsito e uma das testemunhas machucou-se gravemente no acidente, pode ser que o seu discernimento quanto ao ocorrido esteja comprometido. O portador da Síndrome de Down, a depender do comprometimento intelectual, pode atuar como testemunha. O doente em fase terminal pode não estar habilitado a transmitir suas percepções, ainda que na data do fato a ser provado estivesse gozando de plena saúde física e mental. Mais uma vez, a análise quanto à capacidade para o testemunho dependerá da situação concreta apresentada.

Superadas essas questões, vejamos as outras pessoas que a lei impede de atuar como testemunha.

Os **impedidos** (art. 447, § 2º) são aqueles cujo relacionamento pessoal com a causa em questão torna suas declarações incertas. Nessa categoria incluem-se os cônjuges, os companheiros, o ascendente e o descendente em qualquer grau e o colateral até o terceiro grau de alguma das partes, por consanguinidade ou afinidade. Também são impedidos de depor como testemunha o tutor na causa do menor tutelado, o representante legal da pessoa jurídica que figura como parte, o juiz, o advogado e outros, que assistam ou tenham assistido as partes. As partes também foram incluídas no rol de pessoas impedidas, mas de maneira desnecessária. O depoimento da parte será colhido como depoimento pessoal, e não como prova testemunhal.[76]

Já os **suspeitos** são aqueles a cujo testemunho não se deve creditar muito valor, por motivos de sua esfera pessoal. São o inimigo capital da parte ou o seu amigo íntimo e os que tiverem interesse no litígio (art. 447, § 3º). Ressalte-se que, nesse ponto, o Código/2015 excluiu do rol de suspeitos "o condenado por crime de falso testemunho, havendo transitado em julgado a sentença" (art. 405, § 3º, I, do CPC/1973) e "o que, por seus costumes, não for digno de fé"

---

[76] ALVIM, Arruda. *Manual de direito processual civil*. 5. ed. São Paulo: Revista dos Tribunais, 2006. p. 480.

(art. 405, § 3º, II, do CPC/1973). Na primeira hipótese, por mais que a sentença transitada em julgado demonstre certa parcialidade do sujeito, não se pode antever que a conduta típica venha a se repetir em todo e qualquer processo. Com relação ao "indigno de fé", acreditamos que o Código acertou com a exclusão dessa hipótese de suspeição, porquanto seu caráter absolutamente subjetivo tornava a situação difícil de ser comprovada.

Sendo estritamente necessário, o juiz ouvirá testemunhas impedidas ou suspeitas, mas os seus depoimentos serão prestados independentemente de compromisso e o juiz lhes atribuirá o valor que possam merecer (art. 447, § 4º). Em verdade, as pessoas menores, impedidas ou suspeitas não são consideradas como testemunha. Nesses casos elas serão ouvidas na condição de **informantes**.

O momento adequado para requerer a prova testemunhal é a petição inicial (art. 319, VI), para o autor, ou a contestação, para o réu (art. 335), ou então na fase de especificação de prova (art. 357, § 4º). É no saneador que o juiz admitirá, ou não, essa espécie de prova. Entende-se, porém, implicitamente deferida a prova testemunhal previamente requerida quando o juiz simplesmente designa a audiência de instrução e julgamento (art. 357, V). O **número de testemunhas** não pode ser superior a dez, sendo três, no máximo, para a prova de cada fato. O juiz poderá, no entanto, limitar o número de testemunhas levando-se em consideração as peculiaridades do caso concreto (art. 357, § 7º). Também lhe é permitido indeferir a oitiva de testemunhas que tenha intuito meramente protelatório (art. 370, parágrafo único). Isso vale para todas as provas produzidas no processo.

As testemunhas poderão ser **ouvidas fora da sede do juízo** quando estiverem impossibilitadas de comparecer (art. 449, parágrafo único) ou, quando residirem em outra comarca, seção ou subseção judiciárias, for possível a oitiva por videoconferência ou outro recurso de transmissão de sons e imagens em tempo real (art. 453, § 1º).

A **intimação da testemunha** deve ser feita pelo advogado que a arrolou, que a informará sobre a data, o horário e o local da audiência (art. 455). A intimação será feita por carta com aviso de recebimento, o qual deverá ser juntado aos autos com antecedência mínima de três dias em relação à data da audiência (art. 455, § 1º). Se a parte se comprometer a conduzir a testemunha à audiência, fica dispensada a intimação com posterior comprovação. Todavia, o não comparecimento para depoimento implica presunção de desistência da oitiva (art. 455, § 2º).

Note que no CPC/1973 prevalecia a regra de intimação pelo próprio juízo (art. 412). No atual Código a intimação pela via judicial passa a ser exceção, devendo ocorrer somente nas hipóteses previstas no § 4º do art. 455.

Outra novidade é que o CPC/2015 extingue o antiquado sistema de "reperguntas", no qual a pergunta feita pela parte é dirigida ao juiz que, então, a redireciona para a testemunha. Nos termos do art. 459, "as perguntas serão formuladas pelas partes diretamente à testemunha, começando pela que a arrolou [...]".[77] Além de mais demorada, a formalidade exigida pelo CPC/1973 representava implicitamente uma pressuposição de deslealdade das partes para com as testemunhas. De acordo com o CPC/2015, cabe ao juiz intermediar, evitando perguntas de caráter protelatório, repetidas, que fujam do objeto, ou, ainda, que induzam a determinada resposta.

Além disso, é possível que o julgador formalize, **antes ou depois das partes**, as perguntas que achar pertinentes para o bom conhecimento da causa (art. 459, § 1º). Nesse ponto, não se pode negar um avanço no que respeita à coleta da prova oral, embora a ideia inicial da Comissão

---

[77] No CPC/1973 a redação era a seguinte: "Art. 416. O juiz interrogará a testemunha sobre os fatos articulados, cabendo, primeiro à parte, que a arrolou, e depois à parte contrária, formular perguntas tendentes a esclarecer ou completar o depoimento".

de Juristas tenha sido seguir o modelo adversarial adotado nos países do *Common Law*, no qual cabe exclusivamente aos advogados interrogar as testemunhas. No CPC/2015, o que se permite é a inquirição direta, sem aquela modorrenta repetição. Contudo, o protagonismo do juiz prevalece, uma vez que poderá iniciar e concluir a inquirição. A participação dos advogados será meramente complementar. A nosso ver, tendo em vista a simplicidade do nosso povo, que nem de longe se assemelha à formação das testemunhas residentes em Londres ou Nova Iorque, andou bem o legislador brasileiro.[78]

Quadro esquemático 45 – Prova testemunhal

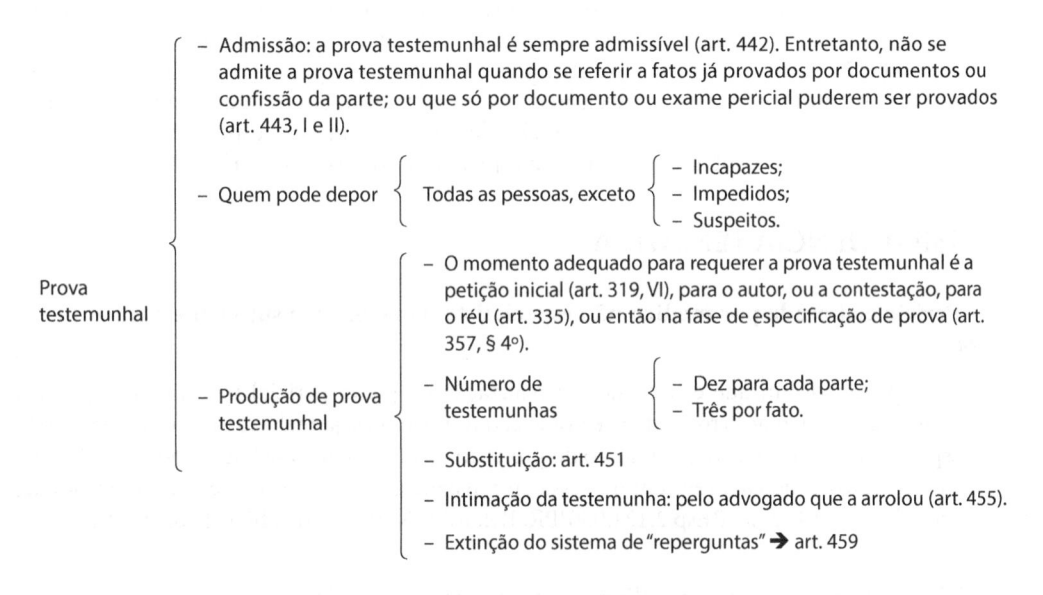

Prova testemunhal

- **Admissão:** a prova testemunhal é sempre admissível (art. 442). Entretanto, não se admite a prova testemunhal quando se referir a fatos já provados por documentos ou confissão da parte; ou que só por documento ou exame pericial puderem ser provados (art. 443, I e II).
- **Quem pode depor:** Todas as pessoas, exceto:
  - Incapazes;
  - Impedidos;
  - Suspeitos.
- **Produção de prova testemunhal:**
  - O momento adequado para requerer a prova testemunhal é a petição inicial (art. 319, VI), para o autor, ou a contestação, para o réu (art. 335), ou então na fase de especificação de prova (art. 357, § 4º).
  - Número de testemunhas:
    - Dez para cada parte;
    - Três por fato.
  - Substituição: art. 451
  - Intimação da testemunha: pelo advogado que a arrolou (art. 455).
  - Extinção do sistema de "reperguntas" ➜ art. 459

7.2.10 *Prova pericial*

Sempre que houver necessidade de conhecimento técnico ou científico específico para esclarecer determinados fatos da causa, poderá o juiz se valer da prova pericial, seja de ofício ou mediante requerimento das partes (art. 370). Trata-se, portanto, de meio de prova destinado a auxiliar o magistrado a solucionar o litígio, já que não se pode lhe exigir o conhecimento pleno sobre todas as ciências humanas e exatas.

O perito é considerado auxiliar da justiça (arts. 149 e 156), razão pela qual também está sujeito aos motivos de impedimento e suspeição (art. 148, II).

Para figurar como perito, o profissional deve estar previamente inscrito em cadastro mantido pelo Tribunal ao qual o juiz estiver vinculado (art. 156, § 1º). Além disso, os peritos devem ser submetidos a avaliações periódicas, as quais subsidiarão a atualização desse cadastro. Essa é uma das inovações trazidas pelo CPC/2015, já que a regra prevista no Código de 1973 (art. 145) possibilitava a livre nomeação do perito pelo juiz.

De todo modo, na localidade onde não houver profissional inscrito no cadastro disponibilizado pelo Tribunal, a nomeação do perito será de livre escolha do juiz e deverá recair

---

[78] Não é difícil encontrarmos casos nos quais o advogado orienta e influencia a testemunha. Veja como exemplo: http://www.migalhas.com.br/Quentes/17,MI220332,51045-Advogado+e+condenado+por+orientar+testemunha+a+mentir.

sobre profissional ou órgão técnico ou científico comprovadamente detentor do conhecimento necessário à realização da perícia.

Tanto o CPC/1973 (art. 420) quanto o CPC/2015 (art. 464) classificam a prova pericial em: **exame, vistoria** e **avaliação**. *Exame* é a inspeção realizada por perito para cientificar-se acerca da existência de algum fato ou circunstância que interesse à solução do litígio. O exame pode ter por objeto coisas móveis, semoventes, livros comerciais, documentos e papéis em geral, e até mesmo pessoas (exame de DNA em ação de investigação de paternidade, por exemplo). *Vistoria* é o exame que recai exclusivamente sobre bem imóvel. *Avaliação*, por sua vez, é a perícia destinada a verificar o valor de determinado bem, direito ou obrigação.

Se as circunstâncias demonstrarem ser desnecessário tal meio de prova, poderá o juiz utilizar as regras de experiência, acessíveis a todos pela observação do que ordinariamente acontece (art. 375), ou, ainda, promover, *ex officio*, a inspeção de pessoas ou coisas, a fim de se esclarecer sobre fato que interesse à decisão da causa (art. 481). Isso não quer dizer que o juiz pode substituir-se ao perito. Havendo necessidade de conhecimento especializado, o exame pericial deve ser deferido, sob pena de ofensa aos princípios do contraditório e da ampla defesa.

JURISPRUDÊNCIA TEMÁTICA

Perícia elaborada por médico não especialista não é motivo suficiente para anular a prova

"Nos processos em que é necessária a realização de prova pericial para fins de apurar a ocorrência ou não de erro médico, é possível que a perícia seja realizada por um médico não especialista na área de conhecimento do profissional cuja atuação se busca apurar, desde que os elementos concretos revelem que essa circunstância não comprometerá a idoneidade da prova" (STJ, 3ª Turma, REsp 2.121.056/PR, Rel. Min. Nancy Andrighi, j. 21.05.2024).

7.2.10.1 Indeferimento e dispensa da prova pericial

O Código atual repete a redação do Código de 1973 no que se refere às hipóteses de indeferimento da prova pericial (art. 420, I a III, do CPC/1973; art. 464, § 1º, I a III, CPC/2015). A primeira está relacionada com a necessidade da prova. Como já dito, se a prova não depender de conhecimento especializado (cálculos aritméticos, por exemplo), poderá o juiz indeferir o pedido sem que isto caracterize cerceamento de defesa. Também se mostrará desnecessária a perícia quando outras provas já produzidas no processo forem suficientes para formar o convencimento do juiz. Nesse caso, fica a dúvida: como outra prova pode substituir essa prova técnica? Entendo que a hipótese prevista no inciso II só tem aplicabilidade prática se as partes já tiverem apresentado laudos particulares na petição inicial ou na contestação e estes laudos forem suficientes para solucionar eventuais dúvidas do julgador. De toda forma, prevalece na jurisprudência a possibilidade de desconsideração do laudo pericial pelo juiz com base em outras provas:

> "A preferência do julgador por determinada prova insere-se no livre convencimento motivado e não cabe compelir o magistrado a colher com primazia determinada prova em detrimento de outras pretendidas pelas partes se, pela base do conjunto probatório tiver se convencido da verdade dos fatos" (STF. Plenário. RE 567.708/SP, rel. orig. Min. Gilmar Mendes, red. p/ o acórdão Min. Cármen Lúcia, j. 08.03.2016 (Info 817)).

Outra hipótese de dispensa da prova pericial é a verificação impraticável do fato (inciso III). Nesse caso a impossibilidade pode ocorrer quando tiver desaparecido o objeto, quando ele se revelar física ou juridicamente inacessível ou quando a verificação do fato a ser provado depender de recursos – científicos, por exemplo – que ainda não estejam disponíveis. Em todos os casos de indeferimento o juiz deverá fundamentar a sua decisão.[79]

A prova pericial poderá, também, ser dispensada quando as partes, na inicial e na contestação, apresentarem, sobre as questões de fato, pareceres técnicos ou documentos elucidativos que o juiz considerar suficientes (art. 472). Assim como já defendia que na sistemática anterior o juiz tivesse cautela ao utilizar esse dispositivo – o art. 472 é mera repetição do art. 427 do CPC/1973 –, mantenho a posição no sentido de que a dispensa deve ser limitada às situações nas quais não haja impugnação fundamentada acerca da conclusão proferida no laudo apresentado por uma das partes. Como não se pode exigir uma atuação parcial dos litigantes, não é difícil imaginar a existência de laudos particulares com manifestações ou constatações tendenciosas a uma das partes.

7.2.10.2 Prova técnica simplificada

O CPC traz, nos §§ 2º a 4º do art. 464, novidades em relação à sistemática anterior. Tais dispositivos regulam a possibilidade de ser utilizado o recurso de **prova técnica simplificada**, de ofício ou a requerimento das partes, quando o ponto controvertido for menos complexo. Nesse caso, a perícia será substituída pela inquirição de especialista, com formação acadêmica específica na área objeto do assunto.

A realização de prova técnica simplificada independerá da confecção de laudo pericial. Caberá ao juiz apenas inquirir o perito, na audiência de instrução e julgamento, sobre os fatos que demandem conhecimento especializado. Os assistentes também podem ser admitidos, assim como a formulação de quesitos orais, que serão esclarecidos na própria audiência. Note que esta simplificação já podia ser vista na Lei dos Juizados Especiais (Lei nº 9.099/1995), mais precisamente no art. 35.[80]

Não sendo o caso de prova técnica simplificada (art. 464, §§ 2º a 4º), o juiz deverá nomear o perito dentre aqueles cadastrados na forma do art. 156, fixando, desde logo, prazo para entrega do laudo.

7.2.10.3 Perícia consensual

Objetivando estimular a solução consensual dos conflitos, o CPC/2015 apresentou interessante inovação no que tange à produção da prova pericial (art. 471). Poderão as partes, desde que plenamente capazes, acordar a escolha do perito. Para tanto, deverão apresentar requerimento ao juiz, indicando não só o especialista, mas, também, os eventuais assistentes. Além disso, deverão indicar a data e o local para realização da prova. Recebido o requerimento, o juiz apresentará prazo para entrega do laudo pelo perito e pelos assistentes. A perícia consensual substituirá, para todos os efeitos, a perícia judicial. Não há, pelo menos até aqui, qualquer distinção entre a perícia realizada mediante consenso e aquela determinada pelo juiz.

As diferenças entre as perícias judicial e consensual são basicamente duas: (i) o perito escolhido pelas partes não precisa estar cadastrado no tribunal (art. 156, § 1º) e (ii) as partes

---

[79] "O magistrado pode negar a realização de perícia requerida pela parte sem que isso importe, necessariamente, cerceamento de defesa. De fato, o magistrado não está obrigado a realizar todas as perícias requeridas pelas partes. Ao revés, dentro do livre convencimento motivado, pode dispensar exames que repute desnecessários ou protelatórios. [...]" (STJ, REsp 1.352.497/DF, Rel. Min. Og Fernandes, j. 04.02.2014).

[80] "Art. 35. Quando a prova do fato exigir, o Juiz poderá inquirir técnicos de sua confiança, permitida às partes a apresentação de parecer técnico".

não poderão questionar eventual suspeição ou imparcialidade do profissional. Quanto à possibilidade de impugnação do laudo, "a previsão de escolha de assistentes técnicos já é um indicativo de que as partes podem questionar o laudo pericial. Mas nada impede que, no próprio negócio de escolha do perito, haja uma cláusula em que as partes renunciam ao direito de impugnar o laudo pericial".[81]

Como já dito, o prazo para entrega do laudo não fica a critério das partes. Deve o juiz fixá-lo tão logo tome conhecimento da indicação. Caso o laudo não seja entregue, a sanção prevista no § 1º do art. 468 poderá ser aplicada pelo juiz. É que, apesar de o profissional ter sido indicado pelas partes, a inexecução do trabalho trará prejuízos não somente para as partes, mas para a própria atividade jurisdicional. Nada obsta que as partes prejudicadas também demandem em ação autônoma contra o perito.

7.2.10.4 Procedimento

As partes serão intimadas do despacho de nomeação do perito e, no prazo de quinze dias (art. 465, § 1º)[82] contados desse despacho, indicarão seus assistentes técnicos, seus quesitos e, se for o caso, arguirão a suspeição ou o impedimento do especialista. Segundo entendimento jurisprudencial,[83] o referido prazo não é preclusivo. Sendo assim, as partes poderão indicar seus assistentes e formular os quesitos até o momento do início da realização da perícia.

Nos termos do § 2º do art. 465, o perito deverá ser regularmente cientificado de sua nomeação e, uma vez intimado, terá o prazo de cinco dias para apresentar proposta de honorários, contatos profissionais para fins de intimação e currículo. As duas últimas informações – contatos e currículo – só serão necessárias quando o perito for escolhido pelas partes (art. 471) ou quando não for integrante do cadastro mantido pelo tribunal. Isso porque, quando se tratar de perito cadastrado pelo tribunal, já estarão disponíveis para consulta por parte dos interessados os documentos exigidos para habilitação. Entre esses documentos certamente já estarão os contatos do perito e as informações que atestem a sua especialização.

No que concerne aos honorários, cumpre salientar que no CPC/1973 não havia nenhuma previsão quanto ao procedimento para fixação da remuneração do perito. As disposições do Código atual preenchem uma lacuna e acabam por positivar o que normalmente acontece na prática forense.

As partes poderão manifestar-se a respeito da proposta apresentada pelo perito no prazo comum de cinco dias (art. 465, § 3º). As disposições que tratam do ônus relativo ao pagamento dos honorários periciais estão previstas no art. 95. A regra geral é os honorários deverão ser pagos por aquele que requereu a modalidade probatória, cabendo rateio nos casos de exigência *ex officio* ou requerida por ambas as partes.

Se as partes concordarem, o juiz deverá determinar que uma parcela dos honorários seja depositada de imediato. O pagamento do restante será efetuado quando, encerrada a perícia, o

---

[81] DIDIER JR., Fredie. *Curso de direito processual civil*. 10. ed. Salvador: JusPodivm, 2015. v. 2, p. 288.
[82] No CPC/1973 esse prazo era de 05 (cinco) dias (art. 421, § 1º).
[83] Nesse sentido: "Processual civil. Ação demarcatória. Incabível na espécie. Perícia. Quesitos e assistente técnico. Prazo. Arts. 421, § 1º, do CPC. Ausência de preclusão. 1. Não é cabível a ação demarcatória na espécie, diante da ausência de controvérsia sobre os limites da propriedade objeto do litígio. 2. É possível a indicação de assistente técnico e a formulação de quesitos de perícia, além do quinquídio previsto no art. 421, § 1º, do Código de Processo Civil (prazo não preclusivo), desde que não dado início aos trabalhos da prova pericial. Precedentes. 3. Recurso especial conhecido e parcialmente provido" (STJ, Rel. Min. Fernando Gonçalves, j. 15.04.2010).

perito entregar o laudo e prestar os esclarecimentos necessários (art. 465, § 4º). Frise-se que esse mesmo procedimento deve ocorrer quando as partes não se manifestarem no prazo indicado, hipótese em que ocorrerá aceitação tácita da proposta de honorários.

Se, por outro lado, as partes não concordarem com o valor, caberá ao juiz estipular a remuneração que entender razoável. Para tanto, deve o magistrado levar em consideração a complexidade da perícia, o tempo que será despendido, o costume do lugar e a qualidade do objeto que será periciado (art. 596 do CC).[84] Após a fixação do valor, as partes serão intimadas para adiantar o pagamento, na forma do já mencionado art. 95.

Caso a perícia se mostre inconclusa, deficiente ou incompleta, o juiz poderá reduzir o valor arbitrado e, consequentemente, o restante do valor que a parte deveria pagar (art. 465, § 5º). Nesse caso o que ocorre é uma reavaliação por parte do magistrado quanto ao trabalho efetivamente realizado pelo perito.

Nos termos do § 6º do art. 465, se a perícia precisar ser feita em outra comarca, o procedimento será realizado por meio de carta precatória (art. 237, III). Caso a perícia deva ser feita em jurisdição de estado estrangeiro, a carta rogatória (art. 237, II) será utilizada. Nas duas hipóteses a nomeação do perito e a indicação dos assistentes poderão ser feitas no mesmo juízo em que a perícia for requisitada.

Ressalte-se que é pressuposto para a realização da perícia a prévia ciência das partes acerca da data e do local designados pelo juiz ou indicados pelo perito para ter início a produção da prova (art. 474). Diante da importância da prova pericial, em não havendo intimação das partes, poderão os seus respectivos advogados suscitar a nulidade da perícia.[85] Essa nulidade, no entanto, não é absoluta, segundo entendimento do Superior Tribunal de Justiça que materializa a máxima francesa *pas de nullité sans grief*.[86]

---

[84] "(...) Os honorários periciais devem ser fixados pelo juiz de modo que não seja conferido à parte um ônus insuportável, que poderá impedir seu direito à produção da prova, muitas vezes indispensável à solução da lide. II – Nesse diapasão, o valor dos honorários periciais deve estar de acordo com os princípios da proporcionalidade e da razoabilidade, além de levar em consideração a natureza, complexidade e tempo exigido para a realização da perícia" (TJ-MG – AI: 26191403120228130000, Rel. Des. Nicolau Lupianhes Neto (JD Convocado), j. 06.03.2023, *DJe* 06.03.2023).

[85] Nesse sentido: "[...] O laudo pericial deve ser considerado nulo ante a ausência de intimação das partes e de seus assistentes técnicos da data e hora do início de sua realização, nos termos do art. 431-A do Código de Processo Civil" [...] (TJ-PR, AC 6424204/PR 0642420-4, 11ª Câmara Cível, Rel. Vilma Régia Ramos de Rezende, j. 29.09.2010); "[...] É indispensável a convocação das partes sobre a data e local da perícia a ser realizada para o acompanhamento dos trabalhos periciais. A ausência de intimação impõe a nulidade da perícia e a determinação de nova realização, com a participação das partes" (TJ-MG, AI 10145110000356001, 14ª Câmara Cível, Rel. Estevão Lucchesi, j. 15.05.2014).

[86] Por exemplo: "[...] A intimação das partes constitui a regra. É a forma que se tem de assegurar aos litigantes ciência, desde o início, dos trabalhos que serão realizados. Busca-se evitar, assim, a feitura de provas periciais de caráter sigiloso, desprovidas de participação das partes da relação processual. 5. O acompanhamento, desde o primeiro momento, das tarefas técnicas desenvolvidas pelo perito confere ampla transparência e lisura ao processo e permite a produção de laudo pericial que retrate os fatos da forma mais fidedigna possível, a fim de dar suporte adequado ao magistrado, no exercício da atividade jurisdicional. 6. Não se coaduna com o atual estágio de desenvolvimento do Direito Processual Civil, em que impera a busca pela prestação jurisdicional célere e eficaz, a declaração de nulidade de ato processual sem que tenha havido comprovação da necessidade de seu refazimento, diante da existência de vício de natureza processual 7. O Superior Tribunal de Justiça tem iterativamente assentado que a decretação de nulidade de atos processuais depende da necessidade de efetiva demonstração de prejuízo da parte interessada, por prevalência do princípio *pas de nulitté*

A cientificação das partes e dos assistentes para o acompanhamento das diligências não é incumbência do juiz, mas do próprio perito. É ele que irá informar, por qualquer meio idôneo, a data do início das diligências. O que o Código exige é que essa cientificação seja comprovada nos autos (art. 466, § 2º). Ressalte-se que esta exigência não encontra correspondência no CPC/1973.

Durante toda a diligência as partes poderão apresentar quesitos, que poderão ser respondidos pelo perito previamente ou na audiência de instrução e julgamento. O CPC/1973 permitia a apresentação de quesitos suplementares apenas durante a audiência (art. 425 do CPC/1973), o que acabava ocasionando atraso na instrução, já que muitas vezes as informações questionadas não dependiam de análise meramente superficial por parte do perito. O Código atual possibilita ao perito conhecer os quesitos suplementares antes mesmo da realização da audiência, situação na qual poderá respondê-los no próprio laudo, se este ainda não estiver finalizado; em laudo complementar ou na própria audiência (art. 469).

Realizada a perícia, o perito deverá entregar o laudo no prazo assinalado pelo juiz, que poderá ser prorrogado se houver justo motivo (art. 476).[87] Caberá somente ao juiz analisar as razões trazidas pelo *expert* e conceder, ou não, a prorrogação pretendida. É imprescindível fundamentação idônea, já que a ausência dessa prova ou mesmo a substituição do perito poderá acarretar prejuízos para o processo.

Ainda que haja prorrogação, a apresentação do laudo deve respeitar o lapso temporal de no mínimo vinte dias[88] antes da audiência de instrução e julgamento. O atraso ou a não apresentação do laudo poderá[89] indicar a prática de falta grave, cujas consequências estão previstas no art. 468.

Após entrega do laudo, as partes serão intimadas para, querendo, se manifestar sobre o laudo pericial no prazo comum de quinze dias (art. 477, § 1º). Nesse mesmo prazo os assistentes técnicos poderão oferecer os seus pareceres. A obrigatoriedade de intimação das partes e, consequentemente, dos assistentes é medida que visa resguardar o contraditório. A ausência de intimação deve, pois, ser considerada como hipótese de nulidade relativa, sendo necessária a concessão de novo prazo para manifestação das partes, inclusive com o adiamento da audiência.

---

sans grief. 8. Embargos de divergência conhecidos e não providos" (STJ, EREsp 1.121.718/SP, Rel. Min. Arnaldo Esteves Lima, j. 16.11.2011).

[87] O CPC/2015 altera a regra que permite a prorrogação do prazo para entrega do laudo pericial. No sistema anterior (art. 432 do CPC/1973) a prorrogação poderia ser concedida uma única vez, por prazo arbitrado pelo juiz. Supondo que o juiz tivesse fixado o prazo de dez dias para entrega do laudo, a prorrogação poderia ocorrer, por exemplo, por trinta dias. De acordo com a nova legislação, prazo para apresentação do laudo poderá ser prorrogado pela metade do prazo originalmente fixado pelo juiz, e não mais por um novo prazo que ele arbitrar. Exemplo: fixado o prazo de dez dias para apresentação do laudo, a prorrogação limitar-se-á ao prazo de cinco dias (quinze dias no total). A nova disposição, apesar de diminuir a discricionariedade do magistrado, garante maior celeridade ao procedimento.

[88] Esse prazo deve ser analisado com cautela. Isso porque, entre a data da entrega do laudo e a data da realização da audiência, deve haver tempo hábil para que (i) as partes apresentem suas manifestações, (ii) o perito responda aos quesitos e para que (iii) sejam esclarecidos os eventuais quesitos complementares. Se considerarmos o tempo necessário para as intimações dos envolvidos em cada ato, deve-se garantir prazo superior a vinte dias (DIDIER JR., Fredie. *Curso de direito processual civil*. 10. ed. Salvador: JusPodivm, 2015. v. 2, p. 283).

[89] Caso o perito tenha apresentado pedido de prorrogação, cabe ao juiz aguardar o decurso do prazo antes de aplicar qualquer penalidade.

Havendo litisconsortes com procuradores distintos e de diferentes escritórios de advocacia, o prazo será dobrado (art. 229). Se, no entanto, os autos forem eletrônicos, permanece o prazo comum de quinze dias para a manifestação das partes e de seus assistentes (art. 229, § 2º).

Cumpre salientar que, segundo entendimento reiterado do Superior Tribunal de Justiça,[90] a apresentação extemporânea do parecer do assistente técnico implica seu desentranhamento do processo. Trata-se de medida extrema, razão pela qual considero prudente que o magistrado analise o caso concreto e as eventuais justificativas apresentadas pelos assistentes, notadamente quando se tratar de prova pericial complexa,[91] a qual exige a concessão de prazo razoável para a manifestação das partes. De todo modo, deparando-se com essa situação, deverá o juiz oportunizar sempre o contraditório antes de decidir (art. 10).

Sobre as dúvidas e divergências apresentadas pelas partes, pelo juiz, pelo membro do Ministério Público ou pelos assistentes, o perito judicial terá prazo de quinze dias para esclarecê-las (art. 477, § 2º). Para esses esclarecimentos, o assistente ou o perito devem ser intimados não mais com cinco, conforme previa o CPC/1973 (art. 435, parágrafo único), mas com dez dias de antecedência da data marcada para a audiência (art. 477, § 4º).

Os esclarecimentos podem ser apresentados em laudo complementar ou na própria audiência. Independentemente da forma, o ideal é que as partes sempre tenham a oportunidade de inquirir os peritos, da mesma forma como ocorre na prova testemunhal.

7.2.10.5 Requisitos do laudo pericial

De acordo com o art. 473, o laudo pericial deverá conter:

I – a exposição do objeto da perícia;

II – a análise técnica ou científica realizada pelo perito;

III – a indicação do método utilizado, esclarecendo-o e demonstrando ser predominantemente aceito pelos especialistas da área do conhecimento da qual se originou;

IV – resposta conclusiva a todos os quesitos apresentados pelo juiz, pelas partes e pelo órgão do Ministério Público.

É inegável que uma prova produzida com qualidade potencializa o debate sobre a sua influência na resolução de uma lide e permite um melhor conhecimento do caso pelo juiz. Reflete, assim, de forma direta no contraditório.

Seguindo essa premissa, o dispositivo em questão apresenta verdadeiros requisitos para a produção do laudo pericial. Exige-se, a princípio, que o perito explicite o objeto da perícia, ou seja, que limite a coisa ou pessoa a ser periciada.

A análise técnica ou científica realizada pelo perito deve necessariamente constar no laudo a fim de que as partes e o juiz possam conhecer os pontos controvertidos e as respectivas conclusões do perito. O método utilizado deve constar no laudo pericial para que as partes

---

[90] Exemplos: REsp 792.741/RS, Rel. Min. Nancy Andrighi, DJ 25.10.2007; REsp 800.180/SP, Rel. Min. Jorge Scartezzini, DJ 08.05.2006; REsp 299.575/MG, Rel. Min. Antônio de Pádua Ribeiro, DJ 15.12.2003.

[91] O art. 475 do CPC/2015 (art. 431-B do CPC/1973) permite que o juiz nomeie mais de um perito nas hipóteses em que a complexidade da perícia exija mais de uma área de conhecimento. Nestes casos, a participação de mais de um profissional, cada um em sua área de atuação, conferirá mais segurança e qualidade à prova.

possam aferir a sua confiabilidade. Exemplo: o perito pode indicar que o método utilizado possui 99,9% de certeza técnica, consoante testes já realizados em renomadas universidades do país.

Também se exige que o perito forneça respostas conclusivas aos quesitos apresentados, bem como que utilize de linguagem acessível, permitindo que as partes e o próprio juiz compreendam melhor o laudo.

Assim como o juiz, ao proferir uma decisão, deve observar o princípio da adstrição ou congruência (art. 492), o perito deve ficar adstrito ao objeto da perícia (art. 473, § 2º). Assim, se o perito for escolhido pelas partes ou nomeado pelo juiz para a realização de perícia sobre determinado imóvel, para verificação de vazamento em um dos banheiros, não poderá se manifestar sobre uma rachadura de uma das paredes da varanda. Além de não poder "fugir" do objeto, o perito também deve se abster de proferir qualquer opinião sobre as questões envolvidas.

No exercício de seu ofício, o perito pode se valer de todos os meios necessários para elaboração do laudo. Exemplificativamente o Código menciona que o perito poderá ouvir testemunhas, solicitar documentos que estejam em poder de parte ou repartição pública, bem como instruir o laudo com plantas, desenhos, fotografias etc. (art. 473, § 3º). Não há alterações substanciais em relação à redação do CPC/1973 (art. 429).

7.2.10.6 Nova perícia

É facultado ao juiz determinar, de ofício ou a requerimento das partes ou do Ministério Público, a realização de nova perícia, quando a matéria não estiver suficientemente provada nos autos (art. 480). Essa situação pode ocorrer quando a primeira perícia tiver sido insuficiente, inexata ou inconclusiva, relevando-se incapaz de produzir segurança suficiente para subsidiar uma decisão.

Essa segunda perícia deve ser realizada apenas quando a anterior não puder ser corrigida. Como o juiz deve velar pela duração razoável do processo (art. 139, II), não é coerente determinar a realização de nova perícia se as eventuais falhas puderem ser facilmente corrigidas. Além disso, não se pode olvidar que os custos relativos à confecção dessa nova prova podem trazer para as partes envolvidas prejuízos desnecessários.

Chegando o magistrado à conclusão de que se faz necessária a realização de nova perícia, esta segunda terá por objeto os mesmos fatos sobre os quais recaiu a primeira e destinar-se-á a corrigir eventual omissão ou inexatidão dos resultados inicialmente apresentados.

7.2.10.7 Responsabilidade do perito

Por força do art. 158, o perito que, por dolo ou culpa, prestar informações inverídicas responderá pelos prejuízos que causar à parte, ficando inabilitado, por dois a cinco anos, a atuar em outras perícias.

A lisura do perito é tão importante que o Código Penal tipifica como crime a conduta do perito que faz afirmação falsa, nega ou cala a verdade (art. 342) em processo judicial, ou administrativo, inquérito policial, ou em juízo arbitral. Por outro lado, quem também dá, oferece ou promete dinheiro ou qualquer outra vantagem a perito incorre nas penas previstas no art. 343 do Código Penal.

7.2.10.8 Assistentes técnicos

Os assistentes técnicos, diferentemente dos peritos, são profissionais de confiança das partes. Sua escolha independe de prévia apreciação judicial. Justamente por isso tais profissionais não estão sujeitos às causas de suspeição e impedimento.

A assistência técnica no âmbito da prova pericial pode significar concordância ou discordância acerca laudo produzido pelo perito. Na primeira hipótese o assistente apenas subscreverá o laudo, ratificando-o. Na segunda, poderá confeccionar um novo laudo, indicando os motivos pelos quais deve se chegar a outra conclusão. Para que isso seja possível, a perícia deverá ser necessariamente realizada em contraditório. Em outras palavras, os assistentes podem e devem atuar como fiscais da atuação do perito, acompanhando as diligências e participando da produção da prova.

7.2.10.9 Escusa, impedimento e suspeição

O perito, ao ser nomeado pelo juiz, pode se escusar da nomeação, apresentando motivo legítimo. Nos termos do art. 157, § 1º, a escusa deve ser apresentada no prazo de quinze dias, contado da intimação, da suspeição ou do impedimento supervenientes, sob pena de renúncia ao direito a alegá-la. Trata-se, segundo o Código e a jurisprudência,[92] de prazo preclusivo, mas que, a meu ver, deve ser ponderado pelo juiz. O impedimento do perito é causa de incontestável parcialidade. Assim, havendo motivo legítimo, ainda que não alegado em tempo oportuno, deve o magistrado considerá-lo. Nessa hipótese, caso a perícia já tenha sido realizada, restará ao julgador determinar a realização de uma segunda perícia, a qual será analisada conjuntamente com a primeira, a fim de afastar qualquer dúvida quanto à idoneidade da prova.

As partes também poderão recusar o perito em caso de impedimento ou de suspeição, na forma do art. 148, § 1º:

> Art. 148. [...]
>
> § 1º A parte interessada deverá arguir o impedimento ou a suspeição, em petição fundamentada e devidamente instruída, na primeira oportunidade em que lhe couber falar nos autos.

É preciso ponderar que nem sempre a primeira oportunidade de falar nos autos coincidirá com o conhecimento acerca do fato gerador da imparcialidade. Assim, partindo-se de uma interpretação sistemática das regras do Código, pode-se considerar que a arguição de impedimento ou de suspeição poderá ser suscitada a partir do conhecimento do vício, ainda que ele se verifique após a realização da perícia. De qualquer forma, é preciso que o juiz tenha cautela ao analisar o pedido, a fim de que se evite a situação na qual uma das partes, após tomar conhecimento de laudo que lhe foi desfavorável, "plante" a nulidade na tentativa de protelar a solução da demanda.[93]

Além das partes, poderá o juiz suscitar, de ofício, a parcialidade do perito. É que, apesar de não existir disposição expressa sobre o tema, o juiz, como destinatário da prova, tem o poder-dever de zelar pela imparcialidade e de impedir que esse *munus* seja exercido de forma a prejudicar a justa solução do conflito.

O incidente de impedimento ou de suspeição não suspende o processo, devendo ser processado em autos apartados (art. 148, § 2º). A parte contrária será ouvida no prazo de quinze dias, sendo facultada a produção de provas quando necessário.

---

[92] "(...) No caso dos autos, não se comprovou a presença do *fumus boni iuris*, uma vez que deveria o ora agravante ter se manifestado quanto à suposta parcialidade do perito no momento da sua nomeação (primeira oportunidade em que lhe coube falar nos autos) e não após a realização da perícia que entendeu lhe ser desfavorável. 3. Agravo Regimental improvido" (AgRg na MC 21.336/RS, 3ª T., Rel. Min. Sidnei Beneti, *DJe* 01.10.2013).

[93] O Superior Tribunal de Justiça (*Informativo* nº 532) já manifestou entendimento segundo o qual não pode ser arguida a suspeição ou o impedimento após a entrega do laudo pericial. Trata-se de decisão criticável, capaz de permitir injustiças se não interpretada com parcimônia.

Julgado o incidente o juiz deverá adotar as seguintes providências: (i) afastar o perito impedido ou suspeito; (ii) nomear um novo perito; (iii) fixar novo prazo para entrega do laudo. Ato contínuo as partes deverão se manifestar novamente sobre a nomeação do novo perito. Caso a existência da causa de suspeição ou de impedimento tenha sido manifesta, poderá o perito ser condenado nas custas processuais (art. 146, § 5º).

7.2.10.10 Substituição do perito

A substituição do perito deve ocorrer: (i) quando lhe faltar conhecimento técnico ou científico (art. 468, I); (ii) quando, sem justo motivo, deixar de apresentar o laudo no prazo fixado pelo juiz (art. 468, II); e, como dito anteriormente, (iii) quando a escusa ou arguição de impedimento ou a de suspeição forem aceitas. A primeira hipótese é de difícil ocorrência na prática, já que com o prévio cadastro é possível presumir que o perito possui habilitação técnica na área indicada.

É preciso salientar que a eventual deficiência do laudo pericial não indica, necessariamente, ausência de conhecimento por parte do perito. Não são raras as hipóteses nas quais não é possível cientificar, com precisão cirúrgica, a ocorrência de determinado ato ou fato. Sendo assim, é preciso que o juiz, antes de substituir o perito, avalie o caso concreto e verifique se outras provas ou mesmo os pareceres apresentados pelos assistentes não são suficientes para sanar eventuais divergências. De todo modo, havendo necessidade, será possível a realização de uma segunda perícia (art. 480).

Na segunda hipótese (art. 468, II), o juiz deverá avaliar as razões elencadas pelo perito e, entendendo-as adequadas, poderá prorrogar o prazo para apresentação do laudo. Caso contrário, o juiz comunicará a ocorrência à corporação profissional respectiva, podendo, ainda, impor multa que será fixada tendo em vista o valor da causa e o possível prejuízo decorrente do atraso do processo (art. 468, § 1º).

Deve-se também admitir a substituição do perito quando houver quebra de confiança.[94] Trata-se de hipótese não prevista expressamente em lei, mas que guarda coerência com a função exercida por esse profissional.

O perito que vier a ser substituído, restituirá, no prazo de quinze dias, os valores recebidos pelo trabalho não realizado, sob pena de ficar impedido de atuar como perito judicial pelo prazo de cinco anos (art. 468, § 2º). Frise-se que esse prazo não se confunde com aquele previsto no art. 158. É que enquanto a inabilitação do art. 468 leva em consideração a não devolução dos honorários, a do art. 158 é decorrente de punição destinada ao perito que agir dolosa ou culposamente no cumprimento do ofício.

Além da inabilitação, o perito que não devolver espontaneamente o valor cabível poderá ser cobrado pela via do cumprimento de sentença. O título executivo judicial será a decisão do juiz que condenar o perito a restituir os honorários à parte que os antecipou (art. 468, § 3º).

7.2.10.11 O juiz e o laudo pericial

Sendo o juiz o destinatário da prova, a ele compete ponderar sobre a necessidade ou não da sua realização, determinando aquelas provas que achar convenientes e indeferindo as inúteis ou protelatórias (art. 139, III; art. 370, parágrafo único), bem como sobre a pertinência dos quesitos apresentados pelas partes. Assim, poderão ser indeferidos os quesitos que não tenham o condão de auxiliar a formar o convencimento do juiz ou que não apresentem qualquer relevância para a composição do conflito.

---

[94] Nesse sentido: RMS 22.514, Rel. Min. Humberto Martins, j. 06.02.2007.

Também cabe ao juiz formular os quesitos que entender necessários ao esclarecimento da causa. A atuação do julgador deve ser subsidiária, de modo a não comprometer a sua imparcialidade e a não indicar prévio julgamento.

Nos termos do art. 479, "o juiz apreciará a prova pericial de acordo com o disposto no art. 371, indicando na sentença os motivos que o levaram a considerar ou a deixar de considerar as conclusões do laudo, levando em conta o método utilizado pelo perito".

A redação desse dispositivo é um pouco diferente daquela constante no seu correspondente na legislação anterior. Segundo o art. 436 do CPC/1973, "o juiz não está adstrito ao laudo pericial, podendo formar a sua convicção com outros elementos ou fatos provados nos autos". Em outras palavras, a lei autoriza o julgador a desconsiderar o laudo pericial, desde que apresente os fundamentos para tanto.

É no mínimo estranho admitir a desconsideração do laudo pericial se o deferimento do exame ocorre justamente porque o julgador não tem conhecimento técnico ou científico para apreciar questões relativas à resolução da controvérsia judicial. A legislação, no entanto, é clara ao mencionar que o juiz pode não acolher as conclusões registradas no laudo, desde que fundamente a sua decisão, inclusive indicando os outros meios de prova que o levaram a decidir de outro modo. A jurisprudência não destoa desse entendimento.

O Código atual não muda essa ideia, ou seja, o juiz continua sem ficar adstrito ao laudo pericial. Entretanto, ao fazer referência ao art. 371, o dispositivo em vigor sutilmente afasta – ou pelo menos diminui – a ampla discricionariedade do magistrado. Isso porque, enquanto o CPC/1973 dispunha que "o juiz apreciará livremente a prova, atendendo aos fatos e circunstâncias constantes dos autos, ainda que não alegados pelas partes; mas deverá indicar, na sentença, os motivos que lhe formaram o convencimento" (art. 131), o CPC/2015 propositalmente suprime o termo "livremente", estabelecendo apenas que "o juiz apreciará a prova constante dos autos, independentemente do sujeito que a tiver promovido, e indicará na decisão as razões da formação de seu convencimento" (art. 371).

Acredito que o principal objetivo do legislador com essa alteração foi estabelecer balizas, a fim de evitar o protagonismo judicial. Isso não quer dizer que o juiz não tenha mais liberdade de valorar a prova. Ele pode e deve valorá-la, mas desde que o faça fundamentadamente, em observância ao princípio constitucional insculpido no art. 93, IX.

Quadro esquemático 46 – Prova pericial

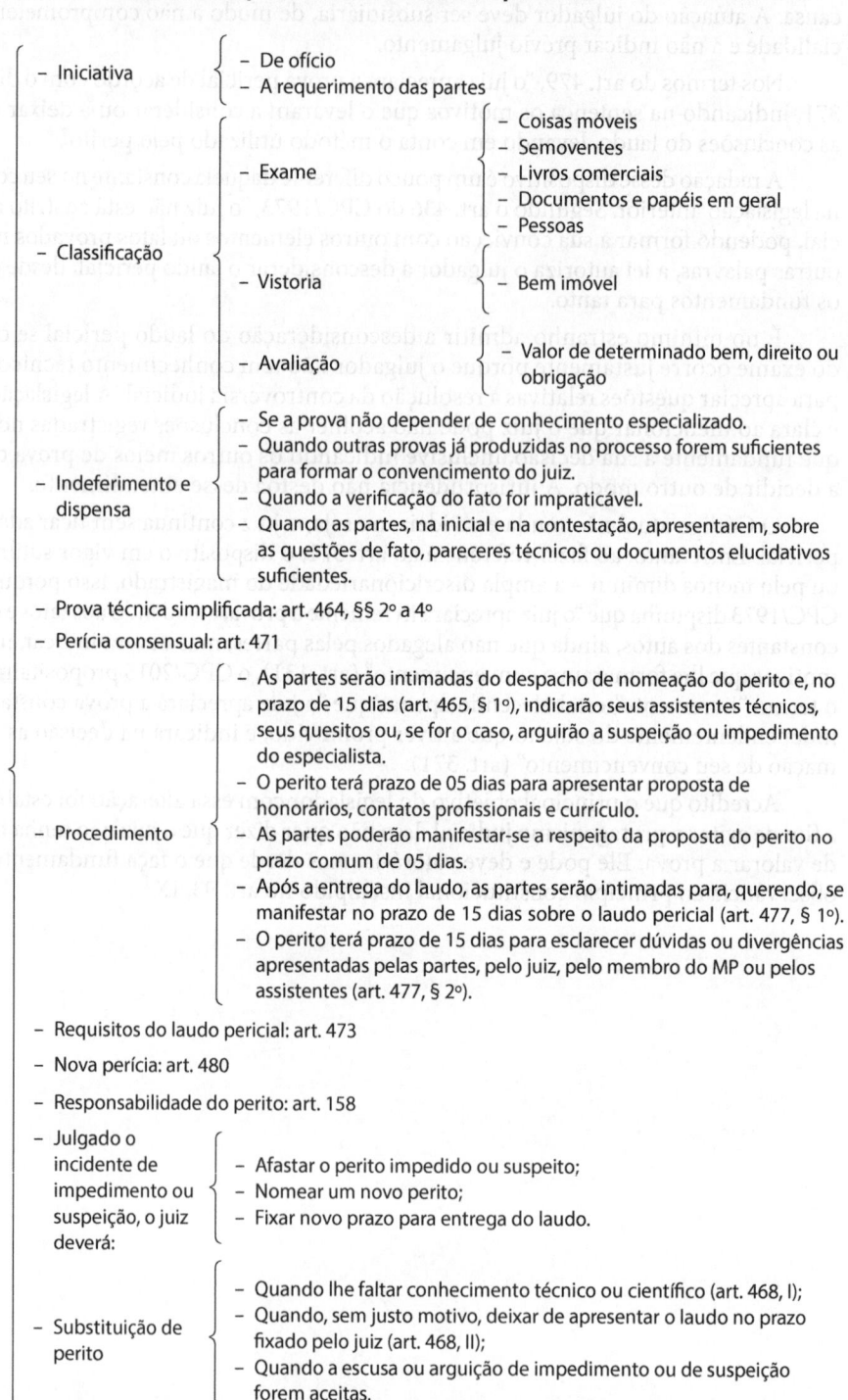

Prova Pericial (arts. 464 a 480)

- Iniciativa
  - De ofício
  - A requerimento das partes

- Classificação
  - Exame
    - Coisas móveis
    - Semoventes
    - Livros comerciais
    - Documentos e papéis em geral
    - Pessoas
  - Vistoria
    - Bem imóvel
  - Avaliação
    - Valor de determinado bem, direito ou obrigação

- Indeferimento e dispensa
  - Se a prova não depender de conhecimento especializado.
  - Quando outras provas já produzidas no processo forem suficientes para formar o convencimento do juiz.
  - Quando a verificação do fato for impraticável.
  - Quando as partes, na inicial e na contestação, apresentarem, sobre as questões de fato, pareceres técnicos ou documentos elucidativos suficientes.

- Prova técnica simplificada: art. 464, §§ 2º a 4º
- Perícia consensual: art. 471

- Procedimento
  - As partes serão intimadas do despacho de nomeação do perito e, no prazo de 15 dias (art. 465, § 1º), indicarão seus assistentes técnicos, seus quesitos ou, se for o caso, arguirão a suspeição ou impedimento do especialista.
  - O perito terá prazo de 05 dias para apresentar proposta de honorários, contatos profissionais e currículo.
  - As partes poderão manifestar-se a respeito da proposta do perito no prazo comum de 05 dias.
  - Após a entrega do laudo, as partes serão intimadas para, querendo, se manifestar no prazo de 15 dias sobre o laudo pericial (art. 477, § 1º).
  - O perito terá prazo de 15 dias para esclarecer dúvidas ou divergências apresentadas pelas partes, pelo juiz, pelo membro do MP ou pelos assistentes (art. 477, § 2º).

- Requisitos do laudo pericial: art. 473
- Nova perícia: art. 480
- Responsabilidade do perito: art. 158

- Julgado o incidente de impedimento ou suspeição, o juiz deverá:
  - Afastar o perito impedido ou suspeito;
  - Nomear um novo perito;
  - Fixar novo prazo para entrega do laudo.

- Substituição de perito
  - Quando lhe faltar conhecimento técnico ou científico (art. 468, I);
  - Quando, sem justo motivo, deixar de apresentar o laudo no prazo fixado pelo juiz (art. 468, II);
  - Quando a escusa ou arguição de impedimento ou de suspeição forem aceitas.

- (Não) vinculação do juiz ao laudo pericial: o juiz apreciará a prova pericial de acordo com o disposto no art. 371, indicando na sentença os motivos que o levaram a considerar ou a deixar de considerar as conclusões do laudo, levando em conta o método utilizado pelo perito.

7.2.11 Inspeção judicial

A inspeção judicial tornou-se meio típico de prova somente na legislação de 1973 (arts. 440 a 443). Na Lei dos Juizados Especiais ela também ganhou destaque (art. 35, parágrafo único, da Lei nº 9.099/1995). Apesar disso, pode-se afirmar que antes do Código Buzaid a doutrina já se debruçava sobre questões relativas à possibilidade (ou não) de realização de exame pelo magistrado.

O CPC/2015 não apresenta inovações quanto a esse meio de prova se comparado ao CPC/1973. A inspeção judicial continuará, portanto, a ser utilizada sempre que houver necessidade de o magistrado melhor avaliar ou esclarecer um fato controvertido, seja por meio do exame de pessoas, de coisas ou de lugares.

A hipótese mais comum é aquela na qual o juiz toma conhecimento dos fatos de forma indireta, por meio do depoimento de uma testemunha, da inquirição de um perito ou da apresentação de documentos pelas partes. A inspeção judicial, ao contrário, é forma pela qual o juiz toma ciência dos fatos diretamente, ou seja, por uma atuação própria e sem qualquer influência de outras pessoas.

A inspeção é meio de prova subsidiário. Presta-se, portanto, para os casos em que percepção do julgador não pode ser obtida por outros meios comumente admitidos no processo. Em suma, o exame direto pelo magistrado serve para esclarecer, clarear determinado fato, e não para conhecê-lo.

Ela pode ocorrer em qualquer fase do processo, desde que antes de proferida a sentença, seja por solicitação das partes ou por ato de ofício do juiz. A atuação *ex officio* normalmente ocorre quando do término da fase instrutória, depois de constatado que as provas já trazidas aos autos não permitiram a elucidação de fato controvertido. Em ambas as hipóteses é necessário que as partes e seus advogados sejam cientificados acerca da data designada para a realização da inspeção, assegurando-se, assim, o pleno exercício do contraditório e da ampla defesa.

O exame ou inspeção judicial pode ter como objeto pessoas ou coisas (art. 481). No primeiro caso, tanto as partes quanto um terceiro podem servir como fonte de prova. Se houver recusa, entendo que o juiz não poderá constranger a pessoa a se submeter ao procedimento, mas poderá valorar a recusa caso se trate de pessoa inserida na relação processual. Isso porque, se cabe às partes cooperar para que se obtenha, em tempo razoável, decisão de mérito justa e efetiva (art. 6º), eventual resistência à realização da prova pode ser utilizada em prejuízo da pessoa que seria objeto da inspeção. A eventual resistência injustificada em colaborar para o andamento do processo pode configurar, ainda, hipótese de litigância de má-fé (art. 80, IV).

A inspeção de terceiro depende de seu prévio consentimento, até mesmo porque o terceiro não se submete aos mesmos deveres daqueles que integram a relação processual. Há quem considere, no entanto, que diante da redação do art. 378 (art. 339 do CPC/1973) qualquer pessoa tem o dever de colaborar com o Poder Judiciário, situação que incluiu a submissão de terceiro à inspeção judicial.

Quando recair sobre coisas, estas poderão ser móveis ou imóveis, nestes compreendidos os lugares. Exemplos: (i) juiz de vara agrária faz inspeção em fazenda para verificar a possibilidade de instituição de servidão minerária direcionada à implantação de ramal ferroviário; (ii) em ação possessória o juiz verifica, após inspeção realizada em determinada propriedade, que o muro de arrimo sobre o qual foi erigida a edificação discutida em juízo não invade o terreno do autor.

No que concerne ao tipo de procedimento, é mais comum que a inspeção seja realizada no curso do procedimento comum – lembrando que o CPC/2015 não mais divide o procedimento comum em sumário e ordinário (art. 318). Entretanto, não há impedimento para a realização da inspeção no processo de execução, notadamente em face do art. 771,[95] que determina a aplicação subsidiária das disposições do processo de conhecimento ao processo de execução. Nada impede que a inspeção também ocorra no âmbito dos tribunais, seja no exercício da competência recursal ou da competência originária.

Ao realizar a inspeção, o juiz poderá ser assistido por um ou mais peritos (art. 482). As partes também podem indicar seus assistentes para acompanhar as diligências efetivadas pelo magistrado. Também é preciso que o juiz, ao cientificar as partes acerca da realização da diligência, indique qual será o profissional que irá acompanhá-lo, de modo a permitir a arguição de eventual imparcialidade (impedimento ou suspeição) do perito.

O perito que for designado para assistir o juiz também poderá se escusar, comunicando o fato ao julgador e apresentando suas justificativas.

7.2.11.1 Procedimento

Consoante art. 217, "os atos processuais realizar-se-ão ordinariamente na sede do juízo, ou, excepcionalmente, em outro lugar em razão de deferência, de interesse da justiça, da natureza do ato ou de obstáculo arguido pelo interessado e acolhido pelo juiz".

A inspeção judicial é ato processual que pode se realizar na sede do juízo ou fora dela, mas desde que dentro na competência territorial do juiz que irá prolatar a decisão. O horário deve observar a regra do art. 212, ou seja, a inspeção realizar-se-á em dias úteis, das 6 às 20 horas.

A inspeção realizada fora do juízo constitui exceção. Pode o juiz dirigir-se até onde se encontre a coisa ou a pessoa quando aquela, pela sua natureza (bem imóvel, por exemplo), não puder ser transportada à sede do juízo, ou, se puder, venha acarretar despesas ou graves dificuldades (art. 483). Com relação às pessoas, a regra é que elas compareçam à sede do juízo. No entanto, diante das peculiaridades do caso concreto, como ocorre no caso de enfermidade, a lei processual permite que o juiz se dirija até o local onde se encontre a pessoa.

A possibilidade de inspeção judicial por meio de carta precatória não deve ser admitida, pois a realização desse ato por outro juízo desnaturaria a sua finalidade, impedindo o juiz que irá compor o conflito de ter contato direto com a pessoa ou coisa a ser inspecionada.

As partes têm o direito de assistir à inspeção judicial (art. 483, parágrafo único), prestando esclarecimentos e fazendo as observações que reputem de interesse ao deslinde da causa. Assim, para a validade da prova, deve haver prévia notificação das partes. Havendo notificação, mas não havendo comparecimento, não deve se falar em nulidade, porquanto o comparecimento das partes, bem como de seus eventuais assistentes, é ato voluntário. O que se exige é a ciência antecipada acerca do local e da data da realização da inspeção.

Concluída a diligência, o juiz mandará lavrar auto circunstanciado, mencionando nele tudo quanto for útil ao julgamento da causa (art. 484). A ausência de auto circunstanciado, apesar de realizada a perícia, torna esse meio de prova sem valor.[96] Pode-se falar até mesmo que

---

[95] Corresponde ao art. 598 do CPC/1973.

[96] Sobre o tema é importante ressaltar que o Superior Tribunal de Justiça, em homenagem à máxima "não há nulidade sem prejuízo", considera que a ausência do auto circunstanciado, lavrado a partir da diligência feita pelo juiz, não é capaz de macular a sentença quando outras provas forem suficientes à formação da convicção do julgador (AgRg no Ag 676.160, 4ª Turma, Rel. Min. Maria Isabel Gallotti, j. 23.11.2010). Nesse caso, o juiz não poderá se utilizar de qualquer informação obtida na inspeção para fundamentar sua decisão, já que a prova, repita-se, deve ser considerada inexistente. O que a Corte pretende é evitar que a irregularidade de um único ato processual macule a sentença mesmo quando esta não guarde nenhuma relação com os fundamentos apontados pelo julgador.

a prova, nesse caso, sequer existirá, já que as circunstâncias verificadas no curso da diligência farão parte apenas do conhecimento pessoal do juiz, que não pode servir de testemunha no processo (art. 447, § 2º, III).

Quadro esquemático 47 – Inspeção judicial

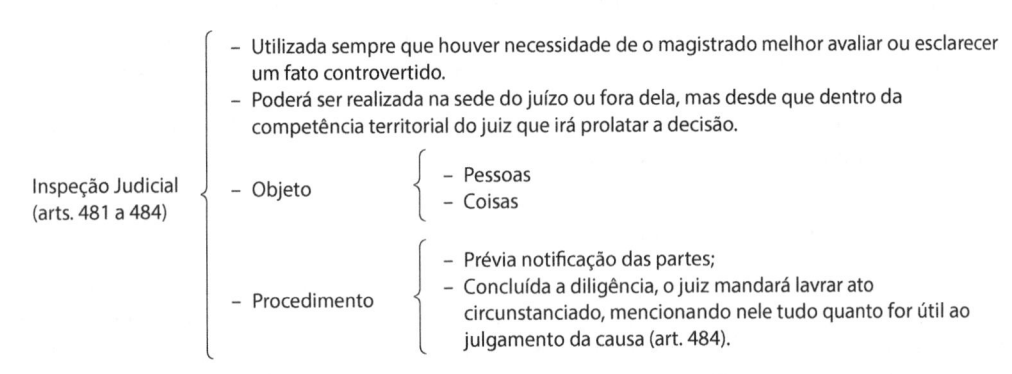

Inspeção Judicial (arts. 481 a 484)
- Utilizada sempre que houver necessidade de o magistrado melhor avaliar ou esclarecer um fato controvertido.
- Poderá ser realizada na sede do juízo ou fora dela, mas desde que dentro da competência territorial do juiz que irá prolatar a decisão.
- Objeto
  - Pessoas
  - Coisas
- Procedimento
  - Prévia notificação das partes;
  - Concluída a diligência, o juiz mandará lavrar ato circunstanciado, mencionando nele tudo quanto for útil ao julgamento da causa (art. 484).

8. FASE DECISÓRIA

8.1 Considerações gerais

Em geral, as obrigações são satisfeitas naturalmente, com a simples aplicação da *norma agendi*, que tem caráter geral, porquanto regula situações abstratas. O devedor salda sua dívida no vencimento, o patrão paga os salários de seu empregado, o pai paga a pensão alimentícia, tudo espontaneamente, atendendo apenas aos padrões de conduta traçados pela lei e aplicáveis a todos os indivíduos.

A inadimplência do devedor, somada à pretensão do credor de receber o seu crédito, dá lugar à lide, possibilitando a intervenção judicial para resolver o conflito.

Esgotada a possibilidade de resolução pela submissão dos sujeitos à vontade abstrata da lei, seja pelo adimplemento da obrigação, seja por meio da autocomposição do litígio, da arbitragem, ou mesmo da submissão do credor à resistência do devedor, só resta ao lesado em seu direito buscar a tutela jurisdicional.

Uma vez provocada, por meio da petição inicial, a jurisdição passa a atuar naquele caso concreto, com o objetivo de aplicar a lei, a mesma lei genérica que a todos se dirige, mas à qual as partes não se submeteram.

Em face da lide que se instaurou, a aplicação da lei vai levar em conta a situação factual, concreta e objetiva. Essa atuação da jurisdição, com vistas a regulamentar o caso concreto e, em última análise, à pacificação social, que deve ser mantida com a aplicação da lei, ocorre por meio do processo.

O autor formula sua pretensão e o réu, uma vez convocado, apresenta a resposta. Temos aí a fase postulatória. Delineado o litígio, supridas eventuais irregularidades e decididas as questões processuais (fase saneadora), passa-se então à prova das alegações (fase probatória), que pode culminar com a audiência de instrução e julgamento.

Depois dessa série de diligências, surge o momento da prolação da sentença, que nada mais é do que uma regulamentação, uma lei especial, para o caso concreto.

Quase sempre, após a superação das fases postulatória, saneadora e probatória, que inclui a realização da audiência de instrução e julgamento, o juiz profere a sentença, acolhendo ou rejeitando o pedido do autor (art. 487, I). Entretanto, nem sempre o processo passa por todas essas fases. Isso porque ocorre de o processo ser extinto prematuramente, sem composição do litígio (art. 485); ocorre também de a resolução da lide ser obtida independentemente da produção de provas (arts. 487, II e III, e 356, I e II).

Sob o enfoque da lógica aristotélica, a sentença expressa um silogismo. A premissa maior é o ordenamento jurídico, que vai servir de critério para apreciação tanto do direito invocado pelo autor como da resistência manifestada pelo réu. A premissa menor é constituída pela fundamentação fática exposta na petição inicial, no intuito de demonstrar a procedência do pedido nela formulado, ou extraído do conjunto probatório. Finalmente, a conclusão consiste no ato de inteligência, pelo qual o juiz, fazendo a subsunção dos fatos às normas, extrai as consequências jurídicas; enfim, dá uma resposta ao pedido do autor julgando-o procedente, total ou parcialmente, ou improcedente.

8.2 Conceito de sentença

O termo *sentença* pode ser empregado em dois sentidos: estrito e lato. No primeiro, refere-se tão somente à decisão final, compondo a lide ou apenas extinguindo o processo (colocando fim à fase cognitiva do procedimento comum, bem como extinguindo a execução), proferida por juiz de primeiro grau de jurisdição, também chamado juiz monocrático. No segundo sentido, o termo *sentença* engloba o pronunciamento jurídico da Administração, concretizado em atos administrativos.

A natureza jurídica da sentença é de ato jurídico estatal e documental. O seu conceito não decorre do rótulo que se lhe dê, da sua forma, mas sim do fim que alcança. Sentença no sentido estrito – é o que interessa a este estudo – "é o pronunciamento por meio do qual o juiz, com fundamento nos arts. 485 e 487, põe fim à fase cognitiva do procedimento comum, bem como extingue a execução", na dicção do art. 203, § 1º. Quando resolve o mérito (art. 487) recebe o nome de **sentença definitiva**; quando apenas põe fim à relação processual (art. 485), denomina-se **sentença terminativa**.

8.3 Sentença terminativa

O direito de ação, como já frisamos, é autônomo e abstrato, ou seja, independe do direito material controvertido. Entretanto, na maioria das vezes, a relação processual tem como pano de fundo relação de direito material controvertida (o descumprimento de um contrato, por exemplo).

Assim, em todos os processos, temos uma relação processual, formada entre autor, juiz e réu e, na maioria dos casos, relação de direito material, entre autor e réu.

Quando a sentença atinge apenas a relação processual, isto é, extingue o processo sem resolução do mérito, temos o que se denomina sentença terminativa. Terminativa porque não adentra o mérito do litígio, apenas inadmite a ação (art. 485).

A sentença terminativa pode ser proferida em diversas fases do processo: no despacho inicial, quando o juiz indefere a petição inicial (art. 485, I); depois das providências preliminares, na fase denominada julgamento conforme o estado do processo (art. 354), ou após a colheita das provas, inclusive na audiência de instrução e julgamento.

A sentença terminativa, repita-se, apenas põe fim à relação processual, deixando indene a relação de direito material que ensejou processo. Por isso, salvo nos casos de perempção e coisa julgada, a extinção do processo não obsta a que o autor intente de novo a ação (art. 486 e § 1º).

A sentença terminativa, em razão da coisa julgada formal, apenas impede a discussão do direito controvertido na relação processual que se encerrou, não havendo obstáculo à propositura de uma nova ação. Porque se trata de sentença, pouco importa se julga ou não o mérito, o recurso cabível é o de apelação.

8.3.1 Hipóteses de extinção sem resolução do mérito

O normal é a extinção do processo com a composição do litígio. A extinção do processo sem resolução de mérito constitui exceção, sendo admissível nas hipóteses previstas em lei, mais especificamente no art. 485.

Antes de verificar cada uma delas, é importante mencionar que o CPC/2015 possibilita ao juiz, diante da apelação interposta contra qualquer das razões previstas incisos do art. 485, retratar-se de sua decisão no prazo de cinco dias (art. 485, § 7º).

Assim, não somente na hipótese de indeferimento da petição inicial (art. 296 do CPC/1973 e art. 331 do CPC/2015), como também nos demais casos de extinção do processo sem resolução do mérito, poderá o juiz, ao examinar o recurso de apelação, "voltar atrás" e determinar o seguimento do processo (art. 485, § 7º).

Se o recurso for interposto contra o indeferimento da petição inicial e o juiz não se retratar, o réu será citado para responder ao recurso (art. 331, § 1º). Em se tratando de outras hipóteses de extinção do processo sem julgamento do mérito, não havendo retratação do juiz, a parte recorrida será intimada para apresentar contrarrazões.

Dito isso, vejamos, então, cada uma das hipóteses de extinção do processo sem apreciação do mérito.

a) Indeferimento da petição inicial (art. 485, inciso I):

As causas que geram o indeferimento da petição inicial estão dispostas no art. 330, e já foram tratadas no item 4.2.4 deste Capítulo. São elas:

- inépcia da inicial;
- ilegitimidade da parte;
- ausência de interesse processual;
- não atendimento às prescrições estabelecidas nos arts. 106 (indicação de endereço do advogado que atuar em causa própria) e 321 (emenda à petição inicial).

b) Paralisação do processo por negligência das partes (art. 485, inciso II) e abandono da causa pelo autor (art. 485, inciso III):

Apesar de o processo desenvolver-se por impulso oficial (art. 2º), muitas vezes o andamento fica na dependência de diligência da parte.

O inciso II prevê a hipótese de extinção do processo em razão da paralisação durante mais de um ano por negligência das partes, autor e réu.

No inciso III, a previsão é de abandono da causa pelo autor quando este não promover os atos e diligências que lhe competirem por mais de trinta dias.

Em ambas as hipóteses, a extinção só ocorrerá se a parte, intimada pessoalmente, não promover os atos e diligências necessários ao andamento do feito no prazo de cinco dias. É norma cogente o art. 485, § 1º, que impõe ao magistrado o dever de, primeiro, intimar a parte para cumprir a diligência que lhe compete, para só então decretar a extinção do processo.

A sentença que extinguir o processo fixará a responsabilidade pelas despesas processuais. Se a extinção decorrer da negligência de ambas as partes (art. 485, II), as custas processuais serão pagas por elas, na proporção de 50% para cada uma, não havendo condenação em honorários. Se a negligência for do autor (art. 485, III), será este condenado ao pagamento das despesas (custas, honorários de perito etc.) e honorários de advogado (art. 485, § 2º).

A extinção do processo sem resolução de mérito poderá ser decretada de ofício, na hipótese do inciso II do art. 485, ou, tratando-se de abandono da causa pelo autor, quando ainda não tiver sido apresentada contestação. Quando, porém, o réu já tiver oferecido sua defesa, é imprescindível o requerimento do réu, que também tem interesse na composição do litígio (art. 485, § 6º).[97] A providência visa evitar a desistência unilateral da causa por vias oblíquas, depois de decorrido o prazo da contestação, o que é vedado pelo art. 485, § 4º.

c) Ausência de pressupostos de constituição e de desenvolvimento válido e regular do processo (art. 485, inciso IV):

Sendo o processo formado por uma série de atos jurídicos (atos processuais), nada mais evidente que a instauração ou o seu desenvolvimento válido seja condicionado ao preenchimento de certos pressupostos.

A ausência dos pressupostos tanto pode ser arguida pelo réu como declarada de ofício pelo juiz. Em outras palavras, o silêncio do réu não impede o juiz, a qualquer tempo, de reconhecer de ofício a ausência de pressuposto processual e, por conseguinte, de extinguir o processo sem resolução do mérito.

d) Reconhecimento da existência de perempção, litispendência ou coisa julgada (art. 485, inciso V):

Em regra, a extinção do processo, sem resolução do mérito, não obsta a propositura de ações idênticas, em número ilimitado. No entanto, para a propositura e despacho de nova ação é necessário o preenchimento de dois requisitos: (a) o vício que levou à extinção do processo deve ter sido corrigido; (b) deve-se comprovar o pagamento ou o depósito das custas e dos honorários de advogado, referentes ao processo anteriormente extinto (art. 486, §§ 1º e 2º).

Entretanto, se o autor der causa, por três vezes, à extinção do processo pelo fundamento previsto no inciso III do art. 485 (inércia do autor), não poderá intentar ação contra o réu com o mesmo objeto, ficando-lhe ressalvada a possibilidade de alegar o direito em sua defesa (art. 486, § 3º). A esse fenômeno processual dá-se o nome de **perempção**.

A **litispendência** e a **coisa julgada** ocorrem quando se reproduz ação idêntica à anteriormente proposta, isto é, ações que tenham as mesmas partes, a mesma causa de pedir e o mesmo pedido. Tais fenômenos se diferem apenas quanto ao estágio em que se encontram os processos. Na litispendência, as duas demandas estão em curso; na coisa julgada, a demanda anterior já foi decidida por sentença transitada em julgado. A consequência processual, nos dois casos, é idêntica: extinção do último processo, sem resolução do mérito.

O réu deverá alegar a perempção, a litispendência e a coisa julgada na contestação (art. 337, V, VI e VII). Pode, todavia, o juiz conhecer de tais matérias de ofício (art. 485, § 3º).

e) Ausência de legitimidade ou de interesse processual (art. 485, inciso VI):

Antes tratados como condições da ação, a legitimidade e o interesse processual foram referidos nesta obra como **requisitos de admissibilidade do processo**.

---

[97] A Súmula nº 240 do STJ já tratava do assunto antes da promulgação do CPC/2015 ao estabelecer que "a extinção do processo, por abandono da causa pelo autor, depende de requerimento do réu".

Como já visto, o interesse de agir relaciona-se com a necessidade da providência jurisdicional solicitada. A legitimidade, por sua vez, decorre da pertinência subjetiva com a lide deduzida em juízo.

Reconhecida a ausência de qualquer desses requisitos, o processo será extinto sem resolução do mérito.

f) Convenção de arbitragem (art. 485, inciso VII):

Conforme tratado no item 4.4.2.1 deste Capítulo, a convenção de arbitragem (cláusula ou compromisso arbitral) indica que as partes acordaram por se submeter a uma decisão imposta por um terceiro, que atua como uma espécie de juiz.

Havendo o reconhecimento de convenção de arbitragem ou o reconhecimento de competência por parte do juízo arbitral, o processo será extinto sem apreciação do mérito.

g) Desistência da ação (art. 485, inciso VIII):

Muitos fatores podem levar o autor a desistir da ação, como, por exemplo, a má propositura da demanda e a possibilidade de composição extrajudicial do litígio. Com a desistência da ação, o autor, momentaneamente, abdica do direito subjetivo de invocar a jurisdição para compor o litígio deduzido no processo. Não significa, evidentemente, renúncia ao direito material controvertido, mas tão somente ao direito de ver composto o litígio naquele processo, que se extingue em razão da desistência. Nada impede que, posteriormente, o autor ajuíze a mesma demanda.

A desistência pode ser manifestada até a prolação da sentença (art. 485, § 5º).[98] Prolatada a sentença, cabe ao autor, não querendo prosseguir na demanda, desistir do recurso se o julgamento lhe foi desfavorável ou renunciar ao pedido sobre que se funda a ação (art. 487, III, "c"), na hipótese contrária. Em ambos os casos, haverá coisa julgada material.

A desistência independe de consentimento do réu, se pleiteada antes de apresentada a contestação (art. 485, § 4º). Apresentada a contestação, ainda que antes do encerramento do prazo de defesa, a desistência passa a depender do consentimento do réu.[99]

---

[98] Não obstante o CPC impossibilitar a desistência da ação após a sentença, há entendimento no Supremo Tribunal Federal quanto à possibilidade de desistência da ação de mandado de segurança mesmo depois de resolvido o mérito. A decisão ocorreu no julgamento do Recurso Extraordinário 669.367 (j. 02.05.2013), no qual foi reconhecida repercussão geral.

[99] "Processo civil. Recurso especial. Ação de revisão contratual desistência da ação. Concordância do réu. Necessidade. Fundamentação razoável. Extinção do processo. Impossibilidade. 1. Após a contestação, a desistência da ação pelo autor depende do consentimento do réu porque ele também tem direito ao julgamento de mérito da lide. 2. A sentença de improcedência interessa muito mais ao réu do que a sentença de extinção do processo sem resolução do mérito, haja vista que, na primeira hipótese, em decorrência da formação da coisa julgada material, o autor estará impedido de ajuizar outra ação, com o mesmo fundamento, em face do mesmo réu. 3. Segundo entendimento do STJ, a recusa do réu deve ser fundamentada e justificada, não bastando apenas a simples alegação de discordância, sem a indicação de qualquer motivo relevante. 4. Na hipótese, a discordância veio fundada no direito ao julgamento de mérito da demanda, que possibilitaria a formação da coisa julgada material, impedindo a propositura de nova ação com idênticos fundamentos, o que deve ser entendimento como motivação relevante para impedir a extinção do processo com fulcro no art. 267, VIII, e § 4º do CPC. 5. Recurso especial provido" (REsp 1.318.558/RS, 3ª T., Rel. Min. Nancy Andrighi, j. 04.06.2013, *DJe* 17.06.2013).

A contestação evidencia a irresignação do réu com a demanda, patenteando o seu intuito de compor o litígio, mediante a apreciação também de suas razões. Daí a impossibilidade de prevalecer a desistência manifestada somente pelo autor. O mesmo, entretanto, não ocorre se o réu for revel, hipótese em que, mesmo esgotado o prazo de defesa, permite-se a desistência por ato unilateral do autor. Do mesmo modo, é válida a homologação da desistência quando o réu, depois de apresentar resposta, é intimado para se manifestar sobre o pedido formalizado pelo autor, mas deixa transcorrer *in albis* o prazo assinalado pelo juiz (STJ, REsp 1.036.070/SP, julgado em 05.06.2012).

A desistência da ação só produz efeitos depois de homologada pelo juiz (art. 200, parágrafo único). Por meio da sentença, o juiz homologa a desistência e declara extinto o processo.

Vale lembrar que se tiver sido apresentada reconvenção autônoma ou pedido reconvencional na contestação, a desistência da ação não obsta o seu prosseguimento (art. 343, § 2º).

h) Intransmissibilidade da ação (art. 485, inciso IX):

A morte do titular do direito controvertido, sendo esse de natureza patrimonial, provoca a suspensão do processo até a habilitação dos herdeiros (arts. 313, I, e 687). Todavia, quando a ação tem por objeto **direito personalíssimo ou considerado intransmissível por disposição legal**, a consequência da morte do titular desse direito é a extinção do processo sem resolução do mérito. É o que ocorre, por exemplo, quando falece uma das partes da ação de divórcio.

Se o pedido contém uma parte transmissível e outra intransmissível aos herdeiros, o falecimento do autor não impede o prosseguimento da ação, com a habilitação dos herdeiros, para que prossiga quanto ao pedido transmissível. Exemplo: ação cujo objeto é a reintegração de funcionário, com todas as consequências dela decorrentes. A morte do titular da pretensão faz que a ação perca o objeto no que tange à reintegração, permitindo, entretanto, o prosseguimento no que respeita aos direitos patrimoniais.

i) Demais casos previstos no Código (art. 485, inciso X):

A par das hipóteses elencadas nos incisos anteriores, o Código e também leis esparsas preveem outras circunstâncias que podem ensejar a extinção do processo, sem que se conheça o mérito.

Vejamos algumas delas: não nomeação de novo procurador no caso de morte deste (art. 313, § 3º); falta de providência do autor no sentido de citar os litisconsortes necessários no prazo assinado pelo juiz (art. 115, parágrafo único); não comparecimento do autor à audiência designada na ação de alimentos (Lei nº 5.478/1968); nas hipóteses previstas nos arts. 51 e 53, § 4º, da Lei dos Juizados Especiais (Lei nº 9.099/1995).

8.4 Sentença definitiva

Sentença definitiva é a que resolve o mérito. Por meio desse ato, denominado sentença, o juiz aplica o Direito objetivo, de caráter geral, ao caso concreto. Em outras palavras, o juiz cria norma especial para dirimir o litígio entre as partes, baseada no Direito objetivo.

Sentença definitiva não significa sentença perpétua, imutável, mas, sim, que é o provimento final, definidor do litígio, no juízo de primeiro grau. A imutabilidade só advirá com o esgotamento de todos os recursos possíveis, ou seja, com a coisa julgada material.

A sentença definidora da situação jurídica dos litigantes (definitiva) pode ser proferida após o esgotamento de todos os atos do procedimento, quando então o juiz, sopesando os fatos, as provas e o ordenamento jurídico, acolhe ou rejeita o pedido do autor (art. 487, I). Em outras hipóteses, entretanto, o procedimento é abreviado, seja porque não há necessidade de provas em audiência, seja porque o réu é revel, ou porque as próprias partes encontram uma solução para a contenda.

Sentença definitiva é aquela que resolve o litígio e que, uma vez transitada em julgado, torna imutável a relação de direito material, não permitindo a discussão do direito controvertido, por força da coisa julgada material.

O que importa para classificar a sentença como definitiva é saber se houve **acertamento do direito material** (no processo de conhecimento). Irrelevante é perquirir se tal composição decorreu dos atos cognitivos do juiz, que sopesou os elementos fáticos e jurídicos constantes dos autos, ou se decorreu da iniciativa das partes. Havendo reconhecimento da procedência do pedido pelo réu, transação, acolhimento de alegação de decadência ou prescrição do direito material, ou renúncia, por parte do autor, ao direito sobre que se funda a ação, definitiva será a sentença. Havendo resolução do mérito (art. 487, I a III), a sentença é denominada definitiva.

Com a prolação e trânsito em julgado da sentença definitiva, o que se dá nos casos do art. 487, o litígio desaparece; há extinção da relação de direito processual, bem como da relação de direito material que deu ensejo ao processo, que é confirmada ou regulada pela sentença. A relação de direito material entre as partes decorrerá da sentença e não mais do ato ou fato discutido no processo. Há formação da coisa julgada material.

Agora, vamos verificar as hipóteses em que a sentença do juiz não só extingue a relação processual, mas também resolve o mérito, ou seja, compõe a lide. Tal julgamento, esgotados os possíveis recursos, faz **coisa julgada material**, tornando definitiva a sentença.

a) Acolhimento ou rejeição do pedido formulado na ação ou na reconvenção (art. 487, inciso I):

Analisando os fundamentos de fato e de direito expostos na inicial, na contestação e na reconvenção (se houver), bem como a prova produzida pelas partes, o juiz emite o julgamento. Se a pretensão manifestada pelo autor estiver de acordo com o ordenamento jurídico e as provas forem hábeis para demonstrar a titularidade do direito postulado, o desfecho da demanda será no sentido da procedência do pedido. Ao contrário, a desconformidade entre o pleito do autor e o ordenamento jurídico, a ausência de provas, bem como o acatamento de fato impeditivo, modificativo ou extintivo arguido pelo réu conduzirão à improcedência do pedido.

O mesmo entendimento vale para a reconvenção, tenha ela sido proposta junto com a contestação ou de forma independente. É que, como o pedido reconvencional também configura mérito da causa, a sua apreciação acarretará a extinção na forma do art. 487.

O acolhimento ou rejeição do pedido formulado na ação ou na reconvenção é a forma, por excelência, de composição do litígio pelo Judiciário. Isso porque, nas demais hipóteses de extinção do processo, a resolução da lide tem intervenção mais acentuada das partes (inciso III) e/ou decorre do transcurso do tempo (inciso II).

b) Decadência ou prescrição (art. 487, inciso II):

A decadência e a prescrição já foram conceituadas no item 4.2.5, quando se tratou das hipóteses de julgamento de improcedência liminar do pedido.

Tais institutos, quando não reconhecidos no limiar da ação, ou seja, antes da citação do réu, podem ser analisados em fase posterior, porquanto se trata de matérias de ordem pública. Independentemente da fase na qual se encontre o processo, a decisão que reconhece a decadência ou a prescrição resolve o mérito e põe fim ao processo.

c) Homologação do reconhecimento da procedência do pedido formulado na ação ou na reconvenção (art. 487, inciso III, "a"):

Há reconhecimento da procedência do pedido pelo réu quando este se põe de acordo com a pretensão formulada pelo autor. Também se admite o reconhecimento do pedido por parte do autor relativamente ao que foi alegado em sede de reconvenção. Refere-se ao pedido e à *causa petendi*. Por exemplo, na ação de despejo por falta de pagamento, o réu, reconhecendo que não pagou os aluguéis, sujeita-se ao pedido contra ele formulado. Na reconvenção proposta pelo réu sob o argumento de ser o autor o devedor da coisa, este poderá reconhecer a sua condição e entregar ao réu o que lhe é devido.

Não se confundem **reconhecimento da procedência do pedido** e **confissão**. Aquele é mais abrangente, refere-se à lide (pedido e sua fundamentação), ao passo que a confissão diz respeito tão somente a fatos, não significando, necessariamente, que houve concordância com a postulação. Havendo reconhecimento da procedência do pedido, cessa qualquer indagação do juiz em torno da demanda; a fundamentação da sentença se restringe ao reconhecimento da procedência.

O reconhecimento da procedência do pedido, que pode ser feito pessoalmente ou por procurador com poderes especiais (art. 105), só tem eficácia nos litígios que versem sobre **direitos disponíveis**. Na ação de divórcio, por exemplo, é irrelevante a sujeição do réu ao pedido do autor.

d) Homologação da transação (art. 487, inciso III, "b"):

Transação (a conciliação obtida em audiência é espécie de transação) é negócio jurídico bilateral pelo qual os interessados previnem ou extinguem litígio mediante concessões mútuas (art. 840 do CC). É modalidade de autocomposição do litígio. Quando celebrada antes da propositura da ação, previne o litígio; quando posterior, a ele põe fim. Pode ser feita por termo nos autos ou por documento elaborado pelas partes e juntado aos autos.

Em razão de sua natureza jurídica, a transação acarreta as seguintes consequências:

- uma vez pactuada, adquire a transação o *status* de ato jurídico perfeito e acabado, sendo impossível o arrependimento unilateral, mesmo antes da homologação judicial; pode, todavia, ser rescindida por dolo, coação ou erro essencial quanto à pessoa ou coisa controversa (art. 849 do CC);
- põe fim ao litígio, sendo que a sentença homologatória da transação não figura como condição de validade do ato jurídico, visa apenas dar força executiva ao negócio celebrado entre as partes e extinguir o processo;
- há apreciação do mérito, a sentença, portanto, faz coisa julgada material, o que impossibilita a propositura de nova demanda sobre a mesma controvérsia;
- ante a impossibilidade de renovar o processo, não vale a transação quanto a direito indisponível (art. 841 do CC).

> **Lembretes:**
>
> Diferenças entre desistência, transação e reconhecimento da procedência do pedido:
>
> - A **desistência** situa-se no plano do processo apenas, ou seja, põe fim à relação processual. Depende da aquiescência do réu se houve apresentação de defesa.

> Sempre depende de homologação do juiz, uma vez que também ele é sujeito do processo (art. 200, parágrafo único). A decisão faz coisa julgada formal, pelo que não impede o autor de propor nova demanda. Porque não impede o ajuizamento de nova demanda, não há óbice à desistência de ação que verse sobre direitos indisponíveis.
>
> - A **transação** é negócio jurídico bilateral; cria, portanto, direito material. Gera efeitos independentemente da sentença, que não figura como condição de validade da transação, mas tem por fim simplesmente formar título executivo (com a homologação) e pôr fim ao processo (com a declaração de extinção).
>
> - O **reconhecimento da procedência do pedido** pelo réu é manifestado unilateralmente no plano processual. Os efeitos de direito material decorrem da sentença proferida com base nesse fundamento (não se trata de sentença homologatória) e, em última análise, da coisa julgada material.

e) Homologação da renúncia à pretensão formulada na ação ou na reconvenção (art. 487, inciso III, "c"):

Em regra, a demanda só tem razão de ser porque uma parte resistiu a uma pretensão formulada pela outra. Se o autor ou o réu renuncia a essa pretensão, isto é, do direito material invocado na inicial ou na reconvenção como fundamento do pedido, o processo perde o objeto.

A sentença proferida nos autos é meramente homologatória. Entretanto, há resolução do mérito, porquanto, com o trânsito em julgado da sentença, a lide fica definitivamente solucionada.

Os direitos indisponíveis, como os relativos a alimentos e estado das pessoas, não admitem renúncia.[100]

Só se admite renúncia expressa, de forma escrita. Quando manifestada oralmente, deve ser reduzida a termo.

f) Resolução do mérito na forma do art. 488:

Conforme já afirmado em linhas anteriores, em tema de nulidades o sistema processual civil adota o princípio *pas de nullité sans grief*, que indica a possibilidade de declaração de nulidade de um ato processual somente quando houver a efetiva demonstração de prejuízo.

De um modo geral, a aplicação desse princípio restringia-se aos casos nos quais a declaração de nulidade podia ser substituída pela prolação de uma sentença de mérito a favor da parte a quem aproveitasse a nulidade. Exemplo: em ação envolvendo incapaz, deixava-se de intimar o Ministério Público, mas, ao final, o julgamento acabava sendo favorável ao incapaz. Nesse caso, em vez de pronunciar a nulidade, o juiz decidia o mérito a favor do próprio incapaz.

---

[100] A renúncia quanto aos alimentos vem sendo relativizada pela doutrina e jurisprudência nos casos envolvendo ex-cônjuges e ex-companheiros. Nesse sentido: Enunciado nº 263 do CJF: "O art. 1.707 do Código Civil não impede seja reconhecida válida e eficaz a renúncia manifestada por ocasião do divórcio (direto ou indireto) ou da dissolução da 'união estável'. A irrenunciabilidade do direito a alimentos somente é admitida enquanto subsista vínculo de Direito de Família". O STJ, no REsp 1.143.762, também definiu que não há direito à pensão alimentícia por parte de ex-cônjuge que a expressamente renunciou.

Com isso, aproveitavam-se os atos processuais e garantia-se a efetivação de outro princípio: o da instrumentalidade das formas.

A possibilidade de aproveitamento dos atos passíveis de nulidade estava prevista no art. 249, § 2º, do Código de Processo Civil de 1973. A redação desse dispositivo foi reproduzida no atual art. 282, § 2º, que assim dispõe: "Quando puder decidir o mérito a favor da parte a quem aproveite a decretação da nulidade, o juiz não a pronunciará nem mandará repetir o ato ou suprir-lhe a falta".

A novidade é que, agora, além de ser possível aproveitar os atos geradores de nulidades, o julgador poderá resolver o mérito "sempre que a decisão for favorável à parte a quem aproveitaria o pronunciamento que não o resolve" (art. 488). Em outras palavras, a extinção anômala do processo – aquela que gera sentença terminativa – pode ser evitada sempre que for possível ao julgador apreciar o mérito da demanda a favor da parte a quem aproveitaria o pronunciamento de extinção na forma do art. 485.

Exemplo: empresa autora não junta à petição inicial o documento comprobatório de sua constituição. O réu, por sua vez, argui essa questão como preliminar da contestação. O juiz, como medida extrema – o mais razoável seria conceder oportunidade à parte autora para emendar a inicial –, poderá proferir sentença de extinção sem resolução do mérito, com fundamento no art. 485, IV. Contudo, verificando que o pedido formulado na inicial é improcedente, o julgador profere sentença na forma do art. 487, I, resolvendo o mérito. É preciso salientar que, nesse caso, é prudente que o magistrado discorra sobre a preliminar arguida pelo réu, mas, com fulcro no art. 488, aprecie o mérito da ação.

Como se pode perceber, em certos casos, a extinção do processo sem resolução do mérito e a decretação de nulidade se equivalerão, porquanto permitirão ao magistrado aproveitar todos os atos do processo com a mesma finalidade: resolver o mérito e extinguir, em caráter definitivo, a relação processual.

O art. 488 do CPC/2015 é, sem dúvida alguma, um exemplo que demonstra o abandono do formalismo excessivo e a adoção de técnicas que privilegiam um julgamento justo, célere e prático.

JURISPRUDÊNCIA TEMÁTICA

Súmula nº 101 do STJ: "A ação de indenização do segurado em grupo contra a seguradora prescreve em um ano".

Súmula nº 106 do STJ: "Proposta a ação no prazo fixado para o seu exercício, a demora na citação, por motivos inerentes ao mecanismo da Justiça, não justifica o acolhimento da arguição de prescrição ou decadência".

Súmula nº 143 do STJ: "Prescreve em cinco anos a ação de perdas e danos pelo uso de marca comercial".

Súmula nº 240 do STJ: "A extinção do processo, por abandono da causa pelo autor, depende de requerimento do réu".

Súmula nº 398 do STJ: "A prescrição da ação para pleitear os juros progressivos sobre os saldos de conta vinculada do FGTS não atinge o fundo de direito, limitando-se às parcelas vencidas".

Súmula nº 405 do STJ: "A ação de cobrança do seguro obrigatório (DPVAT) prescreve em três anos".

Súmula nº 409 do STJ: "Em execução fiscal, a prescrição ocorrida antes da propositura da ação pode ser decretada de ofício (art. 219, § 5º, do CPC)".

Súmula nº 452 do STJ: "A extinção das ações de pequeno valor é faculdade da Administração Federal, vedada a atuação judicial de ofício".

Súmula nº 467 do STJ: "Prescreve em cinco anos, contados do término do processo administrativo, a pretensão da Administração Pública de promover a execução da multa por infração ambiental".

Súmula nº 621 do STJ: "Os efeitos da sentença que reduz, majora ou exonera o alimentante do pagamento retroagem à data da citação, vedadas a compensação e a repetibilidade".

Súmula nº 634 do STJ: "Ao particular aplica-se o mesmo regime prescricional previsto na Lei de Improbidade Administrativa para o agente público".

8.5 Elementos essenciais da sentença

Art. 489. São elementos essenciais da sentença:

I – o relatório, que conterá os nomes das partes, a identificação do caso, com a suma do pedido e da contestação, e o registro das principais ocorrências havidas no andamento do processo;

II – os fundamentos, em que o juiz analisará as questões de fato e de direito;

III – o dispositivo, em que o juiz resolverá as questões principais que as partes lhe submeterem.

A sentença compõe-se de relatório, da fundamentação e da parte dispositiva ou conclusão, afora, evidentemente, a data e a assinatura do juiz, que, inclusive, pode se dar eletronicamente. Façamos uma análise sobre cada uma dessas partes.

O **relatório** consiste numa exposição circunstanciada, um histórico de toda a marcha do procedimento. Constitui demonstração, por parte do juiz, de que entendeu a lide que lhe foi submetida. Deve identificar os elementos da causa (partes, pedido e causa de pedir), bem como as principais ocorrências do processo. Tudo de forma sucinta e objetiva.

Na **fundamentação ou motivação**, o juiz expõe as razões do convencimento, os motivos pelos quais vai dirimir a lide desta ou daquela forma.

Finalmente, no **dispositivo ou conclusão**, o juiz resolve as questões principais que as partes lhe submeteram, acolhendo ou rejeitando o pedido do autor na sentença definitiva, ou extinguindo o processo sem resolução do mérito, na sentença terminativa.

Sentença sem motivação é, por preceito constitucional, **sentença nula**. Nula também, por infringência ao disposto no art. 489, é a sentença sem relatório. Quanto ao dispositivo, a ausência vicia de tal forma a sentença, que leva à **inexistência do ato**.

8.5.1 Ausência de fundamentação

Para explicitar o dever constitucional de fundamentação das decisões judiciais (art. 93, IX, da CF), o CPC enumerou, em rol exemplificativo, as hipóteses em que não se atenderá a tal requisito. As prescrições do art. 489, § 1º, se aplicam tanto às sentenças, como aos acórdãos e às decisões interlocutórias.

Essas disposições foram inseridas pelo legislador como forma de obstar a prolação de sentenças demasiadamente concisas, que muitas vezes ignoram os argumentos apresentados pelas partes e até mesmo o entendimento jurisprudencial predominante sobre a questão em litígio. Não se pode exigir, contudo, que em todo e qualquer caso o juiz fundamente, de forma exaustiva, as suas decisões. O Supremo, **intérprete da Constituição**, já afirmou, a propósito, que "**o magistrado não estar obrigado a rebater, um a um, os argumentos trazidos pela parte**" (AI 761.901/SP, Rel. Min. Luiz Fux, julgado em 22.04.2014).

Por tal razão penso que o dispositivo estabelece uma espécie de roteiro para o magistrado – assim como faz para o advogado (art. 319) –, mas que não precisa ser seguido "a ferro e fogo".[101] Afinal, para dar conta do acervo e das metas estabelecidas pelo CNJ, não há como exigir que o julgador analise, de forma pormenorizada, todas as alegações trazidas pelas partes. O que o ordenamento jurídico não admite é a escolha aleatória de uma ou de outra questão fática para embasar o ato decisório, com desprezo a questões importantes e aos princípios do contraditório e da ampla defesa. A decisão que não se explica, que não mostra de onde veio, suscita descrença à própria atividade jurisdicional.

Pois bem. Nos termos do § 1º do art. 489, não será considerada fundamentada qualquer decisão judicial, seja ela interlocutória, sentença ou acórdão, que:

I – se limitar à indicação, à reprodução ou à paráfrase de ato normativo, sem explicar sua relação com a causa ou a questão decidida;

O julgador deve expor, de forma clara e coerente, as razões que lhe formaram o convencimento e não apenas indicar a norma que aplicou ao caso concreto ou reproduzir o texto de lei aplicável ao caso. São exemplos de decisões que afrontam esse dispositivo: "Em razão do disposto no art. X, indefiro o pedido"; "Restou caracterizado o abuso do direito de defesa ou o manifesto propósito protelatório da parte, razão pela qual defiro a medida pleiteada".

Além disso, nos termos do § 2º do art. 489, na hipótese de colisão entre normas, "o juiz deve justificar o objeto e os critérios gerais da ponderação efetuada, enunciando as razões que autorizam a interferência na norma afastada e as premissas fáticas que fundamentam a conclusão". O critério de aplicação e escolha de uma ou de outra norma é um critério fático. A aplicação ou o afastamento de regras e princípios (espécies de normas) serão realizados de acordo com as especificidades do caso concreto.

II – empregar conceitos jurídicos indeterminados, sem explicar o motivo concreto de sua incidência no caso;

Conceitos jurídicos indeterminados são aqueles "cujos termos têm significados intencionalmente vagos e abertos".[102] São, em outras palavras, institutos que possibilitam interpretação ampla por parte do julgador, a exemplo da "ordem pública" e do "interesse público".

Em sendo assim, a aplicação de conceitos indeterminados é, muitas vezes, geradora de insegurança jurídica. É como conceder um "cheque em branco" ao magistrado, permitindo-lhe adotar a interpretação que entenda mais adequada à solução da controvérsia.

Para evitar abusos, o Código determina que o juiz, ao aplicar esses conceitos, o faça de forma motivada, objetiva, explicitando as razões pelas quais adotou essa ou aquela interpretação.

Vamos ao exemplo. O Código Civil prevê a chamada *desapropriação judicial privada por posse-trabalho* (art. 1.228, § 4º), instituto que admite a restrição da propriedade quando o imóvel reivindicado consistir em extensa área e estiver na posse ininterrupta e de boa-fé, por mais de cinco anos, de considerável número de pessoas, e estas houverem realizado obras e serviços considerados pelo juiz de interesse social e econômico relevante. Boa parte das expressões utilizadas no dispositivo constituem "cláusulas abertas", que devem ser analisadas de acordo

---

[101] Citem-se os Enunciados nºs 42 e 47 da Enfam (Escola Nacional de Aperfeiçoamento de Magistrados), que acabam afastando a aplicação desse dispositivo: "Não será declarada a nulidade sem que tenha sido demonstrado o efetivo prejuízo por ausência de análise de argumento deduzido pela parte"; "O art. 489 do CPC/2015 não se aplica ao sistema de juizados especiais". Não há como afirmar se essas serão as teses adotadas pela jurisprudência. Por enquanto, esses enunciados indicam uma provável interpretação por parte da carreira da magistratura.

[102] COSTA, Judith Martins; BRANCO, Gerson Luiz Carlos. *Diretrizes teóricas do novo Código Civil brasileiro*. São Paulo: Saraiva, 2002. p. 117-119.

com o caso concreto. Não pode o juiz, por exemplo, deferir o pedido afirmando apenas que "a área é extensa e permite a aplicação do art. 1.228, § 4º".

III – invocar motivos que se prestariam a justificar qualquer outra decisão;

É fundamental que as decisões judiciais estejam coerentes com os fatos apresentados pelas partes. A fundamentação do julgado não pode se mostrar incompreensível ou contraditória, ao ponto de gerar dúvida acerca da conclusão apresentada pelo magistrado. Além disso, levando-se em consideração que a jurisdição tem como característica a criatividade, incumbe ao órgão jurisdicional respeitar as peculiaridades de cada caso concreto.

Se o autor, maior e capaz, pleiteia alimentos em face de seu genitor, sob o argumento de que ainda se encontra cursando o ensino superior em horário integral, ou o juiz acolhe o pedido (integralmente ou em parte), ou nega-o com base, por exemplo, na idade avançada do autor. Nesse exemplo, não pode o juiz invocar que se o autor não tivesse condições de trabalhar, o pleito alimentar poderia ser atendido. Em síntese, se o autor demonstrar que não tem condições de trabalhar e o juiz, ao analisar o mérito, não apreciar essa questão, mas a suscitar como possível, a decisão será considerada como não fundamentada, possibilitando a interposição de embargos declaratórios em razão de contradição.

Outro exemplo ocorre quando o juiz, ao proferir determinada decisão, discorre sobre posicionamento tido como correto, mas aplica tese oposta. É como se na fundamentação do julgado as razões invocadas indicassem a procedência do pedido, mas o dispositivo chegasse a conclusão totalmente diversa. Não se afasta, contudo, a possibilidade de o julgador ressalvar o seu entendimento em relação a determinado tema, mas aplicar tese definida por tribunal superior.

IV – não enfrentar todos os argumentos deduzidos no processo capazes de, em tese, infirmar a conclusão adotada pelo julgador;

A decisão judicial deve ser construída ao longo do processo, após a análise das alegações das partes, da apreciação da prova e das demais circunstâncias do caso concreto. Em outras palavras, tudo o que de **relevante** for produzido, deduzido e percebido no processo deve ser levado em consideração no momento de se proferir uma decisão, especialmente em se tratando de sentença ou de acórdão.

Isso não quer dizer que o juiz tenha que apreciar todo e qualquer argumento constante dos autos. Se, por exemplo, em ação de divórcio, uma das partes enumera as razões pelas quais se está propondo a demanda, não há necessidade de que o juiz se manifeste sobre elas, mas apenas que verifique se estão preenchidos os pressupostos necessários à concessão do pedido.

Outro exemplo ocorre quando as partes apresentam diversos fundamentos, mas todos eles são capazes de lhe propiciar um julgamento favorável. Se o juiz examina o primeiro e conclui pela procedência da demanda, não há necessidade de apreciar os demais. Por outro lado, se apenas um dos argumentos é levado em consideração para a prolação de uma decisão desfavorável, deve o juiz informar na sentença o motivo pelo qual rejeitou todos os pedidos. Pode, inclusive, invocar um motivo único para todos os argumentos.

Tal requisito encontra fundamento no princípio do contraditório, que não apenas garante o direito de manifestação das partes, mas, também, o direito de serem essas manifestações tomadas em consideração pelo juiz.

Sobre o inciso IV, vale transcrever os enunciados da Escola de Aperfeiçoamento de Magistrados, que podem indicar uma futura interpretação desses dispositivos:

- **Enunciado nº 6:** "Não constitui julgamento surpresa o lastreado em fundamentos jurídicos, ainda que diversos dos apresentados pelas partes, desde que embasados em provas submetidas ao contraditório".

- **Enunciado nº 10:** "A fundamentação sucinta não se confunde com a ausência de fundamentação e não acarreta a nulidade da decisão se forem enfrentadas todas as questões cuja resolução, em tese, influencie a decisão da causa".
- **Enunciado nº 12:** "Não ofende a norma extraível do inciso IV do § 1º do art. 489 do CPC/2015 a decisão que deixar de apreciar questões cujo exame tenha ficado prejudicado em razão da análise anterior de questão subordinante".
- **Enunciado nº 13:** "O art. 489, § 1º, IV, do CPC/2015 não obriga o juiz a enfrentar os fundamentos jurídicos invocados pela parte, quando já tenham sido enfrentados na formação dos precedentes obrigatórios".

V – se limitar a invocar precedente ou enunciado de súmula, sem identificar seus fundamentos determinantes nem demonstrar que o caso sob julgamento se ajusta àqueles fundamentos;

Nem sempre o dever de fundamentação é observado dentro dos limites que efetivamente o processo reproduziu. As questões de fato e de direito postas em julgamento muitas vezes são desconsideradas em detrimento da aplicação "rápida" e "prática" de entendimento jurisprudencial que sequer tem relação com o caso concreto.

Por esse motivo, o Código em vigor traz regras expressas que visam evitar as decisões meramente repetitivas de julgados, jurisprudências ou enunciados de súmulas, que não demonstrem a aplicabilidade do entendimento consolidado ao caso efetivamente apreciado.

Há que se ressalvar, contudo, a desnecessidade de identificação pormenorizada dos fundamentos do próprio precedente invocado. Explico. De acordo com o art. 984, § 2º, o conteúdo do acórdão proferido em IRDR (incidente de resolução de demandas repetitivas) "abrangerá a análise de todos os fundamentos suscitados concernentes à tese jurídica discutida, sejam favoráveis ou contrários". A tese firmada no incidente será amplamente divulgada (art. 979), razão pela qual não se pode exigir do julgador a identificação de todos os fundamentos da decisão que ele utilizará para subsidiar a sua sentença. Como a tese já está firmada, caberá ao juiz simplesmente segui-la ou, se for o caso, demonstrar que ela efetivamente não se aplica ao caso concreto.

VI – deixar de seguir enunciado de súmula, jurisprudência ou precedente invocado pela parte, sem demonstrar a existência de distinção no caso em julgamento ou a superação do entendimento.[103]

Da mesma forma que o magistrado deve lançar as razões pelas quais aplicou determinado entendimento ao litígio posto sob sua apreciação, também deve justificar a inadequação de precedente, súmula ou jurisprudência quando a parte a invocar como forma de subsidiar o seu pleito. Se, por exemplo, a parte invoca um precedente vinculante e o juiz entende que ele

---

[103] Quanto a esse inciso a ao anterior, cito novamente os enunciados da Enfam: "É ônus da parte, para os fins do disposto no art. 489, § 1º, V e VI, do CPC/2015, identificar os fundamentos determinantes ou demonstrar a existência de distinção no caso em julgamento ou a superação do entendimento, sempre que invocar jurisprudência, precedente ou enunciado de súmula" (Enunciado nº 9); "Os precedentes a que se referem os incisos V e VI do § 1º do art. 489 do CPC/2015 são apenas os mencionados no art. 927 e no inciso IV do art. 332" (Enunciado nº 11); "A decisão que aplica a tese jurídica firmada em julgamento de casos repetitivos não precisa enfrentar os fundamentos já analisados na decisão paradigma, sendo suficiente, para fins de atendimento das exigências constantes no art. 489, § 1º, do CPC/2015, a correlação fática e jurídica entre o caso concreto e aquele apreciado no incidente de solução concentrada" (Enunciado nº 19). Como se pode perceber, a interpretação por parte da magistratura parece ser de restringir o alcance desses dispositivos.

não se aplica ao caso concreto, deve, de forma fundamentada, demonstrar que a situação fática apresentada é distinta daquela que serviu para o precedente.

O tema será novamente tratado na parte dos Recursos, notadamente dos Embargos de Declaração, eis que as omissões da sentença em relação à fundamentação sujeitam-se a essa espécie recursal.

8.6 Classificação e efeitos das sentenças definitivas

A classificação das sentenças depende da perspectiva enfocada. Segundo Humberto Theodoro Júnior,

> "a classificação realmente importante das sentenças (considerando tanto a decisão do juiz singular como o acórdão dos tribunais) é a que leva em conta a natureza do bem jurídico visado pelo julgamento, ou seja, a espécie de tutela jurisdicional concedida à parte".[104]

Assim, as sentenças que têm a mesma natureza da ação em que são proferidas podem ser: condenatórias, declaratórias e constitutivas.

A rigor, todas as sentenças são, a um só tempo, condenatórias, declaratórias e constitutivas. Em toda sentença há, pelo menos, a condenação em custas e honorários; mesmo na ação condenatória, de reparação de danos, por exemplo, há a declaração relativa à violação do direito e à constituição de obrigação.

Sentença condenatória é aquela que, além de promover o acertamento do direito, declarando-o, impõe ao vencido uma prestação passível de execução. A condenação consiste numa obrigação de dar, de fazer ou de não fazer. Exemplo: na ação de reparação de danos o juiz declara a culpa do réu e condena-o a indenizar (obrigação de dar). O comando judicial expresso no dispositivo costuma vir da seguinte forma: "Julgo procedente o pedido para condenar...".

Os efeitos da sentença condenatória são, em geral, *ex tunc*, isto é, retroagem para alcançar situações pretéritas. Exemplos: os juros moratórios fixados na sentença são devidos a partir da citação (data em que o devedor é constituído em mora, nos termos do art. 240); a correção monetária na ação de reparação de danos morais deve incidir a partir da data do arbitramento, ou seja, da data em que o valor for fixado na sentença;[105] os juros compensatórios na desapropriação são devidos desde a imissão na posse.

A **sentença declaratória** tem por objeto simplesmente a declaração da existência ou inexistência de relação jurídica, ou da autenticidade ou falsidade de documento (art. 19, I e II). No exemplo da reparação de danos, pode ser que o interesse do autor se restrinja a obter, pela sentença, a declaração de um tempo de serviço. Nesse caso o comando judicial (dispositivo) será no sentido de "julgar procedente para declarar...".

Independentemente da natureza da ação, qualquer sentença que julga improcedente o pedido é denominada "declaratória negativa", uma vez que nesse caso a sentença tão somente declara a inexistência do direito pleiteado.

A sentença meramente declaratória, à evidência, não comporta, em regra,[106] execução. A sentença, por si, é suficiente para o exercício do direito declarado.

---

[104] THEODORO JÚNIOR, Humberto. *Curso de direito processual civil*. Rio de Janeiro: Forense, 1991. v. I, p. 559.

[105] Súmula nº 362 do STJ: "A correção monetária do valor da indenização do dano moral incide desde a data do arbitramento".

[106] O STJ, no julgamento do REsp 1.261.888/RS, sob o rito dos recursos repetitivos (art. 543-C do CPC/1973), reconheceu a eficácia executiva de uma sentença que declarou a legalidade de parte de

Os efeitos da declaração retroagem à época em que se formou a relação jurídica (*ex tunc*). Exemplos: a declaração da existência de um crédito retroage à data de sua constituição; na usucapião, a aquisição da propriedade se dá com o transcurso do tempo e, se o pedido for declarado procedente, os efeitos da sentença retroagem à data da aquisição do domínio.

Na **sentença constitutiva**, além da declaração do direito, há a constituição de novo estado jurídico, ou a criação ou a modificação de relação jurídica. Exemplos: divórcio; anulatória de negócio jurídico; rescisão de contrato e anulação de casamento.

No dispositivo, geralmente, o juiz utiliza a expressão "julgo procedente o pedido para decretar...".

A sentença por si só é bastante para alterar a realidade jurídica objeto da decisão. Assim, a sentença constitutiva não implica a abertura da fase de cumprimento. Eventuais registros ou averbações visam apenas a dar publicidade ao novo estado e decorrem de exigências legais. Se, no entanto, a sentença de divórcio, por exemplo, fixar os alimentos para um dos ex-cônjuges, poderá haver execução desse capítulo da sentença que, na verdade, terá caráter condenatório.

Em regra, as sentenças constitutivas têm efeito *ex nunc* (para o futuro). Exemplo: é da sentença que decreta o divórcio que se tem por extinto o casamento. Exceção: sentença que anula negócio jurídico pode ter efeito *ex tunc* (art. 182 do CC).[107]

A sentença homologatória tem a mesma natureza do negócio jurídico homologado. Pode ser condenatória, declaratória ou constitutiva, conforme o ajuste estabelecido entre as partes.

Como já dito, às três espécies de sentença, parte da doutrina acrescenta duas outras: sentença executiva *lato sensu* e sentença mandamental.

Nas **sentenças executivas** *lato sensu*, o preceito determina o que deve ser cumprido. É o caso da sentença que determina o despejo, a reintegração de posse e a imissão de posse. No caso, o comando jurisdicional determina, por ele mesmo, o cumprimento satisfativo da pretensão.

---

uma cobrança constante em fatura de energia elétrica. A ação foi proposta pelo consumidor, mas, diante do reconhecimento da legalidade da cobrança de alguns dos valores questionados, a companhia de energia elétrica (ré) requereu, então, o cumprimento da sentença em desfavor do consumidor. Esse pedido não foi admitido na origem e a decisão foi mantida pelo Tribunal de Justiça do Rio Grande do Sul, que entendeu que, não tendo a sentença condenado o consumidor, não detinha a fornecedora de energia elétrica um título executivo em seu favor. O STJ, no entanto, entendeu que a sentença que reconheceu a legalidade da cobrança valia como título executivo em favor da companhia. O fundamento da decisão foi o art. 475-N, I, do CPC de 1973, que assim dispunha: "São títulos executivos judiciais: I – a sentença proferida no processo civil que reconheça a existência de obrigação de fazer, não fazer, entregar coisa ou pagar quantia". Como o artigo correspondente no CPC/2015 prevê, expressamente, que serão título executivo judicial "as decisões proferidas no processo civil que reconheçam a exigibilidade de obrigação de pagar quantia, de fazer, de não fazer ou de entregar coisa" (art. 515, I), entendemos que a posição do STJ não pode ser mantida. A diferença é sutil, mas importante: no CPC/1973 apenas se exigia da sentença o reconhecimento acerca da existência de uma obrigação. Na nova sistemática, a sentença, para ser executável, deve reconhecer a exigibilidade e não apenas a existência da obrigação.

[107] Dizemos que "pode ter efeito *ex tunc*", porque há posição doutrinária que entende ser possível apenas o efeito *ex nunc* (não retroativo), em virtude do que dispõe o art. 177 do Código Civil, que assim prevê: "A anulabilidade não tem efeito antes de julgada por sentença, nem se pronuncia de ofício; só os interessados a podem alegar, e aproveita exclusivamente aos que a alegarem, salvo no caso de solidariedade ou indivisibilidade". Um exemplo em que a sentença anulatória produz efeitos retroativos é a hipótese de anulação de casamento, já que as partes retornam ao estado civil de solteiras após a prolação da decisão que desconstitui o vínculo.

Sentença mandamental é aquela que, além de declaração, contém uma ordem. Exemplos: reintegração de funcionário público no seu cargo por força de mandado de segurança e ordem para expedição de certidão.

8.7 Conformação da sentença ao pedido

A sentença, por constituir resposta ao pedido formulado na inicial, deve estar em conformidade com o que foi pleiteado. A regra é que o pedido deve ser certo e determinado (arts. 322 e 324). As exceções ao pedido determinado estão nos incisos do art. 324, que já foram explanados no item 4.1.1 deste Capítulo.

Nas hipóteses em que o autor propõe ação para pleitear o cumprimento de obrigação de pagar quantia, esta normalmente já está discriminada na petição inicial, restando ao juiz fixar o montante de juros e os índices de correção, se for o caso. Entretanto, tratando-se de ação relativa à obrigação de pagar quantia na qual o autor formula pedido genérico (art. 324), ainda assim é possível que o juiz, desde logo, condene o réu ao cumprimento da obrigação. Nesse caso, a sentença deve fixar a extensão do dano, o índice de correção monetária, a taxa de juros, o termo inicial e a periodicidade das prestações, se for o caso (art. 491). O cumprimento da sentença far-se-á independentemente de liquidação, bastando a apresentação do cálculo pelo credor.

Por outro lado, se não for possível determinar, de modo definitivo, o montante devido[108] ou se este depender da produção de prova demorada e excessivamente dispendiosa (art. 491, I e II), o juiz deverá reconhecer a existência da obrigação e determinar a liquidação da sentença na forma do art. 509, I ou II, do CPC.

8.8 Sentenças *citra petita*, *ultra petita* e *extra petita*

O juiz decidirá a lide nos limites em que foi proposta, sendo defeso conhecer de questões, não suscitadas, a cujo respeito a lei exige a iniciativa da parte (art. 141).

Sendo assim, é vedado ao juiz proferir decisão de natureza diversa da pedida, bem como condenar a parte em quantidade superior ou em objeto diverso do que lhe foi demandado (art. 492).

O limite da sentença é o pedido, com a sua fundamentação. É o que a doutrina denomina de princípio da adstrição, princípio da congruência ou da conformidade, que é desdobramento do princípio do dispositivo (art. 2º). O afastamento desse limite caracteriza as sentenças *citra petita*, *ultra petita* e *extra petita*, o que constitui vícios e, portanto, acarreta a nulidade do ato decisório.

Sentença *citra petita* é aquela que não examina em toda a sua amplitude o pedido formulado na inicial (com a sua fundamentação) ou a defesa do réu. Exemplos: (1) o autor pediu indenização por danos emergentes e lucros cessantes. O juiz julgou procedente o pedido com relação aos danos emergentes, mas não fez qualquer referência aos lucros cessantes; (2) por meio de mandado de segurança, o funcionário pleiteou a nulidade do ato punitivo sob a alegação de que não cometeu a falta disciplinar e que não lhe foi dada oportunidade de defesa. O juiz denegou a segurança ao fundamento de que a análise da falta disciplinar envolve matéria fática insuscetível de discussão no âmbito da segurança, e não apreciou o segundo fundamento; (3) na ação reivindicatória, o réu se defende, arguindo prescrição aquisitiva. O juiz aprecia os fundamentos do pedido, mas se esquece da usucapião.

---

[108] Nas ações de ressarcimento, por exemplo, pode o sentenciante (juiz), não dispondo de elementos nos autos para fixar o valor da condenação, proferir sentença ilíquida, remetendo as partes para a liquidação. Nesse sentido é o entendimento do STJ (ver: REsp 259.607/SP, j. 05.11.2009).

Saliente-se que não constitui decisão *citra petita* o fato de o juiz julgar parcialmente o pedido. Voltando ao exemplo anterior: ocorre o julgamento *citra petita* se o juiz não cogitar dos lucros cessantes, hipótese em que a decisão é passível de anulação; ao contrário, se o juiz procede à análise dos lucros cessantes e chega à conclusão de que não há prova para a condenação em tal verba, a sentença é válida.

Na **sentença** *ultra petita*, o defeito é caracterizado pelo fato de o juiz ter ido além do pedido do autor, dando mais do que fora pedido. Exemplo: se o autor pediu indenização por danos emergentes, não pode o juiz condenar o réu também em lucros cessantes.

Lembretes:

- A sentença *ultra petita*, em vez de ser anulada pelo tribunal, deve, por este, ser reduzida aos limites do pedido.

- Não constitui decisão *ultra petita* a que concede correção monetária ou que condena ao pagamento dos juros legais, das despesas e honorários de advogado ou das prestações vincendas (art. 322, § 1º). Em ação de rescisão de promessa de compra e venda, também não é *extra petita* a sentença que determina a restituição das prestações pagas (art. 12 do Decreto-lei nº 58/1937). Trata-se de hipóteses de pedido implícito.

Finalmente, a **sentença é** *extra petita* quando a providência jurisdicional deferida é diversa da que foi postulada; quando o juiz defere a prestação pedida com base em fundamento não invocado; quando o juiz acolhe defesa não arguida pelo réu, a menos que haja previsão legal para o conhecimento de ofício (art. 337, § 5º).

Note-se que no julgamento *ultra petita* o juiz foi além do pedido. Exemplo: além dos danos emergentes pleiteados, deferiu também lucros cessantes. Já no julgamento *extra petita* a providência deferida é totalmente estranha não só ao pedido, mas também aos seus fundamentos. Exemplo: o autor pede proteção possessória e o juiz decide pelo domínio, reconhecendo-o na sentença.

8.9 Sentença condicional

A decisão deve ser certa, ainda quando resolva relação jurídica condicional (art. 492, parágrafo único).

A sentença deve expressar uma providência jurisdicional certa e incondicionada. Nenhum juiz decidirá desta forma: "Julgo procedente o pedido, desde que...". A eficácia da decisão não pode estar condicionada a cláusula.

Não se admite que o autor pleiteie direito, condicionando-o à ocorrência de um evento futuro e incerto. Exemplo: pedido de condenação do réu a pagar determinada importância desde que seja instituído herdeiro no testamento de uma pessoa que sequer faleceu. Igualmente é defeso ao juiz deferir direito cuja existência dependa de comprovação futura. Exemplo: condeno o réu a pagar lucros cessantes desde que demonstrada a existência desses na liquidação da sentença.

Tal como o pedido, excepcionalmente a sentença não é determinada no que tange ao montante da condenação, relegando essa apuração para outra fase. Todavia, o bem jurídico objeto do provimento jurisdicional (a condenação, *v.g.*) deve ser certo.

Para melhor compreensão, observemos os seguintes julgados:

"Nula é a sentença que julga a ação procedente, condicionada esta procedência ao preenchimento de determinados requisitos legais pelo autor" (*RT* 472/150).

"Não se admite sentença condicional (CPC, art. 460).[109] A prova do lucro cessante deve ser feita no processo de conhecimento, jamais na liquidação. Não demonstrada sua ocorrência, a sentença de mérito declarará improcedente a pretensão" (*RSTJ* 67/393).

O que o dispositivo **veda é que o conteúdo da sentença esteja sujeito a evento futuro e incerto**. Entretanto, nada impede que a relação jurídica apreciada na decisão seja condicionada. Nesse caso, "não há por assim dizer, procedência do pedido, desde que se realize determinada condição. Pode haver pedido julgado procedente, com efeito declaratório da existência ou inexistência da relação jurídica, sujeita a condição (art. 121 do CC)".[110]

A propósito, o art. 514 estabelece o requisito para execução da sentença que decidiu relação jurídica sujeita a condição ou termo:

"Quando o juiz decidir relação jurídica sujeita a condição ou termo, o cumprimento da sentença dependerá de demonstração de que se realizou a condição ou de que ocorreu o termo".

Condição é a cláusula que subordina o efeito do negócio jurídico, oneroso ou gratuito, a evento futuro e incerto (art. 121 do CC). Será suspensiva a condição se o direito decorrente do negócio for adquirido com a ocorrência do evento; será resolutiva se o direito se extinguir com a verificação da condição.

Termo é a cláusula que subordina os efeitos do ato negocial a um acontecimento futuro e certo.[111]

8.10 Sentença e fato superveniente

A rigor, a sentença deve compor a lide tal como se apresenta do confronto da inicial com a contestação, isto é, deve apreciar o pedido com sua fundamentação, bem como os fundamentos da defesa.

Todavia, a sentença deve refletir o estado de fato da lide no momento da decisão, devendo o juiz levar em consideração fato ou direito superveniente que possa influir no julgamento da lide. Dispõe o art. 493:

"Se, depois da propositura da ação, algum fato constitutivo, modificativo ou extintivo do direito influir no julgamento do mérito, caberá ao órgão juiz tomá-lo em consideração, de ofício ou a requerimento da parte, no momento de proferir a decisão".

Por **fato superveniente** entende-se a circunstância relevante para o julgamento do mérito que somente surgiu após a fase de saneamento ou de instrução (se houver), ou que, apesar de já existente, só foi apurada no curso do processo.

O fato superveniente que o juiz pode considerar na sentença é apenas aquele que não altera a causa de pedir. No momento da propositura da ação de usucapião, o lapso temporal necessário à aquisição da propriedade ainda não se havia completado. Pode o juiz, no momento da sentença, levar em conta a ocorrência da prescrição aquisitiva e julgar procedente o pedido, sob o fundamento de que o lapso temporal foi obtido no decorrer do processo. Ao contrário,

---

[109] Corresponde ao atual art. 492, parágrafo único.
[110] SANTOS, Ernane Fidelis dos. *Comentários ao Código de Processo Civil*. Rio de Janeiro: Forense, 1980. t. I, v. III, p. 263.
[111] DINIZ, Maria Helena. *Código Civil anotado*. São Paulo: Saraiva, 1995. p. 124.

se a rescisão do contrato é pleiteada com fundamento na simulação de um dos contratantes, não pode o juiz levar em conta inadimplemento ocorrido no curso da demanda.

O conhecimento dos novos fatos alegados por uma das partes independe do consentimento da outra. Porém, em qualquer caso, sempre que um novo fato for trazido aos autos, deverá ser assegurado o exercício da ampla defesa e do contraditório à parte contrária (art. 493, parágrafo único).

O fato ou direito superveniente pode ser arguido no âmbito dos Tribunais, desde que seja oportunizado previamente o contraditório. Vejamos, nesse sentido, posicionamento do STJ:

> "Processual Civil. Embargos de Declaração no Agravo Regimental no Agravo em Recurso Especial. Ausência de omissão, contradição ou obscuridade. Efeitos infringentes. Art. 462 do CPC.[112] Alegação de fato novo em sede de Recurso Especial. Impossibilidade. Falta de prequestionamento e supressão de instância. [...] O fato novo de que trata o art. 462 do CPC refere-se àqueles supervenientes à instrução e que devem ser levados em conta pelo magistrado quando da prolação da sentença. Por construção doutrinária e jurisprudencial, entende-se que o fato novo deve ser apreciado não apenas pelo juízo monocrático, de primeira instância, mas também pelo Tribunal respectivo, a quem cabe a cognição mais abrangente de todos os elementos do feito. Todavia, não é possível a alegação de fato novo exclusivamente em sede de recurso especial por carecer o tema do requisito indispensável de prequestionamento e importar, em última análise, em supressão de instância [...]" (STJ, Embargos de Declaração no Agravo do AREsp 115.883/RJ, Rel. Min. Luis Felipe Salomão, j. 04.04.2013).

8.11 Modificação da sentença

Art. 494. Publicada a sentença, o juiz só poderá alterá-la:

I – para corrigir-lhe, de ofício ou a requerimento da parte, inexatidões materiais ou erros de cálculo;

II – por meio de embargos de declaração.

De acordo com o CPC, a publicação da sentença pode se dar em dois momentos distintos: na própria audiência de instrução, após o encerramento dos debates ou depois de oferecidas as razões finais; ou no prazo de trinta dias, após o encerramento da fase probatória. Quando proferida em audiência, as partes e os respectivos advogados serão cientificados no mesmo ato. Quando prolatada em momento posterior, a intimação da sentença será, preferencialmente, realizada por meio eletrônico. Não sendo o caso, será publicada no órgão oficial (art. 272).

Uma vez publicada a sentença (ou apenas proferida, no caso de ter sido prolatada em audiência), pouco importa a sua natureza, incide **princípio da inalterabilidade da decisão judicial**, que se aplica também aos acórdãos e, de forma mitigada, até às decisões interlocutórias.

A rigor, constitui erro procedimental a alteração, fora dos casos previstos em lei, de qualquer decisão judicial. O próprio CPC, no entanto, prevê os casos em que se admite alteração da sentença ou do acórdão.

Um deles é para correção de inexatidões materiais ou retificação de erro de cálculo (art. 494, inciso I). Por inexatidão material entende-se o erro, perceptível **sem maior exame**, que traduz desacordo entre a vontade do julgador e a expressa na decisão. Nesse sentido:

---

[112] Correspondente ao atual art. 493.

"(...) O erro material, passível de ser corrigido de ofício, e não sujeito à preclusão, é o reconhecido *primu ictu oculi*, consistente em equívocos materiais sem conteúdo decisório propriamente dito" (REsp 1.151.982/ES, Rel. Min. Nancy Andrighi, j. 23.10.2012, *DJe* 31.10.2012).

Erro de cálculo passível de correção é o que resulta de equívocos aritméticos, por exemplo, inclusão de parcela devida e não constante do cálculo por equívoco.

Em caso de inexatidão ou erro, a correção pode ser feita por despacho retificador (que não altera a substância do julgado e, portanto, não tem qualquer reflexo sobre o prazo recursal), a qualquer tempo, mesmo depois de transitada em julgado a sentença. Ressalte-se, no entanto, que os critérios de cálculo e os seus elementos não podem ser alterados após o trânsito em julgado. Nesse sentido: STF, AI 851.363/PR, 1ª Turma, Rel. Min. Luiz Fux, *DJe* 20.04.2012).

A alteração também pode ocorrer, de acordo com o inciso II do art. 494, em virtude de interposição de embargos de declaração, quando a sentença ou acórdão contiver obscuridade, contradição ou for omissa com relação a questão suscitada pelas partes.

Os embargos de declaração, espécie de recurso dirigido ao próprio juiz ou órgão prolator da decisão, e por ele julgado, são opostos no prazo de cinco dias, interrompendo-se o prazo para interposição de outros recursos (arts. 1.022 e seguintes).

O acolhimento dos embargos é feito com a prolação de decisão complementar, de natureza idêntica à decisão embargada, e que a esta se integra.

Afora os incisos do art. 494, outros dispositivos constantes do Código autorizam a alteração da sentença.

Os arts. 331, § 1º, e 332, § 3º, constituem exceção ao princípio da inalterabilidade, na medida em que facultam ao juiz retratar-se, mediante interposição de recurso de apelação, no caso de indeferimento da petição, bem como no de improcedência liminar do pedido.

Os princípio da inalterabilidade das decisões judiciais não retira do juiz a competência para atuar no feito depois da publicação da sentença. Compete ao juiz de primeiro grau, por exemplo, deferir o desentranhamento de documentos, determinar o cumprimento do julgado e homologar acordo celebrado pelas partes, mesmo que o processo esteja em grau de recurso.

8.12 Efeitos da sentença

A tutela jurisdicional concedida pela sentença guarda relação com o pedido formulado na petição inicial, ou mesmo pelo réu, quando este apresentar reconvenção ou pedido contraposto, ou quando se tratar de ação dúplice. No processo de conhecimento, a sentença será sempre declaratória, seja para conferir certeza à relação jurídica afirmada pelas partes ou negar a existência dessa relação.

A meramente declaratória se restringe à declaração de certeza da existência ou inexistência de relação jurídica, ou da autenticidade ou falsidade de documento. A condenatória, além da declaração de certeza do direito afirmado pela parte, impõe uma condenação ao devedor. A constitutiva, além da declaração da situação jurídica preexistente, cria, modifica ou extingue a relação jurídica.

Tais efeitos são denominados **principais** porque visados pelos litigantes, tanto que se manifestam em razão do pedido; também denominados formais, porquanto constam expressamente do dispositivo da sentença; finalmente, denominam-se efeitos materiais em razão da sua influência que podem criar sobre a situação jurídica dos litigantes.

Afora os efeitos principais (declaratório, condenatório ou constitutivo), há efeitos que se manifestam automaticamente, em decorrência de previsão legal, independentemente de qualquer pronunciamento judicial. Tais efeitos, denominados **secundários** ou **acessórios**, surgem do simples ingresso da sentença no mundo jurídico.

A sentença que decreta a separação judicial ou divórcio, bem como a que anula o casamento, além do efeito constitutivo ou declaratório visado pelas partes e deferido pelo juiz, automaticamente, põe fim ao regime de comunhão de bens (arts. 1.571, II, III e IV, e 1.576 do CC).

A hipoteca judiciária, conforme previsto no art. 495, constitui efeito secundário de toda sentença que condenar o réu ao pagamento de prestação em dinheiro e que determinar a conversão de prestação de fazer, não fazer ou dar coisa certa em prestação pecuniária.[113]

No Código de 1973, a hipoteca judiciária, que estava prevista no art. 466, não assegurava ao credor qualquer direito de preferência quanto ao recebimento dos créditos estabelecidos na sentença. Ela apenas figurava como meio preventivo para evitar a alienação dos bens em fraude à execução. O credor dispunha, então, apenas do direito de sequela, isto é, da prerrogativa de perseguir os bens hipotecados onde quer que eles se encontrassem. A preferência levava em consideração apenas o registro da penhora ou do arresto, segundo posição dominante do STJ.

Conforme redação do art. 495, § 4º, do Código atual, "a hipoteca judiciária, uma vez constituída, implicará, para o credor hipotecário, o direito de preferência, quanto ao pagamento, em relação a outros credores, observada a prioridade no registro". Isso quer dizer que, nas hipóteses em que houver mais de um credor, o crédito daquele que fizer o registro da sentença perante o cartório de registro imobiliário terá preferência em relação aos demais. Ressalte-se que essa regra é processual e, portanto, não se sobrepõe às preferências estabelecidas nas regras de direito material.

Nos termos do § 1º do art. 495, a sentença condenatória produz o efeito secundário relativo à hipoteca judiciária: (a) embora a condenação seja genérica, caso em que o registro da "garantia" depende da liquidação da sentença; (b) ainda que o credor possa promover o cumprimento provisório da sentença ou esteja pendente arresto sobre bem do devedor; (c) mesmo que seja impugnada por recurso dotado de efeito suspensivo. Para evitar abusos, o próprio CPC prevê que, sobrevindo reforma ou a invalidação da decisão que produziu a hipoteca judiciária, deverá a parte que promoveu o registro, independentemente de culpa, responder pelos prejuízos causados à outra (art. 495, § 5º).

Para a efetivação da hipoteca judiciária basta que o credor apresente cópia da sentença perante o registro imobiliário, sendo desnecessária qualquer providência por parte do juiz (art. 495, § 2º).

8.13 Sentença que tenha por objeto obrigação de fazer, de não fazer e de entregar coisa

Um mofado dogma segundo o qual ninguém pode ser compelido, *manu militari*,[114] a prestar um fato ou abster-se da prática de algum ato, por muito tempo, obstaculizou a efetividade da

---

[113] Nessas últimas hipóteses a conversão da obrigação em prestação pecuniária se dá porque as obrigações originárias não puderam ser cumpridas da forma como ajustadas. Por exemplo: se um cantor é contratado para fazer um *show* e não comparece, injustificadamente, ao evento, causando prejuízos ao contratante, a obrigação que era de fazer deve se converter em pecúnia, já que não haverá mais utilidade no cumprimento da obrigação original.

[114] Segundo Cândido Dinamarco (*A reforma da reforma*), "o dogma da intangibilidade da vontade humana, zelosamente guardado nas tradições pandectistas francesas, fazia o mundo aceitar que *toute obligation de faire, ou de ne pas faire, se resout en dommages et intérêts, en cas d'inexecution de la part du débiteur* (art. 1.142 do Código Civil francês)".

tutela jurisdicional quando se tratava de obrigação de fazer ou de não fazer.[115] Mormente quando se tratava de obrigação infungível,[116] a única solução cabível contra o devedor inadimplente era a conversão da obrigação em perdas e danos.

Tanta era a proteção que cercava o devedor da obrigação de fazer que o direito positivo contemplava a execução de tal modalidade de obrigação apenas se contida em título judicial. Somente com o advento da Lei nº 8.953/1994, que alterou o CPC/1973, é que se permitiu que a obrigação de fazer fosse passível de execução também quando contida em título extrajudicial.

A preocupação com a **efetividade do processo** levou o legislador a criar mecanismos no processo de conhecimento e no de execução para coagir o devedor a cumprir, tal como pactuadas, as obrigações de fazer e de não fazer, passando as perdas e danos a constituírem o último remédio à disposição do credor.

O art. 461 do CPC/1973, com a redação que lhe foi dada pela Lei nº 8.952/1994 e as alterações da Lei nº 10.444/2002, instituiu meios que permitiram ao aplicador do direito assegurar a tutela específica ou o resultado prático que deveria ter sido produzido com o cumprimento da obrigação pactuada. O *caput* do art. 461 foi praticamente reproduzido no Código atual. Veja:

CPC/1973	CPC/2015
Art. 461. Na ação que tenha por objeto o cumprimento de obrigação de fazer ou não fazer, o juiz concederá a tutela específica da obrigação ou, se procedente o pedido, determinará providências que assegurem o resultado prático equivalente ao do adimplemento.	Art. 497. Na ação que tenha por objeto a prestação de fazer ou de não fazer, o juiz, se procedente o pedido, concederá a tutela específica ou determinará providências que assegurem a obtenção de tutela pelo resultado prático equivalente.

De acordo com o *caput*, poderá o juiz, na sentença, se procedente o pedido, conceder a tutela específica da obrigação de fazer ou não fazer, ou determinar providências que assegurem o resultado prático equivalente ao do adimplemento da obrigação originária. Exemplo: o Ministério Público, em ação civil pública, pleiteia seja o réu condenado a não lançar poluentes no ar. Poderá o juiz, na sentença, condenar o réu à tutela específica, consistente no abster-se de lançar poluentes, ou determinar providências que assegurem o mesmo resultado prático, ou seja, a preservação do meio ambiente, que pode ser alcançada com a instalação de filtros (tutela equivalente).

O referido dispositivo permite-nos extrair duas conclusões a propósito do momento para concessão da tutela equivalente. Pode ser concedida na própria sentença, em acolhimento a pedido alternativo do autor, ou de ofício, ante a impossibilidade de concessão da tutela específica. Pode também a tutela equivalente ser concedida após a sentença, de ofício, como consequência do descumprimento do preceito fixado no provimento judicial.

O parágrafo único do art. 497 é novidade no ordenamento. Ele assim dispõe: "Para a concessão da tutela específica destinada a inibir a prática, a reiteração ou a continuação de um ilícito, ou a sua remoção, é irrelevante a demonstração da ocorrência de dano ou da existência de culpa ou dolo".

---

[115] Obrigação de fazer é aquela em que o devedor se comprometeu a prestar um ato positivo, por exemplo, construir um muro, escrever um livro etc. Obrigação de não fazer é aquela em que o devedor assume o compromisso de abster-se da prática de determinado ato, como, por exemplo, não construir edifício com mais de três andares, não impedir a passagem do vizinho etc.

[116] Fungível é a obrigação que admite e infungível a que não admite a sua execução por pessoa diversa do obrigado.

Apesar de existir correspondência no CPC/1973, a regra evidencia algo que já tinha aplicação na prática. Para surtir efeitos, a sentença de procedência pode ser complementada por comandos imperativos, que são acompanhados de medidas de pressão para que o próprio devedor adote a conduta devida e produza o resultado específico. A ação ou omissão prejudicial à efetivação da tutela correspondente deve ser "barrada", mesmo que a parte contrária não esteja agindo com dolo ou com culpa. Em termos práticos, ao autor deve ser garantida a satisfação do direito que já foi confirmado na sentença.

Independentemente da providência a ser adotada pelo magistrado para efetivar a tutela concedida na sentença, é possível a aplicação concomitante de multa com o intuito de desestimular o réu a descumprir a determinação judicial (art. 500). A multa poderá ser fixada por tempo de atraso, de forma a coagir o devedor a adimplir a obrigação na sua especificidade. Até mesmo nos casos em que a obrigação tenha se convertido em perdas e danos, permanece possível a aplicação da multa.

Além da multa, não se descarta a aplicação das medidas de apoio, tais como busca e apreensão, remoção de pessoas e coisas, desfazimento de obras, intervenção em empresas e impedimento de atividade nociva, se necessário com requisição de força policial (art. 536, § 1º).

Ao credor não é facultado optar pelo pagamento da multa ou pelo cumprimento do preceito fixado na sentença. Assim, se a multa não foi capaz de compelir o devedor a adimplir a obrigação específica, deverá o juiz determinar providências que assegurem o resultado prático equivalente ao adimplemento. Mesmo adimplindo a obrigação, poderá o credor, após o trânsito em julgado da sentença, promover a execução da multa (execução por quantia certa).

A conversão da obrigação em perdas e danos ocupa o último lugar no rol de alternativas postas à disposição do credor, figurando como medida substitutiva do objeto da obrigação original, caso não tenha a multa o poder de coação almejado e não seja possível obter a tutela equivalente (art. 499). Entretanto, poderá o autor desprezar as tutelas que o legislador lhe facultou e requerer, já na petição inicial, a substituição da obrigação específica por perdas e danos.

A regra prevista no art. 499 pode ser assim sintetizada: a conversão em perdas e danos só irá ocorrer se (i) for impossível a tutela específica e a obtenção do resultado equivalente ou (ii) se o autor assim o requerer. Ocorre que em março de 2024, o legislador alterou o CPC e inseriu um parágrafo único a esse dispositivo, estabelecendo que: "Nas hipóteses de responsabilidade contratual previstas nos arts. 441, 618 e 757 da Lei nº 10.406, de 10 de janeiro de 2002 (Código Civil), e de responsabilidade subsidiária e solidária, se requerida a conversão da obrigação em perdas e danos, o juiz concederá, primeiramente, a faculdade para o cumprimento da tutela específica".

Por vezes, pode o autor prejudicado requerer desde logo a conversão da obrigação em perdas e danos justamente por não mais lhe ser útil o cumprimento extemporâneo do que foi pactuado. Em casos assim, parece-nos que a alteração legislativa afasta o desejo do autor, privilegiando a possibilidade de o devedor cumprir a tutela específica, mesmo que extemporaneamente. Em suma, mesmo que o autor tenha requerido a conversão da obrigação em perdas e danos em razão do inadimplemento do devedor, deverá o juiz oportunizar o cumprimento da obrigação.

O texto do parágrafo único do art. 499 menciona explicitamente apenas as hipóteses previstas nos arts. 441, 618 e 757 do Código Civil (vícios redibitórios, defeitos em construções e cobertura securitária) e os casos de responsabilidade subsidiária ou solidária. De toda sorte, são situações nas quais mesmo com o inadimplemento, terá o devedor a oportunidade de adimplir com os termos pactuados.

Apesar da literalidade do dispositivo, entendemos que se o autor/credor demonstrar a inutilidade ou impossibilidade de cumprimento da tutela específica, não haverá necessidade de que o juiz insista no cumprimento junto ao devedor.

O STJ tem vasta jurisprudência no sentido de ser possível a conversão da obrigação de fazer em perdas e danos, independentemente de pedido explícito e mesmo em fase de cumprimento de sentença, se verificada a impossibilidade de cumprimento da obrigação específica (1ª Turma. AgInt no RMS 39.066/SP, Rel. Min. Gurgel de Faria, j. 12.04.2021). Na verdade, em qualquer fase do procedimento é possível o requerimento de conversão (1ª Turma. REsp 2.121.365/MG, Rel. Min. Regina Helena Costa, j. 03.09.2024).

O mesmo STJ entende que essa conversão é possível nas hipóteses em que sejam verificadas a negligência ou a demora do demandado no cumprimento da tutela específica (1ª Turma. AgInt no AREsp 1.205.100/SP, Rel. Min. Sérgio Kukina, j. 19.03.2019).

Com efeito, se for inviável a concessão da tutela específica e o autor trouxer elementos que justifiquem a imediata conversão, pensamos ser o caso de excepcionar a exigência prevista no novo dispositivo legal, sob pena de privilegiar a conduta omissiva do devedor.

Quanto à sentença ou acórdão que contenha obrigação de entrega de coisa, a efetivação da tutela far-se-á segundo o art. 498, que assim prescreve:

Art. 498. Na ação que tenha por objeto a entrega de coisa, o juiz, ao conceder a tutela específica, fixará o prazo para o cumprimento da obrigação.

Parágrafo único. Tratando-se de entrega de coisa determinada pelo gênero e pela quantidade, o autor individualizá-la-á na petição inicial, se lhe couber a escolha, ou, se a escolha couber ao réu, este a entregará individualizada, no prazo fixado pelo juiz.

Na petição inicial, o autor requererá a providência judicial almejada, consistente numa ordem, mandamento ou determinação para que o réu entregue a coisa (certa) descrita no título que representa a obrigação (contrato de compra e venda, por exemplo). Quando se tratar de coisa incerta, ou seja, determinada apenas pelo gênero e quantidade (um boi zebu dentre aqueles que se encontravam na Exposição de Uberaba), o autor a individualizará na petição inicial, se lhe couber a escolha; cabendo ao devedor escolher, a ordem judicial será no sentido de que entregue a coisa individualizada no prazo fixado pelo juiz (art. 498, parágrafo único). A ordem visada pelo autor poderá ser pleiteada a título de tutela antecipada ou final.

Em resposta ao pedido do autor, poderá o juiz, na decisão, final ou antecipatória, conceder a tutela específica, ou seja, determinar a entrega da coisa ou determinar providências que assegurem o mesmo resultado prático. Exemplo: a concessionária se obrigou a entregar o automóvel modelo Marea ELX. Ocorre que o modelo ELX não é mais fabricado, mas a concessionária tem em seu pátio o modelo ELP, similar ao que consta do contrato. Pode o juiz, a requerimento do autor, determinar a entrega do modelo similar, assegurando, assim, resultado prático equivalente.

Como meio de compelir o réu a cumprir a determinação judicial, também poderá o juiz, de ofício ou a requerimento da parte, impor multa (*astreintes*) ao devedor da obrigação, fixando-lhe prazo razoável para entrega da coisa. Para evitar repetição, fazemos remissão ao que afirmamos a propósito da multa relativa ao cumprimento das obrigações de fazer e não fazer, perfeitamente aplicável à efetivação da tutela das obrigações de entregar coisa.

Não sendo a multa eficaz para vencer a resistência do réu a entregar a coisa no prazo estabelecido, "será expedido mandado de busca e apreensão ou de imissão na posse em favor do credor, conforme se tratar de coisa móvel ou imóvel" (art. 538).

A efetivação da tutela, como podemos verificar, é feita por coerção ou por atos do Estado-juízo sobre a própria coisa (busca e apreensão). Somente na hipótese extrema de perda da coisa ou de absoluta impossibilidade de apreendê-la, a obrigação converter-se-á em perdas e danos.

8.14 Sentença que tenha por objeto a emissão de declaração de vontade

Se a parte for condenada a emitir declaração de vontade, a sentença, uma vez transitada em julgado, produzirá todos os efeitos da declaração não emitida.

Para facilitar a compreensão da regra constante no art. 501, vejamos o seguinte exemplo: duas pessoas celebram contrato preliminar de compra e venda, por intermédio do qual o proprietário do bem imóvel se obriga a vendê-lo. Nesse caso, a obrigação pactuada pelo proprietário do bem é obrigação de fazer, com uma peculiaridade: o fazer não se refere à prestação de um fato, mas à emissão de declaração de vontade. Trata-se de obrigação de fazer não fungível, ou seja, a declaração da venda só pode ser feita pelo proprietário do bem. Entretanto, a despeito dessa impossibilidade de satisfação da obrigação por terceiro, o que interessa ao credor é o resultado, a transferência da propriedade do bem que o proprietário se obrigou a vender, pouco importando o meio como se opera.

Em razão dessa singularidade, é possível a satisfação da obrigação por meio de decisão judicial que supra a vontade da outra parte. A sentença nesse caso, de natureza constitutiva, terá o condão de substituir a vontade da parte que se absteve de declarar.

8.15 Remessa necessária (art. 496)

Na Parte I, no capítulo sobre a principiologia, vimos que o **princípio do duplo grau de jurisdição** consiste na possibilidade assegurada às partes de submeterem matéria já apreciada e decidida pelo juízo originário a novo julgamento por órgão hierarquicamente superior. Embora se trate de princípio ínsito ao sistema recursal, o duplo grau de jurisdição também encontra seu fundamento nas hipóteses em que, vencida a Fazenda Pública, a sentença precisa ser submetida ao tribunal, para fins de confirmação, mesmo que não haja recurso por parte do ente público vencido.

Trata-se do **reexame necessário** – ou **remessa necessária** –, que não deve ser considerado recurso, seja por lhe faltar tipicidade, seja por não deter diversos dos requisitos básicos exigidos para caracterização dos recursos, tais como a necessidade de fundamentação, o interesse em recorrer, a tempestividade, o preparo, entre outros. Por esse motivo, entende-se que a remessa necessária tem natureza jurídica de **condição de eficácia da sentença**, não se relacionando, portanto, com os recursos previstos na legislação processual.

Sem essa remessa não opera o trânsito em julgado e a sentença não tem eficácia, ou seja, não pode ser executada. Podem ser reexaminadas pelo tribunal todas as questões cujo julgamento possa favorecer o ente público – para prejudicar, jamais. A obrigatoriedade ou não de reexame necessário, a depender do valor da condenação, não retira da parte (tanto do particular quanto do ente público) a faculdade de recorrer. Se houver reexame necessário e recurso interposto pela pessoa jurídica de direito público, o tribunal aprecia todas as questões passíveis de novo julgamento (as que foram impugnadas no recurso e as que foram devolvidas por força do reexame necessário) e, então, julga prejudicado o recurso interposto pela pessoa jurídica de direito público. Caso não se enquadre na hipótese de reexame necessário, em decorrência do valor da condenação ou da conformidade da decisão com os precedentes citados no § 4º, mesmo assim o advogado público pode recorrer. E, havendo recurso, obviamente o tribunal irá analisar a matéria impugnada. Nada impede que o relator, pelo fato de a decisão recorrida estar em conformidade com os precedentes mencionados, julgue monocraticamente o recurso, conforme previsão do art. 932.

O reexame necessário foi, ou melhor, ainda é, alvo de pesadas críticas pela doutrina, uma vez que reflete um privilégio da Fazenda Pública totalmente dispensável. Alfredo Buzaid, mentor do Código de Processo Civil de 1973, já lutava pela extinção desse instituto desde o Código de 1939. Na obra *Da apelação ex officio no sistema do Código de Processo Civil*, publicada em 1951, o ilustre doutrinador defendia a desnecessidade de se manter esse instrumento de defesa do fisco, porquanto, nem história, nem cientificamente, se justificava a manutenção no sistema do direito processual civil de 1939.[117]

Buzaid ainda tentou excluir esse instituto da legislação processual quando elaborou o anteprojeto do Código de 1973. Infelizmente não obteve o apoio necessário para expurgar esse privilégio desarrazoado e "anti-isonômico".[118]

Atualmente, o que se observa é uma advocacia pública bem estruturada, com condições para recorrer de todas as decisões opostas aos interesses da Fazenda Pública. Nesse contexto, submeter ao duplo grau de jurisdição as sentenças que lhe são contrárias é algo totalmente fora de propósito, sobretudo em face da morosidade processual que acomete o direito brasileiro.

Não foi por outra razão que os arts. 13 da Lei nº 10.259/2001 e 11 da Lei nº 12.153/2009, que tratam, respectivamente, dos Juizados Especiais Cíveis e Criminais no âmbito da Justiça Federal e Juizados Especiais da Fazenda Pública no âmbito dos Estados, do Distrito Federal, dos Territórios e dos Municípios, proibiram, expressamente, o reexame necessário nas causas dos respectivos juizados, porquanto, tendo em vista o pequeno valor limite para a competência, deve prevalecer a simplicidade e a celeridade processual.

Pouco tempo depois da edição da Lei dos Juizados Especiais Cíveis e Criminais no âmbito da Justiça Federal, o legislador tratou de restringir o cabimento da remessa necessária em todos os casos em que o valor da condenação ou do litígio não ultrapassava sessenta salários mínimos, ou, ainda, quando fossem procedentes os embargos do devedor na execução de dívida ativa do mesmo valor (art. 475, § 2º, do CPC/1973). A inovação mais marcante da Lei nº 10.352/2001, que alterou o CPC de 1973, foi afastar o reexame quando a sentença estivesse em consonância com jurisprudência do plenário do STF ou com súmula de tribunal superior (art. 475, § 3º, do CPC/1973).

No anteprojeto do CPC atual uma das propostas era a extinção da remessa necessária. Apesar de não ter havido adesão de parte da bancada legislativa, o art. 496 da nova legislação restringiu, ainda mais, as hipóteses de aplicação do instituto. Veja:

> Art. 496. Está sujeita ao duplo grau de jurisdição, não produzindo efeito senão depois de confirmada pelo tribunal, a sentença:
>
> I – proferida contra a União, os Estados, o Distrito Federal, os Municípios e suas respectivas autarquias e fundações de direito público;
>
> II – que julgar procedentes, no todo ou em parte, os embargos à execução fiscal;
>
> § 1º Nos casos previstos neste artigo, não interposta a apelação no prazo legal, o juiz ordenará a remessa dos autos ao tribunal, e, se não o fizer, o presidente do respectivo tribunal avocá-los-á.
>
> § 2º Em qualquer dos casos referidos no § 1º, o tribunal julgará a remessa necessária.
>
> § 3º Não se aplica o disposto neste artigo quando a condenação ou o proveito econômico obtido na causa for de valor certo e líquido inferior a:
>
> I – 1.000 (mil) salários mínimos para a União e as respectivas autarquias e fundações de direito público;

---

[117] BUZAID, Alfredo. *Da apelação* ex officio *no sistema do Código de Processo Civil*. São Paulo: Saraiva, 1951. p. 58-59.

[118] O termo é utilizado por Ada Pelegrini Grinover (GRINOVER, Ada Pelegrini. *Os princípios constitucionais e o Código de Processo Civil*. São Paulo: José Bushatsky, 1975).

II – 500 (quinhentos) salários mínimos para os Estados, o Distrito Federal, as respectivas autarquias e fundações de direito público e os Municípios que constituam capitais dos Estados;

III – 100 (cem) salários mínimos para todos os demais Municípios e respectivas autarquias e fundações de direito público.

§ 4º Também não se aplica o disposto neste artigo quando a sentença estiver fundada em:

I – súmula de tribunal superior;

II – acórdão proferido pelo Supremo Tribunal Federal ou pelo Superior Tribunal de Justiça em julgamento de recursos repetitivos;

III – entendimento firmado em incidente de resolução de demandas repetitivas ou de assunção de competência;

IV – entendimento coincidente com orientação vinculante firmada no âmbito administrativo do próprio ente público, consolidada em manifestação, parecer ou súmula administrativa.

Como se vê, o Código estabelece valores diferenciados de acordo com o ente envolvido. De fato, os entes mais bem aparelhados são os que menos precisam desse privilégio, sendo plenamente justificável a diferenciação. Ressalte-se que tal ideia já havia sido proposta em diversos projetos de lei, dentre os quais citamos o PL nº 3.533/2004, que previa a remessa necessária apenas nos casos em que a sentença fosse desfavorável aos Municípios com população igual ou inferior a um milhão de habitantes.

O parâmetro "valor da condenação" somente se aplica às hipóteses em que a sentença contiver valor certo e líquido. Assim, para os casos em que for necessária a liquidação, a remessa continua sendo obrigatória. Esse já era, inclusive, o entendimento do STJ.[119]

A redação do § 4º ampliou as hipóteses nas quais deverá prevalecer o entendimento jurisprudencial em detrimento da remessa necessária. As novas disposições permitem a efetivação do princípio da razoável duração do processo especialmente aos casos em que, inevitavelmente, o desfecho da demanda seria apenas confirmado pelo tribunal superior. A premissa nesses casos é: se a sentença está de acordo com o entendimento dos tribunais superiores, não há razões para submetê-la a reexame para simples confirmação do fundamentado utilizado pelo julgador na fundamentação da sentença originária.

JURISPRUDÊNCIA TEMÁTICA

Despesas processuais fixadas na sentença

"(...) É adequada a inclusão dos honorários periciais em conta de liquidação quando o dispositivo da sentença com trânsito em julgado condena o vencido, genericamente, ao pagamento de custas processuais. 3. Quem tem razão não deve sofrer prejuízo pelo processo. 4. Surpreender o vencedor da demanda com a obrigação de arcar com os honorários periciais apenas e tão somente porque a sentença condenava o vencido genericamente ao pagamento de 'custas' e não 'despesas' representa medida contrária ao princípio da sucumbência e até mesmo à própria noção da máxima eficiência da tutela jurisdicional justa. 5. Embargos de divergência conhecidos e não providos" (EREsp 1.519.445/RJ, Rel. Min. Og Fernandes, Corte Especial, Rel. p/ acórdão Min. Nancy Andrighi, j. 19.09.2018, *DJe* 10.10.2018).

---

[119] STJ, Súmula nº 490: "A dispensa de reexame necessário, quando o valor da condenação ou do direito controvertido for inferior a sessenta salários mínimos, não se aplica a sentenças ilíquidas".

Erro material e a possibilidade de correção após o trânsito em julgado da sentença

"(...) O erro material, pode ser sanado a qualquer tempo, inclusive após o trânsito em julgado da sentença, conforme pacífica orientação desta Corte de Justiça. Precedentes. 2. Na hipótese dos autos, não há que se cogitar de direito líquido e certo ao resultado anterior do julgado, pois mostra-se evidente o equívoco do órgão julgador ao redigir o dispositivo da sentença, julgando procedente o pedido, uma vez que toda a fundamentação exarada foi no sentido da improcedência da ação. 3. Recurso ordinário a que se nega provimento" (RMS 43.956/MG, 2ª T., Rel. Min. Og Fernandes, j. 09.09.2014, *DJe* 23.09.2014).

Flexibilização de pedido relacionado a previdenciário

"(...) Em matéria previdenciária, deve-se flexibilizar a análise do pedido contido na petição inicial, não entendendo como julgamento extra ou *ultra petita* a concessão de benefício diverso do requerido na inicial, desde que o autor preencha os requisitos legais do benefício deferido. Precedentes. 2. Na hipótese dos autos, o Tribunal *a quo* reformou a sentença (fls. 156/163, e-STJ) que concedeu ao autor o restabelecimento de sua aposentadoria rural, na condição de segurado especial. Considerando a implementação de todos os requisitos, foi concedido ao autor o benefício de aposentadoria por idade, nos termos da Lei n. 11.718/2008, a contar do ajuizamento da ação. Incidência da Súmula 83/STJ. Agravo regimental improvido" (AgRg no REsp 1.367.825/RS, Rel. Min. Humberto Martins Costa, j. 18.04.2013, *DJe* 29.04.2013).

Súmula nº 240 do STJ: "A extinção do processo, por abandono da causa pelo autor, depende de requerimento do réu".

Súmula nº 326 do STJ: "Na ação de indenização por dano moral, a condenação em montante inferior ao postulado na inicial não implica sucumbência recíproca".

Quadro esquemático 48 – Fase decisória

Fase Decisória (sentença)

- Conceito de sentença: pronunciamento por meio do qual o juiz, com fundamento nos arts. 485 e 487, põe fim à fase cognitiva do procedimento comum, bem como extingue a execução (art. 203, § 1º). Recebe o nome de sentença definitiva quando há resolução de mérito (art. 487); e sentença terminativa quando apenas encerra a relação processual, sem resolução do mérito (art. 485).

- Hipótese de extinção sem resolução do mérito (art. 485)
  - Indeferimento da petição inicial;
  - Paralisação do processo por negligência das partes;
  - Abandono da causa pelo autor;
  - Ausência de pressupostos de constituição e de desenvolvimento válido e regular do processo;
  - Reconhecimento da existência de perempção, litispendência ou coisa julgada;
  - Ausência de legitimidade ou de interesse processual;
  - Convenção de arbitragem;
  - Desistência de ação;
  - Intransmissibilidade da ação;
  - Demais casos previstos no Código.

- Hipóteses de extinção com resolução do mérito (art. 487)
  - Acolhimento ou rejeição do pedido formulado na ação ou na reconvenção;
  - Decadência ou prescrição;
  - Homologação acerca do reconhecimento da procedência do pedido formulado na ação ou na reconvenção;
  - Homologação da transação;
  - Homologação da renúncia à pretensão formulada na ação ou na reconvenção.

Fase Decisória (sentença)
- Elementos da sentença
  - Relatório
  - Fundamento
  - Dispositivo
- Ausência de fundamentação: art. 489, § 1º
- Classificação das sentenças
  - Condenatória
  - Declaratória
  - Constitutiva
  - Executiva *lato sensu*
  - Mandamental
- Hipóteses de desconformidade entre a sentença e o pedido
  - Sentença *citra petita*
  - Sentença *ultra petita*
  - Sentença *extra petita*
- Sentença condicional (art. 492, parágrafo único: a decisão deve ser certa, ainda quando resolva relação jurídica condicional).
- Sentença e fato superveniente: art. 493
- Modificação da sentença (art. 494)
  - para lhe corrigir, de ofício ou a requerimento da parte, inexatidões materiais ou erros de cálculo;
  - por meio de embargos de declaração.
- Efeitos da sentença
  - Principais
    - Declaratório
    - Condenatório
    - Constitutivo
  - Secundários: Efeitos que se manifestam automaticamente, em decorrência de previsão legal, independentemente de qualquer pronunciamento judicial.
- Sentença que tenha por objeto obrigação de fazer ou não fazer: o juiz, se procedente o pedido, concederá a tutela específica ou determinará providências que assegurem a obtenção de tutela pelo resultado prático equivalente (art. 497).
- Se a parte for condenada a emitir declaração de vontade, a sentença, uma vez transitada em julgado, produzirá todos os efeitos da declaração não emitida.
- Remessa necessária (art. 496): Vencida a Fazenda Pública, a sentença precisa ser submetida ao tribunal, para fins de confirmação, mesmo que não haja recurso por parte do ente público vencido (exceções previstas no § 1º do art. 496).

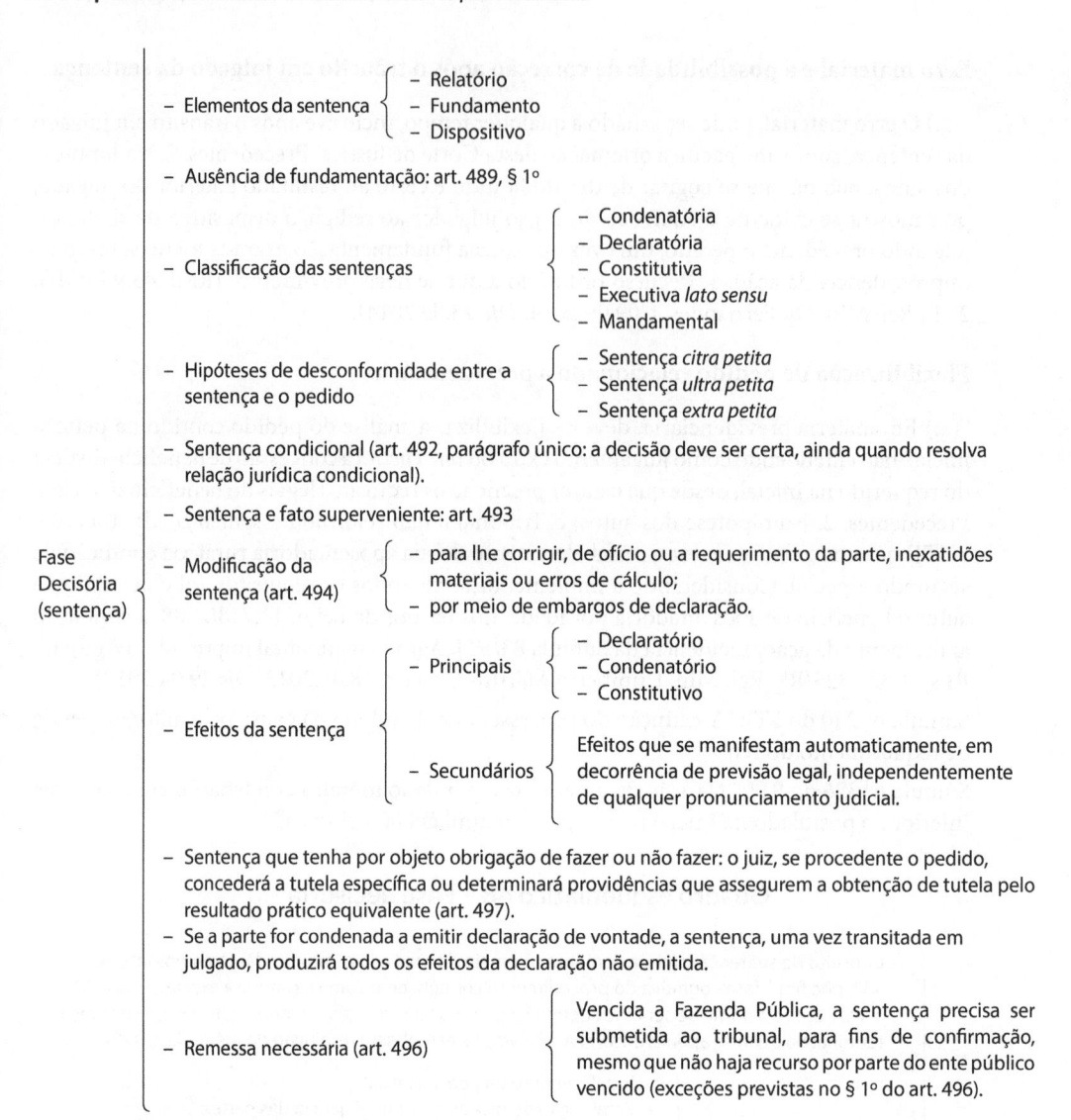

9. COISA JULGADA

9.1 Introdução

A sentença é o pronunciamento por meio do qual o juiz, com fundamento nos arts. 485 e 487, põe fim põe fim à fase cognitiva do procedimento comum, bem como extingue a execução. Nem toda sentença, portanto, terá efeito material, isto é, resolverá o mérito do litígio, criando norma especial para o caso concreto submetido à apreciação judicial.

Quando a sentença resolve o mérito, o que ocorre nas hipóteses do art. 487, dizemos que ela, com o trânsito em julgado, a um só tempo, produz efeitos formal e material. O efeito formal extingue a relação processual; o material, que pode ser declaratório, condenatório ou constitutivo, passa a regular, a constituir norma concreta aplicável à relação de direito material controvertida.

Todavia, quando a sentença apenas põe fim ao processo (o que ocorre nas hipóteses do art. 485), sem resolução do mérito, o efeito é apenas formal, atinge apenas a relação estabelecida entre autor, juízo e réu, em decorrência do processo, não produzindo reflexo algum sobre o direito material, que, em regra, preexiste ao processo.

Os **efeitos da sentença** vão determinar a **natureza da coisa julgada** que dela emergirá. Tratando-se de sentença de mérito ou definitiva, com efeito formal e material, portanto, teremos a coisa julgada material. Ao revés, se a sentença apenas põe fim ao processo, sem resolução do mérito, teremos apenas o efeito formal e, consequentemente, a coisa julgada será tão somente formal.

9.2 Conceito de coisa julgada

Estabelecida a distinção entre os efeitos da sentença definitiva e terminativa, podemos conceituar o que é coisa julgada material e coisa julgada formal.

De acordo com o art. 502, "denomina-se coisa julgada material a autoridade que torna imutável e indiscutível a decisão de mérito não mais sujeita a recurso".

Diz-se que há coisa julgada formal quando a sentença terminativa transita em julgado. Na coisa julgada formal, em razão da extinção da relação processual, nada mais pode ser discutido naquele processo. Entretanto, como não houve qualquer alteração qualitativa nem repercussão alguma na relação (intrínseca) de direito material, nada impede que o autor ajuíze outra ação, instaurando-se novo processo, a fim de que o juiz regule o caso concreto.

Também a coisa julgada material ocorre com o trânsito em julgado da sentença. O que a diferencia da coisa julgada formal é que agora a sentença transitada em julgado não só encerra a relação processual, mas compõe o litígio, havendo, portanto, modificação qualitativa na relação de direito material subjacente ao processo.

Destarte, além do efeito formal, a sentença (definitiva), não mais sujeita a recurso, produz também alteração na relação intrínseca, na relação de direito material. A sentença, tal como no fenômeno da coisa julgada formal, é indiscutível e imutável, mas essa imutabilidade e indiscutibilidade, nesse caso, recai não somente sobre a relação processual, sobre o processo, mas também sobre o direito material controvertido.

Com a ocorrência da coisa julgada material, a sentença irradia seus efeitos materiais sobre a relação jurídica, antes controvertida e agora acertada com a regulamentação específica, com o pronunciamento jurisdicional. A sentença que apenas põe fim à relação processual, mesmo depois de esgotada a possibilidade de impugnação (coisa julgada formal), continua sendo apenas o ato que extinguiu o processo sem resolução do mérito. Todavia, tratando-se de sentença que compõe o litígio, superada a fase de interposição de recursos ou da remessa necessária, o ato sentencial irradia qualidade que torna imutável e indiscutível a relação de direito material, seja naquele ou em outro processo.

Em síntese, a coisa julgada material obsta não apenas a reabertura daquela relação processual já decidida por sentença, como também qualquer discussão acerca do direito material objeto da decisão definitiva, mesmo que, na nova demanda, o pedido seja diferente. A teoria a ser adotada para o reconhecimento da coisa julgada material deve ser, portanto, a da *identidade da relação jurídica*. Nos dizeres de Alexandre Freitas Câmara,

> "o novo processo deve ser extinto quando a *res in iudicium deducta* for idêntica à que se deduziu no processo primitivo, ainda que haja diferença entre alguns dos elementos identificadores da demanda. Imagine-se a seguinte hipótese: ajuizada demanda em que pretende o autor a declaração (pretende-se, pois, sentença meramente declaratória) da existência de um crédito em seu favor, vê o demandante seu pedido ser rejeitado, por ter sido provado pelo réu que já havia efetuado o pagamento. Após o trânsito em julgado da sentença, propõe o autor (o mesmo autor) nova demanda, em face do mesmo réu, e com base na mesma *causa petendi*, mas agora pleiteando a condenação do réu ao pagamento do débito. Parece

claro que estamos diante de demandas distintas, já que os pedidos formulados são diferentes. Ainda assim, porém, o resultado deste segundo processo será a prolação de sentença terminativa, extinguindo o processo sem resolução do mérito, em razão da existência de coisa julgada material revestindo a sentença que declarou a inexistência do crédito. Este resultado, porém, não é alcançado pela utilização da teoria da tríplice identidade, mas sim pela teoria da identidade da relação jurídica".[120]

Os exemplos ajudam a esclarecer a matéria: pedido de indenização por danos materiais decorrentes de ato ilícito é julgado improcedente, entendendo-se não caracterizado o ato ilícito imputado ao réu. Transitada em julgado a sentença, o autor propõe nova demanda, agora objetivando ser ressarcido pelos danos morais decorrentes do mesmo fato.

Pela teoria das três identidades, inexistiria coisa julgada a impedir a apreciação da nova demanda, porquanto o pedido formulado na segunda ação (indenização por danos morais) difere do primeiro (indenização por danos materiais).

A solução, contudo, não pode ser outra senão o reconhecimento da coisa julgada e a consequente extinção da nova ação, sem resolução do mérito. Ora, conquanto não sejam idênticos os três elementos da demanda, o provimento jurisdicional no sentido de que inexiste ato ilícito e, portanto, dever de indenizar por parte do réu, está acobertado pela coisa julgada material, impedindo nova discussão sobre o tema. Não fosse assim, estar-se-ia permitindo a rediscussão eterna de uma mesma matéria, bastando, para tanto, a simples alteração em um dos elementos da primitiva ação.

A teoria da identidade da relação jurídica, portanto, afigura-se a mais adequada para que se verifique a existência ou não de coisa julgada. Acerca de tal teoria, confira o seguinte julgado:

"Ação de cobrança – princípio da identidade física do juiz – não violação – juiz cooperador – ausência de limitação legal a respeito da possibilidade de proferir sentença – hipóteses de suspeição e impedimento – não configuração – coisa julgada – caso concreto – aplicação da teoria da identidade da relação jurídica – litigância de má-fé – multa não excedente a 1% sobre o valor da causa.

[...] No sistema processual brasileiro, como regra geral, somente se admite a existência de coisa julgada quando todos os elementos (partes, causa de pedir e pedido) das demandas coincidem. Contudo, existem casos nos quais a chamada 'teoria das três identidades' mostra-se insatisfatória para se averiguar a existência de coisa julgada como impedimento para apreciação do mérito de certa demanda. Em tais situações, deve-se aplicar a 'teoria da identidade da relação jurídica', segundo a qual o novo processo deve ser extinto quando a relação de direito material for idêntica à que se deduziu no processo anterior, mesmo que se verifique diferença em relação a alguns dos elementos identificadores da demanda [...]" (TJ-MG, AC 2.0000.00.516311-5/000, 13ª Câmara Cível, Rel. Des. Elpídio Donizetti, j. 30.03.2006).

A coisa julgada material pressupõe a coisa julgada formal, mas a recíproca não é verdadeira. A coisa julgada formal veda apenas a discussão do direito material no processo extinto pela sentença. A ocorrência da coisa julgada material, por sua vez, veda não só a reabertura da relação processual, como qualquer discussão em torno do direito material. Evidentemente, enquanto não realizado o direito, nos casos em que há condenação, poderá a parte, no mesmo processo, requerer o cumprimento da sentença.

---

[120] CÂMARA, Alexandre Freitas. *Lições de direito processual civil.* Vol. I. 9. ed. Rio de Janeiro: Lumen Juris, 2003. p. 470.

Segundo Liebman, a coisa julgada formal constitui o primeiro degrau da coisa julgada material. Os efeitos da sentença podem ficar tão só nesse primeiro degrau, porque a sentença apenas extinguiu o processo, deixando intangível a relação de direito material: é a coisa julgada formal. Podem, todavia, passar pelo primeiro degrau (extinção do processo) e atingir o segundo, tornando imutável e indiscutível a relação jurídica acertada na sentença. Evidente que não se pode alcançar o segundo degrau sem passar pelo primeiro. Não existe coisa julgada material sem coisa julgada formal, embora coisa julgada formal possa se referir apenas a uma fase do processo (de conhecimento, por exemplo).

9.3 Limites da coisa julgada

Segundo disposto no art. 503, aplicável à coisa julgada material, a sentença que julgar total ou parcialmente o mérito tem força de lei nos limites da questão principal expressamente decidida.

A coisa julgada formal, conforme assentado na introdução deste item, tem eficácia restrita aos **limites do processo extinto**; tem efeito semelhante ao da preclusão, ou seja, impede a discussão das questões da lide naquele processo, mas não impede a apreciação da matéria em outra relação processual. É o que se convencionou denominar de *preclusão endoprocessual*.

A coisa julgada material, por sua vez, representa a impossibilidade de rediscussão da matéria não só no processo originário, como em qualquer outro. Além da estabilidade relativa, que imuniza a decisão contra a reconsideração no próprio processo (coisa julgada formal), a coisa julgada material proporciona, simultânea e concomitantemente, a estabilidade absoluta, tornando o julgamento intocável também fora do processo em que proferido. Os efeitos da coisa julgada material projetam-se, então, para fora do processo originário, daí se poder falar em *preclusão extraprocessual*.

Vamos analisar cada uma das partes do art. 503, a fim de que possamos alcançar os limites da coisa julgada.

A lei regula situações genéricas, dirigindo-se a todos os membros da coletividade, sem exclusão de ninguém.[121] A sentença, a seu turno, regula situações concretas e objetivas. Tanto a lei como a sentença são obrigatórias, ou seja, ninguém pode ignorar o que foi estabelecido em tais atos. Nesse sentido, da obrigatoriedade, é que se diz que a sentença tem força de lei.

Por "questão principal" entende-se o fundamento de fato ou de direito no qual o autor embasou seu pedido. A culpa na ação de reparação de dano constitui uma questão principal e fica acobertada pela coisa julgada, obedecidos aos demais limites da lide. A questão que não fora decidida expressamente na sentença, embora constasse do pedido, não é acobertada pela coisa julgada. Por outro lado, se a sentença deixou de apreciar um pedido, sobre ele também não se forma coisa julgada.

9.3.1 Limites objetivos da coisa julgada

No relatório, inexiste julgamento, mas sim narração, exposição da marcha do procedimento. O juiz apenas narra. Exatamente porque não há decisão, nada que consta do relatório faz coisa julgada.

Na fundamentação ou motivação, inexiste julgamento, mas estabelecimento das premissas da conclusão. Na motivação, o juiz expõe as razões do seu convencimento, os motivos pelos quais vai dirimir a lide desta ou daquela forma; em outras palavras, nessa parte da sentença, o

---

[121] MONTEIRO, Washington de Barros. *Curso de direito civil.* 18. ed. São Paulo: Saraiva, 1979. p. 13.

juiz apenas raciocina. Assim, também porque não há julgamento, nada do que foi assentado na motivação faz coisa julgada, ainda que os motivos tenham sido importantes para determinar o alcance do dispositivo (art. 504, I).

Até agora, falamos do que não faz coisa julgada. E o que faz coisa julgada?

Faz coisa julgada entre os partícipes da relação processual o que aparece no dispositivo ou conclusão da sentença, pois é nessa parte que o juiz julga.

Mas o que julga o juiz? Ou, em outras palavras, o que será acobertado pela coisa julgada?

Em razão do **princípio da congruência**, a sentença deve constituir resposta precisa e objetiva ao pedido do autor e também a eventual pretensão do réu, formulada em ação dúplice, em reconvenção ou como pedido contraposto. Não pode decidir aquém, além, nem fora do pedido, sob pena de nulidade do ato decisório. A sentença deve compor a lide, que se revela pelo pedido, devidamente fundamentado.

Ora, se a sentença – referimo-nos ao dispositivo – só pode recair sobre o mérito, forçoso é concluir que os limites objetivos da coisa julgada são o pedido e a respectiva fundamentação.

Para formar a coisa julgada não basta, entretanto, que a questão conste dos pedidos formulados pelo autor ou pelo réu. É indispensável que haja apreciação do tema na parte dispositiva da sentença. Se a sentença é omissa quanto a um dos pedidos, não se forma coisa julgada com relação a ele, porque não há sentença implícita.

Nada que estiver fora do pedido e do dispositivo faz coisa julgada. A propósito, dispõe o art. 504:

Art. 504. Não fazem coisa julgada:

I – os motivos, ainda que importantes para determinar o alcance da parte dispositiva da sentença;

II – a verdade dos fatos, estabelecida como fundamento da sentença.

A parte *dispositiva* deve ser interpretada de maneira a alcançar não somente o pedido – objeto do processo, pretensão deduzida pelo autor ou pelo réu –, mas também a causa de pedir – fatos e fundamentos jurídicos do pedido, como, por exemplo, o contrato de locação e a inadimplência, numa ação de resolução –, não se limitando à parte da sentença que, por exemplo, somente decreta o despejo numa ação locatícia. Confira:

"Ação de cobrança de aluguéis. Cerceamento de defesa. Preclusão. Coisa julgada. Art. 469, I, do CPC.[122] Limites objetivos. Ocorrência. Reajuste vinculado ao salário mínimo. Não comprovação.

Transcorrido *in albis* o prazo para especificar provas, opera-se a preclusão temporal, isto é, a perda da faculdade de produzir provas, razão pela qual não há que se falar em cerceamento defesa.

A exegese do inciso I do art. 469 do CPC não pode limitar-se a interpretação literal. Deve-se realizar hermenêutica teleológica com o intuito de evitar decisões contraditórias capazes de gerar insegurança jurídica, aspecto fundamental da coisa julgada.

Dessa forma, o termo *dispositivo*, deve ser interpretado de maneira a alcançar não somente o pedido – objeto do processo, pretensão deduzida pelo autor –, mas também a causa de pedir – fatos e fundamentos jurídicos do pedido, como, por exemplo, o contrato de locação e a inadimplência, numa ação de resolução –, não se limitando à parte da sentença que, por exemplo, somente decreta o despejo numa ação locatícia.

---

[122] Corresponde ao inciso I do art. 504.

A sentença que decretou o despejo e transitou em julgado caracteriza a coisa julgada em relação à existência do contrato de locação – causa de pedir –, o que, por sua vez, impede a discussão acerca do eventual ajuste de comodato.

O reajuste de aluguel vinculado ao salário mínimo deve ser provado de maneira inequívoca" (TJ-MG, AC 2.0000.00.500345-4/000, 13ª Câmara Cível, Rel. Des. Elpídio Donizetti, j. 30.03.2006, publicado em 06.05.2006).

9.3.1.1 Coisa julgada e questão prejudicial

Entende-se como prejudicial a questão "relativa à outra relação ou estado que se apresenta como mero antecedente lógico da relação controvertida (à qual não diz diretamente respeito, mas sobre a qual vai influir), mas que poderia, por si só, ser objeto de um processo separado".[123] Exemplo: a declaração da existência do vínculo de filiação (biológica ou socioafetiva) na ação de alimentos é uma premissa lógica, antecedente necessário e condicionante do julgamento do mérito da ação.

O CPC/1973 dispunha que a questão prejudicial alegada no processo não se inseria nos limites objetivos da coisa julgada quando não apresentasse pedido específico sobre a questão (arts. 469, III, e 325). As questões prejudiciais só passariam em julgado depois de pedido específico da parte e, consequentemente, de decisão jurisdicional a respeito.[124]

O Código atual estabelece regime diferenciado para as questões prejudiciais. A peculiaridade da nova legislação reside no fato de que o objeto da demanda poderá ser ampliado sem a necessidade de propositura de ação declaratória incidental. Para tanto, será necessário observar alguns requisitos (art. 503, § 1º):

a) **A questão prejudicial deve ser decidida expressa e incidentalmente no processo (*caput* do § 1º).** Assim se não houver manifestação judicial expressa na fundamentação da sentença, a questão prejudicial não estará acobertada pela coisa julgada. Contudo, se houver decisão expressa, mas inexistir impugnação da parte contrária, haverá preclusão da questão prejudicial incidental.

b) **A solução da questão prejudicial deverá contribuir para a decisão de mérito postulada inicialmente (inciso I).** "Assim, a questão resolvida como obter *dictum* ou a que tenham conteúdo processual não se tornam indiscutíveis pela extensão da coisa julgada".[125]

---

[123] THEODORO JÚNIOR, Humberto. *Curso de direito processual civil*. 48. ed. Rio de Janeiro: Forense, 2008. p. 486.

[124] "Claramente, com o escopo de cumprir a prestação jurisdicional o juiz está autorizado a decidir todas as questões logicamente antecedentes ao pedido do autor, que é o objeto da demanda. Mas referidas questões são decididas incidentemente, objetivando apenas poder chegar à questão de fundo. Mas tais decisões não fazem 'coisa julgada', mesmo porque esta incide apenas sobre a questão da decisão principal. Assim, para que a relação jurídica prejudicial também seja julgada como principal, fazendo coisa julgada, é preciso que sobre ela haja pedido expresso, nos termos do art. 325, que é o pedido de declaração incidente que, também, pode ser denominada propositura de ação declaratória incidental" (TJ-SP, Ap. 45.582-1, 6ª Câmara, Rel. Des. Camargo Sampaio, j. 17.05.1984). Ressalte-se que de acordo com o CPC/2015, não será necessária a propositura de ação declaratória incidental para que a questão prejudicial seja acobertada pela coisa julgada.

[125] DIDIER JR., Fredie; BRAGA, Paula Sarno; OLIVEIRA, Rafael Alexandria de. *Curso de direito processual civil*. vol. 2. Salvador: JusPodivm. p. 536.

c) **Há necessidade de contraditório sobre a questão prejudicial, como garantia constitucional que permite a própria existência do processo (inciso II)**. O contraditório aqui é diferente ("mais forte") daquele inerente às questões principais. Não há como a coisa julgada se estender à questão prejudicial quando, por exemplo, ocorrer revelia do réu, exatamente porque, nesse caso, não houve contraditório efetivo. Ao réu foi oportunizada a manifestação, mas ele não se manifestou. Há coisa julgada em relação à questão principal, mas não pode haver coisa julgada em relação às questões prejudiciais, tendo em vista a excepcionalidade da sistemática trazida pela nova legislação.

d) **O julgador deverá ser competente em razão da matéria e da pessoa para julgar a questão prejudicial como questão principal**. Veja-se o exemplo da ação indenizatória postulada em face de empregado, cujo ato ilícito tenha ocorrido em razão da atividade laborativa; a controvérsia acerca da existência da relação de trabalho não poderá ser julgada pelo juiz da Justiça Comum, devendo-se suspender o processo com fulcro no art. 313, V, "a".

Também se faz necessária a inexistência de restrições probatórias – a exemplo do mandado de segurança – ou de limitações à cognição ampla dessa questão por parte do julgador (art. 503, § 2º), a exemplo do procedimento de desapropriação[126]. Observadas essas premissas, terá o juiz de apreciar a questão, não incidentemente, na fundamentação, mas também expressamente no dispositivo da sentença.

Tais requisitos, à luz do entendimento firmado no *Enunciado 313* do Fórum Permanente de Processualistas Civis (FPPC), são cumulativos.

Importa registrar que, diferentemente do que ocorria no CPC/1973, a resolução da questão prejudicial nos moldes da nova sistematização **independe de requerimento expresso da parte interessada, eis que decorre da própria lei**. Nesse sentido, estabelece o *Enunciado 165* do Fórum Permanente de Processualistas Civis: "Independentemente de provocação, a análise de questão prejudicial incidental, **desde que preencha os pressupostos dos parágrafos do art. 503, está sujeita à coisa julgada**".

Fredie Didier *et al* esclarecem que no CPC/2015 a coisa julgada:

"[...] é efeito decorrente automático da lei: não depende de um 'dizer' do órgão julgador ('faça-se coisa julgada') ou de pedido da parte ('pede-se que essa decisão se torne indiscutível pela coisa julgada'). Assim, em ação de alimentos, a coisa julgada poderá estender-se à solução da prejudicial incidental de filiação; em ação de cobrança de contrato, a coisa julgada poderá estender-se à solução da prejudicial incidental de existência ou validade do contrato [...]"[127].

Destaque-se que o que o CPC/2015 não mais prevê a ação declaratória incidental. Não há, portanto, qualquer impedimento ao ajuizamento da ação declaratória autônoma, a qual continua expressamente prevista nos arts. 19 e 20 do CPC/2015.

---

[126] O art. 34, *caput*, da Lei nº 3.365/1941, prevê que o levantamento do preço fixado na sentença, a título de indenização pela desapropriação, será deferido mediante prova de propriedade, de quitação de dívidas fiscais que recaiam sobre o bem expropriado, e publicação de editais, com o prazo de 10 dias, para conhecimento de terceiros. Caso haja discussão sobre a propriedade, deverá ser ajuizada ação própria para disputa do valor depositado, eis que nessa espécie de procedimento não se admite discussão sobre o domínio.

[127] DIDIER JR., Fredie; BRAGA, Paula Sarno; OLIVEIRA, Rafael Alexandria de. *Curso de direito processual civil*. vol. 2. Salvador: JusPodivm. p. 535.

> **Importante:**
> - Os requisitos apresentados no § 1º do art. 503 para inserção da questão prejudicial nos limites da coisa julgada só se aplicam aos processos iniciados após a vigência do CPC/2015 (art. 1.054). Aos processos já em curso, a questão prejudicial é regulada pelos arts. 5º, 325 e 470 do CPC/1973.

9.3.2 Limites subjetivos da coisa julgada

Definidos os limites objetivos da coisa julgada, ou seja, o que é alcançado pela coisa julgada, resta perquirir quais são os seus limites subjetivos, isto é, quem é alcançado pelos seus efeitos.

A regra, que comporta exceção nas ações coletivas *lato sensu*, é de que "a sentença faz coisa julgada às partes entre as quais é dada, não prejudicando terceiros" (art. 506).

A sentença, como pronunciamento estatal, vale para todos, não tem limites. O que tem limites é a imutabilidade e a indiscutibilidade da sentença, enfim, é a coisa julgada, que não pode prejudicar estranhos à relação processual.

Ocorre de o estranho ao processo ser alcançado pelos efeitos definitivos da sentença, seja para prejudicá-lo ou para beneficiá-lo. Assim, os efeitos da sentença que rescinde contrato de locação atingem os sublocatários, a despeito de não terem eles participado da relação processual. Por outro lado, a sentença que julga procedente ação reivindicatória proposta por um condômino a todos beneficiará.

Nesse caso, o que alcança o terceiro é apenas a eficácia natural da sentença, que, tal como os atos jurídicos em geral, vale para todos. Ninguém pode ignorar os efeitos de uma sentença que julgou procedente ação de usucapião. Transitada em julgado e levada a registro, constitui prova da propriedade perante qualquer pessoa. Todavia, conquanto não possa o terceiro ignorar a sentença, tal como não pode ignorar uma escritura pública de compra e venda, não está impedido de questionar a propriedade em juízo, intentando, por exemplo, ação reivindicatória acerca do mesmo bem.

Quanto ao réu, por ter figurado como parte no processo, uma vez transitada em julgado a sentença concessiva da usucapião e abstraindo-se da possibilidade do ajuizamento de ação rescisória, nunca mais poderá discutir o domínio do bem.

A esse respeito, confira o seguinte julgado do STJ, no qual se discutia a possibilidade de propositura de embargos de terceiro pelo cônjuge do executado, a fim de salvaguardar da penhora bem reputado penhorável nos autos da execução, em decisão já transitada em julgado:

"Ação rescisória. Execução. Embargos de terceiro. Nova lide. Limites da coisa julgada. Inexistência de ofensa.

A oposição de embargos de terceiro faz surgir uma nova lide, subjacente à principal, vale dizer, instaura-se uma ação de conhecimento incidental à de execução. A sentença faz coisa julgada entre as partes a qual é dada, não beneficiando nem prejudicando terceiros (art. 472, CPC[128]). Logo, o terceiro pode sujeitar-se aos efeitos da sentença, porém não à coisa julgada.

---

[128] Corresponde ao art. 506 do CPC/2015.

Com esse entendimento, o acórdão do STJ que acolhe pretensão deduzida em embargos de terceiros não fere a coisa julgada, porquanto proferido em lide diversa da inicialmente instaurada no processo executivo. Pedido improcedente" (STJ, AR 1.199/SP, 2ª Seção, Rel. Min. Cesar Asfor Rocha, j. 28.02.2007, *DJ* 31.05.2007, p. 317).

Na **sucessão de partes** e na **substituição processual**, porque o sucessor e o substituído são partes materiais na demanda e, portanto, não são terceiros, a coisa julgada opera entre eles. O Ministério Público, na qualidade de substituto processual, propõe ação civil *ex delicto*. A coisa julgada atinge o substituído.

> **Sintetizando:**
>
> - O terceiro pode ser alcançado pelos efeitos naturais da sentença, mas não pela imutabilidade e indiscutibilidade que emanam da coisa julgada, visto que a autoridade da coisa julgada atua apenas para as partes da relação processual. Então, mesmo em se aplicando a teoria da unidade da relação jurídica, caso alteradas as partes da primitiva demanda, não há que se falar em coisa julgada.

JURISPRUDÊNCIA TEMÁTICA

"Os bens de terceiro que, além de não estar incluído no rol do art. 592 do CPC, não tenha figurado no polo passivo de ação de cobrança não podem ser atingidos por medida cautelar incidental de arresto, tampouco por futura execução, sob a alegação de existência de solidariedade passiva na relação de direito material. De fato, conforme o art. 275, *caput* e parágrafo único, do CC, é faculdade do credor escolher a qual ou a quais devedores direcionará a cobrança do débito comum, sendo certo que a propositura da ação de conhecimento contra um deles não implica a renúncia à solidariedade dos remanescentes, que permanecem obrigados ao pagamento da dívida. Ressalte-se que essa norma é de direito material, restringindo-se sua aplicação ao momento de formação do processo cognitivo, quando, então, o credor pode incluir no polo passivo da demanda todos, alguns ou um específico devedor. Sob essa perspectiva, a sentença somente terá eficácia em relação aos demandados, não alcançando aqueles que não participaram da relação jurídica processual, nos termos do art. 472 do CPC [...]" (STJ, REsp 1.423.083/SP, Rel. Min. Luis Felipe Salomão, j. 06.05.2014).[129]

---

[129] Os dispositivos mencionados correspondem, respectivamente, aos arts. 790 e 506 do CPC/2015.

Quadro esquemático 49 – Coisa julgada

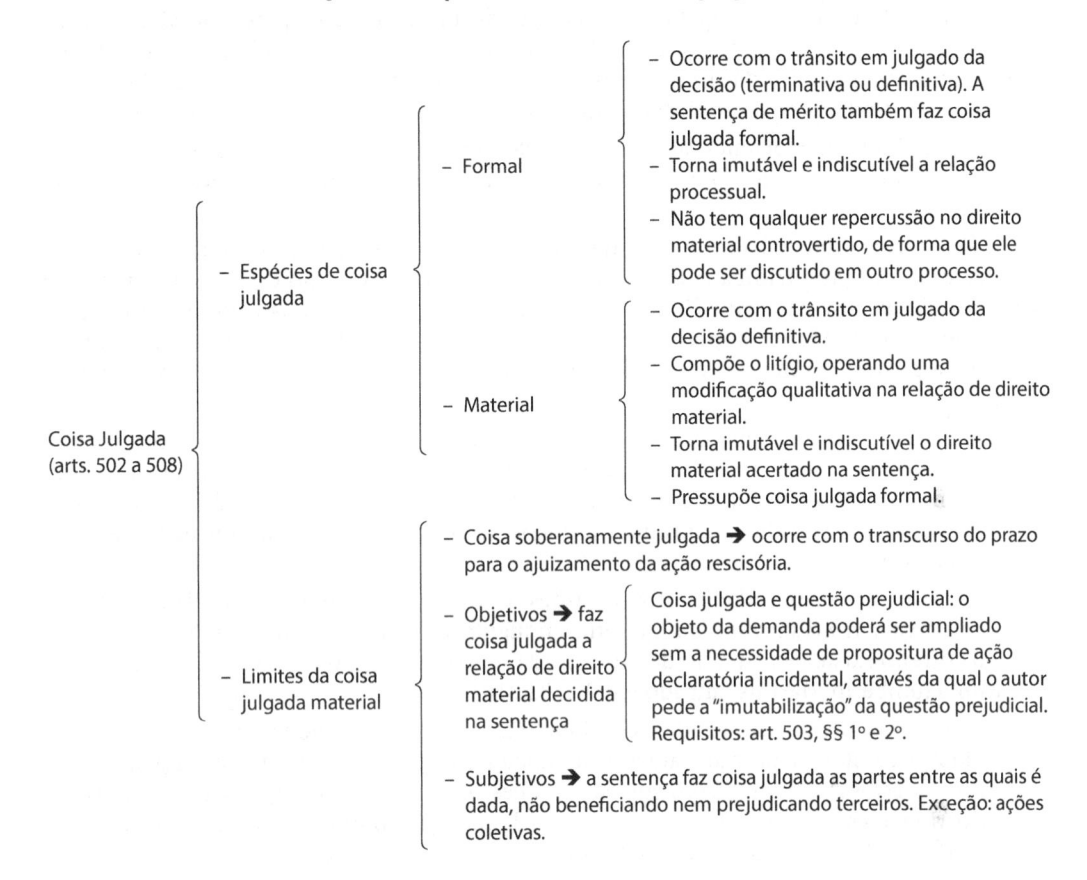

Coisa Julgada (arts. 502 a 508)

- **Espécies de coisa julgada**
  - **Formal**
    - Ocorre com o trânsito em julgado da decisão (terminativa ou definitiva). A sentença de mérito também faz coisa julgada formal.
    - Torna imutável e indiscutível a relação processual.
    - Não tem qualquer repercussão no direito material controvertido, de forma que ele pode ser discutido em outro processo.
  - **Material**
    - Ocorre com o trânsito em julgado da decisão definitiva.
    - Compõe o litígio, operando uma modificação qualitativa na relação de direito material.
    - Torna imutável e indiscutível o direito material acertado na sentença.
    - Pressupõe coisa julgada formal.

- **Limites da coisa julgada material**
  - Coisa soberanamente julgada → ocorre com o transcurso do prazo para o ajuizamento da ação rescisória.
  - Objetivos → faz coisa julgada a relação de direito material decidida na sentença
    - Coisa julgada e questão prejudicial: o objeto da demanda poderá ser ampliado sem a necessidade de propositura de ação declaratória incidental, através da qual o autor pede a "imutabilização" da questão prejudicial. Requisitos: art. 503, §§ 1º e 2º.
  - Subjetivos → a sentença faz coisa julgada as partes entre as quais é dada, não beneficiando nem prejudicando terceiros. Exceção: ações coletivas.

9.4 Coisa julgada e relação jurídica continuativa

Em geral, uma vez decidida a questão, o juiz sobre ela não pode emitir novo pronunciamento, seja em decorrência da coisa julgada ou da preclusão.

O art. 505 constitui exceção à impossibilidade de novo julgamento sobre as questões já decididas, quando prevê que:

> Art. 505. Nenhum juiz decidirá novamente as questões já decididas relativas à mesma lide, salvo:
> I – se, tratando-se de relação jurídica de trato continuado, sobreveio modificação no estado de fato ou de direito, caso em que poderá a parte pedir a revisão do que foi estatuído na sentença;
> II – nos demais casos prescritos em lei.

Outras exceções à regra da indiscutibilidade encontram-se previstas nos arts. 533, § 3º, do CPC, 15 da Lei nº 5.478/1968 e 1.699 do CC, que permitem a revisão da pensão alimentícia fixada em razão de ato ilícito ou de relação de parentesco, se sobrevier mudança nas condições econômicas de alimentante ou alimentando.

No mesmo sentido, dispõe a Súmula nº 239 do STF que a decisão que declara indevida a cobrança do imposto em determinado exercício não faz coisa julgada em relação aos posteriores, exatamente pela natureza continuativa da relação jurídica existente entre o Fisco e contribuintes.

Relação jurídica continuativa é aquela que se projeta no tempo com característica de continuidade. É justamente o que ocorre na ação de alimentos, cuja prestação alimentícia é fixada tendo-se em conta a necessidade do alimentando e a possibilidade de pagamento do alimentante no momento da decisão. Também a regulamentação de guarda de filhos pode sempre ser revisada, porquanto fixada tendo em vista as circunstâncias do momento.

Nessa hipótese, ocorrendo alteração dos elementos fáticos que motivaram a sentença, abre o legislador uma exceção à imutabilidade e à intangibilidade do julgado, permitindo sua revisão.

Há corrente doutrinária que entende existir apenas a coisa julgada formal nas sentenças que decidem relação jurídica continuativa, uma vez que a extinção do feito, mesmo com resolução do mérito, não impedirá que qualquer das partes ajuíze posterior demanda com fundamento em mudança superveniente. Na ação revisional de alimentos, por exemplo, a sentença posterior integrar-se-á à decisão anterior, constituindo, ambas, nova situação jurídica.

Para outra parte da doutrina, a revisional de alimentos constitui demanda distinta da anteriormente proposta, porquanto se assenta em causa de pedir diversa da deduzida na primeira ação e contém pedido diverso do formulado anteriormente. Assim, segundo essa corrente, também nas relações jurídicas continuativas (ações de alimentos) haveria a formação de coisa julgada material.

Para o STJ, a peculiaridade dessas decisões reside no fato de que elas contêm, implicitamente, a cláusula *rebus sic stantibus*, que atua enquanto se mantiverem íntegras as situações de fato e de direito existentes quando da prolação da sentença (STJ, AgRg no REsp 1.193.456/RJ, Rel. Min. Humberto Martins, julgado em 07.10.2010).

Afora o caso de relação jurídica continuativa, o Código menciona outras hipóteses nas quais o juiz pode alterar o pronunciamento jurisdicional originário, como, por exemplo, quando reexamina questões referentes a pressupostos processuais, acolhe embargos de declaração com efeitos infringentes, retrata-se ante a interposição de apelação contra sentença de indeferimento da petição inicial ou de improcedência liminar.

9.5 Coisa julgada nas ações coletivas

Até este momento, tecemos considerações sobre a coisa julgada originária de processos nos quais se discutem direitos subjetivos individuais, ou seja, direitos de primeira geração, nos dizeres de Norberto Bobbio. Nessas ações, em regra, a coisa julgada vinculará apenas as partes do processo (*inter partes*) e produzirá efeitos independentemente do resultado da demanda (*pro et contra*).

As ações coletivas *lato sensu*, por sua vez, tratam de direitos de terceira geração, isto é, pertencentes a uma coletividade de indivíduos, determinados, determináveis, ou não (direitos transindividuais). Tais ações são propostas não pelos titulares do direito transindividual controvertido, mas por entes públicos e coletivos, que se encontram elencados no art. 82 do CDC (legitimados extraordinários).[130]

---

[130] O art. 82 elenca como legitimados para propositura de ação em defesa de interesses e direitos transindividuais: Ministério Público (inciso I); União, Estados, Municípios e Distrito Federal (inciso II); entidades ou órgãos da Administração Pública, direta ou indireta, ainda que sem personalidade jurídica, especificamente destinados à defesa dos interesses e direitos protegidos pelo CDC (inciso III); as associações legalmente constituídas há pelo menos um ano e que incluam entre seus fins a defesa dos interesses e direitos protegidos pelo CDC (inciso IV).

Aponta a doutrina duas razões básicas a impedir – ou pelo menos mitigar – a aplicação dos efeitos *inter partes* e *pro et contra* às demandas coletivas:[131]

- o risco de interferência indevida na órbita jurídica do titular do direito subjetivo, que estaria submetido aos efeitos de decisão da qual não participou;
- exposição indefinida do réu ao Judiciário e estabilidade jurídica para o Estado: o réu não pode ser compelido a se defender inúmeras vezes de um mesmo litígio e nem o Estado instado a rever repetidas vezes matéria já decidida.

É basicamente no CDC (Lei nº 8.078/1990) que se encontram as regras atinentes à coisa julgada nas ações coletivas *lato sensu*. Ressalta-se que tais regras se aplicam não apenas às ações coletivas decorrentes de relação de consumo, mas a qualquer demanda que trate de defesa de direitos difusos, coletivos *stricto sensu* e individuais homogêneos, nos termos do art. 117 do CDC. Por outro lado, as regras processuais referentes às ações coletivas encontram-se basicamente na Lei nº 7.347/1985 (Lei da Ação Civil Pública), que compõe o microssistema do processo coletivo, e o art. 21 dessa lei (introduzido pelo CDC) manda aplicar "à defesa dos direitos e interesses difusos, coletivos e individuais, no que for cabível, os dispositivos do Título III da lei que instituiu o Código de Defesa do Consumidor".

As regras atinentes aos efeitos da coisa julgada nas demandas coletivas levam em consideração a natureza do direito discutido (difuso, coletivo *stricto sensu* ou individual homogêneo) e o resultado obtido no processo.

Como já se afirmou, os direitos a serem tutelados nas ações coletivas são de três ordens: difusos, coletivos *stricto sensu* ou individuais homogêneos, todos eles definidos pelo próprio CDC (art. 81).

Nos termos do inciso I do parágrafo único do art. 81 do CDC, os direitos difusos são aqueles transindividuais de natureza indivisível, de que sejam titulares pessoas indeterminadas e ligadas por circunstâncias de fato. Há relação jurídica dos titulares com a parte contrária, mas posterior à lesão (no caso dos direitos coletivos em sentido estrito a relação é anterior e, no caso de direitos individuais homogêneos, anterior ou posterior). Exemplos de direitos difusos: direito à informação adequada e direito ao meio ambiente preservado.

Os direitos coletivos, por sua vez, caracterizam-se também pela transindividualidade e indivisibilidade do bem jurídico tutelado. O titular, todavia, é um "grupo, categoria ou classe de pessoas ligadas entre si ou com a parte contrária por uma relação jurídica base" (art. 81, parágrafo único, II, do CDC). Exemplo de direito coletivo são os interesses dos contribuintes de um dado tributo. Há entre eles e o Fisco relação jurídica base, de forma que qualquer atuação deste atingirá grupo certo e específico de indivíduos.

Por fim, os direitos individuais homogêneos são aqueles divisíveis, de titularidade de conjunto determinável de pessoas, cuja origem está em uma mesma situação de fato ou de direito. Não há um único direito individual, mas vários, relacionados entre si, de origem comum, a demandarem idêntico tratamento, daí a conveniência de serem tutelados via ação coletiva. O exemplo que se pode dar é o de um grupo de consumidores que, em razão de publicidade, tiverem adquirido produto ou serviço nocivo à saúde.[132] Ao contrário dos direitos difusos, aqui, podem-se determinar precisamente quais seriam os titulares do direito envolvido.

---

[131] DIDIER JR., Fredie; ZANETTI JR., Hermes. *Curso de direito processual civil*: processo coletivo. Salvador: JusPodivm, 2007. v. 4.

[132] WATANABE, Kazuo. *Código brasileiro de Defesa do Consumidor*: comentado pelos autores do anteprojeto. Ada Pelegrini Grinover *et al*. 8. ed. Rio de Janeiro: Forense, 2004.

Identificados os direitos passíveis de tutela via ação coletiva, importante atentar para o disposto no art. 103 do CDC, que estabelece os efeitos da coisa julgada a partir dos direitos discutidos:

Art. 103. Nas ações coletivas de que trata este código, a sentença fará coisa julgada:

I – *erga omnes*, exceto se o pedido for julgado improcedente por insuficiência de provas, hipótese em que qualquer legitimado poderá intentar outra ação, com idêntico fundamento valendo-se de nova prova, na hipótese do inciso I do parágrafo único do art. 81;

II – *ultra partes*, mas limitadamente ao grupo, categoria ou classe, salvo improcedência por insuficiência de provas, nos termos do inciso anterior, quando se tratar da hipótese prevista no inciso II do parágrafo único do art. 81;

III – *erga omnes*, apenas no caso de procedência do pedido, para beneficiar todas as vítimas e seus sucessores, na hipótese do inciso III do parágrafo único do art. 81.

§ 1º Os efeitos da coisa julgada previstos nos incisos I e II não prejudicarão interesses e direitos individuais dos integrantes da coletividade, do grupo, categoria ou classe.

§ 2º Na hipótese prevista no inciso III, em caso de improcedência do pedido, os interessados que não tiverem intervindo no processo como litisconsortes poderão propor ação de indenização a título individual.

Como se vê, é a natureza do direito discutido na ação coletiva (difuso, coletivo *stricto sensu* ou individuais homogêneos) e o resultado da demanda que determinarão quais os efeitos da coisa julgada. Para facilitar a compreensão do tema, vamos analisar, separadamente, cada uma das hipóteses previstas no art. 103 do CDC.

9.5.1 Coisa julgada nas ações coletivas envolvendo direitos difusos

No caso de direitos difusos, a sentença de procedência produzirá efeitos *erga omnes*, tanto no plano coletivo quanto no plano individual.

Todavia, no caso de improcedência, os efeitos serão diversos no plano coletivo e individual. No plano coletivo, isto é, para aqueles legitimados à propositura da ação coletiva, só se formará coisa julgada material quando utilizados todos os meios de prova capazes de influenciar o convencimento do julgador (coisa julgada *secundum eventum probationis*). No caso de insuficiência de provas, poderá o legitimado extraordinário propor nova demanda idêntica, desde que fundada em prova nova capaz de, por si só, influenciar o resultado da primitiva ação. Vejamos um exemplo: o Ministério Público propõe ação visando o reconhecimento da responsabilidade de determinada empresa pela colocação no mercado de produto com alto grau de nocividade ou periculosidade à saúde ou segurança dos consumidores. Julgado improcedente o pedido sem que tenha havido cognição suficiente (ou seja, com insuficiência de provas), pode a Associação cujo estatuto contemple a defesa dos interesses dos consumidores ajuizar demanda idêntica, desde que fundada em prova nova.

Ressalta-se, seguindo a lição de Fredie Didier Júnior, que essa prova nova

"deve ser suficiente para um novo juízo de direito acerca da questão de fundo, não bastando a prova que mesmo nova, embora produzida não possibilite novo resultado. A opção pela coisa julgada *secundum eventum probationis* revela o objetivo do legislador em prestigiar o valor justiça em detrimento do valor segurança, bem como preservar os processos coletivos do conluio e da fraude processual".[133]

---

[133] DIDIER JR., Fredie. *Curso de direito Processual civil*. Salvador: JusPodivm, 2009. p. 344.

Vale observar, ainda, que não se exige menção expressa na sentença que a improcedência decorreu da insuficiência de provas, o que poderá ser extraído do próprio contexto da decisão.

Já no plano individual, a sentença de improcedência não prejudicará os direitos individuais dos integrantes da coletividade. Assim, cada um dos particulares poderá promover ação pessoal de natureza individual, pouco importando se a improcedência do pedido formulado na demanda coletiva decorreu da insuficiência de provas (art. 103, § 1º, do CDC).

A teoria adotada pelo CDC no plano individual é, então, a da **coisa julgada** *secundum eventum litis*, ou seja, segundo o resultado do litígio. Dessa forma, somente no caso de procedência do pedido coletivo é que a sentença terá estabilizada sua eficácia com relação aos substituídos. Se julgado improcedente, os titulares do direito, individualmente, poderão promover a respectiva ação individual para ver reconhecido o que entendem devido. Essa é a interpretação que se extrai da análise conjugada da última parte do inciso I com o § 1º, ambos do art. 103 do CDC.

Nas palavras de Ada Pelegrini, ao analisar o § 1º do art. 103:

> "os efeitos da coisa julgada não prejudicarão interesses e direitos individuais dos integrantes da coletividade, que poderão promover ações pessoais de natureza individual após a rejeição da demanda coletiva. Exemplifique-se: numa demanda coletiva, que vise à retirada do mercado de produto considerado nocivo à saúde pública, a sentença rejeita o pedido, julgando a ação improcedente, por não considerar o produto danoso. A coisa julgada, atuando *erga omnes*, impede a renovação da ação por parte de todos os entes e pessoas legitimados à ação coletiva. Mas não obsta a que o consumidor Caio, reputando-se lesado em sua saúde pelo produto, ajuíze sua ação indenizatória. Fica claro, nesse ponto, que o Código não inova quanto aos princípios gerais sobre a coisa julgada, porque o objeto do processo, na primeira causa, ficou delimitado pelo pedido inibitório, sendo diverso o objeto da segunda demanda (pedido indenizatório)".[134]

Parte da doutrina, contudo, critica a adoção da teoria da coisa julgada *secundum eventum litis*, ao fundamento de que violaria o princípio da segurança jurídica e criaria risco de exposição infinita do réu a incontáveis demandas individuais.

De fato, adotando-se a teoria da identidade da relação jurídica, é defensável a tese de que, uma vez assentada a inexistência de violação a direito difuso pelo julgamento da demanda coletiva, não mais é possível qualquer discussão sobre o tema, mesmo pelos substituídos que não participaram diretamente da demanda, evitando-se, com isso, a perpetuação dos litígios. A exceção seria apenas com relação à improcedência por insuficiência de provas, quando, então, se admitiria a propositura de demanda individual.

Entretanto, essa não é a corrente adotada pelo CDC, segundo entendimento majoritário.

Vale observar, por fim, que a propositura de ação coletiva fundada em direito difuso não implica litispendência para as ações individuais em andamento, nos termos do art. 104 do CDC. É possível, portanto, que o particular prossiga com sua demanda, não obstante o posterior ajuizamento de processo coletivo. Os efeitos da coisa julgada emanada deste último, contudo, só beneficiarão aqueles particulares que requererem a suspensão do respectivo processo individual no prazo de trinta dias a contar da ciência, nos autos, do ajuizamento da ação coletiva. A coisa julgada, pelo mesmo motivo, não alcançará aqueles litigantes que, apesar de cientes da propositura da ação coletiva, proponham demanda individual.

---

[134] GRINOVER, Ada Pelegrini. *Código brasileiro de Defesa do Consumidor*: comentado pelos autores do anteprojeto. Ada Pelegrini Grinover *et al*. 8. ed. Rio de Janeiro: Forense, 2004. p. 931.

Destarte, optando o autor por prosseguir com a demanda individual, estará assumindo os riscos do resultado desfavorável. Caso contrário, aplica-se a teoria da coisa julgada *secundum eventum litis*, ou seja, o particular poderá se beneficiar pela procedência da ação coletiva e, no caso de improcedência, poderá ajuizar ou prosseguir com a ação individual e obter resultado diverso.

9.5.2 Coisa julgada e direitos coletivos stricto sensu

Quanto aos direitos coletivos *stricto sensu*, o regime dos limites subjetivos da coisa julgada é idêntico ao dos direitos difusos.

No caso de procedência do pedido formulado na demanda coletiva, a coisa julgada terá efeito *ultra partes*, tanto no plano coletivo quanto no individual. Fala-se em efeitos *ultra partes* e não *erga omnes*, porquanto os direitos coletivos *stricto sensu* abrangem membros de determinada classe ou categoria, isto é, sujeitos determinados, ao contrário do que ocorre nos direitos difusos, que atingem sujeitos indeterminados, daí por que se fala em coisa julgada *erga omnes*.

A sentença de improcedência não prejudicará os direitos de cada um dos integrantes da classe (coisa julgada *secundum eventum litis*) e, no plano coletivo, só produzirá coisa julgada se tiver havido cognição exauriente (suficiência de provas). No caso, portanto, de insuficiência de provas, os legitimados extraordinários poderão propor nova demanda idêntica, desde que fundada em prova nova (coisa julgada *secundum eventum probationis*).

Também com relação aos direitos coletivos *stricto sensu*, valem as ressalvas constantes no art. 104 do CDC, que trata dos efeitos decorrentes da existência concomitante de ação coletiva e individual.

9.5.3 Coisa julgada e direitos individuais homogêneos

Nas demandas coletivas envolvendo direitos individuais homogêneos, a sentença de procedência também terá efeito *erga omnes* com relação aos entes ou pessoas legitimadas para a ação coletiva.

O mesmo efeito se verifica no plano individual, mas apenas com relação àqueles titulares – ou seus sucessores – que comprovadamente tenham sofrido lesão decorrente do direito discutido em juízo (art. 103, III, do CDC).

No caso de improcedência do pedido, também há algumas particularidades quanto aos direitos individuais homogêneos.

O CDC não prevê a denominada coisa julgada *secundum eventum probationis*. A conclusão que se extrai, portanto, é que, nas hipóteses de direito individual homogêneo, a decisão de improcedência fará coisa julgada no plano coletivo, quer tenha havido ou não cognição exauriente.

No que tange aos titulares do direito individual homogêneo, a decisão de improcedência só atingirá aqueles que optaram por intervir na demanda coletiva (art. 103, § 2º, do CDC).

9.5.4 A limitação territorial da coisa julgada nas ações coletivas

O art. 16 da Lei de Ação Civil Pública, alterado pela Lei nº 9.494/1997, prescreve que:

> Art. 16. A sentença civil fará coisa julgada *erga omnes*, nos limites da competência territorial do órgão prolator, exceto se o pedido for julgado improcedente por insuficiência de provas, hipótese em que qualquer legitimado poderá intentar outra ação com idêntico fundamento, valendo-se de nova prova.

A regra constante em tal dispositivo, que limita a eficácia da coisa julgada nas ações coletivas à competência territorial do órgão prolator da decisão, é inconstitucional e inócua, senão vejamos.

Como bem observa a professora Ada Pelegrini,

"limitar a abrangência da coisa julgada nas ações civis públicas significa multiplicar demandas, o que, de um lado, contraria toda a filosofia dos processos coletivos, destinados justamente a resolver molecularmente os conflitos de interesses; e, de outro lado, contribui para a multiplicação de processos, a sobrecarregarem os tribunais, exigindo múltiplas respostas jurisdicionais quando uma só poderia ser suficiente".[135]

Acrescenta-se, ainda, que a territorialidade é critério de repartição de competência, em nada interferindo nos efeitos da decisão proferida, exercício do poder jurisdicional, que é uno em todo território nacional.

Dessa forma, o âmbito da abrangência da coisa julgada é determinado pelo pedido, e não pela competência. Se o pedido é amplo, de âmbito nacional, a decisão a ser proferida necessariamente há de repercutir nacionalmente. Exigir o fracionamento da questão coletiva, com o evidente risco de decisões contraditórias "é, sem dúvida, violar o bom senso e o princípio da igualdade. O que marca a tutela coletiva é a indivisibilidade do objeto, não sendo possível o seu fracionamento para atingir parte dos interessados, quando estes estiverem espalhados também fora do respectivo foro judicial".[136]

No âmbito dos tribunais superiores, o entendimento que já predominava no STJ é aquele que admite a eficácia da sentença para além dos limites geográficos do órgão prolator da decisão:

"[...] A sentença proferida em ação civil pública versando direitos individuais homogêneos em relação consumerista faz coisa julgada erga omnes, beneficiando todas as vítimas e seus sucessores, uma vez que 'os efeitos e a eficácia da sentença não estão circunscritos a lindes geográficos, mas aos limites objetivos e subjetivos do que foi decidido, levando-se em conta, para tanto, sempre a extensão do dano e a qualidade dos interesses metaindividuais postos em juízo [...]' (REsp 1243887/PR, Rel. Ministro Luis Felipe Salomão, Corte Especial, julgado sob a sistemática prevista no art. 543-C do CPC, em 19/10/2011, *DJe* 12/12/2011)" (STJ, AgRg no REsp 1.094.116/DF, Rel. Min. Luis Felipe Salomão, j. 27.05.2013).[137]

Posteriormente, no julgamento do Recurso Extraordinário 1.101.937/SP, submetido ao regime da repercussão geral, o Supremo Tribunal Federal concluiu pela inconstitucionalidade do art. 16 da Lei 7.347/1985. Na mesma ação, o STF definiu que se a Ação Civil Pública tiver projeção regional ou nacional, a definição do juízo competente deverá observar o art. 93, II, CDC, ou seja, a ação deverá ser proposta no foro da Capital do Estado ou no Distrito Federal. Com isso, impede-se a escolha de juízos aleatórios, privilegiando-se a eficiência, a igualdade e a segurança jurídica, notadamente se considerarmos que a decisão, a partir da inconstitucionalidade do art. 16 da LACP, terá abrangência geográfica nacional.

---

[135] GRINOVER, Ada Pelegrini. *Código de Defesa do Consumidor*: comentado pelos autores do anteprojeto. 8. ed. Rio de Janeiro: Forense Universitária, 2004. p. 919.
[136] DIDIER JR., Fredie; ZANETTI JR., Hermes. *Curso de direito processual civil*: processo coletivo. Salvador: JusPodivm, 2007. p. 148.
[137] Ressalte-se que em diversas oportunidades o STJ decidiu de maneira contrária, admitindo a aplicação irrestrita do disposto no art. 16 da Lei nº 7.347/1985 (exemplo: REsp 600.711/RS, Rel. Min. Luis Felipe Salomão, j. 18.11.2010). Atualmente deve-se adotar a posição referida no julgado.

Quadro esquemático 50 – Direitos difusos, coletivos e individuais homogêneos

	Procedência do pedido.	Improcedência por insuficiência de provas.	Improcedência com suficiência de provas.
Direitos difusos	Plano coletivo: coisa julgada material com eficácia *erga omnes*.	Plano coletivo: coisa julgada *secundum eventum probationis* (possibilidade de repetição da demanda pelo legitimado extraordinário, desde que fundada em prova nova).	Plano coletivo: coisa julgada material, com eficácia *erga omnes*.
	Plano individual: coisa julgada material, com eficácia *erga omnes*.	Plano individual: não será atingido (coisa julgada *secundum eventum litis*).	Plano individual: não será atingido (coisa julgada *secundum eventum litis*).
Direitos coletivos (*stricto sensu*)	Plano coletivo: coisa julgada material com eficácia *ultra partes*.	Plano coletivo: coisa julgada *secundum eventum probationis* (possibilidade de repetição da demanda pelo legitimado extraordinário, desde que fundada em prova nova).	Plano coletivo: coisa julgada material, com eficácia *erga omnes*.
	Plano individual: coisa julgada *ultra partes*.	Plano individual: não será atingido (coisa julgada *secundum eventum litis*).	Plano individual: não será atingido (coisa julgada *secundum eventum litis*).
Direitos individuais homogêneos	Plano coletivo: coisa julgada material com eficácia *erga omnes*.	Plano coletivo: coisa julgada material *erga omnes*.	Plano coletivo: coisa julgada material *erga omnes*.
	Plano individual: coisa julgada com eficácia *erga omnes*, beneficiando as vítimas e seus sucessores.	Plano individual: se o titular interveio no processo coletivo, se sujeitará aos efeitos da coisa julgada; se não interveio, não será atingido pela decisão do processo coletivo.	Plano individual: se o titular interveio no processo coletivo, se sujeitará aos efeitos da coisa julgada; se não interveio, não será atingido pela decisão do processo coletivo.

9.6 Relativização da coisa julgada

Como se demonstrou, esgotadas as possibilidades de se recorrer da decisão que tenha resolvido definitivamente o mérito do litígio, opera-se a coisa julgada, em razão da qual a decisão torna-se imutável e indiscutível.

Entretanto, o próprio ordenamento jurídico pátrio prevê determinadas situações em que será possível a relativização da coisa julgada. O exemplo mais comum é o da ação rescisória, a ser proposta no prazo de dois anos, quando presentes um dos vícios elencados no art. 966 do CPC. Escoado o prazo para propositura da ação rescisória, não mais seria possível qualquer discussão sobre a matéria antes decidida, agora protegida pela coisa "soberanamente" julgada.

Não obstante, constata-se na atualidade forte corrente doutrinária defendendo a relativização da coisa julgada fora das hipóteses de ação rescisória ou mesmo depois de escoado o prazo legal (dois anos) para tanto.

Capitaneada por Cândido Rangel Dinamarco, José Augusto Delgado, Humberto Theodoro Júnior e Juliana Cordeiro de Faria, a corrente relativista sustenta, em síntese, que decisões "injustas" ou contrárias à Constituição, ainda que transitadas em julgado, podem – ou melhor, devem – ser desconsideradas e modificadas, mesmo depois de escoado prazo para propositura da ação rescisória.

Segundo Dinamarco, as sentenças que contrariem preceitos constitucionais não têm força para impor-se sobre as normas e princípios superiores que as repudiam. Só aparentemente elas produziriam os efeitos substanciais programados, "mas na realidade não os produzem porque eles são repelidos por razões superiores, de ordem constitucional". Nesse contexto, conclui o eminente processualista, a sentença que viole a Constituição não produziria efeitos de coisa julgada material.[138]

José Augusto Delgado, abordando o aspecto da injustiça da coisa julgada inconstitucional, afirma:

> "Essas teorias sobre a coisa julgada devem ser confrontadas, na época contemporânea, se a coisa julgada ultrapassar os limites da moralidade, o círculo da legalidade, transformar fatos não verdadeiros em reais e violar princípios constitucionais, com as características do pleno Estado de Direito que convive impelido pelas linhas do regime democrático e que há de aprimorar as garantias e os anseios da cidadania".[139]

Os professores Humberto Theodoro e Juliana Cordeiro chegam a defender que a inalterabilidade da coisa julgada constitui noção processual, e não constitucional, porquanto o art. 5º, XXXVI, da CF[140] se dirigiria apenas ao legislador ordinário. Nos dizeres desses doutrinadores, a intenção do constituinte originário "foi apenas a de pôr a coisa julgada a salvo dos efeitos de lei nova que contemplasse regra diversa da normatização da relação jurídica objeto de decisão judicial não mais sujeita a recurso, como uma garantia dos jurisdicionados". Concluem, assim, que a coisa julgada em desconformidade com a Constituição formaria a chamada "coisa julgada inconstitucional", passível de ser desconstituída mesmo depois de consumado o prazo de dois anos para propositura da ação rescisória.[141]

Esse entendimento doutrinário foi, inclusive, parcialmente incorporado pelo legislador, que passou a permitir, **em determinadas hipóteses**, a desconstituição de título executivo sem a necessidade de ação rescisória em virtude de decisão do STF. Veja:

> CPC/1973, art. 741. Na execução contra a Fazenda Pública, os embargos só poderão versar sobre:
>
> [...]
>
> II – inexigibilidade do título;
>
> [...]

---

[138] DINAMARCO, Cândido Rangel. Relativizar a coisa julgada. *Meio Jurídico*, ano IV, n. 43, mar. 2001.

[139] DELGADO, José Augusto. Efeitos da coisa julgada e os princípios constitucionais. In: NASCIMENTO, Carlos Valder do (coord.). *Coisa julgada inconstitucional*. 4. ed. Rio de Janeiro: América Jurídica, 2003. p. 42.

[140] O dispositivo legal tem a seguinte redação: "A lei não prejudicará o direito adquirido, o ato jurídico perfeito e a coisa julgada".

[141] THEODORO JÚNIOR, Humberto; FARIA, Juliana Cordeiro. A coisa julgada inconstitucional e os instrumentos processuais para seu controle. *Revista de Direito Processual Civil*, v. 21, p. 549-550.

Parágrafo único. Para efeito do disposto no inciso II do *caput* deste artigo, **considera-se também inexigível o título judicial fundado em lei ou ato normativo declarados inconstitucionais pelo Supremo Tribunal Federal, ou fundado em aplicação ou interpretação da lei ou ato normativo tidas pelo Supremo Tribunal Federal como incompatíveis com a Constituição Federal.**

CPC/1973, art. 475-L. A impugnação somente poderá versar sobre:
[...]
II – inexigibilidade do título;
[...]
§ 1º Para efeito do disposto no inciso II do *caput* deste artigo, **considera-se também inexigível o título judicial fundado em lei ou ato normativo declarados inconstitucionais pelo Supremo Tribunal Federal, ou fundado em aplicação ou interpretação da lei ou ato normativo tidas pelo Supremo Tribunal Federal como incompatíveis com a Constituição Federal.**

No âmbito dos tribunais a relativização da coisa julgada não se contentou com a chamada "coisa julgada inconstitucional" nas hipóteses anteriores. Tanto é que foi fixado entendimento no sentido de se admitir o ajuizamento de ação investigatória de paternidade mesmo após o trânsito em julgado de sentença anterior que julgou improcedente o pedido. O problema, nesse aspecto, pode ser ilustrado da seguinte forma: o investigante propõe ação investigatória na época em que não se tinha conhecimento do exame em DNA. O pedido é julgado improcedente por falta de provas. Alguns anos após o trânsito em julgado, o exame de DNA é realizado extrajudicialmente, descobrindo o investigante que o investigado, de fato, é o seu pai biológico. Indaga-se: será possível a propositura de nova demanda investigatória, ou a relação material entre investigante e investigado estaria acobertada pela coisa julgada?

Primeiramente, vale observar que a decisão que julga a ação investigatória de paternidade constitui sentença de mérito, sujeitando-se, portanto, à ação rescisória.

Contudo, mesmo após o decurso do prazo para a propositura de ação rescisória, a jurisprudência mostrou-se favorável à relativização da coisa julgada.[142] De fato, cotejando os princípios em conflito – segurança jurídica e dignidade da pessoa humana –, parece-nos razoável esse entendimento. Não se pode conceber que a conquista da aparente paz social trazida pela estabilidade dos julgados tenha um preço maior do que a paz individual, quando em discussão questão das mais importantes na vida de uma pessoa: **o conhecimento da origem biológica.**

E o CPC/2015, como se comporta diante dessa teoria? No capítulo que trata da ação rescisória há dispositivo que pode suscitar discussões acerca da relativização da coisa julgada. Trata-se do art. 975, § 2º, que estabelece termo inicial diferenciado para a propositura de ação rescisória fundada em prova nova. De acordo com o referido dispositivo, no caso de **prova nova**, o prazo de dois anos tem início a partir da data da descoberta dessa prova, observado o **prazo máximo de cinco anos**, contado do trânsito em julgado da última decisão proferida no processo.

---

[142] "[...] Deve ser relativizada a coisa julgada estabelecida em ações de investigação de paternidade em que não foi possível determinar-se a efetiva existência de vínculo genético a unir as partes, em decorrência da não realização do exame de DNA, meio de prova que pode fornecer segurança quase absoluta quanto à existência de tal vínculo [...]" (STF, RE 363.889, Tribunal Pleno, Rel. Min. Dias Toffoli, j. 02.06.2011).

Um exemplo facilita a compreensão da regra. Suponha que uma ação de conhecimento tenha sido julgada procedente com base em prova apresentada pelo autor. O réu, exatamente dez anos após o trânsito em julgado – ocorrido em 20.10.2010 –, tem acesso a determinada prova capaz, por si só, de alterar o julgamento da demanda. Nesse caso, o prazo para a ação rescisória será contado da data da descoberta da prova nova, ou seja, a partir de 20.10.2020. Contudo, como o CPC/2015 limita a rescisão do julgado ao prazo de cinco anos contados do trânsito em julgado da última decisão proferida no processo, não mais restaria ao réu propor ação rescisória, nem pleitear a relativização da coisa julgada por outro meio.

O CPC/2015, ao que me parece, traz balizas para a relativização e estabelece que somente mediante ação rescisória pode haver desconstituição do julgado sob o fundamento previsto no art. 966, VII.

Quanto à relativização de título executivo fundado em lei inconstitucional, o CPC/2015 repete as disposições constantes dos arts. 741, parágrafo único, e 475-L, § 1º, do CPC/1973. A inovação é em relação ao prazo para que se pleiteie a anulação da decisão judicial por razões de inconstitucionalidade. Veja:

> Art. 525. Transcorrido o prazo previsto no art. 523 sem o pagamento voluntário, inicia-se o prazo de 15 (quinze) dias para que o executado, independentemente de penhora ou nova intimação, apresente, nos próprios autos, sua impugnação.
>
> § 1º Na impugnação, o executado poderá alegar:
>
> [...]
>
> III – inexequibilidade do título ou inexigibilidade da obrigação;
>
> [...]
>
> § 12. Para efeito do disposto no inciso III do § 1º deste artigo, considera-se também inexigível a obrigação reconhecida em título executivo judicial fundado em lei ou ato normativo considerado inconstitucional pelo Supremo Tribunal Federal, ou fundado em aplicação ou interpretação da lei ou do ato normativo tido pelo Supremo Tribunal Federal como incompatível com a Constituição Federal, em controle de constitucionalidade concentrado ou difuso.
>
> § 13. No caso do § 12, os efeitos da decisão do Supremo Tribunal Federal poderão ser modulados no tempo, em atenção à segurança jurídica.
>
> § 14. A decisão do Supremo Tribunal Federal referida no § 12 deve ser anterior ao trânsito em julgado da decisão exequenda.
>
> § 15. Se a decisão referida no § 12 for proferida após o trânsito em julgado da decisão exequenda, caberá ação rescisória, cujo prazo será contado do trânsito em julgado da decisão proferida pelo Supremo Tribunal Federal.

Sobrevindo decisão do STF, a desconstituição do título não ocorrerá de forma automática. Dependerá, pois, da propositura de ação rescisória. Não haverá, no entanto, prazo máximo para desconstituir o julgado.

Sem embargo de opiniões divergentes, acredito que essa nova sistemática (art. 525, § 15) fere a garantia de segurança jurídica, pois permite uma espécie de eficácia retroativa ilimitada das decisões proferidas pelo Supremo em controle de constitucionalidade ainda que, na época da decisão que se pretende desconstituir, sequer houvesse discussão sobre a constitucionalidade da lei que a fundamenta. Pode até não se tratar da relativização pretendida pela doutrina de Dinamarco, que prega a desnecessidade da propositura de ação rescisória para a relativização da coisa julgada inconstitucional. Entretanto, penso que o CPC/2015 alarga demasiadamente o uso da ação rescisória.

Primeiramente, é de se observar que, conquanto o constituinte originário tenha dito que apenas "a lei" deveria observar a coisa julgada (art. 5º, XXXVI), a garantia, a toda evidência, é mais ampla. Não só o legislador, como também os magistrados e demais agentes estatais carecem de legitimidade para alterar situações concretas definitivamente consolidadas por sentença transitada em julgado. O termo *lei*, portanto, foi empregado em sentido lato pela Constituição, contemplando também as decisões judiciais. Não fosse assim, tornar-se-ia limitado, ou até mesmo inócuo, direito fundamental expressamente consagrado, o que não se pode admitir.

Por outro lado, consoante art. 60, § 4º, da CF, os direitos e garantias individuais constituem cláusula pétrea, pelo que é de se entender que a coisa julgada constitui verdadeiro fundamento do Estado Democrático de Direito.

Nos dizeres de Miguel Teixeira Souza, a coisa julgada é

> "exigência da boa administração da justiça, da funcionalidade dos tribunais e da salvaguarda da paz social, pois que evita que uma mesma ação seja instaurada várias vezes, obsta a que sobre a mesma situação recaiam soluções contraditórias e garante a resolução definitiva dos litígios que os tribunais são chamados a dirimir. Ela é, por isso, expressão dos valores da segurança e certeza que são imanentes a qualquer ordem jurídica".[143]

Dessa forma, ao se garantir a intangibilidade da coisa julgada, o fim almejado pelo constituinte originário é a **estabilidade das relações sociais**, evitando a perpetuação dos litígios. Por conseguinte, é necessário e imprescindível que existam regras que limitem e coloquem termo definitivo ao processo. Esse termo final, aliás, é previsto pela própria Constituição Federal, ao outorgar ao Judiciário o poder único e exclusivo de decidir os conflitos e dizer qual é o direito incidente a determinado caso específico.[144]

Não se está a afirmar que as decisões judiciais se encontram à margem do controle de constitucionalidade, ou que jamais podem ser flexibilizadas ou desconsideradas. O que se discute aqui é o novo termo *a quo* fixado pelo legislador. Se existe presunção de constitucionalidade das leis, não é coerente admitir que decisão fundada em norma presumidamente constitucional seja rescindida após longos anos de seu trânsito em julgado. Sobre esse tema, remetemos o leitor ao II, item 3.5, Parte V.

9.7 Outros aspectos da coisa julgada

A coisa julgada[145] tem como fundamento a necessidade de pôr fim ao litígio, para que a jurisdição alcance o seu objetivo precípuo, que é a pacificação social. Diz-se, nesse contexto, que a coisa julgada é atributo indispensável ao Estado Democrático de Direito e à efetividade do direito fundamental de amplo acesso ao Judiciário.

Cabe à parte arguir a coisa julgada como preliminar de mérito (art. 337, VII). Entretanto, o silêncio da parte não impede o juiz de conhecer, de ofício, da exceção, extinguindo o processo sem resolução do mérito (art. 485, V), o que pode ser feito em qualquer tempo e grau de jurisdição.

---

[143] SOUZA, Miguel Teixeira. *Estudos sobre o novo processo civil*. Lisboa, 1997, p. 568 apud THEODORO JÚNIOR, Humberto; FARIA, Juliana Cordeiro de. A coisa julgada inconstitucional e os instrumentos processuais para seu controle. *Revista de Direito Processual Civil*, v. 21, p. 80-81.

[144] NOJIRI, Sérgio. Crítica à relativização da coisa julgada. *Revista de Processo*, n. 123.

[145] Quando se fala em coisa julgada sem menção a qualificativo, refere-se à coisa julgada material.

Na fase de liquidação de sentença, a adoção de procedimento diverso do estabelecido na sentença não ofende a coisa julgada (Súmula nº 344 do STJ).[146]

Já na execução, porque não há sentença de mérito, não se pode falar em coisa julgada. Nos embargos do devedor, a situação é diferente, porquanto, tratando-se de ação de conhecimento, há sentença de mérito e, consequentemente, ocorrência de coisa julgada. O pagamento, na execução, independe de sentença, servindo essa apenas para pôr fim à relação processual. Assim, se o pagamento foi indevido, pode o devedor postular, em ação própria, a repetição do indébito, na forma do art. 876 do CC.

Transitada em julgado a sentença de mérito, reputar-se-ão deduzidas e repelidas todas as alegações e defesas que a parte poderia opor assim ao acolhimento como à rejeição do pedido (art. 508). Trata-se da chamada **eficácia preclusiva extraprocessual da coisa julgada**, efeito exclusivo, evidentemente, da *res iudicata* material. Consoante Gustavo Filipe Garcia, tal preclusão é dotada de especificidade, porquanto opera não no âmbito interno do processo, mas para fora dele. Assim, diz o autor,

> "embora não se confunda com a preclusão consumada dentro da relação processual, ela pode ser havida como de natureza temporal, no sentido de que, após o momento processual do trânsito em julgado, as partes não poderão mais fazer alegações de direito e de fato, visando à obtenção de provimento jurisdicional que julgue pela procedência ou improcedência da pretensão".[147]

As alegações e defesas abrangidas pela coisa julgada, ainda que não deduzidas no processo, são aquelas relacionadas com a causa de pedir. Vejamos, a propósito, os exemplos dados por Ernane Fidelis: o autor tenta cobrar, de novo, dívida reconhecida como paga. A alegação é tida por deduzida e repelida no primeiro processo. Na impugnação ao cumprimento da sentença, o devedor alega pagamento ou prescrição anterior à ação de conhecimento, não o tendo feito no curso do processo. Matéria acobertada pela coisa julgada.[148]

Veja, nesse sentido, o seguinte julgado:

> "Embargos à execução – cerceamento de defesa – inocorrência duplicatas – prescrição – art. 18, I, da Lei 5.474/68 – Ajuizamento de ação cautelar e anulatória pela devedora – causa suspensiva do prazo prescricional – coisa julgada – obstrução do reexame das questões já resolvidas – efeito preclusivo (art. 474 do CPC[149]) – juros de mora de 0,5% ao mês e correção monetária de acordo com o INPC – licitude – litigância de má-fé – configuração.
> [...].

---

[146] Sobre a aplicação do enunciado, vale uma observação: se o título judicial determina, por exemplo, a apuração dos danos materiais em liquidação de sentença, mediante apresentação de documentação comprobatória da liquidez da dívida, mas a parte vendedora propõe diretamente o cumprimento da sentença, haverá violação à coisa julgada. Em outras palavras, se o juiz determinou a liquidação pelo procedimento comum para a exata quantificação dos danos, não há como a parte promover, de imediato, o cumprimento da decisão. Nesse caso, não se trata de relativizar o enunciado, pois não houve a escolha de forma de liquidação diversa da que foi estabelecida na sentença; o caso é de ausência de liquidação (STJ, 4ª T., AREsp 1.832.357/DF, Rel. Min. Marco Buzzi, Rel. p/ acórdão Min. Maria Isabel Gallotti, j. 23.08.2022).

[147] Considerações sobre a eficácia preclusiva da coisa julgada. *Revista de Processo*, n. 130, São Paulo: RT, dez. 2005.

[148] SANTOS, Ernane Fidelis dos. *Manual de direito processual civil*. vol. 1. 3. ed. São Paulo: Saraiva, 1994. p. 493-494.

[149] Corresponde ao art. 508 do CPC/2015.

A obstrução do reexame das questões já resolvidas, efeito específico da coisa julgada material, ocorre quando a matéria decidida por sentença transitada em julgado é posta novamente em discussão, em outro processo que contém pedido diverso daquele extinto.

Destarte, já tendo sido julgado improcedente pedido de nulidade das duplicatas, com trânsito em julgado, tal matéria não pode ser novamente reexaminada pelo Poder Judiciário, em razão da obstrução do reexame das questões já resolvidas.

O efeito preclusivo (art. 474 do CPC) da coisa julgada firma presunção segundo a qual todos os argumentos fáticos e jurídicos que poderiam ser deduzidos pelas partes foram apresentados. Com esse argumento, resta inviabilizado o exame acerca da alegação da *exceptio non adimplementi contractus* para sustentar a nulidade das duplicatas.

Estando dentro dos limites legais, os juros de mora e a correção monetária do saldo devedor são devidos.

A utilização dos meios judiciais para mera postergação do pagamento de dívidas, com alegações repetitivas que tentam trazer à discussão matéria já decidida, inclusive com trânsito em julgado, implica condenação por litigância de má-fé" (TJ-MG, AC 1.0024.05.815339-6/001, 13ª Câmara Cível, Rel. Des. Elpídio Donizetti, j. 09.11.2006, publicado em 1º.12.2006).

Nas sentenças sujeitas à remessa obrigatória ao tribunal, a coisa julgada só ocorre após o trânsito em julgado, que se dá com o reexame da causa pelo tribunal competente. Constitui o reexame necessário condição de eficácia da sentença proferida em determinados processos.

JURISPRUDÊNCIA TEMÁTICA

Súmula nº 239 do STF: "Decisão que declara indevida a cobrança do imposto em determinado exercício não faz coisa julgada em relação aos posteriores".

Súmula nº 304 do STF: "Decisão denegatória de mandado de segurança, não fazendo coisa julgada contra o impetrante, não impede o uso da ação própria".

Súmula nº 344 do STJ: "A liquidação por forma diversa da estabelecida na sentença não ofende a coisa julgada".

10. LIQUIDAÇÃO DE SENTENÇA (ARTS. 509 A 512)

10.1 Noções gerais

A sentença, ainda que ilíquida, constitui título executivo, figurando a liquidação como pressuposto para o cumprimento. Ocorre que, em razão da natureza do pedido, ou da falta de elementos nos autos, o juiz profere sentença ilíquida. Sentença ilíquida é a que, não obstante acertar a relação jurídica (torna certa a obrigação de indenizar, *v.g.*), não determina o valor ou não individualiza o objeto da condenação.

A liquidação, que constitui um complemento do título judicial ilíquido, se faz por meio de decisão declaratória, cujos limites devem ficar circunscritos aos limites da sentença liquidanda, não podendo ser utilizada como meio de impugnação ou de inovação do que foi decidido no julgado (art. 509, § 4º). Apenas os denominados pedidos implícitos, tais como juros legais, correção monetária e honorários advocatícios, podem ser incluídos na liquidação, ainda que não contemplados na sentença.

A iliquidez pode ser total ou parcial. É totalmente ilíquida a sentença que, em ação de reparação de danos, apenas condena o vencido a pagar lucros cessantes (o que razoavelmente deixou de ganhar) referentes aos dias em que o veículo ficou parado. É parcialmente ilíquida a sentença que condena o réu a reparar o valor dos danos, orçados em R$ 3.000,00, causados ao veículo de propriedade do autor e, ao mesmo tempo, condena-o ao valor equivalente à desvalorização do veículo, conforme se apurar em liquidação. No caso de iliquidez parcial, poderá o credor (ou o devedor), concomitantemente, requerer o cumprimento da parte líquida nos próprios autos, e a liquidação da parte ilíquida, em autos apartados (art. 509, § 1º).

O Código contempla duas formas de liquidação: por arbitramento e pelo procedimento comum. A diferença entre estas e as formas previstas no Código de 1973 (por arbitramento e por artigos) é apenas de nomenclatura. De acordo com o CPC/1973, na liquidação por artigos observa-se o procedimento adotado no processo do qual se origina a sentença. É possível, portanto, que a liquidação se realize pelo rito comum sumário ou pelo rito comum ordinário. Como o CPC/2015 prevê um procedimento único para todas as ações de conhecimento, a liquidação de sentença que dependa da prova de fatos novos somente será possível com utilização do procedimento comum.

10.2 Determinação do valor da condenação por cálculo do credor

Não sendo o caso de liquidação, o credor deverá apresentar a memória discriminada e atualizada do cálculo, o que pode ser feito no próprio pedido de cumprimento da sentença (art. 509, § 2º). Essa providência tem por objetivo delimitar a pretensão do credor (pedido mediato), permitindo ao devedor controlar a exatidão da quantia executada e controvertê-la por meio de impugnação, se for o caso.[150]

De regra, não se exige dilação probatória para definição do valor a ser apurado. De qualquer forma, não se suprime o contraditório. O credor requer o cumprimento da sentença, instruindo o pedido com o demonstrativo discriminado e atualizado do crédito.[151] O devedor, então, é intimado para pagar o valor constante do demonstrativo no prazo de quinze dias. Intimado, o devedor pode efetuar o pagamento, caso em que a fase de cumprimento de sentença será extinta por sentença. Decorrido o prazo sem pagamento, iniciam-se mais quinze dias para a apresentação de impugnação, independentemente de nova intimação (ou penhora), na forma do art. 525.

As demais regras relativas ao cumprimento de sentença para pagamento de quantia certa serão tratadas no próximo capítulo.

JURISPRUDÊNCIA TEMÁTICA

Não cabe repassar ao devedor a obrigação de pagar pela contratação de perito contábil caso o *quantum debeatur* dependa apenas de operações aritméticas elementares

"Recurso especial representativo da controvérsia. Processual civil. Telefonia. Contrato de participação financeira. Complementação de ações. Liquidação de sentença. Honorários periciais. Encargo do vencido.

1. Para fins do art. 543-C do CPC: (1.1) 'Na liquidação por cálculos do credor, descabe transferir do exequente para o executado o ônus do pagamento de honorários devidos ao perito que elabora a memória de cálculos'.

---

[150] Cf. ASSIS, Araken de. *Manual do processo de execução*. 5. ed. São Paulo: RT. p. 298.

[151] Nos termos do art. 509, § 3º, "o Conselho Nacional de Justiça desenvolverá e colocará à disposição dos interessados programa de atualização financeira". Esse dispositivo certamente evitará a atualização do crédito por uma infinidade de índices, os quais precisam ser praticamente decifrados pelo julgador.

(1.2) 'Se o credor for beneficiário da gratuidade da justiça, pode-se determinar a elaboração dos cálculos pela contadoria judicial'.

(1.3) 'Na fase autônoma de liquidação de sentença (por arbitramento ou por artigos), incumbe ao devedor a antecipação dos honorários periciais'.

2. Aplicação da tese 1.3 ao caso concreto.

3. Recurso especial desprovido" (REsp n. 1.274.466/SC, Rel. Min. Paulo de Tarso Sanseverino, 2ª Seção, j. 14.05.2014, *DJe* 21.05.2014).

10.3 Liquidação na pendência de recurso

O art. 512 admite a liquidação antecipada da sentença, ou seja, na pendência de recurso, ainda que tenha sido recebido também no efeito suspensivo. Nesse caso, o pedido de liquidação, que é formulado no juízo de origem e autuado em apartado, será instruído com cópias das peças processuais pertinentes.

A mera expectativa de que o provimento deferido na primeira instância seja mantido legitima o presumido credor a agilizar a satisfação futura de sua pretensão, mensurando, desde já, a quantia devida. É incomum que o próprio devedor requeira a liquidação antecipada, mas o Código não faz nenhuma distinção. Se, por exemplo, é o credor que recorre da sentença por considerar que o juiz não acolheu integralmente o seu pedido, pode o devedor pleitear a liquidação.

Essa liquidação antecipada em nada prejudica o suposto devedor ou o suposto credor, porquanto eles poderão, concomitantemente com o processamento do recurso, opor-se aos termos da liquidação. Ademais, dado provimento ao recurso, o cumprimento do julgado terá por baliza a obrigação definida no acórdão, o qual, nos termos do art. 1.008, substitui a decisão recorrida no que tiver sido impugnado.

Como já afirmado, o recebimento do recurso no efeito suspensivo não impede a liquidação antecipada. Entretanto, embora liquidada antecipadamente, caso penda recurso ao qual se imprimiu efeito suspensivo, não poderá o credor executar provisoriamente a sentença.

Somente a sentença ou o acórdão impugnado por meio de recurso recebido no efeito meramente devolutivo é passível de cumprimento provisório. Assim, finda a liquidação antecipada, o credor somente pode promover a execução provisória caso o recurso não tenha sido recebido no efeito suspensivo.

10.4 Procedimento

Qualquer que seja a forma da liquidação, o procedimento inicia-se com o pedido do credor (ou do devedor[152]), formulado por simples petição, à qual não se aplica o disposto no art. 319.

Os termos da petição bem como o procedimento a ser observado dependerão da forma de liquidação. Por exemplo, em se tratando de liquidação por arbitramento, a fim de se apurar a desvalorização decorrente de acidente de automóvel, devem-se indicar os danos sofridos pelo veículo, conforme reconhecido na sentença. Tratando-se de liquidação pelo procedimento comum, a petição deve indicar os fatos a serem provados.

---

[152] O CPC/2015 inclui o devedor como legitimado para requerer a liquidação da sentença. Apesar de inexistir previsão expressa no CPC/1973, a doutrina já admitia que o procedimento fosse requerido por qualquer das partes (credor ou devedor). A justificativa é simples: do mesmo modo que o credor tem o direito de saber o quanto irá receber futuramente, o devedor também tem o direito de conhecer a quantia que provavelmente terá que pagar.

Autuada a petição, cabe ao juiz adotar uma das seguintes providências: (a) indeferi-la; (b) determinar que se emende a petição; ou (c) determinar a intimação das partes, na liquidação por arbitramento, ou do requerido (credor ou devedor), na liquidação pelo procedimento comum.

Na liquidação por arbitramento as partes serão intimadas para apresentar os documentos necessários à liquidação no prazo assinalado pelo juiz. O réu revel, sem procurador nomeado nos autos, não precisa ser intimado dos atos subsequentes à citação. Entretanto, embora não intimado para a fase da liquidação, poderá o réu revel intervir no procedimento liquidatório, desde que o faça por meio de advogado, no prazo fixado para a intervenção, contado da publicação do ato decisório no órgão oficial.

Em se tratando de liquidação pelo procedimento comum, a intimação, de regra, se faz na pessoa do advogado do requerido ou da sociedade de advogados a que estiver vinculado (art. 511). Essa previsão se harmoniza com a redação do art. 105, § 3º, que determina ao advogado integrante de sociedade de advocacia a indicação, no instrumento de mandato anexado à petição inicial, dos dados do escritório ao qual estiver vinculado. Vale ressaltar que não é a sociedade que atuará nos autos. O patrocínio da causa é pessoal. A sociedade apenas será intimada de determinadas publicações por meio do diário oficial. E essa intimação compele o advogado à atuação.

O procedimento da liquidação encerra-se por decisão que irá declarar o *quantum debeatur* ou individuar o objeto da obrigação, integrando a sentença condenatória anteriormente prolatada e possibilitando a execução por meio do cumprimento de sentença. Exatamente por se tratar a liquidação de fase ou incidente do processo de conhecimento, tal pronunciamento judicial tem natureza de decisão interlocutória, sujeita, pois, a agravo, conforme expressamente previsto no art. 1.015, parágrafo único.

10.4.1 Liquidação por arbitramento

Far-se-á a liquidação por arbitramento quando (art. 509, I):

a) *determinado pela sentença ou convencionado pelas partes*: a convenção das partes, geralmente, é anterior à sentença e nela contemplada;

b) *o exigir a natureza do objeto da liquidação*: estimar a extensão da redução da capacidade laborativa de uma pessoa, por exemplo, depende de conhecimentos técnicos, mas também de apreciação subjetiva do perito, daí por que, em tal caso, recomenda-se a liquidação por arbitramento.

Aplicam-se à liquidação por arbitramento as normas sobre a **prova pericial** (art. 510), que, como vimos, consiste em exame, avaliação ou vistoria. Exame consiste na inspeção para verificar alguma circunstância fática em coisa móvel que possa interessar à solução do litígio. Vistoria é a inspeção realizada em bens imóveis. Avaliação tem por fim a verificação do valor de algum bem ou serviço.

O credor ou o devedor requererá liquidação por meio de simples petição. O juiz determinará, então, a intimação para a apresentação de pareceres ou documentos elucidativos, na tentativa de apurar o quanto devido. No mesmo despacho, caso não possa decidir de plano, nomeará perito, fixando o prazo para entrega do laudo.

Note que o Código em vigor permite que as próprias partes apresentem os documentos e pareceres necessários à apuração do *quantum debeatur* sem a necessidade de prévia nomeação de perito (art. 510, primeira parte). Somente quando o juiz, de posse dos elementos apresentados pelos interessados, não puder decidir de plano o valor da condenação, será possível a produção de prova pericial.

10.4.2 Liquidação pelo procedimento comum

Far-se-á a liquidação pelo procedimento comum quando, para determinar o valor da condenação, houver necessidade de alegar e provar fato novo (art. 509, II). Fato novo é aquele que não foi considerado na sentença. Irrelevante que se trate de fato antigo, ou seja, surgido anteriormente à prolação da sentença, ou de fato novo, isto é, surgido posteriormente ao ato sentencial.

Fato novo, para fins de liquidação, é aquele que, embora não considerado expressamente na sentença, encontra-se albergado na generalidade do dispositivo, no contexto do fato gerador da obrigação, tendo, portanto, relevância para determinação do objeto da condenação.

Exemplo: o réu (empregador) foi condenado a ressarcir danos pessoais e lucros cessantes sofridos em razão de acidente de trabalho por culpa daquele empregador, conforme se apurar em liquidação. A liquidação, nesse caso, faz-se com a observância do procedimento comum, em face da necessidade de se provar fatos novos, como, por exemplo, gastos com despesas médico-hospitalares e paralisação de atividades. Indispensável é que tais fatos tenham relação causal com o acidente reconhecido na sentença, porquanto não se permite discutir novamente a lide ou modificar a sentença que a julgou (art. 509, § 4º).

Nesse exemplo (acidente de veículo), perceba que a fase de liquidação poderá se revestir de caráter litigioso. Nessa hipótese, ainda que a regra geral do art. 85, § 1º, do CPC, que autoriza o cabimento dos honorários de sucumbência na fase de cumprimento, não disponha expressamente sobre a liquidação, a jurisprudência[153] considera devida a fixação da verba sucumbencial.

Tal como na liquidação por arbitramento, o procedimento encerra-se por decisão interlocutória, que complementa a sentença liquidanda, razão pela qual cabível o recurso de agravo de instrumento (art. 1.015, parágrafo único).

O agravo de instrumento, de regra, não tem efeito suspensivo. Assim, a menos que o relator imprima tal efeito ao recurso, a execução prescinde aguardar o julgamento do agravo interposto contra a decisão que pôs fim à liquidação.

Finalizada a liquidação, pode o credor partir para o cumprimento da sentença, podendo ser provisório ou definitivo. Definitivo, se a sentença transitou em julgado (art. 523); provisório, caso a sentença tenha sido impugnada por recurso desprovido de efeito suspensivo (art. 520).

JURISPRUDÊNCIA TEMÁTICA

> "Na liquidação de sentença, a quantia que o devedor reconhece e expressamente declara como devida representa a parte líquida da condenação e como tal pode ser exigida desde logo, cabendo ao devedor arcar com os honorários periciais" (STJ, 4ª Turma. REsp 2.067.458/SP, Rel. Min. Antonio Carlos Ferreira, j. 04.06.2024).

---

[153] "Incide a regra geral do art. 85, § 1º, do CPC, que autoriza o cabimento dos honorários de sucumbência na fase de cumprimento, quando a liquidação ostentar caráter litigioso" (STJ, AgInt no AgInt no REsp 1.955.594/MG, Rel. Min. Paulo Sérgio Domingues, 1ª Turma, j. 29.05.2023).

Quadro esquemático 51 – Liquidação de sentença

Liquidação de sentença (arts. 509 a 512)

- **Noções gerais**
  - Conceito: liquidação constitui complemento do título judicial ilíquido. Consiste em decisão declaratória limitada ao conteúdo do título liquidando (sentença ou acórdão). Trata-se de pressuposto para o cumprimento de sentença.
  - Finalidade: além da apuração de valor em dinheiro, a liquidação tem por fim determinar a quantidade ou natureza da coisa a ser entregue e, ainda, o fato a ser prestado.
  - Por ser requerida tanto pelo autor quando pelo réu.

- **Modalidades de liquidação**
  - Por cálculo do credor ou do devedor (art. 509, § 2º)
    - Ocorre quando a determinação do valor da condenação depender apenas de cálculo aritmético;
    - Não é propriamente uma liquidação;
    - A memória de cálculo pode ser apresentada no pedido de cumprimento de sentença;
    - O juiz poderá determinar a conferência dos cálculos, se necessário.
  - Liquidação por arbitramento (art. 509, I)
    - Necessária quando:
      - determinado pela sentença;
      - convencionado pelas partes;
      - exigido pela natureza do objeto.
    - O juiz intimará as partes para a apresentação de pareceres ou documentos elucidativos, no prazo que fixar, e, caso não possa decidir de plano, nomeará perito, observando-se, no que couber, o procedimento de prova pericial (art. 510).
  - Liquidação pelo procedimento comum
    - Far-se-á a liquidação pelo procedimento comum quando, para determinar o valor da condenação, houver necessidade de alegar e provar fato novo (art. 509, II).
    - Procedimento: art. 511.

- **Outros aspectos da liquidação**
  - A decisão proferida no procedimento liquidatário tem natureza interlocutória, razão pela qual cabível o recurso de agravo de instrumento (art. 1.015, parágrafo único).
  - Na liquidação, em regra, não são devidos honorários advocatícios, exceto os fixados na sentença. Entretanto, caso instaurada litigiosidade sobre o *quantum debeatur*, será devida a fixação das verbas sucumbenciais.
  - A liquidação pode ser requerida na pendência de recurso.
  - Quando na sentença houver uma parte líquida e outra ilíquida, ao credor é lícito promover simultaneamente a execução daquela e, em autos apartados, a liquidação desta.

Cumprimento de sentença (arts. 513 a 538)

1. INTRODUÇÃO

Cumprimento, na acepção utilizada tanto no CPC/2015 quanto no CPC de 1973 (com as devidas alterações promovidas pela Lei nº 11.232/2005), é termo genérico. Abrange tanto a efetivação das obrigações de fazer, de não fazer e de entregar coisa, constantes de decisões judiciais, quanto a execução de obrigação de pagar quantia certa, constante dos títulos judiciais previstos no atual art. 515 (art. 475-N do CPC/1973).

Todas essas obrigações (fazer, não fazer, entregar coisa e pagar quantia certa) serão cumpridas na mesma relação processual, ou seja, independentemente da instauração de processo executivo próprio.

Entretanto, em razão de peculiaridades da obrigação de pagar quantia, há substancial diferença entre o cumprimento desta, que de regra se dá com a excussão de bens do devedor, e a efetivação das obrigações de fazer, não fazer e entregar coisa.

Diferentemente do que ocorre com o cumprimento por quantia certa (obrigação de pagar), a efetivação das obrigações de fazer, não fazer e de entregar coisa não exige alienação do patrimônio do devedor para saldar o débito, exceto se tais obrigações forem convertidas em perdas e danos. Consoante disposto nos arts. 536 e 537, a efetivação dessas obrigações se dá por meio de concessão de tutela específica ou por determinação de providências que assegurem o resultado prático equivalente. Para a efetivação da tutela específica ou a obtenção do resultado prático equivalente, pode o juiz, entre outras providências, impor multa, determinar a busca e apreensão da coisa, remoção de pessoas e coisas, desfazimento de obras e impedimento de atividade nociva, se necessário com requisição de força policial (art. 536, § 1º).

Em se tratando de obrigação de pagar quantia, transitada em julgado a sentença ou mesmo na pendência de recurso ao qual se atribuiu apenas efeito devolutivo, pode o credor promover o cumprimento da decisão. Embora o cumprimento se dê por meio de atos executivos, tal como ocorre na execução de título extrajudicial, tais atos são praticados no bojo do processo de conhecimento.

O sincretismo processual, ou seja, a fusão de atos de cognição e de execução, foi estendido às obrigações de pagar quantia apenas em 2005, quando a Lei nº 11.232/2005 propôs substancial alteração no CPC de 1973. Antes disso, somente para as tutelas das obrigações de fazer, não fazer e entregar coisa era possível se requerer o cumprimento no próprio processo de conhecimento.

Nos itens seguintes, trataremos do cumprimento da sentença, iniciando pela análise dos títulos judiciais que possibilitam essa modalidade de cumprimento. A execução dos títulos extrajudiciais é regulada no Livro II do CPC/2015.

As normas referentes ao cumprimento da sentença enfatizam o cumprimento de sentença por obrigação de pagar quantia certa. Entretanto, a forma de satisfação será determinada pela natureza das prestações estipuladas nos títulos judiciais. A liquidação e posterior execução da sentença penal condenatória transitada em julgado, de regra, versarão sobre quantia em dinheiro. O mesmo vale para os créditos de auxiliares da justiça relativos a custas, emolumentos e honorários.

Por outro lado, os demais títulos (decisões no processo civil, decisões homologatórias, sentenças arbitrais, sentenças e decisões interlocutórias estrangeiras, formal ou certidão de partilha) podem estipular obrigação de fazer, não fazer, entregar coisa ou pagar quantia. Por exemplo, se a obrigação é de entregar coisa, expede-se mandado de busca e apreensão ou de imissão na posse, caso se trate, respectivamente, de coisa móvel ou imóvel.

O procedimento referente ao cumprimento de sentença, seja definitivo ou provisório, contempla apenas as regras especiais, as quais devem ser completadas com procedimentos estabelecidos para a execução dos títulos judiciais. Aliás, cumprimento de sentença é uma espécie do gênero execução. Utiliza-se a expressão cumprimento de sentença quando a obrigação exequenda é reconhecida em título judicial. O termo execução, num sentido restrito, é utilizado para se referir ao procedimento para forçar o devedor a adimplir uma obrigação reconhecida em título extrajudicial.

No cumprimento de sentença que reconhece obrigação de pagar quantia em dinheiro, essa necessidade do preenchimento de lacunas é mais visível. As normas especiais contempladas nos arts. 523 a 526 regem, basicamente, a postulação (requerimento para o cumprimento) e a defesa (impugnação). Todas as fases referentes à penhora e à expropriação encontram-se reguladas no Livro II (arts. 831 e seguintes), que trata do processo de execução.

2. TÍTULOS EXECUTIVOS JUDICIAIS

Os títulos executivos judiciais, sujeitos, portanto, ao cumprimento da sentença, encontram-se tipificados no art. 515. São os seguintes:

- *Decisões proferidas no processo civil que reconheçam a exigibilidade de obrigação de pagar quantia, de fazer, de não fazer ou de entregar coisa (art. 515, inciso I):*

Desde que a sentença, acórdão ou decisão interlocutória reconheça a exigibilidade de obrigação de fazer, não fazer, entregar coisa ou pagar quantia, constituirá título executivo judicial. O reconhecimento acerca da exigibilidade da obrigação pode estar contido em decisão de cunho declaratório ou condenatório. A sentença declaratória, por exemplo, desde que contenha a certificação de todos os elementos relativos à obrigação violada, constituirá título executivo judicial. A Corte Especial do Superior Tribunal de Justiça (STJ), no julgamento do Recurso Especial nº 1.324.152/SP, sob o regime dos recursos repetitivos, firmou o entendimento de que as sentenças de qualquer natureza (procedência ou improcedência do pedido) constituem títulos executivos judiciais, desde que estabeleçam obrigação de pagar quantia, de fazer, não fazer ou entregar coisa, admitindo-se sua prévia liquidação e execução nos próprios autos. Para tanto, ela deverá não apenas reconhecer a existência da obrigação, mas também a sua exigibilidade. Além disso, mesmo as sentenças constitutivas contêm uma parte condenatória (no que tange aos ônus da sucumbência) e, nessa parte, constituem título executivo judicial, o qual pode ser executado segundo o procedimento do cumprimento da sentença.

No processo contemporâneo, o que efetivamente importa é o conteúdo. Se a sentença estabelece uma obrigação para o devedor, seja por meio de declaração ou de imposição (condenação), não há dúvida de que constituirá título executivo judicial, e a isso é que os operadores do direito devem se ater. Acrescentem-se, a esse respeito, os argumentos expostos pelo ministro Teori Albino Zavascki, no julgamento do REsp 588.202/PR:

> "Imagine-se sentença que, em ação declaratória, defina, com força de coisa julgada, que a entrega de certa quantia de Pedro para Paulo foi a título de mútuo, e não de doação, e que o prazo para devolvê-la deve ocorrer (ou já ocorreu) em determinada data; ou que a ocupação do imóvel de Joana por Maria não é a título de comodato, mas de locação, e que o valor mensal do aluguel é de R$ 300,00, pagáveis no dia 30 de cada mês. Há, em tal sentença, como se percebe, definição de norma jurídica individualizada, contendo obrigação de pagar quantia certa. Se a definição dessa mesma norma estivesse representada em documento particular assinado pelas partes e por duas testemunhas, ela constituiria título executivo, nos termos do inciso II, do art. 585 do CPC.[1] Igualmente, se a definição decorresse de documento firmado perante tabelião. Também teria força executiva se tivesse sido definida por autocomposição (transação) referendada pelo Ministério Público, ou pela Defensória Pública ou, ainda, pelos advogados dos transatores. Ora, nos exemplos dados, a norma individualizada e a relação jurídica correspondente têm grau de certeza muito mais elevado: elas foram definidas em processo de que participaram não apenas as partes, mas também os seus advogados, e, sobretudo, o próprio Estado-juiz, dando ao ato certeza oficial. Nessas circunstâncias, negar força de título executivo a esta espécie de sentença seria atentar contra o sistema processual, sua lógica e os valores nele consagrados. Não parece procedente, portanto, a afirmação de que as sentenças declaratórias *jamais* podem servir de base à execução forçada".

As decisões interlocutórias também podem constituir título executivo judicial, bastando, para tanto, que nelas sejam reconhecidas, ainda que provisoriamente, a existência de um dever de prestar.

Por expressa previsão no art. 519 atual, as decisões judiciais que concedem a tutela provisória também podem ser executadas por meio do procedimento previsto para o cumprimento de sentença provisório ou definitivo. Será definitivo quanto a tutela for concedida na sentença e já tiver ocorrido o trânsito em julgado; será provisório se a decisão que concedeu a tutela for proferida no curso do processo e contra ela for interposto agravo de instrumento sem efeito suspensivo.

Assim, pouco importa que a decisão tenha, ou não, sido impugnada por meio de agravo de instrumento. Em outras palavras, se decorrido o prazo de quinze dias, contados da intimação da decisão que concedeu a antecipação de tutela, sem que tenha sido interposto recurso pela parte contrária, o cumprimento da decisão far-se-á da forma definitiva; caso contrário, se pendente agravo de instrumento ao qual não tenha sido atribuído efeito suspensivo, o cumprimento far-se-á da forma provisória.

- *Decisão homologatória de autocomposição judicial (art. 515, inciso II) e a decisão homologatória de autocomposição extrajudicial de qualquer natureza (art. 515, inciso III):*

Quando as partes transigirem, haverá resolução do mérito, nos termos do art. 487, III, "b". A transação judicial pode ocorrer durante a audiência de conciliação ou no decorrer do

---

[1] Corresponde ao art. 784, II, III e IV, do CPC/2015.

processo, e se dar com a ajuda de conciliadores ou mediadores. Se a autocomposição envolver apenas parte do objeto do processo, a homologação se dará por decisão interlocutória, contra a qual será cabível o agravo de instrumento; caso envolva todo o objeto, haverá extinção da fase cognitiva, com julgamento do mérito.

O § 2º do art. 515 prevê ampliação objetiva e subjetiva na autocomposição, ou seja, o acordo pode se estender a outras questões jurídicas havidas entre as partes,[2] ultrapassando os limites originários da demanda, bem como a sujeitos que não tenham participado do processo. Exemplos. O taxista Moisés adquiriu dois veículos para integrar a sua frota. Depois de muitas idas e vindas à concessionária, pleiteou em juízo a substituição do veículo defeituoso. No acordo judicial, as partes acharam por bem incluir a substituição do motor do outro veículo, embora ainda não houvesse apresentado defeito (ampliação objetiva). O locador ingressou em juízo contra o fiador "A", exigindo dele os reparos no imóvel locado. Ao acordo judicial compareceu também o fiador "B", que assumiu a metade dos valores referentes aos reparos. No caso de ampliação subjetiva, obviamente o sujeito até então estranho à relação processual se submeterá aos termos do acordo por ele subscrito e da sentença homologatória, passando a integrar a relação processual para todos os efeitos. Isso quer dizer que o terceiro (agora parte) também poderá, se for o caso, pleitear a anulação da decisão judicial (art. 966, § 4º), vez que fará coisa julgada entre todos aqueles que participaram da autocomposição.

Quanto ao inciso III do art. 515 (decisão homologatória de autocomposição extrajudicial de qualquer natureza), não há necessidade de prévia controvérsia judicial. As partes levam à homologação o acordo firmado fora do juízo, cabendo ao magistrado aferir apenas a ilicitude do objeto e os seus aspectos formais.

Ressalte-se que esse mesmo acordo, quando não homologado judicialmente, pode constituir título executivo extrajudicial caso esteja assinado pelo devedor e por duas testemunhas (art. 784, III), ou referendado pelo Ministério Público, pela Defensoria Pública, pela Advocacia Pública, por advogados particulares ou por conciliador ou mediador credenciado pelo tribunal (art. 784, IV). Nesses casos, o título será hábil a instruir o processo executivo autônomo.

- *Formal e a certidão de partilha, exclusivamente em relação ao inventariante, aos herdeiros e aos sucessores a título singular ou universal (art. 515, inciso IV):*

Formal de partilha, que deve conter as peças elencadas no art. 655, é o documento extraído dos autos do inventário que constitui a prova da propriedade dos bens pelos sucessores do falecido. Quando o valor do quinhão hereditário não exceder a cinco salários mínimos, o formal de partilha pode ser substituído por um documento mais simplificado, denominado certidão de partilha (art. 655, parágrafo único).

O formal e a certidão têm força executiva exclusivamente em relação ao inventariante, aos herdeiros e aos sucessores a título universal e singular. Contra essas pessoas pode o interessado requerer o cumprimento da sentença, para receber a quantia ou a posse dos bens que lhe couberam na partilha. Contra estranhos ao inventário, todavia, o título não permite o cumprimento, devendo o interessado se valer do processo de conhecimento.

- *Crédito de auxiliar da justiça, quando as custas, emolumentos ou honorários tiverem sido aprovados por decisão judicial (art. 515, inciso V):*

Refere-se o dispositivo aos créditos devidos por serviços prestados no processo pelos auxiliares da justiça e que não tenham sido pagos na execução do principal ou adiantados pelas

---

[2] É importante lembrar que o CPC/1973 tratava apenas de "matéria não posta em juízo" (art. 475-N, III), ou seja, mencionava a possibilidade apenas de ampliação do objeto.

partes. O dispositivo é de escassa aplicação, porquanto os honorários do perito, intérprete ou tradutor, uma vez aprovados pelo juiz, são depositados pela parte requerente, antes da realização dos trabalhos. Quando não depositados, são incluídos na conta final e, tal como as custas e honorários, passam a constituir objeto do cumprimento da sentença.

Esse crédito, apesar de ter origem judicial, estava disposto no rol de títulos executivos extrajudiciais do art. 585 do CPC/1973. Atualmente, em vez de requerer a expedição de certidão comprobatória da fixação e aprovação das custas, emolumentos e honorários, para posterior propositura de ação de execução autônoma, o credor poderá, nos mesmos autos em que se originou o crédito, pleitear a sua execução, ou melhor, o seu cumprimento.

- *Sentença penal condenatória transitada em julgado (art. 515, inciso VI):*

A sentença penal condenatória torna certa a obrigação de indenizar (art. 91, I, do CP), ou seja, a condenação criminal, por si só, constitui título executivo cível. A propósito, o juiz, ao proferir sentença condenatória, fixará valor mínimo para reparação dos danos causados pela infração, considerando os prejuízos sofridos pelo ofendido (art. 387, IV, do CPP).

Por não ter sido parte na relação que fixou o valor mínimo a título de reparação, o ofendido não precisa se submeter, necessariamente, a essa decisão. É que sobre ele não se podem estender os efeitos da coisa julgada.[3] Ao não fazer parte da relação processual-penal, travada, em regra, entre Ministério Público e réu, não se pode cogitar de coisa julgada abarcando o ofendido. Desse modo, poderá ele, ainda, promover a liquidação do dano que o delito realmente tenha causado, sem se prender ao valor previsto na sentença criminal. Se, no entanto, o ofendido entender razoável o valor arbitrado, poderá promover desde logo o cumprimento da sentença no juízo cível.

Sendo o caso de liquidação, esta observará o procedimento comum, nos termos do art. 509, II.

Liquidada a sentença, o seu cumprimento tramitará na forma dos arts. 520 a 522 (obrigação de pagar quantia certa), sendo que, em vez de intimar o devedor, o juiz mandará citá-lo para cumprir a obrigação (art. 515, § 1º).

- *Sentença arbitral (art. 515, inciso VII):*

Sentença arbitral é o ato que põe fim à arbitragem (arts. 29 e 31 da Lei nº 9.307/1996). A sentença arbitral, que tem eficácia de título executivo independentemente de homologação judicial, produz, entre as partes e seus sucessores, os mesmos efeitos da sentença proferida pelos órgãos do Poder Judiciário.

Caso seja ilíquida, antes do cumprimento, a sentença arbitral deverá ser liquidada no juízo cível competente. Porque não se observa o processo jurisdicional para edição da sentença arbitral, o primeiro ato de comunicação do devedor, no que se refere à liquidação ou execução, será a citação (art. 515, § 1º).

A sentença arbitral estrangeira também pode ser executada na Justiça brasileira, mais especificamente na Justiça Federal (art. 109, X, da CF), desde que previamente homologada pelo STJ (art. 105, I, "i", da CF).

---

[3] Há exceções à impossibilidade de extensão dos efeitos da coisa julgada ao ofendido, no que tange à reparação dos danos causados pelo delito. É que nas hipóteses previstas nos incisos I (estar provada a inexistência do fato), IV (estar provado que o réu não concorreu para a infração penal) e VI (existir circunstância que exclua o crime ou isente o réu de pena) do art. 386 do CPP, haverá repercussão na esfera cível.

- *Sentença estrangeira homologada pelo Superior Tribunal de Justiça (art. 515, inciso VIII):*

O Brasil admite a jurisdição estrangeira, mediante controle, desde que a decisão não se refira a imóveis situados no território brasileiro, nem a inventários e partilha de tais bens (art. 23 do CPC).

O controle se faz por meio de homologação, ato jurisdicional da competência do STJ, de natureza constitutiva, pois não só reconhece a validade do julgado, como lhe confere eficácia. A homologação é um *plus* que se acrescenta à sentença estrangeira para que esta possa produzir efeitos no Brasil.

A homologação, cuja competência, de regra, é do presidente do STJ, é regulada pelas seguintes normas: art. 105, I, "i", da CF; arts. 960 a 965 do CPC/2015; arts. 12 a 17 da LINDB e arts. 216-A a 216-X do RISTJ. Para que a sentença seja homologada, o requerente deverá comprovar o trânsito em julgado, nos termos da Súmula nº 420 do STF.

A sentença estrangeira homologada será executada por carta de sentença, no juízo federal competente (art. 109, X, da CF e art. 216-V do RISTJ).

No juízo federal cível competente, o devedor será citado para o cumprimento da sentença homologada pelo STJ, ou, se for o caso, para a liquidação (art. 515, § 1º).

Frise-se que a competência do STJ para a homologação de sentenças estrangeiras limita-se à análise quanto aos requisitos formais do ato. Questões atinentes ao mérito fogem desse "juízo de delibação" e, portanto, não podem ser examinadas por esta Corte.[4]

- *Decisão interlocutória estrangeira, após a concessão do exequatur à carta rogatória pelo Superior Tribunal de Justiça (art. 515, inciso IX):*

Submete-se à homologação pelo STJ a decisão estrangeira que tenha natureza de sentença. No caso de decisão interlocutória estrangeira – que não tem natureza de sentença, mas de mero ato processual –, a sua exequibilidade está condicionada à prévia apreciação pelo STJ, o qual concederá uma espécie de autorização para que as diligências eventualmente requisitadas pela autoridade estrangeira possam ser executadas no Brasil.

Para que produzam efeitos dentro da ordem jurídica nacional, as decisões interlocutórias serão cumpridas por meio de carta rogatória, que observará o disposto nos arts. 36 e 960 e seguinte do CPC/2015.

3. DISPOSIÇÕES GERAIS RELATIVAS AO CUMPRIMENTO DA SENTENÇA

Transitada em julgado a sentença, é de se esperar que o devedor cumpra voluntariamente a obrigação à qual foi condenado. Entretanto, persistindo a inadimplência e estando o credor resguardado pela decisão judicial líquida que reconheceu a obrigação de pagar, de entregar, de fazer ou de não fazer, será possível o início de uma nova fase processual, por meio da qual se buscará o cumprimento ou a efetividade do direito reconhecido ao exequente. **Frise-se que, além da existência do título e da liquidez da obrigação, o exequente deverá comprovar que a condição[5] ou termo[6] ao qual estava sujeita a relação jurídica se implementou** (art. 514).

---

[4] Nesse sentido: STJ, SEC 5.828/EX, Corte Especial, Rel. Min. João Otávio de Noronha, j. 19.06.2013.

[5] A condição suspende a exigibilidade do título e, justamente por isso, a sentença não poderá ser executada até que ocorra o evento.

[6] A condenação pode sujeitar-se a data determinada (termo) para que o devedor cumpra a obrigação (evento futuro e inevitável). O prazo para que o devedor satisfaça a obrigação em data futura constante

Apresentado o requerimento de cumprimento, o devedor será intimado para cumprir a sentença. O Superior Tribunal de Justiça, quando da interpretação dos dispositivos do CPC/1973 relativos ao cumprimento de sentença, entendia que nas hipóteses de obrigações de fazer, não fazer e entregar coisa, o devedor deveria ser intimado pessoalmente;[7] já nas obrigações de pagar quantia certa, a intimação poderia se dar por meio do advogado constituído nos autos.[8] De acordo com o CPC/2015, independentemente da natureza da obrigação, a regra é que o devedor será intimado pelo *Diário da Justiça*, na pessoa do advogado constituído nos autos. Apesar do regramento expresso, previsto na parte geral do cumprimento de sentença (art. 513, § 2º, I), o STJ, já na vigência do CPC/2015, considerou válida a Súmula 410, que exige a intimação pessoal do devedor quando se tratar de cumprimento de sentença envolvendo obrigação de fazer e de não fazer. Veja:

> "Processo civil. Embargos de divergência. Obrigação de fazer. Descumprimento. Multa diária. Necessidade da intimação pessoal do executado. Súmula 410 do STJ. 1. É necessária a prévia intimação pessoal do devedor para a cobrança de multa pelo descumprimento de obrigação de fazer ou não fazer antes e após a edição das Leis n. 11.232/2005 e 11.382/2006, nos termos da Súmula 410 do STJ, cujo teor permanece hígido também após a entrada em vigor do novo Código de Processo Civil. 2. Embargos de divergência não providos" (EREsp 1.360.577/MG, Corte Especial, Rel. Min. Humberto Martins, Rel. p/ acórdão Min. Luis Felipe Salomão, j. 19.12.2018, *DJe* 07.03.2019).[9]

Assim, pode-se afirmar que, mesmo após a entrada em vigor do CPC/2015, permanece válido o entendimento sumulado. O STJ, ao abordar novamente o tema no ano de 2020, considerou possível a interposição de agravo de instrumento contra o pronunciamento judicial que, na fase de cumprimento de sentença, determinou a intimação do executado, na pessoa do advogado, para cumprir obrigação de fazer, sob pena de multa. Isso porque a intimação deveria ter sido dirigida ao próprio executado, nos termos da Súmula 410[10].

---

da sentença constitui-se requisito de exigibilidade e, enquanto não se verificar que está vencido, o credor não poderá exigir seu crédito.

[7] STJ, Súmula nº 410: "A prévia intimação pessoal do devedor constitui condição necessária para a cobrança de multa pelo descumprimento de obrigação de fazer ou não fazer".

[8] Nesse sentido: "Cumprimento. Sentença. Intimação. Tratou-se de REsp remetido pela Terceira Turma à Corte Especial, com a finalidade de obter interpretação definitiva a respeito do art. 475-J do CPC, na redação que lhe deu a Lei nº 11.232/2005, quanto à necessidade de intimação pessoal do devedor para o cumprimento de sentença referente à condenação certa ou já fixada em liquidação. Diante disso, a Corte Especial entendeu, por maioria, entre outras questões, que a referida intimação deve ser feita na pessoa do advogado, após o trânsito em julgado, eventual baixa dos autos ao juízo de origem, e a aposição do 'cumpra-se'; pois só após se iniciaria o prazo de quinze dias para a imposição da multa em caso de não pagamento espontâneo, tal como previsto no referido dispositivo de lei [...]" (STJ, REsp 940.274/MS, Rel. originário Min. Humberto Gomes de Barros, Rel. para acórdão Min. João Otávio de Noronha, j. 07.04.2010).

[9] No mesmo sentido: AgInt no AREsp 1.805.925/PA, Rel. Min. Maria Isabel Gallotti, 4ª Turma, j. 04.10.2021, *DJe* 08.10.2021.

[10] "Recurso especial. Ação de complementação de benefício de previdência privada. Violação de súmula. Não cabimento. Negativa de prestação jurisdicional. Ausência. Intimação do executado. Cumprimento de sentença. Obrigação de fazer. Pronunciamento judicial apto a causar prejuízo. Recurso cabível. Julgamento: CPC/2015. 1. Ação de complementação de benefício de previdência privada ajuizada em 2007, da qual foi extraído o presente recurso especial, interposto em 06/07/2016 e atribuído ao gabinete em 06/03/2017. 2. O propósito recursal é dizer sobre a negativa de prestação jurisdicional

As exceções à intimação por meio do Diário Oficial estão previstas nos incisos II, III e IV do § 2º (art. 513), bem como no § 4º do mesmo dispositivo. São elas:

- se o devedor estiver representado pela Defensoria Pública ou quanto não tiver procurador constituído nos autos, sua intimação deve ocorrer por carta com aviso de recebimento;
- quando o devedor for a União, Estado, Distrito Federal, Município ou entidade da administração indireta, a intimação deverá ser realizada por meio eletrônico, no endereço constante no cadastro previsto no § 1º do art. 246;
- se na fase de conhecimento o devedor, citado por edital, tiver sido declarado revel, a sua intimação deverá ocorrer por meio de edital;
- se o pedido de cumprimento de sentença for requerido após um ano do trânsito em julgado da sentença, a intimação deverá ser feita, necessariamente, na pessoa do devedor.

Especialmente em relação à citação ficta do revel, perceba que o inciso IV exige que ele seja intimado na fase executiva também por edital, de modo que não será suficiente, segundo o CPC em vigor, a intimação pessoal da Defensoria Pública, quando atuar como curador especial do revel citado na forma do art. 256 do CPC. Nesse caso, mostra-se necessária nova intimação editalícia do executado para o cumprimento da sentença.

Por outro lado, em se tratando de revel que não tenha sido citado por edital – sua citação foi real, mas não houve comparecimento ao processo – e que não possua advogado constituído, o inciso II estabelece que a intimação para cumprir a sentença deverá ocorrer por carta com aviso de recebimento. Como conclusão, nessa hipótese não será aplicável a regra do art. 346 do CPC[11]. Veja, a propósito, decisão do STJ nesse sentido:

> "Recurso especial. Direito processual civil. Cumprimento de sentença. Revelia na fase cognitiva. Ausência de advogado constituído. Necessidade de intimação dos devedores por carta para o cumprimento da sentença. Regra específica do CPC de 2015. Registros doutrinários. 1. Controvérsia em torno da necessidade de intimação pessoal dos devedores no momento do cumprimento de sentença prolatada em processo em que os réus, citados pessoalmente, permaneceram revéis. 2. Em regra, intimação para cumprimento da sentença, consoante o CPC/2015, realiza-se na pessoa do advogado do devedor (art. 513, § 2º, inciso I, do CPC/2015). bem como sobre a recorribilidade do pronunciamento judicial que, na fase de cumprimento de sentença, determina a intimação do executado, na pessoa do advogado, para cumprir obrigação de fazer sob pena de multa. 3. Não cabe recurso especial para impugnar eventual violação de súmula, porquanto não se enquadra no conceito de lei federal, disposto no art. 105, III, 'a' da CF/1988. 4. A mera referência à existência de omissão, sem demonstrar, concretamente, o ponto omitido, sobre o qual deveria ter se pronunciado o Tribunal de origem, e sem evidenciar a efetiva relevância da questão para a resolução da controvérsia, não é apta a anulação do acórdão por negativa de prestação jurisdicional. 5. A Corte Especial consignou que a irrecorribilidade de um pronunciamento judicial advém não só da circunstância de se tratar, formalmente, de despacho, mas também do fato de que seu conteúdo não é apto a causar gravame às partes. 6. Hipótese em que se verifica que o comando dirigido à recorrente é apto a lhe causar prejuízo, em face da inobservância da necessidade de intimação pessoal da devedora para a incidência de multa pelo descumprimento de obrigação de fazer. 7. Recurso especial conhecido em parte e, nessa extensão, parcialmente provido" (STJ, REsp 1.758.800/MG, Rel. Min. Nancy Andrighi, 3ª Turma, j. 18.02.2020, DJe 21.02.2020).

---

[11] "Os prazos contra o revel que não tenha patrono nos autos fluirão da data de publicação do ato decisório no órgão oficial."

3. Em se tratando de parte sem procurador constituído, aí incluindo-se o revel que tenha sido pessoalmente intimado, quedando-se inerte, o inciso II do § 2º do art. 513 do CPC fora claro ao reconhecer que a intimação do devedor para cumprir a sentença ocorrerá 'por carta com aviso de recebimento'. 4. Pouco espaço deixou a nova lei processual para outra interpretação, pois ressalvara, apenas, a hipótese em que o revel fora citado fictamente, exigindo, ainda assim, em relação a esta nova intimação para o cumprimento da sentença, em que pese na via do edital. 5. Correto, assim, o acórdão recorrido em afastar nesta hipótese a incidência do quanto prescreve o art. 346 do CPC. 6. Recurso especial desprovido" (STJ, REsp 1.760.914/SP, Rel. Min Paulo de Tarso Sanseverino, 3ª Turma, j. 02.06.2020, *DJe* 08.06.2020).[12]

Para facilitar a compreensão:

- Réu citado por edital na fase de conhecimento e declarado revel: sua intimação para o cumprimento da sentença ocorrerá por edital;
- Réu citado pessoalmente na fase de conhecimento e declarado revel: sua intimação para o cumprimento da sentença ocorrerá por carta com aviso de recebimento.

Outra novidade trazida pelo CPC de 2015 se encontra no § 5º do art. 513, segundo o qual "o cumprimento da sentença não poderá ser promovido em face do fiador, do coobrigado ou do corresponsável que não tiver participado da fase de conhecimento". Embora esse dispositivo pudesse ser deduzido do princípio do contraditório, o legislador processual aproveitou a oportunidade para fortalecer a ideia de proteção ao fiador ou coobrigado que não exerceu o seu direito de defesa no processo de conhecimento. Além disso, consolidou na legislação processual entendimento firmado no âmbito do STJ.[13]

O art. 516 regula a **competência para o cumprimento da sentença**. Podem-se sintetizar as duas primeiras regras contidas nesse dispositivo (incisos I e II) da seguinte forma: competente para o processamento do cumprimento da sentença será o juízo no qual se prolatou a decisão. O fato de haver recurso não altera a competência para o cumprimento da sentença.

Nas causas de competência originária dos tribunais (por exemplo, ação rescisória, mandado de segurança e ações em que todos os membros da magistratura sejam interessados), cabe ao tribunal que proferiu o acórdão processar o seu cumprimento (inciso I). Se a causa foi decidida no juízo do primeiro grau de jurisdição, dele será a competência para a execução da sentença (inciso II).

Em síntese, o inciso I do art. 516 estabelece uma regra geral de competência, pelo critério da funcionalidade. Se a causa é de competência originária, a execução será processada do próprio tribunal. Embora dedutível da própria regra, cabe indagar em qual órgão (pleno ou órgão fracionário) do tribunal tramitará o cumprimento da sentença. Pois será no próprio

---

[12] No mesmo sentido: "É imprescindível a intimação do réu revel na fase de cumprimento de sentença, devendo ser realizada por intermédio de carta com Aviso de Recebimento (AR) nas hipóteses em que o executado estiver representado pela Defensoria Pública ou não possuir procurador constituído nos autos". (STJ, REsp 2.053.868/RS, Rel. Min. Antonio Carlos Ferreira, 4ª Turma, j. 06.06.2023).

[13] STJ, Súmula nº 268: "O fiador que não integrou a relação processual na ação de despejo não responde pela execução do julgado". No mesmo sentido: "Os bens de terceiro que, além de não estar incluído no rol do art. 592 do CPC, não tenha figurado no polo passivo de ação de cobrança não podem ser atingidos por medida cautelar incidental de arresto, tampouco por futura execução, sob a alegação de existência de solidariedade passiva na relação de direito material [...]" (STJ, REsp 1.423.083/SP, Rel. Min. Luis Felipe Salomão, j. 06.05.2014).

onde tramitou o processo (pleno, turma, seção). Como os atos executivos não são praticados pelo colegiado, e sim por uma autoridade monocrática, resta perquirir a quem competirá atuar como condutor da execução (cumprimento da decisão exequenda).

De regra, a competência será do relator da ação de competência originária. Nada obsta a que o regimento interno disponha de modo diverso, mas afrontaria a lógica segundo a qual quem "conhece o processo de conhecimento procede à execução das decisões nele proferidas". A tendência é acompanhar o que dispõe Regimento Interno do STF. No Supremo Tribunal Federal, a competência para processar e julgar (declarar extinta a extinção, nos termos do art. 924) a execução será sempre do relator do processo de conhecimento (arts. 21, II, e 341 do RISTF). No Superior Tribunal de Justiça, a competência para o cumprimento da decisão é do presidente do órgão onde tramitou o processo de conhecimento. Apenas quanto às decisões acautelatórias ou de instrução e direção do processo é que a execução caberá ao relator (arts. 301 e 302 do RISTJ).

Sendo assim, fixada a competência para o processo de conhecimento, fica automaticamente determinada a competência de tal juízo para o cumprimento da sentença, com fundamento no critério funcional. Trata-se da expansão da perpetuação da competência, pouco importando, por exemplo, que um dos réus, em cujo domicílio a demanda fora proposta, tenha sido excluído do processo.

Cumpre ressalvar, entretanto, que o parágrafo único do art. 516 traz uma exceção ao princípio da *perpetuatio jurisdictionis*. Segundo tal dispositivo, na hipótese de cumprimento de sentença proferida no primeiro grau de jurisdição, de sentença penal condenatória, de sentença arbitral ou de sentença estrangeira, poderá o exequente optar pelo juízo do local do atual domicílio do executado, do local onde se encontram bens sujeitos à execução ou do local onde deva ser executada a obrigação de fazer ou de não fazer.

Vê-se, a toda evidência, que a regra mencionada, a par de excepcionar o princípio da perpetuação da competência, mitiga o caráter absoluto da competência funcional do juízo no qual se processou a causa. Ocorre que, numa visão prática, a disposição é salutar, "pois evita o intercâmbio de precatórias entre os dois juízos, com economia de tempo e dinheiro na ultimação do cumprimento da sentença".[14]

A regra disposta no parágrafo único do art. 516 se aplica, de acordo com o STJ, ainda que o cumprimento de sentença já tenha se iniciado.[15]

---

[14] THEODORO JÚNIOR, Humberto. *As novas reformas do Código de Processo Civil*. Rio de Janeiro: Forense, 2006. p. 179. Obs.: o autor se refere ao art. 475-P, parágrafo único, do CPC de 1973, cuja redação é semelhante à do atual art. 516, parágrafo único.

[15] "Processual civil. Recurso especial. Ação de reparação de danos materiais e compensação de danos morais. Cumprimento de sentença. Prequestionamento. Ausência. Súmula 211/STJ. Competência para processamento do cumprimento de sentença. Exequente que pode optar pela remessa dos autos ao foro da comarca de domicílio do executado. 1. Ação de reparação de danos materiais cumulada com compensação de danos morais, já em fase de cumprimento de sentença, em virtude de acidente de trânsito. 2. Cumprimento de sentença promovido em 20/04/2012. Recurso especial concluso ao gabinete em 26/11/2018. Julgamento: CPC/2015. 3. O propósito recursal é dizer se, nos termos do art. 516, parágrafo único, do CPC/2015, é possível a remessa dos autos ao foro de domicílio do executado após o início do cumprimento de sentença. 4. A ausência de decisão acerca dos argumentos invocados pela recorrente em suas razões recursais, não obstante a oposição de embargos de declaração, impede o conhecimento do recurso especial. 5. Em regra, o cumprimento de sentença efetua-se perante o juízo que decidiu a causa no primeiro grau de jurisdição. Contudo, nos termos do art. 516, parágrafo único, do CPC/2015, o exequente passou a ter a opção de ver o cumprimento de sentença ser processado perante o juízo do atual domicílio

O inciso III do art. 516 foge um pouco a essas regras. Quanto à sentença penal, o que se executa é a obrigação civil (de indenizar), decorrente do efeito extrapenal das sentenças penais condenatórias. A sentença penal, nesse caso, é liquidada e posteriormente executada. A competência para a liquidação obedece às normas do processo de conhecimento. Por exemplo, tratando-se de reparação de dano decorrente de ato ilícito, a competência é do domicílio do autor ou do local do fato, conforme art. 53, V. E é nesse foro que, depois da liquidação, processar-se-á o cumprimento.

Em relação às sentenças estrangeiras, embora homologadas pelo STJ, a competência é, por disposição expressa da CF (art. 109, X), da justiça federal de primeiro grau.

A sentença arbitral é, como já dito, o ato que põe fim à arbitragem (art. 29 da Lei nº 9.307/1996). A sentença arbitral produz, entre as partes e seus sucessores, os mesmos efeitos da sentença proferida pelos órgãos do Poder Judiciário e, sendo condenatória, constitui título executivo (art. 31 da Lei nº 9.307/1996). A competência para a execução desse título será do juízo cível, sendo que o foro para o ajuizamento da respectiva ação será definido de acordo com as normas sobre competência (art. 53). Nos Juizados Especiais, o juízo onde se homologa acordo ou laudo arbitral (art. 26 da Lei nº 9.099/1995) é o competente para a execução.

Anote que a regra de competência em relação aos acórdãos proferidos por Tribunal Marítimo (inciso III do art. 516) perdeu a sua eficácia em razão do veto[16] oposto ao inciso X do art. 515, que atribuía a essa decisão a natureza de título executivo extrajudicial.

3.1 Possibilidade de protesto da decisão judicial transitada em julgado e inclusão do nome do devedor em cadastro de inadimplentes

Além dos aspectos relativos à cientificação do devedor, aos limites da decisão e à competência, o CPC/2015 traz, expressamente, uma nova possibilidade de compelir o devedor ao adimplemento da obrigação fixada na sentença, qual seja a de protestar a decisão judicial transitada em julgado perante um cartório de notas e protestos de títulos e documentos. Veja:

---

do executado, do local onde se encontrem os bens sujeitos à execução ou do local onde deva ser executada a obrigação de fazer ou não fazer, casos em que a remessa dos autos do processo será solicitada ao juízo de origem. 6. Como essa opção é uma prerrogativa do credor, ao juiz não será lícito indeferir o pedido se este vier acompanhado da prova de que o domicílio do executado, o lugar dos bens ou o lugar do cumprimento da obrigação é em foro diverso de onde decidida a causa originária. 7. Com efeito, a lei não impõe qualquer outra exigência ao exequente quando for optar pelo foro de processamento do cumprimento de sentença, tampouco dispondo acerca do momento em que o pedido de remessa dos autos deve ser feito – se antes de iniciada a execução ou se ele pode ocorrer incidentalmente ao seu processamento. 8. Certo é que, se o escopo da norma é realmente viabilizar a efetividade da pretensão executiva, não há justificativa para se admitir entraves ao pedido de processamento do cumprimento de sentença no foro de opção do exequente, ainda que o mesmo já tenha se iniciado. 9. A remessa dos autos ao foro da Comarca de São Paulo/SP é medida que se impõe. 10. Recurso especial parcialmente conhecido e, nessa extensão, provido" (STJ, REsp 1.776.382/MT, Rel. Min. Nancy Andrighi, 3ª Turma, j. 03.12.2019, *DJe* 05.12.2019).

16 Razões do veto: "Ao atribuir natureza de título executivo judicial às decisões do Tribunal Marítimo, o controle de suas decisões poderia ser afastado do Poder Judiciário, possibilitando a interpretação de que tal colegiado administrativo passaria a dispor de natureza judicial" (disponível em: http://www.conjur.com.br/2015-mar-17/leia-razoes-sete-vetos-dilma-rousseff-cpc. Acesso em: 09 nov. 2018).

Art. 517. A decisão judicial transitada em julgado poderá ser levada a protesto, nos termos da lei, depois de transcorrido o prazo para pagamento voluntário previsto no art. 523.

Embora num primeiro momento possa parecer que a medida propõe uma inversão de valores, conferindo maior força executiva à restrição creditícia do que à própria sentença, tal mecanismo foi expressamente inserido no Código atual apenas como mais uma forma para se alcançar a efetividade dos julgados. O sistema executivo utiliza-se de meios sub-rogatórios (expropriação) e coercitivos: multa, protesto e negativação, entre outros meios atípicos.

O protesto é possível sempre que a obrigação estampada no título é considerada líquida, certa e exigível. Por esta razão é que a decisão judicial que reconhece a exigibilidade de uma obrigação – como título executivo que é – permite a utilização desse mecanismo. Diferentemente da sentença, o protesto produz uma publicidade específica de divulgação da inadimplência, constituindo-se, assim, eficaz meio de execução indireta.

O protesto das decisões judiciais transitadas em julgado era prática pouco comum em alguns tabelionatos. Apesar disso, as regras eram as mais diversas: alguns exigiam, além da certidão da sentença fornecida pela secretaria do juízo, a autorização do juiz para a efetivação do protesto; outros sequer condicionavam o protesto ao decurso do prazo estipulado para pagamento, mas apenas ao trânsito em julgado da sentença que fixasse obrigação líquida, certa e exigível.

No âmbito da jurisprudência, o STJ firmou entendimento segundo o qual "a sentença condenatória transitada em julgado é título representativo de dívida" e, sendo assim, poderia ser levada a protesto (Recurso Especial 750.805/RS). A decisão, no entanto, foi bastante acirrada (três votos a favor do protesto e dois contra), demonstrando a inexistência de entendimento pacífico sobre o tema.

O CPC atual, além de pôr fim à controvérsia sobre a possibilidade de protesto de decisão judicial transitada em julgado, fixa regras para a efetivação da medida, as quais se encontram nos §§ 1º a 4º do art. 517:

1. **Para efetivar o protesto, incumbe ao exequente apresentar a certidão do teor da decisão, que deverá ser fornecida pela secretaria do juízo, no prazo de três dias, e indicará o nome e a qualificação do exequente e do executado, o número do processo, o valor da dívida e a data de decurso do prazo para pagamento voluntário (art. 517, §§ 1º e 2º).**

A necessidade de constatação do decurso do prazo para pagamento antes de se efetivar o protesto visa evitar efeitos patrimoniais desnecessários ao devedor.

2. **O protesto só será cancelado por determinação judicial, mediante ofício a ser expedido ao cartório, desde que comprovada a satisfação integral da obrigação (art. 517, § 4º).**

O prazo para a confecção e fornecimento da certidão para a baixa do protesto também é de três dias (art. 517, § 4º). Como se trata de providência a ser requerida pelo devedor, que foi quem deu causa ao inadimplemento, as eventuais custas para o cancelamento do protesto serão arcadas exclusivamente por ele.

3. **O executado que tiver proposto ação rescisória em face do julgado que gerou o protesto poderá, a suas expensas e sob sua responsabilidade, anotar a propositura da ação à margem do título (art. 517, § 3º).**

Em razão da publicidade gerada pelo protesto, o devedor dificilmente terá acesso a crédito. A providência prevista no art. 517, § 3º, visa, então, possibilitar ao devedor a divulgação acerca da existência de demanda que possa futuramente desconstituir a sentença e, consequentemente, invalidar a restrição à qual ele foi submetido.

Como o Código prevê que a certidão para fins de protesto deverá indicar o valor da dívida e, ainda, que se deve aguardar o decurso do prazo para pagamento previsto no art. 523 – quinze dias contados da intimação –, o protesto da decisão judicial só será viável quando esta se referir à obrigação de pagar quantia certa. Se, no entanto, a obrigação de fazer, de não fazer ou de entregar coisa tiver sido convertida em perdas e danos (art. 499), o cumprimento da decisão far-se-á conforme o procedimento previsto no art. 523, sendo, então, cabível o protesto.

O protesto da decisão judicial transitada em julgado pode versar sobre o valor da condenação, os juros, a correção monetária, as custas processuais e os honorários advocatícios fixados pelo juiz. Tendo em vista a referência no § 2º do art. 517 ao "valor da dívida", nada impede a inclusão dessas verbas no valor a protestar.

O protesto previsto no Código tem procedimento simples e, a um só tempo, atende aos anseios de celeridade e de efetividade da prestação jurisdicional, sem, contudo, prejudicar demasiadamente o devedor, que tem a opção de pagar, dentro do prazo legal, antes de ter o débito levado a protesto.

A negativação do devedor de obrigação constituída em título judicial é autorizada pelo § 5º do art. 782, que estende esse meio de coerção à execução definitiva de título judicial, ou seja, ao cumprimento definitivo de sentença.

A inclusão do devedor em cadastros de inadimplentes (SPC, Serasa e quejandos), conhecida popularmente como negativação, só pode ser determinada a requerimento do exequente, vedada a inclusão de ofício. A inscrição será cancelada imediatamente se for efetuado o pagamento, se for garantida a execução ou se esta for extinta por qualquer outro motivo.

Na execução por quantia, pouco importa a natureza do título em que contemplada a obrigação (se judicial ou extrajudicial). O meio típico é a expropriação, caso o devedor, uma vez citado na execução de título extrajudicial ou intimado no cumprimento de sentença, não satisfaça o crédito. Além desse meio, expressamente, o Código prevê como medida coercitiva o protesto e a negativação.

Na linha do ativismo judicial, não é incomum deparar-se com decisão que, com base no art. 139, IV,[17] amplia sobremaneira os meios executivos. O fato de o executado não pagar a dívida e não indicar bens à penhora tem servido de mote para a **apreensão de carteira nacional de habilitação, de passaporte e de cartões de crédito**. Sobre o tema, cuja constitucionalidade já foi, inclusive, apreciada pelo STF, sugerimos a leitura do item 1 do capítulo 10, da Parte I (Parte Geral).

---

[17] Art. 139. O juiz dirigirá o processo conforme as disposições deste Código, incumbindo-lhe: [...] IV – determinar todas as medidas indutivas, coercitivas, mandamentais ou sub-rogatórias necessárias para assegurar o cumprimento de ordem judicial, inclusive nas ações que tenham por objeto prestação pecuniária.

Quadro esquemático 52 – Cumprimento de sentença

Cumprimento de sentença

- **Noções gerais**
  - Sincretismo processual: não há necessidade de instauração de processo executivo para alcançar o bem jurídico almejado.
  - A satisfação do crédito reconhecido na sentença constitui mera fase do processo de conhecimento
  - Aplicam-se subordinariamente ao cumprimento de sentença as normas que regem a execução de título extrajudicial

- **Títulos executivos judiciais (art. 515)**
  - Decisão que reconhece a exigibilidade de obrigação de pagar, de fazer, de não fazer e de entregar coisa
  - Decisão homologatória de autocomposição judicial
  - Decisão homologatória de autocomposição extrajudicial de qualquer natureza
  - Formal e certidão de partilha
  - Crédito de auxiliar da justiça quando as despesas tiverem sido aprovadas por decisão judicial
  - Sentença penal condenatória transitada em julgado
  - Sentença arbitral
  - Sentença estrangeira homologada pelo STJ
  - Decisão interlocutória estrangeira após concessão do *exequatur* pelo STJ

- **Requisitos para o cumprimento**
  - Existência do título executivo judicial (líquido e certo)
  - Exigibilidade da obrigação (título exigível = inadimplemento do devedor)

- **Competência (art. 516)**
  - Dos tribunais, nas causas de sua competência originária
  - Do juízo que decidiu a causa em primeiro grau
  - Do juízo cível competente, quando se tratar de sentença penal condenatória, sentença arbitral ou estrangeira
    - Nesses casos o executado pode optar também pelos foros indicados no parágrafo único do art. 516

- Possibilidade de protesto da decisão transitada em julgado
- Possibilidade de Negativação (art. 782, § 5º)

4. CUMPRIMENTO PROVISÓRIO DE SENTENÇA QUE RECONHECE A EXIGIBILIDADE DE OBRIGAÇÃO DE PAGAR QUANTIA CERTA

Exceto nos casos previstos nos incisos VI a IX do art. 515, não se exige a instauração de nova relação processual, com petição inicial e citação do devedor, para que se possa executar a obrigação fixada pelo juiz. Comumente os atos de realização do direito acertado no processo de conhecimento são praticados em continuidade à sentença. Todavia, a prática de tais atos, que caracterizam o cumprimento da sentença, pressupõe a liquidez do título. Por óbvio, só se exige o cumprimento de título judicial líquido. Assim, antes de proceder à intimação do devedor para cumprir o julgado, às vezes é preciso proceder a providências preparatórias, como a liquidação da sentença ou a elaboração de demonstrativo discriminado e atualizado do débito.

Tomadas as providências preparatórias, passa-se ao cumprimento propriamente dito, ou seja, à execução quando a prestação consistir no pagamento de quantia ou à efetivação quando se tratar de prestações de fazer, não fazer ou entregar coisa. Como já dito, quando se tratar de prestação em dinheiro, à falta do pagamento, deve-se passar à fase da apreensão de bens, para alienação, apuração da quantia devida e entrega ao credor. O procedimento previsto para essa fase, que se segue ao requerimento previsto no art. 523 – e que pode ser concomitante com a impugnação prevista no art. 525 – é o previsto no livro que trata da execução de título extrajudicial (Livro II), tratado na Parte IV deste *Curso*.

Pois bem. O cumprimento de título judicial líquido poderá ser definitivo ou provisório. Será definitivo quando a decisão tiver transitado em julgado; será provisório quando a decisão tiver sido impugnada mediante recurso ao qual não tenha sido atribuído efeito suspensivo.

Em geral, a apelação é recebida nos efeitos devolutivo e suspensivo (art. 1.012). Nas hipóteses relacionadas nos incisos do § 1º do art. 1.012, será recebida apenas no efeito devolutivo. Os recursos especial e extraordinário, em regra, são recebidos apenas no efeito devolutivo (art. 1.029, § 5º), o que viabiliza o cumprimento provisório do acórdão recorrido.

Para se definir a natureza do cumprimento (definitivo ou provisório), também se deve verificar se houve interposição de agravo de instrumento da decisão que julgou a liquidação (art. 1.015, parágrafo único). A concessão de efeito suspensivo ao agravo de instrumento, o que constitui exceção, simplesmente obstaculizará o cumprimento da decisão, uma vez que, suspensos os efeitos da decisão liquidatária, não se pode falar em título líquido. Por outro lado, se o agravo de instrumento foi recebido apenas no efeito devolutivo, que é a regra, pode o credor, desde já, promover o cumprimento. Esse, entretanto, será provisório, porquanto a decisão do recurso poderá modificar substancialmente o *quantum* devido ou até mesmo definir que nada há a ser liquidado.

Na execução definitiva, porque fundada em título judicial com trânsito em julgado, não se cogita de responsabilidade do exequente em prestação de caução para a prática de atos executivos tampouco em restituição das partes ao estado anterior. Nessa modalidade, a execução abrangerá todos os atos executivos (penhora, arrematação e pagamento) independentemente do oferecimento de qualquer garantia por parte do credor, uma vez que, em razão da definitividade do título, não se cogita de prejuízos pelos quais possa vir a ser responsabilizado o credor.

Basicamente, a distinção entre uma e outra modalidade de cumprimento é a responsabilidade do credor, a possibilidade de retorno das partes ao estado anterior e a exigência de caução para levantamento de depósito em dinheiro e alienação de propriedade ou de outro direito real.

Feitas essas considerações, passemos a discorrer sobre as peculiaridades do cumprimento provisório da sentença. Ressalte-se que elas são mais comumente aplicáveis às obrigações de pagar quantia certa, mas, por expressa previsão no § 5º do art. 520, também se estendem às obrigações de fazer, não fazer ou de entregar coisa.

O **cumprimento provisório** far-se-á do mesmo modo que o definitivo, distinguindo-se deste nos seguintes aspectos, previstos nos incisos I e IV do art. 520:

- *Corre por iniciativa, conta e responsabilidade do exequente, que se obriga, se a sentença for reformada, a reparar os danos que o executado haja sofrido (inciso I);*

A responsabilidade do exequente é objetiva. Assim, se reformado o título provisório, ele deverá arcar com os prejuízos sofridos pelo executado, independentemente da verificação de culpa.

- *Fica sem efeito, sobrevindo decisão que modifique ou anule a sentença objeto da execução, restituindo-se as partes ao estado anterior e liquidados eventuais prejuízos nos mesmos autos (inciso II);*

O § 4º do art. 520 estabelece que o retorno ao estado anterior não implicará desfazimento da transferência de posse ou da alienação de propriedade, ou de outro direito real, eventualmente já realizada. Nesses casos, a impossibilidade de restituição resolve-se em perdas e danos, cujos valores serão aferíveis no mesmo processo. A restituição ou o ressarcimento limitar-se-ão à parcela da decisão reformada ou anulada, caso a modificação ou anulação não tenha sido integral (inciso III).

- *O levantamento de depósito em dinheiro e a prática de atos que importem transferência de posse ou alienação de propriedade ou de outro direito real, ou dos quais possa resultar grave dano ao executado, dependem de caução suficiente e idônea, arbitrada de plano pelo juiz e prestada nos próprios autos (inciso IV);*

A caução, isto é, a garantia, pode ser real ou fidejussória. A real funda-se em direitos reais de garantia, como hipoteca, penhor, anticrese ou depósito em dinheiro. A fidejussória funda-se em obrigação pessoal, como, por exemplo, a decorrente de fiança. A toda evidência, a caução deve ser prestada por terceiro que tem idoneidade financeira. Não se admite caução fidejussória do próprio credor, porquanto este, em decorrência da lei, já responde pelos danos que a execução provisória acarretar ao devedor. Em quatro hipóteses a lei autoriza a dispensa da caução (art. 521, CPC/2015): (i) quando o crédito for de natureza alimentar, independentemente de sua origem; (ii) quando o credor demonstrar situação de necessidade; (iii) quando pender o agravo do art. 1.042; (iv) quando sentença a ser provisoriamente cumprida estiver em consonância com a súmula da jurisprudência do Supremo Tribunal Federal ou do Superior Tribunal de Justiça ou em conformidade com acórdão proferido no julgamento de casos repetitivos.

A primeira hipótese leva em conta a natureza do crédito, sem qualquer outro condicionamento, como a origem, o valor ou a situação de necessidade do credor. Não há mais cumulação de requisitos como ocorria no CPC/1973 (art. 475-O, § 2º, I). A segunda hipótese é subjetiva: se o credor alegar e provar situação de necessidade, o juiz dispensará a exigência de caução.

A terceira hipótese prevê a dispensa da caução em função da baixa perspectiva de modificação ou anulação do título provisório que deu ensejo ao cumprimento provisório.

A última hipótese permite a dispensa de caução quando a sentença a ser provisoriamente executada estiver em consonância com o entendimento dos tribunais superiores. A previsão se baseia no fato de as questões definidas na decisão exequenda já se encontram pacificadas, permitindo que credor ultime a realização de seus créditos sem o ônus da caução. Isso porque, se o que foi decidido nas instâncias ordinárias estiver de acordo com a jurisprudência das cortes superiores, reduzidas são as chances de reforma da decisão, o que justifica a dispensa da garantia.

Ressalte-se que o CPC/2015 promoveu uma ampliação nas hipóteses de dispensa se comparado com o CPC/1973. Entretanto, o parágrafo único do art. 521 traz uma importante ressalva, que deve ser analisada casuisticamente. Se existir manifesto risco de grave dano de difícil ou incerta reparação a exigência de caução será mantida, ainda que a situação se enquadre em uma das hipóteses presentes nos incisos do art. 521.

4.1 Procedimento

Como ainda não há trânsito em julgado, o exequente deverá requerer o cumprimento provisório por meio de petição dirigida ao juízo competente, o qual, como já dissemos, não se altera em virtude da interposição de recurso.

Para viabilizar a satisfação da decisão judicial, o exequente deverá instruir a petição com cópia dos documentos mencionados no art. 522, exceto se o processo já tramitar em autos eletrônicos. Em seguida, se deferida a petição, o executado será intimado na pessoa de seu advogado – regra – para, se quiser, apresentar impugnação (art. 520, § 1º).

Na fase de cumprimento provisório da sentença poderá ser aplicada multa caso não ocorra o pagamento voluntário do débito, no prazo de 15 dias contados da intimação do executado. Essa multa, antes rechaçada por alguns julgados do STJ,[18] só é aplicável quando a decisão judicial reconhecer a exigibilidade de obrigação de pagar quantia certa. Caso o devedor pretenda se livrar da multa, poderá depositar judicialmente a quantia devida ao exequente, sem prejuízo da apresentação de impugnação no prazo legal, já que o depósito não significa aquiescência do executado em relação à sentença.

A isenção da multa depende necessariamente do depósito do montante executado, não podendo o devedor substituir esse depósito por bem equivalente ou representativo do valor, salvo expressa concordância do exequente. É que, em se tratando de execução por quantia certa, é direito do credor receber, em dinheiro, a quantia executada, não podendo o juízo impor o recebimento de coisa distinta daquela que é objeto da execução.[19]

Lembre-se de que no cumprimento provisório, por expressa disposição no art. 85, § 1º, do CPC/2015, será possível a fixação de honorários advocatícios em desfavor do executado.

Quadro esquemático 53 – Cumprimento provisório

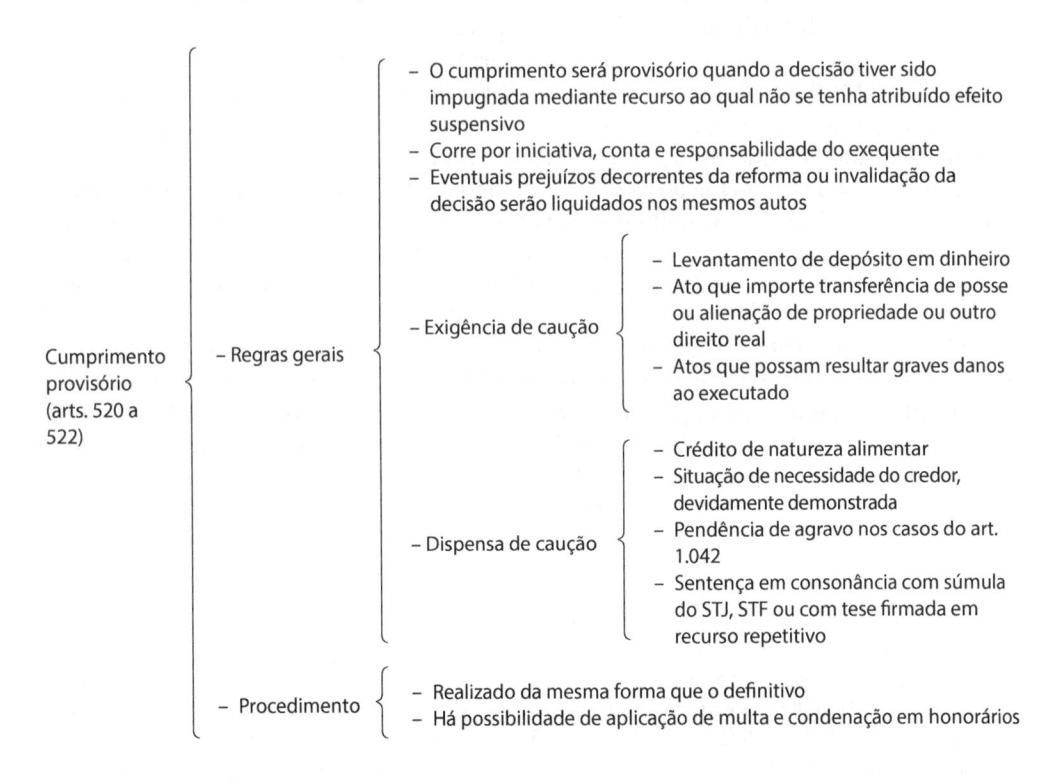

Cumprimento provisório (arts. 520 a 522)

- **Regras gerais**
  - O cumprimento será provisório quando a decisão tiver sido impugnada mediante recurso ao qual não se tenha atribuído efeito suspensivo
  - Corre por iniciativa, conta e responsabilidade do exequente
  - Eventuais prejuízos decorrentes da reforma ou invalidação da decisão serão liquidados nos mesmos autos
  - **Exigência de caução**
    - Levantamento de depósito em dinheiro
    - Ato que importe transferência de posse ou alienação de propriedade ou outro direito real
    - Atos que possam resultar graves danos ao executado
  - **Dispensa de caução**
    - Crédito de natureza alimentar
    - Situação de necessidade do credor, devidamente demonstrada
    - Pendência de agravo nos casos do art. 1.042
    - Sentença em consonância com súmula do STJ, STF ou com tese firmada em recurso repetitivo
- **Procedimento**
  - Realizado da mesma forma que o definitivo
  - Há possibilidade de aplicação de multa e condenação em honorários

---

[18] Em alguns julgados o STJ entendeu que a multa somente é exigível com o trânsito em julgado da decisão. Exemplo: STJ, REsp 1.246.151/RS, Rel. Min. Castro Meira, j. 05.05.2011.

[19] Nesse sentido: STJ, REsp 1.942.671-SP, 3ª Turma, Rel. Min. Nancy Andrighi, j. 21.09.2021.

5. CUMPRIMENTO DEFINITIVO

O **cumprimento definitivo** será realizado quando a decisão já tiver transitado em julgado e, se for o caso, já tiver seu valor fixado em liquidação. Também será definitivo o cumprimento da decisão acerca de parcela incontroversa. Essa última possibilidade deve ser interpretada em conjunto com o julgamento antecipado parcial do mérito (art. 356, § 2º). Em mais detalhes, a anterior orientação do STJ, segundo a qual a decisão sobre a parcela incontroversa não é suscetível de imunidade pela coisa julgada (REsp 1.234.887, julgado em 19.09.2013) não pode mais prevalecer. Ao albergar a doutrina dos capítulos da sentença, o CPC/2015 permite o julgamento de forma fatiada dos pedidos, de modo que a coisa julgada vai se formando progressivamente sobre cada parcela decidida.

Apesar desse entendimento que, em parte, segue o posicionamento do STF,[20] o CPC/2015, a fim de evitar problemas na contagem dos prazos processuais, estabeleceu que o termo *a quo* para a propositura de ação rescisória será o trânsito em julgado da última decisão proferida no processo. Assim, apesar de ser reconhecida a existência de capítulos autônomos, o CPC/2015 dirime a divergência existente no âmbito dos tribunais superiores quanto ao início do prazo para a referida ação em caso de recursos parciais.

Seguindo, então, a linha da eficiência, o legislador, no art. 356, § 2º, antecipando-se a qualquer posicionamento mais garantista (pró-devedor), estabeleceu que a parte poderá desde logo – ou seja, antes da finalização do processo – liquidar ou executar a obrigação reconhecida na decisão que julgar parcialmente o mérito, independentemente de caução, ainda que haja recurso contra essa interposto. Se houver trânsito em julgado da decisão, a execução será definitiva.

A sistemática do CPC/2015 permite, enfim, o cumprimento definitivo da decisão que julga antecipadamente o mérito, desde que ela tenha transitado em julgado. Nessa hipótese, não há se falar em responsabilidade do exequente, tampouco em efeitos condicionados a eventual superveniência de decisão que modifique ou anule o julgamento parcial do mérito – elementos específicos do cumprimento provisório. Intimado da decisão e não pagando o executado o débito em quinze dias, incidirá a multa de dez por cento, bem como os honorários advocatícios em igual percentual. A referida multa não integra o cálculo dos honorários advocatícios. Ou seja, não efetuado o pagamento, sobre o débito atualizado será aplicada a multa. Os honorários, por sua vez, também serão calculados sobre o mesmo montante, afastando-se a inclusão da multa.[21]

Quanto aos honorários, importante não confundir a regra prevista no art. 85, § 9º, do CPC com o disposto no § 1º do art. 523. O primeiro dispositivo prevê que nas ações indenizatórias por ato ilícito contra a pessoa, o percentual de honorários incidirá sobre a soma das prestações vencidas, acrescida de 12 (doze) prestações vincendas. O segundo, aplicável ao cumprimento

---

[20] STF, RE 666.589/DF, 1ª Turma, Rel. Min. Marco Aurélio, j. 25.03.2014.

[21] "Recurso especial. Cumprimento de sentença. Obrigação de pagar quantia certa. Art. 523 do CPC/2015. Inadimplemento da obrigação. Honorários advocatícios. Base de cálculo. Valor da dívida. Não inclusão da multa. 1. Recurso especial interposto contra acórdão publicado na vigência do Código de Processo Civil de 2015 (Enunciados Administrativos nos 2 e 3/STJ). 2. Cinge-se a controvérsia a definir se a verba honorária devida no cumprimento definitivo de sentença a que se refere o § 1º do art. 523 do CPC/2015 será calculada apenas sobre o débito exequendo ou também sobre a multa de 10% (dez por cento) decorrente do inadimplemento voluntário da obrigação no prazo legal. 3. A base de cálculo sobre a qual incidem os honorários advocatícios devidos em cumprimento de sentença é o valor da dívida (quantia fixada em sentença ou na liquidação), acrescido das custas processuais, se houver, sem a inclusão da multa de 10% (dez por cento) pelo descumprimento da obrigação dentro do prazo legal (art. 523, § 1º, do CPC/2015). 4. Recurso especial provido" (REsp 1.757.033/DF, 3ª T., Rel. Min. Ricardo Villas Bôas Cueva, j. 09.10.2018, *DJe* 15.10.2018).

de sentença, estabelece que, não ocorrendo o pagamento voluntário, o débito será acrescido de multa e honorários.

Pela expressão "débito", para fins de cabimento de honorários, deve-se compreender apenas as parcelas vencidas da pensão mensal, fixada na sentença de ação indenizatória decorrente de ato ilícito. A regra inserida no art. 85, § 9º, é aplicável, portanto, somente na fase de conhecimento. No cumprimento de sentença, a verba honorária, quando devida, deve ser calculada exclusivamente sobre as parcelas já vencidas, e não sobre aquelas que ainda estão pendentes de vencimento. Nesse cenário, de acordo com o STJ, "os honorários devem obedecer as seguintes regras: (i) na fase de conhecimento, havendo condenação em pensão mensal, os honorários advocatícios incidem sobre as parcelas vencidas, acrescidas de 12 (doze) prestações vincendas, de acordo com o art. 85, § 9º, do CPC/2015; (ii) iniciado o cumprimento de sentença, caberá ao credor/exequente instruir o requerimento com o valor da dívida e com a verba honorária calculada conforme o item anterior (art. 523, *caput*, do CPC/2015); (iii) escoado o prazo legal para cumprimento voluntário da obrigação (art. 523, *caput*, e § 1º, os novos honorários são calculados sobre o valor do débito, excluído o montante das parcelas vincendas da pensão" (REsp 1.837.146/MS, Rel. Min. Ricardo Villas Bôas Cueva, 3ª Turma, j. 11.02.2020, *DJe* 20.02.2020).

Enquanto não transitada em julgado – isto é, interposto agravo de instrumento contra a decisão, e sem eventual concessão de efeito suspensivo –, o cumprimento é provisório, regendo-se pelas normas pertinentes, mais protetivas ao executado em razão da provisoriedade da decisão.

O processamento do cumprimento definitivo se dará nos autos principais, mediante requerimento do exequente (art. 523), a quem cabe elaborar demonstrativo discriminado e atualizado do crédito, com a indicação de todos os elementos previstos nos incisos II, III, IV, V e VI do art. 524,[22] bem como requerer a intimação do devedor para efetuar o pagamento no prazo de quinze dias.

As especificações quanto aos elementos essenciais do demonstrativo a ser apresentado pelo credor se fazem necessárias para a exata compreensão das verbas incidentes sobre o débito. É que, como o CPC/1973 não discriminava os critérios necessários à verificação e evolução do *quantum debeatur*, na maioria dos casos não se tinha condições de sequer conhecer o valor principal da dívida. A generalidade da redação do art. 475-B do CPC/1973 permitia que o credor se limitasse a indicar o valor do principal e acessório, sem que tornasse explícitos os critérios e elementos empregados na confecção do cálculo.

Se a confecção do demonstrativo dependesse de dados em poder de terceiros ou do executado, continuava sendo possível intervenção judicial para se determinar o cumprimento da diligência (art. 475-B, § 1º, do CPC/1973; art. 524, § 3º, do CPC/2015). A diferença é que o Código atual permite a cominação de crime de desobediência não apenas para o terceiro que, injustificadamente, deixar de cumprir a ordem judicial, mas também para o próprio executado (§ 3º).

Outra modificação trazida pelo Código atual está no § 1º do art. 524, que permite ao juiz determinar a penhora com base no valor que entender devido, na hipótese em que o demonstrativo aparentemente exceder os limites da condenação. Para chegar ao valor do débito, o juiz pode se valer de contabilista, na forma do art. 524, § 1º. Não se exige, contudo, que o juiz realize uma análise minuciosa do cálculo. Para que haja correção, o juiz deve perceber, de pronto, o excesso. Caso o Exequente discorde do montante atribuído, poderá, na forma do art. 1.015, parágrafo único, interpor agravo de instrumento.

---

[22] CPC/2015, "Art. 524. O requerimento previsto no art. 523 será instruído com demonstrativo discriminado e atualizado do crédito, devendo a petição conter: [...] II – o índice de correção monetária adotado; III – os juros aplicados e as respectivas taxas; IV – o termo inicial e o termo final dos juros e da correção monetária utilizados; V – a periodicidade da capitalização dos juros, se for o caso; VI – especificação dos eventuais descontos obrigatórios realizados".

O inciso VII do art. 524 possibilita ao exequente, ao requerer o cumprimento da sentença, indicar desde logo os bens do devedor a serem penhorados, podendo o devedor contestar tal escolha quando da impugnação ao cumprimento da sentença.

Apresentado o requerimento com o demonstrativo e, se possível, com a indicação dos bens passíveis de penhora, **o devedor será intimado** – ou citado, se tratar de cumprimento de sentença penal condenatória transitada em julgado, de sentença arbitral, de sentença estrangeira – **para pagar o débito, no prazo de quinze dias**, acrescido de custas, se houver. Essa decisão, embora possa gerar prejuízos ao devedor, não é recorrível. Poderá o executado, como veremos, impugnar o cumprimento de sentença, mas não será possível interpor agravo de instrumento. Essa conclusão leva em consideração o fato de que a intimação para pagamento é consectário legal do requerimento formulado pelo credor, não se tratando de decisão interlocutória, mas de mero despacho de expediente. Portanto, trata-se de provimento jurisdicional irrecorrível.[23]

Uma indagação que se pode fazer é quanto ao prazo que tem o exequente para formular o requerimento para o cumprimento definitivo, uma vez transitada em julgado a sentença. O § 5º do art. 475-J do CPC/1973 estabelecia que, "Não sendo requerida a execução no prazo de seis meses, o juiz mandará arquivar os autos, sem prejuízo de seu desarquivamento a pedido da parte". O CPC/2015, propositalmente, não repetiu a redação desse dispositivo. O arquivamento tinha a finalidade de evitar que os autos ficassem tomando espaço no escaninho da secretaria. Tratava-se de uma questão meramente organizacional. Se o requerimento não fosse formulado em seis meses, os autos saíam do arquivo da secretaria e iam para o arquivo geral do fórum. Quando e se houvesse pedido de desarquivamento e requerimento para o cumprimento da sentença, os autos voltavam à secretaria. A par desse assunto ficar mais próprio em normas internas de organização, não se pode perder de vista que o CPC/2015 foi elaborado com os olhos voltados para o processo eletrônico. Sendo eletrônicos ou virtuais os autos, eles estarão sempre arquivados, com a imediata possibilidade de acesso. O que pode haver é a suspensão da execução pelo fato de não se ter encontrado bens penhoráveis do executado.

Mas até quando pode o exequente requerer o cumprimento definitivo da sentença?

Enquanto não ocorrer a prescrição. E a prescrição, nesse caso, começa a fluir do dia seguinte ao do trânsito em julgado da sentença. A pretensão executiva execução prescreve no mesmo tempo da pretensão formulada na fase de conhecimento. Os prazos prescricionais são regulados pelos arts. 205 e 206 do Código Civil.[24]

Deve-se distinguir a hipótese de prescrição da pretensão executiva pela não formulação do respectivo requerimento daquela hipótese prevista no art. 921, §§ 1º a 7º. No último caso houve requerimento e então a prescrição intercorrente (no curso do cumprimento da sentença) somente começa a fluir depois de ultrapassado o prazo de um ano da suspensão da execução, por não ter encontrado bens penhoráveis ou o próprio executado. Na primeira hipótese, a prescrição inicia seu curso por falta de iniciativa do devedor. Sobre a prescrição intercorrente, tendo em vista as alterações promovidas pela Lei nº 14.195/2021, remetemos o leitor para a parte que trata da execução de título extrajudicial.

Quitado o débito, extingue-se a fase do cumprimento. Caso o devedor não efetue o pagamento integral do débito no prazo de quinze dias úteis contados da intimação, o montante da

---

[23] STJ, 3ª T., REsp 1.837.211/MG, Rel. Min. Moura Ribeiro, j. 09.03.2021.

[24] Exemplificando: "(...) O STF consolidou entendimento, por meio da súmula 150, estipulando que prescreve a execução no mesmo prazo da prescrição da ação – Constatando-se que o processo está paralisado por período superior a 03 (três) anos, que é o prazo prescricional para a cobrança de aluguéis, na forma do disposto no art. 206, § 3º, I, do CC, é de rigor a manutenção da sentença que reconheceu a prescrição" (TJ-MG – AC: 26194816820118130024, R.: Des. Amorim Siqueira, j.: 07/03/2023, 9ª Câmara Cível, *DJe*: 13.03.2023).

condenação ou, no caso de pagamento parcial, o remanescente da dívida será acrescido de multa no percentual de dez por cento (art. 523, § 1º), além de honorários advocatícios. Nessa fase, não se admite a interposição de recurso pelo devedor, o que quer dizer que o ato judicial que determina a sua intimação para o pagamento de quantia certa não é recorrível por agravo de instrumento. A justificativa é simples: esse provimento não tem natureza de decisão interlocutória. Trata-se de mero despacho de expediente, em que o juiz apenas cumpre o procedimento que está previsto em lei, impulsionando o processo.[25]

Transcorrido o prazo previsto no art. 523 – quinze dias da intimação – sem o pagamento voluntário, será expedido, desde logo, mandado de penhora e avaliação, seguindo-se os atos de expropriação (art. 523, § 3º). O prazo para impugnação inicia-se após transcorrido o prazo de 15 (quinze) dias para pagamento. Assim, temos 15 + 15 (15 dias para pagar, contado da intimação, e mais 15 dias para impugnar). Diferentemente do que ocorria na sistemática do CPC/1973, em que era preciso garantir o cumprimento da sentença, por meio de prévia penhora, para a apresentação de impugnação (defesa do executado), de acordo com a nova legislação processual, é desnecessária prévia penhora para a apresentação, nos próprios autos, de impugnação ao cumprimento da sentença. **E o que ocorre se o executado se manifestar nos autos antes da intimação para o início do cumprimento da decisão?** Se o executado vier aos autos, depositar o valor que entende devido e apresentar, concomitantemente, memória discriminada e atualizada do débito, será suspensa a aplicação da multa e dos honorários previstos no § 1º do art. 523 até que o exequente se manifeste sobre o valor depositado judicialmente. Nesse caso, o credor será intimado acerca do depósito efetuado e poderá impugná-lo no prazo de cinco dias (art. 526, § 1º). Resolvida a questão pelo juiz, se este julgar insuficiente a quantia depositada, sobre a diferença incidirá multa de dez por cento, bem como os honorários advocatícios no mesmo percentual (art. 526, § 2º); caso contrário, se o credor não questionar o valor no prazo indicado, o juiz declarará satisfeita a obrigação e extinguirá o processo (art. 526, § 3º). Dessa forma, se a outra parte não se opuser, o juiz deverá declarar satisfeita a obrigação e extinguir o processo em razão da preclusão[26]. Nada impede, porém, que o credor questione apenas parte do montante depositado e levante a quantia incontroversa, ou seja, aquela sobre a qual não há discussão entre as partes (art. 526, § 1º, parte final).

Caso o executado garanta o cumprimento de sentença, pagando o valor objeto do pedido no prazo para pagamento voluntário, ainda assim poderá impugnar a execução. O prazo de 15 (quinze) dias, nesse caso, também corre após os 15 (quinze) dias para pagamento, independentemente de nova intimação.

Para a incidência da multa por descumprimento da obrigação fixada na sentença é necessária resistência do executado. De acordo com o entendimento do STJ,[27] para fins de aplicação da multa, podemos vislumbrar as seguintes situações:

---

[25] Esse entendimento é endossado pelo STJ: REsp 1.837.211/MG, 3ª Turma, Rel. Min. Moura Ribeiro, j. 09.03.2021.

[26] STJ, REsp 2.077.205/GO, Rel. Min. Humberto Martins, 3ª Turma, j. 26.09.2023.

[27] "Recurso especial. Ação de rescisão contratual em fase de cumprimento definitivo de sentença que reconhece a exigibilidade de obrigação de pagar quantia certa. Pagamento voluntário. Incidência de multa. Critérios. Intempestividade. Resistência mediante impugnação. Depósito integral no prazo de 15 dias úteis sem resistência da parte executada. Não aplicação da multa. 1. Ação ajuizada em 2/5/17. Recurso especial interposto em 28/5/18. Autos conclusos ao gabinete em 28/6/19. Julgamento: CPC/2015. 2. O propósito recursal consiste em dizer da violação do art. 523, § 1º, do CPC/2015, acerca do critério de quando deve incidir, ou não, a multa de dez por cento sobre o débito, além de dez por cento de honorários advocatícios. 3. São dois os critérios a dizer da incidência da multa prevista no art. 523, § 1º, do CPC, a intempestividade do pagamento ou a resistência manifestada na fase de cumprimento de sentença. 4. Considerando o caráter coercitivo da multa, a desestimular comportamentos exclusivamente baseados na protelação da satisfação do débito perseguido, não há de se admitir sua aplicação para o devedor

- O devedor é intimado para pagar e deposita o valor indicado na petição de cumprimento de sentença, mas informa que esse montante é mera garantia do juízo. Na sequência, apresenta impugnação ao cumprimento de sentença: nesse caso, se a impugnação for julgada improcedente, o devedor deverá pagar a multa do art. 523, § 1º, pois a sua exclusão só ocorre quando o executado deposita voluntariamente a quantia devida em juízo, sem condicionar o seu levantamento a qualquer outra discussão.
- O devedor é intimado para pagar e deposita o valor indicado na petição de cumprimento de sentença, mas informa que esse montante é mera garantia do juízo. Apesar disso, não apresenta impugnação, operando-se a preclusão. Nesse caso, o devedor não deverá arcar com a multa de 10%, porquanto não houve efetiva resistência.

Quanto ao prazo para pagamento, importante registrar que pairava na doutrina divergência sobre a sua natureza: se material ou processual. Tal discussão tem enorme relevância, pois somente os prazos de natureza processual são contados em dias úteis (art. 219).

Por se tratar de pagamento, alguns doutrinadores entendiam que a natureza era material. Outros, em razão das consequências processuais do não pagamento – aplicação de multa, por exemplo – consideravam que o prazo para pagar tinha natureza processual. O conflito foi decidido pelo STJ, que acolheu a segunda corrente, fazendo que, na prática, tanto o prazo para pagar, quanto o prazo para impugnar, sejam contados em dias úteis. Facilita-se a vida do advogado e do juiz. Confira a decisão proferida no REsp 1.808.348/RJ, julgado em 01.08.2019:

"Recurso especial. Cumprimento de sentença. Intimação do devedor para pagamento voluntário do débito. Art. 523, *caput*, do Código de Processo Civil de 2015. Prazo de natureza processual. Contagem em dias úteis, na forma do art. 219 do CPC/2015. Reforma do acórdão recorrido. Recurso provido. 1. Cinge-se a controvérsia a definir se o prazo para o cumprimento voluntário da obrigação, previsto no art. 523, *caput*, do Código de Processo Civil de 2015, possui natureza processual ou material, a fim de estabelecer se a sua contagem se dará, respectivamente, em dias úteis ou corridos, a teor do que dispõe o art. 219, *caput* e parágrafo único, do CPC/2015. 2. O art. 523 do CPC/2015 estabelece que, 'no caso de condenação em quantia certa, ou já fixada em liquidação, e no caso de decisão sobre parcela incontroversa, o cumprimento definitivo da sentença far-se-á a requerimento do exequente, sendo o executado intimado para pagar o débito, no prazo de 15 (quinze) dias, acrescido de custas, se houver'. 3. Conquanto o pagamento seja ato a ser praticado pela parte, a intimação para o cumprimento voluntário da sentença ocorre, como regra, na pessoa do advogado constituído nos autos (CPC/2015, art. 513, § 2º, I), fato que, inevitavelmente, acarreta um ônus ao causídico, o qual deverá comunicar ao seu cliente não só o resultado desfavorável da demanda, como também as próprias consequências jurídicas da ausência de cumprimento da sentença no respectivo prazo legal. 3.1. Ademais, nos termos do art. 525 do CPC/2015, 'transcorrido o prazo previsto no art. 523 sem o pagamento voluntário, inicia-se o prazo de 15 (quinze) dias para que o executado, independentemente de penhora ou nova intimação, apresente, nos próprios autos, sua impugnação'. **Assim, não seria razoável fazer a contagem dos primeiros 15 (quinze) dias para o pagamento voluntário do débito em dias corridos, se considerar o prazo de natureza material,**

---

que efetivamente faz o depósito integral da quantia dentro do prazo legal e não apresenta impugnação ao cumprimento de sentença. 5. Na hipótese dos autos, apesar de advertir sobre o pretendido efeito suspensivo e da garantia do juízo, é incontroverso que a executada realizou tempestivamente o depósito integral da quantia perseguida e não apresentou impugnação ao cumprimento de sentença, fato que revela, indene de dúvidas, que houve verdadeiro pagamento do débito, inclusive com o respectivo levantamento pela exequente. Não incidência da multa prevista no art. 523, § 1º, do CPC e correta extinção do processo, na forma do art. 924, II, do CPC. 6. Recurso especial conhecido e não provido" (STJ, REsp 1.834.337/SP, Rel. Min. Nancy Andrighi, 3ª Turma, j. 03.12.2019, *DJe* 05.12.2019).

e, após o transcurso desse prazo, contar os 15 (quinze) dias subsequentes, para a apresentação da impugnação, em dias úteis, por se tratar de prazo processual. 3.2. Não se pode ignorar, ainda, que a intimação para o cumprimento de sentença, independentemente de quem seja o destinatário, tem como finalidade a prática de um ato processual, pois, além de estar previsto na própria legislação processual (CPC), também traz consequências para o processo, caso não seja adimplido o débito no prazo legal, tais como a incidência de multa, fixação de honorários advocatícios, possibilidade de penhora de bens e valores, início do prazo para impugnação ao cumprimento de sentença, dentre outras. E, sendo um ato processual, o respectivo prazo, por decorrência lógica, terá a mesma natureza jurídica, o que faz incidir a norma do art. 219 do CPC/2015, que determina a contagem em dias úteis. 4. Em análise do tema, a I Jornada de Direito Processual Civil do Conselho da Justiça Federal – CJF aprovou o Enunciado n. 89, de seguinte teor: 'Conta-se em dias úteis o prazo do *caput* do art. 523 do CPC'. 5. Recurso especial provido".

Assim, tanto o prazo para pagar, quanto o prazo para impugnar é de 15 (quinze) dias úteis cada, devendo a contagem deste ser feita logo após o decurso do primeiro, independentemente de nova intimação.

Quanto à dobra do prazo para pagamento, a regra do art. 229 do CPC se aplica à fase de cumprimento de sentença. Isso quer dizer que, se o cumprimento tramitar em autos físicos e os executados tiverem procuradores distintos, de escritórios de advocacia também distintos, o prazo para pagamento será contado em dias úteis e em dobro.[28]

Na vigência do CPC/1973, para os assistidos pela Defensoria Pública, o STJ também considerou a necessidade de contagem do prazo em dobro.[29] O posicionamento é criticável,

---

[28] "Recurso especial. Cumprimento de sentença. Prazo para pagamento voluntário. Cômputo em dobro em caso de litisconsortes com procuradores distintos. 1. O art. 229 do CPC de 2015, aprimorando a norma disposta no art. 191 do Código revogado, determina que, apenas nos processos físicos, os litisconsortes que tiverem diferentes procuradores, de escritórios de advocacia distintos, terão prazos contados em dobro para todas as suas manifestações, em qualquer juízo ou tribunal, independentemente de requerimento. 2. A impossibilidade de acesso simultâneo aos autos físicos constitui a *ratio essendi* do prazo diferenciado para litisconsortes com procuradores distintos, tratando-se de norma processual que consagra o direito fundamental do acesso à justiça. 3. Tal regra de cômputo em dobro deve incidir, inclusive, no prazo de quinze dias úteis para o cumprimento voluntário da sentença, previsto no art. 523 do CPC de 2015, cuja natureza é dúplice: cuida-se de ato a ser praticado pela própria parte, mas a fluência do lapso para pagamento inicia-se com a intimação do advogado pela imprensa oficial (inciso I do § 2º do art. 513 do atual *Codex*), o que impõe ônus ao patrono, qual seja o dever de comunicar o devedor do desfecho desfavorável da demanda, alertando-o das consequências jurídicas da ausência do cumprimento voluntário. 4. Assim, uma vez constatada a hipótese de incidência da norma disposta no art. 229 do Novo CPC (litisconsortes com procuradores diferentes), o prazo comum para pagamento espontâneo deverá ser computado em dobro, ou seja, trinta dias úteis. 5. No caso dos autos, o cumprimento de sentença tramita em autos físicos, revelando-se incontroverso que as sociedades empresárias executadas são representadas por patronos de escritórios de advocacia diversos, razão pela qual deveria ter sido computado em dobro o prazo para o cumprimento voluntário da obrigação pecuniária certificada na sentença transitada em julgado. 6. Ocorrido o pagamento tempestivo, porém parcial, da dívida executada, incide, à espécie, o § 2º do art. 523 do CPC de 2015, devendo incidir a multa de dez por cento e os honorários advocatícios (no mesmo percentual) tão somente sobre o valor remanescente a ser pago por qualquer dos litisconsortes. 7. Recurso especial provido para, considerando tempestivo o depósito judicial realizado a menor por um dos litisconsortes passivos, determinar que a multa de dez por cento e os honorários advocatícios incidam apenas sobre o valor remanescente a ser pago" (REsp 1.693.784/DF, 4ª T., Rel. Min. Luis Felipe Salomão, j. 28.11.2017, *DJe* 05.02.2018).

[29] "(...) Na hipótese de parte beneficiária da assistência judiciária integral e gratuita, a prerrogativa da contagem em dobro dos prazos, prevista no art. 5º, § 5º, da Lei 1.060/50, aplica-se também ao lapso

porquanto a prerrogativa é deferida à instituição, e não ao assistido. Ademais, o CPC atual traz regra segundo a qual cabe ao Defensor Público, quando não puder praticar pessoalmente o ato, requerer a intimação pessoal do assistido (art. 186, § 2º). O pagamento de débito sujeito ao cumprimento de sentença não pode ser realizado pelo Defensor. Dessa forma, o assistido será intimado pessoalmente, não sendo razoável que disponha de prazo dobrado para cumprir a obrigação. De toda forma, o STJ ainda não se manifestou sobre o tema após a entrega em vigor do CPC/2015.

**Quadro esquemático 54 –
Cumprimento de sentença (obrigação de pagar quantia certa)**

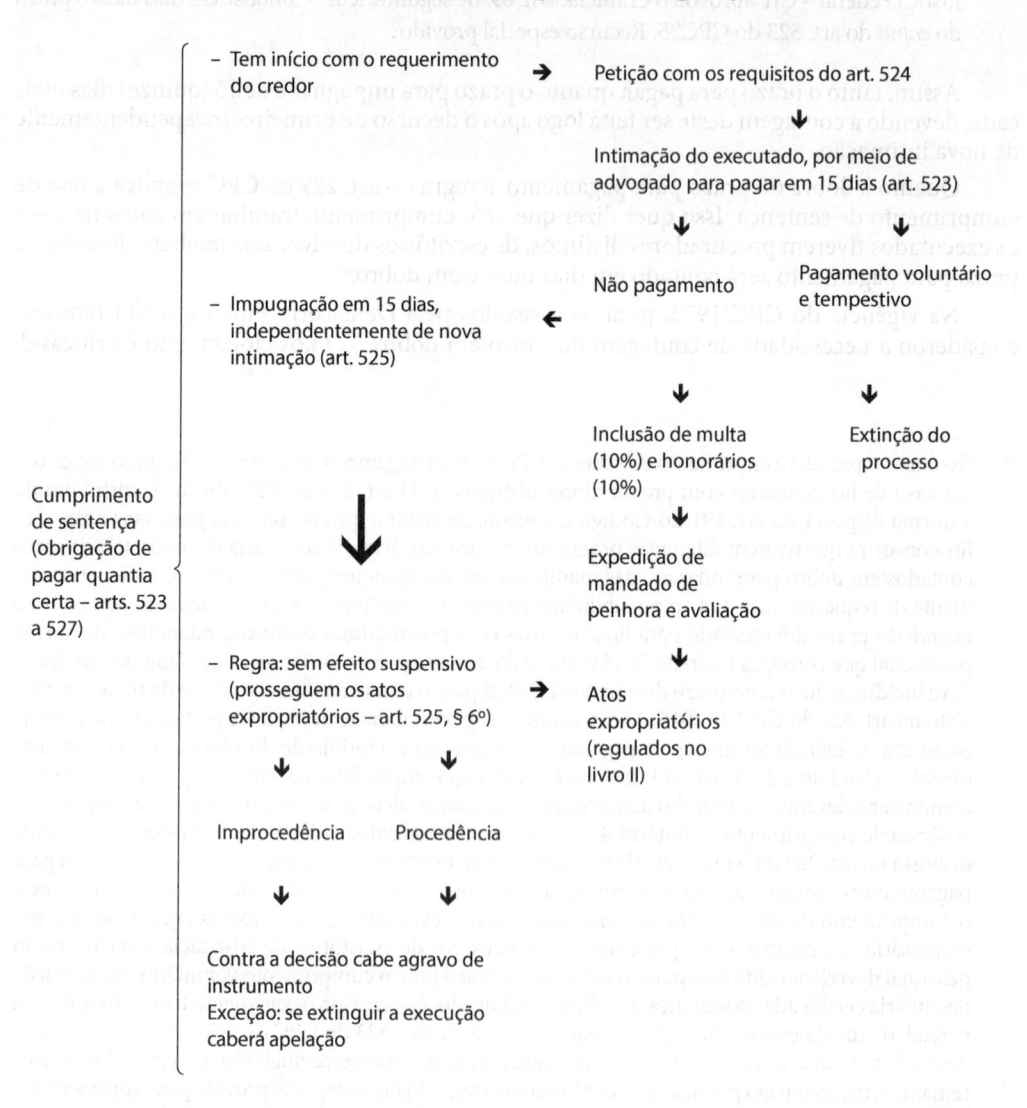

Cumprimento de sentença (obrigação de pagar quantia certa – arts. 523 a 527)

- Tem início com o requerimento do credor → Petição com os requisitos do art. 524
  ↓
  Intimação do executado, por meio de advogado para pagar em 15 dias (art. 523)
  ↓
  Não pagamento / Pagamento voluntário e tempestivo

- Impugnação em 15 dias, independentemente de nova intimação (art. 525)
  ↓   ↓
  Inclusão de multa (10%) e honorários (10%)   /   Extinção do processo
  ↓
  Expedição de mandado de penhora e avaliação
  ↓

- Regra: sem efeito suspensivo (prosseguem os atos expropriatórios – art. 525, § 6º) → Atos expropriatórios (regulados no livro II)
  ↓   ↓
  Improcedência   Procedência
  ↓   ↓

- Contra a decisão cabe agravo de instrumento
  Exceção: se extinguir a execução caberá apelação

---

temporal previsto no art. 475-J do CPC/1973, correspondente ao art. 523, *caput* e § 1º do CPC/2015, sendo, portanto, tempestivo o cumprimento de sentença, ainda que parcial, quando realizado em menos de 30 (trinta) dias" (REsp 1.261.856/DF, Rel. Min. Marco Buzzi, *DJe* 29.11.2016).

5.1 Honorários advocatícios no cumprimento definitivo

Na sistemática do CPC/1973, por inexistir previsão expressa, o inadimplemento do devedor não permite que ao montante da condenação sejam acrescidos honorários advocatícios. Esse entendimento, no entanto, já tinha sido superado pelo Superior Tribunal de Justiça quando do julgamento do Recurso Especial 1.134.186/RS, submetido ao rito dos recursos repetitivos (art. 543-C do CPC/1973). Tal entendimento foi consolidado na recente Súmula nº 517 do STJ, segundo a qual "são devidos honorários advocatícios no cumprimento de sentença, haja ou não impugnação, depois de escoado o prazo para pagamento voluntário, que se inicia após a intimação do advogado da parte executada".

O CPC/2015 apenas consolidou o entendimento dessa Corte, possibilitando a fixação dos honorários em sede de cumprimento de sentença por aplicação do princípio da causalidade.[30]

5.2 Moratória legal e cumprimento de sentença

Outro aspecto de suma relevância está relacionado à denominada moratória legal, instituto que, de acordo com o art. 745-A[31] do CPC/1973, permitia o parcelamento do saldo devedor nas execuções fundadas em título executivo extrajudicial. É que, embora estejamos tratando do cumprimento de sentença ("execução" de título judicial), o Superior Tribunal de Justiça, interpretando o art. 475-J c/c o art. 475-R,[32] ambos do CPC/1973, chegou a possibilitar a aplicação da regra relativa ao parcelamento do saldo devedor na execução de título extrajudicial à fase de cumprimento de sentença. Para a Corte, seria possível que o executado, no prazo de impugnação ao cumprimento, requeresse o parcelamento de seu débito, na forma do art. 745-A do CPC/1973.[33]

---

[30] Segundo este princípio, aquele que deu causa à instauração do processo deve responder pelas despesas processuais (incluindo os honorários de advogado). Sendo assim, pouco importa que ainda se trate da mesma relação processual; se a sentença deixou de ser cumprida por deliberação de quem foi vencido, nada mais coerente do que se permitir a fixação de honorários também nesta fase. Ressalte-se que no início de 2015 o STJ editou duas novas Súmulas sobre o assunto: a nº 517 ("São devidos honorários advocatícios no cumprimento de sentença, haja ou não impugnação, depois de escoado o prazo para pagamento voluntário, que se inicia após a intimação do advogado da parte executada") e a nº 519 ("Na hipótese de rejeição da impugnação ao cumprimento de sentença, não são cabíveis honorários advocatícios").

[31] CPC/1973, "Art. 745-A. No prazo para embargos, reconhecendo o crédito do exequente e comprovando o depósito de 30% (trinta por cento) do valor em execução, inclusive custas e honorários de advogado, poderá o executado requerer seja admitido a pagar o restante em até 6 (seis) parcelas mensais, acrescidas de correção monetária e juros de 1% (um por cento) ao mês".

[32] "Art. 475-R. Aplicam-se subsidiariamente ao cumprimento da sentença, no que couber, as normas que regem o processo de execução de título extrajudicial".

[33] Nesse sentido: "[...] A efetividade do processo como instrumento de tutela de direitos é o principal desiderato das reformas processuais engendradas pelas Leis 11.232/2005 e 11.382/2006. O art. 475-R do CPC expressamente prevê a aplicação subsidiária das normas que regem o processo de execução de título extrajudicial, naquilo que não contrariar o regramento do cumprimento de sentença, sendo certa a inexistência de óbice relativo à natureza do título judicial que impossibilite a aplicação da norma em comento, nem mesmo incompatibilidade legal. Portanto, o parcelamento da dívida pode ser requerido também na fase de cumprimento da sentença, dentro do prazo de 15 dias previsto no art. 475-J, *caput*, do CPC [...]" (STJ, REsp 1.264.272/RJ, Rel. Min. Luis Felipe Salomão, j. 08.05.2012).

Esse entendimento, no entanto, nunca foi unânime. Diversos tribunais de justiça estaduais, a exemplo do Tribunal de Justiça de Minas Gerais,[34] afastaram a aplicação do art. 745-A ao cumprimento de sentença, sob o fundamento de que a regra é incompatível com o procedimento e com o texto expresso do art. 475-J. Além disso, se no cumprimento de sentença o crédito foi previamente constituído ao longo de todo um processo, no qual foram dadas oportunidades ao devedor de cumprir a obrigação e também de se defender, não há como acolher o pedido de parcelamento em desfavor do detentor de um crédito já reconhecido judicialmente.

Pensando na celeridade e na efetividade da tutela jurisdicional, o legislador impossibilitou o pedido de parcelamento ao executado na fase de cumprimento de sentença, conforme vedação expressa contida no art. 916, § 7º, do CPC/2015. O entendimento mais recente do STJ[35] segue a literalidade do CPC, vedando o parcelamento legal na fase de cumprimento de sentença, o que não impede, é claro, que as partes (exequente e executado) ajustem acordo com a finalidade de parcelar a dívida executada.

5.3 Impugnação (defesa do devedor)

Afora a hipótese de cumprimento provisório, o cumprimento definitivo pressupõe título judicial com trânsito em julgado. Passada em julgado a sentença de mérito, reputar-se-ão deduzidas e repelidas todas as alegações e defesas, que a parte poderia opor assim ao acolhimento como à rejeição do pedido (art. 508). Em razão dessa eficácia preclusiva da coisa julgada, as partes ficam impossibilitadas de alegar qualquer outra questão relacionada com a demanda. A possibilidade de ajuizamento de ação rescisória, nas hipóteses de rescindibilidade previstas

---

[34] "Agravo de instrumento. Cumprimento de sentença. Pedido de parcelamento fundado no art. 745-A do CPC. Impossibilidade de aplicação. Não é possível a aplicação subsidiária do art. 745-A do CPC à fase de cumprimento da sentença, por incompatibilidade com o processo executivo de título judicial. Recurso não provido" (TJ-MG, Apelação 1.0702.08.437307-6/003, Rel. Des. Alvimar de Ávilla, j. 10.07.2013).

[35] "(...) A jurisprudência do Superior Tribunal de Justiça, formada à luz do diploma processual revogado, admitia a realização, no cumprimento de sentença, do parcelamento do valor da execução pelo devedor previsto apenas para a execução de título executivo extrajudicial (art. 745-A do CPC/1973), em virtude da incidência das regras desta espécie executiva subsidiariamente àquela, conforme dispunha o art. 475-R do CPC/1973. Precedentes. 3. Com a entrada em vigor do CPC/2015, todavia, fica superado esse entendimento, dada a inovação legislativa, vedando expressamente o parcelamento do débito na execução de título judicial (art. 916, § 7º), com a ressalva de que credor e devedor podem transacionar em sentido diverso da lei, tendo em vista se tratar de direito patrimonial disponível. 4. O princípio da menor onerosidade, a seu turno, constitui exceção à regra – de que o processo executivo visa, precipuamente, a satisfação do crédito, devendo ser promovido no interesse do credor – e a sua aplicação pressupõe a possibilidade de processamento da execução por vários meios igualmente eficazes (art. 805 do CPC/2015), evitando-se, por conseguinte, conduta abusiva por parte do credor. 5. Saliente-se, nesse contexto, que a admissão do parcelamento do débito exequendo traria como consequências, por exemplo, a não incidência da multa e dos honorários decorrentes do não pagamento voluntário pelo executado no prazo de 15 (quinze) dias, nos termos do previsto no art. 523, § 1º, do CPC/2015, e a imposição ao credor de maior demora no recebimento do seu crédito, depois de já suportada toda a delonga decorrente da fase de conhecimento. É evidente, desse modo, a inexistência de meios igualmente eficazes, a impossibilitar a incidência do princípio da menor onerosidade. 6. Portanto, nos termos da vedação contida no art. 916, § 7º, do CPC/2015, inexiste direito subjetivo do executado ao parcelamento da obrigação de pagar quantia certa, em fase de cumprimento de sentença, não cabendo nem mesmo ao juiz a sua concessão unilateralmente, ainda que em caráter excepcional. 7. Recurso especial conhecido e desprovido" (REsp 1.891.577/MG, 3ª Turma, j. 24.05.2022, *DJe* 14.06.2022).

no art. 966, e de impugnar o cumprimento de sentença constituem exceção a esse fenômeno decorrente da coisa julgada.

A impugnação justifica-se somente quando se tratar de execução por quantia certa. No entanto, nada obsta a que se receba a petição como incidental, quando se tratar de obrigação de fazer e de dar coisa, até porque, também no cumprimento de sentença que tem por objeto tais modalidades de obrigação, não há necessidade de ação autônoma para alegar falta ou nulidade de citação. Na execução por quantia certa, o objeto da condenação é constituído por determinada soma em dinheiro, a qual será obtida, na maioria das vezes, por meio da expropriação de outros bens do devedor, como, por exemplo, ações, automóveis, imóveis etc. O Estado-juízo, nesse caso, ingressa em parte do patrimônio do devedor que não foi contemplado especificamente na condenação, porquanto no dispositivo da sentença o réu é condenado a pagar determinada importância em dinheiro. Ora, como ninguém pode ser privado de seus bens sem o devido processo legal (art. 5º, LIV, da CF), o legislador achou por bem engendrar um procedimento incidental ao cumprimento da sentença, o qual se denomina impugnação.

O cumprimento das obrigações de fazer, não fazer e entregar coisa não admite impugnação. No entanto, como acima abordado, nada obsta a que se receba a petição como incidental, quando, por exemplo, desejar-se arguir nulidade de citação. Nessas modalidades de obrigação, a prestação é contemplada de forma específica na sentença. Não concordando com o que restou decidido na sentença, no acórdão ou na decisão monocrática, cabe ao devedor se valer dos recursos cabíveis. Posteriormente, no momento do cumprimento, que se faz por efetivação, na forma dos arts. 536 a 538, caso queira impugnar alguma decisão judicial proferida nessa fase procedimental, deverá se valer do recurso de agravo de instrumento (art. 1.015, parágrafo único).

Num sentido lato, impugnação designa o ato ou efeito de impugnar, de contestar, ou o conjunto de argumentos com que se impugna. No sentido empregado no art. 525, **tem natureza jurídica de defesa e de ação**, dependendo da perspectiva que se analise. **Defesa** porque constitui meio pelo qual o devedor, na própria relação processual, opõe resistência ao modo e aos limites da execução. **Ação** porque, embora incidental, veicula pretensão declaratória ou desconstitutiva. O devedor-impugnante, por meio do incidente, visa a declaração de inexistência da citação, o que acarreta a desconstituição do título exequendo; a declaração de inexigibilidade do título, de ilegitimidade das partes ou da prescrição da pretensão de obter o cumprimento, entre outras.

Em razão de sua natureza incidental, a jurisprudência, em sua maioria, admite a cobrança de custas processuais.[36]

Quanto ao prazo, conforme registro anterior, a impugnação deve ser apresentada nos quinze dias posteriores ao término do prazo para pagamento. De acordo com o art. 525, esse prazo tem início automaticamente, ou seja, independe de penhora ou de nova intimação do executado, diversamente do que ocorria no Código anterior, em que se exigia a intimação para apresentação da impugnação. Nesse ponto, vale ressalvar que a desnecessidade de nova intimação somente terá aplicação para os casos integralmente regidos pelo CPC/2015. Caso tenha transcorrido o prazo para cumprimento espontâneo da obrigação na vigência do CPC/1973, o juiz deverá providenciar a intimação do executado para apresentar impugnação.[37]

---

[36] Nesse sentido: "Direito processual civil e do consumidor. Rendimentos de conta poupança. Cumprimento de sentença. Impugnação. Recolhimento de custas. Possibilidade. A Impugnação ao cumprimento de sentença, por se tratar de incidente procedimental, passível mesmo de autuação em apartado (§ 2º do art. 475-M, do Código de Processo Civil), está sujeita ao pagamento de custas, conforme dispõe o § 1º, art. 20, do CPC e o Regimento de Custas dos Atos Judiciais (Tabela IX)" (TJ-PR, AI 0511196-8, 5ª CCv, Foro Central da Região Metropolitana de Curitiba, Rel. Des. Leonel Cunha, j. 30.09.2008).

[37] "Recurso especial. Direito civil e processual civil. EN. 3/STJ. Cumprimento de sentença. Direito intertemporal. Prazo para pagamento voluntário transcorrido na vigência do CPC/1973. Impugnação ao

5.3.1 Legitimidade

Conforme se extrai da leitura do art. 525, a impugnação poderá ser oposta pelo executado, que é aquele cujo nome consta no título executivo e contra o qual foi ajuizada a ação de conhecimento. Havendo outros devedores, qualquer um deles poderá impugnar o cumprimento da sentença, ainda que a penhora tenha recaído sobre bens do outro devedor. É necessário, no entanto, que todos tenham participado da ação de conhecimento, conforme expressamente dispõe o § 5º do art. 513 do CPC/2015.

5.3.2 (Des)necessidade de prévia garantia do juízo

Como já dito, um importante ponto na alteração das regras relativas ao cumprimento de sentença está na desnecessidade de prévia penhora ou garantia do juízo para que o devedor oponha impugnação. O prazo para tanto, que continua sendo de quinze dias, começará a ocorrer assim que tiver transcorrido o lapso temporal previsto no *caput* do art. 523. Em síntese, intimado pagamento, o devedor disporá do prazo de quinze dias para fazê-lo; se não o fizer, terá mais quinze dias para impugnar, independentemente de prévia penhora ou de nova intimação (art. 525, *caput*).

Importante salientar que a desnecessidade de prévia penhora para a impugnação não significa que não haverá penhora. Como dito, o credor já pode indicar, no requerimento de cumprimento, os bens passíveis de constrição. Assim, se não houver pagamento após o

---

cumprimento de sentença oferecida na vigência do CPC/2015. Controvérsia acerca da lei processual aplicável. Necessidade de intimação específica do executado para impugnação ao cumprimento de sentença. Compatibilização das regras do Código revogado com as do novo CPC. Enunciado nº 530/FPPC. 1. Controvérsia de direito intertemporal acerca da norma processual aplicável à impugnação ao cumprimento de sentença, na hipótese em que o prazo para pagamento voluntário se findou na vigência do CPC/1973. 2. Nos termos do art. 475-J do CPC/1973, o prazo para impugnação ao cumprimento de sentença somente era contado a partir da intimação do auto de penhora e avaliação. 3. Por sua vez, nos termos do art. 525 do CPC/2015: 'Transcorrido o prazo previsto no art. 523 sem o pagamento voluntário, inicia-se o prazo de 15 (quinze) dias para que o executado, independentemente de penhora ou nova intimação, apresente, nos próprios autos, sua impugnação'. 4. Descabimento da aplicação da norma do art. 525 do CPC/2015 ao caso dos autos, pois o novo marco temporal do prazo (fim do prazo para pagamento voluntário) ocorreu na vigência do CPC/1973, o que conduziria a uma indevida aplicação retroativa do CPC/2015. 5. Inviabilidade, por sua vez, de aplicação do CPC/1973 ao caso dos autos, pois a impugnação, sendo fato futuro, deveria ser regida pela lei nova ('tempus regit actum'). 6. Existência de conexidade entre os prazos para pagamento voluntário e para impugnação ao cumprimento de sentença, tanto na vigência do CPC/1973 quanto na vigência do CPC/2015, fato que impede a simples aplicação da técnica do isolamento dos atos processuais na espécie. Doutrina sobre o tema. 7. Necessidade de compatibilização das leis aplicáveis mediante a exigência de intimação específica para impugnação ao cumprimento de sentença em hipóteses como a dos autos. 8. Aplicação ao caso do Enunciado nº 525 do Fórum Permanente de Processualistas Civil, assim redigido: 'Após a entrada em vigor do CPC-2015, o juiz deve intimar o executado para apresentar impugnação ao cumprimento de sentença, em quinze dias, ainda que sem depósito, penhora ou caução, caso tenha transcorrido o prazo para cumprimento espontâneo da obrigação na vigência do CPC-1973 e não tenha àquele tempo garantido o juízo'. 9. Caso concreto em que não houve intimação específica para a impugnação ao cumprimento de sentença, tornando tempestiva, portanto, a impugnação apresentada antecipadamente (cf. art. 218, § 4º, do CPC/2015). 10. Necessidade de retorno dos autos ao Tribunal de origem para que prossiga a apreciação da impugnação. 11. Recurso especial provido" (STJ, REsp 1.833.935/RJ, Rel. Min. Paulo de Tarso Sanseverino, 3ª Turma, j. 05.05.2020, *DJe* 11.05.2020).

prazo do art. 523 e se à impugnação não for concedido efeito suspensivo, a penhora ocorrerá normalmente.

Mas, caso ocorra a garantia do juízo, como ficará o saldo devedor ao final da fase de cumprimento de sentença? Ainda haverá necessidade de algum acréscimo ou o depósito, por si só, é capaz de liberar o executado?

O entendimento até então firmado pelo STJ era no sentido de que, na fase de execução, o depósito judicial do montante (integral ou parcial) da condenação extinguia a obrigação do devedor nos limites da quantia depositada (Corte Especial, REsp 1.348.640/RS, Rel. Min. Paulo de Tarso Sanseverino, j. 07.05.2014). Na prática, significava que: se o devedor garantisse o juízo e, ao final, o julgamento da impugnação lhe fosse favorável, ele receberia o valor depositado. Por outro lado, se o julgamento lhe fosse contrário, ele perderia a quantia depositada, mas não precisaria pagar nenhuma verba extra à credora.

Conforme entendimento mais recente da Corte Especial, mesmo com o depósito em juízo, o devedor continua responsável pelos encargos de mora previstos contratualmente e surgidos após o depósito, já deduzida atualização realizada pela instituição financeira responsável (juros e correção monetária que incidem sobre o valor depositado). De acordo com esse novo entendimento, enquanto não há o efetivo pagamento, ainda persiste a mora, especialmente pelo fato de que o numerário ainda não se encontra, quando da garantia do juízo, na esfera de disponibilidade do credor. Consequentemente, se o depósito não tem a finalidade de pronto pagamento ao credor, deverão continuar a correr contra o devedor os juros moratórios e a correção monetária previstos no título executivo (REsp 1.820.963/SP, Rel. Min. Nancy Andrighi, j. 19.10.2022 – Atualização do tema 677 dos recursos repetitivos).

5.3.3 Exceções (defesas) que podem ser arguidas na impugnação

O procedimento referente à impugnação ao cumprimento da sentença é incidental, ou seja, desenvolve-se na mesma relação processual na qual se deu a composição da lide. Em razão da imutabilidade da coisa julgada, a possibilidade de o devedor defender-se do cumprimento da sentença é restrita, limitando-se às matérias constantes nos incisos I a VII do § 1º do art. 525. Nos embargos à execução fundada em título extrajudicial, exatamente porque o direito não foi acertado em processo judicial, o devedor poderá alegar toda e qualquer matéria que lhe seria lícito deduzir como defesa no processo de conhecimento (art. 910, § 2º).

Feitas essas considerações, passa-se a analisar as questões sobre as quais poderá versar a impugnação, seja ela oposta pelo particular ou pela Fazenda Pública, conforme enumeração constante do art. 525, § 1º.

- *Falta ou nulidade de citação, se, na fase de conhecimento, o processo correu à revelia (art. 525, § 1º, inciso I);*

Citação é o ato pelo qual são convocados o réu, o executado ou o interessado para integrar a relação processual (art. 238).

Tanto a falta de citação quanto a nulidade do ato, por não terem obedecido aos requisitos dos arts. 239 e 242 a 245, acarretam a nulidade do processo. Entretanto, a ausência ou nulidade do ato citatório só comprometerá a validade do processo se esse correu à revelia do réu, uma vez que, nos termos do art. 239, § 1º, o comparecimento espontâneo do réu supre a falta ou a nulidade da citação.

Revel é o réu que não atendeu ao chamado da citação, seja para contestar, reconvir, fazer denunciação da lide, chamamento ao processo ou simplesmente impugnar o valor da causa. A revelia possui dois efeitos: material, que em alguns casos conduz à presunção de veracidade (art. 344), e processual, que conduz ao curso dos prazos independentemente de intimação para o réu que não tem advogado constituído nos autos (art. 346). Assim, se o réu, por exemplo, comparece apenas para impugnar o valor da causa não há revelia, embora possa haver presunção de veracidade dos fatos articulados na inicial. Presunção de veracidade é um efeito da revelia, mas com ela não se confunde. Presunção de veracidade é um *minus* em relação à revelia.

Revelia relaciona-se com contumácia, todavia, dela se distingue. Contumácia é a ausência da parte ao processo, pouco importa que se trate do autor, réu ou terceiro interveniente. A revelia, na forma preconizada pelo Código, atinge apenas o réu ou o terceiro citado para responder aos termos da citação para intervir. O autor que abandona a causa por mais de trinta dias (art. 485, III) é contumaz. Dessa forma, pode-se dizer que a revelia induz contumácia, mas a contumácia nem sempre decorre da revelia.

De modo geral, a coisa julgada envolve toda a matéria deduzida ou dedutível no processo de conhecimento, inclusive no que tange às nulidades. Todavia, em face da importância de que se reveste o ato citatório para a garantia do jurisdicionado, o legislador achou por bem deixar essa matéria fora do alcance da coisa julgada. Assim, tratando-se de vício da citação, pode ser reconhecido de ofício pelo juiz a qualquer tempo, desde que antes da sentença; pode igualmente ser alegado pela parte antes da sentença, em grau recursal, na impugnação ao cumprimento da sentença, ou em ação de nulidade.

A ausência ou nulidade de citação, juntamente com a investidura do juiz e a demanda, constituem pressupostos processuais relacionados à própria existência do processo. Assim, ante a ausência de um desses pressupostos processuais, nem se pode falar em ineficácia do processo, mas sim em inexistência desse. A sentença, nesse caso, é nula de pleno direito.

A rigor, nem seria cabível ação rescisória (embora a jurisprudência a admita), porquanto essa ação visa à desconstituição de uma situação jurídica a princípio válida, mas o defeito de citação, por constituir vício transrescisório, acarreta a inexistência do processo, passível de ser declarada pelo próprio juiz prolator da decisão, uma vez arguida na impugnação ao cumprimento da sentença.

Na hipótese, em que o executado alega a matéria descrita no inciso I, é importante lembrar, especialmente aos advogados, que o prazo para a defesa terá uma peculiaridade. Vejamos:

- Se a impugnação NÃO é acolhida, o procedimento continua a tramitar normalmente. Ou seja, se o juiz considera válida a citação realizada na fase de conhecimento, o procedimento que já se encontra na fase de cumprimento terá o seu curso normal, prosseguindo-se os atos de penhora, caso não tenham sido suspensos;
- Por outro lado, se a impugnação ao cumprimento de sentença é ACOLHIDA por ausência ou nulidade da citação, a contestação ainda deverá ser apresentada pelo réu, pois, na prática, o procedimento volta ao estado anterior, ou seja, retoma-se a fase de conhecimento. Nesse caso, o termo inicial do prazo para a contestação é a data da intimação que acolhe a impugnação, aplicando-se, por analogia, o art. 272, § 9º, do CPC, segundo o qual "não sendo possível a prática imediata do ato diante da necessidade do acesso prévio aos autos, a parte limitar-se-á a arguir a nulidade da intimação, caso em que o prazo será contado da intimação da decisão que a reconheça".[38]

---

[38] "Processual civil. Recurso especial. Cumprimento de sentença. Prequestionamento parcial. Comparecimento espontâneo do executado. Apresentação de impugnação fundada no art. 525, § 1º, I, do CPC/2015. Termo inicial do prazo para oferecer contestação. Inaplicabilidade do art. 239, § 1º, I, do CPC/2015. Intimação da decisão que acolhe a impugnação. Julgamento: CPC/2015. 1. Recurso especial interposto em 16/07/2019 e concluso ao gabinete em 10/12/2020. 2. O propósito recursal

- *Ilegitimidade de parte (art. 525, § 1º, inciso II);*

O inciso II não trata da ilegitimidade da parte no processo de conhecimento. A matéria que se cogita em impugnação é a ilegitimidade da parte para o cumprimento de sentença. É a aferição de correspondência entre o titular da obrigação constante do título judicial e o que se apresenta como ativamente legítimo no cumprimento. A execução só pode ser promovida pelo credor ou pelas pessoas legitimadas. Por outro lado, somente o devedor ou quem tenha responsabilidade executiva pode figurar como executado. Se não é devedor nem responsável e mesmo assim foi indicado como tal, pode opor impugnação ao cumprimento da sentença. Confirmada a ilegitimidade, o juiz acolhe a impugnação, extinguindo a execução. De tal decisão, caberá apelação.

- *Inexequibilidade do título ou inexigibilidade da obrigação (art. 525, § 1º, inciso III);*

O cumprimento de decisão judicial pressupõe obrigação líquida, certa e exigível. No caso de cumprimento definitivo, a obrigação se torna plenamente exigível depois do trânsito em julgado da decisão, desde que se encontre vencida e que não esteja sujeita a contraprestação ainda não adimplida. Por exemplo, se a sentença condenou o réu a entregar determinada coisa, desde que o autor pague o remanescente do preço, a obrigação será inexigível enquanto o autor (credor da coisa) não efetuar o pagamento, podendo o devedor (da coisa), em impugnação, arguir o inadimplemento do credor.

A inexequibilidade do título, por sua vez, decorre da ausência de pressupostos para a instauração da fase de cumprimento, seja por conta das características do documento apresentado, seja pelas condições formais desse documento. Por exemplo: se o credor pretende dar início ao cumprimento de uma decisão estrangeira, é necessário que tenha havido prévia manifestação do STJ. Se a Corte não se manifestou, seja para homologar, no caso de sentença, ou para concessão de *exequatur*, no caso de decisão interlocutória, o cumprimento não poderá ser iniciado porquanto o título ainda não é exequível.

é definir o termo inicial do prazo para oferecer contestação na hipótese de acolhimento da impugnação ao cumprimento de sentença fundada no art. 525, § 1º, I, do CPC/2015. 3. A ausência de decisão acerca dos dispositivos legais indicados como violados impede o conhecimento do recurso especial. 4. A citação é indispensável à garantia do contraditório e da ampla defesa, sendo o vício de nulidade de citação o defeito processual mais grave no sistema processual civil brasileiro. Esta Corte tem entendimento consolidado no sentido de que o defeito ou inexistência da citação opera-se no plano da existência da sentença. Caracteriza-se como vício transrescisório que pode ser suscitado a qualquer tempo, inclusive após escoado o prazo para o ajuizamento da ação rescisória, mediante simples petição, por meio de ação declaratória de nulidade (querela nullitatis) ou impugnação ao cumprimento de sentença (art. 525, § 1º, I, do CPC/2015). 5. A norma do art. 239, § 1º, do CPC/2015 é voltada às hipóteses em que o réu toma conhecimento do processo ainda na sua fase de conhecimento. O comparecimento espontâneo do executado na fase de cumprimento de sentença não supre a inexistência ou a nulidade da citação. Ao comparecer espontaneamente nessa etapa processual, o executado apenas dar-se-á por intimado do requerimento de cumprimento e, a partir de então, terá início o prazo para o oferecimento de impugnação, na qual a parte poderá suscitar o vício de citação, nos termos do art. 525, § 1º, I, do CPC/2015. 6. Aplicando-se, por analogia, o disposto no art. 272, § 9º, do CPC/2015 e de forma a prestigiar a duração razoável do processo, caso acolhida a impugnação fundada no art. 525, § 1º, I, do CPC/2015, o prazo para apresentar contestação terá início com a intimação acerca dessa decisão. 7. Recurso especial parcialmente conhecido e, nessa extensão, provido" (STJ, REsp 1.930.225/SP, Rel. Min. Nancy Andrighi, 3ª Turma, j. 08.06.2021, *DJe* 15.06.2021).

De acordo com o § 12 do art. 525, também será considerada inexigível a obrigação "reconhecida em título executivo judicial fundado em lei ou ato normativo considerado inconstitucional pelo Supremo Tribunal Federal, ou fundado em aplicação ou interpretação da lei ou do ato normativo tido pelo Supremo Tribunal Federal como incompatível com a Constituição Federal, em controle de constitucionalidade concentrado ou difuso".

No CPC/1973 também se considerava inexigível "o título judicial [o mais correto seria tratar da inexigibilidade da obrigação] fundado em lei ou ato normativo declarados inconstitucionais pelo Supremo Tribunal Federal, ou fundado em aplicação ou interpretação da lei ou ato normativo tidas pelo Supremo Tribunal Federal como incompatíveis com a Constituição Federal" (art. 475-L, § 1º). Hoje essas hipóteses correspondem ao § 12 do atual art. 525. A novidade é que a incompatibilidade ou inconstitucionalidade de lei ou de ato normativo pode não somente ter sido declarada em controle concentrado de constitucionalidade, mas também em controle difuso. Nesse último caso, por não haver previsão expressa, a norma não precisa ter sido suspensa pelo Senado Federal, na forma do art. 52, X, da Constituição Federal.[39]

Para harmonizar a possibilidade de desconstituição de título executivo judicial com a garantia da segurança jurídica, o § 14 do art. 525 esclarece importante questão: a matéria somente poderá fundamentar a impugnação se a interpretação da Suprema Corte tiver se fixado antes do trânsito em julgado da sentença exequenda. Esse já era, inclusive, o entendimento do STF.[40]

Se, no entanto, a decisão da Suprema Corte for proferida após o trânsito em julgado da decisão objeto do cumprimento de sentença, restará à parte propor ação rescisória, sendo que o prazo decadencial de dois anos não será contado da data do trânsito em julgado da decisão exequenda, mas do trânsito em julgado da decisão proferida pelo Supremo Tribunal Federal (§ 15).

A propósito, esses dispositivos que retratam a chamada "coisa julgada inconstitucional" foram considerados constitucionais pelo Supremo Tribunal Federal.[41]

---

[39] A desnecessidade de suspensão da norma pelo Senado parece seguir o entendimento jurisprudencial. Nesse sentido: "1. Não podem ser desconsideradas as decisões do Plenário do STF que reconhecem constitucionalidade ou a inconstitucionalidade de diploma normativo. Mesmo quando tomadas em controle difuso, são decisões de incontestável e natural vocação expansiva, com eficácia imediatamente vinculante para os demais tribunais, inclusive o STJ (CPC, art. 481, § único: 'Os órgãos fracionários dos tribunais não submeterão ao plenário, ou ao órgão especial, a arguição de inconstitucionalidade, quando já houver pronunciamento destes ou do plenário do Supremo Tribunal Federal sobre a questão'), e, no caso das decisões que reconhecem a inconstitucionalidade de lei ou ato normativo, com força de inibir a execução de sentenças judiciais contrárias, que se tornam inexigíveis (CPC, art. 741, § único; art. 475-L, § 1º, redação da Lei 11.232/05). [...]" (STJ, REsp 819.850/RS, 1ª Turma, Rel. Min. Teori Albino Zavascki, ac. 01.06.2006, *DJU* 19.06.2006, p. 125).

[40] A referida Corte já apresentou entendimento similar, protegendo a garantia da coisa julgada material formada antes da decisão que declara a inconstitucionalidade da lei ou ato normativo que fundamenta a sentença: "A superveniência de decisão do Supremo Tribunal Federal, declaratória de inconstitucionalidade de diploma normativo utilizado como fundamento do título judicial questionado, ainda que impregnada de eficácia ex tunc – como sucede, ordinariamente, com os julgamentos proferidos em sede de fiscalização concentrada (*RTJ* 87/758 – *RTJ* 164/506-509 – *RTJ* 201/765) –, não se revela apta, só por si, a desconstituir a autoridade da coisa julgada, que traduz, em nosso sistema jurídico, limite insuperável à força retroativa resultante dos pronunciamentos que emanam, in abstracto, da Suprema Corte. Doutrina. Precedentes. – O significado do instituto da coisa julgada material como expressão da própria supremacia do ordenamento constitucional e como elemento inerente à existência do Estado Democrático de Direito" (RE 592.912 AgR, 2ª Turma, Rel. Min. Celso de Mello, j. 03.04.2012).

[41] "Recurso extraordinário. Coisa julgada inconstitucional. Art. 741, parágrafo único, e art. 475-L, parágrafo primeiro, do Código de Processo Civil de 1973. Art. 525, parágrafo primeiro, inciso III,

- *Penhora incorreta ou avaliação errônea (art. 525, § 1º, inciso IV);*

Penhora incorreta ou irregular é aquela levada a efeito em afronta a disposição legal. Constituem exemplos dessa modalidade de vício, passíveis de serem arguidos em impugnação: (a) a penhora sobre imóvel residencial próprio do casal ou da entidade familiar (art. 1º da Lei nº 8.009/1990);[42] (b) penhora sobre bens impenhoráveis (art. 833) ou sobre os frutos ou rendimentos dos bens inalienáveis quando houver outros bens suficientes para garantir o cumprimento (art. 834); (c) penhora realizada sem observância da ordem estabelecida no art. 835; (d) penhora realizada sem observância do art. 848.

A irregularidade pode recair também sobre aspectos formais, referentes à lavratura do auto ou termo e intimação do devedor, intimação do cônjuge em se tratando de bem imóvel ou do credor hipotecário quando recair sobre imóvel gravado com hipoteca.

Quanto à avaliação, reputa-se errônea aquela cujo valor for manifestamente superior ou inferior ao valor de mercado do bem penhorado. A impugnação, nesse caso, deve ser fundamentada em avaliações idôneas, não sendo suficiente a simples discordância.

Importante salientar que o fato de não mais existir previsão quanto à prévia necessidade de penhora para a apresentação de impugnação, tal ato constritivo já deve ter ocorrido quando da apresentação da defesa do executado, justamente por isso faz-se necessário manter, no rol das matérias passíveis de impugnação, a possibilidade de manifestação quanto à penhora incorreta ou avaliação errônea. Neste caso, também é importante salientar que se o conhecimento sobre a penhora se mostrar inequívoco, o prazo para impugnar não contará a partir da intimação, mas a partir do conhecimento da penhora. É esse o entendimento dos tribunais atualmente:

"Processual civil. Embargos de divergência em recurso especial. Ciência inequívoca da penhora 'on-line'. Termo *a quo* para impugnação. Intimação formal. Prescindibilidade. Embargos de divergência providos. I – A intimação é ato solene pelo qual é cientificada a parte sobre algum ato processual, sendo desnecessária sua expedição formal quando a parte comparecer espontaneamente ao processo. Precedentes. II – Demonstrada ciência inequívoca do Devedor quanto à penhora 'on-line' realizada, não há necessidade de sua intimação formal para o início do prazo para apresentar impugnação à fase de cumprimento de sentença, tendo como termo *a quo* a data em que comprovada a ciência. III – *In casu*, o Devedor peticionou nos autos, após bloqueio e transferência de valores, impugnando pedido do Credor, com objetivo de obstar

---

parágrafos 12 e 14, e art. 535, parágrafo 5º, do Código de Processo Civil de 2015. 1. São constitucionais as disposições normativas do parágrafo único do art. 741 do CPC, do § 1º do art. 475-L, ambos do CPC/1973, bem como os correspondentes dispositivos do CPC/2015, o art. 525, § 1º, III e §§ 12 e 14, o art. 535, § 5º. 2. Os dispositivos questionados buscam harmonizar a garantia da coisa julgada com o primado da Constituição, agregando ao sistema processual brasileiro, um mecanismo com eficácia rescisória de sentenças revestidas de vício de inconstitucionalidade qualificado. 3. São consideradas decisões com vícios de inconstitucionalidade qualificados: (a) a sentença exequenda fundada em norma reconhecidamente inconstitucional, seja por aplicar norma inconstitucional, seja por aplicar norma em situação ou com sentido inconstitucionais; (b) a sentença exequenda que tenha deixado de aplicar norma reconhecidamente constitucional. 4. Para o reconhecimento do vício de inconstitucionalidade qualificado exige-se que o julgamento do STF, que declara a norma constitucional ou inconstitucional, tenha sido realizado em data anterior ao trânsito em julgado da sentença exequenda. 5. Recurso extraordinário a que se nega provimento" (RE 611.503, Tribunal Pleno, j. 20.08.2018).

[42] Observe que, nos termos da Súmula nº 364 do STJ, "o conceito de impenhorabilidade abrange também o imóvel pertencente a pessoas solteiras, separadas e viúvas".

levantamento de valores, iniciado, portanto, o prazo para impugnação, pois demonstrada ciência inequívoca da penhora. Embargos de divergência providos" (EREsp 1.415.522/ES, Corte Especial, Rel. Min. Felix Fischer, 05.04.2017).

Para facilitar a compreensão, vejamos a tramitação até esse ponto:

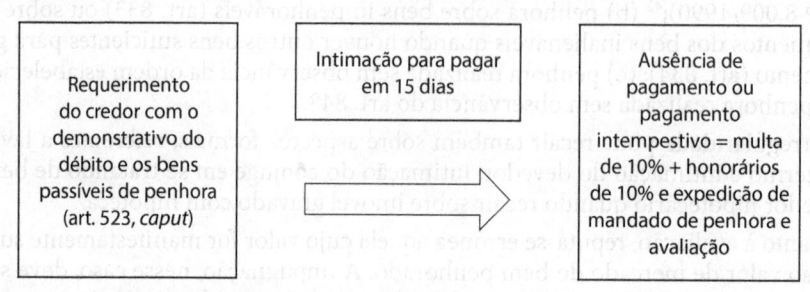

| Requerimento do credor com o demonstrativo do débito e os bens passíveis de penhora (art. 523, *caput*) | → | Intimação para pagar em 15 dias | → | Ausência de pagamento ou pagamento intempestivo = multa de 10% + honorários de 10% e expedição de mandado de penhora e avaliação |

Lembre-se de que no cumprimento de sentença contra a Fazenda Pública a penhora incorreta ou avaliação errônea não constituem fundamentos da impugnação (art. 535), uma vez que os bens públicos são insuscetíveis de apreensão dessa natureza.

- *Excesso de execução ou cumulação indevida de execuções (art. 525, § 1º, inciso V);*

Segundo a definição legal do art. 917, § 2º, há excesso de execução quando:

I – o exequente pleiteia quantia superior à do título;

II – ela recai sobre coisa diversa daquela declarada no título;

III – ela se processa de modo diferente do que foi determinado no título;

IV – o exequente, sem cumprir a prestação que lhe corresponde, exige o adimplemento da prestação do executado;

V – o exequente não prova que a condição se realizou.

O dispositivo trata da execução de título extrajudicial, mas é utilizado como referencial para identificar a configuração de excesso de execução. Se o devedor alegar essa matéria, o valor reputado correto deverá apresentado com minuciosa fundamentação em torno do excesso. Não basta indicar simplesmente um valor; é preciso que o executado apresente demonstrativo discriminado e atualizado de seu cálculo (art. 525, § 4º), sob pena de rejeição liminar da impugnação.

Indicado o valor correto, a impugnação terá por objeto apenas o valor controvertido. A parcela reconhecida seguirá o cumprimento de sentença, independentemente de eventual efeito suspensivo que se atribua à impugnação.

O inciso V do art. 525 permite expressamente ao devedor alegar não apenas o excesso de execução, mas também a cumulação indevida de execuções. Nesse ponto é preciso fazer uma observação: como só se pode admitir a cumulação quando o mesmo juízo é competente para todas as execuções, é inviável a cumulação de demandas executivas quando fundadas em títulos judiciais, pois a competência para a execução (ou melhor, para o cumprimento) será do juízo onde se desenvolveu o processo cognitivo. Há exceção quando o exequente pretende cumular execuções fundadas em títulos judiciais distintos, mas que tiveram origem em um mesmo processo. Exemplo: decisão interlocutória que consistiu na determinação de obrigação de prestar e decisão definitiva que condenou o devedor a pagar determinada quantia. Também é possível a cumulação de uma demanda fundada em título judicial com outra que tenha por base título extrajudicial, desde que ambos sejam líquidos (aqui também será competente o juízo onde se formou o título executivo judicial).

- *Incompetência absoluta ou relativa do juízo da execução (art. 525, § 1º, inciso VI);*

Trata-se de inovação no rol das matérias arguíveis por meio da impugnação. No CPC/1973, como não havia essa hipótese do rol do art. 475-L, a matéria relativa à incompetência do juízo da execução era arguida de várias formas: no bojo da impugnação, por aplicação do princípio da instrumentalidade das formas; por meio de exceção de incompetência, para os casos de incompetência relativa; ou, ainda, tratando de incompetência absoluta, por meio de objeção de pré-executividade. Com a simplificação trazida pela nova legislação será desnecessária qualquer formalidade para a concretização do princípio do juiz natural, sendo possível ao executado pleitear a correção do juízo executório na própria impugnação.

- *Qualquer causa modificativa ou extintiva da obrigação, como pagamento, novação, compensação, transação ou prescrição, desde que superveniente à sentença (art. 525, § 1º, inciso VII);*

Compete ao réu alegar, na contestação, toda a matéria de defesa. A defesa de mérito pode ser direta ou indireta. Na defesa direta, o réu nega a existência do fato constitutivo, por exemplo, a existência da locação. Na defesa indireta, o réu reconhece a existência do fato constitutivo (o contrato, por exemplo), mas opõe fato que impede a produção dos efeitos naturais do negócio jurídico, modifica-os ou mesmo extingue-os. Na impugnação também prevalece o entendimento no sentido de que o executado deve veicular todas as matérias dedutíveis, sob pena de preclusão.[43]

O dispositivo apresenta um rol apenas **exemplificativo** das causas modificativas ou extintivas da obrigação que podem ser arguidas na impugnação ao cumprimento de sentença, desde que supervenientes à sentença. Se anteriores, ou foram efetivamente resolvidas na decisão objeto do cumprimento ou foram consideradas resolvidas em atenção ao princípio da eventualidade ou da concentração da defesa (art. 508). Assim, pode ser veiculado na impugnação o pagamento feito depois da prolação da sentença.

Exemplo prático de aplicação desse dispositivo é a ocorrência da prescrição. De acordo com o STJ, ainda que a prescrição seja uma matéria de ordem pública, que pode ser conhecida a qualquer tempo e em qualquer grau de jurisdição, apenas aquela superveniente à formação do título pode ser alegada em cumprimento de sentença. Em outras palavras, a prescrição não pode ser alegada após o trânsito em julgado, com exceção aquela superveniente à sentença (3ª T., REsp 1.931.969/SP, Rel. Min. Ricardo Villas Bôas Cueva, j. 08.02.2022).

Por fim, destaca-se que o acolhimento da impugnação com a consequente extinção do processo executivo gera para o exequente a condenação em honorários advocatícios.[44] Se a extinção for apenas parcial, deverá o juiz avaliar o *quantum* a ser fixado tomando por base a redução do valor objeto do cumprimento de sentença. Ainda, de acordo com a jurisprudência, mesmo que não haja resistência do exequente em relação aos termos da impugnação ou que haja concordância expressa – por exemplo, quando o exequente concorda que houve excesso, mas requer o prosseguimento em relação ao quantum incontroverso – haverá condenação em honorários por aplicação do princípio da causalidade.[45]

---

[43] Parte da doutrina entende que essa orientação é contrária ao reconhecimento da natureza jurídica de ação à impugnação, porquanto impossibilita discussões posteriores em demanda autônoma. Destaque-se que a alegação de matéria de ordem pública não se submete à preclusão.

[44] Nos termos da jurisprudência do STJ, no caso de acolhimento da impugnação do cumprimento de sentença, ainda que parcial, é cabível o arbitramento de honorários advocatícios em benefício do executado. Tal entendimento foi consolidado pela Corte Especial no julgamento do Recurso Especial Repetitivo 1.134.186/RS.

[45] "O acolhimento, ainda que parcial, da impugnação ao cumprimento de sentença enseja o arbitramento de honorários advocatícios, não havendo que se falar em sua redução, ante a anuência pela

> **Importante:**
> - Na impugnação da Fazenda Pública o dispositivo que indica esse fundamento é inciso VI do art. 535. A diferença é que ele exige que a causa modificativa ou extintiva da obrigação seja superveniente ao **trânsito em julgado** da sentença. Nos dois casos – cumprimento de sentença contra particular e cumprimento de sentença contra a Fazenda Pública –, o aspecto temporal do fenômeno processual/material é idêntico, isto é, se tais causas foram ou não deduzidas antes da sentença, estarão acobertadas pela eficácia preclusiva da coisa julgada, que contempla o deduzido e o dedutível. Assim, seja no cumprimento de sentença contra particular ou contra a Fazenda Pública, se o devedor efetivar, *v.g.*, pagamento depois de proferida a sentença, poderá alegar essa causa de extinção (pagamento total) ou modificação da obrigação (pagamento parcial) na impugnação ao cumprimento da sentença. A meu ver a diferença é apenas para evidenciar que, em se tratando de obrigação imputada à Fazenda Pública em processo judicial, somente depois do trânsito da obrigação se pode extinguir ou modificar a obrigação.

5.3.4 Rejeição liminar da impugnação e efeito suspensivo

Caso o executado traga como único fundamento da impugnação o excesso de execução, mas não demonstre o valor correto ou não apresente o demonstrativo discriminado e atualizado do débito, deverá o juiz rejeitar liminarmente a impugnação.[46] Diferentemente do CPC/1973, o CPC/2015 esclarece que, se existir qualquer outro fundamento, ao juiz é vedado rejeitar a impugnação, a qual somente deixará de ser apreciada na questão relativa ao excesso de execução (art. 525, § 5º).

De acordo com o CPC/1973, a impugnação, em regra, não possuía efeito suspensivo, contudo, o juiz poderia atribuir-lhe tal efeito, desde que relevantes os fundamentos e quando o prosseguimento da execução pudesse causar dano grave ou de difícil reparação ao executado. De toda forma, o exequente poderia requerer o prosseguimento da execução, desde que prestasse caução suficiente e idônea.

No CPC/2015 a impugnação continua não tendo efeito suspensivo. A diferença é que, para impingir-lhe tal efeito, o executado deverá demonstrar não apenas a existência de fundamentos relevantes e de perigo de dano no prosseguimento da execução. É preciso que haja prévia garantia do juízo por meio de penhora, caução ou depósito suficientes. Em suma: o legislador beneficiou o executado ao tornar desnecessária a prévia garantia do juízo para a apresentação da impugnação (art. 525, *caput*), mas, por outro lado, condicionou o efeito suspensivo da impugnação à prévia penhora, caução ou depósito. Muito mais coerente, diga de passagem.

---

exequente, com base no § 4º, do art. 90, do CPC/2015, por se tratar de dispositivo legal afeto à fase de conhecimento. 5. Decisão parcialmente reformada" (TJ-MG – AI: 15993273520228130000, Rel. Des. Amorim Siqueira, j. 14.03.2023, 9ª Câmara Cível, *DJe* 16.03.2023).

[46] Conforme entendimento do STJ, firmado em sede de recurso repetitivo, o juiz não poderá conceder ao executado a possibilidade de emendar a petição de impugnação. Nesse sentido: "Na hipótese do art. 475-L, § 2º, do CPC, é indispensável apontar, na petição de impugnação ao cumprimento de sentença, a parcela incontroversa do débito, bem como as incorreções encontradas nos cálculos do credor, sob pena de rejeição liminar da petição, não se admitindo emenda à inicial" (STJ, REsp 1.387.248/SC, Rel. Min. Paulo de Tarso Sanseverino, j. 07.05.2014).

A outra novidade é que, mesmo sendo concedido efeito suspensivo à impugnação – mediante o preenchimento dos requisitos já citados –, ainda será possível a realização de atos de substituição, reforço ou redução de penhora e de avaliação dos bens, visto que estes não são capazes de causar gravames irreversíveis ao executado (art. 525, § 7º).

A nova legislação também passa a prever expressamente a possibilidade de atribuição de efeito suspensivo parcial à impugnação (art. 525, § 8º) quando esta disser respeito apenas a parte do objeto da execução. A suspensão total ou parcial da execução decorrente do oferecimento e recebimento da impugnação é medida que já é adotada por alguns julgadores, por equiparação da impugnação aos embargos à execução. O que o CPC/2015 fez foi estender a possibilidade de prosseguimento parcial da execução de título extrajudicial ao cumprimento de sentença (execução de título judicial), na hipótese em que o efeito suspensivo disser respeito apenas à parte do objeto da demanda.

Além disso, havendo vários executados no processo, o CPC/2015 deixa claro que a concessão do efeito suspensivo não se estende aos que não impugnaram o cumprimento da decisão (art. 525, § 9º). Haverá extensão somente se, preenchidos os requisitos para concessão do efeito suspensivo, incluindo a garantia do juízo, o fundamento da impugnação for extensível a todos os devedores.

5.3.5 Alegação de fato superveniente

O CPC/2015 simplifica a vida do advogado ao permitir que questões relativas a fatos supervenientes, ocorridas após o término do prazo para impugnação, sejam levadas ao conhecimento do juiz por simples petição. A disposição parece óbvia, pois nesses casos, como não há um instrumento processual específico à disposição das partes, elas devem mesmo recorrer ao juiz da causa. Ocorre que essa regra, ao vir expressa na nova legislação, reforça a ideia de que o juiz deve levar em consideração todas as circunstâncias trazidas pelas partes, sem que estas precisem recorrer ao mandado de segurança, por exemplo, para requerer medidas que poderiam ter sido pleiteadas e apreciadas no curso do processo. Essa mesma regra (art. 525, § 11) se aplica aos pedidos relativos à validade e adequação da penhora e demais atos de constrição, o que nos faz crer que o juiz, ao verificar os fundamentos trazidos por uma das partes, pode, por exemplo, desconstituir a penhora ou revogar o efeito suspensivo concedido à impugnação. A ressalva feita pelo Código é apenas com relação ao prazo: se da data da ciência do fato ou da intimação do ato a parte deixar de formular o pedido cabível no prazo de quinze dias, preclusa estará a questão. Ao mesmo tempo em que o Código privilegia a simplicidade, busca barrar atitudes protelatórias das partes, notadamente do executado, que visem apenas impedir a plena satisfação do direito já declarado na sentença.

JURISPRUDÊNCIA TEMÁTICA

Impugnação parcial na fase de cumprimento de sentença e continuidade dos atos executórios

"1. A impugnação ao cumprimento de sentença não possui, como regra, efeito suspensivo, nada impedindo, portanto, que o Magistrado determine a prática de atos executivos no patrimônio do executado, inclusive os de expropriação. A exceção, contudo, é quando o executado demonstrar a presença do *fumus boni iuris*, consistente na relevância dos fundamentos apresentados na impugnação, e do *periculum in mora*, caso o prosseguimento da execução seja suscetível de causar dano grave de difícil ou incerta reparação, além de garantir o juízo, por meio de penhora, caução ou depósito. 2. A propósito, é o que dispõe o § 6º do art. 525 do Código de Processo Civil de 2015, *in verbis*: "A apresentação de impugnação não impede a prática dos atos executivos, inclusive os de expropriação, podendo o juiz, a requerimento do executado e desde que garantido o juízo com penhora, caução ou depósito suficientes, atribuir-lhe efeito suspensivo, se seus fundamentos forem relevantes e se o prosseguimento da execução for manifestamente suscetível de causar ao executado grave dano de difícil ou incerta reparação". 3. No caso, o Juízo de primeiro grau, muito embora não tenha concedido o efeito suspensivo à impugnação apresentada pelo executado, resolveu postergar o prosseguimento do cumprimento de sentença em relação à parte incontroversa, sob o fundamento de que não haveria qualquer prejuízo à parte exequente. 4. Ocorre que, tratando-se de impugnação parcial ao cumprimento de sentença, é direito da parte exequente prosseguir com os atos executórios sobre a parte incontroversa da dívida, inclusive com realização de penhora, nos termos do que dispõe o art. 525, § 6º, do CPC/2015. 5. Com efeito, por se tratar de quantia incontroversa, não há razão para se postergar a execução imediata, pois, ainda que a impugnação seja acolhida, não haverá qualquer modificação em relação ao valor não impugnado pela parte devedora. 6. Recurso especial provido". (STJ, REsp n. 2.077.121/GO, Rel. Min. Marco Aurélio Bellizze, 3ª Turma, j. 08.08.2023, *DJe* 15.08.2023).

Na fase de cumprimento de sentença não é possível alterar os critérios de atualização dos cálculos estabelecido em decisão transitada em julgado, ainda que para adequá-los a entendimento firmado pelo Supremo Tribunal Federal[47]

"Processual civil. Recurso especial. Cumprimento de sentença contra a Fazenda Pública. Índices de correção monetária e juros de mora. Declaração de inconstitucionalidade pelo STF. RE 870.947. Coisa julgada. Prevalência. 1. Cinge-se a controvérsia a definir se é possível, em fase de cumprimento de sentença, alterar os critérios de atualização dos cálculos estabelecidos na decisão transitada em julgado, a fim de adequá-los ao entendimento firmado pelo Supremo Tribunal Federal em repercussão geral. 2. O Tribunal de origem fez prevalecer os parâmetros estabelecidos pela Suprema Corte no julgamento do RE 870.947, em detrimento do comando estabelecido no título judicial. 3. Conforme entendimento firmado pelo Pretório Excelso, '[...] a decisão do Supremo Tribunal Federal declarando a constitucionalidade ou a inconstitucionalidade de preceito normativo não produz a automática reforma ou rescisão das sentenças anteriores que tenham adotado entendimento diferente; para que tal ocorra, será indispensável a interposição do recurso próprio ou, se for o caso, a propositura da ação rescisória própria, nos termos do art. 485, V, do CPC, observado o respectivo prazo decadencial (CPC, art. 495)' (RE 730.462, Rel. Min. Teori Zavascki, Tribunal Pleno, julgado em 28/5/2015). 4. Sem que a decisão acobertada pela coisa julgada tenha sido desconstituída, não é cabível ao juízo da fase de cumprimento de sentença alterar os parâmetros estabelecidos no título judicial, ainda que no intuito de adequá-los à decisão vinculante do STF. 5. Recurso especial a que se dá provimento" (STJ, REsp 1.861.550/DF, Rel. Min. Og. Fernandes, 2ª Turma, j. 16.06.2929, *DJe* 04.08.2020).

Recurso na impugnação ao cumprimento de sentença

"(...) 1. Dispõe o parágrafo único do art. 1015 do CPC/2015 que caberá agravo de instrumento contra decisões interlocutórias proferidas na fase de liquidação de sentença ou de cumprimento de sentença, no processo de execução e no processo de inventário. Por sua

---

[47] Essa decisão não significa a impossibilidade de aplicação do precedente vinculante firmado pelo STF, mas, tão somente, que para a aplicação de novo entendimento é necessária prévia desconstituição da coisa julgada.

vez, o art. 1.009, do mesmo diploma, informa que caberá apelação em caso de 'sentença'. 2. Na sistemática processual atual, dois são os critérios para a definição de 'sentença': (I) conteúdo equivalente a uma das situações previstas nos arts. 485 ou 489 do CPC/2015; e (II) determinação do encerramento de uma das fases do processo, conhecimento ou execução. 3. Acerca dos meios de satisfação do direito, sabe-se que o processo de execução será o adequado para as situações em que houver título extrajudicial (art. 771, CPC/2015) e, nos demais casos, ocorrerá numa fase posterior à sentença, denominada cumprimento de sentença (art. 513, CPC/2015), no bojo do qual será processada a impugnação oferecida pelo executado. 4. A impugnação ao cumprimento de sentença se resolverá a partir de pronunciamento judicial, que pode ser sentença ou decisão interlocutória, a depender de seu conteúdo e efeito: se extinguir a execução, será sentença, conforme o citado art. 203, § 1º, parte final; caso contrário, será decisão interlocutória, conforme art. 203, § 2º, CPC/2015. 5. A execução será extinta sempre que o executado obtiver, por qualquer meio, a supressão total da dívida (art. 924, CPC/2015), que ocorrerá com o reconhecimento de que não há obrigação a ser exigida, seja porque adimplido o débito, seja pelo reconhecimento de que ele não existe ou se extinguiu. 6. No sistema regido pelo NCPC, o recurso cabível da decisão que acolhe impugnação ao cumprimento de sentença e extingue a execução é a apelação. As decisões que acolherem parcialmente a impugnação ou a ela negarem provimento, por não acarretarem a extinção da fase executiva em andamento, tem natureza jurídica de decisão interlocutória, sendo o agravo de instrumento o recurso adequado ao seu enfrentamento. 7. Não evidenciado o caráter protelatório dos embargos de declaração, impõe-se a inaplicabilidade da multa prevista no § 2º do art. 1.026 do CPC/2015. Incidência da Súmula n. 98/STJ. 8. Recurso especial provido" (REsp 1.698.344/MG, 4ª T., Rel. Min. Luis Felipe Salomão, j. 22.05.2018, *DJe* 01.08.2018).

Cancelamento da distribuição da impugnação

"Direito processual civil. Cancelamento de distribuição de impugnação ao cumprimento de sentença ou de embargos à execução. Recurso repetitivo (art. 543-C do CPC e Res. 8/2008-STJ). Temas 674, 675 e 676. Cancela-se a distribuição da impugnação ao cumprimento de sentença ou dos embargos à execução na hipótese de não recolhimento das custas no prazo de 30 dias, independentemente de prévia intimação da parte; não se determina o cancelamento se o recolhimento das custas, embora intempestivo, estiver comprovado nos autos". Precedentes citados: AgRg no AREsp 278.854/RS, Terceira Turma, *DJe* 15.03.2013; e REsp 168.605/SC, Quarta Turma, j. 09.06.1998, *DJ* 24.05.1999 (STJ, REsp 1.361.811/RS, 1ª Seção, Rel. Min. Paulo de Tarso Sanseverino, j. 04.03.2015, *DJe* 06.05.2015).[48]

---

[48] No CPC atual esse entendimento estará mais claro, sendo que o prazo vai mudar e será necessária prévia intimação (art. 290 do CPC/2015: "Será cancelada a distribuição do feito se a parte, intimada na pessoa de seu advogado, não realizar o pagamento das custas e despesas de ingresso em 15 (quinze) dias").

Quadro esquemático 55 – Impugnação ao cumprimento de sentença

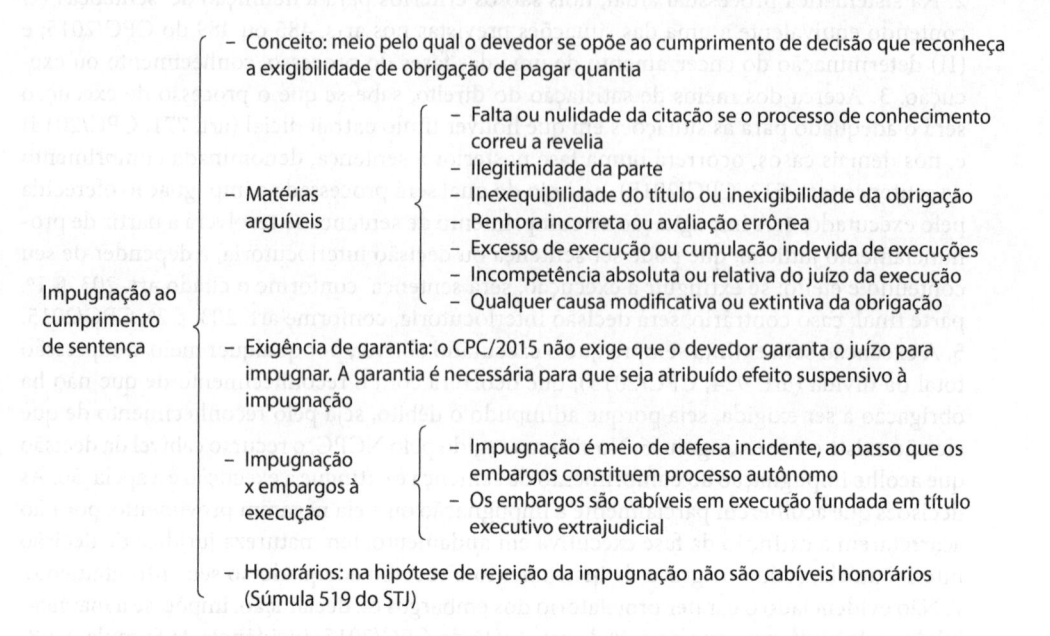

Impugnação ao cumprimento de sentença
- Conceito: meio pelo qual o devedor se opõe ao cumprimento de decisão que reconheça a exigibilidade de obrigação de pagar quantia
- Matérias arguíveis
  - Falta ou nulidade da citação se o processo de conhecimento correu a revelia
  - Ilegitimidade da parte
  - Inexequibilidade do título ou inexigibilidade da obrigação
  - Penhora incorreta ou avaliação errônea
  - Excesso de execução ou cumulação indevida de execuções
  - Incompetência absoluta ou relativa do juízo da execução
  - Qualquer causa modificativa ou extintiva da obrigação
- Exigência de garantia: o CPC/2015 não exige que o devedor garanta o juízo para impugnar. A garantia é necessária para que seja atribuído efeito suspensivo à impugnação
- Impugnação x embargos à execução
  - Impugnação é meio de defesa incidente, ao passo que os embargos constituem processo autônomo
  - Os embargos são cabíveis em execução fundada em título executivo extrajudicial
- Honorários: na hipótese de rejeição da impugnação não são cabíveis honorários (Súmula 519 do STJ)

6. CUMPRIMENTO DE SENTENÇA NAS OBRIGAÇÕES DE PRESTAR ALIMENTOS

6.1 Introdução

O cumprimento de sentença constitui uma espécie do gênero execução por quantia certa. A particularidade decorre da fonte geradora da obrigação, que consiste em alimentos fixados em razão do casamento, união estável ou do parentesco (denominados alimentos familiares). E essa particularidade, que implica fixação dos alimentos levando-se em conta a necessidade do alimentando e a possibilidade de pagamento do alimentante, levou o legislador a prever uma gama de possibilidades para a execução da quantia fixada. Diferentemente do que se passa com as demais obrigações de pagar quantia, **a execução de prestação alimentar permite uma coerção corporal extrema, ou seja, a prisão do devedor**. Trata-se da única hipótese de prisão por dívida admitida pela Constituição Federal (art. 5º, LXVII) e de caráter personalíssimo, não podendo, por exemplo, ser estendida para terceiros.[49]

De início, devem-se **distinguir os alimentos familiares dos alimentos indenizatórios**, fixados em razão de ato ilícito, para os quais o Código estabelece uma forma própria para execução (constituição de capital), além da expropriação. Somente a execução dos alimentos fundados em relações familiares admite a prisão. Conforme jurisprudência pacificada no STJ, "[...] é ilegal a prisão civil decretada por descumprimento de obrigação alimentar em caso de

---

[49] "Ainda que se admita a transferência da obrigação alimentar de pessoa falecida para seu Espólio, o decreto de prisão por inadimplência de tal obrigação constitui sanção de natureza personalíssima, que não pode recair sobre a inventariante ou qualquer outra pessoa" (TJ-MG – Apelação Cível nº 1.0024.03.941550-0/001; Rel. Moreira Diniz).

pensão devida em razão de ato ilícito" (STJ, HC 182.228/SP, Rel. Min. João Otávio de Noronha, Quarta Turma, j. 01.03.2011, *DJe* 11.03.2011).⁵⁰

O fato de o art. 533, que estabelece a forma do cumprimento da decisão que fixa alimentos indenizatórios, estar inserido no mesmo capítulo onde situado o art. 528, que prevê a prisão como meio de coerção para motivar o devedor a pagar os alimentos fixados em decorrência de relação familiar, não altera a essência das coisas. A prestação de alimentos familiares, presumivelmente, é mais urgente do que o recebimento de indenização em forma de alimentos. Esta, por sua vez, leva em conta apenas o que o alimentando deixará de ganhar em razão do ato ilícito (lucros cessantes), enquanto aquela leva em conta, afora outros fatores, a capacidade de pagamento do alimentante. Ora, se ele tem capacidade de pagar alimento ao seu filho, que pague, ou vai preso, o que não descarta a utilização de outros meios coercitivos, além da via expropriatória.

Em se tratando de pensão alimentícia familiar – tecnicamente, prestação alimentar –, seja ela fixada em decisão judicial ou em título extrajudicial, o sistema põe à disposição do credor três meios para execução: a) prisão do devedor (arts. 528 e 911); b) expropriação (arts. 528, § 8º, e 530); c) desconto na folha de pagamento do devedor (art. 529 e 912).

O termo sentença, como utilizado no art. 528, engloba qualquer ato decisório que estabelece a obrigação de pagar alimentos (decisão interlocutória, sentença, decisão monocrática de relator e acórdão).

Quando o devedor de alimentos é empregado (público ou privado), a realização do direito do exequente é mais simplificada. **O juiz oficia ao empregador**, que fará a retenção do valor devido, sob pena de crime de desobediência e de suportar a recomposição de eventuais perdas e danos (art. 912, § 1º).

Esteja a obrigação prevista em título judicial ou extrajudicial, **a forma de execução é muito semelhante**. Em ambos os casos, admite-se a prisão, o desconto em folha e a expropriação, sem esquecer dos meios coercitivos já citados. A execução de título extrajudicial – o mais comum é o acordo firmado pelas partes e não submetido à homologação judicial – exige a instauração de um processo executivo autônomo (CPC, art. 911), abrindo-se ao devedor, no caso de execução expropriatória, a faculdade de oposição de embargos à execução.

---

50   Em precedente mais recente: "Recurso ordinário em habeas corpus. Processual civil e civil. Cumprimento de decisão que estabelece prestação de alimentos em ação de indenização. Obrigação decorrente de ato ilícito. Natureza indenizatória. Prisão civil de devedor (CPC/2015, arts. 528 e 533). Impossibilidade. Garantia constitucional (CF, art. 5º, LXVII). Recurso provido. Ordem concedida. 1. Antes de se considerar qualquer disposição legal a respeito do sensível tema da prisão civil por dívida, deve-se atentar para a sólida garantia constitucional inerente ao direito fundamental de liberdade do indivíduo, identificado por Karel Vasak, em sua reconhecida classificação, como direitos humanos de primeira geração. Em relação aos direitos de liberdade, ressai o dever estatal de respeito, consistente em postura negativa, de abster-se de violá-los. Descabem, assim, interpretações normativas que conduzam a ampliações da exceção constitucional à ampla garantia de vedação à prisão civil por dívida. 2. Não há como se adotar, como meio de coerção do devedor de alimentos fixados em caráter indenizatório, a prisão civil prevista exclusivamente para o devedor de alimentos decorrentes de vínculos familiares, no art. 528, §§ 3º e 4º, do Código de Processo Civil/2015, em harmonia com o que excepcionalmente admitido pela Constituição da República (art. 5º, LXVII). É que a natureza jurídica indenizatória daquela, fixada no caso de reparação por ato ilícito, difere da estabelecida em razão de laços de parentesco, quando se leva em conta o binômio necessidade-possibilidade. Para a obrigação alimentícia indenizatória, o rito previsto é o do art. 533 do CPC/2015, sem previsão de prisão. 3. Recurso ordinário provido. Ordem de *habeas corpus* concedida. (RHC 101.008/RS, Rel. Min. Raul Araújo, 4ª Turma, j. 17.11.2020, *DJe* 27.11.2020)."

O cumprimento de decisão judicial ou de acordo homologado em juízo é promovido nos **mesmos autos** da ação de alimentos (CPC, art. 531, § 2º). Para evitar tumulto, processam-se em **autos apartados** a execução dos alimentos provisórios e o cumprimento provisório de decisão sobre a qual pende recurso recebido somente no efeito devolutivo (CPC, art. 531, § 1º).

Nos termos do art. 528, § 8º – dispositivo que se aplica à execução dos alimentos estabelecidos em título extrajudicial –, o exequente pode optar pela modalidade da execução: pela expropriação, iniciando-se pela penhora, ou prisão. **De regra, não se admite a expropriação e a prisão ao mesmo tempo.** Em se optando pela via expropriatória, procede-se à penhora de bens e então há que se aguardar a ultimação dos atos subsequentes, como avaliação e leilão, a fim de que o Estado-juízo apure a quantia para saldar o débito executado. Por outro lado, caso se pleiteie a prisão, há que se aguardar o desfecho procedimental. Cumprindo o devedor a prisão e não saldado o débito, pode-se requerer a penhora de bens de sua propriedade. De qualquer forma, todos os meios visam um fim: a prestação dos alimentos. Caso o objetivo não seja alcançado por um meio, depois de esgotado aquele (expropriação ou prisão), pode-se recorrer a outra via. Concomitantemente, admitem-se os meios coercitivos, como o protesto e a inserção do nome do devedor em cadastros restritivos de crédito.

Excepcionalmente a jurisprudência vem admitindo a cumulação desses ritos. Em agosto de 2022, o STJ decidiu pela possibilidade excepcional de cumulação das medidas de coerção pessoal (prisão) e de expropriação patrimonial (penhora) no âmbito do mesmo procedimento executivo, desde que não haja prejuízo ao devedor – a ser comprovado por ele – nem ocorra tumulto processual, situações que devem ser avaliadas pelo magistrado em cada caso concreto (4ª T., REsp 1.930.593/MG, Rel. Min. Luis Felipe Salomão, j. 09.08.2022, *DJe* 26.08.2022).

Recaindo a penhora em dinheiro, ainda que se atribua efeito suspensivo à impugnação – o que não é a regra –, admite-se que o exequente levante mensalmente a importância da prestação, além do montante já vencido (art. 528, § 8º).

O CPC/2015 continua a restringir a utilização da **forma coercitiva de execução, limitando-a ao débito correspondente aos três últimos meses anteriores** ao ajuizamento da ação ou aos que se vencerem no curso do processo (art. 528, § 7º). Não havia essa limitação expressa no CPC/1973, mas o entendimento que prevalecia já era este, em virtude da Súmula nº 309 do Superior Tribunal de Justiça.[51] Nesse caso, admite-se a execução por expropriação para os débitos vencidos há mais de três meses e a execução pelo meio coercitivo da prisão para os débitos vencidos há menos de três meses do ajuizamento, não havendo que se falar em contradição com a norma do art. 528, § 8º.

A nova legislação também estabelece regras para o cumprimento da prisão civil, tratando-se de um dos principais pontos de maior divergência ao longo da tramitação do projeto. No final, definiu-se a **manutenção do regime fechado** para o cumprimento da prisão por dívida de alimentos, com a condição de que o executado fique separado dos presos comuns (art. 528, § 4º).

Durante o período da pandemia de Covid-19, admitiu-se a decretação de prisão domiciliar,[52] como medida de controle sanitário. Em situações normais, há casos em que a jurispru-

---

[51] STJ, Súmula nº 309: "O débito alimentar que autoriza a prisão civil do alimentante é o que compreende as três prestações anteriores ao ajuizamento da execução e as que se vencerem no curso do processo".

[52] "Diante do iminente risco de contágio pelo Covid-19, bem como em razão dos esforços expendidos pelas autoridades públicas em reduzir o avanço da pandemia, é recomendável o cumprimento da prisão civil por dívida alimentar em prisão domiciliar. O contexto atual de gravíssima pandemia devido ao chamado coronavírus desaconselha a manutenção do devedor em ambiente fechado, insalubre e potencialmente perigoso, devendo ser observada a decisão proferida pelo ilustre Ministro

dência vem estendendo a possibilidade de prisão domiciliar à devedores com idade avançada ou acometidos por doença que não pode ser tratada dentro do estabelecimento prisional. Em outros casos, ainda vivenciados na pandemia, entendeu-se pela suspensão da ordem de prisão e não pela conversão em prisão domiciliar.[53] A propósito, durante a pandemia, visando manter os interesses do credor, o STJ[54] passou a admitir a penhora de bens do devedor de alimentos, sem que houvesse a conversão do rito da prisão para o da constrição patrimonial. Isso quer dizer que, mesmo sem alteração procedimental – que não pode, como regra, ocorrer de ofício – se o credor optar pelo rito da prisão, deve ser permitida – ao menos enquanto perdurar a suspensão da prisão civil – a adoção de atos de constrição no patrimônio do devedor. Após o fim da pandemia, caso a penhora de bens tenha sido suficiente para o cumprimento da obrigação alimentar, a prisão civil não mais ocorrerá. Em suma, como regra, o rito da penhora exclui a possibilidade de prisão civil. Porém, em situações excepcionais como na pandemia, é necessário adotar medidas que evitem que o credor seja prejudicado com a demora na satisfação dos alimentos de que necessita para sobreviver.

Ressalte-se que **não será decretada prisão se o juiz aceitar as justificativas** do devedor quanto à impossibilidade de pagar os alimentos vencidos. Essa questão, embora também se sujeite ao convencimento do magistrado, deverá ser comprovada cabalmente, pois somente o fato que gerar impossibilidade absoluta de pagar os alimentos justificará o inadimplemento (art. 528, § 2º). No âmbito da jurisprudência, o desemprego, a constituição de nova família e o pagamento parcial não foram considerados argumentos hábeis para afastar o decreto prisional.[55]

Toda justificativa precisa ser analisada a partir do caso concreto. O trinômio necessidade--possibilidade-razoabilidade é extremamente variável, comportando uma análise pormenorizada pelo julgador, de modo a não prejudicar o mínimo existencial e a dignidade do credor e, por outro lado, não onerar demasiadamente o devedor a ponto de comprometer a sua própria subsistência. Essa análise, no entanto, deve ser ponderada a partir de circunstâncias excepcionais, devidamente atestadas no caso concreto, não cabendo ao juiz, por exemplo, na fase de cumprimento de sentença, admitir amplo debate em torno da capacidade econômica do devedor

---

Paulo de Tarso Sanseverino, publicada em 30/03/2020, nos autos do *Habeas Corpus* nº 568.021/CE, no qual se estendeu a todos os presos por dívidas alimentícias no país a liminar deferida no mencionado *writ*, no sentido de garantir prisão domiciliar, em razão da pandemia de Covid-19. No sentido da relativização do regime prisional previsto no § 4º do art. 528 do CPC/2015, enquanto viger a pandemia do Covid-19, vale mencionar as decisões monocráticas proferidas no RHC 106.403/SP (Rel. Ministro Antônio Carlos Ferreira, *DJe* de 23/04/2020); no RHC 125.728 (Rel. Ministro Paulo de Tarso Sanseverino, *DJe* de 16/04/2020); no HC 561.813/MG (Rel. Ministro Luis Felipe Salomão, *DJe* de 02/04/2020); e no RHC 125.395 (Rel. Ministro Raul Araújo, *DJe* de 02/04/2020)" (HC 561.257-SP, Rel. Min. Raul Araújo, 3ª Turma, por unanimidade, julgado em 05.05.2020, *DJe* 08.05.2020). A mesma orientação foi apresentada na Recomendação n. 62, de 18 de março de 2020, do CNJ.

[53] "Desde o início da pandemia causada pelo coronavírus, observa-se que a jurisprudência desta Corte oscilou entre a determinação de cumprimento da prisão civil do devedor de alimentos em regime domiciliar, a suspensão momentânea do cumprimento da prisão em regime fechado e a possibilidade de escolha, pelo credor, da medida mais adequada à hipótese, se diferir o cumprimento ou cumprir em regime domiciliar. Precedentes (…)" (STJ, HC 706.825/SP, Rel. Min. Nancy Andrighi, 3ª Turma, j. 23.11.2021, *DJe* 25.11.2021).

[54] REsp 1914052/DF, Rel. Min. Marco Aurélio Bellizze, 3ª Turma, j. 22.06.2021, *DJe* 28.06.2021.

[55] STJ: HC 401.903/SP, 3ª Turma, Rel. Min. Nancy Andrighi, j. 27.02.2018; HC 439.973/MG, 4ª Turma, Rel. Min. Antônio Carlos Ferreira, j. 16.08.2018.

ou das necessidades do alimentando. Isso deve ser discutido em processo de conhecimento, por meio de ação própria.

Na legislação processual civil, a existência de justificativa que impossibilita, em caráter absoluto, o cumprimento da obrigação da pensão alimentícia, poderá acarretar a revogação da prisão civil, mas isso não quer dizer que o devedor ficará isento de pagar os alimentos vencidos e vindouros. Ou seja, a justificativa eventualmente acolhida afasta temporariamente a prisão, não impedindo, porém, que a execução prossiga em sua forma tradicional, com a expropriação de bens.

Em razão da qualidade especial do direito aos alimentos, é certo que os juízes e tribunais não podem acolher justificativas desprovidas de qualquer comprovação. Igualmente, não há como afastar a proteção máxima da dignidade da pessoa humana a partir de explanações que inviabilizem apenas parcialmente o pagamento da obrigação. Se o alimentante está desempregado, essa condição, por si só, não lhe garante a suspensão do encargo, pois é possível a manutenção do encargo por outras fontes de renda. Até mesmo a prisão do devedor por outra circunstância não vem sendo considerada como justificativa para afastar o dever de pagar alimentos.[56]

Outro argumento costumeiramente adotado para afastar a obrigação alimentar no processo de pensão alimentícia é a existência de ação revisional proposta pelo devedor. Ora, se não houver decisão judicial, ainda que interlocutória, admitindo a suspensão dos pagamentos ou a sua redução, o simples ajuizamento da ação se mostra insuficiente para demonstrar a incapacidade financeira para o cumprimento da obrigação. Ademais, se a ação revisional de alimentos tiver sido proposta após o pedido de execução, ou seja, quando já constituída a obrigação por título judicial (sentença) ou extrajudicial, não terá o condão de eliminar a dívida já contraída, pois a decisão a ser proferida nos autos da ação revisional retroage tão somente à data da citação.

Por fim, **quanto à competência territorial**, o Código atual prevê que o cumprimento da sentença que condenar à prestação de alimentos poderá ser proposto: (i) no atual domicílio do executado; (ii) no juízo do local onde se encontrem bens sujeitos à execução; (iii) no domicílio do exequente; ou (iv) no juízo de proferiu a sentença exequenda. A intenção

---

[56] "Recurso especial. Ação de alimentos. Negativa de prestação jurisdicional. Não ocorrência. Alimentante preso. Circunstância que não influencia no direito fundamental à percepção de alimentos. Peculiaridade a ser apreciada na fixação do valor da pensão. Possibilidade de o interno exercer atividade remunerada. Recurso especial desprovido. 1. Verifica-se que o Tribunal de origem analisou todas as questões relevantes para a solução da lide de forma fundamentada, não havendo falar em negativa de prestação jurisdicional. 2. O direito aos alimentos é um direito social previsto na CRFB/1988, intimamente ligado à concretização do princípio da dignidade da pessoa humana. Assim, a finalidade social e existencial da obrigação alimentícia a torna um instrumento para concretização da vida digna e a submete a um regime jurídico diferenciado, orientado por normas de ordem pública. 3. Os alimentos devidos pelos pais aos filhos menores decorrem do poder familiar, de modo que o nascimento do filho faz surgir para os pais o dever de garantir a subsistência de sua prole, cuidando-se de uma obrigação personalíssima. 4. Não se pode afastar o direito fundamental do menor à percepção dos alimentos ao argumento de que o alimentante não teria condições de arcar com a dívida, sendo ônus exclusivo do devedor comprovar a insuficiência de recursos financeiros. Ademais, ainda que de forma mais restrita, o fato de o alimentante estar preso não impede que ele exerça atividade remunerada. 5. O reconhecimento da obrigação alimentar do genitor é necessário até mesmo para que haja uma futura e eventual condenação de outros parentes ao pagamento da verba, com base no princípio da solidariedade social e familiar, haja vista a existência de uma ordem vocativa obrigatória. 6. Recurso especial desprovido" (STJ, 3ª T., REsp 1.886.554/DF, Rel. Min. Marco Aurélio Bellizze, j. 24.11.2020, *DJe* 03.12.2020).

do legislador é possibilitar ao alimentado escolher o foro que melhor atenda às suas necessidades e à efetivação do direito que foi declarado na sentença ou noutra espécie de decisão judicial (art. 528, § 9º).[57]

6.2 Cumprimento da sentença pelo meio coercitivo da prisão

O cumprimento da sentença – *rectius*: decisão – que condene ao pagamento de prestação alimentícia **inicia-se com o requerimento do credor**, conforme preceituado no art. 528. O requerimento, no que couber, deve obedecer aos requisitos do art. 524, ou seja, será instruído com demonstrativo discriminado e atualizado do crédito e conterá: a) o nome completo, o número de inscrição no Cadastro de Pessoas Físicas ou no Cadastro Nacional da Pessoa Jurídica do exequente e do executado, observado o disposto no art. 319, §§ 1º a 3º; b) o índice de correção monetária adotado; c) os juros aplicados e as respectivas taxas; d) o termo inicial e o termo final dos juros e da correção monetária utilizados; e) a periodicidade da capitalização dos juros, se for o caso; f) a especificação dos eventuais descontos obrigatórios realizados.

Quando **a elaboração do demonstrativo** depender de dados em poder de terceiros ou do executado, o exequente indicará essa circunstância ao juiz, que poderá requisitá-los, sob cominação do crime de desobediência. Não tendo o exequente condições de elaborar os cálculos, pode requerer seja feito pelo contador judicial.

Protocolado **o requerimento a que alude o art. 528**, o juiz **mandará intimar** o executado pessoalmente para, em três dias, pagar o débito, provar que o fez ou justificar a impossibilidade de efetuá-lo. Lembre-se de que estamos a tratar do cumprimento de sentença. O executado já integra a relação processual, por isso, o caso é de intimação. Quando a prestação alimentícia estiver prevista em título extrajudicial, o caso será de instauração de processo executivo autônomo, isto é, a execução não será sincrética, e então o executado será citado para pagar o débito em três dias (art. 911, *caput*).

Diante da intimação, o executado pode adotar uma das três condutas a seguir:

Efetuar o pagamento, caso em que o juiz declarará satisfeita a prestação que deu azo ao cumprimento da sentença e mandará suspender a ordem de prisão. Somente o pagamento da integralidade do débito, salvo a hipótese de justificativa, tem o efeito de evitar ou suspender a prisão. Se de futuro o devedor deixar de efetivar o pagamento de prestação alimentícia, caberá novo pedido de cumprimento e, então, novo mandado poderá ser expedido.

Não pagar e não apresentar justificativa. Nesse caso, o juiz decretar-lhe-á a prisão pelo prazo mínimo de um ou máximo de três meses (art. 528, § 3º). O período máximo que o devedor de alimentos pode ficar preso em razão de determinado débito é de três meses. A responsabilidade pela prestação alimentar é patrimonial, funcionando a prisão como mero meio coercitivo – "um senhor meio". O fato de permanecer preso por três meses não significa que não tenha que pagar. O exequente não troca o dinheiro que lhe é devido pelo encarceramento do executado. Além do decreto da prisão, o juiz, de ofício, determinará o protesto do título, sem prejuízo da análise de outras medidas coercitivas que vierem a ser requeridas. Não satisfeito o crédito e esgotado o prazo da prisão, o juiz extinguirá o procedimento do cumprimento da sentença, a menos que a parte requeira a conversão do rito procedimental visando a expropriação de bens do executado, conforme admitido pela jurisprudência do STJ (RHC 31.302 – Rel. Min. Antonio Carlos Ferreira).

Não pagar, mas apresentar a justificativa pelo não pagamento. O desfecho procedimental vai depender do acatamento ou não da justificativa apresentada pelo executado.

---

[57] Esse já era o entendimento adotado pelo STJ: CC 118.340/MS, Rel. Min. Nancy Andrighi, j. 11.09.2013.

Justificado o não pagamento, a prisão não será decretada. Nesse caso, nada obsta que o exequente requeira a conversão do procedimento visando a expropriação de bens. O executado pode não ter dinheiro para saldar a prestação alimentar, mas dispor de patrimônio. Nada obsta que, com base em fato novo – exemplificativamente, o executado ganhou na loteria – novamente se requeira sua prisão. Como visto anteriormente, somente a comprovação de fato que gere a impossibilidade absoluta de pagar justificará o inadimplemento (art. 528, § 2º). Por exemplo, recentemente o STJ considerou que a prisão decorrente de sentença penal condenatória é justificativa para o descumprimento de obrigação alimentar.[58] Nesse caso, a consequência prática é que o devedor não será preso civilmente e continuará obrigado a pagar os alimentos.

Pode a comprovação da impossibilidade de efetuar o pagamento da prestação ser feita por meio de prova documental ou oral, podendo o executado requerer a designação de audiência de justificação, sendo facultado ao exequente direito a produzir contraprova. Vem prevalecendo que essa justificativa não pode ser discutida por meio do *habeas corpus*, especialmente pelo fato de que esse tipo de remédio constitucional não comporta dilação probatória e não admite a análise aprofundada de provas e fatos controvertidos. Dessa forma, como a real capacidade econômico-financeira do alimentante não pode ser aferida por meio de *habeas corpus*, eventuais justificativas devem ser apresentadas ao juízo que decretou a prisão[59]. Isso não significa dizer, contudo, que haja absoluta impossibilidade de manejar esse remédio para afastar a prisão civil. Em um caso concreto também submetido à apreciação do STJ, a prisão do devedor de alimentos foi excepcionalmente afastada porque essa técnica de coerção já não fazia mais sentido nem se mostrava adequada e eficaz a atingir a finalidade pretendida, que era de fazer com que o alimentante custeasse as despesas essenciais do filho. Na hipótese, além da saúde precária do devedor de alimentos e do prolongamento da inadimplência, não havia comprovação de risco alimentar, pois o credor já tinha meios para prover o próprio sustento.[60]

Se a justificativa não for aceita, o juiz decretará a prisão do executado pelo prazo de um a três meses (art. 528, § 3º), além de mandar protestar o pronunciamento judicial. O art. 5º, LXVII da Constituição Federal estabelece que somente o inadimplemento voluntário e inescusável da obrigação alimentícia permite a prisão civil. Em outras palavras, se justificar, não vai preso. Se efetivar o depósito do débito alimentar, mesmo deixando sem pagar as custas e honorários, igualmente não se decreta a prisão. Pago o principal e não feito o pagamento das verbas sucumbenciais, prossegue a execução para a cobrança do encargo moratório pelo rito da expropriação.

JURISPRUDÊNCIA TEMÁTICA

Prisão civil do devedor de alimentos pode ser convertida em prisão domiciliar se presentes os requisitos do art. 318, V, do Código de Processo Penal

"(...) A regra do art. 318, V, do CPP, estabelece a possibilidade de conversão da prisão preventiva em domiciliar quando se tratar de mulher com filho de até 12 anos de idade incompletos e foi

---

[58] Número do HC não informado em razão do segredo de justiça (disponível em: https://www.migalhas.com.br/Quentes/17,MI310863,101048-Prisao+por+condenacao+penal+justifica+impossibilidade+temporaria+de). Por outro lado, há decisão recente da Terceira Turma do mesmo Tribunal (STJ) que, a partir da ideia de finalidade social e existencial da obrigação alimentar, afastou a alegação do devedor, preso em decorrência de crime, por considerar possível o exercício de trabalho remunerado intramuros (REsp 1.886.554/DF, Rel. Min. Marco Aurélio Bellizze, j. 24.11.2020, *DJe* 03.12.2020).

[59] STJ, AgInt no RHC 163.959/GO, Rel. Min. Marco Buzzi, 4ª Turma, j. 03.10.2022; RHC 136.336/MG, Rel. Min. Marco Aurélio Bellizze, 3ª Turma, *DJe* 03.03.2022.

[60] STJ, RHC 160368/SP, Rel. Min. Moura Ribeiro, 3ª Turma, j. 05.04.2022.

introduzida no ordenamento jurídico pela Lei nº 13.257/2016, que compreende um conjunto de regras destinadas à promoção de uma política pública de proteção à primeira infância. 5- A finalidade do art. 318, V, do CPP, é a minimização dos riscos e a diminuição dos efeitos naturalmente nocivos que o afastamento parental produz em relação aos filhos, especialmente aqueles que ainda estão nos primeiros anos de vida, diante da necessidade do desenvolvimento infantil, da personalidade e do ser humano. 6- A concessão de prisão domiciliar às genitoras de menores de até 12 anos incompletos não está condicionada à comprovação da imprescindibilidade dos cuidados maternos, que é legalmente presumida. Precedentes do STJ e do STF. 7- Se a finalidade essencial do art. 318, V, do CPP, é a proteção integral da criança, minimizando-se as chances de ela ser criada no cárcere conjuntamente com a mãe ou colocada em família substituta ou em acolhimento institucional na ausência da mãe encarcerada, mesmo diante da hipótese de possível prática de um ilícito penal, não há razão para que essa mesma regra não se aplique às mães encarceradas em virtude de dívida de natureza alimentar, observada a necessidade de adaptação desse entendimento às particularidades dessa espécie de execução. 8- Na hipótese de inadimplemento de dívida de natureza alimentar da mãe que possui filho sob a sua guarda de até 12 anos, deve haver a segregação da devedora de alimentos, com a finalidade de incomodá-la a ponto de buscar os meios possíveis de solver a obrigação, mas essa restrição deve ser compatibilizada com a necessidade de obter recursos financeiros aptos não apenas a quitar a dívida alimentar em relação ao credor, mas também suprir as necessidades básicas do filho que se encontra sob a sua guarda. 9- Pelo mesmo motivo, deve ser possibilitado à mãe o atendimento de necessidades vitais e emergenciais do filho que se encontra sob a sua guarda, sempre mediante comprovação perante o juízo da execução dos alimentos, autorizando-se, ademais, a aplicação, inclusive cumulativa e combinada, de medidas indutivas, coercitivas, mandamentais ou sub-rogatórias, nos termos do art. 139, IV, do CPC/2015, com o propósito de estimular o cumprimento da obrigação de natureza alimentar (...)" (HC 770.015/SP, Rel. Min. Nancy Andrighi, 3ª Turma, j. 07.02.2023, *DJe* 09.02.2023).

Prerrogativa de recolhimento em sala de Estado-maior não se aplica quando o advogado é devedor de alimentos

"(...) A prerrogativa da sala de Estado-maior não pode incidir na prisão civil do advogado que for devedor alimentar, desde que lhe seja garantido, por óbvio, um local apropriado, devidamente segregado dos presos comuns, nos termos expressos do art. 528, §§ 4º e 5º, do CPC/2015. 7. Em uma ponderação entre direitos fundamentais – o direito à liberdade e à dignidade humana do devedor advogado inadimplente de obrigação alimentícia *versus* o direito à tutela jurisdicional efetiva, à sobrevivência, à subsistência e à dignidade humana do credor –, promoveu o legislador constituinte a sua opção política em dar prevalência ao direito deste último, sem fazer nenhuma ressalva. 8. A autorização da prisão civil do devedor de alimentos é endereçada a assegurar o mínimo existencial ao credor. Admitir o seu cumprimento em sala de Estado-maior ou de forma domiciliar, em nome da prerrogativa do profissional advogado, redundaria, no limite, em solapar todo o arcabouço erigido para preservar a dignidade humana do credor de alimentos. Assim, é cabível a prisão civil do advogado devedor de alimentos. 9. A prerrogativa estipulada no art. 7º, V, do Estatuto da OAB é voltada eminentemente à prisão penal, mais precisamente às prisões cautelares determinadas antes do trânsito em julgado da sentença penal condenatória. A aplicação dos regramentos da execução penal, como forma de abrandar a prisão civil, acabará por desvirtuar a técnica executiva e enfraquecer a política pública estatal, afetando a sua coercibilidade, justamente o móvel que induz a conduta do devedor alimentar (...)" (HC 740.531/SP, Rel. Min. Luis Felipe Salomão, 2ª Seção, j. 26.10.2022, *DJe* 27.12.2022).

6.3 Cumprimento da sentença pela expropriação de bens

Optando o credor de alimentos pelo **cumprimento da sentença pelo rito da expropriação**, o procedimento tem como normas de regência aquelas dos arts. 523 a 526, que tratam do requerimento e impugnação e, as dos arts. 831 a 909, que versam sobre a penhora, avaliação e alienação de satisfação do crédito.

Feito o requerimento pelo credor, **o executado será intimado**, na pessoa de seu advogado, a pagar o débito em 15 dias, com multa de 10% e honorários advocatícios em igual percentual caso não o faça (CPC, art. 523, § 1º), sob pena de penhora. A intimação será pessoal, preferencialmente por carta, com aviso de recebimento, se o executado for representado pela Defensoria Pública (CPC, art. 513, § 2º, II) ou se o requerimento for formulado após um ano do trânsito em julgado da sentença (CPC, art. 513, § 4º). Se o executado foi revel na fase de conhecimento, a intimação será por edital (CPC, art. 513, § 2º, IV).

Ultrapassado o prazo de 15 dias e não efetivado o pagamento, **será expedido mandado de penhora** e avaliação, seguindo-se os atos de expropriação (CPC, art. 523, § 3º).

A execução não terá prosseguimento se o devedor apresentar impugnação e o juiz a ela atribuir efeito suspensivo (o que constitui exceção). A impugnação pode ser oposta independente de garantia do juízo (penhora), em 15 dias a contar do término do prazo para pagamento (art. 525, *caput*).

Recaindo a penhora sobre dinheiro, ainda que eventual impugnação tenha sido recebida no efeito suspensivo, **admite-se o levantamento** do valor depositado (CPC, art. 528, § 8º), independentemente da prestação de caução (CPC, art. 521, I).

Com referência à penhora, é de se lembrar que a natureza alimentar do crédito viabiliza a constrição de: vencimentos, subsídios, soldos, salários, remunerações, proventos de aposentadoria, pensões, pecúlios e montepios; quantias recebidas por liberalidade de terceiro, ainda que destinadas ao sustento do devedor e sua família; ganhos de trabalhador autônomo e dos honorários de profissional liberal; quantias depositadas em caderneta de poupança ou em outras modalidades de investimento, sem qualquer limitação; frutos e rendimentos dos bens inalienáveis (arts. 833 e 834); parte dos rendimentos ou rendas do executado, de forma parcelada, contanto que não ultrapasse 50% de seus ganhos líquidos (CPC, art. 529, § 3º).

Porque se trata de crédito de natureza alimentar, com muito mais razão admite-se o arresto ou penhora on-line.

Não recaindo a constrição sobre dinheiro, o bem penhorado é alienado em leilão e o montante obtido neste ato destinado à quitação ou amortização do débito. Na Parte IV, o leitor encontrará mais detalhes sobre a alienação e extinção da execução. O procedimento executivo será extinto com o pagamento das parcelas vencidas e das que se venceram durante o processo e mais honorários, multa e custas (art. 323).

JURISPRUDÊNCIA TEMÁTICA

Possibilidade de inclusão de prestações vencidas no curso do processo em que se busca a constrição de bens do devedor de alimentos

"Civil. Recurso especial. Família. Alimentos. Execução por quantia certa. Rito expropriatório. Prestações vincendas. Inclusão. Possibilidade. Recurso provido. 1. É possível a inclusão das prestações alimentícias vencidas no curso da execução, ainda que o credor opte pelo procedimento da coerção patrimonial, previsto no art. 528, § 8º, do CPC/2015, em observância dos princípios da efetividade, da celeridade e da economia processual. 2. Recurso especial provido para deferir a emenda à inicial, a fim de incluir as prestações que vencerem no curso da execução por quantia certa" (REsp 1.846.966/SP, Rel. Min. Antônio Carlos Ferreira, 4ª Turma, j. 12.09.2023, *DJe* 19.09.2023).

Impossibilidade de sub-rogação da mãe nos direitos do filho (credor) de alimentos

"Recurso ordinário em *habeas corpus*. Inadimplemento de obrigação alimentar. Cumprimento de sentença. Prisão civil decretada. Ausência de comprovação do pagamento da verba alimentar ('in natura') referente a alimentação da exequente no refeitório da escola. Tema controvertido e que exige a análise aprofundada de provas. Impossibilidade de enfrentamento na via estreita do 'habeas corpus'. Afirmado constrangimento ilegal não comprovado de plano. Sub-rogação em pagamento de parte do débito alimentar pela genitora da exequente menor. Impossibilidade. Necessidade de ajuizamento de ação de cobrança própria. Precedentes. Recurso ordinário parcialmente provido. 1. A teor da jurisprudência desta Corte Superior, na via estreita do *habeas corpus*, que não admite dilação probatória, o constrangimento ilegal suportado deve ser comprovado de plano, devendo o interessado demonstrar, de maneira inequívoca, por meio de documentos que evidenciem a sua existência, o que não ocorre no caso em análise no que se refere a afirmada inocorrência do pagamento das despesas de alimentação da exequente no restaurante da escola por sua genitora. 2. Na linha da jurisprudência desta Casa, a genitora que, no inadimplemento do pai, custeia as obrigações alimentares a ele atribuídas, tem direito a ser ressarcida pelas despesas efetuadas e que foram revertidas em favor do menor, não se admitindo, todavia, a sub-rogação da genitora nos direitos do alimentado nos autos da execução de alimentos, diante do caráter personalíssimo que é inerente aos alimentos (REsp 658.165/SP, Rel. Min. Nancy Andrighi, 3ª Turma, *DJe* 18.12.2017). 3. Por via reflexa na execução de alimentos, não pode a genitora, na condição de representante legal, se sub-rogar nos direitos da credora menor dos alimentos referente a alimentos '*in natura*' (refeições da filha menor no restaurante da escola no período de julho 2019 a março de 2020) que pagou em virtude da inadimplência do genitor/executado, cujo direito é pessoal e intransferível, devendo ajuizar ação própria. Precedentes do STJ. 4. Recurso ordinário em *habeas corpus* parcialmente provido, para afastar o decreto de prisão, pelo menos em relação aos alimentos *in natura* (alimentação da exequente na escola) pagos pela representante legal da recorrida" (RHC 172.742/RS, Rel. Min. Moura Ribeiro, 3ª Turma, j. 07.02.2023, *DJe* 09.02.2023).

6.4 Cumprimento da sentença mediante desconto em folha

De acordo com o CPC/1973, "quando o devedor for funcionário público, militar, diretor ou gerente de empresa, bem como empregado sujeito à legislação do trabalho, o juiz mandará descontar em folha de pagamento a importância da prestação alimentícia" (art. 734).

A hipótese do art. 734 da legislação anterior é utilizada apenas em relação às parcelas vincendas, sendo que as vencidas, com exceção das últimas três – hipótese do art. 733 do CPC/1973 –, deve ser executada por meio do procedimento previsto no art. 732, conforme tratado anteriormente. No entanto, com o objeto de dar efetividade à tutela jurisdicional já concedida na sentença, em algumas oportunidades o STJ chegou a admitir o desconto em folha de pagamento, inclusive quanto ao débito pretérito, desde que o montante a ser descontado fosse razoável e não impossibilitasse a sobrevivência do devedor (STJ, REsp 997.515, julgado em 18.10.2011).

O CPC/2015 aprofundou a matéria relativa ao desconto em folha de pagamento das verbas relativas aos alimentos. Um dos pontos de maior relevância é o § 3º do art. 529, que não encontra correspondência da lei anterior e que autoriza que, além dos alimentos vincendos, o débito do executado (alimentos vencidos) possa ser descontado de seus rendimentos ou rendas, de forma parcelada, contanto que, somado à parcela devida, o valor do desconto não ultrapasse 50% (cinquenta por cento) dos ganhos líquidos do executado. O dispositivo menciona que o débito *poderá* ser descontado dessa forma, o que quer dizer que caberá ao juiz avaliar as possibilidades do executado para, então, deferir a medida.

O Código atual também esclarece que a autoridade ou o empregador que deixar de descontar as verbas determinadas pelo juiz poderá responder por crime de desobediência (art. 330 do CP). Essa disposição (art. 529, § 1º) vai ao encontro do que já estava disciplinado no parágrafo único do art. 22 da Lei de Alimentos (Lei nº 5.478/1968).[61]

6.5 Cumprimento da decisão que fixa alimentos provisórios

Alimentos provisórios são aqueles fixados antes da sentença na ação de alimentos submetida ao rito especial previsto na Lei nº 5.478/1968. Nos termos do art. 4º da referida lei, "ao despachar o pedido, o juiz fixará desde logo alimentos provisórios a serem pagos pelo devedor, salvo se o credor expressamente declarar que deles não necessita". Trata-se de uma forma de antecipação dos efeitos da sentença quando há prova pré-constituída do parentesco, casamento ou união estável, sendo desnecessária prévia citação do réu ou mesmo dilação probatória.

A decisão que fixa os alimentos provisórios terá, então, natureza interlocutória e será passível de cumprimento em autos apartados, por expressa disposição do § 1º do art. 531 do CPC/2015. A mesma regra vale para os alimentos fixados em sentença ainda não transitada em julgado. Vale lembrar que os alimentos provisórios serão devidos até a decisão final e, portanto, ainda que haja recurso (agravo de instrumento), o credor poderá propor o cumprimento da decisão. Convertidos os alimentos provisórios em definitivos, o cumprimento da sentença já transitada em julgado será processado nos mesmos autos em que proferida a decisão definitiva.

6.6 Cumprimento da sentença que fixa alimentos indenizatórios

Alimentos indenizatórios ou ressarcitórios são aqueles devidos em razão da prática de ato ilícito, por exemplo, de homicídio, hipótese em que as pessoas que dependiam da vítima poderão pleiteá-los (art. 948, II, do CC).

A importância dos alimentos para a manutenção da vítima, ou dos sucessores dela, no caso do exemplo anterior, levou o legislador a estabelecer normas com o objetivo de preservar o valor real da prestação e assegurar o cumprimento da obrigação, evitando que eventual insolvência do devedor possa comprometer o pagamento das verbas alimentícias.

A preservação do valor dos alimentos é alcançada com a permissão de se fixá-los tomando por base o salário mínimo, bem como pela possibilidade de revisão, para aumentar ou diminuir, se sobrevier modificação nas condições econômicas do devedor ou do beneficiário (art. 533, §§ 3º e 4º).

A utilização do salário mínimo como base para fixação dos alimentos não afronta o art. 7º, IV, da CF, porquanto a vedação constante do texto constitucional visa o mesmo fim almejado

---

[61] Lei nº 5.478/1968, "Art. 22. Constitui crime conta a administração da Justiça deixar o empregador ou funcionário público de prestar ao juízo competente as informações necessárias à instrução de processo ou execução de sentença ou acordo que fixe pensão alimentícia: Pena – Detenção de 6 (seis) meses a 1 (um) ano, sem prejuízo da pena acessória de suspensão do emprego de 30 (trinta) a 90 (noventa) dias. Parágrafo único. Nas mesmas penas incide quem, de qualquer modo, ajuda o devedor a eximir-se ao pagamento de pensão alimentícia judicialmente acordada, fixada ou majorada, ou se recusa, ou procrastina a executar ordem de descontos em folhas de pagamento, expedida pelo juiz competente".

pelo Código, ou seja, assegurar a subsistência digna dos alimentandos. A vinculação vedada pela constituição é aquela que possa interferir nos reajustes do salário mínimo.

No aspecto revisional, não se distingue entre alimentos fixados em decorrência de ato ilícito, de parentesco, casamento ou companheirismo. Em qualquer desses casos será possível a revisão se ocorrer alteração substancial nas condições econômicas, cabendo majoração ou diminuição do encargo.

No que tange às garantias para assegurar o pagamento da prestação alimentar, o exequente poderá requerer do devedor a constituição de capital, cuja renda assegure o pagamento do valor mensal da pensão (art. 533, *caput*).

O capital garantidor do cumprimento da obrigação alimentar pode ser representado por imóveis, títulos da dívida pública ou aplicações financeiras. O importante é que os rendimentos dos bens que constituam a garantia sejam suficientes para quitar as prestações enquanto perdurar a obrigação. O § 1º do art. 533 do CPC/2015 prevê, ainda, que poderão ser constituídos como capital, além dos bens imóveis, os direitos reais sobre bens imóveis passíveis de alienação. Isso quer dizer que podem ser incluídos como garantia alguns dos direitos elencados no art. 1.225 do Código Civil, como, por exemplo, a hipoteca, o usufruto e o direito do promitente comprador. Nesses casos, o devedor não perde a propriedade ou o direito sobre os bens que constituem a garantia, mas apenas a disponibilidade deles enquanto perdurar a obrigação.

Esclarece-se que a constituição de capital, que no CPC/1973 soava como faculdade do juiz, no CPC/2015 passa a ser obrigatória, desde que (i) haja requerimento do exequente e (ii) o executado apresente bens (imóveis, títulos da dívida pública ou aplicações financeiras), próprios ou de terceiro, destinados à geração de renda para o pagamento da prestação. De qualquer forma, restou mantida a possibilidade de substituição do capital pela inclusão do beneficiário da prestação alimentar na folha de pagamento do devedor, por fiança bancária ou por garantia real (art. 475-Q, § 2º, do CPC/1973; art. 533, § 2º, do CPC/2015). A novidade fica por conta da previsão de que os bens destinados à geração de renda constituir-se-ão em patrimônio de afetação (art. 533, § 1º, parte final).

Patrimônio de afetação consiste na destinação de parte ou de totalidade de um patrimônio para uma determinada finalidade. Trata-se de um fundo autônomo, como se passa com a fundação. Desta, porém, se difere, porquanto não tem personalidade jurídica, mas apenas autonomia patrimonial.

O regime da afetação patrimonial foi introduzido no ordenamento jurídico brasileiro pela Medida Provisória nº 2.221 – a qual foi substituída pela Lei nº 10.931/2004 –, exclusivamente para fins de garantir a continuidade das obras da incorporação imobiliária no caso de "quebra" do incorporador. O objetivo era conferir segurança ao mercado imobiliário, aos adquirentes das unidades imobiliárias e ao próprio banco financiador da obra. Para edição da lei, o legislador se baseou na teoria da afetação, apresentada no final do século XIX, que tinha por escopo romper com a doutrina da unicidade patrimonial, permitindo, assim, a instituição de patrimônio destinado especificamente à consecução e entrega do empreendimento imobiliário.

Para que se configure o regime de afetação, quanto aos bens imóveis e direitos reais sobre eles (art. 1.225 do CC), deve-se proceder à averbação no Registro Imobiliário, por mandado expedido por ordem da autoridade judicial. Em se tratando, por exemplo, de títulos da dívida pública ou de aplicações financeiras, deve-se proceder ao registro perante o Banco Central do Brasil.

Tal patrimônio, assim apartado, deve ter aptidão para gerar receita suficiente para o pagamento da pensão, além de honorários ao administrador, impostos e outras despesas que possam recair sobre a essa ficção, uma vez que não se comunica com os demais bens, direitos e obrigações do patrimônio geral do devedor dos alimentos e só responde por dívidas e obrigações vinculadas à obrigação respectiva.

Os eventuais efeitos da decretação da falência ou da insolvência civil do devedor não atingirão o patrimônio de afetação previamente constituído e nem integrarão a massa concursal. Efeito prático: não obstante tais circunstâncias, o patrimônio afetado continuará a produzir receita para saldar o débito alimentar.

Embora o legislador tenha silenciado, ao regime de afetação previsto neste dispositivo aplica-se, no que couber o disposto na Lei nº 10.931/2004.

Finda a obrigação de prestar os alimentos, o juiz mandará liberar o capital, cessar o desconto em folha, cancelar qualquer das garantias prestadas ou desconstituir o patrimônio de afetação.

O limite temporal do pensionamento em decorrência de ato ilícito varia de acordo com a qualidade do beneficiário da pensão. Se a pensão se destina à própria vítima, em decorrência, por exemplo, de redução da capacidade laborativa, a pensão será vitalícia, mas poderá ser paga de uma única vez (art. 950, parágrafo único, do CC). Destinando-se à viúva, no caso de morte da vítima, a duração do pensionamento observará a expectativa de vida do ofendido, bem como o estado de viuvez da beneficiária. No caso de dependentes, a obrigação alimentar será limitada não só pela expectativa de vida da vítima, como também pela condição de dependência.

Para a execução de alimentos decorrentes de ato ilícito, prevalece no âmbito da jurisprudência a impossibilidade de decretação da prisão civil. O art. 528 do CPC/2015, como já vimos, permite o cumprimento da sentença que determina o pagamento de alimentos através do rito da prisão civil. O CPC/2015 não esclareceu qual espécie de alimentos pode ser executada por essa via especial. Por essa razão, parte da doutrina manifesta incondicional apoio à possibilidade de prisão civil para o caso de dívida alimentar decorrente de ato ilícito.

No STJ, há vários precedentes contrários a esse posicionamento, ou seja, afastando a prisão civil para os chamados alimentos indenizatórios (p. ex.: HC 182.228/SP, j. 01.03.2011). Mais recentemente, em decisão proferida em setembro de 2020,[62] a 4ª Turma do STJ reforçou a tese de que a única hipótese de prisão por dívida admitida em nosso ordenamento é aquela relacionada à pensão alimentícia com origem no direito de família.

6.7 Abandono material

De acordo com o art. 532, "verificada a conduta procrastinatória do executado, o juiz deverá, se for o caso, dará ciência ao Ministério Público dos indícios da prática do crime de abandono material".

Por meio de sua aplicação busca-se evitar que o devedor seja premiado com a suspensão da execução do débito alimentar na hipótese de não serem encontrados bens passíveis de constrição por conta de manobras de má-fé realizadas pelo próprio executado. Assim, verificando que o devedor se esquiva de cumprir a obrigação mesmo tendo condições de fazê-la, o juiz dará ciência ao órgão do Ministério Público para apuração de crime previsto no art. 244, parágrafo único, do Código Penal.[63]

---

[62] Processo em segredo de justiça. Decisão divulgada no site do STJ. Disponível em: http://www.stj.jus.br/sites/portalp/Paginas/Comunicacao/Noticias/04092020-Prisao-civil-nao-abrange-devedor-de-alimentos-de-carater-indenizatorio-decorrentes-de-ato-ilicito.aspx.

[63] Código Penal, "Art. 244. Deixar, sem justa causa, de prover a subsistência do cônjuge, ou de filho menor de 18 (dezoito) anos ou inapto para o trabalho, ou de ascendente inválido ou maior de 60 (sessenta) anos, não lhes proporcionando os recursos necessários ou faltando ao pagamento de pensão alimentícia judicialmente acordada, fixada ou majorada; deixar, sem justa causa, de socorrer descendente ou ascendente, gravemente enfermo: Pena – detenção, de 1 (um) a 4 (quatro) anos e multa, de uma a dez vezes o maior salário mínimo vigente no País. Parágrafo único. Nas mesmas

Cumpre esclarecer que a jurisprudência exige que o Ministério Público demonstre a falta de justa causa para o inadimplemento da obrigação, bem como o dolo na conduta do agente.[64] Somente assim será possível o processamento da ação penal.

**Quadro esquemático 56 –
Cumprimento de sentença de decisão que fixa alimentos**

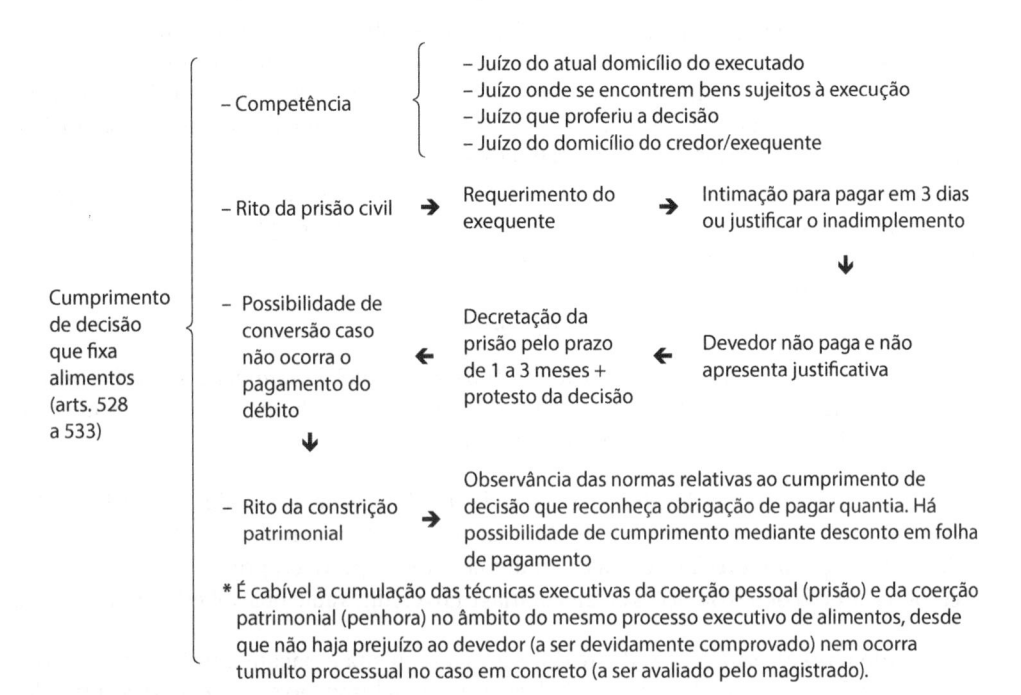

Cumprimento de decisão que fixa alimentos (arts. 528 a 533)

- Competência
  - Juízo do atual domicílio do executado
  - Juízo onde se encontrem bens sujeitos à execução
  - Juízo que proferiu a decisão
  - Juízo do domicílio do credor/exequente

- Rito da prisão civil → Requerimento do exequente → Intimação para pagar em 3 dias ou justificar o inadimplemento ↓ Devedor não paga e não apresenta justificativa ← Decretação da prisão pelo prazo de 1 a 3 meses + protesto da decisão

- Possibilidade de conversão caso não ocorra o pagamento do débito ↓

- Rito da constrição patrimonial → Observância das normas relativas ao cumprimento de decisão que reconheça obrigação de pagar quantia. Há possibilidade de cumprimento mediante desconto em folha de pagamento

* É cabível a cumulação das técnicas executivas da coerção pessoal (prisão) e da coerção patrimonial (penhora) no âmbito do mesmo processo executivo de alimentos, desde que não haja prejuízo ao devedor (a ser devidamente comprovado) nem ocorra tumulto processual no caso em concreto (a ser avaliado pelo magistrado).

7. CUMPRIMENTO DE OBRIGAÇÃO DE PAGAR QUANTIA CERTA PELA FAZENDA PÚBLICA

7.1 Introdução

Com a minirreforma introduzida pela Lei nº 11.232/2005 ao Código de 1973, a satisfação do direito por meio de métodos executivos passou a ser mera fase do processo de conhecimento. Com a referida lei, regra geral, desapareceu a necessidade de se iniciar um novo processo (o de execução) para obter o cumprimento de um título judicial nos casos de obrigação de pagar quantia certa. Essa modificação, no entanto, não alcançou a Fazenda Pública como condenada. Assim, de acordo com o CPC/1973, seria preciso a instauração de um novo processo para a satisfação do crédito obtido por meio de decisão judicial.

O Código atual, buscando maior efetivação da tutela jurisdicional por meio de um processo sincrético, não faz diferença quanto ao cumprimento das sentenças "comuns" e daquelas

---

penas incide quem, sendo solvente, frustra ou ilide, de qualquer modo, inclusive por abandono injustificado de emprego ou função, o pagamento de pensão alimentícia judicialmente acordada, fixada ou majorada".

64 Por exemplo: STJ, HC 141.069/RS, Rel. Min. Maria Thereza de Assis Moura, j. 22.08.2011.

proferidas em desfavor da Fazenda Pública, exceto em relação ao modo pelo qual se realiza o pagamento da condenação. O cumprimento de sentença passa, portanto, a ser aplicável à Fazenda Pública como executada, reservando-se o processo próprio de execução para as execuções fundadas em títulos executivos extrajudiciais.

7.2 Pagamento das condenações contra a Fazenda Pública

Por expressa previsão constitucional, a Fazenda Pública realiza o pagamento das suas condenações por meio de **precatório** (art. 100 da CF/1988). Apenas nos casos de condenação de pequeno valor é que o precatório será substituído pela **Requisição de Pequeno Valor (RPV)**, que será expedida e paga imediatamente, ou seja, sem a necessidade de observância da ordem cronológica de inscrição prevista para os primeiros.

Essa forma diferenciada de pagamento gera, então, a necessidade de aplicação de um regime específico para a Fazenda Pública, diferente daquele que é aplicado nas hipóteses de cumprimento de decisão proferida contra o particular.

7.2.1 Pagamento por meio de precatório

O regime de precatórios é tratado pelo art. 100 da CF/1988. No *caput* do art. 100, consta a regra geral no sentido de que os pagamentos devidos pela Fazenda Pública devem ser realizados na ordem cronológica de apresentação dos precatórios:

> Art. 100. Os pagamentos devidos pelas Fazendas Públicas Federal, Estaduais, Distrital e Municipais, em virtude de sentença judiciária, far-se-ão exclusivamente na ordem cronológica de apresentação dos precatórios e à conta dos créditos respectivos, proibida a designação de casos ou de pessoas nas dotações orçamentárias e nos créditos adicionais abertos para esse fim.

Recebido o precatório, o presidente do tribunal requisita o pagamento à Fazenda. Conforme Emenda Constitucional 114/2021, é obrigatória a inclusão, no orçamento das entidades de direito público, de verba necessária ao pagamento dos débitos oriundos de sentenças transitadas em julgado constantes de precatórios judiciários apresentados até 2 de abril, fazendo-se o pagamento até o final do exercício seguinte, quando serão atualizados monetariamente (art. 100, § 5º, da CF/1988). A mesma emenda admitiu que o credor do precatório não contemplado no orçamento poderá optar pelo recebimento do valor devido, com desconto de 40%, a ser pago em parcela única até o fim do ano seguinte, por meio de acordo em juízos de conciliação.

As verbas incluídas no orçamento são repassadas ao Tribunal de Justiça, que, por sua vez, determina o pagamento das dívidas, segundo as possibilidades do depósito, **na ordem de apresentação dos precatórios** e observando-se as regras de prioridade previstas na Constituição Federal.

Antes da EC 114/2021, eram estabelecidas duas ordens numéricas, **duas filas para recebimento de créditos**: uma para créditos de natureza alimentícia (salários, vencimentos, proventos, pensões, benefícios previdenciários e indenizações por morte ou por invalidez, fundadas em responsabilidade civil) e outra para créditos de natureza diversa. Primeiro pagavam-se os créditos de natureza alimentícia, priorizando-se, ainda, dentre esses, aqueles cujos titulares tinham 60 anos ou eram portadores de doença grave, ainda que existissem outros mais antigos. **Atualmente a ordem de pagamentos é a seguinte:**

1º lugar: créditos alimentares de pessoas idosas; créditos alimentares de pessoas com deficiência, apurada, quando necessário, na forma da Lei nº 13.146/2015; crédito alimentares de pessoa com doença grave, na forma do art. 6º, XIV, da Lei nº 7.713/1988 ou que tenha sido considerada como tal a partir de conclusão médica especializada. Em todos os casos deve ser observado o limite correspondente ao triplo do valor fixado para pagamento mediante RPV.

2º lugar: créditos alimentares de pessoas que não estejam contempladas na hipótese anterior, até o triplo do valor fixado para pagamento mediante RPV;

3º lugar: créditos alimentadores superiores ao limite previsto na hipótese anterior;

4º lugar: créditos não alimentares.

De acordo com o art. 100, §º 1º, CF/1988, são débitos de natureza alimentar aqueles decorrentes de: salários, vencimentos, proventos, pensões e suas complementações, benefícios previdenciários e indenizações por morte ou invalidez, fundadas na responsabilidade civil. Esse rol é exemplificativo (posicionamento do STJ[65]), de modo que a definição sobre o caráter da verba e a sua inclusão na fila preferencial devem estar vinculadas à análise a respeito da sua destinação. "Uma verba tem natureza alimentar quando destinada à subsistência do credor e de sua família (...)" (STJ, Corte Especial. REsp 1815055/SP, Rel. Min. Nancy Andrighi, j. 03.08.2020).

No que concerne ao momento no qual é analisada a idade para que a pessoa possa ser inserida na fila com "superpreferência", a **redação literal** do § 2º do art. 100 considera-o como sendo da **"data de expedição do precatório"**. Ou seja, para que o indivíduo tenha direito à superpreferência, ele deve ser pessoa idosa no dia da expedição do precatório pelo juízo. Ocorre que, entre o dia em que o precatório é expedido e a data em que ele é efetivamente pago, decorrem alguns anos, sendo bastante comum que o titular do crédito complete a idade de 60 anos durante a espera pelo pagamento. Por essa razão, a expressão "na data da expedição do precatório" constante no § 2º do art. 100 da CF/1988 foi **declarada inconstitucional pelo STF**. Veja:

"[...] No tocante ao art. 100, § 2º, da CF [...], assinalou-se que a emenda, em primeira análise, criara benefício anteriormente inexistente para os idosos e para os portadores de deficiência, em reverência aos princípios da dignidade da pessoa humana, da razoabilidade e da proporcionalidade. Entretanto, relativamente à expressão 'na data da expedição do precatório', entendeu-se haver transgressão ao princípio da igualdade, porquanto a preferência deveria ser estendida a todos credores que completassem 60 anos de idade na pendência de pagamento de precatório de natureza alimentícia [...]" (STF, Plenário, ADI 4.357/DF, ADI 4.425/DF, ADI 4.372/DF, ADI 4.400/DF, ADI 4.357/DF, Rel. orig. Min. Ayres Britto, Red. p/ o acórdão Min. Luiz Fux, 13 e 14.03.2013).

Dessa forma, constitui-se o direito subjetivo à prioridade no momento do implemento desse requisito, seja antes ou depois da expedição do ofício precatório. Nesse mesmo sentido é a Resolução 303/2019 do Conselho Nacional de Justiça (art. 11, II), que também esclarece que a doença grave pode ter sido contraída **após** o início do processo, circunstância incapaz de afastar a prioridade.

Ressalte-se que o direito de preferência estabelecido pela Constituição, especialmente após a EC 94/2016, está relacionado ao titular do precatório de natureza alimentar originário ou por sucessão hereditária, assim compreendido: a) como credor originário, a pessoa em nome de quem foi expedido o precatório; b) como credor por sucessão hereditária, a pessoa que, em

---

[65] "O art. 100, § 1º, da Constituição Federal traz um rol exemplificativo, de sorte que a definição da natureza alimentar das verbas nele elencadas encontra-se vinculada à destinação precípua de subsistência do credor e de sua família" (STJ, 1ª Turma. RMS 72.481/BA, Rel. Min. Sérgio Kukina, j. 05.12.2023).

razão da morte do credor originário, assume a titularidade do crédito mediante partilha ou por meio de escritura pública.

Do mesmo modo, a eventual **cessão do crédito oriundo do precatório** não tem o condão de afastar a prioridade, ou seja, o cessionário não perde o direito ao benefício que antes era do próprio cedente. Essa possibilidade de cessão encontra-se expressamente prevista na parte final do art. 78 do ADCT, e a sua ocorrência, segundo decisão do Supremo Tribunal Federal, não é capaz de alterar a natureza do crédito, razão pela qual ele continuará a ter caráter preferencial, mesmo quando cedido a terceiros (RE 631.537, Rel. Min. Marco Aurélio, j. 22.05.2020, com repercussão geral).

Os créditos decorrentes dos precatórios também podem ser entregues a instituições financeiras para compras de imóveis públicos do respectivo ente federado, desde que, é claro, tenham sido previamente disponibilizados para venda (§ 11). De toda forma, a cessão de precatórios somente produzirá efeitos após comunicação, por meio de petição protocolizada, ao Tribunal de origem e ao ente federativo devedor.

7.2.2 Pagamento por meio de RPV

De acordo com o § 3º do art. 100 da CF/1988, o regime de precatórios não se aplica aos pagamentos de obrigações definidas em leis como de **pequeno valor**. Esse *quantum* é estabelecido por cada ente federado (União, Estados, Distrito Federal e Municípios). No âmbito na União o "pequeno valor" corresponde a 60 salários mínimos, nos termos do art. 17, § 1º, da Lei nº 10.259/2001. No Estado de Minas Gerais, por exemplo, o montante é calculado com base no valor da Unidade Fiscal (UFEMG) – R$ 5,2797 – e corresponde, em 2024, a R$ 24.936,02 (vinte e quatro mil novecentos e trinta e seis reais e dois centavos).

Em suma, Estados e Municípios têm liberdade para estabelecer o limite para pagamento por meio de Requisição de Pequeno Valor (RPV), devendo levar em consideração a sua capacidade econômica e o princípio da proporcionalidade para definir o montante a título de "pequeno valor". De toda sorte, o valor mínimo estipulado deverá ser igual ao valor do maior benefício do regime geral de previdência social.

Caso o ente público devedor não possua lei ou tenha estipulado valor inferior ao maior benefício do Regime Geral de Previdência Social (RGPS), será considerado como requisição de pequeno valor, nos termos do art. 47, § 2º, da Res. CNJ nº 303/2019: I – 60 (sessenta) salários mínimos, se devedora a fazenda federal; II – 40 (quarenta) salários mínimos, se devedora a fazenda estadual ou distrital; e III – 30 (trinta) salários mínimos, se devedora a fazenda municipal.

Se o título executivo – judicial ou extrajudicial – contemplar esses valores, o pagamento será feito por meio de ordem expedida pela autoridade judicial à autoridade ou órgão da Fazenda Pública responsável pelo pagamento. Caso não seja atendida a requisição judicial, poderá ser determinado o sequestro de numerário suficiente ao cumprimento da decisão (art. 17, § 2º, da Lei nº 10.259/2001).

No âmbito da execução contra a Fazenda Pública, o pagamento da condenação através de RPV possui uma peculiaridade. Se a Fazenda Pública não impugnar a execução ou, se apesar de ter havido impugnação, a autoridade judicial rejeitar os argumentos apresentados pela executada, o pagamento da obrigação de pequeno valor será realizado no prazo de 2 (dois) meses contado da entrega da requisição, mediante depósito na agência de banco oficial[66] mais

---

[66] No julgamento da ADI 5492 o STF declarou a inconstitucionalidade da expressão "de banco oficial", constante do art. 535, § 3º, II, do CPC/2015 e conferiu interpretação conforme ao dispositivo para que se entenda que a "agência" nele referida pode ser de instituição financeira **pública ou privada**.

próxima da residência do exequente (art. 535, § 3º, II, CPC). Ou seja, transitada em julgado a decisão exequenda, o juízo da execução expedirá a requisição de pagamento diretamente à autoridade responsável, sem a necessidade de intermediação por parte da presidência do respectivo Tribunal. Desatendido o prazo indicado, poderá, conforme registrado, ser determinado o sequestro de numerário suficiente ao cumprimento da decisão.

Destaca-se que o prazo de dois meses foi considerado constitucional pelo Supremo Tribunal Federal, no julgamento da ADI 5.534. Para a Corte, a autonomia dos estados em matéria de RPV restringe-se à fixação do valor máximo, inexistindo, portanto, qualquer ofensa em relação à fixação de prazo razoável e uniforme para todo o País para o respectivo adimplemento.

Importante salientar que a Constituição Federal **veda o fracionamento, repartição ou quebra do valor da execução para fins de enquadramento de parcela do total ao que está previsto para as requisições de pequeno valor** (art. 100, § 8º, da CF/1988). Assim, se a parte tem a receber da União a quantia de 100 salários mínimos, não poderá pleitear o recebimento de 60 salários mínimos por meio de RPV e o restante por meio de precatório, exceto se renunciar expressamente ao valor excedente (art. 87 do ADCT; art. 17, § 4º, da Lei nº 10.259/2001). A renúncia ao crédito excedente, para viabilizar a expedição de RPV, é faculdade do credor e, se exercida voluntariamente, impedirá a execução do saldo renunciado, nos termos do art. 5º, XXXVI, da CF/1988.

Note que o entendimento sedimentado na jurisprudência[67] é no sentido de que se deve tomar o valor integral da execução para fins de aferição da modalidade de pagamento que se utilizará no caso concreto (RPV ou precatório). Ou seja, devem ser somados o valor da obrigação principal e o valor dos honorários, sendo necessária a discriminação das respectivas parcelas e dos beneficiários. Exemplo: a União deverá pagar a "B" o equivalente a R$ 90.000,00 (noventa mil reais) – pouco menos de 60 salários mínimos.[68] O juiz fixa os honorários em 10% sobre o montante devido (art. 85, § 3º, I, do CPC/2015).[69] O total da obrigação equivale, portanto, a R$ 99.000,00 (noventa e nove mil reais). Nesse caso, por ultrapassar o montante de 60 salários mínimos – R$ 98.400,00 –, o pagamento a "B" deverá ocorrer por meio de precatório.

E se o advogado desejar receber o valor dos honorários por meio de RPV, poderá haver fracionamento? O STJ[70] e o STF[71] entendem ser possível que a execução dos honorários advocatícios devidos pela Fazenda Pública ocorra mediante Requisição de Pequeno Valor (RPV) na hipótese em que os honorários não excedam o valor limite a que se refere o art. 100, § 3º, da

---

Para dar cumprimento ao disposto na norma, poderá a administração do tribunal contratar banco oficial ou, caso assim opte, banco privado, hipótese em que serão observadas a realidade do caso concreto, os regramentos legais e princípios constitucionais aplicáveis e as normas do procedimento licitatório, visando à escolha da proposta mais adequada para a administração de tais recursos.

67 Exemplo: TRF 4ª Região, AG 16.495/RS 2008.04.00.016495-0, 6ª Turma, Rel. Victor Luiz dos Santos Laus, j. 30.07.2008, Data de Publicação: 26.08.2008.

68 Salário mínimo de R$ 1.640,00 (2024).

69 Ainda se que não se trate propriamente de condenação, porquanto esta não ocorre no âmbito na execução de título extrajudicial, a doutrina já se manifesta no sentido de ser aplicável o art. 85 às execuções de títulos extrajudiciais contra a Fazenda Pública. Nesse sentido: "São devidos honorários nas execuções fundadas em título executivo extrajudicial contra a Fazenda Pública, a serem arbitrados na forma do § 3º do art. 85" (Enunciado nº 240 do Fórum Permanente de Processualistas Civis).

70 STF, RE 564.132/RS, Plenário, Red. p/ o acórdão Min. Cármen Lúcia, j. 30.10.2014 (repercussão geral) (*Info* 765).

71 STJ, REsp 1.347.736/RS, 1ª Seção, Rel. Min. Castro Meira, Rel. para acórdão Min. Herman Benjamin, j. 09.10.2013 (recurso repetitivo) (*Info* 539).

CF/1988, ainda que o crédito "principal" seja executado por meio do regime de precatórios. No exemplo dado, o advogado poderia executar os honorários (R$ 9.000,00) por meio de RPV, mas a parte "B" continuaria obrigada a "entrar na fila" dos precatórios, mesmo que o "desconto" dos honorários fizesse que seu crédito se encaixasse no *quantum* relativo à requisição de pequeno valor. De toda forma, para que o advogado possa executar seus honorários por meio de RPV, é necessário que o fracionamento "ocorra antes da expedição do ofício requisitório, sob pena de quebra da ordem cronológica dos precatórios" (STJ, RE 564.132).

Importante esclarecer que, se houver no processo a formação de litisconsórcio facultativo simples, o valor limitador para a expedição de RPV deverá observar o crédito de cada titular, individualmente considerado (STF, RE 568.645/SP, Rel. Min. Cármen Lúcia, j. 24.09.2014). Em outras palavras, a execução ou o pagamento singularizado dos valores devidos a partes integrantes dessa modalidade de litisconsórcio não contraria o § 8º do art. 100 da CF/1988, porque o fracionamento vedado pelo texto constitucional tem por base a titularidade do crédito, e busca evitar que o *quantum* devido seja pago por requisição de pequeno valor e por precatório a um mesmo credor.

JURISPRUDÊNCIA TEMÁTICA

Execuções individuais de sentença coletiva

"As execuções individuais de sentenças coletivas não se constituem indevido fracionamento da execução, sendo possível o desmembramento do crédito para pagamento por meio de precatório ou de RPV, tanto da obrigação principal, quanto dos honorários advocatícios. Precedentes desta Corte e do Supremo Tribunal Federal (...)" (AgInt nos EDcl no AREsp 905.513/RS, Rel. Min. Napoleão Nunes Maia Filho, 1ª Turma, j. 19.10.2020, *DJe* 22.10.2020).[72]

Obrigação de Fazer não está sujeita à precatório

"Recurso extraordinário com repercussão geral. Direito constitucional financeiro. Sistemática dos precatórios (art. 100, CF/1988). Execução provisória de débitos da Fazenda Pública. Obrigação de fazer. Sentença com trânsito em julgado. Emenda constitucional 30/2000. 1. Fixação da seguinte tese ao Tema 45 da sistemática da repercussão geral: 'A execução provisória de obrigação de fazer em face da Fazenda Pública não atrai o regime constitucional dos precatórios'. 2. A jurisprudência do STF firmou-se no sentido da inaplicabilidade ao Poder Público do regime jurídico da execução provisória de prestação de pagar quantia certa, após o advento da Emenda Constitucional 30/2000. Precedentes. 3. A sistemática constitucional dos precatórios não se aplica às obrigações de fato positivo ou negativo, dado a excepcionalidade do regime de pagamento de débitos pela Fazenda Pública, cuja interpretação deve ser restrita. Por consequência, a situação rege-se pela regra geral de que toda decisão não autossuficiente pode ser cumprida de maneira imediata, na pendência de recursos não recebidos com efeito suspensivo. 4. Não se encontra parâmetro constitucional ou legal que obste a pretensão de execução provisória de sentença condenatória de obrigação de fazer relativa à implantação de pensão de militar, antes do trânsito em julgado dos embargos do devedor opostos pela Fazenda Pública. 5. Há compatibilidade material entre o regime de cumprimento integral

---

[72] No mesmo sentido: "A execução de créditos individuais e divisíveis decorrentes de título judicial coletivo, promovida por substituto processual, não caracteriza o fracionamento de precatório vedado pelo § 8º do art. 100 da Constituição" (STF. Plenário. ARE 1.491.569/SP, Rel. Min. Luís Roberto Barroso, j. 27.08.2024. Repercussão Geral – Tema 1317).

de decisão provisória e a sistemática dos precatórios, haja vista que este apenas se refere às obrigações de pagar quantia certa. 6. Recurso extraordinário a que se nega provimento" (RE 573.872, Tribunal Pleno, Rel. Min. Edson Fachin, j. 24.05.2017).

Excesso de execução e ausência de memória de cálculos

"Em regra, a ausência de indicação do valor que a Fazenda Pública entende como devido na impugnação enseja o não conhecimento da arguição de excesso, por existência de previsão legal específica nesse sentido (art. 535, § 2º, do CPC). 2. No entanto, tal previsão legal não afasta o poder-dever de o magistrado averiguar a exatidão dos cálculos à luz do título judicial que lastreia o cumprimento de sentença, quando verificar a possibilidade de existência de excesso de execução. Precedentes. 3. Em que pese ao fundamento utilizado pelo acórdão para a concessão de prazo para a apresentação da planilha de cálculos ter sido a deficiência no corpo de servidores da respectiva procuradoria, a posição firmada no acórdão recorrido encontra-se dentro das atribuições do órgão julgador em prezar pela regularidade da execução. 4. Nesse sentido, se é cabível a remessa dos autos à contadoria do juízo para a verificação dos cálculos, é razoável a concessão de prazo para apresentação da respectiva planilha pela Fazenda Pública, documento que pode inclusive vir a facilitar o trabalho daquele órgão auxiliar em eventual necessidade de manifestação. 5. Recurso especial a que se nega provimento" (STJ, REsp 1.887.589/GO, Rel. Min. Og Fernandes, 2ª Turma, j. 06.04.2021, *DJe* 14.04.2021).

7.2.3 *Regime de compensação obrigatória e a inconstitucionalidade dos §§ 9º e 10 do art. 100 da CF/1988*

De acordo com a EC nº 62/2009, conhecida por "Emenda do Calote", que acrescentou os §§ 9º e 10 ao art. 100 da CF/1988, anteriormente à expedição do precatório dever-se-ia verificar a possibilidade de compensação dos créditos por ele representados com débitos tributários do exequente perante a Fazenda Pública. Exemplo: sentença transitada em julgado condena o Estado de Minas Gerais a pagar R$ 100.000,00 (cem mil reais) a João. Antes de expedir o precatório, o Tribunal deveria verificar se João devia algum valor líquido e certo ao Estado de Minas Gerais. Para tanto, deveria o juiz da execução determinar a intimação da Fazenda Pública devedora para que esta informasse, no prazo de 30 dias, a existência de débitos do exequente passíveis de serem compensados.

Ao apreciar as ADIs 4.425 e 4.357, o Plenário do STF declarou a inconstitucionalidade dos §§ 9º e 10 do art. 100 da CF/1988.[73] Para o Supremo, o regime de compensação obrigatória imposto pela EC nº 62/2009 estabelece indevida superioridade processual à Fazenda Pública, violando o devido processo legal, o contraditório, a ampla defesa, a autoridade da coisa julgada material, a isonomia *entre* o Poder Público e o particular, além de importar contratura no princípio da separação de poderes. Em outras palavras, **é inconstitucional impor ao credor a compensação obrigatória, unilateral**, entre o crédito a receber – decorrente do título executivo judicial ou extrajudicial – e o débito eventualmente existente junto à Fazenda Pública. Assim, os eventuais débitos de natureza tributária ou não tributária devidos pelo exequente à Fazenda Pública só poderão ser compensados de houver concordância, hipótese em que o procedimento seguirá o disposto na Lei nº 12.431/2011. Esse entendimento se aplicava tanto

---

[73] Nas edições anteriores já sustentávamos a inconstitucionalidade da EC nº 62/2009, sob o fundamento de que a mesma havia instituído verdadeiro confisco de bens do credor da dívida pública. A compensação obrigava o contribuinte ao pagamento dos seus débitos tributários, ocorrendo, assim, um típico ato expropriatório antes mesmo da instauração do processo de execução fiscal.

nos pagamentos por meio de precatórios quanto nos pagamentos submetidos à RPV (STF, RE 657.686, julgado em 23.10.2014).

Ocorre que, em 2021, foi editada a Emenda Constitucional n. 113, que alterou a redação do § 9º para dispor o seguinte: "sem que haja interrupção no pagamento do precatório e mediante comunicação da Fazenda Pública ao Tribunal, o valor correspondente aos eventuais débitos inscritos em dívida ativa contra o credor do requisitório e seus substituídos deverá ser depositado à conta do juízo responsável pela ação de cobrança, que decidirá pelo seu destino definitivo".

A redação anterior – declarada inconstitucional pelo STF – indicava a possibilidade de compensação direta e obrigatória dos débitos inscritos, ou não, em dívida ativa, ressalvada a eventual suspensão da exigibilidade por contestação administrativa ou judicial. A diferença em relação à nova redação – cuja constitucionalidade ainda não foi apreciada pelo STF – é que a compensação não deverá ocorrer de forma imediata, pois os valores devidos pelo titular do precatório serão depositados à conta do juízo responsável pela cobrança em favor da Fazenda Pública, que deverá decidir, por exemplo, se houve prescrição, decadência, remissão ou qualquer outra situação que capaz de afetar o crédito decorrente do precatório e a sua destinação. Parece-nos que a redação continua a contrair o precedente do Supremo Tribunal Federal, especialmente porque a Corte exigiu a concordância do devedor do débito inscrito em dívida ativa, o que não está previsto na atual redação do § 9º.

7.3 Procedimento

Apresentadas as peculiaridades relativas ao pagamento das condenações proferidas em desfavor da Fazenda Pública, necessário abordar o procedimento disposto nos artigos do CPC/2015 e as diferenças em relação ao cumprimento de sentença proferida contra particular.

De acordo com o art. 534 do CPC/2015, para possibilitar o cumprimento da sentença que tenha condenado a Fazenda Pública ao pagamento de quantia certa, o exequente apresentará **demonstrativo discriminado e atualizado do débito**, o qual conterá os mesmos requisitos do art. 524. A diferença é que **a multa decorrente do não pagamento no prazo assinalado pelo art. 523 não se aplica à Fazenda Pública (art. 534, § 2º)**, já que, como visto, os pagamentos devidos por ela obedecem ao sistema de precatórios (art. 100 da CF/1988), sendo inaplicável a exigência de pagamento no prazo de quinze dias.[74]

O representante judicial da Fazenda Pública será intimado para apresentar impugnação ao cumprimento de sentença no prazo de trinta dias (art. 535). **As matérias a serem alegadas são as mesmas constantes do art. 525, § 1º, com exceção da "penhora incorreta ou avaliação errônea"**, já que inadmissível esse tipo de constrição a bens públicos.

Se a **impugnação** não for apresentada ou for rejeitada pelo juiz, será possível o cumprimento imediato da sentença com a expedição de precatório ou requisição de pequeno valor (RPV). Tratando-se de valor incontroverso (impugnação parcial), permanece a possibilidade de cumprimento imediato da quantia não impugnada pela Fazenda Pública. Por conseguinte, a

---

[74] O STJ já manifestava esse entendimento quando da vigência do CPC/1973. Nesse sentido: "[...] 2. Não há que se falar em incidência da multa de 10% prevista no art. 475-J do CPC em sede de execução contra a Fazenda Pública, visto que não é possível exigir que Fisco pague o débito nos 15 dias de que trata o dispositivo supra, eis que o pagamento do débito alimentar será realizado na ordem preferencial de precatórios dessa natureza [...]" (REsp 1.201.255/RJ, 2ª Turma, Rel. Min. Mauro Campbell Marques, j. 02.09.2010, DJe 04.10.2010).

natureza jurídica da decisão que houver rejeitado a impugnação, total ou parcialmente, será de decisão interlocutória, e não mais de sentença, como ocorre com o julgamento dos embargos propostos pela Fazenda Pública na sistemática do CPC/1973.

O CPC/2015 também apresenta a dinâmica dos pagamentos de obrigações de pequeno valor (art. 535, § 3º, II) e especifica o tipo de declaração de inconstitucionalidade que pode ser alegada em sede de impugnação como fundamento para a inexigibilidade do título. **As hipóteses são as mesmas do cumprimento de sentença comum** (consultar item 5.3.3 deste Capítulo). Essas inovações possuem relevância imediata para a Fazenda Pública, considerando a necessidade constante do Poder Público de levar as questões às últimas instâncias. Limitando os fundamentos da impugnação, o legislador pretendeu dar mais celeridade à efetivação da tutela jurisdicional também quando vencida a Fazenda Pública.

7.3.1 Impugnação e condenação em honorários

Por conta do regime constitucional, a Fazenda Pública será sempre intimada, nos termos do art. 535 do CPC/2015, para apresentar impugnação nas hipóteses em que condenada em obrigação de pagar.

Não se pode, contudo, obrigar a Fazenda Pública a apresentar impugnação. Ela pode simplesmente anuir com os cálculos apresentados pelo credor (art. 534), hipótese em que o valor devido será inscrito na ordem cronológica dos precatórios.

E se a Fazenda Pública não apresentar impugnação, ainda assim deverá pagar honorários? Esse tema passou por inúmeras reviravoltas. Desde junho de 2024, após o julgamento do Tema 1190 dos Recursos Repetitivos pelo STJ, prevalece o seguinte:

- O art. 85, § 7º, do CPC prevê que "não serão devidos honorários no cumprimento de sentença contra a Fazenda Pública que enseje expedição de precatório, desde que não tenha sido impugnada". Esse dispositivo, apesar de falar apenas em "expedição de precatório", **também se aplica aos créditos que estejam submetidos a pagamento por meio de RPV**. Ou seja, "na ausência de impugnação à pretensão executória, não são devidos honorários advocatícios sucumbenciais em cumprimento de sentença contra a Fazenda Pública, ainda que o crédito esteja submetido a pagamento por meio de Requisição de Pequeno Valor – RPV" (1ª Seção, REsp 2.029.636/SP, REsp 2.029.675/SP, REsp 2.030.855/SP e REsp 2.031.118/SP, Rel. Min. Herman Benjamin, j 20.06.2024).

Assim, nas hipóteses em que a Fazenda Pública deixar de impugnar o cumprimento da sentença, não haverá pretensão resistida, razão pela qual não será cabível sua condenação em honorários. Tal situação já havia sido observada pelo legislador quando da edição da Medida Provisória nº 2.180-35, de 2001, que incluiu o art. 1º-D à Lei nº 9.494/1997. No entanto, havia discussão sobre a sua aplicabilidade quando se tratava de requisição de pequeno valor. Hoje, à luz do CPC, a mesma ratio deve ser estendida ao cumprimento de sentença que determine o pagamento de quantia submetida a RPV.

Quadro esquemático 57 – Cumprimento de sentença pela Fazenda Pública

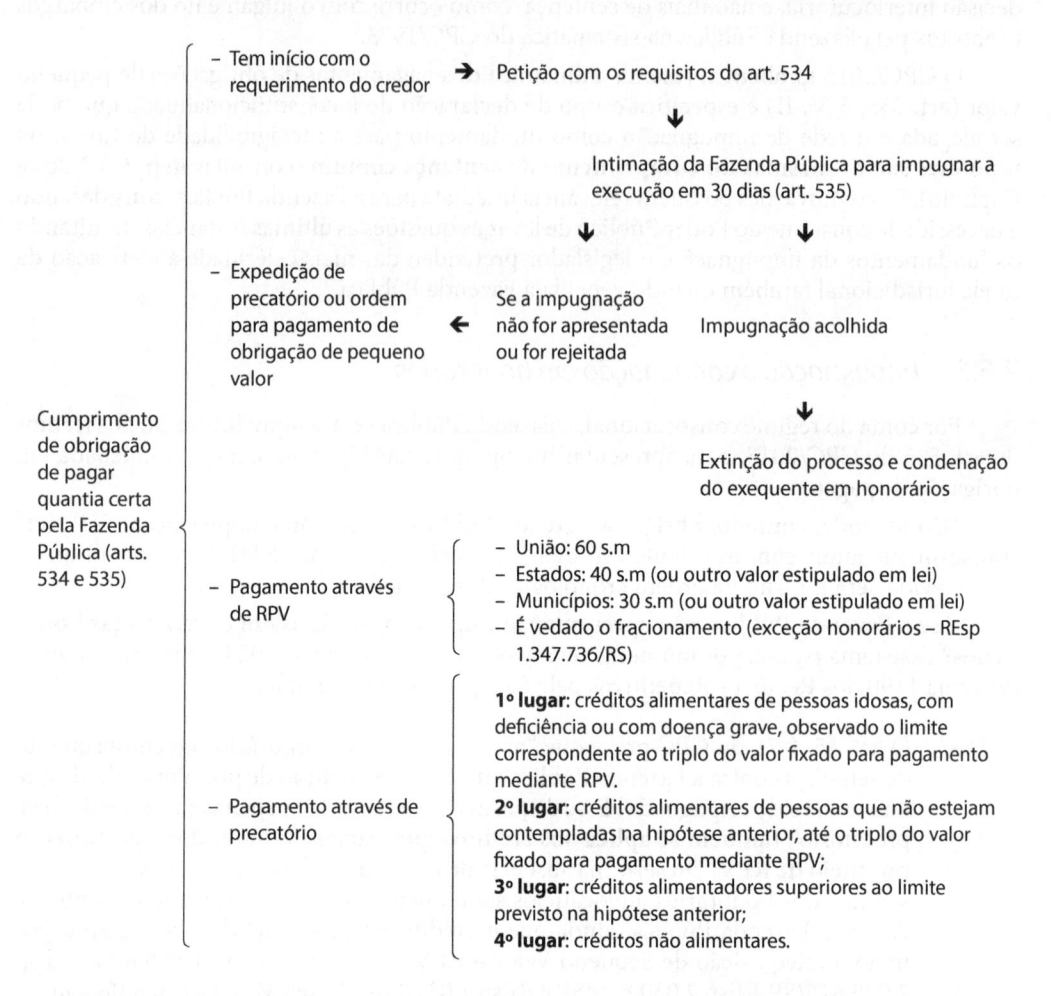

Cumprimento de obrigação de pagar quantia certa pela Fazenda Pública (arts. 534 e 535)

- Tem início com o requerimento do credor → Petição com os requisitos do art. 534
  ↓
  Intimação da Fazenda Pública para impugnar a execução em 30 dias (art. 535)
  ↓   ↓
- Expedição de precatório ou ordem para pagamento de obrigação de pequeno valor ← Se a impugnação não for apresentada ou for rejeitada   Impugnação acolhida
  ↓
  Extinção do processo e condenação do exequente em honorários

- Pagamento através de RPV
  - União: 60 s.m
  - Estados: 40 s.m (ou outro valor estipulado em lei)
  - Municípios: 30 s.m (ou outro valor estipulado em lei)
  - É vedado o fracionamento (exceção honorários – REsp 1.347.736/RS)

- Pagamento através de precatório
  - **1º lugar:** créditos alimentares de pessoas idosas, com deficiência ou com doença grave, observado o limite correspondente ao triplo do valor fixado para pagamento mediante RPV.
  - **2º lugar:** créditos alimentares de pessoas que não estejam contempladas na hipótese anterior, até o triplo do valor fixado para pagamento mediante RPV;
  - **3º lugar:** créditos alimentadores superiores ao limite previsto na hipótese anterior;
  - **4º lugar:** créditos não alimentares.

8. CUMPRIMENTO DE SENTENÇA NAS OBRIGAÇÕES DE FAZER E DE NÃO FAZER

Ao apresentar o rol de títulos executivos judiciais, o art. 515, I, do CPC/2015, afirma que as decisões proferidas no processo civil que reconheçam a exigibilidade de obrigação de pagar quantia, de fazer, de não fazer ou de entregar coisa constituem títulos hábeis à execução, independentemente da instauração de novo processo.

No cumprimento da sentença que tenha fixado obrigação de fazer ou de não fazer, o legislador criou mecanismos para coagir o devedor a cumprir essas obrigações, tal como pactuadas, passando as perdas e danos a constituírem o último remédio à disposição do credor.

De acordo com o art. 536, "no cumprimento de sentença que reconheça a exigibilidade de obrigação de fazer ou de não fazer, o juiz poderá, de ofício ou a requerimento, para a efetivação da tutela específica ou a obtenção de tutela pelo resultado prático equivalente, determinar as medidas necessárias à satisfação do exequente". Assim, por exemplo, se o Ministério Público, em ação civil pública, pleiteia seja o réu condenado a não lançar poluentes no ar, poderá o juiz, na sentença, condenar o réu à tutela específica, consistente no abster-se de lançar poluentes, ou determinar providências que assegurem o mesmo resultado prático, ou seja, a preservação do meio ambiente, que pode ser alcançada com a instalação de filtros (tutela equivalente).

Em outras palavras, transitada em julgado a sentença, poderá o juiz, de ofício ou mediante requerimento do credor, utilizar dos meios legais disponíveis para forçar o devedor a cumprir a obrigação já fixada. Caso esta não seja possível, o juiz determinará as providências que assegurem o resultado prático equivalente. A tutela específica ou equivalente poderá, no entanto, ter sido concedida na própria sentença, em acolhimento a pedido alternativo do autor, ou, de ofício, diante da eventual impossibilidade de concessão da tutela específica.

Caso seja fixado prazo para o cumprimento da obrigação – no caso de obrigação positiva –, aplica-se o mesmo raciocínio destinado ao cumprimento da sentença de obrigação de pagar quantia certa. Ou seja, a contagem do prazo para cumprir a determinação judicial atrai a incidência da regra contida no art. 219 do CPC.[75]

Independentemente da providência a ser adotada pelo magistrado, será possível a aplicação concomitante de multa com o intuito de desestimular o réu a descumprir a determinação judicial. A multa poderá ser fixada por tempo de atraso, de forma a coagir o devedor a adimplir a obrigação na sua especificidade. Normalmente, a multa é estabelecida por dia de descumprimento. Porém, nada impede que a circunstância concreta exija outra periodicidade. Por esta razão é que se permite a alteração da multa na vigência da decisão que a cominou.

A multa pelo descumprimento de obrigação de fazer ou não fazer poderá ser aplicada pelo juiz de ofício, ou seja, sem que haja prévio requerimento da parte. Como o Código atual prevê que terá que ser concedido prazo razoável para o cumprimento do preceito (art. 537), deve-se intimar o devedor antes de se aplicar a multa.

Frise-se que ao devedor não é facultado optar pelo pagamento da multa ou pelo cumprimento do preceito fixado na sentença. A multa tem caráter complementar e será devida até mesmo nos casos em que a obrigação tenha se convertido em perdas e danos. Assim, mesmo que ocorra o adimplemento da obrigação fixada na sentença ou o pagamento das perdas e danos, a multa cominatória anteriormente fixada ainda pode ser exigida pelo credor.

A jurisprudência do STJ entende que a decisão que fixa as *astreintes* não integra a coisa julgada, sendo apenas um meio de coerção indireta ao cumprimento do julgado.[76] Justamente por isso é possível, mesmo após o devedor ter descumprido a decisão, alterar o valor da multa, para mais ou para menos. Embora o art. 537, § 1º, CPC, estabeleça que a alterabilidade se refere à "multa vincenda", o STJ estende a possibilidade de modificação – inclusive de redução – também à multa já vencida. Nesse sentido:

> "É possível que o magistrado, a qualquer tempo, e mesmo de ofício, revise o valor desproporcional das astreintes" (STJ, Corte Especial. EAREsp 650.536/RJ, Rel. Min. Raul Araújo, j. 07.04.2021).

Assim, é possível a revisão do quantum fixado a título de multa cominatória especialmente quando houver exagero da quantia alcançada, em afronta aos princípios da razoabilidade e da proporcionalidade e à vedação do enriquecimento sem causa. Para evitar situações como essa, é bastante comum, na prática, que juízes estabeleçam um teto/limite em relação ao valor da

---

[75] "O prazo de cumprimento da obrigação de fazer possui natureza processual, devendo ser contado em dias úteis" (STJ, 2ª T., REsp 1.778.885/DF, Rel. Min. Og Fernandes, j. 15.06.2021).

[76] Esse é o entendimento do STJ firmado no julgamento do REsp 1.333.988/SP, julgado sob o rito dos recursos repetitivos (*Informativo* nº 539).

multa. Exemplificando: "Cumpra-se a decisão nos termos apresentados, sob pena de multa diária de R$ 500,00 (quinhentos reais) limitada até R$ 30.000,00 (trinta mil reais)".

Não só o valor, mas também a periodicidade pode ser alterada a critério do julgador. Para qualquer alteração, devem ser observados os seguintes parâmetros: (i) o valor da obrigação; (ii) a importância do bem jurídico tutelado; (iii) o tempo para o cumprimento da obrigação; (iv) a capacidade econômica do devedor; (v) a resistência do devedor; (vi) o dever do credor de mitigar seus prejuízos; (vii) a possibilidade de adoção, pelo julgador, de outros meios para forçar o cumprimento da obrigação (STJ, 4ª Turma, AgInt no REsp 1.733.695/SC, Rel. Min. Luis Felipe Salomão, j. 22.03.2021).

Uma vez reduzido o valor da multa e persistindo a resistência do devedor quanto ao cumprimento da obrigação, não é razoável que sejam realizadas sucessivas reduções posteriores, em estímulo à recalcitrância do devedor. Por isso, a fim de compatibilizar a exigência da proporcionalidade com a regra expressamente prevista no § 1º do art. 537 do CPC, o STJ definiu recentemente que há incidência da preclusão consumativa sobre o montante acumulado da multa cominatória, de forma que, já tendo havido modificação, não é possível nova alteração, preservando-se as situações já consolidadas (STJ, Corte Especial, EAREsp 1.766.665/RS, Rel. Min. Francisco Falcão, Rel. para acórdão Min. Ricardo Villas Bôas Cueva, j. 03.04.2024).

Além da multa, não se descarta a aplicação das medidas de apoio, tais como busca e apreensão, remoção de pessoas e coisas, desfazimento de obras, intervenção em empresas e impedimento de atividade nociva, se necessário com requisição de força policial (art. 536, § 1º).

8.1 Cumprimento provisório da multa

A multa pode ser executada provisoriamente, ou seja, antes do trânsito em julgado da decisão definitiva.[77] Se, por exemplo, o juiz fixar multa em caso de descumprimento de medida concedida em sede de tutela provisória de urgência, de natureza antecipada ou cautelar, essa decisão constituirá título executivo hábil para o cumprimento provisório, que correrá por conta e risco do credor. Havendo, na sentença, posterior alteração da decisão que deferiu o pedido de tutela provisória, ficará sem efeito o crédito derivado da fixação da multa, perdendo o objeto a execução provisória daí advinda. Caso alguma medida constritiva já tenha sido realizada para o cumprimento da multa, aplica-se a regra do art. 520, I, ficando o exequente obrigado a reparar os danos que o executado haja sofrido. Essa sistemática aplica-se inclusive se o cumprimento ocorrer antes da decisão de mérito, como ocorre quando o juiz fixa a multa por descumprimento de tutela provisória e a parte que se beneficiou com a medida, verificando o descumprimento, pretende executar provisoriamente o montante fixado.[78]

Ressalte-se que o legislador do CPC/2015 apenas permitiu o **cumprimento provisório** da multa, consagrando o entendimento no sentido de que as *astreintes* têm eficácia imediata. Contudo, eventual levantamento do valor fixado (e depositado judicialmente) a título de multa só deverá ser realizado após o trânsito em julgado da sentença favorável à parte (art. 537, §

---

[77] O STJ definiu que a tese aplicada no julgamento do REsp 1.200.856/RS, que permite a execução da multa após a confirmação pela sentença de mérito e desde que não tenha sido atribuído efeito suspensivo a eventual recurso, não tem aplicabilidade na vigência do CPC/2015, justamente pelo fato de que o legislador inovou na matéria, permitindo a execução provisória da multa cominatória mesmo antes da prolação de sentença de mérito (STJ, REsp 1958679/GO, Rel. Min. Nancy Andrighi, 3ª Turma, j. 23.11.2021).

[78] "À luz do novo Código de Processo Civil, não se aplica a tese firmada no julgamento do REsp 1.200.856/RS, porquanto o novo Diploma inovou na matéria, permitindo a execução provisória da multa cominatória mesmo antes da prolação de sentença de mérito" (REsp 1.958.679-GO, Rel. Min. Nancy Andrighi, 3ª Turma, por unanimidade, j. 23.11.2021, *DJe* 25.11.2021).

3º). Em suma, ao mesmo tempo em que o legislador prestigia a efetividade da tutela executiva, também confere segurança jurídica às partes: ao exequente, que não precisa aguardar o trânsito em julgado para exigir judicialmente a multa; ao executado, que sofrerá desfalque patrimonial em caráter definitivo somente depois de esgotadas as vias recursais.

A redação do § 3º do art. 537 colide com alguns dispositivos constantes da legislação especial. Confira:

Lei da Ação Civil Pública

Art. 12. Poderá o juiz conceder mandado liminar, com ou sem justificação prévia, em decisão sujeita a agravo.

[...]

§ 2º A multa cominada liminarmente **só será exigível do réu após o trânsito em julgado da decisão favorável ao autor**, mas será devida desde o dia em que se houver configurado o descumprimento.

Estatuto da Criança e do Adolescente

Art. 213. Na ação que tenha por objeto o cumprimento de obrigação de fazer ou não fazer, o juiz concederá a tutela específica da obrigação ou determinará providências que assegurem o resultado prático equivalente ao do adimplemento.

§ 1º Sendo relevante o fundamento da demanda e havendo justificado receio de ineficácia do provimento final, é lícito ao juiz conceder a tutela liminarmente ou após justificação prévia, citando o réu.

§ 2º O juiz poderá, na hipótese do parágrafo anterior ou na sentença, impor multa diária ao réu, independentemente de pedido do autor, se for suficiente ou compatível com a obrigação, fixando prazo razoável para o cumprimento do preceito.

§ 3º **A multa só será exigível do réu após o trânsito em julgado da sentença favorável ao autor**, mas será devida desde o dia em que se houver configurado o descumprimento.

Estatuto da Pessoa Idosa

Art. 83. Na ação que tenha por objeto o cumprimento de obrigação de fazer ou não fazer, o juiz concederá a tutela específica da obrigação ou determinará providências que assegurem o resultado prático equivalente ao adimplemento.

§ 1º Sendo relevante o fundamento da demanda e havendo justificado receio de ineficácia do provimento final, é lícito ao juiz conceder a tutela liminarmente ou após justificação prévia, na forma do art. 273 do Código de Processo Civil.

§ 2º O juiz poderá, na hipótese do § 1º ou na sentença, impor multa diária ao réu, independentemente do pedido do autor, se for suficiente ou compatível com a obrigação, fixando prazo razoável para o cumprimento do preceito.

§ 3º **A multa só será exigível do réu após o trânsito em julgado da sentença favorável ao autor**, mas será devida desde o dia em que se houver configurado.

Como se pode perceber, nas referidas leis, a multa somente é **exigível após o trânsito em julgado**. No CPC/2015, a exigibilidade é imediata, contudo, o valor deve permanecer depositado em juízo à espera do trânsito em julgado. Em suma, o levantamento da quantia apurada dependerá necessariamente do trânsito em julgado.[79]

---

[79] Nesse sentido: "Diante da entrada em vigor no novo Código de Processo Civil, não mais se aplica a tese firmada no RESP. 1.200.856/RS. Assim, conforme preceitua o parágrafo 3º, do art. 537 do CPC,

**Quadro esquemático 58 –
Cumprimento de sentença nas obrigações de fazer e de não fazer**

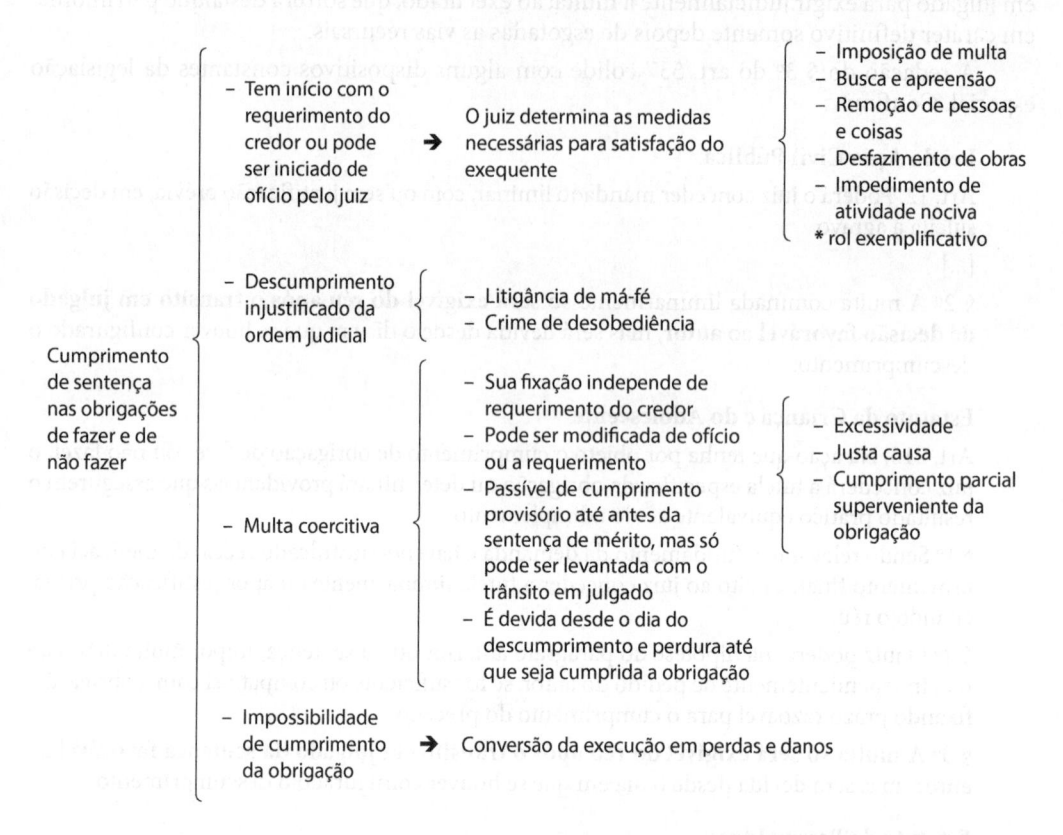

Cumprimento de sentença nas obrigações de fazer e de não fazer:

- Tem início com o requerimento do credor ou pode ser iniciado de ofício pelo juiz → O juiz determina as medidas necessárias para satisfação do exequente:
  - Imposição de multa
  - Busca e apreensão
  - Remoção de pessoas e coisas
  - Desfazimento de obras
  - Impedimento de atividade nociva

  * rol exemplificativo

- Descumprimento injustificado da ordem judicial:
  - Litigância de má-fé
  - Crime de desobediência

- Multa coercitiva:
  - Sua fixação independe de requerimento do credor
  - Pode ser modificada de ofício ou a requerimento:
    - Excessividade
    - Justa causa
    - Cumprimento parcial superveniente da obrigação
  - Passível de cumprimento provisório até antes da sentença de mérito, mas só pode ser levantada com o trânsito em julgado
  - É devida desde o dia do descumprimento e perdura até que seja cumprida a obrigação

- Impossibilidade de cumprimento da obrigação → Conversão da execução em perdas e danos

9. CUMPRIMENTO DE SENTENÇA NAS OBRIGAÇÕES DE ENTREGAR COISA

Quanto à sentença ou acórdão que contenha obrigação de entrega de coisa, a efetivação da tutela far-se-á segundo o art. 498, que assim prescreve:

Art. 498. Na ação que tenha por objeto a entrega de coisa, o juiz, ao conceder a tutela específica, fixará o prazo para o cumprimento da obrigação.

Parágrafo único. Tratando-se de entrega de coisa determinada pelo gênero e pela quantidade, o autor individualizá-la-á na petição inicial, se lhe couber a escolha, ou, se a escolha couber ao réu, este a entregará individualizada, no prazo fixado pelo juiz.

Na petição inicial, o autor requererá a providência judicial almejada, consistente numa ordem, mandamento ou determinação para que o réu entregue a coisa (certa) descrita no título que representa a obrigação (contrato de compra e venda, por exemplo). Quando se tratar de

---

é possível o cumprimento provisório das astreintes antes mesmo de sentenciado o feito, ficando condicionado o levantamento da quantia depositada em juízo ao trânsito em julgado da sentença que confirmar a tutela que fixou a multa" (TJ-MG – AC: 10000220524763001/MG, Relator: Joemilson Donizetti Lopes, j. 07.07.2022, 15ª Câmara Cível, *DJe* 13.07.2022).

coisa incerta, ou seja, determinada apenas pelo gênero e quantidade, o autor a individualizará na petição inicial, se lhe couber a escolha; cabendo ao devedor escolher, a ordem judicial será no sentido de que entregue a coisa individualizada no prazo fixado pelo juiz. A ordem visada pelo autor poderá ser pleiteada a título de tutela antecipada ou final.

Em resposta ao pedido do autor, poderá o juiz, na decisão final ou antecipatória, conceder a tutela específica, ou seja, determinar a entrega da coisa ou determinar providências que assegurem o mesmo resultado prático.

Como meio de compelir o réu a cumprir a determinação judicial, também poderá o juiz, de ofício ou a requerimento da parte, impor multa (*astreintes*) ao devedor da obrigação, fixando-lhe prazo razoável para entrega da coisa. Para evitar repetição, fazemos remissão ao que afirmamos a propósito da multa relativa ao cumprimento das obrigações de fazer e não fazer, perfeitamente aplicável à efetivação da tutela das obrigações de entregar coisa.

Não sendo a multa eficaz para vencer a resistência do réu a entregar a coisa no prazo estabelecido, "será expedido mandado de busca e apreensão ou de imissão na posse em favor do credor, conforme se tratar de coisa móvel ou imóvel" (art. 538, *caput*).

A efetivação da tutela, como podemos verificar, é feita por coerção ou por atos do Estado-juízo sobre a própria coisa. Somente na hipótese extrema de perda da coisa ou de absoluta impossibilidade de apreendê-la, a obrigação converter-se-á em perdas e danos. Aqui valem as mesmas ressalvas que já fizemos em relação ao art. 499 do CPC, alterado pela Lei nº 14.833/2024. O legislador quis privilegiar, em determinadas obrigações, a possibilidade de conceder previamente ao réu a oportunidade de cumprir a tutela específica caso o autor formule requerimento para conversão em perdas e danos. Sobre o tema, conferir o item 8.13, Capítulo I, desta Parte.

9.1 Benfeitorias e direito de retenção e indenização

O possuidor de boa-fé tem o direito de retenção e de indenização pelas benfeitorias necessárias e úteis, de acordo com o art. 1.219 do Código Civil. O pedido de indenização ou de retenção deve ser formulado na contestação, sob pena de preclusão, já que o art. 336 do CPC/2015 (art. 300 do CPC/1973) informa que se o réu não alegar, na contestação, tudo o que poderia, terá havido preclusão consumativa (princípio da concentração da defesa), razão pela qual estará impedido de deduzir qualquer outra matéria de defesa em momento processual futuro. Assim, tratando-se de demanda que objetiva o cumprimento de obrigação consistente na entrega de coisa, o devedor deverá alegar a existência de benfeitorias ainda na contestação, a fim de que possa ser indenizado na fase de cumprimento. Reconhecido o direito de retenção na sentença exequenda, somente depois de receber os valores referentes às benfeitorias é que o executado será obrigado a entregar a coisa. Não arguido o direito de retenção, somente por meio de ação própria o executado (autor na ação a ser proposta) poderá ser indenizado pelas benfeitorias.

As regras constantes nos §§ 1º e 2º do atual art. 538 organizam o sistema processual de acordo com a ideia de preclusão, além de evidenciarem o entendimento jurisprudencial majoritário segundo o qual direito à retenção ou à indenização por benfeitorias deve ser arguido na fase na qual seja permitida a produção probatória, ou seja, na fase de conhecimento.

Caso essas matérias não tenham sido arguidas em momento oportuno – na contestação –, operar-se-á a preclusão. Sobrará ao executado apenas a possibilidade de pleitear a indenização pelo valor das benfeitorias em ação autônoma.

Quadro esquemático 59 –
Cumprimento de sentença nas obrigações de entregar coisa

Cumprimento de sentença nas obrigações de entregar coisa (art. 538)
- Não cumprida a obrigação de entregar coisa no prazo estabelecido na sentença → Expedição de mandado de busca e apreensão (coisa móvel) ou de imissão na posse (coisa imóvel)
  ↓
  Se a coisa não mais existir, a obrigação deverá ser convertida em perdas e danos
- Benfeitorias
  - A existência de benfeitorias deve ser alegada pelo devedor na fase de conhecimento
  - O direito de retenção só é possível se exercido pelo devedor na contestação (fase de conhecimento)

3

Procedimentos nos Juizados Especiais Cíveis – Leis nº 9.099/1995, 10.259/2001 e 12.153/2009

1. O MICROSSISTEMA DOS JUIZADOS ESPECIAIS CÍVEIS

Em atendimento ao comando constitucional inserto no art. 98, I, da CF/1988, a Lei nº 9.099, de 26 de setembro de 1995, definiu as normas para julgamento e execução de **causas cíveis de menor complexidade**, mediante o procedimento denominado de sumaríssimo[1], permitindo assim a criação, nos Estados, dos denominados Juizados Especiais Estaduais Cíveis e Criminais.

Já no ano de 2001, a Lei nº 10.259 dispôs sobre a criação de Juizados Especiais Cíveis e Criminais no âmbito da Justiça Federal, em observância ao disposto no § 1º do art. 98 da Constituição.

Em 22 de dezembro de 2009, fechando o *microssistema dos Juizados Especiais*, foi publicada a Lei nº 12.153, regulamentando a criação dos Juizados Especiais da Fazenda Pública[2] no âmbito dos Estados, Distrito Federal e Municípios.

Esses três diplomas legislativos formam, reunidos, um microssistema processual próprio, distinto do CPC, ainda que a ele tenha de recorrer para se completar.[3] As leis que compõem o microssistema dos Juizados Especiais constituem um conjunto normativo que, antes de outros raciocínios, dialoga entre si, em *aplicação intercambiante* **ou** *intercomunicante*. Dessa forma, apenas quando o microssistema não apresentar regra específica é que se recorre, em auxílio, ao CPC.

---

[1] Denomina-se "sumaríssimo" por ser, pelo menos formalmente, um procedimento mais célere do que o procedimento sumário previsto na legislação de 1973. Como no CPC/2015 não há mais procedimento sumário, o ideal é que o termo "sumaríssimo" deixe de ser utilizado.

[2] Não obstante o título, "Juizados Especiais da Fazenda Pública", esse órgão tem competência para julgar "causas cíveis de interesse dos Estados, do Distrito Federal, Territórios e Municípios até o valor de 60 salários mínimos" (art. 2º da Lei nº 12.153/2009). Quanto à Fazenda Pública Federal, a competência é dos Juizados criados pela Lei nº 10.259/2001.

[3] CÂMARA, Alexandre Freitas. *Juizados especiais cíveis estaduais e federais*: uma abordagem crítica. 3. ed. Rio de Janeiro: Lumen Juris, 2007. p. 1.

Essa unidade, que permite identificar a existência de um microssistema, decorre do compartilhamento dos mesmos princípios informativos, da adoção de rito basicamente igual e da remissão feita entre as três legislações.[4] Antes mesmo da publicação da Lei nº 12.153/2009, esse era o entendimento de Alexandre Freitas Câmara:

> "Não há qualquer razão para que não se possa aplicar nos Juizados Estaduais as conquistas e inovações contidas na Lei dos Juizados Federais, sempre que entre os dois diplomas não haja qualquer incompatibilidade. Isto permitirá, inclusive, a solução de problemas de outro modo insolúveis. Exemplifico: a Lei nº 9.099/95 não permite a interposição de recurso contra as decisões interlocutórias. Isso faz com que haja um emprego exagerado do mandado de segurança contra ato judicial, transformando-se este em sucedâneo recursal. Ocorre que a Lei dos Juizados Federais permite a interposição de recurso contra a decisão interlocutória que defere ou indefere medidas de urgência. Isso torna possível, a meu ver, a interposição de tal recurso também no processo dos Juizados Especiais Estaduais, viabilizando-se o reexame de tais decisões por via recursal".[5]

A instituição desse microssistema processual representado pelos Juizados Especiais surgiu como resposta à insatisfação popular com a lentidão e o formalismo que dificultam a solução dos conflitos pelos métodos já existentes. Concebeu-se, assim, para as causas de menor complexidade, um processo orientado pelos critérios ou princípios da **oralidade, simplicidade, informalidade, economia processual e celeridade**, buscando, sempre que possível, a conciliação ou a transação. A finalidade de tudo isso, obviamente, consiste na ampliação do acesso à justiça.

Pois bem. Para atingir o objetivo da celeridade, utilizando-se dos critérios norteadores do próprio sistema, foi preciso, além da criação de um rito apropriado, estabelecer normas sobre outros aspectos do processo. Destarte, a par das normas do CPC, estabeleceram-se disposições especiais inovadoras acerca da competência, da composição dos Juizados Especiais, das partes e dos procuradores, dos atos processuais em geral, da extinção do processo, entre outras. Com certo exagero, podemos dizer que foi criada uma "teoria geral para as causas da competência dos Juizados Especiais".

Em face disso, para compreender o funcionamento desses órgãos da Justiça, não basta verificar qual o procedimento adotado para instrução e julgamento das causas da competência deles. É indispensável, também, detectar as particularidades, confrontando-as com o CPC.

É importante destacar, por outro lado, que, a par de diferenciações específicas, todos os Juizados Especiais são, em essência, juizados cíveis. O que os diferencia é a presença do ente público, como réu, nos Juizados Especiais federais (Fazenda Pública federal) e nos Juizados Especiais da Fazenda Pública (Fazenda Pública municipal, estadual e distrital) e respectivas empresas públicas.

Para fins deste trabalho, denominaremos Juizados Especiais Cíveis o microssistema formado pelos Juizados Especiais estaduais (Lei nº 9.099/1995), Juizados Especiais federais (Lei nº 10.259/2001) e Juizados Especiais da Fazenda Pública (Lei nº 12.153/2009).

1.1 Juizados Especiais Cíveis estaduais (Lei nº 9.099/1995)

A criação dos Juizados Especiais Cíveis estaduais decorreu de uma **programação constitucional** (art. 98, I, da CF), orientada para a realização de uma **justiça coexistencial**, porque

---

[4] THEODORO JÚNIOR, Humberto. *Os Juizados Especiais da Fazenda Pública*. Palestra proferida em 19.02.2010, no III Encontro de Juízes Especiais do Estado de Minas Gerais. Disponível em: www.ejef.tjmg.jus.br. Acesso em: 8 nov. 2018.

[5] CÂMARA, Alexandre Freitas. *Juizados especiais cíveis estaduais e federais*: uma abordagem crítica. 3. ed. Rio de Janeiro: Lumen Juris, 2007. p. 8-9.

fundamentada na **ideia de conciliação**. O próprio texto constitucional previa que esse sistema judiciário deveria se pautar por princípios de simplicidade, informalidade, economia processual e celeridade.

A Lei nº 9.099/1995, portanto, foi o primeiro diploma legislativo a introduzir no mundo jurídico um modelo em que procurou desburocratizar o procedimento, tornando mais célere o resultado da prestação jurisdicional. Tudo isso em afinidade com a vontade de soluções mais justas e adequadas, que valorizem as partes e reduzam as tensões sociais.

A grande virtude da Lei nº 9.099/1995, como diploma jurídico inovador, consistiu na aproximação do Poder Judiciário a uma camada da população que, tradicionalmente, a ele não tinha acesso. Isso resultou, por outro lado, numa sobrecarga enorme de trabalho, tendo em conta a *judiciosidade reprimida* dessa parcela da população que, a partir desse momento, encontrou um modo de fazer valer o aparato judiciário estatal em garantia dos seus direitos. Não obstante esse efeito colateral, o resultado desse balanço é positivo, porque faz valer o princípio constitucional do acesso à justiça. Tanto é assim que à Lei nº 9.099/1995 seguiram a Lei nº 10.259/2001, instituindo os Juizados Especiais federais, e a Lei nº 12.153/2009, que criou os Juizados Especiais da Fazenda Pública dos Estados, Distrito Federal e Municípios.

1.2 Juizados Especiais Cíveis federais (Lei nº 10.259/2001)

Como visto no tópico anterior, a Lei nº 9.099/1995 permitiu a criação dos Juizados Especiais Cíveis e Criminais nos Estados-membros. Em 2001, foi a vez de o legislador, por meio da Lei nº 10.259, viabilizar a instituição de Juizados Especiais Cíveis e Criminais no âmbito da Justiça Federal, em observância ao disposto no § 1º do art. 98 da CF.

Basicamente, os Juizados Especiais federais foram criados com a finalidade de solucionar ou amenizar o problema da morosidade da Justiça federal, que constituía verdadeiro entrave ao efetivo acesso à justiça pela população. Assim, como a lentidão da Justiça federal estava atrelada ao comportamento processual das entidades de direito público e às inúmeras garantias que lhes eram conferidas pelo ordenamento jurídico, optou-se, como técnica de especialização do procedimento da Lei nº 10.259/2001, por abolir certas prerrogativas processuais da Fazenda Pública existentes no sistema do CPC. É o caso, por exemplo, da contagem diferenciada de prazos e do reexame necessário, que foram vedados pela Lei nº 10.259/2001 (arts. 9º e 13).[6] O Supremo Tribunal Federal, inclusive, já se manifestou nesse sentido ao proferir decisão consolidando o entendimento de que, "nos processos oriundos dos juizados especiais, não se aplicam as prerrogativas de contagem em dobro do prazo recursal previstas no art. 188 do Código de Processo Civil" (STF, AgRg no Agravo de Instrumento nº 747.478/SE, julgado em 17.04.2012).

Sustentamos que as Leis nºˢ 9.099/1995 e 10.259/2001, quando analisadas em conjunto, estabelecem um microssistema processual direcionado à ampliação do acesso à justiça. Isso porque, em virtude de o processo nos Juizados Especiais federais e estaduais orientar-se pelos mesmos princípios (oralidade, simplicidade, informalidade, economia processual, celeridade e conciliação), inarredável é a conclusão no sentido de que as leis mencionadas formam **um só estatuto**, complementando-se reciprocamente.

Não obstante tal conclusão, não é difícil perceber, por outro lado, que a Lei nº 9.099/1995 é mais completa que a Lei nº 10.259/2001, tanto que esta prevê expressamente a aplicação

---

[6] Neste tópico concernente aos Juizados Especiais Cíveis federais, os artigos citados referem-se à Lei nº 10.259, de 12 de julho de 2001, salvo expressa indicação em contrário.

subsidiária daquela aos Juizados Especiais Cíveis e Criminais federais (art. 1º). Essa aplicação subsidiária da Lei nº 9.099/1995 é de fundamental importância para a exata compreensão do procedimento dos Juizados Especiais federais, visto que, na realidade, a Lei nº 10.259/2001 só estabelece os aspectos em que o sistema federal difere do estadual.

1.3 Juizados Especiais Cíveis da Fazenda Pública dos Estados, do Distrito Federal, dos Territórios e dos Municípios (Lei nº 12.153/2009)

A Lei dos Juizados Especiais da Fazenda Pública, Lei nº 12.153/2009, que entrou em vigor em 02.06.2010 (seis meses após a data da publicação, ocorrida em 22 de dezembro de 2009 – art. 28), completa um ciclo que teve início em 1995, com a criação dos Juizados Especiais Cíveis estaduais (Lei nº 9.099) e foi intensificado em 2001, com a Lei dos Juizados Especiais Cíveis federais (Lei nº 10.259). A nova lei, levando em conta o sucesso da implantação de um sistema judiciário mais ágil, acessível e eficaz, vem trazer, para esse modelo, lides de pequeno valor e de menor complexidade envolvendo pessoas jurídicas de direito público do âmbito dos Estados, Distrito Federal, Territórios e Municípios.

A Lei dos Juizados Especiais da Fazenda Pública é produto do chamado *II Pacto Republicano*, firmado pelos representantes do Executivo, Legislativo e Judiciário em 13 de abril de 2009 com o objetivo de proporcionar acesso universal à Justiça, especialmente aos mais necessitados, e aprimoramento da prestação jurisdicional, mormente pela efetivação do princípio constitucional da **razoável duração do processo** e pela **prevenção de conflitos**.[7]

O propósito da Lei dos Juizados Especiais da Fazenda Pública afina-se, justamente, com a necessidade de acesso à Justiça e de aprimoramento da prestação jurisdicional, permitindo uma solução mais ágil e desburocratizada de processos, cujas causas sejam de pequeno valor e de baixa complexidade, em que as pessoas jurídicas de direito público dos Estados, Distrito Federal, Territórios e Municípios figurem como rés. Orienta-se, pois, por cânones de singeleza e economia, em consonância com os demais diplomas dos Juizados Especiais Cíveis.

Completa-se, portanto, com a Lei nº 12.153/2009, o denominado *Estatuto dos Juizados Especiais*,[8] por formarem as legislações respectivas um microssistema próprio. Isso quer dizer que, como já ressaltado neste capítulo, devem-se tomar as leis que compõem o microssistema dos Juizados Especiais como diplomas que se complementam.

Por fim, quanto à integração normativa, aplicam-se à Lei nº 12.153/2009 as disposições das Leis nºs 9.099/1995 e 10.259/2001 (art. 16) e, subsidiariamente, o CPC.

2. PRINCÍPIOS ORIENTADORES DO PROCESSO NOS JUIZADOS ESPECIAIS CÍVEIS

Conforme mencionado, o processo concebido pelas leis que regem o microssistema dos Juizados Especiais orienta-se pelos critérios ou princípios da oralidade, simplicidade, informalidade, economia processual e celeridade, buscando, sempre que possível, a conciliação ou a transação (art. 2º da Lei nº 9.099/1995). Esses princípios, não obstante estarem explícitos somente na Lei nº 9.099/1995, aplicam-se aos Juizados Especiais Cíveis, ou seja, os denominados estaduais, federais e da Fazenda Pública (Municipal, Distrital e Estadual).

---

[7] Disponível em: www.senado.gov.br.
[8] CÂMARA, Alexandre Freitas. *Juizados especiais cíveis estaduais e federais*: uma abordagem crítica. 3. ed. Rio de Janeiro: Lumen Juris, 2007. p. 1.

Em função do **princípio da oralidade**, o uso da palavra falada assume especial importância no processo dos Juizados Especiais, daí por que o chamamos de processo oral. Em razão disso, vários atos podem ser praticados pelas partes verbalmente, como se dá com a propositura da demanda (art. 14, *caput*, da Lei nº 9.099/1995), a apresentação da contestação (art. 30 da Lei nº 9.099/1995), a interposição de embargos declaratórios (art. 49 da Lei nº 9.099/1995) e o requerimento de execução da sentença (art. 52, IV, da Lei nº 9.099/1995).

A possibilidade de utilização da palavra falada em detrimento da escrita, conquanto salutar em tese, não encontrou muita aceitação na prática. Com exceção do ajuizamento da ação, dificilmente os demais atos das partes são praticados oralmente, sobretudo em face do excessivo apego do operador do direito com a sistemática do processo civil tradicional.

Além de prescrever a predominância da palavra falada sobre a escrita, o princípio da oralidade estabelece a **concentração dos atos processuais em audiência, a imediatidade entre o juiz e a fonte da prova oral e, por fim, a identidade física do juiz.**[9]

No que diz respeito à concentração dos atos em audiência, prevê a lei uma primeira audiência ou sessão, na qual se busca a conciliação entre as partes (art. 21 da Lei nº 9.099/1995). Não obtida a conciliação, e se não for instituído juízo arbitral, procede-se a uma segunda audiência, de instrução e julgamento. Esta última audiência, na qual serão ouvidas as partes, colhida a prova e, em seguida, proferida a sentença (art. 28 da Lei nº 9.099/1995), deve ser realizada no mesmo dia da primeira, porém, não sendo possível ou havendo prejuízo para a defesa, será designada para um dos quinze dias subsequentes (art. 27, parágrafo único, da Lei nº 9.099/1995).

Como os atos processuais concentram-se em audiência, o juiz deve ter contato direto com as pessoas que irão prestar depoimento, a fim de se permitir a adequada valoração da prova oral produzida. Logicamente, essa imediatidade entre o juiz e a fonte da prova oral não teria sentido algum se o juiz não se vinculasse ao processo, razão pela qual também decorre da oralidade o princípio da identidade física do juiz, tanto que ele deve proferir sentença logo depois de colhida a prova (art. 28 da Lei nº 9.099/1995).

Intimamente relacionados com a oralidade são os **princípios da simplicidade e da informalidade**, que, a bem da verdade, não guardam qualquer distinção entre si. Tanto a simplificação dos atos processuais quanto a informalidade constituem decorrência lógica da perspectiva instrumentalista do direito processual, segundo a qual o processo não deve ser um fim em si mesmo, mas sim um meio para se alcançarem decisões justas. Assim, não é por menos que o art. 13, *caput* e § 1º, da Lei nº 9.099/1995 dispõe que os atos processuais serão válidos sempre que preencherem as finalidades para as quais forem realizados, não se pronunciando qualquer nulidade sem que tenha havido prejuízo.

Outro critério que serve de norte ao procedimento dos Juizados Especiais é o da **economia processual**, pelo qual se busca obter o maior rendimento possível com o mínimo de atos processuais. A título de exemplificação, vale citar a realização, quando possível (art. 27 da Lei nº 9.099/1995), da audiência de instrução e julgamento logo em seguida à sessão de conciliação, aproveitando, assim, a presença das partes e testemunhas. Também é por economia processual, por exemplo, que a manifestação sobre os documentos apresentados por uma das partes deve ocorrer imediatamente, sem interrupção da audiência (art. 29, parágrafo único, da Lei nº 9.099/1995).

Além da oralidade, da simplicidade ou informalidade e da economia processual, prevê a Lei nº 9.099/1995 a observância do **princípio da celeridade**, de forma que o processo dure o tempo mínimo possível, atendendo à garantia constitucional da razoável duração do processo

---

[9] FUX, Luiz. *Juizados especiais cíveis e criminais e suspensão condicional do processo penal*. Rio de Janeiro: Forense, 1997. p. 96-97.

(art. 5º, LXXVIII, da CF). Para proporcionar essa celeridade, sem descurar da segurança jurídica, estabelece a lei mecanismos como "a proibição de qualquer tipo de intervenção de terceiros, de assistência, como ainda a hipótese particular da dispensa de registro prévio do pedido e da citação, com a instauração imediata da sessão de conciliação, se as partes comparecerem, espontaneamente, perante o Juizado".[10]

Finalmente, segundo o art. 2º da Lei nº 9.099/1995, no processo instaurado no âmbito dos Juizados Especiais deve sempre ser buscada a **autocomposição** do conflito, o que significa que em todas as audiências ou sessões envolvendo as partes deve haver tentativa de conciliação.[11] Isso se dá porque, se a finalidade principal do processo é promover a pacificação dos litígios, nada mais salutar que permitir tal pacificação antes ou durante o processo.

3. COMPOSIÇÃO DOS JUIZADOS ESPECIAIS CÍVEIS

Além dos auxiliares da justiça mencionados pelo CPC, compõe-se o Juizado Especial, qualquer que seja o segmento, de juízes togados – ou seja, juízes de direito –, conciliadores, juízes leigos e turma recursal.

Ao juiz togado compete dirigir o processo em todas as fases, inclusive a conciliação (arts. 5º e 22 da Lei nº 9.099/1995). Cabe a ele também adotar, em cada caso, "a decisão que reputar mais justa e equânime, atendendo aos fins sociais da lei e às exigências do bem comum" (art. 6º). Vale ressaltar que equanimidade significa imparcialidade, não se confundindo, portanto, com juízo de equidade, que permite ao juiz decidir fora do critério da legalidade estrita. Assim:

> "A jurisdição que se exerce nos Juizados Especiais Cíveis é de direito, e não de equidade. Cabe, pois, ao juiz, dar ao caso que se lhe tenha submetido uma solução baseada no ordenamento jurídico vigente, sendo certo que à lei aplicável ao caso dever-se-á dar uma interpretação justa e imparcial, pois só assim se conseguirá atender ao comando contido no art. 6º da Lei nº 9.099/95".[12]

Já os conciliadores e os juízes leigos são auxiliares da Justiça, recrutados, os primeiros, preferentemente entre os bacharéis em Direito, e os segundos, entre advogados com mais de cinco anos de experiência (art. 7º da Lei nº 9.099/1995). A Lei nº 12.153/2009 diminuiu o prazo de experiência para o recrutamento de juízes leigos, exigindo apenas mais de dois anos de prática no exercício da advocacia (art. 15, § 1º). Pode-se cogitar, assim, em virtude da intercambialidade entre os diplomas constitutivos dos juizados especiais, de revogação do disposto na Lei nº 9.099/1995 pela Lei nº 12.153/2009.

Os juízes leigos podem conduzir a conciliação (art. 22 da Lei nº 9.099/1995), servir como árbitros (art. 24, § 2º, da Lei nº 9.099/1995), dirigir a instrução e julgar a demanda, hipótese em que a sentença será submetida à apreciação do juiz togado, que poderá homologá-la, proferir outra em substituição ou, antes de se manifestar, determinar a realização

---

[10] LEITE, Maria Auxiliadora Sobral. Juizados especiais cíveis: processo de conhecimento. In: FARIAS, Cristiano Chaves de; DIDIER JR., Fredie (coord.). *Procedimentos especiais cíveis*: legislação extravagante. São Paulo: Saraiva, 2003. p. 468.

[11] Atente-se que a lei faz referência a conciliação ou transação (art. 2º, *in fine*). Conciliação tem a mesma essência da transação, porém distingue-se desta no que tange à iniciativa. A transação é ato de exclusiva iniciativa das partes, ao passo que a conciliação provém de atitude do juiz.

[12] CÂMARA, Alexandre Freitas. *Juizados especiais cíveis estaduais e federais*: uma abordagem crítica. 3. ed. Rio de Janeiro: Lumen Juris, 2007. p. 55.

de atos probatórios indispensáveis (art. 40 da Lei nº 9.099/1995). De acordo com a Lei nº 12.153/2009, os juízes leigos não podem, durante o exercício de suas funções, exercer advocacia perante os Juizados Especiais da Fazenda Pública, em todo o território nacional (art. 15, § 2º, da Lei nº 12.153/2009).

Conquanto a previsão do juiz leigo seja digna de elogios, visto que permite amenizar a sobrecarga de trabalho dos juízes togados, poucos Estados brasileiros colocaram em prática tal disposição. Aliás, como se pode perceber da prática forense, não são poucas as normas sobre os Juizados Especiais que simplesmente "não pegaram", principalmente pelo exagerado apego dos advogados, juízes, dos operadores do direito em geral ao sistema do CPC.

De outro lado, a figura do conciliador ganhou muito destaque no dia a dia dos Juizados. Sua função é conduzir a conciliação sob a orientação do juiz togado ou leigo (art. 22 da Lei nº 9.099/1995), devendo inclusive participar ativamente das negociações. Não é necessária, frise-se, a presença do juiz togado ou leigo na sessão de conciliação.[13] Duas razões podem ser levantadas para tanto: a primeira, de ordem jurídica, sustenta-se no fato de a ausência do juiz togado ou leigo não trazer nenhum prejuízo às partes, mesmo porque, nesse momento, o que se busca é a conciliação; a segunda deriva de um constatação prática, qual seja, diante da multiplicidade de sessões realizadas no mesmo dia e em face da carga total de trabalho nos juizados, seria impossível que o juiz estivesse presente em todas as sessões de conciliação, o que afetaria, em última instância, o próprio desejo de celeridade na prestação jurisdicional.

Ressalte-se que a Lei nº 12.153/2009 aumentou os poderes do conciliador, permitindo que ele, para fins de encaminhamento da composição amigável, ouça as partes e testemunhas sobre os contornos fáticos da controvérsia (art. 16). A toda evidência, essa ampliação de poderes aplica-se a todo o microssistema dos Juizados Especiais Cíveis.

Embora a lei ressalve que o recrutamento dos conciliadores deve-se dar preferentemente entre os bacharéis em Direito, comumente são escolhidos estudantes de Direito para tal função.

Por fim, à **turma recursal**, composta por três juízes togados, em exercício no primeiro grau de jurisdição, compete julgar recursos interpostos contra as sentenças proferidas no Juizado Especial. A designação dos juízes das Turmas Recursais leva em conta os critérios de antiguidade e merecimento, não sendo permitida, todavia, a recondução, salvo quando não houver outro juiz na sede da Turma Recursal.

4. COMPETÊNCIA DOS JUIZADOS ESPECIAIS CÍVEIS

4.1 Considerações gerais

A competência, como já estudado no capítulo próprio, refere-se à fixação dos limites em que cada órgão jurisdicional pode legitimamente atuar. Decorre, pois, de uma questão organizacional, que toma como base critérios fixados pelo legislador.

Nos Juizados Especiais Cíveis destacam-se quatro critérios essenciais para a fixação da competência: o valor da causa, a matéria, as pessoas envolvidas no litígio e o território.

Em alguns casos, esses critérios são combinados para a determinação da competência, como nos Juizados Especiais federais, em que se admitem causas cujo valor não supere 60 salários mínimos e em que figure como ré pessoa jurídica de direito público federal. Há, pois, a conjugação dos critérios valor da causa e pessoa. O mesmo ocorre nos Juizados Especiais da Fazenda Pública, nos quais vigora idêntico limite de valor da causa (60 salários mínimos),

---

[13] Enunciado nº 6 do Fonaje: Não é necessária a presença do juiz togado ou leigo na Sessão de Conciliação, nem a do juiz togado na audiência de instrução conduzida por juiz leigo.

alterando-se, no entanto, os legitimados passivos, que são os Estados, Distrito Federal, Municípios e pessoas jurídicas de direito público a eles vinculadas.

A seguir veremos, de modo mais específico, a competência dos Juizados Especiais estaduais, dos Juizados Especiais federais e dos Juizados da Fazenda Pública.

4.2 Competência dos Juizados Especiais estaduais (Lei nº 9.099/1995)

Inicialmente, cabe evidenciar que às ações para as quais haja previsão de procedimento especial, qualquer que seja o valor, exatamente porque existe previsão de rito próprio, não se aplica o procedimento da Lei nº 9.099/1995 (art. 1.046, § 2º, do CPC/2015). Observe-se, no entanto, que o microssistema poderá fazer ressalvas, como no caso do art. 3º, inciso IV, da Lei nº 9.099/1995, que permite a propositura de ação possessória sobre bens móveis de valor não superior a quarenta vezes o salário mínimo. Trata-se, portanto, de **autorização expressa**.

Inexistindo ressalvas, a regra é que não se pode utilizar o sistema dos Juizados Especiais quando exigir procedimento específico para determinada ação. Esse, aliás, é o teor do Enunciado nº 8 do Fórum Nacional dos Juizados Especiais,[14] pelo qual **as ações cíveis sujeitas aos procedimentos especiais não são admissíveis nos Juizados Especiais estaduais, justamente pela incompatibilidade de ritos**. Tal raciocínio, deixe-se claro, não se estende aos demais Juizados Especiais – federal e de Fazenda Pública –, porquanto, como se verá, há jurisprudência admitindo a propositura, nos Juizados Especiais federais, de ações disciplinadas por procedimento especial.

A competência dos Juizados Especiais estaduais utiliza, justamente, os quatro critérios básicos escolhidos pelo legislador: o valor da causa, a matéria, as pessoas envolvidas no litígio e o território (arts. 3º, 4º e 8º da Lei nº 9.099/1995). Assim, compete aos Juizados Especiais estaduais:

a) processar e julgar as causas cujo valor **não exceda a quarenta vezes o salário mínimo** (exceto as causas para as quais haja previsão de procedimento especial);

b) processar e julgar **as causas enumeradas no art. 275, II, do CPC/1973**,[15] qualquer que seja o valor;

c) processar e julgar a **ação de despejo para uso próprio**, qualquer que seja o valor;

d) processar e julgar as **ações possessórias sobre bens imóveis de valor não excedente a quarenta vezes o salário mínimo**;

e) promover a **execução dos seus julgados**;

f) promover a **execução de títulos executivos extrajudiciais de valor não excedente a quarenta vezes o salário mínimo**, inclusive os referendados pelo Ministério Público (art. 57, parágrafo único, da Lei nº 9.099/1995), desde que:

- propostas por pessoas físicas, excluídos os cessionários de direito de pessoas jurídicas (admitimos, no entanto, quando se tratar de cessão de direito de

---

[14] O Fórum Nacional dos Juizados Especiais – Fonaje dedica-se a aprimorar os serviços judiciários nos Juizados Especiais estaduais, com o objetivo de padronizar os procedimentos adotados em todo o território nacional. Consiste o Fonaje no grande intérprete da Lei nº 9.099/1995, que inspira a doutrina e a jurisprudência.

[15] Conforme explicitado na Parte I dessa obra, o art. 275, II, do CPC/1973 permanece em vigor por expressa previsão no CPC/2015 (Art. 1.063. "Os juizados especiais cíveis previstos na Lei nº 9.099, de 26 de setembro de 1995, continuam competentes para o processamento e o julgamento das causas previstas no inciso II do art. 275 da Lei nº 5.869, de 11 de janeiro de 1973").

- microempresa ou empresa de pequeno porte, possa a pessoa física utilizar a via do Juizado Especial estadual); microempresas, assim definidas na Lei Complementar nº 123/2006; pessoas jurídicas qualificadas como Organização da Sociedade Civil de Interesse Público (OSCIP); sociedades de crédito ao microempreendedor (art. 8º, § 1º, IV, da Lei nº 9.099/1995) ou empresas de pequeno porte (Lei Complementar nº 123/2006);
- não figure como réu incapaz, preso, pessoa jurídica de direito público, empresa pública da União, massa falida e insolvente civil (art. 8º, *caput*, da Lei nº 9.099/1995);
- não tenham as causas natureza alimentar, falimentar ou fiscal, não sejam de interesse da Fazenda Pública e, ainda, não se refiram a acidentes de trabalho, a resíduos (causas fundadas em disposição testamentária) e ao estado e capacidade das pessoas (art. 3º, § 2º, da Lei nº 9.099/1995).

Observe-se que as causas arroladas no art. 3º da Lei nº 9.099/1995 podem ser divididas em "pequenas causas" (incisos I e IV, bem como o § 1º, II) e "causas de menor complexidade" (incisos II e III). Basicamente, as pequenas causas estão relacionadas com o baixo valor do direito material objeto da demanda, o que nada tem a ver com a complexidade das questões fáticas ou jurídicas a serem discutidas em juízo. A seu turno, as causas de menor complexidade previstas no art. 3º são da competência dos Juizados Especiais estaduais independentemente do valor. Nesse sentido é o Enunciado 58 do Fonaje: "As causas cíveis enumeradas no art. 275, II, do CPC, admitem condenação superior a 40 salários mínimos e sua respectiva execução no próprio Juizado".

A despeito de tal distinção, é preciso ter em mente que não basta o pequeno valor da causa para que ela seja de competência dos Juizados; o *caput* do art. 3º exige que haja menor complexidade sempre, tanto que a própria lei exclui da competência dos Juizados determinadas causas que, embora de baixo valor, são presumidamente complexas (art. 3º, § 2º). Em síntese, toda vez que a causa puder ser considerada de **grande complexidade**, afasta-se a competência dos Juizados, o que significa dizer que mesmo causas de pequeno valor, se de grande complexidade, não devem ser processadas e julgadas nos Juizados.

Ainda com relação às causas enumeradas no art. 3º, há a possibilidade de a parte optar pelo rito sumário, previsto no CPC/1973, ou pelo rito adotado nos Juizados Especiais estaduais.[16] Essa **opção** viabiliza-se porque o procedimento dos Juizados foi instituído por razões de política legislativa, visando, sobretudo, a ampliação do acesso à justiça. Sendo assim, a opção ou não pelo procedimento especial não prejudica o direito material discutido em juízo; pelo contrário, **cabe à parte decidir a melhor via processual para assegurar o seu direito**. Ressalte-se, nesse ponto, que por força do art. 1.063 do CPC/2015, alterado pela Lei nº 14.976/2024, os Juizados Especiais Cíveis continuam competentes para o processo de julgamento das causas previstas no art. 275, II, CPC/1973, quais sejam: (i) de arrendamento rural e de parceria agrícola; (ii) de cobrança ao condômino de quaisquer quantias devidas ao condomínio[17]; (iii) de ressarcimento por danos em prédio urbano ou rústico; (iv) de ressarcimento por danos causados em acidente de veículo de via terrestre; (v) de cobrança de seguro, relativamente aos danos causados em

---

[16] No âmbito dos Juizados Especiais federais, todavia, há previsão expressa – diga-se de passagem, reputada inconstitucional por parte da doutrina – de que a competência dos Juizados é absoluta (art. 3º, § 3º, da Lei nº 10.259/2001).

[17] Conforme informações iniciais da obra, como as despesas de condomínio devidamente documentadas constituem título executivo, o mais prudente é que seja proposta execução de título extrajudicial (art. 784, X, CPC/2015).

acidente de veículo, ressalvados os casos de processo de execução; (vi) de cobrança de honorários dos profissionais liberais, ressalvado o disposto em legislação especial; (vii) que versem sobre revogação de doação.

Acrescente-se que, a despeito da celeridade do sistema processual dos Juizados Especiais, muitas vezes a informalidade ou a simplificação do rito pode comprometer a efetivação do direito material, que depende, por exemplo, de maior dilação probatória. Neste caso, poder-se-ia argumentar, em face do disposto no art. 3º, *caput*, da Lei nº 9.099/1995 que a complexidade da causa impediria o trâmite do processo perante os Juizados, porém, como lembra Alexandre Freitas Câmara, "seria preciso que o demandante fosse antes ao Juizado Especial Cível, mesmo sabendo que o processo estaria fadado a dar em nada, para que só depois pudesse ir ao juízo comum, o que não é nem um pouco razoável".[18] Assim, a possibilidade de a parte optar pelo procedimento "sumaríssimo" impede que este se torne um entrave à realização do direito material.

A opção pelo procedimento do Juizado Especial importará em renúncia ao crédito excedente a quarenta vezes o salário mínimo, a menos que haja conciliação (art. 3º, § 3º). Ressalte-se que a lei prevê, nesse caso, nada mais que a transformação de uma "grande causa" em "pequena causa", não se aplicando, obviamente, às causas de menor complexidade que podem ser propostas no Juizado independentemente do valor (art. 3º, II e III). Além disso, o dispositivo também não se aplica à hipótese do inciso IV do art. 3º, uma vez que a sentença proferida em ação possessória não tem natureza condenatória.

Compete ainda ao Juizado Especial **homologar acordo extrajudicial**, de qualquer natureza ou valor, independentemente de termo, valendo a sentença como título executivo judicial (art. 57 da Lei nº 9.099/1995). Sendo de valor superior a quarenta salários mínimos, optando a parte pela execução no Juizado Especial, terá que renunciar ao excedente do crédito.

Definidas as causas que, em razão do valor, das pessoas envolvidas no litígio e da matéria discutida, podem ser processadas e julgadas no Juizado Especial, resta saber em qual foro (ou comarca) a demanda deve ser proposta.

O critério para definir em qual Juizado – de qual comarca – a demanda deva ser proposta é territorial, conforme disposto no art. 4º:

Art. 4º É competente, para as causas previstas nesta Lei, o Juizado do foro:

I – do domicílio do réu ou, a critério do autor, do local onde aquele exerça atividades profissionais ou econômicas ou mantenha estabelecimento, filial, agência, sucursal ou escritório;

II – do lugar onde a obrigação deva ser satisfeita;

III – do domicílio do autor ou do local do ato ou fato, nas ações para reparação de dano de qualquer natureza.

Parágrafo único. Em qualquer hipótese, poderá a ação ser proposta no foro previsto no inciso I deste artigo.

Trata-se de competência territorial, relativa, portanto. Dessa forma, se o réu, na defesa, já que não cabe exceção de incompetência no Juizado Especial (art. 30), argui a incompetência do juízo, **o processo é extinto sem resolução do mérito (art. 51, III, da Lei nº 9.099/1995)**; não havendo arguição, a competência é prorrogada. Observe-se que essa sistemática é diversa da adotada no Código de Processo Civil, em que o reconhecimento da incompetência, seja

---

[18] CÂMARA, Alexandre Freitas. *Juizados especiais cíveis estaduais e federais*: uma abordagem crítica. 3. ed. Rio de Janeiro: Lumen Juris, 2007. p. 28-29.

absoluta ou relativa, enseja tão somente o deslocamento dos autos para o juízo competente (art. 64, § 3º, do CPC).

Embora se trate de competência relativa, insuscetível de reconhecimento sem a necessária provocação da parte adversa, há enunciado do Fonaje permitindo que o juiz conheça a incompetência territorial de ofício (Enunciado 89, aprovado no XVI Encontro).

Vale considerar, por fim, que se aplica o disposto no art. 63, § 3º, do CPC (art. 112, parágrafo único, do CPC/1973) ao microssistema dos Juizados Especiais. É que, com a alteração da Lei nº 9.099/1995, efetivada pela Lei nº 12.126/2009, admitem-se, como autoras, microempresas, pessoas jurídicas qualificadas como Organização da Sociedade Civil de Interesse Público e sociedade de crédito ao microempreendedor, o que permitiria vislumbrar demandas oriundas de contratos de adesão por elas firmados. A redação anterior do art. 8º, § 1º, da Lei nº 9.099/1995 que não admitia empresas que impusessem contratos de adesão como autoras, afastava a incidência do CPC, o que, diante da ampliação do polo ativo, não se pode mais afirmar.

JURISPRUDÊNCIA TEMÁTICA

Renúncia ao crédito excedente e sua amplitude

"À luz de uma interpretação teleológico-sistemática do disposto no § 3º do art. 3º da Lei nº 9.099/1995, a parte, ao escolher demandar junto ao juizado especial, renuncia o crédito excedente, incluindo os pedidos interdependentes (principal e acessório) que decorrem da mesma causa de pedir, e não só o limite quantitativo legal" (STJ, AgInt no REsp 2.002.685/PB, Rel. Min. Marco Buzzi, 4ª Turma, j. 27.03.2023).

A competência nos Juizados Especiais Cíveis estaduais

"Ao regulamentar a competência conferida aos Juizados Especiais pelo art. 98, I, da CF, a Lei 9.099/95 fez uso de dois critérios distintos – quantitativo e qualitativo – para definir o que são 'causas cíveis de menor complexidade'. A menor complexidade que confere competência aos Juizados Especiais é, de regra, definida pelo valor econômico da pretensão ou pela matéria envolvida. Exige-se, pois, a presença de apenas um desses requisitos e não a sua cumulação. A exceção fica para as ações possessórias sobre bens imóveis, em relação às quais houve expressa conjugação dos critérios de valor e matéria. Assim, salvo na hipótese do art. 3º, IV, da Lei 9.099/95, estabelecida a competência do Juizado Especial com base na matéria, é perfeitamente admissível que o pedido exceda o limite de 40 salários mínimos" (STJ, MC 15.465, 3ª Turma, Min. Nancy Andrighi, *DJe* 02.09.2009).

O controle da competência dos Juizados Cíveis estaduais pelo respectivo Tribunal de Justiça

"**É cabível mandado de segurança,**[19] **a ser impetrado no Tribunal de Justiça, a fim de que seja reconhecida, em razão da complexidade da causa, a incompetência absoluta dos juizados especiais para o julgamento do feito, ainda que no processo já exista decisão definitiva de Turma Recursal da qual não caiba mais recurso.** Inicialmente, observe-se que, em situações como essa, o controle por meio da ação mandamental interposta dentro do prazo decadencial de cento e vinte dias não interfere na autonomia dos Juizados, uma vez

---

[19] Não confundir com a competência para analisar mandado de segurança contra ato de juiz de Juizado Especial, que é da Turma Recursal (Súmula nº 376 do STJ: "Compete a turma recursal processar e julgar o mandado de segurança contra ato de juizado especial").

que o mérito da demanda não será decidido pelo Tribunal de Justiça. Ademais, é necessário estabelecer um mecanismo de controle da competência dos Juizados, sob pena de lhes conferir um poder desproporcional: o de decidir, em caráter definitivo, inclusive as causas para as quais são absolutamente incompetentes, nos termos da lei civil. Dessa forma, sendo o juízo absolutamente incompetente em razão da matéria, a decisão é, nesse caso, inexistente ou nula, não havendo, tecnicamente, que falar em trânsito em julgado" (STJ, RMS 39.041/DF, Rel. Min. Raul Araújo, j. 07.05.2013).

"Excepcionalmente, admite-se o conhecimento da impetração de mandado de segurança nos tribunais de justiça para fins de exercício do controle de competência dos juizados especiais" (STJ, AgInt no RMS 70.750/MS, Rel. Min. Francisco Falcão, 2ª Turma, j. 08.05.2023).

4.3 Competência dos Juizados Especiais federais (Lei nº 10.259/2001)

Segundo o art. 3º, *caput*, da Lei nº 10.259/2001, compete ao Juizado Especial Cível federal processar, conciliar e julgar causas de competência da Justiça federal até o valor de **60 salários mínimos**, bem como executar as suas sentenças.

Da análise do dispositivo mencionado, verifica-se que o legislador conjugou dois critérios ao estabelecer a competência dos Juizados federais, ou seja, causas da competência da Justiça federal e limite do valor em 60 salários mínimos.

No que diz respeito às causas de competência da Justiça federal, cumpre destacar que a CF/1988, em seu art. 109, também adota dois critérios para definir a competência civil da Justiça federal: em razão da matéria (*ratione materiae*) e em razão da pessoa (*ratione personae*). As causas elencadas nos incisos III e XI do referido art. 109 são atribuídas à competência da Justiça federal em virtude da matéria discutida; já as causas arroladas nos incisos I, II e VIII do mesmo dispositivo levam em conta as pessoas envolvidas no litígio.

Disso se conclui que, a princípio, as causas de competência dos Juizados Especiais Cíveis federais seriam determinadas tanto pela matéria (art. 109, III e XI) quanto pelas pessoas envolvidas no conflito (art. 109, I, II e VIII). Entretanto, como se verá adiante, o art. 3º, § 1º, I, da Lei nº 10.259/2001 exclui expressamente da competência dos Juizados federais as causas referidas no art. 109, II, III e XI da CF/1988 e o mandado de segurança a que faz menção o inciso VIII do mesmo dispositivo, de forma que apenas as hipóteses do inciso I do art. 109 da CF/1988 e o *habeas data* mencionado no inciso VIII do art. 109[20] podem ser julgados pelos Juizados Especiais Cíveis federais. E, mesmo assim, deve-se ter em mente que as causas abrangidas pelo art. 109, I, da CF/1988 não poderão ser julgadas pelos Juizados Especiais Cíveis federais caso incida uma das vedações dos incisos I a IV do § 1º do art. 3º da Lei nº 10.259/2001.

Pois bem. A par da matéria, a competência dos Juizados Especiais Cíveis federais também é fixada pelo valor da causa, visto que, nos termos do art. 3º, *caput*, da Lei nº 10.259/2001 apenas as causas de valor até 60 salários mínimos submetem-se à competência dos Juizados. Observe-se, a esse respeito, que, quando a prestação versar sobre obrigações vincendas, para fins de competência do Juizado Especial, a soma de doze parcelas não poderá exceder ao valor aludido (art. 3º, § 2º, da Lei nº 10.259/2001).

---

[20] Entendem Rodrigo da Cunha Lima Freire e Jefferson Carús Guedes, contudo, que "a exclusão do *habeas data* é implícita, visto que a especialidade de seu procedimento o torna incompatível com o juizado especial cível federal" (Juizados especiais cíveis federais. In: FARIAS, Cristiano Chaves de; DIDIER JR., Fredie (coord.). *Procedimentos especiais cíveis*: legislação extravagante. São Paulo: Saraiva, 2003, p. 590).

Nos Juizados Especiais Cíveis federais, o valor da causa destaca-se mais na fixação da competência do que nos Juizados estaduais, em que nem sempre se faz necessário o pequeno valor da causa como critério definidor da competência (art. 3º, II e III, da Lei nº 9.099/1995). Consequentemente, o intérprete deve ter bastante atenção ao aplicar subsidiariamente as disposições da Lei nº 9.099/1995 aos Juizados Especiais Cíveis federais, pois, diferentemente dos Juizados estaduais, o valor da causa será sempre um limite para a propositura de demandas segundo a Lei nº 10.259/2001.

Para melhor esclarecer o que foi dito no parágrafo anterior, basta lembrar que, independentemente do valor, pode ser proposta ação nos Juizados Especiais Cíveis estaduais buscando o ressarcimento por danos causados em acidente de veículo de via terrestre, como se extrai do art. 3º, II, da Lei nº 9.099/1995. Como o valor da causa não constitui critério de determinação da competência nesse caso – pouco importa, portanto, se se trata de pequena causa ou não –, não incide o disposto no § 3º do art. 3º daquela lei, pelo que a opção pelo procedimento "sumaríssimo" não implica renúncia ao crédito excedente a 40 salários mínimos.

Suponha-se, porém, que, sendo o veículo causador dos danos de propriedade da União Federal, tal entidade seja arrolada como ré na demanda, o que atrai a competência para a Justiça federal (art. 109, I, da CF/1988). Nessa hipótese, somente se poderá falar em competência dos Juizados Especiais Cíveis federais se o valor da causa for igual ou inferior a 60 salários mínimos. E, por ser o valor da causa decisivo para a fixação da competência, aplica-se subsidiariamente o art. 3º, § 3º, da Lei nº 9.099/1995, o que significa que a opção pelo procedimento da Lei nº 10.259/2001 importará em renúncia ao crédito excedente ao limite de 60 salários mínimos.[21]

Adverte Alexandre Freitas Câmara, todavia, que "dizer que os Juizados Especiais Cíveis federais são, na verdade, Juizados de Pequenas Causas não significa dizer [...] que causas complexas de pequeno valor possam ser submetidas a esses Juizados".[22] Isso porque "a competência dos Juizados Especiais Cíveis federais é determinada *ratione valoris*, mas, como se dá em sede estadual, há pequenas causas de grande complexidade, as quais não poderão ser submetidas aos Juizados Federais".[23] A própria Lei nº 10.259/2001 cuida de excluir da competência dos Juizados federais algumas causas cíveis presumidamente complexas, como se infere do § 1º do art. 3º, já mencionado alhures:

> § 1º Não se incluem na competência do Juizado Especial Cível as causas:
>
> I – referidas no art. 109, incisos II, III e XI, da Constituição Federal [as causas entre Estados estrangeiros ou organismo internacional e município ou pessoa jurídica domiciliada ou residente no país; as causas fundadas em tratado ou contrato da União com Estado estrangeiro ou organismo internacional; a disputa sobre direitos indígenas], as ações de mandado de segurança, de desapropriação, de divisão e demarcação, populares, execuções fiscais e por improbidade administrativa e as demandas sobre direitos ou interesses difusos, coletivos ou individuais homogêneos;

---

[21] Não se aplica aos Juizados federais, contudo, a parte final do art. 3º, § 3º, da Lei nº 9.099/1995, segundo a qual a renúncia somente ocorrerá se não houver conciliação. Isso porque, nos termos do art. 3º, *caput*, da Lei nº 10.259/2001, a conciliação só é possível nos Juizados federais em causas inferiores a sessenta salários mínimos, razão pela qual, havendo propositura de ação com valor superior a esse montante, há de se concluir que houve renúncia tácita pelo autor com relação à quantia excedente.

[22] CÂMARA, Alexandre Freitas. *Juizados especiais cíveis estaduais e federais*: uma abordagem crítica. 3. ed. Rio de Janeiro: Lumen Juris, 2007. p. 212.

[23] CÂMARA, Alexandre Freitas. *Juizados especiais cíveis estaduais e federais*: uma abordagem crítica. 3. ed. Rio de Janeiro: Lumen Juris, 2007. p. 212.

II – sobre bens imóveis da União, autarquias e fundações públicas federais;

III – para a anulação ou cancelamento de ato administrativo federal, salvo o de natureza previdenciária e o de lançamento fiscal;

IV – que tenham como objeto a impugnação da pena de demissão imposta a servidores públicos civis ou de sanções disciplinares aplicadas a militares.

Além disso, sempre que se reputa determinada demanda excessivamente complexa para o rito dos Juizados federais, deve-se extinguir o processo sem resolução do mérito, por aplicação subsidiária dos arts. 3º, *caput*, e 51, II, ambos da Lei nº 9.099/1995.[24]

Por outro lado, não incide, nos Juizados Especiais federais, a mesma vedação apontada para os Juizados Especiais estaduais quanto à propositura de ações que possuam procedimento especial. Isto é, defende-se, em relação aos Juizados Especiais estaduais, a impossibilidade de utilização do juizado quando houver procedimento especial para determinada demanda.

É que a Lei nº 9.099/1995 expressamente previu a hipótese do único procedimento especial que pode ser admitido no âmbito dos Juizados Especiais estaduais (ação possessória). Ao revés, a Lei nº 10.259/2001 listou os casos de exclusão de procedimentos especiais nos Juizados Especiais federais. Assim, nos Juizados Especiais estaduais, o que é admitido está previsto expressamente, não se permitindo interpretação extensiva. Nos Juizados Especiais federais, todavia, o que é excluído é que está previsto expressamente, podendo-se concluir não estarem proibidas as demais ações que possuam rito especial. Vejam-se os seguintes precedentes:

"A competência do Juizado Especial Federal Cível, que é absoluta, é definida pelo valor da causa (art. 3º e seu § 3º da Lei 10.259/2001), salvo os casos expressa e legalmente dela excluídos. 2. A despeito de a ação de consignação em pagamento estar sujeita ao procedimento especial previsto nos arts. 890 e seguintes do CPC, ela não se inclui dentre as hipóteses de exclusão da competência dos Juizados Especiais Federais Cíveis previstas no § 1º do art. 3º da Lei nº 10.259/2001. 3. Conflito conhecido para declarar competente o Juízo do Juizado Especial Federal Cível Goiás – 13ª Vara, ora suscitante" (TRF1, CC 200401000398609, 3ª Seção, Des. Federal Maria Isabel Gallotti Rodrigues, 10.11.2004).

"A Lei nº 10.259/2001 estabeleceu a competência dos Juizados Especiais Federais para processar, conciliar e julgar causas de competência da Justiça Federal até o valor de 60 (sessenta) salários mínimos, bem como para executar suas sentenças. – Apesar de sujeita ao procedimento especial (CPC, art. 890 e seguintes), a ação de prestação de contas não configura hipótese de exclusão da competência dos Juizados Especiais Federais. – Competência do juízo suscitante, da 3ª Vara Federal e Juizado Especial Federal Cível de Cascavel" (CC 200404010516316, Silvia Maria Gonçalves Goraieb, TRF4 – Segunda Seção, 18.05.2005).

Em síntese, portanto, pode-se afirmar que a competência dos Juizados Especiais Cíveis federais se limita às pequenas causas (até sessenta salários mínimos) de baixa complexidade que integrem a competência da Justiça federal e não estejam excluídas pelo art. 3º, § 1º, da Lei nº 10.259/2001.

---

[24] Nesse mesmo sentido, v. FREIRE, Rodrigo da Cunha Lima; GUEDES, Jefferson Carús. Juizados especiais cíveis federais. In: FARIAS, Cristiano Chaves de; DIDIER JR., Fredie (coord.). *Procedimentos especiais cíveis*: legislação extravagante. São Paulo: Saraiva, 2003. p. 592.

4.3.1 Competência absoluta dos Juizados Especiais Cíveis federais

Quando estudamos os Juizados Especiais Cíveis estaduais, vimos que sua competência é relativa, podendo a parte optar pelo rito sumário, do antigo CPC/1973 (art. 1.063 do CPC/2015), ou pelo rito "sumaríssimo". Essa opção, vale lembrar, viabiliza-se porque o procedimento dos Juizados foi instituído por razões de política legislativa, de maneira que a sua não utilização não prejudica o direito material discutido em juízo.

Conquanto os Juizados Especiais Cíveis federais também tenham sido instituídos por motivos de política legislativa, dispõe o § 3º do art. 3º da Lei nº 10.259/2001 que, **no foro onde estiver instalada vara do Juizado Especial federal, sua competência é absoluta**.

Ora, não há motivo plausível para se considerar absoluta a competência dos Juizados federais, sobretudo porque, a despeito da celeridade do procedimento, muitas vezes a informalidade ou a simplificação do rito pode comprometer a efetivação do direito material. Ademais, são diversas as limitações inerentes ao procedimento dos Juizados Especiais – como, por exemplo, a vedação da ação rescisória –, motivo pelo qual impor à parte o sistema dos Juizados significa obrigá-la a aceitar regras processuais que, em um caso específico, podem lhe ser desfavoráveis, contrariando a própria finalidade almejada pelos Juizados.

De qualquer maneira, em face do disposto no art. 3º, § 3º, não pode a parte rejeitar o procedimento quando configurada a competência dos Juizados Especiais Cíveis federais.

Essa regra da competência absoluta dos Juizados Especiais Cíveis federais é mitigada pelo art. 20, segundo o qual, onde não houver vara federal, a causa *poderá* ser proposta no Juizado Especial federal mais próximo do foro definido no art. 4º da Lei nº 9.099/1995. Em outras palavras, inexistindo vara da Justiça comum federal ou de Juizado Especial federal em determinada localidade, caberá ao autor escolher onde propor a demanda conforme os critérios territoriais pertinentes: se no foro escolhido houver Juizado Especial, sua competência será absoluta; caso contrário, será competente a vara federal comum.

JURISPRUDÊNCIA TEMÁTICA

Ações para fornecimento de medicamento proposta perante Juizado Especial federal

"Conflito negativo de competência entre juízo comum federal e juizado especial federal. Competência do STJ. Fornecimento de medicamentos. Valor da causa. Regra geral. Competência do juizado especial federal. [...] II – A jurisprudência desta Corte já se manifestou no sentido de que a competência para julgar as ações de fornecimento de medicamentos, com valor inferior a sessenta salários mínimos, em face da natureza absoluta prevista na Lei 10.259/2001, é do Juízo Federal do Juizado Especial, conforme previsão do art. 3º da Lei nº 10.259/2001. Precedentes: AgRg no CC nº 96.687/SC, rel. Min. Denise Arruda, *DJe* de 16/2/2009; AgRg no CC nº 1.01.126/SC, rel. Min. Castro Meira, *DJe* de 27/2/2009; AgRg no CC nº 95.004/SC, rel. Min. Humberto Martins, *DJe* de 24/11/08 e AgRg no CC nº 97.279/SC, rel. Min. Benedito Gonçalves, *DJe* de 3/11/08. [...] IV – A teor do art. 12, § 2º, da Lei nº 10.259/2001, a produção de prova pericial não afasta a competência dos Juizados Especiais. Precedente: AgRg no CC nº 99.618/SC, rel. Min. Castro Meira, *DJe* de 20/2/2009. V – 'A ação que se pretende compelir o Estado ao fornecimento de medicamentos, como forma de assegurar o direito à saúde, não mostra complexa. Isso porque a prova pericial é prescindível, quando a prescrição medicamentosa se der por médico legalmente habilitado. Descabida, portanto, a pretensão de afetar *quaestio iuris* à Corte Especial, eis que o julgado oriundo da Terceira Seção deste STJ, tirado pela agravante como paradigma, não guarda similitude fática com a questão posta nestes autos' (AgRg no CC nº 97.279/SC, rel. Min. Benedito Gonçalves, *DJe* 3/11/2008). VI – Competência do Juizado Especial Federal para o julgamento da lide. VII – Agravo regimental improvido" (AgRg no CC 102.919/SC, 1ª Seção, Rel. Min. Francisco Falcão, j. 22.04.2009, DJe 11.05.2009).

4.4 Competência dos Juizados Especiais da Fazenda Pública (Lei nº 12.153/2009)

De acordo com o art. 2º da Lei nº 12.153/2009, compete aos Juizados Especiais da Fazenda Pública processar, conciliar e julgar causas de interesse dos Estados, do Distrito Federal, dos Territórios e dos Municípios, até o valor de **60 salários mínimos**.

Adotou-se, basicamente, como critério definidor de competência, o valor da causa, limitado, como nos Juizados Especiais federais, à quantia de 60 salários mínimos.

Se o valor pretendido pelo autor for superior ao teto indicado – 60 salários mínimos –, ele poderá renunciar, de modo expresso, ao montante excedente, aí incluídas, se for o caso, as prestações vincendas.

Conforme entendimento do STJ, firmado em sede de recurso especial repetitivo (Rep 1.807.665/SC, Tema 1030), se houver discussão de trato sucessivo nos Juizados Especiais Federais ou da Fazenda Pública, devem ser conjugadas as regras da legislação especial e do CPC, especialmente o art. 292 do CPC/2015. Assim: a) versando a pretensão apenas sobre prestações vincendas, considerar-se-á a soma de doze delas para a definição da competência (art. 3º, § 2º, Lei 10.249/2001; art. 2º, § 2º, Lei 12.153/2009); b) quando o pleito englobar parcelas vencidas e vincendas, e a obrigação for por tempo indeterminado ou superior a um ano, somam-se os valores de todas as parcelas vencidas e de uma anuidade das parcelas vincendas, nos termos dos §§ 1º e 2º do art. 292 do CPC/2015. Em todos os casos, se ultrapassado o teto, a parte autora poderá renunciar expressamente ao excedente.

Não obstante prevalecer o valor da causa como critério para determinação da competência, a própria lei exclui do âmbito dos Juizados Especiais da Fazenda Pública determinadas ações. Assim, não se incluem na competência do Juizado Especial da Fazenda Pública (art. 2º, § 1º):

- as ações de mandado de segurança, de desapropriação, de divisão e demarcação, populares, por improbidade administrativa, execuções fiscais e as demandas sobre direitos ou interesses difusos e coletivos;
- as causas sobre bens imóveis dos Estados, Distrito Federal, Territórios e Municípios, autarquias e fundações públicas a eles vinculadas;
- as causas que tenham como objeto a impugnação da pena de demissão imposta a servidores públicos civis ou sanções disciplinares aplicadas a militares.

A competência, quando instalados os Juizados Especiais, será absoluta, excluindo, portanto, qualquer outra (art. 2º, § 4º, da Lei nº 12.153/2009). Essa norma consiste, a bem da verdade, em cópia do art. 3º, § 3º, da Lei nº 10.259/2001, que impõe, sem possibilidade de escolha, o rito "sumaríssimo" às causas compreendidas em seu espectro de abrangência.

Assim, para a Lei nº 12.153/2009, se a causa se referir a pretensão de valor inferior ou igual a sessenta salários mínimos, não poderá a parte rejeitar o procedimento dos Juizados Especiais da Fazenda Pública, porque cogente a incidência da regra de competência.

Essa competência absoluta vigorará, no entanto, somente para as causas propostas após a instalação dos juizados especiais, sendo vedada a remessa de demandas já ajuizadas (art. 24).

Como regra de direito intertemporal, a Lei nº 12.153/2009 permitiu, por outro lado, que os Tribunais de Justiça limitem, por até cinco anos, a partir da vigência da lei, a competência dos respectivos Juizados Especiais da Fazenda Pública, em atenção à necessidade da organização dos serviços judiciários e administrativos (art. 23). Há permissão, dessa forma, para redução da competência dos Juizados Especiais por um período delimitado de tempo, com objetivos de **organização** e **operabilidade**.

Aponta a doutrina que "deve-se considerar, para fins de limitação de competência, a possibilidade de os Tribunais de Justiça limitarem não só a matéria que cada JEFP pode conhecer (art. 2º da Lei nº 12.153/2009), mas também o alcance da jurisdição de cada Juizado (isto é, as cidades que serão abrangidas por sua competência territorial) ou o valor das causas que lhe serão submetidas".[25]

JURISPRUDÊNCIA TEMÁTICA

"(...) Fixam-se as seguintes teses vinculantes no presente IAC: (...) Tese B) São absolutas as competências: i) da Vara da Infância e da Juventude do local onde ocorreu ou deva ocorrer a ação ou a omissão, para as causas individuais ou coletivas arroladas no ECA, inclusive sobre educação e saúde, ressalvadas a competência da Justiça Federal e a competência originária dos tribunais superiores (arts. 148, IV, e 209 da Lei n. 8.069/1990 e Tese n. 1.058/STJ); ii) do local de domicílio do idoso nas causas individuais ou coletivas versando sobre serviços de saúde, assistência social ou atendimento especializado ao idoso portador de deficiência, limitação incapacitante ou doença infectocontagiosa, ressalvadas a competência da Justiça Federal e a competência originária dos tribunais superiores (arts. 79 e 80 da Lei n. 10.741/2003 e 53, III, e, do CPC/2015); **iii) do Juizado Especial da Fazenda Pública, nos foros em que tenha sido instalado, para as causas da sua alçada e matéria (art. 2º, § 4º, da Lei n. 12.153/2009); iv) nas hipóteses do item (iii), faculta-se ao autor optar livremente pelo manejo de seu pleito contra o estado no foro de seu domicílio, no do fato ou ato ensejador da demanda, no de situação da coisa litigiosa ou, ainda, na capital do estado, observada a competência absoluta do Juizado, se existente no local de opção (art. 52, parágrafo único, do CPC/2015, c/c o art. 2º, § 4º, da Lei n. 12.153/2009).** (...)" (STJ, RMS 64.625/MT, Rel. Min. Og Fernandes, j. 21.10.2021, 1ª Seção, *DJe* 09.12.2021).

5. CAPACIDADE DE SER PARTE E CAPACIDADE PROCESSUAL

Capacidade de ser parte não se confunde com a capacidade de estar em juízo (capacidade processual ou legitimação processual). Enquanto a primeira relaciona-se com a capacidade de gozo ou de direito (aptidão para adquirir direitos e contrair obrigações na vida civil), a segunda guarda relação com a capacidade de fato ou de exercício (aptidão para exercer por si os atos da vida civil).

No processo civil, em regra, tem capacidade de ser parte quem é sujeito de direitos e obrigações na órbita civil, ou seja, as pessoas naturais e jurídicas (arts. 1º e 40 do CC), além de certos entes despersonalizados, como a massa falida, o espólio, a herança vacante ou jacente, a massa do insolvente. Evidencie-se que nem todas as pessoas que têm capacidade de ser parte possuem capacidade processual. Os incapazes (arts. 3º e 4º do CC), por exemplo, têm capacidade de ser parte, mas falta-lhes a capacidade processual. Em síntese, portanto, quem tem capacidade para estar em juízo tem capacidade de ser parte, mas a recíproca não é verdadeira.

Nos Juizados Especiais, a capacidade de ser parte é bem mais restrita, não podendo figurar no polo ativo ou passivo, por exemplo, o preso, a massa falida e o insolvente (art. 8º da Lei nº 9.099/1995) e, exclusivamente no polo ativo, as pessoas jurídicas de direito público.

---

[25] CERQUEIRA, Luis Otávio Sequeira de *et al*. *Comentários à nova Lei dos Juizados Especiais da Fazenda Pública*. São Paulo: RT, 2010. p. 196.

A rigor, nenhum dos entes despersonalizados tem capacidade de ser parte perante os Juizados Especiais. Se tais pessoas sequer podem ser partes, nem cabe cogitar sobre a capacidade processual (exercício, por si só, dos atos do processo).

Em que pese a expressa previsão legal (art. 8º), havia, no âmbito doutrinário e jurisprudencial, grande debate acerca da legitimidade ativa do condomínio para propor ação perante o Juizado Especial, haja vista que a própria Lei nº 9.099/95, no parágrafo primeiro do art. 8º, restringe a capacidade para ser parte ativa no Juizado às pessoas físicas capazes e aos microempreendedores individuais, microempresas, empresas de pequeno porte, pessoas jurídicas qualificadas como Organização da Sociedade Civil de Interesse Público e sociedades de crédito ao microempreendedor. Apesar de o condomínio não se enquadrar em nenhuma dessas hipóteses, a jurisprudência do STJ[26] firmou-se no sentido de reconhecer a legitimidade do condomínio para figurar no polo ativo de ação de cobrança no Juizado Especial. As turmas recursais locais também seguiram o mesmo entendimento. Por exemplo, a Turma de Uniformização de Jurisprudência das Turmas Recursais do TJ-DFT firmou a seguinte tese, no ano de 2018: "O condomínio exclusivamente residencial, devidamente representado pelo síndico e excluída a representação por preposto, poderá propor ação no Juizado Especial para o recebimento de taxas condominiais, limitada ao valor de alçada, sendo necessária a realização de audiência de conciliação". Na mesma linha o Enunciado 9 do Fonaje: "O condomínio residencial poderá propor ação no Juizado Especial nas hipóteses do art. 275, II, 'b', do CPC".

Como já dissemos no início dessa obra, ao pontuar as novidades do CPC/2015, o procedimento da Lei nº 9.099/95 será pouco utilizado para a cobrança das despesas de condomínio, considerando que o art. 784, VIII, inclui no rol de títulos executivos extrajudiciais "o crédito, documentalmente comprovado, decorrente de aluguel de imóvel, bem como de encargos acessórios, tais como taxas e despesas de condomínio". Para o credor, há maior vantagem a execução do que no processo de conhecimento.

Excepcionalmente em relação ao espólio há enunciado do Fonaje que dispõe sobre a sua capacidade para ser parte: "Inexistindo interesses de incapazes, o espólio pode ser parte nos Juizados Especiais Cíveis" (Enunciado nº 148).

Lembre-se, ainda, de que no âmbito dos juizados, a capacidade de ser parte está imbricada com a **competência do órgão**. Em outras palavras, se a pessoa ou ente não pode ser parte é porque os Juizados Especiais são **incompetentes** em razão da pessoa para apreciar a demanda. A incapacidade (de ser parte), aqui não decorre de uma qualidade intrínseca do litigante, mas sim de um critério de especialização do juízo. Não ter capacidade de ser parte nos Juizados Especiais ou ser este órgão incompetente são situações que conduzem a uma mesma consequência, ou seja, a extinção do processo sem resolução do mérito (art. 51, IV, da Lei nº 9.099/1995).

É importante esclarecer, quanto às pessoas jurídicas de direito público e em relação às empresas públicas (que são pessoas de direito privado criadas e controladas por entes de direito público), que estas, analisados os demais critérios, podem ser demandadas apenas nos Juizados Especiais federais e Juizados Especiais da Fazenda Pública e, por isso mesmo, não podem ser parte nos Juizados Especiais estaduais.

5.1 Capacidade de ser parte nos Juizados Especiais estaduais (Lei nº 9.099/1995)

Nos termos do art. 8º da Lei nº 9.099/1995, somente serão admitidas a propor ação perante o Juizado Especial estadual: as pessoas físicas capazes, excluídas as cessionárias de direito de pessoas jurídicas; as microempresas; as pessoas jurídicas qualificadas como Organização da Sociedade

---

[26] Por exemplo: Recurso em MS n.º 53.602/AL, *DJe* 07.06.2018.

Civil de Interesse Público; e as sociedades de crédito ao microempreendedor. Acrescente-se a esse rol, igualmente, as empresas de pequeno porte, conforme o art. 74 da LC nº 123/2006.

Quanto ao cessionário de direito de pessoa jurídica, por interpretação sistemática, deve-se abrander a regra do art. 8º, § 1º, I, da Lei nº 9.099/1995, de forma a permitir que pessoas físicas cessionárias de direito de microempresas e empresas de pequeno porte sejam admitidas a propor ação perante os Juizados Especiais estaduais. É que, se as próprias microempresas e empresas de pequeno porte podem demandar, não faria sentido obstar essa possibilidade a uma pessoa física que delas seja cessionária de direitos.

Em relação às pessoas jurídicas qualificadas como Organização da Sociedade Civil de Interesse Público (OSCIP), caro leitor, cabe dizer que tais entes possuem estrutura normativa que conjuga regras de direito civil e de direito administrativo. O termo "organização da sociedade civil de interesse público" constitui, a bem da verdade, um qualificativo atribuído pelo Poder Público às pessoas jurídicas de direito privado que preencherem determinados requisitos, como não ter fim lucrativo, realizar atividades socialmente úteis, inscrever nos estatutos regras especiais sobre estrutura, funcionamento e prestação de contas, dentre outros. A atribuição do qualificativo autoriza essas pessoas jurídicas a firmarem com o Poder Público *termos de parceria*, pelos quais se "credenciam a receber recursos ou bens públicos empenhados neste vínculo cooperativo entre ambos". A regulamentação da espécie está contida na Lei nº 9.790/1999.

Em suma, podem figurar como **autoras**:

- as pessoas físicas capazes, excluídos os cessionários de direito de pessoas jurídicas (com a ressalva das pessoas físicas cessionárias de direitos de microempresas e empresas de pequeno porte);
- as microempresas;
- as empresas de pequeno porte;
- as pessoas jurídicas qualificadas como Organização da Sociedade Civil de Interesse Público (OSCIP);
- as sociedades de crédito ao microempreendedor.

Em relação ao **polo passivo**, nele podem figurar quaisquer pessoas físicas ou jurídicas, excluídas, por óbvio, as que não podem demandar nos Juizados Especiais Estaduais (art. 8º, *caput*, da Lei nº 9.099/1995).

No que tange à representação da pessoa jurídica ou do titular de firma individual, a Lei nº 9.099/1995, com a redação dada pela Lei nº 12.137/2009, passou a admitir que o preposto credenciado, munido de carta de preposição com poderes para transigir, **não tenha vínculo empregatício** com quem ele esteja representando (art. 9º, § 4º, da Lei nº 9.099/1995). Isto é, não há mais a necessidade de vínculo entre o preposto e a pessoa jurídica ou o titular de firma individual.

5.2 Capacidade de ser parte nos Juizados Especiais federais (Lei nº 10.259/2001)

Da mesma forma como nos Juizados Especiais estaduais, a capacidade de ser parte nos Juizados federais é mais restrita que no sistema do CPC. Nos termos do art. 6º da Lei nº 10.259/2001:

Art. 6º Podem ser partes no Juizado Especial Federal Cível:

I – como autores, as pessoas físicas e as microempresas e empresas de pequeno porte, assim definidas na Lei nº 9.317, de 5 de dezembro de 1996;

II – como rés, a União, autarquias, fundações e empresas públicas federais.

No que tange ao polo ativo, não havia, até a publicação da Lei nº 10.259/2001 diferença alguma entre os Juizados Especiais cíveis estaduais e federais. Todavia, essa legislação ampliou o rol de legitimados a figurarem no polo ativo dos Juizados Especiais estaduais, o que permite duas análises.

Se se entender que a legislação dos Juizados Especiais forma um sistema intercomunicante, por aplicação complementar deverá ser estendida a mesma legitimação aos Juizados Especiais federais, isto é, permitindo-se a atuação, também, de pessoas jurídicas qualificadas como Organização da Sociedade Civil de Interesse Público e de sociedades de crédito ao microempreendedor. Por outro lado, se se entender que a legitimação é somente a definida pela lei de regência, somente as pessoas definidas no art. 6º da Lei nº 10.259/2001 poderão atuar como autoras nos Juizados Especiais federais.

A nosso ver, em razão da intercambialidade das normas que compõem o microssistema dos Juizados Especiais Cíveis, entendemos que a alteração produzida na Lei nº 9.099/1995 deve ser estendida, igualmente, aos Juizados Especiais federais. E mais: a interpretação teleológica do sistema dos Juizados Especiais também aponta no mesmo sentido, porquanto a ampliação da capacidade de ser parte, aberta a esses entes (OSCIP e sociedades de crédito ao microempreendedor), ocorreu justamente em face da necessidade de lhes outorgar um tratamento jurídico favorecido, levando-se em conta ostentarem finalidade de alcance eminentemente social.

Quanto ao polo passivo, afasta-se a incidência do art. 8º da Lei nº 9.099/1995, porquanto o art. 6º, II, da Lei nº 10.259/2001 estabelece expressamente as pessoas que podem figurar como rés nos Juizados federais, a saber: a União, autarquias, fundações e empresas públicas federais.

Ressalve-se, contudo, que outras pessoas além das mencionadas no art. 6º, II, podem vir a figurar como rés nos Juizados Especiais Cíveis federais, em virtude da admissibilidade do litisconsórcio (art. 10, *in fine*, da Lei nº 9.099/1995). Nesse sentido:

> "Pense-se, por exemplo, na hipótese de se querer invalidar um contrato celebrado por uma empresa pública federal, uma pessoa natural e uma pessoa jurídica de direito privado. Ajuizada a demanda pela pessoa natural, pleiteando a invalidação do aludido contrato, haverá litisconsórcio necessário entre a empresa pública federal e a pessoa jurídica de direito privado contratantes. Nesse caso, a não se admitir a presença da pessoa jurídica de direito privado no polo passivo da demanda, ter-se-ia de afirmar a impossibilidade jurídica do ajuizamento de tal demanda perante um Juizado Especial Cível. Assim, porém, não deve ser. O que determina a competência dos Juizados Especiais Cíveis federais é o valor da causa aliado à matéria (já que certas matérias não podem ser deduzidas nesses órgãos jurisdicionais). O fato de se ter uma pessoa natural ou jurídica que não seja entidade pública federal no polo passivo não é, por si só, suficiente para afastar a competência dos Juizados Especiais Cíveis federais, desde que, evidentemente, essas pessoas figurem na demanda em litisconsórcio com as entidades públicas federais".[27]

5.3 Capacidade de ser parte nos Juizados Especiais da Fazenda Pública (Lei nº 12.153/2009)

Quanto ao polo ativo, a capacidade de ser parte nos Juizados Especiais da Fazenda Pública está definida no art. 5º da Lei nº 12.153/2009 da seguinte forma:

Art. 5º Podem ser partes no Juizado Especial da Fazenda Pública:

---

[27] CÂMARA, Alexandre Freitas. *Juizados especiais cíveis estaduais e federais*: uma abordagem crítica. 3. ed. Rio de Janeiro: Lumen Juris, 2007. p. 221-222.

I – como autores, as pessoas físicas e as microempresas e empresas de pequeno porte, assim definidas na Lei Complementar nº 123, de 14 de dezembro de 2006;

II – como réus, os Estados, o Distrito Federal, os Territórios e os Municípios, bem como autarquias, fundações e empresas públicas a eles vinculadas.

Como se vê, a redação do inciso I do art. 5º da Lei nº 12.153/2009 é exatamente a mesma do inciso I do art. 6º da Lei nº 10.259/2001. Assim, considerando o microssistema dos Juizados Especiais, defende-se aqui também a ampliação da legitimação ativa, no sentido de abarcar as pessoas jurídicas qualificadas como Organização da Sociedade Civil de Interesse Público (OSCIP) e as sociedades de crédito ao microempreendedor.

Para alguns doutrinadores, o incapaz não pode ser parte em nenhum dos Juizados (Cíveis, Federais ou da Fazenda Pública), porque a Lei nº 9.099/1995, aplicável subsidiariamente às Leis nº 10.259/2001 e nº 12.153/2009, expressamente afasta o incapaz (art. 8º) dos litígios sujeitos ao procedimento sumaríssimo. Ocorre que o STJ, em decisão divulgada em 02.02.2018, considerou que o menor incapaz pode ser autor em causa que tramita no Juizado Especial da Fazenda Pública. Para a Corte, não há vedação expressa na Lei nº 12.153/2009 como há na Lei nº 9.099/1995. Ao tratar da legitimidade ativa para as demandas que lhe são submetidas, a Lei dos Juizados Especiais da Fazenda Pública fez alusão, tão somente, às pessoas físicas, não estabelecendo qualquer restrição quanto aos incapazes.[28]

Em relação ao polo passivo, é importante frisar que, assim como nos Juizados Especiais Cíveis federais, esse poderá ser integrado por pessoas não apontadas no art. 5º, II, da Lei nº 12.153/2009 tendo em vista a possibilidade de formação de litisconsórcio passivo necessário entre as pessoas jurídicas de direito público e pessoas naturais ou pessoas jurídicas de direito privado entrelaçadas pela mesma relação jurídica originária da lide.

No que se refere à representação, as pessoas jurídicas de direito público deverão atuar por meio de seus representantes judiciais, conforme dispõe o art. 75 do CPC/2015, os quais poderão conciliar, transigir ou desistir nos processos da competência dos Juizados Especiais, nos termos e nas hipóteses previstas na lei do respectivo ente da Federação (art. 8º da Lei nº 12.153/2009).

6. CAPACIDADE POSTULATÓRIA

Nos Juizados Especiais estaduais, nas causas de valor até vinte salários mínimos, têm as partes **capacidade postulatória**, o que significa que podem praticar pessoalmente – sem assistência de advogado – todos os atos do processo (art. 9º, *caput*, 1ª parte, da Lei nº 9.099/1995), inclusive a formulação do pedido inicial, que pode ser escrito ou oral (art. 14 da Lei nº 9.099/1995).[29] Sendo facultativa a assistência, se uma das partes comparecer assistida por advogado, ou se o réu for pessoa jurídica ou firma individual, terá a outra parte, se quiser, assistência judiciária prestada por órgão instituído junto ao Juizado Especial, na forma da lei local (art. 9º, § 1º), gratuitamente.

---

[28] Disponível em: http://www.stj.jus.br/sites/portalp/Paginas/Comunicacao/Noticias-antigas/2018/2018-02-02_07-58_Menor-incapaz-pode-ser-autor-em-causa-que-tramita-no-Juizado-Especial-da-Fazenda-Publica.aspx.

[29] No julgamento da ADI 1.127-8/DF, o STF decidiu que inexiste inconstitucionalidade na dispensa de advogado prevista no âmbito dos Juizados Especiais, tal como se dá na Justiça do Trabalho e na Justiça de Paz. Assim, declarou a inconstitucionalidade da expressão "qualquer" constante do inciso I do art. 1º da Lei nº 8.906/1994, segundo o qual a postulação a "qualquer" órgão do Poder Judiciário e aos juizados especiais constituiria atividade privativa de advocacia.

Nas causas de valor superior a vinte salários mínimos, a assistência por advogado é obrigatória (art. 9º, *caput*, 2ª parte), podendo o mandato ser verbal, salvo quanto aos poderes especiais (art. 9º, § 3º). Qualquer que seja o valor da causa, o juiz alertará as partes da conveniência do patrocínio por advogado, quando a causa, em razão da complexidade, o recomendar (art. 9º, § 2º). No recurso, as partes serão obrigatoriamente representadas por advogado (art. 41, § 2º).

Por sua vez, a capacidade postulatória nos Juizados Especiais federais é bastante ampla, visto que a parte autora poderá designar, por escrito, representantes para a causa que não sejam, necessariamente, advogados (art. 10, *caput*, da Lei nº 10.259/2001).[30] Sobre esse dispositivo, entendeu o STF que deve ser interpretado conforme a Constituição, a fim de excluir do seu âmbito de incidência os feitos de competência dos Juizados Especiais Criminais federais. É o que se infere do julgamento da ADI nº 3.168/DF:

> "Ação direta de inconstitucionalidade. Juizados especiais federais. Lei 10.259/2001, art. 10. Dispensabilidade de advogado nas causas cíveis. Imprescindibilidade da presença de advogado nas causas criminais. Aplicação subsidiária da Lei 9.099/1995. Interpretação conforme a Constituição.
>
> É constitucional o art. 10 da Lei 10.259/2001, que faculta às partes a designação de representantes para a causa, advogados ou não, no âmbito dos juizados especiais federais.
>
> No que se refere aos processos de natureza cível, o Supremo Tribunal Federal já firmou o entendimento de que a imprescindibilidade de advogado é relativa, podendo, portanto, ser afastada pela lei em relação aos juizados especiais. Precedentes.
>
> Perante os juizados especiais federais, em processos de natureza cível, as partes podem comparecer pessoalmente em juízo ou designar representante, advogado ou não, desde que a causa não ultrapasse o valor de sessenta salários mínimos (art. 3º da Lei 10.259/2001) e sem prejuízo da aplicação subsidiária integral dos parágrafos do art. 9º da Lei 9.099/1995.
>
> Já quanto aos processos de natureza criminal, em homenagem ao princípio da ampla defesa, é imperativo que o réu compareça ao processo devidamente acompanhado de profissional habilitado a oferecer-lhe defesa técnica de qualidade, ou seja, advogado devidamente inscrito nos quadros da Ordem dos Advogados do Brasil ou defensor público. Aplicação subsidiária do art. 68, III, da Lei 9.099/1995.
>
> Interpretação conforme, para excluir do âmbito de incidência do art. 10 da Lei 10.259/2001 os feitos de competência dos juizados especiais criminais da Justiça Federal" (STF, Pleno, ADI 3.168/DF, Rel. Min. Joaquim Barbosa, j. 08.06.2006, *DJ* 03.08.2007, p. 29).

Por fim, vale chamar atenção para o fato de que, diferentemente da Lei nº 9.099/1995, não há limite de valor da causa para dispensa da atuação de advogado na Lei nº 10.259/2001, podendo a parte autora praticar pessoalmente os atos do processo em qualquer demanda de competência dos Juizados Especiais Cíveis federais.[31] **Na fase recursal, porém, torna-se obrigatória a participação do advogado**, aplicando-se subsidiariamente o art. 41, § 2º, da Lei nº 9.099/1995.

---

[30] Embora, nos termos do art. 10, a parte ré também possa designar representantes que não sejam advogados, o certo é que as entidades públicas serão sempre representadas por profissional habilitado, conforme dispõe o Decreto nº 4.250/2002.

[31] Ressalve-se entendimento no sentido de que, por interpretação teleológica, os advogados somente podem ser dispensados nos Juizados Especiais Cíveis federais nas causas de valor até 30 salários mínimos (FREIRE, Rodrigo da Cunha Lima; GUEDES, Jefferson Carús. Juizados especiais cíveis federais. In: FARIAS, Cristiano Chaves de; DIDIER JR., Fredie (coord.). *Procedimentos especiais cíveis*: legislação extravagante. São Paulo: Saraiva, 2003. p. 597).

Quanto aos Juizados Especiais da Fazenda Pública, a Lei nº 12.153/2009 nada menciona sobre a atuação de advogado. Assim, dado o silêncio da lei e buscando integração normativa com os outros diplomas do microssistema dos Juizados Especiais, deve-se aplicar, quanto a esse aspecto, o que dispõe a Lei dos Juizados Especiais federais, que não estabelece limite de valor para a atuação da parte desacompanhada de advogado. A ausência de limitação é mais benéfica ao demandante, porque representa maior acesso à Justiça, malgrado se reconhecer a importância da função advocatícia, indispensável, nos termos da Constituição, à administração da Justiça (art. 133 da CF).

7. INTERVENÇÃO DE TERCEIRO E LITISCONSÓRCIO

De acordo com o art. 10 da Lei nº 9.099/1995, é vedada qualquer forma de intervenção de terceiros ou de assistência no âmbito dos Juizados Especiais. Admite-se o litisconsórcio, pouco importa se facultativo ou necessário. Não obstante essa previsão estar consagrada na Lei nº 9.099/1995, antevista a ideia de **microssistema**, a mesma disciplina se estende aos Juizados Especiais federais e aos Juizados Especiais da Fazenda Pública.

Diante das disposições do CPC/2015 sobre intervenção de terceiros, é necessário reanalisar o disposto no art. 10 da Lei dos Juizados Especiais, notadamente em relação ao instituto da desconsideração da personalidade jurídica.

7.1 Incidente de desconsideração da personalidade jurídica

Por meio do instituto denominado desconsideração da personalidade jurídica, que **ganhou status de intervenção de terceiro no CPC/2015**, o juiz, ignorando a existência da pessoa jurídica no caso concreto, supera a autonomia da sociedade, para alcançar o patrimônio dos sócios. É, em síntese, uma relativização do princípio da autonomia patrimonial. A responsabilização dos sócios, principalmente quando se trata de processo no qual se discute relação de consumo,[32] é atribuída por meio de procedimento incidental informal e simplificado, com contraditório postergado. Primeiro se penhoram bens, depois há intimação para manifestação. Os trechos dos acórdãos a seguir são representativos da prática adotada por parte considerável dos julgadores:

> "[...] Segundo a jurisprudência do STJ, a desconsideração da personalidade jurídica, como incidente processual, pode ser decretada sem a prévia citação dos sócios atingidos, aos quais se garante o exercício postergado ou diferido do contraditório e da ampla defesa. Precedentes de ambas as Turmas que integram a Segunda Seção do STJ. [...]" (STJ, AgRg no REsp 1.523.930/RS, Rel. Min. Marco Aurélio Bellizze, j. 16.06.2015, *DJe* 25.06.2015).

> "[...] A desconsideração da personalidade jurídica é instrumento afeito a situações limítrofes, nas quais a má-fé, o abuso da personalidade jurídica ou confusão patrimonial estão revelados, circunstâncias que reclamam, a toda evidência, providência expedita por parte do Judiciário. Com efeito, exigir o amplo e prévio contraditório em ação de conhecimento própria para tal *mister*, no mais das vezes, redundaria em esvaziamento do instituto nobre. 2. A superação da pessoa jurídica afirma-se como um incidente processual e não como um processo incidente,

---

[32] O Código de Defesa do Consumidor e a Lei nº 9.605/1988, que trata dos crimes ambientais, adotaram a "Teoria Menor da Desconsideração", segundo a qual os prejuízos eventualmente causados pela pessoa jurídica ao consumidor ou ao meio ambiente serão suportados pelos sócios, bastando a demonstração do simples estado de insolvência, não se exigindo qualquer comprovação quanto à existência de dolo ou culpa.

razão pela qual pode ser deferida nos próprios autos, dispensando-se também a citação dos sócios, em desfavor de quem foi superada a pessoa jurídica, bastando a defesa apresentada *a posteriori*, mediante embargos, impugnação ao cumprimento de sentença ou exceção de pré-executividade [...]" (STJ, REsp 1.096.604/DF, Rel. Min. Luis Felipe Salomão, j. 02.08.2012, *DJe* 16.10.2012).

O CPC/2015, em parte, seguiu a orientação jurisprudencial, porquanto criou um incidente de desconsideração da personalidade jurídica, reputando desnecessária a propositura de ação judicial própria para tanto. Contudo, a exegese dos dispositivos que disciplinam o procedimento (arts. 133 a 137) permite inferir que, salvo casos de concessão de tutela de urgência, o ato constritivo pressupõe o exercício do contraditório prévio em toda a sua extensão. Visou o legislador evitar a constrição judicial de bens do sócio (ou da pessoa jurídica, na hipótese de desconsideração inversa[33]) sem qualquer possibilidade de defesa.

Fato é que o procedimento engendrado pelo Código atual para a desconsideração da personalidade jurídica, que prevê, entre outros atos, a citação dos sócios e a suspensão do processo,[34] tornou-se garantista, porém mais formalizado e moroso do que o procedimento admitido pela jurisprudência.

Resta saber se, no âmbito dos juizados especiais, esse procedimento, que exaure o contraditório antes do deferimento da constrição, vai se sobrepor ao procedimento informal e célere até então adotado.

O Código, em regra, **prioriza o valor celeridade**. No caso da desconsideração da personalidade jurídica, entretanto, buscou minar eventuais argumentos no sentido de não se adotar o procedimento mais formal e lento. Para tanto, no atual art. 1.062, preconizou que **o regramento é aplicável no âmbito dos processos que tramitam perante os Juizados Especiais Cíveis**. Na verdade, o que pretende o legislador é que os estruturantes princípios dos juizados cedam diante do contraditório exaustivo.

Mas será que a regra pode afastar os princípios que norteiam os juizados especiais? Princípios como a informalidade, a simplicidade e a celeridade podem ser afastados em homenagem ao contraditório prévio?

No artigo "A corte dos homens pobres e a principiologia do CPC/2015: o que serve ou não aos juizados especiais?",[35] tratando da aplicação do incidente da desconsideração da personalidade jurídica ao sistema dos juizados especiais, cheguei a questionar se as regras constantes nos arts. 133 a 137 do CPC poderiam afastar os *princípios que norteiam os juizados especiais, como o da informalidade, simplicidade e a celeridade*. Tendo em vista o precípuo objetivo deste *Curso*, bem como o público a que ele se destina, limito-me a buscar uma interpretação dogmática da lei, dela procurando extrair o máximo de efetividade. Essa a razão por que, no âmbito deste livro, abstenho-me de especular sobre eventual inaplicabilidade do incidente de desconsideração da personalidade jurídica aos juizados especiais, tal como tem sido apregoado no âmbito da justiça

---

[33] A título de esclarecimento, a desconsideração inversa da personalidade jurídica consiste no "afastamento da autonomia patrimonial da sociedade, para, contrariamente do que ocorre na desconsideração da personalidade propriamente dita, atingir o ente coletivo e seu patrimônio social, de modo a responsabilizar a pessoa jurídica por obrigações do sócio controlador" (STJ, REsp 948.117/MS, Rel. Min. Nancy Andrighi).

[34] Excepciona-se a regra de suspensão do processo quando o pedido de desconsideração for formulado na petição inicial (art. 134, § 3º, do CPC/2015).

[35] Disponível em: http://portalied.jusbrasil.com.br/artigos/210596836/a-corte-dos-homens-pobres-e--a-principiologia-do-cpc-2015-o-que-serve-ou-nao-aos-juizados-especiais.

trabalhista, cujos princípios norteadores, *mutatis mutandis*, guardam similitude com aqueles que balizam a interpretação das regras que regulam a atividade jurisdicional dos juizados.

Enfim, até que a jurisprudência se posicione acerca do tema, partiremos da premissa de que, por força do art. 1.062 do CPC/2015, as regras procedimentais que regulam o procedimento do incidente de desconsideração da personalidade jurídica são aplicáveis aos juizados especiais. Nesse sentido já se manifestou o Fonaje, sem, contudo, estabelecer minúcias sobre o procedimento.[36]

7.1.1 Procedimento

O incidente será suscitado no bojo dos autos do processo principal e será cabível em todas as fases do processo, inclusive na execução, cuja competência será do próprio juizado (art. 3º, § 1º, I, da Lei nº 9.099/1995).

Poderá ser pleiteada a desconsideração na própria petição inicial, desde que apontados os fundamentos pelos quais está embasado o pedido – aqui se observa **se o caso se enquadra na aplicação da teoria maior ou da teoria menor da desconsideração**. Se o pedido for feito oralmente, será reduzido por escrito pela Secretaria do Juizado.

Nesse caso – pedido formalizado na petição inicial – dispensa-se a instauração do incidente de desconsideração (art. 134, § 2º, do CPC/2015). A parte ré será citada para comparecer à audiência de conciliação, instrução e julgamento, momento em que poderá contestar o pedido, por escrito ou oralmente.

A análise quanto ao do pedido de desconsideração formulado na petição inicial será feita na própria sentença (arts. 28 e 29 da Lei nº 9.099/1995). Se deferido o pedido, forma-se título executivo judicial em desfavor não apenas da sociedade, mas, também, do sócio que teve sua autonomia patrimonial relativizada.

Se o pedido tiver sido formalizado em outro momento processual que não na petição inicial (por exemplo, na audiência de instrução e julgamento ou na fase de execução), deve ser oportunizada a manifestação da parte contrária, em estrita observância ao princípio do contraditório, conforme exige o CPC/2015 (art. 135). No primeiro caso, o juiz também analisará o pedido na própria sentença (art. 29, parte final, da Lei nº 9.099/1995), razão pela qual é incabível o disposto no art. 136 do CPC.

Na fase de execução é que reside o problema quanto ao recurso cabível contra a decisão que eventualmente desconsiderar a personalidade da pessoa jurídica (desconsideração "comum") ou do sócio (desconsideração "inversa").

De acordo com o art. 1.015, IV, do CPC, "cabe agravo de instrumento contra as decisões interlocutórias que versarem sobre: IV – incidente de desconsideração da personalidade jurídica". Se a decisão é proferida na fase de execução, com mais razão caberá esse recurso, eis que, como não há sentença, não se pode falar em apelação (art. 1.015, parágrafo único).

Ocorre que, apesar dos argumentos contrários, **prevalece no âmbito do procedimento dos Juizados Especiais a ideia de irrecorribilidade das decisões interlocutórias**.

Para o STF,[37] por exemplo, não há possibilidade, sequer, de impetração de mandado de segurança. Para o STJ, contudo, o mandado de segurança é cabível (Súmula nº 376). O Enunciado nº 62 do Fonaje reforça o entendimento do STJ, ao prever que "cabe exclusivamente às Turmas

---

[36] Enunciado 60: "É cabível a aplicação da desconsideração da personalidade jurídica, inclusive na fase de execução" (XIII Encontro).
[37] STF, ARE 841.957/MG, Plenário, Rel. Min. Celso de Mello, j. 03.12.2014.

Recursais conhecer e julgar o mandado de segurança e o *habeas corpus* impetrados em face de atos judiciais oriundos dos Juizados Especiais". No Tribunal de Justiça de São Paulo, por outro lado, há expressa previsão de possibilidade de interposição de agravo de instrumento contra decisão suscetível de causar à parte lesão grave e de difícil reparação, bem como nos casos de inadmissibilidade do recurso inominado (Enunciado 60 do Conselho Supervisor do Sistema dos Juizados Especiais). Já no TJ-DFT há previsão semelhante: "Cabe agravo de instrumento contra decisão que nega seguimento a recurso inominado contra atos praticados nas execuções e no cumprimento de sentença, não impugnáveis por outro recurso, desde que fundado na alegação da ocorrência de erro de procedimento ou contra ato apto a causar dano irreparável ou de difícil reparação" (Súmula 7 da Turma de Uniformização dos Juizados Especiais do Distrito Federal).

Considerando-se que não há previsão de recurso específico na Lei nº 9.099/1995 e que há diversos entendimentos a depender do Tribunal, há que se franquear à parte prejudicada ao mínimo a possibilidade de impetrar mandado de segurança se a decisão do incidente ocorrer no curso do procedimento e não for cabível recurso inominado.

8. INTERVENÇÃO DO MINISTÉRIO PÚBLICO

O Ministério Público, nos Juizados Especiais, intervirá nos casos previstos em lei (art. 11 da Lei nº 9.099/1995), ou seja, participará do processo nas hipóteses do art. 178 do CPC.

Nos Juizados Especiais estaduais, a qualidade das pessoas que podem litigar, bem como a natureza da matéria nela apreciada, não justifica a atuação do Ministério Público. Mesmo porque não poderão ser partes perante esse órgão o incapaz, o preso, as pessoas jurídicas de direito público, as empresas públicas da União, a massa falida e o insolvente (art. 8º da Lei nº 9.099/1995).

Nos casos dos Juizados Especiais federais e dos Juizados Especiais da Fazenda Pública, o simples fato de figurarem no polo passivo pessoas jurídicas de direito público e empresas públicas não autoriza a intervenção do Ministério Público.

Conforme entendimento pacificado, "o interesse público justificador da intervenção do Ministério Público, nos moldes do art. 82, III, do CPC [art. 178, I, do CPC/2015], não se confunde com interesse patrimonial da Fazenda Pública ou mera presença de pessoas jurídicas de direito público na lide" (STJ, REsp 153.076/GO, Rel. Min. Luiz Fux, *DJe* 29.03.2010). Nesse ponto o CPC/2015 reforça o entendimento da jurisprudência ao dispor que "a participação da Fazenda Pública não configura, por si só, hipótese de intervenção do Ministério Público" (art. 178, parágrafo único).

9. MEDIDAS DE URGÊNCIA

As Leis nºˢ 10.259/2001 e 12.153/2009 preveem, respectivamente nos arts. 4º e 3º, a possibilidade de o juiz, de ofício ou a requerimento das partes, deferir **medidas cautelares e antecipatórias no curso do processo,** para evitar dano de difícil reparação. Não há, no entanto, na Lei nº 9.099/1995 qualquer menção sobre o assunto, o que não veda, todavia, a atividade integrativa derivada da visualização do microssistema dos Juizados Especiais.

É que, afirmando-se a existência de um microssistema composto pelas Leis nºˢ 9.099/1995, 10.259/2001 e 12.153/2009, a consequência que se extrai é a de que esses três diplomas se subsidiam e se interpenetram, comunicando-se reciprocamente de um para o outro, formando um só estatuto.

Assim, tendo em conta o silêncio da Lei dos Juizados Especiais estaduais, a disciplina das medidas de urgência, prevista nas Leis nºˢ 10.259/2001 e 12.153/2009, é perfeitamente a ela aplicável. Isto é, "a Lei nº 9.099/95, ao disciplinar os procedimentos dos Juizados Cíveis, não cuidou nem das medidas de urgência nem do recurso das decisões interlocutórias. As Leis subsequentes, relativas aos Juizados da Fazenda Pública, regularam tanto a possibilidade de medidas cautelares como antecipatórias e previram a recorribilidade de tais provimentos. Essa disciplina pode ser aplicada também aos Juizados Especiais Cíveis (estaduais), de modo a preencher as lacunas da Lei nº 9.099".[38]

Ademais, os dispositivos legais relativos às medidas de urgência devem ser interpretados extensivamente, a fim de abranger as decisões concernentes a pedido de antecipação de tutela. Isso porque o art. 4º da Lei nº 10.259/2001 menciona apenas as medidas cautelares, não havendo razão, no entanto, para se vedar a concessão de medidas antecipatórias nos Juizados, as quais, de regra, consistem em **provimentos de urgência**. Bem por isso o art. 3º da Lei nº 12.153/2009 não comete a mesma falha, porquanto faz alusão tanto às medidas cautelares quanto às antecipatórias de tutela.

Vale salientar que, diante das disposições relativas aos provimentos de urgência trazidos pelo CPC/2015, é preciso se fazer uma releitura dos provimentos antecipatórios e cautelares também no âmbito dos Juizados Especiais. Em relação à **tutela da evidência**, acreditamos que tal medida se impõe tanto na justiça ordinária quanto nos Juizados Especiais Cíveis (federais ou estaduais) como técnica eficaz de rápida solução de conflitos. A propósito, o Enunciado 418 do Fórum Permanente de Processualistas Civis esclarece que "as tutelas provisórias de urgência e de evidência são admissíveis no sistema dos Juizados Especiais". No mesmo sentido o Enunciado 26 do Fonaje: "São cabíveis tutela acautelatória e antecipatória nos Juizados Especiais Cíveis".

Exceção realizada pelo Fonaje diz respeito às tutelas provisórias requeridas em caráter antecedente – cautelar ou antecipada. Consoante enunciado 163, "os procedimentos de tutela de urgência requeridos em caráter antecedente, na forma prevista nos arts. 303 a 310 do CPC/2015, são incompatíveis com o Sistema dos Juizados Especiais".

Observe-se, entretanto, que se admitindo o deferimento de tutelas provisórias – nomenclatura utilizada pelo CPC atual – nos Juizados Especiais federais e nos Juizados Especiais da Fazenda Pública, deve-se lembrar que a concessão de tais medidas de urgência contra atos do Poder Público – réu nesses juizados – é regulada pela Lei nº 8.437/1992, cujas disposições se aplicam à tutela provisória contra a Fazenda Pública.

10. OS ATOS PROCESSUAIS NOS JUIZADOS ESPECIAIS CÍVEIS

No microssistema dos Juizados Especiais Cíveis, os atos processuais serão públicos e poderão realizar-se em horário noturno, conforme dispuserem as respectivas normas de organização judiciária (art. 12 da Lei nº 9.099/1995). Inexistindo a restrição do art. 212 do CPC, podem os Juizados Especiais funcionar vinte e quatro horas por dia, praticando-se, inclusive no horário noturno, atos processuais internos e externos, observado o disposto no art. 5º, XI, da Constituição da República. Aliás, o recomendável é que assim disponham as respectivas leis de organização judiciária.

Todos os atos processuais são **públicos** (art. 12, primeira parte, da Lei nº 9.099/1995), não incidindo as exceções do art. 155 do CPC. Além disso, tendo em vista o **princípio da instrumentalidade das formas**, os atos processuais serão válidos sempre que alcançarem as finalidades para as quais forem realizados e, no mesmo sentido, não se pronunciará qualquer nulidade sem que tenha havido prejuízo.

---

[38] THEODORO JÚNIOR, Humberto. *Os Juizados Especiais da Fazenda Pública*. Palestra proferida em 19.02.2010, no III Encontro de Juízes Especiais do Estado de Minas Gerais. Disponível em: www.ejef.tjmg.jus.br. Acesso em: 8 nov. 2018.

Permite, ainda, o art. 13, § 2º, da Lei nº 9.099/1995, a prática de atos processuais em outras comarcas, solicitados por qualquer meio idôneo de comunicação. É com base nesse dispositivo que diversos tribunais estaduais passaram a regulamentar as intimações por meio de aplicativo de mensagens, o que já foi inclusive aprovado pelo Conselho Nacional de Justiça, quando do julgamento virtual do Procedimento de Controle Administrativo (PCA) nº 0003251-94.2016.2.00.0000. Ante a introdução no ordenamento jurídico do processo eletrônico, também se faz possível a produção, transmissão, armazenamento e assinatura de atos processuais por meio eletrônico nos Juizados Especiais, desde que atendidos os requisitos dos arts. 188 e seguintes do CPC.

Ressalte-se que adiante vamos tratar das peculiaridades de cada segmento dos Juizados Especiais Cíveis, ou seja, dos Juizados Especiais estaduais, dos Juizados Especiais federais e dos Juizados Especiais da Fazenda Pública.

10.1 Os atos processuais nos Juizados Especiais estaduais

Nos Juizados Especiais estaduais, a citação, em regra, é feita pelo correio, com aviso de recebimento em mão própria ou mediante entrega da correspondência ao encarregado da recepção, quando a ré for pessoa jurídica ou firma individual (art. 18, I e II, da Lei nº 9.099/1995).

Não sendo possível a citação pelo correio, ela pode ser feita por oficial de justiça, independentemente de mandado ou de carta precatória, o que significa que o oficial de justiça, para a prática do ato, **pode ultrapassar os limites da comarca (art. 18, III)**. Aliás, vale ressaltar que a prática de atos processuais em outra comarca – o que inclui a citação – poderá ser solicitada, no âmbito dos Juizados, por qualquer meio idôneo de comunicação (art. 13, § 2º).

Por não haver vedação expressa, **admite-se a citação por hora certa**.

Em nenhuma hipótese, entretanto, far-se-á citação por edital (art. 18, § 2º). Sendo impossível a citação pelo correio ou por oficial de justiça, o processo deve ser extinto por ausência de pressuposto de constituição e de desenvolvimento válido e regular do processo (art. 51, *caput*).

10.2 Os atos processuais nos Juizados Especiais federais

A Lei nº 10.259/2001 estabelece **peculiaridades** com relação a alguns atos nos Juizados Especiais Cíveis federais. É o caso, por exemplo, da ausência de prazo diferenciado para a prática de qualquer ato processual pelas pessoas jurídicas de direito público (art. 9º).

Como somente pessoas jurídicas de direito público (União, autarquias e fundações federais) e empresas públicas federais podem figurar como rés no procedimento dos Juizados federais, a Lei nº 10.259/2001 cuidou de prever expressamente a forma de citação e intimação de tais entidades.

Assim, segundo o art. 7º, *caput*, as citações e intimações da União serão feitas na forma prevista nos arts. 35 a 38 da LC nº 73/1993 – Lei Orgânica da Advocacia-Geral da União.

De acordo com o art. 35, IV, da LC nº 73/1993, nas hipóteses de competência dos juízos de primeiro grau – o que abrange, portanto, os Juizados Especiais –, a citação da União deve ser realizada na pessoa do Procurador-Chefe ou do Procurador-Seccional da União. Essa regra não se aplica para os casos de representação da União, nos juízos de primeiro grau, pela Procuradoria-Geral da Fazenda Nacional (art. 12 da LC nº 73/1993), quando a citação deverá ser efetuada na pessoa do Procurador-Chefe ou do Procurador-Seccional da Fazenda Nacional, nos termos do art. 36, III, da LC nº 73/1993.

Quanto às intimações da União Federal, estabelece o art. 38 da LC nº 73/1993 que são feitas nas pessoas do Advogado da União ou do Procurador da Fazenda Nacional que oficie nos respectivos autos.

Além da União, podem figurar como rés nos Juizados Especiais Cíveis federais, como mencionado, as autarquias, fundações e empresas públicas federais. A citação de tais entidades, segundo o art. 7º, parágrafo único, será feita na pessoa do seu representante máximo, afastando-se, assim, a regra geral estabelecida no art. 11-B, § 3º, da Lei nº 9.028/1995.

Interessante ressaltar que a legislação dos Juizados federais se distinguia do CPC pela possibilidade de se organizar serviço de intimação das partes e de recepção de petições por meio eletrônico (art. 8º, § 2º, da Lei nº 10.259/2001). Contudo, em razão da entrada em vigor da Lei nº 11.419/2006, disciplinou-se a informatização do processo judicial como um todo, de forma que "todos os atos e termos do processo podem ser produzidos, transmitidos, armazenados e assinados por meio eletrônico, na forma da lei" (art. 154, § 2º, do CPC/1973). Destarte, não há mais que se individualizar o procedimento dos Juizados federais pela possibilidade de comunicação e prática de atos processuais por meio eletrônico. Essa ideia é reforçada pelos arts. 246 e 270 do CPC.

10.3 Os atos processuais nos Juizados Especiais da Fazenda Pública

A Lei nº 12.153/2009, da mesma forma que os outros diplomas que integram o microssistema dos Juizados Especiais, estabelece normas próprias de procedimento. Quanto às citações e intimações, por exemplo, manda aplicar as regras do CPC. Sobre o tema, conferir o item 12, Capítulo XII, Parte I. Ressalte-se que a utilização de meios eletrônicos para intimação e recebimento de petições é expressamente prevista no art. 8º, § 2º, da Lei dos Juizados Especiais Federais, que se aplica, por subsidiariedade, aos Juizados Especiais da Fazenda Pública.

Cabe ressaltar que a Lei nº 12.153/2009 não estabelece qualquer diferenciação, no que tange aos prazos, entre os demandantes. Não se aplicam, portanto, os prazos privilegiados previstos no CPC para as pessoas jurídicas de direito Público. Assim, conforme dispõe o art. 7º, não haverá prazo diferenciado para a prática de qualquer ato processual pelas pessoas jurídicas de direito público, inclusive no que se refere a interposição de recursos.

11. EXTINÇÃO DO PROCESSO SEM RESOLUÇÃO DO MÉRITO

A disciplina da extinção do processo sem resolução de mérito encontra-se no art. 51 da Lei nº 9.099/1995, que se aplica, frise-se, a todos os Juizados Especiais. Assim, de acordo com essa norma, extingue-se o processo sem resolução de mérito nos seguintes casos:

I – quando o autor deixar de comparecer a qualquer das audiências do processo;

II – quando inadmissível o procedimento instituído por esta lei ou seu prosseguimento, após a conciliação;

III – quando for reconhecida a incompetência territorial;

IV – quando sobrevier qualquer dos impedimentos previstos no art. 8º desta Lei;

V – quando, falecido o autor, a habilitação depender de sentença ou não se der no prazo de trinta dias;

VI – quando, falecido o réu, o autor não promover a citação dos sucessores no prazo de trinta dias da ciência do fato.

A extinção do processo independerá, em qualquer hipótese, de prévia intimação pessoal da parte (art. 51, § 1º, da Lei nº 9.099/1995).

A enumeração do art. 51 **não é exaustiva**. A própria Lei nº 9.099/1995 contempla outra hipótese de extinção do processo sem resolução do mérito: se o devedor não puder ser citado a não ser por edital, ou se não houver bens penhoráveis.

Não conflitando com o disposto no microssistema dos Juizados Especiais, incidem igualmente as causas de extinção previstas no art. 485 do CPC.

Caso seja interposto recurso inominado contra decisão terminativa proferida no âmbito dos Juizados Especiais, é possível o exercício do juízo de retratação, no prazo de cinco dias, tal como ocorre no procedimento previsto no CPC/2015 (art. 485, § 7º).[39]

12. SEQUÊNCIA DOS ATOS DO PROCEDIMENTO NOS JUIZADOS ESPECIAIS

12.1 Sequência dos atos nos Juizados Especiais estaduais

O processo instaura-se com a apresentação do pedido, que pode ser escrito ou oral, à Secretaria do Juizado (art. 14 da Lei nº 9.099/1995). Note-se que o pedido é informal, dele devendo constar, de forma sucinta, apenas os elementos identificadores da causa. Quando formulado oralmente, a redução a escrito se restringe ao preenchimento de fichas ou formulários impressos (art. 14, § 3º, da Lei nº 9.099/1995).

Registrado o pedido, independentemente de distribuição e autuação, a Secretaria do Juizado designa a sessão de conciliação, a realizar-se no prazo de 15 dias (art. 16), expedindo-se a citação do réu na forma do art. 18.

Se ambos os litigantes comparecem no momento da apresentação do pedido, a sessão de conciliação é instaurada desde logo, independentemente de registro do pedido e de citação.

Aberta a sessão, o juiz togado ou o juiz leigo esclarece as partes sobre as vantagens da conciliação, mormente sobre a renúncia implícita, não havendo acordo, de eventual crédito que exceder a quarenta salários mínimos (art. 21). Feitos os esclarecimentos, o próprio juiz togado ou leigo tenta conciliar as partes ou incumbe um conciliador da missão (art. 22).

A Lei ordinária n. 13.994/2020 alterou os arts. 22 e 23 da Lei nº 9.099/1995, que dispõem sobre a audiência de conciliação. De acordo com o novo § 2º do art. 22, "é cabível a conciliação não presencial conduzida pelo Juizado mediante o emprego de recursos tecnológicos disponíveis de transmissão de sons e imagens em tempo real, devendo o resultado da tentativa de conciliação ser reduzido a escrito com os anexos pertinentes".

O art. 23, por sua vez, passou a prever que "se o demandado não comparecer ou recusar-se a participar da tentativa de conciliação não presencial, o Juiz togado proferirá sentença".

Os dois dispositivos entraram em vigor no momento da pandemia ocasionada pela Covid-19. Contudo, ao contrário de muitas leis publicadas nesse período, a Lei n. 13.994/2020 não é uma norma de caráter transitório. Desse modo, as suas disposições permanecerão em vigor mesmo após a pandemia.

O art. 22 não deixou ao alvedrio da parte o poder de decidir o meio de participação na audiência. O modo é definido pelo Judiciário, de forma que não há opção de não participação. Assim, na hipótese de ausência, a sentença será proferida com base no art. 20 da Lei 9.099/95: "Não comparecendo o demandado à sessão de conciliação ou à audiência de instrução e julgamento, reputar-se-ão verdadeiros os fatos alegados no pedido inicial, salvo se o contrário resultar da convicção do juiz".

Pelo menos nos primeiros anos de vigência dessa nova regra, é importante que os juízes decidam os eventuais pedidos de adiamento da audiência não presencial com razoabilidade.

---

[39] Enunciado 520 do FPPC: "Interposto recurso inominado contra sentença sem resolução de mérito, o juiz pode se retratar em cinco dias".

Ainda que a utilização de recursos tecnológicos seja uma realidade cada vez mais presente no âmbito do Poder Judiciário, os advogados e partes que encontrarem dificuldades técnicas deverão manifestar-se nos autos, a fim de que a sessão seja realizada presencialmente.

Obtida a **conciliação**, essa será reduzida a termo e homologada pelo juiz togado, mediante sentença, que terá **eficácia de título executivo judicial** (art. 22, § 1º). Esta sentença homologatória é irrecorrível (art. 41, *caput*). O acordo em si pode ser rescindido como os atos jurídicos em geral. A ausência do autor à sessão de conciliação provoca a extinção do processo (art. 51, I); a do réu, em regra, induz os efeitos da revelia (art. 20).

Não obtida a conciliação, cabe ao juiz esclarecer as partes sobre a possibilidade de se optar pelo juízo arbitral (art. 24, *caput*). Aceito o juízo arbitral – o que não se vê ocorrer na prática –, as partes escolhem o árbitro, de preferência entre os juízes leigos (art. 24, § 2º). Nessa hipótese, o árbitro instrui o processo e, no final da instrução, ou nos cinco dias subsequentes, apresenta o laudo ao juiz togado para homologação por sentença irrecorrível (arts. 26 e 41, *caput*).

Restando sem êxito a tentativa de conciliação e não instituído o juízo arbitral, o juiz (togado ou leigo) procede de imediato[40] à realização da audiência de instrução e julgamento ou a designa para um dos quinze dias subsequentes (art. 27, parágrafo único). Destaque-se que a presença das partes na audiência constitui verdadeiro ônus, pois, tal como ocorre na sessão de conciliação, a ausência do autor dá ensejo à extinção do processo (art. 51, I) e a do réu acarreta sua revelia (arts. 20 e 23). É que a Lei nº 9.099/1995 "dispõe acerca da existência de duas audiências distintas: uma a audiência de conciliação (sessão de conciliação) e a outra a audiência de instrução e julgamento. Caso o autor deixe de comparecer a qualquer uma das duas audiências, sem motivo justificado, o processo será extinto, sem a apreciação do mérito".[41]

Na audiência de instrução e julgamento, deve-se promover, primeiramente, nova tentativa de conciliação, em face do disposto no art. 2º. Não alcançada a autocomposição, o réu apresenta a contestação (escrita ou oral), que deve conter toda a matéria de defesa, inclusive a arguição de incompetência e o pedido contraposto (arts. 30 e 31 da Lei nº 9.099/1995). Apenas o impedimento e a suspeição devem ser arguidos em apartado, na forma do art. 146 do CPC/2015 (art. 30, parte final, da Lei nº 9.099/1995).

Ante a possibilidade de o réu oferecer **pedido contraposto**, considera-se de natureza dúplice o procedimento dos Juizados Especiais, não se admitindo, por conseguinte, reconvenção (art. 31). Como explica Alexandre Freitas Câmara, a previsão do procedimento dúplice nos Juizados Especiais não decorre da natureza da relação jurídica (como, por exemplo, no procedimento especial de demarcação de terras), mas única e exclusivamente de opção legislativa, da mesma maneira que nos procedimentos possessórios e no rito sumário regulado pelo CPC.[42]

Ainda na audiência de instrução e julgamento, o juiz decide todos os incidentes processuais. Rejeitando-os, passa à fase probatória, com a oitiva dos técnicos, das partes e das testemunhas, até o máximo de três para cada parte, se necessário, sem perder de vista a informalidade do procedimento (arts. 32 a 37 da Lei nº 9.099/1995). Concluída a instrução, se o juiz entender

---

[40] A realização imediata da audiência de instrução e julgamento, geralmente, não é possível, seja porque as partes não trazem suas testemunhas à fase conciliatória, seja por falta de pauta na agenda do juiz. Assim, a realização imediata da audiência somente será possível se as partes concordarem e se houver disponibilidade do juiz.

[41] BRITO, Rosa Maria Mattos Alves de Santana. As consequências da suspensão da audiência de instrução e julgamento nos juizados especiais cíveis. *Revista da Escola Superior da Magistratura de Sergipe*, n. 3, 2002. Disponível em: bdjur.stj.gov.br. Acesso em: 9 nov. 2018.

[42] CÂMARA, Alexandre Freitas. *Juizados especiais cíveis estaduais e federais*: uma abordagem crítica. 3. ed. Rio de Janeiro: Lumen Juris, 2007. p. 108-109.

cabível, passa-se às alegações finais – prazo de vinte minutos para cada parte (art. 364 do CPC). Ressalte-se que não há obrigatoriedade dos debates orais, podendo o juiz facultá-lo às partes. Em seguida, ocorre a prolação da sentença.

A sentença dispensa o relatório, devendo conter apenas os elementos de convicção do juiz, com breve resumo dos fatos relevantes ocorridos em audiência, além do dispositivo, evidentemente (art. 38 da Lei nº 9.099/1995).

A sentença será **necessariamente líquida**, ainda que o autor tenha formulado pedido genérico (arts. 14, § 2º, 38, parágrafo único, e 52, I).

Na intimação da sentença, o vencido será instado a cumprir voluntariamente a sentença. Transitada em julgado e não cumprida a sentença, basta um pedido escrito ou oral do interessado para dar início à execução, independentemente de nova citação (art. 52, IV).

12.2 Sequência dos atos nos Juizados Especiais federais

Basicamente, o procedimento dos Juizados Especiais Cíveis federais segue as disposições da Lei nº 9.099/1995. Entretanto, cabe salientar alguns aspectos da Lei nº 10.259/2001.

Depois de apresentado pedido inicial, o juiz ordenará a citação da entidade-ré para a audiência de conciliação com **antecedência mínima de trinta dias** (art. 9º, *in fine*). Nesse prazo, *deverá* a entidade-ré fornecer ao Juizado a documentação de que disponha para o esclarecimento da causa (art. 11, *caput*); trata-se, portanto, de um *dever de provar contra si*, diverso do ônus probatório comumente atribuído às partes. Isto é, pode ocorrer de os documentos de que disponha a Fazenda Pública conterem informações desfavoráveis a esta, o que, todavia, não interfere no dever a ela imposto de juntá-los aos autos. "Ora, se o Estado tem de atuar com base no princípio da legalidade, não pode ele, tendo os documentos que demonstram que a vontade da lei é favorável ao administrado, deixar de apresentar tais documentos em juízo sob o argumento de que o ônus dessa prova é do adversário".[43]

Diferentemente do sistema do CPC, **não haverá prazo diferenciado para a prática de qualquer ato processual pelas pessoas jurídicas de direito público** nos Juizados federais, inclusive a interposição de recursos (art. 9º). Assim, vale ressaltar, não há que se falar em prazo em dobro para a Fazenda Pública (art. 183 do CPC/2015). A audiência será designada no prazo de trinta dias (esse é o prazo para apresentar a contestação).

A audiência de conciliação e a audiência de instrução e julgamento são realizadas em conformidade com o disposto na Lei nº 9.099/1995, cabendo frisar a possibilidade de os representantes judiciais da União, autarquias, fundações e empresas públicas federais conciliarem, transigirem ou desistirem, nos termos do art. 10, parágrafo único.

Se for necessário exame técnico à conciliação ou ao julgamento da causa, o juiz nomeará pessoa habilitada, que apresentará o laudo até cinco dias antes da audiência, independentemente de intimação das partes (art. 12, *caput*). Nas ações previdenciárias e relativas à assistência social, havendo designação de exame, será de dez dias o prazo para apresentação de quesitos e indicação de assistentes (art. 12, § 2º).

Vale salientar que, nos Juizados federais, os honorários do técnico serão pagos antecipadamente com verba orçamentária do respectivo tribunal e, quando vencida na causa a entidade pública, seu valor será incluído na ordem de pagamento a ser feita em favor do tribunal (art. 12, § 1º).

A fase de conhecimento encerra-se com a prolação de sentença, que **não se sujeita a reexame necessário** (art. 13). Haverá, contudo, possibilidade de interposição de recursos (embargos de declaração ou recurso inominado).

---

[43] CÂMARA, Alexandre Freitas. *Juizados especiais cíveis estaduais e federais*: uma abordagem crítica. 3. ed. Rio de Janeiro: Lumen Juris, 2007. p. 242-243.

Transitada em julgado a sentença, dá-se início à execução, nos termos dos arts. 16 e 17, que serão analisados adiante.

12.3 Sequência dos atos nos Juizados Especiais da Fazenda Pública

No que se refere ao procedimento nos Juizados Especiais da Fazenda Pública, o modelo não se alterou em relação às Leis n°s 9.099/1995 e 10.259/2001. Em suma: a petição poderá ser formulada por escrito ou oralmente (art. 14 da Lei n° 9.099/1995). Após, o demandado é citado para a audiência de conciliação, com antecedência mínima de trinta dias (art. 7° da Lei n° 12.153/2009), momento em que apresentará, se for o caso, contestação. Do mesmo modo que a petição inicial, a resposta do demandado pode ser oral ou escrita, autorizando-se, ainda, a formulação, nessa peça processual, de pedido contraposto (art. 17 da Lei n° 9.099/1995).

Compete ao réu, ainda, a apresentação da documentação de que disponha para o esclarecimento da causa, devendo apresentá-lo até audiência de conciliação (art. 9° da Lei n° 12.153/2009). Trata-se, como se disse, de **dever de informação da pessoa jurídica demandada**, em obediência aos princípios processuais da colaboração e cooperação.

Aberta a audiência de conciliação, permite-se que o conciliador ouça as partes e testemunhas (art. 16, § 1°, da Lei n° 12.153/2009). Bastando esses depoimentos para a resolução da controvérsia, o juiz dispensará novos, desde que, todavia, não haja impugnação das partes.

Sendo necessária a realização de perícia para a conciliação ou julgamento da causa, nomeará o juiz pessoa habilitada, a qual apresentará o laudo até cinco dias antes da audiência.

Sendo infrutífera a audiência de conciliação e finalizada a instrução do processo, será prolatada sentença pelo juiz togado. Admite-se, é necessário dizer, que o juiz leigo possa redigir a sentença no processo em que a instrução for por ele presidida, devendo submetê-la, no entanto, à homologação pelo juiz togado. Este poderá homologá-la ou recusar-se a fazê-lo, hipótese em que proferirá outra sentença. Em qualquer hipótese, todavia, com a sentença encerra-se a fase de conhecimento.

13. RECURSOS CABÍVEIS

13.1 Considerações gerais

No âmbito dos Juizados Especiais estaduais, são cabíveis o recurso (inominado) contra sentença (art. 41 da Lei n° 9.099/1995), os embargos de declaração contra sentença ou acórdão (art. 48 da Lei n° 9.099/1995) e, em face do disposto no art. 102, III, da CF, o recurso extraordinário contra decisões das turmas recursais (Súmula 640, STF). Não cabe, contudo, recurso especial contra decisão proferida por órgão de segundo grau dos Juizados Especiais (Súmula 203, STJ).

É de se observar, no entanto, que a Lei n° 9.099/1995 era lacunosa quando se tratasse dos recursos. É que não havia possibilidade de controle de três tipos de decisões: (a) decisões divergentes entre Turmas Recursais no mesmo Estado; (b) decisões divergentes quanto à interpretação da legislação federal por Turmas Recursais de Estados diversos; (c) decisões destoantes em relação à jurisprudência do STJ.

Numa tentativa de solucionar esse desequilíbrio, precipuamente quanto à existência de entendimentos contrários ao fixado pelo STJ, o Supremo Tribunal Federal, no julgamento do RE 571.572, com o objetivo de **evitar a perpetuação de decisões divergentes**, que afastariam a segurança jurídica, determinou que o STJ solucione os conflitos existentes entre decisões de Turmas Recursais estaduais e a própria jurisprudência.

Assim, foi editada, pelo Superior Tribunal de Justiça, a Resolução 12, de 14 de dezembro de 2009, dispondo sobre o processamento das **reclamações destinadas a dirimir divergência entre**

acórdão prolatado por Turma Recursal estadual e a jurisprudência da Corte. Atualmente, por força da Emenda Regimental 22, de 26 de março de 2016, que revogou a Res. 12/2009, e da Resolução 3/2016, do STJ, "a competência para processar e julgar as reclamações destinadas a dirimir divergência entre acordão prolatado por turma recursal estadual e do Distrito Federal e a jurisprudência do STJ consolidada em incidente de assunção de competência e de resolução de demandas repetitivas em julgamento de recurso especial repetitivo e em enunciados das súmulas do Superior Tribunal de Justiça, bem como para garantir a observância dos precedentes em matéria infraconstitucional, **caberá às câmaras reunidas ou seção especializada dos tribunais de justiça**".

Tal resolução não vem sendo respeitada pelos tribunais locais, que sustentam a sua inconstitucionalidade.[44]

De acordo com o art. 988, § 1º, do CPC/2015, a reclamação pode ser proposta perante qualquer tribunal, e seu julgamento compete ao órgão jurisdicional cuja competência se busca preservar ou cuja autoridade se pretenda garantir. Assim, uma decisão contrária a entendimento do STJ, proferida por Turma Recursal, somente poderia ser apreciada pelo próprio STJ, por meio da reclamação. Para a corrente que sustenta a inconstitucionalidade da Res. 3/2016, o STJ criou uma nova espécie recursal, violando o princípio da legalidade. Além disso, violou-se a autonomia dos Estados-membros ao se criar uma nova competência para os Tribunais de Justiça sem previsão na Constituição Estadual, afrontando, assim, o § 1º do art. 125 da Constituição Federal de 1988.[45]

No âmbito dos Juizados Especiais Federais e da Fazenda Pública não se admite o instituto da Reclamação, porquanto há instrumento próprio para a uniformização de decisões.[46]

---

[44] "(...) O art. 105, I, 'f', da Constituição da República, estabelece ser da competência do Superior Tribunal de Justiça processar e julgar, originariamente a reclamação para a preservação de sua competência e garantia da autoridade de suas decisões. 3. O egrégio Supremo Tribunal Federal, no julgamento dos Embargos de Declaração no RE nº 571.572 – BA, declarou a competência do egrégio Superior Tribunal de Justiça para dirimir a divergência existente entre decisões proferidas pelas Turmas Recursais estaduais e a jurisprudência do Superior Tribunal de Justiça até a criação da turma de uniformização dos juizados especiais estaduais. 4. Portanto, a Resolução nº 3, de 2016, do Superior Tribunal de Justiça, que fixou a competência das Câmaras Reunidas ou da Seção Especializada dos Tribunais de Justiça para processar e julgar as Reclamações destinadas a dirimir divergência entre acórdão prolatado por Turma Recursal Estadual e do Distrito Federal e a jurisprudência do Superior Tribunal de Justiça, é inconstitucional" (TJ-MG – Processo n. 1.0000.16.039708-9/001); "A Resolução nº 003/2016 editada pelo Superior Tribunal de Justiça é de natureza normativa e, ao atribuir competência deste Tribunal para processar e julgar reclamações destinadas a dirimir divergência entre acórdão prolatado por turma recursal estadual e a jurisprudência do Superior Tribunal de Justiça, viola o princípio da autonomia dos estados membros assegurado na Constituição Federal e no art. 1º da Constituição desta Unidade Federativa. Como o Superior Tribunal de Justiça não detém competência legislativa para ampliar as atribuições jurisdicionais deste Tribunal de Justiça, por ser tema da competência a ser regulado pelo Estado da Paraíba no exercício da autonomia político-administrativa assegurada na Constituição Federal e materializada no art. 1º da Constituição do Estado da Paraíba, está configurada a inconstitucionalidade da Resolução nº 003/2016 do Superior Tribunal de Justiça" (TJ-PB – Reclamação n. 0000948-21.2018.815.0000).

[45] "A competência dos tribunais será definida na Constituição do Estado, sendo a lei de organização judiciária de iniciativa do Tribunal de Justiça".

[46] "(...) Não se admite a utilização do instituto da reclamação contra acórdão de Turma Recursal do Juizado Federal diante da previsão expressa de recursos no art. 14 da Lei n. 10.259/2001. (...)" (STJ. 1ª Seção. AgRg na Rcl 7.764/SP, Rel. Min. Benedito Gonçalves, julgado em 24.10.2012); "(...) 2. No caso dos autos, trata-se de ação ajuizada perante Juizado Especial da Fazenda Pública, a qual se sub-

Fora isso, doutrina e jurisprudência não admitem, majoritariamente, outra espécie de recurso ou meio de impugnação nos Juizados Especiais estaduais, dada a incidência dos princípios da celeridade processual e da oralidade, razão pela qual as decisões interlocutórias são irrecorríveis. Além disso, não há previsão, na Lei nº 9.099/1995 – norma especial, que prevalece sobre a geral (CPC) –, do cabimento de outros recursos além dos embargos de declaração e da apelação (recurso inominado contra sentença), somente se fazendo possível o manejo de recurso extraordinário em virtude de expressa disposição constitucional. Quanto ao recurso especial, este não é cabível nos Juizados, porquanto, embora previsto na Constituição, somente pode ser interposto contra decisão de Tribunal, o que não é o caso das turmas recursais dos Juizados (Súmula nº 203 do STJ).

Faz-se necessário ressalvar, entretanto, que, no âmbito dos Juizados Especiais Cíveis federais e dos Juizados Especiais da Fazenda Pública, o legislador estabeleceu a recorribilidade de decisões interlocutórias que deferirem medidas cautelares (art. 5º da Lei nº 10.259/2001 e art. 4º da Lei nº 12.153/2009).[47] Em face disso, parte da doutrina – não há consenso sobre o tema – tem defendido a aplicação subsidiária de tais dispositivos à Lei nº 9.099/1995, permitindo-se, portanto, o manejo de agravo de instrumento em face de medidas cautelares e antecipatórias de tutela deferidas nos Juizados Especiais Cíveis estaduais. Também por interpretação extensiva, admite-se recurso contra decisão que *indeferir* as medidas mencionadas. Frise-se que, ao estudar os recursos cabíveis, examinar-se-á a possibilidade de interposição do recurso de agravo, nos Juizados Especiais estaduais, com fundamento na aplicação subsidiária das Leis nºˢ 10.259/2001 e 12.153/2009.

Nos Juizados Especiais Cíveis federais, podem ser manejados o recurso (inominado) contra sentença (art. 41 da Lei nº 9.099/1995 c/c art. 1º da Lei nº 10.259/2001), os embargos de declaração contra sentença ou acórdão (art. 48 da Lei nº 9.099/1995 c/c o art. 1º da Lei nº 10.259/2001), o agravo ou recurso (inominado) contra decisão referente a medidas de urgência (arts. 4º e 5º da Lei nº 10.259/2001), o pedido de uniformização de interpretação de lei material federal (art. 14 da Lei nº 10.259/2001) e, por fim, o recurso extraordinário (art. 15 da Lei nº 10.259/2001).

Por sua vez, nos Juizados Especiais da Fazenda Pública são cabíveis o recurso (inominado) contra sentença (art. 41 da Lei nº 9.099/1995 c/c art. 4º da Lei nº 12.153/2009), os embargos de declaração (art. 48 da Lei nº 9.099/1995 c/c art. 26 da Lei nº 12.153/2009), o agravo ou recurso (inominado) contra decisão relativa a medida de urgência (arts. 3º e 4º da Lei nº 12.153/2009), o pedido de uniformização de interpretação de lei (art. 18 da Lei nº 12.153/2009) e o recurso extraordinário (art. 21 da Lei nº 12.153/2009).

Passemos, portanto, à análise de cada um dos recursos.

---

mete ao rito previsto na Lei 12.153/2009. A lei referida estabelece sistema próprio para solucionar divergência sobre questões de direito material. (...) Nesse contexto, havendo procedimento específico e meio próprio de impugnação, não é cabível o ajuizamento da reclamação prevista na Resolução 12/2009 do STJ. (...)" (STJ, 1ª Seção, RCDESP na Rcl 8718/SP, Rel. Min. Mauro Campbell Marques, julgado em 22.08.2012).

[47] "(...) Apenas nos Juizados da Fazenda Pública, regidos pela Lei nº 10.259/2001, é cabível agravo em face de decisões proferidas em tutelas de urgência. 6. Recurso não conhecido" (TJ-AP, AI: 00000619620198039001 AP, Rel. Reginaldo Gomes de Andrade, j. 18.12.2019, Turma recursal); "A lei nº 12.153/2009 – Juizados Especiais da Fazenda Pública, somente permite recurso contra decisão que concede medida cautelar e antecipatória no curso do processo, para evitar dano de difícil ou incerta reparação, bem como a possibilidade de interposição de recurso inominado contra a sentença. Sendo assim, não é admitido agravo de instrumento contra decisão que não tratou do pedido de antecipação de tutela, eis que indeferida anteriormente" (TJ-RS, AI: 71008706038 RS, Rel. José Pedro de Oliveira Eckert, j. 18.06.2019, Turma Recursal da Fazenda Pública, *DJE* 21.06.2019).

13.2 Recurso inominado contra sentença (apelação)

A disciplina desse recurso, prevista na Lei nº 9.099/1995, aplica-se, integralmente, aos Juizados Especiais federais e aos Juizados Especiais da Fazenda Pública.

Segundo o art. 41 da Lei nº 9.099/1995, da sentença, excetuada a homologatória de conciliação ou laudo arbitral, caberá recurso para o próprio Juizado. Como o legislador não atribuiu nome algum ao recurso em questão, convencionou-se chamá-lo de *recurso inominado contra sentença*, porém, a bem da verdade, não há empecilho algum em designá-lo por *apelação*, desde que se atente para as peculiaridades do rito "sumaríssimo". Aliás, nunca é demais lembrar que o nome atribuído a uma ação ou a um recurso não constitui entrave ao seu conhecimento pelo órgão julgador, sobretudo no procedimento dos Juizados Especiais, em que se dá especial importância à simplicidade e à informalidade.

Assim, a apelação ou o recurso inominado contra sentença é cabível no prazo de **dez dias**, contados da ciência da sentença. A interposição deve ser feita por petição escrita, da qual constarão as razões e o pedido, cabendo ao recorrente realizar o preparo, independentemente de intimação, nas 48 horas seguintes à interposição, sob pena de deserção (art. 42, *caput* e § 1º, da Lei nº 9.099/1995). Efetuado o preparo, ou sendo o recorrente beneficiário da justiça gratuita, o recorrido será intimado para oferecer resposta escrita no prazo de dez dias (art. 42, § 2º, da Lei nº 9.099/1995).

Atente-se que, no primeiro grau de jurisdição, o acesso aos Juizados Especiais independe do pagamento de custas, taxas ou despesas (art. 54, *caput*, da Lei nº 9.099/1995). Destarte, a exigência de preparo para recorrer – o qual compreende todas as despesas processuais, inclusive aquelas dispensadas no primeiro grau (art. 54, parágrafo único) – demonstra nitidamente o intuito do legislador de inibir a interposição de recursos. Isso é corroborado pelo fato de que o recorrente, se vencido, pagará as custas e os honorários de advogado; de outro lado, a parte adversária, ainda que vencida no grau recursal, não arcará com os ônus da sucumbência, justamente por não ter recorrido (art. 55, *caput*, segunda parte, da Lei nº 9.099/1995).

A fixação de honorários no âmbito do recurso inominado tem cabimento ainda que o apelo não tenha sido conhecido. Isso porque, se a Turma Recursal não conhece do recurso, isso quer dizer que o recorrente foi vencido, sendo cabível a imposição do ônus da sucumbência, pois a segunda parte do art. 55 não trata apenas da hipótese de conhecimento. Nesse sentido é a jurisprudência do STJ[48] e também o entendimento exposto no Enunciado 122 do Fonaje.

Diferentemente do sistema do CPC, em que a apelação, em regra, é dotada de efeito suspensivo e devolutivo, nos Juizados Especiais o recurso terá somente efeito devolutivo, podendo o juiz dar-lhe efeito suspensivo para evitar dano irreparável à parte (art. 43 da Lei nº 9.099/1995).

Como o recurso contra a sentença previsto na Lei nº 9.099/1995 pode ser considerado apelação, aplicam-se as normas do CPC no que não houver conflito. Dessa maneira, o juiz não receberá o recurso inominado nas hipóteses do art. 932, IV e V do CPC/2015. Aplicam-se, também, as disposições constantes do art. 1.013 do CPC sobre os efeitos devolutivo e translativo da apelação.

O recurso contra a sentença será julgado por uma turma composta por três juízes togados, em exercício no primeiro grau de jurisdição, reunidos na sede do Juizado (art. 41, § 1º, da Lei nº 9.099/1995). Vale salientar que, embora a assistência por advogado possa ser dispensada nas causas propostas nos Juizados Estaduais de valor até vinte salários mínimos, para a fase recursal as partes serão obrigatoriamente representadas por advogado (art. 41, § 2º, da Lei nº 9.099/1995).

---

[48] STJ, EDcl no AgInt no PUIL 1.327/RS, Rel. Min. Paulo Sérgio Domingues, 1ª Seção, j. 24.05.2023.

Para grande parte da doutrina e da jurisprudência, o recurso inominado não pode ser interposto na forma adesiva, tendo em vista o princípio da celeridade que informa o procedimento dos Juizados (art. 2º da Lei nº 9.099/1995) e a ausência de previsão no rol taxativo do art. 997, § 2º, II, do CPC.

Entendo, todavia, que o recurso adesivo não afronta a celeridade processual, muito pelo contrário, contribui para que diminua a litigiosidade e, por conseguinte, permite o trâmite mais rápido do processo. Nesse sentido:

"[...] não sendo possível interpor-se o recurso adesivo, aquele que a princípio aceitaria a sentença como está acabará interpondo recurso, com receio de que a outra parte também o faça. Basta imaginar, agora, a hipótese em que a mesma ideia (só recorrer se o adversário também o fizer) tenha ocorrido a ambas as partes. Neste caso, corre-se o risco de ambas as partes recorrerem contra uma sentença que, na verdade, deveria ter transitado em julgado desde logo".[49]

Quanto ao segundo argumento contrário à admissão do recurso adesivo, basta lembrar que o recurso contra a sentença previsto na Lei nº 9.099/1995, como mencionado, consiste em apelação. Sendo assim, e inexistindo óbice algum à aplicação subsidiária do disposto no art. 997, § 2º, II, do CPC ao procedimento dos Juizados Especiais, conclui-se pela admissibilidade do recurso adesivo referente à apelação nos Juizados Especiais cíveis.

Apesar desses fundamentos, prevalece a impossibilidade de recurso adesivo. Há inclusive enunciado do Fonaje sobre o tema: "Não cabe recurso adesivo em sede de Juizado Especial, por falta de previsão legal" (Enunciado nº 88).

Por fim, quando ao juízo de admissibilidade dessa espécie recursal, sempre se entendeu que, tal como a apelação, ele deveria ser proferido em um primeiro momento, provisoriamente, pelo juízo *a quo*, cabendo o exame definitivo à Turma Recursal. Entretanto, como não há previsão específica na Lei nº 9.099/1995 e o CPC/2015 expressamente retira essa incumbência do juízo prolator a decisão que se submete a recurso de apelação (art. 1.010, § 3º), creio que o mesmo procedimento será seguido no âmbito dos Juizados Especiais. Ou seja, a análise quanto à admissibilidade deve ficar restrita a turma recursal. Esse, contudo, não é o posicionamento do Fonaje, que tem no Enunciado 166 posição contrária.[50]

13.3 Embargos de declaração contra sentença ou acórdão

O modelo normativo referente aos **embargos declaratórios** é comum aos três diplomas componentes do microssistema dos Juizados Especiais Cíveis. Da redação original do art. 48 da Lei nº 9.099/1995 consta que serão cabíveis embargos de declaração quando, na sentença ou acórdão, houver obscuridade, contradição, omissão ou dúvida.

Observe-se que, diferentemente do que consta nas redações dos arts. 535 do CPC/1973 e 1.022 do CPC/2015, os embargos declaratórios no âmbito dos juizados especiais também poderiam ser manejados em razão de *dúvida*. Porém, vai contra a lógica do sistema recursal admitir que a dúvida, isto é, um estado subjetivo da parte, permita, por si só, o cabimento dos embargos declaratórios; o que pode ocorrer, isso sim, é que a parte tenha dúvida quanto aos termos da decisão em virtude de obscuridade, contradição ou omissão nela existente.

---

[49] CÂMARA, Alexandre Freitas. *Juizados especiais cíveis estaduais e federais*: uma abordagem crítica. 3. ed. Rio de Janeiro: Lumen Juris, 2007. p. 150.

[50] "Nos Juizados Especiais Cíveis, o juízo prévio de admissibilidade do recurso será feito em primeiro grau" (XXXIX Encontro – Maceió-AL).

Assim, considerando que a dúvida não constitui uma espécie de vício, o CPC/2015 fez por bem alterar a sistemática dos embargos também nos processos submetidos à Lei nº 9.099/1995.

De acordo com a nova redação do art. 48, conferida pelo art. 1.064 do CPC/2015, "**caberão embargos de declaração contra sentença ou acórdão, nos casos previstos no Código de Processo Civil**". Isso quer dizer que, havendo acórdão ou sentença obscura, omissa, contraditória ou com erro material, poderá a parte que litiga no juizado especial interpor embargos declaratórios. Quanto aos erros materiais, ainda resta a possibilidade de o juiz corrigi-los de ofício (art. 48, parágrafo único, da Lei nº 9.099/1995).

Ressalte-se que existe uma importante diferença entre a redação do art. 1.022 do CPC e a nova redação do art. 48 da Lei nº 9.099/1995. Na primeira, o legislador previu que "cabem embargos de declaração contra **qualquer decisão judicial** [...]". Na segunda o legislador conferiu relevância à natureza da decisão, porquanto só permitiu a interposição dos embargos contra **sentença ou acórdão**. Essa diferença se fundamenta no fato de que **as decisões interlocutórias no âmbito dos juizados especiais são irrecorríveis**. Assim, mesmo os embargos declaratórios não podem ser interpostos contra decisão interlocutória. Veja:

> "As decisões interlocutórias proferidas no rito sumaríssimo da Lei 9.099/95 são em regra irrecorríveis, em atenção ao princípio da oralidade e celeridade que o orientam. Não cabe mandado de segurança como sucedâneo do agravo de instrumento, não previsto pela lei de regência [...]" (STF, ARE 704.232 AgR, Rel. Min. Luiz Fux, j. 20.11.2012).

Vale salientar que como não há recurso, consequentemente não há preclusão. Assim, **as questões objeto de decisões interlocutórias que seriam discutidas via embargos poderão ser objeto de recurso inominado**.

De acordo com a Lei nº 9.099/1995, a interposição dos embargos de declaração pode ser feita oralmente ou por escrito, no prazo de cinco dias, contados da ciência da decisão (art. 49). Se oral, a interposição deve ser feita na própria audiência de instrução e julgamento e consignada em ata.

Pela redação original do art. 50, quando interpostos *contra sentença*, os embargos *suspenderiam* o prazo para recursos, diversamente, portanto, do que ocorre no sistema do CPC (tanto no de 1973 quanto no de 2015), em que os embargos declaratórios têm efeito interruptivo (art. 538, CPC/1973; art. 1.026, CPC/2015).

A partir do CPC/2015, **os embargos de declaração passaram a interromper o prazo para a interposição de recursos também nos juizados especiais** (art. 1.062). Como consequência, opostos embargos declaratórios, será restituído todo o prazo recursal para aquele que litiga no juizado especial. No regime anterior, a suspensão do prazo implicava retorno apenas do período restante.

Quanto aos efeitos, é possível cogitar a aplicação do art. 1.026, § 1º, do CPC/2015, aos embargos opostos contra as decisões proferidas no âmbito dos Juizados. Como em certos casos é temerário dar cumprimento imediato a decisão obscura, contraditória ou omissa, é possível que a eficácia da decisão seja suspensa pelo respectivo juiz quando demonstrada a probabilidade de provimento do recurso ou, sendo relevante a fundamentação, se houver risco de dano grave ou de difícil reparação.

Esse pedido de suspensão pode ser formulado no bojo dos embargos de declaração ou em petição avulsa, na qual se demonstrará que o cumprimento da decisão viciada pode causar danos graves e de difícil reparação à parte e que, exatamente em razão dos vícios, há probabilidade de provimento do recurso inominado. Frise-se não se tratar de uma concessão *ope legis*, em razão da simples interposição do recurso. O critério para a concessão de efeito suspensivo aos embargos é *ope judicis*.

Por fim, tal como na apelação, aplicam-se subsidiariamente aos embargos de declaração no âmbito dos Juizados Especiais as disposições do CPC, de forma que deve ser arbitrada multa no caso de recurso manifestamente protelatório (art. 1.026, §§ 2º a 4º).

13.4 Recurso de agravo contra medidas cautelares e de antecipação de tutela

Nos Juizados Especiais estaduais (Lei nº 9.099/1995), conforme salientado no início deste ponto, prevalece o entendimento de que **as decisões interlocutórias são irrecorríveis**, motivo pelo qual não haveria espaço para o recurso de agravo no procedimento disciplinado pela Lei nº 9.099/1995.

Não obstante, deve-se ter em mente, como observado anteriormente, que, embora apenas as Leis nos 10.259/2001 e 12.153/2009 façam menção à aplicação subsidiária da Lei nº 9.099/1995, a melhor interpretação que se poderá alcançar é que todas se complementam, formando um só estatuto.

Nos Juizados Especiais Cíveis federais, há disposição expressa acerca de recurso contra decisão interlocutória que deferir medida cautelar (art. 5º da Lei nº 10.259/2001), assim como nos Juizados Especiais da Fazenda Pública (art. 4º da Lei nº 12.153/2009). Essa regra deve ser interpretada extensivamente, a fim de alcançar as decisões que indeferirem medida cautelar, bem como as que se referirem a pedido de antecipação de tutela.

Assim, como a Lei nº 9.099/1995 não cuidou nem das medidas de urgência nem do recurso das decisões interlocutórias, as leis subsequentes, relativas aos Juizados da Fazenda Pública (Leis nos 10.259/2001 e 12.153/2009), ao preverem a possibilidade de medidas cautelares e antecipatórias, bem como a recorribilidade dos respectivos provimentos, podem ser aplicadas aos Juizados Especiais Cíveis estaduais.[51]

O agravo será dirigido à respectiva Turma Recursal e instruído com as peças necessárias extraídas por cópia dos autos do processo principal. Quanto ao processamento, observam-se as normas constantes no CPC.

Em síntese: visualizando-se os diplomas que integram os juizados especiais como um verdadeiro microssistema, a intercambialidade existente entre eles permite o cabimento do agravo de instrumento contra decisão interlocutória que defere ou indefere medidas de urgência, seja nos Juizados Especiais Cíveis estaduais, nos Juizados federais ou nos Juizados da Fazenda Pública municipal, distrital e estadual.

Frise-se, contudo, como já salientado, que esse entendimento encontra resistência na jurisprudência,[52] embora alguns tribunais admitam o agravo de instrumento nos casos de lesão grave ou de difícil reparação.

13.5 Recurso extraordinário

O recurso extraordinário tem cabimento contra decisões proferidas pelas turmas recursais dos Juizados Especiais Cíveis, em razão do disposto no art. 102, III, da CF.

Saliente-se que, segundo o dispositivo constitucional aludido, a competência do STF para julgar recurso extraordinário refere-se a causas decididas em **única ou última** *instância*, não se

---

[51] THEODORO JÚNIOR, Humberto. *Os Juizados Especiais da Fazenda Pública*. Palestra proferida em 19.02.2010 no III Encontro de Juízes Especiais do Estado de Minas Gerais. Disponível em: www.ejef.tjmg.jus.br. Acesso em: 8 nov. 2018.

[52] Nesse sentido conferir o RE 576.847/BA, em que o STF inadmitiu, inclusive, o mandado de segurança contra decisão interlocutória.

exigindo, pois, que a decisão recorrida tenha sido proferida por tribunal. Destarte, ao contrário do que ocorre com o recurso especial (art. 105, III, da CF), o fato de as turmas recursais não constituírem tribunais não configura empecilho à admissibilidade de recurso extraordinário interposto contra decisão por elas proferida.

Como a Lei dos Juizados Especiais não estabelece regra específica sobre o recurso extraordinário, aplica-se o procedimento previsto no CPC e no Regimento Interno do STF.

No âmbito dos Juizados Especiais federais e da Fazenda Pública, como não há prazo privilegiado para a prática de atos processuais, não se aplica o art. 183 do CPC/2015 que confere à Fazenda Pública (municipal, distrital, estadual ou federal) prazo em dobro para recorrer. Igualmente, tendo em vista os princípios orientadores dos Juizados Especiais Cíveis, os procuradores das pessoas jurídicas de direito público não têm o privilégio da intimação pessoal.

Especificamente em relação à Lei nº 10.259/2001, faz-se necessário o estudo de algumas regras específicas quanto ao recurso extraordinário nos Juizados federais, cuja análise será feita a seguir.

De acordo com o art. 15 da Lei nº 10.259/2001, o recurso extraordinário, nos juizados especiais federais, será processado e julgado segundo o estabelecido nos §§ 4º a 9º do art. 14. Estes dispositivos tratam diretamente do procedimento do pedido de uniformização de interpretação de lei federal dirigido ao STJ, porém, em razão do referido art. 15, aplicam-se também ao recurso extraordinário contra decisões de turmas recursais.

A primeira regra específica do procedimento previsto nos Juizados federais para o recurso extraordinário consiste nos efeitos em que deve ser recebido tal recurso.

No sistema do CPC, o recurso extraordinário deve ser recebido apenas no **efeito devolutivo** (art. 995). Entretanto, a eficácia da decisão poderá ser suspensa se houver risco de dano grave, de difícil ou impossível reparação, e ficar demonstrada a probabilidade de provimento do recurso (art. 995, parágrafo único, do CPC/2015). Esse já era, inclusive, o entendimento da jurisprudência (STF, AC-QO 1.693/SP, 2ª Turma, Rel. Min. Gilmar Mendes, j. 26.06.2007).

Nos Juizados federais há regra expressa admitindo a atribuição de **efeito suspensivo** ao recurso extraordinário pelo relator. É o que dispõe o § 5º do art. 14 da Lei nº 10.259/2001: "[...] presente a plausibilidade do direito invocado e havendo fundado receio de dano de difícil reparação, poderá o relator conceder, de ofício ou a requerimento do interessado, medida liminar determinando a suspensão dos processos nos quais a controvérsia esteja estabelecida".

Em face do § 6º do art. 14 da Lei nº 10.259/2001, eventuais recursos extraordinários idênticos, recebidos subsequentemente em quaisquer turmas recursais, ficarão retidos nos autos, aguardando-se pronunciamento do STF sobre a questão constitucional. Por conseguinte, depois de julgado o primeiro recurso extraordinário, aqueles que ficaram retidos serão apreciados pelas turmas recursais, que poderão exercer juízo de retratação ou declará-los prejudicados, se veicularem tese não acolhida pelo STF (art. 14, § 9º, da Lei nº 10.259/2001).

Note-se que o aspecto procedimental descrito no parágrafo anterior se assemelha ao da análise da repercussão geral quando existir multiplicidade de recursos extraordinários com fundamento em idêntica controvérsia (art. 1.036 do CPC). Entretanto, no caso da Lei nº 10.259/2001, o sobrestamento de processos versando sobre questão constitucional idêntica não está relacionado com o exame do requisito da repercussão geral, mas sim com o próprio mérito do recurso extraordinário.

13.6 Da reclamação e do pedido de uniformização de jurisprudência

A Lei nº 9.099/1995 apresenta lacunas em relação ao controle de decisões das Turmas Recursais dos Juizados Especiais estaduais no que tange à uniformização de jurisprudência, o que pode gerar a perpetuação de decisões contrárias ao entendimento do STJ, afrontando-se, em última análise, o **princípio da segurança** jurídica e a própria **completude da prestação jurisdicional**.

Por isso, o STF, no julgamento do RE nº 571.572, procedendo à análise da distribuição constitucional de competências, definiu que compete ao STJ a função de **dirimir o conflito entre a sua jurisprudência e as decisões das Turmas Recursais dos Juizados Estaduais**. Veja-se a ementa do acórdão:

> "Embargos de declaração. Recurso extraordinário. Ausência de omissão no acórdão embargado. Jurisprudência do Superior Tribunal de Justiça. Aplicação às controvérsias submetidas aos Juizados Especiais Estaduais. Reclamação para o Superior Tribunal de Justiça. Cabimento excepcional enquanto não criado, por lei federal, o órgão uniformizador. [...] Quanto ao pedido de aplicação da jurisprudência do Superior Tribunal de Justiça, observe-se que aquela egrégia Corte foi incumbida pela Carta Magna da missão de uniformizar a interpretação da legislação infraconstitucional, embora seja inadmissível a interposição de recurso especial contra as decisões proferidas pelas turmas recursais dos juizados especiais. 3. No âmbito federal, a Lei 10.259/2001 criou a Turma de Uniformização da Jurisprudência, que pode ser acionada quando a decisão da turma recursal contrariar a jurisprudência do STJ. É possível, ainda, a provocação dessa Corte Superior após o julgamento da matéria pela citada Turma de Uniformização. 4. Inexistência de órgão uniformizador no âmbito dos juizados estaduais, circunstância que inviabiliza a aplicação da jurisprudência do STJ. Risco de manutenção de decisões divergentes quanto à interpretação da legislação federal, gerando insegurança jurídica e uma prestação jurisdicional incompleta, em decorrência da inexistência de outro meio eficaz para resolvê-la. 5. Embargos declaratórios acolhidos apenas para declarar o cabimento, em caráter excepcional, da reclamação prevista no art. 105, I, *f*, da Constituição Federal, para fazer prevalecer, até a criação da turma de uniformização dos juizados especiais estaduais, a jurisprudência do Superior Tribunal de Justiça na interpretação da legislação infraconstitucional" (RE 571.572 ED, Tribunal Pleno, Rel. Min. Ellen Gracie, j. 26.08.2009, *DJe*-223 Divulg. 26.11.2009, Public. 27.11.2009, *Ement.* vol-02384-05, p. 978).

A partir desse entendimento, foi editada pelo STJ a Resolução nº 12, de 14 de dezembro de 2009, que disciplinou o processamento e julgamento, pelo STJ, das reclamações destinadas a dirimir divergência entre acórdão prolatado por Turma Recursal estadual e a jurisprudência da Corte.

Recentemente, a competência para o julgamento da reclamação foi alterada pela Resolução nº 03/2016. Assim, atualmente, não compete mais ao STJ processar e julgar reclamações destinadas a dirimir divergência entre acórdão prolatado por Turma Recursal Estadual e do Distrito Federal e a jurisprudência do STJ, mas às Câmaras Reunidas ou à Seção Especializada dos Tribunais de Justiça. Nesse ponto, valem as mesmas observações feitas no item 13.1 sobre a inconstitucionalidade da referida resolução.

As hipóteses de cabimento da reclamação estão dispostas no art. 1º da Resolução nº 03/2016. Assim, se a decisão da Turma Recursal contrariar jurisprudência do Superior Tribunal de Justiça consolidada em (i) incidente de assunção de competência; (ii) julgamento de resolução de demandas repetitivas; (iii) julgamento de recurso especial repetitivo; e (iv) enunciados das Súmulas do STJ, caberá a propositura da reclamação diretamente ao Tribunal de Justiça do Estado ou do DF. Além disso, estabelece a Resolução que esse instrumento também será viável para garantir a observância de precedentes (art. 927).

Vê-se, portanto, que o STJ fortaleceu a reclamação como instrumento de defesa da uniformidade e integridade de seus entendimentos, tanto no tocante ao direito substancial como no que tange ao direito processual. O STJ também já chegou a admitir reclamação contra decisão manifestamente absurda, ilegal ou abusiva (chamada pela Corte de **"decisão teratológica"**). Veja um exemplo:

"Reclamação. Juizados Especiais. Competência para executar seus próprios julgados. Valor superior a 40 salários mínimos. Astreintes. Descumprimento de liminar. Redução do *quantum* da multa diária. Reclamação parcialmente procedente.

1. Nos termos do art. 3º, § 1º, I, da Lei nº 9099/2005, compete ao Juizado Especial a execução de seus julgados, inexistindo, no preceito legal, restrições ao valor executado, desde que, por ocasião da propositura da ação, tenha sido observado o valor de alçada (RMS 33.155/MA, Rel. Ministra Maria Isabel Gallotti, Quarta Turma, *DJe* 29.08.2011).

2. O fato de o valor executado ter atingido patamar superior a 40 (quarenta) salários mínimos, em razão de encargos inerentes à condenação, não descaracteriza a competência do Juizado Especial para a execução de seus julgados.

3. **A multa cominatória prevista no art. 461, §§ 4º e 5º,[53] do Código de Processo Civil não se revela como mais um bem jurídico em si mesmo perseguido pelo autor, ao lado da tutela específica a que faz jus. Sua fixação em caso de descumprimento de determinada obrigação de fazer tem por objetivo servir como meio coativo para o cumprimento da obrigação.**

4. Dessa forma, deve o juiz aplicar, no âmbito dos juizados especiais, na análise do caso concreto, os princípios da razoabilidade e proporcionalidade, além de não se distanciar dos critérios da celeridade, simplicidade e equidade que norteiam os juizados especiais, mas não há limite ou teto para a cobrança do débito acrescido da multa e outros consectários.

5. No caso concreto buscou-se, na fase de cumprimento de sentença, o recebimento de valor a título de astreintes no montante de R$ 387.600,00 (o que corresponde, em valores atualizados até a presente data e com juros de mora a R$ 707.910,38), quando o valor da condenação principal – danos morais – ficou em R$ 3.500,00.

6. Sopesando o fato de o valor fixado a título de astreintes revelar-se, na hipótese, desarrazoado ao gerar o enriquecimento sem causa, com a gravidade da conduta da reclamante ao manter o nome do autor em cadastro restritivo por mais de dois anos, sem justificativa razoável, o valor da multa deve ser reduzido para R$ 30.000,00 (trinta mil reais).

7. Reclamação parcialmente procedente" (STJ, Rcl 7.861/SP, 2ª Seção, Rel. Min. Luis Felipe Salomão, j. 11.09.2013).

No caso desse julgado, em razão de a multa ter sido desproporcional em relação ao valor da condenação, admitiu-se o uso da reclamação.

Quanto ao procedimento, a reclamação deve seguir o trâmite disposto nos arts. 988 e seguintes do CPC. Sobre o tema, remetemos o leitor para a Parte V desta obra, onde tratamos dos processos no âmbito dos tribunais.

Vale ressaltar que reclamação só é admitida contra acórdão de Turma Recursal de Juizado Especial estadual. Para o STJ, o instituto da reclamação não tem cabimento contra decisão da Turma Recursal do Juizado Especial Federal (JEF)[54] ou do Juizado da Fazenda Pública,[55] eis que existe instrumento específico para fazer que o entendimento do STJ prevaleça. Tal

---

[53] Corresponde ao art. 537 do CPC/2015.

[54] "[...] Não se admite a utilização do instituto da reclamação contra acórdão de Turma Recursal do Juizado Federal diante da previsão expressa de recursos no art. 14 da Lei nº 10.259/2001. [...]" (AgRg na Rcl 7.764/SP, 1ª Seção, Rel. Min. Benedito Gonçalves, j. 24.10.2012).

[55] "[...] No caso dos autos, trata-se de ação ajuizada perante Juizado Especial da Fazenda Pública, a qual se submete ao rito previsto na Lei 12.153/2009. A lei referida estabelece sistema próprio para solucionar divergência sobre questões de direito material. [...] Nesse contexto, havendo procedimento específico e meio próprio de impugnação, não é cabível o ajuizamento da reclamação prevista na

mecanismo consiste no pedido de uniformização da jurisprudência, disposto nos arts. 14 da Lei nº 10.259/2001 e 18 da Lei nº 12.153/2009.

De acordo com o art. 14 da Lei nº 10.259/2001 (Lei do JEF), caberá pedido de uniformização de interpretação de lei federal quando houver divergência entre decisões sobre questões de direito material proferidas por turmas recursais na interpretação da lei.

Trata-se de verdadeiro recurso, próprio dos Juizados Especiais federais, com função semelhante à do recurso especial fundado em dissídio jurisprudencial (art. 105, III, *c*, da CF). Por meio do pedido de uniformização de interpretação de lei federal da Lei nº 10.259/2001, postula-se não só a **fixação da tese jurídica aplicável** ao **caso concreto**, mas também o **reexame da decisão**, na mesma relação processual.

Registra-se que o pedido de uniformização depende de contrariedade a súmula ou jurisprudência dominante do próprio STJ. Esta locução ("jurisprudência dominante"), para fins do manejo de pedido de uniformização de interpretação de lei federal (PUIL), deve abranger: (i) as hipóteses previstas no art. 927, III, do CPC; (ii) os acórdãos do STJ proferidos em embargos de divergência; e (iii) os acórdãos do STJ proferidos em pedidos de uniformização de lei federal (PUIL 825/RS, Rel. Min. Sérgio Kukina, 1ª Seção, j. em 24.05.2023).

Na Lei nº 12.153/2009 (Lei dos Juizados da Fazenda Pública) há também disposição expressa sobre o pedido de uniformização. De acordo com a referida lei, as hipóteses de cabimento do pedido de uniformização de jurisprudência referem-se a:

- divergência em relação a decisões proferidas por Turmas Recursais sobre questões de direito material dentro do mesmo Estado (art. 18);
- contradição entre julgados de Turmas Recursais de diferentes Estados quanto à interpretação da lei federal (art. 19);
- confrontamento entre decisões de Turma Recursal ou orientações acolhidas por Turmas de Uniformização com súmula do Superior Tribunal de Justiça (art. 19).

As duas primeiras hipóteses referem-se à uniformização de interpretação de lei quando houver divergência entre decisões proferidas por Turmas Recursais sobre questões de **direito material** (art. 18, § 3º). Não há espaço, como se vê, para uniformização de lei processual, não cabendo a utilização do incidente para tanto.[56]

Quando a divergência se verificar entre Turmas Recursais do mesmo Estado, o julgamento será realizado em sessão conjunta das Turmas em conflito, sob a presidência de um Desembargador indicado pelo Tribunal de Justiça. Admite-se, quando os juízes estiverem domiciliados em cidades diversas, a reunião por meio eletrônico (art. 18, § 2º, da Lei nº 12.153/2009). O procedimento a ser adotado no julgamento deverá ser disciplinado pelo respectivo Tribunal, na forma de seu regimento.

Por outro lado, quando Turmas Recursais de diferentes Estados derem a lei federal interpretações divergentes ou quando a decisão proferida estiver em contrariedade com súmula do STJ, este julgará o pedido de uniformização.

Resolução 12/2009 do STJ. [...]" (RCDESP na Rcl 8.718/SP, 1ª Seção, Rel. Min. Mauro Campbell Marques, j. 22.08.2012).

56 "De acordo com o art. 14, § 4º, da Lei nº 10.259/2001 (Lei dos Juizados Especiais Federais), caberá pedido de uniformização de interpretação de lei federal, dirigido ao STJ, quando a orientação acolhida pela Turma Nacional, em questões de direito material, contrariar súmula ou jurisprudência dominante do Superior Tribunal de Justiça. Se o pedido de uniformização de jurisprudência tem por fundamento questão de direito processual, ele não deverá ser conhecido" (STJ, 1ª Seção, AgInt no PUIL 1.192/DF, Rel. Min. Manoel Erhardt (Desembargador convocado do TRF5), j. 25.05.2022).

A participação do STJ, portanto, tem lugar apenas quando: (a) Turmas de diferentes Estados atribuírem interpretações conflitantes à legislação material federal; (b) a decisão contestada estiver em confronto com súmula do próprio STJ ou sua jurisprudência dominante. A propósito, o STJ já definiu que a locução "jurisprudência dominante" (art. 14, § 4º, Lei nº 10.259/2001), para fins de manejo desse pedido de uniformização de interpretação de lei federal, deve abranger: (i) as hipóteses previstas no art. 927, III, do CPC; (ii) os acórdãos do STJ proferidos em embargos de divergência; e (iii) os acórdãos do STJ proferidos em pedidos de uniformização de lei federal (PUIL 825/RS, Rel. Min. Sérgio Kukina, 1ª Seção, j. 24.05.2023).

Vale ressaltar que, no pedido de uniformização baseado no § 3º do art. 18, não existe a previsão de juízo prévio de admissibilidade pela Turma Recursal. O que a Turma Recursal irá fazer será apenas receber o pedido, intimar a parte contrária para responder e, depois disso, remeter os autos ao STJ.[57]

Tendo sido admitido o pedido de uniformização no STJ e presentes a plausibilidade do direito invocado, bem como o fundado receio de dano de difícil reparação, poderá o Ministro Relator conceder, de ofício ou a requerimento do interessado, medida liminar determinando a suspensão dos processos nos quais a controvérsia esteja estabelecida (art. 19, § 2º, da Lei nº 12.153/2009). Confere a lei, portanto, expresso poder de cautela ao relator do pedido de uniformização. Este pode ainda, se entender necessário, pedir informações ao Presidente da Turma Recursal ou ao Presidente da Turma de Uniformização, ouvindo-se o Ministério Público nos casos previstos em lei, no prazo de cinco dias. Decorrido o prazo para manifestação do Ministério Público, o processo será incluído pelo relator em pauta na sessão, preferindo a todos os demais feitos, com exceção dos processos em que houver réus presos, os de *habeas corpus* e os de mandado de segurança.

Havendo pedidos de uniformização fundados em questões idênticas, ao serem interpostos, em qualquer Turma Recursal, deverão ser retidos nos autos, aguardando-se o pronunciamento do STJ.

Após a publicação do acórdão pelo STJ, os pedidos retidos serão apreciados pelas respectivas Turmas Recursais, que poderão exercer juízo de retratação ou declarar os pedidos de uniformização prejudicados, quando contrários à tese prevalecente no STJ.

Quadro-resumo

HIPÓTESES DE ACÓRDÃO DE TURMA RECURSAL PROFERIDO COM VIOLAÇÃO A ENTENDIMENTO DO STJ		
Sendo acórdão da Turma Recursal do Juizado Especial ESTADUAL	**Sendo acórdão da Turma Recursal de Juizado Especial FEDERAL**	**Sendo acórdão da Turma Recursal do Juizado da FAZENDA PÚBLICA**
Cabível reclamação dirigida ao Tribunal local.	Cabível pedido de uniformização de jurisprudência dirigido ao STJ (art. 14, Lei nº 10.259/2001.	Cabível pedido de uniformização de jurisprudência dirigido ao STJ (art. 19, Lei nº 12.153/2009).
Desde que a decisão contrarie tese firmada em: a) incidente de assunção de competência; b) incidente de resolução de demandas repetitivas (IRDR); c) tese firmada no julgamento de recurso especial repetitivo; d) súmulas do STJ.	Desde que a decisão contrarie: a) jurisprudência dominante do STJ (entendida como: (i) as hipóteses previstas no art. 927, III, do CPC; (ii) os acórdãos do STJ proferidos em embargos de divergência; (iii) os acórdãos do STJ proferidos em pedidos de uniformização de lei federal); ou b) súmula do STJ.	Desde que a decisão da Turma contrarie súmula do STJ.

---

[57] Nesse sentido: STJ, 1ª Seção, Rcl 42.409/RS, Rel. Min. Herman Benjamin, j. 22.06.2022.

14. OUTROS MEIOS DE IMPUGNAÇÃO DAS DECISÕES

A par dos recursos e da reclamação, há outros meios de impugnação das decisões judiciais no microssistema dos Juizados, as quais, na verdade, são demandas autônomas de impugnação. As três principais demandas previstas para tal finalidade são a **ação rescisória**, a *querela nullitatis* e o **mandado de segurança**. Apenas em relação aos Juizados Especiais federais e aos Juizados Especiais da Fazenda Pública, cabe, ainda, a utilização do incidente de suspensão da segurança, previsto na Lei nº 8.437/1992.

No que tange à ação rescisória, o art. 59 da Lei nº 9.099/1995, lamentavelmente, veda seu cabimento no procedimento dos Juizados Especiais. Critica-se a opção do legislador pelo simples fato de que a ação rescisória permite reparar vícios passíveis de ocorrência em qualquer demanda, independentemente do órgão jurisdicional em que seja veiculada.

O correto seria permitir a possibilidade de manejo da ação rescisória, o que, todavia, não vem sendo admitido. Exemplificando:

"AÇÃO RESCISÓRIA. ACÓRDÃO RESCINDENDO PROFERIDO POR TURMA RECURSAL. DESCABIMENTO. IMPOSSIBILIDADE JURÍDICA. ART. 59 DA LEI Nº 9.099/95. INDEFERIMENTO DA PETIÇÃO INICIAL. Não se admite rescisória nas causas do Juizado Especial por previsão expressa no art. 59 da Lei nº 9.099/1995. Inexistência de órgão competente para julgamento da ação rescisória nestas hipóteses. Inadequação manifesta. Petição inicial que se indefere" (TJ-RJ – AR: 00488193620188190000, Rel. Des. Rogério de Oliveira Souza, j. 24.09.2018, Seção Cível).

De toda forma, **ainda que não se admita o ajuizamento de ação rescisória, a jurisprudência considera possível a desconstituição da coisa julgada quando o título executivo judicial se amparar em contrariedade à interpretação ou sentido da norma conferida pelo STF, anterior ou posterior ao trânsito em julgado**. Essa possibilidade foi expressamente abordada no julgamento do Tema 100 da Repercussão Geral pelo STF.[58] A Corte entendeu ser admissível também nos Juizados Especiais a invocação como fundamento da inexigibilidade de ser o título judicial fundado em "aplicação ou interpretação tida como incompatível com a Constituição" (art. 535, § 5º, do CPC/2015), quando houver pronunciamento jurisdicional, contrário ao decidido pelo Plenário do STF, seja no controle difuso, seja no controle concentrado de constitucionalidade.

Esse posicionamento admite, na prática, o manejo de ação rescisória exclusivamente para desconstituir a chamada "coisa julgada inconstitucional". Para facilitar a compreensão:

Destrinchando o que foi decidido pelo Plenário do STF no RE 586.068/PR		
Decisão proferida no âmbito do Juizado Especial **contrária ao posicionamento do STF**	Se a decisão do STF for ANTERIOR ao trânsito em julgado da decisão do JEC	A parte prejudicada deve alegar a inexigibilidade do título executivo, observando, para tanto, o que prevê o art. 535, § 5º, CPC/2015.
	Se a decisão do STF for POSTERIOR ao trânsito em julgado da decisão do JEC	A parte prejudicada deverá apresentar seus argumentos para a rescisão por simples petição, a ser apresentada em prazo equivalente ao da ação rescisória.

---

[58] STF. Plenário. RE 586.068/PR, Rel. Min. Rosa Weber, redator para o acórdão Min. Gilmar Mendes, j. 09.11.2023 (Repercussão Geral – Tema 100) (Informativo 1116).

Destrinchando o que foi decidido pelo Plenário do STF no RE 586.068/PR
Teses firmadas pelo STF: 1) É possível aplicar o art. 741, parágrafo único, do CPC/1973 (atual art. 535, § 5º, do CPC/2015), aos feitos submetidos ao procedimento sumaríssimo, desde que o trânsito em julgado da fase de conhecimento seja posterior a 27.08.2001 (data da MP 2180-35/2001, que incluiu o parágrafo único no art. 741 do CPC/1973). 2) É admissível a invocação como fundamento da inexigibilidade de ser o título judicial fundado em "aplicação ou interpretação tida como incompatível com a Constituição" quando houver pronunciamento jurisdicional, contrário ao decidido pelo Plenário do STF, seja no controle difuso, seja no controle concentrado de constitucionalidade. 3) O art. 59 da Lei nº 9.099/1995 não impede a desconstituição da coisa julgada quando o título executivo judicial se amparar em contrariedade à interpretação ou sentido da norma conferida pela Suprema Corte, anterior ou posterior ao trânsito em julgado, admitindo, respectivamente, o manejo: (i) de impugnação ao cumprimento de sentença ou (ii) de simples petição, a ser apresentada em prazo equivalente ao da ação rescisória. STF. Plenário. RE 586.068/PR, Rel. Min. Rosa Weber, redator para o acórdão Min. Gilmar Mendes, j. 09.11.2023 (Repercussão Geral – Tema 100) (Info 1116).

Não se verifica óbice algum ao manejo da *querela nullitatis*, por meio da qual se busca a declaração de nulidade ou de ineficácia de uma sentença transitada em julgado.

Tradicionalmente, a *querela nullitatis* somente é admitida em dois casos: (a) quando houver falta ou nulidade da citação na demanda originária; (b) se a sentença transitada em julgado for contrária a norma constitucional (coisa julgada inconstitucional). Conforme visto anteriormente, o STF admitiu a segunda possibilidade por meio de mera petição, a ser apresentada no mesmo prazo da ação rescisória – dois anos do trânsito em julgado da última decisão proferida no processo.

Quanto à competência para o julgamento da *querela nullitatis*, parte da doutrina entende que a competência não será dos juizados especiais, mas sim de uma das varas da Justiça comum.[59] Todavia, deve-se entender que a competência será fixada no próprio microssistema dos Juizados Especiais, porque estes não se encontram vinculados à Justiça Comum. Isto é, os Juizados Especiais têm, quanto ao aspecto jurisdicional, **estrutura própria e diferenciada** da Justiça Comum, além de se orientarem por **princípios específicos**.

Nesse sentido é a seguinte decisão do STJ:

"[...] I – Escorreita a decisão do Eg. Tribunal Regional Federal da 4ª Região ao asseverar não ser competente para o caso vertente, tendo em vista não se inserir a hipótese no comando do art. 108, inciso I, alínea 'b' da Constituição Federal. Neste sentido, os juízes integrantes do Juizado Especial Federal não se encontram vinculados ao Tribunal Regional Federal. Na verdade, as decisões oriundas do Juizado Especial, por força do sistema especial preconizado pela Carta da República e legislação que a regulamenta, submetem-se ao crivo revisional de Turma Recursal de juízes de primeiro grau.

II – Segundo o art. 98 da Constituição Federal, as Turmas Recursais possuem competência exclusiva para apreciar os recursos das decisões prolatadas pelos Juizados Especiais Federais. Portanto, não cabe recurso aos Tribunais Regionais Federais, pois a eles não foi reservada a possibilidade de revisão dos julgados dos Juizados Especiais.

III – A teor do art. 41 e respectivo § 1º da Lei nº 9.099/1995 (aplicável aos Juizados Especiais Federais, por força do art. 1º da Lei 10.259/2001), os recursos cabíveis das decisões dos juizados especiais devem ser julgados por Turmas Recursais.

---

[59] CÂMARA, Alexandre Freitas. *Juizados especiais cíveis estaduais e federais*: uma abordagem crítica. 3. ed. Rio de Janeiro: Lumen Juris, 2007. p. 170.

IV – No RMS. 18.433/MA, julgado por esta Eg. Turma recentemente, restou assentado o entendimento de que os Juizados Especiais foram instituídos no pressuposto de que as respectivas causas seriam resolvidas no âmbito de sua jurisdição. Caso assim não fosse, não haveria sentido sua criação e, menos ainda, a instituição das respectivas Turmas Recursais, pois a estas foi dada a competência de revisar os julgados dos Juizados Especiais. [...]" (REsp 722.237/PR, 5ª Turma, Rel. Min. Gilson Dipp, j. 03.05.2005, *DJ* 23.05.2005, p. 345).

Assim, a competência para a revisão, desconstituição ou anulação das decisões judiciais é do próprio sistema que a proferiu.

Em relação ao mandado de segurança, tendo em conta a irrecorribilidade das decisões interlocutórias proferidas nos Juizados Especiais, entende parte da doutrina que o mandado de segurança deve ser admitido como sucedâneo do agravo (art. 5º, II, da Lei nº 12.016/2009), de maneira a proteger os jurisdicionados contra atos ilegais ou abusivos praticados no âmbito dos Juizados. Obviamente, deverá haver direito líquido e certo do impetrante para viabilizar a impugnação do ato judicial ilegal ou abusivo, nos termos do art. 5º, LXIX, da CF.

O pleno do STF, por maioria, decidiu que **não cabe mandado de segurança contra decisão interlocutória dos Juizados Especiais** (RE 576.847/BA). A decisão funda-se em quatro premissas:

1) as regras acerca do mandado de segurança não se coadunam com os fins pretendidos pela Lei nº 9.099/1995 (promoção da economia processual e da celeridade no processamento e julgamento das causas cíveis de complexidade menor);

2) a adoção do rito da Lei nº 9.099/1995 é facultativa, devendo a parte suportar as vantagens e eventuais limitações que a escolha acarreta;

3) a admissão do mandado de segurança ensejaria ampliação da competência dos Juizados Especiais, o que caberia exclusivamente ao Poder Legislativo;

4) a irrecorribilidade das decisões interlocutórias nos Juizados Especiais não ofende o princípio da ampla defesa, haja vista a possibilidade de impugnação das decisões interlocutórias quando da interposição de recurso inominado.

Como vimos anteriormente, diante da possibilidade de aplicação das regras relativas ao incidente de desconsideração da personalidade jurídica aos juizados especiais (art. 1.062 do CPC), é preciso repensar esse entendimento.

De acordo com o art. 1.015, IV, "cabe agravo de instrumento contra as decisões interlocutórias que versarem sobre: [...] IV – incidente de desconsideração da personalidade jurídica". Se a decisão é proferida na fase de execução, com mais razão caberá esse recurso, eis que, como não há sentença, não se pode falar em apelação (art. 1.015, parágrafo único).

De fato, se o incidente de desconsideração tiver sido proposto no curso do processo, a parte prejudicada poderá impugnar a matéria por meio da interposição de recurso inominado. Nesse ponto não deve haver discussão. O problema é se a desconsideração é pleiteada na fase executiva (execução *stricto sensu* ou cumprimento de sentença).

Sobre esse ponto considero que, se não há previsão de recurso específico na Lei nº 9.099/1995, há que se franquear à parte prejudicada a possibilidade de impetrar mandado de segurança contra a decisão que desconsiderou a sua personalidade. É que apesar de ser necessária a manifestação da parte contrária *antes* da desconsideração, por imperativo do princípio constitucional do contraditório (art. 9º, 10 e 135 CPC/2015), o duplo grau de jurisdição, embora não seja absoluto, precisa ser observado nesse caso. É no mínimo inusitado atribuir responsabilidade a alguém sem a possibilidade de recurso. A celeridade não pode ser o único valor a nortear o sistema dos juizados especiais, razão pela qual se defende a aplicação, *a contrario sensu*, da Súmula nº 267 do STF ("Não cabe mandado de segurança contra ato judicial passível de recurso ou correição"). Se não há recurso, admissível será a impetração do remédio constitucional. Esse entendimento deve ser válido especialmente quando não houver previsão do respectivo tribunal admitindo o agravo de instrumento.

Cumpre acrescentar, por fim, a possibilidade de a Fazenda Pública (nos Juizados Especiais federais e nos Juizados Especiais da Fazenda Pública) utilizar o **incidente de suspensão de segurança** previsto na Lei nº 8.437/1992 no âmbito dos Juizados Especiais Cíveis federais. É o que se extrai da análise do *caput* do art. 4º da Lei nº 8.437/1992:

> Art. 4º Compete ao presidente do tribunal, ao qual couber o conhecimento do respectivo recurso, suspender, em despacho fundamentado, a execução da liminar nas ações movidas contra o Poder Público ou seus agentes, a requerimento do Ministério Público ou da pessoa jurídica de direito público interessada, em caso de manifesto interesse público ou de flagrante ilegitimidade, e para evitar grave lesão à ordem, à saúde, à segurança e à economia públicas.

A suspensão de segurança, ao contrário dos recursos, não enseja o reexame da decisão, mas apenas a correlata suspensão, em razão da possibilidade de grave lesão a valores políticos relevantes (ordem, saúde, segurança e economia públicas). Desse modo, não constitui requisito da suspensão de segurança a existência de vício na decisão, *error in judicando* ou *in procedendo*; basta que haja manifesto interesse público ou flagrante ilegitimidade e a possibilidade de grave lesão à ordem, à saúde, à segurança ou à economia públicas.

Não há prazo para a suspensão da decisão, mas, obviamente, a demora no seu manejo pode evidenciar a inexistência de risco de grave lesão a ser afastado.

No tocante ao procedimento de tal incidente, incide o disposto nos §§ 2º a 9º do art. 4º da Lei nº 8.437/1992, cujo exame aprofundado não constitui objeto desta obra.

15. O NÃO CABIMENTO DO REEXAME NECESSÁRIO NOS JUIZADOS ESPECIAIS FEDERAIS E NOS JUIZADOS ESPECIAIS DA FAZENDA PÚBLICA

Uma das características dos recursos é a **voluntariedade**. A parte que se sentir prejudicada com uma decisão judicial tem o ônus de recorrer, mas não há obrigatoriedade. Deixando de recorrer, há preclusão, ou seja, supera-se uma fase procedimental ou forma-se coisa julgada. Tratando-se de sentença e não exercida a faculdade do recurso (apelação), há ocorrência da coisa julgada, encerrando-se, em caráter definitivo, todas as etapas do procedimento. Na hipótese de decisão interlocutória, a falta de interposição de recurso (agravo) leva à preclusão, ou seja, ao impedimento de se apreciar a questão decidida incidentemente.

Exatamente por faltar a característica da voluntariedade – assim como a tipicidade, a necessidade de fundamentação, a tempestividade, o preparo, entre outros requisitos básicos exigidos para caracterização dos recursos – não se atribui natureza recursal ao arcaico ato de remessa obrigatória de determinados processos ao tribunal. O Código de 1939 falava em "recurso de ofício", daí o uso vicioso dessa terminologia ainda hoje, quando o correto, técnico, é falar em "reexame necessário" ou "remessa obrigatória", que nada mais é do que uma condição de eficácia da sentença.

O reexame necessário tem sido alvo de pesadas críticas pela doutrina, uma vez que reflete um privilégio da Fazenda Pública totalmente dispensável. Atualmente, o que se observa é uma advocacia pública bem estruturada, com condições para recorrer de todas as decisões opostas ao interesse da Fazenda. Nesse contexto, submeter ao duplo grau de jurisdição as sentenças contrárias à Fazenda Pública é algo totalmente fora de propósito, sobretudo em face da morosidade processual que acomete o Direito brasileiro.

Não foi por outra razão que os arts. 13 da Lei nº 10.259/2001 e 11 da Lei nº 12.153/2009 **proibiram**, expressamente, o reexame necessário nas causas dos respectivos juizados, porquanto, tendo em vista o pequeno valor limite para a competência, **prevalece a simplicidade e a celeridade processual**.

A vedação do reexame necessário decorre, por óbvio, da visualização dos princípios informadores do sistema dos Juizados Especiais, como a simplicidade e a celeridade processual, que apontam para a **desburocratização** do procedimento e superação de privilégios desarrazoados ao ente público.

16. OS PRAZOS DO CPC/2015 E AS INFLUÊNCIAS NO PROCEDIMENTO SUMARÍSSIMO

Os prazos processuais, de acordo com o CPC/2015, devem ser contados em dias úteis (art. 219). Além disso, os dias do começo (termo inicial) e do vencimento do prazo (termo final) serão protraídos para o primeiro dia útil seguinte, se coincidirem com dia em que o expediente forense for encerrado antes ou iniciado depois da hora normal ou houver indisponibilidade da comunicação eletrônica (art. 224, § 1º).

Até 2018 havia divergência quanto à aplicabilidade do CPC ao procedimento do Juizado Especial em relação a forma de contagem dos prazos. No entanto, **a Lei nº 13.728/2018, que acrescentou à Lei nº 9.099/1995 o art. 12-A, consagrou o entendimento – que já era adotado em algumas comarcas – de que na contagem de prazos em dias, estabelecido por lei ou pelo juiz, para a prática de qualquer ato processual, inclusive para a interposição de recursos, também serão computados somente os dias úteis, tal como já ocorria na justiça comum.**

Em relação aos prazos diferenciados – para a Fazenda Pública, para o Ministério Público, para a Defensoria e para os litisconsortes com procuradores distintos[60] –, há entendimento no sentido de que eles não têm aplicação ao sistema dos Juizados Especiais. A tabela a seguir facilita a compreensão:

ESPÉCIE DE PRAZO	CPC/1973	CPC/2015	JUIZADOS ESPECIAIS
Para a Fazenda Pública	Art. 188. Computar-se-á em quádruplo o prazo para contestar e em dobro para recorrer quando a parte for a Fazenda Pública ou o Ministério Público.	Art. 183. A União, os Estados, o Distrito Federal, os Municípios e suas respectivas autarquias e fundações de direito público gozarão de prazo em dobro para todas as suas manifestações processuais, cuja contagem terá início a partir da intimação pessoal.	Lei nº 12.153/2009, art. 7º. Não haverá prazo diferenciado para a prática de qualquer ato processual pelas pessoas jurídicas de direito público, inclusive a interposição de recursos, devendo a citação para a audiência de conciliação ser efetuada com antecedência mínima de 30 (trinta) dias. Lei nº 10.259/2001, art. 9º. Não haverá prazo diferenciado para a prática de qualquer ato processual pelas pessoas jurídicas de direito público, inclusive a interposição de recursos, devendo a citação para audiência de conciliação ser efetuada com antecedência mínima de trinta dias.

---

[60] Enunciado 164, Fonaje: "O art. 229, *caput*, do CPC/2015 não se aplica ao Sistema de Juizados Especiais".

ESPÉCIE DE PRAZO	CPC/1973	CPC/2015	JUIZADOS ESPECIAIS
Para o Ministério Público	Art. 188. Computar-se-á em quádruplo o prazo para contestar e em dobro para recorrer quando a parte for a Fazenda Pública ou o Ministério Público.	Art. 180. O Ministério Público gozará de prazo em dobro para manifestar-se nos autos, que terá início a partir de sua intimação pessoal, nos termos do art. 183, § 1º.	Não há enunciados sobre o tema. O STF tem entendimento no sentido de que "em processos oriundos dos juizados especiais não se aplicam as prerrogativas de contagem em dobro do prazo recursal previstas no art. 188 do Código de Processo Civil" (AgRg no AI 747.478). Por uma questão de paridade de armas – para a Defensoria há entendimento no sentido de que não se aplica o prazo diferenciado – a inaplicabilidade do art. 180 do CPC/2015 deve ser estendida ao MP nas hipóteses em que seja obrigatória a sua atuação nos processos perante os juizados especiais.
Para a Defensoria Pública	–	Art. 186. A Defensoria Pública gozará de prazo em dobro para todas as suas manifestações processuais.	FONAJEF, Enunciado nº 53 – Não há prazo em dobro para a Defensoria Pública no âmbito dos Juizados Especiais Federais. FONAJEFP, Enunciado nº 3 – Não há prazo diferenciado para a Defensoria Pública no âmbito dos Juizados Especiais da Fazenda Pública.
Para litisconsortes com procuradores distintos	"Quando os litisconsortes tiverem diferentes procuradores, ser-lhes-ão contados em dobro os prazos para contestar, para recorrer e, de modo geral, para falar nos autos" (art. 191).	"Os litisconsortes que tiverem diferentes procuradores, de escritórios de advocacia distintos, terão prazos contados em dobro para todas as suas manifestações, em qualquer juízo ou tribunal, independentemente de requerimento" (art. 229).	Fonaje, Enunciado nº 123 – O art. 229 do CPC não se aplica aos processos cíveis que tramitam perante o Juizado Especial. Fonaje, Enunciado nº 164 – O art. 229, *caput*, do CPC/2015 não se aplica ao Sistema de Juizados Especiais.

JURISPRUDÊNCIA TEMÁTICA

"É incabível o ajuizamento de reclamação contra decisão que defere ou indefere o sobrestamento do feito em razão de processamento de pedido de uniformização ou recurso especial repetitivo" (STJ, Rcl 31.193-SC, Rel. Min. Regina Helena Costa, 1ª Seção, j. 16.09.2021).

"Os Juizados Especiais da Fazenda Pública não têm competência para o julgamento de ações decorrentes de acidente de trabalho em que o INSS figure como parte" (STJ, REsp 1.866.015/SP, Rel. Min. Herman Benjamin, 1ª Seção, j. 10.03.2021 (Recurso Repetitivo Tema 1053)).

17. CUMPRIMENTO DE SENTENÇA E EXECUÇÃO DE TÍTULOS EXTRAJUDICIAIS

17.1 Juizados Especiais estaduais

Nos Juizados Especiais estaduais, é possível a execução de título judicial (arts. 3º, § 1º, I, e 52 da Lei nº 9.099/1995) ou extrajudicial (arts. 3º, § 1º, II, e 53).

Quanto à execução por título judicial, aplica-se, no que couber, o disposto no CPC, com as seguintes alterações (art. 52, *caput*, da Lei nº 9.099/1995).

Transitada em julgado a sentença, o vencido será imediatamente intimado para cumpri-la, advertido dos efeitos do seu descumprimento (art. 52, III). Não havendo o adimplemento voluntário, proceder-se-á desde logo à execução mediante requerimento escrito ou verbal do interessado, dispensada nova citação do réu (art. 52, IV).

Como se vê, a execução no processo instaurado nos Juizados Especiais sempre se desenvolveu como mera fase do procedimento. Essa sistemática foi adotada pelo CPC/1973 em virtude das modificações efetuadas pelas Leis nᵒˢ 8.952/1994, 10.444/2002 e 11.232/2005. O CPC atual também mantém esse sincretismo.

Nos casos de obrigação de entregar coisa, de fazer ou de não fazer, o juiz, na sentença ou na fase de execução, cominará multa diária – ou outra periodicidade –, arbitrada de acordo com as condições econômicas do devedor, para a hipótese de inadimplemento. Não cumprida a obrigação, o credor poderá requerer a elevação da multa ou a transformação da condenação em perdas e danos, que o juiz de imediato arbitrará, seguindo-se a execução por quantia certa, incluída a multa vencida de obrigação de dar, quando evidenciada a malícia do devedor na execução do julgado (art. 52, V, da Lei nº 9.099/1995).

Conquanto a Lei nº 9.099/1995 somente mencione a possibilidade de elevação da multa, aplica-se o disposto no art. 537, § 1º, do CPC, de forma que o juiz poderá, de ofício ou a requerimento, modificar o valor ou a periodicidade da multa vincenda ou excluí-la, caso verifique que ela se tornou insuficiente ou excessiva, ou que o obrigado demonstrou cumprimento parcial superveniente da obrigação ou justa causa para o descumprimento.

Ainda com relação à execução de obrigação de entregar coisa, de fazer ou de não fazer, necessário se faz ressaltar que não são cabíveis os embargos à execução previstos no art. 52, IX, da Lei nº 9.099/1995, haja vista que a defesa do executado deve ter sido apresentada na fase cognitiva do procedimento. Embora não haja disposição expressa nesse sentido na Lei nº 9.099/1995, não se pode olvidar que o sistema do CPC não prevê embargos à execução por título judicial ou mesmo impugnação à sentença na hipótese de obrigação de entregar coisa, fazer ou não fazer, daí por que se chegar à mesma conclusão no que tange à execução processada nos Juizados, que não deve ser mais formalista que a processada no Juízo comum. Ademais, como estabelece o já mencionado *caput* do art. 52 da Lei nº 9.099/1995, aplica-se, no que couber, o disposto no CPC ao regime de execução dos Juizados Especiais Cíveis.

Em se tratando de obrigação de pagar quantia, deve-se interpretar o art. 52, III, da Lei nº 9.099/1995, em conjunto com o art. 523 do CPC. Destarte, somente depois de liquidada a sentença ou apresentados os cálculos de atualização pelo credor, será o vencido imediatamente intimado para cumprir a sentença no prazo de quinze dias, sob pena de multa.

Ultrapassado o prazo referido, proceder-se-á à execução mediante requerimento do credor, seguindo-se na forma prevista no CPC até a fase expropriatória.

Observe-se que, segundo o disposto no inciso IX do art. 52 da Lei nº 9.099/1995, o devedor poderá oferecer embargos à execução por título judicial. Ocorre que, em face da reforma realizada no processo de execução ainda no CPC/1973, já se admitia o cabimento de impugnação pelo devedor, e não mais embargos. Como bem explica Alexandre Freitas Câmara, em referência ao Código Buzaid:

"[...] a Lei nº 11.232/2005, que reformou o CPC, é posterior à Lei nº 9.099/95. Esta lei, como sabido, prevê o cabimento de embargos às execuções fundadas em sentença. A manutenção desse sistema, porém, não obstante a reforma por que passou o CPC, faria com que o modelo processual dos Juizados Especiais Cíveis ficasse mais formalista e mais complexo do que o sistema processual comum, o que é incompatível com os princípios estabelecidos no art. 2º da Lei nº 9.099/95. Tenho, assim, para mim, que a partir da entrada em vigor da Lei nº 11.232/2005 tornou-se inadmissível o oferecimento de embargos do executado nas execuções de sentença que se desenvolvem nos Juizados Especiais Cíveis. A partir desse momento, a meu ver, deverá ser oferecida a impugnação, muito mais compatível com o modelo teórico adotado nos próprios Juizados Especiais Cíveis, por força do qual a execução de sentença não é processo autônomo, mas prolongamento do mesmo processo em que se proferiu a sentença".[61]

Como o CPC/2015 mantém essa sistemática, a impugnação deve ser utilizada como meio de defesa no cumprimento de sentença proferida no âmbito dos Juizados Especiais.

Ressalve-se, porém, que a impugnação manejada perante os Juizados Especiais Cíveis estaduais somente poderá versar sobre as matérias previstas no art. 52, IX, da Lei nº 9.099/1995, a saber: (a) falta ou nulidade da citação no processo, se ele correu à revelia; (b) manifesto excesso de execução; (c) erro de cálculo; (d) causa impeditiva, modificativa ou extintiva da obrigação, superveniente à sentença.

Vistas as principais características da execução por título judicial, passemos ao estudo da execução de título executivo extrajudicial no valor de até quarenta salários mínimos, que obedecerá ao disposto no art. 53 da Lei nº 9.099/1995 e, na ausência de norma específica, o que estabelece o CPC.

Assim, efetuada a penhora, o devedor será intimado a comparecer à audiência de conciliação, quando poderá oferecer embargos, por escrito ou oralmente (art. 53, § 1º). Note-se que, a despeito de a Lei nº 9.099/1995 fazer remissão aos embargos previstos no art. 52, IX,[62] deve-se aplicar o disposto no art. 917 do CPC acerca das matérias passíveis de discussão nos embargos à execução por título extrajudicial, porquanto não houve cognição prévia acerca do título extrajudicial objeto da execução. Dessa maneira, poderá o executado, nos embargos, alegar qualquer matéria que lhe seria lícito deduzir como defesa em processo de conhecimento (art. 917, VI, do CPC).

Na audiência de conciliação, será buscado o meio mais rápido e eficaz para a solução do litígio, se possível com dispensa da alienação judicial, devendo o conciliador propor, entre outras medidas cabíveis, o pagamento do débito a prazo ou a prestação, a dação em pagamento ou a imediata adjudicação do bem penhorado (art. 53, § 2º, da Lei nº 9.099/1995). Tais alternativas, vale acrescentar, podem ser requeridas por uma das partes mesmo se não apresentados os embargos em audiência ou se forem julgados improcedentes (art. 53, § 3º, da Lei nº 9.099/1995).

Por fim, no microssistema dos Juizados Especiais, se não encontrado o devedor ou inexistirem bens penhoráveis, o processo de execução será imediatamente extinto, devolvendo-se os documentos ao autor (art. 53, § 4º, da Lei nº 9.099/1995). Não se aplica, pois, o art. 921, III, do CPC, segundo o qual a execução deve ser suspensa quando o executado não possuir bens penhoráveis.

---

[61] CÂMARA, Alexandre Freitas. *Juizados especiais cíveis estaduais e federais*: uma abordagem crítica. 3. ed. Rio de Janeiro: Lumen Juris, 2007. p. 187-188.

[62] A finalidade dessa remissão é unicamente estabelecer o cabimento dos embargos nos próprios autos da execução, dispensando-se, assim, autuação autônoma.

17.2 Juizados Especiais federais

A Lei nº 10.259/2001 contém apenas dois dispositivos sobre a execução: o art. 16, concernente às sentenças que reconhecem obrigação de fazer, não fazer ou de entregar coisa certa; e o art. 17, que se refere à sentença que reconhece obrigação de pagar quantia.

Percebe-se que a lei foi omissa acerca da execução por título extrajudicial no âmbito dos Juizados federais; contudo, em se admitindo tal modalidade de execução contra a Fazenda Pública (Súmula nº 279 do STJ), não há razão para restringir seu cabimento nos Juizados federais no tocante a causas de valor até 60 salários mínimos (art. 3º, *caput*, da Lei nº 10.259/2001), consoante o rito previsto no CPC (art. 534) e, no que couber, no art. 53, *caput*, da Lei nº 9.099/1995.

Cumpre ater-se, porém, à execução por título judicial, por ter sido tratada de modo específico pela Lei nº 10.259/2001. Tal modalidade de execução, como se denota dos arts. 16 e 17 da Lei nº 10.259/2001, diferencia-se conforme a espécie de obrigação reconhecida no título.

Com relação ao título (sentença ou acordo) que imponha obrigação de fazer, não fazer ou entrega de coisa certa, seu cumprimento será efetuado mediante ofício do juiz à autoridade citada para a causa, com cópia da sentença ou do acórdão (art. 16 da Lei nº 10.259/2001). Por aplicação subsidiária do art. 52, V, da Lei nº 9.099/1995, cabe ao juiz cominar multa diária – ou em outro prazo maior – para hipótese de inadimplemento, que, a requerimento do credor, pode ser elevada ou transformada em perdas e danos depois de verificado o inadimplemento.

Ante a omissão da Lei nº 10.259/2001 acerca da defesa da Fazenda Pública na hipótese de execução por título judicial de obrigação de fazer, não fazer ou entrega de coisa certa, há entendimento no sentido de que "o devedor pode embargar a execução se ocorrer um dos quatro motivos listados no inciso IX do art. 52 [da Lei nº 9.099/95]".[63] Entendo, todavia, que referido dispositivo tem aplicabilidade restrita à execução por quantia certa, não sendo cabíveis os embargos do devedor nas execuções versando sobre outras espécies de obrigação, visto que a defesa do executado (isto é, da Fazenda Pública) deve ter sido apresentada na fase cognitiva do procedimento. Conquanto não haja disposição expressa nesse sentido na Lei nº 9.099/1995 ou na Lei nº 10.259/2001, não se pode olvidar que o sistema do CPC não prevê embargos à execução por título judicial ou mesmo impugnação à sentença na hipótese de obrigação de entregar coisa, fazer ou não fazer, daí por que se chegar à mesma conclusão no que tange à execução processada nos Juizados, que não deve ser mais formalista que a processada no Juízo comum. Ademais, como estabelece o *caput* do art. 52 da Lei nº 9.099/1995, aplica-se, no que couber, o disposto no CPC ao regime de execução dos Juizados Especiais Cíveis.

De outro lado, na hipótese de a decisão judicial reconhecer obrigação de pagar quantia, "o pagamento será efetuado no prazo de 60 (sessenta) dias, contados da entrega da requisição, por ordem do Juiz, à autoridade citada para a causa, na agência mais próxima da Caixa Econômica Federal ou do Banco do Brasil, *independentemente de precatório*" (art. 17, *caput*; da Lei nº 10.259/2001, grifamos). Caso desatendida a requisição judicial, o juiz determinará o sequestro – *rectius*: arresto[64] – do numerário suficiente ao cumprimento da decisão (art. 17, § 1º, da Lei nº 10.259/2001).

O principal aspecto da execução por quantia certa nos Juizados federais diz respeito à **desnecessidade de precatório**.

Por meio da EC nº 30/2000, foi incluído o § 3º no art. 100 da CF/1988, estabelecendo que a exigência de precatório para pagamento das dívidas da Fazenda Pública oriundas de sentença

---

[63] ALVES, Eliana Calmon. Execução nos juizados federais: defesa da Fazenda na execução da Lei nº 10.259/2001. Texto extraído do *Jus Navigandi*. Disponível em: http://jus2.uol.com.br/doutrina/texto.asp?id=10383, p. 3.

[64] Para assegurar execução por quantia certa, a medida cabível é o arresto, que incide sobre bens indeterminados; por sua vez, o sequestro é medida que tem por fim conservar uma coisa determinada para futura execução referente a obrigação de entregar coisa certa.

judicial transitada em julgado "não se aplica aos pagamentos de obrigações definidas em lei como de pequeno valor".

Em 2009, em virtude da EC nº 62, a redação do § 3º foi modificada, mas não a sua essência, de modo que continuam a ser excluídas do procedimento do precatório as obrigações de pequeno valor. Eis o novo texto: "o disposto no *caput* deste artigo relativamente à expedição de precatórios não se aplica aos pagamentos de obrigações definidas em leis como de pequeno valor que as Fazendas referidas devam fazer em virtude de sentença judicial transitada em julgado".

Como as causas de competência dos Juizados Especiais Cíveis federais são de baixo valor, tratou a Lei nº 10.259/2001 de prever, no seu art. 17, § 1º, que as obrigações referidas no § 3º do art. 100 da CF/1988, a serem pagas independentemente de precatório, terão como limite o valor de 60 salários mínimos, ou seja, o mesmo valor estabelecido para a competência dos Juizados Especiais Cíveis federais.

A dispensa de precatório nos Juizados federais não é absoluta. Destarte, se o valor da execução ultrapassar o limite de 60 salários mínimos (em virtude, p. ex., da incidência de juros moratórios), "o pagamento far-se-á, sempre, por meio do precatório, sendo facultado à parte exequente a renúncia ao crédito do valor excedente, para que possa optar pelo pagamento do saldo sem o precatório [...]" (art. 17, § 4º). Observe-se que, conquanto possa a parte renunciar ao crédito excedente, são vedados, nos termos do § 3º do art. 17, o fracionamento, a repartição ou a quebra do valor da execução, de modo que o pagamento se faça, em parte, sem o precatório e, em parte, mediante expedição dessa odiosa ordem de pagamento.

Pode a Fazenda Pública manejar embargos como defesa na execução por quantia certa, observando-se, para tal finalidade, o disposto no art. 52, IX, da Lei nº 9.099/1995.

17.3 Juizados Especiais da Fazenda Pública

Na hipótese de obrigação de fazer, não fazer e entrega de coisa, o cumprimento da sentença ou acordo, com trânsito em julgado, será efetuado por meio de ofício do juiz, contendo cópia da sentença ou do acórdão, dirigido à autoridade citada para a causa (art. 12 da Lei nº 12.153/2009).

No caso de cumprimento de obrigação de pagar quantia certa, este terá lugar após o trânsito em julgado da sentença, observados os procedimentos traçados pelo art. 13 da Lei nº 12.153/2009:

- tratando-se de obrigação de pequeno valor (art. 100, § 3º, da CF/1988), o cumprimento dar-se-á por requisição judicial, independentemente de precatório, no prazo de sessenta dias. Desatendida a requisição judicial, o juiz deverá determinar o arresto (e não sequestro) do numerário suficiente ao cumprimento da decisão, dispensada a audiência da fazenda pública;
- se o montante da condenação superar o valor definido como obrigação de pequeno valor, o pagamento deverá atender o sistema de precatório. Observe-se que a definição de obrigação de pequeno valor obedecerá ao disposto na lei do respectivo ente da federação, sendo que, até a publicação da lei, os valores serão de 40 salários mínimos quanto aos Estados e ao Distrito Federal e 30 salários mínimos em relação aos Municípios;
- veda-se, para efeitos de enquadramento em obrigação de pequeno valor, o fracionamento, a repartição ou a quebra do valor da execução (§ 4º). Repete, essa norma, disposição já constante no art. 100, § 8º, da CF. Importante frisar que não incide a restrição, todavia, no caso de litisconsortes facultativos, que, embora litiguem no mesmo processo, possuem direitos distintos e autônomos;[65]

---

[65] THEODORO JÚNIOR, Humberto. *Os Juizados Especiais da Fazenda Pública*. Palestra proferida em 19.02.2010 no III Encontro de Juízes Especiais do Estado de Minas Gerais. Disponível em: www.ejef.tjmg.jus.br. Acesso em: 8 nov. 2018. No âmbito do STF, conferir o RE 861.130.

- caso o valor ultrapasse o que foi estabelecido para pagamento independentemente de precatório, faculta-se à parte a renúncia ao valor excedente, de sorte a efetuar-se o pagamento sem precatório (§ 5º);
- o saque poderá ser feito pela parte autora, pessoalmente, em qualquer agência do banco depositado, sem a necessidade de emissão de alvará. Por outro lado, se o saque for realizado por meio de procurador, a operação somente poderá ser feita na agência destinatária do depósito, mediante procuração específica, com firma reconhecida, constando o valor originalmente depositado e sua origem.

JURISPRUDÊNCIA TEMÁTICA

Competência dos Juizados Especiais

"O valor da causa para fins de fixação da competência nos juizados especiais federais, na hipótese de existência de litisconsórcio ativo, deve ser calculado dividindo-se o montante pelo número de autores" (STJ, REsp 1.257.935/PB, 2ª T., Rel. Min. Eliana Calmon, j. 18.10.2012).

"O Juizado Especial Cível é competente para o processamento e o julgamento de ação proposta por associação de moradores visando à cobrança de taxas de manutenção de loteamento em face de morador não associado" (STJ, RMS 53.602-AL, 3ª T., Rel. Min. Nancy Andrighi, j. 05.06.2018, Info 627).

"No âmbito estadual, o autor pode escolher se deseja ajuizar a ação no Juizado Especial ou na Justiça Comum, sendo essa uma decisão da parte" (STJ, RMS 53.227/RS, 2ª T., Rel. Min. Herman Benjamin, j. 27.06.2017).

"É cabível mandado de segurança, a ser impetrado no Tribunal Regional Federal, com a finalidade de promover o controle da competência dos Juizados Especiais Federais" (STJ, RMS 37.959-BA, Rel. Min. Herman Benjamin, j. 17.10.2013, Info 533).

Atos processuais nos Juizados Especiais

"Os Procuradores Federais que atuam nos Juizados Especiais Federais não desfrutam da prerrogativa da intimação pessoal. Assim, não se aplica o art. 17 da Lei nº 10.910/2004 nos Juizados Especiais Federais (STF, ARE 648.629/RJ, Plenário, Rel. Min. Luiz Fux, j. 24.04.2013, Info 703).

"A jurisprudência do STJ afirma que, no âmbito dos Juizados Especiais, não é necessária a intimação pessoal dos Defensores Públicos, podendo esta ocorrer até mesmo pela Imprensa Oficial (STJ, HC 105.548/ES, 5ª T., Rel. Min. Arnaldo Esteves Lima, j. 27.04.2010).

Súmula nº 640 do STF: "É cabível recurso extraordinário contra decisão proferida por juiz de primeiro grau nas causas de alçada, ou por turma recursal de juizado especial cível e criminal".

Súmula nº 727 do STF: "Não pode o magistrado deixar de encaminhar ao Supremo Tribunal Federal o agravo de instrumento interposto da decisão que não admite recurso extraordinário, ainda que referente a causa instaurada no âmbito dos juizados especiais".

Súmula nº 203 do STJ: "Não cabe recurso especial contra decisão proferida por órgão de segundo grau dos Juizados Especiais".

Súmula nº 376 do STJ: "Compete a turma recursal processar e julgar o mandado de segurança contra ato de juizado especial".

Súmula nº 428 do STJ: "Compete ao Tribunal Regional Federal decidir os conflitos de competência entre juizado especial federal e juízo federal da mesma seção judiciária".

Quadro esquemático 60 – Juizados Especiais Cíveis

Juizados Especiais Cíveis
- Juizados Especiais Estaduais (Lei nº 9.099/95)
  - Princípios
    - Oralidade
    - Simplicidade
    - Informalidade
    - Economia Processual
    - Celeridade
  - Competência
    - Em razão da matéria, valor da causa e das pessoas
      - Causas com valor não excedente a 40 salários mínimos.
      - Causas enumeradas no art. 275, II, CPC/73.
      - Despejo para uso próprio.
      - Ações possessórias cujo valor não exceda 40 salários mínimos.
      - Execução dos próprios julgados.
      - Execução de títulos executivos extrajudiciais de valor não excedente a 40 salários mínimos.
      DESDE QUE:
      - Propostas por microempresas, empresas de pequeno porte, pessoa jurídica qualificada, como Organização da Sociedade Civil de Interesse Público (OSCIP), sociedade de crédito ao microempreendedor e pessoas físicas capazes, que não sejam empresas e não sejam cessionárias de direito de pessoas jurídicas.
      - Não figure como réu incapaz, preso, pessoa jurídica de direito público, empresa pública da União, massa falida e insolvente civil.
      - Não tenham as causas natureza alimentar, falimentar ou fiscal e não sejam de interesse da Fazenda Pública e, ainda, não se refiram a acidentes de trabalho, resíduos e estado e capacidade das pessoas.
    - Em razão do território
      - Domicílio do réu ou, a critério do autor, o local onde aquele exerça atividades profissionais ou econômicas.
      - Lugar onde a obrigação deva ser satisfeita.
      - Domicílio do autor ou do local do ato ou fato, nas ações de reparação de dano de qualquer natureza.

Parte II – Cap. 3 – Procedimentos nos Juizados Especiais Cíveis | **797**

Juizados Especiais Cíveis
- Juizados Especiais Estaduais (Lei nº 9.099/95)
  - Partes
    - Capacidade de ser parte
      - Não podem ser partes nos processos de competência dos juizados: o preso, as pessoas jurídicas de direito público, as empresas públicas da União, a massa falida e o insolvente.
      - Só podem figurar como rés: o cessionário de direito de pessoa jurídica, bem como as pessoas jurídicas de direito privado.
      - Têm plena capacidade de ser parte (autor e réu): microempresa e empresa de pequeno porte.
      - Nas causas de valor até 20 salários mínimos, têm as partes capacidade postulatória.
    - Capacidade postulatória
      - Nas causas de valor superior a 20 salários mínimos, a assistência por advogado é obrigatória.
      - Na fase recursal, a atuação do advogado é indispensável.
    - Litisconsórcio e intervenção de terceiros
      - Inadmissível a intervenção de terceiros (art. 10, Lei 9.099/95), salvo o incidente de desconsideração da personalidade jurídica (art. 1.062, CPC/2015).
      - Admite-se o litisconsórcio, seja facultativo ou necessário.
  - Intervenção do Ministério Público
    - O art. 11 prevê a intervenção do Ministério Público. Entretanto, em razão da qualidade das pessoas que podem litigar nos Juizados Especiais, bem como da natureza da matéria nele apreciada, não se vislumbra hipótese de atuação do Ministério Público.
  - Atos processuais
    - Serão públicos e poderão realizar-se em horário noturno (art. 12).
  - Extinção do processo sem resolução do mérito
    - Quando o autor deixar de comparecer a qualquer das audiências do processo;
    - Quando inadmissível o procedimento dos Juizados;
    - Quando for reconhecida a incompetência territorial;
    - Quando ocorrer um dos impedimentos previstos no art. 8º;
    - Quando, falecido o autor, a habilitação depender de sentença, ou não se der em 30 dias;
    - Quando, falecido o réu, o autor não promover a habilitação dos sucessores no prazo de 30 dias.
  - Sequência de atos do procedimento nos Juizados
    - Apresentação do pedido escrito ou oral;
    - Designação de sessão de conciliação, em 15 dias, com a citação do réu;

Juizados Especiais Cíveis

Juizados Especiais Estaduais (Lei nº 9.099/95)

Sequência de atos do procedimento nos Juizados
- Aberta a sessão e obtida a conciliação, segue-se a homologação. Frustrada a conciliação, precede-se, de imediato, à audiência de instrução e julgamento;
- Na AIJ, o réu apresentará contestação, na qual poderá deduzir pedido contraposto;
- Concluída a instrução, passa-se às alegações finais e, em seguida, à sentença, a qual dispensa o relatório (art. 38), e deverá ser, necessariamente, líquida.

Recursos
- Recurso inominado contra a sentença (art. 41).
- Embargos de declaração contra sentença ou acórdão (art. 48) – interrompem o prazo para os demais recursos.
- Recurso extraordinário (art. 102, III, CF).
- Reclamação (Resolução 03/2016 do STJ).

Outros meios de impugnação das decisões
- Ação anulatória (*querela nullitatis*);
- Mandado de segurança;
- Por expressa disposição legal, não cabe ação rescisória (art. 59).

Cumprimento de sentença e execução de títulos extrajudiciais
- Transitada em julgado a sentença, o vencido será intimado a cumpri-la. Não havendo o adimplemento voluntário, proceder-se-á desde logo à execução mediante requerimento escrito ou verbal do interessado.
- A execução de título extrajudicial de valor igual ou inferior a 40 salários mínimos obedecerá ao disposto no CPC, com as modificações introduzidas pela Lei nº 9.099/95 (art. 53).

Juizados Especiais Federais (Lei nº 10.259/2001)

Competência
- Art. 3º → Causas de competência da justiça federal até o valor de 60 salários mínimos e execução de seus próprios julgados.
- No foro onde estiver instalada vara do Juizado Especial Federal, sua competência é absoluta.

Partes

Capacidade de ser parte
- Quanto ao polo ativo, não há diferença entre os Juizados Especiais Federais ou Estaduais. Para concursos: pessoas físicas, microempresas e empresas de pequeno porte.
- No polo passivo, somente a União, autarquias, fundações e empresas públicas federais têm capacidade de ser parte nos Juizados Especiais Federais.

Capacidade Postulatória
- Não há limite de valor da causa para a dispensa da atuação de advogado, podendo a parte autora praticar pessoalmente os atos do processo em qualquer demanda de competência dos Juizados Especiais Cíveis Federais.
- Na fase recursal, a atuação do advogado é indispensável.

Juizados Especiais Cíveis

Juizados Especiais Federais (Lei nº 10.259/2001)

- **Medidas de urgência**
  - Art. 4º ➔ O juiz poderá, de ofício ou a requerimento das partes, deferir medidas cautelares no curso do processo.

- **Peculiaridades**
  - Não será cabível medida liminar que esgote, no todo ou em parte, o objeto da ação.
  - Não será cabível a medida liminar que defira a compensação de créditos tributários, reclassificação ou equiparação de servidores, concessão de aumento ou extensão de vantagens.

- **Atos processuais**
  - Não há prazo privilegiado para os entes públicos federais (art. 9º).
  - As citações e intimações serão feitas na forma dos arts. 35 e 38 da LC nº 73/93.

- **Recursos**
  - Recurso inominado contra a sentença (art. 41 da Lei nº 9.099/95 c/c art. 1º da Lei nº 10.259/2001).
  - Embargos de declaração contra a sentença ou acórdão interrompem o prazo recursal.
  - Agravo ou recurso inominado contra sentença referente a medidas de urgência (arts. 4º e 5º).
  - Recurso extraordinário (art. 102, III, CF).

- **Outros meios de impugnação**
  - Ação anulatória (*querela nullitatis*).
  - Mandado de segurança.
  - Suspensão de segurança (Lei nº 8.437/92).

- **Reexame necessário**
  - O art. 13 da Lei nº 10.259/2001 veda expressamente o reexame necessário no âmbito dos Juizados Especiais Cíveis Federais.

- **Execução**
  - Art. 16 ➔ O cumprimento de sentença que imponha obrigação de fazer, não fazer ou entregar coisa certa, será efetuado mediante ofício do juiz à autoridade citada para a causa, com cópia da sentença ou acórdão.
  - Art. 17 ➔ Dispensa de precatório para a satisfação das obrigações de pagar quantia.

Juizados Especiais da Fazenda Pública (Lei nº 12.153/2009)

- **Competência**
  - Art. 2º ➔ Causas cíveis de interesse dos Estados, do Distrito Federal, dos Territórios e dos Municípios, até o valor de 60 salários mínimos e execução de seus próprios julgados no foro onde estiver instalada vara do Juizado Especial da Fazenda Pública, sua competência é absoluta.

- **Partes**
  - Capacidade de ser parte
    - Quanto ao polo ativo, levando-se em conta a ideia de microssistema, não há diferença entre os Juizados Especiais Federais, Estaduais ou Fazenda Pública. Para concursos: pessoas físicas, microempresas e empresas de pequeno porte.

Juizados Especiais Cíveis — Juizados Especiais da Fazenda Pública (Lei nº 12.153/2009)

- **Partes**
  - **Capacidade de ser parte**
    - No polo passivo, somente os respectivos Estados, Distrito Federal, os Territórios e os Municípios, bem como as autarquias, fundações e empresas públicas a eles vinculadas têm capacidade de ser parte nos Juizados Especiais da Fazenda Pública.
  - **Capacidade Postulatória**
    - No silêncio da lei, deve-se considerar inexistente limite de valor da causa para dispensa de atuação de advogado, podendo a parte autora praticar pessoalmente os atos do processo em qualquer demanda de competência dos Juizados Especiais da Fazenda Pública.
    - Na fase recursal, a atuação do advogado é indispensável.

- **Medidas de urgência**
  - Art. 3º O juiz poderá, de ofício ou a requerimento das partes, deferir medidas cautelares no curso do processo.

- **Peculiaridades**
  - Não será cabível medida liminar que esgote, no todo ou em parte, o objeto da ação.
  - Não será cabível medida liminar que defira compensação de créditos tributários, reclassificação ou equiparação de servidores, concessão de aumento ou extensão de vantagens.

- **Atos processuais**
  - Não há prazo privilegiado para os entes públicos federais (art. 7º).
  - As citações e intimações serão feitas na forma do disposto no CPC.

- **Recursos**
  - Recurso inominado contra sentença (art. 41 da Lei nº 9.099/95 c/c art. 4º da Lei nº 12.153/2009).
  - Embargos de declaração contra sentença ou acórdão à interrompem o prazo recursal.
  - Agravo ou recurso inominado contra decisão referente a medidas de urgência (arts. 3º e 4º).
  - Recurso extraordinário (art. 102, III, CF).

- **Outros meios de impugnação**
  - Ação anulatória (*querela nullitatis*);
  - Mandado de segurança;
  - Suspensão de segurança (Lei nº 8.437/92).

- **Reexame necessário**
  - O art. 11 da Lei nº 12.153/2009 veda expressamente o reexame necessário no âmbito dos Juizados Especiais da Fazenda Pública.

- **Execução**
  - Art. 12 – O cumprimento de sentença que imponha obrigação de fazer, não fazer ou entregar coisa certa, será efetuado mediante ofício do juiz à autoridade citada para a causa, com cópia da sentença ou do acórdão.
  - Art. 13, I e II – Execução mediante RPV ou precatório, dependendo do valor da condenação.

Parte Especial

Parte III
Procedimentos Especiais

Parte Especial

Parte III
Procedimentos Especiais

Procedimentos especiais (arts. 539 a 770)

1. INTRODUÇÃO

A jurisdição, como atividade estatal que é, não se divide. É a função de compor os litígios, seja declarando qual é o direito de cada litigante, seja realizando o direito já acertado, ou acautelando o processo.

Todavia, a própria legislação contempla divisões para a jurisdição. O CPC/1973, mais precisamente no Livro IV, tratava dos procedimentos especiais e os dividia em "procedimentos especiais de jurisdição contenciosa" (Título I, arts. 890 a 1.102-C) e "procedimentos especiais de jurisdição voluntária" (Título II, arts. 1.103 a 1.210). O CPC atual, apesar de não seguir exatamente a divisão, pois insere os procedimentos especiais no livro que trata do processo de conhecimento e do cumprimento de sentença (Parte Especial, Livro I), continua a prever, em capítulo autônomo (Capítulo XV), os procedimentos especiais de jurisdição voluntária. Por essa razão e, especialmente, para fins didáticos, continuaremos utilizando a divisão proposta pelo CPC/1973.

Jurisdição contenciosa é a jurisdição propriamente dita, isto é, a função estatal exercida com o objetivo de compor litígios. A **jurisdição voluntária ou graciosa**, por sua vez, não se presta a compor litígios. A rigor, não se vislumbra nessa atividade estatal atuação do poder jurisdicional. A denominação "jurisdição voluntária" advém do simples fato de o Estado-Juiz integrar um negócio privado para conferir-lhe validade.

No que é pertinente ao processo, o Código também contempla divisão. Dependendo da tutela jurisdicional postulada pela parte, a lei processual divide-o em **processo de conhecimento e processo de execução**. Diz-se que o processo é de conhecimento quando a parte solicitar a edição de uma lei (sentença) que resolva o litígio em caráter definitivo; será de execução quando a parte, já tendo a declaração de seu direito, invoca a tutela jurisdicional para vê-lo satisfeito.

O nosso direito processual não contempla outra modalidade de processo a não ser o de conhecimento e o de execução. Ocorre, entretanto, de a atividade jurisdicional desenvolvida segundo esses métodos, isoladamente considerados, não atingir seu objetivo, ou seja, não tutelar o direito da parte. Isso ocorre em razão da natureza de certos direitos materiais, cuja tutela às vezes reclama o acertamento, o acautelamento e a execução numa só relação processual.

A inexistência de um processo que por si só fosse capaz de tutelar determinados direitos levou o legislador a engendrar os chamados "procedimentos especiais". As técnicas de especialização procedimental compreendem: (a) a simplificação e agilização dos trâmites processuais, por meio da redução de prazos e eliminação de atos desnecessários; (b) delimitação do tema deduzido na inicial e contestação; (c) alteração das regras relativas à legitimidade e iniciativa da parte; (d) fusão de providências de natureza cognitiva e executiva; (e) fixação de regras especiais de competência, bem como de citação e suas finalidades; (f) derrogação dos princípios da inalterabilidade do pedido e da legalidade estrita.

Os procedimentos especiais são denominados contenciosos quando a jurisdição atua no sentido de compor, satisfazer ou acautelar direitos, podendo haver a fusão de duas ou das três atividades. São denominados jurisdição voluntária quando a atividade estatal consistir na administração de interesses privados ou na integração em negócio privado para dar-lhe validade.

Os procedimentos especiais estão previstos no CPC e na legislação extravagante, como, por exemplo, o mandado de segurança e a ação discriminatória. Neste trabalho vamos discorrer apenas sobre os procedimentos previstos no CPC.

Necessário pontuar, conforme entendimento do Superior Tribunal de Justiça, que alguns procedimentos atinentes à Lei de Registros Públicos (Lei nº 6.015/1973 – LRP) também são classificados como não contenciosos. A exemplo do processo de dúvida registral, deflagrado quando há necessidade de requalificação registral (art. 198, LRP), por diversas vezes o STJ teve a oportunidade de reafirmar o seu caráter meramente administrativo, que pode ser extraído da redação do art. 204, segundo a qual "a decisão da dúvida tem natureza administrativa e não impede o uso do processo contencioso competente". Nas palavras do Min. Sidnei Beneti, *"o processo de dúvida registral possui natureza administrativa, instrumentalizado por jurisdição voluntária, não sendo, pois, de jurisdição contenciosa, de modo que a decisão, conquanto denominada sentença, não produz coisa julgada, quer material, quer formal, donde não se admitir Recurso Especial contra acórdão proferido pelo Conselho Superior da Magistratura, que julga Apelação de dúvida levantada pelo Registro de Imóveis"* (STJ, REsp 1.418.189/RJ, DJe 01.07.2014).

Na edição nº 80 da Jurisprudência em Teses, a Corte Cidadã fixou tese segundo a qual "o procedimento de dúvida registral detém natureza administrativa, de modo que é inviável a impugnação por meio de recurso especial".[1] Em suma, ante a natureza administrativa do procedimento de dúvida, prevalece que não cabe recurso extraordinário tampouco recurso especial contra o acórdão que aprecia eventual apelação em procedimento de dúvida.

2. AÇÃO DE CONSIGNAÇÃO EM PAGAMENTO (ARTS. 539 A 549)

2.1 Noções gerais

Pode-se definir a relação obrigacional como o vínculo jurídico existente entre duas ou mais pessoas, por meio do qual uma (o credor) pode exigir de outra (o devedor) prestação economicamente apreciável (obrigação de dar, entregar, fazer ou não fazer algo).

O desfecho natural de toda e qualquer obrigação é o seu cumprimento. Cumprida a prestação devida, extingue-se o vínculo obrigacional. Utiliza-se, para tanto, o termo *pagamento*, que no rigor da técnica jurídica "significa o cumprimento voluntário da obrigação, seja quando o próprio devedor lhe toma a iniciativa, seja quando atende à solicitação do credor, desde que não o faça compelido".[2]

---

[1] No mesmo sentido: "O procedimento de dúvida registral, previsto no art. 198 e seguintes da Lei de Registros Públicos, tem, por força de expressa previsão legal (LRP, art. 204), natureza administrativa, não qualificando prestação jurisdicional" (STJ, 4ª T., AgInt no AREsp 1.885.238/MG, Rel. Min. Antônio Carlos Ferreira, j. 28.03.2022, *DJe* 31.03.2022).

[2] PEREIRA, Caio Mário da Silva. *Instituições de direito civil*. Rio de Janeiro: Forense, 2004. v. 2, p. 167.

Uma das circunstâncias que acompanham e validam o pagamento é o tempo. A obrigação deve-se executar oportunamente, respondendo a parte que estiver em atraso pelos prejuízos daí decorrentes. A esse retardamento do cumprimento da obrigação denomina-se *mora*.

Contudo, não é apenas a circunstância temporal que caracteriza a mora. Também quando o devedor oferece coisa diversa ou deixa de efetuar o pagamento – ou o credor recusa recebê-lo – no modo e lugar convencionados, tem-se por caracterizada a mora.

Quanto ao lugar do pagamento, a obrigação deve ser prestada pelo devedor em seu domicílio, salvo se as circunstâncias fáticas ou a lei dispuserem o contrário (art. 327 do CC). Nosso sistema jurídico adota a regra de que o pagamento é quesível, isto é, deve ser procurado pelo credor (**dívida** *quérable*), salvo estipulação em contrário, isto é, que se tenha ajustado – ou que se possa inferir dos dados concretos – que ao devedor competiria oferecer o pagamento (**dívida** *portable*). Como bem observa Ovídio Baptista:

> "Esta classificação [dívida *portable* e *quérable*] tem importância decisiva em determinadas circunstâncias para caracterização da mora, seja do devedor, seja do credor. Assim, por exemplo, sendo *quérable* a dívida, o atraso no pagamento não determinará a incidência de *mora debitoris*, se o credor não o procurar para receber o pagamento. É o que ocorre com os títulos de crédito negociáveis, que circulam por endosso".[3]

Nesse contexto, tanto o devedor quanto o credor podem incorrer em mora (*mora debendi/solvendi* e *mora credendi/accipiendi*, respectivamente).

Em regra, o maior interessado no cumprimento da obrigação é o credor, a favor de quem foi estipulada a prestação, constituindo a *mora debendi* a situação mais comum. Não se pode olvidar, contudo, que paralelamente ao direito do credor em receber o que lhe é devido, há o direito do devedor em se liberar do vínculo obrigacional. Nos dizeres do mestre Caio Mário:

> "Principal interessado no cumprimento da obrigação é sem dúvida o sujeito ativo da obrigação, a quem a lei oferece todos aqueles meios de realizar a sua faculdade creditória. Mas não pode ser deixado o devedor à mercê do credor malicioso ou displicente, nem sujeito ao capricho ou arbítrio deste, quer no sentido da eternização do vínculo, quer na subordinação dos seus efeitos à vontade exclusiva daquele".[4]

Dispõe o art. 304 do CC, nesse diapasão, que "qualquer interessado na extinção da dívida pode pagá-la, usando, se o credor se opuser, dos meios conducentes à exoneração do devedor".

A fim de possibilitar a satisfação do direito de se liberar do vínculo obrigacional, criou-se modalidade especial de pagamento: a consignação, que consiste no depósito judicial ou em estabelecimento bancário da quantia ou coisa devida (arts. 334 e seguintes do CC).

Assim, ao devedor ou terceiro que, por circunstâncias diversas, estiver impedido de efetivar o pagamento, faculta-lhe a lei possibilidade de fazer a consignação do valor devido, com o objetivo de ver declarada extinta a obrigação, nos casos em que isto seja compatível com a natureza da respectiva prestação.

Consiste a consignação numa **forma indireta de o devedor se livrar do vínculo obrigacional independentemente da aquiescência do credor**, "nos casos e forma legais" (art. 334 do CC). Em outras palavras, a consignação em pagamento tem por finalidade buscar o reconhecimento judicial sobre a extinção de uma obrigação. "*A consignação em pagamento visa*

---

[3] SILVA, Ovídio Baptista da. *Procedimentos especiais*. 2. ed. Rio de Janeiro: Aide, 1993. p. 17.
[4] PEREIRA, Caio Mário da Silva. *Instituições de direito civil*. Rio de Janeiro: Forense, 2004. v. 2, p. 209.

exonerar o devedor de sua obrigação, mediante o depósito da quantia ou da coisa devida" (STJ, REsp 1.194.264/PR, *DJe* 04.03.2011).

O pagamento por consignação constitui uma das modalidades de extinção das obrigações e é regulado pelo CC. Já a ação de consignação em pagamento ou, mais precisamente, o procedimento da consignação, que pode ser judicial ou extrajudicial, é regulado pelo CPC.

Diz-se, portanto, que "a consignação é simultaneamente instituto de direito civil e de processo. A substância e seus efeitos são de direito privado, mas a forma constitui matéria de direito adjetivo".[5] A lei civil define a consignação, estabelece os casos em que tem lugar e estabelece o poder liberatório ou extintivo do depósito sobre a obrigação, enquanto a lei processual regulará o procedimento formal a ser seguido para realização do depósito, a partir do momento em que o devedor ingressa em juízo.[6]

Exemplo de consignação: o locador se recusa a receber o aluguel, ao argumento de que o valor devido é superior ao ofertado ou por qualquer outro motivo. Abre-se, então, a oportunidade de manejar a ação de consignação em pagamento (ação consignatória) ou de fazer a consignação extrajudicial.

O pagamento por consignação, consoante disposto no art. 336 do CC, só terá eficácia liberatória quando concorrerem "em relação às pessoas, ao objeto, modo e tempo, todos os requisitos sem os quais não é válido o pagamento". Assim, não pode o devedor pretender consignar apenas parte da prestação, conforme já decidiu o STJ:

"Recurso especial. Processual civil. Ação de consignação em pagamento. Procedimento que se amolda ao direito material, propiciando, em virtude de algum obstáculo, a liberação do devedor da obrigação. Depósito da quantia ou coisa devida. Pressuposto processual objetivo. Requerimento do depósito apenas das prestações que forem vencendo no decorrer da tramitação do processo, sem recolhimento do montante incontroverso e vencido. Descabimento. [...] Na consignação em pagamento, o depósito tem força de pagamento, e a ação tem por finalidade ver atendido o direito material do devedor de liberar-se da obrigação e de obter quitação, por isso o provimento jurisdicional terá caráter eminentemente declaratório de que o depósito oferecido liberou o autor da obrigação, relativa à relação jurídica material. (REsp 886.757/RS, Rel. Ministro Teori Albino Zavascki, Primeira Turma, julgado em 15/02/2007, *DJ* 26/03/2007, p. 214) 3. Todavia, para que a consignação tenha força de pagamento, conforme disposto no art. 336 do Código Civil, é mister concorram, em relação às pessoas, ao objeto, modo e tempo, todos os requisitos sem os quais não é válido o pagamento. Destarte, a consignação em pagamento só é cabível pelo depósito da coisa ou quantia devida, não sendo possível ao recorrente pretender fazê-lo por montante ou objeto diverso daquele a que se obrigou, pois o credor (réu) não pode ser compelido a receber prestação diversa ou, em se tratando de obrigação que tenha por objeto prestação divisível, a receber por partes, se assim não se ajustou (arts. 313 e 314 do CC). 4. Recurso especial não provido" (STJ, REsp 1.170.188/DF, Rel. Min. Luis Felipe Salomão, j. 25.02.2014).

Da mesma forma, o depósito de quantia insuficiente para a liquidação integral da dívida não permite a liberação do devedor. Nesse caso, a mora permanecerá e a ação de consignação deverá ser julgada improcedente[7].

---

[5] MONTEIRO, Washington de Barros. *Curso de direito civil*. 28. ed. São Paulo: Saraiva, 1995. v. 4, p. 273.

[6] PEREIRA, Caio Mário da Silva. *Instituições de direito civil*. Rio de Janeiro: Forense, 2004. v. 2, p. 210.

[7] A propósito do tema, o STJ fixou a seguinte tese em recurso especial repetitivo: "Em ação consignatória, a insuficiência do depósito realizado pelo devedor conduz ao julgamento de improcedência do

O devedor pode utilizar-se da consignação com efeito de pagamento enquanto for possível o adimplemento da obrigação, ou seja, enquanto for a prestação útil ao credor. Assim, mesmo em mora, poderá o devedor valer-se da consignação, devendo depositar a prestação principal com os acréscimos decorrentes da mora. Confira, nesse sentido, o seguinte julgado:

"Civil e processual civil. Recurso especial. Ação de consignação em pagamento. Mora do credor. Mora do devedor. Possibilidade de ajuizamento [...]. Verificada a mora do credor por se recusar a receber o pagamento da forma que lhe é ofertado, para ele é transferida a responsabilidade pelo inadimplemento. Dessa forma, ainda que esteja em mora, ao devedor é lícita a propositura de ação de consignação em pagamento para eximir-se da obrigação avençada entre as partes. Precedentes" (STJ, REsp 419.016/PR, Rel. Min. Nancy Andrighi, j. 14.05.2002).

O tema, no entanto, não é pacífico. Por exemplo, no âmbito do Tribunal de Justiça de São Paulo, vem prevalecendo o entendimento pelo descabimento da ação consignatória quando a parte devedora já se encontra em mora (TJ-SP, Apelação 1023937-74.2014.8.26.0602, *DJe* 23.05.2016).

2.2 Hipóteses autorizadoras da consignação

Segundo disposto no art. 539, *caput*, a consignação pode ser requerida "nos casos previstos em lei".

Esses casos que autorizam a consignação encontram-se elencados no art. 335 do Código Civil[8] e referem-se às circunstâncias que podem impedir o devedor de solver a obrigação pelos meios normais:

Art. 335. A consignação tem lugar:

I – se o credor não puder, ou, sem justa causa, recusar receber o pagamento, ou dar quitação na devida forma;

II – se o credor não for, nem mandar receber a coisa no lugar, tempo e condição devidos;

III – se o credor for incapaz de receber, for desconhecido, declarado ausente, ou residir em lugar incerto ou de acesso perigoso ou difícil;

IV – se ocorrer dúvida sobre quem deva legitimamente receber o objeto do pagamento;

V – se pender litígio sobre o objeto do pagamento.

Cumpre discorrer, ainda que brevemente, sobre cada uma dessas hipóteses.

Inciso I. Refere-se à mora *accipiendi* (mora em receber), quando a dívida for portável, ou seja, ao devedor compete oferecer o pagamento. Trata-se da situação mais usual de consignação em pagamento. Conforme já afirmado, o credor tem direito à prestação, mas também tem o dever de recebê-la. Caso se recuse injustificadamente ao recebimento, ou a dar quitação na

---

pedido, pois o pagamento parcial da dívida não extingue o vínculo obrigacional" (Tema 967, REsp 1.108.058/DF, j. 10.10.2018).

[8] Trata-se de rol meramente exemplificativo. Também o Código Tributário Nacional (art. 164) e a Lei de Locações (art. 67), por exemplo, contemplam hipóteses que permitem a liberação do devedor por meio da consignação em pagamento. No âmbito da doutrina, sustenta-se, ainda, a possibilidade de consignação para revisão do conteúdo do contrato (TARTUCE, Flávio. *Manual de direito civil*. 8. ed. São Paulo: Método, 2018. p. 403).

forma devida, terá lugar a consignação. Apenas a recusa infundada, frisa-se, é que caracterizará a mora do credor, o que será apurado no curso da lide. Exemplo: locador que se recusa a receber o pagamento do aluguel alegando que o valor deve ser reajustado, mas não há previsão legal ou contratual para o reajuste.

Inciso II. Também se refere à mora *accipiendi*, mas naquelas hipóteses em que a dívida for quesível, isto é, cujo pagamento deve ser procurado pelo credor no domicílio do devedor. A demora do credor em providenciar o recebimento pode, por exemplo, acarretar ao devedor gastos para conservação da coisa, o que justifica o depósito.

Inciso III. Diz respeito às hipóteses em que o devedor não pode receber quitação válida, elemento imprescindível para a extinção do vínculo obrigacional. Não sendo possível receber a quitação diretamente do credor, por ser ele incapaz, desconhecido, declarado ausente, ou residir em local incerto, o devedor poderá ajuizar ação consignatória, cuja sentença de procedência valerá como quitação da obrigação. Vejamos, separadamente, cada um dos casos previstos no inciso III do art. 335 do CC:

a) **credor incapaz:** caberá a consignação quando seu representante for desconhecido ou se recusar a receber. Não é possível a consignação extrajudicial, que pressupõe a capacidade do credor para receber ou recusar o depósito;

b) **credor desconhecido:** imagine, por exemplo, que o primitivo credor faleceu e o devedor não sabe quem são os herdeiros. Ignorando a quem pagar, deverá o devedor promover a ação de consignação para se liberar do vínculo obrigacional, sendo inadmissível o depósito extrajudicial, ante o desconhecimento de quem seja o titular do crédito;

c) **credor judicialmente declarado ausente:** neste caso, competirá ao curador do ausente receber o pagamento e outorgar a quitação. Se desconhecido o curador ou, caso conhecido, recuse a receber, ou não possua poderes para tanto, poderá o devedor ajuizar a ação consignatória;

d) **credor residente em local incerto ou de difícil acesso:** esta hipótese refere-se às dívidas portáveis. Não sendo possível ao devedor realizar o pagamento diretamente ao credor, deve utilizar da ação consignatória;

Inciso IV. O pagamento eficaz, que extinguirá a obrigação, há de ser efetivado ao titular do crédito. Se paga mal o devedor, ou seja, a quem não era de direito, poderá ser obrigado a pagar novamente para se ver liberado da obrigação. Havendo, portanto, dúvida quanto à qualidade creditória, caberá a consignação. Importante atentar para o magistério de Adroaldo Furtado Fabrício, para quem:

"Não exige a lei que a dúvida seja 'séria', ou 'fundada'. Como no conceito também se compreende a dúvida puramente subjetiva, poderia tornar-se difícil e arriscada qualquer tentativa de, no texto legal, qualificar-se a dúvida. Nem por isso se há de pensar que basta sempre a simples afirmação do autor no sentido de achar-se ele em dúvida, talvez fruto de mera fantasia ou mesmo de má-fé. A dúvida tem de ser razoável, vale dizer, a situação do consignante deve ser tal que produziria incerteza no espírito do homem comum, quando fosse efetuar o pagamento. Só o exame de cada caso concreto pode identificar aqueles em que a dúvida é razoável e justifica consignação".[9]

---

[9] FABRÍCIO, Adroaldo Furtado. *Comentários ao CPC*. 2. ed. Rio de Janeiro: Forense, 1984. v. VIII, t. III, p. 106.

Inciso V. Se litigioso o objeto da prestação, também caberá a consignação. O litígio pode versar sobre o objeto do pagamento em si, "ou se mais de uma pessoa estiver sobre ele discutindo em juízo".[10]

2.3 Objeto da consignação em pagamento

Segundo se extrai do art. 539 do CPC, **a ação de consignação em pagamento só pode ter por objeto as obrigações de dar (dinheiro ou outro gênero de coisa)**. A coisa pode ser fungível ou não fungível, móvel ou imóvel. Exige-se, entretanto, que a prestação seja, em regra, líquida e certa, ainda que indeterminada a coisa, devendo-se entender por liquidez a determinação precisa da importância devida.

Vale destacar, seguindo a lição de Humberto Theodoro Júnior, que o requisito da liquidez e certeza da obrigação não equivale "à indiscutibilidade da dívida, nem a simples contestação do credor à existência ou ao *quantum* da obrigação conduz necessariamente ao reconhecimento da sua iliquidez e gera a improcedência da consignação".[11] Entretanto, se o vínculo jurídico existente entre as partes não revela, *prima facie*, dívida líquida e certa, não poderá o credor ser compelido a aceitar ou reconhecer um depósito inicial como hábil a realizar a função de pagamento.

As obrigações de fazer e não fazer não podem ser adimplidas por meio da ação consignatória, até porque incompatíveis com o depósito ínsito à consignação.

Situação peculiar ocorre nas obrigações bilaterais (uma parte só teria o direito de receber a prestação após cumprir a contraprestação que lhe era devida). Um dos contratantes pode valer-se da consignação, cumprindo sua parte na avença. Entretanto, o outro obrigado só terá direito ao levantamento do depósito após comprovar que cumpriu com a prestação que lhe cabia.[12]

2.4 Modalidades de consignação

O Código contempla duas modalidades de consignação: extrajudicial e judicial.

Vamos analisar, separadamente, cada uma dessas espécies.

2.4.1 *Consignação extrajudicial*

Até o advento da Lei nº 8.951/1994, a consignação extrajudicial somente era possível – aliás, obrigatória – nas prestações oriundas de compromisso de compra e venda por lote urbano (arts. 33 e 38, § 1º, da Lei nº 6.766/1979).[13]

A partir de 1994, passou-se a admitir a consignação extrajudicial a critério do devedor, quando a prestação fosse quantia em dinheiro e existisse estabelecimento bancário, oficial ou particular, no lugar do pagamento (art. 890, § 1º, do CPC/1973).

A consignação extrajudicial permanece no CPC/2015 (art. 539 e parágrafos). O seu procedimento é semelhante ao que estava previsto no CPC/1973. Há alterações pontuais na redação, as quais veremos adiante. De antemão, registramos que, ao contrário do art. 33 da Lei 6.766/1979, a consignação extrajudicial nas demais hipóteses legalmente permitidas tem caráter

---

[10] PEREIRA, Caio Mário da Silva. *Instituições de direito civil*. Rio de Janeiro: Forense, 2004. v. 2, p. 212.
[11] THEODORO JÚNIOR, Humberto. *Curso de direito processual civil*. Rio de Janeiro: Forense, 2001. v. III, p. 18.
[12] SILVA, Ovídio Baptista da. *Procedimentos especiais*. 2. ed. Rio de Janeiro: Aide, 1993. p. 12.
[13] Ante a especialidade da Lei de Parcelamento de Solo Urbano (Lei nº 6.766/1979), que impõe a consignação extrajudicial, o devedor será carecedor da ação consignatória, por falta de interesse de agir.

facultativo. Ou seja, mesmo preenchidos os pressupostos legais, poderá o autor promover a consignação pela via judicial. Especialmente quanto à consignação de aluguéis, o STJ já admitiu a possibilidade de aplicação do art. 890 do CPC/1973 (art. 539, CPC/2015) (REsp 618.295/DF, 5ª Turma, Rel. Min. Félix Fischer, j. 06.06.2006, *DJ* 01.08.2006).

Conquanto previsto na lei processual, o depósito extrajudicial é instrumento de direito material, representando providência que pode evitar a demanda judicial, desde que o credor, devidamente cientificado do depósito extrajudicial, não manifeste recusa por escrito ao estabelecimento bancário.

A expressão *lugar do pagamento* constante no § 1º do art. 539 (art. 890, § 1º, do CPC/1973) deve ser compreendida em sentido amplo (*foro de pagamento*). Assim, inexistindo agência bancária no local específico destinado ao pagamento – por exemplo, no distrito de Andiroba –, pode-se proceder ao depósito na instituição bancária localizada na sede da comarca, no caso, na cidade de Sete Lagoas (MG).

A consignação extrajudicial pressupõe:

- **pagamento em dinheiro**: o devedor irá se valer de instituição financeira, não podendo consignar outra coisa além de valores pecuniários;
- **existência de estabelecimento oficial ou particular no local do pagamento**;
- **credor certo, ou certeza quanto à titularidade do crédito**: quando se desconhece quem seria o credor, ou duas ou mais pessoas se apresentam como tal, obrigatoriamente deverá o devedor valer-se da consignação judicial;
- **capacidade civil do credor**: o incapaz não pode receber ou dar quitação validamente, tampouco recusar o depósito, pelo que resta ineficaz a consignação extrajudicial em tal hipótese;
- **credor solvente**: os créditos existentes em favor do credor falido ou insolvente serão administrados pelas respectivas massas. O falido não tem administração sobre seus bens, o que torna ineficaz a consignação extrajudicial em favor dele;
- **certeza do objeto da obrigação**: havendo litigiosidade da coisa, apenas o depósito judicial liberará o devedor, sob pena de, pagando extrajudicialmente, pagar mal e ser obrigado a repetir o ato.

Realizado o depósito extrajudicial, o credor será cientificado por carta com aviso de recebimento, podendo, no prazo de dez dias contado do retorno do AR:[14] comparecer à agência bancária e levantar o depósito, o que implicará extinção da obrigação; permanecer inerte, hipótese em que se presumirá aceito o depósito, com a liberação do devedor, ficando a quantia à disposição do credor (art. 539, § 2º); manifestar, por escrito ao estabelecimento bancário, a recusa ao recebimento. Entende-se que, em homenagem ao princípio da boa-fé, deve o credor expor ao depositante as razões da recusa, ainda que sucintamente, para que este possa examinar

---

[14] No § 2º do art. 539 (art. 890, § 2º, do CPC/1973) houve acréscimo da expressão "contado do retorno do aviso de recebimento". O objetivo é indicar o termo inicial para contagem do prazo de recusa, pelo credor, dos valores consignados extrajudicialmente. A interpretação que deve ser dada a esse dispositivo é similar àquela já apresentada pela doutrina frente à omissão da legislação de 1973. Nesse sentido: "Embora o texto não diga, tal prazo só começa a contar a partir do momento (do dia) em que efetivamente o credor toma ciência da realização do depósito, informação essa que depende da devolução do AR pelo correio" (MACHADO, Antônio Cláudio da Costa. *Código de Processo Civil interpretado*: artigo por artigo, parágrafo por parágrafo. 11. ed. Barueri: Manole, 2012. p. 1.275).

se procedem ou não. Caso entenda que o depósito não é integral, deverá o credor indicar, ainda, a importância faltante.[15]

Havendo recusa manifesta, poderá o devedor, dentro do prazo de um mês, ajuizar ação consignatória, instruindo a inicial com prova do depósito e da recusa (art. 539, § 3º).

O prazo para a propositura da ação de consignação judicial, na hipótese de recusa do credor, foi alterado de trinta dias (art. 890, § 3º, do CPC/1973) para um mês. Ressalte-se que não se trata de prazos idênticos e, justamente por isso, serão contados de forma distinta. Lembre-se do que dispõe o art. 132, § 3º, do Código Civil:

> Art. 132. [...]
> § 3º Os prazos de meses e anos expiram no dia de igual número do de início, ou no imediato, se faltar exata correspondência.

Como a contagem do interstício não mais se dará em dias corridos, o prazo fatal para a propositura da demanda poderá findar em dia diverso do qual findaria caso fosse aplicada a regra do CPC/1973. Exemplo: um prazo de 30 dias, que tem início no dia 4 de agosto, terá seu vencimento no dia 3 de setembro; um prazo de um mês, que se inicia na mesma data, vencerá no dia 4 de setembro.

Não ajuizada a ação no prazo previsto, considera-se sem efeito o depósito, podendo levantá-lo o depositante (art. 539, § 4º).

A não propositura da ação consignatória no prazo estipulado pelo § 3º do art. 539 não extingue o direito material à consignação e não constitui óbice ao exercício do direito de ação, garantia constitucional. O que ocorre é, tão somente, o restabelecimento da situação anterior à realização do depósito, ou seja, a obrigação continuará em aberto. Como observa Antônio Marcato, "ao prever o depósito extrajudicial, a lei está a conferir ao interessado no pagamento uma via diversa do acesso necessário e imediato à jurisdição, sem, contudo, retirar-lhe esse direito de acesso".[16]

2.4.2 Consignação judicial

A consignação será necessariamente judicial quando tiver por objeto coisa ou quando não for possível, em razão de certas circunstâncias, utilizar a via extrajudicial (bancária). Entre outras circunstâncias, ainda que se trate de prestação em dinheiro, a consignação extrajudicial será inviável quando não houver estabelecimento bancário no lugar do pagamento (creio que em toda comarca há pelo menos uma agência bancária), quando o credor não tiver capacidade civil e quando houver dúvida sobre a titularidade do crédito.

A consignação em pagamento de aluguéis e encargos locatícios submete-se à regência das normas insculpidas na Lei nº 8.245/1991, mais precisamente em seu art. 67. O procedimento de consignação em pagamento tem natureza preponderantemente cognitiva, englobando, também, ato executivo – o depósito, que retirará porção do patrimônio do devedor para satisfação do crédito do credor.

Conquanto se tenha afirmado em linhas pretéritas que a consignação em pagamento pressupõe dívida líquida, admite-se, no âmbito do procedimento consignatório, ampla discussão acerca do débito e seu valor.

---

[15] NEGRÃO, Theotonio; GOUVÊA, José Roberto F. *CPC e legislação processual em vigor*. 39. ed. São Paulo: Saraiva, 2007, nota 11 ao art. 890 do CPC, p. 973.
[16] *Procedimentos especiais*. 10. ed. São Paulo: Atlas, 2004. p. 93.

Quando do ajuizamento da consignatória, é imprescindível que haja comprovação, a cargo do autor, de uma relação jurídica certa quanto à sua existência e líquida quanto ao seu objeto. Nada impede, contudo, que sejam discutidas, incidentalmente, questões relativas ao *quantum debeatur* e sua origem (por exemplo, a validade e interpretação de cláusulas contratuais). Entretanto, o provimento jurisdicional a ser emitido cingir-se-á à declaração positiva ou negativa da eficácia liberatória do depósito.

Há de se afastar, portanto, a ideia de que a consignação em pagamento consistiria "execução invertida", o que impossibilitaria discussões acerca da existência do débito.[17]

Nesse sentido, já decidiu o STJ nos seguintes termos:

"Processo civil. Ação consignatória. Âmbito de discussão. Possibilidade da discussão do débito. Orientação doutrinário-jurisprudencial. Precedentes do tribunal. Recurso desacolhido. Segundo o entendimento que veio a ser acolhido na doutrina e na jurisprudência, inclusive desta corte, a ação consignatória nada tem de 'execução pelo avesso', ensejando, ao contrário, ampla discussão quanto ao débito e o seu valor, bem como outras questões que eventualmente forem colocadas à apreciação. A apreciação nela deduzida, no entanto, será sempre de natureza liberatória" (STJ, REsp 66.576/RJ, 4ª Turma, Rel. Min. Sálvio de Figueiredo Teixeira, j. 18.11.1997).

"(...) Na ação de consignação em pagamento é possível ampla discussão sobre o débito e o seu valor, inclusive com a interpretação da validade e alcance das cláusulas contratuais. Precedentes" (STJ, REsp 919.243/SP, 3ª Turma, Rel. Min. Nancy Andrighi, j. 19.04.2007).

2.5 Legitimidade para a ação de consignação

2.5.1 Legitimidade ativa

Estabelece o art. 304, *caput*, do CC que **qualquer interessado na extinção da dívida poderá pagá-la**, usando-se dos meios conducentes à exoneração do devedor se o credor se opuser.

Em razão de tal disposição, pode-se afirmar, com segurança, que serão partes legítimas para a propositura da ação consignatória o devedor e também o terceiro juridicamente interessado no pagamento da dívida, como, por exemplo, o administrador na falência, o herdeiro e o sócio. Nesse sentido: "(...) Nos termos do art. 539 do CPC/2015, a ação de consignação em pagamento pode ser proposta por terceiro que pretenda quitar a dívida, não havendo justificativa para a recusa do recebimento dos valores consignados" (TJ-RJ, Apelação 0004427-61.2014.8.19.0061, *DORJ* 20.05.2016).

Importante atentar, contudo, para o disposto no parágrafo único do mesmo art. 304 do CC, segundo o qual "igual direito [o de pagar a dívida] cabe ao terceiro não interessado, se o fizer em nome e à conta do devedor, salvo oposição deste". Por terceiro não interessado pode-se citar o pai que tem interesse de fato, mas não jurídico, em saldar dívida do filho.

Não obstante a determinação contida no mencionado dispositivo legal, entende parte da doutrina que falta ao terceiro que não possui qualquer interesse jurídico na extinção da obrigação legitimidade ativa para a ação de consignação.[18]

---

[17] PEREIRA, Caio Mário da Silva. *Instituições de direito civil*. Rio de Janeiro: Forense, 2004. v. 2. p. 212.
[18] FABRÍCIO, Adroaldo Furtado. *Comentários ao CPC*. 6. ed. Rio de Janeiro: Forense, 1994. v. VIII, t. III, p. 66.

Tal posicionamento, a nosso ver, não merece acolhida. Se a própria lei civil admite o pagamento pelo terceiro não interessado, não se lhe pode negar acesso ao Judiciário para o exercício de tal pretensão.[19]

A única diferença é a consequência advinda do pagamento. O terceiro juridicamente interessado que paga a dívida sub-roga-se nos direitos do credor, o que não ocorre com o terceiro não interessado, que terá direito, apenas, a reembolsar-se do que houver pagado (art. 305 do CC).

Tendo a ação consignatória por objeto aluguel ou encargos locatícios, reputar-se-ão ativamente legítimos o inquilino, seu cônjuge ou companheiro (art. 12 da Lei nº 8.245/1991), o ocupante de habitação coletiva multifamiliar (art. 2º, parágrafo único), o sublocatário e o fiador.

2.5.2 Legitimidade passiva

Legitimado passivo será o credor conhecido ou quem alegue ostentar tal condição (art. 308 do CC), ou ainda o credor incerto, a ser citado por edital. O credor absolutamente ou relativamente incapaz também é parte legítima para figurar no polo passivo da relação processual, desde que representado ou assistido por seu representante legal.

Na hipótese de haver dúvida quanto à titularidade do crédito, ter-se-á a formação de litisconsorte passivo necessário entre aqueles que se intitulam credores.

Tratando-se de consignação de alugueres ou outros encargos locatícios, podem figurar no polo passivo da relação jurídico-processual o locador, o sublocador, o espólio (se morto o locador) ou a massa falida.

2.6 Foro competente

Quando a ação consignatória for regida pelo CPC, **deverá ser proposta no foro do lugar do pagamento** (art. 540), ou seja, temos como regra a aplicação do princípio do *favor debitoris*.

Tem relevância para determinação do foro competente para a ação de consignação em pagamento a natureza da dívida. Sendo ela quesível – ao credor compete receber o pagamento –, será competente o foro do domicílio do autor (devedor). O foro do domicílio do devedor também será o competente quando a ação de consignação fundar-se no desconhecimento de quem seja o credor, independentemente da natureza da obrigação, até mesmo pela impossibilidade lógica de se encontrar outro.[20]

Tratando-se de obrigação portável – ao devedor compete oferecer o pagamento –, a competência será do domicílio do réu (credor).

Em qualquer caso, podem as partes eleger, quando da celebração do contrato, o foro competente para dirimir quaisquer questões relativas à avença. Assim, pode a consignação ser proposta, também, no foro de eleição.

A ação consignatória de aluguéis e encargos deverá ser proposta no foro contratualmente estabelecido pelas partes e, na sua falta, no lugar da situação do imóvel (art. 58, II, da Lei nº 8.245/1991).

A competência para a ação de consignação rege-se pelo **critério da territorialidade**, sendo, portanto, relativa. Destarte, se a ação é proposta em foro incompetente e o réu não alega a incompetência em preliminar na contestação (art. 337, II), opera-se a prorrogação da

---

[19] Por todos, conferir: CÂMARA, Alexandre Freitas. *Lições de direito processual civil*. Rio de Janeiro: Lumen Juris, 2007. v. III, p. 322.
[20] SILVA, Ovídio A. Baptista da. *Procedimentos Especiais*. 2. ed. Porto Alegre: Aide, 1993. p. 22.

competência, presumindo-se, ante a inércia do réu, que a propositura da demanda em juízo diverso não lhe acarretou prejuízo.

2.7 Procedimentos da consignação

O procedimento da consignação vai depender da modalidade da via eleita para liberar-se da obrigação.

Tratando-se de consignação extrajudicial, conforme já explanado, o devedor ou o terceiro interessado depositará a quantia devida em estabelecimento bancário oficial – ou particular, onde não houver o oficial – do lugar do pagamento (art. 539, *caput* e § 1º). O credor é cientificado para manifestar recusa no prazo de dez dias. Se não o fizer no prazo assinado, o devedor será liberado da obrigação, ficando o depósito à disposição do credor (art. 539, § 2º). Ocorrendo a recusa, cabe ao devedor ou terceiro propor a ação de consignação no prazo de um mês, instruindo a inicial com a prova do depósito e da recusa (art. 539, § 3º).

Pode também o devedor optar pelo não ajuizamento da consignatória e levantar o depósito. O descumprimento do prazo previsto no § 3º ou o levantamento do depósito não obstaculizam o ajuizamento posterior da ação consignatória; todavia, nessa hipótese, em razão da mora do devedor, o depósito deverá ser acrescido de juros e correção monetária.

2.8 Procedimento da ação de consignação em pagamento

Não sendo cabível o depósito extrajudicial ou não tendo o devedor logrado êxito com essa modalidade de consignação (porque o credor manifestou recusa em receber), resta-lhe a faculdade de ajuizar a ação consignatória, instruindo a petição inicial com a prova do depósito e da recusa, se for o caso (art. 539, § 3º). A petição inicial na ação consignatória deverá observar, também, os requisitos dos arts. 319 e 320. Se não houver comprovação da recusa para os casos em que a consignação tenha esse motivo como fundamento, e a intimação para emenda não for cumprida, a inicial deve ser indeferida.[21]

Na hipótese de não existir depósito extrajudicial, seja porque a obrigação não comporta essa forma de consignação ou o devedor por ela não optou, seja porque o depósito foi levantado, cabe ao autor requerer na petição inicial o depósito da quantia ou da coisa devida, a ser efetivado no prazo de cinco dias contado do deferimento da inicial (art. 542, I).

Destaca-se, conforme já afirmado alhures, que a oferta de pagamento deve ser real, ou seja, acompanhada do efetivo depósito da coisa ou prestação devida. A simples oferta verbal pode produzir efeitos jurídicos outros, mas não a liberação do devedor.

Tratando-se de obrigação de pagar quantia, o depósito será realizado em conta judicial, à disposição do juízo e sujeito à correção monetária.

Entendem alguns que a não realização do depósito no prazo de cinco dias acarreta a extinção do processo sem resolução do mérito. O depósito representaria ato essencial ao prosseguimento da consignatória, uma vez que o réu só seria citado após sua realização. Ademais, apenas o depósito (e não a sentença, que será meramente declaratória) teria o condão de desconstituir

---

[21] Nesse sentido: "Nos termos do artigo 335 do Código Civil, afigura-se admitida a consignação em pagamento quando houver a recusa por parte do credor, sem justa causa, quanto ao recebimento do pagamento, assim como quando houver dificuldade ou impossibilidade de efetivação do pagamento ou dúvida quanto a quem se deva pagar – Não constatado nos autos a tentativa de comunicação com o credor, bem como a sua recusa injustificada no recebimento das chaves do imóvel, incabível a sua consignação em juízo" (TJ-MG – AI: 20648598520228130000, Rel. Des. Fernando Lins, j. 22.03.2023, 20ª Câmara Cível, *DJe* 23.03.2023).

o vínculo obrigacional. O CPC/2015 solidificou essa ideia ao dispor, no parágrafo único do art. 542, que, não sendo realizado o depósito, o processo será extinto sem resolução do mérito.

De fato, o depósito constitui pressuposto processual específico do procedimento consignatório, cuja ausência obsta o prosseguimento do feito, acarretando sua extinção sem resolução do mérito. Isso porque, a mora somente cessa com o depósito da quantia devida, tendo efeito a partir da sua efetivação, mostrando-se imprescindível que o depósito do valor seja integral, incluindo eventuais encargos.

Entretanto, as exigências formais relativas ao modo, lugar e tempo para realização dos atos processuais não podem ser interpretadas e tratadas como um fim em si mesmas, sendo imprescindível que se busque, sempre, prestigiar a concretização da finalidade almejada pelo legislador.

O referido dispositivo deve, portanto, ser lido à luz dos princípios norteadores do Processo Civil (devido processo legal, proporcionalidade, razoabilidade, instrumentalidade das formas e economia processual) e em observância ao que dispõe o art. 317 do CPC/2015, que possibilita ao autor corrigir o vício, sempre que possível, antes de o juiz proferir decisão terminativa do feito. Esse entendimento encontra respaldo na jurisprudência.[22]

Sendo assim, a realização intempestiva do depósito não deve conduzir, obrigatoriamente, ao imediato indeferimento da petição inicial e extinção do processo. Deve ser dada oportunidade ao devedor, se razoável o tempo decorrido, de realizar a consignação, ou de aproveitar o depósito extemporâneo quando inexistente prejuízo ao credor. Situação diversa se verifica quando o depósito for insuficiente. Nesse caso, consoante entendimento firmado pelo STJ em sede de recurso repetitivo (Informativo 636, Tema 967), "em ação consignatória a insuficiência do depósito realizado pelo devedor conduz ao julgamento de improcedência do pedido, pois o pagamento parcial da dívida não extingue o vínculo obrigacional". Contudo, conforme veremos adiante, por uma questão de economia processual, é possível que, antes de promover o julgamento de improcedência, sendo viável a complementação do depósito, seja adotada a providência prevista no art. 545. Em outras palavras, sempre que possível o cumprimento da obrigação, poderá ser determinada a complementação do valor depositado no prazo de 10 (dez) dias.

A consignação em pagamento pela via judicial, consoante entendimento jurisprudencial, pode ser proposta perante os Juizados Especiais (Estadual e Federal). Para o STJ, por exemplo, não há qualquer complexidade que impeça a utilização do rito sumaríssimo[23]. Contudo, de

---

[22] "Processo civil. Recurso especial. Consignação em pagamento. Depósito extemporâneo. Extinção do processo sem julgamento do mérito. Princípios da instrumentalidade das formas e aproveitamento dos atos. O ato processual praticado de maneira irregular deve ser aproveitado quando tiver alcançado seu objetivo e se a inobservância da forma não trouxer prejuízo à outra parte. Deve ser aproveitado o depósito efetuado extemporaneamente pelo devedor-consignante, não sendo, portanto, causa de extinção do processo sem julgamento do mérito a consignação da prestação fora do prazo legal. O descumprimento do prazo para o depósito, na ação de consignação em pagamento, só acarreta prejuízo ao devedor-consignante, porque, enquanto não depositada a prestação, persiste a mora com todas as consequências a ela inerentes. Recurso especial não conhecido" (STJ, REsp 617.323/RJ, Rel. Min. Nancy Andrighi, j. 02.05.2005).

[23] "Conflito negativo de competência. Juizado especial federal e juízo federal da mesma seção judiciária. Competência do Superior Tribunal de Justiça. Mútuo. SFH. Consignação. Valor da causa. Compatibilidade. Rito. 1. Compete ao Superior Tribunal de Justiça o julgamento de conflito de competência instaurado entre Juízo Federal e Juizado Especial Federal da mesma Seção Judiciária. 2. O valor da causa, nas ações de consignação em pagamento, corresponde ao total das prestações vencidas, acrescido do montante de doze prestações vincendas que, se dentro do limite previsto no art. 3º da Lei

acordo com o enunciado n. 8 do Fórum Nacional dos Juizados Especiais, o qual vem sendo utilizado na praxe forense, "as ações cíveis sujeitas aos procedimentos especiais não são admissíveis nos Juizados Especiais".

2.8.1 Consignação de prestações sucessivas

Tratando-se de prestações sucessivas, uma vez consignada a primeira, pode o devedor continuar a consignar, no mesmo processo e sem maiores formalidades, as que forem vencendo, desde que os depósitos sejam efetuados até cinco dias, contados da data do vencimento (art. 541). Como bem observa Freitas Câmara, "o atraso, ensejador da mora intercorrente, faz com que não se possa reconhecer a eficácia liberatória do depósito feito a destempo (mas tal evento, à evidência, não implica qualquer prejuízo ao demandante em relação aos depósitos anteriores, feitos no momento oportuno)".[24]

Questão controversa, que merece destaque, refere-se à definição do momento a partir do qual não mais seria possível o depósito das prestações periódicas.

Há quem sustente que a consignação pode ocorrer até o trânsito em julgado da sentença a ser proferida. Estando o processo em grau de recurso, o depósito poderia continuar a ser feito perante o juízo de primeiro grau.[25] No âmbito doutrinário, verifica-se enunciado do Fórum Permanente de Processualistas Civis admitindo consignação de prestações periódicas enquanto estiver pendente o processo.[26]

Tal posição, a nós, não parece adequada. Como se mostrará mais adiante, a sentença proferida na ação consignatória terá natureza meramente declaratória, ou seja, limitar-se-á a declarar a eficácia liberatória do depósito promovido. Assim, não se pode admitir seja reconhecida a eficácia de um depósito que ainda não ocorreu.

Destarte, as prestações vencidas após a prolação da sentença hão de ser consignadas em processo autônomo.[27]

A solução poderia ser diversa, como bem observado por Humberto Theodoro Júnior, se o devedor fizesse constar dos pedidos iniciais não só a declaração do efeito dos depósitos já efetuados ou a serem efetuados no curso do processo, como também a autorização para que continuasse a depositar as prestações vincendas. Nesta hipótese, conclui o ilustre processualista, "a possibilidade de depósitos liberatórios não encontrará limite no momento da sentença, e se projetará para o futuro, graças à eficácia condicional do julgado".[28]

10.259/01, é de competência do Juizado Especial Federal Cível. 3. Não há incompatibilidade entre o rito do juizado especial e a ação de consignação em pagamento. 4. Conflito de competência conhecido para declarar a competência do Juízo Federal do 1º Juizado Especial da Seção Judiciária do Estado de Goiás, suscitante" (STJ, CC 98221/GO 2ª Seção, Rel. Min. Fernando Gonçalves, 26.11.2008, DJ 09.12.2008).

[24] CÂMARA, Alexandre Freitas. Lições de direito processual civil. 12. ed. Rio de Janeiro: Lumen Juris, 2007. v. III, p. 323.

[25] Nesse sentido: REsp 33.976/SP, Rel. Min. Sálvio de Figueiredo Teixeira, DJ 05.08.1996, p. 26.360; REsp 139.402/MG, Rel. Min. Ari Pargendler, DJ 02.03.1998, p. 65.

[26] Enunciado 60: "Na ação de consignação em pagamento que tratar de prestações sucessivas, consignada uma delas, pode o devedor continuar a consignar sem mais formalidades as que se forem vencendo, enquanto estiver pendente o processo".

[27] Esta é a posição dominante na doutrina. Por todos, cita-se: MARCATO, Antônio Carlos. Procedimentos especiais. 10. ed. São Paulo: Atlas, 2004.p. 108.

[28] THEODORO JÚNIOR, Humberto. Curso de direito processual civil. Rio de Janeiro: Forense, 2003. p. 30.

2.8.2 Valor da causa

Na ação de consignação em pagamento, o valor da causa corresponde ao total das prestações vencidas, acrescido do montante de doze prestações vincendas (TJ-RS, Agravo 70079161576, DJe 07.06.2019). Tratando-se de obrigação de dar, corresponderá ao valor da coisa.

Na consignação de prestações sucessivas, o valor da causa será obtido pela soma das prestações a consignar, não ultrapassando o valor de uma anuidade. Essa é a orientação consubstanciada na Súmula nº 449 do STF, relacionada especificamente à consignação dos encargos da locação.

2.8.3 Citação

Depositada a coisa, o réu é citado para levantar o depósito ou oferecer resposta no prazo de 15 dias (art. 542, II). Se o objeto da prestação for coisa indeterminada, e a escolha couber ao credor, este será citado para exercer o direito dentro de cinco dias, se outro prazo não constar de lei ou do contrato (art. 543).

A partir dessa fase, o processo seguirá o rito do procedimento comum, culminando com a sentença. Julgando procedente o pedido, o juiz declarará extinta a obrigação e condenará o réu ao pagamento de custas e honorários advocatícios (art. 546).

Quando a consignação se fundar em dúvida sobre quem deva legitimamente receber, o autor requererá o depósito e a citação de todas as pessoas que disputam a titularidade do crédito, seguindo o procedimento o rito estabelecido no art. 548.

2.8.4 Atitudes do réu

Efetuado o depósito e citado o réu, este poderá assumir três diferentes condutas:

a) **aceitar o depósito e levantá-lo**: a aceitação do depósito representa o reconhecimento do credor (réu) acerca da procedência do pedido consignatório (art. 487, III, "a"). Nesse caso, será proferida sentença, declarando extinta a obrigação e condenando o réu ao pagamento das custas e honorários advocatícios (art. 546, parágrafo único);

b) **ofertar contestação e/ou qualquer outra modalidade de resposta;**

c) **permanecer inerte, com a consequente decretação de sua revelia e julgamento antecipado da lide, exceto se ocorrer alguma das hipóteses do art. 345.**

Ressalte-se que a simples decretação da revelia não implica, necessariamente, procedência do pedido e, por conseguinte, extinção da obrigação.[29] Os efeitos extintivos do pagamento

---

[29] Nesse sentido: "Processual civil. Recurso especial. Ação de consignação em pagamento. Revelia. Procedência do pedido. Relativização. Na ação de consignação em pagamento, quando decretada a revelia, não será compulsória a procedência do pedido se os elementos probatórios constantes nos autos conduzirem à conclusão diversa ou não forem suficientes para formar o convencimento do juiz. Recurso especial não conhecido" (STJ, REsp 769.468/RJ, Rel. Min. Nancy Andrighi, j. 29.11.2005); "Processual civil. Ação de consignação em pagamento. Contestação intempestiva. Efeitos da revelia não incidentes. Art. 897, do CPC, com a redação dada pela Lei nº 8.951/94. Relativização dos efeitos da revelia. Consignatória improcedente. Conversão em renda em favor do consignado. Art. 899, § 1º, do CPC. Manutenção do aresto recorrido. A revelia caracterizada pela ausência de contestação ou a apresentação intempestiva desta, não conduz à procedência do pedido deduzido na

só se darão no caso de procedência, sendo que esta será verificada de acordo com o conjunto probatório constante dos autos.

2.8.5 Respostas do réu

Optando o demandado por oferecer resposta, terá o prazo de **15 dias** para tanto. Contestando, poderá o réu alegar a inocorrência de recusa ou mora no recebimento da quantia ou coisa devida (art. 544, I). O demandado poderá, ainda, reconhecer a recusa, mas fundar sua defesa na correção da sua conduta (art. 544, II), alegando, por exemplo, a ausência de qualquer dos requisitos do pagamento (não cumprimento da obrigação, incapacidade do devedor, não vencimento da dívida). Optando por tal linha de defesa, incumbirá a ele o ônus da prova, por se tratar de fato extintivo do direito do autor (art. 373, II). É lícito ao réu, ainda, sustentar, em sede de contestação, que o depósito não foi realizado pelo autor no prazo ou no lugar do pagamento (art. 544, III).

Finalmente, poderá alegar a não integralidade do depósito (art. 544, IV). Importante frisar que, adotando tal defesa, compete ao réu a indicação do montante que repute devido, sob pena de desconsideração da alegação articulada. Nessa hipótese, poderá o autor complementar o valor em 10 (dez) dias, desde que não exista na relação contratual avençada a hipótese de rescisão por inadimplemento. Saliente-se também que, no caso do inciso IV, a ação de consignação em pagamento assumirá natureza dúplice, ou seja, rejeitado o pedido formulado pelo autor, o juiz o condenará a satisfazer o montante devido.

A regra do parágrafo único do art. 544 precisa ser reforçada, especialmente para os leitores advogados: a não integralidade do depósito, como matéria defensiva, exige que o réu (credor) aponte o valor exato ou a coisa que entende devida. Essa indicação tem como finalidade permitir que o autor, se for o caso, analise a possibilidade de complementação do depósito, na forma do art. 545, bem como que, na hipótese de improcedência do pedido, o autor seja condenado ao pagamento da diferença apurada entre o valor do depósito e o montante efetivamente devido.[30]

Poderá o réu alegar, ainda, qualquer das defesas processuais indicadas no art. 337, a serem suscitadas como questões preliminares. Além disso, poderá propor reconvenção.

No que tange ao mérito, vale esclarecer que o art. 544, ao indicar quais matérias seriam passíveis de discussão, teve por escopo limitar o objeto da ação, isto é, o mérito da causa. Não é possível, por exemplo, utilizar a ação consignatória para parcelamento de dívida ou para discutir a exigibilidade e a extensão de crédito tributário (STJ, REsp 1.270.034/RS).

---

demanda consignatória, salvo se verificado pelo magistrado que, do exame das provas colacionadas aos autos suficientes ao seu convencimento, resulte a presunção de veracidade dos fatos [...]" (STJ, REsp 984.897/PR, Rel. Min. Luiz Fux, j. 19.11.2009).

[30] A necessidade de observância à regra do parágrafo único do art. 544 como ser vista nos seguintes julgados: "(...) Se o credor apresenta defesa com fundamento no art. 544, IV, do atual CPC, alegando que o depósito não é integral, essa tese só será admitida se ele indicar o montante que entende devido, nos termos do parágrafo único desse dispositivo legal" (TJ-MG, AC: 10145120245074001, Rel. Mônica Libânio, j. 22.09.2016, *DJe* 30.09.2016); "Consignação em pagamento. Sentença pela procedência do pedido. Inconformismo manifestado. Descabimento. Quantia depositada reputada inferior à devida. Tese fulcrada no parágrafo IV do artigo 544 do CPC. Réu, todavia, que não se desincumbiu de esclarecer o montante que entende devido. Inadmissibilidade da alegação bem verificada. Razões recursais que se mostraram incapazes de infirmar a conclusão constante do julgado. Sentença mantida. Recurso improvido" (TJ-SP, AC: 1062776-86.2018.8.26.0002, Rel. Vito Guglielmi, j. 11.06.2019, 6ª Câmara de Direito Privado, *DJe* 11.06.2019).

2.8.6 Complementação do depósito

Nos termos do art. 545, *caput*, **será lícito ao autor complementar o depósito, no prazo de dez dias**. Entretanto, não é sempre que a complementação será possível: se a prestação tornou-se imprestável ao credor, o devedor não poderá valer-se da faculdade conferida por lei. Do mesmo modo, se o inadimplemento da prestação acarretar rescisão do contrato, a complementação se mostrará inviável.

Se a única alegação de defesa for a insuficiência do depósito, sua complementação implicará a extinção do processo com resolução do mérito. Neste caso, conquanto o autor seja o vencedor da demanda, será ele condenado ao pagamento das custas processuais e honorários advocatícios em favor do réu/credor. Isso porque, tivesse o devedor oferecido, desde logo, o valor correto, não haveria recusa e desnecessário seria o ajuizamento da ação de consignação. Portanto, em razão do princípio da causalidade, o demandante suportará os ônus sucumbenciais.

A manutenção do depósito insuficiente conduzirá à improcedência da ação consignatória. Nesse caso, como o réu deve apontar o valor correto (art. 544, parágrafo único) em sua defesa, o autor será condenado a pagar a diferença apurada, sem que para isso seja necessário qualquer pedido complementar por parte do credor. Esse é o efeito prático da natureza dúplice da ação consignatória.

Caso tenha o réu deduzido matérias outras, a complementação acarretará a redução dos limites da controvérsia, devendo o processo prosseguir para solução das demais questões.

Alegada a insuficiência do depósito, poderá o réu levantar, desde logo, a quantia ou a coisa depositada (art. 545, § 1º). Tem-se aqui verdadeira antecipação da tutela consignatória, haja vista que o devedor já se verá parcialmente liberado do vínculo obrigacional, prosseguindo o feito quanto à parcela controvertida.

Quanto ao levantamento, destaca-se que há enunciado do Fórum Permanente de Processualistas Civis admitindo que ele ocorra em outras hipóteses além daquela prevista no § 1º do art. 545, desde que não haja contrariedade com os argumentos defensivos.[31]

2.9 Instrução

Ofertada contestação pelo réu, e não sendo o caso de julgamento antecipado, proceder-se-á à instrução do feito, para que as partes possam produzir as provas que entenderem pertinentes para comprovação dos fatos alegados.

Encerrada a instrução, tem-se a prolação de sentença.

2.10 Sentença

O procedimento consignatório é de natureza eminentemente declaratória. Por meio da ação consignatória, pretende o autor um provimento jurisdicional que declare a idoneidade do depósito efetivado e a consequente extinção do vínculo obrigacional.

Nesse contexto, diz-se que a sentença que julga a consignação "limita a tornar certo que o depósito feito pelo demandante teve eficácia liberatória, extinguindo a obrigação".[32]

---

[31] Enunciado 61: "É permitido ao réu da ação de consignação em pagamento levantar 'desde logo' a quantia ou coisa depositada em outras hipóteses além da prevista no § 1º do art. 545 (insuficiência do depósito), desde que tal postura não seja contraditória com fundamento da defesa".

[32] CÂMARA, Alexandre Freitas. *Lições de direito processual civil*. 12. ed. Rio de Janeiro: Lumen Juris, 2007. v. III, p. 326.

Importante atentar para a situação prevista no art. 545, § 2º. A sentença que concluir pela insuficiência do depósito determinará, sempre que possível, o montante devido e, nesse caso, valerá como título executivo. Nesta hipótese, o pedido inicial será julgado parcialmente procedente e a sentença ostentará natureza dúplice: meramente declaratória (no capítulo em que reconhecer a liberação parcial do devedor) e condenatória (no ponto em que julgar procedente o pedido do réu ao recebimento da diferença apurada). Poderá o réu/credor promover, nos mesmos autos, o cumprimento da sentença, depois de liquidado o crédito.

Em conformidade com o entendimento do STJ, há, portanto, "apenas uma hipótese em que a lei processual atribui à sentença proferida na ação de consignação força executiva: quando o juiz conclui que o depósito é insuficiente, determinando a complementação (...)" (STJ, REsp 661.959/RJ, Rel. Min. João Otávio de Noronha, 2ª Turma, j. 20.04.2006, *DJ* 06.06.2006).

A sentença sujeitar-se-á ao recurso de apelação, a ser recebido nos efeitos devolutivo e suspensivo (art. 1.012).

2.11 Outros aspectos da consignação em pagamento

2.11.1 Consignação principal e consignação incidente

Em razão do disposto no art. 327 do CPC, admite-se a cumulação, em face do mesmo réu e em um mesmo processo, do pedido de consignação com outras pretensões. Se esta for a opção do devedor, há que se desprezar o rito especial da ação de consignação em pagamento, aplicando-se o procedimento comum (art. 327, § 2º).

Para que seja possível a cumulação há que se observar, ainda, a compatibilidade entre os pedidos (art. 327, I) e a unidade de competência para julgamento de cada um deles (art. 327, II).

Nesse contexto, distingue a doutrina duas espécies de consignação: a principal e a incidente.

A ação consignatória principal é aquela que tem por único objetivo o depósito da prestação devida e a extinção do vínculo obrigacional ao qual se encontra ligado o devedor.

A consignação será incidente quando postulada conjuntamente com pedidos outros do devedor. É o que ocorre, por exemplo, nos contratos bilaterais (sinalagmáticos): o autor promoverá o depósito da prestação que lhe compete e exigirá que o réu cumpra a dele.

O depósito incidente terá caráter acessório, secundário. Em regra, será pelo julgamento de todos os pedidos cumulados que se definirá a regularidade e eficácia da consignação.

2.11.2 Consignação fundada na dúvida quanto à titularidade do crédito

O devedor pode utilizar-se da consignação com efeito de pagamento quando ignorar quem seja o legítimo credor da prestação, hipótese para a qual é incabível o depósito extrajudicial. É o que ocorre, por exemplo, quando duas ou mais pessoas se apresentam como titulares de um mesmo crédito (art. 335, IV, do CC).

Estando em termos a petição inicial, e promovido o depósito da prestação, o juiz determinará a citação daqueles que se dizem credores (art. 547 do CPC), que poderá ser pessoal ou por edital.

Citados os réus, três hipóteses podem ocorrer:

a) **nenhum deles comparece em juízo**: neste caso, decretar-se-á a revelia dos demandados, julgando-se antecipadamente o feito, se possível. Reputando regular o depósito, o juiz declarará extinto o vínculo obrigacional, liberando o devedor. O depósito promovido será arrecadado como bem de ausente;

b) **apenas um dos litisconsortes se apresenta**: se o réu não impugna o débito, será proferida sentença de procedência da consignação, declarando extinta a obrigação. Demonstrando o litisconsorte seu direito à quantia ou coisa depositada, será deferido o levantamento do depósito em seu favor. Caso contrário, o depósito será igualmente arrecadado como bem de ausente;

c) **dois ou mais litisconsortes comparecem em juízo**: nesta hipótese, duas situações, em regra, podem ocorrer: (i) se nenhum dos litisconsortes impugnar o depósito, reputar-se-á idôneo o depósito, proferindo-se sentença que declarará extinta a obrigação, excluindo o devedor da lide. O feito prosseguirá unicamente entre os réus, que assumirão os papéis de sujeito ativo e passivo da relação processual, adotado o procedimento comum para que se possa apurar quem é o verdadeiro titular do crédito (art. 548, III); (ii) havendo impugnação ao depósito, faculta-se ao autor a complementação, nos termos do art. 545. Não sendo cabível a complementação, o processo prosseguirá pelo rito ordinário, entre as mesmas partes. O Enunciado 62 do Fórum Permanente de Processualistas Civis resume a hipótese aqui descrita: "A regra prevista no art. 548, III, que dispõe que, em ação de consignação em pagamento, o juiz declarará efetuado o depósito extinguindo a obrigação em relação ao devedor, prosseguindo o processo unicamente entre os presuntivos credores, só se aplicará se o valor do depósito não for controvertido, ou seja, não terá aplicação caso o montante depositado seja impugnado por qualquer dos presuntivos credores".

2.11.3 Resgate de aforamento

Estabelece o art. 549 do CPC que as disposições atinentes ao procedimento da consignação em pagamento aplicam-se, no que couber, ao resgate do aforamento.

Também denominado enfiteuse,[33] o aforamento é regulado pelos arts. 678 a 694 do CC/1916, e pode ser conceituado como "direito real e perpétuo de possuir, usar e gozar de coisa alheia e de empregá-la na sua destinação natural sem lhe destruir a substância, mediante o pagamento de um foro anual invariável".[34]

O direito real de enfiteuse faz surgir ao enfiteuta direito real de usar, fruir e dispor do bem, permanecendo com o senhorio direto o domínio da coisa.

O art. 693 do CC/1916 concedia ao enfiteuta o direito de resgatar o aforamento após dez anos da constituição do direito real, tornando-se proprietário do imóvel, "mediante pagamento de um laudêmio, que será de 2,5% sobre o valor atual da propriedade plena, e de 10 (dez) pensões anuais pelo foreiro".

Caso o senhorio direto se recuse a receber a quantia prevista no art. 693 (ou ocorrendo qualquer das hipóteses autorizativas do pagamento por consignação), pode o enfiteuta valer-se do procedimento da consignação, depositando a quantia necessária para se tornar o proprietário do bem.

A regra contida no art. 549 se justifica pelo fato de o enfiteuta não ser devedor de qualquer obrigação. Assim, não fosse tal dispositivo legal, o enfiteuta não teria legitimidade para a propositura da consignação.

---

[33] A enfiteuse, instituto regulado pelo Código Civil de 1916, foi expressamente vedada pelo Código Civil de 2002 (art. 2.038), ressalvando apenas as então existentes até a sua extinção e mantendo a sua regulamentação pelas disposições da codificação civil revogada.

[34] PEREIRA, Caio Mário da Silva. *Instituições de direito civil*. 20. ed. Rio de Janeiro: Forense, 2004. p. 258.

O procedimento a ser adotado nesta hipótese é idêntico ao adotado em toda e qualquer ação de consignação. O senhorio direto é citado para aceitar o depósito ou oferecer resposta, prosseguindo-se na forma dos arts. 544 e seguintes do CPC.

Ressalva-se que o CC de 2002 não mais contempla a enfiteuse no rol de direitos reais. Ou seja, trata-se de instituto extinto desde o advento do CC/2002. Contudo, nos termos do art. 2.038 do CC/2002, continuam válidos e eficazes os aforamentos constituídos antes da entrada em vigor da nova lei, sendo possível, portanto, que se ajuíze ação de consignação com base no art. 544.

JURISPRUDÊNCIA TEMÁTICA

Legitimidade da instituição financeira para ajuizar ação de consignação com o objetivo de quitar débito de cliente decorrente de título protestado

"O vínculo obrigacional como relação dinâmica revela o reconhecimento de deveres secundários, ou anexos, da obrigação, que incidem de forma direta nas relações obrigacionais, prescindindo da manifestação de vontade dos participantes e impondo às partes o dever de zelar pelo cumprimento satisfatório dos interesses da outra parte, vista no direito moderno como parceira contratual. O procedimento da consignação em pagamento existe para atender às peculiaridades do direito material, cabendo às regras processuais regulamentar tão somente o iter para o reconhecimento judicial da eficácia liberatória do pagamento especial, constituindo o depósito em consignação modo de extinção da obrigação, com força de pagamento. 3. Ressalvadas as obrigações infungíveis ou personalíssimas, que somente o devedor pode cumprir, como há interesse social no adimplemento das obrigações, o direito admite que um terceiro venha a pagar a dívida, não se vislumbrando prejuízo algum para o credor que recebe o pagamento de pessoa diversa do devedor, contanto que seu interesse seja atendido. O Código Civil, porém, distingue a disciplina aplicável conforme o terceiro possua ou não interesse jurídico no pagamento (arts. 304 a 306 do CC). 4. Por um lado, muito embora o art. 304 do CC assegure que pode o interessado pagar a dívida, interesse caracterizado pelo fato de a situação jurídica do terceiro sofrer repercussões com a relação obrigacional existente entre o credor e o devedor, o art. 305 do mesmo diploma legal disciplina a situação de o terceiro não interessado pagar em seu próprio nome, e o art. 306 do diploma civilista cuida da hipótese de pagamento feito por terceiro com desconhecimento ou oposição do devedor. 5. Por outro lado, é nítido que o banco autor da ação tem interesse jurídico, já que tem o dever de não causar danos à consumidora, reconhecendo haver verossimilhança na afirmação de sua cliente acerca de extravio do talonário e de sua falha na devolução do cheque, constando como motivo a inexistência de fundos (o que propiciou o protesto a envolver o nome de sua cliente). 6. É patente a idoneidade do instrumento processual utilizado, pois o autor expõe na inicial não ter sido possível localizar a portadora do título levado a protesto, para quitação da obrigação e resgate da cártula protestada. Nesse passo, quando a extinção da obrigação decorrer de processo judicial, o cancelamento do registro do protesto poderá ser requerido com a apresentação da certidão expedida pelo juízo processante, com elementos que identifiquem o documento de dívida protestado com menção do trânsito em julgado, que substituirá o documento protestado (art. 26, § 4º, da Lei nº 9.492/1997). 7. Recurso especial provido". (STJ, REsp n. 1.318.747/SP, Rel. Min. Luis Felipe Salomão, 4ª Turma, j. 04.10.2018, *DJe* 31.10.2018).

A ação consignatória como meio de liberação da obrigação do devedor

"Processo civil. Ação de consignação em pagamento. Improcedência. Levantamento do depósito pelo autor. Desembaraço aduaneiro. Sentença. Decisão interlocutória. A ação de consignação em pagamento tem cabimento na hipótese em que o devedor, não conseguindo liberar-se de uma dívida, tem de lançar mão do Poder Judiciário para tal. A ação tem, portanto, natureza declaratória, e não constitutiva. Há apenas uma hipótese em que a lei processual atribui à sentença proferida na ação de consignação força executiva: quando o Juiz conclui que o depósito é insuficiente, determinando a complementação, na forma do § 2º art. 899 do CPC.[35] Ato do juiz que não extingue simultaneamente o procedimento e a relação processual é decisão interlocutória e deve ser impugnada via agravo. Recurso especial improvido" (STJ, REsp 661.959/RJ, 2ª Turma, Rel. Min. João Otávio de Noronha, j. 20.04.2006).

Necessidade de notificação da instituição financeira sobre a propositura de demanda consignatória

"Compete ao depositante o ônus de comprovar à instituição financeira depositária a efetiva propositura da ação de consignação em pagamento para que o depósito extrajudicial passe a ser tratado como judicial (art. 6º, parágrafo único, da Res. nº 2.814 do Bacen). Isso porque nos depósitos feitos extrajudicialmente incide a correção monetária pela TR e, com o ajuizamento da ação consignatória, passam a incidir as regras referentes às cadernetas de poupança. Assim, o banco depositário não está obrigado a efetuar a complementação dos depósitos feitos, de início, extrajudicialmente, para fazer incidir a remuneração conforme os índices da caderneta de poupança, quando o depositante não o informou da propositura da ação. Portanto, o ônus de complementar os valores faltantes cabe ao depositante, pois foi ele quem deixou de cumprir seu dever de notificar o banco" (RMS 28.841/SP, Rel. Min. Sidnei Beneti, j. 12.06.2012).

Consignação e ação revisional

"Em ação de consignação em pagamento, ainda que cumulada com revisional de contrato, é inadequado o depósito tão somente das prestações que forem se vencendo no decorrer do processo, sem o recolhimento do montante incontroverso e vencido" (STJ, REsp 1.170.166/DF, 4ª T., Rel. Min. Luis Felipe Salomão, Informativo 537).

---

[35] Corresponde ao art. 545, § 2º, do CPC/2015.

Quadro esquemático 61

Ação de Consignação em Pagamento (arts. 539 a 549)

- **Conceito:** forma indireta de o devedor se livrar do vínculo obrigacional independentemente da aquiescência do credor, nos casos legais (art. 334 do CC). O pagamento por consignação só terá eficácia liberatória quando concorrerem em relação às pessoas, ao objeto, ao modo e ao tempo, todos os requisitos sem os quais não é válido o pagamento. O devedor pode utilizar-se da consignação enquanto a prestação for útil ao credor.

- **Hipóteses que autorizam a consignação (art. 335 do CC)**
  - I – *mora accipiendi*, quando a dívida for portável;
  - II – *mora accipiendi*, quando a dívida for quesível;
  - III – devedor não pode receber quitação válida;
  - IV – dúvida quanto à titularidade do crédito;
  - V – litígio sobre o objeto do pagamento.

- **Objeto:** a ação de consignação em pagamento só pode ter por objeto as obrigações de dar (dinheiro ou outro gênero de coisa). A prestação há de ser líquida e certa, ainda que indeterminada a coisa. Nos casos de obrigação bilateral, um dos obrigados pode valer-se da consignação. O outro só terá direito ao levantamento do depósito após comprovar que cumpriu a obrigação que lhe cabia.

- **Modalidades**
  - **Extrajudicial**
    - Hipótese: a critério do devedor quando a prestação for quantia em dinheiro e existir estabelecimento bancário no lugar do pagamento (art. 539, § 3º).
    - Outros pressupostos
      - credor certo, capaz e solvente;
      - certeza quanto ao objeto da obrigação.
    - Procedimento: credor é cientificado do depósito. Havendo recusa manifesta, o devedor poderá ajuizar ação consignatória, no prazo de um mês. Não o fazendo, a obrigação continua em aberto (art. 539, § 3º).
  - **Judicial**
    - Necessariamente quando a obrigação tiver por objeto coisa diferente de dinheiro, quando não for possível utilizar a via extrajudicial (bancária) ou quando o devedor não tiver logrado êxito com a consignação extrajudicial. Pode seguir o procedimento previsto no CPC, ou, em se tratando de consignação de aluguéis e encargos, o previsto no art. 67 da Lei nº 8.245/91, admite-se, no âmbito do procedimento consignatório, ampla discussão acerca do débito e seu valor.

- **Legitimidade**
  - **Ativa:** Qualquer interessado na extinção da dívida (devedor ou terceiro). Igual direito é conferido ao terceiro não interessado, se o fizer em nome e à conta do devedor, salvo oposição deste (art. 304, CC). Tratando-se de consignação de aluguéis, são legitimados o inquilino, seu cônjuge ou companheiro, o ocupante de habitação coletiva familiar, o sublocatário e o fiador.
  - **Passiva:** Credor conhecido ou quem alegue tal condição ou, ainda, o credor incerto. Havendo dúvida quanto à titularidade do crédito, ter-se-á formação de litisconsórcio passivo necessário que se intitulam credores.

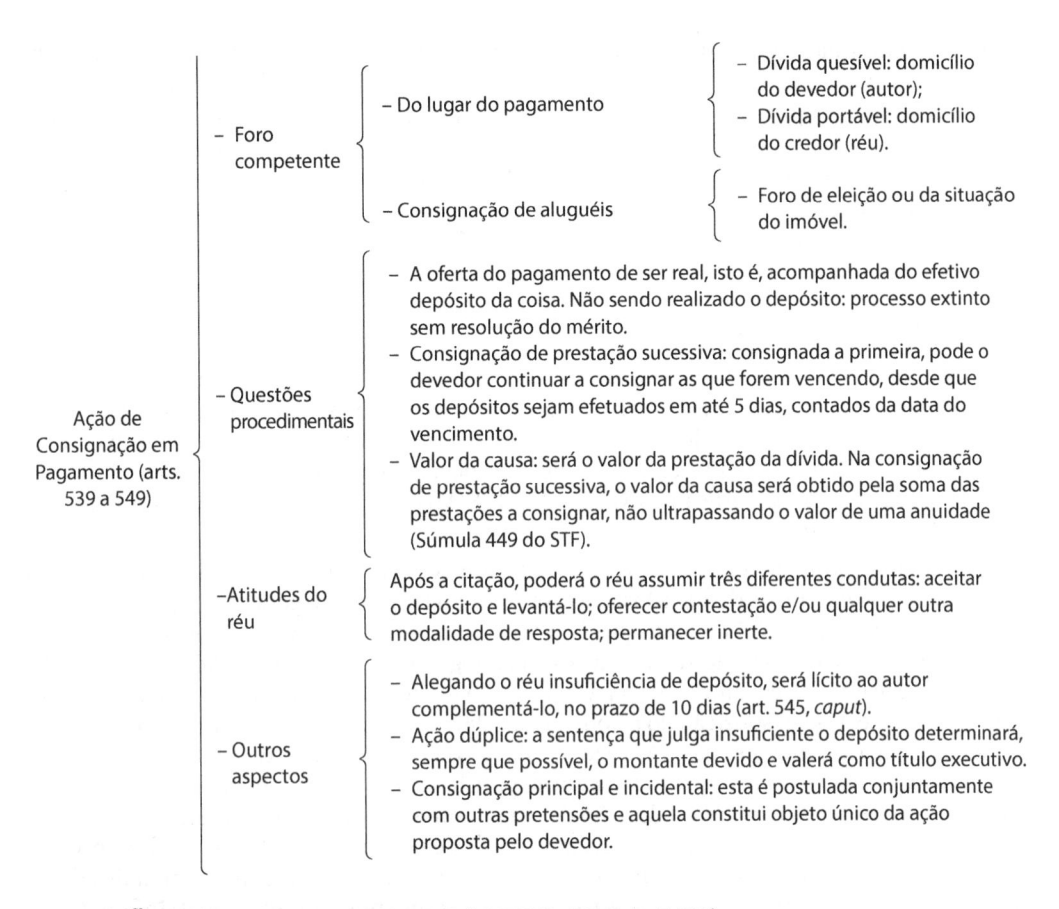

Ação de Consignação em Pagamento (arts. 539 a 549)

- **Foro competente**
  - Do lugar do pagamento
    - Dívida quesível: domicílio do devedor (autor);
    - Dívida portável: domicílio do credor (réu).
  - Consignação de aluguéis
    - Foro de eleição ou da situação do imóvel.

- **Questões procedimentais**
  - A oferta do pagamento de ser real, isto é, acompanhada do efetivo depósito da coisa. Não sendo realizado o depósito: processo extinto sem resolução do mérito.
  - Consignação de prestação sucessiva: consignada a primeira, pode o devedor continuar a consignar as que forem vencendo, desde que os depósitos sejam efetuados em até 5 dias, contados da data do vencimento.
  - Valor da causa: será o valor da prestação da dívida. Na consignação de prestação sucessiva, o valor da causa será obtido pela soma das prestações a consignar, não ultrapassando o valor de uma anuidade (Súmula 449 do STF).

- **Atitudes do réu**
  - Após a citação, poderá o réu assumir três diferentes condutas: aceitar o depósito e levantá-lo; oferecer contestação e/ou qualquer outra modalidade de resposta; permanecer inerte.

- **Outros aspectos**
  - Alegando o réu insuficiência de depósito, será lícito ao autor complementá-lo, no prazo de 10 dias (art. 545, *caput*).
  - Ação dúplice: a sentença que julga insuficiente o depósito determinará, sempre que possível, o montante devido e valerá como título executivo.
  - Consignação principal e incidental: esta é postulada conjuntamente com outras pretensões e aquela constitui objeto único da ação proposta pelo devedor.

3. AÇÃO DE EXIGIR CONTAS (ARTS. 550 A 553)

3.1 Noções gerais

Todo aquele que, de qualquer modo, administra bens ou interesses alheios, por força de relação jurídica legal ou contratual, tem a obrigação de prestar contas, quando solicitado.

A obrigação de prestar não guarda qualquer relação com o fato de ser uma parte credora ou devedora da outra. O que se pretende é, tão somente, o esclarecimento de certas situações decorrentes da administração de bens alheios.

O procedimento especial que no CPC/1973 era denominado "ação de prestação de contas" e tinha como espécies a "ação de prestação de contas *stricto sensu*", para a qual era legitimado ativo aquele que afirmava ter a obrigação de prestar contas, e a "ação de exigir contas", cuja legitimidade ativa pertencia a quem afirmasse ter o direito de exigi-las, passou a ser denominado apenas "ação de exigir contas".

A mudança no título indica as alterações ocorridas no corpo do texto. **De acordo com o CPC/2015, não mais se pode falar em "ação de prestação de contas *stricto sensu*", restando esse procedimento especial restrito à ação de exigir contas, a qual deverá ser manejada por aquele que afirma ser o titular do direito de exigi-las.** Isso não significa que aquele que administra bens e valores de terceiros não possa prestar contas. A jurisdição, uma vez provocada, deve tutelar esse direito de prestar contas, demonstrado o interesse consistente na recusa do destinatário das contas. Apenas não se utilizará o procedimento especial para a prestação de contas, mas sim o procedimento comum. O procedimento especial de que estamos a tratar, repita-se, é destinado tão somente àquele que se julga no direito de exigir contas. Em outras palavras, a pessoa que, no plano material, afirmar ser o titular do direito de exigir as contas.

O objetivo dessa demanda é, em síntese, liquidar, no seu aspecto econômico-financeiro, a relação jurídica existente entre as partes, de tal modo que ao final seja apurada, com exatidão, a existência ou não de saldo em favor de algum dos litigantes. Em outras palavras, ela tem função predominantemente condenatória. Seu objetivo último é definir quem é o credor de determinada relação jurídica material, com a imediata fixação do saldo devedor, que poderá ser exigido no mesmo processo (cumprimento de sentença).

3.2 Prazo prescricional

Não há prazo prescricional específico, disciplinado em lei material, para o ajuizamento de ação de exigir contas. Por essa razão, aplica-se o prazo geral previsto no art. 205 do Código Civil, ou seja, 10 (dez) anos. Nesse sentido: "A ação de prestação de contas tem por base obrigação de natureza pessoal, aplicando-se, a vigência do atual Código Civil, o prazo prescricional de 10 (dez) anos" (STJ, AgInt no AREsp 1.477.128/MG, Rel. Min. Marco Aurélio Bellizze, j. 23.03.2020, DJe 30.03.2020).

Excepcionalmente, havendo previsão legal específica, como no caso de ação de exigir contas pelo pagamento de dividendos, deve-se afastar o regramento geral. A propósito do tema, em meados de 2018 o STJ decidiu que, "no tocante à pretensão do titular de ações de haver dividendos de sociedades anônimas, a lei especial regente das sociedades anônimas, preceitua que prescreve em 3 (três) anos a ação para haver dividendos, contado o prazo da data em que tenham sido postos à disposição do acionista (art. 287, II, a, da Lei n. 6.404/1976)". Por se tratar de lei especial (art. 287, Lei das SA), não se aplica ao caso o art. 205 do CC/2002. Em outras palavras, sendo de três anos o prazo para a ação para haver dividendos, também deve ser de três anos o prazo para o ajuizamento da ação de exigir contas, porquanto "as pretensões de exigir contas e a de obter o ressarcimento, na eventualidade de se apurar a existência de crédito a favor do demandante, embora não se confundam, são intrincadas entre si e instrumentalizadas na mesma ação, a observar, por isso, necessariamente, o mesmo prazo prescricional (Info 627, STJ).

A respeito da prescrição, vale uma observação: na hipótese em que a ação de exigir contas tem, na verdade, cunho condenatório, não se tratando apenas de demanda que busca obter o cumprimento de uma obrigação de natureza pessoal, o prazo prescricional pode ser diferenciado.

Conforme veremos adiante, precisamente no item 3.5, que trata do procedimento, a ação de exigir contas tem duas fases distintas: em um primeiro momento, discute-se a existência do dever de prestar as contas e, sucessivamente, caso haja essa obrigação, analisa-se a existência de eventual saldo devedor após a prestação das contas. O prazo prescricional será analisado conforme a fase desse procedimento. Assim, se não houver previsão em lei especial, à relação de direito material deve ser aplicado o prazo geral do art. 205 do Código Civil – 10 anos.

Por outro lado, na segunda fase do procedimento, se houver apuração de saldo remanescente, a pretensão da ação de exigir contas terá natureza condenatória, razão pela qual deverá o juiz analisar a pretensão indenizatória ou ressarcitória à luz do Código Civil (especialmente o art. 206). Em suma:

PRIMEIRA FASE	SEGUNDA FASE
Objetivo: apurar a existência do direito de analisar a gestão de determinado patrimônio ou interesse.	**Objetivo:** apurar a existência de eventual crédito.
Prescrição: 10 anos, caso não exista disposição específica na legislação especial.	**Prescrição:** dependerá da relação de direito material (ex.: prestação de contas que abrange a execução de contrato de serviços advocatícios – art. 206, § 5º, II, CC/2002 [5 anos]).

3.3 Legitimidade

Conforme o CPC atual, terá legitimidade para propor essa demanda quem tem o direito de exigir as contas, não havendo mais, portanto, duplicidade da legitimação ativa (art. 550, *caput*).

Ter-se-á interesse na propositura da ação de exigir contas sempre que houver recusa ou mora por parte de quem tem a obrigação de prestá-las, ou quando ocorra discordância sobre as verbas que deverão integrar o acerto de contas.

Exemplo interessante foi julgado em 2020 pelo STJ.[36] A Corte deu parcial provimento a um recurso especial para admitir a legitimidade ativa de genitor para exigir da genitora a apresentação de contas em relação aos valores pagos a título de prestação alimentícia ao filho. No caso concreto, a genitora, que detinha a guarda unilateral do filho, questionou a utilização da ação, argumentando que a prestação de contas tem por objetivo estabelecer a existência de um crédito, o que seria inviável para o caso, diante da irrepetibilidade da verba alimentar. O STJ ponderou que o art. 1.583, § 5º, do Código Civil[37] permite a possibilidade de supervisão do genitor que não detém a guarda, de modo que ele sempre será parte legítima para solicitar informações ou exigir contas que estejam relacionadas a assuntos que, direta ou indiretamente, interfiram na vida do filho. De toda forma, a ação de rito especial não poderá fixar em favor do genitor eventual crédito, já que as prestações pagas são irrepetíveis. Servirá, contudo, a partir de seu resultado, para fundamentar eventual pedido de revisão dos alimentos, fixação de guarda ou mesmo uma ação de reparação por danos materiais.

Também merece destaque o correntista bancário (Súmula nº 259 do STJ).[38] O envio regular de extratos bancários não retira do titular da conta o interesse em ajuizar ação contra a instituição financeira para obter pronunciamento judicial acerca da regularidade e correção dos lançamentos unilateralmente efetivados pelo banco.

Outro exemplo concreto de possibilidade de utilizar a referida ação é aquele que detém a posse e a administração dos bens comuns, antes da efetivação do divórcio e da consequente partilha[39] ou dos herdeiros em relação aos bens administrados pelo curador após a morte do curatelado.[40]

---

[36] Disponível em: http://www.stj.jus.br/sites/portalp/Paginas/Comunicacao/Noticias/04082020--Terceira-Turma-admite-acao-de-prestacao-de-contas-para-fiscalizar-recursos-de-pensao-.aspx. Acesso em 27 set. 2020. O tema é controvertido. Há precedente da 4ª Turma do STJ no mesmo sentido (REsp 1.911.030/PR, Rel. Min. Luis Felipe Salomão, j. 01.06.2021), mas também há outros julgados que consideram inexistir interesse processual em casos análogos (REsp 1767456/MG, Rel. Min. Ricardo Villas Bôas Cueva, j. 25.11.2021).

[37] "A guarda unilateral obriga o pai ou a mãe que não a detenha a supervisionar os interesses dos filhos, e, para possibilitar tal supervisão, qualquer dos genitores sempre será parte legítima para solicitar informações e/ou prestação de contas, objetivas ou subjetivas, em assuntos ou situações que direta ou indiretamente afetem a saúde física e psicológica e a educação dos filhos".

[38] A súmula continua válida com o CPC/2015, mas a sua redação deve ser atualizada com o novo nome do procedimento ("Ação de exigir contas").

[39] "O interesse de agir pode ser compreendido sob dois enfoques: a necessidade/utilidade do provimento jurisdicional pleiteado e a adequação do procedimento escolhido para atingir tal fim. Preliminar rejeitada. O cônjuge que no curso da ação de divórcio permanece administrando os bens comuns do casal deve prestar contas ao outro" (TJ-MG - AC: 50007231820198130878, Rel. Des. Aparecida Grossi, j. 22.03.2023, 17ª Câmara Cível, *DJe* 23.03.2023).

[40] "Com a morte do curatelado, cessa a curatela, mas persiste o interesse processual dos herdeiros quanto à prestação de contas como forma de preservação dos bens contra eventuais irregularidades praticadas pelo curador, no exercício da função" (TJ-MG - AC: 67539184620098130024 Belo Hori-

> **Atenção:**
> - O STJ firmou o seguinte entendimento em sede de recurso repetitivo: "**Nos contratos de mútuo e financiamento, o devedor não possui interesse de agir para a ação de prestação de contas**" (REsp 1.293.558/PR, Rel. Min. Luis Felipe Salomão, julgado em 11.03.2015). Assim, diferentemente da situação descrita na Súmula nº 259, em que o correntista mantém seu dinheiro na instituição financeira e ela o administra, no caso de contrato de mútuo (empréstimo), não há interesse de agir para a ação de exigir contas justamente porque o mutuário recebe o dinheiro para utilizá-lo como bem entender, sem qualquer possibilidade de gestão por parte da instituição financeira. Para que se possa admitir a legitimidade para essa demanda, é fundamental a existência, entre autor e réu, de relação jurídica de direito material em que um deles administre bens, direitos ou interesses alheios. Sem essa relação, inexiste o dever de prestar contas e, por conseguinte, a possibilidade de exigi-las.

3.4 Competência

Será competente para a ação o foro do **local em que se deu a gestão ou administração** (art. 53, IV, *b*, do CPC). Trata-se de **competência territorial**, logo, relativa.

Havendo no contrato celebrado entre as partes cláusula de eleição de foro, este prevalecerá, exceto se abusiva, hipótese em que poderá ser reputada ineficaz de ofício pelo juiz (art. 63, § 3º, do CPC).

No caso de prestação de contas envolvendo administradores judiciais (inventariante, tutor, curador, depositário), será competente para julgar as contas o órgão perante o qual tramitou ou tramita o processo no qual foi nomeado o administrador (art. 553 do CPC).[41] A competência, aqui, é funcional e, portanto, absoluta.

3.5 Procedimento

Na ação de exigir contas, o procedimento é **bifásico**: primeiro se discute o direito de o autor exigir as contas; depois, as condições para a prestação e cobrança.

A primeira fase do procedimento está descrita no art. 550. Apresentada a petição inicial, o réu será citado para que preste as contas ou ofereça contestação em 15 dias. Se o réu não contestar o pedido, será proferido o julgamento antecipado; caso contrário, havendo contestação, o juiz decidirá e, se julgar procedente o pedido, condenará o réu a prestar as contas no prazo de 15 dias, sob pena de não lhe ser lícito impugnar as que o autor apresentar.

O termo inicial do prazo de 15 (quinze) dias para apresentar as contas tem início de forma automática, tão logo seja realizada a intimação do réu, na pessoa de seu advogado. Ou seja, é desnecessária a intimação pessoal do réu.[42] Esse entendimento decorre do fato

---

zonte, Rel. Des. Alexandre Santiago, j. 09.02.2023, Câmaras Especializadas Cíveis/8ª Câmara Cível Especializada, *DJe* 13.02.2023).

[41] "Nos termos do art. 553 do CPC/2015, as contas do inventariante serão prestadas em apenso aos autos do processo em que tiver sido nomeado. Assim, é de competência do juízo do inventário processar e julgar a ação de exigir contas do inventariante, ainda que findo o inventário" (TJ-MG - AI: 26319962720228130000, Rel. Des. Mônica Libânio, j. 03.05.2023, 11ª Câmara Cível, *DJe* 03.05.2023).

[42] A jurisprudência acolhe essa conclusão. Por exemplo: STJ, REsp 1.847.194/MS, Rel. Min. Marco Aurélio Belizze, 3ª Turma, j. 16.03.2021.

de que a decisão nesta primeira fase, embora se assemelhe a uma sentença, não o é por conta da definição disposta no art. 203, § 1º, CPC. Assim, se procedente o pedido para a prestação das contas, tal decisão desafiará recurso de agravo de instrumento (art. 1.015, II)[43]. Assim, o pronunciamento que julga procedente a primeira fase da ação de exigir contas tem natureza jurídica de decisão interlocutória de mérito, sendo recorrível por meio de agravo de instrumento, a contagem do prazo previsto no art. 550, § 5º, do CPC/2015 começa a fluir automaticamente a partir da intimação do réu, na pessoa do seu advogado, acerca da respectiva decisão, considerando que o recurso cabível, em regra, não tem efeito suspensivo (art. 995).

Na segunda fase serão observadas as regras dos arts. 551 e 552 do CPC. O réu apresentará as contas, sendo conferido ao autor o direito de se manifestar sobre elas. Na sentença, será apurado o saldo – **que pode ser favorável ou desfavorável ao autor** – que constituirá título executivo judicial a favor de quem for declarado o saldo credor. Nesse ponto vale transcrever a assertiva considerada incorreta pela Fundação Carlos Chagas na prova para Juiz Substituto do Tribunal de Justiça de Santa Catarina, aplicada em 2017: "Na ação de exigir contas, a sentença deverá apurar o saldo, se houver, mas só poderá constituir título executivo judicial em prol do autor da demanda".

---

[43] Nesse sentido: "(...) Se, na vigência do CPC/1973, o pronunciamento jurisdicional que julgava a primeira fase da ação de prestação de contas era a sentença, suscetível de impugnação pelo recurso de apelação, é certo que, após a entrada em vigor do CPC/2015, instalou-se profunda controvérsia doutrinária e jurisprudencial acerca da natureza jurídica do ato judicial que encerra a primeira fase da ação agora chamada de exigir contas, se sentença suscetível de apelação ou se decisão interlocutória suscetível de agravo de instrumento. 5. O CPC/2015 modificou substancialmente os conceitos de sentença e de decisão interlocutória, caracterizando-se a sentença pela cumulação dos critérios finalístico ('põe fim à fase cognitiva do procedimento comum') e substancial ('fundamento nos arts. 485 e 487') e caracterizando-se a decisão interlocutória pelo critério residual ('todo pronunciamento judicial de natureza decisória que não seja sentença'). 6. Fixadas essas premissas e considerando que a ação de exigir contas poderá se desenvolver em duas fases procedimentais distintas, condicionando-se o ingresso à segunda fase ao teor do ato judicial que encerra a primeira fase; e que o conceito de sentença previsto no art. 203, § 1º, do CPC/2015, aplica-se como regra ao procedimento comum e, aos procedimentos especiais, apenas na ausência de regra específica, o ato judicial que encerra a primeira fase da ação de exigir contas possuirá, a depender de seu conteúdo, diferentes naturezas jurídicas: se julgada procedente a primeira fase da ação de exigir contas, o ato judicial será decisão interlocutória com conteúdo de decisão parcial de mérito, impugnável por agravo de instrumento; se julgada improcedente a primeira fase da ação de exigir contas ou se extinto o processo sem a resolução de seu mérito, o ato judicial será sentença, impugnável por apelação. 7. Havendo dúvida objetiva acerca do cabimento do agravo de instrumento ou da apelação, consubstanciada em sólida divergência doutrinária e em reiterado dissídio jurisprudencial no âmbito do 2º grau de jurisdição, deve ser afastada a existência de erro grosseiro, a fim de que se aplique o princípio da fungibilidade recursal. 8. Delineada suficientemente, nas causas de pedir existentes na petição inicial, o objeto e o período das contas que deverão ser prestadas, inclusive com delimitação judicial do objeto para fins de prosseguimento da ação em sua segunda fase, não há que se falar em pretensão genérica que inviabilize a prestação. 9. O art. 54, § 2º, da Lei nº 8.245/1991, estabelece uma faculdade ao locatário, permitindo-lhe que exija a prestação de contas a cada 60 dias na via extrajudicial, o que não inviabiliza o ajuizamento da ação de exigir contas, especialmente na hipótese em que houve a efetiva resistência da parte em prestá-las mesmo após a delimitação judicial do objeto". (REsp 1.746.337/RS, Rel. Min. Nancy Andrighi, *DJe* 12.04.2019).

3.5.1 Primeira fase

Já foi dito que a regra é que a ação de exigir contas contemple duas fases.[44] O procedimento da ação de exigir contas iniciará com a apresentação em juízo de petição inicial, observados os requisitos dos arts. 319, 320 e 550, § 1º, do CPC. Estando em termos a inicial, o juiz determinará a citação do réu para, em 15 dias,[45] prestar as contas ou contestar a ação (art. 550, *caput*), na verdade, contestar o dever de prestar contas.

A primeira fase da ação de exigir contas limita-se à discussão e definição acerca do direito do autor em ver apresentadas as contas e do dever do réu em prestá-las. As questões atinentes ao mérito propriamente dito das contas, e as provas porventura necessárias, deverão ser tratadas e produzidas apenas na segunda fase.

3.5.1.1 Respostas possíveis

Citado para a ação de exigir contas, poderá o réu adotar uma das seguintes atitudes, ainda na primeira fase do procedimento:

a) **Apresentar as contas e não contestar**: essa postura do réu caracteriza verdadeiro reconhecimento da procedência da pretensão de exigir contas. O procedimento será abreviado, suprimindo-se uma fase (a primeira), ficando a lide circunscrita às contas em si e decidida por sentença, que porá fim à fase cognitiva. O que vier depois tratar-se-á do cumprimento de sentença.

A forma exigida pelo CPC/1973 (art. 917) para apresentação das contas (forma mercantil) sempre deixou em dúvida os operadores do direito. Seria mesmo necessário um modelo rígido de apresentação, com todos os elementos de uma escrituração contábil, ou poderiam ser aceitas as contas prestadas de outro modo, mas que atingissem a finalidade de demonstrar a exata administração e movimentação dos recursos financeiros? O Superior Tribunal de Justiça, interpretando o art. 917 do CPC/1973, afastou o rigor exigido pela legislação, possibilitando a apresentação das contas de modo diverso, desde que fosse possível compreender os dados necessários ao correto deslinde da controvérsia.[46] O CPC/2015 adotou o entendimento

---

[44] Se o CPC prevê expressamente essas duas fases, a eventual supressão acarreta a nulidade do procedimento. Nesse sentido: "O chamado *error in procedendo* trata-se erro de procedimento que o juiz comete no exercício de sua atividade jurisdicional, no curso procedimental ou na prolação de sentença, violando norma processual. A ação de exigir contas, prevista no art. 550 do CPC, tem procedimento que se desenvolve em duas fases. A primeira consiste na verificação da existência ou não do dever de prestar contas e, caso identificado o referido dever, inicia-se a segunda etapa, referente à análise da regularidade das contas que vierem a ser apresentadas. Julgada a ação de prestação de contas em uma única fase, em desrespeito ao procedimento especial, tendo o juiz decidido sobre a ausência de valor a restituir, sem decisão referente a primeira fase do procedimento, suprimindo-a, configura-se *error in procedendo*, sendo imperiosa a cassação da sentença" (TJ-MG - AC: 04660049120088130015, Rel. Des. Octávio de Almeida Neves, j. 13.04.2023, 15ª Câmara Cível, *DJe* 17.04.2023).

[45] No CPC/1973 esse prazo era de cinco dias (art. 915).

[46] "Agravo regimental. Recurso especial. Divergência jurisprudencial demonstrada. Ação de prestação de contas. Necessidade de forma mercantil. Ausência de rigor. Apresentação de contas de maneira inteligível. Harmonização com a concepção finalística do processo. 1. A apresentação de contas em forma mercantil é uma necessidade do processo, uma vez que o exame, a discussão e o julgamento devem ser facilitados para os sujeitos processuais. 2. As contas apresentadas de forma não mercantil podem ser consideradas se forem apresentadas de maneira clara e inteligível de forma a atingir as finalidades do processo. Deverão, portanto, ser aproveitadas e julgadas, após confrontadas com as

jurisprudencial como forma de privilegiar os princípios da instrumentalidade e da efetividade processual, consoante disposto no atual art. 551.

O que importa é que as contas sejam inteligíveis, que o réu demonstre que agiu com lisura na administração de bens alheios. Estas as contas em consonância com as práticas respeitantes ao comércio ou à mercancia, como nos livros e balanços financeiros, não tem qualquer influência sobre a manifestação da justiça, que é mundana e cega, mas enxerga até as falcatruas de alguns governantes e empresários que prestam impecáveis contas em forma mercantil.

O autor terá o prazo de quinze dias[47] para se manifestar sobre as contas prestadas, prosseguindo-se o processo na forma dos arts. 354 e seguintes, ou seja, pode o juiz proferir sentença desde logo ou sanear o processo, preparando-o para o julgamento do mérito, tudo a depender da situação em que se encontra o feito.

b) **Apresentar as contas e contestar**: tal situação pode parecer ilógica, mas não o é. De fato, ao prestar as contas, o réu estaria reconhecendo o direito do autor em exigi-las, o que seria incompatível com a contestação. Entretanto, Furtado Fabrício nos dá um exemplo em que essa postura seria possível: quando a divergência entre as partes disser respeito não à obrigação de prestar contas, mas ao seu conteúdo.[48]

Pode o réu, portanto, apresentar as contas e, não obstante, contestar o pedido, afirmando, por exemplo, que, ao prestá-las extrajudicialmente ao autor, este injustificadamente as recusou. Estaria o réu a alegar, então, verdadeira falta de interesse de agir do autor. Todavia, caso reconheça a correção das contas prestadas, não deve o juiz extinguir o feito sem resolução do mérito. Atento ao princípio da economia processual, o magistrado deve proferir julgamento meritório, de improcedência do pedido, acertando desde já o litígio. As contas são boas e já haviam sido prestadas, daí a declaração (de improcedência) no sentido de que o autor não tem direito a qualquer saldo. Nesse caso, as despesas processuais e honorários advocatícios serão suportados pelo autor, pois fora ele quem dera causa à instauração da demanda.[49]

c) **Contestar a obrigação de prestar contas**: nessa hipótese, o juiz decidirá se o réu tem ou não obrigação de prestar contas. Em caso afirmativo, condena-o, por meio de decisão interlocutória, a prestá-las no prazo de quinze dias (art. 550, § 5º)[50] e então passa-se à segunda fase. Ao contrário, se entender que o réu não tem obrigação de prestar contas, por sentença julgará improcedente o pedido; na sentença, o juiz dirá não que as contas são boas ou ruins, mas que o réu sequer tem o dever de prestá-las. Registra-se que o STJ já admitiu a flexibilização do prazo para apresentação das

---

impugnações da parte adversa. 3. Recurso especial parcialmente conhecido e provido" (STJ, AgRg no REsp 1.344.102/SP, Rel. Min. João Otávio Noronha, j. 17.09.2013).

47   No CPC/1973 esse prazo era de cinco dias (art. 915, § 1º).
48   FABRÍCIO, Adroaldo Furtado. *Comentários ao Código de Processo Civil*. Rio de Janeiro: Forense, 1980. p. 320-321.
49   CÂMARA, Alexandre Freitas. *Lições de direito processual civil*. 12. ed. Rio de Janeiro: Lumen Juris, 2007. v. III, p. 372.
50   No CPC/1973 esse prazo era de 48 horas (art. 915, § 2º). Segundo entendimento do STJ, esse prazo de 48 horas para a apresentação das contas pelo réu, previsto no art. 915, § 2º, do CPC/1973, deveria ser computado a partir da intimação do trânsito em julgado da sentença que reconheceu o direito do autor de exigir a prestação de contas (STJ, REsp 1.582.877-SP, 3ª Turma, Rel. Min. Nancy Andrighi, j. 23.04.2019).

contas, afirmando que a sua natureza não é peremptória.[51] Por fim, cabe ressaltar que esse prazo de 15 dias para o réu cumprir a condenação na primeira fase (art. 550, § 5º), segundo entendimento do STJ, começa a fluir automaticamente a partir da sua intimação na pessoa do seu advogado (REsp 1.847.194/MS, 3ª Turma, Rel. Min. Marco Aurélio Belizze, j. 16.03.2021).

d) **Contestar sem negar a obrigação de prestar contas**: nessa hipótese, a contestação limitar-se-á às matérias processuais (art. 337 do CPC). Nesse caso, duas são as possibilidades. O juiz pode acatar as defesas processuais e extinguir o processo sem julgamento do mérito (por sentença, é claro). Pode também rejeitar tais defesas, entendendo que o réu está obrigado a prestar contas, e então condená-lo (em decisão interlocutória) a tanto. Ao rejeitá-las, o juiz condenará o réu a prestar as contas, na forma do § 5º do art. 550.

e) **Manter-se inerte**: aplica-se o art. 355 em decorrência dos efeitos da revelia, salvo se ocorrer uma das hipóteses do art. 345. Também nesse caso o réu será condenado a prestar contas no prazo de quinze dias. Quero alertar o leitor que, em qualquer procedimento, a revelia, por si só, não significa que o juiz seja compelido a condenar o réu à prestação de contas. Como ensina Barbosa Moreira[52], deve o juiz verificar a verossimilhança dos elementos apresentados na inicial. Nessa linha também é a jurisprudência do STJ: "A caracterização de revelia não induz a uma presunção absoluta de veracidade dos fatos narrados pelo autor, permitindo ao juiz a análise das alegações formuladas pelas partes em confronto com todas as provas carreadas aos autos para formar o seu convencimento".[53]

3.5.1.2 Natureza da decisão que julga a primeira fase da ação de exigir contas

A primeira fase da ação de exigir contas encerra-se com um pronunciamento judicial (decisão interlocutória, porquanto não pôs fim à fase cognitiva do processo) acerca da existência ou não do direito de exigir contas.

É possível, contudo, o julgamento meramente terminativo, com o reconhecimento de alguma das hipóteses do art. 485 do CPC. Nesse caso, o ato judicial terá natureza de sentença, exatamente porque pôs fim a toda a fase cognitiva do processo.

---

[51] "Agravo interno no recurso especial. Ação de prestação de contas. Segunda fase. Julgamento da apelação. Utilização dos fundamentos da sentença. Possibilidade. Prazo de 48 horas para prestar as contas. Art. 915, § 2º, do CPC/1973. Flexibilização. Possibilidade. Recurso desprovido. 1. Nos termos da jurisprudência desta Corte, é admitido ao Tribunal de origem, no julgamento da apelação, utilizar, como razões de decidir, os fundamentos delineados na sentença (fundamentação *per relationem*), medida que não implica em negativa de prestação jurisdicional, não gerando nulidade do acórdão, seja por inexistência de omissão seja por não caracterizar deficiência na fundamentação. 2. O prazo de 48 (quarenta e oito) horas para a apresentação das contas pelo réu, previsto no art. 915, § 2º, do CPC/1973, deve ser computado a partir da intimação do trânsito em julgado da sentença que reconheceu o direito do autor de exigir a prestação de contas. 2.1. Todavia, o referido prazo não é peremptório, podendo ser flexibilizado pelo julgador, a depender da complexidade das contas a serem prestadas, devendo essa análise ser realizada em cada caso. 3. Agravo interno desprovido" (STJ, AgInt no REsp 1650460/RS, 3ª Turma, Rel. Min. Marco Aurélio Bellizze, j. 31.08.2020, *DJe* 08.09.2020).

[52] MOREIRA, José Carlos Barbosa. *O Novo Processo Civil Brasileiro*, 27. ed., Rio de Janeiro: Forense, 2008, p. 97.

[53] STJ. Agravo Regimental no REsp 1.194.527/MS, Rel. Min. Og Fernandes, j. 20.08.2015, *DJe* 04.09.2015.

Há ainda a possibilidade de o mérito ser decidido com a declaração no sentido da inexistência do direito material de exigir contas, alegado pelo autor. Aqui também haverá sentença e, no caso, sentença que implica resolução do mérito, uma vez que declara a inexistência do dever de prestar contas por parte do réu. Assim, **se reconhece o dever de prestar contas, a decisão será interlocutória, uma vez que a fase cognitiva do processo terá prosseguimento. Ao revés, se prosseguimento não houver, estaremos diante de sentença.** Trata-se, como já dito, de entendimento consolidado no âmbito do STJ.

A sentença que julga **improcedente a pretensão** de exigir contas terá **natureza declaratória e, por não ensejar a abertura de uma nova fase, sujeita-se a recurso de apelação.** A decisão de **procedência** é de conteúdo **condenatório**, impondo ao réu obrigação de fazer (prestar as contas em 15 dias, sob pena de não lhe ser lícito impugnar as que o autor apresentar). O recurso cabível depende justamente do resultado: se houve procedência do pedido do autor, o réu fica vencido na primeira fase da ação de exigir contas, podendo recorrer dessa decisão por meio de agravo de instrumento. De toda forma, não havendo reforma, deve o réu arcar com os honorários advocatícios como consequência do princípio da sucumbência. A propósito, de acordo com o entendimento do STJ, o valor desses honorários dependerá de apreciação equitativa pelo juiz.[54] É que, por não haver, ainda, condenação (que, na verdade, além de inestimável é também imprevisível), a verba honorária será fixada com base no § 8º do art. 85.

3.5.2 Segunda fase

De regra, chamamos de fase toda a atividade cognitiva. O que vem depois é o cumprimento da sentença. Aqui, para facilitar a compreensão, dividimos a fase cognitiva em duas (sub) fases. Porque este livro tem o objetivo de simplificar o que complicado parece, vamos chamar de fases o que subfases são.

Bem. Uma vez definido o dever de o réu prestar as contas, será ele intimado para fazê-lo no prazo de 15 dias. Conforme já delineado, essa intimação ocorrerá na pessoa do advogado por ele constituído. No caso de não haver constituído patrono nos autos, será reputado revel, o que, entre outras consequências, implica a fluição dos prazos da data da publicação do ato decisório no órgão oficial (art. 346, parágrafo único). Interposto o recurso contra a decisão que condena à prestação de contas, e mantida a decisão em grau recursal, terá início, a partir da intimação da decisão do Tribunal, o prazo de 15 dias.

O aperfeiçoamento do ato a ser praticado pelo réu – apresentação em juízo das contas – indubitavelmente necessitará do acompanhamento do advogado já constituído, pelo que é de se reputar válida a intimação feita na pessoa deste. Repita-se. Não havendo constituição de patrono (advogado) nos autos, não pode o réu apresentar contas: haverá incidência dos ônus da revelia, que, no caso, tem possível consequência no julgamento como boas (corretas) as contas apresentadas pelo autor, exceto nas hipóteses mencionadas nos incisos do art. 345, que afastam os efeitos da revelia.

Mais uma vez vale lembrar que, nessa primeira fase, havendo conclusão pela necessidade de o réu apresentar contas, ele será condenado ao pagamento de honorários[55].

---

[54] "Os honorários advocatícios de sucumbência na primeira fase da ação de exigir contas devem ser arbitrados por apreciação equitativa, conforme disposto no § 8º do art. 85 do CPC/2015". (STJ, REsp 1.874.920/DF, Rel. Min. Nancy Andrighi, 3ª Turma, j. 04.10.2022).

[55] "Nos termos do entendimento jurisprudencial desta Corte de Uniformização, havendo a procedência do pedido autoral, na primeira fase da ação de exigir contas, é cabível a condenação ao pagamento dos honorários sucumbenciais." (STJ, AgInt no REsp n. 1.885.090/DF, Rel. Min. Marco Aurélio Bellizze, 3ª Turma, j. 20.11.2023, *DJe* 22.11.2023). Há precedente isolado da Quarta Turma em sentido oposto

Por conseguinte, o início da segunda fase da ação de exigir contas também independe da intimação pessoal da parte ré, bastando a ciência do advogado que a representa.

Prestadas as contas, terá o autor quinze dias para sobre elas se manifestar (art. 550, § 2º).

A não impugnação das contas pelo autor não significa que o julgador deve acatá-las de plano. Ao magistrado são facultados amplos poderes de investigação, podendo ele, a despeito da ausência de resposta do autor, instaurar a fase instrutória, com realização de perícia e colheita de prova em audiência.

Havendo necessidade de instrução probatória, produzir-se-ão as provas pretendidas, com designação de audiência de instrução e julgamento para oitiva de eventuais testemunhas. É possível, inclusive, que na segunda fase seja acolhido pedido para produção de prova pericial contábil.[56] Nesse caso, a decisão interlocutória que eventualmente deferir a produção dessa prova não se submeterá ao regime recursal diferenciado que o legislador estabeleceu para as fases de liquidação e cumprimento da sentença (art. 1.015, parágrafo único). Ao contrário, submeter-se-á ao regime recursal aplicável à fase de conhecimento, pois, como vimos, é nela que o réu irá propriamente prestar as contas pleiteadas pelo autor, cabendo ao juiz avaliá-las e, somente após, reconhecer a eventual existência de saldo credor ou devedor. Assim, como não existe previsão legal para a recorribilidade imediata da referida decisão interlocutória no *caput* e nos incisos do art. 1.015 do CPC, não cabe agravo de instrumento.[57]

Em seguida, será proferida sentença que julgará as contas.

Caso deixe o réu de cumprir a obrigação de prestar contas, estas serão apresentadas pelo autor, sendo vedado ao réu impugná-las (art. 550, § 5º, *in fine*).

Tal qual a ausência de impugnação do autor às contas prestadas pelo réu, a não apresentação das contas por este não implicará necessária aprovação daquelas que vierem a ser exibidas pelo demandante. As contas serão analisadas pelo juiz, que poderá determinar a realização de exame pericial e determinar a realização de diligências outras que reputar essenciais à solução da lide (art. 550, § 6º). O réu não poderá impugnar as contas apresentadas, mas nada o impede de participar da instrução probatória, produzindo provas que entenda pertinentes para solução da demanda.

A sentença a ser proferida declarará qual é a conta correta e definirá quem é credor do saldo porventura apurado. A sentença já conterá o comando de pagar quantia certa e valerá como título executivo judicial (art. 552), a ser exigido nos mesmos autos, em uma nova fase processual: o cumprimento de sentença.

Quanto ao recurso cabível no final da fase de conhecimento, que pode ser encurtada – por exemplo, quando entender o julgador, que o direito material não ampara a pretensão do autor a exigir contas – ou encerrada após a apresentação das contas, não há dúvida. A decisão tem natureza de sentença, que encerra um módulo do processo (a fase de conhecimento), logo o recurso cabível é a apelação.

3.5.3 Sucumbência na ação de exigir contas

Compondo-se de duas fases distintas, com objetos distintos, a questão relativa à sucumbência na ação de exigir contas pode dar azo a soluções diversas.

(STJ, AgInt no REsp 1918872/DF Rel. Min. Luis Felipe Salomão, 4ª Turma, j. 29.03.2022), porém, vem prevalecendo a corrente que admite a excepcional apreciação equitativa no que tange aos honorários na primeira fase.

[56] Contra essa decisão, a propósito, não cabe qualquer recurso imediato.

[57] "A decisão interlocutória que, na segunda fase da ação de prestação de contas, defere a produção de prova pericial contábil, nomeia perito e concede prazo para apresentação de documentos, formulação de quesitos e nomeação de assistentes, não é imediatamente recorrível por agravo de instrumento". (STJ, REsp 1.821.793/RJ, Rel. Min. Nancy Andrighi, 3ª Turma, j. 20.08.2019).

Como vimos, em se reconhecendo, na primeira fase, a improcedência da pretensão de se exigirem contas, a questão é simples. O pedido será julgado improcedente e o demandante será condenado ao pagamento das custas processuais e honorários advocatícios em favor do demandado.

Em caso de procedência da primeira fase, a solução é um pouco mais complicada. Isso porque o autor, até então vitorioso, pode não o ser após o julgamento da segunda fase, isto é, o autor pode, ao final, ser condenado a quitar saldo em aberto a favor do réu.

A solução em tais casos é apontada por Theotonio Negrão:

"Na primeira fase da ação de prestação de contas, a sentença condenará o vencido ao pagamento de honorários de advogado, conforme considere a ação procedente ou improcedente; na segunda fase, essa condenação dependerá da conduta das partes".[58]

Julgada procedente a primeira fase, o réu já será condenado ao pagamento das respectivas custas e dos honorários advocatícios. Conforme entendimento do STJ, somente se pode falar em proveito econômico depois de iniciada a segunda fase da ação de exigir contas, momento em que, efetivamente, exsurgirá o benefício patrimonial em favor de uma das partes. Por essa razão a primeira fase depende da observância ao disposto no art. 85, § 8º, que trata da excepcional possibilidade de fixação de honorários por apreciação equitativa.

Na segunda fase do procedimento, a sucumbência dependerá da postura dos litigantes.

Prestadas as contas, e não instaurada qualquer controvérsia, mantém-se a distribuição arbitrada na primeira fase.

Havendo impugnação das contas e do saldo devedor pretendido, dando ensejo a um novo contraditório, com produção de provas, a sentença resolverá os pontos controversos e, então, fixará a verba de sucumbência. Poderá ocorrer, assim, acréscimo da condenação imposta na primeira fase ou imposição de encargos ao autor da ação, o que caracterizaria sucumbência recíproca.

JURISPRUDÊNCIA TEMÁTICA

Prestação de contas com sentença e trânsito em julgado na vigência do CPC/1973

"Se proferida, transitada e executada a sentença que julgou a primeira fase da ação de prestação de contas na vigência do CPC/1973, adquire o vencedor o direito de exigir que sejam elas prestadas e apuradas na forma da lei revogada, conquanto se reconheça que, na hipótese, que a substituição da prestação de contas de forma mercantil para forma adequada é de pouca repercussão prática, mantendo-se incólume a essência de que as contas deverão ser prestadas de modo claro, inteligível e que atinja a finalidade do processo" (REsp n. 1.823.926/MG, Rel. Min. Nancy Andrighi, 3ª Turma, j. 08.09.2020, *DJe* 16.09.2020).

Natureza da decisão e recurso cabível

"Considerando que a ação de exigir contas poderá se desenvolver em duas fases procedimentais distintas, condicionando-se o ingresso à segunda fase ao teor do ato judicial que encerra a primeira fase; e que o conceito de sentença previsto no art. 203, § 1º, do CPC/2015, aplica-se como regra ao procedimento comum e, aos procedimentos especiais, apenas na ausência de

---

[58] NEGRÃO, Theotonio; GOUVÊA, José Roberto F. *CPC e legislação processual em vigor*. 39. ed. São Paulo: Saraiva, 2007.nota 5 ao art. 915, p. 991.

regra específica, o ato judicial que encerra a primeira fase da ação de exigir contas possuirá, a depender de seu conteúdo, diferentes naturezas jurídicas: se julgada procedente a primeira fase da ação de exigir contas, o ato judicial será decisão interlocutória com conteúdo de decisão parcial de mérito, impugnável por agravo de instrumento; se julgada improcedente a primeira fase da ação de exigir contas ou se extinto o processo sem a resolução de seu mérito, o ato judicial será sentença, impugnável por apelação" (REsp 1.746.337, *DJe*, 12.04.2019).

Súmula nº 259 do STJ: "A ação de prestação de contas pode ser proposta pelo titular de conta corrente bancária".

Súmula nº 477 do STJ: "A decadência do art. 26 do CDC não é aplicável à prestação de contas para obter esclarecimentos sobre cobrança de taxas, tarifas e encargos bancários".

Quadro esquemático 62

Ação de Exigir Contas (arts. 550 a 553)

- Objetivo: liquidar, no seu aspecto econômico-financeiro, a relação jurídica existente entre as partes, de tal modo que ao final seja apurada, com exatidão, a existência ou não de saldo devedor em favor de algum dos litigantes.
- Legitimidade: é de quem tem o direito de exigir as contas, não havendo, portanto, duplicidade da legitimação ativa (art. 550, *caput*).
- Competência: foro do local em que se deu a gestão ou a administração.
- Fases:
  - Primeira: verifica-se se o réu está ou não obrigado a prestar contas. Definida a obrigação, o réu é condenado a prestá-la em 15 dias.
  - Segunda: julgamento das contas propriamente ditas.
- Atitudes do réu:
  - Apresentar as contas e não contestar
  - Apresentar as contas e contestar
  - Contestar a obrigação de prestar contas
  - Contestar sem negar a obrigação de prestar contas
  - Manter-se inerte
- Natureza da decisão e recurso: se o julgador decidir que não existe a obrigação, o processo encerra-se com a primeira fase. Nesse caso, será proferida sentença de mérito, sujeita a recurso de apelação. Por outro lado, julgado procedente o pedido na primeira fase, o recurso cabível será o agravo de instrumento. O réu será intimado na pessoa de seu advogado para prestar as respectivas contas.
- Sucumbência na ação de exigir contas:
  - Improcedência da pretensão de se exigir as contas, na primeira fase ➔ pedido julgado improcedente e o demandante será condenado ao pagamento das custas processuais e honorários advocatícios em favor do demandado.
  - Precedência da primeira fase ➔ réu condenado ao pagamento das respectivas custas e honorários advocatícios. Verba honorária com base no art. 85, § 8º.
  - Decisão na segunda fase do procedimento ➔ a sucumbência dependerá da postura dos litigantes.

4. AÇÕES POSSESSÓRIAS (ARTS. 554 A 568)

4.1 Noções gerais sobre a posse

O poder físico sobre a coisa e a necessidade humana de se apropriar dos bens deram origem à noção de posse, que desde a Roma antiga é objeto de tutela jurídica. A conceituação da posse exige o prévio estudo das teorias justificadoras da proteção possessória, concebidas por Savigny e Ihering.

Para Savigny, autor da **teoria subjetivista**, a posse apresenta dois elementos constitutivos: *corpus*, entendido como o poder físico sobre a coisa, e *animus*, consubstanciado no elemento volitivo, na intenção do possuidor de exercer seu direito como se proprietário fosse. Logo, para Savigny, a posse consiste no poder exercido sobre a coisa com a manifesta intenção de dono. Sem o *animus*, portanto, o controle material do bem não poderia ser considerado posse, mas tão somente detenção, a qual não merece tutela jurídica.

Como se vê, ao atrelar a definição de posse à verificação do elemento volitivo, Savigny deu exagerada ênfase ao aspecto psicológico, razão por que sua teoria ficou conhecida como subjetivista.

Apesar das pertinentes críticas à teoria savigniana, o mérito dessa concepção consiste em alçar a posse à realidade digna de tutela, independentemente da titularidade formal do bem. A proteção possessória decorre, pois, da necessidade de proteção à pessoa, manutenção da paz social e estabilização das relações jurídicas.[59]

Anos mais tarde, Ihering concebeu a **teoria objetivista**, segundo a qual a posse é a mera exteriorização da propriedade. Independentemente da intenção, possuidor seria aquele que confere visibilidade ao domínio, que dá destinação econômica à coisa.

Como se vê, a teoria objetiva rejeita o elemento volitivo para a caracterização da posse, contentando-se com a simples existência exterior de um dos poderes inerentes ao domínio. Exatamente por excluir o *animus*, a teoria de Ihering estende a condição de possuidor àqueles que, à luz da teoria subjetiva, seriam meros detentores, como o locatário.

Nesse contexto, poder-se-ia indagar: e como a detenção é tratada pela teoria objetiva?

Ao afastar o aspecto psicológico do conceito de posse, Ihering assentou a distinção entre posse e detenção no próprio ordenamento jurídico, o qual indicará, por critério de política legislativa, aqueles que não farão jus à tutela possessória.[60]

Feita essa breve exposição, cumpre esclarecer que o CC de 2002 adotou a teoria objetiva.[61] Tal ilação é extraída da leitura do art. 1.196, o qual dispõe que "considera-se possuidor todo aquele que tem de fato o exercício, pleno ou não, de algum dos poderes inerentes à propriedade". Entretanto, não se pode perder de vista que, em diversas passagens, a teoria de Savigny se faz presente. O mais emblemático dos exemplos é a usucapião, que tem como um dos requisitos o *animus domini*.

4.2 Natureza jurídica da posse

Especial relevância tem a definição da natureza jurídica da posse para se compreender se ela é protegida em razão de seu próprio significado ou como consectário da tutela da propriedade.

---

[59] FARIAS, Cristiano Chaves de; ROSENVALD, Nelson. *Direitos reais*. Rio de Janeiro: Lumen Juris, 2006. p. 31.

[60] Neste ponto reside a diferença substancial entre as duas escolas, de Savigny e Ihering: para a primeira, o *corpus* aliado à *affectio tenendi* gera detenção, que somente se converte em pose quando se lhes adiciona o *animus domini* (Savigny); para a segunda, o *corpus* mais a *affectio tenendi* geram posse, que se desfigura em mera detenção apenas na hipótese de um impedimento legal (Ihering) (PEREIRA, Caio Mário da Silva. *Instituições de direito civil*. Rio de Janeiro: Forense, 2005. p. 21).

[61] Vale ressaltar que a doutrina civilista contemporânea considera que o CC/2002 não adotou a teoria de Ihering pura e simplesmente, porquanto o princípio da função social da posse está implícito no ordenamento e também deve ser considerado para a caracterização do instituto.

A posição amplamente majoritária na doutrina é aquela que considera a posse como **direito**. E assim deve ser, uma vez que inúmeros institutos têm origem em fatos e nem por isso perdem a condição de direito. Caio Mário bem exemplifica tal constatação ao afirmar que "a propriedade mesma, como todo direito real, vai dar numa posição de assenhoramento, que se manifesta por inequívoco estado de fato. E nem por isso deixa de ser um direito, paradigma, aliás, de toda uma categoria de direitos".[62]

Caracterizada, pois, como direito, cumpre classificar a posse como **direito real** ou **obrigacional**.

A teoria objetiva concebida por Ihering atribui à posse a natureza jurídica de direito real,[63] visto que, de acordo com essa concepção, a posse nada mais é do que a exteriorização da propriedade, o mais amplo dos direitos reais.

A despeito disso, não se pode olvidar que a posse não foi contemplada no rol dos direitos reais, seja no CC, seja em diploma extravagante. Registre-se, por relevante, que a tipicidade é característica fundamental dos direitos reais, o que, por si só, já se afigura suficiente para afastar a conclusão de que a posse constitui direito real.

Além disso, a posição topográfica da posse no CC corrobora a tese de que se está diante de autêntico direito obrigacional. É que tal direito se localiza do Título I, ao passo que os direitos reais foram regulados, não por acaso, em apartado, no Título II.

Como se não bastasse, ao contrário dos direitos reais, a posse não é passível de registro no Ofício Imobiliário, pelo que se denota que, não havendo publicidade, não há que se falar em caráter absoluto do direito de posse, tal como ocorre com os direitos reais por excelência. Sem registro, a posse não poderá ser oponível *erga omnes* e nem gozará do direito de sequela.

Destarte, conclui-se que a posse tem natureza jurídica de direito obrigacional, sendo irrelevante o fato de estar contemplada no Livro dedicado ao Direito das Coisas, o qual abrange, além dos direitos reais, todas as situações jurídicas em que pessoas exercem poder sobre bens, como os direitos de vizinhança, que se consistem em obrigações *propter rem* ou mistas.

4.3 Classificação da posse

Das várias classificações dadas à posse, interessa, no momento, destacar as que se seguem.

Quanto ao modo de aquisição, a posse pode ser **justa ou injusta**. Será justa quando adquirida em conformidade com o direito e injusta se a aquisição se deu de forma **violenta**, **clandestina** ou **precária**.

Há violência quando o apossamento contraria a vontade do possuidor. Deve haver efetiva oposição dele ao ímpeto do ofensor. Nesse diapasão, havendo abandono da coisa, não há que se falar em violência no ato espoliativo. A clandestinidade, a seu turno, remete à ideia de coisa adquirida sorrateiramente, sem ostensividade. Observe-se, contudo, que não desnatura a clandestinidade o fato de a ocupação chegar ao conhecimento de terceiros, haja vista que a ocultação é com relação ao possuidor atual. Precária, por fim, é a posse que, adquirida regularmente por meio de relação jurídica obrigacional ou real, transmuda-se em virtude do abuso de confiança do possuidor que retém a coisa após o escoamento do prazo pactuado.

A posse pode ser ainda classificada como de **boa ou de má-fé**. Posse de boa-fé é aquela em que o possuidor não tem conhecimento do vício que o impede de adquirir a coisa possuída. É, a toda

---

[62] PEREIRA, Caio Mário da Silva. *Instituições de direito civil*. Rio de Janeiro: Forense, 2005. p. 26.
[63] Maria Helena Diniz considera que a posse constitui um direito real propriamente dito, desdobramento natural da propriedade (DINIZ, Maria Helena. *Curso de direito civil brasileiro*: direito das coisas. 22. ed. São Paulo: Saraiva, 2007. v. 5, p. 52).

evidência, o estado de ignorância no qual se encontra o sujeito, que acredita piamente ser possível a aquisição da coisa. Por outro lado, será de má-fé a posse quando o sujeito tem ciência do obstáculo.

No que tange ao exercício, a posse pode ser **direta ou indireta**. Como sabido, a teoria objetiva adotada pelo ordenamento jurídico pátrio permitiu o desmembramento da posse ao dispensar a aferição do elemento interno, o *animus domini*. Assim, a posse direta é aquela exercida por quem não é dono da coisa, mas titular de algum direito real ou pessoal que lhe confere uma das faculdades inerentes ao domínio. Nessa situação estão o locatário e o usufrutuário, por exemplo. Nenhum deles possui a coisa com intenção de tornar-se dono. Ao revés, a posse indireta é aquela mantida pelo proprietário quando cede a outro uma das faculdades ligadas ao domínio, como no caso do locador ou do nu-proprietário, que não têm sua posse afastada com a transferência do direito a terceiro.

Por derradeiro, esclareça-se que, ao contrário do diploma anterior, o CC de 2002 não adota classificação da posse em **nova ou velha**. Subsiste, contudo, o tratamento processual diferenciado – marcado pela dicotomia dos ritos – no que tange à força espoliativa – esbulho ou turbação. Essa sim deve ser classificada em força nova ou força velha, para fins de adequação ao rito especial ou ordinário, como se verá. À guisa de informação, será velha a força espoliativa implementada há mais de ano e dia contados do ajuizamento da ação. Nova será a ofensa perpetrada há menos de ano e dia do ajuizamento da ação possessória.

4.4 Proteção possessória

4.4.1 Uma pitada de história

Na Comissão do Senado Federal, incumbida da elaboração do anteprojeto do CPC atual, cogitou-se da abolição do rito das ações possessórias. O argumento era de que, com o advento da tutela antecipatória – com base na urgência ou na evidência –, o procedimento especial de força nova, destinado à defesa da posse ameaçada ou ofendida há menos de ano e dia, passou a ser totalmente desnecessário. Contudo, por simples razão de tradição do nosso sistema, umbilicalmente ligado às tradições românicas, as possessórias ficaram.

A preservação do procedimento tem razão de ser. A posse foi e, em certa dimensão, ainda é o direito patrimonial mais protegido no ordenamento jurídico material e processual. Não é por outra razão que a CF/1988, como decorrência do princípio da dignidade da pessoa humana e do anseio de *"construir uma sociedade livre, justa e igualitária"* – respectivamente, *fundamento e objetivo da República* – contempla o direito à propriedade (art. 5º, XXII e XIII), direito e garantia que englobam a posse.

Ao que consta nas páginas da história, pelo menos desde a promulgação da Lei das XII Tábuas, a posse passou a ser garantida por meio dos interditos, inclusive liminarmente. O fundamento de tal prontidão (antecipação da tutela) se prende ao entendimento, então imperante entre os romanos, de que a proteção da terra (posse e, por via de consequência, o domínio) constitui extensão da proteção da própria pessoa, contra violência ou arbítrio.[64]

Essa intelecção de que os interditos protegiam a própria pessoa humana explica a extensão da proteção que os romanos conferiam à tutela da posse, sem dúvida, à época, o direito patrimonial destinatário de tutela jurídica mais expedita. Não é por outra razão que, há tempos, o sistema processual brasileiro permite a concessão de tutela satisfativa antecipada, sob a rubrica de liminar, à posse. Bastava e ainda basta a demonstração de que a parte está sendo ameaçada de ser turbada ou esbulhada na posse ou que, há menos de ano e dia, sofreu turbação ou esbulho. Provado tal substrato fático, tal como fazia o pretor romano, o juiz brasileiro está compelido

---

[64] MIRANDA, Francisco Cavalcanti Pontes de. *Tratado de Direito Privado*. Cit., v. X, p. 410.

a deferir a antecipação dos efeitos da decisão final. A tutela antecipada, em tais casos, era e é deferida com base tão somente na probabilidade ou na evidência, que nada mais é do que uma probabilidade potencializada, elevada ao quadrado.

4.4.2 O juízo possessório e o juízo petitório

A posse, como direito subjetivo que é, mereceu tratamento especial por parte do ordenamento jurídico, de maneira que, uma vez violada, nasce para o seu titular a possibilidade de buscar a tutela jurisdicional com vistas ao restabelecimento do *status quo ante*, perturbado pela violência do esbulhador. É o que preceitua o art. 1.210 do CC, segundo o qual "o possuidor tem direito de ser mantido na posse em caso de turbação, restituído no de esbulho, e segurado de violência iminente, se tiver justo receito de ser molestado".

A tutela possessória pode ser exercida em juízo possessório ou petitório, a depender do fundamento subjacente ao pedido de proteção.

No juízo possessório, busca-se exercer as faculdades jurídicas oriundas da posse em si mesma considerada, sem cogitar qualquer outra relação jurídica. No juízo possessório (*ius possessionis*), protege-se a posse pelo simples fato de ser ela um direito subjetivo digno de tutela. O fundamento da pretensão é a posse.

Por outro lado, no juízo petitório (*ius possidendi*), a proteção à posse tem como substrato o direito de propriedade, ou seja, busca-se a posse como fundamento da titularidade do domínio.

A consequência prática de tal distinção reside no fato de que, na ação possessória, não cabe discutir a propriedade, porquanto a causa de pedir e o pedido versam apenas sobre a posse. Somente no juízo petitório, fundado, obviamente, na posse decorrente da propriedade, é que se poderá falar em discussão acerca do domínio.[65]

A ação possessória pode ser ajuizada até mesmo contra o proprietário, se este praticou qualquer ato tendente a violar posse legítima. Não se discute aqui a propriedade, mas a lesão a um direito subjetivo consubstanciado na posse. Como assentado desde as Ordenações Filipinas "o esbulhador deve, antes de mais nada, restituir".

Quanto ao proprietário que sofre esbulho na sua posse, duas alternativas lhe são conferidas pelo ordenamento jurídico: ajuizar ação reivindicatória com vistas a reaver a posse com base na propriedade ou ação de reintegração de posse com fundamento unicamente na ofensa à sua posse física anterior. Se optar pela segunda alternativa, o pleito será examinado sem levar em consideração a sua condição de proprietário. Além disso, o proprietário deverá demonstrar que, no momento do esbulho, exercia poder de fato sobre a coisa.

Na praxe forense, contudo, não é raro deparar-se com ações possessórias instruídas com prova da titularidade do bem. Logicamente, tal meio de prova não terá qualquer valia, haja vista que o objeto cognitivo da ação é a posse anterior e a ofensa perpetrada pelo réu, seja ele proprietário ou não.

Se, contudo, o proprietário ajuíza ação possessória sem nunca ter possuído a coisa, será carecedor da ação por ausência de interesse de agir, analisado sob o prisma da adequação. É que, como nunca teve a posse, não poderá alegar ato atentatório a ela pelo simples fato de ser proprietário da coisa. Nesse caso, a solução seria lançar mão de ação de imissão na posse, para ser investido no direito que nunca exerceu. É o que ocorre, por exemplo, com o adquirente do imóvel que não consegue imitir-se na posse por resistência do alienante. Se ele nunca foi possuidor, nada há a reintegrar.[66]

---

[65] A exceção de domínio será objeto de análise mais detalhada no momento oportuno.
[66] "Agravo de instrumento. Ação de reintegração de posse. Ausência de comprovação da posse anterior. Falta de interesse de agir. Carência de ação. Aplicação do efeito translativo. Extinção do feito origi-

Por outro lado, pode ocorrer de o autor ajuizar ação dita "reivindicatória" mas assentar sua pretensão no esbulho à sua posse anterior. Como se pode observar, a despeito do nome atribuído à ação, a causa de pedir versa sobre autêntica pretensão possessória. Nesse caso, o julgador deve ignorar o *nomen iuris* e se ater aos fatos e fundamentos expendidos na inicial.

É que o processo civil contemporâneo, revestido de caráter essencialmente instrumental, não pode mais tolerar a consagração dos ritos e das fórmulas em detrimento do conteúdo. Nesse contexto, o nome atribuído à ação – o rótulo que se lhe deu – passa a constituir elemento irrelevante para a efetividade da prestação jurisdicional, que tem por escopo último a realização da justiça. Imbuído de tal concepção, deve o julgador se ater à pretensão deduzida em juízo e não ao nome que se haja atribuído à ação.

Não se trata de aplicar o princípio da fungibilidade previsto no art. 554, *caput*, e que será estudado oportunamente. Este princípio, por óbvio, apenas se aplica às espécies de tutela possessória taxativamente previstas no CPC (reintegração, manutenção e interdito proibitório) e não prevê a fungibilidade entre o juízo possessório e o petitório. O que se pretende com tal providência é conferir aplicabilidade ao cânone da efetividade da prestação jurisdicional, aproveitando-se todos os atos processuais que não tragam prejuízos à defesa do réu.

JURISPRUDÊNCIA TEMÁTICA

"(...) Nos termos do art. 557 do CPC/2015, "na pendência de ação possessória é vedado, tanto ao autor quanto ao réu, propor ação de reconhecimento do domínio, exceto se a pretensão for deduzida em face de terceira pessoa". 5. A proibição do ajuizamento de ação petitória enquanto pendente ação possessória não limita o exercício dos direitos constitucionais de propriedade e de ação, mas vem ao propósito da garantia constitucional e legal de que a propriedade deve cumprir a sua função social, representando uma mera condição suspensiva do exercício do direito de ação fundada na propriedade. 6. Apesar de seu *nomen iuris*, a ação de imissão na posse é ação do domínio, por meio da qual o proprietário, ou o titular de outro direito real sobre a coisa, pretende obter a posse nunca exercida. Semelhantemente à ação reivindicatória, a ação de imissão funda-se no direito à posse que decorre da propriedade ou de outro direito real (*jus possidendi*), e não na posse em si mesmo considerada, como uma situação de fato a ser protegida juridicamente contra atentados praticados por terceiros (*jus possessionis*). 7. A ação petitória ajuizada na pendência da lide possessória deve ser extinta sem resolução do mérito, por lhe faltar pressuposto negativo de constituição e de desenvolvimento válido do processo. 8. Demonstrados os requisitos do art. 561 do CPC/2015, é de rigor a procedência do pedido de manutenção de posse. Aplicação do direito à espécie, na forma do art. 255, 5º,

---

nário. É requisito para a propositura da ação possessória, que o autor tenha a posse do imóvel, sendo indiferente a arguição de domínio, cabendo, quando da interposição da presente ação reintegratória, comprovar a sua posse anterior, pois, a partir da comprovação de tal fato, nasceria para este o direito de requerer a reintegração do bem objeto do litígio de quem injusta ou ilegitimamente os detenha; o fato de não ter o autor, comprovado a posse anterior sobre os bens de sua propriedade, bem como o esbulho por ele sofrido, retira-lhe, inegavelmente, o interesse de agir, ocasionando a extinção do feito, sem julgamento do mérito, com fulcro no art. 267, VI, do CPC. O nosso sistema processual autoriza a instância recursal, por força do efeito translativo dos recursos, a examinar as questões de ordem pública, como as condições da ação, independentemente de pedido ou requerimento das partes ou interessado, cabendo aplicação da regra dos artigos 267, § 3º, e 301, § 4º, do CPC. De ofício, extingo o processo originário, nos termos dos artigos 267, § 3º, e 301, § 4º, do CPC" (TJ-MG, Apelação Cível 1.0621.05.010062-0/001, 12ª Câmara Cível, Rel. Des. Domingos Coelho, j. 15.02.2006).

do RISTJ. 9. Recurso especial conhecido e provido". (STJ, REsp 1.909.196/SP, Rel. Min. Nancy Andrighi, 3ª Turma, j. em 15.06.2021, *DJe* 17.06.2021).

4.4.3 Ações possessórias típicas

Traçada a distinção entre o juízo possessório e o juízo petitório, cumpre esclarecer que a ação reivindicatória – manejada pelo proprietário com vistas a obter a posse com base no título dominial – será processada pelo rito comum, bem assim as ações possessórias fundadas em força espoliativa velha, reservando-se para as ações possessórias baseadas em força espoliativa nova o rito especial. **Quais seriam, então, as ações possessórias e o que justifica a adoção do rito especial e mais célere?** São essas as indagações a serem respondidas neste tópico.

Ações possessórias típicas são as de manutenção de posse, reintegração de posse e interdito proibitório. O cabimento de cada uma delas será determinado pelo tipo de ofensa perpetrada ao direito do possuidor.

Destarte, adequado se reputa o ajuizamento da **ação de manutenção de posse** quando ocorrer a turbação, consistente no embaraço ao livre exercício da posse. O possuidor é turbado quando, apesar de continuar possuindo a coisa, perder parte do poder sobre ela. Na lição de Orlando Gomes, os atos de turbação podem ser positivos, como o corte de árvores ou a implantação de marcos, ou negativos, como quando o turbador impede o possuidor de praticar certos atos.[67]

Terá lugar a **ação de reintegração de posse** quando o possuidor sofrer esbulho, ou seja, quando houver sido desapossado por terceiro, perdendo a disponibilidade sobre a coisa. Saliente-se, por relevante, que não é necessário o desapossamento da integralidade da coisa para fins de configuração do esbulho. É perfeitamente possível que o possuidor perca a disponibilidade de parte da coisa, fato que caracteriza o esbulho e não a turbação. Isso porque o traço distintivo entre as duas figuras é justamente a possibilidade de o possuidor continuar exercendo seu direito ou não, não importando se sobre toda a coisa ou apenas parte dela.[68]

Finalmente, o **interdito proibitório** será cabível quando se estiver diante de ameaça ao exercício da posse. Caracteriza-se a ameaça quando há fundado receio de que a posse seja turbada ou esbulhada. Nesse caso, nenhum ato ofensivo à posse foi perpetrado, mas há indícios concretos de que algo pode ocorrer. À guisa de exemplo, tem-se por configurada a ameaça quando o ofensor se posiciona defronte ao imóvel portando objetos e máquinas que façam presumir a invasão.

Essas são, portanto, as três ações possessórias típicas, assim chamadas porque encerram a tutela de um possuidor contra algum fato que ofenda a relação possessória existente.[69] Ao lado delas, existem outras ações que têm por fim a aquisição ou recuperação da posse com base na existência de alguma relação jurídica que enseje o surgimento desse direito. Porque não versam sobre qualquer modalidade de ofensa à posse, tais ações não são consideradas como possessórias.

A tutela possessória somente será prestada pelo rito especial se se tratar de ação de força nova, isto é, intentada dentro de ano e dia da ofensa à posse (art. 558).

Sendo a ação de força velha, ou seja, intentada depois de ultrapassado o prazo de ano e dia, o rito a ser observado é comum, posto que, nessa hipótese, não se admite a concessão de liminar com base no disposto nos arts. 561, 562 e 563 do CPC. Importante salientar, contudo,

---

[67] GOMES, Orlando. *Direitos reais*. Rio de Janeiro: Forense, 2005.
[68] WAMBIER, Luiz Rodrigues; ALMEIDA, Flávio Renato Correia; TALAMINI, Eduardo. *Curso avançado de processo civil*. São Paulo: RT, 2003. v. 3, p. 184.
[69] SILVA, Ovídio Baptista da. *Procedimentos especiais*. Porto Alegre: Aide, 1993. p. 194.

que, em sendo observado o procedimento comum para as ações de força velha espoliativa, há possibilidade de antecipação de tutela.

É importante registrar que a circunstância de a ação de força velha seguir o rito ordinário não retira o seu caráter possessório. Outra observação pertinente é a de que o interdito proibitório será sempre processado pelo rito especial, haja vista que a ameaça de ofensa há de ser necessariamente atual. Assim, apenas às ações de manutenção e de reintegração de posse se cogita a possibilidade de se imprimirem procedimentos diversos: comum, se de força velha; especial, se de força nova.

4.4.4 A perda da pretensão possessória e a caducidade do direito ao rito especial: prescrição e decadência

A inexorável passagem do tempo desempenha relevante papel também sobre as relações jurídicas. De um lado, é causa de aquisição de direitos, como ocorre na usucapião. De outro, tem o condão de extinguir a pretensão não exercitada em determinado prazo. Pode, ainda, fazer desaparecer alguns direitos que somente podem ser exercidos dentro de certo lapso temporal.

A prescrição, como sabido, consiste na perda da pretensão pelo decurso do tempo, entendendo-se por pretensão o poder de exigir de outrem, coercitivamente, o cumprimento de dever jurídico, ou seja, de uma prestação. Nesse sentido, estabelece o art. 189 do CC que: "violado o direito, nasce para o titular a pretensão, a qual se extingue, pela prescrição, nos prazos a que aludem os arts. 205 e 206". Como se vê, só se pode falar em prazo prescricional quando houve violação a um direito, a partir de quando surge a pretensão.

Outro instituto ligado ao decurso do tempo, a decadência, pode ser entendida como a extinção de um direito potestativo, isto é, um poder jurídico conferido ao seu titular de interferir na esfera jurídica de terceiro, sem que este nada possa fazer.

Colocadas essas premissas iniciais, cumpre destacar que, em regra, não há em nosso sistema direitos imprescritíveis. Diz-se em regra porque escapam dos efeitos deletérios da prescrição os direitos que se prendem à personalidade ou ao estado da pessoa. Não prescrevem, igualmente, as faculdades legais, entre elas aquela que permite ao proprietário utilizar a coisa da qual é titular.[70]

Não se está aqui pretendendo dizer que o direito de propriedade é absoluto e imune à prescrição. Isso porque a faculdade de usar a coisa nada mais é do que uma das faculdades inerentes ao domínio, que não se confunde de forma alguma com a propriedade.

Com efeito, o direito subjetivo de propriedade liga-se à relação jurídica que se forma entre aquele que detém a titularidade formal do bem e a coletividade. A seu turno, o domínio é a relação de submissão direta e imediata da coisa ao seu titular. Apesar de tênue, a distinção ora traçada justifica o caráter absoluto do domínio e relativo da propriedade.

É que o domínio consiste no vínculo real entre o titular e a coisa e, como tal, não sofre qualquer limitação ou condicionamento. Por outro lado, a propriedade é relativa, visto que destinada a tornar funcional o bem pela imposição de deveres de seu titular perante a coletividade. A propriedade recebe função social, mas não o domínio, logo, não há como negar o caráter relativo do direito de propriedade.[71]

---

[70] PEREIRA, Caio Mário da Silva. *Instituições de direito civil*. 20. ed. Rio de Janeiro: Forense, 2004. v. II, III e IV, p. 688.

[71] "O direito de propriedade não se reveste de caráter absoluto, eis que, sobre ele, pesa grave hipoteca social, a significar que, descumprida a função social que lhe é inerente (CF, art. 5º, XXIII), legitimar-se-á a intervenção estatal na esfera dominial privada, observados, contudo, para esse efeito, os limites, as formas, e os procedimentos fixados na própria Constituição da República. O acesso à terra, a solução

Ademais, porque o direito de propriedade refere-se à relação entre titular e sociedade, qualquer lesão perpetrada por terceiro atingirá a ela e fará surgir a pretensão reivindicatória. E uma vez surgida a pretensão, dá-se início ao transcurso da prescrição, nos termos do citado art. 189 do CC.

A conclusão inafastável a que se chega é a de que o direito de propriedade, de inegável caráter relativo, sujeita-se à prescrição. Não se amolda ao princípio da função social da propriedade a ideia de pretensão reivindicatória imprescritível. Revestida de incontestável natureza condenatória, não há justificativa razoável para se tratar a reivindicatória de forma diferenciada.

Superada a questão da prescritibilidade da pretensão reivindicatória, cumpre definir qual o prazo aplicável à espécie.

À falta de disposição específica para ações dessa natureza, deve-se aplicar o prazo prescricional ordinário previsto no art. 205 do CC, qual seja, dez anos.

Deixando a seara da tutela possessória baseada na propriedade e voltando a atenção para as ações possessórias típicas – objeto deste capítulo –, impende observar que também elas estão sujeitas à prescrição. É que, ocorrido o esbulho, a turbação ou a ameaça, violado se encontra o direito subjetivo da posse. Via de consequência, surge a pretensão e, com ela, o transcurso do prazo prescricional.

À semelhança do que ocorre com a pretensão reivindicatória, nas possessórias típicas, o prazo de prescrição é de dez anos, consoante disposto no art. 205 do CC.

As ações possessórias típicas apresentam ainda uma peculiaridade digna de nota. Com efeito, o art. 558 do CPC traz prazo decadencial de ano e dia, contado da turbação ou esbulho, para que o possuidor possa se valer do rito especial.

Em outras palavras, decorridos mais de ano e dia desde a data do ato espoliativo, entende-se que o autor perde o seu direito – direito potestativo – ao rito mais expedito previsto no CPC, hipótese em que a ação tramitará sob o rito comum, sem, contudo, perder a sua feição de ação possessória.

Como bem salientado por Cristiano Chaves de Farias e Nelson Rosenvald, a passagem do prazo decadencial não acarretará para o possuidor a perda do direito potestativo de desconstituir a situação jurídica do réu, mas apenas a privação do procedimento especial.[72]

Tal consideração é sumamente importante, porquanto o direito do possuidor molestado de ser restituído ao *status quo ante* não se sujeita a qualquer prazo decadencial. A decadência atinge, como salientado, o direito do autor de utilizar-se do rito especial. Uma vez transcorrido o prazo de ano e dia, o possuidor continua tendo a possibilidade de deduzir sua pretensão possessória contra o réu, a qual somente se extinguirá se transcorrido o prazo prescricional previsto no art. 205 do CC.

Na hipótese de ajuizamento da ação possessória, além de ano e dia da ocorrência da turbação ou do esbulho, nada impede que o magistrado conceda a tutela possessória em caráter liminar, mediante antecipação de tutela, desde que presentes os requisitos necessários à sua concessão. Como a demanda tramitará pelo procedimento comum, os dispositivos inerentes a este procedimento podem e devem ser aplicados.[73]

---

dos conflitos sociais, o aproveitamento racional e adequado do imóvel rural, a utilização apropriada dos recursos naturais disponíveis e a preservação do meio ambiente constituem elementos de realização da função social da propriedade" (ADI-MC 2.213, Rel. Min. Celso de Mello, j. 23.04.2004).

[72] FARIAS, Cristiano Chaves de; ROSENVALD, Nelson. *Direitos reais*. Rio de Janeiro: Lumen Juris, 2006. p. 134.

[73] Nesse sentido: Enunciado nº 238/CJF/STJ, da III Jornada de Direito Civil; STJ, REsp 55.027/MG, Rel. Min. Carlos Alberto Menezes Direito, j. 27.04.2004.

Assim, podemos concluir: (i) caso intentada a ação dentro de ano e dia, ela seguirá o rito especial, com possibilidade de expedição de mandado liminar de reintegração/manutenção de posse (art. 562); (ii) se o ajuizamento da ação possessória ocorrer após ano e dia, será adotado o rito comum, sendo possível a concessão de tutela provisória de urgência de natureza antecipada, desde que preenchidos os requisitos do art. 300.

4.4.5 Outros mecanismos para a tutela da posse

Existem litígios que envolvem proteção à posse sem que se possa, propriamente, cogitar de esbulho, turbação ou ameaça, mas da existência de relação jurídica que autoriza a tutela possessória, razão por que não se poderá manejar a ação possessória. Para a proteção da posse nesses casos, o ordenamento jurídico oferece formas diferenciadas de tutela, as quais serão tratadas em seguida.

A **ação de imissão na posse** tem natureza petitória e se presta para proteger a posse daquele que adquire a propriedade, mas, em virtude da recalcitrância do alienante, por exemplo, não consegue se investir na posse. Como se vê, o novo proprietário invocará o *ius possidendi*, ou seja, o direito de posse decorrente da propriedade.

Semelhante à imissão na posse, a **reivindicatória** também desfruta de natureza petitória e constitui meio idôneo para que o proprietário invoque o seu direito à posse. Entretanto, nesse caso, busca-se recuperá-la, ao passo que, no caso da imissão, tenciona-se a investidura inicial. Já se disse anteriormente que o proprietário dispõe de duas vias para recuperar a posse perdida: ajuizar ação possessória alegando o esbulho contra ele perpetrado ou ingressar com ação reivindicatória, visando recuperar uma das faculdades inerentes ao seu domínio. Reitere-se que somente no último caso a discussão sobre a propriedade se revelará pertinente.

Outro instrumento que visa à defesa da posse sem se revestir de natureza tipicamente possessória são os **embargos de terceiro**. Ao contrário do que ocorre na lide possessória, a insurgência nos embargos de terceiro não se dá contra o ato de esbulho ou turbação em si, mas com relação ao reconhecimento judicial de que o bem constrito estaria na esfera patrimonial de responsabilidade do devedor. Assim, quando a ofensa à posse não decorre de atos materiais, mas de ordem judicial, cabíveis serão os embargos de terceiro para paralisar a execução do ato constritivo.

Por fim, cumpre discorrer sobre a natureza da **ação de despejo**. Como sabido, referida ação foi contemplada pela Lei nº 8.245/1991 como instrumento hábil à recuperação da posse direta, cedida a terceiro por meio do contrato de locação. Analisando mais detidamente o objeto da ação de despejo, verifica-se que o que se busca, precipuamente, é a extinção do contrato, sendo a recuperação da posse mera consequência da dissolução do vínculo locatício. Nesse diapasão, conclui-se que a ação não se reveste de caráter possessório, visto que não há qualquer discussão sobre a posse. Sequer se cogita da ocorrência de esbulho ou turbação, razão por que não se pode qualificá-la como possessória.[74]

Pode ocorrer, entretanto, de o contrato de locação já haver se extinguido pelo decurso do prazo, por exemplo. Por conta disso, a posse outrora legítima transformou-se em precária e passou a configurar esbulho. Nesse caso, a ação de despejo versará sobre a injustiça da posse, revestindo-se de nítido caráter possessório, mas não se confundindo com a ação ora tratada.

---

[74] "Nas ações de despejo, não se discute a posse em si mesma, sua natureza ou extensão, tendo elas por base um contrato de locação, que é relação jurídica de direito obrigacional, e que se pretende dissolver, o que lhes confere índole meramente pessoal" (SOUZA, Sylvio Capanema de. *Da locação do imóvel urbano*. Rio de Janeiro: Revista Forense, p. 395).

JURISPRUDÊNCIA TEMÁTICA

"Recurso especial. Reintegração de posse. Imóvel alugado. Descabimento. Ação de despejo. Via adequada. Recurso provido. 1. A via processual adequada para a retomada, pelo proprietário, da posse direta de imóvel locado é a ação de despejo, na forma do art. 5º da Lei nº 8.245/1991, não servindo para esse propósito o ajuizamento de ação possessória. 2. Recurso especial provido para julgar extinta ação de reintegração de posse". (REsp 1.812.987/RJ, Rel. Min. Antonio Carlos Ferreira, 4ª Turma, j. 27.04.2023, *DJe* 04.05.2023).

4.5 Fungibilidade das possessórias

Em razão da dificuldade de se distinguir entre uma situação de esbulho e turbação ou entre esta e a de simples ameaça de ofensa à posse, o legislador contemplou a fungibilidade ou conversibilidade dos interditos. Segundo esse princípio, "a propositura de uma ação possessória em vez de outra não obstará a que o juiz conheça do pedido e outorgue a proteção legal correspondente àquela, cujos requisitos estejam provados" (art. 554). Aliás, é comum o autor ajuizar a demanda possessória em razão de determinada conduta do réu e ocorrer, no curso do processo, mudança substancial na situação fática, impondo ao juiz a concessão da tutela possessória diversa da pleiteada. A título de elucidação, imaginemos a seguinte situação: alguém ameaça esbulhar a posse de outrem. Este, então, ajuíza o interdito proibitório. Ocorre que, no curso do processo, o esbulho é concretizado, deixando, assim, de ser simples ameaça. Nesse caso, provado o esbulho, a tutela adequada é, evidentemente, a reintegração de posse e não simplesmente a proibição à conduta ameaçadora, vez que a ofensa se encontra consumada.

A conversibilidade prevista no art. 554 se restringe às possessórias. Se o caso, por exemplo, for de ação petitória e o autor ajuizou ação possessória, não se admite a aplicação do princípio, posto que os pedidos e as causas de pedir das duas demandas são completamente diversos e, sendo assim, a outorga de uma tutela em vez de outra implicaria julgamento *extra petita*.

Também não se poderá admitir a fungibilidade de uma possessória por outra se a nova ofensa à posse ocorreu após o trânsito em julgado da sentença. Por óbvio, o novo ato espoliativo constitui causa de pedir para novo pleito possessório.

4.6 Natureza dúplice das ações possessórias

Ações de natureza dúplice ou ambivalente são aquelas em que autor e réu ocupam, simultaneamente, ambos os polos da relação jurídico-processual. **Nas ações dúplices acontece um interessante fenômeno: a procedência do pedido formulado na inicial levará, automaticamente, à rejeição da pretensão do réu**. É o que ocorre, por exemplo, na ação direta de inconstitucionalidade.

Nas ações dúplices, é possível ao réu implementar verdadeiro contra-ataque em face do autor na contestação, sem necessidade de utilizar-se da via reconvencional, por razões de economia processual.

O que qualifica a ação como dúplice é a unidade de pretensões das partes. É o que ocorre nas ações possessórias típicas, nas quais a lide girará em torno da melhor posse. Perfeitamente possível, pois, que o réu alegue que foi ofendido em sua posse pelo autor e não o contrário. Exemplificando:

"Quando na pendência de ação de reintegração de posse, uma das partes ajuíza ação de manutenção de posse em relação ao mesmo imóvel e contra outra parte do primeiro processo, resta configurada a litispendência, pois as ações possessórias gozam de fungibilidade, possuem natureza dúplice e os fatos supervenientes também são considerados pelo julgador, não se justificando instauração de demanda autônoma, passível de gerar decisões conflitantes ou desconsideração indevida de dados importantes trazidos em apenas um dos feitos" (TJ-MG – AI: 10058160014831001/MG, Rel. José Augusto Lourenço dos Santos, j. 02.08.2017, 12ª Câmara Cível, *DJe* 08.08.2017).

Note-se, todavia, que **a natureza dúplice das ações possessórias é imposta por lei e se reveste de caráter excepcional**. Assim, é de se concluir que o art. 556 arrola de forma taxativa as possibilidades de pedido contraposto a ser formulado pelo réu. Assim, poderá ele, em sede de contestação, demandar proteção possessória e indenização pelos prejuízos resultantes da suposta moléstia perpetrada pelo autor, e nada mais.

4.7 Procedimento das ações possessórias

A especialização do procedimento decorre da possibilidade de se deferir medida liminar nas ações possessórias.

Pouco importa se móvel ou imóvel o bem cuja posse pretende defender. Tratando-se de ação de força nova, isto é, intentada dentro de ano e dia da ofensa à posse, cabível será o deferimento de proteção liminar e o procedimento adequado será o especial. Nesse caso, concedido ou não o mandado liminar, o autor promoverá, nos cinco dias subsequentes, a citação do réu para contestar a ação, seguindo-se após o procedimento comum.

Na hipótese de ser impossível a prova documental dos requisitos exigidos para o deferimento da proteção liminar (art. 561), prevê o art. 562 a designação de audiência de justificação, ocasião em que será colhida prova oral dos fatos alegados.

Sendo a ação de força velha, ou seja, intentada depois de ultrapassado o prazo de ano e dia, o rito a ser observado será o comum.

Em linhas gerais, essas são as feições do procedimento possessório, que será detalhado a seguir.

4.7.1 Legitimação e intervenção de terceiros

A legitimidade ativa para as ações possessórias é atribuída ao possuidor da coisa, seja ele direto ou indireto. Assim, por exemplo, tanto o locador quanto o locatário podem ajuizar ação de reintegração de posse no caso de esbulho perpetrado por terceiro. Nada obsta, ainda, que ambos, possuidor direto e possuidor indireto, ajuízem a ação possessória em litisconsórcio facultativo.

Questão relevante diz respeito à natureza do litisconsórcio formado entre cônjuges compossuidores. Com efeito, dispunha o art. 73, § 2º, do CPC que, "nas ações possessórias, a participação do cônjuge do autor ou do réu somente é indispensável nas hipóteses de composse ou de ato por ambos praticado". Da leitura do dispositivo transcrito, depreende-se que, se os cônjuges forem compossuidores da coisa turbada ou esbulhada, devem ajuizar a demanda possessória em litisconsórcio ativo. Se, ao contrário, somente um dos consortes é possuidor da coisa, não há que se falar em litisconsórcio ou em outorga marital, porquanto a ação possessória não tem natureza real.[75]

---

[75] Nesse sentido: "Em ação de reintegração de posse, existindo a composse, é imprescindível a participação do cônjuge para o processamento válido (art. 10, § 2º, do CPC)" (STJ, REsp 553.914/PE, Rel. Min. Castro Meira, j. 18.03.2008).

Interpretando tal dispositivo, parcela da doutrina entende se tratar do exemplo por excelência de litisconsórcio ativo necessário. Entretanto, em nome do princípio da inafastabilidade da jurisdição, a maior parte dos doutrinadores repudia o litisconsórcio ativo necessário, afirmando que ninguém é obrigado a ver seu direito de ação condicionado à participação de outro sujeito no polo ativo, razão por que, à falta de um dos cônjuges compossuidores, o juiz ordenará ao autor que promova a sua citação (art. 115, parágrafo único). De qualquer forma, seja como litisconsorte ativo, seja como réu, indispensável a participação do cônjuge compossuidor.

Ainda com relação à composse, admite-se a propositura de ação de reintegração de posse de um herdeiro compossuidor em face do outro, em razão do princípio da *saisine*.[76]

No polo passivo da ação possessória deverá figurar aquele que praticou o esbulho, turbação ou ameaça, ainda que também seja possuidor da coisa. É que se afigura perfeitamente possível que o possuidor direto se volte contra o possuidor indireto ou vice-versa. Assim, se o comodatário pratica esbulho, nada obsta a que o comodante promova ação de reintegração de posse.

Importante observar que, não raramente, o causador da ofensa é preposto de terceiro. Nesse caso, age em cumprimento às ordens dadas pelo seu patrão, devendo-se considerá-lo, portanto, como mero detentor em relação à posse ofendida. Sendo assim, a legitimação passiva deverá ser atribuída àquele que ordenou a prática do ato espoliativo, caso em que, sendo a ação ajuizada em face do detentor, deverá ele alegar, em contestação, ser parte ilegítima ou não ser o responsável pelo prejuízo invocado, hipótese em que o juiz facultará ao autor, em 15 dias, a alteração da petição inicial para substituição do réu (arts. 338 e 339).

JURISPRUDÊNCIA TEMÁTICA

"(...) A citação é, em regra, pessoal, não podendo ser realizada em nome de terceira pessoa, salvo hipóteses legalmente previstas, como a de tentativa de ocultação (citação por hora certa), ou, ainda, por meio de edital, quando desconhecido ou incerto o citando. 5. Na hipótese de composse, a decisão judicial de reintegração de posse deverá atingir de modo uniforme todas as partes ocupantes do imóvel, configurando-se caso de litisconsórcio passivo necessário. 6. A ausência da citação de litisconsorte passivo necessário enseja a nulidade da sentença. 7. Na linha da jurisprudência desta Corte, o vício na citação caracteriza-se como vício transrescisório, que pode ser suscitado a qualquer tempo, inclusive após escoado o prazo para o ajuizamento da ação rescisória, mediante simples petição, por meio de ação declaratória de nulidade (*querela nullitatis*) ou impugnação ao cumprimento de sentença. 8. Recurso especial provido". (STJ, REsp 1.811.718/SP, Rel. Min. Ricardo Villas Bôas Cueva, 3ª Turma, j. 02.08.2022, *DJe* 05.08.2022).

4.7.2 Competência

Como sabido, a ação possessória tem natureza pessoal e, como tal, se enquadraria na regra de competência insculpida no art. 46, segundo o qual as **ações fundadas em direito pessoal ou em direito real sobre bens móveis serão propostas, em regra, no foro de domicílio do réu**.

Entretanto, não se pode perder de vista que o art. 47, § 2º, estabelece regra especial. O comando prevê que a ação possessória imobiliária deverá ser proposta no foro de situação da coisa, cujo juízo terá competência absoluta.

Assim, **não obstante fundarem-se em direito pessoal, por expressa previsão legal, as ações possessórias imobiliárias deverão ser propostas no foro da situação da coisa**. Trata-se

---

[76] Ver: STJ, REsp 537.363/RS, Rel. Min. Vasco Della Giustina (Desembargador convocado do TJRS), j. 20.04.2010.

de norma cogente, que, levando em conta critério funcional, estabeleceu regra de competência absoluta para processar as causas que versem sobre posse de bens imóveis. Eventual infringência à regra do art. 47, § 2º, conduz à incompetência absoluta do juízo.

Como não se pode falar em prorrogação de competência absoluta, o vício poderá ser alegado a qualquer tempo e grau de jurisdição ou reconhecido de ofício.

A natureza absoluta da competência já era reconhecida pela jurisprudência na vigência do CPC/1973 (STJ, REsp 1.678.862/DF, Rel. Min. Nancy Andrighi, 3ª Turma, j. 18.09.2018, DJe 24.09.2018). Assim, já era possível extrair do art. 95 do CPC/1973 uma regra de competência absoluta, por meio da qual, recaindo o litígio sobre direito de propriedade, vizinhança, servidão, posse, divisão e demarcação de terras e nunciação de obra nova, o foro competente seria necessariamente o da localização do bem.

Apesar da natureza absoluta, há entendimento na jurisprudência do STJ admitindo a relativização da regra do art. 47, § 2º, do Código atual, quando a ação possessória for decorrente de relação jurídica de direito pessoal, surgida em consequência de contrato existente entre as partes. Nesse caso, deverá prevalecer, segundo entendimento da Corte, o foro de eleição pactuado (AgInt no REsp 1.835.295/MA, Rel. Min. Marco Buzzi, 4ª Turma, j. 30.03.2020, DJe 02.04.2020).

Para exemplificar a excepcionalidade apresentada pela jurisprudência do STJ, imagine que João propôs ação de rescisão contrato de compra e venda em face de Pedro, em razão do inadimplemento das parcelas pactuadas. No contrato foi adotado como foro de eleição a cidade de Recife/PE, mas o imóvel objeto do negócio está localizado em João Pessoa/PB. Nesse exemplo, a ação proposta por João é decorrente de uma relação de direito pessoal surgida em consequência de contrato existente entre as partes, no qual foi pactuado livremente o foro de eleição. A existência de um pedido de reintegração de posse formulado por João é mera consequência natural da resolução do contrato pretendida na petição inicial, de modo que não deve atrair a regra de competência absoluta inculpida no art. 47, § 2º, do CPC.

Regra geral, a competência para processar e julgar a ação possessória será da Justiça Comum Estadual, mais precisamente no foro da situação da coisa, com a ressalva que fizemos anteriormente. Diz-se regra geral porque, em alguns casos, a competência não será da Justiça Comum Estadual, como se verá.

Com efeito, em determinados casos, o Juizado Especial terá competência para o processo e julgamento das ações possessórias. É o que ocorre quando o valor da causa for igual ou inferior a 40 salários mínimos, consoante se extrai do art. 3º, IV, da Lei nº 9.099/1995.

Existe também a possibilidade de o litígio possessório recair sobre imóvel de propriedade da União ou suas autarquias, fundações ou empresas públicas. Nessa hipótese, a competência será da Justiça Estadual, se as partes disputam a posse sem contestação de domínio por parte da União.[77] Uma vez manifestado o interesse do ente público no litígio, o processo deverá ser remetido à Justiça Federal, porquanto, a teor da Súmula nº 150 do STJ, a ela compete decidir acerca do interesse da União no feito. Não importa o fato de a ação possessória vedar a discussão acerca do domínio. Se a decisão no pleito possessório implicar alteração no contexto econômico da pessoa jurídica de direito público, autorizada estará a intervenção anômala da União, nos termos do art. 5º, parágrafo único, da Lei nº 9.469/1997.[78]

---

[77] MONTENEGRO FILHO, Misael. *Ações possessórias*. São Paulo: Atlas, 2004. p. 58.

[78] "Parágrafo único: as pessoas jurídicas de direito público poderão, nas causas cuja decisão possa ter reflexos, ainda que indiretos, de natureza econômica, intervir, independentemente da demonstração de interesse jurídico, para esclarecer questões de fato e de direito, podendo juntar documentos e

O enunciado da Súmula 637 do STJ, aprovado em 07.11.2019, admite a legitimidade do ente público para intervir incidentalmente em ação possessória entre particulares, sendo-lhe permitido deduzir qualquer matéria defensiva, até mesmo a alegação de domínio. Trata-se de hipótese que, na prática, relativiza a regra exposta no art. 557 do CPC, segundo a qual "na pendência de ação possessória é vedado, tanto ao autor quanto ao réu, propor ação de reconhecimento de domínio, exceto se a pretensão for deduzida em face de terceira pessoa".

Veja um exemplo: em ação de reintegração de posse envolvendo particulares, o Instituto Nacional de Colonização e Reforma Agrária (INCRA) apresenta oposição alegando que o terreno objeto da ação é de propriedade da autarquia federal. Nesse caso, por se tratar de bem público, não há falar em demonstração do poder físico sobre o imóvel para a caracterização da posse, de modo que caberá ao INCRA reivindicar a proteção possessória por meio da oposição. A ação irá tramitar, a partir da intervenção da autarquia federal, perante a Justiça Federal.

A aplicação do entendimento sumulado não indica a automática procedência da demanda em favor do ente público. De acordo com o parágrafo único do art. 557 do CPC, "não obsta a manutenção ou à reintegração de posse a alegação de propriedade ou de outro direito sobre a coisa". Assim, não é a intervenção do poder público e a alegação de propriedade que inviabilizará a proteção possessória pretendida pelas partes, mas o que efetivamente for apurado no curso do processo.

4.7.3 Petição inicial

A petição inicial deverá observar, como é intuitivo, todos os requisitos essenciais insculpidos nos arts. 319 e 320. Haja vista a especialidade do procedimento, destaque há de ser dado à causa de pedir e ao pedido, que variarão de acordo com o tipo de ofensa perpetrada contra a posse.

Em primeiro lugar, **deve o autor noticiar a sua posse anterior**. É que, como sabido, o pleito possessório se assenta justamente na ofensa à posse como estado fático. Logo, se não havia posse, não se pode falar em pretensão de tutela, razão por que se fala, nessa situação, em ausência de interesse processual. Nem mesmo a alegação de domínio tem o condão de substituir o requisito da posse anterior, porquanto, como já consignado alhures, a discussão acerca da propriedade não tem lugar nas ações possessórias.[79] Aliás, convém advertir que a posse anterior não se prova com cópia da escritura registrada ou qualquer título de domínio, mas sim com documentos que demonstrem o poder fático sobre a coisa, de maneira a dar-lhe destinação socioeconômica. São exemplos de documentos que bem demonstram a posse: contas de luz, correspondências, fotografias, entre outros. Nada obsta a que a prova se faça por meio de prova oral. Afinal, com relação à posse, vige o princípio da realidade fática.

Faz-se imprescindível também narrar em que consiste a ofensa perpetrada pelo réu (**ameaça, turbação ou esbulho**). Já se conceituou alhures cada uma das modalidades de violação ao direito de posse, oportunidade em que restou demonstrado o quão tênue é a diferença entre elas. Naturalmente, dada a similitude entre as figuras, é muito comum a indicação errônea na petição inicial, o que não prejudica a prestação jurisdicional. É que, dada a fungibilidade entre as medidas, perfeitamente possível reconhecer uma forma de afronta à posse diversa daquela

---

memoriais reputados úteis ao exame da matéria e, se for o caso, recorrer, hipótese em que, para fins de deslocamento de competência, serão consideradas partes".

[79] É por tal razão que o promitente comprador, que já tenha título que lhe confere direito real, não tem interesse processual para intentar ação de reintegração de posse, mas sim imissão na posse, na qual pleiteará a posse com base no título de propriedade.

narrada na inicial, se os elementos trazidos aos autos assim permitirem. O que importa, na verdade, é deixar claro que a posse anterior foi molestada.

Outro elemento que não deve faltar é a data em que levado a efeito o ato espoliativo. Isso porque, com base nesse dado, será determinado o procedimento, se comum ou especial. A data exata da turbação ou esbulho, por se tratar de matéria exclusivamente fática, envolve certa dificuldade de comprovação. Via de regra, a prova é feita por meio de declarações de vizinhos ou boletins de ocorrência. Caso não haja prova, na inicial, acerca da ocorrência do esbulho há menos de ano e dia, será designada audiência de justificação, sobre a qual falaremos adiante.

Por fim, importante mencionar a continuação ou a perda da posse após o ato espoliativo, como forma de se caracterizar a ofensa perpetrada e, em última análise, definir a tutela possessória adequada.

Todos esses fatos – posse anterior, violação, data da ofensa e perda ou continuação na posse – deverão ser demonstrados, ainda que superficialmente, no ato do ajuizamento da ação, com o fito de se verificar a adequação do procedimento eleito pelo autor, bem como a possibilidade de concessão da liminar.

Não se trata de exigir prova pré-constituída de tudo quanto seja exposto na petição inicial, mas somente daqueles fatos que levam à especialização do procedimento. Nesse sentido, oportuno transcrever a elucidativa lição de Misael Montenegro Filho:

"Resume-se o ponto com a afirmação de que a prova não há de ser pré-constituída para o ingresso da ação, mas há de ser pré-constituída para fins de recebimento de prestação jurisdicional antecipada, através da concessão da liminar nos autos da ação possessória, sem a ouvida da parte contrária, ou mesmo do deferimento da tutela antecipada, na hipótese de a ação ter início pelo procedimento ordinário, quando a posse do réu no imóvel em disputa datar de mais de ano e dia".[80]

Nada impede que se utilize do procedimento possessório mesmo não dispondo de prova documental. Em tal caso, entretanto, para fins de concessão de tutela antecipatória, indispensável será a realização de audiência de justificação prévia.

Ainda quanto à petição inicial, registra-se que não há qualquer exigência para que o autor demonstre a existência de prévia tentativa extrajudicial de resolução do conflito com esbulhados/turbador. Para o STJ, não se exige que seja expedida prévia notificação extrajudicial pelo possuidor aos ocupantes da área turbada, esbulhada ou ameaçada, não se tratando se requisito da petição inicial (REsp 1.263.164/DF, j. 22.11.2016).

No que tange aos pedidos, estes deverão guardar congruência com o tipo de ofensa narrada como causa de pedir. Assim, se a petição inicial contém a notícia de esbulho, o pedido deverá ser de reintegração na posse; tratando-se de turbação, o pedido será de manutenção da posse; se, por fim, a causa se assentar em ameaça, o pedido deverá limitar-se à abstenção ou proibição do esbulho.

Além do pedido principal, o art. 555 permite a **cumulação de outros pedidos**, desde que tenham por fundamento a turbação ou o esbulho. O CPC/2015 ampliou o rol de pedidos cumuláveis nas ações possessórias, acrescentando a indenização pelos frutos percebidos e não indenizados, além da condenação em perdas e danos.

A cumulação com o pedido indenizatório deve demonstrar as razões pelas quais a parte entende que a verba é devida, com a respectiva prova do prejuízo. Não há necessária correlação entre a procedência da pretensão possessória e a indenização, de forma que poderá o pedido

---

[80] MONTENEGRO FILHO, Misael. *Ações possessórias*. São Paulo: Atlas, 2004. p. 66.

de reintegração de posse ser julgado procedente, mas a indenização pretendida pelo autor não ser acolhida pelo juízo, por insuficiência de provas.

A ilustrar, o Tribunal de Justiça de Minas Gerais já admitiu a condenação por danos morais em razão de o esbulho ter causado o desabastecimento de água na área objeto da proteção possessória: "(...) Demonstrada a posse do autor sobre a servidão de águas e a perda da posse, por esbulho do proprietário do imóvel dominante, deve ser deferido a reintegração. Constatada a ilegalidade da conduta do requerido ao danificar o sistema de canalização e propulsão de águas do autor, deve indenizá-los pelos danos materiais decorrentes dos reparos realizados e pelos danos morais advindos da falta de abastecimento de água ao imóvel" (TJ-MG – Apelação Cível 1.0338.12.012840-4/001, Rel. Des. Cabral da Silva, 10ª Câmara Cível, j. 27.02.2018, *DJe* 09.03.2018).

Além disso, o novo diploma permitiu ao autor, de forma genérica, requerer a imposição de medida necessária e adequada a evitar nova turbação ou esbulho ou a efetivar tutela provisória ou final pleiteada na inicial ou no bojo do processo (art. 555, parágrafo único, I e II). De regra, a medida necessária e suficiente para evitar nova turbação ou esbulho, bem como para compelir o réu a restituir a coisa ou abster-se de novos atos de turbação, é a multa, também chamada de astreinte. Especialmente nas ações de manutenção de posse e no interdito proibitório, a multa tem função essencial, pois, como ainda não houve a perda efetiva da posse nessas situações, a coerção exercida pela fixação de astreintes poderá evitar um futuro esbulho, assim como novas ameaças ao exercício do direito do autor.

4.7.4 Tutela provisória de natureza antecipada: deferimento liminar, mediante justificação prévia ou em qualquer momento procedimental

Já foi dito que, em se tratando de ação possessória de força nova, o que especializa o procedimento é a possibilidade de concessão de tutela antecipatória – manutenção ou reintegração, liminar ou após justificação prévia – sem prova do perigo. Com a denominada liminar, busca-se, de um modo geral, reestabelecer o mais rápido possível o *status quo ante* alterado pelo ato de esbulho ou turbação.

Como visto anteriormente, para a aplicação do procedimento especial e, por consequência, a viabilização da concessão da tutela antecipatória sem prova do perigo, indispensável é que se trate de ação de força nova espoliativa. A **concessão de liminar em ação possessória condiciona-se a requisitos outros, sendo desnecessária a demonstração do perigo de dano irreparável ou de difícil reparação, haja vista que o** *periculum in mora* **no caso das possessórias é presumido (*in re ipsa*)**.

Esclareça-se que, para efeito da concessão da tutela antecipada, pouco importa se a posse do autor é nova ou velha, ou seja, se a sua posse data ou não de mais de ano e dia. O que efetivamente tem relevância para tal fim é a data da ofensa, fato jurídico que vai deitar reflexos sobre o procedimento.

Em se tratando, portanto, de ação de força nova espoliativa, basta que o autor prove os requisitos do art. 561, ou seja, que tinha a posse e que veio a perdê-la há menos de ano e dia do ajuizamento da ação em decorrência de ato de esbulho praticado pelo réu. Nesse caso, o autor será reintegrado na posse independentemente da comprovação do perigo de dano irreparável ou de difícil reparação.

O mandado liminar a que se refere o art. 562, comumente, veicula tutela antecipatória. Nada impede, contudo, que, provados os requisitos do art. 561, se conceda tutela cautelar. Tecnicamente, o mais correto é cogitar de tutela provisória, que pode ser concedida liminarmente (logo após o recebimento da inicial, antes, portanto, da citação), após justificação prévia (art. 563), se insuficientes os documentos que instruem a inicial, ou em outro momento processual, inclusive na sentença. O autor ou o réu (quando formular pedido possessório, de acordo com art. 556, provados os requisitos mencionados no art. 561, pode postular tutela cautelar. Visando resguardar o resultado prático do processo, pode o juiz, por exemplo, decretar o sequestro do bem até que, em caráter definitivo, se decida sobre o direito de posse.

Nos casos em que a posse foi esbulhada ou turbada há mais de ano e dia, embora a ação tenha natureza possessória, não se aplica o procedimento especial. Por se tratar de ação de força velha espoliativa, aplicável é o procedimento comum, o que não significa que a concessão de tutela provisória seja inviável. Nesse caso, provados os requisitos previstos nos arts. 300 (tutela de urgência) ou 311 (tutela da evidência) deve-se conceder a tutela antecipada ou cautelar.

A jurisprudência prevê a possibilidade de concessão de tutela provisória também às ações de força velha. Nem poderia ser outro entendimento, haja vista o regramento da tutela provisória (Livro V da Parte Geral), que se aplica a todos os procedimentos previstos no Código:

> "Processual civil e civil. Recurso especial. Violação ao art. 535 do CPC não configurada. Decisão. Antecipação de tutela. Cabimento. Ação possessória. Posse velha. Requisitos. Art. 273, CPC. Possibilidade. [...] É possível a antecipação de tutela em ação de reintegração de posse em que o esbulho data de mais de ano e dia (posse velha), desde que presentes os requisitos que autorizam a sua concessão, previstos no art. 273 do CPC, a serem aferidos pelas instâncias de origem" (STJ, REsp 1.194.649/RJ, Rel. Min. Maria Isabel Gallotti, j. 12.06.2012).

Importante salientar que, se a posse for ofendida por ato do Poder Público, não será possível a obtenção da liminar *inaudita altera parte*, haja vista que o art. 562 é claro ao exigir a prévia oitiva do representante da pessoa jurídica de direito público.

Para arrematar este tópico, reafirmo o que foi dito quando do estudo da tutela provisória. O instituto da tutela antecipada tem como matriz a tutela possessória liminar.

A estabilização figura como a grande aposta do legislador no sentido da celeridade. E não há razão para deixar a antecipação da tutela possessória fora da estabilização prevista nos arts. 303 e 304. Ao contrário, pela natureza e relevância que o ordenamento jurídico confere à posse, a conclusão inarredável é de que a estabilização da tutela se aplica à liminar de manutenção e reintegração, bem assim ao mandado proibitório – provimentos cujo conteúdo é de antecipação dos efeitos da decisão de mérito.

A previsão de um procedimento especial, com previsão de antecipação dos efeitos da decisão de mérito – com ou sem justificação prévia –, não arreda a aplicação subsidiária das normas da tutela antecipada. Vale frisar: o simples fato de o instituto da tutela antecipada estar situado na parte geral do Código já indica essa aplicação, a menos que seja incompatível com o procedimento especial previsto para o acertamento do direito substancial.

4.7.4.1 Justificação prévia

Consoante se extrai do art. 562, caso o autor não comprove os fatos indicados no art. 561, deverá justificar o pedido de tutela liminar em audiência, para a qual será citado o réu. O STJ entende que o termo "citação" é utilizado de forma imprópria, já que o réu, neste caso, não será chamado para se defender, mas apenas para, querendo, comparecer e participar da audiência de justificação. Por esta razão, a Corte também considera que a ausência dessa "citação" não é capaz de gerar a nulidade absoluta do feito (REsp 1.232.904/SP, Rel. Min. Nancy Andrighi, julgado em 15.05.2013). No mesmo sentido: "não gera nulidade absoluta a ausência de citação do réu na hipótese do art. 928 do CPC/1973 (art. 562, CPC/2015), para comparecer à audiência de justificação prévia em ação de reintegração de posse" (STJ, Informativo 523).

Nessa audiência, o autor produzirá provas tendentes a demonstrar a posse anterior e o ato ofensivo perpetrado há menos de ano e dia.

Como se vê, a audiência em comento não guarda qualquer similitude com a audiência preliminar do procedimento comum, porquanto não tem escopo de conciliar as partes, mas de oportunizar ao autor a demonstração dos requisitos para a concessão da liminar, dificilmente evidenciados por prova documental pré-constituída.

Há entendimento no âmbito da jurisprudência no sentido de que a audiência de justificação deverá ocorrer sempre que o juiz indeferir o pedido liminar pleiteado. Trata-se de uma forma de oportunizar ao autor da ação possessória a produção de prova suficientemente adequada à proteção pretendida.[81] Por outro lado, há precedentes que consideram que essa audiência é facultativa, não havendo obrigatoriedade de designação mesmo nos casos de indeferimento.[82]

Se designada audiência, a prova testemunhal será de suma importância, a qual, segundo entendimento da doutrina majoritária, será produzida exclusivamente pelo autor, cabendo ao réu, no máximo, inquiri-la ou contraditá-la. Argumentam os defensores dessa ideia que, nesse estágio, o que se busca é unicamente substrato para a concessão da tutela antecipatória, o que se faz mediante juízo de cognição perfunctório e não exauriente. A despeito disso, não se vislumbra qualquer óbice à participação efetiva do réu. Com base no princípio da verdade real, que deve presidir também o processo civil, é necessário conferir ao réu a oportunidade de produzir todas as provas que julgar necessário. Isso porque a decisão concessiva da tutela antecipatória lhe trará enorme gravame, fato que justifica a necessidade de se oportunizar desde logo o contraditório.

Realizada, portanto a justificação, estará o juízo apto a proferir decisão acerca do pedido de liminar. Seja para conceder ou não a tutela almejada, a decisão será atacável por meio de agravo de instrumento.

Vale salientar que, em escrita observância ao contraditório, a jurisprudência do STJ possui entendimento no sentido de inviabilizar a desistência da ação possessória, após a realização da audiência de justificação, sem o prévio consentimento do réu. Em outras palavras, se o réu é citado para comparecer à audiência e, após a sua realização, a parte autora desiste do prosseguimento da ação, a homologação da desistência ocorrerá somente com o consentimento da parte contrária. Nesse sentido o REsp 1.090.109/AL, julgado em 03.09.2009.

4.7.5 Respostas do réu

Citado o réu – ou intimado, caso já tenha sido citado para a audiência de justificação –, este poderá apresentar resposta no prazo de 15 dias ou quedar-se inerte, hipótese em que se aplicarão os efeitos da revelia, tal como no procedimento comum. **Observe que o termo inicial do prazo para contestar tem importante diferença a depender da realização ou não da audiência de justificação: "quando for ordenada a justificação prévia, o prazo**

---

[81] "Se a petição inicial não traz provas suficientes para justificar a expedição de mandado liminar de posse, deve o juiz cumprir o que dispõe a segunda parte do art. 928 do CPC e determinar a realização de audiência de justificação prévia com o fim de permitir ao autor a oportunidade de comprovar suas alegações" (STJ, REsp 900.534/RS, Rel. Min. João Otávio de Noronha, 4ª Turma, j. 01.12.2009, *DJe* 14.12.2009).

[82] "A designação da audiência de justificação é ato facultativo e discricionário do magistrado, não havendo, na legislação processual civil, obrigatoriedade quanto a sua realização. Dessa forma, caso o julgador conclua pela existência de elementos suficientes para análise do pedido de tutela provisória de urgência, a não designação da audiência de justificação não gera nulidade (...)" (TJ-MG – AI: 24605037920228130000, Rel. Des. Lúcio de Brito, j. 27.04.2023, 15ª Câmara Cível, *DJe* 03.05.2023).

para contestar será contado da intimação da decisão que deferir ou não a medida liminar" (art. 564, parágrafo único).

No que concerne à citação, o CPC/2015 traz regras especiais para as ações possessórias que envolvam grande número de pessoas no polo passivo. Em regra, nesses casos, a citação deverá ser pessoal. Se, no entanto, nem todos os ocupantes foram encontrados, a citação por edital será viabilizada (art. 554, §§ 1º e 2º). Trata-se, na verdade, de prática processual já reconhecida pela jurisprudência.[83] Sobre esse aspecto ressalte-se que **"a falta de citação por edital dos ocupantes não identificados acarreta nulidade dos atos processuais subsequentes"** (STJ, REsp 1.314.615/SP, j. 08.05.2017).

Como a citação por edital é modalidade de comunicação ficta, para permitir que haja maior notoriedade no conhecimento da demanda, o § 3º do art. 554 estabelece que "o juiz deverá determinar que se dê ampla publicidade da existência da ação prevista no § 1º e dos respectivos prazos processuais, podendo, para tanto, valer-se de anúncios em jornal ou rádio locais, da publicação de cartazes na região do conflito e de outros meios". Nesse ponto, interessante o Enunciado 63 do FPPC,[84] que admite a utilização do registro de protesto para consignar na matrícula do imóvel a informação sobre o litígio possessório. Trata-se de providência destinada aos imóveis devidamente registrados. Para as demais hipóteses, a utilização dos meios exemplificativos do § 3º é de grande utilidade. Vale, nesse ponto, a criatividade do magistrado, a partir da análise das peculiaridades da região em que atua e, se possível, em cooperação com as partes. Pois bem. Optando por apresentar resposta, o réu poderá oferecer contestação ou, a despeito da controvérsia que já inquietou a doutrina, reconvenção, como se verá adiante.

Em sede de contestação, será possível arguir a incompetência absoluta do juízo, caso a regra do art. 47, § 2º, não seja observada. Além disso, cabível se mostra a arguição de incompetência relativa e de todas as demais questões elencadas no art. 337.

No mérito, o réu, de regra, alegará que o autor não preenche os requisitos contemplados no art. 561, a saber: a posse anterior, a turbação, esbulho ou ameaça, a data do ato, a continuação ou perda da posse em virtude da moléstia.

Não se pode olvidar que, também no procedimento especial das possessórias, vige o princípio da eventualidade, bem como o ônus da impugnação especificada. Nesse diapasão, poderá o réu alegar e provar que o ato espoliativo foi perpetrado há mais de ano e dia, fato que ocasionará a revogação da liminar.

Convém observar, por relevante, que se reputa perfeitamente possível, também nas lides possessórias, a alegação de usucapião como matéria de defesa. Isso porque a Súmula nº 237 do

---

[83] "Reintegração de posse. Imóvel invadido por terceiros. Impossibilidade de identificação dos ocupantes. Indeferimento da inicial. Inadmissibilidade. Citação pessoal dos ocupantes requerida pela autora, os quais, identificados, passarão a figurar no polo passivo da lide. Medida a ser adotada previamente no caso. – Há possibilidade de haver réus desconhecidos e incertos na causa, a serem citados por edital (art. 231, I, do CPC). Precedente: REsp nº 28.900-6/RS. Recurso especial conhecido e provido" (STJ, REsp 362.365/SP, Rel. Min. Barros Monteiro, j. 03.02.2005). No mesmo sentido: "(...) Nas ações possessórias ajuizadas contra número indeterminado de pessoas, formando um litisconsórcio multitudinário, faz-se obrigatória a observação do art. 554, § 1º, o qual dispõe que 'no caso de ação possessória em que figure no polo passivo grande número de pessoas, serão feitas a citação pessoal dos ocupantes que forem encontrados no local e a citação por edital dos demais'" (3ª T., REsp 1.996.087/SP, Rel. Min. Nancy Andrighi, j. 24.05.2022, *DJe* 30.05.2022).

[84] "No caso de ação possessória em que figure no polo passivo grande número de pessoas, a ampla divulgação prevista no § 3º do art. 554 contempla a inteligência do art. 301, com a possibilidade de determinação de registro de protesto para consignar a informação do litígio possessório na matrícula imobiliária respectiva".

STF, ao permitir a alegação de usucapião como matéria de defesa, não restringe o seu emprego ao âmbito das ações petitórias. Ademais, caso tenha ocorrido, de fato, a prescrição aquisitiva, não se reputa razoável reintegrar ou manter na posse aquele que não a exerce há anos, daí a utilidade da usucapião como matéria de defesa.

Poder-se-ia objetar tal afirmação, ao argumento de que a alegação de usucapião incluiria no pleito possessório a discussão sobre o domínio. Contudo, não se afigura correta tal conclusão, haja vista que a discussão acerca da prescrição aquisitiva se assenta justamente na posse.

Esclareça-se, entretanto, que a alegação de usucapião na contestação tem o único escopo de afastar a pretensão possessória do réu, não se podendo falar em sentença declaratória do domínio.

De toda forma, caso o pedido de usucapião tenha sido veiculado em ação autônoma, ou seja, não arguido como matéria de defesa, mas como pedido principal em ação diversa, a jurisprudência não admite a suspensão da ação possessória até que se julgue o pedido de usucapião. Isso porque não há prejudicialidade externa entre essas duas demandas, admitindo-se a tutela da posse dissociada da tutela da propriedade ou mesmo contra ela.[85]

Prosseguindo na análise das matérias arguíveis em contestação, cumpre observar que o réu poderá também pleitear o pagamento das benfeitorias eventualmente implementadas por ele. Para tal desiderato, deverá listar, na contestação, os melhoramentos levados a efeito e os valores efetivamente desembolsados.

Por derradeiro, já se disse que as ações possessórias ostentam natureza dúplice. Assim, poderá o réu, em sede de contestação, demandar proteção possessória e indenização pelos prejuízos resultantes da suposta moléstia perpetrada pelo autor. Exemplificando, imagine-se a situação em que o possuidor tem porção de terra invadida por militantes do MST, os quais, por sua vez, ajuízam ação possessória alegando que sofreram esbulho por parte do primeiro. Nesse caso, o verdadeiro possuidor, réu na ação intentada pelos sem-terra, poderá alegar, na contestação, que o ato espoliativo foi perpetrado pelos autores. Assim, o réu poderá pleitear proteção possessória e indenização por todos os prejuízos causados pela invasão levada a efeito pelos sem-terra.

4.7.5.1 Reconvenção

É certo que a reconvenção constitui instrumento de que o réu pode se valer para deduzir em face do autor pretensão conexa com a ação principal ou com os fundamentos da defesa. Trata-se de mecanismo que materializa a economia processual, na medida em que evita o ajuizamento de outra demanda envolvendo as mesmas partes.

Porque constitui, evidentemente, outra demanda no bojo do mesmo processo, no pleito reconvencional também devem estar presentes o interesse de agir e a legitimidade.

Nesse contexto, surge a questão acerca do cabimento da reconvenção no bojo das lides possessórias. Com efeito, em se tratando de ação dúplice, com a possibilidade de formular pedido contraposto na própria contestação, qual seria a utilidade da via reconvencional? Com base nessa indagação, sustentou-se por muito tempo a impossibilidade de manejo da reconvenção por absoluta falta de interesse de agir.

Entretanto, a jurisprudência, com acerto, repudiou tal entendimento.[86] Isso porque a natureza dúplice da lide possessória tem caráter excepcional, de sorte que o pedido contraposto

---

[85] "(...) A jurisprudência desta Casa consolidou o entendimento de que não há prejudicialidade externa que justifique a suspensão da demanda possessória até que se julgue a ação de usucapião" (STJ, AgInt no REsp 1.640.428/SP, Rel. Min. Moura Ribeiro, j. 01.10.2018).

[86] "[...] A reconvenção é cabível nas demandas possessórias, desde que, além de presentes os requisitos gerais da medida, previstos no artigo 315 do Estatuto Processual, não se pretenda, por essa

deve cingir-se àquelas hipóteses insculpidas no art. 556. Assim, **qualquer outra pretensão que escape a esse restritíssimo rol poderá ser veiculada na via da reconvenção.**[87]

4.7.5.2 A exceção de domínio

Como sabido, a ação possessória tem objeto cognitivo restrito à discussão sobre a posse. A despeito disso, na praxe forense, é muito comum ver o autor insistir em demonstrar a sua titularidade sobre a coisa, na equivocada crença de que isso terá alguma relevância para o deslinde da lide.

A esperança é de que os juízes, seduzidos – por assim dizer – com o título de domínio, acabariam por decidir a lide em favor do proprietário, na errônea convicção de que a posse está subordinada à propriedade.

A confusão generalizada entre pleito possessório e petitório tem razão de ser, haja vista a redação dada ao art. 505 do CC/1916, nos seguintes termos:

> Art. 505. Não obsta à manutenção, ou reintegração na posse, a alegação de domínio, ou de outro direito sobre a coisa. Não se deve, entretanto, julgar a posse em favor daquele a quem evidentemente não pertencer o domínio.

Como se vê, a parte final do citado artigo autorizava, de certa forma, a introdução do debate acerca do domínio na demanda possessória, entendimento que acabou sedimentado pela Súmula nº 487 do STF, cujo verbete enuncia que "será deferida a posse a quem evidentemente tiver o domínio, se com base neste for ela disputada".

Ocorre que o art. 1.210, § 2º, do CC/2002, que praticamente reproduziu a redação do art. 505 do antigo diploma legal, não contempla a parte final do dispositivo revogado, a qual permitia a discussão sobre o domínio em sede de contestação.

Trata-se, a toda evidência, de silêncio eloquente, de sorte que não se pode mais discutir propriedade na ação possessória. Com efeito, a exclusão da possibilidade de se introduzir a questão da propriedade no procedimento dos interditos representa aprimoramento técnico por parte do legislador, que se mostrou atento ao fato de que a posse é direito subjetivo independente do direito de propriedade e, como tal, igualmente digna de tutela pela ordem jurídica.

A bem da verdade, é equivocado pensar que a posse ocupa posição subalterna em relação à propriedade. Tanto é assim que o ordenamento jurídico contempla a função social da posse, materializada, principalmente, na disciplina da usucapião. Essa é também a finalidade do art. 1.210, § 2º, do CC/2002: proclamar a independência do direito de posse (*ius possessionis*) com relação à propriedade.

Em virtude dessa independência, é possível afirmar que aquele que cometeu esbulho não pode se defender valendo-se do título de domínio. Se o proprietário violou a posse legítima de outrem, deve, antes de tudo, restituí-la ao *status quo ante* para, depois, buscar proteger a posse decorrente de eventual direito de propriedade.

Esse é o espírito do art. 923 do CPC/1973, o qual vedava o ajuizamento da ação petitória no curso da ação possessória, como forma de evitar decisões conflitantes ou, ainda, o esvaziamento da tutela possessória.

---

via, a proteção possessória ou a indenização por perdas e danos, pois tais pedidos devem ser formulados na própria contestação, como preconiza o artigo 922 do Diploma Processual" (TJ-MG, 107020415338870021, Rel. Tarcisio Martins Costa, j. 19.02.2008).

[87] Assim, por exemplo, a pretensão cominatória que visa desfazer as obras implementadas pelo invasor deve ser veiculada via reconvenção ou ação autônoma.

O Código atual não foge à regra estabelecida pelo CPC/1973, mas passa a permitir que a propriedade seja discutida, excepcionalmente, quando envolver terceira pessoa. A fundamentação é simples: quando há dúvida quanto à propriedade e essa dúvida envolve uma das partes e um terceiro, a ordem jurídica não pode obstar o curso da ação petitória, que tem causa de pedir[88] diversa da ação meramente possessória (art. 557, *caput*, parte final).

Assim, como a demanda petitória tem como principal pedido a declaração de propriedade, enquanto a demanda possessória objetiva, o reconhecimento do direito a posse, inexistem riscos de sentenças conflitantes. Os limites objetivos e subjetivos das coisas julgadas são diversos, não havendo sobreposição. Tanto é assim que a declaração da propriedade em favor de determinada pessoa não impede que ela venha a perder a posse sobre o mesmo bem.

Assim, a título de exemplo, "caso o locatário ingresse com ação possessória contra o locador, é natural que, sendo permitida a discussão da propriedade, a posse seja conferida ao locador. A vedação legal de discussão da propriedade nas ações possessórias é a única forma de proteger o legítimo possuidor molestado, inclusive contra o proprietário".[89]

4.8 Entrega da prestação jurisdicional: sentença, cumprimento e recursos

Tendo em vista a possibilidade de cumulação de pedidos, a sentença da ação possessória revela-se **objetivamente complexa**. É que, ao lado da tutela possessória, que encerra verdadeira obrigação de dar (ou entregar), encontra-se o pleito cominatório para o caso de nova turbação ou esbulho e o condenatório, representado pela indenização por perdas e danos e por eventuais benfeitorias.

Pois bem. Ao julgar procedente o pedido principal, a sentença faz nascer obrigação de dar ou entregar coisa. Referida obrigação é exigida nos próprios autos, seguindo a dinâmica do art. 498. Destarte, ao conceder a tutela específica, o juiz fixará prazo para a reintegração da posse, que, uma vez desobedecido, enseja a expedição de mandado de busca e apreensão ou de manutenção ou reintegração na posse, conforme se tratar de coisa móvel ou imóvel.

Relativamente ao pedido sucessivo de indenização por perdas e danos e por eventuais benfeitorias, a sentença de procedência dará origem à obrigação de pagar quantia, também exigível nos próprios autos, do que não mais se difere da tutela possessória. Entretanto, a efetivação da tutela condenatória revela algumas diferenças, mormente no que tange à impugnação e excussão patrimonial.

Com efeito, em se tratando de obrigação de pagar quantia, transitada em julgado a sentença, pode o credor promover o cumprimento da decisão. Embora o cumprimento ocorra por meio de atos executivos (penhora, avaliação, praceamento e pagamento do credor), tal como ocorre na execução de título extrajudicial, tais atos são praticados no bojo do processo de conhecimento.

Transitada em julgado a sentença e não cumprida voluntariamente a obrigação, o credor elaborará memória de cálculo e requererá a intimação do devedor para efetuar o pagamento no prazo de 15 dias.

Diante da intimação, pode o devedor efetuar o pagamento do débito, total ou parcialmente, ou permanecer inadimplente. Quitado o débito, extingue-se a fase do cumprimento e, consequentemente, o processo.

---

[88] A posse e propriedade são postuladas em juízo com base em causas de pedir distintas, de modo que a proteção da posse independe da comprovação da titularidade do domínio.

[89] NEVES, Daniel Amorim Assumpção. *Código de Processo Civil comentado*. 5. ed. Salvador: JusPodivm: 2020. p. 1.068.

Caso o devedor não efetue o pagamento integral do débito no mencionado prazo, o montante da condenação ou, no caso de pagamento parcial, o remanescente da dívida será acrescido de multa no percentual de 10% (art. 523 e § 1º). Não efetuado tempestivamente o pagamento voluntário, será expedido, desde logo, mandado de penhora e avaliação.

Feita a penhora, pode o devedor opor impugnação ao cumprimento da sentença. Não oposta impugnação ou sendo esta rejeitada, o incidente de cumprimento da sentença prossegue com o praceamento dos bens e pagamento do credor.

Em síntese, porque se revela objetivamente complexa, a sentença proferida nos autos da ação possessória passará por diversos regimes de cumprimento, a depender da natureza dos pedidos cumulados na inicial.

Em face da decisão, caberá apelação em ambos os efeitos. Em virtude da atribuição de efeito suspensivo ao recurso, cabe indagar como ficará a decisão liminar concedida no curso do processo (liminarmente, após a justificação prévia, na fase de saneamento ou mesmo na sentença).

É certo que a sentença de improcedência tem o condão de revogar a liminar. Por outro lado, a sentença que julga procedente o pedido inicial, ao ratificar a decisão interlocutória, acaba por absorvê-la. Em razão disso, poder-se-ia argumentar que, interposta a apelação com efeito suspensivo, restaria sem eficácia o provimento liminar substituído pela sentença.

Ocorre que o art. 1.012, V, dispõe que a apelação de sentença que confirma a antecipação dos efeitos da tutela provisória será recebida somente no efeito devolutivo. E nem poderia ser diferente, haja vista que a decisão interlocutória concessiva da liminar já esteve sujeita a recurso de agravo de instrumento, sem efeito suspensivo. Logo, não seria razoável imaginar que a apelação tem o condão de impedir que a decisão concessiva da tutela provisória antecipada, sobre a qual se operou a preclusão, surta efeitos.

Destarte, os efeitos em que a apelação será recebida dependerão do conteúdo da sentença. Se der pela improcedência do pedido, incidirão os efeitos devolutivo e suspensivo. Se, todavia, julgar procedente o pleito, confirmando a liminar, terá efeito meramente devolutivo, a teor do disposto no art. 1.012, V.

4.9 Ações possessórias em espécie e a (des)necessidade de caução

O procedimento descrito no item 4.7 é destinado a todas as ações possessórias apresentadas dentro de ano e dia da turbação ou do esbulho afirmado na petição inicial. Cumpre, a partir de agora, estabelecer algumas diferenças entre as ações possessórias em espécie, também denominadas de interditos possessórios, quais sejam: reintegração de posse, manutenção de posse e interdito proibitório.

Na reintegração de posse o autor pretende reaver a coisa, pois o atentado à posse já ocorreu. Em outras palavras, o autor sofreu esbulho, sendo retirado do exercício do direito possessório. Na manutenção de posse, por outro lado, o autor ainda não foi destituído da posse, mas os atos praticados pelo réu indicam a turbação de seu direito como possuidor. Por fim, o interdito proibitório é utilizado quando há apenas o risco de atentado à posse.

"Como se pode perceber, no caso de ameaça, a ação de interdito proibitório visa à proteção do possuir de perigo iminente. No caso de turbação, a ação de manutenção de posse visa a sua preservação. Por fim, no caso de esbulho, a ação de reintegração de posse almeja a sua devolução"[90].

---

[90] TARTUCE, Flávio. *Manual de direito civil*. 8. ed. São Paulo: Método: 2018, p. 894.

As ações possuem diversas semelhanças e é bem provável que, após o protocolo da petição inicial, uma mera turbação já tenha se tornado um esbulho. Por essa razão é que, como já visto, admite-se a fungibilidade entre as ações possessórias, permitindo-se ao juiz a concessão de tutela diferente daquela inicialmente pretendida pelo autor. Trata-se de regra exposta no art. 554 e que também se coaduna com o princípio da instrumentalidade das formas.

Independentemente da proteção vindicada pelo autor, o juiz poderá expedir mandado liminar para mantê-lo ou reintegrá-lo na posse, antes ou após a audiência de justificação prévia. Nessa hipótese, de acordo com o art. 559 do CPC, se o réu comprovar que o autor mantido ou reintegrado provisoriamente na posse carece de idoneidade financeira para, no caso de sucumbência, responder por perdas e danos, poderá o juiz requerer a prestação de caução.

A caução é exceção nas ações possessórias que dependem de prova a ser produzida pelo réu. Assim, é ônus do requerido comprovar a falta de idoneidade financeira do autor beneficiado pela medida. Havendo posterior revogação da liminar concedida na ação possessória, a obrigação de indenizar exigirá prova do prejuízo, independentemente da ocorrência de dolo ou culpa por parte do autor.

A norma é contraditória se imaginarmos que o juiz poderá dispensar a caução na hipótese de hipossuficiência do autor (art. 559, parte final). Conforme alerta da doutrina, "sendo requisito da exigência de prestação de caução a falta de idoneidade financeira, como afastá-la para os economicamente hipossuficientes?". Há um paradoxo que ainda não foi solucionado pela jurisprudência, que segue admitindo a dispensa para a parte hipossuficiente economicamente.[91]

4.10 Litígios coletivos pela posse de bem imóvel

Como os conflitos que envolvem a posse coletiva, na maioria das vezes, geram gravames aos litigantes devido ao grande número de ocupantes nas áreas envolvidas, o CPC/2015 traz um **procedimento específico** para esse tipo de demanda, o qual se encontra previsto no art. 565. Dentre as especificidades do procedimento está a regra contida no *caput*, que permite a formalização de pedido liminar nas ações coletivas de "posse velha", desde que tenha ocorrido **prévia audiência de mediação**.

A disposição tende a evitar a concessão de medidas liminares antes da tentativa de autocomposição entre os litigantes. Além disso, a norma segue a recomendação da Secretaria de Estudos Legislativos do Ministério da Justiça, que indica a necessidade de se realizar audiência de mediação

> "[...] em qualquer caso que envolva conflito coletivo pela posse ou pela propriedade da terra, urbana ou rural, previamente a tomada de decisão liminar, não apenas na hipótese de constatada a potencialidade que o conflito coloque em risco a integridade física das partes envolvidas, mas como forma de prevenir a violação de princípios e garantias constitucionais".[92]

---

[91] "Embargos de declaração em agravo de instrumento. Ação de Reintegração de Posse. Decisão que deferiu a liminar postulada. Acórdão mantenedor da decisão agravada. Inexistência de contradição no julgado. Omissão caracterizada no tocante ao pedido de caução. Parte hipossuficiente economicamente, da qual não se exige caução, nos termos da parte final do artigo 559 do Código de Processo Civil. Decisão que se aclara, tão somente, para indeferir a pretensão no sentido da necessidade de caução. Recurso a que se dá parcial provimento" (TJ-RJ, AI 00660605720178190000, 7ª Vara Cível, Rel. José Ribeiro Portugal, j. 17.04.2018, *DJe* 19.04.2018).

[92] SAULE JR., Nelson; LIBÓRIO, Daniela; AURELLI, Arlete Inês (coord.). *Conflitos coletivos sobre a posse e a propriedade de bens imóveis*. Secretaria de Assuntos Legislativos do Ministério da Justiça

O Código vigente prevê a participação nas ações possessórias coletivas de órgãos responsáveis pelas políticas agrária e urbana de cada ente federativo, além da necessária intervenção do Ministério Público como *custos legis*. A Defensoria Pública terá participação em todos os casos nos quais qualquer das partes não puder constituir advogado próprio ou não puder arcar com as despesas processuais sem prejuízo do sustento próprio ou de sua família.

Diferentemente do CPC/1973, o CPC/2015 se preocupou em definir a tutela jurídica para esse tipo de conflito, normalmente ocasionado pela desigual repartição da propriedade fundiária e pelo déficit habitacional.

Por fim, uma importante observação: apesar de o CPC atual dispor que a intimação da Defensoria Pública deve ocorrer quando os possuidores forem economicamente hipossuficientes, é possível sustentar a existência de diversos outros tipos de vulnerabilidades capazes de ensejar essa importante atuação na qualidade de *custos vulnerabilis*. A propósito, de acordo com as regras de acesso à Justiça das Pessoas em Condição de Vulnerabilidade (100 Regras de Brasília), "consideram-se em condição de vulnerabilidade aquelas pessoas que, por razão da sua idade, gênero, estado físico ou mental, ou por circunstâncias sociais, econômicas, étnicas e/ou culturais, encontram especiais dificuldades em exercitar com plenitude perante o sistema de justiça os direitos reconhecidos pelo ordenamento jurídico".

JURISPRUDÊNCIA TEMÁTICA

Súmula 415 do STF: "Servidão de trânsito não titulada, mas tornada permanente, sobretudo pela natureza das obras realizadas, considera-se aparente, conferindo direito à proteção possessória".

Súmula 228 do STJ: "É inadmissível o interdito proibitório para a proteção do direito autoral"

Súmula 654 do STJ: "No caso de reintegração de posse em arrendamento mercantil financeiro, quando a soma da importância antecipada a título de valor residual garantido (VGR) com o valor da venda do bem ultrapassar o total do VRG previsto contratualmente, o arrendatário terá o direito de receber a respectiva diferença, cabendo, porém, se estipulado no contrato, o prévio desconto de outras despesas ou encargos pactuados".

Súmula 619 do STJ: "A ocupação indevida de bem público configura mera detenção, de natureza precária, insuscetível de retenção ou indenização por acessões e benfeitorias".

Súmula 637 do STJ: "O ente público detém legitimidade e interesse para intervir, incidentalmente, na ação possessória entre particulares, podendo deduzir qualquer matéria defensiva, inclusive, se for o caso, o domínio".

"O processo deve ser extinto com resolução de mérito – e não sem resolução de mérito, por falta de interesse processual –, caso o autor de ação de reintegração de posse não comprove ter possuído a área em litígio (...) Conclui-se, portanto, que o fato de o autor, na fase instrutória, não se desincumbir do ônus de provar a posse alegada – fato constitutivo do seu direito – só pode levar à extinção do processo com resolução de mérito. Há de se ressaltar, a propósito, que o elenco do art. 927 do CPC, em seus quatro incisos, demarca o objeto da prova a ser feita de plano a fim de obter o provimento liminar, dentre eles a comprovação da posse. Nada impede, contudo, que, sendo insuficiente a prova trazida com a inicial, ela seja

---

(SAL). (Série: Pensando o Direito nº 07/2009), p. 138. Disponível em: http://participacao.mj.gov.br/pensandoodireito/wp-content/uploads/2012/11/07Pensando_Direito.pdf. Acesso em: 6 nov. 2018.

feita ao longo do processo, em audiência de justificação prévia de que trata o art. 928 do CPC, ou, posteriormente, na fase instrutória própria, de modo a alcançar o juízo de procedência da ação" (REsp 930.336-MG, Rel. Min. Ricardo Villas Bôas Cueva, j. 06.02.2014).

"(...) Em virtude do princípio da *saisine*, os herdeiros são investidos na posse e administração dos bens do autor da herança. Assim, o exercício fático da posse não é requisito essencial para que o herdeiro tenha direito à proteção possessória contra eventuais atos de turbação ou esbulho, tendo em vista que sua transmissão se dá *ope legis*. Precedente. 4. Contudo, tal sucessão não tem o condão de criar direitos e obrigações, uma vez que ela se efetiva em mera sub-rogação, isso quer dizer, os bens são transferidos aos herdeiros da mesma forma como se encontravam com o *de cujus*, ou seja, com todas as suas qualidades e vícios. 5. Se o autor da herança jamais exerceu posse sobre a área questionada, como afirmado pelas instâncias ordinárias, o que não pode mais ser questionado (Súmula nº 7 do STJ), se torna inviável a herdeira pretender defender a posse que seu pai jamais teve" (REsp 1.547.788/RS, j. 26.05.2017).

"A ação possessória pode ser convertida em indenizatória (desapropriação indireta) – ainda que ausente pedido explícito nesse sentido – a fim de assegurar tutela alternativa equivalente ao particular, quando a invasão coletiva consolidada inviabilizar o cumprimento do mandado reintegratório pelo município. Na origem, trata-se de ação de reintegração de posse em que a parte autora, a despeito de ter conseguido ordem judicial, encontra-se privada de suas terras há mais de 2 (duas) décadas, sem que tenha sido adotada qualquer medida concreta para obstar a constante invasão do seu imóvel, seja por ausência de força policial para o cumprimento do mandado reintegratório, seja em decorrência dos inúmeros incidentes processuais ocorridos nos autos ou em face da constante ocupação coletiva ocorrida na área, por milhares de famílias de baixa renda. Nesse contexto, discute-se, entre outros temas, a possibilidade de conversão da ação reivindicatória em indenizatória (por desapropriação indireta), de ofício pelo Juiz. Sobre a temática, vale ressaltar que as obrigações de fazer, não fazer e entregar coisa certa fundadas em título judicial ensejam a aplicação de tutela específica, na forma do art. 461, § 1º, do CPC/1973, sendo totalmente cabível a conversão em perdas e danos para a obtenção de resultado prático correspondente, quando situação fática consolidada no curso da ação exigir a devida proteção jurisdicional. Nesse passo, a conversão operada na espécie não configura julgamento *ultra petita* ou *extra petita*, ainda que não tenha havido pedido explícito nesse sentido, diante da impossibilidade prática de devolução da posse à autora, sendo descabido o ajuizamento de outra ação quando uma parte do imóvel já foi afetada ao domínio público, mediante apossamento administrativo e a outra restante foi ocupada de forma precária por inúmeras famílias com a intervenção do Município e do Estado, que implementaram toda a infraestrutura básica na área *sub judice*. Outrossim, também não há falar em violação ao princípio da congruência, devendo ser aplicada, no caso, a teoria da substanciação, segundo a qual apenas os fatos vinculam o julgador, que poderá atribuir-lhes a qualificação jurídica que entender adequada ao acolhimento ou à rejeição do pedido, como fruto dos brocardos *iura novit curia* e *mihi factum dabo tibi ius*. Conclui-se, portanto, que a conversão em comento é consequência lógica da impossibilidade de devolução do imóvel à autora, sendo desimportante o fato de não ter havido pedido sucessivo/cumulado na exordial ou arguição pelos possuidores (réus na ação reivindicatória), em sede de contestação, quanto à possibilidade de indenização pela perda da posse" (STJ, REsp 1.442.440/SC, *DJe* 15.02.2018).

Quadro esquemático 63 – Ações possessórias

- **Ações possessórias (arts. 554 a 568)**
  - Conceito: ações judiciais intentadas com vistas à proteção da posse.
  - Noções gerais sobre a posse
    - O código Civil não conceitua a posse, mas o possuidor. Considera-se possuidor todo aquele que tem de fato o exercício pleno, ou não, de alguns dos poderes inerentes ao domínio ou propriedade (CC, art. 1.196)
    - Principais teorias acerca da posse
      - Savigny ➜ Teoria subjetiva. Conjugação de dois elementos: *corpus + animus*. Posse é, a um só tempo, fato e direito.
      - Ihering ➜ Teoria objetiva. Possuidor é quem exterioriza o domínio. Posse é direito juridicamente tutelado.
      - Código Civil ➜ Art. 1.210 e seguintes: posse é o poder físico sobre a coisa, que faz nascer direitos (posse é um fato e um direito).
    - Classificação da posse
      - Justa e injusta (art. 1.200 do CC)
      - De boa e má-fé (art. 1.201 do CC)
      - Direta e indireta (art. 1.197 do CC)
  - Juízo possessório x Juízo petitório
    - *Ius possessionis* ➜ direito de posse decorrente do simples fato de possuir a coisa. A ação manejável é possessória.
    - *Ius possidendi* ➜ direito à posse decorrente do domínio. Ação manejável é petitória.
  - Ações possessórias típicas
    - Manutenção da posse ➜ turbação
    - Reintegração de posse ➜ esbulho
    - Interdito proibitório ➜ ameaça
  - Outros mecanismos de tutela de posse
    - Imissão na posse ➜ protege aquele que adquire a propriedade, mas não consegue se investir na posse.
    - Reivindicatória ➜ permite que o proprietário, com base no domínio, invoque o seu direito à posse perdida.
    - Embargos de terceiro ➜ cabível quando a ofensa à posse decorre de constrição judicial.
    - Despejo ➜ a causa de pedir se assenta sobre o desfazimento do vínculo locatício e a proteção possessória fica em segundo plano. Se, todavia, versar sobre a precariedade da posse em virtude do termo final do contrato, reveste-se de caráter possessório.

- Ações possessórias (arts. 554 a 568)
  - Procedimento das possessórias típicas
    - Ação de força nova (menos de ano e dia) → admite-se deferimento de liminar (art. 562). O procedimento é especial.
    - Ação de força velha (mais de ano e dia) → o procedimento é ordinário. Admite-se antecipação de tutela, se preenchidos os requisitos do art. 300 do CPC.
  - Peculiaridades do procedimento das ações possessórias
    - Natureza dúplice: é possível que o réu alegue, em contestação, ter sofrido ofensa em sua posse, pleiteando a tutela possessória em face do autor.
    - Cumulação de pedidos: além da proteção possessória, pode o autor pleitear a condenação do réu em perdas e danos e indenização pelos frutos percebidos e não indenizados (art. 555).
    - Fungibilidade: a propositura de uma ação possessória em vez de outra não obsta ao conhecimento do pedido.
    - Exceção de domínio: o CPC/2015 passa a permitir que a propriedade seja discutida, excepcionalmente, quando envolver terceira pessoa.
  - Outros aspectos procedimentais
    - Legitimação
      - Ativa → possuidor direto ou indireto
      - Passiva → aquele que praticou ofensa à posse
    - Foro competente
      - Coisas móveis → art. 46
      - Coisas imóveis → art. 47, § 2º
      - Se o valor da causa é igual ou inferior a 40 salários mínimos → Juizado Especial
      - Hipóteses de intervenção da União, suas autarquias, empresas públicas e fundações → Justiça Federal
    - Tutela antecipada
      - Requisitos → art. 561 do CPC
      - Momento
        - Se há prova documental suficiente junto com a inicial.
        - Após justificação, se houver necessidade de prova testemunhal.
        - Outro momento procedimental
      - A tutela antecipada é passível de estabilização

```
Ações              - Outros      - Outros           - Sentença    - Revela-se objetivamente
possessórias         aspectos      aspectos                          complexa, tendo em
(arts. 554 a 568)    procedimentais procedimentais                   vista a possibilidade de
                                   nas ações                         cumulação de pedidos.
                                   possessórias                    - A tutela principal
                                                                     (possessória) é satisfeita
                                                                     pelo rito ao art. 498.
                                                                   - Eventual pedido
                                                                     cominatório seguirá o
                                                                     regime do art. 497.
                                                                   - A condenação em
                                                                     perdas e danos será
                                                                     satisfeita com base no
                                                                     art. 523.

                                                   - Apelação     - Efeitos devolutivo e
                                                                     suspensivo, se o pedido
                                                                     é julgado improcedente.
                                                                   - Efeito somente
                                                                     devolutivo, se confirmar
                                                                     a liminar.

                                                   - Litígios coletivos pela posse de bem
                                                     imóvel: procedimento específico previsto
                                                     no art. 565.
```

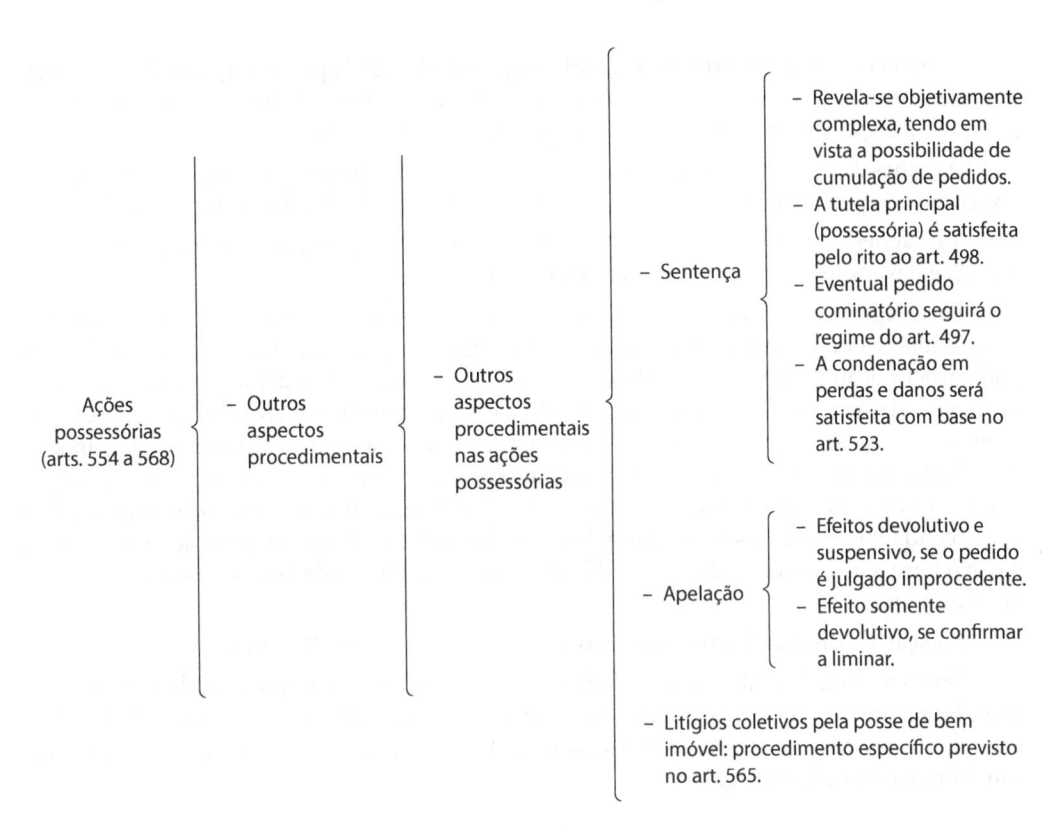

5. AÇÃO DE DIVISÃO E DE DEMARCAÇÃO DE TERRAS PARTICULARES (ARTS. 569 A 598)

5.1 Aspectos comuns às ações de divisão e demarcação

As ações de divisão e de demarcação são tratadas englobadamente em razão da semelhança entre elas, fato que possibilitou ao legislador estabelecer disposições comuns a ambas as ações. A despeito do tratamento conjunto, as distinções são evidentes.

O art. 569, ao estabelecer a finalidade de cada um dos procedimentos, já deixa clara a distinção entre demarcação e divisão:

- cabe **ação de demarcação** ao proprietário para obrigar o seu confinante a estremar os respectivos prédios, fixando-se novos limites entre eles ou aviventando-se os já apagados (inciso I);
- cabe **ação de divisão** ao condômino para obrigar os demais consortes a estremar os quinhões (inciso II).

Assim, se há controvérsia envolvendo os limites de duas ou mais propriedades (terras), seja em decorrência da não fixação de rumos, seja porque os rumos fixados já se apagaram, a ação cabível será a de demarcação. Pressupõe prédios contíguos.

Se a pretensão é a partilha da coisa comum, a dissolução de condomínio, transformando cota ideal em quinhão determinado, a ação adequada será a de divisão. Pressupõe prédio único.

Em razão da economia processual que proporciona, o art. 570 permite a cumulação das ações demarcatória e divisória. Nesse caso, primeiro procede-se à demarcação e depois à divisão, posto que aquela é prejudicial a esta.

O procedimento previsto no art. 569 e seguintes do CPC aplica-se apenas às terras particulares. A demarcação de terras públicas, mais especificamente de terras devolutas,[93] faz-se por meio da ação discriminatória regulada pela Lei nº 6.383/1976.

As ações de demarcação e divisão têm **caráter dúplice**. Isso porque pode o réu manifestar pretensão adequada à proteção de seus interesses, independentemente de reconvenção.

Tais ações versam sobre direito real imobiliário, pelo que se lhes aplica o disposto no art. 73, e devem ser propostas no **foro da situação da coisa** (art. 47).

Parte legítima para propor ação de demarcação é o proprietário, não o possuidor. Admite-se também a propositura da ação pelo promissário-comprador. Qualquer dos condôminos pode propor ação de demarcação, desde que requeira a citação dos demais, os quais poderão integrar a relação jurídico-processual na qualidade de litisconsortes ativos. Trata-se, nesse caso, de litisconsórcio ativo unitário, vez que os efeitos da sentença atingirão todos os condôminos de maneira uniforme. Legitimado passivo é o confinante, que pode ser proprietário ou possuidor. O art. 574 do CPC estatui que a petição inicial deverá indicar todos os confinantes da área demarcanda, porque todos serão atingidos pela demarcação. É o caso, pois, de litisconsórcio passivo necessário, exceto, é claro, se a dúvida quanto aos limites da área se restringir a apenas um confinante.

Na ação de divisão, legitimados ativos e passivos são os condôminos.

Tanto o procedimento da ação divisória como o da demarcatória desdobra-se em duas fases. Na primeira, delibera-se por meio de sentença sobre a pretensão de dividir ou demarcar; na segunda, procede-se às operações técnicas relativas à divisão ou demarcação, para finalizar com uma sentença homologatória.

5.2 Procedimento da ação demarcatória

A **primeira fase do procedimento** inicia-se com o ajuizamento da ação, com os requisitos do art. 574. Assim, a inicial deverá ser instruída com os títulos da propriedade e designará o imóvel pela situação e denominação. Há que se descreverem, ainda, os limites por constituir, aviventar ou renovar, bem como há que se nomearem todos os confinantes da linha demarcanda.

Sobre a **legitimidade**, importante destacar que nas **ações demarcatórias relativas à coisa comum**, qualquer condômino é parte legítima para promover a demarcação do imóvel comum, requerendo a intimação dos demais para, querendo, intervir no processo (art. 575).

A existência de ação demarcatória promovida por um condômino suscita questões peculiares relativas ao fenômeno do litisconsórcio. O art. 952 do CPC/1973[94] regulava essa situação como litisconsórcio necessário *ex lege*,[95] exigindo a "citação"[96] dos demais detentores da propriedade do imóvel. Tratava-se de litisconsórcio necessário e unitário, uma vez que a sentença homologatória da demarcação tinha efeitos sobre todos os coproprietários que se inserissem nos limites subjetivos da coisa julgada.

---

[93] No que tange às terras particulares de entidades públicas, aplicam-se os procedimentos das ações demarcatória e divisória.

[94] "Qualquer condômino é parte legítima para promover a demarcação do imóvel comum, citando-se os demais como litisconsortes".

[95] DINAMARCO, Cândido Rangel. *Litisconsórcio*. 6. ed. rev. e atual. São Paulo: Malheiros, 2001. p. 172.

[96] Citação se faz apenas ao réu, não ao autor, de modo que o termo utilizado pelo CPC de 1973 é inadequado. Nesse sentido: BARBI, Celso Agrícola. *Comentários ao Código de Processo Civil*. 2. ed. Rio de Janeiro: Forense. v. I, p. 274.

A regulamentação contida no art. 575 do CPC/2015, no entanto, suprime a necessidade de litisconsórcio na ação demarcatória promovida por condômino. Com efeito, a dicção normativa confirma que os demais coproprietários serão *intimados*[97] para, querendo, intervirem no processo. Por se tratar de uma faculdade dos demais condôminos, a não participação de qualquer um deles não enseja nulidade processual. Trata-se, então, de litisconsórcio facultativo, e não mais de litisconsórcio necessário.

Imprescindível ressaltar que a não obrigatoriedade do litisconsórcio não retirou dele a unitariedade no que tange à sentença homologatória. Isso porque a decisão acerca da demarcação atingirá, inclusive, os condôminos que, devidamente intimados, preferirem não participar do processo. Deve-se ter em mente que os critérios de necessariedade e unitariedade litisconsorcial são, em alguns casos, independentes, existindo hipóteses de litisconsórcio unitário, mas não necessário,[98] ainda que não seja essa a ideia norteadora deste fenômeno de pluralidade subjetiva.

Pois bem. Tratando-se de ação demarcatória de coisa comum ou não, se não for caso de indeferimento ou de emenda da inicial, o juiz determinará a citação dos réus (confrontantes) para apresentarem resposta no prazo comum de 15 dias[99] (art. 577).

Nos termos do art. 576 c/c o art. 247, **a citação dos réus será feita pelo correio para qualquer comarca do país**. Desse modo, não há se falar em citação por edital dos réus que residam fora da comarca, como previa o CPC/1973 (art. 953). Somente deverá ser publicado edital caso haja necessidade de provocação de interessados incertos ou desconhecidos para participarem do processo (art. 257, III, do CPC/2015).

Havendo contestação, observar-se-ão as regras relativas ao procedimento comum.

Esgotada a fase instrutória, o juiz profere sentença, pondo fim à primeira fase, se procedente; e encerrando o processo, se improcedente a pretensão de demarcar. Da sentença cabe apelação com ambos os efeitos.

Nos termos do parágrafo único do art. 581, "a sentença proferida na ação demarcatória [primeira fase] determinará a restituição da área invadida, se houver, declarando o domínio ou a posse do prejudicado, ou ambos".

A ação demarcatória, tal como a reivindicatória, é ação que tem por fundamento o domínio (ações reais imobiliárias). Embora tenham procedimentos distintos, a finalidade de tais ações é comum: assegurar a posse (*ius possidendi*) efetiva da coisa ao titular do domínio.

Antes de decidir sobre a demarcação do imóvel, o juiz deve declarar o domínio (este é pressuposto daquela). Declarado o domínio em toda a sua extensão, a declaração do esbulho sobre toda a área (ou parte dela), de conformidade com o que se apurar na própria demarcatória, é mera consequência.

A decisão sobre esse efeito natural do domínio deve ser expressa. Como não há decisão sem pedido, podemos considerar a possibilidade de pedido implícito. Nesse caso, a mera decisão declaratória do domínio sobre uma área ensejará o pedido de reivindicação em cumprimento de sentença, porquanto, nos termos do art. 515, I, constitui título executivo judicial a decisão que reconhece a obrigação de entregar a coisa.

Ressalte-se que não se trata de julgamento *extra petita*, porque a própria lei autoriza o pedido implícito. Nada impede – e até recomenda-se – que o autor, a despeito disso, faça o pedido.

Transitada em julgado a sentença que julgou a pretensão de demarcar, inicia-se a **segunda fase do procedimento**, denominada *fase executiva*. Embora com essa denominação, essa fase é

---

[97] Vale o destaque à correta terminologia.
[98] DINAMARCO, Cândido Rangel. *Litisconsórcio*. 6. ed. rev. e atual. São Paulo: Malheiros, 2001. p. 186.
[99] No CPC/1973 esse prazo era de 20 dias (art. 954).

um mero prolongamento da primeira, não ocorrendo nova citação. Como salienta Humberto Theodoro Júnior, citando Pontes de Miranda, as ações de divisão e demarcação são executivas *lato sensu*, pela maior carga de executividade que contêm, evidenciada pelo pedido do autor, que, desde a origem do procedimento, não se dirige a declaração, condenação ou constitutividade, mas preponderantemente aos atos materiais de fixar no solo os limites do prédio ou de determinar concretamente a partilha do imóvel comum.[100]

Na segunda fase procede-se à execução material da demarcação, com a colocação dos marcos necessários (art. 582). Todas as operações serão consignadas em planta e memorial descritivo com as referências convenientes para a identificação, em qualquer tempo, dos pontos assinalados, observada a legislação especial que dispõe sobre a identificação do imóvel rural e das instruções normativas expedidas pelo Instituto Nacional de Colonização e Reforma Agrária (INCRA).

Concluída a demarcação, lavra-se o respectivo auto (art. 586), proferindo o juiz sentença homologatória[101] da demarcação (art. 587), que põe fim à segunda fase do procedimento. Contra essa sentença cabe o recurso de apelação, cujo recebimento se dá no efeito apenas devolutivo (art. 1.012, § 1º, I).

5.3 Procedimento da ação divisória

Também o procedimento da ação divisória se subdivide em **duas fases**. A **primeira** inicia-se com a propositura da ação, que se dá com a distribuição de petição inicial. A petição inicial deverá conter indicação da origem da comunhão e a denominação, situação, limites e características do imóvel, o nome, a qualificação e residência de todos os condôminos, especificando-se os estabelecidos no imóvel com benfeitorias e culturas. Deverá indicar, por fim, as benfeitorias comuns.

À divisão, no que concerne à citação e resposta, aplicam-se as regras referentes à demarcação. Assim, os réus (condôminos) têm o prazo comum de 15 dias para apresentar contestação. Em seguida, observar-se-á o procedimento comum.

Após a produção de provas, se necessárias, o juiz profere sentença julgando a pretensão de dividir. Dessa sentença, que põe fim à primeira fase, cabe apelação em ambos os efeitos.

Transitada em julgado a sentença que julgou a pretensão de dividir, tem início a segunda fase do procedimento, ou seja, a execução material da divisão.[102]

Essa fase, em linhas gerais, consiste na divisão do imóvel dividendo, o que é feito levando-se em conta os pedidos formulados pelos condôminos (art. 591) e os elementos fornecidos pelos peritos (arts. 590 e 595).

Terminados os trabalhos e desenhados na planta os quinhões e as servidões aparentes, o agrimensor organizará o memorial descritivo. Em seguida, cumprido o disposto no art. 586, o escrivão lavrará o auto de divisão, seguido de uma folha de pagamento para cada condômino. Assinado o auto pelo juiz, agrimensor e arbitradores, será proferida sentença homologatória da divisão (art. 597).

Contra a sentença que homologa a divisão cabe recurso de apelação no efeito devolutivo. A sentença deve ser registrada nos termos do art. 167, I, nº 23, da Lei nº 6.015/1973.

---

[100] THEODORO JÚNIOR, Humberto. *Curso de direito processual civil*. Rio de Janeiro: Forense, 1991. p. 1.695-1.696.

[101] A sentença que homologa a divisão deve ser registrada no registro de imóveis (Lei nº 6.015/1973, art. 167, inciso I, nº 23).

[102] Tal como a demarcação, a ação divisória é executiva *lato sensu*. Em razão disso, a segunda fase não reclama a instauração de nova relação processual.

5.4 Demarcação e divisão por escritura pública

O CPC/2015 cria um **procedimento extrajudicial de demarcação e divisão de terras particulares**, na tentativa de simplificar a transação entre proprietários de áreas confinantes e abreviar a solução do litígio.

Nos termos do art. 571, a demarcação e a divisão poderão ser realizadas por escritura pública, desde que maiores, capazes e concordes todos os interessados, observando-se, no que couber, as disposições relativas ao procedimento judicial (arts. 569 e seguintes).

Vale lembrar que a doutrina brasileira,[103] diante da omissão do diploma processual de 1973, já defendia a existência de um procedimento de jurisdição voluntária para demarcação e divisão de terras, com fulcro no art. 440 do CPC/1939.[104] De fato, se presentes partes maiores e capazes e entre elas inexistir conflito quanto à divisão ou demarcação, não há necessidade de utilização da via jurisdicional contenciosa para, somente após provocação, se possibilitar a transação quanto às questões relativas ao processo demarcatório ou divisório.

Quadro esquemático 64 –
Ação de divisão e de demarcação de terras particulares

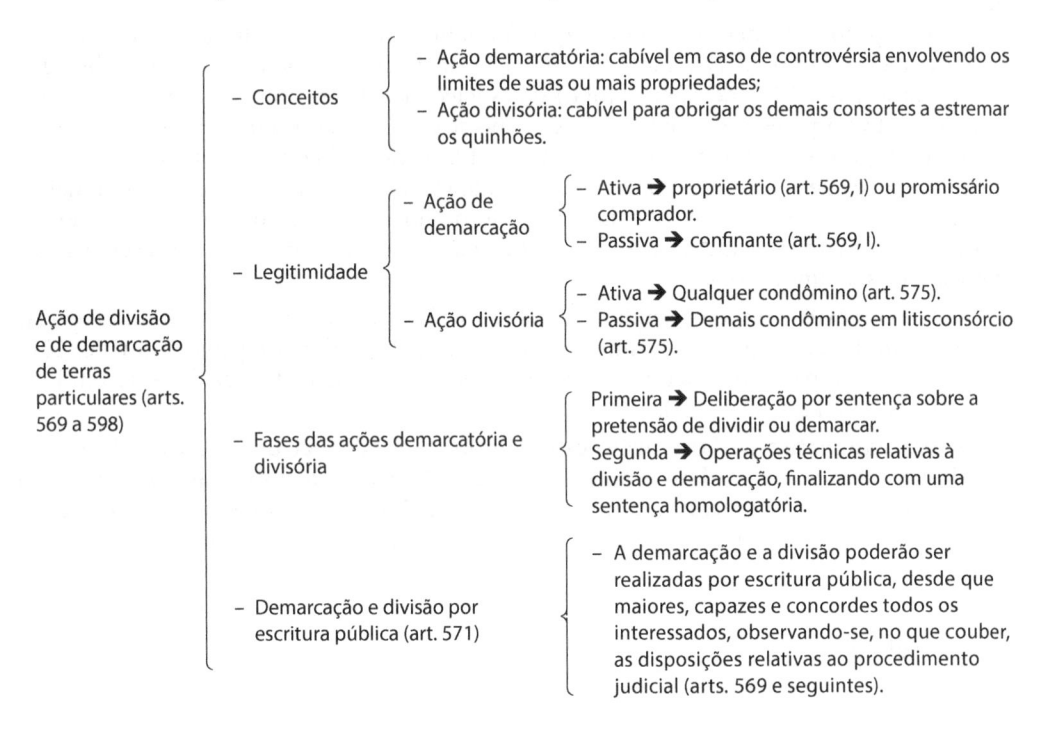

Ação de divisão e de demarcação de terras particulares (arts. 569 a 598)

- **Conceitos**
  - Ação demarcatória: cabível em caso de controvérsia envolvendo os limites de suas ou mais propriedades;
  - Ação divisória: cabível para obrigar os demais consortes a estremar os quinhões.

- **Legitimidade**
  - Ação de demarcação
    - Ativa → proprietário (art. 569, I) ou promissário comprador.
    - Passiva → confinante (art. 569, I).
  - Ação divisória
    - Ativa → Qualquer condômino (art. 575).
    - Passiva → Demais condôminos em litisconsórcio (art. 575).

- **Fases das ações demarcatória e divisória**
  - Primeira → Deliberação por sentença sobre a pretensão de dividir ou demarcar.
  - Segunda → Operações técnicas relativas à divisão e demarcação, finalizando com uma sentença homologatória.

- **Demarcação e divisão por escritura pública (art. 571)**
  - A demarcação e a divisão poderão ser realizadas por escritura pública, desde que maiores, capazes e concordes todos os interessados, observando-se, no que couber, as disposições relativas ao procedimento judicial (arts. 569 e seguintes).

---

[103] THEODORO JÚNIOR, Humberto. *Curso de direito processual civil*: procedimentos especiais. 42. ed. Rio de Janeiro: Forense, 2010. p. 210.

[104] CPC/1939, "Art. 440. Concordando as partes, poderá ser feita a divisão, ou a demarcação, observadas as seguintes regras: I – escolhido em petição assinada por todos os interessados, ou nomeado pelo juiz, o agrimensor procederá à divisão ou demarcação na forma prescrita neste Código, ou convencionada pelas partes; II – apresentando o agrimensor, por escrito, em cartório, a divisão ou demarcação, o juiz ouvirá os interessados no prazo comum de cinco (5) dias e proferirá a decisão. Parágrafo único. Ajuizado o pedido, tomar-se-á por termo o acordo, que será subscrito por todos os interessados, ou por procurador com poderes especiais".

6. AÇÃO DE DISSOLUÇÃO PARCIAL DE SOCIEDADE (ARTS. 599 A 609)

6.1 Introdução

O Código de Processo Civil de 1939 disciplinava a ação de dissolução e liquidação de sociedade, em virtude da ressalva contida no art. 1.218, VII, do CPC/1973, segundo o qual:

> Art. 1.218. Continuam em vigor até serem incorporados nas leis especiais os procedimentos regulados pelo Decreto-lei nº 1608, de 18 de setembro de 1939, concernentes:
>
> [...]
>
> VII – à dissolução e liquidação das sociedades (arts. 655 a 674).

Decorridos mais de 70 anos, ainda não havia sido editada lei especial para regular o desfazimento dos vínculos societários, razão pela qual se continuou a aplicar a norma processual de 1939 e, de forma complementar, os entendimentos firmados pelos tribunais superiores.

A jurisprudência desempenhou papel fundamental no preenchimento das lacunas existentes na legislação, especialmente quanto à ausência de previsão acerca da possibilidade de dissolução parcial (e não apenas total) das sociedades. O instituto passou, então, a ser aplicado em três hipóteses: exclusão, retirada e morte do sócio. Os fundamentos de cada uma se encontram, respectivamente, nos arts. 1.085 e 1.077 do Código Civil. Quanto à morte, o entendimento é que a dissolução vai ocorrer quando inexistir vontade por parte dos herdeiros ou mesmo dos sócios sobreviventes na formação de novo vínculo societário. Em todos os casos, o desfazimento do vínculo apenas de forma parcial tem por finalidade a preservação da empresa e de sua função social.

Nesse contexto, a fim de disciplinar de vez a matéria, deixando para os tribunais apenas interpretação de dispositivos previamente elaborados pelo Poder competente, o CPC/2015 traz um capítulo específico para tratar da ação de dissolução parcial de sociedade (Capítulo V, Título III, Livro I, Parte Especial).

O procedimento especial da ação de dissolução parcial de sociedade deve ser observado quando não houver concordância entre os sócios relativamente à dissolução, bem como quando a lei exigir a intervenção judicial para o desfazimento do vínculo societário. Cabe destacar que a dissolução parcial de sociedade também é denominada "liquidação parcial de sociedade".

6.2 Objeto

A dissolução parcial da sociedade nada mais é do que a resolução do contrato de sociedade em relação a um ou mais sócios, mediante a existência de motivos capazes de provocar o desfazimento do vínculo societário originalmente formado. Nos termos do art. 599, **a ação pode ter por objeto:** (a) a resolução da sociedade empresária contratual ou simples em relação ao sócio falecido, excluído ou que exerceu o direito de retirada ou recesso; (b) a apuração dos haveres do sócio falecido, excluído ou que exerceu o direito de retirada ou recesso; ou (c) somente a resolução ou a apuração de haveres. A apuração de haveres servirá para avaliar o montante devido pelo sócio que se retira, morre ou é excluído da sociedade.

Assim, por exemplo, se um sócio pretender sair da sociedade em virtude da quebra da *affectio societatis*, pode requerer a sua retirada e o recebimento do que lhe cabe no patrimônio social, mantendo-se, assim, a atividade empresarial em relação aos demais sócios em cumprimento ao princípio da preservação da empresa.

"Em decorrência desse princípio, considera-se que os assuntos particulares dos sócios, seus atos ilícitos, sua inaptidão para a vida de empreendedor, seus desentendimentos, devem ser equacionados e solucionados juridicamente com o mínimo de comprometimento da atividade econômica explorada pela sociedade".[105]

Estão **excluídas da aplicação das regras do CPC/2015**, as **sociedades anônimas de capital aberto** e as **sociedades em comandita por ações**. Deve-se excepcionalmente aplicar o procedimento especial às sociedades anônimas fechadas – que não negociam suas ações em bolsa de valores –, desde que demonstrado, por acionista ou acionistas que representem cinco por cento ou mais do capital social, que elas não podem mais preencher as finalidades estabelecidas no contrato social (art. 599, § 2º).

As hipóteses dos incisos I a III do art. 599 são aquelas arroladas nos arts. 1.028 a 1.030 do Código Civil.[106] O § 2º do art. 599, que contempla exceção à inaplicabilidade às sociedades anônimas, corresponde ao art. 206, II, "b", da Lei nº 6.404/1976.[107]

Quando os sócios divergirem sobre a resolução do vínculo societário e a avaliação da sociedade, a ação poderá ser proposta com base nos incisos I e II do art. 599. Nessa hipótese, primeiro se decidirá sobre a exclusão e, depois, sobre a avaliação das quotas do sócio excluído ou que exerceu o direito de retirada ou recesso.

Por outro lado, se os sócios concordam com a avaliação das quotas, mas divergem sobre o desfazimento do vínculo societário, a ação será proposta com base na primeira parte do inciso III do art. 599. Havendo concordância sobre o desfazimento, mas discordância quanto à avaliação, proceder-se-á na forma do art. 599, III, parte final, ou seja, bastando-se para a resolução da controvérsia a apuração de haveres. Nessa última hipótese, com o objetivo de facilitar o acordo, o CPC permitiu o rateio das custas e afastou a condenação em honorários (art. 603, § 1º).

6.3 Legitimidade

O art. 600 apresenta o rol de legitimados ativos para ação de dissolução parcial de sociedade e fixa condições para o regular exercício da pretensão. Veja:

Art. 600. A ação pode ser proposta:
I – pelo espólio do sócio falecido, quando a totalidade dos sucessores não ingressar na sociedade;
II – pelos sucessores, após concluída a partilha do sócio falecido;

---

[105] COELHO, Fábio Ulhoa. *Manual de direito comercial*. 28. ed. São Paulo: Revista dos Tribunais, 2016. p. 101.

[106] "Art. 1.028. No caso de morte de sócio, liquidar-se-á sua quota, salvo: I – se o contrato dispuser diferentemente; II – se os sócios remanescentes optarem pela dissolução da sociedade; III – se, por acordo com os herdeiros, regular-se a substituição do sócio falecido; Art. 1.029. Além dos casos previstos na lei ou no contrato, qualquer sócio pode retirar-se da sociedade; se de prazo indeterminado, mediante notificação aos demais sócios, com antecedência mínima de sessenta dias; se de prazo determinado, provando judicialmente justa causa. Parágrafo único. Nos trinta dias subsequentes à notificação, podem os demais sócios optar pela dissolução da sociedade; Art. 1.030. Ressalvado o disposto no art. 1.004 e seu parágrafo único, pode o sócio ser excluído judicialmente, mediante iniciativa da maioria dos demais sócios, por falta grave no cumprimento de suas obrigações, ou, ainda, por incapacidade superveniente".

[107] "Art. 206. Dissolve-se a companhia: [...] II – por decisão judicial: [...] b) quando provado que não pode preencher o seu fim, em ação proposta por acionistas que representem 5% (cinco por cento) ou mais do capital social".

III – pela sociedade, se os sócios sobreviventes não admitirem o ingresso do espólio ou dos sucessores do falecido na sociedade, quando esse direito decorrer do contrato social;

IV – pelo sócio que exerceu o direito de retirada ou recesso, se não tiver sido providenciada, pelos demais sócios, a alteração contratual consensual formalizando o desligamento, depois de transcorridos 10 (dez) dias do exercício do direito;

V – pela sociedade, nos casos em que a lei não autoriza a exclusão extrajudicial; ou

VI – pelo sócio excluído.

Parágrafo único. O cônjuge ou companheiro do sócio cujo casamento, união estável ou convivência terminou poderá requerer a apuração de seus haveres na sociedade, que serão pagos à conta da quota social titulada por este sócio.

O espólio do sócio falecido (inciso I) só terá legitimidade se a totalidade dos sucessores não pretender ingressar na sociedade ou se não houver concordância dos sócios sobreviventes quanto ao ingresso.

Os sucessores do sócio falecido (inciso II) se legitimarão para ação somente depois de concluída a partilha. Essa hipótese poderá ser verificada quando apenas parte dos sócios pretender ingressar na sociedade. É que, como antes da partilha os bens dos sócios fazem parte do espólio, não há como pretender a dissolução sem que antes estejam definidos e partilhados os quinhões de cada herdeiro.

Ainda no caso de falecimento há possibilidade de que a ação seja promovida pelos sócios sobreviventes (inciso III). Nesse caso é preciso que a sociedade seja de pessoas, e não de capital (a exemplo da sociedade anônima fechada).

Registre-se que, para os casos anteriores, há que se verificar a existência ou não de partilha de bens. Se o inventário estiver em andamento e ainda não tiver sido concluída a partilha, a legitimidade é conferida ao espólio ou a todos os herdeiros, necessariamente. Nessa hipótese, a jurisprudência considera que não há legitimidade do herdeiro, ainda que necessário, para atuar isoladamente, pois os bens ainda pertencem ao espólio.[108]

No inciso IV, o CPC/2015 estende a legitimação para o sócio que exerceu o seu direito de retirada, mas constatou a ausência de modificação no contrato social. A lei só possibilita o ajuizamento depois de transcorridos dez dias do exercício do direito de retirada. Essa previsão evidencia o caráter excepcional da medida, que só deve ser requerida quando não for possível a dissolução extrajudicial.

A própria sociedade só tem legitimidade (inciso V) quando a exclusão do sócio depender de intervenção judicial, ou seja, quando a dissolução parcial não puder ser decidida por meio de suas reuniões ou assembleia previamente designadas para esse fim.

São hipóteses de dissolução pretendida pela sociedade aquelas descritas nos artigos 1.004, 1.030 e 1.085 do Código Civil. O primeiro, permite a exclusão de sócio que deixar de promover as contribuições estabelecidas no contrato social, ou seja, que permanecer em mora quanto à integralização de suas quotas. Nesse caso, o sócio é denominado de remisso e pode ser excluído extrajudicialmente, se houver previsão no contrato social. Entretanto, se o contrato nada dispuser, a sua exclusão deverá ocorrer apenas judicialmente. Na segunda hipótese (art. 1.030, CC), a exclusão pode ocorrer por falta grave ou incapacidade superveniente. Por fim, quanto

---

[108] "O herdeiro necessário não possui legitimidade ativa para propositura de ação de dissolução parcial de sociedade em que se busca o pagamento de quotas sociais integrantes do acervo hereditário quando não for em defesa de interesse do espólio" (STJ, 3ª Turma, REsp 1.645.672/P, Rel. Min. Marco Aurélio Bellizze, j. 22.08.2017, *Informativo* 611).

ao art. 1.085, o Código Civil dispõe que "ressalvado o disposto no art. 1.030, quando a maioria dos sócios, representativa de mais da metade do capital social, entender que um ou mais sócios estão pondo em risco a continuidade da empresa, em virtude de atos de inegável gravidade, poderá excluí-los da sociedade, mediante alteração do contrato social, desde que prevista neste a exclusão por justa causa". O sócio faltoso poderá ser excluído extrajudicialmente somente se houver previsão expressa nesse sentido no contrato social. Caso contrário, a sociedade deverá promover a respectiva ação de dissolução parcial.

O CPC/2015 também prevê a legitimidade do próprio sócio excluído para propor esta ação. É a única hipótese na qual a lei não estabelece nenhuma condição. Ressalta-se, contudo, que a ação servirá exclusivamente para a apuração de haveres. Eventuais questionamentos sobre a legalidade da exclusão deverão ser apresentados em ação própria, pelo procedimento comum.

Quanto à legitimação do cônjuge ou companheiro, a regra objetiva possibilitar a preservação da meação, desde que, por força do regime de bens adotado, um cônjuge exerça sobre o outro o direito relativo às quotas sociais. Nesse caso, vem prevalecendo que para a legitimidade do companheiro é necessário o prévio reconhecimento da união estável, seja judicial ou extrajudicialmente. Não há como, nessa ação de rito especial, pretender reconhecer a união e, ainda, requerer a apuração dos haveres para fins de preservação da meação.

6.4 Competência

A competência é territorial, sendo o foro para o ajuizamento da ação de dissolução parcial o da sede da sociedade, nos termos do art. 53, III, "a".

6.5 Procedimento

A **petição inicial** deve preencher os requisitos dos arts. 319 e 320 – no que couber. Além disso, deve ser necessariamente instruída com o contrato social consolidado (art. 599, § 1º), ou seja, as eventuais alterações contratuais já devem estar contidas e atualizadas em um único documento, a fim de facilitar a apreciação judicial.

O **valor da causa** é o valor da quota dos sócios ou acionistas excluídos, falecidos ou retirantes (art. 292, II).

Estando a petição inicial devidamente instruída, o juiz determinará a citação dos sócios e da sociedade para, no prazo de 15 dias, concordar com o pedido de dissolução ou apresentar contestação (art. 601).

O Código estabelece um litisconsórcio necessário entre a sociedade e os sócios, mas excepciona a necessidade de citação da sociedade quando todos os sócios forem devidamente citados (art. 601, parágrafo único). A regra segue orientação de parte da jurisprudência.[109]

Se houver concordância quanto ao pedido de dissolução, o Código afasta a condenação em honorários advocatícios e permite o rateio proporcional das custas processuais conforme a participação no capital social (art. 603, § 1º). Se o objeto da ação for apenas a apuração de haveres, não haverá incidência dessa regra.

No prazo para manifestação – 15 dias – a sociedade poderá formular pedido de indenização que será compensado com o valor dos haveres a apurar (art. 602). O pedido de indenização formulado nos mesmos autos da ação de dissolução parcial de sociedade deverá ocorrer,

---

[109] Nesse sentido: "[...] Citados todos os sócios, a pessoa jurídica estará amplamente defendida e a eventual nulidade invocada, em face deste aspecto, não resultará em prejuízo para qualquer dos litigantes [...]" (STJ, AgRg do REsp 751.625/RN, Rel. Min. Massami Uyeda, j. 04.03.2008).

como regra, nas hipóteses de exclusão do sócio (sócio remisso ou que praticou falta grave, por exemplo). Tal constatação se deve ao fato de que nesta causa de dissolução a saída do sócio pressupõe uma conduta prejudicial à continuidade da empresa e, por esta razão, pode ensejar a reparação por eventuais prejuízos.

Não concordando os sócios com a dissolução, observar-se-á o procedimento comum, mas a eventual liquidação das quotas sociais continuará a ser regida pelo procedimento especial.

Como a extinção da sociedade depende do cumprimento de três etapas – dissolução, liquidação e extinção –, concordando os sócios com a dissolução, deve o juiz proferir sentença constitutiva negativa, extinguindo a relação jurídica existente entre o sócio falecido, o sócio excluído ou aquele que exerceu o seu direito de retirada e os demais sócios e a sociedade.

Na sentença que determinar a extinção o juiz (i) fixará a data da resolução da sociedade,[110] (ii) definirá o critério de apuração dos haveres e (iii) nomeará o perito (art. 604).

O juiz definirá os critérios para apuração dos haveres de acordo com as previsões constantes no contrato social. Se este for omisso, deve ser utilizada a regra constante no art. 606 do CPC/2015, que tem como base o disposto no art. 1.031 do Código Civil.[111]

Cumpre salientar, no entanto, que as disposições constantes do contrato social não são absolutas. Por tal razão, é possível que o juiz, mediante requerimento de uma das partes, reveja os critérios utilizados para apuração de haveres (art. 607).

Até a data da resolução, o ex-sócio, espólio ou sucessor terá direito à participação nos lucros da sociedade, sendo que, depois de fixada a data da dissolução, essas pessoas farão jus apenas à correção monetária dos valores apurados e aos juros, contratuais ou legais. Em outras palavras, a natureza jurídica dos créditos devidos ao ex-sócio, espólio ou sucessor sofrerá modificação após a fixação da data relativa à dissolução da sociedade.

Uma vez apurados, os haveres do sócio retirante serão pagos conforme disciplinar o contrato social e, no silêncio deste, nos termos do § 2º do art. 1.031 do Código Civil.

6.5.1 Especificidades quanto à exclusão de sócios minoritário e majoritário

Conforme registrado em linhas anteriores, uma das hipóteses de dissolução da sociedade ocorre pela exclusão de sócio. Porém, é preciso diferenciar os procedimentos para essa "expulsão" quanto ao sócio minoritário e ao sócio majoritário.

A exclusão do sócio se dá pela deliberação da maioria da sociedade. Com relação às sociedades limitadas, o Código Civil prevê a possibilidade de exclusão extrajudicial por justa causa, desde que haja previsão no contrato social (art. 1.085, CC/2002).

Em suma, para a **exclusão extrajudicial** devem ser preenchidos os seguintes requisitos: a) comprovação de que o sócio está pondo em risco a continuidade da empresa, em virtude de atos de inegável gravidade; b) existência de previsão expressa no contrato social sobre a previsão de exclusão extrajudicial por justa causa (não extinta a previsão, a questão deverá ser tratada em processo judicial, com fundamento no art. 1.030 do CC/2002); c) deverá ser convocada assembleia ou reunião exclusivamente para essa finalidade; d) o sócio deve ser cientificado da

---

[110] O Código elenca os elementos necessários à definição da data da resolução da sociedade. Para melhor compreensão, conferir art. 605.

[111] "Nos casos em que a sociedade se resolver em relação a um sócio, o valor da sua quota, considerada pelo montante efetivamente realizado, liquidar-se-á, salvo disposição contratual em contrário, com base na situação patrimonial da sociedade, à data da resolução, verificada em balanço especialmente levantado".

reunião ou assembleia, a fim de que possa, querendo, exercer o contraditório; e) a exclusão deverá ser deliberada pelos sócios que representem a maioria do capital social.

Há novidade trazida pela Lei nº 13.792/2019 quando se tratar de sociedade formada apenas por dois sócios. Nesse caso a exclusão extrajudicial dispensará o requisito indicado no item "c" (art. 1.085, parágrafo único, CC/2002).

Em se tratando de sócio majoritário, o procedimento para exclusão é completamente distinto. Primeiro, não há possibilidade de exclusão extrajudicial, pois quando o sócio tem a maioria do capital social não será logicamente possível a deliberação da maioria exigida por lei.

Conforme art. 1.030, pode o sócio majoritário ser excluído judicialmente mediante a iniciativa da maioria dos demais sócios. Isso quer dizer que, na prática, para obtenção deste quórum, a maioria será computada excluindo-se do cálculo o sócio que se pretende excluir. Nesse sentido o Enunciado 216 da III Jornada de Direito Civil do CJF e REsp 1.653.421/MG, julgado em 10.10.2017:

> Enunciado 216: "O quórum de deliberação previsto no art. 1.004, parágrafo único, e no art. 1.030, é de maioria absoluta do capital representado pelas quotas dos demais sócios, consoante regra geral fixada no art. 999 para deliberações na sociedade simples. Esse entendimento aplica-se ao art. 1.058 em caso de exclusão de sócio remisso ou redução do valor de sua quota ao montante já integralizado".

"Recurso especial. Direito societário. Ação de dissolução parcial de sociedade. Negativa de prestação jurisdicional. Não ocorrência. Cerceamento de defesa. Inexistência. Sócio majoritário. Prática de falta grave. Exclusão. Art. 1.030 do Código Civil de 2002. Sócios minoritários. Iniciativa. Possibilidade. 1. Controvérsia limitada a definir se é possível a exclusão judicial de sócio majoritário de sociedade limitada por falta grave no cumprimento de suas obrigações, mediante iniciativa da maioria dos demais sócios. 2. Nos termos do Enunciado nº 216/CJF, aprovado na III Jornada de Direito Civil, o quórum de deliberação previsto no art. 1.030 do Código Civil de 2002 é de maioria absoluta do capital representado pelas quotas dos demais sócios. 3. Na apuração da maioria absoluta do capital social para fins de exclusão judicial de sócio de sociedade limitada, consideram-se apenas as quotas dos demais sócios, excluídas aquelas pertencentes ao sócio que se pretende excluir, não incidindo a condicionante prevista no art. 1.085 do Código Civil de 2002, somente aplicável na hipótese de exclusão extrajudicial de sócio por deliberação da maioria representativa de mais da metade do capital social, mediante alteração do contrato social. 4. Recurso especial não provido" (STJ, REsp 1.653.421/MG 2016/0292275-1, 3ª T., Rel. Min. Ricardo Villas Bôas Cueva, j. 10.10.2017, *DJe* 13.11.2017).

Ocorrendo a exclusão, o valor dos seus haveres será discutido em juízo, nos termos do procedimento disposto na lei processual e priorizando, sempre que possível, a vontade das partes e os termos disciplinados no contrato social.

Quadro esquemático 65 –
Ação de dissolução parcial de sociedade

Ação de dissolução parcial de sociedade (arts. 599 a 609)

- **Noções gerais:** o procedimento especial da ação de dissolução parcial de sociedade deve ser observado quando não houver concordância entre os sócios relativamente à dissolução, bem como quando a lei exigir a intervenção judicial para o desfazimento do vínculo societário.

- **Objeto (art. 599)**
  - resolução da sociedade empresária contratual ou simples em relação ao sócio falecido, excluído ou que exerceu o direito de retirada ou recesso;
  - a apuração dos haveres do sócio falecido, excluído ou que exerceu o direito de retirada ou recesso;
  - somente a resolução ou a apuração de haveres.

- **Legitimidade**
  - do espólio do sócio falecido, quando a totalidade dos sucessores não ingressar na sociedade;
  - dos sucessores, após concluída a partilha do sócio falecido;
  - da sociedade, se os sócios sobreviventes não admitirem o ingresso do espólio ou dos sucessores do falecido na sociedade, quando esse direito decorrer do contrato social;
  - do sócio que exerceu o direito de retirada ou recesso, se não tiver sido providenciada, pelos demais sócios, a alteração contratual consensual formalizando o desligamento, depois de transcorridos 10 (dez) dias do exercício do direito;
  - da sociedade, nos casos em que a lei não autoriza a exclusão extrajudicial; ou
  - do sócio excluído.

- **Competência:** foro da sede da sociedade (art. 53, III, "a").

- **Outros aspectos**
  - O valor da causa é o valor da quota dos sócios ou acionistas excluídos, falecidos ou retirantes (art. 292, II).
  - O CPC/2015 estabelece um litisconsórcio necessário entre a sociedade e os sócios, mas excepciona a necessidade de citação da sociedade quando todos os sócios forem devidamente citados (art. 601, parágrafo único).
  - Se houver concordância quanto ao pedido de dissolução, não haverá condenação em honorários advocatícios de nenhuma das partes, e as custas serão rateadas segundo a participação das partes no capital social (art. 603, § 1º).
  - Não concordando os sócios com a dissolução, observar-se-á o procedimento comum, mas a eventual liquidação das quotas sociais continuará a ser regida pelo procedimento especial.

- **Na sentença que determinar a extinção, o juiz**
  - fixará a data da resolução da sociedade;
  - definirá o critério de apuração de haveres;
  - nomeará o perito.

7. INVENTÁRIO E PARTILHA (ARTS. 610 A 673)

7.1 Introdução

O direito sucessório brasileiro acolheu o **princípio da *saisine***, segundo o qual, no exato momento do falecimento, toda a herança se transmite aos herdeiros do *de cujus* de forma automática. Todavia, nesse estágio inicial, o que se tem é um universo de bens e direitos indistintos, pelo que se reputa impossível discriminar qual bem tocará a qual herdeiro. É que, por ora, o acervo hereditário constitui a figura do espólio, entidade sem personalidade jurídica e representada pelo inventariante ou administrador provisório, em juízo ou fora dele.

Para que ocorra a efetiva transferência dos bens a quem de direito, necessário que se acabe com esse estado de indivisão do acervo hereditário. Justamente por isso, o CPC prevê, em seus arts. 610 a 673, o procedimento especial de inventário e partilha, imprescindível para que os sucessores obtenham o título (formal de partilha ou carta de adjudicação) comprobatório do domínio.

Inventário e partilha têm conceitos distintos, embora, geralmente, a partilha constitua um complemento necessário e lógico do inventário.

O vocábulo *inventário* significa ato de relacionar, registrar, catalogar, enumerar. No CPC, inventário consiste no procedimento especial de jurisdição contenciosa,[112] pelo qual se procede à descrição e à avaliação do patrimônio (bens, direitos e obrigações) deixado por alguém em virtude de seu falecimento.

Partilha, por sua vez, constitui o segundo estágio do procedimento e vem a ser a atividade desenvolvida para ultimar a divisão dos bens inventariados, designando o quinhão que tocará a cada um dos sucessores (herdeiro ou legatário). No sentido empregado pelo Código, não existe partilha sem inventário, mas pode ocorrer inventário sem partilha (como, por exemplo, no inventário negativo ou quando houver somente um herdeiro, hipótese em que ocorre a adjudicação). Evidencie-se que a partilha feita em vida, por testamento, não dispensa o inventário. Quanto à partilha em vida, pelo contrato de doação, constitui sucessão *inter vivos*, a qual não é objeto do procedimento em estudo.

Como já podemos perceber, o procedimento do inventário e da partilha destina-se precipuamente a resolver questões ligadas à sucessão *causa mortis*, embora seja adotado também na sucessão provisória (art. 745) e na divisão de bens de sociedade conjugal desfeita (art. 731). Cabe, pois, breve digressão sobre o tema "sucessão".

Para Washington de Barros Monteiro, "a palavra sucessão significa o ato pelo qual uma pessoa toma o lugar de outra, investindo-se, a qualquer título, no todo ou em parte, nos direitos que lhe competiam".[113]

---

[112] A potencialidade de se tornar um procedimento litigioso motivou o legislador a contemplar o inventário no rol dos procedimentos especiais de jurisdição contenciosa. Contudo, parte da doutrina critica a opção, ao fundamento de que o inventário não encerra lide, entendida como conflito de interesses qualificado com uma pretensão resistida, na concepção carneluttiana. Corrobora esse entendimento o fato de que quaisquer conflitos surgidos no bojo do inventário serão remetidos às vias ordinárias, se configurarem questões de alta indagação. A bem da verdade, ao contrário da concepção clássica, a lide não constitui elemento essencial da jurisdição. O que realmente importa para a caracterização da jurisdição em contenciosa ou voluntária é a natureza do provimento, de maneira que será voluntária sempre que envolver pura e simplesmente a integração de um negócio jurídico. Não é o que ocorre com o inventário. Com efeito, não obstante a ausência de litigiosidade, nesse tipo do procedimento não se busca atividade homologatória pura e simplesmente, mas sim um provimento jurisdicional que ponha fim ao estado de comunhão dos bens do espólio, adjudicando a cada herdeiro o seu quinhão. Assim, não se vislumbra qualquer erronia na localização topográfica do procedimento.

[113] MONTEIRO, Washington de Barros. *Curso de direito civil*. São Paulo: Saraiva, 1982. v. 6, p. 1.

A sucessão classifica-se em *inter vivos* e *causa mortis*. Denomina-se *inter vivos* quando a sucessão se dá entre pessoas vivas, em razão de contrato de doação, compra e venda e cessão de direitos, entre outros. Na sucessão *causa mortis*, ao contrário, a sucessão do falecido na titularidade dos direitos e obrigações que compunham o seu patrimônio decorre do fato jurídico "morte".

A sucessão *causa mortis* pode ser classificada quanto à origem e quanto aos bens alcançados. Quanto à origem, a sucessão pode ser legítima ou testamentária. Quanto aos bens alcançados pela sucessão, pode ser a título singular ou a título universal.

Denomina-se legítima a sucessão quando são chamados a suceder o falecido as pessoas indicadas na lei civil como herdeiras; testamentária quando os sucessores são indicados em testamento.

Finalmente, sucessão a título singular é a que se refere a bens determinados (legado), e sucessão a título universal é a que se refere à universalidade dos bens (herança). No testamento, o testador pode instituir herdeiro, ou seja, sucessor a título universal, porquanto receberá a totalidade ou parte ideal da herança, ou legatário.

Ao procedimento do inventário e partilha, interessa apenas a sucessão *causa mortis*, seja legítima ou testamentária, seja a título singular ou universal.

Sobrevindo a morte do autor da herança, o pedido de abertura de inventário deve ser feito dentro de dois meses a contar da abertura da sucessão, ou seja, da data do falecimento do autor da herança, devendo-se ultimar a partilha nos 12 meses subsequentes, podendo o juiz prorrogar tais prazos, de ofício ou mediante requerimento da parte interessada (art. 611).

Na sistemática do CPC/1973, o desrespeito ao prazo para abertura do procedimento implicava possibilidade de deflagração de ofício pelo juízo competente. O Código vigente não repete a redação do art. 989 do CPC/1973,[114] razão pela qual podemos afirmar que **não há mais possibilidade de inventário *ex officio*.**

O prazo para a conclusão do feito é impróprio e seu descumprimento não acarreta qualquer sanção. Aliás, o que se observa é que dificilmente os inventários são concluídos nesse prazo, haja vista todas as peculiaridades inerentes ao procedimento. Ao terminar a leitura deste capítulo, o leitor terá a exata noção do quão demorado pode se tornar o processo. Na praxe forense, nem mesmo o arrolamento sumário (procedimento mais célere, como se verá) costuma ser concluído no prazo estatuído em lei.

Ressalte-se que não há na nova legislação (nem havia no CPC/1973) qualquer previsão quanto à sanção a ser aplicada em caso de descumprimento do prazo para a abertura do inventário. Isso não impede, contudo, que a legislação de cada Estado, ao estipular, por exemplo, as regras relativas ao Imposto sobre Transmissão Causa Mortis e Doação de Quaisquer Bens ou Direitos (ITCD), institua multa como sanção pelo retardamento do início do inventário. Tal possibilidade é plenamente aceita pelo Supremo Tribunal Federal.[115]

7.2 Espécies de inventário

O inventário pode ser **judicial** e **extrajudicial**. O inventário judicial pode se processar na forma tradicional (solene) ou do arrolamento. Este, por sua vez, subdivide-se em arrolamento sumário e arrolamento comum.

---

[114] CPC/1973, "Art. 989. O juiz determinará, de ofício, que se inicie o inventário, se nenhuma das pessoas mencionadas nos artigos antecedentes o requerer no prazo legal".

[115] STF, Súmula nº 542: "Não é inconstitucional a multa instituída pelo Estado-Membro, como sanção pelo retardamento do início ou da ultimação do inventário".

O **arrolamento sumário**, disciplinado pelos arts. 659 e seguintes, é cabível, qualquer que seja o valor da herança, desde que todos os herdeiros sejam maiores e capazes e estejam de acordo com a partilha amigável.

O **arrolamento comum**, previsto no art. 664, é cabível, sejam ou não capazes os herdeiros, quando o valor dos bens for igual ou inferior a 1.000 (um mil) salários mínimos.

O inventário tradicional e solene tem aplicação residual. É cabível quando não for admissível forma alguma de arrolamento.

Mais adiante se demonstrarão todas as peculiaridades de cada modalidade procedimental.

7.3 Inventário negativo

Figura inexistente na legislação processual, o **inventário negativo** acabou sendo consagrado pela prática forense. Isso porque, não raramente, a despeito da inexistência de bens a partilhar, o herdeiro se vê obrigado a demonstrar tal circunstância. É o que ocorre, por exemplo, quando o cônjuge supérstite deseja contrair novas núpcias (art. 1.523, I, do CC). A não realização do inventário – ainda que seja para deixar consignada a inexistência de bens a partilhar – acarreta a obrigatoriedade de adoção do regime de separação de bens. Nesse caso – é importante que se diga –, o procedimento será de mera justificação judicial, devendo o interessado comparecer ao juízo competente para o inventário a fim de declarar a inexistência de bens do *de cujus*. Lavrado o termo, serão intimados o Ministério Público e as Fazendas Públicas para manifestação. Ante a falta de impugnação, o juiz declarará encerrado o inventário, proferindo sentença.

7.4 Inventário extrajudicial

O inventário extrajudicial representa enorme avanço rumo à celeridade da prestação jurisdicional, por afastar o Poder Judiciário de questões que envolvem direitos individuais disponíveis, perfeitamente transacionáveis por meio de um negócio jurídico ordinário. Assim, o Estado fica desincumbido de se imiscuir na vida dos jurisdicionados, podendo voltar toda a sua atenção para aquelas demandas que tragam em seu bojo alguma carga de litigiosidade. Essas sim são merecedoras de tutela jurisdicional, cujo escopo último é a pacificação social com a composição de litígios.

O inventário extrajudicial foi contemplado na legislação processual em 2007, após as alterações promovidas pela Lei nº 11.441/2007, que possibilitou a realização de inventário, partilha, separação consensual e divórcio consensual pela via administrativa.

A Lei nº 11.441/2007, no entanto, trouxe pouco a respeito do tema, fazendo que o Conselho Nacional de Justiça (CNJ) editasse uma resolução para sanar as dúvidas relativas a esse instituto **(Resolução nº 35, de 24 de abril de 2007)**.

Pois bem. De acordo com o art. 610, § 1º, do CPC/2015 **proceder-se-á ao inventário e à partilha extrajudiciais se todos forem capazes e concordes**. Tradicionalmente entendia-se que, além dos requisitos anteriores, a inexistência de testamento deixado pelo *de cujus* consistia em pressuposto para a realização do inventário extrajudicial. Ou seja, havendo testamento, deveria ser feito o inventário judicial. Ocorre que essas duas afirmações atualmente não são mais válidas. Ou seja, pode, sim, haver inventário extrajudicial com herdeiro incapaz ou se preexistente testamento.

Em relação à existência de testamento, o STJ passou a considerar possível o inventário extrajudicial em precedente de 2019. Para tanto, exigiu que os interessados fossem capazes e concordes, estivessem assistidos por advogado e que o testamento estivesse previamente registrado judicialmente ou que houvesse expressa autorização do juízo competente. Conforme voto do Ministro Relator, Luis Felipe Salomão, "não parece razoável obstar a realização do inventário e da partilha por escritura pública quando há registro judicial do testamento (já que haverá definição precisa dos seus termos) ou autorização do juízo sucessório (ao constatar que inexistem discussões acidentais que não possam ser dirimidas na via administrativa), sob pena de violação a princípios caros de justiça, como a efetividade da tutela jurisdicional e a razoável duração do processo" (STJ, REsp 1.808.767/RJ, j. 15.10.2019, *DJe* 03.12.2019).

Em 2024, o CNJ alterou a Resolução nº 35 por meio da Resolução nº 571, de 26.08.2024, autorizando o inventário e a partilha consensuais por escritura pública, **ainda que o autor da herança tenha deixado testamento**, desde que obedecidos os seguintes requisitos:

- os interessados estejam todos representados por advogado devidamente habilitado;
- exista expressa autorização do juízo sucessório competente em ação de abertura e cumprimento de testamento válido e eficaz, em sentença transitada em julgado;
- todos os interessados sejam capazes e concordes ou, havendo incapazes, o pagamento do seu quinhão hereditário ou de sua meação ocorra em parte ideal em cada um dos bens inventariados e haja manifestação favorável do Ministério Público;
- nos casos de testamento invalidado, revogado, rompido ou caduco, a invalidade ou ineficácia tenha sido reconhecida por sentença judicial transitada em julgado na ação de abertura e cumprimento de testamento;
- o inventário não contenha disposições irreversíveis, por exemplo, o reconhecimento de filho. Nesse caso, independentemente do preenchimento dos pressupostos anteriores, a via extrajudicial não será admitida.

Perceba que a Resolução **também inova ao admitir a extrajudicialização mesmo quando houver herdeiro incapaz**. Em suma, havendo ou não testamento, se algum dos herdeiros for incapaz, o inventário poderá ser realizado em Cartório, desde que preservados os seus interesses por meio da garantia de pagamento do quinhão em parte ideal – todos devem receber uma fração equivalente sobre cada bem deixado pelo falecido – e de manifestação favorável do Ministério Público, a quem o tabelião oficiará (art. 12-A).

A ressalva que se faz em relação à conclusão do inventário extrajudicial é quando houver **nascituro**. Nesse caso, ainda que o CNJ tenha possibilitado a via extrajudicial para a lavratura da escritura definitiva, o tabelião deverá aguardar o nascimento e registro da criança, com a indicação da parentalidade.

A redação do art. 610 do CPC tornou expressa a concepção de que a escritura pública constitui documento hábil para qualquer ato de registro, e não apenas para o registro imobiliário, como previa o CPC/1973 (art. 982). **A escritura pública permite, portanto, o levantamento de importância depositada em instituições financeiras**[116] e, no caso de transmissão da propriedade de veículos, serve para instruir o pedido de transferência junto ao órgão de trânsito competente. O mesmo vale para as providências decorrentes da partilha na Junta Comercial, no Registro Civil de Pessoas Jurídicas etc. O art. 3º da Resolução nº 35 do CNJ é ainda mais explícito: "As escrituras públicas de inventário e partilha, divórcio, declaração de separação de fato e extinção da união estável consensuais não dependem de homologação judicial e são títulos hábeis para o registro civil e o registro imobiliário, para a transferência de bens e direitos, bem como para promoção de todos os atos necessários à materialização das transferências de bens

---

[116] Apesar do entendimento da maioria da doutrina e da jurisprudência, algumas instituições insistem na liberação de valor inventariado apenas mediante alvará judicial. Como no caso de inventário por escritura pública não há necessidade de demanda judicial, não há razão para condicionar a sua efetiva conclusão à intervenção do Poder Judiciário.

e levantamento de valores (DETRAN, Junta Comercial, Registro Civil das Pessoas Jurídicas, instituições financeiras, companhias telefônicas etc.)".

Diferentemente da competência fixada pela lei processual para o inventário judicial (art. 48, CPC), o inventário extrajudicial poderá ser proposto em qualquer foro. De acordo com o art. 1º da Resolução nº 35 do CNJ, "para a lavratura dos atos notariais relacionados a inventário, partilha, divórcio, declaração de separação de fato e extinção de união estável consensuais por via administrativa, é livre a escolha do tabelião de notas, não se aplicando as regras de competência do Código de Processo Civil". Assim, ainda que os bens estejam situados na cidade de Belo Horizonte ou que o domicílio do autor da herança seja em São Paulo, o inventário poderá ser proposto em Fortaleza ou qualquer outro local.

Uma dúvida que pode surgir é a seguinte: **estando presentes os requisitos legais, o inventário extrajudicial se torna obrigatório?** O art. 2º da Resolução nº 35 do CNJ textualmente dispõe que será *facultada* aos interessados a opção pela via judicial ou extrajudicial. Nesse sentido, não pode o inventário ser extinto por falta de interesse de agir por não ter a parte autora esgotado a via administrativa, por configurar afronta ao princípio da inafastabilidade da jurisdição.[117]

Para a adoção desse procedimento extrajudicial é **indispensável que os interessados estejam assistidos por advogado comum ou advogados de cada um deles quando da lavratura do instrumento público**, o qual, entre outros requisitos, conterá o nome e qualificação do advogado, dispensando-se instrumento de procuração (art. 610, § 2º; art. 8º, Res. nº 35/2007-CNJ). Frise-se que a exigência de advogado só restou expressamente prevista com a Lei nº 11.965/2009.[118]

Na prática, os interessados, individualmente ou não, procurarão os serviços do advogado e este redigirá a minuta contemplando o negócio jurídico celebrado. Essa minuta, subscrita pelo profissional do Direito, será levada ao Tabelionato de Notas. Na hipótese de os interessados procurarem diretamente o Tabelionato, não poderá o tabelião indicar advogado para a assistência, devendo recomendar o acesso à Defensoria Pública ou à Seccional da Ordem dos Advogados do Brasil (art. 9º, Res. nº 35/2007-CNJ).

Caso não tenham condições financeiras para custear os honorários de advogados e demais despesas com a escritura, deverão os interessados solicitar os serviços da defensoria pública. Nada impede, contudo, que os interessados assistidos por advogado particular formulem pedido de gratuidade, mediante simples declaração de que não possuem condições de arcar com os emolumentos (arts. 6º e 7º da Resolução nº 35 do CNJ).

Da escritura pública deverão constar a qualificação completa do autor da herança, dia e local do falecimento. Ademais, é obrigatória a nomeação de interessado para a representação do espólio, que atuará com os mesmos poderes do inventariante no procedimento judicial. Na via administrativa, há, contudo, uma diferença: para a nomeação, não há necessidade de observância da ordem prevista no art. 617 do CPC.

Para a lavratura, o tabelião exigirá a certidão de óbito, o documento de identificação de todas as partes, a certidão comprobatória do vínculo de parentesco com o autor da herança,

---

[117] "Por se tratar de faculdade da parte interessada, incabível a extinção do processo por ausência de interesse de agir quando o interessado elege a via judicial" (TJ-MG - Apelação Cível: 5008031-17.2023.8.13.0183, Rel. Des. Carlos Roberto de Faria, j. 04.04.2024, 8ª Câmara Cível Especializada, *DJe* 05.04.2024).

[118] A referida lei alterou os arts. 982 e 1.124-A do CPC/1973. As regras inseridas nesses dispositivos, relativamente à exigência de advogado para o procedimento extrajudicial, foram mantidas na nova legislação. Conferir, nesse sentido, os arts. 610, § 2º, e 733, § 2º, do CPC/2015.

certidão de casamento do cônjuge sobrevivente e documentos comprobatórios da propriedade dos bens e do seu valor. Além disso, exige-se o pagamento prévio do imposto de transmissão, com fundamento no art. 15 da Resolução nº 35 do CNJ.

O esboço da partilha também é exigido para a lavratura da escritura, sendo dispensado se houver apenas um único herdeiro. Caso sejam localizados bens do *de cujus* após a lavratura da escritura (art. 2.022, CC), ainda será possível a realização de sobrepartilha extrajudicial. Igualmente será possível a sobrepartilha quando realizado judicialmente o inventário, inclusive na hipótese de herdeiro anteriormente incapaz e que, no momento da descoberta dos bens, já tinha plena capacidade (art. 25 da Resolução nº 35 do CNJ).

Caso existam credores do espólio, a realização do procedimento extrajudicial ainda será possível, mas se fará necessária a informação sobre a existência das dívidas.

Quanto aos inventários judiciais em tramitação, é possível a adoção do procedimento extrajudicial, desde que preenchimentos os requisitos legais. Assim, se no curso do inventário judicial as partes concordarem com a partilha, poderão transformar o inventário judicial em extrajudicial. Contudo, de acordo com o entendimento da jurisprudência, há necessidade de submeter tal pretensão ao juízo do feito, especialmente na hipótese em que a abertura do inventário judicial foi procedida por um dos credores do espólio.[119]

Outra novidade trazida pelo CNJ por meio da Resolução nº 571, que alterou a Resolução nº 35/2007, está relacionada à alienação de ativos do espólio antes da partilha. Como vimos, a Resolução nº 571 viabilizou a realização de inventários pela via extrajudicial mesmo diante da existência de herdeiro menor e incapaz e/ou tendo o autor da herança deixado testamento. A medida também **dispensou a prévia autorização judicial para a alienação de bens do espólio antes da realização da partilha**.

Até a entrada em vigor da Resolução, para que o inventariante pudesse alienar bens de qualquer espécie do espólio ou transigir em juízo ou fora dele, antes da partilha, era necessária a autorização judicial e a expressa concordância dos demais herdeiros. Após a entrada em vigor da Resolução nº 571, o inventariante nomeado poderá realizar a alienação de bens do espólio, independentemente de autorização judicial, desde que não haja indisponibilidade de bens de quaisquer dos herdeiros ou do cônjuge ou convivente sobrevivente. Deverá, ainda, cumprir os seguintes requisitos (art. 11-A):

- Pagar os impostos de transmissão da herança, honorários advocatícios, emolumentos notariais e registrais e outros tributos e despesas decorrentes da realização do inventário extrajudicial, no prazo máximo de um ano contado da alienação do bem, com a vinculação do pagamento do preço de venda do bem ao adimplemento de tais despesas;
- Prestar garantia real ou fidejussória quanto à destinação do produto da venda do bem para pagamento das despesas anteriormente referidas. Com a comprovação do pagamento, extingue-se a garantia prestada.

Por fim, importante salientar que **também é cabível inventário negativo por escritura pública** (art. 28 da Resolução nº 35 do CNJ) e que não há possibilidade de utilização desse procedimento se os bens estiverem localizados no exterior (art. 29 da Resolução nº 35 do CNJ).

---

[119] Nesse sentido: "(...) Comprovada a realização de inventário por escritura pública, após a abertura do inventário judicial e citação da maioria dos herdeiros, sem qualquer comunicação prévia ao juízo, correta a decisão que declarou nula a escritura pública, pois restou evidente a tentativa de prejudicar o credor, não se tratando de questão de alta indagação, já que está comprovada documentalmente, podendo ser decidida pelo Juiz. Inteligência do art. 612 do CPC. Recurso desprovido" (TJRS, AI: 70079558540, Rel. Sérgio Fernando de Vasconcellos Chaves, j. 26.06.2019, Sétima Câmara Cível, *DJe* 27.06.2019).

7.5 Aspectos procedimentais do inventário e da partilha na via judicial

7.5.1 Legitimidade

A abertura do inventário pode ser requerida por aquele que estiver na **posse e administração dos bens a inventariar**, ou seja, pelo **administrador provisório**, haja vista que a nomeação do inventariante é ato posterior ao recebimento da petição inicial. Além do administrador provisório, o CPC contempla hipótese de legitimação concorrente. De forma sintetizada, vejamos as particularidades de cada legitimado concorrente:

a) **cônjuge ou companheiro supérstite**: a sua legitimidade para a abertura do inventário não se confunde com a capacidade para exercício da inventariança. Importante frisar que o regime matrimonial não tem qualquer relevância para se definir a legitimidade. Ressalte-se que a figura do companheiro foi acrescida pelo CPC/2015, em consonância com o que dispõe o art. 226, § 3º, da Constituição Federal de 1988, c/c os arts. 1.790 e seguintes do Código Civil de 2002. Ressalte-se que o entendimento acerca da legitimidade do companheiro para requerer o inventário já estava pacificado na doutrina[120] e na jurisprudência;[121]

b) **herdeiro:** por razões óbvias, a abertura do inventário e ultimação da partilha interessa sobremaneira ao herdeiro, razão por que se lhe confere legitimidade concorrente para dar início ao procedimento;

c) **legatário:** das lições de direito substancial, extrai-se que o legatário nada mais é do que o sucessor a título singular, ou seja, aquele que é beneficiado, por testamento, recebendo bem ou direito certo, individualizado. É por esse motivo que não se poderia negar-lhe legitimidade;

d) **testamenteiro:** também aquele a quem cabe cumprir as disposições de última vontade do *de cujus* poderá requerer o inventário e partilha;

e) **cessionário:** é possível que o sucessor transfira a terceiro os seus direitos sucessórios. Caso isso ocorra, é atribuída ao cessionário a legitimidade para requerer a abertura do inventário. Trata-se de hipótese curiosa, em que o procedimento será deflagrado por alguém que não é herdeiro;

f) **credor**[122]: o inventário também poderá ser aberto por aquele que não tem qualquer relação com o autor da herança, e, portanto, não ostenta a qualidade de herdeiro ou legatário. Todavia, o crédito do qual é titular em face de um dos sucessores lhe confere legitimação para requerer a abertura do inventário e, ao final, a satisfação do crédito. Aliás, não é despiciendo lembrar que o CC lhe autoriza aceitar a herança em nome do herdeiro se este renunciar, sempre que o ato de abdicação lhe trouxer algum prejuízo. Logo, com mais razão ainda se justifica a legitimação concorrente para iniciar o procedimento de inventário e partilha. Para tanto, registre-se, seu crédito deve ser líquido e certo;

g) **administrador judicial da massa falida ou da massa do insolvente:** caso seja decretada a falência ou a insolvência civil do cônjuge, companheiro, herdeiro ou legatário, o administrador da massa terá também legitimidade para requerer a abertura do inventário;

---

[120] Exemplo: TARTUCE, Flávio. *Manual de direito civil*. 3. ed. São Paulo: Método, 2013. p. 1.383-1.384.

[121] Exemplo: STJ, REsp 725.456/PR, Rel. Min. Luis Felipe Salomão, j. 05.10.2010.

[122] "O credor do falecido (autor da herança) tem legitimidade concorrente para requerer a abertura do inventário, conforme o art. 616, VI, do CPC" (STJ, 4ª Turma, AgInt no REsp 1.761.773/PR, Rel. Min. Marco Buzzi, j. 04.03.2024).

h) **Ministério Público**: a legitimação do órgão ministerial está condicionada à existência de incapazes entre os herdeiros. Na prática, a legitimação é exercida em caráter residual, sempre que outros legitimados não o façam;

i) **Fazenda Pública**: não é de se espantar que os CPCs (o de 1973 e o de 2015) tenham conferido à Fazenda Pública legitimidade para requerer a abertura do inventário e partilha. Isso porque o ente público detém interesse em apurar e receber o imposto *causa mortis*.

Como já dito, o Código atual não repete a redação do art. 989 do CPC/1973,[123] que permitia ao juiz determinar, de ofício, a abertura do inventário quando nenhum dos legitimados se manifestasse no prazo legal.

7.5.2 Competência

Dispõe o art. 48 que o **foro do domicílio do autor da herança** é o competente para o inventário, a partilha, a arrecadação, o cumprimento de disposições de última vontade, a impugnação ou anulação de partilha extrajudicial e para todas as ações em que o espólio for réu, ainda que o óbito tenha ocorrido no estrangeiro. Isso porque o Código Civil, mais precisamente em seu art. 1.785, prevê que a sucessão hereditária será aberta no lugar do último domicílio do falecido.

Importante anotar que o mencionado art. 48 estabelece **foros subsidiários**. Assim, se o autor da herança não tinha domicílio certo, competente será o foro da situação dos bens imóveis. Caso esses bens estejam localizados em foros diferentes, será competente qualquer deles. Nesse caso a competência deve se firmar pela prevenção. Não havendo bens imóveis, será competente o juízo do foro do local de qualquer dos bens do espólio. Ressalte-se novamente que essa regra não se aplica ao inventário extrajudicial, porquanto o tabelião é de livre escolha das partes, não havendo competência territorial para tanto (art. 1º da Resolução nº 35 do CNJ).

Seja qual for o foro competente, não se pode perder de vista que cabe à autoridade jurisdicional brasileira, com exclusividade, proceder à confirmação de testamento particular ao inventário e partilha de bens situados no Brasil, independentemente da nacionalidade ou domicílio do *de cujus*. É o que se depreende da leitura do art. 23, III.

O inventário se processará nas varas especializadas de sucessões, onde houver. Se a comarca não possui tais varas, serão competentes as varas cíveis.

Importante registrar que o juízo do inventário exerce força atrativa sobre todos os processos em que o espólio for réu. Trata-se da chamada universalidade do foro do inventário, que, no entanto, não é absoluta. Isso porque a *vis atractiva* não abrange demandas em que o espólio seja autor, tampouco aquelas em que a competência é fixada por critério absoluto. Um exemplo bem elucidativo é a ação divisória ajuizada por terceiro contra o espólio. Nesse caso, conquanto o ente despersonalizado figure como réu, a competência absoluta, segundo o art. 46, é do local da situação do imóvel.

Ressalte-se que a competência do juízo do inventário circunscreve-se às questões de direito e de fato que venham a surgir no curso do processo. Entretanto, aquelas que demandarem "alta indagação" serão remetidas às vias ordinárias. Por questão de alta indagação, entende-se aquela que envolve matéria fática cuja complexidade poderia comprometer a rápida solução do inventário, por depender de prova de natureza diversa da documental.[124] A alta indagação

---

[123] CPC/1973, "Art. 989. O juiz determinará, de ofício, que se inicie o inventário, se nenhuma das pessoas mencionadas nos artigos antecedentes o requerer no prazo legal".

[124] Exemplificando: "A alegada doação de dinheiro, supostamente realizada pelo autor da herança em favor de um dos herdeiros, trata-se de questão de alta indagação, que demanda dilação probatória,

não se refere, em absoluto, à dificuldade de se aplicar o direito à espécie, mas sim à dificuldade de se apurarem os fatos.

São exemplos de questão de alta indagação a discussão sobre a qualidade de herdeiro e a petição de herança.

7.5.3 Intervenção do Ministério Público

No procedimento do inventário, consoante disposto no art. 626, o Ministério Público será citado se houver herdeiro incapaz ou ausente. Na praxe forense, dá-se a simples intimação pessoal do representante do órgão e não a citação.

Também quando houver testamento, o Ministério Público será chamado a intervir, sob pena de nulidade (art. 735, § 2º). A intervenção ministerial para a defesa de disposições testamentárias não se justifica quando as partes forem maiores e capazes. Assim, deve-se interpretar o art. 735, § 2º, juntamente com o art. 178 do CPC.

Importante asseverar que é possível a nomeação de curador especial ao ausente, se não o tiver, e ao incapaz, nos casos em que o seu representante concorre com ele na partilha, haja vista a possibilidade de os seus interesses colidirem.

7.5.4 Petição inicial

O legitimado que tomar a iniciativa de abrir o inventário fará, por meio de petição inicial, a comunicação ao juízo acerca do óbito do autor da herança, informando também a existência de herdeiros e bens a partilhar.

A petição inicial deverá observar os requisitos dos arts. 319 e 320, com as peculiaridades próprias do procedimento em estudo. Como bem salientado por Misael Montenegro Filho,

> "a petição inicial do processo de inventário é bem menos burocratizada, se comparada às petições de outros modelos processuais, retirando da peça a necessidade de ampla exposição dos fatos e dos fundamentos jurídicos do pedido, do pedido com suas especificações; do protesto pela produção de provas etc.".[125]

Com efeito, na petição inicial do procedimento de inventário, noticia-se a ocorrência da morte do autor da herança, a existência de bens e herdeiros e, ao final, pede-se a abertura do procedimento com a nomeação do inventariante e a distribuição dos quinhões, pondo fim ao estado de indivisão da universalidade de bens. Observe-se que a causa de pedir se limitará à existência de patrimônio e de herdeiros sucessíveis, não se podendo exigir a pormenorizada descrição dos bens, herdeiros e grau de parentesco.

Tratando-se de inventário tradicional ou solene, não há necessidade de especificar qual bem tocará a determinado herdeiro, reservando-se tal providência para a ocasião da partilha. Entretanto, no caso de arrolamento, a celeridade que marca o procedimento impõe a presença de esboço da partilha já na petição inicial.

---

a fim de que seja efetivamente demonstrada a realização do alegado negócio jurídico. No caso sob análise, não se mostra possível o reconhecimento da alegada doação e consequente colação em sede do processo de inventário, bem como se revela inviável a inclusão de dívida do Agravante em favor do espólio" (TJ-MG - AI: 12264519220218130000, Rel. Des. Ana Paula Caixeta, j. 18.11.2021, 4ª Câmara Cível, *DJe* 19.11.2021).

[125] MONTENEGRO FILHO, Misael. *Curso de direito processual civil*. São Paulo: Atlas, 2006. p. 449.

Por fim, considera-se documento essencial a certidão de óbito do autor da herança, a qual necessariamente acompanhará a inicial, sob pena de indeferimento desta, caso não seja atendido o despacho para a emenda.

7.5.5 Administração provisória e inventariança

Tão logo falece o *de cujus*, o acervo hereditário não pode ficar sem um administrador e representante. Para tanto, deverá ser nomeado um inventariante, o qual prestará compromisso no processo. Ocorre que, aberta a sucessão, não pode a massa hereditária ficar ao desamparo. Para solucionar o impasse, criou-se a figura do administrador provisório, que exercerá o *munus* em caráter temporário. A administração provisória independe de nomeação pelo juiz, eis que consubstancia situação fática marcada pelo caráter da transitoriedade. Ao se investir no cargo, o administrador provisório deve requerer a abertura do inventário no prazo do art. 611. A partir daí, está obrigado a trazer os frutos percebidos desde a abertura da sucessão, prestar contas de sua gestão e praticar atos de conservação e proteção dos bens.

Recebida a petição inicial, o juiz nomeará o inventariante e este assumirá a posição antes ocupada pelo administrador provisório, passando a administrar e representar o espólio judicial e extrajudicialmente até o fim da partilha.

O art. 617 estabelece a ordem das pessoas que deverão ser nomeadas inventariantes. Apesar de o Código atual utilizar a expressão "na seguinte ordem", entendo que ela pode ser flexibilizada em casos excepcionais.[126] São possíveis inventariantes: (a) cônjuge ou companheiro sobrevivente, desde que estivesse convivendo com o outro ao tempo da morte deste; (b) o herdeiro que se achar na posse e administração do espólio; (c) qualquer herdeiro, nenhum estando na posse ou administração do espólio, inclusive o herdeiro menor, desde que representado; (d) o testamenteiro, se lhe foi confiada a administração do espólio ou toda a herança estiver distribuída em legados; (e) o cessionário do herdeiro ou do legatário; (f) o inventariante judicial, se houver; (g) pessoa estranha idônea, quando não houver inventariante judicial.

Se analisarmos a redação do art. 990 do CPC/1973, veremos que o CPC/2015 acrescentou como possíveis inventariantes o herdeiro menor, por seu representante legal, e o cessionário do herdeiro ou do legatário. Este já estava no rol do art. 988 do CPC/1973 como legitimado a requerer a abertura de inventário, sendo incoerente a sua não inclusão também como inventariante.

No caso do menor, ao menos no âmbito do Superior Tribunal de Justiça,[127] prevalecia o entendimento no sentido de que ele não poderia ser nomeado inventariante. Segundo a Corte, por ter caráter personalíssimo, a função de inventariante não poderia ser exercida por quem não tivesse capacidade para a prática dos atos inerentes a esse encargo. Com a regra atual, esse entendimento deve ser considerado superado.

Incumbe ao inventariante representar o espólio ativa e passivamente e as demais atribuições elencadas nos arts. 618 e 619, quais sejam:

- administrar o espólio com diligência;
- prestar as primeiras e últimas declarações;
- exibir em cartório os documentos relativos ao espólio;

---

[126] "A ordem de nomeação de inventariante, prevista no art. 990 do CPC, não apresenta caráter absoluto, podendo ser alterada em situação de fato excepcional, quando tiver o Juiz fundadas razões para tanto, forte na existência de patente litigiosidade entre as partes. Evita-se, dessa forma, tumultos processuais desnecessários" (STJ, REsp 1.055.633/SP, Rel. Min. Nancy Andrighi, j. 21.10.2008).

[127] Exemplo: STJ, REsp 658.831/RS, Rel. Min. Nancy Andrighi, j. 15.12.2005.

- juntar aos autos certidão do testamento (se houver);
- trazer à colação os bens recebidos pelo herdeiro ausente, renunciante ou excluído;
- prestar contas de sua gestão;
- requerer declaração de insolvência.

O inventariante deve, ainda, com a autorização do juiz, alienar bens de qualquer espécie, transigir em juízo e fora dele, pagar dívidas do espólio e fazer as despesas necessárias com a conservação e o melhoramento dos bens do espólio.

Não se desincumbindo de seu mister ou agindo de forma irregular, o inventariante será removido de ofício[128] ou a requerimento. As hipóteses de remoção estão previstas no art. 622. São elas: não prestar, no prazo legal, as primeiras e últimas declarações; não promover o andamento regular do inventário; por culpa sua, sofrerem danos os bens do espólio; não defender o espólio nas ações em que for citado, deixar de cobrar dívidas ou não promover as medidas necessárias para evitar o perecimento de direitos; não prestar contas ou prestar de forma insuficiente; sonegar, ocultar ou desviar bens do espólio. Para o STJ, como diretor do processo, cabe ao magistrado a prerrogativa legal de promover a remoção do inventariante caso verifique a existência de vícios aptos a justificar a medida, ainda que não sejam aqueles catalogados no art. 622. Trata-se, portanto, de rol não exaustivo (REsp 1.114.096/SP, 4ª Turma, Rel. Ministro João Otávio de Noronha, j. 18.06.2009).[129]

O incidente de remoção será processado – com observância ao princípio do contraditório – em autos apensos ao inventário e sem a suspensão deste. Contra o julgamento do incidente caberá recurso de agravo de instrumento.[130]

Frise-se que nenhum dos Códigos estabelece a possibilidade de renúncia à inventariança, mas eles apenas elencam as hipóteses em que o inventariante pode ser removido do encargo. Apesar disso, entendemos ser possível a renúncia, desde que haja apreciação judicial e prévia intimação dos herdeiros, que deverão se manifestar sobre a nomeação do um novo inventariante

---

[128] O Código atual possibilita, expressamente, a remoção do inventariante de ofício ou mediante requerimento da parte interessada. A redação do *caput* do art. 995 do CPC/1973 deixava dúvida quanto a essa possibilidade, apesar de a jurisprudência já ter se manifestado a favor da remoção pelo magistrado, independentemente de prévio requerimento, desde que oportunizada a manifestação do inventariante. Nesse sentido: STJ, REsp 988.527/RS, Rel. Min. Aldir Passarinho Junior, j. 24.03.2009; STJ, Agravo de Instrumento 1.402.608/PB, Rel. Min. Raul Araujo, j. 26.06.2013; TJ-MG, Agravo de Instrumento 1.0145.09.523280-0/001, Rel. Des. Eduardo Andrade, j. 19.01.2010.

[129] Embora a decisão tenha relação com o CPC/1973, o entendimento ainda prevalece. No âmbito dos tribunais estaduais há precedentes no mesmo sentido: "(...) Insurgência contra decisão que removeu o inventariante. Rol do artigo 622, NCPC que não é taxativo. Agravante, então inventariante, que praticou atos protelatórios. Inventário que tramita sob a mesma administração há 26 anos, sem conclusão. Remoção mantida. Agravo improvido" (TJ-SP, Agr. 2008036-70.2018.8.26.0000, 5ª Câmara de Direito Privado, Rel. Fábio Podestá, j. 06.06.2018, publ. 07.06.2018).

[130] "Em se tratando do pedido de remoção de inventariante de incidente processual, resolvido, através de decisão interlocutória, que não põe fim ao processo principal de inventário, resta evidente que o recurso de apelação não é cabível. 3. Não se mostra aplicável o princípio da fungibilidade recursal, no caso em espeque, tendo em vista que o Código de Processo Civil expressamente passou a estabelecer que de todas as decisões proferidas em sede de inventário caberá agravo de instrumento (artigo 1.015, parágrafo único do CPC), tratando-se, por isso, de erro grosseiro. 4. Recurso não conhecido" (TJ-MG - AC: 10000221348873001/MG, Rel. Teresa Cristina da Cunha Peixoto, j. 27.10.2022, Câmaras Especializadas Cíveis/8ª Câmara Cível Especializada, *DJe* 20.01.2023).

para o processo. Nesse caso, a responsabilidade do inventariante "originário" tem que perdurar até a sua efetiva substituição.[131]

7.5.6 Primeiras declarações

Nomeado o inventariante, este deverá prestar as primeiras declarações, nas quais devem constar as informações indispensáveis à realização do inventário. As primeiras declarações deverão ser prestadas nos 20 dias seguintes ao compromisso do inventariante, sob pena de remoção, como visto.

São informações indispensáveis a serem contempladas nas primeiras declarações a qualificação completa do *de cujus*, incluindo a data e lugar do óbito; a qualificação dos herdeiros, seu grau de parentesco com o falecido e, havendo cônjuge ou companheiro supérstite, o regime de bens do casamento ou da união estável; a relação completa e individuada de todos os bens do espólio, inclusive aqueles que devem ser conferidos à colação.

Dentre as informações a serem exaradas no âmbito das primeiras declarações, o CPC vigente introduz a necessidade de os bens conferidos à colação constarem dessa relação (art. 620, IV). A menção expressa aos bens a serem colacionados torna mais simples a tarefa de fiscalização, por parte do magistrado e do inventariante, da obrigação dos herdeiros de procederem à colação dos bens recebidos em vida pelo *de cujus*. É importante ressaltar que o herdeiro que omitir bens da colação perderá o direito que sobre eles lhe cabia, nos termos do art. 1.992 do Código Civil.[132]

O objetivo dessa fase no procedimento de inventário é dar ao magistrado a perfeita delimitação do patrimônio sucessível e dos herdeiros que serão aquinhoados com os bens. Como visto no tópico anterior, a petição inicial é marcada pela simplicidade e concisão, até porque alguns dos legitimados não detêm elementos suficientes para discriminar pormenorizadamente todos os bens e herdeiros (é o caso do credor de um dos herdeiros, do Ministério Público ou do administrador da massa falida, por exemplo). Destarte, nada mais justo do que fazer recair esse encargo sobre o inventariante, que o realizará pessoalmente ou por intermédio de procurador com poderes especiais (art. 618, III).

Prestadas as primeiras declarações, o juiz determina o balanço do estabelecimento, se o *de cujus* era empresário individual, ou a apuração de haveres, se era sócio de alguma sociedade que não seja anônima (art. 620, § 1º, I).

7.5.7 Citação

Nomeado o inventariante e feitas as primeiras declarações, é hora de citar todos os interessados para compor o feito. Serão obrigatoriamente citados o cônjuge ou companheiro, os herdeiros, os legatários e o testamenteiro, se houver testamento, e intimados a Fazenda Pública e, havendo herdeiro incapaz ou ausente, o Ministério Público.

O chamamento dos interessados se presta para que estes apontem alguma incorreção ou omissão nas primeiras declarações, oponham-se à nomeação do inventariante ou contestem a qualidade de qualquer dos herdeiros. Como se vê, conquanto, a princípio, o inventário ostente feições de procedimento de jurisdição voluntária, há grande possibilidade de que se instaure alguma litigiosidade, o que de certa forma justifica a opção do legislador por incluí-lo no capítulo relativo aos procedimentos especiais de jurisdição contenciosa.

---

[131] Há julgado do TJ-PR nesse sentido: AI 5.499.558/PR, Rel. Des. Antonio Loyola Vieira, j. 09.09.2009.

[132] Código Civil, "Art. 1.992: O herdeiro que sonegar bens da herança, não os descrevendo no inventário quando estejam em seu poder, ou, com o seu conhecimento, no de outrem, ou que os omitir na colação, a que os deva levar, ou que deixar de restituí-los, perderá o direito que sobre eles lhe cabia".

A citação dos interessados residentes dentro ou fora da comarca será feita, em regra, pelo correio (art. 274). Quando houver interessados incertos ou desconhecidos, abre-se a possibilidade de citação por edital (art. 259, III, do CPC/2015). O mandado será acompanhado de cópia das primeiras declarações, as quais também serão remetidas à Fazenda Pública, ao Ministério Público, ao testamenteiro – se houver – e ao advogado da parte que já esteja representada nos autos (art. 626, § 4º).

7.5.8 Impugnação às primeiras declarações

No prazo comum de 15 dias,[133] as partes poderão impugnar as primeiras declarações. Se a impugnação versar sobre erros, omissões e sonegação de bens, o juiz mandará retificar as primeiras declarações para fazer constar ou suprimir bens, ou alterar sua descrição, por exemplo (art. 627).

A impugnação quanto à nomeação do inventariante pode se dar em virtude da preterição da ordem estabelecida no art. 617, hipótese em que, verificando-se a existência de herdeiro mais bem situado na ordem preferencial do mencionado artigo, o magistrado deverá nomeá-lo. Frise-se que a impugnação quanto à nomeação do inventariante não se confunde com a remoção deste, a qual deve ser processada como incidente e não se submete ao prazo preclusivo da impugnação, eis que cabível em qualquer momento, tão logo se configure uma das hipóteses já mencionadas alhures.

Por fim, poderá a impugnação referir-se à qualidade de quem foi incluído como herdeiro. Nessa hipótese, o juiz, verificando que um dos interessados arrolados nas primeiras declarações não ostenta a condição de herdeiro, determinará a sua exclusão do feito.

Pode ocorrer também de aquele que se julga herdeiro não ser contemplado nas primeiras declarações. Nesse caso, deverá, nos termos do art. 628, pleitear sua inclusão no inventário, antes que ocorra a partilha. Ouvidas as partes em 15 dias,[134] o juiz decidirá.

7.5.9 Avaliação dos bens e últimas declarações

Findo o prazo do art. 627, sem impugnação ou decidida a que houver sido oposta, o juiz nomeará um perito para avaliar os bens do espólio, se não houver na comarca avaliador judicial. Se todos os herdeiros forem capazes e a Fazenda Pública aceitar a estimativa feita nas primeiras declarações, é possível dispensar a avaliação.

A avaliação tem o propósito de determinar o monte partível e possibilitar que a Fazenda Pública proceda ao cálculo do imposto *mortis causa*.

As conclusões da avaliação serão lançadas em laudo, sobre o qual as partes deverão se manifestar em quinze dias.

Se o laudo for impugnado, o juiz, acolhendo a impugnação, determinará a retificação ou a repetição da perícia. Por outro lado, aceito o laudo pelas partes, será lavrado o termo de últimas declarações.

Denomina-se "últimas declarações" o ato processual pelo qual se põe fim à fase do inventário dos bens. Por tal motivo, faz-se necessário que o termo corresponda exatamente à realidade do acervo hereditário, devendo-se até mesmo providenciar o aditamento ou complementação das primeiras declarações (art. 636), seja para incluir bens não arrolados, seja para corrigir outras falhas ou suprir outras omissões.

---

[133] No CPC/1973 esse prazo era de dez dias (art. 1.000).
[134] No CPC/1973 esse prazo era de dez dias (art. 1.001).

Com essas declarações finais, retrata-se a situação definitiva da herança a ser partilhada e adjudicada aos sucessores do *de cujus*. Sobre elas, as partes serão ouvidas em quinze dias (art. 637),[135] cabendo ao juiz decidir a respeito de eventuais impugnações, de plano.[136]

Deliberando o juiz sobre as impugnações ou ultrapassado o prazo do art. 637 sem manifestação das partes, procede-se ao cálculo do imposto *causa mortis*.[137] Sobre o cálculo do imposto as partes serão ouvidas no prazo comum de cinco dias, decidindo o juiz eventuais impugnações. Estando correto o cálculo, o juiz o julgará, ficando o inventariante autorizado a recolher o tributo (art. 638, § 2º).

7.5.10 Pagamento das dívidas do autor da herança

Com a morte do autor da herança, é muito comum que remanesçam obrigações por ele contraídas, as quais, evidentemente, deverão ser satisfeitas pelo espólio.

Por tal motivo, no interstício entre o inventário e a partilha, os credores do *de cujus* poderão requerer o pagamento das dívidas, mediante petição acompanhada de prova literal, a qual será autuada em apenso ao processo de inventário. Frise-se que os credores deverão agir antes de ultimada a partilha, visto que, após a distribuição do acervo hereditário, os herdeiros só responderão pelas dívidas até o montante do seu quinhão, tornando mais penosa a satisfação do crédito.

Se todos concordarem, o credor será habilitado e os bens suficientes à satisfação do crédito, separados para posterior alienação ou adjudicação.

Se, por outro lado, surgir qualquer controvérsia acerca da habilitação, esta deverá ser resolvida nas vias ordinárias (art. 643). Nesse caso, para resguardar eventual direito do credor, bens suficientes à satisfação do débito serão reservados. Para tanto, é necessário que haja documento comprovando satisfatoriamente a dívida e que a impugnação não se funde em quitação, porquanto nesse caso se discute justamente a satisfação do débito.

JURISPRUDÊNCIA TEMÁTICA

"Após a entrada em vigor da nova legislação processual e a modificação do conceito de sentença, que passou a ser definido a partir de um duplo critério (temporal e material), a controvérsia até então existente deve ser superada, na medida em que a decisão referida no art. 643, *caput*, do CPC/2015, além de não colocar fim ao processo de inventário e de se tratar de um incidente processual, subsome-se à regra específica de impugnação, prevista no art. 1.015, parágrafo único, do CPC/2015, que prevê ser cabível agravo de instrumento contra todas as decisões interlocutórias proferidas no inventário. Precedentes. 6- Assim, é correto fixar a tese de que, **na vigência da nova legislação processual, o pronunciamento judicial que versa sobre a habilitação do crédito no inventário é uma decisão interlocutória e, desse modo, é impugnável por agravo de instrumento com base no art. 1.015, parágrafo único, do CPC/2015**" (STJ, REsp 1.963.966/SP, Rel. Min. Nancy Andrighi, 3ª Turma, j. 03.05.2022, *DJe* 05.05.2022).

---

[135] No CPC/1973 esse prazo era de dez dias (art. 1.012).
[136] THEODORO JÚNIOR, Humberto. *Curso de direito processual civil*. Rio de Janeiro: Forense, 1991. p. 1.759-1.760.
[137] O Imposto sobre a Transmissão *Causa Mortis* e Doação de Quaisquer Bens ou Direitos (ITCMD) é estabelecido pelos Estados e pelo Distrito Federal. O cálculo dependerá da alíquota estabelecida pela legislação local.

7.5.11 Colação e sonegação

Os herdeiros descendentes que receberam doação do ascendente são obrigados a fazer a colação dos bens a esses títulos recebidos, a fim de reconstituir o acervo hereditário e permitir a exata definição da legítima de cada herdeiro. Colação é a conferência dos bens da herança com outros transferidos pelo *de cujus*, em vida, aos seus descendentes, promovendo o retorno ao monte das liberalidades feitas pelo autor da herança antes de falecer, para a equitativa apuração das quotas hereditárias dos sucessores legitimários.[138]

Quando da conferência, deve-se frisar que se computa no **montante indisponível** o valor dos bens levados à colação, sem, no entanto, que se aumente a parte disponível (art. 2.002, parágrafo único).

Este assunto sofreu grande impacto com a entrada em vigor do CPC/2015, o qual derrogou tacitamente o Código Civil, alterando o modo de se proceder à colação.

Segundo o Código Civil, devia-se levar em conta, na colação, o **valor do bem atribuído na doação**, ainda que apenas estimativo (art. 2.004). Se não houvesse na doação estipulação de valor, mesmo que estimativa, seria considerado o valor que se calculasse que o bem valia **à época da doação** (art. 2.004, § 1º). Não se consideravam em tal cálculo, não obstante, os melhoramentos e acréscimos que o donatário houvesse efetuado na coisa, nem os rendimentos, lucros ou indenizações por dano sofrido pelo bem (art. 2.004, § 2º).

A esse modo de se proceder à colação a doutrina se refere como **colação por estimação.**

O art. 639 do CPC/2015, todavia, estabelece que "o herdeiro obrigado à colação conferirá por termo nos autos ou por petição à qual o termo se reportará os bens que recebeu ou, se já não os possuir, trar-lhes-á o valor".

A colação por meio da restituição dos bens doados ao acervo hereditário, que passa a ser a regra, segundo o CPC/2015, é denominada pela doutrina **colação em substância.**

Conforme o CPC/2015, somente se deve proceder à **colação por estimação** quando o donatário já não mais possuir o bem doado ao tempo da abertura da sucessão. Nesse caso, determina o parágrafo único do art. 639 que se leve em conta o **valor do bem ao tempo da abertura da sucessão.**

Como se vê, o CPC/2015 alterou completamente o modo de se proceder à colação. E é interessante notar que, na verdade, o CPC/2015 repetiu praticamente inalteradas as regras correspondentes no CPC/1973, as quais haviam sido derrogadas tacitamente pelo Código Civil de 2002. Não adveio a alteração de críticas da comunidade do Direito Civil. Ao contrário, é bem provável que a impactante mudança tenha vindo de descuido do legislador que, quanto ao tema – que é, diga-se de passagem, propriamente de direito material, e não de direito processual, vez que não diz respeito ao procedimento, mas ao modo de se praticar o ato material – provavelmente se limitou a reproduzir o Código de Processo anterior.[139]

Já despontam, no entanto, interpretações mais favoráveis ao donatário. Novas tentativas de enxergar a colação em substância, no sentido de que não haveria efeito sobre a doação nem a resolução da propriedade. Trata-se de tentativas doutrinárias – ainda em desenvolvimento – no sentido de minimizar o impacto do descuido legislativo quanto ao tema no CPC/2015.

Parece-nos que essa divergência (entre o CC e o CPC) foi sanada pelo STJ no final de 2021. A 3ª Turma, em processo de relatoria da Min. Nancy Andrighi, definiu o seguinte:

---

[138] DINIZ, Maria Helena. *Código Civil anotado*. São Paulo: Saraiva, 1995. p. 995.
[139] Para saber mais sobre esse tema, acesse: http://genjuridico.com.br/2016/09/02/nova-disciplina-da--colacao-impacto-do-novo-cpc-no-direito-civil/.

1. Se a morte ocorreu APÓS a vigência do CPC/2015, o valor de colação dos bens doados deverá ser aquele calculado no momento da morte, nos termos do art. 639, parágrafo único, do CPC/2015 (AgInt no AREsp 1.794.363/SP, j. 29.11.2021).
2. Se a morte ocorreu ANTES do CPC/2015, o valor deve ser aquele atribuído no momento do ato de liberalidade e não na data da abertura da sucessão. Assim, se houver uma antecipação de legítima por meio de doação de um bem imóvel a herdeiro necessário no ano de 2015, e o falecimento do autor da herança ocorrer somente em 2020, o valor do bem não será considerado a partir de sua valorização entre os anos de 2015 até 2020, mas a partir da avaliação ocorrida na data da doação. Haverá, tão somente, correção monetária, até a data da abertura da sucessão.

Para o STJ, a colação de bens, a despeito de se relacionar intimamente com a igualdade da legítima dos herdeiros, apenas se materializa e desenvolve na ação de inventário. Ou seja, é uma questão de direito processual e não de direito material. Desse modo, é o critério de direito intertemporal que deve definir qual a regra jurídica aplicável.

No prazo para impugnação às primeiras declarações, o herdeiro obrigado à colação conferirá por termo nos autos ou por petição à qual o termo se reportará os bens que recebeu ou, se já não os possuir, trar-lhes-á o valor (art. 639). Se o herdeiro negar o recebimento da doação, abre-se vista às partes e, uma vez instaurada a controvérsia, remetem-se todos à via ordinária. Resolvido o impasse, o juiz do inventário proferirá decisão sobre a necessidade da colação, da qual caberá agravo.

O herdeiro que não informar a doação ou dote recebido é considerado sonegador. Orlando Gomes bem definiu a sonegação como a ocultação dolosa[140] de bens do espólio, seja pela falta de descrição pelo inventariante com o propósito de subtraí-los da partilha, seja por não terem sido colacionados pelo donatário.[141] Do conceito exposto, extrai-se que constitui elemento imprescindível à sonegação a malícia do herdeiro ou inventariante. Dessa forma, não é considerada sonegação a ocultação de bens por desconhecimento acerca da sua existência.

A qualidade de sonegador o sujeita a penalidades, como, por exemplo, a perda do direito que lhe caiba sobre o bem sonegado, ou o pagamento do valor, mais perdas e danos, caso já não mais o tenha em seu poder. Se o sonegador estiver exercendo o *munus* de inventariante, poderá ser removido do cargo (art. 622, VI).

Importante:

- **Os netos também têm o dever de colacionar, representando os seus pais, quando sucederem aos avós.** Essa regra persiste ainda que os netos não hajam herdado o que os pais teriam de conferir (art. 2.009 do CC).
- Estão **dispensados da colação os ascendentes e os colaterais,** pois a lei não lhes estende esse dever.
- **A sonegação será arguida em juízo por meio de ação própria,** no prazo prescricional genérico de dez anos, insculpido no art. 205 do CC. Ela correrá no mesmo foro do inventário e poderá ser promovida pelos herdeiros ou credores da herança (art. 1.994 do CC).

---

[140] Prevalece na jurisprudência o entendimento pela necessidade de prova do elemento subjetivo, ou seja, do dolo do ocultador. Nesse sentido: TJ-MG, Apelação Cível 1.0145.04.185902-9/0004, Juiz de Fora, 2ª Câmara Cível, Rel. Des. Caetano Levi Lopes, j. 30.01.2007.

[141] GOMES, Orlando. *Sucessões*. Rio de Janeiro: Forense, 1973. p. 315.

7.6 A partilha propriamente dita

Percorridas todas as etapas anteriores, encontra-se o acervo hereditário pronto para ser partilhado. A partilha poderá ser **amigável** ou **judicial**.

Na primeira, as partes apresentarão, de comum acordo, negócio jurídico que será homologado pelo juiz por meio de sentença, sendo necessário que todos sejam maiores e capazes. A partilha amigável levada a efeito no bojo do inventário judicial não se confunde com aquela apresentada ao Cartório de Notas (inventário extrajudicial), que dispensa homologação.

Não havendo apresentação de partilha amigável, dar-se-á vista dos autos às partes para que formulem os pedidos de quinhão. Diante dos pedidos, o juiz profere decisão de deliberação da partilha, resolvendo os pedidos das partes e designando os bens que deverão constituir o quinhão de cada herdeiro e legatário (art. 647).

O parágrafo único do art. 647 – sem correspondente no CPC/1973 – faculta ao juiz conceder a qualquer dos herdeiros, antes da partilha, o direito de usar e fruir de bem integrante de sua quota. Nesse caso, o herdeiro beneficiado terá que arcar com todos os ônus e bônus decorrentes do exercício desses direitos, como, por exemplo, as despesas de condomínio e os impostos relativos a bem imóvel.

Além dessa nova previsão, o dispositivo seguinte (art. 648) fixa algumas regras para a realização da partilha, quais sejam: (i) a observância da máxima igualdade possível quanto ao valor, à natureza e à qualidade dos bens partilhados (inciso I) e da máxima comodidade dos coerdeiros, do cônjuge ou companheiro (inciso III); e (ii) a prevenção de litígios futuros (inciso II). O objetivo dessas regras é evitar discussões posteriores relativas ao quinhão recebido por cada herdeiro. O critério de igualdade previsto no inciso I advém da regra contida no art. 2.017 do Código Civil[142] e do entendimento jurisprudencial já consolidado.[143]

Definidos os quinhões, entra em cena a figura do partidor, auxiliar do juízo que organizará o esboço da partilha (art. 651), isto é, o plano ou projeto da partilha definitiva. Para se chegar ao esboço da partilha, o partidor deve, primeiramente, definir o monte-mor, que representa a soma de todos os bens existentes à época da abertura da sucessão. Procede-se, então, ao abatimento das dívidas do espólio, bem como das despesas com funeral, acrescentando, ainda, os bens trazidos à colação. Tem-se, como resultado final, o monte partível, que será o objeto da partilha.

Definido o patrimônio sucessível, o partidor reservará a meação do cônjuge ou companheiro supérstite. Importante lembrar que, em alguns casos, não haverá meação a ser reservada. É o que ocorre quando o autor da herança era solteiro, viúvo, separado ou divorciado. Também não haverá meação quando o casamento for celebrado em regime de separação de bens.

Após a reserva da meação, a outra metade do patrimônio sucessível será ainda dividida em duas: a parte disponível e a legítima, parcela da herança que tocará aos herdeiros necessários (descendentes, ascendentes e cônjuge), a teor do disposto no art. 1.846 do CC. O autor da herança não tem livre disposição sobre a legítima, de sorte que esta parte do patrimônio sucessível não poderá ser objeto de testamento (art. 1.857, § 1º, do CC). Se não houver testamento, não há que se falar em reserva de legítima, sendo todos os bens do patrimônio sucessível (excluída a meação) partilhados entre os herdeiros necessários. À falta deles, ou seja, não tendo

---

[142] Código Civil, "Art. 2.017. No partilhar os bens, observar-se-á, quanto ao seu valor, natureza e qualidade, a maior igualdade possível".

[143] Por exemplo: "[...] Na partilha, consoante a regra do art. 1.775 do Código Civil de 1916, reproduzida no art. 2.017 do vigente Código Civil, observar-se-á a maior igualdade possível na distribuição dos quinhões, não apenas quanto ao valor dos bens do acervo, mas também quanto à sua natureza e qualidade [...]" (STJ, REsp 605.217/MG, Rel. Min. Paulo de Tarso Sanseverino, j. 18.11.2010).

o autor da herança deixado descendentes, ascendentes ou cônjuge, serão chamados a suceder os parentes colaterais.

Feito o esboço, as partes, a Fazenda Pública e, se for o caso, o Ministério Público dele serão intimados para, no prazo comum de 15 dias,[144] sobre ele se manifestarem. No caso de eventual impugnação, o juiz resolverá as reclamações (art. 652), após o que a partilha será lançada nos autos, ou seja, o escrivão lavrará termo descrevendo os aspectos mais relevantes da partilha esboçada (art. 653).

Pago o imposto de transmissão *causa mortis* e juntada aos autos certidão ou informação negativa de dívida para com a Fazenda Pública, o juiz julgará por sentença a partilha (art. 654). Importante lembrar que a sentença que julga a partilha tem natureza constitutiva, haja vista que altera a situação dos herdeiros, extinguindo o estado de condomínio em que se encontravam.

O parágrafo único do art. 654 garante o julgamento da partilha ainda que exista dívida para com a Fazenda Pública. Isso quer dizer que a regra do art. 1.026 do CPC/1973 – repetida pelo art. 654 do CPC/2015 – poderia ser mitigada a depender do caso concreto, uma vez que não se pode negar o acesso à justiça quando, por exemplo, tais débitos estejam sendo questionados judicialmente.

Transitada em julgado a sentença de partilha, receberá o herdeiro os bens que lhe tocarem e um formal de partilha (art. 655) ou a carta de adjudicação (no caso de herdeiro único), para documentar a transmissão do domínio.

Convém lembrar que, se forem descobertos bens sonegados ou surgirem novos bens após a partilha, será admitida a sobrepartilha.

7.6.1 Sobrepartilha

Consiste a sobrepartilha numa nova partilha. **Dá-se a sobrepartilha quando, por qualquer motivo, após a partilha, aparecerem outros bens do falecido.**

Estão sujeitos à sobrepartilha os bens sonegados, isto é, ocultos até a ultimação da partilha, os pertencentes à herança mas descobertos após a divisão, os bens litigiosos ou de difícil liquidação, os situados em local remoto do juízo do inventário.

Observar-se-á na sobrepartilha dos bens o processo de inventário e partilha, correndo a sobrepartilha nos autos do inventário do autor da herança (art. 670).

7.6.2 Invalidação da partilha

A partilha amigável, levada a efeito nos autos do inventário ou extrajudicialmente, representa, em última análise, verdadeiro negócio jurídico celebrado entre herdeiros maiores e capazes. Assim, é possível que tal negócio contenha vícios de consentimento capazes de ensejar a sua anulação, a teor do § 4º do art. 966.

A ação anulatória será proposta por qualquer dos participantes do inventário, devendo figurar no polo passivo todos os beneficiados pela partilha. Trata-se, nesse caso, de litisconsórcio necessário e unitário.

A partilha judicial, por sua vez, é resolvida por sentença de mérito. Dessa forma, transitada em julgado a referida decisão, cabe ao interessado manejar a competente ação rescisória, a qual terá lugar sempre que verificada qualquer das hipóteses insculpidas no art. 966 do CPC ou, ainda, dos arts. 658 e 657, parágrafo único, do mesmo diploma.

---

[144] No CPC/1973 esse prazo era de cinco dias (art. 1.024).

Situação peculiar é aquela do herdeiro necessário não habilitado no inventário. À guisa de exemplo, imaginemos a hipótese de o suposto herdeiro promover ação de investigação de paternidade em face do *de cujus*, sendo que a partilha foi ultimada antes do reconhecimento da paternidade alegada. Nesse caso, reconhecido na sentença o parentesco, e, por conseguinte, verificado o direito sucessório, pode o herdeiro exercer a sua pretensão por meio da **ação de petição de herança**, porquanto não pode ele estar sujeito ao prazo decadencial da ação rescisória.

A Súmula nº 149 do STF e a doutrina majoritária consideram que a ação de petição de herança prevista no art. 1.824 do Código Civil não é imprescritível, devendo ser proposta no prazo de 10 (CC de 2002) ou de 20 anos (CC de 1916). Há, no entanto, entendimento doutrinário que reconhece esta ação como imprescritível. Cito, como exemplo, os professores Flávio Tartuce e Giselda Maria Fernandes Hironaka.[145] Para esses autores, além de a qualidade de herdeiro não se perder, o direito à herança é tão fundamental quanto o é o direito ao reconhecimento da paternidade. Apesar dos fortes argumentos apresentados por esses doutrinadores, entendo que essa posição pode gerar a eternização do direito hereditário em prejuízo a herdeiros que, na maioria das vezes, desconhecem o filho excluído da sucessão. Além disso, dependendo do tempo decorrido após a morte, será extremamente difícil efetivar a restituição dos bens ao acervo hereditário.

7.6.3 Partilha e a sucessão do nascituro

De acordo com o art. 650, "se um dos interessados for nascituro, o quinhão que lhe caberá será reservado em poder do inventariante até o seu nascimento".

O atual dispositivo[146] vem regular o direito à sucessão do nascituro, já assegurado pelos seguintes dispositivos do Código Civil: art. 2º (direitos do nascituro), art. 1.798 (legitimidade das pessoas já concebidas no momento da abertura da sucessão) e art. 1.799, I (possibilidade de chamamento à sucessão testamentária de filho não concebido de pessoa indicada pelo testador).

O CPC/2015 fala em "reserva de quinhão", pois o nascituro tem mera expectativa de direito e, assim sendo, o seu direito à herança só estará concretamente efetivado após o nascimento com vida.

Na prática, ao realizar a partilha judicial, ou antes da homologação da partilha amigável, já tendo sido feita prova da gestação, o juiz mandará reservar o quinhão no processo de inventário ou de arrolamento de bens até o nascimento do herdeiro esperado.

Se, no entanto, a partilha tiver sido realizada sem a referida reserva, seja porque não houve requerimento ou porque não se tinha conhecimento, à época, da fecundação, pode-se pleitear a rescisão da partilha judicial nos termos do art. 658, III.

JURISPRUDÊNCIA TEMÁTICA

"É lícito ao juiz proferir nova decisão para ajustar questão sucessória, existente em inventário ainda não concluído, à orientação vinculante emanada do Supremo Tribunal Federal" (STJ, REsp 2.017.064/SP, Rel. Min. Nancy Andrighi, 3ª Turma, j. 11.04.2023).

---

[145] TARTUCE, Flávio. *Manual de direito civil*. 3. ed. São Paulo: Método, 2013. p. 1.303; HIRONAKA, Giselda Maria Fernandes. *Comentários ao Código Civil*. 2. ed. São Paulo: Saraiva, 2007. p. 202.

[146] Apesar de novidade na legislação processual, creio que essa medida já pudesse ser utilizada com base no poder geral de cautela do magistrado.

7.7 Procedimento do arrolamento sumário

Arrolamento vem de arrolar, fornecer rol, relação. E é exatamente o que acontece com essa modalidade de **inventário simplificado**: fornece-se relação de bens do autor da herança e rol de herdeiros.[147] Além da concentração de atos processuais, o arrolamento sumário é marcado pela supressão de algumas fases ou atos do inventário tradicional, como a lavratura de quaisquer termos e a avaliação dos bens inventariados, que somente terá lugar caso algum credor do espólio se insurja contra a estimativa feita pelos herdeiros.

O arrolamento sumário é forma abreviada de inventário-partilha nos casos de concordância de todos os herdeiros, desde que maiores e capazes, não importa o valor dos bens, se diminuto ou grandioso, nem a sua natureza. Basta que os interessados (meeiros, herdeiros e legatários) elejam essa espécie de procedimento, constituindo procurador, e apresentando para homologação a partilha amigável.

Conforme já salientado, questiona-se, atualmente, a subsistência do arrolamento sumário no ordenamento jurídico, haja vista que os herdeiros maiores, capazes e concordes deverão procurar a via administrativa e, em caso de incapaz, se preenchidos os requisitos da Resolução nº 35/2007 do CNJ, alterada em 2024, a via extrajudicial também poderá ser adotada.

Com essas considerações, passam-se a expor, de forma sucinta, as especificidades desta modalidade de inventário.

A primeira peculiaridade do arrolamento é constatada logo na petição inicial, a qual é apresentada por todos os herdeiros, que já elegeram de antemão o inventariante. Acompanharão a inicial as declarações de bens, sua descrição, documentos comprobatórios de propriedade e estimativa dos valores de cada um. Também é necessário que os herdeiros já tenham deliberado sobre a partilha, fazendo-se indispensável a apresentação do plano indicando a forma de divisão dos bens.

Recebendo a inicial, o juiz nomeará o inventariante (que já fora indicado na inicial) e homologará a partilha.

A despeito de a redação do art. 1.031 do CPC/1973 condicionar a homologação da partilha amigável à comprovação da quitação dos tributos relativos aos bens do espólio e às suas rendas, a jurisprudência já entendia que os inventários processados sob a forma de arrolamento não permitiam questionamentos por parte do fisco a respeito dos tributos relativos à transmissão,[148] devendo o art. 1.031 ser interpretado de forma sistemática com o art. 1.034 do

---

[147] BORTOLAI, Edson Cosac. *Manual de prática forense civil*. São Paulo: RT, 1990. p. 611.

[148] Por exemplo: "Processual civil e tributário. Arrolamento sumário. Imposto de transmissão *causa mortis*. Homologação de partilha. Entrega de documentos à Receita Estadual. Inexigibilidade. 1. No processo de arrolamento sumário, processado com base nos arts. 1.031 e seguintes do CPC, cabível quando todos os herdeiros forem maiores e capazes e estiverem de acordo com a partilha, somente é possível examinar se o inventariante comprovou a quitação dos tributos relativos aos bens do espólio e às suas rendas. 2. Para a homologação da partilha pelo juiz são dispensadas certas formalidades exigidas no inventário, entre elas a intervenção da Fazenda Pública para verificar a correção do pagamento dos tributos devidos pelo espólio. Assim, a discussão de supostas diferenças pagas a menor deverão ser resolvidas na esfera administrativa, a teor do disposto no art. 1.034 do CPC. 3. Feito o pagamento do imposto e juntado o comprovante aos autos, não pode o juiz condicionar a homologação da partilha em processo de arrolamento sumário à entrega de documentos à Receita estadual necessários ao cálculo do imposto. Ainda que o pagamento não esteja completo ou tenha o inventariante calculado mal o imposto, essas questões não podem ser tratadas e discutidas em arrolamento sumário. 4. Recurso especial não provido" (STJ, REsp 927.530/SP, Rel. Min. Castro Meira, j. 12.06.2007).

CPC/1973.[149] Portanto, a homologação da partilha não dependia do recolhimento dos tributos sucessórios; pelo contrário, apenas após o trânsito em julgado da sentença homologatória é que devia haver a apuração do imposto a ser recolhido. O *caput* do atual art. 659 segue a orientação jurisprudencial. As exações serão objeto de posterior lançamento administrativo, consoante se extrai do art. 659, § 2º. Nesse caso o fisco será intimado, mas não ficará limitado aos valores dos bens do espólio atribuídos pelos herdeiros.[150]

JURISPRUDÊNCIA TEMÁTICA

"No arrolamento sumário, a homologação da partilha ou da adjudicação, bem como a expedição do formal de partilha e da carta de adjudicação, não se condicionam ao prévio recolhimento do imposto de transmissão *causa mortis*, devendo ser comprovado, todavia, o pagamento dos tributos relativos aos bens do espólio e às suas rendas, a teor dos arts. 659, § 2º, do CPC/2015 e 192 do CTN" (STJ, REsp 1.896.526/DF, Rel. Min. Regina Helena Costa, 1ª Seção, j. 26.10.2022 (Recurso Repetitivo – Tema 1074).

7.8 Procedimento do arrolamento comum

O arrolamento comum é **forma simplificada de inventário de bens de pequeno valor**, aplicável quando o valor dos bens do espólio for **igual ou inferior a 1.000 salários mínimos** (art. 664). Contudo, a simplificação do rito é bem menos significativa do que no arrolamento sumário.

São as seguintes as fases do procedimento do arrolamento comum:

a) o interessado requer a abertura do arrolamento mediante petição dirigida ao juiz, instruída com a certidão de óbito;

b) nomeia-se inventariante, segundo a ordem de preferência legal, independentemente de assinatura de termo;

c) o inventariante apresenta suas declarações, consistentes na atribuição do valor dos bens do espólio e plano de partilha;

d) procede-se à citação dos herdeiros não representados nos autos. A partir dessa fase torna-se necessária a intervenção do Ministério Público, caso haja herdeiros incapazes e na hipótese de testamento;

e) havendo acordo sobre a partilha e apresentadas as quitações fiscais, o juiz a homologa por sentença;

f) impugnado o valor dos bens por qualquer das partes ou pelo Ministério Público, procede-se à avaliação judicial, ouvem-se as partes sobre o laudo e, na audiência que se designar, o juiz decidirá as reclamações e impugnações apresentadas a respeito do plano de partilha e mandará pagar eventuais dívidas, de tudo lavrando termo (art. 664, §§ 1º, 2º e 3º);

g) provada a quitação dos tributos relativos aos bens do espólio e às suas rendas, o juiz julgará a partilha, conforme deliberada na audiência.

---

[149] CPC/1973, "Art. 1.034. No arrolamento, não serão conhecidas ou apreciadas questões relativas ao lançamento, ao pagamento ou à quitação de taxas judiciárias e de tributos incidentes sobre a transmissão da propriedade dos bens do espólio".

[150] Como reforço, trazemos dois julgados de 2018, ambos do STJ, em que a Corte considerou que no arrolamento sumário não se pode condicionar a entrega dos formais de partilha ou da carta de adjudicação à prévia quitação dos tributos concernentes à transmissão patrimonial dos sucessores. Como conclusão, no arrolamento é possível homologar a partilha mesmo sem a quitação dos tributos relativos aos bens do espólio e suas rendas (REsp 1.704.359/DF e REsp 1.751.332/DF).

Pode-se dizer que, relativamente ao arrolamento comum, a novidade trazida pela Lei nº 13.105/2015 está no art. 665, que permite essa forma de inventário mesmo quando houver interessados incapazes. Na verdade, essa possibilidade já contava com respaldo jurisprudencial,[151] apesar de não estar expressamente prevista no CPC/1973. Assim, a presença de herdeiro incapaz não representa óbice ao rito do arrolamento comum, desde que o valor dos bens do espólio esteja dentro do limite legal e que todas as partes e o Ministério Público estejam de acordo. Vale ressaltar que com a entrada em vigor da Res. nº 571/2024 do CNJ, será cada vez menos comum esse tipo de inventário, notadamente pela possibilidade de adoção da via administrativa mesmo havendo herdeiro incapaz.

JURISPRUDÊNCIA TEMÁTICA

Súmula nº 149 do STF: "É imprescritível a ação de investigação de paternidade, mas não o é a de petição de herança".

Partilha e penhora determinada por outro juízo

"(...) O art. 860 do CPC/2015 prevê expressamente que a penhora é passível de ser levada a efeito em processo distinto daquele em que o crédito deveria, originariamente, ser satisfeito, podendo recair sobre os bens que forem adjudicados ou que vierem a caber ao executado. 4. Tratando-se de ação de inventário, este Tribunal Superior já se manifestou no sentido do cabimento da penhora no rosto dos autos quando se tratar de constrição que objetive atingir direito a ser atribuído a um dos herdeiros que figure na posição de executado. 5. A norma do art. 642, *caput*, do CPC/2015, que, segundo o acórdão recorrido, apenas facultaria a constrição postulada pelo recorrente até o momento da partilha, trata exclusivamente da habilitação de credores do espólio, circunstância fática diversa da verificada na espécie. 6. Nesse contexto, o fato de a presente hipótese não versar sobre dívida contraída pelo autor da herança – mas sim sobre dívida particular de um dos herdeiros – obsta que sejam aplicadas as mesmas consequências jurídicas decorrentes da inobservância dos pressupostos exigidos pelo dispositivo precitado. 7. Assim, ao contrário do que entendeu o acórdão impugnado, a homologação da partilha, por si só, não constitui circunstância apta a impedir que o juízo do inventário promova a constrição determinada por outro juízo. Recurso especial provido" (STJ, REsp 1.877.738/DF, 3ª Turma, Rel. Min. Nancy Andrighi, j. 09.03.2021, *DJe* 11.03.2021).

Valor do bem destinado à colação

"De início, verifica-se a ocorrência de antinomia entre o Código Civil de 2002 – visto que, no capítulo IV, 'Da Colação', o art. 2.004, *caput*, estabelece que os bens doados serão trazidos à colação pelo valor atribuído no ato de liberalidade – e o Código de Processo Civil de 1973, no Capítulo IX, Seção VI, denominada 'Das Colações' – em que o art. 1.014, parágrafo único, determina que os bens recebidos em doação deverão ser calculados pelo valor que tiverem

---

[151] Por exemplo: "Direito civil. Sucessões. Inventário. Procedimento de arrolamento comum. Sentença homologatória no juízo *a quo*. Inconformismo. Valor do espólio inferior a 2000 ORTNs. Herdeiro menor. Irrelevância. Via adequada de arrolamento. Citação de herdeiro incapaz. Ausência. Nulidade. Sentença cassada. Apelo provido. O inventário é processado através de arrolamento comum (art. 1.036 do CPC) se o valor do espólio não ultrapassa 2.000 ORTNs, independentemente da presença de incapaz ou de concordância entre os herdeiros. Inexistindo obrigatória citação de herdeiro nem havendo seu comparecimento espontâneo aos autos, declara-se nula a sentença homologatória de partilha" (TJ-SC, AC 256.487/SC 2001.025648-7, 2ª Câmara de Direito Civil, Rel. Des. Monteiro Rocha, j. 16.03.2006).

ao tempo da abertura da sucessão. Essa contradição deve ser solucionada com observância do princípio de direito intertemporal *tempus regit actum*. Assim, nas hipóteses de abertura da sucessão após o início da vigência do Código Civil de 2002, deve ser aplicada a regra prevista nesse diploma. Dessa forma, consoante se extrai do texto do art. 2.004 do CC/2002, o valor de colação dos bens deverá ser aquele atribuído ao tempo da doação. Todavia, apesar da ausência de previsão expressa, o valor dos bens doados deverá ser corrigido monetariamente até a data da abertura da sucessão para preservar a igualdade dos quinhões legitimários. Cabe ressaltar que, se o valor atribuído aos bens no ato de liberalidade não corresponder ao valor que efetivamente possuía à época, é cabível a realização de avaliação dos bens através de perícia técnica. Ademais, a interpretação do art. 2.004 do CC/2002 apresentada na I Jornada de Direito Civil promovida pelo Conselho da Justiça Federal (Enunciado 119), no sentido de que, 'para evitar o enriquecimento sem causa, a colação será efetuada com base no valor da época da doação, nos termos do *caput* do art. 2004, exclusivamente na hipótese em que o bem doado não mais pertença ao patrimônio do donatário. Se, ao contrário, o bem ainda integrar seu patrimônio, a colação se fará com base no valor do bem na época da abertura da sucessão, nos termos do art. 1.014 do CPC, de modo a preservar a quantia que efetivamente integrar a legítima quando esta se constituiu, ou seja, na data do óbito (resultado da interpretação sistemática do art. 2004 e seus parágrafos, juntamente com os arts. 1.832 e 884 do Código Civil)', não se coaduna com as regras estabelecidas no Código Civil de 2002 sobre a matéria, bem como afronta o princípio de direito intertemporal *tempus regit actum*" (STJ, REsp 1.166.568/SP, Rel. Min. Lázaro Guimarães (Desembargador convocado do TRF da 5ª Região), j. 12.12.2017, DJe 15.12.2017, v.u.).

Desnecessidade de colação pelo herdeiro que apenas ocupava imóvel a título gratuito

"Inicialmente, salienta-se que a utilização do imóvel decorre de comodato e a colação restringe-se a bens doados a herdeiros e não a uso e ocupação a título de empréstimo gratuito, razão pela qual não se vislumbra ofensa ao art. 2.002 do Código Civil. Com efeito, não se pode confundir comodato, que é o empréstimo gratuito de coisas não fungíveis, com a doação, mediante a qual uma pessoa, por liberalidade, transfere do seu patrimônio bens ou vantagens para o de outra. Somente a doação tem condão de provocar eventual desequilíbrio entre as quotas-partes atribuídas a cada herdeiro necessário (legítima), importando, por isso, em regra, no adiantamento do que lhe cabe por herança. Já a regra do art. 2.010 do Código Civil dispõe que não virão à colação os gastos ordinários do ascendente com o descendente, enquanto menor, na sua educação, estudos, sustento, vestuário, tratamento nas enfermidades, enxoval, assim como as despesas de casamento, ou as feitas no interesse de sua defesa em processo-crime. À luz dessa redação, poderia haver interpretação, *a contrario sensu*, de que quaisquer outras liberalidades recebidas pelos descendentes deveriam ser trazidas à colação. No entanto, o empréstimo gratuito não pode ser considerado "gasto não ordinário", na medida em que a autora da herança nada despendeu em favor de uma das herdeiras a fim de justificar a necessidade de colação" (STJ, REsp 1.722.691/SP, Rel. Min. Paulo de Tarso Sanseverino, j. 12.03.2019, DJe 15.03.2019, v.u.).

Arrolamento sumário

"Inicialmente, cumpre salientar que o procedimento do arrolamento sumário é cabível quando todos os herdeiros forem capazes e estiverem concordes entre si quanto à partilha dos bens, sendo certo que a simplificação do procedimento em relação ao inventário e ao arrolamento comum afasta a possibilidade de maiores indagações no curso do procedimento especial, tais como a avaliação de bens do espólio e eventual questão relativa a lançamento, pagamento ou quitação de taxas judiciárias e tributos incidentes sobre a transmissão da propriedade, consoante o teor dos artigos 659 c/c 662 e seguintes do Código de Processo Civil. Consoante estas balizas legais, neste tocante, o Código de Processo Civil de 2015 dispõe que, no caso de arrolamento sumário, a partilha amigável será homologada de plano pelo juiz e, transitada em julgado a sentença, serão expedidos os alvarás referentes aos bens e rendas por ele abrangidos. Somente após, será o Fisco intimado para lançamento administrativo do imposto de transmissão e de outros tributos, porventura incidentes. Portanto, a obrigatoriedade de recolhimento de todos os tributos previamente ao julgamento da partilha (art. 664, § 5º, CPC) foi afastada pelo próprio art. 659, ao prever sua aplicação apenas ao arrolamento comum. O novo Código de Processo Civil de 2015, ao tratar do arrolamento sumário, permite que a partilha amigável seja homologada anteriormente ao recolhimento do imposto de transmissão *causa mortis*, e somente após a expedição do formal de partilha ou da carta de adjudicação é que a Fazenda Pública será intimada para providenciar o lançamento administrativo do imposto, supostamente devido" (STJ, REsp 1.751.332/DF, Rel. Min. Mauro Campbell Marques, j. 25.09.2018, *DJe* 03.10.2018).

"Cinge-se a controvérsia a definir sobre a possibilidade de, sob a égide do novo Código de Processo Civil, encerrar-se o processo de arrolamento sumário, com a expedição e entrega de formais de partilha e alvarás aos sucessores, sem a prévia quitação dos tributos devidos para com a Fazenda Pública. Inicialmente cumpre salientar que a sucessão *causa mortis*, independentemente do procedimento processual adotado, abrange os tributos relativos aos bens do espólio e às suas rendas, porquanto integrantes do passivo patrimonial deixado pelo *de cujus*, e constitui fato gerador dos tributos incidentes sobre a transmissão do patrimônio propriamente dita, dentre eles o ITCM. Segundo o que dispõe o art. 192 do CTN, a comprovação da quitação dos tributos referentes aos bens do espólio e às suas rendas é condição *sine quo non* para que o magistrado proceda a homologação da partilha. Registre-se que essa norma não é de natureza processual, mas sim de direito material, porquanto se refere ao levantamento e à quitação de parte destacada do passivo do espólio deixado pelo *de cujus*, encerrando prerrogativa da Fazenda Pública de recuperar seus créditos tributários antes que os ativos sejam destinados ao pagamento de outros credores ou à partilha com os sucessores, sendo certo que esse direito de preferência está inclusive expressamente assegurado no art. 189 do CTN. Apesar disso, o novo Código de Processo Civil, em seu art. 659, § 2º, traz uma significativa mudança normativa no tocante ao procedimento de arrolamento sumário, ao deixar de condicionar a entrega dos formais de partilha ou da carta de adjudicação à prévia quitação dos tributos concernentes à transmissão patrimonial aos sucessores. Assim, essa inovação normativa em nada altera a condição estabelecida no art. 192 do CTN, de modo que, interpretando conjuntamente esses dispositivos legais, é possível concluir que, no arrolamento sumário, o magistrado deve exigir a comprovação de quitação dos tributos relativos aos bens do espólio e às suas rendas para homologar a partilha (condição expressamente prevista para o inventário processado na forma de arrolamento – art. 664, § 5º) e, na sequência, com o trânsito em julgado, expedir os títulos de transferência de domínio e encerrar o processo, independentemente do pagamento do imposto de transmissão" (STJ, REsp 1.704.359/DF, Rel. Min. Gurgel de Faria, j. 28.08.2018, *DJe* 02.10.2018, por maioria).

Citação dos herdeiros no processo de inventário

"Cinge-se a controvérsia a definir se é válida a citação por edital dos herdeiros que não residem na comarca em que tramita a ação de inventário, ainda que sejam eles conhecidos e estejam em local certo e sabido. O art. 999, § 1º, do CPC/1973 determina que: 'citar-se-ão, conforme o disposto nos arts. 224 a 230, somente as pessoas domiciliadas na comarca por onde corre o inventário ou que aí foram encontradas; e por edital, com o prazo de 20 (vinte) a 60 (sessenta) dias, todas as demais, residentes, assim no Brasil como no estrangeiro'. Esse dispositivo, todavia, não pode ser examinado como uma ilha, de forma absolutamente desconectada do sistema do qual faz parte, de modo que a mais adequada interpretação, em respeito ao modelo constitucional de processo civil, é aquela que o combina com o art. 231 do CPC/1973, regra que enuncia as hipóteses em que está autorizada a citação por edital. Assim, como os referidos arts. 224 e 230 do CPC/1973, disciplinam apenas a citação pessoal por oficial de justiça, é razoável compreender que a regra pretende tão somente vedar a citação de herdeiros fora da comarca exclusivamente por oficial de justiça, na medida em que esta providência provavelmente acarretará prejuízo à celeridade do processo. Entretanto, não há que se falar em absoluta dispensa da citação pessoal dos herdeiros situados em comarca distinta, ainda que por carta com aviso de recebimento (arts. 222 e 223 do CPC/1973, não referidos no art. 999, § 1º, do mesmo diploma), especialmente nas situações em que se tem prévia, plena e inequívoca ciência acerca de quem são e de onde residem" (STJ, REsp 1.584.088/MG, Rel. Min. Nancy Andrighi, j. 15.05.2018, *DJe* 18.05.2018, v.u.).

Quadro esquemático 66 – Inventário e partilha

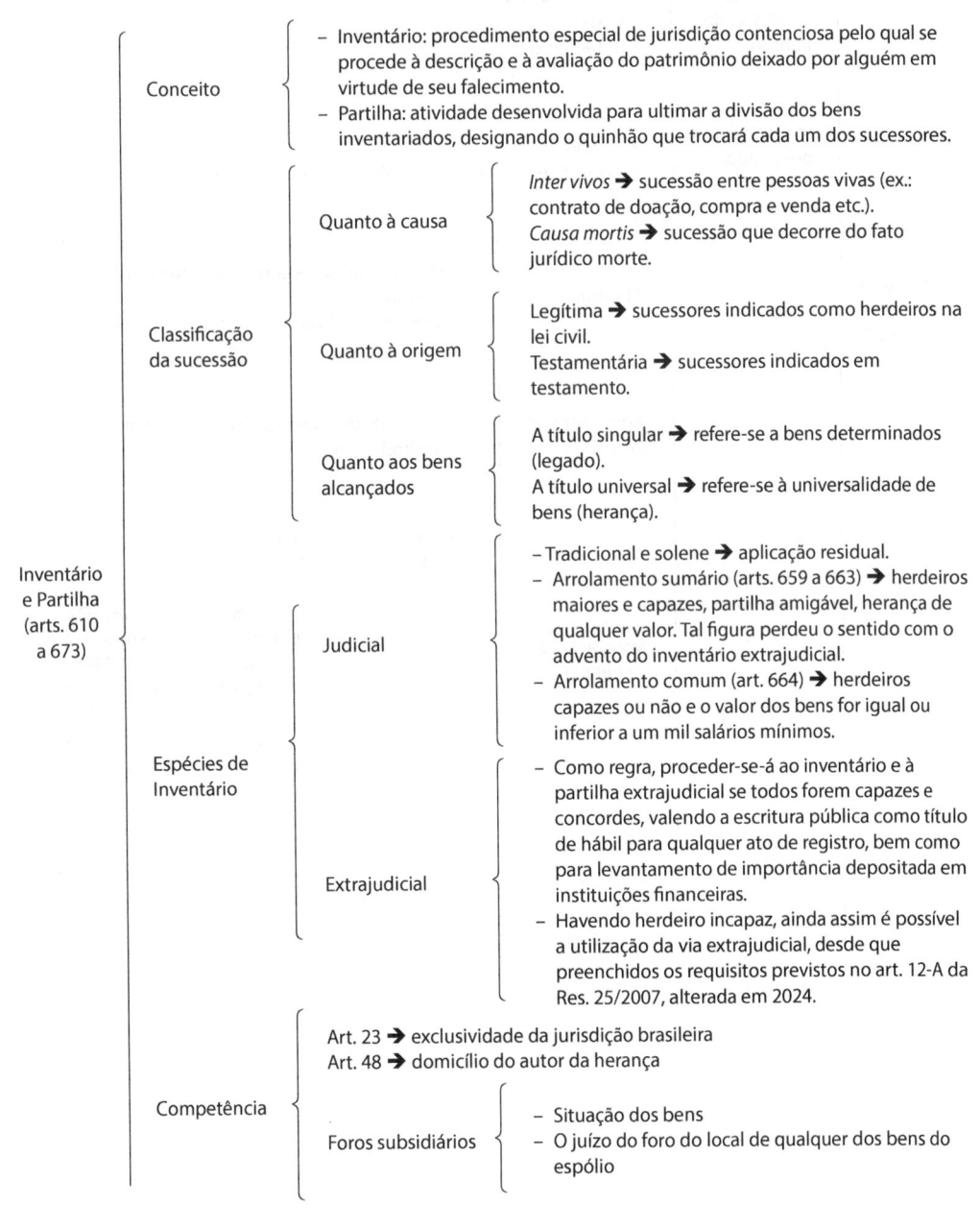

Inventário e Partilha (arts. 610 a 673)

- **Conceito**
  - Inventário: procedimento especial de jurisdição contenciosa pelo qual se procede à descrição e à avaliação do patrimônio deixado por alguém em virtude de seu falecimento.
  - Partilha: atividade desenvolvida para ultimar a divisão dos bens inventariados, designando o quinhão que trocará cada um dos sucessores.

- **Classificação da sucessão**
  - **Quanto à causa**
    - *Inter vivos* → sucessão entre pessoas vivas (ex.: contrato de doação, compra e venda etc.).
    - *Causa mortis* → sucessão que decorre do fato jurídico morte.
  - **Quanto à origem**
    - Legítima → sucessores indicados como herdeiros na lei civil.
    - Testamentária → sucessores indicados em testamento.
  - **Quanto aos bens alcançados**
    - A título singular → refere-se a bens determinados (legado).
    - A título universal → refere-se à universalidade de bens (herança).

- **Espécies de Inventário**
  - **Judicial**
    - Tradicional e solene → aplicação residual.
    - Arrolamento sumário (arts. 659 a 663) → herdeiros maiores e capazes, partilha amigável, herança de qualquer valor. Tal figura perdeu o sentido com o advento do inventário extrajudicial.
    - Arrolamento comum (art. 664) → herdeiros capazes ou não e o valor dos bens for igual ou inferior a um mil salários mínimos.
  - **Extrajudicial**
    - Como regra, proceder-se-á ao inventário e à partilha extrajudicial se todos forem capazes e concordes, valendo a escritura pública como título de hábil para qualquer ato de registro, bem como para levantamento de importância depositada em instituições financeiras.
    - Havendo herdeiro incapaz, ainda assim é possível a utilização da via extrajudicial, desde que preenchidos os requisitos previstos no art. 12-A da Res. 25/2007, alterada em 2024.

- **Competência**
  - Art. 23 → exclusividade da jurisdição brasileira
  - Art. 48 → domicílio do autor da herança
  - **Foros subsidiários**
    - Situação dos bens
    - O juízo do foro do local de qualquer dos bens do espólio

Inventário e Partilha (arts. 610 a 673)

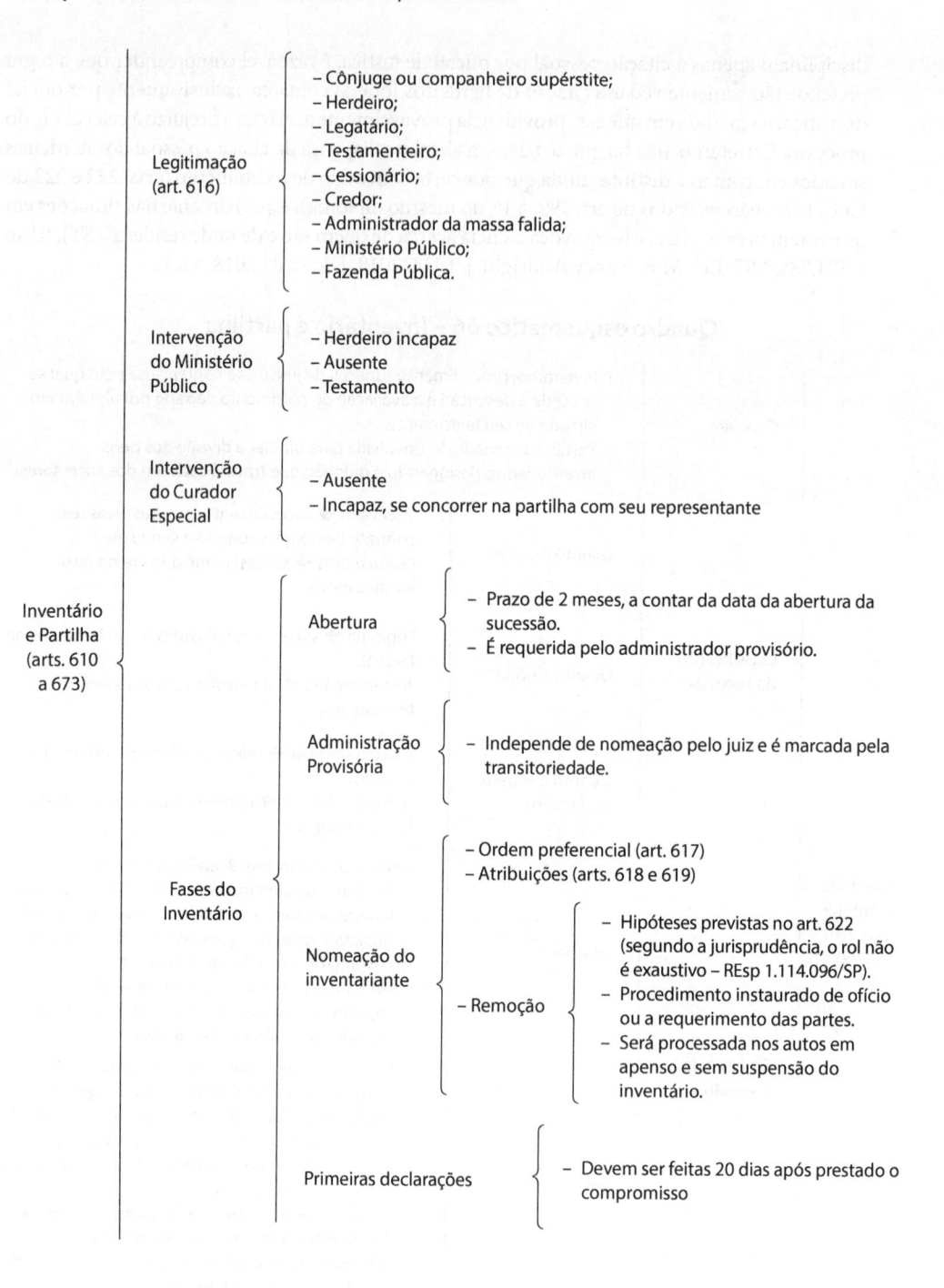

- **Legitimação (art. 616)**
  - Cônjuge ou companheiro supérstite;
  - Herdeiro;
  - Legatário;
  - Testamenteiro;
  - Cessionário;
  - Credor;
  - Administrador da massa falida;
  - Ministério Público;
  - Fazenda Pública.

- **Intervenção do Ministério Público**
  - Herdeiro incapaz
  - Ausente
  - Testamento

- **Intervenção do Curador Especial**
  - Ausente
  - Incapaz, se concorrer na partilha com seu representante

- **Fases do Inventário**
  - **Abertura**
    - Prazo de 2 meses, a contar da data da abertura da sucessão.
    - É requerida pelo administrador provisório.
  - **Administração Provisória**
    - Independe de nomeação pelo juiz e é marcada pela transitoriedade.
  - **Nomeação do inventariante**
    - Ordem preferencial (art. 617)
    - Atribuições (arts. 618 e 619)
    - Remoção
      - Hipóteses previstas no art. 622 (segundo a jurisprudência, o rol não é exaustivo – REsp 1.114.096/SP).
      - Procedimento instaurado de ofício ou a requerimento das partes.
      - Será processada nos autos em apenso e sem suspensão do inventário.
  - **Primeiras declarações**
    - Devem ser feitas 20 dias após prestado o compromisso

Inventário e Partilha (arts. 610 a 673)

Fases do Inventário

Primeiras declarações — Elementos:
- Qualificação do *de cujus*
- Qualificação dos herdeiros e grau de parentesco
- Regime de bens, se o *de cujus* era casado;
- Relação completa e individualizada dos bens do espólio, inclusive aqueles que devem ser conferidos à colação e dos bens alheios que nele forem encontrados.

Citações e impugnações:
- Serão citados todos os interessados para apontarem eventual incorreção ou omissão nas primeiras declarações, para que se oponham à nomeação do inventariante ou para contestar a qualidade de herdeiro.
- Os interessados não residentes no foro do inventário serão citados por edital.

Colação:
- No prazo para impugnação às primeiras declarações, o herdeiro obrigado à colação conferirá por termo nos autos ou por petição à qual o termo se reportará os bens que recebeu ou, se já não os possuir, tirar-lhe-á o valor (art. 639).
- O herdeiro que não informar a doação ou dote recebido é considerado sonegador.

Avaliação dos bens: Tem o propósito de determinar o monte partível e possibilitar que a Fazenda Pública proceda o cálculo do imposto *mortis causa*.

Últimas declarações:
- Ato processual pelo qual se põe fim à fase do inventário dos bens.
- Faz-se necessário que o termo corresponda exatamente à realidade do acervo hereditário.

Pagamento das dívidas do autor da herança: Até a partilha, os credores poderão requerer o pagamento das dívidas vencidas e exigíveis, por petição que será autuada em apenso.

Inventário e Partilha (arts. 610 a 673)	Partilha	– Pedido de quinhões (art. 647) – Esboço de partilha (art. 651) – Manifestação dos interessados, Ministério Público e Fazenda Pública (art. 652) – Julgamento da partilha (art. 654)
	Sobrepartilha	Consiste numa nova partilha. Dá-se quando, por qualquer motivo, após a partilha, aparecem outros bens do falecido (art. 669)
	Invalidação da partilha	– Partilha amigável (extrajudicial): ação anulatória (art. 657, parágrafo único) – Partilha judicial: ação rescisória (arts. 655 e 966) – Ação de petição de herança

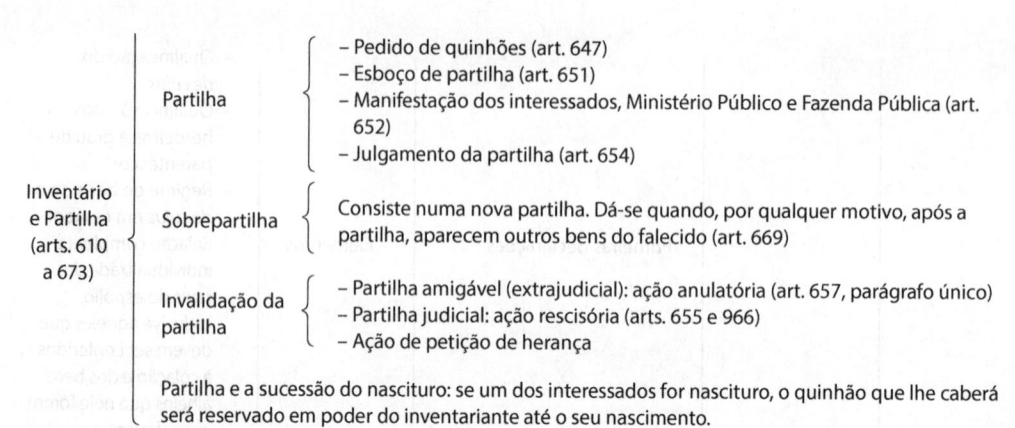

Partilha e a sucessão do nascituro: se um dos interessados for nascituro, o quinhão que lhe caberá será reservado em poder do inventariante até o seu nascimento.

8. EMBARGOS DE TERCEIRO (ARTS. 674 A 681)

8.1 Noções gerais

O processo consiste em relação jurídica que liga entre si autor, réu e Estado-juiz, não podendo produzir efeitos além das pessoas que o compõem. Nesse contexto, apenas as partes processuais sujeitam-se aos efeitos das decisões judiciais. Entretanto, é possível que as consequências indiretas ou reflexas de um provimento jurisdicional atinjam relações jurídicas outras da parte com terceiro que não participou do feito. Daí a permissão de que o terceiro intervenha no processo, a fim de obter sentença que seja favorável, ainda que indiretamente, aos seus interesses.

À semelhança do que ocorre no processo de conhecimento, na execução, a atividade satisfativa do Estado-juiz só pode dirigir-se, em princípio, ao vencido ou à pessoa que figure no título executivo como devedora. Somente o devedor há de sujeitar-se, com seus bens presentes e futuros, à execução forçada.

Pode ocorrer, contudo, que, na tentativa de garantir a satisfação do direito do credor, sejam atingidos bens ou direitos de terceiros estranhos à execução, que não possuem qualquer responsabilidade patrimonial pelo cumprimento da obrigação. Da mesma forma, pode ocorrer que, no próprio processo de conhecimento, sejam atingidos bens ou direitos de estranhos àquela relação processual. Para tais hipóteses, prevê a lei o ajuizamento dos embargos de terceiro.

Denomina-se, portanto, **embargos de terceiro o remédio processual posto à disposição de quem, não sendo parte no processo, sofrer constrição ou ameaça de constrição sobre bens que possua ou sobre os quais tenha direito incompatível com o ato constritivo** (art. 674). Ou seja, qualquer hipótese que possa justificar a defesa de eventual direito sobre o bem estará abarcada pelos embargos. Exemplo: ao credor com garantia real, ainda que não tenha a posse do bem, se confere legitimidade para o manejo de embargos.

> "Os embargos de terceiro constituem demanda à disposição daquele que, não sendo responsável patrimonial, ou possuindo bem específico que escapa a esta responsabilidade, sofre ameaça ou tem concretizada sobre patrimônio seu a prática de turbação ou de esbulho perpetrado por força de decisão judicial" (TJ-MG - AI: 18615296420228130000, Rel. Des. Marco Aurélio Ferrara Marcolino, j. 26.01.2023, 13ª Câmara Cível, *DJe* 30.01.2023).

Frise-se que o art. 674, diferentemente do art. 1.046 do CPC/1973, passa a abranger também a simples ameaça de constrição como hipótese capaz de ensejar a propositura dos embargos. Aliás, nesse particular, o CPC/2015 consolida o entendimento da jurisprudência, segundo o qual é possível o ajuizamento de embargos em caráter apenas preventivo.[152] Todavia, não se admite o perigo hipotético, genérico, competindo ao autor especificar pormenorizadamente o ato que entende potencialmente lesivo, assim como o bem ou direito que pretende seja tutelado.[153] A título de exemplo, a averbação da execução na matrícula do imóvel, na forma do art. 828 do CPC, implica ao terceiro justo receio de futura expropriação judicial do bem decorrente de processo de execução, permitindo, assim, a utilização dos embargos de terceiro.

O objeto dos embargos de terceiro será, sempre, um ato judicial (de jurisdição), que poderá emanar-se de um processo cognitivo ou de execução, não se limitando ao processo civil, sendo admissíveis em qualquer procedimento onde houver ato de constrição judicial, seja no processo penal (art. 129 do CPP), trabalhista ou falimentar (art. 93 da Lei nº 11.101/2005).[154]

Nesse contexto, pode-se afirmar que "ajuizando ação de embargos de terceiro busca o embargante a obtenção de tutela jurisdicional de natureza constitutiva, com o fito de excluir o bem ou direito seu da ilegítima constrição judicial realizada em qualquer processo ou procedimento judicial (e não exclusivamente de conhecimento ou de execução) do qual não participe, ou, dele participando, tenha reconhecida a sua condição de terceiro".[155]

Outro exemplo ajuda a ilustrar o cabimento dos embargos de terceiro: terceiro que não seja responsável pelo cumprimento da obrigação e não sendo parte no processo de execução sofre os efeitos da penhora. Nesse caso, pode valer-se dos embargos de terceiro, posto que sofreu os efeitos do ato judicial. Se a ofensa à posse fosse decorrente de ato de particular, a ação adequada seria a possessória.

Vale destacar que os embargos de terceiro não visam desconstituir ou invalidar sentença proferida em processo alheio, mas apenas impedir que a eficácia da decisão atinja patrimônio que não pode ser responsabilizado pelo débito. Em suma, a cognição no âmbito dos embargos de terceiro é restrita à finalidade de evitar ou afastar a constrição judicial sobre os bens de titularidade daquele que não faz parte do processo. Na jurisprudência a cognição restritiva dos embargos já foi reconhecida pelo STJ, que, por exemplo, não admitiu a cumulação do pedido constitutivo-negativo com o pleito de condenação do réu a indenização por danos morais.[156]

8.2 Legitimidade para os embargos

8.2.1 *Legitimidade ativa*

Legitimado ativo para opor os embargos de terceiro **é aquele que, a despeito de não ser parte no processo, sofreu constrição ou ameaça de constrição sobre bens que possua ou**

---

[152] "[...] É cediço na Corte que os embargos de terceiro são cabíveis de forma preventiva, quando o terceiro estiver na ameaça iminente de apreensão judicial do bem de sua propriedade. Precedentes: REsp 751513/RJ, Rel. Ministro Carlos Alberto Menezes Direito, *DJ* 21/08/2006 REsp nº 1.702/CE, Relator o Ministro Eduardo Ribeiro, *DJ* de 9/4/90; REsp nº 389.854/PR, Relator o Ministro Sálvio de Figueiredo, *DJ* de 19/12/02. 4. A ameaça de lesão encerra o interesse de agir no ajuizamento preventivo dos embargos de terceiro, máxime à luz da cláusula pétrea da inafastabilidade, no sentido de que nenhuma lesão ou ameaça de lesão escapará à apreciação do judiciário (art. 5º, inciso XXXV, da CF). 5. Recurso especial desprovido" (STJ, REsp 1.019.314/RS, Rel. Min. Luiz Fux, j. 02.03.2010).

[153] Nesse sentido: "É possível a oposição de embargos de terceiro preventivos, isto é, antes da efetiva constrição judicial sobre o bem" (STJ, REsp 1.726.186/RS, j. 08.05.2018).

[154] Há entendimento no sentido de que são incabíveis os embargos de terceiro quando o ato de constrição tenha sido praticado em processo cautelar. Por todos, conferir: STJ, AgRg 1.059, Rel. Min. Waldemar Zveiter, *DJ* 10.04.2000.

[155] MARCATO, Antônio Carlos. *Procedimentos especiais*. 10. ed. São Paulo: Atlas, 2004. p. 271.

[156] "É inadmissível a cumulação de pedidos estranhos à natureza constitutivo-negativa dos embargos de terceiro" (STJ, REsp 1.703.707-RS, 3ª Turma, Rel. Min. Marco Aurélio Bellizze, j. 25.05.2021).

sobre os quais tenha direito incompatível com o ato constritivo (art. 674). O terceiro a que se refere o art. 674 pode ser proprietário, inclusive fiduciário, ou possuidor.

O proprietário fiduciário não estava expressamente previsto na legislação de 1973, entretanto, no âmbito da jurisprudência,[157] já se admitia essa possibilidade tanto com relação a bens móveis (regulados pelos arts. 1.361 a 1.368-A do Código Civil de 2002 e pelo Decreto-lei nº 911/1969), quanto com relação a bens imóveis (regulados pela Lei nº 9.514/1997).

Por terceiro deve-se entender "não só a pessoa física ou jurídica que não tenha participado do feito, mas a pessoa titular de um direito outro que não tenha sido atingido pela decisão judicial".[158] Nesse contexto, a mesma pessoa pode ser simultaneamente parte e terceiro no mesmo processo, se forem diferentes os títulos jurídicos a justificar tais papéis.

Nesse sentido, dispõe o art. 674, § 2º, que **se considera terceiro, para fins de ajuizamento dos embargos:**

- o **cônjuge ou companheiro**, não devedor, quando defende a posse de bens próprios ou de sua meação, ressalvado o disposto no art. 843 (inciso I);

- o **adquirente de bens** cuja constrição decorreu de decisão que declara a ineficácia da alienação realizada em **fraude à execução** (inciso II);

- **quem sofre constrição judicial** de seus bens **por força de desconsideração da personalidade jurídica**, de cujo incidente não fez parte (inciso III);

- o **credor com garantia real** para obstar expropriação judicial do objeto de direito real de garantia, caso não tenha sido intimado, nos termos legais dos atos expropriatórios respectivos (inciso IV).

Diferentemente do CPC/1973 (art. 1.046, § 2º), o § 2º do art. 674 do CPC/2015 traz, de forma mais sistematizada, um rol de terceiros por equiparação, legitimados para a interposição dos embargos. Não se trata, contudo, de rol taxativo, mas meramente exemplificativo, em virtude da previsão genérica introduzida no *caput*.

O inciso I manteve a disposição segundo a qual, para fins de embargos, considera-se terceiro o cônjuge que pretende defender a posse de seus bens próprios ou de sua meação, e incluiu, com idêntica legitimidade, o companheiro. Esse mesmo dispositivo exclui a possibilidade do manejo dos embargos pelo coproprietário, cônjuge ou companheiro não executado, quando o bem constrito ou ameaçado de constrição for indivisível. A exclusão da legitimidade é justificada pelo fato de a quota-parte do coproprietário, do cônjuge ou do companheiro recair sobre o produto da alienação do bem (art. 843 do CPC/2015). Ressalte-se que o fato de o casal

---

[157] Exemplos: "[...] O bem objeto de alienação fiduciária, que passa a pertencer à esfera patrimonial do credor fiduciário, não pode ser objeto de penhora no processo de execução, porquanto o domínio da coisa já não pertence ao executado, mas a um terceiro, alheio à relação jurídica. 3. Por força da expressa previsão do art. 1.046, § 2º, do CPC, é possível a equiparação a terceiro, do devedor que figura no polo passivo da execução, quando este defende bens que pelo título de sua aquisição ou pela qualidade em que os possuir, não podem ser atingidos pela penhora, como é o caso daqueles alienados fiduciariamente 4. Recurso especial não provido" (STJ, REsp 916.782/MG, Rel. Min. Eliana Calmon, j. 19.09.2008); "[...] Por força da expressa previsão do art. 1.046, § 2º, do CPC, é possível a equiparação a terceiro do devedor que figura no polo passivo da execução quando este defende bens que, pelo título de sua aquisição ou pela qualidade em que os possuir, não podem ser atingidos pela penhora, como é o caso daqueles alienados fiduciariamente. 2. Agravo regimental não provido" (STJ, AgRg no Ag 1.249.564/SP, Rel. Min. Eliana Calmon, j. 27.04.2010).

[158] PEREIRA, José Horácio Cintra G. *Embargos de terceiro*. São Paulo: Atlas, 2002. p. 29.

estar separado judicialmente não obsta o ajuizamento dos embargos de terceiro para defesa da meação em imóvel ainda não partilhado.

Tratando-se de penhora de bem imóvel ou direito real sobre imóvel, necessária se faz a intimação do cônjuge do executado, salvo se forem casados em regime de separação absoluta de bens (art. 842). Nesse caso, o cônjuge terá dupla legitimidade: (a) para ajuizar embargos à execução, quando pretender impugnar o título, a dívida ou a regularidade do processo de execução; (b) para propor embargos de terceiro, de forma a evitar que sua meação responda pelo débito exequendo, ou, ainda, para defender bem de família.[159]

Neste último caso, pode o cônjuge pretender, em embargos de terceiro, seja desconstituída a penhora incidente sobre a metade pertencente ao outro consorte, ao fundamento de se tratar de bem de família. Como bem explicado pelo Min. Sálvio de Figueiredo, "a legitimidade ativa, na hipótese, não decorre da titularidade (ou da cotitularidade) dos direitos sobre o bem, mas sim da condição de possuidor (ou copossuidor) que o familiar detenha e do interesse de salvaguardar a habitação da família diante da omissão ou da ausência do titular do bem".[160]

Se o cônjuge perder o prazo para oposição de embargos à execução, não poderá discutir nos embargos de terceiro matérias concernentes ao débito, mas apenas o ato de constrição.

Caso os cônjuges figurem como litisconsortes passivos na execução, porque ambos contraíram a obrigação – ou a obrigação foi contraída por um em benefício da entidade familiar –, nenhum deles poderá opor embargos de terceiro.

Com efeito, é importante esclarecer que o simples fato de se tratar de terceiro não indica a legitimidade para a propositura dos embargos. Por exemplo, as pessoas referidas no art. 790 do CPC, ainda que não tenham participado do processo, respondem com seus bens pelo débito, porquanto a lei os elencou como terceiros responsáveis (responsabilidade executória secundária). Assim, não terá legitimidade ativa o cônjuge ou companheiro que teve seus bens penhorados quando esses bens, por força da lei, já deveriam responder pela dívida. No caso de execução de título extrajudicial por inadimplemento de contrato de prestação de serviços educacionais de filhos do casal, o outro consorte responderá pelo débito, mesmo que não tenha assinado o instrumento contratual, por força dos arts. 1.643 e 1.644 do Código Civil (STJ, 3ª Turma, REsp n. 1.472.316/SP, Rel. Min. Paulo de Tarso Sanseverino, j. 05.12.2017, *Informativo* 618). Nessa hipótese, atingida a meação ou os bens pessoais do outro cônjuge, este não poderá se valer dos embargos de terceiro, pois a sua responsabilidade secundária decorre da própria legislação e, portanto, seus bens deverão responder pela obrigação discutida na demanda.

Pode-se afirmar, assim, que a procedência dos embargos ajuizados pelo cônjuge objetivando a defesa da meação dependerá, então, da comprovação de que a dívida assumida pelo outro consorte não aproveitou ao casal.

Reconhece a jurisprudência, ainda, a legitimidade dos filhos do devedor e de seu cônjuge "para apresentação de embargos de terceiro, a fim de desconstituir penhora incidente sobre o imóvel no qual residem, pertencente aos seus genitores, porquanto integrantes da entidade familiar a que visa proteger a Lei nº 8.009/1990, existindo interesse em assegurar a habitação da família diante da omissão dos titulares do bem de família".[161]

O inciso II, por sua vez, atribui legitimidade ao adquirente de bens que foram constritos em razão de decisão que declara a ineficácia da alienação em fraude à execução.[162] Trata-se de

---

[159] Essa orientação é objeto da Súmula nº 134 do STJ: "Embora intimado da penhora em imóvel do casal, o cônjuge do executado pode opor embargos de terceiro para defesa de sua meação".
[160] STJ, REsp 151.281/SP, *DJ* 1º.03.1999.
[161] STJ, REsp 511.023/PA, 4ª Turma, Rel. Min. Jorge Scartezzini, *DJ* 12.09.2005.
[162] Lembre-se que a regra não pode ser utilizada para os casos de fraude contra credores, por força da Súmula nº 195 do Superior Tribunal de Justiça ("Em embargos de terceiro, não se anula ato jurídico, por fraude contra credores").

inovação legislativa que alberga a orientação do Superior Tribunal de Justiça, para quem ao terceiro adquirente de boa-fé é facultado o uso dos embargos de terceiro para a defesa da posse.

O inciso III contempla regra nova na legislação, que se harmoniza com a previsão do incidente de desconsideração da personalidade jurídica. De acordo com o dispositivo, se o sócio não tiver participado do incidente, poderá manejar embargos de terceiro para impugnar a constrição judicial imposta sobre o seu patrimônio.

A rigor, na linha no CPC/2015, somente após a citação dos sócios se pode cogitar a penhora de seus bens por dívidas da sociedade (art. 135 do CPC/2015). Contudo, na hipótese de haver determinação da penhora sem a instauração do incidente ou sem a citação do sócio proprietário do bem constrito, serão cabíveis embargos de terceiro para a rediscussão da responsabilidade patrimonial deste. O correto – repita-se – é que se faculte ao sócio a participação no incidente. Caso tal oportunidade não tenha sido dada, caberá o ajuizamento dos embargos de terceiro.

Se for inversa a desconsideração da personalidade jurídica, será a pessoa jurídica a legitimada a propor os embargos na qualidade de prejudicada pelo ato constritivo.

Por fim, o inciso IV confere legitimidade ao credor com garantia real para obstar a expropriação judicial do bem dado em garantia, caso não tenha sido intimado da expropriação. A intenção é que o credor hipotecário tome ciência de que uma demanda promovida por outro credor incide sobre o bem que lhe foi dado em garantia, para que, então, possa exercer o seu direito de preferência (art. 1.422 do Código Civil).

8.2.1.1 Legitimidade ativa do promissário comprador

O contrato de promessa de compra e venda constitui um pré-contrato, pelo qual as partes se obrigam, em um momento futuro e sob determinadas condições, a celebrar contrato definitivo, transferindo a propriedade da coisa. Pelo contrato de promessa de compra e venda as partes assumem obrigações recíprocas: uma de quitar o preço combinado e a outra de transferir a propriedade plena da coisa.

A jurisprudência nacional, à unanimidade, reconhece o direito do promissário comprador à oposição dos embargos de terceiro, independentemente do registro em cartório do contrato, conforme entendimento sedimentado pela **Súmula nº 84 do STJ**, a qual dispõe que "é admissível a oposição de embargos de terceiro fundados em alegação de posse advinda do compromisso de compra e venda de imóvel, ainda que desprovido de registro".[163]

Pode o promissário comprador de bem imóvel, portanto, opor-se à apreensão judicial da coisa decorrente de processo que envolve o promitente vendedor e terceiro, mostrando-se o contrato de promessa de compra e venda como documento indispensável à propositura dos embargos.

Caso o embargado não ofereça resistência, os ônus sucumbenciais dos embargos serão suportados pelo embargante, porquanto, ao não registrar a compra e venda no cartório imobiliário, possibilitou a penhora do bem. Confira o seguinte julgado do STJ:

> "Processual civil. Dissídio jurisprudencial acerca de legislação federal. Fundamentação deficiente. Súmula nº 284/STF. Execução. Penhora de bem imóvel. Compromisso de compra e venda não registrada no cartório imobiliário. Embargos de terceiro. Encargos processuais.

---

[163] A Súmula nº 84 do STJ afastou a incidência da Súmula nº 621 do STF, publicada em 29.10.1984, que inadmitia o ajuizamento de embargos de terceiro pelo promissário comprador quando não registrada a promessa de compra e venda.

Princípios da causalidade e da sucumbência. Resistência ao pedido de levantamento da constrição. Responsabilidade do exequente pelos ônus sucumbenciais.

1. A ausência de indicação dos dispositivos em torno dos quais teria havido interpretação divergente por outros Tribunais não autoriza o conhecimento do recurso especial, quando interposto com base na alínea c do permissivo constitucional (Súmula nº 284/STF).

2. O embargante, em sede de embargos de terceiro, ao não registrar a compra e venda no cartório imobiliário, deve suportar os ônus sucumbenciais, visto que sua conduta deu causa à realização da penhora do bem; no caso dos autos, tendo o embargado manifestado resistência, passou ele a ser responsável pelo prosseguimento do processo.

3. Agravo regimental não provido" (AgRg no Ag 807.569/SP, 4ª Turma, Rel. Min. Hélio Quaglia Barbosa, *DJ* 23.04.2007, p. 275).

8.2.2 Legitimidade passiva

Legitimados passivos para a ação de embargos de terceiro serão aqueles que deram causa ao ato de constrição judicial e têm interesse nos efeitos da medida impugnada. Em regra, será réu aquele que figura como demandante no processo e em favor de quem foi apreendida a coisa.

Entretanto, será também legitimado passivo o réu do processo originário quando o bem objeto da constrição foi por ele indicado (por exemplo, no caso do art. 829, § 2º). Ter-se-á, nessa hipótese, litisconsorte passivo necessário entre autor e réu da ação primitiva (art. 677, § 4º).[164]

Conclui-se, portanto, que o polo passivo da ação de embargos de terceiro deverá ser integrado por aqueles a quem possa interessar a medida judicial atacada.

Nada impede, por outro lado, que a parte do processo principal, que não integrar os embargos de terceiro por não ser hipótese de litisconsórcio, intervenha no feito como assistente de uma das partes (embargante ou embargado), conforme posição que melhor se amolde aos interesses que defenda.

8.3 Competência

Em razão do vínculo de acessoriedade entre os embargos de terceiro e a ação em que ocorreu o esbulho ou turbação judicial, será competente para o procedimento especial de embargos o **juízo que ordenou a constrição do bem** (art. 676). Trata-se de **competência funcional**,

---

[164] "[...] 3. Discute-se na doutrina a respeito da composição do polo passivo nos Embargos de Terceiro. Segundo Araken de Assis, porém, parece mais razoável a tese de que só o credor, a quem aproveita o processo executivo, encontra-se legitimado passivamente, ressalvadas duas hipóteses: a) cumulação de outra ação (p.ex., negatória) contra o executado; e b) efetiva participação do devedor no ato ilegal (Manual do Processo de Execução. São Paulo: Editora Revista dos Tribunais, 6. ed., p. 1.147/1.148). 4. Ressalvadas as louváveis opiniões em contrário, essa parece ser a melhor conclusão, mormente porque a indicação do bem imóvel foi realizada pela exequente, ora recorrida, cabendo apenas a esta a contestação da pretensão deduzida pela embargante, ora recorrente, tal como efetivamente ocorreu. Inexistente, portanto, o litisconsórcio passivo necessário entre credor e devedor, também porque este decorre apenas da lei ou da natureza jurídica da relação de direito material acaso existente entre exequente e executado, circunstâncias que não se verificam no âmbito dos Embargos de Terceiro (CPC, art. 47). Precedente: 3ª Turma, REsp. 282.674/SP, Rel. Min. Nancy Andrighi, *DJU* 07.05.2001, p. 140. 5. A propósito, curiosa é a observação de que o art. 1.050, § 3º, do CPC se refere ao embargado no singular, o que sugeriria a existência de apenas um deles (exequente ou executado) no polo passivo da ação de Embargos de Terceiro, tudo a depender de quem terá realizado a indicação do bem à penhora [...]" (STJ, REsp 1.033.611/DF, Rel. Min. Napoleão Nunes Maia Filho, j. 28.02.2012).

portanto, **absoluta**. Assim, a despeito da autonomia dos embargos, sua distribuição é feita por dependência aos autos do processo que deu origem à constrição.

Se os embargos forem oferecidos pela União Federal, autarquias ou empresas públicas federais, a competência será da Justiça Federal, ainda que a ação principal tramite pela Justiça Estadual, prevalecendo, nesse caso, a competência *ratione personae* prevista no art. 109, I, da CF/1988. Nesse caso, permanecerá suspensa a ação principal, em tramitação na Justiça Estadual, até o julgamento dos embargos de terceiro pela Justiça Federal.[165]

Quando os autos do processo originário estiverem em segundo grau – ante a pendência de recurso – e a constrição decorrer da execução provisória do julgado, os embargos de terceiro deverão ser ajuizados perante o juízo de primeiro grau. Entretanto, se o feito principal for de competência originária do tribunal, o órgão colegiado também será competente para julgamento dos embargos.

Nos casos de ato de constrição realizado por carta, os embargos serão oferecidos no juízo deprecado, salvo se indicado pelo juízo deprecante o bem constrito ou se já devolvida a carta (art. 676, parágrafo único). Esse já era o entendimento exposto na Súmula nº 33 do extinto Tribunal Federal de Recursos ("o juízo deprecado, na execução por carta, é o competente para julgar os embargos de terceiro, salvo se o bem apreendido foi indicado pelo Juízo deprecante") e que continuou a ser aplicado pelos tribunais superiores até constar expressamente na redação do parágrafo único do atual art. 676. Se o juiz deprecado, no entanto, agir apenas como executor do ato constritivo emanado pelo juízo deprecante, os embargos deverão ser oferecidos e julgados neste.

Destaca-se que, se os autos retornarem do juízo deprecado com a diligência cumprida, sem que o terceiro se manifestasse, os embargos que vierem a ser ajuizados serão processados e julgados pelo juízo deprecante, porquanto o primeiro já terá esgotado o ofício jurisdicional que lhe competia.

8.4 Momento para a oposição dos embargos de terceiro

O art. 1.048 do CPC/1973 dispunha o seguinte: "os embargos podem ser opostos a qualquer tempo no processo de conhecimento enquanto não transitada em julgado a sentença, e, no processo de execução, até 5 (cinco) dias depois da arrematação, adjudicação ou remição, mas sempre antes da assinatura da respectiva carta". O CPC/2015 (art. 675) modifica a redação para **permitir os embargos após a alienação por iniciativa particular** (art. 879, I, do CPC/2015; art. 647, II, do CPC/1973) **e também no cumprimento de sentença**, adequando-se o tema ao processo sincrético que já havia sido instituído pela Lei nº 11.232/2005. Vejamos:

> Art. 675. Os embargos podem ser opostos a qualquer tempo no processo de conhecimento enquanto não transitada em julgado a sentença e, no cumprimento de sentença ou no processo de execução, até 5 (cinco) dias depois da adjudicação, da alienação por iniciativa particular ou da arrematação, mas sempre antes da assinatura da respectiva carta.
>
> Parágrafo único. Caso identifique a existência de terceiro titular de interesse em embargar o ato, o juiz mandará intimá-lo pessoalmente.

Destaque-se que a previsão contida no parágrafo único não encontra correspondência na legislação de 1973. Essa regra visa evitar a interposição de embargos após longo trâmite

---

[165] "(...) É competente a Justiça Federal para o julgamento dos embargos de terceiros opostos pela Caixa Econômica Federal, devendo ser sobrestada, na Justiça Estadual, a ação de execução, até o julgamento dos referido embargos, pela Justiça Federal, para evitar prolação de decisões conflitantes" (STJ, CC 93.969/MG, Rel. Min. Sidnei Beneti, j. 28.05.2008, *DJe* 05.06.2008).

processual, pois antecipa as eventuais discussões sobre o bem e evita a realização de diversos atos processuais que, posteriormente, poderiam não ter eficácia em virtude da decisão final nos embargos.

Quanto ao prazo de cinco dias, deve-se fixar o termo inicial para oposição dos embargos a partir da data da inequívoca ciência do terceiro acerca do ato de constrição judicial, que não necessariamente coincidirá com o dia da arrematação, da adjudicação ou da alienação particular. Trata-se de entendimento consolidado na jurisprudência[166] e que deve ser mantido no CPC/2015, já que não se justifica exigir do terceiro o cumprimento do prazo se não foi parte no processo e não recebeu qualquer comunicado para que viesse a juízo defender seus direitos sobre o bem objeto da constrição. Deve-se, por conseguinte, preservar o direito constitucional de irrestrita defesa do proprietário ou possuidor do bem que, não intimado, ajuíza embargos de terceiro logo após ciência da turbação ou esbulho judicial.

Pode-se concluir, assim, que o prazo para interposição de embargos de terceiro será de cinco dias, a contar da inequívoca ciência do ato de constrição. Salienta-se que a não interposição de embargos no prazo legal acarretará apenas a perda da faculdade do terceiro de se valer do procedimento especial, não prejudicando o direito material porventura existente, que poderá ser discutido em ação ordinária própria.[167]

8.5 Procedimento

8.5.1 Petição inicial

Os embargos são opostos por petição com os requisitos dos arts. 319 e 320, devendo o embargante instruí-la com os documentos comprobatórios da posse ou domínio sobre o bem/direito que pretende ver tutelado, assim como da qualidade de terceiro, ofertando desde logo o rol de testemunhas. Se a prova meramente documental não for suficiente, faculta-se a comprovação em audiência preliminar designada pelo juiz (art. 677, § 1º). Imprescindível, ainda, que o bem ou direito que se quer ver tutelado esteja perfeitamente individualizado e caracterizado.

Destaca-se que há entendimento no âmbito do STJ que precisa ser atentamente observado pelos advogados. Para a Corte, o art. 1.050 do CPC – atual art. 677 – indica que o rol de testemunhas deve ser entregue juntamente com a petição inicial, sob pena de preclusão. Tal regra somente deve ser mitigada no caso de restar demonstrada a importância da oitiva das testemunhas para o esclarecimento da causa, além da inexistência de má-fé do autor em dificultar a defesa do réu (REsp 362.503/RS, Rel. Min João Otávio de Noronha, 2ª Turma, j. 04.04.2006, *DJe* 23.05.2006).

Os embargos constituem **ação predominantemente (des)constitutiva**. Evidentemente que, além de se desconstituir a penhora, reconhece-se (declaração) o domínio do embargante sobre o bem constrito e determina-se a manutenção ou reintegração do embargante na posse do bem ou do direito objeto dos embargos.

Na sistemática do CPC/1973, se os embargos versassem sobre a integralidade dos bens objeto da ação principal, o processo deveria ter o seu curso suspenso (art. 1.052 do CPC/1973).

---

[166] STJ, REsp 237.581/SP, Rel. Min. Humberto Gomes de Barros, j. 19.05.2005; REsp 861.831/RS, Rel. Min. Jorge Scartezzini, j. 21.09.2006; REsp 678.375/GO, Rel. Min. Massami Uyeda, j. 06.02.2007; AgRg na MC 20.130/MG, Rel. Min. Herman Benjamin, j. 04.12.2012.

[167] Nesse sentido: "Demonstrada ciência inequívoca do devedor quanto à penhora 'online' realizada, não há necessidade de sua intimação formal para o início do prazo para apresentar impugnação à fase de cumprimento de sentença, tendo como termo a quo a data em que comprovada a ciência" (EREsp 1.415.522/ES, Corte Especial, Rel. Min. Felix Fischer, j. 29.03.2017, *DJe* 05.04.2017).

O novo CPC não repete essa regra, mas permite a suspensão das medidas constritivas sobre os bens litigiosos, bem como a manutenção ou a reintegração provisória da posse por parte do embargante, se houver requerimento. Veda-se, assim, a atuação *ex officio* do magistrado, que era plenamente admitida na vigência do CPC/1973 e, ainda, considerada como obrigatória.[168]

O valor da causa deve corresponder ao benefício patrimonial almejado pelo embargante, ou seja, ao valor do bem alcançado pela constrição judicial. Não pode, entretanto, exceder o valor do débito, haja vista que a vantagem a ser auferida nos embargos nunca será superior a este, pois, em caso de eventual alienação judicial, receberia o embargante o montante arrecadado com a venda, deduzindo-se apenas a parte do credor.[169] Se constatada a discrepância entre o benefício econômico pretendido pelos autores e o valor atribuído à causa, é possível que se determine, de ofício, a correção, aplicando-se o disposto no art. 292, § 3º.

8.5.2 Da liminar

Recebida a inicial, não sendo o caso de emenda ou indeferimento, o juiz apreciará o **pedido de liminar**.[170] Julgando suficientemente provado o direito alegado, com ou sem audiência preliminar, o juiz determinará a suspensão das medidas constritivas sobre os bens litigiosos objeto dos embargos, bem como a manutenção ou a reintegração provisória da posse. Essa última providência poderá ser condicionada à prestação de caução pelo requerente, nos termos do parágrafo único do art. 678. Ou seja, a exigência de caução não deve ocorrer em todo e qualquer caso, conforme sugeria a redação do CPC/1973 (art. 1.051[171]). Deve o juiz, por exemplo, verificar se há perigo de desaparecimento ou deterioração da coisa que justifique a exigência de garantia. Além disso, se a parte for economicamente hipossuficiente, afasta-se a exigência de caução.[172] Nesse caso, pode o juiz condicionar a concessão da liminar ao depósito do objeto litigioso.

A medida liminar constitui verdadeira antecipação dos efeitos da tutela pretendida com os embargos. Não é necessária prova plena e completa acerca do direito alegado, porquanto não haverá, ainda, cognição exauriente (juízo de certeza), mas mera cognição superficial, sumária, que verificará a verossimilhança das alegações do embargante.

---

[168] Reconhecendo o caráter cogente da norma que determina a suspensão do processo principal e, assim, a possibilidade de decretação da suspensão *ex officio*: TRF4, AG 5016734-06.2011.404.0000, Rel. Juiz João Pedro Gebran Neto, j. 06.03.2012. No mesmo sentido o STJ no REsp 172713/SP, j. 25.04.2000, *DJe* 28.08.2000).

[169] "[...] 2. O valor da causa nos embargos de terceiro deve corresponder ao valor do bem penhorado, não podendo exceder o valor do débito [...]" (STJ, AgRg no Ag 1.348.799/MT, 3ª T., Rel. Min. Ricardo Villas Bôas Cueva, j. 20.06.2013).

[170] A medida liminar constitui mera fase procedimental, não figurando o deferimento como condição de procedibilidade dos embargos.

[171] CPC/1973, "Art. 1.051. Julgando suficientemente provada a posse, o juiz deferirá liminarmente os embargos e ordenará a expedição de mandado de manutenção ou de restituição em favor do embargante, que só receberá os bens depois de prestar caução de os devolver com seus rendimentos, caso sejam afinal declarados improcedentes".

[172] Os tribunais superiores já perfilhavam o mesmo entendimento. Exemplo: "Agravo de instrumento. Embargos de terceiro. Caução. Dispensa. Comprovado documentalmente e por testemunhas, em audiência de justificação, ser a agravante possuidora de imóvel discutido na ação de união estável do filho, bem como não havendo indício de que ela tenha condição econômica de prestar garantia, de rigor sua dispensa em prestar caução, sob pena de perecimento do direito principal. Deram provimento unânime" (TJRS, Agravo de Instrumento 70041656695, 8ª Câmara Cível, Rel. Des. Rui Portanova, j. 18.08.2011).

8.5.3 Citação

O art. 677, § 3º, dispõe que a citação do embargado será pessoal, se ele não tiver procurador constituído nos autos da ação principal. **A regra, portanto, é que a citação ocorra na pessoa do advogado**, mediante publicação do despacho no órgão oficial, o que, aliás, acaba por prestigiar os princípios da celeridade e economia processuais.

8.5.4 Contestação

O prazo para contestação é de **15 dias** (art. 679).[173] Nela poderá o embargado deduzir qualquer matéria de defesa, exceto que a constrição recaiu sobre bem alienado ou onerado em fraude contra credores, o que deverá ser deduzido em ação própria (ação pauliana). Vale frisar que a discussão nos embargos de terceiro cinge-se à legitimidade ou não da constrição judicial.

O termo inicial do prazo para a contestação será contado a partir da intimação do advogado por meio do *Diário da Justiça* (art. 231, VII, CPC). Entretanto, caso tenha sido designada audiência de justificação, o prazo para contestar será contado da intimação da decisão que apreciar a liminar. A intimação da decisão interlocutória de deferimento ou indeferimento da medida é, portanto, o parâmetro que deverá ser adotado para a resposta do réu caso tenha sido designada a referida audiência (art. 564, parágrafo único).

Superada a fase da resposta, a especialização do procedimento se exaure; a demanda passa a tramitar pelo rito comum (art. 679).

Sendo o embargante credor com garantia real, as matérias de defesa limitam-se àquelas previstas no art. 680, quais sejam: insolvência do devedor, nulidade do título que fundamenta a pretensão do embargante ou inoponibilidade dele a terceiros e diversidade da coisa dada em garantia.

Portanto, é possível ao credor com garantia real impedir, por meio dos embargos de terceiro, a alienação judicial do objeto da hipoteca. Nesse caso, a jurisprudência, de forma majoritária, considera que o acolhimento dos embargos depende da demonstração, pelo credor, da existência de outros bens sobre os quais poderá recair a penhora. Ou seja, deve o autor dos embargos de terceiro demonstrar que o devedor do processo principal (execução) possui bens livres e desembaraçados para a satisfação do crédito. Se os embargos forem julgados procedentes, a constrição será liberada. Caso contrário, a restrição permanecerá e o bem será levado a leilão. O credor hipotecário, nesse caso, poderá se habilitar na execução, observando a preferência de seu crédito.

Inexistindo contestação, ou não sendo necessária produção de provas, possível é o julgamento antecipado da lide. Em caso contrário, designar-se-á audiência de instrução e julgamento.

Acerca do cabimento de pedido reconvencional, na vigência do CPC de 1973, consolidou-se posicionamento pela impossibilidade (REsp 1.578.848/RS). Entretanto, o Min. Relator deste recurso, Ricardo Villas Bôas, registrou a possibilidade de divergência na vigência do Código atual, considerando que na parte final do art. 679 há a referência de observância ao procedimento comum, que admite reconvenção (art. 679: "os embargos poderão ser contestados no prazo de 15 (quinze) dias, findo o qual se seguirá o procedimento comum").[174]

---

[173] No CPC/1973 esse prazo era de dez dias (art. 1.053).

[174] "Recurso especial. Processual civil. Embargos de terceiro. Reconvenção. Não cabimento. CPC/1973. Incompatibilidade de ritos. Doutrina. 1. Recurso especial interposto contra acórdão publicado na vigência do Código de Processo Civil de 1973 (Enunciados Administrativos nº 2 e 3/STJ). 2. O cerne da controvérsia trazida no presente recurso especial reside em saber se, sob a égide do Código de Processo Civil de 1973, é cabível a reconvenção apresentada em embargos de terceiro. 3. O procedi-

8.5.5 Sentença

Encerrada a instrução, tem-se a prolação de sentença. A tutela a ser concedida nos embargos não se restringe ao mero cancelamento da constrição judicial. Haverá reconhecimento, ou seja, declaração do domínio ou do direito que assegure ao embargante a manutenção ou reintegração na posse do bem ou direito objeto dos embargos (art. 681).

Quanto aos ônus sucumbenciais, estes serão suportados pelo embargante, caso improcedentes os embargos.

Acolhida a pretensão do embargante, ou seja, quando excluída a constrição sobre o bem, as despesas serão suportadas por aquele que deu causa à constrição indevida (Súmula nº 303 do STJ).

Destarte, se o embargado não teve ciência do ato constritivo (quando, por exemplo, a penhora é realizada pelo oficial de justiça) e, após tomar conhecimento dos embargos, reconhece prontamente o direito do embargante, não poderá ser condenado aos ônus de sucumbência, porquanto a turbação ou esbulho judicial não decorreram de ato que lhe possa ser imputado. A falha, em tal hipótese, é da própria máquina judiciária, competindo ao Poder Público responder pelas perdas daí decorrentes.

Outra hipótese em que não haverá condenação em honorários ocorrerá quando a penhora for desconstituída, porque indevida, mas o imóvel ainda estava em nome do antigo proprietário (REsp Repetitivo 1.452.840/SP, j. 14.09.2016). Veja o exemplo: João adquire de Sandra determinado bem imóvel, mas não realiza o respectivo registro, mesmo após a quitação do preço. Sandra, que possui uma dívida com Marcos, é demandada em ação executiva. Marcos, sabendo que Sandra é proprietária de um imóvel registrado – aquele comprado por João e ainda em nome de Sandra – requer a penhora do bem. Nesse caso, entendeu o STJ que se o atual proprietário (João) apresenta embargos de terceiro e a penhora é desconstituída, não deve haver condenação dos embargados em honorários, porque ausente a causalidade. João é que, com sua omissão em efetivar o registro e a transferência, deu causa à penhora do imóvel objeto da negociação com Sandra.

Da sentença proferida nos embargos caberá apelação. Há divergência quanto aos efeitos da apelação interposta em face da sentença que julga improcedente o pedido, entendendo alguns que, em tal hipótese, o recurso teria efeito meramente devolutivo, aplicando-se, por analogia, a regra contida no art. 1.012, § 1º, III (art. 520, V, do CPC/1973), referente aos embargos à execução.

Todavia, tal posicionamento não nos parece adequado. Em primeiro lugar, é de se observar que os embargos à execução têm natureza diversa dos embargos de terceiro. Aqueles atacam a própria execução e o débito, enquanto estes divergem, tão somente, da constrição judicial, ao argumento de que o ato atinge bem que não pode ser responsabilizado pelo débito. Outrossim, se o simples recebimento dos embargos já acarreta a suspensão do processo principal, a sentença que os rejeita meritoriamente também há de possuir efeito suspensivo, de forma a preservar a situação do embargante enquanto seu pedido não é definitivamente decidido.[175]

---

mento da demanda reconvencional deve ser compatível com o procedimento da ação principal, tendo em vista que elas terão processamento conjunto. 4. A teor dos artigos 803 e 1.053 do CPC/1973, os embargos de terceiro, após a fase de contestação, seguem o rito especial previsto para as medidas de natureza cautelar, o que impede o oferecimento de reconvenção por incompatibilidade procedimental. 5. Recurso especial não provido" (STJ, REsp 1.578.848/RS, Rel. Min. Ricardo Villas Bôas Cueva, 3ª Turma, j. 19.06.2018, *DJe* 25.06.2018).

[175] Nesse sentido: "Agravo de instrumento. Recebimento da apelação. Efeitos. Sentença proferida em embargos de terceiro. Apelação. Hipótese não prevista no rol do art. 520 do CPC. Prevalência do duplo efeito. Recurso provido. – Em regra, o recurso de apelação deve ser recebido em ambos os

Assim, **o recurso de apelação interposto contra sentença de improcedência dos embargos de terceiro será recebido no duplo efeito (devolutivo e suspensivo).**

8.6 Outras questões processuais

8.6.1 Desconsideração da personalidade jurídica

Tema estritamente ligado aos embargos de terceiro diz respeito à desconsideração da personalidade jurídica. O acolhimento de tal teoria implicará a responsabilidade patrimonial dos sócios, que seriam, em princípio, terceiros com relação às obrigações contraídas pela sociedade.

Quando ainda não houver decisão desconsiderando a personalidade jurídica da empresa, poderá o sócio manejar embargos de terceiro para impugnar a constrição judicial incidente sobre o seu patrimônio. Em caso contrário, o sócio será considerado codevedor, ou seja, parte no processo executivo e, portanto, não terá legitimidade para propositura dos embargos de terceiro.

Sobre o tema conferir o item 5, Capítulo 9, Parte I, desta obra.

8.6.2 Embargos de terceiro e fraudes

Conquanto tenha o devedor direito de dispor do que lhe pertence, valendo-se do direito que é atribuído ao proprietário, não se pode olvidar que seu patrimônio constitui lastro real garantidor das obrigações por ele assumidas.

A fim de se obstarem os resultados de alienações ou onerações fraudulentas, que provoquem ou agravem e situação de insolvência do devedor, dificultando a satisfação de obrigações anteriormente assumidas, foram criados mecanismos de proteção aos credores.

Duas, basicamente, são as figuras de alienações ou onerações fraudulentas: a fraude contra credores e a fraude à execução.

A **fraude contra credores** (arts. 158 e seguintes do CC) consiste na diminuição patrimonial do devedor que configure situação de insolvência (*eventus damni*), exigindo-se, ainda, que haja intenção do devedor e do adquirente do(s) bem(ns) de causar o dano por meio da fraude (*consilium fraudis*). Para que se caracterize o conluio fraudulento, há de se perquirir, ainda, a existência de outro elemento indispensável: a anterioridade do débito face à diminuição patrimonial.

Sobre os requisitos da fraude contra credores, leciona Humberto Theodoro Júnior:

"Daí desaprovar a lei as alienações fraudulentas que provoquem ou agravem a insolvência do devedor, assegurando aos lesados a ação revocatória para fazer retornar ao acervo patrimonial do alienante o objeto indevidamente disposto, para sobre ele incidir a execução. Essa ação, que serve especificamente para os casos de fraude contra credores, comumente denominada ação pauliana, funda-se no duplo pressuposto do *eventus damni* e do *consilium fraudis*. Aquele consiste no prejuízo suportado pela garantia dos credores, diante da

---

efeitos – devolutivo e suspensivo – com exceção dos casos enumerados taxativamente no art. 520 do CPC, nos quais ela será recebida apenas no efeito devolutivo. – A sentença que julgou improcedentes os embargos de terceiro não se encontram entre os casos nos quais a apelação será recebida sem o efeito suspensivo, aplicando-se, então a regra do duplo efeito" (TJ-MG, AI 10702110250330002/MG, 10ª Câmara Cível, Rel. Mariângela Meyer, j. 10.12.2013).

insolvência do devedor, e este no elemento subjetivo, que vem a ser o conhecimento, ou a consciência, dos contraentes de que a alienação irá prejudicar os credores do transmitente, desfalcando o seu patrimônio dos bens que serviriam de suporte para a eventual execução. O exercício vitorioso da pauliana restabelece, portanto, a responsabilidade dos bens alienados em fraude contra credores".[176]

O entendimento doutrinário e jurisprudencial dominante é no sentido de que **os embargos de terceiro não constituem o meio idôneo para o reconhecimento de eventual fraude contra credores**. Em outras palavras, não pode o embargado intentar a anulação do negócio jurídico que teria transmitido o bem de forma fraudulenta ao embargante, o que só poderá ser reconhecido em ação própria – ação pauliana ou revocatória – para a qual deverão ser citados o alienante e o adquirente da coisa (art. 161 do CC). Isso porque, como bem observa Cândido Dinamarco:

> "o negócio fraudulento é originalmente eficaz e só uma sentença constitutiva negativa é capaz de lhe retirar a eficácia prejudicial ao credor. Essa sentença de desconstituição é a que acolhe a chamada 'ação pauliana' e, sem ou antes que seja dada, o bem não responde pela obrigação do vendedor e a penhora é indevida e ilegal".[177]

Destarte, o reconhecimento de **eventual fraude contra credores há de ser pleiteado em ação própria**, entendimento este assentado pelo STJ por meio da Súmula nº 195: "Em embargos de terceiro não se anula ato jurídico, por fraude contra credores".

A **fraude à execução**, por sua vez, caracteriza-se por alguma das hipóteses do art. 792 do CPC/2015, segundo o qual:

> Art. 792. A alienação ou a oneração de bem é considerada fraude à execução:
>
> I – quando sobre o bem pender ação fundada em direito real ou com pretensão reipersecutória, desde que a pendência do processo tenha sido averbada no respectivo registro público, se houver;
>
> II – quando tiver sido averbada, no registro do bem, a pendência do processo de execução, na forma do art. 828;
>
> III – quando tiver sido averbado, no registro do bem, hipoteca judiciária ou outro ato de constrição judicial originário do processo onde foi arguida a fraude;
>
> IV – quando, ao tempo da alienação ou da oneração, tramitava contra o devedor ação capaz de reduzi-lo à insolvência;
>
> V – nos demais casos expressos em lei.

Diferentemente da fraude contra credores, a fraude à execução acarreta prejuízo ao credor e ao Estado-juiz e tem por consequência não a invalidade da alienação, mas sim a ineficácia em relação ao processo executivo. Se um bem é alienado em fraude à execução, a lei considera válida a venda, o adquirente vai se tornar proprietário, mas a execução poderá incidir sobre esse bem (ineficácia da alienação perante a execução). A fraude à execução constitui forma mais grave de

---

[176] THEODORO JÚNIOR, Humberto. *Curso de direito processual civil*. Rio de Janeiro: Forense, 2001. v. II, p. 106.

[177] DINAMARCO, Cândido Rangel. Fraude contra credores alegada nos embargos de terceiro. *Fundamentos do processo civil moderno*. São Paulo: Malheiros, 2000. t. 1, p. 567.

fraude, na qual ocorre a violação da atividade jurisdicional já em curso, por meio da subtração do objeto sobre o qual recairia a execução. Desse modo, será desnecessário o ajuizamento de ação específica para desconstituir o ato fraudulento, sendo possível o reconhecimento da fraude no bojo dos embargos de terceiro.

JURISPRUDÊNCIA TEMÁTICA

"São admissíveis embargos de terceiro em ação cautelar" (Informativo 571, STJ).

"Recurso especial. Processo civil. Embargos de terceiro. Doação de bem imóvel. Ausência de registro. Possuidoras de boa-fé. Legitimidade ativa. Presença. 1. Embargos de terceiros opostos em 04/11/2013. Recurso especial interposto em 07/04/2016 e atribuído a este Gabinete em 17/03/2017. 2. O propósito recursal consiste em determinar a possibilidade de aplicação da Súmula 84/STJ, para as hipóteses em que ocorreu a doação do imóvel, sem o posterior registro. 3. A existência dos embargos de terceiro decorre do princípio de que a execução deve atingir apenas os bens do executado passíveis de apreensão. 4. A legitimidade para a oposição dos embargos de terceiros recai sobre o senhor e possuidor ou sobre apenas o possuidor, nos termos do art. 1.046, § 1º, CPC/1973. A posse que permite a oposição desses embargos é tanto a direta quanto a indireta. 5. As donatárias-recorridas receberam o imóvel de pessoa outra que não a parte com quem a recorrente litiga e, portanto, não é possível afastar a qualidade de 'terceiras' das recorridas, o que as legitima a opor os embargos em questão. 6. Ao analisar os precedentes que permitiram a formação da mencionada Súmula 84/STJ, pode-se verificar que esta Corte Superior há muito tempo privilegia a defesa da posse, mesmo que seja em detrimento da averbação do ato em registro de imóveis. 7. Recurso especial conhecido e não provido" (STJ, REsp nº 1.709.128/RJ, Rel. Min. Nancy Andrighi, *DJe* 04.10.2018).

"Direito processual civil. Embargos de terceiro. Legitimidade ativa do condômino que não participa da ação possessória. Condômino, que não for parte na ação possessória, tem legitimidade ativa para ingressar com embargos de terceiro. No sistema processual brasileiro, existem situações nas quais o meio processual previsto não admite escolha pelas partes. Doutro lado, se o sistema processual permite mais de um meio para obtenção da tutela jurisdicional, compete à parte eleger o instrumento que lhe parecer mais adequado, nos termos do princípio dispositivo. Assim, não havendo previsão legal que proíba o condômino que não seja parte da ação possessória – portanto, terceiro – de opor embargos de terceiro, deve-se reconhecer a possibilidade do seu manejo, sendo indevida a imposição de ingresso apenas como assistente litisconsorcial. Precedente citado: REsp 706.380-PR, *DJ* 7/11/2005" (STJ, REsp 834.487/MT, Rel. Min. Antonio Carlos Ferreira, j. 13.11.2012).

"Direito processual civil. Carência de ação no âmbito de embargos de terceiro. O proprietário sem posse a qualquer título não tem legitimidade para ajuizar, com fundamento no direito de propriedade, embargos de terceiro contra decisão transitada em julgado proferida em ação de reintegração de posse, da qual não participou, e na qual sequer foi aventada discussão em torno da titularidade do domínio. A partir de uma exegese literal do art. 1.046, § 1º, do CPC,[178] extrai-se que apenas o senhor (proprietário) e possuidor, ou apenas o possuidor, podem lançar mão dos embargos de terceiro, pois o ato judicial de constrição

---

[178] Corresponde ao art. 674, § 1º, do CPC/2015.

ou apreensão há de configurar, de algum modo, turbação ou esbulho da posse do autor. Na hipótese, os embargos de terceiro foram utilizados contra decisão judicial proferida no curso de demanda, transitada em julgado, em que terceiros disputaram a posse de área de terra que, segundo o autor, seria de sua propriedade. Percebe-se que o embargante, na via estreita da presente demanda incidental, não buscou apartar bem que não deveria ser objeto de constrição/apreensão pelo juízo no curso de outro processo, mas tornar mais complexa a discussão material inicialmente travada, alegando que o domínio e, consequentemente, a posse do imóvel, não seria nem do autor nem do réu, mas seus, por força do direito de propriedade. Ora, na demanda originária, em que agora se está em sede executiva, sequer foi aventada discussão em torno da titularidade do domínio. Ademais, o propósito dos embargos é a liberação do bem que foi objeto de equivocada constrição judicial, e não fazer frente, no curso de execução, ao ato judicial que determinou, com base em decisão transitada em julgado, a reintegração do bem objeto da discussão à parte vitoriosa na demanda, sem sequer poder ser afirmada a existência de melhor posse em relação ao exequente. Recorde-se que os embargos de terceiro têm cognição limitada a uma eventual melhor posse exercida pelo embargante, ou, na hipótese prevista no art. 1.047 do CPC,[179] ao exercício do direito real de garantia pelo seu beneficiário, na defesa do bem e do crédito por ele garantido. Contra aquele que restou reconhecido o direito à reintegração na demanda pregressa, poderá o ora recorrente, com supedâneo no seu domínio, lançar mão da ação petitória adequada" (STJ, REsp 1.417.620/DF, Rel. Min. Paulo de Tarso Sanseverino, j. 02.12.2014).

Súmula nº 84 do STJ: "É admissível a oposição de embargos de terceiro fundados em alegação de posse advinda do compromisso de compra e venda de imóvel, ainda que desprovido do registro".

Súmula nº 134 do STJ: "Embora intimado da penhora em imóvel do casal, o cônjuge do executado pode opor embargos de terceiro para defesa de sua meação".

Súmula nº 195 do STJ: "Em embargos de terceiro não se anula ato jurídico, por fraude contra credores".

Súmula nº 303 do STJ: "Em embargos de terceiro, quem deu causa à constrição indevida deve arcar com os honorários advocatícios".

---

[179] Corresponde ao art. 674, § 2º, IV, do CPC/2015.

Quadro esquemático 67 – Embargos de terceiros

Embargos de terceiros (arts. 674 a 681)

- Conceito: remédio processual posto à disposição de quem, não sendo parte no processo, sofrer constrição ou ameaça de constrição sobre bens que possua ou sobre os quais tenha direito incompatível com o ato construtivo (art. 674).
- Finalidade: os embargos de terceiro não visam desconstituir ou invalidar decisão proferida em processo alheio, mas apenas impedir que a eficácia do ato atinja patrimônio que não pode ser responsabilizado pelo débito.
- Objetivo: o objetivo dos embargos de terceiro será, sempre, um ato judicial (de jurisdição) que poderá emanar de um processo cognitivo, de execução ou cautelar, não se limitando ao processo civil. O ato de apreensão não precisa ser imediato, bastando a ameaça futura e iminente da constrição.

- Pressupostos
  - Restrição ou apreensão judicial do bem;
  - Condição de senhor ou possuidor do bem;
  - Qualidade do terceiro em relação ao processo do qual emanou a ordem judicial.

- Legitimidade
  - Ativa (art. 674, §§ 1º e 2º)
    - Terceiro proprietário ou possuidor.
    - Cônjuge ou companheiro, quando defende a posse de bens próprios ou de sua meação.
    - Adquirente de bens cuja constrição decorreu da decisão que declara a ineficácia da alienação em fraude à execução.
    - Quem sofre constrição judicial de seus bens por força de desconsideração da personalidade jurídica, de cujo incidente não fez parte.
    - O credor com garantia real para obstar expropriação judicial do objeto de direito real de garantia, caso não tenha sido intimado, nos termos legais dos atos expropriatórios respectivos.
    - O promitente comprador, tenha ou não havido registro da promessa de compra e venda.
  - Passiva
    - Aqueles que deram causa ao ato de constrição judicial e têm interesse nos efeitos da medida impugnada.
    - O réu do processo originário quando o bem objeto da constrição for por ele indicado (por exemplo, no caso do art. 829, § 2º).

- Questões procedimentais
  - Competência
    - Do juízo que ordenou a apreensão do bem (distribuição por dependência).
    - Do juízo deprecado na execução por carta, salvo se o bem apreendido for indicado pelo juiz deprecante.
    - Se a causa principal for de competência originária de tribunal, a este órgão compete o julgamento dos embargos.

Embargos de terceiros (arts. 674 a 681)

Questões procedimentais

Momento para a propositura dos embargos (art. 675)

Os embargos podem ser opostos a qualquer tempo no processo de conhecimento enquanto não transitada em julgado a sentença e, no cumprimento de sentença ou no processo de execução, até cinco dias depois da adjudicação, da alienação por iniciativa particular ou de arrematação, mas sempre antes da assinatura da respectiva carta.

- Petição inicial: requisitos dos arts. 319 e 320 do CPC, instruída com documentos comprobatórios da posse ou titularidade sobre o bem/direito que se pretende ver tutelado, assim como da qualidade de terceiro.
- Valor da causa: corresponderá ao benefício patrimonial almejado pelo embargante, ou seja, ao valor do bem alcançado pela constrição judicial.
- Liminar: julgando suficientemente provado o direito alegado, com ou sem audiência preliminar, o juiz determinará a suspensão das medidas constritivas sobre os bens litigiosos, objeto dos embargos, bem como a manutenção ou a reintegração provisória da posse.
- Citação: na pessoa do advogado, mediante publicação do despacho no órgão oficial.

Defesa do embargado

- Prazo de quinze dias.
- Admite-se qualquer matéria de defesa, exceto alegação de fraude contra credores, que deverá ser deduzida em ação própria (ação pauliana).
- Impossibilidade de reconvenção, ante a incompatibilidade de ritos.

Sentença

- Julgados procedentes os embargos, o juiz determinará a expedição de mandado de manutenção ou restituição em favor do embargante. As despesas processuais serão suportadas por aquele que deu causa à constrição indevida (Súmula 303 do STJ).
- Efeitos da apelação: devolutivo e suspensivo, tanto no caso de procedência como de improcedência.

Outros aspectos

- Fraude contra credores: também só pode ser reconhecida em ação própria, denominada ação pauliana (Súmula 195 do STJ).
- Fraude à execução: desnecessária ação específica para reconhecimento. A sentença nos embargos de terceiro declara ineficaz o negócio jurídico em fraude à execução.

9. OPOSIÇÃO (ARTS. 682 A 686)

9.1 Introdução

No Código de 1973 a oposição era tratada como espécie de intervenção de terceiro, destinada à pessoa que pretendia, no todo ou em parte, o objeto discutido em demanda na qual não tem participação. Assim, em vez de iniciar um novo processo, o opoente tinha a faculdade de ingressar em demanda alheia, pedindo o reconhecimento de seu direito.

O CPC atual continua resguardando o interesse desse terceiro, sendo que por meio de um procedimento especial, e não mais de uma intervenção no procedimento comum. Não há, no entanto, grandes novidades quanto a esse instituto. **A redação do CPC/2015 fez apenas uma adequação das disposições anteriores ao novo procedimento.**

Diferentemente dos embargos de terceiro, em que não há interesse do embargante no direito material discutido em juízo, na oposição o autor necessariamente deverá provar que o direito postulado na demanda principal não deve ser conferido nem ao autor, nem ao réu. A oposição não objetiva desconstituir constrições sobre um determinado bem, mas sim obter a declaração de um direito material do oponente.

9.2 Aspectos da oposição

Imagine que em ação reivindicatória proposta por "A" em face de "B", "C", considerando-se o verdadeiro titular do domínio, pretenda haver para si o bem jurídico disputado. Nesse caso, deve o opoente oferecer oposição contra ambos ("A" e "B"), pedindo o reconhecimento de seu direito. O procedimento deve ter início antes da prolação da sentença (art. 682).

A oposição distingue-se da cumulação de ações, uma vez que nesta o autor formula duas ou mais pretensões em relação ao mesmo réu. Na oposição, tanto as partes como as pretensões são distintas das que figuram na demanda.

No que se refere ao objeto disputado, a oposição pode ser total ou parcial. Autor e réu disputam o domínio de 50 hectares de terras. O opoente pode pretender o reconhecimento do domínio de toda a área (oposição total) ou apenas de parte (oposição parcial).

A oposição será apensada aos autos da ação originária e com ela julgada conjuntamente, não havendo mais previsão determinando o julgamento em apartado (art. 60 do CPC/1973). Deste modo, embora ainda seja possível o oferecimento de oposição após o início da audiência de instrução – o que estava expresso no CPC/1973 (art. 59) –, o curso da ação principal será suspenso de qualquer maneira, seja ao término da produção de provas ou imediatamente, caso o juiz considere que a unidade da instrução melhor atenderá ao princípio da duração razoável do processo.

9.3 Procedimento

O opoente apresenta petição inicial com os requisitos dos arts. 319 e 320, que é distribuída por dependência e autuada em apartado. Recebida a petição inicial, o juiz adota uma das seguintes providências: indefere-a, manda emendá-la ou ordena a citação dos opostos (autor e réu da ação principal), que passam a ser réus na oposição e podem contestá-la no prazo de 15 dias (art. 683, parágrafo único). A citação é feita na pessoa dos respectivos advogados, bastando a publicação em diário eletrônico, consoante entendimento jurisprudencial.[180]

---

[180] "(...) Consoante se depreende do art. 683, parágrafo único, do Código de Processo Civil, distribuída a Oposição por dependência, serão os opostos citados, na pessoa de seus respectivos advogados, para contestar o pedido no prazo comum de 15 (quinze) dias. O dispositivo é claro quanto ao procedimento especial a ser seguindo, bastando a publicação do ato em nome dos advogados

Sendo o réu da ação principal revel e não tendo constituído advogado, a citação deverá ser pessoal, posto que inaplicável a regra do art. 683, parágrafo único. No CPC anterior, essa excepcionalidade estava explícita (art. 57, CPC/1973), mas não foi repetida no Código atual. Contudo, por uma incompatibilidade lógica, se a parte não possui advogado constituído, não há como a sua citação ocorrer por meio do patrono, de modo que será necessário providenciar a cientificação para a defesa na oposição por carta, oficial ou edital, a depender do caso concreto.

Uma vez admitida, a oposição gera um litisconsórcio passivo, necessário, simples e ulterior. É passivo necessário, porque, por força de lei, a oposição deve se dirigir contra ambas as partes (art. 682, parte final). Ulterior, pois se forma no curso do processo. E simples, porque contra cada parte originária o opoente dirigirá pretensão distinta, o que possibilitará decisões diferentes. Contra o autor, o opoente pugnará pela declaração de que é o titular do direito discutido; contra o réu, além dessa declaração, poderá formular alguma prestação (devolução da coisa, pagamento de quantia, obrigação de fazer ou não fazer).

Se ambos os opostos reconhecem a procedência da oposição, serão ela e a causa principal julgadas em favor do opoente. Se o reconhecimento ocorrer por apenas um dos opostos, a oposição prossegue contra o outro oposto (art. 684). Destaque-se que, se o autor reconhecer o pedido do opoente, estará renunciando ao direito sobre o qual se funda a ação principal, que deverá ser extinta.

Há uma diferença procedimental em relação ao momento no qual foi apresentada a oposição. De acordo com o art. 685, parágrafo único, "se a oposição foi proposta após o início da audiência de instrução, o juiz suspenderá o curso do processo ao fim da produção das provas, salvo de concluir que a unidade da instrução atende melhor ao princípio da duração razoável do processo". Isso quer dizer que:

(i) Se a oposição for proposta ANTES da audiência de instrução, ela será apensada aos autos da ação principal e tramitará concomitantemente com a ação principal. Nesse caso, o juiz poderá, inclusive, conduzir a instrução das duas ações no mesmo momento;

(ii) Se a oposição for proposta APÓS da audiência de instrução, o juiz suspenderá a ação principal para a colheita da prova na oposição, a fim de que o julgamento simultâneo se torne possível.

De toda forma, em ambos os casos, a sentença será uma só, ou seja, a ação originária e a oposição devem ser julgadas simultaneamente no mesmo provimento (art. 686). Por haver uma relação de prejudicialidade, o juiz resolverá, primeiro, a oposição. Caso esta seja julgada procedente, a ação principal perderá o seu objeto. Por outro lado, julgando-se improcedente

---

constituídos, através do *Diário da Justiça Eletrônico – DJE*, para integrar os opostos à relação processual. A medida visa conferir celeridade ao procedimento, estruturado em função do princípio da economia processual, por ser o meio mais rápido e barato de comunicação, não havendo prejuízo à parte, já que a Oposição foi apensada, tão logo proposta, aos autos da Reintegração de Posse na qual figurou como autora, tendo se manifestado poucos dias depois da determinação para citação (...)" (TJ-DF 0008030-12.2015.8.07.0007, Rel. Eustáquio de Castro, j. 22.07.2020, 8ª Turma Cível, j. 22.07.2020, *DJe* 03.08.2020). Anote, no entanto, que há posicionamento em sentido contrário na doutrina. Daniel Amorim Assumpção Neves, por exemplo, defende que não basta a mera publicação em diário oficial, sendo necessária a citação pessoal do advogado, pelas vias tradicionais da citação (carta com AR, oficial, edital ou meio eletrônico), independentemente da existência de poderes especiais na procuração para receber citação (NEVES, Daniel Amorim Assumpção. *Código de Processo Civil comentado*. 5. ed. Salvador: JusPodivm, 2020. p. 1181).

a oposição, o juiz passará ao julgamento da ação principal. Em suma, "a decisão primeira da oposição irá incluir no teor da decisão que será proferida quanto à ação principal".[181] Salienta-se, contudo, que, apesar da exigência legal, há precedente no âmbito do STJ no sentido de admitir a ausência de nulidade quando o julgamento da oposição ocorre após a decisão na demanda principal.[182]

Quadro esquemático 68 – Oposição

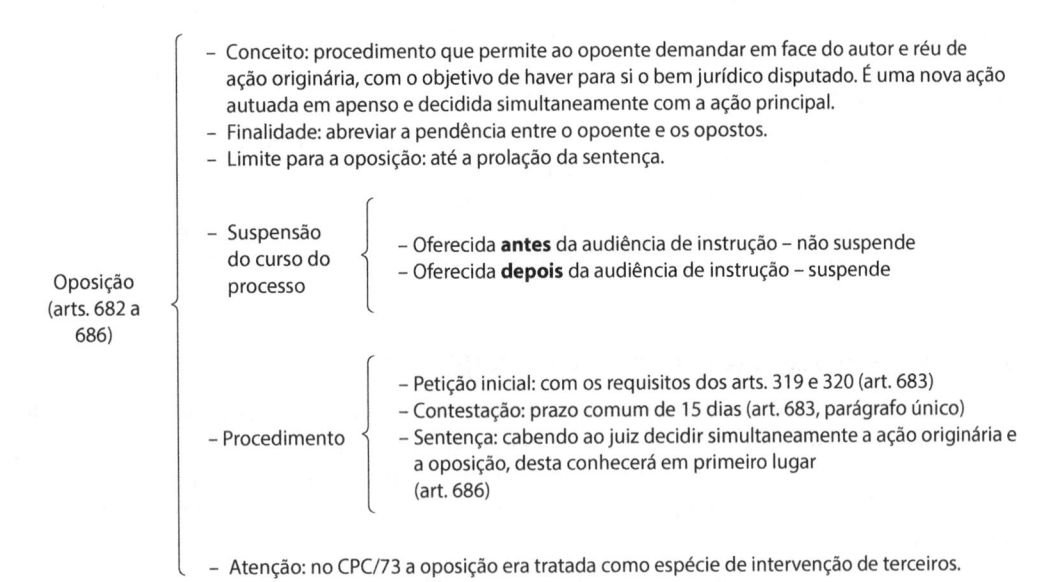

Oposição (arts. 682 a 686)

- Conceito: procedimento que permite ao opoente demandar em face do autor e réu de ação originária, com o objetivo de haver para si o bem jurídico disputado. É uma nova ação autuada em apenso e decidida simultaneamente com a ação principal.
- Finalidade: abreviar a pendência entre o opoente e os opostos.
- Limite para a oposição: até a prolação da sentença.

- Suspensão do curso do processo
  - Oferecida **antes** da audiência de instrução – não suspende
  - Oferecida **depois** da audiência de instrução – suspende

- Procedimento
  - Petição inicial: com os requisitos dos arts. 319 e 320 (art. 683)
  - Contestação: prazo comum de 15 dias (art. 683, parágrafo único)
  - Sentença: cabendo ao juiz decidir simultaneamente a ação originária e a oposição, desta conhecerá em primeiro lugar (art. 686)

- Atenção: no CPC/73 a oposição era tratada como espécie de intervenção de terceiros.

10. HABILITAÇÃO (ARTS. 687 A 692)

10.1 Considerações gerais

A habilitação consiste no procedimento especial incidente e que tem por fim restabelecer o desenvolvimento da relação processual interrompido pela morte de uma das partes.

Ocorre que a relação processual pressupõe, além da presença do juiz que a integra, a presença das partes, ou seja, autor e réu. A morte de uma das partes pode provocar a extinção do processo sem resolução do mérito se o direito material controvertido for personalíssimo, intransmissível, ou apenas a suspensão do processo até a habilitação dos sucessores das partes.

---

[181] NERY JR, Nelson; NERY, Rosa Maria de Andrade. *Código de Processo Civil comentado*. 3. ed. São Paulo: Thomson Reuters Brasil, 2018. p. 1.535.

[182] "(...) Conforme a estrita técnica processual, quando um terceiro apresenta oposição, pretendendo a coisa ou o direito sobre o que controvertem autor e réu, antes da audiência, ela correrá simultaneamente à ação principal, devendo ser julgada pela mesma sentença, que primeiramente deverá conhecer da oposição, dado o seu caráter prejudicial. Contudo, na hipótese, não se vislumbra a existência de qualquer prejuízo ao devido processo legal ou ao recorrente em razão do julgamento da oposição ter se dado, embora na mesma data, após o julgamento da anulatória" (STJ, REsp 1221369/RS, Rel. Ministra Nancy Andrighi, 3ª Turma, j. 20.08.2013, *DJe* 30.08.2013).

Lembre-se de que, feita a citação, estabilizam-se os elementos da demanda (partes, pedido e causa de pedir). Quanto às partes, só se permite a substituição nos casos expressos em lei (arts. 108 e 329).

No caso de alienação do bem litigioso, a substituição das partes é facultativa e só pode ser concretizada se houver consentimento da parte contrária. Desde que preenchidos os pressupostos legais, essa modalidade de substituição efetiva-se por despacho do juiz, provocado por simples petição nos autos, independentemente do procedimento de habilitação. Diversa é a situação se o alienante ou cedente vier a falecer no curso do processo, pois nesse caso o adquirente ou cessionário poderá prosseguir na causa mediante habilitação.

Também a morte de uma das partes, tratando-se de direito transmissível, reclama o procedimento da habilitação.

A morte implica a transmissão imediata do domínio e posse da herança aos sucessores do falecido (art. 1.784 do CC). Todavia, estando em curso processo no qual se discutem direitos do falecido, o procedimento da habilitação torna-se indispensável para, verificada a legitimidade dos sucessores, operar a sucessão processual. A propósito, dispõe o art. 687 que "a habilitação tem lugar quando, por falecimento de qualquer das partes, os interessados houverem de suceder-lhe no processo".

10.2 Aspectos do procedimento da habilitação

A habilitação pode ser requerida tanto pela parte, em relação aos sucessores do falecido, como pelos sucessores do falecido, em relação à parte (art. 688).

Recebida a petição inicial, ordenará o juiz a citação dos requeridos para contestar a ação no prazo de cinco dias (art. 690). A citação será pessoal, se a parte não tiver procurador constituído na causa.

No CPC/1973, a qualidade das pessoas que requeressem a habilitação tinha influência sobre o procedimento. Nos termos do art. 1.060 do CPC/1973, o procedimento tramitava nos próprios autos, independentemente de sentença quando: (a) a habilitação fosse promovida pelo cônjuge e herdeiros necessários, desde que estes provassem por documento o óbito do falecido e a sua qualidade; (b) em outra causa, sentença passada em julgado houvesse atribuído ao habilitando a qualidade de herdeiro ou sucessor; (c) o herdeiro fosse incluído sem qualquer oposição no inventário; (d) estivesse declarada a ausência ou determinada a arrecadação da herança jacente; (e) oferecidos os artigos de habilitação, a parte reconhecesse a procedência do pedido e não houvesse oposição de terceiros. Fora dessas hipóteses, o incidente da habilitação processava-se em autos apartados, como ação contenciosa.

De acordo com o CPC/2015 (art. 689), a habilitação passará a ser, em regra, **processada nos próprios autos da ação principal**. A sistemática do CPC/2015 é inversa se comparada ao Código de 1973. Excepcionalmente, no entanto, a habilitação poderá ser processada em autos apartados se o pedido constante na petição inicial for impugnado e houver necessidade de dilação probatória diversa da documental (art. 691).

Em qualquer caso, a habilitação tramitará na instância em que a ação principal se encontrar e suspenderá o curso do processo principal (art. 689, parte final). Esse entendimento podia ser extraído do CPC/1973, já que o art. 265, I, do referido Código (art. 313, I, do CPC/2015) dispõe que o processo deve ser suspenso pela morte ou perda da capacidade processual de qualquer das partes, de seu representante legal ou de seu procurador.

Ao decidir a habilitação, deve o juiz determinar a juntada de cópia da sentença aos autos da ação principal, notadamente quando a habilitação tiver sido processada em autos apartados. Somente após o trânsito em julgado da sentença que resolver a habilitação é que o processo principal retomará seu curso, mas desde que não haja a atribuição e efeito suspensivo a eventual recurso que seja interposto contra essa decisão.

Quadro esquemático 69 – Habilitação

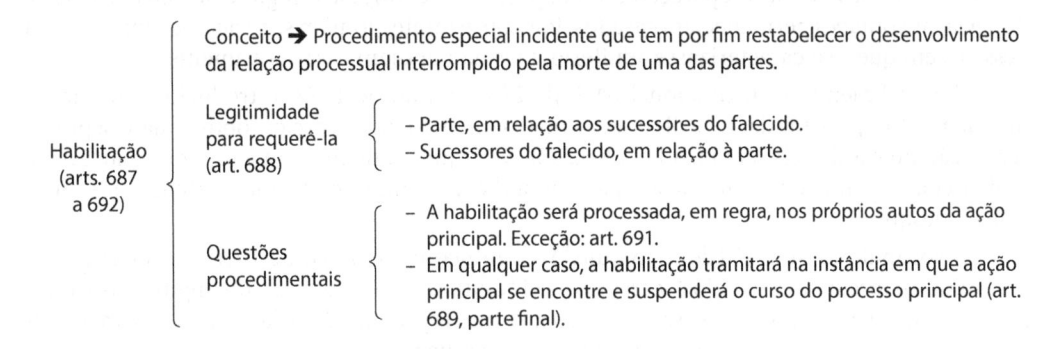

Habilitação (arts. 687 a 692)

- **Conceito** → Procedimento especial incidente que tem por fim restabelecer o desenvolvimento da relação processual interrompido pela morte de uma das partes.

- **Legitimidade para requerê-la (art. 688)**
  - Parte, em relação aos sucessores do falecido.
  - Sucessores do falecido, em relação à parte.

- **Questões procedimentais**
  - A habilitação será processada, em regra, nos próprios autos da ação principal. Exceção: art. 691.
  - Em qualquer caso, a habilitação tramitará na instância em que a ação principal se encontre e suspenderá o curso do processo principal (art. 689, parte final).

11. AÇÕES DE FAMÍLIA (ARTS. 693 A 699)

11.1 Introdução

O Código de Processo Civil de 2015 estabelece um procedimento especial para as chamadas "ações de família", quais sejam o **divórcio**, a **separação**, o **reconhecimento e a extinção da união estável**, a **guarda**, a **visitação** e a **filiação**. Quanto às ações de alimentos,[183] há previsão para aplicação do Código de Processo Civil apenas no que for cabível.

Os arts. 693 a 699 do CPC/2015 trazem as regras que deverão ser aplicadas exclusivamente às demandas mencionadas, quando contenciosas (ou não consensuais), ressalvando-se as disposições estabelecidas em leis especiais.

Esclarece-se, inicialmente, que quando as ações de divórcio, de separação ou de extinção da união estável não demandarem instrução processual, por terem sido propostas de forma consensual, deverão ser observadas as disposições constantes nos arts. 731 a 734 do CPC/2015, sendo possível, ainda, a realização por escritura pública, independentemente de homologação judicial. Nesse ponto, lembramos que a Lei nº 11.441, de 4 de janeiro de 2007, que alterou o CPC/1973 para possibilitar a realização da separação e do divórcio consensuais por via administrativa (art. 1.124-A), não estendeu essa previsão à união estável. Com o CPC/2015, o tabelião também poderá lavrar a escritura pública de extinção da união estável quando assim consentirem os companheiros.

11.2 Separação judicial: a controvérsia gerada pela EC nº 66/2010, o atual posicionamento do Supremo Tribunal Federal e a possibilidade conferida pelo CNJ de formalização de separação de fato

Até 1977, no Brasil, o casamento válido somente se extinguia, ou, em outras palavras, o vínculo conjugal somente se dissolvia, pela morte (art. 315, parágrafo único, do Código de 1916). Isso porquanto a Constituição vigente, como todas as anteriores, consagrava a indissolubilidade do casamento. Admitia-se apenas o rompimento da sociedade conjugal, com a manutenção do

---

[183] No caso das ações de alimentos, deverá ser aplicado o procedimento previsto na Lei nº 5.478/1968. Como se vê, apesar da generalidade do termo "ações de família", não se pode aplicar integralmente o CPC/2015 a todos os assuntos relativos à entidade familiar. Do mesmo modo, quanto às ações que versem sobre interesse da criança e do adolescente, devem ser observados os dispositivos previstos em leis especiais, a exemplo do Estatuto da Criança e do Adolescente.

vínculo, o que era possível por meio do desquite (art. 315, III, do Código Civil anterior). Com o desquite, autorizava-se a separação dos cônjuges, e se extinguia o regime de bens (art. 322). Todavia, os cônjuges permaneciam casados. Por conseguinte, podiam se relacionar com terceira pessoa, sem que isso caracterizasse adultério, mas não podiam casar novamente.

Com a Emenda Constitucional nº 9, de 22 de junho de 1977, introduziu-se no nosso ordenamento a possibilidade de dissolução do casamento pelo divórcio, condicionado à prévia separação do casal. Veio, então, a Lei nº 6.515/1977, que regulamentou a separação judicial e o divórcio. Impende destacar que a separação judicial manteve o mesmo conteúdo que antes tinha o desquite.

O vocábulo "desquite" (de "não quite") surgira com o Código de 1916, em substituição à palavra "divórcio", usada pelo Decreto nº 181/1890, com o intuito de distinguir o instituto brasileiro, que não extinguia o casamento, do instituto representado pela palavra "divórcio" em outros ordenamentos, o qual extinguia o vínculo conjugal.

Pois bem. Promulgada a Constituição de 1988, o divórcio passou a depender de separação judicial de um ano ou de separação de fato de dois anos, segundo o § 6º do art. 226.[184]

Esse foi o sistema vigente até que, em 13 de julho de 2010, foi promulgada a Emenda Constitucional nº 66, que alterou completamente o tema da dissolução da sociedade e do vínculo conjugal. A partir da emenda, o § 6º do art. 226 da Constituição passou a ter a seguinte redação: "o casamento civil pode ser dissolvido pelo divórcio".

Inicialmente, a doutrina dividiu-se entre os que sustentavam ter a Emenda nº 66 promovido a extinção da separação judicial do nosso ordenamento, e os que entendiam que tal instituto continuava existindo.

Particularmente, sempre entendi que a partir da entrada em vigor da EC nº 66, a separação, judicial ou de fato, não era requisito para o divórcio. Ou seja, a partir de 13 de julho de 2010, o divórcio poderia ser decretado de imediato. Isso não significava, no entanto, que o casal não pudesse optar, antes de pedir o divórcio, pela separação. Em conclusão, a sociedade conjugal termina (art. 1.571 do CC): com a morte de um dos cônjuges; com a declaração de nulidade ou anulação do casamento; com a separação judicial; com o divórcio. Esse foi, inclusive, o entendimento que prevaleceu na nova lei processual. É que o art. 693 do CPC/2015 inclui a separação contenciosa como "ação de família", contrariando o posicionamento doutrinário no sentido de que a Emenda Constitucional nº 66 teria acabado com esse instituto. Com a nova redação restava clara, pelo menos até o final de 2023, a possibilidade de opção entre o desfazimento imediato do vínculo matrimonial por meio do divórcio e a ultimação apenas da sociedade conjugal por meio da separação.[185] Foi esse, inclusive, entendimento adotado pelas 3ª e 4ª Turmas do STJ (processo em segredo de justiça). Conforme julgamentos noticiados, ambas as Turmas consideraram a permanência da separação judicial em nosso ordenamento (decisões de março e setembro do ano de 2017).[186]

Ocorre que o Supremo Tribunal Federal, ao negar provimento ao RE 1.167.478, fixou o entendimento de que, após a promulgação da EC nº 66/2010, **a separação judicial, além de**

---

[184] Art. 226, § 6º, da Constituição: "o casamento civil pode ser dissolvido pelo divórcio, após prévia separação judicial por mais de um ano nos casos expressos em lei, ou comprovada separação de fato por mais de dois anos".

[185] Esclarece-se que "a separação judicial, embora coloque termo à sociedade conjugal, mantém intacto o vínculo matrimonial, impedindo os cônjuges de contrair novas núpcias" (GONÇALVES, Carlos Roberto. *Direito civil brasileiro*: direito de família. 7. ed. São Paulo: Saraiva, 2010. v. 6, p. 201).

[186] Disponível em: https://stj.jusbrasil.com.br/noticias/441098066/quarta-turma-define-que-separacao--judicial-ainda-e-opcao-a-disposicao-dos-conjuges.

não ser requisito para o divórcio, não subsiste como figura autônoma no ordenamento jurídico brasileiro.

O Instituto Brasileiro de Direito de Família (IBDFAM) atuou como *amicus curiae* no caso, em defesa da supressão da separação judicial do ordenamento jurídico, bem como do afastamento da discussão da culpa pelo término da conjugalidade. Na oportunidade, prevaleceu o entendimento do relator, Ministro Luiz Fux, no sentido de que a alteração constitucional simplificou o rompimento do vínculo matrimonial e eliminou as condicionantes. Com isso, passou a ser inviável exigir separação judicial prévia para efetivar o divórcio, pois essa modalidade de dissolução do casamento deixou de depender de qualquer requisito temporal ou causal. Segundo a decisão, o estado civil das pessoas que atualmente estão separadas, por decisão judicial ou por escritura pública, permanecerá o mesmo até que decidam retomar a união ou promover o divórcio. A tese de repercussão geral fixada para o Tema 1.053 foi a seguinte:

> **"Após a promulgação da Emenda Constitucional 66/2010, a separação judicial não é mais requisito para o divórcio, nem subsiste como figura autônoma no ordenamento jurídico. Sem prejuízo, preserva-se o estado civil das pessoas que já estão separadas por decisão judicial ou escritura pública, por se tratar de um ato jurídico perfeito".**

Deve-se, então, compatibilizar os preceitos do Processo Civil com o novo texto constitucional. Todas as referências ao instituto da separação serão mantidas no texto, mas devemos lembrar que ela só existe para os casais que já estão nessa condição, não mais sendo possível promover, judicial ou extrajudicialmente, a separação para a dissolução da sociedade conjugal. Com efeito:

- não há qualquer requisito temporal para o divórcio;
- a facilitação da dissolução do casamento determinada pela EC nº 66/2010 sobrepõe-se ao regramento civil de imputação de culpa;
- o Supremo Tribunal Federal extinguiu a separação do ordenamento jurídico.

De toda sorte, embora não mais exista o instituto da separação como uma modalidade de estado civil, casais que se separaram **de fato** – ainda são formalmente casados, mas optam por seguir caminhos individuais, sem a interferência de um sobre o outro – podem **formalizar essa situação fática** por meio de escritura pública (não judicialmente). É que, em virtude da Resolução nº 571/2024 do CNJ, que alterou a Resolução nº 35/2007, que dispõe sobre a lavratura de atos notariais relacionados ao divórcio, união estável e inventário extrajudiciais, os casais que não queiram optar pelo divórcio, mas concordem com a separação física, poderão formalizar escritura de **separação de fato**, que passa a ser considerada título apto tanto para o registro civil quanto para o registro imobiliário, possibilitando a transferência de bens e direitos, desde que observadas as exigências da Resolução. **Trata-se de uma alternativa para aqueles que desejam formalizar o rompimento da comunhão plena de vida e o resguardo de questões patrimoniais. No capítulo sobre divórcio extrajudicial, o assunto voltará a ser abordado.**

Em relação à imputação de culpa, faz-se necessária uma ressalva: não se pode afirmar, definitivamente, que a supressão desse requisito subjetivo para a separação judicial tenha extirpado a apreciação da culpa em todas as questões relativas ao casamento.

Ainda que a culpa não seja mais elencada como motivo para a decretação da separação, é preciso considerar que para parte da doutrina permanecem hipóteses em que a culpa poderá ser avaliada, como na anulação do casamento por vício de vontade de algum dos contraentes. Nesse caso, a culpa deve ser aferida para verificar a ocorrência de coação ou de erro essencial sobre a pessoa do outro cônjuge. Nessa linha, é importante lembrar que o reconhecimento de culpa de um dos cônjuges na anulação do casamento conduz à perda das vantagens havidas do cônjuge inocente e ao dever de cumprimento das promessas constantes no pacto antenupcial (art. 1.564 do CC). Permite-se, ainda, a discussão acerca da culpa no que tange ao dever de prestar alimentos (art. 1.704 do CC) ou indenização por danos morais pelo descumprimento dos deveres conjugais. O STJ vem se posicionamento no sentido de que a EC nº 66/2010 afastou a perquirição da culpa para a decretação do divórcio, e, apesar de haver decisões em ambos os sentidos, o entendimento que vem prevalecendo é o de que a quantificação dos alimentos advém do princípio da solidariedade familiar e não da culpa (por exemplo: REsp 1.720.337/PR, 4ª Turma, j. 15.05.2018).

11.3 Aspectos procedimentais

O **divórcio judicial litigioso** se caracteriza pela ausência de acordo entre os cônjuges, seja em relação à própria dissolução do casamento, seja com referência a questões essenciais a serem definidas, como a guarda dos filhos, o cabimento e o *quantum* da pensão alimentícia e a partilha dos bens comuns. Frise-se que, na hipótese de a divergência referir-se tão somente à partilha, podem os cônjuges submetê-la a processo autônomo, segundo o rito do inventário e partilha.

Observe-se, por outro lado, que se no divórcio litigioso houver ofensas ou danos morais a ensejarem indenização, tais fatos devem ser discutidos em processo próprio, em atenção às regras ordinárias de responsabilização civil, e não nos autos do procedimento do divórcio, que possui finalidade própria e exclusiva.

11.3.1 Legitimidade e intervenção de terceiros

Porque se trata de ação personalíssima, não se atribui legitimidade *ad causam* a ninguém além dos próprios cônjuges. E assim o é porque, na qualidade de únicos integrantes da sociedade que pretendem extinguir – a sociedade conjugal –, somente eles podem formular a pretensão terminativa em juízo. Aliás, quem mais além dos próprios cônjuges seria capaz de avaliar a conveniência de manter a vida em comum e o grau de suportabilidade da convivência dia a dia?

Havendo incapacidade de um dos cônjuges, a legitimação poderá ser conferida ao curador, ascendente ou irmão (art. 3º, § 1º, da Lei nº 6.515/1977). Importante consignar que a incapacidade de que se trata é aquela ligada à higidez mental, haja vista que a incapacidade etária é superada pelo casamento, que constitui causa legal de emancipação.

Retomando o caráter personalíssimo da ação em comento, é intuitivo concluir que não se admite no procedimento a intervenção de terceiros; nem dos filhos, legitimados em eventual ação de alimentos, nem de credores a quem porventura possa interessar a partilha. Com efeito, aos credores de um dos cônjuges é facultado o manejo da ação pauliana para invalidar qualquer ato fraudulento decorrente da partilha, ou embargos de terceiro, com o fito de evitar a constrição judicial sobre bem que não pode ser objeto da partilha.

A despeito disso, Pontes de Miranda admitia a intervenção do terceiro cúmplice do cônjuge adúltero, que teme a influência do julgamento cível na seara penal. Todavia, por dois motivos há de se rejeitar a assertiva do grande doutrinador. Em primeiro lugar, o cúmplice do cônjuge adúltero não tem relação jurídica com qualquer das partes, motivo pelo qual se afasta a figura da assistência litisconsorcial por ele aventada. Por último, o adultério foi descriminalizado pela Lei nº 11.106/2005, fato que afasta definitivamente o interesse que terceiro poderia ter no desfecho do processo cível.

11.3.2 Contestação

A discussão sobre a culpa constituía a principal alegação de defesa nas ações de separação judicial. Em razão de não mais se admitir discussão sobre a culpa, tampouco sobre qualquer aspecto temporal, reduziu-se, sobremaneira, o campo de defesa. Além disso, conforme demonstrado em linhas anteriores, não há como o cônjuge, por exemplo, responder a ação de divórcio indicando preferir a separação. Para se divorciar basta que os cônjuges estejam casados. Trata-se de um direito potestativo, cujo exercício depende da simples manifestação de vontade de um dos cônjuges ou de ambos.

Justamente pela impossibilidade de o cônjuge réu questionar a vontade do outro no que tange ao divórcio, há diversos precedentes, apoiados na doutrina e, em especial, em Enunciado do IBDFAM,[187] que admitem a concessão de tutela provisória em caráter liminar nesse tipo de ação. Ou seja, sem a necessidade de ouvir o outro cônjuge o juiz poderá decretar o divórcio. As demais questões, como a partilha e os alimentos, poderão ser discutidas durante o curso da ação, após o devido contraditório.

De toda forma, o requerido poderá alegar todas as matérias previstas no art. 337, por exemplo, a litispendência.

Se o autor, na petição inicial, apresenta plano de partilha dos bens, ao réu caberá, na contestação, apresentar também o seu esboço, a menos que concorde com a constante da inicial.

Em todos os casos, frise-se, é possível que o réu se oponha aos pedidos eventualmente formulados na inicial a respeito da guarda dos filhos e dos alimentos em favor do cônjuge.

11.3.3 Reconvenção

Segundo disposto no art. 343, o réu pode reconvir ao autor no mesmo processo, toda vez que a reconvenção seja conexa com a ação principal ou com o fundamento da defesa.

Um dos cônjuges, não pretendendo pôr fim em definitivo ao vínculo matrimonial, pede separação judicial. Como fundamento, invoca a existência do casamento e a inconveniência, por perda da afetividade ou qualquer outro motivo, de permanecer unido ao outro cônjuge. O cônjuge réu, também com base na inconveniência de permanecer unido à parte autora (conexão com a causa de pedir), apresenta reconvenção, na qual postula não o desfazimento da sociedade conjugal, mas sim a dissolução do vínculo conjugal (divórcio).

Como se vê, essa situação poderia, em tese, constituir uma hipótese de reconvenção na separação judicial litigiosa. Um dos cônjuges almejava a providência menor (separação judicial) e o outro, com base nos mesmos fatos, a providência mais ampla (divórcio). Ocorre que, diante do posicionamento do Supremo Tribunal Federal quanto à extinção do instituto da separação, só há uma opção de rompimento do vínculo matrimonial.

Creio, ainda, que dificilmente ocorrerá a hipótese de reconvenção com base no fundamento da defesa. Como a culpa não mais constitui causa para o rompimento, dificilmente o réu verá possibilidade de erigir o fundamento da sua defesa a causa de pedir da reconvenção.

11.3.4 Revelia

Como sabido, verificada a revelia, o sistema processual impõe dois efeitos: um de ordem processual, consistente na não intimação do réu para os atos vindouros, salvo se tiver advogado constituído nos autos, e outro de índole material – a presunção de veracidade das alegações de fato formuladas pelo autor (art. 344).

Destaque-se que o efeito material não se aplicará quando a causa versar sobre direitos indisponíveis, tal como disciplina o art. 345, II.

---

[187] Enunciado 46 – Excepcionalmente, e desde que justificada, é possível a decretação do divórcio em sede de tutela provisória, mesmo antes da oitiva da outra parte.

Para definir se o efeito material será aplicado nos procedimentos de dissolução matrimonial, há que se perquirir se o casamento ostenta ou não o caráter de indisponibilidade.

No contexto da nova ordem constitucional, que retirou definitivamente do casamento o seu caráter de indissolubilidade e rebaixou-o a apenas uma das formas possíveis de constituição familiar, não se afigura mais razoável sustentar a indisponibilidade do vínculo matrimonial.

Nesse diapasão, afastando-se a natureza indisponível do liame conjugal, forçosa é a conclusão de que a revelia do réu induz, em tese, à presunção de veracidade descrita no art. 344. Diz-se em tese porque, se o processo envolver também interesses de menores e incapazes,[188] não se poderão aplicar os efeitos da revelia.

Ademais, a presunção de veracidade dos fatos alegados na inicial não deve ser aplicada de forma irrestrita. A doutrina baliza a aplicação do art. 344, de maneira que a presunção de veracidade somente deve ocorrer dentro do campo do razoável, do verossímil.

Destarte, a aplicação da presunção de veracidade dos fatos articulados na inicial está a depender da análise do conjunto probatório acostado pelo autor e da inexistência de interesses indisponíveis.

Cabe registrar, contudo, que o Superior Tribunal de Justiça vem rechaçando a possibilidade de alteração do nome civil nos casos de divórcio em que há revelia. Por exemplo: se Ana adotou o sobrenome do marido e este propôs ação de divórcio, mas Ana permaneceu revel, não será por vontade do ex-marido que o sobrenome lhe será retirado. Tratando-se de direito da personalidade, somente Ana pode manifestar-se expressamente pela alteração.[189]

11.3.5 Tutelas provisórias

A convivência em família, sobretudo quando a base afetiva já ruiu, pode dar azo a discórdias e agressões. Com o fito de proteger a pessoa e evitar conflitos que resultem em violência física ou moral, o sistema processual brasileiro permite que o interessado pleiteie a proteção judicial para a posterior ação de divórcio.

Como já visto, não há mais previsão de procedimento cautelar autônomo no atual CPC. Sendo assim, a medida denominada "separação de corpos", que desobriga o cônjuge do dever de coabitação quando seu cumprimento se mostra impossível ou arriscado à sua integridade física e moral, deverá ser pleiteada na forma do art. 305, ou seja, como medida cautelar antecedente à ação de divórcio.

Frise-se que, mesmo diante das mudanças trazidas pela EC nº 66/2010 e daquelas introduzidas pelo CPC/2015, a separação de corpos ainda constitui medida útil, porque destinada a evitar a causação de violência de um cônjuge contra o outro. Resta ao instituto, pois, a função

---

[188] "Direito civil e processual civil. Separação judicial. Litigiosidade. Revelia. Instrução do processo. Deixando o réu de apresentar contestação ao pedido de separação judicial de cunho litigioso a envolver interesse de menores, filhos do casal, não pode o juiz simplesmente decretar a pena da confissão ficta. As ações de separação judicial, nas quais o debate cinge-se ao âmbito do casal separando, tratam de direitos transigíveis. As consequências da separação judicial com pedido de decretação de culpa, em especial aquelas a envolver os interesses dos filhos do casal, ainda menores, sobrepõem-se, necessariamente, à disponibilidade dos direitos restritos à esfera dos cônjuges, e não permitem que os graves efeitos da revelia preponderem ante a imprescindibilidade da instrução processual. Recurso especial parcialmente conhecido e, nessa parte, provido" (STJ, REsp 686.978/RS, Rel. Min. Nancy Andrighi, j. 29.11.2005). Esse precedente, embora trate da separação, pode ser aplicado ao divórcio, pois o que importa é a referência aos assuntos que transcendem a esfera exclusiva dos cônjuges.

[189] Disponível em: https://www.conjur.com.br/2018-set-03/divorciado-nao-impor-revelia-alteracao--sobrenome-ex (processo em segredo de justiça).

de servir de instrumento de proteção de um dos cônjuges diante da possibilidade de sofrer lesões físicas ou morais que poderiam ser perpetradas pelo outro. O requerimento também pode ser formulado no bojo da ação de divórcio, tal como possibilita a jurisprudência. Confira:

"Quando do ajuizamento da ação de divórcio é cabível ao cônjuge autor da demanda o pedido imediato de separação de corpos, acaso necessário. 3. A natureza da medida de separação de corpos é eminentemente preventiva. Para seu deferimento não se exige violência de fato ou ameaça, muito menos se exige registros de boletim de ocorrência, bastando a demonstração de que a convivência entre o casal se tornou insuportável - porquanto seu escopo é garantir que situações de conflitos não cheguem a extremos, o que colocaria em risco a integridade física e psíquica das partes envolvidas, bem como de seus filhos. 4. No caso, demonstrada a necessidade da medida, já que as partes estão em processo de divórcio e existe um relacionamento conflituoso entre elas, bem como a exigência de que a separação de corpos ocorra desde logo, a fim de se evitar que a convivência entre partes chegue ao extremo, com ameaça ou prática de qualquer tipo de violência, em suas mais variadas formas - inclusive quanto aos filhos do casal. 5. Agravo de instrumento conhecido e não provido" (TJ-DF 07142526820188070000 – Segredo de Justiça 0714252-68.2018.8.07.0000, Rel. Cesar Loyola, 2ª Turma Cível, j. 31.10.2018, *DJe* 14.11.2018).

"Agravo de instrumento – Tutela cautelar antecedente de separação de corpos em ação de divórcio – Atendimento dos requisitos legais do artigo 303, do CPC – Alegações de violência doméstica contemporânea à propositura da ação, instruída com elementos indiciários dos fatos relatados – Família integrada pelo casal e dois filhos menores, um deles autista – Decretação da separação de corpos a bem da integridade física e psíquica de toda a família – Medida provisória de proteção da família e não de definição de culpados – Direito de propriedade do imóvel residencial que nesta fase é irrelevante – Varão que passou a residir com sua genitora – Ausência de proibição de convivência dele com os filhos menores – Decisão mantida – Negaram provimento ao recurso" (TJ-SP, AI 21769863720218260000 SP 2176986-37.2021.8.26.0000, Rel. Alexandre Coelho, 8ª Câmara de Direito Privado, j. 27.10.2021, publicação 27.10.2021).

Com efeito, por meio da tutela cautelar requerida em caráter antecedente à ação de divórcio, é possível pleitear o afastamento do próprio requerente ou do requerido. Em qualquer dos casos, faz-se necessária a demonstração do *fumus boni iuris* e do *periculum in mora*, sendo que este último deverá considerar o perigo de lesão para aquele que pede e também a inexistência de prejuízo para aquele contra quem se formula o pedido. Se não for requerida em caráter antecedente, a medida pode ser pleiteada de forma incidental, como vimos, no curso da ação de divórcio.

Nos procedimentos de dissolução do casamento também são cabíveis outras espécies de tutelas cautelares, que visam ao resguardo do patrimônio. São elas o arresto, o sequestro e o arrolamento de bens, cabíveis quando há receio de dissipação patrimonial (art. 301).

Relativamente à tutela provisória, a prática forense vem demonstrando a possibilidade do chamado "divórcio liminar", ou seja, a dissolução da sociedade conjugal antes da instauração do contraditório. Conforme vimos, por ser um direito potestativo, a vontade do outro cônjuge em manter o vínculo não impedirá a decretação do divórcio. As demais questões, a exemplo da partilha de bens, guarda e alimentos, devem se sujeitar ao contraditório, com a ressalva no sentido de ser possível a concessão de alimentos provisórios.

Resta-nos abordar a natureza jurídica dessa tutela provisória. Parece-nos que ela se encaixa não em uma tutela de urgência, mas em um provimento de evidência, nos termos do art. 311 do CPC, uma vez que inexiste, quanto ao divórcio, perigo de dano ou risco ao resultado útil do processo. Apesar da conclusão, a jurisprudência vem se dividindo quanto à hipótese legal aplicável. Uma corrente[190] entende que a tutela de evidência pode ser concedida com fulcro no inciso II do art. 311 do CPC, tendo em vista a inconteste evidência do direito material e por se tratar de uma alegação – pedido de divórcio – comprovada apenas documentalmente (através da certidão de casamento e da manifestação expressa de vontade). Ademais, ainda que a matéria não tenha sido firmada em tese de julgamento de casos repetitivos ou súmula vinculante, trata-se de um direito constitucionalmente assegurado e, agora, com respaldo em precedente vinculante do Supremo Tribunal Federal.

Outra corrente[191] considera que, apesar da possibilidade de concessão de tutela provisória de evidência, esta depende da prévia manifestação do réu, na forma do inciso IV do art. 311 do CPC. Ou seja, não há possibilidade de divórcio sem a manifestação da parte contrária, embora seja possível a sua decretação antes da sentença[192]. Essa providência busca evitar, por exemplo, a prolação de decisões diversas sobre uma mesma questão. Para essa corrente, é possível que a parte contrária já tenha promovido ação de divórcio em outra Comarca ou que pretenda, na verdade, promover a anulação do casamento. Por essas razões, seria prudente aguardar a citação. Para aqueles que defendem o "divórcio liminar", se não há dúvidas sobre a vontade do autor em relação ao fim da relação conjugal, é perfeitamente possível a decretação, *in limine litis*, do divórcio, e, se houver discussões posteriores, elas ainda podem ser resolvidas[193].

Por fim, importa esclarecer que o "divórcio liminar" não se confunde com o denominado "divórcio impositivo", vedado pelo Conselho Nacional de Justiça. Em 2019, um provimento do

---

[190] Por exemplo: TJ-GO, AI: 05181921220208090000, Rel. Des. Orloff Neves Rocha, 1ª Câmara Cível, j. 15.03.2021, *DJ* 15.03.2021; TJ-SP, AI 22040510720218260000 S, Rel. J. B. Paula Lima, 10ª Câmara de Direito Privado, j. 22.10.2021, publicação 22.10.2021.

[191] Por exemplo: "Com a Emenda Constitucional nº 66/2010 que deu nova redação ao parágrafo 6º do artigo 226 da CF/1988, o divórcio passou a depender somente da manifestação de vontade dos cônjuges, eliminando-se a restrição temporal, ou causal, tornando-se simples exercício de um direito potestativo das partes. 2. Preenchidos os requisitos do inciso IV do artigo 311 do Código de Processo Civil, por meio da demonstração da existência da relação matrimonial, através de documento hábil, e havendo pedido expresso de divórcio, é possível sua imediata decretação, máxime porque, a defesa contra o pedido possui apenas caráter protelatório, autorizando-se a antecipação da tutela, com a consequente determinação de expedição do competente mandado de averbação, autorizando a continuidade do feito, somente com relação à partilha de bens do casal litigante". (TJ-GO, AI 04520953020208090000, Rel. Des. Mauricio Porfirio Rosa, 5ª Câmara Cível, j. 22.02.2021, publicação 22.02.2021).

[192] Outro exemplo: "Ação de divórcio litigioso. Decisão agravada que indeferiu a decretação liminar do divórcio, em sede de tutela de evidência. Inconformismo. Não acolhimento. Ausência de preenchimento dos requisitos para concessão da tutela de evidência. Muito embora a decretação do divórcio independa da concordância da parte contrária, desde o advento da EC nº 66, é imprescindível sua integração à relação processual, para que tome ciência da pretensão deduzida pela autora, tendo em vista a irreversibilidade da medida e o fato de que a decretação produz efeitos jurídicos que interessam a ambas as partes". (TJ-SP, AI 22184264220238260000, Rel. Viviani Nicolau, 3ª Câmara de Direito Privado, j. 22.09.2023, publicação 22.09.2023).

[193] "AGRAVO DE INSTRUMENTO – FAMÍLIA – DIVÓRCIO LITIGIOSO – Inconformismo contra decisão que indeferiu o pedido liminar de decretação de divórcio direto – Possibilidade de decretação de divórcio em sede liminar – Direito potestativo – Tutela de urgência versus tutela de evidência – Decisão reformada, sendo possível a decretação, em sede liminar, do divórcio das partes, devendo prosseguir a ação para efetivar a regular triangularização processual e prosseguimento da discussão quanto aos demais temas abordados na petição inicial – Recurso provido". (TJ-SP, AI: 22155620220218260000, Rel. José Carlos Ferreira Alves, 2ª Câmara de Direito Privado, j. 15.10.2021, publicação: 15.10.2021).

Tribunal de Justiça do Estado de Pernambuco admitiu a realização de divórcio não consensual pela via administrativa, bastando a manifestação de um dos cônjuges e a inexistência de filhos incapazes ou nascituro. Assim, poderia o cônjuge obter o divórcio em cartório, sem a necessidade de anuência do outro consorte, que deveria ser comunicado posteriormente sobre a dissolução. Para o Instituto Brasileiro de Direito de Família (IBDFAM), essa providência extrajudicial confere maior efetividade à Constituição Federal, que passou a adotar o divórcio sem a exigência de qualquer requisito prévio (EC 66/2010). O CNJ, contudo, proibiu o "divórcio impositivo" em todo o país (Recomendação 36/2019), argumentando que os Tribunais de Justiça não podem criar novas atribuições para os serviços extrajudiciais sem que haja previsão legal expressa nesse sentido. De qualquer forma, há em tramitação um Projeto de Lei no Senado Federal (PL 3.457/2019) que pretende regulamentar a matéria e já conta com parecer favorável da Comissão de Constituição e Justiça (CCJ).[194]

11.3.6 Sentença

Nos feitos contenciosos, a sentença julgará procedente o pedido inicial, decretando-se o rompimento do vínculo conjugal. Nesse ponto, assim como no caso dos procedimentos amigáveis, a sentença tem caráter constitutivo negativo. Entretanto, resolvendo questão acerca dos alimentos, terá cunho condenatório e servirá de título executivo judicial.

Em ambos os casos – amigável ou contencioso –, a sentença fará coisa julgada para desconstituir o vínculo e retroagirá à data da separação de corpos, se tal medida houver sido deferida (art. 8º da Lei nº 6.515/1977).

Podem ser objeto de modificação as disposições acerca da guarda dos filhos, direito de visita e pensão alimentícia. Isso porque tais questões caracterizam-se pela dinamicidade e transitoriedade. Logo, havendo mudança no contexto fático em que foram fixados os alimentos, a guarda ou o regime de visitas, nada obsta o ajuizamento de nova ação tendo como objeto especificamente um desses pontos. Com efeito, a causa de pedir e o pedido declinados nessa nova demanda são diferentes daqueles deduzidos na primeira ação, razão por que não há que se falar em violação à autoridade da coisa julgada nesse ponto.

11.4 Implicações da dissolução matrimonial

11.4.1 O nome de casado

Nos procedimentos consensuais, a questão do nome de casado será objeto de acordo pelas partes. Logo, a sentença homologatória tratará de chancelar tal acordo, devendo-se acrescentar que, à falta de disposição nesse sentido, valerá a presunção de que aquele que adotou o nome do outro permanecerá ostentando o patronímico.

Inexistindo possibilidade de discussão de culpa, não obstante o fato de o art. 1.578 do CC/2002 estabelecer que o cônjuge declarado culpado na ação de separação judicial perde o direito de usar o sobrenome do outro, essa hipótese não mais pode ser aplicada. Aliás, antes mesmo da reforma constitucional, já se afirmava que a perda do sobrenome por motivo de culpa violava o princípio da dignidade da pessoa humana, em virtude de o direito ao nome – identificação da pessoa perante a sociedade – consistir em um dos aspectos inerentes à sua personalidade.

Como se vê, conquanto a legislação insistisse em atrelar o uso do nome à culpa pela dissolução matrimonial, a perda do apelido tinha caráter excepcional e somente ocorreria se houvesse oposição do cônjuge dito inocente. Essa disposição, no entanto, parece tão desarrazoada que daqui

---

[194] Até o fechamento da 28ª Edição, o PL ainda não havia sido aprovado.

a alguns anos causará espanto aos futuros estudantes, que hão de estranhar a aplicação dessa regra, questionando-se a si mesmos como isso era possível no passado. Por certo, se se vislumbra a pessoa como destinatária de um conjunto normativo voltado a garantir-lhe dignidade, afronta esse raciocínio a possibilidade de decretação da perda do apelido pelo cônjuge considerado culpado. Em última análise, a perda do nome configura forma dissimulada de vingança, de retaliação pelo fim do relacionamento, o que de modo algum pode ser aceito pela ordem jurídica.

Assim, pode-se dizer que o cônjuge, ainda que culpado pelo fim do casamento – se é que isso pode ser aferido, principalmente por um terceiro, estranho à intimidade da relação –, não perderá o direito ao nome, que constitui um direito da personalidade e que envolve a própria dignidade humana.[195] Ademais, como já adiantado em linhas anteriores, mesmo revel o cônjuge não perde automaticamente esse direito.

Interessante é o entendimento do STJ,[196] que admitiu o retorno ao nome de solteiro(a) em razão não apenas do divórcio ou da separação, mas, também, em virtude do falecimento do cônjuge. Mais uma vez reforçou-se a ideia de que o nome é um dos elementos estruturantes dos direitos da personalidade e da dignidade da pessoa humana, sendo admitida a sua alteração para preservação da liberdade e da autonomia da vontade.

Em outro caso, o STJ admitiu que a esposa voltasse a utilizar o nome de solteira ainda durante a constância da sociedade conjugal. No caso concreto, por razões de ordem sentimental e existencial, uma mulher pretendia retornar ao nome de solteira, sem, no entanto, divorciar-se de seu cônjuge. Para solucionar o caso, a Min. Nancy Andrighi (REsp 1873918/SP, 3ª Turma, j. 02.03.2021, *DJe* 04.03.2021) se valeu da interpretação extensiva do art. 1.565, § 1º, do Código Civil, sustentando que o direito a acrescer não inviabiliza o direito de desistir desse mesmo acréscimo, especialmente quando o pedido for devidamente justificado e houver baixo risco à segurança jurídica ou ao direito de terceiros. No caso, a requerente demonstrou que o patronímico do cônjuge se tornou protagonista de seu nome civil, em detrimento do seu sobrenome familiar, causando-lhe dificuldades de adaptação. Ainda de acordo com a decisão, havia inquietação justificada da autora em relação à perda de entes próximos, com a possibilidade de esquecimento do sobrenome familiar.

O Tribunal de Justiça do Rio Grande do Sul já havia adotado entendimento semelhante ao prover, por unanimidade, pedido para excluir o sobrenome do marido independentemente da dissolução do vínculo conjugal.[197]

---

[195] Esse já era o entendimento antes mesmo da EC nº 66/2010. Conferir: STJ, REsp 241.200/RJ, Rel. Min Aldir Passarinho Junior, j. 04.04.2006).

[196] Disponível em: http://www.stj.jus.br/sites/portalp/Paginas/Comunicacao/Noticias-antigas/2018/2018-06-01_06-53_Restabelecimento-do-nome-de-solteira-tambem-e-possivel-com-a--morte-do-conjuge.aspx.

[197] "Apelação cível. Registro civil. Supressão do patronímico do cônjuge, acrescido com o casamento. Possibilidade, independente de dissolução do casamento. A supressão do nome acrescido com o matrimônio se dá, de regra, em razão de sua ruptura, sendo possível, ainda, optar-se pela conservação, conforme disposto no § 2º do art. 1.571 do CCB. A pretensão da recorrente, entretanto, é de suprimir o sobrenome do marido acrescido com o casamento, ainda na vigência deste. Essa 8ª Câmara já adotou entendimento, quando do julgamento da apelação nº. 70063812408, em sessão realizada em abril de 2015, no sentido da possibilidade de exclusão do patronímico marital independente de dissolução do casamento. No caso dos autos, o pedido da parte autora fundamenta-se em sua mais íntima vontade de voltar a se ver reconhecida pelo nome de solteira e, a despeito do princípio da imutabilidade, não se verifica prejuízo de qualquer ordem no que diz com a segurança jurídica, sinalando-se, ainda, que não há vedação legal à pretensão. DERAM PROVIMENTO. UNÂNIME" (TJRS, Apelação Cível 70077044261, 8ª Câmara Cível, Rel. Luiz Felipe Brasil Santos, j. 24.05.2018).

Nota-se que a jurisprudência pátria vem ampliando as hipóteses de retificação, interpretando o direito personalíssimo protegido pelo Código Civil (art. 16, CC/2002) à luz do princípio da dignidade humana.

11.4.2 Os alimentos

No que tange aos feitos **litigiosos**, importante observar que, antigamente, a culpa pela separação tinha o condão de afastar a obrigação alimentar. Não é difícil vislumbrar o absurdo de tal regra, flagrantemente ofensiva à dignidade da pessoa humana, na medida em que pune o indivíduo considerado culpado pelo insucesso da vida em comum, privando-lhe de verba de caráter alimentar.

Mais tarde, o CC tratou de desvincular o dever de prestar alimentos da culpa pela separação, de sorte que até mesmo aquele considerado culpado pela separação pode pleitear o pagamento de pensão. Ocorre que, nesse caso, o valor do pensionamento há de ser reduzido ao montante estritamente necessário à sobrevivência do alimentando, quando este não tiver condições de trabalhar e inexistirem parentes capazes de prover o seu sustento (art. 1.704 do CC). Por outro lado, o consorte considerado inocente faz jus ao pensionamento em valor compatível com sua condição social, inclusive para atender às necessidades de educação (art. 1.694 do CC).

Mesmo com o advento da EC nº 66/2010, alguns consideram vigente o art. 1.704 do Código Civil. Dessa sorte, o cônjuge culpado continuará a ser punido em termos alimentares e somente receberá os alimentos mínimos à manutenção se não puder prover o próprio sustento e nem tiver familiares que possam fazê-lo.

Assim, se houver descumprimento dos deveres do casamento (como fidelidade recíproca, vida em comum, mútua assistência, consideração e respeito mútuos, dentre outros – art. 1.566 do CC), a sanção terá lugar em matéria de alimentos. É que não se considera que o art. 1.704, parágrafo único, do Código Civil tenha sido revogado ou alterado pela Emenda Constitucional. Na ação de alimentos, há uma sanção ao cônjuge que descumpre seus deveres conjugais, qual seja, a perda dos alimentos que lhe garantiriam a manutenção do padrão de vida até então existente.[198]

O debate sobre a culpa, ressalte-se, ocorrerá na ação de alimentos em que os consortes são partes, não afetando ou delongando a decisão relativa ao divórcio[199]. Isto é, o divórcio pode ser decretado de imediato, mas aos interessados será permitido discutir e buscar o reconhecimento da culpa pelo fim do casamento para reduzir o encargo alimentar. Vale ressaltar que essa posição decorre da própria lei – ainda não alterada –, embora já tenhamos indicado a existência de posicionamento em sentido contrário, afastando a culpa sobre qualquer discussão envolvendo alimentos.[200]

Importante salientar que o Superior Tribunal de Justiça tem dado especial atenção à questão dos alimentos para ex-cônjuges, considerando a obrigação uma exceção à regra, que deve incidir apenas quando configurada a dependência do outro ou a carência de assistência alheia e, ainda, pelo prazo necessário para que o outro cônjuge adquira condições para prover a sua própria manutenção. Ou seja, para o STJ, os alimentos possuem caráter excepcional e

---

[198] SIMÃO, José Fernando. A PEC do divórcio: a revolução do século em matéria de direito de família. Disponível em: www.ibdfam.org.br. Acesso em: 9 nov. 2018.

[199] SIMÃO, José Fernando. A PEC do divórcio: a revolução do século em matéria de direito de família. Disponível em: www.ibdfam.org.br. Acesso em: 9 nov. 2018.

[200] Nesse sentido é o Enunciado 01 do IBDFAM: "A Emenda Constitucional 66/2010, ao extinguir o instituto da separação judicial, afastou a perquirição da culpa na dissolução do casamento e na quantificação dos alimentos".

transitório. Há quem entenda ser possível inclusive a prisão em razão do débito relacionado aos alimentos entre ex-cônjuges ou companheiros. A posição é do Min. Luis Felipe Salomão, mas não há consenso na jurisprudência. A propósito, a Min. Nancy Andrighi já se manifestou em sentido contrário.

Mais recentemente, no RHC 117.996/RS, julgado em 02.06.2020, o Min. Marco Aurélio Bellizze, da 3ª Turma do STJ, reforçou que a prisão civil do devedor de alimentos é medida drástica e excepcional, admitindo-se, tão somente, quando imprescindível à subsistência do alimentado. Para o Ministro, seguido pela unanimidade da Turma, "o inadimplemento dos alimentos compensatórios (destinados à manutenção do padrão de vida do ex-cônjuge que sofreu drástica redução em razão da ruptura da sociedade conjugal) e dos alimentos que possuem por escopo a remuneração mensal do ex-cônjuge credor pelos frutos oriundos do patrimônio comum do casal administrado pelo ex-consorte devedor não enseja a execução mediante o rito da prisão positivado no art. 528, § 3º, do CPC/2015, dada a natureza indenizatória e reparatória dessas verbas, e não propriamente alimentar".

Continuando com a ideia da excepcionalidade, o STJ inadmitiu a aplicação do instituto da *surrectio* em obrigação alimentar firmada entre ex-cônjuges. No caso concreto, um dos cônjuges, por mera liberalidade, continuou a pagar alimentos à ex-cônjuge, mesmo após o encerramento da obrigação. Esse ato perdurou por longos anos, gerando, segundo a autora, uma legítima expectativa quanto ao recebimento da verba. Por essa razão, ela pretendeu a aplicação do instituto da *surrectio*, com origem no direito contratual, que, em síntese, significa o surgimento de um direito não convencionado em razão do seu exercício por longo lapso temporal. A 3ª Turma do STJ rejeitou a tese, decidindo que a obrigação alimentar já extinta, mas mantida por longo período de tempo por mera liberalidade do alimentante, não pode ser perpetuada com fundamento no instituto da *surrectio*.[201]

11.4.3 Guarda dos filhos

Quando a sociedade conjugal ou a união estável termina, ou quando os pais não vivem juntos, é necessário que se determine com quem permanecerá a guarda dos filhos menores ou incapazes.[202] A matéria aplica-se tanto aos casos de divórcio, separação judicial e dissolução da união estável (art. 1.584, I, do CC) quanto aos casos de anulação ou declaração de nulidade do casamento (art. 1.587 do CC).

Historicamente, somente se discutia o tema com relação ao fim do casamento, e a guarda era atribuída ao cônjuge "inocente" – conceito discutido nos casos de desquite e de separação judicial. Posteriormente, houve alterações na matéria, mas a guarda continuava sendo predominantemente unilateral, ou seja, concedida a apenas um dos pais, cabendo ao outro o direito de visita.

A partir da alteração promovida no Código Civil pela Lei nº 11.698/2008, a matéria ganhou nova disciplina, com o estabelecimento da guarda compartilhada. Em 2014, a matéria ganhou novíssima disciplina, com as alterações trazidas pela Lei nº 13.058, de 22 de dezembro de 2014, a qual entrou em vigor na data da sua publicação, em 23 de dezembro de 2014. A nova lei alterou os arts. 1.583, 1.584, 1.585 e 1.634 do Código Civil. Sobre o tema, conferir o item 11.6 deste Capítulo.

Nos procedimentos amigáveis, a questão atinente à guarda dos filhos deverá, necessariamente, ser contemplada no acordo. A chancela judicial, contudo, estará a depender dos termos

---

[201] REsp 1.789.667/RJ, Rel. Min. Paulo de Tarso Sanseverino, Rel. p/ Acórdão Min. Ricardo Villas Bôas Cueva, j. 13.08.2019, *Informativo* 654.

[202] Segundo o art. 1.590 do Código Civil, as disposições que se referem à guarda e aos alimentos dos filhos menores devem ser também aplicadas aos filhos maiores incapazes.

do referido acordo, devendo-se atentar para os interesses do menor. De qualquer forma, a parte despojada da guarda dos filhos terá direito à visitação, a ser definida pelos próprios consortes em acordo ou pelo juiz (art. 1.589 do CC).

11.5 Reconhecimento e extinção de união estável

11.5.1 União estável como entidade familiar

O Direito que se organizou nos países ocidentais baseado no Direito Romano-Germânico e no Direito Canônico sempre privilegiou o casamento, ao qual era dada a prerrogativa exclusiva de formar a família, célula básica da sociedade.

No entanto, vez que o Direito não tem meios para conduzir a vida privada das pessoas – nem deve ter! –, sempre houve outras formas de vínculos conjugais, que não apenas o originado do matrimônio.

No Brasil, apesar de o Código Civil de 1916 somente reconhecer a família formada pelo casamento, um número assustador de ações pleiteando direitos em razão do rompimento de um vínculo conjugal não oriundo do casamento levou a doutrina e a jurisprudência à inescapável conclusão de que o Direito não podia fechar os olhos para a realidade social.

Pouco a pouco, começou-se a conceder à mulher – sempre a prejudicada, nesses casos – o direito de exigir do "amásio"[203] indenização pelos serviços que lhe prestara durante a constância da união. Posteriormente, passou-se a enxergar nos relacionamentos não matrimoniais – chamados de concubinato ou mancebia – uma sociedade de fato, o que gerava direitos obrigacionais. Em 1964, o Supremo Tribunal Federal pacificou esse entendimento, por meio da Súmula nº 380: "Comprovada a existência de sociedade de fato entre os concubinos, é cabível a sua dissolução judicial, com a partilha do patrimônio adquirido pelo esforço comum".

Os direitos de família e os direitos sucessórios, todavia, permaneciam exclusivos dos cônjuges e dos chamados "filhos legítimos" – os nascidos do casamento. Aliás, fazia-se questão de esclarecer que os direitos patrimoniais reconhecidos à concubina não derivavam do concubinato – considerado ilegítimo e incapaz de gerar direitos –, mas da prestação de serviços domésticos ou do fato de ter a mulher contribuído efetivamente para a aquisição do patrimônio do concubino.

Somente com a promulgação da Constituição de 1988 é que se conferiu legitimidade ao *concubinato* no plano do Direito. O § 3º do art. 226 foi taxativo: "para efeito da proteção do Estado, é reconhecida a união estável entre o homem e a mulher como entidade familiar, devendo a lei facilitar sua conversão em casamento". A partir de então, aposentaram-se os termos "concubinato" e "mancebia" e adotou-se a expressão "união estável" usada pelo constituinte.

No entanto, muito faltava ainda a ser discutido. Como o leitor pode perceber, até mesmo o constituinte foi tímido e infeliz na redação do dispositivo, primeiramente por especificar que a união deveria ser "entre o homem e a mulher", e, ademais, por ressalvar que a lei deveria "facilitar sua conversão em casamento". Ora, diante dos princípios da proteção da dignidade da pessoa humana e da não discriminação, que servem de sustentáculo à Constituição, nem se pode deixar de reconhecer a união estável entre pessoas do mesmo sexo, nem colocar o casamento em posição privilegiada no rol das entidades familiares.

Inicialmente, a doutrina e a jurisprudência posteriores a 1988 mantiveram-se firmes na negação tanto do reconhecimento dos direitos dos conviventes em união estável à sucessão e a alimentos, como da competência das varas de família para julgar as ações respectivas.[204]

---

[203] A palavra, de cunho pejorativo, era usada para se referir ao companheiro.
[204] Caio Mário Pereira, por exemplo, resistiu tanto à ideia da união estável que sequer lhe dedicou um capítulo em seu livro, limitando-se a mencionar sua existência em um curto parágrafo em que tratou

Mais tarde, em 1994, veio a Lei nº 8.971 estabelecer, de uma vez por todas, os direitos dos conviventes à sucessão e aos alimentos. No entanto, a lei pecou por limitar seu alcance aos companheiros cuja convivência durasse, no mínimo, cinco anos, ou da qual houvessem nascido filhos (art. 1º).

Em 1996, então, editou-se a Lei nº 9.278, cuja ementa assevera: "regula o § 3º do art. 226 da Constituição Federal". Em seis artigos apenas, a lei realmente esclareceu certos pontos, e trouxe alguns avanços. Primeiramente, deixou de estabelecer prazo mínimo de convivência para que se configure a união estável (art. 1º). No art. 2º, elencou os chamados "direitos e deveres iguais dos conviventes": respeito e consideração mútuos; assistência moral e material recíproca; e guarda, sustento e educação dos filhos comuns. Além disso, estatuiu a presunção de que o patrimônio adquirido onerosamente na constância da união estável o foi em condomínio (art. 5º), o que instaurou um verdadeiro regime de comunhão parcial de bens na união estável. Por fim, encerrou o debate sobre a competência, fixando a das varas de família, para toda a matéria relativa à união estável (art. 9º da Lei).

Posteriormente, em 2002, o Código Civil dedicou um título do livro do Direito de Família à união estável, incorporando substancialmente as regras previstas nas leis anteriores.

Finalmente, em 2011, o Supremo Tribunal Federal deu mais um passo na disciplina jurídica da união estável, reconhecendo como tal a união homoafetiva, dando à Constituição a interpretação sistemática que lhe é devida: por mais que o art. 226, § 3º se refira à união entre homem e mulher, a própria Constituição funda o Estado na proteção da dignidade da pessoa (art. 1º, III), proíbe a discriminação (art. 3º, IV) e ainda equipara homens e mulheres em direitos e deveres (art. 5º, I).

Posteriormente, o Supremo decidiu pela inconstitucionalidade do art. 1.790 do Código Civil, a fim de aplicar as regras previstas para o casamento civil à união estável (RE 646.721 e 878.694). O STF utilizou como fundamentos para declarar a inconstitucionalidade, os princípios da igualdade, dignidade da pessoa humana e segurança jurídica. Há inúmeras críticas doutrinárias ao posicionamento. O principal argumento é o de que a equiparação fere a autonomia dos companheiros e cônjuges quanto à escolha do regime jurídico ao qual eles irão se submeter. Sobre o tema, sugerimos a leitura da nossa obra de Direito Civil.

11.5.2 Caracterização e procedimento para o reconhecimento da união estável

A tentativa conceitual do que se chama de união estável esbarra em um grave óbice: cuida-se de um vínculo conjugal livre. Se, por um lado, o casamento se dá no plano jurídico – tanto o casamento-ato quanto o casamento-estado são institutos do Direito –, por outro, a união conjugal entre as pessoas, seja estável ou não, é um instituto fático-social, cuja existência independe do Direito. Daí que o ordenamento pode determinar o que se deve entender por casamento, mas não o que seja a união livre entre as pessoas. Aliás, se coubesse ao Direito tratar da união não matrimonial como trata da matrimonial, seria preferível que se extinguisse a diferença entre o vínculo conjugal oriundo de casamento e os demais.

Ficou a cargo do intérprete, então, distinguir união considerada estável da não estável. Isso foi feito pela doutrina e pelas Leis nº 8.971/1994 e nº 9.278/1996, bem como pelo Código Civil. Lamentavelmente, no entanto, as caracterizações não chegaram a um consenso.

Na doutrina clássica, consideramos emblemático o conceito proposto por Silvio Rodrigues: "a união do homem e da mulher, fora do matrimônio, de caráter estável, mais ou menos

---

das inovações constitucionais, e apenas para se posicionar no sentido de que o que o constituinte denominou união estável nada mais era do que o concubinato (*Instituições de direito civil*. 20. ed. Rio de Janeiro: Forense, 2004. v. V, p. 28).

prolongada, para o fim da satisfação sexual, assistência mútua e dos filhos comuns que implica uma presumida fidelidade da mulher ao homem".[205] É difícil determinar se o que causa mais espanto é a finalidade de satisfação sexual ou a presunção de fidelidade da mulher ao homem! Ora, por que o Direito deveria se importar com os fins que levam duas pessoas à vida conjugal, além do afeto? Por que essa preocupação com o sexo? Ademais, por que haveria presunção de fidelidade, e, pior, por que apenas da mulher ao homem, sem o "vice-versa"? Obviamente, um grande civilista como Silvio Rodrigues somente escreveu uma barbaridade dessas porque sua inteligência se encontrava obscurecida pelos preconceitos vigentes em seu tempo. Havia, no entanto, a enorme necessidade de derrubá-los.

Daí o conceito que se depreende do art. 1º da Lei nº 8.971/1994, na tentativa de avançar na disciplina da matéria: *união de pessoas solteiras, separadas judicialmente, divorciadas ou viúvas, que dure mais de cinco anos, ou da qual tenham resultado filhos.*

A Lei nº 9.278/1996, por sua vez, deixou de fazer referência à duração ou à existência de filhos, bem como às pessoas cuja união poderia ser considerada estável (art. 1º). Passou-se a requerer apenas o objetivo de constituição de família.

O Código Civil de 2002, por fim, conceituou o vínculo não matrimonial reconhecido como entidade familiar como "*a união estável entre o homem e a mulher, configurada na convivência pública, contínua e duradoura e estabelecida com o objetivo de constituição de família*" (art. 1.723).

Ressalte-se que todas essas expressões – convivência pública, contínua e duradoura – são abertas e genéricas, demandando análise caso a caso. Existem julgados, por exemplo, que consideram desnecessária a existência de prole comum, de coabitação ou de prazo mínimo para o reconhecimento, eis que, nos casos concretos, outras circunstâncias foram capazes de demonstrar a necessidade de tutela da união como entidade familiar. Veja, a propósito, as teses divulgadas pelo Superior Tribunal de Justiça, na Edição n. 50 da Jurisprudência em Teses, especificamente sobre a caracterização da união estável:

(i) A coabitação não é elemento indispensável à caracterização da união estável;

(ii) Não é possível o reconhecimento de uniões estáveis simultâneas;

(iii) A existência de casamento válido não obsta o reconhecimento da união estável, desde que haja separação de fato ou judicial entre os casados. Por ora, considerando a inexistência do instituto da separação judicial, podemos admitir que se houver, tão somente, separação de fato, já será possível constituir uma união estável.

Não há requisito temporal para a configuração da união estável. Contudo, é claro que o tempo é um dos fatores que deve ser analisado pelo julgador. Um relacionamento de poucas semanas, ainda que existente o elemento subjetivo – desejo de constituição de família – não revela a continuidade exigida pelo art. 1.723 do Código Civil.

Como já alertado, a configuração da união estável dependerá da análise do caso concreto. Há situações, por exemplo, em que a união nada mais é do que um "namoro qualificado", ou seja, um relacionamento de longo tempo, com a intenção futura de constituir família, mas sem prova atual da *affectio maritalis*. Assim, a proclamação, para o futuro, da intenção de constituir família, não serve para a configuração da união estável.[206]

Os ensinamentos de Zeno Veloso contribuem para a diferenciação entre a união estável e o namoro:

---

[205] RODRIGUES, Silvio. *Direito civil*: direito de família. 21. ed. São Paulo: Saraiva, 1995. p. 249.
[206] Nesse sentido: STJ, REsp 1.454.643/RJ, Rel. Min. Marco Aurélio Bellizze, j. 03.03.2015, *DJe* 10.03.2015.

"Nem sempre é fácil distinguir essa situação – a união estável – de outra, o namoro, que também se apresenta informalmente no meio social. Numa feição moderna, aberta, liberal, especialmente se entre pessoas adultas, maduras, que já vêm de relacionamentos anteriores (alguns bem-sucedidos, outros nem tanto), eventualmente com filhos dessas uniões pretéritas, o namoro implica, igualmente, convivência íntima – inclusive, sexual –, os namorados coabitam, frequentam as respectivas casas, comparecem a eventos sociais, viajam juntos, demonstram para os de seu meio social ou profissional que entre os dois há uma afetividade, um relacionamento amoroso. E quanto a esses aspectos, ou elementos externos, objetivos, a situação pode se assemelhar – e muito – a uma união estável. Parece, mas não é! Pois falta um elemento imprescindível da entidade familiar, o elemento interior, anímico, subjetivo: ainda que o relacionamento seja prolongado, consolidado, e por isso tem sido chamado de 'namoro qualificado', os namorados, por mais profundo que seja o envolvimento deles, não desejam e não querem – ou ainda não querem – constituir uma família, estabelecer uma entidade familiar, conviver numa comunhão de vida, no nível do que os antigos chamavam de *affectio maritalis*. Ao contrário da união estável, tratando-se de namoro – mesmo do tal namoro qualificado –, não há direitos e deveres jurídicos, mormente de ordem patrimonial entre os namorados. Não há, então, que falar-se de regime de bens, alimentos, pensão, partilhas, direitos sucessórios, por exemplo".[207]

O procedimento para o reconhecimento da união estável seguirá as mesmas regras relativas à ao divórcio não consensual. Será necessária a realização de audiência de conciliação e mediação antes mesmo do oferecimento da contestação, conforme veremos adiante. Não havendo composição, a parte contrária será intimada para apresentar contestação, sujeitando-se o processo, a partir deste momento, às regras relativas ao procedimento comum. Vale frisar que essa audiência não se justifica para eventual reconciliação. A tentativa de autocomposição tem destaque para as questões relacionadas aos institutos, como o regime de convivência entre os filhos e eventuais alimentos.

11.5.3 Extinção da união estável

A extinção da união estável pressupõe, necessariamente, o seu reconhecimento. Assim, requerida a primeira providência, a parte deverá pleitear a dissolução da união e a regulamentação da guarda dos filhos menores (se houver), do direito de visitas, da pensão alimentícia, bem como a partilha dos bens adquiridos na constância do relacionamento, seja nas condições que a lei estabelece, seja nas condições previamente estipuladas em contrato de convivência.

O procedimento previsto nos arts. 693 a 699 deve ser aplicado somente quando não houver consenso entre os companheiros quanto à dissolução do vínculo. Caso haja acordo, a extinção da relação entre companheiros poderá ocorrer por escritura pública, independentemente de homologação judicial.

Ressalte-se que é possível o reconhecimento e a dissolução de união estável *post mortem*. Nesse caso, até que haja partilha dos bens, será o espólio o legitimado para integrar o polo passivo da ação, sendo facultado aos herdeiros ingressar no processo, como litisconsortes. Nesse sentido: STJ, REsp 1.080.614/SP, Rel. Min. Nancy Andrighi, julgado em 21.09.2009.

---

[207] VELOSO, Zeno. *Direito civil. Temas: união estável e namoro qualificado.* Belém: ANOREGPA, 2018. p. 313.

JURISPRUDÊNCIA TEMÁTICA

Súmula 655 do STJ: "Aplica-se à união estável contraída por septuagenário o regime da separação obrigatória de bens, comunicando-se os adquiridos na constância, quando comprovado o esforço comum".

Caracterização da união estável

"[...] O propósito de constituir família, alçado pela lei de regência como requisito essencial à constituição da união estável – a distinguir, inclusive, esta entidade familiar do denominado 'namoro qualificado' –, não consubstancia mera proclamação, para o futuro, da intenção de constituir uma família. É mais abrangente. Esta deve se afigurar presente durante toda a convivência, a partir do efetivo compartilhamento de vidas, com irrestrito apoio moral e material entre os companheiros. É dizer: a família deve, de fato, restar constituída. 2.2. Tampouco a coabitação, por si, evidencia a constituição de uma união estável (ainda que possa vir a constituir, no mais das vezes, um relevante indício), especialmente se considerada a particularidade dos autos, em que as partes, por contingências e interesses particulares (ele, a trabalho; ela, pelo estudo) foram, em momentos distintos, para o exterior, e, como namorados que eram, não hesitaram em residir conjuntamente. Este comportamento, é certo, revela-se absolutamente usual nos tempos atuais, impondo-se ao Direito, longe das críticas e dos estigmas, adequar-se à realidade social [...]" (STJ, REsp 1.454.643/RJ, Rel. Min. Marco Aurelio Bellizze, j. 03.03.2015).

Pedido de alimentos e união homoafetiva

"É juridicamente possível o pedido de alimentos decorrente do rompimento de união estável homoafetiva. De início, cabe ressaltar que, no STJ e no STF, são reiterados os julgados dando conta da viabilidade jurídica de uniões estáveis formadas por companheiros do mesmo sexo sob a égide do sistema constitucional inaugurado em 1988, que tem como caros os princípios da dignidade da pessoa humana, a igualdade e repúdio à discriminação de qualquer natureza (STF: ADPF 132, Tribunal Pleno, *DJe* 14/10/2011; e RE 477554 AgR, Segunda Turma, *DJe* 26/08/2011. STJ: REsp 827.962-RS, Quarta Turma, *DJe* 08/08/2011; e REsp 1.199.667-MT, Terceira Turma, *DJe* 04/08/2011). Destaque-se que STF explicitou que o julgamento da ADPF 132-RJ proclamou que ninguém, absolutamente ninguém, pode ser privado de direitos nem sofrer quaisquer restrições de ordem jurídica por motivo de sua orientação sexual (RE 477.554 AgR, Segunda Turma, *DJe* 26/8/2011). De fato, a igualdade e o tratamento isonômico supõem o direito a ser diferente, o direito a autoafirmação e a um projeto de vida independente de tradições e ortodoxias, sendo a base jurídica para a construção do direito à orientação sexual como direito personalíssimo, atributo inerente e inegável da pessoa humana. Em outras palavras, resumidamente: o direito à igualdade somente se realiza com plenitude se for garantido o direito à diferença. Conclusão diversa também não se mostra consentânea com o ordenamento constitucional, que prevê o princípio do livre planejamento familiar (§ 7º do art. 226), tendo como alicerce a dignidade da pessoa humana (art. 1º, III) somada à solidariedade social (art. 3º) e à igualdade substancial (arts. 3º e 5º). É importante ressaltar, ainda, que o planejamento familiar se faz presente tão logo haja a decisão de duas pessoas em se unirem, com escopo de constituírem família. Nesse momento, a Constituição lhes franqueia ampla proteção funcionalizada na dignidade de seus membros. Trilhando esse raciocínio é que o STF, no julgamento conjunto da ADPF 132-RJ e da ADI 4.277-DF, conferiu interpretação conforme ao art. 1.723 do CC ('É reconhecida como entidade familiar a união estável entre o homem e a mulher, configurada na convivência pública, contínua e duradoura e estabelecida com o objetivo de constituição de família') para afastar qualquer exegese que impeça o reconhecimento da união contínua, pública e duradoura entre pessoas do mesmo sexo como entidade familiar, entendida esta como sinônimo perfeito de família. Por conseguinte, este reconhecimento é de ser feito segundo as mesmas regras e com as mesmas consequências da união estável heteroafetiva. Portanto, a legislação que regula a união estável deve ser interpretada de forma expansiva e igualitária, permitindo que as uniões homoafetivas tenham o mesmo regime jurídico protetivo conferido aos casais heterossexuais, trazendo efetividade e concreção aos princípios da dignidade da pessoa humana, não discriminação, igualdade, liberdade, solidariedade, autodeterminação, proteção das minorias, busca da felicidade e ao direito fundamental e personalíssimo à orientação sexual. Nessa ordem de ideias, não há como afastar da relação de pessoas do mesmo sexo a obrigação de sustento e assistência técnica, protegendo-se, em última análise, a própria sobrevivência do mais vulnerável dos parceiros, uma vez que se trata de entidade familiar, vocacionalmente amorosa, parental e protetora dos respectivos membros, constituindo-se no espaço ideal das mais duradouras, afetivas, solidárias ou espiritualizadas relações humanas de índole privada, o que a credenciaria como base da sociedade (ADI 4.277-DF e ADPF 132-RJ). [...] O art. 1.694 do CC, ao prever que os parentes, os cônjuges ou companheiros podem pedir uns aos outros alimentos, na qualidade de sujeitos potencialmente ativos e passivos dessa obrigação recíproca, não exclui o casal homossexual dessa normatização. De fato, a conclusão que se extrai no cotejo de todo ordenamento é a de que a isonomia entre casais heteroafetivos e pares homoafetivos somente ganha plenitude de sentido se desembocar no igual direito subjetivo à formação de uma autonomizada família (ADI 4.277-DF e ADPF 132-RJ), incluindo-se aí o reconhecimento do direito à sobrevivência com dignidade por meio do pensionamento alimentar" (STJ, REsp 1.302.467/SP, Rel. Min. Luis Felipe Salomão, j. 03.03.2015).

11.6 Guarda, visitação e filiação

Os pedidos relativos à guarda, visitação e filiação podem ser pleiteados em ação autônoma ou, incidentalmente, em processos como os de divórcio, de reconhecimento e extinção de união estável.

Se, por exemplo, o autor pretender ajuizar ação de reconhecimento de paternidade, cumulada ou não com pedido de alimentos, serão observadas as disposições especiais previstas nos arts. 693 a 699 do CPC/2015. Do mesmo modo, existindo pedido autônomo de guarda ou de regulamentação de visitas, devem ser observadas tais disposições.

11.6.1 A questão da guarda compartilhada

Segundo o art. 1.583 do Código Civil, a guarda será **unilateral** *ou* **compartilhada**. A lei cuidou, ademais, de conceituar cada uma dessas espécies:

Art. 1.583. [...]

§ 1º Compreende-se por guarda unilateral a atribuída a um só dos genitores ou a alguém que o substitua (art. 1.584, § 5º) e, por guarda compartilhada a responsabilização conjunta e o exercício de direitos e deveres do pai e da mãe que não vivam sob o mesmo teto, concernentes ao poder familiar dos filhos comuns.

Como já explanado, é dado aos pais dispor sobre a guarda dos filhos, na ação de divórcio, de separação judicial, de dissolução de união estável ou, ainda, em medida cautelar de separação de corpos (arts. 1.584, I, e 1.585 do CC), cabendo ao juiz decidir, atentando para as necessidades específicas do filho e para a distribuição de tempo necessária ao convívio deste com o pai e com a mãe (art. 1.584, II, do CC).

Segundo a **redação do § 2º do art. 1.584 do Código Civil, dada pela Lei nº 13.058/2014, "quando não houver acordo entre a mãe e o pai quanto à guarda do filho, encontrando-se ambos os genitores aptos a exercer o poder familiar, será aplicada a guarda compartilhada, salvo se um dos genitores declarar ao magistrado que não deseja a guarda do menor"**. Cabe destacar, para fins de comparação, a redação anterior do dispositivo, dada pela Lei nº 11.698/2008: "quando não houver acordo entre a mãe e o pai quanto à guarda do filho, será aplicada, sempre que possível, a guarda compartilhada". Veja-se que o texto atual, além de contemplar a hipótese de guarda unilateral no caso de um dos pais declarar que não deseja a guarda, omitiu o "sempre que possível" do preceito anterior, o que nos faz concluir que a guarda compartilhada será a regra, só podendo ser afastada em casos excepcionais.[208]

Posteriormente, a **Lei nº 14.713, de 30 de outubro de 2023**, conferiu nova redação a esse dispositivo para excepcionar a guarda compartilhada não apenas quando um dos genitores declarar que não deseja a guarda, mas, também, quando houver elementos que evidenciem a probabilidade de risco de violência doméstica ou familiar. Para tanto, é preciso que se demonstre, por meio da prova pertinente, que existe situação de violência (provável ou em curso). A justificativa exposta no projeto de lei que deu origem a essa vedação relaciona-se com a inviabilidade de fixação da guarda compartilhada não apenas quando há inviabilidade declarada por um dos genitores, mas, em especial, quando há prova de risco à vida, saúde, integridade física ou psicológica da criança ou do outro genitor. Nesse caso, embora já fosse possível, antes da nova legislação, admitir essa exceção por decisão fundamentada do juiz, agora a providência está expressa: a guarda da criança deve ser entregue àquele que não seja o responsável pela situação de violência doméstica ou familiar.

A guarda compartilhada não pode ser confundida com a guarda alternada. Na primeira, ocorre tanto o compartilhamento da guarda jurídica quanto da guarda material, de modo que todas as demandas em relação aos filhos devem ser discutidas de forma conjunta pelos genitores. Na guarda alternada, há o gozo de períodos exclusivos de guarda jurídica e material. Assim, na guarda alternada, enquanto a criança estiver na companhia de um dos genitores, caberá a este, com exclusividade, tomar as decisões de interesse dos filhos. O Enunciado 604 da VII Jornada de Direito Civil do CJF reforça a diferença ao estabelecer que "a divisão, de forma equilibrada, do tempo de convívio dos filhos com a mãe e com o pai, imposta na guarda compartilhada pelo § 2º do art. 1.583 do Código Civil, não deve ser confundida com a imposição do tempo previsto pelo instituto da guarda alternada, pois esta não implica apenas a divisão do tempo de permanência dos filhos com os pais, mas também o exercício exclusivo da guarda pelo genitor que se encontra na companhia do filho".

Recebendo o pedido de atribuição da guarda, seja em ação autônoma ou em caráter incidental, o juiz designará audiência de mediação e conciliação, em que deverá informar aos pais qual o significado da guarda compartilhada, alertá-los sobre sua importância, sobre a similitude dos direitos e deveres atribuídos a ambos e sobre as sanções impostas pelo descumprimento de suas cláusulas (art. 695 do CPC/2015 c/c art. 1.584, § 1º, do CC).

---

[208] A importância da guarda compartilhada pode ser evidenciada, ainda, em decisão do STJ que considerou inviável a revogação dessa espécie de guarda mesmo na hipótese de revelia do genitor. Para a Corte, a revelia em uma ação que envolve guarda de filho, por si só, não implica a renúncia tácita do pai ou da mãe em relação à guarda compartilhada, por se tratar de direito indisponível dos pais, circunstância que afasta os efeitos materiais da revelia (art. 345, II, CPC). Disponível em: http://www.stj.jus.br/sites/portalp/Paginas/Comunicacao/Noticias/Revelia-em-acao-de-guarda-de-filho--nao-implica-renuncia-tacita-ao-direito-da-guarda-compartilhada.aspx.

Com relação ao direito de visita, veja-se que a Lei nº 12.398/2011 acrescentou o parágrafo único ao art. 1.589, o qual preceitua que "o direito de visita estende-se a qualquer dos avós, a critério do juiz, observados os interesses da criança ou do adolescente".

Fixadas as regras relativas à guarda, se houver alteração não autorizada ou se for verificado o descumprimento imotivado de cláusula estabelecida na sentença, seja a guarda unilateral ou compartilhada, o juiz poderá reduzir o número de prerrogativas atribuídas ao infrator (art. 1.584, § 4º). Destaque-se que a nova redação, atribuída pela Lei nº 13.058/2014, revogou a parte final do texto, que previa a possibilidade de redução do número de horas de convivência com os filhos.

É possível, ainda, como punição para o genitor que descumprir os termos da guarda, a fixação de multa, na forma do art. 536 do CPC. Trata-se de providência confirmada pelo STJ, para quem a medida coercitiva pode ser aplicável a toda e qualquer relação jurídica de obrigação de fazer e de não fazer, inclusive ao direito de visitas, com o objetivo de conferir efetividade a um direito fundamental da criança ou adolescente.[209]

Sobre os aspectos materiais da Lei nº 13.058/2014 e posteriores alterações, sugerimos a leitura da obra *Curso de direito civil*, Capítulo 5, item 4 (Parte V).

11.6.2 Investigação de paternidade

O reconhecimento da condição de filho pode ser feito de forma voluntária e, nesse caso, regra geral, é considerado um ato irrevogável (art. 1.610, CC). Excepcionalmente, o Código Civil permite que se conteste a paternidade (arts. 1.601 e 1.604, CC), mas, para tanto, deve ser comprovado o erro no momento da realização do registro. Ademais, consoante entendimento fixado pelo STJ, para que o pai registral induzido a erro possa pleitear a retificação do registro, é indispensável que, tão logo tenha conhecimento da verdade, ele também tenha se afastado do suposto filho, rompendo imediatamente o vínculo afetivo. Caso contrário, se o pai registral, mesmo enganado, manteve vínculos com o filho registral, a paternidade socioafetiva restará configurada, inviabilizando a desconstituição do registro (STJ, 3ª Turma, REsp 1.330.404/RS, Rel. Min. Marco Aurélio Bellizze, j. 05.02.2015).

Situação diversa ocorre, por exemplo, quando uma pessoa, ao atingir a maioridade, busca o reconhecimento da paternidade biológica ciente de que mantém vínculos de afetividade com o pai registral. Nesse caso, é possível a convivência entre a paternidade socioafetiva e a paternidade biológica. Com efeito, "a paternidade socioafetiva, declarada ou não em registro público, não impede o reconhecimento do vínculo de filiação concomitante baseado na origem biológica, com os efeitos jurídicos próprios" (STF, Plenário, RE 898060/SC, Rel. Min. Luiz Fux, j. 21 e 22.09.2016, *Informativo* 840).

Para que se reconheça a paternidade biológica, exige-se a propositura de Ação de Investigação de Paternidade, a qual tramitará pelo rito especial das Ações de Família, observando-se as especificidades da Lei n. 8.560, de 29 de dezembro de 1992.

As Ações de Investigação de Paternidade são imprescritíveis, sendo inaplicável o art. 1.614 do Código Civil, segundo o qual "o filho maior não pode ser reconhecido sem o seu consentimento, e o menor pode impugnar o reconhecimento, nos quatro anos que se seguirem

---

[209] "É válida a aplicação de astreintes quando o genitor detentor da guarda da criança descumpre acordo homologado judicialmente sobre o regime de visitas. A aplicação das astreintes em hipótese de descumprimento do regime de visitas por parte do genitor, detentor da guarda da criança se mostra como um instrumento eficiente e também, menos drástico para a criança" (STJ, 3ª Turma, REsp 1481531-SP, Rel. Min. Moura Ribeiro, j. 16.02.2017, *Informativo* 599).

à maioridade, ou à emancipação". Nesse sentido é o enunciado da súmula 149 do STF: "É imprescritível a ação de investigação de paternidade, mas não o é a de petição de herança".

A aplicabilidade do art. 1.614 do CC e, consequentemente, do prazo decadencial de quatro anos, restringe-se à hipótese na qual o filho pretende, exclusivamente desconstituir o reconhecimento de filiação, não tendo incidência nas ações de investigação de paternidade, nas quais a anulação do registro é decorrência lógica do pedido. Em outras palavras, o art. 1.614 do CC somente incide na hipótese em que o filho natural não concorda com o ato voluntário de reconhecimento e, por isso, promove uma ação para questionar a conduta do pai registral, sem, no entanto, pretender investigar a origem biológica. "A decadência, portanto, não atinge o direito do filho que busca o reconhecimento da verdade biológica em investigação de paternidade e a consequente anulação do registro com base na falsidade deste" (STJ, 3ª Turma, REsp 987.987/SP, Rel. Min. Nancy Andrighi, j. 21.08.2008).

Uma peculiaridade importante das Ações de Investigação de Paternidade é a incidência da presunção relativa prevista no parágrafo único do art. 2º da Lei n. 8.560/1992 e reforçada pela Súmula 301 do STJ. De acordo com o dispositivo legal, "a recusa do réu em se submeter ao exame de código genético – DNA gerará a presunção da paternidade, a ser aplicada em conjunto com o contexto probatório". O entendimento do STJ, por sua vez, é o de que "em ação investigatória, a recusa do suposto pai a submeter-se ao exame de DNA induz presunção *juris tantum* de paternidade". Assim, se a prova essencial para a investigação não for produzida por recusa do suposto pai, deverá o juiz sopesar a recusa como um indício de paternidade, a ser confirmado pelas demais provas apresentadas pelo autor da ação.

Na hipótese de investigação de paternidade *post mortem*, plenamente admitida em nosso ordenamento, não há como incidir a presunção, justamente pela impossibilidade de o suposto pai biológico submeter-se ao exame de DNA. Contudo, considerando que a ação é proposta em face dos herdeiros do falecido, como pais e irmãos (supostos avós e tios do autor da ação), a eventual recusa destes em realizar o exame pode ser suprida por medidas mandamentais e coercitivas, na forma do art. 139, IV, do CPC. Dessa forma, para dobrar a resistência dessas pessoas que, sendo as únicas capazes de esclarecer os fatos, se recusam a fornecer material genérico para o exame, poderá o juiz se valer das medidas previstas no art. 139, IV, CPC. Essa foi a conclusão adotada pela 2ª Seção do STJ no julgamento da Reclamação 37.521/SP, de Relatoria da Min. Nancy Andrighi. A votação se deu por unanimidade em 13.05.2020. Agora, com a publicação da Lei nº 14.138/2021, que acrescentou o § 2º ao art. 2º-A da Lei nº 8.560/92, a presunção de paternidade ganhou força e poderá ser estendida aos parentes do suposto pai. De acordo com o novo dispositivo, "se o suposto pai houver falecido ou não existir notícia de seu paradeiro, o juiz determinará, a expensas do autor da ação, a realização do exame de pareamento do código genético (DNA) em parentes consanguíneos, preferindo-se os de grau mais próximo aos mais distantes, importando a recusa em presunção da paternidade, a ser apreciada em conjunto com o contexto probatório". Como a jurisprudência não admite a condução coercitiva para a realização do exame, para suprimir a eventual desídia dos parentes em colaborar com a justiça, o legislador admitiu a incidência da mesma regra inicialmente prevista na Súmula 301 do STJ. Ou seja, a presunção relativa de paternidade alcançará, do mesmo modo, o réu e seus familiares, caso se recusem a realizar o exame que esclarecerá o direito pleiteado. Temos que ter em mente que mesmo com previsão legislativa a presunção continua a ser relativa, admitindo, portanto, prova em sentido contrário.

Por fim, importante registrar que a pretensão quanto à descoberta sobre a origem biológica persiste até mesmo nos casos em que há presunção legal de paternidade. O art. 1.597 do Código Civil elenca hipóteses nas quais se presume a paternidade em decorrência do casamento e de técnicas de reprodução assistida. A título de exemplo, o inciso I estabelece presunção relativa de que os filhos nascidos 180 dias, pelo menos, depois de estabelecida a convivência conjugal, foram concebidos na constância do casamento. Igualmente, os filhos nascidos nos 300 dias subsequentes à dissolução da sociedade conjugal, por morte, separação, divórcio, nulidade e anulação de casamento, consideram-se concebidos no período de convivência (inciso II). Mesmo nessas hipóteses o filho terá direito de ter reconhecida a sua verdadeira filiação, podendo ingressar com ação de investigação de paternidade contra o suposto pai biológico, pois "a presunção legal de que os filhos nascidos durante o casamento são filhos do marido não pode servir como obstáculo para impedir o indivíduo de buscar a sua verdadeira paternidade" (STF, Plenário, AR 1244 EI/MG, Rel. Min. Cármen Lúcia, j. 22.09.2016, *Informativo* 840).

JURISPRUDÊNCIA TEMÁTICA

Desconstituição do registro independe de prazo, pois decorre da sentença de improcedência da ação investigatória de paternidade

"Recurso ordinário em mandado de segurança. Impugnação de ato judicial, destinado a bem instruir pedido de habilitação em processo de inventário, que determina a averbação de sentença de procedência em ação negatória de maternidade, transitada em julgado. Consequência legal obrigatória, efetivada, ordinariamente, de ofício. Providência que não se confunde com o direito personalíssimo ali discutido; que dispensa ajuizamento de ação para esse fim; e que não se submete a qualquer prazo decadencial/prescricional. Reconhecimento. Inexistência de violação de direito líquido e certo do impetrante. Recurso ordinário improvido. 1. A controvérsia posta no presente recurso ordinário centra-se em saber se a decisão que autoriza a expedição de mandado de averbação de sentença de procedência, exarada em ação negatória de maternidade e transitada em julgado em 1992, a fim de instruir pedido de habilitação nos autos de inventário, ofende direito líquido e certo do impetrante – o qual teve desconstituído, em face da aludida sentença, seu estado de filiação materna. 2. A averbação de sentença transitada em julgado, a qual declara ou reconhece determinado estado de filiação – como se dá nas ações negatórias de maternidade/paternidade, em caso de procedência –, constitui consequência legal obrigatória, destinada a conferir publicidade e segurança jurídica ao desfecho que restou declarado e reconhecido judicialmente, o que se dá, ordinariamente, de ofício. 2.1 Não existe nenhuma faculdade conferida às partes envolvidas a respeito de proceder ou não à referida averbação, como se tal providência constituísse, em si, um direito personalíssimo destas. Não há, pois, como confundir o exercício do direito subjetivo de ação de caráter personalíssimo, como o é a pretensão de desconstituir estado de filiação, cuja prerrogativa é exclusiva das pessoas insertas nesse vínculo jurídico (pai/mãe e filho), com o ato acessório da averbação da sentença de procedência transitada em julgado, que se afigura como mera consequência legal obrigatória. 3. Na eventualidade de tal proceder não ser observado – o que, na hipótese dos autos, deu-se em virtude de declarada falha do serviço judiciário (houve expedição, mas não houve o encaminhamento do mandado de averbação ao Ofício do Registro Civil das Pessoas Naturais) – não se impõe à parte interessada o manejo de específica ação para esse propósito. A providência de averbação da sentença, por essa razão, não se submete a qualquer prazo, seja ele decadencial ou prescricional. 4. Mostra-se descabido discutir a legitimidade dos herdeiros para promover a averbação da sentença, pois, além dessa providência não se confundir com o direito personalíssimo discutido na ação negatória de maternidade, revela-se inquestionável o interesse jurídico do espólio, representado pela inventariante, acerca da higidez do processo de inventário, sobretudo na qualificação daqueles que ingressam com pedido de habilitação, cujo registro de assentamento civil deve, necessariamente, corresponder com a realidade atual dos fatos, em atenção ao princípio da veracidade, que rege o registro público. 5. A estreita via do mandado de segurança não comporta o conhecimento de matéria concernente ao suposto estabelecimento de maternidade socioafetiva, que, por si, não dispensaria exauriente instrução probatória, mostrando-se, de igual modo, de todo impertinente qualquer consideração, a esse propósito, quanto aos efeitos e abrangência da coisa julgada exarada na ação negatória de maternidade. 6. A norma processual que regulamenta as hipóteses em que o processo tramita sob sigilo é expressa em autorizar que terceiros que ostentem comprovado interesse jurídico tenham acesso ao dispositivo da sentença, extraindo-se a correspondente certidão. Saliente-se, a esse propósito, que o fato de o processo tramitar em segredo de justiça é circunstância absolutamente indiferente à natural repercussão dos efeitos da coisa julgada. 7. Recurso ordinário improvido" (STJ, RMS 56941/ DF, Rel. Min. Marco Aurélio Bellizze, j. 19.05.2020, *DJe* 27.05.2020).

Possibilidade de reconhecimento da maternidade socioafetiva

"Apelação. Ação de reconhecimento de maternidade socioafetiva. Prova do vínculo socioafetivo. Posse do estado de filho configurada. Recurso conhecido e desprovido. 1. A filiação pode ser biológica ou afetiva. Por sua vez, a sua prova pode ocorrer mediante certidão do Registro Civil ou, na falta dela, por meio de qualquer prova admitida em direito quando houver começo de prova por escrito ou existirem veementes presunções resultantes de fatos já certos (art. 1605 do Código Civil). 2. *In casu*, a maternidade socioafetiva restou seguramente demonstrada por meio da instrução probatória do feito. 3. Recurso conhecido e desprovido" (TJ-DF 0703636-19.2018.8.07.0005, Rel. Luis Gustavo B. de Oliveira, 4ª Turma Cível, j. 27.05.2020, *DJe* 01.07.2020).

11.7 Especificidades das ações de família

11.7.1 Foro competente

Como dito, as chamadas "ações de família" abrangem os processos contenciosos de divórcio, separação, reconhecimento e extinção de união estável, guarda, visitação e filiação. É o que prevê o CPC, embora, como dito, o instituto da separação tenha sido expurgado do ordenamento com a decisão vinculante do Supremo Tribunal Federal do RE 1167478.

Quanto aos primeiros – divórcio e separação –, a regra prevista no CPC/1973 estabelecia como foro competente o da residência da mulher (art. 100, I), o que acabou gerando algumas discussões, especialmente no campo constitucional, por suposta ofensa ao princípio da isonomia.[210]

No que concerne às ações de reconhecimento e extinção de união estável, como não havia previsão expressa no CPC/1973, a jurisprudência passou a considerar como competente o foro da residência da companheira, por aplicação analógica do comando inserto no art. 100, I, do CPC/1973. No caso das uniões homoafetivas, os tribunais mantiveram o mesmo entendimento, sendo que com adaptações, consoante trecho de ementa a seguir transcrito:

"[...] Cuidando-se de união estável homoafetiva, de acordo com a ADI 4277 do e. STF, o art. 1.723 do Código Civil deve ser interpretado conforme à Constituição Federal para excluir dele qualquer significado que impeça o reconhecimento da união contínua, pública e duradoura entre pessoas do mesmo sexo como família. 4. Objetivando equilibrar o poder dos litigantes

---

[210] Apesar das discussões, em diversas oportunidades o Supremo Tribunal Federal manifestou-se no sentido de declarar constitucional o art. 100, I, da Constituição Federal, por inexistir ofensa ao princípio da isonomia entre homens e mulheres ou da igualdade entre os cônjuges (nesse sentido: RE 227.114/SP).

nas ações que visam reconhecer o estabelecimento das uniões estáveis homoafetivas, cabe analisar o art. 100, I, do CPC conforme a Constituição Federal para que seja interpretado à luz do princípio da isonomia, aplicando-o também na fixação de competência das ações de reconhecimento de união estável entre pessoas do mesmo sexo. 5. Atualmente, tendo sido conferido às uniões homoafetivas os mesmos direitos dos relacionamentos heteroafetivos, também deve ser garantido aos envolvidos em relacionamentos familiares de pessoas do mesmo sexo, **o foro privilegiado conferido à parte mais vulnerável financeira ou juridicamente nessas relações, quando, examinando cada caso concreto, de fato, verificar-se que a pretensão da parte menos favorecida ficará manifestamente prejudicada caso tenha que litigar em local diferente da sua residência [...]**" (TJ-DF, Rec 2013.00.2.019467-8, Ac. 748.333, 1ª Turma Cível, Rel. Des. Alfeu Machado, j. 15.01.2014).

De acordo com o CPC/2015 (art. 53, I), **o foro competente deixa de ser o da residência da mulher para ser o do domicílio do guardião de filho incapaz.** Não existindo filho incapaz, será competente o foro do último domicílio do casal. Se, no entanto, nenhuma das partes residir no antigo domicílio, será competente o foro de domicílio do réu (regra geral do art. 46 do CPC/2015). Com a nova redação, o legislador retira o foco da proteção dos interesses da mulher e o dirige, em um primeiro momento, para a proteção dos interesses do incapaz, ou, na inexistência de filho incapaz, o do casal.

Conforme comentários inseridos na parte geral desta obra, em 30.10.2019 foi publicada a Lei nº 13.894, de 29.10.2019, que acrescentou a alínea "d" ao inciso I do art. 53 do CPC. De acordo com o novo dispositivo, para as ações de divórcio, separação, anulação de casamento, reconhecimento e dissolução de união estável, será competente o foro da residência da mulher vítima de violência doméstica. Pela localização topográfica, trata-se de foro secundário, de modo que, se houver filho incapaz e o detentor da guarda for o companheiro, mesmo nos casos de violência doméstica, o foro competente será o do guardião. Essa, contudo, não nos parece a interpretação mais adequada, já que em muitos dos casos envolvendo a violência descrita na Lei nº 11.340/2006 – Lei Maria da Penha –, o companheiro (ou cônjuge) permanece com o filho incapaz para forçar uma reaproximação com a vítima. Certamente os Tribunais irão se debruçar sobre essa questão. De toda forma, tratando-se de competência territorial, portanto, relativa, poderá ser arguida pela parte contrária.

Nas ações envolvendo pedido de guarda prevalece a regra insculpida no art. 147, I, do Estatuto da Criança e do Adolescente e na Súmula nº 383 do STJ, ou seja, o **foro de domicílio de quem exerce a guarda será competente para julgar ações sobre interesse de menores.** O mesmo entendimento se aplica aos pedidos de visitação e filiação. Com relação ao último cabe uma ressalva: questões sobre filiação que não envolvam menores devem ser propostas nos seguintes foros:

- **do domicílio do réu,** como regra, nos termos do art. 46, *caput,* do CPC/2015;
- **do domicílio do autor,** se for cumulada com pedido de alimentos (art. 53, II);
- **do foro do inventário,** caso o pedido seja cumulado com petição de herança.

Como regra, essas ações tramitarão na Vara de Família, se houver, ou em Vara Cível. É importante, no entanto, estabelecer a seguinte diferença: uma ação de guarda proposta por um dos genitores ou pelos avós, por exemplo, seguirá essa orientação. Se, no entanto, esse pedido de guarda envolver criança ou adolescente que se encontra em situação de risco (art. 98, ECA), a competência será da Vara da Infância e Juventude (art. 148, parágrafo único, "a", ECA). Em outras palavras, a competência da Vara da Infância e da Juventude será sempre excepcional, devendo ser reservada para os casos em que haja ameaça ou violação dos direitos da criança ou do adolescente.[211]

11.7.2 Incentivo à conciliação e mediação

Ao longo do CPC/2015 é possível perceber a intenção do legislador em prestigiar a solução amigável dos conflitos. No Capítulo relativo às ações de família essa idealização é ainda mais evidente. Prova disso é o art. 694, segundo o qual:

> Art. 694. Nas ações de família, todos os esforços serão empreendidos para a solução consensual da controvérsia, devendo o juiz dispor do auxílio de profissionais de outras áreas de conhecimento para a mediação e conciliação.
>
> Parágrafo único. A requerimento das partes, o juiz pode determinar a suspensão do processo enquanto os litigantes se submetem a mediação extrajudicial ou a atendimento multidisciplinar.

Em demandas desta ordem, a presença de profissionais de outras áreas do conhecimento, como psicólogos e assistentes sociais, é de suma importância para a orientação das partes na busca pela solução mais adequada ao caso concreto, considerando não apenas os aspectos jurídicos do fato, mas também os reflexos sociais e psicológicos que poderão ser gerados, por exemplo, pela ruptura na estrutura familiar.

A ideia de fomentar a autocomposição é louvável, especialmente quando se dá a oportunidade para que um terceiro (psicólogo, assistente, pedagogo etc.), nomeado pelo juiz, intervenha no feito com o objetivo de buscar compreender os aspectos emocionais de cada indivíduo e da dinâmica familiar, com vistas a encontrar a solução que melhor atenda as peculiaridades do caso concreto.

Anote que, pela redação do art. 694 c/c o art. 695, a tentativa de conciliação é etapa obrigatória nesse tipo de procedimento. Tal obrigatoriedade traz reflexos inclusive no trâmite processual, porquanto até o momento da audiência não se exigirá a contestação da parte ré, que só deverá apresentá-la quando não for possível a conciliação (art. 697). Nessa hipótese, a parte ré será intimada na própria audiência, passando a incidir, a partir de então, o prazo de 15 dias para apresentação de sua defesa (art. 335, I).

Também como decorrência da ideia expressa no atual art. 694, o CPC/2015 possibilita que a audiência de mediação e conciliação seja cindida em tantas sessões quantas sejam necessárias para viabilizar a solução consensual (art. 696).

Especificamente nas ações envolvendo pedido de guarda, o legislador trouxe uma alteração em 2023, por meio da Lei nº 14.713, para exigir que antes da audiência prevista no art. 695, as partes, bem como o Ministério Público, sejam indagadas pelo juiz acerca de eventual risco de violência doméstica ou familiar (art. 699-A). Esse dispositivo complementa a regra disposta no § 2º do art. 1.584 do Código Civil, que inviabiliza a fixação de guarda compartilhada quando houver elementos que evidenciem a probabilidade de risco de violência doméstica ou familiar.

---

[211] Há vários precedentes de tribunais de justiça estaduais nesse sentido. Segue exemplo: "Processual civil. Direito de família. Pedido de guarda. Menor que não se encontra em situação de risco. Competência do juízo da vara cível na qual tramitou a ação. 1. A competência do juízo da vara especializada da infância e juventude, nos pedidos de guarda de menor, restringe-se às hipóteses previstas no art. 98 do ECA, donde é competente o juízo da vara cível da comarca para apreciar e julgar pedido de guarda, quando a infante não se encontra em situação de risco. 3. Recurso não provido" (TJ-MG, AC: 10382120080611001 MG, Rel. Edgard Penna Amorim, j. 08.08.2013, Câmaras Cíveis/8ª Câmara Cível, *DJe* 19.08.2013).

Até então, em situações de inexistência de acordo entre os responsáveis sobre a guarda do filho, encontrando-se ambos os genitores aptos a exercer o poder familiar, a guarda compartilhada poderia ser aplicada de imediato. Com efeito, se houvesse pedido de guarda provisória, esta poderia ser aplicada antes mesmo da realização de qualquer audiência. Agora, antes do estabelecimento da guarda compartilhada, deve-se verificar se há elementos que evidenciem a probabilidade de risco de violência doméstica ou familiar, sendo que, existindo o risco, a guarda compartilhada não será exercida. Para tanto, antes de iniciar a audiência de mediação e conciliação, o juiz deverá indagar o representante do Ministério Público e as partes sobre eventuais riscos, fixando, ainda, prazo de 5 (cinco) dias para apresentação de provas ou de indícios pertinentes.

11.7.3 Citação

Nas ações de família vale a regra de citação pessoal, que deve ocorrer com antecedência mínima de quinze dias da data designada para a audiência (art. 695, § 2º). No procedimento comum, esse interregno é de pelo menos vinte dias (art. 334, parte final, do CPC/2015).

No ato da citação **não mais será entregue ao réu cópia da petição inicial** (art. 695, § 1º), sendo assegurado a este, contudo, o direito de examinar o seu conteúdo a qualquer tempo. Tal medida visa evitar o contato imediato do réu com as alegações do autor, o que poderia dificultar uma possível solução consensual da controvérsia em virtude da alta carga emocional aduzida nas peças processuais desse tido de demanda. Apesar disso, há vozes na doutrina que já defendem a inconstitucionalidade dessa previsão.

11.7.4 Intervenção do Ministério Público

Nos termos do art. 82, II, do CPC/1973, o membro do Ministério Público deveria intervir "nas causas concernentes ao estado da pessoa, ao pátrio poder, à tutela, à curatela, à interdição, ao casamento, à declaração de ausência e às disposições de última vontade". De acordo com o Código atual, a intervenção do *Parquet* como *custos legis* se dará nos seguintes casos:

> Art. 178. O Ministério Público será intimado para, no prazo de 30 (trinta) dias, intervir como fiscal da ordem jurídica nas hipóteses previstas em lei ou na Constituição Federal e nos processos que envolvam:
>
> I – interesse público ou social;
>
> II – interesse de incapaz;
>
> III – litígios coletivos pela posse de terra rural ou urbana.

Não há, portanto, necessidade de intervenção obrigatória do órgão ministerial em todas as ações de família, mas somente quando houver interesse de incapaz ou o litígio envolver mulher vítima de violência doméstica e familiar. Confira a redação do art. 698 e do parágrafo inserido pela Lei nº 13.894/2019:

> Art. 698. Nas ações de família, o Ministério Público somente intervirá quando houver interesse de incapaz e deverá ser ouvido previamente à homologação de acordo.
>
> Parágrafo único. O Ministério Público intervirá, quando não for parte, nas ações de família em que figure como parte vítima de violência doméstica e familiar, nos termos da Lei nº 11.340, de 7 de agosto de 2006 (Lei Maria da Penha).

Agora, se uma ação de família envolver em um dos polos da relação processual uma vítima de violência doméstica, mesmo se não houver interesse de menor envolvido, o Ministério Público intervirá como fiscal do ordenamento.

11.7.5 Alienação parental

De acordo com o art. 2º da Lei nº 12.318/2010, "**considera-se ato de alienação parental a interferência na formação psicológica da criança ou do adolescente promovida ou induzida por um dos genitores, pelos avós ou pelos que tenham a criança ou adolescente sob a sua autoridade, guarda ou vigilância para que repudie genitor ou que cause prejuízo ao estabelecimento ou à manutenção de vínculos com este**".

Como as ações de família envolvem não apenas aspectos jurídicos, mas, também, aspectos psicológicos, é ideal que quando o processo envolver discussão sobre fato relacionado a abuso ou a alienação parental, um especialista auxilie o magistrado ao tomar o depoimento do incapaz que tenha sido vítima do ato (art. 699). A disposição sobre o tema no CPC/2015 colabora com o aperfeiçoamento da atividade judicante, além de evitar a revitimização do incapaz.

Vejamos outros aspectos processuais relacionados ao tema:

- a alienação parental pode ser reconhecida **incidentalmente** ou em **processo autônomo** (art. 4º da Lei nº 12.318/2010);
- o juiz pode, desde que de forma incidental em um processo já instaurado, reconhecer, *ex officio*, os atos de alienação parental. Exemplo: durante a instrução em ação de divórcio o juiz percebe que um dos genitores está dificultando o contato da criança ou adolescente com o outro genitor (art. 4º da Lei nº 12.318/2010). A concessão de liminar deve ser preferencialmente precedida de entrevista da criança ou do adolescente perante equipe multidisciplinar;
- **o reconhecimento da alienação poderá ocorrer em qualquer momento do processo**;
- **a prova pericial nesse tipo de demanda é ampla**. O laudo terá base em ampla avaliação psicológica ou biopsicossocial, conforme o caso, compreendendo, inclusive, entrevista pessoal com as partes, exame de documentos dos autos, histórico do relacionamento do casal e da separação, cronologia de incidentes, avaliação da personalidade dos envolvidos e exame da forma como a criança ou adolescente se manifesta acerca de eventual acusação contra genitor (art. 5º da Lei nº 12.318/2010). O acompanhamento psicológico ou o biopsicossocial deve ser submetido a avaliações periódicas, com a emissão, pelo menos, de um laudo inicial, que contenha a avaliação do caso e o indicativo da metodologia a ser empregada, e de um laudo final, ao término do acompanhamento;
- **o prazo para entrega do laudo pericial é de 90 dias, podendo ser prorrogado exclusivamente por autorização judicial** (art. 5º, § 3º). O juiz deve, então, ao aplicar o art. 465 do CPC/2015 ("o juiz nomeará perito especializado no objeto da perícia e fixará de imediato o prazo para a entrega do laudo"), observar o prazo designado na legislação especial;
- constatada a prática de atos de alienação parental, o juiz poderá, cumulativamente ou não, adotar as medidas previstas no art. 6º da Lei nº 12.318/2010, quais sejam: I – declarar a ocorrência de alienação parental e advertir o alienador; II – ampliar o regime de convivência familiar em favor do genitor alienado; III – estipular multa ao alienador; IV – determinar acompanhamento psicológico e/ou biopsicossocial; V – determinar a alteração da guarda para guarda compartilhada ou sua inversão; VI – determinar a fixação cautelar do domicílio da criança ou adolescente. Vale

destacar que em 2022 houve alteração na legislação para **retirar a suspensão da autoridade parental da lista de medidas possíveis a serem usadas pelo juiz em casos de prática de alienação parental** (Lei nº 14.340/2022, que entrou em vigor em 19.05.2022). A doutrina criticava a medida, especialmente porque já existia na legislação providências suficientes à preservação do melhor interesse da criança ou adolescente. Outro ponto inserido pela Lei nº 14.340/2022 que reforça a preservação dos vínculos familiares é a garantia mínima de visitação. Nos termos do art. 4º, parágrafo único, "assegurar-se-á à criança ou ao adolescente e ao genitor garantia mínima de visitação assistida no fórum em que tramita a ação ou em entidades conveniadas com a Justiça, ressalvados os casos em que há iminente risco de prejuízo à integridade física ou psicológica da criança ou do adolescente, atestado por profissional eventualmente designado pelo juiz para acompanhamento das visitas".

JURISPRUDÊNCIA TEMÁTICA

Ação de alimentos proposta por ex-cônjuge

"Ação de alimentos deduzida em face de ex-cônjuge. Ausência de pedido de fixação do encargo no divórcio litigioso. Impossibilidade jurídica e renúncia tácita reconhecida na sentença de primeiro grau. Manutenção da extinção do feito, sem resolução do mérito (art. 267, VI, do CPC), pelo acórdão local. Insurgência da alimentanda. 01. Tese de violação ao art. 1.704 do Código Civil. Acolhimento. Alimentos não pleiteados por ocasião do divórcio litigioso. Requerimento realizado posteriormente. Viabilidade. Impossibilidade jurídica afastada. Renúncia tácita não caracterizada. 2. Não há falar-se em renúncia do direito aos alimentos ante a simples inércia de seu exercício, porquanto o ato abdicativo do direito deve ser expresso e inequívoco. 3. Em atenção ao princípio da mútua assistência, mesmo após o divórcio, não tendo ocorrido a renúncia aos alimentos por parte do cônjuge que, em razão dos longos anos de duração do matrimônio, não exercera atividade econômica, se vier a padecer de recursos materiais, por não dispor de meios para suprir as próprias necessidades vitais (alimentos necessários), seja por incapacidade laborativa, seja por insuficiência de bens, poderá requerê-la de seu ex-consorte, desde que preenchidos os requisitos legais. 4. Recurso especial provido, a fim de afastar a impossibilidade jurídica do pedido e determinar que o magistrado de primeiro grau dê curso ao processo" (STJ, REsp 1.073.052/SC, Rel. Min. Marco Buzzi, j. 11.06.2013).

Homologação de sentença de divórcio realizado no estrangeiro

"É possível a homologação de sentença estrangeira de divórcio, ainda que não exista prova de seu trânsito em julgado, na hipótese em que, preenchidos os demais requisitos, tenha sido comprovado que a parte requerida foi a autora da ação de divórcio e que o provimento judicial a ser homologado teve caráter consensual. O art. 5º, III, da Res. 9/2005 do STJ estabelece como requisito à referida homologação a comprovação do trânsito em julgado da sentença a ser homologada. Todavia, a jurisprudência do STJ é firme no sentido de que, quando a sentença a ser homologada tratar de divórcio consensual, será possível inferir a característica de trânsito em julgado". Precedentes citados: SEC 3.535-IT, Corte Especial, *DJe* 16.02.2011; e SEC 6.512-IT, Corte Especial, *DJe* 25.03.2013 (STJ, SEC 7.746/US, Rel. Min. Humberto Martins, j. 15.05.2013).

Súmula nº 197 do STJ: "O divórcio direto pode ser concedido sem que haja previa partilha dos bens".

Súmula nº 336 do STJ: "A mulher que renunciou aos alimentos na separação judicial tem direito à pensão previdenciária por morte do ex-marido, comprovada a necessidade econômica superveniente".

Quadro esquemático 70 – Ações de família

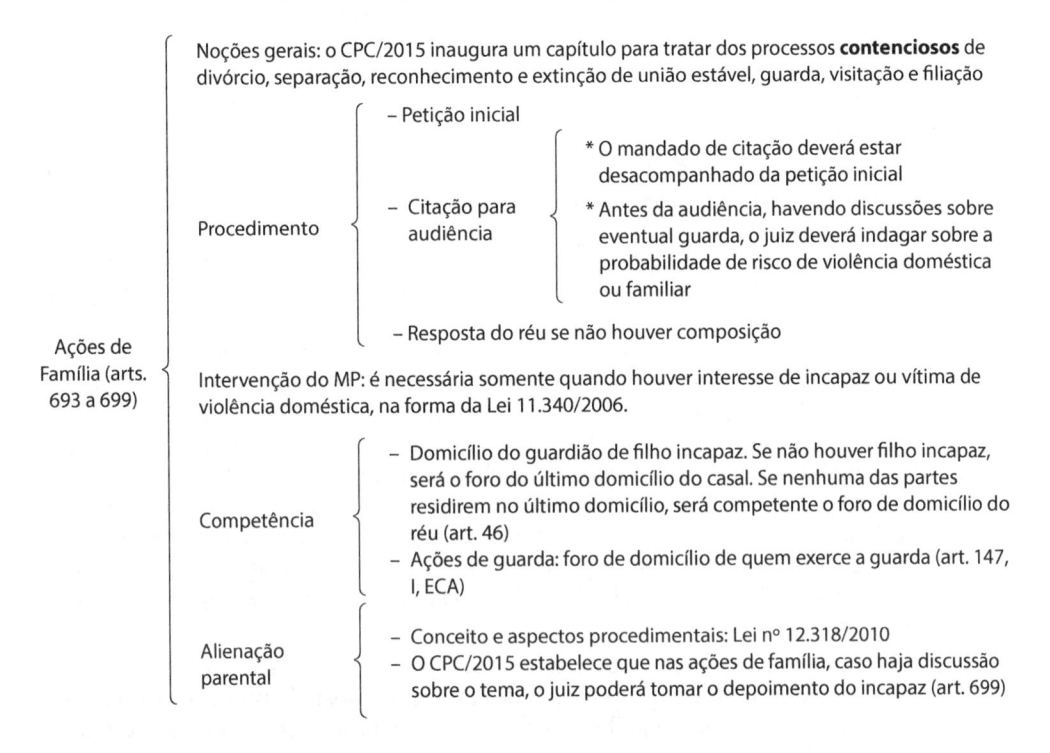

Ações de Família (arts. 693 a 699)

- **Noções gerais:** o CPC/2015 inaugura um capítulo para tratar dos processos **contenciosos** de divórcio, separação, reconhecimento e extinção de união estável, guarda, visitação e filiação

- **Procedimento**
  - Petição inicial
  - Citação para audiência
    - * O mandado de citação deverá estar desacompanhado da petição inicial
    - * Antes da audiência, havendo discussões sobre eventual guarda, o juiz deverá indagar sobre a probabilidade de risco de violência doméstica ou familiar
  - Resposta do réu se não houver composição

- **Intervenção do MP:** é necessária somente quando houver interesse de incapaz ou vítima de violência doméstica, na forma da Lei 11.340/2006.

- **Competência**
  - Domicílio do guardião de filho incapaz. Se não houver filho incapaz, será o foro do último domicílio do casal. Se nenhuma das partes residirem no último domicílio, será competente o foro de domicílio do réu (art. 46)
  - Ações de guarda: foro de domicílio de quem exerce a guarda (art. 147, I, ECA)

- **Alienação parental**
  - Conceito e aspectos procedimentais: Lei nº 12.318/2010
  - O CPC/2015 estabelece que nas ações de família, caso haja discussão sobre o tema, o juiz poderá tomar o depoimento do incapaz (art. 699)

12. AÇÃO MONITÓRIA (ARTS. 700 A 702)

12.1 Introdução

A ação monitória[212] foi introduzida no processo civil brasileiro pela Lei nº 9.079, de 14.07.1995. O adjetivo *monitória* decorre da ordem – admoestação – expedida ao devedor para pagar quantia em dinheiro ou entregar coisa fungível ou móvel. Na reforma do Código de 1973, na qual se insere a mencionada lei, o legislador evitou alterar a estrutura do CPC, inclusive com renumeração de artigos, razão pela qual se optou por acrescentar três dispositivos com a seguinte indicação alfanumérica: 1.102a, 1.102b e 1.102c. No CPC/2015 esse procedimento foi mais detalhado e consolidou alguns entendimentos jurisprudenciais, os quais serão vistos adiante.

O procedimento monitório pode ser dividido em duas espécies: puro e documental. Neste, as alegações do autor obrigatoriamente devem vir acompanhadas de prova documental (prova escrita), enquanto no procedimento monitório puro o processo se desenvolve a partir de um juízo de verossimilhança das alegações do demandante.

---

[212] Mais técnico seria *procedimento monitório*, porquanto ação é o direito público de invocar a tutela jurisdicional, qualquer que seja a pretensão manifestada pela parte. Entretanto, o comum é a utilização do termo *ação* significando *procedimento*.

O **Direito brasileiro adotou apenas o procedimento monitório documental**.[213] Assim, entre nós, a ação monitória é definida como procedimento especial, que tem por finalidade a formação de título executivo judicial a favor de quem tiver prova escrita, na qual conste (i) obrigação de pagar soma em dinheiro; (ii) obrigação de entregar coisa fungível ou infungível, de bem móvel ou imóvel; (iii) obrigação de fazer ou de não fazer (art. 700).

Ressalte-se que o art. 1.102-A do CPC/1973 não previa a possibilidade de monitória para a entrega de coisa infungível ou de bem imóvel, tampouco para o adimplemento de obrigação de fazer ou de não fazer, referindo-se apenas às obrigações decorrentes de soma em dinheiro, de coisa fungível ou de bem móvel. O art. 700 do CPC/2015 ampliou as hipóteses de cabimento da ação monitória.[214]

Para entendermos o alcance do procedimento monitório, vamos analisar as opções jurídicas que o credor possui para recebimento de seu crédito:

a) *credor com título certo, líquido e exigível, previsto no ordenamento jurídico como título executivo*: como o direito já se encontra acertado, poderá o credor, desde já, pretender o recebimento da dívida. Tratando-se de título judicial, o credor valer-se-á do cumprimento de sentença, sendo desnecessária a propositura de processo autônomo de execução. No caso de título extrajudicial, deverá o credor manejar processo de execução. Nesse último caso – execução de título extrajudicial –, apesar de não ser comum, é possível que o credor opte pelo ajuizamento de ação de conhecimento (art. 785). Exemplo: credor que possui cheque ainda não prescrito e opta por cobrar o título por meio de ação de cobrança (processo de conhecimento). Nesse caso, não poderá o credor optar pelo ajuizamento de ação monitória, já que a lei é clara ao dispor que "a ação monitória pode ser proposta por aquele que afirmar, com base em prova escrita *sem eficácia de título executivo*" o direito de exigir determinadas obrigações;

b) *credor com título certo, líquido e exigível, mas não definido em lei como título executivo*: pode o credor optar por propor ação de conhecimento, pelo procedimento comum, a fim de obter o título que lhe possibilitaria a realização coativa de seu direito, ou ajuizar ação monitória;

c) *credor com prova escrita, com os requisitos da certeza, liquidez e previsão na lei*: faculta-se ao credor optar pela propositura de ação de conhecimento ou de ação monitória;

d) *credor com ou sem prova escrita, sem os requisitos da certeza, liquidez e previsão na lei*: necessidade de ação de conhecimento, pelo procedimento comum.

A tutela monitória foi criada exatamente para aquelas situações em que, "embora não exista título executivo (em que não haja, abstrata e previamente, indicação da probabilidade do crédito a ponto de o próprio legislador haver autorizado desde logo a execução), há, concretamente, forte aparência de que aquele que se afirma credor tenha razão".[215]

Distingue, portanto, o procedimento monitório nova categoria de credores: a daqueles que têm título sem eficácia de título executivo, por falta de previsão legal, mas com os requisitos da certeza, liquidez e exigibilidade, ou seja, prova escrita da qual se podem extrair esses requisitos.

---

[213] Como exemplo de país que adota o procedimento monitório puro, podemos citar a Alemanha.
[214] No anteprojeto do CPC/2015, tentou-se excluir a ação monitória, mas ela foi reintroduzida na versão da Câmara dos Deputados.
[215] TALAMINI, Eduardo. *Tutela monitória*: ação monitória – Lei 9.079/95. 2. ed. São Paulo: RT, 2001. p. 28.

Ao credor que tem prova escrita de seu direito, com os requisitos já mencionados, a lei contempla a faculdade de recorrer às vias ordinárias, pleiteando a condenação do devedor, ou ao procedimento monitório, no qual o réu não é citado para contestar a ação, mas sim para saldar a dívida no prazo estabelecido em lei. Conclui-se, por conseguinte, que "o propósito da ação monitória é exclusivamente encurtar o caminho até a formação de um título executivo".[216]

Como salienta Carreira Alvim, "enquanto o processo de conhecimento puro consiste em estabelecer, originária e especificamente, o contraditório sobre a pretensão do autor, o procedimento injuncional[217] consiste em abreviar o caminho para a execução, deixando ao devedor a iniciativa do eventual contraditório",[218] pela oposição de embargos.

Contudo, nada impede que o credor detentor de prova escrita sem eficácia de título executivo busque o reconhecimento de seu crédito por meio de uma ação de cobrança, pelo procedimento comum. Nesse caso, não há falta de interesse de agir, pois a opção é do próprio credor, assim como não há ausência de interesse quando se tem um título executivo extrajudicial, mas a parte pretende se valer do processo de conhecimento para obtenção do título executivo judicial (art. 785, CPC). Veremos adiante que o ajuizamento de ação monitória quando já se tem título executivo encontra divergência na jurisprudência e na doutrina.

12.2 Natureza jurídica da ação monitória

Na vigência do CPC/1973, questão controvertida a respeito da natureza jurídica do procedimento monitório se instaurou no âmbito doutrinário. Em síntese, três correntes foram estabelecidas:

a) a primeira delas, minoritária, considera a monitória como **procedimento do processo de execução**.[219] Esse entendimento não pode prevalecer, primeiramente porque o objetivo da ação monitória não é a satisfação do crédito, mas a constituição de um título executivo. Ademais, conforme previsto no art. 700 do CPC/2015 (art. 1.102-A, CPC/1973), a ação monitória cabe àquele que não detém título executivo, ao contrário do procedimento executivo;

b) a segunda vertente sustenta que o procedimento monitório constitui **novo tipo de processo**, ao lado processo cognitivo, executivo e cautelar. Segundo Cândido Rangel Dinamarco,

"sob a denominação de ação monitória, a Lei nº 9.079/95 inclui no Livro do CPC destinado aos procedimentos especiais uma modalidade de processo inteiramente nova em nossa ordem jurídico-processual, que é o processo monitório. Não se enquadra na figura do processo de conhecimento nem na do executivo e muito menos na do cautelar. É um processo que com extrema celeridade propicia um título executivo ao autor munido de documentos idôneos, prosseguindo desde logo, sem a instauração de novo processo, com a execução fundada nele".[220]

---

[216] STJ, REsp 215.526-0/MA, 1ª Turma, Rel. Min. Luiz Fux, *DJ* 07.10.2006.
[217] Em razão da origem italiana, o procedimento monitório previsto no Direito brasileiro recebe também o nome de procedimento injuncional.
[218] ALVIM, J. E. Carreira. *Ação monitória e temas polêmicos da reforma processual*. Belo Horizonte: Del Rey, 1996. p. 33.
[219] Nesse sentido, conferir GRECO FILHO, Vicente. *Comentários ao procedimento sumário, ao agravo e à ação monitória*. São Paulo: Saraiva, 1996.
[220] DINAMARCO, Cândido Rangel. *A reforma do CPC*. São Paulo: Malheiros, 1997. p. 229.

Entretanto, a simples desnecessidade de processo autônomo de execução não faz da ação monitória novo tipo de processo. A execução do julgado constitui, apenas, nova fase de um mesmo procedimento.

c) a terceira corrente, majoritária, considera a monitória um **procedimento especial do processo de conhecimento**. Tal posicionamento parece-nos o mais adequado. Conquanto a monitória conjugue atos típicos do processo de conhecimento e de execução, a função precípua do procedimento monitório é a formação de título executivo judicial – assim como todo e qualquer processo de conhecimento de natureza condenatória –, mediante cognição fundada apenas em prova documental apresentada pelo autor.

O atual Código de Processo Civil adota a terceira corrente. Prova disso é que o capítulo que trata da ação monitória está inserido no título dos procedimentos especiais, que, por sua vez, está contemplado no primeiro livro da Parte Especial, denominado "Do Processo de Conhecimento e do Cumprimento de Sentença".

A especialidade da monitória consiste, basicamente, no fato de o contraditório ser de iniciativa exclusiva do réu, mediante a oposição de embargos, os quais ensejarão a cognição plena, a fim de se determinar a certeza ou não do direito afirmado pelo autor. Aplica-se ao procedimento monitório, pois, a teoria da inversão da iniciativa do contraditório.

Como bem salienta Freitas Câmara,

"ao contrário do que se dá nos procedimentos cognitivos em geral, em que cabe ao demandante a iniciativa de instaurar o contraditório, só podendo o juiz proferir sua decisão após a oitiva do demandado (ou depois de se verificar regularmente sua revelia), no procedimento monitório o juiz decide sem prévio contraditório, ficando a iniciativa de instauração deste com o réu. Essa inversão de iniciativa do contraditório se deve ao fato de que, aos olhos do sistema processual, os casos em que é cabível a utilização do procedimento monitório são hipóteses em que, com grande probabilidade o réu nada terá a opor à ordem de cumprimento da obrigação".[221]

12.3 Legitimidade e interesse de agir

No que tange à **legitimidade** *ad causam*, a ação monitória não se distingue de qualquer outro procedimento que versa sobre direito patrimonial.

Assim, poderá valer-se da ação monitória o titular do crédito consubstanciado na documentação que instrui a inicial. Legitimado passivo, por sua vez, será aquele ao qual se atribui a condição de devedor.

Existindo solidariedade ativa, possível é a formação de litisconsórcio ativo entre todos os credores, o mesmo ocorrendo no polo passivo no caso de solidariedade passiva.

Quanto ao **interesse de agir**, este se relaciona com a necessidade/utilidade da tutela jurisdicional pleiteada e a adequação do procedimento escolhido para obtenção de tal tutela, sendo que a ausência de um só desses elementos implica a extinção do processo sem resolução do mérito.

Como já afirmado, a ação monitória é o instrumento processual colocado à disposição do credor – que possui crédito comprovado por documento escrito sem eficácia de título executivo

---

[221] CÂMARA, Alexandre Freitas. *Lições de direito processual civil*. 12. ed. Rio de Janeiro: Lumen Juris, 2007. v. III, p. 539.

– que lhe permite requerer, desde logo, a expedição de ordem ou mandado para que a dívida seja saldada no prazo estabelecido em lei. O escopo do procedimento monitório é, pois, alcançar a formação de título executivo, propiciando ao autor o imediato acesso à execução forçada.

Nesse diapasão, a existência da via ordinária para se alcançar a tutela condenatória não obsta a propositura da ação monitória, procedimento especial para obtenção mais célere de título executivo.

Todavia, conquanto possa o credor optar pela via ordinária ou monitória, o mesmo, em regra, não ocorre com a via executiva. Entende-se que o credor de documento com eficácia executiva seria carecedor da ação monitória, porquanto não teria qualquer interesse em constituir título executivo de que já dispõe.

Contudo, havendo controvérsias e incertezas quanto ao crédito representado pelo título executivo, admitem doutrina e jurisprudência o ajuizamento da ação monitória. Destaque-se que tal possibilidade não acarretará prejuízo algum ao devedor, que poderá se defender amplamente em sede de embargos à monitória.

A esse respeito, vale citar a lição de Humberto Theodoro Júnior:

"É de ponderar, no entanto, que mesmo não cabendo ao credor de título executivo optar livremente pela ação monitória, lícito lhe será demandar seu pagamento pela forma injuntiva, se o crédito achar-se envolvido em contrato ou negócio subjacente que dê ensejo a controvérsias e incertezas. Para evitar o risco de carência da execução por iliquidez ou incerteza da obrigação, justificado será o uso do procedimento monitório, que o devedor não poderá recusar, por não lhe causar prejuízo algum e, ao contrário, somente vantagens poderá lhe proporcionar".[222]

No mesmo sentido, transcreve-se trecho do voto do Min. Barros Monteiro no julgamento do REsp 394.695/RS:

"Ainda que possa ter como títulos hábeis a embasar a execução o 'contrato particular de consolidação, confissão e renegociação de dívida' e a nota promissória relativa ao débito consolidado, não se pode afirmar ausente no caso o seu interesse de agir. A escolha da via judicial é, de fato, uma opção do autor, uma vez satisfeitos os requisitos necessários. Se lhe é facultado por lei aparelhar a execução, não se encontra obstado o credor a intentar ação monitória, na eventualidade de pairar alguma dúvida no tocante à executoriedade dos títulos de que dispõe. [...]. Ademais, não se justifica, ante a ausência de prejuízo para os devedores e em face dos princípios da celeridade e economia processuais, a extinção do feito com a perda de todos os atos processuais já praticados".

Corroborando o entendimento anterior:

"Direito civil. Processual civil. Locação. Recurso especial. Ação monitória fundada em título executivo extrajudicial. Possibilidade. Precedentes. Retorno dos autos ao tribunal de origem para julgamento do mérito do recurso de apelação dos recorridos. Recurso conhecido e parcialmente provido. 1. A ação monitória pode ser instruída por título executivo extrajudicial. Precedentes do STJ. 2. Recurso especial conhecido e parcialmente provido. Necessidade de retorno dos autos ao Tribunal de origem para prosseguimento do julgamento do recurso de apelação dos recorridos" (STJ, REsp 1.079.338/SP, Rel. Min. Arnaldo Esteves Lima, j. 18.02.2010).

---

[222] THEODORO JÚNIOR, Humberto. *Curso de direito processual civil*. 32. ed. Rio de Janeiro: Forense. v. III, p. 340. No mesmo sentido: TJ-MG, AC 1.0024.02.830586-0/001, j. 04.09.2007, e AC 1.0024.06.028189-6/001, j. 23.02.2006, ambas por mim relatadas.

Como o CPC/2015 não modifica essa ideia – basta comparar o *caput* do art. 1.102-A do CPC/1973 e o *caput* do art. 700 do CPC/2015 –, acredito que o entendimento acima ainda poderá ser invocado. Salienta-se, contudo, a existência de precedentes em sentido contrário.[223]

12.4 Prova documental como pressuposto da tutela monitória

A ação monitória compete a quem pretender, com base em **prova escrita sem eficácia de título executivo**, pagamento de quantia em dinheiro, entrega de coisa fungível ou infungível ou de bem móvel ou imóvel, ou o adimplemento de obrigação de fazer ou de não fazer (art. 700, I a III).

A lei processual não conceitua o que é prova sem eficácia de título executivo, cabendo à doutrina e à jurisprudência tal mister, levando em consideração as finalidades dessa ação. Humberto Theodoro Júnior aponta que é cabível o uso da monitória quando a lide instaurada é superficial, "não passando do plano da insatisfação da pretensão, e assim, não chegando ao campo da contestação a ela".[224] Ou seja, a monitória se presta a solucionar aquelas contendas nas quais o título consubstanciador do débito – a prova –, por si só, carrega carga de legitimidade que permite ao juiz visualizar, desde logo, que o devedor não terá alternativa a não ser pagar o débito em aberto.

Completa Humberto Theodoro Júnior:

"Seria, evidentemente, enorme perda de tempo exigir que o credor recorresse à ação de condenação para posteriormente poder ajuizar a de execução, quando de antemão já se está convicto de que o devedor não vai opor contestação ou não dispõe de defesa capaz de abalar as bases jurídicas da pretensão. Em tal conjuntura, é claro que a observância completa do processo de cognição esvazia-se de significado, importando, para o credor e para a justiça, enorme perda de tempo e dinheiro".[225]

A monitória, portanto, foi criada para cobrança quase que direta de uma dívida provada por documento praticamente inconteste, permitindo, assim, que a cognição de tal documento seja sumária ou superficial. O título consubstanciador da dívida, ou seja, a prova da dívida, não deixa dúvidas quanto à sua certeza, legitimidade e exigibilidade, entretanto, não se encaixa naqueles títulos executivos extrajudiciais apontados pelo legislador. Nesse sentido, leciona Antônio Carlos Marcato, em seu livro *Processo monitório brasileiro*:[226]

"Considerando as consequências que advêm do mandado monitório, mormente quando se convola em título executivo judicial em razão da inércia do réu, exige-se para sua emissão

---

[223] Por exemplo: "Honorários advocatícios contratuais. Contrato escrito. Título executivo extrajudicial. Ação monitória. Falta de interesse de agir. Identifica-se a falta de interesse de agir na ação monitória destinada a constituição de título executivo quando lastreada a pretensão em contrato escrito de honorários advocatícios que, por força do inciso VIII do artigo 585 do Código de Processo Civil c.c. artigo 24 da Lei nº 8.906/94, é título executivo. Extinção do processo sem resolução do mérito por carência da ação, nos termos do artigo 267, inciso VI, do Código de Processo Civil. Recurso do autor prejudicado" (TJ-SP, Apelação 0005704-68.2011.8.26.0079, 27ª Câmara de Direito Privado, Rel. Gilberto Leme, j. 18.03.2014, Data de Publicação: 20.03.2014).

[224] THEODORO JÚNIOR, Humberto. *Curso de direito processual civil*. Rio de Janeiro: Forense, 2004. v. 3, p. 333.

[225] THEODORO JÚNIOR, Humberto. *Curso de direito processual civil*. Rio de Janeiro: Forense, 2004. v. 3, p. 335.

[226] MARCATO, Antônio Carlos. *Procedimentos especiais*. 10. ed. São Paulo: Atlas, 2004. p. 63-64.

uma pretensão particularmente qualificada – daí a necessidade de apresentação, pelo autor, de prova documental escrita que, embora não tipifique um título executivo extrajudicial, autorize, apenas com lastro nela, uma cognição mais rápida dos fatos pertinentes à causa".

Essa cognição inicial, conquanto seja sumária, é de grande relevância, pois, admitindo o juiz que a petição inicial da monitória está instruída com documento dotado de exigibilidade, certeza e liquidez, forma-se a presunção de que o contraditório não se irá instalar, e, se eventualmente vier a ocorrer, será por iniciativa do réu, por meio de embargos. Por outro lado, no caso de o réu não embargar a cobrança, não se instalará contraditório algum, e o credor, de imediato, terá acesso ao mandado de execução (art. 701, § 2º).

Percebe-se que será a força da prova – entendida aqui como convicção do juiz quanto à liquidez, exigibilidade e certeza do documento lastreador da cobrança – o suporte fático-jurídico determinante para adequação do procedimento monitório.

Admite-se que o autor instrua a petição inicial com dois ou mais documentos, sempre que a insuficiência de um possa ser suprida por outro. O importante, portanto, é que a documentação como um todo permita ao juiz formar a convicção necessária para a concessão da tutela pleiteada. A propósito, o STJ já chegou a considerar como prova apta a instruir ação monitória *e-mail* que demonstrava a existência de dívida entre as partes. Para a Corte, desde que o juízo se convença da verossimilhança das alegações e da idoneidade das declarações (REsp 1.381.603/MS, j. em 06.10.2016, Info. 593), o *e-mail* pode ser utilizado como prova escrita. O Tribunal de Justiça de Minas Gerais, por sua vez, já admitiu a possibilidade de utilização de conversas de WhatsApp,[227] devidamente documentadas em ata notarial, para viabilizar a ação monitória. Se pelos diálogos for possível evidenciar o valor da dívida e o seu reconhecimento pelo devedor, e não houver dúvida sobre a autenticidade, a ação monitória se mostra plenamente viável.

Ao contrário do que ocorre na ação de conhecimento, cujo direito pode ser pleiteado com base em começo de prova por escrito ou mesmo em prova exclusivamente testemunhal, no procedimento monitório exige-se "prova escrita". Exemplos de títulos que podem dar ensejo ao procedimento monitório: contrato sem os requisitos que o caracterizam como título executivo;[228] título cambiário prescrito, a exemplo do cheque (Súmula 299, STJ); declaração unilateral; guias de contribuição sindical; contas de telefone, água e energia elétrica; cartas, bilhetes, entre outros, desde que revelem obrigação certa, líquida e exigível.

Acerca dos documentos unilaterais, embora exista divergência na doutrina, vem prevalecendo na jurisprudência a desnecessidade de apresentação de prova robusta firmada entre as partes, sendo suficiente a presença de dados idôneos, ainda que unilaterais, desde que deles exsurja juízo de probabilidade acerca do direito afirmado na inicial.[229]

Há alguns entendimentos sumulados que nos auxiliam na tentativa de conhecer o que vem sendo considerado como prova literal da obrigação. Trata-se de hipóteses meramente exemplificativas, pois, como registrado, não existe um modelo predefinido da prova escrita indicada no art. 700 do CPC:

---

[227] TJ-MG - AC: 10000221750847001/MG, Rel. Marcelo Pereira da Silva, j. 01.02.2023, 11ª Câmara Cível, *DJe* 03.02.2023.

[228] Como exemplo, pode-se citar o contrato de cheque especial, cuja admissibilidade para instruir a ação monitória é reconhecida pela Súmula nº 247 do STJ, segundo a qual: "O contrato de abertura de crédito em conta-corrente, acompanhado do demonstrativo de débito, constitui documento hábil para o ajuizamento de ação monitória".

[229] STJ, AgInt no REsp 1.416.596/RJ, Rel. Min. Raul Araújo, 4ª Turma, j. 05.09.2019, *DJe* 26.09.2019.

- **Saldo remanescente oriundo de venda extrajudicial de bem alienado fiduciariamente em garantia pode ser cobrado via ação monitória (Súmula 384, STJ).** Nos termos do DL 911/69, em caso de inadimplemento das obrigações contratuais garantidas mediante alienação fiduciária, o proprietário fiduciário poderá vender o bem a terceiros, independentemente de autorização judicial. Caso a venda não seja suficiente para saldar a dívida, o saldo remanescente poderá ser cobrado em ação monitória. Aqui cabe estabelecer uma diferença: na hipótese de conversão da ação de busca e apreensão em ação executiva, em razão da não localização do bem objeto da alienação fiduciária, o credor poderá cobrar toda a dívida – parcelas vencidas e vincendas – por meio do processo executivo. Isso porque, não realizada a busca a apreensão e a consequente venda extrajudicial do bem, remanesce a existência de título executivo hábil a dar ensejo à busca pela satisfação integral do crédito.[230]
- **Contrato de abertura de crédito em conta corrente, acompanhado de demonstrativo de débito, constitui documento hábil para o ajuizamento da ação monitória (Súmula 247, STJ).** Consolidou-se na jurisprudência o entendimento de que o contrato de abertura de conta corrente, ainda que assinado pelo devedor e duas testemunhas, não pode ser enquadrado no rol de títulos executivos (Súmula 233, STJ), diante da formulação unilateral e, especialmente, da incerta quanto à exata contratação, pois essa espécie de contrato apenas possibilita que uma certa importância possa eventualmente ser utilizada.

O CPC/2015 esclarece que também será considerada prova escrita, para fins de cabimento da ação monitória, a prova oral documentada, produzida antecipadamente (art. 700, § 1º), na forma do art. 381. Em suma, a prova escrita exigida pelo CPC/2015 é aquela que tenha surgido da pessoa contra a qual se formula o pedido e que permite ao juiz formar o seu convencimento, não se exigindo, necessariamente, que tenha origem escrita.[231] Ademais, embora o CPC trate da prova oral documentada em procedimento previsto no art. 381, nada impede que uma prova dessa mesma natureza, emprestada de outro processo, instrua a ação monitória.

Diante de eventual dúvida acerca da prova que instrui a inicial da ação monitória, o CPC dispõe que o juiz deverá intimar o autor para, querendo, emendar a petição inicial, adaptando-a ao procedimento comum (art. 700, § 5º). Entendo que esse dispositivo – que não tem correspondência no CPC/1973 – deve ser interpretado da seguinte forma:

1. se o autor emendar a petição e o juiz considerar suficientemente provada a obrigação, a ação monitória deverá prosseguir, observando-se o rito especial previsto nos arts. 700 a 702 (Enunciado 188, FPPC);
2. se o autor emendar a petição, mas a dúvida quanto à prova persistir, deve-se converter o procedimento especial em procedimento comum, evitando a extinção do processo sem resolução do mérito;

---

[230] STJ, REsp 1.814.200/DF, Rel. Min. Nancy Andrighi, 3ª Turma, j. 18.02.2020, DJe 20.02.2020.
[231] Essa ideia já podia ser extraída da jurisprudência dos tribunais superiores. Veja trecho do julgado do STJ, que esclarece o conceito de prova escrita: "[...] A lei, ao não distinguir e exigir apenas a prova escrita, autoriza a utilização de qualquer documento, passível de impulsionar a ação monitória, cuja validade, no entanto, estaria presa à eficácia do mesmo. A documentação que deve acompanhar a petição inicial não precisa refletir apenas a posição do devedor, que emane verdadeira confissão da dívida ou da relação obrigacional. Tal documento, quando oriundo do credor, é também válido – ao ajuizamento da monitória – como qualquer outro, desde que sustentado por obrigação entre as partes e guarde os requisitos indispensáveis [...]" (STJ, AgRg no REsp 655.013/SP, Rel. Min. José Delgado, j. 15.03.2005).

3. se o autor não emendar a petição, o juiz extinguirá o processo sem resolução do mérito, nos termos do art. 485, I.

Questão interessante diz respeito à admissibilidade do **cheque prescrito como prova documental apta a instruir o procedimento monitório**.

O cheque, como se sabe, consiste em ordem de pagamento feita a uma instituição financeira, que deverá, no caso de haver fundos disponíveis em seu poder, pagar ao tomador a quantia expressa no título pelo emitente. Por se tratar de relação estabelecida com base na confiança do credor de que a declaração feita pelo sacador seja verdadeira, admite-se que o cheque possui natureza de título de crédito, razão pela qual se lhe aplicam todos os institutos e princípios próprios dos documentos cambiais, tais como a autonomia das obrigações e a possibilidade de transferência mediante endosso.

Caso ocorra a prescrição da ação cambial, o cheque perde a eficácia de título executivo, pelo que não é possível que o portador execute o direito de crédito consubstanciado no título em face de quaisquer dos coobrigados.

Por outro lado, remanesce, em razão da incorporação dos direitos e deveres na cártula, a prova de que o crédito representado no cheque existe e da forma pela qual se deu a sua transferência, motivo pelo qual se admite que o portador exija tal crédito – e não o título em si – por meio da ação monitória,[232] sendo despicienda a menção ao negócio jurídico subjacente, ou seja, a demonstração quanto à origem do débito. Tal entendimento foi, inclusive, consolidado pelo STJ no julgamento do REsp 1.094.571/SP, processado sob o rito dos recursos repetitivos. Vejamos trecho do acórdão:

"Em ação monitória fundada em cheque prescrito, ajuizada em face do emitente, é dispensável a menção ao negócio jurídico subjacente à emissão da cártula. No procedimento monitório, a expedição do mandado de pagamento ou de entrega da coisa é feita em cognição sumária, tendo em vista a finalidade de propiciar celeridade à formação do título executivo judicial. Nesse contexto, há inversão da iniciativa do contraditório, cabendo ao demandado a faculdade de opor embargos à monitória, suscitando toda a matéria de defesa, visto que recai sobre ele o ônus probatório. Dessa forma, de acordo com a jurisprudência consolidada no STJ, o autor da ação monitória não precisa, na exordial, mencionar ou comprovar a relação causal que deu origem à emissão do cheque prescrito, o que não implica cerceamento de defesa do demandado, pois não impede o requerido de discutir a *causa debendi* nos embargos à monitória" (REsp 1.094.571/SP, Rel. Min. Luis Felipe Salomão, j. 04.02.2013).

Esse mesmo entendimento foi objeto de súmula do Superior Tribunal de Justiça. O enunciado dispõe que **"em ação monitória fundada em cheque prescrito ajuizada contra o emitente, é dispensável a menção ao negócio jurídico subjacente à emissão da cártula"** (Súmula nº 531). Em outras palavras, o autor da ação monitória não precisará, na petição inicial, mencionar ou comprovar a relação causal (*causa debendi*) que deu origem à emissão do cheque prescrito. Na prática, o credor não precisará provar a origem da dívida.

Esse entendimento não significa que não se poderá discutir a *causa debendi* do cheque prescrito. A iniciativa, contudo, caberá ao réu, nos embargos à ação monitória. Assim, o ônus de comprovar a inexistência da dívida ou a nulidade da causa que originou a emissão do cheque será do réu (embargante) da ação monitória.

---

[232] Tal entendimento foi sumulado pelo STJ: "É admissível a ação monitória fundada em cheque prescrito" (Súmula nº 299).

A toda evidência um cheque prescrito não desfruta da mesma eficácia conferida àquele cuja executividade se mantém íntegra, até porque o cheque prescrito não mais se presta para embasar execução. Contudo, serve esse título para embasar ação monitória, que tem por finalidade precípua abreviar a formação de título executivo judicial. Em havendo oposição de embargos à monitória, o título judicial somente se formará – nesta e em todas as demais hipóteses que comportam ação monitória – caso não obtenha o réu êxito na tentativa de desconstituição do crédito.

Quanto ao **prazo para ajuizamento de ação monitória de cheque prescrito** também há posicionamento jurisprudencial. Nos termos da Súmula nº 503 do STJ, "o prazo para ajuizamento de ação monitória em face do emitente de cheque sem força executiva é quinquenal, a contar do dia seguinte à data de emissão estampada na cártula".

Sobre o prazo, vale ressalvar a existência de entendimento contrário na doutrina. André Luiz Santa Cruz Ramos, por exemplo, discorda do entendimento do STJ nos seguintes termos:

"Uma vez prescrito o cheque, não cabe mais cogitar de aplicar ao documento em si um prazo prescricional de cobrança. Entendo que se deve perquirir o prazo prescricional da dívida em si. Assim, por exemplo, o prazo para ajuizar ação monitória em cheque que foi emitido para pagamento de aluguel é de três anos, porque esse é o prazo de prescrição de tal dívida (art. 206, § 3º, inciso I)".

Como o CPC vigente adota claramente a teoria dos precedentes judiciais, privilegiando a aplicação dos entendimentos consolidados nos tribunais superiores, há de prevalecer o posicionamento do STJ.

12.5 Objeto da ação monitória

O objeto imediato da ação monitória é a **constituição de título executivo contra o devedor**. A constituição do título, todavia, não se dá pela declaração e condenação pelo juiz, como ocorre na ação ordinária, mas sim em face da inércia do devedor que não opõe embargos ou em face da rejeição destes. O objeto mediato pode referir-se a soma em dinheiro, a coisa fungível, a coisa infungível ou a determinado bem móvel ou imóvel. Obrigações de fazer e de não fazer também podem ser exigidas pelo procedimento monitório (art. 700).

Ressalte-se que o art. 1.102-A do CPC/1973 apresentava um rol taxativo de possíveis pretensões que poderiam vir a ser deduzidas pelo demandante. Eram elas: pagamento de soma em dinheiro, entrega de coisa fungível ou entrega de determinado bem móvel. Desse modo, o processo monitório previsto no CPC/1973 não era cabível para, dentre outras: (i) pretensões envolvendo entrega de coisa infungível; (ii) pretensões envolvendo entrega de bens imóveis; (iii) tutelas relativas a obrigações de fazer ou de não fazer; (iv) tutelas declaratórias. **O CPC/2015 passa a abranger tais hipóteses, ampliando a utilização da ação monitória.**

12.6 Competência

A ação monitória deverá ser ajuizada no **foro do local onde a obrigação deve ser satisfeita** (art. 53, III, "d"), assim previsto na documentação que instrui a exordial. Se a pretensão vier formulada em contrato no qual se previu foro de eleição, este prevalece (art. 63).

Tratando-se de competência territorial, portanto, relativa, o ajuizamento da ação monitória em foro diverso daqueles previstos no CPC acarreta a prorrogação da competência àquele juízo em que proposta a demanda, caso não interposta exceção no prazo legal. Aplicam-se também ao procedimento monitório as regras de conexão e continência constantes nos arts. 54 e seguintes.

No que tange ao órgão jurisdicional, de regra a competência será da justiça estadual comum. Nada obsta, entretanto, que a monitória seja proposta contra a administração pública federal, autarquias e fundações públicas federais, hipóteses em que a competência seria da Justiça Federal.

Se a dívida objeto da ação monitória decorrer de relação de emprego ou trabalho,[233] a competência será da Justiça do Trabalho (art. 114 da CF).

12.7 Procedimento

12.7.1 Petição inicial

O procedimento monitório é instaurado por intermédio da petição inicial. Constitui documento indispensável à propositura da ação **a prova escrita sem eficácia de título executivo**.

O CPC estabelece outros requisitos da petição inicial além daqueles previstos nos arts. 319 e 320 e que não se limitam à apresentação da prova da forma de documento escrito. São eles: (i) **indicação da importância devida**, juntamente com a memória de cálculo; (ii) **indicação do valor atual da coisa reclamada**; (iii) **indicação do conteúdo patrimonial em discussão** ou o **proveito econômico perseguido** (art. 700, § 2º). Esses requisitos irão refletir no valor dado à causa, consoante dispõe o § 3º do art. 700.

No que concerne à memória de cálculo, o STJ já havia consolidado entendimento, em sede de recurso repetitivo, no sentido de somente admitir a ação monitória que estivesse devidamente instruída com o demonstrativo de débito atualizado até a data do ajuizamento. Nesse sentido:

"Processual civil. Recurso repetitivo. Art. 543-C do Código de Processo Civil. Ação monitória. Demonstrativo da evolução da dívida. Ausência ou insuficiência. Suprimento. Art. 284 do CPC. 1. Para fins do art. 543-C, §§ 7º e 8º, do CPC, firma-se a seguinte tese: a petição inicial da ação monitória para cobrança de soma em dinheiro deve ser instruída com demonstrativo de débito atualizado até a data do ajuizamento, assegurando-se, na sua ausência ou insuficiência, o direito da parte de supri-la, nos termos do art. 284 do CPC. 2. Aplica-se o entendimento firmado ao caso concreto e determina-se a devolução dos autos ao juízo de primeiro grau para que conceda à autora a oportunidade de juntar demonstrativo de débito que satisfaça os requisitos estabelecidos neste acórdão. 3. Recurso provido" (STJ, REsp 1.154.730/PE, Rel. Min. João Otávio Noronha, j. 08.04.2015).

Se o autor não trouxer os requisitos mencionados na petição inicial, o juiz, antes de indeferi-la, deve permitir a emenda, na forma do atual art. 321. Não havendo complementação, a inicial será indeferida, o que também ocorrerá nas hipóteses gerais previstas no art. 330.

Se a ação monitória estiver embasada em diversos títulos (vários cheques prescritos, por exemplo), o descumprimento quanto à determinação de emenda à inicial com relação a apresentação do original de apenas uma ou algumas das cártulas não permite a extinção total da demanda. Segundo entendimento do STJ, nessa hipótese a ação deverá prosseguir em relação valor consubstanciado nos títulos apresentados.[234]

---

[233] Acerca da admissibilidade da utilização da via monitória na Justiça do Trabalho, conferir LIMA FILHO, Francisco das Chagas. *Ação monitória*: cabimento no âmbito trabalhista, APUD MARCATO, Antônio Carlos. *Procedimentos especiais*. 10. ed. São Paulo: Atlas, 2004. p. 311. No mesmo sentido: TRT 3ª Região, RO 00330-2006-056-03-00-7, 3ª T., Rel. Des. Irapuan Lyra, j. 22.11.2006.

[234] STJ, 3ª Turma, REsp 1.837.301-SC, Rel. Min. Moura Ribeiro, j. 18.02.2020, *Informativo* 665.

Estando a petição inicial devidamente instruída, de modo a evidenciar o direito do autor, o juiz deferirá a expedição de mandado de pagamento, de entrega de coisa ou para execução de obrigação de fazer ou de não fazer, podendo o devedor defender-se mediante a oposição de embargos.

Saliente-se que a cognição sumária realizada pelo juiz de primeiro grau, no momento do recebimento da ação monitória, não vincula, de qualquer forma, o julgamento da lide, que poderá ser no sentido de se reputarem suficientes ou não os documentos apresentados como prova do direito pleiteado na inicial.

12.7.2 Natureza jurídica do provimento inicial que defere a expedição do mandado monitório

Tema bastante controverso consiste em definir a natureza jurídica do provimento jurisdicional que defere a expedição do mandado injuntivo.

Em que pese a diversidade de entendimentos sobre a matéria, filiamo-nos à corrente capitaneada por Freitas Câmara e Ovídio Batista, para os quais a decisão preambular do procedimento monitório teria **natureza de sentença liminar**, ou seja, "ato judicial que, antes do momento próprio para prolação da sentença, resolve o mérito da causa".[235]

É certo que a decisão que defere a expedição do mandado injuntivo não possui conteúdo declaratório, porquanto não há acerto definitivo acerca da existência ou não do direito substancial alegado na inicial. Há, porém, provimento condenatório, a possibilitar a imediata execução caso o devedor permaneça inerte.

Não se pode afirmar, nesse sentido, que se está diante de despacho de mero expediente, ante o inegável conteúdo decisório do ato. Entretanto, por não resolver qualquer questão incidente e por não ser capaz de pôr fim ao ofício de julgar do magistrado, não há se falar, respectivamente, em decisão interlocutória ou sentença propriamente dita (o juiz pode ser compelido a proferir novo julgamento de mérito no mesmo procedimento caso opostos embargos). Por conseguinte, a definição mais correta seria a de sentença liminar.

Salienta-se que, independentemente da natureza jurídica que se dê ao provimento inicial da ação monitória, **tal decisão não será passível de recurso, haja vista que o devedor já dispõe de meio para neutralizar a eficácia do mandado monitório (os embargos), faltando-lhe interesse recursal.**

12.7.3 Citação

O réu da ação monitória será citado para efetivar o pagamento, entregar a coisa ou para executar a obrigação de fazer no prazo de 15 dias. Além de citado para cumprir a obrigação, o réu (devedor) deve pagar os honorários advocatícios em percentual equivalente a 5% do valor atribuído à causa (art. 701, *caput*, parte final).[236]

A citação pode ocorrer por qualquer das formas previstas na legislação processual. O CPC/1973 silenciava a respeito, mas a nova lei processual é clara: "Na ação monitória, admite-se citação por qualquer dos meios permitidos para o procedimento comum" (art. 700, § 7º). O novo entendimento é corroborado pela antiga Súmula nº 282 do STJ, segundo a qual "cabe citação por edital em ação monitória".

---

[235] CÂMARA, Alexandre Freitas. *Lições de direito processual civil*. Rio de Janeiro: Lumen Juris, 2007. v. 3, p. 549.

[236] Trata-se de regra especial para fixação de honorários advocatícios na ação monitória, que não encontra correspondência na sistemática anterior.

Oportuno salientar que a citação por edital não frustra o objetivo do procedimento monitório, qual seja, a formação de título executivo sem necessidade de debate, que só ocorrerá eventualmente. Muito pelo contrário, requerendo o credor, dentro das hipóteses legais, a citação por edital do devedor, a revelia deste levará à nomeação de um curador especial em seu benefício (art. 72, II), o que, com a oposição de embargos, afastará a constituição de pleno direito de um título executivo em favor do credor.

12.7.4 Respostas possíveis do devedor

Citado, pode o devedor assumir cinco atitudes:

a) **cumprir o mandado, entregando a coisa, pagando a soma em dinheiro ou executando a obrigação de fazer ou de não fazer.** O cumprimento do mandado causa a extinção do procedimento, mas, diferentemente do que previa o CPC/1973,[237] o réu fica isento apenas das custas processuais (art. 701, § 1º). Ou seja, os honorários advocatícios de 5% sobre o valor da causa (art. 701, *caput*, parte final) não sofrem nenhum desconto se a obrigação for voluntariamente satisfeita;

b) **cumprir o mandado, mas apresentar embargos.** Nesse caso o processo deve prosseguir, não podendo o autor pleitear o levantamento da quantia depositada enquanto não forem julgados os embargos monitórios;

c) **permanecer inerte,** hipótese em que o mandado monitório será convertido em executivo. Essa conversão é imediata, ou seja, não depende de nenhum provimento jurisdicional. Pode até ser comum que juízes profiram uma sentença julgando "procedente a monitória", mas não há necessidade. A tutela monitória tende a ser encerrada com a conversão do mandando para pagamento em mandado executivo. Sendo assim, depois de ocorrer a conversão, surge o título executivo judicial. Se o réu desejar apresentar algum "recurso" (meio de impugnação), só será viável a impugnação ao cumprimento da sentença[238] ou a ação rescisória, se presentes os requisitos legais (art. 701, § 3º). Especialmente sobre o cabimento da ação rescisória, há posicionamento da doutrina que critica essa possibilidade, tendo em vista que na concessão do mandado monitório a cognição acerca do direito material alegado é sumária, embora seja exauriente quanto à adequação da prova escrita à pretensão monitória. De toda forma, o CPC expressamente prevê o seu cabimento, desde que nas hipóteses do art. 966;

d) **opor embargos monitórios no prazo de 15 dias.**[239] Visam tais embargos suspender a eficácia do mandado e impedir a formação de título executivo, com a desconstituição

---

[237] CPC/1973, "Art. 1.102-C. [...] § 1º Cumprindo o réu o mandado, ficará isento de custas e honorários advocatícios".

[238] Parte da jurisprudência acolhe esse entendimento, porém, ressalva que quando o juiz profere sentença meramente declaratória do título executivo (por conta própria, já que não há previsão legal ou necessidade de se julgar procedente a ação monitória), é possível a interposição de recurso de apelação. Nesse sentido: "Direito civil e processual civil. Apelação contra sentença de procedência em ação monitória. Não tendo havido oferecimento de embargos ao mandado, não deve o juízo de primeiro grau emitir qualquer pronunciamento, uma vez que a constituição do título executivo se dá de pleno direito. Juízo *a quo* que, não obstante isso, proferiu 'sentença' meramente declaratória da constituição do título, razão pela qual devem ser admitidos os recursos contra tal 'sentença' interpostos [...]" (TJ-RJ, Apelação 41843320068190212/RJ 0004184-33.2006.8.19.0212, 2ª Câmara Cível, Rel. Des. Alexandre Câmara, j. 25.11.2009).

[239] Distinguem-se esses embargos dos embargos do devedor (à execução, à adjudicação e de retenção por benfeitorias). No procedimento monitório, os embargos *não têm a finalidade de desconstituir o*

da dívida. Sua interposição independe de segurança do juízo e eles são processados nos próprios autos do procedimento monitório (art. 702). A critério do juiz (trata-se de método de organização do feito), os embargos poderão serão autuados em apartado, se parciais, constituindo-se de pleno direito o título executivo judicial em relação à parcela incontroversa (art. 702, § 7º). Rejeitados os embargos, o título executivo será constituído, o que possibilitará ao credor promover o respectivo cumprimento e ao devedor oferecer bens à penhora e impugnar o cumprimento da sentença (art. 702, § 8º);

e) **pleitear o parcelamento do débito, na forma do art. 916 do CPC/2015.** Trata-se de uma novidade trazida pela legislação de 2015. O parcelamento deve ser formulado no prazo para a oposição dos embargos e, uma vez deferido, inviabiliza a oposição destes (art. 701, § 5º, c/c art. 916, § 6º).

12.7.5 Natureza jurídica dos embargos monitórios

Parcela autorizada da doutrina sustenta que os embargos monitórios guardam similitude com a contestação. De acordo com tal entendimento, conquanto se formule juízo sumário de admissão do procedimento monitório antes de se proceder à citação do devedor, não se pode falar, ainda, em título executivo a ser desconstituído, como acontece quanto aos embargos à execução.

Para corroborar tal assertiva, destaca-se o entendimento do STJ a respeito da matéria (Súmula nº 292), segundo o qual o embargante na ação monitória pode oferecer reconvenção junto com os embargos monitórios, o que deixa transparecer a **natureza de defesa** destes. Em 2015, o STJ voltou a evidenciar esse entendimento, cuja ementa do julgamento segue transcrita:

"Direito processual civil. Inexigibilidade de recolhimento de custas em embargos à monitória. Não se exige o recolhimento de custas iniciais para oferecer embargos à ação monitória. Isso porque, conforme se verifica dos precedentes que deram origem à Súmula nº 292 do STJ ('A reconvenção é cabível na ação monitória, após a conversão do procedimento em ordinário'), os embargos à monitória tem natureza jurídica de defesa" (STJ, REsp 1.265.509/SP, Rel. Min. João Otávio de Noronha, j. 19.03.2015).

O CPC/2015 corroborou o entendimento sedimentado na jurisprudência, segundo o qual os embargos à ação monitória têm natureza de defesa, tanto que admitem, além de reconvenção (art. 702, § 6º), a alegação de qualquer matéria que o réu poderia arguir se o adimplemento das obrigações a que se refere o art. 700 fosse postulado em ação sob o rito comum.

Em face desse novo delineamento dos embargos à monitória, não mais prevalecem as abalizadas correntes doutrinárias, formadas na vigência do CPC/1973 – capitaneada por Antônio Carlos Marcato, Vicente Greco Filho e Cândido Rangel Dinamarco – no sentido de que os embargos monitórios, à semelhança do que ocorre com os embargos à execução, teriam **natureza de ação**.

Segundo tal corrente doutrinária, os embargos monitórios, uma vez opostos, dão vida a um processo autônomo de conhecimento. Os embargos monitórios, portanto, atuam no sentido de suspender a eficácia do mandado monitório, abrindo-se oportunidade à cognição plena, com observância do contraditório, instaurado – frise-se – por iniciativa do embargante. Nesse sentido, oportuno citar a lição de Antônio Carlos Marcato:

---

título executivo, porque título executivo não há, mas de declarar a inexistência da dívida inicialmente comprovada por meio da prova escrita.

"Realmente, com a oposição dos embargos pelo réu não se dará a conversão do procedimento especial para o ordinário, mas a instauração de um novo processo (processo de embargos ao mandado), que tramitará – ele, sim – no rito ordinário. Esse novo processo, de conhecimento, propiciará ao final uma sentença, que, sendo de rejeição ou de improcedência dos embargos, atestará a legitimidade da decisão concessiva do mandado (ou seja, declarará a existência do direito do autor), ficando definitivamente liberada a sua eficácia executiva".[240]

E conclui o mencionado autor:

"Em suma, atribuir-se aos embargos a natureza de contestação implicaria o reconhecimento de que a sentença ao final proferida versaria o mérito da própria ação monitória (não o dos embargos); e, sendo de procedência, ela (e não o mandado monitório) é que iria atuar, enquanto condenatória, como título executivo judicial, assim desfazendo o arcabouço erigido pela lei".[241]

Com a nova ordem processual, creio, não há dúvida da natureza de defesa atribuída aos embargos à monitória. A propósito, justamente por se tratar de uma espécie de defesa e não de uma ação, descabe falar em recolhimento de custas. (REsp 1.265.509-SP, Rel. Min. João Otávio de Noronha, j. 19.03.2015, *DJe* 27.03.2015).

12.7.6 *Processamento dos embargos*

Os embargos serão processados nos mesmos autos da ação monitória. Se, no entanto, eles forem parciais, ou seja, versarem apenas sobre parte da dívida reclamada, serão autuados em apartados. Nesse caso, considerar-se-á formado o título executivo quanto ao restante – o que não foi discutido nos embargos –, podendo a execução da respectiva quantia ser instaurada separadamente, com observância das normas relativas ao cumprimento de sentença.

De acordo com a sistemática do CPC/1973, os embargos monitórios, assim como os embargos à execução, **poderiam ser opostos independentemente de garantia do juízo**. O CPC/2015 não modificou essa regra (art. 702, *caput*).

Quanto ao **objeto dos embargos**, algumas regras trazidas pelo CPC/2015 devem ser exploradas. Nos termos do § 1º do art. 702, "os embargos podem se fundar em matéria passível de alegação como defesa no procedimento comum". Resta claro, então, que o legislador pretendeu conferir aos embargos a natureza de defesa, o que também aponta para a vontade de conferir-lhe contraditório pleno e cognição exauriente, de modo que, diversamente do processo executivo, não apresenta restrições quanto à matéria de defesa.

Os §§ 2º e 3º do art. 702, por sua vez, definem que quando o objeto dos embargos se fundar no excesso da obrigação exigida pelo credor, cumprirá ao devedor declarar de imediato o valor que entende correto, apresentando demonstrativo discriminado e atualizado da dívida no momento da apresentação dos embargos. Caso contrário, e sendo o excesso o único fundamento de defesa, os embargos serão liminarmente rejeitados.

Tais disposições – §§ 2º e 3º – foram introduzidas com vistas a evitar a procrastinação. Assim, da mesma forma que ocorre com a impugnação ao cumprimento de sentença, em se alegando que o autor pleiteia quantia superior à devida, cumpre ao réu declarar de imediato o valor que entende correto, juntando demonstrativo que comprova sua alegação. Na falta dessa declaração e comprovação, o juiz não conhecerá da questão ou rejeitará liminarmente os embargos, exceto quando estes se fundarem em outro fundamento que não apenas o excesso.

---

[240] MARCATO, Antonio Carlos. *Procedimentos especiais*. 10. ed. São Paulo: Atlas, 2004. p. 238.
[241] MARCATO, Antonio Carlos. *Procedimentos especiais*. 10. ed. São Paulo: Atlas, 2004. p. 240.

Apresentados os embargos, o autor será intimado na pessoa de seu advogado para oferta de impugnação, também no prazo de 15 dias. Sua inércia não trará maiores consequências ao feito, porquanto a documentação que instrui a inicial já fornece elementos acerca da probabilidade da existência do direito por ele invocado.

Não sendo o caso de julgamento antecipado, ou seja, havendo necessidade de produção de provas, será designada audiência. Nessa audiência, obtida a conciliação, homologa-se o acordo, com a constituição do título executivo em favor do autor e consequente extinção do feito com resolução do mérito. Em caso contrário, inicia-se a instrução propriamente dita, com produção de todas as provas necessárias à elucidação da controvérsia instaurada, culminando com a prolação de sentença.

Caso o autor desista da ação monitória, e versando os embargos apenas sobre questões processuais, a extinção da monitória acarretará o não conhecimento dos embargos, independentemente da anuência do devedor. Entretanto, se os embargos versarem sobre matéria fática (existência ou não do crédito pleiteado), a extinção só será possível com a anuência do réu, que tem direito ao prosseguimento do feito para ver acertada a matéria controvertida.

12.8 Sentença

Opostos embargos à monitória e encerrada a instrução do feito, será prolatada sentença.

A sentença que rejeita os embargos e julga procedente a monitória é de cunho eminentemente **declaratório** – torna certa a existência do direito invocado. Opera-se, por conseguinte, a convolação do mandado injuntivo em título executivo judicial, prosseguindo-se com a fase do cumprimento de sentença.

A decisão que julga improcedente o pedido inicial (acolhe os embargos) também é meramente declaratória, limitando-se a certificar a inexistência do crédito pleiteado.

Contra a sentença, a toda evidência, caberá apelação (art. 702, § 9º). Essa possibilidade já podia ser deduzida do art. 513 do CPC/1973. Havia, no entanto, discussão quanto aos efeitos com que tal recurso seria recebido no caso de rejeição dos embargos à monitória.

Como se sabe, a regra no Direito brasileiro é que a apelação terá efeito devolutivo e suspensivo, só podendo ser recebida sem o efeito suspensivo nas hipóteses previstas em lei.

Assim, por não ter a lei expressamente retirado o efeito suspensivo da apelação na ação monitória, havia quem sustentasse – na sistemática do CPC/1973 – que tal recurso deveria ser recebido em ambos os efeitos. Nesse sentido já decidiu o STJ:

> "Processual civil. Recurso especial. Embargos à monitória. Apelação. Efeitos. As hipóteses excepcionais de recebimento da apelação no efeito meramente devolutivo, porque restritivas de direitos, limitam-se aos casos previstos em lei. Os embargos à monitória não são equiparáveis aos embargos do devedor para fins de aplicação analógica da regra que a estes determina seja a apelação recebida só no seu efeito devolutivo. Rejeitados liminarmente os embargos à monitória ou julgados improcedentes deve a apelação ser recebida em ambos os efeitos, impedindo, o curso da ação monitória até que venha a ser apreciado o objeto dos embargos em segundo grau de jurisdição" (REsp 207.728/SP, 3ª Turma, Rel. Min. Nancy Andrighi, j. 17.05.2001, DJ 25.06.2001, p. 169).

Corrente oposta afirmava que se devia aplicar, por analogia, o disposto no art. 520, V, do CPC/1973, segundo o qual o recurso da decisão que rejeitasse liminarmente ou julgasse improcedentes os embargos à execução deveriam ser recebidos apenas no efeito devolutivo.[242]

---

[242] Por todos: MARCATO, Antônio Carlos. *Procedimentos especiais*. 10. ed. São Paulo: Atlas, 2004. p. 323.

Sempre sustentei não parecer adequado o primeiro posicionamento. A concessão de efeito suspensivo à apelação interposta contra a sentença que rejeita os embargos monitórios acaba por desvirtuar o procedimento especial da monitória, cujo escopo é a pronta obtenção de título judicial e a posterior execução.

Por outro lado, também não afigura possível a aplicação analógica do art. 520, V, do CPC/1973. Ora, sendo o efeito suspensivo a regra geral, os incisos do art. 520 que a excepcionam devem ser interpretados restritivamente, como toda e qualquer norma de exceção.

Não se pode olvidar, contudo, que, nos termos do art. 1.102-C, § 3º, do CPC/1973, rejeitados os embargos e constituído o título executivo, o devedor era intimado, prosseguindo-se com a fase de cumprimento de sentença. Não havia, como se vê, qualquer exigência legal no sentido de que a execução do julgado só seria possível após o julgamento de eventual recurso.

Assim, com base pura e simplesmente no art. 1.102-C, § 3º, do CPC/1973, poder-se-ia concluir que a apelação oposta à sentença que julgasse procedente o pedido monitório teria efeito apenas devolutivo. Essa era a posição sustentada por Freitas Câmara,[243] que, ressalte-se, fundamenta-se nas disposições do CPC/1973.

De acordo com o CPC vigente, essa discussão quanto aos efeitos chegou ao fim, ou pelo menos deveria ter chegado. O legislador teve a oportunidade de incluir no inciso III do § 1º do art. 1.012 a decisão que extingue sem resolução do mérito ou julga improcedentes os embargos à monitória, mas não o fez, mantendo o efeito meramente devolutivo somente para a apelação interposta em face da sentença que extingue sem resolução do mérito ou julga improcedentes os embargos do executado. Pronto. **A apelação interposta em face da sentença que acolhe ou rejeita os embargos à monitória terá efeito suspensivo** *ope legis*.

Ocorre que esse posicionamento não é unânime. Parte da doutrina entende que o CPC, ao dispor que os embargos suspendem a eficácia do mandado inicial "até o julgamento em primeiro grau" (art. 702, § 4º), certificou a inocorrência de efeito suspensivo ao recurso de apelação. O Enunciado 134 da II Jornada do CJF segue essa linha ("A apelação contra a sentença que julga improcedentes os embargos ao mandado monitório não é dotada de efeito suspensivo automático" (art. 702, § 4º, e 1.012, § 1º, V, do CPC). O STJ, por outro lado, tem decisões em sentidos diversos:

> "De acordo com precedentes do STJ, a apelação contra a sentença de improcedência dos embargos à monitória deve ser recebida no duplo efeito" (REsp 1.477.928/SP).

> "Os embargos à monitória não são equiparáveis aos embargos do devedor para fins de aplicação analógica da regra que a estes determina seja a apelação recebida só no seu efeito devolutivo" (REsp 207.728/SP).

12.9 Coisa julgada

Uma vez esgotadas as vias recursais, a sentença definitiva que julga os embargos à monitória dará ensejo à coisa julgada material.

Diverge a doutrina, contudo, no seguinte ponto: a sentença liminar que defere a expedição do mandado monitório pode alcançar autoridade de coisa julgada, quando não interpostos embargos pelo devedor?

Defendem alguns juristas que a sentença liminar funda-se em cognição sumária, superficial, razão pela qual, inexistindo embargos, não produziria os efeitos de coisa julgada material.

---

[243] CÂMARA, Alexandre Freitas. *Lições de direito processual civil*. Rio de Janeiro: Lumen Juris, 2007. v. 3, p. 557.

No silêncio do devedor, ter-se-ia caracterizada, apenas, preclusão endoprocessual, que impossibilitaria ao réu qualquer argumentação no âmbito daquele procedimento.

Segundo Eduardo Talamini, um dos defensores de tal corrente:

"O deferimento do mandado, com ouvida unilateral e à base de documentos, importa necessariamente em juízo de cognição sumária (superficial) – diferentemente do que se dá na sentença proferida em revelia. A posterior concessão de oportunidade de embargos, por si e em si, não torna exauriente a cognição já desenvolvida. Não interpostos embargos, apenas e simplesmente a decisão proferida mediante cognição sumária torna-se 'de pleno direito' título executivo – sem qualquer possibilidade de o juiz de ofício revê-la, ainda que convencido de seu desacerto, ou de determinar providências instrutórias.

E o instituto da coisa julgada – que tem por essência a imutabilidade – é constitucionalmente incompatível com decisão proferida com base em cognição sumária e, por isso mesmo, provisória, sujeita à confirmação".[244]

Todavia, a nosso ver, essa não é a orientação mais adequada.

De fato, a sentença liminar que defere a expedição do mandado monitório – que se converterá em título executivo no caso de não interposição de embargos – funda-se na probabilidade de existência do direito consubstanciado na prova escrita que instrui a inicial.

Entretanto, a certeza jurídica que permeará tal decisão não decorre apenas desse juízo superficial, mas também, e principalmente, da inércia do réu em instaurar o contraditório.

É a não instauração do contraditório, aliada à atividade probatória do autor – sobre a qual já se realizou um juízo cognitivo prévio – que constituirá a base lógica e jurídica da declaração de certeza do direito de crédito que fundamenta o pedido monitório.

O raciocínio aqui defendido é o mesmo que ocorre, *mutatis mutandis*, no caso de revelia no procedimento comum.

A ausência de contestação ao pedido inicial (revelia), somada às alegações deduzidas pela parte autora, forma a presunção de existência dos fatos deduzidos e do direito substancial deles decorrente.

Situação semelhante ocorre na monitória. Conquanto não se possa falar em revelia (e, por consequência, em presunção de veracidade dos fatos alegados), a não instauração do contraditório pelo réu confere ao juízo cognitivo anteriormente promovido a certeza jurídica que acarreta a imutabilidade da decisão.

A diferença entre uma e outra hipótese ocorre, basicamente, com relação ao momento em que a decisão é prolatada. No procedimento comum, a sentença é proferida depois de escoado o prazo para apresentação de resposta, enquanto na monitória a sentença liminar é anterior à citação do réu.

Destarte, **há formação de coisa julgada material no procedimento monitório, independentemente da oferta ou não de embargos pelo réu.** Tanto é assim que, em posterior impugnação ao cumprimento do título executivo judicial que se formará, só poderá o devedor alegar matérias supervenientes à formação do título (art. 525, § 1º, do CPC/2015), o que realça a imutabilidade da decisão proferida no procedimento monitório.[245]

---

[244] TALAMINI, Eduardo. *Tutela monitória*: ação monitória – Lei 9.079/95. 2. ed. São Paulo: RT, 2001. p. 98.

[245] A impossibilidade de se discutir matérias anteriores à constituição do título executivo é defendida até por aqueles que defendem que inexiste coisa julgada material quando não opostos embargos

Vale destacar que depois de ocorrer a conversão e, consequentemente, o surgimento do título executivo judicial, será possível, além da impugnação ao cumprimento da sentença, o ajuizamento de ação rescisória, desde que presentes os requisitos legais (art. 701, § 3º).

12.10 Execução

Constituído o título executivo pela não oposição de embargos ou pela rejeição deles, inicia-se, de imediato, a fase do cumprimento de sentença. Tratando-se de obrigação de pagar quantia certa, o cumprimento dar-se-á de acordo com os arts. 523 a 527. Se a obrigação for de fazer, não fazer ou de entregar coisa, a respectiva execução far-se-á na forma dos arts. 536 a 538.

Salienta-se que não haverá instauração de nova relação processual, mas apenas o início de uma nova fase, um novo procedimento, a se processar nos mesmos autos da ação monitória.

Nos casos de obrigação pecuniária, constituído o título executivo, a defesa do executado ocorrerá por meio da impugnação, na qual só poderão ser deduzidas as matérias discriminadas no § 1º do art. 525. Assim, tendo ou não havido embargos à monitória, não poderão ser retomadas as questões anteriores à constituição do título executivo, em razão da coisa julgada material constituída no procedimento monitório.

12.11 Outras questões processuais

12.11.1 Possibilidade de ajuizamento de ação monitória em face da Fazenda Pública

Na sistemática do CPC/1973 instaurou-se divergência doutrinária quanto ao cabimento de ação monitória contra a Fazenda Pública.

Sustenta Leonardo José Carneiro da Cunha que não pode a Fazenda Pública atender ao mandado de pagamento, sob pena de ofensa ao sistema de precatórios consagrado no art. 100 da CF/1988, pelo que falta ao credor interesse em ajuizar ação monitória.[246]

Defendendo a mesma tese, afirma Ernane Fidélis que impossível será a obtenção de título judicial se o ente público se quedar inerte, por não ocorrer em face da Fazenda Pública o efeito de admissão de fatos como verdadeiros, o que evidencia a inutilidade do provimento monitório ao credor.

Em que pese a relevância e consistência dos fundamentos apresentados por tais doutrinadores, não vejo motivo para se impedir seja a Fazenda Pública ré na ação monitória.

Primeiramente, deve-se salientar que eventual pagamento espontâneo pela Fazenda Pública em nada contraria a exigência legal que estabelece a ordem dos precatórios (art. 100 da CF/1988), porquanto não há cumprimento à ordem judicial, mas simples pagamento, como poderia ocorrer se a dívida fosse pleiteada administrativamente antes de configurada a prescrição.

Não se nega, por outro lado, que o efeito material decorrente da revelia (presunção dos fatos alegados) não se opera em face da Fazenda Pública.

Ocorre que, na monitória, inexiste revelia. A ausência de embargos não implica presunção de veracidade dos fatos alegados, mas apenas certeza jurídica do juízo cognitivo anteriormente promovido (fundado em prova escrita), que se torna imutável e indiscutível ante a não instauração do contraditório pelo réu.

à monitória pelo devedor. Conferir, nesse sentido: TALAMINI, Eduardo. *Tutela monitória*: ação monitória – Lei 9.079/95. 2. ed. São Paulo: RT, 2001. p. 175.

[246] CUNHA, Leonardo José Carneiro da. *A fazenda pública em juízo*. 5. ed. São Paulo: Dialética, 2007.

Destarte, **nada impede o ajuizamento de ação monitória em face da Fazenda Pública**, conforme entendimento consagrado pela Súmula nº 339 do STJ.[247] No CPC/2015 esse entendimento estará consolidado. O § 6º do art. 700 dispõe ser admissível ação monitória em face da Fazenda Pública. A peculiaridade que deve ser destacada é quanto à necessidade de duplo grau de jurisdição em face da decisão que converte o mandado monitório em executivo. Veja o disposto no art. 701, § 4º:

> Art. 701. [...]
>
> § 4º Sendo a ré Fazenda Pública, não apresentados os embargos previstos no art. 702, aplicar-se-á o disposto no art. 496, observando-se, a seguir, no que couber, o Título II do Livro I da Parte Especial.

Se a ação monitória for proposta contra a Fazenda Pública e esta não apresentar embargos, não se pode converter o mandado monitório em executivo por inércia do réu (art. 701, § 2º), pois, nesse caso, deve o juiz proferir decisão de procedência da demanda monitória, que ficará sujeita ao duplo grau de jurisdição obrigatório (art. 701, § 4º). Somente se a decisão for confirmada pelo Tribunal é que o credor poderá executá-la na forma do cumprimento de sentença.

12.11.2 Ação monitória contra incapazes

O Código de Processo Civil de 1973 não estabelecia qualquer diferença em relação ao devedor capaz e incapaz. Assim, sempre entendemos que o incapaz, podendo ser parte no processo de conhecimento, também poderia ser réu na ação monitória, cabendo ao representante ou assistente optar entre pagar e embargar.

Contudo, o art. 700, *caput*, do CPC/2015 estabelece que "a ação monitória pode ser proposta por aquele que afirmar, com base em prova escrita sem eficácia de título executivo, ter direito de exigir do devedor **capaz** (...)". Assim, parece que o Código seguiu o entendimento da doutrina no sentido de que a incapacidade inviabiliza a propositura de ação monitória. Para essa corrente, a indisponibilidade do interesse do incapaz inviabiliza a aplicação do art. 345, II, do CPC, que trata da revelia. Assim, não haveria possibilidade de conversão do mandado monitório em executivo na hipótese de inércia do devedor. Além disso, defende-se que há incompatibilidade entre esse procedimento especial e a necessária intervenção do Ministério Público, a qual seria exigida na forma do art. 178, II.

Entendemos, contudo, que a ausência de embargos pelo representante do incapaz, ou o reconhecimento do crédito pleiteado, não implicam ofensa ao princípio da indisponibilidade do direito do menor. Isso porque a expedição do mandado monitório só será possível quando o magistrado, após cuidadosa análise da prova escrita apresentada pelo autor, reputar plausível o direito invocado. Nesse contexto, se até o magistrado se convenceu da plausibilidade do direito do autor, não há por que impedir que o representante do incapaz promova o imediato pagamento da dívida, ou deixe de ofertar embargos, evitando-se, com isso, a desnecessária postergação do litígio.

Acrescenta-se, ademais, que a obrigatoriedade de intervenção do Ministério Público nos feitos em que litiga parte incapaz não inviabiliza o ajuizamento da ação monitória. É que, conquanto a atuação ministerial possa retardar a constituição do título executivo, é inegável que a ação monitória ainda constituirá procedimento mais célere para a satisfação do direito do autor.

---

[247] Súmula nº 339: "É cabível ação monitória contra a Fazenda Pública".

12.11.3 Ação monitória contra massa falida e devedor insolvente

Segundo Humberto Theodoro Júnior, "o falido ou insolvente não pode ser demandado pela via do procedimento monitório porque não dispõe de capacidade processual e também porque não pode haver execução contra tais devedores fora do concurso universal".[248]

Essa, contudo, não nos parece a orientação mais adequada.

Como afirmado em linhas pretéritas, o objetivo do autor da ação monitória é, tão somente, a constituição de título executivo, e não a satisfação do crédito mediante constrição judicial e posterior alienação de bens do devedor.

Assim, obtido o título executivo e iniciado seu cumprimento, o devedor, se insolvente ou falido, declarará tal condição, o que implicará a remessa dos autos ao juízo da insolvência ou falência.

Não há, portanto, qualquer prejudicialidade entre a situação de insolvência/falência e o processamento da monitória. O que irá ocorrer é, apenas, a modificação da competência para o processamento do cumprimento do título executivo judicial que vier a ser formado.

Dessa forma, **é de se admitir o ajuizamento da ação monitória em face do devedor falido ou insolvente**.

Nesse sentido, colaciona-se o seguinte julgado do STJ:

"Ação monitória. Compatibilidade contra devedor insolvente. 1. O Código explicitou que a monitória se encerra quando rejeitados os embargos pela execução contra devedor solvente, não fazendo qualquer referência à execução contra devedor insolvente. Tal circunstância, contudo, não revela que seja inviável o ajuizamento da ação monitória, porque para que haja o requerimento de insolvência do devedor pelo credor é necessário que este detenha título executivo judicial ou extrajudicial, a tanto equivale a referência feita pelo art. 754 do CPC ao art. 586 do mesmo Código. O objetivo do autor da ação monitória é a constituição do título executivo. À constituição do título segue-se intimação do devedor, que sendo insolvente poderá isso arguir nos embargos correspondentes para tornar inviável a execução como se fora contra devedor solvente. 2. Recurso especial não conhecido" (REsp 541.324/GO, 3ª Turma, Rel. Min. Carlos Alberto Menezes Direito, j. 18.03.2004, *DJ* 10.05.2004, p. 277).

12.11.4 Litigância de má-fé

Seguindo a linha no sentido de se punir a deslealdade processual, o legislador do CPC/2015 prevê penalidades para aqueles que demandarem de má-fé, seja como autor ou como embargante:

Art. 702. [...]

§ 10. O juiz condenará o autor de ação monitória proposta indevidamente e de má-fé ao pagamento, em favor do réu, de multa de até dez por cento sobre o valor da causa.

§ 11. O juiz condenará o réu que de má-fé opuser embargos à ação monitória ao pagamento de multa de até dez por cento sobre o valor atribuído à causa, em favor do autor.

Atendendo ao princípio da economia processual, a cobrança da multa por litigância de má-fé deve ser promovida nos autos do próprio processo, por aplicação analógica do art. 777 do CPC/2015.

---

[248] THEODORO JÚNIOR, Humberto. *Curso de direito processual civil*. Rio de Janeiro: Forense, 2001. v. III, p. 340.

JURISPRUDÊNCIA TEMÁTICA

Cabe agravo de instrumento contra a decisão que acolhe os embargos à monitória para excluir um dos litisconsortes passivos

"Os embargos à monitória têm natureza jurídica de defesa, e não de ação autônoma, de forma que seu julgamento, por si, não extingue o processo.

1.1. Somente é cabível recurso de apelação, na forma prevista pelo art. 702, § 9º, do CPC/2015, quando o acolhimento ou a rejeição dos embargos à monitória encerrar a fase de conhecimento.

1.2. No caso dos autos, contra a decisão que acolheu os embargos para excluir da lide parte dos litisconsortes passivos, remanescendo o trâmite da ação monitória em face de outro réu, é cabível o recurso de agravo, na forma de instrumento, conforme dispõem os arts. 1.009, § 1º, e 1.015, VII, do CPC/2015.

2. Havendo dúvida objetiva razoável sobre o cabimento do agravo de instrumento ou da apelação, admite-se a aplicação do princípio da fungibilidade recursal.

3. Recurso especial provido para determinar o retorno dos autos à origem, a fim de que seja analisado o recurso de apelação como agravo de instrumento." (REsp 1.828.657/RS, Rel. Min. Antonio Carlos Ferreira, 4ª Turma, j. 05.09.2023, DJe 14.09.2023).

Conversão de Ação Monitória em comum independe de prévia intimação

"Processual civil. Recurso especial. Ação monitória. Emenda à inicial. Intimação. Embargos monitórios. Tempestivos. Conversão. Procedimento comum 1. Recurso especial interposto em 11.08.2020 e concluso ao gabinete em 14.09.2021. 2. Cuida-se de ação monitória. 3. O propósito recursal consiste em definir se é necessária a intimação da parte para converter a ação monitória em procedimento comum. 4. A emenda à exordial e a oposição de embargos monitórios têm por consequência a conversão de procedimento monitório em procedimento ordinário. 5. O rito comum será dotado de cognição plena e exauriente, com ampla dilação probatória. Assim, a cognição da ação monitória, que em princípio é sumária, será dilatada mediante iniciativa do réu em opor embargos, permitindo que se forme um juízo completo e definitivo sobre a existência ou não do direito do autor. Precedentes. 6. O documento que serve de base para a propositura da ação monitória gera apenas a presunção de existência do débito, a partir de um juízo perfunctório próprio da primeira fase do processo monitório. Trazendo o réu-embargante elementos suficientes para contrapor a plausibilidade das alegações que levaram à expedição do mandado de pagamento, demonstrando a existência de fato impeditivo, modificativo ou extintivo do direito invocado na inicial, caberá ao autor-embargado superar os óbices criados, inclusive com a apresentação de documentação complementar, se for o caso. Precedentes. 7. Recurso especial conhecido e não provido" (3ª T., REsp 1.955.835/PR, Rel. Min. Nancy Andrighi, j. 14.06.2022, DJe 21.06.2022).

Súmula nº 247 do STJ: "O contrato de abertura de crédito em conta-corrente, acompanhado do demonstrativo de débito, constitui documento hábil para o ajuizamento da ação monitória".

Súmula nº 282 do STJ: "Cabe a citação por edital em ação monitória".

Súmula nº 292 do STJ: "A reconvenção é cabível na ação monitória, após a conversão do procedimento em ordinário".

Súmula nº 299 do STJ: "É admissível a ação monitória fundada em cheque prescrito".

Súmula nº 339 do STJ: "É cabível ação monitória contra a Fazenda Pública".

Súmula nº 384 do STJ: "Cabe ação monitória para haver saldo remanescente oriundo da venda extrajudicial de bem alienado fiduciariamente em garantia".

Súmula nº 503 do STJ: "O prazo para ajuizamento de ação monitória em face do emitente de cheque sem força executiva é quinquenal, a contar do dia seguinte à data de emissão estampada na cártula".

Súmula nº 504 do STJ: "O prazo para ajuizamento de ação monitória em face do emitente de nota promissória sem força executiva é quinquenal, a contar do dia seguinte ao vencimento do título".

Súmula nº 531 do STJ: "Em ação monitória fundada em cheque prescrito ajuizada contra o emitente, é dispensável a menção ao negócio jurídico subjacente à emissão da cártula".

Quadro esquemático 71 – Ação monitória

Ação Monitória (arts. 700 a 702)

- **Conceito:** procedimento especial que tem por finalidade a formação de título executivo judicial, exigindo-se prova escrita que demonstre a obrigação de pagar soma em dinheiro; obrigação de entregar coisa fungível ou infungível, bem móvel ou imóvel; e obrigação de fazer ou de não fazer (art. 700)

- **Legitimidade**
  - Ativa: o titular do crédito consubstanciado na prova escrita
  - Passiva: aquele ao qual a prova escrita atribui a condição de devedor

- **Interesse de agir**
  - Em regra, apenas o titular de crédito consubstanciado em documento sem eficácia de título executivo é que teria interesse de agir
  - Havendo controvérsias e incertezas quanto ao crédito representado por título executivo, admite-se o ajuizamento de ação monitória

- **Prova documental**
  - Pressuposto de adequação da tutela monitória
  - A dúvida acerca da prova permite a emenda da petição inicial (art. 700, § 5º)
  - Será considerada como prova escrita a prova oral documentada na forma do art. 381
  - Cheque prescrito é prova hábil para a propositura da ação (Súmula 299, STJ)
  - Contrato de abertura de crédito + demonstrativo de débito serve ao ajuizamento de ação monitória (Súmula 247, STJ)

- **Objeto**
  - Imediato – constituição de título executivo contra o devedor
  - Mediato – soma em dinheiro; coisa fungível ou infungível; bem móvel ou imóvel; cumprimento de obrigação

- **Competência**
  - Foro do local onde a obrigação deve ser satisfeita (art. 53, III, "d")
  - Foro de eleição (art. 63)

- **Procedimento**
  - Petição inicial: com os requisitos dos arts. 319 e 700, § 2º
  - Expedição de mandado monitório: não sendo o caso de indeferimento da petição inicial, o juiz deferirá a expedição de mandado para o cumprimento da obrigação
  - Citação: o devedor será citado para cumprir a obrigação em 15 dias e pagar honorários (5% do valor da causa)
  - Respostas possíveis do devedor
    - Cumprir o mandado
    - Cumprir o mandado e apresentar embargos
    - Apenas opor embargos no prazo de 15 dias
    - Pleitear o parcelamento do débito (art. 916)
    - Permanecer inerte, hipótese em que o mandado monitório se converte em executivo

Ação Monitória (arts. 700 a 702)

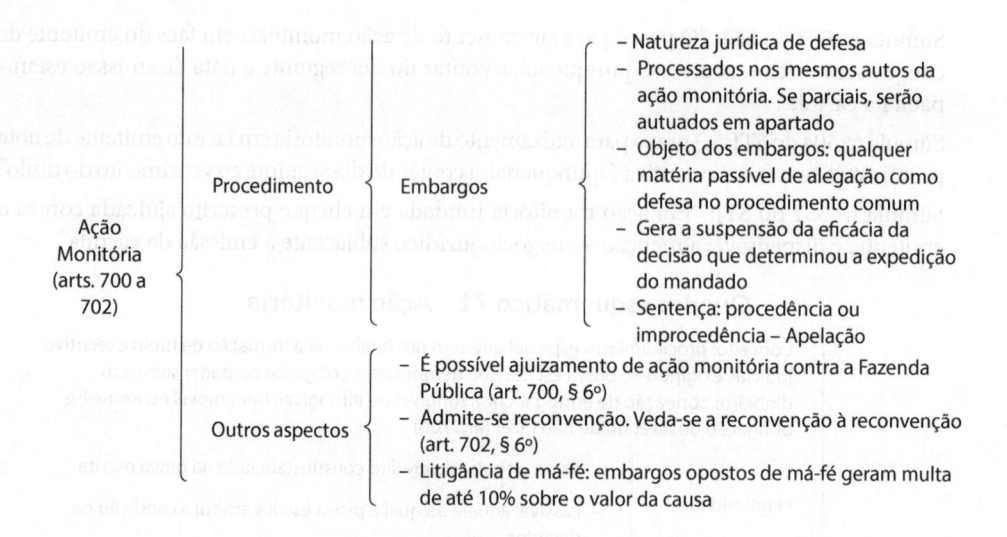

Procedimento — Embargos:
- Natureza jurídica de defesa
- Processados nos mesmos autos da ação monitória. Se parciais, serão autuados em apartado
- Objeto dos embargos: qualquer matéria passível de alegação como defesa no procedimento comum
- Gera a suspensão da eficácia da decisão que determinou a expedição do mandado
- Sentença: procedência ou improcedência – Apelação

Outros aspectos:
- É possível ajuizamento de ação monitória contra a Fazenda Pública (art. 700, § 6º)
- Admite-se reconvenção. Veda-se a reconvenção à reconvenção (art. 702, § 6º)
- Litigância de má-fé: embargos opostos de má-fé geram multa de até 10% sobre o valor da causa

13. HOMOLOGAÇÃO DO PENHOR LEGAL (ARTS. 703 A 706)

13.1 Introdução

O penhor consiste em direito real de garantia, que pode ser convencionado pelas partes ou decorrer de expressa previsão legal. O penhor legal – constituído independentemente de convenção – encontra-se previsto nos arts. 1.467 a 1.472 do Código Civil[249] e também na Lei nº 6.533/1978.[250] A matéria estava regulada no CPC/1973 como uma das espécies de procedimento cautelar.

Em virtude da extinção do processo cautelar autônomo pelo Código de Processo Civil atual, esse procedimento passou a ser tratado no título relativo aos procedimentos especiais. Com a mudança, o instituto confirmará a sua natureza de ação, e não de mera medida cautelar. Como ação que é (e sempre foi), a homologação do penhor legal visa o reconhecimento de uma situação preestabelecida em lei, de modo a dar-lhe regularidade e eficácia. Cite-se, por exemplo, o penhor de bens do locatário, deixados no imóvel locado em razão de dívida oriunda dos encargos da locação. Concedida a medida, os bens do requerido passam a constituir garantia para, em processo posterior, serem expropriados se não houver adimplemento voluntário da obrigação.

Esse reconhecimento pode decorrer de decisão judicial (homologação judicial) ou de escritura pública lavrada por notário de livre escolha do credor (homologação extrajudicial).

Afora a previsão de homologação do penhor legal pela via extrajudicial, o CPC/2015 trouxe uma série de novidades em relação ao CPC/1973. Vejamos os procedimentos e, pontualmente, cada uma das modificações.

13.2 Homologação judicial

Esse procedimento é regulamentado pelo *caput* do art. 703 e pelos três artigos subsequentes.

---

[249] Essa garantia está prevista a favor das pessoas indicadas no art. 1.467 do Código Civil, entre elas os hospedeiros (hotéis e pousadas), sobre as bagagens dos hóspedes, e locadores, sobre os móveis que guarnecem o imóvel locado. Exemplo: caso o hóspede não pague a conta, o dono da pousada está autorizado a reter a bagagem, sobre a qual a lei lhe confere a posição de credor pignoratício.

[250] Há previsão dessa garantia no art. 31 da referida lei, que dispõe sobre a regulamentação das profissões de artistas e de técnico em espetáculos de diversões.

O autor dará início a esse procedimento especial por meio de petição inicial com os requisitos dos arts. 319 e 320. Além disso, a peça deverá, necessariamente, estar instruída com o contrato de locação ou a conta pormenorizada das despesas, a tabela dos preços e a relação dos objetos retidos (art. 703, § 1º).

O credor pedirá a citação do devedor para pagar ou contestar na audiência preliminar que for designada. Além do objeto do processo – a homologação de um penhor que se aperfeiçoou com a entrada do credor na posse dos bens do devedor –, o que especializa o procedimento é exatamente essa audiência preliminar.

Se o dispositivo prevê a citação para pagar (art. 703, § 1º, parte final), obviamente pode o autor, na petição inicial, cumular o pedido de homologação do penhor legal com a condenação do requerido nas despesas decorrentes da hospedagem ou do consumo num restaurante, por exemplo. Afinal, a partir da mencionada audiência, o procedimento segue o rito comum. Em outras palavras, nada justifica exigir que o autor ajuíze outra ação para obter a condenação do requerido. Trata-se da aplicação do princípio da eficiência e da economia processual.

Citado para comparecer à audiência preliminar, poderá o requerido adotar uma das seguintes posturas: (i) quedar-se inerte, o que implicará revelia e, por conseguinte, julgamento antecipado do mérito; (ii) pagar o débito, o que representa reconhecimento tácito da procedência do pedido, importando extinção do processo com julgamento do mérito; finalmente, (iii) contestar o pedido, alegando uma das defesas previstas nos incisos do art. 704, quais sejam: a nulidade do processo; a extinção da obrigação; a ausência de previsão legal quanto à existência da obrigação; a impossibilidade de penhor sobre os bens indicados; e a rejeição indevida por parte do credor de caução idônea.

O CPC/2015 amplia o rol de defesas, porquanto a hipótese prevista no inciso IV do art. 704 do CPC/2015 não encontra correspondência no Código de 1973. Tal inserção decorre do disposto no art. 1.472 do Código Civil, segundo o qual "pode o locatário impedir a constituição do penhor mediante caução idônea". Reconhecida a idoneidade da caução ofertada, poderá o juiz, na sentença, rejeitar a homologação do penhor e, mediante requerimento, homologar a caução oferecida.

Como a sentença, de regra, constitui uma resposta ao pedido do autor, poderá o juiz, neste ato, homologar o penhor legal, ou seja, referendar a conduta do autor e, se pedido houver, condenar o réu ao pagamento de quantia devida. O pedido de homologação é independente do pedido de condenação. Dessa forma, nada impede que a cobrança de eventual crédito seja feita em outro processo, tenha o juiz homologado ou não o penhor. É a ideia que se extrai do art. 706.

Com relação ao recurso, não há discrepância em relação ao sistema recursal do CPC/2015. **Contra a sentença já referenciada, cabe apelação** (art. 706, § 2º, primeira parte). A especificidade, prevista na segunda parte do citado dispositivo, consiste na possibilidade de o relator da apelação conceder a guarda da coisa ao autor.

13.3 Homologação extrajudicial

O CPC/2015, seguindo a moderna tendência da **"desjudicialização"**, introduz essa novidade: a homologação do penhor legal, a critério do credor-requerente, poderá ser promovida pela via extrajudicial, perante um cartório de notas de livre escolha do requerente. Trata-se, sem dúvida, de outra faceta (a extrajudicialidade) que especializa esse procedimento, regulamentado nos §§ 1º a 4º do novo art. 703. Em se optando pela homologação extrajudicial, o credor dirige requerimento ao notário com os requisitos previstos no *caput* do art. 703.

Estando em termos o requerimento, o devedor é notificado para, em cinco dias, pagar o débito ou impugnar a cobrança ou a regularidade do penhor, alegando uma das defesas previstas nos incisos do art. 704.

A sequência do procedimento vai depender da postura do devedor. Se o devedor comparecer e pagar o débito, o tabelião de notas lavrará o instrumento público, no qual, além do pagamento e da respectiva quitação, consignará a devolução, pelo credor, dos bens apenhados. Se houver inércia do devedor, o tabelião formalizará a homologação do penhor legal por escritura pública, a qual terá o mesmo efeito da sentença judicial, ou seja, referendará a posição do requerente como credor pignoratício.

No caso de o devedor apresentar defesa, o procedimento será encaminhado ao juiz competente para decisão. Na verdade, o mais razoável seria entregar o procedimento, ou seja, os documentos referentes ao requerimento de homologação do penhor legal, inclusive ata notarial, ao credor. A este caberia, então, decidir sobre o ajuizamento (ou não) da demanda judicial. Não se pode olvidar que o devedor que opta pela via extrajudicial pode perfeitamente não se interessar pela "judicialização" do litígio.

Quadro esquemático 72 – Homologação do penhor legal

Homologação do Penhor Legal (arts. 703 a 706)			
	A homologação do penhor legal visa ao reconhecimento de uma situação preestabelecida em lei, de modo a dar-lhe regularidade e eficácia. Esse reconhecimento pode decorrer de decisão judicial (homologação judicial) ou de escritura pública lavrada por notário de livre escolha do credor (homologação extrajudicial).		
	Homologação Judicial		– Peça instruída com o contrato de locação ou a conta pormenorizada das despesas, a tabela dos preços e a relação dos objetos retidos (art. 703, § 1º). – Credor dirige requerimento ao notário com os requisitos previstos no *caput* do art. 703. – Objetivo do processo: a homologação de um penhor que se aperfeiçoou com a entrada do credor na posse dos bens do devedor.
		– Atitudes que poderá o requerido adotar	– Quedar-se inerte ➔ revelia ➔ julgamento antecipado do mérito. – Pagar o débito ➔ extinção do processo com julgamento do mérito. – Contestar o pedido, alegando uma das defesas previstas nos incisos do art. 704.
		– Outros aspectos	– O pedido de homologação é independente do pedido de condenação. – Recurso cabível contra a sentença: apelação.
	Homologação Extrajudicial	– Atitudes que poderá o requerido adotar	– Comparecer e pagar o débito ➔ tabelião de notas lavrará o instrumento público, no qual, além do pagamento e da respectiva quitação, consignará a devolução, pelo credor, dos bens apenhados. – Inércia ➔ tabelião formalizará a homologação do penhor legal por escritura pública, a qual terá o mesmo efeito da sentença judicial. – Apresentar defesa ➔ procedimento será encaminhado ao juiz competente para decisão.

14. REGULAÇÃO DE AVARIA GROSSA (ARTS. 707 A 711)

Este procedimento constitui novidade. O Código atual, ao longo do seu texto, cuidou de algumas questões envolvendo o Direito Marítimo, entre elas o procedimento destinado à regulação de avaria grossa, o qual complementa as regras já existentes no Direito Comercial e Internacional.

E o que vem a ser avaria grossa? Avaria, no sentido empregado no Direito Marítimo, significa danos ou despesas, ou as duas coisas ao mesmo tempo. Consiste a avaria no dano causado a cargas e embarcações, ou na realização de despesas extraordinárias, com o objetivo de minimizar os riscos ou as consequências causadas pelo dano.

As avarias podem ser simples (também denominadas particulares) ou grossas (também chamadas de comuns). As avarias simples são suportadas exclusivamente pelo navio (o armador, *v.g.*) ou pela coisa que sofreu o dano ou deu causa à despesa (o importador, *v.g.*). Já nas avarias grossas as despesas são repartidas proporcionalmente entre o navio, seu frete e a carga (art. 763 do Código Comercial).

Um exemplo ajuda o leitor a distinguir as duas modalidades de avarias e a compreender o contexto em que, de regra, opera a regulação. Há um incêndio no porão do navio. As mercadorias se incendeiam e o comandante adota todas as providências para apagar o fogo, utilizando inclusive água, que atinge mercadorias não alcançadas pelo incêndio.

No exemplo citado, as avarias causadas pelo fogo devem ser consideradas avarias simples, pois o incêndio pode ter sido provocado por qualquer causa. Por isso as respectivas despesas devem ser suportadas exclusivamente pelo navio, ou seja, pelo armador, por isso se diz que se trata de avarias particulares ou simples. Porém, os danos causados em razão da utilização da água são avarias grossas (causadas em benefício comum). Não se enquadram em avaria grossa, por exemplo, os danos decorrentes do ato de salvar somente o navio ou somente a carga. É indispensável que o ato abranja, conjuntamente, o navio e a carga, com objetivo de minimizar as possíveis perdas.

As avarias simples ou particulares não interessam a esta obra, porquanto os dispositivos em comento têm por fim estabelecer o procedimento para regular as avarias grossas ou comuns.

Regulação, no sentido empregado pelo Direito Marítimo e agora pelo CPC/2015, significa o ato de estabelecer um regulamento, um ato que vai reger o caso concreto. Em outras palavras, a regulação é o ato que define os valores dos reparos, as indenizações, os rateios e as despesas decorrentes da avaria grossa.

É de responsabilidade dos armadores, ou seus agentes de carga, a comprovação de que houve realmente avaria grossa ou comum. Em razão disso, no caso de avaria, de regra o armador nomeia um árbitro regulador. Havendo consenso quanto a essa nomeação, o juiz simplesmente a ratifica. Caso algum dos interessados na regulação (segurador, exportador, consignatário etc.) manifeste discordância, a nomeação caberá ao juiz. Nesse sentido o art. 783 do Código Comercial: "A regulação, repartição ou rateio das avarias grossas serão feitos por árbitros, nomeados por ambas as partes, as instâncias do capitão".

Não entrando as partes em acordo, a nomeação de árbitros será feita pelo Tribunal do Comércio respectivo, ou pelo juiz de direito do comércio a que pertencer, nos lugares distantes do domicílio do mesmo tribunal.

Apenas quando não há consenso quanto à nomeação do árbitro ou sobre outra questão inerente à regulação é que surge a necessidade de se instaurar o procedimento em comento (art. 707 do CPC/2015). Na maioria das vezes a regulação é feita extrajudicialmente.

Havendo necessidade de intervenção do Judiciário, a regulação, uma vez homologada pelo juiz, constituirá título executivo judicial.

Com referência às regras de regência da regulação, o art. 762 do Código Comercial faculta às partes escolherem as que serão aplicáveis. É válida, por exemplo, a previsão de aplicação das Regras de York e Antuérpia (RYA). À falta de convenção entre as partes, as avarias regular-se-ão pelas disposições do Código Comercial.

O rateio das avarias é elaborado pelo regulador, um misto de árbitro e perito. Árbitro porque tem atribuições que implicam deliberações, como, por exemplo, declarar os danos passíveis de rateio e fixar as garantias e as contribuições provisórias. Perito porque, além de a ele se aplicarem as regras do perito nomeado para assistir o juiz (art. 156 do CPC/2015), não tem o regulador poder decisório. Nessa perspectiva, atua como um auxiliar do juiz. Pode o regulador deliberar sobre questões envolvendo a avaria, mas, no caso de discordância das partes, não detém poder para impor suas decisões. Se houver aquiescência das partes, o que se definiu na regulação, uma vez homologada pelo juiz, passa a ter caráter definitivo. No caso de discordância, a palavra final caberá ao juiz (art. 710, §§ 1º e 2º, do CPC/2015).

Declarado que os danos são antes dos registros passíveis de rateio, porque se trata de avarias comuns, o próprio regulador fixará a garantia a ser prestada pelos envolvidos na aventura marítima (armador e consignatário, por exemplo). Essa fixação deve ocorrer antes dos registros aduaneiros e da retirada das cargas dos respectivos portos. Trata-se de medida acautelatória prevista no Código, que será implementada na forma de depósito judicial ou de garantia bancária (art. 708, § 2º, do CPC/2015). Sem a prestação da garantia, a carga não é liberada ao consignatário (o importador, *v.g.*).

Não se prestando a garantia, o regulador fixará desde logo o valor provisório do rateio e requererá ao juiz a alienação judicial de bens suficientes para o pagamento da contribuição (art. 708, § 3º, do CPC/2015). Ressalte-se que o Código Comercial, nos arts. 784 e 785, permite inclusive a retenção da carga, desde que as partes tenham apresentado os documentos necessários à regulação e o regulador tenha constatado que se trata de avaria grossa.

Em se atestando a ocorrência de avaria grossa, de regra cabe ao armador a obrigação de apresentar a documentação completa, em 24 horas, à Capitania dos Portos, ou ao juiz condutor do procedimento judicial. Nesta hipótese, o prazo é fixado pelo regulador (art. 709 do CPC/2015).

Apresentados esses contornos sobre o tema, até mesmo o leitor que não tem familiaridade com o Direito Marítimo terá condições de compreender os novos dispositivos, aos quais sugerimos atenta leitura.

Quadro esquemático 73 – Regulação de avaria grossa

Regulação de Avaria Grossa (arts. 707 a 711)

- Conceito de avaria: dano causado a cargas e embarcações, ou na realização de despesas extraordinárias, com o objetivo de minimizar os riscos ou as consequências causadas pelo dano.
- Modalidades de avarias:
  - Simples ➔ suportadas exclusivamente pelo navio ou pela coisa que sofreu o dano ou deu causa à despesa.
  - Grossas ➔ as despesas são repartidas proporcionalmente entre o navio, seu frete e a carga (art. 963 do Código Comercial).
- A regulação, repartição ou rateio das avarias grossas serão feitas por árbitros, nomeados por ambas as partes, as instâncias do capitão.
- Quando inexistir consenso acerca da nomeação de um regulador de avarias, o juiz de direito da comarca do primeiro porto onde o navio houver chegado, provocado por qualquer parte interessada, nomeará um de notório conhecimento (art. 707, CPC).
- Havendo necessidade de intervenção do Judiciário, a regulação, uma vez homologada pelo juiz, constituirá título executivo judicial.
- Deliberação de questões pelo regulador:
  - Havendo aquiescência das partes ➔ o que se definiu na regulação, uma vez homologada pelo juiz, possa ter caráter definitivo.
  - No caso de discordância ➔ a palavra final caberá ao juiz.
- O próprio regulador fixará a garantia a ser prestada pelos envolvidos na aventura marítima.
- Não se prestando a garantia, o regulador fixará desde logo o valor provisório do rateio e requererá ao juiz a alienação judicial de bens suficientes para o pagamento da contribuição (art. 708, § 3º, CPC).

15. RESTAURAÇÃO DE AUTOS (ARTS. 712 A 718)

O procedimento de restauração tem por finalidade a recomposição de autos desaparecidos, por meio de cópias, certidões e quaisquer outros documentos (art. 712 do CPC/2015). A redação do CPC/2015 passou a fazer referência aos autos como eletrônicos (e não apenas físicos, como fazia o CPC/1973), em alusão às regras contidas nos arts. 193 a 199, que tratam da prática eletrônica dos atos processuais.

A relação processual só tem validade se a sucessão de atos que compõem o processo puder ser provada documentalmente, o que se faz pelos autos (representação gráfica do processo). Exemplo: ainda que a sentença tenha sido prolatada, a execução só será possível se houver a prova material de existência. Essa a razão por que o Código prevê a restauração de autos.

A restauração só é cabível se não houver autos suplementares, posto que, havendo, nestes prosseguirá o processo na hipótese de desaparecimento dos autos originais (art. 712, parágrafo único).

De acordo com o CPC/1973, tinha legitimidade para requerer a restauração qualquer uma das partes (art. 1.063, *caput*). O Código atual amplia a legitimidade e permite que o juiz, de ofício, promova a restauração,[251] bem como que o Ministério Público[252] a requeira, desde que nas causas em que for necessária a sua intervenção.

---

[251] Não havia consenso doutrinário e jurisprudencial quanto à instauração *ex officio*. Pontes de Miranda, por exemplo, ao comentar as regras do Código de 1973, afirmou que o fato de juiz poder ser responsabilizado pelo desaparecimento dos autos (art. 1.029 do CPC/1973) tornava possível a sua pretensão à restauração (PONTES DE MIRANDA, Francisco Cavalcanti. *Comentários ao Código de Processo Civil*. Rio de Janeiro: Forense, 1977. t. XV, p. 156). Humberto Theodoro Júnior, por outro lado, defendia a impossibilidade de restauração de ofício por inexistir expressa previsão legal e por ser necessária a provocação das partes em homenagem ao princípio do dispositivo (THEODORO JÚNIOR, Humberto. *Curso de direito processual civil*. Rio de Janeiro: Forense, 2004. v. 3, p. 304). Em desfavor da restauração de ofício: "Restauração de autos. Promoção de ofício. É vedada a promoção de ofício pelo magistrado do procedimento de restauração de autos, devendo fazer-se mediante ação própria, deduzida em petição inicial" (TRF-4, AG 46.307/RS 2009.04.00.046307-6, Rel. Des. Rômulo Pizzolatti, j. 29.06.2010). Posição contrária: "Restauração de autos. Instauração de ofício. Viabilidade 1. Conquanto a iniciativa da restauração de autos seja facultada às partes (CPC, art. 1.063), não há óbice legal a que seja determinada de ofício pelo órgão jurisdicional [...]" (TST, Subseção I Especializada em Dissídios Individuais, E-RA 6134887419995555555, Rel. Min. João Oreste Dalazen, j. 20.06.2005). Ressalte-se que em alguns tribunais a restauração *ex officio* é medida prevista em regimento interno.

[252] A legitimidade do Ministério Pública já era reconhecida pelo Supremo. Nesse sentido: "[...] a instauração desse processo depende, para efetivar-se, da formulação de pedido por qualquer dos sujeitos da relação processual (RISTF, art. 298, e CPC, arts. 1.063/1.064), a ser deduzido perante o Senhor Presidente do Supremo Tribunal Federal (RISTF, art. 298), cabendo registrar, a esse respeito, que assiste, igualmente, ao Ministério Público, legitimação para tal iniciativa processual. Com efeito, e tal como assinala Pontes De Miranda ('Comentários ao Código de Processo Civil', tomo XV/155, item nº 3, 1977, Forense), ao versar a questão da legitimidade ativa para o ajuizamento da 'ação de restauração de autos', também o Ministério Público dispõe de qualidade para agir, podendo, em consequência, requerer, ele próprio, a instauração do processo de reconstituição de autos extraviados. Esse mesmo entendimento é perfilhado por Hamilton de Moraes e Barros ('Comentários ao Código de Processo Civil', vol. IX/341, Forense) que reconhece pertencer, ao Ministério Público, a legitimidade ativa para o processo de reconstituição, especialmente nos casos em que o desaparecimento dos autos for imputável ao próprio representante do 'Parquet' [...]" (STF, MS 23.595/DF, Rel. Min. Celso de Mello, j. 15.08.2003).

Conforme dispõe o art. 713, na petição inicial declarará o requerente o estado do processo ao tempo do desaparecimento dos autos, oferecendo:

a) certidões dos atos constantes do protocolo de audiências do cartório por onde haja corrido o processo;
b) cópia das peças que tenha em seu poder;
c) quaisquer outros documentos que facilitem a restauração.

O Código prevê que *a parte contrária* será citada para contestar o pedido no prazo de cinco dias, cabendo-lhe exibir as cópias, contrafés e mais reproduções dos atos e documentos que estiverem em seu poder (art. 714). Entendo, no entanto, que **deverão ser citados todos aqueles que interviram no processo**, seja na qualidade de parte, seja como terceiro interessado.

Se houver concordância das partes e eventuais terceiros com a restauração, o juiz lavrará o auto que, assinado pelas partes, suprirá o processo físico ou virtual. Se não houver contestação ou se a concordância for apenas parcial, observar-se-ão as regras do procedimento comum.

Julgada a restauração, seguirá o processo os seus termos, evidentemente que nos autos restaurados (art. 716).

Atenção:

- Se a perda dos autos tiver ocorrido depois da produção das provas em audiência, o juiz, se necessário, mandará repeti-las (art. 715). Deve ficar claro que a realização das provas em audiência só será necessária se não houver a possibilidade de se recuperarem os depoimentos prestados pelas partes e testemunhas ouvidas pelo juízo. Se houver necessidade, as testemunhas também poderão ser substituídas, de ofício ou a requerimento da parte (art. 715, § 1º). A substituição deve ocorrer nas hipóteses do art. 451 do CPC/2015.

JURISPRUDÊNCIA TEMÁTICA

Restauração de autos e a impossibilidade de discussão de matérias da causa principal

"ECA. Restauração de autos eliminados. Trânsito em julgado certificado antes de findo prazo recursal. Não oposição da parte requerida. Acolhimento. Na restauração de autos não cabe discussão sobre qualquer ponto de direito ou de fato da causa principal, no que se inclui a questão da tempestividade recursal. Não havendo oposição da parte contrária, lavra-se o respectivo auto, na forma do art. 1.065, § 1º, CPC.[253] Pedido acolhido" (TJRS, 7ª Câmara Cível, restauração de Autos nº 70015897861, Rel. Des. Maria Berenice Dias, j. 21.08.2006).

---

[253] Corresponde ao art. 714, § 1º, do CPC/2015.

Quadro esquemático 74 – Restauração de autos

Restauração de autos (arts. 712 a 718)
- Tem por finalidade a recomposição de autos desaparecidos, por meio de cópias, certidões e quaisquer outros documentos (art. 712).
- A restauração só é cabível se não houver autos suplementares.
- Legitimidade para requerer a restauração
  - Qualquer uma das partes
  - O juiz, de ofício
  - O Ministério Público, desde que nas causas em que for necessária a sua intervenção
- Documentos necessários (art. 713)
  - Certidões de atos constantes do protocolo de audiências do cartório por onde haja corrido o processo;
  - Cópias das peças que tenha em seu poder;
  - Quaisquer outros documentos que facilitem a restauração.
- Deverão ser citados todos aqueles que intervieram no processo, seja na qualidade de parte, seja como terceiro interessado.
- Se houver concordância das partes e eventuais terceiros com a restauração, o juiz lavrará o auto que, assinado pelas partes, suprirá o processo físico ou virtual. Se não houver contestação ou se a concordância for apenas parcial, observar-se-ão as regras do procedimento comum.

16. PROCEDIMENTOS ESPECIAIS EXTINTOS COM O CPC/2015

Alguns procedimentos especiais previstos no CPC/1973 não estão inseridos no Código de Processo Civil em vigor, a saber:

- Ação de Depósito (arts. 901 a 906 do CPC/1973);
- Ação de Anulação e Substituição de Títulos ao Portador (arts. 907 a 913 do CPC/1973);
- Ação de Nunciação de Obra Nova (arts. 934 a 940 do CPC/1973);
- Ação de Usucapião de Terras Particulares (arts. 941 a 945 do CPC/1973);
- Vendas a Crédito com Reserva de Domínio (arts. 1.070 e 1.071 do CPC/1973).

Os direitos resguardados por essas ações poderão ser protegidos por meio de ações ordinárias que seguirão o procedimento comum. Para as situações de urgência será possível o manejo das tutelas provisórias, desde que preenchidos os requisitos legais.

Quanto à **ação de depósito**, importa esclarecer que ela continua expressamente prevista no CPC/2015, mais precisamente no art. 311, III, que trata da tutela da evidência, espécie de tutela provisória concedida independentemente da demonstração de perigo de dano ou de risco ao resultado útil do processo.

O referido dispositivo estabelece que a tutela da evidência será concedida quando se tratar de pedido reipersecutório fundado em prova documental adequada do contrato de depósito. Nestes casos, será decretada, liminarmente, a ordem de entrega do objeto custodiado, sob cominação de multa.

Essa hipótese (art. 311, III) se amolda perfeitamente ao pedido constante na ação de depósito prevista nos arts. 901 a 906 do CPC/1973, cuja finalidade é exigir a restituição de coisa depositada (art. 629 do CC). Se o depositário não devolver a coisa quando acionado para tanto, poderá o depositante propor ação em face daquele, pleiteando a concessão da tutela provisória fundamentada na evidência do direito previsto no contrato. Permite-se, assim, que as partes contratem o depósito cientes de que, em caso de inadimplemento, haverá uma resposta imediata do sistema processual independentemente da demonstração do elemento da urgência, isto é, do perigo da demora da prestação jurisdicional. Isso porque este perigo está inserido na própria noção de evidência.

Quanto ao pedido de **usucapião**, merece destaque a possibilidade de o mesmo ser requerido administrativamente. Nos termos do art. 1.071, que acrescentou o art. 216-A à Lei nº 6.015, de 31 de dezembro de 1973 (Lei de Registros Públicos), "sem prejuízo da via jurisdicional, é admitido o pedido de reconhecimento extrajudicial de usucapião, que será processado diretamente perante o cartório do registro de imóveis da comarca em que estiver situado o imóvel usucapiendo, a requerimento do interessado, representado por advogado [...]". O tema será abordado na Parte VI.

Quadro esquemático 75 – Procedimentos especiais extintos com o CPC/2015

Procedimentos Especiais Extintos com o CPC/2015
- Ação de depósito (arts. 901 a 906, CPC/73)
- Ação de Anulação e Substituição de Títulos ao Portador (arts. 907 a 919, CPC/73)
- Ação de Nunciação de Obra Nova (arts. 934 a 940, CPC/73)
- Ação de Usucapião de Terras Particulares (arts. 941 a 945, CPC/73)
- Vendas a Crédito com Reserva de Domínio (arts. 1.070 e 1.071, CPC/73)

Os direitos resguardados por essas ações poderão ser protegidos por meio de ações ordinárias que seguirão o procedimento comum. Para as situações de urgência será possível o manejo das tutelas provisórias, desde que preenchidos os requisitos legais.

2

Procedimentos especiais de jurisdição voluntária (arts. 719 a 770)

1. DISPOSIÇÕES GERAIS

Para os procedimentos de jurisdição voluntária o Código estabelece um procedimento comum (atípico ou inominado) e vários procedimentos especiais (típicos ou nominados).

Quando não houver previsão de procedimento especial, aplica-se o procedimento comum, estabelecido nos arts. 719 a 725 e cujo lineamento é apresentado a seguir. O art. 725 apresenta o elenco das hipóteses de jurisdição voluntária que se processarão pelo rito comum.[1] São eles: os pedidos de emancipação; sub-rogação; alienação, arrendamento ou oneração de bens de crianças ou adolescentes, de órfãos e de interditos; alienação, locação e administração da coisa comum; alienação de quinhão em coisa comum; extinção de usufruto, quando não decorrer da morte do usufrutuário, do termo da sua duração ou da consolidação, e de fideicomisso, quando decorrer de renúncia ou quando ocorrer antes do evento que caracterizar a condição resolutória; expedição de alvará judicial, e homologação de autocomposição extrajudicial, de qualquer natureza ou valor.

Os procedimentos de jurisdição voluntária iniciam-se por provocação do interessado, do Ministério Público ou da Defensoria Pública.[2] Exemplos de procedimentos que podem ter início por provocação do Ministério Público: pedido de nomeação de curador especial para menor (art. 1.692 do CC); ação de remoção de curador especial para o ausente (art. 22 do CC). No que concerne à Defensoria, sua legitimidade abrange todas as demandas em que os interesses abrangidos tenham pertinência com as suas finalidades institucionais.

---

[1] O rol é meramente exemplificativo. O procedimento comum pode incidir sobre outros casos não contenciosos que exigirem a intervenção judicial, desde que não haja previsão de rito próprio. O suprimento judicial de outorga uxória é exemplo de pedido de jurisdição voluntária não previsto no Código.

[2] O CPC/1973 (art. 1.104) nada dispõe acerca da legitimidade da Defensoria Pública para promover demandas judiciais em procedimentos de jurisdição voluntária em favor dos necessitados. Esclarece-se, no entanto, que a previsão contida no art. 1.104 faz parte da redação original do CPC/1973. Nessa época ainda não existiam defensorias estruturadas para atender a população, razão pela qual o Ministério Público atuava como substituto processual (legitimidade extraordinária) também nos casos de jurisdição voluntária.

O Ministério Público pode atuar como parte ou como fiscal da lei (custos legis). Diferentemente do CPC/1973 (art. 1.105), que previa a obrigatoriedade de atuação do órgão do Ministério Público em todos os procedimentos de jurisdição voluntária, o Código de Processo Civil atual estabelece que, atuando como *custos legis*, o Ministério Público somente será intimado a intervir nas causas previstas no art. 178.

Em certos casos, é possível que o procedimento seja iniciado de ofício, ainda que não haja previsão legal expressa nesse sentido. Exemplos de procedimentos que podem iniciar de ofício: alienação judicial de bens depositados em juízo, sujeitos à deterioração ou se estiverem avariados, ou, ainda, se sua conservação for dispendiosa (art. 730); arrecadação de bens da herança jacente e dos bens do ausente; publicação do edital de depósito das coisas vagas; dispensa da garantia para o exercício da tutela ou curatela.

Serão citados, sob pena de nulidade, todos os interessados, para que se manifestem no prazo de 15 dias (art. 721).[3] Interessados "não são aqueles que podem ter interesse jurídico na decisão, mas apenas os titulares da relação jurídica a ser integrada".[4]

A Fazenda Pública será sempre ouvida (intimada) nos casos em que tiver interesse (art. 722) e, assim como o Ministério Público, terá prazo em dobro para se manifestar (arts. 183 e 180, respectivamente).

Há divergência sobre a aplicação dos efeitos da revelia no procedimento de jurisdição voluntária. A incidência ou não de tais efeitos depende da natureza dos direitos envolvidos (se tratar de interdição, *v.g.*, a toda evidência, a ausência de contestação não faz presumir verdadeiras as alegações da inicial). Não cabe reconvenção no procedimento de jurisdição voluntária.

No que tange à produção de provas, o CPC/2015 não repete a redação do art. 1.107 do CPC/1973, segundo o qual, "[...] ao juiz é lícito investigar livremente os fatos e ordenar de ofício a realização de quaisquer provas". Isso quer dizer que, em matéria probatória, vale a mesma regra para todo e qualquer procedimento previsto no CPC atual: o juiz pode determinar a realização de provas, *ex officio*, ainda quando não requeridas pelas partes (art. 370). Essa iniciativa, no entanto, deve ser complementar. Assim, se as provas já produzidas forem suficientes ao julgamento do mérito, a iniciativa probatória do juiz deve ser evitada, afastando, assim, eventuais alegações acerca de sua imparcialidade.

Ao decidir, o magistrado não fica vinculado à legalidade estrita, o que lhe faculta abrandar o rigor da norma, usando da equidade, desde que, por óbvio, não haja violação de normas cogentes (art. 723).

Da sentença cabe apelação (art. 724). O Ministério Público tem legitimidade para recorrer nos processos em que atuou como parte ou fiscal da lei (art. 996), mas nem sempre, evidentemente, terá interesse.

1.1 Da formação de coisa julgada nos procedimentos de jurisdição voluntária

O Código de 1973, em seu art. 1º, admite expressamente duas espécies de jurisdição: contenciosa e voluntária.[5] O CPC/2015 não repete essa dicotomia, tanto que no art. 16 estabelece que "a jurisdição civil é exercida pelos juízes e pelos tribunais em todo o território nacional, conforme as disposições deste Código".

---

[3] No CPC/1973 esse prazo era de dez dias (art. 1.106).
[4] GRECO FILHO, Vicente. *Direito processual brasileiro*. 10. ed. São Paulo: Saraiva, 1995. p. 266.
[5] Art. 1º da Lei nº 5.869/1997 (CPC/1973): "A jurisdição civil, contenciosa e voluntária, é exercida pelos juízes em todo território nacional, conforme as disposições que este Código estabelece".

Uma leitura apressada desse dispositivo poderia levar o intérprete a pensar que o CPC de 2015 aboliu essa peculiar modalidade da função jurisdicional. Contudo, não é bem assim. Com algumas modificações, os procedimentos especiais de jurisdição voluntária continuam regulados no Código atual. Eles integram o Capítulo XV do Título III (Dos Procedimentos Especiais) do Livro I da Parte Especial (Do Processo de Conhecimento e Do Cumprimento de Sentença).

Os procedimentos de jurisdição voluntária encontram-se disciplinados nos arts. 719 a 770. Há pedidos que se processarão segundo um procedimento comum ou padrão (art. 725) e muitos outros para os quais há procedimentos típicos ou nominados (a partir do art. 726). O procedimento especial referente à especialização da hipoteca legal foi excluído do Código, de modo que o aplicador do Direito deve observar as regras dispostas no Código Civil de 2002 (arts. 1.489 e seguintes) e na Lei de Registros Públicos (Lei nº 6.015/1973).

A notificação e interpelação mudou de *status*. Era procedimento cautelar e passou a figurar no rol dos procedimentos de jurisdição voluntária. Também para o divórcio e a separação consensuais, bem como para a extinção consensual de união estável e a alteração do regime de bens do matrimônio, há previsão de procedimento de jurisdição voluntária. No CPC/1973, apenas a separação consensual era contemplada. Finalmente, a ratificação dos protestos marítimos e dos processos testemunháveis formados a bordo passou a figurar no rol dos procedimentos especiais de jurisdição voluntária previstos no CPC/2015.

O simples regramento, com considerável ampliação, das hipóteses de tais procedimentos no Código atual mostra que a jurisdição voluntária continua firme e forte. A não referência, no art. 16, à dicotomia que deu tanto combustível aos processualistas, tem a finalidade de mostrar que tanto os procedimentos de jurisdição contenciosa quanto os de jurisdição voluntária são jurisdicionais. Mas o simples qualificativo "de jurisdição" não seria suficiente para indicar a natureza deles? Sim. Entretanto, no mundo do Direito, qualquer questiúncula pode dar margem a intermináveis discussões. É por isso que identificamos duas correntes com relação ao tema, isso porque estou a desprezar a corrente intermediária.

A **corrente dita clássica ou administrativista**, capitaneada por Chiovenda, sustenta que a chamada jurisdição voluntária não constitui, na verdade, jurisdição, tratando-se de atividade eminentemente administrativa. No Brasil, o maior defensor dessa orientação foi Frederico Marques, para quem a jurisdição voluntária é materialmente administrativa e subjetivamente judiciária.[6] Em síntese, nessa atividade o Estado-juiz se limita a integrar ou fiscalizar a manifestação de vontade dos particulares, agindo como administrador público de interesses privados. Não há composição de lide. E se não há lide, não há por que falar em jurisdição em partes, mas em interessados.

Sustentam também que falta à jurisdição voluntária a característica da substitutividade, haja vista que o Poder Judiciário não substitui a vontade das partes, mas se junta aos interessados para integrar, dar eficácia a certo negócio jurídico. Por fim, concluem que, se não há lide nem jurisdição, as decisões não formam coisa julgada material. Para corroborar esse ponto de vista, invocavam o art. 1.111 do CPC/1973, segundo o qual "a sentença poderá ser modificada, sem prejuízo dos efeitos já produzidos, se ocorrerem circunstâncias supervenientes", cuja redação, como veremos, não foi repetida pelo CPC/2015.

Há, por outro lado, uma corrente que atribui à jurisdição voluntária a natureza de atividade jurisdicional. Essa orientação conta com a adesão de Calmon de Passos, Ovídio Baptista e Leonardo Greco. Segundo essa corrente – denominada **jurisdicionalista** –, não se afigura correta a afirmação de que não há lide na jurisdição voluntária. Com efeito, o fato de, em um primeiro momento, inexistir conflito de interesses, não retira dos procedimentos de jurisdição

---

6 GRECO, Leonardo. *Jurisdição voluntária moderna*. São Paulo: Dialética, 2003. p. 16.

voluntária a potencialidade de se criarem litígios no curso da demanda. Em outras palavras, a lide não é pressuposta, não vem narrada desde logo na inicial, mas nada impede que as partes se controvertam. Isso pode ocorrer no bojo de uma ação de alienação judicial de coisa comum, por exemplo, em que os interessados podem dissentir a respeito do preço da coisa ou do quinhão atribuído a cada um.

Os defensores da corrente jurisdicionalista também advertem, de forma absolutamente correta, que não se pode falar em inexistência de partes nos procedimentos de jurisdição voluntária. A bem da verdade, no sentido material do vocábulo, parte não há, porquanto não existe conflito de interesses, ao menos em um primeiro momento. Entretanto, considerando a acepção processual do termo, não há como negar a existência de sujeitos parciais na relação jurídico-processual.

Reforçando a tese de que a jurisdição voluntária tem natureza de função jurisdicional, Leonardo Greco esclarece que ela não se resume a solucionar litígios, mas também a tutelar interesses dos particulares, ainda que não haja litígio, desde que tal tarefa seja exercida por órgãos investidos das garantias necessárias para exercer referida tutela com impessoalidade e independência.[7] Nesse ponto, com razão o eminente jurista. É que a função jurisdicional é, por definição, a função de dizer o direito por terceiro imparcial, o que abrange a tutela de interesses particulares sem qualquer carga de litigiosidade.

Em suma, **para a corrente jurisdicionalista, a jurisdição voluntária reveste-se de feição jurisdicional, pois: (a) a existência de lide não é fator determinante da sua natureza; (b) existem partes, no sentido processual do termo; (c) o Estado age como terceiro imparcial; (d) há coisa julgada.**

O CPC/2015 trilhou o caminho da corrente jurisdicionalista e vitaminou os procedimentos de jurisdição voluntária com a imutabilidade da coisa julgada. A não repetição do texto do art. 1.111 do CPC/1973 é proposital. A sentença não poderá ser modificada, o que, obviamente, não impede a propositura de nova demanda, com base em outro fundamento. A corrente administrativista está morta e com cal virgem foi sepultada. Também a jurisdição voluntária é jurisdição – tal como a penicilina, grande descoberta! – com aptidão para formar coisa julgada material e, portanto, passível de ação rescisória.

Contudo, ainda há gente estupefata. Em um simpósio no STJ, um renomado professor de Processo, sempre antenado às lições chiovendianas, tentou me nocautear. Se é certo que a sentença proferida em procedimento de jurisdição voluntária produz coisa julgada, tirante a hipótese de rescisão, uma vez interditada uma pessoa, ela jamais poderá recobrar a capacidade de reger os seus bens e praticar atos da vida civil, afirmou o boxeador, como ares de quem havia desferido o golpe certeiro. Não satisfeito, complementou: contudo, o art. 756 do CPC/2015 permite o levantamento total ou parcial da interdição, o que significa que, não obstante o legislador não ter reproduzido o conteúdo do art. 1.111 do CPC/1973, se permite a modificação da sentença, o que indica que coisa julgada não houve.

Ora, meu caro professor – respondi eu –, o pedido de levantamento corresponde a uma verdadeira revisão do que restou decidido na sentença de interdição. Na ação em que se busca levantar a interdição, a causa de pedir é distinta da indicada na ação originária. E, em sendo assim, não há óbice ao julgamento de outra causa. Imaginemos a seguinte situação: o Ministério Público requereu a interdição de Caio ao fundamento de que, em razão de ser portador de doença mental grave, não tinha a mínima condição de administrar seus bens e praticar qualquer ato da vida civil. Na sentença, com base na prova pericial e também na entrevista levada a efeito na forma do art. 751 do CPC/2015, o juiz decretou a completa interdição, dele subtraindo a

---

[7] GRECO, Leonardo. *Jurisdição voluntária moderna*. São Paulo: Dialética, 2003. p. 18.

possibilidade de praticar, por si só, qualquer ato da vida civil. Entretanto, como resultado do tratamento a que fora submetido, o interditando recuperou parcialmente o discernimento. Em razão disso, o próprio Ministério Público requereu o levantamento parcial da interdição, o que foi acatado pelo juiz, que, na sentença, limitou a interdição a alguns atos da vida civil, por exemplo, casar e alienar bens imóveis. Constata-se que a segunda demanda (a "revisional" da interdição) é distinta da primeira, porque diferentes são as causas de pedir. Dessa forma, não se pode cogitar de óbice a que se julgue a "revisional", exatamente porque constitui outra causa. Por outro lado, não se pode justificar a possibilidade de levantamento completo ou parcial da interdição ao argumento de que na ação de interdição não há formação de coisa julgada. Os efeitos da coisa julgada – ou do caso julgado, como preferem alguns – encontram-se presentes. O que ocorre é que as causas subjacentes à ação de interdição e à respectiva "revisional" são distintas. O fenômeno processual é idêntico ao que se passa com as ações de trato continuado ou sucessivo (sentenças determinativas). Nesta, o art. 505, I, do CPC/2015, em vez de negar, confirma a ocorrência de coisa julgada. No que tange à interdição, como de resto em todos os procedimentos de jurisdição voluntária, há formação de coisa julgada material, admitindo-se, entretanto, a revisão, presente outro fundamento fático, portanto, outra causa.

Agora é a minha vez de nocautear. E o faço com um peso pesado do Direito Processual brasileiro. Segundo o festejado baiano Fredie Didier, "se até mesmo decisões que não examinam o mérito se tornam indiscutíveis (art. 486, § 1º), muito mais razão haveria para que decisões de mérito proferidas em sede de jurisdição voluntária também se tornassem indiscutíveis pela coisa julgada material".[8] Para reforçar, vai um golpe de próprio punho: se até a tutela provisoriamente concedida nos termos do art. 304 do CPC/2015 tem aptidão para estabilizar-se (efeito que de certa forma se assemelha ao da coisa julgada), o que dirá de uma decisão proferida após análise exauriente?

Conclusão: como o CPC/2015 não repete a redação do art. 1.111 do CPC/1973, é perfeitamente possível sustentar que também nos procedimentos de jurisdição voluntária será cabível o ajuizamento de ação rescisória nos casos previstos no art. 966.

Lembrete:

- Já mencionamos que o art. 88 do CPC/2015 – repetição do art. 24 do CPC/1973 – estabelece que "nos procedimentos de jurisdição voluntária, as despesas serão adiantadas pelo requerente e rateadas entre os interessados". Nas despesas referidas nesse dispositivo, segundo entendimento do Superior Tribunal de Justiça, não estão incluídos os honorários advocatícios, o que quer dizer que cada interessado deve arcar com os honorários de seus respectivos patronos. Nesse sentido: STJ, REsp 94.366/RS, Rel. Min. Eduardo Ribeiro, julgado em 28.04.1998; STJ, REsp 276.069/SP, Rel. Min. Fernando Gonçalves, julgado em 08.03.2005).

1.2 Procedimentos previstos no art. 725

Nos termos do já mencionado art. 725, o trâmite visto anteriormente será utilizado quando envolver os seguintes pedidos:

I – emancipação;

II – sub-rogação;

---

[8] DIDIER, Fredie. *Curso de direito processual civil*. Salvador: JusPodivm, 2015. v. 1, p. 193.

III – alienação, arrendamento ou oneração de bens de crianças ou adolescentes, de órfãos e de interditos;

IV – alienação, locação e administração da coisa comum;

V – alienação de quinhão em coisa comum;

VI – extinção de usufruto, quando não decorrer da morte do usufrutuário, do termo da sua duração ou da consolidação, e de fideicomisso, quando decorrer de renúncia ou quando ocorrer antes do evento que caracterizar a condição resolutória;

VII – expedição de alvará judicial;

VIII – homologação de autocomposição extrajudicial, de qualquer natureza ou valor.

A **emancipação judicial** é aquela que ocorre quando há divergência dos pais em relação à emancipação do filho com dezesseis anos completos ou quando o menor, com a mesma idade, estiver sujeito à tutela (art. 5º, parágrafo único, I, do CC). No primeiro caso o juiz solucionará o impasse, concedendo, ou não, a emancipação. O acolhimento do pedido cessa o poder familiar, nos termos do art. 1.635, II, do CC. No segundo, deferido o pedido de emancipação judicial, extingue-se a condição de tutelado (art. 1.763, I, do CC). Em ambos os casos, para que a sentença concedendo a emancipação produza seus efeitos, é necessário o registro no cartório competente (art. 89 da Lei nº 6.015/1973 – Lei de Registros Públicos).

O procedimento de **sub-rogação** objetiva alterar a restrição de disponibilidade de um bem que esteja gravado ou onerado, transferindo-a a outro bem que assumirá a mesma condição. Exemplo: se o donatário ou o herdeiro pretenderem alienar bem sobre o qual incide cláusula de inalienabilidade, deverão obter autorização judicial para tanto, sendo obrigatório que o produto da venda se converta em outro bem ou outros bens, sobre os quais incidirá a mesma restrição imposta aos primeiros (art. 1.911, parágrafo único, do CC).

A hipótese prevista no inciso III – **alienação, arrendamento ou oneração de bens de crianças ou adolescentes, de órfãos e de interditos** – exige autorização judicial e prévia intervenção do Ministério Público (art. 178, II). Isso porque o art. 1.691 do Código Civil dispõe que os pais não podem alienar ou gravar com ônus real os bens dos filhos, exceto por necessidade ou evidente interesse da prole, mediante prévia autorização judicial. Do mesmo modo, os imóveis pertencentes aos menores sob tutela só podem ser vendidos quando houver manifesta vantagem e prévia avaliação e autorização judiciais (art. 1.750 do CC).

Quanto à **alienação, locação e administração da coisa comum** (art. 725, IV), a necessidade de se recorrer ao Judiciário se verifica quando nem todos os consortes forem capazes ou quando não estiverem de acordo com a alienação, a locação ou a administração da coisa comum. Caso contrário, o procedimento dispensa intervenção judicial (art. 1.322 do CC).

A hipótese do inciso V – **alienação de quinhão em coisa comum** – terá lugar quando o condômino pretender alienar judicialmente a coisa comum, a fim de que, após a sentença, seja repartido o produto na proporção de cada quinhão. A necessidade de alienação surge do fato de os condôminos não se interessarem pela manutenção do condomínio e nenhum deles pretender adquirir o bem.[9] Nesse caso, alternativa não resta senão alienar a coisa comum.

---

[9] Antes da alienação deve-se possibilitar aos demais condôminos o exercício do direito de preferência previsto no art. 540 do Código Civil. Se isso não for observado, o condômino não informado da venda poderá depositar o preço e obter para si o quinhão vendido. Para tanto, deverá ajuizar ação anulatória no prazo decadencial de 180 dias. Sobre o início da contagem desse prazo há divergência na doutrina. Existem, em síntese, duas correntes: a primeira entende que o prazo terá início a partir

Quanto à **extinção de usufruto**, é preciso que se diga que nem sempre esse procedimento dependerá de pronunciamento judicial. O CPC/2015 esclarece que apenas quando não decorrer da morte do usufrutuário ou do termo da sua duração ou consolidação, abre-se a possibilidade de intervenção do Judiciário. É que nesses casos a extinção do usufruto se dá de pleno direito, não havendo necessidade de intervenção judicial, mas apenas bastando o cancelamento do registro no cartório competente.

A extinção do usufruto por termo de duração ocorre nas hipóteses de usufruto temporário; a extinção pela consolidação se dá quando na mesma pessoa se confundem as qualidades de usufrutuário e nu-proprietário (exemplo: pai doa imóvel ao seu único filho, com cláusula de reserva de usufruto. Se o pai morre e não há outros sucessores, o filho adquire a propriedade plena).

Do mesmo modo que a extinção do usufruto, só haverá necessidade de instauração do procedimento quando a **extinção do fideicomisso** decorrer de renúncia ou quando ocorrer antes do evento que caracteriza a condição resolutória. A modificação se harmoniza com o Código Civil, que prevê a caducidade do fideicomisso quando o fideicomissário morre antes do fiduciário, ou antes de se realizar condição resolutória do direito deste último (art. 1.958 do CC). Caducando o fideicomisso por expressa previsão legal, não há necessidade de intervenção judicial.

A pretensão de simples expedição de **alvará judicial** também integra a jurisdição voluntária. Alvará é a ordem judicial para a realização de determinado ato, como, por exemplo, o levantamento de valores em instituição financeira.

Por fim, a **homologação de autocomposição extrajudicial** também se submete ao procedimento de jurisdição voluntária. Nos termos do art. 515, III, a decisão homologatória de autocomposição extrajudicial de qualquer natureza constitui título executivo judicial e, assim, para que eventual acordo seja capaz de ensejar execução forçada, por meio do cumprimento de sentença, necessária é a sua homologação pelo juiz. Nessa hipótese não se está diante de jurisdição contenciosa, pois há interesse comum das partes em submeter o acordo ao Estado.

---

da ciência da alienação; a segunda considera que, em se tratando de bens imóveis, o prazo deve começar a correr a partir do registro imobiliário. Também há divergência quanto ao tipo de ação a ser proposta. Maria Helena Diniz entende que é o caso de ação anulatória (DINIZ, Maria Helena. *Código Civil anotado*. 15. ed. São Paulo: Saraiva, 2010. p. 416). No STJ também há precedente: REsp 174.080/BA, Rel. Min. Sálvio de Figueiredo Teixeira, j. 26.10.1999. Há, no entanto, posição doutrinária que entende se tratar de ação de adjudicação, pois o seu principal efeito é permitir que aquele que foi preterido possa adquirir o bem.

Quadro esquemático 76 – Procedimentos especiais de jurisdição voluntária

Procedimentos Especiais de Jurisdição Voluntária (arts. 719 a 725)

- **Procedimentos que seguem o rito padrão (art. 725)**
  - I – Emancipação;
  - II – Sub-rogação;
  - III – Alienação, arrendamento ou oneração de bens de crianças ou adolescentes, de órfãos e de interditos;
  - IV – Alienação, locação e administração da coisa comum;
  - V – Alienação de quinhão em coisa comum;
  - VI – Extinção de usufruto, quando não decorrer da morte do usufrutuário, do termo da sua duração ou da consolidação, e de fideicomisso, quando decorrer de renúncia ou quando ocorrer antes do evento que caracterizar a condição resolutória;
  - VII – Expedição de alvará judicial;
  - VIII – Homologação de autocomposição extrajudicial, de qualquer natureza ou valor.

- **Procedimentos típicos ou nominados**
  - Notificação e interpelação (arts. 726 a 729)
  - Alienações judiciais (art. 730)
  - Divórcio e separação consensuais; extinção consensual de união estável e alteração do regime de bens do matrimônio (arts. 731 a 734)
  - Testamentos e codicilos (arts. 735 a 737)
  - Herança jacente (arts. 738 a 743)
  - Dos bens dos ausentes (arts. 744 e 745)
  - Das coisas vagas (art. 746)
  - Da organização e da fiscalização das fundações (arts. 764 e 765)
  - Da ratificação dos protestos marítimos e dos processos testemunháveis formados a bordo (arts. 766 a 770)

- **Questões procedimentais**
  - Tem início por provocação do interessado, do Ministério Público ou da Defensoria Pública;
  - O MP só deve atuar como *custos legis* nos casos do art. 178;
  - A Fazenda Pública sempre será ouvida nos casos que tiver interesse;
  - As despesas serão adiantadas pelo requerente e rateada entre os interessados;
  - A decisão em procedimento de jurisdição voluntária faz coisa julgada;
  - Será cabível o ajuizamento de ação rescisória nos casos previstos no art. 966.

2. NOTIFICAÇÃO E INTERPELAÇÃO (ARTS. 726 A 729)

O procedimento relativo aos protestos, notificações e interpelações estava disciplinado no CPC/1973 no Livro relativo ao Processo Cautelar, mais precisamente nos arts. 867 a 873. Apesar disso, sempre se entendeu que eles não possuem natureza cautelar, porquanto não prestam cautela a processo algum, instaurado ou a instaurar. Na verdade, trata-se de procedimento de jurisdição voluntária, que agora está sendo tratado como tal no CPC/2015.

Os protestos, as notificações e as interpelações não têm caráter constritivo de direito, mas apenas tornam público que alguém fez determinada manifestação. Esses atos formais não têm outra consequência jurídica a não ser o conhecimento incontestável da manifestação de alguém. Se essa manifestação tem relevância, ou não, será decidido no processo competente, se houver.[10]

---

[10] GRECO FILHO, Vicente. *Direito processual brasileiro*. 10. ed. São Paulo: Saraiva, 1995. p. 185.

De acordo com o art. 736, quem tiver interesse em manifestar formalmente sua vontade a outrem sobre assunto juridicamente relevante poderá notificar pessoas participantes da mesma relação jurídica para dar-lhes ciência de seu propósito. Cuida-se, em síntese, de providência que busca comprovar ou documentar a intenção de alguém, bem como prevenir responsabilidades e resguardar direitos.

Esse procedimento poderá ser utilizado, por exemplo, para o cumprimento do art. 397, parágrafo único, do Código Civil. Nessa hipótese a interpelação judicial é utilizada para a configuração do devedor em mora, sempre que não houver termo estipulado. Trata-se da chamada mora *ex persona* ou mora pendente, que também por ser constituída por procedimento extrajudicial, consistente em notificação expedida pelo Cartório de Títulos e Documentos. Há, ainda, outros exemplos no próprio Código Civil: art. 202, II e III; arts. 456 e 508.

As regras dispostas nos arts. 726 a 729 são também aplicáveis ao protesto judicial, cuja finalidade é conservar um direito através de manifestação normal contra atos a que o autor considere prejudiciais a seus interesses. Pode ocorrer, por exemplo, no processo trabalhista, com vistas a interromper a prescrição.[11]

Na petição inicial, exige-se o preenchimento dos requisitos gerais dos arts. 319 e 320, devendo o autor expor os fatos com clareza e precisão, esclarecendo ao juiz a necessidade da medida e sua respectiva finalidade. Consoante entendimento doutrinário, é possível o controle judicial sobre a adequação do pedido, assim como se admite, em razão da dificuldade de conceituação dos institutos – notificação e interpelação –, a fungibilidade entre eles.[12]

Regra geral, não há citação nesse procedimento, assim como não há contraditório. Somente será oportunizada a oitiva da parte contrária nas hipóteses do art. 728 do CPC, ou seja, se houver suspeita de que o requerente pretende alcançar fim ilícito ou se tiver sido requerida a averbação da notificação em registro público. Embora não exista prazo para manifestação, utiliza-se a regra geral prevista no art. 721 do CPC, ou seja, os interessados deverão se manifestar no prazo de 15 dias.

Por meio dessa manifestação, o requerido poderá resguardar os próprios direitos, evitando, por exemplo, que o deferimento da notificação acarrete-lhe alguma consequência jurídica desvantajosa (p. ex. que se premuna determinado comportamento ou fato a ele imputável).[13]

Mesmo nas hipóteses em que há necessidade de ouvir a parte contrária, não há falar em revelia. As notificações e interpelações não têm caráter constitutivo de direito, razão pela qual, ao final do procedimento, com a procedência do pedido, os autos serão entregues ao requerente,

---

[11] (...) A jurisprudência desta Corte vem se firmando no sentido de que o ajuizamento de protesto tem como efeito a interrupção da contagem tanto da prescrição bienal quanto da quinquenal. Precedentes (...)" (TST, AIRR: 15387720125100006, Rel. Luiz Philippe Vieira De Mello Filho, j. 02.12.2015, 7ª Turma, DJe 04.12.2015).

[12] Nesse sentido: "A notificação, para alguns, é a comunicação de um fato determinado; para outros é a conclamação para o notificado fazer ou deixar de fazer algo; para outros é a comunicação de algo que se leva ao conhecimento do notificado. A interpelação para alguns é a comunicação que busca a produção de algum efeito jurídico a partir de uma ação ou omissão do interpelado; para outros, a forma de fazer conhecer ao interpelado a exigência de cumprimento de uma obrigação. A dificuldade na conceituação possibilita a aplicação do princípio da fungibilidade, permitindo-se ao juiz a adequação da medida àquele que entende cabível no caso concreto" (NEVES, Daniel Amorim Assumpção. *Código de Processo Civil comentado*. 5. ed. Salvador: JusPodivm, 2020. p. 1237).

[13] NERY JR, Nelson; NERY, Rosa Maria de Andrade. *Código de Processo Civil comentado*. 3. ed. São Paulo: Thomson Reuters Brasil, 2018. p. 1.597.

desde que físicos (art. 729). Não há, portanto, a prolação de uma sentença, razão pela qual entende-se que o recurso de apelação é incabível.[14]

JURISPRUDÊNCIA TEMÁTICA

A notificação judicial como expediente apto à comprovação da mora

"Apelação. Notificação judicial. Alienação fiduciária. Comprovação da mora. Possibilidade. A notificação judicial é procedimento que visa cientificar o réu acerca de determinada intenção do autor, razão pela qual é cabível para fins de comprovação da mora em sede de alienação fiduciária, mormente em inexistindo impedimento legal para tal mister" (TJ-MG, Apelação Cível 2.0000.00.467498-4/000, 14ª Câmara Cível, Rel. Des. Dídimo Inocêncio de Paula, j. 02.06.2005).

Quadro esquemático 77 – Notificação e interpelação

Notificação e Interpelação (arts. 726 a 729)	– Protestos – Notificação – Interpelações	– Não têm caráter constritivo de direito, mas apenas torna público que alguém fez determinada manifestação. – Esses atos formais não têm outra consequência jurídica a não ser o conhecimento incontestável da manifestação de alguém.

3. ALIENAÇÕES JUDICIAIS (ART. 730)

A **alienação judicial** consiste num procedimento especial de jurisdição voluntária, por intermédio do qual o Poder Judiciário, agindo de ofício ou mediante requerimento da parte interessada, procede à venda de bens privados.

Constitui o procedimento da alienação judicial relevante instrumento processual, pois evita o perecimento ou a desvalorização do objeto da lide, servindo também para dirimir conflitos entre condôminos.

O Código contempla a "alienação judicial" como procedimento inominado (art. 725, III a V) e como procedimento nominado (art. 730). A diferença situa-se no plano da autonomia dos procedimentos.

Nas hipóteses previstas no art. 725, III a V, o procedimento é autônomo, sem qualquer vinculação com outro processo. Já o procedimento regulado pelo art. 730 é cabível como função cautelar, no curso de processo pendente, sempre que não houver acordo entre os interessados sobre o modo como se deve realizar a alienação do bem.

Ressalte-se que a disciplina da alienação judicial foi simplificada no CPC/2015, que passou a prever apenas um dispositivo sobre o tema, mas que faz remissão ao procedimento dos arts. 879 a 903, que disciplinam a alienação no processo envolvendo título executivo extrajudicial.

---

[14] "Interpelação Judicial. Procedimento que exaure-se com o cumprimento de seu objeto. Inteligência do art. 729 do CPC. Decisão que não ostenta natureza de sentença. Recurso de Apelação incabível. Decisão mantida. Recurso não conhecido" (TJ-SP, AC: 1020991-16.2018.8.26.0562, Rel. Luiz Antonio Costa, j. 12.08.2020, 7ª Câmara de Direito Privado, *DJe* 13.08.2020).

Quadro esquemático 78 – Alienações judiciais

Alienações Judiciais (art. 730)
- Conceito: procedimento especial de jurisdição voluntária, por intermédio do qual o Poder Judiciário, agindo de ofício ou mediante requerimento da parte interessada, procede à venda de bens privados.
- Hipóteses de Procedimento
  - Inominado (art. 725, III a V) → procedimento autônomo, sem qualquer vinculação com outro processo.
  - Nominado (art. 730) → cabível como função cautelar, no curso do processo pendente, sempre que não houver acordo entre os interessados sobre o modo como se deve realizar a alienação do bem.

4. DIVÓRCIO CONSENSUAL, EXTINÇÃO CONSENSUAL DE UNIÃO ESTÁVEL, ALTERAÇÃO DO REGIME DE BENS DO MATRIMÔNIO (ARTS. 731 A 734) E SEPARAÇÃO DE FATO

4.1 Noções gerais

Sob a vigência da Constituição de 1967, prevalecia a regra da definitividade matrimonial, somente rompida pela morte ou pela declaração de invalidade. Afora tais hipóteses, os casais frustrados com a convivência comum poderiam optar pelo desquite, espécie de separação de corpos que não dissolvia o vínculo conjugal.

Tido outrora como união indissolúvel e única forma de constituição da família, o casamento passou, com a Emenda Constitucional nº 9/1977, a ter outra causa dissolutória: o divórcio. A regulamentação infraconstitucional ficou por conta da Lei nº 6.515/1977, que previu o divórcio direto e por conversão.

A Lei nº 6.515/1977 estabeleceu, portanto, a necessidade de o divórcio ser antecedido pela separação judicial, admitindo, somente em casos excepcionais, o divórcio direto para aqueles que se encontrassem separados de fato por mais de cinco anos, a contar de qualquer data anterior a 28.06.1977 (antiga redação do art. 40).

A Constituição de 1988 deu origem a algumas mudanças legislativas, facilitando o desfazimento do vínculo conjugal, ao permitir o divórcio direto depois de decorridos dois anos da separação de fato,[15] iniciada a qualquer tempo. Como se vê, o divórcio direto deixou de ser uma regra excepcional e transitória para se tornar uma opção dos consortes.

Assim, a partir de então, facultou-se aos nubentes a possibilidade de separarem-se judicialmente decorrido um ano desde a celebração das núpcias[16] e, após mais um ano, requererem a conversão em divórcio; ou simplesmente separarem-se de fato e, após dois anos, ajuizarem o divórcio direto.

Em janeiro de 2007, um significativo passo em direção à simplificação do divórcio foi dado com a promulgação da Lei nº 11.441/2007, a qual permite o desfazimento da sociedade conjugal administrativamente por meio de escritura pública em casos específicos, afastando a ingerência do Poder Judiciário em assunto que não diz respeito a mais ninguém além dos consortes.

---

[15] Sob a égide da CF/1988 foi promulgada a Lei nº 7.841/1989, que modificou a redação do art. 40 da Lei nº 6.515/1977, reduzindo o prazo para o divórcio direto de cinco para dois anos.

[16] O art. 4º da Lei nº 6.515/1977 foi derrogado pelo CC de 2002, que, no seu art. 1.574, reduziu o prazo de casamento de dois para um ano.

Com o advento da Emenda Constitucional nº 66/2010, ocorreu uma verdadeira revolução no Direito de Família. Não obstante o texto simples do dispositivo que deu nova redação ao art. 226, § 6º, da CF, os efeitos trazidos pela modificação constitucional são avassaladores.

Segundo o atual texto do art. 226, § 6º, da CF, "o casamento civil pode ser dissolvido pelo divórcio". A simplicidade da norma acima e os efeitos por ela trazidos refletem as alterações pelas quais vem passando a matriz ideológica do conceito moderno de família, baseadas, para além de frias imposições legais, na necessidade insuperável de valorização, em todos os aspectos, da dignidade da pessoa humana.

A consagração de um ideal de felicidade pessoal a ser perseguido autonomamente pelos sujeitos, aliado à reconstrução da noção jurídica de família, fundamentada no afeto, impunha a facilitação da dissolução do casamento, porque não cabia ao Estado – de acordo com perspectiva de intervenção mínima no Direito de Família – estabelecer condições ou requisitos para se pôr fim à relação matrimonial.

Há muito vem se percebendo que o casamento se tornou apenas uma – e não a principal – forma de constituição familiar e deixou de ser visto como uma instituição sagrada e intangível. Com efeito, a ordem jurídica que contempla a tutela do afeto não pode tolerar a indissolubilidade de uma união falida. Isto é, não se poderia menosprezar a realidade, porque "o ato de casar e o de não permanecer casado constituem, por certo, o verso e o reverso da mesma moeda: a liberdade de autodeterminação afetiva".[17]

Como vimos, a discussão sobre a manutenção da separação em nosso ordenamento foi cessada com a decisão do Supremo Tribunal Federal no Recurso Extraordinário nº 1.167.478, cuja repercussão geral foi conhecida. Antes da Emenda nº 66, o divórcio exigia que houvesse separação judicial por mais de um ano, ou a comprovação de uma separação de fato por mais de dois anos. A alteração retirou essa exigência, mas não houve mudança nas regras de separação. Elas continuaram a existir tanto no Código Civil quanto no Código de Processo Civil. O Ministro Luiz Fux, cuja tese foi vencedora, entendeu que, após a emenda, **a separação foi suprimida do ordenamento jurídico**.

Sempre entendemos que a separação poderia existir como figura autônoma no ordenamento jurídico. A nota de diferenciação entre divórcio e separação consiste no fato de que, pelo divórcio, rompe-se o vínculo matrimonial, que somente poderá ser refeito por meio de um novo casamento, ao passo que, na separação, dissolve-se apenas a sociedade conjugal, de modo que não mantêm os cônjuges deveres recíprocos, como coabitação e fidelidade, tampouco a comunhão de bens em determinado regime. Assim, em havendo tão somente a separação de direito, é possível, diante da reconciliação dos cônjuges, o refazimento da sociedade conjugal mediante mera averbação no registro público. Em suma: **o divórcio dissolve o vínculo matrimonial na sua inteireza; a separação de direito, por outro lado, desenlaça somente a sociedade conjugal**.

Apesar dos argumentos que também foram encampados por alguns dos Ministros do Supremo, o instituto da separação foi abolido do ordenamento pátrio pelo Supremo Tribunal Federal. Prevaleceu a corrente segundo a qual a PEC que redundou na Emenda Constitucional nº 66/2010 teve o determinado e explícito objetivo de terminar com a chamada via dupla para obtenção do divórcio e simplificar as coisas.[18] Assim, partindo-se dessa interpretação histórica, a separação como meio de pôr fim à sociedade conjugal não mais deve existir.

---

[17] FARIAS, Cristiano Chaves de; ROSENVALD, Nelson. *Direito de famílias*. Rio de Janeiro: Lumen Juris, 2009. p. 277.

[18] VELOSO, Zeno. O novo divórcio e o que restou do passado. Disponível em: www.ibdfam.org.br. Acesso em: 9 nov. 2018.

Para os casais que se encontram com *status* de "separado", não há automática dissolução pelo divórcio. Esse estado civil será preservado, tenha sido a separação realizada judicialmente ou por meio de escritura pública. Por óbvio, caso queiram, poderão se divorciar sem a necessidade de comprovar qualquer lapso temporal, bastando a mera vontade.

Apesar do posicionamento do Supremo, já adiantamos que, embora não mais exista o instituto da separação como uma modalidade de estado civil, os casais que não queiram escolher o divórcio e estejam de acordo quanto à separação fática podem formalizar essa situação por meio de escritura pública.

4.2 Divórcio judicial consensual

Como visto no item anterior, a alteração no texto do art. 226, § 6º, da CF/1988 permitiu aos cônjuges optarem pelo divórcio direto, sem a necessidade de cumprimento de quaisquer requisitos. Frise-se: o divórcio, de imediato, pode ser utilizado como meio de dissolução do casamento, sem qualquer requisito, senão o próprio casamento. Terminada a festa, antes mesmo da noite de núpcias, pode-se requerer o divórcio.

O divórcio, nos termos do art. 226, § 6º, da CF, com a redação que lhe foi dada pela EC nº 66/2010, dissolve o casamento civil e pode operar-se diretamente, pela vontade de ambos os consortes ou por iniciativa de qualquer um deles. Assim, em relação ao divórcio, três opções abrem-se aos cônjuges: (a) o divórcio consensual; (b) o divórcio litigioso; (c) o divórcio extrajudicial.

O **divórcio consensual**, objeto deste tópico, está disciplinado nos arts. 731 a 733 do CPC/2015, e tem por finalidade a obtenção da homologação judicial, quando não preferirem os cônjuges a via extrajudicial ou quando, apesar de acertados quanto à dissolução, não forem preenchidos os demais requisitos do art. 733 e da Resolução nº 35/2007 do CNJ. Nessa hipótese, por haver consenso, o papel do juiz é de mero fiscalizador do acordo, para aferir se foram adequadamente tratadas as questões essenciais.

Em quaisquer dessas situações – divórcio litigioso, consensual ou extrajudicial –, o único requisito verdadeiramente imprescindível para o divórcio é a apresentação da certidão de casamento. Como reiteradamente afirmado, não importa mais, para a dissolução do casamento, a discussão de culpa ou a aferição de requisito de ordem temporal. Não se exige, pois, que os cônjuges declinem os motivos que os levaram à decisão de pôr fim ao casamento e não há, conforme disposto no art. 226, § 6º, da CF, menção alguma a transcurso temporal.

Nem mesmo a prévia partilha de bens se faz essencial. Tal entendimento, consagrado pela jurisprudência, rendeu ensejo à edição da Súmula nº 197, do STJ, segundo a qual "o divórcio direto pode ser concedido sem que haja prévia partilha dos bens". Nessa mesma linha, o art. 1.581 do CC permite, expressamente, a decretação do divórcio (seja qual modalidade for) sem que haja a prévia partilha. Por óbvio que, nesses casos, havendo novas núpcias, o regime de bens a ser adotado será o da separação obrigatória de bens (art. 1.523, III, c/c art. 1.641, I, do CC), como forma de se evitarem futuros conflitos patrimoniais.

4.3 Extinção consensual de união estável

Como no CPC/1973 não existia previsão quanto à união estável, na hipótese de dissolução consensual a jurisprudência passou a aplicar, por analogia, o procedimento previsto nos arts. 1.120 a 1.124, os quais exigiam a assinatura de ambos os cônjuges na petição inicial e seu lançamento na presença do juiz ou reconhecidas por tabelião, prevendo ainda a realização de audiência de conciliação e ratificação do pedido de dissolução.

O atual CPC, por outro lado, dedica-se ao tema na mesma seção em que trata da separação e do divórcio consensuais. Além disso, permite que a união estável também seja dissolvida por escritura pública, conforme veremos adiante.

4.4 Alteração do regime de bens do matrimônio

A possibilidade de alteração do regime de bens não estava expressamente prevista na legislação processual de 1973. No entanto, o Código Civil de 2002 – diferentemente da lei material de 1916 – trata do tema. Veja:

> Art. 1.639. É lícito aos nubentes, antes de celebrado o casamento, estipular, quanto aos seus bens, o que lhes aprouver.
> [...]
> § 2º É admissível alteração do regime de bens, mediante autorização judicial em pedido motivado de ambos os cônjuges, apurada a procedência das razões invocadas e ressalvados os direitos de terceiros.

Costuma-se falar que essa previsão corresponde ao princípio da **mutabilidade justificada**, que permite a mudança quanto ao regime quando houver pedido motivado de ambos os nubentes e ficar constatada a inexistência de prejuízos a direitos de terceiros.

Apesar de não existir correspondência na legislação de 1973, sempre se entendeu que o procedimento para alteração do regime de bens deveria ser submetido às regras constantes no título relativo aos procedimentos de jurisdição voluntária. O que o CPC/2015 fez foi enquadrar a disciplina tal como entendido pela doutrina e jurisprudência. Além disso, estabeleceu disposições procedimentais relativas ao tema. São elas:

- A alteração do regime de bens do casamento, observados os requisitos legais, poderá ser requerida, **motivadamente, em petição assinada por ambos os cônjuges**, na qual serão expostas as razões que justificam a alteração, **ressalvados os direitos de terceiros**.

O *caput* do art. 734 tem redação semelhante à do § 2º do art. 1.639 do Código Civil. A motivação para a alteração do regime matrimonial de bens deve ser analisada pelo juiz, caso a caso, não podendo a modificação servir para prejudicar terceiros.

Podemos citar como exemplo de justo motivo para a alteração o desaparecimento de causa suspensiva do casamento. Nesse sentido é o Enunciado nº 262 do Conselho da Justiça Federal: "A obrigatoriedade da separação de bens, nas hipóteses previstas nos incisos I e III do art. 1.641 do Código Civil, não impede a alteração do regime, desde que superada a causa que o impôs".

- Ao receber a petição inicial, o juiz determinará a intimação do Ministério Público e a publicação de edital que divulgue a pretendida alteração de bens, **somente podendo decidir depois de decorrido o prazo de 30 dias da publicação do edital**.

A exigência de publicação de editais tem por objetivo resguardar eventuais direitos de terceiros. A norma inserida no CPC/2015 se apoia no Enunciado nº 113 do CJF/STJ, favorável à publicação de editais como forma de cumprir o requisito da ampla publicidade. Na jurisprudência, no entanto, há entendimentos em sentido diverso,[19] mas que devem ser considerados

---

[19] "Civil. Família. Matrimônio. Alteração do regime de bens do casamento. Expressa ressalva legal dos direitos de terceiros. Publicação de edital para conhecimento de eventuais interessados, no órgão oficial e na imprensa local. Provimento nº 24/03 da Corregedoria do Tribunal Estadual. Formalidade dispensável, ausente base legal. Recurso especial conhecido e provido. 1. Nos termos do art. 1.639, § 2º, do Código Civil de 2002, a alteração do regime jurídico de bens do casamento é admitida, quando

como superados em razão da disposição expressa contida no art. 734, § 1º, do Código de Processo Civil atual.

- Os cônjuges, na petição inicial ou em petição avulsa, podem propor ao juiz **meio alternativo de divulgação da alteração do regime de bens**, a fim de resguardar direitos de terceiros.

Por se tratar de questão eminentemente patrimonial, é possível que os próprios cônjuges proponham uma forma alternativa de divulgação da alteração do regime de bens, buscando assim, atingir o maior número de pessoas possível.

De qualquer forma, os terceiros que eventualmente não tomarem conhecimento da alteração – seja pela publicação de editais ou por meio alternativo deferido pelo juiz – poderão pedir a ineficácia da decisão judicial. Em outras palavras, o terceiro prejudicado não poderá se opor à alteração do regime de bens, mas poderá requerer ao juízo que declare, em seu favor, a ineficácia da mudança.[20]

- **Após o trânsito em julgado da sentença**, serão expedidos mandados de averbação aos cartórios de registro civil e de imóveis e, caso qualquer dos cônjuges seja empresário, ao Registro Público de Empresas Mercantis e Atividades Afins.

A decisão que homologa o pedido de alteração do regime de bens só produzirá efeitos perante terceiros que eventualmente celebrarem negócios com os requerentes após trânsito em julgado da decisão. Os efeitos, no entanto, dependerão da publicidade da decisão, que deve ser averbada à margem do registro de casamento no Registro Civil das Pessoas Naturais, e levada ao registro imobiliário competente. O CPC/2015 também prevê que, sendo empresário qualquer dos cônjuges, também deve ser providenciada averbação no Registro Público de Empresas Mercantis.

Ressalte-se que essa última providência já vinha sendo adotada na prática. Algumas corregedorias de Tribunais de Justiça editaram provimentos com o objetivo de conferir eficácia *erga omnes* às decisões judiciais homologatórias da alteração do regime de bens e, assim, evitar que eventuais credores, inscientes do fato, viessem a ser prejudicados também no âmbito das relações negociais firmadas com cônjuge empresário.

Por fim, importa destacar outros dois aspectos relativos ao regime de bens: a **possibilidade de alteração quando o casamento tenha sido celebrado na vigência do Código Civil de 1916 e a (im)possibilidade de alteração administrativa, mediante escritura pública**.

Ainda que o casamento tenha sido celebrado na vigência do CC/1916, será possível posterior alteração do regime de bens. Isso porque a regra quanto ao regime está inserida no plano de

---

procedentes as razões invocadas no pedido de ambos os cônjuges, mediante autorização judicial, sempre com ressalva dos direitos de terceiros. 2. Mostra-se, assim, dispensável a formalidade emanada de Provimento do Tribunal de Justiça de publicação de editais acerca da alteração do regime de bens, mormente pelo fato de se tratar de providência da qual não cogita a legislação aplicável. 3. O princípio da publicidade, em tal hipótese, é atendido pela publicação da sentença que defere o pedido e pelas anotações e alterações procedidas nos registros próprios, com averbação no registro civil de pessoas naturais e, sendo o caso, no registro de imóveis. 4. Recurso especial provido para dispensar a publicação de editais determinada pelas instâncias ordinárias" (STJ, REsp 776.455/RS, 4ª Turma, Rel. Min. Raul Araújo, *DJ* 26.04.2012).

[20] TARTUCE, Flávio; SIMÃO, José Fernando. *Direito civil*: direito de família. São Paulo: Método, 2010. v. 5, p. 131.

eficácia do casamento. Doutrinariamente tal conclusão consta no Enunciado n° 260 do CJF.[21] Os tribunais superiores também já tiveram oportunidade de se manifestar no mesmo sentido. Veja:

"Civil. Casamento. Regime de bens. Alteração judicial. Casamento celebrado sob a égide do CC/1916 (Lei n° 3.071). Possibilidade. RT. 2.039 do CC/2002 (Lei n° 10.406). Precedentes. Art. 1.639, § 2°, CC/2002. I. Precedentes recentes de ambas as Turmas da 2ª Seção desta Corte uniformizaram o entendimento no sentido da possibilidade de alteração de regime de bens de casamento celebrado sob a égide do Código Civil de 1916, por força do § 2° do artigo 1.639 do Código Civil atual. II. Recurso Especial provido, determinando-se o retorno dos autos às instâncias ordinárias, para que, observada a possibilidade, em tese, de alteração do regime de bens, sejam examinados, no caso, os requisitos constantes do § 2° do artigo 1.639 do Código Civil atual" (STJ, REsp 1.112.123/DF, Rel. Min. Sidnei Beneti, j. 16.06.2009).

Quanto à alteração do regime de bens por meio de escritura pública, o CPC/2015 teve a oportunidade, assim como fez com a extinção da união estável, de extrajudicializar a questão, mas não o fez. Sendo assim, **a alteração do estatuto patrimonial do casal depende, necessariamente, de manifestação judicial**. Há diversas propostas legislativas que buscam alterar esse cenário para admitir a modificação administrativa – via cartório – do regime de bens. Em sua maioria, os projetos não exigem qualquer motivação para alteração, mas condicionam a lavratura da escritura pública à assistência de advogado.

Anote, por fim, que o STJ já decidiu ser possível alterar o regime de bens do casamento, de comunhão parcial para separação total, com a realização de partilha do patrimônio adquirido no regime antigo **mesmo sem prévia dissolução do casamento**.[22]

JURISPRUDÊNCIA TEMÁTICA

Apresentação da relação pormenorizada dos bens não é requisito essencial para o deferimento do pedido de alteração de regime

"Recurso especial. Direito civil. Casamento. Regime de bens. Modificação. Negativa de prestação jurisdicional. Não ocorrência. Prequestionamento. Ausência. Súmula 211/STJ. Controvérsia acerca da interpretação do art. 1.639, § 2°, do Código Civil. Exigência da apresentação de relação discriminada dos bens dos cônjuges. Incompatibilidade com a hipótese específica dos autos. Ausência de verificação de indícios de prejuízo aos consortes ou a terceiros. Preservação da intimidade e da vida privada. (...) 5. De acordo com a jurisprudência consolidada desta Corte Superior, é possível a modificação do regime de bens escolhido pelo casal – autorizada pelo art. 1.639, § 2°, do CC/2002 – ainda que o casamento tenha sido celebrado na vigência do Código Civil anterior, como na espécie. Para tanto, estabelece a norma precitada que ambos os cônjuges devem formular pedido motivado, cujas razões devem ter sua procedência apurada em juízo, resguardados os direitos de terceiros. 6. A melhor interpretação que se pode conferir ao § 2° do art. 1.639 do CC é aquela no sentido de não se exigir dos cônjuges justificativas ou provas exageradas, desconectadas da realidade que emerge dos autos, sobretudo diante do fato de a decisão que concede a modificação do regime de bens operar efeitos *ex nunc*. Precedente. 7. Isso porque, na sociedade conjugal contemporânea, estruturada de acordo com

---

[21] "A alteração do regime de bens prevista no § 2° do art. 1.639 do Código Civil também é permitida nos casamentos realizados na vigência da legislação anterior".

[22] Confira a notícia no *site* do STJ: http://www.stj.jus.br/sites/STJ/default/pt_BR/noticias/noticias/Casal-pode-mudar-regime-de-bens-e-fazer-partilha-na-vig%C3%AAncia-do-casamento.

os ditames assentados na Constituição de 1988, devem ser observados - seja por particulares, seja pela coletividade, seja pelo Estado - os limites impostos para garantia da dignidade da pessoa humana, dos quais decorrem a proteção da vida privada e da intimidade, sob o risco de, em situações como a que ora se examina, tolher indevidamente a liberdade dos cônjuges no que concerne à faculdade de escolha da melhor forma de condução da vida em comum. 8. Destarte, no particular, considerando a presunção de boa-fé que beneficia os consortes e a proteção dos direitos de terceiros conferida pelo dispositivo legal em questão, bem como que os recorrentes apresentaram justificativa plausível à pretensão de mudança de regime de bens e acostaram aos autos farta documentação (certidões negativas das Justiças Estadual e Federal, certidões negativas de débitos tributários, certidões negativas da Justiça do Trabalho, certidões negativas de débitos trabalhistas, certidões negativas de protesto e certidões negativas de órgãos de proteção ao crédito), revela-se despicienda a juntada da relação pormenorizada de seus bens. Recurso Especial Provido" (STJ, REsp 1.904.498/SP, 3ª Turma, Rel. Min. Nancy Andrighi, j. 04.05.2021, *DJe* 06.05.2021).

4.5 Aspectos procedimentais do divórcio consensual e da extinção consensual de união estável

4.5.1 *Petição inicial*

Além dos requisitos insculpidos nos arts. 319 e 320, a petição inicial nessas demandas deve observar algumas especificidades.

No divórcio consensual, a exposição dos fatos cinge-se à notícia acerca da convivência conjugal frustrada (desejo de rompimento do vínculo), à existência de filhos, se for o caso, e de patrimônio comum ou exclusivo.

A inicial do divórcio por mútuo consentimento contemplará disposições atinentes à guarda dos filhos incapazes, ao regime de visitas, ao valor da contribuição para criar e educar os filhos e, eventualmente, à pensão alimentícia entre os cônjuges. Também deve haver menção aos bens e, facultativamente, à forma de partilhá-los. Diz-se facultativamente porque o parágrafo único do art. 731 afasta a obrigatoriedade de se proceder à partilha por ocasião do divórcio. No que tange aos alimentos, não raramente, as partes renunciam reciprocamente a eles.[23]

A causa de pedir no divórcio funda-se apenas na impossibilidade de manutenção da relação matrimonial, sem quaisquer outros condicionantes.

O pedido consistirá na decretação do divórcio para dissolver o vínculo conjugal. Após a já mencionada decisão do STF sobre a extinção da separação, eventuais pedidos nesse sentido devem ser acolhidos como divórcio, desde que, é claro, seja oportunizada a manifestação das partes, por exemplo, através de emenda à petição inicial.

Importante fazer menção aos documentos indispensáveis à propositura da ação, sem os quais o juiz poderá indeferir a inicial se, após a intimação para emenda, não houver manifestação do autor.

---

[23] Apesar de não constar expressamente em lei, está pacificado pela jurisprudência que os alimentos entre adultos (ex-cônjuges e ex-conviventes) são renunciáveis. Nesse sentido: STJ, REsp 1.143.762/SP, Rel. Min. Nancy Andrighi, j. 26.03.2013). O art. 1.707 do CC prevê que o credor pode não exercer o direito aos alimentos, mas não pode renunciá-los. Essa irrenunciabilidade só tem validade enquanto existir o vínculo familiar, ou seja, é perfeitamente válida renúncia manifestada no momento do acordo de separação ou de divórcio. No entanto, por outro lado, não pode ser admitida a renúncia feita durante a vigência da união estável ou que aquela realizada antes perdure se houver superveniente necessidade de um dos companheiros.

A certidão de casamento, exceto, por óbvio, no caso de extinção da união estável, é sempre essencial. A depender do caso concreto, outros documentos podem se fazer indispensáveis, como a certidão de nascimento dos filhos e matrícula dos imóveis, entre outros.

Por derradeiro, deve-se destacar um detalhe importante. Por expressa disposição legal (arts. 731 do CPC/2015 e 34 da Lei nº 6.515/1977), a petição inicial deverá ser assinada por ambos os cônjuges, pessoalmente ou a rogo, se qualquer deles não puder ou souber assinar.

4.5.2 Tentativa preliminar de reconciliação

Resquício do tempo em que ainda se acreditava existir algum interesse público na manutenção do casamento, o art. 3º, § 2º, da Lei nº 6.515/1977 preceitua que o juiz deverá promover todos os meios para que as partes se reconciliem ou transijam, ouvindo pessoal e separadamente cada um dos cônjuges e, a seguir, reunindo-os em sua presença, se assim considerar necessário. Tal dispositivo aplica-se indistintamente para os processos amigáveis ou litigiosos, devendo-se recordar que o art. 1.122 do CPC/1973 trazia regra semelhante, especificamente no caso dos procedimentos consensuais.

A parcela da doutrina comprometida com a formalidade do procedimento tenta justificar a existência da chamada "audiência de ratificação" no fato de que o juiz deve ter certeza de que os cônjuges agem de forma deliberada e consciente.

A despeito disso, adotando-se perspectiva mais vanguardista, é de se reputar absolutamente inócua tal providência. É que, como dito anteriormente, a nova ordem constitucional reconheceu o afeto como base das relações familiares e o erigiu a elemento digno de tutela jurídica. Logo, desaparecendo o afeto, não há por que insistir em manter uma relação que já ruiu.

Basta imaginar que, ao bater às portas do Judiciário para pôr termo ao vínculo matrimonial, o casal já passou por enorme desgaste emocional. A decisão de se separar já está tomada de modo inexorável. E mesmo que assim não fosse, no caso dos procedimentos litigiosos, de que adianta manter casados os consortes se um deles já manifestou de forma deliberada (com o simples ingresso em juízo) a sua intenção de se separar? Não há, evidentemente, justificativa plausível para tanto.

A bem da verdade, se o casamento é celebrado mediante simples manifestação de vontade dos cônjuges, assim também deve ser no momento da dissolução, não se podendo impor entraves que dificultem o desfazimento do vínculo. Aliás, não constitui exagero algum afirmar que a exigência de audiência de ratificação atenta contra a garantia constitucional da liberdade e autodeterminação do indivíduo.

A audiência de ratificação, além de inútil, pode ocasionar situações desconcertantes, na medida em que impõe às partes a necessidade de expor ao juiz, totalmente alheio à relação amorosa que outrora os unia, as razões pelas quais não é possível a mantença do vínculo conjugal. Ademais, há casos em que os consortes não mais se suportam e esforçam-se para se tratarem com urbanidade, o que pode transformar a audiência de ratificação em um episódio desastroso.

Nessa linha de entendimento, a jurisprudência já vinha afastando a necessidade da audiência para a tentativa de conciliação, como se depreende do julgado transcrito a seguir:

> "Separação consensual. Audiência de ratificação. Ainda que haja determinação legal e seja recomendável a realização da audiência de ratificação, excepcionalmente pode ser dispensada, principalmente quando não há filhos, nem obrigação alimentar. Não se verificando vício na manifestação de vontade das partes, possível chancelar a separação consensual, sem a formalidade (a designação de audiência)" (TJRS, AI 700120081089, 7ª Câmara Cível, Rel. Des. Maria Berenice Dias, j. 09.11.2005).

Em 2015, esse entendimento restou consolidado:

"[...] A audiência de conciliação ou ratificação passou a ter apenas cunho eminentemente formal, sem nada produzir, e não havendo nenhuma questão relevante de direito a se decidir, nada justifica na sua ausência, a anulação do processo" (STJ, REsp 1.483.841/RS, Rel. Min. Moura Ribeiro, j. 27.03.2015).

Felizmente, o CPC/2015 sepultou de vez qualquer controvérsia. Isso porque a nova legislação não repetiu a redação do art. 1.122 do CPC/1973. De fato, não faz qualquer sentido a obrigatoriedade de audiência em procedimento consensual, notadamente quando a lei já exige outros requisitos que denotam a plena concordância dos cônjuges. Em suma, atualmente, prevalece a ideia de que a **eventual imposição da audiência contra a vontade das partes consiste em providência manifestamente ilegal**.

4.5.3 Sentença

Nos procedimentos judiciais de divórcio por mútuo consentimento, a atividade jurisdicional é meramente homologatória do acordo celebrado entre as partes. Ao homologar referida avença, o juiz decretará o divórcio, dissolvendo o vínculo conjugal.

Há previsão legal de improcedência do pleito dissolutório na hipótese de pedido consensual. O art. 1.574, parágrafo único, prevê a possibilidade de o juiz recusar a homologação se apurar que a convenção não preserva suficientemente os interesses dos filhos ou de um dos cônjuges. O dispositivo trata da separação.

A doutrina já repudiava de forma incisiva tal disposição, apelidada de "cláusula de dureza", ao fundamento de que o indeferimento da pretensão dissolutória, seja na separação, seja no divórcio, não fará que os cônjuges reatem os laços de afeto, há muito desfeitos. Isso porque a ruptura da vida conjugal é, necessariamente, anterior à separação. Logo, não pode o juiz insistir em manter uma união desfeita no plano fático.

Poder-se-ia objetar a crítica doutrinária com o argumento de que a cláusula de dureza somente teria aplicação em casos excepcionais, nos quais houvesse manifesta desvantagem de um dos cônjuges ou prejuízo aos filhos. Todavia, a solução para tal impasse residia no decreto de separação sem a homologação da partilha, como sugere Maria Berenice Dias. A jurista gaúcha segue lançando pertinente reflexão: "não se atina qual seria o interesse dos filhos em viver em um lar em que os laços de afeto não mais existem e em que a permanência do vínculo legal entre seus pais é imposta judicialmente".[24]

Assim, em consonância com a doutrina majoritária e com a perspectiva civil-constitucional incidente sobre o Direito de Família, deve-se afastar a aplicação do dispositivo que prevê a possibilidade de negar a tutela homologatória ao acordo de separação ou divórcio judicial. E mais: com o advento da EC nº 66/2010, que admite o divórcio de imediato, tornou-se inválida essa disposição, porque não recepcionada pela nova normatização fundamental. Com mais razão, ela deve ser afastada para a separação, pois o instituto, como vimos, já não mais existe.

Convém lembrar, ainda, que, na vigência do CPC de 1939, a sentença homologatória da separação judicial era submetida ao reexame necessário, o que já havia sido afastado pelo art. 475 do CPC/1973 (art. 496 do CPC/2015). Por outro lado, o recurso voluntário é perfeitamente admissível na hipótese, por exemplo, de a sentença homologatória se distanciar dos termos do acordo celebrado entre as partes. Entretanto, é de se registrar que, uma vez chancelada pelo Judiciário a avença livremente entabulada entre os consortes, impossível se afigura a retratação

---

[24] DIAS, Maria Berenice. *Manual de direito das famílias*. 4. ed. São Paulo: RT, 2007. p. 279.

na via recursal ou mediante ação rescisória. Se a parte se sentir lesada pelos termos do acordo, deverá ajuizar ação anulatória no prazo prescricional de quatro anos.

4.6 Procedimentos de divórcio e extinção da união estável extrajudiciais

4.6.1 Generalidades

Pedras de toque do processualismo moderno, a efetividade e a celeridade procedimentais fizeram que o constituinte derivado erigisse à categoria de garantia individual a duração razoável do processo (art. 5º, LXXVIII, da CF/1988).

Nesse contexto, a Lei nº 11.441/2007[25] introduziu em nosso sistema a separação e o divórcio consensuais pela via extrajudicial, mitigando a excessiva ingerência do Estado na intimidade dos cidadãos.

Como já salientado linhas atrás, a participação do estado-juiz na dissolução matrimonial justificava-se pela crença de que a manutenção do casamento desfrutava de algum interesse público. Entretanto, evidenciado o anacronismo dessa concepção, o legislador, em boa hora, tratou de afastar da função jurisdicional aspectos personalíssimos da vida privada que só dizem respeito aos seus titulares.

A partir do momento em que o casamento se tornou apenas uma das formas de constituição familiar – ao lado da união estável e da sociedade monoparental, por exemplo –, perdeu sentido a sua manutenção a todo custo e ganhou força a ideia de facilitação de ruptura do vínculo conjugal.

Aliás, se a celebração do casamento não exige a homologação judicial, por que a dissolução por mútuo consentimento haveria de exigir? Deve-se respeitar o paralelismo das formas, de modo que a mesma vontade criadora deve ter o condão de extinguir.

Além disso, se na seara obrigacional os contratos podem ser desfeitos mediante simples distrato, por que deve ser diferente com o casamento, ao qual não se pode negar a natureza negocial?[26]

Em resposta a todas essas indagações, a modificação empreendida pela Lei nº 11.441/2007 tratou de afetar a separação e o divórcio por mútuo consentimento à esfera administrativa, sempre que envolver exclusivamente a vontade livre e capaz dos nubentes. Assim, descongestiona-se a via judicial, para que o Estado volte sua atenção para as causas que realmente possam lhe interessar, ou seja, aquelas que envolvam interesse de incapazes ou alguma carga de litigiosidade.

No CPC/1973, a referida legislação inseriu o art. 1.224-A, que permitiu a separação consensual e o divórcio consensual por meio de escritura pública quando o casal não possuísse filhos menores ou incapazes. O CPC/2015 manteve essa possibilidade e acrescentou à via administrativa a extinção consensual de união estável.

Os requisitos previstos pelo CPC/2015 (art. 733) são os mesmos da lei anterior, mas com um acréscimo: **a existência de nascituro impede a escolha pela via extrajudicial, tal como já sinalizava a doutrina.**[27] Ocorre que, conforme adiantados na primeira parte dessa obra,

---

[25] Esta lei contempla também o inventário e a partilha na via administrativa.
[26] A natureza negocial do casamento é defendida, entre outros, por Cristiano Chaves de Farias, com respaldo na doutrina de Orlando Gomes.
[27] Nesse sentido: "Na hipótese de a mulher encontrar-se em estado de gravidez, pela sistemática legal, não haveria a possibilidade de proceder-se à separação extrajudicialmente, até porque o nascituro faz jus a alimentos" (DIAS, Maria Berenice. *Manual de direito das famílias*. 5. ed. São Paulo: RT, 2009. p. 311).

a Resolução nº 571/2024 do CNJ, que alterou a Resolução nº 35/2007, possibilitou, dentre outras hipóteses de extrajudicialização, a realização de divórcio pela via administrativa mesmo quando existente filho incapaz, desde que devidamente comprovada a prévia resolução judicial de todas as questões referentes à guarda, visitação e alimentos deles, o que deverá ficar consignado no corpo da escritura.

4.6.2 Via administrativa: faculdade ou imposição?

A leitura do art. 1.124-A do CPC/1973 e do art. 733 do CPC/2015 conduzem inicialmente à conclusão de que a dissolução do casamento ou da união estável por meio de escritura pública constitui opção dos consortes. Assim, pela garantia constitucional da inafastabilidade da jurisdição, seria inadmissível obstacularizar a via judicial quando assim consentissem os cônjuges ou companheiros.

Por outro lado, há quem enxergue nos dispositivos autêntica obrigatoriedade de utilização da via extrajudicial, tendo em vista que o verdadeiro espírito da norma visa desobstruir o Judiciário, permitindo que a tutela jurisdicional adequada, célere e eficaz seja prestada àqueles casos que realmente necessitam da intervenção do Estado-juiz. Para estes, não há vulneração ao princípio da inafastabilidade da jurisdição, mas tão somente racionalização da máquina judiciária.

Com efeito, se não há conflito de interesses, não há, evidentemente, necessidade de se recorrer ao Poder Judiciário. Se o divórcio por mútuo consentimento está a depender unicamente da manifestação da vontade perante um tabelião, que utilidade teria o ingresso na via judicial?

Partindo dessas reflexões, tem-se sustentado aqui e acolá a total falta de interesse de agir daqueles que buscam o Judiciário para pôr fim ao casamento quando poderiam fazê-lo na via administrativa.

A jurisprudência dos Tribunais Pátrios, no entanto, firmou-se no sentido de se considerar o procedimento extrajudicial uma **faculdade conferida aos cônjuges**, de modo que podem optar por perseguir a via jurisdicional ou administrativa. Nesse sentido, citem-se os seguintes acórdãos:

"Família. Divórcio consensual. Lei nº 11.441/07. Art. 1124-A do CPC. Divórcio por escritura pública. Mera faculdade. Possibilidade de se recorrer ao judiciário. O divórcio consensual mediante escritura pública previsto no art. 1124-A do CPC, com a modificação trazida pela Lei nº 11.441/07, é mera faculdade atribuída ao casal, sendo-lhes possível, caso prefiram, recorrer ao judiciário" (TJ-MG, Apelação Cível nº 1.0686.06.182311-4/001, Rel. Des. Dídimo Inocêncio de Paula, *DJ* 02.08.2007).

"Divórcio direto. Sentença de extinção do feito, por falta de interesse de agir. Descabimento. Lei 11.441/07 que não estipulou um poder-dever, mas sim a possibilidade de os casais optarem pelo divórcio por escritura pública ou por procedimento judicial. Inocorrência da chamada 'desjudicialização'. Extinção afastada para decretar o divórcio dos autores, já que comprovado o lapso de 2 anos de separação de fato. Recurso provido" (TJ-SP, Apelação 6179374400, Rel. Des. Carlos Augusto de Santi Ribeiro, j. 31.03.2009).

Igualmente, o Conselho Nacional de Justiça, ao disciplinar o procedimento extrajudicial através da Resolução nº 35/2007, art. 2º, esclareceu que "é **facultada** aos interessados a opção pela via judicial ou extrajudicial, podendo ser solicitada, a qualquer momento, a suspensão, pelo prazo de 30 dias, ou a desistência da via judicial, para a promoção da via extrajudicial".

4.6.3 Condições para o acesso à via extrajudicial

Em primeiro lugar, para que as partes possam utilizar a expedita via extrajudicial, é necessário que sejam plenamente capazes. Com efeito, o divórcio e a extinção da união estável por escritura pública pressupõem necessariamente a vontade livre e capaz dos interessados, tal como os negócios jurídicos em geral.

Do contrário, se um dos cônjuges ou companheiro for incapaz,[28] deverá ser representado por seu curador, ascendente ou irmão, nos termos do art. 3º da Lei nº 6.515/1977. Nesse caso, haverá necessidade da participação do Ministério Público como forma de preservar os interesses do incapaz (art. 178, II, do CPC), razão por que se reputa imprescindível o uso da via judicial.

Até a entrada em vigor da Resolução nº 571/2024 do CNJ, além da plena capacidade, era necessário que não existissem filhos menores ou incapazes, nem nascituro. No entanto, esse cenário mudou e, atualmente, havendo acordo entre os cônjuges, é possível que o divórcio seja realizado em cartório, ainda que existam filhos comuns menores ou incapazes (art. 34, § 2º, Resolução nº 35/2007, alterada pela Resolução nº 571/2024).

Antes da edição da referida Resolução, diversos Estados brasileiros já estavam admitindo a realização de divórcio consensual também nessa hipótese. Ou seja, mesmo com a existência de filhos menores, alguns cartórios já estavam realizando divórcios extrajudiciais. A exigência para tal procedimento é que as questões relativas à guarda, ao regime de visitas (convivência) e aos alimentos tenham sido resolvidas judicialmente e previamente, com o auxílio de advogado. Rio de Janeiro, Paraná, Santa Catarina, Mato Grosso, Goiás, Acre e Maranhão já adotavam esse modelo de desjudicialização. A título de exemplo, o Código de Normas do Foro Extrajudicial do TJ-PR, publicado em março de 2023, por meio do provimento CGJ nº 318/23, autorizou os cartórios de notas a realizar divórcios, mesmo quando estão envolvidos filhos menores. Em Goiás há disposição semelhante:

> Código de Normas TJ-GO
> Art. 84-A Admite-se a lavratura de escritura pública de separação, divórcio, conversão da separação em divórcio ou extinção da união estável, consensuais, com ou sem partilha de bens, mesmo que o casal possua filhos incapazes, ou havendo nascituro, desde que comprovado o prévio ajuizamento de ação judicial tratando das questões referentes à guarda, visitação e alimentos, consignando-se no ato notarial respectivo o juízo onde tramita o processo e o número de protocolo correspondente.

Em 2024, o CNJ chancelou essa possibilidade. Havendo filhos comuns do casal menores ou incapazes, será permitida a lavratura da escritura pública de divórcio, desde que devidamente comprovada a prévia resolução judicial de todas as questões referentes à guarda, visitação e alimentos deles, o que deverá ficar consignado no corpo da escritura.

4.6.4 As formalidades da escritura pública

O instrumento pelo qual os interessados manifestarão o livre acordo em pôr fim ao casamento ou à união estável é a escritura pública. Assim, deve-se atentar para os requisitos insculpidos no art. 215 do Código Civil.

A escritura pública deverá conter a data e o local da realização do ato; o reconhecimento da identidade e capacidade das partes; o nome, nacionalidade, estado civil, profissão e domicílio

---

[28] A incapacidade só se refere à decorrente da falta de higidez mental, porquanto a decorrente da menoridade é superada pelo casamento.

delas; a indicação do regime de bens; a manifestação livre de vontade das partes; a declaração de que o seu teor foi lido na presença das partes e de que todos os comparecentes a leram; a assinatura das partes e demais comparecentes, bem como a do tabelião.

Na eventualidade de qualquer dos comparecentes não saber ou não poder assinar, outro o fará por ele a rogo.

É possível também que os interessados se façam representar perante o Cartório de Notas, vez que a escritura pública encerra autêntico negócio jurídico que pode perfeitamente ser celebrado por procuradores com poderes específicos para o ato. Ora, se se afigura admissível a celebração de casamento por procuração, com a dissolução matrimonial não há de ser diferente.

Aliás, dispõe o art. 36 da Resolução do CNJ nº 35/2007 que "o comparecimento das partes é dispensável à lavratura de escritura pública de separação e divórcio consensuais", admitindo-se que os interessados se façam representar por mandatário constituído, desde que por instrumento público com poderes específicos, descrição das cláusulas essenciais e prazo de validade de 30 dias. A mesma regra deve ser estendida à extinção consensual de união estável.

A escritura pode ser lavrada em qualquer local, pois não se aplicam as regras de competência previstas no art. 53 do CPC. Assim, podem os cônjuges ou companheiros escolher livremente o tabelião de notas (art. 1º da Resolução nº 35/2007). Ademais, caso comprovem que são hipossuficientes para arcar com as despesas cartorárias, poderão requerer a gratuidade, mediante apresentação de declaração de hipossuficiência, ainda que haja assistência por advogado particular (arts. 6º e 7º da Resolução nº 35/2007). Registre-se que, com a "virtualização" dos procedimentos, o divórcio extrajudicial também poderá ser feito por meio eletrônico, sem a necessidade de deslocamento até o tabelionato de notas, conforme já possibilitava o Provimento nº 100/2020 do CNJ (e-Notariado, atualmente disciplinado no art. 284 do Provimento nº 149, de 20.08.2023).

Outro ponto importante e que diferencia esse procedimento das demandas judiciais é a inexistência de sigilo. De acordo com o art. 42 da mencionada Resolução do CNJ, "não há sigilo na escritura pública de divórcio consensual". Os procedimentos judiciais que versam sobre casamento, divórcio, união estável, filiação, alimentos e guarda tramitam em segredo de justiça, independentemente de decisão judicial, haja vista a presunção absoluta da necessidade de preservação da intimidade. Para o procedimento extrajudicial, essa restrição não é exigida.

4.6.4.1 Conteúdo da escritura pública

O art. 731 evidencia as cláusulas que devem constar do acordo. São aquelas ligadas à descrição e partilha dos bens comuns, pensão alimentícia e, ainda, acordo sobre a retomada do nome de solteiro ou manutenção do nome de casado. A Resolução nº 35/2007 do CNJ também estabelece que "da escritura, deve constar declaração das partes de que estão cientes das consequências do divórcio, firmes no propósito de pôr fim à sociedade conjugal ou ao vínculo matrimonial, respectivamente, sem hesitação, com recusa de reconciliação e concordância com a regulamentação da guarda, da convivência familiar e dos alimentos dos filhos menores e/ou incapazes realizada em juízo" (art. 35). Como atualmente é possível o divórcio extrajudicial mesmo com filhos incapazes, as questões atinentes aos filhos devem ter sido previamente resolvidas na esfera judicial, com expressa referência no corpo da escritura.

A cláusula sobre a partilha de bens não é obrigatória, à semelhança do que ocorre nos procedimentos judiciais. Ressalte-se, por oportuno, que a ausência de cláusula acerca dos bens não inquina de nulidade o negócio. Nesse caso, firma-se a presunção de que os bens vão continuar no estado de condomínio, que poderá ser desfeito em outra oportunidade e na forma da lei aplicável.

Entretanto, recomenda-se que a destinação dos bens comuns seja resolvida de pronto, a fim de se evitarem futuros conflitos. É que a dinâmica da vida afetiva fará agregar aos consortes novos personagens, tornando ainda mais complexa a situação. Diante desse cenário, afigura-se prudente partilhar logo os bens antes de dar início a uma nova relação.

No que tange aos alimentos, importante asseverar que a falta de estipulação não induz à nulidade e não impede que sejam eles pleiteados posteriormente. Todavia, optando pela inserção da cláusula, deverão os consortes estipular desde logo o *quantum*. A escritura pública lavrada nesses termos constitui título executivo extrajudicial.

Os cônjuges deverão dispor também acerca do uso do nome, se tiver havido modificação quando do casamento. Todavia, também aqui não há que se falar em nulidade da escritura por ausência de estipulação. Por ser o nome um dos direitos de personalidade, a regra é a sua manutenção. Logo, a ausência de disposição nesse sentido conduz à presunção de que se manterá o nome de casado. Nada impede, ainda, que o nome seja alterado em momento posterior.

O rol de cláusulas traçado no art. 731 não exclui outras tantas que podem ser contempladas no acordo. À guisa de exemplo, os cônjuges poderão ajustar doações, instituir usufruto, assumir dívidas. Poderão também instituir bem de família voluntário, respeitando o limite de um terço do patrimônio líquido no ato de instituição (art. 1.711 do CC), e dispor sobre a distribuição dos encargos com a escritura.

Os documentos para a lavratura da escritura estão dispostos nos arts. 33 e 34 da Resolução nº 35/2007 do CNJ, alterada pela Resolução nº 571/2024. São eles: a) certidão de casamento; b) documento de identidade oficial e CPF/MF; c) pacto antenupcial, se houver; d) certidão de nascimento ou outro documento de identidade oficial dos filhos, se houver; e) certidão de propriedade de bens imóveis e direitos a eles relativos; e f) documentos necessários à comprovação da titularidade dos bens móveis e direitos, se houver.

Com a lavratura da escritura pública será possível, por exemplo, realizar a transferência de imóveis e veículos que foram objeto da partilha. Também através dela será possível o levantamento de valores em instituições financeiras, e tudo o mais que for necessário para dar cumprimento ao que foi consignado na escritura (art. 3º da Resolução nº 35/2007; art. 733, § 1º, CPC/2015).

Frisa-se, por fim, a impossibilidade de retratação do acordo livremente celebrado. Eventual alteração da escritura pública dependerá da sua desconstituição mediante ação anulatória, por eventual vício de consentimento, observando-se o prazo decadencial de quatro anos.[29]

4.6.4.2 Efeitos da escritura

O CPC/1973 restringia a utilização da escritura de divórcio ou separação aos cartórios de registro civil e de imóveis.[30] O Conselho Nacional de Justiça, no entanto, já havia rechaçado essa interpretação ao prever, na Resolução nº 35, de 24 de abril de 2007, que:

> Art. 3º As escrituras públicas de inventário e partilha, separação e divórcio consensuais não dependem de homologação judicial e são títulos hábeis para o registro civil e o registro imobiliário, para a transferência de bens e direitos, bem como para promoção de todos os atos necessários à materialização das transferências de bens e levantamento de valores (DETRAN, Junta Comercial, Registro Civil de Pessoas Jurídicas, instituições financeiras, companhias telefônicas etc.).[31]

---

[29] Súmula nº 305 do STF: "Acordo de desquite ratificado por ambos os cônjuges não é retratável unilateralmente" (ainda válida).

[30] "Art. 1.224-A. [...] § 1º A escritura não depende de homologação judicial e constitui título hábil para o registro civil e o registro de imóveis".

[31] A alteração de redação sofrida nesse dispositivo pela Resolução nº 571/2024 só afasta a separação judicial, incluindo a separação de fato. Nada muda, contudo, em relação aos efeitos conferidos à escritura.

Apesar disso, muitos ofícios e instituições continuaram a exigir a intervenção judicial (por meio de alvará, por exemplo), para transferências, alterações de registros ou levantamento de valores. Felizmente o Código de Processo atual positivou regra visando impor a facilidade e a celeridade almejada pelo CNJ em procedimentos que já foram "desjudicializados" por lei. Nos termos do § 1º do art. 733, **"A escritura não depende de homologação judicial e constitui título hábil para qualquer ato de registro, bem como para levantamento de importância depositada em instituições financeiras"**.

4.6.5 Presença do advogado

De acordo com disposição expressa do art. 733, § 2º, **não se pode prescindir da presença do advogado na ocasião da dissolução extrajudicial**. Igualmente, o art. 8º da Resolução nº 35/2007 prevê que "é necessária a presença do advogado, dispensada a procuração, ou do defensor público, na lavratura das escrituras aqui referidas, nelas constando seu nome e registro na OAB". E assim deve ser, uma vez que o art. 133 da CF/1988 estatui que o advogado é indispensável à administração da justiça, não se podendo limitar o alcance da norma às demandas levadas ao Judiciário.

Assevere-se também que a assistência do causídico mostra-se de grande valia, porquanto pode evitar a celebração de acordos prejudiciais a uma das partes, que, no afã de pôr termo ao casamento ou à união estável, acaba por abrir mão de garantias mínimas.

Quanto aos honorários, estes deverão ser pactuados entre as partes e os advogados em contrato apartado, porquanto na esfera administrativa não há lugar para disposições desse jaez.

Por óbvio, as partes que não dispõem de recursos financeiros poderão acionar a Defensoria Pública estadual. Tal ilação pode ser facilmente extraída do art. 134 da CF, que preceitua ser da incumbência daquele órgão a orientação jurídica dos necessitados.

4.6.6 Atuação do Ministério Público

Ainda que seja possível a realização do divórcio extrajudicial por cônjuges que possuam filho menor ou incapaz em comum ou nascituro, não se mostra necessária, ao contrário do inventário extrajudicial, a intervenção do Ministério Público. Como as questões atinentes aos filhos já devem ter sido resolvidas judicialmente, compreende-se que já houve prévia intervenção judicial do órgão ministerial.

Para evidenciar a desnecessidade de participação do membro do Ministério Público, o art. 40 da Resolução estabelece que o traslado da escritura pública de divórcio consensual será apresentado ao Oficial de Registro Civil do respectivo assento de casamento, para a averbação necessária, **independentemente de autorização judicial e de audiência do Ministério Público**.

4.6.7 O papel do tabelião

Manifestando as partes o desejo de pôr termo ao casamento ou à união estável, e cumprindo elas todos os requisitos legais para tanto, não pode o tabelião recusar-se a lavrar a escritura. É que a dissolução decorre da autonomia privada das partes e não admite interferência de terceiros estranhos à relação.

Nem mesmo se houver vício nas cláusulas do acordo poderá o tabelião se negar ao seu ofício, porquanto, como já se disse, caberá à parte lesada propor a competente ação anulatória. A bem da verdade, não é dado ao Estado discutir as questões de fundo atinentes ao acordo de separação, divórcio ou de extinção da união estável.

Ressalve-se, contudo, que se o ato não se revestir de todas as formalidades exigidas pela lei, poderá o tabelião recusar a lavratura. Nesse caso, registre-se, o vício é de forma e não de conteúdo. Além disso, se por acaso os cônjuges optarem pela separação e não pelo divórcio, entendemos que também poderá o tabelião se recusar a lavrar a escritura. É que, embora a decisão proferida em repercussão geral pelo STF vincule seus efeitos ao menos aos órgãos do Poder Judiciário, os quais, no exercício da competência jurisdicional, possuem a obrigação de seguir o entendimento, não parece razoável que os serviços extrajudiciais admitam a separação extrajudicial. São duas as principais razões: (i) no Recurso Extraordinário nº 1167478 (Tema 1053), o STF entendeu que o art. 226, § 6º, da CF/1988, possui eficácia direta e imediata, de modo que as normas infraconstitucionais que abordam o tema da separação foram revogadas pela norma constitucional superveniente; (ii) diante da forma normativa da Constituição, não pode o tabelião, amparado por norma infraconstitucional, desrespeitar o Texto Maior, especialmente quando dessa interpretação sobrevier posicionamento contrário ao que foi definido pelo órgão jurisdicional responsável por interpretar seu o texto. Veremos, na prática, se essa será a postura adotada pelos cartórios.

Pois bem. Uma vez lavrada a escritura, o tabelião deve encaminhar traslados aos Cartórios de Registro Civil para averbação nos assentos de casamento e nascimento dos cônjuges. Na eventualidade de a escritura pública encerrar acordo quanto à partilha de bens imóveis, deve o tabelião enviar traslado também ao Cartório de Registro de Imóveis.

Reitere-se a impossibilidade de retratação do acordo livremente celebrado. Em verdade, o negócio jurídico pactuado perante o tabelião somente poderá ser desconstituído mediante ação anulatória, por eventual vício de consentimento, observando-se o prazo decadencial de quatro anos. Vale lembrar também a impossibilidade de ajuizamento de ação rescisória, porquanto não se está diante de decisão judicial.

O tabelião tem a possibilidade de negar a lavrar a escritura se houver indícios de prejuízo a um dos cônjuges ou em caso de dúvidas sobre a declaração de vontade, desde que fundamente por escrito. Trata-se de regra prevista no art. 46 da Resolução nº 35/2007 do CNJ, bastante criticada pela doutrina, especialmente pelo fato de permitir, ainda que de modo excepcional, a intervenção estatal na autonomia da vontade. Para o advogado Rodrigo da Cunha Pereira, "se as partes são maiores e capazes, são responsáveis e devem ser responsabilizadas pelas suas escolhas e as consequências delas decorrentes. É até possível que um cônjuge, principalmente quando o amor acaba, queira enganar o outro. Mas até que ponto o Estado pode ou deve intervir nesta relação?".[32] De fato, se a intenção é desburocratizar e desjudicializar os procedimentos, não parece razoável essa previsão, pois nada impede que, havendo algum vício na manifestação de vontade, o cônjuge ou companheiro prejudicado busque posteriormente a tutela do Judiciário.

De toda forma, esse ponto ganha relevo quando se trata, por exemplo, de limitações a direitos indisponíveis. A Teoria do Patrimônio Mínimo, por exemplo, desenvolvida magistralmente por Luiz Edson Fachin,[33] consagra a dignidade da pessoa humana como núcleo axiológico da Constituição, fazendo com que as relações jurídicas se desprendam do patrimonialismo exagerado e passem a privilegiar a pessoa humana. Referida teoria, aplicada à separação, ao divórcio, bem como à união estável, preconiza que a dissolução do vínculo entre os cônjuges ou companheiros por meio de escritura pública não pode aniquilar as garantias mínimas da pessoa humana. É nesse sentido que se afigura abusiva e, portanto, nula qualquer cláusula que impeça o consorte de viver com dignidade. Exemplo de disposição que deve ser prontamente repelida é a doação da totalidade dos bens sem reserva necessária à sobrevivência.

---

[32] PEREIRA, Rodrigo da Cunha. *Divórcio*: teoria e prática. São Paulo: Saraiva, 2013. p. 61.

[33] Apud FARIAS, Cristiano Chaves de. *Direito civil*: teoria geral. 8. ed. Rio de Janeiro: Lumen Juris, 2005. p. 88.

JURISPRUDÊNCIA TEMÁTICA

Renúncia aos alimentos realizada durante a vigência da união estável

"'Tendo os conviventes estabelecido, no início da união estável, por escritura pública, a dispensa à assistência material mútua, a superveniência de moléstia grave na constância do relacionamento, reduzindo a capacidade laboral e comprometendo, ainda que temporariamente, a situação financeira de um deles, autoriza a fixação de alimentos após a dissolução da união. De início, cabe registrar que a presente situação é distinta daquelas tratadas em precedentes do STJ, nos quais a renúncia aos alimentos se deu ao término da relação conjugal. Naqueles casos, o entendimento aplicado foi no sentido de que, após a homologação do divórcio, não pode o ex-cônjuge pleitear alimentos se deles desistiu expressamente por ocasião do acordo de separação consensual' (AgRg no Ag 1.044.922/SP, Quarta Turma, *DJe* 02.08.2010). No presente julgado, a hipótese é de prévia dispensa dos alimentos, firmada durante a união estável, ou seja, quando ainda existentes os laços conjugais que, por expressa previsão legal, impõem aos companheiros, reciprocamente, o dever de assistência. Observe-se que a assistência material mútua constitui tanto um direito como uma obrigação para os conviventes, conforme art. 2º, II, da Lei 9.278/1996 e arts. 1.694 e 1.724 do CC. Essas disposições constituem normas de interesse público e, por isso, não admitem renúncia, nos termos do art. 1.707 do CC: Pode o credor não exercer, porém lhe é vedado renunciar o direito a alimentos, sendo o respectivo crédito insuscetível de cessão, compensação ou penhora. Nesse contexto, e não obstante considere-se válida e eficaz a renúncia manifestada por ocasião de acordo de separação judicial ou de divórcio, nos termos da reiterada jurisprudência do STJ, não pode ela ser admitida na constância do vínculo familiar. Nesse sentido há entendimento doutrinário e, de igual, dispõe o Enunciado 263, aprovado na III Jornada de Direito Civil, segundo o qual: 'O art. 1.707 do Código Civil não impede seja reconhecida válida e eficaz a renúncia manifestada por ocasião do divórcio (direto ou indireto) ou da dissolução da união estável'. A irrenunciabilidade do direito a alimentos somente é admitida enquanto subsista vínculo de Direito de Família. Com efeito, ante o princípio da irrenunciabilidade dos alimentos, decorrente do dever de mútua assistência expressamente previsto nos dispositivos legais citados, não se pode ter como válida disposição que implique renúncia aos alimentos na constância da união, pois esses, como dito, são irrenunciáveis" (STJ, REsp 1.178.233/RJ, Rel. Min. Raul Araújo, j. 18.11.2014).

4.7 Separação de fato extrajudicial

A nova Resolução do CNJ (nº 571/2024), embora tenha seguido o posicionamento do STF e excluído a possibilidade de formalização de separação extrajudicial, inseriu a faculdade de o casal fixar a data da separação de fato consensual pela via notarial.

De acordo com o art. 52-A, a escritura pública de declaração de separação de fato consensual deverá se ater exclusivamente ao fato de que cessou a comunhão plena de vida entre o casal. Isso quer dizer que disposições como partilha de bens ou alimentos não integrarão essa modalidade de escritura. Para essa formalização não se admite a existência de estado gravídico, conclusão que se extrai da exigência prevista no art. 52-B relacionada à declaração quanto à inexistência de gravidez do cônjuge virago ou desconhecimento acerca desta circunstância.

Essa alternativa traz para o mundo jurídico uma situação extremamente comum na prática, representando maior segurança jurídica para os ex-cônjuges ou companheiros, já que a separação de fato, uma vez comprovada, extingue os deveres recíprocos entre o casal, além de pôr termo ao regime de bens estabelecido.[34] Em outras palavras, a separação de fato demarca a ruptura efetiva da vida em comum e encerra não só a *affectio maritalis*, mas também a comunicabilidade do patrimônio em comum, ainda que se mantenham legalmente na condição de casados. Isso implica dizer que, a partir da formalização, não se comunicarão mais os bens adquiridos por cada um, nem haverá responsabilização do cônjuge ou companheiro pelas dívidas do outro. Outra consequência é que, por força do art. 1.723, § 1º, do Código Civil, revela-se possível o reconhecimento de união estável concomitante ao casamento no qual resta comprovada a separação de fato.[35] Com efeito, estando a situação fática – separação – devidamente formalizada, haverá menos riscos de complicações patrimoniais – e legais, em geral – relacionadas à nova união.

A Resolução prevê, ainda, nos arts. 52-C, 52-D e 52-E, a possibilidade de lavratura de escritura pública de restabelecimento de comunhão plena de vida, ainda que a separação de fato tenha se dado na via judicial. Diferentemente do divórcio, o casal que apenas se separa não precisa se casar novamente para reestabelecer a união. De toda forma, esse reestabelecimento pela via administrativa não poderá sofrer alterações. Ou seja, a união será retomada exatamente nos termos anteriores, não sendo possível, por exemplo, que seja estabelecido um novo regime de bens, ressalvada a possibilidade de alteração por procedimento próprio.

---

[34] Exemplificando essa conclusão com a jurisprudência: "A separação de fato põe fim ao regime de bens, de modo que os bens ou dívidas contraídas após essa data, não integram a partilha, por ocasião da dissolução do casamento (...) (TJ-MG - Apelação Cível: 5001579-45.2020.8.13.0005, Rel. Des. Delvan Barcelos Júnior, j. 25.01.2024, 8ª Câmara Cível Especializada, *DJe* 26.01.2024). "(...) Deve-se aplicar analogicamente a regra do art. 1.576 do CC à separação de fato, a fim de fazer cessar o regime de bens, o dever de fidelidade recíproca e o dever de coabitação. Em virtude disso, o raciocínio a ser empregado nas hipóteses em que encerrada a convivência *more uxorio*, mas ainda não decretado o divórcio, é o de que os bens adquiridos durante a separação de fato não são partilháveis com a decretação do divórcio (...) (STJ - REsp: 1760281/TO 2018/0207318-6, j. 24.05.2022, 3ª Turma, *DJe* 31.05.2022).

[35] "(...) O entendimento desta Corte é no sentido de admitir o reconhecimento da união estável, mesmo que ainda vigente o casamento, desde que haja comprovação da separação de fato dos casados, havendo, assim, distinção entre união estável e concubinato" (STJ, AgInt no AREsp: 1832859/GO, Rel. Min. Marco Buzzi, j. 22.02.2022, 4ª Turma, *DJe* 03.03.2022).

Quadro esquemático 79 – Divórcio, extinção da união estável, alteração do regime de bens e separação de fato.

Divórcio consensual, Extinção consensual da União Estável e Alteração do Regime de bens no matrimônio (arts. 731 a 734)

- As regras previstas nos arts. 731 a 734 só terão aplicabilidade quando se tratar de procedimento não contencioso, ou seja, quando houver acordo entre os cônjuges ou companheiros.

- **Separação**
  - A separação não dissolve o matrimônio, mas somente rompe a sociedade conjugal e os deveres a ela inerentes. O STF entendeu que o instituto não mais existe em nosso ordenamento, mas o CNJ possibilitou a separação de fato pela via extrajudicial.
  - Espécies
    - Consensual
    - Litigiosa
    - Judicial ➔ a separação dependia de homologação pelo juiz sempre que o casal tivesse filhos menores ou incapazes.
    - Extrajudicial ➔ art. 733 (escritura pública). Permanece possível apenas a separação de fato extrajudicial (Res. 571/2024, CNJ).

- **Divórcio**
  - Dissolve o casamento civil e pode operar-se diretamente, pela vontade de ambos os consortes ou por iniciativa de qualquer um deles.
  - Espécies
    - Consensual
      - Judicial ➔ tem por finalidade a obtenção da homologação judicial, quando não preferirem os cônjuges a via extrajudicial ou quando, apesar de acertados quanto à dissolução, não forem preenchidas as exigências legais (Res. 35/2007, CNJ).
      - Extrajudicial ➔ art. 733 (escritura pública) e Resolução 35/2007/CNJ.
    - Litigioso
  - O divórcio direto pode ser concedido sem que haja prévia partilha dos bens (Súmula 197, STJ).

- **Extinção consensual da União Estável**
  - Segue o mesmo procedimento relacionado ao divórcio.
  - O CPC/2015 permite que a união estável também seja dissolvida por escritura pública (art. 733).

Divórcio consensual, Extinção consensual da União Estável e Alteração do Regime de bens do patrimônio (arts. 731 a 734)

Alteração de Regime de bens no matrimônio (art. 734)
- Princípio da mutabilidade justificada ➔ permite a mudança quanto ao regime quando houver pedido motivado de ambos os nubentes e ficar constatada a inexistência de prejuízo a direito de terceiros (art. 1.639, CC)
- Os cônjuges, na petição inicial ou em petição avulsa, podem propor ao juiz meio alternativo de divulgação da alteração do regime de bens, a fim de resguardar direitos de terceiros.
- Após o trânsito em julgado da sentença, serão expedidos mandados de averbação aos cartórios de registro civil e de imóveis e, caso qualquer dos cônjuges seja empresário, ao Registro Público de Empresas Mercantis e Atividades Afins.

Aspectos Procedimentais

- **Petição Inicial**
  - Além dos requisitos previstos nos arts. 319 e 320 ➔ disposições atinentes à guarda dos filhos incapazes, ao regime de visitas, ao valor da contribuição para criar e educar os filhos e, eventualmente, à pensão alimentícia entre os cônjuges. Também deve haver menção aos bens e, facultativamente, à forma de partilhá-los.
  - Petição deverá ser assinada por ambos os cônjuges.

- **Tentativa Preliminar de Conciliação**
  - Desnecessidade da audiência para a tentativa de conciliação. Eventual imposição da audiência contra a vontade das partes consistirá providência manifestamente ilegal.

- **Sentença**
  - Ao homologar a referida avença, o juiz decretará o divórcio, dissolvendo o vínculo conjugal. Se a parte se sentir lesada pelos termos do acordo, deverá ajuizar ação anulatória no prazo prescricional de quatro anos.

Procedimento extrajudicial de divórcio consensual

- **Requisitos da escritura**
  - Data e local da realização do ato;
  - Reconhecimento da identidade e capacidade das partes;
  - Nome, nacionalidade, estado civil, profissão e domicílio das partes;
  - Indicação do regime de bens;

Divórcio consensual, Extinção consensual da União Estável e Alteração do Regime de bens do patrimônio (arts. 731 a 734)

Procedimento extrajudicial de divórcio consensual

Requisitos da escritura
- Manifestação livre de vontade das partes;
- Declaração de que o seu teor foi lido na presença das partes e de que todos os comparecentes a leram;
- Assinatura das partes e demais comparecentes, bem como do tabelião.
- Da escritura deve constar, ainda, declaração das partes de que estão cientes das consequências do divórcio, firmes no propósito de pôr fim à sociedade conjugal ou ao vínculo matrimonial, respectivamente, sem hesitação, com recusa de reconciliação e concordância com a regulamentação da guarda, da convivência familiar e dos alimentos dos filhos menores e/ou incapazes realizada em juízo (art. 35, Res. 35/2007, CNJ).

Conteúdo (art. 731)
- A descrição e partilha dos bens comuns, pensão alimentícia e, ainda, acordo sobre a retomada do nome de solteiro ou manutenção do nome de casado.
- O rol do art. 731 não exclui outras tantas possibilidades que podem ser contempladas no acordo.

Efeitos
- "A escritura não depende de homologação judicial e constitui título hábil para qualquer ato de registro, bem com para levantamento de importância depositada em instituições financeiras" (art. 733, § 1º).

Presença de advogado (art. 733, § 2º)
- É obrigatória. As partes que não dispõem de recursos financeiros poderão acionar a Defensoria Pública Estadual.

Condições para o acesso à via extrajudicial
- Vontade livre e capaz dos interessados.
- Obs.: a inexistência de filho incapaz ou nascituro não é mais requisito para a dissolução extrajudicial.

Atuação do Ministério Público
- Não há necessidade. Questões atinentes aos filhos menores devem ter sido resolvidas na via judicial, com a manifestação do órgão ministerial.

5. TESTAMENTOS E CODICILOS (ARTS. 735 A 737)

Antes de iniciarmos a análise dos testamentos e codicilos, cumpre-nos apresentar alguns conceitos de direito material.

Testamento é ato jurídico personalíssimo, unilateral, gratuito, solene e revogável,[36] pelo qual alguém (testador) dispõe, no todo ou em parte, de seu patrimônio, para depois de sua morte, bem como realiza outras declarações de natureza pessoal.

A existência ou não de testamento vai determinar a natureza da sucessão, ou seja, da transferência da herança em razão do falecimento de alguém. Denomina-se testamentária a sucessão quando a transferência dos bens aos herdeiros e legatários é regulada pelo testamento. Diz-se legítima quando a transferência dos bens é operada de acordo com as normas legais. Evidencie-se que a sucessão pode ser legítima e testamentária simultaneamente, na hipótese de o testamento não abranger a totalidade dos bens do falecido.

Os testamentos classificam-se em ordinários e especiais. Ordinário é o testamento que pode ser feito por qualquer pessoa capaz, em circunstâncias comuns; especial é o testamento lavrado em circunstâncias peculiares, como, *v.g.*, em alto-mar ou em guerra.[37] Os ordinários subdividem-se em público, cerrado e particular (art. 1.862 do CC) e os especiais em marítimo, aeronáutico e militar (art. 1.886 do CC).

Testamento público é o lavrado por tabelião de notas ou seu substituto, de acordo com a manifestação da vontade do testador, perante duas testemunhas (art. 1.864 do CC).

Testamento cerrado é o escrito e assinado pelo próprio testador ou por alguém a seu rogo, em caráter sigiloso, e posteriormente lacrado (cerrado) por tabelião, perante pelo menos duas testemunhas (art. 1.868 do CC).

Testamento particular é o escrito e assinado pelo testador e lido a três testemunhas, que o subscrevem (art. 1.876 do CC).

Testamento marítimo é o testamento lavrado em alto-mar, a bordo de navios de guerra ou mercantes (art. 1.888 do CC).

Testamento aeronáutico é lavrado a bordo de aeronave militar ou comercial por pessoa designada pelo comandante (art. 1.889 do CC).

Finalmente, **testamento militar** é o testamento feito por militares e outras pessoas empenhadas em combate, quando em guerra (art. 1.893 do CC).

Codicilo é um "testamento informal", sempre particular (escrito pelo próprio disponente, independentemente de testemunhas), por intermédio do qual dispõe-se sobre assuntos de pequena relevância, como enterro, esmolas, legados de bens pessoais móveis e de pequeno valor (art. 1.881 do CC). Trata-se de disposição testamentária de pequena monta, para a qual a lei não exige maiores formalidades.

Fixados esses conceitos, vamos passar à análise do procedimento especial de jurisdição voluntária, regulado nos arts. 735 a 737 do CPC/2015.

Como leciona Humberto Theodoro Júnior, nesse procedimento, "não entra o juiz em questões de alta indagação, que poderão ser discutidas pelas vias ordinárias. Nem mesmo as interpretações das cláusulas testamentárias são feitas nesse procedimento gracioso".[38]

---

[36] Importante lembrar que o art. 1.610 do Código Civil estabelece a irrevogabilidade quanto ao reconhecimento dos filhos. Assim, mesmo que realizado por testamento, o reconhecimento será sempre irrevogável.

[37] Denomina-se nuncupativo (feito por nuncupação, oralmente) o testamento feito por pessoas empenhadas em combates, ou feridas (art. 1.663 do CC).

[38] THEODORO JÚNIOR, Humberto. *Curso de direito processual civil*. Rio de Janeiro: Forense, 1991. p. 1.894.

A complexidade do procedimento vai depender da natureza do testamento. Para cada modalidade testamentária há um procedimento adequado, ou seja, um procedimento para abertura, registro e cumprimento dos testamentos cerrados, outro para os testamentos públicos e outro para os testamentos particulares, especiais e codicilos.

Testamento cerrado. Aberta a sucessão do testador, o testamento deverá ser apresentado por quem o detenha ao juízo competente para o procedimento, por meio de petição.

Como se trata de testamento feito em caráter sigiloso, ao recebê-lo, a primeira providência do juiz é verificar se ele contém algum vício externo que o torne suspeito de nulidade ou falsidade, como, por exemplo, o rompimento do lacre posto pelo tabelião (art. 735).

Após essa providência, o juiz abrirá o testamento e mandará que o escrivão o leia em presença de quem o apresentou. A seguir, lavra-se o auto de abertura, que conterá os requisitos mencionados no § 1º do art. 735.

Após a lavratura do auto, proceder-se-á à autuação, ouvindo-se em seguida o Ministério Público. Não havendo dúvidas a serem esclarecidas, o juiz mandará registrar, arquivar e cumprir o testamento. Importante asseverar que os eventuais questionamentos acerca da formação do testamento ou da manifestação de vontade do testador deverão ser objeto de apreciação no inventário ou em ação própria.

Feito o registro, o testamenteiro será intimado para assinar o termo da testamentaria. Não havendo testamenteiro nomeado, o juiz nomeará testamenteiro dativo, observada a ordem de preferência estabelecida no art. 1.984 do Código Civil.

Testamento público. Sendo público o testamento, não se procede à verificação do lacre, até porque lacre não há. Também não há abertura, e sim apresentação, razão pela qual o auto a ser lavrado é de apresentação. Quanto ao mais, segue o procedimento estabelecido para o testamento cerrado (art. 735).

Testamentos particular, especial e codicilo. Esses testamentos, para serem cumpridos, precisam ser confirmados. Isso porque, neles, não ocorre a intervenção do tabelião.

O procedimento da confirmação inicia-se com a providência do herdeiro, do legatário, do testamenteiro ou do terceiro detentor do testamento, que, após a morte do testador, requer a publicação e cumprimento do testamento. Os herdeiros que não tiverem requerido a publicação deverão ser intimados (art. 737, § 1º).

O CPC/1973 (art. 1.130) exigia que as testemunhas que ouviram a leitura do testamento fossem inquiridas em juízo. O Código atual não repete essa providência. Assim, verificada a presença dos requisitos legais, basta a intimação do Ministério Público para a confirmação posterior do testamento (art. 737, § 2º).

JURISPRUDÊNCIA TEMÁTICA

Testamento, direito intertemporal e verificação de nulidades

"Direito das sucessões. Aplicabilidade da lei vigente ao tempo da abertura da sucessão. Reconhecimento de testamento sem as formalidades essenciais. Impossibilidade. Cerceamento de defesa. Falta de oitiva das testemunhas testamentárias. Alegação incabível. A lei aplicável à confecção e abertura de testamento é a do tempo da abertura da sucessão. Inteligência do art. 1.787 do novo Código Civil. Não se tem por cerceamento de defesa a não oitiva de testemunhas de testamento cerrado, posto inscientes de seu conteúdo. É nulo testamento que não observa as solenidades exigidas em lei para sua confecção e apresentação em juízo. Sendo nulo o testamento, não tem força para revogar o anteriormente elaborado, que permanece juridicamente existente e válido. Rejeitadas as preliminares e negado provimento ao apelo" (TJ-MG, Apelação 1.0000.00.343557-5/000, 3ª Câmara Cível, Rel. Des. Lamberto Sant'anna, j. 05.02.2004).

Relativização dos requisitos do testamento particular

"Agravo regimental em recurso especial. Direito civil. Testamento particular. Vontade do testador mantida. Vícios formais afastados. Capacidade mental reconhecida. Jurisprudência do STJ. Súmula nº 83/STJ. Revisão de provas. Súmula nº 7/STJ. 1. Na elaboração de testamento particular, é possível flexibilizar as formalidades prescritas em lei na hipótese em que o documento foi assinado pelo testador e por três testemunhas idôneas. 2. Ao se examinar o ato de disposição de última vontade, deve-se sempre privilegiar a busca pela real intenção do testador a respeito de seus bens, feita de forma livre, consciente e espontânea, atestada sua capacidade mental para o ato. Incidência da Súmula nº 83/STJ. 3. Incide a Súmula nº 7 do STJ na hipótese em que o acolhimento da tese defendida no recurso especial reclama a análise dos elementos probatórios produzidos ao longo da demanda. 4. Agravo regimental desprovido" (STJ, AgRg no REsp 1.401.087, Rel. Min. João Otávio de Noronha, j. 06.08.2015).

Quadro esquemático 80 – Testamentos e codicilos

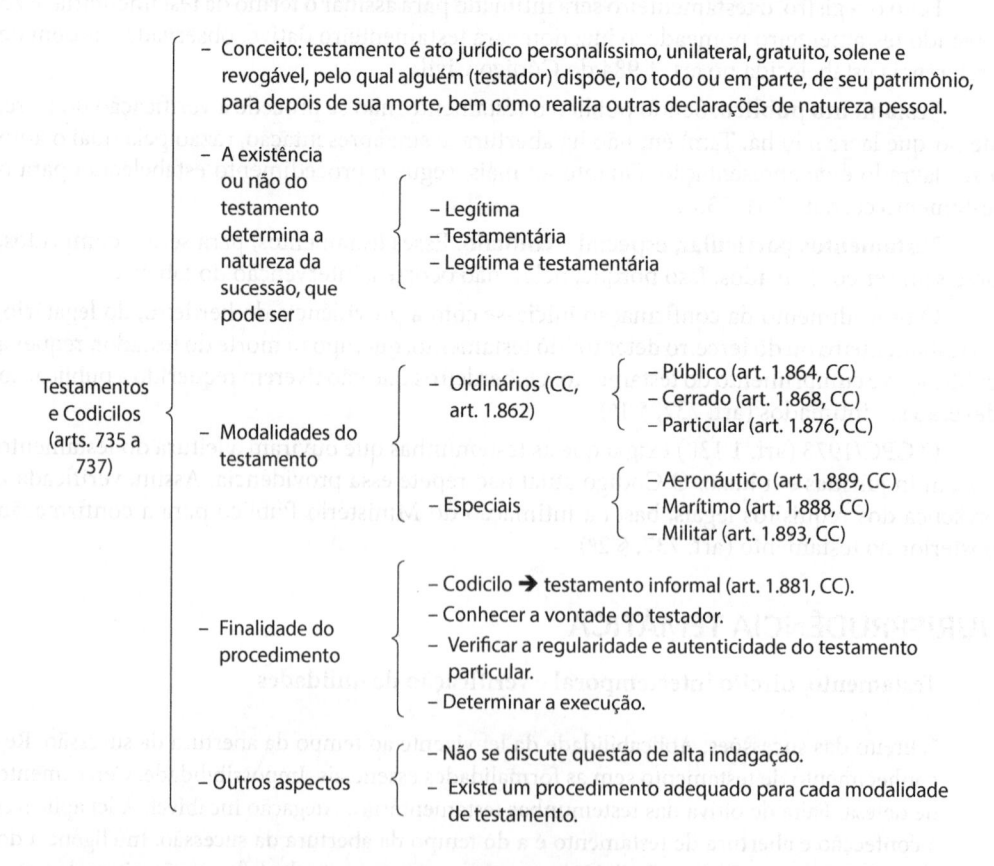

Testamentos e Codicilos (arts. 735 a 737)
- Conceito: testamento é ato jurídico personalíssimo, unilateral, gratuito, solene e revogável, pelo qual alguém (testador) dispõe, no todo ou em parte, de seu patrimônio, para depois de sua morte, bem como realiza outras declarações de natureza pessoal.
- A existência ou não do testamento determina a natureza da sucessão, que pode ser
  - Legítima
  - Testamentária
  - Legítima e testamentária
- Modalidades do testamento
  - Ordinários (CC, art. 1.862)
    - Público (art. 1.864, CC)
    - Cerrado (art. 1.868, CC)
    - Particular (art. 1.876, CC)
  - Especiais
    - Aeronáutico (art. 1.889, CC)
    - Marítimo (art. 1.888, CC)
    - Militar (art. 1.893, CC)
- Finalidade do procedimento
  - Codicilo → testamento informal (art. 1.881, CC).
  - Conhecer a vontade do testador.
  - Verificar a regularidade e autenticidade do testamento particular.
  - Determinar a execução.
- Outros aspectos
  - Não se discute questão de alta indagação.
  - Existe um procedimento adequado para cada modalidade de testamento.

6. HERANÇA JACENTE (ARTS. 738 A 743)

Diz-se que a herança é jacente quando **não há herdeiros**, inclusive colaterais, que, até o quarto grau (na linguagem leiga, o tio-avô, sobrinho-neto e primo primeiro), estão na ordem de vocação hereditária (art. 1.839 do CC), notoriamente conhecidos, sem que o falecido tenha deixado testamento (art. 1.819 do CC).

Consoante disposto no art. 1.819 do CC, ainda que haja herdeiros, a herança será considerada jacente (que jaz) se aqueles não forem notoriamente conhecidos. Por outro lado, mesmo na ocorrência de tais hipóteses, a herança não será considerada jacente se houver testamento, com testamenteiro nomeado, porquanto será ela transmitida aos herdeiros testamentários ou legatários.

A herança jacente revela, portanto, uma situação de fato em que ocorre a declaração da herança, mas não existe quem se intitule herdeiro.

Verificada a "jacência" da herança, o juiz imediatamente promoverá a arrecadação dos bens, que ficarão sob a guarda e administração de um curador, até a sua entrega ao sucessor devidamente habilitado ou a declaração de sua vacância.

O procedimento, cuja finalidade é preparar a transferência dos bens vagos para o patrimônio público, pode ser instaurado de ofício pelo juiz (da comarca do domicílio do falecido) ou mediante provocação do Ministério Público, da Fazenda Pública ou de qualquer outro interessado.

O arrolamento dos bens é feito pelo oficial de justiça, na presença do juiz (art. 740). Na ausência ou impossibilidade de comparecimento, há a substituição do juiz por autoridade policial acompanhada de duas testemunhas (§ 1º), conforme já previa o art. 1.148, *caput* e parágrafo único, do CPC/1973.

Ultimada a arrecadação, procede-se à tentativa de localização de herdeiros, expedindo-se editais (art. 741). Havendo habilitação de herdeiro, cônjuge ou companheiro, a arrecadação converte-se em inventário (art. 741, § 3º).

Quanto aos editais, o CPC/2015 traz uma novidade em relação ao Código de 1973. Nos termos do *caput* do art. 741, o edital será publicado na rede mundial de computadores, no sítio do tribunal a que estiver vinculado o juízo e na plataforma de editais do Conselho Nacional de Justiça. Garante-se, assim, maior publicidade ao ato (art. 8º), facilitando o seu acesso e a ciência de sua realização por eventuais interessados.

Passado um ano da primeira publicação do edital e não havendo herdeiro habilitado nem habilitação pendente, o juiz declarará, por sentença, a vacância da herança (art. 743). A vacância, ao contrário da jacência, tem caráter definitivo para a destinação dos bens (art. 1.820 do CC).

Transitada em julgado a sentença que declarar a vacância, os herdeiros só poderão reclamar o seu direito por ação direta, ou seja, por petição de herança (art. 743, § 2º).

A sentença de declaração de vacância possibilita a transferência dos bens jacentes ao ente público (STJ, AgRg no Ag 851.228/RJ, Rel. Min. Sidnei Beneti, julgado em 23.09.2008). A propriedade do Estado tem, nesse caso, caráter resolúvel, pois somente depois de decorridos cinco anos da abertura da sucessão, os bens arrecadados passarão definitivamente ao domínio da pessoa de direito público (art. 1.822 do CC).

JURISPRUDÊNCIA TEMÁTICA

Herança jacente de bens não previstos no legado

"Falecimento de pessoa sem deixar herdeiros. Instituição de testamento de bem imóvel em favor de quem lhe cuidava em vida. Existência em banco de numerário em nome da falecida. Pretensão da legatária do imóvel em ver o referido numerário adjudicado a ela. Se, em testamento particular, a testadora limitou-se a conferir à legatária apenas um imóvel residencial, sem fazer alusão alguma a numerário existente no banco, não pode a legatária pretender a adjudicação de tal numerário, que deverá, assim, passar pelo crivo de uma arrecadação de herança jacente. Decisão mantida" (TJ-MG, Agravo de Instrumento 000.164.240-4/00, 5ª Câmara Cível, Rel. Min. Cláudio Costa, j. 24.02.2000).

Quadro esquemático 81 – Herança jacente

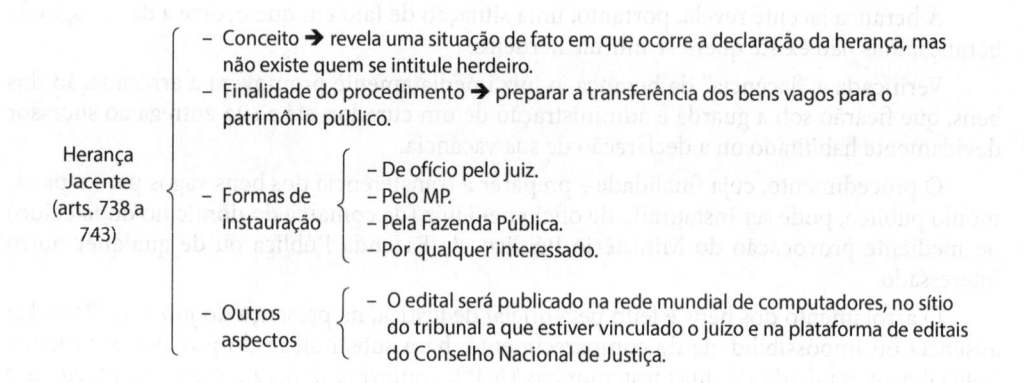

Herança Jacente (arts. 738 a 743)
- Conceito ➔ revela uma situação de fato em que ocorre a declaração da herança, mas não existe quem se intitule herdeiro.
- Finalidade do procedimento ➔ preparar a transferência dos bens vagos para o patrimônio público.
- Formas de instauração
  - De ofício pelo juiz.
  - Pelo MP.
  - Pela Fazenda Pública.
  - Por qualquer interessado.
- Outros aspectos
  - O edital será publicado na rede mundial de computadores, no sítio do tribunal a que estiver vinculado o juízo e na plataforma de editais do Conselho Nacional de Justiça.

7. DOS BENS DOS AUSENTES (ARTS. 744 E 745)

Diz-se ausente a pessoa que desaparece de seu domicílio, sem que dela haja notícia e sem que tenha deixado representante ou procurador. Também será considerada ausente se, deixando mandatário, este não quiser ou não puder continuar a exercer o mandato, ou se seus poderes forem insuficientes (arts. 22 e 23 do CC).[39]

Ocorrendo essa situação, o juiz, a requerimento de qualquer interessado, ou do Ministério Público (art. 22 do CC), declarará a ausência, nomeando curador ao ausente (que passará a ser considerado absolutamente incapaz) e mandará arrecadar seus bens (art. 744 do CPC).

O procedimento especial de jurisdição voluntária em estudo vai se ocupar não só da nomeação de curador e arrecadação dos bens do declarado ausente, como também da administração de seus bens, da sucessão provisória e da conversão desta em definitiva.

Em linhas gerais, não havendo comparecimento do ausente, o procedimento desenvolve-se de acordo com os passos a seguir.

Declarada a ausência, feita a arrecadação dos bens do ausente, intimado o Ministério Público e a Fazenda Pública, procede-se à publicação de editais, na forma do art. 745, chamando o ausente a entrar na posse de seus bens.

O CPC/2015 prevê a possibilidade de publicação dos editais de ausência na rede mundial de computadores, tanto no *site* do Tribunal ao qual o juízo se vincule quanto na plataforma de editais de citação e intimação do CNJ. A novidade, presente em diversas outras hipóteses do diploma, vem no sentido de dar efetividade ao princípio da publicidade (art. 8º), assim como à prática eletrônica dos atos processuais, tudo no sentido de assegurar acessibilidade a este conteúdo pelo jurisdicionado.

---

[39] O Código de Processo Civil atual deixa de regulamentar de maneira minuciosa as hipóteses de ausência, como fazia o CPC/1973 (art. 1.159). O preenchimento desta matéria, evidentemente vinculada ao direito material, é de competência do legislador civil.

Findo o prazo previsto no edital (art. 745) sem que se saiba do ausente, e não tendo comparecido seu procurador ou representante, poderão os interessados requerer que se abra provisoriamente a sucessão.

Feita a citação das pessoas referidas no § 2º do art. 745, passa-se à fase de habilitação dos herdeiros, cuja finalidade é possibilitar-lhes a demonstração e prova de seu direito à herança.

Não ocorrendo habilitação e presentes os requisitos do art. 37 ou 38 do Código Civil, a sucessão provisória converter-se-á em definitiva.

7.1 Disposições suprimidas pelo CPC atual

A norma do art. 1.162 do CPC/1973,[40] que dispunha sobre as hipóteses de cessação da curadoria dos ausentes, não foi reproduzida na nova legislação. E nem precisava. A curadoria, que tem por finalidade a administração do patrimônio do ausente, tem natureza provisória. Esse múnus inicia-se com a nomeação do curador, cujo primeiro ato consiste na arrecadação do patrimônio do ausente, e vai até o momento em que os herdeiros são provisoriamente empossados nos bens e passarão a defender os interesses do ausente (art. 32 do CC). Nesse sentido, a sucessão provisória faz cessar a curadoria. Igualmente, o comparecimento do ausente, pessoalmente ou por meio de procurador, faz desaparecer a finalidade da curadoria, conduzindo à sua cessação, uma vez que a administração do patrimônio voltará à pessoa do até então ausente. Finalmente, se há certeza da morte do ausente, haverá a abertura de inventário definitivo, com a nomeação de inventariante, a quem caberá a administração dos bens do espólio.

O CPC/2015 também se absteve de apresentar o rol de legitimados para abertura da sucessão provisória, como fez o CPC/1973 em seu art. 1.163, § 1º.[41] Essa supressão vem buscar harmonia entre a regulação do diploma processual e o disposto na lei civil, que já apresenta o rol de legitimados à abertura da sucessão provisória no art. 27 (CC/2002). Em se tratando de matéria evidentemente de direito material, a retirada de tais disposições no CPC/2015 é adequada, permitindo a eficácia da lei civil e evitando possíveis antinomias.

No mesmo sentido é correta a supressão da norma estatuída no art. 1.166 do CPC/1973,[42] que determinava a prestação de caução pelos herdeiros que se imitissem na posse durante a sucessão provisória. A regra já possuía previsão na legislação de direito material (art. 30 do CC/2002).

⚖ JURISPRUDÊNCIA TEMÁTICA

Bens do ausente e comprovação da propriedade

"Direito civil e processual civil. Ausência. Curadoria dos bens do ausente. Comprovação de propriedade em nome do desaparecido. Desnecessidade. A nova tônica emprestada pela CF/1988 ao CC/2002, no sentido de dar ênfase à proteção da pessoa, na acepção humana do termo, conjugada ao interesse social prevalente, deve conciliar, no procedimento especial de

---

[40] CPC/1973, "Art. 1.162. Cessa a curadoria: I – pelo comparecimento do ausente, do seu procurador ou de quem o represente; II – pela certeza da morte do ausente; III – pela sucessão provisória".

[41] CPC/1973, "Art. 1.163. [...] § 1º Consideram-se para este efeito interessados: I – o cônjuge não separado judicialmente; II – os herdeiros presumidos legítimos e os testamentários; III – os que tiverem sobre os bens do ausente direito subordinado à condição de morte; IV – os credores de obrigações vencidas e não pagas".

[42] CPC/1973, "Art. 1.166. Cumpre aos herdeiros, imitidos na posse dos bens do ausente, prestar caução de os restituir".

jurisdição voluntária de declaração de ausência, os interesses do ausente, dos seus herdeiros e do alcance dos fins sociais pretendidos pelo jurisdicionado que busca a utilização do instituto. Resguarda-se, em um primeiro momento, os interesses do ausente, que pode reaparecer e retomar sua vida, para, após as cautelas legalmente previstas, tutelar os direitos de seus herdeiros, porquanto menos remota a possibilidade de efetivamente ter ocorrido a morte do desaparecido. A preservação dos bens do ausente constitui interesse social relevante, que busca salvaguardar direitos e obrigações tanto do ausente quanto dos herdeiros que permaneceram à deriva, durante longo período de incertezas e sofrimentos causados pelo abrupto afastamento de um ente querido. Essa incerteza gerada pelo desaparecimento de uma pessoa, deve ser amparada pelo intérprete da lei como necessidade de adoção de medidas tendentes a proteger o ausente e sua família, quanto aos direitos e obrigações daí decorrentes. Se o ausente deixa interessados em condições de sucedê-lo, em direitos e obrigações, ainda que os bens por ele deixados sejam, a princípio, não arrecadáveis, há viabilidade de se utilizar o procedimento que objetiva a declaração de ausência. O entendimento salutar para a defesa dos interesses do ausente e de seus herdeiros deve perpassar pela afirmação de que a comprovação da propriedade não é condição *sine qua non* para a declaração de ausência nos moldes dos arts. 22 do CC/2002 e 1.159 do CPC. Acaso certificada a veracidade dos fatos alegados na inicial, por todos os meios de prova admitidos pela lei processual civil, considerada não apenas a propriedade como também a posse na comprovação do acervo de bens, deve o juiz proceder à arrecadação dos bens do ausente, que serão entregues à administração do curador nomeado, fixados seus poderes e obrigações, conforme as circunstâncias e peculiaridades do processo. Recurso especial provido" (STJ, REsp 1.016.023/DF, Rel. Min. Nancy Andrighi, j. 27.05.2008).

Quadro esquemático 82 – Dos bens dos ausentes

Dos bens dos ausentes (arts. 744 e 745)
- Conceito → Procedimento que se ocupa da nomeação de curador, da arrecadação e administração dos bens, da sucessão provisória e da conversão desta em partilha.
- Ausente → Pessoa que desaparece de seu domicílio, sem que dela haja notícia e sem que tenha deixado procurador.
- Não comparecimento do ausente, seu procurador ou representante
  - Os interessados podem requerer abertura de sucessão provisória.
- A sucessão provisória converte-se em definitiva quando
  - Houver certeza da morte do ausente.
  - Decorridos dez anos do trânsito em julgado da sentença que determinou a abertura da sucessão provisória.
  - O ausente contar 80 anos de idade e não houver notícias de seu paradeiro nos últimos cinco anos.

8. DAS COISAS VAGAS (ART. 746)

Coisa vaga é a **coisa móvel perdida pelo dono e achada por outrem** (descobridor).

Quem encontra coisa perdida está obrigado a restituí-la ao dono, posto que a perda não extingue a propriedade, conforme disciplinado nos arts. 1.233 a 1.237 do CC. A restituição da coisa achada, a propósito, tem relação direta com a vedação ao enriquecimento sem causa (art. 88 do CC).

O procedimento em análise regula a entrega da coisa perdida e achada, nas hipóteses em que o descobridor, apesar de ter adotado as medidas necessárias, não conseguiu localizar o dono.

Pois bem. Aquele que achar coisa alheia perdida, não conhecendo o seu dono ou legítimo possuidor, entregá-la-á à autoridade judiciária ou policial. Sendo entregue à autoridade policial, esta a remeterá ao juízo competente, qual seja o do lugar onde a descoberta ocorreu (art. 1.233, parágrafo único, do CC). Sendo recebida pelo juiz, este mandará lavrar o respectivo auto, dele constando a descrição do bem e as declarações do descobridor (art. 746).

Depositada a coisa, o juiz mandará publicar editais (art. 746, § 2º). A publicação passa a ser realizada na rede mundial de computadores e, apenas não havendo sítio do tribunal, no órgão oficial e na imprensa da comarca.

Decorridos sessenta dias da publicação do edital e não se apresentando o proprietário ou legítimo possuidor da coisa, ocorrerá sua venda em hasta pública, pertencendo o remanescente ao Município em cuja circunscrição foi encontrada, deduzidas a recompensa do descobridor e as despesas (art. 1.237 do CC). Poderá o Município abandonar a coisa em favor do descobridor, caso o valor seja diminuto (art. 1.237, parágrafo único, do CC).

Comparecendo o dono ou o legítimo possuidor dentro do prazo do edital e provando o seu direito, o juiz mandará entregar-lhe a coisa. Como dito, O descobridor terá direito à recompensa pela restituição, que não poderá ter valor inferior a 5% do valor da coisa achada (art. 1.234 do CC).

Quadro esquemático 83 – Das coisas vagas

Das Coisas Vagas (art. 746)
- Conceito de coisa vaga → coisa perdida pelo dono e achada por outrem (descobridor). Finalidade: regula a entrega da coisa perdida e achada, nas hipóteses em que o descobridor, apesar de ter adotado as medidas necessárias, não conseguiu localizar o dono.
- Procedimento
  - Dono ou possuidor não comparece → ocorrerá sua venda em hasta pública, pertencendo o remanescente ao Município em cuja circunscrição foi encontrada, deduzidas a recompensa do descobridor e as despesas.
  - Dono ou possuidor comparece → o juiz mandará entregar-lhe a coisa. O descobridor terá direito à recompensa pela restituição, que não poderá ter valor inferior a 5% do valor da coisa achada (art. 1.234, CC).

9. DA INTERDIÇÃO (ARTS. 747 A 758)

9.1 Considerações gerais

Todas as pessoas têm capacidade de direito, isto é, têm aptidão para adquirir direitos na órbita civil, seja por si, seja assistidas ou representadas. Essa capacidade de direito decorre da personalidade, que o ser humano adquire com o nascimento e conserva até a morte, sendo que o ordenamento jurídico assegura ainda os direitos do nascituro (arts. 1º, 2º e 6º do CC).

Embora todas as pessoas tenham personalidade civil e, portanto, capacidade de direito, nem todas têm a chamada capacidade de fato, ou seja, a capacidade de exercer, por si próprias, os atos da vida civil.

Partindo dessa premissa, faz-se necessário analisar previamente os dispositivos do Código Civil que tratam do tema. Alerte-se, contudo, para o fato de que a teoria das incapacidades foi alterada pela **Lei nº 13.146/2015 (Estatuto da Pessoa com Deficiência)**,[43] que entrou em vigor em janeiro de 2016, ou seja, antes do término da *vacatio legis* do CPC/2015.

---

[43] A referida lei é a regulamentação da Convenção de Nova York, tratado de direitos humanos, recepcionado como emenda constitucional (Decreto nº 6.949/2009).

A partir da análise do texto legal (Lei nº 13.146/2015), verifica-se substancial alteração nos arts. 3º e 4º do Código Civil, que tratam, respectivamente, da incapacidade civil absoluta e da incapacidade civil relativa. Vamos às comparações:

Código Civil (antes das alterações promovidas pelo Estatuto da Pessoa com Deficiência (Lei nº 13.146/2015)

Art. 3º São absolutamente incapazes de exercer pessoalmente os atos da vida civil:

I – os menores de dezesseis anos;

II – os que, por enfermidade ou deficiência mental, não tiverem o necessário discernimento para a prática desses atos;

III – os que, mesmo por causa transitória, não puderem exprimir sua vontade.

Art. 4º São incapazes, relativamente a certos atos, ou à maneira de os exercer:

I – os maiores de dezesseis e menores de dezoito anos;

II – os ébrios habituais, os viciados em tóxicos, e os que, por deficiência mental, tenham o discernimento reduzido;

III – os excepcionais, sem desenvolvimento mental completo;

IV – os pródigos.

Código Civil (a partir das alterações efetuadas pelo Estatuto)

Art. 3º São absolutamente incapazes de exercer pessoalmente os atos da vida civil os menores de 16 (dezesseis) anos.

Art. 4º São incapazes, relativamente a certos atos ou à maneira de os exercer:

I – os maiores de dezesseis e menores de dezoito anos;

II – os ébrios habituais e os viciados em tóxico;

III – aqueles que, por causa transitória ou permanente, não puderem exprimir sua vontade;

IV – os pródigos.

Parágrafo único. A capacidade dos indígenas será regulada por legislação especial.

A primeira alteração é que o ordenamento passará a ter **apenas uma hipótese de incapacidade absoluta**, qual seja, a dos menores de 16 anos.

"Em suma, não existe mais, no sistema privado brasileiro, pessoa absolutamente incapaz que seja maior de idade. Como consequência, não há que se falar mais em ação de interdição absoluta no nosso sistema civil, pois os menores não são interditados. Todas as pessoas com deficiência, das quais tratava o comando anterior, passam a ser, em regra, plenamente capazes para o Direito Civil, o que visa a sua plena inclusão social, em prol de sua dignidade".[44]

Quanto ao art. 4º, o dispositivo não faz menção às pessoas com deficiência mental que tenham discernimento reduzido, o que quer dizer que elas possuirão plena capacidade e não mais incapacidade relativa. Também estão excluídos do rol dos relativamente incapazes "os

---

[44] Conforme análise do professor Flávio Tartuce. Disponível em: http://www.migalhas.com.br/FamiliaeSucessoes/104,MI224217,21048-Alteracoes+do+Codigo+Civil+pela+lei+131462015+Estatuto+da+Pessoa+com. Acesso em: 6 nov. 2018. Os menores não são passíveis de interdição, mas sim de tutela, guarda, entre outros institutos de proteção ao menor.

excepcionais, sem desenvolvimento mental completo". Por outro lado, as pessoas que, "por causa transitória ou permanente, não puderem exprimir sua vontade" passam a ser consideradas relativamente incapazes.

Somente necessitará de **representação** para exercer os atos da vida civil o menor de 16 anos. Nesse caso, a ausência de capacidade plena é suprida pelo representante, que atuará *no lugar* do representado. Os relativamente incapazes, por sua vez, necessitarão de **assistência**, o que quer dizer que o assistente atuará em juízo *ao lado* do autor ou do réu.

Compete aos pais representar os filhos menores, judicial e extrajudicialmente, até os 16 anos, nos atos da vida civil, e assisti-los, após essa idade, nos atos em que forem partes, suprindo-lhes o consentimento (art. 1.634, VII, do CC). Se os pais são falecidos, ausentes ou foram destituídos do poder familiar, os filhos menores (de 16 ou 18 anos) serão postos em tutela (art. 1.728 do CC).

E quanto aos maiores, como se dará a assistência quando eles forem considerados relativamente incapazes (incisos II, III e IV do art. 4º do CC)? A fim de que seja declarada a incapacidade e, consequentemente, nomeada pessoa incumbida de assistir o incapaz, deve-se promover a chamada ação de interdição. Esta nada mais é do que um procedimento judicial, de jurisdição voluntária, por meio do qual se investiga e se declara a incapacidade de pessoa maior, para o fim de ser representada ou assistida por curador. Exemplo: maior de 18 anos viciado em cocaína pode sofrer interdição, assim como aquele que está em coma e, justamente por isso, não é capaz de exprimir sua vontade.

Exatamente com o intuito de proteger pessoas que, conquanto maiores, não têm "capacidade de regência" ou a têm diminuída, foi criado o instituto de direito civil denominado **curatela**, que consiste no "encargo público, conferido, por lei, a alguém, para dirigir a pessoa e administrar os bens dos maiores, que por si não possam fazê-lo".[45]

Nos termos do art. 1.767 do Código Civil, com redação dada pelo Estatuto da Pessoa com Deficiência, estão sujeitos à curatela: (i) aqueles que, por causa transitória ou permanente, não puderem exprimir sua vontade; (ii) os ébrios habituais e os viciados em tóxicos. Se comparada com a redação anterior, o Estatuto excluiu da curatela: (a) aqueles que, por enfermidade ou deficiência mental, não tiverem o necessário discernimento para os atos da vida civil; (b) aqueles que, por outra causa duradoura, não puderem exprimir a sua vontade; (c) os deficientes mentais; e (d) os excepcionais sem completo desenvolvimento mental. Ou seja, em regra, para o exercício dos atos da vida civil, nenhuma pessoa com deficiência física ou psíquica necessitaria de curador. Tanto é assim que o art. 84 do Estatuto dispõe que "a pessoa com deficiência tem assegurado o direito ao exercício de sua capacidade legal *em igualdade de condições com as demais pessoas*".

Mas e se a pessoa com deficiência não tiver condições de exercer, por si só, determinados atos da vida civil? O Estatuto admite, por força do art. 84, § 1º, a interdição de pessoa capaz, nos seguintes termos:

> Art. 84. [...]
> § 1º Quando necessário, a pessoa com deficiência será submetida à curatela, conforme a lei.

Em termos práticos, a pessoa com deficiência não será incapaz,[46] mas poderá, se necessário, se valer dos institutos assistenciais para a condução de determinados atos.[47] Nesse caso, a ação

---

[45] BEVILÁQUA, Clóvis. *Código Civil dos Estados Unidos do Brasil comentado*. v. 2. São Paulo: Francisco Alves, 1951. p. 448.

[46] Excepcionalmente pode a pessoa com deficiência ser enquadrada em um dos incisos do art. 4º do CC (por exemplo, pessoa com deficiência física e viciada em drogas).

[47] Outro instrumento viável encontra-se disposto no Estatuto. É a chamada "tomada de decisão apoiada", que não se confunde com o procedimento de curatela. Na verdade, trata-se de procedimento alterna-

de interdição – melhor seria "ação de curatela", eis que não se trata, como dito, de reconhecimento de incapacidade – será promovida com o intuito de nomear um curador para assistir ou representar a pessoa com deficiência. Ao que me parece, diante da redação do art. 85 do referido diploma, caberá ao juiz definir os poderes do curador:

> Art. 85. A curatela afetará tão somente os atos relacionados aos direitos de natureza patrimonial e negocial.
>
> § 1º A definição da curatela não alcança o direito ao próprio corpo, à sexualidade, ao matrimônio, à privacidade, à educação, à saúde, ao trabalho e ao voto.
>
> § 2º A curatela constitui medida extraordinária, devendo constar da sentença as razões e motivações de sua definição, preservados os interesses do curatelado.

O problema, contudo, não tem solução tão simples assim. Em primeiro lugar é importante que se diga que o Código de Processo Civil atual foi publicado sem qualquer observância às disposições do Estatuto. Prova disso é que a Lei nº 13.146/2015 alterou diversas disposições do Código Civil, as quais serão revogadas pelo CPC/2015. Por exemplo: o art. 1.768 do Código Civil, com redação conferida pelo Estatuto – que, ressalte-se, entrou em vigor em janeiro de 2016 –, dispõe que: "O processo que define os termos da curatela deve ser promovido [...]". O art. 747 do CPC/2015 prevê, por sua vez, que "a interdição pode ser promovida [...]". A diferença entre as redações é que, de acordo com o Código Civil, seria desnecessária a submissão da pessoa com deficiência a um processo de interdição, porquanto suficiente a propositura de demanda para simples nomeação de curador. Ocorre que o art. 1.072, II, do CPC/2015 revogará expressamente o art. 1.768. Como o CPC/2015 somente entrou em vigor em março de 2016, quer dizer que de janeiro a março tivemos um processo simplificado para a nomeação de curador para os deficientes e, a partir de 18.03.2016, a volta da ação de interdição para essas mesmas pessoas. Enquanto o legislador não resolve a antinomia, o procedimento previsto no CPC em vigor será aplicável a qualquer modalidade de curatela, pouco importa o grau de deficiência. Caberá ao juiz fixar os limites da curatela levando-se em conta o grau de deficiência. Há que se fazer as devidas ponderações de valores, a fim de buscar a interpretação que melhor se coadune com os ideais propostos pela Lei nº 13.146/2015, ou seja, assegurar a dignidade da pessoa com deficiência sem deixá-la vulnerável nas relações civis.

9.2 Procedimento da interdição

9.2.1 Competência

O pedido de interdição será formulado no foro do domicílio do interditando (art. 46). Se, no curso do processo, o interditando muda de domicílio, a competência também mudará. Nesse sentido:

> "A ação de interdição deve ser processada no foro de domicílio do interditando, conforme regra geral do art. 46 do CP. Admite-se a mitigação do princípio da perpetuação da jurisdição, em conformidade ao melhor interesse do interditando, a fim de priorizar a facilitação da sua defesa e proteção dos seus interesses" (TJ-MG - AI: 10000221804974001/MG, Rel. Ivone

---

tivo à curatela, que tem início por iniciativa da pessoa com deficiência, que escolhe pelo menos duas pessoas idôneas "com as quais mantenha vínculos e que gozem de sua confiança, para prestar-lhe apoio na tomada de decisão sobre atos da vida civil, fornecendo-lhes os elementos e informações necessários para que possa exercer sua capacidade". Conferir o art. 116 da Lei nº 13.146/2015.

Campos Guilarducci Cerqueira (JD Convocado), j. 02.12.2022, Câmaras Especializadas Cíveis/8ª Câmara Cível Especializada, *DJe* 06.12.2022).

"[...] Segundo orientação jurisprudencial emanada do STJ, a definição da competência em ação envolvendo incapaz deve levar em conta, prioritariamente, a proteção de seus interesses, de modo que o encaminhamento dos autos à comarca em que a interditada está domiciliada permitirá uma tutela jurisdicional mais ágil, eficaz e segura, prestigiando o princípio do juízo imediato. Conflito negativo de competência julgado improcedente" (TJ-RS, Conflito de Competência 70057557902, 8ª Câmara Cível, Rel. Ricardo Moreira Lins Pastl, j. 20.03.2014).

Nesse ponto não se vislumbra qualquer incompatibilidade com o Estatuto. É que apesar de o art. 79 da Lei nº 13.146/2015 garantir o acesso da pessoa com deficiência à justiça, em *igualdade de oportunidades com as demais pessoas*, a competência é matéria de cunho eminentemente processual.

Necessário, contudo, fazer uma ressalva: por se tratar de um livro de processo, utiliza-se a nomenclatura conferida pelo Código, embora, com razão, a doutrina civilista critique o termo "interdição", considerando que, após a vigência do Estatuto, o correto é denominar o procedimento de Ação de Curatela.

9.2.2 Legitimidade

Segundo o art. 747, a interdição poderá ser promovida: I – **pelo cônjuge ou companheiro**; II – **pelos parentes ou tutores**; III – **pelo representante da entidade em que se encontra abrigado o interditando**; ou IV – **pelo Ministério Público**.

Se comparado com o CPC/1973 (art. 1.177), o CPC/2015 insere **novo legitimado para ajuizamento da ação de interdição**, qual seja, o representante da entidade na qual se encontra o abrigado (art. 747, III). A hipótese reconhece uma relação de cuidado e autoridade no plano processual, ampliando a aplicação da curatela. Desta forma, além dos familiares, são também legitimadas para a ação de interdição as entidades que acolhem pessoas que possuam alguma incapacidade.

Ressalte-se que o termo "parentes" (art. 747, I) abarca todos aqueles que decorram de outra origem que não a sanguínea, como os parentes por adoção e por afinidade, nos termos do art. 1.593 do CC/2002.

Sobre a natureza do rol, importa registrar que o Superior Tribunal de Justiça entende que a enumeração dos legitimados é taxativa, mas não preferencial, podendo a ação ser proposta por qualquer um dos indicados, haja vista tratar-se de legitimação concorrente (REsp 1.346.013/MG, *DJe* 20.10.2015; AREsp 37.533/MG, *DJe* 31.10.2017). Devemos, contudo, diferenciar a legitimidade para requerer a interdição e a legitimidade para figurar como curador. Por exemplo, uma amiga íntima da interditada pode figurar na qualidade de curadora, mas, de acordo com a norma processual, não tem legitimidade para promover o procedimento de interdição.

Acerca desse entendimento, cabe uma ponderação. No final do ano de 2018, o STJ entendeu possível o levantamento da curatela por pessoa não inserida no rol do art. 756, § 1º (Informativo 640, STJ). De acordo com o posicionamento, a utilização do termo "poderá" – que também se repete no rol do art. 747 – enuncia ao intérprete quais pessoas têm a faculdade de ajuizar a ação de levantamento da curatela, garantindo-se ao interdito a possibilidade de recuperação de sua autonomia quando não houver mais razões que justifiquem a medida, "sem, contudo, excluir a possibilidade de que essa ação venha a ser ajuizada por pessoas que, a despeito de não mencionadas pelo legislador, possuem relação jurídica com o interdito e, consequentemente, possuem legitimidade para pleitear o levantamento da curatela". A prevalecerem as razões dessa decisão, é perfeitamente possível admitir-se, também, a não taxatividade do rol do art. 747 do CPC.

Quanto à legitimidade do Ministério Público, esclarece-se que a instituição somente promoverá a interdição no caso de doença mental grave e quando inexistirem legitimados ou estes forem incapazes (art. 748). Cuida-se, portanto, de atuação subsidiária e excepcional.

Embora o art. 1.769 do Código Civil, com redação dada pelo Estatuto da Pessoa com Deficiência, tenha sido revogado pelo CPC/2015, nada impede que se mantenha a ideia nele contida, no sentido de que o Ministério Público tem legitimidade para promover a interdição nos casos em que haja limitação psíquica, seja por doença ou por deficiência.

A atuação do Ministério Público, quando não for o proponente da demanda, se dará na qualidade de *custos legis*, conforme previsão no art. 752, § 1º. Não há possibilidade de o órgão ministerial cumular as funções de curador e fiscal do ordenamento, devendo aquela ser exercida pela Defensoria Pública art. 72, parágrafo único). É esse o entendimento que prevalece atualmente na jurisprudência, embora na sistemática anterior fosse cabível a atuação do membro do Ministério Público como defensor do interditando.

Ainda no campo da legitimidade, a nova redação do art. 1.768 do Código Civil (inciso IV) define que a curatela pode ser promovida pela própria pessoa com deficiência. É a chamada *autointerdição*. Não obstante a revogação desse dispositivo pelo CPC/2015 (art. 1.072, II), nada obsta que, em resguardo aos interesses da pessoa com deficiência, assegure-se a possibilidade da autointerdição. Como já afirmado, os interesses da pessoa (a sua dignidade) estão em patamar superior às firulas legislativas.

Há quem sustente a necessidade de uma interpretação sistemática, que impeça o total esvaziamento dessa previsão. Para tanto, penso que seria necessário conferir amplitude máxima ao disposto nos arts. 79, § 1º, e 80 do Estatuto da Pessoa com Deficiência, de modo a permitir que a pessoa com deficiência participe de todo e qualquer processo judicial:

> Art. 79. [...]
> § 1º A fim de garantir a atuação da pessoa com deficiência em todo o processo judicial, o poder público deve capacitar os membros e os servidores que atuam no Poder Judiciário, no Ministério Público, na Defensoria Pública, nos órgãos de segurança pública e no sistema penitenciário quanto aos direitos da pessoa com deficiência.
>
> Art. 80. Devem ser oferecidos todos os recursos de tecnologia assistiva disponíveis para que a pessoa com deficiência tenha garantido o acesso à justiça, sempre que figure em um dos polos da ação ou atue como testemunha, partícipe da lide posta em juízo, advogado, defensor público, magistrado ou membro do Ministério Público.

Ressalte-se, contudo, que não há como prever se esta vai ser (ou não) a interpretação conferida pelos juízes e tribunais, que serão os primeiros a permitir ou inviabilizar a autointerdição. O ideal é que o legislador crie uma terceira norma, alterando o CPC/2015.

9.2.3 Competência

O pedido de interdição será formulado no foro do domicílio do interditando (art. 46). Se, no curso do processo, o interditando muda de domicílio, a competência também mudará. Nesse sentido:

> "[...] A competência nos procedimentos de interdição é fixada pelo domicílio do interditado, sendo relativizada a regra da *perpetuatio jurisdictionis* quando há alteração de sua residência, de forma a atender o melhor interesse do incapaz, facilitar o acesso à justiça e à ampla produção probatória. (TJ-MG, AI 10694130015266001/MG, 5ª Câmara Cível, Rel. Áurea Brasil, j. 11.07.2013).

"[...] Segundo orientação jurisprudencial emanada do STJ, a definição da competência em ação envolvendo incapaz deve levar em conta, prioritariamente, a proteção de seus interesses, de modo que o encaminhamento dos autos à comarca em que a interditada está domiciliada permitirá uma tutela jurisdicional mais ágil, eficaz e segura, prestigiando o princípio do juízo imediato. Conflito negativo de competência julgado improcedente" (TJRS, Conflito de Competência 70057557902, 8ª Câmara Cível, Rel. Ricardo Moreira Lins Pastl, j. 20.03.2014).

"Nos processos de curatela, sempre resguardadas as peculiaridades do caso, e desde que firmemente atrelado ao princípio do melhor interesse do interditando, é possível que, em razão da mudança superveniente do domicílio do curatelado, seja flexibilizada a regra da *perpetuatio jurisdictionis* e, por conseguinte, alterada a competência. Precedentes do STJ (TJ-DF, CCP 20140020145416/DF 0014650-95.2014.8.07.0000, 2ª Câmara Cível, Rel. J.J. Costa Carvalho, 06.10.2014, *DJe* 10.10.2014).

De acordo com esses precedentes, deverá haver mitigação da regra da *perpetuatio jurisdictionis* em favor da prevalência dos interesses envolvidos nas demandas que se referem à curatela, objetivando resguardar o melhor interesse do incapaz. Contudo, há posicionamentos em sentido contrário[48] e outros que restringem a alteração do domicílio quando ocorrer, por exemplo, apenas a internação do curatelando em outro local, sem a efetiva mudança de seu domicílio.[49]

9.2.4 Petição inicial

Entre os documentos indispensáveis à propositura da ação – aqui não há modificação proposta pelo Estatuto – está a **prova da existência do vínculo que lastreia a legitimidade para a interdição**. Exemplos: certidão de casamento ou instrumento público declaratório de união estável, certidão de nascimento do requerente e do interditando para comprovação de parentesco, comprovação da entrada do interditando na entidade de abrigo etc. (art. 747, parágrafo único).

Também incumbe ao autor, na petição inicial, especificar os fatos que demonstram a incapacidade do interditando para administrar seus bens e, se for o caso, para praticar atos da vida civil, bem como o momento em que a incapacidade se revelou. Trata-se de regra que observa o disposto no art. 373, I. Em caso de omissão do interessado quanto ao atendimento da norma, deverá o juiz, caso não supra a ausência de comprovação no prazo previsto no art. 321, indeferir a petição inicial.

---

[48] "Agravo de Instrumento. Competência. Ação de interdição. Decisão que determinou a redistribuição dos autos a uma das Varas da Família e Sucessões do Foro Central. Ação ajuizada perante o Foro Regional da Lapa, local de domicílio da interditanda. Alteração do domicílio da interditanda no curso do feito que não implica em sua redistribuição para o Foro Central da Comarca da Capital. 'Perpetuatio jurisdictionis'. Inteligência do artigo 43 do Código de Processo Civil. Reforma da decisão agravada. Dá-se provimento ao recurso" (TJ-SP, AI: 2200285-48.2018.8.26.0000, Relator: Christine Santini, j. 31.01.2019, 1ª Câmara de Direito Privado, *DJe* 31.01.2019).

[49] "Conflito negativo de competência. Ação de interdição. Internação de curatelado em Clínica de reabilitação localizada fora de seu domicílio. Redistribuição da demanda para outra comarca. Não cabimento. Internação médica que não equivale ao conceito de residência ou à sua mudança com ânimo definitivo, para fins de alteração do domicílio (art. 74, CC). Interditado que mantém domicílio necessário naquele de seu curador. Aplicação do art. 43, CPC (*perpetuatio jurisdictionis*). Eventual mudança de endereço no curso do feito que não tem o condão de alterar a competência para julgamento da ação. Ausência de justificativa para mitigar o princípio. Precedentes. Conflito conhecido para declarar a competência do Juízo suscitado" (TJ-SP, CC: 0045013-61.2019.8.26.0000, Rel. Guilherme G. Strenger (Pres. Seção de Direito Criminal), j. 14.02.2020, Câmara Especial, *DJe* 14.02.2020).

Também constitui documento indispensável para a propositura da ação a apresentação de **laudo médico** que faça prova das alegações do requerente da interdição. Caso não o apresente, deverá comprovar, então, a impossibilidade de fazê-lo (art. 750). Essa impossibilidade pode ocorrer, por exemplo, quando o curatelando resiste em se submeter ao exame.[50]

Se houver urgência, o juiz poderá nomear **curador provisório** ao interditando para a prática de determinados atos. Trata-se de regra prevista no parágrafo único do art. 749 e que, apesar de não encontrar correspondência no CPC/1973, já poderia ser aplicável com base no poder geral de cautela do juiz.[51]

9.2.5 Citação e demais atos do processo

O interditando será citado para, em dia designado, comparecer perante o juiz, que o **entrevistará**[52] minuciosamente acerca de sua vida, negócios, bens, vontades, preferências, laços familiares e afetivos e tudo o mais que lhe parecer necessário para convencimento quanto à sua capacidade de praticar (ou não) os atos da vida civil (art. 751).

O CPC traz expressamente a possibilidade de o interditando ser ouvido no local em que se encontrar (art. 751, § 1º). Dizemos "expressamente" porque tal providência poderia ser adotada pelo magistrado por aplicação analógica do art. 442 do CPC/1973, que trata

---

[50] "(...) O propósito recursal é definir se o laudo médico previsto no art. 750 do CPC/2015, exigido como documento necessário à propositura da ação de interdição, pode ser dispensado na hipótese em que o interditando não concorda em se submeter ao exame médico. 3. Dado que o laudo médico a ser apresentado com a petição inicial da ação de interdição não substitui a prova pericial a ser produzida em juízo, mas, ao revés, tem a finalidade de fornecer elementos indiciários, de modo a tornar juridicamente plausível a tese de que estariam presentes os requisitos necessários para a interdição e, assim, viabilizar o prosseguimento da respectiva ação, não deve o julgador ser demasiadamente rigoroso diante da alegação de impossibilidade de apresentá-lo, de modo a frustrar o acesso à justiça. 4. A alegação de que a petição inicial veio desacompanhada de laudo médico em virtude da recusa do interditando em se submeter ao exame a partir do qual seria possível a sua confecção revela-se plausível no contexto em que, em princípio, a interditanda reuniria plenas condições de resistir ao exame médico. 5. Hipótese em que, ademais, as requerentes da interdição, diante da inexistência do laudo médico, pleitearam na petição inicial a designação de audiência de justificação, nos termos do art. 300, § 2º, do CPC/2015, o que lhes foi negado, a despeito de se tratar de providência suficiente para impedir a extinção do processo sem resolução do mérito. 6. Recurso especial conhecido e provido, a fim de anular a sentença que extinguiu o processo por falta de interesse processual decorrente da ausência de laudo médico, com determinação para que seja dado regular prosseguimento à ação de interdição na origem, franqueando-se ao Juízo de 1º grau, se entender necessário, designar a audiência de justificação prévia pleiteada pelas recorrentes" (STJ, REsp 1933597/RO, 3ª Turma, Rel. Min. Nancy Andrighi, j. 26.10.2021, *DJe* 03.11.2021).

[51] Nesse sentido, cf. STJ, REsp 130.402/SP, 3ª Turma, Rel. Min. Carlos Alberto Menezes Direito, ac. 04.06.1998, *DJU* 03.08.1998, p. 223.

[52] O artigo correspondente no CPC/1973 estabelecia o seguinte: "O interditando será citado para, em dia designado, comparecer perante o juiz, que o examinará, interrogando-o minuciosamente acerca de sua vida, negócios, bens e do mais que lhe parecer necessário para ajuizar do seu estado mental, reduzidas a auto as perguntas e respostas" (art. 1.181). O juiz, no procedimento de interdição, não interroga o interditando, mas sim o entrevistado. A adequação terminológica demonstra que a "oitiva" do interditando não pode se revestir de tantas formalidades. É necessário que se busque uma personalização do processo de interdição, de modo a afastar a ótica mecanicista adotada pela maioria dos julgadores (BASTOS, Eliene Ferreira; ASSIS, Arnoldo Camanho de; SANTOS, Marlouve Moreno Sampaio (coord.). *Família e jurisdição*. Belo Horizonte: Del Rey, 2010. v. III).

da inspeção judicial. Além disso, tal providência já era reconhecida pela jurisprudência dos tribunais pátrios.[53]

A nova legislação processual também amplia os poderes instrutórios do juiz, trazendo a possibilidade de intimação de especialista para acompanhar a entrevista do interditando (art. 751, § 2º); de utilização de recursos tecnológicos que auxiliam aquele na expressão de sua vontade (art. 751, § 3º); e de oitiva de parentes e pessoas próximas (art. 751, § 4º). Em síntese, as disposições permitem o alcance da verdade real no processo, de modo a evitar a interdição de pessoas que ainda sejam capazes de exprimir sua vontade. O Estatuto da Pessoa com Deficiência reforça essa ideia nos arts. 79 e 80.

No prazo de 15 dias contados da entrevista, poderá o interditando impugnar o pedido (art. 752). O *Parquet* deverá ser intimado para se manifestar apenas como fiscal da ordem jurídica (arts. 178 e 179). Assim, mesmo que a ação não seja proposta pelo Ministério Público, a sua atuação se restringirá à fiscalização do processo, pois os interesses do interditando serão defendidos por advogado (público ou particular) ou por curador especial.

Caso não constitua advogado, o interditando poderá ser representado por curador especial (art. 752, § 2º), assim como poderá o cônjuge, companheiro ou qualquer parte sucessível intervir como assistente (art. 752, § 3º). Da leitura de ambos os dispositivos, percebe-se que não há mais possibilidade de o cônjuge, companheiro ou parente constituir advogado em nome do interditando, conforme estava previsto no art. 1.182, § 3º, do CPC/1973.

Em síntese, **somente se o interditando não constituir advogado é que lhe será nomeado curador especial.**[54] Essa função será exercida pela Defensoria Pública, nos termos do art. 4º, XVI, da Lei Complementar nº 80/1994. Frise-se que tal atuação não exige que o réu seja hipossuficiente economicamente, bastando que ostente hipossuficiência jurídica.

Anote-se que, sobre a constituição de mandatário pelo interditando, há posicionamento do STJ no sentido de relativizar a regra contida no art. 682, II, do CC/2002. Segundo a Corte, o referido dispositivo, que prevê a cessação do mandato pela interdição de uma das partes, deve ser interpretado conjuntamente com o art. 1.182, § 2º, do CPC/1973 (art. 752, § 2º, do CPC/2015) nas hipóteses em que mandato for outorgado pelo próprio interditando para a sua defesa na respectiva ação de interdição.[55]

---

[53] Nesse sentido: "Encontrando-se o interditando internado em casa de repouso, por tempo indeterminado, competente será o juízo da comarca em que esta se acha situada" (STJ, CComp 259, Rel. Min. Eduardo Ribeiro, j. 13.09.1989).

[54] Não confundir o curador especial (ou curador à lide) com o curador que será nomeado ao final do processo de interdição. A curadoria especial é um múnus público relacionado às funções dentro de um processo judicial.

[55] "Direito civil e processual civil. Efeitos da sentença de interdição sobre mandato judicial. A sentença de interdição não tem como efeito automático a extinção do mandato outorgado pelo interditando ao advogado para sua defesa na demanda, sobretudo no caso em que o curador nomeado integre o polo ativo da ação de interdição. De fato, o art. 682, II, do CC dispõe que a interdição do mandante acarreta automaticamente a extinção do mandato, inclusive o judicial. Contudo, ainda que a norma se aplique indistintamente a todos os mandatos, faz-se necessária uma interpretação lógico-sistemática do ordenamento jurídico pátrio, permitindo afastar a sua incidência no caso específico do mandato outorgado pelo interditando para a sua defesa judicial na própria ação de interdição. Isso porque, além de o art. 1.182, § 2º, do CPC assegurar o direito do interditando de constituir advogado para sua defesa na ação de interdição, o art. 1.184 do mesmo diploma legal deve ser interpretado de modo a considerar que a sentença de interdição produz efeitos desde logo quanto aos atos da vida civil, mas não atinge, sob pena de afronta ao direito de defesa do interditando, os mandatos referentes ao próprio processo. Com efeito, se os advogados constituídos pelo interditando não pudessem inter-

Apresentada ou não a impugnação, vez que não ocorrem os efeitos da revelia (art. 345, II), o juiz determinará a realização de **prova pericial** (art. 753).

Sobre a prova pericial importa salientar que os §§ 1º e 2º do art. 753 exigem a composição de profissionais com formação multidisciplinar para realização da prova pericial, assim como que o perito apresente, quando possível, os limites específicos da necessidade de curatela. Trata-se de disposições inovadoras, que permitem maior segurança e rigor na colheita da prova. A perícia é imprescindível, sob pena de nulidade.[56]

Apresentado o laudo, produzidas as demais provas e ouvidos os interessados, o juiz proferirá sentença (art. 754). Se restar demonstrada a incapacidade, o juiz decretará a interdição, nomeando curador ao interditando (art. 755, I).

A **sentença** de interdição produz efeito desde logo, embora sujeita a apelação. Será inscrita no Registro de Pessoas Naturais e imediatamente publicada na rede mundial de computadores, no sítio do tribunal a que estiver vinculado o juízo e na plataforma de editais do Conselho Nacional de Justiça, onde permanecerá por seis meses, na imprensa local, uma vez, e no órgão oficial, por três vezes, com intervalo de dez dias, constando do edital os nomes do interdito e do curador, a causa da interdição, os limites da curatela e, não sendo total a interdição, os atos que o interdito poderá praticar autonomamente.

A sentença de interdição produz **efeitos** *ex nunc, ou seja, dali para frente*. Não obstante a inexistência de efeito retroativo, os atos praticados pelo interdito anteriormente à interdição poderão ser anulados por ação própria. A apelação não tem efeito suspensivo (art. 1.012, § 1º, VI), de forma que a interdição produz os seus efeitos desde a intimação da sentença.

9.2.6 Levantamento da curatela

De acordo com o art. 756, a curatela pode ser levantada a qualquer tempo, desde que cessada a causa que a determinou (art. 756).

Esse pedido de levantamento corresponde a uma verdadeira revisão do que restou decidido na sentença de interdição, mas não quer dizer que a decisão que decretou a interdição não seja apta a formar coisa julgada material. Na ação em que se busca levantar a interdição, a causa de pedir é distinta da indicada na ação originária. E, em sendo assim, não há óbice ao julgamento de outra causa. Imaginemos a seguinte situação: o Ministério Público requereu a interdição de Caio ao fundamento de que, em razão de ser portador de doença mental grave, não tinha a mínima condição de administrar seus bens e praticar qualquer ato da vida civil. Na sentença, com base na prova pericial e também na entrevista levada a efeito na forma do art. 751 do CPC/2015, o juiz decretou a completa interdição, dele subtraindo a possibilidade de praticar, por si só, qualquer ato da vida civil. Entretanto, como resultado do tratamento a que fora submetido, o interditando recuperou parcialmente o discernimento. Em razão disso, o próprio Ministério Público requereu o levantamento parcial da interdição, o que foi

---

por recurso contra a sentença, haveria evidente prejuízo à defesa. Ressalte-se, ademais, que, nessa situação, reconhecer a extinção do mandato ensejaria evidente colisão dos interesses do interditando com os de seu curador. Contudo, a anulação da outorga do mandato pode ocorrer, desde que, em demanda específica, comprove-se cabalmente a nulidade pela incapacidade do mandante à época da realização do negócio jurídico" (STJ, REsp 1.251.728/PE, Rel. Min. Paulo de Tarso Sanseverino, j. 14.05.2013).

[56] "Afigura-se nulo o processo de interdição quando não é realizada perícia judicial nos autos, imprescindível para definição dos limites da curatela, implicando ofensa ao art. 753 do Código de Processo Civil" (TJ-MG - AC: 10000221686819001/MG, Rel. Kildare Carvalho, j. 26.01.2023, Câmaras Especializadas Cíveis/4ª Câmara Cível Especializada, *DJe* 27.01.2023).

acatado pelo juiz, que, na sentença, limitou a interdição a alguns atos da vida civil, como, por exemplo, casar e alienar bens imóveis. Constata-se que a segunda demanda (a "revisional" da interdição) é distinta da primeira, porque diferentes são as causas de pedir. Dessa forma, não se pode cogitar de óbice a que se julgue a "revisional", exatamente porque constitui outra causa. Por outro lado, não se pode justificar a possibilidade de levantamento completo ou parcial da interdição ao argumento de que na ação de interdição não há formação de coisa julgada. Os efeitos da coisa julgada – ou do caso julgado, como preferem alguns – encontram-se presentes. O que ocorre é que as causas subjacentes à ação de interdição e à respectiva "revisional" são distintas. O fenômeno processual é idêntico ao que se passa com as ações de trato continuado ou sucessivo (sentenças determinativas).

Por fim, em relação à legitimidade para o levantamento, o CPC/1973 a conferia ao próprio interdito (art. 1.186, § 1º, do CPC/1973). A novidade trazida pelo CPC/2015 é a extensão da legitimidade para o Ministério Público e para o curador (art. 756, § 1º).

No âmbito da jurisprudência, definiu-se que o rol do art. 756, § 1º, não tem natureza taxativa, havendo possibilidade de que o pedido de levantamento da curatela seja ajuizado por outras pessoas, qualificadas como terceiros juridicamente interessados. No caso concreto submetido à apreciação pelo STJ, foi deferida a curatela em favor de um homem aposentado por invalidez, após acidente automobilístico. A causadora do acidente, responsabilizada pelo pagamento de uma pensão mensal ao curatelado, propôs o pedido de levantamento, argumentando que ele não tinha mais a patologia que resultou em sua interdição. Em primeiro e segundo graus, entendeu-se pela extinção do processo, sem resolução do mérito, por ausência de legitimidade. O STJ, no entanto, reformou a decisão, ao argumento de que "além daqueles expressamente legitimados em lei, é admissível a propositura de ação por pessoas qualificáveis como terceiros juridicamente interessados em levantar ou modificar a curatela, devendo o art. 756, § 1º, do CPC/2015 ser interpretado como uma indicação do legislador, de natureza não exaustiva, acerca dos possíveis legitimados".[57]

Reforça a ideia adotada pelo STJ o fato de que o § 1º adota a expressão "poderá", circunstância que indica a viabilidade de extensão da legitimidade caso comprovado o interesse jurídico.

9.2.7 Interdição parcial

O CPC/2015 possibilita expressamente a interdição parcial, ao dispor que, na sentença que decretar a interdição, o juiz, considerando as características pessoais do interdito, observando suas potencialidades, habilidades, vontades e preferências, fixará os limites da curatela, segundo o estado e o desenvolvimento mental do interdito (art. 755, I e II). O dispositivo, na linha do resguardo da dignidade da pessoa do interdito – aspecto muito valorizado pelo EPD – permite que a restrição recaia somente quanto à prática de alguns atos. Exemplificativamente, no caso do pródigo, a restrição deve limitar-se a atos como fazer empréstimos em bancos, assinar recibos de altos valores, vender, hipotecar e casar com comunhão total de bens.

Do mesmo modo, o CPC/2015 vem permitir o levantamento parcial da curatela, com apenas a diminuição dos poderes do curador. Essa ideia já decorria de interpretação do Código Civil aliada ao princípio da dignidade da pessoa humana.[58]

---

[57] Disponível em: http://www.stj.jus.br/sites/portalp/Paginas/Comunicacao/Noticias-antigas/2019/2019-01-21_06-57_Terceiro-interessado-tambem-pode-propor-acao-de-levantamento-de--curatela.aspx. Acesso em: 5 out. 2020.

[58] Na jurisprudência: "Apelação cível. Ação de interdição parcial. Prodigalidade. Demonstrado que o apelado, em idade avançada, está vulnerável e suscetível à influência de terceiros, bem como que ele vem dilapidando seu patrimônio, correndo risco de ficar sem bens para atender suas próprias

9.3 Disposições comuns à tutela e à curatela (arts. 759 a 763)

Os arts. 759 a 763 do CPC/2015 disciplinam a nomeação, o compromisso e as responsabilidades dos tutores e curadores, bem como as garantias que devem prestar para acautelar os bens que serão confiados à sua administração. Preveem, também, a sua remoção no caso de descumprimento dos encargos que lhe são atribuídos pela lei e sua dispensa no caso de cessão das funções.[59]

De acordo com o art. 759, o tutor ou curador deverá prestar compromisso quando intimado para tanto. Após o compromisso, assumirá a administração dos bens do tutelado ou do interditando.

Há a possibilidade de o tutor ou curador recusar-se a assumir o encargo nas hipóteses do art. 1.736 do Código Civil, quais sejam: mulheres casadas; maiores de 60 anos; pessoas que tiverem sob sua autoridade mais de 3 filhos; pessoas impossibilitadas por enfermidade; pessoas que habitem em local que inviabilize o exercício da tutela ou curatela em razão da distância; pessoas que já exercem o encargo e militares em serviço.

Em relação ao inciso I – mulheres casadas –, a doutrina critica a previsão, posto que não há razões legais para afastar a legitimidade de mulheres casadas apenas em razão dessa condição. Nesse sentido é o Enunciado 136 do CJF.

A escusa deve ser dirigida ao juiz nos prazos do art. 760, ou seja, cinco dias após a intimação para prestar compromisso ou, no mesmo prazo, depois de entrar em exercício, a partir do dia em que sobrevier o motivo da escusa. Em razão dessa previsão, a doutrina majoritária considera que o art. 1.738 do Código Civil[60] foi tacitamente revogado pelo CPC. Ultrapassado o prazo, haverá preclusão quanto à alegação.

A escusa deve ser decidida pelo juiz após a oitiva do membro do Ministério Público. Caso não seja acolhida, o tutor ou curador exercerá o encargo enquanto não for dispensado, ou se, no caso da tutela, ocorrer a maioridade ou emancipação.

A remoção ou destituição ocorrerá nos casos de negligência, prevaricação ou superveniente incapacidade (art. 1.766 do CC). A legitimidade é conferida genericamente a quem tenha legítimo interesse, bem como ao Ministério Público. A jurisprudência adota como parâmetro os mesmos legitimados previstos no art. 747 do CPC, que trata do levantamento da curatela.

O tutor ou curador será citado para contestar a arguição no prazo de 5 dias, findo o qual será observado o procedimento comum (art. 761, parágrafo único, do CPC). Havendo necessidade, enquanto não proferida decisão sobre a remoção, o juiz poderá nomear um substituto interino, mediante provocação ou mesmo de ofício. Trata-se de uma espécie de tutela provisória

---

necessidades, mostra-se cabível a sua interdição parcial. Deram provimento ao apelo, por maioria" (TJRS, Apelação Cível 70061110565, 8ª Câmara Cível, Rel. Alzir Felippe Schmitz, j. 11.12.2014); "Apelação cível. Ação de interdição. Falta de provas para aplicação da interdição total. Provas que demonstram a necessidade da interdição parcial. Diante do conjunto probatório, onde não há elementos suficientes a amparar a pretensão inicial, isto é, não evidenciada a total incapacidade civil do requerido, inviável aplicar a medida de interdição, prevista no artigo 1.767 do Código Civil. No entanto, considerando que restou comprovada a incapacidade parcial do requerido, deve ser reformada a sentença nos termos do artigo 1.767, incisos I e III, do Código Civil. Deram provimento ao recurso" (TJRS, Apelação Cível 70055429397, 8ª Câmara Cível, Rel. Alzir Felippe Schmitz, j. 26.09.2013).

[59] GRECO FILHO, Vicente. *Direito processual brasileiro*. 10. ed. São Paulo: Saraiva, 1995. p. 279.

[60] "Art. 1.738. A escusa apresentar-se-á nos dez dias subsequentes à designação, sob pena de entender-se renunciado o direito de alegá-la; se o motivo escusatório ocorrer depois de aceita a tutela, os dez dias contar-se-ão do em que ele sobrevier."

de urgência, adotada com o propósito de evitar prejuízos aos interesses do tutelado ou curatelado. A decisão de substituição deve ser averbada em registro público, conforme exigência prevista no art. 104 da Lei 6.015/1973 (Lei de Registros Públicos).

Caso não haja motivo ensejador da remoção e substituição, o encargo perdurará pelo prazo de dois anos (art. 1.765 do CC), sendo prorrogável se o tutor ou curador aceitar e o juiz entender conveniente. Se o tutor ou curador não se manifestar em 10 dias após o vencimento do prazo, seu silêncio será interpretado como aceitação.

Cessada por qualquer motivo a tutela ou curatela, o tutor ou curador deverão prestar contas em juízo, haja vista a condição de administrador dos bens. A prestação de contas se dará na forma do art. 1.755 a 1.762 do Código Civil, havendo dispensa caso o curador do incapaz seja o seu cônjuge e o regime de casamento seja o da comunhão universal de bens.[61]

Por fim, em razão da importância dos institutos, o art. 1.744 do Código Civil trata da responsabilidade do juiz pela não nomeação do curador, ou pela sua nomeação tardia. Nesses casos, a responsabilidade do juiz será direta e pessoal. Por outro lado, haverá responsabilidade subsidiária quando o juiz não tiver exigido garantia legal do tutor ou curador, nem promovido a sua remoção quando necessário. Nos casos previstos no art. 1.744 do CC, a doutrina entende que a responsabilidade do juiz prescinde da ocorrência de dolo, bastando a verificação de culpa, circunstância que excepciona a regra do art. 143 do CPC.[62]

JURISPRUDÊNCIA TEMÁTICA

Legitimidade para o levantamento da curatela

"Civil. Processual Civil. Ação de levantamento de curatela. Questões suscitadas no recurso especial que não foram objeto de enfrentamento pelo acórdão recorrido. Ausência De prequestionamento. Legitimados para ajuizamento da ação de levantamento da curatela. Ampliação do rol pelo CPC/2015. Tendência doutrinária confirmada pelo legislador. Rol de natureza não exaustiva. Propositura da ação por terceiros juridicamente interessados. Possibilidade. Parte que foi condenada a pensão vitalícia em virtude de acidente automobilístico causador da interdição. Alegada fraude ou modificação das circunstâncias de fato. Legitimidade existente. 1 – Ação proposta em 26/10/2016. Recurso especial interposto em 19/07/2017 e atribuído à Relatora em 25/04/2018. 2 – O propósito recursal é definir se o rol de legitimados para o ajuizamento da ação de levantamento da curatela é taxativo ou se é admissível a propositura da referida ação por outras pessoas não elencadas no art. 756, § 1º, do CPC/2015. 3 – As questões relacionadas às violações à cláusula geral de tutela que visa a proteção da autodeterminação do sujeito e às regras que disciplinam a convocação de segurados do INSS para a realização de perícia médica para manutenção de benefícios por incapacidade não foram objeto de exame pelo acórdão recorrido e, portanto, carecem de prequestionamento, atraindo a incidência da Súmula 211/STJ. 4 – O art. 756, § 1º, do

---

[61] "Agravo interno nos embargos de declaração no recurso especial. Curatela. Cônjuge. Regime de comunhão universal de bens. Ausência do dever de prestar contas. Agravo improvido. 1. Esta Corte tem entendimento de que o curador do incapaz não será obrigado à prestação de contas quando for o cônjuge e o regime de bens for de comunhão universal, salvo se houver determinação judicial, nos termos do art. 1.783 do CC/2002. 2. Agravo interno a que se nega provimento" (STJ, AgInt nos EDcl no REsp 1851034/SP, Rel. Min. Marco Aurélio Belize, 3ª Turma, j. 22.06.2020, *DJe* 25.06.2020).

[62] Nesse sentido: TARTUCE, Flávio. *Manual de direito civil*. 8. ed. São Paulo: Método, 2018. p. 1.405.

CPC/2015, ampliou o rol de legitimados para o ajuizamento da ação de levantamento da curatela previsto no art. 1.186, § 1º, do CPC/1973, a fim de expressamente permitir que, além do próprio interdito, também o curador e o Ministério Público sejam legitimados para o ajuizamento dessa ação, acompanhando a tendência doutrinária que se estabeleceu ao tempo do código revogado. 5 – Além daqueles expressamente legitimados em lei, é admissível a propositura da ação por pessoas qualificáveis como terceiros juridicamente interessados em levantar ou modificar a curatela, especialmente àqueles que possuam relação jurídica com o interdito, devendo o art. 756, § 1º, do CPC/2015, ser interpretado como uma indicação do legislador, de natureza não exaustiva, acerca dos possíveis legitimados; 6 – Hipótese em que a parte foi condenada a reparar danos morais e pensionar vitaliciamente o interdito em virtude de acidente automobilístico do qual resultou a interdição e que informa que teria obtido provas supervenientes à condenação de que o interdito não possuiria a doença psíquica geradora da incapacidade – transtorno de estresse pós-traumático – ou, ao menos, que o seu quadro clínico teria evoluído significativamente de modo a não mais se justificar a interdição, legitimando-a a ajuizar a ação de levantamento da curatela. 7 – Recurso especial parcialmente conhecido e, nessa extensão, provido, a fim de que seja dado regular prosseguimento ao processo em 1º grau" (STJ, REsp nº 1.735.668/MT, Rel. Min. Nancy Andrighi, j. 14.12.2018).

Quadro esquemático 84 – Da interdição

Da Interdição (arts. 747 a 758)

Considerações gerais
- Curatela → Encargo público, conferido por lei a alguém, para dirigir a pessoa e administrar os bens dos maiores que por si não possam fazê-lo.
- Interdição → Procedimento pelo qual se investiga e se declara a incapacidade de pessoa para o fim de ser representada ou assistida por curador.

Competência
- O pedido de interdição será formulado no foro do domicílio do interditado (art. 46).

Legitimidade ativa (art. 747, CPC)
- Cônjuge ou companheiro.
- Parentes ou tutores.
- Representante da entidade em que se encontra abrigado o interditado.
- Ministério Público, que só proverá a interdição no caso de doença mental grave e quando inexistirem outros legitimados ou estes forem incapazes.

Legitimidade Passiva (art. 1.767, CC)
- Aqueles que, por causa transitória ou permanente, não puderem exprimir sua vontade;
- Os ébrios habituais e os viciados em tóxico.

Petição inicial
- Documento indispensável: prova da existência do vínculo que lastreia a legitimidade para a interdição (art. 747, parágrafo único).
- O autor deve especificar os fatos que demonstram a incapacidade do interditando para administrar seus bens e, se for o caso, para praticar os atos da vida civil, bem como o momento em que a incapacidade se revelou.
- Também constitui prova indispensável a apresentação do laudo médico que faça prova das alegações do requerente da interdição. Caso não apresente, deverá comprovar a impossibilidade de fazê-lo.

Aspectos gerais
- O interditado pode ser ouvido no local em que se encontrar.
- É possível a intimação de especialista para acompanhar a entrevista do interditando.
- Admite-se a utilização de recursos tecnológicos que auxiliem o interditando na expressão da sua vontade.
- O juiz poderá ouvir parentes e pessoas próximas do interditando.
- O *Parquet* deverá ser intimado para se manifestar apenas como fiscal da ordem jurídica.
- Apresentada ou não a impugnação, não ocorrem os efeitos da revelia.
- A sentença produz efeito desde logo, embora sujeita à apelação.

Levantamento da curatela (art. 756)
- A sentença que decreta a interdição não faz coisa julgada. A qualquer tempo a curatela pode ser levantada, desde que cessada a causa que a determinou.

Interdição parcial
- É possível a interdição parcial, bem como o levantamento parcial da curatela.

10. DA ORGANIZAÇÃO E DA FISCALIZAÇÃO DAS FUNDAÇÕES (ARTS. 764 E 765)

A fundação pode ser conceituada como "uma universidade de bens personalizada, em atenção ao fim, que lhe dá unidade" (Clóvis Beviláqua).

Consiste num complexo de bens livres (*universitas bonorum*), "colocado por uma pessoa física ou jurídica a serviço de um fim lícito e especial com alcance social pretendido pelo seu instituidor, em atenção ao disposto em seu estatuto".[63]

As fundações são pessoas jurídicas de direito privado[64] (art. 44, III, do CC), instituídas formalmente, por escritura pública ou testamento, mediante a dotação especial de bens livres, objetivando atingir determinado fim.

Em razão da relevância que as fundações podem representar para a sociedade, foram elas colocadas sob custódia do Ministério Público do Estado onde se situarem (art. 66 do CC). E, devido a essa interferência tutelar do Estado na vida das fundações, é que o legislador instituiu um procedimento especial de jurisdição voluntária para disciplinar sua organização, fiscalização e extinção.

10.1 Elaboração, aprovação e alteração do estatuto

O CPC/1973 tratava da matéria nos arts. 1.199 a 1.203. Alguns desses dispositivos sequer eram levados em consideração pelo aplicador do direito, porquanto a temática neles constante, por ser de cunho material, também estava disciplinada no Código Civil (arts. 62 a 69). Justamente por isso o CPC/2015 não repetiu a redação dos arts. 1.199, 1.201, 1.202 e 1.203 do CPC/1973, limitando-se a ressalvar, no art. 764, § 1º, que o estatuto das fundações deve observar o disposto no Código Civil.

Pois bem. Para a criação das fundações o instituidor, mediante escritura pública ou testamento, dotará bens livres de quaisquer ônus ou gravames, especificando as finalidades e, facultativamente, a maneira como se dará a administração da fundação (art. 62 do CC). As fundações somente se destinam a finalidades religiosas, morais, culturais ou assistenciais (art. 62, parágrafo único, do CC).

Aqueles a quem o instituidor cometer a aplicação do patrimônio é que ficarão responsáveis pela elaboração do estatuto da fundação projetada, submetendo-o, em seguida, à aprovação da autoridade competente. A incumbência da elaboração do estatuto somente recairá sobre o Ministério Público quando ele não for elaborado no prazo designado pelo instituidor, ou, não havendo prazo, se a elaboração não ocorrer dentro de 180 dias (art. 65, parágrafo único, do CC).

Acerca da aprovação do estatuto, coube à lei processual (CPC/2015) apenas regular as hipóteses nas quais o julgador deve resolver o conflito eventualmente existente entre o instituidor da fundação e o Ministério Público. São elas: (i) se a aprovação do estatuto for negada previamente pelo Ministério Público; (ii) se o Ministério Público impuser modificações ao estatuto com as quais o instituidor ou pessoa interessada não concorde; ou (iii) se o interessado discordar do estatuto elaborado pelo Ministério Público (art. 764).

O juiz pode denegar a aprovação, deferi-la ou mandar fazer reparos no estatuto, a fim, de adaptá-los ao objetivo do instituidor (art. 764, § 2º).

---

[63] DINIZ, Maria Helena. *Código Civil anotado*. São Paulo: Saraiva, 1995. p. 41.
[64] Respeitáveis administrativistas admitem a existência de "fundações públicas", quando instituídas pelo Poder Público, com vistas à realização de atividades de interesse público. Os comentários nesta obra levam em consideração as fundações privadas.

Quanto à alteração, o procedimento previsto no art. 764 também só deve ser aplicado em caso de divergências. Lembrando que a lei material dispõe que o estatuto só poderá ser alterado sem a intervenção judicial se, cumulativamente: (i) houver deliberação por dois terços dos competentes para gerir e representar a fundação; (ii) se não contrariar ou desvirtuar a finalidade da fundação; (iii) se for aprovada pelo órgão do Ministério Público (art. 67 do CC).

Quando a reforma não houver sido deliberada por votação unânime, os administradores, ao submeterem ao órgão do Ministério Público o estatuto, pedirão que se dê ciência à minoria vencida para impugná-la no prazo de dez dias (art. 68 do CC).

10.2 Extinção da fundação

Qualquer interessado ou o Ministério Público poderá promover a extinção da fundação quando se tornar ilícito o seu objeto, for impossível a sua manutenção ou vencer o prazo de sua existência (art. 765). O CC, no art. 69, especifica os casos de extinção e prevê a destinação dos bens da fundação.

À falta de disposição expressa, o procedimento a ser observado na extinção será aquele previsto nos arts. 719 a 724, exigindo a intervenção do Ministério Público somente nos casos do art. 178.

A sentença que acolher o pedido de extinção determinará o destino dos bens da fundação conforme estiver estipulado no ato constitutivo, ou, se omisso este, ordenará que os bens sejam incorporados a outras fundações que se proponham a fins iguais ou semelhantes (art. 69 do CC).

JURISPRUDÊNCIA TEMÁTICA

A fiscalização das fundações pelo Ministério Público

"Ação civil pública. Fundações. Fiscalização. Ministério Público. Legitimidade. Destituição da diretoria e conselhos. Previsão legal. Afastamento definitivo. Perpetuidade. Incompatível com ordenamento jurídico. Cabe ao Ministério Público a atribuição fiscalizatória sobre as fundações instituídas e disciplinadas segundo os ditames do Código Civil, as quais deverão obrigatoriamente, por força de lei, a ele prestar contas. Desde que verificada a incapacidade ou a inconveniência dos curadores e administradores, entende-se razoável que os interessados ou o Ministério Público possam promover as ações judiciais cabíveis para o afastamento dos mesmos. O ordenamento jurídico pátrio desconhece condenações sem limitação temporal de eficácia, de caráter perpétuo, razão pela qual deve ser excluída da r. sentença a palavra 'definitiva'" (TJ-MG, Apelação 2.0000.00.516838-1/000, 9ª Câmara Cível, Rel. Des. Osmando Almeida, j. 04.07.2006).

Quadro esquemático 85 – Organização e fiscalização das fundações

Organização e Fiscalização das Fundações (arts. 764 e 765)

- **Considerações gerais sobre fundações**
  - Universalidade de bens personalizada, em atenção ao fim que lhe dá unidade.
  - Pessoas jurídicas de direito privado.
  - São instituídas por escritura pública ou testamento.
  - Submetem-se à custódia do Ministério Público.

- **Elaboração do estatuto**
  - Pelo instituidor
  - Pela pessoa designada pelo instituidor
  - Pelo Ministério Público

- **Aprovação do estatuto (Hipóteses nas quais o julgador deve resolver o conflito) – art. 764**
  - Se a aprovação do estatuto for negada previamente pelo Ministério Público.
  - Se o Ministério Público impuser modificações ao estatuto com os quais o instituidor ou pessoa interessada não concorde.
  - Se o interessado discordar do estatuto elaborado pelo Ministério Público.

- **Alteração do estatuto**
  - Deliberação por dois terços dos competentes para gerir e representar a fundação.
  - Não contrariedade ou desvirtuamento da finalidade da fundação.
  - Aprovação pelo órgão do Ministério Público.

- **Extinção da fundação**
  - Legitimidade
    - Qualquer interessado;
    - Ministério Público.
  - Hipóteses de extinção
    - Objeto tornar-se ilícito;
    - Impossibilita-se a sua manutenção;
    - Vence o prazo de sua existência;
    - Exige-se a intervenção do Ministério Público.

11. DA RATIFICAÇÃO DOS PROTESTOS MARÍTIMOS E DOS PROCESSOS TESTEMUNHÁVEIS FORMADOS A BORDO (ARTS. 766 A 770)

11.1 Noções gerais

A ratificação judicial de protesto marítimo está regulada no CPC/1939 (Decreto-lei nº 1.608/1939), mais precisamente nos arts. 725 a 729, que permaneceram em vigor por força do inciso VIII do art. 1.218 do CPC/1973.

O protesto é meio pelo qual se serve o capitão do navio para **comprovar fatos ocorridos no curso da viagem**, como, por exemplo, sinistros decorrentes de tempestades ou acidente com passageiro.[65]

O Código de Processo Civil atual regulará a matéria nos arts. 766 a 770, razão pela qual podem ser considerados revogados todos os dispositivos relacionados ao tema na legislação de 1939.

---

[65] GILBERTONI, Carla Adriana Comitre. *Teoria e prática do direito marítimo*. Rio de Janeiro: Renovar, 1998. p. 261-262.

11.2 Procedimento

Realizado o protesto pelo Comandante[66] no livro Diário da Navegação, caberá a ele a apresentação ao juiz, para fins de ratificação, no prazo de vinte e quatro horas da chegada da embarcação.

Para realização da ratificação judicial, a **petição inicial** deverá estar acompanhada de transcrição dos termos lançados no livro, cópias deste e, ainda, de documentos que comprovem a identificação do Comandante, dos tripulantes e do registro da embarcação. Ademais, caso haja sinistro de mercadorias, qualificação de seus consignatários – com tradução livre caso se trate de carga estrangeira (art. 767).

A petição inicial deverá ser distribuída com urgência e encaminhada ao juiz, que ouvirá, sob compromisso a ser prestado no mesmo dia, o comandante e as testemunhas em número mínimo de duas e máximo de quatro, que deverão comparecer ao ato independentemente de intimação. Na hipótese de testemunhas estrangeiras, será necessário o acompanhamento de tradutor (art. 768, § 1º).

Logo após a oitiva das testemunhas e do comandante, o juiz, convencido da veracidade dos termos lançados no Diário da Navegação, ratificará, na própria audiência, por sentença, o protesto ou o processo testemunhável lavrado a bordo, dispensado o relatório. A ratificação do protesto ou processo testemunhável finaliza o procedimento e garante a ressalva e conservação das pretensões dali eventualmente decorrentes. Não julga, portanto, pedido de caráter declaratório, constitutivo ou condenatório que eventualmente nascerá do fato: apenas exprime, perante a jurisdição, a vontade de realizar prova dele. Daí a determinação prevista no parágrafo único do art. 770 de entrega dos autos ao autor ou a seu advogado.

Quadro esquemático 86 – Ratificação dos protestos marítimos e dos processos testemunháveis formados a bordo

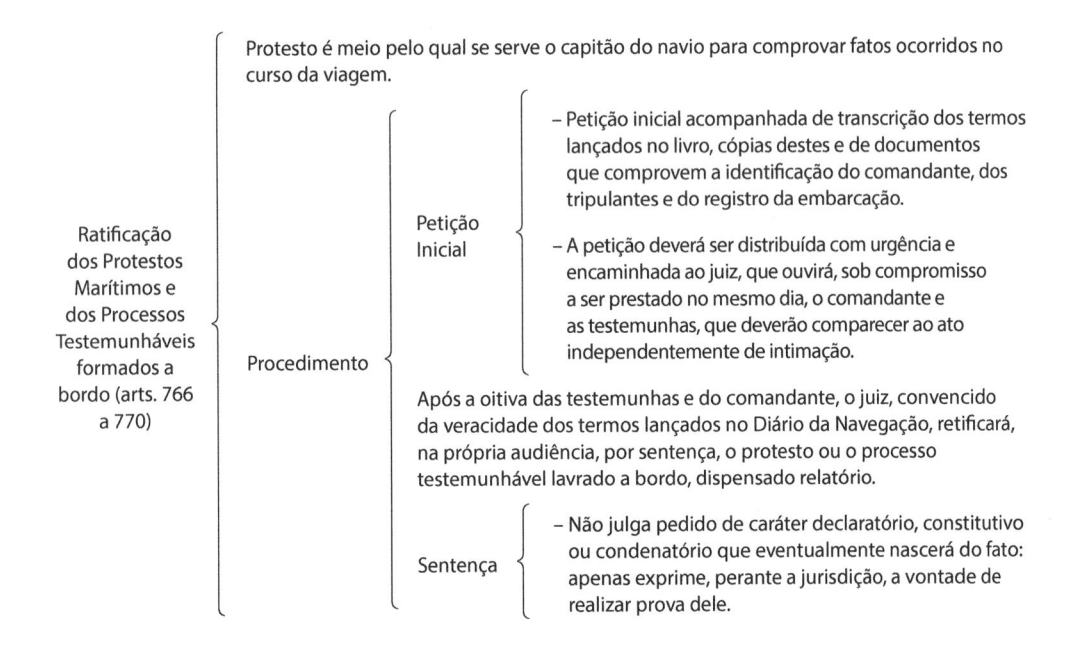

```
Ratificação             ┌ Protesto é meio pelo qual se serve o capitão do navio para comprovar fatos ocorridos no
dos Protestos             curso da viagem.
Marítimos e             │
dos Processos           │                 ┌ Petição       ┌ – Petição inicial acompanhada de transcrição dos termos
Testemunháveis          │                 │ Inicial         lançados no livro, cópias destes e de documentos
formados a              │ Procedimento    │                 que comprovem a identificação do comandante, dos
bordo (arts. 766        │                 │                 tripulantes e do registro da embarcação.
a 770)                  │                 │               – A petição deverá ser distribuída com urgência e
                        │                 │                 encaminhada ao juiz, que ouvirá, sob compromisso
                        │                 │                 a ser prestado no mesmo dia, o comandante e
                        │                 │                 as testemunhas, que deverão comparecer ao ato
                        │                 │                 independentemente de intimação.
                        │                 │
                        │                 │ Após a oitiva das testemunhas e do comandante, o juiz, convencido
                        │                 │ da veracidade dos termos lançados no Diário da Navegação, retificará,
                        │                 │ na própria audiência, por sentença, o protesto ou o processo
                        │                 │ testemunhável lavrado a bordo, dispensado relatório.
                        │                 │
                        │                 │ Sentença      ┌ – Não julga pedido de caráter declaratório, constitutivo
                        │                                   ou condenatório que eventualmente nascerá do fato:
                        │                                   apenas exprime, perante a jurisdição, a vontade de
                        │                                   realizar prova dele.
```

---

[66] Os termos "Comandante" e "Capitão" são sinônimos para fins de compreensão da norma. Ambos se referem ao oficial que exerce comando de um navio ou embarcação.

Parte Especial

Parte IV
Processo de Execução

Teoria geral da execução (arts. 771 a 796)

1. INTRODUÇÃO

O processo, do ponto de vista intrínseco, consiste na relação jurídica que se estabelece entre autor, juízo e réu, com a finalidade de acertar o direito controvertido ou realizá-lo. Tal relação jurídica não comporta divisão.

Entretanto, dependendo da finalidade para a qual a jurisdição foi provocada, o Código estabelece particularidades procedimentais tendo em vista o objetivo da atuação do Estado-Juiz. Essas particularidades definem o que se denomina processo de conhecimento e de execução. Se o objetivo da parte é o acertamento do direito, a jurisdição atuará segundo um dos procedimentos (comum ou especial) que compõem o processo de conhecimento. Se o fim almejado pela parte é compelir o vencido a cumprir uma obrigação pactuada, deve-se utilizar um dos vários procedimentos que integram o processo de execução.

Para entendermos a dinâmica do processo de execução, que é o objeto específico deste ponto, vamos estabelecer um paralelo entre o processo de conhecimento e o de execução.

Você, na qualidade de advogado, foi procurado por um cliente que lhe narrou ter emprestado a quantia de R$ 10.000,00 (dez mil reais) a uma pessoa, e esta não honrou o compromisso na data aprazada. A única prova do crédito é uma declaração feita pelo devedor no verso de um cartão de visita.

Você sabe que o documento exibido pelo cliente não constitui título executivo extrajudicial (art. 784), muito menos judicial, o que o obrigará a buscar judicialmente o acertamento, a definição do direito do credor. Para tanto, propõe ação de conhecimento que segue o trâmite do procedimento comum.

De modo geral, distribuída a petição inicial, seguem-se a citação do réu, a contestação, a produção de provas e a sentença. Proferida a sentença, pode o vencido se conformar ou interpor recurso.

Acertado o direito por meio do processo de conhecimento e não cumprindo o devedor voluntariamente a obrigação que lhe foi imposta, a atuação jurisdicional prossegue no sentido de efetivar o que restou decidido na sentença, sem que para tanto tenha que se instaurar o processo executivo. Todos os atos procedimentais (da petição inicial ao cumprimento da sentença) desenvolvem-se numa mesma relação processual, ou seja, dentro do processo de conhecimento.

Agora, suponha que o seu cliente, em vez de uma mera declaração, inserta num cartão de visita, tenha-lhe exibido um contrato, subscrito pela pessoa que tomou o empréstimo e duas testemunhas. Embora do contrato conste a obrigação de pagar a quantia de R$ 10.000,00 (dez mil reais) no dia 20 de dezembro de 2014, o devedor não adimpliu a obrigação.

Vê-se que esse contrato, ao contrário da simples declaração, contém todos os requisitos necessários para caracterizá-lo como título executivo extrajudicial. Trata-se de título que contém os requisitos da certeza, liquidez e tipicidade (previsão no art. 784, II, como título executivo extrajudicial).

Ora, a existência do título executivo extrajudicial, somada à exigibilidade (inadimplemento) da obrigação, habilita o credor a manejar o processo de execução previsto no Livro II da Parte Especial do CPC/2015. Nesse caso, porque o direito já se encontra acertado por meio do título, desnecessária é a atividade cognitiva do juiz, por meio do processo de conhecimento. Assim, o processo (de execução) instaurado com vistas à satisfação do crédito fica mais encurtado.

Em vez de ajuizar ação de conhecimento, na qual se requer a citação do réu para se defender e, ao final, a condenação deste (em sentença) a pagar a importância devida, o credor que detém título executivo parte logo para a execução.

No processo executivo, a atividade jurisdicional restringe-se a atos necessários à satisfação do direito do credor e, consequentemente, a compelir o devedor a adimplir a obrigação, seja de pagar quantia, de entregar coisa, de fazer ou de não fazer.

No exemplo dado, o devedor é citado para, no prazo de três dias, pagar a quantia de R$ 10.000,00 (dez mil reais), mais juros, correção monetária e honorários do advogado do exequente (art. 829). Não efetivando o pagamento, afora a hipótese de desconstituição do título por meio de embargos à execução, a jurisdição vai atuar no sentido de excutir bens do devedor a fim de efetivar o pagamento ao credor.

Nas Partes II e III discorremos sobre o processo de conhecimento, ministrando subsídios que permitem provocar a jurisdição com vistas a obter uma declaração, condenação ou constitutividade acerca do direito da parte. Vamos agora discorrer sobre as peculiaridades do processo de execução, o qual contempla diversos procedimentos, todos caracterizados por um fim: obter judicialmente a satisfação do direito constante do título extrajudicial e de alguns títulos que, não obstante originarem-se de declaração judicial, ainda devem ser executados em processo autônomo.

De toda forma, mesmo com um título executivo em mãos, é perfeitamente possível que o credor opte pelo ajuizamento de uma ação monitória, fundada na prova escrita existente, ou mesmo uma ação de conhecimento. Essa ideia pode ser extraída do art. 785 do CPC, segundo o qual "a existência de título executivo extrajudicial não impede a parte de optar pelo processo de conhecimento, a fim de obter o título executivo judicial".

2. TUTELA EXECUTIVA

A tutela executiva busca a satisfação ou realização de um direito já acertado ou definido em título judicial ou extrajudicial, com vistas à eliminação de uma crise jurídica de adimplemento. Consiste, dessa maneira, "na atuação de um direito a uma prestação, ou seja, na atuação de uma conduta prática do devedor".[1]

---

[1] WAMBIER, Luiz Rodrigues. *Curso avançado de processo civil*. Coord. Luiz Rodrigues Wambier, Flávio Renato Correia de Almeida e Eduardo Talamini. 8. ed. São Paulo: RT, 2006. v. 2, p. 37.

Impende ressaltar que essa espécie de tutela jurisdicional exercida mediante execução forçada atua unicamente em favor do credor, diferentemente, portanto, do que ocorre com as tutelas cognitiva e provisória, que podem ser concedidas em benefício do autor ou do réu. Assim, não há como admitir que a execução tenha fim com a **satisfação de um direito do executado**; o máximo que pode ocorrer é a extinção do processo executivo por causas anômalas, tais como a ausência de pressuposto processual ou de renúncia ao crédito pelo exequente, entre outras.

Por ser exercida exclusivamente em prol do exequente, poder-se-ia esperar da tutela executiva uma eficácia total, consistente na produção inequívoca e inafastável dos resultados satisfativos almejados. Ocorre que, como lembra Cândido Rangel Dinamarco, existem "certos óbices legítimos e ilegítimos que os princípios e a própria vida antepõem à plenitude da tutela jurisdicional executiva", reduzindo "legitimamente a potencialidade satisfativa da execução forçada".[2]

Os limites ou óbices à potencialidade satisfativa da tutela jurisdicional executiva podem ser de natureza política ou física.

Em regra, a execução não incide sobre a pessoa do devedor, não se admitindo, portanto, a prisão por dívida, salvo nos casos de inadimplemento voluntário e inescusável de obrigação alimentícia (art. 5º, LXVII, da CF).

O patrimônio do devedor, em alguns casos, também representa óbice legítimo à ampla atuação da execução forçada, pois existem certos bens indispensáveis à vida digna do executado que não podem ser objeto de penhora, sob pena de se frustrarem direitos fundamentais em prol de direitos patrimoniais do credor. Por fim, embora a satisfação do crédito exequendo não deva ceder perante atitudes protelatórias do mau pagador, não se pode alcançar tal objetivo a todo custo. Também na execução faz-se necessária a observância do devido processo legal, devendo os meios processuais ser empregados, quando possível, do **modo menos gravoso ao devedor** (art. 805).

Quanto aos limites físicos ou naturais à tutela executiva, pode-se citar, à guisa de exemplo, a ausência de bens penhoráveis, que implica a suspensão do processo (art. 921, III) e a perda ou destruição da coisa devida pelo obrigado, que importa na conversão da obrigação em perdas e danos (arts. 499, *caput*, e 809). A eficácia da tutela executiva também pode ser restringida pela vontade do devedor, que, por exemplo, se recusa a cumprir aquilo que se obrigou a fazer, o que permite a conversão da obrigação em pecúnia (arts. 499, 816 e 821).

Voltando ao tema da **menor onerosidade da execução**, cumpre salientar que se trata de princípio que ao longo dos anos teve sua aplicação significativamente ampliada, de modo a conferir proteção substancial ao devedor. Tanto é assim que o CPC/1973 e o CPC/2015, a par dos arts. 620 (CPC/1973) e 805 (CPC/2015), que positivam genericamente o princípio em comento, estabelecem algumas hipóteses específicas a respeito da realização da execução do modo menos oneroso possível ao devedor, tais como a preferência da adjudicação como meio de expropriação (art. 647, I, do CPC/1973; art. 825, I, do CPC/2015) e a possibilidade de alienação de parte do imóvel penhorado, quando este for passível de divisão e uma fração for suficiente para pagar o credor (art. 702 do CPC/1973; art. 894 do CPC/2015).

Deve-se ter em mente, contudo, que o princípio da menor onerosidade ao devedor deve ser aplicado harmonicamente com o princípio da efetividade da execução. O fim da execução consiste, antes de tudo, na satisfação do direito do credor. Como freio ou limite a essa finalidade, aplica-se o princípio da menor onerosidade, de forma a impedir que direitos patrimoniais assolem direitos de maior significância, como é o caso da dignidade da pessoa humana (art. 1º,

---

[2] DINAMARCO, Cândido Rangel. *Instituições de direito processual civil*. vol. IV. São Paulo: Malheiros, 2002, p. 55.

III, da CF). Há, porém, um limite também ao princípio da menor onerosidade, cuja incidência não pode servir de amparo a calotes de maus pagadores.

Por essas razões é que a jurisprudência do STJ considera que o princípio da menor onerosidade não é absoluto, devendo ser observado em consonância com o princípio da efetividade da execução, preservando-se o interesse do credor. A título de exemplo, é pacífico o entendimento segundo o qual a penhora de ativos de financeiros, observadas as regras de impenhorabilidade, não constitui, por si só, ofensa ao referido princípio (STJ, AgInt no AREsp 1.625.873/SP, 4ª turma, j. 28.09.2020, *DJe* 01.10.2020). Em outro exemplo, o mesmo Tribunal considerou a possibilidade de manutenção do nome do executado em cadastros de inadimplentes mesmo com a garantia parcial do débito. Para a Corte, na interpretação das normas que regem a execução deve-se extrair a maior efetividade possível ao procedimento, de modo que, se o débito não for garantido integralmente, não há óbice à determinação judicial de inclusão ou manutenção da restrição do nome do executado (STJ, REsp 1.953.667/SP, 3ª Turma, Rel. Min. Nancy Andrighi, j. 07.12.2021, *DJe* 13.12.2021).

Em síntese, "é preciso distinguir entre o *devedor infeliz e de boa-fé*, que vai ao desastre patrimonial em razão de involuntárias circunstâncias da via, e o caloteiro chicanista, que se vale das formas do processo executivo e da benevolência dos juízes como instrumento a serviço de suas falcatruas. Infelizmente, essas práticas são cada vez mais frequentes nos dias de hoje, quando raramente se vê uma execução civil chegar ao fim, com a satisfação do credor. *Quando não houver meios mais amenos para o executado, capazes de conduzir à satisfação do credor, que se apliquem os mais severos*".[3]

O Código de Processo Civil atual, atento à necessidade de se criarem mecanismos para minimizar os conflitos entre o princípio da efetividade da execução e o da menor onerosidade ao devedor, promoveu algumas alterações no procedimento executivo. O art. 805, por exemplo, traz, em seu parágrafo único, regra destinada ao executado que eventualmente alegar maior gravosidade da medida executiva. Eis os termos:

> Art. 805. [...]
> Parágrafo único. Ao executado que alegar ser a medida executiva mais gravosa incumbe indicar outros meios mais eficazes e menos onerosos, sob pena de manutenção dos atos executivos já determinados.

A inclusão do disposto no parágrafo único suaviza a aplicabilidade desse princípio e, ao mesmo tempo, valoriza a efetividade da execução. Isso porque, apesar de o legislador possibilitar a substituição da medida executiva mais gravosa, determina que o próprio executado (devedor) indique meio equivalente para a satisfação do crédito. Em suma, não há mais espaço para alegações sem a devida indicação da medida igualmente eficaz à efetivação do direito do credor.

JURISPRUDÊNCIA TEMÁTICA

Os princípios da efetividade da execução e da menor onerosidade ao devedor na visão do Superior Tribunal de Justiça

"(...) Nos termos do art. 805, parágrafo único, do CPC/2015, 'Ao executado que alegar ser a medida executiva mais gravosa incumbe indicar outros meios mais eficazes e menos onerosos, sob pena de manutenção dos atos executivos já determinados'. Hipótese na qual, não tendo

---

[3] DINAMARCO, Cândido Rangel. *Instituições de direito processual civil*. São Paulo: Malheiros, 2004. v. IV, p. 58.

a parte executada indicado os meios que considera mais eficazes e menos onerosos, os atos executivos determinados pelas instâncias ordinárias devem ser mantidos" (AgInt no AREsp 1786373/DF, 4ª Turma, Rel. Min. Raul Araújo, j. 21.06.2021, *DJe* 01.07.2021).

"Inicialmente, salienta-se que a legislação revogada, em sua versão original, consagrava tão somente a expropriação de bens como técnica executiva nas obrigações de pagar quantia certa (art. 646 do CPC/1973), ao passo que, para as obrigações de fazer e de não fazer, estabelecia-se a possibilidade de imposição de uma multa como única forma de evitar a conversão em perdas e danos na hipótese de renitência do devedor em cumprir a obrigação definida em sentença. Contudo, a tipicidade dos meios executivos, nesse contexto, servia essencialmente à demasiada proteção ao devedor. Nesse aspecto, o CPC/2015 evoluiu substancialmente, a começar pelo reconhecimento, com o *status* de norma fundamental do processo civil (art. 4º), que o direito que possuem as partes de obter a solução integral do mérito compreende, como não poderia deixar de ser, não apenas a declaração do direito (atividade de acertamento da relação jurídica de direito material), mas também a sua efetiva satisfação (atividade de implementação, no mundo dos fatos, daquilo que fora determinado na decisão judicial). Diante desse novo cenário, não é mais correto afirmar que a atividade satisfativa somente poderá ser efetivada de acordo com as específicas regras daquela modalidade executiva, mas, sim, que o legislador conferiu ao magistrado um poder geral de efetivação, que deve, todavia, observar a necessidade de fundamentação adequada e que justifique a técnica adotada a partir de critérios objetivos de ponderação, razoabilidade e proporcionalidade, de modo a conformar, concretamente, os princípios da máxima efetividade da execução e da menor onerosidade do devedor, inclusive no que se refere às impenhorabilidades legais e à subsidiariedade dos meios atípicos em relação aos típicos. Na hipótese, pretende-se o adimplemento de obrigação de natureza alimentar devida pelo genitor há mais de 24 (vinte e quatro) anos, com valor nominal superior a um milhão e trezentos mil reais e que já foi objeto de sucessivas impugnações do devedor, sendo admissível o deferimento do desconto em folha de pagamento do débito, parceladamente e observado o limite de 10% sobre os subsídios líquidos do devedor, observando-se que, se adotada apenas essa modalidade executiva, a dívida somente seria inteiramente quitada em 60 (sessenta) anos, motivo pelo qual se deve admitir a combinação da referida técnica sub-rogatória com a possibilidade de expropriação dos bens penhorados" (REsp 1.733.697/RS, Rel. Min. Nancy Andrighi, j. 11.12.2018, *DJe* 13.12.2018, v.u., Informativo 640).

"A questão de direito a ser resolvida consiste em determinar se a execução de dívida originária de condenação judicial imposta ao Condomínio – indenização por danos ocasionados a terceiros diante da má conservação do prédio – é capaz de atingir bem de família de condômino, no limite de sua cota-parte, em relação a imóvel adquirido após o acidente. Inicialmente, cumpre salientar que constitui obrigação de todo condômino concorrer para as despesas condominiais, na proporção de sua cota-parte, dada a natureza de comunidade singular do condomínio. As despesas condominiais, inclusive as decorrentes de decisões judiciais, são obrigações *propter rem* e, por isso, será responsável pelo seu pagamento, na proporção de sua fração ideal, aquele que detém a qualidade de proprietário da unidade imobiliária ou seja titular de um dos aspectos da propriedade (posse, gozo, fruição), desde que tenha estabelecido relação jurídica direta com o condomínio, ainda que a dívida seja anterior à aquisição do imóvel. Exatamente em função do caráter solidário destas despesas, a execução pode recair sobre o próprio imóvel do condômino, sendo possível o afastamento da proteção dada ao bem de família, como forma de impedir o enriquecimento sem causa do inadimplente em detrimento dos demais. Assim, o bem residencial da família é penhorável para atender às despesas comuns de condomínio, que gozam de prevalência sobre interesses individuais de um condômino, nos termos da ressalva inserta na Lei n. 8.009/1990 (art. 3º, IV). Contudo, urge ser consignada uma ressalva: sempre que for possível a satisfação do crédito de outra forma, respeitada a gradação de liquidez prevista no diploma processual civil, outros modos de satisfação devem ser preferidos, em homenagem ao princípio da menor onerosidade para o executado" (REsp 1.473.484/RS, Rel. Min. Luis Felipe Salomão, j. 21.06.2018, DJe 23.08.2018, v.u., Informativo 631).

"Trata-se de *habeas corpus* em que se discute a possibilidade de ser mantida ordem de prisão civil em virtude de dívida de natureza alimentar assumida espontaneamente pelos avós, relacionada ao custeio de mensalidades escolares e de cursos extracurriculares dos netos. Com efeito, não se pode olvidar que, na esteira da sólida jurisprudência desta Corte, a responsabilidade pela prestação de alimentos pelos avós possui, essencialmente, as características da complementariedade e da subsidiariedade, de modo que, para estender a obrigação alimentar aos ascendentes mais próximos, deve-se partir da constatação de que os genitores estão absolutamente impossibilitados de prestá-los de forma suficiente. O fato de os avós terem assumido uma obrigação de natureza complementar de forma espontânea não significa dizer que, em caso de inadimplemento, a execução deverá obrigatoriamente seguir o rito estabelecido para o cumprimento das obrigações alimentares devidas pelos genitores, que são, em última análise, os responsáveis originários pela prestação dos alimentos necessários aos menores. Não há dúvida de que o inadimplemento causou transtornos aos menores; todavia, sopesando-se os prejuízos que seriam causados na hipótese de manutenção do decreto prisional dos idosos, conclui-se que a solução mais adequada à espécie é autorizar a conversão da execução para o rito da penhora e da expropriação, o que, a um só tempo, homenageia o princípio da menor onerosidade da execução (art. 805 do CPC/2015) e também o princípio da máxima utilidade da execução. Registre-se, por fim, que, a depender do grau de recalcitrância manifestado pelos pacientes, poderá o juízo de 1º grau empregar outros meios de coerção ou sub-rogação, tais como aqueles estabelecidos nos arts. 528, § 3º, 529, 831 e seguintes da novel legislação processual civil" (HC 416.886/SP, rel. Min. Nancy Andrighi, j. 12.12.2017, DJe 18.12.2017, v.u., Informativo 617).

3. COMPETÊNCIA PARA A EXECUÇÃO

Dispunha o art. 576 do CPC/1973 que a execução fundada em título extrajudicial seria processada perante o juízo competente, conforme determinado pelas regras relativas ao processo de conhecimento. A jurisprudência, então, com fundamento no art. 100, IV, "d", do CPC/1973, estabeleceu que o foro competente para a execução de título extrajudicial era o do lugar do pagamento do título. O exequente poderia, no entanto, optar pelo foro de eleição ou pelo foro de domicílio do réu.[4]

De acordo com o Código de 2015, a depender da situação, a execução poderá ser proposta em locais diversos daqueles previstos no Código de 1973. Veja (art. 781):

- **Regras gerais**: o exequente poderá propor a ação em qualquer dos seguintes foros:
a) de domicílio do executado;
b) de eleição;
c) de situação dos bens sujeitos à execução;
d) do lugar em que se praticou o ato ou em que ocorreu o fato que deu origem ao título, mesmo que nele não resida o executado.

---

[4] Nesse sentido: STJ, CC 107.769/AL 2009/0167183-0, Rel. Min. Nancy Andrighi, j. 25.08.2010.

- **Especificidades:**
  a) devedor com mais de um domicílio: a ação pode ser proposta em qualquer deles;
  b) devedor com domicílio incerto: a ação pode ser proposta no local em que ele for encontrado ou do domicílio do exequente;
  c) pluralidade de devedores com domicílios distintos: o exequente pode escolher o foro de domicílio de qualquer um deles.

O CPC/2015 não estabelece nenhuma ordem de preferência, podendo a execução ser promovida no foro que melhor atenda aos interesses do exequente. Trata-se, portanto, de foros concorrentes.

Necessário ressalvar posicionamento doutrinário no sentido de que, havendo cláusula de eleição de foro no título executivo, é ele que deve prevalecer, em homenagem à autonomia da vontade das partes.

3.1 Modificação ou prorrogação da competência

Dá-se o nome de modificação ou prorrogação da competência ao fenômeno processual que consiste em **atribuir competência a um juízo que originariamente não a possuía**.

A distribuição do serviço judiciário entre os diversos órgãos, ou seja, a fixação da competência, é feita tendo em vista o interesse público ou o privado. Quando a atribuição de competência é determinada pelo interesse privado, em geral, pode ser modificada, ocorrendo, então, o que se denomina prorrogação da competência.

A competência será relativa, ou seja, passível de modificação ou prorrogação, quando determinada em razão do território ou do valor da causa. Será absoluta, imodificável, quando fixada em razão da matéria, da pessoa e do critério funcional (incluindo-se a competência hierárquica).

Tratando-se de títulos executivos extrajudiciais, pode ocorrer a prorrogação da competência executiva, porquanto fixada, em maior ou menor grau, pelo critério da territorialidade.

Sendo possível a prorrogação da competência executiva, pode ela ocorrer por disposição legal, nas hipóteses de conexão (art. 54) ou por vontade das partes, que podem eleger foro (art. 63) ou deixar de alegar a incompetência relativa (art. 65).

Imagine-se, por exemplo, situação em que, em um único processo executivo, reúnam-se obrigações que deveriam ser cumpridas em lugares diversos. Escolhendo o credor um dos foros competentes para processamento da demanda executiva, prorroga-se a competência de tal foro de modo a alcançar a execução das demais obrigações que deveriam ser realizadas em outros foros. Trata-se da prorrogação por conexidade.

No caso de o título exequendo conter cláusula eletiva de foro diverso daquele de regra competente para processar a execução, também ocorre a modificação da competência, desde que, obviamente, a demanda executiva seja proposta no foro escolhido contratualmente.

A eleição de foro não deve ser confundida com a indicação, em títulos de crédito, da praça de pagamento da cambial. É que, neste último caso, a indicação do local de cumprimento da obrigação é efetuada com base em disposições legais, não se tratando, portanto, de ato de livre escolha de foro diverso do previsto legalmente. Dessa maneira, não há que falar em prorrogação ou modificação de competência quanto à indicação de praça de pagamento em títulos de crédito.

3.2 Prevenção do juízo executivo

Prevenção significa definição prévia de competência de determinado órgão jurisdicional (vara ou tribunal) em razão de circunstâncias relativas à demanda ou recurso anteriormente a ele distribuído.

Suas consequências práticas são as seguintes: define o juízo para o qual serão distribuídas, por dependência, novas ações, unidas à demanda anteriormente ajuizada por um dos vínculos previstos no art. 286; determina o juízo que terá sua competência prorrogada em razão da conexão ou continência. Assim, proposta ação executiva em determinado juízo e ocorrida a prevenção, será ele competente para os atos executivos em geral, bem como para processar e julgar outras demandas vinculadas à execução por uma das hipóteses descritas no art. 286, tais como embargos à execução e embargos de terceiro.

Pois bem. **O registro ou a distribuição da demanda executiva determinará o juízo prevento** (art. 59). Ambos os atos (registro e distribuição) referem-se ao momento do ajuizamento (do protocolo). No processo físico, procede-se à seguinte sequência de atos: distribuição, registro e autuação. No processo virtual, a parte procede ao ajuizamento, que gera um registro no sistema; a distribuição é feita automaticamente. Vale ressalvar que a prevenção do juízo da execução não tem o condão de alcançar atos constritivos a serem efetuados em outro foro ou comarca, exceto quando se tratar de comarcas contíguas, de fácil comunicação, e nas que se situem na mesma região metropolitana (art. 782, § 1º).[5]

3.3 Declaração de incompetência na execução

Na execução de títulos extrajudicial, a incompetência absoluta ou relativa do juízo da execução deve ser alegada em sede de embargos (art. 917, V).

No que diz respeito à incompetência absoluta, pode-se citar, à guisa de exemplo, situação na qual a demanda executiva seja ajuizada contra a União Federal na Justiça estadual, em desrespeito, portanto, ao art. 109, I, da CF/1988. Poderá o executado arguir a incompetência absoluta nos embargos à execução ou mesmo por simples petição em qualquer momento, nos termos do art. 64, § 1º.

Tratando-se de incompetência relativa, decorrido o prazo sem alegação do executado, tem-se o fenômeno da prorrogação da competência.

3.4 Conflito de competência na execução

Tal como no processo de conhecimento, pode surgir na execução conflito de competência entre juízes. Verificando-se tal ocorrência, aplicam-se, com fundamento no art. 771, as normas do processo de conhecimento sobre conflito de competência, razão pela qual remetemos o leitor ao item 9, Capítulo 6, Parte I, desta obra.

JURISPRUDÊNCIA TEMÁTICA

Conflito de competência na execução

"Conflito de competência. Processo civil. Execução de sentença proferida pela Justiça Estadual. Art. 575, II, do CPC. Intervenção da União no feito. Deslocamento da competência para a Justiça Federal.

1. Estatui o art. 575, II, do CPC que a competência para conhecer de execução fundada em título judicial é do Juízo que decidiu a causa no primeiro grau de jurisdição. 2. Todavia, depreende-se que a intervenção da União no feito executivo, como sucessora processual da

---

[5] O dispositivo não menciona apenas os atos de citação e intimação, como faz o CPC/1973 em seu art. 230, que, apesar de estar na parte relativa ao processo de conhecimento, entendia-se possível a aplicação ao processo de execução.

extinta RFFSA (Rede Ferroviária Federal S/A), enseja o deslocamento da competência para a Justiça Federal (art. 109, I, da Constituição da República). 3. Conflito conhecido para declarar a competência do Juízo Federal da 3ª Vara e Juizado Especial Previdenciário de Santo Ângelo – SJ/RS, o suscitante" (STJ, CC 54.762/RS, 1ª Seção, Rel. Min. Eliana Calmon, j. 14.03.2007, *DJU* 09.04.2007, p. 219).

"Conflito negativo de competência. Execução. Carta precatória. Embargos de terceiro.

1. O pedido de retenção por benfeitorias contém discussão ampla, envolvendo a própria ordem, do Juízo deprecante, de apreensão do bem, ao final, adjudicado. Embora o Juízo deprecado tenha praticado atos decisórios, a determinação quanto à constrição do bem, sobre o qual se pretende a retenção por benfeitorias, partiu do Juízo deprecante, suscitante. Nessa hipótese, a análise de questões relativas à retenção de benfeitorias no imóvel adjudicado compete ao Juízo deprecante, mormente porque o Juiz Estadual, ao cumprir carta precatória expedida por Juiz Federal, não age investido de jurisdição federal. 2. Conflito conhecido para declarar competente o Juízo Federal da 1ª Vara de Criciúma – SJ/SC" (STJ, CC 54.682/SC, 2ª Seção, Rel. Min. Carlos Alberto Menezes Direito, j. 22.11.2006, *DJU* 01.02.2007, p. 390).

4. A AÇÃO DE EXECUÇÃO

A ação constitui o direito a um pronunciamento estatal que solucione o litígio, fazendo desaparecer a incerteza ou a insegurança oriunda do conflito de interesses submetido à apreciação do Judiciário. Pouco importa a solução dada pelo juiz; o que interessa unicamente é o provimento jurisdicional acerca da lide.

Na execução, o conceito de ação mantém os mesmos atributos, isto é, trata-se de direito público subjetivo, autônomo e abstrato, porém destinado não ao acertamento da lide, mas sim à satisfação do direito de crédito já acertado em título executivo. Direito público porque se dirige contra o Estado-juiz; subjetivo, porque se faculta ao lesado, em seu direito, pedir a manifestação do Estado para provocar a realização do direito de crédito, por atos de coerção e sub-rogação; autônomo e abstrato, devido à circunstância de não ter sua existência vinculada à do direito material.

Também a ação de execução subordina-se à existência de requisitos para seu legítimo exercício (interesse processual e legitimidade *ad causam*), as quais, todavia, sofrem tratamento diferenciado em razão das peculiaridades do processo executivo. É que, nessa modalidade de processo, não há que falar em resolução de mérito, haja vista que a execução forçada tem por escopo a prática de atos tendentes à satisfação do direito de crédito já definido em título executivo. Não há, pois, solução de conflito de interesses ou acertamento de lide, mas tão somente realização de direito; por conseguinte, eventual ausência de interesse ou legitimidade levará à simples extinção do processo executivo – não sendo cabível, frise-se, a distinção entre extinção com ou sem resolução do mérito.

A par disso, a legitimidade e o interesse de agir (art. 17) serão analisados sob uma ótica diferenciada, visto o provimento final, como aludido, é a realização do direito de crédito consubstanciado em título executivo. A utilidade do provimento postulado, por exemplo, que manifesta uma faceta do interesse de agir, evidencia-se pela exigibilidade do crédito exequendo; vale dizer, se o crédito é inexigível, não há interesse para o processo de execução que legitime a ação executiva.

Delimitado o conceito de ação executiva, que, como dito, consiste no direito a um pronunciamento estatal destinado à satisfação do direito de crédito já acertado em título executivo, solucionando uma crise jurídica de adimplemento, cumpre tratar com maiores minúcias do tema dos requisitos processuais da ação executiva.

4.1 Requisitos processuais da ação executiva

Para parte da doutrina, a ação executiva não se submete a qualquer condição.[6] Contudo, sempre preferimos seguir a linha da admissibilidade das "condições da ação"[7] também no que diz respeito à ação executiva, entendidas, todavia, como requisitos para o provimento final, conforme destacamos na primeira parte desta obra e tendo em vista as modificações trazidas pelo CPC/2015.

Sendo assim, **submete-se o legítimo exercício do direito de ação executiva aos mesmos requisitos do processo de conhecimento**, a saber: a legitimidade e o interesse de agir, que devem ser identificados com os elementos da demanda executiva.

Os elementos da demanda executiva são a **causa de pedir** (inadimplemento), o **pedido** (execução de um fazer, de um não fazer, de entregar coisa ou de pagar quantia) e as **partes** (exequente e executado). Os requisitos da ação executiva, por conseguinte, consistem em mero reflexo dos elementos citados.

No que tange ao **interesse de agir** na execução, podem-se identificar tais requisitos de duas maneiras diversas. Sob o prisma da **necessidade-utilidade** do provimento executivo, consiste o interesse de agir na exigibilidade do crédito exequendo, que se faz presente quando verificado o inadimplemento pelo devedor; ausente o inadimplemento, desnecessária se afigura a execução. Sob a ótica da **adequação da via eleita**, deve o procedimento executivo ser escolhido quando se buscar a realização de direito consubstanciado em título judicial ou extrajudicial tipificado em lei; vale dizer, sem a asserção de que a demanda se fundamenta em título executivo, poderá ser admissível alguma tutela, mas não a executiva.

Quanto à **legitimidade para a causa**, vale dizer que a execução só pode ser promovida pelo credor ou pelas pessoas legitimadas. Por outro lado, somente o devedor ou quem tenha responsabilidade executiva pode figurar como executado.

Dada a importância do interesse de agir e da legitimidade para a execução, trataremos de tais temas com maiores detalhes nos subtópicos seguintes.

4.1.1 Legitimidade para a execução

Em primeiro lugar, cumpre lembrar que a **legitimidade para a causa** não se confunde com a **legitimidade para o processo** (*legitimatio ad processum*). Esta se relaciona com a capacidade para estar em juízo, isto é, para praticar e receber atos processuais de forma eficaz. O menor de 16 anos (art. 3º do CC) tem legitimidade *ad causam* para propor ação de execução, mas não tem legitimidade *ad processum*, por não ter capacidade para estar em juízo, devendo ser representado. Acrescente-se que, em regra, exige-se para o processo a mesma capacidade que se reclama para a prática dos atos da vida civil.

Os arts. 778 e 779 tratam da legitimidade *ad causam* ativa e passiva para o processo de execução. Este só pode ser promovido pelo credor ou pelas pessoas legitimadas. Por outro lado, somente o devedor ou quem tenha responsabilidade executiva pode figurar como executado. Destaque-se que, segundo a **teoria da asserção**, o que importa é que o credor afirme possuir

---

[6] Nesse sentido, colhe-se o entendimento de Araken de Assis: "Logo, a ação executória é abstrata e incondicionada, comportando exercício sem o brutal cárcere de qualquer 'condição'" (*Manual do processo de execução*. 5. ed. São Paulo: RT. p. 91). Nesse ponto vale lembrar que o entendimento do autor está relacionado com o CPC/1973, que admite como "condições da ação" a possibilidade jurídica do pedido, o interesse de agir e a legitimidade.

[7] Vale ressaltar que o CPC/2015 suprimiu a expressão "condições da ação", passando a prever que para postular em juízo é necessário ter interesse e legitimidade (art. 17).

direito de crédito – ou estar autorizado por lei a postular direito de outrem em nome próprio – consubstanciado em título executivo em face do devedor ou dos demais sujeitos indicados no art. 779.

Assim, não se exige que a pertinência com o direito material seja real, **basta a mera afirmação**. Se o credor propõe execução argumentando que o crédito representado no título executivo lhe pertence, diz-se que ele é parte legítima para a causa; se, porém, argumenta que o crédito pertence a outrem, e, não sendo o caso de legitimação extraordinária ou sucessiva, deverá o julgador extinguir o processo de execução, por ilegitimidade ativa *ad causam*.

O mesmo ocorre com relação ao polo passivo. Suponha-se que o credor X proponha execução narrando a existência de crédito em relação ao devedor Y, mas nomeia Z como devedor. O caso é de ilegitimidade passiva *ad causam*. Ao contrário, se os fatos narrados tiverem pertinência com o devedor Y, ainda que este desconstitua o crédito por meio de embargos ou impugnação, haverá legitimidade passiva.

Ressalve-se por fim que, conforme a **teoria da exposição**, as partes somente seriam legítimas nas situações narradas se *provassem* sua pertinência subjetiva com o direito material. Assim, não bastaria a alegação; a legitimidade *ad causam* somente poderia ser verificada com a análise do título executivo.

4.1.2 Interesse processual para a execução

Conforme explicado alhures, o interesse de agir na execução pode ser enfocado conforme a necessidade-utilidade do provimento executivo, que se evidencia pela exigibilidade do crédito exequendo, ou consoante a adequação da via eleita, quando se exige a indicação de título judicial ou extrajudicial tipificado em lei.

No que tange à necessidade-utilidade do provimento executivo, cumpre salientar que a exigibilidade ocorrerá quando o cumprimento da obrigação prevista no título executivo **não** se submeter a termo, condição ou qualquer outra limitação. Não cumprida a obrigação no seu termo ou condição, diz-se que o devedor está em mora.

Na realidade, a mora pode ser *ex persona* (relativa às obrigações sem termo de vencimento) **ou** *ex re* (referente às obrigações positivas e líquidas com termo de vencimento, às obrigações provenientes de ato ilícito e às obrigações negativas).

Na hipótese de mora *ex persona*, em virtude da inexistência de termo de vencimento, não se pode falar em mora automaticamente constituída, motivo pelo qual se faz imprescindível que o interessado promova a **interpelação**, judicial ou extrajudicial daquele que assumiu determinada obrigação (art. 397, parágrafo único, do CC).

A **citação** para o processo – executivo ou não –, ainda quando ordenada por juiz incompetente, tem o efeito de suprir a falta de interpelação e, por conseguinte, constituir em mora o devedor (art. 240). Aliás, "o executado é sempre citado *para fazer alguma coisa* e essa conduta à qual ele é exortado será sempre um adimplemento. Essa é a razão que legitima a outorga legal de efeito interpelatório à citação e que deve tranquilizar os espíritos quanto à realidade da exigência efetivamente comunicada ao obrigado".[8]

Já no caso de mora *ex re* prevalece a regra *dies interpellat pro homine* – positivada no art. 397, *caput*, do CC –, o que significa que o próprio termo da dívida faz as vezes da interpelação, **não sendo necessária qualquer provocação** por parte do interessado na constituição da mora. No caso de obrigação proveniente de ato ilícito, por exemplo, o devedor incorrerá em mora

---

[8] DINAMARCO, Cândido Rangel. *Instituições de direito processual civil*. São Paulo: Malheiros, 2004. v. IV, p. 180.

desde a prática do ato, sendo desnecessária qualquer providência adicional. O resultado prático para a execução é que, se promovida antes do vencimento da dívida, faltará interesse de agir ao credor, ante a inutilidade do provimento executivo.

Contudo, deve-se ressalvar que a regra mencionada comporta **exceções**, porquanto há casos em que, conquanto se trate de mora *ex re*, a completa configuração da mora depende de prévia constituição do devedor, como ocorre nas obrigações de natureza quesível (aquelas em que o credor deve procurar o devedor para receber). Conforme leciona Caio Mário da Silva Pereira:

"Mas esta regra [*dies interpellat pro homine*] não deve ser levada ao extremo de ser tratada como absoluta, pois há casos em que, mesmo então, é necessário interpelar o devedor se a execução demanda a prática de atos indeterminados, como por exemplo nas promessas de compra e venda em que, não obstante o prazo estipulado, o credor terá de interpelar o devedor, indicar o cartório onde será passada a escritura definitiva, apresentar documentos etc., sem o que a mora não existe. Também deve alinhar-se na rota das exceções ao princípio *dies interpellat pro homine* a natureza quesível da prestação (dívida *quérable* ou *chiedibile*), pois que, se o credor tem a obrigação de vir ou mandar receber, é claro que não pode o devedor incidir de pleno direito em mora, e sofrer os seus efeitos, enquanto não se positivar a atitude do credor, procurando a *res debita*".[9]

Nesses casos, portanto, de mora *ex re* que não dispensa prévia constituição do devedor em mora, a citação é obrigatória para o processo executivo preencher o requisito da exigibilidade da dívida executada.

No que diz respeito ao interesse de agir sob a perspectiva da adequação da via executiva ao provimento postulado, **não se aplica a teoria da asserção**, ou seja, não basta afirmar que é detentor do título, obrigatoriamente há que apresentá-lo, isto é, **aparelhar a execução com o título executivo**.

Pressuposto processual ou "condição da ação" (categoria abolida do Código atual), pouco importa o nome que se dê. O título tipificado em lei constitui requisito indispensável para o início e desenvolvimento da atividade executiva. A teoria da asserção, ou seja, a mera afirmação da existência do título executivo, não se aplica ao processo executivo. É preciso comprovar o que atrai a aplicação da denominada teoria da exposição ou comprovação.

Resumindo: **o título executivo constitui pressuposto processual**. A consequência da sua ausência é a extinção do processo executivo ou, sendo possível e em homenagem ao princípio que sugere o aproveitamento dos atos processuais, a intimação do credor para emendar a petição inicial e adequá-la ao procedimento relativo ao processo de conhecimento ou ao procedimento especial inerente à ação monitória.

4.2 Princípios da execução

Como se sabe, à execução forçada aplicam-se os mesmos princípios do processo de conhecimento, por exemplo, o devido processo legal, o contraditório e a isonomia das partes. Entretanto, é de ressaltar que existem princípios próprios da tutela jurisdicional executiva, devendo-se destacar os seguintes:

a) Princípio da patrimonialidade: como se extrai do art. 789, a execução será sempre **real**, ou seja, incide **exclusivamente sobre o patrimônio** do executado, e não sobre sua pessoa.

---

[9] PEREIRA, Caio Mário da Silva. *Instituições de direito civil*. 20. ed. Rio de Janeiro: Forense, 2004. v. II, p. 319.

Nos casos de não pagamento injustificado de **pensão alimentícia**, o Código prevê a prisão como meio de coerção do devedor (art. 911 c/c o art. 528, § 3º). Mesmo nesses casos, **não obstante a possibilidade de prisão, não se pode falar em execução pessoal**, tanto que o cumprimento da pena não exime o devedor do pagamento da prestação ou o equivalente em dinheiro (arts. 528, § 5º).

b) Princípio da efetividade da execução ou do resultado: pelo processo de execução ou cumprimento da sentença deve-se assegurar ao credor **precisamente aquilo a que tem ele direito**, nada mais, "no resultado mais próximo que se teria caso não tivesse havido a transgressão de seu direito".[10] Exemplo da aplicação de tal princípio pode ser encontrado no art. 831, *caput*, segundo o qual "a penhora deverá recair sobre tantos bens quantos bastem para o pagamento do principal atualizado, dos juros, das custas e dos honorários advocatícios".

Embora se deva garantir ao credor tudo aquilo a que tem direito, nem sempre isso se faz possível. Nas obrigações de fazer e não fazer, por exemplo, há um limite à execução, segundo o qual ninguém pode ser coagido a prestar um fato; vale dizer, por meio de atos coercitivos, impele-se o cumprimento da obrigação pelo devedor, porém, inobservada a determinação judicial, não pode o Estado compelir materialmente o devedor à prática ou à abstenção do ato.

Sendo assim, admite-se certo **abrandamento do princípio da efetividade** da execução, no sentido de se admitir, excepcionalmente, "a *execução genérica*, em que o credor é levado a se contentar com um substitutivo pecuniário, em vez de receber aquilo a que faria jus conforme os ditames do direito substancial".[11] Trata-se da possibilidade de conversão em perdas e danos nas execuções de obrigações de fazer, não fazer e entrega de coisa diversa de dinheiro.

c) Princípio da menor onerosidade ao devedor: conquanto a figura do devedor seja usualmente equiparada à de um vilão, que se furta de todas as maneiras ao cumprimento da obrigação, nem sempre isso é verdade. Maus pagadores existem, contudo não é difícil a ocorrência do inadimplemento involuntário, ou seja, o inadimplemento resultante do fracasso econômico-financeiro do devedor, que realmente não detém recursos suficientes para cumprir aquilo a que se obrigou.

Em face dessa constatação é que se entende que o processo executivo deve se desenvolver de forma que, atendendo especificamente o direito do credor, seja menos oneroso e prejudicial ao devedor.

Tal princípio encontra-se consubstanciado no art. 805, tratando-se de desdobramento do **princípio da proporcionalidade**. Exemplo de aplicação da menor onerosidade ao devedor é a proibição da arrematação de seus bens por preço vil, nos termos do art. 891.

d) Princípio da disponibilidade da execução: o credor **não** está obrigado a promover a execução do crédito do qual é titular e, uma vez instaurado o processo executivo, pode "**desistir de toda a execução ou de apenas alguma medida executiva**" (art. 775), mesmo após a oposição de embargos pelo devedor (executado), independentemente da aquiescência deste. A desistência da execução terá efeitos distintos nos embargos, a depender da matéria tratada pelo devedor. Se versarem unicamente sobre questões de natureza processual, a extinção da execução implicará a extinção dos embargos, arcando o credor com as custas e os honorários advocatícios (art. 775, parágrafo único, I). Quando, porém, cuidarem de questões relativas

---

[10] WAMBIER, Luiz Rodrigues. *Curso avançado de processo civil*. Coord. Luiz Rodrigues Wambier, Flávio Renato Correia de Almeida e Eduardo Talamini. 8. ed. São Paulo: RT, 2006. v. 2, p. 128.

[11] CÂMARA, Alexandre Freitas. *Lições de direito processual civil*. 10. ed. Rio de Janeiro: Lumen Juris, 2005. v. II, p. 164.

ao direito material, ou seja, à própria relação creditícia, embora possa o exequente dispor da execução, a extinção dos embargos dependerá da aquiescência do devedor (art. 775, parágrafo único, II), à semelhança do que ocorre no caso de desistência da ação principal e a subsistência da contestação e/ou reconvenção (art. 343, § 2º). Nesse sentido é a lição de Pontes de Miranda:

> "Se o devedor já opôs os embargos, houve outra ação (embargos do devedor são ação), seria e é de afastar-se que se extinga a contra-ação pela extinção da ação. Há a regra jurídica, que serve à analogia: a do art. 317,[12] onde se diz que 'a desistência da ação, ou a existência de qualquer causa que a extinga, não obsta ao prosseguimento da reconvenção'".

Em suma:

- Não é necessária a concordância do executado para a desistência da execução antes da citação. Se eventualmente foram apresentados embargos, estes serão extintos, ainda que versem acerca de questões de direito material. Nesse caso, o credor não responde pelo pagamento de honorários sucumbenciais se manifestar a desistência da execução antes da citação e da apresentação dos embargos e se não houver prévia constituição de advogado nos autos (STJ, 2ª T., REsp 1.682.215/MG, Rel. Min. Ricardo Vilas Bôas Cueva, j. 06.04.2021).

- Se essa desistência for posterior à citação e oposição dos embargos, estes serão extintos, independentemente de concordância do executado, apenas se versarem sobre questões de direito processual. Nessa hipótese, o exequente será condenado ao pagamento dos honorários ao advogado do executado.

- Se a desistência for posterior à citação e os embargos versarem sobre questões de direito material, a homologação da desistência dependerá necessariamente da concordância do executado/embargante. A ausência de concordância impede a extinção da execução. Por outro lado, se houver aquiescência, haverá condenação do exequente ao pagamento das despesas processuais.

5. REQUISITOS OU PRESSUPOSTOS PROCESSUAIS DA EXECUÇÃO

A natureza do processo, já frisamos, é de relação jurídica de direito público, a qual se estabelece por intermédio de atos processuais, principalmente pela petição apta e citação válida. Aliás, do ponto de vista estático, o processo nada mais é do que uma relação jurídica de direito processual; porém, sob um enfoque dinâmico, o processo é constituído por uma série de atos processuais, que constituem espécies dos atos jurídicos.

Ora, sendo o processo formado por uma série de atos jurídicos (atos processuais), nada mais evidente que sua instauração ou desenvolvimento válido seja condicionado a certos requisitos, que, em última análise, são os mesmos requisitos de validade do ato jurídico, isto é, agente capaz, objeto lícito, possível, determinado ou determinável e forma prescrita ou não defesa em lei (art. 104 do CC).

No Direito Processual, a tais requisitos dá-se o nome de **pressupostos processuais**, elementos necessários para a constituição e o desenvolvimento regular do processo. O processo executivo, a par dos pressupostos comuns ao processo de conhecimento, possui pressupostos

---

[12] Corresponde ao art. 343, § 2º, do CPC/2015.

específicos de constituição e desenvolvimento. Vejamos, então, primeiramente, os requisitos comuns ao processo de conhecimento, para, depois, analisar mais detidamente os pressupostos processuais específicos da execução.

5.1 Pressupostos do processo executivo comuns aos do processo de conhecimento

Os pressupostos de instauração e desenvolvimento regular do processo refletem os requisitos de validade do ato jurídico, quer na execução, quer no processo de conhecimento. Sendo assim, haverá **pressupostos subjetivos**, atinentes aos agentes processuais, **e objetivos**, que aludem ao objeto e à forma do processo.

Com relação à **capacidade do agente**, é de se lembrar que o processo constitui uma relação trilateral, que se desenvolve entre autor (exequente), juízo (órgão jurisdicional) e réu (executado), que são os sujeitos (ou agentes) da relação processual. Assim, a capacidade deve ser verificada com relação a todos eles.

No que tange ao **juízo**, deve ser competente, isto é, ter atribuição legal para julgar a causa, e também não pode pender contra os agentes que o integram (juiz e escrivão, entre outros), fato que os tornem impedidos ou suspeitos (arts. 144 e 145).

No que respeita às **partes**, devem ter capacidade processual (art. 70) ou estarem representadas ou assistidas por seus representantes legais. Indispensável também que a causa seja patrocinada por advogado, salvo os casos expressos em lei.[13] Fala-se, portanto, em tríplice capacidade, isto é, capacidade de ser parte, de estar em juízo e postulatória.

Afora os pressupostos subjetivos (que dizem respeito aos sujeitos do processo), a constituição e o desenvolvimento válidos subordinam-se ainda a pressupostos processuais objetivos, que se relacionam com a forma procedimental e com a ausência de fatos que impeçam a regular constituição do processo. São eles: **forma procedimental adequada, inexistência de litispendência**, de **coisa julgada** e **petição apta** (não inepta). Sem muito rigor técnico, podemos dizer que tais pressupostos se assemelham ao requisito da forma do negócio jurídico, prevista no art. 104 do CC.

Quanto ao requisito da licitude do objeto, exigido pela norma civil, o Direito Processual o contempla como pressuposto processual, uma vez que o Código já obsta a utilização do processo para fins ilícitos (art. 142).

5.2 Pressupostos específicos do processo executivo

A par dos pressupostos genéricos, presentes tanto na execução quanto no processo de conhecimento, podem-se extrair requisitos ou pressupostos específicos do processo executivo. O art. 786 arrola os requisitos ou pressupostos necessários para promover a execução do título extrajudicial: o inadimplemento do devedor e a existência de título executivo.

Os títulos executivos (judiciais ou extrajudiciais) podem estabelecer obrigações para uma das partes ou para ambas. No primeiro caso, vencida e não satisfeita a obrigação, pode o credor, exibindo o título, promover a execução. Todavia, se o título criou obrigações para ambas as partes, uma delas não pode proceder à execução antes de adimplir a contraprestação (art. 787). Trata-se da aplicação da **cláusula** *exceptio non adimpleti contractus* (exceção de

---

[13] Nos Juizados Especiais (das Justiças Estadual e Federal), por exemplo, nas causas de até vinte salários mínimos, dispensa-se a assistência de advogado (art. 9º da Lei nº 9.099/1995). Na fase recursal, entretanto, a atuação do advogado é indispensável (art. 41, § 2º, da Lei nº 9.099/1995).

contrato não cumprido), inserta em qualquer negócio bilateral, conforme previsão do art. 476 do CC.

Além do inadimplemento, a execução tem como pressuposto **a posse do título executivo pelo credor**. Sem título executivo, ou seja, título previsto na lei (**tipicidade**) e de obrigação certa, líquida e exigível, não há execução. A ausência de um dos requisitos conduz à extinção do processo.

O não preenchimento dos requisitos para a execução acarreta a nulidade do processo executivo. A propósito, dispõe o art. 803 que é nula execução se:

I – o título executivo extrajudicial não corresponder a obrigação certa, líquida e exigível;

II – o executado não for regularmente citado;

III – for instaurada antes de se verificar a condição ou de ocorrer termo.

Cumpre acrescentar que no sistema brasileiro todo título executivo tem previsão na lei. **Os títulos extrajudiciais estão previstos no art. 784 e na legislação extravagante**. Não há título judicial sem o requisito formal da previsão legal, isto é, da tipicidade.

Além da previsão na lei, o título extrajudicial, ou melhor, o crédito nele estampado, deve ser **certo**. Por **certeza do direito do exequente** entende-se a necessidade de que do título executivo transpareçam todos os seus elementos, como a natureza da obrigação, seu objeto e seus sujeitos. Dessa forma, diz-se que o título é certo quando não deixa dúvida acerca da obrigação que deva ser cumprida, quem é devedor e quem é credor. Tal requisito sofre certa atenuação nos casos de obrigação de dar coisa incerta e nas obrigações alternativas, uma vez que em tais casos não há a exata previsão do objeto da prestação.

A **liquidez**, a par da tipicidade e da certeza, também figura como requisito do título executivo extrajudicial. A liquidez ocorre quando o título permite, independentemente de qualquer outra prova, a exata definição do *quantum debeatur*. Assim, deve o título conter todos os elementos necessários para que se possa determinar a quantia a ser paga ou a quantidade da coisa a ser entregue ao titular do direito. Tal determinação pode ser direta ou pode depender de meros cálculos aritméticos (art. 786, parágrafo único).[14]

Por fim, a **exigibilidade**, que constitui requisito para se promover a ação executiva, ocorrerá quando o cumprimento da obrigação prevista no título executivo não se submeter a termo, condição ou qualquer outra limitação. Exigível é o crédito se o devedor encontra-se inadimplente.

Nesse ponto, uma dúvida que pode surgir se refere à execução de prestações vincendas. Por exemplo, em um contrato de empréstimo firmado em 30 (trinta) meses, o devedor se torna inadimplente a partir da 10ª parcela e o Banco credor propõe a ação executiva desde logo. Neste caso, será possível a cobrança pela via executiva das parcelas futuras que, no momento do ajuizamento da ação, não poderiam ser consideradas exigíveis? O art. 323 do CPC/2015 estabelece que na ação que tenha por objeto o cumprimento de obrigação em prestações sucessivas, essas

---

[14] As operações aritméticas para identificar a liquidez do título extrajudicial não fazem dele um título ilíquido. Assim, se um simples cálculo aritmético puder determinar com precisão o valor devido, o título será considerado como instrumento hábil a aparelhar o processo de execução. Essa, aliás, é a regra que vale para os títulos executivos judiciais (art. 509, § 2º, do CPC/2015). Na jurisprudência o entendimento já prevalecia, mesmo não havendo previsão expressa do CPC/1973 nesse mesmo sentido. Por exemplo: "[...] 3. Não há iliquidez no título quando os valores podem ser determinados por meros cálculos aritméticos. 4. Agravo regimental não provido" (STJ, AgRg no REsp 1.235.160/RS, Rel. Min. Herman Benjamim, j. 20.03.2012).

serão consideradas incluídas no pedido, independentemente de declaração expressa do autor, e serão incluídas na condenação, enquanto perdurar a obrigação, caso o devedor, no curso do processo, deixe de pagá-las. O STJ, interpretando esse dispositivo, considerou que, embora ele se refira à tutela em ação de conhecimento, é possível estender a sua aplicação ao processo de execução de título extrajudicial:

"(...) O art. 771 do CPC/2015, que regula o procedimento da execução fundada em título extrajudicial, permite, em seu parágrafo único, a aplicação subsidiária das disposições concernentes ao processo de conhecimento à execução, dentre as quais se insere a regra do aludido art. 323. 3. Esse entendimento, ademais, está em consonância com os princípios da efetividade e da economia processual, evitando o ajuizamento de novas execuções com base em uma mesma relação jurídica obrigacional, o que sobrecarregaria ainda mais o Poder Judiciário, ressaltando-se, na linha do que dispõe o art. 780 do CPC/2015, que 'o exequente pode cumular várias execuções, ainda que fundadas em títulos diferentes, quando o executado for o mesmo e desde que para todas elas seja competente o mesmo juízo e idêntico o procedimento', tal como ocorrido na espécie. 4. Considerando que as parcelas cobradas na ação de execução – vencidas e vincendas – são originárias do mesmo título, ou seja, da mesma relação obrigacional, não há que se falar em inviabilização da impugnação dos respectivos valores pelo devedor, tampouco em cerceamento de defesa ou violação ao princípio do contraditório, porquanto o título extrajudicial executado permanece líquido, certo e exigível, embora o débito exequendo possa sofrer alteração no decorrer do processo, caso o executado permaneça inadimplente em relação às sucessivas cotas condominiais. 5. Recurso especial provido" (REsp 1.759.364/RS, j. 05.02.2019, Rel. Min. Marco Aurélio Bellizze).

6. TÍTULOS EXECUTIVOS

Conforme já salientado, título executivo é o documento previsto na lei como tal e que representa obrigação certa e líquida, a qual, uma vez inadimplida, possibilita o manejo da ação executiva (art. 783).

Os títulos executivos, além de outros previstos na legislação especial, são apenas os enumerados nos arts. 515 e 784.

Os **títulos executivos judiciais** são aqueles formados em processo judicial ou em procedimento arbitral. Tais títulos, em razão de sua posição topográfica no Código, são tratados na Parte II deste livro, para a qual remetemos o leitor.

Os **títulos executivos extrajudiciais** representam relações jurídicas criadas **independentemente da interferência da função jurisdicional do Estado**, do processo de conhecimento; representam direitos acertados pelos particulares.

São os seguintes os títulos executivos extrajudiciais previstos no Código de Processo Civil (art. 784):

I – a letra de câmbio, a nota promissória, a duplicata, a debênture e o cheque;

Nas hipóteses aventadas neste inciso, é imprescindível que a inicial da ação executiva seja instruída com o original do título executivo. A jurisprudência, entretanto, tem admitido a apresentação da cópia da cártula quando comprovado pelo exequente que o original não está circulando,[15] o que

---

[15] "Processual civil. Recurso especial. Embargos à execução. Cédula de produto rural financeira. Execução que deve ser aparelhada com o original do título executivo. Embargos de declaração. Caráter

ocorre, por exemplo, quando este está instruindo outro processo (REsp 712.334). A ausência do original não implica o automático indeferimento da execução, devendo o juiz determinar a intimação do exequente para que este supra a falta de documentos (REsp 924.989). Tratando-se de títulos virtuais/eletrônicos,[16] o STJ entende que os boletos de cobrança a eles vinculados, devidamente acompanhados dos instrumentos de protesto por indicação e dos comprovantes de entrega de mercadoria ou da prestação de serviços, suprem a ausência física do título (STJ, REsp 1.024.691/PR, Rel. Min. Nancy Andrighi, julgado em 22.03.2011).

A ideia por trás da apresentação do título original reside no princípio da cartularidade, inerente aos títulos de crédito. Segundo esse princípio, o crédito está materializado no documento que o representa, a cártula, cuja posse é indispensável ao exercício do direito nela consubstanciado. Por consequência, (i) a posse do título pelo devedor presume o pagamento; (ii) o protesto do título pressupõe a sua apresentação; e (iii) a execução do título pressupõe também a sua apresentação.

Há, no entanto, exceções a esse princípio, como no caso da duplicata virtual, hoje regulamentada pela Lei nº 13.775/2018[17], já que admitida como válida pelo STJ – vide precedente anteriormente citado –, e dos títulos de crédito eletrônicos, em decorrência do chamado processo de desmaterialização dos títulos de crédito, expressamente previstos no artigo 889, § 3º, do Código Civil. A esse respeito, vide o teor do enunciado 461 do CJF: "As duplicatas eletrônicas podem ser protestadas por indicação e constituirão título executivo extrajudicial mediante a exibição pelo credor do instrumento de protesto, acompanhado do comprovante de entrega das mercadorias ou de prestação dos serviços."

---

protelatório afastado. Súmula 98/STJ. 1. Embargos à execução. 2. Embargos à execução opostos em 29/04/2019. Recurso especial concluso ao gabinete em 01/02/2021. Julgamento: CPC/2015. 3. O propósito recursal, além de discutir o cabimento da multa por oposição de embargos de declaração protelatórios, é definir a necessidade de juntada do original do título de crédito na hipótese de execução de cédula de produto rural financeira. 4. A juntada da via original do título executivo extrajudicial é, em princípio, requisito essencial à formação válida do processo de execução, visando a assegurar a autenticidade da cártula apresentada e a afastar a hipótese de ter o título circulado, sendo, em regra, nula a execução fundada em cópias dos títulos. 5. A execução pode, excepcionalmente, ser instruída por cópia reprográfica do título extrajudicial em que fundamentada, prescindindo da apresentação do documento original, principalmente quando não há dúvida quanto à existência do título e do débito e quando comprovado que o mesmo não circulou. 6. Por ser a cédula de produto rural título dotado de natureza cambial, tendo como um dos seus atributos a circularidade, mediante endosso, conforme previsão do art. 10, I, da Lei 8.929/94, a apresentação do documento original faz-se necessário ao aparelhamento da execução, se não comprovado pelas instâncias ordinárias que o título não circulou. 7. Ressalva-se, após sugestão do Min. Ricardo Villas Bôas Cueva em sua declaração de voto, que o referido entendimento é aplicável às hipóteses de emissão das CPRs em data anterior à vigência da Lei 13.986/20, tendo em vista que a referida legislação modificou substancialmente a forma de emissão destas cédulas, passando a admitir que a mesma se dê de forma cartular ou escritural (eletrônica). A partir de sua vigência, a apresentação da CPR original faz-se necessária ao aparelhamento da execução somente se o título exequendo for apresentado no formato cartular. 8. Afasta-se a multa do art. 1.026, § 2º, do CPC/2015 quando não se caracteriza o intento protelatório na oposição dos embargos de declaração. 9. Recurso especial conhecido e provido" (STJ, REsp 1915736/MG, 3ª Turma, Rel. Min. Nancy Andrighi, j. 22.06.2021, *DJe* 01.07.2021).

[16] Regulamentação: Leis nos 5.474/1968 e 9.492/1997.
[17] Essa lei introduziu no ordenamento jurídico brasileiro regramento expresso acerca da duplicata emitida sob a forma escritural (nome mais técnico), que nada mais é do que o que a doutrina e a jurisprudência convencionaram chamar de duplicata virtual.

II – a escritura pública ou outro documento público assinado pelo devedor;

Qualquer que seja a obrigação (de dar coisa certa, de fazer e de não fazer) que conste de tal documento, desde que satisfaça os requisitos da liquidez, da certeza e da exigibilidade, pode ser exigida pela via executiva.

Um exemplo do que a lei chama de "outro documento público" é o termo de acordo de parcelamento subscrito pelo devedor e pela Fazenda Pública.[18]

III – o documento particular assinado pelo devedor e por 2 (duas) testemunhas;

No que se refere a esse título, pertinente observar que o entendimento pacífico do STJ é no sentido de que as testemunhas podem ser instrumentárias, isto é, podem assinar o documento em momento posterior ao ato de sua criação. Não se admite, no entanto, a assinatura de testemunha interessada no negócio jurídico.[19]

Aqui também se inclui o instrumento de confissão de dívida firmado entre credor e devedor, assinado por duas testemunhas. Nos termos da Súmula nº 300 do STJ, ele constitui título executivo extrajudicial ainda que originário de contrato de abertura de crédito (cheque especial). Entretanto, importante esclarecer que o contrato de abertura de crédito não constitui, por si só, título executivo extrajudicial, pois trata-se de documento unilateral, desprovido dos requisitos de liquidez, certeza e exigibilidade.

Interessante notar que o "poder executivo" desse título pode ser invocado ainda que no documento particular conste cláusula que determine a instituição de juízo arbitral no caso de eventual controvérsia. Transcreve-se o seguinte excerto do voto da Ministra Nancy Andrighi no REsp 944.917, que bem demonstra essa compreensão:

"[...] Deve-se admitir que a cláusula compromissória possa conviver com a natureza executiva do título. Não se exige que todas as controvérsias oriundas de um contrato sejam submetidas à solução arbitral. Ademais, não é razoável exigir que o credor seja obrigado a iniciar uma arbitragem para obter juízo de certeza sobre uma confissão de dívida que, no seu entender, já consta do título executivo. Além disso, é certo que o árbitro não tem poder coercitivo direto,

---

[18] Nesse sentido: "[...] O Termo de Acordo de Parcelamento que tenha sido subscrito pelo devedor e pela Fazenda Pública deve ser considerado documento público para fins de caracterização de título executivo extrajudicial, apto à promoção de ação executiva, na forma do art. 585, II, do CPC. De fato, o art. 585, II, do CPC elenca o 'documento público assinado pelo devedor' dentre os títulos executivos extrajudiciais, mas não traz o seu conceito, sendo que o art. 364 do CPC revela tão somente a força probante do referido documento, ao referir que 'faz prova não só da sua formação, mas também dos fatos que o escrivão, o tabelião, ou o funcionário declarar que ocorreram na sua presença'. Nesse contexto, o STJ, ao analisar situação similar, assentou que 'a melhor interpretação para a expressão documento público é no sentido de que tal documento é aquele produzido por autoridade, ou em sua presença, com a respectiva chancela, desde que tenha competência para tanto' (REsp 487.913-MG, Primeira Turma, *DJ* 9/6/2003). Ademais, essa mesma linha de raciocínio é seguida pela doutrina, que define documento público como 'todo aquele cuja elaboração se deu perante qualquer órgão público, como, por exemplo um termo de confissão de dívida em repartição administrativa'. Dessa forma, na hipótese em análise, não há como extirpar da declaração de vontades exarada pelas partes no âmbito administrativo a natureza de documento público, na medida em que lavrada sob a chancela de órgão público e firmado pelo devedor, externando a vontade da Administração Pública e do particular" (STJ, REsp 1.521.531/SE, Rel. Min. Mauro Campbell Marques, j. 25.08.2015).

[19] Nesse sentido: REsp 541.267/RJ, 4ª Turma, Rel. Min. Jorge Scartezzini, j. 20.09.2005.

não podendo impor, contra a vontade do devedor, restrições a seu patrimônio, como a penhora, e nem excussão forçada de seus bens".

Em suma, ainda que possua cláusula compromissória, o contrato assinado pelo devedor e por duas testemunhas pode ser levado a execução judicial. Se, por exemplo, se tratar de contrato de confissão de dívida líquida, certa e exigível, desnecessária é a instituição de juízo arbitral.[20]

Destaca-se que a jurisprudência, relativizando a taxatividade do art. 784 do CPC, já vinha admitindo como título executivo extrajudicial contrato eletrônico de mútuo celebrado **sem a assinatura de duas testemunhas**. Para a Corte, em face da nova realidade comercial, com o intenso intercâmbio de bens e serviços em sede virtual, mostra-se possível o conhecimento excepcional da executividade desses títulos (STJ, REsp 1.495.920/DF, 3ª Turma, j. 15.05.2018). Com efeito, se o contrato eletrônico tiver sido submetido a uma certificação eletrônica, utilizando-se a assinatura digital devidamente aferida por autoridade certificadora, mostra-se desnecessária a assinatura das testemunhas.

Diante do ritmo acelerado do progresso tecnológico, esse entendimento precisou ser regulamentado. A Lei nº 14.620, que entrou em vigor em 14 de julho de 2023, trouxe para art. 784 do CPC ao § 4º, que dispõe ser admitida **qualquer modalidade de assinatura eletrônica prevista em lei nos títulos executivos constituídos ou atestados por meio eletrônico**, dispensada a assinatura de testemunhas quando sua integridade for conferida por provedor de assinatura.

A assinatura eletrônica traz eficiência às transações, eliminando a necessidade de utilização de meios físicos para impressão e envio, por exemplo. Ademais, como a assinatura eletrônica geralmente inclui registros de data e hora, bem como informações sobre a identidade do signatário, sua utilização confere **mais segurança** para a realização de diversos negócios.

No Brasil, são três as modalidades de assinatura eletrônica previstas na Lei nº. 14.063, de 23 de setembro de 2020: (i) **assinatura simples**, que permite identificar o seu signatário e que anexa ou associa dados a outros dados em formato eletrônico do signatário; (ii) **assinatura eletrônica avançada**, que está atrelada a uma comprovação de identidade (certificado corporativo por exemplo); (iii) **assinatura eletrônica qualificada**, que utiliza certificado digital, nos termos do § 1º do art. 10 da Medida Provisória nº 2.200-2, de 24 de agosto de 2001.

De acordo com o § 4º do art. 784 do CPC, qualquer modalidade de assinatura eletrônica prevista em lei é aceita para títulos executivos constituídos ou atestados eletronicamente. Se, por exemplo, um contrato é assinado eletronicamente e sua integridade é validada por uma dessas modalidades de assinatura, eventual falta de assinatura das testemunhas não retirará a eficácia executiva do título.

IV – o instrumento de transação referendado pelo Ministério Público, pela Defensoria Pública, pela Advocacia Pública, pelos advogados dos transatores ou por conciliador ou mediador credenciado por tribunal;

O CPC/2015 acresce aos títulos executivos extrajudiciais o instrumento de transação referendado por conciliador ou mediador credenciado pelo tribunal, na forma regulamentada pelo

---

[20] O STJ já reiterou esse entendimento: "[...] O documento particular assinado pelo devedor e por duas testemunhas tem força executiva, de modo que, havendo cláusula estipulando obrigação líquida, certa e exigível, possível a propositura de execução judicial [...]. A existência de título executivo extrajudicial prescinde de sentença arbitral condenatória para formação de um outro título sobre a mesma dívida, de modo que é viável, desde logo, a propositura de execução perante o Poder Judiciário" (REsp 1.373.710/MG, Rel. Min. Ricardo Villas Bôas Cueva, j. 07.04.2015, DJe 27.04.2015). Sobre o tema, conferir artigo por nós elaborado e publicado no site do Escritório Elpídio Donizetti Advogados: https://www.elpidiodonizetti.com/contrato-que-contem-clausulaarbitral-pode-ser-executado-judicialmente/.

art. 167 e parágrafos, bem como o acordo referendado por advogado público. Antes, somente a chancela do Ministério Público, da Defensoria Pública ou dos advogados dos transatores tinha esse condão (art. 585, II, parte final, do CPC/1973). Ressalte-se que, caso o acordo proveniente da autocomposição extrajudicial for homologado em juízo, passará a ter caráter de título executivo judicial (art. 515, III, do CPC/2015), e não mais de extrajudicial.

V – o contrato garantido por hipoteca, penhor, anticrese ou outro direito real de garantia e aquele garantido por caução;

Hipoteca é direito real de garantia que recai sobre direitos reais imobiliários, incluindo-se nestes as vias férreas, os navios e as aeronaves (art. 1.473 do CC). Pode ser convencional, legal ou judicial. Como garantia de obrigações contratuais, constitui-se por meio de cláusula acessória com a finalidade de garantir a obrigação pactuada. Uma vez constituída, sujeita o bem ao pagamento da dívida, acompanhando-o onde quer que se encontre (direito de sequela).

Penhor, tal como a hipoteca, também é direito real de garantia, que se constitui por meio de cláusula acessória com a finalidade de garantir uma determinada dívida. Há, entretanto, algumas diferenças que distinguem os dois institutos. O penhor recai sobre bem móvel, cuja posse é transferida ao credor. O penhor pode ser legal (art. 1.467 do CC) ou convencional. No caso sob análise interessa apenas o penhor convencional.

Anticrese é o direito real de garantia, pelo qual o devedor ou outrem, por ele, entrega bem imóvel ao credor, a fim de que este receba os frutos e rendimentos do bem anticrético para compensação da dívida (art. 1.506 do CC).

Caução é termo genérico que significa garantia. Temos caução real (hipoteca, penhor e anticrese) e fidejussória (fiança). Afora as garantias reais já mencionadas, interessa ao ponto estudado a fiança formalizada em instrumento público ou particular.

Dispensável, para eficácia executiva do contrato de caução (real ou fidejussória), é a existência de duas testemunhas, a que se refere o inciso III do art. 784.

VI – o contrato de seguro de vida em caso de morte;

Anteriormente à alteração promovida pela Lei nº 11.382/2006, o Código de 1973 contemplava como título executivo extrajudicial o "seguro de vida e de acidentes pessoais de que resulte morte ou incapacidade". Posteriormente, de acordo a redação do art. 585, III – alterada pela referida lei –, o Código passou a prever como título executivo "o contrato de seguro de vida".

A jurisprudência e a doutrina tiveram, então, que solucionar a seguinte questão: o contrato de seguro de acidentes pessoais de que não resulte morte, mas tão somente incapacidade, pode embasar ação executiva, ou, ao revés, terá o beneficiário de se valer do procedimento comum? Prevaleceu o entendimento segundo o qual o beneficiário do seguro de acidente cujo sinistro acarretou a morte do segurado tem o direito de exigir o pagamento da respectiva indenização por meio da execução forçada.

O CPC/2015, alinhando-se a esse entendimento, esclareceu que somente se constitui o título executivo se do sinistro advier o evento morte. Nem poderia ser diferente, uma vez que o seguro garante a vida e, portanto, cobre tão somente o risco morte. Outros danos pessoais – como a perda de um membro, por exemplo – dependem de ação de conhecimento, assim como o contrato de seguro de automóvel.

VII – o crédito decorrente de foro e laudêmio;

Foro, também denominado pensão, é o valor pago anualmente pelo enfiteuta ou foreiro ao senhorio direto, em decorrência do contrato de enfiteuse, pelo uso, gozo e disposição do domínio útil da coisa emprazada.

Laudêmio consiste na compensação devida pelo enfiteuta ao senhorio direto quando este não usar o direito de preferência na aquisição do domínio útil da propriedade (art. 683 do CC/1916).

Dá-se a enfiteuse, aforamento, ou emprazamento quando por ato entre vivos, ou de última vontade, o proprietário atribui a outrem o domínio útil do imóvel (art. 678 do CC/1916).

Nos termos do art. 2.038 do atual CC, fica proibida a constituição de enfiteuses e subenfiteuses, subordinando-se as existentes, até sua extinção, à disposição do CC anterior.

A execução deverá ser instruída com o contrato de enfiteuse.

VIII – o crédito, documentalmente comprovado, decorrente de aluguel de imóvel, bem como de encargos acessórios, tais como taxas e despesas de condomínio;

Aluguel é a quantia paga ao locador, em decorrência do contrato de locação. Quanto aos encargos acessórios, referem-se aos fixados no contrato como de responsabilidade do locatário. Constituem exemplos de tais encargos os impostos, a taxa de incêndio, de água e luz. Essas verbas podem ser cobradas pelo locador por meio de processo de execução, desde que previstas no contrato de locação, **independentemente da assinatura de duas testemunhas**.

IX – a certidão de dívida ativa da Fazenda Pública da União, dos Estados, do Distrito Federal e dos Municípios, correspondente aos créditos inscritos na forma da lei;

Trata-se do título que embasa execução fiscal, regulada pela Lei nº 6.830/1980, à qual dedicaremos um capítulo especial.

X – o crédito referente às contribuições ordinárias ou extraordinárias de condomínio edilício, previstas na respectiva convenção ou aprovadas em assembleia geral, desde que documentalmente comprovadas;

A possibilidade de executar as cotas condominiais não estava expressamente prevista no CPC/1973, o qual apenas permitia a cobrança dos créditos condominiais por meio do processo de conhecimento. A tramitação deveria seguir o rito sumário, nos termos do art. 275, II, "b", do referido Código.

No CPC/2015 houve uma elevação do *status* desse crédito. Agora não há mais necessidade de trilhar o demorado caminho do processo de conhecimento e aguardar uma sentença para, então, receber a contribuição destinada a cobrir as despesas de condomínio (ordinárias ou extraordinárias). Assim, **o condômino que deixar de liquidar as despesas de condomínio na proporção de suas frações ideais poderá se sujeitar à execução forçada** e, consequentemente, aos meios expropriatórios dela decorrentes. Essa ideia já era defendida por alguns doutrinadores, especialmente em virtude do disposto no art. 72 da Lei nº 11.977/2009:

> Art. 72. Nas ações judiciais de cobrança ou execução de cotas de condomínio, de imposto sobre a propriedade predial e territorial urbana ou de outras obrigações vinculadas ou decorrentes da posse do imóvel urbano, nas quais o responsável pelo pagamento seja o possuidor investido nos respectivos direitos aquisitivos, assim como o usufrutuário ou outros titulares de direito real de uso, posse ou fruição, será notificado o titular do domínio pleno ou útil, inclusive o promitente vendedor ou fiduciário.

Para parte da doutrina, ao mencionar execução de quotas de condomínio, a Lei nº 11.977/2009 teria atribuído a força executiva a esse tipo de crédito, o que, inclusive, seria permitido pelo art. 585, VIII, do CPC/1973.

Apesar dos argumentos, a interpretação dominante sempre foi a de que os créditos condominiais deveriam ser cobrados pelo rito sumário. Com a reforma processual de 2015, **a ação cognitiva de cobrança dará lugar ao ajuizamento da ação executiva**, desde que as despesas devidas pelo condômino estejam documentalmente comprovadas.

Conforme adverte Araken de Assis, "não é qualquer condomínio cujas despesas comuns de caráter ordinário ou extraordinário (*v.g.*, reforma dos elevadores) podem ser executadas ao abrigo do art. 784, X, mas o 'condomínio edilício'",[21] que é disciplinado pela Lei nº 4.591/1964.

O documento comprobatório do crédito, ao qual a lei atribui os requisitos que o caracterizam como título executivo (certeza, liquidez e taxatividade), em regra, é a **ata da assembleia**. O art. 1.336, I, do Código Civil estabelece que é obrigação de cada condômino contribuir para o pagamento das despesas condominiais. Em assembleia geral são apreciadas as despesas para conservação e manutenção do condomínio no ano seguinte (despesas ordinárias), bem como os gastos com eventuais obras, indenizações ou outras despesas extraordinárias. Excepcionalmente, pode-se dispensar a realização de assembleia geral para se fixar a contribuição condominial. Por exemplo, quando a convenção de condomínio, *a priori*, estabelece um indexador para a contribuição. Nesse caso, o título executivo será a própria convenção. Caso necessário, os dois títulos (ata e convenção) podem aparelhar a execução, assim como eventuais orçamentos e balancetes. A doutrina acrescenta, ainda, a necessidade de comprovação da investidura do síndico, a fim de comprovar a regularidade da capacidade processual do condomínio. A nosso ver, esse último documento serve não para comprovar a existência do título e sua exigibilidade, mas a própria legitimidade para o processo executivo.

Ressalte-se que, por força do § 1º do art. 833 do CPC/2015,[22] os atos constritivos da execução de cotas condominiais podem recair sobre o bem imóvel do devedor, ainda que se trate de bem de família.

XI – a certidão expedida por serventia notarial ou de registro relativa a valores de emolumentos e demais despesas devidas pelos atos por ela praticados, fixados nas tabelas estabelecidas em lei;

As certidões cartorárias também terão força executiva sempre que dispuserem acerca do valor dos emolumentos e de outras despesas decorrentes dos atos praticados por notários e registradores. A certidão deve ser detalhada de forma a permitir a verificação do que deveria ter sido recolhido e não o foi. Trata-se de título formado unilateralmente, tal como se passa com a certidão de dívida ativa.

XI-A – o contrato de contragarantia ou qualquer outro instrumento que materialize o direito de ressarcimento da seguradora contra tomadores de seguro-garantia e seus garantidores;

Esse inciso foi inserido pela Lei nº 14.711, de 30.10.2023, que ficou conhecida como o marco legal das garantias. De acordo com a novidade, considera-se título executivo extrajudicial o negócio celebrado pelo devedor de determinada obrigação junto a uma companhia de seguros, no qual conste a regulamentação do direito de ressarcimento no caso de ocorrência de sinistro e necessidade de pagamento de indenização ao segurado.

Antes da nova previsão, a exequibilidade dos contratos de contragarantia dependia do ajuizamento de ação de conhecimento e formação de um título executivo judicial (sentença)

---

[21] *Manual da execução*. São Paulo: RT, 2016. p. 256.
[22] CPC/2015, "Art. 833. [...] § 1º A impenhorabilidade não é oponível à execução de dívida relativa ao próprio bem, inclusive àquela contraída para sua aquisição".

ou da propositura de ação monitória, pelo rito especial, com posterior decisão de conversão do mandado monitório em executivo. Em suma, até a entrada em vigor da Lei nº 14.711, as seguradoras precisavam comprovar em juízo seu direito ao ressarcimento, decorrente da sub-rogação nos direitos do segurado em face do tomador, e somente após ter seu direito reconhecido em juízo, poderiam iniciar a execução do contrato de contragarantia.

Agora, as companhias de seguros podem promover execução de título extrajudicial para constranger o tomador a lhe reembolsar o valor pago como indenização do seguro-garantia. Para isso, a petição inicial deve ser estruturada com cópia do instrumento de contragarantia ou outro documento que materialize o direito de ressarcimento da seguradora contra tomadores de seguro-garantia e seus garantidores.

XII – todos os demais títulos aos quais, por disposição expressa, a lei atribuir força executiva.

O rol constante no art. 784 é taxativo, ou seja, somente a lei, em sentido estrito, pode criar outros tipos de documentos dotados de força executiva. Em outras palavras, o elenco dos títulos executivos é obra exclusiva do legislador, sendo vedado aos juízes retocá-lo, alterá-lo ou ampliá-lo.[23] Como exemplos de dispositivos legais podemos citar:

- O contrato escrito de honorários advocatícios (art. 24 da Lei nº 8.906/1994);
- As decisões do Tribunal de Contas de que resulte imputação de débito ou multa terão eficácia de título executivo (art. 71, § 3º, da CF);
- As cédulas de crédito rural (art. 41 do Decreto-lei nº 167/1967);
- A cédula de produto rural (art. 10 da Lei nº 8.929/1994);
- A cédula de crédito bancário (art. 28 da Lei nº 10.931/2004);
- O termo de compromisso de ajustamento de conduta, ao qual se refere o art. 211 da Lei nº 8.069/1990 (Estatuto da Criança e do Adolescente);
- O compromisso de cessação de prática antitruste e a decisão do plenário do CADE cominando multa ou impondo obrigação de fazer ou não fazer, ambos previstos na Lei nº 12.529/2011, respectivamente nos arts. 85, § 8º, e 93;
- O Certificado de Recebíveis Imobiliários, definido no art. 6º da Lei nº 9.514/1997;
- Os créditos dos órgãos de fiscalizações profissionais (art. 2º da Lei nº 6.206/1975).

A Letra de Crédito do Desenvolvimento (LCD), criada pela Lei nº 14.937/2024, trata-se de crédito transferível e de livre negociação, representativo de promessa de pagamento em dinheiro, cujo objetivo é garantir recursos para financiamentos de longo prazo. Esse título pode, ainda, ser emitido com garantia real, mediante penhor ou cessão de direitos creditórios. Assemelha-se a um investimento de renda fixa como a Letra de Crédito Agrícola (LCA) e a Letra de Crédito Imobiliário (LCI), que são oferecidas por bancos e corretoras e também consideradas títulos executivos extrajudiciais.

> **Importante:**
> - Mesmo aquele que possui documento capaz de desencadear atos executivos, poderá optar por ajuizar processo de conhecimento em detrimento do processo de execução e, assim, obter um título judicial com fundamento da mesma

---

[23] DINAMARCO, Cândido Rangel. *Execução civil*. 5. ed. São Paulo: Malheiros, 1997. p. 496.

obrigação (art. 785). Exemplo: credor que possui cheque ainda não prescrito e opta por cobrar o título por meio de ação de cobrança (processo de conhecimento), em vez de ação executiva. Nesse caso, não há se falar em ausência de interesse de agir, pois a própria lei confere ao credor a possibilidade de escolher o procedimento que melhor lhe convém.

JURISPRUDÊNCIA TEMÁTICA

Súmula nº 233 do STJ: "O contrato de abertura de crédito, ainda que acompanhado de extrato da conta-corrente, não é título executivo".

Sumula nº 300 do STJ: "O instrumento de confissão de dívida, ainda que originário de contrato de abertura de crédito, constitui título executivo extrajudicial".

"A existência de cláusula de arbitragem não pode impedir a execução de título extrajudicial perante a Justiça, justamente porque esta é a única competente para o exercício de medidas que visem à expropriação de bens do devedor. Assim, a execução de título executivo que contenha cláusula compromissória por credor sub-rogado deve ser processada na jurisdição estatal, que, contudo, não tem competência para analisar as questões alusivas às disposições do contrato em si invocadas em embargos à execução. Nessas situações, cabe ao executado que pretende questionar a própria exequibilidade do título dar início ao procedimento arbitral respectivo, nos termos do art. 8º, parágrafo único, da Lei nº 9.307/1996. Não compete ao juízo estatal, em execução de título executivo extrajudicial que contenha cláusula compromissória ajuizada por credor sub-rogado, analisar questões alusivas às disposições do contrato em si, o que deve ser discutido na jurisdição arbitral". (STJ, REsp 2.032.426/DF, Rel. Min. Moura Ribeiro, Rel. para acórdão Min. Ricardo Villas Bôas Cueva, 3ª Turma, j. 11.04.2023).

"O contrato eletrônico de mútuo com assinatura digital pode ser considerado título executivo extrajudicial. Neste caso, não será necessária a assinatura de 2 testemunhas, conforme exige o art. 784, III, do CPC/2015. Na assinatura digital de contrato eletrônico, uma autoridade certificadora (terceiro desinteressado) atesta que aquele determinado usuário realmente utilizou aquela assinatura no documento eletrônico. Como existe esse instrumento de verificação de autenticidade e presencialidade do contratante, é possível reconhecer esse contrato como título executivo extrajudicial" (STJ, REsp 1.495.920-DF, 3ª T., Rel. Min. Paulo de Tarso Sanseverino, j. 15.05.2018).

"O contrato particular de abertura de crédito a pessoa física visando financiamento para aquisição de material de construção – Construcard –, ainda que acompanhado de demonstrativo de débito e nota promissória, não é título executivo extrajudicial" (STJ, REsp 1.323.951-PR, 4ª T., Rel. Min. Luis Felipe Salomão, j. 16.05.2017).

"O ato de composição entre denunciado e vítima visando à reparação civil do dano, embutido na decisão concessiva de suspensão condicional do processo (art. 89 da Lei nº 9.099/95), é título judicial apto a lastrear eventual execução" (STJ, REsp 1.123.463-DF, 4ª T., Rel. Min. Maria Isabel Gallotti, j. 21.02.2017).

"O contrato de mútuo bancário ou de abertura de crédito fixo constitui título executivo extrajudicial. Em caso de contrato de abertura de crédito fixo não incide a Súmula 233 do STJ" (STJ, AgRg no REsp 1.255.636/RS, 4ª T., Rel. Min. Maria Isabel Gallotti, j. 01.12.2015).

"O Termo de Acordo de Parcelamento que tenha sido subscrito pelo devedor e pela Fazenda Pública deve ser considerado documento público para fins de caracterização de título executivo extrajudicial, apto à promoção de ação executiva, na forma do art. 585, II, do CPC 1973 (art. 784, II, do CPC 2015)" (STJ, REsp 1.521.531-SE, 2ª T., Rel. Min. Mauro Campbell Marques, j. 25.08.2015).

"A via adequada para cobrar a indenização securitária fundada em contrato de seguro de automóvel é a ação de conhecimento (e não a ação executiva). Não é possível propor diretamente a execução nesse caso porque o contrato de seguro de automóvel não se enquadra como título executivo extrajudicial (art. 585 do CPC 1973 / art. 784 do CPC 2015). Por outro lado, os contratos de seguro de vida, por serem dotados de liquidez, certeza e exigibilidade, são títulos executivos extrajudiciais (art. 585, III, do CPC 1973 / art. 784, VI, do CPC 2015), podendo ser cobrados por meio de ação de execução" (STJ, REsp 1.416.786-PR, 3ª T., Rel. Min. Ricardo Villas Bôas Cueva, j. 02.12.2014).

7. CUMULAÇÃO DE EXECUÇÕES

Nos termos do art. 780, "**o exequente pode cumular várias execuções, ainda que fundadas em títulos diferentes, quando o executado for o mesmo e desde que para todas elas seja competente o mesmo juízo e idêntico o procedimento**".

Esse dispositivo está em consonância com os princípios da efetividade e da economia processual, pois evita o ajuizamento de novas execuções com base em uma mesma relação jurídica obrigacional. Desse modo, poderá ocorrer a cumulação de execuções, desde que observados os seguintes requisitos:

a) *identidade do credor nos diversos títulos*: não se permite a chamada coligação de credores, ou seja, a reunião em um só processo de diferentes credores com base em diferentes títulos executivos;

b) *identidade do devedor*: as execuções que se pretende cumular devem ser dirigidas contra o mesmo devedor;

c) *competência do mesmo juízo para todas as execuções*: não se poderá cumular, por exemplo, a execução de um cheque, cuja competência é da justiça estadual de primeiro grau, com uma certidão de dívida ativa da Fazenda Nacional, cuja competência, em regra, é da justiça federal;

d) *identidade de procedimento*: os procedimentos devem ser idênticos para as execuções cumuladas, ou seja, não se pode cumulativamente pretender a execução de uma obrigação de pagar com outra de não fazer. Exemplo: no julgamento do REsp 1.538.139, ocorrido em junho de 2016, o STJ considerou não ser possível cumular execução de pagar quantia certa baseada em Certificados de Direitos Creditórios do Agronegócio (CDCAs), e execução fundada em Cédulas de Produto Rural físicas (CPRs). Em síntese, a Corte ponderou que as CPRs são títulos de promessa de entrega de produtos rurais, endossáveis e exigíveis pela quantidade do produto nela previsto. Ou seja, a execução que lhes dá origem é de entregar coisa incerta, que não pode ser cumulada com execução para pagamento de quantia certa. A cumulação indevida de execuções pode ser arguida por meio de embargos à execução ou via exceção de pré-executividade. A cumulação indevida de execuções pode ser arguida por meio de embargos à execução ou via exceção de pré-executividade.

8. ATOS DO PROCESSO EXECUTIVO

Já foi dito que, sob uma perspectiva dinâmica, o processo constitui-se por uma série de atos processuais, entre os quais a petição inicial, a citação, as decisões judiciais, entre inúmeros outros.

Mas quais são os atos típicos do processo executivo?

Para responder tal pergunta, deve-se lembrar que, no processo de conhecimento, os principais atos processuais são os postulatórios, praticados pelas partes, e os de pronunciamento (decisórios ou não), praticados pelo juiz. Na execução, a par dessas espécies de atos processuais, são de inegável importância os atos de constrição judicial, entendidos como aqueles que invadem o patrimônio do devedor para assegurar a eficácia da execução, a realização do direito do credor.

Entre os atos postulatórios praticados na execução merecem destaque a **petição ou requerimento inicial** – obviamente, visto que o Estado deve ser provocado para prestar a tutela executiva – e a **indicação de bens à penhora**. A rigor, tais atos seriam suficientes para que o Estado desencadeasse toda a atividade executiva, impulsionando o processo até a satisfação do direito do exequente. Todavia, as situações vivenciadas em cada caso são mais diversas do que a simples propositura da demanda e a indicação de bens para penhora, daí por que pode o exequente desistir da ação executiva, formular requerimento de reforço da penhora, de prisão do devedor de alimentos, entre outros inúmeros atos postulatórios previstos ou não no ordenamento jurídico; de outro lado, pode o executado apresentar objeção de pré-executividade, requerer a redução da penhora ou a substituição de bens penhorados em desconformidade com a ordem legal etc.

Provocada a jurisdição, incumbe ao juiz impulsionar o processo até o seu fim, por meio de despachos, decisões interlocutórias e sentenças. Também os atos ordinatórios contribuem para esse mister, porém devem ser praticados de ofício pelo servidor e apenas revistos pelo juiz quando for necessário (art. 203, § 4º).

Na execução, assumem especial relevo os **despachos e as decisões interlocutórias**. Os primeiros referem-se às determinações de citação e penhora, de expedição do edital de alienação em hasta pública, entre outros; as decisões, por sua vez, referem-se a todas as questões resolvidas no curso do processo, como o simples indeferimento de bem nomeado à penhora. Quanto à *sentença*, importa anotar que sua função na execução é unicamente a de pôr fim no processo, uma vez que **não há mérito a ser solucionado pelo órgão judicial**. Nesse sentido:

> "A *sentença* que tem lugar no processo executivo não traz julgamento algum sobre a existência, inexistência ou valor do crédito do exequente, limitando-se a ditar a extinção do processo; qualquer que seja a causa extintiva deste, só se consuma a extinção por força da sentença que o juiz proferir, a qual só tem efeitos sobre o processo, não sobre o direito".[24]

Além dos atos postulatórios e dos pronunciamentos judiciais, merecem destaque na execução os já mencionados **atos constritivos**, cujo fim é preparar a satisfação do credor por meio da invasão e subsequente afetação do patrimônio do devedor. O exemplo clássico de constrição judicial é a penhora, mas existem outros atos destinados a essa mesma finalidade, tais como o arresto cautelar (art. 830, *caput*) e, na execução de obrigação de entrega de coisa certa, a busca e apreensão de bens móveis e a imissão na posse de imóvel (art. 806, § 2º).

O Código de Processo Civil atual, além das medidas ditas propriamente executivas, prevê, nos §§ 3º e 4º do art. 782, a possibilidade de o juiz, a requerimento da parte, determinar

---

[24] DINAMARCO, Cândido Rangel. *Instituições de direito processual civil*. São Paulo: Malheiros, 2004. v. IV, p. 68.

a **inclusão do nome do executado em cadastros de inadimplentes** (SPC e SERASA, por exemplo). Essa medida configura uma restrição de acesso ao crédito por parte do executado, que apenas complementa – e não substitui – as demais medidas executivas, nem impede que, administrativamente, o credor já providencie a inclusão da restrição, inclusive por intermédio do protesto do título.

Na prática, a "negativação" prevista nos §§ 3º e 4º do art. 782 só será eficaz para o credor se o executado não estiver com o nome inserido nos órgãos de proteção ao crédito por outro motivo.[25]

Esse requerimento de inclusão do nome do executado em cadastros de inadimplentes não depende de comprovação prévia de recusa administrativa por parte de entidades mantenedoras do respectivo cadastro (SPC e SERASA, por exemplo). Assim decidiu a 3ª Turma do STJ no julgamento do REsp 1.835.778/PR, de Relatoria do Min. Marco Aurélio Bellizze, j. 04.02.2020 (*Informativo* 664). Para o STJ, trata-se de medida executiva atípica, que pode ser adotada com razoabilidade, cabendo ao executado demonstrar eventual desproporcionalidade na adoção de medida (STJ, 2ª Turma. REsp 1.968.880/RS, Rel. Min. Afrânio Vilela, j. 10.09.2024).

Ademais, importante frisar que a negativação administrativa não impede a inclusão judicial do nome do autor no mesmo cadastro. Trata-se de posicionamento consolidado na doutrina e evidenciado nos seguintes enunciados: "O art. 782, § 3º, não veda a inclusão extrajudicial do nome do executado em cadastros de inadimplentes, pelo credor ou diretamente pelo órgão de proteção ao crédito" (Enunciado 190, FPPC); "O art. 782, § 3º, do CPC, não veda a possibilidade de o credor, ou mesmo o órgão de proteção ao crédito, fazer a inclusão extrajudicial do nome do executado em cadastros de inadimplentes" (Enunciado 98, I Jornada de Processo Civil do CJF).

Cabe registrar que mesmo nas hipóteses em que o saldo devedor está garantido apenas parcialmente, a inscrição do nome do executado/devedor em cadastros de inadimplentes permanece válida (STJ, 3ª T., REsp 1.953.667/SP, Rel. Min. Nancy Andrighi, j. 07.12.2021).

Por fim, destaca-se que além dos meios típicos do processo executivo e dos instrumentos de inclusão do nome do devedor em cadastros de inadimplentes, há outros meios atípicos que podem ser adotados se houver, de fato, comprovação da necessidade. Na execução, existem forças eficazes para o recebimento de créditos que não estão expressamente previstas no CPC, por exemplo, o lançamento do devedor na Central Nacional de Indisponibilidade de Bens (CNIB), providência amplamente adotada em execuções fiscais. Esse procedimento serve como um verdadeiro rastreamento de todos os bens que o indivíduo possui em território nacional. A CNIB é utilizada somente para lançamentos das ordens de indisponibilidade de bens genéricas e para consultas de pessoas com bens atingidos pela indisponibilidade judicial ou administrativa. Assim, quando a ordem de indisponibilidade atingir imóvel específico e individualizado, a comunicação deverá ser efetuada diretamente ao cartório de registro de imóveis competente para a averbação.[26]

---

[25] A restrição do nome do executado também pode ser feita no bojo do processo de execução definitiva fundada em título judicial, conforme permissivo constante no § 5º do art. 782. Essa medida, no entanto, não se confunde com o protesto da sentença transitada em julgado, que só se viabiliza após o decurso do prazo para cumprimento da decisão definitiva.

[26] "É cabível a utilização da Central Nacional de Indisponibilidade de Bens (CNIB) pelo Juízo Cível, de maneira subsidiária, em execução de título extrajudicial ajuizada entre particulares, desde que exauridos os meios executivos típicos" (STJ, 3ª Turma. REsp 2.141.068/PR, Rel. Min. Nancy Andrighi, j. 18.06.2024).

9. PARTES NA EXECUÇÃO

Os arts. 778 e 779 tratam da legitimidade *ad causam* ativa e passiva para a execução. A execução só pode ser promovida pelo credor ou pelas pessoas legitimadas. Por outro lado, somente o devedor ou quem tenha responsabilidade executiva pode figurar como executado. A ilegitimidade, ativa ou passiva, dá ensejo à oposição de **embargos à execução** (art. 917). Reconhecida a ilegitimidade, o juiz acolhe os embargos, extinguindo a execução.

A legitimidade ativa pode ser **ordinária, extraordinária** ou **sucessiva**.

O art. 18, de forma genérica, estabelece a **legitimação ativa ordinária** para qualquer ação nos seguintes termos: "Ninguém poderá pleitear direito alheio em nome próprio, salvo quando autorizado pelo ordenamento jurídico". Para a execução, especificamente, há previsão no art. 778, *caput*, segundo o qual legitimado ativo é o credor a quem a lei confere título executivo. Assim, legitimado ordinário (também denominado originário) é quem figura como credor no título executivo.

Conforme estatuído no art. 23 da Lei nº 8.906/1994 (Estatuto da OAB), os honorários incluídos na condenação pertencem ao advogado do vencedor, tendo este direito autônomo para executar a sentença nesta parte. Vê-se que, embora não figure como parte da relação jurídica, de direito material e processual, a lei confere ao advogado do vencedor legitimação ordinária para promover a execução dos honorários.

A **legitimação ativa extraordinária** dá-se excepcionalmente quando a lei autoriza alguém a pleitear, em nome próprio, direito alheio. É o que ocorre, por exemplo, quando o Ministério Público promove ação de alimentos (art. 201, III, da Lei nº 8.069/1990 – Estatuto da Criança e do Adolescente) ou promove a "execução" (cumprimento de sentença) de ação civil pública (art. 97 do CDC). Nesse caso, o órgão ministerial é parte somente no sentido processual.

A **legitimação ativa sucessiva, também denominada derivada, secundária ou superveniente,** consiste na possibilidade de outras pessoas, que não o credor, promoverem a execução ou nela prosseguirem, em face de sucessão *causa mortis* ou *inter vivos*.

As hipóteses de legitimação sucessiva, previstas no art. 778, § 1º, são as seguintes:

I) O Ministério Público. Pouco importa se no processo de conhecimento ou na execução, o Ministério Público tem legitimidade extraordinária, que pode ser exclusiva ou concorrente e, sob outro enfoque, originária, também denominada primária ou sucessiva. A legitimidade extraordinária originária do órgão ministerial se dá quando a lei o autoriza a propor e obviamente executar a sentença proferida na ação civil pública (art. 97 do CDC) ou na ação ajuizada contra o loteador, visando a condenação na obrigação de fazer a regularização do loteamento (art. 38, § 2º, da Lei nº 6.766/1979). Sobre a legitimação extraordinária originária já falamos linhas atrás. Agora, seguindo a ordem do art. 778, cumpre-nos mencionar a legitimação extraordinária sucessiva, que se verifica, por exemplo, quando o Ministério Público executa sentença de ação proferida em ação popular, porque o autor cidadão permaneceu inerte durante o prazo estabelecido para o cumprimento da sentença (art. 16 da Lei nº 4.717/1965).

II) O espólio,[27] *os herdeiros ou os sucessores do credor, sempre que, por morte deste, lhes for transmitido o direito resultante do título executivo*: o espólio é uma massa patrimonial que, embora não seja pessoa (natural ou jurídica), tem capacidade para figurar como parte na relação

---

[27] A massa falida, a massa do insolvente, as sociedades sem personalidade jurídica, o condomínio e a herança jacente ou vacante, como pessoas formais ou morais, dotadas de personalidade judiciária, também podem figurar como parte em qualquer processo, inclusive na execução.

processual. É representado pelo inventariante (art. 75, VII) ou pela totalidade dos sucessores quando o inventariante for dativo (art. 75, § 1º).

Com o trânsito em julgado da partilha, extingue-se o espólio. A partir de então, a legitimidade para propor a execução passa a ser do herdeiro (ou herdeiros) que recebeu o crédito representado pelo título executivo.

Quanto aos sucessores, podem ser a **título universal** ou **singular**. Podem ainda ser *causa mortis* ou *inter vivos*. O art. 778, II, trata do sucessor *causa mortis*. Sucessor a título universal corresponde ao herdeiro, o qual recebe a totalidade da herança ou parte ideal dela. Sucessor a título singular (*causa mortis*) é o legatário, ou seja, a pessoa contemplada pelo *de cujus*, no testamento, com um bem determinado (por exemplo, o direito de crédito representado em um título executivo). A admissão de sucessor no curso do processo de execução faz-se por meio do incidente de sucessão de parte previsto no art. 110 ou, se necessário, pelo procedimento da habilitação (arts. 687 a 692).

III) O cessionário, quando o direito resultante do título executivo lhe foi transferido por ato entre vivos: diferentemente da hipótese anterior, a sucessão aqui decorre de ato negocial, por exemplo, o endosso dos títulos cambiais e a cessão civil, previstos nos arts. 286 e seguintes do CC. A cessão do direito litigioso no curso da execução permite ao cessionário prosseguir na execução independentemente da aquiescência do devedor, não se aplicando, portanto, o art. 109, § 1º.

IV) O sub-rogado, nos casos de sub-rogação legal ou convencional: sub-rogado é o terceiro que solve obrigação alheia ou empresta a quantia necessária para o pagamento e, em razão disso, substitui o credor nos seus direitos creditórios. A sub-rogação legal é a imposta por lei, e a convencional advém de acordo de vontade. Sobre o tema, consulte os arts. 346 a 351 do CC.

A substituição processual na execução independe do consentimento do executado (art. 778, § 2º). Como a legitimidade está prevista em lei, ainda que se trate de hipótese de substituição processual, o consentimento do executado quanto à ocupação do polo ativo é irrelevante.

No que tange à **legitimação passiva**, divide-se em **legitimados originários, sucessores e responsáveis**.

Geralmente, deve figurar no polo passivo da execução "o devedor, reconhecido como tal no título executivo" (art. 779, I).

Os sucessores, *lato sensu*, são o espólio, os herdeiros, os sucessores (legatários) do devedor e o novo devedor (sucessor por ato entre vivos), que assumiu, com o consentimento do credor, a obrigação resultante do título executivo (art. 779, II e III).

Frise-se que **o espólio só responde pelas dívidas do falecido até a realização da partilha**. Depois dela, cada herdeiro responderá pelas dívidas dentro das forças da herança e na proporção da parte que lhe coube (art. 796). Em termos práticos, até o encerramento do inventário os bens constantes do espólio serão destinados ao pagamento das dívidas do falecido e o que sobejar será destinado aos herdeiros. Na hipótese de a execução ser ajuizada após o encerramento do inventário, os herdeiros responderão com os bens recebidos, afastando-se qualquer restrição quanto ao seu patrimônio particular.

Os responsáveis são o fiador do débito constante em título extrajudicial; o titular do bem vinculado por garantia real ao pagamento do débito e o responsável tributário (art. 779, IV, V e VI).

O **fiador extrajudicial** garante atos de direito material – e não processual, como é o caso do fiador judicial[28] –, por força de lei ou convenção. O fiador extrajudicial (convencional ou

---

[28] Fiador judicial é aquele que garantiu a reparação do dano decorrente de certa atividade *processual*. Um exemplo é o art. 559 (art. 925 do CPC/1973).

legal), ao contrário do judicial, somente pode integrar o polo passivo da execução se figurar em título executivo extrajudicial ou, no caso de cumprimento de sentença, se tiver participado da fase de conhecimento[29] (art. 513, § 5º). Em síntese, o fiador extrajudicial (legal ou convencional) deve figurar no título executivo, judicial ou extrajudicial.

Caso a execução seja direcionada ao fiador, este tem o direito de exigir que primeiro sejam executados os bens do devedor situados na mesma comarca em que tramita a demanda executiva (art. 794). Essa ideia já estava prevista no Código Civil, mais precisamente no parágrafo único do art. 827:

> Art. 827. O fiador demandado pelo pagamento da dívida tem direito a exigir, até a contestação da lide, que sejam primeiro executados os bens do devedor.
>
> Parágrafo único. O fiador que alegar o benefício de ordem, a que se refere este artigo, deve nomear bens do devedor, sitos no mesmo município, livres e desembargados, quantos bastem para solver o débito.

Se, no entanto, houver **renúncia ao benefício de ordem** (art. 828, I, do CC), a execução pode ser direcionada ao fiador sem que antes sejam executados os bens do devedor. O que restará ao fiador, nesse caso, será o exercício do direito de regresso contra o seu afiançado, depois de efetuar o pagamento da dívida.

Quanto à legitimidade passiva do **titular de bem vinculado por garantia real** (art. 779, V), oportuno observar que ela não estava prevista no CPC/1973. É que, apesar de os contratos garantidos por hipoteca, penhor, anticrese e outros direitos reais estarem previstos como títulos extrajudiciais, o CPC/1973 não permitia o direcionamento da execução em face do titular dos bens gravados por essas garantias.

Note-se que a nova previsão é importante, pois o responsável, titular do bem, não necessariamente se confunde com o devedor principal, que é o sujeito passivo da obrigação objeto do contrato. Com o advento dessa nova regra, a execução poderá ser promovida diretamente contra o responsável garantidor.

Por fim, o **responsável tributário** decorre de previsão do Código Tributário Nacional (arts. 128 a 138), que, em certos casos, sujeita à execução fiscal pessoas que originariamente não são vinculadas à obrigação tributária, ou seja, que não revestem a condição de contribuintes.

9.1 Posição do cônjuge ou companheiro na execução

Em geral, somente o devedor é citado para a execução, tendo em vista que ele é o responsável originário pelo pagamento da dívida. Isso não exclui, todavia, a possibilidade de penhora de bens de terceiros, o que pode ocorrer nas hipóteses do art. 790. Entre tais hipóteses, encontra-se a da penhora de bens do cônjuge ou companheiro, "nos casos em que os seus bens próprios ou de sua meação respondem pela dívida" (inciso IV).

Os bens próprios ou da meação do cônjuge ou companheiro respondem pelas dívidas contraídas pelo outro se o débito tiver beneficiado a família ou o casal, independentemente do regime de bens adotado. **Seu patrimônio não poderá ser excutido se a dívida não o beneficiou.**

Um exemplo prático submetido a apreciação pelo STJ ilustra essa questão:

> "Recurso especial. Processual civil. Ação de cobrança. Cumprimento de sentença. Penhora. Ativos financeiros. Conta corrente. Terceiro. Cônjuge. Inadmissibilidade. Casamento.

---

[29] Sobre o tema, é o disposto na Súmula nº 268 do STJ: "O fiador que não integrou a relação processual na ação de despejo não responde pela execução do julgado".

Regime da comunhão parcial de bens. Solidariedade. Exceção. Devido processo legal. Contraditório. Ampla defesa. Observância. Necessidade. 1. Recurso especial interposto contra acórdão publicado na vigência do Código de Processo Civil de 2015 (Enunciados Administrativos nºs 2 e 3/STJ). 2. Não se admite a penhora de ativos financeiros da conta bancária pessoal de terceiro, não integrante da relação processual em que se formou o título executivo, pelo simples fato de ser cônjuge da parte executada com quem é casado sob o regime da comunhão parcial de bens. 3. O regime de bens adotado pelo casal não torna o cônjuge solidariamente responsável de forma automática por todas as obrigações contraídas pelo parceiro (por força das inúmeras exceções legais contidas nos arts. 1.659 a 1.666 do Código Civil) nem autoriza que seja desconsiderado o cumprimento das garantias processuais que ornamentam o devido processo legal, tais como o contraditório e a ampla defesa. 4. Revela-se medida extremamente gravosa impor a terceiro, que nem sequer participou do processo de conhecimento, o ônus de, ao ser surpreendido pela constrição de ativos financeiros bloqueados em sua conta corrente pessoal, atravessar verdadeira saga processual por meio de embargos de terceiro na busca de realizar prova negativa de que o cônjuge devedor não utiliza sua conta-corrente para realizar movimentações financeiras ou ocultar patrimônio. 5. Recurso especial não provido" (REsp 1.869.720/DF, Rel. Min. Nancy Andrighi, Rel. p/ Acórdão Ministro Ricardo Villas Bôas Cueva, 3ª Turma, j. em 27.04.2021, DJe 14.05.2021).

Assim, se o credor souber de antemão que a dívida foi contraída pelo devedor em benefício da família e pretender penhorar bens pertencentes ao casal, sem reserva de meação, deve incluir o cônjuge no polo passivo da execução (art. 73, § 1º, III). Devidamente citado, o cônjuge poderá apresentar embargos à execução ou impugnação.

O comum, entretanto, é que o credor não saiba, na propositura da execução, sobre quais bens irá incidir a penhora. É por essa razão que a lei sujeita bens do cônjuge do devedor à execução, ainda que ele não tenha sido citado para a execução.

Nessa situação, questiona a doutrina a posição do cônjuge que, intimado, se opõe à execução ou à penhora: trata-se de parte na execução ou terceiro?

O efeito prático da indagação formulada consiste na determinação da via processual pela qual o cônjuge irá se manifestar. Considerando-se que é parte, deverá apresentar embargos à execução ou impugnação ao cumprimento de sentença; de outro lado, admitindo-se a condição de terceiro, cabíveis serão os embargos de terceiro.

Sem cuidar de conceitos, a jurisprudência tem adotado a solução mais flexível possível em favor do cônjuge da execução.[30] Assim, dependendo do regime de bens, reconhece legitimidade do cônjuge do executado para discutir a dívida por meio dos embargos à execução ou de impugnação, e, para defender sua meação, via embargos de terceiro. A propósito:

"A jurisprudência desta Corte Superior encontra-se pacificada no sentido de que o cônjuge do executado é parte legítima para defender patrimônio do casal. Assim, regularmente intimado da penhora, o cônjuge disporá da via dos embargos à execução, nos quais poderá discutir a própria causa debendi e defender o patrimônio como um todo, na qualidade de litisconsorte passivo do(a) executado(a) e a via dos embargos de terceiro, com vista à defesa da meação a que entende fazer jus" (STJ, AgInt nos EDcl no AREsp 1.282.697/SP, 3ª Turma, Rel. Ministro Marco Aurélio Bellizze, j. 25.10.2021, DJe 28.10.2021).

---

[30] WAMBIER, Luiz Rodrigues; ALMEIDA, Flávio Renato Correia de; TALAMINI, Eduardo (Coord.). Curso avançado de processo civil. 8. ed. São Paulo: RT, 2006. v. 2, p. 107-108.

"No regime da comunhão universal de bens, forma-se um único patrimônio entre os consortes, que engloba todos os créditos e débitos de cada um individualmente, com exceção das hipóteses previstas no art. 1.668 do Código Civil. Por essa razão, revela-se perfeitamente possível a constrição judicial de bens do cônjuge do devedor, casados sob o regime da comunhão universal de bens, ainda que não tenha sido parte no processo, resguardada, obviamente, a sua meação. Com efeito, não há que se falar em responsabilização de terceiro (cônjuge) pela dívida do executado, pois a penhora recairá sobre bens de propriedade do próprio devedor, decorrentes de sua meação que lhe cabe nos bens em nome de sua esposa, em virtude do regime adotado. Caso, porém, a medida constritiva recaia sobre bem de propriedade exclusiva do cônjuge do devedor – bem próprio, nos termos do art. 1.668 do Código Civil, ou decorrente de sua meação –, o meio processual para impugnar essa constrição, a fim de se afastar a presunção de comunicabilidade, será pela via dos embargos de terceiro, a teor do que dispõe o art. 674, § 2º, inciso I, do CPC" (STJ, REsp 1.830.735/RS, Rel. Min. Marco Aurélio Bellizze, 3ª Turma, j. 20.06.2023).

9.2 Sucessão processual na execução

Seja no polo ativo ou passivo, permite-se que outras pessoas, que não o credor ou o devedor, prossigam na execução em face de **sucessão** *causa mortis* **ou** *inter vivos*.

No caso de morte de qualquer das partes – ou extinção, para pessoa jurídica –, não há maiores dúvidas: dar-se-á a substituição pelo espólio ou sucessores, ficando suspenso o processo até a habilitação dos substitutos (arts. 110 e 313, § 1º). Verificada a habilitação, o novo titular do direito ou obrigação integrará a relação processual na condição, respectivamente, de exequente ou executado. Até aqui, nenhuma alteração em relação ao processo de conhecimento.

Tratando-se de sucessão particular por ato entre vivos, cumpre aprofundar-se um pouco no exame da matéria.

Segundo Cândido Rangel Dinamarco, em qualquer das hipóteses de sucessão a título singular "aplicam-se sempre as regras ordinárias contidas no art. 42, *caput* e parágrafos, do CPC,[31] de modo que, se o novo titular do direito ou obrigação comparecer pedindo ingresso no processo executivo, caberá ao adversário manifestar-se, podendo anuir ou discordar".[32]

Divergimos em parte desse entendimento. Com efeito, não há dúvida de que ao credor cabe aquiescer ou não com o ingresso de novo devedor na demanda, em substituição àquele que havia se obrigado no título executivo. A recíproca, contudo, não é verdadeira, ou seja, **a cessão do direito de crédito no curso da execução permite ao cessionário prosseguir na execução** *independentemente* **da aquiescência do devedor**. Vejamos o porquê de tal entendimento.

Conforme frisado diversas vezes neste livro, a atividade jurisdicional na execução tem destinação unilateral, ou seja, visa unicamente à realização do direito material previamente definido em título judicial ou extrajudicial em benefício do credor (exequente). Se porventura desejar o devedor se opor ao direito de crédito, deverá fazê-lo por ação autônoma (embargos) ou por meio de impugnação, mas não no bojo da execução.

Sendo assim, pode-se asseverar com tranquilidade que a cessão ou alienação do direito de crédito na execução independe da concordância do devedor. Ora, se a execução trata-se de meio para satisfação de título de obrigação certa, líquida e exigível, ao executado impõe-se o

---

[31] Corresponde ao art. 109 do CPC/2015.
[32] DINAMARCO, Cândido Rangel. *Instituições de direito processual civil*. São Paulo: Malheiros, 2004. v. IV, p. 166.

cumprimento da obrigação, seja quem for o titular do direito. Obviamente, deverá ser notificado a respeito da cessão (art. 290 do CC) e poderá "opor ao cessionário as exceções que lhe competirem, bem como as que, no momento em que veio a ter conhecimento da cessão, tinha contra o cedente" (art. 294 do CC).

Levando-se em conta tal posicionamento – sustentado na vigência do CPC/1973 –, o legislador andou bem ao dispor, no § 2º do art. 778 do CPC/2015, ser desnecessário o consentimento do executado nas hipóteses de sucessão processual na execução.

Para finalizar este ponto, cumpre lembrar que não é rara a cessão ou alienação de bens pelo devedor no curso do processo executivo com o intuito de fraudar a execução, ocasião em que poderá ser declarada, nos próprios autos da execução, a ineficácia do ato fraudulento em relação à demanda executiva. Voltaremos a tratar desse assunto no final deste capítulo; por ora, vale a menção.

9.3 Litisconsórcio na execução

Litisconsórcio, etimologicamente, significa consórcio (pluralidade de partes) na instauração da lide; a mesma sorte na lide.

Tecnicamente, dá-se o nome de litisconsórcio quando duas ou mais pessoas litigam, no mesmo processo, em conjunto, ativa ou passivamente (art. 113).

Conquanto nem sempre seja obrigatória, a formação do litisconsórcio não fica ao alvedrio das partes. O litisconsórcio é disciplinado pela lei. Em alguns casos, em razão da relevância do direito controvertido, o legislador condicionou a validade do processo à integração de marido e mulher em litisconsórcio (art. 73, § 1º). Em outros, o litisconsórcio, embora facultativo, só pode ser formado se entre os litisconsortes houver comunhão de direitos e obrigações, conexão ou afinidade (art. 113).

Litisconsórcio distingue-se de intervenção de terceiro. Os litisconsortes são partes originárias do processo, ainda que, em certas hipóteses, seus nomes não constem da petição inicial, por exemplo, quando o juiz determina a citação dos litisconsortes necessários (art. 115, parágrafo único). Terceiro quer dizer estranho à relação processual estabelecida entre autor e réu. O terceiro torna-se parte (ou coadjuvante da parte) em processo pendente.

Feita essa explicação inicial, cumpre responder à pergunta: **é possível litisconsórcio na execução?**

A resposta é evidentemente **afirmativa**, bastando lembrar de hipótese bastante corriqueira na prática forense, em que constam vários credores ou devedores no mesmo título executivo.

No exemplo dado, o litisconsórcio é inicial ou originário, o que não exclui a possibilidade de formação superveniente, quando, à guisa de exemplo, falece o devedor no curso da execução e ocorre a sucessão pelos seus herdeiros. É importante realçar, porém, que, fora das situações de sucessão de partes (por ato *inter vivos* ou *causa mortis*), **não se admite litisconsórcio ulterior ou superveniente no processo executivo sem a correlata presença no título exequendo**. O devedor solidário, por exemplo, ainda que se tenha obrigado a solver a mesma dívida do executado, somente poderá ser parte na execução se o credor lhe opuser título executivo no qual figure como obrigado.

Em regra, o litisconsórcio na execução é **facultativo**. Excepcionalmente, todavia, pode ocorrer necessariedade, seja por disposição de lei ou pela natureza da relação jurídica (art. 114). À guisa de exemplo de litisconsórcio necessário por disposição de lei, pode-se citar a hipótese do art. 73, § 1º (marido e mulher como litisconsortes passivos necessários nas hipóteses dos incisos I a IV), bem como a do art. 75, § 1º ("Quando o inventariante for dativo, os sucessores do falecido serão intimados no processo no qual o espólio seja parte"). Quanto ao litisconsórcio necessário em razão da natureza da relação jurídica, é o caso da execução movida contra os sócios de sociedade dissolvida.

A par da necessariedade, pode ocorrer também a **unitariedade** do litisconsórcio na execução, lembrando que será *simples* o litisconsórcio quando o proveito da execução não tiver que ser uniforme para todos os litisconsortes e *unitário* quando, ao contrário, o resultado da execução for necessariamente idêntico para todos os que figuram no mesmo polo da relação processual. Dada a indiscutível lucidez da situação hipotética criada por Cândido Rangel Dinamarco para ilustrar o instituto do litisconsórcio unitário na execução, permitimo-nos transcrevê-la na íntegra:

"Se contratei com os integrantes de famosa dupla sertaneja a realização de um espetáculo, obtive depois a condenação de ambos a cumpri-lo e em seguida proponho a execução, não estarei a deduzir pedidos cumulados mas só um pedido, porque não me interessa que venha o Chitãozinho apenas, ou somente o Xororó. Interessa-me a dupla, porque nenhum deles tem tanta projeção própria, quando separado do outro. Ou os dois são compelidos conjuntamente a realizar o espetáculo, ou de nada me servirá a execução. Caso, portanto, de *incindibilidade*, que conduz ao litisconsórcio necessário-unitário entre eles. Mas, se os réus de minha demanda forem os prestigiosos *três tenores* de notório renome internacional, pode muito bem ter valor a presença de só um deles, ou de dois, ainda quando não seja possível ter todos os três. Nesse caso, posso optar em promover a execução em face de um só, de dois ou de todos; e o litisconsórcio *facultativo* que eventualmente se formar será comum, não unitário. Tudo depende, como se vê, da utilidade que possa ter o cumprimento isolado da obrigação de cada um; mas, para obter o cumprimento coativo da obrigação pela dupla, ou pelo trio, é necessário formar o litisconsórcio passivo entre eles".[33]

Em síntese, portanto, ter-se-á o litisconsórcio unitário quando o resultado da execução for incindível entre os litisconsortes, seja pela indivisibilidade da obrigação (como no exemplo acima) ou do bem objeto da execução (como ocorre na execução para entrega de imóvel indivisível de propriedade de mais de uma pessoa).

10. INTERVENÇÃO DE TERCEIROS NO PROCESSO DE EXECUÇÃO

Por absoluta incompatibilidade, não se admitem, na execução, as figuras da **denunciação da lide** e do **chamamento ao processo**.

A denunciação da lide nada mais é do que uma ação regressiva deduzida em face de pessoa (denunciado) contra a qual o autor ou o réu terá direito de regresso caso venha a sucumbir na demanda principal (art. 128, parágrafo único). Ora, **se no processo de execução não há lide a ser acertada, não faz sentido permitir que se instaure uma lide secundária**, com vistas à discussão da existência ou não do direito de regresso de uma das partes contra terceiro.

No chamamento ao processo, objetiva-se a **inclusão do devedor principal** ou dos coobrigados pela dívida no polo passivo da relação já existente, a fim de que o juiz declare, na mesma sentença, a responsabilidade de cada um (art. 132). Mais uma vez, embora o processo ou a fase de execução encerre-se por sentença, essa não resolverá qualquer aspecto de mérito, limitando-se a extinguir o processo em virtude de uma das hipóteses do art. 924 ou de ausência de

---

[33] DINAMARCO, Cândido Rangel. *Instituições de direito processual civil*. São Paulo: Malheiros, 2004. v. IV, p. 158.

pressuposto ou requisito processual. Consequentemente, inexistindo atividade de acertamento de controvérsia na execução, não há que se admitir o chamamento ao processo.

Quanto à **assistência** – tratada no CPC/2015 como espécie de intervenção de terceiros (art. 119) –, há divergência na doutrina acerca de sua admissibilidade (ou não) no âmbito do processo de execução.

A tese da **inadmissibilidade da assistência** na execução ampara-se em dois argumentos. O primeiro deles prende-se à **literalidade** do art. 50 do CPC/1973, cuja redação era quase idêntica à do art. 119 do CPC/2015. A intervenção do assistente dá-se tão somente para auxiliar uma das partes à obtenção de *sentença favorável*, o que não é possível na execução. O segundo consiste na assertiva de que na execução não se configura interesse jurídico capaz de levar alguém a coadjuvar uma das partes da demanda executória, haja vista que o título executivo não deixa alternativa, a não ser o cumprimento da obrigação nele estampada. Como explica Carlos Alberto Carmona:

> "[...] transitada em julgado a sentença condenatória, nada mais há a fazer senão cumprir o preceito, de tal sorte que a execução há de passar-se entre as assim chamadas partes principais, sem que o assistente possa imiscuir-se (exceção feita a eventuais verbas acessórias ligadas à atuação do assistente, tais como honorários e custas). Mesmo na execução calcada em título executivo extrajudicial, a situação não muda: o assistente não poderá justificar seu interesse jurídico seja para a satisfação do credor, seja para o controle da execução por parte do executado".[34]

De outro lado, não são poucos os que sustentam o **cabimento da assistência na execução**, entre eles Pontes de Miranda, Araken de Assis e Cândido Rangel Dinamarco. Basicamente, assevera-se que, embora não haja sentença de mérito na execução – à qual fazem menção o art. 50 do CPC/1973 e o art. 119 do CPC/2015 –, o que verdadeiramente legitima a intervenção do assistente, em qualquer hipótese, é o **interesse jurídico na demanda**, a fim de evitar resultado que possa atingir sua esfera de direitos. Assim, com fundamento no art. 771, parágrafo único (art. 598 do CPC/1973), devem ser adaptadas à sistemática da execução as disposições relativas à assistência, o que leva à conclusão de que a assistência tem cabimento na execução. É o que se colhe da lição de Araken de Assis, que, apesar de estar relacionada ao CPC/1973, continua a servir para o Código atual, que não modificou a redação do art. 50 do CPC/1973:

> "Daí por que a regra insculpida no art. 50, *caput*, do CPC padece daquela vocação imperialística de se acomodar ao processo de conhecimento, desprezando as peculiaridades da execução. Mas exageram no rigorismo os adversários da assistência [...].
>
> Se o futuro assistente deve exibir interesse qualificado, vale dizer, a titularidade de relação jurídica dependente ou conexa à litigiosa, de modo que o resultado do processo influa na sua posição ativa ou passiva, preencherá o requisito à primeira vista no procedimento *in executivis*".[35]

Com efeito, parece mais razoável a tese de cabimento da assistência na execução. Como negar, por exemplo, que o locatário intervenha em execução específica sobre o imóvel locado com o intuito de assegurar direitos advindos do contrato de locação que legitima sua posse? O mesmo se pergunta no caso de ingresso de fiador como assistente do credor, na execução contra o devedor principal, a fim de lhe dar adequado andamento, nos termos do art. 834 do CC.

---

[34] *Código de Processo Civil interpretado*. Coord. Antônio Carlos Marcato. São Paulo: Atlas, 2004, p. 1.674.

[35] ASSIS, Araken de. *Manual do processo de execução*. 5. ed. São Paulo: RT, *1998*. p. 233-234.

Sendo assim, para a execução, o que importa é fixar os limites da atuação do assistente, que "não tem poder de discutir o crédito, seja para afirmá-lo ou negá-lo, ou ainda para influir no valor a ser reconhecido, mas participará do processo executivo na medida das decisões que ali possam ter lugar e que sejam capazes de atingir sua esfera de direitos".[36] O adquirente de um bem do executado, por exemplo, pode assistir este na defesa da validade do negócio jurídico celebrado, a fim de afastar a alegação de fraude do exequente; não poderá, todavia, infirmar o título executivo ou o valor executado.[37]

Ressalte-se que, consoante entendimento do STJ, **a intervenção de terceiros na modalidade assistência simples só será permitida se comprovado o interesse jurídico do assistente na demanda**, o que não se confunde com o seu interesse econômico (STJ, AgRg no AgRg no Ag 1.278.735/SP, Rel. Min. Marco Buzzi, julgado em 18.04.2013).

Quanto ao **incidente de desconsideração da personalidade jurídica** (arts. 133 a 137), o CPC é claro ao dispor sobre a sua possibilidade na execução (art. 134): "O incidente de desconsideração é cabível em todas as fases do processo de conhecimento, no cumprimento de sentença e na execução fundada em título executivo extrajudicial". Em poucas palavras, é plenamente possível que a execução venha a incidir sobre o patrimônio dos sócios da pessoa jurídica caso sua personalidade seja desconsiderada no bojo da execução. Esse já era, inclusive, o entendimento da jurisprudência, conforme explanado no Capítulo sobre a intervenção de terceiros (Parte I desta obra).

O procedimento para a desconsideração está previsto nos arts. 133 a 137 do CPC/2015. Assim, mesmo na execução de título extrajudicial e no cumprimento de sentença, faz-se necessária a observância desses dispositivos.

Em síntese, vamos relembrar o procedimento, agora como um incidente no processo de execução:

1. O incidente deve ser requerido pela parte interessada ou pelo Ministério Público, nas causas em que for necessária a sua intervenção. **Não há possibilidade de desconsideração *ex officio*;**

2. O requerente deverá **demonstrar o preenchimento dos requisitos legais para a desconsideração da personalidade**. Não bastam afirmações genéricas. A desconsideração é instituto excepcional, não podendo ser utilizado quando a sociedade (ou o sócio, no caso de desconsideração inversa) estiver praticando atos notoriamente lícitos;

3. É necessária **prévia citação do sócio ou da pessoa jurídica** – na hipótese de desconsideração inversa – após a instauração do incidente. Lembre-se que há regramento expresso para a manifestação e o requerimento de provas (art. 135), o que impossibilita a decretação da desconsideração sem observância do contraditório. Nesse ponto vale ressalvar a possibilidade de o juízo adotar medidas cautelares para evitar eventual dilapidação patrimonial antes mesmo da citação dos sócios. Para tanto, devem ser comprovados os requisitos legais (fumaça do bom direito e o perigo da demora);

4. A desconsideração **suspende o processo de execução**, salvo quando for requerida na petição inicial. Trata-se de previsão legal, mas que deve ser ponderada. Vejamos o

---

[36] DINAMARCO, Cândido Rangel. *Instituições de direito processual civil*. São Paulo: Malheiros, 2004. v. IV, p. 163.

[37] Acrescente-se que, no exemplo dado, a assistência na execução não exclui posterior manejo de embargos de terceiro pelo adquirente do bem, caso venha a ser declarada a ineficácia da alienação e efetuada a penhora.

seguinte exemplo: Empresa ABC Ltda. é ré em processo executivo, mas não possui bens penhoráveis. Os sócios são demandados no incidente e, antes da resposta, o credor localiza ativos financeiros da empresa executada. Mesmo tendo sido instaurado o incidente, não há razões para a não realização da penhora em desfavor do responsável originário, sob o argumento de suspensão do processo executivo e necessidade de prévia decisão sobre o incidente de desconsideração;

5. Se o juiz considerar suficientes as provas trazidas aos autos, julgará o incidente por **decisão interlocutória**, impugnável por agravo de instrumento (art. 1.015, IV). É de se lembrar que a desconsideração da personalidade jurídica pode ser decidida na sentença ou em decisão interlocutória. Como na execução a "sentença de mérito" apenas a declara a extinção da dívida ou a prescrição executiva (art. 924), a desconsideração é decidida via decisão interlocutória;

6. A impugnação ao pedido de desconsideração pode ser feita pela própria pessoa jurídica, desde que seja para defender a sua regular administração e autonomia, sem se imiscuir na esfera de direito dos sócios (STJ, REsp 1.421.464/SP, Rel. Min. Nancy Andrighi, j. 24.04.2015).

JURISPRUDÊNCIA TEMÁTICA

Desconsideração da personalidade jurídica e a questão do bem de família

"[...] A proteção legal conferida ao bem de família pela Lei nº 8.009/1990, consectária da guarida constitucional e internacional do direito à moradia, não tem como destinatária apenas a pessoa do devedor. Protege-se também sua família, quanto ao fundamental direito à vida digna. Assim, a determinação judicial de que, mediante desconsideração da personalidade jurídica da empresa falida, fossem arrecadados bens protegidos pela Lei nº 8.009/1990 traduz-se em responsabilização não apenas dos sócios pelo insucesso da empresa, mas da própria entidade familiar, que deve contar com especial proteção do Estado por imperativo constitucional (art. 226, *caput*). 2. A desconsideração da personalidade jurídica, por si só, não afasta a impenhorabilidade do bem de família, salvo se os atos que ensejaram a *disregard* também se ajustarem às exceções legais. Essas devem ser interpretadas restritivamente, não se podendo, por analogia ou esforço hermenêutico, apanhar situações não previstas em lei, de modo a superar a proteção conferida à entidade familiar" (REsp 1.433.636/SP, 4ª T., Rel. Min. Luis Felipe Salomão, p. 15.10.2014).

11. RESPONSABILIDADE PATRIMONIAL

A responsabilidade patrimonial consiste no vínculo de natureza processual que sujeita os bens de uma pessoa, devedora ou não, à execução.

No direito brasileiro, a responsabilidade é patrimonial. Exceto nos casos de não pagamento de pensão alimentícia, a execução recairá diretamente sobre o patrimônio do devedor. A responsabilidade patrimonial pode ser originária ou secundária.

A regra geral é que, para o cumprimento de suas obrigações, salvo as restrições estabelecidas em lei, **o devedor responde com todos os seus bens presentes**, ou seja, aqueles que compõem o patrimônio no momento do ajuizamento da execução, e futuros, isto é, aqueles que vierem a ser adquiridos no curso da execução, enquanto não declarada a extinção das obrigações, ainda que pelo advento da prescrição (art. 789). **As restrições estabelecidas em lei referem-se aos bens reputados impenhoráveis ou inalienáveis** (art. 832), por exemplo, os previstos no art. 833 e na Lei nº 8.009/1990.

Contudo, há bens que, a despeito de não integrarem o patrimônio do devedor no momento do ajuizamento do processo executivo ou dele terem saído no curso deste, mesmo assim se sujeitam à execução. São os bens pertencentes às pessoas indicadas nos incisos I a IV e VII no art. 790 ou alienados na forma dos incisos V e VI.

11.1 Responsabilidade originária

Como já afirmado, em princípio, somente o patrimônio do devedor (o vencido na ação de conhecimento ou o que figura como devedor no título extrajudicial) responde pela dívida com os bens presentes e futuros. Nesse caso, diz-se que a responsabilidade é originária.

11.2 Responsabilidade secundária

Afora a responsabilidade originária (do devedor), a execução pode sujeitar também o patrimônio de pessoas que **não figuram como devedoras**, aliás, de pessoas que sequer foram citadas para a execução. É o que se denomina responsabilidade secundária.

O art. 790 elenca as hipóteses de responsabilidade secundária, estabelecendo que ficam sujeitos à execução determinados bens que não mais pertençam ao devedor ou, ainda que pertençam, não se encontrem em sua posse:

a) *do sucessor a título singular, tratando-se de execução fundada em direito real ou obrigação reipersecutória*. Sucessor a título singular de que trata o inciso I do art. 790 é aquele que **adquiriu a coisa litigiosa no curso do processo de conhecimento ou de execução**, tenha ou não substituído a parte originária da demanda. Execução fundada em direito real é aquela que visa à realização de um dos direitos relacionados no art. 1.225 do CC. **Obrigação reipersecutória** é aquela pela qual o devedor se obriga a restituir a coisa ao proprietário.

O bem adquirido nessas circunstâncias fica submetido à execução, a despeito de o adquirente não ser parte no processo de conhecimento ou de execução.

b) *do sócio, nos termos da lei*. Em princípio, os bens particulares dos sócios não respondem pelas dívidas da sociedade (art. 795). Em certos casos, entretanto, o sócio responde, **solidariamente**, por obrigação contraída pela pessoa jurídica por ele integrada. É o que ocorre quando há **solidariedade natural** entre o sócio e a pessoa jurídica (por exemplo, na sociedade em nome coletivo), ou **solidariedade extraordinária**, decorrente de violação do contrato ou de gestão abusiva.

A responsabilidade patrimonial extraordinária dos sócios decorrerá, na verdade, da aplicação da teoria da **desconsideração da personalidade jurídica**, já analisada no capítulo sobre a intervenção de terceiros.

c) *do devedor, ainda que em poder de terceiros*. O fato de os bens do devedor estarem em poder de terceiros, a toda evidência, não constitui obstáculo à execução.

d) *do cônjuge ou companheiro, nos casos em que os seus bens próprios, ou de sua meação, respondem pela dívida*. Em geral, qualquer que seja o regime de casamento, somente os bens do cônjuge que firmou a dívida respondem pela respectiva execução. Tratando-se de dívida contraída em benefício da família, todos os bens dos cônjuges respondem pela dívida.

e) *alienados ou gravados com ônus real em fraude à execução*. Os bens alienados em fraude à execução já se encontrarão integrados ao patrimônio do adquirente, mas o ato jurídico realizado será desconsiderado, pois é ineficaz perante o credor e o bem será penhorado mesmo em mãos de terceiro.

f) *cuja alienação ou gravação com ônus real tenha sido anulada em razão do reconhecimento, em ação autônoma, de fraude contra credores (denominada ação pauliana).* A fraude contra credores, que está regulamentada no Código Civil (art. 158 e seguintes), tem como requisitos a diminuição do patrimônio do devedor, que configure situação de insolvência (*eventus damni*), e a intenção do devedor e do adquirente do bem de causar o dano por meio da fraude (*consilium fraudis*). Essa modalidade de fraude, que acarreta prejuízo apenas para o credor, é combatida por meio de ação própria (ação pauliana), tendo como consequência a anulabilidade do ato.[38]

Ressalte-se que a execução (de título judicial ou cumprimento de sentença condenatória de quantia em dinheiro) somente poderá ser direcionada aos bens do devedor cuja alienação ou gravação com ônus real já tenha sido previamente anulada em ação de conhecimento. Não basta, portanto, que tenha ocorrido a fraude alegada pelo credor; é preciso que a autoridade judiciária tenha desconstituído o negócio jurídico firmado com o terceiro.

g) *do responsável, nos casos de desconsideração da personalidade jurídica.* Trata-se de disposição nova (art. 790, VII), que se harmoniza com os arts. 133 e seguintes, que permitem ao juiz, preenchidos os requisitos legais, ignorar a existência da pessoa jurídica no caso concreto e superar a autonomia patrimonial da sociedade para alcançar o patrimônio dos sócios. No caso da execução, esta será redirecionada contra os sócios que serão incluídos no polo passivo e citados para exercerem o contraditório.

JURISPRUDÊNCIA TEMÁTICA

Responsabilidade do espólio na execução de título extrajudicial

"Recurso especial. 1. Ação de execução. Dívida contraída pelo autor da herança. Penhora diretamente sobre bens do espólio. Possibilidade. 1. Decorre do art. 597 do CPC[39] que o espólio responde pelas dívidas do falecido, determinação também contida no art. 1.997 do CC, sendo induvidoso, portanto, que o patrimônio deixado pelo *de cujus* suportará esse encargo até o momento em que for realizada a partilha, quando então cada herdeiro responderá dentro das forças do que vier a receber. Em se tratando de dívida que foi contraída pessoalmente pelo autor da herança, pode a penhora ocorrer diretamente sobre os bens do espólio e não no rosto dos autos, na forma do que dispõe o art. 674 do CPC, o qual só terá aplicação na hipótese em que o devedor for um dos herdeiros. 2. Recurso especial provido" (STJ, REsp 1.318.506/RS, Rel. Min. Marco Aurelio Bellizze, j. 18.11.2014).

11.3 Responsabilidade envolvendo direito de superfície

Nos termos do art. 791, "se a execução tiver por objeto obrigação de que seja sujeito passivo o proprietário de terreno submetido ao regime do direito de superfície, ou o superficiário, responderá pela dívida, exclusivamente, o direito real do qual é titular o executado, recaindo a penhora ou outros atos de constrição exclusivamente sobre o terreno, no primeiro caso, ou sobre a construção ou a plantação, no segundo caso".

O dispositivo é novidade no ordenamento processual e individualiza a tutela executiva quando esta recair sobre bens gravados pelo direito real de superfície. Em síntese, distingue a

---

[38] Nos casos de fraude contra credores, o Código Civil dispensa a presença do elemento subjetivo (*consilium fraudis*) quanto aos atos de disposição gratuita de bens ou de remissão de dívidas, bastando a comprovação do evento danoso (*eventus damni*). Ver art. 158 do Código Civil.

[39] Corresponde ao art. 796 do CPC/2015.

responsabilidade do concedente – proprietário do imóvel que o cede, nos termos da lei civil, a outrem – e do superficiário – terceiro não proprietário que recebe o direito de construir ou plantar no imóvel, bem como ressalva a intangibilidade do direito de superfície constituído, de maneira que, quando a execução for promovida em face do proprietário, apenas nesta medida poder-se-á praticar atos de constrição, sem que implique desconstituição do direito real de superfície. Por outro lado, quando o executado for o superficiário, apenas a construção ou plantação estará sujeita à satisfação do crédito inadimplido.

O § 1º, por sua vez, prevê que os atos de constrição a que se refere o *caput* do art. 791 serão averbados separadamente na matrícula do imóvel, com a identificação do executado, do valor do crédito e do objeto sobre o qual recai o gravame, devendo o oficial destacar o bem que responde pela dívida, se o terreno, a construção ou a plantação, de modo a assegurar a publicidade da responsabilidade patrimonial de cada um deles pelas dívidas e pelas obrigações que a eles estão vinculadas.

Essa previsão de averbação permite que se particularize o ônus da execução sobre o bem, de forma que, por meio do registro, individualiza-se o bem executado: ora o terreno, ora as construções ou plantações sobre o terreno. A satisfação do direito do exequente não implica extinção do direito constituído entre concedente e superficiário, mas, no máximo, a substituição destes. Por exemplo: em execução movida em face de superficiário construtor de um *shopping center*, não poderá o exequente pretender, com o processo de execução, penhorar todo o imóvel, incluindo o terreno sobre o qual fora construído, pois atingiria o direito de propriedade do concedente que não toca o superficiário. Neste caso, qualquer ato de constrição que ameace o direito de propriedade do concedente desafia a oposição de embargos de terceiro.

11.4 Fraude à execução

Conforme salientado, além da responsabilidade originária, ou seja, a sujeição dos bens presentes e futuros do devedor à execução, há também a responsabilidade secundária, cujas hipóteses abordamos no item 11.2. Entre os casos de responsabilidade secundária, ou seja, das hipóteses de sujeição de bens que não integrantes do patrimônio do devedor a dívidas por este contraídas, figuram os casos de alienações fraudentas.

As alienações fraudulentas subdividem-se em alienação em fraude contra credores e alienação em fraude à execução. Sobre fraude contra credores, cujo ato pode ser desconstituído via ação pauliana, já discorremos no item 11.2.

Devido à grande incidência em processo de execução, cabe-nos discorrer de forma mais aprofundada sobre fraude à execução, **modalidade de alienação fraudulenta**, levada a efeito pelo devedor e cujo reconhecimento conduz à ineficácia do negócio jurídico, o que tem por consequência a sujeição desse bem assim alienado à execução (art. 790, V).

As hipóteses de alienação em fraude à execução encontram-se previstas no art. 792. Vê-se que o legislador processual, visando a conferir maior instrumentalidade ao procedimento executório – que se aperfeiçoa com a efetiva entrega da prestação jurisdicional, que não é outra senão a recuperação do crédito pelo credor –, ampliou o rol de situações capazes de caracterizar a fraude à execução. Em suma, "adotou-se um regime único de ineficácia para todos os atos alienatórios capazes de comprometer a exequibilidade das condenações e dos títulos extrajudiciais".[40]

---

[40] THEODORO JÚNIOR, Humberto. *Curso de direito processual civil*. Rio de Janeiro: Forense, 2014. v. II, p. 53.

Dispõe o art. 792:

Art. 792. A alienação ou a oneração de bem é considerada fraude à execução:

I – quando sobre o bem pender ação fundada em direito real ou com pretensão reipersecutória, desde que a pendência do processo tenha sido averbada no respectivo registro público, se houver;

II – quando tiver sido averbada, no registro do bem, a pendência do processo de execução, na forma do art. 828;

III – quando tiver sido averbado, no registro do bem, hipoteca judiciária ou outro ato de constrição judicial originário do processo onde foi arguida a fraude;

IV – quando, ao tempo da alienação ou da oneração, tramitava contra o devedor ação capaz de reduzi-lo à insolvência;

V – nos demais casos expressos em lei.

No **inciso I** reconhece-se a presunção absoluta de fraude à execução se realizada a alienação ou a oneração de bem quando já houver averbação da existência de ação envolvendo direito real ou pretensão reipersecutória sobre esse mesmo bem, de modo que a fraude poderá ser reconhecida, inclusive, antes da penhora.

O **inciso II** remete ao disposto no art. 828, que possibilita ao exequente obter **certidão de que a execução foi admitida pelo juiz**, com a identificação das partes e valor da causa, para fins de averbação no registro de imóveis, registro de veículos ou registro de outros bens sujeitos à penhora, arresto ou indisponibilidade. A redação do art. 828 é semelhante à do art. 615-A do CPC/1973, sendo que o Código anterior permitia a obtenção dessa certidão tão logo fosse ajuizada a execução. Com o Código atual, a obtenção da certidão só será possível após a execução ser admitida pelo juiz natural (ou seja, após o juízo de admissibilidade). A diferença com relação ao CPC/1973 está na apreciação judicial; antes, bastava que a certidão, constatando a distribuição, fosse expedida pela secretaria do juízo; com o CPC/2015 a expedição da certidão estará condicionada à apreciação judicial.

A **simples averbação** dessa certidão é suficiente para **comprovar a má-fé do adquirente** no caso de se alegar que a alienação, ocorrida depois do ato averbatório, desfalcou o patrimônio do executado, comprometendo a efetividade do processo executivo. Nesse caso, para reconhecimento da fraude, despicienda é que a alienação tenha ocorrido posteriormente à citação do executado (art. 828, § 4º). A fraude, todavia, só ocorrerá se a alienação foi capaz de **reduzir o devedor à insolvência**. Se, a despeito da alienação, houver bens suficientes para garantir a execução, não se pode cogitar de fraude, a menos que a alienação refira-se a bem constrito por qualquer gravame judicial, caso em que pouco importa a situação de solvência do devedor. É o que ocorre na hipótese do **inciso III**.

Pelo **inciso IV**, bastará o **ajuizamento** de ação capaz de reduzir o devedor à insolvência para a caracterização da fraude à execução. **Não precisa ser ação de execução, mas qualquer ação** (processo de conhecimento, por exemplo), sendo indispensável que essa ação possa levar o devedor à insolvência. Assim, se o réu em uma ação de cobrança de R$ 10.000,00 (dez mil reais) tem patrimônio constituído de bens móveis e imóveis de grande valor, não será a alienação de um automóvel que vai caracterizar fraude à execução, a menos, obviamente, que sobre esse bem já contenha algum gravame (art. 792, III).

Com relação aos demais casos expressos em lei (**inciso V**), podem-se citar a penhora sobre crédito (art. 856, § 3º) e a alienação ou oneração de bens do sujeito passivo de dívida ativa em execução fiscal (art. 185 do CTN).

11.4.1 Fraude à execução e bem não sujeito a registro

De acordo com o CPC/2015, quando o gravame que paira sobre o bem se achar devidamente "documentado" (por exemplo, se averbada na matrícula de imóvel ou se assentado no prontuário de registro do veículo a existência de demanda executiva), a alienação ou oneração desse bem pelo devedor gerará as sanções relativas à fraude à execução (art. 792, I e III). A presunção acerca da existência de fraude, nesse caso, é absoluta, uma vez que a eventual aquisição por terceiro não poderá se fundamentar na boa-fé se já era possível, à época da aquisição, conhecer a restrição.

Se, no entanto, o bem não estiver sujeito a registro (bens semoventes, por exemplo), o CPC/2015 obriga o terceiro adquirente a demonstrar a sua boa-fé, por meios objetivos que atestem o seu desconhecimento quanto à existência de execução em desfavor do devedor/alienante (art. 792, § 2º). A cautela do terceiro adquirente de bem não sujeito à publicidade dos registros públicos, para evitar a declaração de fraude à execução, demanda a obtenção de certidões não apenas no domicílio do vendedor, mas também no local do bem.

Cumpre salientar que esse entendimento adotado no § 2º do art. 792 é contrário ao que foi decidido pelo STJ no REsp 956.943/PR, submetido ao rito dos recursos repetitivos. Isso porque, segundo a Corte, como a presunção de boa-fé é princípio geral de direito universalmente aceito, sendo milenar a parêmia "a boa-fé se presume; a má-fé se prova", se não houver registro da penhora na matrícula do imóvel, é do credor o ônus da prova de que o terceiro adquirente tinha conhecimento de demanda capaz de levar o alienante à insolvência. O referido recurso especial, julgado em 21.08.2014, consolidou o entendimento exposto na Súmula nº 375, segundo a qual "o reconhecimento da fraude à execução depende do registro da penhora do bem alienado ou da prova de má-fé do terceiro adquirente". **Agora, com o CPC/2015, inverte-se o ônus: o credor não precisa comprovar a má-fé do terceiro adquirente, pois é este que precisa demonstrar que, ao tempo da alienação, estava de boa-fé.**

11.4.2 Efeitos da alienação

Diferentemente da fraude contra credores – veremos adiante as demais diferenças –, a fraude à execução acarreta prejuízo ao credor e ao Estado-juiz e tem por consequência não a invalidade da alienação, mas sim a **ineficácia em relação ao exequente** (art. 792, § 1º). A fraude à execução constitui forma mais grave de fraude, na qual ocorre a violação da atividade jurisdicional. Desse modo, será **desnecessário o ajuizamento de ação específica para desconstituir o ato fraudulento**. Por conseguinte, se um bem é alienado em fraude à execução, a lei considera válida a venda, o adquirente vai se tornar proprietário, mas a execução poderá continuar a incidir sobre esse bem. Em suma, reconhecida a fraude, o juiz determinará que a constrição recaia sobre o bem, ainda que ele esteja em poder de terceiro, porque é esse bem que responderá pela dívida, como se alienação não tivesse ocorrido.

Se depois de alienado judicialmente o bem e de quitada a dívida remanescer algum valor, será revertido ao terceiro adquirente, porquanto, como dito, o bem continuou a ser de sua propriedade, embora tenha sido sujeito à execução por dívida exclusiva do executado.

Frise-se que, apesar de não haver disposição expressa no CPC/1973, esse entendimento já encontrava respaldo nos tribunais:

> "[...] A decisão que declara a fraude não afeta, por si só, o bem à execução, ela apenas declara a ineficácia do negócio jurídico em relação ao exequente, possibilitando que esse bem seja posteriormente penhorado. Contudo, a responsabilidade patrimonial do executado continua a ser genérica" (STJ, REsp 1.254.320/SP, Rel. Min. Nancy Andrighi, j. 06.12.2011).

> "[...] O reconhecimento da fraude à execução torna a alienação ou oneração do bem do executado ineficaz perante o exequente, devolvendo os envolvidos ao *status quo* ante" (STJ, REsp 1.253.638/SP, Rel. Min. Sidnei Beneti, j. 26.02.2013).

"[...] Nos termos do art. 966, § 4º, do CPC/2015, o cabimento da ação anulatória está restrito ao reconhecimento de vícios de ato das partes ou de outros participantes do processo, isto é, não se busca a desconstituição de um ato propriamente estatal, pois a sentença é apenas um ato homologatório. 4. O acordo firmado pelas partes e homologado judicialmente é um ato processualizado, o que, por conseguinte, impõe sua análise sob o espectro do direito material que o respalda. Assim, o ajuizamento da ação anulatória seria necessário para a declaração da invalidade do negócio jurídico. 5. Cuidando-se apenas da pretensão de declaração da ineficácia do negócio jurídico em relação ao exequente ante a inequívoca caracterização da fraude à execução, com o reconhecimento da nítida má-fé das partes que firmaram o acordo posteriormente homologado judicialmente, é prescindível a propositura de ação anulatória autônoma" (REsp 1.845.558/SP, 3ª Turma, Rel. Min. Marco Aurélio Belizze, j. 01.06.2021).

No último julgado, é fácil notar que, para o STJ, havendo fraude à execução, é prescindível (dispensável) a propositura de ação anulatória autônoma para a declaração de ineficácia do negócio jurídico em relação ao exequente. Enquanto o art. 966, § 4º, do CPC/2015 expressamente prevê o cabimento da ação anulatória para se declarar a nulidade do ato ou negócio firmado pelas partes, o § 1º do art. 792 prevê que "a alienação em fraude à execução é ineficaz em relação ao exequente". Isso quer dizer que não se anula o negócio jurídico que configurou o ato fraudulento, mas apenas se declara a sua ineficácia em relação ao exequente prejudicado.

Apesar de contrário à jurisprudência dominante, o legislador processual impôs uma importante regra para resguardar os interesses do terceiro adquirente. Nos termos do art. 792, § 4º, e art. 675, parágrafo único, antes de declarar a fraude deve o juiz intimar o terceiro para, se quiser, opor embargos de terceiros no prazo de 15 dias. Essa necessidade de participação já indica a abertura de contraditório e da ampla defesa, muito embora estes só venham a se efetivar em ação autônoma (embargos de terceiro).

11.4.3 Fraude à execução e desconsideração da personalidade jurídica

De acordo com o art. 790, VII, estão sujeitos à execução os bens do responsável, no caso de desconsideração da personalidade jurídica.

Em termos práticos, a fraude poderá ser constatada nas seguintes hipóteses: a) o sócio aliena ou onera determinado bem, sem deixar qualquer reserva, após ser citado na forma do art. 135; b) a pessoa jurídica promove a alienação ou oneração de seus bens, sem deixar reservas, após tomar formal conhecimento de demanda que pretende atingir seu patrimônio por dívida contraída por um de seus sócios (desconsideração inversa).

O objetivo desta nova regra é proteger o exequente "contra manobras do terceiro para desviar seus bens antes de ser alcançado pelo julgamento do incidente em questão".[41] Se, no entanto, a venda de bem do sócio da pessoa jurídica ocorreu em momento anterior à citação, não se pode falar que houve conluio entre o sócio alienante e o adquirente com o objetivo de inviabilizar eventual execução contra a empresa.

11.4.4 Fraude à execução x fraude contra credores

A fraude à execução discriminada no art. 792 do CPC/2015 não se confunde com a fraude contra credores. A fraude contra credores, que está regulamentada no CC (art. 158 e

---

[41] THEODORO JÚNIOR, Humberto. *Curso de direito processual civil*. Rio de Janeiro: Forense, 2014. v. II, p. 53.

seguintes), tem como requisitos a diminuição do patrimônio do devedor que configure situação de insolvência (*eventus damni*) e a intenção do devedor e do adquirente do(s) bem(ns) de causar o dano por meio da fraude (*consilium fraudis*). Essa modalidade de fraude, que acarreta prejuízo apenas para o credor, é combatida por meio de ação própria (ação pauliana), tendo como consequência a anulabilidade do ato.[42]

Embora distintos os dois institutos (fraude à execução e fraude contra credores), não se pode negar, pelo menos no que respeita à hipótese do inciso IV do art. 792, alguns pontos coincidentes. Tanto na fraude à execução quanto na fraude contra credores (fraude pauliana) é indispensável que a alienação ou oneração dos bens seja capaz de reduzir o devedor à insolvência (*eventus damni*), militando em favor do exequente a presunção *juris tantum*. Igualmente, em ambos os casos, figura como requisito o *consilium fraudis*, ou seja, o elemento subjetivo, que se caracteriza pela ciência do adquirente das circunstâncias do negócio.

Assim, pode-se dizer que a diferença essencial se encontra basicamente no meio de se alegar o vício. Ao passo que a declaração da fraude contra credores requer o ajuizamento de ação própria (pauliana ou revocatória), a fraude à execução pode ser declarada nos próprios autos da execução, mediante requerimento do credor, ou em embargos de terceiro.

Uma diferença entre os dois institutos, comumente apontada pela doutrina, com base no direito positivo, refere-se às consequências do reconhecimento do vício sobre o negócio jurídico. Ao passo que a fraude contra credores conduziria à desconstituição do negócio jurídico (arts. 158 a 165 do CC), com a restituição das partes ao *statu quo ante*, a fraude à execução seria apenas ineficaz em relação ao exequente, mantendo indene o negócio. Entretanto, de acordo com a doutrina e jurisprudência mais atualizadas, nem mesmo essa distinção tem razão de ser. De acordo com esse entendimento, demonstrada a fraude contra o credor, a sentença não anulará a alienação, mas simplesmente reputará ineficaz o ato fraudatório em relação à execução.[43]

JURISPRUDÊNCIA TEMÁTICA

"O STJ, apreciando o tema sob o regime do recurso repetitivo, firmou as seguintes teses: 1) Em regra, para que haja fraude à execução, é indispensável que tenha havido a citação válida do devedor. 2) Mesmo sem citação válida, haverá fraude à execução se, quando o devedor alienou ou onerou o bem, o credor já havia realizado a averbação da execução nos registros públicos (art. 615-A do CPC 1973 / art. 828 do CPC 2015). Presume-se em fraude de execução a alienação ou oneração de bens realizada após essa averbação (§ 3º do art. 615-A do CPC 1973 / § 4º do art. 828 do CPC 2015). 3) Persiste válida a Súmula 375 do STJ, segundo a qual o reconhecimento da fraude de execução depende do registro da penhora do bem alienado ou da prova de má-fé do terceiro adquirente. 4) A presunção de boa-fé é princípio geral de direito universalmente aceito, devendo ser respeitada a parêmia (ditado) milenar que diz o seguinte: "a boa-fé se presume, a má-fé se prova". 5) Assim, não havendo registro da penhora na matrícula do imóvel, é do credor o ônus de provar que o terceiro adquirente tinha conhecimento de demanda capaz de levar o alienante à insolvência (art. 659, § 4º, do CPC 1973 / art. 844 do CPC 2015)". (STJ, REsp 956.943-PR, Corte Especial, Rel. originária Min. Nancy Andrighi, Rel. para acórdão Min. João Otávio de Noronha, j. 20.08.2014, Info 552).

---

[42] Nos casos de fraude contra credores, o Código Civil dispensa a presença do elemento subjetivo (*consilium fraudis*) quanto aos atos de disposição gratuita de bens ou de remissão de dívidas, bastando a comprovação do evento danoso (*eventus damni*). Ver art. 158 do Código Civil.
[43] Nesse sentido: STJ, REsp 971.884/PR, Rel. Min. Sidnei Beneti, j. 22.03.2011.

12. ATOS ATENTATÓRIOS À DIGNIDADE DA JUSTIÇA

De acordo com o art. 774, considera-se atentatória à dignidade da justiça a conduta comissiva ou omissiva do executado que:

- **Frauda a execução**, isto é, aliena ou onera bens em umas das circunstâncias previstas no art. 792.
- **Opõe-se maliciosamente à execução**, empregando ardis e meios artificiosos. Exemplos: extraviar bens, ocultar-se para não ser citado ou intimado da prática de determinado ato processual, dissipar o patrimônio, enfim, todo ato que dificulta a execução pode se enquadrar na tipificação deste inciso.
- **Dificulta ou embaraça a realização da penhora**. É dever das partes não criar embaraços à efetivação dos provimentos judiciais (art. 77, IV), neles incluindo-se qualquer providência determinada judicialmente, como é o caso da penhora.
- **Resiste injustificadamente às ordens judiciais**, por exemplo, intimado, não apresenta os bens confiados à sua guarda. Também corresponde a um dever insculpido no art. 77, IV, primeira parte.
- **Intimado, não indica ao juiz quais são e onde estão os bens sujeitos à penhora e seus respectivos valores, nem exibe prova de sua propriedade e, se for o caso, certidão negativa de ônus.**

Tais atos são punidos com multa não superior a **20%** do valor atualizado do débito em execução, sem prejuízo de outras sanções de natureza processual ou material. A referida multa reverterá em proveito do credor, exigível na própria execução, sem prejuízo de outras sanções processuais (art. 774, parágrafo único).

O CPC/1973, no art. 601, parágrafo único, permitia ao juiz relevar a pena se o devedor se comprometesse a não mais praticar qualquer dos atos previstos no art. 600 (art. 774 do CPC/2015) e se desse fiador idôneo para responder ao credor pela dívida principal, juros, despesas e honorários advocatícios. Tal possibilidade não persiste no Código atual, devendo a cobrança da multa ser realizada no próprio processo de execução (art. 777 do CPC/2015).

Por fim, registra-se o entendimento jurisprudencial no sentido de que a multa por ato atentatório à dignidade da Justiça, prevista no art. 774, IV, do CPC 2015, somente pode ser aplicada no processo de execução, em caso de conduta de deslealdade processual praticada pelo executado (STJ. 4ª Turma, REsp 1.231.981/RS, Rel. Min. Luis Felipe Salomão, j. 15.12.2015).

Quadro esquemático 87 – Teoria geral da execução

Teoria Geral da Execução (arts. 771 a 796)

- **Tutela Executiva**
  - Busca a satisfação do direito já acertado ou definido em título judicial ou extrajudicial, por meio de atos de coerção ou sub-rogação, com vistas à eliminação de uma crise jurídica de adimplemento.
  - Atua unicamente em favor do credor.

- **Competência**
  - **Regras gerais (art. 781, I e V)**
    - Foro de domicílio do executado;
    - Foro de eleição;
    - Foro de situação dos bens sujeitos à execução;
    - Foro do lugar em que se praticou o ato ou em que ocorreu o fato que deu origem ao título, mesmo que nele não resida o executado.
  - **Especificidades (art. 781, II, III e IV)**
    - Devedor com mais de um domicílio: ação pode ser proposta em qualquer um deles;
    - Devedor com domicílio incerto: a ação pode ser proposta no local em que for encontrado ou do domicílio do exequente;
    - Pluralidade de devedores com domicílios distintos: o exequente pode escolher o foro do domicílio de qualquer um deles.

- **Modificação ou prorrogação da competência**
  - Competência relativa ➔ quando determinada em razão do território ou do valor da causa.
  - Competência absoluta ➔ fixada em razão da matéria, pessoa ou critério funcional.

- **Prevenção do juízo executivo**
  - O registro ou a distribuição da demanda executiva determinará o juízo prevento.

- **Declaração de incompetência**
  - Incompetência absoluta ou relativa do juízo da execução ➔ alegada em sede de embargos.
  - Incompetência relativa ➔ decorrido o prazo sem alegação ➔ prorrogação da competência.

- **Ação Executiva**
  - **Requisitos**
    - Legitimidade
    - Interesse de agir
  - **Elementos**
    - Causa de pedir (inadimplemento)
    - Pedido
    - Partes
  - **Legitimidade (arts. 778 e 779)**
    - Ativa: credor ou pessoas legitimadas
    - Passiva: devedor ou quem tenha responsabilidade executiva
  - **Princípios**
    - Patrimonialidade
    - Efetividade da execução
    - Menor onerosidade
    - Disponibilidade

Teoria Geral da Execução (arts. 771 a 796)

- **Requisitos ou Pressupostos Processuais da Execução**
  - **Pressupostos do processo executivo comuns aos do processo de conhecimento**
    - Subjetivos (relacionam-se com os sujeitos)
      - Competência do juízo
      - Capacidade das partes
      - Representação por advogado (capacidade postulatória)
    - Objetivos (relacionam-se com a forma processual ou com a ausência de fato que impeça a regular constituição do processo)
      - Forma procedimental adequada
      - Citação válida
      - Inexistência de litispendência, coisa julgada, que impeça a regular perempção e nulidades
      - Petição apta (não inepta)
  - **Pressupostos específicos do título executivo**
    - Obrigação
      - Certa;
      - Líquida;
      - Exigível;
      - Consubstanciada em título executivo.
  - Inadimplemento do devedor (pode ser enquadrado como condição da ação executiva).

- **Títulos executivos**
  - **Judiciais → formados em processo judicial ou em procedimento arbitral**
    - I – as decisões proferidas no processo civil que reconheçam a exigibilidade de obrigação de pagar quantia, de fazer, de não fazer ou de entregar coisa;
    - II – a decisão homologatória de autocomposição judicial;
    - III – a decisão homologatória de autocomposição extrajudicial de qualquer natureza;
    - IV – o formal e a certidão de partilha, exclusivamente em relação ao inventariante, aos herdeiros e aos sucessores a título singular ou universal;
    - V – o crédito de auxiliar da justiça, quando as custas, emolumentos ou honorários tiverem sido aprovados por decisão judicial;
    - VI – a sentença penal condenatória transitada em julgado;
    - VII – a sentença arbitral;
    - VIII – a sentença estrangeira homologada pelo Superior Tribunal de Justiça;
    - IX – a decisão interlocutória estrangeira, após a concessão do *exequatur* à carta rogatória pelo Superior Tribunal de Justiça;

Teoria Geral da Execução (arts. 771 a 796)

- **Títulos executivos** — Extrajudiciais (art. 784)
  - I – letra de câmbio, nota promissória, duplicata, debênture e cheque;
  - II – escritura pública ou outro documento público assinado pelo devedor;
  - III – documento particular assinado pelo devedor e por 2 (duas) testemunhas;
  - IV – instrumento de transação referendado pelo Ministério Público, pela Defensoria Pública, pela Advocacia Pública, pelos advogados dos transatores ou por conciliador ou mediador credenciado por tribunal;
  - V – o contrato garantido por hipoteca, penhor, anticrese ou outro direito real de garantia e aquele garantido por caução;
  - VI – o contrato de seguro de vida em caso de morte;
  - VII – o crédito decorrente de foro e laudêmio;
  - VIII – o crédito, documentalmente comprovado, decorrente de aluguel de imóvel, bem como de encargos acessórios, tais como taxas e despesas de condomínio;
  - IX – a certidão de dívida ativa da Fazenda Pública da União, dos Estados, do Distrito Federal e dos Municípios, correspondentes aos créditos inscritos na forma da lei;
  - X – crédito referente às contribuições ordinárias e extraordinárias de condomínio edilício, previstas nas respectivas convenções ou aprovadas em assembleia geral, desde que documentalmente comprovadas;
  - XI – certidão expedida por serventia notarial ou de registro relativa a valores de emolumentos e demais despesas devidas pelos atos por ela praticados, fixados nas tabelas estabelecidas em lei;
  - XII – todos os demais títulos, os quais, por disposição expressa, a lei atribuir força executiva.

- **Cumulação de execuções. Requisitos**
  - Identidade do credor
  - Identidade do devedor
  - Competência do mesmo juízo para todas as execuções
  - Identidade da forma de processo

- **Atos do processo executivo**
  - Petição ou requerimento inicial;
  - Indicação de bens à penhora;
  - Sentença (função unicamente de pôr fim ao processo);
  - Atos constritivos;
  - Inclusão do nome do executado em cadastro de inadimplentes.

- **Partes na Execução** — Legitimidade ativa para o processo de execução
  - Ordinária — Credor
  - Extraordinária — Ministério Público
  - Sucessiva, derivada ou superveniente
    - Espólio, herdeiros ou sucessores do credor
    - Cessionário
    - Sub-rogado

Teoria Geral da Execução (arts. 771 a 796)

Partes na Execução

- **Legitimidade passiva para o processo de execução**
  - Originária
    - Devedor
  - Sucessores
    - Espólio, herdeiros ou sucessores do devedor
    - Novo devedor, que assumiu, com o consentimento do credor, a obrigação resultante do título executivo
  - Responsáveis
    - Fiador judicial
    - Responsável tributário

- **Sucessão processual**
  - Morte de qualquer das partes ou extinção, para pessoa jurídica → substituição pelo espólio ou sucessores.
  - Sucessão particular por ato *entre vivos*: ao credor cabe aquiescer ou não com o ingresso de novo devedor na demanda, em substituição àquele que havia se obrigado no título executivo.

- **Litisconsórcio**
  - Em regra, é facultativo. Todavia, pode ocorrer necessidade, seja por disposição de lei ou pela natureza da relação jurídica. Ex.: art. 73, § 1º.

- **Intervenção de terceiros**
  - Denunciação à lide e chamamento ao processo: inadmissíveis.
  - Assistência: Divergência doutrinária
    - Inadmissibilidade: a intervenção do assistente dá-se tão somente para auxiliar uma das partes à obtenção de sentença favorável. Na execução não se configura interesse jurídico capaz de levar alguém a coadjuvar uma das partes da demanda executória.
    - Admissibilidade: o que legitima a intervenção do assistente é o interesse jurídico na demanda, a fim de que possa evitar resultado que possa atingir sua esfera de direitos.
    - Cabimento com fundamento no art. 771, parágrafo único.

Parte IV – Cap. 1 – Teoria geral da execução | **1095**

Teoria Geral da Execução (arts. 771 a 796)
- Partes na Execução
  - Intervenção de terceiros
    - Incidente de desconsideração da personalidade jurídica: admissível.
  - Responsabilidade patrimonial
    - Responsabilidade Originária: o devedor responde com todos os seus bens presentes e futuros, salvo as restrições estabelecidas em lei (art. 789).
    - Responsabilidade Secundária: afora a responsabilidade originária, a execução pode sujeitar-se também ao patrimônio de pessoas que não figurem como devedores (art. 790).
    - Responsabilidade envolvendo direito de superfície (art. 791).
- Fraude à execução
  - Situações capazes de caracterizar fraude à execução: art. 792.
  - Fraude à execução e bem não sujeito a registro (art. 792, I e II e § 1º)
    - Bem sem registro ➔ terceiro adquirente a demonstrar a sua boa-fé, através de meios objetivos que atestem o seu desconhecimento quanto à existência de execução em desfavor do devedor/alienante.
    - Inversão do ônus da prova.
  - Efeitos da alienação
    - Fraude reconhecida ➔ o juiz determinará que a constrição recaia sobre bem, ainda que ele esteja em poder de terceiro.
    - Se depois de alienado o bem e de quitada a dívida remanescer algum valor ➔ será revertido ao terceiro adquirente.
  - Fraude à execução e desconsideração da personalidade jurídica. Hipóteses:
    - I) o sócio aliena ou onera determinado bem, sem deixar qualquer reserva, após ser citado na forma do art. 135;
    - II) a pessoa jurídica provoca a alienação ou oneração de seus bens, sem deixar reservas, após tomar formal conhecimento de demanda que pretende atingir seu patrimônio por dívida contraída por um de seus sócios (desconsideração inversa).
- Atos atentatórios à dignidade da justiça
  - Fraudar a execução.
  - Opor maliciosamente a execução.
  - Dificultar ou embaraçar a realização da penhora.
  - Resistir injustificadamente às ordens judiciais.
  - Intimado, não indica ao juiz quais são e onde estão os bens sujeitos à penhora e seus respectivos valores, nem exibe prova de sua propriedade e, se for o caso, certidão negativa de ônus.

2

Execuções em espécie (arts. 797 a 913)

1. INTRODUÇÃO

Concluída essa visão geral da execução, que a doutrina denomina *teoria geral da execução*, vamos agora discorrer sobre as diversas espécies de execução. O Código disciplinou as diversas espécies de execução, tendo em vista a obrigação estabelecida no título. Para compelir o devedor a cumprir uma obrigação de dar, previu o legislador a execução para entrega de coisa; se a obrigação é de fazer ou não fazer, existe a correspondente execução; se a obrigação é de pagar quantia, a execução é denominada "por quantia certa", que pode ser contra devedor solvente ou insolvente. Além dessas modalidades de execução, vamos contemplar no nosso estudo a execução contra a Fazenda Pública e de prestação alimentícia, que constituem espécies do gênero execução por quantia certa, e, finalmente, a execução fiscal, também por quantia certa, regulamentada na Lei nº 6.830/1980.

Antes de adentrarmos no estudo de cada uma das espécies de execução, cumpre anotar que o legislador, nos arts. 797 a 805, traçou, de forma genérica, preceitos básicos, aplicáveis a todo e qualquer processo executivo.

Entre as disposições gerais aplicáveis às diversas espécies de execução, merece destaque a regra contida no art. 798, que estabelece os **requisitos da petição inicial nas execuções fundadas em título executivo extrajudicial**.

Além dos requisitos previstos nos arts. 319 e 320 – com exceção do requerimento de produção de provas e da opção quanto à audiência de conciliação ou mediação –, a petição inicial do processo de execução deve indicar: (i) a **espécie de execução** de preferência do credor, quando por mais de um modo ela puder ser realizada, e (ii) os **bens suscetíveis de penhora**, sempre que possível.

Quanto aos documentos indispensáveis à propositura da demanda, o título executivo extrajudicial representa a via de acesso à execução, materializando o princípio *nulla executio sine titulo* (art. 798, I, "a"). A prova da ocorrência da condição ou termo, bem como o adimplemento de eventual contraprestação, demonstram a exigibilidade da obrigação constante no título, relevando o interesse de agir do credor na demanda executiva.

O **demonstrativo do débito** que funda a execução também é indispensável à propositura da ação. É nele que estará evidenciada a liquidez da obrigação. De toda forma, há julgados que admitem a emenda da petição inicial da ação executiva para a juntada desse documento.[1]

---

[1] "Agravo interno no recurso especial. Processual civil. Embargos à execução. Ausência do demonstrativo da dívida. Possibilidade de emenda à inicial para acrescentar a planilha. Agravo desprovido. 1. "Nos termos da jurisprudência consolidada no STJ, encontrando-se a execução instruída com título executivo hábil, a falta da adequada demonstração da evolução da dívida ou a ausência do simples cálculo aritmético, não acarreta, por si só, a extinção automática do processo, devendo o magistrado oportunizar

Diferentemente do CPC/1973, o Código atual traz os elementos que deverão compor o cálculo (art. 798, parágrafo único), a fim de que se tenha a exata compreensão das verbas incidentes sobre o débito. A regra é a mesma para o cumprimento de sentença, conforme dispõem os arts. 524 e 534.

Percebida a ausência de qualquer elemento indispensável à propositura da ação de execução, deverá o juiz determinar que o exequente sane a pendência, ou seja, emende a petição, no prazo de 15 dias (art. 801). No CPC/1973 esse prazo era de 10 dias (art. 616 do CPC/1973).

Outro dispositivo que vale ser destacado é o art. 802, segundo o qual, "o despacho que ordena a citação, desde que realizada em observância ao disposto no § 2º do art. 240, interrompe a prescrição, ainda que proferido por juízo incompetente".

Como se vê, **um dos efeitos da propositura da ação de execução é a interrupção da prescrição**, desde que a inicial seja deferida pelo juiz e que a citação do devedor seja promovida em dez dias, isto é, providenciada, com o fornecimento do endereço do devedor, o pagamento da diligência e outras providências a cargo do exequente.

O art. 803, a seu tempo, prevê hipóteses específicas de **nulidade do processo de execução**. Assim, dispõe referido dispositivo que a execução será nula:

a) se o título executivo extrajudicial não corresponder a obrigação certa, líquida e exigível;
b) se o executado não for regularmente citado;
c) se for instaurada antes de se verificar a condição ou de ocorrido o termo.

A falta de qualquer dos atributos da obrigação (certeza, liquidez, exigibilidade) gera a nulidade da execução. Do mesmo modo, a ausência de citação válida impede o prosseguimento da demanda executiva, porquanto o processo não pode se desenvolver sem contraditório.

Não verificada a condição ou termo da obrigação contida no título executivo, haverá inexigibilidade. Nessa hipótese, o executado sequer será inadimplente, razão pela qual a execução será nula.

Nos termos do parágrafo único do art. 803, a nulidade será pronunciada pelo juiz, de ofício ou a requerimento da parte, independentemente de embargos à execução. O dispositivo é novo da legislação processual, mas ratifica prática que já era adotada pelos tribunais.[2] Por se tratar de matérias de ordem pública, não sujeitas, portanto, à preclusão, as situações inseridas no art. 803

---

a emenda a inicial para correção do vício (art. 616, do CPC) (...) 2. Agravo interno desprovido" (STJ, AgInt no REsp 1.332.588/MS, 4ª Turma, Rel. Min. Raul Araújo, j. 27.08.2019, DJe 12.09.2019).

[2] Exemplos: "Execução fiscal. CDA. Ausência de dados obrigatórios. Ausência de exigibilidade do título. Nulidade radical da execução, por ausência de título executivo, na forma do art. 618, I, do CPC. Decretação de ofício pelo juiz. Não estando discriminadas, no corpo da CDA, data e a inscrição do débito exequendo no Registro de Dívida Ativa, bem como a forma de cálculo dos juros, verifica-se a ausência de liquidez e certeza, por faltarem os requisitos expressamente previstos no art. 202. A falta de título executivo hábil a embasar a execução fiscal, ante ausência de exigibilidade das CDA executadas, constitui nulidade que deve ser decretada de ofício pelo Juiz, por se tratar de matéria de ordem pública, podendo ser realizada a qualquer tempo no processo. Nulidade da execução decretada de ofício. Sentença mantida" (TJ-MG, AC 10569050052442001/MG, 6ª Câmara Cível, Rel. Des. Sandra Fonseca, j. 14.05.2013); "Apelação cível. Ação de execução. Duplicatas. Fato superveniente. Dívida declarada inexistente em ação declaratória de inexistência de débito c/c indenização por danos morais. Títulos simulados. Fato extintivo do direito do exequente que influi no julgamento da execução e deve ser tomado em consideração, de ofício, por este tribunal. Exegese do art. 462 do CPC. Reconhecimento, também de ofício, da nulidade da execução por não estar embasada em títulos que representem obrigação certa, líquida e exigível. Arts. 586 e 618, I, do CPC. Ônus sucumbenciais

podem ser conhecidas a qualquer tempo, independentemente do manejo de embargos à execução. Tal dispositivo, em verdade, positiva um instituto muito utilizado na prática forense, mas que, até então, tinha respaldo apenas doutrinário e jurisprudencial. Trata-se da **exceção ou objeção de pré-executividade**, cabível para fins de discussão de matérias cognoscíveis de ofício (pressupostos processuais e vícios objetivos do título, por exemplo) e que não demandem dilação probatória.

JURISPRUDÊNCIA TEMÁTICA

Embargos à execução acolhidos apenas para declarar a nulidade da citação não gera condenação em honorários

"(...) A procedência dos embargos do devedor apenas para reconhecer a nulidade de ato processual existente no processo de execução, determinando a sua renovação, não justifica a condenação ao pagamento de honorários sucumbenciais, haja vista que o assistido não se sagrou vencedor, tal como ocorreria se os embargos fossem acolhidos para julgar improcedente (total ou parcialmente) a execução ou para extingui-la (...)" (REsp nº 1.912.281/AC, Rel. Min. Marco Aurélio Bellizze, 3ª Turma, j. 12.12.2023, *DJe* 14.12.2023).

Quadro esquemático 88 – Execuções em espécie

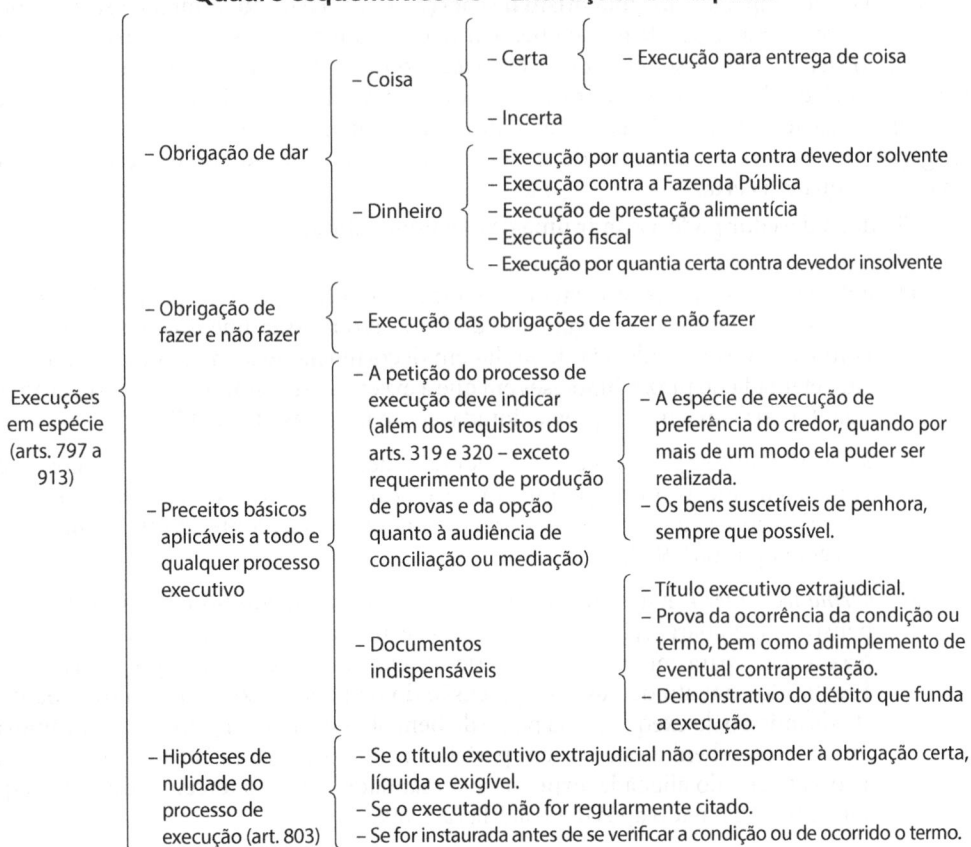

Execuções em espécie (arts. 797 a 913)

- **Obrigação de dar**
  - Coisa
    - Certa → Execução para entrega de coisa
    - Incerta
  - Dinheiro
    - Execução por quantia certa contra devedor solvente
    - Execução contra a Fazenda Pública
    - Execução de prestação alimentícia
    - Execução fiscal
    - Execução por quantia certa contra devedor insolvente

- **Obrigação de fazer e não fazer**
  - Execução das obrigações de fazer e não fazer

- **Preceitos básicos aplicáveis a todo e qualquer processo executivo**
  - A petição do processo de execução deve indicar (além dos requisitos dos arts. 319 e 320 – exceto requerimento de produção de provas e da opção quanto à audiência de conciliação ou mediação)
    - A espécie de execução de preferência do credor, quando por mais de um modo ela puder ser realizada.
    - Os bens suscetíveis de penhora, sempre que possível.
  - Documentos indispensáveis
    - Título executivo extrajudicial.
    - Prova da ocorrência da condição ou termo, bem como adimplemento de eventual contraprestação.
    - Demonstrativo do débito que funda a execução.

- **Hipóteses de nulidade do processo de execução (art. 803)**
  - Se o título executivo extrajudicial não corresponder à obrigação certa, líquida e exigível.
  - Se o executado não for regularmente citado.
  - Se for instaurada antes de se verificar a condição ou de ocorrido o termo.

---

alterados. Recurso prejudicado" (TJ-SC, AC 20090495282/SC 2009.049528-2, 5ª Câmara de Direito Comercial, Rel. Des. Soraya Nunes Lins, j. 26.06.2013).

2. EXECUÇÃO PARA ENTREGA DE COISA (ARTS. 806 A 813)

A execução para entrega de coisa (automóvel, fazenda), constante de título extrajudicial, desdobra-se em execução para entrega de **coisa certa** e execução para entrega de **coisa incerta**. Tanto em uma quanto em outra, a prestação estabelecida no título executivo extrajudicial é de dar, prestar ou restituir.

2.1 Execução para entrega de coisa certa

Nessa modalidade de execução, o devedor é citado para, **no prazo de quinze dias, satisfazer a obrigação** (art. 806). O juiz, ao despachar a inicial, determinando a citação, poderá[3] fixar multa por dia de atraso no cumprimento da obrigação, ficando o respectivo valor sujeito a alteração, caso se revele insuficiente ou excessivo (art. 806, § 1º).

No mandado de citação também constará a ordem de imissão na posse ou de busca e apreensão, conforme se tratar de bem imóvel ou móvel. O transcurso do prazo de quinze dias sem o cumprimento da obrigação será suficiente para que a ordem de imissão na posse ou de busca e apreensão seja cumprida imediatamente, sem a necessidade de qualquer providência posterior.

Observe-se que o procedimento da execução para entrega de coisa constante de título extrajudicial contempla um **sistema misto de coerção e sub-rogação**. A multa visa pressionar o devedor a entregar a coisa. De modo que, se o valor fixado não for suficiente para influir no ânimo do devedor, poderá ser elevado, estabelecendo inclusive valores diferenciados dependendo do período de atraso; ao contrário, se o valor se revelar excessivo, poderá haver redução. Saliente-se que a multa não substitui a obrigação principal. Assim, mesmo adimplindo a obrigação, porém fora do prazo fixado, será devida a multa, devendo a execução prosseguir, todavia, por quantia certa.

Citado, o devedor pode assumir uma das seguintes atitudes:

1ª – *entregar a coisa*: neste caso, lavra-se o respectivo termo e a execução é extinta, exceto se o título estabelecer o pagamento de frutos e/ou ressarcimento de prejuízos, bem como se houver incidência de multa em decorrência de a entrega da coisa não ter sido efetuada no prazo, hipóteses em que a execução transmuda-se em execução por quantia certa, exigindo a prévia liquidação, se for o caso (art. 807);

2ª – *apresentar embargos*: o executado poderá se defender por meio de embargos, independentemente de prévia garantia (art. 914, *caput*). O depósito da coisa, no entanto, faz-se necessário quando o executado pretender que seja conferido efeito suspensivo aos embargos (art. 919, § 1º);

3ª – *permanecer inerte*: não sendo a coisa entregue ou não tendo sido deferido efeito suspensivo aos embargos, iniciam-se os atos executivos tendentes à satisfação do credor. Na execução para entrega de coisa certa o meio empregado é o desapossamento. Este é realizado com ato de busca e apreensão do bem, em caso de bem móvel, ou com ato de imissão do exequente na posse do bem objeto da execução, em caso de imóvel. Encontrado o bem e estando em perfeitas condições, fica satisfeita a obrigação. Se a coisa tiver sido alienada, expedir-se-á mandado contra o terceiro adquirente, que somente será ouvido após depositá-la (art. 808).

---

[3] Não se trata de poder discricionário. O despacho que determina a citação *deverá* fixar a multa.

Na impossibilidade de receber a coisa, seja porque se deteriorou, não foi encontrada ou não foi reclamada do terceiro adquirente, o credor tem direito ao seu valor e às perdas e danos (art. 809), convertendo-se o procedimento em execução por quantia certa. Neste caso, proceder-se-á à liquidação incidente, para determinação do valor da coisa e, por conseguinte, do montante devido a título de perdas e danos.

A conversão também é admitida nos casos em que a coisa, apesar de ter sido entregue, o foi com atraso capaz de gerar prejuízos ao credor da obrigação. Nesse sentido: STJ, REsp 1.507.339-MT, 3ª T., Rel. Min. Paulo de Tarso Sanseverino, j. 24.10.2017 (Info 614).

Se houver benfeitorias a serem indenizadas, terá o devedor **direito à retenção**, hipótese em que a execução só prosseguirá depois do depósito do valor daquelas. Apurado saldo em favor do executado ou de terceiros, o credor deverá depositá-lo em juízo para que possa levantar a coisa. Já se o saldo for favorável ao exequente/credor, este poderá cobrá-lo nos autos da execução (art. 810, parágrafo único, II).

2.2 Execução para entrega de coisa incerta

Quando se tratar de coisa determinada pelo **gênero e quantidade**[4] (uma vaca do rebanho de um grande criador, por exemplo), antes de proceder à execução propriamente dita é indispensável a escolha da coisa, ou seja, a concentração da obrigação. Essa peculiaridade caracteriza o procedimento da execução para entrega de coisa incerta, que é regulada pelos arts. 811 a 813. Quanto ao mais, tal execução rege-se pelas normas da execução para entrega de coisa certa (art. 813).

Competirá a escolha ao credor ou ao devedor, conforme dispuser o título. Se nada dispuser, a escolha pertencerá ao devedor (art. 244 do CC).

Pois bem. Se a escolha couber ao credor, competirá a ele indicar a coisa na petição inicial, seguindo-se a citação do devedor, para, dentro de quinze dias, satisfazer a obrigação ou apresentar embargos (art. 806), os quais, em regra, não terão efeito suspensivo (art. 919).

Cabendo a escolha ao devedor, este será citado para entregá-la individualizada (art. 811). Qualquer das partes poderá, em quinze dias, impugnar a escolha feita pela outra, e o juiz decidirá de plano ou, se necessário, ouvindo perito de sua nomeação (art. 812).

O devedor não está obrigado a escolher a melhor coisa, mas também não poderá dar a pior. Igualmente, o credor não pode escolher a melhor, nem está obrigado a aceitar a pior.

Procedimento semelhante é adotado quando se trata de prestação decorrente de **obrigação alternativa**.[5]

Nas obrigações alternativas, que podem ser de dar, fazer ou não fazer (por exemplo, o dever de construir uma casa ou pagar quantia equivalente ao seu valor), quando a escolha couber ao devedor, esse será citado para exercer a opção e realizar a prestação no prazo de dez dias, se outro prazo não lhe foi determinado em lei ou em contrato (art. 800). Se a escolha couber ao credor, a petição inicial da execução indicará a coisa a ser entregue (art. 800, § 2º).

---

[4] Para Barbosa Moreira, não há identidade entre "coisa incerta" e "coisa fungível", porquanto, tratando--se de coisas fungíveis, a qualidade de todas elas é sempre a mesma, de sorte que a escolha torna-se irrelevante. Assim, a execução para entrega de coisa fungível, que não seja dinheiro, será sempre para a entrega de coisa certa.

[5] Obrigação alternativa é a que contém duas ou mais prestações com objetos distintos, da qual o devedor se libera com o cumprimento de uma só delas, mediante escolha sua ou do credor.

JURISPRUDÊNCIA TEMÁTICA

Conversibilidade das várias espécies de execução

"Processo civil. Execução de entrega de coisa incerta. Conversão em execução de quantia certa. Possibilidade, desde que frustrada a procura do bem e apurado, em prévia liquidação, o valor da coisa. Doutrina. Recurso provido.

I – A execução para entrega de coisa incerta, após a escolha do bem, segue o rito previsto para a execução de coisa certa (arts. 621 e segs.).

II – O objetivo específico da execução para entrega da coisa é a obtenção do bem que se encontra no patrimônio do devedor (ou de terceiro). Caso não mais seja encontrado o bem, ou no caso de destruição ou alienação, poderá o credor optar pela entrega de quantia em dinheiro equivalente ao valor da coisa e postular a transformação da execução de coisa certa em execução por quantia certa, na linha do art. 627, CPC.

III – Indispensável, nessa hipótese, contudo, a prévia apuração do *quantum*, por estimativa do credor ou por arbitramento. Sem essa liquidação, fica inviável a conversão automática da execução para entrega da coisa em execução por quantia certa, mormente pelo fato que a execução carecerá de pressuposto específico, a saber, a liquidez"[6] (STJ, REsp 327.650/MS, 4ª T., Rel. Min. Sálvio de Figueiredo Teixeira, j. 26.08.2003).

Quadro esquemático 89 – Execução para a entrega de coisa

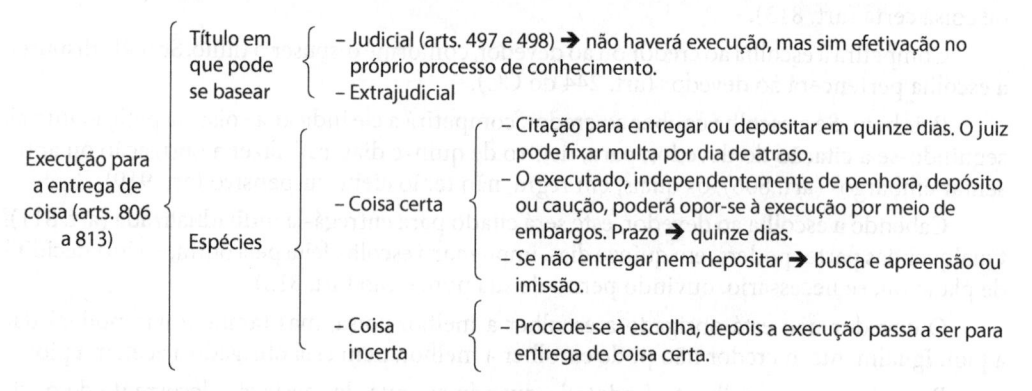

Execução para a entrega de coisa (arts. 806 a 813)		
Título em que pode se basear	– Judicial (arts. 497 e 498) ➔ não haverá execução, mas sim efetivação no próprio processo de conhecimento. – Extrajudicial	
Espécies	– Coisa certa	– Citação para entregar ou depositar em quinze dias. O juiz pode fixar multa por dia de atraso. – O executado, independentemente de penhora, depósito ou caução, poderá opor-se à execução por meio de embargos. Prazo ➔ quinze dias. – Se não entregar nem depositar ➔ busca e apreensão ou imissão.
	– Coisa incerta	– Procede-se à escolha, depois a execução passa a ser para entrega de coisa certa.

3. EXECUÇÃO DAS OBRIGAÇÕES DE FAZER E DE NÃO FAZER (ARTS. 814 A 823)

3.1 Considerações gerais

Obrigação de fazer é aquela em que o devedor se comprometeu a prestar um ato positivo, por exemplo, construir um muro, escrever um livro. **Obrigação de não fazer** é aquela em que o devedor assume o compromisso de se abster de praticar determinado ato, como não construir edifício com mais de três andares, não impedir a passagem do vizinho.

Quando os títulos judiciais (sentença ou acórdão) dirimem lide referente a tais modalidades de obrigação, na hipótese de procedência do pedido, não só contêm a condenação do réu, mas também um **mandamento**, uma ordem, no sentido de que o preceito seja imediatamente

---

[6] Os dispositivos citados no julgado correspondem, respectivamente, aos arts. 806 e 809 do CPC/2015.

cumprido ou efetivado, independentemente de instauração de processo executivo. O inadimplemento do comando judicial sujeita o devedor ao pagamento de **multa periódica** (*astreinte*) ou a outras medidas previstas no art. 536 (por exemplo, busca e apreensão, remoção de pessoas e coisas, desfazimento de obras, impedimento de atividade nociva. Caso necessário, é possível a requisição de força policial).

Tratando-se de título executivo extrajudicial, como não há prévia condenação, o despacho de recebimento da petição inicial é que conterá o mandamento relativo ao cumprimento da obrigação pactuada, sob pena de multa (art. 814).

As normas previstas nos arts. 814 a 823, que serão objeto da nossa análise nos itens a seguir, aplicam-se tão somente às obrigações de fazer e de não fazer constantes de títulos executivos extrajudiciais.

3.2 Execução das obrigações de fazer

Quando o objeto da execução for obrigação de fazer (pouco importa a natureza da prestação), o executado será citado para satisfazê-la no prazo que o juiz lhe assinar, se outro não estiver determinado no título (art. 815). O juiz, ao despachar a inicial, determinando a citação, fixará **multa por dia de atraso no cumprimento da obrigação** e a data a partir da qual será devida (art. 814), independentemente de previsão no título. O valor da multa fixada pelo juiz pode ou não corresponder ao eventualmente previsto no título, cabendo, em qualquer hipótese, a elevação ou a redução, sempre tendo em vista o objetivo da sanção, que é sensibilizar o devedor de que vale a pena cumprir a obrigação no prazo assinado (art. 814, parágrafo único). Não cumprido o preceito a tempo e modo, devida é a multa.

Cabe ressaltar que a **Súmula nº 410 do STJ**, segundo a qual "a prévia intimação do devedor constitui condição necessária para a cobrança de multa pelo descumprimento de obrigação de fazer ou não fazer", foi inicialmente considerada superada, pois a regra geral é no sentido de que devedor será intimado, pelo *Diário da Justiça*, na pessoa do advogado constituído. Ocorre que, como já registrado no capítulo sobre o cumprimento de sentença – execução de título judicial –, o STJ considerou que mesmo com a redação do art. 513, § 2º, I, aplicável à execução de título extrajudicial, persiste a necessidade de prévia intimação pessoal do devedor para a cobrança de multa pelo descumprimento de obrigação de fazer ou não fazer, não sendo suficiente a intimação por meio de advogado constituído nos autos (STJ, EREsp 1.360.577-MG, Corte Especial, Rel. Min. Humberto Martins, Rel. p/ acórdão Min. Luis Felipe Salomão, j. 19.12.2018).

Também na execução de obrigação de fazer ou de não fazer constituída por meio de título extrajudicial (um contrato, por exemplo) não é necessária a prévia intimação do devedor para cobrança da multa, já que, nos termos do art. 814 este é citado para satisfazer a obrigação – isto é, fazer, abster-se de fazer ou desfazer aquilo a que se obrigou a não fazer – e o juiz, já no despacho da petição inicial, fixa a multa e a data a partir da qual ela será devida.

Dois modelinhos de despacho não fazem mal a ninguém; até o juiz dele se utiliza, e muito ajuda o estudante a compreender a dinâmica processual. **Obrigação de fazer**: "Cite-se o executado para adimplir a obrigação constante no título no prazo de 20 dias. Fixo multa de R$ 500,00 por dia de descumprimento a partir do término do prazo indicado (arts. 814 e 815)". **Obrigação de não fazer**: "Cite-se o executado para, no prazo de 30 dias, desfazer o muro erguido na divisa entre dos lotes 66 e 67 do Condomínio Terra de Ninguém, cuja construção os confrontantes se obrigaram a não erguer, conforme contrato que instrui a inicial, sob pena do pagamento de multa de R$ 500,00 por dia de descumprimento, a contar do termo do prazo assinado (arts. 814 e 822)".

A obrigação de não fazer será abordada separadamente, no tópico seguinte. Para melhor compreensão do leitor, vale o adiantamento do tema. É de observar que, exatamente como ocorre com a execução para entrega de coisa, também o procedimento da execução das obrigações de fazer e não fazer contempla um sistema misto de **coerção e sub-rogação**.

Citado, o devedor pode satisfazer a obrigação, fazendo o que se obrigou, no prazo assinado. Nesse caso, porque extinta a obrigação, cabe ao juiz apenas declarar a extinção do processo executivo (art. 924, II).

Em vez de praticar o ato, o devedor pode opor embargos, os quais, em regra, não têm efeito suspensivo (art. 919). O prazo é de 15 dias e será contado na forma do art. 231. Lembre-se que, diferentemente do CPC/1973, a nova legislação **não** impede que a citação nos processos executivos seja realizada por correio (art. 222 do CPC/1973; art. 247 do CPC/2015).

Caso o executado não satisfaça a obrigação nem oponha embargos (ou sejam estes rejeitados), é lícito ao credor, nos próprios autos do processo, requerer que o "fazer" ou o "desfazer" seja executado à custa do executado, ou haver perdas e danos, caso em que ela se converte em indenização (art. 816). As perdas e danos serão apuradas em liquidação, seguindo-se a execução para cobrança da quantia certa apurada (art. 816, parágrafo único).

Nem sempre, entretanto, é possível satisfazer a obrigação, por intermédio de outra pessoa, à custa do devedor. É que as obrigações de fazer podem ser de dois tipos: obrigações de fazer com **prestação fungível** e obrigações de fazer com **prestação não fungível**.

Prestação **fungível** é aquela que pode ser satisfeita por pessoa diversa do devedor, por exemplo, a construção de um muro ou o conserto de um automóvel. Nessa hipótese, interessa ao credor apenas o resultado final da atividade.

Não fungível é a obrigação que somente pode ser satisfeita pelo devedor, seja em razão de suas habilidades, seja em razão dos termos do contrato (art. 821). A pintura de um quadro por um pintor famoso e prestação de serviço em razão de contrato de trabalho constituem exemplos de obrigação não fungível. Nessa modalidade de obrigação, havendo recusa ou mora do devedor, poderá o credor requerer a conversão em perdas e danos (art. 821, parágrafo único).

Assim, tratando-se de prestação fungível, a obrigação pode ser adimplida pelo próprio devedor ou por terceiro, à custa do devedor, ou converter-se em perdas e danos. No caso de prestação não fungível, ou a obrigação é satisfeita pelo devedor ou converte-se em perdas e danos.

Como já salientamos, em ambas as modalidades de prestação o legislador prestigia a realização específica da obrigação. Exemplo: se Roberto Carlos se obrigou a cantar e não compareceu, existem medidas coercitivas, como a imposição de multa, no sentido de obrigá-lo a cumprir o trato. Se, a despeito da imposição de medidas coercitivas, o credor não lograr êxito em ver a obrigação satisfeita, só lhe resta cobrar perdas e danos, sem prejuízo da pena pecuniária.

Voltemos à execução das obrigações com prestação fungível. Nesse caso, havendo opção pela execução à custa do devedor, o credor apresentará proposta que, ouvidas as partes, será submetida à aprovação do juiz (art. 817, parágrafo único). Aprovada a proposta, o exequente adiantará as quantias nela previstas, para pagamento do contratante, prestador do fato. Se o credor quiser executar, ou mandar executar, sob sua direção e vigilância, as obras e trabalhos necessários à prestação do fato, terá preferência, em igualdade de condições de oferta, ao terceiro (art. 820).

Vale frisar que quando a obrigação puder ser cumprida por terceiro, mediante autorização do juiz, isso não significa dizer que o terceiro está necessariamente obrigado como se devedor fosse. O art. 817 deve ser lido de modo a exigir tanto requerimento do credor, como anuência do terceiro e prévia autorização judicial. Se o terceiro se recursar, não pode ser forçado a cumprir a obrigação. Sua anuência e concordância é, portanto, essencial.[7]

---

[7] Nesse sentido: STJ, 1ª Turma, AREsp 2.279.703/SP, Rel. Min. Gurgel de Faria, j. 01.10.2024.

3.3 Execução das obrigações de não fazer

Na verdade, o objeto da execução da obrigação de não fazer consiste num ***desfazer***. Se o executado praticou o ato, a cuja abstenção estava obrigado pela lei ou pelo contrato, o exequente requererá ao juiz que lhe assine prazo para desfazê-lo (art. 822).

O juiz, ao despachar a inicial, determinando a citação, fixará multa por período de atraso no cumprimento da obrigação e a data a partir da qual será devida (art. 814), independentemente de previsão no título.

Se o devedor, citado, desfizer o que fez contrariando o contrato, extingue-se a obrigação. Mas, se ele não desfizer, temos de distinguir duas situações:

- se a prestação negativa for daquelas que a doutrina denomina de **instantânea**, por exemplo, a decorrente de obrigação de não cantar num determinado local, em face da impossibilidade de se retornar ao *status quo ante*, a obrigação resolve-se em **perdas e danos**, caso em que, após a liquidação (se necessário), se observará o procedimento relativo à execução por quantia certa (art. 823);

- já a execução da obrigação de não fazer **permanente** (por exemplo, a pessoa se obrigou a não construir e constrói) pode ser **executada especificamente**, com o desfazimento do que se fez, ou pela conversão em perdas e danos. Quanto ao desfazimento, pode ser realizado por terceiro, à custa do devedor, aplicando-se o art. 816 e seguintes.

Qualquer que seja a natureza da prestação executada, é lícito ao devedor opor embargos no prazo de 15 dias, contado, conforme o caso, na forma do art. 231.

Quadro esquemático 90 – Execução das obrigações de fazer e de não fazer

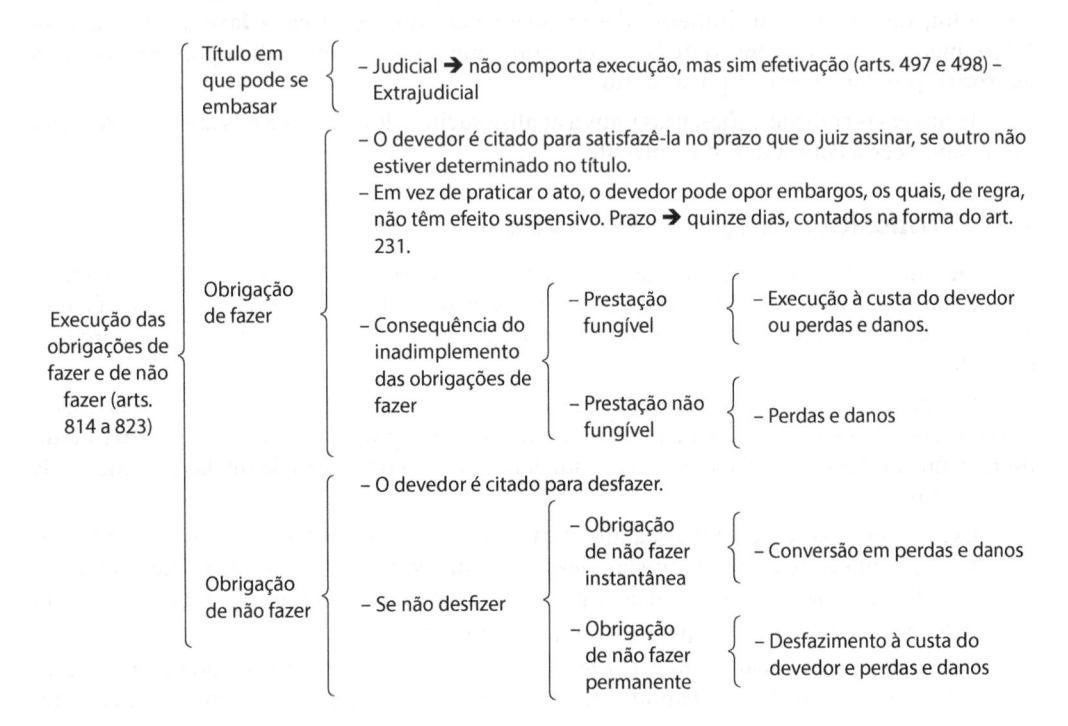

Execução das obrigações de fazer e de não fazer (arts. 814 a 823)

- **Título em que pode se embasar**
  - Judicial → não comporta execução, mas sim efetivação (arts. 497 e 498) – Extrajudicial

- **Obrigação de fazer**
  - O devedor é citado para satisfazê-la no prazo que o juiz assinar, se outro não estiver determinado no título.
  - Em vez de praticar o ato, o devedor pode opor embargos, os quais, de regra, não têm efeito suspensivo. Prazo → quinze dias, contados na forma do art. 231.
  - Consequência do inadimplemento das obrigações de fazer
    - Prestação fungível → Execução à custa do devedor ou perdas e danos.
    - Prestação não fungível → Perdas e danos.

- **Obrigação de não fazer**
  - O devedor é citado para desfazer.
  - Se não desfizer
    - Obrigação de não fazer instantânea → Conversão em perdas e danos
    - Obrigação de não fazer permanente → Desfazimento à custa do devedor e perdas e danos

4. EXECUÇÃO POR QUANTIA CERTA (ARTS. 824 A 909)

4.1 Considerações gerais

A execução por quantia certa tem como fundamento a obrigação de dar. Há, todavia, uma peculiaridade no objeto da obrigação que a distingue das demais obrigações de entregar coisa, influenciando o rito procedimental. Na obrigação de pagar quantia, **a prestação consiste em dinheiro, coisa fungível por excelência**, e, sendo assim, a execução visa expropriar bens do executado (art. 824). Em razão da natureza da prestação, o legislador houve por bem dedicar a essa modalidade de execução um capítulo próprio, separando-a da execução para entrega de outras coisas (móveis ou imóveis).

Se a execução é de dar (ou entregar) dinheiro, denomina-se "por quantia certa", que pode ser contra devedor solvente ou insolvente. Diz-se solvente o devedor ou o responsável cujo patrimônio é suficiente para saldar suas dívidas; em outras palavras, cujo ativo é superior ao passivo. Insolvente é o devedor ou responsável cujo passivo supera o ativo.

A execução por quantia certa contra devedor solvente, por ser a mais utilizada na prática, tem regulamentação mais minuciosa, que serve de fonte subsidiária para outras modalidades de execução.

Já dissemos que, em princípio, a execução visa entregar ao credor a **prestação específica** (a coisa, o "fazer" ou "não fazer" a que o devedor se obrigou), exatamente aquilo que lhe pertence, em razão de contrato, de sentença ou de lei. Como nem sempre é possível ao Estado alcançar a satisfação específica das obrigações, mormente tratando-se de obrigações de entregar coisa não fungível, de fazer e de não fazer, surgem as obrigações de entregar dinheiro, como substitutivas daquelas outras modalidades. Assim, a execução por quantia certa pode decorrer de **dívida pecuniária originária** (fixada no título executivo) e também de **conversão das obrigações de entregar coisa, fazer e não fazer em perdas e danos** (arts. 809, 816, 821, parágrafo único, e 823).

O procedimento da execução por quantia certa, que, em regra, culmina com a entrega, ao credor, de quantia em dinheiro, desenvolve-se em quatro fases: a **fase da proposição** (ajuizamento), a da **apreensão de bens** (penhora, que pode ser antecedida por arresto), a da **expropriação** (leilão) e a do **pagamento**.

Feitas essas considerações, passamos à análise sucinta de cada uma das fases da execução por quantia certa contra devedor solvente.

4.2 Proposição da ação de execução

Definida a situação jurídica, seja no título judicial ou extrajudicial, pode o devedor adimplir ou não a obrigação estabelecida. Não satisfeita voluntariamente a obrigação, a lei faculta ao credor a possibilidade de exigir a intervenção estatal com vistas ao cumprimento coercitivo desse dever.

Entretanto, a intervenção do Estado com a finalidade de obter a realização do direito material (no caso, o recebimento da quantia em dinheiro) pressupõe a **provocação**. O **princípio da inércia**, que norteia a atuação dos órgãos judiciários, veda a prestação de tutelas jurisdicionais de ofício (art. 2º).

Exceto em casos excepcionais, a jurisdição não age de ofício. Sendo assim, tal como no processo de conhecimento e no cautelar, deve o credor requerer a execução, o que é feito por meio de petição inicial escrita, a qual deve preencher os requisitos previstos nos arts. 319 e 320, bem como as normas especiais que regem o processo executivo.

Consoante determinação do art. 798, a petição inicial deve ser instruída com o título executivo extrajudicial, com o demonstrativo do débito atualizado até a propositura da ação, com a prova de que se verificou a condição ou ocorreu o termo, bem como com a comprovação quanto ao adimplemento de eventual contraprestação.

O credor poderá, na inicial da execução, indicar bens a serem penhorados (art. 798, II, "c"). Trata-se, evidentemente, de faculdade, não de ônus, até porque pode ser que o credor não tenha conhecimento da propriedade de bens pelo devedor.

Assim, instruída com o demonstrativo do débito e, se possível, contendo a indicação de bens, a petição inicial da execução é levada à distribuição.

4.2.1 Averbação da execução nos registros públicos

A chamada "**averbação premonitória**" foi introduzida no ordenamento processual pelo art. 615-A, inserido no CPC/1973 pela Lei nº 11.382/2006. O dispositivo instituiu mais uma hipótese de averbação, junto às que já estavam previstas no art. 167, II, da Lei de Registros Públicos.

De acordo com a redação do art. 615-A do CPC/1973, "o exequente poderá, no ato da distribuição, obter certidão comprobatória do ajuizamento da execução, com identificação das partes e valor da causa, para fins de averbação no registro de imóveis, registro de veículos ou registro de outros bens sujeitos à penhora ou arresto". Tal averbação tem por fim estabelecer presunção absoluta de má-fé do adquirente nas hipóteses de fraude à execução.

O Código de Processo Civil atual mantém o instituto, mas com uma importante diferença: a obtenção dessa certidão só será possível **após a execução ser admitida pelo juiz natural** (ou seja, após o juízo de admissibilidade) (art. 828). Não basta, portanto, o mero ajuizamento da execução, como previa o Código anterior. Em termos práticos, vejamos como era e como ficou esse procedimento:

- **CPC/1973:** o exequente, tão logo ajuizada a execução, pode requerer a certidão de distribuição do processo no setor de distribuição do Fórum ou na secretaria da vara, a depender do trâmite adotado pelo judiciário local. **A averbação independerá de mandado judicial**, bastando a certidão de distribuição da execução. O problema aqui é o seguinte: corre-se o risco de o distribuidor emitir certidão mesmo que a petição inicial esteja incompleta, porquanto cabe apenas ao juiz verificar se há (ou não) necessidade de emenda;

- **CPC/2015:** o exequente poderá obter a certidão somente **depois de o juiz exarar o despacho inicial de citação do executado** – com a ordem de citação pressupõe-se que o juiz admitiu a execução. Assim, se o exequente propuser a demanda executiva e o juiz determinar a emenda da petição inicial na forma do art. 801, somente depois de nova apreciação judicial é que ele poderá pleitear a expedição da certidão. Não há, no entanto, necessidade de mandado judicial (decisão judicial) determinando a averbação.

A certidão poderá ser averbada pelo credor em **qualquer cartório de registro público** em que se observe a existência de bens em nome do executado (Cartórios de Registro de Imóveis, DETRAN, Comissão de Valores Mobiliários etc.), podendo recair sobre todas as espécies de bens sujeitos à penhora (imóveis, móveis, ações, quotas sociais etc.).

O exequente deverá **comunicar ao juízo as averbações efetivadas**, no prazo de dez dias de sua concretização (art. 828, § 1º). À falta de sanção, forçoso é concluir que se trata de faculdade, não de ônus do exequente, apesar da utilização do verbo "dever". Caso não faça a comunicação, nenhuma consequência jurídica haverá. Além disso, a falta de comunicação não atingirá a eficácia da averbação em relação a terceiros. As averbações porventura efetivadas surtirão efeito até a formalização da penhora (art. 828, § 2º), haja ou não comunicação ao juízo.

Anote que a averbação premonitória não equivale à penhora e, por isso, não induz qualquer espécie de preferência do credor.[8]

De acordo com o CPC/1973, após a efetivação da penhora sobre bens suficientes para cobrir o valor da execução, deveriam ser canceladas as averbações relativas aos bens que não tivessem sido penhorados. Não havia, porém, nenhum prazo para o referido cancelamento.

O CPC/2015, na tentativa de evitar prejuízos desnecessários ao executado, determinou que o **cancelamento das averbações** relativas aos bens não penhorados será de responsabilidade do exequente, que deverá fazê-lo no prazo de 10 dias após a formalização da penhora. Caso o cancelamento não seja realizado nesse prazo, o juiz poderá determiná-lo de ofício ou mediante requerimento do executado (art. 828, § 3º).

Tratando-se de bens imóveis, o cancelamento da averbação depende de requerimento ao tabelionato competente, que normalmente exige a apresentação de mandado judicial para efetivar o procedimento. Sendo assim, o prazo previsto na nova legislação (10 dias) não serve para que se conclua o cancelamento, mas para que o exequente (credor) o requeira perante a autoridade judiciária competente.

Ainda sobre a averbação da execução, dispõe o § 5º do art. 828 que o exequente que promover averbação **manifestamente indevida,** ou não a cancelar na forma do § 2º do art. 828, indenizará a parte contrária, processando-se o incidente em autos apartados, não havendo necessidade de propositura de ação condenatória, a menos que se trate de terceiros.

Manifestamente indevida significa que a averbação era notoriamente desnecessária. Por exemplo, procedeu-se à averbação na matrícula de determinado imóvel cujo valor é mais do que suficiente para garantir a execução. As averbações posteriores, dependendo do caso concreto, podem ser reputadas manifestamente indevidas.

A responsabilidade do exequente por danos causados ao executado ou a terceiros, em razão de indevida averbação, é objetiva. Dispensa-se a demonstração de culpa. Basta ao executado, na própria ação de execução, requerer a indenização, mediante comprovação dos danos (que podem ser apurados incidentalmente) e do nexo de causalidade. Quando formulado pelo próprio executado ou alguma outra parte na execução, é incidental, com autuação em apartado. Aliás, a regra geral que se extrai dos arts. 776 e 520, I, é que a responsabilidade decorrente de atos executivos indevidos, seja no cumprimento de sentença ou na execução de títulos extrajudiciais, é objetiva.

Por fim, cabe uma distinção: essa averbação não tem o mesmo efeito da penhora e, sendo assim, não é capaz de gerar direito de preferência. "Efetivada a averbação, será efetivada, também, a publicidade perante terceiros do ajuizamento da execução. Contudo, a referida averbação não se equivale à penhora, não gerando crédito preferencial à parte exequente. Trata-se de simples anotação para afastar futura alegação de boa-fé do terceiro adquirente".[9]

4.3 Cognição preliminar, citação, pagamento, arresto e penhora

Distribuída, registrada e autuada a petição inicial, os autos são conclusos ao juiz. O juiz então procede à cognição preliminar, consistente em verificar a presença dos requisitos da ação

---

[8] Nesse sentido: STJ, REsp 1.334.635/RS, 4ª Turma, Rel. Min. Antônio Carlos Ferreira, j. 19.09.2019, *DJe* 24.09.2019.

[9] DALL'AGNOL JÚNIOR, Antonio Janyr. USTÁRROZ, Daniel. Sentido da averbação premonitória e o alcance da tutela constitucional do bem de família: inteligência do Artigo 828 do NCPC/2015 [Parecer]. *Revista Síntese*: Direito de Família, São Paulo, v. 18, n. 104, p. 218-237, out./nov. 2017. No mesmo sentido o REsp Nº 1.334.635 – RS, de relatoria do Min. Antonio Carlos Ferreira, *DJE* 24.09.2019).

executiva e em controlar eventual cláusula de eleição de foro abusiva (art. 63, § 3º). Se constatada a ocorrência da prescrição da pretensão executiva, o juiz não pode extinguir a execução sem que antes seja oportunizada a manifestação do exequente, por força da regra geral prevista no art. 10. O parágrafo único do art. 487, aplicável ao processo de execução, manda ouvir as partes. Exagero à parte, creio que ouvindo o exequente (ou o autor no processo de conhecimento) já está de bom tamanho. A regra – nem tudo que chamam de princípio tem essa natureza – do contraditório terá sido observada. Nem tudo que reluz é ouro; nem todo princípio deve ser observado. Exigir a intimação do réu antes de declarar a prescrição quando se permite que o juiz julgue liminarmente improcedente uma demanda, inclusive por esse fundamento (art. 332, § 1º), parece um exagero. Coisa de quem sequer imagina o volume de trabalho que passa pela secretaria de uma vara e deságua na mesa do juiz.

Estando em termos a petição inicial ou levada a efeito a emenda determinada (art. 801), o juiz "despachará" a inicial.[10] Ao exercer a cognição prévia, o juiz fixará, de plano, os **honorários de advogado**, na forma do art. 827. O percentual será de 10% sobre o valor da execução, não vigorando mais a regra do CPC/1973 que permitia o arbitramento segundo apreciação equitativa do juiz (art. 652-A, parte final). Continua, no entanto, existindo a possibilidade de redução do valor pela metade, caso o devedor (executado) pague a dívida no prazo legal (3 dias) (art. 827, § 1º, do CPC/2015; art. 652-A, parágrafo único, do CPC/1973) – nessa hipótese, os honorários definitivos da execução serão fixados em 5% sobre o valor do crédito exequendo.

Nesse ponto, vale ressaltar que se houver acordo entre as partes, após o "despacho" da inicial da execução, ainda assim os honorários poderão ser cobrados. Imagine que logo após a citação, o executado constitui advogado para apresentação de embargos. No decorrer do processo, revogou os poderes do causídico, constituindo um novo patrono, que firmou acordo com o exequente, mas nada dispôs sobre os honorários sucumbenciais. Nessa hipótese, a decisão inicial que arbitrou os honorários poderá ser considerada título executivo, cobrável pelo primeiro advogado nos próprios autos.[11]

O Código permite, ainda, a **majoração dos honorários**, até o limite de 20%, caso os embargos sejam rejeitados ou não tenham sido opostos pelo executado (art. 827, § 2º). Neste caso, os honorários serão majorados segundo trabalho realizado pelo advogado, semelhante ao que ocorre no procedimento comum (art. 85, § 2º, do CPC/2015). Trata-se, portanto, de inovação que visa proteger a remuneração do advogado. Em suma, podem ocorrer as seguintes situações:

- **Executado paga integralmente o débito no prazo de 3 (três) dias**: a verba honorária será reduzida pela metade (5%) (art. 827, § 1º);
- **Executado paga integralmente o débito *após* o prazo legal**: prevalece a verba fixada inicialmente (art. 827, *caput*);
- **Executado paga parcialmente o débito no prazo legal ou após o prazo**: a verba honorária não será reduzida pela metade, cabendo ao juiz fixar o percentual dos honorários com base no saldo devedor remanescente, sendo possível a majoração na forma do § 2º do art. 827;

---

[10] Embora o art. 827 (art. 652-A do CPC/1973) mencionasse despacho, na verdade tratava-se de decisão interlocutória, porquanto, ao "despachar" a inicial, o juiz, embora implicitamente, decide uma gama de questões incidentes, sem falar que a decisão que determina a citação, uma vez efetivado o ato citatório, interrompe a prescrição. A toda evidência, não cabe agravo contra tal decisão, uma vez que o rito procedimental contempla os embargos à execução, meio pelo qual pode o devedor opor todas as defesas cabíveis.

[11] STJ, 3ª Turma, REsp 1.819.956/SP, Rel. Min. Ricardo Villas Bôas Cueva, Rel. Acd. Min. Marco Aurélio Bellizze, j. 10.12.2019, *Informativo* 663.

- **Executado não paga nem põe embargos:** a verba honorária fixada inicialmente (10%) pode ser aumentada (até 20%), levando-se em consideração o trabalho realizado pelo advogado do exequente (art. 827, § 2º, parte final);
- **Executado não paga e opõe embargos:** se os embargos foram rejeitados, prevalece a regra que permite a majoração (art. 827, § 2º). Por outro lado, em caso de sucesso dos embargos, haverá a desconstituição do título exequendo e, consequentemente, interferência na verba honorária. Isso porque, como o resultado dos embargos influencia no resultado da execução, a fixação inicial dos honorários sucumbenciais (art. 827) tem apenas caráter provisório, de modo que a desconstituição do título impedirá a cobrança de honorários pelo exequente.[12]

Porque o processo executivo tem por fim a simples realização do direito já definido no título exequendo, a citação não é para que o réu se defenda, mas sim para que efetive o pagamento no prazo de três dias (art. 829). **O CPC/2015 permite que essa citação seja realizada por correio, diferentemente do CPC/1973**, que vedava essa espécie de comunicação no processo de execução autônomo (art. 247 do CPC/2015; art. 222 do CPC/1973). Também é possível a citação por meio eletrônico, o qual, a propósito, tornou-se preferencial após a entrada em vigor da Lei nº 14.195/2021.

---

[12] Veja o entendimento do STJ nesse mesmo sentido: "Os honorários sucumbenciais fixados no despacho inicial de execução de título extrajudicial (art. 652-A do CPC) não podem ser cobrados do exequente, mesmo que, no decorrer do processo executivo, este tenha utilizado parte de seu crédito na arrematação de bem antes pertencente ao executado, sem reservar parcela para o pagamento de verba honorária. A legislação estabelece que os honorários sucumbenciais, assim como os incluídos na condenação por arbitramento, constituem direito do advogado, podendo ser executados autonomamente (art. 23 da Lei 8.906/1994). Cabe ressaltar, entretanto, que o pagamento dos honorários sucumbenciais cabe ao sucumbente (art. 20 do CPC). Essa orientação fica ainda mais clara no livro processual que trata especificamente da execução de título extrajudicial, no ponto em que define a quem cabe o pagamento da verba honorária a ser fixada no início do procedimento executivo, nos moldes do art. 652-A: 'Ao despachar a inicial, o juiz fixará, de plano, os honorários de advogado a serem pagos pelo executado (art. 20, § 4º)'. A propósito do tema em análise, cabe ressaltar que a jurisprudência do STJ está consolidada no sentido de reconhecer que os honorários constituem direito do advogado, podendo ser executados autonomamente, e que o comando judicial que fixa os honorários advocatícios estabelece uma relação de crédito entre o vencido e o advogado da parte vencedora (REsp 1.347.736-RS, Primeira Seção, DJe 15/4/2014). Essa obrigação impõe ao vencido o dever de arcar com os honorários sucumbenciais em favor do advogado do vencedor. Ademais, não se pode olvidar a natureza provisória dos honorários sucumbenciais fixados na inicial da execução de título extrajudicial. Essa provisoriedade pode, inclusive, afetar a liquidez da execução dessa verba. Conforme visto, o art. 652-A do CPC determina que o juiz, ao despachar a inicial, fixará, de plano, os honorários sucumbenciais a serem pagos pelo executado. Não obstante, é possível que essa verba seja arbitrada em valor único quando do julgamento dos embargos à execução, hipótese em que abarcará a verba de sucumbência relativa às condenações na ação executiva e nos embargos à execução, ainda que no despacho inaugural da execução tenham sido fixados honorários provisórios. Isso porque os efeitos dos embargos à execução transbordam os limites da ação de rito ordinário para atingir o próprio feito executivo, o que implica reconhecer que a autonomia dessas ações não é absoluta. O sucesso dos embargos importa a desconstituição do título exequendo e, consequentemente, interfere na respectiva verba honorária. Assim, tendo em vista que o resultado dos embargos influencia no resultado da execução, a fixação inicial dos honorários sucumbenciais na execução tem apenas caráter provisório. Daí por que deve ser afastada a tese de que os honorários sucumbenciais, no presente caso, deveriam ser cobrados do exequente" (STJ, REsp 1.120.753/RJ, Rel. Min. Ricardo Villas Bôas Cueva, j. 28.04.2015, DJe 07.05.2015). O acórdão menciona dispositivos do CPC/1973, mas a ideia pode ser aplicada ao Código atual.

O prazo para pagamento (três dias) começa a contar a partir do dia em que se efetivar a citação (art. 829, parte final),[13] pouco importa que esta tenha sido feita pelo correio ou por oficial de justiça. Não se aplica aqui a regra do art. 231, segundo o qual, entre outras hipóteses, "considera-se dia do começo do prazo" a data da juntada aos autos do mandado de citação, da juntada de outros instrumentos citatórios. Assim, se o executado é citado numa terça-feira (pelo oficial de justiça ou pelo carteiro), seu prazo começa a correr a partir da quarta-feira, por força da regra geral prevista no art. 224. Caso a citação ocorra por meio eletrônico, entendemos que a contagem deve observar, **em parte**, o disposto no art. 231, IX. Por uma questão de coerência e, ainda, considerando que a regra do art. 829, parte final, é especial do processo executivo, parece-nos que o prazo para pagamento ocorrerá, na hipótese de citação por meio eletrônico, a partir do dia em que houve **a confirmação do recebimento da comunicação**, não sendo o caso de estabelecer o termo inicial somente após o quinto dia útil, conforme previsto no art. 231, IX.

Findo o prazo legal (três dias úteis[14]), o oficial de justiça realizará a penhora e avaliação dos bens, sem a necessidade de nova ordem judicial, porquanto no próprio mandado de citação já deve conter a ordem de penhora e avaliação (art. 829, § 1º). Na prática, o oficial de justiça guarda consigo o mandado e aguarda o transcurso do prazo para pagamento. Não pago o débito no prazo de três dias, procede à penhora em bens do devedor. Pode ocorrer, contudo, de a citação ter sido feita pelo correio, por carta precatória, por edital ou por meio eletrônico – o art. 246 prevê as modalidades de citação e as circunstâncias em que elas podem incidir, não havendo restrição alguma quanto ao processo de execução. Nesses casos, embora não se afaste o impulso oficial – o que significa que, ultrapassado o prazo para pagamento, o juiz, de ofício, pode determinar a penhora –, recomenda-se que o exequente peticione no sentido de que se proceda à penhora. O advogado é o guardião-mor do processo e dos interesses da parte que representa. Essa é a sua missão constitucional. Age com ética, mas não coopera com a parte adversa, tampouco espera a cooperação do juiz.

A penhora deve incidir, como regra, sobre os bens indicados pelo exequente na petição inicial (art. 798, II, "c", c/c o art. 829, § 2º, primeira parte). Pode o executado, no entanto, indicar bens à penhora distintos daqueles apresentados pelo exequente.[15] A substituição dos bens penhorados condiciona-se à demonstração da menor onerosidade (art. 805) e da ausência de

---

[13] Na vigência do CPC/1973, a jurisprudência já vinha se manifestando nesse sentido: "Agravo de instrumento. Execução de título extrajudicial. Arts. 652 e 652-A do CPC. Prazo de 03 (três) dias para integral pagamento. Termo inicial. Citação. Ausência de pagamento no prazo legal. Redução pela metade dos honorários advocatícios inicialmente fixados. Descabimento. I. O termo inicial da contagem do prazo de 03 (três) dias para integral pagamento é a data de citação do executado e não a juntada do mandado de citação aos autos. II. Não concretizado o pagamento integral no prazo de 03 (três) dias previsto no artigo 652-A, do CPC, a contar da citação, não há falar em redução pela metade dos honorários advocatícios. Agravo de Instrumento desprovido" (TJ-PR, 8346789/PR 834678-9 (Acórdão), 16ª Câmara Cível, Rel. Des. Paulo Cezar Bellio, j. 04.07.2012).

[14] Como já registrado, o prazo para pagamento foi considerado pelo Superior Tribunal de Justiça de natureza processual, de modo que à sua contagem deve ser aplicada a regra do art. 219 do CPC (REsp 1.693.784/DF, j. 28.11.2017). A decisão, embora proferida em processo envolvendo título executivo judicial, tem cabimento no processo de execução tratado neste capítulo, já que a ideia é a mesma.

[15] Há entendimento doutrinário no sentido de que esse dispositivo vai de encontro à lógica da execução, pois ela deveria ser realizada no interesse do exequente (THEODORO JÚNIOR, Humberto. A execução forçada no projeto do novo Código de Processo Civil. In: ROSSI, Fernando; RAMOS, Glauco Gumerato; GUEDES, Jefferson Carús; DELFINO, Lúcio; MOURÃO, Luiz Eduardo Ribeiro (Coord.). *O futuro do processo civil no Brasil*: uma análise crítica ao projeto do CPC/2015. Belo Horizonte: Fórum, 2011).

prejuízo ao exequente – critérios que são reforçados pelo novo art. 847. Depende, ainda, de apreciação judicial, não podendo o oficial de justiça penhorar bem indicado pelo executado se não houver prévia autorização do juízo.

Se o oficial de justiça não encontrar o devedor para citá-lo, arrestar-lhe-ão tantos bens quantos bastem para garantir a execução (art. 830). Nos dez dias seguintes à efetivação do arresto, o oficial de justiça procurará o executado duas vezes em dias distintos para tentar realizar a citação; não o encontrando, e havendo suspeita de sua ocultação, realizará a citação com hora certa,[16] certificando o ocorrido (art. 830, § 1º). Esse **arresto prévio** pode ocorrer sobre qualquer bem do patrimônio do devedor. O STJ já admitiu, inclusive, aquilo que designou por "arresto prévio on-line": "frustrada a tentativa de localização do executado, é admissível o arresto de seus bens na modalidade on-line". Nessa hipótese, concretizando-se "a citação, qualquer que seja a sua modalidade, se não houver o pagamento da quantia executada, o arresto será convertido em penhora" (REsp 1.370.867, 4ª Turma, Rel. Min. Antonio Carlos Ferreira, *DJ* 15.08.2013).

Se a citação por hora certa não lograr êxito, deverá o exequente requerer a citação por edital (art. 830, § 2º) para que, aperfeiçoada a citação ficta, inicie-se a contagem do prazo de 3 dias para pagamento (art. 829, *caput*).

Citado e não efetuado o pagamento no prazo de três dias, passa-se à fase da apreensão de bens, que em última análise consiste na penhora, cujo fim é a satisfação do crédito. A penhora pressupõe citação, em qualquer uma de suas modalidades. Antes da citação admite-se o arresto cautelar, levado a efeito pelo próprio oficial de justiça, ainda que sem ordem expressa do juiz. Não encontrado o devedor para citá-lo, *ope legis*, o oficial procede ao arresto dos bens. Essa modalidade de arresto só é cabível na hipótese de citação por oficial de justiça. Feita a citação por outros meios (correio, edital e eletrônico, por exemplo), o oficial de justiça procede à penhora, não ao arresto. Nada obsta que o exequente, antes mesmo de iniciar o processo executivo, requeira tutela cautelar (de arresto) em caráter antecedente (arts. 305 a 308).

Denomina-se penhora[17] o ato pelo qual se apreendem bens para empregá-los, de maneira direta ou indireta, na satisfação do crédito exequendo.

Diz-se que o bem é empregado diretamente na satisfação do crédito quando o credor o adjudica ou dele usufrui até a quitação da dívida exequenda; é empregado indiretamente quando é o produto da alienação do bem (por iniciativa particular ou em hasta pública) que satisfaz o crédito.

A penhora, qualquer que seja o bem objeto da constrição, em regra, é feita por oficial de justiça. Tanto pode ocorrer na forma prevista no art. 829 – quando o credor ou o próprio devedor indica o(s) bem(ns) a ser(em) penhorado(s) – como quando o oficial de justiça, por não encontrar o devedor, realiza o arresto dos bens necessários à satisfação do crédito e, posteriormente à efetivação do ato citatório, o procedimento é convertido em penhora (art. 830,

---

[16] O § 1º do art. 830 está em consonância com o entendimento construído pela doutrina e pela jurisprudência, que já admitiam a realização de citação por hora certa do devedor/executado na sistemática do CPC/1973. Nesse sentido: ASSIS, Araken. *Manual da execução*. 10. ed. São Paulo: RT, 2006. "Processual civil. Agravo regimental. Embargos de declaração. Recurso especial. Arguição de fato novo. Inadmissibilidade. Atos constitutivos de pessoa jurídica. Desnecessidade de traslado. Fundada dúvida não demonstrada. Execução. Citação por hora certa. Cabimento. [...] Em processo de execução, tem cabimento a citação por hora certa. 4. Agravo regimental desprovido" (STJ, AgRg nos EDcl no REsp 886.721/SP, Rel. Min. João Otávio de Noronha, j. 20.05.2010).

[17] Distingue-se penhora de penhor. Penhora é ato executivo que cria direito de preferência. Penhor é direito real de garantia, regulado no direito material. O bem constrito na execução denomina-se bem penhorado; já o objeto do penhor denomina-se bem apenhado.

§ 3º). Entretanto, há penhora que dispensa a atuação do oficial de justiça, porquanto realizada por termo nos autos (art. 845, § 1º) ou por meio eletrônico (art. 837).

A seguir discorrer-se-á sobre as diversas modalidades de penhora, levando-se em conta a forma de efetivá-la (por auto, termo ou por meio eletrônico) e os bens sobre os quais a constrição possa recair (móveis, imóveis, créditos, ações e cotas de sociedades empresárias, estabelecimento comercial, industrial ou agrícola, semoventes, plantações, edifício em construção, navios e aeronaves e percentual de faturamento de empresa). Antes, porém, por questão didática, cabe verificar quais bens podem ser apreendidos pela penhora, bem como examinar o procedimento para indicação de tais bens.

4.3.1 Impenhorabilidade

Em princípio, todos os bens de propriedade do devedor ou dos responsáveis pelo débito, desde que tenham valor econômico, são passíveis de penhora. Bens de propriedade de terceiros também podem ser penhorados, desde que a lei estabeleça a sujeição de tais bens à execução, seja porque há responsabilidade do terceiro, seja porque o bem foi alienado em fraude à execução.

O devedor responde, para o cumprimento de suas obrigações, com todos os seus bens presentes e futuros, salvo as restrições estabelecidas em lei (art. 789). Por restrições estabelecidas em lei devem-se entender os bens que a lei considera impenhoráveis ou inalienáveis (art. 832).

A inalienabilidade abrange a impenhorabilidade. Todo bem inalienável é também impenhorável; a recíproca, entretanto, não é verdadeira, porquanto há bens que, embora impenhoráveis, são passíveis de alienação.

A inalienabilidade **pode decorrer de lei ou de ato voluntário**. Como exemplo de bem inalienável por disposição legal podem-se citar os bens públicos (arts. 99 e 100 do CC) e o capital, cuja renda assegure o pagamento de pensão mensal fixada em decorrência de ato ilícito (art. 533, § 1º); por ato voluntário, citem-se os bens doados com cláusula de inalienabilidade (art. 1.911 do CC).

Há bens absolutamente impenhoráveis e bens relativamente impenhoráveis. Os primeiros não podem ser penhorados em hipótese alguma. Quanto aos segundos, o art. 834 admite a penhora dos frutos e rendimentos, desde que o executado não possua outros bens livres sobre os quais possa recair a constrição.

São absolutamente impenhoráveis, segundo o art. 833:

I – os bens inalienáveis e os declarados, por ato voluntário, não sujeitos à execução.

Como já afirmado, os bens públicos, de qualquer natureza, e o capital garantidor de renda destinada a pagamento de prestação alimentar fixada em decorrência de ato ilícito constituem exemplos de bens inalienáveis e, portanto, impenhoráveis. O bem de família, instituído na forma dos arts. 1.711 a 1.722 do CC, e o recebido em doação com cláusula de inalienabilidade ou impenhorabilidade (arts. 1.848 e 1.911 do CC) igualmente não estão sujeitos à penhora.

II – os móveis, os pertences e as utilidades domésticas que guarnecem a residência do executado, salvo os de elevado valor ou que ultrapassem as necessidades comuns correspondentes a um médio padrão de vida.

Na linha da jurisprudência, positivou-se a impenhorabilidade dos bens móveis, exceto os de elevado valor ou dispensáveis às necessidades do executado e de sua família. Aliás, conforme disposto no parágrafo único do art. 1º da Lei nº 8.009/1990, a impenhorabilidade do imóvel residencial próprio do casal, ou da entidade familiar, compreende, além de outros bens, os móveis que guarnecem a casa.

A lei não estabelece parâmetros para verificação das circunstâncias excludentes da impenhorabilidade (bens de elevado valor ou que ultrapassem as necessidades comuns correspondentes a um médio padrão de vida). Cabe ao juiz, em face do caso concreto, sobretudo levando-se em conta as condições das pessoas envolvidas na execução, definir o que deva ser excluído da impenhorabilidade. Um frigobar, instalado na suíte do casal, é penhorável; a geladeira de médio padrão, que guarnece a cozinha da residência, não o é.

JURISPRUDÊNCIA TEMÁTICA

"Agravo de petição. Mandado de penhora. Residência dos sócios. Bens móveis suntuosos e obras de arte. Possibilidade de penhora. Os bens móveis que guarnecem a residência familiar não podem ser penhorados, exceto se forem de elevado valor (adornos suntuosos e obras de arte) ou se ultrapassassem as necessidades comuns correspondentes a um médio padrão de vida. Assim, se encontrados bens móveis nestas condições, deve o Oficial de Justiça Avaliador penhorá-los para, cumpridos os ditames legais, os mesmos serem levados à hasta pública, visando o adimplemento dos créditos trabalhistas. Agravo de petição a que se dá provimento" (TRT 2ª Região, Agravo de Petição 2990000719985020/SP, 18ª Turma, Rel. Maria Cristina Fisch, j. 18.09.2013).

III – *os vestuários, bem como os pertences de uso pessoal do executado, salvo se de elevado valor.*

O intuito do legislador, ao estabelecer a impenhorabilidade de tais bens, é idêntico ao que o norteou na redação do inciso II, ou seja, garantir a sobrevivência digna do executado, o que, a toda evidência, inclui o uso de vestuário e outros objetos de uso pessoal que assegurem um médio padrão de vida. O vestido da *socialite*, feito pelo costureiro Versace, a um custo de R$ 60 mil, é penhorável; penhorável também é o relógio Rolex, todo em ouro, adquirido por R$ 35 mil.

IV – *os vencimentos, os subsídios, os soldos, os salários, as remunerações, os proventos de aposentadoria, as pensões, os pecúlios e os montepios, bem como as quantias recebidas por liberalidade de terceiro e destinadas ao sustento do devedor e de sua família, os ganhos de trabalhador autônomo e os honorários de profissional liberal, ressalvado o § 2º.*

Em regra, todo e qualquer numerário recebido em decorrência de relação de trabalho é impenhorável, ou seja, o vencimento percebido pelo funcionário público, o subsídio do membro de poder (magistrados, parlamentares e Presidente da República, entre outros), o soldo do militar, a remuneração do empregado celetista. Igualmente impenhorável é o provento do aposentado, a pensão paga ao dependente do segurado morto, o pecúlio (isto é, a aplicação, a poupança, programada para utilização depois de um determinado tempo ou idade do poupador), o montepio, ou seja, o benefício instituído a favor de terceiro, para ser recebido depois da morte do instituidor. Também não se admite a penhora sobre as quantias recebidas por liberalidade de terceiro e destinadas ao sustento do devedor e de sua família (tenças), bem como os ganhos do trabalhador autônomo e do profissional liberal.

A propósito, o auxílio emergencial, benefício financeiro instituído durante a pandemia da Covid-19 pela Lei nº 13.982/2020, também foi considerado como verba alimentar, estando excluída, em regra, da penhora.

Excepcionalmente, nos termos do § 2º do art. 833, esses bens poderão ser penhorados. Tratando de **prestação alimentícia**, os vencimentos, subsídios, soldos e salários e as outras verbas contempladas no inciso IV, inclusive o auxílio emergencial,[18] poderão ser objeto de cons-

---

18 STJ, 4ª Turma, REsp 1.935.102-DF, Rel. Min. Luis Felipe Salomão, j. 29.06.2021, *Informativo* 703.

trição. No que tange aos honorários – considerados verbas de caráter alimentar –, a regra era a mesma, ou seja, era possível a penhora de parte da aposentadoria do devedor para cobrança de honorários advocatícios (STJ, REsp 1.732.927/DF, 4ª T., Rel. Min. Raul Araújo, j. 12.02.2019).

Utilizamos a expressão "era" porque, em 2020, a Corte Especial do STJ alterou esse entendimento. Embora em apertada votação (7 x 6) contrária à tese divulgada na ferramenta "Jurisprudência em Teses",[19] a Corte definiu que as exceções destinadas à execução da prestação alimentícia, como a penhora dos bens descritos nos incisos IV e X do art. 833, e do bem de família (art. 3º, III, Lei nº 8.009/1990), assim como a prisão civil, não se estendem aos honorários advocatícios, nem às demais verbas apenas com natureza alimentar "sob pena de eventualmente termos que cogitar sua aplicação a todos os honorários devidos a quaisquer profissionais liberais, como médicos, engenheiros, farmacêuticos, e a tantas outras categorias" (STJ, REsp 1.815.055/SP, Rel. Min. Nancy. Andrighi, j. 03.08.2020, *DJe* 26.08.2020).

Em seu voto, a Min. Relatora destacou que a expressão "verba de natureza alimentar" e "prestações alimentícias" não se equivalem. Portanto, ao excepcionar a regra da impenhorabilidade das verbas remuneratórias, o legislador fez referência apenas aos alimentos decorrentes do direito de família. A equiparação dos honorários à verba alimentar tem o objetivo apenas de incluí-los no rol do art. 100, § 1º, da CF/1988, permitindo o recebimento de precatório ou RPV em fila preferencial. Esse assunto voltou a ser debatido em 2024, oportunidade em que o STJ definiu, em sede de recurso repetitivo, que "a verba honorária sucumbencial, a despeito da sua natureza alimentar, não se enquadra na exceção prevista no § 2º do art. 833 do CPC/2015 (penhora para pagamento de prestação alimentícia)" (Corte Especial, REsp 1.954.382/SP e REsp 1.954.380/SP, Rel. Min. Ricardo Villas Bôas Cueva, j. 05.06.2024. Recurso Repetitivo – Tema 1153).

Temos, ainda, exceção referente às verbas que ultrapassem o limite de 50 salários mínimos. Qualquer que seja a natureza da obrigação, admite-se a penhora do que exceder a esse limite. Em suma: **prestação alimentícia de qualquer origem**: podem-se penhorar as importâncias mencionadas no inciso IV, qualquer que seja o montante. **Outras prestações**: pode-se penhorar o que exceder a 50 salários mínimos mensais das importâncias mencionadas no inciso IV.

É importante lembrar que, a depender do caso concreto, os tribunais superiores vêm relativizando a regra da impenhorabilidade prevista neste inciso. Há vários julgados do STJ no sentido de ser possível a penhora das verbas salariais do devedor para pagamento de outras dívidas, além da prestação alimentícia, desde que essa penhora preserve um valor que seja suficiente para o devedor e sua família continuarem vivendo com dignidade (STJ, EREsp 1.582.475/MG, Corte Especial. Rel. Min. Benedito Gonçalves, j. 03.10.2018).

Vejamos trechos de outros acórdãos:

"[...] **não é razoável, como regra, admitir que verbas alimentares não utilizadas no período para a própria subsistência sejam transformadas em aplicações ou investimentos financeiros e continuem a gozar do benefício da impenhorabilidade**. Até porque, em geral, grande parte do capital acumulado pelas pessoas é fruto de seu próprio trabalho. Assim, se as verbas salariais não utilizadas pelo titular para subsistência mantivessem sua natureza alimentar, teríamos por impenhorável todo o patrimônio construído pelo devedor a partir desses recursos" (STJ, REsp 1.330.567/RS, Rel. Min. Nancy Andrighi, j. 16.05.2013. *Informativo* nº 523, de 14.08.2013).

"Conferindo-se interpretação restritiva ao inciso IV do art. 649 do CPC [art. 833, IV, CPC/2015], é cabível afirmar que **a remuneração a que se refere esse inciso é a última percebida pelo**

---

[19] "Os honorários advocatícios têm natureza alimentar, sendo possível a penhora de verbas remuneratórias para o seu pagamento".

devedor, perdendo a sobra respectiva, após o recebimento do salário ou vencimento seguinte, **a natureza impenhorável**. Dessa forma, as sobras, após o recebimento do salário do período seguinte, não mais desfrutam da natureza de impenhorabilidade decorrente do inciso IV, quer permaneçam na conta-corrente destinada ao recebimento da remuneração, quer sejam investidas em caderneta de poupança ou outro tipo de aplicação financeira" (STJ, REsp 1.230.060/PR, Rel. Min. Maria Isabel Gallotti, j. 13.08.2014. *Informativo* nº 547, de 08.10.2014).

"Excepcionalmente é possível penhorar parte dos honorários advocatícios – contratuais ou sucumbenciais – quando a verba devida ao advogado ultrapassar o razoável para o seu sustento e de sua família. Com efeito, toda verba que ostente natureza alimentar e que seja destinada ao sustento do devedor e de sua família – como os honorários advocatícios – é impenhorável. Entretanto, a regra disposta no art. 649, IV, do CPC [art. 833, IV, CPC/2015] não pode ser interpretada de forma literal. Em determinadas circunstâncias, **é possível a sua relativização, como ocorre nos casos em que os honorários advocatícios recebidos em montantes exorbitantes ultrapassam os valores que seriam considerados razoáveis para sustento próprio e de sua família** [...]. Precedente citado: REsp 1.356.404/DF, Quarta Turma, *DJe* 23.08.2013" (STJ, REsp 1.264.358/SC, Rel. Min. Humberto Martins, j. 25.11.2014, *Informativo* nº 553, de 11.02.2015).

Em suma:

- Em regra, são impenhoráveis os vencimentos, os subsídios, os soldos, os salários, as remunerações, os proventos de aposentadoria, as pensões, os pecúlios, os montepios etc.
- Exceções expressas: (i) é possível a penhora das verbas salariais para pagamento de prestação alimentícia, qualquer que seja a sua origem; (ii) é possível a penhora sobre o montante que exceder 50 salários mínimos.
- Exceção admitida pela jurisprudência: é possível a penhora de salário, ainda que este não exceda 50 salários mínimos, quando garantido o mínimo necessário para a subsistência digna do devedor e de sua família (STJ, EREsp 1.874.222/DF, Rel. Min. João Otávio de Noronha, Corte Especial, j. 19.04.2023).

Outro julgamento importante merece ser citado, pois é bastante comum a sua ocorrência na prática, especialmente diante das facilidades conferidas para a contratação de empréstimos consignados. Consoante entendimento do STJ, são considerados penhoráveis os valores oriundos dessa modalidade de empréstimo, salvo se o mutuário comprovar que os recursos são necessários à sua subsistência e de sua família. Isso porque, embora as parcelas desse empréstimo sejam descontadas diretamente em folha de pagamento, elas não possuem natureza salarial. Portanto, não estão abrangidas pela impenhorabilidade. Pode o devedor, contudo, comprovar que os recursos recebidos são necessários para a sua manutenção, argumento que deverá ser enfrentado pelo juiz.[20]

V – *os livros, as máquinas, as ferramentas, os utensílios, os instrumentos, ou outros bens móveis necessários ou úteis ao exercício da profissão do executado.*

O inciso V do art. 649 do CPC/1973, que corresponde ao dispositivo em exame, originariamente orientou-se no sentido de proteger a pessoa física, enquanto profissional. O

---

[20] TJ, 3ª Turma, REsp 1.820.477/DF, Rel. Min. Ricardo Villas Bôas Cueva, j. 19.05.2020, *Informativo* 672.

microcomputador do advogado, a plaina do marceneiro e o automóvel do taxista constituem exemplos de bens impenhoráveis.

Apesar disso, a jurisprudência já estendeu essa impenhorabilidade aos bens da microempresa e da empresa de pequeno porte. Nesse sentido:

"[...] O eg. STJ vem estendendo a impenhorabilidade a que se refere o art. 649, V, CPC, aos bens da microempresa e da empresa de pequeno porte: REsp 512555/SC, Rel. Min. Francisco Falcão, in *DJ* de 24.05.2004; REsp 156181/RO, Rel. Min. Waldemar Zveiter, in *DJ* de 15.03.1999. [...] Trata-se, pois, de pequeno empresário e constato que os bens penhorados são realmente úteis ao exercício da sua atividade, pois o balcão serve para a conserva dos produtos destinados à venda, a prateleira para a exposição dos mesmos produtos e a estufa para exposição e conserva de alguns alimentos (salgados) destinados à venda. Logo, realmente em nome do princípio do menor sacrifício ao executado que norteia o processo de execução, tais bens estão mesmo acobertados pelo manto da impenhorabilidade [...]" (TRF 1ª Região, AC 00446682720094019199, 7ª Turma, Rel. Des. Federal Reynaldo Fonseca, j. 24.02.2015, Data de Publicação: 06.03.2015).

Para o reconhecimento da impenhorabilidade com fundamento no art. 833, V, necessária a demonstração específica da utilidade do bem à atividade profissional do executado. Em outras palavras, se o devedor comprovar que o automóvel indicado à penhora ou já penhorado é utilizado como seu instrumento de trabalho, o juiz deverá determinar a desconstituição da penhora, a suspensão da alienação ou da adjudicação do bem. A jurisprudência corrobora com esse entendimento:

"Processual civil. Exceção de pré-executividade. Impenhorabilidade de bem. Art. 649, V, do CPC. Demonstração da utilidade do bem ao exercício de profissão. Insuficiência. 1. Cabe ao executado, ou àquele que teve um bem penhorado, demonstrar que o bem móvel objeto de constrição judicial enquadra-se nessa situação de 'utilidade' ou 'necessidade' para o exercício da profissão. Caso o julgador não adote uma interpretação cautelosa do dispositivo, acabará tornando a impenhorabilidade a regra, o que contraria a lógica do processo civil brasileiro, que atribui ao executado o ônus de desconstituir o título executivo ou de obstruir a satisfação do crédito (REsp 1196142/RS, Rel. Ministra Eliana Calmon, Rel. p/ Acórdão Ministro Castro Meira, Segunda Turma, julgado em 05.10.2010, *DJe* 02.03.2011). 2. Com efeito, para reconhecer a impenhorabilidade do bem, nos termos do art. 649, V, do Código de Processo Civil, impositivo que fique demonstrada a utilidade específica para a atividade profissional desempenhada pelo executado, o que não ocorreu no caso, onde devidamente certificado por oficial de justiça, ficou demonstrado que o recorrente não estava utilizando o referido bem em suas atividades profissionais. Agravo regimental improvido" (STJ, AgRg no AREsp 508.446/RS, Rel. Min. Humberto Martins, j. 05.06.2014).

De acordo com o CPC/2015, incluem-se nessa hipótese de impenhorabilidade "os equipamentos, os implementos e as máquinas agrícolas pertencentes a pessoa física ou a empresa individual produtora rural, exceto quando tais bens tenham sido objeto de financiamento e estejam vinculados em garantia a negócio jurídico ou quando respondam por dívida de natureza alimentar, trabalhista ou previdenciária" (art. 833, § 3º). Nesse ponto entendo que houve consolidação do entendimento dos tribunais superiores,[21] para quem a impenhorabilidade deve

---

[21] Exemplo: "Agravo de instrumento. Alienação fiduciária. Ação de busca e apreensão. Maquinário agrícola (trator). Bem essencial à atividade do produtor rural. Cominação de multa diária. Possibilidade.

ser estendida aos bens necessários à realização da atividade do pequeno produtor rural. Vale lembrar que, de acordo com a regra constante no § 1º do art. 833, a impenhorabilidade só prevalece quando os equipamentos, implementos e máquinas agrícolas não estiverem financiados ou vinculados como garantia à operação destinada à sua aquisição.

Também a partir desse inciso, o STJ considerou que o veículo adaptado para pessoa com mobilidade reduzida pode ter sua impenhorabilidade reconhecida, desde que efetivamente demonstrada sua essencialidade no caso concreto (STJ, AgInt no REsp 1.945.680/SP, Rel. Min. Raul Araújo, 4ª Turma, j. 12.06.2023). Embora não haja previsão expressa nesse sentido e o inciso em comento trate da utilização do bem como instrumento de trabalho, a necessidade de adaptação do veículo depõe a favor da essencialidade do bem e demonstra, no caso concreto, a necessidade de reconhecimento de sua impenhorabilidade. O entendimento está, ainda, em conformidade com o art. 8º do Estatuto da Pessoa com Deficiência, que estabelece, entre outros, ser dever do Estado assegurar à pessoa com deficiência, com prioridade, a efetivação dos direitos referentes ao transporte e à acessibilidade.

VI – *o seguro de vida.*

O dispositivo corresponde ao inciso VI do art. 649 do CPC/1973, sobre o qual a jurisprudência assentou entendimento de que não se pode estabelecer qualquer distinção sobre o evento pelo qual o seguro de vida foi pago, se morte ou invalidez, uma vez que em ambas as hipóteses o fundamento da impenhorabilidade recai sobre a natureza alimentar da verba. Por outro lado, não se faz distinção entre ser o executado o beneficiário do seguro ou o próprio segurado (no caso de cobertura securitária por invalidez). Igualmente irrelevante é perquirir se a indenização securitária já se incorporou ou não diretamente ao patrimônio do beneficiário. Impenhorável é o seguro de vida ainda não recebido e aquele que o segurado (não morto, obviamente) ou o beneficiário já recebeu. Naturalmente deve haver coincidência entre as pessoas do executado e daquele que recebeu ou vai receber o valor do seguro.[22] "(...) Penhora que recaiu sobre valores em conta-corrente advindos de prêmio de seguro de vida. Tratando-se de prêmio auferido pelo beneficiário, em virtude de seguro de vida, tais valores são absolutamente impenhoráveis, não importando se integram ou não integram o patrimônio jurídico da pessoa beneficiada (...)."[23]

Oportuno destacar que neste inciso se incluiu o Seguro DPVAT, destinado aos familiares de vítima de acidente de trânsito fatal.[24]

VII – *os materiais necessários para obras em andamento, salvo se essas forem penhoradas.*

Embora os materiais destinados a alguma construção, enquanto não forem empregados, conservem sua qualidade de móveis (art. 84 do CC), o legislador achou por bem

---

Dispõe o art. 3º do Decreto-lei nº 911/69 que o credor fiduciário tem o direito de reaver o bem que se encontra na posse do devedor em mora. Notificação/protesto não questionados. Porém, no caso concreto, em se tratando de maquinário agrícola que constitui bem essencial ao desempenho da atividade econômica do agricultor, é justificável permaneça o devedor na posse do bem [...]" (TJ-RS, AI 70050853217/RS, 14ª Câmara Cível, Rel. Des. Miriam A. Fernandes, j. 19.09.2012).

22 Conforme TJ-MG, Agravo de Instrumento 1.0220.10.001397-2/001, 16ª Câmara Cível, Rel. Des. Wagner Wilson, j. 26.06.2014.

23 TJ-MG, Agravo de Instrumento 70046650453, 15ª Câmara Cível, Rel. Otávio Augusto de Freitas Barcellos, j. 24.01.2012.

24 STJ, REsp 1.412.247-MG, 4ª Turma, Rel. Min. Antônio Carlos Ferreira, j. 23.03.2021, *Informativo* 690. O Seguro Obrigatório para Proteção de Vítimas de Acidentes de Trânsito (SPVAT, o antigo DPVAT) foi revogado. Embora sua retomada estivesse prevista para 2025, a Lei Complementar 211/2024 impediu a sua reimplementação.

atribuir-lhes a qualidade de impenhoráveis, exceto se a obra à qual se destinam já se encontrar penhorada.

VIII – *a pequena propriedade rural, assim definida em lei, desde que trabalhada pela família.*

De acordo com a jurisprudência do STJ, "para saber se o imóvel possui as características para enquadramento na legislação protecionista é necessário ponderar as regras estabelecidas pela Lei nº 8629/93 que, em seu artigo 4º, estabelece que a pequena propriedade rural é aquela cuja área tenha entre 1 (um) e 4 (quatro) módulos fiscais" (REsp 1.284.708/PR, 3ª Turma, Rel. Min. Massami Uyeda, *DJ* 09.12.2011).

Também de acordo com o STJ, deve-se levar em consideração se a propriedade é, ou não, fonte de subsistência familiar. Isso porque a legislação prevê a necessidade de a propriedade ser "trabalhada pela família". Assim, quando os titulares do domínio sequer residirem na comarca nem o bem for trabalhado pela família, a impenhorabilidade deve ser afastada. Nesse sentido: REsp 469.496/PR, 3ª Turma, Rel. Min. Menezes Direito, *DJ* 01.09.2003.

Ressalte-se que a impenhorabilidade da pequena propriedade rural já era prevista no art. 5º, XXVI, da CF. De forma que, desde 1988, a pequena propriedade rural, desde que trabalhada pela família, não podia ser objeto de penhora, nem mesmo para pagamento de débitos decorrentes de sua atividade produtiva.

Em relação ao **ônus** de comprovar o tamanho do imóvel e a exploração familiar, a jurisprudência do STJ posicionava-se em dois sentidos:

- A 3ª Turma do STJ tem precedentes admitindo que, para o reconhecimento da impenhorabilidade, o devedor é quem tem o ônus de comprovar que além de pequena, ela se destina à exploração familiar (REsp 1.843.846/MG e Resp 1.913.236/MT, julgados, respectivamente, em 02.02.2021 e 16.03.2021). Também para essa Turma, o fato de a propriedade rural ter sido oferecida em garantia hipotecária pelos respectivos proprietários não afasta a proteção da impenhorabilidade.
- A 4ª Turma do STJ, por outro lado, considera que, embora seja do devedor o ônus de comprovar a área do imóvel, a fim de enquadrá-la como "pequena propriedade", não é necessário que o mesmo demonstre que ela é trabalhada pela família, pois existe uma presunção *juris tantum* nesse sentido (REsp 1.408.152/PR e AgInt no REsp 1.826.806/RS, julgados, respectivamente, em 01.12.2016 e 23.03.2020).

Em julgado mais recente, a 2ª Seção do STJ[25], composta por integrantes da 3ª e 4ª Turmas, definiu que **quem tem o encargo de provar os requisitos da impenhorabilidade da pequena propriedade rural e o próprio devedor.** Para a Corte, o art. 833, VIII, é expresso ao condicionar o reconhecimento da impenhorabilidade da pequena propriedade rural à sua exploração familiar. Assim, isentar o devedor de comprovar a efetiva satisfação desse requisito legal e transferir a prova negativa ao credor importaria em desconsiderar o propósito que orientou a criação dessa norma, o qual consiste em assegurar os meios para a manutenção da subsistência do executado e de sua família.

Vale destacar que como a Constituição Federal protege esse tipo de propriedade, o fato de o devedor eventualmente dar o bem em garantia não indica renúncia à impenhorabilidade. Conforme entendimento do STJ, essa impenhorabilidade constitui direito fundamental indisponível, pouco importando, por exemplo, que o devedor tenha ofertado o bem em hipoteca.[26]

---

25 REsp 1.913.234/SP, Rel. Min. Nancy Andrighi, j. 08.02.2023.
26 "Para a proteção da impenhorabilidade da pequena propriedade rural é ônus do executado comprovar que o imóvel é explorado pela família, prevalecendo a proteção mesmo que tenha sido dado

IX – *os recursos públicos recebidos por instituições privadas para aplicação compulsória em educação, saúde ou assistência social.*

Atendidos os requisitos legais, instituições privadas que atuem em atividades típicas do Estado, como educação, saúde e assistência social, podem receber recursos públicos. Tais recursos, até em razão de sua natureza (públicos), são impenhoráveis, embora já liberados pelo poder público e creditados na conta bancária da instituição.

X – *até o limite de 40 salários mínimos, a quantia depositada em caderneta de poupança.*

Com relação a este inciso, a 3ª Turma do STJ, em decisão unânime, entendeu que a impenhorabilidade aqui prevista refere-se ao montante de 40 salários mínimos, considerando a totalidade do valor depositado em caderneta de poupança, **independentemente do número de cadernetas titularizadas pelo devedor**. No caso em análise, o devedor mantinha várias aplicações da mesma natureza e o valor total superava o permitido em lei.

Assim, "para a realização da penhora de poupança, deve-se apurar o valor de todas as aplicações em caderneta de poupança titularizadas pelo devedor e realizar a constrição apenas sobre o valor que exceder o limite legal de 40 salários mínimos" (STJ, REsp 1.231.123/SP, Rel. Min. Nancy Andrighi, julgado em 02.08.2012).

Importante frisar que, apesar de algumas decisões em sentido contrário, no final de 2014 o STJ reafirmou a tese que considera ser impenhorável a quantia de 40 salários mínimos mesmo que ela esteja depositada em mais de um fundo de investimento (ou caderneta de poupança). Em termos práticos, **caso o devedor possua mais de um fundo de investimento, todas as respectivas contas devem ser consideradas impenhoráveis, até o limite global de 40 salários mínimos**. Nesse sentido:

"[...] A norma do inciso X do art. 649 do CPC merece interpretação extensiva, de modo a permitir a impenhorabilidade, até o limite de quarenta salários mínimos, de quantia depositada não só em caderneta de poupança, mas também em conta-corrente ou em fundos de investimento, ou guardada em papel-moeda. Dessa maneira, a Segunda Seção admitiu que é possível ao devedor poupar, nesses referidos meios, valores que correspondam a até quarenta salários mínimos sob a regra da impenhorabilidade. Por fim, cumpre esclarecer que, de acordo com a Terceira Turma do STJ (REsp 1.231.123-SP, *DJe* 30.08.2012), deve-se admitir, para alcançar esse patamar de valor, que esse limite incida em mais de uma aplicação financeira, na medida em que, de qualquer modo, o que se deve proteger é a quantia equivalente a, no máximo, quarenta salários mínimos" (STJ, EREsp 1.330.567/RS, Rel. Min. Luis Felipe Salomão, j. 10.12.2014, *DJe* 19.12.2014).

O STJ reforçou esse entendimento, admitindo que a abrangência da regra do art. 833, X, do CPC/2015 se estende a todos os numerários poupados pela parte executada, até o limite de 40 (quarenta) salários mínimos, não importando se depositados em poupança, conta-corrente, fundos de investimento ou guardados em papel-moeda, autorizando as instâncias ordinárias, caso identifiquem abuso do direito, a afastar a garantia da impenhorabilidade (STJ, 4ª T., AgInt no REsp 1.958.516/SP, Rel. Min. Raul Araújo, j. 14.06.2022).[27]

---

em garantia hipotecária ou não se tratando de único bem do devedor" (3ª T., REsp 1.913.236/MT, Rel. Min. Nancy Andrighi, j. 16.03.2021).

[27] No mesmo sentido, em precedente mais recente: "São impenhoráveis os valores depositados em instituição bancária até o limite de 40 salários mínimos, ainda que não se trate especificamente de conta-poupança" (STJ, 4ª Turma. REsp 2.072.733/SP, Rel. Min. Maria Isabel Gallotti, Rel. para acórdão Min. Marco Buzzi, j. 27.08.2024).

Apesar dessa abrangência, é preciso estabelecermos algumas ponderações, a partir também de outros precedentes do STJ[28]:

- A garantia da impenhorabilidade é perfeitamente aplicável a outros investimentos. Ou seja, o dinheiro considerado impenhorável pode estar em conta corrente ou em quaisquer outras aplicações financeiras. Esse entendimento já está pacificado.
- Apesar da possibilidade de extensão, isso não significa conferir impenhorabilidade automática aos valores limitados a 40 (quarenta) salários mínimos que não estejam em caderneta de poupança. Nesses casos, o devedor terá que comprovar que esse montante constitui reserva de patrimônio destinado a assegurar o mínimo existencial. Se ele comprovar, o valor será considerado impenhorável. Se não comprovar, poderá ser penhorado.
- A impenhorabilidade automática só ocorre em relação ao montante de até 40 (quarenta) salários mínimos se o valor estiver depositado exclusivamente em caderneta de poupança. Nesse caso, o devedor não precisa provar que o dinheiro é impenhorável, mas deve alegar a impenhorabilidade no primeiro momento que lhe couber falar nos autos.

Em todos os casos – sendo o dinheiro depositado ou não em caderneta de poupança, o devedor precisa provocar o juiz, pois a impenhorabilidade não pode ser reconhecida de ofício. Trata-se de conclusão adotada pela Corte Especial do STJ, no julgamento dos Recursos Repetitivos 2.061.973/PR e 2.066.882/RS (Tema 1235). Em suma, a Corte definiu que "a impenhorabilidade de quantia inferior a 40 salários mínimos (art. 833, X, do CPC) não é matéria de ordem pública e não pode ser reconhecida de ofício pelo juiz, devendo ser arguida pelo executado no primeiro momento em que lhe couber falar nos autos ou em sede de embargos à execução ou impugnação ao cumprimento de sentença, sob pena de preclusão".

A decisão anteriormente mencionada é de extrema importância prática. Deve o advogado ou advogada atentar para a questão. Se o seu cliente for o devedor, a impenhorabilidade deve ser arguída tão logo tenha conhecimento da execução. Se o cliente for o credor e o devedor arguir extemporaneamente essa questão, cabe a você, advogado ou advogada, requerer ao julgador a manutenção da penhora, pois, conforme decidiu o STJ, a impenhorabilidade não é matéria de ordem pública e, por isso mesmo, não pode ser arguída a qualquer tempo, nem reconhecida pelo juiz sem prévia provocação.

Para facilitar:

FATO: penhora de quantia de até a 40 (quarenta) salários-mínimos	Essa quantia está depositada em conta-poupança	É impenhorável e o devedor **não precisa provar** que esse valor guardado é para assegurar o mínimo existencial.
	Essa quantia NÃO está depositada em conta-poupança.	É impenhorável, **DESDE que o devedor comprove** que o valor guardado é para assegurar o mínimo existencial.
	Nas duas hipóteses, é necessária a prévia manifestação do devedor.	

XI – *os recursos públicos do fundo partidário recebidos por partido político, nos termos da lei.*

O direito à participação no fundo partidário é uma garantia constitucionalmente assegurada aos partidos políticos (art. 17, § 3º, da CF/1988). A vedação prevista no inciso XI tem por

---

[28] Corte Especial. REsp 1.677.144/RS, Rel. Min. Herman Benjamin, j. 21.02.2024.

objetivo, principalmente, evitar que as dívidas contraídas por diretórios estaduais e municipais (ou seja, órgãos partidários específicos) prejudiquem o partido como um todo, o que invariavelmente ocorria na medida em que os juízes determinavam a penhora dos recursos do fundo partidário por atos praticados por um diretório estadual ou municipal.

Nos termos da jurisprudência do STJ, esses recursos são absolutamente impenhoráveis, inclusive na hipótese em que a origem do débito esteja relacionada às atividades previstas no art. 44 da Lei nº 9.096/1995 – manutenção das sedes e serviços do partido, propaganda doutrinária e política, alistamento e campanhas eleitorais etc. Veja:

"[...] Recursos do fundo partidário são absolutamente impenhoráveis, inclusive na hipótese em que a origem do débito esteja relacionada às atividades previstas no art. 44 da Lei 9.096/1995. O inciso XI do art. 649 do CPC enuncia que: 'São absolutamente impenhoráveis: [...] XI – os recursos públicos do fundo partidário recebidos, nos termos da lei, por partido político'. A expressão 'nos termos da lei' remete à Lei 9.096/1995, a qual, no art. 38, discrimina as fontes que compõem o fundo partidário. Nesse contexto, os recursos do fundo são oriundos de fontes públicas – como as multas e penalidades, recursos financeiros destinados por lei e dotações orçamentárias da União (art. 38, I, II e IV) – ou de fonte privada – como as doações de pessoa física ou jurídica, efetuadas por intermédio de depósitos bancários diretamente na conta do fundo partidário (art. 38, III). A despeito dessas duas espécies de fontes, após a incorporação das somas ao fundo, elas passam a ter destinação específica prevista em lei (art. 44 da Lei 9.096/1995) e a sujeitar-se a determinada dinâmica de distribuição, utilização e controle do Poder Público (arts. 40 e 44, § 1º, da Lei 9.096/1995 c/c o art. 18 da Resolução TSE 21.841/2004) e, portanto, a natureza jurídica dessas verbas passa a ser pública ou, nos termos do art. 649, XI, do CPC, elas tornam-se recursos públicos. Tais circunstâncias deixam claro que o legislador, no art. 649, XI, do CPC, ao fazer referência a 'recursos públicos do fundo partidário', tão somente reforçou a natureza pública da verba, de modo que os valores depositados nas contas bancárias utilizadas exclusivamente para o recebimento dessa legenda são absolutamente impenhoráveis. Nesse sentido, o TSE, que possui vasta jurisprudência acerca da impossibilidade do bloqueio de cotas do fundo partidário, não faz distinção acerca da origem dos recursos que o constitui, se pública ou privada, tratando-o como um todo indivisível e, como dito, de natureza pública (AgR-AI 13.885-PA, *DJe* 19.05.2014 e AgR-REspe 7.582.125-95-SC, *DJe* 30.04.2012). O fundamento para a impenhorabilidade é o mesmo aplicável à hipótese de recursos públicos recebidos por instituições privadas para aplicação compulsória em educação, saúde, ou assistência social (art. 649, IX, do CPC): a preservação da ordem pública, até porque o fundo partidário está relacionado ao funcionamento dos partidos políticos, organismos essenciais ao Estado Democrático de Direito. Destaca-se, por fim, que a conclusão de que a origem do débito, se relacionada com as atividades previstas no art. 44 da Lei 9.096/1995, seria capaz de afastar a previsão contida no art. 649, XI, do CPC, é desacertada, pois, na realidade, ela descaracteriza a absoluta impenhorabilidade ora em questão" (STJ, REsp 1.474.605/MS, Rel. Min. Ricardo Villas Bôas Cueva, j. 07.04.2015, *DJe* 26.05.2015).

XII – *os créditos oriundos de alienação de unidades imobiliárias, sob regime de incorporação imobiliária, vinculados à execução da obra.*

À vista da sistemática já existente nos arts. 31-A a 31-F da Lei nº 4.591/1964 (Lei das Incorporações Imobiliárias), o CPC/2015 também prevê que o patrimônio de afetação não sofrerá constrição, sob pena de se desconfigurar a sua própria finalidade, que é garantir a entrega das unidades imobiliárias aos futuros adquirentes (consumidores). Em outras palavras, em virtude do regime de vinculação de receitas estabelecido pela Lei nº 4.591/1964, com as modificações trazidas pela Lei nº 10.931/2004, os créditos correspondentes às prestações devidas pelos adquirentes das unidades imobiliárias em construção somente servirão para a execução da obra, e não para garantir o pagamento de credores da entidade incorporadora por meio de demanda executiva.

Pois bem. Os incisos do art. 833 preveem casos de impenhorabilidade absoluta, mas os seus parágrafos trazem **duas importantes exceções:**

- **1ª – A impenhorabilidade não é oponível à execução de dívida relativa ao próprio bem, inclusive àquela contraída para a sua aquisição.**

O CPC/1973 dispunha que a impenhorabilidade não poderia ser oposta pelo devedor quando se tratasse de crédito para a aquisição do próprio bem (art. 649, § 1º). Estavam inseridas nesse contexto, por exemplo, as dívidas relativas ao crédito para financiar a construção ou aquisição de bem imóvel.

A interpretação literal do dispositivo constante no Código anterior não permite, no entanto, que se estenda a penhorabilidade às demais dívidas relativas aos bens. Até mesmo aplicando as regras constantes da Lei nº 8.009/1990, que tratam do bem de família, não se pode concluir que toda e qualquer dívida relativa ao bem é capaz de fundamentar o ato de penhora. No caso de despesas condominiais, por exemplo, como não havia previsão expressa no CPC/1973 nem na Lei nº 8.009/1990, fica a dúvida quanto à possibilidade (ou não) de penhora.

Com o Código atual essa dúvida será sanada, porquanto a impenhorabilidade não será oponível na execução de dívida relativa ao próprio bem. Sendo assim, além das dívidas de IPTU e de hipoteca (já previstas como exceções à impenhorabilidade pela Lei nº 8.009/1990 – art. 3º, IV e V), também estão no rol de exceções as despesas condominiais (ordinárias ou extraordinárias). Ressalte-se que essa nova disposição vai ao encontro do entendimento do Superior Tribunal de Justiça.[29]

- **2ª – Os incisos IV e X do art. 833 não se aplicam à hipótese de penhora para pagamento de prestação alimentícia, independentemente de sua origem, bem como as importâncias excedentes a 50 salários mínimos mensais, devendo a constrição observar o disposto nos arts. 528, § 8º, e 529, § 3º.**

Como já vimos, o dispositivo contempla **duas exceções à impenhorabilidade**. A primeira exceção leva em conta a natureza da obrigação. Tratando-se de prestação alimentícia, pouco importa se decorrente da relação de parentesco ou de ato ilícito (alimentos indenizatórios),[30] os vencimentos, subsídios, soldos e salários e as outras verbas contempladas no inciso IV são penhoráveis, desde que o exequente opte pela modalidade de cumprimento da sentença consistente na expedição de mandado de penhora no caso de não pagamento voluntário do débito

---

[29] "Processual civil. Agravo regimental. Agravo de instrumento. Violação do art. 535 do CPC. Não configuração. Fundamentação deficiente. Súmula nº 284/STF. Bem de família. Despesas condominiais. Penhorabilidade. Possibilidade. 1. Quando o Tribunal de origem, ainda que sucintamente, pronuncia-se de forma clara e suficiente sobre a questão posta nos autos, não há ofensa ao artigo 535 do CPC. Ademais, o magistrado não está obrigado a rebater, um a um, os argumentos trazidos pela parte. 2. Alegação genérica de ofensa a lei federal é insuficiente para delimitar a controvérsia, sendo necessária a especificação do dispositivo considerado violado, conforme disposto na Súmula nº 284 do STF. 3. O entendimento firmado pelo Tribunal *a quo* de que é permitida a penhora do bem de família para assegurar pagamento de dívidas oriundas de despesas condominiais do próprio bem está em sintonia com a jurisprudência deste Superior Tribunal de Justiça. Aplicação da Súmula 83 do STJ. 4. Agravo regimental desprovido" (STJ, AgRg no Ag 1.041.751/DF, Rel. Min. João Otávio de Noronha, j. 06.04.2010).

[30] A jurisprudência já acolhia esse entendimento (STJ, REsp 1.186.225/RS, Rel. Min. Massami Uyeda, j. 04.09.2012).

alimentar. Para tal finalidade – satisfazer obrigação de prestar alimentos –, também os depósitos em caderneta de poupança (inciso X), qualquer que seja o valor, podem ser penhorados.

Outra exceção refere-se às verbas mencionadas no inciso IV – por exemplo, salários – que ultrapassem o limite de 50 salários mínimos. Qualquer que seja a natureza da obrigação, admite-se a penhora do que exceder a esse limite. Em suma:

(i) **Prestação alimentícia de qualquer origem:** podem-se penhorar as importâncias mencionadas no inciso IV e a quantia depositada em caderneta de poupança, qualquer que seja o montante.

(ii) **Outras prestações:** pode-se penhorar o que exceder a 50 salários mínimos mensais das importâncias mencionadas no inciso IV (salário, por exemplo), bem como a quantia depositada em caderneta de poupança na parte que sobejar ao equivalente a 40 salários mínimos.

Conforme já registrado, em casos nos quais é possível preservar o mínimo existencial para o executado, a própria jurisprudência vem admitindo uma terceira exceção: pode-se penhorar verbas de natureza salarial para pagamento de dívida não alimentar, independentemente do montante recebido pelo devedor, desde que preservado valor que assegure subsistência digna para ele e sua família.

No mais, de acordo com o art. 834, à falta de outros bens, podem ser penhorados os frutos e rendimentos dos bens inalienáveis.

Importante frisar que o CPC/1973 estabelecia no dispositivo correspondente (art. 650) a seguinte regra: "podem ser penhorados, à falta de outros bens, os frutos e rendimentos dos bens inalienáveis, *salvo se destinados à satisfação da prestação alimentícia*". Como o Código atual não repete a parte em destaque, deve-se entender que a existência de outros bens do executado impedirá a penhora de frutos e rendimentos dos bens inalienáveis **ainda que o objeto da execução esteja relacionado à satisfação de prestação alimentícia**. O objetivo da norma é dar preferência aos bens do executado, e não aos frutos e rendimentos advindos desses bens.

Como já evidenciado, todo bem inalienável é impenhorável. Assim, se em certos casos admite-se a penhora de frutos e rendimentos de bens inalienáveis (bens gravados com cláusula de inalienabilidade, por exemplo), com muito mais razão se admite a penhora dos frutos e rendimentos dos bens impenhoráveis. Nesse caso, diz-se que o bem é relativamente impenhorável.

A alegação de que determinado bem é impenhorável pode ser feita a todo tempo, mediante simples petição e independentemente de apresentação de embargos à execução.

4.3.2 Aspectos importantes relativos ao bem de família

Conforme já visto, o bem de família pode ser instituído por lei ou por ato voluntário (escritura pública ou testamento), devidamente levado a registro (arts. 1.711 a 1.722 do Código Civil).

Neste tópico trataremos do bem de família legal, disciplinado pela Lei nº 8.009, de 29 de março de 1990.

Diferentemente do bem de família convencional ou voluntário, que para ser alienado depende de autorização judicial, o bem de família legal continua sendo impenhorável, mas não é inalienável. Existem, no entanto, exceções à impenhorabilidade, que estão previstas no art. 3º da Lei nº 8.009/1990:

> Art. 3º A impenhorabilidade é oponível em qualquer processo de execução civil, fiscal, previdenciária, trabalhista ou de outra natureza, salvo se movido:
> [...]
> II – pelo titular do crédito decorrente do financiamento destinado à construção ou à aquisição do imóvel, no limite dos créditos e acréscimos constituídos em função do respectivo contrato;

III – pelo credor da pensão alimentícia, resguardados os direitos, sobre o bem, do seu coproprietário que, com o devedor, integre união estável ou conjugal, observadas as hipóteses em que ambos responderão pela dívida;

IV – para cobrança de impostos, predial ou territorial, taxas e contribuições devidas em função do imóvel familiar;

V – para execução de hipoteca sobre o imóvel oferecido como garantia real pelo casal ou pela entidade familiar;

VI – por ter sido adquirido com produto de crime ou para execução de sentença penal condenatória a ressarcimento, indenização ou perdimento de bens;

VII – por obrigação decorrente de fiança concedida em contrato de locação.

A supressão do inciso I do mencionado dispositivo é proposital. **Ele foi revogado pela Lei Complementar nº 150, de 1º de junho de 2015**, que regulamenta a chamada "PEC dos trabalhadores domésticos". A redação do inciso I do art. 3º da Lei nº 8.009/1990 afastava a regra da impenhorabilidade do bem de família caso a execução tivesse por objeto os créditos de trabalhadores da própria residência e as respectivas contribuições previdenciárias. Se, por exemplo, um empregador doméstico estivesse sendo executado por dívidas trabalhistas relacionadas à sua ex-empregada doméstica ou por dívidas relativas a contribuições previdenciárias também decorrentes deste vínculo, o seu único bem poderia ser penhorado, ainda que se tratasse de bem de família.

Em razão da revogação desse inciso, **a impenhorabilidade do bem de família não pode mais ser relativizada nessa hipótese**. Se, no entanto, o empregador possuir mais de um bem imóvel, somente um deles será beneficiado pela proteção legal, podendo o outro ser penhorado para pagamento das dívidas objeto da execução trabalhista.

Ressalte-se que, como a Lei Complementar já entrou em vigor, a nova regra já deve ser aplicada às ações em curso, mesmo que as dívidas tenham origem em momento anterior à vigência da nova lei. Isso porque, como se trata de uma norma de caráter processual, vale a regra do *tempus regit actum*. Caso a penhora já tenha sido realizada, surgem, no entanto, duas opções: a) o juiz deve determinar a desconstituição da penhora; b) o juiz deve manter o ato constritivo em observância à teoria do isolamento dos atos processuais, aplicando a lei nova aos atos processuais ainda não realizados e respeitando os atos já realizados em conformidade com a lei antiga.

Dentre as duas opções, a mais coerente com a dimensão temporal dos atos processuais é a segunda (b). Entretanto, como o STJ já decidiu, quando da entrada em vigor da Lei nº 8.009/1990, ser possível a desconstituição de penhoras já realizadas (REsp 63.866/SP e Súmula nº 205), é possível esperar que haja inclinação para a primeira solução (a), ou seja, a penhora feita com base no inciso I do art. 3º da Lei nº 8.009/1990 será desconstituída. Ocorre que os tribunais sempre inclinam a passar a mão na cabeça de maus pagadores, ainda que à custa do sacrifício de atos jurídicos perfeitos e acabados (o ato jurídico consistente na penhora). Há um vezo de se aplicar ao processo civil princípio do Direito Penal, referente à retroatividade da norma mais benéfica.

Quando a dívida tem origem na coisa a ser penhorada (obrigação *propter rem*), incidem os incisos II e IV do art. 3º da Lei nº 8.009/1990, que possibilitam a penhora pelo titular do crédito decorrente do financiamento destinado à construção ou à aquisição do imóvel, bem como para pagamento de impostos, taxas e contribuições relativos ao imóvel. Especificamente com relação ao inciso IV do art. 3º da Lei nº 8.009/1990, a jurisprudência já vinha entendendo que a exceção também se aplicava às dívidas de condomínio.[31] Com a redação do já

---

[31] Nesse sentido: STJ, Resp 1.100.087/MG, 2008/0245657-0, 1ª Turma, Rel. Min. Luiz Fux, j. 12.05.2009.

mencionado art. 833, § 1º, esse entendimento ficou mais claro. As despesas (ordinárias ou extraordinárias) de condomínio podem ser cobradas mediante ação de execução por quantia certa, sendo possível que a penhora atinja o bem em condomínio.

Quanto ao inciso II, perceba que esse dispositivo está relacionado às situações em que se toma, por exemplo, um empréstimo para construção ou aquisição do imóvel. Se não houver pagamento ao credor, este poderá cobrar do devedor, inclusive com a possibilidade de penhora do próprio imóvel.

Ocorre que o STJ estendeu a aplicação desse dispositivo para um caso envolvendo a elaboração, coordenação e execução de um projeto de arquitetura, ou seja, um caso de serviço de reforma residencial (3ª Turma, REsp 2.082.860/RS, Rel. Min. Nancy Andrighi, j. 06.02.2024).

A arquiteta, na qualidade de credora, ajuizou ação de cobrança contra a proprietária do imóvel e, após sentença procedente, requereu o cumprimento da decisão e a penhora do próprio apartamento no qual foi realizada a reforma. O STJ considerou válida a penhora, considerando que a finalidade do art. 3º, II, "foi coibir que o devedor se escude na impenhorabilidade do bem de família para obstar a cobrança de dívida contraída para aquisição, construção ou reforma do próprio imóvel, ou seja, de débito derivado de negócio jurídico envolvendo o próprio bem. Portanto, a dívida relativa a serviços de reforma residencial se enquadra na referida exceção". Em suma, esse dispositivo também é aplicável em caso de dívida contraída para reforma do próprio imóvel.

Especialmente em relação ao inciso IV, deve-se ter em mente que, além da necessária vinculação entre a dívida e a coisa a ser penhorada, é preciso que o débito seja proveniente do próprio imóvel. Por exemplo: se Antônio tem dívidas de IPTU relacionadas à imóvel localizado em Águas Claras/DF, não pode ocorrer a penhora de imóvel localizado em Taguatinga/DF, pois, para a aplicação da exceção à impenhorabilidade, é preciso que o débito de natureza tributária seja proveniente do próprio imóvel que se pretende penhorar.[32]

Quanto ao credor de alimentos (inciso III do art. 3º da Lei nº 8.009/1990), como já tratado anteriormente, o próprio CPC excepciona a impenhorabilidade em seu art. 833, § 2º. A novidade é que a redação do inciso III do art. 3º da Lei nº 8.009/1990, **conferida pela Lei nº 13.144, de 6 de julho de 2015**, assegura a proteção ao patrimônio do novo cônjuge ou companheiro do devedor de pensão alimentícia.

Exemplo: João mantém união estável com Maria, bem como a copropriedade de um bem imóvel. Pedro, filho apenas de João, é credor de prestação alimentícia. Na execução proposta contra o pai, o bem imóvel de propriedade também de Maria não poderá ser atingido. Nesse caso, sequer haverá impenhorabilidade parcial, pois, segundo o STJ, quando a impenhorabilidade for reconhecida sobre metade de imóvel relativa à meação, ela deve ser estendida à totalidade do bem, porquanto o escopo precípuo da lei é a tutela não apenas da pessoa do devedor, mas da entidade familiar como um todo (STJ, REsp 1.227.366/RS, 4ª Turma, Rel. Min. Luis Felipe Salomão, julgado em 21.10.2014). Na prática, o bem permanece integralmente impenhorável, devendo o cônjuge ou companheiro apresentar embargos de terceiro para defender a sua parte.

Para a execução de hipoteca sobre o imóvel ofertado como garantia real pelo casal ou pela entidade familiar (inciso V do art. 3º da Lei nº 8.009/1990), o STJ tem afastado a exceção nas hipóteses em que a hipoteca não é constituída em benefício da própria família, por exemplo, quando formalizada para garantia de dívida de terceiro (STJ, REsp 997.261/SC, Rel. Min. Luis Felipe Salomão, julgado em 15.03.2012) ou quando ofertada por membro da entidade familiar visando garantir dívida de sua empresa individual (STJ, AgRg no Ag 597.243/GO, Rel. Min. Fernando Gonçalves, julgado em 03.02.2005).

---

[32] STJ, 3ª Turma, REsp 1.332.071/SP, Rel. Min. Marco Aurélio Bellizze, j. 18.02.2020, *Informativo* 665.

Em julgado mais recente o STJ decidiu que nas hipóteses em que a hipoteca é suporte à dívida de terceiros, a impenhorabilidade do imóvel deve, em princípio, ser reconhecida. No REsp nº 1.180.873, julgado em outubro de 2015, a Quarta Turma afastou a penhora de imóvel que garantiu dívida do filho da proprietária, pois restou comprovado que a dívida havia sido feita para quitar compromissos pessoais do devedor, de modo que não deve incidir a exceção do art. 3º, V, da Lei nº 8.009/1990, que diz que a impenhorabilidade não pode ser invocada em caso de execução de hipoteca sobre imóvel oferecido como garantia real *pelo casal ou pela família*.

A regra da impenhorabilidade também é afastada caso o bem tenha sido adquirido como produto de crime ou para satisfação de execução de sentença penal condenatória a ressarcimento, indenização ou perdimento de bens (inciso VI do art. 3º da Lei nº 8.009/1990).

Em relação à última exceção legal (inciso VII do art. 3º da Lei nº 8.009/1990), existia forte discussão doutrinária e jurisprudencial sobre a constitucionalidade desse dispositivo, especialmente em razão de sua desproporcionalidade. Como se sabe, a fiança é um contrato acessório e, assim sendo, não poderia trazer mais obrigações que o contrato principal. Ao se tornar inadimplente, o locatário não perde o bem de família, mas a mesma sorte não é reservada ao fiador, que sequer pode, em ação regressiva, tomar o bem de seu afiançado.

No entanto, o Plenário do STF, ao julgar o Recurso Extraordinário nº 407.668/SP, entendeu, por maioria de votos, pela constitucionalidade da norma. Primeiro, porque o fiador, ao assinar o contrato, tem pleno conhecimento da possibilidade de perder o bem de família em caso de inadimplemento. Segundo, porque a referida norma protege o mercado imobiliário, devendo ser aplicada em virtude do disposto no art. 170 da CF.

Apesar dessa decisão – firmada em 2006, em controle difuso de constitucionalidade –, alguns tribunais locais se filiaram à tese da inconstitucionalidade.[33] O STJ, na maioria de seus julgados, rechaçava esse entendimento por considerar que a própria lei excepcionava a impenhorabilidade.

Consolidando a ressalva legal, o STJ firmou, em sede de recurso repetitivo, a seguinte tese: **"é legítima a penhora de apontado bem de família pertencente a fiador de contrato de locação, ante o que dispõe o art. 3º, VII, da Lei 8.009/1990"** (STJ, REsp 1.363.368/MS, Rel. Min. Luis Felipe Salomão, julgado em 12.11.2014). Posteriormente, foi editada a Súmula 549 com o seguinte teor: "É válida a penhora de bem de família pertencente a fiador de contrato de locação".

Como a legislação que trata da impenhorabilidade do bem de família não conseguiu prever as inúmeras situações e questionamentos que surgiriam a partir das execuções fundadas em imóveis dessa natureza, a jurisprudência tratou, então, de estabelecer limites à impenhorabilidade e, em alguns casos, de estender o benefício legal.

a) Bem de família indireto

O bem de família não é, necessariamente, aquele em que a entidade familiar reside. O único imóvel do devedor pode ser utilizado para fins de moradia ou mesmo para aluguel, desde que o valor obtido com a locação seja destinado ao complemento da renda familiar. Sob esse fundamento, o STJ editou, em 2012, a Súmula nº 486, que prescreve: "É impenhorável o único imóvel residencial do devedor que esteja locado a terceiros, desde que a renda com a locação seja revertida para a subsistência ou moradia da sua família".

Em 2013, a 3ª Turma do STJ proferiu decisão importante sobre a impenhorabilidade do bem de família pertencente a pessoa que, por necessidade de trabalho, se afasta temporariamente

---

[33] Nesse sentido: TJ-MG, AI 1.0105.07.226985-2/0011, 14ª Câmara Cível, Rel. Des. Antônio de Pádua, j. 05.03.2009.

do único imóvel de sua propriedade. No caso julgado, os devedores residiam em Campinas, em imóvel locado por seu empregador, mas possuíam imóvel localizado no Rio de Janeiro.[34]

Também privilegiando a regra legal e o direito constitucional à moradia, em 2014 o STJ considerou que o fato de o proprietário não habitar o imóvel não é capaz de afastar a impenhorabilidade. Confira:

"Constitui bem de família, insuscetível de penhora, o único imóvel residencial do devedor em que resida seu familiar, **ainda que o proprietário nele não habite**. De fato, deve ser dada a maior amplitude possível à proteção consignada na lei que dispõe sobre o bem de família (Lei 8.009/1990), que decorre do direito constitucional à moradia estabelecido no *caput* do art. 6º da CF, para concluir que a ocupação do imóvel por qualquer integrante da entidade familiar não descaracteriza a natureza jurídica do bem de família. Antes, porém, isso reafirma esta condição. Impõe-se lembrar, a propósito, o preceito contido no art. 226, *caput*, da CF – segundo o qual a família, base da sociedade, tem especial proteção do Estado –, de modo a indicar que aos dispositivos infraconstitucionais pertinentes se confira interpretação que se harmonize com o comando constitucional, a fim de assegurar efetividade à proteção a todas as entidades familiares em igualdade de condições. Dessa forma, tem-se que a Lei 8.009/1990 protege, em verdade, o único imóvel residencial de penhora. Se esse imóvel encontra-se cedido a familiares, filhos, enteados ou netos, que nele residem, ainda continua sendo bem de família. A circunstância de o devedor não residir no imóvel não constitui óbice ao reconhecimento do favor legal [...]" (STJ, EREsp 1.216.187/SC, Rel. Min. Arnaldo Esteves Lima, j. 14.05.2014).

b) Bem de família de pessoa solteira

A Súmula nº 364 do STJ consolidou entendimento quanto ao conceito de bem de família, determinando a sua abrangência aos imóveis pertencentes a pessoas solteiras, separadas e viúvas. Isso porque, se a finalidade da norma é a proteção de um direito fundamental da pessoa humana (direito à moradia), ela não pode ser destinada apenas para proteger pessoas que vivem em grupo.

c) Bem de família locado a terceiros

Como já visto, nos termos da jurisprudência do STJ, a impenhorabilidade prevista na lei estende-se a um único imóvel do devedor, ainda que ele se encontre locado a terceiros, porquanto a renda auferida pode ser utilizada para que a família resida em outro imóvel alugado ou até mesmo para a própria manutenção da entidade familiar (REsp 698.750/SP, REsp 439.920/SP, REsp 445.990/MG, entre outros julgados).

É importante notar que a Corte enaltece o princípio da proteção familiar, mas deixa clara a necessidade de se comprovar que a renda auferida com a locação do bem de família está sendo utilizada como complemento da renda familiar ou mesmo como forma de constituição de moradia em outra localidade. A proteção não é absoluta, portanto.

d) Vaga autônoma de garagem

Logo após a vigência da Lei nº 8.009/1990, surgiram diversos julgados que impossibilitaram a extensão dos efeitos da impenhorabilidade às vagas de garagem ou "boxe de estacionamento" (STJ, REsp 23.420/RS, julgado em 31.08.1994). No entanto, somente em 2010, o STJ sumulou o entendimento no sentido de que "a vaga de garagem que possui matrícula própria no registro

---

[34] "Mudança temporária por necessidade de trabalho não afasta a proteção do bem de família" (notícia publicada em 11.10.2013 no endereço eletrônico do Superior Tribunal de Justiça).

de imóveis não constitui bem de família para efeito de penhora" (Súmula nº 449). Assim, se identificada como unidade autônoma em relação à residência do devedor, a vaga de garagem não se enquadrará na hipótese prevista no art. 1º da Lei nº 8.009/1990.

e) Reconhecimento do bem de família

A jurisprudência majoritária considera que a matéria tratada no art. 833 do CPC/2015 (art. 649 do CPC/1973) e na Lei nº 8.009/1990 é de ordem pública e, portanto, passível de ser reconhecida de ofício. Desta forma, se a penhora recair sobre bem absolutamente impenhorável, mesmo que essa qualidade só tenha sido reconhecida no curso da ação, há que ser desconstituída a constrição (STJ, AgRg no AREsp 55.742/RS, Min. Sidnei Beneti, julgado em 13.12.2011).

f) Bem de família e preclusão

Questão polêmica se refere à oferta, pelo devedor, do bem de família em demanda executiva.

No REsp 554.622/RS, julgado pelo STJ em 17.11.2005, o então Ministro Ari Pargendler afastou a impenhorabilidade do bem de família em homenagem ao princípio da boa-fé e da vedação ao comportamento contraditório. No caso, três famílias de baixa renda aceitaram permutar uma pequena casa de madeira em que viviam por dois apartamentos a serem edificados por uma construtora, que deu em garantia do negócio o imóvel em que morava a família do proprietário da empresa. As famílias ficaram desalojadas e os apartamentos prometidos não foram construídos, o que levou ao ajuizamento de ação executiva. Às vésperas da praça, o devedor alegou que o imóvel dado em garantia seria "bem de família" por definição legal e, portanto, absolutamente impenhorável. O Ministro considerou que, no ato da negociação, houve renúncia à impenhorabilidade, sendo cabível a constrição judicial do imóvel pertencente ao devedor que agiu de má-fé.

No entanto, o entendimento que sempre prevaleceu no STJ é de que o **bem de família é irrenunciável**, sendo possível que o devedor, mesmo na hipótese de oferta de seu único imóvel para satisfazer a execução, venha a embargá-la para desconstituir eventual penhora, desde que antes da arrematação. Nas palavras da Ministra Nancy Andrighi (REsp 526.460/RS), "se a proteção do bem visa atender à família, e não apenas ao devedor, deve-se concluir que este não poderá, por ato processual isolado, renunciar à proteção outorgada por lei em norma de ordem pública a toda entidade familiar". No mesmo sentido: REsp 467.246/RS, *DJe* 12.08.2003; REsp 976.566/RS, *DJe* 05.04.2010; REsp 981.532/RJ, *DJe* 29.08.2012. Também é possível que o juiz garanta a impenhorabilidade, impedindo, ainda que sem a manifestação do devedor, a incidência da penhora sobre o bem legalmente protegido. Como dito, trata-se de norma cogente, de ordem pública, podendo ser apreciada *ex officio* pelo juiz.

Apesar disso, é importante lembrar que não são raros os casos em que, a depender das circunstâncias do caso concreto, pode (e deve) ser afastada a proteção em homenagem ao princípio da boa-fé. São alguns dos exemplos julgados pelo STJ:

"Direito civil. Afastamento da proteção dada ao bem de família. **Deve ser afastada a impenhorabilidade do único imóvel pertencente à família na hipótese em que os devedores, com o objetivo de proteger o seu patrimônio, doem em fraude à execução o bem a seu filho menor impúbere após serem intimados para o cumprimento espontâneo da sentença exequenda.** De início, cabe ressaltar que o STJ tem restringido a proteção ao bem de família com o objetivo de prevenir fraudes, evitando prestigiar a má-fé do devedor. Nesse sentido: 'o bem que retorna ao patrimônio do devedor, por força de reconhecimento de fraude à execução, não goza da proteção da impenhorabilidade disposta na Lei nº 8.009/90' (AgRg no REsp 1.085.381-SP, Sexta Turma, *DJe* de 30.03.2009); 'é possível, com fundamento em abuso de direito, afastar a proteção conferida pela Lei 8.009/90' (REsp 1.299.580-RJ, Terceira Turma, *DJe* de 25.10.2012).

Nessa conjuntura, a doação feita a menor impúbere, nas circunstâncias ora em análise, além de configurar tentativa de fraude à execução, caracteriza abuso de direito apto a afastar a proteção dada pela Lei 8.009/1990. Com efeito, nenhuma norma, em nosso sistema jurídico, pode ser interpretada de modo apartado aos cânones da boa-fé. No que tange à aplicação das disposições jurídicas da Lei 8.009/1990, há uma ponderação de valores que se exige do Juiz, em cada situação particular: de um lado, o direito ao mínimo existencial do devedor ou sua família; de outro, o direito à tutela executiva do credor; ambos, frise-se, direitos fundamentais das partes. Trata-se de sopesar a impenhorabilidade do bem de família e a ocorrência de fraude de execução. Assim, é preciso considerar que, em regra, o devedor que aliena, gratuita ou onerosamente, o único imóvel, onde reside a família, está, ao mesmo tempo, dispondo da proteção da Lei 8.009/1990, na medida em que seu comportamento evidencia que o bem não lhe serve mais à moradia ou subsistência. Do contrário, estar-se-ia a admitir o *venire contra factum proprium*" (STJ, REsp 1.364.509/RS, Rel. Min. Nancy Andrighi, j. 10.06.2014).

"Direito civil e processual civil. Possibilidade de penhora de bem de família por má-fé do devedor. **Não se deve desconstituir a penhora de imóvel sob o argumento de se tratar de bem de família na hipótese em que, mediante acordo homologado judicialmente, o executado tenha pactuado com o exequente a prorrogação do prazo para pagamento e a redução do valor de dívida que contraíra em benefício da família, oferecendo o imóvel em garantia e renunciando expressamente ao oferecimento de qualquer defesa, de modo que, descumprido o acordo, a execução prosseguiria com a avaliação e praça do imóvel.** De fato, a jurisprudência do STJ inclinou-se no sentido de que o bem de família é impenhorável, mesmo quando indicado à constrição pelo devedor. No entanto, o caso em exame apresenta certas peculiaridades que torna válida a renúncia. Com efeito, no caso em análise, o executado agiu em descompasso com o princípio *nemo venire contra factum proprium*, adotando comportamento contraditório, num momento ofertando o bem à penhora e, no instante seguinte, arguindo a impenhorabilidade do mesmo bem, o que evidencia a ausência de boa-fé. Essa conduta antiética deve ser coibida, sob pena de desprestígio do próprio Poder Judiciário, que validou o acordo celebrado. Se, por um lado, é verdade que a Lei 8.009/1990 veio para proteger o núcleo familiar, resguardando-lhe a moradia, não é menos correto afirmar que aquele diploma legal não pretendeu estimular o comportamento dissimulado. Como se trata de acordo judicial celebrado nos próprios autos da execução, a garantia somente podia ser constituída mediante formalização de penhora incidente sobre o bem. Nada impedia, no entanto, que houvesse a celebração do pacto por escritura pública, com a constituição de hipoteca sobre o imóvel e posterior juntada aos autos com vistas à homologação judicial. Se tivesse ocorrido dessa forma, seria plenamente válida a penhora sobre o bem em razão da exceção à impenhorabilidade prevista no inciso V do art. 3º da Lei 8.009/1990, não existindo, portanto, nenhuma diferença substancial entre um ato e outro no que interessa às partes. Acrescente-se, finalmente, que a decisão homologatória do acordo tornou preclusa a discussão da matéria, de forma que o mero inconformismo do devedor contra uma das cláusulas pactuadas, manifestado tempos depois, quando já novamente inadimplentes, não tem força suficiente para tornar ineficaz a avença. Dessa forma, não se pode permitir, em razão da boa-fé que deve reger as relações jurídicas, a desconstituição da penhora, sob pena de desprestígio do próprio Poder Judiciário" (STJ, REsp 1.461.301/MT, Rel. Min. João Otávio de Noronha, j. 05.03.2015, *DJe* 23.03.2015).

"(...) 1. À luz da jurisprudência dominante das Turmas de Direito Privado: (a) a proteção conferida ao bem de família pela Lei nº 8.009/1990 não importa em sua inalienabilidade, revelando-se possível a disposição do imóvel pelo proprietário, inclusive no âmbito de alienação fiduciária; e (b) a utilização abusiva de tal direito, com evidente violação do princípio da boa-fé objetiva, não deve ser tolerada, afastando-se o benefício conferido ao titular que exerce o direito em desconformidade com o ordenamento jurídico". (STJ, AgInt nos EDv nos EREsp 1.560.562/SC, Rel. Min. Luis Felipe Salomão, 2ª Seção, *REPDJe* 30.06.2020).

Percebe-se que são recorrentes as decisões da Corte que afastam a proteção do bem de família em homenagem à boa-fé. Imagine que o beneficiário da proteção, ciente da proteção legal conferida ao seu imóvel, oferta-o em garantia para pagamento de acordo firmado nos autos de execução de título extrajudicial. Em razão do inadimplemento, o credor pretende executar o acordo, requerendo a penhora da garantia ofertada. O devedor, nesse caso, não poderá se valer da proteção e requerer a desconstituição de eventual penhora. Segundo entendimento do STJ, "a questão da proteção indiscriminada do bem de família ganha novas luzes quando confrontada com condutas que vão de encontro à própria ética e à boa-fé, que devem permear todas as relações negociais. Não pode o devedor ofertar bem em garantia que é sabidamente residência familiar para, posteriormente, vir a informar que tal garantia não encontra respaldo legal".[35] Esse comportamento é vedado por nosso ordenamento (vedação ao comportamento contraditório), pois ofende os ditames da boa-fé objetiva. A propósito, o STJ já admitiu a realização de acordo entre credor e devedor envolvendo bem de família. A Corte considerou válida a transação homologada em juízo, nos autos de uma execução de título extrajudicial, em que o próprio devedor assumiu o compromisso de vender o bem de família para quitar a dívida executada (AgInt no AREsp 1.886.576/SP, j. 29.11.2021). Assim, a eventual alegação sobre a impenhorabilidade constituiria ofensa ao postulado da vedação ao comportamento contraditório.

g) Bem de família adquirido no curso da ação executiva

A jurisprudência do STJ consolidou-se no sentido de que o benefício da impenhorabilidade aos bens de família pode ser concedido ainda que o imóvel tenha sido adquirido no curso da demanda executiva, salvo na hipótese do art. 4º da Lei nº 8.009/1990, segundo o qual "não se beneficiará do disposto nesta lei aquele que, sabendo-se insolvente, adquire de má-fé imóvel mais valioso para transferir a residência familiar, desfazendo-se ou não da moradia antiga". Ou seja, não havendo má-fé, a aquisição do imóvel posteriormente à dívida não configura, por si só, fraude à execução, tampouco afasta a proteção conferida ao bem de família, estendendo o benefício a todas as obrigações do devedor, indistintamente (REsp 1.792.265/SP, Rel. Min. Luis Felipe Salomão, 4ª Turma, j. 14.12.2021; AgInt nos EDcl no AREsp 2.182.745/BA, Rel. Min. Raul Araújo, j. 18.04.2023).

4.3.3 *Indicação de bens à penhora*

Conforme já se afirmou, estando em termos a petição inicial, ou seja, presentes, na cognição sumária, os pressupostos processuais, o executado será citado para efetuar o pagamento da dívida no prazo de 3 dias (art. 829).

Na sistemática implementada pela Lei nº 11.382/2006, que alterou o CPC/1973, facultou-se ao credor a indicação de bens a serem penhorados na petição da execução (art. 652, § 2º, do CPC/1973). No Código atual permanece essa possibilidade (art. 798, II, "c"), sendo que a legislação de 2015 também permite ao executado a indicação de bens sujeitos à penhora, desde que seja demonstrado que essa constrição lhe será menos onerosa e que também não trará prejuízos ao credor (art. 829, § 2º). Além disso, depende de prévia manifestação judicial.

A indicação deve obedecer à ordem do art. 835, que é a seguinte: I – dinheiro, em espécie ou em depósito ou aplicação em instituição financeira; II – títulos da dívida pública da União,

---

[35] REsp 1.782.227/PR, j. 29.08.2019.

dos Estados e do Distrito Federal com cotação em mercado; III – títulos e valores mobiliários com cotação em mercado; IV – veículos de via terrestre; V – bens imóveis; VI – bens móveis em geral; VII – semoventes; VIII – navios e aeronaves; IX – ações e quotas de sociedades simples e empresárias; X – percentual do faturamento de empresa devedora; XI – pedras e metais preciosos; XII – direitos aquisitivos derivados de promessa de compra e venda e de alienação fiduciária em garantia; XIII – outros direitos.

Se compararmos a redação do art. 835 com a do seu correspondente no CPC/1973 (art. 655), notaremos algumas diferenças: primeiro, quanto à alteração da ordem dos bens passíveis de penhora;[36] segundo, quanto à inclusão no rol dos bens penhoráveis dos semoventes (VII do art. 835), das ações e quotas de sociedades simples (IX do art. 835) dos direitos aquisitivos derivados de promessa de compra e venda e de alienação fiduciária em garantia (XII do art. 835).

A possibilidade de penhora de semoventes já era aceita pela jurisprudência.[37] Quanto às ações e quotas de sociedades simples (não empresárias), há entendimento no âmbito do Superior Tribunal de Justiça[38] que permite a penhora de cotas pertencentes a sócio de cooperativa. Como esta, nos termos do art. 982, parágrafo único, do Código Civil,[39] só pode ser constituída sob a forma de sociedade simples, já era possível estender o entendimento às demais sociedades constituídas sob essa mesma forma.

No que concerne à possibilidade de penhora dos **direitos aquisitivos derivados de promessa de compra e venda e de alienação fiduciária em garantia** (inciso XII do art. 835), é importante lembrar que, em ambos os casos, como ainda não se adquiriu a propriedade plena do bem, este não poderá ser penhorado. O que deve acontecer é a constrição executiva sobre os direitos do executado relativos a essas espécies de contratos.

A ordem desse dispositivo, segundo entendimento do STJ, não tem caráter absoluto, só não devendo ser seguida quando comprovada "não somente a manifesta vantagem para o executado, mas também a ausência de prejuízo para o exequente" (STJ, REsp 1.168.543, Rel. Min. Sidney Beneti, julgado em 05.03.2013). Apesar desse entendimento, que também é reforçado pela Súmula nº 417 do STJ ("na execução civil, a penhora de dinheiro na ordem de nomeação

---

[36] CPC/1973, "Art. 655. A penhora observará, preferencialmente, a seguinte ordem: I – dinheiro, em espécie ou em depósito ou aplicação em instituição financeira; II – veículos de via terrestre; III – bens móveis em geral; IV – bens imóveis; V – navios e aeronaves; VI – ações e quotas de sociedades empresárias; VII – percentual do faturamento de empresa devedora; VIII – pedras e metais preciosos; IX – títulos da dívida pública da União, Estados e Distrito Federal com cotação em mercado; X – títulos e valores mobiliários com cotação em mercado; XI – outros direitos".

[37] Por exemplo: "Agravo de instrumento. Carta precatória. Ação de execução de título extrajudicial. Nomeação de bens à penhora. Indicação de semoventes. Vacas leiteiras que se encontram em local certo e que estão devidamente vacinadas. Bens que não são de difícil alienação. Pretensão de substituição por imóveis. Inadmissibilidade. Decisão mantida. Recurso desprovido. Inadmissível a pretensão do credor de invalidar a nomeação de semoventes (vacas leiteiras) à penhora realizada pelo devedor, porque não são bens de difícil comercialização, e preferem os imóveis indicados pelo credor na ordem do artigo 655 do Código de Processo Civil" (TJ-PR, AI 3440080/PR 0344008-0, 14ª Câmara Cível, Rel. Des. Maria Aparecida Blanco de Lima, j. 16.08.2006).

[38] "Processual civil e direito societário. Recurso especial. Penhora de cotas de sociedade cooperativa em favor de terceiro estranho ao quadro societário. Possibilidade. [...] 2. É possível a penhora de cotas pertencentes a sócio de cooperativa, por dívida particular deste, pois responde o devedor, para o cumprimento de suas obrigações, com todos os seus bens presentes e futuros (art. 591, CPC). [...]" (STJ, REsp 1.278.715/PR, Rel. Min. Nancy Andrighi, j. 11.06.2013).

[39] Código Civil, "Art. 982. [...] Parágrafo único. Independentemente de seu objeto, considera-se empresária a sociedade por ações; e, simples, a cooperativa".

de bens não tem caráter absoluto"), o Código atual, ao que me parece, tenta superar, pelo menos em parte, o entendimento jurisprudencial. Veja o teor do § 1º do art. 835:

"É prioritária a penhora em dinheiro, podendo o juiz, nas demais hipóteses, alterar a ordem prevista no *caput* de acordo com as circunstâncias do caso concreto".

A ordem estabelecida é preferencial. Se houver dinheiro em instituição financeira ou debaixo do colchão a penhora sobre ele preferencialmente deve recair. Inclusive perece que, após a entrada em vigor do CPC, esse é o entendimento que vem prevalecendo no âmbito do STJ, para quem "tendo a penhora sobre dinheiro preferência na ordem legal, deve ela ser levada em conta pelo juízo sem a imposição de outros pressupostos não previstos pelo ordenamento jurídico" (AgInt no AREsp 1.554.235/SP, Rel. Min. Herman Benjamin, 2ª Turma, j. 26.10.2020, *DJe* 12.11.2020).

Não faz o menor sentido penhorar bens imóveis, por exemplo, para convertê-los em dinheiro e, com a quantia obtida no leilão, pagar o credor. Se há o dinheiro, já penhora logo o dinheiro e paga logo o credor sem ter que passar pela longa e tortuosa fase do leilão. Essa preferencialidade se coaduna com a ponderação dos princípios da máxima efetividade da execução e a menor onerosidade para o executado. A balança, de modo geral, pesa mais para o lado do credor. Se o executado contraiu a obrigação e não pagou, a onerosidade para ele é natural (pagará custas processuais, multas e pesados honorários). Essa equação somente pode ser afastada em hipóteses excepcionais, por exemplo, quando a penhora em dinheiro puder comprometer a atividade ou a própria existência do executado. Apenas nessa hipótese defendemos a aplicabilidade da Súmula nº 417 do STJ, que assim dispõe: "Na execução civil, a penhora em dinheiro na ordem de nomeação de bens não tem caráter absoluto". Ainda no âmbito do STJ:

"Locação. Execução de aluguéis. Nomeação de bens à penhora. Ordem legal. Caráter relativo. Art. 620 do CPC. A ordem legal estabelecida para a nomeação de bens à penhora não tem caráter absoluto, devendo sua aplicação atender às circunstâncias do caso concreto, à potencialidade de satisfazer o crédito e ao 'princípio da menor onerosidade da execução', inscrito no art. 620 do CPC. Precedentes. *In casu*, a e. Corte *a quo* entendeu, acertadamente, que a constrição deveria recair sobre os bens imóveis indicados, porquanto a penhora sobre o dinheiro existente na conta bancária da executada comprometeria o próprio capital de giro da empresa, em detrimento dos fins por ela colimados. Recurso não conhecido" (STJ, REsp 445.684/SP, Rel. Min. Felix Fischer, j. 05.12.2002).

"A jurisprudência desta egrégia Corte se orienta no sentido de considerar que o princípio da menor onerosidade (art. 620 do CPC) pode, em determinadas situações específicas, ser invocado para relativizar a ordem preferencial dos bens penhoráveis estabelecida no artigo 655 do Código de Processo Civil" (AgRg no AREsp 848.729/MG, 4ª T., Rel. Min. Raul Araújo, j. 08.03.2016, *DJe* 17.03.2016).

Se o exequente e o executado não fizerem a indicação, o oficial de justiça, independentemente de qualquer requerimento, procederá à penhora de tantos bens quantos bastem para o pagamento do principal atualizado, juros, custas e honorários advocatícios (art. 831). Para viabilizar a penhora de ofício, feita a citação, o oficial de justiça retém a segunda via do mandado. Embora o CPC/2015 (art. 829, § 1º) não mencione que o oficial de justiça ficará com a segunda via do mandado (como fazia o art. 652, § 1º), a praxe será a mesma. Faz-se a citação e devolve uma via à secretaria, para que esta possa controlar o prazo para pagamento. O oficial de justiça fica com a segunda via. Passados os três dias e não efetivado o pagamento, munido dessa segunda via do mandado, o oficial de justiça procederá de imediato à penhora de bens e à sua avaliação, lavrando-se o respectivo auto e de tais atos intimando, na mesma oportunidade, o executado. É assim que se procede à penhora por oficial de justiça. Evidentemente que esse ato constritivo pode ser realizado por outras vias. Mudou a lei – não se sabe por que –, sem indicar a nova sistemática. Até parece que o legislador não conhece a rotina de uma secretaria.

Pode ser que o valor do bem a ser penhorado ultrapasse o montante da dívida mais os acessórios. Tal fato não constitui obstáculo à efetivação da penhora; pago o exequente, o que sobejar será restituído ao executado (art. 907). Igualmente, se o bem é de valor inferior ao débito, não impede a penhora; nesse caso, o que pode haver será **reforço de penhora**,[40] se o devedor dispuser de outros bens. Entretanto, não se levará a efeito a penhora quando evidente que o produto da execução dos bens encontrados será totalmente absorvido pelo pagamento das custas da execução (art. 836, *caput*), ou seja, por não satisfazer o crédito do exequente, não será admitida penhora de bem cujo valor não é sequer suficiente para cobrir as custas da execução.

Efetuar-se-á a penhora onde quer que se encontrem os bens, ainda que sob a posse, detenção ou guarda de terceiros (art. 845, *caput*).

Se o devedor não tiver bens no foro da causa e a penhora não puder ser realizada por termo nos autos (art. 845, § 1º), far-se-á a execução por carta (art. 845, § 2º). Nesse caso, a penhora, a avaliação, a alienação, enfim, todos os atos relativos ao bem apreendido na execução, serão levados a efeito por meio de carta precatória, cujo juiz deprecado é o da situação dos bens.

Se o executado fechar as portas da casa a fim de obstar a penhora dos bens, o oficial de justiça comunicará o fato ao juiz, solicitando-lhe ordem de arrombamento. Nesse caso, deferida a ordem, dois oficiais de justiça cumprirão o mandado, arrombando cômodos e móveis em que se presuma encontrar os bens, e lavrando de tudo auto circunstanciado, que será assinado por duas testemunhas, presentes à diligência (art. 846, *caput* e § 1º).

A penhora, como qualquer ato processual, realizar-se-á em dias úteis, das 6 às 20 horas. Entretanto, tal como a citação e a intimação, a penhora poderá realizar-se em domingos e feriados, nos dias úteis, fora do horário mencionado, bem como nas férias forenses, onde houver (art. 212, § 2º). Diferentemente do que previa o CPC/1973, **o Código em vigor não condiciona a realização desses atos à prévia autorização judicial**. Entretanto, se para realizar a citação, intimação ou penhora o oficial de justiça precisar do consentimento da parte para adentrar em seu domicílio e esta não consentir, o ato necessariamente dependerá de ordem judicial para ser realizado (art. 5º, XI, da CF).

Sempre que necessário, o juiz requisitará força policial, a fim de auxiliar os oficiais de justiça na penhora dos bens e na prisão de quem resistir ou desobedecer à ordem, porquanto, nesses casos, pode estar tipificado o crime de resistência ou de desobediência, a depender da situação concreta (art. 846, § 2º, do CPC; arts. 329 e 330 do CP). Esse poder do juiz já se encontra previsto no processo de conhecimento (art. 360, III) e na parte geral do processo de execução (art. 782, § 2º), de forma que nem haveria necessidade de disposição específica para requisição de força policial.

Para documentar a resistência ou a desobediência à ordem judicial, os oficiais de justiça lavrarão o respectivo auto, em duas vias, do qual constarão nome, qualificação e, se possível, a

---

[40] Na prática, a necessidade de reforço deve ser ponderada a partir das peculiaridades do caso concreto. Exemplificando: "Como é cediço, possível o reforço da penhora quando o valor da avaliação do bem penhorado for flagrantemente incompatível com o valor exequendo, nos termos do art. 874, II, do CPC/2015. 2. Assim, não obstante a penhora de vários imóveis dos executados, estes possuem penhora preferencial de terceiros e suas avaliações não são suficientes para garantir a execução, motivo pelo qual possível o reforço da penhora. 3. Recurso conhecido e não provido" (TJ-MG – AI: 10701960016627011/MG, Rel. Shirley Fenzi Bertão, j. 20.11.2019, *DJe* 20.11.2019).

assinatura de duas testemunhas. Uma via será entregue ao escrivão para juntada aos autos da execução, a outra será entregue à autoridade policial, a quem couber a apuração criminal dos eventuais delitos de desobediência ou resistência (art. 846, § 3º).

4.3.4 Penhora por termo nos autos

A rigor, na essência não se distingue entre penhora por oficial de justiça e penhora por termo nos autos. **A diferença reside apenas no sujeito processual** incumbido da prática do ato, bem como no lugar onde é praticado.

A penhora por oficial de justiça é efetuada no lugar onde quer que se encontrem os bens, ainda que sob a posse, detenção ou guarda de terceiros (art. 845) e a documentação se dá por meio de auto (art. 839), lavrado pelo oficial de justiça.

A penhora documentada por meio de termo, que é lavrado pelo escrivão, efetiva-se em cartório, nos casos em que não há necessidade de ir ao local onde os bens se encontrem. Quando os bens inicialmente penhorados forem substituídos por outros, lavrar-se-á o respectivo termo, proclama o art. 849. Igualmente se faz por termo a penhora de imóvel, independentemente de onde se localize, quando apresentada, pelo exequente ou pelo executado, certidão da respectiva matrícula (art. 845, § 1º).

O Código de 2015 também se refere à penhora por termo nos autos quando o objetivo se tratar de veículo automotor. Apesar de essa modalidade de penhora já estar prevista no art. 655, II, do CPC/1973, não havia regramento especial sobre a matéria.

Tradicionalmente, os veículos são penhorados por diligência do oficial de justiça, que tem a incumbência de localizar o bem. De acordo com o CPC/2015, a penhora de veículos será possível por simples termo nos autos, com anotação da restrição por meio do sistema eletrônico Renajud (Restrições Judiciais sobre Veículos Automotores), disponibilizado pelo Denatran (Departamento Nacional de Trânsito). Por meio desse sistema é possível determinar não apenas a restrição quanto à transferência do veículo, mas até mesmo quanto à sua circulação.

Segundo o Código, **a penhora de veículos automotores depende da apresentação, pelo exequente, da certidão que ateste a existência do bem** (art. 845, § 1º). Ressalte-se que o Superior Tribunal de Justiça tem entendimento, em relação aos veículos automotores, semelhante ao adotado para os bens imóveis, no sentido de que apenas a inscrição da penhora junto ao órgão de trânsito torna absoluta a assertiva de que a constrição é conhecida por terceiros (STJ, REsp 944.250/RS e REsp 835.089).

Do próprio termo de penhora podem constar o valor atribuído aos bens, o depósito e a intimação da penhora, obedecendo-se ao que dispõem os arts. 835 e 840. Entretanto, pode ocorrer de ser necessária a expedição de mandado de avaliação, depósito ou intimação da penhora.

4.3.5 Arresto ou penhora on-line

Ao longo da história, nos acostumamos a "ninar" maus pagadores. Não faz muito tempo que a simples interposição de embargos suspendia a execução. Isso é passado. Nem os embargos nem a impugnação ao cumprimento da sentença são dotados de efeito suspensivo automático. O fiel da balança se deslocou um pouco para o prato do credor.

No que respeita à penhora on-line – em bom Português, arresto eletrônico –, levada a efeito antes da citação, o debate está longe de acabar. Enquanto isso, a demonização da Justiça segue o seu curso. Muito já se culpou o Judiciário e o legislador pela eternização do processo executivo, aí incluído o cumprimento da sentença. Era a fase do "ganha, mas não leva".

Os juízes apanharam tanto que a jurisprudência deu uma guinada para o lado do executado, passando a permitir a penhora on-line antes da citação. Então, a defesa dos maus pagadores, sempre brandindo o princípio da menor onerosidade – e esquecendo-se do da máxima efetividade –, se deslocou para a ausência de lei. O argumento era de que a penhora, pouco importa a modalidade, pressupunha a prévia citação. E o arresto, estando em curso a execução, tinha como antecedente lógico a procura do executado pelo oficial de justiça (art. 830, que corresponde ao 653 do CPC/1973).

Não obstante a lei – que parece pouco valer em nosso País – o debate continua. Dizem alguns que o princípio da menor onerosidade afasta a aplicação da lei, enquanto outros preferem o caminho de uma suposta inconstitucionalidade do citado artigo.

Em síntese, o pomo da discórdia não se refere ao meio utilizado – até porque a tendência é a "eletronização" de todos os atos processuais –, e sim ao momento da constrição judicial. Como se fizessem parte da seita brasileira dos maus pagadores, insistem os fiéis no dogma de que a penhora deve ser precedida pela citação, olvidando-se que a própria tutela provisória prevista nos arts. 294 e seguintes espraia-se para todos os procedimentos, inclusive, evidentemente, para o processo executivo e cumprimento de sentença.

Se até no processo de conhecimento admite-se a concessão liminar de tutela antecipada ou cautelar, o que dizer na fase da execução, quando o credor já ostenta um título executivo judicial ou extrajudicial? O título, por si só, é bastante para configurar a alta probabilidade do direito do exequente e o vencimento da obrigação – *die interpellat pro homine* – é mais do que suficiente para caracterizar o dano ou de risco ao resultado útil do processo (art. 300). Quer quadro mais expressivo e fragoroso do que o vencimento de um débito não pago e, por isso, executado, para ensejar o acautelamento? É verdade que o executado ainda não foi citado – estamos tratando de arresto ou penhora antes da citação –, mas que ele tem conhecimento do débito, isso tem. Precárias estatísticas apontam para o fato de que menos de meio por cento dos débitos exequendos são desconstituídos nos embargos à execução. A presunção milita a favor do executado pelo simples aparelhamento da execução.

O nome dado à constrição não tem qualquer relevância para o mundo real, para a vida das pessoas. Se não gostam do termo penhora (porque pressupõe citação), que chamemos a constrição de arresto, este sim, já permitido no Código revogado. Porque feito por meio eletrônico, via sistema denominado Sisbajud, a constrição é denominada on-line (a penhora) ou eletrônica (o arresto).

Não se compreende a recalcitrância dos garantistas. O Código revogado, provados os requisitos, permitia o arresto liminar de bens suficientes para satisfazer o crédito. Exigir que primeiro o oficial de justiça vá à procura do executado afigura uma excrescência, principalmente em se considerando que também nas execuções, em certos casos, o ato citatório pode ser feito eletronicamente.

Mas por que não citar primeiro? Ora, não sejamos ingênuos. A justiça é cega, mas é capaz de compreender que a presunção é no sentido de que o devedor que não pagou a dívida no vencimento, uma vez citado, vai retirar o dinheiro do banco e guardá-lo embaixo do colchão. Nessa linha intelectiva, o legislador previu a apreensão de dinheiro em instituições financeiras antes da citação.

Nada mais acertado, econômico e efetivo para ambas as partes. Afinal, a penhora de dinheiro constitui meio menos oneroso para o executado do que a constrição de outros bens. Apreendido o dinheiro, citado o devedor e, dependendo do efeito que se atribuir aos eventuais embargos à execução, a quantia é entregue ao credor. Simples assim. No caso de penhora de um imóvel, por exemplo, todos conhecem a *via crucis* que ambas as partes percorrem, caminhada custosa para todos, inclusive para o juiz, até que o bem seja alienado a fim de se apurar o montante, que muitas vezes poderia ter sido retirado da conta bancária ou do investimento do executado.

Ainda que legislação específica não houvesse, aplicável seria o instituto da tutela provisória. Embora irrelevante a distinção, poder-se-ia considerar a penhora on-line como tutela antecipada deferida no processo executivo, isso se encarada como uma tutela satisfativa – depois da penhora, ultrapassados alguns atos processuais, segue-se a satisfação do crédito. Por outro lado, pode-se encarar a dita constrição como arresto, o que me parece mais acertado, uma vez que a constrição tem por fim a garantia da futura satisfação do crédito, e não a satisfatividade em si. Mas essa distinção, repito, não tem a menor razão de ser diante da fungibilidade prevista no parágrafo único do art. 305. Presentes os requisitos para a tutela de urgência, a saber, a probabilidade do direito e o perigo de dano ou o risco ao resultado útil do processo, deve-se deferir a tutela provisória (art. 300).

Contudo, nos termos do art. 854, *caput*, na execução – que sempre é aparelhada com o título executivo –, nem se discute o perigo. O perigo é *in re ipsa*. Trata-se de uma verdadeira tutela da evidência; tutela provisória, de natureza cautelar. O ato constritivo é prévio à citação e tem por fim possibilitar (converter-se) a penhora.

Ainda há aqueles que insistem no argumento de que "a penhora on-line" é medida excepcional que só deveria ser concedida depois da comprovação de que o credor esgotou todos os meios para encontrar bens penhoráveis do devedor, porquanto se deve observar o princípio da menor onerosidade da execução. Como o dinheiro figura em primeiro lugar na ordem de preferência para penhora e de modo geral é guardado em bancos, não debaixo de colchões, nunca se conseguiria comprovar o esgotamento dos meios para localizar depósitos bancários em nome do executado, até porque a utilização do meio para localização, eletrônico ou não, dependia de ordem judicial.

Outros brandem a **garantia constitucional do sigilo bancário** do executado, como se ao credor não fosse assegurada uma tutela jurisdicional útil e adequada, e, no caso de depósito bancário, a penhora somente poderia efetivar-se se obtida judicialmente a informação adequada.

Venceu a tese de que, sem descurar do **princípio da menor onerosidade** e da garantia constitucional do **sigilo de dados**, não aniquila o direito do credor à satisfação do crédito.

Com efeito, não obstante seja o sigilo bancário direito individual expressamente protegido pela Constituição Federal, admite-se que, em situações excepcionais, o interesse público, social ou da Justiça em obter determinadas informações prevaleça sobre o direito do particular de manter suas contas bancárias em sigilo. Nesse sentido, por todos, colhe-se o entendimento do STF:

"Constitucional – sigilo bancário: quebra – administradora de cartões de crédito – CF, art. 5º, X.

I. Se é certo que o sigilo bancário, que é espécie de direito à privacidade, que a Constituição protege no art. 5º, X, não é um direito absoluto, que deve ceder diante do interesse público, do interesse social e do interesse da Justiça, certo é, também, que ele há de ceder na forma e com observância de procedimento estabelecido em lei e com respeito ao princípio da razoabilidade. No caso, a questão foi posta, pela recorrente, sob o ponto de vista puramente constitucional, certo, entretanto, que a disposição constitucional é garantidora do direito, estando as exceções na norma infraconstitucional.

II. R.E. nãzo conhecido" (STF, RE 224.775/PE, 2ª Turma, Rel. Min. Carlos Velloso, j. 13.04.1999, *DJ* 10.09.1999).

Seguindo a mesma esteira, André de Luizi Correia, no artigo *Em defesa da penhora on-line*, sustentou que "a penhora on-line em nada viola o princípio da menor onerosidade, não somente porque sua correta exegese não é aquela que lhe atribuem os opositores ao sistema Bacenjud, como também – e principalmente – porque referido princípio perdeu muito espaço após as reformas processuais que, seguindo uma tendência mundial, intensificaram o valor *efetividade*, que não mais pode ser dissociado do próprio conceito de *acesso à Justiça*".[41]

---

[41] CORREIA, André de Luizi. Em defesa da penhora *on-line*. *Revista de Processo*, São Paulo, v. 125, jul. 2005.

O douto Cândido Rangel Dinamarco,[42] a propósito do tema, asseverou que "atenta contra a jurisdição o devedor que, tendo dinheiro ou fundos depositados ou aplicados em banco, não paga desde logo quando citado no processo executivo".

Enfim, venceu a tese mais comprometida com a **efetividade do processo**, não obstante a recalcitrância de alguns operadores do direito. A penhora por meio eletrônico virou lei. Embora com contorno menos enfático, essa modalidade de constrição já constava no art. 655-A do CPC/1973, inserido pela Lei nº 11.382/2006. No Código atual, a penhora on-line está inserida no art. 854, que trouxe algumas inovações em relação ao modelo anterior.

Para possibilitar a penhora de dinheiro em depósito ou aplicação financeira, o juiz, a requerimento do exequente,[43] sem dar ciência prévia do ato ao executado, determinará às instituições financeiras, por meio de sistema eletrônico gerido pela autoridade supervisora do sistema financeiro nacional, que torne indisponíveis ativos financeiros existentes em nome do executado, limitando-se ao valor indicado na execução. Assim, em vez de apenas requisitar informações, como era previsto no art. 655-A do CPC/1973, o juiz já ordenará a **indisponibilidade do numerário**. Nesse primeiro momento o que há é apenas o bloqueio, e não a penhora dos valores existentes nas contas de titularidade do executado.

Em 24 horas após a resposta por parte do agente financeiro, o juiz determinará, se for o caso, o **cancelamento dos valores excedentes** (art. 854, § 1º).

Num segundo momento, o juiz determinará a **intimação do executado** para se manifestar (art. 854, § 2º). A partir desta intimação deverá o devedor, no prazo de cinco dias (art. 854, § 3º), alegar e demonstrar que as quantias tornadas indisponíveis são impenhoráveis e/ou que ainda remanesce a indisponibilidade excessiva de ativos financeiros. Após a manifestação (ou se decorrido o prazo sem ela), o juiz decidirá sobre a "conversão" do bloqueio dos ativos financeiros em penhora (art. 854, §§ 4º e 5º).

Se, porventura, ainda no primeiro momento, houver necessidade de cancelamento do bloqueio em virtude de excesso, irregularidade ou do pagamento da dívida pelo executado, a instituição financeira terá o prazo de 24 horas para realizar o desbloqueio, sob pena de ser responsabilizada pelos prejuízos causados ao devedor. O mesmo ocorre quando a instituição procede ao bloqueio em valor superior ao indicado pela autoridade judicial (art. 854, §§ 6º a 8º).

Observe que, tratando-se de execução contra partido político, a indisponibilidade deverá incidir tão somente sobre os ativos em nome do órgão partidário que tenha contraído a dívida executada ou que tenha dado causa à violação de direito ou ao dano, ao qual cabe exclusivamente a responsabilidade pelos atos praticados, na forma da lei (art. 854, § 9º). Objetiva-se, com o § 9º, salvaguardar as informações e o patrimônio dos diretórios nacional, estaduais e municipais dos atos e condutas imputados exclusivamente a um ou outro órgão.

A **requisição de indisponibilidade** é possibilitada a partir de um convênio de cooperação técnico-institucional realizado entre o Banco Central, o Superior Tribunal de Justiça e o Conselho da Justiça Federal, ao qual os tribunais estaduais de modo geral aderiram.

Na prática, o juiz determina que se indisponibilize até o valor X (da execução) porventura existente em contas de depósito ou aplicações financeiras no sistema bancário. A autoridade destinatária da ordem informa o valor e a instituição onde se encontra a quantia bloqueada

---

[42] DINAMARCO, Cândido Rangel. *A nova era do processo civil*. São Paulo: Malheiros, 2004. p. 294.
[43] Na sistemática do CPC/1973 já era entendimento do STJ a necessidade de requerimento expresso do exequente: "[...] nos termos do art. 655-A do CPC, a constrição de ativos financeiros da executada, por meio do Sistema Bacenjud, depende de requerimento expresso da exequente, não podendo ser determinada *ex officio* pelo magistrado" (AgRg no AREsp 48.136/RS, 2ª Turma, Rel. Min. Humberto Martins, *DJ* 19.12.2011).

à ordem do juízo. O valor bloqueado pode ser inferior ao necessário para pagar o credor. Por óbvio, pode ocorrer de não haver quantias depositadas ou aplicadas em nome do devedor e então a informação será negativa. É assim que se passam as coisas.

Concretizada a ordem de indisponibilidade, tudo se passa do modo mais simples e informal. A quantia permanece à ordem do juízo até a ultimação dos atos da execução. Como já salientado, não se trata de penhora, porquanto não há lavratura de auto ou termo, tampouco nomeação de depositário. O termo que o escrivão lançará de forma simplificada nos autos referirá ao cumprimento ou não da ordem de bloqueio, em nada se assemelhando ao termo de penhora, que deve conter os requisitos do art. 838. Aliás, segundo o STJ, "havendo penhora on-line, não há expedição de mandado de penhora e de avaliação, uma vez que a constrição recai sobre numerário encontrado em conta-corrente do devedor, sendo desnecessária diligência além das adotadas pelo próprio magistrado por meio eletrônico". **Em regra, a lavratura do auto de penhora, com a indicação das informações contidas no art. 838 (art. 665 do CPC/1973), é indispensável, exceto quando se tratar de penhora on-line.**

Desse modo, "se a parte pode identificar, com exatidão, os detalhes da operação realizada por meio eletrônico (valor, conta-corrente, instituição bancária), e se foi expressamente intimada para apresentar impugnação no prazo legal, optando por não o fazer, não é razoável nulificar todo o procedimento por estrita formalidade (STJ, 3ª Turma, REsp 1.195.976, Rel. Min. João Otávio de Noronha, j. 20.02.2014).

A importância fica sob a guarda dos dirigentes do banco depositário, independentemente de lavratura de termo. Caso seja liberada sem ordem do juízo, responderá como depositário, pelo que fica obrigado a repor à conta judicial a quantia liberada.

Para resguardo de direitos do executado, há necessidade de intimá-lo (art. 854, § 2º). Pode ele, por exemplo, arguir excesso de execução, alegar impenhorabilidade da importância bloqueada ou mesmo pleitear a substituição da garantia por fiança bancária ou seguro-garantia judicial (art. 848, parágrafo único).

A **arguição de impenhorabilidade** é feita por simples petição, por se tratar de matéria de ordem pública, que pode ser conhecida até de ofício. Recebida a petição, o juiz dá vista ao exequente, faculta produção de provas, se necessárias, e decide o incidente.

Rompida a inércia da jurisdição por meio da petição inicial, o processo se desenvolve por impulso oficial, independentemente de requerimento do autor. Os requerimentos, em regra, são feitos na inicial. Assim, pagas as custas e distribuída a ação de execução, os atos executivos terão início, a menos, obviamente, que o processo não tenha viabilidade, em razão da falta de algum pressuposto ou requisito processual.

Por outro lado, a parte não escolhe a forma de praticar os atos processuais. Se o devedor é citado e não paga a dívida em três dias, o oficial de justiça vai proceder à penhora de bens suficientes para garantir a execução; o oficial de justiça, não encontrado o devedor, arrestar--lhe-á bens. Os atos são praticados sem qualquer interferência do exequente, que somente será intimado se houver necessidade de sua intervenção, por exemplo, para indicar outro endereço do devedor, caso a citação tenha sido frustrada. As normas procedimentais, de regra, são de ordem pública, o que significa que usualmente não há espaço para manifestação da vontade, no sentido de o processo desenvolver-se desta ou daquela forma. Os atos são praticados levando-se em conta as regras positivadas e, sobretudo, os princípios da economia e celeridade processual.

A regra inserta no *caput* do art. 854, segundo a qual a ordem de indisponibilidade da quantia suficiente para garantir a execução é feita mediante requerimento do exequente, deve ser entendida como aquele requerimento de praxe, constante da inicial. O requerimento para citação, penhora, avaliação, expropriação e pagamento do credor já terá sido feito na inicial. Se o ato constritivo será efetivado por ato do oficial de justiça, termo nos autos ou mesmo eletronicamente, tudo dependerá das circunstâncias. Basta que o exequente requeira na petição inicial a expedição de ordem de bloqueio de eventual quantia depositada ou aplicada em nome do executado no sistema bancário. **Não há, como sustentam alguns, necessidade de esgotar os demais meios constritivos**, consoante entendimento já consolidado no STJ.[44]

Consoante disposto no art. 837, compete ao Conselho Nacional de Justiça a instituição, sob critérios uniformes, de normas de segurança, para viabilizar a penhora de dinheiro e as averbações de penhoras de bens imóveis e móveis realizadas por meio eletrônico. A Resolução nº 61 do Conselho Nacional de Justiça trouxe algumas regras relativas à penhora on-line. Atualmente, as penhoras realizadas na forma on-line são efetivadas por meio do Sisbajud, sistema que sucedeu o Bacenjud e está disciplinado na Resolução CNJ nº 527, de 13.10.2023, que revogou a Resolução CNJ nº 61, anteriormente mencionada.

Cabe salientar que **o sucesso da penhora por meio eletrônico depende do momento em que é realizada**. O sistema executivo é estruturado de forma lógica. Primeiro, cita-se o executado para efetuar o pagamento em três dias e, somente se não houver pagamento, é que se parte para a penhora. Em princípio, não há justificativa plausível para efetuar o ato constritivo antes de facultar ao devedor oportunidade de pagar o débito, sobretudo quando a penhora tiver que recair sobre bens diferentes de dinheiro.

A primeira **exceção** à ordem de tais atos figura no art. 830, que permite o arresto de bens do devedor quando esse não for encontrado para o ato citatório. O arresto não mais é do que uma medida constritiva acautelatória, que, no caso mencionado no art. 830, tem por fim assegurar a efetivação da penhora, uma vez que aquela medida converter-se-á em penhora após as providências do art. 830, § 3º. Pouco importa a natureza dos bens a serem penhorados, pois, não encontrado o devedor, o oficial de justiça, de ofício, procede ao arresto.

No caso de penhora por meio eletrônico, em razão de o dinheiro ser bem de alta circulação e, portanto, facilmente transferido a outrem ou mesmo ocultado, devem-se tomar providências no sentido de garantir a efetividade da execução.

Para espancar dúvidas, deve-se repetir. O fato de o devedor não pagar o débito no vencimento tampouco discutir o débito em juízo, mediante consignação do valor respectivo, constitui forte indício de que não está disposto a adimplir a obrigação em decorrência do simples ato citatório. O mais provável é que, uma vez citado, levante imediatamente a quantia depositada ou aplicada no sistema bancário. Por essa razão, deve o juiz, mediante requerimento, feito na inicial ou posteriormente, tomar a medida de urgência necessária ao acautelamento do direito do exequente, sem dar prévia ciência ao executado (art. 854, *caput*, 1ª parte).

O juiz, diante da prova da verossimilhança da exigibilidade do crédito consubstanciado em título executivo e da presunção de que o executado, uma vez citado, levantará a importância depositada ou aplicada em seu nome, deferirá a expedição de ordem de bloqueio, por meio eletrônico.

Levada a efeito a penhora antecipada, o que se faz por meio de ordem de bloqueio, transmitida via eletrônica, deve-se, num só ato, proceder à citação do executado para efetuar o pagamento, bem como intimá-lo da indisponibilidade realizada. Não agir assim, quando requerido e presentes os requisitos legais, é negar a adequada jurisdição ao exequente, o que afronta o princípio da inafastabilidade (art. 5º, XXXV, da CF).

---

[44] No julgamento do REsp 1.112.943/MA, de relatoria da Ministra Nancy Andrighi, o Superior Tribunal de Justiça ratificou posicionamento no sentido de que, após as modificações introduzidas pela Lei nº 11.382/2006 ao CPC/1973, o bloqueio de ativos financeiros pelo Sistema Bacen-Jud prescinde do esgotamento das diligências para a localização de outros bens passíveis de penhora. O recurso foi julgado sob o regime do art. 543-C do CPC/1973, e da Resolução nº 8/2008 do STJ. O referido julgado ainda tem aplicabilidade no CPC/2015.

Por fim, se negativo o resultado da medida constritiva realizada por meio eletrônico, ou seja, se frustrada a diligência em razão da inexistência de saldo positivo em nome do devedor, nada impede que o credor formalize um novo pedido de penhora on-line. Apesar de não existir, até então, qualquer entendimento no sentido de limitar a quantidade de pedidos de penhora em dinheiro, importa ressalvar que o próprio STJ considera que os sucessivos pedidos de penhora on-line devem ser motivados, a fim de que a medida constritiva não se transforme em um direito potestativo do credor. Vejamos trecho da decisão proferida no julgamento do EREsp 113.704, de relatoria do Min. Cesar Asfor Rocha:

> "[...] De acordo com o princípio da inércia, o julgador deve agir quando devidamente impulsionado pelas partes que, por sua vez, devem apresentar requerimentos devidamente justificados, mormente quando se referem a providências a cargo do juízo que, além de impulsionarem o processo, irão lhes beneficiar.
>
> Sob esse prisma, é razoável considerar-se necessária a exigência de que o exequente motive o requerimento de realização de nova diligência direcionada à pesquisa de bens pela via do Bacenjud, essencialmente para que não se considere a realização da denominada penhora on-line como um direito potestativo do exequente, como se sua realização, por vezes ilimitadas, fosse de obrigação do julgador, independentemente das circunstâncias que envolvem o pleito.
>
> A exigência de motivação, consistente na demonstração de modificação da situação econômica do executado, para que o exequente requeira a renovação da diligência prevista no artigo 655-A do CPC, não implica imposição ao credor de obrigação de investigar as contas bancárias do devedor, o que não lhe seria possível em razão da garantia do sigilo bancário. O que se deve evidenciar é a modificação da situação econômica do devedor, que pode ser detectada através de diversas circunstâncias fáticas, as quais ao menos indiquem a possibilidade de, então, haver ativos em nome do devedor, que possam ser rastreados por meio do sistema Bacenjud" (STJ, EREsp 1.137.041, Rel. Min. Cesar Asfor Rocha, *DJ* 07.12.2010).

É certo que não se pode negar a jurisdição. Assim, sendo negativa a penhora, deve-se proceder a uma nova tentativa, a requerimento do exequente, caso haja mudança na situação econômica do devedor. Contudo, não pode o juízo ficar à disposição do credor, sendo-lhe permitido negar medidas inúteis, que possam comprometer a própria prestação jurisdicional. Especialmente quando não tiver transcorrido tempo razoável desde a tentativa anterior, há que se demonstrar o mínimo de plausibilidade de que existam quantias depositadas ou investidas em nome do devedor.

De toda forma, consoante recente entendimento do STJ, a partir da emissão da ordem de penhora on-line de valores, o magistrado pode registrar a quantidade de vezes que a mesma ordem terá que ser reiterada no Sisbajud até o bloqueio do valor necessário para o seu total cumprimento. Trata-se do procedimento denominado "teimosinha", que elimina a emissão sucessiva de novas ordens da penhora eletrônica relativa a uma mesma decisão, como era feito no sistema anterior (Bacenjud). Tanto a 1ª, quanto a 2ª Turma do STJ consideram que essa prática, por si só, não é ilegal, e os eventuais abusos devem ser analisados caso a caso (1ª Turma, AgInt no REsp 2.091.261/PR, Rel. Min. Benedito Gonçalves, j. 22.04.2024; 2ª Turma, REsp 2.121.333/SP, Rel. Min. Afrânio Vilela, j. 11.06.2024).[45]

---

[45] No mesmo sentido: "A modalidade "teimosinha" tenciona aumentar a efetividade das decisões judiciais e aperfeiçoar a prestação jurisdicional, notadamente no âmbito das execuções, e não é revestida, por si só, de qualquer ilegalidade, porque busca dar concretude aos arts. 797, *caput*, e 835, I, do CPC, os quais estabelecem, respectivamente, que a execução se desenvolve em benefício do exequente,

JURISPRUDÊNCIA TEMÁTICA

"Não há responsabilidade do devedor executado em arcar com juros de mora e correção monetária nos casos em que há demora na transferência do valor bloqueado via sistema Bacenjud para a conta do juízo vinculada, pelo período em que o valor permaneceu bloqueado na conta do devedor sem nenhuma atualização" (STJ, 3ª Turma. AgInt no REsp 1.763.569/RN, Rel. Min. Humberto Martins, j. 27.05.2024).

4.3.6 Penhora sobre bem indivisível

Tratando-se de bem indivisível, a penhora recairá sobre a totalidade do bem comum, embora o cônjuge, companheiro, ou simplesmente condômino, seja alheio à execução. Nesse caso, a **meação** do cônjuge ou companheiro ou a **fração** do condômino não executado recairá sobre o produto da alienação do bem.

O art. 843, ao disciplinar a matéria, prevê a penhora sobre a totalidade do bem quando este pertencer a cônjuges ou a coproprietários. A finalidade do dispositivo é facilitar a alienação de bens indivisíveis. O preceito não se aplica à dívida contraída por um dos cônjuges ou companheiro para atender aos **encargos da família,** às despesas de administração e às decorrentes de imposição legal (art. 1.664 do CC), uma vez que, nesses casos, os bens da comunhão respondem pela execução.

O dispositivo também encampa orientação consolidada na jurisprudência do STJ ainda na sistemática do CPC/1973 no sentido de ser possível que os bens indivisíveis sejam levados à hasta pública por inteiro, reservando-se ao cônjuge meeiro a metade do preço obtido (AgRg no EDCl no AREsp 264.953/MS, 3ª Turma, Rel. Min. Sidnei Beneti, *DJ* 20.03.2013).[46]

Conforme o art. 655-B do CPC/1973, se houvesse alienação de bem indivisível do casal, o cônjuge poderia propor embargos, mas, sendo vitorioso, não preservaria a posse relativa ao bem. O que o Código de 1973 garantia é que o valor relativo à meação fosse pago após a alienação do objeto da execução.

De acordo com o CPC/2015, **o valor relativo à meação continua a ser pago após a alienação**. A novidade é que o imóvel não poderá ser alienado se não viabilizar a entrega de, pelo menos, o equivalente a quota-parte destinada ao cônjuge. Além dessa garantia, o cônjuge também terá preferência na arrematação, em igualdade de condições com os demais arrematantes (art. 843, § 1º).

O CPC/2015 também inclui nesse regramento a copropriedade.[47] Se houver penhora de imóvel de propriedade de dois amigos, por exemplo, a penhora e a alienação serão realizadas

---

e que a penhora em dinheiro é prioritária na busca pela satisfação do crédito. A medida deve ser avaliada em cada caso concreto, porque pode haver meios menos gravosos ao devedor de satisfação do crédito (art. 805 do CPC), mas não se pode concluir que a ferramenta é, à primeira vista, ilegal" (REsp nº 2.127.912, Min. Teodoro Silva Santos, *DJe* 12.06.2024).

[46] Trata-se de entendimento que foi estendido ao CPC/2015: "É admitida a alienação integral do bem indivisível em qualquer hipótese de propriedade em comum, resguardando-se, ao coproprietário ou cônjuge alheio à execução, o equivalente em dinheiro da sua quota-parte no bem" (STJ, 3ª Turma, REsp 1.818.926/DF, Rel. Min. Nancy Andrighi, j. 13.04.2021).

[47] Ressalte-se que há precedente do STJ distinguindo o tratamento em relação à propriedade indivisível entre cônjuges, daquela formada, por exemplo, entre irmãos sobre um mesmo bem. Para essa última situação, a alienação "não recairá sobre sua totalidade, mas apenas sobre a fração ideal de propriedade do executado, o que não se confunde com a alienação de bem de propriedade indivisível

na íntegra, mas o coproprietário terá direito à sua parte na expropriação (art. 843, § 2º). O atual dispositivo vai facilitar a aquisição do imóvel e evitar o condomínio forçado.

4.3.7 Penhora de créditos

Os arts. 855 a 860 regulam a penhora de créditos, inclusive dos que porventura estiverem sendo pleiteados em juízo.

A penhora de crédito, representada por letra de câmbio, nota promissória, duplicata, cheque ou outros títulos, far-se-á **pela apreensão do documento**, esteja em poder do executado (que é o credor da obrigação consubstanciado no título de cuja apreensão se cogita) ou de terceiro (art. 856, *caput*). A apreensão é levada a efeito pelo oficial de justiça, mediante auto. Nesse caso, o terceiro só se exonerará da obrigação, depositando em juízo a importância da dívida (art. 856, § 2º).

Embora não haja apreensão, se o terceiro confessar a dívida, será havido como depositário da importância e, consequentemente, a penhora estará consumada (art. 856, § 1º).

Caso o terceiro negue a existência da dívida, poderá o exequente requerer a instauração de incidente com vistas a comprovar que o executado possui o crédito. Havendo necessidade, facultará o juiz a produção de prova por parte do exequente, a quem incumbe o ônus da prova acerca da existência da dívida. Afora outras provas, poder-se-á produzir prova em audiência, na qual serão tomados os depoimentos do executado e do terceiro e ouvidas eventuais testemunhas arroladas pelas partes (art. 856, § 4º). Idêntico procedimento será adotado se a negativa do débito se der em conluio com o executado. Contudo, na decisão que resolver o incidente, a quitação que o executado deu ao terceiro será reputada em fraude à execução, o que significa que será ineficaz em relação ao exequente, isto é, a penhora poderá recair sobre o crédito (art. 856, § 3º).

Idêntico procedimento incidental poderá ser instaurado a requerimento do exequente se o terceiro negar o débito em conluio com o devedor. O desfecho do incidente, também resolvido por decisão interlocutória, será de considerar a quitação em fraude de execução, o que significa ineficácia em relação à execução, ou, em outras palavras, o crédito será tido por existente e então o terceiro será nomeado depositário da importância (art. 856, § 3º).

Enquanto não ocorrer a apreensão do título, a confissão da dívida pelo terceiro ou a declaração de existência dela nos casos de negativa ou de quitação fraudulenta, a penhora considerar-se-á feita pelas seguintes intimações (art. 855, I e II): (a) ao terceiro devedor para que não pague ao executado, seu credor; (b) ao executado, credor do terceiro, para que não pratique ato de disposição do crédito.

Feita a penhora em direito e ação do executado, e não tendo este oferecido embargos, ou sendo estes rejeitados, o exequente fica **sub-rogado** nos direitos do devedor até a concorrência do seu crédito. Se não receber do terceiro (devedor) o crédito sub-rogado, poderá prosseguir na execução, nos mesmos autos, penhorando outros bens do executado. Nada obsta, entretanto, que o credor, em vez da sub-rogação, requeira, no prazo de 10 dias contados da realização da penhora, a alienação judicial do direito penhorado (art. 857).

Quando a penhora recair sobre dívidas de dinheiro a juros, de direito a rendas, ou de prestações periódicas, o exequente poderá levantar os juros, os rendimentos ou as prestações

---

dos cônjuges, caso em que a meação do cônjuge alheio à execução, nos termos do art. 655-B, do CPC, recairá sobre o produto da alienação do bem" (REsp 1.232.074/RS, 2ª Turma, Rel. Min. Mauro Campbell Marques, *DJ* 04.03.2011). Com o CPC/2015 esse entendimento não pode mais prevalecer. O tratamento para cônjuges e coproprietários será o mesmo.

à medida que forem sendo depositadas, abatendo-se do crédito as importâncias recebidas, conforme as regras da imputação em pagamento (art. 858).

Recaindo a penhora sobre direito, que tenha por objeto prestação ou restituição de coisa determinada, o terceiro (devedor) será intimado para, no vencimento, depositá-la, correndo sobre ela a execução (art. 859).

4.3.7.1 Penhora no rosto dos autos

O art. 860 trata da penhora no rosto dos autos. Diz-se no rosto dos autos porque a penhora é anotada na capa dos autos. O objeto da penhora é o direito patrimonial litigioso, de natureza pessoal ou real, cuja titularidade é atribuída ao executado, o qual, no processo onde será realizada a penhora, figura como autor, exequente ou herdeiro habilitado em processo de inventário.

Essa modalidade de penhora é feita pelo oficial de justiça, o qual intima o escrivão do processo no qual se opera a realização ou acertamento do bem litigioso a lavrar o respectivo termo de penhora, procedendo-se à anotação na capa dos autos. Trata-se de penhora condicionada ao resultado da demanda referente ao direito litigioso. Ao final do processo, se o bem for atribuído ao executado, a penhora definitivamente nele se efetivará, prosseguindo-se a execução nos atos expropriatórios; ao revés, se sucumbir, a penhora se extinguirá.

JURISPRUDÊNCIA TEMÁTICA

"**Em ação de execução de dívida contraída pessoalmente pelo autor da herança, a penhora pode ocorrer diretamente sobre os bens do espólio, em vez de no rosto dos autos do inventário.** Com efeito, decorre do art. 597 do CPC e do art. 1.997 do CC que o espólio responde pelas dívidas do falecido, sendo induvidoso, portanto, que o patrimônio deixado pelo *de cujus* suportará esse encargo até o momento em que for realizada a partilha, quando então cada herdeiro será chamado a responder dentro das forças do seu quinhão. Nessa linha de entendimento, em se tratando de dívida que foi contraída pessoalmente pelo autor da herança, pode a penhora ocorrer diretamente sobre os bens do espólio. A penhora no rosto dos autos, na forma do que dispõe o art. 674 do CPC, só terá aplicação na hipótese em que o devedor for um dos herdeiros, pois, nesse caso, o objetivo será garantir o direito do credor na futura partilha. Precedentes citados: REsp 1.446.893-SP, Segunda Turma, *DJe* 19.05.2014; e REsp 293.609-RS, Quarta Turma, *DJe* 26.11.2007" (STJ, REsp 1.318.506/RS, Rel. Min. Marco Aurélio Bellizze, j. 18.11.2014).

4.3.7.2 Penhora de mão própria

"Embora a lei não trate expressamente da penhora de mão própria, consistente na possibilidade de constrição **recair sobre crédito que o executado possui frente ao próprio exequente**, tal modalidade de penhora encontra viabilidade na dicção do art. 671, II, do CPC [art. 855, II, CPC/2015], apenas com a peculiaridade de que o terceiro devedor, nesta hipótese, é o próprio exequente. A penhora de mão própria só é possível se ambos os créditos forem certos, líquidos e exigíveis, hipótese em que, mais do que garantia do juízo, haverá a compensação 'ope legis', até o limite do crédito executado frente ao exequente" (REsp 829.583/RJ, 3ª Turma, Rel. Min. Nancy Andrighi, *DJ* 30.09.2009).

A penhora de mão própria consiste na possibilidade de constrição patrimonial sobre um crédito que o executado possua perante o próprio exequente. **Não há previsão legal** e a jurisprudência pouco se debruça sobre o tema, por ser difícil a sua ocorrência na prática.

No entanto, pode-se considerar que a condição para que haja essa compensação é que o direito do executado perante o exequente seja líquido, certo e exigível. Por exemplo: o executado, em ação de conhecimento proposta contra o exequente, consagra-se vencedor na demanda e passa a ter, perante o seu próprio credor na execução, um título judicial que lhe confere um crédito equivalente àquele que é objeto da execução.

4.3.8 Penhora das quotas ou ações de sociedades personificadas

Não havia previsão específica no CPC/1973 sobre o procedimento relativo à penhora de quotas ou ações de sociedades personificadas. A única disposição sobre o tema constava do art. 655, VI, introduzido pela Lei nº 11.382/2006:

> Art. 655. A penhora observará, preferencialmente, a seguinte ordem:
>
> [...]
>
> VI – ações e quotas de sociedades empresárias.

Após a concretização expressa da penhora, o Superior Tribunal de Justiça passou a entender que, mesmo havendo previsão no contrato social, não era possível vedar a alienação das quotas de sociedades personificadas, devendo-se, no entanto, ser facultada à sociedade a remissão da execução ou do bem, ou, ainda, ser facultado aos sócios o exercício do direito de preferência.

Apesar do entendimento jurisprudencial favorável à penhora das quotas sociais, faltava na legislação a consolidação de regras para disciplinar esse ato e, assim, conferir maior efetividade à execução.

O Código atual tem, então, a função de suprir a lacuna existente na legislação processual, propiciando a penhora das cotas sociais mediante a observância de regras mínimas que, ao mesmo tempo em que proporcionam condições para a recuperação do crédito, se harmonizam com os princípios societários.

Uma vez penhorada a quota, ela deve ser oferecida aos demais sócios, que podem adquiri-las, observando-se as preferências legais ou contratuais. Essa providência tem por objetivo evitar o ingresso de terceiros no quadro social ou a liquidação da própria sociedade. Caso não haja interesse dos sócios, a aquisição pode ser feita pela própria sociedade, com a utilização de seu fundo de reserva. Se nem os sócios nem a sociedade adquiram as quotas, elas serão postas à venda em leilão judicial e o recurso destinado ao credor que requereu a penhora.

4.3.9 Penhora de empresa, de outros estabelecimentos e de semoventes

O Código trata a penhora de empresa, de estabelecimentos e de semoventes como hipóteses excepcionais, que só terão lugar quando não for possível a satisfação do crédito por outro meio igualmente eficaz (art. 865).

Pois bem. Os procedimentos para a penhora de estabelecimento comercial, industrial ou agrícola, bem como de semoventes, plantações ou edifícios em construção, têm um ponto em comum: a nomeação de um administrador-depositário. A administração e o depósito dos bens penhorados têm por fim evitar a decadência do estabelecimento, ou a degradação da coisa penhorada.

O administrador-depositário tem a incumbência de gerir o estabelecimento ou de conservar a coisa até a efetiva expropriação, de forma a evitar prejuízos à execução.

É prudente que o administrador seja escolhido entre alguém que já esteja atuando no negócio. Se, no entanto, não existir pessoa habilitada, nada impede que o juiz nomeie um terceiro idôneo. É lícito, porém, às partes ajustar a forma de administração, escolhendo o depositário, caso em que o juiz homologará por despacho a indicação (art. 862, § 2º).

Tratando-se de empresa que presta serviço público sob a forma de concessão ou autorização, o encargo de administrador-depositário recairá preferencialmente sobre um dos diretores da própria empresa (art. 863).

Nos termos do § 1º do art. 862, sobre o plano as partes serão intimadas. Caber-lhes-á fixar todos os pontos relevantes para o fiel desenvolvimento da tarefa por parte do administrador--depositário, inclusive no que concerne ao controle do plano.

O administrador tem gerência sobre a coisa penhorada até a expropriação, devendo consultar o juízo quando houver necessidade de adotar providências que causem maior repercussão econômica. "Em realidade, não se concebe tenha o administrador de submeter todas as decisões de rotina ao juiz e este, por sua vez, de ouvir as partes."[48]

Relevante frisar que essa forma de administração não se confunde com a administração existente na Lei nº 11.101/2005, que regula a recuperação judicial, a extrajudicial e a falência do empresário e da sociedade empresária. Na hipótese ora analisada, a função precípua do administrador é não deixar que a garantia se degenere. A superação da situação da crise por meio do incremento nos resultados e, consequentemente, do cumprimento dos requisitos legais para se evitar a falência do empresário ou da sociedade empresária é função que não se enquadra na figura do administrador-depositário do art. 862 do CPC.

Especificamente em relação aos **edifícios em construção**, o Código estabelece que nas construções executadas sob o regime da incorporação imobiliária (Lei nº 4.591/1964) os créditos provenientes das vendas das unidades são legalmente vinculados à execução da obra e a entrega aos respectivos adquirentes. Afastam-se, portanto, as constrições que não tenham como fundamento dívidas relativas ao próprio empreendimento. Em outras palavras, nas execuções promovidas contra o incorporador, a penhora só pode incidir sobre os bens a ele pertencentes, ou seja, não podem alcançar as unidades já alienadas (art. 862, § 3º).

No que concerne à **penhora sobre navio ou aeronave** (art. 864), nada obsta a que se continue navegando ou operando até a alienação. O juiz, no entanto, ao conceder a autorização para navegar ou operar, não permitirá que saia do porto ou aeroporto antes que o executado faça o seguro usual contra riscos.

Ensina Araken de Assis que navio é qualquer construção destinada ao transporte de pessoas ou mercadorias sobre ou sob a água. Aeronave é qualquer veículo que se desloca pelo ar, destinado ao transporte de mercadorias e pessoas.[49]

A penhora sobre navio e aeronave em nada distingue das demais quanto ao aspecto formal, ou seja, penhora-se, avalia-se e procede-se ao depósito, de tudo lavrando o respectivo auto. A diferença encontra-se em dois aspectos, os quais se passa a enfocar.

Em razão da **natureza pública** dos serviços de transportes marítimos e aéreos, principalmente em razão da escassez dos respectivos meios, entendeu por bem o legislador processual garantir a continuidade da operação dos navios e aeronaves, ainda que penhorados.

Em contrapartida, para a garantia da execução, em face dos riscos a que tais meios de transporte estão submetidos, condicionou a lei o deferimento da autorização para navegar ou operar à contratação de seguros contra riscos.

4.3.10 Penhora de percentual de faturamento de empresa

Antes mesmo das alterações trazidas pela Lei nº 11.382/2006, que inseriu na legislação processual de 1973 o art. 655-A, parte da doutrina e a jurisprudência[50] admitiam a penhora de

---

[48] ASSIS, Araken de. *Comentários ao Código de Processo Civil*. São Paulo: RT, 2000. v. 9, p. 244.

[49] ASSIS, Araken de. *Manual do processo de execução*. 5. ed. São Paulo: RT, 1998. p. 524.

[50] "É possível, em caráter excepcional, que a penhora recaia sobre o faturamento da empresa, desde que o percentual fixado não torne inviável o exercício da atividade empresarial. Não há violação ao princípio da menor onerosidade para o devedor, previsto no art. 620 do CPC 1973 (art. 805 do CPC 2015)" (STJ, AgRg no AREsp 242.970/PR, 1ª T., Rel. Min. Benedito Gonçalves, j. 13.11.2012).

faturamento de empresa como uma hipótese excepcional, que somente poderia ser deferida caso não inviabilizasse o exercício da atividade empresarial. Segundo Humberto Theodoro Junior, "a reforma do CPC (de 1973) realizada pela Lei nº 11.382/2006, e que criou o art. 655-A, normatizou em seu § 3º a orientação que predominava no Superior Tribunal",[51] mas que ainda encontrava resistência em parte da doutrina.

O Código de Processo Civil trata do tema no art. 866, cuja redação, se comparada a do Código anterior (art. 655-A, § 3º, do CPC/1973), é bem mais completa e evidencia algumas das regras já reconhecidas pela jurisprudência.

O *caput*, por exemplo, enuncia o **caráter excepcional da medida** ao prever que a penhora só deverá incidir sobre o faturamento da empresa quando o devedor não possuir bens ou, se os possuir, quando eles forem de difícil execução ou insuficientes para saldar o crédito demandado.[52] Trata-se, portanto, de hipótese excepcional, não podendo a penhora inviabilizar o exercício da atividade empresarial.[53] Vale salientar que a penhora de faturamento não pode ser equiparada à constrição sobre dinheiro, em razão de o CPC estabelecer situações distintas para cada uma, bem como requisitos específicos.

Se não houver outros bens passíveis de constrição ou, havendo, sejam eles de difícil alienação, o juiz fixará o percentual que deverá ser apropriado do faturamento, bem como a periodicidade da apropriação, não podendo, no entanto, inviabilizar o exercício da atividade empresarial. Essa excepcionalidade não indica, contudo, a necessidade de exaurimento dos demais meios executivos. A jurisprudência do STJ já definiu que não é imprescindível o esgotamento das diligências como requisito para a penhora de faturamento da empresa. Ela pode ocorrer (ou não) de modo preferencial, desde que observadas as peculiaridades do caso concreto.

Em suma, tal medida poderá ser deferida após a demonstração da inexistência dos bens classificados em posição superior, ou, alternativamente, se houver constatação, pelo juiz, de que tais bens são de difícil alienação. Com efeito, "pode haver constrição judicial sobre o faturamento empresarial sem a observância da ordem de classificação estabelecida em lei se a autoridade

---

[51] THEODORO JÚNIOR, Humberto. *Curso de direito processual civil*. 41. ed. Rio de Janeiro: Forense, 2007. p. 327.

[52] Nesse sentido já se manifestava o STJ: "Processual civil e tributário. Recurso especial. Ausência de omissão, contradição ou falta de motivação no acórdão *a quo*. Penhora sobre o faturamento da empresa. Possibilidade. Necessidade de observância a procedimentos essenciais à constrição excepcional, inexistentes, *in casu*. Precedentes. [...] A constrição sobre o faturamento, além de não proporcionar, objetivamente, a especificação do produto da penhora, pode ensejar deletérias consequências no âmbito financeiro da empresa, conduzindo-a, compulsoriamente, ao estado de insolvência, em prejuízo não só de seus sócios, como também, e precipuamente, dos trabalhadores e de suas famílias, que dela dependem para sobreviver. 4. Na verdade, a jurisprudência mais atualizada desta Casa vem se firmando no sentido de restringir a penhora sobre o faturamento da empresa, podendo, no entanto, esta ser efetivada, unicamente, quando observados, impreterivelmente, os seguintes procedimentos essenciais, sob pena de frustrar a pretensão constritiva: a verificação de que, no caso concreto, a medida é inevitável, de caráter excepcional; a inexistência de outros bens a serem penhorados ou, de alguma forma, frustrada a tentativa de haver o valor devido na execução; o esgotamento de todos os esforços na localização de bens, direitos ou valores, livres e desembaraçados, que possam garantir a execução, ou sejam os indicados de difícil alienação; a observância às disposições contidas nos arts. 677 e 678 do CPC (necessidade de ser nomeado administrador, com a devida apresentação da forma de administração e esquema de pagamento); fixação de percentual que não inviabilize a atividade econômica da empresa" (STJ, REsp 829.138/RJ, Rel. Min. José Delgado, *DJe* 08.06.2006).

[53] Nesse sentido: STJ, AgRg no AREsp 242.970/PR, Rel. Min. Benedito Gonçalves, j. 13.11.2012.

judicial, conforme as circunstâncias do caso concreto, assim o entender, justificando-a por decisão devidamente fundamentada".[54]

Em seguida, caberá ao juiz nomear administrador-depositário, com a atribuição de submeter à aprovação judicial a sua forma de atuação até a efetivação do cumprimento da obrigação, bem como de prestar contas mensalmente, entregando ao exequente as quantias recebidas, a fim de serem imputadas no pagamento da dívida. No precedente anteriormente citado, o STJ reforçou a obrigatoriedade de nomeação de administrador e de estipulação de percentual individualizado (caso a caso), pelo juiz competente, de modo a permitir a preservação das atividades empresariais.

Aprovado o **plano de atuação**, cabe ao depositário-administrador recolher as quantias destinadas à garantia do juízo ou ao pagamento da dívida. As quantias recolhidas serão depositadas em conta judicial, caso tenha havido oposição de embargos com efeito suspensivo. Não havendo oposição de embargos ou tendo sido estes recebidos sem efeito suspensivo, as quantias retiradas do faturamento da empresa executada serão entregues diretamente ao exequente, a fim de serem imputadas ao pagamento da dívida; nesse caso não haverá depósito, mas satisfação do débito em parcelas. De toda a sua gestão, que não inclui a interveniência nas atividades empresariais, a não ser para recolher o percentual previsto no esquema aprovado judicialmente, o administrador-depositário prestará contas mensalmente ao juízo.

Cumpre destacar que não se pode confundir a penhora de dinheiro com a penhora de faturamento. Havendo dinheiro, é sobre ele que prioritariamente deve incidir a penhora. Havendo faturamento, não se pode penhorá-lo imediatamente, sem que antes sejam verificados os requisitos presentes no *caput* e no § 1º do art. 866.

A penhora em comento é medida de exceção que jamais poderá comprometer o desenvolvimento regular da atividade empresarial, assim como não poderá obstar a utilização de valor necessário ao pagamento de salários de empregados, fornecedores etc.

4.3.11 Penhora de frutos e rendimentos de coisa móvel ou imóvel

A última modalidade de penhora prevista no CPC/1973 correspondia ao **usufruto de bem móvel ou do imóvel** (arts. 716 a 724). Tratava-se de medida na qual se instituía "alguém para desfrutar um bem alheio como se dele próprio fosse, sem qualquer influência modificativa na nua-propriedade".[55]

No CPC/2015 não figura mais essa modalidade de usufruto, de perda do gozo do móvel ou imóvel, até que a dívida seja paga. O usufruto de bem móvel ou imóvel foi substituído pela expropriação a qual o CPC/2015 nomeou de "apropriação de frutos e rendimentos de empresa ou estabelecimentos e de outros bens" (art. 825, III). Essa nova modalidade de expropriação deve ocorrer quando a penhora não se voltar para o próprio bem, mas para os frutos ou rendimentos que ele tem condições de produzir. Nesses casos, as receitas oriundas do bem imóvel ou móvel serão transferidas ao credor até que o seu crédito seja plenamente satisfeito.

Ao comentar esse novo dispositivo, Humberto Theodoro Júnior esclarece que "é muito mais prático e menos oneroso fazer incidir a penhora diretamente sobre os frutos, do que constituir em direito real de usufruto, para que o credor, como usufrutuário, possa extrair a renda que irá resgatar o crédito exequendo".[56] A intenção do Código em vigor é **simplificar o procedimento** e, na prática, deixá-lo apto para ser utilizado com maior frequência do que o usufruto judicial.

---

[54] STJ, 1ª Seção. REsps 1.835.864/SP, 1.666.542/SP e 1.835.865/SP, Rel. Min. Herman Benjamin, j. 18.04.2024 (Recurso Repetitivo – Tema 769).

[55] RIZZARDO, Arnaldo. *Direito das coisas*. 2. ed. Rio de Janeiro: Forense, 2006. p. 935.

[56] THEODORO JÚNIOR, Humberto. *Notas sobre o projeto do novo Código de Processo Civil do Brasil em matéria de execução*. Disponível em: http://www.oab.org.br/editora/revista/revista_10/artigos/notassobreoprojetodonovocodigodeprocessocivil.pdf. Acesso em: 8 nov. 2018.

Pois bem. O juiz pode determinar a penhora sobre os frutos de rendimentos da coisa móvel ou imóvel de propriedade do executado se considerar que essa medida é mais eficiente para o recebimento do crédito e menos gravosa para o devedor. Trata-se, portanto, de modalidade excepcional de penhora, cabível somente quando não houver outro meio de satisfação patrimonial.

Assim como ocorre nas penhoras anteriormente tratadas, o juiz nomeará administrador--depositário, "que será investido de todos os poderes que concernem à administração do bem e à fruição de seus frutos e utilidades, perdendo o executado o direito de gozo do bem, até que o exequente seja pago do principal, dos juros, das custas e dos honorários advocatícios" (art. 868, *caput*).

O administrador-depositário poderá ser o exequente, o executado ou um terceiro. Caberá ao juiz, diante das peculiaridades do caso concreto, verificar quem tem condições de administrar as quantias recebidas e de prestar contas periodicamente até a completa satisfação do crédito (art. 869).

A movimentação do processo é impulsionada pelo interesse do exequente. Caber-lhe-á, então, proceder à apresentação de certidão de interior teor do ato, para fins de averbação no cartório competente, caso a penhora incida sobre os frutos ou rendimentos de bem imóvel (aluguéis, por exemplo).

O art. 239 da Lei nº 6.015/1973 dispõe que as penhoras serão registradas em cumprimento de mandado ou à vista da certidão do escrivão. O CPC, no entanto, deixa claro que a averbação independerá de mandado judicial (art. 868, § 2º). Portanto, bastará a apresentação da certidão expedida pelo cartório judicial para que a penhora seja registrada na matrícula do imóvel e, assim, passe a ter eficácia em relação a terceiros (art. 868, § 1º, parte final). Note que o registro, embora não figure como ato constitutivo da penhora, constitui presunção absoluta contra o terceiro, que não poderá alegar desconhecimento do gravame sobre o bem.

Tratando-se de bem imóvel, a medida terá eficácia *erga omnes* a partir da publicação da decisão que a conceda. Desse modo, eventual alienação do bem, esse termo, além de caracterizar fraude de execução, não tem o condão de desconstituir a penhora, que permanece hígida.

A execução não fica suspensa durante o recebimento do crédito. O que há é apenas uma paralisação dos atos executórios. Enquanto não for extinta a execução pela satisfação da obrigação (art. 924, II), o exequente, por termo nos autos, dará ao executado a quitação das quantias recebidas.

4.3.12 Avaliação dos bens penhorados

A avaliação visa determinar o valor do bem para aferir a necessidade de **reforço** ou **redução** da penhora, bem como para determinar os **limites da expropriação**. Se a expropriação tem por fim precípuo a conversão do bem penhorado em dinheiro ou mesmo a sua utilização direta para pagamento do credor (adjudicação), curial é a necessidade de se verificar o valor dos bens penhorados.

Tal é a importância da avaliação para o processo executivo, que, estribado nesse ato, poderá mandar o juiz, a requerimento do interessado e ouvida a parte contrária, **reduzir, ampliar a penhora ou transferi-la para outros bens**, sempre tendo por baliza os limites da expropriação, que, a um só tempo, deve ser suficiente para o pagamento do credor sem sacrificar desnecessariamente o devedor. Será reduzida ou transferida para outros bens se o valor dos penhorados for consideravelmente superior ao crédito do exequente e acessórios (art. 874, I). Será ampliada ou transferida para outros bens se o valor dos penhorados for inferior ao referido crédito (art. 874, II).

A avaliação é ato do oficial de justiça (art. 154, V, do CPC/2015) e deve anteceder a expropriação. Contudo, quando forem necessários conhecimentos especializados **e o valor da**

execução suportar tal ônus, o juiz nomeará avaliador, fixando-lhe prazo não superior a 10 dias para a entrega do laudo (art. 870, parágrafo único).

A ressalva no sentido de que a regra só se aplica se "o valor da execução o comportar" (art. 870, parágrafo único) fundamenta-se no art. 836, que inadmite a penhora quando restar evidente que o produto da execução sequer cobrirá as despesas processuais. A intenção do legislador é evitar que o credor arque com prejuízos ainda maiores em virtude da insolvência do devedor.

Há situações nas quais se **dispensa a avaliação**. Ocorre quando: (a) indicando o exequente bens à penhora (art. 798, II, "c"), com a atribuição do respectivo valor **não houver impugnação** do executado ou **não forem indicados bens em substituição** (art. 829, § 2º, por extensão); (b) uma das partes **aceita a estimativa** feita pela outra e não houver fundada dúvida do juiz quanto ao valor real do bem (art. 871, I, c/c parágrafo único); (c) se tratar de títulos ou de mercadorias que tenham cotação em bolsa, comprovada por certidão ou publicação no órgão oficial (art. 871, II); (d) se tratar de títulos da dívida pública, de ações de sociedades e de títulos de crédito negociáveis em bolsa, cujo valor será o da cotação oficial do dia, comprovada por certidão ou publicação no órgão oficial (art. 871, III); (e) se tratar de veículos automotores ou de outros bens cujo preço médio de mercado possa ser conhecido por meio de pesquisas realizadas por órgãos oficiais ou de anúncios de venda divulgados em meios de comunicação, caso em que caberá a quem fizer a nomeação o encargo de comprovar a cotação de mercado (art. 871, IV).

Quanto ao inciso IV, uma das formas de se obter essa avaliação é por meio da tabela de valores médios de veículos, fornecida pela Fundação Instituto de Pesquisas Econômicas (FIPE). Contudo, nada impede que a avaliação seja demonstrada por meio de anúncios de venda em classificados de jornais, por exemplo. Na prática, a depender do estado do bem, entendo que a parte que o nomeou deverá demonstrar as razões pelas quais utilizou uma ou outra forma de avaliação, porquanto, na maioria das vezes, os órgãos oficiais não levam em consideração a depreciação do bem.

O momento da avaliação é no **ato da penhora**, quando esta for efetivada por oficial de justiça. Aliás, a penhora, em regra, é **ato complexo**, que engloba a apreensão propriamente dita, a avaliação, o depósito e a intimação, tanto que se lavra um só auto se as diligências forem concluídas no mesmo dia (art. 839). Nada impede que tais atos possam ser realizados em momentos distintos, seja porque não foi possível concluir a diligência no mesmo dia, a avaliação demandava conhecimentos especializados, não foi possível proceder ao depósito dos bens constritos ou o devedor não se encontrava presente para ser intimado.

O art. 872 estabelece os requisitos do **laudo de avaliação**. Apresentado como parte integrante do auto de penhora ou, em caso de perícia realizada por avaliador, em separado, o laudo de avaliação deverá conter: (a) a **descrição dos bens**, com os seus característicos, e a indicação do estado em que se encontram; (b) o **valor dos bens**.

Quando o imóvel for suscetível de cômoda divisão, o avaliador, tendo em conta o crédito reclamado, o avaliará em partes, sugerindo os possíveis desmembramentos para alienação (art. 872, § 1º). Essa norma está em consonância com o disposto no art. 894, que, em atenção ao princípio da menor onerosidade, prevê a alienação de parte do imóvel penhorado, quando este for passível de divisão e uma fração for suficiente para pagar o credor. A avaliação das partes não dispensa a do todo, uma vez que, não havendo lançador para a fração, far-se-á a alienação do imóvel em sua integridade (art. 894, § 1º).

A regra é que no processo de execução exista uma só avaliação ou, quando muito, uma avaliação para cada penhora. Se houve ampliação da penhora inicialmente efetivada, natural é que o novo bem seja igualmente avaliado. De qualquer forma, usualmente não se procede a duas avaliações de um único bem. O **art. 873** prevê os casos excepcionais em que se admite seja a avaliação repetida. São eles: (a) qualquer das partes arguir, fundamentadamente, a ocorrência de **erro na avaliação ou dolo do avaliador**; (b) se verificar, posteriormente à avaliação, que houve **majoração ou diminuição no valor do bem**; ou (c) **o juiz tiver fundada dúvida sobre o valor atribuído ao bem na primeira avaliação** (art. 873, I a III).

4.3.13 Intimação da penhora

Em regra, a intimação da penhora é feita por **oficial de justiça**, por ocasião do ato constritivo, em cumprimento ao mandado utilizado para citar, penhorar, avaliar e depositar. A finalidade da intimação é o conhecimento da penhora. De forma que é **dispensável** o ato formal de intimação quando é penhorado o bem indicado pelo executado (art. 829, § 2º) ou quando este presencia o ato (art. 841, § 3º), uma vez que este participa do respectivo termo. Entretanto, sendo a indicação feita pelo exequente, o que constitui regra, bem como no caso de penhora no rosto dos autos e de conversão do arresto em penhora, a intimação será necessária.

A intimação da penhora pode ser feita por oficial de justiça, no momento da constrição ou posteriormente. **Se o executado já tiver advogado constituído nos autos, a intimação será feita na pessoa do causídico ou na sociedade de advogados a que ele pertença; caso não o tenha, será intimado pessoalmente**, de preferência, por via postal (art. 841, §§ 1º e 2º).

Mesmo não tendo advogado constituído, se o executado mudar de endereço sem comunicação ao juízo, considerar-se-á realizada a intimação dirigida ao endereço constante dos autos, fluindo os prazos a partir da juntada aos autos do comprovante de entrega da correspondência no primitivo endereço (art. 841, § 4º).

Frustrada a intimação do executado na pessoa de seu advogado, por oficial de justiça ou pelo correio, caberá ao juiz adotar uma das seguintes posturas, dependendo das circunstâncias do caso: (a) determinar a realização de novas diligências para localizar o executado, a fim de intimá-lo por mandado; (b) intimá-lo por edital ou, se houver indício de ocultação, por hora certa; (c) dispensar a intimação.

Evidencie-se que, **havendo vários executados, apenas aqueles que tiveram bens penhorados devem ser intimados da penhora**. Em razão de a intimação da penhora não constituir marco inicial da fluência de prazo para embargar, desnecessária é a intimação da penhora ao executado que não sofreu os efeitos da constrição.

Recaindo a penhora em **bens imóveis** ou direito real sobre imóvel (hipoteca, servidão, usufruto, por exemplo), será **intimado também o cônjuge** do executado, conforme dispõe o art. 842. A intimação somente será necessária naqueles casos em que o cônjuge individualmente não é legitimado para dispor de bens imóveis. No casamento sob o regime da separação absoluta de bens, não há necessidade da intimação, a menos que o cônjuge, sendo parte na execução, também tenha tido bens penhorados. Ao cônjuge reconhece-se legitimidade para opor embargos do devedor e de terceiro, bem como para adjudicar o bem penhorado, daí a necessidade de intimação, mormente tratando-se de bem imóvel, que goza de especial proteção legal.

O art. 799 também traz outras regras especiais relativas à intimação da penhora (incisos I a VII, X e XI). Na verdade, trata-se de incumbências a cargo do exequente, todas com relação ao bem penhorado ou cuja penhora ainda será realizada. Os requerimentos abaixo podem ser formulados, dependendo do caso concreto, na própria petição inicial, caso o bem a ser penhorado seja indicado neste ato, ou em petição avulsa, em hipótese diversa. Embora indispensáveis os requerimentos, o essencial mesmo é a intimação da penhora ao executado e/ou às pessoas que mantém algum direito sobre o bem:

> **I – requerer a intimação do credor pignoratício, hipotecário, anticrético ou fiduciário, quando a penhora recair sobre bens gravados por penhor, hipoteca, anticrese ou alienação fiduciária**
> O inciso I do art. 799 trata das hipóteses em que recai sobre o bem penhorado ou indicado à penhora direitos reais de garantia, como o penhor, a hipoteca, a anticrese e a alienação fiduciária. Nesses casos, incumbirá ao exequente requerer a intimação do credor pignoratício, hipotecário, anticrético ou fiduciário. O referido inciso tem como objetivo possibilitar que o

credor, seja ele pignoratício, hipotecário ou anticrético, possa exercer seu direito de preferência nos casos de adjudicação ou expropriação dos bens. No caso da anticrese, é garantido ao credor o direito de retenção do bem.

Busca-se, também, no caso de intimação do credor fiduciário, tornar eficaz a alienação da coisa penhorada, nos termos do art. 804, § 3º, do CPC que estabelece: "a alienação de direito aquisitivo de bem objeto de promessa de venda, de promessa de cessão ou de alienação fiduciária será ineficaz em relação ao promitente vendedor, ao promitente cedente ou ao proprietário fiduciário não intimado."

II – requerer a intimação do titular de usufruto, uso ou habitação, quando a penhora recair sobre bem gravado por usufruto, uso ou habitação

Já nos casos do inciso II do art. 799 têm-se as hipóteses em que a penhora recai sobre o bem gravado por direitos reais de uso, usufruto ou habitação. Incumbe ao exequente, portanto, proceder à intimação do titular desses direitos (usufruto, uso ou habitação). Convém destacar que o art. 804, § 6º, do CPC assevera que "a alienação de bem sobre o qual tenha sido instituído usufruto, uso ou habitação será ineficaz em relação ao titular desses direitos reais não intimado".

III – requerer a intimação do promitente comprador, quando a penhora recair sobre bem em relação ao qual haja promessa de compra e venda registrada

O inciso III trata da necessidade de intimação nos casos que envolvem promessa de compra e venda. Referido inciso estabelece a necessidade de intimação do promitente comprador quando a penhora incidir sobre o bem prometido à venda.

IV – requerer a intimação do promitente vendedor, quando a penhora recair sobre direito aquisitivo derivado de promessa de compra e venda registrada

Do mesmo modo que o inciso III, o inciso IV também versa sobre os casos em que há promessa de compra e venda. Contudo, de modo oposto ao inciso anterior, o inciso IV determina a intimação do promitente vendedor na hipótese de a penhora recair sobre o direito aquisitivo oriundo da promessa de compra e venda.

V – requerer a intimação do superficiário, enfiteuta ou concessionário, em caso de direito de superfície, enfiteuse, concessão de uso especial para fins de moradia ou concessão de direito real de uso, quando a penhora recair sobre imóvel submetido ao regime do direito de superfície, enfiteuse ou concessão

Os incisos V e VI versam sobre os casos em que a penhora ou mesmo seu pedido recaia sobre objeto que estiver sob o regime da enfiteuse, do direito de superfície, da concessão de uso especial para fins de moradia ou da concessão de direito real de uso. Com relação ao inciso V, prevê-se a necessidade de intimação do superficiário, do enfiteuta ou do concessionário quando a penhora recair diretamente sobre o imóvel submetido ao regime do direito de superfície, enfiteuse ou concessão.

VI – requerer a intimação do proprietário de terreno com regime de direito de superfície, enfiteuse, concessão de uso especial para fins de moradia ou concessão de direito real de uso, quando a penhora recair sobre direitos do superficiário, do enfiteuta ou do concessionário

Como dito, os incisos V e VI do art. 799 tratam, por prismas diversos, das hipóteses em que o bem objeto de penhora ou pedido de penhora estiver sob o regime da enfiteuse, do direito de superfície, da concessão de uso especial para fins de moradia ou da concessão de direito real de uso. Na hipótese prevista no inciso VI é necessário que se proceda à intimação do proprietário do terreno quando a penhora recair sobre os direitos desses sujeitos, e não sobre o imóvel em si, como preconiza o inciso V.

Não requerida a intimação pelo exequente, o proprietário deverá ser cientificado da possível alienação judicial, com pelo menos 5 (cinco) dias de antecedência, nos termos do art. 889, IV, do CPC.

VII – requerer a intimação da sociedade, no caso de penhora de quota social ou de ação de sociedade anônima fechada, para o fim previsto no art. 876, § 7º

O art. 876, § 7º determina que "no caso de penhora de quota social ou de ação de sociedade anônima fechada realizada em favor de exequente alheio à sociedade, esta será intimada, ficando responsável por informar aos sócios a ocorrência da penhora, assegurando-se a estes a preferência". O inciso VII do art. 799 visa garantir aos demais sócios e acionistas o exercício do direito de preferência a eles garantido, de modo a possibilitar a compra das quotas ou ações penhoradas.

VIII – requerer a intimação do titular da construção-base, bem como, se for o caso, do titular de lajes anteriores, quando a penhora recair sobre o direito real de laje

O § 6º do art. 1.510-A do Código Civil estabelece que "o titular da laje poderá ceder a superfície de sua construção para a instituição de um sucessivo direito real de laje, desde que haja autorização expressa dos titulares da construção-base e das demais lajes, respeitadas as posturas edilícias e urbanísticas vigentes". As "demais lajes" previstas no referido dispositivo, dizem respeito às chamadas lajes anteriores, que são aquelas possíveis lajes construídas anteriormente à última delas. Desse modo, nos casos em que a penhora recair sobre determinado direito de laje, tanto o titular da construção-base como o titular das demais lajes anteriores àquela que é objeto da penhora, deverão ser intimados.

IX – requerer a intimação do titular das lajes, quando a penhora recair sobre a construção-base

O direito real de laje, conforme estabelece o art. 1.510-A, § 1º, do Código Civil, contempla o espaço aéreo ou o subsolo de terrenos públicos ou privados, tomados em projeção vertical, como unidade imobiliária autônoma, não contemplando as demais áreas edificadas ou não pertencentes ao proprietário da construção-base.

A expropriação levada a efeito no processo executivo é uma espécie de alienação, daí a necessidade de intimação, porquanto o art. 1.510-D do Código Civil estabelece que, em caso de alienação de qualquer das unidades sobrepostas (construção-base e direito de laje), em condições de igualdade, o titular da propriedade da construção-base tem preferência para aquisição do direito de laje e vice-versa. Em se tratando de alienação por ato entre particulares, o titular de tais direitos reais deve ser cientificado da alienação (compra e venda, por exemplo) por escrito para que se manifeste no prazo de trinta dias sobre a preferência na aquisição. A falta dessa providência confere a um ou outro titular do direito, conforme o caso, a haver para si a parte alienada a terceiros, mediante depósito do respectivo preço.

É por essa razão que os incisos X e XI do art. 799 determinam a necessidade de intimação pelo exequente do titular da construção-base, bem como do titular de lajes anteriores (aquelas que vão sendo construídas sucessivamente), quando a penhora recair sobre o próprio direito real de laje (art. 799, X) ou, de modo oposto, do titular das lajes quando a penhora recair sobre a construção-base (art. 799, XI).

No processo executivo, a consequência da não intimação da alienação ao titular do domínio sobre a construção-base ou ao titular do direito de laje, dependendo de qual desses titulares figura como executado, é a ineficácia da expropriação (leilão ou adjudicação). Os artigos 804, 889 e 903, embora não prevejam expressamente – por descuido do legislador – as hipóteses referentes à construção-base e ao direito de laje, devem ser interpretados por extensão, de forma a contemplar também tais direitos. A eficácia da expropriação pressupõe não só a intimação do titular da construção-base ou das lajes, que pode ser requerida na petição inicial (art. 799) ou posteriormente, ou mesmo ser determinada de ofício pelo juiz, mas também a intimação para os atos de alienação.

As providências a que se referem os incisos transcritos, isto é, os requerimentos de intimação de pessoas que têm pertinência com algum direito real – de modo geral imobiliário – sobre a coisa penhorada, devem ser formulados na petição inicial, quando nessa peça já houver indicação de bens à penhora, ou em outro momento processual. As intimações são indispensáveis à validade do ato constritivo quando a penhora recair sobre direito real – de modo geral sobre bens imóveis. Isso porque o titular de tais direitos em tese tem interesse na execução, uma vez que, no mínimo, pode exercer o direito à adjudicação.

A falta de intimação de credor de direito real que recaia sobre o bem penhorado gera nulidade dos atos executivos, uma vez que tal credor tem direito de exercer sua preferência no processo em que o bem da garantia for constrito. A intimação do cônjuge do executado, bem como dos credores com garantia real, far-se-á na pessoa de seus respectivos advogados, se tiverem advogados constituídos nos autos. Caso não tenham constituído advogado, serão intimados pessoalmente, por hora certa ou por edital, atendidos os requisitos legais.

O art. 804 completa a necessidade de intimação dos atos executivos (penhora e alienação), sob pena de ineficácia da adjudicação ou alienação.

Sobre os incisos III e IV do art. 799, que tratam da promessa de compra e venda, é necessário fazer uma observação. Nos termos da **Súmula nº 84 do STJ**, "é admissível a oposição de embargos de terceiro fundados em alegação de posse advinda do compromisso de compra e venda de imóvel, ainda que desprovido do registro". Em outras palavras, o registro da promessa de compra e venda não é necessário para tutelar a posse e a expectativa de propriedade advinda desse contrato preliminar.

Vê-se que o CPC/2015 não exige a intimação do promitente comprador (inciso III) ou do promitente vendedor (inciso IV) **quando o compromisso de compra e venda não estiver registrado** (parte final de ambos os incisos) até porque, à falta de registro, não se pode exigir que o exequente tenha conhecimento da promessa, muito menos da identidade do promitente comprador. Assim, nessa hipótese, pela simples ausência de intimação, não se pode inquinar de nulidade a adjudicação ou arrematação. Tal circunstância, contudo, não retira do promitente comprador a possibilidade de defender seus direitos, decorrentes da promessa de compra e venda, via embargos de terceiro (arts. 674 e 675).

4.3.14 Substituição da penhora

Os arts. 847 e 848, atendendo ao princípio segundo o qual a execução deve satisfazer o crédito do exequente com o **menor sacrifício possível para o executado** (art. 805), preveem a substituição da penhora pelo executado ou por qualquer das partes, respectivamente.

A indicação de bens à penhora cabe inicialmente ao credor. Pode ocorrer de a indicação não ter obedecido à ordem prevista no art. 835, ou, embora tenha respeitado a preferência, o devedor possa ter vislumbrado uma forma menos onerosa para execução de seu patrimônio sem comprometer o direito do credor (art. 829, § 2º). Essa a razão por que o Código lhe faculta pleitear a substituição da penhora.

Tratando de **substituição requerida pelo executado**, o requerimento deverá ser formulado no prazo de 10 dias contados da intimação da penhora, e será deferido caso comprove o devedor que a substituição lhe será menos onerosa e não trará prejuízo algum ao exequente. Nesse caso, o juiz somente autorizará a substituição se o executado: a) comprovar as respectivas matrículas e os registros por certidão do correspondente ofício, quanto aos bens imóveis; b) descrever os bens móveis, com todas as suas propriedades e características, bem como o estado deles e o lugar onde se encontram; c) descrever os semoventes, com indicação de espécie, de número, de marca ou sinal e do local onde se encontram; d) identificar os créditos, indicando quem seja o devedor, qual a origem da dívida, o título que a representa e a data do vencimento; e e) atribuir, em qualquer caso, valor aos bens indicados à penhora, além de especificar os ônus e os encargos a que estejam sujeitos (art. 847, § 1º).

Além disso, o executado deve indicar onde se encontram os bens sujeitos à execução, exibir a prova de sua propriedade e a certidão negativa ou positiva de ônus, bem como abster-se de qualquer atitude que dificulte ou embarace a realização da penhora (art. 847, § 2º). Preenchidos esses requisitos e **estando o exequente de acordo com a substituição**, o juiz não poderá indeferi-la.[57] Ressalte-se que a substituição não trata de direito potestativo do executado. O juiz sempre ouvirá o exequente antes de decidir, determinando a lavratura de termo de penhora dos novos bens, caso a substituição tenha sido aceita e esteja em conformidade com a lei (art. 847, § 4º; arts. 9º e 10; art. 849).

O § 3º do art. 847 dispõe que o executado somente poderá oferecer bem imóvel em substituição caso o requeira com a expressa anuência do cônjuge. A norma, conquanto salutar porque evita a oposição de embargos de terceiro por parte do cônjuge alheio à execução (art. 674, § 2º, I), não se aplica ao executado casado sobre o regime da separação total de bens (art. 1.647, I, do CC; art. 847, § 3º, parte final, do CPC).

A substituição também poderá ser requerida por qualquer das partes (exequente ou executado) nas situações descritas no art. 848. Embora o *caput* se valha do termo "partes" para indicar os legitimados ao pedido de substituição, as hipóteses ali previstas são fundamentalmente relacionadas ao interesse do exequente, exceto quanto ao inciso I, que trata da possibilidade de substituição quando a penhora não observar a ordem legal. Vejamos, então, quando "as partes" podem requerer a substituição:

a) Se a penhora não obedecer à ordem legal;
b) Se ela não incidir sobre os bens designados em lei, contrato ou ato judicial para o pagamento;
c) Se, havendo bens no foro da execução, outros bens houverem sido penhorados;
d) Se, havendo bens livres, a penhora tiver recaído sobre bens já penhorados ou objeto de gravame;
e) Se ela incidir sobre bens de baixa liquidez;
f) Se fracassar a tentativa de alienação judicial do bem; ou
g) Se o executado não indicar o valor dos bens ou omitir qualquer das indicações previstas em lei.

De acordo com este dispositivo (art. 848), o pedido de substituição da penhora pode ocorrer ao longo do processo. Não há um momento adequado e, portanto, não se pode falar

---

[57] Nesse sentido: "[...] tendo o credor anuído com a substituição da penhora, mesmo que por um bem de que guarda menor liquidez, não poderá o juiz, *ex officio*, indeferi-la. Ademais, nos termos do art. 620 do CPC, a execução deverá ser feito pelo modo menos gravoso para o executado" (REsp 1.377.626/RJ, 2ª Turma, Rel. Min. Humberto Martins, *DJ* 28.06.2013). O dispositivo mencionado corresponde ao art. 805 do CPC/2015.

em preclusão. Mesmo naquelas situações cujo termo inicial está previsto no texto normativo, por exemplo, o fracasso na alienação judicial, não se exige das partes que formulem o pedido logo após a frustração da alienação. Em todo caso, o juiz deve analisar se o eventual pedido tardio de substituição tem ou não sua razão de ser.

A substituição será sempre possível desde que **útil à execução**. O juiz deve sempre ter em vista o binômio satisfação do crédito e menor onerosidade para o devedor. Decerto que a substituição da penhora de um imóvel, não obstante ter obedecido a ordem legal, por fiança bancária ou seguro-garantia judicial, em valor não inferior ao do débito constante da inicial, mais 30%, convém ao credor e à execução (art. 848, parágrafo único).

Por fim, importa lembrar que o art. 835, em seu § 2º, estabelece que a fiança bancária e o seguro garantia judicial equiparam-se a dinheiro para fins de substituição da penhora. Como consequência, se o devedor pretender a substituição por um desses instrumentos, ainda que já tenha sido realizada penhora em dinheiro, poderá a autoridade judicial acolher o pedido. Em outras palavras, dentro do sistema de execução, a fiança bancária e o seguro garantia judicial produzem os mesmos efeitos jurídicos que o dinheiro para fins de garantir o juízo, não podendo o exequente rejeitar a indicação, salvo por insuficiência, defeito formal ou inidoneidade da salvaguarda oferecida. A propósito do tema, decidiu recentemente o STJ sobre a possibilidade de substituição nos termos apresentados, independentemente da discordância da parte exequente.[58]

4.3.15 Natureza e efeitos da penhora

A penhora não constitui direito real, porquanto não perde o executado a qualidade de proprietário do bem. A penhora constitui apenas ato executivo, gerador de **efeitos processuais e materiais**.

São **efeitos processuais** da penhora:

a) *individualizar o bem ou bens que vão ser destinados à satisfação do crédito*: se a penhora é de um cavalo manga-larga, sobre ele, em princípio, é que vai incidir a execução;

b) *garantir o juízo da execução*: com a penhora e conservação dos bens fica assegurada a eficácia da atuação jurisdicional;

c) *criar preferência para o exequente*: terá preferência, ou seja, recebe o credor que penhorou o bem em primeiro lugar. Se tiver havido arresto, esse direito de preferência retroage à data do arresto. Saliente-se que a preferência gerada pela penhora só prevalece entre credores quirografários, não excluindo as preferências e privilégios instituídos anteriormente a ela (art. 905, II).

Quanto aos **efeitos materiais** da penhora, são os seguintes:

---

[58] "É possível a substituição da penhora em dinheiro por seguro garantia judicial, observados os requisitos do art. 835, § 2º, do CPC/2015, independentemente da discordância da parte exequente, ressalvados os casos de insuficiência, defeito formal ou inidoneidade da salvaguarda oferecida". (STJ, REsp 2.034.482/SP, Rel. Min. Nancy Andrighi, 3ª Turma, j. 21.03.2023). No mesmo sentido: "É possível a substituição da penhora em dinheiro por seguro garantia judicial, observados os requisitos do art. 835, § 2º, do CPC/2015, pois trata-se de medida que produz os mesmos efeitos jurídicos que o dinheiro, seja para fins de garantir o juízo, seja para possibilitar a substituição de outro bem objeto de anterior penhora, não podendo o exequente rejeitar a indicação, salvo por insuficiência, defeito formal ou inidoneidade da salvaguarda oferecida" (STJ, 4ª Turma. TutCautAnt 672/SP, Rel. Min. Raul Araújo, j. 24.09.2024).

a) *priva o devedor da posse direta*: o bem penhorado e apreendido é depositado, perdendo o devedor a posse direta sobre o bem, que passará ao Estado. Ressalva-se que não há perda de propriedade, permanecendo o devedor na posse indireta da coisa;

b) *induz a ineficácia das alienações*: qualquer alienação levada a efeito posteriormente à penhora presume-se[59] em fraude à execução. A alienação será válida, mas ineficaz em relação à execução, cujos atos podem prosseguir sobre os bens alienados.

Antes de adjudicados ou alienados os bens, pode o executado, a todo o tempo, remir a execução, pagando ou consignando a importância atualizada da dívida, acrescida de juros, custas e honorários advocatícios (art. 826).

Realizada a penhora, feita a avaliação e procedendo-se às intimações necessárias, passa-se à nova fase do processo executivo, que consiste na expropriação. É hora de o credor receber o seu crédito, pôr o dinheiro no bolso.

4.4 Expropriação

Como dito, a execução forçada[60] compreende quatro fases: da proposição, da apreensão de bens, da expropriação e do pagamento.

A expropriação consiste no **ato pelo qual o Estado-juízo, para satisfação do direito de crédito, desapossa o devedor de seus bens, converte esses bens em dinheiro ou simplesmente transfere o domínio deles ao credor.**

Se o ato de apreensão recai sobre dinheiro, a expropriação é mais simplificada. Nesse caso, não havendo embargos do devedor ou sendo esses julgados improcedentes, passa-se, de imediato, ao pagamento do credor. Entretanto, tratando-se de bens de natureza diferente de dinheiro, torna-se necessária a observância de um procedimento expropriatório, a fim de que o credor possa receber o seu crédito, seja com a transferência a ele do domínio do bem penhorado, com o pagamento da quantia que lhe é devida ou com a apropriação dos frutos e rendimentos da coisa penhorada.

A redação do art. 825 contempla três modalidades de expropriação:

Art. 825. A expropriação consiste em:

I – adjudicação;

II – alienação;

III – apropriação de frutos e rendimentos de empresa ou de estabelecimentos e de outros bens.

4.4.1 Adjudicação

Adjudicação, na lição de Cândido Rangel Dinamarco,[61] consiste na **transferência do bem penhorado ao patrimônio do exequente, para satisfação de seu crédito.** Tal como a alienação por iniciativa particular ou em leilão (art. 879, I e II) e a apropriação dos frutos e

---

[59] Procedendo-se à averbação da execução ou da penhora, desnecessária é a prova da má-fé do executado-vendedor.

[60] Diz-se forçada porque o Estado expropria bens do devedor, independentemente da vontade deste, para satisfazer crédito exequendo.

[61] DINAMARCO, Cândido Rangel. *Instituições de direito processual civil*. São Paulo: Malheiros, 2004. v. IV.

rendimentos, a adjudicação é uma forma de expropriação, de alienação forçada. Nas demais modalidades de expropriação, o crédito do exequente é satisfeito com o produto da alienação ou com valor relativos aos frutos e rendimentos da coisa; na adjudicação, o pagamento se dá com a transferência do domínio, assemelhando-se a uma dação em pagamento forçada. Digo "forçada" porque se trata de transferência judicial e compulsória do bem penhorado, e não de negócio jurídico particular.

No sistema anterior à Lei nº 11.382/2006, que promoveu relevantes alterações no CPC/1973, a adjudicação figurava em segundo lugar como forma de expropriação. Somente era viável depois que o bem fosse levado a leilão (hasta pública) e este se encerrasse sem lançador. A legitimidade para a adjudicação era conferida apenas ao exequente, ao credor hipotecário e aos credores concorrentes, que houvessem penhorado o mesmo imóvel, em outra execução, obviamente. Ao cônjuge, descendentes ou ascendentes do executado, não se conferia legitimidade para adjudicar, mas sim para remição ou resgate dos bens arrematados ou adjudicados.

Em homenagem ao princípio da menor onerosidade da execução, o sistema expropriatório após a Lei nº 11.382/2006 prestigiou sobremaneira a adjudicação. A posição do exequente restou melhorada, porquanto lhe foi conferida a oportunidade de adjudicar o bem antes mesmo de dar início à alienação (por iniciativa particular ou em hasta pública), notadamente mais dispendioso. Para o executado, a adjudicação elimina a possibilidade de o bem ser arrematado por valor muito inferior ao da avaliação, se levado à hasta pública.

A nova feição da adjudicação do CPC/1973 seguiu a trilha da legislação especial. A Lei de Execuções Fiscais (nº 6.830/1980), no art. 24, já previa a adjudicação antes ou depois do leilão, sendo que, findo este sem licitantes, há possibilidade de os bens serem adjudicados por preço inferior ao da avaliação. A Lei dos Juizados Especiais (nº 9.099/1995), ao disciplinar a execução de título extrajudicial, estabelece que, feita a penhora, designa-se audiência, na qual será buscado o meio mais rápido e eficaz para a solução do litígio, se possível com dispensa da alienação judicial, devendo o conciliador propor, entre outras formas para satisfação do crédito, a imediata adjudicação do bem penhorado (art. 53, § 2º).

Feita essa breve digressão, vamos ao ponto, ao CPC/2015, que no âmbito da adjudicação traz algumas inovações em relação ao Código anterior (CPC/1973).

Pois bem. De acordo com o *caput* do art. 876, é lícito ao exequente, **oferecendo preço não inferior ao da avaliação**, requerer lhe sejam **adjudicados** os bens penhorados.

Como se vê, **não há momento procedimental definido** na lei para que se possa requerer a adjudicação. Feita a penhora, avaliados e depositados os bens objeto da constrição, o que comumente se dá num mesmo momento processual, pode-se requerer a adjudicação.

Mas qual seria o limite temporal para a formalização do requerimento?

De acordo com o abalizado Humberto Theodoro,[62] uma vez iniciada a licitação em hasta pública, resta frustrada a possibilidade de adjudicação, porquanto não haveria como impedir que o arrematante adquirisse o bem, ainda que por lanço inferior ao da avaliação. Nessa linha de raciocínio, iniciada a hasta pública – o que dizer se iniciada a alienação por iniciativa particular? –, frustrada restaria a possibilidade de adjudicação, com graves prejuízos para o exequente, para o executado e para a efetividade do processo executivo. Esse é também o posicionamento do STJ: "A adjudicação poderá ser requerida após resolvidas as questões relativas à avaliação do bem penhorado e antes de realizada a hasta pública" (STJ, REsp 1.505.399-RS, 4ª T., Rel. Min. Maria Isabel Gallotti, j. 12.04.2016).

---

[62] THEODORO JÚNIOR, Humberto. *A reforma da execução do título extrajudicial*. Rio de Janeiro: Forense, 2007. p. 122.

O ideal é que a adjudicação seja requerida antes de iniciado o procedimento de alienação dos bens, seja por interesse particular ou em leilão presencial ou eletrônico (art. 879, I e II). Entretanto, à falta de restrição na lei, não há obstáculo para que se requeira a adjudicação mesmo depois de findo o procedimento de alienação, desde que o requerimento seja protocolado antes da assinatura do termo de alienação ou do auto de arrematação a que se referem os arts. 880, § 2º, e 903. Deve-se aplicar subsidiariamente o disposto no art. 24, II, da Lei nº 6.830/1980, que admite a adjudicação ainda que o procedimento de alienação tenha se encerrado com licitantes. A única ressalva a ser feita é que, na concorrência entre arrematante e adjudicatário, este só vencerá se apresentar melhor proposta, nunca inferior à avaliação, porque, ao contrário da Lei de Execuções Fiscais, o Código não admite adjudicação por valor inferior ao da avaliação.

Afora o mencionado dispositivo da Lei de Execuções Fiscais, que integra o sistema processual brasileiro e por isso mesmo tem aplicação subsidiária, essa interpretação é a que melhor se coaduna com o princípio da menor onerosidade. Ora, como é sabido, a lei não é o único critério de apreciação do Direito. O ordenamento jurídico é estruturado por um conjunto harmônico de normas, que, por sua vez, é integrado por regras, estabelecidas em lei e em precedentes vinculantes, e princípios.

Em síntese, observados o princípio da menor onerosidade e a garantia do direito adquirido com a assinatura do termo de alienação ou auto de arrematação, não há limite temporal para a adjudicação. Entretanto, se requerida depois de iniciado o procedimento da alienação, deve o adjudicatário arcar com eventuais despesas extras, tais como publicidade e publicação de editais.

Indispensável é o requerimento, até porque não se pode compelir o credor a receber bem de natureza diversa do previsto no título, tampouco obrigar os demais legitimados a adjudicarem. O preço a ser oferecido pelo pretendente à adjudicação não pode ser inferior ao da avaliação.

Legitimados à adjudicação: a) o exequente, desde que pague preço não inferior ao da avaliação; b) o coproprietário de bem indivisível do qual tenha sido penhorada a fração ideal (exemplo: na penhora de 50% de um apartamento o outro proprietário pode adjudicar); c) os titulares de usufruto, uso, habitação, enfiteuse, direito de superfície, concessão de uso especial para fins de moradia ou concessão de direito real de uso, quando a penhora recair sobre bem gravado com tais direitos reais; d) o proprietário do terreno submetido ao regime de direito de superfície, enfiteuse, concessão de uso especial para fins de moradia ou concessão de direito real de uso, quando a penhora recair sobre tais direitos reais; e) o credor pignoratício, hipotecário, anticrético, fiduciário ou com penhora anteriormente averbada, quando a penhora recair sobre bens com tais gravames, caso não seja o próprio credor (parte da demanda executiva); f) o promitente comprador, quando a penhora recair sobre bem em relação ao qual haja promessa de compra e venda registrada; g) o promitente vendedor, quando a penhora recair sobre o direito aquisitivo derivado de promessa de compra e venda registrada; h) a União, o Estado e o Município, no caso de alienação de bem tombado; i) o cônjuge, o companheiro, os descendentes ou ascendentes do executado; j) os sócios ou a própria sociedade, quando, na execução contra sócio, procedida por terceiro alheio à sociedade, a penhora recair sobre quota social ou ação de sociedade anônima fechada (art. 876, § 7º).

E, quando todos os legitimados requererem a adjudicação, a quem caberá o bem penhorado?

Dispõe o art. 876, § 6º, que, havendo mais de um pretendente, proceder-se-á entre eles à licitação. Trata-se de um procedimento simples, em nada se assemelhando ao procedimento administrativo utilizado pela Administração Pública para aquisição de bens e serviços. A licitação entre os concorrentes à adjudicação será instaurada sem qualquer formalidade, sempre que mais de um legitimado manifestar interesse na adjudicação.

O requerimento por meio do qual se veicula o direito de participar do procedimento adjudicatório deve ser instruído com o comprovante do depósito do preço ofertado, que em hipótese alguma pode ser inferior ao da avaliação.

O exequente estará dispensado de proceder ao depósito do preço, desde que o valor ofertado seja igual ou inferior ao seu crédito e não haja licitantes à adjudicação com preferência legal sobre o produto da execução; no caso de a oferta ser inferior ao crédito, poderá adjudicar e prosseguir na execução pelo saldo remanescente. Se o preço ofertado pelo exequente for maior do que o seu crédito, terá que depositar imediatamente a diferença, a qual poderá ser levantada pelo executado, pagas as despesas da execução (arts. 876, § 4º, e 907).

Havendo licitantes com **preferência legal**, por exemplo, credor com penhora anterior ou com direito real de garantia sobre o bem a ser adjudicado, o exequente (credor quirografário), qualquer que seja o valor do seu crédito, terá de depositar a integralidade do valor ofertado. A exigência de depósito, nesse caso, decorre do direito de preferência, conforme estatuído nos arts. 905 a 909.

Pois bem. **E, quando todos ou alguns legitimados estiverem participando do procedimento licitatório, de quem será a preferência para adjudicar?**

Da interpretação do sistema, mormente dos arts. 876, §§ 6º e 7º, e 908, extrai-se que o juiz decidirá levando em conta alguns critérios. O primeiro critério a ser observado é objetivo, trata-se do valor da oferta. Vencerá a licitação o licitante que oferecer o maior preço. Nesse sentido: "A adjudicação do bem penhorado deve ser assegurada ao legitimado que oferecer preço não inferior ao da avaliação" (STJ, REsp 1.505.399-RS, 4ª T., Rel. Min. Maria Isabel Gallotti, j. 12.04.2016).

Havendo empate das ofertas, o juiz utilizará de critério objetivo e subjetivo, ou somente deste, dependendo das circunstâncias do caso.

No caso de penhora de cota ou de ações, havendo igualdade entre as ofertas, vencerá o sócio. Não havendo participação de sócio, a sociedade, seguida do cônjuge ou companheiro do sócio que teve a cota penhorada, dos descendentes e ascendentes dele, do credor com garantia real e, entre os credores quirografários, na ordem das penhoras.

Não sendo o caso de cotas e havendo empate entre os valores ofertados, a escolha recairá sobre o cônjuge ou companheiro(a). Se estes não quiseram adjudicar ou suas propostas foram rejeitadas, são chamados os descendentes. Afastados os descendentes, escolhe-se entre os ascendentes. No caso dos descendentes e dos ascendentes, os de grau mais próximo preferem aos de grau mais remoto. Havendo coincidência de graus, a escolha é feita por sorteio.

Se por uma razão ou outra, afastado o cônjuge ou companheiro, os descendentes e ascendentes, a adjudicação recairá sobre o credor com garantia real, seguido dos credores quirografários, na ordem das prelações (penhoras sobre o bem).

A adjudicação é resolvida por meio de **decisão interlocutória**, da qual cabe agravo de instrumento (art. 1.015, parágrafo único). Decididas eventuais questões, o juiz mandará lavrar o auto de adjudicação (art. 877).

O auto de adjudicação, que fica encartado no caderno processual, constitui a prova da celebração do negócio jurídico, tanto que, uma vez lavrado e assinado pelo juiz, pelo adjudicatário, pelo escrivão ou chefe de secretaria, e, se for presente, pelo executado, a adjudicação considera-se perfeita e acabada (art. 877, § 1º).

Para comprovar a adjudicação perante terceiros e sobretudo para registrá-la no cartório de registro de imóveis, quando se tratar de direito real imobiliário, expede-se a carta de adjudicação, a qual conterá a descrição do imóvel (ou de direito sobre ele, por exemplo, o usufruto), com remissão à sua matrícula e aos seus registros, a cópia do auto de adjudicação e a prova de quitação do imposto de transmissão (art. 877, § 2º)

Frise-se que, no caso de penhora de bem hipotecado, o executado poderá remi-lo até a assinatura do auto de adjudicação, oferecendo preço igual ao da avaliação, se não tiver havido licitantes, ou ao do maior lance oferecido. Na hipótese de falência ou de insolvência do devedor hipotecário, o direito de remição será deferido à massa ou aos credores em concurso, não podendo o exequente recusar o preço da avaliação do imóvel (art. 877, §§ 3º e 4º).

A remição consagrada pelo CPC é direito do devedor e apenas exige que ocorra a satisfação integral do débito executado no curso da ação, incluindo o pagamento de juros, custas e honorários de advogado. Isso quer dizer que se o executado possui outros processos executivos em andamento, ainda que promovidos pelo mesmo credor, este não poderá exigir que todos sejam pagos para que o executado exerça o direito à remição.[63]

Muito cuidado para não confundir **remição de bens, remição da execução e remissão**. Remição de bens é o instituto pelo qual se permite que se resgate o bem penhorado. A remição da execução, prevista no art. 826, é o ato pelo qual o executado deposita em juízo a coisa devida ou a quantia suficiente para pagamento do débito, o que acarreta a extinção da execução. Remissão significa ação ou efeito de remitir ou perdoar; por exemplo, perdão da dívida.

O termo final para a remição da execução é a assinatura do auto de arrematação, ou seja, mesmo depois de encerrado o pregão, mas enquanto não firmado o auto de arrematação ou não publicada a sentença de adjudicação, ainda será possível ao devedor remir a execução. Em outras palavras, a arrematação do imóvel não impede a remição, caso o auto ainda esteja pendente de assinatura (STJ, REsp 1.862.676/SP, 3ª Turma, Rel. Min. Nancy Andrighi, j. 23.03.2021, DJe 01.03.2021).

4.4.2 Alienação (por iniciativa particular e por leilão judicial)

A primeira forma de expropriação dos bens penhorados, a adjudicação, dá-se mediante requerimento e depósito do preço. Pode ser que a adjudicação não se concretize, seja porque os legitimados não dispõem da quantia necessária ao depósito ou, por outros motivos, não se interessam em adquirir o bem.

Muito bem. Frustrada a adjudicação, passa-se à segunda modalidade de expropriação, que consiste na alienação, a qual pode ocorrer por iniciativa particular ou em leilão judicial eletrônico ou presencial. Comecemos, então, pela alienação por iniciativa particular.

A alienação por iniciativa particular é admitida qualquer que seja a natureza do bem, móvel ou imóvel, e independentemente da vontade do executado.

Dispõe o art. 880 que, não efetivada a adjudicação dos bens penhorados, o exequente poderá requerer a alienação por sua própria iniciativa ou por intermédio de corretor ou leiloeiro público credenciado perante o órgão judiciário. Verifica-se que a alienação por iniciativa particular constitui faculdade do exequente, somente ocorrerá mediante requerimento deste, não havendo possibilidade de determinação do juiz.

No requerimento, o exequente indicará se alienação do bem será feita por iniciativa própria ou por intermédio de corretor ou leiloeiro público credenciado perante o órgão judiciário. Se o próprio exequente promover a alienação, não fará jus à comissão de corretagem ou àquela que seria destinada ao leiloeiro, mas terá direito de ser reembolsado das despesas com publicidade, desde que prevista no plano de alienação fixado pelo juiz.

No caso de o exequente requerer que a alienação seja realizada com a intermediação de corretor, o juiz nomeará um profissional cujo perfil se amolde ao negócio, tendo em vista principalmente a natureza do bem a ser alienado. Tratando-se de leiloeiro público, o juiz dará

---

[63] Nesse sentido: STJ, 3ª T., REsp 1.862.676/SP, Rel. Min. Nancy Andrighi, j. 23.02.2021.

preferência àqueles previamente credenciados no Tribunal, conforme dispuserem as normas regimentais. Diz a lei que a nomeação deve recair sobre corretor ou leiloeiro que contar com, pelo menos, três anos de experiência (art. 880, § 3º).

E se na localidade não houver leiloeiro ou corretor cadastrado? Nesse caso, a indicação será de livre escolha do exequente, conforme dispõe o § 4º do art. 880. De qualquer modo, entendo que a alienação por corretor ou leiloeiro não cadastrado, ainda que haja profissionais habilitados na comarca, não deve invalidar a alienação, salvo se comprovado prejuízo para uma das partes. Isso porque deve o juiz levar em conta o melhor proveito para a execução, ou seja, a alienação deve ser realizada pelo melhor preço, com a maior rapidez possível e com o menor custo.

Se o bem a ser alienado é um apartamento de luxo, no bairro mais nobre da capital, cabe ao juiz verificar quem, embora não credenciado, melhor desempenhará a função. Talvez, em razão das peculiaridades do caso, o melhor é que a alienação seja feita não por um determinado corretor, mas sim por uma rede de corretores filiados a uma cooperativa que, embora conte com apenas dois anos de atividade, tem se destacado nesse tipo de negócio, principalmente em razão dos meios de comunicação em que atua.

Tratando-se de automóvel, quem sabe, o mais proveitoso é que a alienação seja feita por agência especializada no ramo de venda de veículos usados, com amplo acesso aos diversos meios de comunicação, por exemplo, cadernos especializados e portais na Internet; entretanto, tratando-se de automóveis antigos, a venda seria mais exitosa se feita por pessoa com acesso ao restrito clube dos colecionadores.

Resumo da ópera: **o juiz não está adstrito à literalidade da lei, mas sim ao objetivo por ela visado**. Cabe a ele, que estudou por anos a fio, passou no concurso, cursou escola judicial e agora exerce a função judicante no fórum, decidir a quem atribuirá a incumbência de vender o apartamento de luxo: à maior e mais bem estruturada cooperativa de corretores da capital, que sequer preenche os requisitos para o credenciamento, ou ao mais antigo corretor da cidade, com cinquenta anos de experiência na venda de fazendas, inscrito sob o nº 001 na relação de corretores credenciados da comarca de Alegrete do Sertão. Não se esqueça que **o juiz é de Direito, não de leis**.

Seja quem for realizar a alienação, o próprio exequente, corretor, empresa especializada ou leiloeiro, terá que submeter ao juiz uma proposta, da qual constarão o prazo em que a alienação deve ser efetivada, a forma de publicidade, o preço mínimo, as condições de pagamento com as respectivas garantias, bem como a comissão de corretagem (art. 880, § 1º).

A lei constitui apenas os parâmetros, o meio, o fim é o melhor proveito para a execução – repita-se. A lei visa evitar abuso, entretanto há de se buscar uma interpretação construtiva, sob pena de graves prejuízos. Deve-se fixar o prazo para a venda, a fim de evitar procrastinação, todavia trata-se de prazo não preclusivo; se o juiz fixou 40 dias para a alienação e esta se deu no quadragésimo segundo, o negócio é válido. A forma de publicidade sugerida deve ser a mais eficaz para a alienação, sendo passível de alteração no curso dos trabalhos. O preço mínimo, em princípio, deve corresponder ao da avaliação. Nada obsta, entretanto, que, dependendo das circunstâncias do mercado, haja autorização para venda por preço inferior, desde que não seja vil. Se a venda for realizada em parcelas, há que se estabelecer o prazo de pagamento e a garantia, que pode ser real (hipoteca, penhor, alienação fiduciária) ou fidejussória (aval, fiança), tudo de acordo com as circunstâncias do negócio entabulado.

O § 3º do art. 880 estabelece a regulamentação, pelos tribunais, do procedimento de alienação por iniciativa particular, inclusive com o concurso de meios eletrônicos. A salutar previsão tem por fim compatibilizar o cumprimento das normas legais com as peculiaridades de cada Estado da Federação, mormente no que tange aos recursos de informática. Cabe agora aos tribunais, em homenagem à efetividade visada pelo legislador, baixar as resoluções cabíveis, de forma a dar cumprimento à lei, sem descurar do fim por ela visado.

A alienação será formalizada por termo nos autos, assinado pelo juiz, pelo exequente, pelo adquirente e, se for presente, pelo executado, expedindo-se carta de alienação do imóvel para o devido registro imobiliário, ou, se bem móvel, mandado de entrega ao adquirente (art. 880, § 2º, I e II).

Registre-se que o art. 877, ao dispor sobre a finalização da adjudicação, diz que esta se considera perfeita e acabada com a lavratura e assinatura do "auto" pelos sujeitos processuais indicados no dispositivo. O § 2º do art. 880, por seu turno, preceitua que a alienação por iniciativa particular será formalizada por termo nos autos.

"Auto", segundo os dicionários jurídicos, é o documento no qual se registra um ato processual realizado fora da sede do juízo; auto de penhora é o documento no qual se registra a constrição quando realizada por oficial de justiça no lugar onde os bens se encontravam. A palavra *termo* é utilizada para denominar o registro de ato realizado na sede do juízo; termo de audiência, termo de penhora (quando não realizada por oficial de justiça). Seguindo essa linha semântica, tanto a adjudicação quanto a alienação por iniciativa particular seriam realizadas por meio de termo, porquanto registradas pelo escrivão, no âmbito da secretaria judicial.

Pelo que se depreende, legislador usa *auto* e *termo* indistintamente, como sinônimos. E daí? Dizer árvore ou ramo, auto ou termo, não tem qualquer relevância para o desfecho do processo neste início do século XXI, embora na Roma antiga pudesse significar o malogro da demanda. O compromisso do moderno juiz é com a efetividade do Direito, tendo por norte a completude do ordenamento jurídico.

O que importa é que a alienação é considerada perfeita e acabada com a assinatura do termo a que se refere o § 2º do art. 880. É ele o instrumento que comprova a expropriação e consequente alienação.

Tratando-se de imóvel, a transferência do domínio só ocorre com o registro na matrícula do bem adquirido. A fim de possibilitar o registro da aquisição no cartório do registro de imóveis, o escrivão expede um documento contendo a descrição do imóvel, com remissão a sua matrícula e registros, a cópia do termo de alienação e a prova de quitação do imposto de transmissão. A esse documento dá-se o nome de carta de alienação, a qual é substituída por um simples mandado de entrega ao adquirente quando se tratar de bem móvel.

Na **legislação extravagante** também se encontram algumas hipóteses de alienação por iniciativa particular. Nos contratos de financiamento firmados segundo as regras do sistema financeiro de habitação (Lei nº 5.741/1971), bem assim nos contratos de alienação fiduciária de bens móveis e imóveis (Decreto-lei nº 911/1969 e Lei nº 9.514/1997, respectivamente), confere-se ao credor a prerrogativa de proceder à alienação extrajudicial do bem.

A alienação em leilão judicial presencial ou eletrônico é, por sua vez, meio subsidiário de satisfação da execução. Nos termos do art. 881, essa forma de alienação somente será realizada quando a adjudicação ou a alienação por iniciativa particular não tiver sido efetivada. Assim, frustrada a possibilidade de adjudicação e de alienação por iniciativa particular, com a finalidade de converter os bens penhorados em dinheiro, outro caminho não resta senão o leilão ou, dependendo das circunstâncias, apropriação de frutos e rendimentos de empresa, de estabelecimentos ou de outros bens.

No âmbito do processo executivo, a alienação judicial far-se-á por leiloeiro público, com a finalidade de, por meio de arrematação, proceder à conversão dos bens em dinheiro, para posterior pagamento do credor. O leilão pode ser presencial ou eletrônico, sendo que a lei dá preferência à segunda modalidade (art. 882). Em todo caso, o procedimento desdobra-se em três fases: atos preparatórios, leilão e assinatura do auto.

4.4.2.1 Atos preparatórios

Os atos preparatórios compreendem a publicação de editais e a cientificação de determinadas pessoas que, por razões diversas, o legislador achou por bem cientificá-las do leilão.

Dispõe o Código que, não efetivada a adjudicação e não realizada a alienação particular do bem penhorado (art. 881), será expedido o edital de leilão, que conterá (art. 886):

I – a descrição do bem penhorado, com suas características, e, tratando-se de imóvel, sua situação e suas divisas, com remissão à matrícula e aos registros;

II – o valor pelo qual o bem foi avaliado, o preço mínimo pelo qual poderá ser alienado, as condições de pagamento e, se for o caso, a comissão do leiloeiro designado.

III – o lugar onde estiverem os móveis, os veículos e os semoventes e, tratando-se de créditos ou direitos, a identificação dos autos do processo em que foram penhorados.

IV – o sítio, na rede mundial de computadores, e o período em que se realizará o leilão, salvo se este se der de modo presencial, hipótese em que serão indicados o local, o dia e a hora de sua realização;

V – a indicação de local, dia e hora de segundo leilão presencial, para a hipótese de não haver interessado no primeiro;

VI – menção da existência de ônus, recurso ou processo pendente sobre os bens a serem leiloados.

O inciso VI tem por escopo levar ao conhecimento dos licitantes algum fato que possa comprometer a fruição da coisa arrematada ou legitimidade da arrematação. Assim, cabe verificar quais os fatos que possam ter relevância para a aquisição do bem. A existência de direitos reais de gozo sobre a coisa (usufruto e servidão, por exemplo) acompanhá-la-á depois da arrematação, restringindo a fruição, daí por que é indispensável que conste do edital. Igualmente há de constar do edital a existência de demanda anulatória do negócio jurídico referente à aquisição do bem pelo executado. Por falta de consequência sobre a arrematação, não há necessidade de constar a existência de outras penhoras sobre o mesmo bem, tampouco a existência de direitos reais de garantia e a pendência de embargos à execução; eventuais direitos relativos a penhoras anteriores e a direitos reais de garantia recairão sobre o produto da alienação. No caso de não ter constado do edital a existência de ônus e/ou impedimentos que poderiam ter reflexos sobre o direito do arrematante, o art. 903, § 5º, I, permite-lhe desistir da arrematação se for comprovada, nos 10 dias seguintes à realização do leilão, a existência do gravame incidente sobre o bem.

O edital, contendo os requisitos indicados nos incisos do art. 886, será publicado na rede mundial de computadores, em sítio designado pelo juízo da execução, e conterá descrição detalhada e, sempre que possível, ilustrada dos bens, informando expressamente se o leilão se realizará de forma eletrônica ou presencial. Somente se não for possível a publicidade por meio da rede mundial de computadores é que o juiz mandará publicar o edital no local de costume, ou seja, no quadro, comumente afixado no saguão de entrada do fórum. De todo modo, dependendo das condições da sede do juízo, podem ser adotadas outras formas de publicidade (jornal local, emissora de rádio e de televisão), cabendo também ao leiloeiro divulgar a alienação pelos meios que julgar mais eficientes. A fim de baratear o custo da publicação, o juiz poderá determinar a reunião de publicações em listas referentes a mais de uma execução (art. 887, § 6º).

Atendendo ao valor dos bens e às condições da comarca, o juiz poderá alterar a forma e a frequência da publicidade na imprensa, mandar divulgar avisos em locais de ampla circulação, em emissora local de rádio ou televisão, bem como adotar outras providências tendentes a mais ampla publicidade da alienação, inclusive recorrendo a meios eletrônicos de divulgação (art. 887, § 4º). Ressalte-se que há regiões do país aonde não chega jornal e, ainda que chegasse, a maior parte das pessoas é analfabeta, embora saiba desenhar o nome (requisito para votar); nesses lugares, a rádio e principalmente o alto-falante da igreja são mais eficazes para divulgar o leilão.

Não se realizando o leilão no dia aprazado, o edital deverá ser novamente publicado, seguindo-se as regras da primeira publicação; nesse caso, o escrivão, o chefe de secretaria ou o leiloeiro, que culposamente tiver dado causa à não realização, arcará com as despesas da nova publicação, podendo o juiz punir tais servidores com pena de suspensão por 5 (cinco) a 3 (três) meses (art. 888). Ressalve-se que as despesas com a publicação dos editais, como de resto todas as despesas processuais, são adiantadas pelo exequente e incluídas na conta da execução, para pagamento a final.

Feita a publicação do edital do leilão ou dispensado esse ato, cabe ao exequente promover a intimação de determinadas pessoas, a fim de ultimar os atos preparatórios para a praça ou leilão.

Afora a intimação da penhora, algumas pessoas devem ser intimadas da realização da hasta pública, sob pena de **ineficácia da alienação** (art. 889).

Além do exequente, que naturalmente é intimado de todos os atos do processo, da designação do leilão, presencial ou eletrônico, serão intimadas as pessoas descritas no art. 889. Ressalte-se que, de acordo com as disposições constantes nos incisos do art. 799, a cientificação de tais credores acerca da existência do processo de execução deve ter ocorrido previamente à alienação, porquanto incumbe ao exequente, ainda na petição inicial da execução, requerer ao juiz as respectivas intimações.

Não há necessidade de intimação do executado que não teve bens penhorados. Quanto àquele que sofreu constrição, a intimação deve ocorrer com pelo menos 5 dias de antecedência, inclusive na pessoa do advogado, ou, se não tiver procurador constituído nos autos, por meio de mandado, carta registrada, edital ou outro meio idôneo, admitindo-se também intimação por edital ou hora certa. Se, no entanto, o executado não for revel e não tiver advogado constituído, não constando seu endereço atual nos autos ou não sendo ele encontrado no endereço constante no processo, considerar-se-á realizada a intimação feita no próprio edital de leilão (art. 889, parágrafo único). A norma se fundamenta no art. 77, V, que exige das partes e de seus procuradores o cumprimento do dever de atualização do endereço residencial ou profissional sempre que ocorrer qualquer modificação temporária ou definitiva.

Cabe salientar que, apesar da expressão "se o executado for revel" (art. 889, parágrafo único), **não há propriamente revelia no processo de execução**, uma vez que a citação no processo executivo não é para responder, mas sim para pagar no prazo de três dias. A par disso, ao que tudo indica, quis o legislador dar uma última oportunidade ao executado que, embora não tenha constituído advogado nos autos, possa a eles comparecer com a finalidade de adjudicar, arrematar ou mesmo pleitear a invalidação da arrematação (art. 903, § 4º).

A intimação dos demais (art. 889, II a VIII) também será procedida com pelo menos cinco dias de antecedência do leilão.

Não há necessidade de intimação do cônjuge do executado, que não figure como parte na execução, acerca da designação do leilão, sendo bastante a intimação da penhora quando esta recair em bem imóvel e o casamento não for sob o regime da separação absoluta de bens.

4.4.2.2 Do leilão

Realizados os atos preparatórios (publicação dos editais e intimações), passa-se a tratar do leilão, cujo ponto culminante é a arrematação. O leilão consiste num **procedimento licitatório**, ou seja, numa solenidade por meio da qual o Estado ultima a expropriação do bem penhorado. Vale ressaltar que não se trata de venda, porquanto não há manifestação da vontade do vendedor, mas sim de alienação judicial.

A arrematação, por seu turno, consiste no ato pelo qual busca o Estado converter em dinheiro os bens penhorados. O ato se passa assim:

"Iniciado leilão, cabe ao leiloeiro anunciar as coisas que vão ser objeto de arrematação. É o pregão. Cada coisa deve ser apregoada três vezes, em voz alta e distinta, com breve intervalo. Feito por um dos presentes o lanço, o leiloeiro repete-o três vezes. Se outro licitante oferecer quantia maior, o lanço inutilizará o anterior e o leiloeiro vai sempre repetindo os lanços sucessivos três vezes em voz alta até que ninguém dê mais. Valerá, afinal, o lanço maior, concluindo-se a arrematação".[64]

No que respeita à utilização dos meios eletrônicos (Internet), o Código contempla a realização do próprio leilão por meio da rede mundial de computadores, com uso de páginas virtuais criadas pelos tribunais ou por entidades públicas ou privadas em convênio com eles firmado. O CPC/1973 já contava com previsão nesse mesmo sentido.

Entretanto, a substituição do leilão nos moldes tradicionais, com o leiloeiro anunciando por três vezes as coisas que serão objeto de arrematação e repetindo também por três vezes os lanços dados, tal como Pedro negando Cristo, depende de regulamentação. Cabe ao Conselho da Justiça Federal e aos tribunais de Justiça, no âmbito das suas respectivas competências, regulamentarem o leilão virtual, atendendo aos requisitos de ampla publicidade, autenticidade e segurança, com observância das regras estabelecidas na legislação sobre certificação digital (art. 882, §§ 1º e 2º).

No local (ou página na internet), dia e hora designados no edital, dá-se início ao leilão. Se for ultrapassado o horário de expediente forense, o leilão prosseguirá no dia útil imediato, sem a necessidade de novo edital. É importante não confundir horário de realização dos atos processuais com o de expediente forense. O art. 212, § 3º, admite a possibilidade de que o horário de funcionamento do fórum seja regulado por Lei de Organização Judiciária Local; é esse o chamado "expediente forense", que não se confunde com aquele mencionado no *caput* do art. 212 (6 às 20 horas).

Feito o pregão, abre-se oportunidade aos licitantes para oferecem seus lances. Nos termos do art. 890, é admitido a lançar todo aquele (pessoa natural ou jurídica) que estiver na livre administração de seus bens. Essa disposição afasta, antemão, os incapazes e os interditados.

Ao devedor, bem como aos legitimados previstos no art. 889, faculta-se o direito de adjudicar o bem ou, não havendo adjudicação, de participar da arrematação, em condições de igualdade com os demais licitantes.

Os incisos do art. 890 arrolam as **pessoas que, em razão de suas relações com as partes do processo ou de sua atuação no processo, não podem oferecer lance:**

I – os tutores, os curadores, os testamenteiros, os administradores ou os liquidantes, quanto aos bens confiados à sua guarda e à sua responsabilidade;

II – os mandatários, quanto aos bens de cuja administração ou alienação estejam encarregados;

III – o juiz, o membro do Ministério Público e da Defensoria Pública, o escrivão, o chefe de secretaria e os demais servidores e auxiliares da justiça, em relação aos bens e direitos objeto de alienação na localidade onde servirem ou a que se estender a sua autoridade;

IV – os servidores públicos em geral, quanto aos bens ou aos direitos da pessoa jurídica a que servirem ou que estejam sob sua administração direta ou indireta;

V – os leiloeiros e seus prepostos, quanto aos bens de cuja venda estejam encarregados;

VI – os advogados de qualquer das partes.

---

[64] Narrativa de Gabriel Rezende Filho, com as adaptações no que respeita à substituição dos termos *praça* e *porteiro* por *leilão* e *leiloeiro*, respectivamente, em *Curso de direito processual civil*. 8. ed. São Paulo: Saraiva, 1968. v. 3, p. 243.

As restrições têm por fim evitar conflito de interesses. Quanto ao impedimento dos sujeitos processuais mencionados no inciso III, tem por fim preservar a imparcialidade no caso do juiz e do membro do Ministério Público; quanto ao membro da Defensoria Pública, objetiva manter a ética no patrocínio da causa.

Os incisos IV a VI são novidades na lei processual. O CPC/2015, objetivando conferir maior lisura ao leilão e, também, adequar a legislação processual às disposições do Código Civil,[65] ampliou o rol de pessoas impedidas de arrematar e esclareceu que os servidores e auxiliares da justiça somente se encaixam na limitação "em relação aos bens e direitos objeto de alienação na localidade onde servirem ou a que se estender a sua autoridade". Esse entendimento, além de estar expresso no Código Civil (art. 497), também já estava pacificado no âmbito do Superior Tribunal de Justiça. Veja:

"Processual civil. Recurso especial. Arrematação. Impedimentos. Arts. 690 do CPC, 1.133 do CC/2016 e 497 do CC/2002. Interpretação extensiva a todos os serventuários da Justiça. [...] O art. 497 do Código Civil de 2002 confirmou o entendimento sufragado na doutrina e jurisprudência acerca da interpretação do art. 490 do CPC, pois consignou, expressamente, que a vedação à aquisição de bens ou direitos em hasta pública açambarca todos os funcionários que se encontrarem lotados na circunscrição em que se realizará a alienação. 3. Recurso especial provido" (STJ, REsp 774.161, Rel. Min. Castro Meira, j. 06.12.2005).

Note, também, que o CPC fala dos servidores e auxiliares "em relação aos bens e direitos objeto de alienação na localidade onde servirem ou a que se estender a sua autoridade". Pressupõe-se, então, que somente enquanto estiverem em atividade tais pessoas estarão impedidas de arrematar. Esse é, inclusive, o entendimento do STJ:

"Direito processual civil. Arrematação de bem por Oficial de Justiça aposentado. A vedação contida no art. 497, III, do CC não impede o oficial de justiça aposentado de arrematar bem em hasta pública [...] O real significado e extensão dessa vedação é impedir influências diretas, ou até potenciais, desses servidores no processo de expropriação do bem. O que a lei visou foi impedir a ocorrência de situações nas quais a atividade funcional da pessoa possa, de qualquer modo, influir no negócio jurídico em que o agente é beneficiado. Não é a qualificação funcional ou o cargo que ocupa que impede um serventuário ou auxiliar da justiça de adquirir bens em hasta pública, mas sim a possibilidade de influência que a sua função lhe propicia no processo de expropriação do bem. Na situação em análise, não há influência direta, nem mesmo eventual, visto que a situação de aposentado desvincula o servidor do serviço público e da qualidade de serventuário ou auxiliar da justiça" (STJ, REsp 1.399.916/RS, Rel. Min. Humberto Martins, j. 28.04.2015, *DJe* 06.05.2015).

Quanto ao servidor aposentado, afasta-se a impossibilidade. Para o STJ, a proibição tem como razão de ser o exercício efetivo da função, a fim de evitar influências ou favorecimentos (STJ, REsp 1.399.916-RS, 2ª T., Rel. Min. Humberto Martins, j. 28.04.2015).

---

[65] Código Civil, "Art. 497. Sob pena de nulidade, não podem ser comprados, ainda que em hasta pública: I – pelos tutores, curadores, testamenteiros e administradores, os bens confiados à sua guarda ou administração; II – pelos servidores públicos, em geral, os bens ou direitos da pessoa jurídica a que servirem, ou que estejam sob sua administração direta ou indireta; III – pelos juízes, secretários de tribunais, arbitradores, peritos e outros serventuários ou auxiliares da justiça, os bens ou direitos sobre que se litigar em tribunal, juízo ou conselho, no lugar onde servirem, ou a que se estender a sua autoridade; IV – pelos leiloeiros e seus prepostos, os bens de cuja venda estejam encarregados".

Considera-se vencedor o licitante que oferecer o maior lance. O preço constitui a regra de ouro. Vence quem pagar mais. Se o leilão for de diversos bens e houver mais de um lançador, será preferido aquele que se propuser a arrematá-los em conjunto, oferecendo para os bens que não tiverem lance preço igual ao da avaliação e, para os demais, preço igual ao do maior lance que, na tentativa de arrematação individualizada, tenha sido oferecido para eles (art. 893).

Não será aceito lance que ofereça preço vil (art. 891, *caput*). Como o Código de 1973 não estabelece o conceito de "preço civil", a tarefa ficou a cargo da jurisprudência. O STJ, por exemplo, chegou a considerar que a oferta de montante correspondente a 60% do valor do bem arrematado não configura preço vil (REsp 649.532/SP; REsp 316.329/MG). Em outros julgados a Corte ponderou que, diante da ausência de critério legal, "preço vil" se caracteriza quando o lance não alcançar, ao menos, a metade do valor da avaliação (REsp 1.057.831/SP; REsp 1.017.301/RJ).

No CPC/2015, o preço vil será aquele inferior ao mínimo estipulado pelo juiz, de acordo com as peculiaridades do bem levado a leilão. Na sua ausência, será considerado vil o preço inferior a 50% do valor da avaliação (art. 891, parágrafo único) – conceito que segue o entendimento do STJ.

Quando o imóvel levado a leilão for de propriedade de incapaz, haverá uma peculiaridade no que tange ao valor do lance.

O art. 896 estatui as regras para esse caso. Se o imóvel não alcançar pelo menos 80% do valor da avaliação, o juiz o confiará à guarda e administração de depositário idôneo, adiando a alienação por prazo não superior a um ano. Durante o adiamento só se realizará novo leilão se algum pretendente assegurar, mediante caução idônea, o preço da avaliação; no caso de arrependimento do pretendente, o juiz lhe imporá multa de 20% sobre o valor da avaliação, em benefício do incapaz, valendo a decisão como título executivo (§§ 1º e 2º). No prazo do adiamento, o juiz poderá autorizar a locação do imóvel; transcorrido o prazo do adiamento, o imóvel será submetido a novo leilão (§§ 3º e 4º).

Há igualmente uma particularidade quando o bem levado a hasta pública tratar de imóvel que admite cômoda divisão. Nesse caso, a avaliação terá contemplado os possíveis desmembramentos (art. 872, § 1º). No leilão, o juiz, a requerimento do executado, ordenará a alienação judicial de parte dele, desde que suficiente para o pagamento do exequente e para a satisfação das despesas da execução; não havendo lançador para a fração, far-se-á a alienação do imóvel em sua integridade (art. 894, *caput*, parte final e § 1º).

A arrematação poderá ser à vista ou em parcelas. Na arrematação à vista, o pagamento do preço pelo arrematante deverá ser de imediato, por depósito judicial ou por meio eletrônico, salvo pronunciamento judicial em sentido contrário.

Não sendo possível realizar o pagamento imediato, o interessado na arrematação poderá formular pedido para parcelamento do valor, desde que observados os valores mínimos descritos nos incisos I e II do art. 895. Nesse caso, a proposta de parcelamento não suspende o leilão (art. 895, § 6º).

O pagamento mínimo à vista será 25% e o restante poderá ser parcelado em até 30 meses, desde que haja prévia garantia por caução idônea ou, quando se tratar de bem imóvel, por hipoteca do bem arrematado. O CPC pormenoriza as condições de pagamento no art. 895, que antes estavam dispostas apenas no edital.

A arrematação em parcelas se distingue da moratória legal prevista no art. 916, embora em ambos os casos o recebimento do crédito seja em parcelas. Na moratória, a lei concede ao executado a prerrogativa de pagar a dívida em parcelas; na arrematação em parcela, é o arrematante que, vencedora a proposta, pagará parceladamente o preço do bem adquirido.

E quais as consequências se o preço não for pago? O arrematante perderá a caução a favor do exequente. Assim, recebe a caução ou executa-a nos próprios autos e prossegue na execução. Além disso, arrematante e fiador ficam proibidos de participar do novo leilão (art. 897). Há quem vislumbre enriquecimento sem causa no dispositivo, porquanto o exequente recebe duas vezes, ou seja, a caução e o crédito. Ora, a causa é exatamente o não pagamento, cuja pena consiste na perda da caução, conforme previsto em lei.

Se, no entanto, o caso é de atraso no pagamento das parcelas relativas ao valor da arrematação, o arrematante arcará com multa de 10% sobre a soma da parcela inadimplida com as parcelas vincendas (art. 895, § 4º). Como o CPC/2015 não dispõe sobre o tempo máximo de atraso, o juiz deve analisar as justificativas apresentadas pelo arrematante – e ouvir o exequente – para, se for o caso, cancelar ou não a arrematação e determinar o retorno dos bens para um novo leilão. De todo modo, havendo atraso, a multa incidirá.

Se o exequente preferir, em vez de ser resolvida a arrematação, poderá promover a execução do valor devido – restante das parcelas – nos mesmos autos (art. 895, § 5º).

Objetivando satisfazer a tutela executiva de forma mais efetiva e célere, o § 7º do art. 895 estabelece que a proposta de pagamento à vista sempre prevalecerá sobre as propostas de pagamento parcelado. Vale lembrar que, mesmo sendo à vista, a proposta não poderá ter preço vil, sob pena de, sendo realizada a arrematação, esta ser invalidada (art. 903, § 1º, I, do CPC/2015).

Tal como ocorre na adjudicação, quando o exequente arremata o bem, em princípio está dispensado de depositar o preço, desde que o valor da arrematação seja igual ou inferior ao seu crédito e não haja credores com preferência legal sobre o produto da execução. No caso de a oferta ser inferior ao crédito, além de o arrematante adquirir o bem, poderá prosseguir na execução pelo saldo remanescente. Se o preço ofertado pelo exequente for maior do que o seu crédito, terá que depositar, dentro de três dias, a diferença, a qual poderá ser levantada pelo executado, pagas as despesas da execução (art. 892, § 1º).

Havendo credores com preferência legal, por exemplo, credor com penhora anterior ou com direito real de garantia sobre o bem a ser arrematado, o exequente (credor quirografário), qualquer que seja o valor do seu crédito, terá de depositar a integralidade do valor ofertado. A exigência de depósito, nesse caso, decorre do direito de preferência.

Não se procedendo ao depósito no prazo assinado, a consequência será a ineficácia da arrematação, hipótese em que haverá novo leilão, correndo as despesas por conta do exequente, exceto se este optar pela adjudicação do bem.

Encerrado o leilão, procede-se à lavratura do auto e à expedição da ordem de entrega ou carta de arrematação, conforme se tratar de bens móveis ou imóveis. Antes da ordem de entrega, porém, deve o arrematante comprovar o depósito ou a oferta das garantias, bem como o pagamento da comissão do leiloeiro e das despesas relativas à execução, a arrematação não estará concretizada (art. 901, § 1º, parte final).

4.4.2.3 Do auto de arrematação, da entrega dos bens e da expedição da carta de arrematação

O auto de arrematação, que é lavrado de imediato pelo servidor da justiça incumbido da realização do leilão, é o documento por meio do qual se formaliza a aquisição do bem pelo arrematante; corresponde, guardadas as distinções, ao contrato de compra e venda. Assinado o auto pelo juiz, pelo arrematante e pelo serventuário da justiça ou leiloeiro, a arrematação considerar-se-á perfeita, acabada e irretratável, ainda que venham a ser julgados procedentes os embargos do executado ou a ação autônoma para a invalidação da arrematação, assegurada a possibilidade de reparação pelos prejuízos sofridos (art. 903, *caput*).

A lavratura do auto não é suficiente para transferência do domínio sobre os bens arrematados, uma vez que, no nosso sistema jurídico, qualquer que seja o título de aquisição (compra e venda, doação, adjudicação, arrematação etc.), a transferência do domínio só se opera com a tradição, tratando-se de bens móveis, ou com o registro, quando se referir a imóveis. Assim, depois da assinatura do auto, é indispensável a expedição de mandado, determinando ao depositário a entrega do bem ao arrematante, no caso de bens móveis; e a expedição de carta de arrematação na hipótese de bens imóveis.

Quando se tratar de imóvel, o CPC esclarece também que a ordem judicial para entrega do bem ao arrematante consistirá em **mandado de imissão na posse** (art. 901, § 1º). Por meio desse documento, o arrematante, agora proprietário, se imitirá na posse do imóvel, mesmo que haja outro possuidor em seu lugar. Assim, não basta a carta de arrematação; é necessário que o juiz expeça mandado de imissão na posse, pois sem essa ordem o arrematante não poderá, por sua própria força, adentrar no imóvel e "expulsar" eventuais ocupantes. Se não for adotada tal providência, o arrematante poderá requerer que lhe seja autorizado imitir-se na posse do bem, por intermédio de simples mandado, não sendo necessário o ajuizamento de ação autônoma, bastando apenas requerimento em simples petição.

A carta de arrematação, num paralelo com a escritura de compra e venda de imóvel, corresponde ao traslado desta; expede-se a carta de arrematação não só para comprovar a aquisição perante terceiros, mas sobretudo para viabilizar o registro da arrematação no cartório de registro de imóveis. Os requisitos da carta de arrematação, previstos no § 2º do art. 901, são os seguintes: a descrição do imóvel, com remissão à sua matrícula ou individuação e aos seus registros; a cópia do auto de arrematação e a prova do pagamento do imposto de transmissão, além da indicação da existência de eventual ônus real ou gravame.

4.4.2.4 Invalidação, ineficácia e resolução da arrematação

Qualquer que seja a modalidade de leilão (presencial ou eletrônico), assinado o auto pelo juiz, pelo arrematante e pelo leiloeiro, a arrematação considerar-se-á perfeita, acabada e irretratável (art. 903). "Diz-se 'perfeita' a arrematação, porque obtido consenso quanto aos termos do negócio, tendo o juiz aceito o lanço; 'acabada', porque ultimado o procedimento licitatório, antes disto sujeito à desestabilização e a reviravoltas; e, finalmente, 'irretratável', porque o arrematante não pode mais eficazmente arrepender-se".[66]

O eventual julgamento de procedência dos embargos do executado ou da ação autônoma objetivando a invalidação da arrematação não tem reflexo na validade da arrematação.

E assim o é porque a interposição de embargos não tem qualquer reflexo sobre a arrematação. A regra é que os embargos do executado não terão efeito suspensivo (art. 919) Assim, ainda que haja interposição de embargos, a execução prossegue normalmente, com a expropriação dos bens e pagamento do credor. Evidentemente que, se o juiz atribuir efeito suspensivo aos embargos, o que constitui exceção (art. 919, § 1º), a execução ficará paralisada e, portanto, sequer se poderá falar em arrematação.

Em razão de os embargos não serem dotados de efeito suspensivo, quando a penhora recai sobre dinheiro, tão logo o executado é intimado da penhora, a quantia é liberada ao exequente. Recaindo a penhora sobre bens diferentes de dinheiro, ultimados os atos subsequentes (avaliação, depósito e intimação), passa-se à expropriação.

---

[66] Conforme registra Araken de Assis, referindo a Barbosa Moreira (*Manual do processo de execução.* 5. ed. São Paulo: RT, 1998, p. 613).

O julgamento de procedência ou improcedência dos embargos, desde que a estes não se tenha atribuído efeito suspensivo, não terá qualquer influência sobre a execução. À guisa de ilustração, segue um exemplo prático.

O executado opôs embargos à execução, mas a eles, seguindo a regra do sistema, não se atribuiu efeito suspensivo. De um lado prosseguirá a execução e de outro, em autos apensados, os embargos. Ainda que os embargos sejam julgados procedentes – suponha-se que o juiz tenha declarado a inexistência da dívida –, os bens serão expropriados.

Se o trânsito em julgado da sentença de improcedência ocorrer antes da expropriação, o ato expropriatório será obstado pela declaração, em caráter definitivo, da inexistência da dívida. Entretanto, não havendo trânsito em julgado – pode ser que o exequente tenha interposto recurso de apelação contra a sentença que julgou procedentes os embargos –, a execução prosseguirá até o final, com o pagamento do exequente. Lembre-se que a apelação, nesse caso, será recebida no duplo efeito, mas, como os embargos não foram recebidos no efeito suspensivo, a execução prosseguirá.

E se, depois do pagamento ao exequente, a sentença de procedência dos embargos for confirmada pelo tribunal? Cabe ao executado, nos próprios autos, retomar o bem penhorado, caso este tenha sido adjudicado ou arrematado pelo próprio exequente, ou pleitear indenização contra este no caso de arrematação por terceiro.

Mas dinheiro na mão é vendaval... E se o exequente acabou com o dinheiro e não tiver outros bens para garantir a indenização? O executado perde – é a vida.

No caso de julgamento de improcedência dos embargos, a arrematação é ainda mais estável. Isso porque, como já salientado, a regra é a definitividade da execução por título extrajudicial. O momento do trânsito em julgado da sentença que rejeita liminarmente os embargos ou os julga improcedentes não tem relevância para a estabilidade da arrematação. Se o trânsito em julgado ocorreu antes da ultimação dos atos expropriatórios, a execução será definitiva, não se cogitando sequer de indenização ao executado. Definitiva também, pelo menos em regra, será a execução, embora paralelamente estejam correndo os embargos ou o recurso interposto contra a sentença que os julgou improcedentes. No caso de se reformar a sentença, julgando, em grau recursal, procedentes os embargos, caberá ao executado pleitear indenização, conforme já exposto.

Há uma particularidade que vale ser lembrada quando os embargos forem julgados improcedentes e houver interposição de recurso, o qual, naturalmente, é recebido apenas no efeito devolutivo (art. 1.012, § 1º, III). O CPC/2015 não repetiu a regra do art. 587 do CPC/1973, segundo o qual "é definitiva a execução fundada em título extrajudicial; é provisória enquanto pendente apelação da sentença de improcedência dos embargos do executado, quando recebidos com efeito suspensivo (art. 739 do CPC/1973)". Assim, não mais se pode falar em execução provisória para título extrajudicial. **Ou a execução é definitiva ou não há execução**, tudo a depender dos efeitos em que foram recebidos os embargos do executado e do conteúdo da sentença que os julgou.

A regra é que a execução seja definitiva, isto é, prossiga normalmente até o pagamento do credor ou a extinção por uma das hipóteses do art. 924. E assim será, caso não haja interposição de embargos ou, havendo, a eles não se atribua efeito suspensivo – que também é a regra, conforme art. 919, *caput*.

Contudo, consoante dispõe o § 1º do referido art. 919, o juiz poderá, a requerimento do embargante, atribuir efeito suspensivo aos embargos quando verificados os requisitos para a concessão da tutela provisória – leia-se: probabilidade do direito invocado e perigo de dano –, e desde que a execução já esteja garantida por penhora, depósito ou caução suficientes. Bem, concedido o efeito suspensivo aos embargos, a execução fica paralisada, impedindo a prática de atos de expropriação. Assim, concedido o efeito suspensivo, a rigor, execução, com expropriação e pagamento do credor, não haverá, pelo menos até o julgamento dos embargos opostos à execução.

No caso de concessão de efeito suspensivo aos embargos, há que se estabelecer uma distinção com base no conteúdo da sentença. Se a sentença é de procedência, o efeito suspensivo atribuído aos embargos é mantido, inviabilizando a execução nos seus ulteriores termos (expropriação e atos seguintes), ainda que interposta apelação em face da sentença – apelação essa, diga-se, que é dotada de efeito suspensivo (art. 1.012). Ao revés, se o julgamento é de improcedência dos embargos, o juízo exauriente exercido na sentença prevalece sobre a decisão que concedeu efeito suspensivo aos embargos, até porque eventual apelação é dotada somente de efeito devolutivo (art. 1.012, § 1º, III).

No caso de não concessão de efeito suspensivo aos embargos (o que constitui regra), algumas circunstâncias devem ser consideradas. Se a sentença julga procedentes os embargos e transita em julgado, a execução, dependendo do conteúdo dos embargos, pode restar definitivamente inviabilizada. Caso seja interposta apelação da sentença de procedência, porque esse recurso é dotado de efeito suspensivo (suspende a eficácia da sentença), a execução prossegue normalmente. Se a sentença julga improcedentes os embargos, a interposição ou não de apelação é irrelevante. Uma vez que a apelação, nesse caso, não é dotada de efeito suspensivo, a eficácia da sentença permanece íntegra.

Bem, a análise que acabamos de proceder tem relevância sobre o prosseguimento da execução. Pode ser que a conjugação de circunstância – como registrado – conduza à paralisação da execução. Mas, se execução houver, será definitiva. Todo questionamento – suscitado a propósito do art. 587 do CPC/1973 – acerca da **superação da Súmula nº 317 do STJ** resta superado com o advento do Código atual. "É definitiva a execução de título extrajudicial, ainda que pendente apelação contra sentença que julgue improcedentes os embargos."

4.4.2.5 Desfazimento da arrematação

Dispõe o art. 903 do CPC/2015 que, independentemente da forma pela qual se haja processado o leilão, uma vez firmado o auto de arrematação pelo juiz, pelo leiloeiro e pelo arrematante, esta se reputará perfeita, acabada e irretratável. Isso significa que, uma vez alcançado o consentimento das partes quanto aos termos do negócio, e findo o processo licitatório, resta vedado ao arrematante desistir da alienação.[67]

Nesse sentido, destaca o referido dispositivo legal que **o caráter irretratável da arrematação não é elidido por eventual acolhimento de embargos à execução ou julgamento de procedência de ação anulatória interposta em face deste negócio jurídico**. Embora nessas situações, somadas à possibilidade de procedência de impugnação ao cumprimento de sentença, não seja dado às partes envolvidas retratarem-se, o CPC/2015 admite a possibilidade de desfazimento do negócio.

Não obstante a referida disposição legal pareça, à primeira vista, contraditória, resta clara a coerente intenção do legislador de proteger os adquirentes de boa-fé. Nessa senda, os fundamentos que, em tese, poderiam dar azo ao desfazimento do negócio (art. 903, § 1º, do CPC/2015) relacionam-se a defeitos anteriores à firma do auto de arrematação.

Desta feita, embora esse ato seja considerado perfeito e acabado, pode ser dissolvido, tendo seus efeitos modulados, em função de vícios extrínsecos à declaração de vontade nele expressos. Assim, os efeitos do negócio são mantidos perante o arrematante, ressalvado, no entanto, o direito de reparação pelos danos causados pelo desfazimento.

---

[67] ASSIS, Araken de. *Manual da execução*. 11. ed. rev., ampl. e atual. com a Reforma Processual – 2006/2007. São Paulo: RT, 2007, p. 757.

Pois bem. Prevê o Código atual que a arrematação poderá ser invalidada quando realizada por preço vil ou contenha outro vício; reputada ineficaz, caso não se realize a prévia intimação para o leilão judicial de credor pignoratício, hipotecário ou anticrético quando o bem objeto de alienação seja gravado por penhor, hipoteca ou anticrese; e resolvida, caso o adquirente não quite o preço acordado ou não preste caução.

Dada a pluralidade de hipóteses que podem ensejar a ineficácia, a invalidação ou dissolução da arrematação, cada caso específico conferirá a certa parte a **legitimidade ativa ou passiva** no âmbito do desfazimento do negócio jurídico.

Cabe ao **executado** requerer a invalidação com base em preço vil ou outro vício, já que o seu patrimônio foi subvalorizado, o que pode, inclusive, comprometer até a quitação do débito exequendo (§ 1º, I). Legitimados passivos serão, conforme a natureza do vício alegado, o **exequente** e o **arrematante**. Aliás, o arrematante, qualquer que seja a hipótese de desfazimento da arrematação, sempre figurará como litisconsorte necessário.

Quanto à declaração de ineficácia fundada na **ausência de intimação prévia do credor pignoratício, hipotecário ou anticrético para o leilão cujo bem encontrava-se gravado por quaisquer desses direitos reais de garantia**, o Código reputa a alienação, de plano, ineficaz perante qualquer desses **credores** (art. 804), conferindo a eles legitimação para pleitear a respectiva declaração. **Legitimados passivos serão o executado e o arrematante**.

Já a hipótese de **resolução por falta de pagamento ou não prestação de caução, legitimado ativo pode ser o exequente ou o executado**; aquele, porque tem interesse no recebimento do crédito e este, na quitação do débito. Naturalmente, a **legitimação passiva é conferida ao arrematante** em função de seu inadimplemento.

Uma vez configurada qualquer uma das hipóteses anteriormente citadas (invalidação, ineficácia ou resolução), o requerimento respectivo pode ser formulado **por simples petição** nos próprios autos da execução ou no qual está sendo levado a efeito o cumprimento de sentença no **prazo de dez dias** a contar do aperfeiçoamento da arrematação. Escoado esse prazo, o juiz determinará a expedição da carta de arrematação e, conforme as circunstâncias do caso concreto, a ordem de entrega ou o mandado de imissão na posse.

Passado o prazo de dez dias da assinatura do auto de arrematação, a parte interessada ainda pode pleitear a invalidação **por meio de ação autônoma**, cujo prazo de decadência é de quatro anos, contados da data da assinatura do auto (art. 903, § 4º).

4.4.2.6 Desistência unilateral do arrematante

É facultado ao arrematante **desistir do negócio jurídico celebrado**: (i) quando nos dez dias posteriores ao perfazimento da arrematação prove que o bem contava com gravame ou ônus real não mencionado no edital do leilão judicial, circunstância que reduziria o valor da coisa; (ii) caso, antes da expedição da carta de arrematação ou da ordem de entrega da coisa, o executado tenha alegado alguma das situações previstas § 1º do art. 903; ou (iii) apresente a desistência da arrematação no prazo de que dispõe para contestar a ação autônoma de impugnação a que se refere o § 1º do art. 903. Homologada a desistência, o depósito será imediatamente devolvido ao arrematante.

Caso se apure que a parte tenha impugnado a arrematação ou objetivado, unicamente, a desistência do arrematante quanto à alienação já realizada, será este condenado ao pagamento de multa, a favor do exequente, por ato atentatório à dignidade da justiça, em valor não superior a 20% do valor atualizado do bem, sem prejuízo da responsabilidade por perdas e danos.

4.4.3 Apropriação de frutos e rendimentos

Conforme visto em linhas anteriores, o antigo usufruto de bem móvel ou imóvel do CPC/1973 foi substituído no CPC/2015 pela apropriação de frutos e rendimentos, terceira modalidade de expropriação. Não houve, no entanto, alteração substancial.

Nesse caso, como não ocorre alienação do bem ou arrematação em leilão, o executado permanece na qualidade de proprietário, sendo que perde temporariamente o direito de percepção dos frutos e rendimentos da coisa, eis que eles serão destinados à satisfação do crédito objeto da execução.

Ao nomear administrador-depositário do(s) bem(ns), o juiz determinará que se procede à **transferência periódica das receitas para o credor, até que o seu direito seja integralmente satisfeito**.

Ressalte-se que, embora figure em terceiro lugar como modalidade de expropriação, não exige necessariamente o esgotamento dos outros meios expropriatórios, tendo em vista a menor gravosidade para o executado sem descurar do direito do exequente de receber o crédito.

Aliás, atendidos esses dois pressupostos, pode o juiz ordenar a penhora de frutos e rendimentos de ofício. Isso porque, não obstante a exigência de requerimento pela regra, deve-se ater ao binômio "menor gravosidade" e "maior eficiência para recebimento do crédito".

Para ilustrar a conveniência e oportunidade desse meio expropriatório, considere a seguinte situação hipotética. Em razão de uma execução de R$ 1 milhão, penhorou-se uma escavadeira de túneis, no valor de R$ 10 milhões. O credor não tem interesse ou não dispõe de numerário para adjudicar a escavadeira. Em razão do preço e da especificidade da sua utilização, a máquina dificilmente conseguirá ser alienada, seja em procedimento particular ou em leilão. Entretanto, há proposta de um consórcio especializado na escavação de túneis em alugar a máquina por R$ 200 mil por mês.

Ora, nesse caso, destinar o valor dos aluguéis para liquidar a dívida é altamente recomendável, ainda que não haja requerimento do exequente, porquanto é menos gravoso ao executado e mais eficiente para o recebimento do crédito.

4.5 Satisfação do crédito

A execução atinge seu objetivo com a satisfação do crédito exequendo, o que se dá por intermédio de pagamento ao credor, não obstante a previsão de outras causas de extinção do processo executivo, tais como a transação, a remissão ou a renúncia ao crédito (art. 924, III).

O pagamento pode ocorrer de duas formas: pela entrega do dinheiro – decorrente da alienação ou dos rendimentos ou frutos gerados pelo bem ou em do produto da arrematação –, ou pela adjudicação dos bens penhorados.

O pagamento pela entrega de dinheiro é a modalidade mais comum de satisfação do crédito. **O pagamento poderá ser voluntário ou forçado.** O voluntário poderá ocorrer a qualquer tempo. Citado, o devedor paga o débito em três dias, antes, portanto, da penhora; ou, depois da penhora, a qualquer tempo, antes de adjudicados ou alienados os bens. Por outro lado, o pagamento voluntário poderá ser à vista ou em parcelas, conforme prevê o art. 916. Não havendo pagamento espontâneo, os bens penhorados serão objeto de expropriação, para pagamento do credor.

Quando a constrição recai sobre dinheiro, o procedimento fica bastante simplificado, uma vez que, procedendo-se à intimação da penhora, o credor é pago imediatamente, a menos que haja oposição de embargos e sejam eles recebidos no efeito suspensivo.

Quando o bem penhorado tem natureza diferente de dinheiro, frustrada a possibilidade de adjudicação, procede-se à alienação por iniciativa particular ou em leilão. O bem então é alienado e, com o produto da arrematação, paga-se ao credor. Nesse caso, o bem penhorado é utilizado indiretamente para satisfazer a obrigação. A obtenção do dinheiro pode se dar em decorrência da adjudicação do bem por terceiros legitimados (não pelo credor), por exemplo, pelo credor com garantia real, que, ao requerer a adjudicação, deposita o preço e, com essa quantia, paga-se o credor.

O pagamento em dinheiro também pode ocorrer em razão da penhora dos frutos e rendimentos, bem como do faturamento de empresa. Se, por exemplo, durante dois anos o administrador recebeu os aluguéis decorrentes de bem móvel ou imóvel e as quantias foram pagas ao exequente, mediante termo de quitação nos autos (art. 869, §§ 5º e 6º), a execução estará satisfeita quando encerrado o prazo necessário para liquidar integralmente a obrigação.

O levantamento pelo exequente apenas será autorizado pelo juiz se não houver concurso de credores (art. 905, I e II) e englobará o valor principal, acrescido de juros e correção monetária, honorários advocatícios e custas processuais.

Por fim, vale ressaltar que o parágrafo único do art. 905 – que não possui correspondência no CPC/1973 – dispõe que, **"durante o plantão judiciário, veda-se a concessão de pedidos de levantamento em dinheiro ou valores ou de liberação de bens apreendidos"**. Essa regra, no entanto, já estava disposta na Resolução nº 71 do Conselho Nacional de Justiça (art. 1º, § 3º)[68] e em diversos regimentos internos de tribunais de justiça estaduais.

Ao receber o mandado de levantamento do dinheiro, o exequente dará quitação da dívida por termo nos autos (art. 906), caso já não o tenha feito na hipótese do art. 869, § 6º. A expedição de mandado de levantamento poderá ser substituída pela transferência eletrônica do valor depositado em conta vinculada ao juízo para outra indicada pelo exequente, conforme possibilita o parágrafo único do art. 906, que não encontra dispositivo semelhante na legislação de 1973. A iniciativa do legislador de facilitar o recebimento do crédito por meio de transferência diretamente para a conta do exequente é louvável, porém é preciso cautela ao aplicar essa disposição. Entendo que, para que o juiz possa determinar a transferência, deverá intimar previamente o advogado constituído, caso não seja este quem tenha indicado a conta para a transação.

4.5.1 Pagamento parcelado

Dispõe o *caput* do art. 916 que, no prazo para embargos, reconhecendo o crédito do exequente e comprovando o depósito de 30% do valor em execução, inclusive custas e honorários de advogado, poderá o executado requerer seja admitido a pagar o restante em até seis parcelas mensais, acrescidas de correção monetária e juros de um por cento ao mês.

O pedido de parcelamento é uma das formas de reação do executado. De acordo com o CPC/2015, sobre o requerimento do executado deverá se manifestar o exequente (art. 916, § 1º). O dispositivo também prevê que essa manifestação deve ter relação com o preenchimento (ou não) dos requisitos previstos no *caput*, quais sejam: a) depósito do percentual mínimo (30%); b) depósito das custas e dos honorários de advogado. Ou seja, preenchidos os requisitos, o exequente não poderia se opor ao deferimento do pedido de parcelamento.

Essa limitação da manifestação do exequente confere ao parcelamento um verdadeiro **direito potestativo** a favor do executado, destoando do entendimento jurisprudencial firmado na sistemática do CPC/1973, conforme se vê no trecho do seguinte julgado:

> "[...] o parcelamento da dívida, porém, não é direito potestativo do devedor, cabendo ao credor impugná-lo, desde que apresente motivo justo e de forma fundamentada" (STJ, REsp 1.264.272/RJ, Rel. Min. Luis Felipe Salomão, j. 15.05.2012).

O fato é que, pelo menos de acordo com o Código atual, se há na legislação a indicação da matéria a ser impugnada, pouco importa que o exequente apresente fundamento relevante para a

---

[68] Resolução nº 71 do CNJ: "Art. 1º [...] § 3º Durante o Plantão, não serão apreciados pedidos de levantamento de importância em dinheiro ou valores nem liberação de bens apreendidos".

não concessão do parcelamento. Preenchidos os requisitos, o deferimento do pedido se impõe. Tanto é assim que, enquanto o pedido de parcelamento não for apreciado, o executado terá que depositar as parcelas vincendas (art. 916, § 2º). Na prática, a depender da demora na apreciação judicial, o crédito pode chegar a ser satisfeito de forma parcelada, sem qualquer provimento jurisdicional.

Apesar de aparentemente se tratar de regra mais benéfica ao executado, o Código prevê que **a opção pelo parcelamento importa renúncia ao direito de opor embargos** (art. 916, § 6º).

No texto proposto pela Câmara dos Deputados, se o pagamento parcelado fosse indeferido, garantia-se ao executado a posterior apresentação de embargos. Como a redação aprovada pelo Senado Federal e sancionada pela Presidente não repetiu a regra, se houver pedido do executado nesse sentido, juntamente com o depósito do percentual previsto no *caput* e das parcelas acessórias, já estará operada a renúncia ao direito de opor embargos, ainda que haja posterior indeferimento, por exemplo, em virtude da insuficiência quanto ao depósito. E isso ocorre pelo seguinte motivo: se há prazo para opor embargos (art. 915) e esse prazo é preclusivo, não há como ao executado, que em vez de apresentar defesa optou por parcelar a dívida, ser concedido novo prazo para se opor à execução se não há nenhuma previsão na lei. Parece absurdo, mas é a vontade do legislador. Obstaculizar a oposição de embargos pelo simples fato de ter o executado feito um requerimento – uma proposta – de parcelamento do débito parece que é ir longe demais nesse desiderato. Pode-se cogitar de eventual ofensa ao direito de ação e do acesso à justiça.

Enquanto a jurisprudência não se manifesta, o mais adequado – e essa dica vale para os advogados – é que sejam opostos os embargos com o pedido de parcelamento. Na petição, no entanto, deve-se fazer a ressalva no sentido de que, caso acatado o pedido de parcelamento, os embargos devem ser extintos.

4.5.2 Concurso de preferência

Sendo um único credor, o procedimento é simplificado. O juiz autoriza o exequente a levantar o valor referente ao principal, juros, custas e honorários; a importância que sobrar será restituída ao executado (art. 907).

O procedimento da entrega do dinheiro torna-se mais complexo quando sobre o bem arrematado incidir mais de uma penhora ou quando sobre ele houver alguma preferência (privilégio ou direito real). Nesse caso, instaura-se o concurso de credores ou concurso de preferência,[69] incidente da execução, por meio do qual se verifica a situação de cada credor que disputa a ordem em que os pagamentos deverão ser feitos. Primeiro recebem os credores com preferência legal. Não havendo credores com preferências legais, ou depois de satisfeitos seus créditos, são pagos os credores quirografários, escalonados segundo a ordem cronológica das penhoras (art. 908, § 2º).

No caso de alienação de bem em leilão ou de adjudicação, os créditos que tenham recaído sobre o bem antes ou depois da arrematação ou da adjudicação sub-rogam-se no preço pago pelo arrematante ou adjudicatário. Exemplo: Se "A" arremata um bem que possui dívida tributária, do valor da arrematação será descontado o montante do crédito. O mesmo ocorre quando obra realizada em determinado imóvel, pelo antigo proprietário, causa degradação ao meio ambiente e os prejuízos devem ser arcados pelo arrematante/comprador (art. 908, § 1º). Justamente para evitar prejuízos àquele que compra o bem em leilão, o CPC/2015 prevê que no edital devem constar todas as informações acerca da existência de ônus, recurso ou causa pendente sobre os bens (art. 886, VI).

O incidente "concurso de credores" instaura-se com a formulação, por parte dos credores interessados, de suas pretensões de preferência. Nessa fase os exequentes só poderão

---

[69] Não o concurso universal, instaurado na execução contra devedor insolvente, mas concurso particular de credores.

tratar do direito de preferência e da anterioridade da penhora (art. 909), sendo inadmissível qualquer outra alegação.

Apresentadas as razões, o juiz decidirá (art. 909). Trata-se de decisão interlocutória, impugnável por meio de agravo de instrumento (art. 1.015, parágrafo único).

4.5.3 Pagamento pela adjudicação dos bens penhorados

Essa modalidade de pagamento consiste na transferência do bem ao credor, diretamente, para satisfação do crédito. Nas demais formas de expropriação, o crédito do exequente é satisfeito com o produto da alienação ou com a fruição da coisa (usufruto de bem móvel ou imóvel); na adjudicação, o pagamento se dá com a transferência do domínio, assemelhando-se a uma dação em pagamento forçada.

Da leitura do art. 876 extrai-se que o exequente pode requerer a adjudicação a qualquer tempo, oferecendo preço não inferior ao da avaliação.

Além do exequente, podem pleitear a adjudicação (i) o coproprietário de bem indivisível do qual tenha sido penhorada fração ideal; (ii) o titular de usufruto, uso, habitação, enfiteuse, direito de superfície, concessão de uso especial para fins de moradia ou concessão de direito real de uso, quando a penhora recair sobre bem gravado com tais direitos reais; (iii) o proprietário do terreno submetido ao regime de direito de superfície, enfiteuse, concessão de uso especial para fins de moradia ou concessão de direito real de uso, quando a penhora recair sobre tais direitos reais; (iv) o credor pignoratício, hipotecário, anticrético, fiduciário ou com penhora anteriormente averbada, quando a penhora recair sobre bens com tais gravames, caso não seja o credor, de qualquer modo, parte na execução; (v) o promitente comprador, quando a penhora recair sobre bem em relação ao qual haja promessa de compra e venda registrada; (vi) o promitente vendedor, quando a penhora recair sobre direito aquisitivo derivado de promessa de compra e venda registrada; e (vii) a União, o Estado e o Município, no caso de alienação de bem tombado (art. 876, § 5º).

No caso de pretendente único, a adjudicação reputa-se perfeita e acabada com a assinatura do auto. Se, porém, houver mais de um pretendente à adjudicação, instaura-se licitação, que terminará por decisão interlocutória. Em seguida, expede-se a carta de adjudicação, que deve conter os mesmos requisitos da carta de arrematação (art. 877, § 2º).

JURISPRUDÊNCIA TEMÁTICA

Desnecessidade de intimação pessoal do devedor representado pela Defensoria Pública

"É prescindível a intimação direta do devedor acerca da data da alienação judicial do bem, quando representado pela Defensoria Pública. O art. 889, I, do CPC prevê que o executado, por meio do seu advogado, deverá ser intimado da data da alienação judicial. Se não for advogado, mas sim Defensor Público, o executado será intimado na pessoa do Defensor Público. A única diferença é que o advogado pode ser intimado pela imprensa oficial, enquanto o Defensor Público deverá, obrigatoriamente, ser intimado pessoalmente. No entanto, repita-se, não é necessária a intimação pessoal do devedor. Assim, não se exige notificação pessoal do executado quando há norma específica determinando apenas a intimação do devedor, por meio do advogado constituído nos autos ou da Defensoria Pública" (STJ, 3ª T., REsp 1.840.376/RJ, Rel. Min. Ricardo Villas Bôas Cueva, j. 25.05.2021).

O princípio da menor onerosidade como fator de relativização da ordem legal da penhora

"A jurisprudência desta egrégia Corte se orienta no sentido de considerar que o princípio da menor onerosidade pode, em determinadas situações específicas, ser invocado para relativizar a ordem preferencial dos bens penhoráveis estabelecida no artigo 655 do Código de Processo Civil (art. 835, CPC/2015)" (AgRg no AREsp 848.729/MG, 4ª T., Rel. Min. Raul Araújo, j. 08.03.2016, *DJe* 17.03.2016).

Súmula nº 150 do STF: "Prescreve a execução no mesmo prazo de prescrição da ação".

Súmula nº 228 do STF: "Não é provisória a execução na pendência de recurso extraordinário, ou de agravo destinado a fazê-lo admitir".

Súmula nº 27 do STJ: "Pode a execução fundar-se em mais de um título extrajudicial relativos ao mesmo negócio".

Súmula nº 196 do STJ: "Ao executado que, citado por edital ou por hora certa, permanecer revel, será nomeado curador especial, com legitimidade para apresentação de embargos".

Súmula nº 205 do STJ: "A Lei nº 8.009/90 aplica-se à penhora realizada antes de sua vigência".

Súmula nº 233 do STJ: "O contrato de abertura de crédito, ainda que acompanhado de extrato da conta-corrente, não é título executivo".

Súmula nº 258 do STJ: "A nota promissória vinculada a contrato de abertura de crédito não goza de autonomia em razão da iliquidez do título que a originou".

Súmula nº 268 do STJ: "O fiador que não integrou a relação processual na ação de despejo não responde pela execução do julgado".

Súmula nº 300 do STJ: "O instrumento de confissão de dívida, ainda que originário de contrato de abertura de crédito, constitui título executivo extrajudicial".

Súmula nº 304 do STJ: "É ilegal a decretação da prisão civil daquele que não assume expressamente o encargo de depositário judicial".

Súmula nº 317 do STJ: "É definitiva a execução de título extrajudicial, ainda que pendente apelação contra sentença que julgue improcedentes os embargos".

Súmula nº 319 do STJ: "O encargo de depositário de bens penhorados pode ser expressamente recusado".

Súmula nº 328 do STJ: "Na execução contra instituição financeira, é penhorável o numerário disponível, excluídas as reservas bancárias mantidas no Banco Central".

Súmula nº 364 do STJ: "O conceito de impenhorabilidade de bem de família abrange também o imóvel pertencente a pessoas solteiras, separadas e viúvas".

Súmula nº 375 do STJ: "O reconhecimento da fraude à execução depende do registro da penhora do bem alienado ou na prova de má-fé do terceiro adquirente".

Súmula nº 410 do STJ: "A prévia intimação pessoal do devedor constitui condição necessária para a cobrança de multa pelo descumprimento de obrigações de fazer ou não fazer".

Súmula nº 417 do STJ: "Na execução civil, a penhora de dinheiro na ordem de nomeação de bens não tem caráter absoluto".

Súmula nº 449 do STJ: "A vaga de garagem que possui matrícula própria no registro de imóveis não constitui bem de família para efeito de penhora".

Súmula nº 451 do STJ: "É legítima a penhora da sede do estabelecimento comercial".

Súmula nº 478 do STJ: "Na execução de crédito relativo a cotas condominiais, este tem preferência sobre o hipotecário".

Súmula nº 486 do STJ: "É impenhorável o único imóvel residencial do devedor que esteja locado a terceiros, desde que a renda com a locação seja revertida para a subsistência ou moradia de sua família".

Quadro esquemático 91 – Execução por quantia certa

Execução por quantia certa (arts. 824 a 909)

- **Proposição**
  - Petição Inicial
    - Requisitos dos arts. 319 e 320
    - Demonstrativo do débito
    - Prova da ocorrência ou termo
    - Possibilidade de indicação de bens a serem penhorados
  - Possibilidade de averbação do ajuizamento da execução nos registros públicos.

- **Cognição preliminar**
  - Verificará a presença dos requisitos da ação executiva.
  - Controlar eventual cláusula de eleição de foro abusiva.
  - Constatada a ocorrência da prescrição da pretensão executiva ➔ dar oportunidade para o exequente se manifestar.

- **Presentes os requisitos, o juiz despachará a inicial, mandando citar o executado para pagar em 3 dias, e fixará, de plano, os honorários advocatícios de dez por cento**
  - Executado paga integralmente o débito no prazo de três dias ➔ verba honorária reduzida pela metade.
  - Executado paga integralmente o débito após o prazo legal ➔ prevalece a verba fixada inicialmente.
  - Executado paga parcialmente o débito no prazo legal ou após o prazo ➔ a verba não será reduzida pela metade, cabendo ao juiz fixar o percentual dos honorários com base no saldo devedor remanescente.
  - Executado não paga nem opõe embargos ➔ verba honorária fixada inicialmente (10%) pode ser aumentada (20%).
  - Executado não paga e opõe embargos: se os embargos forem rejeitados, prevalece a regra que permite a majoração (art. 827, § 2º).

- **Apreensão de bens**
  - Citado e não efetuado o pagamento no prazo de três dias ➔ procede-se à fase de apreensão de bens.
  - A citação da execução pode ser feita pelo correio.
  - Se a primeira tentativa de citação se der por outro meio, faz-se necessário novo pedido, a fim de que o oficial adote as providências do art. 830.
  - Indicação de bens (art. 829, § 2º)
    - Indicados pelo exequente, na inicial.
    - Pelo executado, mediante demonstração de que a constrição proposta lhe será menos onerosa e não trará prejuízo ao exequente.
  - A penhora será efetivada
    - Por oficial de justiça (art. 829, § 1º)
    - Por termo nos autos (arts. 845, § 1º, e 849)
    - Por meio eletrônico (art. 854)
  - Impenhorabilidade
    - Absoluta (art. 833). Exceções: art. 833, §§ 1º e 2º
    - Relativa: art. 834

Execução por quantia certa (arts. 824 a 909)

- Bens de família
  - Impenhorável, mas não é inalienável.
  - Exceções à impenhorabilidade ➔ art. 3º, Lei 8.009/90.
  - Bem de família direto
    - É impenhorável o único imóvel residencial do devedor que esteja locado a terceiros, desde que a renda com a locação seja revertida para a subsistência ou moradia de sua família.
    - O fato de o proprietário não habitar o imóvel não é capaz de afastar a impenhorabilidade.
  - Bem de família de pessoa solteira
    - Súmula 364, STJ: O bem de família abrange os imóveis pertencentes a pessoas solteiras, separadas e viúvas.
  - Bem de família locado a terceiros
    - A impenhorabilidade prevista em lei estende-se a um único imóvel do devedor, ainda que ele se encontre locado a terceiros.
  - Vaga autônoma de garagem
    - A vaga de garagem que possui matrícula própria no registro de imóveis não constitui bem de família para efeito de penhora (Súmula 449, STJ).
  - Reconhecimento do bem de família
    - Se a penhora recair sobre bem absolutamente impenhorável, há que ser desconstituída a constrição.
  - Bem de família e preclusão
    - O bem de família é irrenunciável, sendo possível que o devedor, mesmo na hipótese de oferta de seu único imóvel para satisfazer a execução, venha a embargá-la para desconstituir eventual penhora, desde que antes da arrematação.

- Indicação dos bens à penhora: obedecer à ordem do art. 835.

- Modalidades de penhora
  - Penhora por termo nos autos: arts. 845 e 846
  - Penhora por meio eletrônico: art. 854
  - Penhora sobre bem indivisível: art. 843
  - Penhora de créditos (arts. 855 a 860)
    - Penhora no rosto dos autos (art. 860)
    - Penhora de mão própria (art. 855, II)
  - Penhora por oficial de justiça: art. 829, § 1º
  - Penhora das quotas ou ações de sociedades personificadas: art. 861
  - Penhora de empresa, de outros estabelecimentos e de semoventes: art. 865
  - Penhora de percentual de faturamento de empresa: art. 866
  - Penhora de frutos e rendimentos de coisa móvel ou imóvel: art. 868

Parte IV – Cap. 2 – Execuções em espécie | 1181

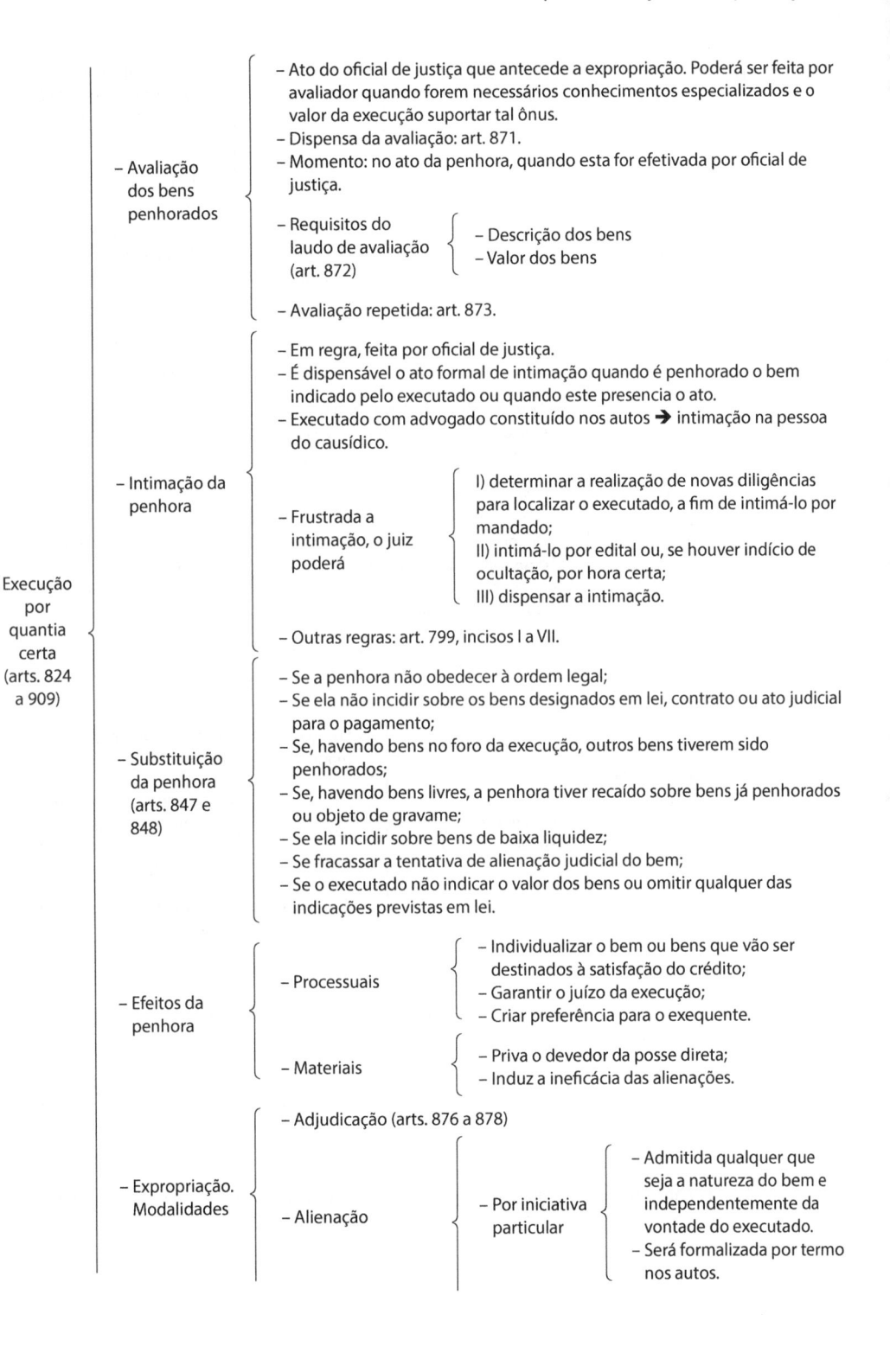

Execução por quantia certa (arts. 824 a 909)
- Avaliação dos bens penhorados
  - Ato do oficial de justiça que antecede a expropriação. Poderá ser feita por avaliador quando forem necessários conhecimentos especializados e o valor da execução suportar tal ônus.
  - Dispensa da avaliação: art. 871.
  - Momento: no ato da penhora, quando esta for efetivada por oficial de justiça.
  - Requisitos do laudo de avaliação (art. 872)
    - Descrição dos bens
    - Valor dos bens
  - Avaliação repetida: art. 873.
- Intimação da penhora
  - Em regra, feita por oficial de justiça.
  - É dispensável o ato formal de intimação quando é penhorado o bem indicado pelo executado ou quando este presencia o ato.
  - Executado com advogado constituído nos autos → intimação na pessoa do causídico.
  - Frustrada a intimação, o juiz poderá
    - I) determinar a realização de novas diligências para localizar o executado, a fim de intimá-lo por mandado;
    - II) intimá-lo por edital ou, se houver indício de ocultação, por hora certa;
    - III) dispensar a intimação.
  - Outras regras: art. 799, incisos I a VII.
- Substituição da penhora (arts. 847 e 848)
  - Se a penhora não obedecer à ordem legal;
  - Se ela não incidir sobre os bens designados em lei, contrato ou ato judicial para o pagamento;
  - Se, havendo bens no foro da execução, outros bens tiverem sido penhorados;
  - Se, havendo bens livres, a penhora tiver recaído sobre bens já penhorados ou objeto de gravame;
  - Se ela incidir sobre bens de baixa liquidez;
  - Se fracassar a tentativa de alienação judicial do bem;
  - Se o executado não indicar o valor dos bens ou omitir qualquer das indicações previstas em lei.
- Efeitos da penhora
  - Processuais
    - Individualizar o bem ou bens que vão ser destinados à satisfação do crédito;
    - Garantir o juízo da execução;
    - Criar preferência para o exequente.
  - Materiais
    - Priva o devedor da posse direta;
    - Induz a ineficácia das alienações.
- Expropriação. Modalidades
  - Adjudicação (arts. 876 a 878)
  - Alienação
    - Por iniciativa particular
      - Admitida qualquer que seja a natureza do bem e independentemente da vontade do executado.
      - Será formalizada por termo nos autos.

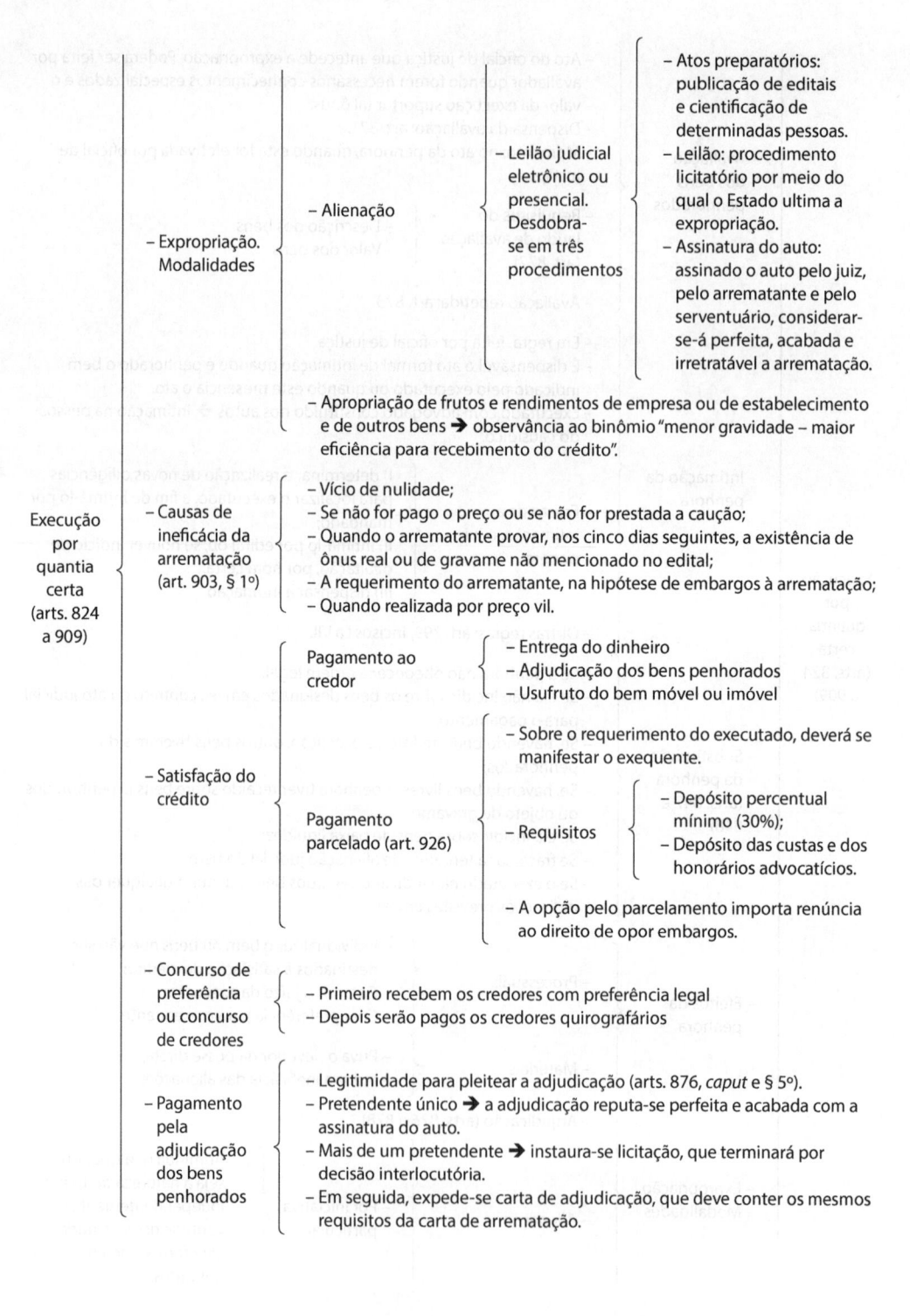

Execução por quantia certa (arts. 824 a 909)

- **Expropriação. Modalidades**
  - Alienação
    - Leilão judicial eletrônico ou presencial. Desdobra-se em três procedimentos
      - Atos preparatórios: publicação de editais e cientificação de determinadas pessoas.
      - Leilão: procedimento licitatório por meio do qual o Estado ultima a expropriação.
      - Assinatura do auto: assinado o auto pelo juiz, pelo arrematante e pelo serventuário, considerar-se-á perfeita, acabada e irretratável a arrematação.
  - Apropriação de frutos e rendimentos de empresa ou de estabelecimento e de outros bens → observância ao binômio "menor gravidade – maior eficiência para recebimento do crédito".

- **Causas de ineficácia da arrematação (art. 903, § 1º)**
  - Vício de nulidade;
  - Se não for pago o preço ou se não for prestada a caução;
  - Quando o arrematante provar, nos cinco dias seguintes, a existência de ônus real ou de gravame não mencionado no edital;
  - A requerimento do arrematante, na hipótese de embargos à arrematação;
  - Quando realizada por preço vil.

- **Satisfação do crédito**
  - Pagamento ao credor
    - Entrega do dinheiro
    - Adjudicação dos bens penhorados
    - Usufruto do bem móvel ou imóvel
  - Pagamento parcelado (art. 926)
    - Sobre o requerimento do executado, deverá se manifestar o exequente.
    - Requisitos
      - Depósito percentual mínimo (30%);
      - Depósito das custas e dos honorários advocatícios.
    - A opção pelo parcelamento importa renúncia ao direito de opor embargos.

- **Concurso de preferência ou concurso de credores**
  - Primeiro recebem os credores com preferência legal
  - Depois serão pagos os credores quirografários

- **Pagamento pela adjudicação dos bens penhorados**
  - Legitimidade para pleitear a adjudicação (arts. 876, *caput* e § 5º).
  - Pretendente único → a adjudicação reputa-se perfeita e acabada com a assinatura do auto.
  - Mais de um pretendente → instaura-se licitação, que terminará por decisão interlocutória.
  - Em seguida, expede-se carta de adjudicação, que deve conter os mesmos requisitos da carta de arrematação.

5. EXECUÇÃO CONTRA A FAZENDA PÚBLICA[70] (ART. 910)

Conforme tratado no item 8, Capítulo II, Parte II, desta obra, na sistemática do Código de 1973, para que se pudesse buscar a efetividade de sentença condenatória transitada em julgado contra a Fazenda Pública, havia necessidade da instauração de um novo processo (um processo de execução em face da Fazenda Pública).

Como o Código atual prevê que o cumprimento de sentença passa a ser aplicável também à Fazenda Pública como executada (arts. 534 e 535), **reserva-se o procedimento próprio da execução, previsto no art. 910, apenas para os títulos executivos extrajudiciais**. Ressalte-se que já era pacífico o entendimento no âmbito do Superior Tribunal de Justiça acerca da **possibilidade de execução de título extrajudicial contra a Fazenda Pública (Súmula nº 279)**.

Nos arts. 824 a 909, o Código traçou um procedimento-padrão para a execução por quantia certa. Assim, neste ponto, vamos analisar apenas os aspectos que distinguem a execução contra a Fazenda Pública da execução comum.

Aliás, o fato de serem os bens públicos inalienáveis,[71] o que implica impenhorabilidade, torna a execução por quantia certa contra a Fazenda Pública completamente distinta da execução comum, na qual se penhoram e se expropriam bens do devedor, com vistas à satisfação do crédito.

Em face da impenhorabilidade dos bens públicos, o procedimento da execução contra a Fazenda Pública observará os aspectos apresentados a seguir.

O credor requererá a execução instruindo a **petição inicial** com os documentos e requisitos elencados no art. 798.

A citação da Fazenda será feita não para "pagar a dívida no prazo de 3 (três) dias" (art. 829, *caput*), mas sim para opor embargos no prazo de 30 dias (art. 910, *caput*). Apesar de a Lei no 14.195/2021 ter estabelecido como modalidade de citação preferencial aquela realizada por meio eletrônico, inclusive nas demandas envolvendo a Fazenda Pública (art. 246, § 2º), o legislador manteve a vedação à citação eletrônica e por correio aos entes públicos no art. 247, III. Conforme salientamos na parte inicial dessa obra, o legislador criou uma contradição, devendo prevalecer a regra mais recente, que admite a citação por meio eletrônico da União, Estados, Municípios e entidades da Administração indireta, as quais deverão manter cadastro nos sistemas de processos em autos eletrônicos. A restrição persiste, contudo, para a citação por correio (art. 247, III).

À falta de disposição em sentido contrário, o prazo para os embargos da Fazenda Pública é contado na forma do art. 231, c/c o art. 224, ou seja, do dia útil seguinte ao da juntada aos autos do mandado de citação devidamente cumprido, do dia útil seguinte à consulta do teor da citação no sistema de processo em autos eletrônicos (art. 246) e assim por diante.

Os embargos, se opostos, serão processados na forma do art. 920.

Não sendo embargada a execução ou sendo os embargos rejeitados, **não se procede à penhora**. Nesse caso, expedir-se-á **precatório** ou **requisição de pequeno valor (RPV)** em favor do exequente, observando-se o disposto no art. 100 da Constituição Federal:

---

[70] Entenda-se por Fazenda Pública os entes federativos (União, Estados, Distrito Federal e Municípios) e outras pessoas sujeitas ao regime dos bens públicos (autarquias e fundações públicas). Empresa pública e sociedade de economia mista não se enquadram no conceito de Fazenda Pública.

[71] Os bens públicos (arts. 98 a 103 do CC) só perdem a característica da inalienabilidade se são desafetados por lei.

Art. 100. Os pagamentos devidos pelas Fazendas Públicas Federal, Estaduais, Distrital e Municipais, em virtude de sentença judiciária, far-se-ão exclusivamente na ordem cronológica de apresentação dos precatórios e à conta dos créditos respectivos, proibida a designação de casos ou de pessoas nas dotações orçamentárias e nos créditos adicionais abertos para esse fim.

Embora o art. 100 da Constituição Federal mencione a expressão *sentença judiciária*, esta é utilizada num sentido lato, compreendendo não só a decisão que condena a Fazenda Pública a pagar quantia, mas também a que rejeita eventuais embargos à execução por título extrajudicial e até a decisão que ordena a expedição de precatório.

Sobre a forma de pagamento das execuções contra a Fazenda Pública, remetemos o leitor à Parte II desta obra, em que tratamos do cumprimento de sentença proferida contra a Fazenda Pública (Capítulo 2, item 8). As mesmas disposições relativas aos precatórios e Requisições de Pequeno Valor (RPV), inclusive com as alterações propostas pelas Emendas Constitucionais 113 e 114, são aplicáveis na hipótese de execução de título extrajudicial.

5.1 Embargos à execução contra a Fazenda Pública

Em razão da imutabilidade da coisa julgada, a possibilidade de o devedor defender-se do cumprimento da sentença é restrita. Pela mesma razão, restrita também é a matéria que pode ser alegada na impugnação ao cumprimento de sentença contra a Fazenda Pública (art. 535). Entretanto, nos embargos à execução fundada em título extrajudicial, exatamente porque o direito não foi acertado em processo judicial, o executado, seja a Fazenda Pública ou o particular, poderá alegar todas as matérias que lhe seria lícito deduzir como defesa no processo de conhecimento (arts. 917, VI, e 910, § 2º).

Devidamente citada, a Fazenda Pública terá duas opções: (i) opor os embargos no prazo de 30 dias (art. 910, *caput*); (ii) não embargar, devendo então ser expedido precatório ou RPV para que seja realizado o pagamento da dívida.

Consoante disposto no art. 919, os embargos opostos pelo particular não são dotados de efeito suspensivo imediato, o que significa que a execução contra ele movida terá prosseguimento, não obstante a oposição manifestada pelo executado. Poderá o juiz, a requerimento do embargante, atribuir efeito suspensivo aos embargos quando verificados os requisitos para a concessão da tutela provisória – urgência ou evidência – e desde que a execução já esteja garantida por penhora, depósito ou caução suficientes.

Ao contrário, **os embargos opostos pela Fazenda Pública são dotados de efeito suspensivo *ope legis*.** Aliás, os embargos opostos pela Fazenda Pública têm regramento próprio. Da leitura do art. 910 já se extrai a distinção entre os embargos opostos pelo particular dos opostos pela Fazenda Pública. O particular é citado para efetivar o pagamento da dívida em três dias (art. 829) e a oposição de embargos, de regra, não tem o condão de suspender essa ordem de pagamento. Ao contrário, **a Fazenda Pública é citada para opor embargos em trinta dias e a simples oposição destes, por si só, suspende o curso da execução.** Nos termos do § 1º do art. 910, o precatório ou a requisição de pequeno valor – modalidades de requisições dirigidas à Fazenda Pública para viabilizar o pagamento do débito exequendo – somente será expedido se não opostos embargos ou, se opostos, depois do trânsito em julgado da decisão que os rejeitar. *A contrario sensu*, opostos os embargos à execução, o precatório ou requisição de pequeno valor não é expedido, o que significa a paralisação da execução movida contra a Fazenda Pública.

Como se não bastasse a redação do citado dispositivo, **o próprio regime de precatórios mostra-se incompatível com a não suspensividade dos embargos opostos pela Fazenda Pública.** Porque os bens públicos são impenhoráveis e inalienáveis, essa modalidade de execução se opera pelo procedimento dos precatórios ou RPVs.

Conforme dispõe o texto constitucional, os pagamentos efetuados pela Fazenda Pública, em decorrência de sentença judicial, somente poderão ser realizados após o trânsito em julgado desta (art. 100, §§ 1º e 3º). Assim, como na execução de título extrajudicial não cabe falar em sentença, o que o dispositivo exige, havendo interposição de embargos, é o trânsito em julgado da decisão que os extingue sem julgamento de mérito ou julga-os improcedentes. Não há justificativa para se cogitar de eventual tratamento diferenciado para as hipóteses de julgamento de improcedência e de rejeição por outros motivos. Quando o art. 910, § 1º, menciona "decisão que os rejeitar", engloba as hipóteses de extinção com ou sem julgamento de mérito. Em ambos os casos se exige o trânsito em julgado da decisão.

Nesse sentido é o entendimento do Professor Fredie Didier firmado na vigência do CPC/1973, mas que pode ser aplicado à nova legislação:

"O trânsito em julgado a que se refere o § 1º do art. 100 da Constituição Federal é o da sentença que julgar os embargos à execução. É isso porque o valor a ser incluído no orçamento deve ser definitivo, não pendendo qualquer discussão a seu respeito. Observe-se, por exemplo, que a Lei nº 11.439/2006, que dispõe sobre as diretrizes para a elaboração da Lei Orçamentária de 2007, estabelece, em seu art. 25, que tal Lei Orçamentária somente incluirá dotações para o pagamento de precatórios cujos processos contenham certidão de trânsito em julgado da decisão exequenda e, igualmente, certidão de trânsito em julgado dos embargos à execução ou, em seu lugar, certidão de que não tenham sido opostos embargos ou qualquer impugnação aos respectivos cálculos".[72]

O STJ se manifesta no mesmo sentido:

"[...] Precatório é ordem de pagamento de verba pública, cuja emissão só é possível se o débito for líquido e certo, circunstâncias inexistentes enquanto não transitada em julgado a decisão" (STJ, REsp 331.002/CE, Rel. Min. Francisco Peçanha Martins, j. 04.12.2001).

O CPC/2015, ao dispor que o precatório ou a requisição de pequeno valor serão expedidos quando não opostos os embargos ou quando transitada em julgado a decisão que os rejeitar (art. 910, § 1º), confirma esse entendimento, mas traz uma peculiaridade: **se os embargos forem julgados improcedentes, não será necessário aguardar o trânsito em julgado da decisão para que seja expedida a ordem para pagamento (RPV ou precatório)**. Essa conclusão é confirmada pelo art. 1.012, § 1º, III, que atribui efeito meramente devolutivo à sentença que julga improcedente os embargos do executado, seja ele particular ou Fazenda Pública.

Em suma, vislumbram-se as seguintes hipóteses:

- **A Fazenda Pública não apresenta embargos:** a execução prossegue com a imediata a expedição de precatório ou RPV.
- **A Fazenda Pública apresenta embargos e estes são rejeitados**: ocorrendo a rejeição dos embargos por uma das razões previstas no art. 918, o precatório ou RPV só será expedido quando a sentença transitar em julgado.
- **A Fazenda apresenta embargos e estes são julgados improcedentes:** a parte não precisa aguardar o trânsito em julgado para pleitear a expedição da ordem de pagamento. Se a decisão tiver de ser submetida ao duplo grau de jurisdição obrigatório (ou remessa necessária), ainda assim haverá expedição da ordem.

---

[72] DIDIER JÚNIOR, Fredie; CUNHA, L. J. C. da et al. *Curso de direito processual civil*. Execução. Salvador: JusPodivm, 2009. v. 5, p. 711.

- **A Fazenda Pública apresenta embargos e estes são julgados procedentes:** nesse caso não se expedirá precatório ou RPV, devendo o exequente ser condenado a pagar honorários e demais despesas processuais.

Importante observar que a suspensão automática não impede o prosseguimento da **execução de parcela incontroversa**. Em outras palavras, concordando a Fazenda Pública com parte do valor objeto da execução, do *quantum* incontroverso poderá ser extraído precatório ou RPV (art. 919, § 3º), conforme o caso. Ao final, se os embargos forem improcedentes, a parte excedente poderá ser cobrada pelo exequente, por meio de outro precatório ou outra requisição de pequeno valor. Apesar de, na prática, ser possível a expedição de duas ordens de pagamento, com o consequente fracionamento da execução, tal possibilidade não afrontará a vedação constitucional prevista no § 4º do art. 100. O que o legislador veda é o parcelamento da execução como forma de burlar a ordem cronológica de pagamentos, o que não se verifica quando a Fazenda Pública aceita que a execução prossiga pelo valor incontroverso e, quanto ao restante, submeta a execução ao resultado dos embargos.

JURISPRUDÊNCIA TEMÁTICA

Execução provisória e obrigação de fazer ou de não fazer contra a Fazenda Pública

"A execução provisória de obrigação de fazer em face da Fazenda Pública não atrai o regime constitucional dos precatórios. Assim, em caso de "obrigação de fazer", é possível a execução provisória contra a Fazenda Pública, não havendo incompatibilidade com a Constituição Federal" (STF, Plenário, RE 573.872/RS, Rel. Min. Edson Fachin, j. 24.05.2017, repercussão geral, Info 866).

Suspensão e prescrição intercorrente do processo executivo contra a Fazenda Pública

"Direito processual civil. Prescrição intercorrente no caso de suspensão de processo executivo em razão da morte do exequente. Durante o período em que o processo de execução contra a Fazenda Pública estiver suspenso em razão da morte da parte exequente – para a habilitação dos sucessores da parte falecida –, não corre prazo para efeito de reconhecimento de prescrição intercorrente da pretensão executória. Isso porque não há previsão legal que imponha prazo específico para a habilitação dos referidos sucessores". Precedentes citados: AgRg no AREsp 269.902/CE, Segunda Turma, *DJe* 19.02.2013, e AgRg no REsp 891.588/RJ, Quinta Turma, *DJe* 19.10.2009 (STJ, AgRg no AREsp 286.713/CE, Rel. Min. Mauro Campbell Marques, j. 21.03.2013).

Súmula Vinculante nº 17 do STF: "Durante o período previsto no § 1º do art. 100 da Constituição, não incidem juros de mora sobre os precatórios que nele sejam pagos".

Súmula nº 655 do STF: "A exceção prevista no art. 100, *caput*, da Constituição, em favor dos créditos de natureza alimentícia, não dispensa a expedição de precatório, limitando-se a isentá-los da observância da ordem cronológica dos precatórios decorrentes de condenações de outra natureza".

Súmula nº 733 do STF: "Não cabe recurso extraordinário contra decisão proferida no processamento de precatórios".

Súmula nº 144 do STJ: "Os créditos de natureza alimentícia gozam de preferência, desvinculados os precatórios da ordem cronológica dos créditos de natureza diversa".

Súmula nº 279 do STJ: "É cabível execução por título extrajudicial contra a Fazenda Pública".

Súmula nº 311 do STJ: "Os atos do presidente do tribunal que disponham sobre processamento e pagamento de precatório não têm caráter jurisdicional".

Súmula nº 461 do STJ: "O contribuinte pode optar por receber, por meio de precatório ou por compensação, o indébito tributário certificado por sentença declaratória transitada em julgado".

Quadro esquemático 92 – Execução contra a Fazenda

Execução contra Fazenda Pública (art. 910)
- Possibilidade de execução de título extrajudicial contra a Fazenda Pública (Súmula 279, STJ).
- Citação da Fazenda para opor embargos no prazo de trinta dias
  - Embargos opostos ➔ processados na forma do art. 920. Efeito suspensivo *ope legis*.
  - Não sendo embargada ou embargos rejeitados ➔ expede-se precatório ou requisição de pequeno valor.
- Embargos à execução fundada em título extrajudicial ➔ poderá o executado alegar todas as matérias que lhe será lícito deduzir como defesa no processo de conhecimento (art. 917, VI, e art. 910, § 2º).

6. EXECUÇÃO DE ALIMENTOS (ARTS. 911 A 913)

O CPC/1973 não traz regras específicas para a execução de alimentos tratando-se de título executivo extrajudicial. Na verdade, os arts. 732 a 735 da legislação anterior descrevem procedimento relativo à obrigação alimentar constante de título judicial, apesar da referência constante aos "embargos" (art. 732, parágrafo único).

Os novos dispositivos (arts. 911 a 913) suprem a falha do legislador, mas acabam trazendo regras semelhantes àquelas previstas nos arts. 732 a 734 do CPC/1973. De modo geral, as disposições previstas no CPC/2015 sobre o cumprimento de sentença e a execução de título extrajudicial são bastante semelhantes. Vejamos.

No cumprimento de sentença que reconheça a exigibilidade de prestar alimentos o executado será intimado para, no prazo de 3 dias, pagar o débito, provar que o fez ou justificar a impossibilidade de efetuá-lo (art. 528). Na execução de título extrajudicial ocorre o mesmo, sendo que o executado será **citado** para pagar, já que ainda não houve a formação de relação processual (art. 911). Além do saldo devedor apontado na petição, a citação para pagamento incluirá as prestações que se vencerem no curso do processo.

Citado, o exequente poderá adimplir a obrigação, apresentar justificativa e comprovação quanto à existência de fato que gere a impossibilidade absoluta de pagar (art. 911, parágrafo único, c/c o art. 528, § 2º) ou manter-se inerte. Se não houver pagamento ou a justificativa não for aceita, o juiz decretará a prisão do executado pelo prazo de 1 a 3 meses. Esse modo de coerção só será possível em relação ao débito alimentar que compreenda as três prestações anteriores ao ajuizamento da execução e as que se vencerem no curso do processo (art. 911, parágrafo único, c/c o art. 528, § 7º; Súmula nº 309 do STJ).[73]

---

[73] STJ, Súmula nº 309: "O débito alimentar que autoriza a prisão civil do alimentante é o que compreende as três prestações anteriores ao ajuizamento da execução e as que se vencerem no curso do processo". Ressalte-se que o atraso de uma só prestação autoriza a prisão civil do devedor de alimentos, desde que essa prestação esteja compreendida entre as três últimas devidas (conferir, nesse sentido, notícia na página do STJ: http://www.stj.jus.br/sites/STJ/default/pt_BR/noticias/noticias/Atraso--de-uma-s%C3%B3-presta%C3%A7%C3%A3o-entre-as-%C3%BAltimas-tr%C3%AAs-autoriza--pris%C3%A3o-do-devedor-de-alimentos).

Assim como ocorre no cumprimento de sentença, o executado cumprirá a penalidade em regime fechado, com a condição de que fique separado dos presos comuns (art. 911, parágrafo único, c/c o art. 528, § 4º). Se o presídio não oferecer condições para a separação dos demais presos, possivelmente a jurisprudência caminhará no sentido de permitir o cumprimento da pena em regime domiciliar. Ressalte-se que não será decretada prisão se o juiz aceitar as justificativas do executado quanto à impossibilidade de pagar os alimentos vencidos e vincendos (art. 528, § 2º).

Se a prestação for paga, o juiz suspenderá o cumprimento da ordem de prisão; caso contrário, findo o prazo previsto no art. 528, § 3º, a execução deverá prosseguir pelo rito previsto nos arts. 824 e seguintes. Assim, caso a constrição pessoal não tenha sido eficaz para a satisfação da obrigação, o exequente deverá pleitear a conversão do procedimento para o rito menos gravoso – execução por quantia certa –, em que os atos executórios incidirão sobre o patrimônio do executado.

Caso o devedor tenha vínculo trabalhista, de natureza pública ou privada, com remuneração periódica, o pagamento da prestação poderá ser feito mediante desconto em folha. Nesse caso, independentemente da aquiescência do alimentante e mediante requerimento do exequente, poderá o juiz, ao despachar a inicial, determinar que a importância devida seja descontada pelo empregador e repassada ao alimentado. Se o empregador, autoridade ou empresa que receber o ofício não proceder com o desconto, estará caracterizado o crime de desobediência (art. 330 do CP).

Saliente-se que, diferentemente do que ocorre na execução comum por quantia certa, em que o efeito suspensivo dos embargos pode impedir a realização de atos de constrição (art. 919), na execução de prestação alimentícia, a parte final do art. 913 estabelece a possibilidade de o exequente levantar, mensalmente, a importância da prestação, mesmo com a apresentação dos embargos a execução.

Analisando os arts. 911 a 913, podemos concluir que existem três meios de execução da prestação alimentícia (título extrajudicial), quais sejam: a) a **expropriação** (art. 913); b) o **desconto em folha de pagamento** (art. 912); e c) a **prisão** (art. 911).

A terceira modalidade decorre do disposto no art. 5º, LXVII, da CF/1988, segundo o qual "não haverá prisão civil por dívida, salvo a do responsável pelo inadimplemento voluntário e inescusável de obrigação alimentícia".

O credor, para pedir a prisão civil do devedor, não está obrigado, antes, a promover a execução expropriatória ou a pleitear o desconto em folha. Todavia, a prisão só será decretada se o inadimplemento for voluntário e inescusável. Assim, se o juiz se convencer das razões apresentadas pelo executado, não decretará a prisão. Esse entendimento vai ao encontro do princípio da menor onerosidade para o devedor e da maior satisfação para o executado. Se há "dinheiro em caixa", não há razão para privar o executado de sua liberdade.

Vale ressaltar que a execução por coerção (prisão do devedor) somente pode ter como causa de pedir o inadimplemento das três parcelas vencidas antes do ajuizamento da execução e das que se vencerem no curso do processo (art. 911, parágrafo único, c/c o art. 528, § 7º; Súmula nº 309 do STJ).[74]

Como visto, a prisão não se presta à execução em si, constituindo-se apenas meio para coagir o devedor a cumprir, com presteza, a obrigação que lhe fora imposta. Assim, se os

---

[74] STJ, Súmula nº 309: "O débito alimentar que autoriza a prisão civil do alimentante é o que compreende as três prestações anteriores ao ajuizamento da execução e as que se vencerem no curso do processo".

alimentos forem pagos, a prisão será suspensa. Por outro lado, se, a despeito da prisão, o crédito não for satisfeito, pode o credor requerer a execução expropriatória.

A decisão que decreta a prisão civil do alimentante é decisão interlocutória, sujeita, pois, a agravo de instrumento (art. 1.015, parágrafo único). Como a decisão que decreta a prisão fere o direito de ir e vir, admite-se também a impetração de *habeas corpus*. Entretanto, nessa via discutem-se tão somente aspectos formais da prisão, e não questões ligadas à prestação alimentar.

A execução expropriatória pode ser proposta desde o início, dependendo da urgência do credor. O que não pode haver é cumulação, a um só tempo, de medida coercitiva (prisão) com expropriatória, envolvendo o mesmo débito. Ou a execução incide sobre o patrimônio ou se decreta a prisão, como meio coercitivo. No entanto, a jurisprudência vem admitindo a cumulação de técnicas executivas da coerção pessoal (prisão) e da coerção patrimonial (penhora) para parcelas distintas do débito, desde que não haja prejuízo ao devedor, nem ocorra tumulto processual no caso em concreto. Para tanto, de acordo com o STJ[75], é recomendável que o credor especifique, em tópico próprio, a sua pretensão ritual em relação aos pedidos, devendo o mandado de citação/intimação prever as diferentes consequências de acordo com as diferentes prestações. A defesa do requerido, por sua vez, poderá ser ofertada em tópicos ou separadamente, com a justificação em relação às prestações atuais e com a impugnação ou os embargos a serem opostos às prestações pretéritas.

Proposta desde o início ou depois de esgotado o recurso da prisão,[76] a execução expropriatória seguirá o rito da execução por quantia certa, ou seja: o devedor será intimado para cumprir a obrigação no prazo de 15 dias, sob pena de multa de 10% sobre o montante da prestação, mais honorários advocatícios de 10%, prosseguindo-se com a penhora e demais atos expropriatórios.

JURISPRUDÊNCIA TEMÁTICA

Súmula nº 144 do STJ: "Os créditos de natureza alimentícia gozam de preferência, desvinculados os precatórios da ordem cronológica dos créditos de natureza diversa".

Súmula nº 309 do STJ: "O débito alimentar que autoriza a prisão civil do alimentante é o que compreende as três prestações anteriores ao ajuizamento da execução e as que se vencerem no curso do processo".

---

[75] Nesse sentido: REsp: 1930593/MG, T4 – 4ª Turma, j. 09.08.2022, *DJe* 26.08.2022.

[76] De acordo com a redação expressa do CPC/1973, não seria possível a cumulação dos dois ritos (coerção e expropriação) nos mesmos autos, razão pela qual afirmamos que o procedimento da execução por quantia certa se aplica desde o início ou somente depois de esgotado o recurso da prisão. Apesar disso, alguns tribunais de justiça estaduais entendem que, se houver cisão dos procedimentos, com a expedição de um mandado de citação para exigir-se o pagamento das três últimas prestações, sob pena de prisão, e de outro para cobrar as demais, obedecendo-se ao rito da execução por quantia certa, será possível a dualidade de procedimentos (nesse sentido: TJ-SC, AI 624.825/SC 2010.062482-5, Rel. Des. Carlos Prudêncio, j. 26.08.2011). Por outro lado, há também entendimentos que admitem apenas a conversão do rito da prisão para a expropriação patrimonial, caso a constrição pessoal não tenha sido eficaz para a satisfação da obrigação (TJ-MG, AI 10702096042602001, Rel. Des. Alberto Vilas Boas, j. 13.05.2014; TJ-RS, AG 70041364977, Rel. Des. André Luiz Planella Villarinho, j. 25.02.2011).

Quadro esquemático 93 – Execução de alimentos

Execução de alimentos (arts. 911 a 913)
- O executado será citado para, no prazo de 3 dias, pagar o débito, provar que o fez ou justificar a impossibilidade de efetuá-lo (art. 911). Além do saldo devedor apontado na petição, a citação para pagamento incluirá as prestações que se vencerem no curso do processo.
- Atitudes do executado:
  - Adimplir a obrigação;
  - Apresentar justificativa e comprovação quanto à existência de fato que gere a impossibilidade absoluta de pagar;
  - Manter-se inerte.
- Se a prestação for paga, o juiz suspenderá o cumprimento da ordem de prisão. Caso contrário, findo o prazo previsto paga paramento, a execução deverá prosseguir pelo rito previsto nos arts. 824 e seguintes.
- Meios de execução da prestação alimentícia:
  - Expropriação (art. 913)
  - Desconto em folha de pagamento (art. 912)
  - Prisão (art. 911)
- Em regra, não pode haver cumulação de execução coercitiva com a expropriatória, exceto para parcelas distintas e se comprovada a inexistência de prejuízo e tumulto processual.
- A prisão não se presta à execução em si, constituindo apenas meio de coação do devedor.
- A execução expropriatória seguirá o rito da execução por quantia certa.

7. EXECUÇÃO FISCAL (LEI Nº 6.830/1980)

Execução fiscal é uma modalidade de execução por quantia certa, com base em título extrajudicial, constituído pela **certidão de dívida ativa regularmente inscrita**, de caráter expropriatório, que se realiza no interesse da Fazenda Pública, como tal compreendida a União, os Estados, o Distrito Federal, os Municípios e suas respectivas autarquias.[77]

A execução fiscal não é regulada pelo CPC, mas sim por norma especial, a **Lei nº 6.830/1980**, que, a par de normas procedimentais, estabelece normas de direito financeiro (inscrição da dívida ativa, *v.g.*) e normas de direito material (responsabilidade tributária, *v.g.*). Aplica-se a lei processual civil de forma subsidiária, no que não contrariar a norma especial.

Dispõe o art. 1º da Lei nº 6.830/1980 que "a execução judicial para cobrança da dívida ativa da União, dos Estados, do Distrito Federal, dos Municípios e respectivas autarquias será regida por essa lei e, subsidiariamente, pelo Código de Processo Civil". O que se constata é que, no que tange ao procedimento, a execução fiscal, em linhas gerais, segue o modelo padrão, preconizado para a execução por quantia certa. As peculiaridades da execução fiscal, nesse aspecto, visam conferir mais prerrogativas à Fazenda Pública, de forma a abreviar a satisfação do crédito.

Qualquer que seja a execução, deve ser lastreada por um título executivo, judicial ou extrajudicial. Sem o título previsto em lei, a execução é nula. O título que lastreia a execução fiscal é formado sem interferência da jurisdição; é, portanto, título extrajudicial (art. 784, IX). Tal título, entretanto, tem singularidade que o distingue da maioria dos títulos executivos extrajudiciais: é formado sem a manifestação de vontade do devedor. Vamos falar algumas palavras sobre esse título.

Já sabemos que o título lastreador da execução fiscal é a certidão de dívida ativa regularmente inscrita.

Mas o que vem a ser dívida ativa?

A dívida ativa pode ser tributária ou não tributária. Dívida ativa tributária é o crédito da Fazenda Pública, proveniente de tributos (impostos, taxas e contribuições)[78] e respectivos

---

[77] PACHECO, José da Silva. *Comentários à Lei de Execução Fiscal*. 4. ed. São Paulo: Saraiva, 1995. p. 10.
[78] O art. 5º do Código Tributário Nacional adotou a classificação tripartida, considerando que são tributos os impostos, as taxas e as contribuições de melhoria. O STF, no entanto, adota a classificação

acessórios (juros, multa e correção monetária). Dívida ativa não tributária é constituída pelos demais créditos da Fazenda Pública, tais como foros, laudêmios, aluguéis ou taxas de ocupação, custas processuais, preços de serviços prestados por estabelecimentos públicos, indenizações, reposições, restituições etc. (art. 2º da Lei nº 6.830 c/c o art. 39 da Lei nº 4.320/1964). Para caracterizar dívida ativa, passível de execução fiscal, é indispensável que seja originária de relação de direito público. Uma compra e venda, por exemplo, efetivada com base no direito privado, não possibilita a execução fiscal.

As contribuições instituídas em favor das autarquias também constituem dívida ativa, passível de execução fiscal. O mesmo não se pode dizer de créditos das empresas públicas e sociedades de economia mista, que não podem ser cobrados por meio da execução fiscal.

Para possibilitar a execução fiscal, é indispensável que a dívida ativa esteja regularmente inscrita.

Mas o que vem a ser inscrição em dívida ativa?

Segundo o art. 2º, § 3º, da Lei nº 6.830/1980, "a inscrição, que se constitui no ato de controle administrativo da legalidade, será feita pelo órgão competente para apurar a liquidez e certeza do crédito". Em outras palavras, a inscrição consiste num procedimento administrativo, levado a efeito pela autoridade competente (do ente federativo ou da autarquia credora), com o objetivo de verificar a legalidade do crédito (quanto à existência, valor e acessórios). Dessa verificação decorrem a liquidez e certeza do crédito, que passará a ser judicialmente exigível após escoado o prazo para pagamento voluntário.

Ultimado o procedimento, procede-se à inscrição propriamente dita da dívida ativa. Essa inscrição é feita com a lavratura de termo (o termo de inscrição de dívida ativa), que deverá conter os requisitos do art. 2º, § 5º, da Lei nº 6.830/1980.

Pois bem. Desse termo extrai-se a certidão de dívida ativa, que constitui o título da execução fiscal, **sujeita, inclusive, a protesto.**[79] Como já dissemos, tal título, diferentemente da maioria dos demais títulos extrajudiciais, é constituído independentemente da manifestação da vontade do devedor. Desde que observados os requisitos legais na sua formação, dentre os quais se insere o direito à ampla defesa no correspondente procedimento fiscal, a certidão de dívida ativa goza de presunção de certeza e liquidez, sendo apta para lastrear a execução fiscal (art. 3º da Lei nº 6.830/1980). Trata-se de presunção relativa, "pode ser ilidida por prova inequívoca, a cargo do executado ou de terceiro, a quem aproveite" (art. 3º, parágrafo único).

Vale ressaltar que o STJ entende possível a **substituição da certidão de dívida ativa** até a prolação da sentença dos embargos à execução, na hipótese de correção de erro formal ou material, desde que não haja modificação do sujeito passivo[80] da execução fiscal (Súmula nº 392).

---

pentapartida, incluindo as contribuições especiais e os empréstimos compulsórios como espécies tributárias.

[79] Art. 1º, parágrafo único, da Lei nº 9.492/1997: "Incluem-se entre os títulos sujeitos a protesto as certidões de dívida ativa da União, dos Estados, do Distrito Federal, dos Municípios e das respectivas autarquias e fundações públicas" (dispositivo incluído pela Lei nº 12.767/2012).

[80] Admite-se a retificação do polo passivo quando for constatada que a pessoa jurídica executada, após o ajuizamento da execução fiscal, tivera sua falência decretada antes da propositura da demanda executiva. Na verdade, entende o STJ que, nesse caso, não há propriamente alteração da relação processual, porquanto a decretação da falência permite que a massa falida suceda, em todos os direitos e obrigações, a pessoa jurídica. Nesse caso, entende o STJ que não deve ocorrer a extinção do processo, mas a retificação da denominação do executado (STJ, REsp 1.372.243/SE, Rel. originário Min. Napoleão Nunes Maia Filho, Rel. para acórdão Min. Og Fernandes, j. 11.12.2013). Esse

Há uma ressalva quanto à alteração da CDA na hipótese em que se verifica o excesso cobrado pelo Fisco em razão de lançamento fundado em lei posteriormente declarada inconstitucional. Imagine que uma parcela tributária foi declarada inconstitucional, permitindo, portanto, a realização de novo cálculo aritmético para a sua cobrança via execução fiscal. A CDA, nesse exemplo, terá o valor reduzido em virtude da declaração de inconstitucionalidade. Tal redução, segundo entendimento fixado pelo STJ em recurso especial repetitivo (REsp 1.386.229/PE), não implica alteração substancial do título. Dessa forma, admite-se a substituição ou emenda da CDA até a prolação da sentença dos embargos à execução (arts. 2º, § 8º, e 203, CTN).

Outro exemplo de alterabilidade da CDA ocorre nos casos de incorporação empresarial, em que a empresa sucessora assume todo o passivo tributário da empresa sucedida, respondendo em nome próprio pela quitação dos créditos constituídos pelo Fisco. Em casos assim, o STJ fixou a seguinte tese: "A execução fiscal pode ser redirecionada em desfavor da empresa sucessora para cobrança de crédito tributário relativo a fato gerador ocorrido posteriormente à incorporação empresarial e ainda lançada em nome da sucedida, sem a necessidade de modificação da Certidão de Dívida Ativa (CDA), quando verificado que esse negócio jurídico não foi informado oportunamente ao fisco" (Tema 1.049).

Feito esse sucinto comentário acerca da certidão de dívida ativa, vamos salientar as principais diferenças da execução fiscal em relação à execução comum (de título extrajudicial).

Quanto à petição inicial, os requisitos são aqueles previstos no art. 6º da Lei nº 6.830/1980. Diferentemente da execução comum, não se exige da Fazenda Pública a apresentação de demonstrativo atualizado do débito (art. 798, I, "b", CPC), razão pela qual é vedado ao juiz emendar ou indeferir a petição inicial por esse motivo (Súmula 559, STJ).

A **competência para processar e julgar a execução da dívida ativa** da Fazenda Pública exclui a de qualquer outro juízo, inclusive o de falência, concordata, liquidação, insolvência ou inventário (art. 5º da Lei nº 6.830/1980).[81]

Em face desse dispositivo, a jurisprudência encaminhou no seguinte sentido: ajuizada a execução fiscal e procedida a penhora antes do decreto de falência, não ficam os bens penhorados sujeitos à arrecadação no processo falimentar; se a execução fiscal foi ajuizada após a falência, a penhora será levada a efeito no rosto dos autos do processo falimentar.

Uma vez proposta a execução fiscal, a eventual alteração do domicílio do executado não acarretará o deslocamento da competência (Súmula 58, STJ).

A competência para julgar as execuções fiscais depende de quem será o autor da ação. Se a demanda for proposta pela Fazenda Pública Estadual ou Municipal, a competência será, em regra, da Justiça Estadual, exceto se o fisco estadual ou municipal estiver cobrando um débito da União. Por outro lado, se a execução for proposta pela União, a competência será da Justiça Federal, nos termos do art. 109, I, da CF/1988.

Até 2014 havia uma hipótese de competência delegada disposta na Lei nº 5.010/1966 (art. 15, I) para os casos de execução fiscal proposta contra devedor que residisse em local no qual não

---

entendimento foi divulgado na Edição 157 da Jurisprudência em Teses, com o seguinte resumo: "O entendimento de que o ajuizamento contra a pessoa cuja falência foi decretada antes do ajuizamento da referida execução fiscal 'constitui mera irregularidade', sanável nos termos do art. 284 do CPC e do art. 2º, § 8º, da Lei 6.830/1980 não viola a orientação fixada pela Súmula 392 do Superior Tribunal de Justiça, mas tão somente insere o equívoco ora debatido na extensão do que se pode compreender por 'erro material ou formal', e não como 'modificação do sujeito passivo da execução', expressões essas empregadas pelo referido precedente sumular" (Recurso Especial Repetitivo – Tema 703).

[81] Devemos entender o termo "concordata" como "recuperação judicial", em razão das alterações propostas pela Lei nº 11.101/2005.

existisse Justiça Federal. Nesses casos, se a União, suas autarquias ou fundações, propusessem execução fiscal, a competência para processar e julgar a ação seria da Justiça Estadual. Ocorre que essa delegação automática foi revogada pela Lei nº 13.043/2014. No entanto, essa revogação não alcançou as execuções fiscais da União e de suas autarquias e fundações públicas ajuizadas na Justiça Estadual antes da vigência da lei revogadora, em razão da regra de transição prevista no art. 75 da Lei nº 13.043/2014.

Tramitando na Justiça Estadual ou Federal, a execução fiscal independerá de intervenção do Ministério Público. Não há interesse público suficiente para a intervenção do órgão, entendimento já consolidado na jurisprudência (Súmula 189, STJ).

Proposta a execução, o executado será **citado** para, no prazo de **cinco dias, pagar a dívida** com os juros e multa de mora e encargos indicados na certidão de dívida ativa, **ou garantir a execução** (art. 8º, *caput*, da Lei nº 6.830/1980). Em vez dos três dias da execução comum, na execução fiscal o prazo concedido ao devedor para efetuar o pagamento da dívida ou garantir a execução (com depósito em dinheiro, fiança bancária ou seguro garantia,[82] nomeação de bens à penhora ou indicação à penhora de bens oferecidos por terceiros, de conformidade com o art. 8º da Lei nº 6.830/1980) é de cinco dias. Saliente-se que a prévia garantia do juízo é necessária ainda que o executado seja beneficiário da assistência judiciária gratuita (STJ, REsp 1.437.078/RS) e deve abranger os honorários advocatícios, mesmo que eles não estejam previstos na certidão de dívida ativa e somente venham a ser arbitrados pelo juiz ao despachar a petição inicial da ação de execução.[83] Esse arbitramento, segundo a jurisprudência, não deve

---

[82] A Lei nº 13.043/2014 alterou o inciso II do art. 7º da Lei de Execução Fiscal e passou a prever mais uma forma de garantia do juízo: o seguro-garantia. A mudança foi importante porque o STJ possuía entendimento pacífico no sentido de que o seguro-garantia não servia como garantia da execução fiscal em virtude da ausência de previsão legal. Nesse sentido: "[...] A orientação consolidada das Turmas que integram a Primeira Seção do STJ é no sentido que não é possível a utilização do 'seguro-garantia judicial' como caução à execução fiscal, por ausência de norma legal específica, não havendo previsão do instituto entre as modalidades previstas no art. 9º da Lei 6.830/1980" (STJ, AgRg no REsp 1.423.411/SP, 2ª Turma, Rel. Min. Mauro Campbell Marques, j. 05.06.2014).

[83] Nesse sentido: "A garantia do juízo no âmbito da execução fiscal (arts. 8º e 9º da Lei 6.830/1980) deve abranger honorários advocatícios que, embora não constem da Certidão de Dívida Ativa (CDA), venham a ser arbitrados judicialmente. Em relação aos honorários advocatícios, é preciso distinguir duas situações: há hipóteses em que a verba é expressamente incluída entre os encargos a serem lançados na CDA (por exemplo, Decreto-lei 1.025/1969, que se refere à dívida ativa da União); e há situação em que os honorários advocatícios são arbitrados judicialmente (seja a título provisório, por ocasião do recebimento da petição inicial, seja com o trânsito em julgado da sentença proferida nos embargos do devedor). Na primeira hipótese, em que os honorários advocatícios estão abrangidos entre os encargos da CDA, não há dúvida de que a garantia judicial deve abrangê-los, pois, conforme já decidido pelo STJ (REsp 687.862-RJ, Primeira Turma, DJ 5.9.2005), a segurança do juízo está vinculada aos valores descritos na CDA, a saber: principal, juros e multa de mora e demais encargos constantes da CDA. Na segunda hipótese, em que os honorários são arbitrados judicialmente, deve-se atentar que a legislação processual é aplicável subsidiariamente à execução fiscal, conforme art. 1º da Lei 6.830/1980. Posto isso, o art. 659 do CPC, seja em sua redação original, de 1973, seja com a alteração promovida pela Lei 11.382/2006, sempre determinou que a penhora de bens seja feita de modo a incluir o principal, os juros, as custas e os honorários advocatícios. Assim, por força da aplicação subsidiária do CPC e por exigência da interpretação sistemática e histórica das leis, tendo sempre em mente que a Lei 6.830/1980 foi editada com o propósito de tornar o processo judicial de recuperação dos créditos públicos mais célere e eficiente que a execução comum do CPC, tudo aponta para a razoabilidade da exigência de que a garantia inclua os honorários advocatícios, estejam eles lançados ou não na CDA" (STJ, REsp 1.409.688/SP, Rel. Min. Herman Benjamin, j. 11.02.2014).

observar o art. 85, § 3º, do CPC, mas o art. 827. Ou, se os honorários não estiverem incluídos como encargo na CDA, deverão ser arbitrados pelo juízo observando-se o percentual previsto no art. 827 (10%).[84]

Entende-se, como regra, que a garantia do juízo é condição de procedibilidade dos embargos do devedor. Apesar disso, se comprovada, inequivocadamente, a inexistência de patrimônio para a garantia da execução fiscal, a jurisprudência vem admitindo a propositura de embargos, em homenagem ao direito constitucional de ação e garantia de acesso à jurisdição (STJ, REsp 1.487.772/SE, 1ª T., Rel. Min. Gurgel de Faria, j. 28.05.2019). Havendo garantia apenas parcial, a utilização dos embargos também vem sendo admitida pela jurisprudência.[85]

A citação será feita pelo correio, com aviso de recebimento, se a Fazenda Pública não a requerer de outra forma (art. 8º). Se esse não retornar no prazo de 15 dias da entrega da carta à agência postal, a citação será feita por oficial de justiça ou por edital. Pode a Fazenda, desde o início, requerer seja a citação feita por oficial de justiça, se o local da residência do devedor não for atendido pelo correio. Conjugando as disposições da Lei de Execução Fiscal com o CPC/2015, podemos admitir a citação por meio eletrônico, desde que observada a exigência prevista no art. 246 do CPC/2015. Quanto à citação por edital, esta só será cabível quando frustradas as demais modalidades, consoante entendimento do STJ disposto na Súmula nº 414. Assim, na ordem de preferência a citação por edital seria a última a ser adotada, após o esgotamento das demais, por constituir medida de exceção.

Além da ordem de citação, o despacho do juiz que defere a petição inicial também deve conter a ordem para a penhora de bens, caso o executado não tenha garantido a execução, ou para o arresto, na hipótese de ocultação do executado ou quando este não tiver domicílio certo (art. 7º, III, da Lei nº 6.830/1980).

Na execução fiscal, far-se-á a intimação da penhora ao executado, mediante publicação, no órgão oficial, do ato de juntada do termo ou do auto de penhora. Nas comarcas do interior, a intimação da penhora pode ser feita por mandado ou, opcionalmente, pelo correio. Será necessariamente pessoal (pelo correio ou pelo oficial de justiça), se a citação foi feita pelo correio e o aviso de recebimento não tiver sido assinado pelo próprio devedor ou por seu representante (art. 12, *caput* e parágrafos, da Lei nº 6.830/1980). Na execução comum a intimação da penhora é feita ao advogado do executado ou à sociedade de advogados a que ele pertença (art. 841, § 1º). Se não houver advogado constituído, a intimação do executado ocorrerá pessoalmente, de preferência pela via postal (art. 841, § 2º). Se, no entanto, a penhora realizada por oficial de justiça ocorrer na presença do executado, dispensa-se posterior intimação. No caso de arresto, a intimação do devedor normalmente ocorre por edital, já que o ato constritivo pressupõe a sua não localização.

Destaque-se que no âmbito da execução fiscal **o comparecimento pessoal não supre a intimação da penhora**, conforme entendimento do STJ a seguir transcrito:

> "Direito processual civil. Necessidade de intimação específica quanto à penhora mesmo no caso de comparecimento espontâneo do executado. O comparecimento espontâneo do executado aos autos da execução fiscal, após a efetivação da penhora, não supre a necessidade de sua intimação acerca do ato constritivo com a advertência do prazo para o oferecimento dos embargos à execução fiscal. A ciência da penhora sucedida pelo comparecimento espontâneo do executado não pode ser equiparada ao ato formal de intimação, que deve se revestir da necessária solenidade da indicação do prazo para oposição dos pertinentes embargos. Afinal, a

---

[84] STJ, AgInt no AREsp 1.738.784-GO, 2ª Turma, Rel. Min. Herman Benjamin, j. 05.10.2021.
[85] Todas as teses aqui apresentadas estão nas edições 155 a 157 da Jurisprudência em Teses do STJ.

intimação é um ato de comunicação processual da mais relevante importância, pois é dela que começam a fluir os prazos para que as partes exerçam os seus direitos e faculdades processuais". Precedente citado: AgRg no REsp 1.201.056/RJ, Segunda Turma, *DJe* 23.09.2011 (STJ, AgRg no REsp 1.358.204/MG, Rel. Min. Arnaldo Esteves Lima, j. 07.03.2013).

A **penhora** de bens para satisfazer a execução fiscal – caso não tenha sido feito pagamento ou ofertada garantia – **deve seguir a ordem estabelecida no art. 11 da Lei de Execução Fiscal**. Caso o executado indique bens sem observar a ordem legal, a Fazenda Pública não é obrigada a aceitar a indicação e o juiz não poderá deferir o pedido, salvo se forem apresentados elementos concretos que justifiquem a incidência do princípio da menor onerosidade (art. 805) (REsp 1.337.790/PR). Nesse sentido é a tese fixada pelo STJ: "na execução fiscal, o devedor não possui direito subjetivo de alterar a ordem de penhora estabelecida pela lei sem que apresente elementos concretos que justifiquem a incidência do princípio da menor onerosidade" (Tema 578 dos recursos repetitivos).

Ainda que seja observada a ordem do art. 11, a jurisprudência admite que a Fazenda Pública recuse a penhora na hipótese em que o bem for de difícil ou onerosa a alienação. A justificativa é simples: a execução é feita no interesse do credor.[86] No mesmo sentido: "A garantia da Execução Fiscal por fiança bancária ou seguro garantia não pode ser feita exclusivamente por conveniência do devedor, sendo legítima a recusa pela Fazenda Pública" (STJ, AgInt no AREsp 1.840.734/GO, Rel. Min. Paulo Sérgio Domingues, 1ª Turma, j. 05.06.2023).

Além dos meios expropriatórios tradicionais, aplica-se às execuções ficais o art. 782, § 3º, do CPC, podendo o magistrado deferir o requerimento de inclusão do nome do executado em cadastros de inadimplentes, preferencialmente pelo sistema SERASAJUD, independentemente do protesto da CDA ou do esgotamento de outras medidas executivas, ressalvada a existência de dúvida fundada sobre a existência do crédito.[87]

Seguro o juízo por uma das formas elencadas no art. 9º da Lei de Execução Fiscal ou realizada a penhora, abre-se ao devedor ensejo para oposição de embargos. O prazo para oferecimento de embargos é de trinta dias (e não de quinze, como previsto na execução comum), contados (art. 16 da Lei nº 6.830/1980):

- na hipótese de garantia por depósito em dinheiro, do depósito;
- no caso de garantia por fiança bancária ou seguro garantia, da data da juntada da comprovação (carta de fiança ou apólice);
- no caso de penhora, da intimação do ato.

A contagem deve observar a regra do art. 219 do CPC, ou seja, o prazo para embargos será de trinta dias úteis. Nesse sentido é o Enunciado 23 do Fórum Nacional de Execução Fiscal, aprovado no II FONEF. A jurisprudência do STJ tem precedente no mesmo sentido (AgInt no AREsp 1146421/MA, j. 05.06.2018).

Note-se que, no caso de a intimação da penhora ter sido feita por oficial de justiça, o prazo para embargos conta-se a partir da intimação,[88] e não da juntada do mandado aos autos. Ade-

---

[86] STJ, AgRg no AREsp 521040/SP, Rel. Min. Napoleão Nunes Maia Filho, 1ª Turma, j. 02.09.2019, *DJe* 06.09.2019.

[87] STJ, REsp 1.807.180/PR, 1ª Seção, Rel. Min. Og Fernandes, j. 24.02.2021 (Recurso Repetitivo – Tema 1026).

[88] "O termo inicial para a oposição dos Embargos à Execução Fiscal é a data da efetiva intimação da penhora, e não da juntada aos autos do mandado cumprido" (STJ, REsp 1.112.416/MG, Rel. Min. Herman Benjamin, j. 27.05.2009).

mais, mesmo na hipótese em que a penhora seja insuficiente, excessiva ou ilegítima, o termo inicial para a apresentação dos embargos é o mesmo: a data da intimação da primeira penhora (Tema 288 dos recursos repetitivos). Se a penhora recair sobre bem imóvel de devedor casado, o prazo para opor embargos é contado a partir da intimação do cônjuge.[89]

De acordo com o STJ, se a garantia à execução fiscal tiver sido totalmente dispensada pelo juízo competente, "o prazo para oferecer embargos à execução deverá ter início na data da intimação da decisão que dispensou a apresentação de garantia, não havendo a necessidade, na intimação dessa dispensa, de se informar expressamente o prazo para embargar" (REsp 1.440.639/PE, Rel. Min. Mauro Campbell Marques, julgado em 02.06.2015). É preciso, no entanto, ter cautela ao interpretar esse entendimento. Explique-se.

A lei é clara ao dispor que "**não são admissíveis embargos do executado antes de garantida a execução**" (art. 16, § 1º, da Lei nº 6.830/1980). Essa é a regra. Ocorre que o próprio STJ, em tese firmada em recurso repetitivo, considerou que "a insuficiência de penhora não é causa suficiente para determinar a extinção dos embargos do devedor" (Resp 1.127.815/SP). Ou seja, a insuficiência patrimonial do devedor é justificativa plausível à apreciação dos embargos à execução sem que o executado proceda ao reforço da penhora. Ademais, como já salientado em linhas anteriores, a inexistência de bens para a garantia da execução não é óbice para a oposição de embargos, desde que haja comprovação inequívoca quanto à insuficiência patrimonial.

Outro ponto relacionado à garantia do juízo refere-se aos beneficiários da gratuidade da justiça. Tomando por base o disposto no art. 98, § 1º, VIII do CPC, a gratuidade deve abranger "os depósitos previstos em lei para interposição de recurso, para a propositura de ação e para a prática de outros atos processuais inerentes ao exercício da ampla defesa e do contraditório". Com efeito, uma interpretação literal nos indica que aquele que demonstrar a insuficiência de recursos para arcar com as custas processuais e honorários, estará automaticamente isento do depósito para garantia da execução fiscal. Contudo, de acordo como entendimento do STJ, por sua 1ª Turma, não basta que ao executado tenha sido concedido o benefício da gratuidade da justiça. É necessário que ele comprove, de forma inequívoca, que não possui patrimônio para a garantia do crédito objeto da execução fiscal. Em outras palavras, a controvérsia deve ser resolvida não sob o ângulo do executado ser ou não beneficiário da justiça gratuita, mas pelo lado da hipossuficiência concretamente demonstrada nos autos (Resp 1.487.772/SE, Rel. Min – Gurgel de Faria, j. 28.05.2019, *Informativo* 650).

É preciso considerar que o STJ entende ser necessária **advertência expressa quanto ao prazo para embargos**. Conforme visto anteriormente, o comparecimento espontâneo do executado, após a efetivação da penhora, não supre a necessidade de que ele seja formalmente intimado sobre o ato constritivo, com a advertência de que seu prazo se inicia a partir daquele momento (AgRg no Resp 1.358.204/MG). Entretanto, na hipótese de dispensa da garantia, conta-se o prazo para os embargos do despacho que autorizou a dispensa. Trata-se de exceção à regra prevista do art. 12 da Lei nº 6.830/1980.

Recebidos os embargos, o juiz mandará intimar a Fazenda para impugná-los, no prazo de 30 dias (art. 17 da Lei nº 6.830/1980), prosseguindo-se na forma regulada no CPC (art. 920). **Os embargos à execução fiscal**, segundo entendimento majoritário, **não possuem efeito suspensivo**. É que, apesar de não existir disposição expressa na Lei nº 6.830/1980, o STJ, em sede de recurso repetitivo, reconheceu o caráter especial da Lei nº 6.830/1980 e a aplicação

---

[89] "O STJ entende que, recaindo a penhora sobre bem imóvel, o prazo para embargar, em se tratando de devedor casado, é contado a partir da intimação do cônjuge. Precedentes STJ. 2. Recurso Especial provido" (STJ, REsp 1.347.808/RS, Rel, Min. Herman Benjamin, j. 18.10.2012, *DJe* 05.11.2012).

subsidiária do art. 739-A do CPC/1973 – correspondente ao art. 919 do CPC/2015 –, aos embargos à execução fiscal (STJ, Resp 1.272.827/PE, julgado em 22.05.2013). Aplicando-se esse entendimento ao CPC/2015, pode-se concluir o seguinte: para que seja concedido efeito suspensivo são necessários o oferecimento de garantia e a comprovação dos requisitos para a concessão da tutela provisória (urgência ou evidência) (art. 919, § 1º).

Saliente-se que o Conselho Federal da OAB ajuizou ADI (5165) para questionar a aplicação do rito previsto no art. 739-A do CPC/1973[90] às execuções fiscais. Em fevereiro de 2022 a ação direta foi julgada,[91] tendo o Plenário admitido a aplicação da lei processual civil às execuções fiscais. Dessa forma, também para as execuções fiscais a oposição de embargos **não gera** a suspensão automática da ação. O efeito suspensivo dependerá de manifestação judicial a partir da análise e decisão sobre a situação concreta.

Não embargada a execução, rejeitados os embargos, passa-se à expropriação dos bens, na forma preconizada para a execução comum. Do mesmo modo, não havendo concessão de efeito suspensivo aos embargos ou sendo estes julgados improcedentes, a execução prossegue com venda dos bens penhorados em leilão público.

A Fazenda Pública pode adjudicar os bens penhorados (art. 24 da Lei nº 6.830/1980) ou utilizar o valor da arrematação para liquidar o crédito tributário ou não tributário. Da sentença de mérito contra a Fazenda Pública será obrigatório o **duplo grau de jurisdição**, uma vez que a situação se assemelha ao julgamento de procedência (parcial ou não) dos embargos do executado, nos termos do art. 496, II.

A Fazenda Pública poderá, ainda, requerer a substituição ou o reforço da penhora, em qualquer momento processual (art. 15, II). Para tanto, deverá observar a ordem legal estabelecida no art. 11.[92] Trata-se de providência exclusiva do exequente, não podendo o juiz determiná-la de ofício.[93]

Caso não sejam localizados bens ou o próprio executado, o juiz deverá suspender a execução fiscal, hipótese que também autoriza a suspensão do curso da prescrição (art. 40, § 1º, da Lei nº 6.830/1980). Se não forem encontrados bens após o prazo máximo de um ano, o juiz ordenará o arquivamento dos autos, após intimar a Fazenda Pública sobre o prosseguimento do feito.

O STJ[94] definiu que o prazo de um ano de suspensão do processo e do respectivo prazo prescricional tem início automaticamente a partir da data da ciência da Fazenda Pública a respeito da não localização do devedor ou da inexistência de bens penhoráveis. Após o decurso desse prazo – 1 ano –, inicia-se automaticamente a contagem do prazo prescricional tributário de cinco anos[95].

Transcorrido o prazo prescricional, o juiz deverá intimar a Fazenda Pública e, depois, poderá, de ofício, reconhecer a prescrição intercorrente, devendo fundamentar o ato judicial por meio da delimitação dos marcos legais aplicados ao caso concreto.

---

[90] Sistemática com reprodução análoga no art. 919 do CPC/2015.
[91] Rel. Min. Cármen Lúcia, j. 21.02.2022, *DJe* 24.02.2022.
[92] STJ, AgRg no REsp 1.457.777/PE, Rel. Min. Sérgio Kukina, 1ª Turma, j. 17.05.2016, *DJe* 17.06.2016.
[93] "O reforço da penhora não pode ser determinado de ofício pelo juízo, visto ser imprescindível o requerimento do interessado, nos termos dos arts. 15, II, da Lei de Execuções Fiscais e 685 do CPC/1973 (art. 874 do CPC/2015)" (Tema 260 dos recursos repetitivos).
[94] Teses definidas no julgamento do REsp 1.340.553/RS, sob a sistemática dos recursos repetitivos.
[95] STF, Plenário. RE 636562/SC, Rel. Min. Roberto Barroso, j. 17.02.2023 (Repercussão Geral – Tema 390). Nesse precedente, o STF também decidiu pela constitucionalidade do art. 40 da Lei de Execução Fiscal. Vale destacar que o prazo de 5 (cinco) anos é para os créditos tributários (art. 174, CTN). Se estiver sendo executado um crédito não tributário, o prazo dependerá da legislação correspondente.

Há duas situações em que haverá a interrupção do curso da prescrição intercorrente, inviabilizando a extinção da execução fiscal: (i) se ocorrer a efetiva constrição patrimonial; (ii) se ocorrer a citação do devedor, ainda que por edital. O mero peticionamento em juízo por parte da Fazenda Pública, requerendo, por exemplo, nova tentativa de penhora de ativos financeiros, não serve para interromper a prescrição.

Importante consignar que, se a Fazenda Pública for intimada para dar prosseguimento à execução, mas se mantiver inerte por mais de 30 dias, não será necessário requerimento do executado para que o juiz possa promover o arquivamento previsto no art. 40, § 2º, da Lei nº 6.830/1980. Isso porque, segundo o entendimento do STJ, a Súmula nº 240 ("A extinção do processo, por abandono da causa pelo autor, depende de requerimento do réu"), cuja redação foi transcrita pelo CPC/2015 (art. 485, § 6º), não se aplica à hipótese. A razão para se exigir o requerimento de extinção pela parte contrária advém da bilateralidade da ação e do interesse do réu/executado na solução da controvérsia. Se, no entanto, não houver aperfeiçoamento da relação processual – o executado não for localizado –, não se poderá presumir que há interesse da parte contrária na continuidade do processo. Nesse sentido: STJ, AgRg no REsp 1.450.799/RN. Perceba que nesse caso haverá mera extinção do feito, sem resolução do mérito. Aqui não se reconhece a prescrição intercorrente, mas apenas a inércia superior a 30 dias da autora da execução fiscal.

Para facilitar a compreensão, vejamos de forma pormenorizada as consequências da suspensão da execução fiscal e da implementação da prescrição intercorrente, a partir não apenas da regra prevista no art. 40 da LEF, mas, também, dos entendimentos do STJ, especialmente aqueles fixados no julgamento do Recurso Especial Repetitivo n. 1.340.553/RS (Tema 566 dos Recursos Repetitivos):

Hipóteses legais de suspensão da execução fiscal e da prescrição
1. Não localização do devedor/executado.
2. Ausência de bens penhoráveis (seja porque nenhum bem foi encontrado, seja porque aqueles encontrados não podem ser objeto de penhora).

Providência para a suspensão
O juiz deve dar vista dos autos ao representante judicial da Fazenda Pública (§ 1º do art. 40). O prazo de 1 (um) ano de suspensão do processo e do respectivo prazo prescricional previsto no art. 40, §§ 1º e 2º da Lei nº 6.830/1980 (LEF) tem início automaticamente na data da ciência da Fazenda Pública a respeito da não localização do devedor ou da inexistência de bens penhoráveis no endereço fornecido.

Possíveis atitudes da Fazenda Pública no curso do prazo de suspensão (1 ano)	
Buscar e localizar bens penhoráveis ou localizar o devedor.	*Consequência*: o processo que estava suspenso voltará a tramitar.
Buscar e não encontrar bens penhoráveis ou não promover qualquer diligência nesse sentido.	*Consequência*: o processo será arquivado e começará a correr o prazo de prescrição intercorrente. *STJ*: Havendo ou não petição da Fazenda Pública e havendo ou não pronunciamento judicial nesse sentido, findo o prazo de 1 (um) ano de suspensão, inicia-se automaticamente o prazo prescricional aplicável de acordo com a natureza do crédito exequendo.

Interrupção do prazo prescricional
1. Existência de bens e efetiva constrição patrimonial.
2. Realização da citação para o devedor/executado que ainda não havia sido localizado. *STJ*: A efetiva constrição patrimonial e a efetiva citação (ainda que por edital) são aptas a interromper o curso da prescrição intercorrente, não bastando para tal o mero peticionamento em juízo, requerendo, *v.g.*, a feitura da penhora sobre ativos financeiros ou sobre outros bens. Os requerimentos feitos pelo exequente, dentro da soma do prazo máximo de 1 (um) ano de suspensão mais o prazo de prescrição aplicável (de acordo com a natureza do crédito exequendo), deverão ser processados, ainda que para além da soma desses dois prazos, pois, citados (ainda que por edital) os devedores e penhorados os bens, a qualquer tempo – mesmo depois de escoados os referidos prazos –, considera-se interrompida a prescrição intercorrente, retroativamente, na data do protocolo da petição que requereu a providência frutífera.

Decurso do prazo prescricional e sentença extintiva
Transcorrido o prazo da suspensão e também do prazo prescricional (5 anos, por exemplo, caso se trate de crédito tributário), o juiz deve intimar a Fazenda Pública. Após a oitiva, o magistrado poderá, de ofício, decretar a prescrição intercorrente e extinguir o processo (§ 4º do art. 40). *STJ*: A eventual ausência de intimação da Fazenda Pública sobre o decurso do prazo prescricional poderá ser questionada apenas se comprovado efetivo prejuízo. A única hipótese em que a jurisprudência admite a existência de prejuízo presumido é quando a Fazenda Pública deixa de ser intimada sobre o prazo de 1 ano (prazo de suspensão). *STJ*: O magistrado, ao reconhecer a prescrição intercorrente, deverá fundamentar o ato judicial por meio da delimitação dos marcos legais que foram aplicados na contagem do respectivo prazo, inclusive quanto ao período em que a execução ficou suspensa.

Atenção:

- O § 4º do art. 961 do CPC/2015 prevê que "haverá homologação de decisão estrangeira para fins de execução fiscal quando prevista **em tratado ou em promessa de reciprocidade apresentada à autoridade brasileira**". Com este atual dispositivo, evita-se que o devedor de tributo estrangeiro fique imune à cobrança do crédito no Brasil.

JURISPRUDÊNCIA TEMÁTICA

Redirecionamento da Execução Fiscal nos casos de dissolução da pessoa jurídica

"O redirecionamento da execução fiscal, quando fundado na dissolução irregular da pessoa jurídica executada ou na presunção de sua ocorrência, não pode ser autorizado contra o sócio ou o terceiro não sócio que, embora exercesse poderes de gerência ao tempo do fato gerador, sem incorrer em prática de atos com excesso de poderes ou infração à lei, ao contrato social ou aos estatutos, dela regularmente se retirou e não deu causa à sua posterior dissolução irregular, conforme art. 135, III, do CTN" (STJ, REsp Repetitivo 1.377.019/SP, 1ª Seção, Rel. Min. Assusete Magalhães, j. 24.11.2021, *DJe* 29.11.2021).

"O redirecionamento da execução fiscal, quando fundado na dissolução irregular da pessoa jurídica executada ou na presunção de sua ocorrência, pode ser autorizado contra o sócio ou o terceiro não sócio, com poderes de administração na data em que configurada ou presumida a dissolução irregular, ainda que não tenha exercido poderes de gerência quando ocorrido o fato gerador do tributo não adimplido, conforme art. 135, III, do CTN" (STJ, REsp Repetitivo 1645333/SP, Rel. Min. Assusete Magalhães, 1ª Seção, j. 25.05.2022).

"(...) Para fins dos arts. 1.036 e seguintes do CPC/2015, fica assim resolvida a controvérsia repetitiva: (i) o prazo de redirecionamento da Execução Fiscal, fixado em cinco anos, contado da diligência de citação da pessoa jurídica, é aplicável quando o referido ato ilícito, previsto no art. 135, III, do CTN, for precedente a esse ato processual; (ii) a citação positiva do sujeito passivo devedor original da obrigação tributária, por si só, não provoca o início do prazo prescricional quando o ato de dissolução irregular for a ela subsequente, uma vez que, em tal circunstância, inexistirá, na aludida data (da citação), pretensão contra os sócios-gerentes (conforme decidido no REsp 1.101.728/SP, no rito do art. 543-C do CPC/1973, o mero inadimplemento da exação não configura ilícito atribuível aos sujeitos de direito descritos no art. 135 do CTN). O termo inicial do prazo prescricional para a cobrança do crédito dos sócios-gerentes infratores, nesse contexto, é a data da prática de ato inequívoco indicador do intuito de inviabilizar a satisfação do crédito tributário já em curso de cobrança executiva promovida contra a empresa contribuinte, a ser demonstrado pelo Fisco, nos termos do art. 593 do CPC/1973 (art. 792 do novo CPC – fraude à execução), combinado com o art. 185 do CTN (presunção de fraude contra a Fazenda Pública); e, (iii) em qualquer hipótese, a decretação da prescrição para o redirecionamento impõe seja demonstrada a inércia da Fazenda Pública, no lustro que se seguiu à citação da empresa originalmente devedora (REsp 1.222.444/RS) ou ao ato inequívoco mencionado no item anterior (respectivamente, nos casos de dissolução irregular precedente ou superveniente à citação da empresa), cabendo às instâncias ordinárias o exame dos fatos e provas atinentes à demonstração da prática de atos concretos na direção da cobrança do crédito tributário no decurso do prazo prescricional" (STJ, Recurso Especial Repetitivo n. 1.201.993/SP, j. 12.12.2019).

Redirecionamento da Execução Fiscal no caso de sucessão empresarial

"Processual civil e tributário. Recurso especial representativo de controvérsia. Execução fiscal. Sucessão empresarial, por incorporação. Ocorrência antes do lançamento, sem prévia comunicação ao fisco. Redirecionamento. Possibilidade. Substituição da CDA. Desnecessidade.1. A interpretação conjunta dos arts. 1.118 do Código Civil e 123 do CTN revela que o negócio jurídico que culmina na extinção na pessoa jurídica por incorporação empresarial somente surte seus efeitos na esfera tributária depois de essa operação ser pessoalmente comunicada ao fisco, pois somente a partir de então é que Administração Tributária saberá da modificação do sujeito passivo e poderá realizar os novos lançamentos em nome da empresa incorporadora (art. 121 do CTN) e cobrar dela, na condição de sucessora, os créditos já constituídos (art. 132 do CTN). 2. Se a incorporação não foi oportunamente informada, é de se considerar válido o lançamento realizado em face da contribuinte original que veio a ser incorporada, não havendo a necessidade de modificação desse ato administrativo para fazer constar o nome da empresa incorporadora, sob pena de permitir que esta última se beneficie de sua própria omissão. 3. Por outro lado, se ocorrer a comunicação da sucessão empresarial ao fisco antes do surgimento do fato gerador, é de se reconhecer a nulidade do lançamento equivocadamente realizado em nome da empresa extinta (incorporada) e, por conseguinte, a impossibilidade de modificação do sujeito passivo diretamente no âmbito da execução fiscal, sendo vedada a substituição da CDA para esse propósito, consoante posição já sedimentada na Súmula 392 do STJ. 4. Na incorporação empresarial, a sucessora assume todo o passivo tributário da empresa sucedida, respondendo em nome próprio pela quitação dos créditos validamente constituídos contra a então contribuinte (arts. 1.116 do Código Civil e 132 do CTN). 5. Cuidando de imposição legal de automática responsabilidade, que não está relacionada com o surgimento da obrigação, mas com o seu inadimplemento, a empresa sucessora poderá ser acionada independentemente de qualquer outra diligência por parte da Fazenda credora, não havendo necessidade de substituição ou emenda da CDA para que ocorra o imediato redirecionamento da execução fiscal. Precedentes. 6. Para os fins do art. 1.036 do CPC, firma-se a seguinte tese: 'A execução fiscal pode ser redirecionada em desfavor da empresa sucessora para cobrança de crédito tributário relativo a fato gerador ocorrido posteriormente à incorporação empresarial e ainda lançado em nome da sucedida, sem a necessidade de modificação da Certidão de Dívida Ativa, quando verificado que esse negócio jurídico não foi informado oportunamente ao fisco'. 7. Recurso especial parcialmente provido" (STJ, Recurso Repetitivo n. 1.848.993, j. 26.08.2020).

Fechamento de filial e redirecionamento da execução

"O simples fechamento de filial de pessoa jurídica não basta para fundamentar a inclusão de sócio no polo passivo de execução fiscal" (STJ, AgInt no REsp 1.925.113/AC, Rel. Min. Humberto Martins, 2ª Turma, j. 28.11.2022).

Honorários na execução fiscal

"Processual civil. Execução fiscal. Extinção sem resolução do mérito. Relação jurídica tributária. Controvérsia em ação conexa. Honorários advocatícios. Equidade. Observância. 1. Na ação executiva fiscal, o valor da causa será o da dívida constante da certidão, com os encargos legais, de modo que, em regra, o 'valor da condenação' e o 'proveito econômico obtido' aos quais se refere o § 3º do art. 85 do CPC/2015 devem ter correlação com o crédito tributário controvertido. 2. Nos casos em que o acolhimento da pretensão não tenha correlação com o valor da causa ou não se observe proveito econômico com a extinção da execução, os honorários de sucumbência devem ser arbitrados por apreciação equitativa, com observância dos critérios do § 2º do art. 85 do CPC/2015, conforme disposto no § 8º desse mesmo dispositivo. 3. O § 8º do art. 85 do CPC/2015 deve ser observado sempre que a extinção da execução fiscal não acarrete impacto direto na questão de fundo, vez que o crédito tributário é ainda objeto de controvérsia judicial nas demais ações correlatas. 4. Hipótese em que o TJ-SP, porque reconheceu não haver proveito econômico a ser auferido com a extinção da execução, apoiou-se no § 8º do art. 85 do CPC/1973 para fixar a verba honorária. 5. Recurso especial não provido" (STJ, REsp 1.776.512/SP, 1ª Turma, Min. Gurgel de Faria, j. 12.05.2020, *DJe* 22.05.2020).

"Havendo a previsão de pagamento, na esfera administrativa, dos honorários advocatícios, na ocasião da adesão do contribuinte ao Programa de Parcelamento Fiscal, a imposição de pagamento da verba honorária, quando da extinção da execução fiscal, configura bis in idem, sendo vedada nova fixação da verba" (STJ, 2ª Turma. AREsp 2.523.152/CE, Rel. Min. Francisco Falcão, j. 21.05.2024).

Inaplicabilidade dos meios executivos atípicos na Execução Fiscal

"A lógica de mercado não se aplica às execuções fiscais, pois o Poder Público já é dotado, pela Lei nº 6.830/80, de privilégios processuais. Assim, são excessivas as medidas atípicas aflitivas pessoais, tais como a suspensão de passaporte e da licença para dirigir, quando aplicadas no âmbito de execução fiscal" (STJ, HC 453.870/PR, Rel. Min. Napoleão Nunes Maia Filho, j. 25.06.2019).

Contagem da prescrição intercorrente em Execução Fiscal

"O prazo de 1 (um) ano de suspensão do processo e do respectivo prazo prescricional previsto no art. 40, §§ 1º e 2º da Lei nº 6.830/80 (LEF) tem início automaticamente na data da ciência da Fazenda Pública a respeito da não localização do devedor ou da inexistência de bens penhoráveis no endereço fornecido, havendo, sem prejuízo dessa contagem automática, o dever de o magistrado declarar ter ocorrido a suspensão da execução. Sem prejuízo do disposto anteriormente: 1.1) nos casos de execução fiscal para cobrança de dívida ativa de natureza tributária (cujo despacho ordenador da citação tenha sido proferido antes da vigência da Lei Complementar n. 118/2005), depois da citação válida, ainda que editalícia, logo após a primeira tentativa infrutífera de localização de bens penhoráveis, o Juiz declarará suspensa a execução; e, 1.2) em se tratando de execução fiscal para cobrança de dívida ativa de natureza tributária (cujo despacho ordenador da citação tenha sido proferido na vigência da Lei Complementar nº 118/2005) e de qualquer dívida ativa de natureza não tributária, logo após a primeira tentativa frustrada de citação do devedor ou de localização de bens penhoráveis, o Juiz declarará suspensa a execução. Encerrado o prazo de 1 ano, inicia-se automaticamente a contagem do prazo prescricional. Havendo ou não petição da Fazenda Pública e havendo ou não pronunciamento judicial nesse sentido, findo o prazo de 1 (um) ano de suspensão, inicia-se automaticamente o prazo prescricional aplicável (de acordo com aa do crédito exequendo), durante o qual o processo deveria estar arquivado sem baixa na distribuição, na forma do art. 40, §§ 2º, 3º e 4º da Lei n. 6.830/1980 – LEF, findo o qual o Juiz, depois de ouvida a Fazenda Pública, poderá, de ofício, reconhecer a prescrição intercorrente e decretá-la de imediato. Para interrupção do prazo prescricional é necessário requerimento da Fazenda Pública que acarrete efetiva constrição ou efetiva citação. A efetiva constrição patrimonial e a efetiva citação (ainda que por edital) são aptas a interromper o curso da prescrição intercorrente, não bastando para tal o mero peticionamento em juízo, requerendo, *v.g.*, a feitura da penhora sobre ativos financeiros ou sobre outros bens. Os requerimentos feitos pelo exequente, dentro da soma do prazo máximo de 1 (um) ano de suspensão mais o prazo de prescrição aplicável (de acordo com a natureza do crédito exequendo) deverão ser processados, ainda que para além da soma desses dois prazos, pois, citados (ainda que por edital) os devedores e penhorados os bens, a qualquer tempo – mesmo depois de escoados os referidos prazos –, considera-se interrompida a prescrição intercorrente, retroativamente, na data do protocolo da petição que requereu a providência frutífera. Falta de intimação da Fazenda Pública e efetivo prejuízo. A Fazenda Pública, em sua primeira oportunidade de falar nos autos (art. 278 do CPC/2015), ao alegar nulidade pela falta de qualquer intimação dentro do procedimento do art. 40 da LEF, deverá demonstrar o prejuízo que sofreu (exceto a falta da intimação que constitui o termo inicial – Tema 566, onde o prejuízo é presumido), por exemplo, deverá demonstrar a ocorrência de qualquer causa interruptiva ou suspensiva da prescrição. Juiz, ao reconhecer a prescrição intercorrente, deverá demonstrar os marcos que foram aplicados na contagem O magistrado, ao reconhecer a prescrição intercorrente, deverá fundamentar o ato judicial por meio da delimitação dos marcos legais que foram aplicados na contagem do respectivo prazo, inclusive quanto ao período em que a execução ficou suspensa" (STJ, REsp 1.340.553-RS, 1ª S. Rel. Min. Mauro Campbell Marques, j. 12.09.2018, recurso repetitivo).

Ausência de preclusão para a Fazenda Pública

"Não implica preclusão a falta de imediata impugnação pela Fazenda Pública da alegação deduzida em embargos à execução fiscal de que o crédito tributário foi extinto pelo pagamento integral. A preclusão consiste na simples perda de uma faculdade processual. Nos casos relacionados a direitos materiais indisponíveis da Fazenda Pública, a falta de manifestação não autoriza concluir automaticamente que são verdadeiros os fatos alegados pela parte contrária. Em razão da indisponibilidade do direito controvertido e do princípio do livre convencimento, nada impede, inclusive, que o juízo examine esse tema" (STJ, REsp 1.364.444/RS, Rel. Min. Herman Benjamin, j. 08.04.2014).

Parcelamento e cancelamento da penhora

"São constitucionais os arts. 10 e 11, I, segunda parte, da Lei 11.941/2009, que não exigem a apresentação de garantia ou arrolamento de bens para o parcelamento de débito tributário, embora autorizem, nos casos de execução fiscal já ajuizada, a manutenção da penhora efetivada. Não há infringência ao princípio constitucional da isonomia tributária (art. 150, II, CF), pois o que a lei realiza, ao regrar a faculdade de obtenção do parcelamento – sem, contudo, determinar o cancelamento da penhora –, é distinguir situações diversas, ou seja, aquela em que ainda não haja penhora decorrente do ajuizamento da execução fiscal, e aquela em que já exista a penhora decretada judicialmente. Note-se que o devedor que ainda não chegou a ser acionado revela-se, em princípio e concretamente, menos recalcitrante ao adimplemento da dívida tributária do que o devedor que já chegou a ter contra si processo de execução e penhora, devedor este que, certamente, tem débito mais antigo – tanto que lhe foi possível antes o questionar, inclusive em processo administrativo. A garantia, no caso do devedor que já tem penhora contra si, deve realmente ser tratada com maior cautela, em prol da Fazenda Pública. Assim, a distinção das situações jurídicas leva à diferença de tratamento das consequências. Isso quer dizer que, já havendo penhora em execução fiscal ajuizada, a exigibilidade do crédito tributário não se suspende, permanecendo intacto, exigível. A propósito, os comandos legais em questão não pressuporiam lei complementar (art. 146, III, *b*, da CF c/c art. 97, VI, do CTN), pois a reserva legal não vai além da necessidade de lei ordinária, diante da diversidade de situações jurídicas semelhantes" (STJ, AI no REsp 1.266.318/RN, Rel. originário Min. Napoleão Nunes Maia Filho, Rel. para acórdão Min. Sidnei Beneti, j. 06.11.2013).

Parcelamento e prescrição da pretensão executória

"Ocorre a prescrição da pretensão executória do crédito tributário objeto de pedido de parcelamento após cinco anos de inércia da Fazenda Pública em examinar esse requerimento, ainda que a norma autorizadora do parcelamento tenha tido sua eficácia suspensa por medida cautelar em ação direta de inconstitucionalidade. De fato, em caso análogo, a Primeira Turma do STJ já decidiu que a concessão de medida cautelar em ADI que suspende a lei ensejadora do pedido de parcelamento não suspende a exigibilidade do crédito tributário, na medida em que esse provimento judicial não impede o fisco de indeferir, desde logo, o pedido de administrativo e, ato contínuo, promover a respectiva execução. Isso porque o deferimento de cautelar com eficácia *ex nunc* em ação direta de inconstitucionalidade constitui determinação dirigida aos aplicadores da norma contestada para que, nas suas futuras decisões, (a) deixem de aplicar o preceito normativo objeto da ação direta de inconstitucionalidade e (b) apliquem a legislação anterior sobre a matéria, mantidas, no entanto, as decisões anteriores em outro sentido (salvo se houver expressa previsão de eficácia *ex tunc*)". Precedente citado: AgREsp 1.234.307/DF, Rel. Min. Benedito Gonçalves, *DJe* 12.06.2012 (STJ, REsp 1.389.795/DF, Rel. Min. Ari Pargendler, j. 05.12.2013).

Reexame necessário e exceção de pré-executividade

"Não se sujeita ao reexame necessário, ainda que a Fazenda Pública tenha sido condenada a pagar honorários advocatícios, a sentença que extinguiu execução fiscal em razão do acolhimento de exceção de pré-executividade pela qual se demonstrara o cancelamento, pelo Fisco, da inscrição em dívida ativa que lastreava a execução" (STJ, REsp 1.415.603/CE, Rel. Min. Herman Benjamin, j. 22.05.2014).

Certidão de dívida ativa

"A penhora de bem de valor inferior ao débito não autoriza a expedição de certidão positiva com efeitos de negativa. Isso porque a expedição da referida certidão está condicionada à existência de penhora suficiente ou à suspensão da exigibilidade do crédito tributário, nos termos dos arts. 151 e 206 do CTN". Precedentes citados: EDcl no Ag 1.389.047/SC, Segunda Turma, DJe 31.08.2011; e AgRg no REsp 1.022.831/SP, Primeira Turma, DJe 08.05.2008 (STJ, REsp 1.479.276/MG, Rel. Min. Mauro Campbell Marques, j. 16.10.2014).

"Deve ser extinta a execução fiscal que, por erro na CDA quanto à indicação do CPF do executado, tenha sido promovida em face de pessoa homônima. Em princípio, a indicação equivocada do CPF do executado constitui simples erro material, que pode ser corrigido, na forma do art. 2º, § 8º, da Lei 6.830/1980, porque, em regra, não modifica o polo passivo se os demais dados como nome, endereço e número do processo administrativo estiverem indicados corretamente. Entretanto, quando se trata de homônimo, o erro na indicação do CPF acaba por incluir no processo executivo pessoa diversa daquela, em tese, efetivamente devedora do imposto. Ressalte-se que, em caso de homonímia, só é possível verificar quem é o real executado por intermédio do CPF. Assim, tem aplicação a Súmula nº 392 do STJ, segundo a qual 'a Fazenda Pública pode substituir a certidão de dívida ativa (CDA) até a prolação da sentença de embargos, quando se tratar de correção de erro material ou formal, vedada a modificação do sujeito passivo da execução'" (STJ, REsp 1.279.899/MG, Rel. Min. Napoleão Nunes Maia Filho, j. 18.02.2014).

Extinção da execução fiscal e impossibilidade de transferência de penhora para outro processo

"Não há no Código de Processo Civil, nem na Lei nº 6.830/1980, regra que autorize o magistrado que extingue a execução fiscal em face do pagamento a proceder com a transferência da penhora existente para outro processo executivo envolvendo as mesmas partes" (STJ, 1ª Turma. REsp 2.128.507/TO, Rel. Min. Gurgel de Faria, j. 23.05.2024).

Súmula nº 150 do STF: "Prescreve a execução no mesmo prazo de prescrição da ação".

Súmula nº 58 do STJ: "Proposta a execução fiscal, a posterior mudança de domicílio do executado não desloca a competência já fixada".

Súmula nº 112 do STJ: "O depósito somente suspende a exigibilidade do crédito tributário se for integral e em dinheiro".

Súmula nº 121 do STJ: "Na execução fiscal, o devedor deverá ser intimado, pessoalmente, do dia e hora da realização do leilão".

Súmula nº 128 do STJ: "Na execução fiscal haverá segundo leilão, se no primeiro não houver lanço superior à avaliação".

Súmula nº 153 do STJ: "A desistência da execução fiscal, após o oferecimento dos embargos, não exime o exequente dos encargos da sucumbência".

Súmula nº 189 do STJ: "É desnecessária a intervenção do Ministério Público nas execuções fiscais".

Súmula nº 190 do STJ: "Na execução fiscal, processada perante a Justiça Estadual, cumpre à Fazenda Pública antecipar o numerário destinado ao custeio das despesas com o transporte dos oficiais de justiça".

Súmula nº 251 do STJ: "A meação só responde pelo ato ilícito quando o credor, na execução fiscal, provar que o enriquecimento dele resultante aproveitou ao casal".

Súmula nº 314 do STJ: "Em execução fiscal, não localizados bens penhoráveis, suspende-se o processo por um ano, findo o qual se inicia o prazo da prescrição quinquenal intercorrente".

Súmula nº 392 do STJ: "A Fazenda Pública pode substituir a certidão de dívida ativa (CDA) até a prolação da sentença de embargos, quando se tratar de correção de erro material ou formal, vedada a modificação do sujeito passivo da execução".

Súmula nº 393 do STJ: "A exceção de pré-executividade é admissível na execução fiscal relativamente às matérias conhecíveis de ofício que não demandem dilação probatória".

Súmula nº 406 do STJ: "A Fazenda Pública pode recusar a substituição do bem penhorado por precatório".

Súmula nº 409 do STJ: "Em execução fiscal, a prescrição ocorrida antes da propositura da ação pode ser decretada de ofício (art. 219, § 5º, do CPC)".[96]

Súmula nº 414 do STJ: "A citação por edital na execução fiscal é cabível quando frustradas as demais modalidades".

Súmula nº 429 do STJ: "A citação postal, quando autorizada por lei, exige o aviso de recebimento".

Súmula nº 435 do STJ: "Presume-se dissolvida irregularmente a empresa que deixar de funcionar no seu domicílio fiscal, sem comunicação aos órgãos competentes, legitimando o redirecionamento da execução fiscal para o sócio-gerente".

Súmula nº 436 do STJ: "A entrega de declaração pelo contribuinte reconhecendo débito fiscal constitui o crédito tributário, dispensada qualquer outra providência por parte do fisco".

Súmula nº 451 do STJ: "É legítima a penhora da sede do estabelecimento comercial".

Súmula nº 515 do STJ: "A reunião de execuções fiscais contra o mesmo devedor constitui faculdade do Juiz".

Súmula nº 521 do STJ: "A legitimidade para a execução fiscal de multa pendente de pagamento imposta em sentença condenatória é exclusiva da Procuradoria da Fazenda Pública".

Súmula nº 558 do STJ: "Em ações de execução fiscal, a petição inicial não pode ser indeferida sob o argumento da falta de indicação do CPF e/ou RG ou CNPJ da parte executada".

Súmula nº 559 do STJ: "Em ações de execução fiscal, é desnecessária a instrução da petição inicial com o demonstrativo de cálculo do débito, por tratar-se de requisito não previsto no art. 6º da Lei nº 6.830/1980".

Súmula nº 560 do STJ: "A decretação da indisponibilidade de bens e direitos, na forma do art. 185-A do CTN, pressupõe o exaurimento das diligências na busca por bens penhoráveis, o qual fica caracterizado quando infrutíferos o pedido de constrição sobre ativos financeiros e a expedição de ofícios aos registros públicos do domicílio do executado, ao Denatran ou Detran".

Súmula nº 653 do STJ: "O pedido de parcelamento fiscal, ainda que indeferido, interrompe o prazo prescricional, pois caracteriza confissão extrajudicial do débito".

---

[96] A Súmula deve ser interpretada de acordo com o art. 332, § 1º, do atual Código de Processo Civil.

Quadro esquemático 94 – Execução fiscal

Execução Fiscal – Lei nº 6.830/80
- Título em que se embasa: certidão de dívida ativa (título extrajudicial).
- Principais diferenças da execução fiscal em relação à execução comum
  - A competência para a execução fiscal exclui a de qualquer outro juízo (LEF, art. 5º).
  - Citação para pagar em cinco dias (LEF, art. 8º, *caput*).
  - Intimação da penhora ao executado, através de órgão oficial (LEF, art. 12).
  - O prazo para oposição de embargos é de trinta dias (LEF, art. 16).
  - Os embargos à execução fiscal não possuem efeito suspensivo. Para que seja concedido é necessário o oferecimento de garantia e a comprovação dos requisitos para a concessão da tutela provisória (art. 919, § 1º).
  - A Fazenda Pública pode adjudicar os bens penhorados (art. 24, LEF) ou utilizar o valor da arrematação para liquidar o crédito tributário ou não tributário.

8. EXECUÇÃO POR QUANTIA CERTA CONTRA DEVEDOR INSOLVENTE (ARTS. 748 A 786-A DO CPC/1973)

Antes de tratar do tema é importante justificar a referência aos dispositivos do CPC/1973. A Lei nº 13.105/2015 – Código de Processo Civil – não disciplinou a execução por quantia certa contra devedor insolvente, mas nas suas disposições finais e transitórias (art. 1.052) estabeleceu que, até a edição de lei específica, essa modalidade de execução permanecerá regulada pelo Livro II, Título IV, da Lei nº 5.869/1973. Assim, **permanecem em vigor os artigos 748 a 786-A do CPC/1973**, razão pela qual, nos tópicos seguintes, deve-se entender que os dispositivos mencionados correspondem aos do Código Buzaid.

8.1 Noções gerais

Já vimos que a execução por quantia certa é aquela que tem por fundamento a obrigação de dar dinheiro. Na execução dessa modalidade de obrigação, quando o patrimônio do devedor ou do responsável é suficiente para satisfazer o débito, diz-se que a execução é contra devedor solvente. Na hipótese de as dívidas **excederem ao valor global dos bens do devedor** (art. 748 do CPC/1973), a execução também será por quantia certa, mas contra devedor insolvente.

A insolvência ou insolvabilidade do devedor, associada ao preenchimento de outros pressupostos que veremos a seguir, pode determinar a execução do crédito por um procedimento diverso do que seria obedecido caso se tratasse de devedor solvente.

Na execução por quantia certa contra devedor solvente, pelo menos em princípio, apenas o bem penhorado, e não todo o patrimônio do devedor, vai ser objeto de expropriação. Por outro lado, sendo solvente o devedor, apenas o credor que penhorou o bem, afora outras preferências fundadas em título legal, terá preferência no recebimento do produto da alienação. Ao revés, tratando-se de devedor insolvente, a execução, tanto sob o aspecto subjetivo (dos credores) como objetivo (dos bens), tem a característica da universalidade, isto é, atinge todos os credores, ainda que não figurem no polo ativo da execução, e todos os bens do devedor insolvente, independentemente de penhora.

Tal característica impôs ao legislador a regulamentação de modalidade de execução que em nada – ou quase nada – se assemelha às demais, nem mesmo à execução por quantia certa contra devedor solvente. Até mesmo os objetivos e a natureza da execução contra devedor insolvente são distintos. Ao passo que nas demais modalidades de execução o fim colimado é apenas o de satisfação do crédito exequendo, por atos de natureza tipicamente executiva. No procedimento da insolvência, o que se objetiva é a **defesa dos créditos de todos os credores do insolvente**, para o que se faz necessário mesclar atividades de conhecimento e de execução.

Processo de execução por quantia certa contra devedor insolvente ou simplesmente **insolvência civil** é um processo de liquidação do patrimônio do devedor civil (não empresário), para solução de suas obrigações, ao qual concorrem todos os credores.

A insolvência civil, por se tratar de **execução coletiva e universal**, assemelha-se à falência. Entretanto, trata-se de institutos distintos, cuja incidência gera efeitos diversos. Na Lei Falimentar, por exemplo, há definição de tipos penais e previsão de recuperação judicial ou extrajudicial da empresa.

À guisa de síntese, no quadro a seguir vamos identificar as principais características da execução contra devedor solvente, da execução contra devedor insolvente e da falência:

	Execução contra devedor solvente	Insolvência	Falência
Sujeito passivo	Qualquer devedor (civil ou empresário) solvente.	Devedor civil (não empresário) insolvente.	Devedor empresário insolvente.
Objeto da expropriação	Apenas os bens penhorados.	Arrecadação de todo o patrimônio do devedor.	Arrecadação de todo o patrimônio do devedor.
Recebimento do produto da alienação	Apenas o credor que penhorou o bem, afora outras preferências (execução singular).	Todos os credores concorrerão ao produto da alienação (execução universal).	Todos os credores concorrerão ao produto da alienação (execução universal).
Aspecto criminal	Não há definição de tipos penais.	Não há definição de tipos penais.	Há definição de tipos penais.
Previsão de recuperação judicial	Não há.	Há previsão de acordo, não impositivo.	Há previsão de recuperação judicial ou extrajudicial da empresa.

8.2 Caracterização da insolvência

Segundo o disposto no art. 748 do CPC/1973, "**dá-se a insolvência toda vez que as dívidas excederem à importância dos bens do devedor**". Na verdade, não é bem assim. Isso porque o mero desequilíbrio patrimonial (passivo maior que o ativo) revela apenas um estado de fato, de ordem econômica, e a insolvência, na sua amplitude, constitui novo estado jurídico para o devedor, que lhe impõe graves restrições e por isso mesmo reclama a existência de certos pressupostos.

Três são os pressupostos da insolvência: a) ser devedor civil (requisito pessoal); b) ser insolvável (requisito econômico); c) sentença judicial (requisito jurídico).

Somente o devedor civil pode ser sujeito passivo da execução por quantia certa contra devedor insolvente; em outras palavras, apenas o devedor civil pode ser insolvente no sentido jurídico.

Por devedor civil entende-se o **devedor não empresário**. Assim, excluindo-se o empresário, conceituado como "a pessoa que exerce, profissionalmente, com fins lucrativos, atividade econômica de produção e circulação de bens móveis, semoventes e serviços",[97] todas as demais estão sujeitas à decretação da insolvência, atendidos os demais pressupostos, obviamente.

---

[97] RAMALHO, Rubem. *Curso teórico e prático de falência e concordatas*. São Paulo: Saraiva, 1984. p. 35.

Saliente-se que certas sociedades, embora se enquadrem no conceito de empresárias, estão sujeitas à liquidação extrajudicial, e não à falência.

Em síntese, devedor civil é a pessoa, natural ou jurídica, que não pratica profissionalmente atividade empresária. Por exemplo, o pedreiro, a sociedade profissional (civil) de advogados, médicos, engenheiros (art. 786 do CPC/1973).

Em geral, as dívidas individuais de um cônjuge não obrigam os bens do outro nem os comuns além da meação do devedor (art. 3º da Lei nº 4.121/1962). Todavia, dependendo da natureza da obrigação ou se tiver o cônjuge do devedor assumido a responsabilidade por suas dívidas (em razão de aval, fiança, assunção da dívida), poderá ser declarada, nos autos do mesmo processo, a insolvência de ambos (art. 749 do CPC/1973). Exceto nessas hipóteses, mesmo tratando-se do regime da comunhão universal de bens, a execução coletiva só atingirá a meação do cônjuge declarado insolvente.

A insolvabilidade constitui o segundo pressuposto da decretação da insolvência. Nessa parte, cabe evidenciar a distinção entre insolvabilidade e insolvência.

Insolvabilidade é um estado de fato, real ou aparente. Será real quando as dívidas excederem à importância dos bens do devedor (arts. 748 e 749); será aparente quando o devedor não possuir outros bens livres e desembaraçados para nomear à penhora ou forem arrestados bens em caráter cautelar (art. 750, I e II). Na insolvabilidade aparente ou presumida, pode ser que o devedor tenha patrimônio suficiente para saldar todas as dívidas, mas as evidências permitem inferir que ele não tem capacidade financeira e econômica de cumprir as obrigações assumidas. Para decretar a insolvência, não se exige a insolvabilidade real, apenas a aparente.

A insolvência não é um estado de fato, e sim de direito. Ela pressupõe a qualidade do devedor, que deve ser civil (pessoa natural ou jurídica), o estado real ou aparente de insolvabilidade e a sentença judicial.

O último pressuposto da insolvência é a **sentença judicial**. A sentença que decreta a insolvência é o resultado da ação cognitiva do juiz na fase preliminar do processo. Essa fase tem início com o pedido do credor ou do próprio devedor (ou de seu espólio) e culmina com a sentença, que tem natureza constitutiva – embora o Código, no art. 751, mencione "declaração de insolvência" –, visto que cria novo estado jurídico para o devedor: o estado de insolvente.

A sentença que decreta a insolvência distingue-se das demais sentenças judiciais. Ao passo que as demais sentenças põem fim ao processo, a que decreta a insolvência apenas dá início ao procedimento. Evidencie-se que o procedimento da insolvência pode dar ensejo à prolação de até cinco sentenças, como veremos a seguir.

8.3 Legitimação para a insolvência

A **declaração de insolvência** pode ser requerida (art. 753):

a) *por qualquer credor quirografário:* desde que tenha título, judicial ou extrajudicial exigível. Os credores com garantia real ou privilégio especial não têm interesse processual para requerer a insolvência. Podem tais credores obter a satisfação dos créditos com a execução singular (meio menos gravoso para o devedor), visto que eventuais penhoras, levadas a efeito posteriormente à constituição da garantia, não geram direito de preferência;

b) *pelo devedor (ou por seu espólio, se falecido):* estando na situação de insolvabilidade, está o devedor ou o espólio legitimado a requerer a própria insolvência (arts. 753, II e III, e 759). Trata-se de faculdade, não de dever.

Sujeito passivo do processo de insolvência é, a princípio, apenas o devedor civil. Caso o devedor não possua bens que bastem à satisfação dos créditos e tendo o cônjuge, em decorrência de lei ou de ato seu, assumido responsabilidade perante os credores, poderá figurar no polo passivo da execução universal (art. 749).

8.4 Competência para a insolvência

A competência para conhecer do pedido de insolvência formulado por qualquer credor quirografário é fixada pela regra geral prevista no art. 94 (art. 46 do CPC/2015), segundo a qual o devedor deve ser demandado em seu domicílio, o mesmo ocorrendo nos casos de declaração de insolvência requerida pelo próprio devedor ou seu espólio (art. 760).

8.5 Procedimento da insolvência

Para fins didáticos, podemos dividir o procedimento da insolvência em três etapas.

À primeira damos o nome de **etapa de** *conhecimento*, que vai do pedido inicial à sentença que decreta a insolvência. Divide-se em duas fases: **fase de instrução** e **fase de decisão.**

A segunda etapa, que vai da sentença que decreta a insolvência à apresentação do quadro geral de credores, é denominada *administração*, posto que nela várias providências de caráter administrativo são tomadas. Subdivide-se em quatro fases: **arrecadação, habilitação, verificação** e **classificação dos créditos.**

A terceira etapa, denominada *liquidação,* vai da sentença que aprova o quadro geral de credores à sentença que extingue as obrigações. Subdivide-se em três fases: da **liquidação da massa**, do **pagamento dos credores** e da **extinção das obrigações.**

Dada essa visão panorâmica do procedimento, vamos discorrer de forma sucinta sobre cada etapa e suas fases.

8.5.1 Etapa de conhecimento

Já dissemos que a insolvência pode ser requerida pelo credor quirografário ou pelo próprio devedor (ou espólio).

O credor requererá a declaração de insolvência do devedor, **instruindo o pedido com título executivo judicial ou extrajudicial** (art. 754).

Não sendo o caso de indeferimento da inicial, o devedor será citado para, **no prazo de dez dias**, opor embargos (art. 755, 1ª parte). Evidentemente que nesse prazo pode o devedor pagar a dívida, o que conduzirá à extinção da obrigação (art. 794, I), eliminando de vez a possibilidade de decretação da insolvência. Não pagando e não embargando, o juiz proferirá julgamento antecipado, decretando a insolvência.

Para oferecer embargos é dispensável o depósito (a garantia do juízo). Caso tenha o devedor efetuado o depósito, a possibilidade de decretação da insolvência fica afastada, elidida[98] (art. 757), isso porque, se no final da instrução o juiz julgar legítimo o título que instruiu o pedido inicial, determinará o levantamento do depósito pelo credor.

De qualquer forma, apresentados os embargos, passa-se à instauração, na qual pode o devedor (autor dos embargos) fazer prova no sentido de infirmar a presunção de liquidez,

---

[98] Elidir significa eliminar, ao passo que ilidir é rebater, contestar. No caso, o depósito elimina a possibilidade da decretação da insolvência, pelo que elidir seria melhor que o ilidir constante do texto do art. 757.

certeza e exigibilidade que emanam do título. Não havendo provas a produzir, o juiz dará a sentença em dez dias (art. 758).

Sendo a insolvência requerida pelo próprio devedor ou seu espólio, o procedimento torna-se mais simplificado, porquanto não há previsão de instauração de contraditório, com a citação dos credores. Nessa hipótese, o devedor ou seu espólio dirigirá petição ao juiz da comarca em que o devedor tem o domicílio,[99] com os requisitos listados no art. 760. Sopesando os elementos apresentados pelo devedor, o juiz, que tem a faculdade de ordenar outras provas, proferirá sentença, decretando ou não a insolvência.

Essa etapa, denominada de conhecimento, porque nela o juiz realiza atividade cognitiva no sentido de averiguar se o devedor realmente se encontra em situação de insolvabilidade, encerra-se com sentença, que, via de regra, decreta a insolvência. **A sentença é declaratória**, pois atesta um estado de fato do devedor (a insuficiência de seu patrimônio para cobrir suas dívidas), mas ao mesmo tempo constitutiva, porquanto cria para o devedor e credores uma nova situação jurídica (o devedor, por exemplo, perde a administração e a disponibilidade dos bens).

Essa sentença, a primeira de uma série que será dada no procedimento da insolvência, produz os seguintes efeitos (art. 751):

a) o **vencimento antecipado das dívidas** da pessoa declarada insolvente;

b) a **arrecadação de todos os bens do insolvente**, suscetíveis de penhora, quer os atuais, quer os adquiridos no curso do processo;

c) provoca a **instauração do concurso universal dos credores** do insolvente. Em razão disso, cessam as preferências das penhoras. Todos os credores, munidos de títulos executivos, se quiserem receber seus créditos, terão que se habilitar no processo da insolvência (art. 762, *caput*). Todas as execuções em curso, exceto a execução fiscal, serão remetidas ao juízo da insolvência, salvo se estiverem com hasta pública designada, hipótese em que o produto da alienação entrará para a massa do insolvente (art. 762, §§ 1º e 2º).

Na própria sentença que declara a insolvência, o juiz:

a) **nomeia**, dentre os maiores credores, **um administrador da massa**. Ao administrador compete arrecadar os bens do devedor, representar a massa, ativa e passivamente, praticar atos conservatórios de direito e de ações, promover a cobrança das dívidas ativas e alienar em praça ou em leilão, com autorização judicial, os bens da massa (art. 766);

b) **manda expedir edital**, convocando os credores para que apresentem, no prazo de vinte dias, a declaração do crédito, acompanhada do respectivo título.

8.5.2 Etapa da administração

Encerrada a etapa de cognição do juiz com a sentença que decreta a insolvência, inicia-se a segunda etapa, denominada administração, e que se subdivide nas fases de arrecadação, habilitação, verificação e classificação dos créditos.

---

[99] O juízo competente para a insolvência, seja ela requerida pelo devedor ou pelo credor, é do domicílio do devedor, não tendo relevância o foro contratual. Aplicam-se à hipótese os arts. 94 (art. 46 do CPC/2015) e 760 do CPC/1973.

O administrador, uma vez nomeado (o que é feito na sentença que decreta a insolvência), assinará o termo de compromisso no prazo de 24 horas após a intimação (art. 764) e, em seguida, arrecada todos os bens do devedor, onde quer que estejam, requerendo para esse fim as medidas judiciais necessárias (art. 766, I). Essa fase denomina-se *arrecadação*.

A próxima fase dessa etapa administrativa é a da habilitação. Na verdade, as fases não são estanques. Ao mesmo tempo em que ocorre a arrecadação, operam-se também a habilitação e, em seguida, a verificação e a classificação dos créditos.

O fato é que, na sentença que decreta a insolvência, o juiz, além de nomear o administrador que vai proceder à arrecadação dos bens, manda expedir edital, convocando os credores a apresentarem a declaração de seus créditos no prazo de 20 dias (art. 761, II). Esse procedimento de apresentação de crédito denomina-se *habilitação*, que consiste num pedido, formulado ao juiz, no sentido de que o crédito, representado pelo título executivo exibido, seja incluído no quadro geral de credores.

Os credores retardatários (que não se habilitaram no prazo do art. 761, II) perdem o direito aos rateios porventura feitos anteriormente à sua habilitação. Aliás, tais credores não poderão habilitar-se nos autos da insolvência. Para participar dos rateios posteriores, terão de propor "ação direta".

Uma vez procedida a habilitação, passa-se à verificação dos créditos, que consiste no procedimento pelo qual se define quais créditos figurarão (e com qual preferência) no quadro geral de credores. Vejamos a seguir alguns aspectos desse procedimento:

- Findo o prazo do art. 761, II, o escrivão ordenará e autuará as declarações (habilitações) e, em seguida, por edital, intimará todos os credores para, no prazo de vinte dias, alegarem suas preferências e impugnarem quaisquer créditos (art. 768, *caput* e parágrafo único).

- Não havendo impugnações, o procedimento de verificação é simplificado. O escrivão remete os autos ao contador para elaboração do quadro geral de credores (que contém a classificação dos créditos), o qual, após ouvidos os credores no prazo de dez dias e feitas as modificações necessárias, se for o caso, é aprovado por sentença (arts. 769, *caput*, e 771).

- Havendo impugnação pelo credor ou pelo devedor, o juiz deferirá, quando necessária, a produção de provas e, em seguida, proferirá sentença (art. 772, *caput*). Nesse caso, somente após o trânsito em julgado da sentença que decidir quais créditos e em qual ordem figurarão no quadro geral de credores é que os autos irão ao contador para tal fim (art. 772, § 2º). Evidencie-se que, havendo ou não impugnação, os credores serão ouvidos sobre o quadro, após o que será submetido ao juiz, que o aprovará por sentença.

A sentença que aprova o quadro geral de credores marca a etapa da administração. Será a segunda ou a terceira sentença proferida no processo, dependendo se houve ou não impugnação aos créditos habilitados.

O quadro geral dos credores admitidos no processo de insolvência deve obedecer à seguinte ordem:

1º) **créditos tributários** – segundo o disposto no art. 31 da Lei nº 6.830, o pagamento da dívida ativa figura como condição para alienação dos bens da massa. Assim, a rigor, os créditos tributários sequer estão sujeitos ao concurso;

2º) **créditos trabalhistas** – Lei nº 6.449/1977, que alterou o art. 449, § 1º, da CLT. Os créditos por acidentes de trabalho são de responsabilidade da previdência social;

3º) **créditos com direitos reais de garantia** – art. 1.422 do CC;
4º) **créditos com privilégio especial** sobre determinados bens – art. 964 do CC;
5º) **créditos com preferência geral** – art. 965 do CC;
6º) **créditos quirografários**.

Os encargos da massa são pagos antes mesmo do rateio, razão pela qual não são inseridos no quadro geral de credores.

8.5.3 Etapa da liquidação

Uma etapa do processo de insolvência nem sempre pressupõe a anterior. Às vezes, elas se superpõem. É o que ocorre com a terceira e última etapa do processo de insolvência, denominada *liquidação*, que se subdivide em três fases: liquidação da massa, pagamento dos credores e extinção das obrigações.

A liquidação da massa consiste em **transformar os bens arrecadados em dinheiro**, para cumprir o objetivo precípuo do processo de insolvência, que é o pagamento dos credores.

A alienação dos bens pode ser feita antes ou depois da organização do quadro geral de credores (art. 773, 1ª parte, do CPC/1973). Essa alienação é feita na forma preconizada para a execução comum, ou seja, por meio de leilão.

O produto da alienação dos bens da massa é destinado ao pagamento dos credores segundo a ordem estabelecida no quadro geral de credores. Se o produto da alienação for suficiente para saldar todas as dívidas, o processo de execução se extingue (art. 794, I, do CPC/1973; art. 924, II, CPC/2015), ficando o devedor totalmente liberado e, inclusive, com direito a eventual saldo que sobejar do pagamento das dívidas.

Entretanto, a decorrência natural do estado de insolvabilidade do devedor é o produto da alienação não ser bastante para satisfação integral dos créditos habilitados. Aliás, é comum a importância apurada com a liquidação da massa não alcançar os credores quirografários nem parte de seus créditos. Nessa hipótese, **o devedor continua obrigado pelo saldo** (art. 774 do CPC/1973). Se posteriormente o devedor adquirir outros bens penhoráveis, serão eles arrecadados e alienados, procedendo-se a novo rateio entre aqueles que não receberam seus créditos na ordem estabelecida no quadro geral de credores.

Mas por quanto tempo continua o devedor obrigado pelo saldo remanescente, não coberto pelo produto da alienação?

Feito o pagamento dos credores, total ou parcialmente, o juiz profere sentença, encerrando o processo de insolvência. No primeiro caso (o produto da alienação foi suficiente para saldar as dívidas), o devedor fica liberado, visto que não existe saldo remanescente. Na segunda hipótese (bens insuficientes), a despeito de proferida a sentença, que encerra o processo de insolvência, o devedor continua obrigado pelo saldo remanescente.

Entretanto, ao transitar em julgado a sentença que encerra a insolvência, **a prescrição das obrigações, que foi interrompida com a propositura da execução coletiva, recomeça a correr** (art. 777 do CPC/1973).

Passados cinco anos do trânsito em julgado dessa sentença (a que extingue a insolvência), consideram-se extintas as obrigações que foram ou poderiam ter sido cobradas na execução universal (art. 778 do CPC/1973).

O prazo extintivo é de cinco anos, "contados da data do encerramento do processo de insolvência", ou melhor, do trânsito em julgado da sentença que o encerrou; se porventura ele foi reaberto (art. 777 do CPC/1973) uma ou mais vezes, a sentença que se tem em vista é a do último encerramento.

Passados os cinco anos do trânsito em julgado da sentença do último encerramento da insolvência, é lícito ao devedor requerer a extinção das obrigações (art. 779, 1ª parte, do CPC/1973). O juiz então mandará publicar edital com prazo de 30 dias, no qual qualquer credor poderá opor-se ao pedido, alegando que não transcorreu o prazo legal ou que o devedor adquiriu bens sujeitos à arrecadação (arts. 779, 2ª parte, e 780 do CPC/1973).

Havendo ou não oposição ao pedido, o juiz profere sentença, declarando extintas as obrigações, se atendidos os requisitos da lei, hipótese em que o devedor ficará habilitado a praticar todos os atos da vida civil (arts. 782 e 752 do CPC/1973).

8.6 Outros aspectos do processo de insolvência

"Outra forma de extinção das obrigações é o acordo que o devedor pode propor aos credores após a aprovação do quadro geral. Se os credores concordarem, sem oposição de espécie alguma, o juiz, aprovando a proposta por sentença, homologa a forma de pagamento" (art. 783 do CPC/1973).[100]

Esse acordo não é imposto coativamente aos credores. Somente se não houver oposição é que o juiz aprovará a proposta por sentença.

Em razão do interesse público evidenciado pela natureza da lide (art. 82, III), deve o Ministério Público intervir no processo de insolvência.

> **Lembrete:**
> - O procedimento da insolvência comporta a prolação das seguintes decisões: a que decreta a insolvência (art. 755 do CPC/1973); a que decide a impugnação ao crédito habilitado (art. 772); a que aprova o quadro geral de credores (Art. 771 do CPC/1973); a que encerra o processo de insolvência (art. 777 do CPC/1973); e a que extingue as obrigações (art. 782 do CPC/1973).

---

[100] GRECO FILHO, Vicente. *Direito processual civil brasileiro*. 10. ed. São Paulo: Saraiva, 1995, p. 137.

Quadro esquemático 95 – Execução por quantia certa contra devedor insolvente

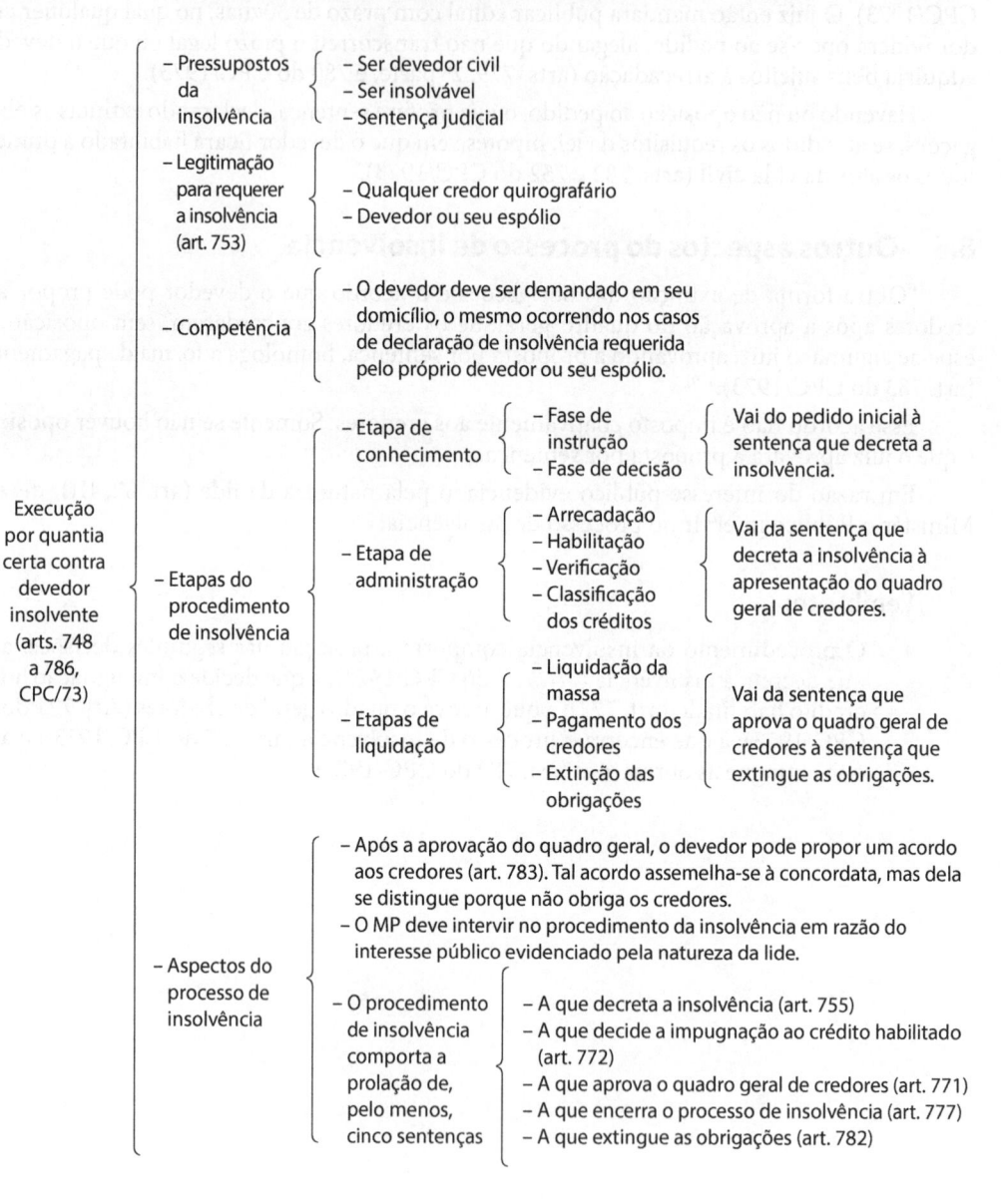

- **Execução por quantia certa contra devedor insolvente (arts. 748 a 786, CPC/73)**
  - **Pressupostos da insolvência**
    - Ser devedor civil
    - Ser insolvável
    - Sentença judicial
  - **Legitimação para requerer a insolvência (art. 753)**
    - Qualquer credor quirografário
    - Devedor ou seu espólio
  - **Competência**
    - O devedor deve ser demandado em seu domicílio, o mesmo ocorrendo nos casos de declaração de insolvência requerida pelo próprio devedor ou seu espólio.
  - **Etapas do procedimento de insolvência**
    - **Etapa de conhecimento**
      - Fase de instrução
      - Fase de decisão
      - Vai do pedido inicial à sentença que decreta a insolvência.
    - **Etapa de administração**
      - Arrecadação
      - Habilitação
      - Verificação
      - Classificação dos créditos
      - Vai da sentença que decreta a insolvência à apresentação do quadro geral de credores.
    - **Etapas de liquidação**
      - Liquidação da massa
      - Pagamento dos credores
      - Extinção das obrigações
      - Vai da sentença que aprova o quadro geral de credores à sentença que extingue as obrigações.
  - **Aspectos do processo de insolvência**
    - Após a aprovação do quadro geral, o devedor pode propor um acordo aos credores (art. 783). Tal acordo assemelha-se à concordata, mas dela se distingue porque não obriga os credores.
    - O MP deve intervir no procedimento da insolvência em razão do interesse público evidenciado pela natureza da lide.
    - O procedimento de insolvência comporta a prolação de, pelo menos, cinco sentenças
      - A que decreta a insolvência (art. 755)
      - A que decide a impugnação ao crédito habilitado (art. 772)
      - A que aprova o quadro geral de credores (art. 771)
      - A que encerra o processo de insolvência (art. 777)
      - A que extingue as obrigações (art. 782)

Embargos do executado (arts. 914 a 920)

1. NOÇÕES GERAIS, CONCEITO E NATUREZA JURÍDICA

Ao instaurar o processo de conhecimento, reina a incerteza nas relações entre as partes em litígio. Para dirimir o conflito, afastando a incerteza, o juiz aprecia as razões apresentadas, sopesa as provas e confronta a verdade apurada com o direito objetivo. Somente depois do exercício da cognição é que abre ensejo à prolação da sentença, norma que regulará o caso concreto.

Ao contrário do que ocorre no processo de conhecimento, no processo de execução não há pesquisa acerca do direito das partes. A execução pressupõe a certeza do direito do credor, proclamada pelo juiz, na sentença, ou pelas próprias partes, em título extrajudicial, de forma que a tutela jurisdicional executiva é prevalentemente realizadora, satisfativa.

Em face de já pressupor direito certo, líquido e exigível, o processo de execução não comporta sentença, no sentido de ato resolutório do mérito. A sentença a que se refere o art. 925 é **meramente extintiva** do procedimento executivo, ou seja, declara o efeito (extinção) já produzido em decorrência da prática de um ato jurídico (satisfação da obrigação). O **contraditório** existente na execução é **limitado**, restringe-se a aspectos formais do título[1] ou à própria execução, por exemplo, o valor dos bens penhorados, jamais ao direito consubstanciado no título. Nessa modalidade de processo, a parte exercita o direito subjetivo à ação, não com vistas a obter a norma reguladora do caso concreto, como no processo de conhecimento, mas sim para obter a satisfação de direito já definido.

Mas como conciliar a natureza do processo executivo, que não admite discussão sobre o mérito da relação jurídica, com o direito do devedor de "não se submeter à atividade executiva, quando tenha deixado de haver razão para que ela se desenvolva, ou quando o seu desenvolvimento porventura transborde os estritos limites em que deve conter-se?".[2]

Para resguardar os interesses do executado, o Código contempla uma **ação autônoma de conhecimento**, denominada **embargos do executado**. Não se trata de defesa ou contestação,

---

[1] A exceção ou objeção de pré-executividade constitui o meio adequado para atacar a execução. De qualquer forma, não se trata de defesa num sentido amplo, porquanto somente é admitida para arguir matérias que o juiz poderia conhecer de ofício.

[2] BARBOSA MOREIRA, José Carlos. *Novo processo civil brasileiro*. 21. ed. Rio de Janeiro: Forense, 2000. p. 337.

exercitada no bojo da execução, mas sim de ação autônoma, de **natureza constitutiva**, cuja finalidade é a **desconstituição** ou **depuração** do título que lastreia o processo executivo ou simplesmente a **desconstituição do ato expropriatório**.

O termo *embargos* é empregado com acepções diversas no CPC. Por exemplo, designa o meio adequado para terceiro livrar bens da constrição judicial (embargos de terceiro); designa recursos (embargos de declaração e de divergência).

O Código atual fez a opção pelo termo *executado* (embargos do executado em vez de embargos do devedor) que, além da pertinência com a terminologia processual, mostra-se mais adequado para designar aquele que figura no polo passivo do processo de execução, uma vez que nem todo executado é devedor.

No contexto deste tópico, "embargos", mais precisamente "embargos do executado", é o meio de que dispõe o executado para impugnar os limites da execução, a validade do título ou do próprio processo executivo, bem assim a validade do ato expropriatório com base em fatos supervenientes à penhora.

Não se trata de incidente da execução. Embora incidental, os embargos do executado têm natureza de ação de conhecimento autônoma, de caráter constitutivo, cujos autos são apensados aos do processo de execução.

2. EMBARGABILIDADE DA EXECUÇÃO

Tratando-se de título judicial, a regra é a não embargabilidade, uma vez que, conforme já dissemos, execução não há, mas sim cumprimento de sentença. Não havendo execução, por óbvio, não há que se cogitar de embargos à execução. **O meio de o devedor se defender nessa fase processual é a impugnação (art. 525).**

Quanto aos **títulos executivos extrajudiciais**, pouco importa a natureza da obrigação neles contida, se de pagar quantia, entregar coisa, fazer ou não fazer, a execução respectiva **será sempre embargável**. Essa embargabilidade, vale repetir, *decorre do fato de não haver, no título extrajudicial, contraditório quanto ao objeto da obrigação*.

Sobre a perspectiva da natureza da obrigação, deve-se registrar que, com as modificações trazidas pelo CPC/2015 – procedimentos específicos e diversos para o cumprimento de sentença e para a execução de título extrajudicial –, as execuções por quantia certa contra particular ou contra a Fazenda Pública são embargáveis. Quando a obrigação for de entregar coisa, fazer ou não fazer, também não importa a qualidade do sujeito passivo da execução (se particular ou Fazenda Pública), mas sim o título no qual se embasa a execução: se a obrigação estiver prevista em título extrajudicial, sempre se cogitará da oposição de embargos.

Não obstante a semelhança entre embargos à execução e impugnação ao cumprimento da sentença, principalmente porque ambos possibilitam a desconstituição ou depuração do título executivo, há diferenças entre aqueles e esta.

Os embargos à execução constituem processo autônomo, ao passo que o procedimento referente ao cumprimento da sentença é incidental, ou seja, desenvolve-se na mesma relação processual na qual se deu a composição da lide.

Contra a sentença que decide os embargos à execução, cabe apelação; a decisão que resolve a impugnação é recorrível por meio de agravo de instrumento (art. 1.015, parágrafo único), salvo quando importar em extinção da execução, caso em que caberá apelação.

Além disso, as matérias que podem ser alegadas na impugnação ao cumprimento de sentença estão expressamente previstas no art. 525, § 1º. Os argumentos trazidos com os embargos são mais amplos, tanto que o inciso VI do art. 917 dispõe que o executado poderá alegar "qualquer matéria que lhe seria lícito deduzir como defesa em processo de conhecimento".

Os institutos se tangenciam quando se trata da apresentação de garantia para embargar ou impugnar. No CPC/1973 era preciso garantir o cumprimento da sentença, por meio de prévia penhora, para que fosse possível a posterior apresentação de impugnação. Por outro lado, na sistemática dos embargos, descabida era a exigência de penhora para a sua apresentação. Na sistemática da nova legislação processual é desnecessária prévia penhora para a apresentação, nos próprios autos, de impugnação ao cumprimento da sentença. Em síntese, **para impugnar ou embargar não é necessário garantir o juízo.**

Além disso, tanto nos embargos quanto na impugnação a jurisprudência entende cabível a exigência de custas processuais. Não havendo o recolhimento das custas, o executado será intimado, na pessoa de seu advogado, para realizar o recolhimento no prazo de 15 dias, sob pena de cancelamento da distribuição (art. 290, CPC).[3]

3. LEGITIMIDADE E PRAZO PARA OS EMBARGOS DO EXECUTADO

Quanto à **legitimidade ativa**, a regra é que podem ser opostos embargos por quem figura no **polo passivo da execução**. Não basta figurar como devedor no título; o que importa, para efeito de estabelecer a legitimidade ativa, é que seja parte na execução. Lembre-se de que, às vezes, a execução recai sobre codevedores e terceiros com responsabilidade patrimonial (art. 790). Por outro lado, nem sempre o devedor é executado.

O direito de embargar, como ocorre com o exercício do poder de ajuizar qualquer ação, é autônomo. Autônomo também é o prazo para embargar (15 dias), o qual se conta na forma do art. 231. Tratando-se de ação contra mais de um executado, a contagem ocorrerá individualmente, a partir da juntada do respectivo comprovante de citação, salvo tratando-se de cônjuges ou companheiros (art. 915, § 1º, parte final), quando o prazo para ambos só começa a correr a partir da juntada aos autos do último, ou quando a citação for realizada por carta (art. 915, § 2º, I e II). É importante lembrar que os embargos à execução serão autuados em apartado, evidenciando a própria autonomia do prazo para embargar.

Por se tratar de ação autônoma, aos embargos não se aplica o art. 229, que define prazo diferenciado para os litisconsortes com procuradores distintos e de escritórios de advocacia diversos (art. 915, § 3º) quando o processo tramitar em autos eletrônicos.

Ressalva-se que os embargos interpostos por um dos executados não aproveitarão aos demais quando suscitada matéria de ordem pessoal. Nessa hipótese, a execução prosseguirá contra os demais devedores.

O estranho à relação processual estabelecida na execução não pode opor embargos. Se eventualmente a penhora recair sobre bens de sua propriedade ou sobre os quais tem a posse, poderá opor embargos de terceiro (art. 674).

Conforme já exposto, se há litisconsórcio passivo na execução (mais de um executado, não casados e que não vivem em união estável), ambos podem opor embargos à execução, independentemente de terem sofrido constrição judicial (bens penhorados), nos quais podem arguir defesas próprias de executado (art. 917). Já que são partes (executados), obviamente não podem opor embargos de terceiro. O prazo, de 15 dias, é contado de forma independente, a partir da juntada do respectivo comprovante da citação (art. 915, *caput*).

Com relação aos cônjuges ou companheiros, no que tange à legitimidade e ao prazo, algumas particularidades devem ser observadas.

---

[3] Há precedente no STJ considerando que o cancelamento da distribuição não deverá ser realizado se o recolhimento das custas, embora intempestivo (após os15 dias), estiver comprovado nos autos (1ª Seção, REsp 1.361.811/RS, Rel. Min. Paulo de Tarso Sanseverino, j. 04.03.2015, *Informativo* 561).

Se desde o início, na petição inicial, figurarem como partes na execução (litisconsórcio passivo inicial), aos cônjuges ou companheiros é conferida apenas legitimidade para embargar a execução; podem suscitar as matérias relacionadas no art. 917. São partes na execução, não terceiros, logo não há legitimidade para oposição de embargos de terceiros. Com relação ao prazo, diferentemente do que ocorre com os litisconsortes não casados ou não conviventes em união estável, é comum, ou seja, o prazo é contado a partir da juntada do último mandado de citação. O marido foi citado em 15.10.2016 e o mandado (ou o A.R.) de citação foi juntado aos autos no dia 19 desse mesmo mês. A mulher foi citada em 19.11.2016 e o mandado só foi juntado aos autos em 14.02.2017. Pois bem. O prazo para ambos os cônjuges conta-se a partir dessa última juntada, ou seja, 14.02.2017 (art. 915). Como não conta o dia do começo (art. 224, *caput*), a contagem se dá a partir do dia 15.02.2017.

Se apenas um dos cônjuges (casado sob o regime de bens que não seja da separação absoluta) ou companheiro figura na petição inicial, mas a penhora recai sobre bem imóvel ou direito real sobre imóvel, o executado poderá opor embargos à execução. Quanto ao cônjuge, a lei confere dupla legitimidade: para opor embargos à execução e embargos de terceiro. Ocorre que, em virtude da intimação da penhora, forma-se um litisconsórcio passivo ulterior. Assim, pode o cônjuge que inicialmente não figurou como parte manejar embargos à execução, visando desconstituir ou depurar o título, restringir a penhora, anular a execução, enfim arguir todas as defesas próprias do executado. Tem igualmente legitimidade para a oposição de embargos de terceiro, visando à defesa de sua meação. Em minhas aulas, digo que a posição a ser adotada pelo cônjuge vai depender do regime de casamento e do nível da relação afetiva. Se o regime de casamento é o da separação absoluta de bens, a mulher (na verdade, o cônjuge) vai assistir à execução do marido de camarote. Se o regime de casamento envolve alguma espécie de comunhão patrimonial, a mulher vai sair em defesa do marido, se o casamento andar bem; se a relação afetiva estiver deteriorada, a mulher defenderá a sua meação e deixará o marido na arena dos leões. É a vida. Brincadeira à parte, vamos aos prazos. Aqui – no caso de execução movida contra um só dos cônjuges ou conviventes, mas a penhora recaiu sobre bem imóvel – não se aplica a regra do art. 915, § 1º. Os prazos serão independentes. Para o executado (aquele que figurou como tal na petição inicial), o prazo será de 15 dias a contar da juntada do instrumento citatório ou da comunicação do ato (art. 231). Para o cônjuge, o prazo também será de 15 dias, mas será contado a partir da juntada aos autos da intimação da penhora. O julgado a seguir, embora se refira ao CPC/1973, corrobora a nossa conclusão:

"Embargos à execução. Penhora de imóvel. Devedor casado. Prazo para embargar. Recaindo a penhora sobre imóvel de devedor casado, é indispensável a intimação da mulher, começando a correr o prazo para seus embargos a partir da última intimação" (STJ, REsp 79.794/SP 1995/0060006-4, Min. Ruy Rosado de Aguiar).

Lembretes:

- Na execução fiscal, não há essa dicotomia na contagem de prazos para embargar; o prazo é de 30 (trinta) dias, contados da intimação da penhora (art. 16 da Lei nº 6.830/1980).

- Embargos têm natureza de ação, assim, embora haja litisconsórcio na execução, formado por pessoas casadas ou não, não se aplica o prazo dobrado previsto no art. 229, ainda que os embargantes estejam representados por procuradores diferentes, de escritórios de advocacia distintos. Essa inaplicabilidade, por óbvio, não se restringe ao oferecimento dos embargos. Trata-se de ações distintas, não obstante conexas à mesma execução, prevalece a autonomia de prazos.

4. JUÍZO COMPETENTE

A ação de embargos, qualquer que seja a modalidade, é incidental em relação à execução. Assim, em geral, deve ser processada e julgada pelo **mesmo juízo do processo executivo**. Aliás, os embargos serão distribuídos por dependência, autuados em apartado (em apenso) aos autos do processo de execução e instruídos com cópias das peças processuais relevantes, que poderão ser declaradas pelo próprio advogado, sob sua responsabilidade pessoal (art. 914, § 1º).

Pela sistemática do art. 914, § 1º, vê-se que os embargos à execução não devem ser apresentados nos próprios autos do processo executivo, mas em autos apartados. Contudo, se o embargante (executado) apresentar os embargos no próprio processo de execução, tal fato, por si só, não permitirá a rejeição liminar dos embargos. Nesses casos, a jurisprudência vem admitindo que o juiz conceda prazo para que o embargante realize o desentranhamento dos embargos e promova a sua redistribuição em autos apartados, por dependência. Trata-se, portanto, de um vício sanável e passível de correção em homenagem aos princípios da primazia do julgamento do mérito e da instrumentalidade das formas.[4]

Ocorre, porém, ser necessária a penhora de bens situados em comarca diversa daquela onde se processa a execução, ainda que a citação tenha sido feita na comarca de origem. Nessa hipótese, os atos relativos à penhora, avaliação e alienação serão praticados por meio de carta precatória, daí a designação de "execução por carta".

Na **execução por carta**, os embargos poderão ser oferecidos tanto no juízo deprecante (da execução) como no juízo deprecado (competente para os atos executivos). Quanto à competência para julgá-los, em princípio, pertence ao juízo deprecante. Entretanto, se os embargos versarem unicamente sobre vícios ou defeitos referentes à penhora, à avaliação ou à alienação realizadas no juízo deprecado, a competência será deste (art. 914, § 2º, e Súmula nº 46 do STJ).

5. EMBARGOS À EXECUÇÃO

O processamento dos embargos é idêntico tanto para a execução contra o particular quanto para a execução contra a Fazenda Pública, restringindo-se as diferenças, basicamente, no prazo para interposição (15 dias para os embargos na execução particular e 30 dias para a execução contra a Fazenda Pública), e nas consequências.

Tratamos dos embargos à execução contra a Fazenda Pública no item 5.1, capítulo II, desta parte. Vamos, pois, verificar agora os aspectos que caracterizam os embargos à execução contra o particular.

O direito definido no título extrajudicial decorre de um negócio jurídico; não está, portanto, acobertado pela imutabilidade da coisa julgada. Essa circunstância confere ao devedor maior amplitude para impugnar a execução. Ao contrário da impugnação ao cumprimento da sentença, que em regra não admite discussão sobre questões ligadas ao processo de conhecimento, nessa modalidade de embargos a discussão não fica restrita a aspectos do processo executivo, permitindo discutir todos os aspectos do negócio que deu origem ao título. Essa amplitude de impugnação é conferida pelo art. 917.

O título judicial expressa certeza, ainda que formal, imutável e indiscutível, daí não se permitir questionamento algum acerca do processo de sua formação (processo de conhecimento). Se a sentença condenou o réu a pagar uma importância, a entregar uma coisa ou a prestar um fato, uma vez transitada em julgado, devedor ele é.

---

[4] STJ, 3ª Turma, REsp 1.807.228/RO, Rel. Min. Nancy Andrighi, j. 03.09.2019, *Informativo* 656.

O título extrajudicial também expressa certeza, mas não uma certeza imutável e indiscutível. A presunção é de que o negócio jurídico que deu origem ao título executivo contém todos os requisitos de validade e que inexiste qualquer fato superveniente capaz de retirar seus efeitos. Essa presunção milita a favor do credor, que, para obter a satisfação de seu crédito, basta apresentar o título.

Tal presunção, entretanto, não subtrai do devedor a possibilidade de discutir, no processo de conhecimento denominado embargos, todos os aspectos formais e materiais relativos ao título e ao negócio que lhe deu origem, com a mesma amplitude que se discute no processo de formação de um título judicial. Todavia, porque a presunção de certeza milita a favor do credor, terá o devedor de provar que não está obrigado a adimplir a obrigação.

5.1 Matérias arguíveis nos embargos à execução

No que respeita às matérias arguíveis nos embargos à execução fundada em título executivo extrajudicial, o rol de defesas é o constante do art. 917:

I – Inexequibilidade do título ou inexigibilidade da obrigação.

A execução pressupõe título de obrigação líquida, certa e exigível. Se a obrigação encontra-se vencida e desvinculada de qualquer condição, o título que a corresponde pode, portanto, lastrear a execução.

Se, no entanto, a obrigação for exigível, mas o título não for suficiente para lastrear a demanda executiva, a parte deverá arguir a sua inexequibilidade. Exemplo: o contrato de abertura de crédito rotativo ("cheque especial") configura uma obrigação da instituição financeira em disponibilizar determinada quantia ao titular da conta, que pode dela utilizar-se ou não. Não corresponde, portanto, a um título executivo, uma vez que não há dívida líquida e certa quando da assinatura do contrato pelo cliente. Sendo assim, não pode lastrar a execução, mas poderá fundamentar ação de cobrança ou monitória.

Pode também ocorrer de o vício não ser reconhecido de plano e o juiz determinar a citação do executado. Uma vez citado, poderá o executado arguir a nulidade do processo executivo nos embargos à execução. No entanto, por se tratar de matéria de ordem pública, cognoscível de ofício e a qualquer tempo, nada impede que a arguição se dê como incidente, nos próprios autos da execução.

A decisão a que se refere o inciso I é meramente terminativa do processo de execução, pelo que, em relação ao crédito, não opera a imutabilidade inerente à coisa julgada, embora a matéria arguida constitua o mérito dos embargos.

II – Penhora incorreta ou avaliação errônea.

Penhora incorreta ou irregular é aquela que não obedeceu a requisitos substanciais ou formais. Constituem exemplos de atos constritivos realizados sem observância a requisitos substanciais: (a) penhora sobre imóvel residencial próprio do casal, ou da entidade familiar (art. 1º da Lei nº 8.009/1990); (b) penhora sobre bens absolutamente impenhoráveis (art. 833), ou sobre bens relativamente impenhoráveis (art. 834), quando houver outros bens suficientes para garantir a execução; (c) penhora realizada sem observância da ordem estabelecida no art. 835. As irregularidades formais podem dizer respeito à lavratura do auto ou termo, à nomeação do depositário e às intimações do executado, do cônjuge ou companheiro ou de demais interessados.

Quanto à avaliação, reputa-se errônea aquela cujo valor for manifestamente superior ou inferior ao valor de mercado do bem penhorado. Nesse caso, a impugnação deve ser fundamentada em avaliações idôneas, não sendo suficiente a simples discordância.

Embora figurem como matéria de embargos, nada obsta a que a arguição do vício se dê por mera petição. O CPC/2015 evidencia essa possibilidade ao prever que "a incorreção da penhora ou da avaliação poderá ser impugnada por simples petição, no prazo de 15 dias, contado da ciência do ato.

III – Excesso de execução, ou cumulação indevida de execuções.

Tratando-se de execução fundada em título executivo extrajudicial, a rigor ocorre excesso de execução quando o credor pleiteia quantia superior à constante do título, na execução por quantia, ou quando recai sobre coisa diversa daquela declarada no título, no caso de execução para entrega de coisa (art. 917, § 2º, I e II). Os demais fundamentos dos incisos do § 2º do art. 917 não tratam propriamente de excesso. A exigência do adimplemento da obrigação do devedor sem que o credor cumpra a sua (inciso IV), bem como a prova de que a condição não se realizou (inciso V), também constituem hipóteses de inexigibilidade da obrigação. Tratam, portanto, de matéria de ordem pública, pelo que pode o juiz delas conhecer de ofício.

Em relação ao fundamento previsto no inciso III ("quando a execução se processa de modo diferente do que foi determinado no título"), pode-se entender como excesso a inclusão nos cálculos de parcela que não consta no título extrajudicial.

Caso o executado traga como único fundamento dos embargos o excesso de execução (art. 917, § 2º e seus incisos), deverá demonstrar o valor correto, por meio de demonstrativo atualizado de seu cálculo (art. 917, § 3º). Se essa providência não for adotada, deverá o juiz rejeitar liminarmente os embargos. Se existir qualquer outro fundamento, ao juiz é vedado rejeitar os embargos, os quais somente deixarão de ser apreciados na questão relativa ao excesso de execução (art. 917, § 4º).

Nesse ponto, importa o registro quanto à impossibilidade, reconhecida pela jurisprudência, de o juízo da execução reconhecer eventual excesso por outro meio que não os embargos. O excesso de execução é típica matéria de defesa, e não de ordem pública, devendo ser arguida pelo executado por meio de embargos à execução, sob pena de preclusão (STJ, AgRg no AREsp 150.035-DF, 2ª T., Rel. Min. Humberto Martins, j. 28.05.2013).

Cumulação indevida de execuções é a que afronta o art. 780, ou seja, que reúne em um só processo: (a) títulos nos quais figuram credores ou devedores distintos; (b) execuções cujo juízo indicado não seja competente para todas; (c) execuções cujos procedimentos são distintos (execução de entregar coisa e execução por quantia). Também a cumulação indevida de execuções corresponde a matéria de ordem pública, razão pela qual pode ser conhecida de ofício, arguida em objeção de pré-executividade ou por meio de embargos à execução.

IV – Retenção por benfeitorias necessárias ou úteis, nos casos de execução para entrega de coisa certa.

O direito substancial à retenção encontra-se previsto no art. 1.219 do CC, que assim dispõe: o possuidor de boa-fé tem direito à indenização das benfeitorias necessárias e úteis, bem como, quanto às voluptuárias, se não lhe forem pagas, a levantá-las, quando o puder sem detrimento da coisa, e poderá exercer o direito de retenção pelo valor das benfeitorias necessárias e úteis.

Somente a execução de obrigação para entrega de coisa, contemplada em título executivo extrajudicial, comporta arguição do direito de retenção por benfeitorias em embargos.

Arguindo-se a retenção, deve-se apurar o valor das benfeitorias, a fim de possibilitar a imissão na posse por parte do exequente. Como estabelece o § 6º do art. 917, o exequente poderá, a qualquer tempo, ser imitido na posse da coisa, prestando caução ou depositando o valor devido pelas benfeitorias ou resultante da compensação.

O § 5º do art. 917, na esteira do art. 1.221 do CC, estabelece que, no caso de arguição de direito de retenção, poderá o exequente, na impugnação aos embargos, requerer a compensação do valor das benfeitorias com o dos frutos ou danos considerados devidos pelo executado. Nesse caso, cumprirá ao juiz, para apuração dos respectivos valores, nomear perito, fixando-lhe prazo para entrega do laudo. Tratando-se de baixa complexidade, pode o oficial de justiça proceder à apuração dos valores a serem compensados. Se houver saldo a favor do executado, o exequente só poderá ser imitido na posse se depositar o valor correspondente ou prestar caução.

V – Incompetência absoluta ou relativa do juízo da execução.

Trata-se de matérias que não estavam no rol do art. 745 do CPC/1973. Em relação à incompetência absoluta, a sua alegação era possível em virtude do disposto no inciso V do art. 745 do CPC/1973. Ademais, por se tratar de matéria de ordem pública, o juiz poderia reconhecê-la de ofício independentemente de provocação do executado.

Quanto à incompetência relativa, esta não mais será alegada por meio de exceção declinatória de foro e sim como uma das matérias arguíveis nos próprios embargos, assim como ocorre, no processo de conhecimento, com a contestação (art. 337, II, CPC/2015).

VI – Qualquer matéria que seria lícito ao executado deduzir como defesa em processo de conhecimento.

Transitada em julgado a decisão de mérito, considerar-se-ão deduzidas e repelidas todas as alegações e defesas que a parte poderia opor tanto ao acolhimento quanto à rejeição do pedido (art. 508). Em razão dessa eficácia preclusiva da coisa julgada, as partes ficam impossibilitadas de alegar qualquer outra questão relacionada com a demanda.

Não obstante essa blindagem no que respeita à relação jurídica de direito material certificada na sentença, afora a possibilidade de ajuizamento de ação rescisória, faculta-se ao devedor impugnar o cumprimento de sentença que o condenou a pagar quantia em dinheiro, mormente no que se refere à validade do processo e a circunstâncias e irregularidades ocorridas posteriormente à sentença. Ocorre que, nesse caso, a soma em dinheiro, na maioria das vezes, será obtida por meio da expropriação de outros bens do devedor, os quais não foram especificamente objeto do devido processo legal.[5]

Ora, se até a sentença condenatória acobertada pela coisa julgada é passível de questionamento, o que dizer do título extrajudicial, cuja relação jurídica não foi "acertada" fora do âmbito do devido processo legal?

Pois bem. Nos embargos à execução fundada em título extrajudicial, exatamente porque o direito não foi acertado em processo judicial, o executado poderá alegar toda e qualquer matéria que lhe seria lícito deduzir como defesa no processo de conhecimento. Com efeito, é possível, por exemplo, proceder, em sede de embargos à revisão do contrato de que se origine o título executado (STJ, REsp 1.330.567/RS, 3ª T., Rel. Min. Nancy Andrighi, j. 16.05.2013). Esse entendimento se aplica tanto aos embargos à execução proposta contra o particular quanto contra a Fazenda Pública (art. 910, § 2º).

No processo de conhecimento, as defesas ou exceções são veiculadas por meio da contestação, que constitui modalidade de resposta, por meio da qual o réu impugna o pedido do autor ou apenas tenta desvincular-se do processo instaurado pelo autor.

Os embargos à execução, não obstante sua natureza de ação, constituem o meio pelo qual o executado impugna a relação jurídica material consubstanciada no título ou a validade da relação atinente ao processo de execução. É por isso que, nessa via, permite-se ao executado

---

[5] A sentença que condena o réu a fazer, não fazer ou entregar coisa contempla de forma específica a prestação, depois de esgotado o devido processo legal, daí por que não admite impugnação. Eventual inconformismo com o que restou decidido deve ser manifestado nos recursos cabíveis.

apenas defender-se da relação que o vincula ao processo de execução, ou da pretensão do exequente à satisfação do crédito.

Em outras palavras, **a defesa pode ser processual ou de mérito**. Acolhida uma ou outra, a execução será extinta; o exercício do direito material pelas vias ordinárias dependerá de qual defesa foi acolhida.

Quando o executado pretende apenas livrar-se do jugo da relação processual estabelecida no processo de execução (o que não impede a propositura de outra ação pelo exequente) ou adiar a satisfação do crédito, diz-se que a defesa é processual, que é sempre indireta, porquanto não ataca o direito de crédito e pode ser dilatória ou peremptória.

Entende-se por **defesa dilatória** a que não atinge a relação processual, mas apenas prorroga o seu término. A declaração de incompetência, a nulidade de citação, irregularidades da penhora e a não realização das intimações obrigatórias para a expropriação do bem apenas paralisam temporariamente a execução. Suprida a nulidade, o processo executivo retoma o seu curso.

Peremptória é a defesa que, se acolhida, extingue imediatamente a relação processual, sem, no entanto, obstar o exercício do direito em outro processo, por meio de procedimento idêntico ou não, por outra ou em face de outra pessoa. É o que ocorre quando se reconhece a inexequibilidade do título ou inexigibilidade da obrigação e a ilegitimidade da parte.

A defesa de mérito dirige-se contra o crédito invocado pelo exequente. Destina-se a obter sentença que declare a inexistência da *causa debendi* (defesa direta) ou a existência de causas supervenientes que modifiquem ou extingam a obrigação do autor (defesa indireta), tais como a compensação, novação, transação, prescrição e pagamento.

Vale lembrar que o mérito dos embargos é constituído pelo conjunto de alegações pertinentes à execução, seja matéria relativa ao crédito ou à relação processual.

5.2 Procedimento dos embargos

Como ação de conhecimento que é, o rito sob o qual são processados e julgados os embargos corresponde basicamente ao do **procedimento comum**.

Para fins didáticos, dividimos a cadeia procedimental dos embargos em fases: da **postulação**, da **cognição preliminar**, da **impugnação** e da **audiência de conciliação, instrução e julgamento**.

Nos itens seguintes vamos examinar, de forma sintética, as diversas fases que compõem esse procedimento.

5.2.1 Postulação

Tal como ocorre em qualquer procedimento do processo de conhecimento, também nos embargos a forma de provocar a jurisdição, de requerer a tutela jurisdicional adequada, se dá por meio de **petição inicial** escrita, que deve conter os requisitos dos arts. 319 e 320, salvo algumas peculiaridades. Lembre-se que, para embargar, seja na execução por quantia certa – contra particular ou contra a Fazenda Pública – ou nas execuções para entrega de coisa ou de obrigação de fazer ou de não fazer, não há necessidade de prévia penhora, depósito ou caução (garantia do juízo).[6]

---

[6] Ainda na sistemática do CPC/1973 já entendia o STJ ser desnecessária prévia garantia do juízo, ainda que se tratasse de execução para entrega de coisa (certa ou incerta). É que com as modificações trazidas pela Lei nº 11.382/2006, os embargos à execução passaram a não depender de prévia garantia, independentemente da modalidade de obrigação descrita no título. Nesse sentido: "Apesar

A primeira preocupação do embargante refere-se ao juízo ou tribunal a que deve ser dirigida a petição inicial, ou seja, à competência para o julgamento dos embargos. A competência é funcional, fixada, em princípio, no juízo onde se processa a execução, tanto que os embargos serão distribuídos por dependência ao juízo daquele processo. Há exceção quando se tratar de execução por carta (art. 914, § 2º), porquanto, nesse caso, a competência é cindida entre dois juízos, ou seja, embora a execução seja ajuizada num determinado foro, os atos relativos à apreensão, avaliação, depósito e expropriação de bens serão levados a efeito em outro. **O protocolo da petição inicial poderá ser feito tanto no juízo deprecado quanto no deprecante**, mas a competência para julgá-los depende da matéria arguida. Nos termos da Súmula nº 46 do STJ e do art. 914, § 2º, no caso de execução por carta os embargos serão decididos no juízo deprecante, salvo se versarem unicamente sobre vícios ou defeitos da penhora, avaliação ou alienação dos bens realizados no juízo deprecado.

Não obstante a distribuição por dependência e a autuação em apartado, porém em apenso, a petição inicial dos embargos deverá ser instruída com cópias de peças relevantes dos autos da execução. Em razão de os embargos, em regra, não terem efeito suspensivo (art. 919, *caput*), pode ocorrer de os autos subirem ao tribunal, em razão de recurso, e a execução prosseguir no primeiro grau, daí a finalidade da instrução dos embargos com peças dos autos do processo executivo.

Peças relevantes são aquelas indispensáveis ao julgamento da lide deduzida nos embargos, tais como a petição inicial da execução, procuração dos advogados do exequente e do executado e título executivo. Não há necessidade de autenticação das mencionadas peças, bastando que o advogado do embargante as declare autênticas (art. 914, § 1º, parte final). A propósito, a autenticidade das cópias que instruem petição subscrita por advogado é presumida. Assim, em princípio são autênticas, independentemente de qualquer declaração, cabendo à parte contrária o ônus de impugnar a autenticidade. Assim, basta que o advogado não declare a inautenticidade – e ninguém, em sã consciência, assim procederia.

Quando os embargos tiverem por fundamento alegação de excesso de execução, a petição inicial, além de registrar o valor que o embargante entende correto, deverá ser instruída com o demonstrativo discriminado e atualizado do cálculo, sob pena de rejeição liminar, caso o excesso seja o único fundamento (art. 917, § 4º, I).

Outro aspecto que se mostra relevante à postulação diz respeito ao prazo para ajuizamento da ação. Nesse ponto cabem algumas distinções.

Tratando-se de embargos à **execução contra particular**, na qual contemple o título obrigação de fazer, não fazer ou pagar quantia, nos termos do art. 915, o prazo para oposição dos embargos à execução é de **quinze dias**, contado na forma do art. 231. Nas execuções por carta (precatória, rogatória ou de ordem), a citação do executado será imediatamente comunicada pelo juiz deprecado ao juiz deprecante, inclusive por meios eletrônicos, contando-se o prazo para embargos a partir da juntada aos autos de origem de tal comunicação (art. 915, § 2º, II). Se os embargos versarem apenas sobre as incorreções na penhora, avaliação ou alienação de bens, o prazo será contado a partir da juntada da certificação da citação na própria carta (art. 915, § 2º, I).

---

de os arts. 621 e 622 do CPC determinarem a necessidade de depósito da coisa para a apresentação de embargos, a segurança do juízo, no atual quadro jurídico, introduzido pela Lei 11.382/2006, não é mais pressuposto para o ajuizamento dos embargos à execução, configurando apenas um dos requisitos para atribuição de efeito suspensivo. 2. O procedimento da execução para entrega de coisa, fundada em título extrajudicial, deve ser interpretado à luz das modificações feitas pela Lei 11.382/2006, porquanto o juiz deve conferir unidade ao ordenamento jurídico. [...]" (STJ, REsp 1.177.968/MG, 3ª Turma, Rel. Min. Nancy Andrighi, j. 12.04.2011).

Tal como o direito de ação, também **o prazo** para o respectivo ajuizamento **é autônomo**, ou seja, quando houver mais de um executado, o prazo para cada um deles embargar contar-se-á a partir da juntada do respectivo comprovante de citação ou do término do prazo fixado no edital.

No caso de embargos à execução contra a Fazenda Pública, o prazo será de trinta dias, contado a partir da citação (art. 230), e não da juntada aos autos do mandado de citação.

A eventual arguição acerca da incompetência absoluta ou relativa do juízo deverá ser feita na própria peça dos embargos.

5.2.2 Cognição preliminar

Distribuídos (por dependência), registrados e autuados (em apenso) os embargos, os autos são conclusos ao juiz. O juiz então procede à cognição preliminar, consistente em verificar a presença dos pressupostos e requisitos processuais, eventual prescrição da pretensão executiva ou de decadência do direito de opor embargos.

Se os embargos não preencherem os requisitos genéricos (art. 330) e específicos, bem como se o embargante não atendeu à determinação para emenda da inicial, serão rejeitados liminarmente, isto é, a relação processual nem chegará a completar-se. Conforme dispõe o art. 918, o juiz rejeitará liminarmente os embargos, ou seja, indeferirá liminarmente a petição inicial, ensejando a apelação prevista no art. 331, nos seguintes casos:

I – quando intempestivos.

Vale lembrar os prazos para oposição das diversas modalidades de embargos: (a) embargos à execução contra a Fazenda Pública: prazo de trinta dias, a contar da citação do representante (art. 230), sem necessidade de garantir o juízo; (b) embargos à execução contra particular: prazo de quinze dias, contado na forma do art. 231, ou da juntada da comunicação do ato citatório (no juízo de origem – art. 915, § 2º, I; ou no juízo deprecado – art. 915, § 2º, II), quando se proceder à citação por carta, sem prévia garantia do juízo; (c) embargos à execução fiscal: 30 dias, contados na forma do art. 16 da LEF, com exigência de garantia do juízo.

A consequência da intempestividade é a rejeição liminar, sem resolução de mérito. Saliente-se que nem toda hipótese de rejeição liminar dos embargos conduz a sentença extintiva sem resolução do mérito; de mérito, por exemplo, é a sentença que julga liminarmente improcedente o pedido formulado nos embargos (art. 918, II, c/c o art. 332).

Vale uma consideração sobre a natureza do prazo para oposição dos embargos. Os embargos constituem uma via, um procedimento, em última análise a ação para se opor à execução. Tal como o mandado de segurança constitui uma via – não a única – para impugnar ato de autoridade, assim também se passa com os embargos no que se refere à execução. Perdido o prazo para impetração do mandado de segurança (que é de 120 dias a contar da ciência do ato impugnado), restam ao administrado os meios ordinários para anular ou desconstituir o ato de autoridade. Quanto aos embargos, passado o prazo de quinze dias (contados, na forma do art. 231, da citação no processo executivo), resta ao executado se valer dos meios ordinários para impugnar a validade e a eficácia do título executivo. **O prazo para oposição de embargos à execução**, tal como se passa com o mandado de segurança, **é decadencial**.

Há quem sustente que, em razão de se tratar de prazo processual, não resultaria na perda do direito material e, portanto, não se está diante de um prazo decadencial. Não é bem assim. "Decadência é o fato jurídico consubstanciado no decurso de um prazo dentro do qual um direito potestativo não é exercido, cujo efeito é a extinção desse direito".[7] Vê-se que, num

---

[7] DONIZETTI, Elpídio; QUINTELLA, Felipe. *Curso didático de direito civil*. 4. ed. São Paulo: Atlas, 2015. p. 213.

plano imediato, a decadência atinge o poder de ação (direito potestativo), alcançando, por via reflexa, o próprio direito material. Passado o prazo estabelecido no Código Civil para postular a anulação do casamento contraído pelo menor sem autorização do representante legal (prazo decadencial), porque não se oferece outra via processual para a anulação, o casamento, pelo menos por esse fundamento, permanecerá hígido.

No que tange aos embargos, a situação é semelhante ao que se passa com o casamento. Há um prazo para o exercício do direito potestativo (que sujeita o exequente). O conteúdo desse direito potestativo, em regra, refere-se a direito substancial (eficácia ou validade do título). Há, contudo, uma diferença. No caso da potestade para pleitear ou não a anulação do casamento, ao cônjuge o ordenamento jurídico não reserva outro meio processual. Assim, operada a decadência, o direito substancial restará intangível. No caso dos embargos (e também no mandado de segurança), a situação é diversa. Passado o prazo para oposição dos embargos, resta ainda ao executado uma série de possibilidades de discutir o título ou mesmo a expropriação. De qualquer forma, o prazo para oposição dos embargos à execução é decadencial.

II – nos casos de indeferimento da petição inicial e de improcedência liminar do pedido.

Nos termos do art. 330, a petição inicial será indeferida quando: (a) for inepta; (b) a parte for manifestamente ilegítima; (c) o autor carecer de interesse processual; (d) não atendidas as prescrições dos arts. 106 e 321. Essas hipóteses já estavam previstas no CPC/1973. A novidade é que os embargos também serão liminarmente indeferidos quando o(s) pedido(s) neles constantes se enquadrar(em) em uma das hipóteses do art. 332. Ou seja, se os embargos dispensarem a fase instrutória – a prova documental trazida pelo executado já for suficiente – e o pedido contrariar enunciado do STF ou do STJ, acórdão proferido pelo STF ou STJ em sede de recurso repetitivo, entendimento firmado em incidente de resolução de demandas repetitivas ou de assunção de competência ou enunciado de súmula de tribunal de justiça sobre direito local, o juiz rejeitará os embargos antes mesmo de intimar o exequente para impugná-los.

No caso da inépcia da petição inicial, o juiz deverá, antes de rejeitar liminarmente os embargos, possibilitar ao embargante que emende a petição inicial, caso seja possível, nos termos do art. 321.[8]

III – manifestamente protelatórios.

Protelatório significa que é próprio para protelar, isto é, retardar, procrastinar. Como não há efeito suspensivo nos embargos, exceto em casos excepcionais, não há tempo a ganhar. A questão é saber quando os embargos são tidos como protelatórios. Particularmente, considero que, se os embargos forem infundados – contrários a texto expresso de lei ou fato incontroverso –, o juiz poderá rejeitá-los. A jurisprudência tem se manifestando de diversas formas sobre o tema, evidenciando que **a análise do caráter protelatório depende sempre das circunstâncias do caso concreto e do comportamento do executado**:

"[...] São manifestamente protelatórios os embargos à execução em **que se deduz pretensão contra expresso dispositivo de lei**, sendo cabível aplicação da multa prevista no art. 740,

---

[8] Frise-se que há entendimento na jurisprudência impossibilitando, por exemplo, a emenda da petição inicial para apresentação dos cálculos pelo executado. Nesse sentido: "[...] As Turmas que compõem a 1ª Seção desta Corte vêm reforçando o preceituado no dispositivo legal, inclusive no sentido de ser impossível a emenda da inicial, haja vista que tal dispositivo visa garantir maior celeridade ao processo de execução, bem como tornar mais clara para o juiz a questão processual que se discute, mediante a apresentação discriminada do excesso, por meio inclusive de memória de cálculos. [...]" (STJ, EREsp 1.267.631, Corte Especial, Rel. Min. João Otávio de Noronha, j. 19.06.2013).

parágrafo único, do CPC/1973 [...]" (TJ-PR, Apelação Cível 8665003, 15ª Câmara Cível, Rel. Des. Hayton Lee Swain Filho, j. 15.02.2012).

"O exercício abusivo do direito de defesa, por meio do ajuizamento de embargos à execução **desvinculados das questões e procedimentos ocorridos nos autos**, autoriza a aplicação da multa prevista no art. 601 do Código de Processo Civil. Afronta ao princípio da razoável duração do processo, disciplinado no art. 5º, LXXVIII, da Constituição Federal. Agravo não provido" (TRT-4, AP 00238001120085040141/RS 0023800-11.2008.5.04.0141, Rel. Maria da Graça Ribeiro Centeno, j. 10.12.2013, Vara do Trabalho de Camaquã).

"Na forma do artigo 739 do CPC, o juiz pode rejeitar liminarmente os embargos quando estes forem manifestamente protelatórios, ou seja, **aqueles sem fundamentação fático-jurídica séria**. Este é o caso dos autos, pretendendo o apelante litigar contra a verdade de fatos já esclarecidos e devidamente demonstrados uma vez que inexistiu qualquer abuso por parte da apelada na formação do título executivo. 2. Recurso improvido" (TJ-ES, Apelação Cível 48090142380, 3ª Câmara Cível, Rel. Willian Silva, j. 24.04.2012).

Os julgados foram proferidos na vigência do CPC/1973, mas ainda podem ser aplicados na sistemática do CPC/2015. É que, assim como na legislação de 1973 (art. 740, parágrafo único), no Código atual o juiz, constatando o caráter protelatório dos embargos, fixará multa em montante não superior a vinte por cento do valor atualizado do débito em execução (art. 918, parágrafo único; art. 774, parágrafo único; art. 77). A cobrança de multa ou de indenizações decorrentes de litigância de má-fé será promovida nos próprios autos do processo (art. 777).

Há uma profusão de disposições legais com o intuito de combater a deslealdade processual, basta conferir os textos dos arts. 80 e 774, afora outros, para constatar a enfadonha repetição de normas, como se tal postura pudesse evitar o retardamento do processo.

Nessas hipóteses de rejeição liminar nos embargos não é possível, de acordo com o posicionamento do STJ, a fixação de honorários em favor do exequente, porque o advogado deste não foi obrigado a preparar manifestação contra os embargos (STJ, AgRg no AREsp 182.879-RJ, 1ª T., Rel. Min. Ari Pargendler, j. 05.03.2013). Esse entendimento parece ter sido superado pelo CPC/2015, embora a jurisprudência ainda não tenha se manifestado a respeito. Isso porque, o art. 827, § 2º, prevê que o valor dos honorários poderá ser elevado até vinte por cento, quando rejeitados os embargos à execução, podendo a majoração, caso não opostos os embargos, ocorrer ao final do procedimento executivo, levando-se em conta o trabalho realizado pelo advogado do exequente. Ao falar em rejeição, é possível admitir a fixação da verba honorária.

5.2.3 Recurso cabível contra a decisão que rejeita liminarmente os embargos

Qualquer que seja a **hipótese de rejeição liminar dos embargos**, seja com resolução de mérito, como no caso da improcedência liminar, com base no art. 332, seja nas demais hipóteses do art. 918, que ensejam o julgamento sem resolução de mérito, **o recurso cabível será a apelação**. Como já dito, se há encerramento da fase de conhecimento do processo, o ato decisório tem natureza de sentença e, portanto, o recurso cabível será apelação. Pode ser que o indeferimento ou mesmo o julgamento de improcedência liminar recaia apenas sobre **parte da pretensão**, caso em que o ato decisório terá natureza de decisão interlocutória e o recurso, se cabível, será **agravo de instrumento**.

É de se lembrar que, tanto nos casos de extinção sem resolução do mérito quanto na hipótese de julgamento liminar de improcedência, é possível a retratação. Aplica-se o art. 331, § 1º, que trata da faculdade de retratação pelo juiz no prazo de cinco dias, mediante a interposição de apelação, na hipótese de indeferimento da petição inicial, bem como o art. 485, § 7º, que trata da possibilidade de retratação em face da interposição de apelação em face da sentença que extingue o processo sem resolução do mérito. Por fim, aplica-se o art. 332, § 3º, que trata da possibilidade de retratação no caso de julgamento liminar de improcedência. Em todos os casos o prazo para retratação é de cinco dias.

Se houver retratação, o juiz mandará intimar o exequente para impugnar os embargos. Não se retratando, o exequente será intimado para responder ao recurso (arts. 331, § 1º, e 332, § 4º, 2ª parte, com as devidas adaptações).

A apelação, em qualquer das hipóteses de rejeição liminar dos embargos – sejam eles extintos sem resolução do mérito ou julgados liminarmente improcedentes –, terá efeito meramente devolutivo (art. 1.012, III), o que significa que a execução terá seguimento regular.

5.2.4 Atribuição de efeito suspensivo aos embargos

Não sendo o caso de rejeição liminar, apreciará o juiz eventual pedido de atribuição de efeito suspensivo aos embargos. Como já salientado, os embargos do executado não terão efeito suspensivo (art. 919).

Nos termos do art. 919, § 1º, o juiz poderá, a requerimento do embargante, atribuir efeito suspensivo aos embargos quando preenchidos os seguintes **requisitos**: (a) requerimento do embargante, seja na petição inicial ou posteriormente; (b) garantia do juízo por penhora, depósito ou caução suficientes; (c) existência de elementos que evidenciem a probabilidade do direito e o perigo de dano ou o risco ao resultado útil do processo (tutela de urgência) ou a constatação de quaisquer das hipóteses previstas nos incisos do art. 311 (tutela de evidência).

Exemplificativamente: não deferido o efeito suspensivo, o bem será alienado, o dinheiro será entregue ao exequente, que não tem idoneidade financeira para arcar com eventual indenização (tutela de urgência); o executado fundamenta seu pedido em súmula vinculante ou em tese firmada no julgamento de recurso especial repetitivo (tutela de evidência).

Lembre-se de que, como afirmado na primeira parte desta obra, a tutela de evidência – espécie de tutela provisória – prescinde do elemento da urgência, isto é, do perigo da demora da prestação jurisdicional. Isso porque esse perigo está inserido na própria noção de evidência.

Os requisitos para a concessão do efeito suspensivo **são cumulativos**. Sendo assim, a ausência de qualquer um deles – a, b e c, sendo que em relação ao requisito "c" a tutela poderá ser de urgência ou de evidência – impossibilitará a concessão do efeito suspensivo aos embargos à execução.

O efeito é limitado subjetivamente ao requerente. A concessão de efeito suspensivo aos embargos oferecidos por um dos executados não suspenderá a execução contra os que não embargaram, quando o respectivo fundamento disser respeito exclusivamente ao embargante (art. 919, § 4º).

Quanto ao limite objetivo, o efeito suspensivo pode referir-se a toda a execução ou apenas à parte do objeto (a uma das parcelas vencidas, por exemplo); quanto à parte restante, o processo terá normal prosseguimento, com a expropriação de bens e pagamento do exequente (art. 919, § 3º).

No que tange ao momento e à possibilidade de modificação, verifica-se que o efeito suspensivo pode ser concedido ou modificado a qualquer tempo antes da expropriação dos bens, mediante requerimento do embargante (art. 919, § 2º). Havendo ocorrência de fato superveniente, como a produção de prova sobre a inexistência do débito, poderá o juiz conceder o efeito suspensivo anteriormente negado. Por outro lado, ante a existência de prova contrária aos fatos que embasam os embargos, poderá o juiz revogar a decisão que concedeu efeito suspensivo.

Finalmente, no que toca ao limite temporal do efeito suspensivo concedido aos embargos, vai depender do desfecho deles.

Se os embargos forem julgados procedentes, reconhecendo, por exemplo, a inexistência da dívida, o efeito suspensivo continua a surtir efeito durante o julgamento da apelação, impedindo a prática de qualquer ato expropriatório. Vale lembrar que a apelação interposta contra sentença que julga procedentes os embargos é dotada de efeito suspensivo (art. 1.012, § 1º, III, *a contrario sensu*). Entretanto, mesmo afastada a imediata incidência do julgamento de procedência, o efeito suspensivo concedido aos embargos tem aptidão para paralisar a execução.

Entretanto, se os embargos forem julgados improcedentes, a execução, antes paralisada com a concessão de efeito suspensivo aos embargos, prosseguirá: em caráter definitivo, se a sentença de improcedência dos embargos transitar em julgado; em caráter provisório, se contra ela for interposta apelação.

Qualquer decisão acerca do efeito suspensivo, tanto a que concede, nega ou modifica, tem natureza interlocutória, portanto poderá ser impugnada por agravo de instrumento (art. 1.015, X). A concessão de efeito suspensivo aos embargos à execução pode, como já ressaltado, se dar após a propositura da ação de embargos,[9] por meio de reiteração do pedido.

Para finalizar este tópico, cabe ressaltar que o § 5º do art. 919 dispõe que **a concessão do efeito suspensivo não impedirá a efetivação dos atos de substituição, de reforço ou de redução da penhora e de avaliação dos bens**. A substituição pode ocorrer quando o bem penhorado se referir àqueles previstos no art. 833. A avaliação, por se tratar de ato não expropriatório, pode ser realizada mesmo quando suspensa a execução.

Quanto ao **reforço da penhora**, necessária uma breve digressão. O Superior Tribunal de Justiça tem entendimento no sentido de que, ainda que insuficiente a garantia, os embargos à execução devem ser recebidos, mas sem o efeito suspensivo, visto que a suspensão da execução impediria o suprimento com o reforço da penhora (EREsp 80.723/PR, Rel. Min. Milton Luiz Pereira, *DJ* 17.06.2002; AgRg no REsp 1.034.108/PB, Rel. Min. Herman Benjamin, *DJe* 19.12.2008; AgRg nos EDcl no REsp 965.510/SC, Rel. Min. Eliana Calmon, *DJe* 16.12.2008; entre outros). Entendo, entretanto, que, levada ao pé da letra, essa posição do STJ pode conduzir à negativa de acesso à justiça (no sentido de não se deferir a tutela adequada, a tempo de evitar uma lesão). A concessão de efeito suspensivo não pode se subordinar exclusivamente à garantia do juízo da execução (penhora), que aqui se equipara à caução que pode ser exigida para concessão de tutela provisória com base na urgência, de natureza cautelar ou satisfativa (art. 300, § 1º). Há tempo o ordenamento abandonou a ideia de que, para impugnar a dívida, deveria o executado garantir o cumprimento da obrigação. Até mesmo na execução fiscal, não obstante a peremptoriedade da lei, a jurisprudência tem desprezado essa exigência. Exigir, em qualquer hipótese, a penhora para se dar efeito suspensivo aos embargos constitui flagrante discriminação com os hipossuficientes. Para a exigência de caução (para deferimento da tutela provisória) ou de penhora (para conferir efeito suspensivo aos embargos à execução), há que se aferir o grau de probabilidade do direito invocado pela parte, no caso o embargante. Se a nulidade do título é gritante (evidente), pode-se desprezar a penhora. A lógica é idêntica à adotada para concessão da tutela da evidência. O direito da parte é de tal ordem provável que dispensa a urgência e a prestação de garantia.

5.2.5 Impugnação aos embargos

A petição, uma vez distribuída, é autuada em apartado, mas é apensada aos autos principais, ou seja, aos autos da execução, depois do que é submetida à cognição preliminar do juiz.

---

[9] Nesse sentido: "[...] Não há qualquer exigência legal de que o pedido de concessão de efeito suspensivo aos embargos deva ser feito em sede da petição inicial, sob pena de preclusão. [...]" (STJ, REsp 1.355.835, Rel. Min. Nancy Andrighi, j. 23.04.2013).

Verificando o juiz que a petição não preenche os requisitos, determinará a emenda da inicial, no prazo de quinze dias (art. 321), sob pena de indeferimento. Vale ressaltar que o legislador estabeleceu, no § 3º do art. 917, o preceito segundo o qual o embargante deverá demonstrar na petição inicial dos embargos à execução, o valor que entende correto, juntamente com o demonstrativo discriminado e atualizado de seu cálculo, caso fundamente os embargos em excesso de execução, sob pena de rejeição liminar. Sendo assim, nessa hipótese, não será possível a emenda da inicial, haja vista que tal dispositivo visa garantir maior celeridade ao processo de execução. Nesse sentido: STJ, REsp 1.175.134/PR, julgado em 04.03.2010.

Recebidos os embargos, será o exequente ouvido no prazo de quinze dias (art. 920, I). O recebimento dos embargos, conforme já ressaltado, em regra, não provoca a suspensão da execução.

À manifestação do exequente dá-se o nome de impugnação, no sentido de conjunto de argumentos com que se impugna ou contesta determinada afirmação.

A impugnação assemelha-se à contestação. A despeito disso, nos embargos, porque já existe relação processual entre as partes (no processo de execução), a lei dispensa a citação do embargado (exequente). Contenta-se apenas com a intimação, que é feita na pessoa de seu advogado.

Nos embargos, tecnicamente, não se pode falar em efeitos da revelia (art. 344), seja porque o exequente não é citado para se defender, seja porque o título goza de presunção de certeza, cabendo ao executado-embargante elidir essa presunção. A jurisprudência tem se manifestado desfavorável à decretação dos efeitos da revelia, conforme denotam os trechos dos julgados a seguir transcritos:

"[...] O direito do embargado/apelado encontra-se explanado no título líquido e certo que pretende executar, incumbindo ao embargante o ônus de desconstituir tal título, não cabendo, portanto, a aplicação dos efeitos da revelia. Precedentes do STJ" (TJ-RS, AC 70032906885, 16ª Câmara Cível, Rel. Ergio Roque Menine, j. 26.05.2011).

"[...] Não tem lugar, em sede de embargos à execução, a presunção de veracidade dos fatos alegados pelo devedor, pois a execução pressupõe certeza, liquidez e exigibilidade da dívida e cabe ao devedor desconstituir ou modificar a dívida executada" (TJ-MG, Processo 1.0287.07.030208-1/00, Rel. Pedro Bernardes, j. 25.08.2009).

Existe, todavia, entendimento de que as questões de fato articuladas nos embargos e não contestadas na impugnação devem ser reputadas verdadeiras, segundo a verdade do embargante, a menos que estejam em contradição com o título executivo. Nesse sentido:

"[...] Não se aplicam os efeitos da revelia nos embargos à execução apenas quando se está a questionar o próprio título executivo judicial, contudo quando se alega fato extintivo da obrigação nele contemplada (como o pagamento total) e o embargado não apresenta impugnação, ocorre a revelia e dela decorre o natural efeito de reputar-se verdadeira a alegação de pagamento. Precedente: TRF4, Terceira Turma, AC 200370100023669, Relator: Carlos Eduardo Thompson Flores Lenz, DJ 13.10.2005, p. 550, decisão por unanimidade. 2. Apelação a que se nega provimento" (TRF 5ª Região, AC 377.031/RN 0002989-81.2004.4.05.8400, Rel. Des. Federal Amanda Lucena (Substituto), j. 06.10.2009).

"[...] O fato do embargado não ter impugnado os embargos à execução não importa na aplicação dos efeitos da revelia, sendo necessário, para isso, provas cabais que comprovem a veracidade das alegações produzidas nos embargos, no caso, o excesso de execução, e que tenham o condão de reverter à presunção de validade e exigibilidade de que é revestido o título executivo.

3 – Apelação provida. Sentença anulada" (TRF 2ª Região, AC 325.156/RJ 2000.51.01.024725-5, Rel. Des. Federal Luiz Antonio Soares, j. 12.08.2008).

5.2.6 Audiência e julgamento dos embargos

Superadas as fases anteriores (postulação, cognição preliminar e impugnação), e não tendo havido rejeição liminar dos embargos, verifica o juiz se há possibilidade de julgamento antecipado. No caso de embargos, de acordo com o CPC/1973 (art. 330, I) o julgamento antecipado somente poderia ocorrer quando a questão de mérito fosse unicamente de direito, ou, sendo de direito e de fato, não houvesse necessidade de produzir prova em audiência. Como não há questão exclusivamente de direito, uma vez que o direito sempre deriva de um fato, que pode estar provado ou não, andou bem o legislador do Código atual, ao estabelecer como uma das hipóteses de julgamento antecipado do mérito a circunstância de não haver necessidade de produção de outras provas, exatamente porque o fato jurígeno já se encontra provado nos autos (art. 355 do CPC/2015). Essa hipótese de julgamento antecipado do mérito é perfeitamente aplicável aos embargos à execução.

Contudo, no que se refere ao inciso II do art. 355, não se pode dizer o mesmo. Ocorre que não se pode falar em revelia caso não haja impugnação. A presunção milita a favor do título executivo. Nada obsta a que o juiz, nesse momento, ou seja, antes de designar audiência, julgue extinto o processo sem resolução de mérito nas hipóteses dos arts. 485, c/c o art. 918, não sem antes conceder oportunidade às partes (mormente aos embargantes) de se manifestar.

Aplicável aos embargos é o **julgamento antecipado parcial do mérito**, previsto no art. 356. Basta imaginar a hipótese de o executado alegar nos embargos excesso de execução (art. 917, III) e, uma vez intimado, o exequente-embargado não controverter a afirmação. Nesse caso, estará o juiz, antecipadamente, apto a julgar essa parte do mérito (art. 356, I). Em regra, **os efeitos materiais da revelia não se aplicam aos embargos**, mas tal fato, além de não inviabilizar o reconhecimento da procedência parcial do pedido, não transforma o juiz num autômato. Em certos casos, o silêncio do embargado será eloquente, autorizando o juiz a decidir desta ou daquela forma.

Não sendo o caso de julgamento antecipado ou de extinção sem resolução do mérito, o juiz deferirá as provas eventualmente requeridas e especificadas. Tais provas podem ser realizadas em audiência (como a audição de testemunhas) ou independentemente dela (como a prova pericial). Fato é que, havendo necessidade da produção de provas, o procedimento será mais dilargado, porquanto nele se inserirá a fase instrutória ou probatória. Se houve julgamento antecipado parcial do mérito, obviamente as provas recairão sobre as questões residuais, ainda não julgadas.

Nessa audiência verifica-se inicialmente a possibilidade de conciliação das partes (art. 359). Obtida a conciliação, esta será reduzida a termo e homologada por sentença, extinguindo-se o processo com resolução do mérito dos embargos (art. 487, III, "b").

Não obtida a conciliação, passa-se à coleta da prova oral, com a tomada dos depoimentos pessoais e de testemunhas, conforme requerido pelas partes. Concluída a instrução, o juiz proferirá sentença, acolhendo ou rejeitando os embargos do devedor. Ressalte-se que o CPC/1973, no art. 740, previa o prazo de dez dias para a prolação dessa sentença. No CPC/2015 o legislador deixou de atribuir prazo para o juiz proferir a sentença, deliberando que a sua prolação deve ocorrer logo depois de encerrada a instrução (art. 920, III). A intenção do legislador privilegia os princípios da celeridade, da efetividade e da duração razoável do processo, mas, na prática, dificilmente se concretizará.

5.3 Parcelamento do objeto da execução

Conforme já visto no **Capítulo 2, item 4.5.1**, no prazo para embargos, reconhecendo o crédito do exequente e comprovando o depósito de 30% do valor em execução, inclusive custas e honorários de advogado, poderá o executado requerer seja admitido a pagar o restante em **até** seis parcelas mensais, acrescidas de correção monetária e juros de 1% ao mês.

De acordo com o CPC/2015, o exequente deve se manifestar sobre o pedido de parcelamento. Essa manifestação deve ter relação com o preenchimento (ou não) dos requisitos previstos no *caput* do art. 916, quais sejam: a) depósito do percentual mínimo (30%); b) depósito das custas e dos honorários de advogado. Ou seja, preenchidos os requisitos, surge para o executado um verdadeiro direito potestativo ao parcelamento de suas obrigações. Como já ressaltado no Capítulo II, esse entendimento destoa da orientação jurisprudencial firmada na sistemática do CPC/1973.

Deferida a proposta, o juiz determinará o levantamento pelo exequente da quantia depositada e suspenderá a execução até o pagamento das parcelas (art. 916, § 3º; art. 921, V). Caso o executado não efetue o pagamento de qualquer das prestações, ocorrerá o vencimento antecipado das parcelas remanescentes e o prosseguimento da execução, além da imposição de multa de 10% sobre o valor das prestações não pagas (art. 916, § 5º, I e II).

Em caso de atraso, em que pese inexistir qualquer previsão da lei processual, é prudente que o magistrado verifique os argumentos apresentados pelo executado e que ouça o exequente antes de dar prosseguimento aos atos executivos. A seguinte situação ilustra o que poderá ocorrer na prática: João é executado por uma dívida de R$ 10.000,00. No prazo para embargos ele deposita R$ 3.000,00, honorários e custas e requer que o pagamento do restante (R$ 7.000,00) seja realizado em 4 parcelas mensais de R$ 1.750,00. O exequente é intimado e não se opõe. O juiz defere o pedido e determina que as parcelas sejam depositadas todo dia 5, acrescidas de juros de 1% e correção monetária. João realiza o depósito apenas no dia 20, com a devida atualização até essa data. O exequente pede, em razão do atraso, o prosseguimento da execução. Nessa hipótese, é prudente que o magistrado indefira o pedido, uma vez que não houve prejuízo para o exequente.

O Código atual também prevê que **a opção pelo parcelamento importa renúncia ao direito de opor embargos** (art. 916, § 6º).

6. EXCEÇÃO OU OBJEÇÃO DE PRÉ-EXECUTIVIDADE: MEIO DE DEFESA INDEPENDENTEMENTE DA OPOSIÇÃO DE EMBARGOS

Os embargos constituem o meio por excelência de que dispõe o executado para impugnar os limites da execução, a validade do título ou do próprio processo executivo, bem assim a validade do ato expropriatório com base em fatos supervenientes à penhora. Entretanto, a oposição dos embargos se sujeita a exíguo prazo decadencial, daí por que a necessidade de outro meio para se opor à execução.

Não obstante o poder conferido ao executado de se opor à execução por meio de embargos, dependendo da natureza das questões a serem arguidas, pode ele lançar mão de instrumento mais simplificado, não sujeito ao rigorismo formal de qualquer petição inicial, nem a prazo ou preparo.

Ocorre que há questões que podem ser conhecidas a qualquer tempo pelo juiz, até mesmo de ofício, enquanto não extinto processo de execução. Trata-se de matérias de ordem pública que, não se sujeitando à preclusão, podem ser conhecidas enquanto não extinto o processo de execução ou, tratando-se de título judicial, a fase do cumprimento da sentença.

O conhecimento de questões ligadas à admissibilidade da execução, tais como os requisitos do título executivo, a exigibilidade da obrigação, a legitimidade das partes, a competência absoluta do juízo, a prescrição e a decadência, dispensa a provocação do executado. Ora, se tais matérias podem ser conhecidas de ofício, com muito mais razão podem ser apreciadas mediante provocação do executado, por simples petição avulsa, independentemente do rigorismo exigido para os embargos.

A esse procedimento simplificado, por meio do qual a parte leva ao conhecimento do juízo questões de ordem pública, denomina-se **exceção de pré-executividade**. "Exceção", porque se trata de defesa; "de pré-executividade", porque a defesa pode ser deduzida antes da penhora, que caracteriza o primeiro ato de execução.

Exceção tem sentido genérico, ou seja, qualquer defesa denomina-se exceção. Entretanto, se a questão deduzida na defesa é de ordem pública, utiliza-se o termo *objeção de pré-executividade*. Exceção de pré-executividade é gênero, do qual a objeção de pré-executividade é espécie.

Essa modalidade de defesa **não estava prevista no CPC/1973**. Entretanto, seguindo o clamor da doutrina, criadora do instituto, bem como da jurisprudência, que acolheu a objeção em nosso ordenamento, mas condicionou o seu cabimento à desnecessidade de dilação probatória,[10] **o Código de Processo Civil de 2015 acabou acolhendo a exceção de pré-executividade**, com algumas peculiaridades. Vamos a elas.

Conforme parágrafo único do art. 803, a nulidade da execução em razão da incerteza, iliquidez ou inexigibilidade do título, da ausência de citação do executado ou da instauração do processo sem a verificação da ocorrência de condição ou termo a que estava submetida a obrigação, será pronunciada pelo juiz, de ofício ou a requerimento da parte, **independentemente de embargos à execução**. Ora, se o juiz pode conhecer de tais vícios de ofício, com muito mais razão pode deles conhecer se a parte, por simples petição nos autos, sem as formalidades dos embargos à execução, apresentá-los em juízo. A esse meio simplificado de levar ao conhecimento do juiz materiais cognoscíveis de ofício dá-se o nome de exceção ou exceção ou objeção de pré-executividade.

Além das matérias cognoscíveis de ofício, a instrumentalidade das formas aponta no sentido de que, não havendo necessidade de dilação probatória, admissível é a exceção de pré-executividade. No caso de pagamento, há uma peculiaridade que recomenda a arguição via exceção de pré-executividade. Ocorre que, se pagamento houve, o título não será exigível e a inexigibilidade do título é, pois, matéria de ordem pública. Nesse ponto, pode-se afirmar que o Código positivou em parte o entendimento jurisprudencial:

"Direito processual civil. Alegação de pagamento do título em exceção de pré-executividade. Na exceção de pré-executividade, é possível ao executado alegar o pagamento do título de crédito, desde que comprovado mediante prova pré-constituída. De fato, a exceção de pré-executividade é expediente processual excepcional que possibilita ao executado, no âmbito da execução e sem a necessidade da oposição de embargos, arguir matéria cognoscível de ofício pelo juiz que possa anular o processo executivo. Dessa forma, considerando que o efetivo pagamento do título constitui causa que lhe retira a exigibilidade e que é nula a execução se o título executivo extrajudicial não corresponder à obrigação certa, líquida e exigível (art. 618, I, do CPC)[11], é possível ao executado arguir essa matéria em exceção de pré-executividade, sempre que, para sua constatação, mostrar-se desnecessária dilação probatória". Precedentes citados: AgRg no Ag 741.593/PR, 1ª Turma, DJ 08.06.2006, e REsp 595.979/SP, 2ª Turma, DJ 23.05.2005 (STJ, REsp 1.078.399/MA, Rel. Min. Luis Felipe Salomão, j. 02.04.2013).

---

[10] O STJ (AgRg no AREsp 333.667/RS) e os tribunais locais já admitiam a exceção desde que não houvesse necessidade de dilação probatória. Nesse sentido: "[...] A exceção de pré-executividade não comporta dilação probatória em razão do seu rito simplificado, devendo o excipiente comprovar as suas alegações junto com a inicial" (TJ-RJ, AI 0002287-43.2014.8.19.0000, 9ª Câmara Cível, Rel. Des. Jose Roberto Portugal Compasso, j. 11.02.2014).

[11] Corresponde ao art. 803, I, do CPC/2015.

Em relação ao requisito formal – dispensabilidade de dilação probatória –, a exigência de que a prova seja pré-constituída tem por escopo evitar embaraços ao regular processamento da execução. Assim, as provas capazes de influenciar no convencimento do julgador devem acompanhar desde logo a manifestação do executado. No entanto, a jurisprudência[12] vem admitindo a intimação do executado para juntar aos autos prova pré-constituída mencionada nas razões ou complementar os documentos eventualmente apresentados, não sendo essa providência hipótese de dilação probatória, pois não é capaz de exceder os limites da exceção de pré-executividade.

A exceção de pré-executividade é admitida **em qualquer fase processual, antes da extinção da execução**. A interposição da exceção de pré-executividade, em regra, não suspende a execução, não impedindo, pois, a realização de atos executivos. Pode, todavia, o juiz, em face da verossimilhança das alegações, atribuir-lhe efeito suspensivo, com base no poder geral de cautela que lhe é conferido pelo art. 300. Os requisitos são: (i) a probabilidade do direito do executado (excipiente) de referente à desconstituição do título ou declaração de inexigibilidade da obrigação; e (ii) perigo de dano (evidente em razão do prosseguimento da execução).

Os embargos, embora não exijam a garantia da penhora, pressupõem o atendimento a outros requisitos de ordem formal, aos quais não se pode sujeitar o devedor quando a execução não tiver a menor viabilidade. Por outro lado, não se opondo os embargos imediatamente depois da citação, proceder-se-á à penhora em bens do devedor.

Ora, para evitar tais inconvenientes, deve-se facultar ao executado a possibilidade de levar ao conhecimento do juiz, por meio de instrumento mais simplificado, a existência de vícios ou circunstâncias que, uma vez conhecidos, obstacularizarão inclusive a penhora. Isso porque, antes mesmo de ouvir o exequente, poderá o juiz, diante da relevância das alegações do executado, conceder efeito suspensivo à exceção de pré-executividade. Afinal, a fundamentação, na maioria dos casos, dirá respeito a questões que o juiz poderia conhecer de ofício.

A decisão judicial que rejeita a exceção é considerada decisão interlocutória, sujeita a agravo (art. 1.015, parágrafo único). Por outro lado, a decisão que a acolhe terá natureza de sentença, porquanto implicará extinção do processo de execução, se sujeitando a recurso de apelação.

Passado o prazo para os embargos e não sendo cabível a exceção, em razão de a alegação pretendida pelo executado não se enquadrar nas hipóteses do art. 803, cabível é o ajuizamento de ação autônoma com o mesmo objeto e finalidade daqueles (embargos ou exceção).

Nesse contexto, pode-se afirmar que, transcorrido o prazo para oposição dos embargos, faculta-se ao devedor a propositura de ação com a mesma finalidade daqueles, sendo-lhe admitido, enquanto não ocorrer a prescrição ou decadência, pleitear a nulidade do título ou mesmo a nulidade de atos executivos, por exemplo, a arrematação (arts. 966, § 4º, e 903).

Por fim, é importante estabelecer a seguinte diferença: se os embargos à execução não tiverem sido apresentados e a matéria arguível pelo executado for cognoscível a qualquer tempo, admite-se a via da exceção de pré-executividade. Por outro lado, matérias suscitadas e já decididas nos embargos à execução, com o respectivo trânsito em julgado, não podem ser objeto da exceção. Isso porque, de acordo com a jurisprudência do STJ, não é absoluta a independência da exceção de pré-executividade e dos embargos à execução. Assim, mesmo nas hipóteses de alteração do entendimento jurisprudencial, a rediscussão da matéria já decidida nos embargos com base em entendimento anterior não poderá voltar à tona através da exceção de pré-executividade.[13]

---

[12] STJ, 3ª T., REsp 1.912.277/AC, Rel. Min. Nancy Andrighi, j. 18.05.2021.
[13] STJ, 3ª Turma, REsp 798.154/PR, Rel. Min. Massami Uyeda, j. 12.04.2012.

JURISPRUDÊNCIA TEMÁTICA

Custas processuais nos embargos à execução

"O ajuizamento de um segundo processo de embargos à execução é fato gerador de novas custas judiciais, independentemente da desistência nos primeiros antes de realizada a citação" (STJ, REsp 1.893.966/SP, 2ª Turma, Rel. Min. Og Fernandes, j. 08.06.2021).

"[...] Cancela-se a distribuição da impugnação ao cumprimento de sentença ou dos embargos à execução na hipótese de não recolhimento das custas no prazo de 30 dias, independentemente de prévia intimação da parte; não se determina o cancelamento se o recolhimento das custas, embora intempestivo, estiver comprovado nos autos. Precedentes citados: AgRg no AREsp 278.854/RS, Terceira Turma, *DJe* 15.03.2013; e REsp 168.605/SC, Quarta Turma, j. 09.06.1998, *DJ* 24.05.1999" (STJ, REsp 1.361.811/RS, 1ª Seção, Rel. Min. Paulo de Tarso Sanseverino, j. 04.03.2015).[14]

Embargos e reconvenção

"É incabível o oferecimento de reconvenção em embargos à execução. O processo de execução tem como finalidade a satisfação do crédito constituído, razão pela qual se revela inviável a reconvenção, na medida em que, se admitida, ocasionaria o surgimento de uma relação instrumental cognitiva simultânea, o que inviabilizaria o prosseguimento da ação executiva. Com efeito, na execução, a doutrina ensina que: 'a cognição é rarefeita e instrumental aos atos de satisfação. Daí a falta de espaço para a introdução de uma demanda do executado no processo puramente executivo'. Dessa forma, como a reconvenção demanda dilação probatória e exige sentença de mérito, ela vai de encontro com a fase de execução, na qual o título executivo já se encontra definido, de sorte que só pode ser utilizada em processos de conhecimento. Por fim, entendimento em sentido contrário violaria o princípio da celeridade e criaria obstáculo para a satisfação do crédito, porquanto a ideia que norteia a reconvenção é o seu desenvolvimento de forma conjunta com a demanda inicial, o que não ocorreria caso ela fosse admitida em sede de embargos à execução, na medida em que as demandas não teriam pontos de contato a justificar a reunião. Precedente citado: REsp 1.085.689/RJ, Primeira Turma, *DJe* 04.11.2009" (STJ, REsp 1.528.049/RS, Rel. Min. Mauro Campbell Marques, j. 18.08.2015, *DJe* 28.08.2015).

Embargos à execução e possibilidade de revisão contratual

"[...] No âmbito de embargos do devedor, é possível proceder à revisão do contrato de que se origine o título executado, ainda que, em relação ao referido contrato, tenha havido confissão de dívida". Precedentes citados: AgRg no REsp 716.961/RS, Quarta Turma, *DJe* 22.02.2011; AgRg no REsp 908.879/PE, Quarta Turma, *DJe* 19.04.2010; e AgRg no REsp 877.647/RS, Terceira Turma, julgado em 26.05.2009, *DJe* 08.06.2009" (STJ, REsp 1.330.567/RS, Rel. Min. Nancy Andrighi, j. 16.05.2013).

---

14. O fundamento desse julgado é o art. 257 do CPC/1973: "Será cancelada a distribuição do feito que, em trinta dias, não for preparado no cartório em que deu entrada". No CPC/2015, esse entendimento vai estar mais claro, sendo que o prazo vai mudar e será necessária prévia intimação para o pagamento (art. 290 do CPC/2015: "Será cancelada a distribuição do feito se a parte, intimada na pessoa de seu advogado, não realizar o pagamento das custas e despesas de ingresso em 15 (quinze) dias").

Excesso de execução após o prazo para embargos

"Não é possível ao juiz conhecer de suposto excesso de execução alegado pelo executado somente após a oposição dos embargos à execução. Isso porque eventual excesso de execução é típica matéria de defesa, e não de ordem pública, devendo ser arguida pelo executado por meio de embargos à execução, sob pena de preclusão. Precedentes citados: EDcl o AG 1.429.591 e REsp 1.270.531/PE, Segunda Turma, *DJe* 28.11.2011" (STJ, AgRg no AREsp 150.035/DF, Rel. Min. Humberto Martins, j. 28.05.2013).

Embargos e honorários advocatícios

"Os honorários advocatícios não são devidos na hipótese de indeferimento liminar dos embargos do devedor, ainda que o executado tenha apelado da decisão indeferitória e o exequente tenha apresentado contrarrazões ao referido recurso. Precedentes citados: AgRg no REsp 923.554/RN, Primeira Turma, *DJ* 02.08.2007, e REsp 506.423/RS, Segunda Turma, *DJ* 17.05.2004" (STJ, AgRg no AREsp 182.879/RJ, Rel. Min. Ari Pargendler, j. 05.03.2013).

Súmula nº 196 do STJ: "Ao executado que, citado por edital ou por hora certa, permanecer revel, será nomeado curador especial, com legitimidade para apresentação de embargos".

Súmula nº 317 do STJ: "É definitiva a execução de título extrajudicial, ainda que pendente apelação contra sentença que julgue improcedentes os embargos".

Súmula nº 394 do STJ: "É admissível, em embargos à execução, compensar os valores de imposto de renda retidos indevidamente na fonte com os valores restituídos apurados na declaração anual".

Quadro esquemático 96 – Embargos do executado

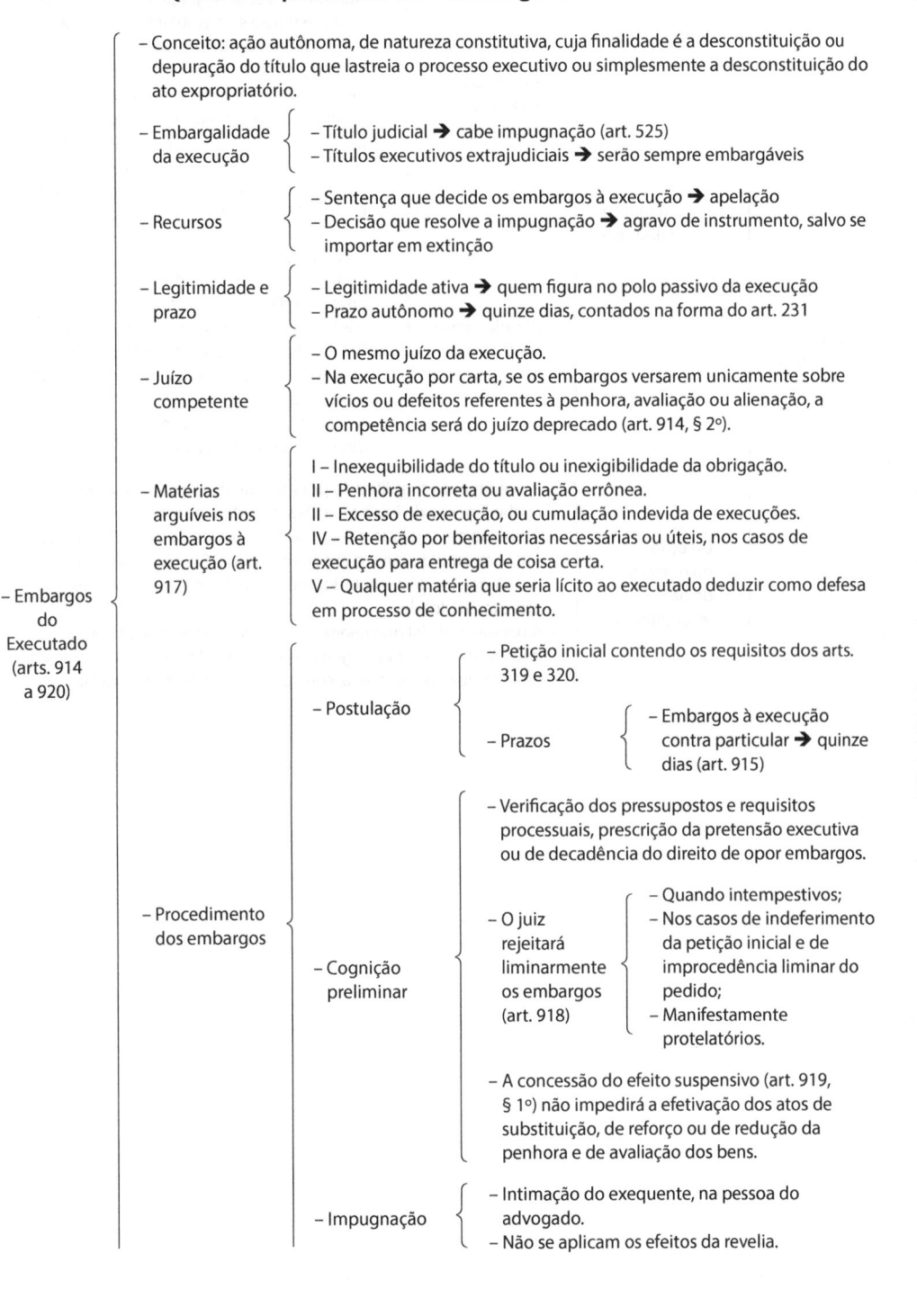

- **Embargos do Executado (arts. 914 a 920)**
  - **Conceito:** ação autônoma, de natureza constitutiva, cuja finalidade é a desconstituição ou depuração do título que lastreia o processo executivo ou simplesmente a desconstituição do ato expropriatório.
  - **Embargalidade da execução**
    - Título judicial ➔ cabe impugnação (art. 525)
    - Títulos executivos extrajudiciais ➔ serão sempre embargáveis
  - **Recursos**
    - Sentença que decide os embargos à execução ➔ apelação
    - Decisão que resolve a impugnação ➔ agravo de instrumento, salvo se importar em extinção
  - **Legitimidade e prazo**
    - Legitimidade ativa ➔ quem figura no polo passivo da execução
    - Prazo autônomo ➔ quinze dias, contados na forma do art. 231
  - **Juízo competente**
    - O mesmo juízo da execução.
    - Na execução por carta, se os embargos versarem unicamente sobre vícios ou defeitos referentes à penhora, avaliação ou alienação, a competência será do juízo deprecado (art. 914, § 2º).
  - **Matérias arguíveis nos embargos à execução (art. 917)**
    - I – Inexequibilidade do título ou inexigibilidade da obrigação.
    - II – Penhora incorreta ou avaliação errônea.
    - II – Excesso de execução, ou cumulação indevida de execuções.
    - IV – Retenção por benfeitorias necessárias ou úteis, nos casos de execução para entrega de coisa certa.
    - V – Qualquer matéria que seria lícito ao executado deduzir como defesa em processo de conhecimento.
  - **Procedimento dos embargos**
    - **Postulação**
      - Petição inicial contendo os requisitos dos arts. 319 e 320.
      - Prazos
        - Embargos à execução contra particular ➔ quinze dias (art. 915)
    - **Cognição preliminar**
      - Verificação dos pressupostos e requisitos processuais, prescrição da pretensão executiva ou de decadência do direito de opor embargos.
      - O juiz rejeitará liminarmente os embargos (art. 918)
        - Quando intempestivos;
        - Nos casos de indeferimento da petição inicial e de improcedência liminar do pedido;
        - Manifestamente protelatórios.
      - A concessão do efeito suspensivo (art. 919, § 1º) não impedirá a efetivação dos atos de substituição, de reforço ou de redução da penhora e de avaliação dos bens.
    - **Impugnação**
      - Intimação do exequente, na pessoa do advogado.
      - Não se aplicam os efeitos da revelia.

- **Embargos do Executado (arts. 914 a 920)**
  - **Procedimento dos embargos**
    - **Audiência de instrução e julgamento**
      - Não sendo o caso de julgamento antecipado ou de extinção sem resolução do mérito, o juiz julgará imediatamente o pedido ou designará audiência se houver necessidade de produção de provas além daquelas já constantes nos autos, que já devem ter sido requeridas na petição de embargos ou na impugnação.
      - O ato que julga os embargos ou os rejeita liminarmente constitui sentença, da qual, nos termos do art. 1.009, cabe apelação.
  - **Parcelamento do objeto da execução**
    - O exequente deve se manifestar sobre o pedido de parcelamento. Essa manifestação deve ter relação com o preenchimento (ou não) dos requisitos previstos no *caput* do art. 916: (a) depósito do percentual mínimo (30%); (b) depósito das custas e dos honorários de advogado.
    - A ação do parcelamento importa renúncia ao direito de opor embargos.
  - **Exceção ou objeção de pré-executividade**
    - Procedimento simplificado por meio do qual a parte leva ao conhecimento do juízo questões de ordem pública;
    - Admitida em qualquer fase processual, antes da extinção da execução;
    - Antes mesmo de ouvir o exequente, poderá o juiz, diante da relevância das alegações do executado, conceder efeito suspensivo à exceção de pré-executividade;
    - A decisão judicial que rejeita a exceção é considerada decisão interlocutória, sujeita a agravo. Por outro lado, a decisão que acolhe terá natureza de sentença, sujeitando-se a recurso de apelação.

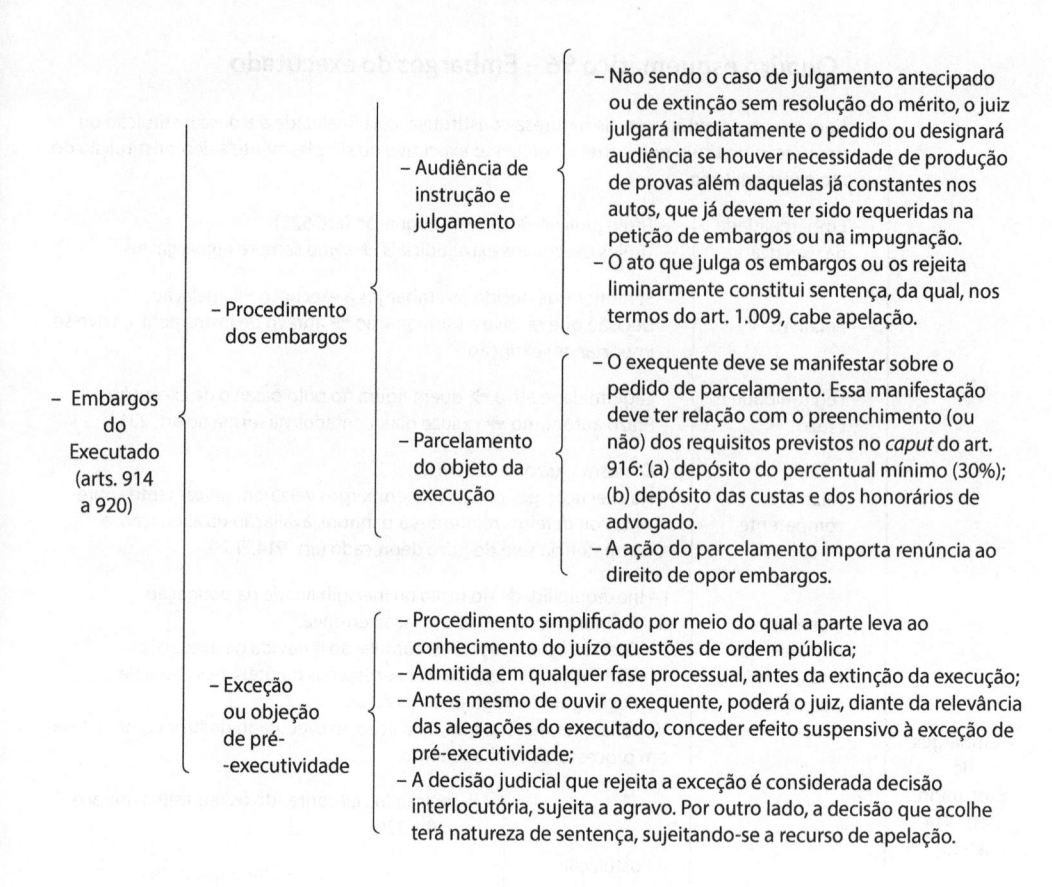

4

Suspensão e extinção do processo de execução (arts. 921 a 925)

1. SUSPENSÃO E EXTINÇÃO DO PROCESSO DE EXECUÇÃO

1.1 Da suspensão do processo executivo

À semelhança do que ocorre com o processo de conhecimento, também o processo de execução está sujeito a fatos que obstam o seu normal prosseguimento.

O art. 921 enumera hipóteses em que a execução será **suspensa**. Assim, suspende-se a execução:

I – nas hipóteses dos arts. 313 e 315, no que couber.

As hipóteses de suspensão, previstas no art. 313, cabíveis no âmbito da execução são as constantes nos incisos I a VI e nos IX e X, quais sejam a) da morte ou pela perda da capacidade processual de qualquer das partes, de seu representante legal ou de seu procurador; b) por convenção das partes; c) pela arguição de impedimento ou de suspeição, que deve ser feita nos embargos; d) pela admissão de incidente de resolução de demandas repetitivas, desde que a temática da execução esteja abrangida pela decisão do incidente; e) quando a sentença de mérito depender do julgamento de outra causa, da declaração de existência ou de inexistência de relação jurídica que constitua o objeto principal de outro processo pendente ou tiver de ser proferida somente após a verificação de determinado fato ou a produção de certa prova, requisitada a outro juízo; f) por motivo de força maior, por exemplo, a greve dos serviços judiciários e a calamidade pública; g) pelo parto ou pela concessão de adoção, quando a advogada responsável pelo processo constituir a única patrona da causa; h) quando o advogado responsável pelo processo constituir o único patrono da causa e tornar-se pai.

Quanto à hipótese de o "conhecimento do mérito depender de verificação da existência de fato delituoso, o juiz pode determinar a suspensão do processo até que se pronuncie a justiça criminal" (art. 315), hipótese de suspensão dos atos executivos, vale ressaltar que é de difícil aplicação ao processo de execução.

II – no todo ou em parte, quando recebidos com efeito suspensivo os embargos à execução.

A regra é a não suspensividade dos embargos (art. 919). Assim, comumente, a oposição de embargos pelo executado não tem qualquer influência sobre o curso do processo executivo. De um lado, prosseguirá a execução, até a expropriação dos bens, e de outro, em autos apensados, os embargos.

Entretanto, o juiz poderá, a requerimento do embargante, atribuir efeito suspensivo aos embargos quando verificados os requisitos para a concessão da tutela provisória (urgência ou evidência), e desde que a execução já esteja garantida por penhora, depósito ou caução suficiente.

A suspensão poderá ser **total ou parcial**. Será total a suspensão quando as matérias tratadas nos embargos, recebidos com efeito suspensivo, envolverem todo o objeto da execução ou quando se alega alguma questão preliminar (ilegitimidade das partes, por exemplo). Será parcial quando o efeito suspensivo atribuído aos embargos disser respeito apenas à parte do objeto da execução; nesse caso, a execução prosseguirá com relação aos valores não contestados (art. 919, § 3º).

O oferecimento de embargos por um dos executados não suspenderá a execução contra os que não embargaram, quando o respectivo fundamento disser respeito exclusivamente ao embargante (art. 919, § 4º).

III – quando não for localizado o executado ou bens penhoráveis.

Não possuindo o devedor bens passíveis de penhora, a execução não poderá prosseguir em razão da impossibilidade de se satisfazer o crédito exequendo. Do mesmo modo, não sendo o devedor localizado, a execução deverá ser suspensa. Destaca-se que a não localização do executado foi matéria inserida pela Lei nº 14.195/2021. A redação original do inciso III do art. 921 trazia como hipótese de suspensão apenas a ausência de bens penhoráveis, embora a doutrina e a jurisprudência já sinalizassem a possibilidade de extensão da suspensão quando da ausência de localização do próprio devedor:

"É válida a citação por edital quando a parte exequente esgotou todos os meios possíveis para a localização da parte executada sem êxito. Não há falar em prescrição intercorrente se não houve desídia do credor em dar andamento ao feito (Súmula nº 106, STJ)" (TJ-MG, AC 10480170119956001 Patos de Minas, 10ª Câmara Cível, Rel. Franklin Higino Caldeira Filho, j. 09.02.2021).

"O reconhecimento da prescrição intercorrente em razão da suspensão do processo por inexistência de bens penhoráveis e/ou não localização do executado exige a prévia intimação pessoal da parte autora para tomar diligências no processo, bem como para regularizar sua representação processual quando seu patrono comunica ao juízo ter renunciado ao mandato" (TJGO, AC: 01272211120058090051, 4ª Câmara Cível, Rel. Sérgio Mendonça de Araújo, j. 07.07.2016).

Considerando que essas hipóteses de suspensão não podem ocorrer por prazo indeterminado, o CPC/2015 dispõe que o juiz suspenderá a execução pelo prazo de 1 ano, durante o qual se suspenderá a prescrição (art. 921, § 1º). Findo esse prazo sem manifestação do exequente, deve ter início o prazo da prescrição intercorrente, conforme possibilita o art. 921, § 4º. O legislador acabou consolidando na lei processual a regra da execução fiscal (art. 40 da Lei nº 6.830/1980) e o entendimento contido na Súmula nº 314 do STJ ("**Em execução fiscal, não localizados bens penhoráveis, suspende-se o processo por um ano, findo o qual se inicia o prazo da prescrição quinquenal intercorrente**"). Essa é a consequência mais importante do decurso desse prazo e **deve ser aplicada tanto à execução comum quanto ao cumprimento de sentença.**

O art. 922 prevê, ainda, hipótese de **suspensão convencional** da execução, que ocorrerá quando as partes transigirem acerca do cumprimento da obrigação. Desse modo, convindo as partes, o juiz declarará suspensa a execução **durante o prazo concedido pelo exequente**, para que o devedor cumpra voluntariamente a obrigação. Findo o prazo sem cumprimento da obrigação, o processo retomará o seu curso. Ressalta-se que, para tal suspensão, **não se aplica o limite de prazo de seis meses**, previsto no art. 313, § 4º (art. 265, § 3º, do CPC/1973). Nesse sentido:

"Processo civil. Execução. Acordo. Suspensão. Art. 792, CPC. Recurso provido. Na execução, o acordo entre as partes quanto ao cumprimento da obrigação, sem a intenção de novar, enseja a suspensão do feito, pelo prazo avençado, que não se limita aos seis meses previstos no art. 265, CPC, não se autorizando a extinção do processo" (STJ, REsp 164.439/MG, 4ª Turma, Rel. Min. Sálvio de Figueiredo Teixeira, j. 08.02.2000).

IV – se a alienação dos bens penhorados não se realizar por falta de licitantes e o exequente, em 15 (quinze) dias, não requerer a adjudicação nem indicar outros bens penhoráveis.

Nessa hipótese teremos a chamada **"execução infrutífera"**, que muito se assemelha à hipótese do inciso anterior. A diferença é que aqui ocorreram a penhora e o leilão, mas não compareceram interessados na arrematação. No inciso III não há sequer penhora, uma vez que nenhum bem do executado foi localizado.

Não havendo licitantes, não sendo o caso de adjudicação pelo exequente e inexistindo outros bens passíveis de penhora, a execução será suspensa. Em que pese o Código atual não dispor expressamente sobre o prazo de suspensão nesse caso, é perfeitamente aplicável a regra anterior: suspende-se o processo pelo prazo de 1 ano, findo o qual começará a correr a prescrição intercorrente (art. 921, § 1º).

V – quando concedido o parcelamento de que trata o art. 916.

Preenchidos os requisitos do art. 916 e deferida a proposta de parcelamento, a execução ficará suspensa até a quitação das parcelas (art. 916, § 3º; art. 921, V). Caso o executado não efetue o pagamento de qualquer das prestações, a execução prosseguirá, sendo desnecessário aguardar o término do prazo previsto para pagamento para a retomada dos atos executivos.

A enumeração contida nos art. 921 não é taxativa. Há em lei outras previsões que permitem a paralisação da execução, por exemplo, por concessão de tutela provisória em ação rescisória (art. 969); quando o imóvel de incapaz não alcançar pelo menos 80% do valor da avaliação (art. 896).

Suspensa a execução, não serão praticados atos processuais, podendo o juiz, salvo no caso de arguição de impedimento ou de suspeição, ordenar providências urgentes, como a remoção ou alienação de bens (art. 923).

1.2 Da extinção da execução

A rigor, no sentido estrito, **no processo executivo não há sentença**. A atuação da jurisdição se limita quase que exclusivamente à realização do direito consubstanciado no título. Todavia, uma vez instaurada e afastada a hipótese de extinção prematura, a execução desenvolve-se e exaure-se com a satisfação do direito do exequente. A extinção da execução, como a de qualquer outro procedimento, ocorre por meio de sentença (art. 925).

A sentença proferida na execução não contém resolução de mérito, não se aplicando, portanto, o efeito preclusivo da coisa julgada material contemplado no art. 508. Tem por fim o **mero encerramento da relação processual estabelecida entre exequente, Estado-juízo e executado**, com a finalidade de satisfazer o crédito exequendo.

Nos termos do art. 924, extingue-se a execução quando:

I – a petição inicial for indeferida. Além dos requisitos previstos nos arts. 319 e 320 – com exceção do requerimento de produção de provas e da opção quanto à audiência de conciliação ou mediação –, a petição inicial do processo de execução deve observar o disposto no art. 798. Se, por exemplo, faltar à petição o demonstrativo de débito com os elementos indicados no art. 798, parágrafo único, deverá o juiz determinar que o exequente emende a petição, no prazo de 15 dias (art. 801), sob pena de indeferimento.

II – a obrigação for satisfeita. A satisfação do crédito pode ocorrer por ato do devedor, de terceiro ou pelo emprego dos atos executivos. Assim, extingue-se a execução quando o devedor ou um terceiro cumpre a obrigação, ou quando chegam ao fim as medidas executivas, retirando-se do patrimônio do devedor bens para satisfação do direito do credor.

III – o executado obtiver, por qualquer outro meio, a extinção total da dívida. A execução será extinta com base nesse dispositivo quando ocorrer qualquer uma das causas de extinção da obrigação, entre elas a transação e a remissão.

IV – o exequente renunciar ao crédito. A renúncia do crédito tem os mesmos efeitos do inciso anterior, eis que provoca a extinção da dívida.

V – ocorrer a prescrição intercorrente. O prazo da prescrição intercorrente tem por termo inicial a data da entrada em vigor do CPC/2015 – 18.03.2016 –, inclusive para as execuções em curso, conforme dispõe o art. 1.056 das disposições finais e transitórias. Assim, se a execução de um cheque, por exemplo, estiver paralisada há 10 anos por falta de localização de bens penhoráveis do devedor, o prazo prescricional só começa a correr a partir de 18.03.2016, não podendo o juiz declarar a prescrição sem antes percorrer o procedimento previsto no § 1º do art. 921, ou seja, (i) suspender a execução pelo prazo de um ano, (ii) ordenar o arquivamento dos autos pelo prazo da prescrição e, (iii) decorrido o prazo prescricional, ouvir as partes e então declarar a prescrição. À declaração da prescrição deve anteceder a intimação das partes.

Saliente-se, por fim, que a enumeração contida no art. 924 é **exemplificativa**. Além das hipóteses nele previstas, também se extingue a execução, entre outros casos, em decorrência do acolhimento de defesa (embargos à execução ou exceção de pré-executividade) oposta pelo executado.

Por força do parágrafo único do art. 771, aplica-se também à execução a generalidade das hipóteses de extinção previstas no art. 485.

1.3 Prescrição intercorrente

Por se tratar de direito novo, pelo menos para o Código de Processo Civil, abro aqui um tópico para tratar da prescrição intercorrente, isto é, da prescrição que ocorre após o ajuizamento da execução e antes que o processo alcance o seu fim, que é a realização do crédito.

O CPC de 1973 não contemplava a prescrição intercorrente. O fato de não possuir bens passíveis de penhora constituía causa de suspensão da execução (art. 791, *caput* e inciso III, do CPC/1973), mas nada dizia sobre prescrição. Aliás, o entendimento majoritário é que, à falta de previsão legal, não se cogitava de prescrição intercorrente, ou seja, no curso da execução. Ajuizada a execução e interrompida a prescrição, o processo executivo tramitava *ad eternum*, aguardando que o executado adquirisse algum bem passível de penhora. O executado, esperto que sempre foi, jamais adquiria bem – aliás, podia até adquirir, mas punha-o em nome de um laranja –, e então o processo ficava entulhando a prateleira.

O CPC/2015, trilhando a linha da eficiência e rapidez, quis desentulhar as prateleiras do judiciário e então trouxe para a execução comum regime idêntico ao adotado na Lei de Execuções Fiscais. Não sendo localizados bens penhoráveis do executado, a execução ficará suspensa pelo prazo de um ano, assim como o prazo prescricional. Do mesmo modo, se o devedor/executado não for encontrado, a execução e o curso do prazo prescricional serão suspensos, na forma do art. 921.

Para não pegar os exequentes com as calças na mão, o CPC/2015, na parte que trata do direito intertemporal, previu uma regra de travessia. Para os processos que já se encontravam suspensos quando da entrada em vigor do Código, o prazo da prescrição intercorrente tem por termo inicial o dia 18.03.2016, ou seja, a data da entrada em vigor do CPC/2015 (art. 1.056).

O prazo de prescrição intercorrente é o mesmo prazo de prescrição da ação (art. 206-A, CC,[1] e Súmula 150 do STF). Isso quer dizer que se a prescrição para a propositura de ação visando a reparação civil é de três anos, a execução (cumprimento de sentença) da decisão que reconhece a responsabilização deve ser realizada também no prazo de três anos, assim como, no caso de suspensão por força do art. 921, III, CPC, a prescrição intercorrente deve seguir o mesmo prazo.

Vejamos um exemplo: imagine que um consumidor tomou conhecimento de que seu nome estava "negativado" em razão de uma suposta dívida com a empresa X. Contudo, esse consumidor nunca manteve relação contratual com a referida Empresa, vindo a conhecer a negativação em 01.05.2015. Esse consumidor terá o prazo de 3 anos para ajuizar ação declaratória de inexistência de débito cumulada com indenização por danos morais (art. 206, § 3º, do CC/2002). Não se trata de fato do produto, por isso não contamos o prazo de 5 anos do CDC (nesse sentido, por exemplo: STJ no AgInt no AREsp 663.730/RS, rel. Min. Ricardo Villas Bôas Cueva, *DJE* 26.05.2017). O termo inicial não será a data da inclusão nos cadastros de inadimplentes, mas a data em que o consumidor tomou conhecimento do fato (teoria da actio nata). Assim, teremos: 01.05.2015 (data do conhecimento do fato) e prazo fatal para o ajuizamento da ação correspondente a 01.05.2018. Agora imagine que dentro desse lapso temporal o consumidor ajuizou a demanda e obteve uma sentença de mérito procedente. A sentença transitou em julgado em 20.03.2018. De acordo com o entendimento da jurisprudência, a execução prescreve no mesmo prazo da ação (Súmula 150, STF). Assim, o consumidor terá até 20.03.2021 para promover o cumprimento de sentença. **Essa ainda não é a prescrição intercorrente**. Conforme ensina a doutrina, no cumprimento de sentença nós teremos 3 contagens: primeiro para a propositura do processo de conhecimento (P1), depois para o início do cumprimento de sentença (P2), e, finalmente, eventualmente para a prescrição intercorrente (P3). Na execução de título extrajudicial essa contagem só ocorrerá 2 vezes (na propositura da execução e na prescrição intercorrente).

Para o nosso exemplo, esses prazos (P1, P2 e P3) são iguais, ou seja, de 3 anos. O consumidor observou esse segundo prazo (P2). A fase para satisfação do crédito teve início um dia após o trânsito em julgado: 21.03.2018. A empresa ré foi intimada para pagamento, mas não cumpriu voluntariamente a obrigação. Na sequência, foram realizados atos de constrição patrimonial, como tentativa de penhora de ativos financeiros, porém, sem êxito. Nesse caso, de acordo com o art. 921, § 1º, CPC, haverá a suspensão da execução, assim como do curso da prescrição. Esse prazo de suspensão é de um ano e começou em 21.04.2019. O processo ficará suspenso, assim como a prescrição, de 21.04.2019 até 21.04.2020. Durante o seu transcurso não há falar em prescrição intercorrente. Se, nesse período, o consumidor se manifestar no sentido de satisfazer o crédito, a prescrição será afastada.

Chegando o dia 21.04.2020 sem manifestação do exequente, começará a correr o prazo de 3 anos relacionado à prescrição intercorrente. Esse prazo não pode ser confundido com a prescrição da execução. Trata-se de um novo prazo relacionado à inércia do exequente. Mantida a inércia até 21.04.2023, a execução será extinta. Nessa hipótese, antes de extinguir a execução o juiz deve intimar as partes.

---

[1] Art. 206-A, CC. A prescrição intercorrente observará o mesmo prazo de prescrição da pretensão, observadas as causas de impedimento, de suspensão e de interrupção da prescrição previstas neste Código e observado o disposto no art. 921 da Lei nº 13.105, de 16 de março de 2015 (Código de Processo Civil).

Ressaltamos que nesse exemplo a prescrição teve início na vigência do CPC anterior. Em 2017, o STJ, no julgamento do primeiro Incidente de Assunção de Competência (IAC no REsp 1.604.412), estabeleceu algumas regras de direito intertemporal, em precedente vinculante, sobre prescrições iniciadas na vigência do CPC/1973. São elas:

"– Incide a prescrição intercorrente, nas causas regidas pelo CPC/1973, quando o exequente permanece inerte por prazo superior ao de prescrição do direito material vindicado, conforme interpretação extraída do art. 202, parágrafo único, do Código Civil de 2002.

– O termo inicial do prazo prescricional, na vigência do CPC/1973, conta-se do fim do prazo judicial de suspensão do processo ou, inexistindo prazo fixado, do transcurso de um ano (aplicação analógica do art. 40, § 2º, da Lei nº 6.830/1980).

– O termo inicial do art. 1.056 do CPC/2015 tem incidência apenas nas hipóteses em que o processo se encontrava suspenso na data da entrada em vigor da novel lei processual, uma vez que não se pode extrair interpretação que viabilize o reinício ou a reabertura de prazo prescricional ocorridos na vigência do revogado CPC/1973 (aplicação irretroativa da norma processual).

– O contraditório é princípio que deve ser respeitado em todas as manifestações do Poder Judiciário, que deve zelar pela sua observância, inclusive nas hipóteses de declaração de ofício da prescrição intercorrente, devendo o credor ser previamente intimado para opor algum fato impeditivo à incidência da prescrição".

A Lei nº 14.195, de 26 de agosto de 2021, alterou a redação dos §§ 4º e 5º do art. 921 para acrescentar quatro parágrafos à normativa sobre a prescrição intercorrente (§§ 4º-A, 6º e 7º). Vejamos pontualmente cada uma das novidades.

Como visto, se o executado não for encontrado ou não forem localizados bens penhoráveis, o juiz deve suspender a execução pelo prazo de um ano, durante o qual também se suspenderá a prescrição. A primeira pergunta que se faz é: **qual o termo inicial do prazo de 1 (um) ano previsto no § 1º do art. 921?** Segundo a Lei no 14.195/2021, o termo inicial corresponde **ao dia em que o exequente teve ciência da primeira tentativa infrutífera de localização do devedor ou de bens penhoráveis**. Ou seja, se o executado não for encontrado, deverá o juiz intimar o exequente, dando-lhe ciência, por exemplo, sobre o retorno negativo do aviso de recebimento (se a tentativa de citação tiver ocorrido pela via postal) ou sobre o retorno do mandado sem efetivo cumprimento (se a tentativa de citação tiver ocorrido por oficial de justiça). É justamente a partir dessa ciência que tem início o prazo de um ano. Nesse ponto, o mais coerente é que o juiz, ao intimar o exequente sobre a ausência de bens ou sobre a não localização do devedor, cientifique-o também sobre o início do prazo de um ano previsto no § 1º do art. 921.

Durante o prazo de um ano de suspensão poderá ocorrer a prática de atos processuais? De acordo com o art. 314 do CPC, "durante a suspensão é vedado praticar qualquer ato processual, podendo o juiz, todavia, determinar a realização de atos urgentes a fim de evitar dano irreparável (...)". Este dispositivo, embora aplicável à execução, não pode ser interpretado de maneira literal, a ponto de impedir que o próprio exequente requeira o prosseguimento da execução. A problemática reside no fato de que, ao pedir o levantamento da suspensão, que é de um ano e somente ocorrerá uma vez, terá início automaticamente o prazo da prescrição intercorrente. Apesar de o legislador não ter se debruçado sobre essa questão, como o STJ já vinha admitindo que o prazo de um ano deveria ser considerado como um lapso temporal **máximo**, é preciso que os advogados tenham bastante cautela ao pedir o prosseguimento da execução durante o lapso temporal do art. 921, § 1º.

Decorrido o prazo de um ano de suspensão, começará a correr o prazo da prescrição intercorrente, que poderá ser interrompido nos termos do novo § 4º-A do art. 921. De acordo com esse dispositivo, a efetiva citação, intimação do devedor ou constrição de bens penhoráveis interrompe o prazo de prescrição, que não corre pelo tempo necessário à citação e à intimação do devedor, bem como para as formalidades da constrição patrimonial, se necessária, desde que o credor cumpra os prazos previstos na lei processual ou fixados pelo juiz.

A despeito de exigir uma conduta diligente por parte do exequente, a previsão legislativa poderá gerar efeito negativo para o credor que assumir uma postura ativa no processo. Explico: de acordo com o § 4º-A do art. 921, somente a **efetiva constrição** patrimonial é causa interruptiva do prazo de prescrição intercorrente. Isso quer dizer que se o exequente conseguir localizar bens, mas estes não forem penhoráveis (o executado alega, por exemplo, a proteção ao bem de família), a prescrição continuará a correr, sem qualquer interrupção. Não se trata, portanto, de uma punição pela simples inércia do exequente, mas pela ausência de bens sujeitos à penhora.

Depois de transcorrido o prazo de um ano e daquele destinado à prescrição intercorrente – que é o mesmo da ação –, o juiz deverá intimar o exequente antes de extinguir a execução na forma do 924, V, do CPC. A propósito, o § 5º do art. 921 prevê o reconhecimento da prescrição intercorrente *ex officio*, entretanto, determina, que antes da decisão declaratória, se dê vista às partes para manifestação em 15 (quinze) dias. **Essa intimação não será para que o exequente dê prosseguimento ao feito, mas sim para se manifestar em relação à prescrição, em respeito ao princípio do contraditório**[2]. Nem haveria necessidade de tal dispositivo, pois o art. 10 do CPC/2015 genericamente prevê a intimação em respeito ao contraditório.

Outra novidade é que o legislador estabeleceu que esse reconhecimento ocorrerá "sem ônus para as partes" (§ 5º, art. 921, parte final). Aparentemente essa alteração irá afastar o entendimento do Superior Tribunal de Justiça (AgInt no AREsp 1.667.204/SP, 3ª Turma, Rel. Min. Marco Aurélio Bellizze, j. 08.02.2021, *DJe* 12.02.2021) sobre a possibilidade de condenação do executado, baseada no princípio da causalidade, ao dever de arcar com honorários e custas processuais.

Por fim, a Lei no 14.195/2021 acrescentou ao art. 921 o § 6º para possibilitar a alegação de nulidade quanto ao procedimento para a declaração da prescrição intercorrente. Caso a intimação prevista no § 4º – aquela em que se dá ciência ao exequente sobre a primeira tentativa infrutífera de localização do devedor ou de bens penhoráveis – não tenha sido realizada, o prejuízo para o exequente será presumido. Nas demais hipóteses deverá haver efetiva comprovação do prejuízo para que a nulidade seja reconhecida e, consequentemente, a execução não seja extinta.

Quadro esquemático 97 – Suspensão e extinção do processo de execução

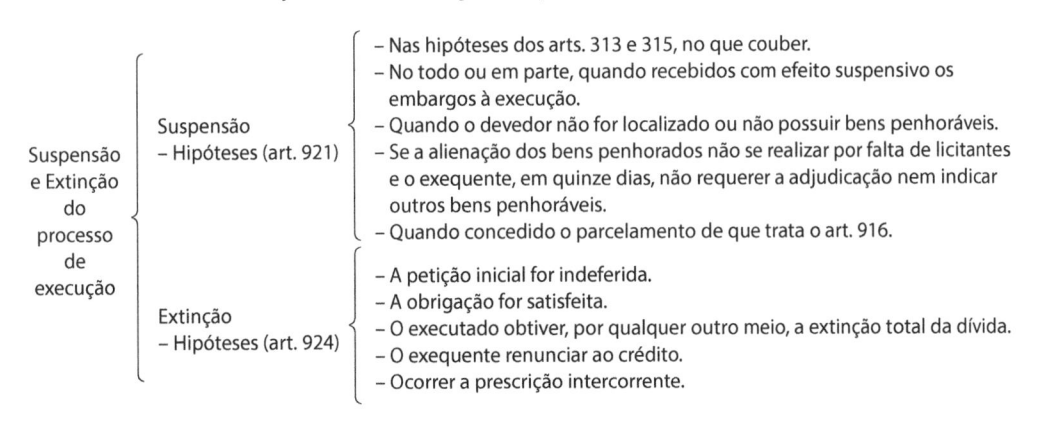

Suspensão e Extinção do processo de execução		
	Suspensão – Hipóteses (art. 921)	– Nas hipóteses dos arts. 313 e 315, no que couber. – No todo ou em parte, quando recebidos com efeito suspensivo os embargos à execução. – Quando o devedor não for localizado ou não possuir bens penhoráveis. – Se a alienação dos bens penhorados não se realizar por falta de licitantes e o exequente, em quinze dias, não requerer a adjudicação nem indicar outros bens penhoráveis. – Quando concedido o parcelamento de que trata o art. 916.
	Extinção – Hipóteses (art. 924)	– A petição inicial for indeferida. – A obrigação for satisfeita. – O executado obtiver, por qualquer outro meio, a extinção total da dívida. – O exequente renunciar ao crédito. – Ocorrer a prescrição intercorrente.

---

[2] STJ, REsp 1.589.753/PR, Rel. Min. Marco Aurélio Bellizze, *DJe* 31.05.2016.

Parte Especial

Parte V
Precedente Judicial, Processos nos Tribunais e Meios de Impugnação das Decisões Judiciais

Precedente judicial (arts. 926 e 927)

1. INTRODUÇÃO

Conforme visto no Capítulo I, Parte I, desta obra, o CPC/2015 demonstra maior apreço aos precedentes judiciais, isto é, aos entendimentos firmados pelos tribunais que poderão servir de diretriz para o julgamento de casos semelhantes. Nas disposições gerais do Título sobre os processos nos tribunais, o legislador positivou algumas regras que buscam adequar os entendimentos dos tribunais superiores em todos os níveis jurisdicionais, evitando a dispersão da jurisprudência e, consequentemente, a intranquilidade social e o descrédito nas decisões emanadas pelo Poder Judiciário.

Antes de estudarmos pormenorizadamente essas regras, é preciso que tenhamos uma noção geral sobre os conceitos fundamentais relativos ao tema. Assim ficará mais fácil compreender a sistemática de vinculação das decisões jurisdicionais adotada pelo CPC.

2. PRECEDENTES

2.1 Noções fundamentais

2.1.1 Common law, civil law e stare decisis

O sistema jurídico brasileiro sempre foi filiado à **Escola da *Civil Law***, assim como os dos países de origem romano-germânica. Essa Escola considera que **a lei é a fonte primária do ordenamento jurídico** e, consequentemente, o instrumento apto a solucionar as controvérsias levadas ao conhecimento do Poder Judiciário.

As jurisdições dos países que adotam o sistema da *Civil Law* são estruturadas preponderantemente com a finalidade de aplicar o direito escrito, positivado. Em outras palavras, os adeptos da *Civil Law* consideram que o juiz é o intérprete e o aplicador da lei, não lhe reconhecendo os poderes de criador do Direito. Exatamente em razão das balizas legais, a faculdade criadora dos juízes que laboram no sistema da *Civil Law* é bem mais restrita do que aquela que vemos no sistema da *Common Law*.

No Brasil, o art. 5º, II, da Constituição Federal de 1988 comprova a existência do sistema legal adotado ao estabelecer que "ninguém será obrigado a fazer ou deixar de fazer alguma coisa senão em virtude de lei". Do referido dispositivo advém o princípio da legalidade, que, além de proteger o indivíduo em face do Estado, legitimando somente as imposições que respeitem as leis previamente estabelecidas no ordenamento, também serve como instrumento norteador da atividade jurisdicional.

Agora, em razão da adoção do sistema do *stare decisis*,[1] há que se repensar a compreensão do termo "lei" empregado na Constituição de 1988. Se até recentemente "lei" significava apenas as espécies legislativas, agora, em razão da força obrigatória dos precedentes, há que se contemplar também o precedente judicial, mormente aquele que, em razão do *status* da Corte que o firmou, tem cogência prevista no próprio ordenamento jurídico.

Em que pese a lei ainda ser considerada como fonte primária do Direito,[2] não é possível conceber um Estado exclusivamente legalista. Seja porque a sociedade passa por constantes modificações (culturais, sociais, políticas, econômicas etc.) que não são acompanhadas pelo legislador, seja porque este nunca será capaz de prever solução para todas as situações concretas e futuras submetidas à apreciação judicial, não se pode admitir um ordenamento dissociado de qualquer interpretação jurisdicional. Igualmente não se pode negar a segurança jurídica proporcionada pelo ordenamento previamente estabelecido (positivismo jurídico). Essas as razões por que os dois sistemas se aproximam. Os países de cultura anglo-saxônica cada vez mais legislam por intermédio da lei e, em contrapartida, os países de tradição germano-românica estabelecem a força obrigatória dos precedentes judiciais.

Essa aproximação, para não dizer simbiose dos dois sistemas, principalmente no que se refere à *Civil Law* em relação à adoção do *stare decisis*, é notada pela doutrina em sua maioria. Como exemplo, permito-me citar o Professor Luiz Guilherme Marinoni:

"Não há dúvida que o papel do atual juiz do *civil law* e, principalmente, o do juiz brasileiro, a quem é deferido o dever-poder de controlar a constitucionalidade da lei no caso concreto, muito se aproxima da função exercida pelo juiz do *common law*, especialmente a da realizada pelo juiz americano".[3]

O **sistema do** *Common Law*, também conhecido como sistema anglo-saxão, distingue-se do *Civil Law* especialmente em razão das **fontes do Direito**. Como dito, no *Civil Law* o ordenamento consubstancia-se principalmente em leis, abrangendo os atos normativos em geral, como decretos, resoluções, medidas provisórias etc. No sistema anglo-saxão os juízes e tribunais se espelham principalmente nos costumes e, com base no direito consuetudinário, julgam o caso concreto, cuja decisão, por sua vez, poderá constituir-se em precedente para julgamento de casos futuros. Esse respeito ao passado é inerente à teoria declaratória do Direito e é dela que se extrai a ideia de precedente judicial.

---

[1] *Stare decisis et non quieta movere* – termo completo – significa "mantenha-se a decisão e não se moleste o que foi decidido" (TUCCI, José Rogério Cruz e. *Precedente judicial como fonte do direito*. São Paulo: RT, 2004). Em bom português, pode-se afirmar que *stare decisis* corresponde ao sistema da força obrigatória dos precedentes. A ideia de que os tribunais devem respeitar seus próprios precedentes (vinculação interna de suas próprias decisões) é denominada "*stare decisis* horizontal". Por outro lado, "*stare decisis* vertical" significa a vinculação externa das decisões aos demais órgãos do Poder Judiciário, e à Administração Pública.

[2] O sistema jurídico brasileiro nem de longe é legalista, uma vez que a escolha da lei como parâmetro de apreciação do Direito pressupõe um joeiramento com o arcabouço principiológico previsto na Constituição Federal. Assim, estando a lei em desconformidade com o princípio, o juiz está autorizado a afastar a legislação. Por outro lado, havendo precedente com força obrigatória – por exemplo, o oriundo de julgamento de recurso repetitivo –, o juiz deve abstrair-se da lei na qual eventualmente tenha o precedente se embasado, aplicando-se tão somente o julgamento do tribunal.

[3] MARINONI, Luiz Guilherme. *Precedentes obrigatórios*. 1. ed. em e-book baseado na 2. ed. impressa. São Paulo: RT, 2012. p. 4.

No sistema do *Civil Law*, apesar de haver preponderância das leis, há espaço para os precedentes judiciais. A diferença é que no *Civil Law*, em regra, o precedente tem a função de orientar a interpretação da lei, mas não obriga o julgador a adotar o mesmo fundamento da decisão anteriormente proferida e que tenha como pano de fundo situação jurídica semelhante. Contudo, cada vez mais, **o sistema jurídico brasileiro assimila a teoria do *stare decisis*.** Não são poucos os casos previstos no CPC/1973 que compelem os juízos inferiores a aplicar os julgamentos dos tribunais, principalmente do STF e do STJ. À guisa de exemplo, citem-se as súmulas vinculantes, o julgamento em controle abstrato de constitucionalidade e o julgamento de recursos repetitivos. No Código de Processo Civil (Lei nº 13.105, de 16 de março de 2015) essa vinculação é ainda mais expressiva.

A igualdade, a coerência, a isonomia, a segurança jurídica e a previsibilidade das decisões judiciais constituem as principais justificativas para a adoção do sistema do *stare decisis*. Se por um lado não se pode negar a quebra dos princípios acima arrolados pelo fato de que situações juridicamente idênticas sejam julgadas de maneira distintas por órgãos de um mesmo tribunal, também não se podem fechar os olhos à constatação de que também a pura e simples adoção do precedente e principalmente a abrupta mudança da orientação jurisprudencial é capaz de causar grave insegurança jurídica. Exemplifico. Celebrado o negócio jurídico sob a vigência de determinada lei, não poderá a lei posterior retroagir para alcançar o ato jurídico perfeito e acabado, exatamente porque celebrado em conformidade com o ordenamento em vigor. Esse é o sentido que até então se tem emprestado à disposição do inciso XXXVI do art. 5º da CF/1988. Em decorrência da força obrigatória dos precedentes, as pessoas devem consultar a jurisprudência antes da prática de qualquer ato jurídico, uma vez que a conformidade com as normas – na qual se incluem os precedentes judiciais – constitui pressuposto para que o ato jurídico seja reputado perfeito. As cortes de justiça, por seu turno, ao julgarem, por exemplo, a validade de um ato jurídico, terão que verificar a jurisprudência imperante à época. Afinal, *tempus regit actum*.

Não se pode comparar a busca pela tutela jurisdicional com um jogo de loteria, mas também é preciso compatibilizar a força dos precedentes judiciais e a necessidade de individualização do Direito. Se existir fundamento suficiente para afastar um entendimento já consolidado, deve o magistrado exercer plenamente o seu livre convencimento, sem qualquer vinculação a julgamentos anteriores. Caso contrário, será necessário que se busque, preferencialmente junto aos tribunais superiores, a interpretação uniformizada sobre o tema. Aliás, pode haver precedente com força cogente, de modo que o juiz dele não poderá se afastar.

2.1.2 Civil law *e a questão da segurança jurídica*

Os adeptos do sistema *Civil Law* difundiram a ideia de que a segurança jurídica estaria necessariamente atrelada à observância pura e simples da lei. A subordinação e a vinculação do juiz à lei constituiriam, portanto, metas necessárias à concretização desse ideal.

Ocorre que a lei, por ser interpretada de vários modos, inclusive a partir de percepções morais do próprio julgador, não se mostra suficiente a assegurar aos jurisdicionados a mínima segurança jurídica que se espera de um Estado Democrático de Direito.

O que se pretende, então, com a adoção de um sistema de precedentes é oferecer soluções idênticas para casos idênticos e decisões semelhantes para demandas que possuam o mesmo fundamento jurídico, evitando, assim, a utilização excessiva de recursos e o aumento na quantidade de demandas.

É importante esclarecer que o que forma o precedente é apenas a razão de decidir do julgado, a sua *ratio decidendi*. Em outras palavras, os fundamentos que sustentam os pilares de uma decisão é que podem ser invocados em julgamentos posteriores. As circunstâncias de fato que deram embasamento à controvérsia e que fazem parte do julgado não têm o condão de tornar obrigatória ou persuasiva a norma criada para o caso concreto.[4] Além disso, os argumentos acessórios elaborados para o deslinde da causa (*obter dictum*) não podem ser utilizados com força vinculativa por não terem sido determinantes para a decisão,[5] tampouco as razões do voto vencido e os fundamentos que não foram adotados ou referendados pela maioria do órgão colegiado.

Embora constitua praxe na prática jurídica brasileira, a utilização de voto vencido para fundamentação de um pedido ou mesmo de trechos de ementas sem qualquer vinculação à tese jurídica que solucionou a controvérsia originária não pode servir de subsídio ao magistrado no julgamento de caso supostamente semelhante. Não é incomum nos depararmos com petições invocando decisões consolidadas como fundamentação para casos que não possuem qualquer semelhança com o precedente invocado. Do mesmo modo, não é incomum nos depararmos com juízes que, premidos pela pregação da eficiência e celeridade, lançam em suas decisões trechos de acórdãos de tribunais superiores sem justificar o porquê da aplicação da mesma tese jurídica.

Assim, antes de adotarmos um sistema de precedentes, é necessário que se promova a familiarização e a compreensão do tema entre os operadores do direito e que se deem condições ao magistrado para que este exerça o seu livre convencimento sem a costumeira preocupação com metas, mas sim com o critério de justiça adotado e com a necessária qualidade de seus julgados.

2.1.3 A convivência com o stare decisis

Alguns precedentes têm verdadeira eficácia normativa, devendo, pois, ser observados obrigatoriamente pelos magistrados ao proferirem suas decisões.

O *stare decisis*, entendido como precedente de respeito obrigatório, corresponde à norma criada por uma decisão judicial e que, em razão do *status* do órgão que a criou, deve ser obrigatoriamente respeitada pelos órgãos de grau inferior.

A existência desse precedente obrigatório pressupõe, a um só tempo, **atividade constitutiva** (de quem cria a norma) e **atividade declaratória**, destinada aos julgadores que têm o dever de seguir o precedente.

No Brasil, podemos dizer que vige o *stare decisis*, pois, além de o Superior Tribunal de Justiça e o Supremo Tribunal Federal terem o poder de criar a norma (teoria constitutiva, criadora do Direito), os juízos inferiores também têm o dever de aplicar o precedente criado por essas Cortes (teoria declaratória).

A atividade do STJ e do STF[6] de forma alguma está vinculada ao direito consuetudinário (*Common Law*). Não há obrigatoriedade de respeito ao direito dos antepassados, como ocorre principalmente no sistema inglês. É nesse ponto que podemos diferenciar o nosso ordenamento do sistema anglo-saxão.

No Brasil, embora de forma mitigada, aplica-se o *stare decisis*, porém totalmente desvinculado da ideia de que o juiz deve apenas declarar o direito oriundo de precedente firmado em momento anterior, obviamente, com os acréscimos decorrentes de circunstâncias fáticas diversas. Nos países de tradição anglo-saxônica podemos dizer que o juiz, nas suas decisões,

---

[4] TUCCI, José Rogério Cruz e. *Precedente judicial como fonte do direito*. São Paulo: RT, 2004. p. 14.
[5] DIDIER JR., Fredie; OLIVEIRA, Rafael; BRAGA, Paula. *Curso de direito processual civil*. Salvador: JusPodivm, 2013. p. 388.
[6] Menciono apenas esses tribunais, pois são eles que hoje possuem legitimidade para criar normas de aplicação obrigatória em todo o território nacional (exemplos: súmulas vinculantes e decisões firmadas em julgamentos de recursos repetitivos).

deve respeitar o passado (natureza declaratória da atividade jurisdicional). O fato é que pode haver respeito ao passado (*Common law*) sem *stare decisis* (força obrigatória dos precedentes) e vice-versa. Na Inglaterra, por exemplo, o respeito ao *Common Law* é mais visível, ao passo que nos EUA o *stare decisis* é mais evidente, sem tanto comprometimento com o direito dos antepassados.

O *stare decisis* constitui uma teoria relativamente nova. O *Common Law*, ao contrário, é um sistema jurídico de longa data. Os juízes que operam nesse sistema sempre tiveram que respeitar o direito costumeiro, mas apenas de uns tempos para cá é que passaram a obedecer aos precedentes judiciais. Isso não significa, obviamente, que os juízes não possam superar tais precedentes.

Atualmente, com a evolução do sistema do *Common Law* e principalmente em razão da conveniência de uniformização das decisões judiciais – decisões iguais para casos idênticos –, adotou-se a força normativa dos precedentes. Também com a *Civil Law* esse fenômeno pode ser observado. Vale ressaltar, entretanto, que a utilização dos precedentes judiciais – pelo menos no "*Civil Law* brasileiro" – não tem o condão de revogar as leis já existentes. A rigor, a atividade dos juízes e tribunais é interpretativa e não legislativa. Assim, por mais que haja omissão ou que a lei preexistente não atenda às peculiaridades do caso concreto, o Judiciário não poderá se substituir ao Legislativo. Na prática, contudo, não é o que se verifica. Em nome de determinados princípios, aplicados sem qualquer explicação sobre a sua incidência ao caso concreto, o julgador se afasta completamente da lei, criando com suas decisões verdadeiras normas jurídicas.

2.1.4 Distinção: métodos e resultados da aplicação do distinguishing

Os precedentes vinculantes não devem ser aplicados de qualquer maneira pelos magistrados. Há necessidade de que seja realizada uma comparação entre o caso concreto e a *ratio decidendi* da decisão paradigmática. É, preciso, em poucas palavras, considerar as particularidades de cada situação submetida à apreciação judicial e, assim, verificar se o caso paradigma possui alguma semelhança com aquele que será analisado.

Essa comparação, na teoria dos precedentes, recebe o nome de *distinguishing* – como é sempre recomendável o uso da língua pátria: distinção –, que, segundo Cruz e Tucci, é o método de confronto "pelo qual o juiz verifica se o caso em julgamento pode ou não ser considerado análogo ao paradigma".[7]

Se não houver coincidência entre os fatos discutidos na demanda e a tese jurídica que subsidiou o precedente, ou, ainda, se houver alguma peculiaridade no caso que afaste a aplicação da *ratio decidendi* daquele precedente, o magistrado poderá se ater à hipótese *sub judice* sem se vincular ao julgamento anterior. No sistema anglo-saxônico o juiz embasará suas decisões no direito consuetudinário. No Brasil, o juiz prioritariamente deve aplicar o precedente com força obrigatória. Não havendo precedente ou sendo o caso de afastar o precedente invocado, em razão da distinção levada a efeito, deve-se aplicar a lei – não sem antes fazer o confronto com os princípios constitucionais. E, na hipótese de obscuridade ou lacuna da lei, deverá recorrer à analogia, aos costumes e aos princípios gerais do direito (art. 4º da Lei de Introdução às Normas do Direito Brasileiro).

Como se pode perceber, apesar da noção de obrigatoriedade, os precedentes não devem ser invocados em toda e qualquer situação. Há muitos casos em que os fatos não guardam relação de semelhança, mas exigem a mesma conclusão jurídica. Noutros, os fatos podem

---

[7] TUCCI, José Rogério Cruz e. *Precedente judicial como fonte do direito*. São Paulo: RT, 2004. p. 174.

até guardar similitude, mas as particularidades de cada caso os tornam substancialmente diferentes.

Assim, até mesmo nas hipóteses em que se está diante de um precedente vinculante, o julgador poderá fazer o *distinguished* do caso que lhe é submetido, buscando, assim, a **individualização do direito**.

Vejamos um exemplo concreto: o Supremo Tribunal Federal – STF, em julgamento realizado sob a sistemática da repercussão geral, estabeleceu o entendimento de que "não é compatível com o regime constitucional de acesso aos cargos públicos a manutenção no cargo, sob fundamento de fato consumado, de candidato não aprovado que nele tomou posse em decorrência de execução provisória de medida liminar ou outro provimento judicial de natureza precária, supervenientemente revogado ou modificado" (RE 608.482, Relator Min. Teori Zavascki, Tribunal Pleno, DJe 30.10.2014). Ocorre que em alguns casos, a aplicação dessa solução padronizada pode, segundo a própria Corte, ocasionar mais danos sociais do que a manutenção da situação consolidada, impondo-se o *distinguishing*. Em caso concreto, o precedente apresentado não foi aplicado porque a decisão que deu posse a uma pessoa no cargo de Policial Rodoviário Federal havia sido deferida em 1999 e, desde então – o julgamento do recurso aconteceu em 2020 – o recorrente estava no cargo, ou seja, há mais de 20 anos (AREsp 883.574/MS, Rel. Ministro Napoleão Nunes Maia Filho, 1ª Turma, j. 20.02.2020).

O mais importante nessa *distinção* é que haja motivação (art. 93, IX, da CF). Essa motivação quer dizer que as decisões judiciais não devem apenas se reportar a artigos de lei, a conceitos abstratos, a súmulas ou ementas de julgamento. Elas devem expor os elementos fáticos e jurídicos em que o magistrado se apoiou para decidir. Na fundamentação das decisões judiciais o juiz deve identificar exatamente as questões que reputou como essenciais ao deslinde da causa, notadamente a tese jurídica escolhida. Isso porque "a fundamentação será a norma geral, um modelo de conduta para a sociedade, principalmente para os indivíduos que nunca participaram daquele processo, e para os demais órgãos do Judiciário, haja vista ser legitimamente da conduta presente".[8]

2.1.5 Incorporação do overruling e modulação dos efeitos das decisões

A atividade interpretativa do julgador não encontra fundamento apenas na lei. Princípios e entendimentos jurisprudenciais são exemplos do que normalmente o magistrado leva em consideração no momento de proferir uma decisão.

Ocorre que a atividade interpretativa tende a se modificar ao longo dos anos. A constante evolução da sociedade e a necessidade de sistematização dos princípios, de modo a considerá-los em conexão com outras normas do ordenamento, são formas que possibilitam a mudança no sentido interpretativo nas normas.

Assim, por mais que se almeje do Judiciário soluções com maior segurança jurídica, coerência, celeridade e isonomia, não há como fossilizar os órgãos jurisdicionais, no sentido de vincular eternamente a aplicação de determinado entendimento.

Por tais razões a doutrina – amparada nas teorias norte-americanas – propõe a adoção de técnicas de superação dos precedentes judiciais. Neste espaço trataremos do *overruling*,[9]

---

[8] LOURENÇO, Haroldo. *Precedente judicial como fonte do direito: algumas considerações sob a ótica do novo CPC*. Disponível em: http://www.temasatuaisprocessocivil.com.br/edicoes-anteriores/53-v1--n-6-dezembro-de-2011-/166-precedente-judicial-como-fonte-do-direito-algumas-consideracoes--sob-a-otica-do-novo-cpc. Acesso: em 10 abr. 2015.

[9] Significa anulação, revogação.

técnica que se difere do *distinguishing*, na medida em que este se caracteriza pelo confronto do caso à *ratio decidendi* do paradigma, visando aplicar ou afastar o precedente, enquanto aquele corresponde à revogação do entendimento paradigmático consubstanciado no precedente.

Por meio dessa técnica (*overruling*) o precedente é **revogado ou superado** em razão da modificação dos valores sociais, dos conceitos jurídicos, da tecnologia ou mesmo em virtude de erro gerador de instabilidade em sua aplicação. O paradigma escolhido se aplicaria ao caso sob julgamento, contudo, em face desses fatores, não há conveniência na preservação do precedente. Na jurisprudência, essa técnica vem sendo bastante utilizada:

> "É possível, e mesmo aconselhável, submeter o precedente a permanente reavaliação e, eventualmente, modificar-lhe os contornos, por meio de alguma peculiaridade que o distinga (*distinguishing*), ou que o leve a sua superação total (*overruling*) ou parcial (*overturning*), de modo a imprimir plasticidade ao Direito, ante as demandas da sociedade e o dinamismo do sistema jurídico". (Trecho do REsp 1.656.322/SC, Rel. Min. Rogerio Schietti Cruz, 3ª Seção do STJ, j. 23.10.2019, *DJe* 04.11.2019).

Além de revogar o precedente, o órgão julgador terá que construir uma **nova posição jurídica** para aquele contexto, a fim de que as situações geradas pela ausência ou insuficiência da norma não se repitam. Ressalve que somente o órgão legitimado pode proceder à revogação do precedente. Exemplo: um precedente da Suprema Corte dos EUA somente por ela poderá ser revogado. O mesmo se passa com os precedentes do STF ou do STJ.

Quando um precedente já está consolidado, no sentido de os tribunais terem decidido de forma reiterada em determinado sentido, a sua superação não deveria ter eficácia retroativa, eis que todos os jurisdicionados que foram beneficiados pelo precedente superado agiram de boa-fé, confiando na orientação jurisprudencial pacificada. Essa, lamentavelmente, não é a regra que rege o nosso sistema. Na aplicação do princípio *tempus regit actum* leva-se em conta tão somente a lei – num sentido estrito – vigente à época do ato jurídico, e não a jurisprudência. Em face da adoção do *stare decisis* há que se repensar essa prática; há que se fazer – repita-se – uma releitura do dispositivo constitucional garantidor da segurança jurídica, sob pena de grave insegurança.

Assim, pelo menos no Brasil, se há revogação de um precedente e a construção de uma nova tese jurídica, esta passará a reger as relações constituídas anteriormente à decisão revogadora – é o que se denomina retroatividade plena –, sem levar em conta a jurisprudência "vigorante" à época do aperfeiçoamento do ato jurídico. Respeitam-se tão somente as relações acobertadas pela coisa julgada e às vezes o direito adquirido, olvidando-se que tais garantias gozam de idêntico *status* constitucional. As normas – num sentido amplo – do tempo da constituição é que devem reger o ato, e não somente a lei.

E, por falar em coisa julgada, podemos afirmar que, atualmente, o entendimento que prevalece no âmbito do Supremo Tribunal Federal é no sentido de que a jurisprudência não deve retroagir para atingir a coisa julgada. Ou seja, mesmo que haja mudança de entendimento da Corte Suprema, as situações já consolidadas, em regra, não deverão ser revistas, mesmo que o "pano de fundo" se refira a matéria constitucional.[10]

---

[10] STF, Recurso Extraordinário 590.809, j. 22.10.2014. O STF vem excepcionando esse entendimento, por exemplo, nas hipóteses de relação jurídica tributária de trato sucessivo. Assim, quando a coisa julgada que impedia o contribuinte de pagar determinado tributo é atingida por decisão do STF em sentido oposto ao que havia sido julgado, o tributo poderá ser cobrado a partir do novo entendimento, respeitadas a irretroatividade, a anterioridade anual e a noventena ou a anterioridade nonagesimal,

Apesar de estarmos tratando de entes distintos (precedente e jurisprudência),[11] a ideia que se pretende extrair do julgado da Suprema Corte é a seguinte: a coisa julgada não pode ser relativizada para atingir situações já consolidadas. Assim, um precedente revogado não deverá a retroagir para atingir situações jurídicas definitivamente decididas, sobre a qual já se formou a *res judicata*.

Em síntese, para os processos em andamento, bem como para os que serão instaurados, vale a regra da retroatividade – desimportante é o momento da constituição da relação jurídica deduzida no processo. Para os que já estejam resguardados pela imutabilidade da coisa julgada vale a regra da irretroatividade.

Superada essa análise inicial acerca da sistemática vigente no ordenamento brasileiro, não podemos deixar de considerar que a impossibilidade de se conferirem efeitos prospectivos (não retroativos) é capaz de, em alguns casos, gerar mais insegurança do que segurança jurídica. Quem hoje aciona o Judiciário achando que tem um determinado direito porque seu vizinho, em situação semelhante, conseguiu uma sentença favorável há poucos meses pode, daqui a um ano, por exemplo, ter esse mesmo direito negado pelo Poder Judiciário.

Para evitar essas situações é que considero que a superação do precedente pode admitir, excepcionalmente, a adoção de efeitos prospectivos, não abrangendo as relações jurídicas entabuladas antes da prolação da decisão revogadora.[12] Tal proposição evitaria situações nas quais o autor, vencedor nas instâncias inferiores justamente em virtude de estas estarem seguindo o entendimento das cortes superiores, fosse surpreendido com a mudança brusca desse mesmo entendimento. Com certa obsessão, reafirmo que o importante mesmo é o tempo da relação jurídica de direito material deduzida no processo, e não o tempo processual. Se o precedente judicial passa a figurar como uma das espécies normativas, a par da lei e dos princípios, o ato jurídico, constituído em consonância com essa normatividade, deve estar imune a qualquer alteração jurisprudencial sobre a matéria.

Vale reafirmar que essa ideia se coaduna com a previsão contida no art. 5º, XXXVI, da Constituição Federal, segundo a qual "a lei não prejudicará o direito adquirido, o ato jurídico perfeito e a coisa julgada". Isso porque o que a Constituição não permite é que os atos normativos do Estado atinjam situações passadas. Nesse ponto, é perfeitamente compreensível o entendimento firmado no Supremo. Entretanto, estabelecendo-se um paralelo entre o dispositivo constitucional e o sistema de precedentes, pode-se dizer que a Constituição também não admite que as soluções apontadas pelo Judiciário para uma mesma questão de direito sejam dadas das mais diversas formas dentro de um curto espaço de tempo. Em outras palavras, o que a Constituição quer garantir é certa previsibilidade do resultado de determinadas demandas, de forma a proporcionar aos jurisdicionados maior segurança jurídica, seja por ocasião da formação do ato jurídico, seja no momento de se buscar a tutela jurisdicional.

---

conforme a natureza do tributo. Em resumo: "Os efeitos temporais da coisa julgada nas relações jurídicas tributárias de trato sucessivo são imediatamente cessados quando o STF se manifestar em sentido oposto em julgamento de controle concentrado de constitucionalidade ou de recurso extraordinário com repercussão geral". (RE 955.227/BA, Rel. Min. Roberto Barroso, j. 08.02.2023 (Repercussão Geral – Tema 885); RE 949.297/CE, Rel. Min. Edson Fachin, redator do acórdão Min. Roberto Barroso, j. 08.02.2023 (Repercussão Geral – Tema 881)).

[11] Precedente é a norma obtida no julgamento de um caso concreto que se define como a regra universal passível de ser observada em outras situações. O termo jurisprudência é utilizado para definir as decisões reiteradas dos tribunais, que podem se fundamentar, ou não, em precedentes judiciais. A jurisprudência é formada em razão da aplicação reiterada de um precedente.

[12] Esse entendimento só seria aplicável às situações não acobertadas pela coisa julgada.

Podemos dizer, então, que no âmbito do nosso sistema jurídico, afora outros objetivos, os precedentes judiciais visam "alcançar a exegese que dê certeza aos jurisdicionados em temas polêmicos, uma vez que ninguém ficará seguro de seu direito ante jurisprudência incerta".[13]

Oportuno observar que a previsibilidade do resultado de certas demandas não acarretará a **"fossilização"** do Poder Judiciário, pois os processos que digam respeito a questões de fato continuarão a ser decididos conforme as provas apresentadas no caso concreto. Além disso, os tribunais poderão modificar precedentes já sedimentados, desde que o façam em decisão fundamentada.

No Brasil, a eficácia prospectiva (*prospective overruling*) pode ser verificada no controle de constitucionalidade. É que o art. 27 da Lei nº 9.868/1999 possibilita que a Corte, ao declarar a inconstitucionalidade de lei ou ato normativo, e tendo em vista razões de segurança jurídica ou de excepcional interesse social, restrinja os efeitos daquela declaração ou decida que ela só tenha eficácia a partir de seu trânsito em julgado ou de outro momento que venha a ser fixado. Trata-se de medida excepcional e que deve ser utilizada levando em consideração o fim almejado pela nova norma, o tipo de aplicação que se mostra mais correto e o grau de confiança que os jurisdicionados depositaram no precedente que irá ser superado. De qualquer forma, não se pode negar que, em nome da segurança jurídica, a decisão proferida no controle concentrado de constitucionalidade poderá resguardar até mesmo o ato formado segundo um regramento reputado inconstitucional. O que dizer então de um ato constituído segundo precedentes legitimamente firmados?

2.2 A evolução dos precedentes judiciais no direito brasileiro

Há alguns anos o Brasil vem anunciando um novo Direito Processual, que coloca em destaque a atuação paradigmática dos órgãos jurisdicionais, notadamente dos tribunais superiores. Nas palavras de Jaldemiro Rodrigues de Ataíde Jr., essa nova perspectiva "se volta a solucionar com maior segurança jurídica, coerência, celeridade e isonomia as demandas de massa, as causas repetitivas, ou melhor, as causas cuja relevância ultrapassa os interesses subjetivos das partes".[14]

Em análise superficial pode-se pensar que os precedentes judiciais no Brasil surgiram apenas após a promulgação da Emenda Constitucional nº 45/2004, que introduziu em nosso ordenamento os enunciados de **súmula vinculante**, editadas exclusivamente pelo Supremo Tribunal Federal. Todavia, é possível considerar que há mais de vinte anos o Direito brasileiro vem adotando o sistema da obrigatoriedade dos precedentes, dependendo da hierarquia do órgão decisor. Basta lembrar que a Lei nº 8.038, de 28 de maio de 1990, permitiu ao relator, no Supremo Tribunal Federal ou no Superior Tribunal de Justiça, decidir monocraticamente o pedido ou o recurso que tiver perdido o objeto, bem como negar seguimento a pedido ou recurso manifestamente intempestivo, incabível ou improcedente, ou ainda, que contrariar, nas questões predominantemente de direito, Súmula do respectivo Tribunal (art. 38).[15]

Além da legislação apontada, a Emenda Constitucional nº 3/1993, que acrescentou o § 2º ao art. 102 da Constituição Federal e atribuiu efeito vinculante à decisão proferida pelo Supremo

---

[13] STJ, REsp 14.945-0/MG, Rel. Min. Sálvio de Figueiredo Teixeira, *DJ* 13.04.1992.
[14] ATAIDE JR., Jaldemiro Rodrigues de. Uma proposta de sistematização da eficácia temporal dos precedentes diante do projeto de novo CPC. In: DIDIER JR., Fredie; BASTOS, Antonio Adonias Aguiar (coord.). *O projeto do novo Código de Processo Civil*. Estudos em homenagem ao Professor José Joaquim Calmon de Passos. Salvador: JusPodivm, 2012. p. 363.
[15] O art. 38 da Lei nº 8.038, embora revogado pelo CPC/2015, foi mencionado porque relevante para o resgate histórico dos precedentes no sistema jurídico brasileiro.

Tribunal Federal em Ação Declaratória de Constitucionalidade, pode ser considerada marco normativo da aplicação dos precedentes judiciais no Brasil.

No Código de Processo Civil de 1973, diversos dispositivos aprovados ao longo dos anos demonstravam que a teoria dos precedentes também ganhou corpo no âmbito processual. Exemplos: art. 285-A; art. 475, § 3º; art. 481, parágrafo único; art. 518, § 1º, e art. 557.

O marco mais reconhecido para o estudo dos precedentes judiciais é, no entanto, a Emenda Constitucional nº 45/2004, que, além de ter promovido a denominada reforma no Poder Judiciário e inserido em nosso ordenamento as chamadas súmulas vinculantes, introduziu a **repercussão geral nas questões submetidas a recurso extraordinário** (art. 102, § 3º, da Constituição). O legislador do CPC atual (art. 1.035, § 3º) indicou algumas hipóteses em que a repercussão geral será presumida: (i) quando o acórdão recorrido tenha contrariado enunciado de súmula ou jurisprudência dominante do STF; (ii) quando a decisão recorrida tenha reconhecido a inconstitucionalidade de tratado ou lei federal. Tais previsões normativas são reconhecidas pela doutrina como hipóteses objetivas de repercussão geral, geradoras de presunção absoluta.

Como se pode perceber, a gradativa ênfase ao caráter paradigmático das decisões dos tribunais superiores nos dá a noção da importância do tema, sobretudo quando pensamos nos precedentes como instrumentos que podem conferir efetividade aos princípios elencados no texto constitucional, como o da segurança jurídica (art. 5º, XXXVI), da isonomia (art. 5º, *caput*) e da motivação das decisões judiciais (art. 93, IX).

2.3 A força normativa dos precedentes no Código de Processo Civil de 2015

Em estudo aprofundado sobre os precedentes judiciais no Brasil, Tiago Asfor Rocha Lima explica que o nosso sistema de precedentes ainda está incompleto e depende de "algumas imprescindíveis correções para que dele se possa extrair a finalidade esperada".[16]

De fato, não é incomum encontrarmos resistência na doutrina e nos tribunais acerca da aplicação dos precedentes judiciais. No entanto, em razão da lenta velocidade pela qual se processam as alterações legislativas no Brasil, a tendência é que a jurisprudência ganhe musculatura, a fim de que possa solucionar as situações que não podem ser resolvidas por meio da aplicação literal da lei.

Com vistas ao aperfeiçoamento do *stare decisis* brasileiro, o Código de Processo Civil de 2015 contemplou importantes **mecanismos referentes ao sistema de precedentes judiciais** e, consequentemente, de uniformização e estabilização da jurisprudência pátria. Passaremos a analisar brevemente cada um deles. Em tópicos próprios retomaremos o estudo dos institutos e de seus respectivos procedimentos.

2.3.1 Fundamentação das decisões judiciais

Como já visto em capítulos anteriores, ao estabelecer os elementos, requisitos e efeitos da sentença, o CPC/2015 se atém minuciosamente ao **conceito de fundamentação dos atos judiciais**, dispondo que:

> Art. 489. [...]
> § 1º Não se considera fundamentada qualquer decisão judicial, seja ela interlocutória, sentença ou acórdão, que:
> [...]

---

[16] LIMA, Tiago Asfor Rocha. *Precedentes judiciais civis no Brasil*. São Paulo: Saraiva, 2013. p. 480.

V – se limitar a invocar precedente ou enunciado de súmula, sem identificar seus fundamentos determinantes nem demonstrar que o caso sob julgamento se ajusta àqueles fundamentos;

VI – deixar de seguir enunciado de súmula, jurisprudência ou precedente invocado pela parte, sem demonstrar a existência de distinção no caso em julgamento ou a superação do entendimento.

De acordo com o dispositivo, não basta que o julgador invoque o precedente ou a súmula em seu julgado. É necessário que ele identifique os fundamentos determinantes que o levaram a seguir o precedente. Ou seja, cabe ao magistrado, ao fundamentar sua decisão, **explicitar os motivos pelos quais está aplicando a orientação consolidada ao caso concreto**. Podemos dizer que é aqui que se encontram os **parâmetros para a prática do *distinguishing*.**[17]

---

[17] Note a aplicação da técnica em um julgado do Superior Tribunal de Justiça: "Em breve delineamento fático, registre-se que o impetrante foi denunciado pela prática do crime de peculato doloso em continuidade delitiva (arts. 312 c/c 71 do CP), em face de suposta apropriação de valores públicos pertencentes ao Fundo de Desenvolvimento do Judiciário – FDJ, durante período em que exerceu a titularidade de Tabelião de Serventia Extrajudicial. Cabe salientar, ainda, que tais valores foram posteriormente parcelados junto à Administração, sendo a dívida parcialmente adimplida. Diante desse contexto, a principal insurgência trazida no *habeas corpus* impetrado pelo acusado consiste na falta de justa causa necessária ao prosseguimento da ação penal, porquanto a ausência de individualização de sua conduta no sentido de se apropriar de verbas públicas compromete a tipificação do delito como peculato. Sustenta, ademais, que o parcelamento da quantia perante a Procuradoria do Estado – considerando a sua natureza tributária – resulta na suspensão de sua exigibilidade. Inicialmente, importa ressaltar, da análise da Lei Estadual n. 9.278/2009 (responsável por enumerar as receitas que compõem o referido fundo), que os valores discutidos possuem patente natureza *sui generis*, porém, guardam estreita derivação tributária, ainda que parcialmente, uma vez que inexiste qualquer previsão acerca de quais verbas submetidas ao rol do art. 3º da aludida lei estariam sob responsabilidade de repasse do Tabelião, inviabilizando, com isso, melhor definição quanto a sua natureza jurídica. Desta feita, a despeito de a conduta analisada não se amoldar a crime contra a ordem tributária (Lei n. 8.137/1990) – pois se trata de agente equiparado à funcionário público (art. 327 do CP) –, de certo que o débito originário do ilícito penal é composto por quantias das mais variadas naturezas, dentre as quais se incluem as de origem tributária. Deve-se alertar, ainda, que os bens jurídicos tutelados pelo peculato são o interesse público moral e patrimonial da Administração Pública alinhando-se à probidade administrativa. Nos crimes contra a ordem tributária, por seu turno, a despeito da inexistência de consenso doutrinário, tutela-se a política socioeconômica do Estado de forma ampla. Nessa linha de raciocínio, também não se desconhece que os precedentes firmados pela Sexta Turma do STJ (*v.g.* HC 239.127-RS, Rel. Min. Sebastião Reis Júnior) consagram a orientação de que não há óbice à persecução penal nas hipóteses que envolvem lesão afeta a diversos bens jurídicos tutelados – o que, em princípio, se amoldaria a conduta estabelecida no art. 312 do CP. Todavia, necessária a aplicação do *distinguishing* para afastar a subsunção do caso em exame aos precedentes desta Corte Superior. Isso porque, na presente hipótese, o delito pressupõe um crédito tributário, ainda pendente de deliberação na seara administrativa. De mais a mais, a imputação penal em exame deve se submeter à mesma *ratio* que deu origem ao verbete n. 24 de súmula vinculante do STF – segundo o qual '*não se tipifica crime material contra a ordem tributária, previsto no art. 1º, incisos I a IV, da Lei nº 8.137/90, antes do lançamento definitivo do tributo*' –, já que os fatos narrados na inaugural acusatória pressupõem a apropriação de valores de natureza *sui generis*, porém, com substancial carga tributária, possibilitando, inclusive, o parcelamento do débito perante a Administração. Diante desse cenário, enquanto pendente de deliberação na esfera administrativa o referido débito – frise-se, *in casu*, composto por valores que também têm origem tributária –, não poderá ser imputado ao *impetrante* o fato típico descrito na denúncia, considerando o viés de *ultima ratio* do Direito Penal no ordenamento jurídico" (STJ, RHC 75.768/RN, Rel. Min. Antônio Saldanha Palheiro, j. 15.08.2017, *DJe* 11.09.2017, por maioria).

Da mesma forma, consoante redação do inciso VI, se o juiz deixar de seguir enunciado de súmula, jurisprudência ou precedente invocado pela parte, deverá **demonstrar que há distinção entre o precedente e a situação concretamente apresentada ou que o paradigma invocado já foi superado**.

2.3.2 Uniformização da jurisprudência

O art. 926, *caput*, do CPC dispõe que "**os tribunais devem uniformizar sua jurisprudência e mantê-la estável, íntegra e coerente**". Esse dever decorre da adoção do sistema de precedentes e demonstra a necessidade de compatibilização entre as decisões proferidas pelos tribunais e o princípio constitucional da segurança jurídica. No mesmo sentido é a Recomendação nº 134/2022 do CNJ. Trata-se de solicitação para que os tribunais, nos termos do art. 926 do CPC/2015, com regularidade, zelem pela uniformização das questões de direito controversas que estejam sob julgamento, utilizando, com a devida prioridade, os instrumentos processuais cabíveis. A referida recomendação também faz referência expressa ao dever de fundamentação e ao *distinguishing*.

Essa previsibilidade das decisões no âmbito dos próprios tribunais tende a evitar a propagação de teses jurídicas distintas sobre situações semelhantes e que, justamente por essa coincidência, mereceriam tratamento igualitário.

O dever dos tribunais de uniformizar sua jurisprudência indica que eles não poderão ser omissos caso ocorram divergências internas entre seus órgãos fracionários sobre uma mesma questão jurídica.[18] O cumprimento desse dever afastaria, por exemplo, a não rara desarmonia entre as Turmas do Superior Tribunal de Justiça. Um exemplo pode ajudar o leitor a perceber esse dissenso:

SÚMULA ANTINEPOTISMO X IMPROBIDADE ADMINISTRATIVA[19]

STJ – 1ª Turma	STJ – 2ª Turma
"Não configura improbidade administrativa a contratação, por agente político, de parentes e afins para cargos em comissão ocorrida em data anterior à lei ou ao ato administrativo do respectivo ente federado que a proibisse e à vigência da Súmula Vinculante nº 13 do STF" (REsp 1.193.248/MG, Rel. Min. Napoleão Nunes Maia Filho, j. 24.04.2014).	"A prática de nepotismo configura grave ofensa aos princípios da administração pública, em especial aos princípios da moralidade e da isonomia, enquadrando-se, dessa maneira, no art. 11 da Lei nº 8.429/92. A nomeação de parentes para ocupar cargos em comissão, ainda que ocorrida antes da publicação da Súmula vinculante 13, constitui ato de improbidade administrativa, que atenta contra os princípios da administração pública, nos termos do art. 11 da Lei nº 8.429/92, sendo despicienda a existência de regra explícita de qualquer natureza acerca da proibição" (AgRg no REsp 1.386.255/PB, Rel. Min. Humberto Martins, j. 24.04.2014).

---

[18] DIDIER JR., Fredie; OLIVEIRA, Rafael; BRAGA, Paula. *Curso de direito processual civil*. Salvador: JusPodivm, 2015. v. 2, p. 474.

[19] Após a Lei nº 14.230/2021, o nepotismo passou a constar expressamente entre os atos de improbidade administrativa. A discussão que apresentamos aqui refere-se à possibilidade (ou não) de aplicação da Súmula Vinculante n. 13 para atos cometidos antes da sua edição. Essa discussão não tem mais razão para situações posteriores à nova lei. No entanto, vale destacar que foi inserida uma ressalva: não se configura improbidade a mera nomeação ou indicação política por parte dos detentores de mandatos eletivos, sendo necessária a aferição de dolo com finalidade ilícita por parte do agente (§ 5º do art. 11 da LIA). Trata-se de um reforço à exigência de dolo e do especial fim de agir para configuração dos atos de improbidade administrativa que não está presente no enunciado da Súmula Vinculante.

A norma inserida no CPC é imperativa: todos os tribunais têm o dever de resolver as divergências entre seus órgãos, editando em seguida, se for o caso, enunciado correspondente à tese dominante (art. 926, § 1º).

Embora seja bastante comum divergências horizontal (entre turmas de um mesmo Tribunal, por exemplo) e vertical (entre juiz de direito e seu Tribunal respectivo), a harmonização é salutar para a preservação da hierarquia entre os órgãos componentes do Poder Judiciário. Nesse sentido, cabe ao Superior Tribunal de Justiça uniformizar a interpretação da legislação federal em todo o país, enquanto ao Supremo Tribunal Federal é conferida "(...) a singular prerrogativa de dispor do monopólio da última palavra em tema de exegese das normas inscritas no texto da Lei Fundamental (...)" (STF, ADI 3.345-0/DF).[20]

Os deveres de **estabilidade, integridade** e **coerência**, também inseridos no *caput* do art. 926, podem muitas vezes ser confundidos com a própria noção de uniformidade. Entretanto, *uniformizar* é apenas um dos deveres relacionados à construção e manutenção de um sistema de precedentes criado pelo CPC/2015.

Estabilizar significa manter o que já foi uniformizado. De nada adianta o dever anterior se o tribunal não cuida de preservar a estabilidade de suas próprias decisões, alterando em pouco tempo um entendimento aparentemente consolidado sem que haja razões para tanto.

Os deveres de coerência e integridade, apesar de complementares, não podem ser tratados como sinônimos. A *coerência* está ligada a ideia de não contradição, o que quer dizer que os tribunais devem manter uma relação harmônica entre o que se decide e todo o processo. Não há coerência, por exemplo, quando uma mesma turma do STJ ora decide de uma forma, ora decide de outra, mesmo diante de casos faticamente semelhantes. Também não há coerência quando o tribunal, desconsiderando uma sequência lógica de julgados, firma entendimento diametralmente oposto em espaço curto de tempo. Isso porque a coerência impõe "o dever de dialogar com os precedentes anteriores, até mesmo para superá-los e demonstrar o *distinguishing*".[21]

A *integridade*, por outro lado, denota a ideia de **conformidade com o Direito**, notadamente com as disposições constitucionais. Um exemplo de entendimento que não observa a integridade é a decisão que afasta a legitimidade do Ministério Público para propor representação para a apuração de arrecadação e gastos ilícitos em campanha eleitoral por inexistir previsão expressa no art. 30-A da Lei das Eleições (Lei nº 9.504/1997). É que, apesar de a lei excluir o MP, o TSE tem entendimento de que o *Parquet* tem, sim, legitimidade ativa para tal *mister* (RO nº 1.596), a qual decorre do art. 127 da CF/1988.

Observados esses deveres, cabe ao tribunal consolidar o entendimento predominante em enunciados de súmulas que terão forma obrigatória em relação ao próprio tribunal e aos juízes a ele vinculados. Ao editar enunciado de súmula correspondente à sua jurisprudência

---

[20] Essa "última palavra" deve ser compreendida a partir da impossibilidade de outro órgão definir a interpretação do texto constitucional, usurpando a competência do Supremo Tribunal Federal, sem, contudo, significar a fossilização da jurisprudência da própria Corte. Nas palavras do Min. Luiz Fux, "O desenho institucional erigido pelo constituinte de 1988, mercê de outorgar à Suprema Corte a tarefa da guarda precípua da Lei Fundamental, não erigiu um sistema de supremacia judicial em sentido material (ou definitiva), de maneira que seus pronunciamentos judiciais devem ser compreendidos como última palavra provisória, vinculando formalmente as partes do processo e finalizando uma rodada deliberativa acerca da temática, sem, em consequência, fossilizar o conteúdo constitucional" (Ação Direta de Inconstitucionalidade 5.105/DF). STF, ADI 3.345-0/DF.

[21] DIDIER JR., Fredie; OLIVEIRA, Rafael; BRAGA, Paula. *Curso de direito processual civil*. Salvador: JusPodivm, 2015. v. 2, p. 480.

dominante, o tribunal deve se ater aos detalhes fáticos do precedente que motivou a sua criação, consoante destacado no § 2º do art. 926. Previne-se, desta forma, a aplicação inadequada de súmulas e outros entendimentos a uma série de casos que, apesar de similares em determinadas características, são absolutamente distintos na essência. Em outras palavras, há necessidade de que seja realizada uma comparação entre o que se pretende sumular e a *ratio decidendi* da decisão que servirá como paradigma.

2.3.3 Precedentes obrigatórios

No art. 927 (incisos I a V), o legislador buscou adequar os entendimentos dos tribunais superiores em todos os níveis jurisdicionais, de modo a evitar a dispersão da jurisprudência e, consequentemente, a intranquilidade social e o descrédito nas decisões emanadas pelo Poder Judiciário. Trata-se de rol que contém precedentes de observância obrigatória.

No **inciso I** o legislador dispõe que os juízes e os tribunais observarão "**as decisões do Supremo Tribunal Federal em controle concentrado de constitucionalidade**". Essa vinculação é relativa aos fundamentos da decisão (*ratio decidendi*), uma vez que a vinculação decorrente da coisa julgada (eficácia *erga omnes*) já conta com expressa previsão legal (art. 102, § 2º, da CF/1988; art. 28, parágrafo único, da Lei nº 9.868/1999; art. 10, § 3º, da Lei nº 9.882/1999). Vejamos um exemplo: na ADI 4261 o STF decidiu que a Lei Complementar nº 500/2009, do Estado de Rondônia, é inconstitucional por violar o art. 132 da CF/1988, que confere aos Procuradores de Estado a representação exclusiva do Estado-membro em matéria de atuação judicial e de assessoramento jurídico, sempre mediante investidura fundada em prévia aprovação em concurso público. A coisa julgada que vincula todos os demais órgãos jurisdicionais e a Administração é: a Lei Complementar nº 500, de 10 de março de 2009, é inconstitucional. A *ratio decidendi* que formará o precedente é: norma estadual que autorize a ocupante de cargo em comissão o desempenho das atribuições de assessoramento jurídico, no âmbito do Poder Executivo, é inconstitucional. Se outra lei for editada nesse sentido – e o foi, é a Lei nº 8.186/2007, do Estado da Paraíba[22] –, cabe ao STF decidir com base no precedente anterior.

No **inciso II** o precedente obrigatório deve ter sido produzido por meio dos **enunciados de súmula vinculante**. Essa previsão reafirma a eficácia vinculante das súmulas editadas na forma do art. 103-A da CF/1988.

O **inciso III** traz "**os acórdãos em incidente de assunção de competência ou de resolução de demandas repetitivas e em julgamento de recursos extraordinário e especial repetitivos**".

O **incidente de assunção de competência** (art. 947) permite que o relator submeta o julgamento de determinada causa ao órgão colegiado de maior abrangência dentro do tribunal, conforme dispuser o regimento interno. A causa deve envolver relevante questão de direito, com grande repercussão social, de forma a justificar a apreciação pelo plenário, órgão especial ou outro órgão previsto no regimento interno para assumir a competência para julgamento do feito.

A assunção de competência tem lugar **em qualquer recurso, na remessa necessária ou nas causas de competência originária, e poderá ocorrer a instauração do incidente**. Assim,

---

[22] STF, ADI 4.843/MC-ED-Ref, Rel. Min. Celso de Mello, Plenário, j. 11.12.2014. Em outro caso semelhante, julgado em 2018, o STF declarou a inconstitucionalidade de uma lei estadual que transferia a função advocatícia para analista do Poder Executivo Estadual (ADI 5107, Rel. Min. Alexandre de Moraes, j. 20.06.2018). Em suma, para a Corte – e esse é o fundamento principal de todos esses precedentes – o modelo constitucional da atividade de representação judicial e consultoria jurídica dos Estados exige a unicidade orgânica da advocacia pública estadual, incompatível com a criação de órgãos jurídicos paralelos para o desempenho das mesmas atribuições no âmbito da Administração Pública Direta ou Indireta.

em qualquer julgamento jurisdicional cível levado a efeito nos Tribunais de Justiça dos Estados e do Distrito Federal, nos TRFs, no STJ e no STF, atendidos os pressupostos legais, será admissível a assunção de competência.

A tese firmada no incidente de assunção de competência deve constituir precedente de força obrigatória, cuja inobservância pode ensejar a propositura de reclamação na forma do art. 988, IV, do CPC/2015 (art. 947, § 3º).[23]

No **incidente de resolução de demandas repetitivas (IRDR)** – trataremos do tema mais adiante – o acórdão, por exemplo, do Tribunal de Justiça ou do Tribunal Regional Federal servirá de parâmetro para o julgamento de todos os processos – presentes e futuros, individuais ou coletivos – que versem sobre idêntica questão de direito e que tramitem na área de jurisdição do respectivo tribunal, ou seja, vinculará os órgãos de primeiro grau e o próprio tribunal. O acórdão passará a ser o precedente que irá reger os processos em tramitação, bem como aqueles que venham a ser instaurados. Ao julgador caberá fazer a subsunção dos fatos a essa norma jurídica editada pelo tribunal. Se porventura os juízes vinculados ao Tribunal no qual se julgou o incidente não aplicarem a tese jurídica definida no IRDR, caberá reclamação para o tribunal competente (art. 985, § 1º).

Os precedentes produzidos no **julgamento de recursos especiais e extraordinários repetitivos** também vincularão os juízes e tribunais. Na verdade, essa vinculação já existia no CPC/1973 (arts. 543-B e 543-C).

O **inciso IV**, por sua vez, atribui força obrigatória aos "**enunciados das súmulas do Supremo Tribunal Federal em matéria constitucional e do Superior Tribunal de Justiça em matéria infraconstitucional**". Isso quer dizer que, apesar de não serem enunciados de "súmula vinculante", deverão ser respeitados por juízes e tribunais. Essa força normativa cogencial encontra a sua racionalidade no fato de que cabe ao STJ interpretar a legislação infraconstitucional e ao STF dar a última palavra sobre as controvérsias constitucionais. Assim, por mais que o julgador tenha outra compreensão da matéria *sub judice*, a contrariedade só terá o condão de protelar o processo por meio de sucessivos recursos e, consequentemente, de adiar a resolução da controvérsia.

Por fim, o **inciso V** torna obrigatória **a orientação do plenário ou do órgão especial aos quais os juízes e tribunais estiverem vinculados**. Assim, a decisão do Plenário do STF vinculará todos os juízes e tribunais, sem exceção; a decisão do Plenário do STJ e do Órgão Especial, em matéria de legislação federal, terá que ser observada pelo próprio STJ, pelos Tribunais Regionais Federais, pelos Tribunais de Justiça dos Estados e pelos juízes a eles vinculados; as decisões do Plenário ou Órgão Especial dos Tribunais Regionais Federais vincularão os seus próprios membros e os juízes federais; e as decisões do Plenário e do Órgão Especial dos Tribunais Estaduais serão obrigatoriamente observadas pelos seus membros e pelos juízes estaduais.

A fim de que não pairem dúvidas, é bom que se repita a expressão contida no *caput* do dispositivo: "os juízes e tribunais observarão". Não se trata de faculdade, e sim de imperatividade. De início pode-se pensar que o CPC está afastando a independência dos juízes e o princípio da persuasão racional. Entretanto, ontologicamente, não há diferença entre a aplicação da lei ou do precedente, a não ser pelo fato de que, em regra, este contém mais elementos de concretude do que aquela. Tal como no sistema positivado, também no *stare decisis* o livre convencimento do juiz incide sobre a definição da norma a ser aplicada – aqui por meio do confronto da *ratio decidendi* extraída do paradigma com os fundamentos do caso sob julgamento –, sobre

---

[23] CPC/2015, "Art. 947. [...] § 3º O acórdão proferido em assunção de competência vinculará todos os juízes e órgãos fracionários, exceto se houver revisão de tese".

a valoração das provas e finalmente sobre a valoração dos fatos pelo paradigma escolhido, levando-se em conta as circunstâncias peculiares da hipótese sob julgamento.

Assim, havendo precedente sobre a questão posta em julgamento, ao juiz não se dá opção para escolher outro parâmetro de apreciação do Direito. Somente lhe será lícito recorrer à lei ou ao arcabouço principiológico para valorar os fatos na ausência de precedentes. Pode-se até utilizar de tais espécies normativas para construir a fundamentação do ato decisório, mas jamais se poderá renegar o precedente que contemple julgamento de caso idêntico ou similar.

A vinculação, entretanto, se restringe à adoção da regra contida na *ratio decidendi* do precedente. Tal como se passa no sistema de leis, não se cogita da supressão da livre apreciação da prova ou da decisão da lide atendendo aos fatos e às circunstâncias constantes dos autos. Não custa repetir que **ao juiz permite-se não seguir o precedente ou a jurisprudência, hipótese em que deverá demonstrar, de forma fundamentada, que se trata de situação particularizada que não se enquadra nos fundamentos da tese firmada pelo tribunal**.

Além da devida fundamentação é importante que se exija o enfrentamento de todos os argumentos razoáveis apresentados pelas partes. Caso contrário, ter-se-á verdadeira restrição ao acesso à Justiça.

Sobre esse ponto é necessário fazer uma importante observação no tocante à atuação dos advogados. É de fundamental importância que os operadores do direito conheçam os precedentes e a jurisprudência, notadamente dos tribunais superiores. É que, como primeiro juiz da causa, caberá ao advogado indicar ao julgador o precedente a ser aplicado, demonstrando, obviamente, a semelhança entre o caso submetido a julgamento ou, se for o caso, a distinção entre o paradigma apontado e o caso concreto. Essa postura evitará o ajuizamento de ações e recursos desnecessários, e tornará mais segura a consulta acerca das possíveis consequências de uma demanda.

Neste tópico não se pode deixar de abordar a **(in)constitucionalidade do art. 927**. Parte da doutrina sustenta que somente as decisões em controle concentrado de constitucionalidade (arts. 927, I, e 102, § 2º, da CF) e os enunciados de súmula vinculante (arts. 927, II, 103-A da CF) podem ter força vinculante. Nos demais casos do art. 927, estar-se-á diante de um precedente não vinculante, embora persuasivo. Assim, segundo essa linha de raciocínio, as demais hipóteses previstas nos incisos III a V do referido artigo, ou seja, vinculação de acórdãos proferidos em incidente de assunção de competência, em resolução de demandas repetitivas e em julgamento de RE e REsp repetitivos, bem como os enunciados das súmulas o STF e do STJ em matéria infraconstitucional e a orientação do plenário ou do órgão especial aos órgãos a estes vinculados, porque a vinculação encontra-se prevista apenas no CPC (norma infraconstitucional), seriam inconstitucionais.

A tese da inconstitucionalidade estriba-se na premissa maior – verdadeira, diga-se – de que somente a Constituição Federal pode atribuir competência legislativa a um órgão. **Ao Judiciário não cabe legislar,** a não ser excepcionalmente, assim mesmo se a exceção estiver prevista na Constituição. Contudo, a premissa menor (o Judiciário legisla por meio dos seus precedentes), no qual se embasa a tese dos que defendem a inconstitucionalidade do art. 927 não é verdadeira, isto é, não passa de uma falácia. O fato de afirmar que se trata de falácia nem de longe significa ofensa aos defensores da dita tese. Apenas estou a afirmar que, embora o Código permita que o Judiciário decida uma mesma questão de direito da mesma forma da que serviu de substrato para fixação dos precedentes, não significa que está a autorizar esse órgão a legislar. Ora, por premissa falsa, dá-se o nome de falácia. Acostumei-me a enfrentar a assombração e a anunciar a morte com essas cinco letras. Há aqueles que preferem dizer "passamento", "foi para o andar de cima". Nada de xingatório ou insulto a alguns colegas de escrevinhança. Mas que o mundo jurídico gosta de espiolhar supostas inconstitucionalidades, isso gosta. Estou apenas a abrir mão do costumeiro eufemismo.

Os precedentes de vinculação obrigatória previstos no art. 927 podem até parecer com lei, mas não são leis. Mormente os mencionados nos incisos III a V guardam relação imediata com casos concretos que lhes serviram de substrato. Assim, a aplicação da *ratio decidendi* do precedente há que se identificar identidade ou algum liame entre os fatos. Há situações iguais, julgamentos iguais. Contudo, pelo menos em termos absolutos, não se vislumbra no precedente a característica da generalidade. O precedente se baseia em fatos, o mesmo ocorrendo com o julgamento que utilizará o precedente.

"Embora as decisões judiciais, mesmo aquelas que servem de precedentes, tenham um forte conteúdo constitutivo e muitas vezes, pela aplicação a casos subsequentes, se aproximem das características do ato legislativo, não se pode confundi-los. Inconstitucional seria porque afrontoso a diversos princípios constitucionais, principalmente o da eficiência e da razoável duração do processo, entre outros, permitir que casos idênticos fossem decididos de formas diferentes".

2.3.4 Precedentes e julgamento de improcedência liminar

Como já visto na parte geral desta obra, o Código de Processo Civil promove uma verdadeira ampliação das possibilidades de improcedência liminar e, ao que parece, um direcionamento da posição do legislador aos entendimentos consolidados no âmbito dos tribunais superiores. Vejamos novamente o teor do art. 332:

Art. 332. Nas causas que dispensem a fase instrutória, o juiz, independentemente da citação do réu, julgará liminarmente improcedente o pedido que contrariar:

I – enunciado de súmula do Supremo Tribunal Federal ou do Superior Tribunal de Justiça;

II – acórdão proferido pelo Supremo Tribunal Federal ou pelo Superior Tribunal de Justiça em julgamento de recursos repetitivos;

III – entendimento firmado em incidente de resolução de demandas repetitivas ou de assunção de competência;

IV – enunciado de súmula de tribunal de justiça sobre direito local.

O julgamento liminar de improcedência fundamentado nos incisos I e II objetiva reduzir o percentual de recursos especiais e extraordinários para discussão de questões já pacificadas, que poderiam ter sido definitivamente decididas em instâncias ordinárias.

Vale ressaltar que a orientação consolidada do STF ou do STJ deve ser aplicada somente quando não houver nenhuma prova a ser produzida além daquela já constante dos autos. Também nos casos em que houver divergência entre a jurisprudência do STJ e do STF – o que não é incomum acontecer – deve o magistrado dar prosseguimento ao feito até que se uniformizem os entendimentos, sem prejuízo do julgamento do pedido caso o conflito não seja solucionado a tempo.

O inciso III trata, por sua vez, do incidente de resolução de demandas repetitivas e do incidente de assunção de competência. O primeiro é um instrumento que tem por finalidade criar uma decisão paradigma, cuja tese jurídica deverá ser aplicada em todos os processos que contenham controvérsia sobre a mesma questão de direito. O segundo não exige a repetição de diversos processos para se criar uma decisão paradigma, mas permite que o relator submeta o julgamento ao órgão colegiado de maior abrangência dentro do tribunal quando a causa envolver relevante questão de direito, com grande repercussão social. A decisão em ambos os incidentes vinculará o julgador, de modo que este poderá julgar liminarmente improcedência do pedido que não observar a tese já consolidada.

Quando o pedido se fundar em normas presentes na legislação local, o magistrado poderá analisá-lo de acordo com o entendimento do tribunal ao qual se encontra vinculado (inciso IV). Assim, se o pedido contrariar entendimento sumulado do respectivo tribunal, o juiz poderá extinguir o feito, com resolução do mérito, com fundamento no art. 332.

Importa lembrar que o juiz não está autorizado a julgar liminarmente procedente o pedido, mesmo que este esteja de acordo com a jurisprudência dos tribunais superiores. É que os incisos do dispositivo em comento abarcam apenas hipóteses de julgamento liminar de improcedência, não sendo permitida a sua aplicação para julgamento em sentido contrário.

2.3.5 Precedentes e reclamação constitucional

Na esteira das disposições constitucionais (arts. 102, I, "l", e 105, I, "f", ambos da CF/1988), a Reclamação é cabível para preservar a competência do STF e do STJ, assim como para garantir a autoridade das decisões por eles prolatadas. Também é possível ajuizar Reclamação para garantir a autoridade das súmulas vinculantes (art. 103-A, § 3º, da CF/1988). A medida não se aplica, contudo, às súmulas convencionais da jurisprudência dominante do próprio Supremo ou da Corte Cidadã.

Existe também a possibilidade excepcional e transitória de reclamação para o STJ contra acórdão de turma recursal quando: (i) houver afronta à jurisprudência pacificada em recurso repetitivo (art. 543-C do CPC/1973; art. 1.036 do CPC/2015); (ii) houver violação de súmula do STJ; ou (iii) for teratológica. Nesses casos a reclamação tem cabimento até que seja criada a Turma Nacional de Uniformização de Jurisprudência dos Juizados Especiais dos Estados e do Distrito Federal.[24]

O CPC/2015 alarga as hipóteses de cabimento da reclamação ao prever que ela poderá ser ajuizada nas seguintes hipóteses: (i) para preservar a competência de qualquer tribunal; (ii) para garantir a autoridade das decisões do tribunal; (iii) para garantir a observância de enunciado de súmula vinculante e de decisão do STF em controle concentrado de constitucionalidade; (iv) para garantir a observância de acórdão proferido no julgamento de incidente de assunção de competência ou em incidente de resolução de demandas repetitivas (art. 988, I a IV); (v) para garantir a observância de acórdão proferido no julgamento de recursos especial e extraordinário repetitivos.

A maioria das hipóteses previstas nos incisos I a IV já encontrava respaldo na Constituição, na lei e na jurisprudência. A novidade é o precedente firmado em IRDR, em incidente de assunção de competência e em julgamento de casos repetitivos. Para esta última hipótese, admite-se o ajuizamento da reclamação por interpretação do art. 988, § 5º, II.

O tema será abordado em detalhes no capítulo seguinte. Por enquanto o importante é perceber que o CPC atual tenta racionalizar a forma de julgamento por meio de instrumentos que privilegiam a aplicação dos precedentes e que, se bem manejados, levarão a um processo mais célere e menos tormentoso do ponto de vista da interpretação do que questões que gravitem em torno da mesma questão de direito.

2.4 Regras gerais para a formação e modificação dos precedentes obrigatórios no CPC

As técnicas que valorizam os precedentes judiciais e, consequentemente, a celeridade processual, a isonomia e a segurança jurídica devem servir para aprimorar o sistema processual civil e jamais para engessar a atuação interpretativa dos juízes e tribunais pátrios ou para limitar o direito de acesso à justiça.

---

[24] Conferir no *Informativo* nº 527 do Superior Tribunal de Justiça a Reclamação nº 7.861/SP, Rel. Min. Luis Felipe Salomão, julgada em 11.09.2013.

O processo deve estar aberto ao diálogo e à troca de experiências. Não se pode cogitar em Estado Democrático de Direito sem um ordenamento coerente. A função e a razão de ser dos nossos tribunais é proferir decisões que se amoldem ao ordenamento jurídico e que sirvam de norte para os demais órgãos integrantes do Poder Judiciário.

A adoção dos procedentes não significa, portanto, "eternização" das decisões judiciais. O juiz deverá continuar a exercer o seu livre convencimento e a agir conforme a sua ciência e consciência, afastando determinada norma quando ela não for capaz de solucionar efetivamente o caso concreto. **Tudo vai depender da fundamentação.** É por meio dela que se avaliará o exercício da função jurisdicional e, consequentemente, a eficiência do sistema de precedentes adotado pelo Código de Processo Civil de 2015.

Além da devida fundamentação – lembre-se que o art. 489, § 1º, relaciona as hipóteses em que a decisão judicial, seja ela interlocutória, sentença ou acórdão, não se considera fundamentada –, é importante que, para a formação do precedente, se exija o enfrentamento de todos os argumentos razoáveis apresentados pelas partes. De fato, a utilização de precedente só garantirá estabilidade quando restar assegurada a plena participação das partes. Caso contrário, ter-se-á verdadeira restrição ao acesso à Justiça.

Pensando nisso, o legislador expressamente dispôs que os juízes e os tribunais observarão o disposto no art. 10 quando decidirem com fundamento no sistema de precedentes estabelecidos no art. 927. Em outras palavras, "para a formação do precedente, somente podem ser usados argumentos submetidos ao contraditório" (Enunciado nº 2 do FPPC).

Formado precedente, pode haver necessidade de posterior **modificação do entendimento**. Essa modificação poderá fundar-se, entre outras alegações, na alteração econômica, política, social ou cultural referente à matéria decidida (Enunciado nº 322 do FPPC). Seja qual for o motivo, o importante é que o órgão jurisdicional responsável pela revisão da tese confira amplitude ao debate a fim de que os prejuízos eventualmente causados por um precedente obsoleto ou alheio à realidade não sejam repetidos.

A superação do precedente poderá, então, ser precedida de audiências públicas que servirão para democratizar o debate e legitimar as novas decisões sobre o tema em discussão. Nessas audiências poderão participar pessoas, órgãos ou entidades que possam contribuir para a rediscussão da tese (art. 927, § 2º). Nesse rol estão inseridas as partes, o Ministério Público e os próprios tribunais, que atuarão como uma espécie de *amicus curiae*.

Ressalte-se que a doutrina, amparada pelas teorias norte-americanas, propõe a adoção de técnicas de superação dos precedentes judiciais, que são basicamente duas: o *overruling* e o *overriding*. No primeiro caso, o precedente perde a sua força vinculante e é substituído por outro. Isso deve ocorrer sempre que houver necessidade de superação total do precedente anterior. A substituição do precedente por outro pode ocorrer de forma expressa (*express overruling*) ou de forma tácita (*implied overruling*). Acerca do tema, Haroldo Lourenço adverte:

"No Brasil não se pode falar em *implied overrruling*, somente o *express overrruling*, pelo menos no que se refere às súmulas vinculantes, mediante o devido processo legal estabelecido, como se observa do incidente de revisão ou cancelamento de súmula vinculante, previsto no art. 103-A, § 2º, da CF/1988, regulamentado pela Lei 11.417/06".[25]

Diferentemente do que ocorre na formação de uma tese, a alteração de um precedente pode gerar prejuízos e insegurança aos jurisdicionados, frustrando legítimas expectativas e ameaçando os princípios da estabilidade e da não surpresa.

---

[25] Essa ideia deve permanecer no CPC/2015 em razão do procedimento expressamente previsto no art. 927 para a superação do precedente.

Como forma de tentar evitar prejuízos em razão da mudança de entendimento das cortes superiores, o CPC dispõe que, "na hipótese de alteração de jurisprudência dominante do Supremo Tribunal Federal e dos tribunais superiores ou daquela oriunda de julgamento de casos repetitivos, pode haver modulação dos efeitos da alteração no interesse social e no da segurança jurídica" (art. 927, § 3º).

O problema é que essa modulação, por **não existir uma parametrização legal**, poderá variar conforme o entendimento de cada tribunal. Vejamos:[26]

- O tribunal pode modular os efeitos e determinar que a tese seja aplicada somente a **fatos posteriores à formação do novo precedente**. Assim as demandas cuja matéria fática esteja relacionada com o precedente anterior não estarão abarcadas pelo novo entendimento, ainda que não tenham sido julgadas. Do mesmo modo, ainda que não haja processo, os fatos consolidados na vigência do entendimento anterior serão por ele integralmente regidos (**aplicação prospectiva pura**). Aqui o problema reside na seguinte constatação: "se a nova regra não vale ao caso sob julgamento, a energia despendida pela parte não lhe traz qualquer vantagem concreta, ou melhor, não lhe outorga o benefício almejado por todo litigante que busca a tutela jurisdicional";[27]

- O tribunal pode aplicar o novo entendimento **apenas às partes litigantes**, ainda que o fato discutido seja anterior à modificação do precedente, e aos fatos novos, surgidos após a formação do precedente (**aplicação prospectiva clássica**). Nesse caso, o problema é a desigualdade criada para o aproveitamento da nova tese em relação aos litigantes que "estão no mesmo barco" (possuem a mesma questão jurídica), mas litigam em processos distintos;

- O tribunal pode fixar **data futura** a partir da qual a nova tese irá ser aplicada (**aplicação prospectiva a termo**);

- O tribunal pode dar efeito retroativo à modificação do precedente, hipótese em que o novo entendimento alcançará situações já consolidadas (**aplicação retroativa pura**) ou apenas fatos ocorridos antes da formação do precedente e ainda não acobertados pela coisa julgada (**aplicação retroativa clássica**). Em ambos os casos, o novo precedente vai afetar a confiança dos jurisdicionados que recorreram ao Poder Judiciário confiando na orientação jurisprudencial pacificada. Ressalte-se que a aplicação retroativa pura já ocorre na impugnação ao cumprimento de sentença (art. 475-L, § 1º, do CPC/1973; art. 525, § 12).

A escolha por uma aplicação ou outra deve levar em consideração o fim almejado pela nova norma (novo precedente) e o grau de confiança que os jurisdicionados depositaram no precedente que irá ser superado. De todo modo, não há uma solução pronta. A doutrina processualista, no entanto, aponta um paliativo a ser adotado pelos tribunais na hipótese de alteração de seu entendimento. Nos termos do Enunciado nº 320 do FPPC, "os tribunais poderão sinalizar aos jurisdicionados sobre a possibilidade de mudança de entendimento da corte, com a eventual superação ou a criação de exceções ao precedente para casos futuros".

---

[26] Utilizamos a classificação doutrinária de Jaldemiro Rodrigues Ataíde Junior. Disponível em: http://www.unicap.br/tede/tde_arquivos/4/TDE-2011-08-16T151044Z-409/Publico/dissertacao_jaldemiro_rodrigues.pdf. Acesso em: 9 nov. 2018.

[27] MARINONI, Luiz Guilherme. *Eficácia temporal da revogação da jurisprudência consolidada dos tribunais superiores*. Disponível em: http://www2.senado.leg.br/bdsf/bitstream/handle/id/242857/000909476.pdf?sequence=1. Acesso em: 10 nov. 2018.

A outra técnica de superação de precedente é o *overriding*, que deve ocorrer quando tribunal apenas desejar limitar o âmbito de incidência de um precedente em razão da superveniência de outra regra ou princípio legal. Aqui não há revogação por completo ou substituição por outro precedente, como ocorre no *overruling*. Há, em verdade, uma aproximação entre essa técnica de superação e o *distinguishing*. Nas palavras do Professor Didier:

"[...] no *distinguising* uma questão de fato impede a incidência da norma, no overriding é uma questão de direito (no caso, um novo posicionamento) que restringe o suporte fático. Ou seja, no primeiro são os fatos materialmente relevantes do novo caso concreto que afastam o precedente, por não terem sido considerados quando da sua formação, enquanto, no segundo, o afastamento é decorrente de um novo entendimento; portanto, de um elemento externo à relação jurídica discutida".[28]

Atenção:

- Se o caso não for de mudança no entendimento pelo próprio órgão que o formulou, mas de alteração em razão de lei posterior incompatível com o precedente firmado, não se pode exigir que seja adotado procedimento específico para a revogação do precedente. Nesse caso, "lei nova, incompatível com o precedente judicial, é fato que acarreta a não aplicação do precedente por qualquer tribunal, ressalvado o reconhecimento de sua inconstitucionalidade, a realização de interpretação conforme ou a pronúncia de nulidade sem redução de texto" (Enunciado nº 324 do FPPC).

JURISPRUDÊNCIA TEMÁTICA

A indicação de julgado simples e isolado não ostenta a natureza jurídica de 'súmula, jurisprudência ou precedente' para fins de aplicação do art. 489, § 1º, VI, do CPC

"1. A interpretação sistemática do Código de Processo Civil, notadamente a leitura do art. 927, que dialoga diretamente com o 489, evidencia que "precedente" abarca somente os casos julgados na forma qualificada pelo primeiro comando normativo citado, não tendo o termo abarcado de maneira generalizada qualquer decisão judicial. 2. A indicação de julgado simples e isolado não ostenta a natureza jurídica de "súmula, jurisprudência ou precedente" para fins de aplicação do art. 489, § 1º, VI, do CPC. 3. No caso, a parte interessada, antes da oposição de embargos de declaração, havia indicado um único acórdão do Tribunal de Justiça de Minas Gerais supostamente em confronto com a decisão recorrida, pelo que inaplicável o comando normativo mencionado no item anterior. 4. A proteção conferida pelo Código de Processo contra decisões-surpresa não pode inviabilizar que o juiz conheça do direito alegado e determine a exegese a ser aplicada ao caso. 5. Hipótese em que a causa foi decidida nos limites do objeto da ação, não podendo ter causado surpresa à parte se era uma das consequências previsíveis do julgamento. 6. Embargos de declaração manifestados com notório propósito de prequestionamento não têm caráter protelatório (Súmula 98/STJ). 7. No caso, os aclaratórios foram aviados uma única vez, indicaram, de fato, possíveis omissões (embora rejeitadas), e buscavam prequestionar a matéria, a fim de viabilizar o exame do apelo especial, pelo que a aplicação da multa prevista no art. 1.026, § 2º do CPC/2015 deve ser afastada. 8. Agravo

---

[28] DIDIER JR., Fredie; OLIVEIRA, Rafael; BRAGA, Paula. *Curso de direito processual civil*. Salvador: JusPodivm, 2015. v. 2, p. 507-508.

conhecido para dar parcial provimento ao recurso especial". (STJ, AREsp 1.267.283/MG, Rel. Min. Gurgel de Faria, 1º Turma, j. 27.09.2022, *DJe* 26.10.2022).

Competência para a modulação dos efeitos em prol do interesse social e da segurança jurídica

"Compete exclusivamente ao órgão prolator da decisão, que altera jurisprudência dominante do Supremo Tribunal Federal e dos tribunais superiores ou que altera jurisprudência oriunda de julgamento de casos repetitivos, modular os seus efeitos com fundamento no art. 927, § 3º, do CPC" (STJ, 1ª Turma, AREsp 1.033.647/RO, Rel. Min. Paulo Sérgio Domingues, j. 02.04.2024).

Quadro esquemático 98 – Precedente judicial

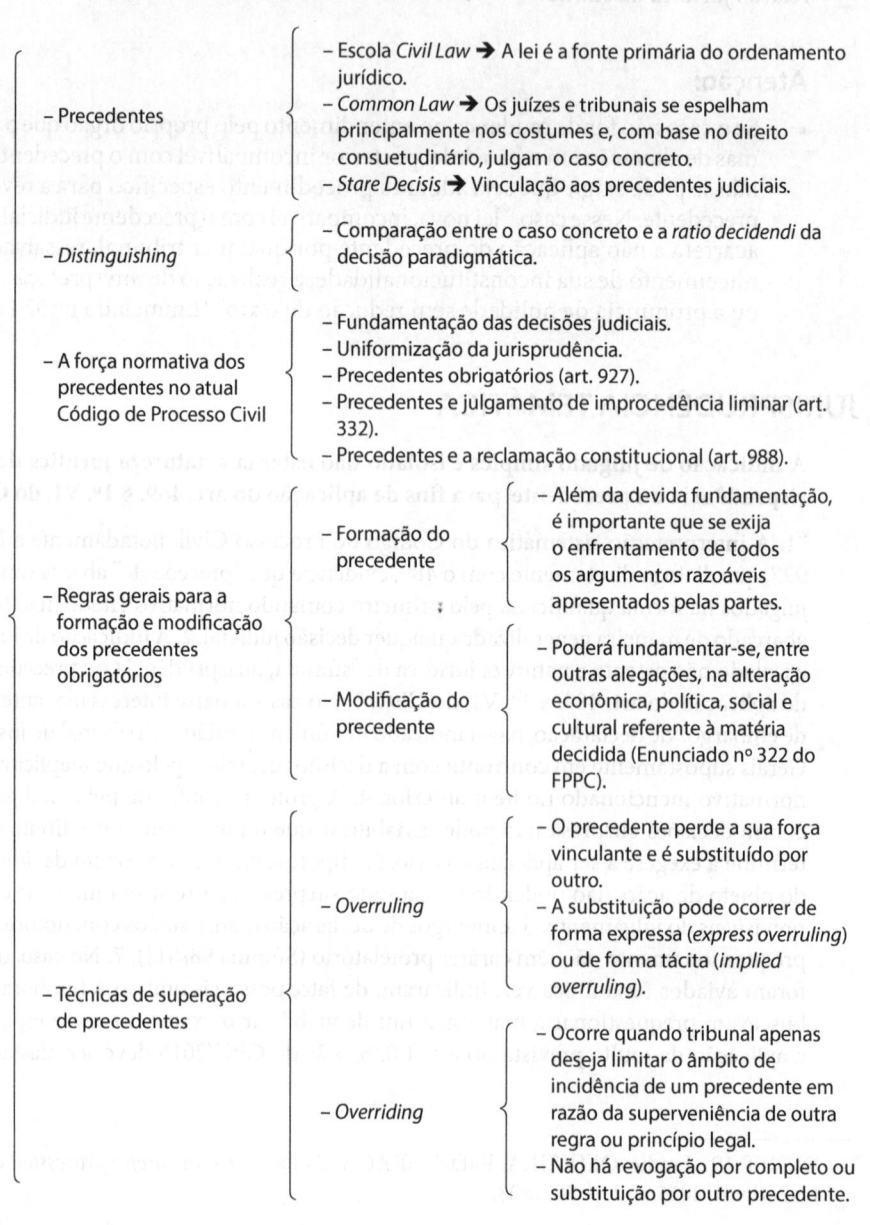

Precedente Judicial (arts. 926 e 927)

- **Precedentes**
  - Escola *Civil Law* → A lei é a fonte primária do ordenamento jurídico.
  - *Common Law* → Os juízes e tribunais se espelham principalmente nos costumes e, com base no direito consuetudinário, julgam o caso concreto.
  - *Stare Decisis* → Vinculação aos precedentes judiciais.

- **Distinguishing**
  - Comparação entre o caso concreto e a *ratio decidendi* da decisão paradigmática.

- **A força normativa dos precedentes no atual Código de Processo Civil**
  - Fundamentação das decisões judiciais.
  - Uniformização da jurisprudência.
  - Precedentes obrigatórios (art. 927).
  - Precedentes e julgamento de improcedência liminar (art. 332).
  - Precedentes e a reclamação constitucional (art. 988).

- **Regras gerais para a formação e modificação dos precedentes obrigatórios**
  - **Formação do precedente**
    - Além da devida fundamentação, é importante que se exija o enfrentamento de todos os argumentos razoáveis apresentados pelas partes.
  - **Modificação do precedente**
    - Poderá fundamentar-se, entre outras alegações, na alteração econômica, política, social e cultural referente à matéria decidida (Enunciado nº 322 do FPPC).

- **Técnicas de superação de precedentes**
  - **Overruling**
    - O precedente perde a sua força vinculante e é substituído por outro.
    - A substituição pode ocorrer de forma expressa (*express overruling*) ou de forma tácita (*implied overruling*).
  - **Overriding**
    - Ocorre quando tribunal apenas deseja limitar o âmbito de incidência de um precedente em razão da superveniência de outra regra ou princípio legal.
    - Não há revogação por completo ou substituição por outro precedente.

2

Ordem dos processos nos tribunais e processos de competência originária dos tribunais (arts. 929 a 993)

1. INTRODUÇÃO

Na vigência do CPC/1973 um aluno questionou a razão de o Código anterior regular em dois títulos diferentes (IX e X) "os recursos" e "os processos nos tribunais", uma vez que os recursos também são processados nos tribunais.

No Título IX, do Livro I, denominado "Do Processo nos Tribunais", tratou o Código de 1973 do incidente da uniformização da jurisprudência (Cap. I), da declaração de inconstitucionalidade (Cap. II), da homologação de sentença estrangeira (Cap. III) e da ação rescisória (Cap. IV).

Tais procedimentos diferem dos recursos, a despeito de estes, em geral, também serem processados e julgados nos tribunais. Ocorre que os recursos constituem meios de impugnação de decisão judicial, com a dilatação da relação processual, ao passo que os procedimentos anteriores ou constituem incidentes dos recursos ou de causas originárias, como a uniformização da jurisprudência e a declaração de inconstitucionalidade, ou configuram processo autônomo, com vistas à homologação de sentença estrangeira, ou à desconstituição de sentença transitada em julgado, como ocorre na ação rescisória.

O atual Código de Processo Civil mantém essa divisão, mas muitos procedimentos foram alterados. Além disso, o incidente de uniformização de jurisprudência foi extinto e o legislador positivou uma espécie de procedimento uniformizador de julgamentos, denominado "incidente de resolução de demandas repetitivas" (IRDR). Ademais, conforme já visto, o CPC/2015 contemplou importantes mecanismos referentes ao sistema de precedentes judiciais e, consequentemente, de uniformização e estabilização da jurisprudência pátria.

Dada a explicação, vamos abordar cada um dos procedimentos previstos na Lei nº 13.105/2015. Antes, no entanto, vamos às regras gerais relativas ao registro, à distribuição e ao procedimento de julgamento das questões submetidas aos tribunais.

2. ORDEM DOS PROCESSOS NOS TRIBUNAIS

2.1 Do registro e da distribuição dos processos no âmbito dos tribunais

De acordo com o art. 93, XV, da CF/1988, "a distribuição de processos será imediata, em todos os graus de jurisdição". Sendo assim, também nos tribunais superiores deve haver distribuição imediata após a remessa dos autos ou o protocolo do recurso ou petição. Mediante delegação do tribunal, os ofícios de registro de primeiro grau poderão realizar o protocolo de petições e recursos dirigidos ao tribunal (art. 929, parágrafo único). É o chamado "**sistema de protocolo integrado**" (ou descentralizado), que permite ao advogado apresentar petições, referentes a ações e recursos, destinadas a juízos de 2º grau, nas unidades de protocolo de outras localidades quando inexistir setor de protocolo no local do peticionamento. Essa regra processual se orienta pelo critério da redução de custos, pela celeridade na tramitação e pela facilitação do acesso das partes e dos advogados a todos os níveis de jurisdição.

Os arts. 284 a 290, que dispõem sobre as regras gerais a respeito da distribuição e do registro dos atos processuais, são aplicáveis à distribuição dos processos no âmbito dos tribunais. Assim, respeitadas as competências dispostas em regimentos internos, as regras sobre sorteio são as previstas em tais dispositivos. Quanto à prevenção, o CPC dispõe que "o primeiro recurso protocolado no tribunal tornará prevento o relator para eventual recurso subsequente interposto no mesmo processo ou em processo conexo" (art. 930, parágrafo único). Essa regra é aplicada para o caso de interposição recursal consecutiva no mesmo tribunal (agravo de instrumento e apelação, por exemplo) e consiste em materialização do princípio do juiz natural, não configurando novidade em nosso sistema (veja-se, por exemplo, o art. 71 do Regimento Interno do STJ).

Registrado e distribuído o feito, os autos serão imediatamente conclusos ao relator, para que este confeccione o relatório no prazo de 30 dias e, em seguida, restitua-os à secretaria.

No CPC/1973, após o retorno dos autos à secretaria, este deveria providenciar o encaminhamento ao revisor (art. 551 do CPC/1973). Essa figura era exigida no julgamento da apelação, dos embargos infringentes e de ação rescisória. Contudo, a jurisprudência já oscilava sobre a obrigatoriedade ou não do revisor, mesmo nas hipóteses em que, em princípio, sua presença era prevista em lei.

O CPC/2015 extinguiu a figura do revisor no procedimento recursal. A exclusão do revisor, a quem, segundo o regimento de cada tribunal, cabia certas atribuições de natureza administrativa, tal como o pedido de dia para julgamento, constitui mais uma faceta da tão almejada celeridade processual. Excluída a figura do revisor e implantado o processo eletrônico (marcas do nosso tempo), o relator elabora o seu voto e, juntamente com o relatório do feito, restitui os autos à secretaria, a quem incumbe, por determinação do presidente do órgão judiciário (câmara, seção etc.), incluir o recurso ou causa originária na pauta da sessão de julgamento.

Deve-se registrar que as ações rescisórias processadas e julgadas originariamente no STJ continuam sujeitas ao procedimento da revisão. Conforme restou decidido na Ação Rescisória nº 5.241/DF (2013/0282105-0) – questão de ordem suscitada pelo ministro Mauro Campbell Marques – pela Corte Especial, as mudanças introduzidas pelo CPC/2015 não eliminaram o revisor nas ações rescisórias processadas originariamente no âmbito do STJ. O fundamento é que o CPC/2015 não derrogou o art. 40, I, da Lei 8.038/90, que constitui norma procedimental especial para determinados processos, entre os quais a ação rescisória de competência originária do STJ. Realmente, por descuido o legislador esqueceu-se de revogar o referido dispositivo. Assim, em suma, a dispensa do revisor não se aplica às ações rescisórias, revisões criminais e ações penais de competência originária do STJ, pois continua em vigor o art. 40 da Lei no 8.038/1990.

Nesses tempos de valorização do arcabouço principiológico, estranha-se o fato de o STJ, na interpretação em comento, não ter levado em conta o princípio da celeridade. A meu ver, nesse particular, desnecessariamente, criou-se uma dicotomia. Exclusivamente nas ações rescisórias de competência originária do STJ, o segundo voto será proferido pelo revisor, e não pelo primeiro vogal.

E daí? Um julgador sempre revisa o voto do outro. Assim é o sistema. Somente no final, depois de proferidos os votos e respectivos complementos, pode-se proclamar o resultado. A denominação da função exercida pelo segundo magistrado a proferir o voto não terá qualquer relevância na qualidade do julgamento e na segurança jurídica, uma vez que todos os membros do órgão julgador, independentemente da qualificação que lhes é dada (relator, revisor ou vogal), proferirão votos, com igual peso, ainda que seja apenas para concordar com um voto precedente. Não é crível que na era digital o "revisor" da ação rescisória ainda vá pedir dia para julgamento. Nesse aspecto, a única preocupação que nós advogados devemos ter é, na sustentação oral, não chamar o revisor de primeiro vogal. *God save the lawyer.*

Ao ampliar as hipóteses de sustentação oral, o legislador garantiu ao advogado uma atuação mais próxima do julgador, cujo objetivo primordial é chamar a atenção para as peculiaridades do caso concreto, evitando que uma decisão paradigmática seja aplicada sem a devida compatibilização com a situação sob julgamento.[1]

Deve-se registrar que antes da preparação do voto em si, que será levado a julgamento no órgão colegiado, comumente o processo vai ao relator para outros provimentos, por exemplo, a decisão sobre tutela provisória (art. 932, II).

2.2 Das atribuições do relator

O relator é aquele que primeiro toma conhecimento do processo e que fica encarregado de expor os fundamentos da questão que será submetida ao colegiado. Os magistrados que compõem o colegiado apresentarão seus votos com base no relatório confeccionado pelo juiz (desembargador ou ministro) relator, mas é possível que este, nos casos permitidos pela lei, decida monocraticamente, ou seja, sem a manifestação de seus pares.

O art. 932 relaciona as atribuições do relator, dispondo que cabe a ele:

- **Dirigir e ordenar o processo** no tribunal, inclusive em relação à homologação de autocomposição e à produção probatória (inciso I);

---

[1] Ressalte-se que, antes mesmo do anteprojeto do CPC atual, já tramitava no Congresso o PL nº 6.649/2009, cujo objetivo era eliminar a função de revisor nos recursos de apelação e de embargos infringentes. Segundo o relator do projeto, "a figura do juiz revisor, assim chamado o segundo julgador que tem vista obrigatória dos autos, foi criada, então, com a intenção de garantir maior segurança jurídica para as partes envolvidas na lide e para o próprio órgão colegiado responsável pelo julgamento dos feitos para os quais o referido instituto da Revisão encontra-se previsto. Contudo, no momento atual, não só a comunidade jurídica pátria, mas toda a sociedade civil, reclama modificações nas leis processuais brasileiras, visando a uma maior rapidez na prestação jurisdicional, sem prejuízo da qualidade da mesma, principalmente se etapas processuais plenamente dispensáveis, que podem retardar em meses o julgamento de um processo, forem suprimidas. Uma dessas modificações necessárias, sem dúvida nenhuma, é a reformulação do art. 551 do CPC, senão para a completa extinção do procedimento da Revisão nos Tribunais, ao menos para a diminuição das hipóteses de incidência da regra". Como se pode perceber, desde 2009 já se pensava na extinção da figura do juiz revisor em prol da celeridade na tramitação dos recursos. O próprio STJ, em diversos julgados, relativizou a exigência legal nas hipóteses em que a matéria discutida era predominantemente de direito. Veja um exemplo: "[...] É possível a dispensa de revisão da apelação quando a matéria discutida é de direito e há previsão nesse sentido no regimento, interno do tribunal. Precedentes do STJ. 9. O Regimento Interno do TRF da 1ª Região faculta ao relator dispensar a revisão na hipótese de Embargos Infringentes (art. 30, § 2º, do RITRF). Assim, havendo disposição regimental no Tribunal *a quo* que o permita, não há qualquer nulidade no acórdão recorrido quanto a esse aspecto. 10. Agravo regimental não provido" (STJ, AgRg--Ag 1.402.206, 2ª Turma, Rel. Min. Herman Benjamin, j. 02.05.2013).

- **Apreciar os pedidos de tutela provisória** nos recursos e nos processos de competência originária, bem como decidir o incidente de desconsideração da personalidade jurídica quando este for instaurado originariamente perante o tribunal, além de determinar a intimação do Ministério Público nas causas em que seja obrigatória a sua intervenção (incisos II, VI e VII);
- Exercer **outras atribuições previstas em regime interno** (inciso VIII).

Todos esses atos constituirão decisões monocráticas, impugnáveis pela via do **agravo interno** (art. 1.021). Tal espécie recursal, que será estudada em capítulo próprio, tem cabimento contra toda decisão proferida pelo relator. Sua interposição tem por objetivo permitir que a questão decidida monocraticamente seja submetida ao órgão colegiado. Em outras palavras, por meio do agravo interno o relator terá sua decisão revisada pelo próprio órgão colegiado ao qual pertence.

Ainda quanto à possibilidade de decisão monocrática, é preciso salientar que os incisos III e IV do art. 932 estabelecem a possibilidade de o relator apreciar monocraticamente o recurso sem adotar quaisquer providências relacionadas a provas ou a pedidos de tutela provisória e sem determinar a intimação do recorrente para responder ao recurso. Nesses casos, o relator "encurta" a tramitação do recurso pelas seguintes razões:

- **O recurso é inadmissível, prejudicado ou o recorrente deixou de cumprir o ônus da impugnação específica (art. 932, III).**

O recurso será **inadmissível** quando lhe faltar um ou mais de seus pressupostos, como a legitimidade, o interesse recursal, a tempestividade, o preparo e a regularidade formal.[2] Nesses casos, de acordo com a literalidade do parágrafo único do art. 932, antes de negar conhecimento ao recurso, deverá o relator conceder ao recorrente o prazo de 5 dias para que seja sanado o vício ou complementada a documentação exigível (art. 932, parágrafo único).

Há entendimento doutrinário no sentido de que o parágrafo único do art. 932 – que não encontra correspondência no CPC/1973 – tem aplicação a todos os **vícios de forma** de qualquer recurso, inclusive os excepcionais (Enunciado nº 197 do FPPC). Vícios de outra natureza, como a deficiência de fundamentação, não estão abrangidos pela norma desse dispositivo. Essa não é, contudo, a posição que vem sendo adotada pelo STJ, que já negou a aplicação desse dispositivo para a comprovação de feriado local, para fins de tempestividade. Felizmente, o legislador corrigiu essa jurisprudência defensiva com a Lei nº 14.939/2024, que estudaremos adiante no tópico sobre os pressupostos recursais.

Prejudicado é o recurso que perdeu o seu objeto, ou seja, em razão de atos das partes ou do juiz, nada mais há a prover. Exemplos: retratação do juízo *a quo* (art. 331, § 1º; art. 332, § 4º), desistência da ação principal, autocomposição entre as partes ou anulação de ofício do processo. Também resta prejudicado quando o Tribunal julga o recurso de apelação antes do agravo, se o objeto decidido estiver contemplado em ambos os recursos; igualmente, fica prejudicada a apelação interposta pela Fazenda Pública quando o tribunal, por força de reexame necessário, aprecia todas as questões suscitadas no recurso voluntário.

Constatada qualquer hipótese que leve à perda do objeto, o relator não conhecerá o recurso, inadmitindo-o de plano. Nesse caso não se aplica o disposto no parágrafo único do art. 932, porquanto não há qualquer vício a ser sanado. O eventual prosseguimento do recurso tornaria a atividade do órgão recursal inútil, razão pela qual o seu não conhecimento independe de qualquer providência. Em regra, não há necessidade de intimar as partes antes da decisão

---

[2] Todos os pressupostos recursais serão estudados no Capítulo 3.

que julga prejudicado o recurso, isso porque as partes já têm conhecimento do ato anterior que levou ao julgamento. As exceções devem ser tratadas como tais. O que não se admite é o julgamento surpresa. Entretanto se as partes, exemplificativamente, celebram acordo sobre o que restou decidido na sentença, de antemão já sabem ou deveriam saber do desfecho do recurso.

Na peça do recurso, além de demonstrar a presença dos pressupostos recursais, o recorrente deverá **impugnar especificamente os fundamentos da decisão recorrida** (regularidade formal). O CPC não admite a impugnação genérica da decisão, cabendo ao recorrente expor as razões do pedido de reforma da decisão, cumprindo-lhe invalidar os fundamentos em que esta se assenta. Esse já era o entendimento dos tribunais superiores na vigência do CPC/1973:

> "[...] A mera reiteração dos fundamentos ou alegação genérica, sem pertinência entre o pedido recursal e a decisão originária, não basta para suprir aquela obrigação processual. Se o recorrente não o faz, além de impedir o exercício do contraditório, inviabiliza o reexame pelo tribunal *ad quem*, já que, a rigor, nada a ele foi devolvido. Tal entendimento, no entanto, não se aplica quando o tema em debate encerrar questão exclusivamente de direito, hipótese em que, ainda que haja a repetição de argumentos, a parte acaba por impugnar a decisão recorrida" (TRT 10ª Região, AP 00922200900810000, 1ª Turma, Rel. Des. Maria Regina Machado Guimarães, j. 26.02.2014).

> "[...] Nos termos do art. 514, inciso II, do Código de Processo Civil,[3] a apelação deve conter 'os fundamentos de fato e de direito'. Trata-se da positivação do denominado 'princípio da dialeticidade', segundo o qual cumpre ao recorrente trazer as razões de sua inconformidade, confrontando os argumentos da decisão impugnada.
> 3. As razões do recurso não impugnam de modo específico os fundamentos da sentença guerreada, devendo ser negado seguimento ao apelo, pois manifestamente inadmissível" (TJ-RS, Apelação Cível 70046151775/RS, 9ª Câmara Cível, Rel. Iris Helena Medeiros Nogueira, j. 24.11.2011).

> "É inviável o agravo do art. 545 do CPC[4] que deixa de atacar especificamente os fundamentos da decisão agravada" (Súmula nº 182 do STJ).

> "O recurso que insiste em não atacar especificamente os fundamentos da decisão recorrida seguidamente é manifestamente inadmissível (dupla aplicação do art 932, III, do CPC/2015), devendo ser penalizado com a multa prevista no art. 1.021, § 4º, do CPC/2015" (STJ, AgInt no AREsp 2.092.094/GO, Rel. Min. Assusete Magalhães, 2ª Turma, j. 16.08.2022).

Não se desconhece o que dispõe o art. 10, aliás, os intérpretes do Código têm erigido o contraditório a um verdadeiro dogma divino. Entretanto, a audição do recorrente, com a concessão de oportunidade para emendar as razões recursais, corresponde à abertura de novo prazo recursal, o que viola frontalmente o princípio da isonomia.

Ao ônus da impugnação especificada no âmbito recursal dá-se o nome de "dialeticidade". Muitos tratam-na como princípio inerente aos recursos e que traduz a ideia de que a parte não deve apenas manifestar a sua inconformidade com o ato judicial, mas, necessariamente, indicar os motivos de fato e de direito pelos quais pretende a reforma da decisão. A dialeticidade tem relação com a regularidade formal e, segundo o STF, as razões recursais devem impugnar,

---

[3] Corresponde ao art. 1.010, II, do CPC/2015.
[4] Corresponde ao art. 1.021 do CPC vigente.

com transparência e objetividade, os fundamentos suficientes para manter íntegro o *decisum* recorrido.[5]

O parágrafo único do art. 932 determina que seja intimado o recorrente para complementar o recurso e a documentação, ainda que a falta decorra da incompetência ou negligência do representante da parte. Nesses casos, caberá aos tribunais equalizar essa exigência com o princípio da isonomia. Decidiu o STF, inclusive, que o prazo de cinco dias previsto no referido dispositivo só se aplica aos casos em que seja necessário sanar vícios formais, como a ausência de procuração ou de assinatura. Não serve, assim, para suplementar fundamentação deficiente (STF, 1ª Turma, ARE 953.221 AgR/SP, Rel. Min. Luiz Fux, julgado em 07.06.2016).

Em todos esses casos a decisão do relator atinge o plano do processo, e não do recurso em si, **permanecendo incólume a decisão de mérito impugnada**. Isso quer dizer que o relator não analisou o mérito do recurso e que a decisão proferida pelo juízo *a quo* deverá reger a relação processual, salvo se reformada pelo órgão colegiado na hipótese de interposição de agravo interno.

A decisão nas hipóteses do inciso III será de **não conhecimento do recurso** – o relator deixa de aceitar o recurso para julgá-lo. Somente depois de ultrapassada essa fase – análise dos pressupostos, da perda (ou não) do objeto e da impugnação específica da decisão – é que o relator poderá **conhecer do recurso** e prosseguir com o seu julgamento. Para melhor compreensão, podemos dividir o julgamento em **duas fases**:

- **1ª fase:** o relator decide se o recurso preenche todos os pressupostos formais, se houve perda do objeto e o recurso restou prejudicado, e se o recorrente apresentou especificamente as razões da sua inconformidade com a decisão decorrida. Constatada a regularidade, o relator **conhece do recurso**, aceitando-o para julgamento.

- **2ª fase:** essa fase só deve ocorrer **se o recurso for conhecido**. Aqui o relator – ou o órgão colegiado, se for o caso – irá **dar provimento ou negar provimento ao recurso**. Na primeira hipótese o julgador se mostra favorável às razões apresentadas pelo recorrente; na segunda, o tribunal mantém a decisão *a quo* por entender que ela não merece ser reformada.

É bem verdade que, apesar de utilizarmos a expressão "mantém a decisão *a quo*", tecnicamente não há como um tribunal, ao julgar um recurso, manter ou confirmar uma decisão. O **efeito substituto dos recursos** – que traremos no capítulo relativo aos recursos em espécie – implica reconhecer que a decisão do juízo *ad quem* substitui a decisão impugnada no que tiver sido objeto do recurso (art. 1.008). É justamente por isso que, se for proposta uma demanda rescisória, o autor desta ação terá que dirigir o pedido de rescisão contra a última decisão, ou seja, contra aquela proferida pelo relator ou pelo colegiado, já que ela, tendo substituído a anterior, é a única que ainda pode ser rescindida. De qualquer modo, para que fique claro, vale a seguinte conclusão prática: quando o relator ou tribunal dá provimento ao recurso, quer dizer que a decisão anterior merece reforma. Por outro lado, se a decisão nega provimento ao recurso, quer dizer que o que o juízo *a quo* decidiu que deve permanecer incólume.

- O recurso é contrário a: a) **súmula do Supremo Tribunal Federal, do Superior Tribunal de Justiça ou do próprio tribunal**; b) **acórdão proferido pelo Supremo Tribunal Federal ou pelo Superior Tribunal de Justiça em julgamento de recursos**

---

[5] AgRg no Ag 1.056.913/SP, *DJe* 26.11.2008.

repetitivos; c) entendimento firmado em incidente de resolução de demandas repetitivas ou de assunção de competência (art. 932, IV).

Nesses casos o relator dispensará a intimação do recorrido para contra-arrazoar e julgará liminarmente o recurso, negando-lhe provimento, ou seja, "mantendo" a decisão do juízo *a quo*. Trata-se de hipótese de convencimento antecipado de que o mérito do recurso será decidido em desfavor do recorrente, porquanto a insatisfação com a decisão impugnada esbarra em entendimento já consolidado. É imprescindível, de todo modo, que a decisão do relator justifique as circunstâncias que autorizam a incidência do precedente (súmula, tese firmada em recurso repetitivo, IRDR ou assunção de competência) no caso concreto.

Se não for o caso de o relator adotar as providências previstas nos incisos III ou IV, e a parte contrária ser intimada para responder ao recurso, **após as contrarrazões, ainda será possível o julgamento monocrático**, desde que preenchidos os requisitos do inciso V. Vejamos:

> Art. 932. [...]
> V – depois de facultada a apresentação de contrarrazões, dar provimento ao recurso se a decisão recorrida for contrária a:
> a) súmula do Supremo Tribunal Federal, do Superior Tribunal de Justiça ou do próprio tribunal;
> b) acórdão proferido pelo Supremo Tribunal Federal ou pelo Superior Tribunal de Justiça em julgamento de recursos repetitivos;
> c) entendimento firmado em incidente de resolução de demandas repetitivas ou de assunção de competência;

As hipóteses são as mesmas do inciso IV. A diferença é que aqui o relator, depois de instaurar o contraditório, **dará provimento ao recurso** quando da decisão *a quo* contrariar precedente já consolidado. Em poucas palavras, para negar provimento não há necessidade de o relator mandar intimar o recorrido para apresentar contrarrazões, pois nenhum prejuízo lhe ocorrerá se a decisão do juízo *a quo* for mantida. Por outro lado, para dar provimento do recurso, reformando a decisão anterior, faz-se necessária a intimação do recorrido, que terá a oportunidade de, nas contrarrazões, argumentar a favor da "manutenção" da sentença. Somente depois de apresentadas as contrarrazões, ou melhor, depois de transcorrido o prazo para sua apresentação – o recorrido tem a faculdade de apresentá-las ou não – é que o relator pode reformar a decisão em virtude de sua desconformidade com os precedentes dos tribunais superiores.

2.3 Da preparação e do julgamento

Não sendo o caso de aplicar o disposto nos incisos III, IV e V do art. 932, **o relator preparará o recurso para julgamento**. Essa preparação, na prática dos tribunais, consistirá na preparação do voto, do lançamento do relatório nos autos e encaminhamento dos autos ao presidente do órgão julgador (turma, câmara, seção, pleno etc.) para designação de dia para julgamento.

Antes da remessa dos autos ao presidente, durante o julgamento ou no decorrer de vista pedida por algum julgador, pode-se constatar a ocorrência de fato superveniente (art. 933). Conquanto não houvesse disposição expressa no CPC/1973, já se entendia que o fato novo previsto no art. 462 do CPC/1973 (art. 493 do CPC/2015) poderia ser apreciado não apenas pelo juízo monocrático, de primeira instância, mas também pelo Tribunal respectivo, a quem cabe a cognição mais abrangente de todos os elementos do feito (STJ, ED no Agravo no AREsp 115.883/RJ, Rel. Min. Luis Felipe Salomão, *DJe* 18.04.2013).

Assim, levando-se em conta a completude do ordenamento jurídico (no qual, por óbvio, se incluem os precedentes), não há novidade. O contraditório sempre foi obrigatório. O que há de novo é regra mandando observar o contraditório, ou seja, às partes deve-se oportunizar a manifestação sobre o fato que surgiu posteriormente e foi levado ao conhecimento do tribunal ou este, de ofício, dele tomou conhecimento.

Se a constatação de fato superveniente em sede recursal não fosse possível, muitas injustiças poderiam ser cometidas. A lide deve ser resolvida como ela se apresenta no momento da prestação jurisdicional, ou seja, no momento da prolação da sentença ou acórdão. Se, por exemplo, em recurso contra decisão proferida em ação para anulação de contrato de locação o locatário, vencido na demanda, decide adquirir o imóvel objeto da avença no curso da tramitação do recurso, haverá perda superveniente do interesse de agir deste último, devendo tal fato ser considerado pelo relator.

Na hipótese de fato superveniente ou de matéria de ordem pública, tomada de ofício pelo juiz, deverá ser assegurado o exercício dos direitos de ampla defesa e contraditório por todos os interessados antes da submissão do recurso a julgamento (art. 933, parte final).

E se o fato superveniente surgir depois de esgotada a prestação jurisdicional na instância ordinária? Em regra, a análise dos fatos supervenientes que podem influir diretamente na demanda deve ser realizada pelo Tribunal *a quo*, inclusive em embargos declaratórios, sob pena de malferimento ao contraditório e a ampla defesa, visto sua inviabilidade de análise em sede extraordinária (recursos especial e extraordinário), em decorrência da ausência do requisito do prequestionamento (AG no AREsp 275.268/AL, Rel. Min. Humberto Martins, *DJe* 16.05.2013). Ocorre que, se o fato tendente a influir no julgamento da lide ocorrer depois de esgotada a prestação jurisdicional no tribunal – após a interposição do recurso especial e antes de seu julgamento, por exemplo –, impõe-se à instância extraordinária a análise da questão superveniente, não havendo violação ao requisito do prequestionamento, porquanto não teria a parte como prequestionar uma situação ou fato ainda inexistente.

Apesar de esse entendimento não ser amplamente aceito na sistemática do CPC/1973, em virtude da disposição expressa no atual art. 933, que compõe o Capítulo "Da ordem dos Processos no Tribunal" – recurso especial e extraordinário são processos de tramitação nos tribunais –, não se pode afastar tal regra. É preciso salientar que, se o fato superveniente ocorrer na instância ordinária (no juízo de primeiro grau ou no tribunal de segundo grau), mas não for por ela analisado, cabe ao recorrente interpor recurso especial por violação ao art. 493. Nessa hipótese, a análise do STJ resultará apenas na determinação do retorno dos autos à instância anterior para que seja realizado novo julgamento, desta vez levando-se em consideração o fato superveniente, pois descaberia à Corte Especial analisar o mérito do recurso, ante a ausência de prequestionamento e a impossibilidade de supressão de instância. Também pode-se cogitar da possibilidade de ação rescisória, caso o julgamento não tenha levado em conta o fato superveniente, ou, se o considerou sem antes conceder às partes oportunidade para se manifestarem. Em qualquer dessas hipóteses, presente estará a causa de rescindibilidade prevista no art. 966, V.

Depois de adotada tal providência – se for o caso – os autos serão apresentados ao presidente, que designará dia para julgamento, ordenando a publicação da pauta no órgão oficial (art. 934).

Em respeito ao devido processo legal, o dia em que ocorrerá a sessão de julgamento deverá ser publicado com antecedência mínima de 5 dias. A publicação, neste caso, deve atender aos requisitos do art. 272.

No CPC/1973 esse prazo entre a data da publicação e a data da sessão de julgamento era de 48 horas (art. 552, § 1º). O STJ, na Súmula nº 117, consolidou o entendimento no sentido de que a inobservância ao prazo acarretaria nulidade do ato, caso as partes não estivessem presentes na sessão. Tal enunciado permanece válido, devendo ser alterado apenas o prazo (de 48 horas para 5 dias) em observância à regra prevista no *caput* do atual art. 935. Frise-se que a mudança quanto ao prazo assegurará aos advogados maior tempo para a preparação de eventuais sustentações orais e para a revisão do processo. Para tanto, o CPC/2015 permite vista dos autos em cartório logo após a publicação da pauta julgamento (art. 935, § 1º).

O Código prevê uma **exceção à necessidade de publicação da pauta**. Trata-se do art. 1.024, § 1º, que trata dos embargos e declaração e que assim dispõe: "Nos tribunais, o relator apresentará os embargos em mesa na sessão subsequente, proferindo voto, e, não havendo julgamento nessa sessão, será o recurso incluído em pauta automaticamente". Nos tribunais, os embargos devem ser apresentados em mesa, ou seja, independentemente de inclusão em pauta, na sessão subsequente. O Código não diz, mas a apresentação em mesa e julgamento deve ocorrer na sessão subsequente à distribuição ao relator ou ao retorno deste das férias ou licença, salvo hipótese de redistribuição. A segunda parte do dispositivo contempla norma destinada a evitar a postergação do julgamento dos embargos. Não julgados "na sessão subsequente", serão automaticamente incluídos em pauta, sem a necessidade de publicação.

"Na sessão de julgamento, depois da exposição da causa pelo relator, o presidente dará a palavra, sucessivamente, ao recorrente, ao recorrido e, nos casos de sua intervenção, ao membro do Ministério Público, pelo prazo improrrogável de 15 (quinze) minutos para cada um, a fim de sustentarem suas razões [...]" (art. 937). O dispositivo aprimora as regras de **sustentação oral**, passando a permiti-la expressamente nas seguintes hipóteses: (i) na apelação; (ii) no recurso ordinário; (iii) no recurso especial; (iv) no recurso extraordinário; (v) nos embargos de divergência; (vi) na ação rescisória; (vii) no mandado de segurança; (viii) na reclamação; (ix) no agravo de instrumento interposto contra decisões interlocutórias que versem sobre tutelas provisórias de urgência ou da evidência; (x) no incidente de resolução de demandas repetitivas; (xi) no recurso de agravo interno contra decisão do relator que extingue a ação rescisória, o mandado de segurança ou a reclamação constitucional nas hipóteses de competência originária. Além disso, leis especiais e regimento interno do tribunal poderão prever outras hipóteses de cabimento.

O § 2º-B do art. 7º do Estatuto da Advocacia (Lei nº 8.906/1994), inserido pela Lei nº 14.365/2022, também traz hipóteses de sustentação oral. Em acréscimo ao CPC, há referência ao *habeas corpus* e ações de competência originária.[6]

O CPC/1973 restringia a sustentação apenas ao agravo de instrumento e aos embargos de declaração (art. 554). Entretanto, muitos tribunais limitaram a manifestação do advogado também em outros recursos, por meio da inserção de regras em seus regimentos internos. A sustentação oral não é apenas de um direito da parte, mas uma **prerrogativa profissional do advogado** que a representa. Assim, eventuais disposições em regimentos internos que restrinjam a manifestação oral do advogado não devem ser permitidas, notadamente após a vigência do CPC/2015.

Ao fazer a sustentação, o advogado deve se ater às razões ou contrarrazões apresentadas, aos fatos e fundamentos alegados na petição da ação originária ou aos fatos e fundamentos arguidos na contestação. Assim, não se admite inovação na sustentação oral, exceto se a alegação estiver relacionada à matéria de ordem pública, que pode ser conhecida em qualquer tempo e grau de jurisdição.

---

[6] Art. 7º (...) § 2º-B. Poderá o advogado realizar a sustentação oral no recurso interposto contra a decisão monocrática de relator que julgar o mérito ou não conhecer dos seguintes recursos ou ações: I – recurso de apelação; II – recurso ordinário; III – recurso especial; IV – recurso extraordinário; V – embargos de divergência; VI – ação rescisória, mandado de segurança, reclamação, habeas corpus e outras ações de competência originária.

Caso o advogado não possa se fazer presente à sessão, por possuir domicílio profissional em cidade diversa daquele onde está sediado o tribunal, poderá realizar a sustentação oral por meio de **videoconferência** ou outro recurso tecnológico de transmissão de sons e imagens em tempo real, desde que o requeira até o dia anterior ao da sessão (art. 937, § 4º). Apesar da inovação na lei processual, alguns tribunais já regulamentavam a matéria com o objetivo de evitar o adiamento de sessões, promover celeridade nos julgamentos e permitir a prestação da tutela jurisdicional com menor dispêndio. Com a pandemia ocasionada pela Covid-19, essa regulamentação ganhou amplitude, tanto que o Conselho Nacional de Justiça (CNJ) editou a Resolução nº 337/2020, que, em seu art. 1º, prevê que todos os Tribunais, no prazo de 90 dias a contar da publicação da resolução (30.09.2020), deverão adotar um sistema de videoconferência para a realização de audiências e atos oficiais. Ou seja, mesmo após a pandemia, os atos não presenciais continuarão a acontecer por todo o país.

Na sustentação oral pode ocorrer de uma das partes suscitar **questão preliminar**, ou mesmo de um dos julgadores verificar a ausência de algum pressuposto de admissibilidade – o que não é comum, já que essa matéria deveria ter sido analisada pelo relator. Se isso ocorrer, a preliminar será analisada antes da decisão de mérito, mas, se for incompatível com esta, o tribunal não conhecerá do recurso (art. 938). Além das preliminares, também as questões prejudiciais devem ser decididas antes das questões a elas subordinadas.

Nessa fase qualquer julgador poderá reconhecer a necessidade de **produção probatória**, hipótese na qual converterá o julgamento em diligência (art. 938, § 3º). É que o membro do tribunal, assim como o juiz de primeira instância, tem o direito de formar sua convicção com os elementos constantes nos autos. Entretanto, quando esses não são suficientes para proferir seu voto, o ideal é que seja adotado o procedimento descrito, que restringirá a aplicação desarrazoada do ônus da prova como técnica de julgamento.

Afastadas as questões preliminares ou prejudiciais suscitadas pelo recorrente, todos os juízes, inclusive aqueles vencidos na tese de acolhimento de determinada questão preliminar ou prejudicial, deverão se pronunciar quanto ao mérito do recurso (art. 939).

Iniciado o julgamento no tribunal, é facultado ao membro do órgão colegiado (câmara, turma etc.) que não se sentir habilitado **pedir vista dos autos para melhor exame** (art. 940, *caput*). O prazo máximo é de dez dias, prorrogável por mais dez. Esgotado o prazo, os autos serão devolvidos espontaneamente pelo julgador que pediu a vista ou requisitados pelo presidente do órgão do tribunal e incluídos na pauta da sessão subsequente. Na sessão, quem solicitou a vista pode estar habilitado ou não a votar. Em caso afirmativo, o julgamento tem seguimento. Em caso negativo, procede-se a novo adiamento e, nesse caso, o presidente convocará substituto para proferir voto, na forma estabelecida no regimento interno do tribunal (art. 940, § 2º).

Ressalte-se que a disposição que determina a convocação de substituto para proferir voto caso haja postergação indevida de pedido de vista é novidade na legislação processual e tem por objetivo minimizar o atraso nos julgamentos de processos em que há pedido do julgador para analisar melhor o caso antes de proferir seu voto. A intenção não podia ser melhor. Mas as intenções, por si sós, não são suficientes para mudar a realidade dos fatos. Há julgadores e julgadores. Felizmente, a grande maioria se desdobra para dar vazão ao grande número de feitos. Há também os tardinheiros. Na redação originária do CPC/1973, a previsão era de que qualquer julgador poderia pedir vista por uma sessão, se não estivesse habilitado a votar. Porque em certos casos a vista se prolongava por anos, alterou-se a redação do § 2º do art. 555 do CPC/1973 (acrescido pela Lei nº 10.352/2001 e alterado posteriormente pela Lei nº 11.280/2006), para estabelecer o prosseguimento do julgamento na primeira sessão. Isso infelizmente não resolveu o problema. Agora, a previsão no CPC/2015 é de que se convoque novo julgador. Cabe ao regimento interno de cada tribunal disciplinar essa convocação e, para que a norma seja eficaz, prever, no mínimo, a comunicação ao órgão correcional.

O mais usual é que os pedidos de vista ocorram em julgamento em que há sustentação oral. É que determinado argumento apresentado da tribuna pode suscitar dúvida na convicção que o julgador havia formado anteriormente. Pode ser que um determinado fundamento ou prova não tenha sido contemplado ou examinado com a perspectiva apresentada pelo advogado da parte. Nada impede, no entanto, que se peça vista em feitos em que não há sustentação oral.

Considera-se **encerrado o julgamento** quando o presidente do órgão proclama o resultado após a votação. A partir desse momento é vedado aos magistrados retificar seus votos. *A contrario sensu*, até a proclamação do resultado é permitida a retificação. Esse já era, inclusive, o entendimento da jurisprudência[7] e que foi incorporado no CPC (art. 941, § 1º). Em suma, para que fique claro: o voto só pode ser alterado antes da proclamação do resultado, sob pena de afronta ao art. 494.

Somente após a **publicação do acórdão** é que se dará início ao prazo recursal. Tecnicamente, a publicação se dá com a proclamação do resultado, na própria sessão de julgamento. A partir daí incide o princípio da inalterabilidade da decisão. A publicação da ementa do acórdão (art. 943, § 2º) no diário judiciário, que não é essencial para a existência do ato,[8] tem por fim estabelecer o *dies a quo* para a interposição de recursos.

É importante que se diga que o CPC estabelece que "**o voto vencido será necessariamente declarado e considerado parte integrante do acórdão para todos os fins legais, inclusive de prequestionamento**" (art. 941, § 3º). A disposição tem por fim coibir a prática de certos tribunais de não fazer constar do acórdão o voto vencido. Apenas se registra que foi vencido o tal julgador, sem, contudo, fazer constar a íntegra do voto. Quando não integra o acórdão, para fins de interposição de RE ou REsp, o voto vencido não pode ser considerado para efeito de prequestionamento. Resultado: a parte que pretender interpor RE ou REsp de alguma questão versada somente no voto vencido deve antes interpor embargos declaratórios visando compelir o órgão julgador a apreciar a matéria. Nem precisa dizer que o acórdão é composto pela integralidade dos votos e por isso também o voto vencido deve ser declarado, ou seja, transcrito. Se uma determinada questão foi apreciada apenas no voto vencido, de uma forma ou de outra também foi julgada, prequestionada, não sendo lícito ao tribunal superior negar conhecimento ao recurso por ausência desse requisito.

Se o acórdão, constando o voto vencido, não for publicado no prazo de 30 dias, contado da data da sessão de julgamento, as notas taquigráficas o substituirão, para todos os fins legais, independentemente de revisão (art. 944).

> **Atenção:**
> - O CPC traz novas regras de ordenação das pautas de julgamento, as quais deverão ser observadas por todos aqueles que estiverem atuando no processo. Nesse sentido, conferir o art. 936.

---

[7] "O Superior Tribunal de Justiça firmou sua jurisprudência no sentido de que, nos órgãos colegiados dos tribunais, o julgamento se encerra com a proclamação do resultado final, após a coleta de todos os votos. Enquanto tal não ocorrer, pode qualquer dos seus membros, inclusive o relator, retificar o voto anteriormente proferido" (STJ, REsp 1.086.842/PE, 2ª Turma, Rel. Min. Mauro Campbell Marques, j. 14.12.2010, *DJe* 10.02.2011).

[8] THEODORO JÚNIOR, Humberto. *Código de Processo Civil anotado*. 16. ed. rev., atual. e ampl. Rio de Janeiro: Forense, 2012. p. 731.

JURISPRUDÊNCIA TEMÁTICA

Decisão monocrática sujeita a recurso não viola o princípio da colegialidade

"Poderes processuais do Ministro relator e princípio da colegialidade. Assiste, ao Ministro-Relator, competência plena para exercer, monocraticamente, com fundamento nos poderes processuais de que dispõe, o controle de admissibilidade das ações, pedidos ou recursos dirigidos ao Supremo Tribunal Federal. Pode, em consequência, negar trânsito, em decisão monocrática, a ações, pedidos ou recursos, quando incabíveis, intempestivos, sem objeto ou, ainda, quando veicularem pretensão incompatível com a jurisprudência predominante na Suprema Corte. Precedentes.

O reconhecimento dessa competência monocrática, deferida ao Relator da causa, não transgride o postulado da colegialidade, pois sempre caberá, para os órgãos colegiados do Supremo Tribunal Federal (Plenário e Turmas), recurso contra as decisões singulares que venham a ser proferidas por seus Juízes" (STF, Pleno, MS 28.097 AgR/DF, Rel. Min. Celso de Mello, j. 11.05.2011).

Julgamento virtual, nulidade e recurso

"(...) A realização do julgamento por meio virtual, mesmo com a oposição pela parte, não gera, em regra, prejuízo nas hipóteses em que não há previsão legal ou regimental de sustentação oral, sendo imprescindível, para a decretação de eventual nulidade, a comprovação de efetivo prejuízo na situação concreta. 12. Além disso, mesmo quando há o direito de sustentação oral, se o seu exercício for garantido e viabilizado na modalidade de julgamento virtual, não haverá qualquer prejuízo ou nulidade, ainda que a parte se oponha a essa forma de julgamento, porquanto o direito de sustentar oralmente as suas razões não significa o de, necessariamente, o fazer de forma presencial. 13. Hipótese em que o Tribunal de origem julgou, por meio de sessão virtual, agravo de instrumento interposto contra decisão que não versa sobre tutela provisória (sem previsão, portanto, de sustentação oral), mesmo diante da oposição expressa e tempestiva pelo recorrente a essa modalidade de julgamento. 14. Recurso especial parcialmente conhecido e, nessa extensão, não provido". (STJ, REsp 1.995.565/SP, Rel. Min. Nancy Andrighi, 3º Turma, j. 22.11.2022, *DJe* 24.11.2022).

"O pronunciamento jurisdicional que, nesta Corte, delibera sobre a inclusão, ou não, do feito em sessão de julgamento virtual (arts. 184-C e 184-F, § 2.º, ambos do Regimento Interno do Superior Tribunal de Justiça) tem natureza jurídica de despacho, sendo, por isso, irrecorrível, consoante prevê o art. 1.001 do Código de Processo Civil. Precedentes do STF e desta Corte". (STJ, AgRg no RtPaut no HC 707.060/RS, Rel. Min. Laurita Vaz, 6ª Turma, j. 21.03.2023, *DJe* 28.03.2023).

**Quadro esquemático 99 –
Ordem dos processos nos tribunais**

- Ordem dos Processos nos Tribunais
  - Do registro e da distribuição dos processos
    - Distribuição imediata após a remessa dos autos ou o protocolo do recurso ou petição.
    - Sistema de protocolo integrado ➔ permite ao advogado apresentar petições destinadas a juízos de 2º grau, nas unidades de protocolo de outras localidades quando inexistir setor de protocolo no local do peticionamento.
    - Registrado e distribuído o feito, os autos serão imediatamente conclusos ao relator, para que este confeccione o relatório no prazo de trinta dias e, em seguida, restitua-os à secretaria.
  - Das incumbências do relator (art. 932)
    - Dirigir e ordenar o processo no tribunal, inclusive em relação à homologação de autocomposição e à produção probatória.
    - Apreciar os pedidos de tutela provisória nos recursos e nos processos de competência originária, bem como decidir o incidente de desconsideração da personalidade jurídica quando este for instaurado originariamente perante o tribunal, além de determinar a intimação do Ministério Público nas causas em que seja obrigatória a sua intervenção.
    - Exercer outras atribuições previstas em regime interno.
  - Da preparação e do julgamento
    - Não sendo o caso de aplicar o disposto nos incisos III, IV e V do art. 932, o relator preparará o recurso para julgamento.
    - Antes de apresentar os autos ao presidente, o relator poderá tomar em consideração a ocorrência de fato superveniente à decisão recorrida ou a existência de questão apreciável de ofício ainda não encaminhada.
    - Autos apresentados ao presidente, que designará dia para julgamento, ordenando a publicação da pauta no órgão oficial (art. 934).
    - Exceção à necessidade de publicação de pauta ➔ art. 1.024, § 1º.
    - Afastadas as questões preliminares ou prejudiciais suscitadas pelo recorrente ➔ todos os juízes deverão se pronunciar quanto ao mérito do recurso.
    - Iniciado o julgamento no tribunal, é facultado ao membro do órgão colegiado que não se sentir habilitado pedir vista dos outros para melhor exame (art. 940, *caput*).
    - Possibilidade de convocação de substituto para proferir voto caso haja postergação indevida de pedido de vista.
    - Se o acórdão, constando o voto vencido, não for publicado no prazo de trinta dias, contados da data da sessão de julgamento, as notas taquigráficas o substituirão, para todos os fins legais (art. 944).
    - A apresentação de memoriais não integra o procedimento dos julgamentos nos tribunais.

3. PROCESSOS DE COMPETÊNCIA ORIGINÁRIA DOS TRIBUNAIS

3.1 Incidente de assunção de competência (art. 947)

3.1.1 Noções gerais

Conforme visto em linhas anteriores, o incidente de assunção de competência, previsto no art. 555, § 1º, do CPC/1973 e no art. 947 do CPC/2015, permite que o relator submeta o julgamento de determinada causa ao órgão colegiado de maior abrangência dentro do tribunal, conforme dispuser o regimento interno. A causa deve envolver **relevante questão de direito**, com

grande repercussão social, de forma a justificar a apreciação pelo plenário, órgão especial ou outro órgão previsto no regimento interno para assumir a competência para julgamento do feito.

Conforme se deduz do art. 555 do CPC/1973, a assunção de competência somente tinha lugar no julgamento da apelação ou do agravo, ou seja, nos tribunais de segundo grau. Já de acordo com o CPC vigente, em qualquer recurso, na remessa necessária ou nas causas de competência originária, poderá ocorrer a instauração do incidente.[9]

Assim, de acordo com a nova legislação, em qualquer julgamento jurisdicional cível levado a efeito nos Tribunais de Justiça dos Estados e do Distrito Federal, nos TRFs, no STJ e no STF, atendidos os pressupostos legais, será admissível a assunção de competência.

O IAC não pode, no entanto, ser interpretado como um novo meio de impugnação, apto a atrair a competência das Cortes Superiores. Na verdade, é preciso que se esteja diante de um recurso, remessa necessária ou processo de competência originária para viabilizar a instauração desse incidente processual.

3.1.2 Requisitos

Para instauração do incidente é preciso que sejam preenchidos alguns requisitos:

(i) *O feito em tramitação deve envolver relevante questão de direito, que tenha grande repercussão social*. Não é necessário que haja repetição de processos, como se passa com o incidente de resolução de demandas repetitivas, mas sim a relevância para a sociedade do que restar decidido. Por exemplo, uma questão previdenciária que interessa a uma significativa parcela da população é relevante e tem repercussão social. Deve-se entender a expressão "sem repetição em múltiplos processos", contida no *caput* do art. 947,[10] como a prescindibilidade da efetiva repetição de processos que contenham idêntica questão de direito (requisito para a instauração do incidente de resolução de demandas repetitivas), e não como uma exigência. Aliás, a repetição da questão em recursos ou causas de competência originária diversas é que vai ensejar a prevenção ou a composição de divergência entre Câmara ou turmas do tribunal (art. 947, § 4º).

Há, no entanto, entendimento doutrinário no sentido de que a mera possibilidade de cabimento de julgamento de casos repetitivos inviabiliza a instauração do AIC (Enunciado 334, FPPC). Assim, poderia o IAC ser convertido, por exemplo, em IRDR, diante da efetiva repetição de processos em que se discuta uma mesma questão de direito (Enunciado 141, CJF).

(ii) *Conveniência de prevenir ou compor divergência entre Câmara ou turmas do mesmo tribunal no que respeita ao julgamento da relevante questão de direito, com grande repercussão social*. Assim como na afetação ao rito dos repetitivos, a assunção de competência, em homenagem à segurança jurídica, "não é cabível a instauração de incidente de assunção de competência (IAC) enquanto a questão de direito não tiver sido objeto de debates, com

---

[9] CPC/2015, Art. 947. É admissível a assunção de competência quando o julgamento de recurso, de remessa necessária ou de processo de competência originária envolver relevante questão de direito, com grande repercussão social, sem repetição em múltiplos processos.

[10] O *caput* do art. 947 dispõe que será admissível o incidente "quando o julgamento de recurso, de remessa necessária ou de processo de competência originária envolver relevante questão de direito, com grande repercussão social, *sem repetição em múltiplos processos*". Em razão da utilização da expressão "sem repetição em múltiplos processos", é possível concluir que o incidente de assunção de competência não será cabível quando for aplicável o disposto no art. 1.036 (julgamento de casos repetitivos).

a formação de um entendimento firme e sedimentado, nos termos do § 4º do art. 947 do Código de Processo Civil". (STJ, QO no REsp 1.882.957-SP, Min. Nancy Andrighi, 2ª Seção, j. 08.02.2023 (Info 764).

Essa conveniência é apreciada em dois momentos: por órgão originariamente competente para conhecer do feito, ou seja, por câmara ou turma do tribunal e por órgão com competência definida no regimento interno para assumir a competência para julgar o feito. A prevenção de divergência ocorrerá porque esse julgamento irá impor-se como precedente de aplicação obrigatória por todos os juízes e órgãos fracionários do tribunal.

(iii) *Proposição do relator do feito ao órgão fracionário originariamente competente para o julgamento, no sentido de que seja este deslocado para o órgão que o regimento indicar.* A proposição poderá ser feita de ofício ou mediante requerimento de uma das partes, do Ministério Público ou da Defensoria Pública. Ainda que não atuem no processo, o interesse social decorrente da constituição de precedente com força obrigatória justifica a atuação do Ministério Público ou da Defensoria Pública. A decisão que negar o requerimento é impugnável por agravo interno (art. 1.021).

3.1.3 Procedimento

As regras específicas de tramitação do incidente continuarão a ser previstas no regimento interno dos tribunais. O regramento mínimo encontra-se no CPC.

Pois bem. De acordo com os parágrafos do art. 947, o relator do feito – de ofício ou a pedido das partes, do Ministério Público ou da Defensoria Pública – propõe à câmara ou turma que se desloque a competência para o órgão colegiado que o regimento interno do tribunal indicar. Esse órgão poderá constituir-se num grupo de câmaras, ser o órgão especial ou o pleno do tribunal; o certo é que terá uma composição que numericamente, levando-se em conta a natureza da matéria, represente a maioria do tribunal. A câmara ou turma, acatando a proposição, lavra acórdão e remete o feito ao órgão designado no Regimento. Em seguida, o processo é submetido a nova distribuição, com sorteio do relator.

O relator do incidente, no exercício do juízo de admissibilidade, procede à análise dos pressupostos para a assunção da competência. Admitindo-o, lança relatório nos autos, elabora voto e procede na forma do regimento interno que, por certo, contemplará a revisão. Da decisão monocrática que inadmite o incidente cabe agravo interno para o colegiado. Da decisão do órgão fracionário, admitindo ou inadmitindo o incidente, não há previsão de recurso. O mesmo se passa com relação à decisão do órgão competente para julgar o incidente quanto ao juízo de admissibilidade (Exemplo: se o colegiado inadmite o incidente e determina o retorno dos autos à câmara ou turma, essa decisão é irrecorrível. Havendo decisão sobre o mérito, cabíveis serão os recursos previstos no CPC).

Em razão da eficácia vinculante da tese firmada em IAC, entende-se perfeitamente aplicáveis as regras do art. 983, *caput* e § 1º, do CPC, ou seja, é possível a admissão da intervenção de terceiros na qualidade de *amicus curiae* e a realização de audiências públicas.

Por fim, tema que suscita divergências no julgamento do IAC está relacionado à possibilidade de suspensão dos processos enquanto se aguarda o seu julgamento, tal como ocorre na apreciação de casos repetitivos que veremos adiante. Há entendimento da 3ª Turma do STJ pela inviabilidade de aplicação do art. 1.037, II, ao IAC, sob o argumento de que não há regra legal nesse sentido (AgIn no AgRg no AREsp 611.249/SP). Por outro lado, no julgamento do IAC nº 03, a mesma Corte admitiu o sobrestamento dos processos com base na analogia ao rito dos recursos repetitivos (IAC 03 no RMS 53.720/SP).

Quadro esquemático 100 – Incidente de assunção de competência

Incidente de Assunção de Competência (art. 947)

- **Conceito:** incidente que permite que o relator submeta o julgamento de determinada causa ao órgão colegiado de maior abrangência dentro do tribunal, conforme dispuser o regimento interno.
- **Cabimento:** em qualquer recurso, na remessa necessária ou nas causas de competência originária.
- **Requisitos:**
  - O feito em tramitação deve envolver relevante questão de direto, que tenha grande repercussão social.
  - Conveniência de prevenir ou compor divergência entre câmara ou turmas do mesmo tribunal no que respeita ao julgamento da relevante questão de direito, com grande repercussão social.
  - Proposição do relator do feito ao órgão fracionário originariamente competente para o julgamento, no sentido de que seja este deslocado para o órgão que o regimento indicar.
- **Procedimento:**
  - O relator do feito – de ofício ou a pedido das partes, do Ministério Público ou da Defensoria Pública – propõe à câmara ou turma que se desloque a competência para o órgão colegiado que o regimento interno do tribunal indicar.
  - O relator do incidente, no exercício do juízo de admissibilidade, procede à análise dos pressupostos para a assunção da competência.
  - Decisão monocrática que inadmite o incidente → cabe agravo interno para o colegiado.
  - Da decisão do órgão fracionário, admitindo ou inadmitindo o incidente, não há previsão de recurso.

3.2 Incidente de arguição de inconstitucionalidade (arts. 948 a 950)

3.2.1 Noções gerais

O sistema brasileiro admite duas formas de controle da constitucionalidade: o controle concentrado e o controle difuso.

O **controle concentrado ou abstrato** é exercido sobre a lei em tese por meio da ação direta de inconstitucionalidade e da ação declaratória de constitucionalidade. Para a ação direta de inconstitucionalidade, tem legitimidade uma das pessoas ou órgãos enumerados no art. 103, *caput*, da Constituição de República, e o julgamento compete ao Supremo Tribunal Federal e aos Tribunais de Justiça dos Estados, a depender do parâmetro adotado: Constituição Federal ou Constituição Estadual. A legitimidade para a ação declaratória de constitucionalidade, conforme estabelecia o art. 103, § 4º, da CF, era restrita ao Presidente da República, Mesa do Senado Federal, Mesa da Câmara dos Deputados ou Procurador-Geral da República. Contudo, a EC nº 45/2004 conferiu novo tratamento à matéria, igualando o rol de legitimados da ADI e da ADC, nos termos do art. 103, *caput*, da CF.

O **controle difuso ou incidental** é exercido pelo órgão (monocrático ou colegiado) judicial, a quem compete o julgamento do caso concreto. Quando o juiz, no julgamento de demanda, afasta a aplicação de lei ou de ato normativo do Poder Público por considerá-los inconstitucionais, está exercendo o controle difuso. **É esse o tipo de controle que o CPC regula.**

Quando se trata de julgamento por juiz monocrático (de primeiro grau), a inconstitucionalidade da lei ou do ato normativo sequer é declarada formalmente. Na motivação da sentença, expõe o juiz as razões por que não vai aplicar a lei, lança as bases do julgamento. No dispositivo, levando-se em conta a incompatibilidade da lei com a Constituição, vai julgar procedente ou improcedente o pedido formulado, sem, no entanto, declarar a inconstitucionalidade.

Entretanto, quando se trata de julgamento a ser proferido por tribunal, seja em matéria de competência originária (ação rescisória, por exemplo) ou recursal (apelação, por exemplo), o controle difuso da constitucionalidade torna-se mais complexo. Ocorre que, em face do disposto no art. 97 da CF/1988, "somente pelo voto da maioria absoluta de seus membros ou dos membros do respectivo órgão especial, poderão os tribunais declarar a inconstitucionalidade de lei ou ato normativo do Poder Público". Vemos que um juiz pode afastar a aplicação de uma lei.[11] O mesmo, todavia, não pode ser feito por um órgão fracionário do tribunal (a turma, por exemplo, no julgamento da apelação), mas somente pelo tribunal pleno ou pelo órgão especial, exceto se já houver pronunciamento desses ou do plenário do STF sobre a questão (art. 949, parágrafo único). Nesse sentido, dispõe a Súmula Vinculante nº 10 do STF que "viola a cláusula de reserva de plenário a decisão de órgão fracionário de Tribunal que, embora não declare expressamente a inconstitucionalidade de lei ou ato normativo do Poder Público, afasta sua incidência, no todo ou em parte".[12]

Cabe ressaltar que a Súmula Vinculante nº 10 não tem aplicação quando a decisão judicial estiver fundada em jurisprudência do Plenário do STF ou em súmula do próprio Tribunal (ARE 914.045 RG, j. 15.10.2015). Ademais, o STF não se submete a essa regra, tendo seus colegiados fracionários competência regimental para o exercício do controle difuso de constitucionalidade quando do julgamento do recurso extraordinário (ARE 1008426 AgRg, j. 26.05.2017).

Também não se aplica o art. 97 da CF/1988 aos Juizados Especiais, pois a Constituição Federal, ao subordinar o reconhecimento da inconstitucionalidade de preceito normativo à decisão da maioria absoluta de seus membros ou dos membros dos respectivos órgãos especiais, está se dirigindo propriamente aos tribunais e órgãos especiais previstos no art. 93, XI. A referência não atinge, portanto, os Juizados Especiais, que não funcionam, na esfera recursal, sob regime de plenário ou órgão especial.

3.2.2 Legitimidade e momento para arguição da inconstitucionalidade

Têm legitimidade para arguir a prejudicial[13] de inconstitucionalidade as partes (incluindo-se os litisconsortes, os assistentes e os intervenientes); o Ministério Público, quando funcionar no processo, seja como parte ou *custos legis,* e qualquer um dos juízes componentes do órgão julgador do recurso ou da causa originária.

A aplicação ou não de uma lei constitui matéria de direito, pelo que não opera preclusão. Assim, pode a inconstitucionalidade ser arguida em qualquer momento antes do julgamento

---

[11] Quando nos referirmos a "lei", faremos num sentido lato, abrangendo a lei (no sentido formal) ordinária ou complementar, a emenda à Constituição, a lei delegada, a medida provisória, decreto legislativo e também os atos normativos do Poder Público (decretos, resoluções, portarias, entre outros).

[12] Ressalte-se que a decisão proferida por juiz singular, sobre o tema de inconstitucionalidade, não gera ofensa a referida súmula. "Isso porque é inviável a aplicação da súmula ou da cláusula de reserva de plenário, dirigida a órgãos judicantes colegiados, a juízo de caráter singular, por absoluta impropriedade, quando da realização de controle difuso de constitucionalidade" (STF, Rcl 13.158, Rel. Min. Dias Toffoli, *DJe* 15.08.2012).

[13] É prejudicial porque, antes de proceder ao julgamento do recurso ou da causa originária no tribunal, há de apreciar a inconstitucionalidade. A constitucionalidade da lei é uma condicionante para sua aplicação.

no tribunal. As partes e também o Ministério Público, se atuar nessa qualidade, podem argui-la na inicial, na contestação, nas razões de recursos, em petição avulsa e até em sustentação oral, na sessão de julgamento.[14] Quando o Ministério Público funciona como *custos legis*, pode arguir a inconstitucionalidade em cotas ou no parecer final. Os juízes componentes do tribunal poderão suscitar *ex officio* o incidente como preliminar de seus votos na sessão de julgamento.[15]

Quanto ao juiz que decidiu a causa no primeiro grau de jurisdição, por provocação das partes ou mesmo de ofício, não pode suscitar o incidente, mas pode apreciar, na sentença, a conformidade da lei com o texto constitucional. Entendendo ser constitucional a norma, aplicá-la-á ao caso concreto; na hipótese contrária, afastá-la-á.

3.2.3 Procedimento

Arguida a inconstitucionalidade de uma lei, o órgão julgador (turma ou câmara) suspende o julgamento do recurso ou da causa originária em si, para apreciar tão somente a prejudicial de inconstitucionalidade (art. 948).

Suspenso o julgamento, ouve-se o Ministério Público – se for necessária a sua intervenção (art. 179) – e as partes sobre a prejudicial de inconstitucionalidade. Evidentemente, se o Ministério Público arguiu a inconstitucionalidade (como parte ou *custos legis*), não será ouvido.

Em seguida, o órgão fracionário aprecia a prejudicial. Manifestando-se a maioria dos membros do mencionado órgão pela constitucionalidade da norma, o julgamento retoma o curso normal (art. 949). Ao contrário, se a maioria decide pela inconstitucionalidade, a questão será submetida ao plenário ou ao seu órgão especial.

Entendendo o órgão fracionário pela inconstitucionalidade da norma, o julgamento da causa passa a ser complexo, em face da cisão da competência.[16] O tribunal pleno decidirá a prejudicial de inconstitucionalidade da lei, e o órgão fracionário, as demais questões.

No tribunal pleno, o incidente é processado na forma do art. 950. A inconstitucionalidade só será declarada se alcançado o *quorum* constitucional, isto é, se votar pela inconstitucionalidade a maioria absoluta dos membros do tribunal (mais da metade dos membros). Se a decisão for apenas da maioria simples (maioria dos votantes), a lei não será declarada inconstitucional.

Concluído o julgamento no tribunal pleno, lavra-se o acórdão e os autos retornam ao órgão fracionário, onde se prosseguirá no julgamento das outras questões da causa ou recurso, exceto da prejudicial.

Da decisão do tribunal pleno, declarando ou não a inconstitucionalidade arguida, não cabe recurso algum. Eventual recurso (REsp ou RE, *v.g.*) só será cabível após concluído o julgamento no órgão fracionário.

Fica excluída a remessa da arguição incidente de inconstitucionalidade quando o plenário, ou órgão especial do próprio tribunal onde foi ou poderia ter sido suscitado o incidente, já

---

[14] THEODORO JÚNIOR, Humberto. *Curso de direito processual civil*. Rio de Janeiro: Forense, 1991. v. 1, p. 673.

[15] THEODORO JÚNIOR, Humberto. *Curso de direito processual civil*. Rio de Janeiro: Forense, 1991. v. 1, p. 673.

[16] No controle difuso, o pronunciamento do plenário ou do órgão especial irá se restringir à análise da inconstitucionalidade da lei em tese, sendo o julgamento do caso concreto feito pelo órgão fracionário, que ficará vinculado àquele pronunciamento. Nesse caso ocorre uma divisão horizontal de competência funcional entre o plenário (ou órgão especial), a quem cabe decidir a questão da inconstitucionalidade em decisão irrecorrível, e o órgão fracionário, responsável pelo julgamento da causa. Esse procedimento é denominado pela doutrina de **cisão funcional de competência**.

tiver se pronunciado sobre a constitucionalidade ou inconstitucionalidade da lei questionada (art. 949, parágrafo único). Nesse caso, o órgão fracionário (turma, câmara, câmaras reunidas, seção) deve aplicar a decisão anterior do plenário do STF ou do próprio tribunal que considerou constitucional ou inconstitucional a lei questionada. Essa feição dada ao incidente de inconstitucionalidade significa que o legislador optou por dar eficácia vinculante aos pronunciamentos dos órgãos superiores.

3.2.4 Efeitos da declaração de inconstitucionalidade

O julgamento da prejudicial de inconstitucionalidade vincula o órgão fracionário. Assim, no que tange ao aspecto da constitucionalidade, não poderá o órgão incumbido da causa ou do recurso dar interpretação diferente da que foi conferida pelo tribunal pleno, pouco importando se foi ou não declarada a inconstitucionalidade. Também outros órgãos do mesmo tribunal ficam vinculados à decisão proferida no incidente. Evidentemente, a questão prejudicial, após concluído o julgamento, pode ser objeto de recurso extraordinário, posto que cabe ao STF a última palavra acerca da compatibilização das leis com a Constituição.

Em face da vedação da remessa do incidente de inconstitucionalidade aos órgãos originariamente competentes para apreciá-lo, a eficácia acerca de questão prejudicial (a constitucionalidade ou a inconstitucionalidade arguida) anteriormente decidida passou a operar *ultra partes*. No entanto, nada obsta que o órgão fracionário submeta a questão ao plenário ou órgão especial, mormente quando houver fundamento novo.

Efeito semelhante, porém, com a característica de imutabilidade mais definida, pode ocorrer quando a inconstitucionalidade for apreciada em recurso extraordinário pelo STF. Nesse caso, a despeito de não se tratar de ação direta, mas de arguição *incidenter tantum*, declarada a inconstitucionalidade da lei, far-se-á a comunicação ao Senado Federal (art. 178 do RISTF), para que esse suspenda a execução da lei (art. 52, X, da CF). Suspensa a execução, evidentemente que a decisão a todos alcança.

Sobre a suspensão da execução da lei pelo Senado Federal, é importante destacar o surgimento no STF da tese da *objetivização do controle subjetivo* ou *abstrativização do controle difuso*, que busca dar uma nova leitura à regra do art. 52, X, da CF. De acordo com essa teoria, o papel do Senado Federal se restringiria a conferir publicidade à decisão proferida no controle concreto, porquanto a própria decisão do STF seria dotada de eficácia *erga omnes*.

Assim, frise-se, se o STF, em sede de controle incidental, declarar, em definitivo, que a lei é inconstitucional, essa decisão terá, por si só, efeitos gerais, fazendo-se a comunicação àquela Casa legislativa apenas para que se publique a decisão no *Diário do Congresso*. Sugere-se, portanto, que o art. 52, X, da CF tenha sofrido autêntica mutação constitucional, que consiste no processo informal de alteração da Constituição, sem que tivesse havido qualquer modificação em seu texto, isto é, na alteração do sentido do texto (alteração semântica), em virtude de fatores históricos, sociais e valorativos.

A abstrativização do controle difuso foi aceita pelo Supremo em 2017, no julgamento em conjunto das ADIs 3.406 e 3.470, de relatoria da Min. Rosa Weber – ambos noticiados no Informativo 886 do STF. Em suma, reconheceu-se a possibilidade de atribuir efeitos *erga omnes* e vinculantes ao controle incidental de constitucionalidade. No julgamento, o Min. Celso de Mello asseverou que o que se propôs foi uma interpretação que conferisse ao Senado Federal a possibilidade de, simplesmente, mediante publicação, divulgar a decisão do Supremo. Essa divulgação, segundo o Ministro, não se confunde com a eficácia da decisão, visto que esta decorre da própria manifestação do STF.

Sobre a declaração em caráter principal, via ação direta, cujo julgamento tem eficácia *erga omnes*, recomendamos a consulta a manuais de Direito Constitucional.

Quadro esquemático 101 – Incidente de arguição de inconstitucionalidade

Incidente de Arguição de Inconstitucionalidade (arts. 948 a 950)

- **Legitimidade e momento para a arguição da inconstitucionalidade**
  - Tem legitimidade para arguir a prejudicial de inconstitucionalidade as partes; o Ministério Público, quando funcionar no processo, seja como parte ou *custos legis*; ou qualquer um dos juízes componentes do órgão julgador do recurso ou da causa originária.

- **Procedimento**
  - Arguida a inconstitucionalidade de uma lei, o órgão julgador suspende o julgamento do recurso ou da causa originária em si, para apreciar tão somente a prejudicial de inconstitucionalidade.
  - Suspenso o julgamento, ouve-se o Ministério Público – se for necessária a sua intervenção – e as partes.
  - Manifestando-se a maioria dos membros do órgão fracionário pela constitucionalidade da norma → o julgamento retoma o curso normal.
  - Se a maioria decide pela inconstitucionalidade → a questão será submetida ao plenário ou ao seu órgão especial.
  - Da decisão do tribunal pleno, declarando ou não a inconstitucionalidade arguida, não cabe recurso.

- **Efeitos da declaração de inconstitucionalidade**
  - O julgamento da prejudicial de inconstitucionalidade vincula o órgão fracionário.
  - A decisão tem efeitos *ultra partes*.
  - Inconstitucionalidade apreciada em recurso extraordinário pelo STF → declarada a inconstitucionalidade da lei, far-se-á a comunicação ao Senado Federal (art. 178 do RISTF; art. 52, X, CF), para que suspenda a execução da Lei.

3.3 Conflito de competência (arts. 951 a 959)

Sobre o tema, conferir o item 9, Capítulo 6, parte I, desta obra.

3.4 Homologação de decisão estrangeira e concessão do *exequatur* à carta rogatória (arts. 960 a 965)

3.4.1 Noções gerais

Em geral, a jurisdição de um país, como expressão de sua soberania, vai até os limites de seu território. Isso porque, não tendo o Estado meios para tornar efetivas suas decisões fora desses limites, não há justificativa para a ampliação da competência. De nada adiantaria, por exemplo, a autoridade judiciária brasileira determinar a apreensão de um bem que se encontra no estrangeiro, se ela não dispõe de instrumentos de coerção para execução do julgado.

Entretanto, o avanço da convivência internacional, a chamada "globalização" das relações internacionais, impõe a necessidade do reconhecimento de sentenças estrangeiras. De qualquer forma, a posição dos diversos países acerca da eficácia das decisões estrangeiras não é uniforme. Há países que simplesmente negam efeito a tais julgados (Holanda, Noruega e Dinamarca, *v.g.*); outros países condicionam a validade da sentença estrangeira a revisão absoluta, inclusive no que tange ao mérito (França e Bélgica, *v.g.*); finalmente, há países que adotam o sistema de controle limitado, o qual incide somente sobre determinados aspectos do julgamento (Itália e Brasil, *v.g.*).

O Brasil admite a jurisdição estrangeira, mediante controle, desde que a decisão não se refira a imóveis situados no território brasileiro, nem a inventários, partilhas e testamentos particulares relativos a esses bens (art. 23 do CPC). A decisão proferida por tribunal estrangeiro terá eficácia no nosso território, desde que homologada pelo STJ, conforme dispõe o art. 105, I, *i*, da CF/1988, com a redação que lhe foi dada pela EC nº 45/2004. A homologação de que trata o Código consiste num "juízo de delibação", por meio do qual se verificam aspectos formais da decisão estrangeira (como a autenticidade e a competência). No que tange à questão de fundo, a verificação incide apenas nos aspectos de eventual ofensa à soberania nacional e à ordem pública.

Não somente as sentenças, mas também as **decisões interlocutórias estrangeiras** são passíveis de execução no País, desde que sejam submetidas ao regime das cartas rogatórias. (art. 960, § 1º).[17] Ou seja, tratando-se de decisão final (sentença, que encerra o procedimento), cabível a homologação. Sendo uma decisão interlocutória (medidas de urgência, decisão que permite determinada produção probatória, como a oitiva de testemunhas que residam no Brasil etc.), fala-se em concessão de *exequatur*. Nada obsta que se mude a lei ou celebre tratado internacional dispensando, em um ou em ambos os casos, a homologação ou o *exequatur*. A competência para homologação ou concessão de *exequatur* também é do STJ.

Para produção de seus efeitos em território nacional, a decisão interlocutória passará por procedimento de jurisdição contenciosa no Superior Tribunal de Justiça, a quem caberá analisar o preenchimento dos requisitos formais para exequibilidade da decisão. Nessa análise não haverá aprofundamento do mérito da decisão (técnica denominada "**juízo de delibação**"),[18] ou seja, se forem atendidos os requisitos formais, o Tribunal concederá a ordem (*exequatur*) para a produção dos efeitos do ato jurisdicional estrangeiro.

O CPC/2015 inova ao dispensar a **sentença estrangeira de divórcio consensual de homologação** (art. 961, § 5º). Nesse caso, a decisão estrangeira terá plena eficácia no Brasil; contudo, nada obsta que os órgãos jurisdicionais brasileiros, a requerimento de uma das partes, possam examinar a validade da decisão estrangeira quando alguma questão relativa a ela for suscitada em caráter principal ou incidental (art. 961, § 6º).

Devido à grande inovação trazida pelo § 5º do mencionado artigo, o CNJ editou, em 16 de maio de 2016, o Provimento nº 53, no qual concretizou a interpretação literal do dispositivo. A averbação da sentença estrangeira de divórcio consensual passa a ser direta, sem a necessidade de homologação judicial. Ou seja, torna-se ato de natureza administrativa, não necessita de prévia manifestação de nenhuma autoridade judicial brasileira e, ainda, dispensa a assistência de advogado ou defensor público.

Ressalte-se que o STJ chegou a proferir entendimento, com base no art. 15, parágrafo único, da LINDB, no sentido de que não havia necessidade de homologação de sentenças meramente declaratórias do estado das pessoas (REsp 535.646/RJ, Rel. Min. Carlos Alberto Menezes Direito,

---

[17] A possibilidade de cumprimento de decisão interlocutória estrangeira não estava prevista no CPC/1973. Trata-se de inovação proposta pelo legislador processual que revoga tacitamente o disposto no art. 15, "c", da LINDB, segundo o qual "será executada no Brasil a sentença proferida no estrangeiro, que reúna os seguintes requisitos: [...] c) ter passado em julgado e estar revestida das formalidades necessárias para a execução no lugar em que foi proferida".

[18] THEODORO JÚNIOR, Humberto. *Curso de direito processual civil*. 48. ed. Rio de Janeiro: Forense, 2008. v. 1, p. 767.

julgado em 08.11.2005). O dispositivo mencionado foi revogado pela Lei nº 12.036/2009 e, por essa razão, doutrina e jurisprudência passaram a defender a indispensabilidade da homologação prévia de qualquer sentença estrangeira, incluindo as sentenças de divórcio. A alteração do tema no CPC vigente adveio de sugestão do professor Alexandre Freitas Câmara, realizada em razão do fato de que no Brasil o divórcio consensual nem sempre depende de intervenção judicial, pois pode ser realizado administrativamente, por meio de escritura pública.

Na esteira da jurisprudência do STJ,[19] o CPC/2015 também passou a prever a possibilidade de **homologação de decisão não judicial** – melhor seria de "ato jurídico" – que pela lei brasileira pode ter natureza jurisdicional. É o caso, por exemplo, do divórcio consensual, que, na forma do art. 731 e seguintes, pode ser realizado por acordo entre as partes, por escritura pública, conforme anteriormente mencionado.

A homologação parcial de decisão estrangeira também ganha espaço na legislação processual vigente (art. 961, § 2º). Essa possibilidade, contudo, já era admitida pelo regimento interno do STJ (art. 216-A, § 2º, do RISTJ). Deve-se registrar que a homologação parcial nem sempre é viável. É o que ocorre, por exemplo, quando um dos capítulos da decisão ofende a ordem pública e este não pode ser cindido do restante do julgado. O STJ já proferiu decisão impedindo a homologação de decisão que permitia a cumulação de correção monetária e variação cambial.[20]

O § 3º do art. 961 também segue o entendimento do STJ, que admite a apreciação de **pedido de tutela provisória e a realização de atos de execução provisória** em ação de homologação de sentença estrangeira (art. 216-G do RISTJ). O princípio da tutela jurisdicional adequada se aplica a toda espécie de tutela prestada pela justiça brasileira, inclusive na ação de homologação de sentença estrangeira.

3.4.2 Execução de medidas de urgência

Conforme visto em linhas anteriores, tanto as sentenças quanto as decisões interlocutórias proferidas por órgãos jurisdicionais estrangeiros podem ter eficácia e, portanto, ser executadas no Brasil, desde que submetidas ao juízo de delibação do órgão competente.

Tratando-se de **decisão interlocutória**, a sua execução deve ser requerida por meio de carta rogatória (art. 962, § 1º). O *exequatur* – juízo de delibação necessário à eficácia – é da competência do STJ. Já a execução em si compete à Justiça Federal comum de primeiro grau.

---

[19] "Prevendo a legislação alienígena o divórcio mediante simples ato administrativo, cabível é a sua homologação para que produza efeitos no território brasileiro" (STJ, AgRg na SE 456/JP, Corte Especial, Rel. Min. Barros Monteiro, j. 23.11.2006, *DJ* 05.02.2007). A decisão foi proferida antes da publicação da Lei nº 11.441/2007, que introduziu o art. 1.124-A ao CPC/1973, permitindo o divórcio extrajudicial em determinadas hipóteses. Em outro precedente, a Corte Especial do STJ tratou da homologação de ato administrativo que formalizou acordo de guarda compartilhada (SEC 5.635/DF).

[20] "Tendo a sentença estrangeira determinado a incidência cumulativa, sobre o débito principal, de correção monetária e variação cambial, se mostra inviável a homologação parcial da sentença para extirpar apenas a incidência da correção monetária. A condenação, composta de um valor principal, acrescido de correção monetária e variação cambial, compreende um único capítulo de mérito da sentença, não sendo passível de desmembramento para efeitos de homologação. Como cada débito principal e o seu reajuste compõem um capítulo incindível da sentença, eventual irregularidade maculará integralmente a condenação, inviabilizando a sua homologação como um todo. Do contrário, estar-se-ia admitindo, por via transversa, a modificação do próprio mérito da sentença estrangeira, conferindo-se ao contrato uma nova exegese, diferente daquela dada pelo Tribunal Arbitral" (SEC 2.410/EX, Corte Especial, Rel. Min. Francisco Falcão, Rel. p/ acórdão Min. Nancy Andrighi, j. 18.12.2013, *DJe* 19.02.2014).

Para a concessão do *exequatur* nos casos em que a carta rogatória contenha pedido de execução de medida de urgência, deve-se verificar se no ordenamento jurídico do país de origem há previsão de **contraditório**. Qualquer que seja a modalidade de cooperação internacional, o respeito às garantias do devido processo legal no Estado requerente é indispensável (art. 26, I). No que diz respeito especificamente ao provimento concessivo de tutela provisória, nos moldes do modelo constitucional do processo adotado no Brasil, deve haver previsão de contraditório no Estado requerente, ainda que diferido, sob pena de ser negado o *exequatur*. Contudo, não pode o STJ substituir a autoridade jurisdicional estrangeira no exame dos requisitos para o deferimento da medida (art. 962, § 3º).

Nos casos em que a homologação da sentença estrangeira é dispensada – exigência de previsão em tratado ou em lei, por exemplo, a sentença que decreta o divórcio consensual –, também a medida de urgência concedida no respectivo processo independe de homologação ou *exequatur* pelo STJ para produzir efeitos no Brasil. Contudo, o órgão jurisdicional competente para dar-lhe cumprimento – justiça federal de primeiro grau, por exemplo –, antes de exarar o seu "cumpra-se", deve emitir juízo sobre a validade da medida que se pretende cumprir. A atividade do juiz é de mera delibação; restringe-se à averiguação da observância à ordem pública e os princípios fundamentais do Estado brasileiro.

3.4.3 Requisitos e competência

Os pressupostos necessários à homologação de decisão estrangeira encontravam-se previstos no art. 15 da Lei de Introdução às Normas do Direito Brasileiro. Entretanto, de acordo com as novas disposições previstas no CPC e com a nova regulamentação trazida pelo RISTJ (arts. 216-A e seguintes), deve-se entender que os referidos dispositivos da LINDB foram tacitamente revogados.

Constituem requisitos indispensáveis à homologação da decisão, nos termos do art. 963:

I – ser proferida por autoridade competente;

II – ser precedida de citação regular, ainda que verificada a revelia;

III – ser eficaz no país em que foi proferida;

IV – não ofender a coisa julgada brasileira;

V – estar acompanhada de tradução oficial, salvo disposição que a dispense prevista em tratado;

VI – não conter manifesta ofensa à ordem pública.

Os requisitos são similares àqueles previstos no art. 15 da LINDB. A diferença, todavia, consiste na inexigência de formação de coisa julgada material para posterior homologação (art. 15, "c", da LINDB). Exige-se, tão somente, a sua eficácia no Estado estrangeiro (o que não coincide, necessariamente, com o trânsito em julgado) e a não ofensa à coisa julgada formada pela jurisdição nacional. Ademais, o inciso VI determina a averiguação da conformidade da decisão com a ordem pública nacional, previsão já contida no art. 17 da LINDB.

Compete ao **presidente do STJ** homologar sentenças estrangeiras (art. 216-A do RISTJ), exceto se houver contestação da parte interessada, hipótese em que a competência será da **Corte Especial** (art. 216-K do RISTJ). No caso de concessão de *exequatur* a carta rogatória, ao Presidente também compete analisar o pedido, mas, se houver impugnação, os autos seguem para a Corte Especial (arts. 216-O e 216-T do RISTJ).

3.4.4 Procedimentos

O procedimento da **homologação e concessão de** *exequatur* encontra-se previsto no **RISTJ**. Em síntese, o procedimento tem início com requerimento do interessado, seguindo-se a citação da outra parte para, no prazo de quinze dias, contestar ou impugnar o pedido, conforme se trate de homologação ou de concessão de *exequatur*, respectivamente (art. 216-Q). Transcorrido o prazo, dá-se vista ao Ministério Público, pelo prazo de quinze dias (art. 216-S), que poderá impugnar o pedido. Em seguida, o presidente do STJ profere decisão, homologando ou não a sentença estrangeira, concedendo ou não cumprimento à carta rogatória. No caso de impugnação, por exemplo, pelo Ministério Público, os autos são remetidos para decisão pelo Colegiado (art. 216-T, RISTJ).

As decisões do presidente ou do relator – se a demanda tiver sido submetida a Corte Especial – serão impugnáveis por meio de agravo (arts. 216-M e 216-U). Apesar de não existir previsão expressa no CPC/2015, o STF[21] admite recurso extraordinário em face da decisão que homologa decisão estrangeira – no caso, sentença –, desde que haja afronta direta à Constituição.

O cumprimento das decisões estrangeiras se dará perante o Juízo Federal competente (art. 965 do CPC/2015; art. 216-N do RISTJ e art. 109, X, da CF/1988).

3.4.5 Natureza jurídica do processo de homologação de decisão estrangeira

Para a maioria da doutrina, o processo de homologação de decisão estrangeira tem natureza jurisdicional. Isso porque, a despeito da existência da decisão estrangeira, o litígio continua sem solução no âmbito do território brasileiro. Somente com a decisão homologatória é que a manifestação proferida por órgão estrangeiro adquire eficácia no nosso território.

Assim, o processo tem natureza jurisdicional e não voluntária, e a decisão homologatória que dele origina tem natureza constitutiva, pois não só reconhece a validade do julgado, como lhe confere eficácia. A homologação é um *plus* que se acrescenta à decisão estrangeira para que esta possa produzir efeitos no Brasil. Em consequência, constitutiva é também a ação em que se pede o julgamento homologatório.[22] A decisão que nega homologação é declaratória negativa. Em qualquer das hipóteses, haverá incidência da coisa julgada.

JURISPRUDÊNCIA TEMÁTICA

Homologação de sentença estrangeira e fixação de honorários

"(...) Em pedido de homologação de decisão estrangeira, contestado pela própria parte requerida, a verba honorária sucumbencial deve ser estabelecida por apreciação equitativa, nos termos do § 8º do art. 85 do CPC de 2015, com observância dos critérios dos incisos do § 2º do mesmo art. 85. Dentre os critérios legais indicados, a serem atendidos pelo julgador, apenas o constante do inciso III refere imediatamente à causa em que proferida a decisão, sendo, assim, fator endoprocessual, dotado de aspecto objetivo prevalente, enquanto os demais critérios são de avaliação preponderantemente subjetiva (incisos I e IV) ou até exógena ao processo (inciso II). 7. Desse modo, ao arbitrar, por apreciação equitativa, os honorários advocatícios sucumbenciais, não pode o julgador deixar de atentar para a natureza e a importância da causa, levando em consideração a natureza, existencial ou patrimonial, da relação jurídica subjacente nela discutida, objeto do acertamento buscado na decisão estrangeira a ser homologada. Com isso, obterá também parâmetro acerca da importância da causa. 8. Por relação jurídica de natureza existencial, deve-se entender aquelas nas quais os aspectos de ordem moral, em

---

[21] Nesse sentido: STF, RE 598.770/República Italiana, Plenário, Rel. orig. Min. Marco Aurélio, Red. p/ o acórdão Min. Roberto Barroso, j. 12.02.2014.

[22] MARQUES, José Frederico. *Manual de direito processual civil*. São Paulo: Saraiva, 1982. p. 252.

regra, superam os de cunho material. Por isso, a importância da causa para as partes não estará propriamente em expressões econômicas nela acaso envolvidas, mas sobretudo nos valores existenciais emergentes. Já a relação jurídica de natureza patrimonial refere, comumente, a objetivos econômicos e financeiros relacionados com o propósito das partes de auferir lucro, característico dos empresários e das empresas atuantes nas atividades econômicas de produção ou circulação de bens e serviços. Para estes sujeitos, a importância de uma ação judicial é, em regra, proporcional aos valores envolvidos na disputa, ficando os aspectos morais num plano secundário, inferior ou até irrelevante. 9. Assim, o estabelecimento, por equidade, de honorários advocatícios sucumbenciais nas homologações de decisão estrangeira contestada, conforme a natureza predominante da relação jurídica considerada, observará: a) nas causas de cunho existencial, poderão ser fixados sem maiores incursões nos eventuais valores apenas reflexamente debatidos, por não estar a causa diretamente relacionada a valores monetários, mas sobretudo morais; b) nas causas de índole patrimonial, serão fixados levando em conta, entre outros critérios, os valores envolvidos no litígio, por serem estes indicativos objetivos e inegáveis da importância da causa para os litigantes. 10. Não se confunda, porém, a utilização do valor da causa como mero critério para arbitramento, minimamente objetivo, de honorários sucumbenciais por equidade, conforme o discutido § 8º do art. 85, com a adoção do valor da causa como base de cálculo para apuração, aí sim inteiramente objetiva, dos honorários de sucumbência, de acordo com a previsão do § 2º do mesmo art. 85 do CPC. São coisas bem diferentes. 11. Na espécie, tem-se relação jurídica de natureza patrimonial, de maneira que a fixação da verba honorária, por equidade, nesta demanda, deve levar em consideração o vultoso valor econômico atribuído à causa, decorrente da natureza desta e indicativo da importância da demanda para ambos os litigantes. 12. Pedido de homologação da decisão estrangeira deferido. Honorários advocatícios sucumbenciais fixados, por equidade, em R$40.000,00" (STJ, HDE 1.809/EX, Rel. Min. Raul Araújo, Corte Especial, j. 22.04.2021, *DJe* 14.06.2021).

A mera pendência de ação judicial no Brasil não impede a homologação da sentença estrangeira, mas a existência de decisão judicial proferida no Brasil contrária ao conteúdo da sentença estrangeira impede a sua homologação

"Agravo interno. Homologação de sentença estrangeira. Canadá. Guarda de criança concedida ao pai. Ação judicial posterior, com trânsito em julgado, na jurisdição brasileira. Dispositivos em conflito. Sentença estrangeira não homologada. Multa. Não aplicação. Agravo interno a que se nega provimento.

1. Pedido de homologação de sentença proferida na jurisdição de Ontário, Canadá, concedendo ao pai a guarda da filha dos ex-cônjuges, ambos brasileiros.

2. Sentença posterior proferida na Justiça Federal brasileira, com trânsito em julgado, no sentido da improcedência do pedido de busca e apreensão da menor, sob fundamento de que, além de ter sido comprovada violência contra a mãe e a criança, 'estudo psicológico produzido nos autos revela a plena adaptação da menor transferida ilicitamente para o Brasil ao novo meio em que inserida, sendo presumida a ocorrência de prejuízos de ordem emocional caso determinado seu retorno ao País de origem, até porque privada estará do convívio contínuo, há mais de dez anos, com parentes e amigos'.

3. Tal realidade fragiliza a eficácia e a definitividade que porventura se pudesse extrair da sentença homologanda, sobretudo diante da jurisprudência consolidada nesta Corte, no sentido de que 'a mera pendência de ação judicial no Brasil não impede a homologação da sentença estrangeira; mas a existência de decisão judicial proferida no Brasil contrária ao conteúdo da sentença estrangeira impede a sua homologação' (HDE 1.396/EX, Rel. Min. Nancy Andrighi, Corte Especial, j. 23.09.2019, *DJe* 26.09.2019).

4. Inaplicabilidade da multa do § 4º do art. 1.021 do CPC, pois referido dispositivo legal não incide automaticamente, sobretudo quando exercitado o regular direito de recorrer e não verificadas as hipóteses de manifesta inadmissibilidade do agravo interno e de litigância temerária.

5. Agravo interno a que se nega provimento" (STJ, AgInt na SEC n. 6.362/EX, Rel. Min. Jorge Mussi, Corte Especial, j. 01.06/2022, *DJe* 03.06.2022).

Quadro esquemático 102 – Homologação da decisão estrangeira e concessão do *exequatur* à carta rogatória

Homologação da decisão estrangeira e concessão do *exequatur* à carta rogatória (arts. 960 a 965)

– Noções gerais e inovações do atual CPC
- As decisões proferidas por tribunal estrangeiro terão eficácia no nosso território, desde que homologadas pelo STJ (art. 105, I, "i", CF).
- As decisões interlocutórias também são passíveis de execução no país, desde que sejam submetidas ao regime das cartas rogatórias (art. 960, § 1º).
- É possível a homologação de decisão não judicial.
- É possível a homologação parcial de decisão estrangeira.
- O CPC/2015 dispensa da homologação de sentença estrangeira de divórcio consensual (art. 961, § 5º).

– Execução de medidas de urgência
- Decisão interlocutória ➔ execução requerida por meio de carta rogatória (art. 962, § 1º)
  - *Exequatur* ➔ competência do STJ
  - Execução em si ➔ competência da Justiça Federal comum de primeiro grau
- Provimento concessivo de tutela provisória ➔ deve haver previsão de contraditório no Estado requerente, ainda que diferido, sob pena de ser negado o *exequatur*.
- Homologação dispensada ➔ o órgão jurisdicional competente para dar cumprimento à decisão deve emitir juízo sobre a validade da medida que se pretende cumprir.

– Requisitos (art. 963)
- Ser proferida por autoridade competente;
- Ser procedida de citação regular, ainda que verificada a revelia;
- Não ofender a coisa julgada brasileira;
- Estar acompanhada de tradução oficial, salvo disposição que a dispense prevista em tratado;
- Não conter manifesta ofensa à ordem pública.

– Procedimento
- Tem início com o requerimento do interessado, seguindo-se a citação da outra parte para, no prazo de quinze dias, contestar ou impugnar o pedido, conforme se trate de homologação ou de concessão de *exequatur*, respectivamente (art. 216-Q, RISTJ).
- Transcorrido o prazo ➔ vista ao Ministério Público, pelo prazo de quinze dias (art. 216-S, RISTJ).
- Presidente do STJ profere decisão, homologando ou não a sentença estrangeira, concedendo ou não o cumprimento à carta rogatória.
- As decisões do Presidente ou do Relator, caso a demanda tenha sido submetida à Corte Especial, serão impugnáveis por meio de agravo (arts. 216-M e 216-U, RISTJ).
- O cumprimento das decisões estrangeiras se dará perante o Juízo Federal competente (art. 965, CPC/2015; art. 216-V, RISTJ; art. 109, X, CF/88).

3.5 Ação rescisória (arts. 966 a 975)

3.5.1 Considerações gerais

Esgotadas as possibilidades de interposição de recurso, opera-se a coisa julgada, em razão da qual a relação jurídica acertada na **decisão judicial**[23] torna-se **imutável e indiscutível** (art. 502). Tratando-se de decisão terminativa (art. 485), a coisa julgada é apenas formal, impede a discussão do direito controvertido no processo extinto, mas não veda, em regra,[24] a propositura de outra ação, a fim de que o juiz regule o caso concreto. Todavia, referindo-se à decisão definitiva (art. 487), que compõe o litígio, superada a fase de interposição de recursos, o ato judicial irradia qualidade que torna imutável e indiscutível a relação de direito material, seja naquele ou em outro processo. Assim, por qualquer ângulo que se enfoca a coisa julgada, seja formal ou material, conduz à imutabilidade e à indiscutibilidade do que foi decidido: se tratar de decisão terminativa, a coisa julgada (formal) produz a imutabilidade da extinção da relação processual; se se tratar de decisão definitiva, a coisa julgada (material) conduz à imutabilidade da extinção da relação processual e do regulamento estabelecido para o caso concreto. Entretanto, sob a perspectiva do cabimento da rescisória, o importante não é a imutabilidade da relação processual, e sim a impossibilidade de dirimir o conflito de direito.

Ainda que a **decisão terminativa** contenha um grave defeito, esgotados todos os recursos, ou porque foram todos utilizados ou porque a parte deixou escoar o prazo sem interpô-los, a relação processual extinta, de um modo geral, jamais poderá ser ressuscitada. A extinção da relação processual, em face da natural demora e dos gastos para a propositura de outra ação, traz, evidentemente, prejuízos para a parte que não obteve a norma reguladora do caso concreto, mas não um prejuízo que justifique a reapreciação do ato judicial fora do âmbito dos recursos. Contudo, como veremos no tópico seguinte, há decisões denominadas terminativas que têm aptidão para irradiar definitividade, isto é, obstaculizar a discussão do direito substancial controvertido, caso em que se admite a rescisória.

A prevalecer a absoluta imutabilidade e a indiscutibilidade decorrentes da coisa julgada material graves prejuízos poderiam advir para a parte que após o trânsito em julgado da decisão constatasse um vício que, se verificado no curso do processo, teria o condão de alterar o resultado da demanda. Em face dessa possibilidade de dano irreparável, ficou o legislador no seguinte dilema: assegurar a imutabilidade do que foi acertado na sentença definitiva transitada em julgado, privando o interessado de meios para reparar o prejuízo sofrido, ou permitir a reapreciação do caso e gerar insegurança das relações jurídicas judicialmente acertadas. O sopesamento desses dois fatores levou o legislador a admitir, em casos restritíssimos, a possibilidade de rescisão da decisão causadora do prejuízo.

Por intermédio da ação rescisória, o legislador forneceu uma solução para a reparação do mal. A decisão de mérito que encerra vício pode ser anulada, ensejando o rejulgamento da causa. Igualmente pode ser anulada a decisão que, embora não tenha apreciado o mérito, esteja a impedir a resolução da lide. Entretanto, para não comprometer a estabilidade das relações jurídicas, não é qualquer vício que pode conduzir à rescisão do julgado. **Os vícios ou defeitos que tornam a decisão anulável são os elencados em *numerus clausus* no art. 966.** Além disso, a rescisão somente pode ser pleiteada dentro dos dois anos após o trânsito em julgado da última decisão proferida no processo (art. 975). Com tais restrições, denominadas pela

---

[23] O art. 467 do CPC/1973 mencionava o termo "sentença", mas, como toda e qualquer decisão que tenha analisado o mérito e composto o litígio (sentença, acórdão de tribunal e decisão interlocutória) faz coisa julgada material, sujeitando-se à ação rescisória, o CPC/2015 teve que corrigir o equívoco.

[24] Atente-se para a exceção que será tratada no item seguinte.

doutrina de pressupostos da ação rescisória, o legislador procurou, a um só tempo, preservar a estabilidade das relações jurídicas e evitar prejuízos que não puderam ser impedidos com a atuação do interessado no curso da relação processual.

Diante do que foi exposto, podemos estabelecer os seguintes balizamentos acerca da imutabilidade das decisões judiciais.

O trânsito em julgado de decisão terminativa (da qual emana coisa julgada formal) não obsta a resolução da lide em outro processo, daí porque, de regra, não comporta rescisória; contudo, se a decisão que pôs fim ao processo obstaculizar a apreciação da demanda em outro processo, há ensejo para a ação rescisória.

A decisão definitiva (sobre a qual recaíram os efeitos da coisa julgada material) pode ser rescindida nos **dois anos seguintes ao trânsito em julgado da última decisão proferida no processo**, desde que demonstrado um dos vícios elencados no art. 966; passados o prazo legal e formada a chamada "coisa soberanamente julgada", ainda que contenha os vícios apontados no art. 966, a relação jurídica definida na sentença torna-se absolutamente imutável, salvo se, no caso específico, determinada garantia constitucional, em juízo de proporcionalidade, se afigurar mais relevante do que a segurança jurídica.[25]

E para finalizar este tópico, formulo um conceito de ação rescisória: é o procedimento que, em face de um ou mais dos vícios previstos no art. 966, possibilita a rescisão, total ou parcial, de uma decisão judicial de mérito ou de decisão terminativa inviabilizadora da composição da lide, de modo a restaurar a justiça parametrizada no ordenamento jurídico.

3.5.2 Decisão de mérito

Consoante afirmado em linhas anteriores, em regra, tratando-se de **decisão terminativa** – que não analisa o mérito –, a coisa julgada é apenas formal, não impedindo a propositura de uma nova ação, com os mesmos fatos. Há, no entanto, algumas **exceções**. Nas hipóteses de acolhimento de alegação de **perempção, litispendência e coisa julgada** (art. 485, V), bem como de existência de **convenção de arbitragem** ou de reconhecimento, pelo juízo arbitral, da sua própria competência (art. 485, VII), a decisão terminativa, embora não seja de mérito, não impede a propositura de ação rescisória.

Vamos facilitar com um exemplo. Por erro na verificação da identidade das partes, da causa de pedir e do pedido, o juiz de primeiro grau extingue um mandado de segurança, sem resolução de mérito, por reconhecer que houve litispendência entre o *mandamus* atual e uma ação anterior. O autor do mandado de segurança não apresenta recurso e a decisão transitada em julgado. Como a litispendência constitui pressuposto processual negativo, a sua configuração implica extinção do processo sem resolução do mérito (art. 485, V), impedindo que o autor proponha uma nova demanda. Ocorre que nesse exemplo, em razão de erro por parte do julgador, o autor ficará prejudicado se não puder propor uma nova ação. Justamente por isso se permite que ele ajuíze ação rescisória para desconstituir essa decisão equivocada.

O CPC/1973 não fazia qualquer ressalva nesse sentido. Os tribunais superiores, no entanto, já admitiam a propositura de ação rescisória de decisão que não tivesse analisado o mérito. Veja, nesse sentido, trecho do voto do Ministro Gomes de Barros no julgamento da Ação Rescisória nº 336 (julgada em: 24.08.2005; data de publicação: 24.04.2006), na qual o STJ rescindiu acórdão fundado em reconhecimento de ilegitimidade de parte na ação originária:

---

[25] Filiamo-nos à corrente que defende a relativização restrita da coisa julgada, apenas quando, após juízo de proporcionalidade e razoabilidade, constatar-se que, em dado caso específico, a garantia da segurança jurídica deve ser sobreposta por garantias outras.

"Creio que há uma regra de ouro para apurar se o acórdão é rescindível ou não. Tal regra se contém numa questão: é possível reabrir a questão resolvida pelo acórdão? Se não é possível a reabertura, cabe a rescisória. Possível a reabertura não há coisa julgada material e a rescisória não cabe. O que o Código, em última análise, na verdade, considera rescindível é a coisa julgada material".

Em decisão posterior, proferida no julgamento do REsp 1.217.321/SC, em 18.10.2012, o STJ considerou ser cabível o ajuizamento de ação rescisória para desconstituir tanto o provimento judicial que resolve o mérito quanto aquele que apenas extingue o feito sem resolução de mérito, desde que não seja possível renovar a ação:

"[...] É cabível o ajuizamento de ação rescisória para desconstituir tanto o provimento judicial que resolve o mérito quanto aquele que apenas extingue o feito sem resolução de mérito. A redação do art. 485, *caput*, do CPC, ao mencionar 'sentença de mérito' o fez com impropriedade técnica, referindo-se, na verdade, a 'sentença definitiva', não excluindo os casos onde se extingue o processo sem resolução de mérito. De toda sentença terminativa, ainda que não seja de mérito, irradiam-se efeitos declaratórios, constitutivos, condenatórios, mandamentais e executivos. Se o interesse do autor reside em atacar um desses efeitos, sendo impossível renovar a ação e não havendo mais recurso cabível em razão do trânsito em julgado (coisa julgada formal), o caso é de ação rescisória, havendo que ser verificado o enquadramento nas hipóteses descritas nos incisos do art. 485 do CPC. O equívoco cometido na redação do referido artigo o foi na compreensão de que os processos extintos sem resolução do mérito (à exceção daqueles em que se acolheu a alegação de peremção, litispendência ou de coisa julgada, art. 267, V) poderiam ser renovados, na forma do art. 268, do CPC, daí que não haveria interesse de agir em ação rescisória movida contra sentença ou acórdão que não fosse de mérito. No entanto, sabe-se que a renovação da ação não permite rediscutir todos os efeitos produzidos pela ação anteriormente extinta. Exemplo disso está no próprio art. 268 do CPC, que condiciona o despacho da nova inicial à prova do pagamento ou do depósito das custas e dos honorários de advogado. Para estes casos, onde não houve sentença ou acórdão de mérito, o único remédio é a ação rescisória" (STJ, REsp 1.217.321/SC, Rel. originário Min. Herman Benjamin, Rel. para acórdão Min. Mauro Campbell Marques, j. 18.10.2012).[26-27]

Seguindo a orientação jurisprudencial, **o Código de Processo Civil admite ação rescisória para desconstituir provimento que, embora não seja de mérito, impeça a propositura de nova demanda** (art. 966, § 2º, I). Além disso, o Código expressamente permite a **rescindibilidade de decisão que impeça a admissibilidade de recurso correspondente** (art. 966, § 2º, II). Essa segunda possibilidade surge em razão do fato de o **juízo negativo de admissibilidade** impedir que o tribunal se manifeste sobre o mérito recursal, inclusive sobre eventuais nulidades e demais

---

[26] Os dispositivos citados na ementa correspondem, respectivamente, aos seguintes artigos do CPC/2015: art. 966, *caput*; art. 485, V; art. 486.

[27] Nesse mesmo julgamento a Corte analisou outros casos de cabimento (e de não cabimento) de ação rescisória. Sugerimos, então, a leitura do *Informativo* nº 509 do STJ, mais precisamente dos seguintes julgados: REsp 1.217.321-SC, Rel. originário Min. Herman Benjamin, Rel. para acórdão Min. Mauro Campbell Marques, julgado em 18.10.2012; REsp 1.217.321-SC, Rel. originário Min. Herman Benjamin, Rel. para acórdão Min. Mauro Campbell Marques, julgado em 18.10.2012; REsp 1.217.321-SC, Rel. originário Min. Herman Benjamin, Rel. para acórdão Min. Mauro Campbell Marques, julgado em 18.10.2012; REsp 1.217.321-SC, Rel. originário Min. Herman Benjamin, Rel. para acórdão Min. Mauro Campbell Marques, julgado em 18.10.2012.

questões de ordem pública. Assim, vedar a propositura de ação rescisória contra decisão que inadmite o recurso correspondente seria afrontar o próprio direito de ação – que engloba o direito de recorrer – e os princípios da inafastabilidade e do duplo grau de jurisdição.

Como se vê, a rigor, o principal requisito para o cabimento da rescisória não é necessariamente a decisão de mérito, mas sim a impossibilidade de renovação da ação, a restrição ao acesso da tutela jurisdicional e a impossibilidade de rediscussão da matéria, seja em razão do obstáculo intransponível da coisa julgada material ou formal. A propósito, a Súmula nº 100 do Tribunal Superior do Trabalho já ilustrava esse entendimento: "I – O prazo de decadência, na ação rescisória, conta-se do dia imediatamente subsequente ao trânsito em julgado da última decisão proferida na causa, seja de mérito ou não".

3.5.3 Natureza jurídica da ação rescisória

A ação rescisória, a par dos recursos, constitui meio de provocar a impugnação e o consequente reexame de uma decisão judicial.

Difere, entretanto, dos recursos, porquanto estes se desenvolvem dentro da mesma relação processual, ou seja, antes do trânsito em julgado da decisão recorrida, ao passo que a ação rescisória visa à desconstituição da coisa julgada, o que pressupõe relação processual extinta e propositura de nova ação, instaurando novo processo. Fala-se, assim, que a ação rescisória é espécie de **ação autônoma de impugnação da decisão judicial**.

Com a ação rescisória, busca o interessado a desconstituição, o desfazimento da decisão anulável transitada em julgado. Eventualmente, pode obter o novo julgamento do que foi decidido no julgado rescindível. Assim, a ação rescisória tem **natureza constitutiva**, porquanto modifica relação jurídica anteriormente regulada. Tal constitutividade tem **eficácia negativa** se a ação rescisória visar apenas à **anulação da decisão**; terá **eficácia positiva** se regular novamente, se **julgar de novo** o caso concreto.

Sendo constitutiva, a ação rescisória apresentará, em regra, efeitos *ex nunc*. É possível, contudo, que apresente efeitos retroativos (*ex tunc*), como ocorre na hipótese do art. 776, que prevê o ressarcimento do devedor pelos danos decorrentes da execução quando declarada inexistente, por exemplo, via ação rescisória, a obrigação que deu lugar à execução.

No âmbito da teoria das nulidades, a sentença rescindível não é nula, mas apenas anulável. O que é nulo, independentemente de desconstituição judicial, nenhum efeito produz. No caso da sentença rescindível, é **apenas anulável**, porquanto produz todos os seus efeitos, enquanto não transitado em julgado o acórdão que decreta a sua desconstituição.

3.5.4 Pressupostos da ação rescisória

O legislador, buscando proteger a autoridade da coisa julgada, estabeleceu pressupostos da ação rescisória, os quais se relacionam com a legitimidade, o interesse e com o mérito da ação rescisória.

Qualquer que seja o fundamento invocado (art. 966, I a VIII), o autor da rescisória terá que preencher um requisito, um pressuposto genérico, que se refere à natureza da ação rescindenda. Assim, é indispensável que a sentença, acórdão ou decisão que se pretende rescindir seja definitiva, de mérito ou não, e que tenha transitado em julgado. É o que se extrai do *caput* do art. 966, com as ressalvas já realizadas no item 3.5.2.

O termo "decisão" (art. 966, *caput*) abrange toda e qualquer decisão jurisdicional, inclusive o acórdão dos tribunais, decisão monocrática do relator e decisão interlocutória,[28]

---

[28] Acerca da possibilidade de ação rescisória contra decisão interlocutória, o exemplo que se dá é o da decisão que, antes da sentença, tenha reconhecido a prescrição ou decadência de uma das pretensões

que também podem conter nulidades e por isso mesmo são rescindíveis nas mesmas hipóteses legais. Veja, nesse sentido, o seguinte julgado, no qual o STJ admitiu a rescisória de acórdão proferido no julgamento de recurso especial interposto contra decisão interlocutória:

> "Processual civil. Administrativo. Servidor público. Reajuste de 26,05%. Ação rescisória. Propositura contra recurso especial interposto de decisão de natureza interlocutória. Cabimento. Exceção. Art. 485, *caput*, do CPC. Pedido julgado procedente.
>
> 1. A parte autora que litiga sob o pálio da assistência judiciária não se mostra obrigada ao depósito previsto no art. 488, inc. II, do CPC. Preliminar de inépcia da petição inicial rejeitada.
>
> 2. Segundo o art. 485, *caput*, do CPC, cabe ação rescisória de sentença de mérito transitada em julgado. Por conseguinte, em regra, não se presta para desconstituir acórdão proferido em recurso especial que julga, em última análise, decisão de natureza interlocutória.
>
> 3. Hipótese em que se apresenta aplicável a exceção à regra. O acórdão rescindendo, proferido pela Sexta Turma nos autos do REsp 230.694/SE, ao julgar incabível a concessão do reajuste de 26,05%, reformou decisão interlocutória que, em execução, determinara a citação da União e o cumprimento da obrigação de fazer, consistente em implantar nos proventos do autor o reajuste em tela.
>
> 4. Por conseguinte, além de examinar o próprio mérito, acabou por impedir a percepção do reajuste pelo autor da ação rescisória, já assegurado em sentença transitada em julgado. Assim, incorreu em julgamento *extra petita* e contrariou a coisa julgada, violando, de forma literal, os arts. 128 e 460 do Código de Processo Civil.
>
> 5. Pedido julgado procedente" (AR 2.099/SE, 3ª Seção, Rel. Min. Arnaldo Esteves Lima, j. 22.08.2007, *DJ* 24.09.2007, p. 243).[29]

A propósito, admite-se até o ajuizamento de **ação rescisória de julgamento proferido em anterior ação rescisória**, não obstante a ausência de previsão legal expressa. Como todas as decisões judiciais, aquelas proferidas em ação rescisória podem estar eivadas dos vícios elencados no art. 966, não podendo o aplicador do direito criar distinções onde a lei não distingue. Destaca-se que, na nova rescisória, só se poderá discutir vícios relativos à decisão proferida na **ação anterior**, não se admitindo a rediscussão dos fundamentos que ensejaram a propositura da primeira ação rescisória, sob pena de se eternizar a solução do conflito de interesses, ensejando instabilidade nas relações jurídicas.[30]

Frise-se que é desnecessário que a coisa julgada tenha se operado em decorrência do esgotamento de todos os recursos postos à disposição do interessado (Súmula nº 514 do STF). É possível que a parte não tenha interposto recurso da sentença, mas, posteriormente, constatando um motivo de rescindibilidade, poderá ajuizar a rescisória.

Vale observar que nem toda sentença de mérito – que é a regra, como já ressaltado – se sujeita à ação rescisória. Há, em nosso ordenamento, sentenças que, embora apreciem o mérito,

---

formuladas na petição inicial. Nesse sentido, conferir: SOUZA, Bernardo Pimentel. *Introdução aos recursos cíveis e à ação rescisória*. 3. ed. São Paulo: Saraiva, 2004. p. 724. Também o Enunciado 336 do FPPC consagra esse entendimento ("Cabe ação rescisória contra decisão interlocutória de mérito").

[29] Os dispositivos mencionados no julgado correspondem aos seguintes artigos do CPC vigente: 966, *caput*; 968, II; 141 e 492.

[30] Nesse sentido: STF, Ação Rescisória 1.168/GO, Tribunal Pleno, Rel. Min. Rafael Mayer, j. 27.06.1984, *DJ* 24.08.1984, p. 13.476; STJ, Ação Rescisória 337/RJ, 2ª Seção, Rel. Min. Eduardo Ribeiro, j. 29.09.1993, *DJ* 11.10.1993, p. 21.276.

não produzem coisa julgada material. É o que ocorre nas **ações coletivas** (ação popular, ação civil pública, ação para tutela de direitos e interesses difusos e coletivos *stricto sensu*) cujo pedido é julgado improcedente por falta de provas. Nesses casos, não se formará coisa julgada material, podendo os legitimados extraordinários propor nova demanda idêntica, desde que fundada em prova nova.[31] Entretanto, caso presente algum dos vícios ensejadores da ação rescisória e inexistindo prova nova, poderá o legitimado extraordinário valer-se da ação rescisória.

Outro pressuposto para propositura da ação rescisória refere-se ao prazo. Nos termos do art. 975, decai em dois anos o direito de propor ação rescisória, contados do trânsito em julgado da última decisão proferida no processo. Mais adiante, em um tópico específico, analisaremos detidamente o art. 975.

Afora o pressuposto processual relativo ao prazo decadencial de dois anos para ajuizamento da rescisória e o pressuposto ou requisito genérico da ação rescisória (decisão transitada em julgado impeditiva da renovação da demanda), os incisos do art. 966 estabelecem pressupostos específicos.

Tais pressupostos específicos, verdadeiros tipos (hipóteses de rescindibilidade), estabelecidos taxativamente em *numerus clausus* nos oito incisos do art. 966, relacionam-se com o mérito da ação rescisória.[32] Presente pelo menos um desses pressupostos, o pedido de rescisão será procedente; na hipótese contrária, o pedido de rescisão será julgado improcedente. Para admissibilidade da ação rescisória há que se estar presente, no plano das afirmações (teoria da asserção), pelo menos uma das causas de rescindibilidade. Contudo, a comprovação ou não dessa causa é matéria que diz respeito ao mérito.

Ressalta-se que em certos procedimentos regulados por leis especiais é expressamente **vedada a propositura de ação rescisória**. É o que ocorre nas decisões proferidas no âmbito dos **Juizados Especiais** (art. 59 da Lei nº 9.099/1995), nas **ações direta de inconstitucionalidade e declaratória de constitucionalidade** (art. 26 da Lei nº 9.868/1999) e na **Ação de Descumprimento de Preceito Fundamental** (art. 12 da Lei nº 9.882/1999).

Dito isso, vejamos, nos itens a seguir, cada um dos pressupostos específicos, os fundamentos para a ação rescisória.

Segundo o disposto no art. 966, **a decisão de mérito, transitada em julgado, pode ser rescindida quando**:

a) *Se verificar que foi proferida por força de prevaricação, concussão ou corrupção do juiz.* Tais condutas correspondem a tipos penais previstos nos arts. 316, 317 e 319 do CP. Para ensejar a rescisão da sentença é indispensável que o juiz que a prolatou seja sujeito ativo desses delitos penais, isto é, "retardar ou deixar de praticar, indevidamente, ato de ofício, ou praticá-lo contra disposição expressa de lei para satisfazer interesse ou sentimento pessoal" (prevaricação); "exigir para si ou para outrem, direta ou indiretamente, ainda que fora da função ou antes de assumi-la, mas em razão dela, vantagem indevida" (concussão) ou "solicitar ou receber, para si ou para outrem, direta ou indiretamente, ainda que fora da função ou antes de assumi-la, mas em razão dela, vantagem indevida, ou aceitar promessa de tal vantagem" (corrupção).

Apesar de todas essas hipóteses - prevaricação, concussão ou corrupção - serem capituladas como crimes no Código Penal, isso não quer dizer que para a rescisão deva haver, necessariamente, condenação na esfera criminal. O reconhecimento da conduta espúria pode ser feito incidentalmente, na própria ação cível. Entretanto, se já houver decisão no juízo criminal

---

[31] Cf. o subtópico "coisa julgada nas ações coletivas", no capítulo atinente à coisa julgada.
[32] É importante ressalvar, contudo, que o art. 658 (art. 1.030 do CPC/1973) também prevê hipóteses de rescisão da sentença que julga a partilha, as quais se somam às do art. 966 (art. 485 do CPC/1973).

declarando a existência de responsabilidade penal, haverá necessária vinculação do juízo cível quanto à existência do crime.

O mais prudente em casos assim é que o juízo competente para apreciar a ação rescisória, sabedor da existência de demanda criminal, determine a suspensão da ação cível na forma do art. 315 do CPC ("Se o conhecimento do mérito depender de verificação da existência de fato delituoso, o juiz pode determinar a suspensão do processo até que se pronuncie a justiça criminal").

A prevaricação, concussão ou corrupção do magistrado pode acarretar não só a rescisão de sentenças ou decisões interlocutórias, mas também de decisões colegiadas (acórdãos de tribunais), quando o magistrado autor de algum desses crimes tenha votado no sentido da tese vencedora que se pretende rescindir. Agora, vamos a uma questão prática: se a decisão for proferida por um órgão colegiado e apenas um dos desembargadores ou ministros tiver cometido a conduta criminosa, ainda assim será possível a rescisão? Penso que é essencial ponderar se o voto foi ou não decisivo para o caso. Se o voto foi minoritário e superado pelos outros membros, não há razão para rescisão. Agora, mesmo no caso de votação unânime, é prudente avaliar se o voto do julgador considerado criminoso foi ou não capaz de influenciar seus pares.

Por fim, lembra-nos Alexandre Freitas Câmara "que a sentença de primeiro grau proferida por juiz peitado não será rescindível se tiver sido julgado algum recurso",[33] uma vez que o acórdão do tribunal substituirá a sentença (art. 1.008), deixando de existir o ato viciado. Essa posição, contudo, encontra divergência na doutrina, como lembrado pelo próprio Freitas Câmara. Ernane Fidélis, por exemplo, entende possível, nessas hipóteses, a rescisão do acórdão, porquanto viciada a manifestação jurisdicional, entendimento com o qual não concordamos, a menos que, evidentemente, também a conduta dos juízes do tribunal se enquadre na hipótese em comento.

b) *For proferida por juiz impedido ou por juízo absolutamente incompetente.* Nas hipóteses do art. 144 (casos de impedimento) é defeso ao juiz exercer as suas funções. Há proibição peremptória, em face da flagrante quebra da imparcialidade, se o juiz, por exemplo, exercer funções em causa própria. **A sentença proferida por juiz impedido é anulável**; assim, ainda que a parte nada tenha alegado no curso da relação processual, pode, com base nesse fundamento, ajuizar ação rescisória.

Quanto aos acórdãos, vale a mesma observação feita no item anterior. A decisão colegiada será rescindível em caso de impedimento de um dos magistrados, quando o voto do impedido houver concorrido para formação da maior parte ou unanimidade do julgado.

A **suspeição**, ao contrário do impedimento, não impossibilita o juiz de exercer a jurisdição no processo. No caso de suspeição (art. 145), cabe à parte que entender ausente a garantia da imparcialidade alegá-la mediante petição dirigida ao juiz, no prazo de 15 dias, a contar do conhecimento do fato (art. 146). Se assim não proceder no momento oportuno e o juiz proferir sentença, esta não será anulável, pelo que não ensejará ação rescisória.

Incompetente é o juiz que exerce funções fora dos limites da jurisdição. Diz-se que o juiz é **absolutamente incompetente** quando a jurisdição é exercida em desrespeito aos critérios da matéria, da pessoa e do critério funcional. Por exemplo, o juiz da justiça estadual é absolutamente incompetente para julgar causas em que a União figura num dos polos. Ressalta-se que, nesse caso, o Tribunal de Justiça competente para julgamento da rescisória procederá a mero juízo rescindente, sendo-lhe vedado rejulgar o mérito da causa, porquanto incorreria em novo vício de incompetência. Em certos casos, entretanto, admite-se o rejulgamento.

---

[33] CÂMARA, Alexandre Freitas. *Lições de direito processual civil*. Rio de Janeiro: Lumen Juris, 2007. v. II, p. 15.

A **incompetência relativa**, por sua vez, não autoriza o ajuizamento de ação rescisória. Aliás, como salienta Humberto Theodoro Júnior, há verdadeira impossibilidade prática de prolação de sentença por juiz relativamente incompetente. É que, não alegando a incompetência relativa, há a prorrogação, e o juiz, antes incompetente, torna-se competente.[34]

c) *Resultar de dolo ou coação da parte vencedora em detrimento da parte vencida ou, ainda, de simulação ou colusão entre as partes, a fim de fraudar a lei.* O inciso contempla quatro causas de rescindibilidade. A primeira trata do dolo unilateral, que, no caso, consiste em manobras e artifícios empreendidos pela parte vencedora, pelo representante ou por seu advogado, no sentido de dificultar a atuação processual do adversário, ou influenciar o juízo do magistrado, de modo que o pronunciamento do órgão judicial teria sido diverso se inocorrentes os vícios processuais. Exemplo: rasura ou falsificação de documento.

Para caracterizar o **dolo** ensejador da ação rescisória, deve haver relação de causa e efeito entre o conteúdo da sentença e a conduta dolosa; é indispensável que o proceder da parte vencedora constitua ardil do qual resulte cerceamento de defesa ou o desvio do juiz de uma sentença justa. Para sabermos se há relação de causa e efeito, basta fazermos a seguinte indagação: **sem a conduta dolosa, o desfecho da demanda seria o mesmo?** Se a resposta for positiva, a hipótese não será de ação rescisória. Por exemplo, o simples fato de a parte silenciar a respeito de fatos contrários ao adversário não dá ensejo a ação rescisória (Súmula nº 403 do TST).

A segunda causa de rescindibilidade contida no inciso sob análise refere-se à **coação**. Trata-se de fundamento bastante comum na justiça do trabalho, notadamente nas ações em que são realizados acordos em valores ínfimos por ter sido o empregado ameaçado de demissão. Em um caso específico, o TST (SDI-2) anulou uma decisão homologatória de acordo por ter sido verificado que a transação realizada entre as partes não foi resultado da livre escolha do empregado, mas sim decorrente da coação da empresa que pressionava os empregados, com estabilidade no emprego, a interporem reclamatórias trabalhistas, para homologarem rescisão contratual e quitar os contratos de trabalho.[35]

Para se invalidar a decisão judicial pela coação, é necessário que haja prova de defeito ou vício de consentimento. Assim, para a rescisão de decisão resultante de coação da parte vencedora em detrimento da parte vencida é imprescindível que se demonstre que sem o constrangimento – que pode ser físico, moral ou psicológico – a parte vencedora não teria obtido êxito. Exemplo: suponha que José proponha ação de cobrança em face de Leandro, apontando como saldo devedor o montante de R$ 100.000,00 (cem mil reais). Leandro tem plena ciência de que só deve R$ 10.000,00 (dez mil), mas José, ameaçando matar a filha do réu, obriga-o a reconhecer a procedência do pedido e a lhe pagar o valor apontado na inicial. Nesse caso, Leandro poderá propor ação rescisória para desconstituir a sentença, como também o Ministério Público poderá intentar a ação penal cabível por crime previsto no art. 158 do Código Penal.

Quanto à **simulação**, é importante que se diga que o CPC/1973 não trazia expressamente essa hipótese. No entanto, era possível interpretar a colusão não somente como o conluio, a trama, mas também como a simulação combinada entre os litigantes com o propósito de camuflar seus reais objetivos no processo.

---

[34] THEODORO JÚNIOR, Humberto. *Curso de direito processual civil*. Rio de Janeiro: Forense, 1991. v. 1, p. 684.

[35] Processo relacionado: ROAR 68300-76.2003.5.04.0000. Disponível em: http://www.migalhas.com.br/Quentes/17,MI105745,81042-TST+Coacao+de+empregado+invalida+acordo+homologado+em+juizo. Há quem considere que essa é uma hipótese que se submete à ação anulatória, eis que se trata de transação (art. 849 do Código Civil).

Ao contrário da primeira causa, em que o dolo é unilateral, resultante do proceder da parte vencedora, na hipótese de simulação ou colusão, o dolo é bilateral, resultante de ato praticado por ambas as partes. Exemplo: os cônjuges, agindo em conluio, pleiteiam anulação do casamento fora dos casos previstos em lei.

Essas últimas causas de rescindibilidade guardam relação direta com a hipótese do art. 142, que autoriza o juiz a proferir sentença obstativa quando se convencer de que autor e réu se serviram do processo para praticar ato simulado ou conseguir fim vedado por lei. Se o juiz, no curso do processo, verifica o conluio ou a simulação, profere sentença extintiva do processo, sem prejuízo da aplicação das penalidades por litigância de má-fé. Todavia, se o conluio ou a simulação passa despercebida e o juiz profere sentença de mérito e esta transita em julgado, cabe a ação rescisória para a rescisão do julgado.

Pressupondo o legislador que as partes, no caso de colusão ou simulação, não teriam interesse na rescisão, conferiu ao Ministério Público legitimidade para propor a ação rescisória (art. 967, III, "b").

d) *Ofender a coisa julgada*. A litispendência e a coisa julgada são aspectos de um mesmo fenômeno: a reprodução de ação. "Há litispendência, quando se repete ação que está em curso (art. 337, § 3º)". "Há coisa julgada quando se repete ação que já foi decidida por decisão transitada em julgado" (art. 337, § 4º). Lembre-se de que não só a identidade dos três elementos da demanda (partes, causa de pedir e pedido) implica coisa julgada, mas também a identidade quanto à relação jurídica discutida em juízo.[36]

Tanto a litispendência como a coisa julgada conduzem à extinção da última relação processual instaurada (art. 485, V). Entretanto, pode ocorrer de o juiz não tomar conhecimento da coisa julgada, proferir sentença de mérito na segunda demanda ajuizada e essa sentença vir a transitar em julgado. Nesse caso, como forma de garantir a intangibilidade da coisa julgada, o legislador contempla a hipótese de rescisão da última sentença, a fim de se restabelecer o primado da coisa julgada emergente da sentença anterior.

Todavia, passado o prazo de dois anos sem o ajuizamento da rescisória, temos a aparente **coexistência de duas coisas julgadas**. Como essa coexistência levaria ao absurdo de dois regulamentos imutáveis para o mesmo caso concreto, não diverge a doutrina acerca da necessidade de que apenas uma prevaleça.

Nelson Nery entende que, se a segunda coisa julgada ofendeu a primeira, não deve prevalecer, principalmente à luz do art. 505 (art. 471 do CPC/1973), que veda ao juiz decidir novamente questões já decididas.[37] Compartilhando desse entendimento, afirma Luiz Rodrigues Wambier que, "se a própria lei não pode ofender a coisa julgada, que dirá outra coisa julgada! Parece que este argumento é fundamental, e que realmente define a questão, porque é de índole constitucional".[38] A nosso ver, essa é a corrente mais adequada. Havendo superposição de duas ou mais "coisas julgadas", apenas a primeira deveria prevalecer.

---

[36] Cf. capítulo referente à Coisa Julgada.

[37] NERY JR., Nelson; NERY, Rosa Maria de Andrade. *Código de Processo Civil comentado e legislação processual civil extravagante em vigor*. 4. ed. São Paulo: RT, 1999. p. 943.

[38] WAMBIER, Luiz Rodrigues. *Curso avançado de processo civil*. 5. ed. São Paulo: RT, 2002. v. 1, p. 689. No mesmo sentido: ALVIM, Thereza. Notas sobre alguns aspectos controvertidos da ação rescisória. *Revista de Processo*, São Paulo: RT, nº 1.985, p. 12-13; BUENO, Cassio Scarpinella. *Código de Processo Civil interpretado*. Coord. Antonio Carlos Marcato. São Paulo: Atlas, 2004. p. 1.477; RIZZI, Sérgio. *Ação rescisória*. São Paulo: RT, 1979. n. 81, p. 133-139; TEIXEIRA, Sálvio de Figueiredo. Ação rescisória – apontamentos. *Revista de Processo*, São Paulo: RT, n. 53, p. 58, 1989.

Predomina na doutrina, contudo, a corrente que reconhece eficácia apenas à segunda sentença. Consoante entendem Luiz Guilherme Marinoni e Sérgio Cruz Arenhart, não teria sentido pensar que a segunda coisa julgada, que poderia ser desconstituída até determinado momento, simplesmente "desaparece" quando a ação rescisória não é utilizada. Se fosse assim, "não haveria razão para o art. 485, IV – art. 966, IV do CPC/2015 –, e, portanto, para a propositura da ação rescisória, bastando esperar o escoamento do prazo estabelecido para seu uso".[39]

É também essa segunda orientação que o Superior Tribunal de Justiça adota. **Havendo conflito entre coisas julgadas contraditórias, a primeira só deve prevalecer se a segunda for necessariamente rescindida; caso contrário, ou seja, não havendo ação rescisória, mantém-se incólume a segunda coisa julgada.** Nesse sentido:

"Recurso especial. Processual civil. Sentenças contraditórias. Decisão não desconstituída por ação rescisória. Prevalência daquela que por último transitou em julgado. 1 – Quanto ao tema, os precedentes desta Corte são no sentido de que, havendo conflito entre duas coisas julgadas, prevalecerá a que se formou por último, enquanto não se der sua rescisão para restabelecer a primeira. A exceção de pré-executividade não serviria no caso para substituir a ação rescisória. 2 – Agravo regimental a que se nega provimento" (STJ, 6ª Turma, Rel. Min. Celso Limongi (Desembargador convocado do TJ-SP), j. 15.12.2009).

"Direito processual civil. Conflito entre coisas julgadas. Havendo conflito entre duas coisas julgadas, prevalecerá a que se formou por último, enquanto não desconstituída mediante ação rescisória". Precedentes citados: AgRg no REsp 643.998/PE, Sexta Turma, *DJe* 01.02.2010; REsp 598.148/SP, Segunda Turma, *DJe* 31.08.2009 (STJ, REsp 1.524.123/SC, Rel. Min. Herman Benjamin, j. 26.05.2015, *DJe* 30.06.2015).

Em 2017, a Corte Especial do STJ iniciou o julgamento dos Embargos de Divergência que definiu o entendimento a respeito do conflito entre decisões com trânsito em julgado. **Para o STJ, a última coisa julgada é que deve prevalecer.** Com o julgamento do EAREsp 600.811/SP, na jurisprudência, as opiniões divergentes restaram superadas. A Corte Especial do STJ firmou entendimento "de que se deve privilegiar a coisa julga que por último se formou – enquanto não desconstituída por ação rescisória –, eis que, sendo posterior, tem o condão de suspender os efeitos da primeira decisão" (trecho do voto do Relator, Ministro Og Fernandes). No âmbito do processo penal, esse conflito ainda não foi solucionado, embora venha prevalecendo o entendimento pela manutenção da primeira decisão transitada em julgado.

E agora? Você segue a corrente dos juristas, que, tal como este que vos escreve, defende que a primeira coisa julgada é que deve prevalecer, ou o STJ? Depende. Em trabalho acadêmico, mostre que conhece todas as correntes e filie-se a uma ou sustente uma terceira, caso tenha musculatura para tanto. No processo, pode até apresentar as correntes divergentes (chover no molhado e mostrar sabença, para inflar o ego), mas o que realmente vai decidir a parada é o precedente (a jurisprudência), principalmente em se tratando de uma decisão do órgão especial do STJ. Sem dúvida, no estágio atual do sistema jurídico brasileiro, o precedente (sobretudo o

---

[39] MARINONI, Luiz Guilherme; ARENHART, Sérgio Cruz. *Manual do processo de conhecimento*: a tutela jurisdicional através do processo de conhecimento. 2. ed. São Paulo: RT, 2003. p. 689. No mesmo sentido: PONTES DE MIRANDA, Francisco Cavalcanti. *Tratado da ação rescisória das sentenças e de outras decisões*. 3. ed. Rio de Janeiro: Borsoi, 1957. p. 160; DINAMARCO, Cândido Rangel. *Fundamentos do processo civil moderno*. 3. ed. São Paulo: Malheiros, 2000. p. 1.379-1.381; DIDIER JR., Fredie. *Curso de direito processual civil*: meio de impugnação às decisões judiciais e processos nos tribunais. Salvador: JusPodivm, 2007. v. 3, p. 323.

qualificado) se afigura como a primeira espécie normativa. Do ponto de vista da jurisprudência, a segunda coisa julgada é que deve prevalecer, porque assim pensa a maioria dos ministros que participaram do julgamento do referido recurso. Ponto.

Questão prática. Você é advogado. No caso sob o seu patrocínio, verifica-se a ocorrência de duas coisas julgadas; ou seja, a mesma questão de mérito, entre as mesmas partes, com idêntico fundamento, foi decidida de formas distintas. Siga o interesse do seu cliente. Defender o cliente, com ética e boa-fé, é o papel do advogado.

Ao cliente interessa o conteúdo da primeira decisão transitada em julgado. Ainda há prazo para o ajuizamento da ação rescisória (dois anos)? Postule a rescisão da segunda decisão, proferida em ofensa à coisa julgada. Caso o prazo da rescisória já tenha se esgotado (é grave, hein!?), insista na prevalência da primeira coisa julgada. Você terá muita dificuldade para mudar a jurisprudência. Mas em direito tudo é possível.

Caso o interesse do cliente seja pela segunda coisa julgada, o vento, ou melhor, a jurisprudência da corte máxima em direito infraconstitucional está a seu favor. Vá em frente, parta para o cumprimento da sentença.

Essa divergência ganha ainda mais importância quando estamos diante de uma decisão já submetida a execução. A 2ª Turma do STJ, em 2022, decidiu que nos casos em que já executado o título formado pela primeira coisa julgada, ou se iniciada a sua execução, deve prevalecer a primeira coisa julgada em detrimento daquela formada em momento posterior. Em casos assim, a atuação diligente do advogado é essencial.

e) *Violar manifestamente norma jurídica*. Pouco importa se a norma violada é direito processual ou substancial. Havendo "manifesta violação", abre-se ensejo à rescisória. Os vícios decorrentes de tal ofensa geralmente são sanados pela preclusão, ou, em última análise, pela própria eficácia preclusiva da coisa julgada, nos moldes do art. 508. Entretanto, restando algum prejuízo para a parte em razão do *error in procedendo* – é o que se passa, por exemplo, no caso de sentença proferida contra os interesses de incapaz sem a necessária intervenção do Ministério Público –, ou má aplicação do direito material, como ocorre numa ação possessória em que, embora o autor comprove os atos de posse, esta é deferida ao réu, pelo simples fato de ser titular do domínio. Constitui a ação rescisória via adequada para se postular a desconstituição do ato judicial.

O importante, para fins de admissibilidade da ação rescisória com base em violação da norma jurídica, é que o vício correspondente seja pressuposto de validade da decisão e não algo posterior a ela, como se dá, por exemplo, com a falha no ato de publicação da sentença. Nesse sentido:

> "[...] A ausência de intimação a respeito da decisão que se pretende rescindir não enseja cabimento de ação rescisória, haja vista que tal vício não constitui pressuposto de validade do ato decisório, mas sim irregularidade posterior a ele. Assim, não se pode admitir que, em função de suposto vício processual ocorrido posteriormente ao acórdão que se busca desconstituir, seja ajuizada ação rescisória" (TJ-MG, AgRG na Ação Rescisória 1.0000.06.442451-8/000, 9º Grupo de Câmaras Cíveis, Rel. Des. Elpídio Donizetti, j. 06.09.2007, publicado em 03.10.2007).

Ressalte-se que o CPC/1973 tratava de violação à "literal disposição de lei" (art. 485, V), e não de "norma jurídica". A "lei" a que se referia o inciso V do art. 485 do CPC/1973 deveria, contudo, ser entendida em sua acepção lata, incluindo-se não só as normas de natureza processual, como qualquer ato normativo que deveria ter sido aplicado ao caso.

O CPC/2015, ao adotar a expressão "norma jurídica", contempla também os precedentes judiciais. A súmula vinculante editada pelo STF, por exemplo, deve ter o mesmo tratamento da "lei" para fins de admissibilidade da ação rescisória, porquanto constitui fonte primária do direito, com eficácia *erga omnes,* vinculando os demais órgãos do Poder Judiciário e a Administração Pública Direta e Indireta, assim como os comandos legais.⁴⁰

Entretanto, de acordo com os §§ 5º e 6º do art. 966, não é toda e qualquer decisão que constitui um precedente, ainda que vinculante, que é capaz de ensejar ação rescisória. Tais parágrafos, acrescidos pelo PLC (Projeto de Lei da Câmara) nº 168/2015 – posteriormente convertido na Lei nº 13.256/2016, trazem a seguinte redação:

Art. 966.

[...] § 5º Cabe ação rescisória, com fundamento no inciso V do *caput* deste artigo, contra decisão baseada em enunciado de súmula ou acórdão proferido em julgamento de casos repetitivos que não tenha considerado a existência de distinção entre a questão discutida no processo e o padrão decisório que lhe deu fundamento.

§ 6º Quando a ação rescisória fundar-se na hipótese do § 5º deste artigo, caberá ao autor, sob pena de inépcia, demonstrar, fundamentadamente, tratar-se de situação particularizada por hipótese fática distinta ou de questão jurídica não examinada, a impor outra solução jurídica.

Se, por exemplo, no processo de conhecimento a parte invoca uma súmula do STJ como norma jurídica, a sua aplicação ao caso concreto depende da realização do *distinguishing*, ou seja, da demonstração de semelhança ou de distinção entre os fundamentos determinantes do precedente e os do caso sob julgamento. Somente se houver semelhança pode-se aplicar a *ratio decidendi* do precedente. A não aplicação do precedente ao caso concreto exige que o julgador demonstre a inexistência de semelhança entre a decisão paradigma e o caso proposto ou fundamente a eventual superação do precedente (*overruling*). As disposições constantes nesses parágrafos possuem estreita relação com a exigência de fundamentação da decisão jurisdicional prevista nos incisos V e VI do art. 489, § 1º.

Se não observado o dever de fundamentação, surge para a parte prejudicada a possibilidade de propositura de ação rescisória, a fim de que o tribunal rescinda a decisão e, se for o caso, proceda ao rejulgamento da causa.

No mais, o CPC atual reforça que é indispensável que a violação à norma seja manifesta, isto é, a contrariedade ao texto da lei, ao princípio ou ao precedente vinculante, deve ser constatável de plano. Em qualquer caso, havendo ensejo para interpretações controvertidas, a rescisória não será cabível (Súmula nº 343 do STF⁴¹). Além disso, a parte que pretende rescindir o julgado deve, na própria petição inicial da ação rescisória, indicar precisamente a norma jurídica violada, sob pena de inépcia (STJ, AgInt na AR 5811/MG, Rel. Min. Luis Felipe Salomão, 2ª Seção, j. 24.08.2022).

---

⁴⁰ No mesmo sentido: CÂMARA, Alexandre Freitas. *Ação rescisória*. Rio de Janeiro: Lumen Juris, 2007. p. 82; PASSONI, Marcos Paulo. Sobre o cabimento da ação rescisória com fundamento em violação à literal proposição de súmula vinculante. *Revista de Processo*, v. 171, ano 34, São Paulo: RT, maio 2009. Doutrinadores como Fredie Didier Junior e Leonardo José Carneiro da Cunha consideram não ser cabível a ação rescisória por violação ao enunciado da súmula vinculante, mas, sim, por violação à norma representada pelo enunciado. "O enunciado da súmula divulga, resume e consolida uma interpretação dada a um dispositivo legal ou constitucional. E é essa a interpretação que constitui a norma jurídica, e não o texto constante na letra do dispositivo" (*Curso de direito processual civil*: meios de impugnação às decisões judiciais e processo nos tribunais. 9. ed. Salvador: JusPodivm, 2008. v. 3).

⁴¹ "Não cabe ação rescisória por ofensa a literal dispositivo de lei, quando a decisão rescindenda se tiver baseado em texto legal de interpretação controvertida nos tribunais."

Frise-se que o objetivo do STF, consubstanciado na Súmula nº 343, sempre foi de resguardar o caráter excepcional da ação rescisória, que não pode servir para rescindir uma decisão que tenha adotado posição razoável, mesmo que esta venha a ser modificada posteriormente pelo sistema. Essa, creio, continuará sendo a orientação mesmo com a ampliação dos parâmetros normativos. Há, no entanto, uma **exceção**: se a decisão violar norma posteriormente declarada inconstitucional pelo Supremo, eventuais decisões controvertidas sobre essa norma não poderão ser utilizadas para impossibilitar a rescisão do julgado. Nesse caso caberá ação rescisória na forma do art. 525, § 15, do CPC atual (cf. item 5.3.3, Capítulo II, Parte II). Pode-se dizer, então, que a decisão baseada em lei posteriormente julgada inconstitucional se trata de mais uma hipótese em que será possível a utilização da ação rescisória.

Com relação às **súmulas não vinculantes**, há entendimento consolidado no STJ no sentido de que o art. 485, V, do CPC/1973 não abrangeria a contrariedade à súmula (AR 4.112/SC, Rel. Min. Marco Aurélio Bellizze, julgado em 28.11.2012). No Tribunal Superior do Trabalho também há orientação jurisprudencial nesse sentido (OJ nº 25 da SBDI-II[42]).

Cumpre observar, ainda, que, ao contrário do que ocorre nos recursos especial e extraordinário, não se exige, para propositura da ação rescisória, que o dispositivo legal violado tenha sido expressa ou implicitamente tratado na decisão rescindenda.

Dúvida pertinente está relacionada à utilização desse dispositivo para afastar a coisa julgada no caso de mudança de entendimento jurisprudencial. Ao longo desta obra, ressaltamos que a coisa julgada é garantia constitucional e que somente pode ser relativizada em casos excepcionais. A propósito, sempre foi esse o entendimento do Superior Tribunal de Justiça, para quem a ação rescisória não poderia ser utilizada para fazer prevalecer um **novo entendimento** acerca do tema, o qual se consolidou **depois** de decidido o acórdão rescindendo. No julgamento dos Embargos de Divergência no Recurso Especial 1.508.018 (j. 22.05.2023), a 2ª Seção do STJ definiu ser cabível ação rescisória somente quando a divergência acerca da interpretação de texto legal já tiver sido superada em momento anterior à prolação da chamada sentença rebelde. Ou seja, se no momento da prolação da decisão judicial o magistrado adotou um entendimento que já se encontrava superado, a ação rescisória se mostrará viável. Caso contrário, se a decisão tiver transitado em julgado, não há falar em rescisão por mudança **posterior** de entendimento.

Ocorre que, em fevereiro de 2023, o mesmo STJ, através da 1ª Seção, parece ter alterado esse posicionamento, admitindo a utilização de ação rescisória para desconstituir o resultado de processo já encerrado quando, posteriormente, houver a mudança e a consolidação de posição em sentido oposto ao que foi decidido.

Embora a votação tenha sido apertada (4 x 3), a tese inovadora do Ministro Relator da AR 6.015 (j 08.02.2023) admitiu a utilização, pela Fazenda Nacional, de ação rescisória para desconstituir acórdão que lhe foi desfavorável, em um caso tributário de amplo impacto econômico. Essa nova posição vale, contudo, para **ações de natureza coletiva**, conforme diferenciação feita pelos próprios Ministros durante a votação. Sopesam-se, então, a segurança jurídica e o interesse coletivo para, se for o caso, admitir a relativização da coisa julgada e, consequentemente, do já mencionado entendimento exposto na Súmula 343 do STF.

---

[42] "Ação rescisória. Expressão 'lei' do art. 485, V, do CPC. Não inclusão do ACT, CCT, Portaria, regulamento, súmula e orientação jurisprudencial de tribunal (nova redação em decorrência da incorporação da Orientação Jurisprudencial nº 118 da SBDI-II) – *DJ* 22.08.2005. Não procede pedido de rescisão fundado no art. 485, V, do CPC quando se aponta contrariedade à norma de convenção coletiva de trabalho, acordo coletivo de trabalho, portaria do Poder Executivo, regulamento de empresa e súmula ou orientação jurisprudencial de tribunal. (ex-OJ 25 da SDI-2, inserida em 20.09.00 e ex-OJ 118 da SDI-2, *DJ* 11.08.03)". O art. 485, V, CPC/1973 corresponde ao art. 966, V, CPC/2015.

Por fim, vale o alerta no sentido de que a ação rescisória proposta com base nesse dispositivo não permite, em regra, o reexame de toda a decisão rescindenda, para verificar se nela há ou não outras violações à literal disposição de leis não alegadas pelo autor. Ou seja, o juízo rescindente está necessariamente vinculado aos dispositivos apontados como violados, não lhe sendo permitido analisar outras eventuais ofensas à norma jurídica, sob pena de transformação da ação rescisória em verdadeiro recurso.[43] Exceção fica por conta da hipótese em que contra a decisão na ação rescisória fundada nesse dispositivo há interposição de recurso especial. Ou seja, no julgamento do REsp interposto contra acórdão em ação rescisória pode o STJ atacar diretamente os fundamentos do acórdão rescindendo, não precisando limitar-se aos pressupostos de admissibilidade da rescisória. É que se o recorrente está alegando que houve violação à norma jurídica (art. 966, V, do CPC/2015), o mérito do recurso especial se confunde com os próprios fundamentos para a propositura da ação rescisória, autorizando o STJ a examinar também o acórdão rescindendo (STJ, EREsp 1434604/PR, Rel. Min. Raul Araújo, Corte Especial, j. 18.08.2021).

f) *For fundada em prova cuja falsidade tenha sido apurada em processo criminal ou venha a ser demonstrada na própria ação rescisória.* A prova falsa constitui fundamento para rescisão de sentença. Entretanto, não é qualquer prova falsa que tem o condão de ensejar a rescisória, mas somente a prova decisiva ao resultado da sentença.

É indispensável que haja relação de causa e efeito entre a prova inquinada de falsa e o conteúdo da sentença. Por exemplo, se a sentença se baseou em mais de um fundamento, não haverá motivo para rescindibilidade. "Para que a rescisória proceda, é necessário que, sem a prova falsa, não pudesse subsistir a sentença" (*RT* 502/161).

A falsidade, como prevê o próprio dispositivo, pode ser apurada em processo criminal ou no curso da ação rescisória, o que é mais comum. Para que possa dar suporte à rescisão, é essencial que a falsidade da prova também seja apurada em contraditório.

g) *Obtiver o autor, posteriormente ao trânsito em julgado, prova nova cuja existência ignorava, ou de que não pôde fazer uso, capaz, por si só, de lhe assegurar pronunciamento favorável.* A prova nova a que se refere o inciso VII não é aquela que foi constituída após o trânsito em julgado, e sim a já existente durante o curso do processo, mas que dela não pôde o autor da rescisória se utilizar, quer tivesse ou não ciência dela.

A procedência da rescisória, com base nesse fundamento, reclama o preenchimento dos seguintes requisitos: **impossibilidade da utilização da prova foi originada por circunstâncias alheias à vontade do autor da rescisória; relevância do que se pretende com a prova** para o desfecho da demanda; **referir-se a prova** – que pode ser um documento, um exame pericial ou mesmo uma prova testemunhal[44] – **à matéria fática deduzida na primitiva ação.** Veja, nesse sentido, os seguintes julgados:

"O documento novo apto a aparelhar a ação rescisória, fundada no art. 966, VII, do CPC/2015, é aquele que, já existente à época da decisão rescindenda, era ignorado pelo autor ou do qual não pôde fazer uso, capaz de assegurar, por si só, a procedência do pedido. (STJ, AR 5196/RJ, Rel. Min. Mauro Campbell Marques, 1ª Seção, j. 14.12.2022).

---

[43] STJ, REsp 1.663.326/RN, Rel. Min. Nancy Andrighi, 3ª Turma, j. 11.02.2020, *DJe* 13.02.2020, Informativo 665.

[44] Nesse sentido: "No novo ordenamento jurídico processual, qualquer modalidade de prova, inclusive a testemunhal, é apta a amparar o pedido de desconstituição do julgado rescindendo na ação rescisória". (STJ, REsp 1.770.123/SP, Rel. Min. Ricardo Villas Bôas Cueva, 3ª Turma, j. 26.03.2019).

"[...] Doutrina e jurisprudência entendem que o 'documento novo'[45] a que se refere o inciso VII do art. 485 do CPC deve ser: a) contemporâneo à prolação da decisão rescindenda; b) ignorado pela parte que o aproveitaria ou estar ela impossibilitada de utilizá-lo no momento oportuno; c) apto a, por si só, sustentar julgamento favorável à postulante; e d) estreitamente relacionado com o fato alegado no processo em que se formou a coisa julgada que se pretende desconstituir, representando, dessa forma, prova que se refira a fato aventado pelas partes e analisado pelo juízo no curso do processo em que se formara a coisa julgada.

Nesse contexto, para que se faça presente o requisito da impossibilidade de apresentação do documento no momento oportuno, tem-se por indispensável a comprovação dos fatos que corroborem a escusa de não se ter apresentado o documento em modo e tempo corretos. Além do mais, a intenção do legislador em inscrever o 'documento novo' no rol das hipóteses não fora a de premiar aquele que exercera mal seu direito de defesa, mas sim a de dar a chance de afastar a injustiça que decorreria da impossibilidade de a parte utilizar prova de fato por ela efetivamente alegado no curso da ação da qual adveio a coisa julgada.

Trata-se, nessa conjuntura, de requisito cujo objetivo é evitar que causas de pedir ou argumentos defensórios não alegados e encobertos pela eficácia preclusiva da coisa julgada (art. 474 do CPC) venham a colocar em xeque o instituto da ação rescisória, que, por sua primaz importância, não pode ser fragilizado por argumentos que sequer tenham sido submetidos à análise jurisdicional" (STJ, REsp 1.293.837/DF, Rel. Min. Paulo de Tarso Sanseverino, j. 02.04.2013).[46]

Destaca-se que nessa hipótese o prazo para a ação rescisória será diferenciado. O termo inicial corresponde à data da descoberta da prova nova, observado o prazo máximo de cinco anos contado da última decisão proferida no processo (art. 966, § 2º, e REsp 1.770.123, *DJe* 02.04.2019).[47]

h) *For fundada em erro de fato verificável do exame dos autos.* Erro é a falsa representação da realidade. No caso sob análise, ocorre o erro de fato, ensejador de ação rescisória, quando o juiz, ao analisar as provas dos autos para proferir uma decisão, por equívoco, não percebe a existência de um fato efetivamente ocorrido, ou conclui pela existência de um fato que não ocorreu (art. 966, VIII, § 1º, primeira parte).

Para que o erro de fato dê causa à rescisão do julgado é necessário que ele seja verificável mediante o **simples exame dos documentos e demais peças dos autos, não se admitindo a produção de quaisquer outras provas tendentes a demonstrar que não existia o fato admitido pelo juiz, ou que ocorrera o fato por ele considerado inexistente** (STJ, AR 2.180/SP, Rel. Min. Laurita Vaz, julgado em 12.12.2007).

Não se pode, portanto, pretender, via ação rescisória, a revisão da decisão transitada em julgado sob a simples alegação de que o julgador valorou as provas de forma diversa da pretendida por uma das partes ou de que a interpretação dada, entre aquelas possíveis, não foi a mais correta, sob pena de se desvirtuar o instituto da ação rescisória, transformando-o em um novo recurso, além dos já taxativamente arrolados na lei processual.

---

[45] Era a expressão utilizada no CPC/1973. Entretanto, como não somente documentos podem servir de prova em processo judicial, andou bem o legislador em substituir a expressão.

[46] Os dispositivos mencionados nesse julgado correspondem, respectivamente, aos arts. 966, VII, e 508 do CPC/2015.

[47] No caso concreto o STJ apreciou a seguinte situação: as testemunhas novas foram encontradas em 01.07.2017 e 30.10.2017. O trânsito em julgado da decisão rescindenda ocorreu em 15.07.2014. A ação foi proposta em 14.12.2017, ou seja, cerca de dois meses após o conhecimento da nova prova e pouco mais de 3 anos após o trânsito em julgado.

Para ilustrar o tema, confira os seguintes julgados:

- "A aplicação da garantia de impenhorabilidade do valor depositado em conta-corrente, sem repercussão alguma acerca do atributo do valor executado, evidencia erro de percepção, autorizando a rescisão do julgado, consoante o previsto no art. 485, IX, do CPC/1973" (STJ, AR 5.947/DF, Rel. Min. Luis Felipe Salomão, 2ª Seção, j. 14.09.2022). Nesse caso, o julgador decidiu como se a verba executada não tivesse caráter alimentar. Como esse entendimento mudaria a conclusão do julgado, a ação rescisória foi admitida.

- "Se foi verificada a ocorrência de omissão, não é possível que a parte deixe de embargar para, após o trânsito em julgado, pleitear a desconstituição do julgado por meio de ação rescisória. Admitir o contrário poderia constituir precedente no sentido de que toda omissão poderia ser caracterizada como erro de fato". (STF, AR 2107/SP, Rel. orig. Min. Gilmar Mendes, Red. p/ o ac. Min. Alexandre de Moraes, Plenário, j. 16.09.2020). No caso concreto, o autor da ação rescisória argumentou que a decisão transitada em julgado incidiu em suposto "erro de fato", porque não apreciou petição de renúncia constante dos autos. O STF entendeu que houve omissão e isso deveria ter sido questionado por meio de embargos de declaração, não sendo cabível, portanto, o manejo da ação rescisória. Aqui vale a máxima segundo a qual "é inadmissível a ação rescisória em situação jurídica na qual a legislação prevê o cabimento de uma ação diversa" (STF, AR 2697 AgR/RS, Rel. Min. Edson Fachin, Plenário, j. 21.03.2019).

3.5.5 Rescisão x anulação do julgado

O CPC/1973 trazia mais uma hipótese, além das anteriormente mencionadas, que permitia a rescisão do julgado. Nos termos do art. 485, VIII, a sentença de mérito transitada em julgado poderia ser rescindida quando houvesse "fundamento para invalidar confissão, desistência ou transação em que se baseou a sentença".

O CPC/2015, contudo, estabelece que "os atos de disposição de direitos, praticados pelas partes ou por outros participantes do processo e homologados pelo juízo, bem como os atos homologatórios praticados no curso da execução, estão sujeitos à anulação, nos termos da lei" (art. 966, § 4º).

A confissão, o reconhecimento da procedência do pedido pelo réu, a renúncia ao direito sobre o qual se funda a ação e a transação, por exemplo, constituem negócios jurídicos e, como tais, podem ser anulados desde que contenham pelo menos um dos defeitos elencados no art. 171 do CC (incapacidade relativa do agente, erro, dolo, coação, estado de perigo, lesão ou fraude contra credores). Todavia, servindo esses defeitos de base para a sentença de mérito transitada em julgado, a coisa julgada os envolve e por isso não mais se cogita da anulação do ato isoladamente, mas sim da rescisão da sentença. Os exemplos anteriormente fornecidos (empregado coagido e réu com a filha ameaçada de morte), apesar de aparentemente se encaixarem na hipótese de anulação do julgado em razão da disposição de direitos por parte de seus titulares, são, na verdade, hipóteses ensejadoras da rescisão do julgado. O empregado somente realizou a transação e o réu reconheceu a procedência do pedido porque sofreram coação. O vício de vontade é tão grave que permite que a parte prejudicada requeira a rescisão da sentença por esta não refletir a sua vontade real.

Assim, considero que a ação anulatória prevista no § 4º do art. 966 deve ser manejada quando a questão a ser anulada se dirigir contra o negócio jurídico em si, antes do trânsito em julgado da decisão. Transitada em julgado a sentença, somente a ação rescisória é eficaz para desconstituir a coisa julgada e, consequentemente, o negócio jurídico que lhe é subjacente.

Se somente se admitisse ação anulatória nesse último caso, uma vez anulada a transação, por exemplo, o conflito outrora instalado ficaria sem solução, o que não se pode admitir. Já com a ação rescisória, após rescindida a sentença, é possível o julgamento da lide, compondo-se o litígio (*iudicium rescisorium*). Esse também é o posicionamento de Fredie Didier Jr., embora existam vozes em sentido contrário:

> "Se há homologação de negócio jurídico sobre o objeto litigioso (transação, renúncia ao direito sobre o que se funda a ação ou reconhecimento da procedência do pedido), há decisão judicial de mérito, que, uma vez transitada em julgado, somente poderá ser desfeita por rescisória ou *querela nullitatis*".[48]

Também no âmbito do STJ, na vigência do CPC atual, considerou-se viável a propositura de ação rescisória:

> "A decisão que homologa a renúncia ao direito em que se funda a ação tem natureza de sentença de mérito, desafiando, para a sua impugnação, o ajuizamento de ação rescisória" (STJ, 3ª T., REsp 1.674.240/SP, j. 05.06.2018, rel. Min. Nancy Andrighi, *DJe* 07.06.2018).

3.5.6 *Competência*

Juiz de primeiro grau não tem competência para rescindir sentença. A própria colocação do tema no título "Da ordem dos processos e dos processos de competência originária dos tribunais" denota que a competência para julgamento da ação rescisória é sempre dos tribunais. O tribunal julgará a ação rescisória ajuizada em face das sentenças de primeiro grau e das próprias decisões, proferidas em demandas de competência originária ou no âmbito recursal, quando tiver conhecido o recurso e operado o efeito substitutivo previsto no art. 1.008 do CPC (cf. arts. 102, I, *j*, 105, I, *e*, e 108, I, *b*, da CF). Trata-se de competência funcional, absoluta, portanto.

Dentro do tribunal, incumbe ao respectivo regimento interno estabelecer a qual órgão competir julgar a rescisória.

A dúvida quanto à competência advém das hipóteses em que a decisão possui vários capítulos, cada um decidido por um órgão jurisdicional diferente. A propósito, apesar de a doutrina e jurisprudência já admitirem a rescisão parcial de decisões transitadas em julgado, somente com o CPC/2015 esse entendimento restará expresso em lei. Nos termos do § 3º do art. 966, "**a ação rescisória pode ter por objeto apenas 1 (um) capítulo da decisão**".

Imagine, por exemplo, que o STJ tenha apreciado questão infraconstitucional e o STF, questão constitucional de uma mesma decisão. Qual seria, então, o órgão competente para conhecimento e julgamento de futura rescisória?

Tratando-se de **capítulos autônomos** e havendo competência diversa para cada um deles, serão cabíveis tantas ações rescisórias quantos forem os pedidos de desconstituição, preservadas as diferentes competências. Se os capítulos guardarem dependência lógica, admite-se a "prorrogação da competência ao tribunal de mais alta hierarquia dentre os quais se revelarem competentes".[49]

---

[48] DIDIER JR., Fredie; CUNHA Leonardo Carneiro da. *Curso de Direito Processual Civil*. Vol. 3, Salvador: JusPodivm, 2017, p. 509-510.

[49] YARSHELL, Flávio Luiz. *Ação rescisória*: juízos rescindente e rescisório. São Paulo: Malheiros, 2005. p. 279.

Na hipótese de julgamento complexo, do qual participe mais de um órgão jurisdicionado, a competência será daquele mais amplo. Assim, por exemplo, órgão plenário ou especial que julgue incidente de inconstitucionalidade é competente para conhecer da ação rescisória emanada do processo principal do qual se originou o incidente.[50]

Nos termos da Súmula nº 252 do STF, os magistrados que participaram do julgamento rescindendo não estão impedidos de julgar a rescisória. A vedação prevista no art. 144, II, do CPC inibe a participação do juiz no mesmo processo em que tenha atuado, o que não engloba a ação rescisória, que constitui nova demanda. De todo modo, mesmo não havendo vedação legal, o CPC/2015, seguindo o entendimento de alguns tribunais estaduais,[51] passou a estabelecer que a escolha do relator da ação rescisória recairá, *sempre que possível*, em juiz que **não haja participado do julgamento** (art. 971, parágrafo único). A intenção do legislador é permitir que novos julgadores apreciem a demanda sem qualquer vinculação a entendimento anterior.

A toda evidência, se a rescisória se fundar no impedimento do magistrado (art. 966, II), este não poderá participar do julgamento rescindendo.

Poder-se-ia cogitar da competência das turmas recursais dos Juizados Especiais. Todavia, como o art. 59 da Lei nº 9.099/1995 veda a rescisória, não há qualquer sentido na discussão.

3.5.7 Legitimidade ativa

O art. 967, I a IV, aponta a legitimidade para propor ação rescisória. Analisaremos separadamente cada uma dessas hipóteses:

a) *Inciso I*: em primeiro lugar, a ação rescisória pode ser proposta por quem foi parte no processo (autor, réu e intervenientes). Evidente que só terá interesse quem ficou vencido, total ou parcialmente, no julgamento que passou em julgado. A hipótese é de legitimação ordinária e engloba mesmo a parte que tenha sido revel na demanda originária.

Também o sucessor da parte que foi prejudicada pela sentença transitada em julgado tem legitimidade para ajuizar a rescisória. A sucessão pode ser *inter vivos* ou *causa mortis,* abrangendo, nessa última hipótese, o sucessor a título universal (o herdeiro chamado a suceder na totalidade ou em parte da herança) ou singular (a sucessão dá-se em bem determinado, como, por exemplo, ocorre com o legatário e o adquirente). Trata-se aqui de legitimidade sucessiva.

b) *Inciso II*: a lei confere legitimidade para propor a ação rescisória também ao terceiro juridicamente interessado, ou seja, aquele que, por manter uma relação jurídica com o vencido, suportou os efeitos indiretos da coisa julgada material (consequência natural da decisão judicial). Ressalta-se que o interesse do terceiro a ensejar a rescisória é o interesse jurídico, e não de fato, "vez que, por opção legislativa, os interesses meramente econômicos ou morais de terceiro não são resguardados pela norma inserta no art. 487 do CPC".[52] Terceiro juridicamente interessado, portanto, é quem tinha legitimidade para intervir como assistente ou para

---

[50] Cf. NERY JUNIOR, Nelson; NERY, Rosa Maria de Andrada. *Código de Processo Civil comentado*: e legislação extravagante. São Paulo: RT, 2006, p. 488.

[51] A regra prevista no parágrafo único do art. 971 já constava em alguns regimentos internos de tribunais de justiça estaduais (exemplo: art. 236 do Regimento Interno do Tribunal de Justiça do Estado de São Paulo. A diferença é que o dispositivo do RITJSP não indica preferência, mas obrigatoriedade). No âmbito do CPC/1973, havia previsão no mesmo sentido, sendo que exclusivamente para os embargos infringentes (art. 534 do CPC/1973).

[52] STJ, AR 3.185/DF, 1ª Seção, Rel. Min. Luiz Fux, j. 25.10.2006, *DJ* 26.02.2007, p. 53, trecho do voto do relator. Considerar a referência ao art. 967 do CPC/2015.

recorrer como terceiro prejudicado. Exemplos: o adquirente ou cessionário da coisa litigiosa; o substituído nas ações propostas pelo legitimado extraordinário e o promissário comprador em face de sentença proferida em ação de reivindicação contrária ao promitente vendedor.

c) *Inciso III*: também o Ministério Público detém legitimidade para propositura da rescisória em três hipóteses (art. 967, III, "a", "b", "c"): (i) se não foi ouvido no processo em que lhe competia intervir; (ii) quando decisão rescindenda é efeito de simulação ou de colusão das partes, a fim de fraudar a lei; e (iii) quando a lei impuser a sua atuação em outros casos. Nas duas primeiras hipóteses, autor e réu da demanda originária integrarão o polo passivo da rescisória, como litisconsortes necessários. A legitimidade do Ministério Público para o ajuizamento da rescisória na hipótese da alínea "b" não é exclusiva, podendo a ação ser proposta pelo terceiro prejudicado e pelo litisconsorte que não tenha participado do conluio. Há quem admita, inclusive, que a ação rescisória seja ajuizada pelo próprio litigante que participou do conluio,[53] com o que não concordamos, porquanto a ninguém é dado aproveitar-se da própria torpeza (*venire contra factum proprium*).

Destaca-se que as hipóteses de intervenção do Ministério Público são meramente exemplificativas (art. 987, III, "c"). Veja, nesse sentido, o seguinte julgado:

> "[...] O Ministério Público tem legitimidade para propor ação rescisória nos feitos em que atuou como *custos legis*, especialmente quando o interesse público é evidente. As hipóteses previstas no art. 487, inciso III, do CPC, são meramente exemplificativas [...]" (STJ, EAR 384/PR, 1ª Seção, Rel. Min. João Otávio de Noronha, j. 08.02.2006, *DJ* 06.03.2006, p. 133).

Vale observar que o Ministério Público também poderá propor ação rescisória em face das decisões proferidas nas ações em que tenha autuado como autor (ação civil pública, *v.g.*). Nesse caso, entretanto, a regra a incidir será a do inciso I do art. 967.

Por fim, ainda com relação à legitimidade do Ministério Público, é importante que se diga que como na ação rescisória o autor visa desconstituir a coisa julgada, que é matéria de ordem pública, haverá necessidade de sua intervenção como fiscal da ordem jurídica. Entretanto, a sua intervenção deve ocorrer apenas quando estiver presente alguma das hipóteses previstas no art. 178. Vale ressaltar que o entendimento trazido pelo CPC/2015 (art. 967, parágrafo único) põe fim à divergência jurisprudencial sobre a necessidade (ou não) de o membro do *Parquet* intervir em todo e qualquer caso.

d) *Inciso IV*: aquele que não foi ouvido no processo em que lhe era obrigatória a intervenção também estará legitimado a propor ação rescisória. Essa hipótese de legitimidade comporta relação jurídica mais próxima do que a presente no inciso II do art. 967. É o caso, por exemplo, de litisconsorte que deixou de atuar no feito principal. Diferentemente do terceiro juridicamente interessado, sua posição não seria de "assistente", mas de verdadeira parte, vinculada ao polo ativo ou passivo por titularidade da relação jurídica material.[54]

---

[53] DIDIER JR., Fredie. *Curso de direito processual civil*: meios de impugnação das decisões judiciais e processos nos tribunais. 9. ed. Salvador: JusPodivm, 2008, p. 301.

[54] "No que concerne aos terceiros juridicamente interessados, há que se recordar que os terceiros não são alcançados pela autoridade de coisa julgada, que restringe seus limites subjetivos àqueles que foram partes do processo onde se proferiu a decisão. Pode haver, porém, terceiro com interesse jurídico (não com interesse meramente de fato), na rescisão da sentença. Como regra, o terceiro juridicamente interessado será aquele que pode intervir no processo original como assistente. Considera-se, também, terceiro legitimado a propor a 'ação rescisória' aquele que esteve ausente

3.5.8 Legitimidade passiva

O CPC não regula expressamente as hipóteses de legitimidade passiva. Entretanto, pode-se afirmar que deverão figurar no polo passivo da ação rescisória **todos os partícipes da demanda originária, desde que, evidentemente, não sejam autores desta nova ação**. A regra é que forme um litisconsórcio necessário unitário, porquanto a decisão a ser proferida na ação rescisória repercutirá na esfera jurídica de todos, de modo igualitário. Entretanto, conforme entendimento manifestado pela 1ª Turma do STJ, no julgamento do REsp 1.111.092, não é correto afirmar que o litisconsórcio passivo terá sempre a natureza de litisconsórcio necessário.

Isso porque, em alguns casos, verifica-se a possibilidade de rescisão parcial da sentença primitiva, de modo que a decisão a ser proferida na ação rescisória pode atingir apenas um ou alguns dos litigantes do processo anterior. Esse é o caso, por exemplo, que ocorre quando a ação primitiva é ajuizada mediante litisconsórcio ativo facultativo comum, havendo uma cumulação subjetiva e objetiva de demandas (pluralidade de sujeitos e de pedidos) apenas por opção das partes, que poderiam perfeitamente ter ajuizado ações individuais para a satisfação de seus direitos. Assim, se várias vítimas de um acidente de trânsito ajuízam uma única ação de indenização em face daquele que lhes causou o dano, nada impede que, posteriormente, apenas um ou alguns dos litisconsortes integre o polo passivo de uma posterior ação rescisória, sendo prescindível a citação daqueles que não são passíveis de ser atingidos pela decisão a ser proferida nesta ação.

Conclui-se, desse modo, que o litisconsórcio necessário unitário ocorrerá nas hipóteses em que a decisão a ser proferida pelo Tribunal necessariamente atingirá a todos os litigantes da ação primitiva – o que, frise-se, é a regra –, não sendo possível a rescisão parcial da sentença.

É possível, ainda, que terceiros que não participaram da demanda originária integrem o polo passivo da ação rescisória. É o caso de rescisória visando a desconstituição do capítulo da sentença atinente aos honorários advocatícios. Nesse caso, o advogado – titular dos honorários – deverá figurar como réu da rescisória, mesmo não tendo sido parte na primeira ação. Nesse sentido:

> "Agravo regimental em ação rescisória. Legitimidade passiva. Terceiro. Possibilidade.
>
> A legitimidade passiva para a ação rescisória será aferida dependendo da parte do acórdão que será objeto de rescisão. Tendo em vista que pretende o Agravante a rescisão apenas da parte da sentença onde foi condenado no pagamento dos honorários advocatícios e que o titular único e exclusivo destes honorários é o advogado que atuou representando seu cliente na ação matriz, apesar de não ter o mesmo integrado a relação processual originária, é patente a sua legitimidade para a rescisória tendo em vista que a relação processual aqui estabelecida encontra-se envolta em um direito material cujo mesmo é o único detentor" (TJ-MG, AgRg 1.0000.06.438151-0/001 na AR 1.0000.06.438151-0/000, 8º Grupo de Câmaras Cíveis, Rel. Des. José Affonso da Costa Côrtes, Redator do acórdão Des. Wagner Wilson, j. 21.06.2007, publicado em 1º.08.2007).

Concluindo, a legitimidade passiva para a ação rescisória é do titular atual do direito reconhecido no capítulo da decisão que se pretende rescindir. Tendo ocorrido sucessão *inter vivos* após a sentença, a ação rescisória será proposta contra o sucessor e atual titular.

---

do processo principal, embora dele devesse ter participado na condição de litisconsorte necessário" (CÂMARA, Alexandre Freitas. *Lições de direito processual civil*. 10. ed. rev. e atual. Rio de Janeiro: Lumen Juris, 2005. v. II, p. 24-25).

3.5.9 Prazo

A ação rescisória será proposta no prazo de **dois anos** contados do trânsito em julgado da **última decisão proferida no processo** (art. 975). Esse prazo tem **natureza decadencial**, uma vez que ação rescisória trata de tutela constitutiva negativa fundada no direito potestativo de desconstituir decisão de mérito transitada em julgado, com prazo estabelecido em lei. Importante atentar que não é a ação rescisória que decai no prazo assinalado, mas o próprio direito material à rescisão.

Note, contudo, que, apesar de se tratar de prazo decadencial, insuscetível de interrupção ou de suspensão, o CPC estabelece que, se o termo final do prazo para ajuizamento da ação rescisória recair durante férias forenses, recesso, feriados ou em dia em que não houver expediente forense, ele deverá ser **prorrogado** para o primeiro dia útil subsequente (art. 975, § 1º). Essa disposição, a propósito, consolida o entendimento do STJ (REsp 1.112.864/MG, Rel. Min. Laurita Vaz, Corte Especial, julgado em 19.11.2014).

Não podemos confundir o prazo para propositura da ação rescisória com o **termo** *a quo* para o seu ajuizamento. Supondo-se que o acórdão tenha transitado em julgado no dia 25/10, o prazo para a ação rescisória começará a ser contado do dia 25 ou do dia 26? Majoritariamente, considera-se que o prazo decadencial começa a correr da data do trânsito em julgado da sentença rescindenda, computando-se, para tanto, o dia do começo, ou seja, 25/10.

Outro tema importante diz respeito à contagem do prazo da ação rescisória **decisão objetivamente complexa**.

Decisão objetivamente complexa é aquela na qual coexiste mais de uma resolução do mérito. Em razão da pluralidade de pretensões formuladas, o dispositivo do julgado apresentará vários capítulos ou decisões, uma para cada pedido. Exemplo de ato judicial complexo é o que julga pedido de indenização por danos materiais e morais.

A decisão, nesse caso, será formalmente una. Mas, em razão da pluralidade de pretensões, cada uma a ensejar decisão judicial específica, vários provimentos jurisdicionais serão proferidos.

É possível, ainda, que cada uma das pretensões seja decidida em momento diverso dentro do processo. Imagine, por exemplo, se o juiz, na decisão saneadora, reconhece a prescrição de uma das pretensões formuladas, seguindo o feito com relação às outras. Ter-se-ia, aqui, o que se denomina de sentença parcial, porquanto não se resolve todo o litígio. Trata-se, como bem observa Leonardo José Carneiro da Cunha, de prática corriqueira na praxe forense que denota "a existência, no sistema brasileiro, de fracionamento do julgamento, pungindo o dogma incrustado na doutrina, segundo o qual haveria a unidade e unicidade da sentença, de forma a não se possibilitar a cisão ou desmembramento do julgado".[55]

O problema que se afigura quanto à ação rescisória pode ser ilustrado nos seguintes termos: imaginemos que a sentença condene o réu à reparação dos danos materiais, mas julgue improcedente o pedido de indenização por danos morais. Da sentença apenas o autor recorre, e o tribunal nega provimento à apelação. Temos aqui uma dualidade de julgados definitivos: a sentença que condenou o réu a pagar danos materiais e o acórdão que, ao negar provimento à apelação, substitui a sentença quanto ao pedido de indenização por danos morais.

Surge então a dúvida: seria possível falar em **diferentes momentos de trânsito em julgado** – um para cada decisão –, ensejando, via de consequência, diversos termos iniciais para o prazo da ação rescisória?

---

[55] CUNHA, Leonardo José Carneiro da. O § 6º do art. 273 do CPC: tutela antecipada parcial ou julgamento antecipado parcial da lide? *Revista Gênesis de Direito Processual Civil*, n. 32, p. 291-311, abr.-jun. 2004, p. 299.

Por muito tempo o STJ entendeu que não seria possível o fatiamento da coisa julgada, de modo que o prazo da ação rescisória iniciar-se-ia do trânsito em julgado do último pronunciamento jurisdicional (Súmula nº 401 do aludido tribunal).[56] O STF, no entanto, possuía entendimento contrário, no qual admitia a chamada **coisa julgada progressiva**.[57] Também o Tribunal Superior do Trabalho considerava que, havendo recurso parcial no processo principal, o trânsito em julgado se daria em momentos distintos, contando-se o prazo decadencial para a ação rescisória do trânsito em julgado de cada decisão (ex-Súmula nº 100 – alterada pela Res. nº 109/2001, *DJ* 20.04.2001).

Este último entendimento contava com previsão no projeto inicial do CPC/2015, mas foi retirado na redação final, a qual albergou o **prazo rescisório único** defendido pela jurisprudência do STJ. Em outras palavras, ainda que seja possível decompor o decisório em partes distintas (capítulos autônomos), o termo *a quo* para a propositura da ação rescisória será o mesmo para todos os capítulos.

Para que não restem dúvidas: o CPC de 2015 alberga a coisa julgada progressiva e autoriza, por exemplo, o cumprimento definitivo de parcela incontroversa da sentença condenatória (STJ, 2ª Turma, AgInt no REsp 2.038.959/PR, Rel. Min. Herman Benjamin, j. 16.04.2024). Com efeito, quando não impugnados capítulos da sentença autônomos e independentes, estes transitarão em julgado e sobre eles incidirá a proteção assegurada à coisa julgada. Entretanto, o prazo para a eventual rescisão da decisão como um todo será único. Se um capítulo transitou em julgado em 2021 e o outro apenas em 2023, o prazo para a rescisória será a partir da última decisão proferida no processo (2023).

Conquanto não nos pareça tecnicamente correta a orientação do STJ e, agora, do CPC/2015, uma vez que se admite sentença parcial e, portanto, fracionamento da coisa julgada, não há dúvidas de que, em termos práticos, essa solução é menos embaraçosa, porquanto evita o inconveniente de, nas palavras do Ministro Francisco Peçanha Martins, "existir ação em prosseguimento enquanto rescisórias estariam sendo propostas em juízo, ao longo do tempo e nas competências diversas".[58]

Não obstante as diversas opiniões doutrinárias, considero que a definição de um prazo para ajuizamento de ação rescisória também não comporta incoerência com o julgamento antecedente parcial do mérito (art. 356) nem com o possível cumprimento definitivo da decisão caso haja "trânsito em julgado" (art. 356, § 3º). O trânsito em julgado citado pela norma diz respeito à modalidade de cumprimento da sentença e não tem relação com o prazo para eventual propositura de demanda rescisória.

O CPC/2015 (art. 975, §§ 2º e 3º) também elenca duas novas exceções relativas ao termo *a quo* do prazo para a propositura da ação rescisória: (i) se a ação rescisória for fundada no inciso VII do art. 966, o termo inicial do prazo será a **data de descoberta da prova nova**, observado o prazo máximo de 5 anos, contado do trânsito em julgado da última decisão proferida no processo; (ii) se o vício da decisão ocorrer em razão de simulação ou de colusão entre as partes, o prazo começa a contar, para o terceiro prejudicado e para o Ministério Público, que não interveio no processo, a partir do momento em que têm ciência da simulação ou da colusão. Se a causa envolver alguma das hipóteses do art. 178, o Ministério Público terá que observar a regra geral.[59]

---

56 Súmula nº 401 do STJ: "O prazo decadencial da ação rescisória só se inicia quando não for cabível qualquer recurso do último pronunciamento judicial".
57 STF, RE 666.589/DF, 1ª Turma, Rel. Min. Marco Aurélio, j. 25.03.2014.
58 Voto proferido no EREsp 404.777/DF.
59 Na jurisprudência: "Como regra, a ação rescisória deve ser ajuizada no prazo decadencial de dois anos, contados do trânsito em julgado da decisão rescindenda. Excepciona o termo inicial do prazo

Em suma:

- **Regra:** o prazo de **dois anos** inicia-se com o trânsito em julgado da **última decisão proferida no processo**, que se aperfeiçoa com o exaurimento dos recursos cabíveis ou com o transcurso do prazo recursal;
- **1ª Exceção:** no caso de **prova nova**, o prazo de dois anos inicia-se na data da descoberta dessa prova, observado o prazo máximo de cinco anos, contado do trânsito em julgado da última decisão proferida no processo. Lembrando que a prova nova deve ser aquela cuja valoração seja capaz de, por si só, alterar o julgamento rescindindo; Vale ressaltar que esse é o posicionamento da lei e acolhido pelo STJ, que também já admitiu o enquadramento da prova testemunhal no conceito de prova nova;[60]
- **2ª Exceção:** no caso de simulação ou colusão das partes, o termo inicial começa a partir do momento em que houve ciência da simulação ou da colusão, se a ação for proposta por terceiros ou pelo Ministério Público;
- **3ª Exceção:** está prevista no § 15 do art. 525. Quando a sentença se fundar em lei ou ato normativo declarado inconstitucional pelo Supremo Tribunal Federal, em controle difuso ou concentrado, o termo inicial da ação rescisória será a data do trânsito em julgado da decisão proferida pelo STF (cf. item 5.3.3, Capítulo II, Parte II).

Importa ressalvar que a aplicação dessas exceções somente deve ocorrer em relação à coisa julgada formada **após a entrada em vigor do CPC**, ou seja, a partir de 18.03.2016.

Ainda em relação à prova nova, temos que provocar o seguinte raciocínio: o CPC fala no prazo de dois anos a partir da descoberta da nova prova, observado o prazo máximo de cinco anos contado do trânsito em julgado da última decisão proferida no processo. A pergunta é: os dois anos somam-se aos cinco? Ou seja, 5 (cinco) anos é o prazo máximo para a descoberta da prova nova e 2 (dois) anos, a contar da descoberta, é o prazo para o ajuizamento? Se esse for o raciocínio correto, a depender da data da descoberta da prova, a rescisória poderá ser proposta em até 7 (sete) anos a contar do trânsito em julgado.

Há quem considere que o limite de cinco anos substitui o prazo geral de 2 (dois) anos. Assim, se o trânsito em julgado ocorreu em 30.04.2019, a ação rescisória deve ser necessariamente proposta até 30.04.2024. Dessa forma, mesmo que o prazo bienal seja contado a partir da nova prova, a ação rescisória, para essa corrente, não pode ser proposta se ultrapassados 5 (cinco) anos do trânsito em julgado.

Entendo, contudo, que os prazos podem ser somados. Veja, por exemplo, o caso em que o trânsito em julgado ocorreu em 10.03.2021. O autor obtém a prova nova apenas em 10.03.2025, ou seja, quatro anos após o trânsito em julgado. Ele terá até 10.03.2026 para ajuizar a ação rescisória – observando o limite de cinco anos – ou poderá ajuizá-la até 10.03.2026, usando, neste caso, a regra geral de 2 (dois) anos a partir da descoberta da prova?

---

decadencial: i) o advento de prova nova, quando o termo inicial deverá ser a data da descoberta da prova nova, observado, de todo modo, o prazo máximo de cinco anos do trânsito em julgado; ii) a existência de colusão ou simulação entre as partes, hipótese na qual o termo inicial do prazo de dois anos será contado a partir da data de ciência das referidas hipóteses de rescisão (...)" (TJ-MG – AGT: 1000022098628500 1/MG, Rel. Amauri Pinto Ferreira, j. 09.11.2022, Câmaras Cíveis/17ª Câmara Cível, *DJe* 10.11.2022).

[60] Para o STJ, "no novo ordenamento jurídico processual, qualquer modalidade de prova, inclusive a testemunhal, é apta a amparar o pedido de desconstituição do julgado rescindendo" (REsp 1.770.123/SP, 3ª Turma, Rel. Min. Ricardo Villas Bôas Cueva, *DJe* 02.04.2019).

Infelizmente, a jurisprudência ainda não esclareceu o tema a contento. Por ora, sugerimos que seja observada a corrente mais restritiva, até porque a hipótese de rescisão com base em prova nova, apesar de ser comum nos tribunais, dificilmente é considerada apta para rescindir a decisão. Isso ocorre porque muitos advogados e advogadas não compreendem, a partir da jurisprudência, o que é (ou não) considerado prova nova. Um laudo produzido após o trânsito em julgado, com base em dados do processo originário, não é uma prova nova. Um fato novo também não se confunde com prova nova. Ele até pode permitir o ingresso com nova demanda, caso não haja identidade entre a causa de pedir. No entanto, devido à eficácia preclusiva da coisa julgada, o fato novo não tem aptidão para provocar a rescisão do julgado.[61]

Por fim, questão que ainda merece ser abordada é se o Ministério Público, a Fazenda Pública e a Defensoria Pública gozam de prazo em dobro para propositura da ação rescisória. É que, nos termos dos arts. 180 e 183 e 186, todos eles possuem prazo em dobro para manifestarem-se nos autos.

Conforme se depreende do dispositivo legal, o benefício de dilação do prazo só se aplica às manifestações em demandas já existentes (contestação e contrarrazões, por exemplo). A ação rescisória, todavia, constitui ação autônoma de impugnação de decisão judicial, razão pela qual não se sujeita à regra do prazo diferenciado.[62]

3.5.10 Procedimento da ação rescisória

3.5.10.1 Petição inicial (art. 968)

A propositura da ação rescisória se dá por meio da petição elaborada com os requisitos do art. 319, na qual o autor deve arguir uma ou mais das causas de rescindibilidade previstas no art. 966.

Além do pedido de rescisão do julgado (*iudicium rescindens*), a petição deve conter o novo julgamento (*iudicium rescisorium*), se for o caso (art. 968, I). Na maioria das hipóteses que ensejam a rescisória, só a desconstituição da sentença não atende ao interesse do autor. A regra é o rejulgamento.

Em razão do estatuído no art. 968, I, há quem entenda que a cumulação dos pedidos rescindente e rescisório, quando cabível este último, há de ser expressamente requerida pelo autor, sob pena de inépcia da petição inicial. Nesse sentido:

"Processual civil. Ação rescisória. Art. 485, V, do CPC. ICMS. Compensação. Substituição tributária 'para frente'. Valores pagos a maior, por estimativa. Descabimento da ação. Súmula n° 343/ STF. Orientação da primeira seção. Pedido de rejulgamento da causa. Obrigatoriedade não atendida pelo demandante. Petição inicial inepta. Extinção do processo, sem julgamento do mérito.

---

[61] "O documento novo apto a dar ensejo à rescisão, segundo doutrina e jurisprudência dominante, é aquele: a) existente à época da decisão rescindenda; b) ignorado pela parte ou que dele ela não poderia fazer uso; c) por si só apto a assegurar pronunciamento favorável; d) guarde relação com fato alegado no curso da demanda em que se originou a coisa julgada que se quer desconstituir. 4. Caso concreto em que a Corte de origem reconheceu não guardarem relação, os documentos apresentados, com fato alegado na ação originária, não evidenciarem a quitação da obrigação objeto de cobrança em ação transitada em julgado, nem ter-se escusado o demandante de sua não apresentação em momento processual oportuno" (REsp n° 1.293.837/DF, Rel. Min. Paulo de Tarso Sanseverino, 3ª Turma, j. 02.04.2013, *DJe* 06.05.2013).

[62] Esse já era o entendimento quando da vigência do CPC/1973. Cf. CUNHA, Leonardo José Carneiro da. *A fazenda pública em juízo*. 5. ed. São Paulo: Dialética, 2007.

1. Esta Primeira Seção, quando do julgamento da AR 2.894/GO (Rel. Min. José Delgado, *DJ* de 12.06.2006), em situação idêntica à dos autos, por maioria, firmou orientação no sentido de que é aplicável a Súmula nº 343/STF às ações rescisórias de julgados relativos à restituição do ICMS nas hipóteses de valores estimados pagos a maior, em regime de substituição tributária.

2. Consoante entendimento doutrinário e jurisprudencial, a cumulação de pedidos na ação rescisória (*iudicium rescindens e iudicium rescissorium*), prevista no art. 488, I, do CPC, é obrigatória, exceto nas demandas fundadas na existência de coisa julgada ou na incompetência absoluta do órgão prolator da sentença. Assim, é inviável considerar como implícito o pedido de novo julgamento da causa.

3. No caso dos autos, observa-se que o autor se limitou a formular o pedido de rescisão, qual seja o de anulação da decisão objurgada (fl. 17), olvidando-se a respeito do *iudicium rescissorium*, razão pela qual conclui-se pela inépcia da petição inicial.

4. Registre-se que a hipótese em apreço não se enquadra nas exceções da obrigatoriedade da cumulação de pedidos prevista no art. 488, I, do CPC, pois se trata de pedido de rescisão de julgado em que o autor foi vencido, com o reconhecimento do direito da contribuinte, ora requerida, ao aproveitamento escritural, para fins de compensação tributária, de valores pagos a maior, por força de estimativa, em regime de substituição tributária 'para frente'. Assim, evidencia-se a obrigatoriedade da formulação do pedido de rejulgamento da lide, providência que não foi tomada pelo demandante.

5. Processo extinto, sem resolução do mérito, nos termos dos arts. 267, VI, 488, I, 490, I, e 295, I, parágrafo único, I, do Código de Processo Civil" (STJ, AR 2.677/PI, 1ª Seção, Rel. Min. Denise Arruda, j. 14.11.2007, *DJ* 07.02.2008, p. 1).[63]

O precedente é antigo, mas foi invocado em decisões posteriores (REsp 1.184.763/MG, julgado em 15.05.2014, por exemplo). No âmbito do TST,[64] há um abrandamento desse rigor, de modo que a Corte se orienta no sentido de esse deslize não implicar inépcia da inicial, sendo admissível o pedido rescisório implícito.

Não comungamos da orientação do STJ.[65] O juízo rescisório, nas hipóteses em que seja cabível (incisos III, V, VI, VII e VIII do art. 966), é uma consequência lógica da procedência do juízo rescindendo. Não se pode conceber que uma decisão seja rescindida sem que outra seja dada em seu lugar, deixando em aberto o conflito de interesses outrora instaurado.

Nesse contexto, a cumulação dos pedidos não pode ser encarada como exigência formal absoluta, sendo possível ao tribunal promover novo julgamento da lide, até mesmo de ofício. Trata-se da aplicação dos princípios da instrumentalidade, efetividade e economia processuais, em detrimento do formalismo exacerbado, que não mais encontra guarida na moderna

---

[63] Trata-se de acórdão proferido na vigência do CPC/1973. Os dispositivos mencionados na decisão correspondem, respectivamente, aos arts. 966, V; 968, I; 485, IV; 968, § 3º e 330, I, do CPC vigente.

[64] Por exemplo: Recurso Ordinário Trabalhista 105-65.2010.5.05.0000, Rel. Guilherme Augusto Caputo Bastos, j. 02.08.2011, Subseção II Especializada em Dissídios Individuais.

[65] Ressalvamos que há entendimento contrário na própria Corte, mas ainda é majoritário o entendimento anterior. Nesse sentido: "[...] Na ação rescisória, faltando o pedido de novo julgamento, quando este se revele obrigatório, cabe ao relator, nos termos do art. 284 do CPC, determinar a intimação do autor para que emende a petição inicial e, aí, formule a pretensão ausente. 2. Apenas após o transcurso do prazo estabelecido para que o autor emende a inicial, sem que este o tenha feito, é que poderá o relator indeferir a petição inicial. 3. Agravo regimental improvido" (STJ, AgRg no REsp 1.227.735/RS, Rel. Min. Humberto Martins, j. 22.03.2011).

sistemática processual. A simples aplicação do princípio da proporcionalidade indicará que, em tais casos, a garantia da celeridade deve suplantar os princípios da inércia e da ação.

Ainda que não bastasse, pode-se aplicar por analogia a regra do art. 321, que permite ao autor, no prazo de 15 dias, emendar ou complementar a petição inicial quando ela não preenche os requisitos legais. Ao que me parece, é esse o entendimento que deve ser seguido com o CPC/2015, porquanto além de o legislador dispor que "o juiz não pode decidir, em grau algum de jurisdição, com base em fundamento do qual não tenha dado às partes a oportunidade de se manifestar" (art. 10), o § 3º do art. 968 prevê que a petição inicial da ação rescisória será indeferida nos casos do art. 330. Esse dispositivo, por sua vez, inclui regra segundo a qual a petição inicial será indeferida quando não preenchidas as prescrições estabelecidas no art. 321 (art. 330, IV). Ou seja, concedido o prazo para o autor emendar a petição inicial, somente na hipótese de não atendimento à ordem judicial é que o juiz pode extinguir o feito.

Como a ação rescisória tem natureza jurídica de ação e não de recurso, a ela se aplicam as disposições do art. 332 (art. 968, § 4º). Assim, se não houver necessidade de instrução, independentemente na citação do réu, poderá o relator julgar improcedente a ação rescisória quando o pedido contrariar enunciado de súmula do STF ou do STJ; acórdão proferido pelo STF ou STJ em julgamento de recursos repetitivos; entendimento firmado em IRDR ou assunção de competência; enunciado de súmula de tribunal de justiça sobre direito local.

Também será possível o relator julgar improcedente o pleito rescisório se transcorrido o prazo decadencial previsto no art. 975.

Por fim, no que concerne a petição inicial, **o Código permite que ela seja emendada no caso de ser reconhecida a incompetência do tribunal por inadequação do objeto** (art. 968, § 5º). Os casos que admitem essa emenda são os seguintes:

- Quando decisão anterior (decisão rescindenda) não tiver analisado o mérito e não se enquadrar nas hipóteses do § 2º do art. 966 (sentença terminativa que impede a propositura da ação, como a que reconhece a litispendência e a coisa julgada);
- Quando a decisão que se pretende rescindir tiver sido substituída por decisão anterior.

3.5.10.2 Depósito prévio

Figura ainda como requisito para a propositura da ação o depósito da importância de 5% sobre o valor da causa. O depósito prévio tem natureza jurídica de **condição de procedibilidade** e transmudar-se-á em multa a favor do réu, se a ação rescisória for extinta sem resolução do mérito ou julgada improcedente por unanimidade de votos (art. 968, II).

Evidencia-se que, nos termos do art. 968, § 1º, **à União, aos Estados, ao Distrito Federal, aos Municípios, às suas respectivas autarquias e fundações de direito público, ao Ministério Público, à Defensoria Pública e aos que tenham obtido o benefício de gratuidade da justiça, não se aplica a exigência de depósito prévio.**

Ressalte-se que as autarquias, fundações públicas e Defensoria Pública não estavam previstas no CPC/1973 (art. 488, parágrafo único) como entidades dispensadas do depósito prévio. Esse, no entanto, já era o entendimento jurisprudencial, notadamente no âmbito do STJ, que, por aplicação analógica da Súmula nº 175,[66] sempre se manifestou no sentido de que as autarquias e fundações deveriam ser dispensadas desse requisito em sede de ação rescisória, desde que houvesse lei assegurando aos órgãos os mesmos privilégios da Fazenda Pública. É o que ocorre, por exemplo, com o INSS (art. 8º da Lei nº 8.620/1993). Corroborou esse entendimento

---

[66] STJ, Súmula nº 175: "Descabe o depósito prévio nas ações rescisórias propostas pelo INSS".

a Súmula nº 483 do STJ, que assim dispõe: "O INSS não está obrigado a efetuar depósito prévio do preparo por gozar das prerrogativas e privilégios da Fazenda Pública".

De acordo com o CPC, o benefício se estende à Defensoria Pública e àqueles que estejam sob o manto da assistência judiciária.[67]

Os beneficiários da assistência judiciária estão isentos do depósito prévio porque, do contrário, estariam eles privados do livre acesso à justiça (art. 5º, XXXV e LXXIV, da CF). Entretanto, se o pedido rescindente, ao final, for julgado improcedente à unanimidade, estará o autor obrigado a promover o pagamento da quantia respectiva (art. 974). O depósito prévio tem nítido caráter cominatório, porquanto será revertido em multa em favor do réu, ao passo que a assistência judiciária "pretende livrar as partes dos ônus decorrentes do processo, e não das indenizações devidas em virtude de atos de sua responsabilidade".[68]

Com relação à **penalidade pela ausência de recolhimento das custas e do depósito prévio**, já entendia o STJ que seria cabível o indeferimento da petição inicial, com a consequente extinção da ação rescisória sem resolução do mérito. Vale ressaltar que a Corte considerava desnecessária a prévia intimação pessoal da parte para regularizar a situação (STJ, REsp 1.286.262/ES, Rel. Min. Paulo de Tarso Sanseverino, julgado em 18.12.2012). O CPC/2015 consolida esse entendimento. Conforme o § 3º do art. 968, além dos casos previstos no art. 330, **a petição inicial será indeferida quando não efetuado o depósito legalmente exigido**. Nesse caso, não há o que ser devolvido ao autor.

Diferente é o caso em que há o depósito, mas a ação rescisória é extinta sem resolução do mérito. Em regra, o depósito prévio deverá ser revertido em favor do réu quando a ação rescisória for extinta sem julgamento de mérito, nos termos do art. 974, parágrafo único. Por outro lado, se a ação rescisória perder o seu objeto porque o julgador "voltou atrás" e se retratou da sentença que se objetivava rescindir, deverá ser afastada a reversão do depósito prévio a favor do réu, permitindo-se ao autor levantar a quantia depositada (STJ, 3ª Turma. REsp 2.137.256/MT, Rel. Min. Nancy Andrighi, j. 13.08.2024). De acordo com esse precedente, se a extinção do processo não se deu por fato imputável às partes, não deve ser imposto a qualquer delas o dever de arcar com os ônus sucumbenciais. Ademais, "a multa não tem caráter indenizatório, não visa compensar a parte vencedora de possíveis prejuízos, mas a reprimir uma forma de abuso no exercício do direito de ação".[69]

Também há outra situação sobre a multa que merece ser ponderada. O art. 968 do CPC, ao tratar dos requisitos da ação rescisória, dispõe que o depósito se converterá em multa "caso a ação seja, por unanimidade de votos, declarada inadmissível ou improcedente". Assim, se o relator da ação rescisória, monocraticamente, indefere a petição inicial e julga extinto o processo sem resolução do mérito, o depósito poderá ser levantado pelo próprio autor (e não revertido em favor do réu, já que a decisão não foi tomada por unanimidade, tal como exige a literalidade do CPC) (STJ, 2ª Seção. AgInt na AR 7.237/DF, Rel. Min. Marco Buzzi, j. 10.08.2022).

O Código, diferentemente do que ocorre com o preparo recursal (art. 1.007, § 2º), não trata da possibilidade de complementação do depósito. O silêncio é expressivo. A **ausência** ou a **insuficiência** do depósito não pode ser considerada hipótese sujeita à emenda da petição inicial. Apenas com referência aos requisitos da inicial é possível a emenda, na forma do art.

---

[67] Já existia súmula do TJRJ a respeito. Veja: "A gratuidade de justiça abrange o depósito na ação rescisória" (Súmula nº 108). No mesmo sentido: "A parte autora que litiga sob o pálio da assistência judiciária não se mostra obrigada ao depósito previsto no art. 488, inc. II, do CPC" (AR 2.099/SE, 3ª Seção, Rel. Min. Arnaldo Esteves Lima, j. 22.08.2007, *DJ* 24.09.2007, p. 243).

[68] NERY JUNIOR, Nelson. *Código de Processo Civil e legislação extravagante*. 7. ed. São Paulo: RT, 2003.

[69] MOREIRA, José Carlos Barbosa. Comentários ao Código de Processo Civil. 7. ed. Rio de Janeiro: Forense, 1998. v. 5, p. 180.

321. Como já afirmado, o dever de "cooperação" do juiz não pode chegar a ponto de transformar o advogado num adolescente que negligencia os seus deveres e, ao mesmo tempo, compelir o juiz a tutelar o advogado, suprindo-lhe e perdoando as suas faltas. Se o percentual a ser depositado já está previsto em lei e se a parte, assistida por advogado, negligenciou o cumprimento do requisito, não há justificativa para exigir que o juiz determine a intimação para emenda. Nesse caso haverá o indeferimento da petição e consequentemente extinção do processo sem resolução do mérito. Nada impede, contudo, que autor da ação rescisória ajuíze uma nova demanda, desde que não tenha transcorrido o prazo decadencial.

> **Atenção:**
>
> - **O CPC estabelece um limite para o valor do depósito.** De acordo com o § 2º do art. 968, ele não poderá ser superior a 1.000 (mil) salários mínimos, ainda que o percentual (5%) sobre o valor da causa supere essa quantia.
>
> - **O depósito prévio deve ser feito necessariamente em dinheiro.** Logo, é inviável a sua ampliação para se permitir o depósito por outros meios que não sejam em dinheiro. Para a jurisprudência, se a intenção do legislador fosse admitir outros meios, isso teria ficado mais claro, como foi feito, por exemplo, na redação do § 1º do art. 919 do CPC/2015, que trata da possibilidade de concessão de efeito suspensivo aos embargos à execução mediante apresentação de garantia (STJ, REsp 1871477/RJ, Rel. Min. Marco Buzzi, 4ª Turma, j. 13.12.2022).

3.5.10.3 Valor da causa

Como demonstrado, a petição inicial da ação rescisória deve preencher os requisitos do art. 319, dentre os quais o valor da causa.

O valor da causa, em regra, deve corresponder ao benefício econômico a ser auferido pelo autor com a demanda. Nesse contexto, predomina na doutrina e jurisprudência o entendimento de que, em regra, o valor da causa nas ações rescisórias corresponde ao valor da demanda originária, monetariamente corrigido.

É possível, contudo, que em determinadas hipóteses o benefício almejado na ação rescisória seja restrito a alguns aspectos da demanda principal ou, ainda, que vise a benefícios econômicos superiores ao valor dado à primitiva demanda. Nesses casos, **o valor da causa equivalerá ao benefício econômico almejado pelo autor, que poderá ser superior ou inferior ao valor da demanda originária.**

O entendimento do STJ – proferido na vigência do CPC/1973, mas ainda válido para o CPC/2015 – é nesse sentido:

> "O valor da causa da ação rescisória deve guardar correspondência com o da ação principal, corrigido monetariamente, salvo se existente proveito econômico diverso, desde que devidamente comprovado. Precedentes. 2. A impugnação ao valor da causa deve vir calcada em elementos concretos. 3. Impugnação ao valor da causa improcedente" (STJ, Pet 7.104/SC, Rel. Min. Paulo de Tarso Sanseverino, j. 22.08.2012).

> "Consoante orientação jurisprudencial desta Corte de Justiça, em sede de ação rescisória, o valor da causa, em regra, deve corresponder ao da ação principal, devidamente atualizado monetariamente; exceto se houver comprovação de que o benefício econômico pretendido está em descompasso com o valor atribuído à causa, hipótese em que o impugnante deverá

demonstrar, com precisão, o valor correto que entende devido para a ação rescisória, instruindo a inicial da impugnação ao valor da causa com os documentos necessários à comprovação do alegado" (STJ, Petição 9.892/SP, Rel. Min. Luis Felipe Salomão, j. 11.02.2015).

3.5.10.4 Rescisão do julgado (*iudicium rescindens*) e rejulgamento da demanda (*iudicium rescisorium*)

O art. 968, I, além dos requisitos genéricos da petição inicial (art. 319), prevê o requisito da cumulação dos pedidos de rescisão e, se for o caso, do pedido de novo julgamento do processo.

Sempre que o tribunal julgar procedente a ação rescisória, haverá rescisão do julgado, também denominado *iudicium rescindens*, porque este é o pedido principal veiculado na petição inicial dessa ação. Contudo, nem sempre haverá rejulgamento da causa (*iudicium rescisorium*), uma vez que nem sempre será viável essa atividade jurisdicional. A própria dicção do art. 974 permite essa conclusão ao dispor que "o tribunal rescindirá a decisão, proferirá, se for o caso, novo julgamento e determinará a restituição do depósito [...]."

Parte da doutrina sustenta que a cumulação expressa dos pedidos rescindente e rescisório (*iudicium rescindens e iudicium rescissorium*), é obrigatória, exceto nas demandas rescisórias que não impliquem rejulgamento, como, por exemplo, nas que se fundam na existência de coisa julgada ou em algumas hipóteses de incompetência absoluta. Nesse sentido, também há precedente do STJ, que, embora formado na vigência do CPC/1973, ao que tudo indica ainda aplicável, porquanto o texto legal, neste particular, não sofreu alteração.

Conforme já expusemos, nas hipóteses cabíveis, o juízo rescisório é uma consequência lógica da procedência do juízo rescindendo. Admitir que uma decisão judicial seja rescindida sem que outra, até mesmo de ofício, seja dada em seu lugar, contraria o bom senso e relega a aplicação da principiologia processual.

De qualquer forma, não há como desconhecer o texto legal e muito menos o corpo da jurisprudência. E, nessa linha, não cabe ao julgador suprir uma atividade que é própria do autor. Não havendo pedido de rejulgamento, a decisão que apreciar a demanda originária será *extra petita* e, portanto, possível de invalidação. Verificando que a hipótese comporta rejulgamento e não tendo autor feito a cumulação dos pedidos, o juiz determinará a emenda da inicial. Procedendo à emenda, o vício estará sanado. A falta de emenda da inicial acarretará o indeferimento da inicial, uma vez que, nas hipóteses em que se admite o rejulgamento, a falta de pedido nesse sentido implica falta de interesse à simples rescisão. Contudo, olvidando que temos lei, parte da doutrina e também da jurisprudência entende que a cumulação dos dois juízos (de rescisão de sentença e de novo julgamento da causa) é implícita, de modo que, se uma decisão foi rescindida, outra deve substituí-la (RT 646/136, RJTJESP 110/396 e Lex-JTA 146/407). **Assim, na linha mais literalista, o rejulgamento da causa originária pressupõe (i) a necessidade de rejulgamento e (ii) a formulação de pedido nesse sentido na petição inicial da ação rescisória.**

Não se pode perder de vista que, em algumas hipóteses, o rejulgamento não faz sentido.

Não há rejulgamento, por exemplo, na ação rescisória ajuizada em face de decisão que contrariou coisa julgada, isso porque, com a simples rescisão, passa a valer a decisão originária, aquela da qual emergiu a coisa julgada. Se o pedido de rescisão tem como causa a ofensa à coisa julgada (art. 966, IV), rescindida a decisão proferida em afronta a essa qualidade, restauram-se os efeitos da decisão anterior, nada mais havendo a prover. Portanto, desnecessário é o novo julgamento.

Também não se rejulga quando a causa de rescindibilidade tratar-se de incompetência absoluta, principalmente quando a competência para julgamento da demanda originária for de órgão diverso do Judiciário. O juiz de direito julga causa que seria da competência da Justiça do Trabalho. Na ação rescisória, o Tribunal de Justiça (competente para a rescisória, mas não para a causa originária) se restringe a rescindir a decisão do juiz de direito, remetendo os autos à Justiça do Trabalho. O **caso não é de renovação do pedido, como sustentei em edições anteriores deste livro, e sim de remessa, com aproveitamento dos atos já praticados, permitindo-se eventual emenda da inicial. O tempo é de virtuosa celeridade.**

Entretanto, certos casos de rescisória fundada em incompetência absoluta admitem o rejulgamento, aplicando-se por analogia o princípio da causa madura (**§ 3º do art. 1.013**). **É o que ocorre quando o órgão competente para o julgamento da rescisória, na sua composição plena ou fracionária, detiver competência para julgar a causa em grau recursal. Juiz de Vara Cível julga ação de competência de Vara de Família. A Seção competente para julgamento da ação rescisória (por exemplo) é composto por Câmaras com competência para julgamento de recursos versando direito de família.**

Aplicável, da mesma forma, o princípio da causa madura ao caso de nulidade anterior à prolação da decisão rescindenda, o que justifica a supressão de um grau de jurisdição.

Igualmente, admite-se o rejulgamento na hipótese de a rescisória ter por objeto decisão proferida por juiz subornado, isto é, corrompido (art. 966, I). Nem é preciso dizer que o julgador sob o qual recai a pecha de corrupto não pode participar do julgamento da rescisória – o caso é de suspeição (art. 145, IV). Pois o órgão competente para o julgamento da rescisória, composto por julgadores imparciais, decide sobre a rescisão e, se for o caso, rejulga a causa.

Se a causa de pedir da rescisória diz respeito a fatos, provas ou documentos tidos como falsos no juízo rescisório, há que proceder a novo julgamento pelo próprio tribunal que exerceu o *iudicium rescindens*.

Em síntese, o tribunal, ao rescindir a sentença, de regra, já promove **novo julgamento da lide**.

3.5.11 Ação rescisória, tutela provisória e execução da sentença rescindenda

Há disposição expressa tanto no CPC/1973 quanto no CPC/2015 no sentido de que a propositura de ação rescisória não impede o cumprimento da decisão rescindenda (art. 489 do CPC/1973; art. 969 do CPC/2015). Privilegia-se, assim, a autoridade da decisão jurisdicional definitiva emanada de relação processual já finda.

Admite-se, contudo, pedido de tutela provisória para suspender a execução da sentença rescindenda, desde que presentes os pressupostos previstos em lei. Com efeito, a ação rescisória nada mais é do que espécie de processo de conhecimento, a ela se aplicando todas as regras comuns a este procedimento, inclusive as medidas de urgência.

Em face da segurança que emerge da coisa julgada, a concessão de tutela provisória guarda caráter excepcional, devendo o magistrado proceder à criteriosa análise do caso concreto antes de deferi-la, independentemente do fundamento – se por urgência ou evidência –, porquanto não se discute que, em princípio, é de se privilegiar e proteger aquela parte que tenha a seu favor sentença definitiva transitada em julgado. Quanto mais provável a possibilidade de procedência da rescisória, mais viável será a concessão da tutela provisória. Constatando-se a evidência (hipóteses do art. 311), mais segurança terá o magistrado para suspender o cumprimento da sentença rescindenda. Pouco importa se a tutela concedida tem natureza antecipatória ou cautelar, diante de considerável probabilidade ou mesmo evidência não se pode evitar o dano decorrente da execução de uma decisão viciada.

Da decisão do relator que defere ou indefere a medida, caberá agravo interno, no prazo de 15 dias (art. 1.021).

3.5.12 Defesa do réu

Proposta a ação rescisória, se não for o caso de indeferimento, "o relator ordenará a citação do réu, designando-lhe prazo nunca inferior a 15 (quinze) nem superior a 30 (trinta) dias para, querendo, apresentar resposta, ao fim do qual, com ou sem contestação, observar-se-á, no que couber, o procedimento comum" (art. 970).

O prazo da contestação, como se vê, deve ser modulado pelo juiz, atendendo à complexidade do caso. Por se tratar de prazo judicial, não há que se cogitar da aplicação dos arts. 180, 183 e 186, que preveem prazos diferenciados para o Ministério Público, Fazenda Pública e Defensoria Pública.[70]

O disposto no art. 970 constitui, então, situação especial que excepciona a regra do prazo diferenciado. O mesmo, contudo, não ocorre com o art. 229 que determina o cômputo em dobro dos prazos para os litisconsortes com diferentes procuradores, de escritórios de advocacia distintos, porquanto não há como antever o magistrado a diversidade dos procuradores dos corréus.[71]

Superando tal discussão, é importante destacar, ainda, que na ação rescisória, por ter o Estado interesse de preservar a autoridade da coisa julgada (questão de ordem pública), a revelia não opera o efeito material que lhe é peculiar (presunção de veracidade dos fatos alegados).

Assim, mesmo na ausência de contestação, tem o autor o ônus de provar o fato constitutivo da rescindibilidade.

Admitem-se na rescisória todas as modalidades de resposta: contestação e reconvenção, bem como denunciação da lide e chamamento ao processo, modalidades de intervenção de terceiros que devem ser provocadas pelo réu na resposta. Admite-se também a assistência, que não constitui resposta, porquanto provocada por terceiros e não pelo réu.

Quanto à **reconvenção**, vale ressaltar que esta será possível desde que seja formulado pedido também rescisório pelo réu, com relação à mesma decisão objeto da ação principal, ainda que por outros fundamentos. Além disso, é necessário que a reconvenção seja apresentada quando ainda em andamento o prazo de dois anos de que disporia o réu para propositura da rescisória.[72]

3.5.13 Instrução, julgamento e recursos na ação rescisória

Recebida a inicial e citada a ré, com apresentação ou não de resposta, inicia-se a fase instrutória, que, todavia, poderá ser dispensada caso não se verifique a necessidade de produção de provas. Se os fatos alegados pelas partes dependerem de prova, o relator poderá delegar a

---

[70] Há um acórdão do STJ que admitiu a aplicabilidade do prazo diferenciado também na ação rescisória: STJ, REsp 363.780/RS, 6ª Turma, Rel. Min. Paulo Gallotti, j. 27.08.2002. Há doutrinadores que se posicionam de forma contrária, entendendo que o prazo não deve ser contado em dobro para a resposta à petição inicial (por exemplo: MOREIRA, Barbosa. *Comentários ao Código de Processo Civil*. 11. ed. Rio de Janeiro: Forense, p. 193).

[71] WAMBIER, Luiz Rodrigues. *Curso avançado de processo civil*: teoria geral do processo e processo de conhecimento. 8. ed. São Paulo: RT, 2006. p. 616. Entendimento do autor firmado no CPC/1973, mas que continua aplicável.

[72] Calmon de Passos nos dá um exemplo sobre a reconvenção em ação rescisória: "rescisão de uma sentença em que autor e réu tenham sido vencidos e vencedores em parte. Propondo um deles a rescisória, para afastar a coisa julgada material na parte em que a sentença lhe foi adversa, poderá o outro também reconvir pedindo a rescisão da parte em que fora vencido" (CALMON DE PASSOS, José Joaquim. *Comentários ao Código de Processo Civil*. 9. ed. Rio de Janeiro: Forense, 2004. v. 3, p. 347).

competência ao órgão que proferiu a decisão rescindenda, fixando prazo de um a três meses para a devolução dos autos (art. 972).

> "Pode o relator delegar a competência para sua produção ao juiz de primeiro grau da comarca ou subseção judiciária onde deva ser colhida. Se assim o fizer, frise-se, todo o procedimento envolvendo a produção da prova deverá ser realizado no primeiro grau de jurisdição, como, por exemplo, a designação e nomeação de perito, bem como a designação e realização de audiência de instrução para produção da prova testemunhal ou para a obtenção dos esclarecimentos periciais".[73]

Concluída a instrução, será aberta vista, sucessivamente, ao autor e ao réu, pelo prazo de dez dias, para razões finais e, posteriormente, ao Ministério Público, para parecer. Em seguida, os autos serão remetidos ao relator, para julgamento (art. 973). A competência para julgamento da rescisória, conforme já ressaltado, é do tribunal competente para conhecer do recurso contra a sentença rescindenda ou que tenha editado o acórdão cuja rescisão se pretende.

Julgado procedente o pedido rescindendo, o tribunal desconstituirá a sentença (*iudicium rescidendi*), proferindo, se for o caso, novo julgamento (*iudicium rescisorium*), determinando a restituição do depósito prévio. Extinta sem resolução do mérito, ou julgado improcedente por unanimidade de votos o pedido rescisório, o depósito será convertido em multa a favor do réu, mesmo se a parte autora estiver amparada pela assistência judiciária.

Das decisões interlocutórias proferidas pelo relator durante o trâmite da ação rescisória cabe agravo interno ao órgão colegiado competente para julgar a rescisória (art. 1.021). Da decisão final pode caber REsp ou RE.

Cabível é a prorrogação do julgamento da ação rescisória (técnica de ampliação do órgão colegiado) quando o resultado for a rescisão da sentença (art. 942, § 3º). Nesse caso, quando o resultado for a rescisão, aumenta-se o número de julgadores, independentemente da vontade das partes, oportunizando, inclusive, que aqueles que já votaram possam alterar seus votos. Adiante teceremos comentários sobre o incidente previsto no art. 942 do CPC.

3.5.14 Querela nullitatis e *ação rescisória*

A ação rescisória e os recursos não são os únicos meios de se invalidar uma decisão judicial. Há, ainda, um terceiro meio específico previsto em nosso ordenamento: a *querela nullitatis*.[74] De origem latina, a expressão significa, basicamente, "nulidade do litígio" e "indica a ação criada e utilizada na Idade Média para impugnar a sentença, independentemente de recurso".[75]

Tal como ocorre com as relações jurídicas de direito material em geral, em torno das quais é possível que o interesse do demandante seja limitado à declaração quanto à sua existência ou inexistência, é legítimo o ingresso em juízo no mesmo intuito também no que tange às relações processuais.

Nesse contexto, a ação com base na *querela nullitatis* veicula **pretensão de natureza negativa**, por meio da qual almeja a parte a declaração de inexistência de relação jurídica processual, naquelas **hipóteses extremas de ausência de pressupostos processuais** relacionados à própria existência do processo (nulidades insanáveis).

---

[73] Código de Processo Civil anotado. Disponível em: www.oabpr.com.br.
[74] O ordenamento contempla ainda outros meios anômalos de impugnar uma decisão judicial, como o Mandado de Segurança e os Embargos de Terceiro.
[75] CRETTELA NETO, José. *Dicionário de processo civil*. Rio de Janeiro: Forense, 1999. p. 368.

A doutrina costuma arrolar como pressupostos processuais, cuja falta implica inexistência de relação processual, os seguintes: **investidura de juiz, demanda** e **citação**. Justamente em razão de os vícios decorrentes da falta desses pressupostos acarretarem a inexistência da relação jurídica processual, fala-se em vícios transrescisórios – além da rescisão –, porquanto, inexistindo relação jurídica, não há o que se rescindir ou desconstituir.

Diferentemente, a ação rescisória, por se referir a vícios que não atacam o plano de existência, mas sim o plano de validade do processo, visa à desconstituição de uma situação jurídica a princípio válida, qual seja, a coisa julgada material, que estava apenas aguardando o transcurso de um lapso temporal – dois anos contados do trânsito em julgado –, para se tornar soberanamente julgada, ou, em trocadilho, "definitivamente definitiva", sem possibilidade de qualquer desconstituição futura, em respeito ao princípio da segurança jurídica.

Humberto Theodoro Júnior afirma que, tratando-se de vício que ataca a própria existência do processo, "a sentença é nula *ipso iure*", sendo que "para reconhecê-lo [o vício] não se reclama a ação rescisória, posto que dita ação pressupõe coisa julgada que, por sua vez, reclama, para sua configuração, a formação e existência de uma relação processual válida".[76] Acrescente-se que o referido autor cita, a título de exemplo, o seguinte vício que implica a irremediável inexistência do processo: "aquele do processo que teve curso e julgamento sem a participação de todos os litisconsortes necessários".[77]

Ainda no que tange à falta de pressupostos de existência e, por conseguinte, à inexistência de relação processual, afirma Alexandre Freitas Câmara que:

"Pressupostos de existência são os elementos necessários para que a relação processual possa se instaurar. A ausência de qualquer deles deve levar à conclusão de que não há processo instaurado na hipótese. Assim, e sem nos preocuparmos (por enquanto) com a enumeração dos pressupostos processuais, pode-se dizer que é inexistente o processo se o mesmo se desenvolve fora de um órgão estatal apto ao exercício da jurisdição (juízo). Com isso, verifica-se que não é processo o que se desenvolve perante o professor da Faculdade de Direito, com fins meramente acadêmicos, objetivando mostrar aos estudantes como se desenvolve um processo real".[78]

A diferença entre a *querela nullitatis* e a ação rescisória não se limita às hipóteses de cabimento, mais amplas nesta do que naquela. Outra importante distinção é que a *querela nullitas* – em razão da natureza dos vícios transrescisórios, que acarretam a inexistência da anterior relação processual – **não se sujeita a qualquer prazo decadencial ou prescricional**, ao passo que o direito de pretender a rescisão do julgado decai em dois anos. Ademais, a *querela nullitatis* será proposta perante o juízo que proferiu a decisão impugnada, enquanto a rescisória é de competência dos tribunais.

Em nosso ordenamento, a *querela nullitatis* pode ser arguida via impugnação ao cumprimento de sentença, embargos à execução, ou mesmo em ação autônoma (*actio nullitatis*), com base no art. 19, I, do CPC, que nada mais é do que a *querela nullitatis* de que estamos a tratar.

O STJ entende que não é possível o ajuizamento de ação rescisória para se discutir defeitos transrescisórios, faltando, neste caso, interesse de agir à parte autora. Confira:

---

[76] THEODORO JÚNIOR, Humberto. *Curso de direito processual civil*. 41. ed. Rio de Janeiro: Forense, 2004. v. I, p. 634.

[77] THEODORO JÚNIOR, Humberto. *Curso de direito processual civil*. 41. ed. Rio de Janeiro: Forense, 2004. v. I, p. 634.

[78] CÂMARA, Alexandre Freitas. *Lições de direito processual civil*. 9. ed. Rio de Janeiro: Lumen Juris, 2003. v. I, p. 229-230.

"Processual civil. Mandado de segurança. Recurso ordinário. Acórdão do STJ que concedeu o *writ*. Nulidade do processo por alegada falta de citação. Ação rescisória. Tempestividade. Impropriedade da via eleita. Sentença de mérito inexistente.

I. Tempestividade da ação, considerada a existência de litisconsórcio a duplicar o prazo recursal, nos termos do art. 191 do CPC.

II. Descabimento da rescisória calcada em nulidade do mandado de segurança por vício na citação, à míngua de sentença de mérito a habilitar esta via em substituição à própria, qual seja, a de *querella nulitatis*.

III. Ação extinta, nos termos do art. 267, VI, do CPC" (STJ, AR 771/PA, 2ª Seção, Rel. Min. Aldir Passarinho Júnior, j. 13.12.2006, *DJ* 26.02.2007, p. 539).

Há, contudo, entendimento contrário, com o qual comungo, admitindo-se, com base no princípio da fungibilidade, a propositura de ação rescisória para discussão de vícios transrescisórios.[79] Esse, aliás, é o entendimento que defendia quando integrante do TJ-MG.[80]

Saliente-se que, apesar de reconhecido o cabimento da *querela nullitatis* normalmente contra decisões eivadas de defeitos relacionados à citação ou a pressupostos processuais, o STJ já vinha reconhecendo a possibilidade de ajuizamento dessa ação declaratória de nulidade quando a decisão anterior estivesse embasada em lei posteriormente **declarada inconstitucional pelo Supremo Tribunal Federal**. Nesse sentido o julgado proferido na vigência do CPC/1973:

"Processual civil. Recurso especial. Ausência de violação ao art. 535 do CPC. *Querela nullitatis insanabilis*. Descabimento. Impossibilidade jurídica do pedido. Recurso improvido.

[...] 2. O cabimento da *querela nullitatis insanabilis* é indiscutivelmente reconhecido em caso de defeito ou ausência de citação, se o processo correu à revelia (*v.g.*, CPC/1973, arts. 475-L, I, e 741, I[81]). Todavia, a moderna doutrina e jurisprudência, considerando a possibilidade de relativização da coisa julgada quando o *decisum* transitado em julgado estiver eivado de vício insanável, capaz de torná-lo juridicamente inexistente, tem ampliado o rol de cabimento da *querela nullitatis insanabilis*. Assim, em hipóteses excepcionais vem sendo reconhecida a viabilidade de ajuizamento dessa ação, para além da tradicional ausência ou defeito de citação, por exemplo: (i) quando é proferida sentença de mérito a despeito de faltar condições da ação; (ii) a sentença de mérito é proferida em desconformidade com a coisa julgada anterior; (iii) a decisão está embasada em lei posteriormente declarada inconstitucional pelo eg. Supremo Tribunal Federal [...]" (STJ, REsp 1.252.902/SP, Rel. Min. Raul Araújo, j. 04.10.2011).

No julgamento do REsp 1.496.208/RS, proferido em 13.04.2015, o STJ reiterou esse entendimento.

Com o CPC atual, penso que a propositura da *querela nullitatis* para atingir decisões fundamentadas em normas declaradas inconstitucionais pelo Supremo não terá mais utilidade. Isso porque, como o Código permite a propositura de ação rescisória com o objetivo de desconstituir a coisa julgada que se formou sobre sentença proferida com base em lei posteriormente declarada inconstitucional – em controle difuso ou concentrado – e, ainda, fixa como termo *a quo*

---

[79] Cf. FABRÍCIO, Adroaldo Furtado. Réu revel não citado, *querela nullitatis* e ação rescisória, in *Ensaios de direito processual*. Rio de Janeiro: Forense, 2003. p. 251.

[80] Conferir, nesse sentido: TJ-MG, Ação Rescisória 1.0000.06.421451-8/000, 9º Grupo de Câmaras, Rel. Des. Elpídio Donizetti, decisão do relator publicada em 13.09.2006.

[81] Correspondem, respectivamente, aos arts. 525, § 1º, I e 535, I, do CPC/2015.

do prazo para a ação a data do trânsito em julgado da decisão proferida pelo STF (art. 525, § 15),[82] o mais coerente é que se proponha a rescisória em vez da ação declaratória, cuja utilização ficará restrita às demais hipóteses. Assim, se, por exemplo, uma decisão transitar em julgado em 2015 e o ato normativo que a fundamentou só for declarado inconstitucional em 2020, a anulação do julgado poderá ser pleiteada até 2022, mediante ação rescisória, sendo descabido o mesmo pedido por meio da ação declaratória (*querela nullitatis*), que sequer possui prazo.

Conclui-se, portanto, que, se o Código, a partir de agora, fixa um prazo para que se pleiteie a anulação da decisão jurisdicional por razões de inconstitucionalidade, não há como o intérprete relativizar o comando legal.

Sem embargo de opiniões divergentes,[83] acredito que essa nova sistemática (art. 525, § 15) fere a garantia de segurança jurídica, pois permite uma espécie de **eficácia retroativa ilimitada** das decisões proferidas pelo Supremo em controle de constitucionalidade ainda que, na época da decisão que se pretende desconstituir, sequer houvesse discussão sobre a constitucionalidade da lei que a fundamenta. Vamos a um exemplo na tentativa de melhor explicar o risco de insegurança que essa nova regra pode trazer.

Berenice propõe ação contra o Estado de Minas Gerais, fundamentando seu pedido em lei estadual cuja constitucionalidade sequer é objeto de discussão.[84] A autora vence a demanda e a Fazenda não interpõe qualquer recurso. Em reexame necessário, a condenação é mantida em todos os termos. A sentença transitada em julgado e, cinco anos mais tarde, o Governador do Estado propõe ADI, que tramita durante seis anos até ser declarada a inconstitucionalidade da lei em que se baseou o pleito de Berenice. Nesse caso, se o STF não modular os efeitos de modo a permitir a eficácia vinculante de sua decisão a partir de determinado momento, poderá a Fazenda Pública, que, no momento processual adequado, não suscitou qualquer vício da lei estadual que serviu de parâmetro para a decisão, vem propor ação rescisória para desconstituir uma decisão já prolatada há mais de uma década.

Historicamente a coisa julgada sempre gozou de extraordinária garantia. Embora em regra proferida com base na lei, a coisa julgada – a imutabilidade – que dela emana se desgarra da lei, não mais se sujeitando a qualquer condição, salvo as hipóteses de rescindibilidade, mesmo assim se suscitados, em ação rescisória no prazo de dois anos. Inconstitucional, a meu ver, que relativiza essa imutabilidade, retirando da decisão judicial as características da definitividade. Como posto no novo CPC (art. 502), a definitividade emergente da coisa julgada estará sempre

---

[82] Frise-se que antes mesmo da entrada em vigor do CPC/2015 já se discutia a inconstitucionalidade desse dispositivo. Para alguns autores, a coisa julgada deve preponderar sobre a retroatividade da decisão do Supremo, evitando que os litígios se eternizem e que situações já consolidadas sob uma determinada égide jurídica sejam desfeitas depois de longos anos.

[83] Teresa Arruda Alvim Wambier e José Miguel Garcia Medina defendem que, "[...] no caso da rescisória com o objetivo de desconstituir a coisa julgada que se forma sobre sentença proferida com base em lei posteriormente tida como inconstitucional em ação declaratória de inconstitucionalidade, o prazo só pode começar a contar a partir do julgamento da ação declaratória de inconstitucionalidade" (WAMBIER, Teresa Arruda Alvim; MEDINA, José Miguel Garcia. *O dogma da coisa julgada*. Hipóteses de relativização. São Paulo: RT, 2003. p. 208).

[84] Vale ressaltar que toda lei é presumidamente constitucional, ou seja, ela não "nasce" já contaminada pelo vício da inconstitucionalidade. Nas palavras de Luís Roberto Barroso, a presunção de constitucionalidade "é uma decorrência lógica do princípio geral da separação de poderes e funciona como fator de autolimitação da atividade do Judiciário que, em reverência à atuação dos demais poderes, somente deve invalidar-lhes os atos diante de casos de inconstitucionalidade flagrante e incontestável" (BARROSO, Luís Roberto. *Interpretação e aplicação da Constituição*: fundamentos de uma dogmática transformadora. São Paulo: Saraiva, 1996. p. 155-156).

com a espada de Dâmocles a pairar sobre ela. Será definitiva – ou poderá ser – desde que jamais se questione e declare a inconstitucionalidade da lei na qual a sentença ou acórdão se embasou. É o mais arrematado absurdo. Mas é o Código que, paradoxalmente, tem como um de seus objetivos a segurança jurídica.

JURISPRUDÊNCIA TEMÁTICA

Perda superveniente do objeto e levantamento do depósito pelo réu

"Na hipótese em que a extinção da ação rescisória sem resolução de mérito é motivada pela perda superveniente do objeto em razão de retratação da sentença que se objetivava rescindir, deve ser afastada a reversão do depósito prévio a favor do réu, permitindo-se ao autor levantar a quantia depositada" (STJ, 3ª Turma, REsp 2.137.256/MT, Rel. Min. Nancy Andrighi, j. 13.08.2024).

Rescisória e precatório

"É cabível ação rescisória contra decisão proferida em agravo de instrumento que determina a retificação da parte beneficiária de precatório judicial, diante do conteúdo meritório da decisão" (STJ, 1ª Turma, REsp 1.745.513/RS, Rel. Min. Paulo Sérgio Domingues, j. 12.03.2024).

Valor da causa em *querela nullitatis*

"O valor da causa na ação de *querela nullitatis* deve corresponder ao valor da causa originária ou do proveito econômico obtido, a depender do teor da decisão que se pretende declarar inexistente" (STJ, 3ª Turma, REsp 2.145.294/SC, Rel. Min. Nancy Andrighi, j. 18.06.2024).

Legitimidade de terceiro para a *querela nullitatis*

"O terceiro juridicamente interessado tem legitimidade para ajuizar a ação declaratória de nulidade (*querela nullitatis insanabilis*) sempre que houver algum vício insanável na sentença transitada em julgado" (STJ, 3ª Turma, REsp 1.902.133/RO, Rel. Min. Marco Aurélio Bellizze, j. 16.04.2024).

Extinção da ação rescisória por indeferimento da petição inicial e possibilidade de levantamento do depósito prévio

"Extinta a ação rescisória, por indeferimento da petição inicial, sem apreciação do mérito, por meio de deliberação monocrática, o relator poderá facultar, ao autor, o levantamento do depósito judicial previsto no art. 968, II, do CPC/2015" (STJ, AgInt na AR 7.237/DF, Rel. Min. Marco Buzzi, 2ª Seção, j 10.08.2022).

Ação Rescisória e honorários advocatícios

"Os honorários advocatícios sucumbenciais não devem ser arbitrados sobre base de cálculo extraída da ação originária - cuja decisão se pretende rescindir -, mas sim a partir dos parâmetros da própria ação rescisória. 8. Nos termos do art. 85, § 2º, do CPC/2015, a verba honorária na ação rescisória deve ser fixada no patamar de dez a vinte por cento, subsequentemente calculados sobre o valor: a) da condenação; b) do proveito econômico obtido; ou c) do valor atualizado da causa. Excepcionalmente, nas hipóteses em que for inestimável ou irrisório o proveito econômico ou, ainda, quando o valor da causa for muito baixo, será possível realizar o arbitramento por equidade. 9. O valor da causa nas ações rescisórias deve corresponder ao valor da causa originária, devidamente atualizado, salvo se o proveito econômico pretendido com a rescisão do julgado for discrepante daquele valor, ocasião em que este último prevalecerá. Precedentes. 10. Na hipótese dos autos, merece reforma o acórdão recorrido, pois, em virtude do julgamento de improcedência dos pedidos, constata-se que não houve condenação, tampouco proveito econômico obtido, motivo pelo qual os honorários devem ser fixados sobre o valor da causa da própria ação rescisória (...)" (REsp 2.068.654/PA, Rel. Min. Nancy Andrighi, 3ª Turma, j. 12.09.2023, *DJe* 15.09.2023).

"É devida a fixação de honorários advocatícios quando, em julgamento de ação rescisória, o Tribunal reconhece a sua incompetência, realizando apenas o juízo rescindendo, e submete ao órgão jurisdicional competente o juízo rescisório" (STJ, REsp 1.848.704/RJ, Rel. Min. Mauro Campbell Marques, Rel. Acd. Min. Herman Benjamin, 2ª Turma, j. 23.08.2022).

Termo inicial do prazo da ação rescisória em caso de inadmissibilidade do recurso

"A controvérsia consiste em saber qual a data deve ser considerada como termo inicial do prazo para ajuizamento de ação rescisória quando há insurgência recursal da parte contra a inadmissão de seu recurso, se do trânsito em julgado inicialmente reconhecido ou se da última decisão que apreciou a respectiva questão controvertida. 2. Enquanto não estiver definitivamente decidida a questão acerca da admissibilidade de recurso interposto nos autos, cujo resultado terá influência direta na ocorrência ou não do trânsito em julgado, o prazo decadencial da ação rescisória não se inicia, sob pena de se causar insegurança jurídica, salvo comprovada má-fé. 3. Na hipótese, a recorrente não agiu com má-fé ao se insurgir contra a decisão do Juízo a quo que tornou sem efeito a sua apelação e, em consequência, reconheceu o trânsito em julgado, tendo em vista a notória confusão processual gerada pelo Tribunal de origem acerca do alcance da nulidade reconhecida nos embargos de declaração opostos pela parte interessada. Dessa forma, o recurso por ela interposto teve o condão de obstar o trânsito em julgado, iniciando-se o prazo para ajuizamento da ação rescisória somente após a última decisão a respeito da controvérsia, a evidenciar a ausência de decadência no presente caso. 4. Recurso especial provido" (STJ, REsp 1.887.912/GO, Rel. Ministro Marco Aurélio Bellizze, 3ª Turma, julgado em 21.09.2021, *DJe* 24.09.2021).

Ação Rescisória e Recurso Especial

"Segundo orientação definida pela eg. Corte Especial, é viável o recurso especial interposto contra acórdão proferido em ação rescisória, fundada no art. 485, V, do CPC/1973 (CPC/2015, art. 966, V), quando o especial ataca o próprio mérito, insurgindo-se diretamente contra os fundamentos do aresto rescindendo, sem limitar-se aos pressupostos de admissibilidade da rescisória" (STJ, EREsp 1.434.604/PR, Rel. Ministro Raul Araújo, Corte Especial, julgado em 18.08.2021, *DJe* 13.10.2021).

Não é cabível ação anulatória para discutir prova nova ou erro de fato em sentença transitada em julgado

"Recurso especial. Ação anulatória, tendo por propósito desconstituir sentença transitada em julgado (há mais de nove anos), na parte em que fixou pensão alimentícia em virtude da perda da capacidade laborativa, tendo como causa de pedir a alegação de que o *decisum* fundou-se em premissa equivocada (declaração de diretor de hospital que não traduziu com exatidão os ganhos verdadeiramente auferidos à época), a redundar em valores manifestamente exorbitantes. Acórdão recorrido que, por maioria de votos, reforma a sentença extintiva, para julgar procedente a ação, para reconhecer, em razão dos valores considerados vultosos, de ofício, a inconstitucionalidade da sentença passada em julgado. Descabimento. Impropriedade da via eleita. Reconhecimento. Recurso especial provido. 1. A controvérsia posta no presente recurso especial centra-se em saber se a ação anulatória (promovida em junho de 2017) constitui a via processual adequada para desconstituir parte da sentença (proferida em 22/3/2002 e transitada em julgado em 24/8/2007), na qual se fixou pensão alimentícia em virtude da perda da capacidade laboral da então demandante, tendo como causa de pedir, basicamente, o argumento de que a sentença fundou-se em premissa equivocada, consistente na declaração do diretor, à época, do Hospital e Maternidade Santa Cruz que não traduziu com exatidão os ganhos verdadeiramente auferidos por ela, circunstância, segundo defende, demonstrada em prova superveniente, redundando em valores manifestamente exorbitantes. 2. Na espécie, apartando-se completamente da *causa petendi* delineada pela parte demandante, e, portanto dos limites gizados na inicial, o Tribunal de origem, por maioria de votos, reconheceu, em razão dos valores considerados vultosos, de ofício, a inconstitucionalidade da sentença passada em julgado, sob o fundamento de que esta teria, a seu juízo, contrariado 'o art. 7º, IV, da Constituição Federal e a Súmula Vinculante n. 4 do STF, que vedam a utilização do salário mínimo como fator de correção monetária', além das disposições referentes ao teto remuneratório de servidores públicos municipais, pois, 'segundo a inicial da ação originária, a vítima do sinistro percebia remuneração de um hospital privado conveniado ao SUS e ao Município de Dourados'. 3. A coisa julgada, de assento constitucional (e legal), erigida à garantia fundamental do indivíduo, assume papel essencial à estabilização dos conflitos, em obséquio à segurança jurídica que legitimamente se espera da prestação jurisdicional. A esse propósito, uma vez decorrido o devido processo legal, com o exaurimento de todos os recursos cabíveis, a solução judicial do conflito de interesses, em substituição às partes litigantes, por meio da edição de uma norma jurídica concreta, reveste-se necessariamente de imutabilidade e de definitividade. Assim, a coisa julgada, a um só tempo, não apenas impede que a mesma controvérsia, relativa às mesmas partes, seja novamente objeto de ação e, principalmente, de outra decisão de mérito (função negativa), como também promove o respeito e a proteção ao que restou decidido em sentença transitada em julgado (função positiva). Uma vez transitada em julgado a sentença, a coisa julgada que dela dimana assume a condição de ato emanado de autoridade estatal de observância obrigatória – imune, inclusive, às alterações legislativas que porventura venham a ela suceder –, relegando-se a um segundo plano, o raciocínio jurídico desenvolvido pelo julgador, os fundamentos ali exarados, a correção ou a justiça da decisão, pois estes, em regra, já não mais comportam nenhum questionamento. 4. Atento à indiscutível falibilidade humana, mas sem descurar da necessidade de conferir segurança jurídica à prestação jurisdicional, a lei adjetiva civil estabelece situações específicas e taxativas em que se admite a desconstituição da coisa julgada (formal e material), por meio da promoção de ação rescisória, observado, contudo, o prazo fatal e decadencial de 2 (dois) anos, em regra. 5. A par de tais hipóteses legais em que se autoriza a desconstituição da coisa julgada por meio da via rescisória, doutrina e jurisprudência admitem, também, o ajuizamento de ação destinada a declarar vício insuperável de existência da sentença transitada em julgado que, por tal razão, apenas faria coisa julgada formal, mas nunca material, inapta, em verdade, a produzir efeitos. Por isso, não haveria, em tese, comprometimento da almejada segurança jurídica. Trata-se, pois, da querela *nullitatis insanabilis*, a qual, ao contrário da ação rescisória, que busca desconstituir sentença de mérito válida e eficaz, proferida em relação processual regularmente constituída, tem por finalidade declarar a ineficácia de sentença que não observa pressuposto de existência e, por consequência, de validade. 5.1 As situações mais citadas pela doutrina – e algumas delas respaldadas pela jurisprudência nacional – dizem respeito à não conformação da relação jurídica processual decorrente da ausência de citação válida, desenvolvendo-se o processo à revelia do réu; à não integração de litisconsorte passivo necessário no feito; à sentença proferida por juiz materialmente incompetente, em manifesta contrariedade à repartição constitucional de competências; e às sentenças consideradas inconstitucionais, assim compreendidas como aquelas que estão fundadas em lei ou ato normativo declarados inconstitucionais pelo Supremo Tribunal Federal. 6. No particular, contudo, não se pode deixar de reconhecer que a causa de pedir veiculada na subjacente ação anulatória tratou de matéria própria, unicamente, de ação rescisória, a qual sugere, a toda evidência, a ocorrência de 'erro de fato' ou de 'prova nova'. Logo, a ação anulatória (*querela nullitatis insanabilis*) não se presta a desconstituir sentença de mérito válida e eficaz, proferida em relação processual regularmente constituída, cujo prazo decadencial, *in casu*, há muito escoou. 7. A existência de sentença inconstitucional também pode, em tese, fundamentar a ação anulatória (*querela nullitatis insanabilis*). Sua admissão, contudo, há de observar, necessariamente, as mesmas hipóteses de cabimento e condições de procedência para a desconstituição da coisa julgada por inconstitucionalidade de norma em que ela se baseia, explicitadas nos precedentes citados, atinentes aos arts. 475-L, § 1º, e 741, parágrafo único, do CPC/1973 (correspondentes aos arts. 525, § 1º, III e §§ 12 e 14, 535, § 5º, CPC/2015), já que são estes os parâmetros dados pela jurisprudência do STJ e do STF para regular a questão. 6.1 Efetivamente, considerando-se que o afastamento da imutabilidade da coisa julgada assume caráter absolutamente excepcional em nosso sistema, não se poderia conferir interpretação diversa – e, de modo algum, mais ampliativa – à sentença reputada inconstitucional arguível em *querella nullitatis* (a qualquer tempo), daquela passível de alegação na fase executiva (submetida ao prazo da impugnação ao cumprimento de sentença ou dos embargos à execução contra a Fazenda Pública), se ambas possuem o mesmo fundamento e o mesmo propósito de obter a declaração de ineficácia/inexigibilidade do título judicial passado em julgado. Precedente. 8. O título judicial a que se pretende desconstituir não se encontra fundamentado em lei ou ato normativo considerado inconstitucional pelo STF, ou fundado em aplicação ou interpretação da lei ou de ato normativo tido pelo STF como incompatível com a Constituição Federal, em controle de constitucionalidade concentrado ou difuso. A par disso, também não é possível depreender, dos fundamentos utilizados pela Corte estadual, a existência de um posicionamento consolidado do Supremo Tribunal Federal, anterior à formação do título judicial – tampouco posterior –, que pudesse atribuir à sentença transitada em julgado, a pecha de inconstitucionalidade, seja quanto à adoção do salário-mínimo como fator de correção monetária, seja quanto às disposições afetas ao teto da remuneração do serviço público. 9. A adoção irrestrita da Teoria da Relativização da Coisa Julgada, a pretexto de uma suposta correção de rumos da sentença passada em julgado, sob o discurso de que esta não se mostraria, aos olhos da parte sucumbente, a melhor, a mais justa ou a mais correta, em hipotética ofensa a algum valor constitucional, calcado num inescondível subjetivismo, redundaria na desestabilização dos conflitos pacificados pela prestação jurisdicional, a fulminar, por completo, a sua finalidade precípua, revelando-se catalisadora de intensa insegurança jurídica. Ciente de tais implicações, o Superior Tribunal de Justiça, *cum grano salis*, aplica a Teoria da Relativização da Coisa Julgada em situações absolutamente excepcionais, em que a segurança jurídica, princípio informador do instituto da coisa julgada, sucumbe diante de valores que, num juízo de ponderação de interesses e princípios, devem a ela sobrepor-se. 9.1 *In casu*, não bastasse a impropriedade da via eleita, na medida em que a causa de pedir centrada em 'prova nova' ou em 'erro de fato' é própria, unicamente, de ação rescisória, a ser ventilada em prazo decadencial, no caso, há muito transcorrido, sobre a questão aventada, o voto vencido – o único que chegou a se debruçar sobre o ponto – deixou assente, inclusive, a fragilidade da aludida prova nova, já que o autor da declaração citada no título judicial, quanto à remuneração da então demandante, reafirmou o conteúdo daquela, em anterior ação promovida pela empresa de Transportes Rodoviários Takigawa Ltda., tendo por propósito a revisão ou exoneração da pensão alimentar em comento. 9. Recurso provido, para restaurar a sentença extintiva do processo, ante a impropriedade da via processual eleita" (STJ, REsp 1.782.867/MS. Rel. Min. Marco Aurelio Bellizze, *DJe* 14.08.2019).

"Ação rescisória. Processual civil não cabimento de ação rescisória diante da nulidade decorrente de vício/inexistência de citação. Litisconsorte passivo necessário. Proprietário do imóvel. Ação demolitória. Cabível ação declaratória – *querela nullitatis*. Inadequação da via eleita. Ação extinta. Condenação da parte autora em honorários advocatícios e custas processuais. Necessário o recolhimento de 5% (cinco por cento) sobre o valor da causa nos termos do artigo 488, II, do CPC. *À unanimidade*. 1. De acordo com a jurisprudência do Superior Tribunal de Justiça, é cabível ação declaratória de nulidade (*querela nullitatis*) para se combater sentença proferida com nulidade ou inexistência de citação, sendo inadequado o uso da ação rescisória. 2. Não estando prevista tal causa de pedir dentre as taxativas hipóteses constantes dos incisos do art. 485 do CPC, o expediente processual adequado para corrigir o suposto equívoco praticado no primeiro grau de jurisdição é a *querela nulitatis*. 3. Precedentes jurisprudenciais do Superior Tribunal de Justiça. 4. Ação Rescisória julgada extinta. À unanimidade. Prejudicado o Agravo Regimental interposto pela parte autora. 5. Condenação da parte autora ao pagamento das custas processuais e honorários advocatícios, estes arbitrados em R$ 500,00 (quinhentos reais). 6. Deve, ainda, a parte autora fazer o pagamento do depósito de 5% (cinco por cento) sobre o valor da causa, conforme previsto no artigo 488, II, do Código de Processo Civil" (TJ-PE, AGR 3.254.235/PE, Grupo de Câmaras de Direito Público, Rel. Erik de Sousa Dantas Simões, j. 05.08.2015, publ. 14.08.2015).

Súmula nº 249 do STF: "É competente o Supremo Tribunal Federal para a ação rescisória quando, embora não tendo conhecido do recurso extraordinário, ou havendo negado provimento ao agravo, tiver apreciado a questão federal controvertida".

Súmula nº 252 do STF: "Na ação rescisória, não estão impedidos juízes que participaram do julgamento rescindendo".

Súmula nº 264 do STF: "Verifica-se a prescrição intercorrente pela paralisação da ação rescisória por mais de cinco anos".

Súmula nº 343 do STF: "Não cabe ação rescisória por ofensa a literal disposição de lei, quando a decisão rescindenda se tiver baseado em texto legal de interpretação controvertida nos tribunais".

Súmula nº 514 do STF: "Admite-se ação rescisória contra sentença transitada em julgado, ainda que contra ela não se tenha esgotado todos os recursos".

Súmula nº 515 do STF: "A competência para a ação rescisória não é do Supremo Tribunal Federal quando a questão federal, apreciada no recurso extraordinário ou no agravo de instrumento, seja diversa da que foi suscitada no pedido rescisório".

Súmula nº 175 do STJ: "Descabe o depósito prévio nas ações rescisórias propostas pelo INSS".

Súmula nº 401 do STJ: "O prazo decadencial da ação rescisória só se inicia quando não for cabível qualquer recurso do último pronunciamento judicial".

Quadro esquemático 103 – Ação rescisória

Ação Rescisória (arts. 966 a 975)

- Conceito: meio de impugnação de uma decisão transitada em julgado, em virtude dos vícios previstos no art. 966.
- O CPC/2015 admite ação rescisória para desconstituir provimento que, embora não seja de mérito, impeça a propositura de nova demanda (art. 966, § 2º, I). Exemplos: decisão que reconhece a litispendência, a perempção e a coisa julgada.
- Há também a possibilidade de rescindibilidade de decisão que impeça a admissibilidade de recurso correspondente (art. 966, § 2º, II).

- **Natureza jurídica**
  - Ação autônoma de impugnação à decisão judicial. Não se confunde com recurso.

- **Pressupostos da ação rescisória**
  - É indispensável que a sentença, acórdão ou decisão que se pretende rescindir seja definitiva, de mérito ou não, e que tenha transitado em julgado.
  - Propositura dentro do prazo de dois anos do trânsito em julgado da última decisão proferida no processo.

- **Hipóteses de rescindibilidade (art. 966)**
  - Quando a decisão for proferida por força de prevaricação, concussão ou corrupção do juiz.
  - Quando a decisão for proferida por juiz impedido ou por juiz absolutamente incompetente.
  - Quando a decisão resultar de dolo ou coação da parte vencedora em detrimento da parte vencida ou, ainda, de simulação ou colusão entre as partes, a fim de fraudar a lei.
  - Quando a decisão ofender a coisa julgada.
  - Quando a decisão violar manifestamente a norma jurídica.
  - Quando a decisão for fundada em prova cuja falsidade tenha sido operada em processo criminal ou venha a ser demonstrada na própria ação rescisória.
  - Quando o autor obtiver, posteriormente ao trânsito em julgado, prova nova cuja existência ignorava, ou de que não pôde fazer uso, capaz, por si só, de lhe assegurar pronunciamento favorável.
  - Quando a decisão for fundada em erro de fato verificável do exame dos autos.

- **Rescisão x Anulação do julgado**
  - Os atos de disposição de direitos, praticados pelas partes ou por outros participantes do processo e homologados pelo juízo, bem como os atos homologatórios praticados no curso da execução, estão sujeitos à anulação, nos termos da lei (art. 966, § 4º).

- **Competência**
  - Somente tribunal tem competência para julgamento de ação rescisória. O tribunal julgará a ação rescisória ajuizada em face das sentenças de primeiro grau e das próprias decisões.

- **Legitimidade ativa**
  - Quem foi parte no processo ou o seu sucessor a título universal ou singular (legitimação ordinária).
  - O terceiro juridicamente interessado (interesse jurídico, e não meramente econômico ou moral). É terceiro interessado para fins de propositura da ação rescisória aquele que detinha legitimidade para intervir como assistente ou terceiro prejudicado na demanda originária.

Ação Rescisória (arts. 966 a 975)

- **Legitimidade ativa**
  - O Ministério Público
    - Se não foi ouvido no processo em que lhe era obrigatória a intervenção.
    - Quando decisão rescindenda é efeito de simulação ou de colusão das partes, a fim de fraudar a lei.
    - Em face das decisões proferidas nas ações em que tenha atuado como autor.
  - Aquele que não foi ouvido no processo em que era obrigatória a sua intervenção.

- **Legitimidade passiva**
  - Todos os participantes da demanda originária, desde que, evidentemente, não sejam autores desta nova ação (hipótese de litisconsórcio necessário unitário).
  - Terceiro que não tenha participado da relação processual originária, mas que seja titular do direito reconhecido na sentença que se pretende rescindir (exemplo: advogado, no caso de rescisória usar a desconstituição do capítulo do julgado em que houve condenação ao pagamento de honorários advocatícios).

- **Prazo para a propositura da ação rescisória**
  - Dois anos contados do trânsito em julgado da última decisão proferida no processo (art. 975).
  - Natureza: decadencial.
  - O prazo de dois anos para propositura da ação rescisória aplica-se a todos os legitimados, inclusive a Fazenda Pública.
  - Se o termo final do prazo para o ajuizamento da ação rescisória recair durante férias forenses, recesso, feriados ou em dia em que não houver expediente forense, ele deverá ser prorrogado para o primeiro dia útil subsequente.
  - Exceções relativas ao termo *a quo* do prazo para a propositura da ação rescisória.
    - No caso de prova nova, o prazo de dois anos tem início a partir da data da descoberta da prova, observado o prazo máximo de 5 anos;
    - No caso de simulação ou colusão das partes, o termo inicial começa a partir do momento em que houve ciência da simulação ou da colusão, se a ação for proposta por terceiros ou pelo MP;
    - Quando a sentença se fundar em lei ou ato normativo declarado pelo STF, em controle difuso ou concentrado (art. 525, § 15). Nessa hipótese o termo inicial será a data do trânsito em julgado da decisão proferida pelo STF.

- **Procedimento**
  - Petição Inicial (art. 968)
    - Além do pedido de rescisão do julgado (*judicium rescindens*), a petição deve conter o pedido de novo julgamento (*judicium rescisorium*), se for o caso (art. 968, I).
    - Possibilidade de emenda no prazo de quinze dias quando não forem preenchidos os requisitos legais.
    - Como a ação rescisória tem natureza jurídica de ação e não de recurso, a ela se aplicam as disposições do art. 332 (art. 968, § 4º).

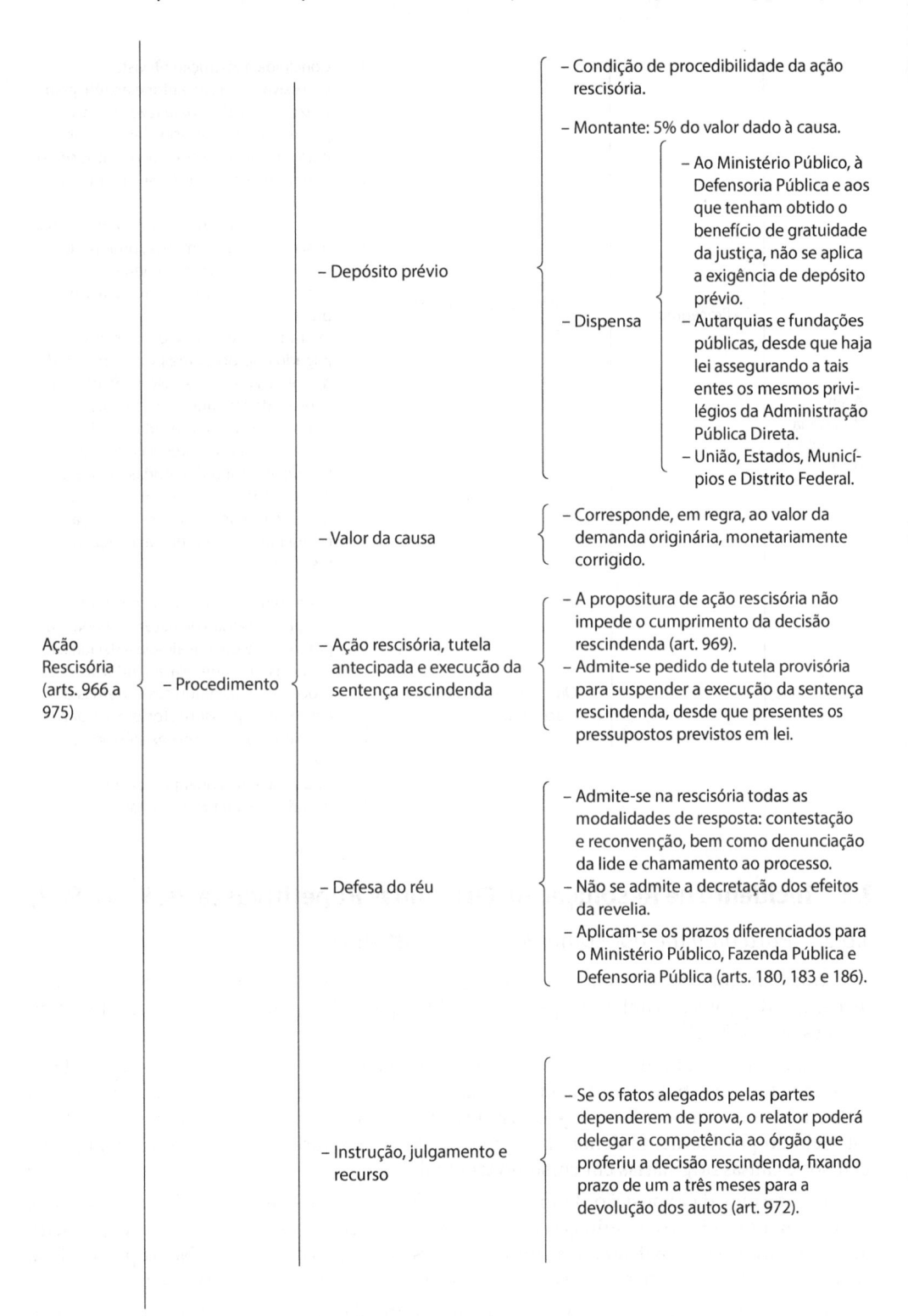

Ação Rescisória (arts. 966 a 975)

– Procedimento

- **– Depósito prévio**
  - – Condição de procedibilidade da ação rescisória.
  - – Montante: 5% do valor dado à causa.
  - – Dispensa
    - – Ao Ministério Público, à Defensoria Pública e aos que tenham obtido o benefício de gratuidade da justiça, não se aplica a exigência de depósito prévio.
    - – Autarquias e fundações públicas, desde que haja lei assegurando a tais entes os mesmos privilégios da Administração Pública Direta.
    - – União, Estados, Municípios e Distrito Federal.

- **– Valor da causa**
  - – Corresponde, em regra, ao valor da demanda originária, monetariamente corrigido.

- **– Ação rescisória, tutela antecipada e execução da sentença rescindenda**
  - – A propositura de ação rescisória não impede o cumprimento da decisão rescindenda (art. 969).
  - – Admite-se pedido de tutela provisória para suspender a execução da sentença rescindenda, desde que presentes os pressupostos previstos em lei.

- **– Defesa do réu**
  - – Admite-se na rescisória todas as modalidades de resposta: contestação e reconvenção, bem como denunciação da lide e chamamento ao processo.
  - – Não se admite a decretação dos efeitos da revelia.
  - – Aplicam-se os prazos diferenciados para o Ministério Público, Fazenda Pública e Defensoria Pública (arts. 180, 183 e 186).

- **– Instrução, julgamento e recurso**
  - – Se os fatos alegados pelas partes dependerem de prova, o relator poderá delegar a competência ao órgão que proferiu a decisão rescindenda, fixando prazo de um a três meses para a devolução dos autos (art. 972).

Ação Rescisória (arts. 966 a 975)

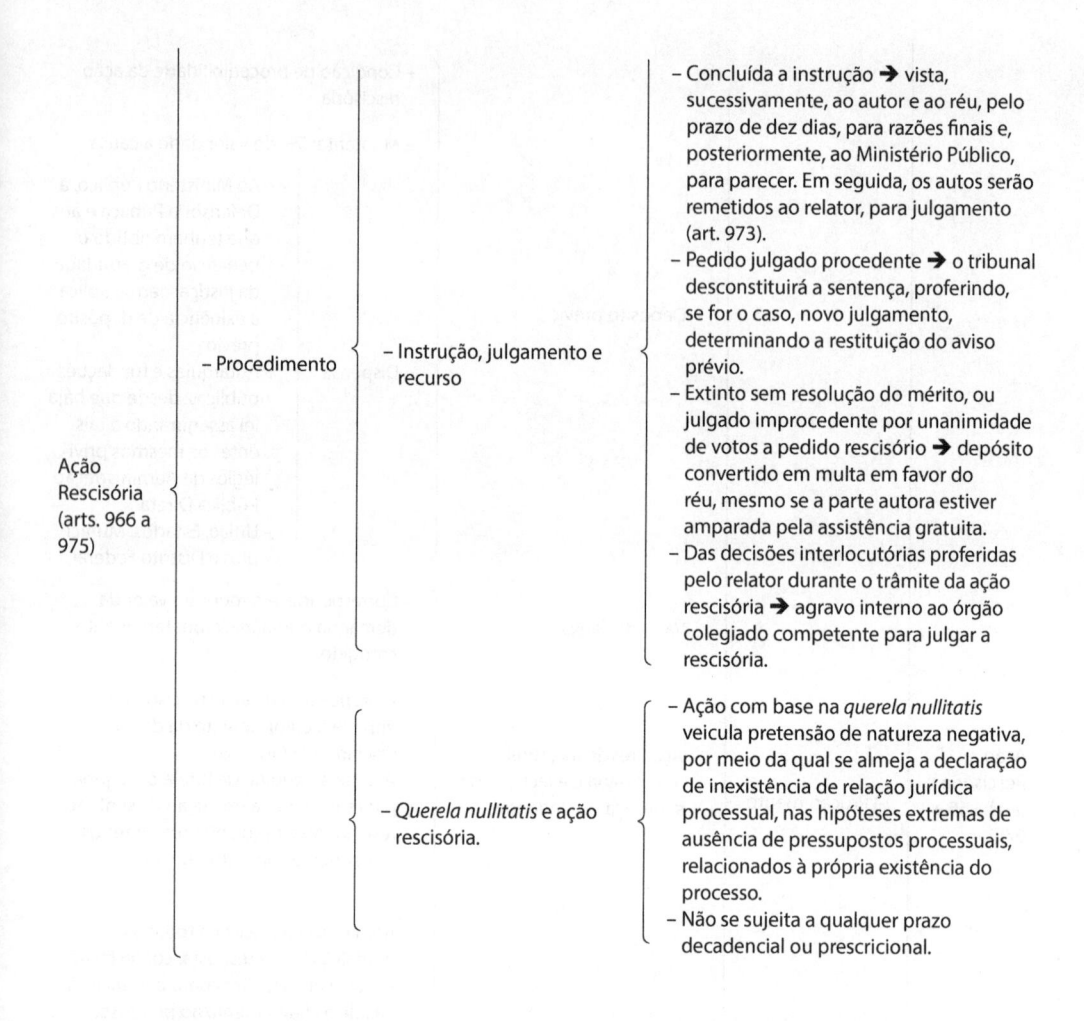

- Procedimento
  - Instrução, julgamento e recurso
    - Concluída a instrução ➜ vista, sucessivamente, ao autor e ao réu, pelo prazo de dez dias, para razões finais e, posteriormente, ao Ministério Público, para parecer. Em seguida, os autos serão remetidos ao relator, para julgamento (art. 973).
    - Pedido julgado procedente ➜ o tribunal desconstituirá a sentença, proferindo, se for o caso, novo julgamento, determinando a restituição do aviso prévio.
    - Extinto sem resolução do mérito, ou julgado improcedente por unanimidade de votos a pedido rescisório ➜ depósito convertido em multa em favor do réu, mesmo se a parte autora estiver amparada pela assistência gratuita.
    - Das decisões interlocutórias proferidas pelo relator durante o trâmite da ação rescisória ➜ agravo interno ao órgão colegiado competente para julgar a rescisória.
- Querela nullitatis e ação rescisória.
  - Ação com base na *querela nullitatis* veicula pretensão de natureza negativa, por meio da qual se almeja a declaração de inexistência de relação jurídica processual, nas hipóteses extremas de ausência de pressupostos processuais, relacionados à própria existência do processo.
  - Não se sujeita a qualquer prazo decadencial ou prescricional.

3.6 Incidente de Resolução de Demandas Repetitivas (arts. 976 a 987)

3.6.1 Para uma melhor compreensão do instituto

Uma das maiores novidades trazidas pelo CPC/2015 é o Incidente de Resolução de Demandas Repetitivas, conhecido pela sigla IRDR, que se inclui no rol dos precedentes vinculantes (art. 927, III).

Segundo a exposição de motivos elaborada pela Comissão de Juristas do Senado, trata-se de mecanismo concebido para a "identificação de processos que contenham a mesma questão de direito, que estejam ainda no primeiro grau de jurisdição, para decisão conjunta". Identificar, por meio do procedimento denominado IRDR, fixar a tese jurídica e, se for o caso, julgar os recursos e causas originárias em curso no tribunal.

Nos termos da exposição de motivos, o IRDR constituiria um procedimento-modelo, isto é, teria por objetivo a definição de tese jurídica, a ser aplicada pelos juízes de primeiro grau e no próprio tribunal, ao julgar futuros recursos e causas originárias. Nessa perspectiva, a instauração do incidente não pressupunha a existência de recursos no tribunal.

Entretanto, o texto final do Código atual destoou da exposição feita pela Comissão do Anteprojeto. O parágrafo único do art. 978 permite inferir que não se admitiria padronização preventiva, ou seja, o IRDR seria instaurado incidentalmente em julgamento de recurso, remessa necessária ou processo de competência originária, perante os Tribunais de Justiça ou Tribunal Regional Federal. Além do risco de ofensa à isonomia e à segurança jurídica, deveria haver efetiva repetição de processos (art. 976, I);[85] não bastando apenas o prognóstico de dissenso. A incidência da repetição poderia estar ocorrendo no primeiro, no segundo ou em ambos os graus de jurisdição, mas, para instauração do incidente, pelo menos um feito (num sentido *lato*) versando a mesma questão de direito deveria estar tramitando no tribunal de segundo grau.

Assim, de acordo com o texto sancionado, não seria permitida a padronização preventiva; o incidente não constituiria um procedimento modelo (destinado a, em abstrato, fixar tese jurídica), mas sim uma causa piloto, ou seja, os processos em curso no tribunal seriam afetados para julgamento conjunto e, a partir desse julgamento, aos moldes do que ocorre com os julgamentos de RE e REsp repetitivos, seria fixada a tese jurídica.

Evidente que se a tese jurídica a ser assentada já constituir objeto de recurso extraordinário ou especial afetado para julgamento na modalidade repetitiva, incabível é o IRDR (art. 976,§ 4º), uma vez que o que restar decidido pelo tribunal superior vinculará tribunais e juízos de primeiro grau.

O dissenso sobre a necessidade ou não de prévia repetição de processos no tribunal e, consequentemente, do objeto do incidente, instaurou-se na doutrina. No IRDR, o tribunal fixaria a tese e julgaria os casos concretos, na linha do que aparentemente dispõe a lei, ou restringir-se-ia a fixar a tese em abstrato, sem a resolução dos processos no tribunal?

Essa indagação leva a outra, no que respeita ao requisito da repetição de processos no tribunal. **Pode o incidente ser instaurado havendo repetição somente no primeiro grau de jurisdição?**

Se a opção for pela causa piloto, a definição da tese jurídica será bem mais demorada. Até que os processos tramitem no primeiro grau de jurisdição e cheguem ao tribunal, muitos anos vão se passar. Ao contrário, se a opção for pelo procedimento modelo, tão logo a repetição comece a pipocar no juízo de primeiro grau (justiça estadual, federal ou juizados especiais), ainda que não haja qualquer causa sobre a questão no tribunal, um legitimado – menos o relator, evidentemente – pode suscitar o incidente (juiz, partes, Ministério Público ou Defensoria Pública).

No procedimento modelo há processos em curso no Judiciário, embora não necessariamente no tribunal; pode ser apenas no primeiro grau de jurisdição. Assim, não me afigura pertinente a observação daqueles que "se preocupam" com o fato de o aplicador da lei legislar. Não se trata disso. De uma forma ou de outra (haja ou não causa no tribunal), o IRDR será julgado e a tese definida a partir de casos concretos, ainda que em curso somente no primeiro grau de jurisdição.

Debrucei sobre essa questão. Verifiquei que a jurisprudência iniciou sua marcha no sentido da adoção do procedimento ou causa modelo. Os acórdãos proferidos no IRDR nº 0804575-80.2016.4.05.0000 – TRF-5ª Região e no IRDR nº 0023205-97.2016.8.19.0000 – TJ-RJ, para citar apenas dois julgados mais ilustrativos. Na linha adotada, a instauração não pressupõe a existência de causas no tribunal. Mediante ofício do juiz ou petição das partes, do MP ou da DP, preenchidos os demais requisitos, **pode-se instaurar o IRDR com o simples objetivo de definir o modelo a ser seguido** nas causas que serviram para demonstrar a repetição e nas que eventualmente forem intentadas na área de jurisdição do tribunal.

---

[85] "Não existe limitação de matérias de direito passíveis de gerar a instauração do incidente de resolução de demandas repetitivas e, por isso, não é admissível qualquer interpretação que, por tal fundamento, restrinja o seu cabimento" (Enunciado nº 88, FPPC).

Os enunciados, diante da proliferação de órgãos que os emite, não têm ajudado muito. Na questão em debate, o FPPC puxa para o lado da causa piloto e a Enfam para o lado do procedimento modelo:

> "A instauração do incidente pressupõe a existência de processo pendente no respectivo tribunal" (Enunciado nº 344 do FPPC). Na mesma linha, o Enunciado 342 do mesmo fórum: "O incidente de resolução de demandas repetitivas aplica-se ao recurso, a remessa necessária ou a qualquer causa de competência originária".

> "A instauração do IRDR não pressupõe a existência de processo pendente no respectivo tribunal" (Enunciado nº 22 da Enfam).

Relendo o parágrafo único do art. 978, em passagem alguma há afirmação de que, obrigatoriamente, deva haver causa versando sobre idêntica questão no tribunal. O caso é um pouco diferente do que se passa com os Recursos Extraordinários e Recursos Especiais repetitivos. Nos recursos repetitivos, o legislador criou um procedimento de recursos pilotos, com previsão de escolha dos recursos representativos da controvérsia (art. 1.036, § 1º).

Ocorre que o STJ, em 2019, definiu como condicionante para o cabimento do IRDR a pendência de julgamento, no tribunal, de uma causa recursal ou originária. Assim, "se já encerrado o julgamento, não caberá mais a instauração do IRDR, senão em outra causa pendente; mas não naquela que já foi julgada" (STJ, AREsp 1.470.017/SP, Rel. Min. Francisco Falcão, 2ª Turma, j. 15.10.2019, *DJe* 19.10.2019).

A 2ª Turma do STJ, novamente em 2024, foi ainda mais enfática, afirmando que o CPC/2015 adotou a sistemática da causa-piloto, e não da causa-modelo para admissibilidade do IRDR. Para facilitar, vejamos o que houve no caso concreto (REsp 2.023.892/AP, j. 05.03.2024): uma juíza de vara cível do Amapá percebeu a repetição de diversos processuais judiciais nos quais os servidores públicos do Estado pleiteavam a concessão de adicional de insalubridade previsto na legislação estadual. Embora existisse lei, ela não disciplinava sobre os percentuais, o que fez os servidores pleiterarem a aplicação analógica da Lei Federal nº 8.112/1990. A referida juíza suscitou a instauração do incidente, justificando que havia divergência de entendimentos entre juízes vinculados ao TJ-AP. O Tribunal, por sua vez, admitiu e julgou o incidente, estabelecendo a seguinte tese: "Enquanto não houver regulamentação integral aos dispositivos da Lei Estadual nº 0066/1993 para fins de pagamento do adicional de insalubridade aos servidores públicos do Amapá, devem ser aplicados, por analogia, os percentuais previstos na Lei Estadual nº 2.231, de 27.09.2017, que institui o Plano de Cargos, Carreira e Remuneração dos Servidores Técnico-Administrativos Efetivos da Universidade do Estado do Amapá – UEAP, cujos efeitos contam a partir da data de publicação deste acórdão".

Ocorre que o caso foi levado ao STJ, que rechaçou a providência adotada pelo TJ-AP – e pela juíza –, argumentando que houve violação ao art. 978 do CPC, já que, segundo a Corte Cidadã, o CPC estabeleceu, como regra, a sistemática da causa piloto para o julgamento do IRDR. Justamente por isso não basta a existência de múltiplos processos em primeiro grau; é imprescindível que o IRDR seja instaurado a partir de uma causa concreta que já esteve no Tribunal ao qual pertence o órgão competente para julgá-lo.

Ao contrário do STJ, entendo que a instauração não pressupõe a existência de recursos, remessa necessária ou causas originárias versando sobre a questão a ser assentada pelo tribunal. Pode até haver causa versando idêntica questão de direito no tribunal (mas não obrigatoriamente), hipótese em que legitima o relator a proceder à suscitação do incidente. Em havendo causa versando sobre a mesma questão de direito, o órgão competente para julgar o incidente também julgará as causas em curso no tribunal; esse procedimento confere celeridade, não suprime grau de jurisdição e não compromete qualquer garantia inerente ao devido processo legal. O IRDR deveria ser admitido quando fosse identificada a repetição de causas fundadas na mesma questão de direito, pouco importando a preexistência de causa pendente no Tribunal. **De toda sorte, reforço que o STJ não concorda com essa tese. Para que fique claro:**

Sistemática da causa-modelo	Sistemática da causa-piloto
O IRDR é um procedimento/mecanismo autônomo destinado a dirimir questão jurídica versada em uma multiplicidade de processos. Para a sua instauração, não há necessidade de que um caso concreto esteja tramitando no Tribunal, bastando que exista uma multiplicidade de processos e a imprescindibilidade de uniformização de futuras decisões.	O IRDR é um incidente que só pode ser implementado se houver uma causa concreta pendente (uma causa-piloto) já em trâmite no Tribunal. Essa causa será utilizada como "piloto" para que o Tribunal fixe uma tese abstrata que será aplicável a outros casos semelhantes. O STJ entende que o CPC adotou, como regra, a sistemática da causa-piloto, que é excepcionada apenas (i) quando houver desistência das partes que tiveram seus processos selecionados como representativos da controvérsia multitudinária, nos termos do art. 976, § 1º do CPC; (ii) quando se tratar de pedido de revisão da tese jurídica fixada no IRDR.

Independentemente da sistemática, o fato é que o IRDR tem por fim evitar (i) a **eternização de discussões sobre teses jurídicas,** o que gera ganhos em termos de celeridade; (ii) **discrepâncias,** o que provoca **quebra da isonomia** dos litigantes e, por conseguinte, insegurança jurídica. O novel instituto foi inspirado no procedimento-modelo (*Musterverfahren*) do **sistema processual alemão.** A rigor não é correto falar em pretensões isomórficas (semelhantes), uma vez que o isomorfismo recai tão somente sobre a questão de direito e, como sabido, também os fatos constituem substrato da pretensão.

Bem, com a leitura dos itens seguintes você completará a necessária compreensão sobre o tema.

3.6.2 Diferenças e semelhanças com outros institutos

O Incidente de Resolução de Demandas Repetitivas apresenta semelhanças com os institutos da repercussão geral e do julgamento dos recursos especiais e extraordinários repetitivos. Negada a existência da repercussão geral quanto ao recurso representativo da controvérsia, serão negados todos os recursos extraordinários sobrestados na origem que versem sobre matéria idêntica (art. 1.035, § 8º). Ao contrário, admitido e julgado o mérito do recurso extraordinário, os recursos sobrestados serão apreciados pelos Tribunais, Turmas de Uniformização ou Turmas Recursais, que poderão declará-los prejudicados ou retratar-se. *Mutatis mutandis*, situação semelhante se passa com relação ao julgamento dos recursos especiais repetitivos.

Como se vê, o acórdão do julgamento do Recurso Extraordinário ou do Recurso Especial, no caso de idêntica controvérsia, servirá de base para o juízo de admissibilidade de outros recursos que versem sobre a mesma controvérsia e até para o julgamento de outros recursos ou causas cujos trâmites foram suspensos.

O incidente de resolução de demandas repetitivas não é recurso, e sim um **incidente instaurado no julgamento de recursos, remessa necessária ou processo de competência originária.** A decisão proferida no IRDR, tal como ocorre com a tese definida em julgamento de recursos repetitivos, servirá de **parâmetro para o julgamento de todos os processos – presentes e futuros, individuais ou coletivos – que versem sobre idêntica questão de direito e que tramitem ou venham a tramitar na área de jurisdição do respectivo tribunal,** ou seja, vinculará os órgãos de primeiro grau e o próprio tribunal. O acórdão passará a ser a "lei" que regerá os processos em trâmite e que venham a ser instaurados sobre a mesma questão jurídica. Ao julgador caberá fazer a subsunção dos fatos a essa norma jurídica editada pelo tribunal.

Ainda à guisa de estabelecimento de semelhanças e distinções, o IRDR, mormente no que respeita à definição de tese jurídica e vinculação de julgadores, se assemelha ao incidente de assunção de competência, previsto no art. 947. Na assunção de competência, entretanto, não se cogita de repetição, mas sim de relevante questão de direito com grande repercussão social.

Agora apenas uma distinção, porque as semelhanças são parcas. O IRDR diferencia-se das ações coletivas. Como o próprio nome diz, a ação civil pública, por exemplo, é uma ação, não um incidente. Na ação coletiva o que se tutela é o direito coletivo. A soma de pretensões individuais, nos direitos coletivos e individuais homogêneos, é julgada numa só "tacada", ou melhor, numa só sentença. No IRDR apenas se define a tese jurídica a ser aplicada nos julgamentos futuros. Outra diferença: nas ações coletivas, por conveniência governamental, não se admite veicular pretensões que envolvam tributos, contribuições previdenciárias, Fundo de Garantia do Tempo de Serviço (FGTS) e/ou outros fundos de natureza institucional (art. 1º, parágrafo único, da Lei nº 7.347, de 24.07.1985), já o IRDR não contempla qualquer limitação de matérias.

3.6.3 Procedimento

De acordo com o texto expresso, o incidente será instaurado perante os **Tribunais de Justiça dos Estados e do Distrito Federal ou Tribunais Regionais**.[86] Apesar disso, o Superior Tribunal de Justiça já considerou cabível a instauração de IRDR no âmbito de sua competência originária ou no caso de competência recursal ordinária.[87]

A Escola Nacional de Aperfeiçoamento de Magistrados (Enfam) divulgou enunciado que expressa entendimento no sentido de ser admissível o IRDR nos juizados especiais, o qual será julgado por órgão colegiado de uniformização do próprio sistema (Enunciado nº 44). Essa é uma interpretação mais abrangente do instituto, eis que o art. 977 do CPC/2015 admite a instauração do incidente perante o **presidente de tribunal**.

O pedido de instauração deve ser formulado por um dos legitimados relacionados nos incisos do art. 977, quais sejam:

- **Pelo juiz.** O pedido de instauração do incidente é feito por ofício dirigido ao presidente do tribunal ao qual está vinculado. O interesse na fixação da tese jurídica decorrerá da tramitação de "processos repetidos" na vara. É indispensável que haja pelo menos um processo repetido em tramitação na vara do subscritor do requerimento. Para aferição da repetição, entretanto, podem-se levar em conta os processos em curso em outras varas ou no próprio tribunal.[88] De toda sorte, é importante que, mesmo sendo oficiado pelo juiz, preexista caso concreto semelhante pendente de julgamento no respectivo Tribunal (posicionamento do STJ);
- **Pelo relator**, também por ofício. O interesse se afere pela ocorrência de pelo menos um processo sob a relatoria do oficiante; a repetição pode ser no tribunal, no primeiro grau ou nas duas instâncias simultaneamente;
- **Pelas partes**, por petição. Haverá interesse se for parte em pelo menos um processo que contenha controvérsia sobre a questão de direito cuja fixação se pretende. A pretensão de ser tratado de forma isonômica em relação a outros litigantes, bem

---

[86] "O incidente de resolução de demandas repetitivas compete ao tribunal de justiça ou tribunal regional" (Enunciado nº 343 do FPPC).
[87] AgInt na Pet 11.838/MS, j. 10.09.2019, por maioria.
[88] "A instauração do incidente de resolução de demandas repetitivas não pressupõe a existência de grande quantidade de processos versando sobre a mesma questão, mas preponderantemente o risco de quebra da isonomia e de ofensa à segurança jurídica" (Enunciado nº 87 do FPPC).

como a segurança jurídica decorrente do *status* do julgamento, constitui a essência do interesse na provocação;
- **Pelo Ministério Público ou pela Defensoria Pública**, por petição. Haverá legitimidade ainda que tais órgãos não atuem em processos repetidos. A legitimidade decorre do interesse público em assentar uma tese jurídica, a fim de tornar os processos nos quais a questão é ventilada mais céleres e isonômicos. Ressalte-se que o Ministério Público, quando não agir como requerente, atuará como *custos legis*, intervindo obrigatoriamente no incidente (art. 976, § 2º).

O pedido deve ser dirigido ao Presidente do Tribunal. Esta é a autoridade apontada para receber e determinar a distribuição do incidente a um relator, que se incumbirá de todas as providências até o julgamento pelo órgão que o regimento indicar.

O requerente deve comprovar o preenchimento dos pressupostos, ou seja, a **efetiva repetição de processos que contenham a mesma questão de direito e o risco de ofensa à isonomia e à segurança jurídica**[89] (art. 977, parágrafo único). O primeiro requisito pode ser demonstrado com cópias de petições iniciais e/ou de petições de recursos dos quais ressaia a repetição. O segundo pode ser comprovado com sentenças ou acórdãos do tribunal (TJ, TRF ou Turmas Recursais), com decisões divergentes sobre a controvérsia objeto do incidente.

A **competência para julgamento do incidente**, conforme dispõe o art. 978, deverá recair num dos órgãos responsáveis pela uniformização de jurisprudência do tribunal (grupo de câmaras, seção ou outro órgão).[90] Esse órgão poderá inadmitir o incidente quando ausentes os pressupostos do art. 976. Caso contrário, ou seja, se houver admissão, o incidente acarretará os efeitos mencionados no art. 982, entre os quais sobressai-se a **suspensão dos processos pendentes**, com a comunicação aos órgãos jurisdicionais (câmaras e varas, por exemplo) vinculados ao tribunal. É possível, no entanto, que seja instaurado um IRDR diretamente no STJ nos casos de competência recursal ordinária (art. 105, II, da CF/1988) e de competência originária (art. 105, I, da CF/1988), desde que preenchidos os requisitos do art. 976 do CPC (STJ, AgInt na Pet 11.838/MS, Rel. Min. Laurita Vaz, Rel. p/ Acórdão Min. João Otávio de Noronha, Corte Especial, j. 07.08.2019).

O Código de Processo Civil prevê o **prazo máximo de um ano para julgamento do incidente** (art. 980) e que ele terá preferência sobre os demais feitos, ressalvados apenas os que envolvam réu preso e os pedidos de *habeas corpus*. O prazo é impróprio, ou seja, não há previsão de qualquer consequência para o descumprimento, exceto a cessação da suspensão dos processos pendentes de que trata o art. 982, I. Mesmo assim a cessação da suspensão pode ser evitada mediante decisão fundamentada do relator, afirmando, por exemplo, que não foi possível julgar o incidente no prazo legalmente assinalado em razão disso e daquilo.

A desistência ou o abandono da ação que deu origem ao incidente não comprometerá o exame deste.

3.6.4 Suspensão dos processos

Conforme visto, admitido o incidente o relator suspenderá os processos pendentes, individuais ou coletivos, que tramitam no Estado ou na região, conforme o caso (art. 982, I).[91]

---

[89] Enunciado nº 21 da Enfam: "O IRDR pode ser suscitado com base em demandas repetitivas em curso nos juizados especiais".

[90] "Cabe ao órgão colegiado realizar o juízo de admissibilidade do incidente de resolução de demandas repetitivas, sendo vedada a decisão monocrática" (Enunciado nº 91 do FPPC).

[91] "A suspensão de processos prevista nesse dispositivo é consequência da admissão do incidente de resolução de demandas repetitivas e não depende da demonstração dos requisitos para a tutela de urgência" (Enunciado nº 92 do FPPC).

Pode haver interesse em que essa suspensão se estenda por todo o território nacional (art. 982, §§ 3º e 4º). Por exemplo, uma empresa de telefonia que presta serviços em todos os Estados da federação, figurando como parte em um processo que tem por fundamento a questão jurídica debatida num incidente a resolução de demandas repetitivas em curso no TJ-MG, poderá requerer ao tribunal competente para conhecer de recurso extraordinário ou recurso especial (STF ou STJ) a suspensão de todos os processos que versem sobre questão idêntica, em curso em órgãos judiciários de todo o país.[92] A segurança jurídica e principalmente a isonomia entre os usuários de Minas Gerais e da Bahia, por exemplo, recomenda a suspensão.

O interesse é reconhecido às partes, ao Ministério Público e à Defensoria Pública. Mesmo não figurando como representantes da parte ou fiscal da ordem jurídica, deve-se reconhecer legitimidade a esses dois órgãos para requerer a ampliação dos limites territoriais da suspensão, desde que observado o interesse. Pode ocorrer de o interesse público (coletivo, por exemplo) recomendar a suspensão de todos os processos individuais ou coletivos em curso no território nacional que tratem da mesma questão objeto do incidente já instaurado. A suspensão pode ser requerida perante o STF ou STJ, antes ou depois de interposto o recurso extraordinário ou recurso especial. O cabimento do recurso e, por conseguinte, a competência serão definidos pela matéria em debate no incidente, se constitucional ou infraconstitucional. Cessa a suspensão se acaso o recurso especial ou extraordinário não for interposto (art. 982, § 5º).

Em atenção ao *princípio da proteção judicial efetiva*, a suspensão não obstará a concessão de medidas de urgência pelos respectivos juízos onde tramitam os processos suspensos (art. 982, § 2º).

Contra a decisão que determina a suspensão dos processos, é cabível, segundo o STJ, a interposição de agravo de instrumento. Contudo, deve ser observado previamente o procedimento previsto no art. 1.037, §§ 9º a 13, destinado aos recursos repetitivos, aplicável subsidiariamente ao IRDR.

Assim, ao ser intimada da decisão de suspensão do IRDR, cabe à parte, inicialmente, apresentar requerimento endereçado ao juiz de primeiro grau, demonstrando a distinção entre a questão debatida no processo e aquela debatida no IRDR. Em outras palavras, a parte interessada irá demonstrar que a discussão jurídica que envolve a sua demanda não tem relação com a temática veiculada no IRDR. Em seguida, a parte adversa deverá se manifestar sobre o requerimento no prazo de quinze dias. Depois, o juiz de primeiro grau decidirá sobre o requerimento, sendo cabível, contra essa decisão, a interposição de agravo de instrumento (REsp 1.846.109/SP, Rel. Min. Nancy Andrighi, 3ª Turma, *DJe* 13.12.2019).

3.6.5 Publicidade e manifestação de interessados

A instauração, a admissão e o julgamento do incidente impõem ampla e específica divulgação e publicidade, que ocorrerão, no sistema pátrio, por meio de registro eletrônico no Conselho Nacional de Justiça, além de outras formas que vierem a ser adotadas pelos tribunais (arts. 979 e 982, § 1º).

Por se tratar de julgamento cujo efeito da decisão ultrapassará o interesse das partes que figuram no processo que deu origem à suscitação do incidente, o relator ouvirá, além das partes, outros interessados na controvérsia (art. 983), inclusive pessoas, órgãos e entidades com interesse na controvérsia (*amicus curiae*). Diferentemente do que se passa nos demais procedimentos regulados no CPC/2015, para os quais a intimação ou a admissão de *amicus curiae* não

---

[92] "Admitido o incidente de resolução de demandas repetitivas, também devem ficar suspensos os processos que versem sobre a mesma questão objeto do incidente e que tramitem perante os juizados especiais no mesmo estado ou região" (Enunciado nº 93 do FPPC).

é obrigatória (art. 138), no IRDR, havendo pessoas, órgãos ou entidades que possam ostentar esse *status*, **a provocação ou admissão é obrigatória**. Não se trata, portanto, de uma faculdade, mas de um dever que tem por fim legitimar a decisão do incidente. Com relação às audiências públicas, dependendo da repercussão social da questão a ser debatida, são recomendáveis. Não há, contudo, obrigatoriedade (art. 983, § 1º).

3.6.6 Fundamentos do acórdão e recurso

O acórdão não ficará restrito aos fundamentos do pedido de instauração do incidente. Abrangerá todos os fundamentos concernentes à tese jurídica definida, tenham sido eles suscitados pelo subscritor do requerimento de instauração, pelas partes, pelo Ministério, ou qualquer outro interessado na questão jurídica, inclusive o *amicus curiae* e participantes da audiência pública (art. 984, § 2º).

Contra o acórdão que julgar o mérito do incidente de resolução de demandas repetitivas será cabível **recurso especial** ou **recurso extraordinário**, a depender da existência de violação à lei federal ou de violação direta à Constituição Federal (art. 984, *caput*). O recurso poderá ser interposto pela parte requerente do incidente, pelo Ministério Público e pela Defensoria Pública, sejam estes partes ou não no incidente. Quanto ao Ministério público, quando não atua como parte, sua legitimidade decorre da atuação na qualidade de *custos legis*. A legitimidade da Defensoria Pública decorre do interesse público na fixação da tese jurídica, evitando a proliferação de processos e a insegurança jurídica. Aliás, não é por outra razão que o art. 982, § 3º, lhe confere legitimidade para requerer a suspensão dos processos na hipótese de admissão do incidente. Também ao *amicus curiae*, conforme permissivo contido no art. 138, § 3º, se confere legitimidade para recorrer.

O recurso especial e o extraordinário serão dotados de efeito suspensivo *ope legis* (art. 987, § 1º), presumindo-se, quanto a este último, a repercussão geral da questão constitucional discutida. Em caso de apreciação do mérito recursal pelo Supremo Tribunal Federal ou pelo Superior Tribunal de Justiça, a tese jurídica firmada terá sua abrangência ampliada, passando a ser aplicada a todos os processos individuais ou coletivos que versem sobre idêntica questão de direito e que tramitem no território nacional.

3.6.7 Tese paradigma e força normativa

Julgado o incidente na forma do art. 984, a tese jurídica será aplicada a todos os processos que versem idêntica questão de direito (art. 985, I), ou seja, a tese jurídica será aplicada tanto aos casos já ajuizados quanto às demandas supervenientes (art. 985, II). Nesse último caso, o precedente tem eficácia prospectiva até que seja alterado ou revisado pelo tribunal que o formulou (art. 986). Em suma, somente a revisão da tese jurídica pelo mesmo tribunal, além da superação em razão de julgamento pelo STJ ou STF (por exemplo, julgamento de ADI ou de RE ou REsp afetado para julgamento segundo a sistemática dos recursos repetitivos), pode fazer cessar a força vinculante do julgamento proferido no IRDR. Tal é a força do entendimento firmado no incidente de resolução de demandas repetitivas que, nas causas que dispensem a fase instrutória, o juiz, independentemente da citação do réu, **julgará liminarmente improcedente o pedido que contrariá-lo** (art. 332, III). Servirá também o acórdão proferido no IRDR de supedâneo para que o relator, monocraticamente, negue ou dê provimento a recurso, conforme a decisão recorrida esteja em conformidade ou não com o que se decidiu no incidente (art. 932, IV, "c", e V, "c").

E a força normativa não para por aí.

Caso um juiz vinculado ao Tribunal no qual se julgou o incidente não aplique a tese jurídica definida no IRDR, caberá **reclamação** para esse mesmo tribunal competente (art. 985, § 1º), a fim de que faça valer a sua competência e, por conseguinte, a força normativa da sua decisão.

A decisão proferida no incidente também tem verdadeira **força de lei** no que se refere aos serviços concedidos, permitidos ou autorizados, na hipótese de a questão jurídica com eles guardar pertinência. O que restar decidido no incidente deve ser observado nas relações futuras com os usuários de tais serviços, cuja fiscalização caberá à agência reguladora competente (art. 985, § 2º).

A constitucionalidade desse dispositivo (art. 985, § 2º), assim como do inciso IV do art. 1.040 do CPC, foi discutida pelo STF nas ADI's 5.492/DF e 5.737/DF, ambas julgadas em abril de 2023.

O inciso IV do art. 1.040 trata dos efeitos dos recursos extraordinários e especiais repetitivos julgados, respectivamente, no âmbito do STF e do STJ. Como vimos, tanto os recursos repetitivos quanto o IRDR possuem a finalidade de propiciar uma segura e efetiva solução dos litígios de massa. Ao questionar a constitucionalidade desses comandos legais, o autor da ADI afirmou que a vinculação direta e automática da Fazenda Pública para fiscalização da efetiva aplicação, por parte dos entes sujeitos à regulação, da tese adotada, atenta contra o devido processo legal (art. 5º, LIV, CF/1988) e a garantia do contraditório (art. 5º, LV, CF/1988), já que subjugam quem não tomou parte na técnica de julgamento. O STF, contudo, reconheceu que não há inconstitucionalidade nos dispositivos, especialmente porque os mecanismos de solução em massa trazidos pelo CPC possibilitam a entrega efetiva da prestação jurisdicional dentro de um período razoável, proporcionando, ainda, segurança jurídica e isonomia, na medida em que geram previsibilidade e legítima expectativa de que uma mesma questão receberá solução idêntica dos diferentes órgãos do Poder Judiciário. Assim, ao ampliar os diálogos institucionais entre as entidades públicas, essa medida assegura mais efetividade no cumprimento de decisão judicial ao mesmo tempo em que densifica direitos garantidos constitucionalmente"[93].

Conclui-se que a inovação trazida pelo incidente de resolução de demandas repetitivas busca atender a anseios de uniformização do entendimento jurisprudencial e conferir maior celeridade ao trâmite processual, garantindo a entrega ao jurisdicionado de um processo com tempo razoável de duração e segurança jurídica na prestação jurisdicional. Trata-se de instituto que, se bem manejado, poderá ser bastante eficaz à efetividade processual, mormente em um país como o nosso, cujo Judiciário é marcado por um expressivo número de demandas de massa.

---

[93] Plenário, ADI 5.492/DF, Rel. Min. Dias Toffoli, j. 25.04.2023; Plenário, ADI 5.737/DF, Rel. Min. Dias Toffoli, Red. do acórdão Min. Roberto Barroso, j. 25.04.2023.

Quadro esquemático 104 –
Incidente de resolução de demandas repetitivas

Incidente de Resolução de Demandas Repetitivas (arts. 976 a 987)

- Conceito: procedimento-padrão instaurado incidentalmente em julgamento de recursos, remessa necessária ou em processo de competência originária perante os Tribunais de Justiça ou Tribunal Regional Federal, com vistas a uniformização de decisões envolvendo uma mesma questão jurídica.
- O IRDR não é recurso.
- Decisões proferidas no IRDR servirão de parâmetro para o julgamento de todos os processos que versem sobre idêntica questão de direito e que tramitem ou venham a tramitar na área de jurisdição do respectivo tribunal.

Finalidade
- Evitar a eternização de discussões sobre determinadas teses jurídicas.
- Minimizar as discrepâncias entre julgamentos relacionados a uma mesma questão jurídica.
- Aumentar a segurança jurídica.

Procedimento
- Incidente deverá ser instaurado perante os Tribunais de Justiça dos Estados, Tribunal de Justiça do Distrito Federal, Tribunais Regionais e órgãos de uniformização nos juizados especiais.
- Legitimidade
  - Juiz
  - Relator
  - Partes
  - Ministério Público
  - Defensoria Pública
- Competência: deve recair sobre um dos órgãos responsáveis pela uniformização de jurisprudência pelo Tribunal.

Incidente de Resolução de Demandas Repetitivas (arts. 976 a 993)

Suspensão dos processos
- Admitindo o incidente, o relator suspenderá os processos pendentes, individuais ou coletivos, que tramitem no Estado ou na região (art. 982, I).
- A suspensão não obstará a concessão de medidas de urgência pelos respectivos juízos onde tramitam os processos suspensos.

Publicidade e manifestação dos interessados
- O relator ouvirá, além das partes, outros interessados na controvérsia (art. 983), inclusive pessoas, órgãos e entidades (*amicus curiae*).

Fundamentação do acórdão e recurso
- Abrangerá todos os fundamentos concernentes à tese jurídica definida (art. 984, § 2º).
- Contra o acórdão que julgar o mérito do IRDR será cabível recurso especial ou recurso extraordinário, dotados de efeito suspensivo *ope legis*.

Tese paradigma e força normativa
- Julgado o incidente na forma do art. 984, a tese jurídica será aplicada a todos os processos individuais ou coletivos, pendentes e futuros, que versem sobre idêntica questão de direito, que tramitem na área de jurisdição do respectivo tribunal, inclusive àqueles que tramitem nos juizados especiais do respectivo Estado ou região (art. 985, *caput*).
- Somente a revisão da tese jurídica pelo mesmo tribunal, além da superação em razão de julgamento pelo STF ou STJ, pode fazer cessar a força vinculante do julgamento proferido em IRDR.

3.7 Reclamação (arts. 988 a 993)

3.7.1 Noções gerais: origem, natureza jurídica e objeto

A reclamação constitucional tem origem na jurisprudência do Supremo, a partir da aplicação da **teoria dos poderes implícitos**, que parte da seguinte premissa: quando se concede a um determinado órgão uma atividade-fim, também devem ser concedidos a esse mesmo órgão todos os meios necessários à realização dessa atribuição.

No caso do STF, seria em vão outorgar-lhe competências constitucionais para, por exemplo, julgar recurso extraordinário,[94] se não lhe fosse possível fazer prevalecer seus próprios pronunciamentos. Assim, "a criação de um remédio de direito para vindicar o cumprimento fiel das suas sentenças está na vocação do STF e na amplitude constitucional e natural de seus poderes" (STF, Reclamação 141/52, Rel. Min. Rocha Lagoa, Tribunal Pleno, DJ 25.01.1952).

A reclamação tomou corpo – textualmente falando – a partir de 1957, quando foi incorporada ao regimento interno do STF. Entretanto, somente ganhou *status* constitucional na CF/1988, ao ser tratada expressamente como instituto de competência originária do STF (art. 102, I, "l", da CF/1988) e, também, do STJ (art. 105, I, "f").

A **natureza jurídica** da reclamação é objeto de divergência doutrinária e jurisprudencial. Marcelo Novelino aponta que a posição dominante indica tratar-se de uma **ação propriamente dita**.[95] Pedro Lenza, por outro lado, afirma que a reclamação é um "verdadeiro exercício constitucional do **direito de petição**" e que, por isso, não é possível caracterizá-la como ação, mas como "instrumento de caráter mandamental e de natureza constitucional" que tem por objetivo preservar a competência do STF e do STJ – e, com o CPC/2015, de qualquer outro tribunal –, bem como garantir a autoridade de determinadas decisões jurisdicionais. Conforme adverte a Ministra Carmem Lúcia, no julgamento da Reclamação 6.609/SP:

> "[...] a reclamação é instrumento constitucional processual posto no sistema como dupla garantia formal da jurisdição: primeiro, para o jurisdicionado que tenha recebido resposta a pleito formulado judicialmente e que vê a decisão proferida afrontada, fragilizada e despojada de seu vigor e de sua eficácia; segundo, para o Supremo Tribunal Federal (art. 102, inc. I, alínea *l*, da Constituição da República) ou para o Superior Tribunal de Justiça (art. 105, inc. I, alínea *f*, da Constituição), que podem ter as suas respectivas competências enfrentadas e menosprezadas por outros órgãos do Poder Judiciário e a autoridade de suas decisões mitigadas em face de atos reclamados. Busca-se, por ela, fazer com que a prestação jurisdicional mantenha-se dotada de seu vigor jurídico próprio ou o órgão judicial de instância superior tenha a sua competência resguardada. Ela não se presta a antecipar julgados, a atalhar julgamentos, a fazer sucumbir decisões sem que se atenha à legislação processual específica qualquer discussão ou litígio a ser solucionado juridicamente [...]".

Ainda que não haja consenso, a certeza que se tem é que a reclamação **não pode ser equiparada a recurso**. Por meio dela não se pretende reformar ou invalidar uma decisão, mas garanti-la. Além disso, a ela não se aplicam os pressupostos recursais da sucumbência

---

[94] A partir da EC nº 45/2004, também para editar súmulas vinculantes. Sobre o tema, conferir os manuais de Direito Constitucional.

[95] O autor cita o posicionamento de Pontes de Miranda (NOVELINO, Marcelo. *Manual de direito constitucional*. 9. ed. Rio de Janeiro: Forense, 2014. p. 921). No mesmo sentido: STF, Rcl 49352 AgR, Rel. Min. Rosa Weber, 1ª Turma, j. 04.11.2021.

e da reversibilidade, nem se estabelece prazo para interposição.[96] Os dois óbices à aplicação da reclamação são: (i) a coisa julgada, que deve ser compreendida aqui como a coisa julgada material, ou seja, aquela que confere à decisão contornos de indiscutibilidade e imutabilidade;[97] e (ii) o não esgotamento das instâncias ordinárias quando proposta para garantir a observância de acórdão de RE com repercussão geral reconhecida ou de acórdão proferido em julgamento de recursos extraordinário ou especial repetitivos (art. 988, § 5º, I e II).

O **objeto da reclamação** é qualquer ato, administrativo ou judicial, com exceção daqueles proferidos pelo próprio STF, que desafie a competência ou a exegese constitucional consagrada pela Suprema Corte.[98] No âmbito da competência, o Professor Marcelo Novelino nos traz alguns exemplos de questões que podem ser levadas ao STF por meio da reclamação:

"Dentre os temas suscitados em sede de reclamação, no que se refere à preservação da competência do STF, incluem-se os relacionados a conflitos federativos (entre Estados-membros ou entre estes e a União), abertura de inquérito ou oferecimento de denúncia contra autoridade com prerrogativa de foro no STF, decisões proferidas no âmbito dos juizados especiais que negam seguimento a recurso extraordinário e utilização de ação civil pública como instrumento de controle de constitucionalidade".

Já a reclamação que visa garantir a autoridade das decisões do Supremo pode ter como objeto não apenas as decisões dotadas de **efeito vinculante**, como aquelas proferidas em controle abstrato de constitucionalidade[99] ou em procedimento para edição de súmula vinculante (art. 103-A da CF/1988), mas, também, as decisões proferidas em *habeas corpus* e em **recurso extraordinário**.[100]

Apesar de mais comum no âmbito das Cortes Superiores, a Reclamação também é "essencial como instrumento de defesa judicial das decisões proferidas pelas cortes estaduais, no exercício da função de guardiãs das Constituições estaduais" (ADI 2.212). Assim, podemos dizer que, simetricamente, a Reclamação prevista no texto constitucional pode ser utilizada no âmbito dos Estados, a depender de regulamentação na constituição local.

Existe também a possibilidade excepcional e transitória de reclamação para o **STJ** contra **acórdão de turma recursal** quando: (i) houver afronta à jurisprudência pacificada em recurso repetitivo (art. 543-C do CPC/1973; art. 1.036, CPC/2015); (ii) houver violação de súmula do STJ; ou (iii) for teratológico.[101] Nesses casos, a reclamação tem cabimento até que seja criada a

---

[96] PACHECO, José da Silva. *A reclamação no STF e no STJ de acordo com a nova Constituição*. São Paulo: RT, v. 78, n. 646, ago. 1989, p. 30.

[97] Este já era, inclusive, o entendimento firmado pelo Supremo Tribunal Federal: "Não cabe reclamação quando já houver transitado em julgado o ato judicial que se alega tenha desrespeitado decisão do Supremo Tribunal Federal" (Súmula nº 734 do STF).

[98] NOVELINO, Marcelo. *Manual de direito constitucional*. 9. ed. Rio de Janeiro: Forense, 2014. p. 922.

[99] "A jurisprudência do STF admite, excepcionalmente, reclamação para preservar a autoridade de decisão prolatada em ação direta de inconstitucionalidade, desde que haja identidade de partes e que a prática de atos concretos fundados na norma declarada inconstitucional promane do órgão que a editou" (STF, Rcl 556-9, Pleno, Rel. Min. Maurício Corrêa, j. 11.11.1996).

[100] NOVELINO, Marcelo. *Manual de direito constitucional*. 9. ed. Rio de Janeiro: Forense, 2014. p. 923. Cabe ressalvar que, com relação às duas últimas possibilidades – HC e RE –, não há consenso na doutrina quanto ao cabimento da reclamação. O STF, contudo, vem admitindo a ampliação do instituto. Conferir: STF, Rcl 2.190 e Rcl. 1.865.

[101] Para o STJ, um exemplo de decisão teratológica é aquela que fixa multa cominatória demasiadamente desproporcional em relação ao valor final da condenação (Rcl 7.861/SP, 2ª Seção, Rel. Min. Luis Felipe Salomão, j. 11.09.2013).

Turma Nacional de Uniformização de Jurisprudência dos Juizados Especiais dos Estados e do Distrito Federal.[102]

O CPC/1973 não tratava do instituto da reclamação. Nem poderia. Conforme visto, somente com a Constituição Federal de 1988 é que o instituto passou a ser consagrado no ordenamento constitucional, sendo que os aspectos procedimentais da reclamação eram regulados pelos arts. 13 a 18 da **Lei nº 8.038/1990 (revogados pelo CPC/2015), bem como** pelo **Regimento Interno do STF** e, no que concerne à reclamação contra decisão que contraria súmula vinculante, na **Lei nº 11.471/2006**.

Com o CPC atual, a reclamação ganha força e amplitude. Servirá não somente para as funções já previstas na Constituição (art. 103-A, § 3º, da CF/1988; arts. 102, I, "l", e 105, I, "f", da CF/1988; art. 988, I e II, do CPC/2015), mas, também, para assegurar a observância das decisões proferidas em sede de controle concentrado de constitucionalidade (art. 988, III),[103] de precedente proferido em julgamento de casos repetitivos[104], em incidente de assunção de competência ou, ainda, para quando não for observada a tese adotada no IRDR (art. 988, IV). Em outras palavras, o CPC/2015 supervalorizou o cabimento da reclamação, que agora servirá não somente para preservar as decisões proferidas pelas Cortes Superiores, mas, também, para garantir o efeito vinculante das decisões prolatas por TRFs e TJs, eis que os incisos I e II do art. 985 não se referem apenas ao STJ e ao STF. Nesses casos, a competência para apreciação da reclamação passa a ser do próprio órgão jurisdicional cuja autoridade se pretenda garantir.

Um ponto de bastante divergência está relacionado ao cabimento da reclamação para preservar outras decisões além daquelas previstas nos incisos do art. 988. Esse dispositivo permite o ajuizamento da reclamação para: I – preservar a competência do tribunal; II – garantir a autoridade das decisões do tribunal; III – garantir a observância de enunciado de súmula vinculante e de decisão do Supremo Tribunal Federal em controle concentrado de constitucionalidade; IV – garantir a observância de acórdão proferido em julgamento de incidente de resolução de demandas repetitivas (IRDR) ou em incidente de assunção de competência (IAC).

Perceba, portanto, que o CPC não faz referência expressa às teses firmadas em recursos repetitivos (REsp e RE), como fazia em sua redação original (antes das alterações promovidas pela Lei 13.256/2016). Com base nessa interpretação literal, o STJ decidiu que "não cabe reclamação

---

[102] Conferir no *Informativo* nº 527 do Superior Tribunal de Justiça a Reclamação nº 7.861/SP, Rel. Min. Luis Felipe Salomão, julgada em 11.09.2013.

[103] Nesse ponto, o CPC/2015 consolida o entendimento do STF (Rcl 1.507; Rcl 399). Vale ressaltar que existe entendimento no sentido de também admitir a reclamação contra decisão em sentido contrário à proferida em controle difuso de constitucionalidade "abstrativizado". É o que se extrai dos julgamentos do RE 197.917/SP e das ADIs 3.345 e 3.365, assim como do voto proferido pelo Ministro Gilmar Mendes no julgamento da Reclamação nº 4.335/AC, em 1º.02.2007 (ver *Informativo* nº 454 do STF). O CPC/2015 dispõe expressamente que a reclamação só tem cabimento quando se tratar de decisão proferida em controle concentrado, razão pela qual, pelo menos por enquanto, esse segundo entendimento deve ser afastado.

[104] Na redação original do inciso IV do art. 988 – conferida pela Lei nº 13.105/2015 – estava expressamente previsto o cabimento da reclamação para qualquer hipótese de julgamento repetitivo (REsp e RE repetitivos e IRDR). Porém, na redação conferida pelo PL nº 168/2015, o dispositivo se limitou a permitir a reclamação para garantir a observância de acórdão proferido em IRDR e em incidente de assunção de competência, não estendendo o cabimento para os casos de REsp e RE repetitivos. Esta, contudo, não é a interpretação mais adequada, pois a interpretação, *a contrario sensu*, do inciso II, § 5º, do art. 988, permite concluir que está permitido o uso da reclamação para as situações de REsp e RE repetitivos – ainda que essa hipótese não esteja expressamente prevista no inciso IV do art. 988. Ou seja, o novíssimo inciso IV deve ser lido de forma sistemática com o § 5º.

para o controle da aplicação de entendimento firmado pela Corte em recurso especial repetitivo" (Corte Especial, Rcl 36.476/SP, Rel. Min. Nancy Andrighi, j. 05.02.2020, *Informativo* 669).

Trata-se de entendimento bastante criticável, pois não há lógica em se admitir a reclamação para preservar teses firmadas em IRDR e IAC e não a admitir para os recursos repetitivos, cujo objetivo é, também, o de uniformizar a jurisprudência.[105]

3.7.2 Procedimento da reclamação no CPC atual

O CPC/2015 passa a regular a reclamação, **revogando** as disposições previstas na Lei nº 8.038/1990 que tratam do referido instituto (art. 1.072, IV, CPC/2015[106]). Os demais instrumentos normativos continuarão a ser aplicados no que não contrariar a lei processual.

Como visto, o legislador amplia o cabimento da reclamação, tanto com relação ao objeto quanto com relação à competência. Isso porque, se antes a reclamação era utilizada como medida jurisdicional de caráter excepcional, apenas para preservar determinadas decisões do STJ e do STF, a partir do CPC/2015 a decisão paradigma firmada por qualquer tribunal, caso descumprida, servirá de fundamento para a propositura da reclamação. Exemplo: julgado o IRDR pelo Tribunal de Justiça de Minas Gerais, a tese jurídica aplicada (precedente) deverá ser observada em todos os processos que tramitem na área de jurisdição do respectivo tribunal. Assim, se o juízo da 10ª Vara Cível da Comarca de Belo Horizonte deixar de aplicar o precedente a caso concreto que se encaixe na tese firmada pelo TJ-MG, a parte prejudicada poderá agir de três formas: (i) propor reclamação ao TJ-MG (art. 985, § 1º); (ii) interpor o recurso cabível (no caso, apelação); (iii) propor reclamação e interpor recurso, pois, nessa hipótese, a eventual inadmissibilidade ou o julgamento da apelação não prejudicará a reclamação (art. 988, § 6º).

Os exemplos a seguir, extraídos dos enunciados do Fórum Permanente de Processualistas Civis, demonstram mais claramente a **amplitude do cabimento da reclamação**:

- **Enunciado nº 207:** "Cabe reclamação, por usurpação da competência do tribunal de justiça ou tribunal regional federal, contra a decisão de juiz de 1º grau que inadmitir recurso de apelação";
- **Enunciado nº 208:** "Cabe reclamação, por usurpação da competência do Superior Tribunal de Justiça, contra a decisão de juiz de 1º grau que inadmitir recurso ordinário, no caso do art. 1.027, II, 'b'";
- **Enunciado nº 209:** "Cabe reclamação, por usurpação da competência do Superior Tribunal de Justiça, contra a decisão de presidente ou vice-presidente do tribunal de 2º grau que inadmitir recurso ordinário interposto com fundamento no art. 1.027, II, 'a'";
- **Enunciado nº 210:** "Cabe reclamação, por usurpação da competência do Supremo Tribunal Federal, contra a decisão de presidente ou vice-presidente de tribunal superior que inadmitir recurso ordinário interposto com fundamento no art. 1.027, I".

Saliente-se que a **legitimidade** para a propositura da reclamação não é apenas da parte interessada,[107] mas, também, do Ministério Público (art. 988, *caput*). A função da reclamação não é de impugnar as decisões judiciais. Não protege, destarte, os interesses das partes, mas a própria organização e a efetividade do sistema processual. Há nítido interesse público (art.

---

[105] Rcl 36.476/SP, Rel. Min. Nancy Andrighi, Corte Especial, j. 05.02.2020, *DJe* 06.03.2020.
[106] O CPC/2015 revogou os arts. 13 a 18; 16 a 29 e art. 38 da Lei nº 8.038/1990.
[107] Deve-se entender como "interessada" toda e qualquer pessoa afetada pela decisão de órgão do Poder Judiciário ou da Administração Pública que tenha contrariado o precedente.

178, I), caracterizado pela ofensa à ordem jurídica. Daí, então, a legitimidade, do Ministério Público para seu ajuizamento. Caso não tenha proposto a reclamação, o Ministério Público intervirá no feito (art. 991).

Se a reclamação for dirigida ao Supremo, a legitimidade do Ministério Público Estadual continua sendo autônoma, não estando condicionada à ratificação da petição pelo Procurador-Geral da República, conforme já decidiu o STF.[108]

Assim como nos demais feitos de competência originária dos tribunais, a reclamação será proposta pela parte interessada ou pelo Ministério Público, por meio de petição com os requisitos do art. 319, inclusive instruída com prova documental do descumprimento da decisão (at. 988, § 2º).[109]

A petição será distribuída ao relator que, ao despachá-la, adotará as providências descritas no art. 989, quais sejam: (i) requisitar informações da autoridade a quem for imputada a prática do ato impugnado, que as prestará no prazo de 10 dias (inciso I); (ii) ordenar a suspensão do processo ou do ato impugnado para evitar dano irreparável, se necessário (inciso II); (iii) determinar a citação do beneficiário da decisão impugnada, que terá prazo de 15 dias para apresentar a sua contestação (inciso III).

Pode também o relator, quando a questão em debate for objeto de entendimento pacífico do próprio tribunal, julgar monocraticamente a reclamação apresentada. Vale ressaltar que esse entendimento pode ser extraído do art. 932, IV, apesar de nesse dispositivo o Código se referir ao termo "recurso" e de a reclamação, como já vimos, não se tratar de espécie recursal. Esse, a propósito, é o entendimento do STF (art. 161, parágrafo único, do RISTF),[110] que, nesses casos, admite a propositura de agravo regimental (agravo interno)[111] contra a decisão do relator.

O art. 990, na linha do que já dispunham os arts. 159 do RISTF, 189 do RISTJ e 15 da Lei nº 8.038/1990 (revogado pelo NCPC), ainda permite que qualquer interessado **impugne o pedido** do reclamante. O termo "qualquer interessado" é deveras abrangente, permitindo inclusive a manifestação de terceiros na qualidade de *amicus curiae*, desde que preenchidos os requisitos do art. 138 e que a manifestação se dê no sentido de impugnar o pedido constante na reclamação. Para o STF,

> "a intervenção do interessado no processo de reclamação é caracterizada pela nota da simples facultatividade. Isso significa que não se impõe, para efeito de integração necessária e de válida composição da relação processual, o chamamento formal do interessado, pois este, para ingressar no processo de reclamação, deverá fazê-lo espontaneamente, recebendo a causa no estado em que se encontra. O interessado, uma vez admitido no processo de reclamação, e observada a fase procedimental em que este se acha, tem o direito de ser intimado dos atos e termos processuais, assistindo-lhe, ainda, a prerrogativa de fazer sustentação oral, quando do julgamento final da causa".[112]

---

[108] STF, Rcl 7.101 e Rcl 7.358.
[109] A exigência de prova documental é relativizada pelo STF. Nesse sentido: "[...] para conhecimento da reclamação não se exige a juntada de cópia do acórdão do Supremo Tribunal Federal que teria sido desrespeitado. Dispensabilidade da peça em virtude do acórdão ter sido proferido pela própria Suprema Corte" (Rcl 6.167-AgRg, Rel. p/ o acórdão Min. Menezes Direito, j. 18.09.2008).
[110] "O Relator poderá julgar a reclamação quando a matéria for objeto de jurisprudência consolidada do Tribunal."
[111] Nesse sentido: STF, AgRg na Rcl 11.727, j. 25.09.2013.
[112] STF, Pleno, AgR na Rcl 449, j. 12.12.1996, *RTJ* 163/5 e *RT* 741/173.

Dessa forma, qualquer interessado, além do reclamante, poderá intervir no procedimento da reclamação, dirigindo-se ao relator do processo exclusivamente para impugná-la, desde que, é claro, o procedimento ainda não tenha sido julgado.

Depois das providências no art. 989 e, se for o caso, da manifestação de terceiros interessados, o tribunal julgará a reclamação.

Na hipótese de **procedência**, cassará a decisão exorbitante ou determinará a medida adequada à solução da controvérsia (art. 992). No âmbito do STF, por exemplo, a medida adequada poderá ser a avocação, pelo Plenário, do conhecimento do processo em que se verifique usurpação de sua competência ou a determinação de remessa com urgência dos autos do recurso interposto, providências que já estavam dispostas no RISTF.

Contra a decisão que julga procedente ou improcedente a reclamação, cabe a interposição de embargos declaratórios (art. 1.022). Se a decisão foi proferida por relator, caberá agravo interno. Quando a reclamação for apreciada por tribunal de segunda instância, caberá, se for o caso, recurso especial. Contra os acórdãos, se presente ofensa à Constituição, caberá recurso extraordinário.

Por fim, adverte-se que, antes mesmo da sanção do CPC/2015, alguns constitucionalistas, a exemplo do Professor Pedro Lenza, esposaram entendimento no sentido de que tanto a regra do art. 988, IV, quanto a do 985, § 1º, que alargam as possibilidades de utilização da reclamação, "não poderiam ter sido introduzidas por legislação infraconstitucional, mas, necessariamente, por emenda constitucional a prever outras hipóteses de decisões com efeito vinculante, além daquelas já previstas na Constituição".[113] Aguardemos a manifestação do STF, caso haja propositura de futura ADI contra esses dispositivos.

3.7.2.1 Esgotamento de instâncias

Além do **óbice** da coisa julgada (art. 988, § 5º, I), o legislador inseriu nova limitação ao ajuizamento da reclamação, qual seja o não esgotamento das instâncias ordinárias (art. 988, § 5º, II). Tal restrição, que tem por objetivo diminuir o número de reclamações no âmbito dos tribunais superiores, acaba enfraquecendo a força vinculante dos precedentes e inviabilizando o acesso aos tribunais superiores.

O esgotamento das instâncias ordinárias é exigido em dois casos: (i) quando a reclamação for proposta para garantir a observância de acórdão de RE com repercussão geral reconhecida; e (ii) quando a reclamação tiver por objeto acórdão proferido em julgado de RE ou REsp repetitivos.

Essa é a previsão legal, mas, como visto anteriormente, o STJ, por sua Corte Especial, definiu que a reclamação não é via adequada para o controle de aplicação de tese de recurso repetitivo.

No julgamento da Reclamação nº 36476, a Relatora Min. Nancy Andrighi reconheceu o paradoxo entre essa decisão e a previsão contida no inciso II do § 5º do art. 988. Contudo, ressaltou que o entendimento busca preservar a intenção do legislador descrita na exposição de motivos da Lei nº 13.256/2016, que alterou a redação do inciso IV do art. 988 do CPC ainda no período de *vacatio legis* para afastar a reclamação com base "em casos repetitivos", para restringi-la ao IRDR. De acordo com a Ministra, o legislador deixou clara a vontade de não sobrecarregar as Cortes Superiores, motivo pelo qual a alteração do inciso IV do art. 988, ainda que incompatível com o art. 988, § 5º, II, deve prevalecer.

---

[113] LENZA, Pedro. *Reclamação constitucional: inconstitucionalidades no novo CPC/2015*. Disponível em: http://www.conjur.com.br/2015-mar-13/pedro-lenza-inconstitucionalidades-reclamacao-cpc. Acesso em: 15 nov. 2018.

Para facilitar, veja no quadro a seguir a alteração operada pela Lei nº 13.256/2016 que fundamentou a tese do STJ:

Redação Original	Redação dada pela Lei nº 13.256/2016
Art. 988. Caberá reclamação da parte interessada ou do Ministério Público para: (...) III – garantir a observância de decisão do Supremo Tribunal Federal em controle concentrado de constitucionalidade; IV – garantir a observância de enunciado de súmula vinculante e de precedente proferido **em julgamento de casos repetitivos ou em incidente de assunção de competência.** **"Casos repetitivos" englobaria os recursos especiais e extraordinários repetitivos.**	Art. 988. Caberá reclamação da parte interessada ou do Ministério Público para: (...) III – garantir a observância de enunciado de súmula vinculante e de decisão do Supremo Tribunal Federal em controle concentrado de constitucionalidade; IV – garantir a observância de acórdão proferido em julgamento **de incidente de resolução de demandas repetitivas ou de incidente de assunção de competência.** **A redação é mais restrita e menciona apenas o IRDR e IAC.**

Seja como for, reclamação somente servirá para garantir a observância do precedente. Ou seja, o tribunal não analisará novamente a discussão, mas apenas irá verificar se o julgado observou o paradigma.

Ainda em relação ao esgotamento de instâncias, cabe ressalvar que em agosto de 2022 a 2ª Seção do STJ definiu que não se exige esse requisito para o conhecimento da reclamação fundamentada em descumprimento de acórdão prolatado em Incidente de Assunção de Competência (IAC). Isso porque o exaurimento das instâncias ordinárias somente constitui pressuposto de conhecimento quando a demanda é proposta com a finalidade de preservar a competência do próprio STJ,[114] conforme redação prevista no art. 988 do CPC e também no art. 187 do RISTJ. Portanto, se o caso é de descumprimento de IAC, apenas o trânsito em julgado constituirá empecilho para a reclamação. O mesmo entendimento vale para o descumprimento de tese fixada em IRDR, considerando que o inciso IV do art. 988 também engloba o referido incidente.

JURISPRUDÊNCIA TEMÁTICA

Inviabilidade da reclamação contra decisão que defere ou indefere o pedido de sobrestamento do feito em razão do processamento do pedido de uniformização de ou recurso especial repetitivo

"(...) II – A Reclamação, prevista no art. 105, I, *f*, da Constituição da República, bem como no art. 988 do Código de Processo Civil de 2015 (redação dada pela Lei n. 13.256/2016), constitui incidente processual destinado à preservação da competência deste Superior Tribunal de Justiça (inciso I), a garantir a autoridade de suas decisões, no próprio caso concreto, em que o Reclamante tenha figurado como parte, (inciso II) e à observância de acórdão proferido em julgamento de incidente de resolução de demandas repetitivas ou de incidente de assunção de competência (inciso IV e § 4º). III. É incabível o ajuizamento de reclamação contra decisão que defere ou indefere o sobrestamento do feito em razão de processamento de pedido de uniformização ou recurso especial repetitivo (...)" (STJ, AgInt na Rcl 31.193/SC, Rel. Ministra Regina Helena Costa, 1ª Seção, julgado em 16.09.2021, *DJe* 20.10.2021).

---

[114] Rcl 40.617/GO, 2ª Seção, Rel. Min. Marco Aurélio Bellizze, j. 24.08.2022, *DJe* 26.08.2022.

Reclamação não pode se confundir com sucedâneo recursal ou ação rescisória, nem com instrumento apto a reexame de mérito

"[...] O instituto da reclamação não se presta para substituir recurso específico que a legislação tenha posto à disposição do jurisdicionado irresignado com a decisão judicial proferida pelo juízo *a quo*" (STF, Rcl 5.703/SP-AgR, Tribunal Pleno, Rel. Min. Cármen Lúcia, *DJe* 16.10.2009).

"[...] O remédio constitucional da reclamação não pode ser utilizado como um (inadmissível) atalho processual destinado a permitir, por razões de caráter meramente pragmático, a submissão imediata do litígio ao exame direto do Supremo Tribunal Federal. Precedentes. [...]" (STF, Rcl 5.926/SC-AgR, Tribunal Pleno, Rel. Min. Celso de Mello, *DJe* 13.11.2009).

"[...] Não há falar em afronta à autoridade da decisão do Supremo Tribunal Federal quando o ato reclamado foi prolatado em data anterior ao julgado cujos efeitos busca-se preservar. A antecipação de tutela objeto desta Reclamação foi deferida mais de um ano antes da decisão desta Corte na ADC-4/DF, inexistindo parâmetro de confronto suficiente para legitimar a medida. Precedentes. Reclamação improcedente" (STF, Rcl 879/RS, Pleno, Rel. Min. Maurício Corrêa).

"[...] A reclamação não se configura instrumento viabilizador do reexame do conteúdo do ato reclamado" (STF, Rcl 6.534/MA-AgR, Tribunal Pleno, Rel. Min. Celso de Mello, *DJe* 17.10.2008).

Quadro esquemático 105 – Reclamação

Reclamação (arts. 988 a 993)

- **Conceito**: instrumento jurídico que tem por objetivo preservar a competência de determinados tribunais e garantir a autoridade de suas decisões. **Atenção**: a reclamação não pode ser equiparada a recurso.

- **Natureza Jurídica (divergência doutrinária)**
  - Ação propriamente dita.
  - Exercício constitucional do direito de petição.

- **Objeto**
  - Preservar a competência e as decisões proferidas pelas Cortes Superiores.
  - Garantir o efeito vinculante das decisões prolatadas por TRFs e TJs.

- **Procedimento**
  - A reclamação será proposta pela parte interessada ou pelo Ministério Público, mediante petição com os requisitos do art. 319, instruída com prova documental do descumprimento da decisão (art. 988, § 2º).
  - Ao despachar a inicial o relator poderá:
    - Requisitar informações da autoridade a quem for imputada a prática do ato impugnado, que os prestará no prazo de dez dias;
    - Ordenar a suspensão do processo ou do ato impugnado para evitar dano irreparável;
    - Determinar a citação do beneficiário da decisão impugnada, que terá prazo de quinze dias para apresentar a sua contestação.
  - Depois das providências do art. 989 e, se for o caso, da manifestação do terceiro interessado ➔ o tribunal julgará a reclamação.
  - Na hipótese de procedência, cessará a decisão exorbitante ou determinará a decisão adequada à solução da controvérsia (art. 992).
  - Recurso contra a decisão que julga ou procedente ou improcedente a reclamação ➔ embargos declaratórios (art. 1.022).

Teoria geral dos recursos (arts. 994 a 1.008)

1. TEORIA GERAL DOS RECURSOS

1.1 Conceito

Recurso, numa acepção técnica e restrita, é o meio idôneo para provocar a **impugnação** e, consequentemente, o **reexame de uma decisão judicial**, com vistas a obter, na mesma relação processual, a **reforma**, a **invalidação**, o **esclarecimento** ou a **integração** do julgado.

O recurso não se confunde com ação, uma vez que, por meio dele, não se forma novo processo, há apenas um prolongamento da relação processual. Constitui o recurso apenas uma etapa do procedimento, seja no processo de conhecimento ou de execução. Nessa parte, inclusive, o recurso difere de outros meios de impugnação das decisões judiciais, por exemplo, da ação rescisória (que visa à desconstituição de decisão judicial sobre a qual se operou a coisa julgada), do mandado de segurança e da reclamação.

Uma das características dos recursos é a **voluntariedade**. A parte que se sentir prejudicada com uma decisão judicial tem o ônus de recorrer, mas não há obrigatoriedade. Deixando de recorrer, há preclusão, ou seja, supera-se uma fase procedimental ou forma-se coisa julgada. Tratando-se de sentença e não exercida a faculdade do recurso (apelação), há ocorrência da coisa julgada, encerrando-se, em caráter definitivo, todas as etapas do procedimento. Na hipótese de decisão interlocutória, a falta de interposição de recurso (agravo de instrumento) leva à preclusão, ou seja, ao impedimento de se apreciar a questão decidida incidentemente. Aqui vale lembrar que se a decisão não for agravável, seja porque não consta no rol do art. 1.015 ou porque não constatada a urgência em reformar o provimento – aplicação da taxatividade mitigada da qual falaremos adiante –, a parte prejudicada ainda poderá, em preliminar de apelação, impugnar a decisão interlocutória proferida no curso no processo.

Exatamente por faltar a característica da voluntariedade – assim como a **tipicidade**, a **necessidade de fundamentação**, a **tempestividade**, o **preparo**, entre outros requisitos básicos exigidos para caracterização dos recursos –, não se atribui natureza recursal ao arcaico ato de remessa obrigatória de determinados processos ao tribunal (art. 496). O Código de 1939 falava em "recurso de ofício", daí o uso vicioso dessa terminologia ainda hoje, quando o correto, técnico, é falar em "reexame necessário" ou "remessa obrigatória", que nada mais é do que uma condição de eficácia da sentença.

Ao interpor o recurso, como mencionado, objetiva o recorrente a reforma, a anulação, o esclarecimento ou a integração do julgado. O que dá ensejo ao pedido de reforma do julgamento é a injustiça da decisão recorrida, a má apreciação da prova e do direito aplicado, em última análise, o erro ao julgar (*error in judicando*). A anulação pode ser pleiteada quando há vício formal na própria decisão, erro de procedimento (*error in procedendo*) e quando, por exemplo, a decisão não foi devidamente fundamentada (art. 489, § 1º). Nesse caso, não se pede a reforma, mas sim a anulação, para que o ato recorrido seja cassado e outro seja proferido em seu lugar pelo mesmo órgão do qual emanou ou pelo próprio tribunal (art. 1.013, § 3º, IV). O pedido de esclarecimento ou declaração é cabível no caso de julgamento obscuro, contraditório ou omisso. Para obter o esclarecimento, nessas hipóteses, devem-se manejar os embargos de declaração. Finalmente, cabe pedido de integração quando o juiz deixar de abordar determinada questão da lide, hipótese em que pode o tribunal completar o exame da matéria.[1]

1.2 Espécies e classificação dos recursos

O art. 994 contempla as seguintes espécies de recursos: **apelação, agravo de instrumento, agravo interno, embargos de declaração, recurso ordinário, recurso especial, recurso extraordinário, agravo em recurso especial ou extraordinário** e **embargos de divergência**. Existem outros recursos em legislação extravagante, entretanto, em razão do objetivo do nosso estudo, ocupar-nos-emos apenas dos recursos elencados no art. 994.

Para fins meramente didáticos, os recursos podem ser classificados tendo em vista três aspectos: a extensão da matéria impugnada, a autonomia do recurso e a natureza da matéria apreciada.

Quanto à **extensão da matéria impugnada**, o recurso pode ser parcial ou total. Exemplos: se a sentença declara a inexistência de união estável entre as partes e o(a) companheiro(a) demonstra inconformismo por acreditar que a relação se amoldava ao instituto, o recurso será total. Parcial é quando o recorrente ataca apenas parte da matéria, objeto da decisão (exemplo: satisfeito com o *quantum* indenizatório fixado a títulos de danos materiais, o recorrente pretende impugnar apenas os danos morais arbitrados). Nesse caso, o que não for impugnado fica acobertado pela coisa julgada material, restando ao prejudicado apenas a propositura de ação rescisória, se presente alguma das hipóteses do art. 966, ou a *querela nullitatis*, se o vício for prejudicial à própria existência da relação processual.

Quanto à **autonomia**, o recurso pode ser **principal** ou **adesivo**. Principal é o recurso interposto independentemente da conduta da parte contrária, ou seja, é aquele cuja interposição não está condicionada à interposição de outro. Todos os recursos previstos no Código podem ser interpostos independentemente de outro. Quanto à apelação, ao recurso extraordinário e ao recurso especial, além de poderem ser interpostos como recurso principal, admitem a interposição na forma adesiva (art. 997, § 2º, II).

Quanto à **natureza da matéria apreciada**, os recursos podem ser **comuns** e **especiais**.

Os **recursos comuns** (ou ordinários em sentido amplo) são aqueles em que a sucumbência constitui a única exigência para sua interposição, atendidos os demais pressupostos de admissibilidade. Visa o recurso comum a atender ao anseio da parte ao duplo grau de jurisdição,

---

[1] O exame imperfeito ou incompleto de uma questão não induz nulidade da sentença, porque o tribunal tem o poder de, no julgamento da apelação, completar tal exame, em face do efeito translativo assegurado pelo art. 515, § 1º, desde que tenha havido pelo menos um começo de apreciação da matéria (cf. Theodoro Júnior, Humberto. *Curso de direito processual civil*. Rio de Janeiro: Forense, 1991, v. III, p. 558). O dispositivo mencionado correspondente ao § 1º do art. 1.013 do CPC/2015.

à necessidade psicológica de ver a decisão reapreciada por outros juízes, supostamente mais experimentados. O recurso comum tem por objeto as questões e provas suscitadas e debatidas no curso da relação processual; em última análise, tem por objeto a proteção do direito subjetivo. A apelação, o agravo de instrumento e o agravo interno constituem modalidades de recursos comuns. Também o recurso ordinário (arts. 102, II, e 105, II, da CF), cabível, em regra, contra decisão de tribunal[2] em matéria de competência originária, constitui uma modalidade de recurso comum.

Os recursos especiais, também chamados de excepcionais, têm em mira, pelo menos num plano imediato, não o direito subjetivo da parte, mas sim a proteção do direito objetivo, a uniformidade da aplicação desse direito. Como modalidades de recurso especial, temos o recurso especial propriamente dito, que se destina à uniformização do direito infraconstitucional, e o recurso extraordinário, cujo objetivo é a uniformização do direito constitucional.

Os recursos também podem ser classificados conforme a extensão da fundamentação. Recurso de fundamentação livre ou simples é aquele em que a causa de pedir recursal não sofre limitação legal (exemplos: apelação e agravo de instrumento). Já o recurso de fundamentação vinculada é identificado quando a legislação estabelece quais questões podem ser rebatidas pela via recursal. O recurso tem fundamentação típica – expressão do Professor Fredie Didier Jr. (exemplos: RE, REsp e embargos de declaração).

Nos recursos de fundamentação vinculada, além do interesse recursal genérico, o recorrente deve demonstrar uma questão específica exigida pela lei. Essa questão faz parte do requisito da **regularidade formal**, imprescindível para o conhecimento do recurso.

1.3 Princípios fundamentais dos recursos

1.3.1 *Duplo grau de jurisdição*

Os recursos, por terem como objetivo a impugnação e o reexame de uma decisão judicial, relacionam-se intimamente com o princípio do duplo grau de jurisdição, segundo o qual se possibilita à parte que submeta matéria já apreciada e decidida a novo julgamento, por órgão hierarquicamente superior.

O princípio do duplo grau de jurisdição está **implicitamente previsto na Constituição**, seja como consectário do devido processo legal, seja em decorrência de previsão constitucional acerca da existência de tribunais, aos quais foi conferida competência recursal (arts. 92 a 126 da CF/1988). A propósito, Barbosa Moreira entende que o recurso é extensão do próprio direito de ação exercido no processo.[3]

Embora se trate de princípio ínsito ao sistema constitucional, a sua aplicação **não é ilimitada**, tanto que a própria Constituição estabelece hipóteses de **competência originária de tribunais superiores**,[4] nas quais não há possibilidade de interposição de recurso ordinário. Assim, em virtude de o duplo grau de jurisdição ter incidência limitada, permite-se ao legislador

---

[2] "Em regra", porquanto as causas em que forem partes, de um lado, Estado estrangeiro ou organismo internacional e, do outro, Município ou pessoa residente ou domiciliada no Brasil, são da competência da Justiça Federal de primeira instância, e das sentenças e decisões interlocutórias proferidas em tais causas cabem recursos ordinários (art. 109, II, da CF e art. 1.027, II, *b*, do CPC).

[3] *Comentários ao Código de Processo Civil*, 11. ed., p. 236.

[4] A Suprema Corte já decidiu, no RE 201.297-1, julgado em 1997, que "a própria Constituição admite a existência de decisões em grau único de jurisdição não apenas nos casos que especifica, como os de ações originárias perante o Supremo Tribunal Federal, mas também genericamente, ao admitir,

infraconstitucional restringir o cabimento dos recursos, como ocorre, por exemplo, no caso do art. 1.007, § 6º, que prevê a irrecorribilidade da decisão que releva a pena de deserção se provado justo impedimento do recorrente.[5] Igualmente a lei contempla hipóteses de o tribunal, em decorrência do efeito translativo do recurso, decidir originariamente uma questão que, embora submetida ao juízo de primeiro grau, por ele não foi decidida.

1.3.2 Taxatividade

Conforme o princípio da taxatividade, consideram-se recursos somente aqueles designados por lei federal, pois compete privativamente União legislar sobre essa matéria (art. 22, I, da CF/1988). Por conseguinte, não há como admitir a criação de recursos pelos tribunais brasileiros, razão pela qual se deve reputar inconstitucional a previsão, em regimento interno de tribunal, de qualquer espécie de recurso.[6]

Dando ênfase a tal princípio, o art. 994 estabelece um rol de recursos cabíveis no âmbito do processo civil. Em que pese a literalidade do dispositivo transcrito transmitir a ideia de que apenas os recursos nele enumerados são admitidos, o rol ali descrito **não é exaustivo**, existindo outros recursos previstos em leis extravagantes, a exemplo do recurso inominado no âmbito dos Juizados Especiais Comuns (Lei nº 9.099/1995) e Juizados Especiais Federais (Lei nº 10.259/2001).

1.3.3 Singularidade

Em decorrência do princípio da **singularidade, unicidade ou unirrecorribilidade**, cada decisão comporta uma única espécie de recurso. De regra, não se admite a divisão do ato judicial para efeitos de recorribilidade, devendo-se ter em mente, para aferir o recurso cabível, o conteúdo mais abrangente da decisão no sentido finalístico. Exemplo: no caso de a sentença conter uma parte agravável – na qual se decidiu questão incidente – e outra apelável – na qual se decidiu a lide –, o recurso mais amplo (apelação) absorve o menos amplo (agravo de instrumento).

Uma exceção que se poderia invocar ao princípio da unirrecorribilidade refere-se à previsão, contemplada no art. 1.031 (art. 543 do CPC/1973), de interposição simultânea de recursos extraordinário e especial. Todavia, nessa hipótese a infringência ao princípio é apenas aparente, uma vez que cada um dos recursos se refere a uma parte ou capítulo da decisão recorrida: o recurso extraordinário relaciona-se à matéria constitucional; o recurso especial, à matéria infraconstitucional. O que o princípio da unirrecorribilidade ou singularidade veda é a interposição simultânea de dois ou mais recursos contra a mesma parte ou capítulo da decisão.

Outra exceção ao princípio da unirrecorribilidade pode ser observada no mandado de segurança de competência originária de tribunal de segundo grau, cuja segurança foi apenas parcialmente deferida. Nessa hipótese, contra a mesma decisão, são cabíveis três recursos distintos. Para tanto, deve-se dividir o pronunciamento judicial em capítulos. Contra o capítulo que

---

no artigo 102, III, recurso extraordinário nas causas decididas em única instância, quando ocorre hipótese prevista numa das letras 'a', 'b' ou 'c', do mesmo dispositivo".

[5] Outros exemplos de decisão irrecorrível no CPC: art. 138, *caput*; art. 1.031, §§ 2º e 3º; art. 1.035.

[6] Nesse sentido, leciona Nelson Nery Junior que "sempre foi inconstitucional a previsão, em regimento interno de tribunal, de agravo regimental", sendo que, "hoje, todo ato monocrático do relator, nos processos de competência recursal de tribunal, que tenha aptidão para causar gravame à parte ou interessado, é passível de impugnação por meio do agravo interno, segundo expressa previsão do art. 557 do CPC" (*Princípios fundamentais*: teoria geral dos recursos. 5. ed. São Paulo: RT, 2000, p. 50).

concede a segurança, em tese, pode-se interpor RE e/ou REsp e contra o capítulo que denega a segurança, cabe recurso ordinário constitucional.

Observe-se também que, na eventualidade de se oporem embargos de declaração em face da sentença ou acórdão contra o qual, posteriormente, se vai recorrer, também não há infringência do princípio da singularidade. Isso porque sequer há simultaneidade entre os embargos de declaração e o recurso que lhes suceder, uma vez que primeiro são interpostos os embargos e só depois da decisão destes é que há ensejo para outro recurso.

Por fim, cabe mencionar julgamento do STJ que envolveu o princípio da singularidade. Segundo a corte, desde que respeitada a adequação formal, o princípio da unirecorribilidade não veda a interposição de um único recurso para impugnar mais de uma decisão, a despeito de ser prática incomum (REsp 1.112.559/TO, Rel. Min. Nancy Andrighi, j. 28.08.2012).

No caso, a parte interpôs um agravo de instrumento em face de duas decisões interlocutórias: a primeira, que extinguiu a exceção de pré-executividade, e a segunda, que autorizou o levantamento da quantia depositada. O agravo não foi conhecido pelo Tribunal local, o que ensejou a reforma pelo STJ.

Em outra oportunidade, já em 2019, o STJ voltou a admitir a utilização de um único agravo de instrumento para impugnar diversas decisões interlocutórias. Segundo o STJ, essa providência não viola o princípio da unicidade recursal, já que não há na legislação processual nenhum impedimento a essa prática (REsp 1.628.773, j. 21.05.2019).

1.3.4 Fungibilidade[7]

Como decorrência do princípio da singularidade, analisado no tópico anterior, a impugnação do ato judicial deve ser realizada por meio do recurso adequado para tal mister, sob pena de inadmissão da via recursal utilizada por ausência de um dos requisitos de admissibilidade (cabimento).

Não obstante, em certas situações em que há **dúvida objetiva** a respeito do recurso cabível para impugnar determinada decisão, admite-se o recebimento de recurso inadequado como se adequado fosse, de modo a não prejudicar a parte recorrente por impropriedades do ordenamento jurídico ou por divergências doutrinárias e jurisprudenciais.

A essa possibilidade de conversão, de troca de um recurso por outro, dá-se o nome de fungibilidade, não contemplada expressamente no CPC/1973, mas que ganha força no Código vigente. O § 3º do art. 1.024, por exemplo, prevê a **possibilidade de recebimento e processamento dos embargos de declaração como agravo interno**, entendimento que já era contemplado na jurisprudência (STJ, EDcl nos EAREsp 252.217/ES, Rel. Min. Maria Thereza de Assis Moura, 3ª Seção, julgado em 11.06.2014). No âmbito dos recursos extraordinários, o CPC atual também admite a fungibilidade entre o REsp e o RE. É o que se pode perceber da leitura dos arts. 1.032 e 1.033:

> Art. 1.032. Se o relator, no Superior Tribunal de Justiça, entender que o recurso especial versa sobre questão constitucional, deverá conceder prazo de 15 (quinze) dias para que o recorrente demonstre a existência de repercussão geral e se manifeste sobre a questão constitucional.
>
> Parágrafo único. Cumprida a diligência de que trata o *caput*, o relator remeterá o recurso ao Supremo Tribunal Federal, que, em juízo de admissibilidade, poderá devolvê-lo ao Superior Tribunal de Justiça.

---

[7] O princípio da fungibilidade pode aparecer em provas de concursos com outras expressões: "teoria do recurso indiferente", "teoria do tanto vale", "princípio da conversibilidade dos recursos e, ainda, "princípio da permutabilidade dos recursos".

Art. 1.033. Se o Supremo Tribunal Federal considerar como reflexa a ofensa à Constituição afirmada no recurso extraordinário, por pressupor a revisão da interpretação de lei federal ou de tratado, remetê-lo-á ao Superior Tribunal de Justiça para julgamento como recurso especial.

A admissão do princípio da fungibilidade exigia, segundo a doutrina majoritária, a presença de dois requisitos: dúvida objetiva sobre qual é o recurso cabível (inexistência de erro grosseiro) e interposição do recurso "inadequado" no prazo do recurso cabível.

Havia, contudo, corrente contrária que dispensava, com acerto, o requisito da interposição do recurso "inadequado" no prazo do recurso reputado cabível. Segundo tal corrente, para aplicação do princípio da fungibilidade bastaria que houvesse dúvida objetiva a respeito do recurso cabível e que a interposição ocorresse no prazo do recurso escolhido pela parte para o caso concreto.

Com o **atual Código de Processo Civil**, excetuados os embargos de declaração, o prazo para interposição dos demais recursos (apelação; agravo de instrumento; agravo interno; recurso ordinário; recurso especial e extraordinário; agravo em recurso especial ou extraordinário; e embargos de divergência) será de **quinze dias**. Creio, assim, que a discussão quanto à observância (ou não) do prazo recursal para aplicação da fungibilidade só terá relevância quando a parte pretender efetivamente impugnar a decisão, mas, para tanto, utilizar os embargos de declaração. Ainda assim, se adotada a precaução anterior – interposição no prazo do recurso escolhido –, não deve mais haver discussão. Exemplo: embargos de declaração opostos contra decisão do relator que nega provimento a recurso de apelação por este ser contrário à Súmula do STJ. O recurso correto (adequado) seria o agravo interno (art. 1.021). Pode o relator, por aplicação do princípio da fungibilidade, receber os embargos como agravo interno,[8] desde que a parte tenha interposto o recurso inadequado (embargos de declaração) no prazo do recurso adequado (agravo interno), ou seja, quinze dias.

Particularmente, considero possível que, em caso de dúvida objetiva acerca da via recursal cabível, o mais razoável é desconsiderar o requisito da interposição do recurso "errôneo" no prazo daquele tido por cabível. No exemplo anterior, interpostos os embargos de declaração no prazo de 15 dias (prazo do agravo interno), e tendo o relator percebido o equívoco, deve ser aplicado o princípio da fungibilidade.

Em relação à apelação e ao agravo de instrumento, há quem entenda que o princípio da fungibilidade desapareceu do nosso sistema recursal. Segundo esse entendimento, porque os juízos de admissibilidade são distintos, não poderia o juiz monocrático receber a apelação como agravo de instrumento, nem o tribunal receber o agravo de instrumento como apelação. Esse é o entendimento do STJ firmado na vigência do CPC/1973:

> "Direito processual civil. Impossibilidade de conhecimento de apelação interposta contra decisão que exclui um dos litisconsortes da relação jurídica e determina o prosseguimento da execução contra os demais devedores.
>
> É inviável o conhecimento de apelação interposta contra decisão que exclui um dos litisconsortes da relação jurídica e determina o prosseguimento da execução contra os demais devedores. Referido equívoco constitui erro inescusável, por consequência, inaplicável o princípio da fungibilidade recursal em face do entendimento do STJ segundo o qual, nesses casos, seria cabível agravo de instrumento, e não apelação" (AgRg no REsp 1.184.036/DF, Rel. Min. Antonio Carlos Ferreira, j. 07.02.2013).

---

[8] O STJ entende que é possível o recebimento de embargos de declaração como agravo regimental, desde que aqueles contenham exclusivo intuito infringente (ver: STJ, AgRg no AREsp 100.553/CE, j. 01.10.2013; STJ, EDcl na Rcl 8.367/RS, j. 25.09.2013).

"Agravo regimental. Agravo de instrumento. Cobrança de cotas condominiais. Exclusão de réus do polo passivo da lide sem extinção do processo. Decisão interlocutória. Agravo de instrumento. Recurso cabível.

1. O julgado que exclui litisconsorte do polo passivo da lide sem extinguir o processo é decisão interlocutória, recorrível por meio de agravo de instrumento, e não de apelação, cuja interposição, nesse caso, é considerada erro grosseiro.

2. Agravo regimental desprovido" (AgRg no Ag 1.329.466/MG, Rel. Min. João Otávio de Noronha, j. 10.05.2011).

A despeito das ponderações, particularmente sempre considerei que o princípio ainda poderia ser aplicado. Aliás, o fato de a lei ser dúbia, os doutrinadores atritarem entre si e a jurisprudência não ter uniformidade, não poderia constituir razão suficiente para subtrair do litigante o duplo grau de jurisdição. Bastaria que o recorrente, havendo dúvida sobre a natureza do ato decisório, interpusesse agravo de instrumento, na forma adequada. Entendendo o tribunal que esse era o recurso adequado, como tal o processaria; em caso contrário, remetê-lo-ia ao juízo de origem.

Na vigência do CPC/1973 realmente a hipótese de aplicação da fungibilidade entre apelação e agravo era remota. Lembre-se de que no regime do CPC/1973 o agravo era cabível, genericamente, contra "decisões interlocutórias" (art. 522), razão pela qual dificilmente se cogitava de dúvida objetiva e, por conseguinte, em erro capaz de permitir a aplicação do princípio da fungibilidade. Entretanto, o CPC estabelece um rol de hipóteses de cabimento do agravo de instrumento (art. 1.015), o que poderá ocasionar mais dúvidas com relação ao recurso adequado, bem como sobre o cabimento ou não de recurso.

De toda forma, para que se aplique a fungibilidade, que é considerada uma exceção, devem estar preenchidos os seguintes requisitos: "a) **dúvida objetiva** quanto ao recurso a ser interposto; b) **inexistência de erro grosseiro;** e c) **observância do prazo do recurso cabível**" (AgInt no AREsp 1.479.391/SP, Rel. Min. Marco Buzzi, 4ª Turma, j. 26.11.2019, *DJe* 27.11.2019).

Em relação ao primeiro requisito, há precedente no STJ admitindo a relativização do conceito quando o equívoco na interposição do recurso cabível decorrer da prática de ato do próprio órgão julgador (STJ, 2ª Seção, EAREsp 230.380/RN, Rel. Min. Paulo de Tarso Sanseverino, j. 13.09.2017). No caso concreto, embora a decisão do juiz singular não tenha colocado fim ao processo de execução, foi tratada como uma sentença, inclusive em relação ao nomen iuris e registro. Justamente pelo equívoco que induziu a parte prejudicada pela decisão, houve aplicação da fungibilidade, já que o recurso cabível era o agravo de instrumento.

JURISPRUDÊNCIA TEMÁTICA

Casos em que a jurisprudência NÃO admitiu a aplicação do princípio da fungibilidade recursal

"A decisão que declara a inexigibilidade parcial da execução é recorrível mediante agravo de instrumento, configurando erro grosseiro a interposição de apelação, o que inviabiliza a aplicação do princípio da fungibilidade recursal" (STJ, 2ª Turma. REsp 1947309/BA, Rel. Min. Francisco Falcão, j. 07.02.2023).

"O princípio da fungibilidade recursal não é aplicável à situação em que o recurso ordinário constitucional é manejado fora das hipóteses taxativamente enumeradas no art. 105, II, do texto constitucional" (STJ, 2ª Turma, Pet 15.753/BA, Rel. Min. Assusete Magalhães, j. 15.08.2023).

"É manifestamente incabível pedido de reconsideração em face de acórdão, bem como o seu recebimento como embargos de declaração ante a inadmissibilidade da incidência do princípio da fungibilidade recursal quando constatada a ocorrência de erro inescusável" (STJ, 4ª Turma, RCD no AgRg no HC 746844/SP, Rel. Min. Jorge Mussi, j. 08.11.2022).

1.3.5 Proibição da reformatio in pejus

Consoante o princípio da proibição da *reformatio in pejus*, é vedada a reforma da decisão impugnada em prejuízo do recorrente e, consequentemente, em benefício do recorrido.

Desse modo, sendo interposto recurso por determinado motivo, o órgão julgador só pode alterar a decisão hostilizada nos limites em que ela foi impugnada, não podendo ir além. Trata-se, como se vê, de consectário lógico do **princípio do dispositivo**, segundo o qual o órgão jurisdicional somente age quando provocado (art. 2º), e do **princípio da congruência**, pelo qual o julgador está vinculado ao pedido formulado pela parte (arts. 141 e 492, por extensão).

Caso ambas as partes interponham recurso contra uma decisão, a princípio, não haverá que se falar em aplicação do princípio em comento. É que, em tal situação, o provimento de um recurso em detrimento do outro pode ensejar, nos limites dos recursos interpostos, prejuízo a um dos recorrentes.

Entretanto, mesmo na hipótese descrita pode ocorrer a incidência do princípio da proibição da *reformatio in pejus* em favor de um dos recorrentes, como demonstra o seguinte exemplo: em demanda proposta por "A" visando à condenação de "B" ao pagamento da quantia de R$ 10.000,00, a título de danos materiais, o pedido foi julgado parcialmente procedente para condenar "B" ao pagamento de R$ 8.000,00. Inconformado, "A" interpõe apelação buscando majorar a condenação para R$ 10.000,00, ao passo que "B", também irresignado, interpõe apelação pleiteando tão somente a redução da condenação para R$ 5.000,00. Nesse caso, poderá o tribunal dar provimento a um ou outro recurso, majorando ou reduzindo a verba condenatória sem que haja infringência ao princípio da *reformatio in pejus*. Todavia, com base no mesmo princípio, não poderá o tribunal entender que não restaram preenchidos os requisitos para que surja o dever de indenizar de "B", porquanto tal questão não foi objeto dos recursos interpostos e, por conseguinte, a modificação da sentença quanto a essa parte implica prejuízo a "A" sem que haja pedido de "B" a esse respeito.

Constitui **exceção ao princípio** sob análise a apreciação de questões de ordem pública, porquanto conhecíveis de ofício em qualquer tempo e grau de jurisdição (arts. 485, § 3º, e 337, § 5º).[9]

Situação interessante ocorre com relação à resolução de mérito realizada pelo tribunal depois de cassar sentença, nos moldes do art. 1.013, § 3º. Conquanto o autor[10] recorra da sentença objetivando sua cassação e, posteriormente, julgamento da lide em seu favor, nada obsta a que o tribunal julgue improcedente o pedido formulado na inicial. Não há que se falar em *reformatio in pejus*, haja vista que, em virtude de a sentença ter sido cassada pelo tribunal,

---

[9] "A matéria relativa aos juros de mora e à correção monetária é de ordem pública, pelo que a alteração do termo inicial de ofício no julgamento de recurso de apelação pelo tribunal na fase de conhecimento do processo não configura *reformatio in pejus*" (AgRg no AREsp 455.281/RS, Rel. Min. Ricardo Villas Bôas Cueva, 3ª T., j. 10.06.2014, DJe 25.06.2014).

[10] Não há óbice à interposição de recurso pelo réu contra sentença terminativa, visando à cassação do ato decisório com a consequente apreciação do mérito. Ficará o réu, contudo, sujeito a eventual julgamento de procedência da pretensão do autor, sem que tal decisão implique violação do princípio da proibição da *reformatio in pejus*.

todas as questões discutidas nos autos devem ser apreciadas, o que pode resultar em resolução do mérito em favor ou em prejuízo do autor.

A doutrina também entende como exceção a esse princípio a aplicação da **teoria da causa madura**, normalmente vista no recurso de apelação, mas que, segundo entendimento do STJ, também se mostra cabível no agravo de instrumento (RESP 1.215.368/ES).

Por fim, cumpre ressaltar que, também com fundamento nos princípios do dispositivo e da congruência, não é admitida a *reformatio in melius*, isto é, a reforma da decisão para melhorar a situação do recorrente além do que foi pedido.

1.3.6 Voluntariedade

Conforme afirmado em linhas anteriores, a parte não está obrigada a interpor recurso contra a decisão que lhe for desfavorável. Contudo, se não o fizer, arcará os ônus respectivos. Por exemplo, se a sentença condena o réu a pagar determinada quantia e este não interpõe apelação, a decisão transita em julgado, sujeitando-o, em caráter definitivo, ao que restou decidido.

A voluntariedade também está presente na desistência do recurso. Consoante o art. 998, "o recorrente poderá, a qualquer tempo, sem a anuência do recorrido ou dos litisconsortes, desistir do recurso". Trata-se de ato voluntário que, diferentemente do que ocorre com a desistência da ação após a contestação, independe da manifestação (concordância ou discordância) por parte do recorrido.

1.3.7 Dialeticidade

Ao interpor recurso, a parte deverá expor as razões do seu inconformismo, indicando-as de forma clara e com a devida fundamentação. Nelson Nery Junior nos esclarece que

> "[...] de acordo com este princípio, exige-se que todo recurso seja formulado por meio de petição pela qual a parte não apenas manifeste sua inconformidade com o ato judicial impugnado, mas, também e necessariamente, indique os motivos de fato e de direito pelos quais requer o novo julgamento da questão nele cogitada".[11]

Na apelação, constata-se a presença do princípio da dialeticidade no inciso II do art. 1.010, que traz como requisito da peça recursal a indicação das razões do pedido de reforma ou de decretação da nulidade da sentença. No agravo de instrumento, do mesmo modo, o legislador elenca como um dos requisitos da petição inicial "as razões do pedido de reforma ou de invalidação da decisão e o próprio pedido" (art. 1.016, III).

O princípio da dialeticidade, com o nome de regularidade formal,[12] figura como requisito de admissibilidade recursal. Caso o recurso não aponte os motivos de reforma da decisão recorrida (os fundamentos de fato e de direito), o tribunal dele não conhecerá. Vê-se que a regularidade formal – ou dialeticidade – se manifesta, além da observância a outros

---

[11] NERY JR., Nelson. *Teoria geral dos recursos*. 6. ed. São Paulo: RT, 2004. p. 176.
[12] "A dialeticidade tem relação com a regularidade formal. Indica que a parte deve apresentar apelo que vise combater a decisão jurisdicional exatamente naquilo que ela lhe prejudica. De acordo com o princípio da dialeticidade, as razões recursais devem impugnar, com transparência e objetividade, os fundamentos suficientes para manter íntegro o *decisum* recorrido. Deficiente a fundamentação, incidem as Súmulas 182/STJ e 284/STF" (AgRg no Ag 1.056.913/SP, 2ª T., Rel. Min. Eliana Calmon, *DJe* 26.11.2008).

requisitos apontados no Código, com a impugnação específica da decisão recorrida. Com efeito, "há violação ao princípio da dialeticidade se as razões recursais não dialogam com os fundamentos da sentença".[13]

Na jurisprudência, as Súmulas nº 282, 284 e 287 do Supremo Tribunal Federal[14] e as Súmulas nº 126 e 182 do STJ[15] também se referem ao princípio da dialeticidade. No âmbito do STJ, para facilitar a compreensão, vale a transcrição das decisões a seguir, que contêm exemplos práticos de inobservância ao princípio da dialeticidade:

"[...] A irresignação recursal há de ser clara, total e objetiva, em ordem a viabilizar o prosseguimento do agravo. Hipótese em que a agravante, nesse desiderato, apenas tece comentário genérico acerca do decidido, sem efetivamente contrapor-se aos fundamentos adotados pela decisão objurgada, fato que atrai a incidência do óbice previsto na súmula 182/STJ, em homenagem ao princípio da dialeticidade recursal" (STJ, AgRg no AREsp 694.512/SP, Rel. Min. Olindo Menezes (desembargador convocado do TRF 1ª Região), j. 18.08.2015).

"[...] À luz da jurisprudência desta Corte e do princípio da dialeticidade, deve a parte recorrente impugnar, de maneira específica e pormenorizada, todos os fundamentos da decisão contra a qual se insurge, não bastando a formulação de alegações genéricas em sentido contrário às afirmações do julgado impugnado ou mesmo a insistência no mérito da controvérsia. De mais a mais, a impugnação tardia dos fundamentos da decisão que não admitiu o recurso especial, somente em sede de agravo regimental, não tem o condão de afastar a aplicação da Súmula nº 182/STJ" (STJ, AgRg no AREsp 705.564/MG, Rel. Min. Sebastião Reis Junior, j. 04.08.2015).

"[...] O ônus da dialeticidade recursal cumpre-se com a refutação dos motivos declinados na decisão impugnada para o julgamento da controvérsia, não bastando, portanto, que o interessado apenas reitere em agravo regimental os argumentos do recurso especial se isso não se presta efetivamente ao confronto da fundamentação judicial" (STJ, AgRg no AREsp 632.705/MG, Rel. Min. Mauro Campbell Marques, j. 19.05.2015).

"[...] 1. O princípio da dialeticidade exige que a interação dos atores processuais se estabeleça mediante diálogo coerente e adequado entre seus interlocutores.

2. Não por outro motivo, os recorrentes devem promover o ataque específico de todos os fundamentos da decisão impugnada, cuja reforma pressupõe a apresentação de razões suficientes para demonstrar o desacerto do entendimento perfilhado pelo julgador. Sem o cumprimento desse ônus processual, o recurso nem sequer terá aptidão para promover a alteração por ele buscada.

---

[13] TJ-MG – Apelação Cível: 50143718720238130114, Rel. Des. Roberto Apolinário de Castro, j. 14.11.2024, Câmaras Especializadas Cíveis/4ª Câmara Cível Especializada, *DJe* 14.11.2024.

[14] Súmula nº 287 do STF: "Nega-se provimento ao agravo, quando a deficiência na sua fundamentação, ou no do recurso extraordinário, não permitir a exata compreensão da controvérsia"; Súmula nº 284 do STF: "É inadmissível o recurso extraordinário, quando a deficiência na sua fundamentação não permitir a exata compreensão da controvérsia"; Súmula nº 282 do STF: "É inadmissível o recurso extraordinário quando não ventilada, na decisão recorrida, a questão federal suscitada".

[15] Súmula nº 126 do STJ: "É inadmissível recurso especial, quando o acórdão recorrido assenta em fundamentos constitucional e infraconstitucional, qualquer deles suficiente, por si só, para mantê-lo, e a parte vencida não manifesta recurso extraordinário"; Súmula nº 182 do STJ: "É inviável o agravo do art. 545 do CPC que deixa de atacar especificamente os fundamentos da decisão agravada".

3. Nas razões do agravo previsto no art. 544 do CPC, verifica-se que a parte agravante deixou de impugnar a decisão recorrida, limitando-se a reafirmar os argumentos expostos no recurso especial.

4. É inviável o agravo em recurso especial que deixa de atacar, de modo específico, os fundamentos adotados pelo Tribunal *a quo* para negar trânsito ao apelo especial. Incidência, por analogia, da Súmula nº 182 do STJ. 5. Agravo regimental não provido" (STJ, AgRg nos EDcl no AREsp 635.176/RJ, Rel. Min. Herman Benjamin, j. 07.05.2015).

Vale ressalvar que apesar da exigência de impugnação específica, o STJ[16] considera que a reiteração de argumentos elencados na petição inicial ou na contestação não implica, por si só, a ausência de requisito objetivo de admissibilidade do recurso de apelação, constem no apelo recursal os fundamentos de fato e de direito evidenciadores do desejo de reforma da sentença.

1.3.8 Preclusão consumativa e complementaridade

A parte que pretender impugnar o ato decisório deve fazê-lo dentro do prazo previsto em lei. Se a decisão é publicada e a parte vencida entende que deve interpor recurso de apelação, terá 15 dias úteis (art. 219) para preparar a peça recursal. Se, no entanto, já no dia seguinte à publicação da decisão ela interpõe o recurso, não pode posteriormente complementar as razões recursais, ainda que dentro do prazo, exceto na hipótese prevista no § 4º do art. 1.024.[17] **A complementação de atos processuais somente é admitida nos casos expressos em lei.** Por mais que se fale em cooperação e aproveitamento dos atos processuais, não se pode olvidar do princípio da isonomia. Se a ambas as partes é concedido o prazo de quinze dias para recurso, não se pode estender esse prazo, ainda que a pretexto de cooperação.

Também não pode o recorrente, por exemplo, desistir do recurso e, ainda dentro do prazo, apresentar um novo apelo. Em outras palavras, "uma vez já exercido o direito de recorrer, consumou-se a oportunidade de fazê-lo, de sorte a impedir que o recorrente torne a impugnar o pronunciamento judicial já impugnado".[18] É o que se denomina consumação ou preclusão consumativa. Veja outro exemplo: contra a rejeição liminar de embargos à execução, o advogado do executado interpõe, paralelamente, agravo de instrumento e recurso de apelação, ambos com o mesmo fundamento. Por se tratar de uma decisão terminativa, o advogado deveria ter apresentado recurso de apelação. Assim, mesmo que tenha sido apresentado o recurso correto dentro do prazo, há violação ao princípio da singularidade pela interposição de agravo de instrumento anterior contra a mesma decisão que extinguiu a execução, a caracterizar a preclusão consumativa. Esse é, a propósito, o entendimento do STJ, para quem a antecedente preclusão consumativa proveniente da interposição de um recurso contra determinada decisão enseja a inadmissibilidade do segundo recurso, simultâneo ou subsequente, interposto pela mesma parte e contra o mesmo julgado, pouco importando se o recurso posterior seja o adequado para

---

[16] Há vários precedentes nesse sentido: REsp 1.065.412/RS, 1ª Turma, Rel. Min. Luiz Fux, j. 10.11.2009, DJe 14.12.2009; AgRg no AREsp 457.953/PR, 3ª Turma, Rel. Min. Ricardo Villas Bôas Cueva, j. 15.05.2014, DJe 22.05.2014; AgRg no Ag 990.643/RS, 3ª Turma, Rel. Min. Nancy Andrighi, j. 06.05.2008, DJe 23.05.2008.

[17] "Art. 1.024. [...] § 4º Caso o acolhimento dos embargos de declaração implique modificação da decisão embargada, o embargado que já tiver interposto outro recurso contra a decisão originária tem direito de complementar ou alterar suas razões, nos exatos limites da modificação, no prazo de 15 (quinze) dias, contado da intimação da decisão dos embargos de declaração."

[18] NERY JUNIOR, Nelson. *Teoria geral dos recursos*. 5. ed. São Paulo: RT, p. 164.

impugnar a decisão e tenha sido interposto antes de decorrido, objetivamente, o prazo recursal (REsp 2.075.284/SP, Rel. Min. Marco Aurélio Bellizze, 3ª Turma, j. 08.08.2023).

Diferente é o caso em que a parte interpõe um recurso inexistente. Imagine que, por meio de decisão interlocutória, o juiz promove a exclusão de litisconsorte do processo. Inconformado, o litisconsorte pede que seu advogado recorra e este apresenta agravo retido, recurso que não mais existe na nossa legislação. Como o recurso correto é o agravo de instrumento (art. 1.015, VII, CPC/2015), podemos falar em preclusão consumativa, mesmo se o advogado, dentro do prazo legal, interpuser o recurso correto? De acordo com o STJ, o princípio da taxatividade recursal estabelece que só são considerados recursos aqueles que a lei prevê expressamente. Assim, se não há previsão legal, a impugnação recursal equivocada não existe juridicamente e, por isso, não tem capacidade de produzir efeitos legais. Em resumo, "a interposição de um recurso inexistente não gera preclusão consumativa, sendo cabível a subsequente interposição do recurso previsto na legislação" (desde que, é claro, seja observado o prazo legal) (4ª Turma, REsp 2.141.420/MT, Rel. Min. Antônio Carlos Ferreira, j. 06.08.2024).

JURISPRUDÊNCIA TEMÁTICA

Sem má-fé, parte não pode ser prejudicada por dúvida razoável sobre natureza e prazo do recurso

"[...] 1. O juízo criminal, ao aplicar multa cominatória à empresa responsável pelo fornecimento de dados decorrentes da quebra de sigilo determinada em inquérito policial, estabelece com ela uma relação jurídica de natureza cível, seja porque o responsável pelo cumprimento da ordem judicial não é parte na relação processual penal, seja porque a aplicação de multa por eventual descumprimento – ou retardo no adimplemento – tem amparo no art. 475-J do Código de Processo Civil.

2. Existência, ademais, de dúvida razoável quanto à natureza – cível ou criminal – da matéria, a justificar a aplicação do princípio da boa-fé processual, reforçado no novo Código de Processo Civil, de inegável valor como referência do direito que está por vir.

3. Aplicabilidade, na hipótese, do art. 536 do CPC, que fixa em cinco dias o prazo para a oposição de embargos de declaração, por constituir a cominação de multa diária por atraso no cumprimento de ordem judicial tema tipicamente cível. 4. Recurso especial provido" (STJ, REsp 1.435.776/PR, 6ª Turma, Rel. Min. Maria Thereza de Assis Moura, j. 19.03.2015, *DJe* 09.04.2015).

1.4 Pressupostos de admissibilidade dos recursos

Para que o recurso produza o efeito de devolver o exame da matéria impugnada ao tribunal, é indispensável que estejam presentes certos pressupostos de admissibilidade.

Assim, divide-se o julgamento do recurso em duas etapas: **juízo de admissibilidade** e **juízo de mérito**. Na primeira parte do julgamento, verifica o tribunal se o recurso pode ser admitido, em outras palavras, o tribunal conhece ou não conhece do recurso. Deliberando o tribunal pelo conhecimento, passa-se à segunda parte, que se refere ao mérito, quando então ao recurso pode se dar ou negar provimento.

O juízo de admissibilidade consiste, então, no exame acerca da **existência de determinadas condições que devem estar presentes nos recursos para que o tribunal possa analisar o seu mérito**. Quando, por exemplo, um recurso nem sequer é conhecido, significa que o juízo de admissibilidade restou negativo (por exemplo, por ausência de legitimidade recursal). Prevalece o entendimento no sentido de que o juízo de admissibilidade tem natureza declaratória e, se o apelo não for conhecido, até mesmo pela impossibilidade de cabimento, tal decisão não terá efeitos retroativos, com exceção do recurso intempestivo ou manifestamente incabível. O provimento ou não do recurso depende, por outro lado, da análise quanto ao mérito da pretensão.[19]

Cabe explicitar, nesse ponto, que o juízo de mérito recursal diz respeito à pretensão manifestada pelo recorrente, que pode coincidir com a lide propriamente dita (mérito da demanda) ou dela diferir. Nesta última hipótese, o exemplo mais comum refere-se ao recurso de agravo, que se destina, em regra, a impugnar decisão relativa a questão incidente do processo.

Voltando ao exame do juízo de admissibilidade, impende salientar que na sistemática do CPC/1973, dependendo do recurso interposto, tal juízo era feito pelo menos duas vezes. Na apelação, o juízo *a quo* tinha duas oportunidades para examinar os pressupostos de admissibilidade: uma ao receber a petição do recurso (art. 518 do CPC/1973) e outra depois da apresentação da resposta (contrarrazões) pelo recorrido (art. 518, § 2º, do CPC/1973). Mesmo que não houvesse previsão expressa para o reexame dos pressupostos de admissibilidade, tal providência era admissível. Isso porque se estava diante de matéria de ordem pública, cognoscível de ofício e não sujeita à preclusão.

De acordo com o CPC/2015, o juízo de admissibilidade da apelação é único, ou seja, feito apenas pelo tribunal competente. É o que se depreende da redação do art. 1.010, § 3º, segundo a qual, "após as formalidades previstas nos §§ 1º e 2º, os autos serão remetidos ao tribunal pelo juiz, *independentemente de juízo de admissibilidade*".

Também no caso de recurso ordinário, dirigido ao STF e ao STJ, nas hipóteses previstas nos arts. 102, II, e 105, II, da CF/1988, o legislador do CPC/2015 previu que, apresentadas as contrarrazões ou decorrido o prazo para apresentá-las, os autos serão remetidos ao respectivo tribunal superior, independentemente de juízo de admissibilidade pelo órgão *a quo* (art. 1.028, § 3º).

No que concerne ao juízo de admissibilidade dos recursos especial e extraordinário, apesar da tentativa de alterar a regra do duplo juízo de admissibilidade, tal função continua a ser realizada tanto pelo juízo *a quo* (presidente ou vice-presidente do tribunal, conforme dispuser o regimento interno) quanto pelo juízo *ad quem* (Tribunal Superior).

Conforme dispõe o art. 1.030, recebido o recurso pela secretaria do tribunal, o recorrido será intimado para apresentar contrarrazões no prazo de 15 dias. Após, os autos serão conclusos ao presidente ou ao vice-presidente do tribunal, que deverá, entre outras providências:

> "realizar o juízo de admissibilidade e, se positivo, remeter o feito ao STF ou ao STJ, desde que: a) o recurso ainda não tenha sido submetido ao regime de repercussão geral ou de julgamento de recursos repetitivos; b) o recurso tenha sido selecionado como representativo da controvérsia; ou c) o tribunal recorrido tenha refutado o juízo de retratação" (inciso V).

As espécies recursais serão estudadas ao longo desta obra. Em momento oportuno, voltaremos a tratar do juízo de admissibilidade e do procedimento dos recursos no âmbito dos tribunais superiores.

Dito isso, vamos verificar quais são os requisitos genéricos (comuns a todos os recursos)[20] de admissibilidade dos recursos. Saliente-se que alguns recursos têm requisitos específicos de

---

[19] Os embargos de declaração e os embargos infringentes da Lei de Execução Fiscal são recursos em que há identidade entre o juízo *a quo* é o *ad quem*, ou seja, são recursos julgados pelo mesmo órgão prolator da decisão.

[20] Tal como fizemos no tópico referente aos pressupostos processuais, também aqui utilizaremos pressupostos ou requisitos de admissibilidade dos recursos, indiferentemente.

admissibilidade, como é o caso, por exemplo, do recurso extraordinário, que exige a chamada "repercussão geral" e, futuramente, do recurso especial, que exigirá o cumprimento do filtro da relevância. Adiante veremos essa novidade e seus aspectos práticos.

De acordo com parte da doutrina, os requisitos de admissibilidade dos recursos dividem-se em **subjetivos e objetivos**. Os subjetivos são a **legitimidade** e o **interesse**. Os requisitos objetivos são o **cabimento**, a **tempestividade**, o **preparo**, a **regularidade formal** e a **inexistência de fato extintivo ou impeditivo do direito de recorrer** (exemplos: renúncia ao direito de recorrer, reconhecimento jurídico do pedido e desistência da ação ou do recurso).

Necessário mencionar, por outro lado, a classificação dos requisitos de admissibilidade recursais adotada por Barbosa Moreira, que faz distinção entre **requisitos intrínsecos** (referentes à existência do direito de recorrer) e **extrínsecos** (atinentes ao exercício daquele direito). Assim, estabelece como requisitos intrínsecos de admissibilidade dos recursos o cabimento, a legitimidade para recorrer, o interesse e a inexistência de fato impeditivo ou extintivo do poder de recorrer; como requisitos extrínsecos, enquadra a tempestividade, a regularidade formal e o preparo.[21] Também são adeptos de tal classificação Nelson Nery Junior[22] e Teresa Arruda Alvim Wambier.[23] Cito aqui essa classificação em respeito aos concurseiros, uma vez que a distinção entre as classificações é sibilina. São como aquelas regras que seguimos até tirar a carteira de motorista e depois esquecemos. Particularmente, acho mais lógica a subdivisão em pressupostos objetivos e subjetivos.

1.4.1 Cabimento

Para que seja preenchido o requisito do cabimento, o recurso deve estar previsto em lei contra determinada decisão judicial e, ainda, ser o adequado à obtenção do resultado pretendido. Assim, pode-se dizer que o requisito do cabimento é composto pela **recorribilidade** (previsão legal de recurso contra a decisão que se busca impugnar) e pela **adequação**.

A respeito da recorribilidade, deve-se destacar primeiramente que, em decorrência do princípio da taxatividade, os recursos encontram-se designados, em rol exaustivo, por lei federal.

Tais recursos podem ser interpostos em face de alguns pronunciamentos do juiz, os quais, segundo o art. 203, consistem em sentenças, decisões interlocutórias e despachos. Recebe a denominação de acórdão o julgamento colegiado proferido pelos tribunais (art. 204).

Apenas as sentenças, os acórdãos e as decisões interlocutórias, enfim, os atos com conteúdo decisório, em face da possibilidade de causarem gravame à parte, ensejam a interposição de recurso. De acordo com o art. 1.001, **dos despachos não cabe recurso**. Entretanto, para evitar prejuízo, decorrente da inversão tumultuária da ordem processual, a praxe forense instituiu uma medida *sui generis*, que não se confunde com recurso, denominada **correição parcial**.[24]

---

[21] BARBOSA MOREIRA, José Carlos. *O novo processo civil brasileiro*. 21. ed. Rio de Janeiro: Forense, 2000. p. 117-120.

[22] NERY JUNIOR, Nelson. *Princípios fundamentais*: teoria geral dos recursos. 5. ed. São Paulo: RT, 2000. p. 240-241.

[23] WAMBIER, Teresa Arruda Alvim. *Os agravos no CPC brasileiro*. 4. ed. São Paulo: RT, 2006. p. 152-153.

[24] Fundamentando-se no princípio da taxatividade, Cassio Scarpinella ensina que "a correição parcial não pode, mormente quando disciplinada por leis ou atos infralegais dos Estados, querer fazer as vezes de quaisquer recursos porque isto violaria o inciso I do art. 22 da Constituição Federal [...]" (BUENO, Cassio Scarpinella. *Curso sistematizado de direito processual civil*. Recursos. Processos e incidentes nos tribunais. Sucedâneos recursais: técnicas de controle das decisões judiciais. São Paulo: Saraiva, 2008. p. 447).

Tal medida, que consta apenas em regimentos de alguns tribunais[25] e na lei que disciplina a Justiça federal (arts. 6º, I, e 9º da Lei nº 5.010/1966), destina-se à reparação de ato do juiz para o qual não haja previsão de recurso e que, em razão de erro (*in procedendo*) ou abuso, pode causar dano irreparável à parte.

No que tange à **adequação**, cumpre observar que tal pressuposto relaciona-se com o **princípio da singularidade**, mas com ele não se confunde. Em razão da singularidade, a parte há que escolher, no elenco dos recursos, apenas um, não se admitindo, como regra, a interposição de dois recursos simultâneos. Sobre o tema conferir o que foi analisado no tópico 1.3.4, que trata a respeito do princípio da fungibilidade.

1.4.2 Legitimidade

Tem legitimidade para recorrer quem participou da relação processual, isto é, as **partes**, os **intervenientes**[26] e o **Ministério Público**, se for o caso, tanto na condição de parte quanto na de fiscal da ordem jurídica (art. 996). Também o **terceiro prejudicado**, ou seja, aquele que pode sofrer prejuízo pela eficácia natural da sentença, tem legitimidade para recorrer (art. 996, parágrafo único).

Cumpre ressaltar que a figura do terceiro prejudicado equivale à do assistente (art. 119) que intervém na relação processual na fase recursal. Para que seja admissível o recurso, necessário se demonstre que a decisão recorrida afetará, direta ou indiretamente, relação jurídica de que o terceiro é titular. Além disso, não basta a demonstração de prejuízo econômico; é preciso que haja nexo de interdependência entre a relação jurídica submetida à apreciação judicial e o interesse do terceiro (STJ, REsp 19.802-0/MS, 3ª Turma, *DJU* 25.05.1992; STJ, EDcl na MC 16.286/MA, 4ª Turma, Rel. Min. João Otávio Noronha, *DJe* 19.10.2010).

A legitimidade dependerá, em síntese, do interesse que possui a parte, o Ministério Público ou o terceiro em recorrer.

Em relação ao Ministério Público, lembre-se da Súmula 99 do STJ, segundo a qual "o Ministério Público tem legitimidade para recorrer no processo em que oficiou como fiscal da lei, ainda que não haja recurso da parte". Ainda, mesmo se tratando de recurso interposto pelo Ministério Público Estadual junto a tribunal superior, **não há obrigatoriedade** de atuação do MPF: "Os Ministérios Públicos dos Estados e do Distrito Federal têm legitimidade para propor e atuar em recursos e meios de impugnação de decisões judiciais em trâmite no STF e no STJ, oriundos de processos de sua atribuição, sem prejuízo da atuação do Ministério Público Federal" (RE 985.392).

Quanto aos terceiros, cabem duas ressalvas: a) o amicus curiae, elencado no CPC atual no capítulo relativo às intervenções de terceiro, tem legitimidade recursal apenas para opor embargos e recorrer da decisão que julga o IRDR;[27] b) o assistente simples pode recorrer mesmo que o assistido não interponha qualquer recurso. Contudo, se este praticar ato incompatível com a vontade de recorrer, o recurso do assistente simples restará prejudicado.

---

[25] No Regimento Interno do Superior Tribunal Militar (art. 152), no Regimento Interno do Tribunal de Justiça do Estado de São Paulo (arts. 211 a 215) e no Regimento Interno do Tribunal de Justiça do Estado de Minas Gerais (art. 290).

[26] Nesse ponto valem as ressalvas feitas ao *amicus curiae* (Capítulo relativo às intervenções de terceiro, Parte I).

[27] "Havia precedente no sentido de que o *amicus curiae* poderia recorrer da decisão que não admitia a sua intervenção no processo. Ocorre que, de acordo com o Plenário do STF, em decisão mais recente, o pronunciamento do Relator que ADMITE ou INADMITE o ingresso do *amicus curiae* é IRRECORRÍVEL" (RE 602.584 AgR, Rel. p/ acórdão Min. Luiz Fux, j. 17.10.2018).

Também se admite o recurso por parte de terceiro que possa discutir a relação jurídica objeto do processo na qualidade de substituto processual, uma vez que a eficácia do julgado há de recair sobre a parte em sentido material e não apenas processual (art. 996, parágrafo único, parte final). "Para que o terceiro prejudicado demonstre sua legitimidade e interesse para interpor recurso, é imprescindível que o recorrente traga elementos de prova, previamente constituída, aptos a demonstrar seu prejuízo, a fim de arguir nulidades e pugnar pela cassação ou reforma da sentença de um feito já instruído, o que não ocorreu aqui" (TJ-MG - AGT: 10278160016145003 Grão-Mogol, Rel. Sérgio André da Fonseca Xavier, j. 27.04.2021, Câmaras Cíveis/18ª Câmara Cível, DJe 30.04.2021).

Quanto à **legitimidade da pessoa jurídica** para interpor recurso no interesse dos sócios, o STJ considerou que o art. 6º do CPC/1973 (art. 18 do CPC/2015) é claro ao afirmar que "ninguém poderá pleitear, em nome próprio, direito alheio, salvo quando autorizado por lei". Assim, como não há previsão legal que autorize a sociedade a interpor recurso em favor dos respectivos sócios, há que ser declarado ausente o requisito da legitimidade.[28] Deve-se ressalvar, contudo, que a mesma Corte admite a impugnação por parte da pessoa jurídica da decisão que decreta a desconsideração da sua personalidade. Veja:

"Recurso especial. Processo civil. Desconsideração da personalidade jurídica. Medida excepcional. Decisão que defere o pedido. Impugnação. Legitimidade da pessoa jurídica. Sucumbência. Patrimônio moral atingido. Defesa da autonomia e da regular administração. Provimento.

1. Desconsiderar a personalidade jurídica consiste em ignorar a personalidade autônoma da entidade moral, excepcionalmente, tornando-a ineficaz para determinados atos, sempre que utilizada para fins fraudulentos ou diferentes daqueles para os quais fora constituída, tendo em vista o caráter não absoluto da personalidade jurídica, sujeita sempre à teoria da fraude contra credores e do abuso do direito.

2. No ordenamento jurídico nacional, o rol dos capacitados à interposição dos recursos está no artigo 499 do Código de Processo Civil,[29] do qual emerge a noção de sucumbência fundada no binômio necessidade/utilidade. O sucumbente/vencido detém legitimidade para recorrer, tendo em vista a capacidade do recurso de propiciar ao recorrente situação mais favorável que a decorrente da decisão hostilizada.

3. À pessoa jurídica interessa a preservação de sua boa fama, assim como a punição de condutas ilícitas que venham a deslustrá-la. Dessa forma, quando o anúncio de medida excepcional e extrema que desconsidera a personalidade jurídica tiver potencial bastante para atingir o patrimônio moral da sociedade, à pessoa jurídica será conferida a legitimidade para recorrer daquela decisão.

4. A lesão injusta ao patrimônio moral, que é valor agregado à pessoa jurídica, é fundamento bastante a legitimá-la à interposição do recurso com vistas à recomposição do estado normal das coisas alterado pelo anúncio da desconsideração, sempre com vistas à defesa de sua autonomia e regular administração.

5. No mesmo sentido, precedente da Terceira Turma do STJ, de relatoria da Ministra Nancy Andrighi: 'O interesse na desconsideração ou, como na espécie, na manutenção do véu protetor, podem partir da própria pessoa jurídica, desde que, à luz dos requisitos autorizadores da medida excepcional, esta seja capaz de demonstrar a pertinência de seu intuito, o qual deve

---

[28] STJ, REsp 1.347.627/SP, Rel. Min. Ari Pargendler, DJe 21.10.2013. Tese firmada em sede de recurso repetitivo.

[29] Corresponde ao art. 996 do CPC/2015.

sempre estar relacionado à afirmação de sua autonomia, vale dizer, à proteção de sua personalidade' (REsp 1421464/SP, Rel. Ministra Nancy Andrighi, Terceira Turma, *DJe* 12.05.2014).

6. Recurso especial provido" (STJ, REsp 1.208.852/SP, Rel. Min. Luis Felipe Salomão, j. 12.05.2015).

O recurso cabível por parte da pessoa jurídica será, nesse caso, o agravo de instrumento, conforme art. 1.015, IV, do CPC/2015.

1.4.3 Interesse

Para recorrer não basta a legitimidade. Não basta ter sido parte ou interveniente na relação processual. É preciso também ter interesse, em outras palavras, é indispensável que o recurso seja **útil** e **necessário** ao recorrente, a fim de evitar que sofra prejuízo com a decisão.

O mesmo se pode dizer com relação ao **Ministério Público**. O fato de ter sido parte ou ter oficiado como fiscal da ordem jurídica confere-lhe legitimidade para interpor recurso, mas não o interesse para recorrer.[30]

Necessário observar que, no caso de intervenção do Ministério Público em causa que haja interesse de incapaz, há julgados do STJ, ainda sob a sistemática do CPC/1973, no sentido de que pode o órgão ministerial recorrer até mesmo contra decisão favorável aos interesses do incapaz.[31] É que, segundo tal corrente, a intervenção do Ministério Público como *custos legis* objetiva a proteção do interesse público, e não a defesa de interesses individuais. Assim: "A legitimidade do Ministério Público para apelar das decisões tomadas em ação de investigação de paternidade, onde atua na qualidade de *custos legis*, não se limita à defesa do menor investigado, mas do interesse público, na busca da verdade real, que pode não coincidir, necessariamente, com a da parte autora" (STJ, REsp 172.968/MG, 4ª Turma, Rel. Min. Aldir Passarinho Junior, j. 29.06.2004, *DJ* 18.10.2004, p. 279, v.u.).

Entende-se, todavia, que o Ministério Público não pode atuar contra o incapaz, porquanto, com a regra prevista no art. 82, I, do CPC/1973 – repetida no art. 178, II, do CPC/2015 –, procurou o legislador assegurar a garantia do contraditório ao incapaz. Conforme esclarece José Roberto dos Santos Bedaque:

> "Na verdade, nem importa tanto se o direito do incapaz existe ou não. O que a lei pretende com essa exigência é assegurar um *contraditório efetivo e equilibrado*. Ao contrário do que pode parecer, não há demérito algum em o Ministério Público vincular-se a um dos polos do processo. Como se viu, existe interesse público a justificar tal vinculação. O que não se explica é a intervenção do promotor para defender a correta aplicação da lei, visto que tal função é do juiz. Assim, não intervém o representante do Ministério Público para defender interesses materiais do incapaz sempre, pois pode ocorrer que tais interesses não configurem direitos subjetivos. A razão de ser de sua intervenção está em procurar demonstrar a existência desse direito subjetivo do incapaz, que pode não estar sendo suficientemente defendido. Esse é

---

[30] Em que pese a clareza do argumento, a matéria não é pacífica na doutrina e na jurisprudência, inclusive no STJ. Em sentido contrário ao defendido, ver NERY JUNIOR, Nelson. *Princípios fundamentais*: teoria geral dos recursos. 5. ed. São Paulo: RT, 2000. p. 273-276.

[31] Mesmo no STJ, entretanto, a matéria não é pacífica. Defendendo a falta de interesse do MP para recorrer contra decisão favorável aos interesses do incapaz: REsp 604.719/PB, 5ª Turma, Rel. Min. Félix Fischer, j. 22.08.2006.

o interesse público vislumbrado pelo legislador, como causa da participação do Ministério Público no processo".[32]

Parece-nos que, apesar de não haver unanimidade quanto a existência de interesse recursal do Ministério Público em face de sentença favorável a incapaz, o STJ vem, aos poucos, optando pela aplicação do princípio *pas de nullité sans grief* nas ações em que há necessidade de intervenção ministerial. Vejamos:

"Processual civil e previdenciário. Agravo regimental. Agravo. Recurso especial. Parte incapaz. Ausência de intervenção do Ministério Público. Prejuízo. Ocorrência.
1. Ainda que a intervenção do Ministério Público seja obrigatória em face de interesse de menor, é necessária a demonstração de prejuízo a este para que se reconheça a referida nulidade.
2. Agravo regimental improvido". Precedente: AgRg no AREsp 138.551/SP, Min. Luis Felipe Salomão, Quarta Turma, *DJe* 23.10.2012 (AgRg no AREsp 74.186/MG, Rel. Min. Sebastião Reis Júnior, j. 05.02.2013).

Dessa forma, se em uma eventual sentença não for demonstrado que houve prejuízo ao incapaz, entendemos que descabe argumentar a existência de interesse recursal do Ministério Público.

Em regra, só **a sucumbência na demanda é que justifica o recurso**, motivo pelo qual se pode afirmar que, a princípio, falta interesse para recorrer, visando ao acolhimento de outros fundamentos, quem ganhou a causa com base em fundamento diverso. Existem situações, entretanto, em que o fundamento acolhido pode ser menos benéfico que outro, como ocorre, por exemplo, quando é reconhecida a prescrição da pretensão executiva e o devedor, mesmo assim, apela pretendendo seja reconhecido o pagamento, pois, caso contrário, poderia sofrer ação de locupletamento ilícito. Inegável, em tal situação, a existência do interesse recursal.

Outra exceção à regra de que falta interesse recursal quando ausente a sucumbência diz respeito aos embargos de declaração, porquanto o vencedor na demanda pode interpor tal recurso mesmo contra decisão que lhe é favorável, visando sanar omissão, obscuridade ou contradição.

Levando-se em conta a utilidade e necessidade do recurso, pode-se afirmar ainda que:

- Não tem interesse quem, depois de recorrer, propõe acordo à parte contrária. Ocorre, nesse caso, a **preclusão lógica**;
- Tratando-se de sentença *citra*, *ultra* ou *extra petita*, o autor detém interesse para recorrer. No primeiro caso, porque não obteve tudo o que pretendia com a demanda instaurada; nos demais, porque os vícios da sentença implicam sua nulidade;
- Deve o terceiro recorrente demonstrar o **interesse** *jurídico* na vitória de uma das partes, o que exclui a possibilidade de se interpor recurso com base em mero interesse de fato, moral ou econômico;
- O Ministério Público também deve demonstrar interesse recursal, seja como parte ou como *custos legis*. Neste caso, sua atuação precisa estar relacionada com as finalidades da intervenção que exige o **art. 178**.

---

[32] MARCATO, Antônio Carlos. *Código de Processo Civil interpretado*. São Paulo: Atlas, 2004. p. 211-212.

1.4.3.1 Interesse recursal e cumulação de pedidos

Quando o autor formula **pedidos alternativos**, ele pretende ver seu pleito satisfeito de um ou de outro modo. Nesse caso, formulado o pedido alternativamente, a condenação também será alternativa. Exemplo: Pedro ajuíza ação contra João pleiteando a devolução do valor pago por uma bicicleta ou o abatimento no preço, em razão de um defeito verificado após o uso. O juiz condena João a devolver o que Pedro pagou pela bicicleta, devidamente corrigido. Neste exemplo não há interesse recursal por parte de João, já que na petição inicial ele atribuiu equivalência aos pedidos, de modo que o atendimento a qualquer deles implica procedência total da demanda.

Por outro lado, quando o autor formula um pedido principal e outro (ou outros) secundário (**cumulação eventual ou subsidiária de pedidos**), a análise do interesse recursal levará em conta os seguintes aspectos:

- Se numa ordem de preferência o autor pleiteia, por exemplo, o reconhecimento de seu direito a determinado quinhão hereditário e, consequentemente, a anulação de partilha já realizada, ou, subsidiariamente, o ressarcimento de benfeitorias realizadas no imóvel do *de cujus*, e o juiz acata o último dos pedidos, estará presente o interesse recursal. Nessa hipótese o autor interporá apelação com o objetivo de obter a procedência do pedido principal. **E se o juiz não tivesse acatado nenhum dos pedidos?** Por óbvio, persistiria o interesse recursal.

- No mesmo exemplo, se o juiz reconhece o direito hereditário e determina a anulação da partilha, não há falar em interesse recursal para a obtenção do pedido subsidiário (indenização pelas benfeitorias). No plano fático o autor obteve a melhor situação possível, sendo incoerente eventual acolhimento de apelação no sentido de dar provimento ao pedido "menos importante". Em poucas palavras, **sucumbência haverá se nenhum dos pedidos for acatado ou se apenas o subsidiário for acolhido**.

Outra situação que merece atenção é a seguinte: supondo-se que, no exemplo transcrito, tenha sido julgado procedente o pedido principal. O réu, contudo, propõe apelação e o Tribunal reforma a decisão. Nesse caso, **é possível que o Tribunal analise o pedido subsidiário, por ter reformado a sentença que acolheu os pedidos principais?** A resposta é positiva e se fundamenta no efeito devolutivo amplo do recurso de apelação, que estudaremos em capítulo oportuno. Cabe ressalvar que, se a questão não estiver madura o suficiente – não existirem provas para que o Tribunal possa analisar o pedido subsidiário –, os autos deverão ser remetidos ao juízo de primeiro grau, para análise do pedido "menos importante".

1.4.3.2 Falta de interesse decorrente de renúncia ou desistência do recurso

Ocorre a renúncia quando o recorrente, antes da interposição do recurso, abre mão da faculdade de recorrer[33]. A renúncia pode ser manifestada por petição ou oralmente na audiência. O que importa é que a manifestação seja anterior à interposição do recurso. Se for posterior, não será renúncia, mas sim desistência.

---

[33] "A renúncia é ato de abdicação, unilateral, voluntário e expresso do titular de determinado direito patrimonial disponível, que independe de autorização. Inexiste possibilidade de retratação de renúncia, com base na segurança jurídica, salvo por existência vício (...)" (TJ-MG - Agravo de Instrumento nº 0935502-74.2019.8.13.0000, 8ª Câmara Cível, Rel. Des. Ângela de Lourdes Rodrigues, j. 04.02.2020).

Não se pode confundir peremptoriedade com renunciabilidade. O prazo para recurso é peremptório, não admitindo convenção das partes, mas pode ser renunciado (art. 225).

Dá-se a desistência quando, já interposto o recurso, a parte manifesta a vontade no sentido de que não pretende o seu prosseguimento. De acordo com o art. 998, **a desistência pode ocorrer em qualquer tempo (art. 998). No entanto, é preciso ressalvar o entendimento da jurisprudência no sentido de que, em regra, a desistência deverá ser promovida até o início do julgamento do recurso, evitando-se, assim, a esdrúxula situação em que a parte, ciente de que a maioria dos julgadores já proferiu voto contrário à sua pretensão, desiste do apelo para não ser prejudicada. Em alguns casos, no entanto, se verificada a ausência de boa-fé, o próprio STJ já permitiu a desistência até o término do julgamento (REsp 556.685/PR)**.

Mencione-se também que, nos termos do parágrafo único do art. 998, "a desistência do recurso não impede a análise de questão cuja **repercussão geral** já tenha sido reconhecida e daquela objeto de julgamento de **recursos extraordinários ou especiais repetitivos**". O dispositivo – novidade na lei processual – reforça o entendimento do STJ no sentido de que o interesse na uniformização da aplicação do direito justifica o julgamento do recurso, apesar de manifestada a desistência.[34] Especialmente no que tange à repercussão geral, o CPC/2015, contudo, diverge em parte do entendimento da Suprema Corte, que considera que, depois que a repercussão geral é reconhecida, as partes não podem desistir do apelo.[35]

Saliente-se que, apesar de contrariar a decisão do STF, o que **o legislador do CPC/2015 permite é apenas a desistência do recurso, e não a discussão da tese objetiva**. Assim, ainda que homologada a desistência, a tese deve ser analisada independentemente do caso concreto.[36]

Em suma, esse dispositivo "permite que o Supremo Tribunal Federal e o Superior Tribunal de Justiça se pronunciem sobre questões recursais ainda que a parte tenha desistido do recurso. Nesse caso, obviamente que a pronúncia da Corte não poderá alcançar o recurso da parte. Servirá, porém, para outorgar unidade ao direito, valendo como precedente".[37]

Igualmente, em casos onde há relevante interesse coletivo, a jurisprudência afasta a incidência do art. 998 do CPC. Veja trechos do julgado, de relatoria da Min. Nancy Andrighi (REsp 1.721.705/SP):

> "(...) a exegese do art. 998 do CPC/2015 deve ser feita à luz da Constituição e conforme a missão institucional do STJ, levando-se em consideração o seu papel, que transcende o de ser simplesmente a última palavra em âmbito infraconstitucional, sobressaindo o dever de fixar teses de direito que servirão de referência para as instâncias ordinárias de todo o país.
>
> A partir daí, infere-se que o julgamento dos recursos submetidos ao STJ ultrapassa o interesse individual das partes nele envolvidas, alcançando toda a coletividade para a qual suas decisões irradiam efeitos. (...)

---

[34] STJ, QO no REsp 1.063.343/RS, Corte Especial, Rel. Min. Nancy Andrighi, j. 17.12.2008.

[35] STF, RE 693.456/RJ, Plenário, Rel. Min. Dias Toffoli, j. 02.09.2015 (*Informativo* 797).

[36] O Enunciado nº 213 do FPPC solidifica esse entendimento: "No caso do art. 988, parágrafo único, o resultado do julgamento não se aplica ao recurso de que se desistiu". A propósito, na 18ª edição desta obra – ainda sob a sistemática do CPC/1973 – já defendíamos posição no sentido de que a desistência não impede o julgamento da tese jurídica, sendo possível a fixação do paradigma, sem sua aplicação ao caso concreto no qual houve a desistência.

[37] MARINONI, Luiz Guilherme; ARENHART, Sérgio Cruz; MITIDIERO, Daniel. *Novo Código de Processo Civil comentado*. São Paulo: RT, 2015. p. 933.

Sendo assim, o pedido de desistência não deve servir de empecilho a que o STJ prossiga na apreciação do mérito recursal, consolidando orientação que possa vir a ser aplicada em outros processos versando sobre idêntica questão de direito.

Do contrário, estar-se-ia chancelando uma prática extremamente perigosa e perniciosa, conferindo à parte o poder de determinar ou influenciar, arbitrariamente, a atividade jurisdicional que cumpre o dever constitucional do STJ, podendo ser caracterizado como verdadeiro atentado à dignidade da Justiça.

Com efeito, autorizar o recorrente a livremente desistir dos seus recursos especiais, viabiliza a manipulação da jurisprudência desta Corte, conduzindo os rumos da sua atividade de uniformização, pois a parte poderá atuar no sentido de que sejam julgados apenas aqueles processos em que, pela prévia análise do posicionamento de cada Relator, Turma ou Seção, o resultado lhe será favorável.

A questão ganha contornos ainda mais tormentosos ante a constatação de que essa conduta somente será possível àquele que figura em diversos processos (de regra no polo passivo) e que resulta vencido nas instâncias ordinárias. Somente partes nessas condições é que poderão interpor vários recursos especiais versando sobre a mesma questão de direito que, mediante livre distribuição, certamente chegarão a todos os Ministros da Seção competente para o respectivo julgamento. Com isso, via desistência, será possível escolher quais Ministros levarão o tema ao colegiado na condição de Relatores e, pior, será possível subtrair de uma determinada Turma a apreciação da controvérsia.

Vale dizer, o aludido risco de manipulação ficará potencialmente concentrado nas mãos daqueles que, em virtude de prática considerada lesiva por um grande número de pessoas, se tornem réus contumazes em processos e venham a ser efetivamente condenados pelas instâncias ordinárias. Ou seja, a chance de influenciar de forma decisiva a jurisprudência do STJ será diretamente proporcional à abrangência do suposto dano e ao seu reconhecimento pelas instâncias ordinárias.

Em síntese, deve prevalecer, como regra, o direito da parte à desistência, mas verificada a existência de relevante interesse público, pode o Relator, mediante decisão fundamentada, promover o julgamento do recurso especial para possibilitar a apreciação da respectiva questão de direito, sem prejuízo de, ao final, conforme o caso, considerar prejudicada a sua aplicação à hipótese específica dos autos".

Tanto a renúncia como a desistência, por se tratar de atos unilaterais, independem da aquiescência da parte contrária (arts. 998 e 999), bem como de homologação judicial (art. 200, *caput*). Lembre-se de que a hipótese é diferente da desistência da ação, visto que desta, depois de oferecida a contestação, não poderá o autor desistir sem o consentimento do réu (art. 485, § 4º); e a desistência da ação só produzirá efeito depois de homologada judicialmente (art. 200, parágrafo único).

Ocorre que, na ação – mormente na de conhecimento – a tutela é de mão dupla, isto é, pode beneficiar tanto o autor quanto o réu; ao revés, no recurso, a tutela é de mão única, só pode beneficiar a parte que recorreu.

A renúncia pode ser **expressa** ou **tácita**. É expressa quando manifestada por petição ou oralmente, na audiência. É tácita quando a parte que poderia recorrer pratica ato incompatível com o intuito de recorrer. Nesse caso, ocorre a preclusão lógica, e nesse sentido dispõe o art. 1.000 e seu parágrafo único. Por exemplo, a parte que foi condenada em ação de despejo e voluntariamente entrega as chaves do imóvel, tacitamente, renuncia à faculdade de recorrer.

É comum a renúncia ao prazo recursal quando as partes formulam transação no curso do processo, sendo também possível que a manifestação ocorra através de negócio jurídico processual (art. 190).

Vale destacar que embora a renúncia seja um ato irrevogável, o STJ já considerou a possibilidade de sua invalidação quando a manifestação decorreu de erro no manuseio do sistema eletrônico. No caso concreto, uma das pessoas envolvidas em uma ação de execução de título extrajudicial renunciou ao prazo para recorrer no sistema eletrônico do tribunal de segundo grau, sem, contudo, peticionar nesse sentido, tendo apenas selecionado o campo correspondente no sistema. Logo em seguida, a mesma parte interpôs agravo contra uma decisão da corte. O Tribunal de origem entendeu que a renúncia não havia, de fato, ocorrido, mas a parte contrária apresentou recurso ao STJ.

Para a Corte Cidadã, o manuseio equivocado do sistema eletrônico, atrelado aos postulados da boa-fé processual, da razoabilidade e da confiança, bem como ao fato de que houve imediata interposição de recurso que cumpriu com os pressupostos de admissibilidade, admitem a anulação da renúncia (REsp 2.126.117/PR, Rel. Min. Nancy Andrighi, 3ª Turma, j. 14.05.2024, *DJe* 17.05.2024).

A renúncia e a desistência geram o mesmo efeito: o **trânsito em julgado da sentença**. A diferença primordial entre elas é que na renúncia a parte não leva em consideração o conteúdo da decisão. Na aquiescência expressa ou tácita, a parte não recorre porque, de alguma forma, contentou-se com a decisão e, consequentemente, o recurso é atingido por essa manifestação.

Quem renuncia pode recorrer adesivamente? Parte da doutrina, capitaneada por Pontes de Miranda, entende que sim. Para essa corrente, a renúncia abrangeria apenas a faculdade de interpor recurso principal. José Carlos Barbosa Moreira, entretanto, entende que quem renuncia o faz à faculdade de interpor recurso, qualquer que seja ele, daí não poder o renunciante interpor recurso adesivo.

A desistência da ação e do recurso pelo advogado depende da outorga de procuração com poderes especiais, conforme exigência do art. 105 do CPC.[38] Uma vez apresentada a desistência, não pode o recorrente "se arrepender" e interpor novo recurso, mesmo que dentro do prazo. É esse o entendimento que prevalece na jurisprudência e, sem qualquer dúvida, é o que privilegia a celeridade e a boa-fé processual.

Frise-se que ao contrário da desistência da ação, a desistência do recurso independe de homologação judicial para que seus efeitos possam ser deflagrados.

1.4.4 Tempestividade

A lei fixa prazo para interposição de todos os recursos. Em geral, o prazo é de **15 dias**, com exceção dos embargos de declaração, cujo prazo é de **5 dias** (arts. 1.003, § 5º, e 1.023). Os prazos processuais, repita-se, serão contados sempre em **dias úteis** (art. 219). Além disso, os dias do começo (termo inicial) e do vencimento do prazo (termo final) serão protraídos para o primeiro dia útil seguinte, se coincidirem com dia em que o expediente forense for encerrado antes ou iniciado depois da hora normal ou houver indisponibilidade da comunicação eletrônica (art. 224, § 1º[39]).

---

[38] "Art. 105. A procuração geral para o foro, outorgada por instrumento público ou particular assinado pela parte, habilita o advogado a praticar todos os atos do processo, exceto receber citação, confessar, reconhecer a procedência do pedido, transigir, desistir, renunciar ao direito sobre o qual se funda a ação, receber, dar quitação, firmar compromisso e assinar declaração de hipossuficiência econômica, que devem constar de cláusula específica". Na jurisprudência: "(...) Não é vedado ao advogado desistir de recurso interposto, desde que possua poderes especiais ou conte com a anuência da parte." (STJ, REsp 1.440.765/SP, 6ª T., Rel. Min. Sebastião Reis Júnior, j. 22.09.2015, *DJe* 15.10.2015).

[39] "Art. 224. Salvo disposição em contrário, os prazos serão contados excluindo o dia do começo e incluindo o dia do vencimento. § 1º Os dias do começo e do vencimento do prazo serão protraídos

Sobre a indisponibilidade do sistema eletrônico do Tribunal vale um alerta: segundo a jurisprudência, a previsão contida no art. 224, § 1º, é admitida apenas nas hipóteses em que a indisponibilidade do sistema coincida com o primeiro ou o último dia do prazo recursal, caso em que o termo inicial ou final será protraído para o primeiro dia útil seguinte. Ou seja, não haverá prorrogação do término do prazo recursal se ocorrer eventual indisponibilidade do sistema eletrônico no Tribunal no curso do período para interposição do recurso[40].

O prazo para recorrer será em **dobro** quando o recorrente for o **Ministério Público** (art. 180), a **Fazenda Pública** (art. 183) ou a **Defensoria Pública** (art. 186). O prazo para recorrer também será contado em dobro quando os litisconsortes tiverem **diferentes procuradores**, de **escritórios de advocacia distintos**, mas desde que os processos **não tramitem na forma eletrônica** (art. 229).

O termo *a quo* do prazo deve observar o disposto nos arts. 230 e 231. Entretanto, se a decisão tiver sido **proferida em audiência**, é a partir desta que será contado o prazo. Essa regra prevista no *caput* do art. 1.003 deveria valer para todos os sujeitos do processo. Contudo, embora uma interpretação gramatical permita a aplicação inclusive à Defensoria Pública e Ministério Público, o STF entendeu que não há possibilidade de o Defensor ou Promotor de Justiça saírem intimados da audiência, pois este ato se perfaz com a entrada dos autos na instituição:

"(...) não descarto a possibilidade de afastar a incidência do art. 1.003, *caput* c/c seu § 1º, do CPC de 2015 por meio de interpretação consentânea com o critério da especialidade. Deveras, ao confrontar a regra contida no *caput* c/c o § 1º, do art. 1.003 do CPC com a prevista nos arts. 4º, V, e 44, I, da LC n. 80/1994, observa-se que aquela descreve a regra geral de intimação dos que detêm o *ius postulandi* (contagem do prazo a partir da intimação em audiência), ao passo que estas últimas referem-se especificamente aos membros da Defensoria Pública, atrelando a validade de intimação pessoal somente com a remessa dos autos. (...) Assim, por todo o exposto, parece-me ser a melhor interpretação do § 1º do art. 1.003 do CPC aquela que se harmoniza com a lei especial que trata da intimação pessoal da Defensoria Pública, de modo que a leitura feita do termo (sujeitos) referido pelo parágrafo primeiro não abarcaria a referida instituição tratada no *caput*" (HC 296.759/RS e REsp 1.349.935/SE).

Ou seja, se uma decisão ou sentença é proferida pelo juiz na própria audiência, estando o Defensor Público presente, a sua intimação não se aperfeiçoa nesta audiência, sendo necessária a remessa dos autos para a efetiva ciência e, consequentemente, para o início da contagem do prazo recursal. Apesar de se tratar de precedente que envolve uma sentença condenatória, o fundamento utilizado pelo STF é a LC nº 80/1994 (art. 128, I), que não faz qualquer diferença quanto ao tipo de demanda (se de natureza penal ou cível).

O prazo de interposição é, em regra, peremptório, isto é, não admite alteração ou prorrogação. Assim, se descumprido, opera-se a preclusão temporal, impedindo a parte de praticar o ato recursal. Em certos casos, entretanto, pode esse prazo ser suspenso ou restituído. Suspende-se o prazo por obstáculo criado em detrimento da parte ou ocorrendo qualquer das hipóteses do art. 313 (art. 221). O falecimento da parte ou de seu advogado, bem como a ocorrência de motivo de força maior, por expressa disposição do art. 1.004, constituem causa de restituição do prazo. Além disso, se houver **flexibilização procedimental** (art. 190), poderão os prazos ser dilatados, reduzidos ou até mesmo suspensos, mediante acordo entre as partes.

---

para o primeiro dia útil seguinte, se coincidirem com dia em que o expediente forense for encerrado antes ou iniciado depois da hora normal ou houver indisponibilidade da comunicação eletrônica".

40 STJ, Corte Especial. AgInt nos EAREsp 1.817.714-SC, Rel. Min. Raul Araújo, julgado em 7/3/2023.

Há uma particularidade que merece registro no que tange à tempestividade do recurso interposto antes da publicação da decisão no órgão oficial. É o denominado "**recurso prematuro**".

O STF entendia que era essencial a publicação da decisão para que a parte tivesse pleno conhecimento das razões de decidir, sendo, portanto, extemporâneo o recurso que antecedesse esse ato processual.[41]

Entretanto, no julgamento do HC 101.132/MA, cuja decisão foi publicada em maio de 2012, o STF reconheceu que "as preclusões se destinam a permitir o regular e célere desenvolvimento do feito, por isso que não é possível penalizar a parte que age de boa-fé e contribui para o progresso da marcha processual [...]".

Essa última interpretação prestigia a teoria da **instrumentalidade do processo**. Assim, razoável entender que não há óbice a que seja interposto o recurso tão logo a parte tenha ciência do julgado, o que comumente ocorre pelo acompanhamento do andamento processual disponibilizado pelos Tribunais por meio da Internet, sendo, portanto, prescindível a publicação no órgão oficial.

Como bem observa Humberto Theodoro Júnior:

"Ora, se o conhecimento inequívoco da parte supre a intimação, claro é que, recorrendo antes que esta se dê, o advogado da parte está oficialmente dando-se por ciente do decisório e, dessa maneira, suprido resta o ato intimatório. Praticam-se e justificam-se os atos processuais segundo sua finalidade. O prazo para recorrer não pode ser interpretado e aplicado fora de sua destinação legal, que é a de permitir a impugnação da parte vencida. O importante não é o prazo em si, mas o efeito que por seu intermédio se busca alcançar. Se esse objetivo – a impugnação do ato judicial – pode acontecer até o último dia do prazo, nada impede que seja alcançado mais rapidamente, antes mesmo de o prazo começar a fluir; o essencial, *in casu*, não é a intimação ou publicação, mas a ciência que a parte efetivamente tenha do julgado. Tanto que o STF decide que a retirada dos autos do cartório pelo advogado da parte recorrente importa inequívoca ciência da decisão, equivalendo à intimação, para contagem do prazo recursal".[42]

Ocorre que esse último entendimento do STF não se manteve estável por muito tempo. A Corte passou a exigir a posterior ratificação do recurso interposto antes da publicação do acórdão recorrido para que fosse possível aferir o requisito da tempestividade. Nesse sentido: RE 606.376, Pleno, Rel. Min. Cármen Lúcia, julgado em 19.11.2014; ARE 638.700 AgR-ED/MG, Pleno, Rel. Min. Ayres Britto, julgado em 27.06.2012; ARE 665.977 AgR/DF, 1ª Turma, Rel. Min. Luiz Fux, julgado em 26.06.2012, entre outros.

No âmbito do STJ a instabilidade não foi diferente. Inicialmente, a Corte caracterizava como intempestivo o recurso interposto antes da publicação da decisão (EDcl no AgRg no REsp 428.226/RS, 6ª Turma, Rel. Min. Paulo Medina, julgado 19.08.2003). Esse entendimento, no entanto, foi modificado em 2004, passando o STJ a admitir o "recurso prematuro" (AgRg nos EREsp 492.461/MG, Corte Especial, Rel. p/ acórdão Min. Eliana Calmon, julgado em 17.11.2004).

No julgamento do REsp 776.265, realizado em abril de 2007, a Corte Especial do STJ restringiu o alcance desse último entendimento ao decidir no seguinte sentido: "é prematura a interposição de recurso especial antes do julgamento dos embargos de declaração, momento em que ainda não esgotada a instância ordinária e que se encontra interrompido o lapso recursal".

Havia, portanto, uma hipótese de recurso prematuro cujo conhecimento exigia a ratificação das razões recursais. Exemplo: Caio, antes ou tão logo intimado do acórdão que julgou

---

[41] AgR no RE 817.571.
[42] THEODORO JÚNIOR, Humberto. *Curso de direito processual civil*. Rio de Janeiro: Forense, 1991, v. III, p. 577.

a apelação, interpõe recurso especial. A outra parte, entretanto, opõe embargos de declaração, em face do acórdão, os quais têm efeitos interruptivos. Julgados os embargos declaratórios, recomeça a contagem de novo prazo recursal. Nesse caso, Caio deveria ratificar o recurso especial anteriormente interposto. Tal entendimento foi, inclusive, consolidado na Súmula nº 418 do STJ: "É inadmissível o recurso especial interposto antes da publicação do acórdão dos embargos de declaração, sem posterior ratificação".[43]

De acordo com o CPC, **só será necessária a ratificação quando a apreciação dos embargos for capaz de alterar a conclusão do julgamento anterior** (art. 1.024, § 5º). Assim, naqueles casos em que o embargado interpõe recurso (apelação, REsp ou RE, por exemplo) antes da interposição, pela outra parte, dos embargos declaratórios ou antes do julgamento destes, deve-se observar o seguinte: (i) se os embargos interpostos não forem conhecidos, forem rejeitados ou, mesmo se acolhidos, não alterarem a conclusão da decisão recorrida, o recurso interposto em face da decisão embargada será processado e julgado independentemente de ratificação; (ii) se os embargos forem acolhidos e implicarem modificação (efeitos modificativos) da decisão embargada, ao recorrente (embargado) confere-se a faculdade de complementar ou alterar as razões do recurso interposto contra a decisão originária (embargada), bem como o ônus de ratificar esse recurso. A complementação somente é possível nos limites da modificação operada pelos embargos de declaratórios. O prazo para complementação e ratificação é de quinze dias, contados da intimação da decisão dos embargos de declaração.

Assim, pode-se dizer que com o CPC/2015 restou **superado o Enunciado nº 418 da súmula do STJ**,[44] assim como qualquer outro entendimento que impeça a análise do requisito da tempestividade em razão da interposição prematura de eventual recurso. Prova disso é que o próprio STJ, revendo seu posicionamento anterior, cancelou o enunciado 418 e editou o enunciado 579, cujo teor é o seguinte: "Não é necessário ratificar o recurso especial interposto na pendência do julgamento dos embargos de declaração quando inalterado o julgamento anterior".

A propósito, é esse também o entendimento do STF:

"[...] 1. A extemporaneidade não se verifica com a interposição de recurso antes do termo *a quo* e consequentemente não gera a ausência de preenchimento de requisito de admissibilidade da tempestividade.

2. O princípio da instrumentalidade do Direito Processual reclama a necessidade de interpretar os seus institutos sempre do modo mais favorável ao acesso à justiça (art. 5º, XXXV, CRFB) e à efetividade dos direitos materiais (OLIVEIRA, Carlos Alberto Alvaro de. O formalismo valorativo no confronto com o formalismo excessivo. In: Revista de Processo, São Paulo: RT, n.º 137, p. 7-31, 2006; DINAMARCO, Cândido Rangel. A instrumentalidade do processo. 14ª ed. São Paulo: Malheiros, 2009; BEDAQUE, José Roberto dos Santos. Efetividade do Processo e Técnica Processual. 3ª ed. São Paulo: Malheiros, 2010).

3. As preclusões se destinam a permitir o regular e célere desenvolvimento do feito, não sendo possível penalizar a parte que age de boa-fé e contribui para o progresso da marcha processual com o não conhecimento do recurso por ela interposto antecipadamente, em decorrência de purismo formal injustificado [...]" (STF, AI 703.269 AGR-ED-ED-ED V-ED/MG, Rel. Min. Luiz Fux, j. 05.03.2015).[45]

---

[43] No mesmo sentido da súmula: AgRg no AREsp 204.203/RJ, 6ª Turma, Rel. Min. Nefi Cordeiro, j. 25.11.2014.

[44] Enunciado 23 do FPPC: Fica superado o enunciado 418 da Súmula do STJ após a entrada em vigor do CPC ("É inadmissível o recurso especial interposto antes da publicação do acórdão dos embargos de declaração, sem posterior ratificação"). O referido enunciado, a propósito, foi cancelado pelo STJ.

[45] O Tribunal Superior do Trabalho (TST), que também comungava do entendimento avesso à instrumentalidade, cancelou, em sessão realizada no dia 09.06.2015 (após o julgamento proferido pelo STF),

Ainda no campo da tempestividade, vale mencionar duas novas regras trazidas pelo CPC. A primeira, relacionada ao **prazo do recurso interposto por correio**, e a segunda, envolvendo a **comprovação de feriado local**:

- O § 4º do art. 1.003 do CPC/1973 estabelece o seguinte: "para aferição da tempestividade do recurso remetido pelo correio, será considerada como data de interposição a data de postagem". **Essa regra afasta o entendimento exposto na Súmula nº 216 do STJ**, segundo a qual "a tempestividade de recurso interposto no Superior Tribunal de Justiça é aferida pelo registro no protocolo da Secretaria, e não pela data da entrega na agência do correio";[46]
- O § 6º do art. 1.003, por sua vez, em sua redação original, dispunha que "o recorrente comprovará a ocorrência de feriado local no ato de interposição do recurso". Apesar de o parágrafo único do art. 932 do CPC possibilitar ao relator do recurso a correção de vícios não reputados graves, a jurisprudência sempre foi resistente em admitir a comprovação de feriado local em momento posterior. A Corte Especial do STJ, no Agravo Interno no AREsp 957.821 (Rel. Min. Raul Araújo, j. 20.11.2017, *DJe* 19.12.2017), concluiu que, mesmo após o início de vigência do atual CPC, não seria possível a comprovação da tempestividade em momento posterior à interposição do recurso. Exemplificando: "Na vigência do Código de Processo Civil de 2015, a ocorrência de feriado local ou de suspensão dos prazos processuais deve ser comprovada por meio de documento hábil no ato de interposição do recurso, não sendo possível fazê-lo posteriormente" (AgInt no AREsp 2.375.577/RO, Rel. Min. João Otávio de Noronha, 4ª Turma, j. 01.07.2024, *DJe* 08.07.2024).

Ainda no STJ, na QO no REsp 1.813.684, a Corte Especial permitiu a comprovação posterior apenas nos casos de segunda-feira de carnaval de recursos interpostos anteriormente à tese lá fixada (com modulação de efeitos). Em relação aos demais feriados não nacionais, em recursos interpostos antes ou após o resultado do REsp, manteve-se a obrigatoriedade de comprovação na data de interposição do apelo. Em suma:

Regra	Exceção
O recorrente deve comprovar a ocorrência de **qualquer feriado local** no ato da interposição do recurso (art. 1.003, § 6º, do CPC).	No caso do feriado de segunda-feira de carnaval – que não é um feriado nacional – há uma modulação dos efeitos: – Se o recurso especial foi interposto antes de 18.11.2019 (data da publicação do REsp 1.813.684/SP) e a parte não comprovou o referido feriado, será possível a abertura de prazo para sanar o vício. – Se o recurso especial foi interposto depois de 18.11.2019 e a parte não comprovou o referido feriado, NÃO será possível a abertura de prazo para sanar o vício (Corte Especial, AREsp 1.481-810/SP, j. 19.05.2021).

---

a Súmula nº 434, que assim dispõe: "I) É extemporâneo o recurso interposto antes de publicado o acórdão impugnado); II) A interrupção do prazo recursal em razão da interposição de embargos de declaração pela parte adversa não acarreta qualquer prejuízo àquele que apresentou seu recurso tempestivamente".

[46] Enunciado 96 do FPPC: Fica superado o enunciado 216 da súmula do STJ após a entrada em vigor do CPC ("A tempestividade de recurso interposto no Superior Tribunal de Justiça é aferida pelo registro no protocolo da Secretaria e não pela data da entrega na agência do correio"). O STJ ainda não cancelou formalmente o enunciado da referida súmula.

O STF também vinha compreendendo que o feriado local deveria ser comprovado na data da interposição do recurso (ARE 1.282.600 AgR, Tribunal Pleno, Rel. Min. Luiz Fux, j. 20.10.2020, *DJe* 20.11.2020; ARE 1.470.983 AgR, Tribunal Pleno, Rel. Min. Luis Roberto Barroso, j. 21.02.2024, *DJe* 29.02.2024). Em suma: a jurisprudência não admitia a possibilidade de comprovação em momento posterior, afastando por completo a possibilidade de saneamento de vícios permitida pelo parágrafo único do art. 932 do CPC: "Antes de considerar inadmissível o recurso, o relator concederá o prazo de 5 (cinco) dias ao recorrente para que seja sanado vício ou complementada a documentação exigível".

Felizmente, o legislador corrigiu o equívoco, privilegiando a primazia do julgamento do mérito. **Com a edição da Lei nº 14.939, de 30 de julho de 2024, que entrou em vigor na mesma data de sua publicação, alterou-se a redação do § 6º do art. 1.003 do CPC:**

COMO ERA	COMO FICOU
Art. 1.003, § 6º - O recorrente comprovará a ocorrência de feriado local no ato de interposição do recurso.	Art. 1.003, § 6º - O recorrente comprovará a ocorrência de feriado local no ato de interposição do recurso, **e, se não o fizer, o tribunal determinará a correção do vício formal, ou poderá desconsiderá-lo caso a informação já conste do processo eletrônico.**

Atualmente, caso o relator tenha dúvidas quanto à tempestividade de recurso em decorrência de feriado local, deverá adotar um dos seguintes caminhos: (i) certificar a existência da informação no próprio processo eletrônico; ou (ii) intimar a parte para corrigir o vício. A parte, nesse caso, poderá comprovar o feriado por meio de certidão expedida pelo Tribunal ou por outro documento oficial.

Ressalta-se que a jurisprudência mais recente do STJ considera que as informações processuais disponibilizadas por meio da internet, na página eletrônica de Tribunal de Justiça ou de Tribunal Regional Federal, ostentam natureza oficial, gerando para as partes que as consultam a presunção de correção e confiabilidade. Desse modo, uma vez lançada a informação, no calendário judicial, disponibilizado pelo site do Tribunal de origem, da existência de suspensão local de prazo, deve ser considerada idônea a juntada desse documento pela parte, para fins de comprovação do feriado local (Corte Especial, EAREsp 1.927.268/RJ, Rel. Min. Raul Araújo, j. 19.04.2023).

Vale destacar que apesar de o dispositivo falar apenas em "feriado local", o STJ afirma que o recorrente também deverá comprovar a eventual suspensão dos prazos processuais, juntando, por exemplo, o ato administrativo editado pela presidência do Tribunal respectivo sobre a suspensão de expediente e de prazos processuais (STJ, 4ª T., AgInt no AREsp 1.788.341/RJ, Rel. Min. Luis Felipe Salomão, Rel. Acd. Min. Antonio Carlos Ferreira, j. 03.05.2022) ou a cópia de página do *Diário de Justiça Eletrônico*, editado na forma do disposto no art. 4º da Lei nº 11.419/2006. Por outro lado, não é considerado meio idôneo para comprovar feriado local:

- **Inserção do endereço eletrônico (*link*) no corpo do recurso especial, o qual remete à Portaria do Tribunal de origem que regulamentou o feriado local** (AgInt nos EDcl no REsp 1.893.371/RJ).
- **Mera menção de fato público e notório (ex.: aniversário da cidade)** (AgInt nos EDcl no AREsp 1.883.547).
- Matéria em jornal local (não oficial).
- *Print* da tela do computador.

Quanto à **cópia do calendário do Tribunal local**, havia posicionamento do STJ inadmitindo-o como documento apto a comprovar a tempestividade (AgInt no AREsp 1.908.842/RJ).

Ocorre que em 2023 houve mudança desse entendimento pela Corte Especial. Atualmente, a jurisprudência do STJ, assim como a do STF[47], entendem que a cópia de calendário obtido na página eletrônica do tribunal de origem pode ser considerada documento idôneo para fins de comprovação de interrupção ou suspensão de prazo processual (EAREsp 1.927.268-RJ, Rel. Min. Raul Araújo, j. 19.04.2023).

Outro ponto relevante para a contagem dos prazos e comprovação de feriado local está relacionado às hipóteses em que o recurso é interposto em uma Corte, mas o seu endereçamento é destinado a outra. Por exemplo: **a tempestividade do recurso especial e do respectivo agravo em recurso especial deve ser aferida de acordo com os prazos em curso na Corte de origem ou no próprio STJ?** O prazo dos recursos interpostos perante a instância de origem, ainda que estejam endereçados ao STJ, obedecem ao calendário de funcionamento do Tribunal *a quo*, sendo irrelevante para a verificação da tempestividade do recurso a existência de recesso forense no STJ. Ou seja, se, por exemplo, o último dia do prazo para um desses recursos corresponda a um dia não útil no STJ, isso não será considerado para fins de tempestividade, pois o que vale são os prazos no Tribunal de origem. Nesse sentido: STJ, AgInt no AREsp 2.118.653/SP, Rel. Min. Humberto Martins, 2ª Turma, j. 28.11.2022.

Por fim, cabe falar do prazo para a **terceiro prejudicado** e para o **litisconsorte necessário não citado**, bem como da possibilidade de suscitar a existência de justa causa para fins de aferição da tempestividade recursal.

O art. 996, ao prever o recurso de terceiro prejudicado, cria direito potestativo, que pode ser exercido pelo interessado.[48] O problema reside na fluência do prazo recursal. O entendimento jurisprudencial majoritário afirma que o prazo para o terceiro prejudicado se conta da mesma forma que o prazo para as partes recorrerem.[49] Para os tribunais superiores, a igualdade processual entre o terceiro prejudicado e as partes visa evitar que, proferido o ato decisório, este venha a permanecer indefinidamente sujeito à possibilidade de sofrer impugnação recursal.

Uma vez que não existe um meio eficiente de comunicação ao terceiro prejudicado que satisfaça as exigências do contraditório, a jurisprudência vem assegurando a ele o acesso ao mandado de segurança,[50] cujo prazo decadencial inicia-se com a ciência dos efeitos da decisão que o atinge.

Já quanto ao prazo para recurso do litisconsorte necessário não citado, segundo entendimento do STF,[51] "não corre da publicação da decisão recorrida – que só é forma de intimação das partes já integradas na relação processual –, mas do momento em que dela tenha ciência".

Comparando as duas situações, conclui-se que, mesmo com os inconvenientes para a celeridade processual, o entendimento do STF privilegia as garantias do contraditório e deveria ser aplicado tanto no caso do terceiro prejudicado como no caso do litisconsorte necessário não citado.

Vale lembrar que a oposição de pronunciamento judicial àquele que não foi citado para a demanda encontra óbice na ausência de pressuposto processual de existência em relação a

---

[47] O precedente é do STJ, mas há decisão do STF admitindo que o calendário disponível no sítio do Tribunal de Justiça que mostra os feriados na localidade é documento idôneo para comprovar a ocorrência de feriado local no ato de interposição do recurso, nos termos do art. 1.003, § 6º, do CPC/2015 (STF, RMS 36.114/AM, Rel. Min. Marco Aurélio, 1ª Turma, j. 22.10.2019).
[48] STJ, RMS 12.193/SP, 1ª Turma, Rel. Min. Humberto Gomes de Barros, j. 16.04.2002.
[49] STJ, AgRg no REsp 1.373.821/MA, 1ª Turma, Rel. Min. Arnaldo Esteves Lima, j. 25.06.2013.
[50] STJ, RMS 22.092/SP, 1ª Turma, Rel. Min. Luiz Fux, j. 08.11.2007.
[51] STF, AgR na AO 813/CE, Pleno, Rel. Min. Sepúlveda Pertence, j. 15.08.2001.

ele, o que enseja o ajuizamento da ação declaratória de inexistência de relação processual, a chamada *querela nullitatis*.

A respeito da justa causa, lembre-se que na Parte Geral do Código, tratada na Parte I dessa obra, há um dispositivo geral aplicável a todos os prazos processuais. Trata-se do art. 223, segundo o qual "decorrido o prazo, extingue-se o direito de praticar ou de emendar o ato processual, independentemente de declaração judicial, ficando assegurado, porém, à parte provar que não o realizou por justa causa". Conforme entendimento da Corte Especial do STJ, a tempestividade recursal pode ser aferida, excepcionalmente, por meio de informação constante em andamento processual disponibilizado no sítio eletrônico, quando a informação equivocadamente disponibilizada pelo Tribunal de origem induzir a parte em erro. Cuida-se de hipótese de justa causa para a prorrogação do prazo, em homenagem aos princípios da boa-fé e da confiança.[52]

JURISPRUDÊNCIA TEMÁTICA

Mera remissão a link do Tribunal é insuficiente para comprovar a tempestividade

"A jurisprudência deste Tribunal é no sentido de que a mera remissão a link de site do Tribunal de origem nas razões recursais é insuficiente para comprovar a tempestividade do recurso. Nesse sentido: AgInt no REsp 1752192/MG, Rel. Ministro Marco Buzzi, Quarta Turma, julgado em 18/10/2018, *DJe* 29/10/2018; AgInt no AREsp 1687712/SP, relator Ministro Sérgio Kukina, Primeira Turma, *DJe* de 17/11/2020; AgInt no REsp n. 1.665.945/MG, Rel. Ministro Herman Benjamin, Segunda Turma, *DJe* 19/12/2017; AgInt no REsp 1799162/AL, relator Ministro Francisco Falcão, Segunda Turma, *DJe* de 26/11/2019. 5. Agravo interno não provido" (STJ, AgInt nos EDcl no REsp 1.893.371/RJ, 2ª Turma, Rel. Min. Mauro Campbell Marques, j. 26.10.2021, *DJe* 11.11.2021).

Ilegibilidade de carimbo de protocolo e comprovação da tempestividade

"O propósito recursal consiste em dizer se é lícita a comprovação, em agravo interno, da tempestividade de recurso especial na hipótese de ilegibilidade de carimbo de protocolo. 2. É dever da parte, constatada a ilegibilidade do carimbo de protocolo, providenciar certidão da secretaria de protocolo do Tribunal de origem para possibilitar a verificação da tempestividade recursal. 3. Na hipótese de reconhecimento, por meio de decisão monocrática, da intempestividade de recurso especial em virtude de carimbo de protocolo ilegível, a primeira oportunidade para manifestação das partes é o agravo interno. 4. Se o carimbo de protocolo e a digitalização – atos a serem praticados pelo Poder Judiciário – ocorrem no instante ou após a interposição do recurso, não há como se exigir da parte que, no ato da interposição, comprove eventual vício que, a rigor, naquele momento, sequer existe. 5. É imperioso concluir que é lícita a comprovação, em agravo interno, da tempestividade de recurso especial na hipótese de ilegibilidade de carimbo de protocolo. 6. Na hipótese dos autos, os embargantes manifestaram-se, colacionando certidão comprobatória da tempestividade recursal, na primeira

---

52 EAREsp 688.615/MS, Rel. Min. Mauro Capbell Marques, j. 04.03.2020, *Informativo* 666. Cabe ressaltar que o STJ já reconheceu que apenas o "print" do sistema não serve para efetivamente demonstrar justa causa (AgInt no AREsp 1.640.644/MT, 1ª Turma, Rel. Min. Gurgel de Faria, j. 31.08.2020). Diante desse cenário, tem-se exigido que a parte recorrente demonstre, de maneira efetiva, a justa causa para obter o excepcional afastamento da intempestividade recursal (AgInt nos EDcl no AREsp 1.837.057/PR, 4ª Turma, Rel. Min. Luis Felipe Salomão, j. 29.03.2022).

oportunidade após constatada a ilegibilidade do carimbo do protocolo, isto é, no momento da interposição do agravo interno contra a decisão da Presidência que não conhecera do recurso especial (...)" (STJ, EDcl no AgInt no REsp 1.880.778/PR, 3ª Turma, Rel. Min. Nancy Andrighi, j. 28.09.2021, *DJe* 01.10.2021).

Feriados nacionais	
1º de janeiro	Confraternização Universal
29 de março	Paixão de Cristo
21 de abril	Tiradentes
1º de maio	Dia Mundial do Trabalho
7 de setembro	Independência do Brasil
12 de outubro	Dia de Nossa Senhora Aparecida
2 de novembro	Finados
15 de novembro	Proclamação da República
20 de novembro	Dia Nacional de Zumbi e da Consciência Negra
08 de dezembro	Dia da Justiça
25 de dezembro	Natal

O Dia do Servidor Público (28 de outubro), a segunda-feira de carnaval, a Quarta-Feira de Cinzas, os dias que precedem a sexta-feira da Paixão e, também, o dia de Corpus Christi não são feriados nacionais, em razão de não haver previsão em lei federal, de modo que deve a parte comprovar a suspensão do expediente forense quando da interposição do recurso, por documento idôneo (STJ. 3ª Turma. AgInt nos EDcl no REsp 2.006.859-SP, Rel. Min. Nancy Andrighi, j. 13.02.2023).

1.4.5 *Preparo*

De modo geral, os recursos estão sujeitos a preparo, ou seja, ao pagamento das despesas processuais correspondentes ao recurso interposto, que compreendem **as custas** e o **porte de remessa e de retorno** (art. 1.007).

Para certos recursos, o preparo é dispensado, por exemplo, nos embargos de declaração (art. 1.023, parte final). Também são dispensados de preparo os recursos interpostos pelo Ministério Público, pela União, pelo Distrito Federal, pelos Estados, pelos Municípios, e respectivas autarquias, e pelos que gozam de isenção legal (art. 1.007, § 1º), como os beneficiários da gratuidade judiciária e o curador especial de réu revel a que se refere o art. 72, II.[53]

---

[53] O advogado dativo e a Defensoria Pública, no exercício da curadoria especial prevista no inciso II do art. 72 do CPC, estão dispensados do recolhimento de preparo recursal, independentemente do deferimento de gratuidade de justiça em favor do curatelado especial, sob pena de limitação, de um ponto de vista prático, da defesa dos interesses do curatelado ao primeiro grau de jurisdição, porquanto não se vislumbra que o curador especial se disporia em custear esses encargos por sua própria conta e risco. As despesas relativas aos atos processuais praticados pelo curador especial – dentre elas o preparo recursal – serão custeadas pelo vencido ao final do processo, consoante disposto no *caput* do art. 91 do Código de Processo Civil de 2015, observado o regramento relativo à gratuidade de justiça (Embargos de Divergência em Agravo em Recurso Especial 978.895/SP).

Especificamente em relação ao **porte de remessa e de retorno**, há **dispensa de seu recolhimento nos processos em autos eletrônicos** (art. 1.007, § 3º). Essa disposição somente tem aplicabilidade quando todo o processo tramitar em meio digital. Se o processo for físico, mas o recurso puder ser transmitido pela via eletrônica, deve-se observar a legislação local referente ao pagamento das despesas processuais ou o regimento interno do tribunal para o qual será remetido o recurso.

Quando exigido pela legislação pertinente, o preparo, inclusive porte de remessa e de retorno, deve ser comprovado no ato de interposição do recurso. Trata-se da regra do *preparo imediato*, que encontra respaldo na jurisprudência do STJ.[54] Caso o recorrente não o faça, será intimado para recolher o dobro do valor (art. 1.007, § 4º), sob pena de deserção. Nessa hipótese, se depois de intimado, o recorrente não tiver providenciado o pagamento integral do dobro do valor do preparo, não será possível posterior complementação (art. 1.007, § 5º).[55]

A pena de deserção só pode ser aplicada após ser dado conhecimento à parte de que o preparo foi recolhido a menor, em desacordo com a tabela de custas do Estado. Ou seja, "em consonância com o princípio da cooperação processual, é indispensável ao reconhecimento da deserção que o juiz intime a parte para regularizar o preparo - especificando qual o equívoco deverá ser sanado" (STJ, REsp 1.818.661/PE, Rel. Min. Marco Aurélio Bellizze, 3ª Turma, j. 23.05.2023).

Caso o recurso seja interposto sem pagamento das custas, pouco importa que ocorra o preparo posteriormente, ainda que antes da fluência do prazo recursal. Assim, se a parte protocoliza a petição de recurso acompanhada de razões no quinto dia do prazo para recorrer, não poderá efetuar o preparo até o décimo quinto, porquanto já se terá operado a preclusão consumativa. Nesse caso, de nada adiantará o recolhimento do valor simples. Igualmente não poderá o juiz julgar deserto (falta de preparo) o recurso não sem antes intimar a parte, na pessoa do seu advogado, para fazer o preparo em dobro.

A **rigidez do pressuposto recursal** referente ao preparo prévio ou concomitante pode ser **mitigada** em três hipóteses: quando o preparo for **insuficiente**, quando houver **justo impedimento** ou, na hipótese de ausência, se houver posterior recolhimento em dobro. A insuficiência no valor do preparo implicará deserção, ou seja, não conhecimento do recurso, somente quando o recorrente, intimado na pessoa de seu advogado, não vier a supri-lo no prazo de 5 dias. Da mesma forma, a absoluta falta de preparo só implicará deserção, se a parte, devidamente intimada, não o fizer em dobro (art. 1.007, § 4º).

Perceba, portanto, a diferença: (i) se não houver preparo, o recurso só será inadmitido se, depois de intimado, o recorrente não fizer o recolhimento em dobro; (ii) se o preparo for insuficiente, o recorrente será intimado na pessoa de seu advogado para simples complementação. Exemplificativamente, se o preparo fica em R$ 5.000,00 e a parte deposita apenas R$ 1,00, não poderá o juiz julgar deserto o recurso não sem antes intimar a parte para depositar os R$ 4.999,00 faltantes. Na mesma hipótese, se a parte nada depositou, terá que pagar R$ 10.000,00, sob pena de o seu recurso não ser conhecido.

---

[54] Nesse sentido: STJ, AgRg nos EREsp 1.377.092/RS, Rel. Min. Marco Buzzi, j. 25.09.2013. Posição semelhante, mais recente: "O recorrente deve comprovar o recolhimento do preparo e do porte de remessa e retorno de acordo com os volumes existentes nos autos na interposição do recurso, independentemente da abertura de novos volumes após a data de protocolização do recurso". (REsp 1.576.852/SP, Rel. Min. Marco Aurélio Bellizze, 3ª Turma, j. 07.03.2023).

[55] Observe que essa comprovação imediata se difere no recurso inominado no âmbito dos Juizados Especiais. No procedimento dito sumaríssimo, o § 1º do art. 42 da Lei nº 9.099/95 permite que o preparo seja feito, independentemente de intimação, nas 48 horas seguintes à interposição, sob pena de deserção.

Também não será aplicada a pena de deserção ao recorrente que, comprovando justo impedimento, deixar de realizar o preparo (art. 1.007, § 6º). O CPC/1973 apresentava essa possibilidade tão somente para a apelação (art. 519 do CPC/1973), mas já se entendia possível a aplicação desse dispositivo aos demais recursos sujeitos a preparo.

O justo impedimento deve ser comprovado no ato da interposição do recurso. Caso o juiz acolha o motivo, relevará a pena de deserção, por decisão irrecorrível, fixando o prazo de 5 dias para o recorrente efetuar o preparo. Exemplo de justo impedimento se verifica no caso de **encerramento do expediente bancário antes do encerramento do expediente forense**, desde que, comprovadamente, (i) o recurso seja protocolizado durante o expediente forense, mas depois de cessado o expediente bancário; (ii) o preparo seja efetuado no primeiro dia útil subsequente de atividade bancária (STJ, REsp 1.122.064/DF, Corte Especial, Rel. Min. Hamilton Carvalhido, julgado em 01.09.2010).[56]

Vale lembrar, especialmente aos leitores advogados, que o STJ não considera como justo impedimento a eventual falha nos serviços prestados por empresa responsável pelo acompanhamento de publicações e intimações.[57]

E, se houver equívoco no preenchimento da guia relativa ao preparo, poderá ser aplicada pena de deserção? De acordo com o § 7º do art. 1.007, é possível a correção da guia de recolhimento, no prazo de cinco dias, antes da aplicação da pena de deserção. Trata-se de inovação na legislação processual que vai ao encontro dos princípios da instrumentalidade das formas e do aproveitamento dos atos processuais. Além disso, o entendimento consagrado no **CPC vigente afasta a jurisprudência defensiva do STJ.**[58]

Outro tema importante se refere à concessão de gratuidade no âmbito recursal. O art. 99, § 7º, CPC/2015, prevê que: "requerida a concessão de gratuidade da justiça em recurso, o recorrente estará dispensado de comprovar o recolhimento do preparo, incumbindo ao relator, neste caso, apreciar o requerimento e, se indeferi-lo, fixar prazo para realização do recolhimento". Ou seja, se houver requerimento de justiça gratuita na fase recursal não haverá necessidade de recolher o preparo. Contudo, se o relator indeferir o pedido de gratuidade, o recorrente deverá fazer o recolhimento no prazo assinalado, sob pena de deserção.

E se a parte desejar recorrer da decisão que indeferiu a gratuidade, ainda assim terá que recolher o preparo? Não. Contra a decisão que indeferir a gratuidade caberá, nesse caso, agravo de instrumento. Enquanto a questão não for analisada pelo relator, o recorrente estará dispensado do recolhimento de custas, nestas incluindo o preparo recursal (art. 101, § 1º, CPC/2015). Se for confirmada a denegação da gratuidade, o relator ou o órgão colegiado determinará ao recorrente o recolhimento das custas processuais, no prazo de 5 (cinco) dias, sob pena de não conhecimento do recurso (art. 101, § 2º).

Essa última previsão consolida o entendimento do STJ (Informativo 574):

"Não se aplica a pena de deserção a recurso interposto contra o indeferimento do pedido de justiça gratuita. Nessas circunstâncias, cabe ao magistrado, mesmo constatando a inocorrência de recolhimento do preparo, analisar, inicialmente, o mérito do recurso no tocante à

---

[56] Entendimento consagrado na Súmula nº 484 do STJ: "Admite-se que o preparo seja efetuado no primeiro dia útil subsequente, quando a interposição do recurso ocorrer após o encerramento do expediente bancário".
[57] Nesse sentido: STJ, AgRg no AREsp 340.064/SP, Rel. Min. Luis Felipe Salomão, j. 13.08.2013.
[58] "Se não houve o preenchimento correto da guia, máxime sobre o número que identifica o processo na origem, não há falar em pagamento parcial do preparo, mas em ausência deste, afastando de vez a incidência do art. 511, § 2º, do CPC" (AgRg nos EREsp 1.129.680/RJ, Corte Especial, Rel. Min. Castro Meira, *DJe* 10.10.2012).

possibilidade de concessão do benefício da assistência judiciária gratuita. Se entender que é caso de deferimento, prosseguirá no exame das demais questões trazidas ou determinará o retorno do processo à origem para que se prossiga no julgamento do recurso declarado deserto. Se confirmar o indeferimento da gratuidade da justiça, deve abrir prazo para o recorrente recolher o preparo recursal e dar sequência ao trâmite processual".

Por fim, vejamos alguns casos práticos decididos recentemente pela jurisprudência do STJ e que se referem ao recolhimento do preparo:

- **Se a parte desistir do recurso em que houve pedido de gratuidade, poderá haver deliberação para o recolhimento, sob pena de inscrição em Dívida Ativa?** Imagine que Fulano ingressou com ação contra Beltrano. O juiz julgou o pedido procedente. Beltrano interpôs apelação e requereu os benefícios da gratuidade. Antes que o recurso fosse julgado, o recorrente peticionou ao Tribunal de Justiça desistindo da apelação. O relator acolheu a desistência, mas rejeitou o pedido de gratuidade judiciária. Nesse caso, ainda assim não poderá haver deliberação para o recolhimento do preparo. Conforme entendimento do STJ, "não é possível exigir o recolhimento do preparo recursal após a desistência de recurso que verse sobre a concessão da gratuidade da justiça, sob pena de inscrição em dívida ativa" (ST, 3ª Turma, REsp 2.119.389/SP, Rel. Min. Nancy Andrighi, j. 23.04.2024).

- **A compensação bancária em momento posterior ao último dia do prazo para o recolhimento acarreta alguma consequência para a aferição da tempestividade?** Imagine que o pagamento da guia deve ser feito até, por exemplo, 20 de março, último dia do prazo recursal. O Recorrente realiza esse pagamento em um correspondente bancário no dia correto, mas a compensação só ocorre três dias úteis depois. Haverá deserção nesse caso? Não. "Considera-se recolhido devidamente o preparo no dia em que realizado o pagamento perante o correspondente bancário, ainda que outro tenha sido o dia da compensação bancária" (STJ, 4ª Turma. AgInt nos EDcl no AREsp 2.283.710/AP, Rel. Min. Antonio Carlos Ferreira, j. 13.05.2024). Vale registrar que não se deve confundir a compensação posterior com o simples agendamento – casos em que o interessado agenda, mas o dinheiro não sai efetivamente da sua conta. Nesse caso, pagamento não há, e o comprovante de agendamento não é considerado meio apto a comprovar o efetivo recolhimento do preparo (STJ, 4ª Turma. AgInt no AREsp 2.496.667/SP, Rel. Min. João Otávio de Noronha, j. 10.06.2024).

JURISPRUDÊNCIA TEMÁTICA

"O recorrente deve comprovar o recolhimento do preparo e do porte de remessa e retorno de acordo com os volumes existentes nos autos na interposição do recurso, independentemente da abertura de novos volumes após a data de protocolização do recurso" (STJ, 3ª Turma, REsp 1.576.852/SP, Rel. Min. Marco Aurélio Bellizze, j. 07.03.2023).

"Ao defensor dativo não se aplica a obrigatoriedade de recolhimento do preparo do recurso que verse apenas sobre os honorários sucumbenciais" (STJ, Corte Especial. EREsp 1.832.063/SP, Rel. Min. Benedito Gonçalves, Rel. para o acórdão Min. Nancy Andrighi, j. 14.12.2023).

"Embargos de declaração no agravo interno do agravo em recurso especial. Ausência de omissão. Pretensão de rediscussão da matéria. Impossibilidade. Embargos rejeitados.

(...)

1.1 A alegação da ocorrência de ponto facultativo embasada em ato do Poder Executivo Estadual não é capaz, por si só, de comprovar a inexistência de expediente forense para fins de aferição da tempestividade recursal, em razão da desvinculação administrativa e da separação entre os Poderes.

1.2 Desse modo, caberia à recorrente, no momento da interposição recursal, fazer a juntada de documento idôneo, o qual, na hipótese, consistia no inteiro teor do Aviso TJ. 30, de 19/04/2018, a fim de vincular a decretação do feriado nas repartições públicas estaduais com a suspensão dos prazos pela Corte de Justiça" (STJ, EDcl no AgInt no AREsp 1.510.568/RJ, Rel. Min. Marco Aurélio Bellizze, j. 23.03.2020).

"Embargos de divergência. Recurso especial. Processual civil. Porte de remessa e retorno. Recolhimento via internet. Recibo extraído da internet. Possibilidade. Ampla utilização de meio eletrônico na vida moderna. Embargos de divergência conhecidos e providos.

1. Admite-se o recolhimento e a comprovação do preparo processual realizados pela Internet, desde que possível, por esse meio, aferir a regularidade do pagamento das custas processuais e do porte de remessa e de retorno.

2. A guia eletrônica de pagamento via Internet constitui meio idôneo à comprovação do recolhimento do preparo, desde que preenchida com a observância dos requisitos regulamentares, permitindo-se ao interessado a impugnação fundamentada.

3. Embargos de divergência conhecidos e providos para afastar a deserção" (STJ, Embargos de Divergência em AREsp 423.679/SC, Rel. Min. Raul Araújo, j. 24.06.2015).

"[...] O recolhimento do valor correspondente ao porte de remessa e de retorno por meio de GRU Simples, enquanto resolução do STJ exigia que fosse realizado por meio de GRU Cobrança, não implica a deserção do recurso se corretamente indicados na guia o STJ como unidade de destino, o nome e o CNPJ do recorrente e o número do processo. Como se sabe, a tendência do STJ é de não conhecer dos recursos especiais cujos preparos não tenham sido efetivados com estrita observância das suas formalidades extrínsecas. Contudo, deve-se flexibilizar essa postura na hipótese em análise, sobretudo à luz da conhecida prevalência do princípio da instrumentalidade das formas dos atos do processo [...]" (STJ, REsp 1.498.623/RJ, Rel. Min. Napoleão Nunes Maia Filho, j. 26.02.2015).

"[...] Não se aplica a pena de deserção a recurso interposto contra julgado que indeferiu o pedido de justiça gratuita. Se a controvérsia posta sob análise judicial diz respeito justamente à alegação do recorrente de que ele não dispõe de condições econômico-financeiras para arcar com os custos da demanda, não faz sentido considerar deserto o recurso, uma vez que ainda está sob análise o pedido de assistência judiciária e, caso seja deferido, neste momento, o efeito da decisão retroagirá até o período da interposição do recurso e suprirá a ausência do recolhimento e, caso seja indeferido, deve ser dada oportunidade de regularização do preparo. É um contrassenso exigir o prévio pagamento das custas recursais nestes casos em que a parte se insurge contra a decisão judicial que indeferiu o pedido de justiça gratuita, sob pena de incorrer em cerceamento de defesa e inviabilizar o direito de recorrer da parte, motivo pelo qual o recurso deve ser conhecido a fim de que seja examinada essa preliminar recursal". Precedentes citados: AgRg no REsp 1.245.981/DF, Segunda Turma, DJe 15.10.2012; AgRg no Ag 1.279.954/SP, Quarta Turma, DJe 1º.02.2011; REsp 1.087.290/SP, Terceira Turma, DJe 18.02.2009; e REsp 885.071/SP, Primeira Turma, DJU 22.03.2007 (STJ, AgRg no AREsp 600.215/RS, Rel. Min. Napoleão Nunes Maia Filho, j. 02.06.2015).

1.4.6 Regularidade formal

Quanto à forma, a interposição do recurso deve observar o que for estabelecido em lei, podendo-se arrolar alguns pressupostos que devem ser preenchidos de modo geral:

a) no processo civil, os recursos são interpostos por **petição escrita, não se admitindo interposição oral (por termo)**, nem mediante cota nos autos. Nesse ponto, os recursos cíveis diferem dos criminais, uma vez que estes podem ser interpostos oralmente;

b) a interposição deve ocorrer **no juízo de origem** (*a quo*), com exceção do agravo de instrumento, cuja interposição é diretamente realizada no juízo *ad quem*;

c) a petição deve **indicar e qualificar as partes** (salvo se já estiverem qualificadas nos autos), vir acompanhada das **razões do inconformismo** (causa de pedir) e do **pedido de nova decisão**, se for o caso;

d) no caso de **recurso interposto por terceiro prejudicado**, deve-se demonstrar "a possibilidade de a decisão sobre a relação jurídica submetida à apreciação judicial atingir direito de que se afirme titular ou que possa discutir em juízo como substituto processual" (art. 996, parágrafo único).

Importante ressaltar que, no processo civil, não basta impugnar a decisão. É preciso, sob pena de inépcia, dizer por que se pleiteia a sua reforma, a invalidação, o esclarecimento ou integração. Não se conhece do recurso se, embora tempestiva a petição, as respectivas razões são apresentadas depois do último dia do prazo recursal preclusivo.

1.4.7 Inexistência de fato extintivo ou impeditivo do direito de recorrer

Trata-se de pressuposto recursal genérico de admissibilidade que, uma vez não preenchido, autoriza a negativa de seguimento do recurso.

São fatos extintivos do direito de recorrer a renúncia à faculdade de interpor recurso e a aquiescência com a decisão passível de recurso (preclusão lógica). Figura também entre os fatos extintivos o pacto de não recorrer, previsto no art. 190, segundo o qual podem as partes, sendo plenamente capazes e versando o processo sobre direitos que admitam autocomposição, estipular mudanças no procedimento para ajustá-lo às especificidades da causa e convencionar sobre os seus ônus, poderes, faculdades e deveres processuais, antes ou durante o processo.

Constituem exemplos a desistência do recurso já interposto (art. 998); a renúncia (art. 999); e a aquiescência (art. 1.000).

DESISTÊNCIA	RENÚNCIA	AQUIESCÊNCIA
Art. 998, CPC: "O recorrente poderá, a qualquer tempo, sem a anuência do recorrido ou dos litisconsortes, desistir do recurso".	Art. 999, CPC: "A renúncia ao direito de recorrer independe de aceitação da outra parte".	Art. 1.000, CPC: "A parte que aceitar expressa ou tacitamente a decisão não poderá recorrer".
Pode ser parcial ou total. Ex.: recorrente requer a reforma da sentença de improcedência em relação aos danos morais e materiais, mas desiste do primeiro pedido recursal (parcial).	**Assim como a desistência**, independe da aceitação da parte contrária.	É um exemplo de vedação ao comportamento contraditório.

DESISTÊNCIA	RENÚNCIA	AQUIESCÊNCIA
Deve ser formulada por escrito (até o instante anterior ao julgamento) ou oralmente na sessão de julgamento (antes de iniciada a votação). A desistência produz efeitos imediatos e independe de homologação. NÃO ADMITE RETRATAÇÃO.	**Diferente da desistência – que pressupõe recurso interposto –**, a renúncia ocorre quando se abre mão previamente do direito de recorrer.	"Considera-se aceitação tácita a prática, sem nenhuma reserva, de ato incompatível com a vontade de recorrer" (art. 1.000, p. único). Ex.: pagamento da condenação sem ressalva (preclusão lógica).

Podem ser incluídas nesse rol (i) a falta de depósito da multa (art. 1.026, § 3º) e (ii) a inexistência de repercussão geral (art. 1.035).

1.5 Efeitos dos recursos

Primeiramente, cumpre destacar que qualquer recurso tem o efeito de obstar o trânsito em julgado ou a preclusão, conforme seja interposto, respectivamente, em face de sentença ou decisão interlocutória.

Além desse efeito obstativo da coisa julgada, inerente a todos os recursos, a doutrina reconhece de modo unânime pelo menos outros dois, quais sejam, o devolutivo e o suspensivo, que serão objeto de análise mais minuciosa nos dois tópicos seguintes.

1.5.1 Efeito devolutivo

Geralmente, o recurso tem o efeito de devolver (transferir) ao órgão jurisdicional hierarquicamente superior (tribunal *ad quem*) o exame de toda a matéria impugnada. Trata-se do **efeito devolutivo**, que decorre logicamente do **princípio dispositivo**, segundo o qual o órgão julgador age mediante provocação da parte ou do interessado e nos limites do pedido (arts. 2º, 141 e 492).

Conforme entendimento majoritário, aplica-se a **todos os recursos**, e não só à apelação, o aforismo *tantum devolutum quantum appellatum*, ou seja, todo e qualquer recurso devolve ao tribunal o conhecimento da matéria impugnada. A regra, portanto, é a devolução, a transferência ao tribunal de toda matéria impugnada.

Necessário registrar, todavia, **entendimento de parte da doutrina no sentido de que os embargos de declaração não possuem o efeito devolutivo**, porquanto, além de serem julgados pelo próprio órgão prolator da decisão embargada, não se destinam exatamente ao reexame de matéria já decidida, mas apenas ao esclarecimento de ponto obscuro ou contraditório, integração de ponto omisso ou correção de erro material (art. 1.022).

Entendo, contudo, que o efeito devolutivo decorre da simples interposição do recurso, ainda que direcionado ao mesmo órgão jurisdicional. Nelson Nery Junior também manifesta o mesmo entendimento:

"O efeito devolutivo nos embargos de declaração tem por consequência devolver ao órgão *a quo* a oportunidade de manifestar-se no sentido de aclarar a decisão obscura, completar a decisão omissa ou afastar a contradição de que padece a decisão. Para configurar-se o efeito devolutivo é suficiente que a matéria seja novamente devolvida ao órgão judicante para resolver os embargos. O fato de o órgão destinatário dos embargos ser o mesmo de onde proveio a decisão embargada não empece a existência do efeito devolutivo neste recurso".[59]

A doutrina costuma definir que o efeito devolutivo pode ser analisado sob duas perspectivas: **profundidade e extensão**. "A extensão do efeito devolutivo é exatamente a medida daquilo que se submete, por força do recurso, ao julgamento do órgão *ad quem*. No âmbito da devolução, o tribunal poderá apreciar todas as questões suscitadas e discutidas no processo, ainda que não tenham sido solucionadas pela sentença recorrida, mas a extensão do que será analisado é definida pelo pedido do recorrente" (STJ, REsp nº 1.909.451/SP, Rel. Min. Luis Felipe Salomão, 4ª Turma, *DJe* 13.04.2021).

A profundidade, por sua vez, permite ao tribunal reapreciar todas as questões ligadas à matéria veiculada no recurso, sem estar limitado pelos fundamentos jurídicos adotados pela sentença. De toda sorte, referida apreciação restringe-se aos pedidos objetos de recurso, não podendo o recorrente rediscutir matérias relativas a capítulo não impugnado, sob pena de nulidade por decisão *extra petita*.

Importante anotar que também no âmbito recursal as matérias de ordem pública podem ser conhecidas de ofício pelo órgão jurisdicional,[60] razão pela qual seu exame não depende de impugnação nas razões recursais. Especificamente quanto ao recurso de apelação, há matérias que, embora não impugnadas, ou pelo menos não expressamente, devem ser apreciadas pelo órgão julgador (art. 1.013, §§ 1º a 4º). A essa possibilidade de julgamento recursal, além daquilo que fora objeto de impugnação, parte da doutrina denomina **efeito translativo do recurso**, que nada mais é do que uma peculiaridade do efeito devolutivo.

1.5.2 *Efeito translativo*

O efeito translativo, como dito, constitui uma particularidade do efeito devolutivo, entendido como a possibilidade de o julgamento recursal extrapolar os limites do que foi efetivamente impugnado. Conforme já adiantado, como existe relação entre esses efeitos, alguns doutrinadores costumam afirmar que o efeito translativo se relaciona com a extensão (**dimensão horizontal**) e profundidade (**dimensão vertical**) do efeito devolutivo.

Rompida a barreira da admissibilidade, em regra, a instância recursal limita-se a analisar o que foi objeto de impugnação (art. 1.013). Contudo, os parágrafos do art. 1.013[61] trazem regras que definem o **horizonte** (a extensão) **da pretensão recursal**.

Pode ocorrer, por exemplo, que determinada questão suscitada não tenha sido decidida por inteiro (art. 1.013, § 1º). Pense-se, por exemplo, no pedido de incidência de juros de mora sobre o valor da indenização, que não foi apreciado em razão de o juiz ter rejeitado o pedido. Interposta apelação pelo autor, na qual requer a procedência do pedido, fixam-se o horizonte, o panorama de atuação do juízo recursal, a dimensão horizontal do efeito devolutivo.

Estabelecido o panorama, há a devolução de todas as questões que digam respeito ao capítulo devidamente impugnado – no nosso exemplo, o dever de indenizar –, atrai as questões não decididas inteiramente – no exemplo, o pedido de incidência de juros de mora.

---

[59] NERY JUNIOR, Nelson. *Princípios fundamentais* – teoria geral dos recursos. 5. ed. São Paulo: RT, 2000. p. 375.

[60] Exceto nos tribunais superiores, nos quais, como se verá no momento oportuno, exige-se o prequestionamento de toda e qualquer matéria objeto de recurso extraordinário e de recurso especial.

[61] A propósito, entende-se que o art. 1.013 determina a extensão e a profundidade do efeito devolutivo não só da apelação, mas também nos demais recursos.

O mesmo acontece quando o pedido ou a defesa tem mais de um fundamento e o juiz acolhe apenas um deles. A impugnação do fundamento acolhido na sentença – dimensão horizontal – devolve ao tribunal o conhecimento dos demais – dimensão vertical (art. 1.013, § 2º).

O efeito translativo é **decorrência direta da dimensão vertical ou profundidade do efeito devolutivo**. Como a interposição do recurso devolve as matérias que, mesmo não impugnadas, se relacionam com o objeto do recurso, devolve também as matérias de ordem pública, pois estão ligadas aos pressupostos processuais e às condições para o provimento final, que são antecedentes lógicos da própria análise do mérito.[62] Exemplo: o tribunal pode reduzir o valor evidentemente excessivo ou desproporcional da pena de multa por ato de improbidade administrativa (art. 12 da Lei 8.429/1992), ainda que na apelação não tenha havido pedido expresso para sua redução (Info 533, STJ).

1.5.3 Efeito suspensivo

Com relação ao efeito suspensivo, **a regra é a não suspensividade da decisão, salvo disposição legal ou decisão judicial em sentido diverso, conforme dispõe o art. 995**.[63] Omissa a lei, o recurso não produz o efeito suspensivo, ou seja, a decisão será eficaz e produzirá efeitos. Algumas leis expressamente preveem a concessão apenas de efeito devolutivo aos recursos interpostos, constituindo o efeito suspensivo medida excepcional, a ser deferida quando houver risco de dano irreparável à parte. É o que ocorre na ação civil pública (art. 14 da Lei nº 7.347/1985), nos Juizados Especiais (art. 43 da Lei nº 9.099/1995) e nas sentenças concessivas de mandado de segurança (art. 14, § 3º, da Lei nº 12.016/2009). Tais leis estão em sintonia com o Código atual, o qual, como dito, prevê o efeito suspensivo como exceção.

Quando o efeito suspensivo é *ope legis*, ou seja, quando há previsão legal para a sua atribuição, esse efeito decorre, em um primeiro momento, do simples fato de a decisão ser recorrível. Caso seja interposto recurso com efeito suspensivo, prolonga-se a ineficácia da decisão.

No tópico relativo aos recursos em espécie, trataremos da questão da suspensividade em relação a cada um dos recursos do CPC.

Cabe adiantar que a apelação, por expressa disposição do *caput* do art. 1.012, é dotada de efeito suspensivo *ope legis*, salvo nas hipóteses elencadas no § 1º desse dispositivo.

A título de síntese: o sistema recursal não prevê efeito suspensivo automático (*ope legis*), podendo o relator, em caráter excepcional, atribuir tal efeito. Na apelação a lógica se inverte, porquanto a regra específica para esse recurso é o efeito suspensivo automático (art. 1.012, *caput*[64]). Em outras palavras, nem todo recurso tem efeito suspensivo automático (*ope legis* ou efeito suspensivo próprio), mas em todos eles esse efeito pode ser concedido por decisão judicial (*efeito suspensivo impróprio*).

1.5.4 Efeito substitutivo, expansivo e ativo

Além dos efeitos já abordados (obstativo da coisa julgada, devolutivo, translativo e suspensivo), temos o efeito do julgamento do próprio recurso, denominado efeito substitutivo, que consiste em substituir a decisão recorrida no que tiver sido objeto de recurso (art. 1.008).

---

[62] ASSIS, Araken de. *Manual dos recursos*. 2. ed. São Paulo: RT, p. 231.
[63] Art. 995. "Os recursos não impedem a eficácia da decisão, salvo disposição legal ou decisão judicial em sentido diverso".
[64] Art. 1.012. "A apelação terá efeito suspensivo".

Saliente-se que **a substituição é apenas da parte impugnada**. Quanto à parte não impugnada, esta permanece íntegra. Assim, sendo a apelação apenas parcial, o título executivo é formado pela sentença, na parte transitada em julgado, e pelo acórdão.

Na hipótese de provimento do recurso para invalidação da decisão impugnada (em virtude de *error in procedendo*), não há que se falar em substituição da decisão recorrida, mas sim em anulação ou cassação, com a conseguinte remessa dos autos ao juízo de origem para que outra decisão seja proferida em lugar da anulada. Mesmo assim, sendo cassada sentença terminativa (de extinção do processo sem resolução do mérito), o tribunal pode julgar desde logo a lide, se presente uma das hipóteses do § 3º do art. 1.013.

Há que se mencionar ainda o **efeito expansivo**, que consiste na possibilidade de o julgamento do recurso ensejar decisão mais abrangente do que o reexame da matéria impugnada, que é o mérito do recurso. O efeito expansivo pode ser **subjetivo** ou **objetivo** e, este, **interno** ou **externo**. Há efeito expansivo objetivo interno "quando o tribunal, *v.g.*, ao apreciar apelação interposta contra sentença de mérito, dá-lhe provimento e acolhe preliminar de litispendência, que atingirá todo o ato impugnado (sentença). Há efeito expansivo objetivo externo quando o julgamento do recurso atinge outros atos além do impugnado, *v.g.*, com o provimento do agravo, que atinge todos os atos processuais que foram praticados posteriormente à sua interposição. O efeito expansivo subjetivo ocorre quando o julgamento do recurso atinge outras pessoas além do recorrente e do recorrido. É o caso, por exemplo, do recurso interposto apenas por um dos litisconsortes sob o regime de unitariedade: a decisão atingirá também o outro litisconsorte".[65]

Por fim, registre-se o **efeito ativo** (ou suspensivo ativo), que se refere à possibilidade de o relator conceder, antes do julgamento pelo órgão colegiado, a pretensão recursal almejada pelo recorrente. Na verdade, o efeito ativo nada mais é do que a tutela antecipatória recursal.

1.5.5 Efeito regressivo

Consiste na possibilidade de o órgão a quo rever a decisão recorrida, ou seja, a decisão que ele mesmo prolatou. Também é chamado de juízo de retratação.

No CPC atual ocorre: (i) quando interposta apelação contra sentença que indefere a petição inicial (art. 331); (ii) quando interposta apelação contra sentença de improcedência liminar do pedido (art. 332, § 3º); (iii) quando interposta apelação contra sentença que extingue o processo sem resolução do mérito (art. 485, § 7º); (iv) no agravo de instrumento (art. 1.018, § 1º); (v) no agravo interno (art. 1.021, § 2º); (vi) no RE e REsp repetitivos (art. 1.040, II).

1.6 Alcance do recurso do litisconsorte

> Art. 1.005. O recurso interposto por um dos litisconsortes a todos aproveita, salvo se distintos ou opostos os seus interesses.
>
> Parágrafo único. Havendo solidariedade passiva, o recurso interposto por um devedor aproveitará aos outros, quando as defesas opostas ao credor lhes forem comuns.

A despeito do disposto no *caput* do art. 1.005, somente o recurso interposto por litisconsórcio unitário aproveita aos demais. No nosso sistema, a regra é a completa autonomia dos litisconsortes (art. 117). Assim, cada litisconsorte tem de apresentar recurso independente, sob pena de contra ele a sentença transitar em julgado.

---

[65] NERY JUNIOR, Nelson; NERY, Rosa Maria de Andrade. *Código de Processo Civil comentado e legislação extravagante*. 7. ed. São Paulo: RT, 2003. p. 851.

Apenas na hipótese de litisconsórcio unitário, quando o julgamento do recurso deve ser idêntico para todos os litisconsortes, aplica-se o *caput* do art. 1.005. Exemplo: a ação de petição de herança foi julgada improcedente. Apenas um herdeiro recorreu, porém todos os herdeiros podem ser beneficiados pelo julgamento do recurso.

O credor tem direito a exigir e receber de um ou alguns dos devedores, parcial ou totalmente, a dívida comum (art. 275, *caput*, do CC). Se a demanda for proposta contra mais de um devedor solidário, teremos o litisconsórcio unitário. Entretanto, mesmo que a demanda seja proposta apenas contra um, a solidariedade permanece íntegra, até porque o devedor que satisfez a dívida por inteiro tem direito a exigir de cada um dos codevedores a sua quota (art. 283 do CC). Em decorrência da solidariedade, o recurso interposto por um devedor a todos aproveitará (art. 1.005, parágrafo único).

1.7 Recurso adesivo

Diz o art. 997 que cada parte interporá o recurso, independentemente, no prazo e observadas as exigências legais. Sendo, porém, vencidos autor e réu, ao recurso interposto por qualquer deles poderá aderir a outra parte.

Trata o dispositivo do denominado recurso adesivo. Há críticas na doutrina quanto ao nome adotado, sendo que parte da doutrina prefere o nome *recurso subordinado*, *dependente* ou, ainda, *contraposto*.

Para entendê-lo, vamos situar um exemplo concreto: A propõe contra B uma ação de reparação de danos, na qual pleiteia a condenação de B em R$ 1.000,00. B contesta, alegando que não agiu com culpa, por isso nada deve. O juiz julga parcialmente procedente o pedido formulado por A, condenando B a pagar a quantia de R$ 500,00. Há sucumbência recíproca. A, que pretendia receber R$ 1.000,00, logrou êxito só em R$ 500,00; B, que nada queria pagar, foi condenado em R$ 500,00. A fica satisfeito com a decisão. É uma satisfação condicionada. Se B não recorrer, A também não recorrerá. Como o prazo de recurso é comum, pode ocorrer de A ser surpreendido com o recurso de B e não haver mais tempo para interpor seu recurso. Em situações tais, para evitar que o litigante, vencedor ou vencido parcialmente na demanda, seja compelido a interpor recurso simplesmente para não ser surpreendido pela atitude da outra parte, o Código de 1973 engendrou a figura do recurso adesivo, que se repete no CPC/2015.

Barbosa Moreira explica a razão de ser do recurso adesivo:

"Ora, podia acontecer que alguma das partes, embora não totalmente satisfeita, se sentisse inclinada, por qualquer razão, a conformar-se com o julgamento, *v.g.*, para evitar ulteriores incômodos e despesas. Se, entretanto, não interpusesse o recurso no prazo comum, sujeitava-se a ver prosseguir o feito, apesar disso, em virtude da interposição pela parte contrária, talvez no último instante do prazo. Tomada assim de surpresa, sofria, afinal de contas, dupla frustração: abstivera-se de recorrer por achar que o encerramento imediato do processo era compensação bastante para a renúncia à tentativa de alcançar integral satisfação, e, no entanto, a compensação lhe escapava; pior ainda, já não dispunha de meio idôneo para, retificando a posição primitiva, ir buscar no juízo recursal o que deixara de conseguir no grau inferior de jurisdição. Na prática, o que sucedia as mais das vezes era a interposição, por ambos os litigantes, de recursos que, no fundo, nenhum faria questão fechada de interpor. Cada qual estaria disposto a permanecer omisso e a permitir que a decisão passasse em julgado, mas sob a condição de que o outro observasse comportamento idêntico".[66]

---

[66] *Comentários ao Código de Processo Civil*. 15. ed., vol. V, Rio de Janeiro: Forense, 2010, p. 308-309.

O recurso adesivo tem como pressuposto específico a **sucumbência recíproca**. Ambas as partes são vencidas em suas pretensões. A subordinação ao recurso principal ou independente é limitada, ou seja, a parte sucumbente que não interpôs o recurso independente poderá fazê-lo na forma adesiva sem que a matéria impugnada se limite àquela do recurso principal, interposto pela parte contrária. Isso porque a exigência de subordinação a que alude o art. 997 deve ser aferida apenas no plano processual.

A exigibilidade de sucumbência recíproca não indica, contudo, a necessidade de que o capítulo impugnado pelo recurso subordinado seja o mesmo do recurso principal. Ou seja, **não constitui requisito de admissibilidade do recurso adesivo a correlação temática com a matéria do recurso principal**. Exemplo: autor recorre da improcedência quanto aos danos morais e o réu, por meio de apelação adesiva, requer a majoração dos honorários fixados em favor de seu patrono (percentual fixado sobre a sucumbência do autor). Na mesma linha: "Ainda que vencedora a parte na totalidade dos pedidos, é viável o manejo do recurso adesivo com a finalidade de majorar a verba honorária. Em outras palavras, caso se entenda que os honorários foram fixados aquém do mínimo legal, configurar-se-á a sucumbência recíproca, abrindo-se a via para a interposição não só do recurso principal, como também do recurso adesivo".[67]

Além disso, conforme entendimento do STJ, **a sucumbência recíproca não precisa necessariamente ocorrer na mesma lide**. Vejamos:

"Direito processual civil. Definição de sucumbência recíproca para a interposição de recurso adesivo.

A extinção do processo, sem resolução do mérito, tanto em relação ao pedido do autor quanto no que diz respeito à reconvenção, não impede que o réu reconvinte interponha recurso adesivo ao de apelação. Isso porque o art. 500 do CPC não exige, para a interposição de recurso adesivo, que a sucumbência recíproca ocorra na mesma lide, devendo aquela ser aferida a partir da análise do julgamento em seu conjunto. A previsão do recurso adesivo no sistema processual brasileiro tem por objetivo atender política legislativa e judiciária de solução mais célere para os litígios. Assim, do ponto de vista teleológico, não se deve interpretar o dispositivo de forma substancialmente mais restritiva do que se faria com os artigos alusivos à apelação, aos embargos infringentes e aos recursos extraordinários. De fato, segundo o parágrafo único do artigo 500 do CPC,[68] ao recurso adesivo devem ser aplicadas as mesmas regras do recurso independente quanto às condições de admissibilidade, preparo e julgamento no tribunal superior" (REsp 1.109.249/RJ, Rel. Min. Luis Felipe Salomão, j. 07.03.2013).

O recurso adesivo não é uma espécie de recurso, porquanto as espécies estão elencadas no art. 994, mas uma forma de interposição. Tal forma de interposição, aderida e condicionada ao recurso da outra parte, denominado principal, só é admissível na apelação, no recurso extraordinário e no recurso especial (art. 997, § 2º, II).[69] Em breve síntese, cuida-se de uma

---

[67] STJ, REsp 936.690/RS 2007/0066765-1, 1ª T., Rel. Min. José Delgado, j. 18.12.2007, *DJ* 27.02.2008. O STJ reafirmou esse entendimento em 2019, ao decidir que "não há restrição em relação ao conteúdo da irresignação manejada na via adesiva, podendo o recorrente suscitar tudo o que arguiria acaso tivesse interposto o recurso de apelação, o recurso especial ou o recurso extraordinário na via normal" (REsp 1.675.996/SP, *DJe* 03.09.2019).

[68] Corresponde ao art. 997 do CPC/2015.

[69] Somente no caso de apelação, recurso extraordinário e recurso especial há o cabimento da interposição na forma adesiva. Nesse sentido: "Agravo interno adesivo no agravo em recurso especial. Ausência de previsão legal. Agravo não conhecido. 1. Nos termos do art. 997, II, do CPC/2015, somente será

forma de interposição dentro do prazo para contrarrazões. A parte somente interpõe o recurso adesivo por conta de uma conduta da parte adversa. Inicialmente não era seu desejo recorrer da decisão, porém, ao ver a outra parte insatisfeita, manifesta interesse em recorrer adesivamente. Exemplo: "A" propôs ação indenizatória (danos morais e materiais) contra "B". Na sentença, o juiz condenou o réu ao pagamento de danos materiais, mas entendeu que os danos morais eram indevidos. Vencidos autor e réu, apenas o réu interpôs recurso de apelação com intuito de reformar a sentença no tribunal. Assim, o autor, que inicialmente não tinha recorrido, poderá, no prazo das contrarrazões, interpor recurso adesivo (apelação), com objetivo de reformar a sentença na parte em que foi vencido (danos morais).

A possibilidade de interposição de recurso na forma adesiva enseja a aplicação das mesmas regras objetivamente consideradas no recurso independente, quanto às condições de admissibilidade, preparo e julgamento no tribunal superior. Ou seja, são requisitos para o conhecimento do recurso adesivo o conhecimento do recurso principal e os demais requisitos atinentes aos recursos em geral.[70]

Do art. 997 e da jurisprudência acerca do tema colhemos os seguintes regramentos sobre recurso adesivo:

- Apenas tem **legitimidade** para interposição do recurso adesivo aquele que figurou como recorrido no recurso principal ou independente;
- O **Ministério Público**, quando oficia na condição de fiscal da ordem jurídica, não pode recorrer adesivamente, porquanto o art. 997 só fala em autor e réu e também porque o Ministério Público, agindo nessa qualidade, não sucumbe;
- O **terceiro prejudicado**, também pelo fato de não estar compreendido na expressão "autor e réu" (art. 997, § 1º), não pode se valer do recurso adesivo;
- O recurso adesivo deve ser interposto **no prazo das contrarrazões**, ou seja, no prazo de 15 dias, uma vez que este é o prazo para responder os recursos nos quais se admite o recurso adesivo. Sua interposição não se condiciona à apresentação das contrarrazões. Deve ser, contudo, interposto em peça separada da resposta ao recurso principal;
- O recurso adesivo **está sujeito às mesmas regras do recurso principal**, quanto às condições de admissibilidade, preparo[71] e julgamento no tribunal superior. Assim, quem desejar recorrer de forma adesiva deve providenciar o pagamento das custas e porte de remessa e retorno, mesmo que haja causa de isenção de preparo em relação ao recurso independente;
- Como é acessório, está **subordinado ao recurso independente** (principal), seguindo a mesma sorte deste. Se o recurso principal não for conhecido, seja em razão de desistência[72] ou falta de algum pressuposto de admissibilidade, o recurso adesivo também

---

admissível recurso adesivo na apelação, no recurso extraordinário e no recurso especial. Portanto, não há previsão legal para a interposição de agravo interno na forma adesiva. 2. Agravo interno adesivo não conhecido". (STJ, AgInt no AREsp 1.287.467/SP, rel. Min. Marco Aurélio Bellizze, 3ª T., j. 08.10.2018, DJe 10.10.2018).

[70] STJ, 2ª Turma, REsp 1.649.504/SP, Rel. Min. Mauro Campbell Marques, j. 16.02.2017, DJe 22.02.2017.

[71] Sobre o preparo no recurso adesivo, ver STJ, REsp 912.336/SC, Rel. Min. Aldir Passarinho Junior, j. 02.12.2010.

[72] Ressalve-se que o STJ, em caráter excepcional, inadmitiu a desistência do recurso principal e, consequentemente, a extinção do recurso adesivo, em homenagem ao princípio da boa-fé processual. No caso concreto, determinada decisão concedeu a antecipação dos efeitos da tutela em recurso adesivo e, logo em seguida, foi pleiteada a desistência do recurso principal. Veja trecho do julgado:

não o será. Do mesmo modo, a eventual desistência do recurso principal implicará o não conhecimento do recurso adesivo interposto pela outra parte (art. 997, § 2º, III); Cabe ressalvar que, quanto à subordinação, especialmente no caso de desistência do recurso principal, o Superior Tribunal de Justiça, ancorado no princípio da boa-fé processual, já inadmitiu a desistência de recurso principal quando o recorrente adesivo obteve tutela antecipada em seu recurso (REsp 1.285.405/SP, Informativo 554);

- Subindo os autos ao tribunal, apenas para efetivação do duplo grau de jurisdição exigido nas hipóteses do art. 496 (**remessa necessária**), não se admite recurso adesivo, visto que inexiste recurso principal;
- **Quem interpôs fora do prazo o recurso principal não pode interpor o adesivo**, porquanto, conforme interpretação teleológica (finalística), o recurso adesivo somente socorre a parte inicialmente disposta a conformar-se com a decisão, além do que contra aquele que interpôs recurso principal intempestivo opera-se a preclusão (STJ, 4ª Turma, REsp 9.806/SP, Rel. Min. Sálvio de Figueiredo, *DJU* 30.03.1992);
- É cabível recurso adesivo para impugnar **capítulo acessório da decisão**. Assim, ainda que vencedora a parte na totalidade dos pedidos, é possível a interposição do recurso adesivo com a finalidade de majorar a verba honorária (STJ, REsp 1.276.739/RS, Rel. Min. Mauro Campbell Marques, julgado em 17.11.2011);
- "De acordo com a doutrina, nada impede que, interposto recurso extraordinário por uma parte, a outra interponha, sob a forma adesiva, recurso especial e vice-versa. Isto porque a lei não determina que o recurso adesivo seja necessariamente subordinado a outro da mesma espécie". Assim, se, por exemplo, "numa ação anulatória de auto de infração for proferido acórdão reconhecendo a constitucionalidade do tributo, mas houver redução da multa, tanto o autor quanto o réu terão interesse em recorrer, em virtude da sucumbência recíproca. Se o réu interpõe recurso especial, questionando a redução da multa, poderá o autor, de forma adesiva, interpor recurso extraordinário cruzado, buscando o reexame da decisão na parte em que reconheceu a constitucionalidade do tributo".[73] A jurisprudência não acolhe esse entendimento.[74]

Para finalizar, registra-se que não se admite recurso adesivo em remessa necessária. Isso porque, se pensarmos que o recurso adesivo depende de um comportamento da parte adversa,

---

"Concedida antecipação dos efeitos da tutela em recurso adesivo, não se admite a desistência do recurso principal de apelação, ainda que a petição de desistência tenha sido apresentada antes do julgamento dos recursos. De fato, a apresentação da petição de desistência na hipótese em análise demonstra pretensão incompatível com o princípio da boa-fé processual e com a própria regra que faculta ao recorrente não prosseguir com o recurso, a qual não deve ser utilizada como forma de obstacularizar a efetiva proteção ao direito lesionado. Isso porque, embora tecnicamente não se possa afirmar que a concessão da antecipação dos efeitos da tutela represente o início do julgamento da apelação, é evidente que a decisão proferida pelo relator, ao satisfazer o direito material reclamado, passa a produzir efeitos de imediato na esfera jurídica das partes, evidenciada a presença dos seus requisitos (prova inequívoca e verossimilhança da alegação) [...]" (STJ, REsp 1.285.405/SP, Rel. Min. Marco Aurélio Bellizze, j. 16.12.2014).

[73] Código de Processo Civil anotado. Disponível em: http://www.oabpr.org.br/downloads/CPC_06_02.pdf.

[74] STJ, AREsp 241.62/RS; AI 1.293.122/MG.

não há que se esperar qualquer omissão da Fazenda Pública. Haverá apreciação pela instância superior independentemente de qualquer manifestação de vontade.

JURISPRUDÊNCIA TEMÁTICA

Cabimento de recurso adesivo para discussão sobre honorários advocatícios e gratuidade judiciária

"(...) Questão controvertida na doutrina diz respeito à legitimidade para a interposição do recurso adesivo, uma vez que a interpretação literal do dispositivo leva a crer que somente poderá ser interposto recurso adesivo pelas partes do processo e desde que uma das partes tenha interposto o recurso principal. 6. Nada obstante, deve prevalecer o entendimento que amplia a legitimidade para recorrer adesivamente. Trata-se de posicionamento que melhor se adequa à teleologia do recurso adesivo, porquanto propicia a democratização do acesso à justiça e o contraditório ampliado. 7. Além disso, tendo em vista o disposto do art. 23 do Estatuto da OAB, a jurisprudência desta Corte se consolidou no sentido de que há legitimidade concorrente da parte e do advogado para discutir a verba honorária. Assim, a interpretação conjunta do art. 997, § 1º, do CPC/2015 e art. 23 da Lei nº 8.906/1994 conduz à conclusão de que os advogados que ingressam no processo para discutir direito próprio atuam, como consequência, com feição de parte processual. Logo, deve-se permitir a interposição de recurso adesivo quando interposto recurso principal pelos patronos da contraparte (...)" (REsp nº 2.093.072/MT, Rel. Ministra Nancy Andrighi, 3ª Turma, j. 24.10.2023, DJe 30.10.2023).

"O propósito recursal é decidir se existe sucumbência recíproca a autorizar interposição de apelação na forma adesiva quando o recurso principal busca revogar a gratuidade de justiça. 3. Inexiste limitação de conteúdo de recurso interposto na forma adesiva, sendo a única subordinação entre o recurso principal e o adesivo de caráter formal. Admitido o principal, havendo sucumbência de ambas as partes mesmo que em matérias e proporções distintas, autoriza-se a interposição de apelação na forma adesiva. Precedentes. 4. A concessão de gratuidade de justiça em sentença equivale na prática à redução de honorários em desfavor da parte que, embora consagrada vencedora no julgamento de mérito em primeiro grau, fica privada da percepção dos honorários em razão da suspensão de sua exigibilidade, condição que se extingue após cinco anos, ocasionando verdadeira alteração no mundo dos fatos. 5. Analogia com precedentes do STJ que reconhecem preenchido o requisito da reciprocidade do art. 997, § 1º, do CPC na sucumbência advinda da modificação dos honorários. 6. Recurso especial conhecido e provido" (REsp nº 2.111.554/MT, Rel. Min. Nancy Andrighi, 3ª Turma, j. 19.03.2024, DJe 22.03.2024).

Súmula nº 267 do STF: "Não cabe mandado de segurança contra ato judicial passível de recurso ou correição".

Súmula nº 268 do STF: "Não cabe mandado de segurança contra decisão judicial com trânsito em julgado".

Súmula nº 641 do STF: "Não se conta em dobro o prazo para recorrer, quando só um dos litisconsortes haja sucumbido".

Súmula nº 45 do STJ: "No reexame necessário, é defeso, ao Tribunal, agravar a condenação imposta à Fazenda Pública".

Súmula nº 325 do STJ: "A remessa oficial devolve ao Tribunal o reexame de todas as parcelas da condenação suportadas pela Fazenda Pública, inclusive dos honorários de advogado".

Súmula nº 326 do STJ: "Na ação de indenização por dano moral, a condenação em montante inferior ao postulado na inicial não implica sucumbência recíproca".

Súmula nº 483 do STJ: "O INSS não está obrigado a efetuar depósito prévio do preparo por gozar das prerrogativas e privilégios da Fazenda Pública".

Súmula nº 484 do STJ: "Admite-se que o preparo seja efetuado no primeiro dia útil subsequente, quando a interposição do recurso ocorrer após o encerramento do expediente bancário".

Súmula nº 568 do STJ: "O relator, monocraticamente e no Superior Tribunal de Justiça, poderá dar ou negar provimento ao recurso quando houver entendimento dominante acerca do tema".

Quadro esquemático 106 – Teoria Geral dos Recursos

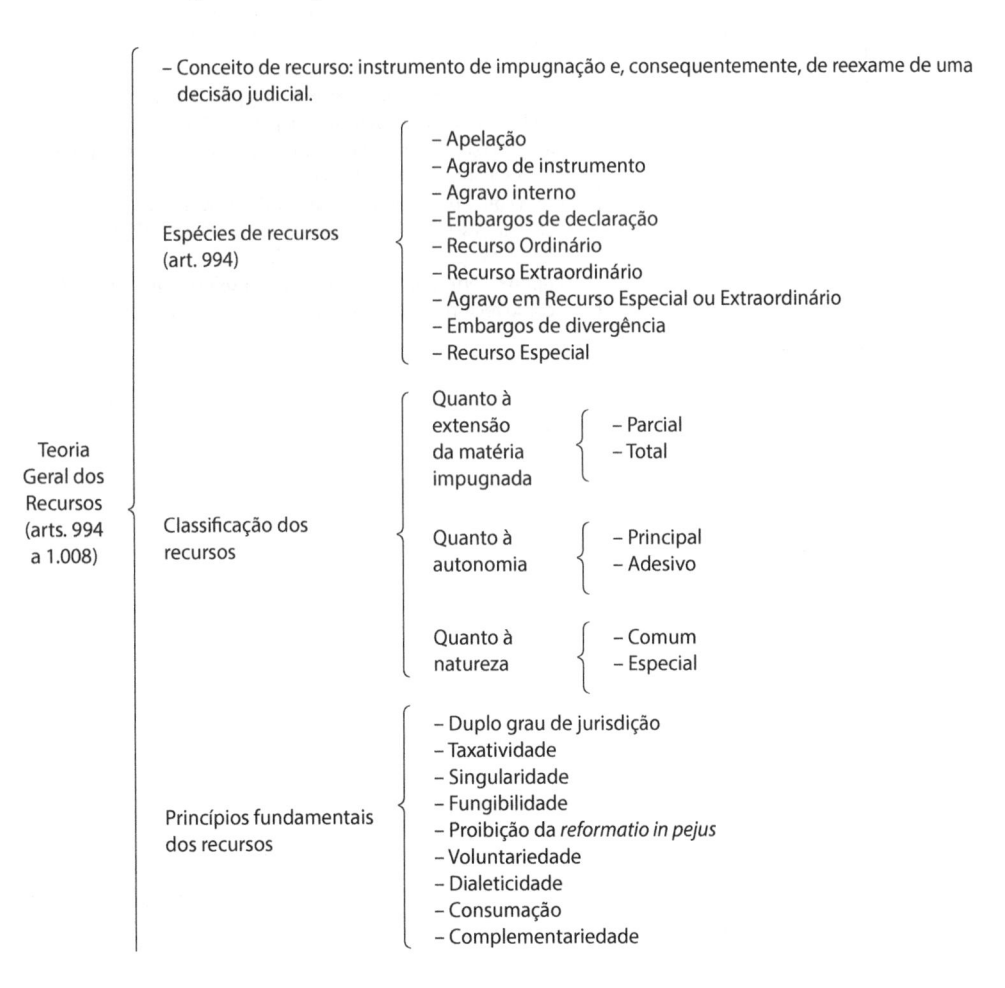

Teoria Geral dos Recursos (arts. 994 a 1.008)

- Conceito de recurso: instrumento de impugnação e, consequentemente, de reexame de uma decisão judicial.

- **Espécies de recursos (art. 994)**
  - Apelação
  - Agravo de instrumento
  - Agravo interno
  - Embargos de declaração
  - Recurso Ordinário
  - Recurso Extraordinário
  - Agravo em Recurso Especial ou Extraordinário
  - Embargos de divergência
  - Recurso Especial

- **Classificação dos recursos**
  - Quanto à extensão da matéria impugnada
    - Parcial
    - Total
  - Quanto à autonomia
    - Principal
    - Adesivo
  - Quanto à natureza
    - Comum
    - Especial

- **Princípios fundamentais dos recursos**
  - Duplo grau de jurisdição
  - Taxatividade
  - Singularidade
  - Fungibilidade
  - Proibição da *reformatio in pejus*
  - Voluntariedade
  - Dialeticidade
  - Consumação
  - Complementariedade

Teoria Geral dos Recursos (arts. 994 a 1.008)

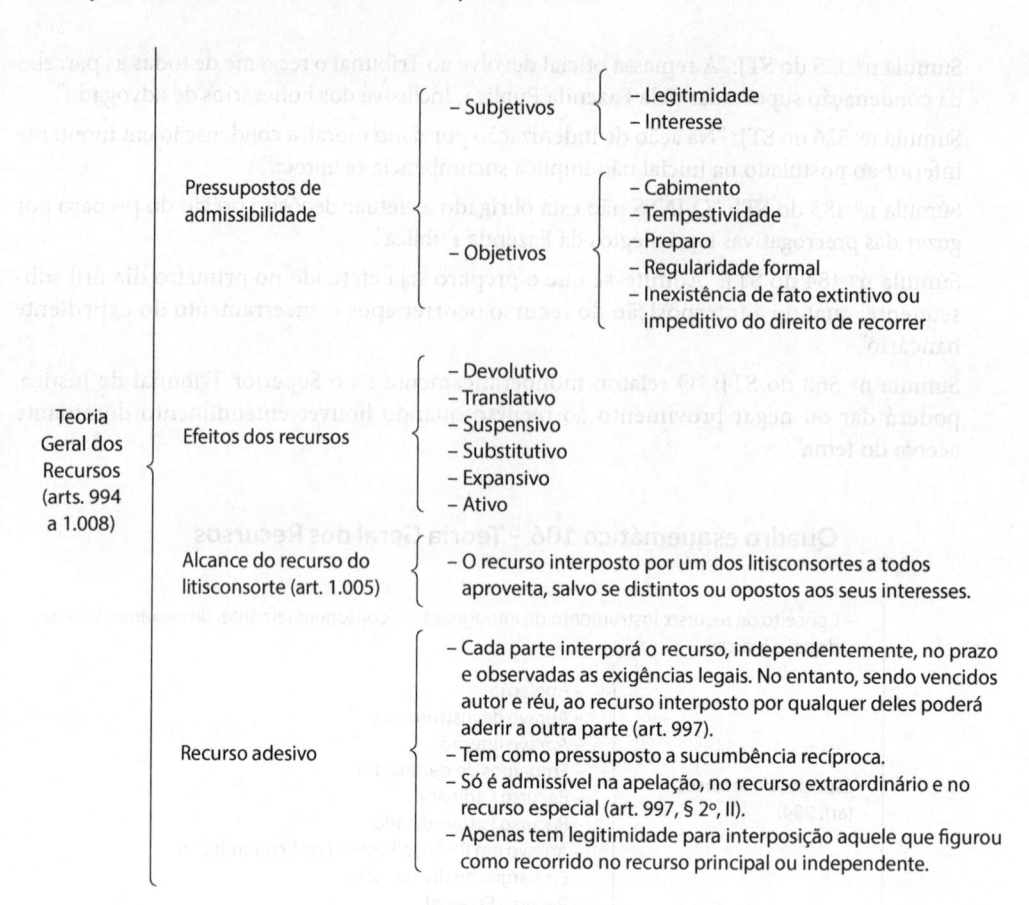

- **Pressupostos de admissibilidade**
  - Subjetivos
    - Legitimidade
    - Interesse
  - Objetivos
    - Cabimento
    - Tempestividade
    - Preparo
    - Regularidade formal
    - Inexistência de fato extintivo ou impeditivo do direito de recorrer

- **Efeitos dos recursos**
  - Devolutivo
  - Translativo
  - Suspensivo
  - Substitutivo
  - Expansivo
  - Ativo

- **Alcance do recurso do litisconsorte (art. 1.005)**
  - O recurso interposto por um dos litisconsortes a todos aproveita, salvo se distintos ou opostos aos seus interesses.

- **Recurso adesivo**
  - Cada parte interporá o recurso, independentemente, no prazo e observadas as exigências legais. No entanto, sendo vencidos autor e réu, ao recurso interposto por qualquer deles poderá aderir a outra parte (art. 997).
  - Tem como pressuposto a sucumbência recíproca.
  - Só é admissível na apelação, no recurso extraordinário e no recurso especial (art. 997, § 2º, II).
  - Apenas tem legitimidade para interposição aquele que figurou como recorrido no recurso principal ou independente.

4

Recursos em espécie (arts. 1.009 a 1.044)

1. APELAÇÃO (ARTS. 1.009 A 1.014)

1.1 Conceito

Apelação é o recurso comum cabível **contra sentença e contra a decisão interlocutória não recorrível em separado** (art. 1.009, § 1º, c/c art. 1.015), com vistas a obter, por meio do reexame pelo órgão de segundo grau, a reforma ou invalidação do julgado anterior.

É recurso comum porque atende ao anseio do duplo grau de jurisdição. Basta que a parte seja sucumbente para a lei facultar-lhe a interposição da apelação, cujo objeto são as questões e provas suscitadas e debatidas no curso do processo, além das questões relacionadas à inobservância, pelo magistrado, dos requisitos formais necessários à prática dos atos processuais (o chamado *error in procedendo*).

Pouco importa seja a sentença terminativa ou definitiva, o recurso cabível será sempre a apelação. Irrelevante também é o procedimento no qual a sentença foi proferida. Pode tratar-se de procedimento do processo de conhecimento, de execução ou procedimentos especiais de jurisdição voluntária ou contenciosa; desde que haja extinção do processo, o recurso cabível será a apelação.

Entretanto, impende admitir que, com a opção do legislador pelo processo sincrético (que engloba conhecimento, liquidação e execução), nem sempre prevalecerá o critério finalístico na determinação do recurso cabível. É que, em certos casos, embora o ato judicial não ponha fim ao processo, deve ser impugnado por meio de apelação, visto que da sentença, em regra, caberá apelação (art. 1.009, *caput*). Basta ter em mente que qualquer sentença, seja condenatória ou terminativa, dará ensejo, pelo menos, à execução de honorários advocatícios. Daí dizer que a sentença, no âmbito do processo sincrético, não o encerra de fato.

O **CPC/2015**, atento a essa questão, abandonou a definição de sentença que levava em consideração apenas o seu conteúdo, para elaborar um **novo conceito** que se compatibiliza, concomitantemente, com as consequências precípuas desse ato judicial: resolver ou não o mérito, colocando fim à fase cognitiva do procedimento comum (**critério finalístico**)[1] ou extinguindo a execução (art. 203, § 1º).

---

[1] Ainda que se considere uma alteração, o texto do CPC/1973 já era interpretado pela jurisprudência conforme o critério finalístico. Nesse sentido: "Para a caracterização do ato judicial como sentença,

Somente em casos excepcionais, a sentença não tem nem uma nem outra finalidade. É o que ocorre, por exemplo, com a sentença que julga procedente o pedido de prestar contas, iniciando outra fase de conhecimento, qual seja a do julgamento das contas (art. 550, § 4º). Em suma, excepcionalmente a sentença não porá fim à fase de conhecimento, tampouco extinguirá o processo de execução, daí a ressalva, constante no art. 203, § 1º).

Há, contudo, decisões que, apesar de constituírem sentença na acepção verdadeira do termo, não são recorríveis via apelação, por expressa disposição legal. São elas:

a) sentença proferida no **Juizado Especial Cível**, recorrível por meio de **recurso inominado** (art. 41 da Lei nº 9.099/1995);
b) sentença proferida pela Justiça Federal no julgamento **de causa internacional** (na qual figura em um dos polos Estado estrangeiro ou organização internacional e, em outro, Município ou pessoa residente no país), que se sujeitará a **recurso ordinário**;
c) sentença que julga **embargos do devedor em execução fiscal** cujo valor seja de até 50 OTNs (Obrigação do Tesouro Nacional), impugnável por meio de **embargos infringentes** de alçada, nos termos do art. 34 da Lei nº 6.830/1980 (Lei de Execução Fiscal). Cabe ressaltar que esses embargos em nada se assemelham com aqueles embargos infringentes previstos no art. 530 do CPC/1973 e que foram suprimidos do ordenamento processual. Por outro lado, o CPC/2015 não revoga o art. 34 da LEF. A propósito, nas disposições finais há a seguinte regra: "Permanecem em vigor as disposições especiais dos procedimentos regulados em outras leis, aos quais se aplicará supletivamente este Código". Resumo da ópera: os embargos infringentes interpostos em face da sentença que julga embargos interpostos em execução fiscal de valor equivalente a até 50 OTNs continuam firmes e fortes.

1.2 Extinção do agravo retido e apelação no CPC vigente

Conforme visto, a apelação continua sendo o recurso cabível contra as sentenças, sejam elas de mérito ou não. Também contra as decisões interlocutórias não submetidas a agravo de instrumento (art. 1.015), a apelação será o meio de impugnação cabível, uma vez que extinto o agravo retido (art. 522, *caput*, do CPC/1973).

Para facilitar a compreensão, vamos à comparação entre a sistemática anterior e aquela trazida pelo CPC/2015.

1.2.1 O agravo retido no CPC/1973

O agravo retido constituía uma modalidade de agravo, cabível, portanto, contra **decisão interlocutória**. Denominava-se "retido" porque, em vez de subir de imediato ao tribunal, ficava encartado aos autos do processo, não produzindo o efeito devolutivo de imediato, mas somente quando e se fosse interposta apelação.

Tinha o agravo retido, num plano imediato, apenas a finalidade de **evitar a preclusão quanto à matéria decidida**. Prolatada a sentença, se interposta apelação por uma das partes e tendo o agravante interesse, poderia requerer que o tribunal dele conhecesse, preliminarmente, por ocasião do julgamento da apelação.

---

decisão interlocutória ou despacho, não importa sua forma nem seu conteúdo. O dado discriminador é, efetivamente, a finalidade do ato – se põe termo ao processo, se resolve questão incidente; ou, se meramente ordinatório, que visa impulsionar o processo" (STJ, REsp 759.886/PE, 6ª Turma, Rel. Min. Paulo Medina, j. 13.12.2005).

Em síntese, quando não coubesse agravo de instrumento, ou seja, quando a decisão interlocutória não fosse suscetível de causar à parte lesão grave e de difícil reparação, o prejudicado deveria interpor agravo retido para evitar a preclusão da matéria decidida. A análise neste recurso, entretanto, estava condicionada à interposição da apelação. A imagem criada por Carreira Alvim, na vigência do CPC/1973, explica com perfeição o funcionamento desse recurso:

> "Como o destino do agravo retido está umbilicalmente ligado à eventual apelação, se esta não vier a ser interposta, não chegará aquele a ser julgado. Em princípio, a apelação está para o agravo retido como um foguete propulsor para a nave espacial: se um não alcança o seu destino, a outra se perde igualmente no espaço. Do mesmo modo, se a apelação não chega ao tribunal, o agravo retido também não chega, sendo defeso ao agravante transmudar, *a posteriori*, a natureza desse recurso, de retido em instrumento, para fazê-lo subir sozinho".[2]

De acordo com a exposição de motivos do anteprojeto do CPC/2015, a partir de 18.03.2016 – data da entrada em vigor da nova lei processual – todas as decisões anteriores à sentença poderão ser impugnadas na apelação. "Na verdade, **o que se modificou, nesse particular, foi exclusivamente o momento da impugnação**, pois essas decisões, de que se recorria, no sistema anterior, por meio de agravo retido, só eram mesmo alteradas ou mantidas quando o agravo era julgado, como preliminar de apelação. Com o novo regime, o momento de julgamento será o mesmo; não o da impugnação".[3]

Em síntese, não caberá mais à parte recorrente a interposição imediata do agravo retido em face de decisão interlocutória, como previa o CPC/1973. No regime do CPC/2015, prolatada decisão interlocutória que não esteja no rol das hipóteses impugnáveis mediante agravo de instrumento (art. 1.015), a parte poderá dela recorrer no momento da apelação. Na prática, pelo menos em tese, não haverá qualquer prejuízo para o recorrente, pois a questão que seria objeto do agravo retido continuará a ser decidida na mesma oportunidade, ou seja, quando for apreciado o recurso de apelação.

O problema surge em razão da amplitude que o Superior Tribunal de Justiça vem conferindo ao rol do art. 1.015 do CPC. Como veremos adiante, consignou-se a existência de uma taxatividade mitigada, de modo que, em caso de urgência, poderá o prejudicado interpor agravo de instrumento fora das hipóteses expressamente previstas. Tal entendimento pode gerar diversas dúvidas sobre a preclusão: e se não interposto agravo, a questão urgente estará preclusa, ou seja, será inviável questioná-la em sede de preliminar de apelação? A quem cabe decidir o que é ou não urgente? Melhor seria se a ideia inicial de irrecorribilidade das decisões interlocutórias tivesse sido mantida.

1.2.2 A apelação como meio de impugnação das decisões interlocutórias

Os parágrafos do art. 1.009 inauguram a sistemática que substituirá o agravo retido. De acordo com o § 1º, "as questões resolvidas na fase de conhecimento, se a decisão a seu respeito não comportar agravo de instrumento, não são cobertas pela preclusão e devem ser suscitadas em preliminar de apelação, eventualmente interpostas contra a decisão final, ou nas contrarrazões".

Todas as questões incidentais resolvidas ao longo do processo de conhecimento, desde que não tenham desafiado agravo de instrumento, poderão ser impugnadas na apelação. Isso quer dizer que:

---

[2] *Ação monitória e temas polêmicos da reforma processual*. Belo Horizonte: Del Rey, 1996. p. 67.
[3] Disponível em: http://www.senado.gov.br/senado/novocpc/pdf/Anteprojeto.pdf.

a) Se contra a decisão interlocutória for possível a interposição de agravo de instrumento, a parte prejudicada não poderá deixar para questionar a decisão somente na apelação. Exemplo: havendo desconsideração da personalidade jurídica na forma do art. 133, o sócio poderá recorrer da decisão mediante agravo de instrumento (art. 1.015, IV). Caso não o faça, a matéria estará preclusa;

b) Se a decisão interlocutória não se enquadrar em nenhuma das hipóteses do art. 1.015, a parte que se sentir prejudicada poderá impugnar a questão já decidida em preliminar de apelação ou nas contrarrazões. Exemplo: juiz indefere pedido de prova testemunhal. A parte que pleiteou a prova terá que aguardar a sentença e, se for o caso, arguir, em preliminar da apelação, eventual ofensa à ampla defesa em razão do indeferimento da prova pleiteada. Saliente-se que a escolha por essa opção independe de protesto no momento da prolação da decisão interlocutória.[4] Não se trata, contudo, de um entendimento pacífico, especialmente porque o STJ definiu que o rol do art. 1.015 não possui taxatividade absoluta, podendo tal recurso ser utilizado quando houver comprovação de urgência. Nesse caso, o mandado de segurança não será cabível, por força da vedação exposta no Enunciado da Súmula 267 do STF: "Não cabe mandado de segurança contra ato judicial passível de recurso ou correição". Também não haverá possibilidade de impetração de MS em razão da jurisprudência pacífica do STJ, que inviabiliza a utilização do *mandamus*.[5]

Se as questões que não desafiaram agravo de instrumento forem suscitadas nas contrarrazões, o recorrente será intimado para se manifestar, no prazo de 15 dias, exclusivamente a respeito delas (art. 1.009, § 2º). A ideia do legislador é promover o contraditório, harmonizando a nova sistemática aos anseios do texto constitucional e às normas fundamentais do processo civil (arts. 9º e 10).

1.3 Efeitos da apelação

Em geral, a apelação é recebida nos efeitos **devolutivo** e **suspensivo**. Afora esses dois, parte da doutrina aponta um terceiro efeito presente em todos os recursos, consistente no impedimento da formação da coisa julgada, ou efeito obstativo.

No sistema processual brasileiro, a regra é que os recursos sejam recebidos somente no efeito devolutivo.

A apelação não segue a regra do sistema. Como já afirmado, não dispondo a lei de forma diversa, prevalece a duplicidade dos efeitos da apelação. Apenas quando há disposição expressa de lei é que não incide a suspensividade do recurso. O art. 1.012 dispõe sobre os efeitos da apelação. O *caput* prevê a regra aplicável à apelação, isto é, o efeito suspensivo, nessa modalidade de recurso, é automático. O parágrafo 1º, por outro lado, prevê as exceções, ou seja, os casos em que a apelação é dotada somente do efeito devolutivo. Há leis extravagantes, como a Lei nº 8.245/1991 (art. 58, V), que contemplam somente o efeito devolutivo para as apelações nas ações ali mencionadas (ação de despejo, *v.g.*).

---

[4] Na versão do projeto do CPC atual na Câmara dos Deputados, o art. 1.022, § 2º, estabelecia que a impugnação dessas questões dependia de prévia apresentação de protesto específico contra a decisão, sob pena de preclusão. Em outras palavras, proferida decisão não submetida a agravo de instrumento, a parte deveria manifestar o seu inconformismo de imediato, sob pena de não poder fazê-lo em apelação.

[5] As decisões interlocutórias sobre a instrução probatória não são impugnáveis por agravo de instrumento ou pela via mandamental, sendo cabível a sua impugnação diferida pela via da apelação (STJ, 2ª Turma, RMS 65.943/SP, Rel. Min. Mauro Campbell Marques, j. 26.10.2021).

A regra mencionada – efeito suspensivo automático – vale somente para a apelação. Para todos os demais recursos, não há previsão de efeito suspensivo automático.

1.3.1 Efeito devolutivo e translativo

O efeito devolutivo, que consiste em transferir ao tribunal *ad quem* todo o exame da matéria impugnada, está presente em todos os recursos.[6]

Na apelação, especificamente, por força do efeito devolutivo, o recurso tem o condão de transferir ao tribunal o conhecimento da matéria impugnada. Se a apelação for total, ou seja, referir-se a toda a sentença, a devolução será por inteiro; tratando-se de apelação parcial, parcial será a devolução. Essa limitação, expressa nos arts. 1.002 e 1.013, consagra o princípio do *tantum devolutum quantum appellatum*. De acordo com esse princípio, tal como o juiz, ao proferir a sentença, está jungido ao pedido formulado na inicial, o tribunal, no exame da apelação, fica adstrito, amarrado, ao que foi impugnado no recurso.

Em regra, apenas as matérias que foram objeto de decisão na sentença podem ser impugnadas, porquanto **não é lícito às partes inovarem no recurso**. Por outro lado, há matérias que, embora não impugnadas, ou pelo menos não expressamente, devem ser apreciadas no recurso. A essa possibilidade de julgamento recursal, além daquilo que fora objeto de impugnação, a doutrina denomina **efeito translativo** do recurso, que nada mais é do que uma peculiaridade do efeito devolutivo. Os parágrafos do art. 1.013 autorizam essa translação.

Segundo o art. 1.013, § 1º, serão objeto de apreciação e julgamento pelo tribunal todas as questões suscitadas e discutidas no processo, ainda que não tenham sido solucionadas, desde que relativas ao capítulo impugnado. Exemplo. O autor recorre de uma sentença citra petita, que deixou de apreciar o seu pedido de multa por litigância de má-fé. O tribunal irá apreciar e julgar, em sede de apelação, tal matéria impugnada, mesmo que ela não tenha sido solucionada pelo juízo de primeiro grau ao proferir a sentença.

Ainda, de acordo com o § 4º desse mesmo dispositivo, quando reformar sentença que reconheça a decadência ou a prescrição, o tribunal, se possível, julgará o mérito, examinando as demais questões, sem determinar o retorno do processo ao juízo de primeiro grau. O autor ajuizou ação de cobrança em face do réu ao fundamento de que este celebrou contrato com aquele. O juiz, em face do reconhecimento da prescrição, julgou improcedente o pedido formulado na inicial. O autor apela, impugnando a declaração da prescrição e, consequentemente, o julgamento de improcedência. No recurso, afastando-se a prescrição, deve-se passar ao exame da outra questão impugnada, ou seja, a improcedência, cuja análise envolverá o fato constitutivo do direito do autor (a obrigação contratual).

Vale a advertência de que essa peculiaridade do efeito devolutivo – a translação ao Tribunal de questões suscitadas e não decididas, em que pese o posicionamento contrário da doutrina e da jurisprudência – **viola o princípio do duplo grau de jurisdição**. No entanto, tal violação é tolerada, aliás, prevista pelo legislador. Poder-se-ia argumentar a sua inconstitucionalidade, se o duplo grau de jurisdição fosse constitucional. Como não o é, sendo uma mera construção da lei, o legislador, sopesando os princípios da celeridade e do duplo grau de jurisdição, acabou por optar pela celeridade que a apreciação de questões originariamente pelo tribunal implica, deixando em segundo plano o princípio do duplo grau de jurisdição.

Com efeito, ao examinar, em sede de apelação, questões suscitadas e discutidas no processo, mas não decididas por inteiro, o Tribunal estará apenas **complementando a prestação jurisdicional**, empreendida de forma incompleta no primeiro grau de jurisdição.

---

[6] Lembre-se de que, quanto aos embargos de declaração, há divergência doutrinária. Conferir item 1.5.1.

Além disso, o efeito translativo não alarga a dimensão horizontal do efeito devolutivo. O que se permite é a apreciação em profundidade da matéria devolvida.

Em síntese, podemos extrair do art. 1.013, § 1º, as seguintes premissas:

- O objeto do recurso é o que foi impugnado (**extensão do efeito devolutivo**). Não obstante certa dose de inquisitoriedade conferida ao tribunal, porque permite o conhecimento de ofício das chamadas preliminares (questões de regra de ordem pública), não se permite que o julgador saia por aí a espiolhar questões. Elas devem se referir ao que foi impugnado. Nesse sentido é que o legislador utilizou a expressão "desde que relativas ao capítulo impugnado" (art. 1.013, § 1º, parte final);

- A **profundidade do efeito devolutivo** permite que o órgão julgador perscrute todas as questões necessárias ao julgamento do objeto do recurso. As questões de ordem pública podem ser apreciadas até de ofício; as que dizem respeito à matéria de fundo devem ser suscitadas e submetidas ao contraditório.

Quando o pedido ou defesa tiver mais de um fundamento e o juiz acolher apenas um deles, a apelação devolverá ao tribunal o conhecimento dos demais (art. 1.013, § 2º). Aqui se trata de fundamento, que pode ou não ter se transformado em questão, a depender da postura da parte contrária. Tal como a previsão do § 1º, trata-se de efeito translativo da apelação (profundidade).

Como é sabido, o juiz não está obrigado a exaurir todos os fundamentos nos quais assentam os pedidos da parte. O autor formula pedido de anulação de ato jurídico, apresentando como fundamento a ocorrência de erro e dolo. O juiz julga procedente o pedido de anulação com base no erro e, então, não aprecia a alegação de dolo. O réu recorre alegando que não houve erro. O autor, por sua vez, reafirma a ocorrência desse vício. O Tribunal, afastando a hipótese de erro, deve apreciar o outro fundamento. O objeto do recurso é a anulação. O réu (apelante) pretende afastar a nulidade do ato; o apelado (autor), por seu turno, pretende manter a declaração de nulidade. Para alcançar o objeto do recurso (dimensão horizontal do efeito devolutivo), há que se examinarem todos os fundamentos deduzidos no processo, sobre o qual se conferiu à parte contrária a oportunidade para impugnar. Por se tratar de questão de ordem privada, não pode o tribunal apreciá-la de ofício. Entretanto, contenta-se com a manifestação das partes no primeiro grau de jurisdição. No caso do exemplo, até por falta de interesse, não se escreveu uma linha nas razões e nas contrarrazões de apelação sobre o dolo. Mas o fundamento constou da inicial e, possivelmente, da contestação. Portanto, ele estava lá, em *stand by*, aguardando o desfecho quanto ao primeiro fundamento. Como o tribunal rejeitou a alegação de erro, deve-se apreciar o dolo.

JURISPRUDÊNCIA TEMÁTICA

"No julgamento de apelação, a utilização de novos fundamentos legais pelo tribunal para manter a sentença recorrida não viola o art. 515 do CPC.[7] Isso porque o magistrado não está vinculado ao fundamento legal invocado pelas partes ou mesmo adotado pela instância *a quo*, podendo qualificar juridicamente os fatos trazidos ao seu conhecimento, conforme o brocardo jurídico *mihi factum, dabo tibi jus* (dá-me o fato, que te darei o direito) e o princípio *jura novit curia* (o juiz conhece o direito)". Precedentes citados: AgRg no Ag 1.238.833/RS, Primeira Turma, DJe 07.10.2011 e REsp 1.136.107/ES, Segunda Turma, DJe 30.08.2010 (STJ, REsp 1.352.497/DF, Rel. Min. Og Fernandes, j. 04.02.2014).

---

[7] Corresponde ao art. 1.013 do CPC/2015.

"O efeito devolutivo da apelação define o que deverá ser analisado pelo órgão recursal. O 'tamanho' dessa devolução se definirá por duas variáveis: sua extensão e sua profundidade. A extensão do efeito devolutivo é exatamente a medida daquilo que se submete, por força do recurso, ao julgamento do órgão ad quem. 3. No âmbito da devolução, o tribunal poderá apreciar todas as questões suscitadas e discutidas no processo, ainda que não tenham sido solucionadas pela sentença recorrida, mas a extensão do que será analisado é definida pelo pedido do recorrente. Em seu julgamento, o acórdão deverá limitar-se a acolher ou rejeitar o que lhe for requerido pelo apelante, para que não haja ofensa aos princípios da disponibilidade da tutela jurisdicional e o da adstrição do julgamento ao pedido" (STJ, REsp 1.909.451/SP, 4ª Turma, Rel. Min. Luis Felipe Salomão, julgado em 23.03.2021, *DJe* 13.04.2021).

1.3.2 Aplicação da teoria da causa madura

Nas hipóteses previstas no § 3º do art. 1.013, o tribunal pode – ou melhor, deve – julgar desde logo o mérito, se a causa estiver em condições de imediato julgamento. Trata-se da aplicação da chamada **teoria da causa madura**, que já contava com previsão do CPC/1973, mas relacionada apenas aos casos de extinção sem resolução do mérito. Vamos à comparação:

CPC/1973, art. 515, § 3º Nos casos de extinção do processo sem julgamento do mérito (art. 267), o tribunal pode julgar desde logo a lide, se a causa versar questão exclusivamente de direito e estiver em condições de imediato julgamento.

CPC/2015, art. 1.013, § 3º Se o processo estiver em condições de imediato julgamento, o tribunal deve decidir desde logo o mérito quando:

I – reformar sentença fundada no art. 485;

II – decretar a nulidade da sentença por não ser ela congruente com os limites do pedido ou da causa de pedir;

III – constatar a omissão no exame de um dos pedidos, hipótese em que poderá julgá-lo;

IV – decretar a nulidade de sentença por falta de fundamentação.

O § 3º do art. 1.013 **alargou consideravelmente a possibilidade de julgamento do mérito com supressão de instância**. Nem se diga que não há supressão de um grau de jurisdição pelo fato de haver autorização na lei. Há, sim. O que ocorre é que, firme no entendimento de que o duplo grau de jurisdição não tem sede constitucional, permite-se que a lei estabeleça os casos em que o tribunal pode conhecer e julgar originariamente um pedido.

Linhas atrás afirmamos que, em razão da extensão horizontal do efeito devolutivo, sem requerimento expresso não pode o tribunal acrescentar um novo capítulo à sentença. Bem, essa é a regra. Há outra face do efeito translativo da apelação que alarga essa dimensão horizontal, permitindo não só o conhecimento de questões e fundamentos necessários à resolução da lide (profundidade), mas o próprio julgamento desta. Em todas as hipóteses contempladas nos incisos I a IV a celeridade fala mais alto do que o princípio do dispositivo. O julgamento da causa simplesmente é trasladado para o tribunal, **independentemente de impugnação ou requerimento**. Os únicos pressupostos são que (i) haja interposição da apelação; (ii) que esta seja conhecida; e (iii) que a causa esteja em condições de imediato julgamento.[8] Exceto a hipótese do inciso I, pelo menos do ponto de vista legal, trata-se de novidade instituída pelo CPC/2015.

---

8   "[...] Deve-se entender, por essa expressão ['Se o processo estiver em condições de imediato julgamento'], a situação de o mérito ter sido discutido pelas partes em primeiro grau de jurisdição – ou,

O **inciso I** do § 3º autoriza, ou melhor, compele o tribunal a decidir desde logo o mérito quando se tratar de provimento da apelação interposta contra sentença que não resolve o mérito. No CPC/1973 (art. 515, § 3º) essa era a única hipótese na qual era lícito ao tribunal, em sede recursal, julgar originariamente a causa, mesmo assim, na literalidade do dispositivo, apenas quando esta versasse "questão exclusivamente de direito" (expressão que não foi repetida no dispositivo do CPC/2015) e estivesse em condições de imediato julgamento. É certo que a jurisprudência vinha alargando essa possibilidade,[9] o que motivou o legislador a seguir idêntica linha. Essa possibilidade de julgamento originário não integra o âmbito da dispositividade do recorrente, antes, insere-se na inquisitoriedade do órgão julgador. Independentemente de requerimento, preenchidas as condições previstas no § 3º, o tribunal julgará o mérito. Apenas na hipótese do inciso III é que o julgamento do pedido diretamente pelo tribunal pressupõe pedido da parte.

Os **incisos II e IV**, por sua vez, versam sobre aquelas hipóteses em que o tribunal, no julgamento da apelação, decreta a nulidade da sentença por falta de congruência com os pedidos e fundamentos suscitados pelas partes (**sentença *extra petita***) ou em decorrência da falta de fundamentação (art. 489, § 1º),[10] respectivamente. Em casos tais, estando a causa em condições de imediato julgamento, isto é, não havendo necessidade de mais provas, o tribunal deve decidir o mérito e não devolver o processo ao primeiro grau de jurisdição.

O **inciso III** trata da **sentença *citra petita*** – o julgador de primeiro grau se omite com relação ao exame de um dos pedidos. Embora também essa sentença contenha vício, uma vez que infringe o princípio da congruência, preferiu o legislador destacá-la do inciso II, reservando este para a sentença *extra petita*. A razão do destaque se deve ao fato de que a sentença *citra petita* não enseja anulação, mas tão somente complemento. Nesse caso, por não se tratar de nulidade, o tribunal somente pode complementar o ato decisório à presença de requerimento do recorrente. Havendo requerimento, deverá – e não "poderá" – o tribunal integrar a sentença. Essa translação dispensa as partes de interposição de embargos declaratórios com efeitos integrativos. A estratégia adotada pelo advogado é que, em última instância, ditará a necessidade.

1.3.3 Reconhecimento da prescrição ou decadência na apelação

De acordo com o § 4º do art. 1.013, "quando reformar sentença que reconheça a decadência ou a prescrição, o tribunal, se possível, julgará o mérito, examinando as demais questões, sem determinar o retorno do processo ao juízo de primeiro grau". Seguindo a linha da translação, o referido dispositivo compele o tribunal a examinar as questões remanescentes quando, no julgamento da apelação, reformar a sentença que reconheceu a prescrição ou decadência. Na

---

pelo menos, de se ter verificado o contraditório – a ponto de ser possível identificar, com clareza, qual é o quadro fático sobre o qual se funda o pedido" (WAMBIER, Teresa; RIBEIRO, Leonardo Ferres da Silva; CONCEIÇÃO, Maria Lúcia Lins e; MELLO, Rogério Licastro Torres de. *Primeiros comentários ao novo CPC*. Artigo por artigo. São Paulo: RT, 2015. p. 1.449-1.450). Vale ressaltar que, diferentemente da exigência disposta no CPC/1973, o Código atual não exige, em nenhuma hipótese, que se trate de matéria exclusivamente de direito.

[9] Vale conferir o conteúdo dos *Informativos* nº 520 e 528 do STJ.

[10] Sobre o tema, o Fórum Permanente de Processualistas Civis aprovou o seguinte enunciado: "Reconhecida a insuficiente da fundamentação, o tribunal decretará a nulidade da sentença e, preenchidos os pressupostos do § 3º do art. 1.013, decidirá desde logo o mérito da causa" (Enunciado nº 307). A falta de fundamentação da sentença nos moldes do art. 489, § 1º, enseja a aplicação da teoria da causa madura, sendo desnecessária a remessa dos autos ao juízo *a quo* para que este complemente a fundamentação.

sistemática do CPC/1973, com raras exceções, afastada a prescrição, os autos eram devolvidos ao primeiro grau, para julgamento das demais questões. Com o CPC/2015, **não havendo necessidade de provas, o tribunal julgará as questões remanescentes**. Ora, se assim vai proceder, obviamente não determinará o retorno dos autos ao juízo de primeiro grau. Ao consignar que "o tribunal julgará o mérito", o legislador passa a impressão de que prescrição e decadência não constituem matéria de mérito, o que sabidamente não é tecnicamente correto. Contudo, deve-se aqui entender mérito como o pedido com a respectiva causa de pedir.

1.3.4 Efeito suspensivo

No que tange ao efeito suspensivo, a regra geral é no sentido de que a apelação o tem. Assim, interposta apelação, geralmente fica suspensa a eficácia da sentença. Tal regra, entretanto, comporta exceções, que são as elencadas no § 1º do art. 1.012:[11]

> Art. 1.012. [...]
>
> § 1º Além de outras hipóteses previstas em lei, começa a produzir efeitos imediatamente após a sua publicação a sentença que:
>
> I – homologa divisão ou demarcação de terras;
>
> II – condena a pagar alimentos;
>
> III – extingue sem resolução do mérito ou julga improcedentes os embargos do executado;
>
> IV – julga procedente o pedido de instituição de arbitragem;
>
> V – confirma, concede ou revoga tutela provisória;
>
> VI – decreta a interdição.

Os incisos de I a VI do § 1º contemplam as hipóteses em que a sentença passa a produzir efeitos imediatamente após a sua publicação. Em outras palavras, elenca os casos em que a **apelação é recebida somente no efeito devolutivo**.[12] Vale lembrar que leis especiais preveem

---

[11] Esse dispositivo encontra correspondência no art. 520 do CPC/1973. Nesse ponto, segundo análise do Professor Cassio Scarpinella Bueno, "o art. 1.012 reproduz, com os desenvolvimentos e aprimoramentos cabíveis, a regra do art. 520 e a do parágrafo único do art. 558 do CPC atual. Trata-se com o devido respeito, de um dos grandes retrocessos do novo CPC que choca frontalmente com o que, a este respeito, propuseram o Anteprojeto e o Projeto do Senado. Infelizmente, o Senado, na derradeira fase do processo legislativo, não recuperou a sua própria proposta (art. 968 do Projeto do Senado), mantendo, em última análise, a regra de que a apelação, no direito processual civil brasileiro, tem (e continua a ter) efeito suspensivo" (*Novo Código de Processo Civil anotado*. São Paulo: Saraiva, 2015. p. 649). O dispositivo do anteprojeto trazia a seguinte redação: "A atribuição de efeito suspensivo à apelação obsta a eficácia da sentença". O art. 949, § 1º, por sua vez, dispunha que "a eficácia da decisão poderá ser suspensa pelo relator se demonstrada a probabilidade de provimento do recurso, ou, sendo relevante a fundamentação, houver risco de dano grave ou difícil reparação, observado o art. 968". Ou seja, pretendeu o PLS nº 166/10 (Senado) estabelecer que a apelação deveria ter, como regra, apenas efeito devolutivo. Não havia, nesse projeto, qualquer exceção previamente estabelecida, razão pela qual a eventual análise acerca da suspensividade dependeria de pedido da parte, de comprovação de risco de dano e de decisão judicial.

[12] O STJ já entendia, com relação ao CPC/1973, no sentido de que as hipóteses de ausência de efeito suspensivo à apelação são taxativas, descabendo juízo de discricionariedade pelo magistrado (cf. REsp 970.275/SP, 3ª Turma, Rel. Min. Nancy Andrighi, j. 11.12.2007, *DJ* 19.12.2007). Presume-se que o entendimento se manterá com relação ao CPC/2015, visto que inalterado o conteúdo normativo.

outras hipóteses de exceção ao efeito suspensivo automático da apelação. Exemplos: Decreto-lei nº 3.365/1941 (art. 28); Lei nº 8.245/1991 (art. 58, V); Lei nº 11.101/2005 (arts. 90 e 164, § 7º); Lei nº 12.016/2009 (art. 14, § 3º).

Os incisos do § 1º correspondem aos incisos do art. 520 do CPC/1973,[13] com um acréscimo, uma supressão, reposicionamentos numéricos e pequenas modificações de redação.

A redação dos incisos I e II foi mantida, com pequenas alterações. Quanto ao **inciso I**, como o conteúdo principal da decisão ali referida não é ditado pelo juiz, mas pelos peritos que formalizaram o auto de demarcação, entende-se que não há razão para a sentença homologatória não ser imediatamente eficaz. Nesses casos, dificilmente o recurso é capaz de modificar as conclusões da prova técnica já realizada.

O **inciso II** faz referência às sentenças que condenam ao pagamento de obrigação alimentar. A eficácia imediata de tais decisões se justifica pelo fato de que o alimentado necessita da verba para sua própria subsistência. Saliente-se que a interpretação que o STJ confere a esse dispositivo não abarca apenas as sentenças que possam ensejar a procedência ou a majoração do pleito alimentar, mas, também, aquelas que determinem a redução ou a exoneração da obrigação. Nesse sentido:

"[...] A apelação interposta contra sentença que julgar pedido de alimentos ou pedido de exoneração do encargo deve ser recebida apenas no efeito devolutivo. O Min. Relator afirmou que a sentença que fixa ou redefine o valor dos alimentos, bem como aquela que exonera o alimentante do dever de prestá-los, gera uma presunção ora a favor do alimentado, ora em favor do alimentante. Assim, por uma interpretação teleológica do art. 14 da Lei nº 5.478/1968 (com a redação dada pela Lei nº 6.014/1973),[14] a apelação interposta contra sentença em ação de exoneração de alimentos deve ser recebida unicamente no efeito devolutivo, não sendo aplicável ao caso a regra geral prevista no art. 520 do CPC".[15] Precedentes citados: REsp 1.138.898/PR, *DJe* 25.11.2009, e RMS 25.837/SP, *DJe* 05.11.2008 (STJ, REsp 1.280.171/SP, Rel. Min. Massami Uyeda, j. 02.08.2012).

"[...] A jurisprudência desta Corte é pacífica no sentido de que a apelação deve ser recebida apenas no efeito devolutivo, quer tenha sido interposta contra sentença que determinou a majoração, redução ou exoneração de obrigação alimentícia. Precedentes" (STJ, AgRg no REsp 1.138.898/PR, Rel. Min. Sidnei Beneti, j. 17.11.2009).

Havendo cumulação de pedidos, como ocorre, por exemplo, em ação de investigação de paternidade cumulada com alimentos, o recurso contra a sentença que julgar procedente a investigação de paternidade não impedirá a exigibilidade dos alimentos. Ou seja, ainda que um dos pedidos não se submeta às exceções do art. 1.012, § 2º, a sua impugnação não será capaz de obstar a eficácia imediata da decisão relativa aos alimentos.

Também o **inciso III** traz exceção ao efeito suspensivo da apelação. Proferida sentença terminativa ou julgados improcedentes os embargos, a execução deve prosseguir regularmente, com todos os atos para a satisfação do crédito.

---

[13] CPC/1973, "Art. 520. A apelação será recebida em seu efeito devolutivo e suspensivo. Será, no entanto, recebida só no efeito devolutivo, quando interposta de sentença que: I – homologar a divisão ou a demarcação; II – condenar à prestação alimentícia; III – (Revogado pela Lei nº 11.232, de 22.12.2005.); IV – decidir o processo cautelar; V – rejeitar liminarmente embargos à execução ou julgá-los improcedentes; VI – julgar procedente o pedido de instituição de arbitragem; VII – confirmar a antecipação dos efeitos da tutela".

[14] "Art. 14. Da sentença caberá apelação no efeito devolutivo."

[15] Corresponde ao art. 1.012 do CPC/2015.

Da decisão do juiz que julgar procedente o pedido de instituição da arbitragem caberá apelação apenas no efeito devolutivo, ou seja, a arbitragem será instituída imediatamente. Essa hipótese ocorre quando não há consenso em relação à instituição do juízo arbitral, fato que permite à parte interessada solicitar provimento jurisdicional que fará as vezes do compromisso arbitral.

No que concerne ao **inciso V**, é importante que se diga que as questões pertinentes à tutela provisória – expressão consagrada no CPC vigente (art. 294) para designar tanto a tutela cautelar quanto a tutela antecipada (de mérito), deferidas com base na urgência ou na evidência – têm natureza incidental e por isso, em regra, desafiam agravo de instrumento (art. 1.015, I). Contudo, contemplando a sentença, além das questões referentes ao objeto da causa, questões atinentes à tutela provisória, como a confirmação, concessão ou revogação desta, este capítulo do ato decisório desafia a apelação. Como uma decisão comporta um só recurso (princípio da unirrecorribilidade), para se aferir a singularidade deve-se levar em conta o recurso de maior abrangência. Afinal, a sentença é um todo indivisível, não sendo possível separar as questões incidentais das demais questões enfrentadas para julgamento do pedido.

Nessa parte, a apelação não tem efeito suspensivo imediato (art. 1.012, § 1º, V). Ainda que outros capítulos da sentença possam ter os efeitos suspensos pela interposição da apelação, no ato do recebimento do recurso deve o julgador destacar que, quanto ao capítulo que se refere à concessão, reforma ou revogação, o recurso é recebido somente no efeito devolutivo.

Em resumo, a apelação interposta contra sentença que confirma, concede ou revoga tutela antecipada, tutela cautelar ou tutela da evidência será recebida somente no efeito devolutivo, podendo, portanto, ser executada provisoriamente. O efeito imediato da sentença – não atribuição de efeito suspensivo à apelação – significa que, no que se refere à tutela provisória, deve-se manter o que restou decidido na sentença. Se esta confirmou a tutela provisória anteriormente concedida, o provimento será mantido enquanto a decisão não for reformada pelo tribunal; se concedeu a tutela provisória, a medida passará a viger a partir da sentença; se revogou, cessarão imediatamente os efeitos da tutela provisória concedida por meio de decisão interlocutória.[16]

Por fim, o **inciso VI** excepciona do efeito suspensivo imediato a sentença que decreta a interdição. No CPC/1973, a exceção constava do capítulo que tratava da interdição (art. 1.184). Por questão organizacional, o CPC/2015 prevê o efeito devolutivo também à apelação interposta em face de sentença que decreta a interdição no artigo que trata especificamente do tema.

Também a sentença que decreta a interdição – qualquer que seja o grau da restrição – terá efeito somente devolutivo, o que significa que, a partir da prolação da sentença, ainda que tenha sido interposto recurso, o ato jurídico praticado de forma diversa do que foi previsto no ato decisório terá sua validade comprometida.

Em todos os casos (incisos I a VI, § 1º, art. 1.012), a sentença desafiada por apelação sem efeito suspensivo está submetida ao regime provisório de cumprimento (art. 1.012, § 2º). Essa possibilidade já era prevista na segunda parte do art. 521 do CPC/1973.

Adverte-se que, mesmo nos casos em que a apelação for recebida tão somente no efeito devolutivo, permite-se suprimir essa possibilidade com a atribuição de efeito suspensivo (art. 1.012, § 4º).

Consoante o disposto nos §§ 3º e 4º do art. 1.012, para a concessão de efeito suspensivo nas hipóteses do § 1º, deve o apelante, em petição dirigida ao tribunal (caso ainda não distribuída a apelação interposta) ou diretamente ao relator (se já distribuído o recurso), demonstrar um

---

[16] "Não restabelece a tutela antecipatória, expressamente revogada na sentença de improcedência, o fato de a apelação a ela interposta ter sido recebida nos dois efeitos" (STJ, REsp 145.676/SP, Rel. Min. Barros Monteiro, j. 21.06.2005, *DJ* 19.09.2005).

dos seguintes requisitos: (i) probabilidade de provimento do recurso ou (ii) fundamentação relevante, somado ao perigo de risco de dano grave ou de difícil reparação. O pedido de atribuição de efeito suspensivo, por óbvio, pressupõe a interposição da apelação. Não obstante o disposto no § 3º, nada obsta que seja formulado na própria petição de recurso. Eis os dispositivos:

Art. 1.012. [...]

§ 3º O pedido de concessão de efeito suspensivo nas hipóteses do § 1º poderá ser formulado por requerimento dirigido ao:

I – tribunal, no período compreendido entre a interposição da apelação e sua distribuição, ficando o relator designado para seu exame prevento para julgá-la;

II – relator, se já distribuída a apelação.

§ 4º Nas hipóteses do § 1º, a eficácia da sentença poderá ser suspensa pelo relator se o apelante demonstrar a probabilidade de provimento do recurso ou se, sendo relevante a fundamentação, houver risco de dano grave ou de difícil reparação.

Vê-se que a simples presença da probabilidade – diria, alta probabilidade de provimento do recurso, por exemplo, quando se afronta tese firmada em julgamento de recurso repetitivo ou texto expresso de lei – é suficiente para a concessão do efeito suspensivo. Afinal, a parte que tem a seu favor uma verdadeira "evidência do direito" sustentado no processo e reiterado no recurso não pode experimentar o sacrifício da execução de uma sentença proferida à margem do que prevê o ordenamento jurídico. Tanto o fundamento da reforma quanto a demonstração do direito invocado devem ser idôneos, permitindo ao julgador formular um juízo seguro e imediato quanto ao desfecho do recurso. A argumentação é de tal forma consistente que o relator, num juízo de prognóstico, consegue antever o provimento da apelação.

Pode ser que a fundamentação seja apenas relevante, não alcançando o grau de "alta probabilidade". Direito é linguagem. Para o tormento dos advogados, o legislador não concebeu uma "balancinha" para medir conceitos como probabilidade e fundamentação relevante, cabendo ao jurista a ingrata tarefa de diferenciar um do outro. Vamos ao exemplo: se a sentença afronta literalmente um princípio ou disposição de lei, o caso é de "probabilidade" de reforma. Contudo, se valora mal uma prova ou aplica mal um princípio, por não explicar em que sentido o adota, o caso é de fundamentação relevante. Resumo da ópera: se a argumentação não alcança o *status* de "alta probabilidade", ficando apenas no nível da "relevância da fundamentação", deve-se agregar o risco de dano grave ou difícil reparação. Como o seguro morreu de velho, sempre que possível, recomenda-se ao advogado fazer menção à possibilidade de dano.

1.4 Procedimento na apelação

A apelação deve ser interposta por **petição dirigida ao juízo de primeiro grau onde a decisão foi prolatada**, devendo conter os nomes e a qualificação das partes; a exposição do fato e do direito; as razões do pedido de reforma ou de decretação de nulidade e o pedido de nova decisão (art. 1.010, I a IV). É comum o protocolo em duas peças processuais distintas: a petição de interposição dirigida ao juiz que prolatou a sentença e a peça contendo as razões recursais.

Interposta a apelação, o apelado será **intimado para apresentar contrarrazões no prazo de 15 dias** (art. 1.010, § 1º). No prazo da resposta, poderá o recorrido apresentar apelação adesiva. Nesse caso, dar-se-á vista ao recorrente principal para, querendo, apresentar resposta ao recurso adesivo (art. 1.010, § 2º).

Em seguida, após essas formalidades, **os autos são remetidos ao tribunal**, a quem caberá proceder ao **juízo de admissibilidade** do recurso de apelação (art. 1.010, § 3º).

Destaque-se que, de acordo com o CPC/1973, interposta a apelação, o juiz de primeiro grau é quem deveria realizar o primeiro juízo de admissibilidade recursal. Como conclusão ele poderia: (i) deixar de receber o recurso; ou (ii) receber o recurso e intimar a parte contrária para contrarrazões. Com ou sem contrarrazões, era possível um segundo juízo de admissibilidade (art. 518, § 2º, do CPC/1973). De acordo com a redação do § 3º, o juízo de admissibilidade é atualmente de incumbência exclusiva do tribunal. Em outras palavras, **não há mais duplo juízo de admissibilidade no recurso de apelação**. Caso o juízo a quo admita o recurso de apelação, ou seja, promova o juízo de admissibilidade – que não é de sua competência –, cabível será a reclamação com fundamento no art. 988, I.[17]

Faltando um dos requisitos de admissibilidade, o recurso não será conhecido – **juízo de admissibilidade negativo** feita pelo relator, conforme previsão do art. 932, III. Da decisão que nega recebimento cabe agravo interno (art. 1.021), uma vez que se trata de decisão monocrática do relator. Ao contrário, presentes os requisitos, o relator conhecerá a apelação, podendo, inclusive monocraticamente (presentes as hipóteses dos incisos IV e V) negar ou dar provimento (juízo de mérito).

O **juízo de admissibilidade positivo**, apesar de inserto em decisão monocrática, é irrecorrível, uma vez que não há interesse recursal em impugnar uma decisão que já será objeto de apreciação em segundo grau.

O inciso I do art. 1.011 autoriza o relator, após o recebimento da apelação, decidir monocraticamente o recurso nas hipóteses do art. 932, III e V. Sobre o tema conferir o item 2.2, Capítulo II.

Para garantia da parte prejudicada com o julgamento singular feito pelo relator, admite-se o manejo de agravo interno, que pode ser interposto no prazo de quinze dias. Interposto o agravo, o agravo será intimado para se manifestar. Pode haver retratação pelo relator, hipótese em que a apelação será submetida ao órgão colegiado. Não havendo retratação, o agravo deverá ser apresentado à sessão para julgamento. Negado provimento ao agravo, fica mantida a decisão singular do relator; provido, o recurso originário será processado normalmente.

Afastadas as hipóteses de não recebimento ou de decisão monocrática na forma do art. 1.011, I, o relator elaborará seu voto para julgamento do recurso pelo órgão colegiado (art. 1.011, II). Sobre o processamento e julgamento dos recursos no tribunal, consulte os arts. 937 e seguintes, bem como o item 2.3, Capítulo II.

1.4.1 Peculiaridades da apelação da sentença que indefere a petição inicial

Dispõe sobre o tema o art. 331, cuja redação é a seguinte:

Art. 331. Indeferida a petição inicial, o autor poderá apelar, facultado ao juiz, no prazo de 5 (cinco) dias, retratar-se.

§ 1º Se não houver retratação, o juiz mandará citar o réu para responder ao recurso.

§ 2º Sendo a sentença reformada pelo tribunal, o prazo para a contestação começará a correr da intimação do retorno dos autos, observado o disposto no art. 334.

§ 3º Não interposta a apelação, o réu será intimado do trânsito em julgado da sentença.

Basicamente há apenas uma peculiaridade em relação a uma apelação comum: o **juízo de retratação**.

---

[17] Enunciado nº 207 do FPPC: "Cabe reclamação, por usurpação da competência do tribunal de justiça ou tribunal regional federal, contra a decisão de juiz de 1º grau que inadmitir recurso de apelação".

Consiste o juízo de retratação na possibilidade de o juiz, examinando o recurso, voltar atrás e determinar o seguimento do processo.

Na sistemática do CPC/1973, o réu não precisava ser citado para responder ao recurso (art. 296). Entretanto, de acordo com o CPC/2015, a citação sempre se fará necessária, havendo ou não juízo de retratação, mesmo que o eventual provimento da apelação se dê para cassar a sentença e determinar o prosseguimento do feito no primeiro grau de jurisdição. Em suma: se o juiz não se retratar e o autor apelar, a formação do contraditório é medida que se impõe. Por outro lado, se o juiz se retratar, a audiência de conciliação/mediação, se for o caso, será designada e o réu será citado para a ela comparecer. No caso de não haver retratação, a citação do réu é para apresentação de contrarrazões, no prazo de 15 dias.

1.4.2 Peculiaridades da apelação contra a sentença nas hipóteses do art. 332

Conforme analisado no tópico 4.2.5 do Capítulo 1 da Parte II, verifica-se no CPC/2015 a **ampliação das possibilidades de improcedência liminar** e, ao que nos parece, um direcionamento da posição do legislador aos entendimentos consolidados nos tribunais superiores.

Assim como no caso de indeferimento da inicial (art. 331), o recurso contra a decisão de improcedência liminar propicia o exercício do juízo de retratação (art. 332, § 3º). Em razão disso, interposta apelação, **é facultado ao juiz reformar sua própria decisão**. Se houver retratação, o juiz deve determinar o prosseguimento do processo, com a citação do réu para apresentar resposta. Se não for o caso de reforma, o réu também será citado, mas, neste caso, para apresentar contrarrazões (art. 332, § 4º).

Na apelação prevista no art. 332, §§ 2º a 4º, ainda que se casse a sentença proferida com base no dispositivo citado, o tribunal poderá rejulgar o mérito da ação, desde que constate que não há necessidade de outras provas além das que acompanham a petição inicial. Isso porque já houve formação do contraditório com a citação do réu para contra-arrazoar, ato que equivale à contestação. O mesmo, de regra, não ocorre com a apelação interposta contra o indeferimento da petição inicial, cuja apreciação apenas permite que o tribunal casse a sentença e determine a citação do réu para responder à ação. Pode ocorrer, no entanto, julgamento de improcedência liminar, nas causas que dispensem a fase instrutória e que contrariem o disposto nos incisos do art. 332.

1.4.3 Substitutivo dos embargos infringentes

No CPC/1973 havia previsão do recurso denominado embargos infringentes, cabível "quando o acórdão não unânime houver reformado, em grau de apelação, a sentença de mérito, ou houver julgado procedente ação rescisória" (art. 530, 1ª parte).

Desde o projeto inicial enviado ao Senado Federal (PLS nº 166/2010) optou-se por **expungir os embargos infringentes do rol de recursos existentes no CPC** (art. 994), o que foi aceito pelos Senadores na votação do texto final.

Ocorre que, em contrapartida, no art. 942, o legislador criou uma espécie de incidente – uma técnica de julgamento – que funciona como **sucedâneo dos embargos infringentes no recurso de apelação**. A emenda ficou bem pior do que o soneto. Equivocadamente argumentavam que os embargos infringentes eram o responsável pelo atravancamento da máquina judiciária (o bode posto na sala do Judiciário). O problema é que se criou um monstrengo, esse, sim, altamente burocratizante.

Vamos às diferenças entre o extinto recurso, cuja interposição, nas restritas hipóteses de cabimento, não chegava a cinco por cento, e o minotauro criado pelo legislador do atual Código. Esse, a meu ver, é um ponto que o CPC está a merecer reforma – a pura e simples extinção dessa famigerada técnica – antes mesmo da sua entrada em vigor.

Os embargos infringentes eram cabíveis em hipótese restrita de reforma, por maioria, de sentença de mérito ou de julgamento de procedência, também por maioria, da ação rescisória. De acordo com o art. 942, será aplicada a técnica de julgamento consistente na convocação de novos julgadores em número suficiente para garantir a possibilidade de inversão do resultado inicial, com nova sustentação oral, quando: (i) **em apelação, pouco importa se de mérito ou meramente extintiva, se confirmou ou reformou a sentença recorrida, desde que o primeiro julgamento seja por maioria;** (ii) **em ação rescisória, quando o resultado, por maioria, for no sentido da rescisão da sentença;** (iii) **em agravo de instrumento interposto contra decisão que julga parcialmente o mérito, houver reforma da decisão do juiz de primeiro grau.** As diferenças não param na extraordinária ampliação das hipóteses de cabimento. Os embargos infringentes eram uma espécie recursal, assim, a interposição era voluntária. **A nova técnica, ao revés, é obrigatória.** Uma verdadeira remessa necessária, sem indicação de novo relator, mas, injustificadamente, com a possibilidade de uma nova sustentação oral num mesmo julgamento.

Como espécie recursal, os embargos infringentes dependiam de uma atuação da parte prejudicada – ou seja, devia estar presente a voluntariedade para a sua interposição. Já o incidente ou a técnica de julgamento prevista no art. 942, além de possuir caráter imperativo, independerá da provocação das partes. Veja:

Art. 942. Quando o resultado da apelação for não unânime, o julgamento terá prosseguimento em sessão a ser designada com a presença de outros julgadores, que serão convocados nos termos previamente definidos no regimento interno, em número suficiente para garantir a possibilidade de inversão do resultado inicial, assegurado às partes e a eventuais terceiros o direito de sustentar oralmente suas razões perante os novos julgadores.

§ 1º Sendo possível, o prosseguimento do julgamento dar-se-á na mesma sessão, colhendo-se os votos de outros julgadores que porventura componham o órgão colegiado.

§ 2º Os julgadores que já tiverem votado poderão rever seus votos por ocasião do prosseguimento do julgamento.

§ 3º A técnica de julgamento prevista neste artigo aplica-se, igualmente, ao julgamento não unânime proferido em:

I – ação rescisória, quando o resultado for a rescisão da sentença, devendo, nesse caso, seu prosseguimento ocorrer em órgão de maior composição previsto no regimento interno;

II – agravo de instrumento, quando houver reforma da decisão que julgar parcialmente o mérito.

§ 4º Não se aplica o disposto neste artigo ao julgamento:

I – do incidente de assunção de competência e ao de resolução de demandas repetitivas;

II – da remessa necessária;

III – não unânime proferido, nos tribunais, pelo plenário ou pela corte especial.

Em suma:

Hipóteses de cabimento e condições para aplicação da técnica de julgamento prevista no art. 942 do CPC:	Na apelação	No agravo de instrumento	Na ação rescisória
	Se o acórdão foi proferido por maioria, não importando se o Tribunal manteve ou reformou a decisão.	Quando o acórdão proferido pelo Tribunal tiver reformado decisão que julgou parcialmente o mérito.	Quando o acórdão proferido pelo Tribunal tiver resultado na rescisão da decisão.

Repita-se, para enfatizar a degeneração do que antes era recurso. Se no CPC/1973 eram as partes que detinham o poder de dizer se a questão, decidida por maioria de votos, seria ou não submetida ao reexame (arts. 530 a 534 do CPC/1973), com o CPC vigente, será do Estado-juiz, de ofício, o exercício dessa função.

Na prática, a aplicação da tal técnica de julgamento pode trazer inúmeros problemas de muitas ordens, principalmente nos tribunais menores, com um ou dois órgãos fracionários.

Como a técnica passará a ser aplicada não só à apelação (em qualquer hipótese de julgamento por maioria) e à ação rescisória, mas, também, ao agravo de instrumento,[18] não é difícil imaginar que a quantidade de trabalho no âmbito dos tribunais aumentará. Tal constatação vai de encontro ao objetivo de simplificação inicialmente proposto pelo legislador.

Feitas as críticas, passemos a analisar o instituto, a partir do seu cabimento.

De acordo com o *caput*, **o cabimento dessa técnica de julgamento, assim já considerada pelo STJ, está vinculado ao resultado não unânime da apelação,** o que quer dizer que ela tem cabimento tanto nos casos em que há reforma, quanto nos casos em que a decisão é mantida, desde que o resultado no julgamento da apelação não seja unânime. Noutros termos, "a técnica deve ser utilizada quando o resultado da apelação for não unânime, independentemente de ser julgamento que reforma ou mantém a sentença impugnada" (Informativo 639, STJ). Também há aplicabilidade da técnica para os casos de inadmissibilidade, desde que o resultado seja não unânime.

É válido destacar que a redação do CPC trata do "resultado" e não do fundamento utilizado por cada julgador. Por exemplo: pode um desembargador julgar a apelação improcedente por entender que ocorreu a prescrição. Os outros, no entanto, usam como fundamento a ausência de provas. Os três julgam improcedente a apelação. É esse o resultado. Ainda que os fundamentos sejam diversos, o resultado é o mesmo e, justamente por isso, não será cabível aplicar a técnica de ampliação do colegiado.

O CPC prevê que o Regimento Interno de cada tribunal convocará os julgadores "em número suficiente para garantir a possibilidade de inversão do resultado inicial". Apesar de se tratar de expressão genérica e, portanto, sujeita a diversas interpretações, entendo que, se os tribunais se organizarem em Câmaras com cinco Desembargadores, o novo julgamento não prejudicará nenhuma das partes, porquanto a mesma sustentação poderá ser aproveitada.

Caso o julgador que participou do primeiro julgamento queira alterar o voto, a lei processual traz essa permissão. Nos termos do § 2º do art. 942, os julgadores que já tiverem votado poderão rever seus votos por ocasião do prosseguimento do julgamento. A jurisprudência reconhece que, na segunda fase (ou melhor, no segundo julgamento), os julgadores convocados analisem integralmente o recurso, e não apenas o ponto ou objeto da divergência. Ou seja, diferentemente do que ocorre com os recursos, não há limites por conta da devolutividade. Justamente por essas razões entende-se que a eventual dispensa de um julgador, integrante necessário do quórum ampliado, sob o argumento de que já teria sido atingida maioria, constituiu ofensa ao art. 942 do CPC. Para o STJ, por exemplo, a técnica não pode ser reduzida a uma mera busca pela maioria de votos, significando, por outro lado, uma proposta de ampliação dos debates em sua inteireza, inclusive com a possibilidade de os julgadores que já votaram

---

[18] A ampliação traduz posição jurisprudencial. Nesse sentido: "II – Embora o art. 530 do Código de Processo Civil se refira exclusivamente aos acórdãos proferidos em apelação ou em ação rescisória, mormente após a reforma do Código de Processo Civil ocorrida com o advento da Lei 10.352/2001, admite-se a interpretação extensiva do referido dispositivo legal, para abranger também as hipóteses de acórdão proferido em agravo de instrumento em que é decidido o mérito da demanda [...]" (STJ, REsp 818.497/MG, 3ª Turma, Rel. Min. Massami Uyeda, j. 09.03.2010, *DJe* 06.05.2010).

alterarem os seus votos e, consequentemente, o resultado final (STJ, REsp 1.890.473/MS, 3ª Turma, Rel. Min. Ricardo Villas Bôas Cueva, j. 17.08.2021).

Outro ponto importante que merece destaque é o fato de que os novos julgadores convocados podem analisar integralmente o recurso, e não apenas o ponto objeto da divergência. Isso quer dizer que a técnica de ampliação obrigatória do colegiado independe da matéria acerca da qual houve divergência, pois o prosseguimento do julgamento deverá ocorrer sobre todo o processo e não apenas em relação à parte constante do voto vencido. Em outras palavras, diferentemente dos recursos, não há limites por conta da devolutividade, sendo possível a apreciação integral do apelo.[19] Isso ocorre porque a regra do art. 942 não comporta efeito devolutivo, pois não se apresenta como um recurso, mas como uma técnica de julgamento.

JURISPRUDÊNCIA TEMÁTICA

Competência para o julgamento de recurso de embargos de declaração contra decisão proferida após a ampliação do colegiado na forma do art. 942 do CPC

"(...) Controvérsia em torno da necessidade de aplicação da técnica de ampliação do colegiado, prevista no art. 942 do CPC, na hipótese em que são julgados embargos de declaração opostos contra acórdão não unânime que desproveu o recurso de apelação. 3. À luz do que disciplina o art. 942 do CPC, é inegável que o julgamento pela maioria determina, nas hipóteses legais, uma nova composição para o órgão julgador. 4. **Em razão da precípua finalidade integrativa, os embargos de declaração devem ser julgados pelo mesmo órgão que prolatou a decisão recorrida.** 5. Logo, o julgamento dos embargos de declaração, quando opostos contra acórdão proferido pelo órgão em composição ampliada, deve observar o mesmo quórum (ampliado), sob pena de, por outro lado, a depender da composição do órgão julgador, o entendimento lançado, antes minoritário, poder sagrar-se vencedor se, caso excepcionalmente, sejam atribuídos efeitos infringentes aos aclaratórios. 6. Entendimento defendido por respeitável doutrina e cristalizado nos Enunciados 137 das Jornadas do Centro de Estudos Judiciários (Conselho da Justiça Federal) e 700 do Fórum Permanente de Processualistas Civis. 7. No caso, o Tribunal de origem, ao deixar de ampliar o quórum da sessão realizada no dia 25.02.2022, inobservou o enunciado normativo inserto no art. 942 do CPC, sendo de rigor declarar a nulidade por '*error in procedendo*'. (...)" (REsp 2.024.874/RS, Rel. Min. Paulo de Tarso Sanseverino, 3ª Turma, j. 07.03.2023, *DJe* 14.03.2023).

Técnica de ampliação do órgão colegiado no julgamento dos embargos de declaração contra acórdão proferido em apelação

"(...) 1. A controvérsia recursal cinge-se a definir se a técnica de julgamento ampliado prevista no art. 942 do CPC/2015 aplica-se quando os embargos de declaração opostos ao acórdão de apelação são julgados por maioria, possuindo o voto vencido o condão de alterar o resultado inicial da apelação.

2. A técnica de julgamento ampliado possui a finalidade de formação de uma maioria qualificada, pressupondo, na apelação, tão somente o julgamento não unânime e a aptidão do voto vencido alterar a conclusão inicial.

3. O procedimento do art. 942 do CPC/2015 aplica-se nos embargos de declaração opostos ao acórdão de apelação quanto o voto vencido nascido apenas nos embargos for suficiente

---

[19] REsp 1.771.815/SP, j. 21.11.2018.

a alterar o resultado primitivo da apelação, independentemente do desfecho não unânime dos declaratórios (se rejeitados ou se acolhidos, com ou sem efeito modificativo), em razão do efeito integrativo deste recurso" (STJ, REsp 1.786.158/PR, j. 25.08.2020, DJE 01.09.2020).

"(...) Deve ser aplicada a técnica de julgamento ampliado nos embargos de declaração toda vez que o voto divergente possua aptidão para alterar o resultado unânime do acórdão de apelação. 2. Recurso especial provido para determinar o retorno dos autos à origem, a fim de que seja dada continuidade ao julgamento não unânime dos embargos de declaração, aplicando-se a técnica prevista do art. 942 do CPC/2015" (REsp 1.910.317/PE, 4ª Turma, Rel. Min. Antônio Carlos Ferreira, j. 02.03.2021, DJe 11.03.2021).

Aplicação do art. 942 do CPC ao julgamento de apelação interposta contra mandado de segurança

"(...) Embora a técnica de ampliação do colegiado, prevista no art. 942 do CPC/2015, e os embargos infringentes, revogados junto com Código de Processo Civil de 1973 (CPC/1973), possuam objetivos semelhantes, os referidos institutos não se confundem, sobretudo porque o primeiro compreende técnica de julgamento, já o segundo consistia em modalidade de recurso. Ademais: '(...) diferentemente dos embargos infringentes regulados pelo CPC/1973, a nova técnica de ampliação do colegiado é de observância automática e obrigatória sempre que o resultado da apelação for não unânime e não apenas quando ocorrer a reforma de sentença' (REsp n. 179.8705/SC, Relator Ministro Paulo de Tarso Sanseverino, Terceira Turma, julgado em 22/10/2019, DJe 28/10/2019). VI – Conclui-se, portanto, que a técnica de ampliação do colegiado, prevista no art. 942 do CPC/2015, aplica-se também ao julgamento de apelação que resultou não unânime interposta contra sentença proferida em mandado de segurança. Precedente: REsp n. 1.817.633/RS, Relator Ministro Gurgel de Faria, Primeira Turma, julgado em 17/9/2019, DJe 11/10/2019" (STJ, REsp 1.868.072/RS, 2ª Turma, Rel. Min. Francisco Falcão, j. 04.05.2021, DJe 10.05.2021).

Juntada de documentos em sede de apelação

"Em sede de apelação, é possível a juntada de documentos que não sejam indispensáveis à propositura da ação, desde que garantido o contraditório e ausente qualquer indício de má-fé. De fato, os documentos indispensáveis à propositura da ação devem ser obrigatoriamente oferecidos junto com a petição inicial ou contestação. Os demais documentos poderão ser oferecidos no curso do processo (art. 397 do CPC), pois, em verdade, apresentam cunho exclusivamente probatório, com o nítido caráter de esclarecer os eventos narrados. Impossibilitar a referida apresentação sacrificaria a apuração dos fatos sem uma razão ponderável". Precedentes citados: REsp 780.396/PB, Primeira Turma, DJ 19.11.2007; AgRg no REsp 897.548/SP, Terceira Turma, DJ 1º.08.2007; e REsp 431.716/PB, Quarta Turma, DJ 19.12.2002 (STJ, REsp 1.176.440/RO, Rel. Min. Napoleão Nunes Maia Filho, j. 17.09.2013).

Súmula nº 320 do STF: "A apelação despachada pelo juiz no prazo legal não fica prejudicada pela demora da juntada, por culpa do cartório".

Súmula nº 317 do STJ: "É definitiva a execução de título extrajudicial, ainda que pendente apelação contra sentença que julgue improcedentes os embargos".

Súmula nº 318 do STJ: "Formulado pedido certo e determinado, somente o autor tem interesse recursal em arguir o vício da sentença ilíquida".

Súmula nº 331 STJ: "A apelação interposta contra sentença que julga embargos à arrematação tem efeito meramente devolutivo".

Quadro esquemático 107 – Apelação

Apelação (arts. 1.009 a 1.014)

- **Conceito:** recurso cabível contra sentença, com vistas a obter sua reforma ou invalidação.

- **Extinção do agravo retido e apelação no atual CPC**
  - Não caberá mais à parte recorrente a interposição imediata do agravo retido em face de decisão interlocutória.
  - Prolatada decisão interlocutória que não esteja no rol das hipóteses impugnáveis mediante agravo de instrumento (art. 1.015), a parte poderá dela recorrer no momento da apelação.
  - Conclusão: todas as questões incidentais não resolvidas ao longo do processo de conhecimento, desde que não desafiem agravo de instrumento, deverão ser discutidas em preliminar de apelação.

- **Efeitos da apelação**
  - Em regra, é recebida nos efeitos devolutivo e suspensivo.
  - É recebida apenas o efeito devolutivo nas hipóteses do art. 1.012, § 1º.
  - Efeito translativo: art. 1.013, §§ 1º e 2º.
  - Aplicação da teoria da causa madura: nas hipóteses previstas no § 3º do art. 1.013, o Tribunal pode julgar desde logo o mérito, se a causa estiver em condições de imediato julgamento.

- **Reconhecimento da prescrição ou decadência na apelação (art. 1.013, § 4º)**
  - Quando reformar sentença que reconheça a decadência ou prescrição, o tribunal, se possível, julgará o mérito, examinando as demais questões, sem determinar o retorno do processo ao juízo de primeiro grau.

- **Procedimento (art. 1.010)**
  - A apelação deve ser interposta por petição dirigida ao juízo de primeiro grau onde a decisão foi prolatada, devendo conter os requisitos do art. 1.010, I a IV.
  - Prazo de interposição: quinze dias.
  - Contrarrazões: quinze dias.
  - Juízo de admissibilidade: do próprio Tribunal.
  - Faltando um dos requisitos de admissibilidade → juízo de admissibilidade negativo. Recurso: agravo interno (art. 1.021).
  - Presentes os requisitos de admissibilidade → o relator receberá a apelação. A decisão é irrecorrível.

- **Peculiaridades da apelação da sentença que indefere a petição inicial (art. 331)**
  - Comporta juízo de retratação, no prazo de cinco dias (efeito regressivo).
  - Havendo juízo de retratação → o juiz deve determinar o prosseguimento do processo, com a citação do réu para apresentar resposta.
  - Não havendo juízo de retratação → o réu será citado para apresentar contrarrazões (art. 331, § 1º).

- **Peculiaridades da apelação contra a sentença que julga o pedido liminarmente improcedente (art. 332)**
  - Comporta juízo de retratação, no prazo de cinco dias (efeito regressivo).
  - Havendo juízo de retratação → o juiz deve determinar o prosseguimento do processo, com a citação do réu para apresentar resposta.
  - Não havendo juízo de retratação → o réu será citado para apresentar contrarrazões (art. 332, § 4º).

- **Substitutivo dos embargos infringentes (art. 942)**
  - Técnica de julgamento para ampliação do órgão colegiado.
  - Além de possuir caráter imperativo independe de provocação das partes, podendo ser realizada de ofício.

2. AGRAVO DE INSTRUMENTO (ARTS. 1.015 A 1.020)

2.1 Noções gerais

Na sistemática do CPC/1973, o agravo era o recurso cabível contra qualquer decisão interlocutória (art. 522 do CPC/1973).

O que caracterizava a decisão interlocutória é haver ela resolvido, no curso do processo, uma questão incidente. Exemplos: ato que indeferisse requerimento de prova; que excluísse um litisconsorte do processo por ilegitimidade ativa; que indeferisse pedido de assistência judiciária formulado no bojo dos autos e que não recebesse apelação.

Antes da reformulação do sistema recursal pelo legislador do CPC vigente, cogitava-se no anteprojeto a aprovação de texto que impedisse a recorribilidade das decisões interlocutórias, tal como se passa nos procedimentos na Justiça do Trabalho. Verificou-se, contudo, que, em face da diversidade e complexidade das questões submetidas ao juízo cível, não era possível simplesmente escorraçar a recorribilidade de tais decisões. Em certos casos, como na liquidação, no cumprimento de sentença e na execução, as questões ditas incidentais é que ordinariamente impelem a fase procedimental. É o caso, por exemplo, das decisões sobre a penhora.

Por tal razão, na aprovação da redação final, o legislador optou por reunir as principais situações nas quais a decisão interlocutória é capaz de gerar prejuízo para uma das partes. Nesses casos e em outros expressamente previstos em lei,[20] pode a parte interpor agravo de instrumento. Tratando-se de liquidação e cumprimento de sentença, de processo de execução e procedimento de inventário, todas as interlocutórias podem ser impugnadas por essa espécie recursal.

No regime do CPC/1973, com relação ao agravo de instrumento, a taxatividade estava prevista apenas para os casos de inadmissão da apelação e para os relativos aos efeitos em que a apelação era recebida. Fora disso, para cabimento da forma instrumental do agravo, era preciso demonstrar que a decisão recorrida era suscetível de causar à parte lesão grave e de difícil reparação. Não admitida a forma instrumental para impugnar a decisão, dever-se-ia manejar o agravo retido.

No CPC/2015 essa diferenciação não mais existe. A modalidade retida, que era a principal forma de interposição desse recurso no sistema do sistema do CPC/1973, simplesmente desapareceu.

A decisão interlocutória que não comporta agravo de instrumento não deve ficar coberta pela preclusão, podendo ser suscitada em preliminar de apelação, ou nas contrarrazões (art. 1.009, § 1º), conforme já ressaltado no item neste Capítulo.

2.2 Hipóteses de cabimento

O art. 1.015 lista onze espécies de decisões interlocutórias que podem ser impugnadas por agravo de instrumento, além de, no inciso XIII, prever uma abertura para "outros casos expressamente referidos em lei". O inciso XII foi vetado.

Inicialmente, sustentamos que quando a matéria objeto da decisão interlocutória não estivesse descrita nesses tipos ou hipóteses agraváveis e não houvesse qualquer outro recurso ou meio de impugnação apropriado, para evitar lesão ou ameaça de lesão ao seu direito, poderia

---

[20] São casos que cabem agravo de instrumento e que não estão no rol do art. 1.015: art. 1.037, § 13, I; art. 354, parágrafo único; art. 356, § 5º.

a parte prejudicada impetrar mandado de segurança. No entanto, dúvida surge quanto ao cabimento de agravo na hipótese de urgência.

Em sede de recurso repetitivo (REsp 1.704.520/MT, j. 05.12.2018, Info. 639), a Corte Especial do STJ entendeu que o rol do art. 1.015 do CPC é de taxatividade mitigada, por isso admite a interposição de agravo de instrumento quando verificada a urgência decorrente da inutilidade do julgamento da questão no recurso de apelação. Trata-se de decisão que permite diversas interpretações, porquanto a constatação de urgência é algo essencialmente subjetivo e, sendo assim, não será possível argumentar a existência de preclusão quando a situação for urgente para o Tribunal, mas não for para a parte adversa (vice-versa). A propósito, nos parece ser essa a conclusão da relatora, a Min. Nancy Andrighi, que, em seu voto, registrou que se admita a possibilidade de se impugnar decisões interlocutórias não previstas no art. 1.015 em caráter excepcional, tendo como requisito a urgência, não haverá que se falar em preclusão de qualquer espécie.

Essa tese tem aplicação, segundo o próprio STJ, às decisões interlocutórias proferidas somente após a publicação do julgamento do repetitivo, que ocorreu no dia **19.12.2018**. Ou seja, depois da definição sobre a natureza do rol do art. 1.015 do CPC, contra decisões interlocutórias será cabível: a) agravo de instrumento, porque a decisão de encaixa em uma das hipóteses do art. 1.015 ou porque depende de impugnação imediata, em razão da inutilidade de eventual julgamento posterior da questão; b) recurso de apelação. A via estreita do mandado de segurança, a partir de 19.12.2018, torna-se, portanto, inviável, à luz do entendimento do STJ.

A problemática aqui reside em definir quais hipóteses se encaixam na "taxatividade mitigada". Vamos ao exemplo: você, como advogado(a) do réu, requer ao juiz a designação de audiência de conciliação (art. 334, CPC), pedido que também foi formulado pelo autor na petição inicial. O juiz indefere o pedido, argumentando a dificuldade de pauta. Essa decisão não está prevista expressamente no rol do art. 1.015 do CPC. Nesse caso, será possível impetrar mandado de segurança? A resposta é negativa, pois, em tese, essa decisão está sujeita a agravo de instrumento, a partir da interpretação do STJ a respeito da taxatividade mitigada. Isso porque será inútil impugnar essa decisão apenas no momento da apelação. Se as partes requererem a realização da audiência e o argumento adotado pelo juiz não tem respaldo no ordenamento, a decisão de indeferimento do ato previsto no art. 334 do CPC precisa ser imediatamente impugnada, o que deve ser feito, segundo o STJ, por meio do agravo de instrumento (RMS 63.202-MG, Rel. Min. Marco Aurélio Bellizze, Rel. Acd. Min. Nancy Andrighi, j. 01.12.2020).

O mesmo ocorre com a decisão que define a competência. Para o STJ, essa decisão enfrenta uma situação urgente, não sendo razoável que o processo tramite perante um juízo incompetente por um longo período e, somente por ocasião do julgamento da apelação, seja reconhecida a incompetência e determinado o retorno dos autos ao juízo efetivamente competente (EREsp 1.730.436-SP, Corte Especial, Rel. Min. Laurita Vaz, j. 18.08.2021).

Em relação às provas, já indicamos aqui que a decisão interlocutória que versa sobre a instrução probatória não está sujeita a agravo de instrumento, seja porque, segundo o STJ, ela não está prevista expressamente no rol do art. 1.015, seja porque não se encaixa na tese definida no REsp 1.704.520/MT. Veja outro exemplo julgado pela Corte em outubro de 2021: em ação de desapropriação houve requerimento da parte autora de julgamento antecipado do mérito (art. 356). O juiz indeferiu o pedido e proferiu decisão interlocutória determinando a realização de instrução probatória, inclusive com a oitiva de testemunhas. Nesse caso, para o STJ, contra essa decisão somente será cabível recurso de apelação, pois o provimento que rejeita o julgamento antecipado e determina a instrução probatória não se enquadra em nenhum dos incisos do art. 1.015 e também é desprovido de urgência (RMS 65.943/SP, 2ª Turma, Rel. Min.

Mauro Campbell Marques, j. 26.10.2021)²¹. Agora, imagine o inverso: se há o requerimento de instrução probatória, mas o juiz entende que é o caso de julgamento antecipado do mérito, será possível interpor agravo de instrumento? Parece-nos que se a parte prejudicada comprovar a urgência da prova (por exemplo, que há possibilidade de perecimento do objeto a ser periciado), o agravo de instrumento será cabível.

Em suma, para que seja reconhecida a possibilidade de utilização da tese do STJ (taxatividade mitigada) deve o(a) advogado(a) formular o seguinte questionamento: a decisão interlocutória, embora não prevista expressamente no rol do art. 1.015 do CPC, traz para a parte prejudicada uma situação na qual ela não pode aguardar para rediscutir futuramente, em sede de apelação? Em outras palavras, aquilo que foi definido pelo juízo de origem pode ser examinado pelo Tribunal em outro momento ou o tempo de espera tornará a decisão inútil? Se a resposta for positiva, o caminho correto não será o mandado de segurança, mas o recurso de agravo de instrumento. Caso contrário, deve o(a) advogado(a) questionar a decisão somente quando da prolação da sentença, via recurso de apelação.

Ultrapassadas as questões sobre a taxatividade mitigada, vejamos, então, o **rol** das decisões que expressamente admitem a interposição de agravo de instrumento:

Art. 1.015. Cabe agravo de instrumento contra as decisões interlocutórias que versarem sobre:

I – tutelas provisórias;

II – mérito do processo;

III – rejeição da alegação de convenção de arbitragem;

IV – incidente de desconsideração da personalidade jurídica;

V – rejeição do pedido de gratuidade da justiça ou acolhimento do pedido de sua revogação;

VI – exibição ou posse de documento ou coisa;

VII – exclusão de litisconsorte;

VIII – rejeição do pedido de limitação do litisconsórcio;

IX – admissão ou inadmissão de intervenção de terceiros;

X – concessão, modificação ou revogação do efeito suspensivo aos embargos à execução;

XI – redistribuição do ônus da prova nos termos do art. 373, § 1º;

XII – (VETADO);

XIII – outros casos expressamente referidos em lei.

Parágrafo único. Também caberá agravo de instrumento contra decisões interlocutórias proferidas na fase de liquidação de sentença ou de cumprimento de sentença, no processo de execução e no processo de inventário.

O agravo de instrumento contra as **decisões interlocutórias relacionadas à tutela provisória** (inciso I) justifica-se em razão da possibilidade de dano que a decisão pode acarretar a uma das partes. O autor de uma ação de cobrança percebe que o réu está dilapidando seu patrimônio, razão pela qual pleiteia a concessão de tutela de urgência (cautelar, nesse caso) para garantir o recebimento de seu suposto crédito. Se o juiz indefere o pedido e não há possibilidade de

---

21 No mesmo sentido, em julgado mais recente: "As decisões interlocutórias sobre a instrução probatória não são impugnáveis por agravo de instrumento ou pela via mandamental, sendo cabível a sua impugnação diferida pela via da apelação" (STJ, RMS 65943/SP, Rel. Min. Mauro Campbell Marques, 2ª Turma, j. 26.10.2021).

recurso para o autor, poderá o réu dispor de todos os seus bens, deixando o autor "a ver navios". A hipótese inversa também se sujeita ao agravo. Se o réu, nesse exemplo, dispõe de patrimônio suficiente para pagar o autor, pode recorrer de eventual decisão que defira a tutela cautelar, sob o argumento de inexistir qualquer perigo de dano ou risco ao resultado útil do processo.

Das decisões interlocutórias que versarem sobre **tutela da evidência (art. 311)**, também é cabível o agravo de instrumento, uma vez que se trata de espécie do gênero tutela provisória e, portanto, albergada no inciso I do art. 1.015. Em reforço ao cabimento deve-se registrar que nessa modalidade de tutela há uma verdadeira antecipação do julgamento em prol da satisfação de determinados interesses que normalmente só são reconhecidos em cognição exauriente.

Algumas situações concretas já foram objeto de análise pelo Superior Tribunal de Justiça. A decisão de não conceder efeito suspensivo aos embargos à execução foi considerada decisão interlocutória que versa sobre tutela de urgência, sendo, portanto, impugnável por agravo de instrumento (REsp 1.694.667/PR, *DJe* 18.12.2017 e REsp 1.745.358/SP, *DJe* 01.03.2019).

Também foram consideradas decisões interlocutórias para enquadramento neste inciso: (i) decisão que majora a multa periódica anteriormente fixada para a hipótese de descumprimento de ordem judicial (REsp 1.827.553/RJ, *DJe* 27.08.2019): (ii) decisão interlocutória que determina o bloqueio de bens do locatário em virtude de descumprimento de decisão anterior que havia determinado o depósito em juízo dos aluguéis vencidos e vincendos (REsp 1.811.876/AL, *DJe* 25.07.2019). Em ambos os casos, o STJ enquadrou a decisão no inciso I do art. 1.015.

A fim de esclarecer o conceito de "decisão interlocutória que versa sobre tutela provisória" (inciso I), o STJ concluiu que a expressão deve abranger todas as decisões que examinem a presença ou não dos pressupostos que justificam o deferimento, indeferimento, revogação ou alteração da tutela provisória e, também, as decisões que dizem respeito ao prazo e ao modo de cumprimento da tutela, a adequação, suficiência, proporcionalidade ou razoabilidade da técnica de efetivação da tutela provisória e, ainda, a necessidade ou dispensa de garantias para a sua concessão, revogação ou alteração (REsp 1.752.049/PR, *DJe* 15.03.2019). Por essa razão, considera-se, por exemplo, que a decisão interlocutória que majora a multa fixada para a hipótese de descumprimento de decisão antecipatória de tutela anteriormente proferida é recorrível por agravo de instrumento (REsp 1.827.553/RJ, *DJe* 29.08.2019), assim como a decisão interlocutória que majora a multa periódica que havia sido anteriormente fixada para o descumprimento de ordem judicial (REsp 1.827.553/RJ, *DJe* 27.08.2019).

Quanto ao inciso II, abre-se a possibilidade de **interposição de agravo de instrumento contra as decisões interlocutórias de mérito**. Nos termos do art. 356, em caso de cumulação de pedidos, o juiz poderá conhecer e julgar um ou mais deles antecipadamente, via decisão interlocutória, se existir pedido incontroverso ou a causa estiver madura para julgamento (art. 356, I e II), ainda que os demais pedidos cumulados no mesmo processo não estejam preparados para julgamento. Dessa decisão o recurso cabível será o agravo de instrumento (art. 1.015, II; art. 356, § 5º), eis que, apesar de decidir o mérito de parte do processo, não põe fim à fase cognitiva, pelo que não pode ser equiparada a sentença e, por conseguinte, impugnada via apelação.

Veja, ainda, outras situações concretas em que o STJ considerou a existência de decisão interlocutória de mérito, suscetível de impugnação pela via do agravo de instrumento:

(i) Decisão interlocutória que fixa a data da separação (REsp 1.798.975, *DJe* 04.04.2019);

(ii) Decisão interlocutória sobre a prescrição ou decadência (REsp 1.778.237, j. 19.02.2019; REsp 1.772.839, *DJe* 26.10.2018 e REsp 1.738.756, *DJe* 22.02.2019);

(iii) Decisão interlocutória que reconhece que o autor é consumidor *bystander* e, em razão disso, afasta a ocorrência da prescrição sob a ótica do CDC (REsp 1.702.725/RJ, j. 26.06.2019);

(iv) Decisão interlocutória que afasta a alegação de impossibilidade jurídica do pedido (REsp 1.757.123/SP, *DJe* 15.08.2019);

(v) Decisão que deixa de homologar pedido de extinção consensual da lide (REsp 1.817.205/SC, j. 05.10.2021).

O CPC/2015 permite expressamente a fungibilidade recursal em determinados casos (exemplo: o relator pode "transformar" embargos de declaração em agravo interno, desde que o recorrente seja intimado previamente para regularizar sua peça). Creio que, em tese, no caso do inciso II do art. 1.015, dependendo da natureza da dúvida suscitada, pode-se reconhecer a fungibilidade, ou seja, admitir que a apelação seja recebida como agravo de instrumento ou vice-versa.

A decisão que julga procedente o pedido de prestação de contas tem natureza interlocutória e, por ser de mérito, também é recorrível por agravo de instrumento (art. 550, § 5º). Lembre-se de que a ação de exigir contas pode ser subvidida em duas fases. Na primeira fase, julga-se o dever de prestar ou não contas, e, na segunda, são julgadas as contas em si. Pode ser que a fase cognitiva se encerre com a primeira decisão – quando o juiz julga que o réu não tem o dever de prestar contas – e, então, cabível será a apelação. Contudo, se, na decisão, o juiz condena o réu a prestar contas, a fase cognitiva não é encerrada, então é cabível o agravo de instrumento. Nesse sentido: "é cabível agravo de instrumento contra decisão interlocutória que julga procedente, total ou parcialmente, a primeira fase da ação de exigir contas (STJ, 3ª Turma, REsp 2.105.946/SP, Rel. Min. Nancy Andrighi, j. 11.06.2024).

Contra a decisão que **rejeita a alegação de convenção de arbitragem** também cabe agravo de instrumento (inciso III). Nos termos do art. 337, X, incumbe ao réu alegar, em preliminar da contestação, a existência de convenção de arbitragem (compromisso arbitral ou cláusula compromissória). Caso o juiz rejeite essa alegação, o processo continuará tramitando na jurisdição estatal. Desse modo, torna-se imprescindível viabilizar o manejo do agravo de instrumento para evitar que a eventual remessa das partes ao juízo de arbitragem só venha a ocorrer no julgamento da apelação. Ressalte-se que, no caso de acolhimento da alegação de convenção de arbitragem, não há que se falar em agravo. Nesse caso, o juiz proferirá sentença, extinguindo o processo sem resolução do mérito (art. 485, VII). Contra essa decisão somente será cabível recurso de apelação (art. 203, § 1º, c/c o art. 1.009).

Quanto ao inciso III, acrescenta-se que o Superior Tribunal de Justiça ampliou o seu alcance para também abranger a decisão relacionada à definição de competência. Para a Corte, apesar de não prevista expressamente no rol do art. 1.015 do CPC/2015, a decisão interlocutória que acolhe ou rejeita a alegação de incompetência desafia recurso de agravo de instrumento, por uma interpretação analógica ou extensiva da norma contida no inciso III do art. 1.015 do CPC, já que ambas possuem a mesma razão, qual seja afastar o juízo incompetente para a causa, permitindo que o juízo natural e adequado julgue a demanda (REsp 1.679.909/RS, *DJe* 01.02.2018).

Conforme já visto na Parte I desta obra, o procedimento para a desconsideração da personalidade jurídica está expressamente positivado no CPC/2015 (arts. 133 a 137) como mais uma modalidade de intervenção de terceiros. Nos termos do art. 136, estando preenchidos os requisitos legais (art. 50 do CC; art. 28, § 5º, do CDC; art. 4º da Lei nº 9.605/1998) e considerando o juiz suficientes as provas trazidas aos autos, julgará o pedido de desconsideração por decisão interlocutória. **Contra a decisão que acolher (ou não) o pedido de desconsideração, caberá agravo de instrumento** (art. 136, parte final; art. 1.015, IV). Se a decisão for proferida pelo relator, o recurso cabível será o agravo interno (art. 136, parágrafo único; art. 1.021). Da decisão do órgão colegiado, nos Tribunais de Justiça ou nos TRFs, caberá recurso especial.

Para efeito de recurso, não importa em que peça a desconsideração foi pleiteada, se na petição inicial ou incidentalmente. O que importa é onde foi decidida. Ainda que a desconsideração tenha sido postulada na petição inicial – hipótese em que será desnecessária a instauração do incidente (art. 134, § 2º) –, pode o juiz decidir a questão antes da sentença, hipótese que ensejará a interposição de agravo de instrumento. Ao revés, se a desconsideração for apreciada na sentença, a impugnação da questão deve ser feita na apelação.

Contra a decisão de **indeferimento do pedido ou de revogação do benefício da gratuidade judiciária**, o Código também prevê o cabimento de agravo de instrumento (inciso V). Se a decisão for de deferimento, a medida cabível é a impugnação (art. 100). Contudo, se a questão for resolvida na sentença, cabível será o recurso de apelação (art. 1.009), conforme previsto na parte final do art. 101. Nas duas hipóteses fica o recorrente dispensado do recolhimento de custas até a decisão do relator, porquanto é inaplicável a pena de deserção ao recurso interposto contra julgado que indeferiu o pedido de justiça gratuita.[22]

Contra a decisão que **verse sobre a exibição ou posse de documento ou coisa** (inciso VI), por se tratar de um incidente do processo, cabe a interposição de recurso de agravo de instrumento. O fato de a exibição dever ser feita por terceiro não altera o regime recursal, uma vez que a questão, também nesse caso, é suscitada e decidida incidentalmente no processo. O fato de o Código determinar a citação do terceiro não retira a natureza incidental do procedimento, tampouco conduz à conclusão de que deva ser decidido por sentença, como ocorria no regime do CPC/1973. Um dos objetivos visados pelo CPC atual foi a redução de processos autônomos, daí por que o art. 402, ao contrário do art. 361 do CPC/1973, utiliza a palavra decisão, e não sentença. Bem, da decisão que determina a exibição de documento ou coisa, pela própria parte ou por terceiro, cabe agravo de instrumento.

Nesse ponto, destaca-se que o STJ também ampliou o alcance do inciso VI, entendendo que ele deve abranger a decisão que versa sobre a exibição de documento em incidente processual, em ação incidental ou, ainda, em mero requerimento formulado no bojo do processo (REsp 1.798.939/SP, j. 12.11.2019).

A **exclusão de litisconsorte do processo** (inciso VII) e a **limitação do litisconsórcio** (inciso VIII) também são matérias impugnáveis via agravo de instrumento. A decisão que determina a exclusão de litisconsorte não põe termo ao processo, mas somente à ação em relação a um dos litigantes, pelo que se encaixa no conceito do art. 203, § 2º.[23] Já a decisão que rejeita o pedido de limitação de litisconsórcio, apesar de não excluir qualquer dos litigantes do processo, é capaz de acarretar atraso da marcha processual e, consequentemente, prejuízos para os próprios litigantes, razão pela qual o legislador permitiu que ela fosse impugnada antes do término do processo.

Cabe ressaltar que se a decisão sujeita ao agravo é aquela que, segundo entendimento do STJ, defere o pedido de exclusão de litisconsorte. Se o caso é de indeferimento, a Corte já se manifestou pelo descabimento do apelo (REsp 1.725.018 e REsp 1.724.453). De acordo com o inciso IX, a medida adequada para impugnar decisão interlocutória que verse sobre admissão ou inadmissão de intervenção de terceiros também é o agravo de instrumento. Embora não devessem pairar dúvidas sobre este inciso, a questão já foi ratificada pelo STJ, para quem a decisão interlocutória que admite ou não a intervenção de terceiro e, em razão disso, determina ou não a remessa do processo ao juízo competente, é recorrível por agravo de instrumento (REsp 1.797.991/PR, *DJe* 21.06.2019).

Nos termos do art. 919, § 2º, o juiz poderá modificar ou revogar, a qualquer tempo, **a decisão que estabeleceu o efeito suspensivo aos embargos à execução**. Trata-se, na hipótese,

---

[22] Nesse sentido: AgRg no AREsp 600.215/RS, Rel. Min. Napoleão Nunes Maia Filho, j. 02.06.2015, *Informativo* nº 564.

[23] O STJ já decidiu que cabe agravo de instrumento contra decisão que exclui litisconsorte do processo. Apesar de essa hipótese estar expressamente prevista no inciso VII, o Tribunal de origem havia negado seguimento ao recurso por considerar que a decisão estava se referindo à legitimidade (REsp 1.772.839, *DJe* 23.05.2019). Esse entendimento foi reiterado no julgamento do REsp 1.826.715/SP, *DJe* 11.10.2019.

de decisão interlocutória, porquanto proferida no curso da execução, sem acarretar extinção dos atos executórios. Por conseguinte, o recurso cabível será o agravo de instrumento (inciso X).

Consoante o disposto no Capítulo I, Parte II, desta obra, a **decisão sobre a inversão do ônus probatório** deve ocorrer, preferencialmente, na fase de saneamento do processo. Se posteriormente, deve ser assegurado à parte a quem não incumbia inicialmente o encargo a reabertura de oportunidade para manifestar-se nos autos. Em qualquer caso, a decisão do juiz será uma decisão interlocutória, contra a qual caberá agravo de instrumento (inciso XI).

Destaca-se que a decisão sujeita a recurso de agravo não tem relação com a espécie de distribuição do ônus probatório (dinâmica ou estática). Para o STJ, qualquer que seja a espécie, a decisão que indefere ou defere a distribuição do ônus da prova está sujeita ao recurso em análise (REsp 1.729.110, DJe 02.04.2019 e REsp 1.802.025/RJ, DJe 17.09.2019).

O inciso XIII do art. 1.015 prevê o cabimento do agravo em "**outros casos expressamente referidos em lei**". Vejamos outros casos previstos no próprio CPC, mas fora do rol do art. 1.015:

- **Art. 354, parágrafo único**. Se as decisões proferidas com base nos arts. 485 e 487, II e III, forem apenas parciais, será cabível agravo de instrumento. Exemplos: (i) o juiz verifica a decadência do direito do autor em relação a um dos pedidos; (ii) o juiz homologa acordo em relação à indenização por dano material, mas o processo segue para fixação do dano moral, que não foi objeto de transação; (iii) o juiz indefere parcialmente a petição inicial ou a reconvenção (a parte é manifestamente ilegítima para um dos pedidos, por exemplo). Se a decisão tiver relação com o mérito, pode perfeitamente se enquadrar na hipótese do art. 1.015, II.

- **Art. 356, § 5º**. Se o juiz decidir parcialmente o mérito em relação um dos pedidos formulados ou parcela deles, será cabível agravo de instrumento. Como se trata se hipótese de decisão que envolve o mérito, também é possível enquadrá-la no art. 1.015, II.

- **Art. 1.037, § 13, I**. No julgamento de recursos especial e extraordinário repetitivos, demonstrada a distinção entre a questão a ser decidida no processo e aquela a ser julgada no recurso especial ou extraordinário afetado, a parte poderá requerer o prosseguimento do seu processo (art. 1.037, § 9º). Da decisão que resolver esse requerimento caberá agravo de instrumento caso o processo ainda esteja em primeiro grau.

- **Ações Civis Públicas**. De acordo com o art. 12 da Lei da Ação Civil Pública – Lei n. 7.347/1985 –, "poderá o juiz conceder mandado liminar, com ou sem justificação prévia, em decisão sujeita a agravo". Para o STJ, com base no inciso XIII do art. 1.015 é possível permanecer admitindo o cabimento de agravo de instrumento contra as decisões interlocutórias proferidas nessa espécie de demanda. Ademais, é possível aplicar, por analogia, o art. 19 da Lei da Ação Popular, que em seu art. 19, § 1º, admite expressamente a interposição de agravo de instrumento contra todas as decisões interlocutórias proferidas no curso da ação (AgInt no REsp 1.733.540/DF, DJe 04.12.2019; REsp 1.828.295/MG, DJe 20.02.2020).

Por fim, também nas hipóteses previstas no parágrafo único do art. 1.015 do CPC, será cabível a interposição de agravo de instrumento. Ou seja, a limitação prevista no art. 1.015 é apenas para a fase de conhecimento, de modo que todas as decisões interlocutórias proferidas em liquidação, no cumprimento de sentença, no processo executivo e na ação de inventário estarão sujeitas à impugnação pela via do agravo.[24] Exceção fica por conta das hipóteses em que a decisão extingue a execução ou o cumprimento de sentença. Para facilitar:

---

[24] Em 01.08.2019, o STJ reafirmou esse entendimento no julgamento do REsp 1.803.925/SP. Importante adotar a seguinte cautela sobre o tema: se a decisão, por exemplo, resolver a impugnação e permitir a extinção do cumprimento de sentença, o recurso cabível não mais será o agravo de instrumento, mas o recurso de apelação.

RECURSO CABÍVEL[25]	
Apelação	**Agravo de instrumento**
Se o pronunciamento judicial que extingue a execução ou o cumprimento de sentença.	Se o pronunciamento judicial não extingue a execução ou o cumprimento de sentença ou se declara a inexigibilidade parcial da execução.

Utilizando-se da analogia, o STJ estendeu a aplicação do parágrafo único do art. 1.015 às decisões interlocutórias proferidas em recuperação judicial e falência (REsp 1.722.866/MT, *DJe* 19.10.2018; REsp 1.786.524/SE, *DJe* 29.04.2019; REsp 1.717.213/MT, *DJe* 03.12.2020). Esse entendimento foi incorporado pela nova Lei de Falências, que entrou em vigor no final de janeiro de 2021. Em suma, exceto nos casos previstos expressamente pela Lei 11.101/2005 – alterada pela Lei 14.112/2020 –, todas as decisões proferidas no processo de falência e de recuperação judicial são agraváveis (art. 189, § 1º, II, Lei 11.101/2005).

2.2.1 Ampliação do rol do art. 1.015 pela via interpretativa

É possível **admitir a ampliação do rol do art. 1.015 pela via interpretativa**. Exemplo: se eventual decisão postergar a análise de pedido liminar de tutela de urgência (art. 300, § 2º), é possível que ela seja equiparada à decisão que nega a tutela provisória (art. 1.015, I). Essa hipótese ocorrerá nos casos em que o juiz, ao receber a petição inicial com o pedido de tutela de urgência (antecipada ou cautelar) em caráter liminar, deixe para apreciá-lo somente após a manifestação do réu. Há um dogma segundo o qual contra a "não decisão" não cabe recurso. Não esqueçamos de que a omissão da autoridade pode ser tão ou mais danosa do que o ato comissivo. Não é por outra razão que também o ato omissivo – na verdade, o "não ato" – enseja a interposição de mandado de segurança. Ora, se podemos definir a questão – por exemplo, se se posterga a análise do pedido de tutela provisória ou não – em mandado de segurança, por que não a resolver via recurso (de agravo de instrumento) na mesma relação processual?

Contudo, a interpretação extensiva, para contemplar decisão não expressamente prevista no art. 1.015, não significa em absoluto a criação de outras hipóteses de cabimento, o que somente é possível via lei.

Não obstante a competência exclusiva do Congresso Nacional para legislar sobre a matéria, não se desconhece decisões do STJ no sentido de estender para muito além da lei as hipóteses de cabimento do mencionado recurso.

Sabido que da literalidade da lei, sem qualquer esforço interpretativo, conduz-se à conclusão de que decisão que verse sobre competência, pouco importa se a absoluta ou relativa, que tenha o juiz mantido a competência ou dela declinado, não comporta recurso. Apenas em grau de apelação essa questão poderia ser reapreciada, desde que suscitadas em preliminar de apelação, eventualmente interposta contra a sentença, ou nas contrarrazões (art. 1.009, § 1º).

Entretanto, no *já mencionado* REsp 1.679.909/RS, de relatoria do Ministro Luis Felipe Salomão, Quarta Turma, o STJ dando interpretação para lá de extensiva ou analógica ao inciso III do art. 1.015, admitiu agravo de instrumento contra decisão que dirimiu questão envolvendo definição de competência relativa. Vale conferir trecho da ementa:

---

[25] STJ: REsp 1.698.344/MG e REsp 1.947.309/BA.

"Interpretação analógica ou extensiva do inciso III do art. 1.015 do CPC/2015.

5. Apesar de não previsto expressamente no rol do art. 1.015 do CPC/2015, a decisão interlocutória relacionada à definição de competência continua desafiando recurso de agravo de instrumento, por uma interpretação analógica ou extensiva da norma contida no inciso III do art. 1.015 do CPC/2015, já que ambas possuem a mesma *ratio*, qual seja, afastar o juízo incompetente para a causa, permitindo que o juízo natural e adequado julgue a demanda. 6. Recurso Especial provido".

A tese da mitigação, flexibilização ou ampliação do rol estabelecido na lei, gera a insegurança jurídica que a lei tem por um dos escopos evitar. Basta lembrar que, se o tribunal entender que a decisão interlocutória era recorrível, inviabilizada estará a reapreciação como preliminar de apelação. Em razão disso, nós advogados teríamos que interpor recurso de todas as decisões interlocutórias como forma de obter a reapreciação da matéria; se assim não se proceder, corre-se o risco de preclusão.

Ora, lembro-me de que na Comissão de Juristas do Senado Federal responsável pela elaboração do anteprojeto do CPC/2015, depois de intensos debates, inclusive com teses sobre a irrecorribilidade das decisões interlocutórias, vingou a tese de se estabelecer taxativamente as hipóteses de cabimento e assim restou assentado no Código. Bem ou mal, essa foi a escolha feita pelo legislador, cabendo ao Judiciário respeitar a vontade da lei. Não se desconhece vantagens representadas pela recorribilidade das decisões interlocutórias, ou seja, cada questão enfrentada pelo juiz ensejaria recurso ao tribunal. Mas no Congresso Nacional vingou a tese de que deixar todas, exceto as arroladas nos incisos do art. 1.015, para eventual apelação seria a melhor para o abarrotamento dos tribunais. Essa foi a opção legislativa. Que se mude a lei. Pelos meios legítimos, evidentemente. Isto é, pela edição de nova lei, modificadora do CPC. Nem preciso dizer que o STJ não tem poder legiferante. Urge que o país retorne à legalidade.

2.3 Procedimento

2.3.1 Prazo e formação do instrumento

O agravo de instrumento constitui exceção ao sistema recursal. Isso porque os demais recursos são interpostos perante o juízo que proferiu a decisão recorrida. O agravo de instrumento, entretanto, é dirigido diretamente ao tribunal competente, no **prazo de quinze dias**, por meio de **petição** com os seguintes **requisitos** (art. 1.016): (i) o nome das partes (não há necessidade de qualificação, exceto se interposto por terceiro); (ii) a exposição do fato e do direito; (iii) as razões do pedido de reforma ou de invalidação da decisão e do próprio pedido; (iv) o nome e o endereço completo dos advogados constantes do processo.

O instrumento, além da petição, deve ser formado pelas peças indicadas no art. 1.017. O CPC atual **ampliou o rol das peças consideradas obrigatórias**, mas, por outro lado, seguindo a evolução jurisprudencial, **apresentou alternativas aos documentos necessários para conhecimento de agravo de instrumento**. Vamos à comparação entre as duas legislações:

CPC/2015, art. 1.017. A petição de agravo de instrumento será instruída:

I – obrigatoriamente, com cópias da petição inicial, da contestação, da petição que ensejou a decisão agravada, da própria decisão agravada, da certidão da respectiva intimação ou outro documento oficial que comprove a tempestividade e das procurações outorgadas aos advogados do agravante e do agravado;

II – com declaração de inexistência de qualquer dos documentos referidos no inciso I, feita pelo advogado do agravante, sob pena de sua responsabilidade pessoal;

III – facultativamente, com outras peças que o agravante reputar úteis.

CPC/1973, art. 525. A petição de agravo de instrumento será instruída:

I – obrigatoriamente, com cópias da decisão agravada, da certidão da respectiva intimação e das procurações outorgadas aos advogados do agravante e do agravado;

II – facultativamente, com outras peças que o agravante entender úteis.

Da comparação entre as redações do CPC/1973 e do CPC/2015, percebe-se que este incluiu como peças obrigatórias as cópias da petição inicial, da contestação e da petição que ensejou a decisão agravada. Também **a cópia da decisão agravada é indispensável na formação do instrumento**, porquanto é por intermédio dela que o tribunal vai verificar o acerto ou desacerto do juiz prolator da decisão impugnada. A **certidão da respectiva intimação** também é indispensável, visto que, permanecendo os autos no juízo de primeiro grau (a menos que se trate de autos virtuais), é por meio dela que se verifica a tempestividade do recurso. A cópia **das procurações** destina-se a comprovar o pressuposto processual relativo à representação do advogado, bem como permitir, quando for o caso, a intimação por carta, com aviso de recebimento, dirigida ao patrono do recorrente ou do recorrido (art. 1.019, II).

Apesar da ampliação do rol, o Código seguiu a evolução jurisprudencial ao permitir que **a certidão de intimação seja substituída por outro documento que comprove o ato e a tempestividade do recurso.**[26] Além disso, caso não existam quaisquer dos documentos previstos no inciso I do art. 1.017 – rol de documentos obrigatórios –, o CPC/2015 dispõe que o próprio advogado poderá declarar tal circunstância nos autos, sob pena de responsabilidade. Trata-se de inovação que prestigia a atuação do advogado e facilita a interposição dessa espécie recursal. Sobre o tema, frise-se que a jurisprudência já admitia a declaração de inexistência dos documentos, mas desde que atestada pelo órgão competente.[27]

Se não forem apresentadas as peças obrigatórias, deverá o relator aplicar o disposto no parágrafo único do art. 932 do CPC, ou seja, intimar a parte recorrente para sanar o vício em 5 dias (art. 1.017, § 3º).[28]

---

[26] Nesse sentido o Recurso repetitivo (*Informativo* nº 541 do STJ): "Direito processual civil. Conhecimento de agravo de instrumento não instruído com cópia da certidão de intimação da decisão agravada. Recurso repetitivo (art. 543-C do CPC e Res. nº 8/2008-STJ). A ausência da cópia da certidão de intimação da decisão agravada não é óbice ao conhecimento do agravo de instrumento quando, por outros meios inequívocos, for possível aferir a tempestividade do recurso, em atendimento ao princípio da instrumentalidade das formas. O STJ entende que, apesar de a certidão de intimação da decisão agravada constituir peça obrigatória para a formação do instrumento do agravo (art. 525, I, do CPC), sua ausência pode ser relevada desde que seja possível aferir, de modo inequívoco, a tempestividade do agravo por outro meio constante dos autos. Esse posicionamento é aplicado em homenagem ao princípio da instrumentalidade das formas para o qual o exagerado processualismo deve ser evitado de forma a que o processo e seu uso sejam convenientemente conciliados e realizados". Precedentes citados: REsp 676.343/MT, 4ª Turma, *DJe* 08.11.2010; e AgRg no AgRg no REsp 1.187.970/SC, 3ª Turma, *DJe* 16.08.2010 (REsp 1.409.357/SC, Rel. Min. Sidnei Beneti, j. 14.05.2014).

[27] "A inexistência, nos autos principais, de documento cuja juntada é obrigatória no instrumento deve ser atestada por meio de certidão emitida pelo órgão competente" (AgRg no Ag 1.073.373/MG, Rel. Min. Eliana Calmon, *DJe* 27.02.2008). No mesmo sentido: AgRg no Ag 1.215.835/SP, 4ª Turma, Rel. Min. Raul Araújo, j. 21.10.2010.

[28] Trata-se de inovação se comparado ao CPC/1973. É que na sistemática recursal anterior, apesar de parte da doutrina considerar possível tal procedimento, por observância aos princípios da instrumentalidade das formas e do aproveitamento dos atos processuais, a jurisprudência dos tribunais superiores não admitia qualquer emenda. Somente admitia-se a complementação do instrumento

Sendo eletrônicos os autos do processo, dispensa-se a juntada das peças obrigatórias a que alude o inciso I do art. 1.017, bem como a declaração de inexistência de qualquer documento obrigatório. O fato de se tratar de autos eletrônicos não retira do agravante a faculdade de anexar outros documentos que entender úteis para a compreensão da controvérsia (§ 5º do art. 1.017).

A petição, com todas as peças que compõem o instrumento, será protocolada no tribunal, na própria comarca, seção ou subseção judiciárias, postada no correio sob registro com aviso de recebimento, ou, ainda, interposta por meio de fac-símile ou por outra forma prevista na lei, como por meio de protocolo integrado (art. 1.017, § 2º). Idêntico procedimento será observado pelo agravado por ocasião de sua resposta.

No ato da interposição do agravo (protocolo), o agravante comprovará o pagamento das respectivas custas e do porte de retorno (art. 1.017, § 1º). De acordo com os §§ 2º e 4º do art. 1.007, a insuficiência no valor do preparo, inclusive porte de remessa e de retorno, implicará deserção se o recorrente, depois de intimado, não vier a supri-lo no prazo de 5 dias. Se o recorrente não comprovar, no ato de interposição do recurso, o recolhimento do preparo, ainda que incompleto, será intimado para realizar o recolhimento em dobro, sob pena de deserção.

2.3.2 Comunicação ao juízo de primeiro grau

O art. 1.018 estabelece que "o agravante poderá requerer a juntada, aos autos do processo, de cópia da decisão da petição do agravo de instrumento, do comprovante de sua interposição e da relação dos documentos que instruíram o recurso". Não obstante a utilização do verbete "poderá" (*caput* do art. 1.018), permanece o **caráter obrigatório**[29] da petição de juntada do agravo de instrumento interposto em segunda instância aos autos originais do processo, para fins de retratação do juízo singular e ciência do agravado sobre o ajuizamento do recurso e de seu conteúdo.[30] A não informação ao juízo singular, no prazo de 3 dias a contar da interposição, implica inadmissibilidade do recurso, nos termos dos §§ 2º e 3º do art. 1.018. No caso de autos eletrônicos, por óbvio, dispensa-se a comunicação. Nesse sentido é o Enunciado nº 663 do FPPC: "A providência prevista no *caput* do art. 1.018 somente pode prejudicar o conhecimento do agravo de instrumento quando os autos do recurso não forem eletrônicos".

A menos que os autos sejam eletrônicos, o agravante deve dar conhecimento ao juiz da interposição do recurso. A finalidade da norma é proporcionar ao juiz oportunidade para se retratar, antes mesmo que o relator profira o seu voto. Eficiência é que se busca com a norma. Em se tratando de autos eletrônicos, a juntada – ou melhor, a anexação – é automática. Juntar o que anexado já foi não faria o menor sentido.

Contudo, não basta que apenas os autos do recurso sejam eletrônicos para dispensar a providência. Isso porque, se no primeiro grau os autos são físicos (em papel), o juiz não toma conhecimento do que foi anexado nos autos (petição, comprovante de interposição e relação

---

em relação às peças facultativas que fossem necessárias à compreensão da controvérsia (STJ, REsp 1.102.467/RJ, Corte Especial, Rel. Min. Massami Uyeda, j. 02.05.2012).

[29] A obrigatoriedade já decorria da interpretação conferida ao art. 526, *caput* e parágrafo único, do CPC/1973.

[30] Sobre a mesma disposição no CPC/1973, cf. interpretação dada pelo STJ no REsp 664.824/SC, 2ª Turma, Rel. Min. Mauro Campbell Marques, j. 27.10.2009: "A intenção do legislador, além de proporcionar o juízo de retratação, foi de sobretudo garantir ao agravado o conhecimento da interposição do agravo, bem como proporcionar a sua defesa sem a necessidade de deslocamento para a capital sede do Tribunal, uma vez que se tornaria desnecessária a carga dos autos para conhecer o seu teor, proporcionando assim a resposta ao agravo de instrumento pelo simples envio postal da contraminuta".

de documentos) virtuais. Essa a razão por que o STJ já tenha decidido que "se o processo tramitar apenas fisicamente na Justiça de Primeiro Grau, não há dúvidas de que o agravante terá a obrigatoriedade de comunicar a interposição do agravo de instrumento no Tribunal e também levar ao magistrado a cópia das peças exigidas no *caput* do art. 1.018 do NCPC para que se possa cumprir a finalidade da norma (exercício do juízo de retratação)" (REsp 1.708.609/PR). Em outras palavras, "apenas se AMBOS os processos tramitarem na forma eletrônica (autos originários e autos do agravo de instrumento), o agravante não terá a obrigação de juntar a cópia do inconformismo na origem" (REs 1.753.502/PR).

Nos termos do § 1º do art. 1.018, se o juiz comunicar que reformou inteiramente a decisão, o relator considerará prejudicado o agravo de instrumento.

Registre-se que a requisição de informações pelo relator do recurso é facultativa. Assim, nem sempre o juiz toma conhecimento da interposição do agravo por essa via, uma razão a mais a justificar a providência prevista no art. 1.018.

2.3.3 Procedimento no tribunal

O art. 1.019 estabelece o procedimento do agravo de instrumento no tribunal. Vejamos a sua redação:

Art. 1.019. Recebido o agravo de instrumento no tribunal e distribuído imediatamente, se não for o caso de aplicação do art. 932, incisos III e IV, o relator, no prazo de 5 (cinco) dias:

I – poderá atribuir efeito suspensivo ao recurso ou deferir, em antecipação de tutela, total ou parcialmente, a pretensão recursal, comunicando ao juiz sua decisão;

II – ordenará a intimação do agravado pessoalmente, por carta com aviso de recebimento, quando não tiver procurador constituído, ou pelo *Diário da Justiça* ou por carta com aviso de recebimento dirigida ao seu advogado, para que responda no prazo de 15 (quinze) dias, facultando-lhe juntar a documentação que entender necessária ao julgamento do recurso;

III – determinará a intimação do Ministério Público, preferencialmente por meio eletrônico, quando for o caso de sua intervenção, para que se manifeste no prazo de 15 (quinze) dias.

Da leitura desse dispositivo exsurgem os poderes do relator do agravo de instrumento, que são, em síntese, os seguintes:

- **Julgamento monocrático.** O permissivo apresentado no inciso I garante ao relator a possibilidade de julgar monocraticamente o agravo de instrumento em prol da celeridade e em respeito aos precedentes judiciais. Sobre o tema, conferir o item 2.2, Capítulo II, desta Parte. Contra a decisão do relator caberá agravo interno (art. 1.021);
- **Atribuição de efeito suspensivo ou antecipação da tutela recursal.** O agravo, ao contrário da apelação, normalmente não tem efeito suspensivo. Entretanto, poderá o relator, a requerimento do agravante, atribuir efeito suspensivo ao recurso. Poderá também conceder o denominado efeito ativo ao recurso, ou seja, conceder, antes do julgamento pelo órgão colegiado, a pretensão recursal almejada pelo recorrente (tutela antecipatória recursal);
- **Requisição de informações.** Apesar de o CPC/2015 não reproduzir a redação do inciso IV do art. 527 ("Recebido o agravo de instrumento no tribunal, e distribuído incontinenti, o relator: IV – poderá requisitar informações ao juiz da causa, que as prestará no prazo de 10 (dez) dias"), ainda é possível a prestação de informações pelo juízo de origem. Tal pedido se insere de maneira geral no capítulo referente à cooperação jurisdicional (art. 69, III). Em geral, as informações são requisitadas, mas não se

trata de providência obrigatória. A necessidade das informações irá depender do grau de convencimento formado pelo relator a partir das peças que instruíram o agravo;

- **Intimação do agravado**. A intimação para responder ao recurso pode ser feita pessoalmente ao agravado, por carta com aviso de recebimento, quando este não tiver procurador constituído. Se já existir advogado habilitado, a intimação será dirigida ao patrono do agravado, por carta com aviso de recebimento ou por meio do *Diário da Justiça*. O agravado tem prazo de 15 (quinze) dias para responder ao recurso, podendo trazer aos autos a documentação que entender conveniente, não estando limitado às peças constantes no processo. Se forem juntados documentos inéditos, o juiz deverá oportunizar o contraditório (arts. 9º e 10). Ressalte-se que a intimação da parte agravada para responder ao recurso deve ser dispensada quando o relator julgar monocraticamente o agravo, na forma do art. 932, III e IV, pois essa decisão beneficiará o agravado;
- **Intimação do Ministério Público**. Ultimadas as providências anteriores, o órgão do Ministério Público que oficia perante o tribunal será ouvido para se manifestar sobre o recurso no prazo de quinze dias, desde que o caso enseje a atuação ministerial (art. 178). A intimação do membro do Ministério Público será feita, preferencialmente, por meio eletrônico.

2.3.4 Julgamento do agravo de instrumento e possibilidade de retratação

De acordo com o art. 1.020, em prazo não superior a 1 (um) mês da intimação do agravado, o relator pedirá dia para julgamento, o que significa que, transcorrido o prazo, com ou sem a apresentação das contrarrazões, o agravo será incluído na pauta de julgamento. Todavia, trata-se de mais um prazo impróprio, de norma programática, desprovida de qualquer sanção processual para o julgador.

Finalmente, trata o art. 1.018, § 1º, do juízo de retratação no agravo. No agravo de instrumento, não existe momento determinado para que o juiz se retrate, daí por que se admite a reforma da decisão durante todo o curso procedimental. Destarte, tomando conhecimento da interposição do agravo, seja pela juntada aos autos de cópia da petição, seja pela requisição de informações, pode o juiz reformar a decisão e, assim agindo e comunicando ao tribunal, o relator considerará prejudicado o recurso. Entretanto, julgado o agravo, não mais pode o juiz retratar-se, visto que a decisão do tribunal o vincula.

E se o tribunal não for informado em tempo hábil acerca do juízo de retratação positivo praticado pelo juiz de primeiro grau? Segundo o STJ, nesse caso, a decisão proferida pelo tribunal *ad quem* substituirá a decisão do magistrado de primeiro grau, objeto do recurso. Isso porque "a reforma da decisão, cuja comunicação ao tribunal é obrigação do juiz, torna imediatamente prejudicado o agravo de instrumento, não importando que já tenha esse sido julgado em sentido contrário. Se não fosse assim, inteiramente ineficaz seria a retratação. **O objeto do agravo de instrumento é a decisão original, portanto, o seu julgamento só pode produzir efeitos sobre essa**" (REsp 160.997/MG, Rel. Min. Eduardo Ribeiro, julgado em 27.03.2000).

Reformada a decisão, só resta à parte prejudicada pela retratação interpor outro recurso. A sistemática do agravo não mais admite o chamado recurso invertido, por meio do qual o recorrente aproveitava o recurso que estava no tribunal para mudar a nova decisão do juiz de primeiro grau:

> "Se houver reforma, ainda que parcial, da decisão, o agravado poderá interpor o recurso que couber dessa nova situação. Poderá não ser o de agravo (por exemplo: se o juiz, apreciando o agravo, reformar decisão que rejeitara a alegação de prescrição, e a acolher, cabível será a apelação)".[31]

---

[31] NEGRÃO, Theotonio. *Código de Processo Civil e legislação processual em vigor*. São Paulo: Saraiva, 1996. p. 403.

2.3.5 Ampliação do órgão colegiado

Se o agravo de instrumento tiver sido interposto contra decisão que julgou parcialmente o mérito (art. 356, § 5º) e tiver ocorrido sua admissão e seu provimento, será adotada a técnica de julgamento prevista no art. 942 do CPC.

Diferentemente do que ocorre na apelação, cuja técnica tem aplicação qualquer que seja o resultado não unânime, no caso do agravo de instrumento a ampliação do colegiado só terá lugar se o agravo for admitido e provido. Ademais, o acórdão deve ser de mérito.

Nesse ponto vale registrar uma questão: A técnica de julgamento ampliado, no caso de agravo de instrumento, somente pode ser aplicada se a decisão interlocutória versar sobre uma das hipóteses do art. 356 do CPC? A resposta é negativa.

Há hipóteses em que a decisão interlocutória resolverá verdadeira ação incidental, e não mero incidente, ensejando a aplicação da técnica de ampliação do colegiado. Vejamos um exemplo: em ação de cobrança, a empresa ABC Ltda foi condenada a pagar R$ 100.000,00 (cem mil reais) a João. O autor, de posse da sentença de procedência, iniciou a fase de cumprimento, oportunidade em que requereu a instauração do incidente de desconsideração da personalidade jurídica. O juiz autorizou a desconsideração por estar comprovada a confusão patrimonial. Um dos sócios interpôs agravo de instrumento contra essa decisão. A 2ª Câmara Cível do Tribunal de Justiça, composta por três desembargadores, iniciou o julgamento do agravo de instrumento. Dois desembargadores votaram por dar provimento ao agravo e, consequentemente, rejeitar o incidente de desconsideração da personalidade jurídica. O outro desembargador votou por negar provimento ao recurso. Diante do "placar" 2x1, será cabível a utilização da técnica do art. 942 do CPC (STJ, 3ª Turma. REsp 2.120.429/SP, Rel. Min. Ricardo Villas Bôas Cueva, j. 02.04.2024). Conclui-se, portanto, que o agravo de instrumento que, por maioria, reforma decisão proferida em incidente de desconsideração (direta ou inversa) da personalidade jurídica, seja para admitir o pedido ou para rejeitá-lo, inclui-se na regra legal de aplicação da técnica de julgamento ampliado, por se tratar de decisão de mérito.

Em suma:

Aplica-se a técnica do art. 942	Não se aplica a técnica do art. 942
Agravo de instrumento julgado procedente e que tenha reformado decisão de mérito.	– Se o agravo de instrumento for inadmitido; – Se o agravo de instrumento for julgado improcedente; – Se o agravo de instrumento for julgado procedente, mas não tiver reformado decisão de mérito.

JURISPRUDÊNCIA TEMÁTICA

Técnica de ampliação do colegiado em decisão que julga ação de exigir contas

"É aplicável a técnica de julgamento estendido ou de ampliação do colegiado na hipótese de parcial provimento a agravo de instrumento contra decisão que julgou a primeira fase da ação de exigir contas" (STJ, 3ª Turma. REsp 2.105.946/SP, Rel. Min. Nancy Andrighi, j. 11.06.2024).

Técnica de ampliação do colegiado fora das hipóteses do art. 356 do CPC

"Aplica-se a técnica de julgamento ampliado (art. 942 do CPC) ao agravo de instrumento que, por maioria, reforma decisão proferida em incidente de desconsideração (direta ou inversa) da personalidade jurídica, seja para admitir o pedido ou para rejeitá-lo" (STJ, 3ª Turma. REsp 2.120.429/SP, Rel. Min. Ricardo Villas Bôas Cueva, j. 02.04.2024).

Ampliação do colegiado no recurso de agravo de instrumento

"Somente se admite a técnica do julgamento ampliado, em agravo de instrumento, prevista no art. 942, § 3º, II, do NCPC, quando houver o provimento do recurso por maioria de votos e desde que a decisão agravada tenha julgado parcialmente o mérito" (STJ, REsp 1.960.580/MT, 3ª Turma, Rel. Min. Moura Ribeiro, j. 05.10.2021, DJe 13.10.2021).

Prolação de sentença e prejudicialidade de agravo de instrumento

"A prolação de sentença objeto de recurso de apelação não acarreta a perda superveniente do objeto de agravo de instrumento pendente de julgamento que versa sobre a consumação da prescrição" (STJ, REsp 1.921.166-RJ, 3ª Turma, Rel. Min. Nancy Andrighi, j. em 05.10.2021).

Cabimento de agravo de instrumento contra a decisão que rejeita pedido de homologação de acordo

"A decisão que deixa de homologar pedido de extinção consensual da lide retrata decisão interlocutória de mérito a admitir recorribilidade por agravo de instrumento, interposto com fulcro no art. 1.015, II, do CPC/2015" (STJ, 1ª T., REsp 1.817.205/SC, Rel. Min. Gurgel de Faria, j. 05.10.2021).

Cabimento de agravo de instrumento contra decisão que nega a expedição de ofício para a requisição de documentos necessários ao processo

"É cabível a interposição de agravo de instrumento contra decisões que versem sobre o mero requerimento de expedição de ofício para apresentação ou juntada de documentos ou coisas, independentemente da menção expressa ao termo 'exibição' ou aos arts. 396 a 404 do CPC/2015" (STJ, 1ª T., REsp 1.853.458/SP, Rel. Min. Regina Helena Costa, j. 22.02.2022).

Posicionamentos da jurisprudência do STJ sobre o não cabimento de agravo de instrumento

"Não é cabível agravo de instrumento contra: (i) decisão interlocutória que permite emenda à inicial dos embargos à execução (REsp 1.682.120); (ii) decisão interlocutória que verse sobre o valor da causa (REsp 1.802.171/SC); (iii) decisão interlocutória proferida em ação de constituição de servidão administrativa que defere o levantamento de parte do valor ofertado pelo expropriante não é agravável porque não trata de decisão interlocutória (AgInt no AREsp 1.270.140/SP); (iv) decisão interlocutória que indefere o pedido de julgamento parcial de mérito ao fundamento de que é necessária a dilação probatória não é recorrível imediatamente por agravo de instrumento com base no art. 1.015, III, CPC (AgInt no AREsp 1.411.485/SP); (v) decisão interlocutória que indefere o pedido de desistência de parte dos pedidos após a citação do réu não é recorrível de imediato por agravo de instrumento (AgInt no REsp 1.804.729/SP); (vi) decisão interlocutória que indefere a suspensão do processo por prejudicialidade externa não possui natureza de tutela provisória cautelar e, assim, não autoriza a interposição de agravo de instrumento com base no art. 1.015, I, NCPC (REsp 1.759.015/RS); (vii) decisão interlocutória que afasta a ilegitimidade da parte ao fundamento de que o exame da questão demanda dilação probatória não é recorrível por agravo de instrumento (AgInt no AREsp 1.063.181/RJ); (viii) decisão interlocutória que indefere o pedido de suspensão do processo até cumprimento de acordo, sem, contudo, homologar o referido acordo por ausência de requerimento das partes (AgInt no REsp 1,782.837/PR); (ix) decisão interlocutória que, em embargos à execução, estabelece parâmetros para o cálculo do crédito a ser pago pela parte contrária (REsp 1.797.292/RJ); (x) decisão que aplica multa por ato atentatório à dignidade da justiça pelo não comparecimento à audiência de conciliação (REsp 1.762.957/MG); (xi) decisão interlocutória que verse sobre instrução probatória (RMS 65.943/SP)".

Embargos de declaração contra acórdão proferido em agravo de instrumento e aplicação do art. 942 do CPC

"Em se tratando de aclaratórios opostos a acórdão que julga agravo de instrumento, a aplicação da técnica de julgamento ampliado somente ocorrerá se os embargos de declaração forem acolhidos para modificar o julgamento originário do magistrado de primeiro grau que houver proferido decisão parcial de mérito" (STJ, REsp 1.841.582/SP, Rel. Min. Ricardo Villas Bôas Cueva, 3ª Turma, j. 10.12.2019, *DJe* 13.12.2019).

Decisão interlocutória de duplo conteúdo

"(...) Em se tratando de decisão interlocutória de duplo conteúdo é possível estabelecer como critérios para a identificação do cabimento do recurso: (i) o exame do elemento que prepondera na decisão; (ii) o emprego da lógica do antecedente-consequente e da ideia de questões prejudiciais e de questões prejudicadas; (iii) o exame do conteúdo das razões recursais apresentadas pela parte irresignada (...)" (STJ, REsp 1.797.991/PR, Rel. Min. Nancy Andrighi, 3ª Turma, j. 18.06.2019, *DJe* 21.06.2019).

Retratação, conhecimento e cabimento do agravo de instrumento

"(...) A finalidade dos parágrafos do art. 1.018 do NCPC, é a de possibilitar que o juiz de primeiro grau exerça juízo de retratação sobre suas decisões interlocutórias e o exercício do contraditório da parte adversária, impondo que necessariamente eles tenham efetivo e incontroverso conhecimento do manejo do agravo de instrumento. 3. A melhor interpretação do alcance da norma contida no § 2º do art. 1.018 do NCPC, considerando-se a possibilidade de ainda se ter autos físicos em algumas Comarcas e Tribunais pátrios, parece ser a de que, se ambos tramitarem na forma eletrônica, na primeira instância e no TJ, não terá o agravante a obrigação de juntar a cópia do inconformismo na origem. 4. Tendo em conta a norma do parágrafo único do art. 932 do NCPC, os Princípios da Não Decisão Surpresa e da Primazia do Mérito e, que o agravante, ao menos, comunicou o Juízo *a quo* sobre a interposição do agravo de instrumento, o acórdão recorrido deve ser cassado, com determinação para que o e. Desembargador relator do Tribunal conceda o prazo de 5 (cinco) dias para que a recorrente complemente a documentação exigida no *caput* do art. 1.018 do mesmo diploma legal, sob pena, aí sim, de não conhecimento do recurso" (REsp 1.708.609/PR, j. 24.08.2018).

"O vício da falta de indexação de peças facultativas do processo eletrônico não é suficiente, por si só, para obstar o conhecimento do agravo de instrumento" (REsp 1.810.437/RS, *DJe* 01.07.2019).

"Se o Tribunal de Segundo grau consignou, para fins de recorribilidade de interlocutória com fundamento na tese da taxatividade mitigada, que não está presente o requisito 'urgência', decorrente da inutilidade do julgamento da questão no recurso de apelação, descabe ao STJ rever esse entendimento, em razão do óbice da Súmula 7" (STJ, AgInt no REsp 1.781.314/MG, 3ª T., *DJe* 14.08.2019, v.u.).

"Nas ações processadas sob o regime do Decreto-lei 3.365/1941, a decisão que versa sobre a imissão provisória na posse e as suas condicionantes específicas – notadamente o depósito da oferta inicial – trata de tutela provisória de urgência, e a sua efetivação, sob o interesse do desapropriado, para efeito de levantamento parcial do numerário, observa as regras do cumprimento de sentença, daí a hipótese específica de cabimento do agravo de instrumento" (STJ, RMS 60.932/SP).

"Decisão proferida na exceção de pré-executividade que declara a nulidade de todos os atos processuais praticados durante o prosseguimento do feito, sem, contudo, extinguir a fase cognitiva do processo, em razão da necessidade da formação de litisconsórcio passivo, tem natureza jurídica de decisão interlocutória e, portanto, impagável por agravo de instrumento" (STJ, AgInt no AREsp 1.369.017/PR).

Súmula nº 425 do STF: "O agravo despachado no prazo legal não fica prejudicado pela demora da juntada, por culpa do cartório; nem o agravo entregue em cartório no prazo legal, embora despachado tardiamente".

Súmula nº 86 do STJ: "Cabe recurso especial contra acórdão proferido no julgamento de agravo de instrumento".

Súmula nº 118 do STJ: "O agravo de instrumento é o recurso cabível da decisão que homologa a atualização do cálculo da liquidação".[32]

Súmula nº 223 do STJ: "A certidão de intimação do acórdão recorrido constitui peça obrigatória do instrumento de agravo".[33]

---

[32] Essa súmula permanece válida, eis que o art. 1.015, parágrafo único, prevê que "também caberá agravo de instrumento contra decisões interlocutórias proferidas na fase de liquidação de sentença ou de cumprimento de sentença, no processo de execução e no processo de inventário".

[33] Essa súmula deve ser interpretada de acordo com o art. 1.017, I, do CPC. A certidão de intimação é peça obrigatória, mas pode ser substituída por outro documento que comprove a tempestividade do recurso.

Quadro esquemático 108 – Agravo de instrumento

Agravo de Instrumento (arts. 1.015 a 1.020)

- **Conceito:** recurso cabível contra as decisões interlocutórias previstas no art. 1.015.

- **É cabível contra a decisão que verse sobre:**
  - Tutelas provisórias;
  - Mérito do processo;
  - Rejeição da alegação da convenção de arbitragem;
  - Incidente de desconsideração da personalidade jurídica;
  - Rejeição do pedido de gratuidade da justiça ou acolhimento do pedido de sua revogação;
  - Exibição ou posse de documento ou coisa;
  - Exclusão de litisconsórcio;
  - Rejeição do pedido de limitação do litisconsórcio;
  - Admissão ou inadmissão de intervenção de terceiros;
  - Concessão, modificação ou revogação do efeito suspensivo aos embargos à execução;
  - Redistribuição do ônus da prova nos termos do art. 373, § 1º;
  - Outros casos expressamente referidos em lei (exemplos: art. 354, parágrafo único, art. 356, § 5º, e art. 1.037, § 13, I);
  - Também caberá agravo de instrumento contra decisões interlocutórias proferidas na fase de liquidação de sentença ou de cumprimento de sentença, no processo de execução e no processo de inventário (art. 1.015, parágrafo único).

- **Procedimento**
  - Dirigido diretamente ao tribunal competente, no prazo de quinze dias, por meio de petição com os seguintes requisitos (art. 1.016):
    - Nome das partes;
    - Exposição do fato e do direito;
    - Razões do pedido de reforma ou de invalidação da decisão e do próprio pedido;
    - Nome e endereço completos dos advogados constantes no processo;
    - O instrumento, além da petição, deve ser formado pelas peças indicadas no art. 1.017.
  - Ausente um dos requisitos de admissibilidade, o relator deverá conceder prazo de cinco dias ao recorrente para que este sane eventual vício ou complemente a documentação exigida.

- **Comunicação ao juízo de primeiro grau (art. 1.018)**
  - Caráter obrigatório da petição de juntada do agravo de instrumento interposto em segunda instância aos autos originais do processo, para fins de retratação do juízo singular e ciência do advogado sobre o ajuizamento do recurso e de seu conteúdo.
  - A não informação ao juízo singular, no prazo de três dias a contar da interposição, implica inadmissibilidade do recurso, nos termos do § 2º do art. 1.018. Exceção: no caso de autos eletrônicos.

- **Procedimento no tribunal (art. 1.019)**
  - Possibilidade de julgamento monocrático nas hipóteses dos incisos III e IV do art. 932;
  - Atribuição de efeito suspensivo ou antecipação da tutela recursal;
  - Intimação do agravado para responder em 15 dias;
  - Intimação do Ministério Público para se manifestar em 15 dias (o MP só é intimado nos casos do art. 178).

- **Julgamento do agravo de instrumento e possibilidade de retratação**
  - Em prazo não superior a um mês de intimação do advogado, o relator pedirá dia para julgamento, o que significa que, transcorrido o prazo, com ou sem apresentação das contrarrazões, o agravo será incluído na pauta de julgamento.
  - Não existe momento determinado para que o juízo se retrate, daí por que se admite a reforma da decisão durante todo o curso procedimental.

3. AGRAVO INTERNO (ART. 1.021)

Dentro do sistema recursal apresentado pelo CPC/1973, o agravo interno possuía tratamento esparso, vinculado a hipóteses específicas e ligadas à possibilidade do julgamento do recurso por delegação do colegiado ao próprio relator.

O CPC/2015 mantém a competência dos órgãos julgadores no que tange ao processamento, mas unifica as hipóteses de cabimento dessa espécie recursal, esboçando seus contornos essenciais para uma adequação constitucional.

Pois bem. O art. 1.021 prevê o cabimento do agravo interno **contra decisão proferida pelo relator, ao passo que o art. 1.030, § 2º**, prevê o cabimento desse recurso contra decisão do **presidente ou vice-presidente do tribunal**. Trata-se de previsão que tem como objetivo permitir à parte prejudicada impugnar decisão interna do juízo de um Tribunal. No caso de o relator pertencente a um órgão colegiado proferir uma decisão monocrática, e sendo esta impugnada mediante agravo interno, a sua decisão monocrática será revisada pelo próprio órgão colegiado ao qual pertence. Nos Tribunais Superiores esse recurso é conhecido como agravo regimental (art. 39 da Lei nº 8.038/1990).

O direito de recorrer da decisão do relator deve ser exercido no prazo de 15 dias. Na petição do agravo interno, cabe ao recorrente impugnar especificamente os fundamentos da decisão agravada (art. 1.021, § 1º). Ou seja, se o julgamento monocrático foi de não provimento do recurso (art. 932, IV), com a fundamentação de que a decisão recorrida está de acordo com súmula do STJ (art. 932, IV, "a"), o agravante deve demonstrar que o entendimento do STJ não se aplica ao caso. Deve, portanto, realizar o *dinstinguishing*.

Ao final do prazo para contrarrazões, abrem-se as seguintes possibilidades: a) **o relator poderá reconsiderar a sua decisão** (art. 1.021, § 2º) ou b) **levar o recurso para julgamento pelo órgão colegiado**, caso decida manter a decisão monocrática.

Ressalte-se que o § 3º do art. 1.021 impede o julgamento de improcedência do agravo interno, pelo relator, com base na reprodução dos fundamentos da decisão agravada. Se o objetivo do recurso é garantir o acesso ao julgamento colegiado, sob pena de violação do princípio do juízo natural, é essencial que o órgão composto possa rediscutir os argumentos apresentados pelas partes. A disposição se ajusta a outros dispositivos da nova legislação que tratam do **contraditório na sua dimensão material**, tais como o art. 10 e o art. 489, § 1º, IV.

A decisão monocrática pode ser reformada na sessão de julgamento ou o órgão colegiado pode declarar o recurso manifestamente inadmissível (pressuposto de admissibilidade) ou improcedente (caso de negativa de provimento). Nesse último caso, se a votação for unânime, impõe-se ao recorrente o **pagamento de multa** fixada entre um e cinco por cento do valor atualizado da causa (art. 1.021, § 4º). Em síntese, **para aplicação da multa exige-se: (a) manifesta inadmissibilidade ou improcedência; (b) votação unânime pela inadmissibilidade ou improcedência**. É de se esclarecer que o simples fato de negar provimento não significa que seja manifestamente inadmissível; é preciso que haja manifestação expressa sobre a "manifesta inadmissibilidade".

A interposição de qualquer outro recurso fica condicionada ao pagamento da multa.[34] A execução da penalidade fica suspensa, todavia, caso a parte seja beneficiária da assistência judiciária ou se trate da Fazenda Pública (art. 1.021, § 5º). Nessas hipóteses o pagamento somente será exigível ao final, ou seja, após o trânsito em julgado da decisão recorrida.

---

[34] Nesse sentido já entendia o STJ: AgRg no REsp 534.666/RS, 4ª Turma, Rel. Min. Aldir Passarinho Junior, j. 01.06.2004; AgRg nos EDcl nos EREsp 397.705/PR, 3ª Seção, Rel. Min. Gilson Dipp, j. 26.03.2003.

No caso da Fazenda Pública, o disposto no § 5º do art. 1.021 do CPC vai de encontro ao entendimento do STJ firmado na sistemática do CPC/1973. Para a Corte, o prévio depósito da multa referente a agravo interno manifestamente inadmissível ou infundado, aplicada pelo abuso do direito de recorrer, também é devido pela Fazenda Pública.[35] **O CPC não dispensa a Fazenda Pública do pagamento da multa, mas não exige que ela seja paga previamente ao recurso que se pretende interpor.**

Ressalte-se que, quanto à parte beneficiária da gratuidade de justiça, já entendeu o STJ que a circunstância **não impede a imposição da multa**; deve-se apenas **suspender o seu pagamento**.[36]

Por fim, vale ressalvar que o STJ tem entendimento no sentido de que o § 2º do art. 557 do CPC/1973 – correspondente ao § 4º do art. 1.021 – não tem aplicação quando as

---

[35] "Havendo condenação da Fazenda Pública ao pagamento da multa prevista no art. 557, § 2º, do CPC, a interposição de qualquer outro recurso fica condicionada ao depósito prévio do respectivo valor. O art. 557, § 2º, do CPC é taxativo ao dispor que, 'Quando manifestamente inadmissível ou infundado o agravo, o tribunal condenará o agravante a pagar ao agravado multa entre 1% (um por cento) e 10% (dez por cento) do valor corrigido da causa, ficando a interposição de qualquer outro recurso condicionada ao depósito do respectivo valor'. De fato, a multa pelo uso abusivo do direito de recorrer caracteriza-se como requisito de admissibilidade do recurso, sendo o seu depósito prévio medida adequada para conferir maior efetividade ao postulado da lealdade processual, impedindo a prática de atos atentatórios à dignidade da justiça, bem como a litigância de má-fé. Nesse contexto, tanto o STJ quanto o STF têm consignado que o prévio depósito da multa referente a agravo regimental manifestamente inadmissível ou infundado (§ 2º do art. 557), aplicada pelo abuso do direito de recorrer, também é devido pela Fazenda Pública. Além disso, a alegação de que o art. 1º-A da Lei 9.494/1997 dispensa os entes públicos da realização de prévio depósito para a interposição de recurso não deve prevalecer, em face da cominação diversa, explicitada no art. 557, § 2º, do CPC. Este dispositivo legal foi inserido pela Lei 9.756/1998, que trouxe uma série de mecanismos para acelerar a tramitação processual, como, por exemplo, a possibilidade de o relator, nas hipóteses cabíveis, dar provimento ou negar seguimento, monocraticamente, ao agravo. Assim, esse dispositivo deve ser interpretado em consonância com os fins buscados com a alteração legislativa. Nesse sentido, não se pode confundir o privilégio concedido à Fazenda Pública, consistente na dispensa de depósito prévio para fins de interposição de recurso, com a multa instituída pelo artigo 557, § 2º, do CPC, por se tratar de institutos de natureza diversa (AgRg no AREsp 513.377-RN, Segunda Turma, *DJe* de 15/8/2014)". Precedentes citados do STJ: AgRg nos EAREsp 22.230/PA, Corte Especial, *DJe* 1º.07.2014; EAg 493.058/SP, 1ª Seção, *DJU* 1º.08.2006; AgRg no Ag 1.425.712/MG, 1ª Turma, *DJe* 15.05.2012; AgRg no AREsp 383.036/MS, 2ª Turma, *DJe* 16.09.2014; e AgRg no AREsp 131.134/RS, 4ª Turma, *DJe* 19.03.2014. Precedentes citados do STF: RE 521.424/RN AgR-EDv-AgR, Tribunal Pleno, *DJe* 27.08.2010; e AI 775.934/AL AgR-ED-ED, Tribunal Pleno, *DJe* 13.12.2011 (STJ, AgRg no AREsp 553.788/DF, Rel. Min. Assusete Magalhães, j. 16.10.2014).

[36] EDcl nos EDcl no AgRg no REsp 1.261.444/RS, 4ª Turma, Rel. Min. Antônio Carlos Ferreira, j. 06.12.2012, *DJe* 01.02.2013; AgRg nos EDcl no AgEg no Ag 563.492/GO, 3ª Turma, Rel. Min. Carlos Alberto Menezes Direito, j. 28.10.2004. A posição, entretanto, não é unânime no Tribunal: "O prévio recolhimento da multa em referência é pressuposto recursal objetivo de admissibilidade. Portanto, a ausência de comprovante de depósito da multa implica o não conhecimento do recurso subsequente, independentemente de a parte ser beneficiária da Justiça Gratuita. Precedentes: AgRg nos EDcl no AgRg no AgRg no Ag 1250721/SP, rel. Ministro Luis Felipe Salomão, Quarta Turma, *DJe* 10/02/2011; AgRg no Ag 1307359/MS, rel. Ministro João Otávio de Noronha, *DJe* 25/11/2010; EDDcl no AgRg no REsp 1113799/RS, Rel. Ministro Aldir Passarinho Junior, Quarta Turma, *DJe* 16/11/2009" (STJ, EDcl no AgRg nos EDcl no Ag 1.289.685/RS, 2ª Turma, Rel. Min. Mauro Campbell Marques, j. 02.06.2011). Ao definir a primeira opção no texto legal, portanto, o CPC/2015 assenta a discussão de ordem jurisprudencial.

razões do recurso a ser interposto forem distintas, ou seja, quando o recorrente pretender impugnar matéria diferente daquela tratada no agravo interno que deu origem à multa. Exemplo: uma das partes interpõe apelação e essa é decidida monocraticamente com base no art. 932, III (art. 1.011, I). Não há, portanto, análise quanto ao mérito do recurso. O recorrente interpõe agravo interno dessa decisão e este é declarado pelo órgão colegiado como manifestamente inadmissível, com fundamento na inexistência de pressuposto recursal (art. 1.021, § 4º). Ou seja, o órgão colegiado confirma a decisão do relator. O agravante interpõe recurso especial por acreditar que a sentença fere norma infraconstitucional. Nesse exemplo, o recorrente já havia suscitado a questão em sede de apelação, mas, diante da inadmissibilidade do recurso, a tese de afronta à lei infraconstitucional não foi apreciada. Veja, nesse sentido, a decisão do STJ:

"Direito processual civil. Alcance da restrição contida no § 2º do art. 557 do CPC.

Ainda que o recorrente tenha sido condenado ao pagamento da multa a que se refere o § 2º do art. 557 do CPC, não se pode condicionar ao seu recolhimento a interposição, em outra fase processual, de recurso que objetive a impugnação de matéria diversa daquela tratada no recurso que deu origem à referida sanção. Isso porque, sob pena de obstaculizar demasiadamente o exercício do direito de defesa, apenas a interposição do recurso que objetive impugnar a mesma matéria já decidida e em razão da qual tenha sido imposta a referida sanção está condicionada ao depósito do valor da multa" (STJ, REsp 1.354.977/RS, Rel. Min. Luis Felipe Salomão, j. 02.05.2013).

JURISPRUDÊNCIA TEMÁTICA

Decisão monocrática sujeita a recurso não viola o princípio da colegialidade

"Poderes processuais do Ministro Relator e princípio da colegialidade.

Assiste, ao Ministro-Relator, competência plena para exercer, monocraticamente, com fundamento nos poderes processuais de que dispõe, o controle de admissibilidade das ações, pedidos ou recursos dirigidos ao Supremo Tribunal Federal. Pode, em consequência, negar trânsito, em decisão monocrática, a ações, pedidos ou recursos, quando incabíveis, intempestivos, sem objeto ou, ainda, quando veicularem pretensão incompatível com a jurisprudência predominante na Suprema Corte. Precedentes.

O reconhecimento dessa competência monocrática, deferida ao Relator da causa, não transgride o postulado da colegialidade, pois sempre caberá, para os órgãos colegiados do Supremo Tribunal Federal (Plenário e Turmas), recurso contra as decisões singulares que venham a ser proferidas por seus Juízes" (STF, MS 28.097 AgR/DF, Pleno, Rel. Min. Celso de Mello, j. 11.05.2011).

Súmula nº 253 do STJ: "O art. 557 do CPC, que autoriza o relator a decidir o recurso, alcança o reexame necessário".[37]

Súmula nº 568 do STJ: "O relator, monocraticamente e no Superior Tribunal de Justiça, poderá dar ou negar provimento ao recurso quando houver entendimento dominante acerca do tema".

---

[37] A Súmula deve ser interpretada de acordo com o art. 1.021 do CPC/2015.

Quadro esquemático 109 – Agravo interno

Agravo Interno (art. 1.021)
- **Conceito:** recurso cabível contra decisão proferida por relator (decisão monocrática). Nos Tribunais Superiores esse recurso é conhecido como Agravo Regimental (art. 39, Lei nº 8.038/90).
- **Prazo:** quinze dias.
- **Procedimento**
  - Petição recursal impugnando especificamente os fundamentos da decisão agravada (art. 1.021, § 1º);
  - O relator poderá reconsiderar a decisão (art. 1.021, § 2º) ou levar o recurso para julgamento pelo órgão colegiado, caso decida manter a decisão monocrática.
  - A decisão monocrática pode ser reformada na sessão de julgamento ou o órgão colegiado pode declarar o recurso manifestamente inadmissível ou improcedente.
  - A improcedência por votação unânime gera ao recorrente a obrigação de pagamento de multa fixada entre um e cinco por cento do valor atualizado da causa (art. 1.021, § 4º). A interposição de qualquer outro recurso fica condicionada ao pagamento da multa.

4. EMBARGOS DE DECLARAÇÃO (ARTS. 1.022 A 1.026)

4.1 Conceito e cabimento

Em sede doutrinária, ainda persiste a controvérsia acerca da natureza dos embargos de declaração. Para alguns doutrinadores, tais embargos não constituem recurso, mas sim meio de correção e integração da sentença.

Tanto para o CPC/1973 quanto para o CPC/2015, no entanto, não há dúvida quanto à natureza recursal dos embargos de declaração, tanto que nas duas legislações eles foram colocados nos títulos relativos aos recursos (arts. 535 a 538 do CPC/1973; arts. 1.022 a 1.026 do CPC/2015).

Os embargos de declaração podem ser conceituados como o recurso que visa ao esclarecimento ou à integração de uma **decisão judicial**. No CPC/1973 o art. 535 dispunha que os embargos seriam cabíveis contra **sentença ou acórdão**. No CPC atual a redação do *caput* do art. 1.022 deixa claro que os embargos podem ser opostos contra qualquer decisão judicial e não apenas contra sentença ou acórdão. Esse entendimento já possuía respaldo em nossos tribunais.[38]

Em suma, **não importa a natureza da decisão**. Seja **interlocutória, sentença ou acórdão**, se a decisão for obscura, omissa, contraditória ou contiver erro material, pode vir a ser sanada por meio dos embargos de declaração.

Nada impede que os embargos também sejam opostos **contra despachos**. É que, apesar de estes pronunciamentos serem desprovidos de conteúdo decisório, é inconcebível que um despacho "viciado" fique sem remédio, de modo a comprometer até a possibilidade prática de cumpri-lo.[39]

---

[38] "Os embargos de declaração são cabíveis contra qualquer decisão judicial e, uma vez opostos, interrompem o prazo recursal" (STJ, REsp 401.223/MG, 4ª Turma, Rel. Min. Barros Monteiro, j. 26.03.2002).

[39] BARBOSA MOREIRA, José Carlos. *Comentários ao Código de Processo Civil*. 6. ed. Rio de Janeiro: Forense, 1994. v. V, p. 533. Parte da doutrina considera que, nesse caso, bastaria um simples pedido de correção.

Vejamos, então, as hipóteses de cabimento dessa espécie recursal.

Art. 1.022. Cabem embargos de declaração contra qualquer decisão judicial para:

I – esclarecer obscuridade ou eliminar contradição;

II – suprir omissão de ponto ou questão sobre o qual devia se pronunciar o juiz de ofício ou a requerimento;

III – corrigir erro material.

Parágrafo único. Considera-se omissa a decisão que:

I – deixe de se manifestar sobre tese firmada em julgamento de casos repetitivos ou em incidente de assunção de competência aplicável ao caso sob julgamento;

II – incorra em qualquer das condutas descritas no art. 489, § 1º.

Da interpretação desse dispositivo é possível concluir que os embargos são espécie de recurso de **fundamentação vinculada**, isto é, restrita a situações previstas em lei. Não servem os embargos, por exemplo, como sucedâneo de pedido de reconsideração de uma sentença ou acórdão.

De acordo com a doutrina e jurisprudência, há **obscuridade** quando a redação da decisão não é suficientemente clara, dificultando sua compreensão ou interpretação. Ocorre **contradição** quando o julgado apresenta proposições inconciliáveis, tornando incerto o provimento jurisdicional. Há **omissão** nos casos em que determinada questão ou ponto controvertido deveria ser apreciado pelo órgão julgador, mas não o foi.

A omissão constitui negativa de entrega da prestação jurisdicional e, segundo o CPC, será considerada omissa a decisão que deixar de se manifestar sobre tese firmada em julgamento de casos repetitivos ou em incidente de assunção de competência aplicável ao caso sob julgamento ou que incorra em qualquer das condutas descritas no art. 489, § 1º. Todas essas disposições permitem que as partes possam reclamar pela via dos embargos de declaração a adequação das decisões aos precedentes judiciais, assim como eventual desobediência aos critérios de fundamentação.

O Código anterior não exemplificava as hipóteses de decisão omissa. O atual, ao contrário, deixa claro que, além das omissões aferíveis caso a caso (exemplo: juiz que deixa de apreciar pedido reconvencional), considera-se omissa a decisão que:

- **Se limita à indicação, à reprodução ou à paráfrase de ato normativo, sem explicar sua relação com a causa ou a questão decidida (art. 489, § 1º, I).**

Vamos ao exemplo:[40] em ação de cobrança para obtenção do seguro DPVAT, o magistrado de primeiro grau julgou procedente o pedido, valendo-se de referências genéricas ao laudo pericial e à Lei nº 6.194/1974, bem como a diversos precedentes do tribunal ao qual estava vinculado. Afirmou, ainda, que "a prova produzida demonstrou o nexo de causalidade entre as lesões e a ocorrência de acidente de trânsito". Não houve qualquer manifestação sobre as teses defensivas, mas apenas transcrições da legislação e reproduções de fórmulas genéricas sem a sua respectiva vinculação ao caso concreto. No exemplo citado, o magistrado incorreu no vício da omissão, pois não analisou questões condizentes à possível ausência de direito à cobertura securitária, tais como condutor inabilitado e inadimplência do prêmio do seguro (teses apresentadas pela ré).

---

[40] Exemplo concreto/real julgado pelo Tribunal de Justiça de Minas Gerais (Apelação Cível nº 10000212316202001/MG, Rel. Rogério Medeiros, j. 02.12.2021, 13ª Câmara Cível, *DJe* 03.12.2021). O Seguro Obrigatório para Proteção de Vítimas de Acidentes de Trânsito (SPVAT, o antigo DPVAT) foi revogado. Embora sua retomada estivesse prevista para 2025, a Lei Complementar 211/2024 impediu a sua reimplementação.

- **Emprega conceitos jurídicos indeterminados, sem explicar o motivo concreto de sua incidência no caso (art. 489, § 1º, II).**

Semelhante ao inciso anterior, são aquelas decisões em que, por exemplo, afirmam estar presentes a "fumaça do bom direito" e o "perigo da demora", sem analisar as peculiaridades do caso concreto que permitem concluir pela presença desses requisitos. No processo penal, a "ordem pública" (art. 312, CPP) é um exemplo clássico de conceito jurídico indeterminado, que precisa ser adaptado ao caso concreto para que seja admitida a decretação da custódia preventiva. Veja, a propósito, um precedente do STJ sobre esse inciso:

> *"Incorre em negativa de prestação jurisdicional o tribunal que prolata acórdão que, para resolver a controvérsia, apoia-se em princípios jurídicos sem proceder à necessária densificação, bem como emprega conceitos jurídicos indeterminados sem explicar o motivo concreto de sua incidência no caso"* (STJ, 2ª Turma, REsp 1.999.967/AP, Rel. Min. Mauro Campbell Marques, j. 17.08.2022).

- **Invoca motivos que se prestariam a justificar qualquer outra decisão (art. 489, § 1º, III).**

Um exemplo julgado pelo Tribunal carioca[41] serve para exemplificar esse inciso. Em uma ação de prestação de contas, o juízo sentenciante julgou procedente o pedido, argumentando apenas o seguinte: *"No caso em tela, tem-se que o réu foi ex-síndico do condomínio autor, portanto, é inerente à sua atividade a prestação de contas para permitir a verificação do bom uso do dinheiro comum. Isto posto, JULGO PROCEDENTE o pedido (…)"*. O Tribunal de Justiça do Rio de Janeiro entendeu que a sentença se valeu de motivos genéricos, que se prestariam a justificar qualquer outra decisão. Para a Corte, o juiz não poderia invocar genericamente a qualidade de síndico. Era necessário que o julgador enfrentasse as alegações das partes e, no caso concreto, o ex-síndico havia alegado a prestação de contas e a respectiva aprovação em assembleia, bem como comprovado o afastamento da função em determinado período, no qual não poderia ser invocado o dever de prestar contas.

Infelizmente, ainda são muito comuns decisões como a do exemplo. Qual advogado nunca se deparou com a seguinte decisão: "defiro o pedido de tutela provisória porque presentes os requisitos legais"? Quando o juízo se limita a mencionar genericamente a presença dos requisitos legais, sem expor os fundamentos de fato que o levaram a assim concluir, abre-se a possibilidade de o advogado manejar os embargos de declaração.

- **Não enfrenta todos os argumentos deduzidos no processo capazes de, em tese, infirmar a conclusão adotada pelo julgador (art. 489, § 1º, IV).**

O julgador possui o dever de enfrentar apenas as questões capazes de infirmar a conclusão adotada na decisão recorrida. Dessa forma, não cabem embargos de declaração contra a decisão que não se pronunciou sobre determinado argumento que era **incapaz de alterar ou mesmo enfraquecer a decisão adotada**.

Imagine que em uma ação de cobrança, houve julgamento desfavorável ao autor, tendo o julgador acolhido a tese do réu relacionada à prescrição da dívida e ainda reconhecido a existência de pagamento pelo réu. O autor interpôs recurso de apelação e o Tribunal confirmou a sentença, mas apenas se manifestou sobre a prescrição no acórdão. O recorrente (autor) interpôs

---

[41] TJ-RJ, Agravo de Instrumento nº 00695499720208190000, Rel. Des. Luiz Fernando de Andrade Pinto, 25ª Câmara Cível, j. 25.02.2021.

embargos de declaração, alegando a existência de omissão. Nesse caso, mesmo que o recorrente tenha acrescentado argumento sobre o pagamento, se a prescrição é causa de autônoma extinção da dívida, não há razão para o acolhimento dos aclaratórios.[42]

- **Se limita a invocar precedente ou enunciado de súmula, sem identificar seus fundamentos determinantes nem demonstrar que o caso sob julgamento se ajusta àqueles fundamentos (art. 489, § 1º, V).**

A decisão não precisa ser extensamente fundamentada, mas cabe ao julgador tornar públicas as razões do seu convencimento, diante dos argumentos colocados pelas partes. A ausência de fundamentação ofende, inclusive, o direito à ampla defesa, pois as partes não podem combater uma decisão não fundamentada. Assim, se o julgador apenas indica ser aplicável ao caso a Súmula "X" do STJ, sem, entretanto, fazer a necessária correlação com os elementos do caso concreto, de modo a demonstrar que o referido precedente, de fato, se amolda à situação submetida a julgamento, a decisão é nula por falta de fundamentação.

- **Deixa de seguir enunciado de súmula, jurisprudência ou precedente invocado pela parte, sem demonstrar a existência de distinção no caso em julgamento ou a superação do entendimento (art. 489, § 1º, VI).**

Nesses casos, a não aplicação do precedente precisa ser justificada, cabendo ao julgador, por exemplo, realizar a distinção entre o caso posto e a decisão paradigma.

O STJ já teve a oportunidade de decidir sobre o alcance desse dispositivo. Por exemplo, no julgamento do AREsp 1.267.283/MG, de Relatoria do Ministro Gurgel de Faria, realizado em 27.09.2022, a 1ª Turma enfatizou que a utilização de um julgado isolado do Tribunal não se encaixa na natureza jurídica de "súmula, jurisprudência ou precedente" para fins de aplicação do art. 489, § 1º, VI. Se não há multiplicidade de julgamentos no mesmo sentido, não é possível tratar o acórdão como "jurisprudência". Também não é possível considerar como "precedente" qualquer acórdão ou outra espécie de decisão judicial. O precedente a que se refere o inciso IV abarca apenas os casos julgados na forma qualificada, ou seja, aquelas decisões que possuem o poder de vincular os julgadores e estão descritas nos arts. 927 e 332 do CPC. Vale ressaltar que o acórdão pode até ser considerado como um precedente persuasivo, mas não é capaz, por si só, de ensejar a interposição de embargos de declaração para eventual correção de omissão.[43]

Ademais, o STJ também já teve a oportunidade de esclarecer que os acórdãos proferidos por Tribunais de 2º grau distintos daquele a que o julgador está vinculado são considerados precedentes meramente persuasivos, de modo que, se o advogado invocar uma decisão do TJ-DFT em um caso submetido a julgamento pelo TJ-MG, não há qualquer obrigatoriedade de que aquela decisão seja considerada por ocasião do julgamento pelo tribunal mineiro. Em suma: *"A regra do art. 489, § 1º, VI, do CPC, segundo a qual o juiz, para deixar de aplicar enunciado de súmula, jurisprudência ou precedente invocado pela parte, deve demonstrar a existência de distinção ou de superação, somente se aplica às súmulas ou precedentes vinculantes, mas não às súmulas e aos precedentes apenas persuasivos, como, por exemplo, os acórdãos proferidos por*

---

[42] Nesse sentido já decidiu o STJ em caso semelhante: 1ª Seção, EDcl no MS 21.315/DF, Rel. Min. Diva Malerbi (Desembargadora convocada do TRF da 3ª Região), j. 08.06.2016.

[43] No mesmo sentido é o Enunciado nº 11 da Enfam: "Os precedentes a que se referem os incisos V e VI do § 1º do art. 489 do CPC/2015 são apenas os mencionados no art. 927 e no inciso IV do art. 332".

Tribunais de 2º grau distintos daquele a que o julgador está vinculado" (STJ, 3ª Turma. REsp 1.698.774/RS, Rel. Min. Nancy Andrighi, j. 01.09.2020).

Por fim, o CPC admite o cabimento dos embargos de declaração para **corrigir erro material**. Essa hipótese, já reconhecida pela jurisprudência,[44] encontra respaldo no art. 494, inciso I, que permite ao juiz, após a publicação da sentença, corrigir inexatidões materiais ou erros de cálculos e pedido da parte ou mesmo de ofício. Os demais pontos ou questões sobre os quais o magistrado deva se manifestar, inclusive de ofício, a exemplo das matérias de ordem pública, inserem na omissão a que se refere o art. 1.022, II. Cabe ressalvar que não haverá preclusão, se não houver oposição de embargos de declaração para a correção de erro material, porquanto poderá o juiz o tribunal poderá corrigi-lo a qualquer tempo, em qualquer grau de jurisdição.

Convém anotar, ainda, que o STJ tem entendido que não cabem embargos de declaração contra decisão de presidente do tribunal que não admite Recurso Especial ou Recurso Extraordinário. O entendimento, contudo, admite exceção nos casos em que a decisão for proferida de forma tão genérica que não permita sequer a interposição do agravo[45]. E qual é a consequência prática desse entendimento do STJ? Imagine que a parte prejudicada interponha Recurso Especial e, ao analisar os requisitos de admissibilidade, o Tribunal inadmita o recurso. O recorrente apresenta embargos de declaração, em vez de interpor agravo em recurso especial. Como o STJ não admite a interposição de embargos declaratórios, eles não terão o condão de interromper o prazo para a interposição de outros recursos. Com isso, se o recorrente pretender, após o não conhecimento dos embargos, interpor agravo em recurso especial, este apelo não será conhecido em razão da intempestividade. Essa jurisprudência defensiva vem sendo constantemente objeto de enunciados doutrinários em sentido oposto, a exemplo do Enunciado 75 da I Jornada de Direito Processual Civil, segundo o qual "cabem embargos declaratórios contra decisão que não admite recurso especial ou extraordinário, no tribunal de origem ou no tribunal superior, com a consequente interrupção do prazo recursal".

4.2 Embargos com efeitos modificativos (infringentes)

Em princípio, são **incabíveis** embargos declaratórios para rever decisão anterior; para reexaminar ponto sobre o qual já houve pronunciamento, com inversão, por consequência, do resultado final do julgamento. Todavia, sobretudo na hipótese de suprimento de omissão, pode ocorrer – excepcionalmente – de a integração do julgado mudar sua decisão final. É o que a doutrina[46] denomina de *embargos de declaração com efeitos modificativos ou infringentes*. Exemplo: numa ação de cobrança, o juiz omite sobre a prescrição arguida na peça contestatória e condena o réu a pagar a importância pedida na inicial. Interpostos os embargos declaratórios com vistas ao suprimento da omissão, o juiz reconhece a prescrição e, em razão disso, julga improcedente o pedido. A hipótese também já era admitida pela jurisprudência.[47]

---

[44] "Verificada a existência de erro material a macular e contradizer o acórdão embargado, há que se efetuar a sua imediata correção" (STJ, EDcl no REsp 117.913/DF, 1ª Turma, Rel. Min. José Delgado, j. 19.05.1998). No STF: RE-AgRg-EDcl 401.720/MG, 2ª Turma, Rel. Min. Gilmar Mendes, j. 12.12.2006; Rcl-AgRg-EDcl 2.433/SP, Tribunal Pleno, Rel. Min. Cezar Peluso, j. 16.11.2006.

[45] STJ, AgInt no AREsp 1.143.127/RJ, Rel. Min. Luis Felipe Salomão, 4ª Turma, j. 28.11.2017.

[46] THEODORO JÚNIOR, Humberto (Coord.). *Código de Processo Civil anotado*. 16. ed. rev., atual. e ampl. Rio de Janeiro: Forense, 2012. p. 679.

[47] "A atribuição de efeitos infringentes é possível apenas excepcionalmente, quando, observada a presença de omissão, contradição ou obscuridade, sana-se o vício e a decisão, por consequência, é alterada" (STJ, EDcl no AgRg nos EDcl na AR 4.700, Rel. Min. Luis Felipe Salomão, j. 14.05.2014).

Conquanto a integração de decisão omissa consista na hipótese mais comum de atribuição de efeitos infringentes aos embargos declaratórios, a modificação do julgado por essa via recursal também pode ocorrer em outros casos – como na correção de erro material –, desde que seja decorrência lógica do vício que se pretende sanar. Nesse sentido, exemplifica Cândido Rangel Dinamarco que

> "a jurisprudência dos tribunais admite os embargos declaratórios com objetivo infringente em casos teratológicos, como (a) o erro manifesto na contagem de prazo, tendo por consequência o não conhecimento de um recurso, (b) a não inclusão do nome do advogado da parte na publicação da pauta de julgamento, (c) o julgamento de um recurso como se outro houvesse sido interposto, (d) os erros materiais de toda ordem etc.".[48]

O § 2º do art. 1.023 consolida esse entendimento ao reconhecer expressamente a possibilidade de efeitos infringentes nos embargos de declaração. Em regra, o julgamento dos embargos declaratórios não se exige a intimação da parte embargada porque não comporta novo julgamento da causa, mas apenas prolação de decisão integrativa ou aclaratória. No entanto, quando o julgamento comportar inevitável alteração no julgamento (ou seja, quando for dado ao recurso efeito infringente), será necessária ampla participação das partes. Em suma, sempre que for possível o pronunciamento de uma nova decisão, será necessário instaurar o contraditório.

4.3 Embargos para efeito de prequestionamento

Os embargos de declaração são muito utilizados para explicitar a matéria que será objeto de recurso especial ou recurso extraordinário (**efeito prequestionador dos embargos declaratórios**). Trata-se de expediente que visa formar a causa decidida, ou seja, para que o ponto seja efetivamente julgado, razão pela qual esse efeito pode ser denominado de julgador.

Para a compreensão do dispositivo, vale uma **digressão**. Nos termos dos arts. 102, III, e 105, III, da CF/1988, um dos requisitos de admissibilidade tanto do RE quanto do REsp é que a decisão da causa – na verdade, a questão objeto do recurso – tenha sido proferida em **única ou última instância**. É o que se denomina *prequestionamento*. Em outras palavras, em regra, é indispensável o pronunciamento do órgão jurisdicional (na decisão recorrida) para cabimento do recurso especial ou extraordinário.

Existindo omissão, por exemplo, há necessidade de se interporem os embargos declaratórios para forçar o tribunal de origem a apreciar a matéria. **E se o juízo prolator da decisão recorrida, a despeito dos declaratórios, não aprecia a questão?** Não é incomum o tribunal de segundo grau dizer que não há vício a ser sanado e inadmitir os declaratórios.

O STJ, na sistemática do CPC/1973, exigia o prequestionamento expresso, conforme Súmula nº 211: "Inadmissível, recurso especial quanto à questão que, a despeito da oposição de embargos declaratórios, não foi apreciada pelo tribunal *a quo*". Assim, havendo omissão de uma questão que a parte pretende arguir em REsp, devem-se interpor embargos declaratórios. Depois dos declaratórios, decidida a questão, viabilizado está o especial. Caso o tribunal não aprecie a questão nos declaratórios, há que se interpor um REsp, alegando ofensa ao art. 535 do CPC/1973 para compelir o tribunal a julgar a questão, ou seja, a apreciar, na sua inteireza, os declaratórios interpostos. Decidida a questão, caberá novo REsp com base no 105, III, da CF. É isso mesmo. Dois recursos especiais. Um para compelir o tribunal de origem a julgar a questão e outro, se for o caso, sobre o que restou decidido, incluindo a decisão proferida nos declaratórios. Essa prática, embora possa estar em conformidade com a literalidade do

---

[48] DINAMARCO, Cândido Rangel. *Nova era do processo civil*. São Paulo: Malheiros, 2004. p. 182.

dispositivo constitucional e com o entendimento da referida Corte,[49] atenta contra os princípios da efetividade, celeridade e eficiência.

O STF, por seu turno, se contentava com o prequestionamento ficto, ou seja, basta interpor os declaratórios. É o que se extrai da Súmula nº 356: "O ponto omisso da decisão, sobre o qual não foram opostos embargos declaratórios, não pode ser objeto de recurso extraordinário, por faltar o requisito do prequestionamento".

O legislador do CPC atual se contenta com o prequestionamento ficto. Entendemos que, se a decisão contém erro, omissão, contradição ou obscuridade, cabe à parte interpor embargos de declaração antes da interposição do recurso especial. Interpostos os declaratórios, por exemplo, sobre um ponto omisso, o requisito do prequestionamento reputa-se preenchido, **mesmo na hipótese de o tribunal de origem entender que a decisão não deva ser integrada**. É como se o acórdão contivesse o julgamento da questão que se pretende impugnar. **Não há necessidade de um recurso para compelir a decidir o ponto omisso**. É dessa forma que se deve interpretar o **art. 1.025**: "Consideram-se incluídos no acórdão os elementos que o embargante suscitou, para fins de prequestionamento, ainda que os embargos de declaração sejam inadmitidos ou rejeitados, caso o tribunal superior considere existentes erro, omissão, contradição ou obscuridade". Ocorre que, embora o art. 1.025 tenha se contentado com o prequestionamento ficto, atualmente tanto o STF quanto o STJ interpretam de forma restritiva esse dispositivo. O Supremo não aceita indistintamente o prequestionamento ficto a partir da simples oposição de embargos de declaração, exigindo-se a emissão de juízo de valor pelo tribunal de origem sobre a questão constitucional. O STJ, do mesmo modo, somente em situações excepcionais, se dispõe a superar as omissões não sanadas na origem, valendo-se sempre do enunciado da Súmula 211[50], que, mesmo tendo sido considerado como superado por parte da doutrina, continua a ser aplicado. Vamos aos exemplos:

- O Recorrente interpõe embargos de declaração e o Tribunal profere a seguinte decisão: *"Consideram-se prequestionadas as matérias suscitadas pelo Recorrente"*. Esse provimento não é considerado suficiente. Nos termos da orientação jurisprudencial adotada pelo STJ, inobstante a oposição de embargos de declaração, não considera suficiente, para fins de configuração do prequestionamento, que a matéria tenha sido suscitada pelas partes em suas razões recursais ou apenas citada no acórdão, mas sim que a respeito do tema tenha havido efetivo debate no aresto recorrido. (REsp 1917900/RS, Rel. Min. Marco Buzzi, 4ª Turma, *DJe* 26.08.2021).

- O Recorrente interpõe embargos de declaração e o Tribunal de origem considera não ter havido omissão, ou seja, o órgão entende que não há violação alguma ao art. 1.022,

---

[49] "Processual civil. Embargos de declaração. Recurso especial. Admissibilidade. Falta de prequestionamento das teses em torno dos dispositivos legais supostamente violados. Aplicação da Súmula nº 282/STF. Ausência de obscuridade ou omissão. 1. Inviáveis os declaratórios articulados sob infundada alegação de obscuridade e omissão. 2. Entende o STJ que o requisito do prequestionamento é satisfeito quando o Tribunal *a quo* emite juízo de valor acerca da tese defendida no especial. 3. Se a Corte de Segundo Grau não se pronuncia a respeito, cabe à parte interpor embargos de declaração. Persistindo a omissão, cabe a ela, no recurso especial, alegar ofensa ao art. 535, II, do CPC, demonstrando, objetivamente, a imprescindibilidade da manifestação sobre a matéria impugnada e em que consistiria o vício apontado. Não o fazendo, pode incidir nas disposições das Súmulas 282/STF ou 211/STJ, pois não basta a alegação genérica de violação ao dispositivo da Lei Processual. 4. Embargos de declaração rejeitados".

[50] "Inadmissível recurso especial quanto à questão que, a despeito da oposição de embargos declaratórios, não foi apreciada pelo Tribunal *a quo*".

II, CPC. Nesse caso, para que o STF ou STJ possa verificar a ocorrência de eventual omissão por parte do Tribunal *a quo*, deve ser suscitada em preliminar do RE ou REsp a violação ao inciso II do art. 1.022 do CPC. Prevalece no STJ o entendimento de que "a admissão de prequestionamento ficto (art. 1.025 do CPC/2015), em recurso especial, exige que no mesmo recurso seja indicada violação ao art. 1.022 do CPC/2015, para que se possibilite ao Órgão julgador verificar a existência do vício inquinado ao acórdão, que uma vez constatado, poderá dar ensejo à supressão de grau facultada pelo dispositivo de lei" (REsp 1.639.314/MG, Rel. Min. Nancy Andrighi, 3ª Turma, *DJe* 10.04.2017). O STJ terá, então, duas possibilidades nesse caso: (i) sanar a omissão e julgar desde logo o mérito, se a causa estiver madura, aplicando, por analogia, o art. 1.013, § 3º, V, do CPC.

Em termos práticos, existindo omissão em acórdão que decidiu, por exemplo, recurso de apelação, o advogado deve sempre interpor os embargos declaratórios para forçar o tribunal de origem a apreciar a matéria. Interpostos os declaratórios, se o tribunal de origem entender que a decisão não deve ser integrada, o advogado deve, ao interpor o recurso especial, alegar, em preliminar do recurso, a violação ao art. 1.022 do CPC, que trata das espécies de vícios que justificam a oposição dos embargos de declaração. Utilizamos em nosso exemplo a omissão, mas pode ter havido contradição ou obscuridade no acórdão que decidiu a apelação. Cabe ao advogado indicar ao STJ qual o inciso foi violado.

Entretanto, se o advogado deixar de indicar qual foi o vício cometido pelo tribunal (omissão, contradição ou obscuridade), ainda assim o recurso especial pode ser apreciado. Foi o que a própria Corte decidiu no julgamento do AREsp 1.935.622, ocorrido em fevereiro de 2024.

A Primeira Turma do STJ entendeu que, excepcionalmente, é possível admitir para julgamento um recurso especial que alegue violação do art. 1.022 do CPC sem indicar o inciso violado, desde que, nas razões recursais, haja demonstração inequívoca do vício atribuído à decisão recorrida e de sua importância para a solução da controvérsia. É uma decisão importante para os advogados, especialmente por afastar o rigorismo formal que é tão presente nas Cortes Superiores.

4.4 Procedimento

Os embargos serão opostos, **no prazo de cinco dias**, em petição dirigida ao juiz, com a indicação do erro, obscuridade, contradição ou omissão, e não se sujeitam a preparo (art. 1.023). Aos embargos de declaração aplica-se o art. 229, segundo o qual "os litisconsortes que tiverem diferentes procuradores, de escritórios de advocacia distintos, terão prazos contados em dobro para todas as suas manifestações, em qualquer juízo ou tribunal, independentemente de requerimento" (art. 1.023, § 1º).

O juiz julgará os embargos em cinco dias (art. 1.024, *caput*). Nos tribunais, os embargos devem ser apresentados em mesa, ou seja, **independentemente de inclusão em pauta**, na sessão subsequente.

O Código não diz, mas a apresentação em mesa e julgamento deve ocorrer na sessão subsequente à distribuição ao relator ou ao retorno deste das férias ou licença, salvo hipótese de redistribuição. Não julgados "na sessão subsequente", serão automaticamente incluídos em pauta (art. 1.024, § 1º, parte final). Na verdade, não há inclusão automática. Quem inclui em pauta é o presidente do órgão julgador ou o próprio relator em tribunais que utilizam sistema informatizado. **E se não houver inclusão em pauta?** A intenção do legislador é boa, mas, por si só, não será capaz de evitar que as partes fiquem meses ou até anos aguardando o julgamento dos embargos de declaração.

Os embargos de declaração devem ser julgados pelo mesmo órgão que proferiu a decisão embargada. Tratando-se de sentença, serão julgados pelo juiz; se opostos em face de decisão monocrática de relator, serão julgados monocraticamente por este; se a decisão embargada é um acórdão, o julgamento dos embargos declaratórios caberá ao órgão colegiado (art. 1.024, § 2º).

Na esteira da jurisprudência do STJ (EDcl nos EAREsp 252.217/ES, Rel. Min. Maria Thereza de Assis Moura, 3ª Seção, julgado em 11.06.2014), o CPC/2015 prevê a **possibilidade de os embargos de declaração serem recebidos e processados como agravo interno** (art. 1.024, § 3º). Trata-se da aplicação dos **princípios da fungibilidade e da instrumentalidade das formas**. Essa conversão pode ocorrer desde que (i) o ato recorrido consista em decisão de relator e, (ii) em vez de buscar o esclarecimento ou a integração da decisão embargada, os declaratórios ataquem os fundamentos da decisão, com vistas à sua reforma. A rigor, trata-se de hipótese de recurso que recebe um determinado *nomen iuris* – embargos de declaração –, mas o seu conteúdo é de agravo interno. Embora o rótulo não seja capaz de alterar a substância, nesse caso implica algumas peculiaridades. O prazo para interposição é dos embargos de declaração (cinco dias), e não de quinze (prazo para o agravo interno). A interposição, contudo, não opera os efeitos da preclusão consumativa, uma vez que se confere ao recorrente a faculdade de complementar as razões recursais no prazo de cinco dias, de forma a se amoldar às exigências do agravo interno.

Ainda sobre a fungibilidade entre embargos e agravo interno, cabe registrar que a parte final do § 3º do art. 1.024, determina que o órgão julgador intime previamente o recorrente para, no prazo de 5 (cinco) dias, complementar as razões recursais, de modo a ajustá-las às exigências do art. 1.021, § 1º, ou seja, às exigências inerentes ao agravo interno.

4.4.1 Intempestividade por prematuridade

Os §§ 4º e 5ª do art. 1.024 põem fim à chamada "intempestividade por prematuridade". Consistia essa corrente jurisprudencial em reputar intempestivo o recurso especial interposto antes do julgamento dos embargos de declaração. Em síntese, mesmo que a parte soubesse do teor da decisão antes de ela ser publicada e, justamente por isso, interpusesse recurso contra essa decisão, tal recurso não seria conhecido por ser considerado intempestivo.

De acordo com o regramento do Código atual, naqueles casos em que o embargado interpõe recurso (apelação, REsp ou RE, por exemplo) antes da interposição, pela outra parte, dos embargos declaratórios ou antes do julgamento destes, deve-se observar o seguinte: (i) se os embargos interpostos não forem conhecidos, forem rejeitados ou, mesmo se acolhidos, não alterarem a conclusão da decisão recorrida, o recurso interposto em face da decisão embargada será processado e julgado independentemente de ratificação; (ii) se os embargos forem acolhidos e implicarem modificação (efeitos modificativos) da decisão embargada, ao recorrente (embargado) confere-se a faculdade de complementar ou alterar as razões do recurso interposto contra a decisão originária (embargada), bem como o ônus de ratificar esse recurso. A complementação somente é possível nos limites da modificação operada pelos embargos de declaratórios, ou seja, ela ficará limitada a uma eventual nova sucumbência, não podendo o recorrente aproveitar-se para impugnar parcela da decisão que deixou originariamente de impugnar. O prazo para complementação e ratificação é de quinze dias, contados da intimação da decisão dos embargos de declaração (art. 1.024, § 4º).

"Se os embargos forem rejeitados ou não alterarem a conclusão do julgamento anterior, o recurso interposto pela outra parte antes da publicação do julgamento dos embargos de declaração será processado e julgado independentemente de ratificação" (art. 1.024, § 5º). A interpretação *a contrario sensu* do § 5º conduz à conclusão de que, havendo modificação pelos embargos de declaração, necessariamente deve haver ratificação do recurso interposto em face da decisão originária, ainda que o recorrente se limite a manifestar interesse no recurso, sem complementar as razões recursais, sob pena de não conhecimento deste. Nesse caso, a complementação é uma faculdade, mas a ratificação constitui pressuposto de admissibilidade recursal.

A propósito, depois da entrada em vigor do CPC/2015, o STJ teve que reformular seu entendimento, editando o enunciado 579, que assim dispõe: "Não é necessário ratificar o recurso especial interposto na pendência do julgamento dos embargos de declaração quando inalterado o julgamento anterior".

4.5 Efeitos

Os embargos de declaração, em regra, **não têm efeito suspensivo**, em outras palavras, não suspendem a eficácia da decisão embargada. A interposição produz um efeito peculiar dos embargos de declaração: **o efeito interruptivo**. Os embargos de declaração interrompem o prazo para a interposição de outros recursos, por qualquer das partes (art. 1.026). Há interrupção, e não suspensão, o que significa que o prazo para interposição de outros recursos recomeça, por inteiro, a partir da intimação do julgamento dos embargos.

Em certos casos, entretanto, é temerário dar cumprimento imediato a decisão obscura, contraditória, omissa ou eivada de erro material. Essa a razão por que **o § 1º do art. 1.026 previu a possibilidade de concessão de efeito suspensivo** *ope judicis* **aos embargos de declaração:**[51]

> Art. 1.026. Os embargos de declaração não possuem efeito suspensivo e interrompem o prazo para a interposição de recurso.
>
> § 1º A eficácia da decisão monocrática ou colegiada poderá ser suspensa pelo respectivo juiz ou relator se demonstrada a probabilidade de provimento do recurso ou, sendo relevante a fundamentação, se houver risco de dano grave ou de difícil reparação.

Trata-se de uma **modalidade de tutela acautelatória**. O pedido de suspensão pode ser formulado no bojo dos embargos de declaração ou em petição avulsa, na qual se demonstrará que o cumprimento da decisão viciada pode causar danos graves e de difícil reparação à parte e que, exatamente em razão dos vícios, há probabilidade de provimento do recurso. Não se trata, portanto, de efeito suspensivo automático.

Saliente-se que no procedimento dos Juizados Especiais a sistemática era diversa, pois a interposição dos embargos apenas suspendia o prazo para a interposição dos demais recursos. Ou seja, o prazo não recomeçava "do zero", mas de onde parou. Contudo, o CPC trouxe modificação ao procedimento sumaríssimo (art. 1.065) e, atualmente, o art. 50 da Lei nº 9.099/95, prevê que "os embargos de declaração interrompem o prazo para a interposição de recurso".

A maioria da doutrina entende que os embargos apresentados de forma intempestiva não geram a interrupção do prazo recursal e também aqueles considerados meramente protelatórios, na hipótese de reiteração. No âmbito da jurisprudência, o STJ já teve a oportunidade de manifestar entendimento no sentido de que os embargos não interrompem o prazo no caso de irregularidade formal e manifesto descabimento:

---

[51] Na doutrina não é novidade a possibilidade de concessão de efeito suspensivo aos embargos de declaração. Nesse sentido: WAMBIER, Teresa Arruda Alvim. Os embargos de declaração têm mesmo efeito suspensivo? *Panóptica*, Vitória, ano 1, n. 7, p. 70-83, mar.-abr. 2007. Disponível em: http://www.panoptica.org.br.

"É assente neste Superior Tribunal de Justiça o entendimento no sentido de que os embargos de declaração intempestivos não interrompem o prazo para a interposição de outros recursos" (EDcl no AgRg no AREsp 908.937/BA, 6ª T., Rel. Min. Sebastião Reis Júnior, j. 01.09.2016, *DJe* 13.09.2016).

"(...) A decisão ora atacada reflete a pacífica jurisprudência desta Corte a respeito do tema, que entende que a interposição de recurso manifestamente inadmissível não interrompe o prazo para interposição de novos recursos. 2. Decisão denegatória de seguimento do recurso extraordinário que se encontra devidamente fundamentada, ainda que de forma contrária aos interesses das agravantes. 3. Embargos de declaração recebidos como agravo regimental, ao qual se nega provimento" (STF, AI, 687.810/RJ, Rel. Min. Dias Toffoli, j. 23.03.2011).

"(...) É pacífico na jurisprudência do STJ que os Embargos de Declaração, quando opostos contra decisão de inadmissão do apelo nobre, não interrompem o prazo para interposição do Agravo em Recurso Especial, excetuando-se os casos em que a referida decisão for tão genérica que impossibilite a interposição do respectivo Agravo, o que não ocorre no caso (...)" (STJ, AgInt no AREsp 1.313.680/RJ 2018/0152743-2, 2ª T., Rel. Min. Herman Benjamin, j. 13.12.2018, *DJe* 06.02.2019).

"(...) A jurisprudência desta Corte é firme no sentido de que não há exaurimento de instância, para fins de interposição de recurso de natureza extraordinária, quando os aclaratórios opostos contra acórdão são rejeitados por decisão monocrática, uma vez que não foram esgotados todos os meios ordinários possíveis para que o Tribunal *a quo* decida a questão objeto dos recursos excepcionais. 2. Os embargos de declaração, quando não conhecidos (o recurso foi considerado inexistente por falta de assinatura do procurador), não interrompem o prazo para interposição de medida recursal posterior. Hipótese de intempestividade do recurso especial. 3. Agravo interno a que se nega provimento" (AgInt no AREsp 909.976/SP, 2ª T., Rel. Min. Og Fernandes, j. 21.09.2017, *DJe* 28.09.2017).

Em relação a este último julgado, penso que seria possível sanar o vício, no prazo de cinco dias (art. 932, parágrafo único). Apesar disso, vem prevalecendo que essa sanabilidade só pode ser aplicada aos recursos interpostos após a entrada em vigor do CPC atual[52] e apenas para vícios formais.[53]

Atenção especial deve ser dada aos recursos excepcionais. Quando o Presidente do Tribunal de origem entende que algum pressuposto do Recurso Especial não está presente, a parte que se sentiu prejudicada pode interpor embargos de declaração? Embora contra a maioria dos provimentos judiciais – com exceção dos despachos, como vimos – seja cabível a interposição de embargos de declaração, se presentes algum dos vícios do art. 1.022 do CPC, no caso de juízo negativo de admissibilidade do REsp não há possibilidade de utilização dessa espécie recursal. Há jurisprudência pacífica do STJ no sentido de que o agravo é o único recurso cabível contra a decisão que não admite o recurso especial (por exemplo: AgInt no AREsp 1.216.265/SE, *DJe* 25.05.2023. Esse entendimento é de extrema importância para nós, advogados, pois a eventual interposição de embargos declaratórios nessa hipótese não provocará a interrupção do prazo para a interposição de agravo em recurso especial e ainda poderá gerar a aplicação de multa por litigância de má-fé em razão da utilização de recurso manifestamente protelatório (AgInt no AREsp 2.241.949/RJ, *DJe* 26.04.2023).

O CPC é claro ao prever que esse recurso interrompe o prazo para a interposição de outros recursos. Por isso, a oposição de embargos de declaração contra a decisão que deferiu a

---

[52] A sanabilidade dos vícios de admissibilidade recursal é restrita aos interpostos após o NCPC (STJ, AgInt no AREsp 1.027.326/PR, *DJe* 16.04.2018).

[53] Nesse sentido: AgInt no AREsp 692.495/ES e AgInt no AREs 1.075.687/SP.

antecipação de tutela pleiteada pelo autor não é capaz de interromper o prazo para o oferecimento da contestação, para fins de determinar a ocorrência ou não de revelia. Nesse sentido:

"(...) A contestação é ato processual hábil a instrumentalizar a defesa do réu contra os fatos e fundamentos trazidos pelo autor em sua petição inicial, no intuito de demonstrar a improcedência do pedido do autor. 4. A contestação possui natureza jurídica de defesa. O recurso, por sua vez, é uma continuação do exercício do direito de ação, representando remédio voluntário idôneo a ensejar a reanálise de decisões judiciais proferidas dentro de um mesmo processo. Denota-se, portanto, que a contestação e o recurso possuem naturezas jurídicas distintas. 5. Os embargos de declaração interrompem o prazo para a interposição de outros recursos, por qualquer das partes, nos termos do art. 538 do CPC/1973. 6. Tendo em vista a natureza jurídica diversa da contestação e do recurso, não se aplica a interrupção do prazo para oferecimento da contestação, estando configurada a revelia" (REsp 1.542.510/ MS, j. 07.10.2016).

"Os embargos de declaração interrompem o prazo apenas para a interposição de recurso, não sendo possível conferir interpretação extensiva ao art. 1.026 do Código de Processo Civil a fim de estender o significado de recurso a quaisquer defesas apresentadas". (STJ, REsp 1.822.287/ PR, Rel. Min. Antônio Carlos Ferreira, 4ª Turma, j. 06.06.2023).

4.6 Embargos manifestamente protelatórios

Por interromper o prazo para interposição de outros recursos, cuidou o legislador de impor sanção ao embargante de má-fé que opõe embargos declaratórios **com o exclusivo intuito de procrastinar o andamento do feito**.

Quando manifestamente protelatórios os embargos, o juiz ou tribunal, declarando que o são, condenará o embargante a pagar ao embargado multa não excedente a dois por cento sobre o valor atualizado da causa (art. 1.026, § 2º). Na reiteração de embargos protelatórios, a multa é elevada a até dez por cento sobre o valor atualizado da causa, ficando condicionada a interposição de qualquer outro recurso ao depósito prévio do valor respectivo (art. 1.026, § 3º).

Quanto ao depósito da multa como requisito para interposição de outros recursos, a parte final do § 3º do art. 1.026 **excepciona o pagamento prévio** quando o recorrente for Fazenda Pública ou beneficiário de gratuidade da justiça. A segunda hipótese é justificável pelo princípio do acesso à justiça. A primeira decorre do vezo de que é dotado o legislador e a justiça brasileira de injustificadamente desigualar a Fazenda Pública.

Cabe esclarecer que a multa aqui inserida tem caráter administrativo e objetiva punir a conduta do recorrente que vai de encontro à função pública do processo. Não impede, portanto, a sua cumulação com a multa prevista no art. 81, cujo objetivo é a reparação dos prejuízos causados pelo litigante de má-fé. Esse já era, inclusive, o entendimento do STJ.[54]

Aliás, ainda no que se refere à reiteração dos embargos, cumpre observar que o STF, no julgamento do AI 587.285, ocorrido em 07.06.2011, decidiu adotar um critério que impede a oposição de inúmeros embargos protelatórios pela parte. Segundo o STF, **rejeitados os segundos**

---

54 "Em caso de embargos de declaração manifestamente protelatórios, é possível aplicar a multa do art. 538, parágrafo único [CPC/1973], juntamente com a indenização prevista no art. 18, § 2º [CPC/1973]. A multa prevista no art. 538 tem caráter eminentemente administrativo, punindo conduta que ofende a dignidade do tribunal e a função pública do processo, sendo possível sua cumulação com as sanções previstas nos arts. 17, VII, e 18, § 2º, de natureza reparatória" (STJ, REsp 1.250.739/PA, Rel. Min. Luis Felipe Salomão, j. 04.12.2013).

embargos procrastinatórios, os autos devem ser imediatamente arquivados ou baixados e, se for o caso, poderá ser iniciada a execução. O CPC/2015, alinhando-se a esse entendimento, dispõe que **"não serão admitidos novos embargos de declaração se os 2 (dois) anteriores houverem sido considerados protelatórios"** (art. 1.026, § 4º). Nessa hipótese, ainda que a parte insista na interposição de novos embargos, estes não terão qualquer efeito.

Cumpre observar, por fim, que o STJ, em sede de recurso repetitivo, definiu algumas hipóteses nas quais os embargos de declaração deverão ser considerados protelatórios. Eis a tese fixada: **"Caracterizam-se como protelatórios os embargos de declaração que visam rediscutir matéria já apreciada e decidida pela Corte de origem em conformidade com súmula do STJ ou STF ou, ainda, precedente julgado pelo rito dos artigos 543-C e 543-B, do CPC"**[55] (REsp 1.410.839/SC, julgado em 14.05.2014).

O nítido propósito procrastinatório dos embargos de declaração esbarra, agora, nos precedentes firmados pelas Cortes Superiores. Tal entendimento deve ser mantido no CPC vigente, ainda mais pelo fato de que a Súmula nº 98 do STJ ("Embargos de declaração manifestados com notório propósito de prequestionamento não têm caráter protelatório") perderá a sua força em razão do disposto no art. 1.025. É que, como não haverá necessidade de reiteração dos embargos para fins de prequestionamento (art. 1.025), as partes não poderão mais abusar dos fundamentos da referida Súmula.

JURISPRUDÊNCIA TEMÁTICA

Embargos de declaração não podem ser recebidos como mero pedido de reconsideração

"Apelação cível. Pedido de reforma da sentença. Impossibilidade. Intempestividade do recurso. Anterior oposição de embargos cuja natureza indicava nítido pedido de reconsideração. Recurso inábil a interromper o prazo recursal. Apelação não conhecida.

1. Opostos embargos de declaração cuja natureza indica nítido pedido de reconsideração de decisão, não há interrupção do prazo recursal. Precedentes do STJ.

2. Recurso não conhecido" (STJ, Agravo em Recurso Especial 514.141/ES, Rel. Min. Raul Araújo, j. 16.09.2015).

Impossibilidade de interpretação extensiva ao art. 1.025 do CPC

"Recurso especial. Impugnação ao cumprimento de sentença. Intempestividade. Oposição de embargos de declaração. Efeito interruptivo. Defesa do devedor. Interpretação extensiva. Impossibilidade. Recurso provido.

1. Os embargos de declaração interrompem o prazo apenas para a interposição de recurso, não sendo possível conferir interpretação extensiva ao art. 1.026 do CPC/2015 a fim de estender o significado de recurso às defesas ajuizadas pelo executado.

2. Recurso especial a que se dá provimento para julgar intempestiva a impugnação ao cumprimento de sentença" (REsp 1.822.287/PR, Rel. Min. Antonio Carlos Ferreira, 4ª Turma, j. 06.06.2023, *DJe* 03.07.2023).

Extinção dos embargos por desistência e supressão do efeito suspensivo

"Recurso especial. Processual civil. Embargos de declaração. Posterior desistência. Prazo recursal. Interrupção. Não ocorrência.

---

[55] Corresponde ao art. 1.036 do CPC/2015.

1. Recurso especial interposto contra acórdão publicado na vigência do Código de Processo Civil de 2015 (Enunciados Administrativos nºs 2 e 3/STJ).

2. Cinge-se a controvérsia a saber se os embargos de declaração, a despeito da posterior manifestação de desistência, interrompem ou não o prazo para a interposição de outros recursos.

3. Extintos os embargos de declaração em virtude de desistência posteriormente manifestada, não é possível sustentar a interrupção do prazo recursal para a mesma parte que desistiu, tampouco a reabertura desse prazo a contar da intimação do ato homologatório.

4. A interrupção do prazo recursal resultante da oposição de embargos de declaração, seja por força do art. 538 do CPC/1973, seja por expressa disposição do art. 1.026 do CPC/2015, não se opera no caso em que os aclaratórios não são conhecidos por serem considerados inexistentes.

5. É intempestivo o recurso especial interposto após a manifestação de desistência de anteriores embargos de declaração opostos pela mesma parte.

6. Recurso especial não conhecido" (REsp n. 1.833.120/SP, Rel. Min. Ricardo Villas Bôas Cueva, 3ª Turma, j. 18.10.2022, DJe 24.10.2022).

Quadro esquemático 110 – Embargos de declaração

Embargos de Declaração (art. 1.022 a 1.026)

- **Conceito:** recurso que tem por objeto o esclarecimento ou a integração de uma decisão judicial.

- **Cabem embargos de declaração contra qualquer decisão judicial para (art. 1.022):**
  - Esclarecer obscuridade ou eliminar contradição;
  - Suprir omissão de ponto ou questão sobre o qual devia se pronunciar o juiz de ofício ou a requerimento;
  - Corrigir erro material.

- **Embargos com efeitos infringentes:**
  - Admite-se, excepcionalmente, que os embargos modifiquem a decisão (art. 1.023, § 2º)

- **Embargos para efeitos de prequestionamento:**
  - Interpostos os declaratórios, o requisito do prequestionamento reputa-se preenchido, mesmo na hipótese de o tribunal de origem entender que a decisão não deva ser integrada.

- **Procedimento:**
  - Interposição no prazo de cinco dias, em petição dirigida ao juiz, com a indicação do erro, da obscuridade, da contradição ou da omissão.
  - Não se sujeita a preparo (art. 1.023).
  - Julgamento em cinco dias (art. 1.024) pelo mesmo órgão que proferiu a decisão embargada.
  - Julgamento.

- **Efeitos dos embargos:**
  - Interruptivo ➔ interrompe o prazo para interposição de outros recursos por qualquer das partes.
  - Em regra não possui efeito suspensivo. Exceção: art. 1.023, § 1º.

- **Embargos manifestantes protelatórios (art. 1.026):**
  - Se o embargante interpõe recurso com exclusivo intuito de procrastinar o feito ➔ multa não superior a 2% do valor atualizado da causa.
  - Reiteração dos embargos protelatórios ➔ multa elevada a até 10% do valor atualizado da causa.
  - Em caso de reiteração, a interposição de qualquer outro recurso fica condicionada ao prévio pagamento da multa. Exceção: Fazenda Pública e beneficiários da gratuidade judiciária só recolherão a multa ao final.

5. RECURSO ORDINÁRIO (ART. 1.027)

5.1 Conceito e cabimento

Denomina-se recurso ordinário o meio de impugnação de decisão judicial (sentença ou acórdão e decisão interlocutória) proferida nas causas elencadas no art. 1.027.

Apesar de se dirigir a Tribunais Superiores – característica dos recursos extraordinários –, essa espécie de recurso comporta discussão sobre questões de fato. Assim, por ter objeto mais próximo dos recursos comuns, ele recebeu a denominação de ordinário. O adjetivo "constitucional" se deve ao fato de eles terem previsão na Constituição da República.

O recurso ordinário se subdivide em duas espécies: **recurso ordinário em sentido estrito**, que se assemelha à apelação, e **recurso ordinário-agravo de instrumento**, cabível na hipótese do inciso II, *b*, do art. 1.027. É um recurso comum, porquanto tem por objeto as questões e provas suscitadas e debatidas no curso da relação processual; em última análise, tem por objeto a proteção do direito subjetivo. A despeito de ter sede constitucional, difere dos recursos especiais (REsp e RE) que objetivam a proteção do direito objetivo. Difere também por **não exigir prequestionamento**. Assim, ele se limita a atender ao princípio do duplo grau de jurisdição.

Feitas essas considerações iniciais, verifiquemos as hipóteses de cabimento do recurso ordinário em matéria cível, as quais estão elencadas no art. 1.027, que, por sua vez, reproduz os arts. 102, II, e 105, II, da CF/1988, excluindo-se a matéria de natureza penal.

> Art. 1.027. Serão julgados em recurso ordinário:
>
> I – pelo Supremo Tribunal Federal, os mandados de segurança, os *habeas data* e os mandados de injunção decididos em única instância pelos tribunais superiores, quando denegatória a decisão;
>
> II – pelo Superior Tribunal de Justiça:
>
> a) os mandados de segurança decididos em única instância pelos tribunais regionais federais ou pelos tribunais de justiça dos Estados e do Distrito Federal e Territórios, quando denegatória a decisão;
>
> b) os processos em que forem partes, de um lado, Estado estrangeiro ou organismo internacional e, de outro, Município ou pessoa residente ou domiciliada no País.
>
> § 1º Nos processos referidos no inciso II, alínea "b", contra as decisões interlocutórias caberá agravo de instrumento dirigido ao Superior Tribunal de Justiça, nas hipóteses do art. 1.015.
>
> § 2º Aplica-se ao recurso ordinário o disposto nos arts. 1.013, § 3º, e 1.029, § 5º.

De acordo com o dispositivo transcrito:

- Dos **acórdãos ou decisões monocráticas proferidos pelos tribunais superiores** (TST, TSE, STM e STJ) em **mandados de segurança**, *habeas data* e **mandados de injunção** decididos em **única instância** (matéria de competência originária), quando **denegatória a decisão**, cabe recurso ordinário (apelação)[56] dirigido ao **STF**;
- Dos **acórdãos ou decisões monocráticas proferidos pelos TRF ou pelos tribunais de justiça dos Estados e do Distrito Federal e Territórios** em **mandados de segurança**

---

[56] Lembre-se de que o recurso ordinário, nas hipóteses em que o termo *apelação* aparece entre parênteses, equivale à apelação disciplinada nos arts. 1.009 e seguintes do CPC, com uma diferença: a apelação somente é cabível contra sentença, e o recurso ordinário é cabível também contra acórdão.

decididos em **única instância** (matéria de competência originária), quando **denegatória a decisão**, cabe recurso ordinário (apelação) dirigido ao **STJ**;
- Das **sentenças proferidas pelos juízes federais** nas causas em que forem partes, de um lado, **Estado estrangeiro ou organismo internacional**, e, de outro, **Município ou pessoa residente ou domiciliada no País**, cabe recurso ordinário (apelação) dirigido ao Superior Tribunal de Justiça. Observe-se que, nesses casos, em vez de apelação para o TRF, cabe recurso ordinário ao STJ. Saliente-se, ainda, que **das decisões interlocutórias proferidas nessas causas cabe agravo de instrumento para o STJ, e não para o TRF** (art. 1.027, § 1º).

Cumpre frisar que as hipóteses arroladas no art. 1.027, I e II, *a*, excluem o cabimento de recurso ordinário contra mandados de segurança, *habeas data* e mandados de injunção que cheguem aos tribunais em grau de recurso. Vale dizer, apenas nos casos de competência originária dos tribunais superiores cabe recurso ordinário para o STF, e, apenas nos casos de competência originária dos TRFs ou dos tribunais dos Estados e do Distrito Federal e Territórios cabe recurso ordinário para o STJ.

Pode-se dizer ainda que, nas hipóteses previstas no art. 1.027, I e II, *a*, o recurso ordinário é cabível conforme o resultado da lide (*secundum eventum litis*), haja vista que apenas as decisões denegatórias podem ser impugnadas. Nesse sentido, aliás, já decidiu o STJ que "cabe recurso especial, em mandado de segurança (originário), se a decisão é concessiva" (REsp 25.339-5/RS, 5ª Turma, Rel. Min. Costa Lima, j. 17.02.1993, *DJ* 15.03.1993, p. 3.824). Em outras, a **decisão de natureza concessiva não comporta recurso ordinário**, podendo ser impugnada por meio de recurso especial e/ou extraordinário, verificadas as respectivas hipóteses de cabimento.

Cabe destacar que a expressão "decisões denegatórias" deve ser interpretada de modo a abranger tanto as decisões em que o pedido formulado na inicial seja julgado improcedente, resultando na sucumbência do demandante, quanto aquelas em que o processo é extinto sem resolução do mérito. Se, porém, o relator indeferir monocraticamente a petição inicial de mandado de segurança, *habeas data* ou mandado de injunção, não cabe imediatamente recurso ordinário para o STF ou STJ, mas sim agravo interno para o órgão colegiado (STJ, RMS 15.558/SC, 1ª Turma, Rel. Min. José Delgado, j. 18.02.2003, *DJ* 24.03.2003, p. 141).

5.2 Procedimento

Por força do art. 1.028, ao recurso ordinário *stricto sensu* aplicam-se as normas da apelação e do Regimento Interno do STJ, com exceção, evidentemente, do agravo previsto no art. 1.027, § 1º, ao qual se aplicam as normas do Regimento interno do STJ e as do agravo do instrumento dispostas no CPC/2015, inclusive o art. 1.015.

Assim, a interposição do recurso ordinário (apelação) far-se-á, no prazo de 15 dias, perante o órgão *a quo*, em petição adequadamente fundamentada e portadora de pedido compatível com os fundamentos (art. 1.010); trará a comprovação do preparo (art. 1.007); devolverá ao órgão destinatário toda a matéria impugnada, de fato ou de direito (art. 1.013, *caput* – apelação total ou parcial); será julgada à vista de todos os pontos discutidos nos autos e todos os fundamentos da demanda ou da defesa.

Ao recurso ordinário em sentido estrito aplica-se a **teoria da causa madura**, assim como ocorre na apelação. Deste modo, se a causa estiver em condições de imediato julgamento, deve o STJ decidir desde logo o mérito nas hipóteses mencionadas no § 3º do art. 1.013. Na sistemática do CPC/1973, o entendimento jurisprudencial[57] era no sentido de ser inaplicável esse

---

[57] Nesse sentido: STJ, RMS 28.099/DF, 5ª Turma, Rel. Min. Félix Fischer, j. 22.06.2010; STJ, AgRg-EDcl-RMS 33.186/PR, 3ª Turma, Rel. Min. João Otávio de Noronha, j. 04.06.2013.

princípio ao recurso ordinário interposto em face de decisão denegatória de segurança. O § 2º do art. 1.027 põe fim a qualquer distinção: deve-se julgar desde logo o mérito nas mesmas hipóteses previstas para a apelação.

Ressalte-se que, tal como se passa com a apelação no regramento do CPC/2015, o **juízo de admissibilidade** é feito no juízo *ad quem*, e não mais no juízo prolator da decisão. No caso, embora processado no tribunal onde prolatada a decisão recorrida, o juízo de admissibilidade do recurso ordinário é feito no STF ou STJ, conforme o caso (art. 1.028, § 3º).

Nas causas em que forem partes, de um lado, estado estrangeiro ou organismo internacional e, do outro, município ou pessoa residente ou domiciliada no País (art. 1.027, II, "b"), da sentença e das **decisões interlocutórias taxativamente previstas no CPC/2015** (art. 1.015), proferidas pelo juízo federal de primeiro grau, caberão recurso ordinário em sentido estrito (apelação) e "recurso ordinário-agravo de instrumento", respectivamente. Quanto aos requisitos de admissibilidade e ao procedimento, ao recurso ordinário interposto contra sentença, aplicam-se as disposições relativas à apelação; ao recurso ordinário interposto contra as decisões interlocutórias, aplicam-se as disposições relativas ao agravo de instrumento. Em ambos os casos aplica-se supletivamente o Regimento Interno do STJ.

Por fim, cabe ressaltar que o recurso ordinário, em qualquer de suas modalidades, **não é dotado de efeito suspensivo** *ope legis*, regramento que, neste particular, se distingue do previsto para a apelação. O pedido para concessão do efeito suspensivo do recurso ordinário deve seguir as mesmas regras previstas para o recurso extraordinário ou especial (art. 1.027, § 2º, parte final), as quais serão explanadas no tópico seguinte.

Quadro esquemático 111 – Recurso ordinário

Recurso Ordinário (arts. 1.027 e 1.028)

- **Conceito:** meio de impugnação de decisão judicial (sentença ou acórdão e decisão interlocutória) proferida nas causas elencadas no art. 1.027.

- **Espécies**
  - Recurso ordinário em sentido estrito ➔ se assemelha à apelação.
  - Recurso ordinário – agravo de instrumento ➔ cabível na hipótese do inciso II, "b", do art. 1.027.

- **Cabimento (art. 1.027)**
  - Julgamento pelo STF: Em mandado de segurança, *habeas data* e mandado de injunção decididos em única instância pelos tribunais superiores, quando denegatória a decisão;
  - Julgamento pelo STJ: Em mandado de segurança decidido em única instância pelos tribunais regionais federais ou pelos tribunais de justiça dos Estados e do Distrito Federal e Territórios, quando denegatória a decisão;
  - Em processos em que forem partes, de um lado, Estado estrangeiro ou organismos internacionais e, de outro, Município ou pessoa residente ou domiciliada no país.

- **Procedimento**
  - Quanto aos requisitos de admissibilidade e ao procedimento, ao recurso ordinário interposto contra sentença, aplicamse as disposições relativas à apelação; ao recurso ordinário interposto contra as decisões interlocutórias, aplicam-se as disposições relativas ao agravo de instrumento. Em ambos os casos, aplicamse supletivamente o Regimento Interno do STJ.
  - Efeito: não é dotado de efeito suspensivo *ope legis*. O efeito *ope iudicis* pode ser concedido se observadas as mesmas regras previstas para o recurso extraordinário ou especial (art. 1.027, § 2º, parte final).

6. RECURSO EXTRAORDINÁRIO E RECURSO ESPECIAL (ARTS. 1.029 A 1.035)

6.1 Aspectos em comum

Tal como fez o Código, nos arts. 1.029 a 1.035, vamos tratar conjuntamente o recurso extraordinário e o recurso especial.

Tais recursos foram classificados como especiais (ou excepcionais) em oposição aos comuns, também chamados ordinários. Isso porque, enquanto nos recursos comuns basta a sucumbência para preencher os requisitos relativos ao interesse e à legitimidade, nos recursos especiais (RE e REsp), além desses requisitos, **exige-se a ofensa ao direito positivo, constitucional ou infraconstitucional**.

Os recursos comuns, ou ordinários (apelação, agravo e embargos de declaração), são dirigidos aos Tribunais locais, isto é, aos TJs e TRFs, e permitem a discussão de questões de fato, além das de direito.

Já os recursos extraordinários são dirigidos aos Tribunais superiores, estão submetidos a procedimento mais rigoroso e a devolutividade se restringe à matéria de direito – não admitindo rediscussão da matéria fática[58] –, razão pela qual também são chamados de **recurso de estrito direito ou de superposição**.

Os recursos extraordinários, portanto, **não se prestam à correção da injustiça da decisão, mas à unificação da aplicação do direito positivo**. Em suma, é impossível rediscutir a existência ou a inexistência de fatos em RE ou REsp.

É possível, contudo, revalorar os fatos incontroversos que estejam contidos no próprio acórdão. Vejamos alguns exemplos:

- É possível reexaminar, à luz do caso concreto, se um furto pode ser considerado insignificante (ex.: STJ, AgRg no REsp 1.943.163, *DJe* 04.11.2021).
- Em estupro de vulnerável o STJ já admitiu revalorar depoimento da vítima, para verificar a ocorrência do crime (STJ, AgRg no AREsp 2.009.659/TO, *DJe* 21.03.2022).
- É possível revalorar a existência ou não de danos morais no caso de atraso na entrega do imóvel reconhecida no acórdão (STJ, AgInt no AREsp 1.493.425/RJ, *DJe* 22.10.2019).
- O STJ entende que eventual revisão do *quantum* indenizatório é matéria de direito, passível de REsp, desde que exorbitante ou irrisório (AgInt no AREsp 1.579.193/RJ, *DJe* 12.02.2020).

Ressalte-se que o recurso ordinário constitucional também é dirigido aos Tribunais superiores. Contudo, como já examinado, não se incluem entre os recursos extraordinários por permitirem a apreciação de matéria fática, além da jurídica.

As hipóteses de cabimento do recurso extraordinário e do recurso especial estão elencadas nos arts. 102, III, e 105, III, da CF/1988, razão pela qual são chamados de recursos de fundamentação vinculada. Vejamo-las:

---

[58] Súmula nº 7 do STJ: "A pretensão de simples reexame de prova não enseja recurso especial"; Súmula nº 279 do STF: "Para simples reexame de prova não cabe recurso extraordinário". Contudo, é cabível a interposição de recursos extraordinários para discutir violação das regras sobre direito probatório (STJ, AgRg no AREsp 22.138/RS, Rel. Min. Sidney Beneti, *DJe* 10.11.2011).

Art. 102. Compete ao Supremo Tribunal Federal, precipuamente, a guarda da Constituição, cabendo-lhe:

[...]

III – julgar, mediante recurso extraordinário, as causas decididas em única ou última instância, quando a decisão recorrida:

a) contrariar dispositivo desta Constituição;

b) declarar a inconstitucionalidade de tratado ou lei federal;

c) julgar válida lei ou ato de governo local contestado em face desta Constituição;

d) julgar válida lei local contestada em face de lei federal.

Art. 105. Compete ao Superior Tribunal de Justiça:

[...]

III – julgar, em recurso especial, as causas decididas, em única ou última instância, pelos Tribunais Regionais Federais ou pelos tribunais dos Estados, do Distrito Federal e Territórios, quando a decisão recorrida:

a) contrariar tratado ou lei federal, ou negar-lhes vigência;

b) julgar válido ato de governo local contestado em face de lei federal;

c) der a lei federal interpretação divergente da que lhe haja atribuído outro tribunal.

Como se vê, o recurso extraordinário é julgado pelo STF, ao passo que o recurso especial é julgado pelo STJ.

Quanto ao cabimento, destaca-se que o recurso extraordinário não exige que a decisão recorrida tenha sido proferida por Tribunal, ao contrário do recurso especial. Por essa razão, admite-se recurso extraordinário em face de decisão das Turmas Recursais dos Juizados Especiais (Súmula nº 640 do STF).[59]

Por outro lado, uma vez que o recurso especial exige que a decisão recorrida seja emanada de Tribunal (Súmula nº 203 do STJ),[60] não é cabível a interposição de recurso especial de decisão proferida por órgão colegiado dos juizados especiais, tampouco por juiz monocrático.

Quanto à decisão proferida pelos órgãos colegiados dos Juizados Especiais, deve-se atentar para a utilização de reclamação ao STJ, com o objetivo de preservar a sua atuação uniformizadora, violada quando a decisão do juizado discrepar da orientação por ele fixada.

Por se tratar de recursos que visam à unificação da interpretação e aplicação do direito positivo, o RE e o REsp possuem algumas características **em comum**, a saber:

a) **As hipóteses de cabimento estão taxativamente previstas na Constituição Federal.** *Consequência*: alteração admitida apenas via Emenda Constitucional.

b) **Ambos possuem uma finalidade comum: garantir a integridade do direito.** *Consequência*: não há possibilidade de rediscussão da matéria fática (o efeito devolutivo é limitado).

---

[59] Súmula nº 640 do STF: "É cabível recurso extraordinário contra decisão proferida por juiz de primeiro grau nas causas de alçada, ou por turma especial de juizado especial cível ou criminal".

[60] Súmula nº 203 do STJ: "Não cabe recurso especial contra decisão proferida, nos limites de sua competência, por órgão de segundo grau dos Juizados Especiais".

c) **Ambos têm como fonte o próprio acórdão do tribunal de origem.** *Consequência*: o que estiver fora desse limite não será apreciado. Além disso, a argumentação jurídica deve se basear nos dados do próprio acórdão.

d) **Nos dois recursos há obrigatoriedade de esgotamento de todos os recursos ordinários:** como se extrai dos arts. 102, III, e 105, III, somente cabe recurso extraordinário ou recurso especial em "causas decididas em única ou última instância", razão pela qual é possível dizer que somente poderá ocorrer a interposição de RE ou REsp quando todos os outros recursos (comuns) tiverem sido interpostos. É o que dispõe, também, a Súmula nº 281 do STF: "É inadmissível o recurso extraordinário, quando couber, na Justiça de origem, recurso ordinário da decisão impugnada". Assim, por exemplo, a decisão monocrática de relator, porquanto ainda passível de outros recursos, não é capaz de ensejar REsp ou RE.[61]

e) Em ambos é exigido o **prequestionamento da questão que se quer ver apreciada no STF ou no STJ:** o prequestionamento deve ser entendido como manifestação expressa do juízo local, provocada ou não pela parte, sobre a questão devolvida nos recursos de estrito direito. Tanto o recurso extraordinário quanto o recurso especial só podem ser interpostos em face de "causas decididas", razão pela qual se exige prévia decisão nos autos acerca da matéria que se pretende discutir por meio de tais recursos. Assim, caso o tribunal de origem não tenha analisado a matéria de direito constitucional ou infraconstitucional, indispensável se afigura a interposição de embargos declaratórios prequestionadores, a fim de que haja decisão acerca do tema jurídico que se quer ver debatido nos recursos extraordinário e especial. Vale destacar que o debate sobre a questão deve envolver juízo de valor sobre a norma e sua aplicabilidade ao caso concreto, não bastando a mera referência ao dispositivo legal ou constitucional.[62] Ainda, de acordo com a jurisprudência pacífica do STF e STJ, esse requisito deve ser cumprido ainda que se trate de matérias de ordem pública, como a prescrição. Dessa forma, para que seja conhecido o RE ou REsp, mesmo as matérias de ordem pública não prescindem do requisito do prequestionamento.[63]

f) Deve haver **alegação de ofensa ao direito positivo:** como já ressaltado, os recursos excepcionais não são cabíveis para reexame de prova (Súmula nº 7 do STJ e Súmula nº 279 do STF), pelo que as alegações neles veiculadas devem ser de direito (no caso do RE, direito constitucional; no do REsp, direito infraconstitucional). Vale ressaltar que, embora o reexame de prova não seja possível nos recursos excepcionais, admite-se nova valoração de prova constante dos autos (STJ, EDcl no AgRg no REsp 324.130/DF, 4ª Turma, Rel. Min. Sálvio de Figueiredo Teixeira, j. 18.04.2002, *DJ* 12.08.2002, p. 215; STJ, AgRg no REsp 1.210.389/MS, 3ª Turma, Rel. Min. Nancy Andrighi, j. 24.09.2013, *DJe* 27.09.2013).

---

[61] Nesse sentido: "[...] É inadmissível quando interposto após decisão monocrática proferida pelo relator, haja vista não esgotada a prestação jurisdicional pelo tribunal de origem" (STF, *2ª T.*, AgRg no RE com Agravo 868.922/SP, Rel. Min. Dias Toffoli, j. 02.06.2015).

[62] Nesse sentido: 2ª T., AgInt nos EDcl no AREsp 1.607.787/SP, Rel. Min. Mauro Campbell Marques, j. 26.04.2022, *DJe* 29.04.2022.

[63] "Para que seja conhecido o recurso especial, é imprescindível o prévio exame da tese pelo Tribunal de origem, ainda que se trate de questão de ordem pública" (STJ, 6ª T., AgRg no AREsp 1.831.641/SP, Rel. Min. Rogério Schietti, j. 08/02/2022, *DJe* 21.02.2022); "A jurisprudência do Supremo Tribunal Federal é firme em exigir o regular prequestionamento das questões constitucionais suscitadas no recurso extraordinário, ainda que se trate de matéria de ordem pública" (STF, 1ª T., ARE 1.343.627/SP, Rel. Min. Roberto Barroso, j. 06.12.2021, *DJe* 15.12.2021).

Saliente-se, ainda, que pouco importa que a questão de direito alegada nos recursos extraordinário e especial seja de mérito ou processual, razão pela qual tais recursos podem ser interpostos contra julgamento proferido, em única ou última instância, em apelação, agravo de instrumento, agravo interno, enfim, todas as espécies de recurso.

g) Ambos possuem **duplo juízo de admissibilidade**. *Consequência*: os pressupostos recursais serão analisados pelo tribunal prolator da decisão e pelo tribunal superior. Durante a realização do duplo juízo de admissibilidade é possível que o relator no tribunal de origem encaminhe o processo ao órgão julgador para a realização de **juízo de retratação**, se o acórdão recorrido divergir do entendimento do STF (exarado no regime de repercussão geral) ou STJ (exarado nos casos de REsp Repetitivo).

h) **Regularidade formal:** como o próprio nome indica, os recursos extraordinário e especial consistem em meio excepcional de impugnação recursal, razão pela qual o rigorismo formal prevalece no juízo de admissibilidade de tais recursos.

Tanto o RE quanto o REsp possuem outra característica em comum: a necessidade de demonstração de repercussão geral ou de relevância da questão controvertida. Conforme veremos adiante, não apenas o RE exige a demonstração de existência de interesse relevante na solução da questão discutida no processo, mas também o REsp pressupõe que o assunto debatido ultrapasse os interesses subjetivos da causa. Esse novo requisito de admissibilidade foi inserido pela Emenda Constitucional nº 125, editada no final de 2022. Até o fechamento desta edição (27ª) não foi editada lei regulamentando o denominado "filtro da relevância". Porém, é importante abordar o assunto, pois em breve teremos mais um obstáculo a enfrentar para apreciação dos recursos especiais.

6.1.1 Peculiaridades sobre o prequestionamento

Como vimos, o prequestionamento é a necessidade de enfrentamento da questão pelo tribunal prolator do acórdão recorrido. Porém, é possível que, mesmo havendo pedido expresso, o Tribunal deixe de debater a questão objeto do recurso. Nesse caso, o que deve ser feito pelo advogado?

Primeiro, vejamos as diferenças entre as espécies de prequestionamento:

Numérico ou explícito	Implícito	Ficto
Quando o tribunal a *quo*, além de debater a questão de direito, indica exatamente qual ou quais os dispositivos de lei embasam o julgado. A mera indicação dos dispositivos legais não é suficiente, pois há necessidade de debate pelo órgão prolator da decisão.	Quando a Corte de origem, mesmo sem a menção expressa ao dispositivo de lei federal tido por violado, manifesta-se, no acórdão impugnado, acerca da tese jurídica apontada pelo recorrente. É suficiente, pois, que a matéria tenha sido apreciada na decisão, sendo dispensável a referência numérica ao dispositivo legal supostamente violado, exigência que se aplica apenas ao próprio recurso.	Quando o tribunal não se manifesta sobre a questão **mesmo após a oposição de embargos de declaração.** Art. 1.025, CPC: *"Consideram-se incluídos no acórdão os elementos que o embargante suscitou, para fins de prequestionamento, ainda que os embargos de declaração sejam inadmitidos ou rejeitados, caso o tribunal superior considere existentes erro, omissão, contradição ou obscuridade".*

Embora o art. 1.025 do CPC aponte para a possibilidade de prequestionamento ficto, conforme já adiantamos anteriormente, STF e STJ interpretam esse dispositivo de forma restritiva, não se contentando com a mera oposição dos embargos declaratórios. Para essas Cortes, o tribunal deve reconhecer a violação ao art. 1.022, II, do CPC. Ou seja, o advogado precisa opor embargos de declaração e, ainda, ver o Tribunal conhecer dos embargos e reconhecer a omissão. Apesar de parte da doutrina considerar superada a Súmula 211 do STJ, a Corte continua aplicando o enunciado, segundo o qual *"inadmissível o REsp quanto a questão que, a despeito da oposição de embargos declaratórios, não foi apreciada pelo Tribunal a quo"*.

E se o Recorrente opõe embargos e o Tribunal profere decisão apenas indicando que as matérias ventiladas no recurso estão prequestionadas, isso é suficiente para o preenchimento do requisito?

Nos termos da orientação jurisprudencial adotada pelo STJ, inobstante a oposição de embargos de declaração, não se considera suficiente, para fins de configuração do prequestionamento, que a matéria tenha sido suscitada pelas partes em suas razões recursais ou apenas citada no acórdão como "considerada ou dada por prequestionada", mas, sim, que a respeito do tema tenha havido efetivo debate no aresto recorrido" (STJ, 4ª T., AgInt no REsp 1.917.900/RS, Rel. Min. Marco Buzzi, j. 23.08.2021, *DJe* 26.08.2021).

Em suma, para a aplicação do art. 1.025 do CPC/2015 e para o conhecimento das alegações da parte em sede de recurso especial, é necessário: a) a oposição dos embargos de declaração na Corte de origem; b) a indicação de violação do art. 1.022 do CPC/2015 no recurso especial; e c) a matéria deve ser: i) alegada nos embargos de declaração opostos; ii) devolvida a julgamento ao Tribunal *a quo* e; iii) relevante e pertinente com a matéria. (STJ, EDcl no AgInt no AREsp 2.222.062/DF, Rel. Min. Francisco Falcão, 2ª Turma, j. 21.08.2023).

Para facilitar a compreensão, segue esquema do que deve ser providenciado pelo advogado para a comprovação desse requisito:

Prequestionamento
O que fazer na prática?

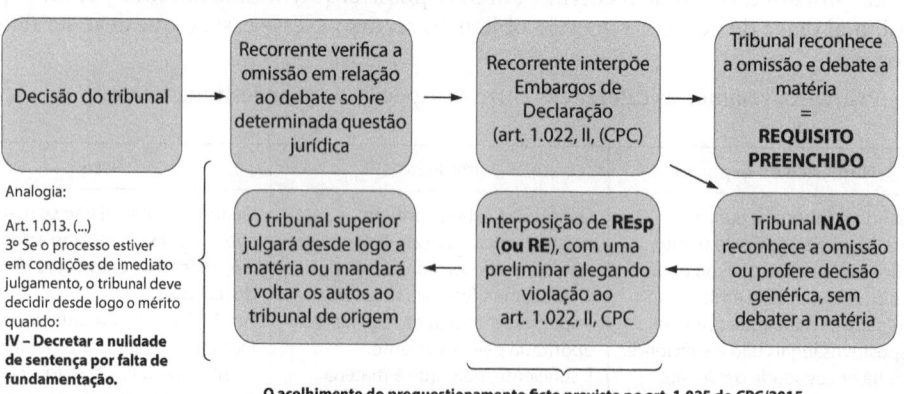

Decisão do tribunal → **Recorrente verifica a omissão em relação ao debate sobre determinada questão jurídica** → **Recorrente interpõe Embargos de Declaração (art. 1.022, II, (CPC)** → **Tribunal reconhece a omissão e debate a matéria = REQUISITO PREENCHIDO**

Analogia:
Art. 1.013. (...)
3º Se o processo estiver em condições de imediato julgamento, o tribunal deve decidir desde logo o mérito quando:
IV – Decretar a nulidade de sentença por falta de fundamentação.

O tribunal superior julgará desde logo a matéria ou mandará voltar os autos ao tribunal de origem ← **Interposição de REsp (ou RE), com uma preliminar alegando violação ao art. 1.022, II, CPC** ← **Tribunal NÃO reconhece a omissão ou profere decisão genérica, sem debater a matéria**

O acolhimento do prequestionamento ficto previsto no art. 1.025 do CPC/2015 pressupõe a indicação, nas razões do recurso especial, de violação do art. 1.022 do mesmo diploma legal (AgInt nos EDcl no REsp 1.822.833/RS; Resp 1.593.777/SP; AgInt no AREsp 1.628.987/RS)

6.1.2 Juízo de admissibilidade

Apesar da tentativa de se impor exclusivamente ao tribunal superior o juízo de admissibilidade dos recursos extraordinário e especial, o CPC/2015 não altera a regra exposta no CPC/1973.

A verificação dos pressupostos de admissibilidade ocorre no juízo de origem e também no tribunal destinatário do recurso (duplo juízo de admissibilidade). Na origem, ele será realizado pelos TJs e TRFs, e, no caso específico de RE, em algumas hipóteses, também nos juízos de primeiro grau e nas turmas recursais dos juizados especiais.

A parte que eventualmente desejar interpor um Recurso Especial ou Extraordinário deve protocolizá-lo no juízo *a quo* e não diretamente no juízo *ad quem*, nos termos do art. 1.029. Logo após, o Presidente do Tribunal (ou Vice-Presidente, a depender do regimento interno), em decisão monocrática, irá fazer um juízo de admissibilidade do recurso, nos termos do art. 1.030.

Além do juízo de admissibilidade, o CPC/2015 possibilita que o órgão competente (na origem) impeça que as temáticas já analisadas pelo STF e pelo STJ "subam" novamente para julgamento.

Confira, nesse sentido, a redação do art. 1.030, já com as alterações conferidas pela Lei nº 13.256/2016:

Art. 1.030. Recebida a petição do recurso pela secretaria do tribunal, o recorrido será intimado para apresentar contrarrazões no prazo de 15 (quinze) dias, findo o qual os autos serão conclusos ao presidente ou ao vice-presidente do tribunal recorrido, que deverá:

I – negar seguimento:

a) a recurso extraordinário que discuta questão constitucional à qual o Supremo Tribunal Federal não tenha reconhecido a existência de repercussão geral ou a recurso extraordinário interposto contra acórdão que esteja em conformidade com entendimento do Supremo Tribunal Federal exarado no regime de repercussão geral;

b) a recurso extraordinário ou a recurso especial interposto contra acórdão que esteja em conformidade com entendimento do Supremo Tribunal Federal ou do Superior Tribunal de Justiça, respectivamente, exarado no regime de julgamento de recursos repetitivos;

II – encaminhar o processo ao órgão julgador para realização do juízo de retratação, se o acórdão recorrido divergir do entendimento do Supremo Tribunal Federal ou do Superior Tribunal de Justiça exarado, conforme o caso, nos regimes de repercussão geral ou de recursos repetitivos;

III – sobrestar o recurso que versar sobre controvérsia de caráter repetitivo ainda não decidida pelo Supremo Tribunal Federal ou pelo Superior Tribunal de Justiça, conforme se trate de matéria constitucional ou infraconstitucional;

IV – selecionar o recurso como representativo de controvérsia constitucional ou infraconstitucional, nos termos do § 6º do art. 1.036;

V – realizar o juízo de admissibilidade e, se positivo, remeter o feito ao Supremo Tribunal Federal ou ao Superior Tribunal de Justiça, desde que:

a) o recurso ainda não tenha sido submetido ao regime de repercussão geral ou de julgamento de recursos repetitivos;

b) o recurso tenha sido selecionado como representativo da controvérsia; ou

c) o tribunal recorrido tenha refutado o juízo de retratação.

§ 1º Da decisão de inadmissibilidade proferida com fundamento no inciso V caberá agravo ao tribunal superior, nos termos do art. 1.042.

§ 2º Da decisão proferida com fundamento nos incisos I e III caberá agravo interno, nos termos do art. 1.021.

O tribunal que faz o primeiro juízo de admissibilidade ficará também responsável pela aplicação do precedente já fixado por tribunal superior, se entender que o caso concreto se enquadra na tese firmada. Em que pese ser um indício de mais uma tentativa de uniformização de julgamentos para casos semelhantes, essa novidade pode trazer um sério problema: dificilmente os recursos que ataquem precedentes normativos chegarão aos tribunais que formularam a tese. Desse modo, restará inviabilizada, pela via recursal, a superação do precedente ou mesmo o aprimoramento pelo tribunal da tese jurídica consolidada.

Essa constatação é reforçada pela redação do inciso II, que trata da única hipótese em que o colegiado, caso não se retrate, poderá remeter o recurso ao tribunal superior.

Quanto à decisão do tribunal acerca do juízo de admissibilidade (inciso V), só há cabimento de recurso e, consequentemente, de acesso ao tribunal superior, se a decisão do tribunal a quo **não** estiver fundada na aplicação de entendimento firmado em regime de repercussão geral ou em julgamento de casos repetitivo (IRDR e RE ou REsp repetitivos) (art. 1.042, *caput*). Caso contrário, o recurso que ataque precedente normativo não chegará aos tribunais superiores.

Então, qual o recurso adequadamente cabível contra um juízo negativo de admissibilidade? Dependendo dos fundamentos da admissibilidade, abre-se a possibilidade de interposição de dois recursos distintos:

MOTIVO	RECURSO CABÍVEL
Se o Presidente ou Vice nega seguimento a: (i) RE que discuta questão constitucional à qual o Supremo Tribunal Federal **não** tenha reconhecido a existência de repercussão geral ou a recurso extraordinário interposto contra acórdão que esteja em conformidade com entendimento do Supremo Tribunal Federal exarado no regime de repercussão geral; OU (ii) RE ou REsp interposto contra acórdão que esteja em conformidade com entendimento do Supremo Tribunal Federal ou do Superior Tribunal de Justiça, respectivamente, exarado no regime de julgamento de recursos repetitivos **(hipóteses do inciso I do art. 1.030).**	O recurso cabível contra esta decisão será o **agravo interno**, que será julgado pelo próprio Tribunal de origem. Nesse sentido: "O único recurso cabível da decisão que nega seguimento aos recursos às instâncias superiores (STJ e STF), em virtude de o acórdão recorrido estar em consonância com tese firmada sob o rito dos recursos repetitivos ou da repercussão geral, é o agravo interno, a teor do expressamente previsto no art. 1.030, § 2º, do CPC". STJ, AgInt no AREsp 2.148.444/PB, Rel. Min. Humberto Martins, 2ª Turma, j. 13.02.2023.
Se o Presidente ou Vice nega seguimento para todas das demais hipóteses de inadmissibilidade, a exemplo da tempestividade.	O recurso cabível contra esta decisão será o **agravo em recurso especial e extraordinário** previsto no art. 1.042 do CPC.

6.1.3 Vício formal em RE e REsp

Principalmente no âmbito dos tribunais superiores, não é difícil depararmos com decisões que inadmitem determinado recurso pelo fato de o protocolo da petição estar "tremido" e não possibilitar averiguar com segurança a data da interposição, que reputam inexistente a petição recursal sem assinatura ou que inadmitem o recurso porque o recorrente, *a priori*, não comprovou a ocorrência de feriado no juízo de origem. Esses são exemplos da denominada jurisprudência defensiva. No âmbito do STJ, por exemplo, impera, na sistemática do CPC/1973, a máxima no sentido de que "a ausência de quaisquer das condições de admissibilidade do recurso, na instância especial, não enseja a concessão de oportunidade para a regularização do vício processual".[64] A ordem, pelo que se extrai do teor desse tipo de decisão, é matar os recursos no nascedouro, a qualquer custo, ainda que essa prática signifique a mais explícita negativa de acesso à justiça.

---

[64] Nesse sentido: EREsp 733.188/RS, Rel. Min. Og Fernandes, j. 10.12.2008.

Pois bem. O § 3º do art. 1.029, em consonância com o princípio da economia processual, do aproveitamento dos atos e da celeridade, visa pôr fim a esse fetichismo pela forma em detrimento da essência. De acordo com o referido dispositivo, **o Supremo Tribunal Federal ou o Superior Tribunal de Justiça poderá desconsiderar vício formal de recurso tempestivo ou determinar sua correção, desde que não o repute grave.**

Em síntese, a não ser que se trate de defeito grave, por exemplo, ausência de prequestionamento, é possível que o STJ e o STF (por meio do relator ou do órgão colegiado) desconsiderem o vício e determinem o regular prosseguimento do recurso. Também na hipótese de defeito que possa ser corrigido, cabe ao tribunal determinar a intimação do recorrente para suprir a irregularidade. Somente se o recorrente não sanar o vício formal do qual foi intimado para corrigir é que o tribunal deverá inadmitir o recurso.

Nesse ponto vale lembrar o enunciado da Súmula nº 115 do STJ, segundo o qual "na instância especial é inexistente o recurso interposto por advogado sem procuração dos autos". Como a ausência de procuração é vício que pode ser facilmente sanado, o entendimento sumulado deve ser reinterpretado em conformidade com o § 3º do art. 1.029: na instância especial é inexistente o recurso interposto por advogado sem procuração nos autos quando este, intimado para sanar a irregularidade, não juntar o instrumento no prazo assinalado pelo tribunal.

Uma exceção à Súmula 115 é o caso da petição recursal impressa, assinada manualmente por advogado constituído nos autos, mas digitalizada e peticionada de forma eletrônica por outro advogado. Em um caso concreto, em que o advogado peticionante – aquele que assinou a peça – era bastante idoso e estava passando por problemas de saúde, o STJ admitiu a prática, afastando o enunciado da súmula e argumentando que esse tipo de documento digitalizado inserido nos autos eletrônicos por advogado sem procuração deve ser admitido na forma do art. 425, I, do CPC, pois, em princípio, "faz a mesma prova que o original", ressalvada a alegação motivada e fundamentada de adulteração (4ª T., AREsp 1.917.838/RJ, Rel. Min. Luis Felipe Salomão, j. 23.08.2022).

6.1.4 *Recursos excepcionais e o incidente de resolução de demandas repetitivas*

De acordo com o § 4º do art. 1.029:

"Quando, por ocasião do processamento do incidente de resolução de demandas repetitivas, o presidente do Supremo Tribunal Federal ou do Superior Tribunal de Justiça receber requerimento de suspensão de processos em que se discuta questão federal constitucional ou infraconstitucional, poderá, considerando razões de segurança jurídica ou de excepcional interesse social, estender a suspensão a todo o território nacional, até ulterior decisão do recurso extraordinário ou do recurso especial a ser interposto".

O dispositivo em comento se relaciona com o § 3º do art. 982.[65] Este, por sua vez, trata da faculdade conferida às partes de qualquer processo individual ou coletivo em curso, no qual se discuta a mesma questão objeto de IRDR já instaurado e admitido, bem como ao Ministério Público e à Defensoria Pública, para requerer perante o STF ou STJ a extensão da suspensão vigorante no âmbito do tribunal (TJ ou TRF) onde tramita o IRDR a todos os processos individuais ou coletivos em curso no território nacional que versem sobre a mesma questão. O § 4º do art. 1.029 trata dos requisitos para a concessão dessa extensão.

---

[65] "Visando à garantia da segurança jurídica, qualquer legitimado mencionado no art. 977, incisos II e III, poderá requerer, ao tribunal competente para conhecer do recurso extraordinário ou especial, a suspensão de todos os processos individuais ou coletivos em curso no território nacional que versem sobre a questão objeto do incidente já instaurado."

Exemplo. O Tribunal de Justiça do Estado do Ceará admitiu incidente de resolução de demandas repetitivas (IRDR) visando definir a tese jurídica acerca da limitação estabelecida em determinada cláusula constante em contratos de plano de saúde firmado pelas operadoras desse serviço e determinou a suspensão dos processos pendentes, individuais ou coletivos, que versem sobre a mesma questão e tramitam no Estado. A mencionada cláusula, que é padrão em boa parte dos contratos de plano de saúde, é impugnada em processos judiciais em curso nos diversos Estados da federação e os juízes e tribunais de justiça do País possuem entendimentos diversos sobre a questão. Nesse caso, uma operadora de plano de saúde da Paraíba, parte em processos individuais em curso nesse Estado, ainda que não figure no IRDR em trâmite no TJ do Ceará, tem legitimidade para requerer seja a suspensão dos processos, decretada no Ceará, estendida a todo o território nacional (art. 982, § 4º).

Em razão da diversidade de entendimentos sobre a questão, em nome da isonomia e da segurança jurídica, recomenda-se a suspensão dos processos em todo o território nacional, até que a questão venha a ser decidida em eventual recurso extraordinário ou especial interposto em face do acórdão que vier a ser proferido no IRDR instaurado no Tribunal do Ceará ou que vier a ser instaurado, em decorrência da já mencionada questão, em outro tribunal de justiça ou TRF. Denota insegurança jurídica e quebra da isonomia a cláusula objeto do nosso exemplo ser reputada válida para um usuário do Estado do Ceará, e não o ser para um de Minas Gerais. Porque milhares de usuários de planos de saúde estão sujeitos à limitação estabelecida por tal cláusula contratual, é inconteste o interesse social em suspender os processos em curso, até ulterior decisão definitiva da questão, no âmbito de recurso extraordinário ou especial.

6.1.5 Efeito suspensivo do RE e do REsp

Em linhas anteriores já dissemos que o recurso especial e o recurso extraordinário não são dotados de efeito suspensivo. No CPC/1973, ante a falta de regramento específico, a atribuição de efeito suspensivo a RE e a REsp era viabilizada por meio do ajuizamento de ação cautelar. A competência para apreciar a medida dependia do juízo de admissibilidade do recurso interposto. Se o tribunal de origem ainda não houvesse procedido a esse juízo, ao presidente do tribunal de origem caberia a apreciação da liminar da ação cautelar; se já exercido o juízo de admissibilidade na origem, a competência era do tribunal superior. A propósito, conferir as Súmulas nº 634 e 635 do STF.[66]

O Código de Processo Civil atual põe fim a essa dicotomia. Em justa homenagem à simplificação das formas, não há mais necessidade de ajuizamento de ação cautelar. Aliás, como procedimento autônomo, essa natureza de ação/processo está morta e cremada. Sendo assim, e conforme o disposto no § 5º do art. 1.029, com a redação conferida pela Lei nº 13.256/2016, o pedido de suspensão será dirigido, em petição autônoma, ao tribunal superior respectivo, ao presidente ou ao vice-presidente, dependendo da fase recursal:

---

[66] Súmula nº 634 do STF: "Não compete ao Supremo Tribunal Federal conceder medida cautelar para dar efeito suspensivo a recurso extraordinário que ainda não foi objeto de juízo de admissibilidade na origem".

Súmula nº 635 do STF: "Cabe ao Presidente do Tribunal de origem decidir o pedido de medida cautelar em recurso extraordinário ainda pendente do seu juízo de admissibilidade".

Período compreendido entre a publicação da decisão de admissão do recurso e sua distribuição	⇨	O pedido deve ser dirigido ao tribunal superior respectivo (STJ no caso de REsp; STF no caso de RE)
Recurso já distribuído	⇨	O pedido deve ser dirigido ao relator
Período compreendido entre a interposição do recurso e a publicação da decisão de admissão do recurso, assim como no caso de o recurso ter sido sobrestado	⇨	O pedido deve ser dirigido ao presidente ou ao vice-presidente do tribunal recorrido

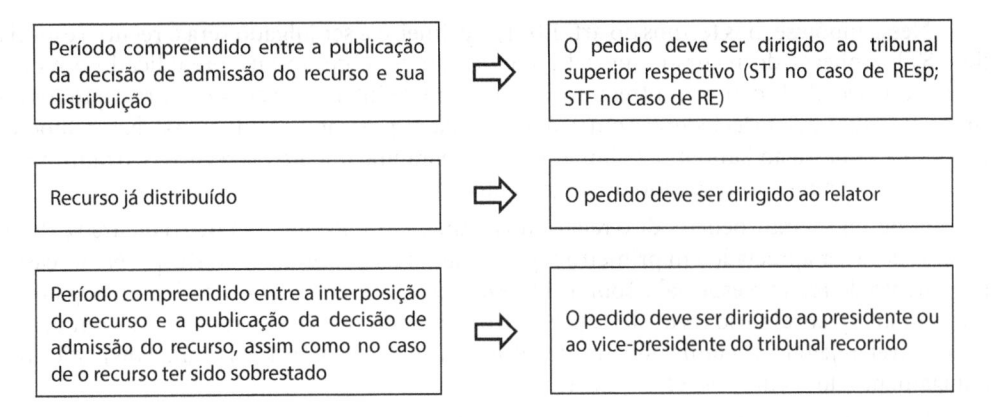

6.1.6 Efeito devolutivo do RE e do REsp

Art. 1.034. Admitido o recurso extraordinário ou o recurso especial, o Supremo Tribunal Federal ou o Superior Tribunal de Justiça julgará o processo, aplicando o direito.

Parágrafo único. Admitido o recurso extraordinário ou o recurso especial por um fundamento, devolve-se ao tribunal superior o conhecimento dos demais fundamentos para a solução do capítulo impugnado.

O dispositivo consolida o entendimento jurisprudencial acerca **do efeito devolutivo dos recursos especial e extraordinário.**

Por mais que se trate de um efeito devolutivo limitado, uma vez que a função do recurso é uniformizar o entendimento sobre lei infraconstitucional ou sobre matéria constitucional, continua incontestável a possibilidade de o órgão julgador aplicar o direito à causa, dirimindo-a. Além disso, é importante que se diga que o prequestionamento refere-se apenas à admissibilidade em abstrato do recurso e não condiciona o efeito devolutivo em relação às questões de ordem pública.

Assim, inobstante a "objetivação" existente no julgamento de recursos pelos tribunais superiores, indiscutível a necessidade de uma margem de apuração do direito pelo órgão, para que ele possa resolver definitivamente a crise de direito material que substanciou o recurso. Caso contrário, o tribunal se tornará abstrato, sem acesso à sociedade e incapaz de gerar efeitos materiais em suas decisões.[67]

6.1.7 Interposição simultânea de RE e REsp e a questão da fungibilidade

É possível que uma mesma decisão afronte lei federal e norma constitucional, o que permite a interposição simultânea de recurso extraordinário e recurso especial.[68]

---

[67] "Em virtude da sua natureza excepcional, decorrente das limitadas hipóteses de cabimento (Constituição, art. 105, III), o recurso especial tem efeito devolutivo restrito, subordinado à matéria efetivamente prequestionada, explícita ou implicitamente, no tribunal de origem. 2. Todavia, embora com devolutividade limitada, já que destinado, fundamentalmente, a assegurar a inteireza e a uniformidade do direito federal infraconstitucional, o recurso especial não é uma via meramente consultiva, nem um palco de desfile de teses meramente acadêmicas. Também na instância extraordinária o Tribunal está vinculado a uma causa e, portanto, a uma situação em espécie (Súmula nº 456 do STF; Art. 257 do RISTJ)" (REsp 660.519/CE, 1ª Turma, Rel. Min. Teori Albino Zavascki, j. 20.10.2005, DJ 07.11.2005).

[68] Evidencie-se que o RE e o REsp são recursos completamente independentes, a despeito do tratamento conjunto que lhes dá o Código. A propósito, é mais comum interpor apenas o recurso especial, sem

Nessa hipótese, nos termos do art. 1.031, o primeiro a ser julgado será o recurso especial. Se o STJ conhecer do recurso especial e lhe der provimento, restará prejudicado o recurso extraordinário. Pode ocorrer, entretanto, de o recorrente interpor recurso contra capítulos distintos: um que afronte lei federal e outro que infrinja disposição constitucional. Nessa hipótese dar-se-á a remessa ao Supremo Tribunal Federal, para julgamento do recurso extraordinário, independentemente do resultado do julgamento no STJ (art. 1.031, § 1º).

Pode, entretanto, ocorrer de o relator do recurso especial entender que o recurso extraordinário deva ser apreciado em primeiro lugar (quando o RE prejudicar o REsp). Nesse caso, o julgamento do recurso especial é sobrestado e os autos são remetidos ao STF para julgamento do recurso extraordinário (art. 1.031, § 2º). Se o relator do recurso extraordinário, em decisão irrecorrível, rejeitar a prejudicialidade, devolverá os autos ao Superior Tribunal de Justiça para o julgamento do recurso especial (art. 1.031, § 3º).

Muitas vezes, entende o STJ que a ofensa apresentada no recurso especial que é submetido é de ordem constitucional e não infraconstitucional, de modo que o julgamento da questão, ou até mesmo o seu prequestionamento para fins de recurso extraordinário, consiste em usurpação da competência do STF.[69] O julgamento pelo STJ, nessa hipótese, resulta em inevitável inadmissibilidade. Com efeito, se a parte não tiver interposto recurso extraordinário, a questão já estará preclusa. No mesmo sentido trilha a nossa Corte Constitucional: verificada ofensa indireta ou reflexa ao texto constitucional, de modo a exigir o exame de norma infraconstitucional, o STF deve inadmitir o recurso extraordinário.[70]

Em termos práticos, **de acordo com a sistemática do CPC/1973, não se admitia a fungibilidade entre o recurso especial e o recurso extraordinário**, entrave que culminou na edição das Súmulas nº 126/STJ[71] e nº 636/STF.[72]

Diante dessa verdadeira incongruência, o jurisdicionado só tinha uma opção: interpor os dois recursos, por precaução, e aguardar resposta positiva de algum dos tribunais. O que a jurisprudência exigia, portanto, era a duplicação do trabalho do advogado.

Essa incongruência é resolvida pelos arts. 1.032 e 1.033 do CPC/2015. Caso o relator no STJ entenda que o recurso trata de questão constitucional, concederá ao recorrente prazo para complementação e apresentação de alegações acerca da repercussão geral. Após o prazo, direcionará

---

o extraordinário, em face da maior restrição imposta ao cabimento deste. Pode ser até que o RE seja interposto contra a decisão proferida pelo STJ no REsp.

[69] "Consoante firme orientação jurisprudencial, não se afigura possível apreciar, em sede de recurso especial, suposta ofensa direta a artigos da Constituição Federal. O prequestionamento de matéria essencialmente constitucional pelo STJ implicaria usurpação da competência do STF" (AgRg nos EDcl no REsp 1.279.753/SP, 5ª Turma, Rel. Min. Jorge Mussi, j. 02.08.2012).

[70] "Necessidade de análise de legislação ordinária. Inadmissibilidade do RE, porquanto a ofensa à Constituição, se ocorrente, seria indireta. Precedentes. III – Somente admite-se recurso extraordinário de decisão do Superior Tribunal de Justiça se a questão constitucional impugnada for nova. Assim, a matéria constitucional impugnável via RE deve ter surgido, originariamente, no julgamento do recurso especial, o que não é o caso dos autos" (AI 714.886 AgR, 1ª Turma, Rel. Min. Ricardo Lewandowski, j. 03.03.2009, *DJe* 26.03.2009).

[71] Súmula nº 126 do STJ: "É inadmissível recurso especial, quando o acórdão recorrido assenta em fundamentos constitucional e infraconstitucional, qualquer deles suficiente, por si só, para mantê-lo, e a parte vencida não manifesta recurso extraordinário".

[72] Súmula nº 636 do STF: "Não cabe recurso extraordinário por contrariedade ao princípio constitucional da legalidade, quando a sua verificação pressuponha rever a interpretação dada a normas infraconstitucionais pela decisão recorrida".

ao STF o recurso. A Corte Constitucional, caso entenda não se tratar de violação direta à ordem constitucional, poderá devolver a questão ao STJ, a quem incumbirá o julgamento do recurso.

Da mesma forma, o STF poderá enviar ao STJ recurso extraordinário no qual evidencie eventual ofensa reflexa ao texto constitucional, mas cuja questão de fundo não envolva matéria de sua competência.

Estabelecidas as regras gerais de ambos os recursos, analisemos a partir de agora as especificidades de cada um.

Quadro esquemático 112 – Recurso extraordinário e recurso especial

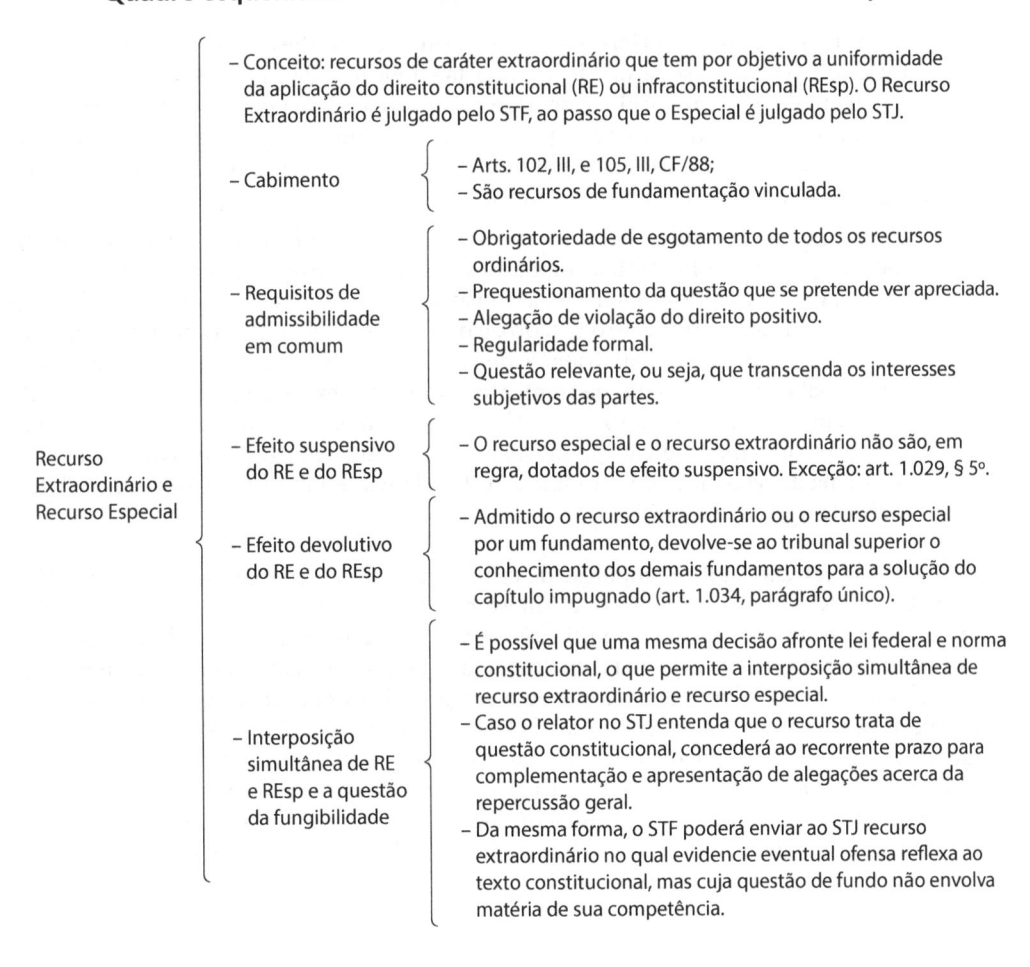

Recurso Extraordinário e Recurso Especial

- **Conceito**: recursos de caráter extraordinário que tem por objetivo a uniformidade da aplicação do direito constitucional (RE) ou infraconstitucional (REsp). O Recurso Extraordinário é julgado pelo STF, ao passo que o Especial é julgado pelo STJ.

- **Cabimento**
  - Arts. 102, III, e 105, III, CF/88;
  - São recursos de fundamentação vinculada.

- **Requisitos de admissibilidade em comum**
  - Obrigatoriedade de esgotamento de todos os recursos ordinários.
  - Prequestionamento da questão que se pretende ver apreciada.
  - Alegação de violação do direito positivo.
  - Regularidade formal.
  - Questão relevante, ou seja, que transcenda os interesses subjetivos das partes.

- **Efeito suspensivo do RE e do REsp**
  - O recurso especial e o recurso extraordinário não são, em regra, dotados de efeito suspensivo. Exceção: art. 1.029, § 5º.

- **Efeito devolutivo do RE e do REsp**
  - Admitido o recurso extraordinário ou o recurso especial por um fundamento, devolve-se ao tribunal superior o conhecimento dos demais fundamentos para a solução do capítulo impugnado (art. 1.034, parágrafo único).

- **Interposição simultânea de RE e REsp e a questão da fungibilidade**
  - É possível que uma mesma decisão afronte lei federal e norma constitucional, o que permite a interposição simultânea de recurso extraordinário e recurso especial.
  - Caso o relator no STJ entenda que o recurso trata de questão constitucional, concederá ao recorrente prazo para complementação e apresentação de alegações acerca da repercussão geral.
  - Da mesma forma, o STF poderá enviar ao STJ recurso extraordinário no qual evidencie eventual ofensa reflexa ao texto constitucional, mas cuja questão de fundo não envolva matéria de sua competência.

6.2 Hipóteses de cabimento do recurso extraordinário

Além das hipóteses de cabimento arroladas pelo art. 102, III, da CF/1988, a EC nº 45/2004 criou novo requisito de admissibilidade do recurso extraordinário, qual seja, a **repercussão geral da questão constitucional** discutida no caso.

Antes, porém, de se passar à análise desse requisito, cumpre tecer alguns comentários sobre as hipóteses de cabimento do recurso extraordinário:

- **Decisão contrária a dispositivo da CF/1988 (art. 102, III, *a*)**: significa que a decisão deve contrariar norma expressa da Constituição, de forma direta, não sendo suficiente a referência genérica de ofensa ao texto constitucional. Em outras palavras, não se admite ofensa reflexa ou indireta à Constituição Federal (Súmula 636, STF[73]). A partir da interpretação dessa súmula também se considera que a simples existência de precedente alegadamente favorável à tese da parte interessada é insuficiente, por si, para justificar a interposição desse recurso (RE 578.248 AgRg, *DJe* 19.11.2010).

- **Decisão que declara a inconstitucionalidade de tratado ou lei federal (art. 102, III, *b*)**: significa que a decisão recorrida, nessa hipótese, deve negar a aplicação (ou vigência) da lei ou tratado federal, devido a suposta inconstitucionalidade.[74] Necessário destacar que a jurisprudência do STF não admite a aplicação desse inciso para o caso de controle de recepção (RE 289.533).

- **Decisão que julga válida lei ou ato de governo local contestado em face da CF/1988 (art. 102, III, *c*)**: nesse caso, a decisão afasta a aplicação da CF/1988 ao reputar válida lei ou ato de governo local em sentido contrário a norma constitucional. Na hipótese deve o recorrente fazer a seguinte pergunta: "houve equivocado prestígio pelo Tribunal de norma local (estadual ou municipal) em detrimento da Constituição? Se sim, caberá o RE com base na alínea "c".

- **Decisão que julga válida lei local contestada em face de lei federal (art. 102, III, *d*)**: incluída pela EC nº 45/2004, tal hipótese de cabimento do recurso extraordinário tem em mira a ofensa reflexa à norma da Constituição, pois "é a Constituição que define a competência legislativa e, se o Estado ou o Município edita norma de desobediência ao comando constitucional, trata-se de afronta à CF/1988 e não à lei federal".[75] Em outras palavras, "(...) o enquadramento do recurso extraordinário na hipótese de cabimento inscrita no art. 102, III, "d", exige a demonstração, pelo recorrente, de que a corte de origem, ao julgar válida lei local contestada em face de lei federal, ofendeu o sistema de repartição de competências legislativas estatuído na Constituição" (Rcl 9.702 AgRg, *DJE* 18.03.2015).

Ainda com relação à última hipótese de cabimento do recurso extraordinário (art. 102, III, *d*, da CF/1988), cumpre salientar que, anteriormente à EC nº 45/2004, o recurso cabível nesse caso era o recurso especial. A modificação teve por objetivo permitir o cabimento do RE em virtude de afronta reflexa à norma constitucional, que é o que ocorre, em regra, quando lei local confronta com lei federal. Ocorre que nem sempre tal afronta existe, pois pode a controvérsia referir-se unicamente à interpretação da lei local em face da lei federal, hipótese na qual se trata de questão federal, e não constitucional (STF, RE 117.809, Pleno, Rel. Min. Sepúlveda Pertence, j. 14.06.1989, *DJ* 04.08.1989, p. 12.612). Percebe-se, portanto, que a mudança operada pela EC nº 45/2004, nesse ponto, foi insuficiente, devendo-se admitir, em algumas situações de decisão que julga válida lei local contestada em face de lei federal, o cabimento de REsp com fundamento no art. 105, III, *a*, da CF.

---

[73] "Não cabe recurso extraordinário por contrariedade ao princípio constitucional da legalidade, quando a sua verificação pressuponha rever a interpretação dada a normas infraconstitucionais pela decisão recorrida".

[74] Caberá também recurso extraordinário de decisão que, no controle abstrato, utilizar como parâmetro norma da Constituição Estadual que é mera repetição de norma da Constituição da República. Nesse sentido, "cabe, da decisão definitiva da Corte local, recurso extraordinário ao STF, se a interpretação da norma constitucional estadual, que reproduz a norma constitucional federal, [...] contrariar o sentido e alcance desta" (STF, AGRRCL 596/MA, Pleno, Rel. Min. Néri da Silveira, j. 30.05.1996).

[75] MIRANDA, Gilson Delgado; PIZZOL, Patrícia Miranda. *Recursos no processo civil*. 5. ed. São Paulo: Atlas, 2006. p. 124.

6.3 Repercussão geral da questão constitucional no recurso extraordinário

Examinadas as hipóteses de cabimento do recurso extraordinário, destaca-se que a repercussão geral da questão constitucional, requisito de admissibilidade do RE (art. 102, § 3º, da CF/1988 e art. 1.035 do CPC), exige que o recorrente demonstre a existência "**de questões relevantes do ponto de vista econômico, político, social ou jurídico, que ultrapassem os interesses subjetivos do processo**" (art. 1.035, § 1º).

Dessa maneira, para que seja cabível o RE, faz-se necessário que a questão discutida tenha relevância além dos limites ou interesses subjetivos do caso concreto, como ocorre em demanda em que se discute a constitucionalidade da cobrança de determinado tributo. Em suma, não cabe ao STF decidir "briga de vizinhos", ou seja, questões cujo debate tenha relevância apenas para as partes.

O pronunciamento acerca da existência de repercussão geral é de competência exclusiva do STF (art. 1.035, § 2º). O juízo *a quo* não pode, portanto, usurpar a competência da Suprema Corte e analisar esse requisito.

Conforme se extrai do art. 102, § 3º, da CF/1988, a relevância da questão constitucional é, a princípio, presumida, cabendo ao plenário do STF, pela decisão de pelo menos dois terços de seus membros (oito ministros), rejeitá-la.

Embora seja essa a interpretação dada pela CF/1988, cabe registrar que, de acordo com o art. 326, § 1º, do Regimento Interno do STF, incluído pela Emenda Regimental nº 54, de 1º de julho de 2020, o relator também pode negar a existência de repercussão geral exclusivamente para um determinado caso concreto. O dispositivo é de duvidosa constitucionalidade, pois excepciona regra prevista na Constituição Federal, além de admitir, na prática, que a Corte escolha o que quer julgar.

Em duas situações a relevância da questão é presumida de modo absoluto, isto é, *iure et de iure*: (i) quando o recurso impugnar decisão contrária a súmula ou jurisprudência dominante do STF. Isso significa que pelo simples fato de determinada matéria ser sumulada pelo STF ou objeto de reiteradas decisões há relevância *jurídica* que justifica a admissão do RE, além de eventual relevância econômica, política ou social; (ii) quando o acórdão tenha reconhecido a inconstitucionalidade de lei ou tratado, nos termos do art. 97 da CF/1988.[76]

O STF já decidiu, com base no § 2º do art. 543-A do CPC/1973,[77] que a repercussão geral deve ser alegada como preliminar, ou seja, demonstrada em tópico destacado da petição do RE.[78] Como o CPC/2015 não repete, *ipsis litteris*, o mencionado dispositivo, pode-se concluir que é dispensável essa formalidade, bastando, para tanto, que o recorrente demonstre, de forma fundamentada, o requisito da repercussão geral. Vale lembrar que mesmo nas hipóteses de presunção legal de existência de repercussão geral a jurisprudência da Corte entende que cabe ao recorrente demonstrar esse requisito.

Pode o relator do RE admitir, nos termos do Regimento Interno do STF, a manifestação de terceiros na análise da repercussão geral (art. 1.035, § 4º). Trata-se da figura do *amicus curiae*, já tratada na Parte I.

---

[76] "Art. 97. Somente pelo voto da maioria absoluta de seus membros ou dos membros do respectivo órgão especial poderão os tribunais declarar a inconstitucionalidade de lei ou ato normativo do Poder Público".

[77] "O recorrente deverá demonstrar, em preliminar do recurso, para apreciação exclusiva do Supremo Tribunal Federal, a existência da repercussão geral". No CPC/2015 o § 2º do art. 1.035 excluir a expressão "em preliminar".

[78] Nesse sentido: STF, AI 703.374/PR, 2ª Turma, Rel. Min. Ellen Gracie, j. 14.10.2008.

"Reconhecida a repercussão geral, o relator no Supremo Tribunal Federal determinará a **suspensão do processamento de todos os processos pendentes, individuais ou coletivos, que versem sobre a questão e tramitem no território nacional**" (art. 1.035, § 5º). Ou seja, independentemente do grau de jurisdição ou da fase (conhecimento ou execução) em que esteja o processo, o STF determinará – isso mesmo, o verbo é imperativo – a suspensão de todos aqueles que tenham relação com a causa submetida a julgamento.

Pode o interessado – a parte em processo abrangido pela suspensão – evitar o sobrestamento de recurso extraordinário que apresente manifesta inadmissão por intempestividade. Para tanto, deverá o interessado, no caso o recorrido, requerer a inadmissão do recurso extraordinário interposto e, como consequência, a exclusão do processo da decisão de sobrestamento. Quanto à inadmissão do recurso extraordinário, hão que se compatibilizar as disposições do art. 1.028, § 3º, com as do art. 1.035, § 6º. Havendo requerimento para inadmissão do recurso extraordinário, com base em intempestividade, e consequente exclusão da decisão de sobrestamento, a decisão sobre essas questões caberá ao presidente ou vice-presidente do tribunal de origem, embora a decisão que determinou o sobrestamento tenha provindo do relator do recurso extraordinário. Sobre o requerimento será ouvido o recorrente no prazo de cinco dias.

Da decisão que indeferir o requerimento ou que aplicar entendimento firmado em regime de repercussão geral ou em julgamento de recursos repetitivos, caberá agravo interno (art. 1.035, § 7º).

Não obstante a necessidade do sobrestamento para fins de uniformização do entendimento jurisprudencial, o CPC/2015 apresentou prazo para a suspensão, evitando que diversos processos fiquem parados em gabinetes, aguardando julgamento. Nesse sentido, dispõe o § 9º do art. 1.035 que o sobrestamento ocorrerá durante um ano e que a causa terá processamento prioritário, salvo os casos que envolvam réu preso e *habeas corpus*.

A redação original do CPC/2015 (conferida pela Lei nº 13.105/2015) previa um marco temporal de duração da suspensão dos processos. O § 10 do art. 1.035, revogado pela Lei nº 13.256/2016, dispunha que, "não ocorrendo o julgamento no prazo de 1 (um) ano a contar do reconhecimento da repercussão geral, cessa, em todo o território nacional, a suspensão dos processos, que retomarão seu curso normal". Tendo em vista a revogação, poderemos ter a situação de centenas de processos suspensos por prazo indeterminado.

Negada a repercussão geral, o presidente, ou o vice-presidente do tribunal de origem, negará seguimento aos recursos extraordinários sobrestados na origem que versem sobre a mesma matéria que teve a repercussão geral negada (art. 1.035, § 8º).

A propósito da inadmissão com base no reconhecimento de inexistência de repercussão geral, vale citar a situação seguinte. Não reconhecida a repercussão geral, a decisão valerá para todos os recursos sobre matéria idêntica, os quais terão seu seguimento sobrestado na forma do § 8º do art. 1.035. Ocorre que o advogado do recorrente pode considerar que a tese definida pelo STF não se aplica à situação do seu cliente. Nessa hipótese, não pode a parte interpor qualquer recurso para demonstrar a distinção entre o caso concreto e a tese firmada, para "forçar" a apreciação do RE pelo Supremo, eis que se trata de hipótese na qual não cabe o agravo previsto no art. 1.042.

JURISPRUDÊNCIA TEMÁTICA

Demonstração da repercussão geral

"Os Recursos Extraordinários somente serão conhecidos e julgados, quando essenciais e relevantes as questões constitucionais a serem analisadas, sendo imprescindível ao recorrente, em sua petição de interposição de recurso, a apresentação formal e motivada da repercussão geral, que demonstre, perante o STF, a existência de acentuado interesse geral na solução das questões constitucionais discutidas no processo, que transcenda a defesa puramente de interesses subjetivos e particulares. A obrigação do recorrente em apresentar formal e motivadamente a preliminar de repercussão geral, que demonstre sob o ponto de vista econômico, político, social ou jurídico, a relevância da questão constitucional debatida que ultrapasse os interesses subjetivos da causa, conforme exigência constitucional e legal (art. 102, § 3º, da CF/1988, c/c art. 1.035, § 2º, do CPC/2015), não se confunde com meras invocações desacompanhadas de sólidos fundamentos no sentido de que o tema controvertido é portador de ampla repercussão e de suma importância para o cenário econômico, político, social ou jurídico, ou que não interessa única e simplesmente às partes envolvidas na lide, muito menos ainda divagações de que a jurisprudência do STF é incontroversa no tocante à causa debatida, entre outras de igual patamar argumentativo" (ARE 1.301.803 AgR, Rel. Min. Alexandre de Moraes, *DJe* 14.04.2021).

"O preenchimento desse requisito demanda a demonstração, no caso concreto, da existência de questões relevantes do ponto de vista econômico, político, social ou jurídico que ultrapassem os interesses subjetivos do processo. A afirmação genérica da existência de repercussão geral ou a simples indicação de tema ou precedente desta Suprema Corte são insuficientes para o atendimento do pressuposto" (ARE 1.296.879 AgR, *DJe* 24.03.2021).

"O momento processual oportuno para a demonstração, em preliminar formal e fundamentada, da existência de repercussão geral é o da interposição de recurso extraordinário, não de agravo regimental contra decisão monocrática que lhe nega seguimento, tampouco dos respectivos embargos de declaração, tendo-se operado a preclusão consumativa quanto ao particular" (RE 1.213.147 ED-AgR-ED, *DJE* 23.04.2021).

"Mesmo em caso de repercussão geral presumida ou reconhecida em outro recurso, é ônus do recorrente a demonstração da existência desse requisito" (ARE 1.102.846 AgR, *DJe* 21.08.2018).

6.4 Hipóteses de cabimento do recurso especial

Como visto quanto aos requisitos de admissibilidade comuns ao RE e ao REsp, exige-se que a decisão a ser impugnada tenha sido proferida em **única ou última instância**.

No recurso especial, contudo, há um requisito a mais, qual seja, a necessidade de que a decisão proferida em única ou última instância seja proveniente de tribunal. Afinal, nos termos do art. 105, III, da CF/1988,[79] compete ao STJ "julgar, em recurso especial, as causas decididas, em única ou última instância, *pelos Tribunais Regionais Federais ou pelos tribunais dos Estados, do Distrito Federal e Territórios*" (destacamos).

Nesse ponto, portanto, há uma grande diferença do REsp em relação ao RE, pois não se admite o cabimento daquele recurso em decisões, ainda que de única ou última instância, que não sejam oriundas de tribunais. Assim, por exemplo, "não cabe recurso especial contra decisão proferida por órgão de segundo grau dos Juizados Especiais" (Súmula nº 203 do STJ).[80] Em suma, podemos afirmar que o REsp é um recurso específico da Justiça Comum. Dessa forma, não cabe REsp contra decisão da Justiça Especializada.

---

[79] A interpretação dada ao dispositivo pelo STJ é puramente literal.

[80] Admite-se, no entanto, reclamação ao STJ contra julgados excepcionais proferidos no âmbito dos Juizados Especiais Cíveis (conferir, nesse sentido, o capítulo sobre os Juizados Especiais).

Os demais requisitos de admissibilidade específicos do recurso especial consistem nas hipóteses de cabimento[81] descritas no art. 105, III, da CF/1988, quais sejam:

- **Decisão contrária a tratado[82] ou lei federal,[83] ou que lhes negue vigência (art. 105, III, *a*)**: a expressão contrariar tratado ou lei federal tem sentido amplo, podendo significar a inobservância ou a interpretação errônea de preceito legal, ou, ainda, a negativa de vigência, mencionada na parte final do dispositivo;
- **Algumas premissas podem ser extraídas dessa primeira hipótese:** (i) não se admite REsp quando há ofensa à legislação local; (ii) incluem-se no conceito de legislação federal as leis ordinárias, as leis complementares, as leis delegadas, os decretos, as medidas provisórias e o direito estrangeiro, desde que já incorporado em nosso ordenamento; (iii) por exclusão, não se admite REsp para violação a atos normativos infralegais, como circulares ou portarias.[84] Também não se admite REsp por violação a entendimento sumulado, porque as súmulas não se enquadram no conceito de "lei federal";[85]
- **Decisão que julga válido ato de governo local contestado em face de lei federal (art. 105, III, *b*)**: trata-se de mera espécie da hipótese de cabimento prevista na alínea *a*, haja vista que, ao se reputar válido ato de governo local em sentido contrário a lei federal, é evidente que a aplicação desta é afastada;
- **Decisão que dá a lei federal interpretação divergente da que lhe haja atribuído outro tribunal (art. 105, III, *c*)**: nesse caso, faz-se necessária a demonstração do dissídio jurisprudencial, que não pode envolver julgados do mesmo tribunal (Súmula nº 13 do STJ). Além disso, não se admite recurso especial pela divergência quando a orientação do STJ se firmou no mesmo sentido da decisão recorrida (Súmula nº 83 do STJ).

---

[81] Em abril de 2022, no julgamento do EAREsp 1.672.966, o STJ pacificou o entendimento no sentido de exigir a indicação expressa da alínea com base na qual foi interposto o recurso, sob pena de não conhecimento. Aplica-se, nesse caso, o enunciado da Súmula 284 do STF: "É inadmissível o recurso extraordinário, quando a deficiência na sua fundamentação não permitir a exata compreensão da controvérsia". Excepcionalmente aplica-se o princípio da instrumentalidade das normas se a fundamentação conseguir demonstrar de forma inequívoca a hipótese de seu cabimento.

[82] Se o tratado supostamente violado tiver natureza constitucional – versar sobre direitos humanos e ser aprovado na forma do art. 5º, § 3º, da CR/1988 – será cabível o recurso extraordinário.

[83] A expressão "Lei federal" abrange apenas as espécies normativas que podem inovar no ordenamento jurídico (incluídas aí as Medidas Provisórias). Por isso, não cabe recurso especial de acórdão que violou dispositivo de espécie normativa inferior ao Decreto, como "resoluções, portarias, circulares e outros" (STJ, AgRg no Ag 489.031/RS, Rel. Min. Jorge Scartezzini, j. 04.03.2003). No mesmo sentido: "O termo 'lei federal', plasmado no art. 105, III, da Constituição da República, deve ser interpretado, a partir de uma concepção ampla, como sinônimo de 'legislação federal infraconstitucional'. Abrange, portanto, além das leis propriamente ditas e das medidas provisórias, que têm força de lei, os decretos e regulamentos expedidos pelo Chefe do Poder Executivo para fiel execução das leis" (EDcl no EREsp 663.562/RJ).

[84] "Não é possível a interposição do recurso especial sob a alegação de contrariedade a ato normativo secundário, tais como resoluções, portarias, regimentos, instruções normativas e circulares, bem como as súmulas dos tribunais, por não se equipararem ao conceito de lei federal" (STJ, 2ª T., AgInt no REsp 1.715.120/RS, Rel. Min. Og Fernandes, j. 20.09.2018, DJe 27.09.2018).

[85] Súmula 518 do STJ: "Para fins do art. 105, III, *a*, da Constituição Federal, não é cabível recurso especial fundado em alegada violação de enunciado de súmula".

Quando o recurso especial tiver sido interposto com base nesse último fundamento (art. 105, III, "c"), "o recorrente fará a **prova da divergência** com a certidão, cópia ou citação do repositório de jurisprudência, oficial ou credenciado, inclusive em mídia eletrônica, em que houver sido publicado o acórdão divergente, ou ainda com a reprodução de julgado disponível na rede mundial de computadores, com indicação da respectiva fonte, devendo-se, em qualquer caso, mencionar as circunstâncias que identifiquem ou assemelhem os casos confrontados" (art. 1.029, § 1º). É ônus do recorrente indicar expressamente o dispositivo de lei que foi interpretado de forma divergente, sob pena de não conhecimento do recurso.

Para fins de comprovação do dissídio, **o STJ não aceita a mera transcrição de ementas**. Para a Corte, é necessária "a demonstração analítica da alegada divergência", com a transcrição dos trechos que configurem o dissenso e a indicação das circunstâncias que identifiquem os casos confrontados (STJ, AgRg AREsp 1.145.532/DF, Rel. Min. Luis Felipe Salomão, julgado em 05.03.2013). Essa exigência é abrandada quando a divergência for notória (STJ, REsp 730.934/DF, Quinta Turma, Rel. Min. Laurita Vaz, julgado em 04.08.2011).

Ademais, a divergência interpretativa deve ocorrer entre tribunais distintos, mas desde que todos sejam da Justiça Comum. Com efeito, o STJ não admite como paradigma julgados da Justiça Especializada, porque esses órgãos não estão sujeitos a sua jurisdição (AgRg no REsp 1.344.635/SP). Exige-se, ainda, que essa divergência seja externa, ou seja, que a discrepância se dê em tribunal distinto daquele do qual se recorre. Nesse sentido é o enunciado da Súmula 13 do STJ: "A divergência entre julgados do mesmo Tribunal não enseja recurso especial".

Por fim, devemos ter em mente que a divergência precisa ser atual. Pode até ser que o acórdão não seja recente, mas deve continuar a conter o entendimento do Tribunal respectivo. Não se admite REsp caso a divergência tenha sido superada por entendimento consolidado do STJ, conforme enunciado da Súmula 83: "Não se conhece do recurso especial pela divergência, quando a orientação do Tribunal se firmou no mesmo sentido da decisão recorrida".

6.4.1 Novo requisito de admissibilidade: a relevância da questão infraconstitucional

Diante de tantos requisitos de admissibilidade, é possível perceber que nunca foi fácil levar uma causa a julgamento do STJ. A Emenda Constitucional nº 125, de 14.07.2022, ao instituir um novo requisito de admissibilidade para o Recurso Especial, tornou o caminho ainda mais difícil.

De acordo com o art. 105, III, da CF, cabe Recurso Especial das causas decididas em única (ação rescisória, p. ex.) ou última instância (uma apelação, p. ex.) pelos Tribunais Regionais Federais ou pelos Tribunais de Justiça Estaduais.

Posso recorrer a Brasília? – pergunta o cliente. Sim, desde que a decisão contrarie ou negue vigência à lei federal, julgue válido ato de governo local contestado em face de lei federal ou dê interpretação divergente à lei federal.

Na verdade, nunca bastou enquadrar a causa numa das alíneas do art. 105, III, da CF. A jurisprudência incumbiu de limitar a chegada dos REsp ao STJ. Os colegas advogados conhecem a fama da Súmula 7, para citar apenas uma jurisprudência defensiva. Se o STJ tiver que examinar prova, o REsp sequer é conhecido.

Agora o caminho ficou ainda mais pedregoso. Foram acrescidos dois parágrafos ao art. 105 da CF. Antes o dispositivo contava com apenas um parágrafo (único), que virou § 1º.

Falemos dos §§ 2º e 3º, que instituíram a relevância como requisito de admissibilidade. Para emplacar o REsp, além de todos os obstáculos, que não eram poucos, agora "o recorrente deve demonstrar a relevância das questões de direito federal infraconstitucional discutidas no caso".

Mas o que vem a ser essa relevância? No REsp, a rigor, a preocupação não é com o direito subjetivo, e sim com a uniformização da interpretação do direito federal. Evidente que a uniformização pretendida pelo recorrente, via REsp, tem aptidão para beneficiá-lo.

Com a instituição da relevância como pressuposto de admissibilidade do Recurso Especial, o papel uniformizador do STJ resta mais evidenciado. De regra, não se ocupará o STJ com a uniformização da aplicação do direito se essa atividade repercutir apenas no direito do recorrente, embora, de acordo com o sistema, um julgado do STJ, no mínimo, servirá como acórdão paradigma para julgamento de outros Recursos Especiais, principalmente se interpostos com invocação de divergência jurisprudencial.

Antes da PEC da Relevância, a uniformização e paradigmatização surgiam como efeito do julgamento do próprio REsp. Agora, a relevância é alçada à condição de pressuposto de admissibilidade. Ora, se é "pré", é porque vem antes. Então, antes de examinar o mérito do recurso, deve-se ter a certeza de que o julgamento transcenderá o interesse subjetivo das partes do processo.

Tal como ocorre na interposição do Recurso Extraordinário, que tem como um dos pressupostos de admissibilidade a repercussão geral, terá o recorrente que demonstrar que o julgamento do Recurso Especial repercutirá sobre relações jurídicas que transcendem àquela deduzida no processo sob julgamento.

A relevância da questão federal passa a constituir mais um filtro redutor de recursos levados ao STJ. Mas é claro que esse não é o único objetivo da EC nº 125. O controle da relevância da questão federal constituirá mais um importante mecanismo de racionalização das atividades do STJ, qualificando o precedente, ainda que decidido no âmbito da Turma e não na sistemática dos recursos repetitivos.

É verdade que há casos em que a relevância é presumida (a lista encontra-se nos incisos do § 3º), o que, em tese, dispensaria qualquer preocupação com esse pressuposto de admissibilidade. A lei poderá criar outras hipóteses e, por certo, de tempos em tempos, criará.

Texto original da PEC nº 10/2017	Texto acrescido pelo Senado com aprovação em novembro de 2021
Art. 1º O art. 105 da Constituição Federal passa a vigorar acrescido do seguinte § 1º, renumerando-se o atual parágrafo único para § 2º: § 1º No recurso especial, o recorrente deverá demonstrar a relevância das questões de direito federal infraconstitucional discutidas no caso, nos termos da lei, a fim de que o Tribunal examine a admissão do recurso, somente podendo recusá-lo pela manifestação de dois terços dos membros do órgão competente para o julgamento.	(...) § 2º Haverá a relevância de que trata o § 1º nos seguintes casos: I – ações penais; II – ações de improbidade administrativa; III – ações cujo valor de causa ultrapasse quinhentos salários-mínimos; IV – ações que possam gerar inelegibilidade; V – hipóteses em que o acórdão recorrido contrariar jurisprudência dominante do Superior Tribunal de Justiça; VI – outras hipóteses previstas em lei. Art. 2º A relevância será exigida nos recursos especiais interpostos após a entrada em vigor da presente emenda constitucional, oportunidade em que a parte poderá atualizar o valor da causa para os fins de que trata o art. 105, § 2º, III, da Constituição.

Já está estabelecido no dispositivo constitucional que a presunção milita a favor da relevância da questão federal, a qual somente poderá ser afastada pela manifestação de 2/3 (dois terços) dos membros do órgão competente para o julgamento. Embora esse seja o regramento trazido pela EC, é certo que para a exigência do requisito da "relevância das questões de direito federal infraconstitucional" há necessidade de edição de lei que altere o Código de Processo Civil. A propósito, o Pleno do Superior Tribunal de Justiça (STJ) aprovou o Enunciado Administrativo 8, cuja redação é a seguinte: "A indicação, no recurso especial, dos fundamentos de relevância da questão de direito federal infraconstitucional somente será exigida em recursos interpostos contra acórdãos publicados após a data de entrada em vigor da lei regulamentadora prevista no artigo 105, § 2º, da Constituição Federal". Em suma, a exigência do requisito da "relevância das questões de direito federal infraconstitucional" depende de lei ordinária indicativa dos contornos desse filtro, além das hipóteses em que se pode negar seguimento ao Recurso Especial pela ausência da demonstração da relevância da matéria debatida no recurso. Até o fechamento desta edição, a referida legislação ainda não havia sido publicada.[86]

6.5 Procedimento dos recursos especial e extraordinário

Embora o recurso extraordinário e o recurso especial possam ser interpostos simultaneamente, não se pode olvidar que os órgãos julgadores são distintos, razão pela qual os recursos devem ser interpostos em petições distintas, conforme determina o art. 1.029, no prazo de 15 dias (art. 1.003, § 5º), sendo que a parte contrária tem igual prazo para a resposta.

Como visto, o recurso extraordinário e o recurso especial, na sistemática do CPC/1973, se subordinam ao duplo juízo de admissibilidade. Na prática, depois da apresentação das contrarrazões, os autos eram enviados ao presidente ou vice do respectivo Tribunal para que este, em decisão fundamentada, procedesse ao primeiro juízo de admissibilidade (art. 542, § 1º, do CPC/1973). Admitido o recurso, o STF ou o STJ realizava um segundo juízo de admissibilidade.

Apesar da tentativa de se impor exclusivamente ao tribunal superior o juízo de admissibilidade dos recursos extraordinário e especial, não foi alterada a regra exposta no CPC/1973.

A verificação dos pressupostos de admissibilidade ocorre no juízo de origem e também no tribunal destinatário do recurso (duplo juízo de admissibilidade). Na origem ele será realizado pelos TJs e TRFs e, no caso específico de RE, em algumas hipóteses, também nos juízos de primeiro grau e nas turmas recursais dos juizados especiais.

Além do juízo de admissibilidade, o CPC/2015 possibilita que o órgão competente (na origem) impeça que as temáticas já analisadas pelo STF e pelo STJ "subam" novamente para julgamento.

O tribunal que faz o primeiro juízo de admissibilidade ficará também responsável pela aplicação do precedente já fixado por tribunal superior, caso entenda que o caso concreto se enquadra na tese já firmada. Em que pese ser um indício de mais uma tentativa de uniformização de julgamentos para casos semelhantes, essa novidade pode trazer um sério problema: dificilmente os recursos que ataquem precedentes normativos chegarão aos tribunais que formularam a tese. Desse modo, restará inviabilizada, pela via recursal, a superação do procedente ou mesmo o aprimoramento pelo tribunal da tese jurídica consolidada.

Essa constatação é reforçada pela redação do inciso II do art. 1.030, que trata da única hipótese em que o colegiado, caso não se retrate, poderá remeter o recurso ao tribunal superior.

Quanto à decisão do tribunal acerca do juízo de admissibilidade (inciso V), só há cabimento de recurso e, consequentemente, de acesso ao tribunal superior se a decisão do tribunal a quo não estiver fundada na aplicação de entendimento firmado em regime de repercussão geral ou em julgamento de casos repetitivos (IRDR e RE ou REsp repetitivos) (art. 1.042, *caput*). Caso contrário, o recurso que ataque precedente normativo não chegará aos tribunais superiores.

Após o **juízo positivo de admissibilidade**, vejamos o que ocorre com os recursos especial e extraordinário:

---

[86] O anteprojeto foi encaminhado pelo STJ ao Senado Federal em dezembro de 2022.

- se apenas um recurso foi interposto ou, interpostos ambos, apenas um foi admitido, evidentemente será ele processado e julgado pelo tribunal *ad quem*: ao STF, se se tratar de recurso extraordinário; ao STJ, se se tratar de recurso especial. Até aí nenhuma novidade;
- se ambos os recursos forem admitidos, primeiramente os autos serão remetidos ao STJ para julgamento do recurso especial. Concluído o julgamento no STJ é que os autos serão remetidos ao STF, para apreciação do recurso extraordinário;
- na hipótese de interposição simultânea de RE e REsp, caso o relator do recurso especial entenda que o recurso extraordinário deva ser apreciado em primeiro lugar (quando o RE prejudicar o REsp), o julgamento daquele recurso é sobrestado e os autos são remetidos ao STF para julgamento do recurso extraordinário (art. 1.031, § 2º). Se o relator do recurso extraordinário, em decisão irrecorrível, rejeitar a prejudicialidade, devolverá os autos ao Superior Tribunal de Justiça para o julgamento do recurso especial (art. 1.031, § 3º).

No entanto, pode o recorrente interpor apenas REsp, por acreditar que a ofensa é apenas à lei federal. Ocorre que, quando o recurso chega ao STJ, este considera que o caso envolve matéria eminentemente constitucional. Nos termos do art. 1.032, em vez de não conhecer do recurso, o relator no STJ deverá conceder ao recorrente o prazo de 15 dias para que este demonstre a existência de repercussão geral e se manifeste sobre a questão constitucional, a fim de viabilizar o julgamento do recurso pelo STF. Em outras palavras, em nome do princípio da fungibilidade, **o Código admite a conversão do REsp em RE**.

O art. 1.033, por sua vez, dispõe sobre a possibilidade inversa, isto é, de o STF converter RE em REsp quando considerar que há ofensa apenas reflexa (e não direta) ao texto constitucional.

Os dois dispositivos evidenciam o apreço do legislador pelo **princípio da primazia do julgamento de mérito**, que pode ser sintetizado da seguinte forma: o julgador deve, sempre que possível, priorizar o julgamento do mérito, superando ou viabilizando a correção dos vícios processuais e, consequentemente, aproveitando todos os atos do processo. Outros dispositivos do CPC/2015 traduzem esse princípio:

Art. 4º As partes têm o direito de obter em prazo razoável a solução integral do mérito, incluída a atividade satisfativa.

Art. 282. Ao pronunciar a nulidade, o juiz declarará que atos são atingidos e ordenará as providências necessárias a fim de que sejam repetidos ou retificados.

§ 1º O ato não será repetido nem sua falta será suprida quando não prejudicar a parte.

§ 2º Quando puder decidir o mérito a favor da parte a quem aproveite a decretação da nulidade, o juiz não a pronunciará nem mandará repetir o ato ou suprir-lhe a falta.

Art. 317. Antes de proferir decisão sem resolução de mérito, o juiz deverá conceder à parte oportunidade para, se possível, corrigir o vício.

Art. 352. Verificando a existência de irregularidades ou de vícios sanáveis, o juiz determinará sua correção em prazo nunca superior a 30 (trinta) dias.

Art. 488. Desde que possível, o juiz resolverá o mérito sempre que a decisão for favorável à parte a quem aproveitaria eventual pronunciamento nos termos do art. 485.

Art. 932. [...]

Parágrafo único. Antes de considerar inadmissível o recurso, o relator concederá o prazo de 5 (cinco) dias ao recorrente para que seja sanado vício ou complementada a documentação exigível.

Art. 1.029. [...]

§ 3º O Supremo Tribunal Federal ou o Superior Tribunal de Justiça poderá desconsiderar vício formal de recurso tempestivo ou determinar sua correção, desde que não o repute grave.

Se o **juízo de admissibilidade** fosse **negativo**, ou seja, se um ou ambos os recursos – no caso de interposição conjunta – fossem inadmitidos, o CPC/1973 permitia a interposição de agravo ("agravo nos próprios autos") para o STF ou para o STJ, conforme se tratasse de RE ou REsp (art. 544 do CPC/1973). Esse dispositivo não encontra correspondência na nova legislação. Na verdade, pode-se dizer que o "agravo em recurso especial e em recurso extraordinário" serve como seu substituto. As hipóteses de cabimento se apresentam, no entanto, bem mais restritas. São elas: (i) indeferimento do requerimento de inadmissão de recurso intempestivo que tenha sido suspenso; (ii) inadmissão de qualquer recurso especial ou extraordinário com fulcro em entendimento firmado no julgamento de recursos repetitivos; e (iii) inadmissão de recurso extraordinário com fulcro em julgamento do STF de inexistência de repercussão geral. Nessas excepcionais hipóteses, deve o agravante demonstrar a incorreção da decisão e, se for o caso, o *distinguishing*. Após as contrarrazões, o recurso é enviado ao STF ou STJ conforme o caso. Em tópico apartado trataremos detidamente dessa espécie recursal.

6.6 Recursos extraordinário e especial repetitivos (arts. 1.036 a 1.041)

Quando houver multiplicidade de recursos extraordinários ou especiais com fundamento em idêntica questão de direito[87], cabe ao presidente ou ao vice-presidente de Tribunal de Justiça ou de Tribunal Regional Federal selecionar dois ou mais recursos representativos da controvérsia, que serão encaminhados para julgamento pelo Supremo Tribunal Federal ou pelo Superior Tribunal de Justiça, a depender da matéria veiculada.

A finalidade de tal disposição é permitir que os recursos selecionados sirvam de paradigma para outras decisões envolvendo processos que contenham teses idênticas, ou seja, que possuam fundamento em idêntica questão de direito. Essa sistemática tem por objetivo conferir celeridade na tramitação de processos que contenham idêntica controvérsia, além de isonomia de tratamento às partes e de segurança jurídica aos jurisdicionados.

Trata-se, em termos simples, de **técnica de julgamento por amostragem**. Em vez do processamento normal de todos os recursos extraordinários ou especiais versando o mesmo tema constitucional ou infraconstitucional, o juízo *a quo* selecionará alguns deles e os remeterá ao STF ou ao STJ para apreciação da questão de direito. Na seleção dos recursos representativos, o presidente ou o vice-presidente do Tribunal de Justiça ou do Tribunal Regional Federal deve estar atento para o enfrentamento qualitativo da matéria, o que quer dizer que somente serão selecionados os recursos com maior riqueza de argumentos, que revelarão ao tribunal superior a amplitude e a importância da matéria a ser decidida. É esta a interpretação que se deve conferir ao § 6º do art. 1.036: "somente podem ser selecionados recursos admissíveis que contenham abrangente argumentação e discussão a respeito da questão a ser decidida".

De todo modo, **o tribunal superior não está vinculado aos recursos selecionados pelo tribunal de origem** (art. 1.036, § 4º). Em suma, o tribunal superior poderá selecionar outros recursos além daqueles apresentados pelo tribunal *a quo*, visando a uma representação mais adequada acerca da questão que será apreciada. A ideia é garantir uma boa técnica de seleção por amostragem, a qual refletirá, diretamente, na profundidade da discussão no tribunal e na qualidade do precedente que será formado.

---

[87] Fala-se em questão de direito, porquanto o reexame de matéria fática é vedado nos tribunais superiores (Súmula nº 7 do STJ; Súmula nº 279 do STF).

E o que acontece com os recursos que não foram selecionados, mas veiculam a mesma matéria que será apreciada pelo STF ou pelo STJ? Os demais processos referentes ao mesmo tema constitucional ou infraconstitucional permanecerão sobrestados (art. 1.036, § 1º, parte final), aguardando o julgamento dos recursos que foram selecionados, tal como ocorre na análise da repercussão geral. Contudo, aqueles que eventualmente forem sobrestados indevidamente, por conterem tese distinta daquela que será apreciada pelo tribunal superior, poderão ser "destrancados", na forma dos §§ 9º a 12 do art. 1.037.

Também pode ser excluído da decisão de sobrestamento o recurso especial ou extraordinário que tenha sido interposto intempestivamente (art. 1.036, § 2º). Para tanto, deve ser requerido ao presidente ou ao vice-presidente do tribunal de origem (Tribunal de Justiça ou Tribunal Regional Federal) o reconhecimento da intempestividade, ouvido o recorrente no prazo de cinco dias. A manifesta inadmissão, nessa hipótese, permite o exame do recurso e a inaplicabilidade dos efeitos do sobrestamento. Caso indeferido o requerimento, caberá **apenas agravo interno** (art. 1.036, § 3º), que será analisado pelo respectivo órgão colegiado.

Selecionados os recursos e constatada a presença de idêntica questão de direito, o relator, no tribunal superior (STF ou STJ), proferirá decisão inicial, na qual afetará a questão ao plenário ou ao órgão especial. São requisitos da decisão de afetação: (i) a identificação, de maneira precisa, da questão a ser submetida ao julgamento por amostragem, facilitando o sobrestamento e a posterior aplicação do precedente; (ii) a determinação da suspensão dos processos pendentes, individuais ou coletivos, que versem sobre a questão e tramitem no território nacional; (iii) facultativamente, a requisição de remessa pelos tribunais de justiça ou tribunais regionais federais dos recursos representativos da controvérsia. Esta última providência pode ocorrer quando o relator considerar que recursos já selecionados ainda não são suficientes para o enfrentamento da questão jurídica comum, sendo necessário o envio de outros recursos com os melhores subsídios e argumentos que permitam o melhor exame das questões envolvidas.

Se, após receber os recursos selecionados pelo presidente ou pelo vice-presidente de tribunal de justiça ou de tribunal regional federal, não se proceder a afetação, o relator, no tribunal superior, comunicará o fato ao presidente ou ao vice-presidente que os houver enviado, para que seja revogada a decisão de suspensão referida no art. 1.036, § 1º.

Vale lembrar que a decisão proferida com base na técnica de julgamento repetitivo **tem efeito vinculante**, tanto no que se refere aos processos em curso, e que estejam sobrestados, quanto em relação aos casos futuros que versem sobre a mesma questão de direito. É preciso, então, que o tribunal busque o maior aprofundamento possível na temática instaurada, a fim de consolidar o posicionamento mais adequado ao contexto jurídico apresentado.

Assim, para legitimar a formação do paradigma por meio dessa técnica de julgamento, deve restar assegurada ampla divulgação e efetiva participação de terceiros no julgamento. Por essa razão é que se admite a intervenção do *amicus curiae* e a realização de audiências públicas (art. 1.038, I e II). A participação do *amicus curiae* é fundamental para a legitimidade e o contraditório da formação das decisões em julgamento de casos repetitivos. Já as audiências públicas servem para pluralizar o debate e permitir que sejam arguidos *experts* na matéria objeto de julgamento, viabilizando o conhecimento por parte dos julgadores acerca de questões específicas que são fundamentais ao deslinde da controvérsia. Ademais, o inciso III do art. 1.038 também permite ao relator requisitar informações aos tribunais de origem, sempre que necessário. Tal providência já estava prevista no CPC/1973, no art. 543-C, § 3º.

A participação do Ministério Público, como fiscal da ordem jurídica, é obrigatória no julgamento de casos repetitivos (art. 1.038, III, parte final). O prazo para que sejam prestadas as informações pelos tribunais locais (se necessário) e para a manifestação do Ministério Público – que é obrigatória – é de 15 dias. Em sintonia com o compromisso de celeridade, o legislador dispôs que as informações serão prestadas, sempre que possível, por meio eletrônico (art. 1.038, § 1º).

A manifestação do Ministério Público é o último ato antes do julgamento do recurso. Depois, será elaborado o relatório e incluído o processo em pauta para julgamento. Como essa técnica implica sobrestamento de todos os recursos que tratem de questão idêntica, o julgamento dos processos por amostragem ganha privilégio de tramitação sobre outros processos, exceto aqueles relativos a réu preso ou pedido de *habeas corpus* (art. 1.037, § 4º).

E quanto tempo pode durar o referido sobrestamento? A redação original do CPC/2015 estabelecia o prazo de um ano, a contar da data da publicação da decisão de afetação, para o julgamento dos recursos repetitivos. Com as modificações operadas pelo legislador antes mesmo de o CPC/2015 entrar em vigor, revogou-se o dispositivo que estabelecia termo certo para a suspensão. Surge, portanto, a seguinte incoerência: se a técnica de julgamento por amostragem busca apresentar solução rápida e uniforme para casos idênticos, o atraso na apresentação do julgamento implica verdadeira violação da duração razoável do processo, criando uma hipótese de suspensão ad aeternum. Assim, de acordo com a nova sistematização, **ultrapassado o prazo previsto no art. 1.037, § 4º, os efeitos de afetação e suspensão não cessam automaticamente.**

Bem, firmado o precedente no julgamento por amostragem, observar-se-á o seguinte:

- caso o acórdão recorrido esteja em **conformidade com o precedente** firmado, o presidente ou o vice-presidente **negará seguimento** ao recurso especial ou extraordinário (art. 1.040, I);
- estando o acórdão recorrido em **desconformidade com o precedente** firmado, o órgão que proferiu o acórdão recorrido, na origem, **reexaminará os processos de competência originária, a remessa necessária ou o recurso anteriormente julgado** (art. 1.040, II). O dispositivo sugere a necessidade de alinhamento do entendimento local com a tese jurídica que veio a prevalecer no STJ ou no STF. A competência para o reexame da matéria é da competência do órgão fracionário que proferiu o acórdão recorrido, impugnado por meio do recurso especial ou extraordinário repetitivo;
- os **processos suspensos** em primeiro e segundo graus de **jurisdição retomarão o curso** para julgamento e aplicação da tese firmada pelo tribunal superior (art. 1.040, III);
- se os recursos versarem sobre questão relativa à prestação de serviço público objeto de concessão, permissão ou autorização, o resultado do julgamento será comunicado ao órgão, ao ente ou à agência reguladora competente para fiscalização da efetiva aplicação, por parte dos entes sujeitos à regulação, da tese adotada (art. 1.040, IV).

A orientação da jurisprudência é no sentido de ser desnecessário aguardar o trânsito em julgado para a aplicação do paradigma firmado em sede de recurso repetitivo ou de repercussão geral. Assim, a existência de precedente firmado nesses termos autoriza o julgamento imediato de causas que versem sobre o mesmo tema, independentemente da publicação ou do trânsito em julgado do paradigma[88].

6.6.1 *Particularidades do sobrestamento*

A suspensão dos processos que versem sobre a questão objeto dos recursos afetados para julgamento, segundo a sistemática dos recursos repetitivos, dá-se em dois momentos. **No âmbito do Estado ou da região**, a suspensão é determinada quando o presidente ou o

---

[88] Nesse sentido: STJ, AgInt no REsp 2.060.149/SP, Rel. Min. Herman Benjamin, 2ª Turma, j. 08.08.2023.

vice-presidente do tribunal de justiça ou do tribunal regional federal seleciona os recursos representativos da controvérsia para serem encaminhados ao tribunal superior (art. 1.036, § 1º). **Em âmbito nacional**, quando o relator, no tribunal superior, constatando o pressuposto da multiplicidade de recursos com fundamento em idêntica questão de direito, determina a suspensão do processamento de todos os processos pendentes que versem sobre a questão (art. 1.037, II).

Ressalte-se que, nesse ponto, o CPC/2015 amplia os efeitos da decisão que submete um recurso ao rito das controvérsias repetitivas. Pelo CPC/1973 (arts. 543-B e 543-C), a afetação do repetitivo provocava apenas o sobrestamento dos recursos especiais e extraordinários interpostos perante os tribunais de segunda instância. Apesar disso, em alguns casos, os ministros do STJ e do STF já vinham determinando, excepcionalmente, a paralisação do trâmite de todos os processos em andamento do País. Exemplos: suspensão de todas as ações que discutam a existência de interesse de agir nas ações cautelares de exibição de documentos e/ou dados relativos a histórico de cadastro e/ou consultas concernentes ao sistema *scoring* de pontuação mantidos por entidades de proteção ao crédito (REsp 1.304.736); suspensão de processos sobre terceirização de *call center* (RE 791.932).

A suspensão abrange todas as ações em trâmite que ainda não tenham recebido solução definitiva. Ressalve-se que não há impedimento ao ajuizamento de novas demandas, mas elas ficarão suspensas no juízo de primeiro grau. Os interessados serão intimados da suspensão de seus processos, momento em que poderão requerer o prosseguimento da ação individual ao juiz ou ao tribunal no qual tramitarem, desde que seja demonstrada a distinção entre a questão a ser decidida no processo e aquela a ser julgada pelo STF ou pelo STJ. Esse requerimento deve observar o disposto nos §§ 9º a 13 do art. 1.037.

Bem, não sendo acatado o pedido de destrancamento do recurso ou julgada procedente a impugnação contra essa decisão (art. 1.037, § 13), o recurso permanecerá suspenso por prazo indeterminado. Quando houver julgamento do recurso especial ou extraordinário repetitivo, a tese firmada servirá de paradigma para os julgamentos futuros e os processos suspensos retomarão o seu curso normal (art. 1.040, III). Caberá ao tribunal de origem, então, aplicar a tese firmada, declarando a possível prejudicialidade do recurso, ou, utilizando a técnica de retratação, reexaminar o tema ou o caso já julgado. Assim, uma vez definida a tese jurídica pelo STF ou pelo STJ, os juízes de primeiro grau e os tribunais de segundo grau ficarão compelidos a aplicá-la aos processos futuros, inclusive aos processos suspensos e até àqueles que já haviam sido julgados antes da determinação de suspensão, mas que ainda não transitaram em julgado.

O tribunal superior que proferiu o acórdão paradigma pode até não aplicar a tese a casos futuros, em razão de superação ou distinção – *overruling* ou *distinguishing*, na teoria dos precedentes. Os juízes inferiores, contudo, ficam vinculados à tese que restou definida pelo tribunal superior. Inclusive, nos tribunais de segundo grau, os acórdãos proferidos antes da publicação do acórdão paradigma e ainda não transitados em julgado em razão da interposição de recurso especial ou extraordinário, que contrariarem a orientação do tribunal superior, devem ser submetidos a novo julgamento. Nesse juízo de retratação, (i) se o tribunal de origem mantiver o acórdão divergente – por exemplo, ao fundamento de que a hipótese sob julgamento é distinta daquela que lhe serve de paradigma – o recurso especial ou extraordinário será remetido ao respectivo tribunal superior (art. 1.041, § 1º); (ii) alterando-se o julgamento anterior e restando o novo acórdão em consonância com a tese assentada no recurso repetitivo, o recurso especial ou extraordinário será julgado prejudicado; (iii) se, em decorrência da alteração, o tribunal de origem tiver que enfrentar outras questões ainda não decididas, o recurso especial ou extraordinário será remetido ao tribunal superior para julgamento das demais questões (art. 1.041, § 2º).

Cumpre ressaltar que a parte pode desistir da ação individual em curso no primeiro grau de jurisdição na pendência de um recurso especial ou extraordinário repetitivo, se a questão ventilada na ação for idêntica à resolvida pelo recurso representativo da controvérsia. Nesse caso, a desistência independe da anuência do réu e poderá ser feita a qualquer momento, desde que não tenha sido proferida sentença (art. 1.040, §§ 1º e 3º). Contudo, se já tiver sido apresentada contestação, o recorrente deverá arcar com as custas e os honorários de sucumbência (art. 1.040, § 2º).

Note que a regra geral impede que o autor desista da ação sem o consentimento do réu depois de oferecida a contestação (art. 485, § 4º). A situação prevista no § 3º do art. 1.040 é hipótese excepcional de desistência sem concordância da parte contrária.

E quanto à desistência do recurso selecionado como representativo de controvérsia, é possível? De acordo com o parágrafo único do art. 998, "a desistência do recurso não impede a análise de questão cuja repercussão geral já tenha sido reconhecida e daquela objeto de julgamento de recursos extraordinários ou especiais repetitivos". Ou seja, após a seleção dos recursos para julgamento, é possível a desistência, o que não impede a apreciação pelo STF ou pelo STJ da questão de direito veiculada no recurso.

7. AGRAVO EM RECURSO ESPECIAL E EM RECURSO EXTRAORDINÁRIO (ART. 1.042)

O agravo em recurso especial ou extraordinário entra na sistemática recursal com o intuito de substituir o denominado "agravo nos próprios autos" (art. 544 do CPC/1973), utilizado para permitir o seguimento de recursos especiais ou extraordinários que tenham sido inadmitidos na origem.

O cabimento dessa espécie recursal é mais restrito no CPC/2015. De acordo com o art. 1.042, "cabe agravo contra decisão do presidente ou do vice-presidente do tribunal recorrido que inadmitir recurso extraordinário ou recurso especial, **salvo quando fundada na aplicação de entendimento firmado em regime de repercussão geral ou em julgamento de recursos repetitivos**".

Os tribunais superiores já haviam assentado em sua jurisprudência que não são admitidos recursos contra as decisões proferidas por tribunais, quando estes aplicam os precedentes originados dos julgamentos proferidos com base na sistemática da repercussão geral e dos recursos repetitivos. Isto ocorria justamente para evitar que o STF e o STJ reexaminassem individualmente questões constitucionais e infraconstitucionais já debatidas e decididas.

Com o CPC/2015, mantém-se a sistemática: **se o tribunal, em juízo de admissibilidade, denegar segmento ao recurso, caberá o agravo previsto no art. 1.042, salvo se a decisão do relator no tribunal tiver se baseado em entendimento firmado em regime de repercussão geral ou em julgamento de recursos repetitivos.**

O agravo deve ser dirigido ao presidente ou ao vice-presidente do tribunal de origem (conforme dispuser o regimento interno deste) e será encartado nos próprios autos, independentemente de preparo. O presidente ou o vice-presidente, então, determinará a intimação da parte agravada para apresentação de resposta no prazo de 15 dias. Em seguida, caso não haja retratação, o agravo será remetido ao tribunal superior competente para julgamento.

Ressalte-se que o julgamento do agravo em recurso especial ou extraordinário será conjunto ao próprio recurso especial ou extraordinário, caso aquele seja provido. A ideia, que tem origem na reformulação do agravo nos próprios autos pela Lei nº 12.322/2010 (que alterou o CPC/1973), objetivava proporcionar celeridade processual e segurança jurídica, uma vez que todos os autos subirão com o recurso, impedindo a formação de precedentes defensivos por ausência de documentos essenciais.

JURISPRUDÊNCIA TEMÁTICA[89]

"Cabe recurso especial – e não recurso extraordinário – para examinar se ofende o art. 6º da Lei de Introdução às normas do Direito Brasileiro (LINDB) a interpretação feita pelo acórdão recorrido dos conceitos legais de direito adquirido e de ato jurídico perfeito a qual ensejou a aplicação de lei nova a situação jurídica já constituída quando de sua edição. Embora o tema não seja pacífico, não se desconhece que há acórdãos do STJ segundo os quais, havendo dispositivo constitucional com o mesmo conteúdo da regra legal cuja violação se alega – como é o caso do direito adquirido e do ato jurídico perfeito –, a questão é constitucional, não suscetível de apreciação na via do recurso especial. Todavia, a jurisprudência do STF orienta-se no sentido de que não cabe recurso extraordinário por ofensa aos princípios constitucionais da legalidade, do devido processo legal, da coisa julgada, do direito adquirido, entre outros, se, para apreciá-la, for necessária a interpretação de legislação ordinária (AgRg no AG 135.632-RS, Primeira Turma, DJ 03.09.1999). Os conceitos de direito adquirido, ato jurídico perfeito e coisa julgada são dados por lei ordinária (art. 6º da LINDB), sem aptidão, portanto, para inibir o legislador infraconstitucional. Assim, se a lei ordinária contiver regra de cujo texto se extraia ordem de retroatividade, em prejuízo de situação jurídica anteriormente constituída, a ofensa será direta ao art. 5º, XXXVI, da CF, passível de exame em recurso extraordinário. Diversamente, caso se cuide de decidir acerca da aplicação da lei nova a determinada relação jurídica existente quando de sua edição, a questão será infraconstitucional, impugnável mediante recurso especial" (STJ, REsp 1.124.859/MG, Rel. originário Min. Luis Felipe Salomão, Rel. para acórdão Min. Maria Isabel Gallotti, j. 26.11.2014).

"Não cabe recurso especial contra acórdão que indefere a atribuição de efeito suspensivo a agravo de instrumento. A decisão colegiada que entende pela ausência dos requisitos necessários à atribuição do efeito suspensivo a agravo de instrumento não resulta em decisão de única ou última instância, como previsto art. 105, III, da CF. Há necessidade de que o Tribunal julgue, definitivamente, o agravo de instrumento em seu mérito para que a parte vencida possa ter acesso à instância especial. A propósito, o STF sedimentou entendimento que corrobora esse posicionamento com a edição da Súmula nº 735: 'não cabe recurso extraordinário contra acórdão que defere medida liminar'". Precedentes citados: AgRg no AREsp 464.434/MS, Quarta Turma, DJe 18.03.2014; e AgRg no AREsp 406.477/MA, Segunda Turma, DJe 27.03.2014 (STJ, REsp 1.289.317/DF, Rel. Min. Humberto Martins, j. 27.05.2014).

"O pedido de intervenção, na qualidade de *amicus curiae*, em recurso submetido ao rito do art. 543-C do CPC,[90] deve ser realizado antes do início do julgamento pelo órgão colegiado. Isso porque, uma vez iniciado o julgamento, não há mais espaço para o ingresso de *amicus curiae*. De fato, já não há utilidade prática de sua intervenção, pois nesse momento processual não cabe mais sustentação oral, nem apresentação de manifestação escrita, como franqueia a Resolução 8/2008 do STJ, e, segundo assevera remansosa jurisprudência, o *amicus curiae* não tem legitimidade recursal, inviabilizando-se a pretensão de intervenção posterior ao julgamento (EDcl no REsp 1.261.020-CE, Primeira Seção, DJe 02.04.2013). O STJ tem entendido que, segundo o § 4º do art. 543-C do CPC, bem como o art. 3º da Resolução 8/2008 do STJ, admite-se a intervenção de *amicus curiae* nos recursos submetidos ao rito dos recursos repetitivos somente

---

[89] Cumpre observar que algumas súmulas deverão ser reinterpretadas em conformidade com o CPC/2015, notadamente aquelas que tratam dos embargos para efeito de prequestionamento.
[90] Corresponde ao art. 1.036 do CPC/2015.

antes do julgamento pelo órgão colegiado e a critério do relator (EDcl no REsp 1.120.295-SP, Primeira Seção, DJe 24.04.2013). Ademais, o STF já decidiu que o *amicus curiae* pode pedir sua participação no processo até a liberação do processo para pauta (ADI 4.071 AgR, Tribunal Pleno, DJe 16.10.2009)" (STJ, QO no REsp 1.152.218/RS, Rel. Min. Luis Felipe Salomão, j. 07.05.2014).

"O STJ, no julgamento de recurso especial, pode buscar na própria CF o fundamento para acolher ou rejeitar alegação de violação do direito infraconstitucional ou para conferir à lei a interpretação que melhor se ajuste ao texto constitucional, sem que isso importe em usurpação de competência do STF. No atual estágio de desenvolvimento do direito, é inconcebível a análise encapsulada dos litígios, de forma estanque, como se os diversos ramos jurídicos pudessem ser compartimentados, não sofrendo, assim, ingerências do direito constitucional. Assim, não parece possível ao STJ analisar as demandas que lhe são submetidas sem considerar a própria CF, sob pena de ser entregue ao jurisdicionado um direito desatualizado e sem lastro na Constituição. Nesse contexto, aumenta a responsabilidade do STJ em demandas que exijam solução transversal, interdisciplinar e que abranjam, necessariamente, uma controvérsia constitucional oblíqua, antecedente. Com efeito, a partir da EC 45/2004, o cenário tornou-se objetivamente diverso daquele que antes circunscrevia a interposição de recursos especial e extraordinário, pois, se anteriormente todos os fundamentos constitucionais utilizados nos acórdãos eram impugnáveis – e deviam ser, nos termos da Súmula nº 126 do STJ – mediante recurso extraordinário, agora, somente as questões que, efetivamente, ostentarem repercussão geral (art. 102, § 3º, da CF) é que podem ascender ao STF (art. 543-A, § 1º, do CPC[91])" (STJ, REsp 1.335.153/RJ, Rel. Min. Luis Felipe Salomão, j. 28.05.2013).

Súmula nº 279 do STF: "Para simples reexame de prova não cabe recurso extraordinário".

Súmula nº 280 do STF: "Por ofensa a direito local não cabe recurso extraordinário".

Súmula nº 281 do STF: "É inadmissível o recurso extraordinário, quando couber, na justiça de origem, recurso ordinário da decisão impugnada".

Súmula nº 282 do STF: "É inadmissível o recurso extraordinário, quando não ventilada, na decisão recorrida, a questão federal suscitada".

Súmula nº 283 do STF: "É inadmissível o recurso extraordinário, quando a decisão recorrida assenta em mais de um fundamento suficiente e o recurso não abrange todos eles".

Súmula nº 284 do STF: "É inadmissível o recurso extraordinário, quando a deficiência na sua fundamentação não permitir a exata compreensão da controvérsia".

Súmula nº 285 do STF: "Não sendo razoável a arguição de inconstitucionalidade, não se conhece do recurso extraordinário fundado na letra 'c' do art. 101, III, da Constituição Federal".

Súmula nº 286 do STF: "Não se conhece do recurso extraordinário fundado em divergência jurisprudencial, quando a orientação do plenário do Supremo Tribunal Federal já se firmou no mesmo sentido da decisão recorrida".

Súmula nº 287 do STF: "Nega-se provimento ao agravo, quando a deficiência na sua fundamentação, ou na do recurso extraordinário, não permitir a exata compreensão da controvérsia".

Súmula nº 289 do STF: "O provimento do agravo por uma das turmas do Supremo Tribunal Federal, ainda que sem ressalva, não prejudica a questão do cabimento do recurso extraordinário".

Súmula nº 291 do STF: "No recurso extraordinário pela letra 'd' do art. 101, III, da Constituição, a prova do dissídio jurisprudencial far-se-á por certidão, ou mediante indicação do 'Diário da

---

[91] Corresponde ao art. 1.035, § 1º, do CPC/2015.

Justiça' ou de repertório de jurisprudência autorizado, com a transcrição do trecho que configure a divergência, mencionadas as circunstâncias que identifiquem ou assemelhem os casos confrontados (Mantivemos a referência ao art. 101 conforme publicação oficial. Entendemos que o correto seria art. 102, III, 'd')".

Súmula nº 292 do STF: "Interposto o recurso extraordinário por mais de um dos fundamentos indicados no art. 101, III, da Constituição, a admissão apenas por um deles não prejudica o seu conhecimento por qualquer dos outros".

Súmula nº 322 do STF: "Não terá seguimento pedido ou recurso dirigido ao Supremo Tribunal Federal, quando manifestamente incabível, ou apresentado fora do prazo, ou quando for evidente a incompetência do tribunal".

Súmula nº 356 do STF: "O ponto omisso da decisão, sobre o qual não foram opostos embargos declaratórios, não pode ser objeto de recurso extraordinário, por faltar o requisito do prequestionamento".

Súmula nº 369 do STF: "Julgados do mesmo tribunal não servem para fundamentar o recurso extraordinário por divergência jurisprudencial".

Súmula nº 389 do STF: "Salvo limite legal, a fixação de honorários de advogado, em complemento da condenação, depende das circunstâncias da causa, não dando lugar a recurso extraordinário".

Súmula nº 399 do STF: "Não cabe recurso extraordinário por violação de lei federal, quando a ofensa alegada for a regimento de tribunal".

Súmula nº 400 do STF: "Decisão que deu razoável interpretação à lei, ainda que não seja a melhor, não autoriza recurso extraordinário pela letra 'a' do art. 101, III, da Constituição Federal".

Súmula nº 454 do STF: "Simples interpretação de cláusulas contratuais não dá lugar a recurso extraordinário".

Súmula nº 456 do STF: "O Supremo Tribunal Federal, conhecendo do recurso extraordinário, julgará a causa aplicando o direito à espécie".

Súmula nº 505 do STF: "Salvo quando contrariarem a Constituição, não cabe recurso para o Supremo Tribunal Federal, de quaisquer decisões da Justiça do Trabalho, inclusive dos presidentes de seus tribunais".

Súmula nº 528 do STF: "Se a decisão contiver partes autônomas, a admissão parcial, pelo presidente do tribunal 'a quo', de recurso extraordinário que, sobre qualquer delas se manifestar, não limitará a apreciação de todas pelo Supremo Tribunal Federal, independentemente de interposição de agravo de instrumento".[92]

Súmula nº 634 do STF: "Não compete ao Supremo Tribunal Federal conceder medida cautelar para dar efeito suspensivo a recurso extraordinário que ainda não foi objeto de juízo de admissibilidade na origem".

Súmula nº 635 do STF: "Cabe ao Presidente do Tribunal de origem decidir o pedido de medida cautelar em recurso extraordinário ainda pendente do seu juízo de admissibilidade".

Súmula nº 636 do STF: "Não cabe recurso extraordinário por contrariedade ao princípio constitucional da legalidade, quando a sua verificação pressuponha rever a interpretação dada a normas infraconstitucionais pela decisão recorrida".

---

[92] O enunciado da Súmula nº 528 do STF foi superado pelo disposto no art. 1.034, parágrafo único, do CPC, segundo o qual, "Admitido o recurso extraordinário ou o recurso especial por um fundamento, devolve-se ao tribunal superior o conhecimento dos demais fundamentos para a solução do capítulo impugnado".

Súmula nº 637 do STF: "Não cabe recurso extraordinário contra acórdão de Tribunal de Justiça que defere pedido de intervenção estadual em Município".

Súmula nº 638 do STF: "A controvérsia sobre a incidência, ou não, de correção monetária em operações de crédito rural é de natureza infraconstitucional, não viabilizando recurso extraordinário".

Súmula nº 640 do STF: "É cabível recurso extraordinário contra decisão proferida por juiz de primeiro grau nas causas de alçada, ou por turma recursal de juizado especial cível e criminal".

Súmula nº 733 do STF: "Não cabe recurso extraordinário contra decisão proferida no processamento de precatórios".

Súmula nº 735 do STF: "Não cabe recurso extraordinário contra acórdão que defere medida liminar".

Súmula nº 5 do STJ: "A simples interpretação de cláusula contratual não enseja recurso especial".

Súmula nº 7 do STJ: "A pretensão de simples reexame de prova não enseja recurso especial".

Súmula nº 13 do STJ: "A divergência entre julgados do mesmo Tribunal não enseja recurso especial".

Súmula nº 83 do STJ: "Não se conhece do recurso especial pela divergência, quando a orientação do Tribunal se firmou no mesmo sentido da decisão recorrida".

Súmula nº 86 do STJ: "Cabe recurso especial contra acórdão proferido no julgamento de agravo de instrumento".

Súmula nº 123 do STJ: "A decisão que admite, ou não, o recurso especial deve ser fundamentada com o exame dos seus pressupostos gerais e constitucionais".

Súmula nº 126 do STJ: "É inadmissível recurso especial, quando o acórdão recorrido assenta em fundamentos constitucional e infraconstitucional, qualquer deles suficiente, por si só, para mantê-lo, e a parte vencida não manifesta recurso extraordinário".

Súmula nº 203 do STJ: "Não cabe recurso especial contra decisão proferida por órgão de segundo grau dos Juizados Especiais".

Súmula nº 211 do STJ: "Inadmissível recurso especial quanto à questão que, a despeito da oposição de embargos declaratórios, não foi apreciada pelo Tribunal *a quo*".

Súmula nº 320 do STJ: "A questão federal somente ventilada no voto vencido não atende ao requisito do prequestionamento".[93]

Súmula nº 518 do STJ: "Para fins do art. 105, III, 'a', da Constituição Federal, não é cabível recurso especial fundado em alegada violação de enunciado de súmula".

Súmula nº 579 do STJ: "Não é necessário ratificar o recurso especial interposto na pendência do julgamento dos embargos de declaração quando inalterado o julgamento anterior".

8. EMBARGOS DE DIVERGÊNCIA (ARTS. 1.043 E 1.044)

8.1 Noções gerais

Existem diversos meios de viabilizar a uniformidade das interpretações jurídicas no seio dos tribunais: incidente de resolução de demandas repetitivas, técnica de julgamento de recursos

---

[93] O CPC/2015 conduziu à superação da Súmula nº 320 do STJ, porquanto o art. 941, § 3º, expressamente prevê que o voto vencido será necessariamente declarado e considerado parte integrante do acórdão para todos os fins legais, **inclusive de prequestionamento**.

extraordinário e especial repetitivos e embargos de divergência. Há, entretanto, diferenças entre cada um desses remédios.

Consoante disposto no art. 1.043, **os embargos de divergência são cabíveis sempre que houver tese jurídica divergente no STF e no STJ, independentemente de a matéria versar sobre mérito ou requisitos de admissibilidade**. As decisões divergentes formalizadas no exercício da competência recursal ou originária do Tribunal também admitem a interposição destes embargos. Em suma, para cabimento dessa espécie de recurso é importante que o Tribunal tenha adotado entendimentos distintos sobre uma mesma tese jurídica.

Os embargos de divergência diferem do IRDR. É que eles constituem recurso que têm por finalidade precípua impugnar e corrigir a decisão recorrida. Ao revés, o IRDR não tem natureza de recurso, pois não visa à impugnação de decisão judicial, tendo o objetivo de solucionar demandas múltiplas que contenham controvérsia sobre a mesma questão de direito.

Os embargos de divergência também diferem dos recursos especial e extraordinário. Os embargos de divergência visam eliminar divergência no seio do próprio tribunal, ao passo que os recursos especial e extraordinário objetivam a uniformização das interpretações dadas ao direito objetivo (constitucional ou infraconstitucional) pelos diversos tribunais do País.

8.2 Cabimento

Os embargos de divergência são cabíveis contra acórdão, unânime ou majoritário, lavrado por órgão fracionário do tribunal de superposição. Não são cabíveis, portanto, contra decisão proferida pelo Plenário do STF ou pela Corte Especial do STJ.

O art. 1.043 relaciona as hipóteses de cabimento dos embargos de divergência, levando em conta o recurso no qual se verifica a divergência (recurso extraordinário ou recurso especial e processos de competência originária), bem como o conteúdo dos acórdãos embargado e o paradigma. Com efeito, cabem embargos de divergência em duas hipóteses: (i) contra acórdão de órgão fracionário que em recurso extraordinário ou em recurso especial, divergir do julgamento de qualquer outro órgão do mesmo tribunal, **sendo os acórdãos, embargado e paradigma, de mérito**; (ii) contra acórdão de órgão fracionário que em recurso extraordinário ou em recurso especial, divergir do julgamento de qualquer outro órgão do mesmo tribunal, **sendo um acórdão de mérito e outro que não tenha conhecido do recurso, embora tenha apreciado a controvérsia**.

A segunda hipótese abrange a primeira. Todavia, a sua inserção se justifica pelo fato de que a jurisprudência defensiva do STJ por muito tempo caminhou no sentido de subordinar o "conhecimento" dos recursos extraordinário e especial ao seu provimento (STJ, REsp nº 45.672-EDcl, Rel. Min. Nilson Naves, julgado em 24.04.1995, p. ex.). Para essa corrente, a impugnação com fundamento no art. 102, III, "a", ou no art. 105 da CF/1988 deveria ser conhecida somente quando fosse constatada a efetiva violação à norma constitucional ou federal infraconstitucional apontada. Com isso, algumas decisões de "não conhecimento" do recurso acabavam enfrentando o próprio cerce da impugnação. Em suma, a segunda hipótese objetiva reforçar a ideia segundo a qual o dispositivo da decisão deve ser interpretado a partir de sua motivação.

Também contrariando a jurisprudência do STJ, o § 3º do atual art. 1.043 permite a interposição de embargos de divergência com base em acórdão proferido pela mesma turma julgadora, desde que tenha ocorrido alteração de mais da metade de seus membros. O aludido tribunal superior entendia que "não servem à comprovação do dissídio acórdãos provenientes da mesma Turma Julgadora, independentemente de ter havido, ou não, alteração substancial da composição do referido órgão julgador"[94]. Anote que, embora o § 3º se referida a acórdãos da mesma turma, é possível admitir que a divergência ocorra em decisões de uma mesma seção do STJ.

---

[94] AgRg nos EAREsp 71.511/SP, 3ª Seção, Rel. Min. Rogerio Schietti Cruz, j. 11.06.2014, *Dje* 17.06.2014. No mesmo sentido: "Paradigma oriundo do mesmo órgão colegiado que proferiu o julgado embar-

O embargante também pode confrontar acórdão proferido em recurso com outro proferido em ação de competência originária, e vice-versa (art. 1.043, § 1º). O dissídio pode se dar, em qualquer hipótese, na resolução de questão de direito material ou de direito processual (art. 1.043, § 2º).

De fato, não se afigurava plausível o entendimento firmado no STJ no sentido de que sua função uniformizadora se restringia ao juízo de mérito, assentando-se inaplicável a uniformização de normas processuais. Por mais que a função uniformizadora seja evidentemente mais eficaz quando aplicada às crises de direito material, a uniformização de jurisprudência na aplicação de regras processuais visa à instrumentalidade, à celeridade e à duração razoável do processo, adequando a utilização do método aos seus contornos constitucionais. Por outro lado, a uniformização da aplicação de regras técnicas se afigura ainda mais interessante quando observada a realidade brasileira na aplicação prática do processo, verdadeiramente marcada pelo tecnicismo, pela cultura litigante e pela formação de jurisprudências defensivas.

Por fim, o § 4º do art. 1.043 dispõe que o embargante deve comparar o acórdão recorrido com o paradigma, a fim de demonstrar que os julgados deram tratamento jurídico diverso para situações fáticas idênticas ou muito semelhantes. A divergência pode ser atestada por meio de certidão, cópia ou citação de repositório oficial ou credenciado de jurisprudência, inclusive em mídia eletrônica, em que foi publicado o acórdão divergente, ou com a reprodução de julgado disponível na rede mundial de computadores. Nesse ponto vale ressaltar que a jurisprudência entende que não basta a mera transcrição das ementas dos julgados conflitantes[95].

8.3 Embargos de divergência no STJ e a interposição de recurso extraordinário

O CPC/2015 apresenta solução simplificadora para os casos de interposição de recurso extraordinário enquanto pendente julgamento de embargos de divergência no STJ.

Dispõe o art. 1.044 que a interposição de embargos de divergência interrompe o prazo para interposição de recurso extraordinário (§ 1º); caso haja prévia interposição deste, todavia, a ratificação após o julgamento dos embargos só será necessária quando na hipótese de seu acolhimento, parcial ou total (§ 2º). Em casos de inadmissibilidade ou não rejeição dos embargos de divergência, o recurso extraordinário será processado normalmente, sem necessidade de ratificação. Em suma, dispensa-se o embargado de reiterar o recurso extraordinário interposto antes da publicação da decisão dos embargos de divergência, se estes forem desprovidos ou não alterarem a conclusão do julgamento anterior. O § 5º do art. 1.024 traz previsão semelhante para os embargos de declaração.

Pode-se dizer, então, que a norma buscou simplificar a administração das duas espécies recursais, dando evidência ao aproveitamento dos atos e à economia processual.

Por fim, vale anotar que o Código atual repete a redação do parágrafo único do art. 546 do CPC/1973, transferindo para os Regimentos Internos dos Tribunais o procedimento relativo a essa espécie recursal (art. 1.044, *caput*). É de se ressaltar, contudo, que o prazo de interposição é aquele previsto no CPC/2015 (ou seja, de 15 dias, nos termos do art. 1.003, § 5º).

---

gado não é apto a caracterizar o dissenso necessário para o conhecimento dos embargos de divergência. Nos termos do art. 266, *caput*, do RISTJ, os embargos de divergência têm como pressuposto de admissibilidade a existência de divergência entre Turmas diferentes, ou entre Turma e Seção, ou entre Turma e a Corte Especial" (AgRg nos EREsp 460.217/RJ, 2ª Seção, Rel. Min. Raul Araújo, j. 12.02.2014, *DJe* 10.03.2014); AgRg nos EDcl nos EREsp 1.200.369/SP, 2ª Seção, Rel. Min. Sidnei Beneti, j. 11.12.2013, *DJe* 16.12.2013.

[95] Nesse sentido: STF, Embargos de divergência no RE 140.829-EDcl, Rel. Min. Celso de Mello, julgado em 15.12.2011; STJ, Embargos de divergência no REsp 1.318.306-AgRg, Rel. Min. Luis Felipe Salomão, julgado em 19.12.2014.

JURISPRUDÊNCIA TEMÁTICA

"Embargos de divergência e recurso extraordinário. Interposição simultânea. Impossibilidade.

Enquanto não apreciados os embargos opostos pela parte interessada, não se pode afirmar tenha o juízo *a quo* esgotado a prestação jurisdicional, nem que se cuida de decisão de única ou última instância, pressuposto constitucional de cabimento do extraordinário" (RE 355.497-AgR, Rel. Min. Maurício Corrêa, DJ 25.04.2003).[96]

Súmula nº 247 do STF: "O relator não admitirá os embargos [de divergência] da L. 623, de 19.2.49, nem deles conhecerá o Supremo Tribunal Federal, quando houver jurisprudência firme do Plenário no mesmo sentido da decisão embargada".

Súmula nº 598 do STF: "Nos embargos de divergência não servem como padrão de discordância os mesmos paradigmas invocados para demonstrá-la, mas repelidos como dissidentes no julgamento do recurso extraordinário".

Súmula nº 158 do STJ: "Não se presta a justificar embargos de divergência o dissídio com acórdão de turma ou seção que não mais tenha competência para a matéria neles versada".

Súmula nº 168 do STJ: "Não cabem embargos de divergência, quando a jurisprudência do Tribunal se firmou no mesmo sentido do acórdão embargado".

Súmula nº 316 do STJ: "Cabem embargos de divergência contra acórdão que, em agravo regimental, decide recurso especial".

Súmula nº 420 do STJ: "Incabível, em embargos de divergência, discutir o valor de indenização por danos morais".

Quadro esquemático 113 – Embargos de divergência

Embargos de Divergência (arts. 1.043 e 1.044)

- Conceito: recurso que tem por objetivo uniformizar a jurisprudência interna do Supremo Tribunal Federal e do Superior Tribunal de Justiça.

- É embargável o acórdão de órgão fracionário que (art. 1.043):
  - Em recurso extraordinário ou em recurso especial, divergir do julgamento de qualquer outro órgão do mesmo tribunal, sendo os acórdãos, embargado e paradigma, de mérito.
  - Em recurso extraordinário ou em recurso especial, divergir do julgamento de qualquer outro órgão do mesmo tribunal, sendo um acórdão de mérito e outro que não tenha conhecido do recurso, embora tenha apreciado a controvérsia.

- Embargos de divergência no STJ e a interposição de recurso extraordinário:
  - O CPC/2015 apresenta solução simplificadora para os casos de interposição de recurso extraordinário enquanto pendente julgamento de embargos de divergência no STJ.
  - A interposição de embargos de divergência interrompe o prazo para interposição do recurso extraordinário; caso haja prévia interposição deste, todavia, a ratificação após o julgamento dos embargos só será necessária quando na hipótese de seu acolhimento parcial ou total.
  - Em caso de inadmissibilidade ou não rejeição dos embargos de divergência, o recurso extraordinário será processado normalmente, sem necessidade de ratificação.

---

[96] Esse mesmo entendimento se repete em diversos informativos do STF.

Parte Especial

Parte VI
Disposições Finais e Transitórias

Capítulo Único

Regras de transição e demais alterações (arts. 1.045 a 1.072)

1. INTRODUÇÃO

Como a proposta deste livro é seguir, sempre que possível, a ordem estabelecida pelo Código, propomos, a partir de agora, uma análise das disposições finais e transitórias (arts. 1.045 a 1.072), ou seja, das regras de transição estabelecidas pela nova legislação, bem como das modificações que serão operadas em outros dispositivos legais. A maioria delas já foi abordada ao longo dos diversos capítulos. Entretanto, para facilitar o estudo e auxiliar os operadores do direito na transição de uma ordem jurídica para outra, aprofundaremos aqui as eventuais discussões, sempre na tentativa de melhor compreender a Lei nº 13.105/2015 e suas posteriores alterações.

2. A *VACATIO LEGIS* DO CPC

Dispõe o art. 1.045 do CPC/2015 que "este Código entra em vigor após decorrido um ano da data de sua publicação oficial". A Lei nº 810/1949, por sua vez, define o ano civil como "o período de doze meses contado do dia do início ao dia e mês correspondentes do ano seguinte" (art. 1º).

Partindo do fato de que o Código foi publicado em 17.03.2015, o mesmo dia e mês correspondentes do ano seguinte é 17.03.2016. Como o Código estabelece a sua entrada em vigor "após decorrido 01 (um) ano da data da sua publicação oficial", **a nova legislação começou a "valer" a partir do dia 18.03.2016**.

Para corroborar essa conclusão, cito o art. 8º, § 1º, da Lei Complementar nº 95/1998, que assim prescreve:

> Art. 8º [...]
> § 1º A contagem do prazo para entrada em vigor das leis que estabeleçam período de vacância far-se-á com a inclusão da data da publicação e do último dia do prazo, entrando em vigor no dia subsequente à sua consumação integral.

Se o CPC/2015 estabeleceu expressamente o período de vacância, o seu término ocorreu em 17.03.2016, data da consumação integral dos "doze meses" (art. 1.045). O Código entrou em vigor, então, no dia subsequente, ou seja, 18.03.2016.

Durante o período de *vacatio legis*, houve muita divergência sobre essa data, especialmente no âmbito da doutrina. Entretanto, o Conselho Nacional de Justiça (CNJ), embora desprovido de função jurisdicional, pôs fim à polêmica. Respondendo a consulta do Conselho Federal da OAB, afirmou esse órgão administrativo que:

> "Como o novo Código de Processo Civil (Lei 13.105/2015) – publicado no dia 17 de março de 2015 –, pela Lei do ano civil e pela previsão constante do Código Civil o período de um ano encerra-se no mesmo dia e ano correspondentes do ano seguinte, ou seja, no dia 17 de março de 2016. Dessa forma, considerando-se a conjugação dos normativos, a contagem leva em consideração a inclusão da data da publicação (17/03/2015) e do último dia do prazo (17/03/2016), entrando em vigor no dia subsequente, qual seja, o dia 18 de março de 2016".

O Plenário do Superior Tribunal de Justiça, em sessão realizada em 02.03.2016, editou, ainda, o Enunciado administrativo nº 01, estabelecendo, por unanimidade, que a data de entrada em vigor do CPC/2015 corresponde ao dia 18.03.2016. Apesar de não existirem razões para eventual divergência, são recorrentes as decisões no âmbito do próprio STJ reiterando o enunciado sobre a entrada em vigor do CPC/2015:

> "(...) No caso, os arts. 135 e 789 do CPC/2015, indicados como violados no recurso especial, não podem ser aplicados no presente caso para os fins propostos pelos agravantes, tendo em vista que a decisão que descaracterizou a personalidade jurídica foi proferida em 17/3/2016, um dia antes de o CPC/2015 entrar em vigor (Enunciado Administrativo n. 1 do STJ: 'O Plenário do STJ, em sessão administrativa em que se interpretou o art. 1.045 do novo Código de Processo Civil, decidiu, por unanimidade, que o Código de Processo Civil aprovado pela Lei n. 13.105/2015, entrará em vigor no dia 18 de março de 2016' – grifei. 3. 'Sob a égide do CPC/1973, a desconsideração da personalidade jurídica pode ser decretada sem a prévia citação dos sócios atingidos, aos quais se garante o exercício postergado ou diferido do contraditório e da ampla defesa' (AgInt no AREsp n. 1.575.588/RJ, Rel. Ministro Luis Felipe Salomão, Quarta Turma, julgado em 20/2/2020, *DJe* 5/3/2020)" (STJ, AgInt no AREsp 1.473.826/SP, 4ª Turma, Rel. Min. Antônio Carlos Ferreira, j. 21.09.2021, *DJe* 27.10.2021).

3. APLICAÇÃO DO CPC ATUAL AOS PROCESSOS EM CURSO

Conforme visto, o legislador estabeleceu um período de *vacatio legis* de um ano (art. 1.045) para o CPC/2015, durante o qual deverão ser aplicadas as disposições constantes na Lei nº 5.869/1973 (CPC/1973). Apenas depois de decorrido o referido período é que o CPC/2015 será desde logo aplicado a **todos os processos pendentes**, conforme consta do art. 1.046:

> Art. 1.046. Ao entrar em vigor este Código, suas disposições se aplicarão desde logo aos processos pendentes, ficando revogada a Lei nº 5.869, de 11 de janeiro de 1973.

Independentemente do fato de ter sido o processo instaurado na vigência da lei anterior, **as regras do CPC/2015 serão aplicadas a partir da sua entrada em vigor**. Exemplo: autor protocolizou a petição inicial em fevereiro de 2016. O réu somente foi citado após 18.03.2016. O prazo para a contestação será contado em dias úteis (art. 219), e não mais em dias corridos, como previa a lei revogada.

Essa constatação se fundamenta na **teoria do isolamento dos atos processuais**, "pela qual a lei nova, encontrando um processo em desenvolvimento, respeita a eficácia dos atos processuais já realizados e disciplina o processo a partir da sua vigência" (STJ, MC 13.951/SP, Rel. Min. Nancy Andrighi, julgado em 11.03.2008).

Muito embora o processo seja um instrumento para definição, realização ou acautelamento de direitos materiais, que se concretiza por meio de um procedimento concatenado de atos processuais, é certo que **alguns atos não podem ser atingidos pela mudança legislativa**. Aqueles atos com característica de ato jurídico processual **perfeito e acabado** estão amparados e consolidados pela sistemática anterior, pelo que não podem ser alcançados pela nova ordem processual.

Essa ideia também é extraída do art. 14 do CPC/2015, que busca harmonizar o **princípio da irretroatividade da lei processual** com a teoria do isolamento dos atos processuais:

> Art. 14. A norma processual não retroagirá e será aplicável imediatamente aos processos em curso, respeitados os atos processuais praticados e as situações jurídicas consolidadas sob a vigência da norma revogada.

A regra, portanto, é a seguinte: **a nova sistemática processual é imediatamente aplicável aos processos em andamento, independentemente da data da propositura da ação**. Segue-se a máxima "tempus regit actum". Contudo, em homenagem ao **princípio da segurança jurídica**, devem ser preservados os atos já praticados com base na lei anterior.

A ideia da aplicação imediata da nova lei processual comporta algumas exceções. É que, mesmo depois de transcorrido o período de *vacatio legis* **algumas normas do CPC/1973 terão sua eficácia preservada**. Em outras palavras, em hipóteses expressamente previstas pelo legislador, o Código de 1973 continuará a ser aplicado mesmo após a entrada em vigor da Lei nº 13.105/2015.

A primeira delas se refere aos processos em trâmite sob o **procedimento sumário** (arts. 275 a 281 do CPC/1973) **e especial**. O § 1º do art. 1.046 determina que as ações submetidas a essas duas espécies de procedimento, ajuizadas antes da entrada em vigor do CPC atual e ainda não julgadas, continuarão regidas pelo Código anterior, **até a sentença**. A exceção se justifica pelo fato de ter o CPC/2015 extinto o procedimento sumário, bem como ter alterado sobremaneira os procedimentos especiais.

Se nas ações submetidas a esses procedimentos for interposto recurso após a entrada em vigor do CPC/2015, deverá ser observado o sistema recursal da Lei nº 13.105/2015. Por exemplo: ação com o objetivo de revogar doação é proposta em janeiro de 2016. Até a sentença, sua tramitação observará o disposto nos arts. 275 e seguintes do CPC/1973, o que quer dizer que o juiz, após a instrução, deve proferir a sentença na própria audiência, ou no prazo de 10 dias (art. 281 do CPC/1973). O eventual recurso contra essa decisão (apelação, no caso), se interposto após 18.03.2016, observará as disposições dos arts. 1.009 e seguintes do CPC/2015.

A **outra exceção relaciona-se à Lei nº 9.099/1995**. No caso dos juizados especiais cíveis, que também são competentes para as ações cujo rito previsto é o sumário (art. 275, II, do CPC/1973), conforme o art. 3º, II, da Lei nº 9.099/1995, a competência prorrogou-se por força do art. 1.603 do CPC, alterado em 2024, apenas para reforçar a manutenção da competência dos Juizados Especiais para as causas antes submetidas ao procedimento sumaríssimo.

3.1 Processos regulados pelo CPC/1939

Por força do art. 1.218 do CPC/1973, algumas demandas permaneceram reguladas pelo CPC/1939 mesmo após a entrada em vigor do CPC/1973. São elas:

> Art. 1.218. Continuam em vigor até serem incorporados nas leis especiais os procedimentos regulados pelo Decreto-lei nº 1.608, de 18 de setembro de 1939, concernentes:
>
> I – ao loteamento e venda de imóveis a prestações (arts. 345 a 349);

II – ao despejo (arts. 350 a 353);

III – à renovação de contrato de locação de imóveis destinados a fins comerciais (arts. 354 a 365);

IV – ao Registro Torrens (arts. 457 a 464);

V – às averbações ou retificações do registro civil (arts. 595 a 599);

VI – ao bem de família (arts. 647 a 651);

VII – à dissolução e liquidação das sociedades (arts. 655 a 674);

VIII – aos protestos formados a bordo (arts. 725 a 729);

IX – à habilitação para casamento (arts. 742 a 745);

X – ao dinheiro a risco (arts. 754 e 755);

XI – à vistoria de fazendas avariadas (art. 756);

XII – à apreensão de embarcações (arts. 757 a 761);

XIII – à avaria a cargo do segurador (arts. 762 a 764);

XIV – às avarias (arts. 765 a 768);

XV – (Revogado pela Lei nº 7.542, de 26.9.1986.);

XVI – às arribadas forçadas (arts. 772 a 775).

Ao longo dos mais de 40 anos de vigência do Código Buzaid, várias dessas demandas **já foram reguladas por legislação especial**. A ação de despejo e renovatória, por exemplo, estão disciplinadas na Lei nº 8.245/1991; a Lei nº 6.015/1973 regula a inscrição no Registro Torrens, assim como as averbações e retificações nas matrículas imobiliárias; a disciplina do bem de família é estabelecida pela Lei nº 8.009 e pelo Código Civil; a Lei de Registros Públicos (Lei nº 6.015/1973) também regulamenta a habilitação para casamento.

Em suma, somente os temas a seguir ficaram sem regulamentação por lei especial:

- **Dissolução e liquidação de sociedades (inciso VII):** apesar das disposições do Código Civil e da Lei das Sociedades Anônimas (Lei nº 6.404/1976), o CPC/1939 ainda era utilizado na fase de liquidação ou apuração de haveres. A fim de disciplinar de vez a matéria, o CPC/2015 trouxe um capítulo específico para tratar da ação de dissolução parcial de sociedade (arts. 599 a 609).

- **Protestos formados a bordo (inciso VIII):** os dispositivos do Código revogado (CPC/1939) ainda eram aplicáveis por falta de regulamentação em lei especial. Os arts. 766 a 770 do CPC/2015 passam a disciplinar o tema.

- **Regulação de avarias (incisos XIII e XIV):** o CPC/1939 era aplicável tanto para a verificação de avarias a cargo do segurador como para a caução de avarias exigida pelo capitão do navio dos consignatários da carga. O CPC/2015 regula a matéria nos arts. 707 a 711.

- **Dinheiro a risco (inciso X):** os dispositivos do Código de 1939 ainda eram aplicáveis para a tomada de dinheiro a risco pelo capitão, sobre o casco, pertenças do navio e remanescentes dos fretes.

- **Vistoria de fazendas avariadas (inciso XI):** o Código de 1939 ainda era aplicável desde que não colidisse com as disposições do Código Civil e do Código de Defesa do Consumidor (art. 754, parágrafo único, do CC; arts. 14, 26 e 27 do CDC).

- **Apreensão de embarcações (inciso XII):** Os dispositivos do Código de 1939 eram aplicáveis para a apreensão de embarcações consideradas estrangeiras em decorrência da perda do registro nacional ou de obtenção fraudulenta de registro.

- **Arribadas forçadas (inciso XVI):** por inexistir lei especial, os dispositivos do código revogado ainda eram utilizados.

Como se pode perceber, em relação às quatro últimas hipóteses, o CPC/2015 não traz qualquer regulamentação específica. **Como, então, essas matérias serão reguladas?** Pelo CPC/1939 ou pelo CPC/2015? De acordo com o § 3º do art. 1.046, se até 18.03.2016 não se tiver editado lei especial contemplando tais procedimentos, passarão eles a se submeter ao **procedimento comum do Código de Processo Civil de 2015**. Como essa lei ainda não foi editada, o CPC/2015, na parte sobre o procedimento comum, deve ser integralmente utilizado nessas hipóteses.

4. PROCESSOS COM TRAMITAÇÃO PRIORITÁRIA (ART. 1.048)

Art. 1.048. Terão prioridade de tramitação, em qualquer juízo ou tribunal os procedimentos judiciais:

I – em que figure como parte ou interessado[1] pessoa com idade igual ou superior a 60 (sessenta) anos ou portadora de doença grave, assim compreendida qualquer das enumeradas no art. 6º, inciso XIV, da Lei nº 7.713, de 22 de dezembro de 1988;

II – regulados pela Lei nº 8.069, de 13 de julho de 1990 (Estatuto da Criança e do Adolescente).;

III – em que figure como parte a vítima de violência doméstica e familiar, nos termos da Lei nº 11.340, de 7 de agosto de 2006 (Lei Maria da Penha);

IV – em que se discuta a aplicação do disposto nas normas gerais de licitação e contratação a que se refere o inciso XXVII do *caput* do art. 22 da Constituição Federal.

§ 1º A pessoa interessada na obtenção do benefício, juntando prova de sua condição, deverá requerê-lo à autoridade judiciária competente para decidir o feito, que determinará ao cartório do juízo as providências a serem cumpridas.

§ 2º Deferida a prioridade, os autos receberão identificação própria que evidencie o regime de tramitação prioritária.

§ 3º Concedida a prioridade, essa não cessará com a morte do beneficiado, estendendo-se em favor do cônjuge supérstite ou do companheiro em união estável.

§ 4º A tramitação prioritária independe de deferimento pelo órgão jurisdicional e deverá ser imediatamente concedida diante da prova da condição de beneficiário.

O Código atual repetiu as normas que foram inseridas no CPC/1973 pela Lei nº 12.008/2009 (arts. 1.211-A e 1.211-B) e as reuniu em um único artigo, com alguns aprimoramentos, além de uma alteração proposta em 2021, relacionada à nova Lei de Licitações. Essas prioridades não afastam, contudo, as preferências já dispostas em outras leis, como o *habeas corpus*, o *habeas data* e o mandado de segurança.

O dispositivo prevê a tramitação preferencial, em todas as instâncias, dos processos em que seja parte ou interessada **pessoa com idade igual ou superior a sessenta anos** (art. 71 da Lei nº 10.741/2003), ou que sofra de **doença grave**, conforme Lei nº 7.713/1988. Nesse último caso, a prioridade na tramitação independe da idade e a doença pode ser sido contraída no curso do procedimento.

---

[1] O vocábulo "interessado" abrange aqueles que figurem em procedimentos de jurisdição voluntária, assim como os terceiros intervenientes.

O CPC/2015 também concede prioridade de tramitação aos procedimentos regulados pelo Estatuto da Criança e do Adolescente (art. 1.048, II). Tal garantia, no entanto, já estava assegurada no parágrafo único do art. 152 da Lei nº 8.069/1990: "É assegurada, sob pena de responsabilidade, prioridade absoluta na tramitação dos processos e procedimentos previstos nesta Lei, assim como na execução dos atos e diligências judiciais a eles referentes".

Nos casos envolvendo vítima de violência doméstica, a tramitação prioritária justifica-se pela situação de urgência decorrente de uma das diversas formas de violência previstas na Lei nº 11.340/2006.

O último inciso foi inserido pela Lei nº 14.133, de 1º de abril de 2021 (Nova Lei de Licitações e Contratos Administrativos), que estabeleceu uma nova prioridade de tramitação: para demandas que envolvam normas gerais de licitações e contratação, em todas as unidades da federação, para as administrações públicas direta, autárquicas e fundacionais e para empresas públicas e sociedades de economia mista. Trata-se, ao contrário das demais prioridades, de norma vinculada à matéria e não à pessoa.

O benefício da tramitação prioritária não depende de pronunciamento do juiz, devendo ser concedido *incontinenti*, tão logo seja comprovada a condição do requerente. Exemplo: se na petição inicial o requerente comprova sua condição de idoso, a secretaria da vara já deve providenciar as anotações pertinentes, a fim de conferir prioridade na tramitação processual, sem que para isso seja necessário qualquer pronunciamento judicial.

Vale lembrar que como esse benefício está envolvido em uma temática tipicamente processual, os Estados não podem editar leis dispondo sobre hipóteses de tramitação prioritária. Essa conclusão decorre do fato de que a Constituição Federal estabelece como competência privativa da União a possibilidade de legislar sobre matéria de Direito Processual (art. 22, I, CF/1988). Por diversas vezes, o Supremo Tribunal Federal já se debruçou sobre o tema, reafirmando a existência de vício formal (vício de iniciativa) de inconstitucionalidade de normas estaduais que exorbitam de sua competência concorrente para legislar sobre procedimento em matéria processual. Por exemplo: ADI 3438/MA, j. 03.04.2014.

Por fim, quanto à tramitação prioritária em razão da idade, decidiu o STJ (REsp 1.801.884/SP, 3ª Turma, Rel. Min. Ricardo Villas Bôas Cueva, j. 21.05.2019, *DJe* 30.05.2019) que esse benefício possui natureza subjetiva, razão pela qual não se confere legitimidade para a parte que litiga contra o idoso postular a tramitação prioritária. No caso concreto, a Corte negou provimento a recurso de uma empresa, credora de um determinado idoso, que pretendia a aplicação da regra do art. 1.048, I, do CPC/0215, e do art. 71 do Estatuto da Pessoa Idosa, em um processo de execução. No recurso especial interposto perante o STJ, a empresa alegava que a simples existência de pessoa idosa como integrante da relação processual já permitia a incidência do regramento legal, fundamento que não foi acolhido.[2] O mesmo entendimento

---

[2] "Recurso especial. Processo. Tramitação. Prioridade. Idoso. Legitimidade. Art. 71 da Lei nº 10.471/2003. Estatuto do Idoso. Art. 1.048 do CPC/2015. Requerimento. Concessão. 1. Recurso especial interposto contra acórdão publicado na vigência do Código de Processo Civil de 2015 (Enunciados Administrativos nºs 2 e 3/STJ). 2. Cinge-se a controvérsia a definir quem legitimamente pode postular a prioridade de tramitação do feito atribuída por lei ao idoso. 3. A prioridade na tramitação do feito é garantida à pessoa com idade igual ou superior a 60 (sessenta) anos que figura como parte ou interveniente na relação processual (arts. 71 da Lei nº 10.471/2003 e 1.048 do CPC/2015). 4. A pessoa idosa é a parte legítima para requerer a prioridade de tramitação do processo, devendo, para tanto, fazer prova da sua idade. 5. Na hipótese dos autos, a exequente – pessoa jurídica – postula a prioridade na tramitação da execução de título extrajudicial pelo fato de um dos executados ser pessoa idosa, faltando-lhe, portanto, legitimidade e interesse para formular o referido pedido. 6.

deve ser aplicável aos demais casos (exemplo: mulher vítima de violência que é ré em ação de divórcio e partilha de bens proposta de forma litigiosa pelo marido).

5. CADASTRO PARA RECEBIMENTO DE CITAÇÕES E INTIMAÇÕES (ARTS. 1.050 E 1.051)

Segundo o art. 246 do CPC/2015, a citação deve ser realizada preferencialmente por meio eletrônico. Conforme o § 2º, incluído pela Lei nº 14.195/2021, essa modalidade de comunicação aplica-se à União, aos Estados, ao Distrito Federal, aos Municípios e às entidades da Administração indireta. Complementando essa regra, os artigos 1.050 e 1.051, antes mesmo da Lei nº 14.195/2021, já previam que essas entidades devem manter cadastros atualizados nos sistemas de processos eletrônicos.

Atualmente, esse cadastramento é feito em plataforma mantida pelo Conselho Nacional de Justiça – Domicílio Judicial Eletrônico. Ele é obrigatório para a União, para os estados, para o Distrito Federal, para os municípios, para as entidades da Administração indireta e para as empresas públicas e privadas, para efeitos de recebimento de citações e intimações. Incluem-se, nessa obrigatoriedade, o Ministério Público, a Defensoria Pública e a Advocacia Pública, conforme disposições do art. 1.050 do CPC, inclusive para o recebimento de intimações, nos moldes do art. 270, *caput* e § 1º do art. 246, do CPC.

Por outro lado, a exigência de cadastramento no Domicílio Judicial Eletrônico não se aplica às microempresas e às empresas de pequeno porte que possuírem endereço eletrônico cadastrado no sistema integrado da Rede Nacional para a Simplificação do Registro e da Legalização de Empresas e Negócios (Redesim). Todavia, as microempresas e as empresas de pequeno porte que não possuírem cadastro no sistema integrado da Redesim ficam sujeitas ao cadastramento no sistema. Para as pessoas físicas, o cadastro é facultativo.

Em relação às intimações, vale lembrar que a ausência de cadastramento acarreta graves consequências para a Administração Pública. Por exemplo, em um caso concreto no qual um determinado município deixou de realizar o necessário cadastramento para recebimento das intimações eletrônicas, o STJ admitiu a cientificação por publicação em *DJE* (STJ, AR 6.503/CE, 1ª Seção, Rel. Min. Og Fernandes, j. 27.10.2021), afastando a alegação de nulidade por parte da municipalidade.

6. INSOLVÊNCIA CIVIL

Por expressa previsão no art. 1.052 do CPC/2015, a execução por quantia certa contra dever insolvente continuará a ser regulada pelos arts. 748 a 786-A do CPC/1973. Por conta dessa ultratividade da norma processual anterior, optamos por manter essa modalidade de execução no item 8, Capítulo II, Parte IV, para o qual remetemos o leitor.

Cumpre salientar que o instituto da insolvência civil se aplica apenas ao devedor não empresário e sociedades civis, qualquer que seja sua forma (art. 786 do CPC/1973).

7. REGRAS ESPECIAIS DE TRANSIÇÃO

7.1 As questões prejudiciais e a eficácia do art. 503, § 1º, do CPC atual

De acordo com o art. 1.054, "o disposto no art. 503, § 1º, somente se aplica aos processos iniciados após a vigência deste Código, aplicando-se aos anteriores o disposto nos arts. 5º, 325 e 470 da Lei nº 5.869, de 11 de janeiro de 1973".

Recurso especial não provido" (REsp 1801884/SP, Rel. Min. Ricardo Villas Bôas Cueva, 3ª Turma, j. 21.05.2019, *DJe* 30.05.2019).

Conforme já explanado no item 9, Capítulo I, Parte II, a coisa julgada vigora nos limites do **pedido e da causa de pedir**, que, conjugados, constituem o objeto do processo.

Para **ampliação objetiva da coisa julgada**, segundo a sistemática do CPC/1973, faz-se necessário o ajuizamento de **ação declaratória incidental**, por meio da qual a parte pedirá que a questão prejudicial seja decidida como tema principal no processo. Havendo ajuizamento dessa ação (arts. 5º, 325 e 470 do CPC/1973), haverá um comando sentencial sobre a questão prejudicial. Em outras palavras, a questão prejudicial deixará de ser apenas examinada incidentalmente na fundamentação e passará a ser enfrentada em caráter principal.

De acordo com o CPC/2015, o objeto da demanda poderá ser ampliado sem a necessidade de propositura de ação declaratória incidental (art. 503, § 1º). Essa possibilidade é excepcional, porquanto depende do preenchimento dos seguintes requisitos: a) deve haver decisão expressa e incidental para que a questão prejudicial se insira nos limites objetivos da coisa julgada; b) a solução da questão prejudicial deverá contribuir para a decisão de mérito postulada inicialmente; c) há necessidade de contraditório sobre a questão prejudicial, como garantia constitucional que permite a própria existência do processo; d) o julgador deverá ser competente em razão da matéria e da pessoa para julgar a questão prejudicial como questão principal; e) não podem existir restrições probatórias ou limitações à cognição ampla dessa questão por parte do julgador (art. 503, § 2º). Observadas essas premissas, terá o juiz de apreciar a questão.

Pois bem. No que respeita ao alcance da coisa julgada sobre a questão prejudicial, prevalecerá a regra do CPC/1973 para os processos iniciados sob a sua vigência. Segundo o art. 469, III, do CPC/1973, não faz coisa julgada a questão prejudicial decidida incidentemente no processo, exceto se a parte requerer que ela seja decidida como questão principal, pela via da ação declaratória incidental.

Somente para os processos iniciados após a vigência do CPC/2015 é que deve ser aplicada a regra prevista no art. 503, § 1º. Exemplo: ação de alimentos é proposta em janeiro de 2016. A declaração da existência do vínculo de filiação (biológica ou socioafetiva) é uma premissa lógica para o julgamento desta ação. Como a propositura ocorreu antes da entrada em vigor do CPC/2015, a parte deverá provocar o aumento dos limites objetivos da coisa julgada por meio do ajuizamento de ação declaratória incidental. No caso do autor, o prazo para a ação declaratória incidental será de 10 dias contados da intimação para se manifestar sobre a contestação (art. 325 do CPC/1973). Para o réu, o prazo será o mesmo que ele tem para responder a ação principal (15 dias). Se a ação for proposta a partir de 18.03.2016, deve-se aplicar a nova regra para a "imutabilização" da questão prejudicial.

7.2 Prescrição intercorrente

Segundo o art. 924, V, do CPC/2015, extingue-se a execução quando se consumar a prescrição intercorrente, que tem início após o decurso do prazo de suspensão previsto no § 1º do art. 921.

Com relação às execuções paralisadas quando da entrada em vigor do Código atual, o legislador estabeleceu regra de transição no sentido de que se deve considerar como termo inicial do prazo prescricional a data de vigência do CPC/2015 (art. 1.056). Vamos ao exemplo.

Execução por quantia certa foi proposta em janeiro de 2013. Não foram localizados bens penhoráveis do executado, razão pela qual o juiz determinou a suspensão da execução, nos termos do art. 791, III, do CPC/1973. Não havia – no CPC/1973 – quanto à cessação dessa suspensividade, **tal como ocorre na Lei de Execução Fiscal** (art. 40 e parágrafos da Lei nº 6.830/1980). A única modalidade de prescrição era aquela decorrente da inércia do titular do direito, que não se configurava quando a condição suspensiva era verificada pela ausência de bens penhoráveis, pois tal fato não poderia ser atribuível ao credor.

Ocorre que, a partir do CPC/2015, pode ser pleiteada a decretação da prescrição intercorrente da seguinte forma: o prazo de um ano previsto no art. 921, § 1º, começa a contar a partir de 18.03.2016, e não a partir da propositura da execução (janeiro de 2013). Se até 18.03.2017 não houver manifestação do exequente, começará a correr o prazo de prescrição intercorrente (art. 921, § 4º). A prescrição intercorrente vale tanto para os casos em que o devedor não é localizado, quanto nas hipóteses em que ele é encontrado, mas não existem bens penhoráveis.

E quando a execução será extinta pela prescrição intercorrente? Supondo que seja um título judicial originário de ação de reparação de danos, a prescrição intercorrente ocorrerá em 3 anos (art. 206, § 3º, V, do CC), contados a partir de 18.03.2017 – data em que cessou a suspensão.

Em suma, **o prazo da prescrição intercorrente tem por termo inicial a data de vigência do CPC atual – 18.03.2016 –, inclusive para as execuções em curso**, conforme dispõe o art. 1.056 das disposições finais e transitórias. Contudo, conforme entendimento fixado pelo STJ, se foi fixado prazo judicial de suspensão do processo na vigência do CPC/1973, é a partir do término deste que o prazo prescricional terá seu início. Nesse sentido é a tese 1.2 firmada no julgamento do Incidente de Assunção de Competência n. 1/STJ: "O termo inicial do prazo prescricional, na vigência do CPC/1973, conta-se do fim do prazo judicial de suspensão do processo ou, inexistindo prazo fixado, do transcurso de um ano (aplicação analógica do art. 40, § 2º, da Lei 6.830/1980)".

Veja um exemplo já julgado pelo STJ, para facilitar a compreensão: em cumprimento de sentença proferida em ação monitória, o juízo de origem determinou o arquivamento dos autos pelo período de três anos, a partir de dezembro de 2008, ou seja, ainda na vigência do CPC/1973. A inércia da parte exequente perdurou até julho de 2015, quando foi requerido o desarquivamento dos autos. Em janeiro de 2016, a parte exequente formalizou pedido de penhora de automóveis em nome do executado. Este alegou, então, a existência de prescrição intercorrente, argumento acolhido pelo Tribunal de origem. De acordo com o STJ, a partir da tese firmada no IAC nº 1, o termo inicial da contagem da prescrição intercorrente na vigência do CPC/1973 é a data seguinte ao término do prazo judicial de suspensão da execução, ou o prazo de 1 ano da Lei nº 6.830/1980, caso não tenha havido estipulação de prazo pelo juiz na vigência do CPC/2015. Assim, computando-se os três anos do prazo judicial a partir de dezembro de 2008, o início da prescrição só deveria começar a fluir a partir de dezembro de 2011 (término dos 3 anos fixados pelo juiz), findando, portanto, em dezembro de 2016, pois a prescrição para essa hipótese deve observar o mesmo prazo da prescrição da ação (5 anos).[3]

Perceba que a polêmica reside somente na hipótese de fixação de prazo judicial **durante a vigência do CPC/1973**. Caso o juiz tenha fixado prazo maior do que o período de um ano, é ele que deverá ser observado, sob pena de ofensa à segurança jurídica e à legítima expectativa dos jurisdicionados. Na vigência do CPC atual, não há necessidade de fixação pelo juízo, nem mesmo o emprego de analogia a partir da Lei de Execução Fiscal, pois o art. 921 já prevê expressamente que o prazo de suspensão a ser observado é de um ano.

Ademais, se o processo já se encontra tramitando na vigência do Código atual, o termo inicial indicado – 18.03.2016 – deve ser afastado, aplicando-se a norma contida no art. 921, § 4º, do CPC/2015, inserido pela Lei nº 14.195/2021, ou seja, o termo inicial da prescrição intercorrente é o dia em que o exequente teve ciência da primeira tentativa infrutífera de localização do devedor ou de bens sujeitos à penhora. Sobre o tema, remetemos o leitor para a Parte IV, Capítulo 4, item 1.3.

---

[3] STJ, REsp 1.704.779/RS, Rel. Min. Paulo de Tarso Sanseverino, *DJe* 20.09.2019.

7.3 Inexigibilidade de título executivo judicial fundado em lei declarada inconstitucional

A inexigibilidade da obrigação é matéria que pode ser alegada em sede de impugnação ao cumprimento de sentença, seja na execução comum, seja na execução contra a Fazenda Pública (arts. 525 e 535 do CPC/2015).

O CPC/1973 considerava inexigível "o título judicial fundado em lei ou ato normativo declarados inconstitucionais pelo Supremo Tribunal Federal, ou fundado em aplicação ou interpretação da lei ou ato normativo tidas pelo Supremo Tribunal Federal como incompatíveis com a Constituição Federal" (arts. 475-L, § 1º e 741, parágrafo único, CPC/1973). Essas hipóteses correspondem ao § 12 do atual art. 525.

A novidade trazida pelo CPC/2015 é que a incompatibilidade ou inconstitucionalidade de lei ou de ato normativo pode não somente ter sido declarada em controle concentrado de constitucionalidade, **mas também em controle difuso**. Neste último caso, por não haver previsão expressa, a norma não precisa ter sido suspensa pelo Senado Federal, na forma do art. 52, X, da Constituição Federal.

Para harmonizar a possibilidade de desconstituição de título executivo judicial com a garantia da segurança jurídica, o § 14 do art. 525 esclarece importante questão: a matéria somente poderá fundamentar a impugnação se a interpretação da Suprema Corte tiver se fixado antes do trânsito em julgado da decisão exequenda. Esse já era, inclusive, o entendimento do STF.[4]

Se a decisão da Suprema Corte for proferida após o trânsito em julgado da decisão objeto do cumprimento de sentença, restará à parte propor ação rescisória, sendo que o prazo decadencial de dois anos não será contado da data do trânsito em julgado da decisão exequenda, mas do trânsito em julgado da decisão proferida pelo Supremo Tribunal Federal (art. 525, § 15). Esse mesmo regramento se aplica à execução por quantia certa contra a Fazenda Pública (art. 535, §§ 7º e 8º).

E como se aplica essa sistemática aos processos em curso?

De acordo com o art. 1.057, a incidência desse regramento terá como marco a **data do trânsito em julgado da decisão exequenda**. Exemplo: se o trânsito em julgado do título judicial reputado inexigível se deu ainda na vigência do CPC/1973 (até o último segundo do dia 17.03.2016), deve-se aplicar a norma do art. 475-L, § 1º, que nada dispõe sobre o momento em que proferida a decisão do STF, declarando a inconstitucionalidade da lei ou da interpretação na qual se funda o mencionado título. Essa lacuna permite inferir que a decisão do STF deve ser anterior ao trânsito em julgado da decisão exequenda.

Agora, se o trânsito em julgado se deu na vigência do CPC/2015, a regra é clara: para que o título judicial seja reputado inexigível, a decisão do STF deve ter sido proferida antes

---

[4] A referida Corte já apresentou entendimento similar, protegendo a garantia da coisa julgada material formada antes da decisão que declara a inconstitucionalidade da lei ou ato normativo que fundamenta a sentença: "A superveniência de decisão do Supremo Tribunal Federal, declaratória de inconstitucionalidade de diploma normativo utilizado como fundamento do título judicial questionado, ainda que impregnada de eficácia 'ex tunc' – como sucede, ordinariamente, com os julgamentos proferidos em sede de fiscalização concentrada (*RTJ* 87/758 – *RTJ* 164/506-509 – *RTJ* 201/765) –, não se revela apta, só por si, a desconstituir a autoridade da coisa julgada, que traduz, em nosso sistema jurídico, limite insuperável à força retroativa resultante dos pronunciamentos que emanam, 'in abstracto', da Suprema Corte. Doutrina. Precedentes. O significado do instituto da coisa julgada material como expressão da própria supremacia do ordenamento constitucional e como elemento inerente à existência do Estado Democrático de Direito" (RE 592.912 AgR, 2ª Turma, Rel. Min. Celso de Mello, j. 03.04.2012).

do trânsito em julgado da decisão exequenda; se for posterior, o caso enseja ação rescisória – outra causa de rescindibilidade, além das enumeradas no art. 966 –, mas não inexigibilidade.

7.4 Depósitos judiciais

O art. 840, I, situado no capítulo que disciplina a execução por quantia certa, estabelece uma ordem de preferência das instituições nas quais devem ser realizados os depósitos das quantias em dinheiro, dos papéis de crédito, das pedras e dos metais preciosos. O art. 1.058, por sua vez, estende a aplicação dessa norma a toda hipótese de recolhimento de importância em dinheiro e esclarece que o depósito deve ser feito *em nome da parte ou do interessado, e em conta especial movimentada por ordem do juiz*.

O dispositivo não é novidade. Regra semelhante já estava disposta no art. 1.219 do CPC/1973.

7.5 Tutela provisória contra a Fazenda Pública

Art. 1.059. À tutela provisória requerida contra a Fazenda Pública aplica-se o disposto nos arts. 1º a 4º da Lei nº 8.437, de 30 de junho de 1992, e no art. 7º, § 2º, da Lei nº 12.016, de 7 de agosto de 2009.

A Lei nº 8.437/1992 dispõe sobre a concessão de medidas cautelares contra atos do Poder Público. Segundo o art. 1º dessa Lei, "não será cabível medida liminar contra atos do Poder Público, no procedimento cautelar ou em quaisquer outras ações de natureza cautelar ou preventiva, toda vez que providência semelhante não puder ser concedida em ações de mandado de segurança, em virtude de vedação legal". Os cinco parágrafos do dispositivo, bem como os subsequentes (arts. 2º a 4º), detalham a disciplina.

O art. 7º, § 2º, da Lei nº 12.016/2009 – que disciplina o mandado de segurança individual e coletivo –, por sua vez, estabelece que "não será concedida medida liminar que tenha por objeto a compensação de créditos tributários, a entrega de mercadorias e bens provenientes do exterior, a reclassificação ou equiparação de servidores públicos e a concessão de aumento ou a extensão de vantagens ou pagamento de qualquer natureza".

Segundo o art. 1.059 do CPC/2015, tais normas aplicam-se aos pedidos de tutela provisória formulados contra a Fazenda Pública. A disposição tem por fim evitar interpretação no sentido de que os artigos das Leis nº 8.437 e nº 12.016, citados no art. 1.059, não se aplicariam à tutela provisória disciplinada no CPC/2015, uma vez que este é posterior às mencionadas leis e não fez qualquer ressalva no que se refere às pessoas contra quem ela é deferida.

Sobre o tema, conferir o item 5, Capítulo XII, Parte I.

8. USUCAPIÃO ADMINISTRATIVA OU EXTRAJUDICIAL

Dentre as premissas que motivaram a edição do CPC/2015, verifica-se a necessidade de **desjudicialização dos conflitos**, seja pela simplificação dos procedimentos, pelo incentivo à autocomposição ou, ainda, pela retirada de determinadas competências da via exclusivamente judicial. Com relação a esta última, o art. 1.071 evidencia inovação de extrema relevância: um novo procedimento *extrajudicial* para a declaração da usucapião, com a participação do tabelião de notas e do registrador de imóveis.[5] Vejamos, então, as minúcias desse procedimento, o qual

---

[5] O dispositivo não cria propriamente o procedimento de usucapião administrativo. O art. 60 da Lei nº 11.977/2009 (Programa Minha Casa, Minha Vida), posteriormente revogado pela Lei nº 13.456/2017,

também se encontra atualmente regulamentado pelo Provimento nº 149/2023 do Conselho Nacional de Justiça, a partir do art. 398.

8.1 Competência

De acordo com o *caput* do art. 216-A – dispositivo acrescentado pelo CPC/2015 à Lei de Registros Públicos (Lei nº 6.015/1973) –, "sem prejuízo da via jurisdicional, é admitido o pedido de reconhecimento extrajudicial de usucapião, que será processado diretamente perante o cartório do registro de imóveis da comarca em que estiver situado o imóvel usucapiendo [...]".

A competência para instaurar o procedimento extrajudicial, verificar o preenchimento dos requisitos legais e analisar o pedido de reconhecimento extrajudicial de usucapião é conferida ao cartório de registro de imóveis do local onde estiver situado o bem objeto do pedido. Se o imóvel estiver localizado em mais de uma comarca, será responsável o registrador de onde se encontrar a maior parte dele (art. 399, Provimento nº 149/2023).

O Registro de Imóveis, ressalte-se, já era competente pela transcrição das sentenças declaratórias de usucapião (art. 167, I, item 28, da Lei nº 6.015/1973).

8.2 Requerimento da parte interessada

Para possibilitar o reconhecimento da usucapião, o requerente deverá apresentar os documentos relacionados nos incisos do art. 216-A, os quais atestarão o preenchimento dos requisitos gerais necessários a qualquer usucapião: **posse mansa, pacífica** e **ininterrupta**. A petição inicial será semelhante àquela formulada no procedimento judicial. Ou seja, devem ser observados os requisitos estabelecidos pelo art. 319 do CPC, no que couber. O Provimento nº 149/2023 do CNJ estabelece, ainda, que o requerente deverá indicar: I – a modalidade de usucapião requerida e sua base legal ou constitucional; II – a origem e as características da posse, a existência de edificação, de benfeitoria ou de qualquer acessão no imóvel usucapiendo, com a referência às respectivas datas de ocorrência; III – o nome e estado civil de todos os possuidores anteriores cujo tempo de posse foi somado ao do requerente para completar o período aquisitivo; IV – o número da matrícula ou a transcrição da área em que se encontra inserido o imóvel usucapiendo ou a informação de que não se encontra matriculado ou transcrito; e V – o valor atribuído ao imóvel usucapiendo (art. 400).

Além disso, é obrigatória a **apresentação de justo título**, como o comprovante de pagamento de impostos ou taxas relativas ao imóvel, compromisso ou recibo de compra e venda ou proposta de compra.

Poderá ser reconhecida administrativamente qualquer modalidade de usucapião (extraordinária; ordinária; especial rural; especial urbana; coletiva; por abandono do lar), desde que preenchidos os requisitos legais.

A **ata notarial (inciso I)** foi inserida como requisito para o reconhecimento da usucapião extrajudicial porque tem por objetivo constatar uma realidade ou fato que o tabelião presencia ou toma conhecimento. Nesse contexto, ao tabelião caberá atestar o tempo de posse do requerente e seus antecessores (se for o caso). Para tanto, procederá à colheita das declarações do próprio requerente (possuidor) e também de testemunhas (se houver), que poderão certificar se o declarante exerce posse mansa e pacífica sobre a área usucapienda. Podem constar da ata notarial, ainda, imagens, documentos ou mesmo sons gravados em arquivos eletrônicos.

---

já previa a possibilidade de aquisição da propriedade por usucapião por meio de requerimento ao oficial de registro de imóveis. O que há de novo é a generalização do procedimento, que agora conta também com a participação do tabelião de notas.

A competência para lavrar atas notariais é exclusiva dos tabeliães, nos termos do art. 7º, III, da Lei nº 8.935/1994.

Esse documento, que é dotado de fé-pública, é imprescindível ao reconhecimento da usucapião extrajudicial, não sendo suficiente, contudo, que nele conste **apenas** as declarações do requerente. Ou seja, a ata notarial pode ser lavrada com as declarações do possuidor, mas também deve basear-se nas declarações de testemunhas ou em outros documentos. O próprio tabelião de notas poderá comparecer ao imóvel usucapiendo para realizar diligências necessárias à lavratura da ata notarial (art. 402, Provimento 149/2023).

Também é indispensável, a exemplo dos atos da Lei nº 11.441/2007, que o requerente esteja representado pelo advogado no momento da formalização do requerimento, não se exigindo representação para lavrar a ata notarial.

A planta e o memorial descritivo, com as exigências do **inciso II**, permitem não apenas aferir a correta localização e descrição do imóvel, mas, também, o preenchimento do requisito "posse mansa e pacífica". Isso porque, a ciência das pessoas ali descritas indica que **não há oposição quanto ao pedido formalizado pelo requerente**. Na falta de qualquer das assinaturas, os titulares dos direitos registrados ou averbados na matrícula do imóvel e dos imóveis confinantes serão notificados pelo registrador competente, pessoalmente ou pelo correio com aviso de recebimento, para manifestar seu consentimento expresso em 15 dias.

A notificação poderá ser determinada de ofício pelo registrador, caso verifique nos documentos apresentados a localização das pessoas indicadas no inciso II. Não sendo possível, caberá ao requerente indicar os respectivos endereços, sob pena de, não o fazendo, ser rejeitado o pedido, ressalvada a possibilidade de notificação por edital, estando o notificado em local incerto, não sabido ou inacessível.

Defendíamos que o silêncio dos titulares, ou seja, a ausência de resposta quanto à notificação, **deveria ser interpretado como discordância**. Isso porque, o art. 216, especialmente o § 6º, exige concordância expressa para o deferimento do pedido. Assim, a inércia dos confrontantes ou dos titulares de direito real ou de outro direito averbado ou registrado na matrícula deveria ser entendida como discordância, ocasionando o indeferimento do pedido. Ocorre que o Provimento nº 149/2023 prevê que se a planta não estiver assinada pelos titulares dos direitos registrados ou averbados na matrícula do imóvel usucapiendo ou na matrícula dos imóveis confinantes ou ocupantes a qualquer título e não for apresentado documento autônomo de anuência expressa, eles serão notificados pelo oficial de registro de imóveis ou por intermédio do oficial de registro de títulos e documentos para que manifestem consentimento no prazo de 15 dias, **considerando-se sua inércia como concordância (art. 407)**. Para tanto, na própria notificação deverá constar a informação de que o transcurso do prazo de quinze dias sem manifestação do titular do direito sobre o imóvel consistirá em anuência ao pedido de reconhecimento extrajudicial da usucapião do bem imóvel.

As certidões negativas referidas no **inciso III** têm por objetivo **comprovar a inexistência de ação judicial em relação ao imóvel**. Já os documentos mencionados no inciso IV visam demonstrar a origem, a continuidade, a natureza e o tempo da posse, a fim de que o registrador verifique se para a modalidade de usucapião pleiteada estão preenchidos os requisitos exigidos por lei.

Como se pode inferir pela natureza dos documentos exigidos, a hipótese de **usucapião** é **consensual**. No procedimento perante o cartório, o oficial competente deverá verificar se houve aceitação da posse continuada do requerente (ou a anuência tácita, como vimos), de modo a justificar a consequentemente aceitação de seu direito à propriedade. É o caso, por exemplo, do caseiro que cuidava durante anos de pequena propriedade rural, sendo a ele concedida a propriedade do imóvel pelos herdeiros do proprietário.

8.3 Procedimento

Recebido o requerimento e autuado o pedido, o oficial do cartório de registro de imóveis dará ciência à União, ao Estado, ao Distrito Federal e ao Município para que estes se manifestem em 15 dias. Ato contínuo, promoverá a publicação de editais para ciência de terceiros interessados e, se necessário, poderá solicitar ou realizar diligências para a elucidação de qualquer **ponto de dúvida**.

A diligência poderá consistir na **complementação da documentação exigida**, por solicitação do oficial ou de qualquer interessado. Ao final das diligências, se a documentação não estiver em ordem, o oficial de registro de imóveis rejeitará o pedido.

Caso o requerente não concorde com as eventuais exigências, poderá **suscitar a dúvida na forma do art. 198 da Lei de Registros Públicos**. Nesse caso, a decisão será proferida por um juiz, mas continuará a ter natureza administrativa, não impedindo, portanto, o uso do processo contencioso competente (art. 204 da Lei de Registros Públicos).

Se houver impugnação – pela Fazenda Pública ou por qualquer interessado –, o pedido também será rejeitado. Pressupõe-se que com a impugnação o procedimento se torna litigioso, razão pela qual todas as decisões terão que ser tomadas, a partir de então, na esfera judicial. Em outras palavras, **a resistência de qualquer um desses sujeitos ao reconhecimento do direito do requerente implica existência de uma pretensão resistida, que deverá ser composta pela via judicial**. No mesmo sentido é o art. 412, § 3º, do Provimento nº 149/2023 do CNJ: "Apresentada qualquer ressalva, óbice ou oposição dos entes públicos mencionados, o procedimento extrajudicial deverá ser encerrado e enviado ao juízo competente para o rito judicial da usucapião". Por outro lado, havendo inércia dos órgãos públicos, o procedimento terá sua regular tramitação (§ 1º).

Novidade trazida pelo Provimento nº 149 do CNJ refere-se à tentativa de conciliação antes do encerramento do pedido e encaminhamento para a via judicial. De acordo com o art. 415, em caso de impugnação do pedido de reconhecimento extrajudicial da usucapião apresentada por qualquer dos titulares de direitos reais e de outros direitos registrados ou averbados na matrícula do imóvel usucapiendo ou na matrícula dos imóveis confinantes, por ente público ou por terceiro interessado, o oficial de registro de imóveis tentará promover a conciliação ou a mediação entre as partes interessadas. Sendo infrutífera a tentativa, a parte requerente poderá emendar a petição inicial, adequando-a ao procedimento judicial e apresentá-la ao juízo competente da comarca de localização do imóvel usucapiendo. **A judicialização, no entanto, não é automática.** Cabe ao requerente decidir se irá ou não recorrer à jurisdição estatal.

Importante destacar que a impugnação pela Fazenda Pública deve se restringir à alegação acerca da qualidade do bem imóvel (se público ou privado). **Se o imóvel pertencer ao Poder Público, não poderá ser usucapido**[6]. Caso contrário, eventuais alegações quanto à existência de débitos relativos ao bem não podem obstaculizar o deferimento do pedido. Pode a Fazenda Pública, contudo, apresentar informações quanto à eventual penhora sobre o bem decorrente, por exemplo, de processo de execução fiscal. Nesse caso o indeferimento do pedido terá por fundamento a ausência de certidão negativa do bem (art. 216-A, III).

Se a documentação estiver completa e estiverem preenchidos os demais requisitos legais, o oficial registrará a aquisição do imóvel com as descrições apresentadas, sendo permitida a abertura de matrícula, se for o caso (§ 6º). Nessa última hipótese – imóvel não matriculado – o oficial efetuará a abertura da matrícula e o registro, que será seu primeiro ato.

---

[6] Art. 399, § 4º, Provimento nº 149/2023: "Não se admitirá o reconhecimento extrajudicial da usucapião de bens públicos, nos termos da lei".

8.4 Não obrigatoriedade da via administrativa

O procedimento extrajudicial é facultativo e não obstrui a via judicial. A escolha pela via administrativa cabe à parte, que poderá optar por formalizar o pedido judicialmente, ainda que não haja litígio. Se por acaso a parte escolher o procedimento perante o cartório de registro de imóveis, a sua eventual rejeição não impedirá o ajuizamento da ação respectiva, com a diferença de que, nessa hipótese, o procedimento será evidentemente contencioso.

A propósito, esse entendimento sustentado por nós desde a entrada em vigor do CPC/2015 atualmente encontra respaldo na jurisprudência do STJ, para quem o ajuizamento da ação de usucapião não está condicionada à negativa do pedido em cartório: "(...) Nos termos do art. 216-A da Lei 6.015/1973, 'sem prejuízo da via jurisdicional, é admitido o pedido de reconhecimento extrajudicial de usucapião, que será processado diretamente perante o cartório do registro de imóveis da comarca em que estiver situado o imóvel usucapiendo'. 3. Existência de interesse jurídico no ajuizamento direto de ação de usucapião, independentemente de prévio pedido na via extrajudicial. 4. Exegese do art. 216-A da Lei 6.015/1973, em âmbito doutrinário. 5. Determinação de retorno dos autos ao juízo de origem para que prossiga a ação de usucapião – 6. Recurso Especial provido" (STJ, REsp 1.824.133/RJ, Rel. Min. Paulo de Tarso Sanseverino, *DJe* 14.02.2020).[7] Desde 2017, o Provimento 65/2017 do Conselho Nacional de Justiça já consolidava a ideia de independência entre as instâncias judicial e administrativa, com a possibilidade de escolha do requerente (art. 2º). Embora esse Provimento tenha sido revogado em 2023, a conclusão pode ser extraída da regulamentação atual, disposta no já mencionado Provimento nº 149, de 30.08.2023:

> Art. 399. **Sem prejuízo da via jurisdicional**, é admitido o pedido de reconhecimento extrajudicial da usucapião formulado pelo requerente — representado por advogado ou por defensor público, nos termos do disposto no art. 216-A da LRP —, que será processado diretamente no ofício de registro de imóveis da circunscrição em que estiver localizado o imóvel usucapiendo ou a maior parte dele (...)
>
> § 2º **Será facultada aos interessados a opção pela via judicial ou pela extrajudicial**; podendo ser solicitada, a qualquer momento, a suspensão do procedimento pelo prazo de 30 dias ou a desistência da via judicial para promoção da via extrajudicial.
>
> § 3º Homologada a desistência ou deferida a suspensão poderão ser utilizadas as provas produzidas na via judicial.

8.5 Intervenção do Ministério Público

Não há previsão legal que determine a intervenção do Ministério Público como *custos legis*. Somente se houver suscitação de dúvida é que o órgão será obrigado a intervir, por expressa determinação na Lei de Registros Públicos (art. 200 da Lei nº 6.015/1973; art. 216-A, § 7º, da mesma lei, com redação dada pelo CPC/2015).

Essa desnecessidade de intervenção do Ministério Público é confirmada pelo art. 178 do CPC/2015, que somente exige a atuação do membro do *Parquet* **nos processos que envolvam**

---

[7] Mais recentemente: "(...) Cinge-se a controvérsia a definir se o artigo 261-A da Lei nº 6.015/1973, com a redação dada pelo artigo 1.071 do Código de Processo Civil de 2015, que criou a figura da usucapião extrajudicial, passou a exigir, como pré-requisito para a propositura da ação judicial, o esgotamento da via administrativa. 4. O ajuizamento de ação de usucapião independe de pedido prévio na via extrajudicial. Precedente da Terceira Turma e exegese doutrinária. 5. Recurso especial provido" (STJ, 3ª T., REsp 1.796.394/RJ, j. 24.05.2022, *DJe* 30.05.2022).

interesse público ou social, interesse de incapaz e litígios coletivos pela posse de terra rural ou urbana. Além disso, como a redação do art. 944 do CPC/1973[8] não encontra correspondência na nova legislação, não se pode mais falar em imprescindibilidade da intervenção do Ministério Público em toda e qualquer ação judicial de usucapião. Consequentemente, não se pode exigir, salvo nas hipóteses expressamente previstas em lei, a intervenção desse órgão em ações da mesma natureza, propostas na esfera administrativa. Essa, ao que parece, foi a vontade do legislador.

No mais, considerando que se trata de um procedimento novo e extrajudicial, a doutrina é que vem se debruçando sobre o tema. A propósito, em 2022 o Centro de Estudos Judiciários do Conselho da Justiça Federal aprovou três enunciados sobre a usucapião administrativa na I Jornada de Direito Notarial e Registral:

ENUNCIADO	JUSTIFICATIVA
Enunciado 25: a existência de averbação de indisponibilidade de bens, por si só, não obsta a usucapião extraordinária processada extrajudicialmente.	Tendo em vista que a usucapião extrajudicial é forma de aquisição originária da propriedade – conforme, inclusive, expresso no § 10 do art. 10 do Provimento nº 65 do Conselho Nacional de Justiça – a existência de indisponibilidade não impede o reconhecimento extrajudicial nos casos de usucapião extraordinária. Nos demais tipos de usucapião, em que a boa-fé seja requisito para a aquisição, caberá ao Oficial analisar, no caso concreto, se há óbice ao reconhecimento da aquisição originária. **Observação:** essa parece ter sido a orientação seguida pelo Provimento nº 149 do CNJ, que em seu art. 418 estabeleceu que *"o reconhecimento extrajudicial da usucapião de imóvel matriculado não extinguirá eventuais restrições administrativas nem gravames judiciais regularmente inscritos".*
Enunciado 32: a impugnação em usucapião extrajudicial fundada unicamente na presunção de que o imóvel constitui terra devoluta, ante a inexistência de registro da sua propriedade, deve ser considerada injustificada, nos termos do art. 216-A, § 10, da Lei nº 6.015/1973.	A usucapião extrajudicial, tutelada pela Lei Federal nº 13.105/2015, foi o meio encontrado pelo legislador para viabilizar a regularização da propriedade, o acesso ao direito de moradia, a consecução constitucional da dignidade da pessoa humana, sem a necessidade da utilização da via judicial. No entanto, desde a regulamentação, pelo Provimento nº 65 do CNJ, não raras as vezes que o Estado apresenta impugnação genérica, alegando que, por não possuir registro de propriedade (matrícula ou transcrição) podem se tratar de terras devolutas e, portanto, públicas, sem apresentar qualquer indício de sua caracterização. Tal tese contraria a jurisprudência, já há muito pacificada do STJ e do próprio STF, no sentido que inexiste presunção de dominialidade a favor do Estado (...) Com isso, busca-se dar efetividade à usucapião extrajudicial, para que ela não seja, em razão de impugnação injustificada, interrompida na via administrativa e levada desnecessariamente à via judicial, avolumando ainda mais o número de processos que tramitam por esta via.

---

[8] "Art. 944. Intervirá obrigatoriamente em todos os atos do processo o Ministério Público." Ressalte-se que o novo CPC exclui a usucapião de terras particulares do rol dos procedimentos especiais.

ENUNCIADO	JUSTIFICATIVA
Enunciado 33: o espólio, representado por seu inventariante, tem legitimidade para requerer a usucapião extrajudicial.	O Provimento nº 65/2017 foi omisso quanto à possibilidade de o espólio, por meio de seu inventariante, figurar como interessando em requerer a usucapião em favor do *"de cujus"*. O espólio é a massa de bens do autor da herança e é administrada pelo Inventariante. Cabe ao espólio na pessoa do inventariante arrecadar bens do falecido. A posse é um bem transmissível e a usucapião extrajudicial pode ser requerida pelo espólio para que possa transferir aos herdeiros a propriedade do imóvel, promovendo a partilha. **Observação:** também não há previsão expressa no Provimento nº 149 do CNJ sobre a legitimidade do espólio.

Referências bibliográficas

AGRA, Walber de Moura. *Curso de direito constitucional*. 4. ed. Rio de Janeiro: Forense, 2008.

ALEXY, Robert. *Teoría de los derechos fundamentales*. Trad. Ernesto Garzón Valdés. Madrid: Centro de Estudios Constitucionales, 1993.

ALVES, Eliana Calmon. *Execução nos juizados federais: defesa da Fazenda na execução da Lei nº 10.259/2001*. Disponível em: http://jus2.uol.com.br/doutrina/texto.asp?id=10383.

ALVIM, J. E. Carreira. *Ação monitória e temas polêmicos da reforma processual*. Belo Horizonte: Del Rey, 1996.

ALVIM, Thereza. Notas sobre alguns aspectos controvertidos da ação rescisória. *Revista de Processo*, São Paulo: RT, n. 1.985.

AMARAL, Francisco. *Direito civil*. Introdução. 5. ed. Rio de Janeiro: Renovar, 2005.

AMORIM FILHO, Agnelo. Critério científico para distinguir a prescrição da decadência e para identificar as ações imprescritíveis. *Revista dos Tribunais*, n. 744, 1997.

ANDRADE, Érico. *O mandado de segurança*: a busca da verdadeira especialidade (proposta de releitura à luz da efetividade do processo). Rio de Janeiro: Lumen Juris, 2010.

ARENHART, Sérgio Cruz. A intervenção judicial e o cumprimento da tutela específica. *Revista Jurídica*, Porto Alegre, v. 57, n. 385, nov. 2009.

ASSIS, Araken de. *Comentários ao Código de Processo Civil*. São Paulo: RT, 2000. v. 9.

ASSIS, Araken de. *Execução civil nos juizados especiais*. 4. ed. São Paulo: RT, 2006.

ASSIS, Araken de. *Manual do processo de execução*. 5. ed. São Paulo: RT, 1998.

ASSIS, Araken de. *Manual da execução*. São Paulo: RT, 2016.

ATAIDE JR., Jaldemiro Rodrigues de. Uma proposta de sistematização da eficácia temporal dos precedentes diante do projeto de novo CPC. In: DIDIER JR., Fredie; BASTOS, Antonio Adonias Aguiar (coord.). *O projeto do novo Código de Processo Civil*. Estudos em homenagem ao Professor José Joaquim Calmon de Passos. Salvador: JusPodivm, 2012.

ÁVILA, Humberto. A distinção entre princípios e regras e a redefinição do dever de proporcionalidade. *Revista Diálogo Jurídico*, Salvador: Centro de Atualização Jurídica – CAJ, v. I, n. 4, jul. 2001. Disponível em: http://www.direitopublico.com.br.

ÁVILA, Humberto. *Teoria dos princípios:* da definição à aplicação dos princípios jurídicos. 12. ed. São Paulo: Malheiros, 2011.

BARBI, Celso Agrícola. *Comentários ao Código de Processo Civil.* 2. ed. Rio de Janeiro: Forense, 1975. v. I.

BARBOSA MOREIRA, José Carlos. A expressão "competência funcional" no art. 2º da Lei de Ação Civil Pública. In: MILARÉ, Edis (coord.). *A ação pública após 20 anos:* efetividade e desafios. São Paulo: RT, 2005.

BARBOSA MOREIRA, José Carlos. *Comentários ao Código de Processo Civil.* 6. ed. Rio de Janeiro: Forense, 1994. v. V.

BARBOSA MOREIRA, José Carlos. *Direito processual civil:* ensaios e pareceres. Rio de Janeiro: Borsoi, 1975.

BARBOSA MOREIRA, José Carlos. *Estudos sobre o novo Código de Processo Civil.* Rio de Janeiro: Líber Juris, 1974.

BARBOSA MOREIRA, José Carlos. *O novo processo civil brasileiro.* 21. ed. Rio de Janeiro: Forense, 2000.

BARBOSA MOREIRA, José Carlos. *O novo processo civil brasileiro.* 26. ed. Rio de Janeiro: Forense, 2008.

BARBOSA MOREIRA, José Carlos. Por um processo socialmente efetivo. *Revista de Processo,* São Paulo, v. 27, n. 105, jan.-mar. 2002.

BARROSO, Luís Roberto. *Interpretação e aplicação da Constituição:* fundamentos de uma dogmática transformadora. São Paulo: Saraiva, 1996.

BARROSO, Luís Roberto. *Judicialização, ativismo judicial e legitimidade democrática.* Disponível em: http://www.oab.org.br/editora/revista/users/revista/1235066670174218181901.pdf.

BARROSO, Luís Roberto. *Temas de direito constitucional.* Rio de Janeiro: Renovar, 2003.

BEDAQUE, José Roberto dos Santos. *Direito e processo:* influência do direito material sobre o processo. 2. ed. São Paulo: Malheiros, 1997.

BEVILÁQUA, Clóvis. *Teoria geral do direito civil.* 3. ed. Ministério da Justiça e Negócios Interiores, 1966.

BOBBIO, Norberto. *Teoria do ordenamento jurídico.* Trad. Ari Marcelo Solon. São Paulo: Edipro, 2011.

BORTOLAI, Edson Cosac. *Manual de prática forense civil.* São Paulo: RT, 1990.

BRITO, Rosa Maria Mattos Alves de Santana. As consequências da suspensão da audiência de instrução e julgamento nos juizados especiais cíveis. *Revista da Escola Superior da Magistratura de Sergipe,* n. 3, 2002. Disponível em: bdjur.stj.gov.br.

BUENO, Cassio Scarpinella. *Amicus curiae no processo civil brasileiro:* um terceiro enigmático. 2. ed. São Paulo: Saraiva, 2008.

BUENO, Cassio Scarpinella. *Amicus curiae* no projeto de novo Código de Processo Civil. *Revista de Informação Legislativa,* Brasília, ano 48, n. 190, abr.-jun. 2011.

BUENO, Cassio Scarpinella. *Código de Processo Civil interpretado.* Coord. Antonio Carlos Marcato. São Paulo: Atlas, 2004.

BUENO, Cassio Scarpinella. *Curso sistematizado de direito processual civil.* São Paulo: Saraiva, 2007.

BUENO, Cassio Scarpinella. *Curso sistematizado de direito processual civil. Recursos. Processos e incidentes nos tribunais. Sucedâneos recursais: técnicas de controle das decisões judiciais*. São Paulo: Saraiva, 2008.

BUENO, Cassio Scarpinella. *Novo Código de Processo Civil anotado*. São Paulo: Saraiva, 2015.

BUZAID, Alfredo. In: NUNES, Dierle; PICARD, Nunes. O Código de Processo Civil Brasileiro – origem, formação e projeto de reforma. *Revista de Informação Legislativa*, Brasília, ano 48, n. 190, 2011.

BUZAID, Alfredo. *Da apelação* ex officio *no sistema do Código de Processo Civil*. São Paulo: Saraiva, 1951.

CALMON DE PASSOS, José Joaquim. *A ação no direito processual civil brasileiro*. Salvador: Progresso, 1959.

CALMON DE PASSOS, José Joaquim. *Comentários ao Código de Processo Civil*. 8. ed. Rio de Janeiro: Forense, 1998. v. 3.

CALMON DE PASSOS, José Joaquim. *Comentários ao Código de Processo Civil*. 9. ed. Rio de Janeiro: Forense, 2004. v. 3.

CÂMARA, Alexandre Freitas. *Ação rescisória*. Rio de Janeiro: Lumen Juris, 2007.

CÂMARA, Alexandre Freitas. *Juizados especiais cíveis estaduais e federais*: uma abordagem crítica. 3. ed. Rio de Janeiro: Lumen Juris, 2007.

CÂMARA, Alexandre Freitas. *Lições de direito processual civil*. 10. ed. Rio de Janeiro: Lumen Juris, 2005. v. II.

CÂMARA, Alexandre Freitas. *Lições de direito processual civil*. 12. ed. Rio de Janeiro: Lumen Juris, 2007. v. III.

CÂMARA, Alexandre Freitas. *Lições de direito processual civil*. 16. ed. Rio de Janeiro: Lumen Juris, 2007.

CANOTILHO, José Joaquim Gomes. *Direito constitucional e teoria da Constituição*. 6. ed. Lisboa: Almedina, 2002.

CAPPELLETTI, Mauro. *Acesso à justiça*. Porto Alegre: Fabris, 1988.

CARMONA, Carlos Alberto. *Arbitragem e processo – um comentário à Lei 9.307/96*. São Paulo: Malheiros, 1998.

CARNEIRO, Athos Gusmão. *Intervenção de terceiros*. 4. ed. São Paulo: Saraiva, 1989.

CARNEIRO, Athos Gusmão. *Intervenção de terceiros*. 15. ed. São Paulo: Saraiva, 2003.

CARNELUTTI, Francesco. *Como se faz um processo*. Belo Horizonte: Líder, 2001.

CARNELUTTI, Francesco. *Instituições de processo civil*. Trad. Adrián Soreto de Witt Batista. Campinas: Servanda, 1999. v. 1.

CARVALHO, José Orlando Rocha de. *Teoria dos pressupostos processuais e dos requisitos processuais*. Rio de Janeiro: Lumen Juris, 2005.

CERQUEIRA, Luis Otávio Sequeira de et al. *Comentários à nova Lei dos Juizados Especiais da Fazenda Pública*. São Paulo: RT, 2010.

CINTRA, Antônio Carlos de Araújo; GRINOVER, Ada Pellegrini; DINAMARCO, Cândido Rangel. *Teoria geral do processo*. São Paulo: Malheiros, 1992.

CINTRA, Antônio Carlos de Araújo; GRINOVER, Ada Pellegrini; DINAMARCO, Cândido Rangel. *Teoria geral do processo*. São Paulo: Malheiros, 2006.

COELHO, Fábio Ulhoa. *Curso de direito comercial*. 5. ed. São Paulo: Saraiva, 2002. v. II.

COELHO, Fábio Ulhoa. *Manual de direito comercial*. 28. ed. São Paulo: Revista do Tribunais, 2016.

CORREIA, André de Luizi. Em defesa da penhora *on-line*. *Revista de Processo*, São Paulo, v. 125.

COSTA, Judith Martins; BRANCO, Gerson Luiz Carlos. *Diretrizes teóricas do novo Código Civil brasileiro*. São Paulo: Saraiva, 2002.

CRETTELA NETO, José. *Dicionário de processo civil*. Rio de Janeiro: Forense, 1999.

CUNHA, Leonardo José Carneiro da. *A Fazenda Pública em juízo*. 5. ed. São Paulo: Dialética, 2007.

CUNHA, Leonardo José Carneiro da. O § 6º do art. 273 do CPC: tutela antecipada parcial ou julgamento antecipado parcial da lide? *Revista Gênesis de Direito Processual Civil*, n. 32, abr.-jun. 2004.

CUNHA JÚNIOR, Dirley. A intervenção de terceiros no processo de controle abstrato de constitucionalidade – a intervenção do particular, do colegitimado e do *amicus curiae* na ADIN, ADC e ADPF. In: DIDIER JR., Fredie; WAMBIER, Teresa Arruda Alvim (coord.). *Aspectos polêmicos e atuais sobre os terceiros no processo civil e assuntos afins*. São Paulo: RT, 2004.

DELGADO, José Augusto. *A imprevisibilidade das decisões judiciárias e seus reflexos na segurança jurídica*. Disponível em: www.stj.jus.br/internet_docs/ministros/Discursos/0001105/A IMPREVISIBILIDADE DAS DECISÕES JUDICIÁRIAS E SEUS REFLEXOS NA SEGURANÇA JURÍDICA.doc.

DELGADO, José Augusto. Efeitos da coisa julgada e os princípios constitucionais. In: NASCIMENTO, Carlos Valder do (coord.). *Coisa julgada inconstitucional*. 4. ed. Rio de Janeiro: América Jurídica, 2003.

DELGADO, José Augusto. Princípio da instrumentalidade, do contraditório, da ampla defesa e modernização do processo civil. *Revista Jurídica*, São Paulo, ano 49, n. 285, jun. 2001.

DI PIETRO, Maria Sylvia Zanella. *Direito administrativo*. 16. ed. São Paulo: Atlas, 2003.

DIAS, Maria Berenice. *Manual de direito das famílias*. 4. ed. São Paulo: RT, 2007.

DIAS, Maria Berenice. *Manual de direito das famílias*. 5. ed. São Paulo: RT, 2009.

DIDIER JR., Fredie. A denunciação da lide e o art. 456 do Novo CC – a denunciação *per saltum* e a "obrigatoriedade". In: DIDIER JR., Fredie et al. (coord.). *O terceiro no processo civil brasileiro e assuntos correlatos* – estudos em homenagem ao Professor Athos Gusmão Carneiro. São Paulo: RT, 2010.

DIDIER JR., Fredie. *Curso de direito processual civil*. 9. ed. Salvador: JusPodivm, 2008.

DIDIER JR., Fredie. *Curso de direito processual civil*. 11. ed. Salvador: JusPodivm, 2009.

DIDIER JR., Fredie. *Curso de direito processual civil*. Salvador: JusPodivm, 2013.

DIDIER JR., Fredie. *Curso de direito processual civil*. Salvador: JusPodivm, 2015. v. 2.

DIDIER JR., Fredie. *Curso de direito processual civil*: meio de impugnação às decisões judiciais e processos nos tribunais. Salvador: JusPodivm, 2007. v. 3.

DIDIER JR., Fredie; CUNHA, Leonardo Carneiro da. *Curso de direito processual civil*. Salvador: JusPodivm, 2016. v. 3.

DIDIER JR., Fredie; ZANETTI JR., Hermes. *Curso de direito processual civil*: processo coletivo. Salvador: JusPodivm, 2007. v. 4.

DINAMARCO, Cândido Rangel. *A nova era do processo civil*. São Paulo: Malheiros, 2004.

DINAMARCO, Cândido Rangel. *A reforma do Código de Processo Civil*. 3. ed. São Paulo: Malheiros, 1996.

DINAMARCO, Cândido Rangel. *A reforma do CPC*. São Paulo: Malheiros, 1997.

DINAMARCO, Cândido Rangel. *Execução civil*. 5. ed. São Paulo: Malheiros, 1997.

DINAMARCO, Cândido Rangel. Fraude contra credores alegada nos embargos de terceiro. *Fundamentos do processo civil moderno*. São Paulo: Malheiros, 2000. t. 1.

DINAMARCO, Cândido Rangel. *Fundamentos do processo civil moderno*. 3. ed. São Paulo: Malheiros, 2000.

DINAMARCO, Cândido Rangel. *Instituições de direito processual civil*. São Paulo: Malheiros, 2004.

DINAMARCO, Cândido Rangel. *Litisconsórcio*. 6. ed. rev. e atual. São Paulo: Malheiros, 2001.

DINAMARCO, Cândido Rangel. Relativizar a coisa julgada. *Meio Jurídico*, ano IV, n. 43, mar. 2001.

DINAMARCO, Cândido Rangel. Relativizar a coisa julgada material. *Revista Síntese de Direito Civil e Processual Civil*, n. 19, set.-out. 2002.

DINIZ, Maria Helena. *Código Civil anotado*. São Paulo: Saraiva, 1995.

DINIZ, Maria Helena. *Curso de direito civil brasileiro*. Direito das coisas. 22. ed. São Paulo: Saraiva, 2007. v. 5.

DONIZETTI, Elpídio; QUINTELLA, Felipe. *Curso didático de direito civil*. 4. ed. São Paulo: Atlas, 2015.

DUARTE, Zulmar; DELLORE, Luiz; GAJARDONI, Fernando; ROQUE, André Vasconcelos. *Teoria geral do processo*: comentários ao CPC de 2015 – Parte Geral. São Paulo: Forense, 2015.

FABRÍCIO, Adroaldo Furtado. *Comentários ao CPC*. 2. ed. Rio de Janeiro: Forense, 1984. v. VIII, t. III.

FABRÍCIO, Adroaldo Furtado. Réu revel não citado, *querela nullitatis* e ação rescisória. *Ensaios de direito processual*. Rio de Janeiro: Forense, 2003.

FADEL, Sergio Sahione. *Código de Processo Civil comentado*. 4. ed. Rio de Janeiro, 1981. v. 1.

FARIAS, Cristiano Chaves de. *Direito civil*: teoria geral. 8. ed. Rio de Janeiro: Lumen Juris, 2005.

FARIAS, Cristiano Chaves de. *O novo procedimento da separação e do divórcio (de acordo com a Lei nº 11.441/07)*. Rio de Janeiro: Lumen Juris, 2007.

FARIAS, Cristiano Chaves de; ROSENVALD, Nelson. *Direito de famílias*. Rio de Janeiro: Lumen Juris, 2009.

FARIAS, Cristiano Chaves de; ROSENVALD, Nelson. *Direitos reais*. Rio de Janeiro: Lumen Juris, 2006.

FERNANDES, Iara de Toledo. *A efetividade das normas constitucionais*. Disponível em: http://www.pge.sp.gov.br/centrodeestudos/bibliotecavirtual/Congresso/Tese1.doc.

FOUCAULT, Michel. *A verdade e as formas jurídicas*. Trad. Roberto Cabral de Melo e Eduardo Jardim. Rio de Janeiro: NAU Editora, 2002.

FUX, Luiz. *Curso de direito processual civil*. Rio de Janeiro: Forense, 2005.

FUX, Luiz. *Juizados especiais cíveis e criminais e suspensão condicional do processo penal*. Rio de Janeiro: Forense, 1997.

GALLIEZ, Paulo Cesar Ribeiro. *Princípios institucionais da Defensoria Pública*. Rio de Janeiro: Lumen Juris, 2001.

GARCIA, Emerson. *Ministério Público*: organização, atribuições e regime jurídico. Rio de Janeiro: Lumen Juris, 2005.

GARCIA, Gustavo Filipe. Considerações sobre a eficácia preclusiva da coisa julgada. *Revista de Processo*, São Paulo: RT, n. 130, dez. 2005.

GILBERTONI, Carla Adriana Comitre. *Teoria e prática do direito marítimo*. Rio de Janeiro: Renovar, 1998.

GIUDICELLI, Gustavo Barbosa. *A Defensoria Pública enquanto garantia fundamental institucional. Releitura do papel da Defensoria Pública no cenário jurídico brasileiro*. Disponível em: http://www.anadep.org.br/wtksite/cms/conteudo/17278/A_Defensoria_P_blica_enquanto_direito_fundamental_institucional.pdf.

GOMES, Orlando. *Direitos reais*. Rio de Janeiro: Forense, 2005.

GONÇALVES, Aroldo Plínio. *Nulidades no processo*. Rio de Janeiro: Aide, 1993.

GONÇALVES, Aroldo Plínio. *Técnica processual e teoria do processo*. Rio de Janeiro: Aide, 1992.

GONÇALVES, Carlos Roberto. *Direito civil brasileiro*: direito de família. 7. ed. São Paulo: Saraiva, 2010. v. 6.

GONÇALVES, Marcus Vinicius Rios. *Novo curso de direito processual civil*. 7. ed. São Paulo: Saraiva, 2010. v. 1.

GRASSI, Lúcio. Cognição processual civil: atividade dialética e cooperação intersubjetiva na busca da verdade real. *Revista Dialética de Direito Processual*, São Paulo: Dialética, n. 6, 2003.

GRECO, Leonardo. Garantias fundamentais do processo: o processo justo. *Revista Jurídica*, 305, mar. 2003.

GRECO, Leonardo. *Jurisdição voluntária moderna*. São Paulo: Dialética, 2003.

GRECO FILHO, Vicente. *Direito processual civil brasileiro*. 14. ed. São Paulo: Saraiva, 2000.

GRINOVER, Ada Pellegrini. *Código brasileiro de Defesa do Consumidor*: comentado pelos autores do anteprojeto. 8. ed. Rio de Janeiro: Forense, 2004.

GRINOVER, Ada Pellegrini. *Os princípios constitucionais e o Código de Processo Civil*. São Paulo: José Bushatsky, 1975.

GRINOVER, Ada Pellegrini; FERNANDES, Antonio Scarance; GOMES FILHO, Antônio Magalhães. *As nulidades do processo penal*. 6. ed. São Paulo: RT, 1999.

GUEDES, Lucio Ferreira. Prescrição e decadência: distinção no Código Civil. *Revista Jus Navigandi*. Disponível em: http://jus.com.br/artigos/22693.

HIRONAKA, Giselda Maria Fernandes. *Comentários ao Código Civil*. 2. ed. São Paulo: Saraiva, 2007.

JAYME, F. G.; FRANCO, M. V. O princípio do contraditório no projeto de novo Código de Processo Civil. *Revista de Processo*, São Paulo, n. 227, jan. 2014.

LEAL, Rosemiro Pereira. *Teoria geral do processo*. 2. ed. Porto Alegre: Síntese, 1999.

LEITE, Maria Auxiliadora Sobral. Juizados especiais cíveis: processo de conhecimento. In: FARIAS, Cristiano Chaves de; DIDIER JR., Fredie (coord.). *Procedimentos especiais cíveis*: legislação extravagante. São Paulo: Saraiva, 2003.

LENZA, Pedro. *Direito constitucional esquematizado*. 12. ed. São Paulo: Saraiva, 2008.

LENZA, Pedro. *Direito constitucional esquematizado*. 16. ed. São Paulo: Saraiva, 2012.

LENZA, Pedro. *Reclamação constitucional: inconstitucionalidades no novo CPC/2015*. Disponível em: http://www.conjur.com.br/2015-mar-13/pedro-lenza-inconstitucionalidades-reclamacao-cpc.

LIEBMAN, Enrico Tullio. *Manual de direito processual civil*. Trad. Cândido Rangel Dinamarco. Rio de Janeiro: Forense, 1984. v. I, n. 41.

LIMA, Tiago Asfor Rocha. *Precedentes judiciais civis no Brasil*. São Paulo: Saraiva, 2013.

LOPES, João Batista. *Curso de direito processual civil*: Parte Geral. São Paulo: Atlas, 2005.

MACHADO, Antônio Cláudio da Costa. *Código de Processo Civil interpretado*: artigo por artigo, parágrafo por parágrafo. 11. ed. Barueri: Manole, 2012.

MARCATO, Antonio. *Código de Processo Civil interpretado*. São Paulo: Atlas, 2004.

MARCATO, Antonio. *Procedimentos especiais*. 10. ed. São Paulo: Atlas, 2004.

MARINONI, Luiz Guilherme. *Da tutela cautelar à tutela antecipada*. Disponível em: http://marinoni.adv.br/artigos.php#.

MARINONI, Luiz Guilherme. *Eficácia temporal da revogação da jurisprudência consolidada dos tribunais superiores*. Disponível em: http://www2.senado.leg.br/bdsf/bitstream/handle/id/242857/000909476.pdf?sequence=1.

MARINONI, Luiz Guilherme. *Precedentes obrigatórios*. 1. ed. em e-book baseado na 2. ed. impressa. São Paulo: RT, 2012.

MARINONI, Luiz Guilherme. *Teoria geral do processo* – curso de direito processual civil. 4. ed. São Paulo: RT, 2010.

MARINONI, Luiz Guilherme; ARENHART, Sérgio Cruz. *Manual do processo de conhecimento*: a tutela jurisdicional através do processo de conhecimento. 2. ed. São Paulo: RT, 2003.

MARINONI, Luiz Guilherme; ARENHART, Sérgio Cruz. *Manual do processo de conhecimento*. 5. ed. São Paulo: RT, 2006.

MARINONI, Luiz Guilherme; ARENHART, Sérgio Cruz; MITIDIERO, Daniel. *Novo Código de Processo Civil comentado*. São Paulo: RT, 2015.

MARQUES, José Frederico. *Manual de direito processual civil*. São Paulo: Saraiva, 1982.

MARQUES, José Frederico. *Manual de direito processual civil*. 2. ed. Campinas: Millennium, 1998. v. 1.

MARTINS, Gilberto Baptista. Os fundamentos da teoria da desconsideração da personalidade jurídica e o novo Código Civil. *Boletim Adcoas* 4/84.

MAXIMILIANO, Carlos. *Hermenêutica e aplicação do direito.* 16. ed. Rio de Janeiro: Forense, 1997.

MAZZILLI, Hugo Nigro. *O Ministério Público na Constituição de 1988.* São Paulo: Saraiva, 1989.

MAZZILLI, Hugo Nigro. *Regime jurídico do Ministério Público.* São Paulo: Saraiva, 2001.

MEIRELLES, Hely Lopes. *Estudos e pareceres de direito público.* São Paulo: RT, 1986. v. 9.

MELLO, Celso Antônio Bandeira de. *Curso de direito administrativo.* 15. ed. São Paulo: Malheiros, 2003.

MELLO, Celso Antônio Bandeira de. *Curso de direito administrativo.* 26. ed. São Paulo: Malheiros, 2009.

MELLO, Marcos Bernardes de. *Teoria do fato jurídico (plano da validade).* 2. ed. São Paulo: Saraiva, 1997.

MELLO, Marcos Bernardes de. *Teoria do fato jurídico (plano da validade).* 8. ed. São Paulo: Saraiva, 1998.

MENEZES, Iure Pedroza. A denunciação da lide no novo CPC e seus reflexos no Código Civil: a extinção da obrigatoriedade no caso de evicção. In: DIDIER JR., Fredie; BASTOS, Antonio Adonias Aguiar (coord.). *O projeto do novo Código de Processo Civil.* Estudos em homenagem ao Professor José Joaquim Calmon de Passos. Salvador: JusPodivm, 2012.

MENKE, Fabiano. *Assinatura eletrônica no direito brasileiro.* São Paulo: RT, 2005.

MONTEIRO, Washington de Barros. *Curso de direito civil.* 18. ed. São Paulo: Saraiva, 1979.

MONTEIRO, Washington de Barros. *Curso de direito civil.* 28. ed. São Paulo: Saraiva, 1995. v. 4.

MONTENEGRO FILHO, Misael. *Ações possessórias.* São Paulo: Atlas, 2004.

MONTENEGRO FILHO, Misael. *Curso de direito processual civil.* São Paulo: Atlas, 2006.

MORAES, Alexandre de. *Constituição do Brasil interpretada e legislação constitucional.* 9. ed. São Paulo: Atlas, 2013.

MOREIRA, José Carlos Barbosa. *Comentários ao Código de Processo Civil.* 7. ed. Rio de Janeiro: Forense, 1998. v. 5.

NADER, Paulo. *Introdução ao estudo do direito.* 6. ed. Rio de Janeiro: Forense, 1991.

NEGRÃO, Theotonio; GOUVÊA, José Roberto F. *CPC e legislação processual em vigor.* 39. ed. São Paulo: Saraiva, 2007.

NERY JUNIOR, Nelson. *Código de Processo Civil e legislação extravagante.* 7. ed. São Paulo: RT, 2003.

NERY JUNIOR, Nelson. *Código de Processo Civil e legislação extravagante.* São Paulo: RT, 2004.

NERY JUNIOR, Nelson. *Princípios fundamentais* – teoria geral dos recursos. 5. ed. São Paulo: RT, 2000.

NERY JUNIOR, Nelson; NERY, Rosa Maria de Andrade. *Código de Processo Civil comentado e legislação extravagante.* São Paulo: RT, 2003.

NERY JUNIOR, Nelson; NERY, Rosa Maria Andrade. *Código de Processo Civil comentado.* 16. ed. rev. e ampl. São Paulo: Revista dos Tribunais, 2016.

NERY JUNIOR, Nelson; NERY, Rosa Maria de Andrade. *Código de Processo Civil comentado.* 3. ed. São Paulo: Thomson Reuters Brasil, 2018.

NEVES, Daniel Amorim Assumpção. *Código de Processo Civil comentado*. 5. ed. Salvador: JusPodivm, 2020.

NOGUEIRA, Gustavo Santana. *Curso básico de processo civil*: teoria geral do processo. Rio de Janeiro: Lumen Juris, 2004.

NOVELINO, Marcelo. *Manual de direito constitucional*. 9. ed. Rio de Janeiro: Forense, 2014.

OLIVEIRA, Euclides Benedito de. *Separação ou divórcio: considerações sobre a EC nº 66*. Disponível em: www.ibdfam.org.br.

PACHECO, José da Silva. A reclamação no STF e no STJ de acordo com a nova Constituição. *Revista dos Tribunais*, São Paulo, v. 78, n. 646, ago. 1989.

PACHECO, José da Silva. *Comentários à Lei de Execução Fiscal*. 4. ed. São Paulo: Saraiva, 1995.

PASSONI, Marcos Paulo. Sobre o cabimento da ação rescisória com fundamento em violação à literal proposição de súmula vinculante. *Revista de Processo*, São Paulo: RT, v. 171, ano 34, maio 2009.

PEREIRA, Caio Mário da Silva. *Instituições de direito civil*. 20. ed. Rio de Janeiro: Forense, 2004. v. II, III e IV.

PEREIRA, Rodrigo da Cunha. *Divórcio:* teoria e prática. São Paulo: Saraiva, 2013.

PLÍNIO, Aroldo. *Técnica processual e teoria do processo*. Rio de Janeiro: Aide, 1992.

PONTES DE MIRANDA, Francisco Cavalcanti. *Comentários ao Código de Processo Civil*. Rio de Janeiro: Forense, 1977. t. XV.

PONTES DE MIRANDA, Francisco Cavalcanti. *Comentários ao Código de Processo Civil*. Rio de Janeiro: Forense, 1978. t. XVII.

PONTES DE MIRANDA, Francisco Cavalcanti. *Comentários ao Código de Processo Civil*. 3. ed. Rio de Janeiro: Forense, 1988.

PONTES DE MIRANDA, Francisco Cavalcanti. *Comentários ao Código de Processo Civil*. 5. ed. Rio de Janeiro: Forense, 1997. t. I.

PONTES DE MIRANDA, Francisco Cavalcanti. *Tratado da ação rescisória das sentenças e de outras decisões*. 3. ed. Rio de Janeiro: Borsoi, 1957.

REALE, Miguel. *Lições preliminares de direito*. 27. ed. São Paulo: Saraiva, 2003.

REALE, Miguel _. *Teoria tridimensional do direito*. São Paulo: Saraiva, 2003.

REDONDO, Bruno Garcia. Deveres-poderes do juiz no projeto do novo Código de Processo Civil. In: DIDIER JR., Fredie; BASTOS, Antonio Adonias (coord.). *O projeto do novo Código de Processo Civil*. Estudos em homenagem ao Professor José Joaquim Calmon de Passos. Salvador: JusPodivm, 2012.

REZENDE FILHO, Gabriel. *Curso de direito processual civil*. 8. ed. São Paulo: Saraiva, 1968. v. 3.

RIZZARDO, Arnaldo. *Direito das coisas*. 2. ed. Rio de Janeiro: Forense, 2006.

RIZZI, Sérgio. *Ação rescisória*. São Paulo: RT, 1979. n. 81.

RODRIGUES, Silvio. *Direito civil*: direito de família. 21. ed. São Paulo: Saraiva, 1995.

SAMPAIO JÚNIOR, José Herval. *Processo constitucional*: nova concepção de jurisdição. São Paulo: Método, 2008.

SANTOS, Ernane Fidelis dos. *Comentários ao Código de Processo Civil*. Rio de Janeiro: Forense, 1980. t. I, v. III.

SANTOS, Ernane Fidelis dos. *Novos perfis do processo civil brasileiro*. Belo Horizonte: Del Rey, 1996.

SAULE JR., Nelson; LIBÓRIO, Daniela; AURELLI, Arlete Inês (coord.). *Conflitos coletivos sobre a posse e a propriedade de bens imóveis*. Secretaria de Assuntos Legislativos do Ministério da Justiça (SAL). (Série: Pensando o Direito nº 07/2009). Disponível em: http://participacao.mj.gov.br/pensandoodireito/wp-content/uploads/2012/11/07Pensando_Direito.pdf.

SCHIAVI, Mauro. Os princípios do direito processual do trabalho e a possibilidade de aplicação subsidiária do CPC quando há regra expressa da CLT em sentido contrário. *Revista TST*, Brasília, v. 73, n. 1, jan.-mar. 2007.

SILVA, Holden Macedo da. *Princípios institucionais da Defensoria Pública*: breves comentários textuais ao regime constitucional da Defensoria Pública. Brasília: Fortium, 2007.

SILVA, José Afonso da. *Aplicabilidade das normas constitucionais*. 3. ed. São Paulo: Malheiros, 2001.

SILVA, José Afonso da. *Curso de direito constitucional positivo*. 36. ed. São Paulo: Malheiros, 2013.

SILVA, José Afonso da. *Direito constitucional positivo*. São Paulo: Malheiros, 2007.

SILVA, Ovídio A. Baptista da. Coisa julgada relativa. *Revista Dialética de Direito Processual*, 13, 2004.

SILVA, Ovídio A. Baptista da. *Curso de processo civil*. 5. ed. São Paulo: RT, 2002.

SILVA, Ovídio A. Baptista da. *Procedimentos especiais*. 2. ed. Rio de Janeiro: Aide, 1993.

SIMÃO, José Fernando. *A PEC do divórcio: a revolução do século em matéria de direito de família*. Disponível em: www.ibdfam.org.br.

SOUZA, Bernardo Pimentel. *Introdução aos recursos cíveis e à ação rescisória*. 3. ed. São Paulo: Saraiva, 2004.

SOUZA, Sylvio Capanema de. *Da locação do imóvel urbano*. Rio de Janeiro: Revista Forense, 1999.

TABOSA, Fábio. *Código de Processo Civil interpretado*. Coord. Antônio Carlos Marcato. 2. ed. São Paulo: Atlas, 2005.

TALAMINI, Eduardo. *Tutela monitória*: ação monitória – Lei 9.079/95. 2. ed. São Paulo: RT, 2001.

TARTUCE, Flávio. *Manual de direito civil*. 3. ed. São Paulo: Método, 2013.

TARTUCE, Flávio. *Manual de direito civil*. 8. ed. São Paulo: Método, 2018.

TARTUCE, Flávio; SIMÃO, José Fernando. *Direito civil* – direito de família. São Paulo: Método, 2010. v. 5.

TEIXEIRA, Sálvio de Figueiredo. Ação rescisória – apontamentos. *Revista de Processo*, São Paulo: RT, n. 53, 1989.

TESHEINER, José Maria Rosa. *Pressupostos processuais e nulidade do processo civil*. São Paulo: Saraiva, 2000.

THEODORO JÚNIOR, Humberto. *Código de Processo Civil anotado*. 16. ed. rev., atual. e ampl. Rio de Janeiro: Forense, 2012.

THEODORO JÚNIOR, Humberto. *Curso de direito processual civil*. Rio de Janeiro: Forense, 1991. v. I.

THEODORO JÚNIOR, Humberto. *Curso de direito processual civil*. 32. ed. Rio de Janeiro: Forense, 2001. v. II.

THEODORO JÚNIOR, Humberto. *Curso de direito processual civil*. Rio de Janeiro: Forense, 2004. v. 3.

THEODORO JÚNIOR, Humberto. *Curso de direito processual civil*. 41. ed. Rio de Janeiro: Forense, 2007.

THEODORO JÚNIOR, Humberto. *Curso de direito processual civil*. 48. ed. Rio de Janeiro: Forense, 2008.

THEODORO JÚNIOR, Humberto. *Notas sobre o projeto do novo Código de Processo Civil do Brasil em matéria de execução*. Disponível em: http://www.oab.org.br/editora/revista/revista_10/artigos/notassobreoprojetodonovocodigodeprocessocivil.pdf.

THEODORO JÚNIOR, Humberto. *Os Juizados Especiais da Fazenda Pública*. Palestra proferida em 19.02.2010 no III Encontro de Juízes Especiais do Estado de Minas Gerais. Disponível em: www.ejef.tjmg.jus.br.

THEODORO JÚNIOR, Humberto; FARIA, Juliana Cordeiro. A coisa julgada inconstitucional e os instrumentos processuais para seu controle. *Revista de Direito Processual Civil*, v. 21.

TUCCI, José Rogério Cruz e. *Precedente judicial como fonte do direito*. São Paulo: RT, 2004.

TUPINAMBÁ, Carolina. Novas tendências de participação processual – o amicus curiae no anteprojeto do novo CPC. In: FUX, Luiz. *O novo processo civil brasileiro – direito em expectativa – reflexões acerca do projeto do novo Código de Processo Civil*. Rio de Janeiro: Forense, 2011.

VARGAS, Cirilo Augusto. *A Defensoria Pública e o problema da "pertinência temática"*. Disponível em: http://jus.com.br/artigos/10875/a-defensoria-publica-e-o-problema-da-pertinencia-tematica.

VELOSO, Zeno. *O novo divórcio e o que restou do passado*. Disponível em: www.ibdfam.org.br.

VELOSO, Zeno. Direito civil. *Temas: união estável e namoro qualificado*. Belém: ANOREGPA, 2018

VIEIRA, Jose Marcos Rodrigues. *Da ação cível*. Belo Horizonte: Del Rey, 2002.

WAMBIER, Luiz Rodrigues; ALMEIDA, Flávio Renato Correia; TALAMINI, Eduardo. *Curso avançado de processo civil*. São Paulo: RT, 2003. v. 3.

WAMBIER, Luiz Rodrigues; ALMEIDA, Flávio Renato Correia. *Curso avançado de processo civil*. 5. ed. São Paulo: RT, 2002. v. 1.

WAMBIER, Luiz Rodrigues; ALMEIDA, Flávio Renato Correia. *Curso avançado de processo civil*. 8. ed. São Paulo: RT, 2006. v. 2.

WAMBIER, Luiz Rodrigues; ALMEIDA, Flávio Renato Correia. *Curso avançado de processo civil*: teoria geral do processo e processo de conhecimento. 8. ed. São Paulo: RT, 2006.

WAMBIER, Teresa Arruda Alvim. Críticas ao novo CPC são meras "frases de efeito". *Conjur: Consultor Jurídico*, São Paulo, em 13 dez. 2011. Disponível em: http://www.conjur.com.br/2011-dez-13/criticas-cpc-nao-podem-limitar-afirmacoes-bombasticas.

WAMBIER, Teresa Arruda Alvim. *Os agravos no CPC brasileiro*. 4. ed. São Paulo: RT, 2006.

WAMBIER, Teresa Arruda Alvim. Os embargos de declaração têm mesmo efeito suspensivo? *Panóptica*, Vitória, ano 1, n. 7, mar.-abr. 2007. Disponível em: http://www.panoptica.org.br.

WAMBIER, Teresa Arruda Alvim; MEDINA, José Miguel Garcia. *O dogma da coisa julgada*. Hipóteses de relativização. São Paulo: RT, 2003.

WAMBIER, Teresa Arruda Alvim; RIBEIRO, Leonardo Ferres da Silva; CONCEIÇÃO, Maria Lúcia Lins e; MELLO, Rogério Licastro Torres de. *Primeiros comentários ao novo CPC*. Artigo por artigo. São Paulo: RT, 2015.

WAMBIER, Luis Rodrigues; TALAMINI, Eduardo. *Curso avançado de processo civil*: cognição jurisdicional (processo comum de conhecimento e tutela provisória). 16. ed. v. 2. São Paulo: RT, 2016.

WATANABE, Kazuo. *Código brasileiro de Defesa do Consumidor*: comentado pelos autores do anteprojeto. 8. ed. Rio de Janeiro: Forense, 2004.

YARSHELL, Flávio Luiz. *Ação rescisória*: juízos rescindente e rescisório. São Paulo: Malheiros, 2005.

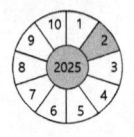